Travaux
d'Humanisme et Renaissance

N° CDXXXIX

Jean Céard

ESCULAPE ET DIONYSOS

Mélanges
en l'honneur de Jean Céard

Etudes réunies et éditées par

Jean DUPÈBE, Franco GIACONE, Emmanuel NAYA
et Anne-Pascale POUEY-MOUNOU

LIBRAIRIE DROZ S.A.
11, rue Massot
GENÈVE
2008

www.droz.org

ISBN: 978-2-600-01181-5
ISSN: 0082-6081

TABULA GRATULATORIA

Adrian ARMSTRONG
Matthieu ARNOLD
Geneviève ARTIGAS-MENANT

Stephen BAMFORTH
Jean Paul BARBIER-MUELLER
Monica BARSI
Hervé BAUDRY
Jean-Dominique BEAUDIN
Donald BEECHER
Yvonne BELLENGER
Jacques BERCHTOLD
Evelyne BERRIOT-SALVADORE
Michel BIDEAUX
Denis BJAÏ
Ann BLAIR
Claude BLUM
Sylviane BOKDAM
Jacques BONY
Bénédicte BOUDOU
Marie-Elisabeth BOUTROUE
Jean BRUNEL
Claude-Françoise BRUNON

Nicole CAZAURAN
Hélène CAZES
Anne-Catherine CÉARD
Marie-Thérèse CÉARD
Pierre CÉARD
Françoise CHARPENTIER
Lladja CHOPINEAUX & Joël GAGET
Michèle CLÉMENT
Marianne CLOSSON
Bruna CONCONI
Tom CONLEY
Richard COOPER
François CORNILLIAT
Richard CRESCENZO

Michel DELON
Guy & Geneviève DEMERSON
Marie-Luce DEMONET

Marie-Louise DOMINIQUE
Lance DONALDSON-EVANS
Nicolas DUCIMETIÈRE
Alain DUFOUR
Olga Anna DUHL
Jean DUPÈBE
Danièle DUPORT
Françoise DURAND-ÉVRARD
Olivier DURAND-ÉVRARD

Max ENGAMMARE

Jean-Marie FLAMAND
Marie Madeleine FONTAINE
Marie-Madeleine FRAGONARD

André GENDRE
Franco GIACONE
Jean-Eudes GIROT
Marie-Christine GOMEZ-GÉRAUD
Monique GOSSELIN-NOAT
Michel GOUET
Francis GOYET
Amy GRAVES
Claude de GRÈVE

Fernand & Perrine HALLYN-
 GALAND
Grégoire HOLTZ
Mireille HUCHON

Michel JOURDE
Jurek & Jacqueline JUSZCZAK

Neil KENNY
Wallace KIRSOP
Nadine KUPERTY-TSUR
Eva KUSHNER

Jacqueline LALOUETTE
Ullrich LANGER
Nicolas LE CADET
Jean LECOINTE
Marie-Dominique LEGRAND

PRÉFACE

A LA CROISÉE DES SAVOIRS

Jean Céard? Qui est-ce?

Un élève de l'Ecole Normale Supérieure de la rue d'Ulm, section des Lettres[1]? Un titulaire de la licence ès-Lettres à la Sorbonne[2]? Un titulaire de la maîtrise ès-Lettres à la Sorbonne[3]? Un agrégé des Lettres[4]? Un officier de l'Armée Française en Algérie[5]? Un professeur de lycée[6]? Un chargé de cours de littérature française[7]? Un assistant de littérature française[8]? Un Docteur de l'Université de Paris-Sorbonne[9]? Un maître-assistant[10]? Un chargé d'enseignement[11]? Un Docteur d'Etat[12]? Un maître de conférence[13]? Un professeur sans chaire de littérature française de la Renaissance[14]? Un professeur titulaire à titre personnel? Un professeur de première classe[15]? Un professeur invité aux U.S.A.[16]? Un profes-

---

[1] 1957. De 1957 à 1961 il est élève fonctionnaire stagiaire à l'Ecole Normale Supérieure.

[2] 1958.

[3] 1959.

[4] 1960 il est admis à l'Agrégation des lettres (rang: 3ᵉ)

[5] Octobre 1961-Février 1963: service militaire (Algérie: sous-lieutenant).

[6] Février 1963-septembre 1966: Professeur au Lycée Pothier à Orléans; professeur de grec en classe de Lettres Supérieures.

[7] Au Collège Littéraire Universitaire d'Orléans.

[8] Septembre 1966-Septembre 1969: Assistant de littérature française à la Faculté des Lettres de Tours, pour le Collège Littéraire Universitaire d'Orléans; chargé de cours au Centre d'Etudes Supérieures de la Renaissance, à Tours.

[9] 27 février 1970; mention: Très honorable, avec dispense de thèse complémentaire.

[10] Septembre 1969-septembre 1971: Maître-Assistant à la Faculté des Lettres et des Sciences Humaines d'Orléans.

[11] Octobre 1971-mai 1975: Chargé d'Enseignement à l'UER des Lettres et des Sciences Humaines de l'Université de Paris-XII.

[12] 30 mai 1975: Docteur d'Etat ès Lettres et Sciences Humaines (Université de Paris-Sorbonne); mention: Très honorable à l'unanimité.

[13] Juin 1975-décembre 1975: Maître de Conférences à l'Université de Paris-XII.

[14] Janvier 1976-septembre 1979: Professeur sans chaire de littérature française de la Renaissance à l'Université de Paris-XII.

[15] Octobre 1979.

[16] 2ᵉ semestre 1989-1990: Professeur invité à l'Université de Yale.

seur invité en Israel[17]? Un professeur invité au Canada[18]? Un professeur de classe exceptionnelle[19]? Un professeur de Paris X-Nanterre[20]? Un professeur très convoité par les universités du vieux continent? Un professeur émérite[21]?

Jean Céard a rempli toutes ces fonctions en étant un enseignant hors pair, toujours disponible à écouter ses étudiants et infatigable, capable de parler des heures entières sur des sujets les plus variés touchant le seizième siècle, sans la moindre pause, même le samedi après-midi!

En tant qu'étudiants nous avons eu pendant nos cursus d'études des professeurs remarquables, mais très peu de maîtres, Céard en était un et *a tutto tondo*.

Il a tenu des cours magistraux et des séminaires pour les étudiants de Licence, de Maîtrise, de DEA, d'Agrégation; il a dirigé d'innombrables mémoires de maîtrise portant sur la littérature française à la Renaissance et une foule de thèses de doctorat d'ancien et nouveau régime, ainsi que de thèses d'habilitation.

Sur quels sujets a-t-il enseigné? Quels ont été ses chevaux de bataille?

«Humanisme, Renaissance et Réforme» en 1993-1995; «Rabelais et le *Tiers Livre*» en 1995-1996; «L'Utopie à la Renaissance» en 1995-1997; «Initiation à l'histoire du Livre et à l'édition de texte» en 1995-1998; «La Bible et la littérature française de la Renaissance» en 1997-1998; «Marot et *l'Adolescence Clémentine*» en 1996-1997; « La prose à la Renaissance: raconter et commenter»en 1997-1998; en collaboration avec Daniel Ménager «Le mouvement et le repos à la Renaissance» en 1995-1997 et «L'ordre à la Renaissance» en 1997-1998.

En plus des tâches d'enseignant, il a déployé, à l'intérieur de l'institution universitaire, une activité fébrile dans le domaine de l'administration universitaire[22] et pas seulement, car il a rempli plusieurs fonctions dans plusieurs insti-

---

[17]   2e trimestre 1990-1991: Professeur invité à l'Université de Tel-Aviv.

[18]   2e trimestre 1991-1992: Professeur invité à l'Université de Montréal.

[19]   Septembre 1993.

[20]   1er septembre 1993: Nommé Professeur à l'Université de Paris X-Nanterre.

[21]   Professeur émérite à l'Université de Paris X-Nanterre.

[22]   A l'Université de Paris-XII (jusqu'en août 1993): membre du Conseil de gestion de L'U.E.R. des Lettres et des Sciences Humaines (10 ans): directeur du Département des lettres modernes (2 ans): fondateur et directeur du Centre de Formation des Maîtres; membre du Conseil Scientifique; membre de la commission des Etudes doctorales; membre de la commission d'évaluation de la recherche à l'Université de Paris X-Nanterre (depuis septembre 1993): responsable de la préparation à l'Agrégation externe et à l'Agrégation interne (Lettres modernes); vice-président de la Commission de spécialité et d'établissement des 9e et 10e sections; responsable de la formation doctorale «Littérature française, littérature comparée»; responsable de l'Ecole doctorale «Lettres, Langages, Civilisations». Université de Paris III: membre de la Commission de spécialité et d'établissement de 9e section; Ecole Normale Supérieure de Fontenay /Saint-Cloud.

tutions publiques[23]; il a collaboré à des Sociétés savantes, à des revues, à des publications[24] et il a participé à des jurys de thèses et à des commissions de spécialistes[25].

Jean Céard n'a pris sa retraite que pour le Ministère de l'éducation nationale car il n'a jamais autant travaillé que depuis qu'il a pris congé de ses collègues de l'université de Nanterre. Il continue à sillonner le monde et à publier presque un article par mois.

Jean Céard est non seulement un érudit et un chercheur hors classe, un historien de la littérature, un historien des idées, un humaniste, le tout grand spécialiste de la Renaissance française, il est lui-même, je serais tenté de dire, un homme de la Renaissance, car il maîtrise tous les savoirs, allant du scientifique au littéraire en passant par le religieux.

La curiosité intellectuelle de Jean Céard n'a pas de limite et révèle, au départ, un esprit scientifique et philosophique, d'où la difficulté, qui est la nôtre, de séparer les sciences de la philosophie.

Ses recherches, et donc ses publications, suivent principalement sept directions: les Sciences, l'Histoire et la Philosophie de la Renaissance, la Littérature de l'Humanisme et de la Renaissance, Montaigne, Rabelais, Ronsard et la poésie de la Renaissance, et accessoirement la littérature du XIXe siècle.

A l'intérieur du chapitre des Sciences, Céard éprouve une fascination pour le concept de Nature: il a l'impression que l'histoire des sciences, soucieuse de retracer l'histoire de la naissance de la « science moderne », avec sa vérité scientifique[26], a tendance à la négliger, d'où ses intérêts pour l'analogie[27], les

---

[23] Fondateur et chef de la Mission Académique de la formation des personnels (MAFPEN) de l'Académie de Créteil; président du Conseil de perfectionnement du Centre d'Etudes Supérieures de la Renaissance, de l'Université de Tours; conseiller scientifique de la Section de l'Humanisme de l'Institut de Recherche et d'Histoire des textes (CNRS); responsable de l'U.A. 08044, créé le 7 mai 1986, intitulée « Les Collèges parisiens au XVIe siècle d'après les documents du Minutier Central des Notaires Parisiens» (organismes de tutelle: Direction des Archives de France et Société Française des Seiziémistes); président de la Commission des Littératures classiques au Centre National du Livre (CNL).

[24] Président honoraire de la Société Française des Seiziémistes; vice-président de la Société des Textes Français Modernes, membre du comité de rédaction de la *Bibliothèque d'Humanisme et Renaissance*; membre du comité de rédaction des *Nouvelles du livre ancien*; directeur de la collection « Science et culture » aux éditions InterUniversitaires, membre du comité de lecture des Textes Littéraires Français (Genève, Librairie Droz).

[25] Membre du jury du concours externe de l'agrégation des lettres modernes (1986-1988); président fondateur du jury du concours interne de l'agrégation des lettres modernes (1989-1992).

[26] Voir «Les critères de la vérité scientifique selon les naturalistes de la Renaissance», in *Vérité poétique et vérité scientifique (Mélanges Gilbert Gadoffre)*, Paris, P.U.F., 1989, p. 227-241.

[27] Lire à ce propos «Analogie et zoologie au XVIe siècle» in *Bulletin de l'Institut Collégial Européen*, 1976; «L'Analogie du macrocosme et du microcosme, figure de la récapitulation», in *Histoire du concept de récapitulation (Actes du Colloque international, Créteil, Université de Paris-XII, 25-26 janvier 1991)*, Paris; Masson, 1993, p. 5-15.

problèmes de taxonomie[28], la folie, la démonologie[29], la magie[30], la numéro-logie[31], etc.

Céard prend comme point de départ de sa recherche l'«imaginaire scienti-fique»[32] qu'il va développer dès 1971, publiant l'édition critique *Des monstres et prodiges*[33] d'Ambroise Paré. A partir de cet ouvrage Céard essaie de montrer que les notions de monstre[34] et de monstruosité[35] à la Renaissance entretiennent des rapports étroits avec les idées de merveille[36] et de sacré, et que l'ouvrage de Paré

---

[28]   Voir «Les problèmes de la taxonomie zoologique à la Renaissance», in *Actes du Xe Congrès de l'Association Guillaume Budé,* Paris, Les Belles Lettres, 1980.

[29]   Voir «Folie et démonologie au XVIe siècle» in *Folie et Déraison à la Renaissance,* Paris, P.U.F; et Bruxelles, P.U.B., 1976, p. 129-147; «Entre le naturel et le démoniaque: la folie à la Renais-sance», in *Nouvelle Histoire de la psychiatrie,* Toulouse, Privat, 1983, p. 77-89; réédition Paris, Dunod, 1994, p. 81-95; «Médecine et démonologie: les enjeux d'un débat» in *Diable, Diables, et diableries au temps de la Renaissance* (publication du centre de Recherches Interdisciplinaires sur la Renaissance, Université de Paris-Sorbonne), Paris, Touzot, 1988, p. 97-112; «Démons et merveilles dans la basse latinité: l'héritage de saint Augustin», in *Démons et merveilles au Moyen-Age,* publication du Centre d'Etudes Médiévales de l'Université de Nice, 1990, p. 25-38; «The Devil and Lovesickness: Views of 16th Century Physicians and Demonologist», *Actes du Colloque international «Eros and Anteros»* (*Toronto et Montréal, sept. 1987*), Toronto, Dovehouse Ed., 1992, p. 33-47; «L'apologétique d'un converti: du 'Dictionnaire infernal' au 'Dictionnaire des sciences occultes', in *La science catholique: L'Encyclopédie théologique de Migne,* Paris, Cerf, 1992, p. 79-91; «Démonologie et démonopathies au temps de Charcot» (*Colloque Charcot, Société Française d'Histoire de la Médecine),* in *Histoire des sciences médicales,* XXVIII, n°4, 1994, p. 337-344; «Collin de Plancy démonographe: la contribution de Pierre de Lancre au *Dictionnaire des Sciences occultes»,* in *Pratique d'écriture (Mélanges Jean Gaudon),* Paris, Klincksieck, 1996, p. 141-155»; «La Sorcière, l'Etrangère: le voyage de Pierre de Lancre en Sorcerie» in *L'Etranger: identité et altérité au temps de la Renaissance,* Paris, Klincksieck, 1996, p. 79-100; «Le diable singe de Dieu selon les démonologues des XVIe et XVIIe siècles», in *Vers une métaphysique du diable* (Actes du Colloque de Cerisy, 24-30 juillet 1997, p. p. Claude Aguerre), Paris, Cahier de l'Hermétisme, Editions Dervy, 1998.

[30]   «Virgile, un grand homme soupçonné de magie», in *Présence de Virgile,* Paris, Les Belles Lettres, 1978.

[31]   «Bovelles et les traditions numérologiques» (Coll. Bovelles, Noyon, septembre 1979), in *Charles de Bovelles en son cinquième centenaire,* Paris, Trédaniel, 1982, p. 211-228; «La numé-rologie de la Renaissance et les nombres de Rabelais: Un secret peut en cacher un autre», in *D'un principe philosophique à un genre littéraire: les secrets* (Actes du colloque de la Newberry Library, Chicago, 11-14 sept. 2002), p. p. D. de Courcelles, Paris, Champion, 2005, p. 263-278.

[32]   « Pour une histoire de l'irrationnel. L'imaginaire scientifique au XVIe siècle », in *L'Histore aujourd'hui. Nouveaux objets, nouvelles méthodes,* publication de la Section de l'Université de Liège, 1984.

[33]   Edition critique et commentée, Genève, Droz, 1971.

[34]   Voir «La science des monstres et la crise de l'Humanisme», in *Humanism in crisis,* Ann Arbor, The University of Michigan Press, 1991, p. 181-205.

[35]   Voir «L'énigme des monstres. Aperçus sur l'histoire culturelle et scientifique de la monstruo-sité» in *Imaginaire et Inconscient,* n°13, 2004, p. 25-35.

[36]   Voir «La notion de *miraculum* dans la pensée de Cardan», in *Actus Conventus Neo-Latini Turonensis,* Paris, Vrin, 1980, p. 349-357.

De Montaigne à Rabelais, qui inaugure la cinquième direction de ses recherches et de ses publications[74]. L'édition du *Tiers Livre*[75] en 1995 représente un véritable modèle d'une édition annotée, et d'un point de vue linguistique et d'un point de vue littéraire.

Le commentaire de divers chapitres des *Essais*, par exemple celui des «coches» ou celui des «cannibales», ou du *Tiers Livre* de Rabelais et, tout particulièrement les chapitres touchant la pronostication, se liraient différemment sans l'approche qui a été la sienne et qu'il a développée à partir de sa thèse d'état.

La sixième direction de ses recherches englobe Ronsard[76] et la poésie de la Renaissance[77].

---

[74]   «Rabelais, lecteur et juge des romans de chevalerie» (Coll. de Tours, septembre 1984), in *Rabelais en son demi-millénaire*, Droz, 1987, p. 237-248; «Les yeux et les oreilles de Rabelais», in *Le Monde*, 25 mars 1994; repris dans *Le Monde, dossiers et documents*, n° 53, octobre 2006; édition François Rabelais, *Le Tiers Livre*, Paris, Hachette, Le Livre de Poche, 1995; «Le jugement de Bridoye» in *Cahiers Textuel*, n° 15, janvier 1996, p. 49-62; «Les noms propres du *Tiers Livre* de Rabelais», in *Rabelais et le Tiers Livre* (Actes du colloque «Rabelais», Université de Nice, 2 et 3 février 1996, p.p. Eliane Kotler), Publications de la Faculté des Lettres, nouvelle série, n° 25, 1996, p. 85-96; «L'érudition dans le *Cinquième Livre*», in *Etudes Rabelaisiennes*, t. XL («*Le Cinquiesme Livre*», p. p. Franco Giacone), Genève, Droz, 2001, p. 41-53; «Rabelais, Tiraqueau et Manardo», dans *Les Grands Jours de Rabelais en Poitou (Actes du colloque de Poitiers, 30 août-1ᵉʳ septembre 2001*, p. p. Marie-Luce Demonet et Stéphan Geonget), Genève, Droz, 2006, p. 217-228.

[75]   Contribution à Rabelais, *Les Cinq Livres*, Paris, LGF, «La Pochothèque», 1994, (édition du *Tiers Livre*).

[76]   «Ronsard à l'Académie française en 1828», in *Œuvres et critiques*, VI, I (1981), p. 69-79; «Dieu, les hommes et le poète», in *Autour des «Hymnes» de Ronsard*, Paris, Champion, 1984, p. 83-101; «La disposition des deux livres des *Hymnes*», in *Les Hymnes de Ronsard, Cahiers Textuel*, I (1985), p. 83-99; contribution à *Ronsard. La trompette et la lyre* (Catalogue de l'Exposition Ronsard), Paris, BNF, 1985; «Les mythes dans les *Hymnes* de Ronsard», in *Les mythes poétiques au temps de la Renaissance* (Publications du Centre de Recherches sur la Renaissance, Université de Paris-Sorbonne), Paris, Thouzet, 1985, p. 21-34; «'Louer celuy qui demeure là-haut': la forme de l'hymne ronsardien» (Coll. *Littérature et Religion*, Montréal, 1985), in *Renaissance and Reformation*, XXIII, 1 (1987), p. 1-14; «D'une ode à l'autre: la disposition des livres des *Odes*», in *Ronsard, Colloque de Neuchâtel*, Genève, Droz, 1987, p. 179-192; «Cosmologie et politique: la paix dans l'œuvre et dans la pensée de Ronsard», in *Ronsard et Montaigne, écrivain engagés?*, études réunies par M. Dassonville, Lexington (Kentucky), French Forum, 1989, p. 41-53; «La révolte des géants, figure de la pensée de Ronsard» (Coll. Internationale Ronsard S.F.D.E.S.), in *Ronsard en son IVᵉ Centenaire*, Genève, Droz, «Etudes Ronsardiennes», II, 1989, p. 221-232; «Muret, comentateurs des *Amours* de Ronsard», in *Sur des Vers de Ronsard* (Colloque international de Duke University, avril 1985), Paris, Aux Amateurs de Livres, 1990, p. 37-50; repris en postface de Ronsard et Muret, *Les Amours, leurs Commentaires*, édition Christine de Buzon et Pierre Martin, Paris, Classiques Didier Erudition, 1999, p. 359-370; «La coutume dans les *Essais* de Montaigne», in *Expériences, Coutume, Tradition au temps de la Renaissance* (Publications du Centre de Recherches interdisciplinaires sur la Renaissance, Université de Paris-Sorbonne), Paris, Klincksieck, 1992, p. 23-38; «Cadres cosmologiques de la poésie ronsardienne des éléments», in *Ronsard et les Eléments*, Neuchâtel, Faculté des Lettres, et Genève, Droz, 1992, p. 9-25; édition Ronsard, *Œuvres complètes*, Paris,

En collaboration avec Daniel Ménager et Michel Simonin, Céard a travaillé à la refonte intégrale de l'édition des *Œuvres complètes* de Ronsard dans la « Bibliothèque de la Pléiade ». Cette publication, qui, outre le texte de l'édition collective de 1584, comporte toutes les autres œuvres de Ronsard (pièces retranchées, pièces posthumes, pièces hors recueil, etc.), s'efforce, grâce à un important appareil critique, de proposer une annotation qui rassemble tous les acquis de la recherche, indique de nombreuses sources inconnues et cherche à renouveler l'interprétation de l'œuvre. Céard a notamment assuré l'édition des *Odes*, des *Hymnes*, des *Poèmes* et des pièces latines.

Gallimard, Bibliothèque de la Pléiade, t. I, 1993 (en collaboration); «Mythologiques: Ronsard, Tzetzès et Ovide», in *Mélanges Guy Demerson*, Clermont-Ferrand, Publications de la Faculté, 1993, p. 201-214; «L'Invention du texte ronsardien: l'apport des commentaires», in *Les voies de l'invention aux XVIᵉ et XVIIᵉ siècles. Etudes génétiques, Paragraphes*, n° 9, Montréal, [1994], p. 55-67; édition Ronsard, *Œuvres complètes*, Paris, Gallimard, «Bibliothèque de la Pléiade», t. II, 1994 (en collaboration; contribution de J. Céard: édition et commentaires des *Hymnes*, des *Poèmes*, des œuvres latines, etc.); «Ronsard, le sommeil et les songes», in *Revue des amis de Ronsard au Japon*, numéro spécial, «Le merveilleux et le temps: deux grands thèmes ronsardiens», X (septembre 1997), p. 29-53; «Comme le potier fait son argile», avant-propos de *Les figures du poète, Pierre de Ronsard, Littérales*, n° 26, 2000; ‘Au travers du voile’: *L'Hymne de l'Hyver* de Ronsard», in *Les Fruits de la Saison (Mélanges André Gendre)*, Genève, Droz, 2000, p. 209-222; «Bacchus, ou la force de Dieu, selon Ronsard», in *Bacchanales, Cahiers du GITA*, n° 13, 2000, p. 183-200; «Les *Odes* de Ronsard: guide bibliographique», in *Nouvelle Revue du XVIᵉ siècle*, 19/2, Genève, Droz, 2001, p. 65-72; «De Giordano Bruno à Ronsard», Préface à Nuccio Ordine, *Giordano Bruno, Ronsard et la religion*, Paris, Albin Michel, 2004, p. 9-32.

[77] «Sur un passage des *Tragiques* d'Agrippa d'Aubigné», in *Bibliothèque d'Humanisme et Renaissance*, XXXIII-2, 1971. «Le thème du ‘monde à l'envers’ dans l'œuvre d'Agrippa d'Aubigné», in *L'image du monde renversé de la fin du XVIᵉ siècle au milieu du XVIIᵉ*, Paris, Vrin, 1979, p. 117-127; «L'épopée en France au XVIᵉ siècle», in *Actes du Xᵉ Congrès de l'Association Guillaume Budé*, Paris, Les Belles Lettres, 1980, p. 221-241; «Postel et l'‘étoile nouvelle’ de 1572» (Colloque international G. Postel, Avranches, septembre 1981), in *Guillaume Postel (1581-1981)*, Paris, Trédaniel, 1985, p. 349-360; «Le style satirique dans les *Tragiques* d'Agrippa d'Aubigné», in *La satire au temps de la Renaissance* (Publications du Centre de Recherches sur la Renaissance, Université de Paris-Sorbonne), Paris, Touzet, 1986, p. 187-201; «Le temps et la mémoire dans *Délie*», in «Ronsard, Scève», *Europe*, n° 691-692, novembre-décembre 1986, p. 104-116; présentation et préliminaires de *La curiosité à la Renaissance*, journée d'études de la Société Française des Seiziémistes, Paris, CDU-SEDES, 1986; «Sens, cœur, raison, mémoire dans *Délie*: la psychologie de Scève», in *Lire Maurice Scève, Cahiers Textuel*, n° 7 (1987), p. 15-25; «Sponde et la méditation de la parole biblique dans la première de ses *Méditations sur les Psaumes*», in *Prose et Prosateurs de la Renaissance (Mélanges Robert Aulotte)*, Paris, SEDES, 1988, p. 291-302; «Tragique et tragédie chez Agrippa d'Aubigné», in *Tragedia e Sentimento del tragico nella letteratura francese del Cinquecento*, Florence, Olschki, «Studi di letteratura francese», XVIII, 1990, p. 247-257; «Le jeune homme à la croisée des chemins: D'Aubigné et Silius Italicus» in *Revue d'Histoire littéraire de la France*, mars 1992, n°4, p. 630-644; «Bons et mauvais anges au premier jour de la *Sepmaine* de Du Bartas», revue *Op. cit.*, novembre 1993, p. 23-31; «Du Bartas et la tradition hexamérale», in *Cahiers Textuel*, n° 13, 1993, p. 11-23; «Marot, traducteur d'Erasme», in *Clément Marot, « Prince des poètes françois »*

A ces études ronsardiennes peut être rattachée l'édition en préparation des *Hymnes ecclésiastiques* du ronsardisant Guy Le Fèvre de La Boderie que Céard prépare en collaboration avec le soussigné.

Plus récemment Céard a donné en collaboration avec L.-G. Tin, une *Anthologie de la poésie française du XVIe siècle*[78].

La septième et dernière direction de recherches est constituée par les publications qui se situent au delà du XVIe siècle[79] et qui montrent, si besoin il y avait, que les intérêts de Jean Céard dépassent largement le XVIe siècle mais montrent aussi certaines préférences pour des auteurs comme Nerval[80], Huysmans[81], Sainte-Beuve[82], Renan[83] et De Gourmont[84].

(1496-1996) (Actes du Colloque de Cahors, 1996), Paris, Champion, 1997, p. 107-120; «Poésie et mystique chez Jean de Sponde: une parole de l'attente», in *Littérales*, n° 23, 1998, p. 39-50; «Christianisme et paganisme dans les *Hymnes ecclésiastiques* de Guy Le Fèvre de la Boderie», in *Cité des hommes, cité de Dieu (Mélanges Daniel Ménager)*, Genève, Droz, 2003, p. 381-392; préface de *Pontus de Tyard, poète, philosophe, théologien (Actes du colloque de l'Université de Paris XII-Val de Marne*, p. p. Sylviane Bokdam), Paris, Champion, 2003; «Un lecteur de Du Bartas: le médecin Nicolas Abraham de la Framboisière», in *Œuvres et critiques*, Tübingen, XXIX, 2, 2004, p. 87-98; «L'héroïque et les longs poèmes de Guy Le Fèvre de la Boderie», in *Cahiers de Recherches médiévales*, n° 11 spécial, 2004, p. 25-35; *Anthologie de la poésie française du XVIe siècle* (en collaboration avec Louis-Geoges Tin), Paris, Gallimard, 2005; édition Pontus de Tyard, *De recta nominum impositione*, introduction par Jean-Claude-Margolin, texte établi et traduit par Jean Céard et annoté par Jean Céard et Jean-Claude Margolin, Paris, Champion, 2007.

[78] Paris, Gallimard, 2005.

[79] Participation à l'*Histoire de la littérature française*, sous la direction de Jacques Roger, t. I, Paris, A. Colin (3 chapitres), édition V.-L. Saulnier, *Rabelais, Paris*, CDU-SEDES, 2 volumes, II, 1982, p. 1-356; I, 1983, p. 1-224; direction et avant-propos de *Langage et Vérité (Mélanges J.-Cl. Margolin)*, Genève, Droz, 1993; «Bibliographie des travaux de Jean-Claude Margolin», in *Langage et Vérité, op. cit.*, p. 11-23; «V.-L. Saulnier, historien du premier humanisme», in *Cahiers V.-L. Saulnier*, n° 19 («L'histoire du premier humanisme» 2002, p. 201-213.

[80] Contribution à Nerval, *Œuvres complètes*, Paris, Gallimard, «Bibliothèque de la Pléiade», t. I, 1989 (*Introduction aux poètes du XVIe siècle*, en collaboration); «Nerval et les poètes français du XVIe siècle: le 'Choix' de 1830», in *R.H.L.F.*, LXXXIX, 1989, p. 1033-1048; «Raoul Spifame, roi de Bicêtre. Recherches sur un récit de Nerval», in *Etudes nervaliennes et romantiques*, III, 1981, p. 25-50; «Nerval, lecteur de Rabelais», in *Quinze études sur Nerval et le Romantisme (Mélanges Jacques Bony)*, Paris, Editions Kimé, 2005, p. 33-46; «Nerval et la Renaissance», in *Revue d'histoire Littéraire de la France*, 2005, n° 4, p. 805-815.

[81] « Des Esseintes et la littérature latine de la décadence. Huysmans, lecteur de Dom Rivet, de Chateaubriand et d'Ozanam», in *Studi francesi*, mai-décembre 1978, p. 298-310; «Huysmans, historien de la latinité de la décadence», in *Huysmans, Cahier de l'Herne*, n° 47, 1985, p. 155-164.

[82] «Sainte-Beuve et le XVIe siècle», in *Cahiers de l'Association Internationale des Etudes françaises*, n° 57, mai 2005, p. 179-194.

[83] «Renan, historien de la fortune de l'averroïsme», in *Etudes renaniennes*, n° 23, 1975, p. 3-11.

[84] «Le latin mistique de Remy de Gourmont», in *Les Décadents à l'école des alexandrins (Actes du colloque de Valenciennes, 30 novembre-1er décembre 1995)*, Valenciennes, P.U. 1996, p. 171-182.

J'aimerais terminer ces quelques propos avec un aveu: face à une personnalité du calibre de Jean Céard *sumus sicut nani super humeros gygantium*[85], géant qui en plus d'une grandissime érudition, possède une vertu rare dans le monde des chercheurs, à savoir une générosité entière: il vous met à disposition son savoir.

Franco GIACONE
Università La Sapienza, Roma

---

[85] Voir Bernard de Chartres.

POUR UN PORTRAIT
DE JEAN CÉARD

La scène se passe dans l'« aquarium » de la rue d'Ulm, après le pot de midi, vers la fin de l'année universitaire 1958-1959. J'étais en première année. Ayant préféré l'externat, j'étais loin de connaître tous les élèves de l'Ecole. Au milieu d'un petit groupe qui converse d'une façon animée, j'avise un jeune homme brun, de taille moyenne (avec des lunettes ? sans lunettes ? je ne me souviens plus) et qui semblait très à l'aise avec ses camarades. A l'un des miens, je demande discrètement : « Qui est-ce ? ». « C'est Jean Céard », me répond-il. « Il est en deuxième année et prépare son Diplôme d'études supérieures avec Etiemble sur le XVIIIᵉ siècle. Il a tout lu sur le sujet ». Pour une fois, l'hyperbole était presque vraie. Jean Céard n'était pas encore seiziémiste, mais déjà, il étonnait tout le monde. Pour l'heure, il se préparait à prendre son café «chez Piron», « le mutin de la Mer noire », haute figure de la mythologie normalienne. Après quoi, il disputerait avec ses camarades une partie de baby-foot. Un de nos amis communs me disait encore récemment qu'il était fort adroit à ce jeu. Tel il était, tel il est toujours : à la fois sérieux et blagueur, grave et souriant, bûcheur et convivial.

Il devint seiziémiste à son retour de la guerre d'Algérie. Je me rappelle très bien le moment, où, chez la vieille dame de la rue de Richelieu, dans l'allée centrale de la salle Labrousse, il m'annonça qu'il changeait de siècle. On vit rapidement ce que cela donnait. D'abord la thèse de troisième cycle sur Ambroise Paré, puis la thèse d'Etat, soutenue à la Sorbonne en 1975. V.-L. Saulnier, après avoir écouté la traditionnelle présentation, lui déclara : « Monsieur, vous avez écrit une grande thèse ». Le moins qu'on puisse dire, c'est que des milliers de lecteurs, sur tous les continents, ont ratifié ce jugement. Jean Céard ne se contentait pas (ce qui était déjà beaucoup) d'explorer le discours de la Renaissance sur les monstres et les prodiges. Il ouvrait un chapitre nouveau sur les relations de la littérature et du savoir.

C'était un livre vraiment impressionnant. Pour cette œuvre, notre ami n'avait pas marchandé ses efforts. Il avait aménagé son temps en fonction du but à atteindre, et cela lui est resté. Il saute volontiers des repas. Pour avoir une idée de sa capacité de travail hebdomadaire, il faudrait multiplier par trois les fameuses trente-cinq heures de la société française. Un jour, nous revenions d'un colloque organisé à Rome par Franco Giacone. Au moment de prendre l'avion, vers dix-neuf heures, il me confie : « Le problème, c'est que je n'ai pas préparé mon cours d'agrégation pour demain. – Comment vas-tu faire ? – J'ai la nuit devant moi !» Celle-là fut encore plus courte que les autres, mais une chose est sûre : les agrégatifs de Nanterre entendirent, sur La Rochefoucauld, un cours aussi riche, aussi savant, aussi bien organisé que ceux qu'il donnait d'ordinaire. Nous avons été plusieurs à lui prêcher la modération dans l'effort, et à lui rappeler qu'après tout, il avait aussi un corps qui pouvait regimber contre un tel régime. Il nous a plus ou moins écoutés.

Pour avoir souvent médité sur l'équilibre du monde, Jean Céard sait mieux qu'un autre que toutes les saisons de l'année concourent à son harmonie. Pourtant, l'une d'elles a ses préférences : l'hiver, « saison de l'art serein », où rien ne bourgeonne inutilement. Il s'est toujours méfié des chaleurs émollientes de l'été, et même, peut-être, de l'étourderie du printemps. Il n'est pas hostile à l'automne, parce qu'il porte des fruits comme tout travail qui se respecte. Ses goûts stylistiques sont à l'image de ses préférences cosmologiques. C'est un atticiste, plus qu'un asianiste. Lors des soutenances de thèse, il traque avec vigueur toutes les boursouflures, les images inutiles. *Uber, tuber* : ce pourrait être aussi sa devise. Tout en étant l'éminent seiziémiste que l'on sait, il penche parfois vers le XVIIe siècle qu'il connaît aussi comme sa poche. Cela ne l'empêche pas d'admirer les Grands Rhétoriqueurs, en particulier Molinet, dont il m'a fait un jour l'éloge en termes enthousiastes. Inclassable, vraiment.

Le plus étonnant dans tout cela, c'est qu'il trouve des moments de détente autant que le commun des mortels. Au restaurant, il consulte en connaisseur la carte des vins. Ses bons mots égaient la compagnie, le temps est suspendu et il faut lui rappeler l'heure du dernier métro. Il savoure les flâneries dans les vieilles librairies, visite les brocantes, à la recherche d'une édition rare. Ce goût des vieux livres, qu'il ne sait plus où mettre dans son appartement, il le partageait avec le regretté Michel Simonin, qui fut son élève avant de devenir son collègue. Il faut le voir, lors d'une soutenance de thèse, sortir de sa serviette une édition ancienne, remonter ses lunettes sur son front à la manière d'un aviateur et lire un passage de l'auteur en question pour bien montrer au candidat ou à la candidate que rien ne vaut les références aux vieux éditeurs.

Jean Céard est aussi un homme de devoir qui ne se dérobe pas à ses obligations. Il accepta, en 1981, de devenir vice-recteur de l'Académie de Créteil. Ce n'était pas une sinécure. Le ministère avait toutes sortes de projets (comme d'habitude). Il fallait distinguer le possible et l'idéal. Pour cela comme pour le reste, il était l'homme de la situation. On lui a demandé également, à plusieurs reprises, de présider des jurys d'agrégation. Ses présidences ont laissé un grand souvenir à tous ceux qui ont travaillé avec lui en raison de sa rigueur, de sa précision, de ses scrupules. Au plus fort de ces activités, il continuait à écrire, à éditer. Le Ronsard de la Pléiade, qu'il publia avec Michel Simonin et moi-même, date de ces années-là. C'était presque pour lui une récréation, et il était ravi quand nous montions ensemble les degrés du petit pavillon où se trouvait le bureau d'Hugues Pradier, le directeur de la collection, chez Gallimard, au 6 rue Sébastien-Bottin.

Au fil de ses multiples activités, Jean Céard a noué de nombreuses amitiés. A toutes, il est fidèle. Il a honoré la mémoire de son maître, V.-L. Saulnier, en dressant avec piété la liste de ses livres et de ses articles. Ceux d'entre nous qui ont traversé une épreuve ou qui sont tombés malades, savent qu'il ne les a pas oubliés. De lui, ils ont reçu parfois une visite, toujours une lettre, ou un coup de téléphone. Jean Céard a le goût des *sodalitates*. S'agit-il d'organiser un repas de promotion ? Il répond présent, parfois même il en prend l'initiative. Par ce trait de son tempérament, il est bien un homme du XVIe siècle. On le verrait très bien fêtant, avec Rabelais, la libération d'un ami prisonnier. En fait, tous les siècles lui sont contemporains. La présentation de Franco Giacone montre à ceux qui ne le savaient pas qu'il fréquente aussi Nerval, Huysmans, ou Rémy de Gourmont, qui a si bien parlé du latin d'église. Pour se souvenir de ses lectures, il n'a pas besoin d'un *ars memoriae*. La sienne est presque infaillible.

Bien entendu, ses étudiants et tous les jeunes chercheurs qu'il a dirigés l'ont admiré et l'admirent encore. Il les reçoit chez lui, leur donne volontiers son numéro de téléphone en précisant qu'on peut l'appeler dès sept heures du matin. Lors d'une réunion de fin d'année, dont l'objet était de présenter nos différents séminaires de maîtrise, l'un de mes collègues, terrorisé, m'a glissé à l'oreille : « Pourvu que les étudiants ne confondent pas mes horaires avec les siens » !

D'une personnalité aussi riche, on pourrait dire bien des choses, qui le feraient aimer, si c'est possible, encore davantage. Certaines appartiennent à son jardin secret, dont les portes, bien entendu, doivent rester fermées. Mon propos, d'autres auraient pu le tenir, même si, depuis quarante ans, j'ai eu le privilège de travailler beaucoup avec lui. Je n'ai été ici que l'écho sonore de notre admiration, de notre amitié, et de notre affection.

Daniel MÉNAGER

BIBLIOGRAPHIE DES TRAVAUX
DE JEAN CÉARD

1. Participation à l'*Histoire de la littérature française*, sous la direction de J.-C. Payen et Jacques Roger, t. I, Paris, A. Colin, 1969 (« La Poésie : la Pléiade », p. 221-244 ; « Conteurs, moralistes et politiques », p. 245-251 ; « La poésie baroque », p. 269-288).

2. « Montaigne et l'Ecclésiaste. Recherches sur les sentences de sa librairie », *Bibliothèque d'Humanisme et de Renaissance*, XXXIII, 2 (1971), p. 367-374.

3. « Sur un passage des *Tragiques* d'Agrippa d'Aubigné [*Jugement*, v. 961-972] », *ibid.*, p. 375-376.

4. Ambroise Paré, *Des monstres et prodiges*, éd. critique et commentée, Genève, Droz, 1971, L-239 p.

5. « 'République' et 'républicain' au XVIe s., en France », in *L'Esprit républicain*, Paris, Klincksieck, 1972, p. 97-105.

6. « Les bestiaires du Moyen Age et leurs survivances dans la littérature de la Renaissance », in *Etudes ligériennes d'archéologie et d'histoire* (*Mélanges René Louis*), Auxerre, 1975, p. 83-88.

7. « Rome dans la *Méthode de l'Histoire* de Jean Bodin », in *Actes du IXe Congrès de l'Assoc. Guillaume Budé*, Paris, Les Belles Lettres, 1975, p. 758-770.

8. « Renan, historien de la fortune de l'averroïsme », in *Etudes renaniennes*, n° 23, 1975, p. 3-11.

9. « Pierre Belon, zoologiste », in *Renaissance et Classicisme du Maine*, Paris, Nizet, 1975, p. 125-136.

10. « Le modèle de la *République* de Platon et la pensée politique au XVIe siècle », in *Platon et Aristote à la Renaissance*, Paris, Vrin, 1976, p. 175-190.

11. « Folie et démonologie au XVIe siècle », in *Folie et Déraison à la Renaissance*, Paris, P.UF., et Bruxelles, P.U.B., 1976, p. 129-147.

12. « Analogie et zoologie au XVIe siècle », in *Bull. de l'Institut Collégial Européen*, 1976. – Art. reproduit dans *Analogie et Connaissance*, éd. A. Lichnerowicz, G. Gadoffre, F. Perroux, t. I, Paris, Maloine, 1980.

13. « La nature et les prodiges au XVIe siècle », in *L'Information littéraire*, sept.-oct. 1976.

14. *La nature et les prodiges. L'insolite au XVIe siècle en France*, Genève, Droz, 1977, XIV + 512 p. - Nouvelle éd. augmentée, Genève, Droz, « Titre courant », 1996, 7 + XIV + 528 p.

15. « La querelle des Géants et la jeunesse du monde », in *The Journal of Medieval and Renaissance Studies*, 8, Spring 1978, p. 37-76.

16. « Virgile, un grand homme soupçonné de magie », in *Présence de Virgile*, Paris, Les Belles Lettres, 1978, p. 265-278.

17. « Des Esseintes et la littérature latine de la décadence. Huysmans, lecteur de Dom Rivet, de Chateaubriand et d'Ozanam », in *Studi francesi*, mai-déc. 1978, p. 298-310.

18. « Le thème du 'monde à l'envers' dans l'œuvre d'Agrippa d'Aubigné », in *L'image du monde renversé de la fin du XVIe s. au milieu du XVIIe*, Paris, Vrin, 1979, p. 117-127.

19. « L'épopée en France au XVIe siècle », in *Actes du Xe Congrès de l'Assoc. Guillaume Budé*, Paris, Les Belles Lettres, 1980, p. 221-241.

20. « Les problèmes de la taxonomie zoologique à la Renaissance », in *Actes du Xe Congrès de l'Assoc. Guillaume Budé*, Paris, Les Belles Lettres, 1980.

21. « La notion de *miraculum* dans la pensée de Cardan », in *Actus Conventus Neo-Latini Turonensis*, Paris, Vrin, 1980, p. 349-357.

22. « Tératologie et tératomancie au XVIe siècle », in *Monstres et Prodiges au temps de la Renaissance* (public. du Centre de Recherches sur la Renaissance, Univ. de Paris-Sorbonne), Paris, Touzet, 1980, p. 5-16.

23. « L'histoire écoutée aux portes de la légende: Rabelais, les fables de Turpin et la légende de saint Nicolas », in *Etudes seiziémistes offertes à M. le Pr. V.-L. Saulnier*, Genève, Droz, 1980, p. 91-109.

24. « De Babel à la Pentecôte : la transformation du mythe de la confusion des langues au XVIe siècle », in *Bibliothèque d'Humanisme et Renaissance*, XLII (1980), p. 577-594.

25. « Les mythes de l'énergie dans l'histoire : l'ordre du monde et les risques de l'énergie vitale », in *Actes du Coll. sur les risques sanitaires des différentes énergies* (Soc. fr. d'énergie nucléaire, janv. 1980), 1980, p. 28-36.

26. « L'influence de Marsile de Padoue sur la pensée calviniste française : Du Plessis-Mornay, lecteur du *Defensor Pacis* » (Congrès international Marsile de Padoue, Padoue, sept. 1980), in *Medioevo*, VI (1980), p. 577-594.

27. « Les rébus au XVIe siècle et la veine populaire » (Coll. sur la littérature populaire, Goutelas, sept. 1979), in *Réforme, Humanisme, Renaissance*, 11 (déc. 1980), p. 161-166.

28. « Matérialisme et théorie de l'âme dans la pensée padouane : le *Traité de l'immortalité de l'âme* de Pomponazzi », in *Revue philosophique*, CVI (1981), p. 69-79.

29. « Ronsard à l'Académie française en 1828 », in *Œuvres et critiques*, VI, 1 (1981), p. 69-79.

30. « Les transformations du genre du commentaire à la Renaissance » (Coll. de Tours, juillet 1979), in *L'Automne de la Renaissance, 1580-1630*, Paris, Vrin, 1981, p. 101-115.

31. « Raoul Spifame, roi de Bicêtre. Recherches sur un récit de Nerval », in *Etudes nervaliennes et romantiques*, III (1981), p. 25-50.

32. « Bovelles et les traditions numérologiques » (Coll. Bovelles, Noyon, sept. 1979), in *Charles de Bovelles en son cinquième centenaire*, Paris, Trédaniel, 1982, p. 211-228.

103. « L'analogie du macrocosme et du microcosme, figure de la récapitulation », in *Histoire du concept de récapitulation* (Actes du Colloque Intern., Créteil, Univ. de Paris-XII, 25-26 janvier 1991), Paris, Masson, 1993, p. 5-15.

104. « Mythologiques : Ronsard, Tzetzès et Ovide », in *Mélanges Guy Demerson*, Clermont-Ferrand, public. de la Faculté, 1993, p. 201-214.

105. « Le Régime de Santé de l'Ecole de Salerne traduit et commenté par le médecin Michel Le Long (1637) », in *Le Corps et ses énigmes au Moyen Age* (Centre d'Etudes Médiévales d'Orléans, 15 et 16 mai 1992), Caen, Paradigme, 1993, p. 33-43.

106. « Le mariage dans l'*Heptaméron* de Marguerite de Navarre », in *Le Mariage au temps de la Renaissance* (public. du Centre de Recherches Interdisciplinaires sur la Renaissance, Univ. de Paris-Sorbonne), Paris, Klinscksieck, 1993, p. 195-210.

107. Dir. et avant-propos de *Langage et Vérité* (*Mélanges J.-Cl. Margolin*), Genève, Droz, 1993.

108. « Bibliographie des travaux de Jean-Claude Margolin », *ibid.*, p. 11-23.

109. « Montaigne, traducteur de Sebond : Positions et propositions », in *Montaigne Studies*, V, 1-2, 1993, p. 11-26.

110. « Bons et mauvais anges au premier jour de la *Sepmaine* de Du Bartas », in revue *Op. cit.*, nov. 1993, p. 23-31.

111. « Du Bartas et la tradition hexamérale », in *Cahiers Textuel*, n° 13, 1993, p. 11-23.

112. « Main de maître, main de Dieu », in *Les Cahiers de Science et Vie*, hors série n° 19 (« Ambroise Paré »), févr. 1994, p. 52-71.

113. « L'invention du texte ronsardien : l'apport des commentaires », in *Les voies de l'invention aux XVIe et XVIIe siècles. Etudes génétiques, Paragraphes*, n° 9, Montréal, 1994, p. 55-67.

114. Ed. Ronsard, *Œuvres complètes*, Paris, Gallimard, «Bibliothèque de la Pléiade», t. II, 1994, 1780 p. (en collaboration; contribution de J. Céard: éd. et comment. des *Hymnes*, des *Poèmes*, des œuvres latines, etc.).

115. « Démonologie et démonopathies au temps de Charcot » (Colloque Charcot, Société Française d'Histoire de la Médecine), in *Histoire des sciences médicales*, XXVIII, n°4, 1994, p. 337-344.

116. « Inventions et inventeurs selon Polydore Vergile », in *Inventions et découvertes au temps de la Renaissance* (public. du Centre de Recherches Interdisciplinaires sur la Renaissance, Univ. de Paris-Sorbonne), Paris, Klinscksieck, 1994, p. 108-122.

117. Contrib. à Rabelais, *Les Cinq Livres*, Paris, LGF, «La Pochothèque», 1994 (éd. du *Tiers Livre*).

118. « L'"érudition circulaire' à la Renaissance », Actes de la Table Ronde de l'Univ. de Paris X, 26 nov. 1994 (résumé).

119. « Les yeux et les oreilles de Rabelais », in *Le Monde*, 25 mars 1994 ; repris dans *Le Monde, dossiers et documents*, n° 53, octobre 2006.

120. « La Macédoine et les Macédoniens dans les *Essais* », in *Montaigne et l'histoire des Hellènes* (Actes du Colloque de Lesbos, 25-29 sept. 1992), p. p. K. Christodoulou, Paris, Klincksieck, 1995, p. 151-159.

121. « Montaigne : 'Des cannibales', 'Des coches' », in *Bac 95/Lettres*, sous la dir. de Jean-Paul Laffitte, Paris, Vuibert, 1994. – Rééd. in *Bac 96/Lettres*, sous la dir. de Jean-Paul Laffitte, Paris, Vuibert, 1995.

122. Ed. François Rabelais, *Le Tiers Livre*, Paris, Hachette, « Le livre de poche », 1995, LII + 490 p.

123. « La littérature et les guerres de religion », in *Société, culture, vie religieuse aux XVIe et XVIIe s.*, p. p. l'Association des historiens modernistes des Universités, Bull. n°20, Paris, Presses de l'Univ. de Paris-Sorbonne, 1995, p. 67-79.

124. *La nature et les prodiges. L'insolite au XVIe siècle en France*, nouvelle éd. augmentée, Genève, Droz, « Titre courant », 1996, 560 p.

125. « Le jugement de Bridoye », in *Cahiers Textuel*, n°15, janv. 1996, p. 49-62.

126. « Les noms propres du *Tiers Livre* de Rabelais », in *Rabelais et le Tiers-Livre* (Actes du colloque *Rabelais*, Univ. de Nice, 2 et 3 févr. 1996, p. p. Eliane Kotler), Nice, publ. de la Fac. des Lettres, nouvelle série, n°25, 1996, p. 85-96.

127. « L'Europe en quête de son identité, selon les cosmographes de la fin de la Renaissance », in *Renaissances européennes et Renaissance française*, sous la dir. de G. Gadoffre, Montpellier, Ed. Espace 34, 1996, p. 53-67.

128. « Les problèmes du loisir à la Renaissance », Coll. de l'Association Guillaume Budé (Reims, août 1993), in *Les loisirs et l'héritage de la culture classique*, Collection *Latomus*, Bruxelles, 1996, p. 513-525.

129. « *Le latin mystique* de Remy de Gourmont », in *Les Décadents à l'école des Alexandrins* (Actes du colloque de Valenciennes, 30 nov.-1er déc. 1995), Valenciennes, P.U., 1996, p. 171-182.

130. « Collin de Plancy démonographe : la contribution de Pierre de Lancre au *Dictionnaire des Sciences occultes* », in *Pratiques d'écriture* (*Mélanges Jean Gaudon*), Paris, Klincksieck, 1996, p. 141-155.

131. « La Sorcière, l'Etrangère : le voyage de Pierre de Lancre en Sorcerie », in *L'Etranger : identité et altérité au temps de la Renaissance*, Paris, Klincksieck, 1996, p. 79-100.

132. Participation à l'éd. de Bernard Palissy, *Œuvres complètes*, sous la direction de Marie-Madeleine Fragonard, Mont-de-Marsan, Ed. InterUniversitaires, 1996, 2 vol.

133. « De l'encyclopédie au commentaire, du commentaire à l'encyclopédie : le temps de la Renaissance », in *Tous les savoirs du monde*, Bibliothèque Nationale de France / Flammarion (Catalogue de l'exposition de la BNF : «Tous les savoirs du monde»), 1996, p. 164-169.

134. « La fortune de l'*Utopie* de Thomas More en France au XVIe siècle », Actes de la « II[a] Giornata Luigi Firpo », Turin, 2 mars 1995, in *La fortuna dell'Utopia di Thomas More nel dibattito politico europeo del '500*, Florence, Olschki, 1996, p. 43-74.

135. « '*Mirabilis facta est scientia tua. i. tui, ex me*'. De l'apologétique à la morale », *Recherches et Travaux*, n° 50 (1996), in *Morales du XVIe siècle* (*Hommage à Denis Baril*), p. 187-201.

136. « Marot, traducteur d'Erasme », in *Clément Marot, «Prince des poëtes françois» (1496-1996)* (Actes du colloque de Cahors, 1996), Paris, Champion, 1997, p. 107-120.

137. « Le commentaire, ou l'encyclopédisme non méthodique de la Renaissance », in *L'entreprise encyclopédique* (Actes du colloque de l'Univ. de Paris-X, 11-13 janv. 1996), Nanterre, 1997.

138. Ed. et préface de Gilbert Gadoffre, *La révolution culturelle dans la France des humanistes*, Genève, Droz, « Titre courant », 1997.

139. « Ermolao Barbaro », in *Centuriæ latinæ*, éd. Colette Nativel, Genève, Droz, 1997, p. 79-84.

140. « Ronsard, le sommeil et les songes », in *Revue des amis de Ronsard au Japon*, numéro spécial *Le merveilleux et le temps : deux grands thèmes ronsardiens*, X (sept. 1997), p. 29-53.

141. « Poésie et mystique chez Jean de Sponde : une parole de l'attente », in *Littérales*, n° 23, 1998, p. 39-50.

142. « Le diable singe de Dieu selon les démonologues des XVIᵉ et XVIIᵉ siècles », in *Vers une métaphysique du diable* (Actes du colloque de Cerisy, 24-30 juillet 1997), p. p. Claude Aguerre, Paris, Cahier de l'Hermétisme, Editions Dervy, 1998.

143. « Listes de femmes savantes au XVIᵉ siècle », in *Femmes savantes, Savoirs des femmes* (Actes du colloque de Chantilly, 22-24 sept. 1995), p. p. Colette Nativel, Genève, Droz, 1999, p. 85-94.

144. « Apologétique et pensée morale, de Sebond à Duplessis-Mornay », in *La morale des moralistes*, études p. p. Jean Dagen, Paris, Champion, 1999, p. 33-45.

145. « Comme le potier fait son argile », avant-propos de *Les figures du poète, Pierre de Ronsard*, *Littérales*, n° 26, 2000.

146. « 'Au travers du voile' : *L'Hymne de l'Hyver* de Ronsard », in *Les Fruits de la Saison* (*Mélanges André Gendre*), Genève, Droz, 2000, p. 209-222.

147. « Bacchus, ou la force de Dieu, selon Ronsard », in *Bacchanales*, Cahiers du GITA, Montpellier, n°13, 2000, p. 183-200.

148. « Agir et prévoir selon Montaigne », in *Bulletin de la Société des Amis de Montaigne* (n° spécial, *Montaigne et l'action*), 8ᵉ série, n° 17-18, janvier-juin 2000, p. 23-30.

149. « Botanica e zoologica », in *Storia della Scienza*, vol. 4, Rome, Istituto della Enciclopedia italiana, 2001, p. 882-893.

150. « Nature et culture à la Renaissance : quelques réflexions sur la naissance du concept de culture », in *Romanistische Zeitschrift für Literaturgeschichte*, Heidelberg, 25, heft 1/2, 2001, p. 65-72.

151. « Les *Odes* de Ronsard : guide bibliographique », in *Nouvelle Revue du XVIᵉ siècle*, 19/2, Genève, Droz, 2001, p. 101-120.

152. « L'érudition dans le *Cinquième Livre* », in *Etudes Rabelaisiennes*, t. XL (*Le Cinquiesme Livre*, p. p. Franco Giacone), Genève, Droz, 2001, p. 41-53.

153. Ed. Montaigne, *Les Essais*, texte établi et annoté par D. Bjaï, B. Boudou, J. Céard, I. Pantin, sous la dir. de J. Céard, Paris, Librairie Générale Française, « La Pochothèque », 2001, XXXI + 1853 p.

154. « Le prix des leçons de l'histoire : Machiavel, lecteur d'Hérodien », in *Nouvelle Revue du Seizième Siècle*, n° 19/1, 2001, p. 9-20.

155. Préface à Ulisse Aldrovandi, *Monstrorum Historia*, Paris, Les Belles Lettres et Nino Aragno Editore, 2002, p. I-XLIV.

156. « La physiologie de la mémoire selon le médecin Jean Fernel », in *Mémoire et oubli au temps de la Renaissance* (Actes du colloque 2000-2001 de la Soc. Intern. de recherches interdisciplinaires sur la Renaissance), Paris, Champion, 2002, p. 159-172 ; repris dans *Corpus*, n° 41 (« Jean Fernel »), 2002, p. 119-133.

157. « V.-L. Saulnier, historien du premier humanisme », in *Cahiers V.-L. Saulnier*, n° 19 (« L'histoire en marge de l'histoire »), 2002, p. 201-213.

158. « Christianisme et paganisme dans les *Hymnes ecclésiastiques* de Guy Le Fèvre de la Bodrie », in *Cité des hommes, cité de Dieu* (*Mélanges Daniel Ménager*), Genève, Droz, 2003, p. 381-392.

159. « 'Dialogues poétiques' : la mythologie dans le *Cymbalum mundi* », in *Le Cymbalum mundi*, Actes du colloque de Rome, p. p. Franco Giacone, Genève, Droz, 2003, p. 151-161.

160. « Croyances : adhésions et dissensions ? », in *L'étude de la Renaissance nunc et cras* (Actes du collque de la FISIER, Genève, sept. 2001), p. p. Max Engammare *et al.*, Genève, Droz, 2003, p. 199-214.

161. « Montaigne anatomiste », in *CAIEF*, n°55, mai 2003, p. 299-325.

162. « Nicolas Abraham de la Framboisière, lecteur d'Ambroise Paré », in *Ambroise Paré. Pratique et écriture de la science à la Renaissance* (Actes du colloque de Pau, p. p. Evelyne Berriot-Salvadore), Paris, Champion 2003, p. 379-395.

163. Préface de *Pontus de Tyard, poète, philosophe, théologien* (Actes du colloque de l'Univ. de Paris XII-Val de Marne, p. p. Sylviane Bokdam), Paris, Champion, 2003, p. 7-10.

164. « Montaigne et ses lecteurs : l'édition de 1595 », in *Bulletin de la Société des Amis de Montaigne*, 8ᵉ série, n° 29-30, janvier-juin 2003, p. 93-106.

165. Dir. et préface de *La France des humanistes : Henri II Estienne, éditeur et écrivain*, Turnhout, Brepols (Europa humanistica, 2), 2003, 544 p.

166. « Guillaume Budé, lecteur humaniste », in *Des Alexandries II. Les métamorphoses du lecteur* (Actes du colloque d'Alexandrie, 28-30 nov. 1999, sous la dir. de Christian Jacob), Paris, BNF, 2003, p. 233-242.

167. « *In homine quodam modo sunt omnia*: récapitulation et analogie à la Renaissance », in *Macrocosmo/Microcosmo* (Actes du colloque de Vérone, 23-25 mai 2003, a cura di Rosanna Gorris Camos), Fasano, Schena Editore, 2004, p. 11-22.

168. « Un lecteur de Du Bartas : le médecin Nicolas Abraham de la Framboisière », in *Œuvres et critiques*, Tübingen, XXIX, 2, 2004, p. 87-98.

169. « L'héroïque et les longs poèmes de Guy Le Fèvre de la Boderie », in *Cahiers de Recherches médiévales*, n° 11 spécial, 2004, p. 25-35.

170. « L'énigme des monstres. Aperçus sur l'histoire culturelle et scientifique de la monstruosité », in *Imaginaire et Inconscient*, n° 13, 2004, p. 17-26.

171. « De Giordano Bruno à Ronsard », préface à Nuccio Ordine, in *Giordano Bruno, Ronsard et la religion*, Paris, Albin Michel, 2004, p. 9-32.

172. « La sottise, la stupidité dans les *Adages* d'Erasme », in *Sottise et ineptie de la Renaissance aux Lumières*, p. p. Nicole Jacques-Lefèvre et Anne-Pascale Pouey-Mounou, *Littérales*, n° 34/35, 2004, p. 19-32.

173. « Une description d'un cabinet de curiosités : la Pantothèque du *Colloquium Heptaplomeres* », in *Curiosité et cabinets de curiosités*, Neuilly, Atlande, 2004, p. 125-130.

174. « Les conceptions de la royauté et l'institution du prince en France au XVIᵉ s. », in *La formazione del principe in Europa dal Quattrocento al Seicento* (Actes du colloque de Ferrare, 19-20 avril 2002, p. p. Paolo Carile), Roma, Aracne editrice, 2004.

175. « Nerval, lecteur de Rabelais », in *Quinze études sur Nerval et le Romantisme* (Mélanges Jacques Bony), Paris, Ed. Kimé, 2005, p. 33-46.

176. « Le moyen et le neutre », in *Eloge de la médiocrité. Le juste milieu à la Renaissance*, p. p. Emmanuel Naya et Anne-Pascale Pouey-Mounou, Paris, Ed. Rue d'Ulm, 2005, p. 9-23.

177. « La notion de corpus à la Renaissance : éléments pour un essai de typologie et de définition », in *Culture : collections, compilations* (Actes du colloque 2001-2002 de la Soc. Intern. de recherches interdisciplinaires sur la Renaissance), Paris, Champion, 2005, p. 33-43.

178. « Le proverbe selon Erasme » et « Erasme : Prolegomènes [aux *Adages*]», in *Seizième Siècle*, n° 1, 2005, p. 17-20 et 21-45.

179. « Sainte-Beuve et le XVIᵉ siècle », in *CAIEF*, n°57, mai 2005, p. 179-194.

180. « Montaigne et l'intériorité », in *L'intériorité au temps de la Renaissance* (Actes du colloque 2003-2004 de la Soc. Intern. de recherches interdisciplinaires sur la Renaissance), Paris, Champion, 2005, p. 143-152.

181. *Anthologie de la poésie française du XVIᵉ siècle* (en collaboration avec Louis-Georges Tin), Paris, Gallimard, 2005, 659 p.

182. Ed. Jean Nider, *Les sorciers et leurs tromperies*, texte établi et traduit par Jean Céard, annoté par Jean Céard avec la collaboration de Sophie Houdard, de Maxime Préaud et de Daniel Teysseire. Introduction par Sophie Houdard et Nicole Jacques-Jefèvre, Grenoble, Ed. Jérôme Millon, 2005.

183. « Nerval et la Renaissance », in *Revue d'Histoire Littéraire de la France*, 2005, n° 4, p. 805-815.

184. « La numérologie de la Renaissance et les nombres de Rabelais: Un secret peut en cacher un autre », in *D'un principe philosophique à un genre littéraire : les secrets* (Actes du colloque de la Newberry Library, Chicago, 11-14 sept. 2002), p. p. D. de Courcelles, Paris, Champion, 2005, p. 263-278.

185. « La montagne des cosmographes : Paulus Merula », in *Les montagnes de l'esprit : imaginaire et histoire de la montagne à la Renaissance* (Actes du colloque de Saint-Vincent, 22-23 nov. 2002), p. p. Rosanna Gorris Camos, Musumeci éd., 2005, p. 171-182.

186. « La physiologie de Fernel : l'anatomie et la physiologie, ou la géographie et l'histoire du corps humain », in *Théâtre de l'anatomie et corps en spectacle*, éd. I. Zinguer et I. Martin, Berne, Peter Lang, 2006, p. 49-62.

187. « Philologie, droit et philosophie selon Guillaume Budé », in *Education, transmission, rénovation à la Renaissance*, Cahiers du GADGES, n° 4, 2006, p. 167-179.

188. « L'exemple comme preuve dans le texte scientifique de la fin de la Renaissance », in *L'Ecriture du texte scientifique*, sous la dir. de Claude Thomasset, Paris, PUPS, 2006, p. 141-153.

189. « Rabelais, Tiraqueau et Manardo », in *Les Grands Jours de Rabelais en Poitou* (Actes du colloque de Poitiers, 30 août-1ᵉʳ septembre 2001, p. p. Marie-Luce Demonet et Stéphan Geonget), Genève, Droz, 2006, p. 217-228.

190. « Montaigne lecteur de Catulle », in *Montaigne Studies*, 18, 1-2 (2006), « Montaigne et la poésie », p. 109-118.

191. « Présentation du *Tiers Livre* », in http://vox-poetica.org (Société fr. de littérature générale et comparée).

192. Ed. Pontus de Tyard, *De recta nominum impositione*, intro. par Jean-Claude Margolin, texte établi et traduit par Jean Céard et annoté par Jean Céard et Jean-Claude Margolin, Paris, Champion, 2007, CXXVII + 560 p.

193. « Les géants selon Dom Calmet », in *Les Géants entre mythe et littérature* (Actes du colloque d'Arras, 24-25 novembre 2005), p. p. Marianne Closson et Myriam White-Le Goff, Arras, Artois Presses Univ., 2007, p. 37-46.

194. « Le monde et la cité : guerre et paix selon Ronsard », in *Revue des amis de Ronsard au Japon*, numéro spécial *La guerre et la paix dans la poésie de Ronsard*, XX (2007), p. 1-20.

195. « Arcimboldo vu par Jean Céard », in *Connaissance des arts*, H. S. n° 339 (2007), p. 54-55.

196. « Voyager avec Jean Nider dans le monde sorcier », in *Voyager avec le diable*, éd. Th. Maus de Rolley et G. Holtz, Paris, PUPS, 2007, p. 139-150.

197. « Démoneries du XVIᵉ siècle et diableries du XIXᵉ : Collin de Plancy et les démonologues de la Renaissance », in *Figures du diable*, ouvr. dirigé par Pierre Kapitaniak et Marianne Closson, Genève, Droz, 2007, p. 297-311.

PHILOSOPHIE

HENRI ESTIENNE
ET LE STOÏCISME DANS L'*APOLOGIE POUR HÉRODOTE*[1]

Sans être au centre de l'*Apologie pour Hérodote*, écrite pour une part en réponse au traité *De la malignité d'Hérodote* où Plutarque s'attaquait à l'historien grec, la question du stoïcisme s'y trouve pourtant posée. Probablement influencé à la fois par Calvin et par Sextus Empiricus[2], Henri Estienne reste à une distance critique du stoïcisme. Mais l'*Apologie* (1566) révèle une connaissance de nombreux textes stoïciens[3] qu'il éditera plus tard.

Outre ces motivations extérieures à la défense d'Hérodote, le stoïcisme n'est pas une question tout à fait étrangère à l'*Apologie*, d'abord parce qu'il s'agit d'accréditer l'*Enquête* en dehors de la situation perceptive qui l'a suscitée et en l'absence de son auteur qui ne peut en assurer la défense ni arguer de sa bonne foi. En ce sens, le raisonnement conduit par Estienne pour cautionner l'historien grec correspond à la fin du lieu logique chez les stoïciens[4]. Lors même qu'oubliant son but, ce raisonnement s'en prend à l'obscurantisme catholique, l'argumentation adoptée par Estienne rappelle la démarche de Chrysippe et de Sénèque en particulier. La défense d'Hérodote propose encore une réflexion sur de nombreux cas moraux attestant que les méchancetés rapportées par « le père de l'Histoire » ne sont pas si invraisemblables qu'on l'a prétendu, pour peu qu'on les compare avec l'histoire contemporaine. Les exemples de vengeances, de suicides et de cruautés conduisent Henri Estienne tantôt à coïncider avec les positions des stoïciens, tantôt à les contredire. Ce mouvement apparaît d'autant

---

[1]   Cet article, dont Jean Céard m'a soufflé l'idée, a été partiellement présenté au colloque *Le Stoïcisme au XVIE siècle*, organisé par M. Simonin et P. Maréchaux au CESR de Tours, oct. 1998.

[2]   Dont il traduit et publie les *Hypotyposes pyrrhoniennes* en 1562.

[3]   Il publie Diogène Laërce, qui consacre son l. VII au stoïcisme (1570), Aulu-Gelle qui reste une source pour Panétius et Epictète (1585), puis Sénèque en 1586. Cf. J. Jehasse, *La Renaissance de la Critique. L'essor de l'humanisme érudit de 1560 à 1614*, Saint-Etienne, P. U., 1976, p. 119-122, et « De la critique humaniste à la critique littéraire », *Les Commentaires et la naissance de la critique littéraire*, éd. G. Mathieu-Castellani et M. Plaisance, Paris, Amateurs de livres, 1990, p. 207.

[4]   Cl. Imbert, « Théorie de la représentation et doctrine logique dans le stoïcisme antique », *Les Stoïciens et leur logique*, coll. de Chantilly, sept. 1976, Paris, Vrin, 1978, p. 223.

mieux que, souvent, Estienne part d'un point de vue stoïcien pour finalement le nuancer. La distance qui l'en sépare est enfin manifeste dans l'interrogation sur les desseins de la Providence qu'est aussi l'*Apologie pour Hérodote*.

Reconnaissant donc dans ce livre un stoïcisme critique, on s'efforcera de comprendre comment la réflexion d'Henri Estienne se démarque de celle des stoïciens sur le plan de la logique, de la morale et de la théologie.

La défense d'Hérodote est d'abord pour Henri Estienne une façon de récuser les jugements expéditifs et de réfuter l'erreur de ceux qui se fient à la tradition et à l'opinion, plutôt qu'à l'examen personnel[5]. L'Avis au Lecteur de l'*Apologie* s'ouvre sur une citation de Thucydide s'opposant aux anciens Grecs qui « fondoyent leur créance sur le bruit incertain qui couroit, sans prendre la pene de s'enquester plus avant » (I, 3). En opposant la « creance » à l'examen et l'individu à la foule, Henri Estienne se fait l'écho de Sénèque qui souligne clairement que chacun préfère croire plutôt que juger[6]. Les distinctions établies entre les lecteurs qui ont refusé de croire à la véracité de l'*Enquête* d'Hérodote[7] évoquent les degrés des stoïciens : ignorance, connaissance du commun – ou opinion – et science. Afin de réhabiliter le « père de l'Histoire », notre auteur veut amener son public à dépasser le leurre des préjugés et des jugements de convenance. Telle était la démarche de Chrysippe[8] dont Estienne, pour accréditer l'anthropophagie décrite dans l'*Enquête*, rappelle qu'il avait justifié la nécrophagie[9]. Afin de réagir contre l'habitude qui endort le jugement[10], il choisit encore de présenter comme « estranges » des faits auxquels ses lecteurs sont accoutumés et qualifie de « théophagie » la communion catholique.

Les trois mouvements de la défense d'Hérodote correspondent aux conditions psychologiques de la vérité[11] mises en lumière par le rationalisme des stoïciens : découvrir le vrai, réduire l'événement à sa nudité naturelle, s'en tenir au présent pour dissiper les mirages du passé et du futur[12]. Découvrir le vrai implique de ne pas évaluer l'univers à l'aune des capacités humaines[13]. Rejetant

---

[5]   Cf. A. Virieux-Reymond, *La logique et l'épistémologie des Stoïciens*, Paris, 1957, p. 53.

[6]   *De la vie heureuse*, I, 4.

[7]   Pour juger l'historien, certains se sont fiés aux traductions de son *Enquête* (*Apologie pour Hérodote*, éd. P. Ristelhuber, Paris, I. Liseux, t. I, p.6), d'autres n'avaient de lui qu'une connaissance partielle (I, 9).

[8]   Pour qui, si la perception sensible erre, le vrai existe. Cf. A. Virieux-Reymond, *op. cit.*, p. 223.

[9]   *Sur la Justice* (l. III), cité in *Apologia pro Herodoto*, dans notre édition *Mars et les Muses*, Droz, 2000, p. 604.

[10] « L'accoustumance au mal oste le sentiment d'iceluy » (I, 206).

[11] Ne préjuger de rien, annihiler toute passion sauf celle de la vérité. Cf. A. Virieux-Reymond, *op.cit.*, p. 223.

[12] Cf. G. Rodis-Lewis, *La morale stoïcienne*, Paris, PUF, éd. de 1978, p. 102.

[13] Cf. Sextus Empiricus, *Hypotyposes pyrrhoniennes*, II, 8.

ainsi le vraisemblable, Estienne fait appel à la raison présente chez tous parce qu'elle est participation à la raison divine[14]. Les «scintilles»[15] que les hommes ont reçues de la divinité font penser aux «prénotions»[16]: elles expliquent par exemple la rigueur morale des païens obéissant sans le savoir à la «loy divine» (I, 166) quand ils châtient sévèrement l'adultère. Revenir à la raison consiste pour Estienne à retrouver ces prénotions au fond des discours originels tels que les paroles poétiques et gnomiques[17], qui sont le dépôt immémorial de l'antique sagesse. Cette recherche du vrai exige encore d'écarter l'habitude qui fait entrave à la perception juste. De même que Sénèque jugeait «ineptes les poètes qui présentent des dieux des images ridicules ou scandaleuses»[18], Henri Estienne s'applique à démystifier les coutumes imposées par le dogme catholique[19]. Dans les faux miracles il décèle une manœuvre de l'Eglise pour forcer les consciences en tablant sur la naïveté et la crédulité du peuple, et à propos «du crucefis de Muret pres de Thoulouze» – dont on disait qu'il pleurait – il invoque deux hypothèses[20] rationnelles qui nient le miracle[21]. Estienne s'ingénie enfin à dissiper les illusions d'optique qui faussent la vision du passé. C'est l'éloignement temporel et spatial qui fait douter le lecteur du XVIe siècle de la véracité des récits d'Hérodote[22]. Les comparer avec ceux d'autres historiens anciens permet de les accréditer. Il s'applique aussi à ramener par analogie le présent au passé. Ce qu'Hérodote relate de l'usurpateur Smerdis[23] se trouve vérifié par

---

[14]   Cf. G. Verbecke, «La philosophie du signe chez les stoïciens», *Les Stoïciens et leur logique, op. cit.*, p. 414.

[15]   Cf. les *Poetae Graeci principes heroici carminis: An inquam poetas de se tam magnifice et sentire et loqui potuisse putamus nisi divinitatis cuiusdam conscii sibi fuissent?* («Pensons-nous que les poètes aient pu parler et ressentir de façon si belle, s'ils n'avaient été conscients de quelque divinité?»), éd. Henri Estienne, Genève, 1566, préf., p. 6.

[16]   *Lettres à Lucilius*, XIV, 90, 6: Les prénotions naissent par une sorte d'induction spontanée dès les premières expériences de l'individu; elles concernent le bien et le mal, l'existence des dieux, l'immortalité de l'âme.

[17]   Toute parole collective reflète le sens commun, *Lettres à Lucilius*, XIV, 90.

[18]   *De la vie heureuse*, XXVI, 6.

[19]   «les papicoles faisans tenir à leurs saincts la mesme place que souloyent tenir les dieux [...] des payens» (II, 325).

[20]   «[...] les uns disent que c'estoit par le moyen de quelque mistion d'eau avec de l'huile: les autres disent qu'on avoit mis un sep de vigne dedans la teste dudict crucefis au temps qu'elle jettoit sa sève [...]» (II, 403).

[21]   Cf. Plutarque, *Vie de Coriolan* (37, 7 et 38, 2): dans la masse des prodiges, l'esprit critique doit distinguer ceux qui sont conciliables avec les lois naturelles, ceux qui relèvent de la fable, et ceux dont peut rendre compte une explication rationnelle approfondie. Cf. D. Babut, *Plutarque et le stoïcisme,* Paris, 1969, p. 513.

[22]   «[...] c'est pource qu'une grand'part de ce que nous y lisons, ne s'accorde point avec les façons de faire qui sont aujourd'huy en usage...» (I, 15).

[23]   *Enquête*, III, 61.

l'affaire Martin Guerre (I, 25). De même, la croyance des Egyptiens est rapprochée du catholicisme[24].

Loin de se rallier à un pur rationalisme qui appréhenderait le réel par le seul
effort de la volonté, Estienne fait sa place à l'évidence de l'image en accueillant
de nombreux exemples[25]. Par ces démarches logiques qui s'emploient à dépar-
tager l'impossible et l'inaccoutumé, l'auteur de l'*Apologie* ne se montre pas
seulement l'héritier de Sextus Empiricus: comme les stoïciens, il est persuadé
que la pensée peut dépasser le donné immédiat et que la variété infinie des
choses incite l'âme à chercher sans cesse[26]. De ce point de vue, il se démarque
d'ailleurs du mépris de Sénèque pour le vulgaire[27]: plus proche de Posidonius
pour qui la science est accessible à tous les hommes, Estienne ne veut pas
s'adresser seulement à une élite. D'autant plus que le refus du monopole, si
patent dans le procès qu'il intente aux marchands, vaut aussi contre les clercs
qui ont accaparé les connaissances et mis au défi «ceux qui ont bon esprit et bon
jugement» (II, 268). Certes, Estienne écrit pour des lecteurs capables de
prolonger son information et ses raisonnements. Mais c'est pour les lecteurs
non-savants qu'il élabore son argumentation analogique, c'est eux qu'il veut
libérer de la crainte de l'Eglise, et c'est pour eux qu'il traduit bien des textes
latins qu'il allègue.

S'il a été marqué par leur rationalisme, Henri Estienne rejoint surtout les
stoïciens par la description psychologique et morale qu'ils proposent et l'importance qu'ils accordent à l'éthique. La réhabilitation d'Hérodote passe par
l'analyse d'actes témoignant d'une «desmesurée meschanceté» et qui avaient
déjà ému Sénèque, que la lecture de l'*Enquête*[28] incita précisément à écrire son
traité *De la Colère*. Les nombreux exemples de passion que propose l'*Apologie*
donnent à reconnaître la définition des stoïciens pour lesquels la passion vient
de l'habitude, qui procède elle-même d'un faux jugement[29]. Ce qui fait par
exemple céder à l'avarice, ce n'est pas le préaffect de cupidité, ni l'affaiblisse-
ment de la tension, c'est l'habitude: de faux jugements sur l'intérêt du gain se

---

[24]   «[...] mais si nous venons aux philomesses qui ont esté il y a environ soixante ans, et esplu-
       chons toute leur cabale, nous serons en danger de confesser qu'à comparaison il n'y a qu'hon-
       neur en la religion des Egyptiens» (I, 11-12).

[25]   L'évidence de l'image et l'activité rationnelle sont les deux voies d'accès à la vérité, A. Virieux-
       Reymond, p. 220.

[26]   Cf. G. Verbecke, «La philosophie du signe chez les stoïciens», art. cit., p. 407.

[27]   *De la constance du sage*, XIX, 2: «ne faisons aucune distinction entre les hommages et les
       injures du vulgaire».

[28]   Dans le l. III, il cite Cambyse (XIV, 1); Harpage (XV); Xerxès faisant couper en deux un des
       fils de Pythius (XVI, 4); Cyrus irrité contre un fleuve (XXI, 1).

[29]   Cf. Cicéron: «Toute passion se forme à partir d'une opinion considérant l'objet qui nous
       advient dans son rapport à nous», *Tusculanes*, III, 23-25 et IV, 11; et Epictète, *Entretiens*,
       XIII, 3.

sont fixés dans l'âme et transformés en maladie, ce qui entraîne une perte définitive de tension. Tel est le cas de Jacques Dubois, qui «avoit tellement laissé
l'avarice gangner sur soy» (I, 309). Dans l'*Apologie*, la plupart des criminels sont
des êtres endurcis dans le vice. Chez eux, l'occasion qui fait le larron n'est que
la «cause précédente»: la cause agissante, c'est l'agent. Exemple «d'une nature
encline à desrobber» (I, 216-217), le voleur Simon Dagobert se montre tellement incapable de maîtriser ses passions qu'il en est venu «jusques à une telle
hardiesse de desrobber au lieu mesme auquel on est detenu, et qu'on attend
condemnation pour avoir desrobbé» (I, 218-219)[30]. Les passions détruisent l'individu. Sénèque indiquait que la colère porte en elle-même son châtiment, du
fait même qu'elle abdique toute humanité[31], et Epictète montrait que la
vengeance de Médée retombe sur elle[32]. Henri Estienne vérifie cette idée: il
accumule les récits montrant des hommes ou des femmes qui, en proie à la
jalousie ou à la vengeance, sombrent dans le désespoir et détruisent leur famille.
Ainsi du Padouan qui, ruiné, tue ses enfants parce «qu'il seroit force que ses
filles venues en aage, au lieu d'estre honnorablement mariées, se prostituassent»
(I, 384). C'est surtout dans l'examen du viol de Lucrèce que l'analyse d'Estienne
rappelle celle de Sénèque. Celui-ci établissait une distinction entre l'outrage de
l'agresseur (*iniuria*), et l'insulte (*contumelia*, la blessure d'amour-propre) qui
tient à l'idée que s'en fait la victime[33]: la colère ne naît pas de l'offense mais de
l'opinion qu'on nous a offensés[34], et le désir de vengeance vient de la médiocrité
d'une âme qui se sent diminuée par une action ou une parole qui la déconsidè-
rent[35]. L'auteur de l'*Apologie* blâme Lucrèce au nom de cette distinction: elle
«ne jugeoit pas bien de soy, quand après avoir esté ainsi violée elle se disoit avoir
perdu sa pudicité: veu qu'il est certain qu'il n'y a force humaine par laquelle la
vertu puisse estre ravie» (I, 258).

Le discours de Sénèque sur la colère ne va cependant pas sans incohérences,
et Estienne choisit quelques cas problématiques qui échappent à la pensée à la
fois trop systématique et trop théorique du stoïcien. Tout en affirmant ainsi que
s'irriter pour les siens est la marque d'une âme non pas pieuse, mais faible[36],
Sénèque admire celui qui défend sa famille si son devoir est guidé par la
réflexion. Dans l'*Apologie*, Henri Estienne lui répond (implicitement) en lui

---

[30] Autre exemple de l'*habitus* passionnel, le débauché Jean Guy qui tue son père (I, 386).

[31] *De la Clémence*, III, 5, 6. Cf. Plutarque, *Du contrôle de la colère*, 459B.

[32] «Ce qu'elle ne savait pas, c'est où placer la liberté de faire ce que nous voulons», *Entretiens*, II, 17, 19.

[33] *De la constance du sage*, V, 1-2: ce n'est pas seulement la souffrance qui nous ronge, mais l'idée de la souffrance.

[34] Sénèque, *De la colère*, I, 3, 1; et II, 22, 2.

[35] *De la constance du sage*, X, 3: s'affecter d'une offense, c'est manquer d'intelligence et de fierté.

[36] *De la Colère*, I, 12, 5.

opposant l'histoire du Suisse qui tue ses enfants pour les protéger du déshonneur dont les souille l'adultère de leur mère: est-il un faible, ou un juste? Le même Sénèque conseille d'autre part de différer l'abandon à la colère[37], car le temps fait éclater la vérité[38]. Mais le temps ne conseille pas nécessairement la modération: le Suisse qu'Estienne évoque n'a pas agi «à la chaude chole»: il a d'abord pardonné à sa femme, pour se raviser plus tard[39]. Estienne fait encore parler quelques bandits justiciers chez lesquels le vol ne provient pas d'un faux jugement[40]. Là où, d'autre part, les stoïciens ne s'intéressaient pas à la différenciation des actes[41], Henri Estienne s'attache au contraire à distinguer les délits et la progression établie entre les chapitres de l'*Apologie* illustre l'objection de Calvin à l'égalité stoïcienne des fautes[42]. Le vol qualifié et puni par la loi lui paraît moins répréhensible que le vol des marchands, médecins ou hommes de loi; il distingue l'homicide (chapitre XVII) de la cruauté (chapitre XIX). La gravité d'un crime dépend des circonstances dans lesquelles il est commis, du comportement et des intentions de son auteur: «[...] il y a des meurdres qui se commettent par vengeance, et d'autres qui sont commis par avarice. Et entre ceux que le désir de vengeance incite à estre meurdriers, les uns font le coup de leur main, les autres le font faire [...]. Encores y a-il deux autres considérations à l'endroit de ceux qui sont menez du désir de vengeance: car les uns la font chaudement [...]: les autres la gardent fort longuement» (I, 358). Loin d'entraîner l'indulgence à l'égard du péché, cette différenciation des actes permet à Estienne de réfuter l'idée stoïcienne selon laquelle la passion procèderait seulement d'un faux jugement. Rejoignant l'analyse de l'*Ethique à Nicomaque*, il range à part les dommages commis sans intention de nuire et dus à l'ignorance ou à la méprise[43], comme dans l'histoire du laboureur beauceron qui tue son fils en lui lançant une motte de terre (I, 401-402). Il se rallie encore au Stagyrite pour qui la colère

---

[37]   *Ibid.*, II, 22, 2.

[38]   Cf. Plutarque, *Du contrôle de la colère*, 459E.

[39]   «Ayant surpris sa femme en paillardise, et luy ayant pardonné à l'heure, au bout de quelques jours se ravisa, et rétractant ce pardon, la tua [...]» (I, 385).

[40]   Tel le corsaire (emprunté à Augustin) se comparant à Alexandre: «Moy, dict-il, pource que je fay cela avec un seul petit vaisseau, suis appelé larron: toy qui fais le pareil avec un grand nombre de vaisseaux, es appelé roy» (I, 247-248). Cf. encore Bulas disant aux maîtres «[...] qu'ilz nourrissent leurs serfs, afin qu'ils ne soyent point larrons» (I, 246).

[41]   Ils négligeaient les «causes précédentes» pour considérer essentiellement la cause agissante (c'est-à-dire l'homme), sauf Cicéron qui conteste l'égalité des fautes (*Pro Murena*, XXIX, 61, et *Paradoxes des Stoïciens*, III, 1, 20, et 2, 26).

[42]   «Le péché consiste pour le stoïcisme à franchir une limite; cette limite une fois franchie, la faute est commise, et de savoir combien on la dépasse, cela n'importe nullement à la gravité de la faute», *Commentaire du De Clementia de Sénèque*, 1532, l. II, ch. 4, trad. L. Zanta, *La Renaissance du Stoïcisme au XVIe siècle*, Paris, Champion, 1914, p. 63.

[43]   *Ethique à Nicomaque*, V, 8, 7-9.

prête l'oreille à la raison, encore qu'elle n'entende que confusément ses suggestions : aux yeux d'Estienne, les actes inspirés par la colère méritent des circonstances atténuantes car ceux que la colère conduit sont moins coupables que ceux qui l'ont provoquée[44].

Le mouvement même du discours corrige parfois le rigorisme stoïcien. Estienne avait d'abord estimé cruelle la vengeance d'un mari trompé ; mais en relatant les faits, il juge que cette vengeance relève plutôt de la « punition très rigoreuse » (I, 407). Sa pensée rappelle ici le commentaire de Calvin dénonçant l'inhumanité du *De Clementia* de Sénèque. Mais le réformateur prenait l'exemple de la miséricorde, vice pour Sénèque[45], vertu pour saint Augustin. Estienne se situe sur un plan nettement laïc pour justifier partiellement la colère que les stoïciens condamnaient. En choisissant d'isoler du monde extérieur la passion éprouvée par tel individu, les stoïciens comptent pour rien la responsabilité des autres (comme l'épouse adultère). Or Henri Estienne répugne à considérer que les biens et les maux sont seulement l'idée que l'on se fait d'eux. Après avoir tenté de réduire à un sentiment subjectif l'offense ressentie par Lucrèce, il en reconnaît le caractère objectif : ce n'est pas « [...] raison que l'injure soit vengée par la mort de la personne qui l'a receue, et non de celle qui l'a faicte » (I, 258). Du fait qu'elle refuse la notion même d'individu offensé[46], la conception stoïcienne néglige de considérer – et donc de punir – l'offenseur : Estienne en rejette les conséquences pratiques au nom du droit plus que de la morale. Mais en insistant sur l'offenseur, il illustre surtout l'idée chrétienne de la volonté mauvaise qui se détourne du bien. De Malatesta au cordelier amoureux ou à l'Inquisiteur, la liste est longue de ceux qui, incestueux ou homicides, choisissent le mal et montrent « combien grande puissance le diable ha sur nous » (I, 399). Reste la question du suicide qui devrait cristalliser l'opposition entre les stoïciens et les chrétiens. Au début de sa *Propédeutique à la lecture de Sénèque*[47], Estienne blâme le stoïcien[48] de louer ceux qui s'infligent la mort et d'inciter même ses lecteurs à les imiter. Même désapprobation dans l'*Apologie* où les suicides sont présentés comme des cas d'errance extrême : qu'il s'agisse du Padouan infanticide (I, 384) ou du Beauceron meurtrier involontaire de son fils (I, 401), les hommes qui recourent à la mort volontaire sont des misérables

---

44   *Ibid.*, VII, 6, 1.

45   *De Clementia*, II, 4. Cf. P.-F. Moureau, « Calvin et le stoïcisme », *Le Stoïcisme au XVIe et XVIIe siècle*, coll. juin 1993, éd. J. Lagrée, *Cahiers de philosophie politique et juridique*, 25, 1994, p. 11-24.

46   Epictète : « [...] voleur et adultère n'ont pas de prise sur les choses qui sont tiennes », *Entretiens*, XVIII, 12.

47   L. I, p. 13 : *Quod non solum laudat eos qui sibi mortem conciuerunt (ita enim scribendum censeo, non consciuerunt) sed saepe ad eos imitandos hortatur.*

48   *Lettres à Lucilius*, LXX.

livrés au désespoir[49]. Mais Estienne sait restituer les questions éthiques dans une histoire: conscient de la diversité des mœurs, il défend par exemple le suicide des femmes de Thrace (I, 30) dont parlait Hérodote[50]. D'autre part, comme pour les vengeances, certains suicides de femmes abusées lui paraissent des crimes induits, et non premiers. Enfin, il y a dans l'acte même de se donner la mort un courage qui force son admiration.

Si, par cette reconnaissance des vertus stoïques, Estienne n'est pas très loin des stoïciens, il s'en démarque par sa conception de l'âme. Les stoïciens ne séparent pas l'âme du corps, alors qu'en chrétien augustinien[51], Estienne la distingue du corps périssable. Ici encore, l'histoire de Lucrèce nous éclaire: la résistance d'une femme violée «non seulement la déclare innocente de ce larrecin, mais aussi luy sauve sa pudicité» (I, 257), car l'amour qu'elle porte à son mari est dans l'esprit, non dans le corps. A la reconnaissance de cette dichotomie s'ajoute encore la remise en cause, chez Estienne, de l'unité de l'âme à laquelle croient les stoïciens. Dans l'*Apologie*, bien des histoires révèlent que les hommes obéissent à des motivations parfois contradictoires, et traduisent l'hésitation d'Estienne à considérer que l'âme est une, ou que celui «qui a une vertu les a toutes»[52]. Il admire le courage des désespérés et celui des brigands capables de risquer leur vie[53]. Saisissant l'hétérogénéité du stoïcisme par rapport au christianisme, il oppose une anthropologie au monisme stoïcien. D'autant qu'il analyse l'essence du mal non comme une perversion de la raison qui s'enracine par l'habitude[54], mais comme une souillure congénitale[55]. Sénèque identifie la puissance divine au destin[56], ou à la nécessité qui s'étend exclusivement aux choses extérieures, non aux actes humains, alors que pour les réformés Dieu gouverne «les conseils et vouloirs des hommes»[57]. Cette idée de la prédestination a imposé à Calvin de se démarquer

---

49   «Je viendray à ceux qui sont homicides d'eux-mesmes, les exemples desquels nous doivent beaucoup humilier, en nous monstrant combien grande puissance le diable ha sur nous» (I, 399).

50   *Enquête*, V, 5.

51   «La vertu commande, du haut de l'âme, aux membres du corps, et le corps est sanctifié par l'usage d'une volonté sainte», *Cité de Dieu*, I, 16.

52   Cicéron, *De Officiis*, III, 35.

53   «[...] j'enten par brigans, les larrons qui ne se fians point à leur subtilité, mais seulement à leur force et à l'adresse qu'ils ont aux armes, conjointe à une hardiesse et grand courage, vont assaillir les passans, en intention de perdre la vie, ou de gangner du butin» (I, 367).

54   Cf. D. Babut, *Plutarque et le stoïcisme, op. cit.*, p. 300.

55   «Nostre naturel tire de soy les vices comme l'ambre le festu» (I, 150).

56   «Nos destins nous mènent, et la première heure de notre naissance a réglé tout le temps qui nous reste [...]», *De la Providence, ou pourquoi les hommes de bien ne sont pas exempts de malheurs*, V, 7.

57   *Institution de la religion chrétienne*, III, p. 111.

de la métaphysique des stoïciens[58]: «Dieu n'est pas seulement cause première: il gouverne et conduit tout». Alors que le *fatum* est «une nécessité [...] contenue en nature par une conjonction perpétuelle de toutes choses», la prédestination signifie que Dieu a «selon sa sagesse déterminé ce qu'il devait faire, et maintenant exécute par sa puissance tout ce qu'il a délibéré»[59]. Dans l'*Apologie pour Hérodote*, Estienne s'attache moins à la prédestination qu'à montrer les interventions singulières que Dieu se réserve dans la nature[60]. A ceux qui s'étonnent de la fertilité du territoire babylonien dans l'*Enquête* d'Hérodote, l'auteur de l'*Apologie* répond que Dieu est sur la nature «ceste main qui s'estend quelquesfois, et quelquesfois se retire» (I, 18-19). Et à l'idée stoïcienne que la providence n'agit pas dans le cours de la vie humaine, il oppose la liste des morts violentes de certains persécuteurs dans lesquelles il décèle le «merveilleux jugement de Dieu»[61]. Après saint Augustin[62] et au nom de la relation d'amour entre Dieu et les hommes, c'est surtout l'apathie qu'ont combattue des protestants comme Melanchthon[63] et Calvin[64], qui reprochaient aux stoïciens d'arracher toute affection de l'âme. Henri Estienne s'emploie à souligner le lien personnel[65] qui existe entre Dieu et l'homme: «toute nostre aide ne vient que d'enhaut» (I, 157). D'abord enfermé dans son crime, le parricide Jean Guy se trouve touché par Dieu qui commence «à besongner en luy» (I, 390).

Pour expliquer l'existence du mal, Chrysippe affirmait: Dieu veut naturellement le bien, mais pour y arriver, il est amené à employer des moyens qui, pris en eux-mêmes, ne sont pas sans inconvénient[66]. Plutarque[67] raillait l'illogisme de

---

[58]   Dans le *Traité des scandales* et dans l'*Institution de la religion chrétienne*, I, 16, 3 (et d'autant plus que le réformé S. Castellion tendait à identifier *fatum* et prédestination). Cf. P.-F. Moureau, art. cit., p. 16, et L. Zanta, *op. cit.*, p. 48.

[59]   *Institution de la religion chrétienne*, I, 16, 7-8: «il n'y a pas seulement une providence générale de Dieu pour continuer l'ordre naturel en ses créatures», elles sont «toutes dressées par son conseil admirable, et appropriées à leurs fins».

[60]   Cf. Calvin, *Praelectiones in Danielem*, C. O, t. XL, col. 577.

[61]   «Nous sommes appris par les sainctes lettres de recongnoistre au milieu des guerres, des pestes, des famines, la main de Dieu exécutant ses justes jugemens alencontre de nos péchez» (II, 103).

[62]   *Cité de Dieu*, I, 8: «La similitude des souffrances n'exclut pas la différence de ceux qui souffrent, et l'identité des tourments ne fait pas l'identité du vice et de la vertu».

[63]   Dans l'*Abrégé de Philosophie morale*, *Epitome moralis philosophiae*, *Opera omnia*, vol. 16, 1850, in L. Zanta, *op. cit.*, p. 66.

[64]   *Institution de la religion chrétienne*, III, 18, 9.

[65]   Pour Sénèque, les dieux se soucient plus de l'ensemble des hommes que des individus, *De la Providence*, III, 1.

[66]   *Sur la Justice*, l. I.

[67]   *Des Contradictions des stoïciens*, XXXI: «si les dieux ont le pouvoir de nous procurer la vertu, ils ne sont pas bienfaisants en ne la donnant pas; et s'ils ne sont pas capables de faire de nous des gens de bien, ils ne peuvent pas nous être utiles».

Chrysippe; Calvin le réfute théologiquement et s'indigne de «l'horrible confusion entre Dieu et le diable, entre l'homme faisant le mal de sa propre volonté et Dieu l'opérant en lui pour servir au bien»[68]. Soucieux de souligner les correspondances entre la vision païenne de l'histoire et l'interprétation chrétienne[69], Estienne reprend à Chrysippe l'idée de la solidarité du mal et du bien[70] en insistant sur le rôle de Dieu: dans la marche de l'histoire, si l'action de Satan entraîne une dégénérescence morale, Dieu permet d'y résister en faisant progresser l'intelligence (I, 289)[71]. Mais c'est l'homme qui choisit librement le bien ou le mal. Le mal moral est imputable à la puissance de Satan[72] s'élevant contre la loi divine. Estienne s'applique à montrer le pouvoir de Dieu qui triomphe du mal et juge les méchants, parfois même ici-bas[73]. Mais tous les criminels ne sont pas châtiés, même si Dieu envoie des peines «que l'œil ne peut voir» (II, 99). Ces «silences» de Dieu, Estienne en trouve l'explication chez saint Augustin: s'Il «frappait maintenant tout péché d'un châtiment manifeste, rien ne serait réservé au dernier jugement; et d'autre part si tout péché échappait aujourd'hui aux poursuites éclatantes de la justice divine, on ne croirait point à la Providence»[74]. Explication qu'il rapproche de celle de Plutarque, pour qui la clairvoyance de Dieu est incommensurable avec la nôtre[75]. Si le châtiment n'est pas infligé immédiatement après la faute, c'est qu'il lui faut mûrir, d'autant que certains maux ont une valeur curative (553A), et que le châtiment intérieur commence avec le crime[76]: à preuve le lieutenant criminel Jean Morin qui, tourmenté de remords, «venoit jusques à nommer ceux de la mort desquels il se sentoit coupable, et à leur demander pardon» (II, 102). Exhiber les châtiments

---

[68]   *Contre les libertins*, ch. 14.

[69]   «[...] en interprétant que ce feu desrobbé du ciel, par le moyen duquel les hommes vindrent à la cognoissance des arts méchaniques, soit le fruict donnant à Adam et Eve congnoissance du bien et mal» (I, 47).

[70]   «Il n'y a rien de plus sot que de croire que des biens auraient pu exister, s'il n'y avait eu en même temps des maux; car le bien est contraire au mal, et il n'y a pas de contraire sans son contraire». Cf. E. Bréhier, *Histoire de la philosophie*, p. 281-282. Plutarque rétorque: «s'il faut le contraste du mal pour qu'existe le bien, qu'en est-il des dieux?», *Notions communes*, XIII, 1065B.

[71]   «Dieu nous aide en une chose: c'est que comme le nombre des traistres est plus grand en nostre temps, aussi est plus grand le nombre des bons esprits et accorts pour les descouvrir».

[72]   Dont témoigne le premier homicide d'Abel par Caïn.

[73]   «Estre puni en ce monde, [permet de] servir d'exemple de sa justice» (I, 389).

[74]   *Cité de Dieu*, I, 8. Calvin reprend ce raisonnement dans son *Institution de la religion chrétienne*, I, 5, 110.

[75]   *Sur les Délais de la justice divine*: Dieu ne voit pas seulement le présent, mais le passé et le futur. Et «il n'a pas fixé une fois pour toutes une mesure commune ni un temps valable pour tous les cas», ch. 6, 550A.

[76]   Ch. 9, 10, et 11.

des vicieux permet à Henri Estienne de rassurer les hommes vertueux. Mais c'est aussi, en rejoignant Calvin qui la rejetait au nom de la nature humaine[77], accuser la morale stoïcienne (pour laquelle la vertu doit se suffire à elle-même) de formuler des devoirs pour un homme idéal qui n'existe pas. Attentif à rappeler la transcendance de Dieu, Henri Estienne ne reprend donc pas à son compte tous les arguments des réformés pour réagir à la pensée stoïcienne. Afin de réfuter la téléologie immanente des stoïciens qui établissaient une continuité entre nature et devoir, Calvin insistait sur l'arrachement à la nature qu'exige chez les chrétiens l'accomplissement de leur devoir: l'appel de Jésus-Christ impose «que nous renoncions à nous-mêmes»[78]. Estienne ne reprend pas cette analyse, parce qu'en défendant Hérodote, il s'attache surtout à concilier les explications de la patience divine chez les chrétiens et les païens.

Son intérêt pour le stoïcisme dans l'*Apologie pour Hérodote* s'avère donc à la fois éclectique et critique. Eclectique puisque Estienne démantèle le système stoïcien pour n'en retenir que certaines questions. Il ne revient pas sur le suicide permis au sage et non à l'insensé[79], ni sur la notion de progrès moral qui laisse intacte la distinction entre le sage et l'insensé. Le rationalisme dont il s'arme pour réfuter la théologie médiévale concilie l'exigence stoïcienne et la méthode expérimentale de Sextus Empiricus. Loin de se sentir inféodé à la philosophie stoïque, il en amortit le dogmatisme[80] en lui opposant non seulement le christianisme mais aussi des philosophes anciens tels que Plutarque (refusant de confondre la providence et le destin[81]) et Aristote (pour l'analyse de la morale et de l'acte juste). Et il lui ajoute une visée théologique en rappelant que le mal doit être châtié. Mais s'il cherche à souligner la différence qui sépare le stoïcisme du christianisme, Estienne reste habité par la volonté de voir se rejoindre les sources chrétiennes et païennes. Il ne perd pas une occasion de montrer que les païens d'Hérodote ont pratiqué les vertus chrétiennes, et il déplace la discrimination tracée par saint Augustin entre les païens et les chrétiens pour la situer entre des hommes dont le comportement est religieux, et d'autres qui couvrent

---

[77] «Nous savons que notre nature est telle que nous sommes plus sensibles à l'attrait de l'utilité d'un plaisir, qu'à ces paradoxes stoïciens, antipathiques au sentiment général des hommes», *Commentaire du «De Clementia»*, V, 1-2.

[78] Jésus-Christ a «gémi et pleuré, tant pour sa propre douleur qu'en ayant pitié des autres», *Institution de la religion chrétienne*, IV, 4, p. 274. Cf. P.-F. Moureau, art. cit., p. 23.

[79] Plutarque avait relevé ces *Contradictions* (XVIII). Cf. encore les *Notions communes*, XI: «il est absurde de fuir la vie si l'on n'est pas dans le mal». Cf. aussi Cicéron, *Des Biens et des Maux*, III, 60.

[80] Il semble assez proche des auteurs du moyen stoïcisme comme Panétius (auquel il s'attachera, dans son *Apologie pour Aulu-Gelle*) et Posidonius, qui avaient cherché à aérer la rigueur stoïcienne et à distinguer Dieu du destin.

[81] *Du Destin* (570B-572F).

leurs turpitudes du manteau de la religion[82]. Une telle volonté de synthèse suppose bien sûr des sacrifices[83], et explique que dans sa *Propédeutique à la lecture de Sénèque* (l.I, p.15), Estienne affirme que le stoïcien ne met pas en doute, au fond, l'immortalité de l'âme.

Bénédicte BOUDOU
Université de Paris X – Nanterre

---

[82] Comme déjà Erasme (cf. J. Chomarat, *Grammaire et rhétorique chez Erasme*, Paris, Belles Lettres, 1981, p. 425).

[83] On pourrait encore alléguer l'exemple de l'instinct naturel qui aurait éclairé les païens et qui ne peut se confondre complètement avec les prénotions stoïciennes qui ne sont pas innées.

UNE FORME INATTENDUE
DE « L'EXPÉRIENCE »
AUX XVIᵉ ET XVIIᵉ SIÈCLES :
LA POSSESSION DÉMONIAQUE

On sera peut-être surpris de voir apparaître le mot « expérience » – dont on connaît l'importance dans la pensée de la Renaissance et qu'on lie souvent trop facilement à l'idée de modernité[1] – pour désigner les possessions démoniaques, si nombreuses en France aux XVIᵉ et XVIIᵉ siècles. Or, ce rapprochement fut très vite établi par les catholiques : ce que Michel de Certeau appelait le « théâtre de la possession »[2] pouvait en effet efficacement servir à démontrer les pouvoirs de l'hostie sur les démons, offrant ainsi la preuve expérimentale et visible par tous des vérités du catholicisme.

C'est pourquoi le R.P. Jean-Joseph Surin, exorciste de Jeanne des Anges, qui avait été possédé par le diable et avait sombré pendant près de vingt ans dans la folie (1638-1657), put écrire en 1663, pour rendre compte de cette étrange aventure, un ouvrage ayant pour titre, *La Science expérimentale des choses de l'autre vie. Acquise en la possession des Ursulines de Loudun*[3]. Ce texte resté manuscrit jusqu'au XIXᵉ siècle peut être considéré comme une autobiographie[4], dans laquelle l'énonciation dédoublée entre un « je » et un « il » traduit la dichotomie d'un moi qui peine à se rassembler. L'auteur y affirme, à son tour, que la possession relève de « ces expériences, réelles et efficaces, qui assurent l'âme et lui donnent demonstration de Dieu et de choses divines »[5].

---

[1] Le texte que je présente doit beaucoup aux travaux du groupe de recherches « Polysémies – questions d'identité à la Renaissance », dirigé par E. Naya et A.-P. Pouey-Mounou, et qui avait décidé de consacrer l'année 2000-2001 à l'analyse du concept d'expérience.

[2] Cf. M. de Certeau, *La Possession de Loudun* (1970), Paris, Gallimard, « Archives », 1990.

[3] *Triomphe de l'amour divin sur les puissances de l'Enfer* et *Science expérimentale des choses de l'autre vie,* éd. M. de Certeau, Grenoble, J. Millon, 1990. M. de Certeau est le véritable « découvreur » de l'œuvre de Surin et une grande partie de ce qui va suivre s'appuie sur ses travaux.

[4] Sur le lien entre possession et autobiographie, cf. L. Verciani, *Le Moi et ses diables. Autobiographie spirituelle et récit de possession au XVIIᵉ* siècle, Paris, Champion, 2001. L'auteure s'interroge principalement sur les liens entre récit de possession et statut du moi, la subjectivité devenant dans ces textes « l'objet d'une conquête ».

[5] *La Science expérimentale, op. cit.*, p. 325.

L'«expérience démoniaque», si on peut la nommer ainsi, prend donc tantôt la forme d'un spectacle édifiant, tantôt celle d'un récit à la première personne signalant la réappropriation, au moins partielle, de cette épreuve jusque là exposée de façon démonstrative. Certes, le récit de possession est souvent – mais pas toujours – sollicité par les autorités religieuses, mais expérience du désordre et de la folie, le texte laisse apparaître les premiers signes de l'autobiographie telle que nous la pensons aujourd'hui comme expression d'une singularité, prise ici dans un double mouvement d'affrontement et de soumission à des forces politiques, religieuses, surnaturelles même, qui la dépassent.

La possession démoniaque a toujours existé dans le christianisme, mais c'est à partir du XVIᵉ siècle et plus encore dans la première moitié du XVIIᵉ siècle qu'elle devient un phénomène de grande ampleur suscitant une curiosité passionnée et s'accompagnant d'un grand nombre d'écrits, presque toujours polémiques. La première possession ayant fait l'objet d'un vaste débat public est celle de Nicole Obry en 1566[6]: cette jeune femme de quinze ou seize ans se croyait possédée de l'esprit de son grand-père mort sans confession, qui se révéla être le diable. Sourde, aveugle, muette, sujette à de spectaculaires états cataleptiques, elle fut exorcisée devant des milliers de personnes d'abord à Notre-Dame de Liesse puis à Laon: les diables proclamèrent alors qu'ils s'en retournaient à Genève. Comme l'écrira ironiquement Michelet dans *La Sorcière*, «Satan se fait ecclésiastique»[7].

Cette affaire engendra une floraison de textes[8], parmi lesquels les ouvrages communs parus en 1566 de Jean Boulæse et Guillaume Postel, *De Summopere* et *Le Miracle de Laon*[9], qui, tout en insérant l'événement dans une perspective eschatologique – 1566, c'est-à-dire 5566, étant «la veille du grand sabbat» et Laon un nom hébraïque signifiant «le jugement du peuple» – firent de la posses-sion de Nicole Obry une manifestation éclatante des pouvoirs du «corps de Dieu» venant s'inscrire dans une vision providentialiste dont on trouve l'ex-posé enthousiaste dans le *De Summopere*:

---

[6]   Nous ne pouvons parler que des possessions parvenues jusqu'à nous, mais il existe probable-ment dans les archives et les bibliothèques de province de nombreux cas qui seront peut-être un jour étudiés. Signalons le passionnant procès édité par N. Jacques-Chaquin et M. Préaud, et accompagné de nombreuses analyses de spécialistes, dont celle de J. Céard, *Les Sorciers du carroi de Marlou. Un procès de sorcellerie en Berry (1582-1583)*, Grenoble, J. Millon, 1996.

[7]   *La Sorcière*, titre du 5ᵉ chapitre du liv. II, Paris, Garnier-Flammarion, 1966. On peut aussi consulter sur cette question l'article de D. P. Walker, «L'Exorcisme en France et en Angleterre à la fin du XVIᵉ et au début du XVIIᵉ siècle», *L'Automne de la Renaissance (1580-1630)*, éd. J. Lafond et A. Stegmann, Paris, Vrin, 1981, p. 297-305. L'auteur y analyse le phénomène de ces «bonnes possessions» qui transforme le démoniaque en véhicule d'un message divin.

[8]   Plusieurs de ces textes sont analysés par I. Backus dans son *Miracle de Laon*, Paris, Vrin, 1994.

[9]   Nous avons consulté pour ces textes l'éd. d'I. Backus, Genève, Droz, 1995.

Il fallait que Dieu, dès la création du monde, ait dans l'esprit cette victoire sur Satan remportée à Laon, et il fallait qu'il la remporte de telle manière – au moyen d'un petit morceau de pain consacré (que l'on me pardonne cette expression) cachant sous son espèce la nature humaine du Fils aussi bien que sa divinité – que tous ceux qui la nieraient seraient condamnés d'emblée [...]. En effet, ni les athées, ou impies, ni les hérétiques de quelque secte que ce soit, ni autres douteurs, demons ou non, ne pouvaient rester sceptiques face aux rapports de 60 000 témoins oculaires[10].

En un mot il s'agit là d'«une preuve irréfutable de la présence réelle», preuve qui sera qualifiée avec insistance dans le *Miracle de Laon* de «sensible, sensuelle & visible»[11].

La possession est donc un outil de propagande au service de l'Eglise, comme le montre en 1599 l'histoire de Marthe Brossier[12], qui, selon le témoignage de Pierre de l'Estoile, «disoit merveilles contre les huguenots»[13], déclenchant une année après la proclamation de l'Edit de Nantes une violente polémique. Tandis que Michel Marescot, qui avec d'autres médecins de Paris avait examiné la possédée, concluait dans son *Discours sur le faict de Marthe Brossier de Romorantin, prétendue démoniaque*: «Nihil a dœmone. Multa ficta. A morbo pauca», le futur cardinal de Bérulle[14], prenant le pseudonyme de Léon d'Alexis, lui répondait par un *Traicté des Energumenes. Suivy d'un discours sur la possession de Marthe Brossier. Contre les calomnies d'un medecin de Paris*[15]; il y développait l'idée selon laquelle la possession démoniaque était une manifestation de la «bonté» divine

qui a daigné préparer une troisième école, spécialement pour les âmes rebelles, lesquelles n'ayant pas profité en l'école de la nature ni en celle de Jésus-Christ, et n'y ayant point appris à croire en Dieu (comme les athées) ni à craindre ses jugements (comme les libertins) ont moyen de l'apprendre en cette école du diable, avant qu'éprouver sous sa géhenne la présence d'un Dieu et la rigueur de ses jugements. [...] Ecole véritablement non de la nature ni de la foi, mais de l'expérience en laquelle nous sommes confirmés en tout ce que la nature enseigne et en tout ce que la foi représente. Car ici l'athée qui fait monter «le comble de ses péchés jusques à ne point reconnaître celui lequel ne peut ignorer», est convaincu par ses sens, témoins seuls restant hors de reproche à son incrédulité, qu'il y a une essence divine! Et l'homme qui

---

[10] *Op. cit.*, p. 41.

[11] *Ibid.*, p. 60.

[12] Sur Marthe Brossier, cf. R. Mandrou, *Magistrats et sorciers en France au XVIIe siècle*, Paris, Seuil, 1980, p. 164-191.

[13] *Mémoires-Journaux*, 30 mars 1599, Paris, Lemerre, 1875-1889, t. VII, p. 182.

[14] Pierre de Bérulle (1575-1629), fondateur de l'ordre de l'Oratoire, est le cousin de Madame Acarie, qui a introduit le Carmel en France.

[15] Paru en 1599 et réédité en 1631. Nous utilisons l'éd. moderne de M. Dupuy, *Courts traités*, t. VI des *Œuvres complètes*, Paris, Cerf, 1998.

n'ayant point soin de Dieu ne croit pas que Dieu ait soin de l'homme, voit ici
une particulière providence à garantir une pauvre créature de la fureur d'un
ennemi sur lequel rien d'humain, rien de naturel n'a de pouvoir. Ici le caté-
chumène est disposé à recevoir le joug de la foi en Jésus-Christ, en voyant les
diables tellement domptés en son nom. Ses sens sont facilités à ne trouver pas
si étrange l'union du Verbe avec l'humanité, quand il voit, s'il faut dire ainsi,
un démon incarné en sa présence![16]

Bérulle, de façon très orthodoxe, fait de Satan un serviteur des desseins divins,
chargé de dénoncer non seulement les hérétiques mais aussi ses propres suppôts,
ces sorciers coupables de ce que Sébastien Michaelis appelera dans l'affaire d'Aix
où il fit condamner en 1611 Gaufridy, le «maléfice de possédation»[17]. Accusés
par les religieuses possédées, Urbain Grandier en 1634 à Loudun, puis le vicaire
Boullé – accompagné du cadavre du Père Mathurin Picard – en 1647 à Louviers
furent ainsi, parmi bien d'autres, les victimes les plus connues de ce diable
dévot[18].

Cette ambivalence de la figure diabolique a permis que se développe l'analogie entre possession démoniaque et extase mystique, puisque le corps martyrisé apparaît désormais comme le support sensible d'un message divin.
Guillaume Postel avait déjà remarqué combien la «raideur du corps» du
possédé, qui est «comme mort», «ressemble à l'extase mystique»[19], mais il
n'était pas allé aussi loin que Bérulle transformant le possédé en «modèle»
d'abandon pour le croyant:

> *Même* celui que l'esprit de Dieu possède profite en ce spectacle. Car il voit un
> modèle sur lequel il apprend *à se* laisser plus entièrement et absolument
> posséder à son Dieu, à ce qu'il vive et opère plus en lui que lui-même[20].

C'est cependant l'étonnant destin de Jeanne des Anges qui, délivrée des
diables, connut les stigmates et fut la détentrice d'une chemise miraculeuse
ayant reçu l'onction de saint Joseph – qu'elle présentera, au cours de son triomphal voyage en France en 1638 à Anne d'Autriche pour l'aider dans sa déli-
vrance – qui atteste le mieux cette métamorphose possible de la possédée en
sainte, phénomène qui doit être replacé dans le cadre de qu'on a appelé la «théo-

---

[16]   *Traité des énergumènes, op. cit.*, p. 86-87.

[17]   Cf. l'*Histoire admirable de la possession et confession d'une pénitente séduite par un Magicien, la
       faisant Sorciere et Princesse des Sorciers au Païs de provence*, Paris, Ch. Chastellain, 1613.

[18]   Sur toutes ces affaires – les plus connues – cf. R. Mandrou, *Sorciers et magistrats, op. cit.*, 1980.
       Michelet écrira à propos d'Aix, Loudun et Louviers, «la trilogie diabolique du temps»: «les
       trois affaires sont unes et identiques. Toujours le prêtre libertin, toujours le moine jaloux et
       la nonne furieuse par qui on fait parler le Diable, et le prêtre brûlé à la fin.» (*La Sorcière, op.
       cit.*, p. 198-199).

[19]   *De Summopere, op. cit.*, p. 22-23.

[20]   *Traité des énergumènes, op. cit.*, p. 87.

logie mystique»: en effet, on trouve parmi les partisans les plus ardents de la possession quelques maîtres de la Contre-Réforme comme Sébastien Michaelis, réformateur de l'ordre des Dominicains, Pierre de Bérulle, ou encore le Père Coton[21], qui sont aussi – ce qui n'est pas un hasard – les propagateurs du courant mystique dans l'Eglise française de la première moitié du XVIIe siècle[22].

Or, il s'agit là d'une autre «école de l'expérience», celle de la rencontre d'un individu avec Dieu, qui peut ensuite faire l'objet d'un témoignage écrit dont le plus connu est la *Vie* de Thérèse d'Avila. Cette promotion du sujet expérimentant son propre itinéraire spirituel est à mettre en rapport, selon les analyses de Jacques Le Brun[23], avec le nouveau statut de la théologie aux XVIe et XVIIe siècles où, dans le prolongement de la *devotio moderna* de la fin du Moyen Age, se trouva valorisée une piété prenant sa source dans l'expérience intérieure; la floraison de «récits de vie» qui en découla servit alors de «base à la théologie mystique, à la systématisation d'une expérience inscrite dans les textes». L'«autobiographie spirituelle» entra certes rapidement dans le cadre d'un modèle sévèrement contrôlé par l'Eglise[24], mais ce développement d'une écriture du moi reste le signe d'un changement majeur et Jacques Le Brun considère Thérèse d'Avila comme «la sainte d'un âge moderne, où pour deux ou trois siècles, s'est pour ainsi dire créé le moi, l'intériorité, et où est née une littérature consacrée à son analyse»[25]. Une valeur fondatrice est donc accordée à l'expérience et par là même à l'écriture à la première personne, puisque seul celui qui a expérimenté la rencontre avec le divin peut en parler.

Or, quatre textes[26] écrits par des possédés sont arrivés jusqu'à nous, dont deux furent publiés: le *Discours admirable et veritable, des choses advenues en la*

---

[21] Le Jésuite Pierre Coton (1564-1626), auteur d'une *Institution catholique* (1610) présentée comme «antidote» à *L'Institution chrétienne* de Calvin, fut confesseur du roi de 1608 à 1617. Il a apporté son soutien à Elisabeth de Ranfaing, qui fut possédée de 1618 à 1625 et qui fit exécuter trois personnes, dont son médecin, avant de fonder l'ordre du Refuge, véritable secte qui fut condamnée par Rome en 1648.

[22] Pour une approche générale – il existe en effet de très nombreux travaux sur ce sujet – on peut consulter les t. II et XI de l'*Histoire littéraire du sentiment religieux en France,* de l'abbé H. Brémond, Paris, Bloud et Gay, 1916-1936, 12 vol., ainsi que le très stimulant ouvrage de M. de Certeau: *La Fable mystique XVIe-XVIIe siècles,* Paris, NRF, Gallimard, 1982.

[23] «Expérience mystique et expérience littéraire», *La Pensée religieuse dans la littérature et la civilisation du XVIIe siècle en France,* coll. de Bamberg, éd. M. Tietz et V. Kapp, Paris, Seattle, Tübingen, 1984, p. 123-146. Dans cet article fondamental pour notre sujet, l'auteur analyse les débats autour de la question de l'expérience en théologie, et de son rejet très violent, principalement dans la seconde moitié du XVIIe siècle.

[24] A ce sujet, on peut consulter l'ouvrage d'I. Poutrin, *Autobiographie et sainteté féminine dans l'Espagne moderne,* Madrid, Casa de Velasquez, 1995.

[25] J. Le Brun, «Expérience mystique et expérience littéraire», art. cit., p. 126-128.

[26] On sait qu'Elisabeth de Ranfaing, la démoniaque de Nancy, a écrit une autobiographie, aujourd'hui perdue.

ville de Mons en Hainaut, à l'endroit d'une religieuse possedee, et depuis delivree de 1586, qui connut de nombreuses rééditions[27], et, en 1652 l'*Histoire de Magdelaine Bavent, Religieuse du Monastere de Saint-Loüis de Louviers, avec sa Confession generale & testamentaire, où elle declare les abominations, impietez et sacrileges qu'elle a pratiqué & veu pratiquer, tant dans ledit Monastere qu'au Sabat, & les personnes qu'elle y a remarquées*[28]. Enfin Jeanne des Anges a elle aussi écrit son autobiographie – restée manuscrite jusqu'au XIXe siècle[29] – probablement en 1644. On ajoutera à cet ensemble *La Science expérimentale* de Surin, qui éclaire rétrospectivement les autres ouvrages dans l'accent qu'il met sur la donnée fondamentale qu'est l'expérience[30].

Nous ne nous proposons pas de faire l'analyse exhaustive de chacun de ces textes[31] – d'autant plus que les écrits de Jeanne des Anges et de Surin ont été, dans le sillage de Michel de Certeau, largement étudiés[32] – mais de présenter rapidement les deux ouvrages parus au XVIe et au XVIIe siècles. En effet, le fait qu'ils aient été publiés et donc lus par leurs contemporains, comme l'attestent les rééditions, n'est pas anodin, car peu s'en faut qu'un lecteur d'aujourd'hui ne partage le jugement des psychiatres du XIXe siècle, qui y voyaient avant tout des témoignages exceptionnels sur la «démonopathie», autrement dit des textes écrits par des folles[33].

La possession de Jeanne Ferry, professe du couvent des Sœurs Noires de la ville de Mons, se manifesta en effet de façon spectaculaire: tentative de suicide en se jetant par la fenêtre, régression à l'état d'enfance, violences contre l'archevêque qu'elle roue de coups, plaies sanglantes sur son corps «déchiré par les diables», «ordures et punaises» ainsi que «petites bestes en formes de vers veluz» lui sortant par la bouche alors qu'elle se nourrit de déchets, etc. Dans ses

---

[27] Jean Bogart, Douai, 1586: ce texte, que nous avons consulté, est une 5e édition! Il existe aussi sous le titre légèrement modifié de *Histoire admirable et véritable...*, une édition parisienne (Gilles Blaise, 1586).

[28] Paris, M. DC. LII. Ce texte – dont je prépare actuellement une édition critique avec N. Jacques-Lefèvre – est en général attribué au P. Charles Desmarets, confesseur de Madeleine Bavent. Il en existe trois éditions, de la même année.

[29] Elle a paru en 1886 dans la *Bibliothèque diabolique* du Dr Bourneville. M. de Certeau en a assuré la réédition avec une postface en 1990 aux éditions J. Millon.

[30] Voir sur cette question précise, S. Houdard, «'Expérience et écriture des choses de l'autre vie' chez Jean-Joseph Surin», *Littératures classiques*, 39, printemps 2000, p. 322-347.

[31] Nous renvoyons à l'ouvrage de L. Verciani, *Le Moi et ses diables*, op. cit.

[32] On peut ici évoquer les travaux de M. Bergamo, *La Science des Saints, le discours mystique au XVIIe siècle en France*, Grenoble, J. Millon, 1992.

[33] L'hypothèse de la folie existait déjà aux XVIe et au XVIIe siècles. Ainsi Jean Wier dans son ouvrage *De praestigiis daemonum* (1563) soutenait que les sorcières et possédées étaient atteintes de «melancholie», ce qui était aussi l'opinion de Montaigne.

visions, Satan se présente d'abord sous la forme d'un beau jeune homme qui demande à lui tenir lieu de père, lui présentant «quelque pomme et pain blanc» et la gâtant avec des «douceurs», avant de révéler sa vraie nature; les démons, qui portent les noms de «Vraye liberté», «Art magicque», «Heresie», «Sanguinaire», «Homicide» exigent qu'elle leur apporte les hosties recrachées, puis lui imposent un «Baptesme diabolique»: elle doit «sacrifier son corps» en l'offrant à tous les diables qui lui font croire qu'elle sera alors «semblable à Dieu»; elle va même jusqu'à crucifier une hostie et écouter des suggestions aussi blasphématoires que: «si Dieu estoit mis en croix tout nud, estoit pour attirer le monde à toute meschanceté, et paillardise avec luy»[34]. Jeanne fut cependant enfin délivrée de ses démons, et de son dernier combat avec les diables en furie qui la déchirèrent de toutes parts, elle sortit victorieuse, aidée de sainte Marie-Madeleine. Ses plaies se refermèrent sur-le-champ et elle se trouva animée d'un «zèle singulier et ardant, à l'honneur de Dieu» qui la poussa à divulguer son aventure auprès des autres religieuses qui la répandirent «en divers lieux». L'archevêque de Cambrai[35], craignant que la «declaration verbale» de Jeanne et de ses compagnes ne «servirent plustost à l'avenir, de risée plustost que d'edification» demanda alors à un des exorcistes, le chanoine Mainsent, d'écrire une relation des faits, tentant ainsi d'imposer une version officielle et contrôlée de toute l'affaire. Mais Marie-Madeleine apparut bien opportunément à Jeanne et lui ordonna: «Prenés la plume, & escrivez ce que Dieu vous inspirera»[36].

Jeanne refuse donc d'être «dépossédée» de son histoire, et du 25 au 29 novembre 1585, elle écrivit un «discours» d'une quarantaine de pages[37], non «par son industrie seule et pur instinct naturel, ains par inspiration divine»[38], qui sera inséré de «mot à aultre» à la fin du *Discours admirable et veritable*. Il est impossible de savoir comment a été prise la décision de rendre public ce texte, mais tout laisse penser que Jeanne l'a imposée; d'abord en invoquant le patronage de Marie-Madeleine, puis en se proclamant l'unique et donc précieux témoin de ce qu'on peut appeler un voyage dans le royaume du diable, dans lequel on voyait s'effacer la frontière entre possédée et sorcière, puisqu'elle participait aux horreurs des cérémonies sataniques. On s'étonnera peut-être que ces aveux scandaleux, loin de conduire Jeanne Ferry au bûcher, aient eu droit aux honneurs de la publication...

---

[34] Toutes ces citations sont prises au fil du *Discours admirable et veritable*, court texte qui ne fait que 67 feuillets.

[35] Il semblerait en effet que les exorcismes n'aient pas été publics, mais se soient déroulés discrètement à l'intérieur du couvent. Il n'était probablement pas encore possible qu'on exhibât les corps déchaînés de femmes consacrées à Dieu, comme cela se fera au XVIIᵉ siècle, suscitant d'ailleurs scandale et raillerie.

[36] *Discours admirable et veritable...*, f. 43b.

[37] *Ibid.*, f. 44 à 63.

[38] *Ibid.*, f. 63b.

Quoi qu'il en soit, le texte a peu à voir avec l'autobiographie spirituelle ; les descriptions sont précises et concrètes, le corps est omniprésent, et il semble que rien de ce qui peut choquer un croyant n'ait été tu. En un mot, l'« expérience démoniaque », à la différence de l'expérience mystique jugée ineffable[39], se nourrit de détails horribles, transgressifs, qui rappellent ici fortement les aveux des sorcières que l'on trouve à la même époque dans les ouvrages des démonologues. Mais Jeanne ne se contente pas d'apporter la preuve de l'existence menaçante des pouvoirs de Satan, elle reconstruit par l'écriture un sens et refait le chemin qui va de la damnation à la rédemption, chemin assez exemplaire pour qu'elle veuille en assurer elle-même la narration.

L'itinéraire de Madeleine Bavent suivra approximativement un schéma identique, tout en étant plus complexe, peut-être aussi parce qu'un demi-siècle s'est écoulé et que chaque affaire se devait d'être encore plus étonnante que la précédente. Sœur tourière du couvent des Hospitalières de Saint-Louis et de Sainte-Elisabeth de Louviers dans lequel les phénomènes de possession collective ont commencé fin 1642 à la suite de l'enterrement dans le chœur de l'église du « magicien » Mathurin Picard, directeur spirituel des religieuses, Madeleine Bavent, une des premières à avoir montré des signes de possession, est accusée par ses compagnes d'avoir été au sabbat, de s'y être livrée à la copulation avec les diables et les sorciers, d'avoir tenté de séduire les religieuses, d'avoir crucifié ses propres enfants et fait à partir de leurs cendres des maléfices, et autres abominations. Emprisonnée pendant des années, soumise à plus de deux cents confrontations avec ses accusatrices lors d'exorcismes publics, elle échappe cependant au bûcher de la place du Vieux-marché à Rouen, sur lequel le vicaire Boullé et le corps de Picard sont brûlés ensemble le 21 août 1647 ; Madeleine et les autres religieuses ayant mis en cause la fondatrice de l'ordre, la Mère Françoise de la Croix, le Parlement de Rouen avait en effet décidé de conserver la « magicienne » en vie afin qu'elle serve d'accusatrice dans le procès à venir, qui n'aura d'ailleurs pas lieu[40]. Sur ce que devint Madeleine Bavent après la parution en 1652 de son autobiographie – ce qui montre qu'elle disposait de quelques soutiens – nous disposons de peu d'informations[41] ; il semblerait cependant d'après le témoignage d'un ouvrage justement consacré à son livre, les *Discours*

---

[39]   C'est là un *topos* de l'autobiographie spirituelle qui fait du langage mystique une écriture essentiellement allusive et métaphorique. Cf. l'analyse de J. Le Brun, art. cit., et le travail de M. de Certeau, «'Mystique' au XVIIe siècle. Le problème du langage 'mystique'», *L'Homme devant Dieu, Mélanges offerts au Père Henri de Lubac,* Paris, Aubier, 1964, t. II, p. 267-291 (l'auteur y remarque que « l'ineffable » ne « fait pas moins partie du langage ») ainsi que du même auteur *La Fable mystique XVIe -XVIIe siècles, op. cit.,* 1982.

[40]   Le Conseil d'Etat rendra en effet un avis interdisant la prise de corps par le Parlement de Rouen de la Mère Françoise. Cela dit, cette dernière ne sera complètement innocentée qu'en 1653 après une enquête menée par l'Official de Paris.

[41]   La plupart des historiens de l'affaire la font mourir en prison.

theologiques sur l'histoire de Madeleine Bavent (1659) du Père François Humier[42], qu'elle fût accueillie dans un monastère parisien.

Madeleine Bavent écrivit son texte en 1647 après la condamnation de Boullé et Picard, alors qu'elle restait sous la menace d'une mort infamante : il s'agissait pour elle d'assurer sa défense, en écrivant un « bref narré de [sa] malheureuse histoire, en forme de Confession derniere & testamentaire » : le Père Desmarets, qui l'avait déjà entendue deux fois en confession, accepta sa proposition « d'y travailler tous deux », à la fois en l'interrogeant à nouveau et, parce qu'elle écrivait « fort mal, et très lentement », en prenant en note ce qu'elle disait.

Cet « abbregé de l'histoire de [sa] vie criminelle »[43] commence, à la différence du texte de Jeanne Ferry qui ne raconte que l'épisode de la possession, par des données telles que l'âge, l'identité des parents tôt perdus, la naissance de la vocation religieuse, etc., qui répondent clairement à un projet autobiographique ; on suit Madeleine de l'enfance à l'entrée au couvent, dont elle dénonce les mœurs perverties, puis on découvre successivement son initiation plus ou moins involontaire, sous l'influence de Picard, à la sorcellerie démoniaque, son arrestation et les conditions inhumaines de sa détention, ses nombreux « desespoirs » pendant lesquels elle tente de se suicider par divers moyens et maudit Dieu, enfin la rencontre de religieux plus humains qui viennent en aide à cette « grande pécheresse » et la remettent sur la voie du salut.

Même si le texte semble maîtrisé, tant Madeleine ne perd point de vue l'objectif principal qui est de se défendre, il est rempli d'anecdotes qui laissent le lecteur un peu dubitatif, comme cette étrange scène : un ange – ou un diable – vient avertir Madeleine dans sa prison qu'elle a oublié de faire l'aveu de « la plus noire de toutes les actions de [sa] vie » : Picard l'aurait prise debout « contre les balastres de la chapelle », « après avoir passé une Hostie à ses parties honteuses », pendant qu'un « certain chat » – c'est-à-dire le diable lui-même, qui quelque temps auparavant aurait violé Madeleine, en la prenant par force sur son lit et en lui faisant « sentir des tourmens etranges » – « était accouplé par derriere » avec le prêtre. Pourtant elle proteste « n'avoir aucun souvenir que cela nous soit arrivé, sauf au sabat »[44].

Cette dernière formule signale un dédoublement entre le monde réel et l'univers diabolique, dans lequel elle parvient lors « d'enlevemens » et où s'accomplissent les horreurs que sont l'orgie, le cannibalisme, les messes sataniques où les « prestres du sabbat » bafouent les hosties en les utilisant dans les relations

---

[42]   Niort, Ph. Bureau, 1659. Cet ouvrage se veut une réponse aux huguenots qui ironisent sur les affaires de possession où l'on voit « des prestres ouvriers d'iniquité, & des religieuses de mauvaise conduite ».

[43]   *Histoire de Magdelaine Bavent, op. cit.*, p. 6.

[44]   *Ibid.*, p. 57.

sexuelles, la crucifixion d'hosties, le sacrifice de jeunes enfants, la fabrication des maléfices, etc. Ces transgressions sont cependant très probablement illusoires :

> Toutesfois dans tout ce que je diray de ces matieres, je supplie ceux qui verront cét écrit, de n'y ajoûter qu'autant de creance qu'ils trouveront estre à propos, & de separer ce qu'ils penseront estre reel d'avec ce qui portera quelque marque d'illusion; c'est à moy de rapporter tout en esprit de since-rité, comme je pense l'avoir veu; & c'est aux esprits plus intelligens de faire le discernement nécessaire[45].

L'auteur a l'habileté de rappeler que le diable est le maître de l'illusion et du mensonge et de s'en remettre à autrui pour juger de la vérité de ce qu'elle avance. Cela dit, l'exercice est d'autant plus difficile que la séparation entre le sabbat et le réel semble aussi se défaire: comme le montre l'anecdote avec Picard, c'est dans le couvent même qu'elle croit subir les assauts obscènes du prêtre et du diable et le monastère de Louviers est montré comme le lieu de toutes les perditions. Pierre David, le précédent Père spirituel qui avait en grande partie contribué à la fondation du couvent, y aurait en effet introduit les « pratiques abominables » de l'hérésie adamique :

> Il disoit, qu'il falloit faire mourir le peché par le peché, pour rentrer en inno-cence, et ressembler à nos premiers parents, qui estoient sans aucune honte de leur nudité devant leur premiere coulpe. Et sous ce langage de pieté apparente que ne faisoit-il point commettre d'ordures et de saletez? Les Religieuses passoient pour les plus saintes, parfaites et vertueuses, qui se despouilloient toutes nuës, et dansoient en cet estat; y paroissoient au Chœur, et alloient au Jardin. Ce n'est pas tout: on nous accoûtumoit à nous toucher les unes les autres impudiquement; et ce que je n'ose dire, à commettre les plus horribles et plus infames pechez contre la Nature [...]. Sur tout je resistoy beaucoup à communier une fois dépouïllée toute nüe jusques à la ceinture. Il fallut pour-tant le faire[46].

Autant dire que Madeleine offre une vision particulièrement inquiétante du monde qui se dissimule derrière la clôture des couvents féminins, et ce n'est donc pas un hasard si ceux qu'elle rencontre au sabbat sont quasi exclusivement des prêtres et des religieuses. Le monde diabolique offre ainsi un reflet à peine déformé du couvent de Louviers et la collusion des deux univers est telle que nous ne savons plus au bout du compte – comme Madeleine elle-même – quel statut accorder à ce qu'elle raconte: vérité ou illusion?

La subjectivité ne revendique pas ici le droit de fonder un discours vrai: le témoignage est sincère – ou se croit tel – mais ne propose pas d'autre vérité que

---

[45]   *Ibid.*, p. 23.

[46]   *Ibid.*, p. 9-10. Cette question de l'adamisme a beaucoup intrigué dans l'affaire de Louviers. Cf. H. Brémond, *op. cit.*, et surtout D. Vidal, *Critique de la Raison mystique. Benoît de Canfield. Possession et dépossession au XVII*ᵉ*siècle,* Grenoble, J. Millon, 1990.

celle qui se trouve dans le psychisme, et c'est pourquoi Madeleine utilise souvent des modalisateurs du type « il me semblait », « je croyois » etc. A la différence de Jeanne Ferry qui ne doute pas des révélations qu'elle apporte au monde, sa position reste ambiguë : alors qu'elle ne cesse d'avouer des horreurs, elle s'en défend en même temps en leur attribuant le statut de fantasmes provoqués par le diable. Il y a là prise de conscience que l'expérience, loin de permettre la constitution d'un point de vue unifié sur le monde, entraîne un désordre tel que c'est désormais aux « esprits plus intelligens » de rétablir la vérité que le sujet, divisé, hésitant, ne peut parvenir seul à dire.

La possession aux XVIe siècle et XVIIe siècles a porté à son paroxysme l'imaginaire démoniaque, participant ensuite à sa déconsidération, tant le spectacle qu'elle offrait – aussi bien dans les églises où s'exhibaient les « nonnes en folie » que dans les textes – révélait sa nature éminemment transgressive, suscitant indignation et scandale. En effet, en passant de Nicole Obry et Marthe Brossier, femmes de peu de culture, aux religieuses cloîtrées assez savantes pour avoir accès à l'écriture, la possession a en partie changé de nature. Devenue expérience personnelle et d'une certaine façon valorisée comme moyen d'accès au surnaturel, elle permet l'expression d'une parole chargée de fantasmes qui obtiennent ainsi le droit de se dire et d'être pris au sérieux. Il est difficile de ne pas être frappé par la dimension « obscène » – dont on aimerait reprendre ici l'étymologie fictive de spectacle dévoilant ce qui doit être caché – de ces révélations sur l'univers diabolique ; les flots de grossièretés indécentes d'un diable à la langue bien pendue ont éveillé la curiosité quelque peu perverse de milliers de curieux qui, partisans ou non de la possession, voyaient s'exprimer ouvertement ce qui d'habitude reste enfoui aussi bien dans les secrets des confessionnaux que dans les consciences. Force est de constater ici la justesse des analyses de Michel Foucault remarquant dans son *Histoire de la sexualité* que

> depuis la fin du XVIe siècle, la « mise en discours » du sexe, loin de subir un processus de restriction, a au contraire été soumise à un mécanisme d'incitation croissante ; que les techniques de pouvoir qui s'exercent sur le sexe n'ont pas obéi à un principe de sélection rigoureuse mais au contraire de dissémination et d'implantation de sexualités polymorphes et que la volonté de savoir ne s'est pas arrêtée devant un tabou à ne pas lever, mais qu'elle s'est acharnée – à travers bien des erreurs sans doute – à constituer une science de la sexualité[47].

---

[47] *Histoire de la sexualité*, t. I, *La volonté de savoir*, Paris, Gallimard, 1976, p. 21-22. On peut aussi évoquer la fonction que M. Foucault attribuait à la pastorale chrétienne, principalement au XVIIe siècle : « faire passer tout ce qui a trait au sexe au moulin sans fin de la parole », *Histoire de la sexualité*, t. I, p. 30.

On peut donc imaginer que les paroles comme les écrits des possédés, suscités en grande partie par les interrogatoires de leurs exorcistes, appartiennent à cette volonté d'obtenir et de diffuser des informations sur la place éminente du sexe dans l'univers démoniaque, participant ainsi la constitution de cette «science de la sexualité» qui, selon l'historien, a été une des constructions presque obsessionnelles de la culture moderne. On croyait chercher à travers l'expérience de la possession des révélations sur l'au-delà, mais on finit par découvrir ce qu'il faut bien appeler un en-deçà diabolique, le trou noir d'une sexualité entièrement vouée à la jouissance et au mal, et par là même dangereuse et fascinante[48]. Les textes qui nous sont parvenus peuvent ainsi apparaître, surtout dans la mesure où ils revendiquent l'emploi de la première personne – même s'il s'agit au bout du compte de traduire des représentations collectives plutôt que personnelles –, comme l'expression la plus osée d'une sexualité transgressive, qui sous couvert de la possession a pu s'énoncer publiquement. A ce titre ils peuvent être lus comme des sortes d'œuvres «généalogiques» de cet érotisme blasphématoire qui parcourt la littérature occidentale de Sade à Klossowski ou Bataille...

Les possédés ont de surcroît traversé une expérience des limites, tant du corps que de l'esprit, et leurs textes s'imposent donc, malgré la faiblesse de leurs qualités littéraires[49], comme des témoignages sur une vérité du moi qui serait aussi discours de la folie, c'est-à-dire d'un moi qui ne connaît plus la séparation entre conscience et fantasme, et qui rend dicible ce que toute société tente d'interdire au nom de la raison, de la loi, de la décence, etc. Certes, on sait que la définition de la folie est en grande partie culturelle et que souvent l'espace religieux intègre ceux qui, ailleurs ou en d'autres temps, auraient pu se trouver rejetés, mais on ne peut encore une fois qu'être surpris que la crise démoniaque des XVIe et XVIIe siècles ait ainsi permis l'acceptation d'une représentation aussi complexe et désordonnée de l'homme: du corps-spectacle à l'écriture qui rend compte de cette épreuve, la possession met en scène publiquement, à l'époque même où se construit la notion d'individu, la complexité d'un moi qui ne se connaît pas lui-même, soumis à une expérience qui lui reste, au bout du compte, incompréhensible.

Marianne CLOSSON
Université d'Artois

---

[48]   Ce dévoilement interroge d'autant plus le lecteur d'aujourd'hui que sous l'influence d'un siècle de vulgate psychanalytique et des audaces de plus en plus nombreuses dans la littérature à la première personne, on lie aisément l'expression du moi à un dévoilement de la sexualité, surtout féminine. Cf. *La Vie sexuelle de Catherine M...* de Catherine Millet, directrice d'*Art Press*, Paris, Seuil, 2001, ou les ouvrages de Christine Angot.

[49]   On peut excepter le R. P. Surin de ce jugement rapide.

LES PHILOSOPHES OBSCURS :
TRAITS ET OMBRES SCOTISTES
A L'ÉPOQUE DE RABELAIS

Dans sa lettre de 1521, Rabelais se qualifie devant Guillaume Budé de *skoteinos* (« qui vit dans l'ombre ») et d'*ignotus*[1]. A cette date, il est au couvent de Fontenay-le-Comte dans la chrysalide des Frères Mineurs Observants.

Des quatre « voies » de l'enseignement théologico-philosophique en France à la fin du Moyen Age (Albert, Thomas, Ockham, Scot), la *via Scoti* n'est pas la plus connue et les historiens de la philosophie française sont encore au début de leur exploration pour cette période. Pourtant, on trouve dans l'œuvre de Rabelais un certain nombre d'éléments qui montrent l'importance d'un courant encore bien vivant de son temps, même s'il paraît à première vue concentrer la critique contre l'ordre franciscain et contre la théologie exigeante de leurs philosophes majeurs.

LA VOIE OBSCURE

Depuis qu'on s'était remis au grec, il était plaisant de traiter Scot et ses disciples de *skotikoi*, littéralement « obscurs ». Ainsi Rabelais rapproche-t-il Héraclite du philosophe écossais en le disant « grand Scotiste et tenebreux philosophe »[2] et dans le Prologue du *Cinquiesme Livre* la fève pythagorique est semblable aux « sentences Scotines et obscures »[3]. L'allusion aux commentaires de Scot sur les *Sentences* de Pierre Lombard est assez transparente et d'autant plus comique que ces gloses étaient fort copieuses et assez éloignées du laconisme pythagorique. Scot avait pourtant la réputation – chez les Mineurs – de pratiquer une brièveté salutaire, comme l'a montré Christian Mouchel[4]. La

---

[1] Dans l'édition des *Œuvres Complètes* (*OC*) par Mireille Huchon, Bibliothèque de la Pléiade, 1994, p. 993. Nos citations sont conformes aux graphies originales reproduites dans notre édition des *Œuvres romanesques*, Poitiers, La Licorne, 1999.

[2] *Tiers Livre*, ch. 17, dans *OC*, p. 402.

[3] *OC*, p. 724. Dans sa préface aux *Formalitates moderniores* d'Antoine Sirect (Paris, R. Chaudiere, 1517), Antonio de Fantis déclare que la profondeur de Scot mérite d'être étudiée « more pythagorico ».

[4] C. Mouchel, *Rome franciscaine. Histoire de l'éloquence dans l'Ordre des Frères Mineurs au XVIᵉ siècle*, Paris, Champion, 2001, ch. 1-2.

prophétie jubilaire et forcément obscure de ce même Prologue annonce en
outre le remplacement de ces livres «fadas» par les nouveaux livres pantagruéliques. Les premiers sont encore visés dans deux chapitres parallèles, respectivement du *Tiers* et du *Cinquiesme Livre*. Dans le *Tiers Livre*: «Tu le prens bien
(dist Panurge) et en parle comme docteur subtil en lard»[5]. Panurge raisonne
diabologiquement contre les diables de moines (jacobins, franciscains et autres)
imprudemment convoqués par le poète Raminagrobis. Le «subtil en lard» ne
peut être que Jean Duns Scot, dit unanimement «subtil» et accompagné du «en
lard» qui rime encore avec «Lombard» tout en faisant référence à l'art magique
de Tolède. Panurge vient de raconter l'anecdote de Frère Coscoil, cordelier
observantin de Mirebeau», qui jette à l'eau le «receveur» Jean Dodin, parce
qu'il portait croix et écus:

> Frere Jan veulx tu que praesentement trente mille charretées de Diables t'em-
> portent? Fays trois choses. Baille moy ta bourse. Car la croix est contraire au
> charme. Et te adviendroit ce que nagueres advint a Jan Dodin recepveur du
> Couldray au gué de Vede, quand les gens d'armes rompirent les planches.[6]

Comme le signalent tous les éditeurs, l'anecdote avait déjà été racontée par le
poète néo-latin Nicolas Barthélemy[7], mais Rabelais a transposé les noms. Le frère
est un «obervantin de Mirebeau» et opère le lien entre l'Observance (son vœu de
pauvreté est revendiqué) et le scotisme. De même dans le *Cinquiesme Livre*, l'épisode des Chats-fourrés développe le rapprochement entre «scot» et l'«escot» que
les voyageurs doivent précisément payer aux receveurs pour avoir le passage:

> O, dist frere Jean bon cœur, et franc compagnon, de mains paralitiques, mais
> parlons un peu par escot docteur subtil: pourquoy est-ce, et qui vous meut
> leur jetter la bourse plaine d'escus?[8]

La mention de Scot n'est peut-être pas le simple prétexte à un jeu de mots: le
rapprochement entre la pauvreté ostentatoire et hypocrite des cordeliers et la
richesse cynique des officiers Gabelous ou Chicanous met en évidence le
rapport «subtil» des franciscains à l'argent, par l'intermédiaire des Décrétales,
qui permettent que «l'or [soit] subtilement tiré de France en Rome»[9]. Certains
rédacteurs majeurs des Décrétales étaient des franciscains, lesquels avaient
fourni plusieurs papes.

---

[5]   *OC*, ch. 23, p. 423.

[6]   *Ibid.*, p. 421.

[7]   Dans les *Epigrammata et Eidylla*, Paris, s. n., 1520; Paris, L. Cyaneus, 1532. Bénédictin et
      docteur en droit, Fr. Nicolas Barthélemy de Loches avait aussi écrit un *De vita activa et
      contemplativa* (Paris, Pierre Vidoue, 1523) et une «tragédie» en latin sur la mort du Christ
      (*Christus Xylonicus*, Paris, Simon de Colines, 1531).

[8]   *OC*, ch., 16, p. 759-760.

[9]   *Quart Livre*, titre du ch. 53.

A partir de ces allusions, on pourrait conclure que Rabelais avait l'intention de régler ses comptes avec son ancien ordre et que Duns Scot tient lieu de bouc émissaire représentant à la fois l'obscurité, l'obscurantisme et le décrétalisme[10]. Pourtant, les travaux d'Etienne Gilson (1924) et l'ouvrage de Krailsheimer (1963)[11] avaient en leur temps essayé de ramener l'héritage franciscain de Rabelais, obligatoire compte tenu de son éducation, à des éléments plus positifs. Jean-Claude Margolin avait aussi proposé des rapprochements intéressants entre Erasme et Scot[12]. Plus récemment, Jean Lecointe a consacré à cette dette un article très suggestif, qui remet en question l'incompatibilité supposée entre scotisme et pantagruélisme[13]. Si l'héritage bonaventurien n'est guère contesté par les humanistes, notamment pour sa doctrine de la *caritas*, sa définition néoplatonicienne de Dieu et son haut degré de spiritualité, si le «sel» franciscain a formé la plume rabelaisienne à ses plaisantes imaginations (Gilson), la part de Scot semble rester maudite. La mention des scotistes à propos d'un problème lié de loin à celui de l'Immaculée Conception[14] conduit non seulement à marquer une connivence avec le lecteur averti, mais surtout à épingler une propension à «sentir de loin l'hérésie», au moins d'aussi loin que les inquisiteurs dominicains.

Krailsheimer a énuméré trois points à partir desquels la doctrine scotiste affleure dans l'œuvre de Rabelais: domination de la libre volonté sur l'intellect, définition de Dieu comme être infini et surtout principe d'individuation[15]. Il reste à approfondir certaines pistes et à en explorer d'autres, en particulier du

---

[10]   Le jugement sévère d'A. Renaudet a longtemps prévalu: «Tout cet effort de la scolastique finissante devait demeurer stérile. Les défenseurs du scotisme, comme les continuateurs d'Ockham et de Buridan, n'ajoutaient rien à des doctrines jadis vivantes et agissantes, ne savaient que répéter indéfiniment les leçons de leurs maîtres, comme si tout eût été dit et que toute science fût contenue dans les textes autorisés» (*Préréforme et humanisme pendant les premières guerres d'Italie (1494-1517)*, Paris, Argences, 1953, p. 98). Pour le réexamen de tous ces courants, voir *The Cambridge History of Renaissance Philosophy*, Cambridge University Press, [1988], 1990, et W. Risse, *Die Logik der Neuzeit, I: 1500-1640*, Stuttgart, F. Fromann, 1964, actualisé dans la *Bibliographia philosophica vetus*, Pars 2. Logica, Stuttgart, Olms, 1998.

[11]   E. Gilson, «Rabelais franciscain», 1924, repris dans *Les Idées et les Lettres*, Paris, Vrin, 1932. A. J. Krailsheimer, *Rabelais and the Franciscans*, Oxford U. P., 1963. Voir aussi M. Ishigami-Iagolnitzer, «François Rabelais et l'esprit franciscain. Peut-on être à la fois humaniste et franciscain?», *ER*, 1988, t. XXII, p. 151-172.

[12]   J.-C. Margolin, «Duns Scot et Erasme», dans *Regnum Hominis et Regnum Dei*, Acta Quarti Congressus Scotistici Internationalis, Padoue, 24-29 sept. 1976, éd. Camille Bérubé, Societas Internationalis Scotistica, Rome, 1978, Vol. II, *Sectio Specialis*, p. 89-112.

[13]   J. Lecointe, «Les quatre apostoles: échos de la poétique érasmienne chez Rabelais et Dürer», *RHLF*, nov.-déc. 1995, 6, p. 887-905.

[14]   «Combien qu'aulcuns docteurs Scotistes ayent affermé que sa mere l'alaicta», *Gargantua*, ch. 7, *OC*, p. 23. Les romans rabelaisiens n'accordent pas beaucoup de place au culte de la Vierge.

[15]   A. J. Krailsheimer, *op. cit.*, ch. 22.

côté de la logique scotiste, à laquelle aucun des deux auteurs pionniers ne s'est intéressé de près, mais que Jean Lecointe a abordée. La plus évidente est celle des futurs contingents, problème crucial pour la théologie médiévale et renaissante auquel Scot et les scotistes avaient tenté d'apporter une solution inédite. Toutes ces notions convergent dans les questions posées par Panurge au *Tiers Livre*, «Dois-je me marier? Serai-je point cocu?», qui concernent à la fois la volonté individuelle et la prescience divine.

L'approche négative du scotisme doit être d'autant plus suspecte que depuis une dizaine d'années on s'interroge sur les origines scotistes de certains aspects des systèmes philosophiques de Suárez, de Descartes et même de Peirce[16], et sur ce que Jacob Schmutz appelle le «scotisme diffus»[17], tellement diffus que la présence de Scot, signalée par les auteurs eux-mêmes, n'est pas toujours relevée: ainsi dans *l'Index scolastico-cartésien*, Gilson reproduisait un passage où Descartes avoue que la notion de *distinctio formalis* vient de Scot, mais le Docteur n'apparaît pas dans les sources données par le critique[18].

Si l'œuvre de Rabelais est un fil conducteur remarquable pour mettre en évidence des traces du scotisme médiéval, elle n'en signale nullement l'extinction définitive, car la Contre-Réforme encourage un regain philosophique de plusieurs courants, dont celui des nouveaux scotistes. Sur le double plan de la métaphysique et de la théologie à la fin XVe siècle en France, on éprouve toutefois quelques difficultés à distinguer un scotisme «pur» puisqu'il se distribue en mayronistes, bonetistes[19] et bonaventuriens. Mais la doctrine de l'Immaculée Conception et la hiérarchie des anges, mises à mal par les Réformés, pouvaient amener à relire les traités scotistes sur le sujet. Les conciliateurs entre les différents courants avaient été précisément Nicolas Dorbellius (Des Orveaux) à Angers et Pierre Tartaret à Paris, deux franciscains (l'un observant, l'autre du tiers ordre séculier) que Rabelais mentionne dans le catalogue de la bibliothèque de Saint-Victor: ils y sont auteurs, l'un d'un commentaire sur le *Marmotretus de baboinis et cingis* et l'autre d'un *De modo cacandi*. Le *Mamotrectus* du P. Giovanni Marchesini (OFM) était un lexique biblique, certes peu subtil, au programme dans les écoles pré-conventuelles, et le *De modo cacandi* joue à la fois sur le nom de son prétendu auteur et sur un «modisme» qu'il n'a certainement pas

---

[16]   Voir L. Honnefelder, Scientia transcendens: *die formale Bestimmung der Seiendheit und Realität in der Metaphysik des Mittelalters und der Neuzeit*, [*Scot, Suarez*], Hamburg, F. Meiner, 1990.

[17]   J. Schmutz, «L'héritage des subtils. Cartographie du scotisme de l'âge classique», *Les Etudes Philosophiques*, «Duns Scot au XVIIe siècle», I, jan.-mars 2002, p. 51-81. Cf. également E. Randi, «La Théologie post-scotiste», *Vérités dissonantes. Aristote à la fin du Moyen Age*, éd. L. Bianchi, [1990], Paris, Cerf, éditions universitaires de Fribourg, 1993, ch. 4; pour l'auteur, les différences entre les mouvements se résolvent dans un ensemble «post-scotiste» (p. 150-151).

[18]   E. Gilson, *Index scolastico-cartésien*, Paris, Alcan, 1912, à «Distinction».

[19]   Disciples de François de Mayronnes et de Nicolas Bonet.

professé[20]. Il n'empêche que, comme l'avait bien vu Renaudet, Rabelais est un témoin précieux du grand brassage des idées philosophiques dans cette période charnière entre scolastique tardive et humanisme bientôt dominateur[21].

Si la scolastique s'attarde, elle n'en meurt pas pour autant et Jacob Schmutz propose d'appeler «scolastique moderne» les philosophies d'écoles (et de couvent) qui se développent en parallèle, en conflit ou en fusion avec les nouveaux courants philosophiques plus directement issus des sectes de l'Antiquité[22]. Elle émerge dans le milieu parisien des années 1480-1520, où le dernier nominalisme de John Mair s'exporte vers Alcalà et Salamanque, où se constituent un nouveau thomisme et un nouveau scotisme. Le *Thesaurus theologorum* de Jean Picard (1506)[23] compare les différents courants pendant que le cardinal Cisneros (un observant) réintroduit la doctrine scotiste à Alcalà. Les *Tabulæ* de l'œuvre de Scot établies par Antonio de Fantis (Venise, 1505) sont rééditées à Lyon (chez J. Crispin) jusqu'en 1530. Les premières presses diffusent des «abrégés» de philosophie scotiste, comme le *Scotus Pauperum* de Guillaume de Gorris, aragonais, imprimé à Toulouse en 1486 ou le *Vademecum... opinionum Scoti* de Guillaume de Vaurillon. Dans la même perspective de mise en ordre figure l'index théologique de Nicolas des Orveaux, qui suit son propre abrégé des *Sentences*[24]. Cet index organise une sorte d'encyclopédie scotiste, jusqu'à la supposition et la manière de syllogiser. Cette vitalité éditoriale alimentera une seconde vague post-tridentine.

L'ordre des franciscains passe pour hostile à l'humanisme. L'abbaye de Seuilly, comme celles de Maillezais et de Ligugé, était bénédictine et Rabelais, sans doute

---

[20] Jusqu'à une date récente, on intégrait au corpus des œuvres de Scot le *De modis significandi* de Thomas d'Erfurt.

[21] A. Renaudet, *op. cit., passim.*

[22] Pour un bon panorama de ce courant qui naît à la fin du XVᵉ siècle, voir J. Schmutz, «Bulletin de scolastique moderne», *Revue thomiste*, 100, 2001, p. 270-341.

[23] Joannes Picardus (John Gray), *Thesaurus theologorum*, Milan, 1506. Pour les répertoires des mineurs et de leurs publications, voir U. Smeets, *Lineamenta bibliographiæ Scotisticæ*, Romæ, ex typographia augustiniana, 1942; le répertoire de Luke Wadding (obs.) avec le Supplément de Sbaralea; les *Fonti e studi francescani* (qui malheureusement ne recensent que les conventuels); R. M. Huber, OFM, *A Documented History of the Franciscan Order (1182-1517)*, Milwaukee, Wisconsin and Washington D. C., 1944; les notices de la *Bibliographie Annuelle du Moyen Age Tardif (BAMAT)*, Turnhout, Brepols. Pour la mise au point la plus récente et la plus pertinente, voir J. Schmutz, «La migration des concepts: de Paris à Salamanque, et retour», à paraître dans les actes du Colloque «Philosophie et théologie à Paris au XVᵉ siècle», org. E. Faye, U. Paris X-Nanterre, nov. 2001, et «L'héritage des subtils...», art. cit. Nous remercions l'auteur de nous avoir communiqué ses contributions avant publication.

[24] *Compendium perutile elegantiora doctoris subtilis dicta summatim complectens* (Rouen ou Angers, 1494/97). Le supplément *De terminis theologicis. Declarationes quorumdam terminorum theologicalium secundum doctrinam illuminantis doctoris*, est publié à la suite de toutes les éditions, semble-t-il.

en même temps que Pierre Lamy, avait changé d'ordre pour bénéficier de la liberté d'étudier les livres anciens. Si la règle de saint Benoît apparaît bien plus accueillante, c'est qu'elle n'a pas à défendre de doctrines philosophiques principalement élaborées au sein des ordres mendiants. Même si la tradition dominicaine et thomiste tient bon et trouve plus tard de précieux alliés chez les jésuites, les franciscains dominent l'enseignement théologique et philosophique au temps de Rabelais, surtout dans sa «province». Il faut chercher de ce côté les premiers substrats du pantagruélisme, avant même la découverte et l'apprentissage des bonnes lettres, à une époque de vives polémiques à l'intérieur de l'ordre lui-même.

Scotisme et Observance

Le séjour de Rabelais à Fontenay-le-Comte (1520-1524?) suit immédiatement le triomphe de l'Observance en 1517, l'année même des thèses de Luther. Rabelais était donc sans doute pétri de philosophie et de théologie franciscaines, mais de quel courant? Selon la tradition, il aurait commencé ses «années de moinage» par le couvent de La Baumette, près d'Angers, établissement récent de la stricte Observance, comme le Puy-saint-Martin à Fontenay. L'entrée au couvent se faisant généralement à quatorze ou à quinze ans, mais parfois beaucoup plus jeune (sept ou huit ans), il était normal de se déplacer à mesure que l'on devenait plus apte: le changement d'établissement pourrait aller dans le sens de cette promotion éducative. Après ce qui équivaut à l'enseignement des *artes* dans les *studia particularia* locaux, les meilleurs étaient envoyés dans les *studia generalia*[25] (pour Rabelais, ce pouvait être Angers, Tours, restés conventuels, Poitiers[26], ou plus vraisemblablement Paris[27]), d'où l'on revenait en principe gradué et apte à lire les *Sentences*[28]. Ces dernières étapes étaient particulièrement longues puisque l'achèvement du cursus se situait vers les trente ans.

---

[25] Les *studia generalia* s'effectuaient sur autorisation de la hiérarchie dans un couvent associé à une université. On y accordait les grades de bachelier et de maître.

[26] Passé sans doute à l'Observance vers 1492-93 selon l'ouvrage publié sous la direction de R. Favereau, *Poitiers*, Paris, Beauchesne, 1988, p. 95, mais J. Moorman (*Medieval Franciscan Houses*, St Bonaventure University, 1983) ne l'indique pas.

[27] En revanche le grand couvent de Paris à Saint-Germain des Prés, d'abord colettin, passe à l'Observance en 1517. Les observants étaient installés à l'Ave Maria.

[28] A. J. Krailsheimer (*op. cit.*, p. 6-7) laisse entendre que Rabelais n'aurait pas pu effectuer d'études supérieures parce qu'un seul candidat par couvent pouvait être sélectionné; la mise au point effectuée par B. Roest ne présente pas de règle aussi stricte (*A History of Franciscan Education (c. 1210-1517)*, Leyde, Brill, 2000, p. 100 *sq.*, et 146 *sq.*); il est surtout avéré que les observants n'étaient pas autorisés à obtenir des grades universitaires. Les professeurs de théologie étaient donc en majorité des membres du tiers ordre séculier comme Pierre Tartaret, quelques conventuels et quelques rares observants. Pour la répartition des théologiens entre séculiers, mendiants et réguliers, voir J. K. Farge, *Biographical Register of Paris Doctors of Theology, 1500-1536*, Toronto, Pontifical Institute of Medieval Studies, 1980. Farge note aussi un retour des bénédictins de Cluny entre 1514 et 1528 (*ibid.*, p. 120).

Krailsheimer insiste à juste titre sur le fait que Rabelais (ou sa famille) a « choisi » de rentrer chez les observants. Ce mouvement réformé, né en Italie à la fin du XIVe siècle et puissamment soutenu par Bernardin de Sienne, s'était étendu en France surtout à partir de 1388 et avait aussi donné naissance au mouvement colettin[29]. A l'époque où Rabelais entre dans l'ordre (avant 1517), il est une branche relativement indépendante, soumise de façon toute formelle au provincial conventuel. A la différence des observants espagnols, les Français avaient rapidement contesté le contrôle théorique des conventuels sur leur organisation[30]. Les deux branches deviendront indépendantes en 1517 et placées sous la direction d'un général observant, renversant ainsi la proportion et la relation entre les deux courants[31]. La sécession des observants avait pour objectif, on le sait, d'appliquer plus strictement les vœux de pauvreté et de simplicité, mais elle portait aussi sur la place et l'importance du savoir. A première vue, les conventuels auraient été majoritairement scotistes, les observants bonaventuriens et tenants d'une religion plus « affective ». Mais le partage pouvait s'effectuer selon les disciplines enseignées : en théologie, on pouvait peut-être choisir, mais en logique ou physique, l'étendue des domaines traités par Scot l'emportait largement. Bert Roest explique en outre que les premiers degrés et la maîtrise ès arts n'étaient pas enseignés chez les observants, lesquels étaient auditeurs libres chez les conventuels ou dans les universités proches[32]. Quoi qu'il en soit, rien n'indique qu'ils aient été plus ignorants que les autres en raison d'un choix religieux de « pauvres en esprit ». Les critiques contre l'ignorance des Frères étaient, à l'intérieur de la famille même, principalement dirigées contre les cordeliers qui « vaguaient » pour dispenser leurs confessions et leurs prédications incontrôlées. Elles pouvaient difficilement affecter de la même manière les branches de l'ordre qui détenaient encore un nombre important de chaires, en arts et en théologie, à côté des universités ou à l'intérieur de celles-ci (conventuels et tiers ordre). En revanche, toutes les branches franciscaines pouvaient pressentir que les humanités nouvelles menaçaient la domination de la théologie.

La dissidence réformiste avait secoué au XVe siècle les couvents de la Province de Tours[33] où ce courant concurrençait sérieusement les conventuels

---

[29] La réforme de sainte Colette commence à Dole avec un ancien novice de Mirebeau, Pierre de Dole, antérieurement membre de l'Observance.

[30] Interdiction leur était faite de redevenir conventuels (L. Wadding, *Annales minorum seu trium ordinum a s. Francisco institutorum*, t. XV (1492-1515), Quaracchi, 1933, année 1495). Nicolas de Cuse lui-même avait proposé d'approuver l'Observance française au concile, ce qui fut fait dès 1435.

[31] Voir la mise au point par C. Mouchel, *op. cit.*, qui ne traite pas des particularités françaises avant 1517.

[32] B. Roest, *op. cit.*, ch. 1.

[33] Ils comprenaient les custodes de l'Orléanais (Orléans, Vendôme, Blois), de Bourges (Bourges, Châteauroux, Nevers, Angers, Tours, Loches), de Bretagne (Nantes, Rennes), de Saintonge (La Rochelle, Angoulême, Pons), du Poitou (Poitiers, Mirebeau).

qui «tenaient» certaines chaires majeures de l'Université de Paris jusqu'en 1502, jusqu'à ce que les colettins et les observants l'emportent[34]. Les pittoresques sermons d'Olivier Maillard (vicaire des observants à Paris après avoir été gardien à Châteauroux) et de Michel Menot (conventuel, à Tours et à Paris) insistent avec la violence que l'on sait sur les cibles mêmes des romans panta-gruéliens: abus et immoralité de l'Eglise, laxismes des moines, y compris dans l'ordre franciscain, papes indignes, etc. Le cœur de la nouvelle Province de Touraine-Pictavienne observante était le couvent de Mirebeau, le Mirebalais de Rabelais, duquel dépendait Fontenay-le-Comte. La lutte pour l'occupation des lieux avait été dure et une sorte de guerre picrocholine avait secoué la région au milieu du XV⁰ siècle: dans un coup de main nocturne, les observants de Mire-beau avaient été chassés par les conventuels. Or c'est l'avocat Guillaume Jous-seaume (plaisant homonyme du drapier de Pathelin invoqué par Panurge[35]), devenu observant lui-même, qui avait fondé La Baumette et avait plaidé le cas de Mirebeau jusqu'à Rome (1421)[36]. Un peu plus tard le théologien Guillaume de Vaurillon, conventuel, avait voulu reprendre le couvent de Châteauroux et s'était retrouvé en prison (1456)[37]. En revanche les couvents de Cholet (1407) et de Fontenay-le-Comte (1408), directement construits pour l'Observance, n'avaient pas eu à craindre d'expulsion. Rabelais arrive donc dans son nouveau couvent au moment où les observants viennent de triompher à Rome alors qu'en France, jusque-là, le courant avait représenté une modernité plus évangé-lique soutenue par les anti-papes et par le roi. En 1521, François 1ᵉʳ oblige les conventuels réfractaires à se rallier et le scotisme devient alors la doctrine offi-cielle des Frères[38]. La modernité avait toutefois ses limites car les Mineurs, déjà bons connaisseurs en hérésies classiques, commençaient à pourchasser les suspects de luthéranisme, comme le cas de Pierre Amy le fait comprendre.

En effet, une allitération plaisante autorise à reconnaître derrière le nom de «Farfadets» les membres de l'ordre franciscain de Fontenay persécuteurs de Pierre Lamy:

---

[34] En dépit de ses préjugés, A. Renaudet (*op. cit.*, p. 267) a remarqué que le scotisme se défendait bien en dehors de Paris, notamment chez Nicolas des Orveaux (Dorbellius) et Guy de Briançon (à Toulouse).

[35] *Tiers Livre*, ch. 4.

[36] *Fonti e studi francescani, 7, Regesta fratrum minorum conventualium*, 2 (1504-1506), Padova, Centro Studi Antoniani, 1998. Les auteurs disent «au parlement de Poitiers» mais la ville ne connaissait que les «grands jours» du Parlement de Paris «séant» à Poitiers (p. XXXVI *sq*).

[37] Guillaume de Vaurillon (1390/94-1463), d'origine bretonne, appartient lui aussi à la Province de Tours dont il fut même Provincial (1449-1461). C. Mouchel lui donne encore la parole en 1484, mais il s'agit de la date de la publication de son commentaire des *Sentences* (*op. cit.* p. 69 *sq.*)

[38] A. J. Krailsheimer, *op. cit.*, p. 17.

En M. Pierre Amy: quand il explora pour sçavoir s'il eschapperoit de l'embusche des Farfadetz, et rencontra ce vers, Æneid. 3.
Heu fuge crudeles terras, fuge littus avarum.
Laisse soubdain ces nations Barbares,
Laisse soubdain ces rivages avares[39].

Le message de l'oracle, rapproché de la situation particulière de «L'amy»[40], est sans amphibologie et les rivages de Fontenay ne sont pas nommés «barbares» sans raison. «Farfadets», les Frères le sont aussi selon la démonologie particulière de Panurge, amplement développée au chapitre 23 du *Tiers Livre*, puisque les franciscains s'attribuent une certaine compétence en démonologie[41]. Mais l'importune mendicité est surtout le fait des conventuels qui ne se contentent pas des biens de la communauté monacale et entendent monnayer leurs services spirituels, notamment les sépultures, alors que les observants ne confessent pas et doivent réclamer de quoi vivre aux communautés civiles (tout en considérant l'argent avec horreur[42]). Ainsi, les Farfadets d'Orléans ont proclamé «hérétique» la prévôte de cette ville, comme aurait dû le faire le bon Raminagrobis s'il avait été prudent selon Panurge. Cette anecdote des esprits frappeurs, rapportée par Calvin[43], Sleidan puis par Henri Estienne dans *l'Apologie pour*

---

[39] *Tiers Livre*, ch. 10, *OC*, p. 382.

[40] H. Meylan, «La mort de Pierre Lamy, 1525. Deux reproductions», in *François Rabelais 1553-1953*, p. 248-262. Lamy, protégé par Konrad Pellikan (lui aussi franciscain en rupture de ban), s'était réfugié chez les bénédictins de Saint-Mesmin à Micy près d'Orléans avant de rejoindre Lyon et Bâle où il meurt en 1525. Voir la lettre de Rabelais, 1524, dans *OC*, p. 993, et A. Renaudet, *op. cit.*, p. 688. Le terme de «farfadet» est souvent donné comme provençal mais il est courant en Touraine et en Berry pour désigner les lutins et diablotins, les «fadets» (de «fada», «enchanté»).

[41] La région se signale aussi par sa précocité en matière de sorcellerie. C'est dans le *Flagellum maleficarum* de Pierre Mamoris, inspiré par les procès de 1475 (Lyon, Nikolaus Philippi, 1489), qu'apparaît pour la première fois le terme de «sabbat» avec son rituel. Mamoris (que Rabelais vise peut-être en faisant de Pasquin un docteur «marmoreus» dans la bibliothèque de Saint-Victor), était professeur de théologie à Poitiers. Depuis 1446, une centaine de sorciers auraient été punis, particulièrement dans les secteurs de Thouars et de Loudun; on a retrouvé des recettes magiques et des formules obscures dans un livre ayant appartenu à un franciscain (*Poitiers, op. cit.*, éd. R. Favereau, p. 111). Maria Montesano fait de cet intérêt une spécialité des franciscains observants, au moins en Italie, qui auraient ainsi répandu des expressions spécifiques: *vanæ superstitutiones, incantamenta, maleficia* («*Supra aqua et supra ad vento*», *Supersitioni, maleficia e incantamenta nei predicatori francescani osservanti (Italia, sc. XV)*, Roma, Palazzo Borromini, 1999).

[42] Dans son colloque «Les mendiants riches», Erasme met subtilement en scène des franciscains «de la stricte observance»: non seulement leur porte-parole, Conrad, explique le principe de l'interdiction de toucher à l'argent, mais il réussit à justifier les motivations de l'ordre, à tel point que l'aubergiste finit par le préférer à son curé ignorant et ivrogne.

[43] Pour Calvin, voir le *Bulletin d'Histoire du Protestantisme Français*, 3, 1905, p. 32-36 et l'éd. Lefranc du *Tiers Livre*; pour J. Wier, voir l'éd. J. Céard, p. 220. Henri Estienne, *Apologie pour Hérodote*, Paris, I. Liseux, 1879, II, p. 299: le mari de la défunte n'aurait accordé que six écus

Hérodote et jusqu'à Jean Wier, est exemplaire du contentieux entre les conventuels d'Orléans et une cité qui ne les engraissait pas assez. Le fait avait été assez grave pour être remonté jusqu'à la Faculté de Théologie de Paris et jusqu'au Parlement en 1534: frère Etienne d'Arras prétendait avoir vu plusieurs apparitions de cette dame suspecte de luthéranisme, qui demandait à être exhumée de l'église franciscaine. La vérité, disaient les protestants, est que les Mineurs n'avaient pas apprécié le testament austère de la défunte, qui stipulait un enterrement simple et sans dépenses pour son âme. La mise en scène avait eu pour objet de faire enlever le corps pour y mettre des sépultures plus lucratives[44]. Selon James K. Farge, les docteurs parisiens ne pensaient pas que les apparitions fussent authentiques, et Jean Colimant, docteur en théologie à Paris[45], fut condamné à la prison pour cette supercherie.

Le scandale de l'ignorance relative pouvait aussi venir des dispenses de grade dont bénéficiaient les réguliers. Non seulement ils pouvaient suivre les cours dans les universités sans y être enregistrés, et, par bulle papale nominative, ils pouvaient être gradués sans passer les examens. La réorganisation complète des collèges et des universités au cours du XVIe siècle mettra fin à cette auto-attribution de grades, mais elle devait sans doute avoir cours encore à l'époque de Rabelais. Dans la liste des fous du blason, Panurge énonce un groupe dont l'association est suggestive: «fol bien bullé/ mandataire/ capussionaire/ titulaire»[46]... Le titulaire à capuchon (un capucin?) pourrait être un diplômé du pape.

Toutefois, les franciscains observants n'étaient pas un ordre particulièrement hostile à la connaissances du droit[47] et de la médecine: s'ils l'avaient été au

---

et refusé de fournir du bois. Estienne ne se prive pas de réutiliser les dénonciations de Maillard et Menot contre le laxisme des ordres mendiants. Dans son colloque «Les Funérailles», dont Rabelais est si proche, Erasme peint avec beaucoup de verve la concurrence (financière) entre les ordres mendiants auprès des agonisants.

[44] «Et en prendrons acte, affin qu'apres son trespas ilz ne le declairent haereticque et damné: comme les Farfadetz feirent de la praevoste d'Orleans: et leurs satisfaire de l'oultrage, ordonnant par tous les convens de ceste province: aux bons peres religieux force bribes, force messes, force obitz et anniversaires. Et que au jour de son trespas sempiternellement, ilz ayent tous quintuple pitance: et que le grand bourrabaquin plein du meilleur: trote de ranco par leurs tables, tant des Burgotz, Layz, et Briffaulx, que des prebstres et des clercs: tant des Novices, que des Profés. Ainsi pourra il de Dieu, pardon avoir» (*Tiers Livre*, ch. 23, p. 421-422). L'appellation de «farfadets» pour les cordeliers est postérieure à cette histoire, comme le montre l'addition de 1542 à la bibliothèque de Saint-Victor, *L'Histoire des farfadets* (*Pantagruel*, ch. 7, *OC*, p. 239).

[45] Voir J. K. Farge, *Orthodoxy and Reform in early Reformation France: the Faculty of Theology of Paris, 1500-1543*, Leyde, Brill, 1985, p. 134.

[46] *Tiers Livre*, ch. 38, *OC*, p. 472 (liste de Panurge).

[47] Angelus de Clavasio († 1495), vicaire général des observants, était l'auteur de la *Summa angelica*, somme de droit canon des cas de conscience.

début du mouvement, les principes établis par Bernardin de Sienne ou Jean da Capistrano encourageaient au contraire l'étude des *artes* et des rudiments de sciences, d'abord en Italie puis dans les autres pays à partir de 1450[48]. Insister sur l'ignorance des observants faisait partie de la propagande des conventuels, d'autant plus que les premiers avaient été quelque peu rebutés par le relâchement des *studia generalia* à Paris. Le conflit intellectuel et moral ne prend fin qu'en 1517 et après la fameuse «consultation» où le Parlement de Paris et la Faculté de Théologie, sollicités comme arbitres, admettent que les observants sont plus proches de la règle primitive. Au moment où Rabelais poursuit peut-être ses études à Paris (entre 1524 et 1530?), Etienne Brulefer, scotiste observant, avait le contrôle d'une des chaires de la Sorbonne depuis 1512, pendant que Tartaret en occupait une autre. Parallèlement, c'est une réforme d'inspiration observantine qui inspire le cardinal Cisneros pour la fondation de l'Université d'Alcalà avec son enseignement des langues, non sans quelques remous et tensions entre l'idéal de développement humaniste (orienté vers l'interprétation des Ecritures) et l'idéal de perfection religieuse[49]. Comme pour les autres disciplines, les frères pouvaient suivre en auditeurs libres des cours de droit canon, et certains professeurs de théologie ont publié dans ce domaine (Brulefer, Almain). La pratique d'une thérapeutique de base était encouragée puisqu'on trouvait des jardins de simples dans la plupart des couvents, mais il est évident que le grade de docteur en médecine ne pouvait être obtenu par un moine.

Les lutins maléfiques réapparaissent encore au *Quart Livre* lorsque le diable de Papefiguière, qui déjeunait à tous les repas de Farfadets, conclut devant le laboureur, avant le concours de griffures :

> Travaille villain, travaille. Je voys tenter les escholiers de Trebizonde, laisser peres et meres, renoncer a la police commune, soy emanciper des edictz de leur Roy, vivre en liberté soubterraine, mespriser un chascun, de tous se mocquer, et prenans le beau et joyeulx petit beguin d'innocence Poeticque, soy tous rendre Farfadetz gentilz[50].

Les Farfadets peuvent viser à la fois l'ensemble des moines ignorants et rustres (rien moins que «gentils»), comme l'ordre franciscain en général, ou dans le cas de Lamy, les observants grands pourfendeurs d'hérésie, ou encore les conventuels d'Orléans. Difficile aussi de ne pas reconnaître les Mendiants dans la description horrifique des Fredons (localisés à Oléron[51] selon certains commentateurs) du *Cinquiesme Livre* :

---

[48]   B. Roest, *op. cit.*, p. 160 *sq.*

[49]   *Ibid.*, p. 168.

[50]   *Quart Livre*, ch. 47, OC, p. 230-32.

[51]   Le monastère d'Oléron est resté conventuel (J. Moorman, *op. cit.*), comme celui d'Olonne, pourtant autorisé à passer à l'Observance. Les couvents des îles bretonnes qui pourraient

> Item les glorieux et beaux freres mineurs qui sont semibriefs de bulles, les
> freres minimes haraniers, enfumez, les aussi freres minimes crochus, et que
> du nom plus diminuer ne pouvoit qu'en fredons[52].

Il s'agit ici de « mineurs » et de « minimes » (pourtant mentionnés ailleurs avec
une bienveillance peut-être ironique[53]) et non d'observants. La subtilité légendaire de Scot deviendrait chez eux extrême « finesse » :

> Ceste finesse, dist frere Jehan, est extraicte d'occulte Philosophie, et n'y
> entends, au diable le rien. D'autant, respondit Pantagruel, est-elle plus redou-
> table, que l'on n'y entend rien.[54]

Le commentaire des *Sentences* de Pierre Lombard y fait retour puisque les
Fredons mangent « pois au lard, avec ample comment, et glose interlineare ».
Enfin, leur activité principale n'est pas sans rapport avec l'idéal de l'ordre :
« prioient Dieu tresbien, et tout par fredons : le reste du jour, attendans le jugement final, ils s'exercoient à œuvre de charité ». Mais la *caritas* consiste à « s'en-
trenarzarder, s'égratigner, s'entrefouetter » l'un l'autre. La conclusion de Frère
Jean, grand connaisseur, est d'actualité :

> A ceste heure congnois-je en verité, que sommes en terre Anticthone et Anti-
> pode. En Germanie l'on demolist monasteres et deffroque-on les Moynes, icy
> on les erige à rebours, et à contrepoil[55].

La diatribe des compagnons de Pantagruel contre les Fredons s'achève sur la
mention de leur fécondité en Carême, comme en témoigne le registre du baptis-
tère de Thouars[56], dans la même province et à quelques lieues de Mirebeau. Il
s'agit moins, dit Frère Jean, de l'effet aphrodisiaque des pois et fèves de saison,

---

également avoir inspiré Rabelais étaient en principe de l'Observance, tout en restant fortement « papistes ». Sur les Fredons-Bretons, voir l'édition de M. Huchon, *OC*, p. 1632, n. 2.

[52]   *Cinquiesme Livre*, ch. 26, *OC*, p. 788.

[53]   Ch. 24, p. 424 : Panurge avoue que son étrange costume est celui des minimes. Cet ordre,
fondé sous Louis IX par François de Paule, avait rayonné à partir de Plessis-lez-Tours (la règle
fut confirmée en 1493). Le succès fut tel que les religieux délaissaient même les communautés
réformées. L'interdiction de faire circuler de l'argent était très stricte, et les aumônes
recueillies devaient passer par les mains de laïcs (souvent des magistrats) ; avec leur mode de
vie quadragésimal perpétuel, ils étaient les champions du jeûne ; ils devaient aller à pied : les
plus âgés et les malades étaient exceptionnellement autorisés à voyager sur un âne (Edmond
R. Labande, « Richesse et pauvreté à la fin du XVe siècle : la pauvreté dans les premières règles
des Minimes », dans *S. Francesco di Paola chiesa e societa' del suo tempo*, Atti del convegno internazionale di studio, Paola, mai 1983, Rome, Curia Generalizia dell'ordine dei Minimi, 1984,
p. 262-281).

[54]   *Cinquiesme Livre*, ch. 26, *OC*, p. 790.

[55]   *Ibid.*, p. 792.

[56]   Ville qui avait aussi son couvent franciscain (conventuel), tout comme Loudun, Parthenay et
Saint-Maixent.

que de celui des « petits questeurs voultés », « petits prescheurs bottés » et « petits confesseurs crottés » (conventuels, à Thouars) bien reconnaissables. Et le passage se termine sur une particulière appétence à brûler les hérétiques, qui annonce le zèle du franciscain bien nommé François de Feuardent, à la fin du siècle. Hormis ce dernier point, qui n'est pas des moindres, tous les éléments de la critique interne à l'ordre franciscain se trouvaient déjà dans les propos truculents de Maillard, Menot et Meissier[57].

Obscurs, les Fredons le sont bien : incapables d'articuler correctement, chantant « des oreilles », ils couvrent les lanternes et mangent sous la table. En outre, ils aiguisent leurs rasoirs :

> Deffians davantage fortune la diverse portoient non en main comme elle : mais à la ceincture en guise de patenostres chascun un rasouer tranchant lequel ils esmouloient deux fois de jour et affiloient trois fois de nuict[58].

Bien entendu, l'interprétation par l'allégorie de l'Occasion aux longs cheveux devant et rasée par derrière, est immédiate et légitime. Mais le rasoir porté « en guise de patenostres » rappelle aussi le déjà légendaire rasoir d'Ockham, sans compter que Scot était appelé *Cos ingeniorum*, la pierre à aiguiser les esprits, selon l'expression horacienne[59]. Ces chapitres noirs de l'ordre ne semblent laisser aucune place à une rédemption, ne serait-ce que philosophique[60].

On ne sait si les franciscains de Fontenay étaient particulièrement scotistes, bonaventuriens ou nominalistes. Le P. Edouard d'Alençon rappelle que le scotisme était enseigné aussi bien par les observants que par les conventuels[61]. Ockham figure aussi à Saint-Victor avec ses « marmitons », comme les autres courants[62]. Les franciscains de la Province de France ou édités en France ne sont

---

[57] A. J. Krailsheimer, *op. cit.*, ch. 1-2.

[58] *Cinquiesme Livre*, ch. 26, *OC*, p. 792.

[59] D'après C. Mouchel, *op. cit.*, p. 91.

[60] Le régionalisme de la critique antimonacale est manifeste dans le *Cinquiesme Livre* (ch. 5) lors de la rencontre des marchands de Saintonge qui reviennent du Lanternois (la Province de Touraine-Pictavienne ?), où règne le roi Ohabé et où se parle le français tourangeau. Le « chapitre general des Lanternes » fait allusion à ces réunions annuelles des provinces.

[61] *Dictionnaire de théologie catholique*, art. « Duns Scot ».

[62] Dans la bibliothèque de Saint-Victor, on compte : 4 thomistes (Cajétan, Capreola, Sylvestre de Priero, Bartholomé Spina), 3 nominalistes-terministes (Bricot, Mair, Ockham) ; 6 scotistes (Scot, Dorbellius, Tartaret, Guillaume de Vaurillon, Etienne Brulefer, Trombetta sous le nom des « fanfares de Rome »), si l'on met Bonaventure à part (*Moillegroin doctoris cherubici de origine patepelutarum et torticollorum*) et le « jésuite » fray Iñigo, rajouté en 1534. Figurent parmi les « théologastres » : Bricot, Tartaret, Ockham, [Almain], Scot, Thomas, Dorbellius. Thaumaste pourrait aussi avoir un rapport avec le franciscain Thomas Anglicus : Thomas Penketh avait édité le commentaire du quatrième livre des *Sentences* par Scot (Venise, [1478 ?]), ceux de Bonaventure et les commentaires sur la *Métaphysique* d'Aristote par Antonio Andrea. Voir M. A. Screech (*Rabelais*, [1979], Paris, Gallimard, 1992, p. 124), qui a retrouvé

pas tous scotistes, tant s'en faut. En mettant à part ceux qui suivent exclusive-ment Bonaventure sur le plan spirituel, les terministes semblent dominer l'uni-versité en matière de logique et de métaphysique au temps de Rabelais. Si cela est vrai pour Paris (environ deux textes édités sur trois sont d'inspiration termi-niste), le rapport semble bien s'inverser en province, et particulièrement en Touraine franciscaine (qui comprenait alors la Bretagne, la Saintonge et remon-tait jusqu'à Orléans). Nicolas des Orveaux, angevin passé à l'Observance, a résidé à Cholet, enseigné entre 1465 et 1475 à Paris, puis à Angers et à Poitiers avant de mourir à Rome. Il est sans doute le plus subtil parmi les subtils de l'époque et il s'est consacré à propager la leçon aristotélicienne de Scot. Il est présenté par Moorman comme « peu original » mais on se demande qui à l'heure actuelle maîtrise l'ensemble de son œuvre abondante[63]. Bert Roest le mentionne avec plus d'intérêt pour ses travaux mathématiques[64].

L'italien Francesco Lichetti, Ministre Général de l'ordre, est aussi un commentateur des *Sentences juxta mentem Scoti :* il effectue une tournée en France en 1520 pour régler les différends entre conventuels et observants, en soutenant les seconds dans leur volonté de réforme. En même temps, il ordonne de ne lire que les textes de Scot[65].

D'après les ouvrages possédés par les bibliothèques consultées, il semble que le scotisme soit tout de même plus prisé chez les observants, comme en témoigne le chef de file des scotistes parisiens, Etienne Pillet, dit Brulefer[66], avant que Pierre Tartaret ne prenne le relais. Antonio de Fantis, des Orveaux, Mathurin Lebret ou Lebreton (de Tours et Angers) sont aussi de cette double obédience[67]. L'exception serait Antoine Sirect (lui aussi de la Province de Tours,

---

un livre de magie naturelle du même auteur ; dans le roman toutefois, l'Anglais loge chez les bénédictins... Le début du quatrième livre des *Sentences* de Pierre Lombard propose une défi-nition du signe en tant que sacrement, souvent commenté.

[63]   J. Moorman, *op. cit.,* p. 538, expédie en quelques lignes tout l'apport des théologiens francis-cains du XVe et du début du XVIe siècle en les qualifiant de *«neither distinguished, nor original».*

[64]   B. Roest, *op. cit.,* p. 128. Dorbellius rappelle que la *sapientia* théologique s'appuie sur les sciences séculières (*Compendium dignissimum et utilissimum considerationis matematice quo aritmetricam et geometriam secundum ea quæ sunt necessaria naturalibus et supernaturalibus scientiis,* Bologne, Henri de Harlem, 1485). Cet auteur est classé par Barnabas Hugues parmi les mathématiciens « réels », à côté de Luca Pacioli (« Franciscans and Mathematics », *Archi-vium Franciscanum Historicum,* 76, 1983-4).

[65]   *Commentaria super quodlibeta J. Scoti...,* Paris, Jean du Pré et Jean Granjon, 1519-1520. Ses commentaires sur les *Sentences* et les *Quodlibeta* sont encore réédités à Rome par Constantin Sarnanus en 1605. Voir A. J. Krailsheimer, *op. cit.,* p. 16.

[66]   Cible du titre « Maistre Pilloti Racquedenari de bobelidandis glosse » ?

[67]   Mathurin Lebret de Laval, *Parvus scotus lavallensis,* Angers, Clément Alexandre et Pierre Arnoul, 1529 ; il dit avoir composé son ouvrage à partir des leçons d'Etienne Brulefer et de Nicolas Maliverne, gardien du couvent de La Baumette.

et lecteur à Paris en 1504), resté conventuel[68]. Oronce Finé, que l'on n'attendrait pas là, édite en 1516-1517 les commentaires sur les *Sentences* par Jean de Bassols (disciple direct de Scot, encore utilisé par les Conimbres), avec la bénédiction des observants de Paris. Les pièces liminaires de Finé sont adressées à Thomas Verrier, professeur de théologie à Paris, et à Jean Surdus angevin, son médecin et son patron. Il dit participer ainsi à la restitution des bonnes lettres[69].

La parenté remarquée entre l'Observance et les «Spirituels» languedociens a quelque justification: le mouvement soutenu par Pierre Jean de Olivi (Olieu) s'était répandu au tournant des XIIIe-XIVe siècles. La renaissance de la spiritualité mystique du milieu de Marguerite de Navarre fait penser à ce renouveau de piété bien antérieur. Selon Gratien de Paris, les observants sont les «héritiers des tendances réformistes des Spirituels» et leurs opposants conventuels les traitaient volontiers de «*fraticelli*» et de «spirituels»[70].

Pour faire bonne mesure, les conventuels ne sont pas épargnés par Rabelais. Le plus célèbre d'entre eux au XVe siècle, Guillaume de Vaurillon, avait été le représentant officiel de l'ordre pour le concile de Bâle. Il semble fort estimé de l'auteur du *Vocabularius Theologiæ* (1517), Johannes Altenstaig, qui le cite fréquemment. Il figure dans la bibliothèque de Saint-Victor, mais non dans la *Farce des Théologastres*[71], contrairement à presque tous les autres. Rabelais le rajoute à sa liste en 1534, à côté des théologiens de Rostock hostiles à la Réforme. Guillaume de Vaurillon a commenté les *Sentences* à Poitiers puis à Paris[72] en 1420-1430 avant d'être licencié de cette université (1448), de revenir à

---

[68] *Le Dictionnaire de théologie catholique* (art. du P. Edouard d'Alençon), le donne pour conventuel. La publication de ses œuvres à côté de celle des observants (notamment son traité des *Formalitates*) n'est en effet pas un argument suffisant pour le ranger parmi les réformés.

[69] Jean de Bassols, commentaire des *Sentences*, [Angers ou Paris], *circa* 1480; Paris, Jean Frellon, 1516-17. Le même Thomas Verrier est dit licencié en théologie, observant, dans sa propre préface à une édition des *Formalitates* d'Etienne Brulefer (Paris, Olivier Senant, 1516).

[70] Fr. Gratien de Paris, «Les Débuts de la réforme des Cordeliers en France et Guillaume Josseaume (1390-1436)», *Etudes Franciscaines*, avril 1914, tome 31, p. 415-439. Pierre Péano, «L'osservanza in Francia», dans *Il Rinnovamento del francescanesimo. L'osservanza*, Assise, Centro di studi francescani, 1985, p. 259-274, partic. p. 269.

[71] *La Farce des Théologastres, 1528*, éd. C. Longeon, Genève, Droz, 1989, p. 66-68.

[72] *Super quatuor libris sententiarum noviter correctus et apostillatus*, Venise, Bonetus Locatellus, 1502 (Bibliothèque Universitaire de Poitiers XVI-812); un Guillaume de Vallis a été confesseur de la reine Marie d'Anjou à Poitiers, laquelle était connue pour sa dévotion et sa superstition; elle s'était entourée de franciscains observants, parmi lesquels des prophètes. Voir I. Brady, OFM, «The *Declaratio seu Retractatio* of William of Vaurouillon», *Archivum Franciscanum Historicum*, 58, 1965; *William of Vaurouillon, O. Min. (1463), A Biographical Essay*, dans *Miscellanea Melchior de Pobladura*, vol. 1, Rome, Institutum Historicum OFM, 1964, p. 291-315; «The Liber *De Anima* of William of Vaurouillon», *Medieval Studies*, 10, 1948, p. 225-297; «William of Vaurouillon, Fifteenth Century Scotist», *Studies in Philosophy and the History of Philosophy*, 3, 1964. Voir également les notices de C. Schabel, *BAMAT* 1996, p. 1427. Brady signale qu'à la fin de sa vie il serait devenu colettin.

Poitiers et de faire le coup de poing contre les observants. Ses commentaires ont été publiés et réédités plusieurs fois entre 1484 et 1510 à Lyon, Venise et Bâle. Son *Vademecum* de scotisme a connu une certaine fortune[73]. Il est surtout célèbre, selon Wadding, pour la controverse avec les dominicains sur le sang du Christ. Bien qu'il soit mort avant que n'éclate la nouvelle querelle des futurs contingents (1465-1475), Guillaume de Vaurillon se situe bien dans la ligne du scotisme métaphysique français: l'édition de 1502 des *Commentaires sur les Sentences* se réfère à François de Mayronnes et à Nicolas Bonet mais dans celle de 1489 son scotisme n'a rien de bien saillant, même s'il semble être le premier à avoir répandu dans le milieu franciscain la légende d'un style scotiste «doux»[74].

Ainsi, la relation qu'opère Rabelais entre Vaurillon et les théologiens de Rostock est parfaitement anachronique: «M[agister] n[oster] Rostocostojambedanesse, de mostarda post prandium servienda lib quatuordeci, apostilati p[er] M[agistrum] Vaurrillonis»; elle peut toutefois avoir un sens. En bon conventuel, Vaurillon s'est longtemps opposé à la réforme de l'ordre. Comme les tenants de la tradition, il sert «moutarde après dîner», leitmotiv de l'épisode des frères Fredons, qui signalerait un combat d'arrière-garde depuis longtemps perdu au moment où l'on commence à jeter le froc aux orties.

TERMINISME ET SCOTISME

La scission entre conventuels et observants correspond aussi à une scission politique: sans être ouvertement gallicans, les seconds bénéficient au XVe siècle de l'appui des autorités laïques et les autres ne peuvent se réclamer que de bulles papales (avant 1517). Elle peut recouper le partage entre scotisme et terminisme, mais la ligne est bien floue. Le terminisme parisien semble triompher, puisqu'il avait essaimé dans les universités espagnoles et portugaises, plutôt sous influence nominaliste en ce qui concerne les théories du langage et du signe. John Mair a exercé son influence sur les Espagnols Coronel, Lax, Dolz, Enzinas, Celaya et Soto, provoquant ainsi un nouveau développement de la logique à Salamanque et à Alcalà[75]. Mais l'importante domination des thomistes fait que certains aspects de la métaphysique scotiste, compatibles avec le thomisme, se retrouvent çà et là, comme chez les jésuites. En outre, certains terministes gardent des liens avec le scotisme tardif. Alexander Broadie parle de

---

[73] *Repertorium seu vademecum vel collectionarium opinionum in Scoto nullatenus signatarum ex quatuor libris sententiarum*, Paris, Ulrich Gering, 1473.

[74] C. Mouchel, *op. cit.*, p. 72.

[75] S. Meier-Oeser, *Die Spur des Zeichens: das Zeichen und seine Funktion in der Philosophie des Mittelalters und der frühen Neuzeit*, Berlin, De Gruyter, 1997, p. 114 *sq.*

l'«ombre de Scot» sur l'écossais John Mair[76], comme l'indique son édition du quatrième livre des *Commentaires sur les Sentences* de Duns Scot (Lyon, 1516). L'usage du mot *terminus* lui-même, qui semble être la marque de fabrique du terminisme, est adopté par d'aussi éminents scotistes que Tartaret[77].

Certains philosophes semblent tenir une position intermédiaire entre le terminisme dominant à Paris au tournant du siècle, et un fort courant scotiste. Cela semble le cas de Jacques Almain (ca. 1480-1515), celui du fameux peigne rustique de Gargantua (ch. 21), dont l'œuvre diverse montre des intérêts tout aussi divers: il fut un élève de Mair au collège de Montaigu dont il fut régent avant d'aller à Sainte-Barbe; il est plus connu pour sa participation aux textes gallicans sur la limitation du pouvoir papal, dans un sens qui allait vers les positions d'Ockham[78]. Cet aspect aurait dû le faire regarder avec une certaine sympathie par Rabelais bien qu'il figure parmi les «théologastres» de la *Farce*. La *Cambridge History of Renaissance Philosophy* ne mentionne pas d'ouvrages logiques mais des *Consequentiæ* sont publiées à Paris en 1501[79]. S'il réédite les *Dicta* sur les *Sentences* du dominicain Robert Holkott (ca. 1290-1349)[80], on édite après sa mort ses *Quæstiones Scoti* sur la métaphysique (Paris, 1519 et 1526) et ses propres cours sur les *Sentences*[81]. Sa position ne semble pas aussi évidemment nominaliste que Renaudet l'a dit[82].

Le même double profil semble convenir à Martin Lemaistre (Martinus Magister), franciscain originaire de la Province de Tours et professeur de théologie et de philosophie naturelle à Paris, qui publie d'un côté des *Quæstiones perutiles super tota philosophia... secundum mentem Scoti* (Parme, 1481), et des traités logiques bien dans le style des nominaux: *Expositio perutilis et necessari*

---

76 A. Broadie, *The Shadow of Scotus*, Edimburgh, T. & T. Clark, 1995.

77 A partir d'Albert de Saxe, la distinction entre *terminus* et *signum* maintenue par Ockham tend à disparaître. Elle reviendra en force avec les nouvelles éditions d'Aristote. Sur Tartaret, voir notre article, «Le signe écrit dans les commentaires scotistes de Pierre Tartaret (1493)», *Jean Duns Scot et la métaphysique classique*, actes du colloque de Clermont-Ferrand, 1996, éd. G. Sondag, *Revue des Sciences Philosophiques et Théologiques*, tome 83, n°1, janvier 1999, p. 85-102.

78 *Expositio de suprema potestate ecclesiastica*, qui connaît de nombreuses éditions à partir de 1510.

79 Almain a écrit un traité de la pénitence et du mariage (*De pænitentiæ et matrimonii Commentaria*, Paris, Claude Chevallon, 1526), des *Moralia* corrigées par John Mair (Paris, Jean Granjon, 1516), une *Summula de summa ... viri Raymondi... [de Peñaforte]... variis casibus*, Paris, Thomas Kees, 1511, qui traite des questions de droit canon. Il pourrait être visé par un autre ouvrage de la «librairie», «Le Ravasseur des cas de conscience». Il a aussi écrit sur les sacrements (*Pupilla oculi... de sacramentum administrationem*, Paris, J. Pouchin, 1514).

80 Slnd, *ca.* 1500.

81 *In quartum sent. Scot. dictata*, Paris, s. e., 1520.

82 A. Renaudet, *op. cit.*, p. 404.

super libro Predicabilium Porphiri[83] et *Tractatus consequentiarum... in via nominalium*[84]. A côté d'eux, on trouve des commentaires théologiques dans l'esprit marial de Scot[85], et des *Questiones morales*[86] qui complètent l'ensemble des travaux éthiques de l'école de Mair[87]. On pourrait en conclure que la tendance dominante serait scotiste pour la métaphysique, nominaliste ou terministe pour la logique, et aristotélicienne pour la morale[88], si les interactions ne se révélaient pas, à la lecture, beaucoup plus complexes.

Par exemple Noël Taillepied représente plus tardivement le syncrétisme philosophique et aristotélicien des franciscains, voire des capucins puisqu'il a changé d'ordre, tout comme François Titelmans. Taillepied fut d'abord observant puis capucin de Pontoise : il est connu pour son traité sur les apparitions, réinterprétation catholique de l'ouvrage de Lavater[89], pour son zèle anti-protestant et pour son travail d'historien local : avec ses *Antiquités* de Pontoise, puis celles de Rouen, il figure en bonne place parmi les auteurs de ce genre urbanographique qui fleurit en France dans la seconde moitié du XVIᵉ siècle. Il est moins connu comme éditeur en 1574 des commentaires sur les *Sentences* du franciscain Nicolas Denyse, dont le titre signale déjà l'éclectisme[90]: *additi loci sunt, in quibus vel D. Thomas vel Jo. Scotus et quidam alii easdem pertractarunt questiones*. Peu connu également est son résumé de toute la philosophie aristotélicienne en une centaine de pages, probablement destiné aux «*tyrones*» de Pontoise ou de Rouen, et qui a le mérite, ce n'est pas si fréquent à l'époque,

---

[83]   Paris, F. Balligault, 1499.

[84]   *Ibid.*, 1497. A. Renaudet le met du côté des nominalistes (*op. cit.*, p. 96).

[85]   *Subtilis expositio super Salve regina*, slnd [Paris, 1488?]; Paris, J. Bade, 1519.

[86]   Paris, 1489.

[87]   Une autre édition paraît avec un index établi par David Cranston, Jean Granjon, Paris, 1510, qui avait aussi édité Almain. Cet Ecossais était l'élève préféré de Mair (A. Broadie, *op. cit.*, p. 6-7) tout en montrant un certain intérêt pour Scot (A. Broadie, *Notion and object. Aspects of Late Medieval Epistemology*, Oxford, Clarendon Press, 1989, p. 12). De Lemaistre, on peut lire un traité *De temperantia* (Paris, Jean Petit et Poncet le Preux, 1511) et un commentaire de *l'Ethique à Nicomaque*, Paris, 1500.

[88]   L'absence d'étude approfondie de tous ces auteurs conduit à un certaine prudence. Les auteurs de la *Cambridge History of Renaissance Philosophy* mettent Thomas Bricot et Georges de Bruxelles dans les scotistes (p. 795), alors que la *Cambridge History of Later Medieval Philosophy*, éd. N. Kretzmann *et al.*, Cambridge U. P., 1982, place bien Bricot parmi les nominalistes (p. 789).

[89]   *Traité de l'apparition des esprits, a scavoir, des ames separees, Fantosmes, prodiges et accidens merveilleux, qui precedent quelquefois la mort des grands personnages, ou signifient changemens de la chose publique*, Paris, Guillaume Bichon, 1588; éd. consultée: Bruxelles, Pierre Jimenez, 1609. Dans *La Nature et les prodiges*, J. Céard lui oppose à juste titre la position critique de Montaigne (Genève, Droz, 1977, p. 420, n. 85).

[90]   Paris, Guillaume Chaudiere, 1574. Nicolas Denyse (De Nyse ou De Nysse, mort en 1509) était gardien du couvent des franciscains de Reims (restés conventuels).

d'être rédigé en français. Les frères mineurs (à l'exception de Wadding) passent généralement sous silence l'ancienne appartenance de Rabelais à l'ordre, mais ses romans ont laissé un souvenir fâcheux, digne des jugements de Calvin et de Pontus de Tyard. Taillepied clôt son mince chapitre sur l'âme par un paragraphe sur les Libertins, parmi lesquels figure le bon Rabelais :

> Les Libertins Rablistes (*sic*) & Lucianistes vrays Epicureens, Diagoristes & Protagoriques, sont parvenus a ce labyrinthe d'erreur, apres avoir esté long temps hereticques, ont nié l'immortalité de l'ame[91].

Les capucins n'étaient pas mieux traités par Rabelais que les autres branches de l'ordre franciscain, et cette nouvelle « secte » qui fleurit à partir de 1525 sert de cible à plusieurs reprises : alors que son austérité et son renoncement à toute richesse auraient dû la mettre du côté des « spirituels », elle concentre au contraire chez Rabelais les vices de maniaques de l'hérésie (Taillepied en sera un bon exemple plus tard), d'adversaires des bonnes lettres et d'anti-pantagruélisme. En paire avec les minimes, les capucins sont visés, selon Panurge, par Raminagrobis :

> Mais que tous les Diables luy ont faict, les paouvres Diables de Capussins, et Minimes ? Ne sont ilz assez meshaignez les paouvres diables ? Ne sont ilz assez enfumez et perfumez de misere et calamité les paouvres haires extraictz de Ichthyophagie ? Est il, frere Jan, par ta foy, en estat de salvation ? Il s'en va par Dieu damné comme une serpe a trente mille hottées de Diables. Mesdire de ces bons et vaillans piliers d'eclise ?[92]

Frère Jean répond qu'il ne s'en soucie « d'un bouton », ramenant leur sainteté à la médisance : « Ilz mesdisent de tout le monde : si tout le monde mesdit d'eulx, je n'y pretends aulcun interest » (*ibid.*). Le prologue du *Cinquiesme Livre* (version probablement contemporaine du *Tiers Livre*) avait expliqué pourquoi avec une certaine violence :

> A luy [= au médecin Amer] ont succedé certains Caputions nous deffendant les febves, c'est à dire, livres de pantagruelismes, et à l'imitation de Philoxenus Gnato Siciliens anciens architecques de leur monachale et ventrale volupté, lesquels en plains banquets lors qu'estoient les frians morceaux servis crachoient sur la viande affin que par horreur autres qu'eulx n'en mangeassent. Ainsi ceste hideuse morveuse catherreuse vermoluë cagotaille en public et privé deteste ces livres frians, et dessus vilainement crachent par leur impudence[93].

---

[91] *Œuvres de philosophie à sçavoir, dialectique phisique et ethique d'Aristote. Nouvellement mis en François*, Paris, Jean Parant, 1583, p. 127. Malgré sa modestie, l'ouvrage est précédé d'un certain nombre de pièces liminaires, dont deux signées de Jean Edouard Du Monin. La seconde, en français, développe assez pesamment une *allusio* sur le nom du capucin : « A Toy, mon Taillepied, ce pied nombreux je taille [...] ».

[92] *Tiers Livre*, ch. 22, *OC*, p. 418.

[93] *Cinquiesme Livre*, *OC*, Prologue, p. 725.

La même véhémence est reprise en écho dans *l'Isle Sonnante*, où la sixième «secte» d'oiseaux maléfiques est appelée, de façon transparente, celle des «Capucingaulx», «plus tristes, plus maniaques, et plus fascheux qu'espece qui fust en toute l'Isle»[94]. Le prologue du *Quart Livre* de 1548 ne parlait que de «Diables engiponnez» et l'épître liminaire du *Quart Livre* de 1552 reprend la diatribe contre les enquêteurs d'hérésie, sous les noms des fameux «Canibales» et «Agelastes». Les capucins ne sont plus seuls et les moines accompagnent désormais les «imposteurs de Geneve» et autres anthropophages. A l'objection d'Epistémon qui veut interpréter «à bien» les «vilaines bestes» de Ramina-grobis, c'est-à-dire comme puces et vermine (ce qui revient au même, la méta-phore en plus), Panurge oppose l'évidence: ces moines se reconnaissent sous la métaphore entomologique comme «mouches en laict». L'ironie traverse également le discours d'Epistémon: comme le souligne M. Screech, si Epistémon parle ici en bon chrétien et en bon pantagruéliste, «il est néanmoins clair que les remarques de Raminagrobis visent les moines»[95]. L'exclamation finale de Panurge «par saint Iago de Bessuire» semble accoler dans une expression unique tous les mendiants: le célèbre saint de Compostelle (dont les Jacobins se récla-ment) est associé au premier couvent des colettins de la Province de Touraine (Bressuire)[96].

Passées au laminoir de la verve rabelaisienne, les doctrines inspirées par Scot semblent se réduire à peu de chose. Pourtant, le dossier de la nouvelle scolas-tique mériterait d'être réouvert, à l'aide des instruments philologiques adéquats et de cette méthode systématique que Jean Céard a si brillamment illustrée. Il faudrait pouvoir identifier les «logoumènes» scotistes comme Olivier Boulnois, Roger Ariew et Jacob Schmutz l'ont fait pour les théologoumènes[97]. Parmi ces éléments qui concernent la littérature figurent non seulement le rapport entre les signes et les choses, mais encore entre la réalité et la fiction, entre le factuel et le possible, et cette nouveauté qu'est la construction du personnage en tant qu'être individuel participant d'une nature commune. L'apport scotiste a été diversement assimilé par les auteurs de la Renaissance, y compris là où on s'y attendrait le moins, dans le genre romanesque encore au berceau.

«C'est au Docteur subtil que Rabelais réserve les meilleurs de ses traits», dit Alain de Libera[98]. Pourtant, la lecture des traits scotistes dans ces romans est

---

[94] *Cinquiesme Livre, OC*, ch. 3, p. 434.

[95] Dans son éd. du *Tiers Livre*, Genève, Droz, 1964, p. 161.

[96] Fondé par sainte Colette (en 1404 selon Moorman, *op. cit.*, p. 88).

[97] O. Boulnois, *Etre et représentation chez Duns Scot*, Paris, PUF, 1999, partic. les ch. 1 et 2; R. Ariew, *Descartes and the last Scholastics*, Ithaca, Cornell U. P., 1999; J. Schmutz, art. cit. Nous rédigeons une synthèse sur les rapports entre philosophie et fiction à partir de Rabelais.

[98] *La Philosophie médiévale*, Paris, PUF, 1993, p. 421.

loin d'aboutir à une vision uniformément critique. Rabelais semble avoir bien mesuré les nouveautés que les philosophes de son temps, et particulièrement les franciscains observants scotistes, avaient proposées pour rendre compte de la représentation du réel et de la prescience divine. S'ils n'ont nullement envisagé que la littérature puisse adopter les mondes possibles et la *potentia ordinata* en vue du bon plaisir de l'écrivain, ils ont fourni un précieux outil à la pensée de la fiction créatrice, aux risques de l'interprétation contingente.

Marie-Luce DEMONET
Centre d'Etudes Supérieures de la Renaissance,
Université François-Rabelais de Tours

LA PREMIÈRE PHRASE
DES *ESSAIS*

Au commencement de tout – du lien avec Jean Céard, du lien avec le XVIᵉ siècle –, il y eut pour moi ce fait très simple: d'avoir lu jadis les *Essais* en les commençant par leur commencement. Car le charme prit là, dès le début, dès ces premiers chapitres que visiblement tout le monde saute, critiques ou lecteurs. *Ab ovo* il s'y joue quelque chose comme un dessein. Montaigne n'y est pas encore Montaigne mais un débutant, un inconnu, un grand commençant. Et pourtant dès sa première phrase, on ne peut plus personnelle, il est là tout entier.

Mon premier point montrera quelle est la source, à chercher du côté de la *miseratio* rhétorique. Le deuxième point explorera les paradoxes que soulève l'opposition entre les deux «moyens tous contraires» pour susciter la pitié, à savoir la *supplicatio* et la *constantia*. Nous pourrons alors nous demander si Montaigne choisit entre ces deux moyens, si même la question du choix a un sens.

LA SOURCE

Voici la première phrase dans la *princeps*:

> La plus commune façon d'amollir les cœurs, de ceus qu'on a offensez, lors qu'ayant vengeance en main, ils nous tiennent a leur mercy, c'est de les émouuoir a commiseration & a pitié: toutes fois la brauerie [= la bravoure], la constance, & la resolution, moyens tous contraires ont quelque fois serui a ce mesme effet[1].

Ce qui suit les deux points paraphrase, chez Cicéron, la fin du lieu 16 et dernier de l'appel à la pitié. *De l'invention*, I, 109:

> Car souvent le courage et la grandeur d'âme, qui ont de la noblesse et de la force, parviennent à susciter la compassion plus facilement que l'humilité et l'obsécration.
>
> *Nam sæpe uirtus et magnificentia, in quo grauitas et auctoritas est, plus proficit ad misericordiam commouendam quam humilitas et obsecratio*[2].

---

[1] Bordeaux, S. Millanges, 1580 (reprint Genève, Slatkine, 1976), que je citerai toujours, sauf quand je mentionne l'édition Villey-Saulnier aux PUF.

[2] Traduction G. Achard (modifiée), Paris, Les Belles Lettres (C.U.F.), 1994, p. 140. *Cf.* la *Rhéto-*

Ce que Pierre Fabri avait ainsi rendu : « car, aulcuneffoys, soy monstrant patient en aduersité proffitte plus a commouuoir a misericorde que humilité et priere »[3]. Et Racine : « Constance fait souvent plus de pitié que la consternation [ou peut-être : prosternation] »[4].

L'Invention est alors, comme au Moyen Age, le texte de base pour l'étude de la rhétorique (couplé avec la *Rhétorique à Hérennius*). Montaigne l'a forcément étudié pendant sa scolarité, comme tout le monde. De plus, il n'aura pas eu de mal à retrouver ce passage. En effet, la phrase de Cicéron clôt le développement sur la pitié, qui lui-même clôt tout le livre I – elle n'est suivie que par la célébrissime remarque sur la nécessaire brièveté de l'appel à la pitié, car « rien ne sèche plus vite qu'une larme ». Il ne faut donc pas voir ici une preuve de rare érudition. Tout à l'inverse, ce côté scolaire de Cicéron expliquerait peut-être le fait que Montaigne ne mentionne pas sa source, par pudeur – ou peut-être par moquerie des professeurs, une explication n'excluant pas l'autre[5].

La seule dissonance entre la phrase cicéronienne et celle des *Essais* porte sur le « *sæpe* » qui devient « quelquefois ». Ce changement montre simplement que Montaigne a bien compris la logique à l'œuvre chez Cicéron. Reprenons un peu plus haut *L'Invention* :

> Le quatorzième [lieu] use de l'obsécration. On y demande seulement aux auditeurs par un langage humble et suppliant d'avoir pitié.
>
> Dans le quinzième, nous expliquons que ce n'est pas notre sort que nous déplorons, mais celui des êtres que nous devons aimer.
>
> Dans le seizième, nous montrons que notre cœur est sensible au sort d'autrui [= au sort de nos proches, nommés au lieu 15], mais que, néanmoins, il est noble, élevé, capable de supporter l'adversité et qu'il sera tel, s'il nous arrive quelque malheur. Car souvent (etc.). *Sextus decimus per quem animum nostrum in alios misericordem esse ostendimus et tamen amplum et excelsum et patientem incommodorum esse et futurum esse, si quid acciderit, demonstramus. Nam sæpe* (etc.).

---

rique à Herennius, II, 50, trad. Achard, C.U.F., 1989, p. 84 : « Nous exciterons la compassion (...) si nous disons que nous serons courageux, que nous supporterons le malheur, *si animum nostrum fortem, patientem incommodorum ostendemus futurum.* »

[3]   *Le grand et vrai art de pleine rhetorique*, Rouen, Simon Gruel, 1521 (Genève, Slatkine, 1969, p. 130).

[4]   Note ms. en marge de son *De inuentione, ad loc.*, in *Œuvres complètes*, éd. R. Picard, Paris, Gallimard, Pléiade, 1966, II, p. 976 ; merci à Jean-Marc Chatelain d'avoir vérifié cette note ms. (BnF, Rés. X 2293, p. 189) et confirmé qu'il s'agissait bien de *consternation*.

[5]   Voir le début de II, 10 (PUF, p. 408 et n. 7) : parfois il a sciemment omis le nom des auteurs qu'il cite. « Je veux qu'ils donnent une nazarde à Plutarque sur mon nez, et qu'ils s'eschaudent à injurier Seneque en moy. » Or ici Sénèque est lui-même un masque pour... Cicéron. Les éditions avant 1595 donnaient en effet : « Je veux qu'ils s'eschaudent à condamner Ciceron ou Aristote en moi ».

Montaigne en somme rapproche les lieux 14 et 16 en sautant le lieu 15. Un tel rapprochement est naturel. Le lieu 15 fait bloc avec le lieu 16, puisque déjà on y explique ne pas déplorer son propre sort. Il est clair que les deux lieux 14 et 16 se font vis-à-vis, que l'un est l'antithèse de l'autre. Voilà donc pourquoi Montaigne modifie le «souvent» de Cicéron en «quelquefois», et à juste titre. L'humilité du lieu 14 est, et de loin, «la plus commune façon» de demander pitié. Le refus de l'humilité du lieu 16 est la façon la plus rare. Que cela marche «*sæpe*» signifie en contexte, chez Cicéron: cela marche plus souvent qu'on ne pourrait l'imaginer *a priori*.

Le balancement de la première phrase des *Essais* renvoie à une alternative très simple: être ou ne pas être humble. Cette alternative est tout aussi classique que *L'invention*. Pour nous le rappeler, il suffira de lire le premier exemple qu'en donne aussitôt Montaigne. Le prince anglais qui prend Limoges est supplié par des femmes et des enfants voués «a la boucherie, luy criant mercy & se iettant a ses pieds»: lieu 14, attitude du *supplex*, de la «submission» (première phrase des *Essais*, texte de 1595). En blasé des prises de ville, le prince n'est pas «arresté» par cette scène trop canonique. «Passant tousiours outre» dans Limoges, il aperçoit ensuite «trois gentilshommes François, qui d'vne hardiesse incroyable soutenoient seuls l'effort de son armée victorieuse». Par «consideration & (...) respect d'vne si notable vertu», il laisse la vie sauve à tous les habitants: lieu 16, le prince n'a d'yeux que pour ceux qui sont nobles comme lui. Dans son cheminement à travers la ville, nous retrouvons ainsi le chemin qui va du lieu 14 au lieu 16, de «la plus commune façon d'amollir les cœurs» à la plus rare. La plus commune est celle du commun, de la «commune» au sens du XVIe siècle. La plus rare est celle des vrais braves, de ceux qui sont *ampli* et *excelsi* selon Cicéron. D'un côté le peuple, les femmes et les enfants, de l'autre la noblesse; d'un côté la foule, de l'autre le petit nombre, l'élite. Ou encore, comme Montaigne le dit après son troisième exemple: d'un côté les «natures plus foibles», de l'autre «vne vertu viue, masle, & obstinée». L'humilité est le propre du faible peuple; l'absence d'humilité, de la mâle noblesse.

Finissons ce point en notant deux mots pour dire en positif le refus de l'humilité. La première phrase (et Racine) nous donne le terme de *constance*, à condition d'y entendre tout le poids du latin *constantia*. Le quatrième exemple de Montaigne ajoute le mot de fierté: «Et au contraire Epaminondas, qui vint a raconter magnifiquement les choses par luy faites, & a les reprocher au peuple d'une façon *fiere* & asseurée»[6]. Contraire exact de l'humilité, la fierté parle de

---

[6]   Le *magnifiquement* y est comme un écho direct du *magnificentia* de Cicéron. Montaigne le reprend à Plutarque et Amyot, *Comment on se peult louer soy-mesme* (136C dans l'éd. Bâle, Th. Guérin, 1574; je souligne): «Et au contraire, Epaminondas qui vint à raconter *magnifique-ment* les braues choses qu'il auoit faictes...». Voir le dictionnaire français-latin de Robert Estienne (Paris, R. Estienne, 1549), *s.v. magnifiquement*: «Magnifiquement et hautement:

noblesse, de courage militaire ou « vertu », mais aussi d'obstination sauvage, à la manière d'un fauve ou *fera*. La fierté combine de façon spectaculaire grandeur d'âme et risque d'inhumanité. Son lien avec la *uirtus* rend celle-ci problématique. Ou l'humilité ou la fierté : les deux branches de l'alternative représentent en tout cas deux visions de l'humain. Car si *uirtus* vient de *uir*, inversement *humilitas* renvoie à *homo*, par le biais du rapprochement « étymologique » entre *homo* et *humus*. Autrement dit, la fierté est aux couleurs romaines et stoïciennes : l'homme, le vrai, y est le mâle debout, qui se bat jusqu'au bout. L'humilité, elle, est aux couleurs chrétiennes : l'homme, le vrai, y est pour ainsi dire la femme, ou l'enfant, qui prient et crient, qui se jettent par terre aux pieds du vainqueur comme aux pieds de Dieu. Si donc la question est être humble ou ne pas être humble, elle est aussi être homme ou ne pas être homme. Le premier chapitre des *Essais* pose d'emblée la question de savoir ce que c'est que d'être vraiment vertueux, vraiment homme.

LES PARADOXES DE L'ALTERNATIVE
SUPPLICATIO/CONSTANTIA

Le lecteur moderne peut avoir l'impression que la fierté s'oppose non pas à l'humilité, mais à la pitié elle-même, en général. Nous identifions instinctivement *miseratio* et *supplicatio*, et cette intuition n'est pas fausse. S'il n'y avait pas la source cicéronienne, nous considérerions donc que Montaigne se lance d'entrée de jeu dans un joli paradoxe, où obtiennent la pitié ceux qui, précisément, ne l'ont pas du tout demandée – et parce qu'ils ne l'ont pas demandée. Pour situer ce sentiment de paradoxe, il faut maintenant procéder à une analyse interne de la théorie cicéronienne. Regardons tout d'abord l'ensemble des lieux 1 à 14, avant de revenir aux lieux 15 et 16, qui apparaissent alors comme une liste supplémentaire.

Tout d'abord, l'humilité est bien le fonds de roulement des lieux 1 à 14. Avant le lieu 1, Cicéron donne en effet le principe général de l'appel à la pitié, repris d'Aristote (*Rhétorique*, II, 8, début). Il s'agit partout de montrer « la puissance de la fortune sur tous et la faiblesse des hommes, *infirmitas* »; l'auditoire sera prêt à s'apitoyer « quand il reconnaît dans le malheur d'autrui sa propre fragilité, *sua infirmitas* » (*infirmitas* est encore repris au lieu 10). La faiblesse nous met d'emblée du côté de l'humilité, et toute la série des lieux 1 à 13 sert déjà à bâtir le « discours humble et suppliant » dont parle le lieu 14. L'*obsecratio* du lieu 14 donne une indication supplémentaire, absente de chez Aristote. *Ob* et *sacro*:

---

sublaté» (c'est-à-dire : avec orgueil mais aussi en style haut, *cf.* Cicéron, *Brutus*, 201, où *sublate* = *splendide et magnifice*). Epaminondas est un exemple archétypique des traités; cité deux fois dans *Inv.*: I, 55-56 et 69-70.

l'obsécration consiste à en appeler aux dieux par ce qu'on a de plus sacré. La placer à la fin laisse entendre, me semble-t-il, qu'elle donne l'esprit de ce qui précède. Elle est comme la conclusion d'une première liste. Le malheur a des droits sacrés qu'il convient de faire entendre hautement. A partir de là, les lieux 15 et 16 peuvent être vus ou comme la suite de la liste, ou plutôt comme une liste autre.

S'ils sont une suite, il faut en rendre compte là encore en termes d'*infirmitas*, et pour cela reformuler le paradoxe. Obtiennent la pitié ceux qui ne la demandent pas: ils sont objectivement en situation d'infériorité, d'impuissance, d'*infirmitas*, mais subjectivement ils restent stoïques, fermes, en état de *firmitas*. C'est donc une *firma infirmitas*, et ce paradoxe excite encore plus la pitié. Car dans ce type de monde la dignité sociale bafouée en suscite déjà beaucoup[7]. En suscitera donc encore plus la dignité de caractère bafouée – *grauitas* et *auctoritas*. C'est la gradation qui va de la noblesse de naissance à la noblesse de cœur. Autrement dit, les lieux 15 et 16 clôtureraient la liste d'ensemble par un summum dans l'émotion, dans le *mouere*, ce qui est tout à fait logique.

En même temps, il s'agit aussi, en un sens, d'une liste autre, d'une liste de plus: antithèse radicale avec la thématique de la faiblesse, changement complet de perspective. La dimension romaine et stoïcienne est en tout cas soulignée par le rapprochement avec les indications d'Aristote. Celui-ci n'a pas d'équivalent pour ces lieux 15 et 16, sauf *sub fine* (1386b4-5). En fait de pitié, il ne connaît guère que l'humilité, comme nous modernes, comme la première liste des lieux 1 à 14. La *Rhétorique à Hérennius* et Cicéron, eux, sont trop romains pour oublier l'efficacité de l'attitude exactement opposée. En contexte romain, la fierté ne saurait laisser l'auditoire insensible. La fierté est ainsi ou bien le prolongement du système de l'humilité, ou bien, de façon plus simple, une sortie du système. Nous sortons et de la présentation d'Aristote et de l'intuition commune, qui identifient pitié et humilité. Nous avons aussi le sentiment de sortir de la rhétorique. Cela nous ramène à Montaigne.

Dans les exemples de son premier chapitre, ceux qui ne demandent pas la pitié n'ouvrent même pas la bouche. Pour l'essentiel ils s'expriment par des gestes plus que par des paroles, et de plus leurs gestes ne sont pas intentionnels, ne visent pas à convaincre. Seul Epaminondas est en situation de parler, de choisir délibérément une stratégie rhétorique. Pour le reste, les trois gentilhommes qui se battent jusqu'au bout n'ont pas songé à l'effet qu'ils allaient produire sur le prince anglais, pas plus que le soldat, pas plus que les femmes emportant leurs maris. Tout se passe comme si, nouveau paradoxe ou nouveau summum, ne pas parler était le comble d'une rhétorique décidément naturelle.

---

[7]   Je me permets de renvoyer à mon article «Les lieux de la pitié dans *Athalie*», *Styles, genres, auteurs*, n° 3, 2003, p. 91-103.

Autrement dit, Cicéron raccrocherait indûment à son art une fierté qui n'en relève pas. La pitié-humilité seule serait du domaine de la rhétorique, qui serait structurellement l'art des faibles, de tous ceux qui sont en situation d'infériorité, d'*infirmitas*. Quand on est fort moralement, on n'a pas besoin de réfléchir, il suffit d'être ce qu'on est, pleinement, obstinément, romainement. L'idée même d'un vouloir convaincre serait déchoir de sa noblesse ou de sa *grauitas*.

A cette objection au fond classique la réponse est elle-même classique. Le problème de l'intention consciente de convaincre est un faux problème – et un vrai paradoxe. Rien ne dit qu'Epaminondas ait choisi en pleine conscience une stratégie, il a fort bien pu se contenter d'être ce qu'il était. Rien ne dit à l'inverse que les trois Français n'aient pas, plus ou moins consciemment, «voulu montrer» aux Anglais ce dont ils étaient capables, comme on le voit dans tout match sportif, selon le principe du baroud d'honneur.

Quoi qu'il en soit, on peut conclure ce point par une réflexion sur la formule de l'*oratio humilis et supplex*. La *supplicatio* est donc tantôt le geste même de se jeter aux pieds et tantôt, dans le lieu 14, les paroles qui disent à leur manière ce geste. Aux yeux au moins de Cicéron il en va de même pour la fierté. Elle peut s'exprimer soit par des gestes jusqu'au-boutistes, soit par des paroles comme celles d'Epaminondas, ce qui la ramène de plein droit dans le domaine de la rhétorique. De même qu'on a deux attitudes possibles, se jeter aux pieds ou rester debout, de même on a deux rhétoriques possibles, parler humblement ou fièrement. Les paroles en un sens miment les gestes, en reproduisent l'effet par leurs moyens propres. Physiques ou non, intentionnelles ou non, humilité ou fierté sont chacune une attitude d'ensemble: un rôle que l'on tient, dans lequel on s'installe, le temps d'une scène très théâtrale.

MONTAIGNE CHOISIT-IL UNE DES BRANCHES DE L'ALTERNATIVE?

Dans la *princeps* des *Essais*, le premier chapitre ne traite explicitement que l'une des branches de l'alternative, la fierté à la romaine, à la stoïque. Cela ne signifie pas nécessairement que Montaigne en oublie l'autre branche, l'humilité du peuple et des femmes. Cela ne signifie pas non plus que son cœur penche pour la fierté. Son problème est, je crois, ailleurs. Il est dans la construction même du problème.

Montaigne commence par construire une contradiction, à peine explicitée dans les traités[8]. Il relève que le lieu 16 contredit de fait tous les lieux précédents.

---

[8]   Une contradiction «n'existe que pour autant qu'elle est construite ou, si l'on préfère, que le locuteur la dénonce» (J.-B. Grize et G. Piéraut-Le Bonniec, *La contradiction*, Paris, PUF, 1983, p. 27, avec pour premier exemple, justement, un passage de Montaigne).

Si le refus de l'humilité parvient «souvent» et «plus» à susciter la pitié, on est en effet en droit de se demander à quoi servent les quatorze premiers lieux, tous plutôt du côté de l'humilité, de la faiblesse, du rappel des malheurs. L'apport personnel de Montaigne est dans ce geste fondamental qui consiste à expliciter la contradiction: à s'étonner, à poser la question. Comme l'alternative est canonique, Montaigne n'a pas de mal à «sortir» la contradiction dans ce qu'il lit. Chez Plutarque, il n'a même pas à la dégager. Plutarque lui aussi objective la contradiction. Par deux fois Montaigne lui reprend textuellement le connecteur qui marque le balancement, alors qu'il reformule tout le reste, ce qui prouve bien que c'est la contradiction qui chez Plutarque le retient. Pour les généraux thébains, Montaigne reprend le «Et au contraire Epaminondas», qui fait passer de Pélopidas dont la *supplicatio* échoue à Epaminondas dont la fierté réussit. Pour le dernier exemple de la *princeps*, c'est le «Et l'hôte de Sylla», qui fait passer d'une réussite du lieu 16 à son échec[9].

Or, la contradiction est d'abord affichée au titre même du chapitre, avec l'adjectif «divers». «Par *diuers* moyens» = par moyens (par lieux) *opposés*. Montaigne reprend l'adjectif dans la célèbre formule qui, dans la *princeps*, conclut le premier chapitre, avec un style très marqué de conclusion (en PUF, p. 9):

> Certes c'est un subiect merueilleusement vain, *diuers*, & ondoyant que l'homme. Il est malaisé d'y fonder & establir nul iugement constant & uniforme.

Vu la problématique du chapitre, ne pas pouvoir «établir de jugement» a pour sens étroit qu'on ne peut se fier à aucune des techniques données par l'*ars rhetorica*, puisque sa célèbre *miseratio* est en fait tout et son contraire. Cela ne fait du reste que renvoyer au risque inhérent à tout choix rhétorique, comme à tout choix en matière d'action. Rien ne garantit que l'humilité ou la fierté produiront l'effet escompté – cet «effet» qui est à la chute de la première phrase. Avoir une attitude fière peut être interprété comme une marque d'orgueil insupportable ou, dans les traités, d'*arrogantia*, de *superbia*[10]. Inversement, abdiquer toute fierté peut susciter le mépris. Pas plus que Montaigne, la rhétorique «ne pleuvi(t) aucune certitude» (début de II, 10), ne garantit aucun résultat.

En fait de contradiction, la critique en voit en général une autre, entre le Montaigne de 1580 et celui de 1588. La *princeps* serait dominée par une tonalité

---

9   Pour Epaminondas, voir *supra*. Pour Sylla, voir *Instruction pour ceulx qui manient affaires d'estat* (168G dans l'éd. citée). Montaigne synthétise ce qui précède et suit le connecteur, lequel est chez Plutarque «Et l'hoste de Sylla aiant vsé de semblable vertu» et chez lui «Et l'hoste de Sylla ayant vsé en la ville de Peruse de semblable vertu» (c'est la fin exacte du chapitre, comme un ultime exemple de la formule sur l'homme vain et divers).

10   Voir le lieu 13 de l'*indignatio*, *Inu.* I, 105; et, à I, 22, l'absence d'*arrogantia* dans la *deprecatio*.

stoïque. La critique a lu le premier chapitre de 1580 comme admirant de façon unilatérale la fierté romaine dans la défaite, signe de la vraie vertu. Le Montaigne de 1588 mettrait de l'eau dans son vin, il reviendrait à des sentiments plus courants, plus humains et moins romains. C'est souligné dès le premier ajout du premier chapitre : «je serois pour me rendre plus naturellement à la compassion qu'à l'estimation», l'humilité l'apitoie plus que la fierté. Le Montaigne de 1588 se plairait ainsi à contredire le Montaigne de 1580. Argument supplémentaire, l'anecdote finale ajoutée en 1588 commence par «Et directement contre mes premiers exemples». Le grand Alexandre lui-même, modèle de magnanimité, ne supporte pas la fierté de son vaincu le roi Betis, et le fait horriblement exécuter. André Tournon considère que pareille cruauté «compromet toute l'analyse esquissée» en 1580, tout comme il juge que la conclusion sur l'homme divers et ondoyant était «déjà en retrait sur le reste du chapitre»[11].

Nous sommes donc face à deux contradictions : entre l'humilité et la fierté ; entre le premier et le second Montaigne. Les deux ne tiennent guère ensemble. Je pense, fermement, que c'est la seconde qu'il vaut mieux oublier. Relisons en effet les exemples de fierté à la lumière de la source cicéronienne. On se rend compte alors, me semble-t-il, qu'il n'y a, dès la *princeps*, aucune approbation unilatérale des cas de fierté. Montaigne fait seulement le tour de la question, l'exposé du problème. Devant l'attitude à la romaine, il est à la fois fasciné et réservé, d'entrée de jeu. Certes, il partage largement l'axiologie qui valorise les nobles contre le peuple, les femmes et les enfants. Mais il voit aussi les limites de cette valorisation. Tout comme l'humilité, la fierté est ambivalente – ce qui est encore une leçon de la rhétorique. Elle est louable comme vertu du mâle debout, du noble d'épée. Elle est blâmable comme obstination, défi, *arrogantia*. A force de vouloir exceller, de vouloir être un homme digne de ce nom, le fier sort de l'humanité : voilà le problème fondamental pour qui valorise, comme Montaigne, l'excellence ou vertu.

De ce que la question essentielle des *Essais* soit celle de la vertu, il ne se déduit pas que, dans la *princeps*, Montaigne méprisait l'humilité. En effet, citons maintenant le début de son premier ajout (en PUF, p. 8) :

> *L'un et l'autre de ces deux moyens m'emporteroit aysement.* Car j'ay une merveilleuse lascheté vers la misericorde et la mansuetude. Tant y a qu'à mon advis, je serois pour me rendre plus naturellement à la compassion, qu'à l'estimation [= à l'estime, la réputation]...

Le début de l'ajout est bien dans la continuité du *divers* du titre et de la conclusion, et ses «deux moyens» rappellent explicitement le *moyens* du titre. Ou bien, ou bien : entre les deux mon cœur balance, étant homme rien de ce qui est

---

[11] *Montaigne, la glose et l'essai*, Paris, Champion, 2000 (1ère éd. 1983), p. 28-29.

pitié ne m'est étranger. Le début de l'ajout vient corriger, je crois, une lecture unilatérale du chapitre, par tous ceux qui oublient l'autre branche de l'alternative. Si Montaigne n'a pas donné d'exemples où l'humilité a triomphé, cela ne signifie pas qu'il ne les avait pas présents à l'esprit. Il ne les avait pas donnés en 1580 parce qu'ils sont le cas le plus fréquent, le plus évident. Mais le titre du chapitre, la conclusion, le premier ajout, tout dit que sa réflexion tourne en permanence autour du diptyque, et ce dès 1580. Loin de favoriser l'une des branches de l'alternative, il pense et vit l'alternative, la contradiction elle-même, « l'un *et* l'autre ». Pour ainsi dire, il pense double.

Mais il n'en reste pas là. Il pense son dispositif. Il se regarde penser double. Il questionne son questionnement même. Bref, il philosophe. La conclusion du chapitre dans la *princeps* ouvre considérablement les perspectives. Il y a en effet, pour aller dans le sens des puissantes analyses de David Quint[12], une première question soulevée du côté de l'humain. Etre humble ou ne pas être humble : comment savoir ce qui est le plus digne de l'homme, de la « vertu » ou excellence ? Mais il y a aussi une question sur l'*ars* en général, à partir d'un étonnement sur la façon dont cette *ars rhetorica* donne comme au passage des moyens de réussir contradictoires. Etre humble ou ne pas être humble : comment savoir ce qui va produire un « effet », peut-on garantir des résultats – et que veut dire même chercher à les garantir ?

Ces deux questions déjà larges ouvrent à leur tour sur des questions encore plus générales. Du côté de l'humanité de l'homme, si la vertu romaine est le stoïcisme critiqué, l'humilité, elle, a décidément une saveur chrétienne très marquée – il suffit de se rappeler combien la critique de la superbe du stoïcisme est traditionnelle dans le christianisme, bien avant Montaigne. Du côté de l'*ars*, le dernier chapitre du livre II, et donc de la *princeps*, souligne à quel point la question de l'*ars* est en soi importante. Il dit que la médecine non plus ne peut garantir aucun résultat. Mais au-delà, la question, ici, est du côté de l'agir humain, de ses incertitudes. C'est donc la question de la *prudentia*, liée au risque ou « futurs contingents ». Le titre même du premier chapitre y renvoie par son opposition entre les moyens et la fin, opposition typique de la prudence. La question de la *prudentia* englobe celle de la rhétorique et déborde sur celle du bon prince, que ne sont pas tout à fait le prince anglais ni même Alexandre.

Questions sur l'humanité de l'homme, et donc tout à la fois sur la vraie vertu et sur la valeur du christianisme, questions sur les limites de la technique ou *ars* mais aussi sur la politique et la vertu du prince : au total c'est l'idée même d'une science de l'homme qui est en jeu. La fameuse formule qui clôt le premier

---

[12] *Montaigne and the Quality of Mercy, Ethical and Political Themes in the* Essais, Princeton U. P., 1998, avec une analyse fouillée et décapante du premier chapitre des *Essais*.

chapitre a ainsi une portée très large, bien au-delà de son propos restreint. On pourrait la paraphraser ainsi : «prendre l'homme comme sujet d'étude, c'est se retrouver sur des sables mouvants ; dans quelles conditions peut-il donc y avoir une science de l'humain, c'est-à-dire une science de l'inconstant?» De la *constantia* en termes de contenu nous passons à une inconstance en termes formels, celle du jugement. Le jugement dans les *Essais* va être comme on sait un concept essentiel, car il est sinon la seule réponse, en tout cas le seul point fixe dans un monde mouvant, la seule boussole face au déboussolant.

Quint a montré que le premier chapitre des *Essais* n'est pas le début quelconque d'un ouvrage complètement rhapsodique : Montaigne ne commence pas au petit bonheur la chance ; mûrement composés les *Essais* sont un livre à lire depuis la première page ; enfin la pitié en est un thème central. La découverte de la source cicéronienne permet d'appliquer le même raisonnement à la première phrase. Elle non plus n'est pas un début quelconque. Rebondissant sur Cicéron, elle met le doigt sur un problème véritablement séminal, avec tel Socrate un sens aigu du problématique voire du «problématologique» au sens de Michel Meyer : le point est de poser un nœud de problèmes ou de contradictions, pas de les résoudre. La première phrase contient ainsi dans l'œuf, *ab ovo*, l'essentiel de ce qui va se déployer ensuite. Début d'idée, début de livre, début d'œuvre, on est à ce moment où affleure – peut-être – un dessein (bien plus légitimement qu'à I, 8, *De l'oisiveté*). Comme pour tous les desseins, on ne pourra pleinement le saisir, et encore, que rétrospectivement, à l'analyse, avec le temps, une fois l'œuvre écrite et les idées saisies.

Francis GOYET,
Université Stendhal Grenoble-III

LE THÉÂTRE D'OMBRES
DE GIORDANO BRUNO

> Il fait nuit: hélas! pourquoi me faut-il être lumière!
> et soif de ténèbres! et solitude!
>
> F. Nietzsche, *Ainsi parlait Zarathoustra*

C'est en 1582 et à Paris que Giordano Bruno publie son *Candelaio* – terme qu'on peut rendre d'abord dans notre langue par «chandelier»[1]. Chronologiquement, cette comédie s'inscrit dans le cadre de la réception de l'ouvrage que le philosophe italien vient juste de faire paraître également à Paris: *De Umbris Idearum* ou «Des ombres des idées». Réception très probablement houleuse puisqu'au dire de Bruno, ce *Chandelier* va pouvoir «jeter quelque lumière sur certaines *Ombres des idées* qui épouvantent pour de bon les imbéciles et qui, à l'instar des diables de Dante, font reculer au loin les ânes»[2].

Avec *De Umbris*, le nouveau venu ne s'est pas fait que des sympathisants: l'art de la mémoire qu'il y a exposé, se doit-il en effet de reconnaître, n'a pas manqué d'avoir été «mis à mal». De sorte que les lumières qu'il tient alors à jeter sur de prétendues obscurités mnémotechniques relèvent autant du plaidoyer que de l'explication de texte. Par ailleurs, cette comédie n'intéressera pas que le public français: de manière rétrospective, ajoute sans aucun fard le philosophe, «elle donnera à beaucoup [de ses compatriotes] l'occasion de scruter [son] esprit et leur fera voir qu'il n'a nullement périclité»[3].

Garde-fou donc contre les critiques parisiennes ou italiennes, le *Chandelier* veut à la fois faire preuve de clarté et de maîtrise. Mais, quant au premier aspect, une question s'impose d'emblée: comment Bruno peut-il recourir au théâtre pour élucider certains éléments de ce qui constitue encore aujourd'hui l'un des pans les plus complexes de sa pensée; comment la fiction dramatique peut-elle venir à la rescousse de l'argumentation philosophique? Et, d'autre part, pour ce qui est de l'évolution de sa pensée comme de la nouvelle orientation de ses

---

[1]   Cf. *infra* la polysémie originelle de ce terme.

[2]   G. Bruno, *Chandelier*, intro. philologique de G. Aquilecchia, texte établi par G. Aquilecchia, préface et notes de G. Barberi Squarotti, trad. Y. Hersant, in *Œuvres complètes*, I, Paris, Belles Lettres, 1993, p. 12.

[3]   *Ibid.*

publications, pareil passage à la littérature ne favorise-t-il que la mise en lumière de son œuvre ou ne rehausse-t-il pas, par contraste, d'inévitables ténèbres?

LUMIÈRES DU *CHANDELIER*

Sur le plan conjoncturel, Bruno mise sur l'intérêt que porte le public français aux mises en scènes venues d'Italie, lesquelles ont le soutien d'Henri III qui n'hésite pas à déclarer à propos de la compagnie des Gelosi: «J'ay plaisir à les oyr que je n'ay eu onques plus parfaict.» Pareil engouement concerne aussi Henri de Navarre qui, quelques années avant, a reçu en sa cour de Nérac des troupes transalpines; à compter de 1583, certaines vont s'installer à l'Hôtel de Bourgogne. Profitant donc de ce contexte, le philosophe italien s'inspire de la tradition issue de son pays, une tradition où l'emportent la variété, la dispersion et la complexité des péripéties – au détriment de la densité et de la vraisemblance psychologique, voire de la cohérence dramatique. Car son *Chandelier* puise à plus d'une source: l'Arétin, Niccolò Franco, Lodovico Dolce, Machiavel, Berni ou Folengo[4].

Aussi ne faut-il pas s'étonner que trois intrigues s'y enchevêtrent: celle du vieux Bonifacio l'homosexuel qui, non content de ne plus satisfaire son épouse pourtant ravissante, cherche à séduire par la magie et la poésie pétrarquisante la courtisane Vittoria; celle de Bartolomeo qui gaspille son bien en expériences alchimiques; enfin, celle de Mamfurio le pédant qui s'ingénie à parler sans cesse le latin. A y regarder de près, ce qu'ont de commun ces trois personnages, c'est un même désir de briguer ce qu'on ne saurait obtenir: l'amour d'une autre femme pour Bonifacio; la transmutation des métaux en or pour Bartolomeo; et le vrai savoir pour Mamfurio qui continue d'estimer que les valeurs humanistes doivent prévaloir en cette fin de XVIe siècle. Hantés par l'impossible, ces trois hommes traduisent par leur incapacité (sexuelle, financière ou linguistique) leur incompréhension de la pensée brunienne: ils représentent ce qui s'oppose à elle.

En effet, tous trois voudraient changer: passer de l'homosexualité à l'hétérosexualité pour Bonifacio; de la richesse à la fortune pour Bartolomeo; et de l'inadaptation sociale à la reconnaissance intellectuelle pour Mamfurio. Or la réponse que leur inflige le philosophe est sans appel: tous trois échouent, sombrant dans le ridicule; on cocufie l'homosexuel; on détrousse le candidat à l'opulence et l'on corrige le pédant comme un vulgaire écolier. C'est que chacun a dérogé à l'esprit de *De Umbris*; en préférant la courtisane à l'épouse, la dilapi-

---

4   On le rapprochera ainsi de *La Cortigiana* et des *Sei giornate* de l'Arétin, ses *Dialoghi piacevoli* de Franco, du *Ragazzo* de Dolce, de la *Clizia* de Machiavel, du *Pedante* de Belo et du *Baldus* de Folengo.

dation à l'aisance et le pédantisme humaniste à la nécessité de communiquer, chaque personnage a omis de se transformer suivant ce qui conditionne toute transformation : à savoir, l'acte de connaissance par lequel l'objet et le sujet doivent être mis en relation et coïncider sur le plan de l'intelligible, autrement dit par ce que Bruno appelle «ombres des idées»; car, selon lui, on ne saurait se convertir à l'altérité qu'en nous élevant par le biais de l'intelligibilité du réel jusqu'au premier intellect qu'est Dieu, lequel envahissant de sa lumière le réel est le seul et véritable fondement de toute convertibilité.

Incapables d'accéder à ce qui permet notre métamorphose, Bonifacio, Bartolomeo et Mamfurio demeurent du côté de la matière, c'est-à-dire des ténèbres. Avec son «chandelier» (comme l'attestent son homosexualité d'après cette expression napolitaine fort imagée de «chandelier», ou bien ses cornes de cornard qu'il porte tel un candélabre), Bonifacio, lui, est aveuglé par la concupiscence; pour ainsi dire, il ne met donc en lumière, toujours dans l'esprit de *De Umbris*, que le corporel, le sensible, ce domaine des ombres dites «physiques»: trompeuses parce qu'exclusivement matérielles, déliées de ce qui les dépasse. Bartolomeo, lui, ne croit qu'en la richesse: à ses yeux, l'éclat des espèces sonnantes et trébuchantes a éclipsé la pauvreté. Or ni le riche ni pauvre ne peut approcher séparément de la vérité et de la justice divines puisque, dans le droit fil de la parole évangélique (d'un Luc, en particulier), «s'il est permis de mériter, qu'il soit interdit d'avoir; [et] s'il est permis d'avoir, qu'il soit interdit de mériter»[5]. Quant à Mamfurio, lui non plus ne fait que s'attacher à la vanité du sensible : inanité sonore, son latin n'est plus à certains moments qu'un flot d'adverbes interchangeables: tantôt négatifs, tantôt positifs[6]. Privées de la fonction cognitive que leur a conférée *De Umbris*, ses paroles deviennent indifférentes, ne correspondant plus à ce qu'elles désignent: elles rongent un latin d'humaniste, désormais sans référent, et vouent l'être au néant.

Si les «ombres physiques» ou des ténèbres que fustige Bruno renvoient bien à des réalités de son temps – la Naples d'alors, avec ses grammairiens en vogue: les Sompano, Solano et autres Scoppa[7]; avec ses pratiques surnaturelles et leur

---

5 *Chandelier*, p. 376. Cf. chez Luc, outre les paraboles de l'homme riche, de l'économe infidèle ou du pauvre Lazare, celle du chandelier (VIII, 15-18): «Personne, après avoir allumé une lampe, ne la couvre d'un vase, ou ne la met sous un lit; mais il la met sur un chandelier, afin que ceux qui entrent voient la lumière. / Car il n'est rien caché qui ne doive être découvert, rien de secret qui ne doive être connu et mis au jour. / Prenez donc garde de quelle manière vous écoutez; car on donnera à celui qui a déjà, mais pour celui qui n'a pas, on lui ôtera même ce qu'il croit avoir.»

6 *Chandelier*, p. 124-130.

7 *Ibid.*, p. 78-80.

répression[8]; comme avec ses essaims de prostituées[9] –, ces réalités n'en sont que davantage au service d'une dénonciation de tout réalisme. Pour le philosophe en effet, ces «ombres physiques» ne sont que les images d'une image, «vestiges» du supérieurement réel dont elles proviennent indirectement; elles ne font donc que précéder les «ombres idéelles» ou de la lumière, lesquelles, toutes universelles, sont issues directement de la vérité et y retournent. Et, puisque «l'ombre [idéelle] n'est ni lumière ni ténèbres, mais participe de la lumière et des ténèbres», puisqu'elle est «composée de ces dernières»[10], la métaphysique brunienne comportera donc nécessairement une dimension morale. En témoigne au premier chef dans la pièce du philosophe ce Bonifacio, «chandelier» des chandeliers: car c'est à lui effectivement, comme son nom l'indique, que devrait revenir le privilège de faire le bien; mais c'est lui, au contraire, qui fait le mal, lui qui s'avère un «Malefacio». Bartolomeo et Mamfurio, pour leur part, n'étant que deux autres versions de ce même prototype[11]: celui de l'individu enténébré, incapable de discerner la vérité.

Curieusement, à ces trois «chandeliers» enténébrés dans le sensible s'opposent trois femmes. Curieusement, car *De Umbris* posait en effet l'alternative suivante: soit se diriger vers la lumière «paternelle»: Dieu, le vrai ou le bien; soit vers leur contraire: les ténèbres «maternelles». Cette réévaluation de la part féminine s'exprime d'abord par le biais de Morgana, «savante à un degré superlatif», qui unit corps et esprit; défunte et cependant survivante, cette dédicataire insolite nous est présentée comme une sorte d'«ombre des ombres». Puis, c'est au tour de Vittoria la courtisane de se distinguer, à l'instar de ses homologues vénitiennes, arétinesques[12]: les Gaspara Stampa et les Veronica Franco; elle sait faire le départ entre le culte de la divinité et celui des mortels, et ne se méprend point en rabaissant la première au rang des seconds; elle, Vittoria, connaît en outre le pouvoir symbolique des statues. Quant à Lucia l'entremetteuse, elle figure le lien des liens entre mots et choses, reconnaissant tout de suite le ridicule d'un pétrarquisme de mauvais aloi.

Ces trois femmes, à commencer par le choix de leurs prénoms (Morgane, Victoire et Lucie), redonnent donc de la lumière aux ténèbres dans lesquelles nous plongent les trois «chandeliers». Là non plus, il ne servirait à rien de s'en

---

[8]   Cf. J.-M. Sallman, *Chercheurs de trésors et jeteuses de sorts. La quête du surnaturel à Naples au XVIᵉ siècle*, Paris, Aubier, 1986.

[9]   *Chandelier*, p. 352-360.

[10] G. Bruno, *De Umbris*, éd. R. Sturlese, Florence, Olschki, 1991, p. 26.

[11] Ainsi que le déclare Bruno, «étant entendu que l'insipide n'est pas sans balourdise ni sordidité, que le sordide est également insipide et balourd, que le balourd n'est pas moins sordide et insipide que balourd» (*ibid.*, p. 16).

[12] Cf. «Le polygraphe et le pornographe» in B. Levergeois, *L'Arétin ou l'insolence du plaisir*, Paris, Fayard, 1999, p. 115-177.

étonner outre mesure : en effet, si la connaissance, selon Bruno, participe analo-
giquement de l'Etre (par le jeu d'une dissimilitude d'un degré à l'autre du réel,
du dissemblable au dissemblable et par la similitude inhérente à cette série
même de dissemblables, participant tous de la lumière divine), il nous faut
toutefois bien connaître par l'Etre, lequel nous fait connaître ce qu'il est et, par
conséquent, se trouve bien au fondement a priori de la connaissance. Aussi ces
trois femmes représentent-elles autant de balises de cette foi brunienne, toute
philosophique, laquelle, s'appuyant sur la nécessité indémontrable de l'unicité
de l'Etre, garantit *in extremis* la possibilité d'une union de l'intellect avec cet
Etre, partant avec le Même.

Du reste, Bruno en personne se trouve aux côtés de ces trois femmes, attestant s'il le fallait la signification philosophique qu'il convient d'accorder à leur
présence. Mettant en scène le peintre Gioan Bernardo (aux initiales, soulignons-
le, clairement bruniennes), il se donne effectivement un porte-parole, proche à
maints égards de Philothimus, celui de *De Umbris*. Ce n'est donc pas un hasard
si le philosophe s'avance à peine masqué sous les traits de cet artiste. Tel l'expert
en mnémotechnique de *De Umbris*, le peintre est celui qui sait l'art de construire
des images : images (*De Umbris*, en détail, s'est attaché à l'expliquer), sans la plas-
ticité desquelles il ne saurait y avoir de mémorisation ni de connaissance.

Sur le mode dramatique, si le *Chandelier* éclaire donc *De Umbris*, ce n'est
qu'à contre-jour. La pièce ne vise en priorité qu'à illustrer la part négative des
«ombres physiques», autant dire cet assujettissement à la seule dimension des
réalités matérielles, sensibles; elle dénonce une sexualité doublement déviante
parce que non respectueuse de la nature (prenant à partie l'homosexualité que
Bruno, par la suite, ne cessera de railler) et non respectueuse des liens sociaux
(Bonifacio trahissant son épouse); elle noircit les «satanés discours» de ces alchimistes qui détournent la connaissance de la gnoséologie que prônait *De Umbris*;
enfin, elle règle son compte au pédantisme latinisant et pétrarquisant qui, à
rebours de la mnémotechnie brunienne et de son système combinatoire, réduit
les possibilités linguistiques en déniant toute liberté aux images et surtout aux
paroles.

LIMITES DES *OMBRES*

En définitive, comme il s'y est engagé, Bruno a bien jeté «quelque lumière
sur certaines *Ombres des idées*»; cependant, il n'y est parvenu qu'en en payant le
prix fort. Car si sa comédie éclaire en partie son art de la mémoire, elle ne peut
y satisfaire sans manquer à ce que cet art avait de plus prometteur : cette liberté
d'expression, dont ce «coup de théâtre» philosophique aurait dû témoigner au
plus haut point, mais dans le splendide contre-jour duquel, qu'on me pardonne
ce *concetto*, la philosophie brunienne s'obscurcit.

Expliquons-nous.

Des plus engageant, *De Umbris* visait à établir une méthode de connaissance dont la flexibilité développerait les puissances d'une langue iconique et verbale, poursuivant en quelque sorte une poétique propre non seulement à mémoriser ce qui est mais à énoncer aussi ce qui n'a jamais été dit, et traduisant par là même le réel pour ce qu'il est en tant qu'être mais également pour ce qu'il n'est pas encore en tant que devenir – la mnémotechnique agissant «au-delà de la nature, sur la nature et, si nécessaire, contre la nature»[13].

Qu'en résulte-t-il dans le *Chandelier*?

A vrai dire, toujours subordonné aux intentions philosophiques, le matériau de la comédie en subit les effets: loin de se traduire par quelque réalisation littéraire de la pensée brunienne, le *Chandelier*, d'autres l'ont souligné avant nous, se présente bel et bien comme une «satire de la littérature»[14]. Maintes preuves en ayant déjà été fournies, il suffira par exemple d'alléguer la série d'introductions qui s'accumulent au seuil de l'ouvrage: après deux textes dédicatoires, puis l'argument exposant le contenu de chacun des cinq actes en fonction des trois intrigues principales (Bonifacio, Bartolomeo et Mamfurio), se succèdent un antiprologue, un proprologue et l'intervention d'un appariteur – cas d'amplification, semble-t-il, unique dans le théâtre italien de cette époque.

Ce n'est pas donc par pure fantaisie que Bruno s'en prend de la sorte à la typologie des prologues établie par Donat dans son *De tragoedia et comoedia*. Non, s'il se présente ici ainsi que partout ailleurs dans le *Chandelier* comme le premier dénigreur de sa comédie, c'est que le philosophe dénie à la littérature toute propension à se soustraire à ce qui n'est pas elle. Tant et si bien qu'il ne conviendrait pas de s'abuser sur la pyrotechnie stylistique de Bruno; ses homotéleutes, ses chiasmes à répétition, ses napolétanismes, ses ruptures syntaxiques, tout cet arsenal ne sert qu'une idée-force émanant de son discours philosophique: faire parcourir à la langue tous les aspects du réel, voire son infinitude, mais sans jamais permettre à la littérature de se délier de son orientation philosophique.

Ce faisant, le philosophe réduit à rien toute entreprise d'intelligibilité générique: aussi sa pièce relèvera-t-elle autant de la comédie que de la tragédie. A preuve le jugement d'un personnage secondaire, lecture en creux de l'œuvre: «Votre comédie est bien jouée; encore qu'il s'agisse plutôt, de leur point de vue à eux [les victimes de l'intrigue], d'une pénible tragédie.»[15] Nul doute qu'il faille

---

[13]   *De Umbris*, p. 97.

[14]   L. Russo, *Compendio storico della letteratura italiana*, Messine-Florence, 1961, 2ᵉ éd. 1967 (cité par I. G. Angrisani, «Introduzione», in G. Bruno, *Candelaio*, Milan, Biblioteca Universale Rizzoli, 2ᵉ éd. 1988, p. 97).

[15]   *Chandelier*, p. 334.

également interpréter dans ce sens la référence brunienne (au demeurant, fréquente à l'époque) aux larmes d'Héraclite et au rire de Démocrite.

Puisque de toute chose nous pouvons connaître toute chose (*ex omnia omnibus*), la caractérisation d'un personnage renverra immanquablement à celle de tous les autres, de telle sorte que la classification aristotélicienne en matière de genres littéraires, encore qu'alors influente en Italie[16], n'aura plus lieu d'être. Aristote et Platon sont d'ailleurs ici renvoyés dos à dos: au premier, Bruno démontre, exemples à l'appui, combien il est vain de différencier la comédie (qui devrait avoir pour but d'imiter des hommes pires que leurs contemporains) de la tragédie (qui devrait viser à les présenter comme meilleurs qu'eux) – quant au second, combien sa condamnation de toute imitation limite les pouvoirs de la philosophie:

> L'atelier du seul Aristote et du seul Platon ne suffira pas[17].

Ainsi, en tenant à marquer les limites des «ombres physiques», des réalités et du réalisme, le *Chandelier* met aussi en question ce jeu d'ombres et de lumières qu'est le théâtre. En lui assignant une dimension intrinsèquement contradictoire, il le relègue *ipso facto* sur le plan, si cher à l'émule de Nicolas de Cuse, de la coïncidence des opposés: il devient à la fois théâtre et non théâtre, non philosophie et philosophie, non poésie et poésie – infiniment. La critique brunienne de l'arriération humaniste et de l'imitation pétrarquiste est donc à double tranchant; l'anti-humanisme et l'anti-pétrarquisme de Bruno ne valent qu'à l'aune de son discours philosophique, lequel ne peut que se nourrir de ce qu'il condamne; on sait quelle preuve flagrante en administrera le pétrarquisme des *Fureurs héroïques*.

En pratique comme en théorie, le théâtre n'est pas le seul à se voir relégué dans un inexplicable clair-obscur: tel est aussi le sort du dramaturge Bruno, s'éclipsant sous les traits d'un penseur et créateur multiforme, poète, philosophe et peintre. Un an après la publication du *Chandelier*, son *Explicatio triginta sigillorum* le justifiera: «Les philosophes sont d'une certaine manière des peintres et des poètes, les poètes des peintres et des philosophes, les peintres des philosophes et des poètes; le philosophe n'est rien d'autre que celui qui représente et peint, partant ce n'est pas par hasard si l'on dit que comprendre, c'est contempler des images et qu'ou bien l'intellect est l'imagination, ou bien qu'il n'est pas sans elle; celui qui ne représente ni ne médite d'une certaine manière n'est pas peintre; et nul n'est poète sans une certaine méditation ni une certaine peinture.»[18]

---

[16] Cf. B. Weinberg, *A History of Literary Criticism in the Italian Renaissance*, Chicago, Chicago U. P., 1962.

[17] *De Umbris*, p. 23.

[18] G. Bruno, *Explicatio triginta sigillorum*, in *Opera latine conscripta, publicis sumptibus edita,*

On le voit, pas de place ni de statut ici pour le dramaturge à proprement parler : et pas plus pour l'écrivain. Voilà ce dernier à son tour esclave des opposés, *in tristitia hilaris, in hilaritate tristis*, prisonnier de la contradiction inhérente aux lumières ombreuses de la réalité, à la fois saisi dans la lumière de l'ombre et dans l'ombre de la lumière : « Si vous connaissiez l'auteur, avoue Bruno dans le *Chandelier*, vous lui trouveriez un air égaré ; on dirait qu'il a toujours sous les yeux les supplices de l'enfer ; on dirait qu'il a été foulé comme un bonnet de laine ; s'il rit, cet homme-là, c'est pour faire comme tout le monde ; la plupart du temps, vous lui verrez une expression ennuyée, réticente et bizarre ; rien ne le satisfait, il est récalcitrant comme un octogénaire, lunatique comme un chien écorché, pleurnichard comme un mangeur d'oignons. »[19] Or, de cet autoportrait à l'antiportrait, il n'y a qu'un pas. Tâchant de dominer la contrariété du réel, le philosophe ne peut manquer d'en subir en lui-même l'écartèlement, jusqu'au point de se reconnaître en définitive splendidement isolé dans sa propre splendeur – « académicien de nulle académie »[20].

Il est lumière mais par sa soif même de ténèbres, ombre papillonnante et déjà ce nouvel Actéon « se refusant à disparaître dans le bain de Diane pour mieux apparaître dans le feu du bûcher »[21]. Il surgit dans cette solitude inactuelle qui renaîtra en Nietzsche.

Bertrand LEVERGEOIS
Université de Toulouse Le Mirail

---

rec. F. Fiorentino, F. Tocco, H. Vielli, V. Imbriani, C. M. Tallarigio, Naples-Florence, 1879-1881, II, 2, p. 133-134 (réimpr. Stuttgart-Bad Cannstatt, 1962).

[19]   *Chandelier*, p. 38.

[20]   *Ibid.*, p. 58.

[21]   Cf. mon art., « Le bain de Diane ou deux lignes de fureur : Bruno-Klossowski », in *Mondes, formes et société selon Giordano Bruno*, textes réunis par T. Dagron et H. Védrine, Paris, Vrin, « De Pétrarque à Descartes », 2003, p. 85-95 ; et, plus généralement, ma biographie, *Giordano Bruno*, Paris, Fayard, 1995, 2000.

RÉFLEXIONS SUR UNE LÉGENDE : PLÉTHON, COSME DE MÉDICIS ET L'HERMÉTISME FICINIEN

Certaines légendes sont d'autant plus tenaces que leur retentissement fonde *a posteriori* l'objectivité des faits qui les a fait naître. Le projet attribué à Cosme l'Ancien d'instituer dès le concile de Ferrare-Florence en 1438-1439 une académie platonicienne sous l'inspiration de Georges Gémiste Pléthon, le « dernier des Hellènes », et de patronner un programme systématique de traductions et de commentaires herméticO-platoniciens, fait partie de ces mythes fondateurs suffisamment vraisemblables pour se trouver longtemps préservés de toute remise en cause. Si pour l'essentiel la vérité de faits idéalisés et reconstitués après coup a pu être éclairée, seulement depuis peu, grâce à la survie de documents exceptionnellement nombreux, le processus d'élaboration de la légende par Ficin reste à élucider sur plusieurs points que les spécialistes de la période ont très diversement appréciés. Comment en effet rendre compte du lien paradoxal que ce dernier entendit établir entre sa propre philosophie et celle de Pléthon, *a fortiori* lorsque dans le programme effectivement mis en œuvre il avait donné la préséance non pas à Zoroastre, mais à Hermès ainsi élevé à la dignité de figure originelle et tutélaire de l'école platonicienne ? Si inflexion il y eut par la suite, celle-ci traduit-elle une évolution significative du système philosophique de Ficin ou bien seulement la volonté d'en justifier après coup la cohérence ? Loin de constituer, comme il pourrait sembler, une anecdote biographique relevant de curiosités érudites, la genèse d'une légende forgée au terme d'une œuvre et presque au soir d'une vie peut servir à révéler grâce à ses contradictions mêmes sa véritable pensée. Cependant, la question de l'unicité et de la continuité de sa doctrine depuis les années de formation n'intéresse pas seulement la biographie intellectuelle de Ficin. A plus longue portée, elle éclairerait également l'histoire du platonisme chrétien ultérieur et le choix décisif qu'il fit de suivre le modèle ficinien original, placé sous la seule égide d'Hermès dont l'enseignement représentait la propédeutique païenne la mieux à même de réconcilier la religion révélée et la rationalité philosophique, jusque dans ses prolongements scientifiques.

Source principale de la légende, la célèbre préface de Ficin à sa traduction de Plotin dédiée en 1490 à Laurent le Magnifique[1] n'a curieusement jamais suscité les questions, voire les réserves de contemporains avertis, tant le témoignage paraissait fiable. Elle s'adressait certes au petit-fils de Cosme et pouvait passer pour un acte convenu d'allégeance et de reconnaissance pour les faveurs d'un long mécénat. Personne n'ignorait cependant l'ancienneté des liens de Ficin avec Cosme, dont il indiquait lui-même qu'ils remontaient à 1452, époque à laquelle le jeune étudiant en philosophie scolastique[2], en grammaire et en musique, n'avait pas encore abordé les textes grecs. Son père Dietifeci, présenté à Cosme probablement la même année et devenu médecin de ce dernier, pouvait aussi passer pour une source fiable de confidences puisées directement à la source, cette relation fût-elle postérieure au concile de quelque treize ans, puisqu'il quitta Figline pour exercer à l'hôpital de Sainte-Marie-Nouvelle seulement au début des années 50[3]. Parée en tout état de cause d'une suffisante aura d'ancienneté en 1490, cette double familiarité de Marsile et de son père avec Cosme contribuait du moins à rendre fortement crédible l'hypothèse de confidences touchant le concile de Florence. La correspondance de Ficin s'ouvre significativement par un échange de lettres, très remaniées, avec Cosme, et Ficin tient par ailleurs à rappeler à Laurent le Magnifique qu'ils avaient tous deux assisté aux derniers moments de Cosme qui s'était fait lire le *Parménide* et le *Philèbe* avant d'expirer[4]. Bien avant sa préface à Plotin, Ficin avait déjà affirmé à Pierre de Médicis, dans sa préface de 1464 au *De morte* attribué à Xénocrate, que Cosme lui avait commandé la traduction de dix dialogues de Platon et d'un livre d'Hermès comme il avait fait auparavant traduire quelques œuvres d'Aristote par Jean Argyropoulos[5]. Cette insistance de Ficin à vouloir attribuer à

---

[1]   On la trouve fréquemment citée, analysée et traduite, notamment par S. Gentile, «Note sui manoscritti greci di Platone utilizzati da Marsilio Ficino», *Studi in onore di Eugenio Garin*, Pise, 1989, p. 51; par J. Hankins, «Cosimo de' Medici and the 'Platonic Academy'», *Journal of the Warburg and Courtauld Institutes*, 53, 1990, p. 144-162; et par H. D. Saffrey, «Florence, 1492: réapparaît Plotin», *Freiburger Zeitschrift für Philosophie und Theologie*, 42, 1995, p. 134-151 (et trad. angl. «Florence 1492: The Reappearance of Plotinus», *Renaissance Quarterly*, 49, 1996, p. 488-508). La préface date de 1490, le luxueux manuscrit offert à Laurent le Magnifique ne sera achevé d'imprimer, grâce au financement de ce dernier, que deux ans plus tard.

[2]   Cf. Marsile Ficin, *Lettere*, I, éd. S. Gentile, Firenze, 1990, ep. 86, p. 154, lignes 25-26. Il venait de passer deux années (1449-51) au *Studio* de Pise et d'emprunter à celui de Florence une *Logique* de Paul de Venise le 28 oct. 1451: cf. *Marsilio Ficino e il ritorno di Platone. Mostra di manoscritti, stampe e documenti, 17 maggio-16 giugno 1984*, éd. S. Gentile, S. Niccoli et P. Viti, Florence, 1984, n° 134, p. 171 (désigné ci-après *Catalogo*).

[3]   Cf. *ibid.*, n° 127 et n° 130: la première attestation remonte à 1454, mais les archives manquant pour les deux années antérieures, une installation dès 1452 n'est pas à exclure, qui s'accorderait avec le témoignage de Ficin.

[4]   Cf. *Lettere*, I, 86, éd. cit., p. 154.

[5]   Cf. *ibid.*, p. XXVI et *Catalogo*, n° 47: la traduction du ms. de Xénocrate, donné par Cosme, lui a également été lue avant sa mort.

Cosme toutes les étapes d'une entreprise que devait ouvrir, avant même celle de Platon abordée aussitôt à la suite, la traduction de quatorze traités d'Hermès[6], achevée en avril 1463 après seulement quatre mois de travail, devrait suffire à convaincre le lecteur si le contexte ne jetait quelque doute. La préface de 1490 venait en effet de mettre en scène avec une emphase appropriée le grand dessein d'une académie platonicienne pour ainsi dire révélée à Cosme en cette lointaine année 1439 sous l'inspiration exclusive des conférences de Gémiste Pléthon tenues, on le sait, en marge des sessions du concile de Florence chez le cardinal Julien Cesarini. Si le lecteur ne peut exclure tout à fait des confidences directes de Cosme à son protégé ou à son père et à supposer que Cosme ait eu vent de ces conférences ou entretenu de près ou de loin une relation avec Pléthon, non attestée cependant d'aucun contemporain, il y aurait en revanche tout lieu de se demander si l'attente d'une conjoncture astrale favorable suffisait à expliquer qu'en dépit d'un tel enthousiasme le Père de la patrie se fût abstenu de concrétiser, avant l'extrême fin de sa vie, son dessein durant près d'un quart de siècle. Ainsi mis en exergue, le grand projet d'académie platonicienne n'entraînait pas logiquement, comme le suggère Ficin, la commande préalable de la traduction d'Hermès: les contemporains avertis pouvaient se souvenir, fût-ce quelques décennies plus tard, qu'Hermès était nommément absent des écrits de Pléthon qui ne mentionne, dans sa *Réplique à Scholarius* et dans les *Lois*, que les prêtres égyptiens finalement convertis à la doctrine de Zoroastre[7]. En évoquant par ailleurs les libéralités de Cosme qui lui avait procuré des manuscrits de Platon et de Plotin avant de lui faire traduire Hermès, prêts confirmés par d'autres sources dans les années 1460-1462[8], Ficin présente un récit contradictoire comme s'il voulait justifier après coup son propre choix d'inaugurer l'entreprise platonicienne par la traduction d'Hermès, en la plaçant sous les auspices et

---

[6] Aux f. 123r°-145r° du ms. Laur. 71, 33, contenant également d'autres écrits philosophiques grecs et des traductions en grec de textes médiévaux latins. Ce manuscrit avait été rapporté de Macédoine par le moine Léonard de Pistoïe, dit aussi Léonard le Macédonien: cf. *Catalogo*, n° 27, et *Marsilio Ficino e il ritorno di Ermete Trismegisto*, éd. S. Gentile et C. Gilly, Florence, 1999, p. 41; E. Garin, *Ermetismo del Rinascimento*, Rome, 1988, p. 9-10.

[7] L'exposé de S. Gentile sur cette question dans «Le prime traduzioni dal greco di Marsilio Ficino», *Rinascimento*, 30, 1990, p. 63-68, a été repris par B. Tambrun, «Marsile Ficin et le *Commentaire* de Pléthon sur les *Oracles chaldaïques*», *Accademia. Revue de la Société Marsile Ficin*, 1, 1999, p. 24.

[8] Avant le 5 sept. 1462 pour le premier et dès août 1460 pour le second. A propos du ms. des dialogues de Platon (Laurentianus 85, 9), cf. M. Sicherl, «Zwei Autographen Marsilio Ficinos: Borg. Gr. 22 und Paris. Gr. 1256», *Marsilio Ficino e il ritorno di Platone. Studi e documenti*, éd. G. C. Garfagnini, Florence, 1986, p. 227; *Catalogo*, n° 22. Pour Plotin, Cosme a vraisemblablement fourni le Parisinus graecus 1816, copié pour Cosme par Jean Scoutariotès, et le Laur. 87, 3: cf. *ibid.*, n° 23; P. O. Kristeller, «Marsilio Ficino and his work after five hundred years», *op. cit.*, p. 112, et H. D. Saffrey, art. cit., p. 137.

l'autorité de Cosme alors que ce dernier avait seulement mis à sa disposition au cours des trois années précédentes des manuscrits strictement platoniciens et non le manuscrit grec d'Hermès dont rien n'indique qu'il ait joué un rôle pour le procurer. Ficin eût-il manqué de le signaler ici ou ailleurs et se fût-il borné sur un point d'une telle importance à seulement évoquer l'obscur moine Léonard? Du seul point de vue de sa logique interne, le récit ficinien retrace moins l'histoire littérale de l'académie platonicienne et de son préambule hermétique qu'il n'en propose avec le recul du temps la genèse idéale et, accessoirement, un plaidoyer *pro domo* visant à démontrer la nécessité pour ainsi dire prédéterminée de l'entreprise dans toutes ses phases.

Désigné dès la première ligne de la préface comme «Père de la patrie», Cosme, disparu depuis vingt-six ans, sert de figure emblématique à tout le récit et lui donne son véritable sens: la quête des origines à travers l'image du père et la reconstitution d'un réseau de filiations sans solution de continuité. La mention initiale du pape Eugène IV à propos du concile de Florence n'est guère fortuite, caution religieuse de sa propre entreprise concordiste, coïncidant providentiellement avec l'esprit du «concile d'union» auquel il associe Pléthon ainsi lavé de tous les soupçons suscités par les controverses ultérieures. C'est en effet dans ce contexte que, selon Ficin, Cosme rencontre en la personne du «philosophe grec nommé Gémistos, surnommé Pléthon, c'est-à-dire le second Platon», l'image symétrique du fils, alors devenu à son tour le père initiatique de Cosme, lui-même père de l'académie pour le plus grand bienfait du monde. Sur un registre généalogique symétrique, le destin de Ficin a vu converger deux signes merveilleux en sa faveur: Cosme, père spirituel qui a élu Ficin pour le préparer dès l'enfance à sa grande mission platonicienne, ainsi que son père naturel, médecin préféré de Cosme, jouent à leur manière les uns pour les autres le rôle d'initié et d'initiateur, alternativement fils et pères. A le considérer isolément, ce jeu complexe paraît relever d'un genre encomiastique peu signifiant. Il a tout au contraire la fonction philosophique fondamentale de justifier sur le double mode religieux et rationnel une généalogie initiatique telle que Ficin en put trouver tant au début de l'Evangile de Matthieu que chez Pléthon, capable de remonter à la source commune à la Révélation et aux doctrines transmises par les *pii philosophi*. L'évocation, aussitôt à la suite, de cette autre convergence elle aussi inscrite dans la configuration des astres, qui amena à Florence Pic de La Mirandole inspiré *post mortem* par Cosme en 1484, le jour même où paraissait Platon, achève de montrer que seul un petit nombre d'éléments du récit ficinien sont recevables au sens littéral. Mené selon une démarche analogique, celui-ci n'en est pas pour autant imaginaire et mensonger. De nature visionnaire, la mise en scène, suffisamment habile pour permettre alternativement de jeter le doute sur «l'évidente invraisemblance» de toute l'histoire et d'ajouter foi à l'existence d'un projet médicéen intégralement conçu dès 1439 et comprenant la traduction préalable d'Hermès[9], appelle un complément d'enquête historique moins pour disqualifier les métamorphoses que pour en enrichir le sens. En outre, la reprise d'une question que l'on croyait élucidée par d'abondants travaux sur le platonisme du Quattrocento ne paraît pas tout à fait superflue pour dissiper les traces, à l'occasion parées de nouvelles couleurs[10], d'une légende ficinienne d'autant plus prégnante qu'elle n'a guère trouvé en son temps d'autorités à même de l'éclairer aussi directement ou désireuses de la nuancer.

La présence attestée de Pléthon au concile de Ferrare-Florence dans la délégation grecque non ecclésiastique aux côtés de Bessarion dont il soutient au moins formellement la politique unioniste[11] n'apporte pas de renseignements précis quant à son auditoire et aux lecteurs du *De Platonicae et Aristotelicae philosophiae differentiis*, abrégé de conférences privées que donnait Pléthon en 1439 à Florence dans la maison du cardinal Cesarini[12]. On ne dispose d'aucune preuve d'un lien direct et personnel de Cosme l'Ancien et de Pléthon qui ne le cite jamais parmi ses connaissances italiennes. L'acquisition par Cosme du manuscrit de Platon provenant de Pléthon, le seul alors en Italie qui contînt l'ensemble des dialogues, n'eut lieu qu'indirectement, peut-être donné par l'empereur Jean VIII Paléologue, mais selon toute vraisemblance par le truchement de Bessarion[13]. Elle n'en suffit pas moins à servir de tremplin et en quelque sorte de

---

[9]   E. Garin, introduction à *Marsilio Ficino e il ritorno di Platone, op. cit.*, I, p. 7-8 («l'evidente inverosimiglianza trasforma il racconto in un manifesto») apparaît plus circonspect que dans *Ermetismo del Rinascimento, op. cit.*, p. 15 et 71: «Che cosa avesse in animo Cosimo il Vecchio quando, nel '39, ascoltava di frequente le lezioni di Giorgio Gemisto Pletone, non è facile dire.» et «Che cosa Cosimo avesse davvero in mente allorché si propose di rinnovare a Firenze l'Accademia platonica è difficile dire. È certo che nel consegnare al giovane Ficino come primo testo da tradurre, e come prologo a Platone, Ermete, compì un gesto carico di conseguenze.»

[10]   Cf. J. Irmscher, «Giorgio Gemistio Pletone, maestro dei Greci e maestro dell'occidente», *Dotti bizantini e libri greci nell'Italia del secolo XV*, éd. M. Cortesi et E. V. Maltesi, Naples, 1992, p. 61, qui affirme non seulement que Pléthon convainc Cosme de fonder une académie platonicienne, mais qu'il devient le précepteur de Marsile Ficin, fils de son médecin...

[11]   Cf. J. Gill, *Quae supersunt Actorum graecorum concilii Florentini. Pars I. Res Ferrariae gestae*, V, 1, Rome, 1953, p. 37-46 pour le *Prooemium Bessarionis*, et p. 88 sur la session restreinte dans l'église Saint-François le 18 oct. 1438 où intervient Pléthon: *Quae aguntur de concordia fiant cum pace et concordia*.

[12]   Le ms. autographe de la Bibliothèque de Saint-Marc (Marcianus Gr. 517), provenant de Bessarion, est suivi des *Contra Scholarii pro Aristotele objectiones* de dix ans postérieures, également autographes: cf. *Bessarione e l'Umanesimo. Catalogo della mostra*, éd. G. Fiaccadori, Naples, 1994, p. 408.

[13]   Ce manuscrit (Laur. 85, 9) semblable au Marc. Gr. 187 (à ne pas confondre avec le 184, utilisé par Alde Manuce en 1513) de Bessarion, partiellement autographe, avait été annoté par Demetrios Sgouropoulos, présent à Mistra avec Bessarion et Pléthon: cf. E. Mioni, «Bessarione scriba e alcuni suoi collaboratori», *Miscellanea Marciana di studi Bessarionei*, Padoue, 1976,

noyau objectif au mythe ficinien d'une transmission et d'un grand dessein conçus dès le concile. Force est de constater que cette acquisition ne suscita guère l'enthousiasme de son bénéficiaire qui attendit près d'un quart de siècle pour la confier à Ficin en 1462 et qu'une rencontre aussi peu anecdotique entre deux personnages d'importance eût au moins suscité quelques mentions contemporaines. Des intermédiaires avaient bien pu exister entre Cosme et Pléthon, tels que Paolo dal Pozzo Toscanelli, mais dans un domaine d'intérêts, géographiques et historiques, dont on ne sait s'ils englobaient la philosophie[14]. A supposer qu'elle ait eu lieu, en dépit d'un silence aussi unanime, la rencontre ne pouvait guère porter les fruits annoncés par Ficin pour des raisons plus terre à terre : Pléthon ne parlait ni le latin ni l'italien et Cosme ne savait que le latin pour accéder aux philosophes grecs[15]. L'enthousiasme que l'on prête à Cosme pour les leçons platoniciennes de Pléthon aurait tout naturellement dû l'amener à faire aussitôt traduire l'œuvre de 1439 qui en résultait, vouée à rester inédite pendant un siècle. S'il patronne un certain nombre de traductions d'Ambrogio Traversari, de Leonardo Bruni et d'Alamanno Rinuccini, son orientation est plus éclectique que décidément platonicienne, comme en atteste la nomination, sur la recommandation de Bessarion, de Jean Argyropoulos en 1455 à l'université de Florence, aristotélicien dont il patronnera les traductions d'Aristote, mais également promoteur souvent oublié d'un renouveau du platonisme avant 1463, quand Ficin n'en était encore qu'au stade préparatoire : «Il exposa avec zèle les opinions de Platon ainsi que les secrets de son enseignement réservé, non sans susciter une grande admiration de ses auditeurs»[16]. En introduction à un cours de 1460, n'esquissait-il pas déjà de son côté une généalogie platoni-

---

p. 280 et 305 ; H. D. Saffrey, «Un exercice de latin philosophique, autographe du cardinal Bessarion», *ibid.*, p. 371-374, et *Recherches sur la tradition platonicienne au Moyen Age et à la Renaissance*, Paris, 1987, p. 178 et 186-187 ; *Catalogo*, n° 22 ; J. Hankins, «Cosimo de' Medici...», art. cit., p. 143-162, et «Bessarione, Ficino e le scuole di platonismo del secolo XV», *Dotti bizantini*, *op. cit.*, p. 123.

[14] Cf. S. Gentile, «Giorgio Gemisto Pletone e la sua influenza sull'umanesimo», *Firenze e il concilio del 1439*, éd. P. Viti, Florence, 1994, p. 832. La source en est Vespasiano da Bisticci, *Vite*, II, p. 74 sq.

[15] Pour d'intéressantes conjectures sur cet auditoire, cf. C. M. Woodhouse, *Gemistos Plethon, the Last of the Hellenes*, Oxford, 1986, p. 156-165. Contre l'opinion de Hankins, art. cit., Woodhouse, p. IX et 155, met Cosme au nombre des auditeurs de Pléthon et, sans donner sa source, affirme qu'il avait appris le grec sous Roberto de' Rossi, élève de Manuel Chrysoloras.

[16] Cf. A. M. Field, «John Argyropoulos and the 'Secret Teachings' of Plato», *Supplementum Festivum. Studies in Honor of Paul Oskar Kristeller*, éd. J. Hankins, J. Monfasani, F. Purnell, New York, Binghamton, 1987, p. 299 et n. 1. La citation est extraite d'une lettre de Donato Acciaiuoli à Alfonso de Palencia (24 septembre 1463) : *Platonis opinionem atque arcana illa et reconditam disciplinam diligenter aperuit non sine magna audientium admiratione*. Argyropoulos n'enseigna effectivement à Florence que depuis octobre 1456 jusqu'à son départ pour Rome à l'été de 1471.

cienne dont Zoroastre constituait le premier maillon?[17] La diversité des intérêts personnels de Cosme pour les historiens, les poètes et la philosophie morale, comme l'*Ethique à Nicomaque* commentée par Donato Acciaiuoli qu'il se fera lire durant sa maladie en même temps que les dialogues de Platon dans la traduction de Ficin, caractérise ainsi un mécénat éclairé et politique, fondé sur une piété chrétienne conventionnelle. Il apparaît d'autant plus malaisé d'enrôler Cosme dès le concile et au cours des deux décennies suivantes sous la bannière du platonisme de Pléthon, d'une orthodoxie à tort ou à raison suspecte, que la polémique ne tarde pas à éclater en milieu grec entre ce dernier et Georges Gennade (Scholarius) de 1443 à 1450, pour se répandre dans un second temps hors du cercle confiné des doctes byzantins avec les *Comparationes philosophorum Aristotelis et Platonis* (1455) de Georges de Trébizonde, diffusées en latin à l'intention des humanistes en 1457-1458. Après la disparition de Pléthon en 1452, le cardinal Bessarion reprend alors les armes pour défendre son ancien maître, sans pour autant partager l'ensemble de son système philosophique et religieux, en composant une première version grecque de l'*In calumniatorem Platonis* en trois livres, augmentée d'un quatrième en 1466 qui paraîtra en latin sous sa forme définitive en 1469[18]. Or on constate que durant une période de presque trente ans, un conflit pourtant aigu laisse les milieux intellectuels florentins à l'écart du débat et que le courant platonicien, loin de profiter de son premier essor du début du siècle, ne produit plus d'effets notables, contrairement à l'intense activité à cet égard du milieu romain de Bessarion et du cardinal de Cuse dont le secrétaire Giovanni Andrea Bussi procurera la première édition imprimée de l'*Asclepius* dans la traduction d'Apulée avec d'autres textes platoniciens l'année même où paraît l'*In calumniatorem* de Bessarion[19], au plus fort de la réaction anti-platonicienne. L'orientation du platonisme florentin ne pouvait négliger le tour que prenait la réaction anti-bessarionienne d'une partie de la curie romaine, quand précisément à partir de 1462 Georges de Trébizonde brûle le manuscrit des *Lois*, autographe de Pléthon, et que son élève devient le pape Paul II, en attendant la chasse aux néo-platoniciens Pomponio Leto,

---

[17] Cf. E. Garin, *Medioevo e Rinascimento*, Bari, 1961, p. 240-241, à partir du ms. Ricc. 120, f. 1-36.

[18] On retrouvera l'historique de la polémique, trop connue pour être à nouveau détaillée ici, dans *Bessarione e l'umanesimo, op. cit.*, p. 86 et 457-460. Le traité de Bessarion parut en trois cents exemplaires.

[19] L'édition romaine d'Apulée, chez Konrad Sweynheim et Arnold Pannartz, préfacée par Bussi (secrétaire de Nicolas de Cuse à Rome de 1458 à 1464) comportait dans l'ordre, outre les *Métamorphoses, Florida, de deo Socratis, de Platone et ejus dogmate*, l'*Asclepius* d'Hermès dans la traduction d'Apulée, l'*Abrégé de la doctrine de Platon* par Albinus (= Alcinoüs), traduit par Pietro Balbi, par ailleurs traducteur de Proclus pour le cardinal de Cuse. Traducteur des *Lois* et de l'*Epinomis* en 1450-51, Georges de Trébizonde avait traduit pour ce dernier le *Parménide* en 1459.

Callimaque Experiens et Platina, boucs émissaires d'une conjuration contre le pape en 1468.

A Florence même, le peu d'enthousiasme explicite sinon l'indifférence de Cosme à transmettre l'héritage pléthonien entre 1439 et 1462, quand il commence à patronner Ficin, ne sont pas étrangers à ce climat de suspicion et de crise à rebondissements. La prudence paraît en effet s'imposer dans une cité que domine un *Studio* universitaire aristotélicien compatible avec un type de platonisme théologiquement moins inquiétant et durablement favorisé par le prestige du chancelier Bruni après sa disparition en 1444. Les rares témoignages conservés sur les années de formation du jeune Ficin suggèrent quelques intéressantes convergences pour rendre compte de la circonspection de Cosme dans le contexte des années 1450. A l'époque même de la première offensive de Georges de Trébizonde, Ficin est invité le 1er juillet 1457 par l'archevêque de Florence Antonino Pierozzi dont il était « le jeune clerc », à étudier la *Somme contre les Gentils* de saint Thomas d'Aquin, destinée à le garder de toute hérésie dans son étude de Platon qu'il venait d'aborder l'année précédente, parallèlement à son apprentissage du grec, dans la traduction de Bruni, recopiant en mai 1456 l'*Asclepius* latin associé à d'autres textes néoplatoniciens, notamment d'Apulée[20]. Personnalité très liée aux Médicis, Antonino Pierozzi (saint Antonin de Florence) eut une influence plus grande qu'on ne l'a soupçonné jusqu'ici sur leur politique culturelle: ses réticences à l'égard des lettres païennes durent déterminer pour une part la vigilance relative dont Ficin fera preuve par la suite en matière d'orthodoxie. Certes tardive, sa lettre à Martin Prenninger (Uranius) du 9 juin 1492 donne des indications précieuses quant à ses premières traductions du grec, celles des *Argonautiques* d'Apollonius de Rhodes, des hymnes orphiques et homériques, des hymnes de Proclus et de la *Théogonie* d'Hésiode. L'argument donné pour justifier de ne pas les avoir publiées – éviter qu'on ne l'accuse de favoriser un renouveau du paganisme antique[21] – est à rapprocher de l'avertissement reçu en 1457 ainsi que des attaques de Georges de Trébizonde contre Pléthon deux ans plus tôt, rapportant l'avoir entendu affirmer à Florence la conversion prochaine du monde à une seule religion qui ne serait ni chrétienne ni musulmane et qui ne différerait

---

[20] Cf. P. O. Kristeller, «Ficino and his work», et P. Viti, «Documenti ignoti per la biografia di Ficino», *Marsilio Ficino e il ritorno di Platone, op. cit.*, p. 172 et 260-261. Pour la description du ms. Ricc. 709, cf. *Catalogo*, n° 13.

[21] Cf. *Opera omnia*, Bâle, S. Henricpetri, 1576, p. 933: *ne forte lectores ad priscum deorum daemonumque cultum jam merito reprobatum revocare viderer*, ajoutant qu'encore enfant il commentait Lucrèce, comme les autres écrits «offert à Vulcain» et qu'«Il est plus périlleux (comme le dit Platon) de se pénétrer d'opinions nuisibles que de répandre le pire venin». S. Gentile, «Le prime traduzioni dal greco del Ficino», art. cit., p. 57-104, fait remonter plusieurs autres traductions à la même époque.

pas du paganisme[22]. Ficin ne pouvait les ignorer et manquer d'en tenir compte au moment même où il se met au grec et mûrit déjà le futur projet herméticoplatonicien de 1462. On ne peut exclure dès cette époque l'influence de Bessarion, beaucoup plus considérable que ne le laisse deviner Ficin : il utilise ainsi en le suivant de près la traduction du *Parménide* par Georges de Trébizonde en 1459 contenant les corrections de Bessarion[23], ce qui pourrait faire remonter ces contacts à la période de 1459-1464. En tout état de cause, l'envoi à Ficin d'un exemplaire imprimé de cette œuvre en 1469 et la correspondance échangée pour l'occasion suggèrent des liens dont l'ancienneté resterait à élucider[24].

Si le mythe d'un projet platonicien, *a fortiori* hermétique, suggéré par Pléthon à Cosme et gardé en réserve jusque dans les années 60, pourrait avoir pour noyau l'acquisition du manuscrit de Platon, l'idée même d'une académie supposée en gestation depuis 1439 ne transposerait-elle pas également des réalités contemporaines? Disciple de Pléthon, Bessarion offrait en effet déjà l'image par excellence du médiateur qui avait effectivement formé autour de lui un cercle de caractère académique visant au sauvetage et à la diffusion des textes grecs. Il suffisait en somme à Ficin de transposer cette image en l'appliquant à Cosme et à lui-même et de lui attribuer cette initiative pour en justifier pleinement la légitimité désormais à la gloire exclusive de Florence.

Dépourvue de tout témoignage qui la documente en 1439, la fondation d'une académie platonicienne par Ficin sous l'égide de Cosme l'est tout autant à partir de 1462, si du moins on lui donne le sens institutionnel moderne. Beaucoup plus ambivalente, en fonction du contexte, elle peut désigner une école informelle et privée comme l'époque humaniste en connut tant, parallèle au *Studio* de Florence, une sorte de séminaire et de lieu de rencontres fondées sur

---

[22] Cf. *Comparationes*, III, 20: l'ensemble du passage, cité par E. Garin, *Storia della filosofia italiana*, Torino, 1966, I, p. 363-364, est traduit par C. M. Woodhouse, *op. cit.*, p. 168. Voir aussi plus tard la lettre de Georges de Trébizonde à Bessarion (28 août 1469): *Apollinem, Platonem, Gemistum nos persequimur, id est dyabolum et dyaboli filium et gentilitatis cultorem. Cur hoc ad te? Cur eos defendis? [...] Quid nos persequeris? Idolorum cultorem cur clamitas?*, *Collectanea Trapezuntiana. Texts, Documents and Bibliographies of George of Trebizond*, éd. J. Monfasani, New York, Binghamton, 1984, p. 171-172.

[23] Sur ce manuscrit déjà mentionné n. 17, cf. *Bessarione e l'umanesimo, op. cit.*, p. 463, et J. Hankins, «Bessarione, Ficino...», art. cit., p. 124.

[24] Dans sa lettre du 13 sept. 1469 (*Opera omnia*, p. 616, et *Lettere*, I, éd. cit., p. 36 et 246), Bessarion parle des lettres précédentes où il lui avait promis l'envoi de son livre qui vient d'être édité *ob ingenium tuum et Platonicae doctrinae studium eximium*. Dans sa réponse, Ficin confirme sa familiarité avec les écrits et la pensée de Bessarion: *Verum Bessarion Academiae lumen [...] Venerunt, jam venerunt secula illa Bessarion, quibus et Platonis gaudeat numen, et nos omnis ejus familia summopere gratulemur.* Cf. L. Mohler, *Kardinal Bessarion als Theologer, Humanist und Staatsmann*, III. *Aus Bessarions Gelehrtenkreis*, Paderborn, 1942, p. 543-545; J. Hankins, «Bessarione, Ficino...», art. cit., p. 117 sq.

des amitiés et des affinités dans les matières les plus diverses, philosophiques, religieuses, littéraires ou médicales, plus intime à Careggi qu'au couvent de Sainte-Marie-des-Anges où Ficin dispensera un véritable enseignement. Mais l'«académie» de Careggi peut désigner, outre le lieu de ces réunions studieuses et informelles, l'œuvre même de Platon et des néoplatoniciens à traduire et à commenter, objet central de l'entreprise[25]. Lorsque Cosme acquiert pour Ficin, alors désigné comme *studens in filosofia*, une maison à Florence le 4 décembre 1462 et lui fait don de la propriété de Careggi le 18 avril 1463[26], le mois même où s'achève la traduction d'Hermès, on serait tenté d'y voir une relation de cause à effet. Ces libéralités semblent plus largement marquer la reconnaissance inaugurale d'un programme à long terme, assortie des moyens nécessaires pour aboutir, dans le cadre général d'une politique culturelle humaniste qui ne se limite ni à Ficin ni à Hermès. En dépit des apparences et des seules affirmations de Ficin, aucun élément ne permet de conclure que Cosme a délibérément choisi de privilégier la renaissance de l'hermétisme, voire du platonisme, et personnellement donné la priorité à la traduction d'Hermès. L'éloge enthousiaste des initiatives de Cosme vient en réalité justifier *a posteriori* celles de Ficin et de ses amis. Bien qu'il tienne à conférer à Cosme un rôle directement intellectuel dans ses débuts platoniciens, ce dernier semble plutôt servir de caution bienveillante. Christophe Landino se trouve le premier nommé pour conseiller à Ficin en 1456 de ne pas encore publier ses quatre livres d'*Instructions sur l'enseignement de Platon*, «prémices de ses études», aujourd'hui perdues sous leur forme originale: «Lui-même et Cosme les ayant lus, ils les approuvèrent tout en me conseillant de les garder par devers moi jusqu'à ce que, dégrossi dans les lettres grecques, je fusse à même de puiser à la source les textes platoniciens. Je les avais découverts en partie fortuitement, en partie grâce à l'aide donnée par la lecture de certains platoniciens latins. Abordant ensuite Platon et les platoniciens en grec, j'ai corrigé peu à peu ces *Instructions* dans mes livres suivants. Mais je n'ai jamais décidé de détruire ce livre-là, pour ainsi dire mon fils aîné.»[27] Le récit ne laisse aucun doute sur l'autonomie du programme de Ficin par rapport à Cosme qui ne le patronne pas encore: c'est indépendamment de ce dernier que naît son intérêt conjoint pour Hermès et Platon. La lettre du 1er décembre 1457 à Pellegrino degli Agli «sur la fureur divine»[28] montre en effet que, longtemps avant le patronage officiel de Cosme et dès ses années de formation, Ficin a mis en place l'essentiel de sa philosophie reposant sur une religion

---

[25]   Après C. M. Woodhouse, *op. cit.*, p. 373, cf. J. Hankins, «The Myth of the Platonic Academy of Florence», *Renaissance Quarterly*, 44, 1991, p. 429-474.

[26]   Cf. P. O. Kristelller et P. Viti, *op. cit.*, p. 172-173 et 262-263.

[27]   Sur les *Institutiones ad Platonicam disciplinam*, cf. *Opera omnia*, p. 929, lettre de nov. 1491 à Filippo Valori.

[28]   Cf. *Opera omnia*, p. 612-615.

hermético-platonicienne, elle-même confirmée par la lignée des *prisci theologi* dont il commence à reconstituer les maillons. A peine deux mois plus tard, le petit traité hermétique *Di Dio et anima*, démontrant en dix points la sphère divine, témoigne de la préexistence non seulement patristique et médiévale, mais proprement florentine depuis Dante et Brunelleschi, d'une tradition hermétique qui devait tout naturellement aboutir à sa redécouverte savante grâce à la traduction ficinienne d'avril 1463[29]. Sans se limiter aux textes patristiques les plus fréquemment invoqués, Ficin avait-il eu également connaissance d'Hermès à travers les manuscrits de l'école chartraine présents à Florence?[30] Quelles que soient ses sources, Ficin situe déjà Hermès à l'origine de la philosophie, dieu des Egyptiens et des Grecs, dont l'esprit transmigre chez Platon. Plusieurs années avant la pratique directe du texte grec et la conception d'un programme systématique de traductions sous le patronage de Cosme, se trouve ainsi fondé l'édifice mis en œuvre à partir de la décennie suivante autour d'Hermès, initiateur d'une religion philosophique relayée jusqu'à Platon et à ses héritiers. Indépendamment de Cosme, voire de Ficin et de son entourage immédiat, on assiste dans la Florence post-conciliaire à une accentuation de tendances orientalisantes, sensible dans le célèbre *Cortège des mages* de Benozzo Gozzoli (1459) et surtout dans les représentations festives telles que celle de la Saint-Jean en 1454, décrite par Matteo Palmieri, où Hermès à la suite de Moïse se mêle aux sibylles et à divers prophètes de l'Incarnation, figurés avec Zoroastre parmi ses livres de magie dans la *Cronaca illustrata* de Maso Finiguerra (1455-1465)[31]. La Compagnie des mages qui anime ces représentations et notamment la Fête des mages pour l'Epiphanie, avec la participation de plus en plus sensible des Médicis peu avant le milieu du siècle, ne devient que bien plus tard, en 1468, la tribune du cercle platonicien qui l'investit alors en force. L'histoire de ces fêtes tendrait ainsi à démontrer que les Médicis et le cercle platonicien n'ont pas inspiré à l'origine le courant hermético-platonicien, mais capté à leur profit politique et philosophique, pour les amplifier, des motifs depuis longtemps diffus dans la culture florentine. L'usage de la langue vulgaire dans le *Quadragesimale* de Piero Bonaccorsi, manuscrit rédigé avant février 1464, mais après le *Di Dio et anima* ficinien de 1458 dont il s'inspire fortement[32], a l'intérêt

---

[29] Cf. les citations données par S. Gentile, art. cit., p. 58, et S. Toussaint, *De l'enfer à la coupole: Dante, Brunelleschi et Ficin. A propos des «codici Caetani di Dante»*, Rome, 1997, p. 101-102, 112, n. 68 et 121-122.

[30] Pour cette hypothèse et les sources du XIIᵉ s., cf. l'introduction de S. Gentile à *Marsilio Ficino e il ritorno di Ermete Trismegisto, op. cit.*

[31] Cf. P. Ceccarelli, «Le feste fiorentine orientali e neoplatoniche», *Il lume del sole. Marsilio Ficino medico dell'anima*, Florence, 1984, p. 95-133, en particulier pl. 22-26 représentant Moïse, les mages Zoroastre et Ostanès.

[32] Cf. S. Toussaint, *op. cit.*, p. 44-45 et 96 pour la collation des deux textes. Il resterait à expliquer pourquoi ceux-ci et plus encore la traduction italienne d'Hermès, déjà exécutée six mois plus

de témoigner par un autre biais de la préexistence d'un courant herméticodantesque proprement florentin qui éclaire l'éclosion ultérieure de la tradition savante hermético-platonicienne mieux que la seule référence au concile et l'attribution à Cosme d'un rôle déterminant.

En raison même de son caractère inaugural, la préface de Ficin à sa traduction d'Hermès de 1463 adressée à Cosme laissait tout naturellement espérer quelque lumière sur le rôle précis de ce dernier dans l'impulsion donnée à l'ensemble de l'entreprise, et en particulier sur les raisons, nullement évidentes, qu'il aurait eues de la mettre sous les auspices d'Hermès. Le moment n'était-il pas le plus approprié pour rappeler à l'illustre destinataire l'ancienneté de son grand dessein plutôt que de réserver à Laurent le Magnifique des souvenirs désormais lointains en 1490 et destinés à éclairer rétrospectivement le dessein d'une vie? Or le lien que Cosme aurait favorisé entre Hermès et Platon demeurait tout aussi conjectural en 1463: Ficin se bornait à rendre hommage à son mécène, évoquant d'une manière assez vague «les encouragements [qui] l'ont amené à décider de traduire du grec en latin»[33] la présente œuvre, encouragements matériels qui incluent le prêt de manuscrits platoniciens, mais non celui d'Hermès. Avec plus d'emphase, mais toujours sans justification, il dira en 1490 que Cosme lui «commanda de traduire d'abord Hermès Trismégiste et ensuite Platon». Sous cette présentation laconique, le rôle de Cosme paraît plutôt correspondre à celui d'un commanditaire conventionnel et assez lointain, qui laisse carte blanche à son protégé pour mener comme il l'entend son travail dans un vaste domaine. Le confirment les nombreuses traductions, outre celle de dix dialogues de Platon, fournies à Cosme avant le 1er août 1464, date de sa mort[34].

L'essentiel de la préface de 1463 s'efforce de ranger Hermès sous l'autorité incontestable de saint Augustin et de Lactance dont Ficin reproduit les généalogies embrouillées sans trop prendre parti dans la question, délicate entre toutes, de son ancienneté. Qu'il ne soit ici soufflé mot de Zoroastre, contrairement à ce qui se produira plus tard, reste matière à conjectures: ce silence prouve-t-il que Ficin ne le connaissait pas encore suffisamment bien pour l'intégrer dans la lignée des *prisci theologi*, ou qu'il voulait éviter de porter ombrage à Hermès, la présence de Zoroastre risquant d'accroître les soupçons de magie sous le coup

---

tard, en octobre 1463, par Thomas Benci, ne furent pas imprimés ou très tardivement, en 1548, dans le dernier cas. Aurait-on préféré en réserver la diffusion à un cercle choisi et initié?

[33] Cf. *Opera omnia*, p. 1836: *Ego autem cum tuis exhortationibus provocatus, e Graeca lingua in Latinam convertere statuissem, aequum fore putavi Cosme felix, ut nomini tuo Opusculum dedicarem.*

[34] Cf. la *Tabula librorum Platonis a Marsilio Ficino traductorum* dans son édition de Platon, 1484, et *Catalogo*, n° 91, p. 118. Pour l'ensemble des traductions, de Speusippe, Alcinoüs, Pythagore et Xénocrate, présentées à Cosme (Oxford, ms. Canon. class. lat. 163), cf. *ibid.*, n° 32, et S. Gentile, art. cit., p. 75-76.

desquels pouvait déjà tomber Hermès bien que Ficin n'en commentât jamais l'*Asclepius*? Dépourvu de quelque trait plus personnalisé, son discours ressortit d'autre part à la rhétorique encomiastique conventionnelle dont la fonction apparaît nettement politique: à la sagesse, à la piété et à la puissance d'Hermès philosophe, prêtre et roi, correspondent celles de Cosme. Se dessine ainsi une propagande monarchique en faveur des Médicis qui prendra un tour plus nettement légendaire à partir de 1469, à la fin du règne de Pierre et au début de celui de Laurent le Magnifique[35]. C'est à cette époque que Ficin commence à reconstruire le passé dans une continuité idéale, sensible dans la préface de son Platon à Laurent, qui souligne fortement le soutien ininterrompu au platonisme de ses trois mécènes successifs Cosme, Pierre et Laurent, affirmation d'autant plus nécessaire que les relations avec ce dernier avaient en réalité varié depuis 1466, pour devenir même franchement distantes de 1475 à 1478. Ficin eût-il éprouvé le besoin de leur donner corps en ouvrant son recueil épistolaire par des échanges plus ou moins inventés avec Cosme, phénomène il est vrai assez commun à l'époque humaniste?[36] L'«académie» est moins celle que Cosme et Laurent auraient officiellement fondée avec le dessein, bien arrêté de longue date, de faire renaître Platon après Hermès, que le petit groupe d'amis auquel revenait l'initiative réelle depuis les années décisives de 1456-1463. Enumérant leurs membres, Ficin faisait une plus grande place à trois d'entre eux, en premier Landino, suivi de Leon-Battista Alberti et de Benedetto Accolti[37]. Si Cosme se décida à faire copier le manuscrit de Platon pour en confier la traduction à Ficin et s'il lui en procura d'autres, cette initiative relativement tardive s'explique mieux comme l'effet probable d'un groupe de pression. Mais c'est à Ficin et à ses intimes plutôt qu'à Cosme que revient en tout cas la décision de traduire d'abord Hermès. A Ficin revient aussi le mythe ultérieur de l'héritage pléthonien transmis par Cosme au moment où il étoffe sa généalogie platonicienne en adjoignant Zoroastre à Hermès. Il s'agissait en effet pour Ficin à la fois de rendre hommage au rôle de Pléthon dans la renaissance du platonisme et de sauver l'intuition, conçue dès ses premières études grecques, d'une continuité philosophique et religieuse des traditions païennes et judéo-chrétienne pour y réintégrer Zoroastre et la philosophie de Pléthon en général. A l'humaniste hongrois János Vitéz le jeune (dit Janus Pannonius, souvent confondu avec son plus célèbre homonyme) qui l'avait mis en garde, dans une lettre datable de 1485, des dangers qu'il faisait courir à la doctrine orthodoxe de la providence en restaurant la philosophie antique et qui connaissait suffisamment bien son itinéraire intellectuel depuis

---

[35] Omis dans la version primitive du commentaire de Ficin au *Banquet*, son nom figure dans la version de 1469: cf. S. Gentile, «Per la storia del testo del *Commentarium in Convivium* di Marsilio Ficino», *Rinascimento*, 21, 1981, p. 3-27.

[36] Cf. *Opera omnia*, p. 608; J. Hankins, «Cosimo de' Medici...», art. cit., p. 146.

[37] Cf. *Opera omnia*, p. 936.

l'origine pour lui rappeler la tentation épicurienne de sa prime jeunesse à travers Lucrèce, Ficin rétorque avec une vivacité non feinte qu'il aurait dû mieux comprendre, s'il l'avait bien lu, le mobile profond (*qua potissimum ratione nostra*) et rigoureusement inverse qui l'avait animé en remettant tout au contraire les philosophes anciens au service de la divine providence[38]. Cet échange offre le témoignage non moins précieux d'une continuité doctrinale, indépendante des circonstances politiques ou religieuses qui auraient pu l'infléchir, depuis les contacts directs du jeune Ficin avec les textes philosophiques grecs. La bibliographie précise, sinon complète, que donne en ordre chronologique la lettre de l'humaniste hongrois, pourrait notamment éclairer sous un autre angle la question si souvent débattue de la place variable qu'occupent Zoroastre et Pléthon par rapport à Hermès depuis les premières œuvres de Ficin jusqu'au récit légendaire de la préface à Plotin en 1490. Présent à Florence où il apprenait le grec vers 1464, le Hongrois y avait entendu deux astrologues affirmer que l'effet bien daté de quelque configuration céleste (*fatali quodam tempore*) avait déterminé Ficin à faire revivre les poèmes orphiques chantés au son de la cithare. Cette première étape orphique que ce dernier confirmait dans la lettre précédemment citée à Martin Uranius remonte ainsi à 1458. Bien qu'il en représente le reflet amélioré par la suite, selon l'aveu même de Ficin conscient de ses débuts maladroits, l'*Hymne au cosmos* donné dans sa lettre à Cosme du 5 septembre 1462 reste en tout cas la plus ancienne traduction qui nous soit parvenue[39]. Le témoignage associe alors les traductions d'Hermès, nombre d'écrits pythagoriciens, puis le commentaire des *Oracles* zoroastriens, qui suppose nécessairement une traduction préalable. Il faudrait donc en déduire qu'ils furent exécutés dans l'année qui suivit l'achèvement de la traduction d'Hermès, vers 1463-1464[40], au moment même où s'ébauchait celle de Platon. Faute d'autres preuves permettant de dater avec certitude l'entrée de Zoroastre et de Pléthon dans le système ficinien, deux indices témoignent d'une connaissance indirecte de Zoroastre, comme c'était certes déjà le cas pour Hermès, mais

---

[38]   Cf. *ibid.*, p. 871 ; cousin paternel du poète Janus Pannonius, mort en 1472, János Vitéz le jeune dirigeait la Société littéraire danubienne, fondée par Conrad Celtis: cf. K. Pajorin, «Ioannes Pannonius e la sua lettera a Marsilio Ficino», *Verbum. Analecta neolatina*, 1, 1999, p. 59-68, qui réfute l'identification antérieure à l'augustin de Bude János Váradi, reproduite par S. Gentile, «Marsilio Ficino e l'Ungheria di Mattia Corvino», *Italia e Ungheria all'epoca dell'umanesimo corviniano*, éd. S. Graciotti et C. Vasoli, Florence, 1994, p. 109.

[39]   Cf. P. O. Kristeller, *Supplementum Ficinianum*, II, p. 87-88.

[40]   Le manuscrit de Platon donné à Ficin par Cosme (Laur. 85, 9) en sept. 1462 s'ouvrait sur les *Vers dorés* (cf. *Catalogo*, n° 22). Différentes traductions de textes pythagoriciens dont la *Secte pythagoricienne* de Jamblique avaient été offertes à Cosme entre 1463 et sa mort le 1er août 1464 (cf. *ibid.*, n° 24 et 32), la traduction littérale et incertaine de ce dernier texte dans le ms. Vat. Lat. 5953 a cependant permis de le ranger parmi les plus anciens essais de traduction du grec par Ficin.

surtout du statut marginal qu'il occupe encore par rapport à ce dernier durant les années d'apprentissage de Ficin. La référence à Zoroastre à propos de la résurrection des morts en marge d'une copie autographe latine du *Théophraste* d'Enée de Gaza, datée du mois de mai 1456[41], est à mettre en parallèle avec un autre manuscrit contemporain où une annotation au *Commentaire* de Macrobe *sur le Songe de Scipion*, inspirée à Ficin par l'*Asclepius* latin, donne à Hermès la première place en une première esquisse de lignée philosophique: *Trismegistus, Pittagoras, Xenophanes, Anaxagoras, Empedocles, Parmenides, Melissus, Virgilius aiunt nihil in mundo interire sed variari*[42]. Cette lignée est d'ailleurs variable, comme en témoigne une annotation au manuscrit de la *Théologie platonicienne* de Proclus, énumérant dans l'ordre même donné par la préface à Hermès de 1463 «Orphée, Pythagore, Aglaophème, Philolaos, Platon», mais sans référence à ce dernier ni à Zoroastre pour les précéder[43]. Sans qu'il soit donc besoin d'invoquer une prudente dissimulation initiale, plus justifiée encore par la suite, Ficin a fort bien pu passer Zoroastre sous silence dans sa préface à Hermès adressée à Cosme en 1463 pour la seule et bonne raison qu'il n'avait pas encore eu accès aux sources notamment pléthoniennes ni rassemblé par le truchement d'une traduction et d'un commentaire suffisamment d'éléments pour conférer à l'auteur supposé des *Oracles* un statut éminent à partager désormais avec Hermès dans une reconstitution élargie de la philosophie antique. Ce sera chose faite quand il rédige, entre 1469 et 1474, sa *Théologie platonicienne* qui ne contient pas moins de vingt-sept citations ou paraphrases, sans compter nombre d'autres allusions[44]. Si Ficin connaissait le commentaire à Zoroastre par Pléthon, qu'il utilise dans le *Commentaire sur le Banquet* (1469) et à qui il emprunte l'attribution à Zoroastre des *Oracles*, aucun manuscrit, malheureusement, n'en subsiste sous la forme d'une traduction ou d'un commentaire séparé[45]. On dispose cependant, sans pouvoir le dater, du manuscrit d'œuvres de Pléthon annotées par Ficin. Dans l'une d'entre elles, le *De fato*, ce dernier s'en prend non sans véhémence au déter-

---

[41]   Cf. le ms. Ricc. 709, f. 179r°: *Zoroastres resurrectionem predixit mortuorum*. Le ms. rassemble des copies autographes par Ficin de divers extraits latins intéressant en grande partie Hermès et le platonisme: *Catalogo*, n° 13, et *Marsilio Ficino e il ritorno di Ermete Trismegisto, op. cit.*, p. 95-98.

[42]   Cf. *ibid.*, p. 92, citant le ms. Ricc. 581, f. 62r° et la source (*Asclepius*, 29).

[43]   Ms. Ricc. 70, f. 11v°: cf. H. D. Saffrey, *Recherches sur la tradition platonicienne au Moyen Age et à la Renaissance*, Paris, 1987, p. 181-182. Sa datation, 1463 au plus tard, est reprise par le *Catalogo*, n° 26: par analogie avec le n° 45 et en raison des intérêts postérieurs de Ficin pour Proclus, une datation plus tardive ne pourrait-elle cependant pas être envisagée?

[44]   Cf. I. Klutstein, «Marsile Ficin et les *Oracles chaldaïques*», *Marsilio Ficino e il ritorno di Platone, op. cit.*, p. 332, et *Marsilio Ficino et la Théologie ancienne: Oracles chaldaïques, Hymnes orphiques, Hymnes de Proclus*, Florence, 1987.

[45]   Le ms. Ricc. 76 possédé par Ficin indique au f. 105 la perte des commentaires de Pléthon et de Psellus sur Zoroastre.

minisme pléthonien et à ses contradictions: *Responde Plethon quomodo dii non sint causae peccatorum? Si ut dicis, dii praesciunt omnino futuros eventus certe, quia per causas certas quas ipsi habent in se ipsis dum ipsi videlicet illorum sunt causae, eosque disponunt in se ipsis atque rebus? Iterum si, ut dicis, animum aberrare, quia sic et natura et consuetudine sit institutus, deos autem et naturas tales dedisse et opiniones sic exercitandi infudisse?* En marge d'un autre texte de Pléthon dans le même manuscrit, Ficin avait pourtant noté en grec: «Zoroastre origine de la théologie platonicienne»[46]. Il ressort clairement de ces notes comme des infléchissements qu'il donne à ses traductions des *Oracles* dans la *Théologie platonicienne* que Ficin emprunte à Pléthon ce qui lui convient, quitte à fausser complètement par le biais d'interprétations systématiquement apologétiques l'esprit de la philosophie hellénique que ce dernier avait voulu restaurer. En cela Ficin reste dans la ligne de Bessarion, admirateur de son maître, dont il n'adopte pas pour autant les conclusions hétérodoxes. Les textes qui viennent d'être cités pourraient bien être contemporains des premières utilisations directes par Ficin de Zoroastre ou de Pléthon à partir de 1469, peut-être pour soutenir indirectement Bessarion avec qui il était déjà en relation quand parut l'*Adversus calumniatorem Platonis*. Dans le commentaire sur le *Philèbe* rédigé autour de cette date, on trouve en effet Zoroastre placé à deux reprises avant Hermès, en tête de la généalogie platonicienne[47]. Il en sera de même dans le *De christiana religione* et la *Théologie platonicienne*, élaborées entre 1469 et 1474[48]. Dix ans plus tard, vers 1485, dans sa réponse déjà citée à Pannonius, Zoroastre et Hermès, l'un chez les Perses, l'autre chez les Egyptiens, se trouvent mis désormais sur un pied d'égalité comme fondateurs d'une philosophie religieuse unique. La réutilisation du même texte, intégralement inséré cinq ans plus tard dans la préface à Plotin à la suite de son éloge de Cosme, montre le prix que lui donnait Ficin: celui d'un bilan et d'un testament de sa pensée. Ainsi fixée progressivement et tardivement,

---

[46]   Cf. les planches XIII / b et a du *Catalogo* (ms. Ricc. 76, f. 98v° et 27v°). Aussitôt à la suite de la citation donnée ici, on lit: *Plethon tibi ipsi repugnas*. L'ensemble des notes des f. 96v°-98v° a été commenté par A. Keller, «Two Byzantine scholars and their reception in Italy. I. Marsilio Ficino and Gemistus Plethon on Fate and Free Will», *Journal of the Warburg and Courtauld Institutes*, 20, 1957, p. 363-366.

[47]   Cf. *Opera omnia*, p. 1223 et 1233.

[48]   *Ibid.*, p. 25; *Theol. Plat.*, XII, 1, p. 268: *Principio Zoroastris philosophia (ut testatur Plato) nihil erit aliud, quam sapiens pietas cultusque divinus. Mercurii quoque Trismegisti disputationes omnes a votis incipiunt, et in sacrificio desinunt*; *Theol. Plat.*, XVII, 1, p. 386: *In rebus his, quae ad Theologiam pertinent sex olim summi Theologi consenserunt, quorum primus fuisse traditur Zoroaster magorum caput, secundus Mercurius Trismegistus, princeps sacerdotum Aegyptiorum* [suivent Orphée, Aglaophème, Pythagore et Platon]. Ficin cite nommément Pléthon (*ibid.*, XV, 1, p. 327) à propos de la trahison d'Aristote par Averroès. Il le citera à nouveau dans le commentaire à Plotin (*Opera omnia*, p. 1594) à propos de la mutabilité du monde corporel chez ce dernier et dans l'*In Tim.* de Proclus: *quod et Plethon non negat esse probabile, nosque idem in theologia fieri esse probamus.*

la place de Zoroastre et de Pléthon parallèlement à Hermès vise à donner une cohérence rétrospective à l'œuvre accomplie, sans rien exclure de la grande fresque historico-mythique conçue dès l'origine. Concrétisée par des réalisations déjà considérables à partir des années 70, l'académie platonicienne a désormais besoin d'une caution prophétique pour mieux y associer Laurent et s'assurer de son soutien : évoquer la lointaine initiative de Pléthon et de Cosme justifie une fondation plus solennelle et moins informelle que le mécénat exercé par ce dernier depuis 1462.

Pléthon, Zoroastre ou Hermès n'ont pourtant pas fait l'objet d'une initiative ou d'une sollicitude particulière de Cosme. C'est au seul Ficin que l'on doit cette justification après coup, témoignant d'un élargissement de son horizon et de ses intérêts, sans toutefois que soit jamais remise en cause leur finalité fondamentalement apologétique. En ce sens, Ficin n'a pas eu davantage de précautions à prendre ou d'arrière-pensées au moment où il traduisait Hermès qu'une trentaine d'années plus tard, où les dangers n'eussent pas été moindres. Il s'agissait seulement de mettre d'autres figures tutélaires au service de la même cause : user de toutes les ressources de la philosophie pour amener à la religion ceux que les postulats de la foi n'auraient pas suffi à convaincre. Ainsi, Zoroastre ne détrônera jamais Hermès durant la période même où Plotin et Proclus semblent l'en détourner, mais représentera un autre modèle gnostique de «théologie barbare» plus philosophiquement compatible avec la «théologie hellénique» platonicienne. S'il paraissait s'être assez estompé pour que Ficin ne se souciât pas plus des éditions qui parurent à Trévise et à Ferrare en 1471 et 1472 que de la traduction italienne de Benci restée manuscrite, Hermès demeurait peu ou prou à l'horizon d'autres traductions ou paraphrases, telles que *De l'abstinence* de Porphyre en 1486-1488, *Les Mystères d'Égypte* de Jamblique et *Du sacrifice et de la magie* de Proclus en 1488-89, enfin le *De triplici vita* de 1489, dont le troisième livre (*De vita caelitus comparanda*) commentant la quatrième *Ennéade* de Plotin (IV, 3, 11 et IV, 4) n'avait pas oublié l'*Asclepius*[49]. Un manuscrit de 1491, dédié à Laurent de Médicis, reprenait le thème de l'invention des figures hiéroglyphiques par Hermès, déjà évoqué en termes voisins dans la préface de 1463 à Cosme, mais doublé par Zoroastre qui cette fois-ci lui montrait la voie : *Zoroaster, ut sacerdotes sui propriam seorsum a vulgo haberent litteraturam, in signorum siderumque coelestium characteribus litteras instituit. Mercurius ejus exemplo commonitus suis sacerdotibus in animalium et plantarum figuris dedit litteras, ne vulgus theologiae esset conscium*[50]. Tout en semblant donner

---

[49]   Cf. D. P. Walker, *Spiritual and Demonic Magic from Ficino to Campanella*, Londres, 1958 (Kraus Reprint, Nendeln, 1969), p. 3 et 36-53. B. P. Copenhaver, «Renaissance Magic and Neoplatonic Philosophy : *Ennead* 4.3-5 in Ficino's *De vita coelitus comparanda*», *Marsilio Ficino e il ritorno di Platone, op. cit.*, p. 352-369, relativise l'importance d'Hermès, Ficin trouvant chez Proclus et saint Thomas d'Aquin des fondements philosophiques plus cohérents.

[50]   Ms. Laur. 21, 8, décrit dans *Catalogo*, n° 55 ; la citation figure dans *Marsilio Ficino e il ritorno di Ermete Trismegisto, op. cit.*, p. 54. La préface de 1463 (*Opera omnia*, p. 1836) disait

la préférence à Zoroastre, premier nommé, cette double présence persiste jusque dans les dernières œuvres de Ficin qui note dans son *Commentaire sur les Epîtres de saint Paul* de 1497 : « Zoroastre attribua également, d'accord avec Hermès, une filiation intellectuelle à Dieu »[51].

Que la légende du concile de Florence comme acte de naissance de l'académie ficinienne sous l'impulsion directe de Pléthon et de Cosme corresponde très approximativement à la réalité, ou plutôt à une réalité décalée de quelque trente ans, plus approximativement encore au statut initial d'Hermès fondateur de la généalogie platonicienne, importe finalement moins que la signification qu'entend donner Ficin à l'ensemble de son parcours. Ses réticences tout aussi instructives sont inséparables de l'époque où il forge son récit légendaire. On y verra l'expression du dessein politique et patriotique d'une nouvelle classe, plus diversifiée que celle des théologiens et des doctes, représentée par Ficin, Landino et son groupe en quête d'un prince-philosophe, Cosme et Laurent, à qui conférer une royauté intellectuelle dont ils manquent. L'hégémonie florentine, préparée par le grand moment conciliaire, devient enfin possible quand la mort de Bessarion permet d'en revendiquer l'héritage et d'absorber son académie romaine pour la transférer à Florence. Ce dessein politique et patriotique n'est pas exempt d'arrière-pensées plus personnelles. Il va de pair avec la revendication par Ficin de sa propre royauté intellectuelle, voire d'un statut prophétique qui ne reconnaît que fort discrètement la dette contractée envers Bessarion et Argyropoulos. Il résulte aussi d'un besoin d'auto-justification pour écarter grâce à d'illustres précédents et à de puissantes protections les menaces de censeurs que commence alors à inquiéter la possibilité d'une dérive hétérodoxe de ses conceptions magiques[52]. En dernier lieu, la légende a une fonction intellectuelle précise : intégrer Pléthon et le zoroastrisme dans la lignée du platonisme, en dépit du silence de la tradition latine et de l'absence de la caution dont bénéficiait Hermès chez les Pères. Si Ficin ne renia pas ce dernier, bien qu'il ne tînt pour ainsi dire aucune place chez Pléthon et chez Bessarion[53], c'est qu'il

---

d'Hermès : *Literarum [hunc asserunt] vero characteres in animalium, arborumque figuris instituisse.*

[51] Cf. *Opera omnia*, p. 430 : *Zoroaster quoque una cum Mercurio intellectualem Deo prolem attribuit.* Qualifiant d'abord Hermès de « personnage clef » chez Ficin, M. J. B. Allen, « Hermès et le Corpus Hermétique », *Présence d'Hermès Trismégiste*, Paris, 1988, p. 110-118, nuance fortement ce point de vue en donnant finalement le pas aux influences de Plotin et de Proclus.

[52] En font preuve l'*Apologia in qua de medicina, astrologia, vita mundi, item de magis qui Christum statim natum salutaverunt, agitur*, relatif au *De triplici vita* de 1489, et diverses lettres de 1490, analysées par D. P. Walker, *op. cit.*, p. 52.

[53] Si l'on ne trouve qu'une seule référence explicite de Bessarion à Hermès, empruntée à Jamblique, dans l'*In calumniatorem Platonis*, II, 6, 16-18, le ms. Marcianus Gr. 263, copié par Jean Rhosos, contenant le *Pimandre* aux f. 42-70, faisait partie de sa collection, de même que

jouait le même rôle apologétique de «préparation évangélique», sur le mode hybride d'une révélation de type gnostique, sous-tendue par une doctrine métaphysique de type philosophique, qui proposait au christianisme l'exemple d'une religion révélée, à nouveau unie à une philosophie qui la confirme, l'une et l'autre cessant ainsi de se vouloir autosuffisantes.

En dépit de l'autorité et du prestige de Ficin, les générations suivantes ne tiendront guère compte de cette belle mise en scène en faveur de Pléthon et de Zoroastre: tandis que les éditions hermétiques se succéderont, témoignant durant un siècle et demi d'un engouement continu, Pléthon et Zoroastre ne furent utilisés que ponctuellement et ne bénéficieront de véritables éditions, en très petit nombre, que beaucoup plus tard[54]. Hormis les traces durables laissées par la problématique académie platonicienne, censée provenir en droite ligne du concile de Florence, le mythe dont passèrent inaperçues les incohérences n'eut pas tous les effets qu'en espérait son auteur. C'est en effet la redécouverte d'Hermès, plus compatible avec la tradition judéo-chrétienne, que l'on en retiendra exclusivement. Il est significatif que la cathédrale de Sienne l'ait somptueusement accueilli dès les années 1480 et que l'une des inscriptions du célèbre pavement ait rendu hommage au «contemporain de Moïse», le situant ainsi en amont de la tradition prophétique. Les efforts de Ficin pour intégrer Pléthon et Zoroastre dans un temps second furent ainsi voués à un demi-échec au bénéfice d'Hermès, soit que la réputation de Pléthon eût continué à pâtir des querelles du Quattrocento, soit que la cause non moins plausible en fût l'insuffisant enracinement dans la longue durée d'une tradition textuelle des *Oracles* en Occident.

Jean-François MAILLARD
Institut de recherche et d'histoire des textes, Paris

---

le Marcianus Gr. 299 d'alchimie grecque contenant un texte d'Hermès. Le Marcianus Gr. 335, intitulé par Bessarion *Liber astronomicus. Liber continens judicialia plurima*, associait entre autres Hermès et Zoroastre: cf. *Bessarione e l'Umanesimo, op. cit.*, p. 424, 466 et 498.

54 24 éditions entre 1571 et 1641 proviennent de la seule version ficinienne: cf. E. Garin, *Ermetismo del Rinascimento, op. cit.*, p. 8. La princeps grecque des *Oracles* avec les commentaires de Pléthon, probablement due au lecteur royal de grec Jacques Toussain, disciple de Guillaume Budé (cf. J.-F. Maillard et J.-M. Flamand, *La France des humanistes. Hellénistes*, II, à paraître aux Ed. Brepols), parut à Paris en 1538, suivie d'une traduction latine par Jacques de Sainte-Marthe en 1539. Une autre édition en grec et en latin, due à Johannes Opsopoeus, parut en 1589 à Paris, peu avant celles, très augmentées et commentées par Francesco Patrizi dans la *Nova de universis philosophia* (Venise, 1591, et Ferrare, 1593) et la *Magia philosophica* (Hambourg, 1593), associant Hermès et Zoroastre, l'année même où Johannes Jessenius donnait à Wittenberg un *Zoroaster. Nova brevis veraque de universo philosophia*. Peu d'œuvres strictement philosophiques de Pléthon furent d'autre part imprimées à la Renaissance: le *De differentiis* par Bernardino Donato à Venise en 1540, repris à Paris en 1541, peut-être aussi grâce à Toussain, puis à Bâle par Georgius Chariander en 1574; le *De virtutibus*, par Adolf Occo à Bâle en 1552, par Willem Canter à Anvers en 1575 et par Hieronymus Wolf à Bâle en 1577. Sur la lente et tardive émergence de Pléthon, cf. C. M. Woodhouse, *op. cit.*, p. 375-379.

HISTOIRE, NATURE, PRODIGES ET RELIGION CHEZ ATHANASE KIRCHER, D'APRÈS LA *DIATRIBÈ DE PRODIGIOSIS CRUCIBUS* (ROME, 1661)

De ce savant érudit du XVIIe siècle[1] auquel les uns accordent du génie et les autres une grande faculté d'assimilation, un labeur herculéen, une immense curiosité et un usage intelligent des œuvres de ses précédesseurs ou de ses contemporains, la *Diatribè de prodigiosis crucibus*[2], ou, pour donner en français son titre complet, *Discussion à propos des croix prodigieuses qui sont apparues à Naples tant sur les vêtements de certaines personnes que sur d'autres objets, assez peu de temps après la dernière éruption du Vésuve*[3] n'est certainement pas son ouvrage le plus connu[4]. D'autre part, loin de ressembler à ces énormes in-folio admirablement illustrés[5] qui ont assuré au Père Jésuite allemand une réputation durable, ce livre se présente dans un format modeste, d'où sont exclues les illustrations[6] et dont les proportions sont également moyennes, puisqu'il compte seulement 102 petites pages. Si j'ai choisi d'étudier cette œuvre, publiée comme la plupart des autres à Rome[7], c'est, outre sa méconnaissance relative, parce

---

[1]   Voir, entre autres documents bio-bibliographiques, la notice KIRCHER de la *Bibliothèque de la Compagnie de Jésus* de C. Sommervogel, t. IV, col. 1046-1077.

[2]   Sommervogel, N° 18 (col. 1059).

[3]   *Diatribè de prodigiis crucibus quae tam super vestes hominum quam res alias, non pridem post ultimum incendium Vesuvii Montis, Neapoli comparuerunt.*

[4]   Ses exemplaires sont d'ailleurs très peu nombreux.

[5]   Comme la *Musurgia*, l'*Iter subterraneum*, la *Turris Babel*, la *Polygraphia*, et tant d'autres.

[6]   Même si le texte fait allusion à des figures qui ornaient peut-être son manuscrit. A la vérité, on trouve, tout à la fin du livre, une croix très symbolique (voir plus loin).

[7]   En 1661, *Romæ, sumptibus Blasii Deversin*. Le texte du *De prodigiis...* a également été publié dans l'ouvrage élaboré par son compatriote et disciple, le jésuite visionnaire Gaspar Schott (1608-1666: voir Sommervogel, t. VII, col. 904-912), les *Jocoseriorum naturæ et artis, sive magiæ naturalis centuriæ tres... Accessit diatribe de prodigiosis crucibus..* [s.l.n.d.: année d'impression dans un chronogramme, à la fin de l'Avis au lecteur]: livre in-4° de 363 p. et 22 pl. (le texte de Kircher occupe les pages 307-365). Il a été traduit en allemand et publié à Francfort-sur-

qu'elle me paraît exprimer à elle seule, la méthode de penser et d'argumenter du Père Kircher, qu'il est loisible de percevoir à partir de ses nombreuses préfaces ainsi que dans le cours de ses descriptions de caractère historique, technique ou expérimental, de ses recherches et de ses analyses qui se veulent rationnelles, mais aussi de ses professions de foi qui ne l'abandonnent pratiquement jamais. Je pense qu'en présence de ce qu'il appelle des prodiges et face aux développements qui le ramènent (et nous aussi!) immanquablement au sein d'une culture de la Renaissance[8], les quatre termes ou concepts que j'ai placés en tête de cet exposé s'appellent les uns les autres en dépit même des précautions d'écriture de Kircher, puisque les chapitres ou les parties de son livre portent des titres divers, comme *Historica* (pour la première partie), *Physica* (pour la seconde), et *Prognostica* (pour la troisième).

L'ouvrage est dédié à Léopold Guillaume, archiduc d'Autriche, couvert, selon l'usage, des épithètes les plus flatteuses. L'auteur le prie de l'excuser, lui, un si grand prince (*tanto prncipi*) de l'avoir gratifié d'un présent aussi modeste (*tantillum opus*). Mais il espère pouvoir satisfaire à sa curiosité et à son intérêt pour un phénomène aussi insolite ou prodigieux, dont il a déjà fait l'expérience. S'agit-il d'un *miracle* ou d'un *prodige* divin, dont la cause finale serait de marquer comme par un signe indélébile des misérables ou des hérétiques[9]? S'agit-il simplement d'un caprice ou d'un jeu de la Nature (*vel ut ludentis Naturæ*[10] *prodigium explicat*). Ces phénomènes se sont produits souvent à travers l'histoire, et l'auteur promet à son dédicataire de lui en rendre compte avec autant d'empressement que de sérénité philosophique. Cette dédicace est datée du Collège Romain, le 25 mars 1661. La *Diatribè* avait passé sans difficulté l'épreuve du contrôle ecclésiastique, et le 21 janvier de la même année, le *Nihil obstat* lui est accordé par le prévôt général de la Société de Jésus[11].

La partie que Kircher a intitulée *Historica* se compose de deux chapitres: chap. 1 *De variis prodigiorum crucibus* (p. 3 à 7); chap. 2: *Historia de miraculosa crucum in vestimentis hominum apparitione relatio* (p. 7 à 20). La partie *Physica* se compose, quant à elle, de trois chapitres: chap. 1 *Necesse est subinde prodigia apparere* (p. 21 à 29); chap. 2 *De causis et origine prodigiosæ crucum apparitionis* (p. 30 à 37); chap. 3 *Vera et fidelis omnium eorum quæ crucum prodigiosarum*

---

le-Main en 1672 (impr. Johann Arnold Cholin), in-4°, 3ff. et 330 p. Voir aussi Jurgis Baltrusaitis, *Anamorphoses*, Paris, O. Perrin, 1969, ch. 7, p. 79-90

8   On peut, à cet égard, reprendre le sous-titre (et même le titre!) de la thèse de doctorat de J. Céard: *La Nature et les Prodiges: L'insolite au XVIᵉ siècle en France*, Genève, Droz, 1977 (sans se limiter, bien entendu, à la France, comme l'a d'ailleurs fait l'auteur de cet ouvrage).

9   [...] *vel ut debitæ sceleribus vindictæ præsagium*.

10   Schott donne de nombreux exemples de ces *ludibria Naturæ*.

11   Un certain Goswinus Nickel.

phænomeno a curiosis rerum naturalium exploratoribus a 16. Augusti usque ad 15. Octobris observata fuerunt. Quant à la dernière partie, elle est intitulée *Prognostica* – terme qui signifie en propre signes précurseurs, pronostics, connaissance(s) de ce qui doit arriver, mais qui correspond en fait aux conséquences métaphysiques ou philosophico-théologiques que l'on est en droit de tirer de la connaissance, historiquement et physiquement avérée de ces *mirabilia*.

Malgré des redites ou des redondances, des anticipations et quelques chevauchements entre les trois parties énoncées ci-dessus, la méthode de description, d'explication naturelle et d'interprétation spirituelle de la *Diatribè* nous semble animée d'un tel dynamisme et d'une telle volonté de conciliation, réduisant au maximum l'étrange, le merveilleux, l'insolite, à un enchaînement de causes rationnelles, pour laisser à la toute-puissance de Dieu le droit, ou plutôt la liberté d'intervenir de manière transcendante et *surnaturelle,* qu'il nous a paru à propos de suivre dans notre exposé le développement même de Kircher.

On commencera donc par exprimer quelques remarques générales à propos de la partie dite historique, pour souligner la manière de procéder du savant jésuite, ou son attitude d'esprit à l'égard des multiples faits dont il a pris connaissance, soit par les chroniques ou les annales conservées dans des documents manuscrits ou imprimés, soit par des rapports directs qu'ont pu lui faire des témoins oculaires, comme l'un de ses confrères italiens, un certain Zupus[12]. Dans tous les cas, il donne avec une grande précision, classés par ordre chronologique sur un espace de plus d'un millénaire[13], les récits directs ou indirects de ces phénomènes étranges. Il ne met pas en doute la véracité des témoignages, qu'il lui arrive parfois de multiplier pour le même événement, songeant peut-être à l'adage «*Unus testis, nullus testis*». Les précisions chronologiques ou historiques lui suffisent pour le moment. Ce faisant, il se comporte exactement comme tous les érudits ou savants de la Renaissance – dont il demeure encore l'un des représentants les plus caractérisés – dans leurs références de caractère historique (nous dirions, quant à nous, prétendûment historiques) à la description de phénomènes étranges, «monstrueux» ou «merveilleux» Voyez parmi

---

[12] Ou Zupi. Voir Sommervogel, t. VIII, col. 1539. Né à Catanzaro en 1590, devenu jésuite en septembre 1608, il a enseigné la grammaire, les humanités, la philosophie, la théologie et les mathématiques à Naples pendant 27 ans. Il meurt dans cette ville le 26 août 1667. Kircher le cite nommément à la page 38 de sa *Diatribè*, où il traduit en latin – p. 38 à 41 – (pour la commodité du lecteur et pour assurer au texte une assise encore plus solide) la relation italienne que Zupus lui avait faite de l'étrange apparition de croix dont il avait été un témoin oculaire.

[13] Le premier exemple invoqué date de 363 ap. J.-C. et le dernier est précisément cette apparition des croix à Naples et dans d'autres régions d'Italie en 1660, soit une étendue d'environ 1300 ans.

bien d'autres, Ambroise Paré[14], Jérôme Cardan[15], ou Conrad Lycosthènes[16]. Chez le premier :

> L'an mil cinq cens vingt trois, le troisiesme jour de Novembre, fut veu ce monstre marin à Rome, de la grandeur d'un enfant de cinq ou six ans, ayant la partie superieure humaine jusques au nombril, hormis les oreilles, et l'inferieure semblable à un poisson[17].

Chez le second :

> J'ai récemment appris qu'entre Cicviv et Quivira, provinces de la Nouvelle-Espagne aux Indes, région de plat pays, il avait plu des pierres grosses comme des coings...[18]

Chez le troisième :

> Le 8 août 1565, dans l'évêché de Dole, une pluie de sang s'est abattue du ciel[19].

Ou encore (en l'année 1535) :

> En Lusace, non loin d'un bourg nommé Juben, le lendemain de la Pentecôte, dans un ciel serein, vers les deux heures de l'après-midi, on vit apparaître des troupes armées en provenance du Septentrion dans la direction du Midi, et dans le ciel se firent entendre les clameurs guerrières des combattants[20].

L'auteur du récit de phénomènes qualifiés de prodigieux semble vouloir entraîner d'emblée l'adhésion du lecteur par ces simples précisions d'ordre historique ou géographique, surtout quand la réalité des faits allégués se double d'un témoignage personnel : «j'étais là», ou encore : «un ami sûr me les a rapportés», ou même – honneur aux *auctores* de l'antiquité ! – : «Ce fait est confirmé par Pline, dans tel Livre, à tel chapitre de son *Histoire Naturelle*».

Parcourons donc, en vue cavalière, les vingt premières pages de la *Diatribè*. Kircher a pris soin, dès le début, de distinguer trois catégories de *miracula* (terme qui prend ici le sens, quelque peu atténué, de *mirabilia*, par rapport à la signification que nous donnons en français au mot *miracle*, et que Kircher lui-même isolera par la suite) : 1° ceux qui se produisent par la volonté transcendante ou immédiate de Dieu tout-puissant, soit par lui-même, soit par la médiation

---

[14]   Voir l'éd. J. Céard de Paré, *Des Monstres et prodiges,* Genève, Droz, 1971, *passim.*

[15]   *De rerum varietate,* 1557, p. 539.

[16]   Cité par J. Céard, éd. de Paré, p. 147 et 200.

[17]   *Ibid.*, p. 105.

[18]   Cité par J. Céard, *La Nature et les prodiges,* p. 245.

[19]   *Octavo die Augusti in episcopatu Dolano de cœlo pluvia sanguinea descendit* (*Prodigiorum ac Ostentorum Chronicon,* p. 417).

[20]   *In Lusatia non usque adeo procul ab oppido Juben, altera post Pentecostes die, cœlo sereno circiter horam secundam pomeridianam, armatæ acies a septentrione meridiem versus visæ sunt, auditi in cœlo bellici ac pugnantium clamores* (ibid., p. 556).

d'hommes remarquables par leur sainteté, soit par l'intermédiaire des anges («*quæ Omnipotentis Dei dextera vel per se immediate, vel mediantibus hominibus sanctitate conspicuis, vel angelis*»). 2° ceux qui sont produits par les anges ou par les démons afin de manifester la gloire de Dieu, pour punir les mortels de leurs fautes, avec la permission du Seigneur ; 3° ceux qui sont produits par des causes naturelles, mais dont la rareté, le caractère insolite, l'absence d'explication ordinaire, les font apparaître comme des « monstruosités » faisant tache ou désordre dans l'harmonie du monde, alors que c'est la faiblesse de l'esprit humain (l'«*imbecillitas humana*») qui ne parvient pas à démêler l'écheveau des causes complexes qui sont à l'origine de ces phénomènes. Dans tous les cas – c'est là, comme une basse continue ou comme un fil d'or qui court à travers l'opuscule de Kircher –, il est dit et répété que rien ne se fait en vain, que la Providence divine est infinie, et que c'est elle qui dirige de haut, *in sæcula sæculorum* et dans les moindres détails, la marche de l'Univers et toutes les opérations qui se sont produites, se produisent et se produiront en lui jusqu'à la consommation du monde. Ce qui ne dispense évidemment pas l'homme de science d'examiner de près, en toute circonstance, et à l'échelle humaine, les phénomènes qu'il a été convenu d'appeler prodigieux. La thèse de Kircher pourrait donc se résumer simplement – peut-être même trop simplement – à l'aide de ces trois courtes propositions : 1° il n'y a pas de phénomène naturel dont les causes ou les effets échapperaient à la providence divine ; 2° Dieu ne fait rien, en vain ; 3° le miracle (*miraculum*) est de l'ordre exclusif du divin ; il est d'un autre ordre que le merveilleux (*mirabile*), théoriquement (et même pratiquement) accessible à l'homme expérimenté.

Toute une série de *prodigia* de l'antiquité sont rapportés d'après Pline, qui représente une véritable Bible scientifique aux yeux de Kircher, comme c'était le cas pour tous les savants de la Renaissance, qui ne cessaient de le citer dans l'une ou l'autre des innombrables éditions qui ont été faites de l'*Histoire naturelle*, complétée par de riches commentaires[21]: ce sont les prodiges rapportés au moment de la mort de Jules César[22], l'*impetus ventorum* qui se révèle capable de renverser d'immenses tours et de vastes édifices, de bouleverser routes et chemins, de détruire des forêts ou des villes entières. En l'an 676 *ab Urbe condita*, n'entendit-on point à Rome un coq et un bœuf qui se mirent à parler (p. 3). Ce sont pourtant, aux dires de Kircher, des manifestations naturelles, mais qui, «tout en étant soumises au pur pouvoir de la nature, sont d'autant plus éloignées de la parfaite intelligence humaine qu'elles lui demeurent plus secrètes en raison d'un concours divers de causes»[23]. Ces phénomènes qui échappent à l'intelli-

---

[21] La plupart ne faisant que reprendre ceux d'Ermolao Barbaro dans sa fameuse édition vénitienne de 1497 : *C. Plinii Secundi naturæ historiarum libri XXXVII, e castigationibus Hermolai Barbari...* (Hain-Copinger *13101).

[22] [...] *Spectant varia ex aeris elemento assumptorum corporum schemata, sudores imaginum, voces sylvarum, lapidum* (formes étranges dans les airs, statues en sueur, forêts ou pierres qui parlent).

[23] *Quæ puro quidem naturæ subduntur imperio, attamen tanto a perfecta hominum intelligentia semotiora, quanto ob varium causarum confluxum sunt occultiores.*

gence ordinaire des hommes, il les nommera *miracula naturæ*, suivant un vocabulaire traditionnel, illustré par Marsile Ficin, Corneille Agrippa, Paracelse,
Fernel, Cardan, Pinel, Della Porta, qui préfèrent d'ailleurs utiliser le syntagme
de *magia naturalis*, ou magie naturelle. Kircher se sert aussi des termes grecs de
thaumata tès phuseôs pour rendre compte des phénomènes de sympathie et d'antipathie entre animaux, plantes ou pierres (p. 4). Soucieux de précision lexicographique, bien que n'ayant pas encore, au début de son ouvrage, opéré les
distinctions nécessaires qui viendront par la suite, il assimile monstres, prodiges
et merveilles[24] à ce que les Grecs appellent *terata*, mais propose comme équivalents de ce terme quatre mots latins[25]: *monstra, ostenta, prodigia, portenta* (p. 5),
phénomènes que «nous qualifions de *divina spectacula*[26], parce qu'aucun d'entre
eux n'est tel qu'il ne laisse apparaître de toute évidence quelque indice lumineux
d'une présence supérieure ou de quelque divinité»[27]. le P. Kircher utilise aussi
souvent le terme d'*insolite* (*insolitus*)[28], pour souligner l'étonnement des spectateurs et leur tendance à se réfugier (intellectuellement ou affectivement) dans le
confortable abri du miracle, quelle que soit d'ailleurs la frayeur que leur cause
telle apparition, comme celle des comètes: *turbinumque* insolita *sævitas*», inso-
litæ et prodigiosæ sanguinis, frumenti, lapidum animaliumque, pluviæ... (p. 5), *in
aquis* insolita *lacuum intumescentia, portentosa diluvia...*. Deux autres traits sont
celui de la soudaineté, qui bouscule toute attente ou toute réaction prévue ou
prévisible, et celui de la nouveauté[29]: *In terra, prodigiosa et* repentina *fontium
scarutigines, aut desitiones, montium absorptio,* novorumque *generatio, formi-
danda maris, terrarum vulcanorumque*[30] *incendia* (p. 5). Le monde socio-politique
n'est pas moins que le monde naturel sujet à ces bouleversements dont le caractère inopiné et / ou insolite dépasse lui aussi l'entendement humain (p. 6).

On en vient à ce phénomène précis de l'apparition de croix sur des vêtements, dont les événements récents de Naples[31] amènent Kircher à se lancer

---

[24]   Voir le chap. I de la thèse de J. Céard, intitulé: «Les monstres, les prodiges et les merveilles,
       d'Aristote à saint Augustin» (p. 3-30).

[25]   Ce sont d'ailleurs les quatre mots évoqués dans la tradition augustinienne, à laquelle Kircher
       les a certainement empruntés (voir J. Céard, *La Nature et les prodiges*, p. 24).

[26]   En grec: θεῖας ὀπτάσιας.

[27]   «[...] *quod nullum ejusmodi sit, quin præsentis numinis aut divinitatis alicujus luculentum indi-
       cium præ se ferat*».

[28]   Ce terme est utilisé par J. Céard dans le sous-titre de sa thèse, bien qu'il ne lui consacre aucun
       développement particulier.

[29]   Dont on sait qu'elle était généralement prise en mauvaise part au XVIᵉ siècle (voir ce que
       Montaigne dit des «nouvelletés»).

[30]   Voir, entre autres, le *Mundus subterraneus* de Kircher et notre article «Athanase Kircher, théo-
       ricien scientifique, spectateur et explorateur des 'montagnes ardentes' et autres phénomènes
       telluriques», Actes du colloque de Clermont-Ferrand (octobre 1999), Paris, H. Champion,
       2001, p. 115-131.

[31]   «*Prodigiosa et repentina crucum in lineis hominum vestimentis, pantamorphæ naturæ penicillo
       pictarum exhibitio*» (p. 6).

dans une rétrospective, qui tend à montrer à la fois leur caractère insolite et étrange, mais aussi leur répétition à travers les siècles.

C'est d'abord (ch. 2, p. 7) du temps de Julien l'Apostat, au cours de la seconde année de son règne qu'apparurent des croix, à la fois sur les vêtements de juifs, et sur le temple de Jérusalem. Tout en se cantonnant (en principe) sur le terrain des faits *historiques,* Kircher ne peut pas s'empêcher de souligner à la fois l'impiété de l'empereur Julien, l'hostilité des juifs aux chrétiens et à la croix du Christ, et le caractère symbolique du temple de la Ville sainte. Cette apparition est d'ailleurs concomitante de terribles destructions, suscitées par le feu du ciel (*ignis caelitus demissus*) et la colère de Dieu (*irati Numinis vindicta).* L'apparition de croix a donc, dans ce cas précis, un caractère vengeur. Kircher précise :

> Pour que personne ne s'imagine que ces phénomènes sont dus au hasard, un autre grand prodige est intervenu, si tant est que la nuit suivante, des croix sont apparues sur les nappes d'autels, sur des livres, sur des vêtements et des manteaux n'appartenant pas à des chrétiens, mais à des juifs et à des païens ; et, troisième miracle encore plus manifeste : ces croix figurées par des rayons lumineux ne sont pas apparues seulement à Jérusalem, mais ont été également ment imprimées à Antioche et dans d'autres cités voisines[32].

Et le jésuite ne peut pas non plus s'empêcher, même dans cette section « historique » de s'interroger sur la signification éthico-religieuse de ces phénomènes. Tandis que les juifs, effrayés de ce qu'ils voient, essaient d'effacer ces croix par tous les moyens (p. 11), mais en vain. C'est le Christ, qu'ils ont depuis toujours gratifié de leurs blasphèmes, qui leur adresse ce signe. Alors certains, touchés par la grâce, se convertissent à la religion chrétienne ; mais les autres, *pertinacioris cervicis impetu abrepti* (emportés par leur obstination[33] violente) sont incapables de répondre à ce signe.

Sur le Golgotha, *ipso die Pentecostes* (année 353)[34], apparition du signe de la croix, qui fait songer à l'apparition miraculeuse de la croix dans le ciel italien, sous les yeux de l'empereur Constantin, au Pont Milvius (*In hoc signo vinces*). Nouvelles croix imprimées sur des vêtements en 395, annonciatrices d'une victoire des chrétiens contre les Turcs. En 419, *supra montem Oliveti* (le Mont des Oliviers), apparition du Christ-Sauveur lui-même, « qui se donna à voir à

---

[32] *Et ne quis hæc casu accidisse arbitraretur, aliud ingens accessit prodigium ; si quidem sequenti nocte in mappis altarium, libris, vestimentis amictibusque non Christianorum quidem, sed Judæorum gentiliumque tertio jam evidentiorique miraculo, cruces radiorum lumine figuratæ non Hierosolymis tantum, sed et Antiochiæ aliisque vicinis urbibus impressæ comparuerunt.* (p. 9).

[33] Cette obstination (*pertinacia*) est, tout au long du débat » séculaire entre Juifs et Chrétiens, le reproche par excellence que ceux-ci font à ceux-là : leur obstination les rend aveugles, les empêchant de reconnaître dans le Christ leur Messie.

[34] Est-ce par simple négligence que cet exemple vient après celui qui avait été évoqué pour l'année 363 ?

travers une nuée lumineuse» (*de lucida sese nube spectandum dedit*, p. 12), avec l'image de la croix. Autres apparitions en 746, «sixième année du règne de Constantin Copronyme» (p. 13), nouvelle «pluie» de croix. En 954, à Paris (d'après la Chronique de Leo Ostiensis[35]) «un feu en provenance du ciel restait attaché sur des vêtements d'hommes sous la forme de petites croix (*sub forma cruculorum*) dont pouvaient seulement se libérer ceux qui avaient fait retraite dans l'église Ste-Marie-en-Parisis»[36]. Notons ici que ces croix, qui sont parfois le signe d'une bénédiction (quand, par exemple, elles poussent des «infidèles» à se convertir), parfois au contraire le signe de la colère de Dieu, apparaissent, dans le cas présent, comme la marque d'une épreuve de caractère ambigu: se débarrasser de ces taches en forme de croix peut représenter effectivement un avantage, mais pourquoi cette église parisienne devait-elle jouer un rôle si spécifique dans le rétablissement d'une situation normale? Apparemment ces aberrations sont rarement le signe de la faveur de Dieu, s'il est vrai qu'en 958, sous le règne de l'empereur Otton le Grand, ces croix sur les vêtements sont comparées aux stigmates de la lèpre ou d'éruptions cutanées: *veluti lepræ et impetiginis sanie conspersæ infectæque maculis videbantur* (p. 14). La suite précise encore davantage le caractère funeste de cette apparition, qui terrorise ceux qui sont affectés de cet impetigo d'un nouveau genre (*quo spectaculo omnes ex malorum impendentium veluti omine*[37] *quodam incredibili formidine percussi...*) et qui n'ont en fait qu'une seule conduite à tenir: se repentir de leurs péchés et supplier Dieu d'apaiser sa colère (*ad irati Numinis justitiam salutiferis pœnitentiæ operibus mitigandum confluxerunt*. Ces faits sont rapportés, précise Kircher, dans la *Chronique du monastère d'Hirsgau* de l'Abbé Trithème[38]. Comme on le voit, ce phénomène mystérieux de croix qui s'impriment de préférence sur des vêtements portés par des hommes, n'affecte aucune région d'Europe en particulier. C'est ainsi qu'en 1295 on le retrouve aux dires de Kircher (p. 15), en Espagne: ce sont encore les juifs (si nombreux alors dans la péninsule ibérique) qui apparaissent au premier plan, puisqu'ici encore, ce signe céleste entraîne la conversion des uns («*ad orthodoxam fidem transierunt*»), tandis que les autres persistent toujours dans leur obstination, voyant dans ce phénomène étrange l'effet d'une ruse diabolique (*aliis durioris cervicis, quod arte diaboli id contigisse dicerent, in solita mentis contumacia perseverantibus*)[39].

---

[35]   Ou Leo Marsicanus (Léon de Marsico). Sa *Chronique* a fait l'objet d'une édition savante: *Die Chronik von Montecassino*, ed. Hartmut Hoffmann, Hanovre, Hahn, 1980. Il est associé à Pierre Diacre.

[36]   [...] *ignis cælitus demissus vestimentis hominum inhærebat sub forma crucularum, a quibus ii solum liberabantur qui ad ecclesiam S. Mariæ Parisiis se reciperent*. Cette église n'existe plus.

[37]   *Omen*, comme on sait, désigne généralement un signe de mauvais augure, même s'il lui arrive d'indiquer le contraire.

[38]   *Annales Hirsaugienses* (St-Gallen, 1690).

[39]   Tout cela étant consigné dans le livre intitulé *Fortalitium fidei*.

En l'an 1500, c'est au monastère même de Spanheim, dirigé par l'Abbé Jean Trithème[40] et dans ses environs, que ces croix firent leur apparition : *In Spanhemensi monasterio vicinisque locis primum visæ, magno omnes timore ac horrore perculerunt, tam repentina*[41] *natæ genesi* (p. 16). Ces croix sont de couleur confuse, mais il est toujours difficile, sinon impossible de les effacer des vêtements, mais elles s'évanouiront d'elles-mêmes au bout de neuf à dix jours[42]. Il devait s'en suivre une grande pestilence dans les provinces voisines. N'est-ce pas encore le signe de la colère de Dieu? Kircher n'exprime évidemment aucun avis sur la personnalité de Trithème, qu'il admirait d'ailleurs beaucoup pour ses travaux scientifiques, et notamment linguistiques, et dont il s'est fortement inspiré dans sa *Polygraphia*[43].

Toujours soucieux de s'appuyer sur des autorités que ses lecteurs jugeront, pense-t-il, incontestables, il fait état (p. 17) d'une attestation de l'évêque de Lille à l'empereur Maximilien, lui signalant l'apparition de croix après les fêtes de Pâques, en cette même année 1500. Pâques et le début d'un nouveau siècle n'entreraient-ils pas en ligne de compte, surtout en un temps où se croisaient plusieurs courants millénaristes, où prenaient corps des préoccupations eschatologiques, où la fin du monde paraissait proche à beaucoup, où la glorification du Christ était associée à la fin de l'aventure terrestre des hommes? Ces croix sont apparues aux yeux de tous (Kircher se sert de l'adverbe *publice*) et toujours de façon inopinée (*inopinate)* soit dans des églises, soit sur des places publiques (*seu in ecclesiis seu in plateis)*, soit dans des maisons, et jusque dans des chambres à coucher (*aut domibus aut etiam cubiculis,* p. 17) : partout se voit le signe de la croix, mais ici il n'est pas précisé si les croix s'impriment de préférence sur les vêtements. En tout cas elles sont de forme et de couleur variées : croix simples ou doubles, croix plus petites en forme d'écus, typiques du royaume de Jérusalem[44] ; croix noires ou rouges. Deux femmes au confessional voient apparaître une croix sanglante sur leur robe. Bientôt (p. 19), c'est toute l'Allemagne[45] qui

---

[40] Souvent accusé de son temps, et même plus tard, d'avoir noué quelque relation occulte avec les démons (voir en particulier la violente dénonciation de Trithème par Charles de Bovelles, dans une lettre à Germain de Ganay du 8 mars 1509, qui fit le tour de l'Europe savante).

[41] Toujours cette indication de la soudaineté du phénomène.

[42] [...] *Erant cruces parvulæ et confusi coloris... nec poterant ulla lotione deleri* (p. 16).

[43] *Polygraphia nova et universalis* (Rome, 1663), dérivée principalement des *Polygraphiae libri sex* de Trithème (Bâle, A. Petri, 1518).

[44] Ce sont très probablement les croix des chevaliers de Malte, ordre souverain militaire et hospitalier de Saint-Jean-de-Jérusalem (ou de Rhodes). Voir Gabriel de La Varende, *La mystérieuse symbolique de la croix templière et les 23 grand-maîtres,* Arcy-sur-Cure, Ed. de Chastenay, 1953.

[45] Voir le chroniqueur Liutprandus Cremonensis (ou Liutprand de Crémone), auteur d'une *Homelia Paschalis* et d'une *Historia Ottonis* (voir éd. crit. récente, Turnhout, Brepols, 1998, in *Opera omnia, Corpus Christianorum,* n° 156).

sera envahie par ces croix. La Chronique de Spanheim[46] insiste sur le fait que des femmes de Liège et d'Utrecht sont porteuses, bien malgré elles, de croix sanglantes imprimées sur leurs vêtements. Même type de phénomènes signalés à Paris en 1588 par un témoin oculaire; après quoi surviennent «les horreurs de la guerre, de la famine, de la peste»[47].

Kircher en arrive enfin à l'événement qui l'a incité à écrire son ouvrage, à savoir les récentes «pluies de croix» qui se sont portées récemment à Naples sur les vêtements. C'est en 1660: *Tandem, ultimis hisce temporibus, dictum crucium ostentum et Neapoli comparuit. Nihil igitur restat, nisi ut de harum similiumque origine, causis et significatione imposterum nostrum decurrat ratiocinium* (p. 19-20)[48]. Mais avant de se livrer à ce qu'il considère comme un examen positif des causes naturelles de ces productions étranges que nous appellerons plus volontiers des taches cruciformes, le pieux jésuite s'empresse de se recommander de la bienveillante sagesse de l'Eglise. Il insiste bien sur le fait que les théologiens n'ont rien à redire quant à la manière dont il a procédé en tant qu'homme de science. Il demeure plus que jamais animé par un sentiment de piété chrétienne et par la crainte de Dieu!

Le temps est maintenant venu d'examiner les faits rapportés à la loupe, de les comparer entre eux, d'évaluer la durée de la persistance de ces taches cruciformes sur des vêtements (et sur d'autres objets), bref d'en chercher les causes naturelles. C'est à quoi tend la seconde partie de la *Diatribè: Physica*. Mais Kircher commence, comme pour se donner le courage de se livrer à des investigations de type scientifique, par proclamer une fois encore que la puissance de Dieu est infinie, que les phénomènes les plus insolites s'expliquent véritablement par la foi, et que tout a une signification dont une partie échappe le plus souvent à la sagacité humaine. Il situe le phénomène singulier dont il va rechercher les causes dans le vaste panorama des événements *insolites* (c'est le terme qu'il emploie toujours avec le plus de constance pour évoquer l'ébranlement violent des éléments, les éruptions volcaniques et les tremblements de terre, les inondations ravageuses, parturitions monstrueuses de la terre, ainsi que les

---

[46] Chronique rédigée par un certain Matthæus Herbenus (ou Herben), prêtre de l'église Saint-Servator de Liège, contemporain et correspondant de l'abbé Trithème: voir le *Cathalogus* [sic] *illustrium virorum Germanicus suis ingeniis et lucubrationibus omnifariam exornantium ... Johannis Tritemii ... ad Jacobum Wimphelingum*, éd. par Matth. Herben. Dans un ms (voir *Epigramma ad lectores ...*, BNF, Rés. R. 2666), il est qualifié de *scolarium suorum rector*.

[47] [...] *secuta mox horrida bella, fames, pestis* (p. 19).

[48] «Enfin, ces derniers temps, le dit prodige des croix se manifesta également à Naples. Il ne reste donc plus qu'à développer l'argumentation qui va suivre au sujet de l'origine de ces croix et figures assimilées, de leurs causes et de leur signification».

signes avant-coureurs de ces brutales et sauvages manifestations de la nature, dont les échos se font sentir jusque dans le statut politique des Etats):

> *Insolita elementorum ignis, aeris et aquæ commotio, montium terrarumque incendia, terræmotuum, aquarum inundantium fragores, ventorum aerisque exagitati ominoso sibilo et murmure formidandum carmen præcinunt. Tellus tandem..., dum infandos monstrorum partus producit, dum in politico statu incredibiles tum perturbationes, tum immutationes exhibet...* (p. 22).

Tout se passe comme si, avant de se lancer dans de minutieuses hypothèses explicatives d'ordre naturel et rationnel, Kircher éprouvait le besoin d'assurer ses bases d'ordre spirituel: d'où les nombreuses références bibliques et patristiques dont il se prémunit, comme le Livre d'Ezéchiel ou l'Apocalypse de saint Jean, ses allusions à saint Augustin, véritable pionnier du christianisme en matière de réflexion sur l'apparition de monstres et de prodiges. On connaît sa définition du *miraculum* dans son ouvrage *De utilitate credendi*: «J'appelle miracle toute chose difficile ou insolite qui dépasse l'attente ou la capacité de celui qui l'admire»[49]. Bref, si l'on veut faire, en toute sérénité et assurance spirituelle, une bonne investigation scientifique, il faut rejeter «les Epicuriens et leurs troupeaux» (p. 23)[50] et conserver intacte sa foi religieuse. N'oublions pas que le Dieu des chrétiens n'est pas Jupiter et qu'il n'est pas soumis au Destin! Et notre savant jésuite de rappeler, au risque de répétitions et de redondances, avec de nombreux exemples à l'appui, les trois catégories de *miracula* qu'il avait définies dès le début de son ouvrage[51]. Ce qu'il faut ici retenir, c'est que tous les phénomènes naturels qui nous sont cachés, sont régis par la providence divine, suivant un ordre qui nous échappe (au moins provisoirement), mais que nous ne sommes en aucun cas dispensés d'entreprendre des recherches «jusqu'à certaines limites», celles que définit la «saine curiosité» par opposition à la mauvaise ou «malsaine», qui voudrait outrepasser ces limites, poussée par quelque instinct diabolique. La puissance divine est en effet *semper absoluta et immediata*, mais cette *potentia* se manifeste, *ut plurimum mediante causarum naturalium concursu*.

Le chapitre 2 sera entièrement consacré à la recherche des causes et des origines du phénomène insolite (quoique non exceptionnel) qui s'est manifesté

---

[49] *Op. cit.*, XVI, 34. Voir le long chapitre inaugural de la thèse de J. Céard: «Les monstres, les prodiges et les merveilles d'Aristote à saint Augustin», notamment p. 21 sq.

[50] *Epicuri de grege porci.*

[51] 1) *Illa quae in sola Dei voluntate* extra omnem causarum naturalium concursu, *reposita sunt* (avec renvoi à de nombreux passages des deux Testaments); 2) *Illa sunt prodigia quae Angelorum dæmonumque ope ut plurimum pereaguntur atque* sine naturae concursu confici nequeunt [...] *ut ex ambientium elementorum conjugio quodcumque libuerit, cogant vel in horrendas ac plenas formidine formas, aut metamorphotica quadam potentia in diversorum animalium se transformant spectra, quam a lycanthropum veteres vocare solent*; 3) *Tertio sunt ipsius puræ naturæ prodigia, quæ uti a Divini Numinis providentia dependent, ita in certos quoque fines (nam Deus ac natura nil frustra agant) directa sunt dispositaque et luculenter ostendunt* (p. 25-27).

récemment à Naples et dans ses environs. N'ayant pas été un témoin oculaire de ces manifestations (il était alors à Rome), Kircher s'appuie, comme on l'a déjà dit, sur une relation de son confrère italien, Gianbattista Zupi, natif de Catanzaro[52] et fixé à Naples (où il enseignait) pendant plus de la moitié de sa carrière. Esprit scientifique et minutieux[53], il n'épargne aucun détail à son confrère, qui traduit sans tarder en latin (comme on l'a dit) cette précieuse relation[54]: *Relatio vera et fidelis omnium eorum quae crucum prodigiosarum phœnomeno a curiosis rerum naturalium exploratoribus a 16. Augusti usque ad 15. Octobris observata fuerunt.* On aura noté le terme de *phœnomenon* ainsi que celui d'*exploratores*. Il s'agit donc bien d'un phénomène physique, qui a pu être observé à loisir par des chercheurs scientifiques (comme nous dirions aujourd'hui), «curieux de choses naturelles». Les lieux sont précisés: Naples et aux alentours; la durée du phénomène: deux mois de l'été et du début de l'automne de l'année 1660; les formes variées et colorées de ces taches cruciformes. Le phénomène est apparu à la suite d'une éruption du Vésuve: on vit flotter dans l'air de petites étoiles (*stellæ*) en forme de croix (*cruces*). La relation souligne le caractère soudain et insolite de ce phénomène, considéré par les spectateurs comme funeste. Pendant la longue durée de sa manifestation, ce ne furent pas seulement les *mortels* (c'est-à-dire les humains de condition ordinaire) qui furent remplis de stupeur (*non mortalium duntaxat obstupefecit animos*) mais les «nouveaux prophètes», que ce prodige excitait au plus haut point. Les spectateurs voyaient avec pessimisme ce signe céleste qualifié de «hiéroglyphe de la croix de mauvais augure» (*ominoso crucis hieroglypho),* signe annonciateur de catastrophes qui risquaient de se produire non seulement à l'encontre de Naples, mais peut-être dans toutes les régions du monde! Pessimisme et superstition que ne partage pas Zupi, qui les qualifie de *nænia,* c'est-à-dire de sornettes, et qui, en tant qu'esprit scientifique, s'applique à chercher l'origine de ce phénomène et à produire un pronostic fondé en raison: *Nos neglectis hisce næniis, primo earundem originem, deinde quoque prognoseos rationem assignare conabimur* (p. 36).

Tout commence donc par la projection, hors du cratère incendié du Vésuve, de centaines de milliers de petits globes enflammés (*corpusculi* ou *globuli*), constitués par des déjections minérales. Ces particules sont projetées en l'air (*ejaculantur in altum*) au point que le ciel et la terre paraissaient se confondre. D'où «une immense vomissure de ces globes enflammés» (*ingens igneorum globorum eructatio*). Ajoutez à cela un bruit épouvantable, «pareil aux éclats de tonnerre», suivis (ou précédés) de fulgurations et d'éclairs (*coruscationibus,*

[52] Voir n. 12. Il est ainsi présenté par Kircher au début de sa traduction latine de sa Relation: *P. Joannes Baptista Zupus, insignis Soc. nostræ mathematicus* (p. 37).

[53] Le P. Riccioli cite un certain nombre de ses observations dans son *Almagestum* I, Bologne, 1651, p. 388, 484, 486.

[54] P. 38-41.

fulminibus, p. 31). Ces déjections enflammées produisent alentour une immense quantité de cendres de couleur grise (*magnam arenæ cineritiæ subnigri coloris copiam effuderunt*, p. 31). Pendant plusieurs jours, la montagne ne cessa de vomir ces matières enflammées, au milieu d'une épaisse fumée. On aurait cru que la montagne vomissait elle-même d'autres montagnes ([...] *ut mons eructasse montes jure dici potuerit*). «Ce type de manifestations prodigieuses (*hic porten-torum modus*[55]) ne cessa point, tandis que le Soleil entrait dans la constellation du Lion[56] (*Sole interea Leonem subeunte*). C'est alors, mais alors seulement, que des taches cruciformes sont apparues sur des vêtements de lin (ce détail, comme on le verra, a son importance), à la stupéfaction de tous (*in lineis hominum vesti-mentis summa omnium admiratione paulatim crucum phasmata*[57] *observata fuerunt*, p. 31-32) Le narrateur ajoute qu'on aurait cru voir dans ces dessins, non pas le fruit d'une activité naturelle[58], celui de la nature industrieuse (*naturæ industria*), mais bien celui d'une production plus secrète, esquissée à l'aide d'un pinceau tenu à la main (*occultioris cujusdam manus penicillo adumbrata vide-rentur*, p. 32). Nouveauté, admiration, stupeur, car le bon peuple ne saurait attri-buer ces taches cruciformes à de simples *ludibria naturae*, fantaisies ludiques de la Nature. Bientôt le bruit de ces prodiges se répandit dans toute la péninsule[59]. D'où la mobilisation de tous les esprits scientifiques, *naturæ intenti studiis* ou *curiositatis stimulo agitati*, qui se consultèrent entre eux et furent sollicités par lettres ou dans des débats académiques de livrer leurs opinions. Or ces opinions furent variées, comme on pouvait s'y attendre: les uns pensaient que la cause du phénomène devait être cherchée dans les influx dérivés des astres, et qu'il fallait donc approfondir ses connaissances astrologiques. D'autres en restaient à la commune ignorance ou invoquaient, sans se risquer plus avant, les paradoxes de la nature (*naturæ paradoxa*). D'autres enfin, sans doute les plus sérieux, voulaient s'abstenir de tout excès dans l'explication ou dans l'ignorance, en cherchant minutieusement une voie moyenne, et en examinant de près le «corps du délit». Devait-on, une fois de plus, attribuer le phénomène à la seule volonté de Dieu, à l'exclusion de toute puissance naturelle[60], ou au contraire

---

55 *Modus* signifie à la fois mesure, ou quantité, et genre, type. On peut lui attribuer ici les deux sens.

56 Cinquième signe du zodiaque. Le Soleil entre dans cette constellation entre le 22 juillet et le 23 août. Ce qui veut dire que les phénomènes étranges ont duré huit jours, du 16 août (où ils sont apparus pour la première fois) au 23 août (sortie du Soleil du signe du Lion).

57 Comme *phantasmata*, ce terme d'origine grecque désigne des images (au sens le plus large), sans que leur nature soit ici (pour le moment) déterminée. L'étymologie l'indique: ce sont des *apparitions*, des «fantômes» en quelque sorte.

58 Comme la *natura operatrix*, et surtout la *natura stupendorum operatrix* en produit tant!

59 *Fama volans universam denique Italiam complevit.*

60 *Num crucum hujusmodi portentosa apparitio sola Dei voluntate, omni naturæ potestate semota, an ex causis naturalibus suam traxerit originem? An angelicis expressæ penicillis Divino accedente nutu comparuerint.* (p. 33).

former l'hypothèse d'une cause naturelle dont il fallait dès lors rechercher l'origine? Ou enfin (selon la tripartition des causes à laquelle Kircher nous a conviés dès le début) faire jouer aux anges un rôle majeur, avec, bien entendu, l'accord tacite de Dieu, en établissant en quelque sorte dans la recherche causale un palier intermédiaire entre la surnature (Dieu) et la nature. L'enjeu scientifique et métaphysique est, comme on le voit, d'importance.

Or voici ce que révèle l'examen attentif que la relation du jésuite Zupi a permis à Kircher d'entreprendre. Zupi a eu l'occasion d'examiner *propriis oculis* dans des localités voisines de Naples et du Vésuve, à Octaviano et à Somma (p. 38), ces étranges figurations, qu'il a pu ensuite comparer aux descriptions d'autres observateurs. Ces croix apparaissent donc sur des vêtements de lin (*in pannis lineis*), ou plus exactement sur les manches de chemises (*in manicis indusiorum*), et en particulier (*potissimum*) sur les ceintures de femmes (*in foeminarum semicinatiis*[61]) qui ont été trop longtemps exposées à l'air. On trouve aussi beaucoup de ces figurations sur les voiles dont les femmes se couvrent souvent la tête (il s'agit toujours de tissu de lin). Egalement dans cette partie de la toile (*linteaminum*[62] *parte*) qui est repoussée par les matelas par-dessus la couverture du lit (*quae a culcitris reclinantur supra lecti stragula*), ou encore dans des colliers d'enfants (*in collaribus puerorum*), sur les nappes d'autels (*in mappis altarium*), dans les pièces de vêtement de lin des clercs que l'on appelle des surplis (*in lineis clericorum indumentis, quas*[63] *cottas vocant*), et autres pièces semblables. Quel est le point commun à ces divers objets? Il semblerait que ce soit le tissu de lin (encore qu'il n'y ait aucune chance que la matière dont sont fabriqués les colliers d'enfants soit du lin). Mais il y a mieux, et l'invasion des croix ne connaît pour ainsi dire plus de limites. En effet, des personnes «dignes de foi» prétendent que «ces figures ont été observées sur des chairs, sur un grain de raisin, sur une pêche, sur des toiles de soie, et, bien que rarement, sur une toile de lin qui était enfermée dans une corbeille»[64]. Apparitions encore plus variées et insolites (sur une colonne en l'honneur de S. Orontius à Lecce)[65]. Les formes de ces croix sont très variées (p. 39): les plus ordinaires et les plus nombreuses sont constituées par deux lignes se coupant à angle droit; au point d'intersection, quelque figuration plus épaisse, mais qui s'atténue progressivement. Le manuscrit de la relation, ou

---

[61]   Ce terme signifie exactement des demi-ceintures. En fait (voir Pauly-Wissowa, s.n.), il s'agissait de ceintures étroites retenant la tunique ou la robe des femmes.

[62]   Le terme *linteamen, inis* (dérivé de *linteum* = toile de lin, voile, rideau) n'est guère employé par les auteurs classiques de l'antiquité: voir Ælius Lampridas, *Heliogabal*, 26, 1, et Apulée, *Métamorphoses*, 11, 10.

[63]   Le féminin de ce pronom relatif, entraîné par le mot *cottas*, n'a rien de classique: il faudrait le neutre *quae*, s'accordant à *indumenta*.

[64]   [...] *visas fuisse supra carnes, supra granum uvæ, et supra pomum persicum, supra sericeas telas, et quamvis raro, supra lineam telam cistis inclusam»* (p. 38-39).

[65]   Rapporté dans une lettre par un Père calabrais.

celui de Kircher, devait comporter un certain nombre de dessins représentant ces diverses croix, car il y est fait directement allusion, alors que le livre imprimé n'en comporte aucun, sinon, à la fin, une croix symbolique sur laquelle nous reviendrons. Le manuscrit devait comporter treize dessins, correspondant à treize variantes de croix[66]. La couleur de plusieurs de ces croix est *cinericius,* c'est-à-dire couleur de cendre, ou encore d'une teinte qui aurait été diluée dans quelque graisse (*quasi adipe quodam dilutus,* p. 40); d'autres sont de couleur rouille ou encore vert-de-gris (*colore veluti ærugineo*), dans une forme parfaite découverte à Naples ou à Nole, d'autres de couleur plombée dans des régions voisines. Mises en relation avec les déjections du volcan, Kircher a vite établi un rapport entre la diversité de leurs composants minéraux et la couleur de ces dessins imprimés sur les toiles et les vêtements. Quant aux taches cruciformes elles-mêmes, il faut en chercher l'origine dans la texture même du tissu: les fils se coupent en effet à angle droit, et la sueur qui se dégage du corps de ceux ou de celles qui portent ces vêtements, chemises, manteaux, voiles de tête, fait apparaître le dessin coloré comme dans une sorte de décalcomanie. Ces figures se maintiennent plusieurs jours, étant plus ou moins indélébiles, ne s'effaçant pas à l'eau simple, mais tendant à disparaître «si on les dilue à l'aide de ce détersif que l'on nomme savon» (*smigmatis*[67], *quem saponem*[68] *vocant dilutione*). Certaines d'entre elles s'effacent spontanément au bout de dix à quinze jours, d'autres mettent encore plus de temps»[69]. Le récit se poursuit à la première personne, celle du témoin oculaire: «J'ai observé quelques-unes de ces taches sur une nappe d'autel et sur d'autres pièces d'étoffe, qui ont duré un mois tout entier, mais ne laissant que les traces d'une couleur obscure»[70].

Je n'entrerai évidemment pas dans tous les détails chargés d'expliquer l'apparition et la persistance de ces taches cruciformes variées et diversement colorées,

---

[66] Voir l'art. «crux» de Du Cange, nouv. éd., t. II-III, p. 632-639, qui en décrit et en représente un bon nombre. En faisant allusion à des croix consistant en *tribus solis lineis, seu brachiis,* Kircher (ou Zupus) joue sur le mot *linea,* qui signifie d'abord (comme on l'a vu) un fil de lin, mais par la suite, un trait, une ligne (c'est plutôt le sens qu'il a ici).

[67] Ce terme (*smigma*), inconnu du latin classique, se rencontre dans la Vulgate (Daniel, 13, 17). En revanche, Pline connaît la forme *smegma, atis* (terme grec), qui signifie liniment ou topique détersif (*H.N.* 22, 156 et 31, 105). Voir l'art. *smegma* de Du Cange. Sa définition: *quoddam unguentum, vel confectio unguenti vel saporis vel aliquarum aliarum rerum boni odoris...».* Voir aussi l'art. de l'*Onomasticon* de Forcellini (*omne medicamentum quod valet ad emaculandum et abastergendum*).

[68] Terme que l'on trouve aussi chez Pline (où il a le sens d'une teinture pour les cheveux) ou chez le médecin Quintus Serenus Sammonicus, mais qui a toute la «saveur» d'un objet rare, peu connu. Même à l'époque de Kircher, le savon ne ressemblait en rien à notre savon; le procédé de saponification est bien postérieur à l'époque où il a vécu.

[69] *Quaedam sponte evanescunt intra decem aut quindecim dies, aliæ tardius* (p. 39).

[70] *Observavi in una mappa altaris aliisque pannis nonnullis, quae integro mense, etsi non nisi sub obscuri coloris vestigio durarent (ibid.).*

imprimées en quelque sorte sur des textiles proches du corps humain, principalement des tissus de lin, mais accessoirement (comme on l'a vu) sur des tissus de
soie, et même sur d'autres matières, végétales ou animales, voire sur des produits
artisanaux. N'étant ni vulcanologue, ni chimiste, ni spécialiste de la fabrication ou
du traitement des différentes étoffes, de leur texture, de la disposition géométrique des fibres ou des fils, je ne suivrai pas Kircher dans tous ses efforts explicatifs, mais j'en soulignerai la forte cohérence et son souci constant d'établir des
rapprochements entre les faits qui lui sont signalés de toutes parts pour tenter
d'établir une origine commune de ces causes naturelles et des effets qu'elles entraînent. Mieux vaut s'arrêter un moment sur la méthode ou le type de raisonnement
de Kircher, appliqué à ce cas particulier de la formation de ces figures cruciformes.
En philosophe traditionaliste, il veut lui appliquer la théorie aristotélicienne des
quatre causes (p. 46-47): la cause matérielle, c'est la vapeur vomie par la
«montagne ardente» (comme il appelle parfois le volcan), née par un mélange de
divers sucs minéraux; la cause efficiente, c'est «le Soleil qui, assujetti à la Canicule,
et brûlant de feux plus ardents qu'à l'ordinaire[n'oublions pas que les phénomènes décrits par Kircher se sont manifestés au cœur de l'été], a transformé cette
mixture en en atténuant la portée et dont il a extrait de la vapeur, de l'alun et du
vitriol[71]...». Il a produit finalement une «substance travaillée par un esprit vital»[72].
La cause formelle, c'est la *vis stauromorphôtikos*[73] *sive crucum formatrix, quam qua
ratione modove exaret in sequentibus aperietur*, c'est-à-dire la puissance formatrice
de croix[74], dont les pages suivantes montreront de quelle manière et selon quel
principe elle trace leur dessin»[75]. Enfin, la cause finale ne peut être reliée qu'à une
intention bonne ou mauvaise (mais il n'en sera question que dans la troisième
partie): [...] *quæ cum semper boni alicujus malive signum adnexum habeat* (p. 48).

D'une manière générale, au centre de ces déjections volcaniques, transformées ou décomposées par le soleil, l'air et l'effet du temps, se trouve ce *spiritus
nitrosus,* ou esprit de nitre, «qui est agité par nature, et incapable de se fixer en

---

[71]   [...] *Sol qui caniculæ subditus solito majoribus effervescens ardoribus mixtum illud attenuando
eduxit in vaporem, alumen et vitriolum* (p. 47).

[72]   Ainsi peut-on rendre, à notre avis, la *«spirituosa substantia»* de Kircher. L'adjectif *spirituosus*
est ignoré de la littérature latine classique: on le trouve chez Erasme, *Opus Epistolarum,* éd.
Allen, t. VIII, *ep.* 2082, 343, mais surtout chez Michel Servet, qui parle du «sang spiritueux»
(*sanguini spirituoso*) dans la partie de sa *Restitutio christianismi* où il décrit l'esprit vital «dont
le siège est dans le cœur et les artères du corps».

[73]   Ce mot grec, dont Kircher donne l'équivalent latin (*formatrix*) signifie exactement: qui forme
(ou façonne) une croix. Il utilise aussi dans son texte le mot *staurotupos,* qui est le signe
(frappé, ou gravé) de la croix.

[74]   Donc une sorte de moule fabriquant des croix «à la chaîne». On peut se demander, toute révérence gardée, si cette «vertu formatrice de croix» n'a pas quelque parenté avec la «vertu
dormitive» de l'opium des médecins de Molière.

[75]   *Qua ratione modove exerat* [*crucem*] (p. 47).

un lieu déterminé » (*natura sua inquietus et loco contineri nescius).* C'est ainsi que cette substance grasse, fluide et perpétuellement en mouvement, ces gouttelettes nitreuses, plus ou moins vaporisées, sont à la recherche d'un support approprié qui les fixera pour un temps : elles le trouvent dans la trame, c'est-à-dire dans les fils de lin, dessinant ainsi des croix (Kircher utilise le verbe *decussare*[76] qui signifie exactement « croiser en forme d'X », comme le substantif *decussis* (formé sur *decem* = dix, ou X en chiffre romain) désigne la figure d'une croix. Remarquons que X correspond davantage à la croix de saint André qu'à la croix du Christ qui se coupe à angle droit, mais le texte de Kircher, comme on l'a déjà vu, évoque une grande variété de croix, aux formes les plus diverses, donc intégrant parfaitement la croix en forme d'X. Car la trame d'un vêtement ou d'une pièce de lin d'un tout autre usage peut avoir une structure elle-même variable dans l'entrecroisement de ses fils[77]. Kircher répond à toutes ces questions d'une manière précise et didactique, comme dans un dialogue entre un maître et un élève. Au questionneur (comment la croix se forme-t-elle ? pourquoi a-t-elle des figures variées ? et diverses couleurs ? etc.) il répond par un *«Dico»* ou un *«Respondeo»* assurés et sans ambages, s'adressant directement à son lecteur. Par exemple : *Dico itaque hoc phœnomenon multiplici de causa in linteæ telæ supellectile nidulari* (p. 48), ou encore : *tibi persuadeas velim* (p. 51). Notons la métaphore de la gouttelette qui « fait son nid » (*nidulari*) pour des raisons diverses dans la toile de lin, mais notons également qu'il ne s'agit plus ici de vêtements (*supellectile* ne s'est jamais appliqué à des habits), mais d'objets recouverts d'une toile de lin, comme une malle ou quelque autre ustensile ménager, ou encore l'autel dont il a parlé et qui était recouvert de sa nappe. J'ignore ce qu'un chimiste moderne penserait de ces explications minutieuses relatives au transport de ces vapeurs de nitre, transformées sous l'effet du soleil, du vent ou d'autres agents extérieurs, à cette humidité grasse qui s'attaque aux fibres ou aux fils des tissus de lin. Peut-on, sans « hérésie » scientifique, songer aux effets de la pollution des grandes villes, à l'air saturé de vapeurs d'essence, d'oxyde de carbone et de poussières de toute sorte et de toute provenance, et à leurs retom-

---

[76] [...] *guttas decussando crucem fluore suo juxta staminum* [*sic,* pour *stamen*] *in linteis situm format...* (p. 48).

[77] Ce qu'il n'affirme pourtant pas dans le texte suivant, où il montre comment une *guttula quadrifaria* produit des croix *ordinaires,* mais ce que démentent les divers dessins qu'il commente, et même l'emploi qu'il fait de l'adverbe *decussatim,* qui signifie « en forme d'X ». A moins que le sens précis de la famille des mots latins dérivés de *decussis* ne lui échappe, comment peut-on faire couper des fils à *angle droit* pour obtenir un dessin en forme d'X ? Voici son texte : *filorum quoque ductus* (le tracé des fils) *per tegmen* (le vêtement) *subtegmenque* (sa trame) nunquam [c'est nous qui soulignons] *per obliquum, sed rectum angulum decussatim se secent; hic fit ut spiritus nitrosus, flatibus* (l'haleine, la respiration) *sive sudore* (la sueur) *hominum, sive quocunque alio extrinseco calore* (quelque chaleur externe) *agitatus, guttulam quadrifariam* (une gouttelette quadripartite) *liquido seu fluida materia una secum abducta difflet* (éparpille) *quam crucis forma consequitur* (p. 49).

bées sur le sol, les habitants, la salissure, sinon les taches qui peuvent apparaître sur leurs vêtemens, voire sur leurs visages? Rien que de très naturel en somme: c'est ce que Kircher s'efforce à démontrer dans les dernières pages de la seconde partie de son mémoire philosophico-scientifique: [...] *tum nitro copioso, tum pingui humido abundat, et oleum quod ex ejus seminibus extrahitur* (p. 49). Nous entrons avec lui dans tous les détails de la fabrication des tissus de lin et de leurs divers usages; il utilise alors le terme de *carbasus* (d'origine grecque), employé par les Latins à partir d'Ovide, et qui désigne une espèce particulièrement fine de lin, dont on fait des vêtements luxueux, mais qui peut entrer aussi dans la fabrication des voiles de navire, des voiles de théâtre, et même dans celle des livres sibyllins[78]. Il est question ici de *carbasea supellex*, c'est-à-dire d'objets recouverts de lin à la texture particulièrement lisse et fine, sans la moindre rugosité ou aspérité: [...] *carbasea supellex, ut plurimum textura constet polita, levi et nullis villis aut scabritie obnoxia*[79].

Ainsi les gouttelettes sont-elles en quelque sorte *nécessairement* guidées vers ces chemins en forme de croix dessinés par l'entrecroisement des fils du tissu. Parlera-t-on d'une finalité naturelle, ou simplement de fantaisies (*ludibria*) de la nature, que les hommes auront loisir d'interpréter à leur convenance? Voici, par exemple, une allusion aux femmes d'Allemagne qui exposent à ciel ouvert et au soleil afin de les sécher et de les blanchir[80], des draps en toile de lin préalablement lavés, et qui sont désappointées de les retrouver tout parsemés de taches[81] (elles ne reconnaîtront les croix que par la suite!). Et l'on va de plus en plus fort, puisque le phénomène des croix se produit même à l'intérieur de coffres hermétiquement clos (*in cistas clausas*), car le dynamisme de ces gouttelettes nitreuses est tel qu'une fissure ou le trou (*foramen*) le plus minuscule dans la paroi du coffre suffisent à les faire pénétrer à l'intérieur et à orner de la façon

---

[78]   Ecrits sur du lin (voir l'art. *carbasus* de Du Cange, t.II-III, p. 160, col. 2 (*carbasus = vestis carbasea, ex Carbaso seu lino facta*) et surtout Pauly-Wissowa, III-2 (Neue Arbeitung), col. 1572-1574. Voir aussi l'art. *carbasus* du Thesaurus.

[79]   «Objet recouvert de lin, tel qu'il se présente le plus possible avec une texture lisse et unie, sans aucun poil ni aspérité d'aucune sorte».

[80]   Ce procédé d'exposition au soleil et de séchage des draps n'est évidemment pas propre aux femmes d'Allemagne et il s'est poursuivi dans nos campagnes jusqu'à une date relativement récente. Voir, entre autres, une énigme versifiée de Bovelles (ms 1134 de la bibliothèque de la Sorbonne, f. 92v°, p. 149 de notre édition, Paris, Klincksieck, 2002), qui commence ainsi:
       Sus la tainture du soleil
       Qui n'a au monde son pareil...

[81]   *Quæ, cum insolandi gratia linteamina cœlo aprico exposuissent, subinde crucibus fœdata se invenisse conquestas fuisse, certe non alia de causa, nisi ex simili alicujus roscidi liquoris* (l'humidité de la rosée) *se in decussim* [on retrouve ce mot, et l'on peut se demander, ici encore, si Kircher en apprécie le sens exact] *deducentis, uti dictum est* (p. 50).

coutumière les tissus qui s'y trouvent[82]. Kircher va jusqu'à comparer cette pénétration insolite à celle de la foudre à l'intérieur de tonneaux de vin pourtant hermétiqement clos (p. 51)!

Ainsi, pour résumer tout ce développement «physique», dans lequel on a pu constater qu'il n'était plus question ni de Dieu ni des Saintes Ecritures, mais seulement d'observations de phénomènes naturels et d'explications de caractère rationnel, on dira que l'apparition de croix sur des vêtements à Naples et dans ses environs résulte du concours ou de la conjonction de deux réalités physiques: la *subtilitas* du tissu de lin[83] et l'*exhalationis nitre sulphureæ subtilitas et vehementia*, qui se faufile à travers les pores du tissu.

L'érudit et savant allemand, qui avait mis sa foi religieuse entre parenthèses pour un temps seulement – celui de la chronique des événements napolitains et des explications naturelles proposées pour l'élucidation du phénomène des taches cruciformes – retrouve dans la troisième et dernière partie l'assurance métaphysique et les certitudes transcendantes qui ont toujours été les siennes et qui surplombent en quelque sorte son récit comme ses recherches causales. Disons en un mot que les explications qu'il a données du phénomène en question ne constituent pas pour lui le terme absolu de ses réflexions. Il n'est pas homme à adopter l'adage célèbre *De minimis non curat prætor*, sans parler de l'irrévérence qu'il y aurait à comparer Dieu à un haut personnage administratif ou politique! Il n'est rien au contraire qui ne soit accepté, contrôlé, ou voulu par Dieu, soit d'une volonté expresse, soit (comme c'est ici le cas) d'une volonté générale et indirecte. Kircher va encore plus loin, sans pour autant faire preuve d'une grande originalité par rapport à la tradition de l'Eglise et des théologiens catholiques. Dieu se sert de causes naturelles, pour faire apparaître aux yeux de tous des efffets insolites, mais chargés de signification sans intervention de miracles, c'est-à-dire du surnaturel (p. 84):

> *Utitur autem Deus Optimus Maximus aliquando naturalium rerum causis ad hujusmodi effectus demonstrandos, nullo miraculo interveniente..., nisi quod illæ ita Divinæ providentiæ dispositioni a primordiis mundi connexæ sint, ut ex se et sua natura infallibilem effectum consequantur, nisi ejus qui omnia moderatur in omnibus imperio, vel impediantur, vel vires suas libere exercere permittantur* (p. 84-85)[84].

---

[82] *Subtilissimæ substantiæ, nihil quantumvis inter abditos cistarum recessus clausum resistere potest* (p. 51).

[83] Ou principalement de lin, puisqu'il arrive même à des étoffes de soie d'être le support de taches cruciformes.

[84] «Dieu, en sa grandeur et sa bonté, se sert parfois de causes naturelles pour faire montre de tels effets, sans aucune intervention miraculeuse, si ce n'est que ces causes ont été liées à une dispo-

L'enchaînement des causes et des effets est donc *retrouvé* par le chercheur, à partir de ses observations, parfois de ses expérimentations, par l'exercice de son intelligence et par un raisonnement adéquat, mais les causes premières, qui restent étrangères à ses prises, c'est la volonté primordiale de Dieu, dès l'organisation harmonieuse de l'Univers, selon les premiers versets de la Genèse. C'est par ces signes que Dieu fait apparaître sa toute-puissance et sa volonté *vel in bonum, vel in malum pro dispositione mortalium*. C'est ainsi, comme on l'a vu dans la partie historique de l'ouvrage, que ces croix apparaissant dans l'incendie du ciel ou sur les vêtements des humains, peuvent être, au jugement de Kircher, soit le signe avant-coureur d'un bien (une conversion de «Gentils» ou de Juifs), soit le signe d'une catastrophe dite naturelle, mais en fait, d'une punition céleste, juste réponse à la perversité humaine. Kircher, dans ce dernier cas, fait un rapprochement entre l'apparition de ces croix et celle des comètes, annonciatrices de malheurs (pas nécessairement de punitions), le terme de *malum* qu'il utilise ne s'appliquant pas uniquement ni nécessairement au mal voulu par l'homme, mais aussi au mal que les philosophes appellent métaphysique. Mais la terreur qu'elles inspirent[85] est la même que celle qui s'était emparée des Napolitains.

Sans que nous puissions apercevoir une quelconque homologie rationnelle entre le spectacle de l'éruption volcanique et les déjections ignées observées, et la situation politique d'une nation ou d'une cité, Kircher, nourri de toute la symbolique de la Renaissance, de la hiéroglyphique, de l'emblématique, et de toutes les images que la littérature, et surtout la poésie, charrient depuis des siècles, a tôt fait de comparer telle pyramide enflammée à tel «incendie» socio-politique, aux torches allumées de la guerre, etc. (p. 86). Revenant pour un instant aux questions techniques et scientifiques qu'il avait analysées précédemment, il souligne à quel point la recherche et l'observation sont difficiles, car le nombre des particules qui ont engendré les croix est infini, et tout calcul précis s'avère impossible. Mais est-ce bien là le but recherché? Belle occasion pour montrer la fragilité humaine de l'assemblage de l'âme et du corps (*animum carnis umbraculo tectum*, p. 87), et pour insister, avec un mélange de découragement et d'admiration, sur l'immense variété et l'énorme complexité des causes et des effets. Mais ce qui le préoccupe surtout, par-delà l'exemple qu'il a longuement étudié, c'est la signification religieuse et transcendante des prodiges; c'est elle qu'il voudrait transmettre à ses lecteurs. Apparitions de prodiges qui exemplifient tantôt la gloire,

---

sition de la providence divine dès l'origine du monde, en sorte que, d'elles-mêmes et par leur nature propre, elles ont pour conséquence un effet infaillible, tout en restant sous l'empire de celui qui dirige toutes choses en toutes circonstances, et qui peut donc soit les entraver soit leur permettre d'exercer leurs forces en toute liberté».

85   *Crinitum sidus aut cometes* [la comète «chevelue»] *cujus vel ad primum conspectum mortales veluti panico quodam timore perculsi, ex insito quodam impultricis naturæ instinctu, e vestigio ejus ex magnitudine, forma, figura, motu, colore futurorum eventuum significationes, vel ad ipsam usque superstitionem hoc pacto evolvere incipiunt.*

tantôt la colère de Dieu[86]. Il renvoie d'ailleurs à Conrad Lycosthènes, Cornelius Gemma[87], *aliosque innumeros*, pour une plus grande familiarisation avec ces signes divinatoires, qui relèvent souvent de la tératologie (et de la tératomancie). L'exemple, classique, de la naissance de Mahomet, annoncée par de nombreux signes de «monstruosités» lui sert de caution (p. 88): «C'est ainsi qu'en l'an du Christ 696, un enfant à deux têtes et à quatre pieds, né à Byzance, donna à voir, par ses propres signes, la naissance exécrable, l'année suivante, du funeste Mahomet, comme en un dessin et, pour ainsi dire, par une empreinte gravée. A savoir: la double tête, c'est la ruse frauduleuse de son esprit aux formes changeantes; ses jambes et ses pieds quadruples, ce sont les dogmes de sa monstrueuse doctrine, répandue dans les quatre parties du monde»[88]. D'ailleurs l'année 1661, celle où Kircher publie son livre à Rome, peu de temps après la relation des événements de Naples, de nombreux prodiges se seraient produits ici ou là: éruptions volcaniques en plusieurs points du globe, assèchement de fleuves, eaux chaudes brusquement refroidies, fréquents tremblements de terre, manifestations telluriques en Suisse, dans la région de Soleure, ainsi qu'en Gascogne, etc.[89] Ou encore, l'apparition dans la campagne romaine[90] des bords de mer d'un dragon doté de deux pattes, avec une queue épouvantable...

Avec le second et dernier chapitre de cette troisième partie, consacrée à la signification «prophétique» de certains prodiges naturels, le jésuite revient, non sans quelques redites, à l'apparition de ces croix sur les vêtements (p. 91), en insistant sur la double détermination, sur le double enchaînement causal (il se sert d'ailleurs du mot *catena*, chaîne, pour exprimer ses idées): celui des effets *naturels*, produits par des causes *naturelles*, même si, dans le cas présent, la rareté ou le caractère insolite des phénomènes apparus, contraint l'esprit à des efforts d'investigation d'une extrême subtilité; celui de la connexion des causes et des

---

[86] Voir les exemples proposés par Paré dans ses *Monstres et prodiges* (éd. J. Céard, p. 4-8, ch. 1, 2, 3).

[87] Nombreux sont en effet les auteurs du XVIe siècle qui ont traité des monstres et des prodiges. On renverra une fois de plus, et tout naturellement, à la thèse de J. Céard, *passim.*, qui en cite un certain nombre, dont il commente les écrits. Sur Lycosthènes, voir p.161-162, 186-192, 252-253, 277-278, 294-296, 360-361. Sur Cornelius Gemma, p. 365-373.

[88] *Sic anno Christi 696, puer biceps et quadrupes Bisantii natus, suis symbolis execrandum nefarii Mahumetis ortum uno post anno secutum graphicè sane, et veluti en tô tupô demonstravit, id est duplici capite, versipellis animi calliditatem et fraudolentiam, quadruplici crurum pedumque discrimine monstruosæ doctrinæ dogmata in quatuor mundi partes evulgationem.*

[89] [...] *montium incendia, fluminum exsiccationes, novorumque alibi eruptiones, aquarum calidarum in frigidas mutationes, terræmotus frequentes, etc. In Helvetia prope Solidurum, Montem Juram fere medietate sua præterlapso mense, uti in Gasconia alterum, inaudito casu, subsedisse accepimus* (p. 89).

[90] [...] *In campis Romani territorii maritimis non ita pridem draconem bipedem* [...] *caudaque formidabilem* (p. 90). Le monstre marin fut tué, exhalant une odeur épouvantable, infestant toute la région (association ordinaire du serpent et d'une infection).

effets, dans toutes les parties de l'univers, et dans toute la durée de la Création, depuis la Genèse jusqu'à la fin des temps et du monde, connexion gouvernée ou dirigée par la providence divine, car «tout est disposé entre les mains de Dieu»[91]. Bien des faits nous sont incompréhensibles, car la puissance de Dieu dépasse toutes les forces de la nature[92] (et par conséquent celles de l'homme, créature naturelle), et il est évidemment en mesure «d'imposer un frein aux opérations des causes agissantes»[93]. Poursuivant son discours pédagogique, il applique une fois de plus au phénomène des croix son double message: l'explication par la voie naturelle[94] et l'extrapolation transcendante (Dieu ne fait rien en vain, tout ce qu'Il fait est bien fait). Même dans le déroulement de l'éruption du Vésuve et de ses suites, Dieu peut intervenir à tout moment et changer en bien ce qui semblait devoir apporter le malheur, par exemple en orientant le vent de telle sorte que les vapeurs putrides et redoutables, produites par certaines combinaisons minérales, soient dissipées sans dommage pour les riverains: *Accidit plerumque ut istiusmodi vapor ex adulto sulphure et bitumine arsenici mercuriique lethiferis tincto spiritibus ortus, una cum terrestribus glebis varia putretudine vitiatis insigni aërem intemperie inficiant, quæ cum tempore occultis machi nis promota, in apertam tandem epidemicam luem erumpat*[95] (p. 94).

Autrefois, l'empereur Théodose, dont les soldats avaient vu apparaître et se fixer des croix sur leurs vêtements, triompha de ses ennemis, mais (comme on l'a vu au début), l'apparition des croix à l'époque des persécutions de Constantin Copronyme[96] dut être interprétée comme un signe de mort et de destruction: en particulier, une horrible épidémie (peut-être la peste) fit de profonds ravages dans la ville de Constantinople. De même, lors de la Guerre des Paysans de 1525, que Kircher déplore, comme l'avaient fait à l'époque les autorités religieuses[97] et civiles – mais celles-ci préparaient aussi une atroce répression[98] –, le signe de la

---

[91] [...] *a Deo, in cujus potestate posita sunt omnia* (p. 91).

[92] [...] *qui quidem modus* [le mode d'action de Dieu] *omnem naturæ vim excedit* (*ibid.*).

[93] [...] *quando causarum agentium operationibus frena injicit* (*ibid.*).

[94] *Eodem prorsus modo et ratione de crucum phoenomeno ratiocinandum tibi esse scias* (p. 92).

[95] «Il arrive le plus souvent qu'une telle vapeur, née de l'altération du soufre et du bitume, imprégnée d'émanations mortifères d'arsenic et de mercure, souillée par son contact avec des mottes de terre dans un état de putréfaction variée [...] se répande finalement en donnant libre cours à une épidémie ravageuse».

[96] Il s'agit de l'empereur byzantin Constantin V, dont le surnom infâmant (*copros* vient d'un mot grec signifiant excrément) lui fut donné par ses ennemis. En fait il adorait les chevaux (d'où un surnom plus digne de *Caballinos)*, et fréquentait par conséquent plus que de raison les écuries impériales.

[97] Aussi bien catholiques que luthériennes.

[98] *Religionis nomine seditiosi rustici seipsos et totam Germaniam ingentibus implicuere malis* (Au nom de la religion, les paysans séditieux se sont engagés, eux-mêmes et l'Allemagne, dans d'épouvantables malheurs, p. 95).

croix (sans rapport avec le phénomène physique qui fait l'objet de la *Diatribè*) ne fut pas un signe de concorde et d'apaisement.

La conclusion du savant jésuite (p. 99) utilise un schéma (qui, cette fois est reproduit dans l'ouvrage imprimé) en forme de croix et d'acrostiche. A la partie supérieure de la branche verticale de la croix, un C ; à sa partie inférieure, un X ; aux deux extrêmités de la branche horizontale, un R (à gauche) et un V (à droite. La Croix (*Crux),* en son dessin, s'identifie à sa structure littérale : C. R. V. X. Mais il y a plus, avec l'utilisation de la zone rectangulaire centrale de l'intersection des deux branches. En effet C = *Christus*; X = *cruce;* R = *redimere;* V = *voluit;* et la partie centrale = *mundum.* D'où cette conclusion figurative en acte de foi : *Christus cruce redimere mundum voluit.*

Histoire, nature, prodiges et religion. Nous avons vu, par l'examen de cet opuscule assez rare et donc peu connu, que les quatre termes ici même rassemblés forment chez le P. Athanase Kircher une trame assez serrée. Les faits historiques (ou prétendus tels) ne donnent pas lieu à une discussion, semblable à cette pratique des historiens que l'on nomme la critique du (ou des) témoignage(s). Cette distribution des milliers de petites croix sur des vêtements de lin, mais aussi sur d'autres tissus, et même sur toutes sortes d'objets, sur des ustensiles ou des meubles en bois, et jusque sur des pierres[99], constituent pour lui des données de base à partir desquelles il va mettre en branle ses facultés d'observation et de raisonnement. Le point commun à toutes ces impressions de croix, est la fissure ou l'ouverture, si infime fût-elle, du support sur lequel la gouttelette de produits minéraux va se fixer avec force. Mais dans son attention portée à la généralité des prodiges – ces *mirabilia* qui concilient l'œil du savant et l'esprit du croyant –, le P. Kircher finit par oublier la présence du Vésuve et des autres volcans, producteurs de ces déjections minérales ignées. En effet on ne peut pas dire (et il ne le dit pas non plus!) que toutes les apparitions du signe de la croix, au ciel et sur terre, sur des êtres vivants ou sur des objets inanimés, sont la conséquence d'éruptions volcaniques. Peu importe : la finalité de son petit ouvrage, comme celle des plus importants, est toujours la même : glorifier Dieu, créateur de l'Univers et de l'Homme, Dieu qui se sert des causes naturelles comme de l'intelligence technique et de la raison humaine pour accomplir son œuvre rédemptrice.

Jean-Claude MARGOLIN
Université François-Rabelais, Tours

---

[99] [...] *miraculosas crucis apparitiones, quæ in ipsa saxorum, lignorum arborumque apertione se divinitus obtulerunt* (p. 98).

FRANCISCO SÁNCHEZ :
LE MÉDECIN
ET LE SCEPTICISME EXPÉRIMENTAL

Francisco Sánchez fait partie de ces auteurs redécouverts une fois par siècle, mis soudainement sur le devant de la scène philosophique pour retomber aussi immédiatement dans l'oubli. Passé inaperçu, ou tout au moins peu cité dans le siècle qui vit la réédition de ses œuvres, Sánchez est mentionné par Bayle qui le place dans un article de son dictionnaire au panthéon des sceptiques. Cette reconnaissance est aussi subite qu'éphémère, puisqu'il faut attendre le tournant de notre siècle et les travaux de John Owen[1], et surtout ceux d'Emilien Senchet[2], pour que l'on redécouvre l'existence de celui que l'on propose comme l'inspirateur de la démarche cartésienne de la *tabula rasa*. L'après-guerre a vu quelques études lui être consacrées: Joaquim de Carvalho a publié le texte latin de ses œuvres philosophiques dès 1955[3], texte traduit en français pour le *Quod nihil scitur* par Andrée Comparot en 1984[4], et en anglais par Douglas Thomson huit ans plus tard[5]. Les travaux de R. Popkin sur l'histoire du scepticisme ont bien sûr accéléré ce mouvement de redécouverte, amorcé par les recherches espagnoles et portugaises des années quarante. Il semble donc que Francisco Sánchez soit définitivement hors de portée des «teignes et des blattes» auxquelles le manuscrit de son *QNS* semblait voué, selon son propre aveu dans sa dédicace à Jacques de Castro. Il n'est pas pour autant assuré que l'on ait une claire vision de cet auteur; Sánchez donne lieu à une διαφωνία des discours critiques et il aurait lui-même conclu qu'à propos de son œuvre, *nihil scitur*. En effet, deux points de vue semblent s'affronter à son sujet. Celui porté par Bayle, selon lequel le philosophe «étoit un grand pyrrhonien» dont le doute était intégral et définitif, et celui d'Emilien Senchet, pour lequel le scepticisme de Sánchez ne constituait que la partie négative de sa méthode, geste transitoire de *tabula rasa* destiné à déboucher sur une démarche constructive, fondée sur une

---

[1] *The Skeptics of the French Renaissance*, London, 1893.

[2] *Essai sur la méthode de Francisco Sanchez*, Paris, V. Giard & E. Brière, 1904.

[3] *Opera Philosophica*, Coimbra, 1955.

[4] *Il n'est science de rien*, Paris, Klincksieck, 1984. Pour le *Quod nihil scitur*, nous abrégeons ci-dessous par *QNS*.

[5] *That nothing is known*, Cambridge, Cambridge Univ. Press, 1992.

nouvelle méthode de type empiriste, et donnant accès à une science digne de ce nom. Ce second temps aurait été développé dans une série d'ouvrages annoncés par Sánchez lui-même dans son *QNS* mais jamais édités et peut-être même jamais rédigés[6]. Ce point de vue a été répercuté par les commentateurs récents qui ont vu dans cette nouvelle méthode d'acquisition du savoir le réinvestissement d'une épistémologie augustinienne telle qu'avait pu la formaliser, entre autres, Vivès[7], ou encore l'annonce de la méthode cartésienne[8]. Ces deux avis radicalement opposés demandent un examen renouvelé du texte, en l'absence d'une argumentation convaincante. Les partisans du pyrrhonisme définitif de Sánchez ne justifient pas réellement leur rejet de la thèse adverse[9], tandis que cette dernière semble suspecte d'une réévaluation *a posteriori* de l'œuvre. E. Senchet a bien mis en avant combien Descartes avait pu être influencé par la lecture du *QNS*[10]. Si Sánchez dernier inspire peut-être une précaution méthodologique à Descartes, il n'est pas évident que les deux démarches soient superposables car, même si le médecin dit vouloir aborder un nouveau savoir dans l'*Examen rerum* qui suivra le *QNS*, et ainsi bâtir une nouvelle science sur les ruines de l'ancienne, il n'est pas sûr que l'on doive recevoir son affirmation comme vraie, du moment que la cohérence de l'ouvrage en dépend. A force de voir Descartes en aval de Sánchez, on a fini par lire le *QNS* à la lumière des *Méditations Métaphysiques*[11], selon une impossible superposition. Il faudra, si l'on veut cerner le résultat épistémologique définitif du *QNS*, étudier ici de près le

---

[6] Les conclusions d'E. Senchet sur l'indisponibilité de cet ouvrage n'ont, malgré sa croyance en son existence et les espérances qu'ils met quant à sa découverte, jamais eté dépassées. Voir *op. cit.*, p. XXX-XXXIII. Comme A. Comparot, B. Besnier voit, à la suite de Senchet, le *QNS* comme le premier volet d'un enquête devant rebondir dans un deuxième ouvrage (voir «Sanchez à demi endormi», *Le retour du scepticisme aux XVIᵉ et au XVIIᵉ siècle*, Paris, A. Michel, 2001, p. 102-120). Pour une interprétation divergente de cette promesse d'un *examen rerum* dans laquelle nous voyons une transcription poétique de la σκέψις en un jeu d'énigme, voir notre art. «*QNS*: la parole mise en doute», *Libertinage et philosophie au XVIIᵉ siècle*, 7, Publications de l'Univ. de Saint-Etienne, 2003, p. 27-43.

[7] Voir A. Comparot, *Augustinisme et Aristotélisme de Sebond à Montaigne*, Paris, Cerf, 1984, p. 200-212.

[8] Voir M. Ishigami-Iagolnitzer, «Le scepticisme grec et Francisco Sanchez», *Les Humanistes et l'Antiquité Grecque*, éd. par M. Ishigami-Iagolnitzer, Paris, Ed. du CNRS, 1989, p. 45-47.

[9] R. H. Popkin souligne que «l'analyse du savoir proposée par Sánchez permet de douter d'une telle assertion». L'auteur ne montre pas en quoi cette analyse infirme effectivement la thèse du scepticisme instrumentalisé et transitoire, mais surtout, il ne mentionne pas la difficulté que représente l'annonce des ouvrages ultérieurs à l'intérieur-même du *QNS*. Voir *Histoire du scepticisme d'Erasme à Spinoza*, Paris, PUF, 1995 pour la trad. française, p. 79.

[10] *Op. cit.*, p. 110 sq.

[11] La traduction par A. Comparot de «*contemplatio*» (*op. cit.*, p. 14) par «méditation» (traduction qui évacue la dérivation lexicale d'origine, liée à la vision directe – σκέψις) est significative de cette tendance.

«moteur» de cette *inquisitio*, le pyrrhonisme, en observant tout particulièrement l'utilisation de la documentation sceptique qu'il met en œuvre.

Sánchez semble être venu au monde vers 1550 sous le soleil noir du doute et de l'ambiguïté, puisque ses origines elles-mêmes prêtent à discussion. Il serait venu au jour à Tuy en terre espagnole, cité dépendant du diocèse portugais de Braga du fait de son statut frontalier. Né en Espagne de parents espagnols, juifs convertis, Sánchez est baptisé à Braga où il passe ses premières années, ce qui lui permet de jongler entre les adjectifs *lusitanus* et *hispanus* dans les documents officiels[12]. Le statut de frontalier lui confère en tout cas le pouvoir de jouer sur les ambiguïtés, ce qu'il ne manque pas de faire dans le *QNS*. A l'âge de onze ans, le jeune Francisco émigre à Bordeaux avec sa famille, s'éloignant ainsi de la pression de l'inquisition des dernières décennies et profitant de l'ouverture de la ville aux marchands portugais convertis par Henri II depuis l'année supposée de sa naissance. Après des études au Collège de Guyenne qui lui offrent les deux premières années du cursus universitaire – et par là-même une formation solide à la dialectique et à la physique aristotélicienne[13] –, il entreprend une formation médicale qui, après un séjour de deux ans à Rome de 1571 à 1573, aboutit à l'obtention du doctorat à Montpellier en juillet 1574. Une chaire de médecine laissée vacante par la mort de François Feynes lui échappe, échec qui pourrait avoir motivé son départ vers Toulouse l'année suivante. Il y effectue toute sa carrière médicale puisqu'il y meurt en novembre 1623, non sans avoir bataillé pour y obtenir un poste. Il avait en effet gagné Toulouse pour retrouver son ami Alvares, médecin portugais titulaire d'une chaire à la faculté de Médecine, espérant devenir rapidement son pair. Trois échecs successifs (1581, 1588 et 1611) lui font obstacle, avant que la mort d'Alvares en 1612 lui permette enfin d'accéder à cette distinction. Depuis janvier 1582, Sánchez avait occupé un poste de peu d'intérêt à l'Hôtel-Dieu, auquel il avait renoncé en mettant en avant des ennuis de santé; en 1585, il avait dû se consoler en prenant en obtenant une chaire de philosophie à l'université – peut-être redue accessible par la publication du *QNS*. C'est peu avant cette longue période d'échecs successifs, vers 1574 à en croire la dédicace à Castro, que fut rédigé le *QNS*. L'ouvrage est publié au moment même où Sánchez concourt pour la succession à la chaire de Larroche. Que peut-on conclure de ces quelques éléments biographiques? Sans aller jusqu'à penser que Sánchez écrit un nouvel *Adversus Mathematicos* parce qu'il n'arrive pas à devenir lui-même un *mathematicus* respecté, on peut suggérer que le *QNS* répond à des circonstances personnelles qui sont celles d'un jeune

[12] Une synthèse des éléments relatifs à la nationalité de Sánchez est effectuée par E. Limbrick en introduction de *That nothing is known*, op. cit., p. 4.

[13] *Ibid.*, p. 9-10.

diplômé arrivant dans une ville traditionnellement sourcilleuse en matière d'orthodoxie, ville où il veut réussir malgré les soupçons de sincérité qui peuvent planer autour de son statut de converti[14].

La courte dédicace à Jacques de Castro, autorité tant morale (*integerrimo*) qu'oratoire (*disertissimo*), est révélatrice du projet de Sánchez à deux niveaux différents. Le premier joue sur l'implicite et l'intertextualité. En présentant son *QNS* comme une œuvre inachevée qu'allaient engloutir «teignes et blattes»[15] s'il ne l'avait sorti de sa bibliothèque, Sánchez le place dans la lignée de la production d'Aristote et de Théophraste qui, selon Vivès dans le *De causis corruptarum artium*, ont été retrouvés à moitié dévorés par les mêmes bestioles, ce qui rend leur restitution particulièrement douteuse; mais aussi dans celle des *Hypotyposes Pyrrhoniennes* de Sextus Empiricus, publiées et traduites par Henri Estienne à Genève en 1562[16]. Dans sa préface, ce dernier construisait une image silénique des textes sceptiques, en expliquant qu'il les avait redécouverts à

---

[14] E. Limbrick souligne que «que chez tout nouvel arrivant dans la cité, on guettait les signes de tendance huguenote ou d'adhésion à la foi juive. Il n'est alors pas surprenant que Sánchez professe un Catholicisme de la plus grande orthodoxie dans ses œuvres philosophiques et médicales (*op. cit.*, p. 19, nous traduisons). L'étude de la préface de H. Estienne nous a conduit à une même conclusion: professer le scepticisme comme arme mise au service de l'orthodoxie religieuse est du meilleur ton lorsque l'on suscite l'hostilité des autorités religieuses. C'était le cas d'Estienne qui, depuis la mort de son père tentait de vendre peu à peu son matériel d'imprimerie à son frère François, alors que les dispositions testamentaires tendaient à lier l'imprimerie familiale à la Réforme genevoise. Publier les *Hypotyposes* en les présentant comme garantes de l'orthodoxie religieuse était certainement un moyen, aux yeux d'Estienne, d'apaiser le Consistoire et le Conseil. Publier le *QNS* revient également pour Sánchez à s'attribuer une caution morale auprès des autorités religieuses et universitaires au moment même où il tente de s'installer et d'obtenir une chaire. Le paratexte des deux humanistes constituent un même mouvement de construction d'un *ethos* favorable et valorisant. Il semble que cette participation du scepticisme à la construction de l'*ethos* de ceux qui le professent soit un geste qui devienne courant au cours du siècle, puisque l'on retrouve une pareille démarche au cœur même des *Essais* de Montaigne (voir nos art. «Le Socrate papiste: un délit de faciès dans les *Essais*», *Le livre III des Essais de Montaigne*, Cahiers Textuel 26, Paris, 2003, p. 73-104 et «'I Am No Philosopher': Montaigne's Suspension of Philosophical Ethos», in «*Revelations of Character*»: *Ethos, Rhetoric and Moral Philosophy in Montaigne*, Cambridge Scholars Publishing, Newcastle, 2007, p. 133-152). Est-ce dans le cas de Sánchez un geste totalement rhétorique dont la visée ultime serait purement pragmatique? Il est difficile de trancher. Le réinvestissement de la démarche sceptique à d'autres endroits de son œuvre, comme dans le *Carmen de cometa*, pourrait nous faire pencher pour un réel attachement. Pour une cohérence globale du scepticisme dans l'œuvre de Sánchez, voir M.-L. Demonet, «La fiction comme 'chimère' chez Montaigne et Sanchez», à paraître dans le *BSAM* en 2007, ainsi que sa notice dans le *Dictionnary of Seventeenth Century French Philosophers*, Thoemmes Press.

[15] Nos références renverront toutes à l'édition d'A. Comparot. Toute modification de sa traduction apparaîtra entre crochets droits. Ici, *op. cit.*, p. 12.

[16] Toutes nos réf. renvoient à la traduction de P. Pellegrin, Paris, Seuil, 1997.

moitié couverts de poussière et de moisissure, et que leur lecture l'avait guéri de sa fièvre quarte. Ce motif du texte abandonné, en état de décrépitude avancée, permet de suggérer par contraste, sous la laideur de l'enveloppe extérieure, un contenu précieux[17]. En présentant ainsi son *QNS,* Sánchez confère cette valeur cachée à son texte, et le place dans la lignée de deux textes opposés: les textes canoniques du scepticisme, auxquels il se raccroche, et les textes d'Aristote et de ses épigones dont il va justement prendre le contre-pied. La seconde qualité que cette dédicace souligne est la dimension engagée du *QNS:* ce dernier est représenté sous la métaphore filée du soldat chrétien qui doit donner l'assaut à l'erreur, qui ressortit aux domaines tant épistémologique que religieux (*falsitatem expugnaturum*)[18]. Cette figure traditionnelle du soldat de la chrétienté, élaborée entre autres par Erasme, met en avant la dimension engagée de tout texte sceptique à cette époque. Gentian Hervet, dans la dédicace de l'*Adversus Mathematicos* de Sextus au Cardinal de Lorraine, affirme clairement que le scepticisme doit être réactivé pour prendre «la défense des principes de la religion chrétienne». Dès sa dédicace à Castro, Sánchez souligne bien la généalogie dans laquelle s'inscrit le *QNS:* celle des textes fondateurs du scepticisme.

L'avertissement au lecteur est plus étoffé et présente une explicitation de la nature de cet engagement. Sánchez reprend la métaphore de l'ingestion déjà présente chez Estienne. Ce dernier avait été pris de fièvre quarte à la suite d'une trop grande accumulation de lectures, sorte de mélancolie en réduction qui, en tant que telle, atteint l'hypocondre et provoque une paralysie du système digestif. Sánchez, lui, avoue avoir eu tendance à manger à tous les râteliers, pressé d'avaler la science d'autrui. Cette attitude ne pouvait que le conduire à l'indigestion. Il est significatif de voir le raccourci opéré par Sánchez: il déclare avoir engagé son *inquisitio* par souci de se livrer à la *Naturæ contemplatio*[19], et de s'être gavé pour satisfaire son *aviditas sciendi*. Cédant à une des trois formes de *libido* qui caractérisent la concupiscence, il est ainsi passé sans transition et de manière illégitime de l'«examen» à la doctrine. Première déviance qui va être stigmatisée tout au long du *QNS.* Toutefois, la présentation de l'indigestion chez Estienne et Sánchez n'ont pas la même portée. Si Estienne souffre d'une affection due à la quantité d'opinions diverses ingérées, celle de Sánchez est plutôt due à la qualité de chaque opinion, puisqu'il se plaint de n'avoir trouvé aucun jugement «net et définitif» (*ibid.*, p. 15). Ainsi ce n'est pas la multitude diaphonique des doctrines qui sont mises en cause, mais leur teneur; le *QNS* semble donc d'emblée s'acheminer vers un examen du contenu des représenta-

---

[17]   Voir notre art. «Traduire les *Hypotyposes Pyrrhoniennes*: Henri Estienne entre la fièvre quarte et la folie chrétienne», *Le retour du scepticisme aux XVI͏ᵉ et au XVII͏ᵉ siècle, op. cit.*, p. 48-101.

[18]   *Op. cit.*, p.12.

[19]   *Ibid.*, p. 14. Notons que la σκέψις trouve chez Sextus son fondement dans une recherche initialement dogmatique (*H.P.*, I, 26).

tions intellectuelles. Le résultat de cette *inquisitio* infructueuse est de pousser Sánchez au geste radical de la *tabula rasa :* «Je m'en suis, par suite, référé à moi; et révoquant tout en doute, comme si jamais rien n'avait été dit par personne, j'ai commencé à examiner les choses en elles-mêmes : c'est là la vraie méthode du savoir» (*ibid.).* Ce geste, dans lequel on a vu une source d'inspiration pour Descartes, est significatif car il clôt une séquence débutant sur un éloignement de la contemplation du réel pour cause d'indigestion doctrinale. L'effet de cette crise dogmatique est de ramener l'individu à la contemplation, à l'examen du réel (*res examinare),* seule condition de possibilité d'une bonne santé. Le terme de ce retour à un comportement intellectuel naturel est donné sans ambage, il s'agit du doute : «faisant partir de là [mon examen], plus je pense, plus je doute». Les premières lignes de cet avertissement au lecteur sont ainsi programmatiques et donnent par avance la démarche de l'ensemble de l'œuvre; l'individu doit fuir la doctrine extérieure, véritable fatras indigeste, pour revenir à l'observation du réel. Cette dernière est forcément aporétique et a pour borne la suspension du jugement, puisque *nihil perfecte complecti possum* (*ibid.,* p. 14). Cet effet d'annonce de l'échec ultime de la raison, malgré sa discrétion, est extrêmement important pour éviter les pièges tendus par la compréhension de l'œuvre. L'*inquisitio* se bornera, comme Sánchez le souligne plus loin, à une chasse «désespérée». Sánchez revient alors sur son rejet des doctrines extérieures, contractées auprès des «Docteurs»: elles se résument à des édifices verbaux dont les fondements ne sont jamais vérifiés, tout aussi impénétrables que la réalité qui leur résiste et qui échappe toujours à leur dérisoire tentative de saisie. La profondeur du réel, tout comme le *flatus vocis* qui prétend en rendre compte, est impénétrable, l'une par un excès de densité, l'autre par absence radicale d'intensité. On peut noter un discours apologétique, perceptible en permanence à l'arrière-plan du discours épistémologique, puisque contredire ces «Docteurs» revient à «blasphémer». La doctrine de ces Docteurs, qui ne sont pas sans faire penser à de nouveau pharisiens, est une véritable religion parallèle qui se borne à demeurer perpétuellement à la surface de la Vérité. Pas de meilleur moyen pour Sánchez de rendre, *a contrario,* toute quête légitime de la Vérité sainte et chrétienne. Notre auteur n'abandonne d'ailleurs pas le ton religieux puisqu'il met en garde le lecteur à la manière des prophètes annonçant la punition encourue par l'aveuglement des nations : «Que soient trompés ceux qui veulent être trompés. [...] Il ne manquera pas cependant de gens parmi eux pour lire sans comprendre – car que peut faire un âne avec une lyre –» (*ibid.,* p. 17). Le lecteur est brutalement mis face à ses responsabilités: s'il veut aller plus loin, qu'il quitte tout aveuglement volontaire. S'il ne le peut pas, il ne sera qu'un âne parmi d'autres. Cette mise en garde, qui n'est pas sans rappeler la dénonciation par Isaïe de l'aveuglement d'Israël[20], a un double rôle au seuil du *QNS*: en

---

20   XLII, 18-20.

prenant à son compte un statut d'énonciation prophétique, Sánchez suggère en filigrane – tout comme le faisait Estienne par le biais du motif mélancolique – que son investigation philosophique a une dimension religieuse. L'acquisition de la Vérité passe toujours par les chemins de Dieu[21]. Autre intérêt de cet avertissement: le sens ne sera pas obvie et donné simplement, car il faudra, sinon déployer une véritable herméneutique, tout au moins éviter les pièges tendus à l'intérieur du message. C'est bien une démarche de compréhension personnelle qui est demandée, l'exercice du «sens et de la raison». Dès que le lecteur en est remis à ses propres facultés et qu'il ne s'agit pas de s'incliner servilement devant un nouveau «Docteur», l'échec peut subvenir et les conclusions de Sánchez être perdues de vue. Ce point est capital puisqu'il confère au *QNS* son véritable mode de fonctionnement: il ne s'agit pas d'asséner une doctrine démonstrative sceptique, si tant est que cela puisse exister, mais d'associer le lecteur à une *expérimentation* du scepticisme qui n'est, après tout, qu'un exercice spirituel, un processus ponctuellement mobilisable depuis Sextus. C'est pourquoi Sánchez refuse le traité pour le genre du dialogue qui lui permet de mettre en scène le lecteur et de l'associer à chaque instant à l'investigation. Sánchez n'est qu'un guide sur les chemins de la vérité et, comme pour Israël avec Yahvé, il n'est pas sûr que le lecteur y parvienne. Tout dépendra de sa volonté de lutter contre son propre aveuglement et de sa perspicacité. Sánchez va se lancer dans l'examen de la réalité qui doit déboucher sur le doute; il demande donc au lecteur non pas d'accepter une doctrine, mais de s'investir dans un processus de libération intérieure: «[Doute avec moi]. Mettons ensemble à l'épreuve nos esprits et la nature»[22].

S'il n'est alors pas étrange de voir Sánchez s'inscrire dans une tradition textuelle bien établie, il l'est certainement davantage de constater qu'il reste très

---

[21]   La préoccupation religieuse se double d'un intérêt thérapeutique, qui permet à Sánchez de relier le geste philosophique à sa profession médicale. En effet, sans se borner à la critique de la faiblesse d'autrui, il compte professer sa propre faiblesse en la mettant en pratique, libérant ainsi d'une véritable servitude le lecteur. Mais cet examen de l'étroitesse des capacités humaines à philosopher ne semble pas intéresser Sánchez en soi. Ce dernier déclare ne pas vouloir y passer trop de temps car «c'est la médecine – art que nous [enseignons] – dont l'approche nous importe, et dont tous les principes relèvent de la contemplation philosophique. Ainsi faisons-nous d'une pierre deux coups». L'art d'Esculape n'est pas une phase postérieure à l'examen philosophique, et le *QNS* n'est pas une propédeutique à un empirisme quelconque. Les deux exercices sont conjoints, car ils relèvent des mêmes principes, et en poursuivant la contemplation philosophique, Sánchez trouve le moyen de pratiquer son art curatif. Cette alliance du scepticisme et de la médecine n'est pas nouvelle; notre auteur ne fait que réactiver la démarche de Sextus Empiricus. Ce dernier, lui-même médecin, clôt le troisième livre des *Hypotyposes Pyrrhoniennes* en déclarant: «Le sceptique, du fait qu'il aime l'humanité, veut guérir par la puissance de l'argumentation la présomption et la précipitation des dogmatiques» (*H.P.*, III, 280-281).

[22]   *Op. cit.*, p. 17.

discret sur le pyrrhonisme en tant que tel. Il semble que notre auteur ait eu tendance à effacer les indices trop visibles d'un attachement au pyrrhonisme : sont gommés tous les membres de l'école, le processus dialectique de la σκέψις, les notions qui lui dont inhérentes comme celles d'isosthénie ou de suspension du jugement, ou encore des termes proprement pyrrhoniens comme le « οὐ μᾶλλον ». Si le scepticisme est bien présent, il est constamment mis en sourdine pour lui permettre de déployer une efficacité discrète et souterraine[23]. Il ne s'agissait pas en effet pour Sánchez de délivrer de nouvelles *Hypotyposes Pyrrhoniennes* mais « d'examiner le réel » pour se rendre compte du fossé qui peut éloigner ce dernier des abstractions fantomatiques de la raison, en usant de moyens courants[24] ; il fallait dès lors user du scepticisme tout en le rendant moins saillant, mais sans rien enlever à son efficacité. Sánchez décide alors d'instiller le pyrrhonisme dans son œuvre en ce qu'il peut avoir à la fois de plus approprié à la démarche critique qu'il veut poursuivre et de plus élémentaire. En réinjectant les « modes » ou « tropes », schémas argumentatifs destinés à créer l'isosthénie et la suspension du jugement par l'opposition, à toute représentation, d'une représentation contraire de force égale ou par la mise en avant d'une insuffisance du raisonnement, Sánchez construit son discours en l'appuyant sur les atomes du scepticisme. Ces éléments permettent de ne pas conférer une identité absolument pyrrhonienne à son propos, tout en lui permettant d'asseoir un examen critique et destructeur de toute opinion dogmatique. Se pose alors la question des sources exactes. Sánchez avoue aussi bien dans les annotations marginales que dans le corps du texte avoir usé d'une documentation sceptique. Il mentionne la *Vie de Pyrrhon* au livre IX des *Vies* de Diogène Laërce, le *Lucullus* de Cicéron, l'*Adversus Coloten* de Plutarque et le *De optimo docendi genere* de Galien. Ces ouvrages sont en fait peu représentatifs des sources réelles d'inspiration de ce dernier. Les renvois à Diogène Laërce, qui sont les plus fréquents, n'indiquent pas de réinvestissement fondamental. Si la lecture peut paraître effective, puisqu'au moins un exemple donné pour les dix tropes d'Enésidème

---

[23] Le même phénomène se laisse observer dans l'*Examen vanitatis* (1520) où Gianfrancesco Pico della Mirandola conduit la *skepsis* et traduit littéralement les œuvres de Sextus sans jamais mentionner ses sources comme telles. D'ailleurs, la citation, la référence, tout comme l'argument d'autorité, n'ont aucune valeur dans un exercice spirituel qui se donne toujours comme ponctuel et présent.

[24] Notons qu'il est fondamental de se rendre compte que la *contemplatio* qui est à l'œuvre dans le *QNS* ou l'« *examen rerum* » qui est promis comme suite logique de ce texte sont deux traductions exactes de l'« examen pyrrhonien », c'est-à-dire de la σκέψις telle qu'elle est définie par Sextus en *H.P.* I, 8 – en d'autres termes, du scepticisme entendu comme processus intellectuel. Le *QNS* est alors lui même expérience intellectuelle fondée sur l'exacerbation des incertitudes par contradiction, expéreince qui sera elle-même remise en cause par un *examen* ultérieur, en vertu de la logique pyrrhonienne de la zététique.

vient enrichir ceux de Sextus[25], les points doctrinaux les plus importants, tels que le οὐ μᾶλλον, ne sont pas repris, pas plus que les anecdotes relatives à la vie exemplaire de Pyrrhon. C'est à peine si l'on peut identifier la critique finale du phénomène que notre auteur aurait pu reprendre chez Diogène[26]. La présence concomitante de celle-ci chez Sextus impose d'observer une certaine prudence. Le traité de Cicéron n'est pas non plus vraiment sollicité dans le *QNS* qui ne met en place aucun probabilisme, se contentant de reprendre la critique de la représentation compréhensive en ce qu'elle a de plus général. Il se peut que Sánchez ne se soit pas réellement servi des ouvrages qu'il allègue. L'édition d'Estienne lui fournissait en appendice la *Vie de Pyrrhon* tout comme le *De optimo docendi genere*. Un renvoi à la vie d'Héraclite suggère que Sánchez a une connaissance de l'ensemble du livre IX des *Vies* de Diogène Laërce. S'il semble avoir au un accès réel à ces dernières, une incohérence comme l'attribution du *Lucullus* à Plutarque (*ibid.*, p. 42), alliée au manque de retombées théoriques de cette œuvre, peut nous faire douter de sa lecture. On pourrait aller jusqu'à penser que Sánchez s'est contenté de lire les *annotations* d'Estienne aux *Hypotyposes* et qu'il y a puisé ces références, l'*Adversus Coloten* de Plutarque mis à part. Quoi qu'il en soit, on ne peut qu'aboutir à cette conclusion: notre auteur met en avant les sources sceptiques qui ont le moins de retombées directes sur son propos et passe sous silence les plus importantes, comme s'il cherchait, toujours dans un souci d'effet de sourdine, à cacher la forêt par quelques arbres. C'est bien cette impression qu'il donne: avoir recours à Sextus sans jamais le mentionner en dissimulant sa présence par les «à-côtés» de l'édition d'Estienne. Sextus Empiricus est en effet la source sceptique primordiale de Sánchez.

La lecture des *Hypotyposes* est bien un point qui chez notre auteur prête à διαφωνία. E. Senchet défend cette hypothèse[27] tandis qu'A. Comparot, sans toutefois déterminer ses points d'impacts sur le *QNS*, propose une lecture de la traduction de l'*Adversus Mathematicos* par G. Hervet à la fin de la scolarité au Collège de Guyenne[28]. Plus récemment, E. Limbrick, voulant rattacher Sánchez à une méthode néo-académicienne combinant le doute et l'observation empirique, donne cette lecture de Sextus comme seulement probable[29] et tend à faire de cette question un faux problème qui brouillerait les pistes de l'évaluation du scepticisme de cet auteur[30]. Cette évaluation demande justement un examen précis des sources. Si le néo-académisme de notre auteur ne semble

---

[25] Sánchez reprend au cinquième trope de Diogène Laërce la diversité des modes de sépulture pour la réinjecter dans le dixième mode d'Enésidème qui lui correspond.

[26] Voir *op. cit.*, p. 84.

[27] *Op. cit.*, p. 72 sq.

[28] *Augustinisme et Aristotélisme de Sebond à Montaigne*, p. 563-565.

[29] *Op. cit.*, p. 79.

[30] *Ibid.*, p. 90.

pouvoir être réellement étayé par le texte, la lecture des *Hypotyposes Pyrrho-niennes* est certaine à plus d'un titre. Le premier élément de concordance entre les deux œuvres est repérable au sein du paratexte. Comme nous l'avons précédemment souligné, la préface de Henri Estienne semble avoir légué de nombreux motifs à Sánchez comme l'affection touchant l'hypocondre, la nécessité de soigner le mal dogmatique, l'engagement du soldat chrétien, etc. Mais c'est bien davantage le texte même de Sextus qui semble avoir eu l'impact le plus important sur le *QNS*. Sánchez ne se contente pas en effet d'aborder des questions qui y sont traitées, comme la définition, la démonstration, la cause, car il tend à adopter le même type de démarche argumentative. Comme Sextus le fait tout au long de son œuvre, Sánchez passe en revue les différents principes sur lesquels repose la science, et pour chacun d'entre eux, épuise la combinatoire des possibilités qui s'ouvrent pour les réfuter de manière systématique. Même si le processus de la σκέψις – mise en balance de deux représentations opposées / isosthénie / suspension du jugement / ataraxie –, n'est pas formalisé en tant que tel et repris dans son intégralité, on retrouve des tendances qui découlent de ce dernier dans le *QNS*. Ainsi, Sánchez tente d'opposer à tout énoncé un énoncé contradictoire pour souligner le fait que l'on ne peut trancher sur rien, et il affectionne la recherche du *modus tollens* qui est une des armes fréquemment utilisées par Sextus. Il s'agit de produire un élément issu de la réalité qui viendra contredire et ainsi ruiner définitivement toute assertion dogmatique, c'est-à-dire tout énoncé se donnant comme universel et absolu. Cet emploi du démenti par l'exemple tiré de la réalité est parfaitement mis en pratique lorsque Sánchez discute l'origine des couleurs:

> Un exemple tiré des couleurs suffira. Si l'on affirme que la blancheur naît de la chaleur, le démenti est donné par la neige, la glace, ... Si l'on affirme qu'elle naît du froid, le démenti vient alors de la cendre, de la chaud, du gypse et de l'os, de la combustion (*op. cit.*, p. 95).

De même, réfuter Aristote – le meilleur représentant du rationalisme philosophique –, permettra d'invalider toute prétention de l'intellect à accéder au vrai (*ibid.*, p. 27). L'*examen rerum*, c'est à dire l'observation du réel, l'expérimentation, est d'ailleurs le meilleur moyen de trouver des *modi tollentes* toujours renouvelés. Ce recours à la contradiction est au fondement de la mise en balance des discours. A tout énoncé «A» peut être opposé un énoncé contraire «non-A», et en vertu d'une présomption d'isosthénie qui maintient en équilibre les plateaux de la balance du jugement, il faut nécessairement suspendre son jugement. Même s'il ne le formalise pas comme le procédé même qui constitue la sceptique, car la pratiquer pour elle-même de manière explicite le ferait dévier de son but, Sánchez a bien compris la force invincible de ce mouvement qui conduit à l'ἐποχή. Au moment même où il envisage le dernier expédient pour échapper à l'ignorance, le recours au jugement personnel, il pose la notion d'équipollence dont le corollaire est forcément la suspension du jugement :

> Le dernier remède : pense toi-même pour toi. Tu as pensé. Tu as peut-être saisi une connaissance par ton esprit ; rien de moins. Et moi < aussi > je crois l'avoir atteinte. Qu'en résulte-t-il ? Pendant que je m'entretiens avec toi de la connaissance, je la suppose telle que je l'ai comprise, mais toi telle que tu l'as comprise. Moi je prétends qu'elle est une chose, et toi une autre. Qui réglera le procès ? Celui qui sait ce qu'elle est réellement. Mais qui est-il ? Il n'existe pas » (*ibid.*, p. 57).

L'exercice de la liberté de jugement ne peut rien y faire : il est lui aussi miné par l'irréductible isosthénie des énoncés qui a pour conséquence qu'il n'est science de rien, pas même de celle qui établit l'inscience.

Cette mise en équilibre des discours va de pair avec une autre notion chère à Sextus, sur laquelle certains auteurs plus anciens comme Pico, Agrippa ou Guy de Bruès sont revenus avec insistance : la διαφωνία ou dissension entre les philosophes. Le désaccord généralisé qui règne entre les théoriciens n'est d'ailleurs pas seulement une pure constatation de la part de Sánchez. Ce dernier voit fort bien le parti que l'on peut en tirer pour faire fonctionner la σκέψις :

> Tu recours, toi, à Aristote ; moi, à Cicéron, dont le métier est de montrer le sens des mots. Alors tu m'objecteras que la langue de Cicéron manquait d'exactitude et de recherche. Moi, je résisterai. Car c'est Cicéron qui exerçait cet art du langage, et non Aristote. Si tu pousse plus loin, je produirai d'autres connaisseurs de la langue latine, ou grecque. Même chose en effet : entre eux aucune entente, aucune certitude, aucune constance, aucune ligne de partage. Chacun distend la portée des mots à son gré, les tord en tous sens, et les accommode à son dessein » (*ibid.*, p. 25).

L'intérêt de ces lignes n'est pas de montrer une pure et simple mise en avant de la dissension mais de voir que Sánchez a pleinement conscience de cette dissension tout en continuant à alléguer l'autorité de tel ou tel auteur. Nous voyons clairement ici combien il joue de cette διαφωνία ; s'il continue d'ailleurs à en appeler au témoignage de tel ou tel auteur, ce n'est bien sûr pas pour affirmer la supériorité de ce dernier, mais pour souligner l'absence de certitude et de constance entre les auteurs[31]. Dès lors, il trouve là un moyen d'action privilégié :

---

[31] Cette absence de fiabilité des auteurs qui participent à la διαφωνία va de pair avec une absence de « légitimité divine » : en opposant Pline à Moïse, Sánchez montre bien que seule « la révélation divine donne [la] science de toutes [les] vérités ». Seul le discours prophétique est finalement capable d'une συμφωνία effective, et la dissension des philosophes accuse la nature humaine de leur discours. Sánchez ne condamne d'ailleurs pas un facteur humain qu'il est impossible de réduire sans l'aide du Créateur : « Ainsi donc l'opinion des philosophes a-t-elle une excuse, mais non leur obstination dans l'incroyance et leur opposition à le foi » (*ibid.*, p. 83).

«Rien ne prouve plus l'incertitude de la science que la diversité d'opinions de ceux qui l'édifient. Cette diversité des opinions, tous les savants, dans tous les domaines la partagent, si bien qu'on en peut déduire combien peu de certitude se trouve en nos sciences» (*ibid.*, p. 141). Toutefois, l'opposition systématique de raisons diverses n'est pas pour Sánchez profitable en soi. C'est bien cette attitude qu'il dénonce dans l'éducation du jeune homme à la fin de son ouvrage: «C'est ainsi que des maîtres opposés les uns aux autres entraînent le fragile débutant dans la confusion et l'incertitude» (*ibid*). Une telle déclaration peut paraître paradoxale, dans la mesure où notre auteur ne cesse de jouer de ce principe pour acculer son lecteur au doute définitif, et où il semble prendre plaisir à le jeter dans le «trouble.» Le jeu de la contradiction perpétuelle, même si l'on peut reconnaître en Sánchez cet «adversaire qui crée toujours des difficultés et invente des nouvelles armes qu'il faut repousser» (*ibid.*, p. 145), n'est pas le même dans la dialectique dogmatique et dans la dialectique instrumentalisée par le scepticisme. Dans la dialectique ordinaire, «celui qui tient la vérité et la défend est écrasé sous les arguments contraires. Comme il ne peut résister, il perd courage et abandonne le vrai pour se rendre à l'ennemi» (*ibid*). S'il s'agit pour Sánchez d'écraser l'interlocuteur sous un flot d'arguments contraires, ce n'est pas pour le contraindre à quitter une position première pour une autre qu'on lui a opposée dans le but de le réduire à un nouvelle servitude intellectuelle. La démarche sceptique telle qu'il la trouve chez Sextus est bien de nature dialectique, mais sa visée n'est pas d'instaurer un rapport de force, une pesanteur victorieuse; cette démarche recherche au contraire une absence de force, une mise en équilibre généralisée empêchant tout assentiment de la part du lecteur et, par là-même, tout acte d'allégeance intellectuelle. Le recours à la pensée d'autrui est alors pour Sánchez un moyen d'en finir avec l'esclavage de la pensée qui constitue la fibre même de la formation de l'étudiant.

Mais c'est certainement dans l'utilisation des modes sceptiques que Sánchez trahit sa lecture et son utilisation des *Hypotyposes Pyrrhoniennes*. Ces schèmes argumentatifs fonctionnant sur la recherche de la contradiction permettent d'atteindre, *via* l'isosthénie, la suspension du jugement. M. Ishigami-Iagolnitzer affirme sans les détailler leur présence dans le *QNS*[32]. S'ils ne semblent pas tous apparaître dans cette œuvre, nous pouvons en identifier un bon nombre.

Le premier mode joue ainsi sur la variété des espèces animales et sur la disparité qui en découle dans la saisie des phénomènes. Sextus établit cette variété en se fondant dans un premier temps sur les divers types de génération animale. Sánchez semble s'intéresser de près à ce facteur de diversité puisqu'il reprend bon nombre des exemples de Sextus:

> Combien sont nombreux les processus de génération, et les processus de corruption. La génération vient de la graine, des œufs, du fumier, de la putré-

---

[32]   Voir art. cit., p. 41-42.

faction, de la rosée, de la poussière, de la boue, de la chaleur, de la pourriture, et de bien d'autres causes encore[33].

La mention faite dans les lignes qui suivent au Phénix, tout comme à l'ours, accuse également une lecture des *Hypotyposes*. Toutefois, cette dernière semble renforcée par le réinvestissement d'un ouvrage plus récent qui traduit le texte de Sextus en le recomposant à la manière d'un centon, tout en l'enrichissant: l'*Examen Vanitatis* de Gianfrancesco Pico della Mirandola (1520). La référence au Phénix associée au processus de formation de l'ours «bien léché» renverrait davantage à ce dernier ouvrage[34], tout comme la présence du «scarabée» au sein d'une liste d'animaux dont la génération est spontanée[35]. Un apport aristotélicien est également perceptible dans l'évocation de la rosée, tout comme dans l'évocation des cas de génération spontanée à partir du bois «sec ou encore sur pied»[36]. Le premier mode est ainsi sollicité par notre auteur à partir de trois sources complémentaires, ce qui permet non seulement de diversifier l'information mais encore d'éviter un recours trop flagrant aux œuvres pyrrhoniennes. Le second trope de la suspension du jugement – portant sur la variété qui existe à l'intérieur même de l'espèce humaine – est également repris par Sánchez lorsqu'il est question des habitudes surprenantes que certains adoptent. Enrichissant comme à son habitude les exemples puisés dans les modes par des illustrations plus personnelles, il mentionne successivement une femme qui se nourrit de ciguë, et une autre qui «ronfle jour et nuit» (*op. cit.*, p.71). La première apparaît aussi bien chez Sextus que chez Pico[37], tandis que le second pourrait dériver de la seule lecture de ce dernier[38]. Le mode suivant, portant sur la diversité dans les configurations sensorielles, n'est pas utilisé à partir d'exemples spécifiques mais permet à Sánchez de poser la nécessité d'un corps parfait pour atteindre une science digne de ce nom. L'idée de la commensurabilité des sens aux objets sensibles, discutée par Sextus au § 98 du premier livre des *Hypotyposes*, se retrouve lorsque le *QNS* souligne l'impossibilité de la proportionnalité du sujet connaissant et de l'objet de connaissance:

---

[33] *Ibid.*, p.85. Voir *H.P.*, I, 41. Sánchez mentionne également les bestioles qui naissent dans les fours à la p. 87.

[34] *Op. cit.*, in *Opera quæ extant omnia*, Bâle, 1557-1573, *reprint* G. Olms Verlagsbuchhandlung, Hildesheim, 1969, Lib. II, cap. 22, f. 855-856. Les exemples de génération spontanée produits par Agrippa dans son *De occulta philosophia* (éd. par V. Perrone Compagni, Leyde, E.J. Brill, 1992, I, 24, p. 136 et I, 36, p. 152) ne semblent pas avoir eu d'influence directe sur les passages que le *QNS* consacre à cette question.

[35] Sánchez, *op. cit.*, p.127: «par exemple il engendre la souris du fumier, la sauterelle, la puce, le moustique, le lézard, le scarabée, le poux et bien d'autres animaux».

[36] Voir *Histoire des animaux*, V, 19, 550a.

[37] *H.P.*, I, XIV, § 81 et *Examen Vanitatis,* f. 862.

[38] *Ibid.*, f. 868.

> Il faut donc avoir une vision parfaite pour juger des couleurs, une ouïe parfaite pour juger des sons, un toucher parfait pour juger des sensations tactiles, un goût parfait pour juger des sensations gustatives, une mobilité parfaite pour juger du mouvement, un sens de la douleur pour juger de la douleur, [...] (*op. cit.*, p. 123).

L'inadéquation de l'appareillage sensoriel à l'objet de la sensation est ainsi au fondement du troisième mode comme à celui de la critique que fait Sánchez de la sensation. Le quatrième trope, portant sur la diversité des circonstances de l'observation trouve également un écho direct dans le *QNS*. Pour réfuter la thèse selon laquelle les phénomènes auraient une valeur intrinsèque, Sánchez reprend cet argument dans une des sous-catégories qu'il propose, celle de la maladie: «Celui qui a la fièvre trouve chaud tout ce qu'il touche, celui dont la langue a été atteinte par la bile jaune trouve tout amer» (*ibid.*, p. 85). Sextus prête à la fièvre une action sur le goût qui devient «terreux et amer»[39] et ne mentionne que l'amertume apportée par la bile jaune[40]. C'est encore une fois chez Pico que Sánchez trouve l'association des modifications entraînées par la fièvre et par la cholère[41]. Ce trope sur les circonstances est enfin repris lorsque notre auteur cherche à fragiliser la fiabilité de la vue: «quand l'œil est enflammé, tout a l'air rouge. Quand il y a une poussée de bile, c'est jaune. Si <une humeur> tombe sur la pupille, tout a l'air percé, ou voilé, grand, ou petit, double, ou obscur» (*ibid.*, p. 119). Sánchez semblerait se borner à reprendre le texte des *Hypotyposes*[42] si l'*Examen Vanitatis* ne proposait pas de rattacher les deux pathologies à la contamination humorale de la pupille[43]. Cette mise en doute de la fiabilité de la vue se poursuit avec le recours au cinquième mode qui porte sur les positions et les distances[44]. L'éloignement constitue pour Sánchez une variable qui vient modifier perpétuellement le résultat de l'expérience, ce qui entraîne une absence de résultat définitif:

> La lumière d'une lampe apparaît de près égale, oblongue, immobile, petite, dorée, de loin ronde, rayonnant partout et inégale, scintillante et mobile [...], grande, claire, sans coloration. Ce qui est loin a l'air obscur et petit. Ce qui est trop près, ou bien échappe à notre vue, ou bien est vu autrement qu'il n'est. Que feras-tu? Il faut tenir le juste milieu. Où est ce juste milieu? Est-ce à deux pas, ou à n'importe quel nombre déterminé de pas. [...] C'est de là

---

[39] *H.P.*, I, 52..

[40] *Ibid.*, I, 101.

[41] *An febre correptis flavaque laborantibus bile, quod aliis dulce, amarum videtur?*, *op. cit.*, f. 858.

[42] «Ceux qui souffrent d'un ictère disent jaunes les choses qui nous apparaissent blanches, et ceux qui ont des blessures aux yeux voient les choses rouge sang», I, 44.

[43] F. 856.

[44] Sánchez semble bien renvoyer à ce trope, comme en témoigne la conclusion du passage: *atque sufficiant hæc de situ* (*op. cit.*, p. 112).

que provient notre perpétuelle hésitation sur la grandeur des étoiles (*ibid.*, p. 113).

Ce passage emprunte pour l'aménager à sa façon le motif de la lampe à Sextus comme à Pico qui, pour ce mode, se contente de traduire purement et simplement le texte des *Hypotyposes*[45], avant de reprendre un peu plus loin celui du cou de la colombe dont l'irisation se modifie selon la position. La critique de la vision passe également par la réactivation du sixième mode sur le mélange. Aucune sensation n'est jamais pure car le milieu de l'observation elle-même vient interférer en « contaminant » le phénomène :

> Même si [la vue] s'opère par l'organe le plus parfait, et qu'elle est le plus sûr et le plus noble de tous les sens, elle se trompe cependant très souvent. Le milieu extérieur est ordinairement variable ; par suite il affecte de façon variable le sens. L'air ordinaire semble transmettre mieux les objets. Il apparaît en effet comme dépourvu de toute coloration. L'eau modifie la représentation. Ce sont là les milieux intermédiaires naturels. Mais il y en a beaucoup d'artificiels, le verre, la corne amincie, le cristal et d'autres semblables. Auquel de ces milieux naturels te fieras-tu ? [...] Lequel d'entre eux transmet l'objet avec plus d'exactitude et de vérité ? On ne peut le dire assurément » (*ibid.*, p. 109-111).

Ces lignes reprennent avec exactitude les données du problème que Sextus énonce au § 124 de son premier livre, mais avec des ajouts qui dénotent, une nouvelle fois, la lecture de Pico, comme cette mention faite au milieu intermédiaire artificiel qu'est la « corne amincie » ou, un peu plus loin, à la « lame d'argent »[46]. Sánchez utilise de même l'argument classique de la rame paraissant rompue lorsqu'elle est à demie plongée dans l'eau, détournant[47] un exemple que Sextus emploie pour appuyer son cinquième mode sur les lieux afin d'illustrer son argumentation sur le *medium*. Ce déplacement montre bien qu'il a une compréhension particulièrement fine du texte sceptique puisqu'il articule différemment certaines observations du réel en fonction d'une communauté de problèmes abordés par différents modes. Le problème des milieux intermédiaires est pour Sánchez indissociable de celui de la position qui finit par l'englober dans le *QNS*. Si notre auteur semble laisser l'air indemne dans un premier temps de son analyse, il y revient rapidement pour lui faire subir la même critique, avec une force accrue : « dans un air épais, tout paraît obscur, petit. Dans un air léger, c'est le contraire » (*ibid.*, p. 113). Cette opposition est

---

45   Voir *H.P.*, I, 119 et *Examen Vanitatis*, II, 26, f. 872.

46   [...] *verbi causa, quæ raduntur ex caprino cornu minutiæ, si per sese, ubi abrasæ fuerint spectentur, videbuntur albæ, in ipso vero cornu cornu adnatæ & insitæ omnino nigræ. Itemque argenti ramenta, quæ tenuiter elimata fuerunt, seorsum spectata videntur nigra, secus, in tota massa si considerentur, apparebunt, alba enim videbuntur.* (*Examen Vanitatis*, II, 27, f. 874).

47   Sextus, *H.P.*, I, 119.

déjà travaillée au sein du sixième mode d'Enésidème où l'air froid est confronté à l'air chaud, comme l'air ténu est contrebalancé par l'air épais (§ 124). En puisant donc dans les tropes sceptiques, Sánchez reprend et amplifie la prise en compte du *medium*, ce «milieu intermédiaire» déjà abordé par Vivès dans son commentaire sur le *De Anima*[48]. Les conclusions de notre auteur semblent plus radicales que celles de son prédécesseur, car ce dernier reste fort prudent dans la critique des sens. Se demandant si les sens peuvent tromper l'esprit, Vivès limite le champ de l'erreur à de mauvaises conditions d'observations ou à un défaut de réception par l'intellect[49]. La vision, comme les autres sens, conserve dès lors une dignité réelle au sein du *cursus discendi*, du processus de l'acquisition de connaissances:

> [...] *visus, qui, ut Aristoteles inquit, plurimas nobis rerum species patefacit, auctorque ad investigationem fuit sapientiæ, quemadmodum præclare scripsit Plato; nam ex aspectu nata est admiratio, ex qua animadversio, et scrutatio, studiumque sapientiæ...*[50]

Le geste de Sánchez est bien plus radical puisque les conditions de l'observation sensorielle sont définitivement imparfaites. Rien de certain ne peut provenir des sens, et toute l'attention que l'esprit pourra porter aux perceptions ne servira à rien. C'est bien une des modalités du dépassement de Vivès, que Sánchez avoue rechercher tout en le défendant, qui se présente au détour de cette reprise de la critique sceptique des sens.

Si les trois modes suivants – concernant la quantité, le relatif[51] et la fréquence – ne paraissent pas avoir retenu l'attention de Sánchez, il en va tout autrement du dixième mode, celui qui a certainement joui de la plus grande postérité, portant sur les coutumes, les mœurs et les lois. Notre auteur ne se prive pas d'y recourir dans des pages parallèles à l'*Apologie de Raimond Sebond*. Cet argument se retrouve dans une longue accumulation jouant sur plusieurs tropes à la fois: «l'un est un vrai voleur, l'autre homicide; celui-là ne vit que pour la grammaire, ...» (*ibid.*, p. 71). L'aversion pour les femmes, comportement apparemment fort atypique pour Sánchez et par là-même apte à bien marquer la relativité qui règne entre les hommes, y est donnée comme un des points culminants de l'étrangeté. Point de norme donc, fût-elle sexuelle, qui ne soit abolie par un *modus tollens*. Mais la reprise majeure du dixième mode intervient plus loin dans le texte:

---

[48] Voir *Opera Omnia*, Valence, in Officina Benedicti Monfort, 1782, t. III, I, III, p. 312 sq.

[49] *Ibid.*, I, IX, p. 326.

[50] *Ibid.*, II, VIII, p. 376.

[51] Fort général et finissant par englober les neuf autres, ce mode est en fait sans cesse présent dans le texte de Sánchez qui ne cesse de mettre en avant la relativité des expériences.

> Pour l'espèce humaine, quelle variété encore! En certains lieux, les hommes sont tous petits (on les appelle pygmées); ailleurs très grands (on les nomme géants). Les uns se promènent absolument nus; d'autres sont velus et leurs cheveux leur couvrent tout le corps. Bien plus, d'autres, absolument privés de langage, vivent comme les bêtes féroces dans les forêts, se cachent dans les cavernes, ou même comme des oiseaux, séjournent dans les arbres, mais avec grand plaisir, dévorent les hommes de chez nous, s'il leur arrive jamais de les saisir. Les autres, sans souci de Dieu, ni de la religion, vivent en communauté complète, y compris celle des enfants et des femmes. [...] Nous ne finirions pas, si nous voulions énumérer en totalité les mœurs de l'ensemble des hommes » (*ibid.*, p. 79).

Reliant le second mode de la suspension du jugement portant sur la diversité psychophysiologique à l'intérieur de l'espèce humaine au dixième mode portant sur les coutumes, Sánchez tente bel et bien de faire la synthèse du discours sceptique sur la relativité de l'humain. Il reprend chez Sextus, en plus de l'argument général, l'exemple du sacrifice légitimé par la religion, et l'adjoint à d'autres illustrations présentes dans l'*Examen Vanitatis*, comme les pygmées[52] ou encore les anthropophages[53].

Les cinq modes d'Agrippa, plus généraux car édictant les règles sur lesquelles repose une argumentation valide, sont également réinvestis dans le *QNS*. Si nous ne revenons pas sur le premier de ces modes fondé sur la διαφωνία qui a cours entre les philosophes, nous pouvons constater les nombreux points d'impact du second reposant sur la régression à l'infini. Toute preuve apportée dans la démonstration présuppose des prémisses, qui à leur tour supposent d'autres prémisses, etc.. Sánchez applique cette stratégie sceptique à maintes reprises, lorsqu'il s'agit de montrer aussi bien l'inanité de la recherche des causes, que celle des définitions, ou des étymologies[54]. Le quatrième mode qui attaque toute démarche fondée sur la supposition d'hypothèses permet également à Sánchez de critiquer le savoir hypothético-déductif:

> Y a-t-il pire malheur? Il faut ignorer pour savoir. qu'est-ce qu'en effet que supposer, sinon admettre des faits que nous ignorons? Ne vaudrait-il pas mieux alors commencer par connaître les principes? Je te refuse les principes sur lesquels tu fondes ton art. Il faut les prouver. Il n'y a pas à discuter, dis-tu, contre ceux qui nient les principes. C'est que tu ne sais pas prouver. Tu es ignorant, et non savant... (*ibid.*, p. 57-59).

Toute hypothèse peut être contredite par une autre et ne peut ainsi fonder en aucun cas la connaissance d'un objet. Enfin, le cinquième trope d'Agrippa, celui

---

[52] II, 23, f. 861.

[53] *Ibid.*, f. 864. Cette question de l'extension de la *terra cognita* est d'ailleurs traitée par Sánchez à la suite de sa mention faite aux anthropophages.

[54] *Op. cit.*, respectivement p. 51, 55, 77.

du cercle vicieux ou encore du «diallèle», est également une des bottes d'escrime à laquelle Sánchez à recours contre son lecteur. Il montre bien que l'on ne peut fonder la recherche d'un terme par l'utilisation de ce même terme au sujet d'Aristote qui veut définir un terme obscur par un terme encore plus obscur (*obscurum per obscurius; ibid.*, p. 27). Ce dernier tour n'est d'ailleurs pas sans rappeler le huitième mode de la suspension du jugement sur les causes qui suivent ceux d'Agrippa dans les *Hypotyposes Pyrrhoniennes*[55]. Les modes sceptiques sont donc au cœur de l'argumentation du *QNS*. La lecture de Sextus, tout comme celle de Pico della Mirandola, a fourni à Sánchez une batterie de matrices argumentatives ainsi que de nombreux exemples pour les faire fonctionner. Extrêmement discret car fondu dans la structure du propos, le scepticisme poursuit *incognito* son œuvre destructrice.

Un dernier texte néo-sceptique – le *De incertudine* pubié en 1530 par Henri-Corneille Agrippa – doit pourtant être encore envisagé, car il nous semble avoir joué un rôle important dans l'élaboration du *QNS*. Si cette *declamatio* paraît fort pauvre en reprise des divers témoignages pyrrhoniens, elle pourrait bien avoir inspiré Sánchez et même lui avoir fourni une structure, en tous cas pour ce qui est de son chapitre sept: «De la dialectique». Le parallèle s'établit en effet fort aisément: Agrippa commence par y attaquer les «définitions essentielles» telles que «l'homme est un animal rationnel», avant de s'en prendre au plus célèbre des Dialecticiens et à son Ecole, Aristote. La démonstration est ensuite discutée, et sa poursuite par le syllogisme condamnée. La dialectique ne produit pas le savoir mais ne fait que le promettre, qu'éveiller le désir des *curiosi*. Agrippa continue par un examen de la notion de cause, en mettant à profit l'argument sceptique critiquant les principes et la connaissance de l'aporétique par ce qui est aporétique. Définition, démonstration syllogistique et recherche causale: ce sont bien là les trois mouvements qui ordonnent la première grande partie du *QNS*. Ce dernier se poursuit par une critique plus générale de la science, moins focalisée sur sa mise en œuvre scolastique que sur le rôle de la perception dans le processus qui unit le sujet connaissant à l'objet observé. Or, le septième chapitre du *De incertudine* continue par une pareille critique des sens et de la sensation. Barrière rendant l'essence des choses inaccessible à l'esprit, invalidité fondamentale de tout savoir reposant sur la sensation,... Nous retrouvons les grands arguments détaillés par Sánchez. Le reste du chapitre porte sur certaines notions propres à la scolastique telles que le *minor,* le *major* et le *medium*, elles aussi discutées dans le *QNS*, avant de conclure sur l'esclavage intellectuel et artificiel qu'impose cette école. Ce parcours thématique, et bien plus encore le détail de la lecture de ce chapitre sur la *Dialectique*

---

[55]   «Le huitième est celui selon lequel souvent, les choses qui semblent être apparentes et celles qui sont l'objet de la recherche étant également objet d'aporie, ils expliquent ce qui est objet d'aporie à partir de ce qui est également objet d'aporie», *op. cit.*, I, 184.

ne peuvent que nous amener à voir dans l'œuvre de Sánchez le développement méthodique et rigoureux – enrichi bien sûr par de nouvelles perspectives –, de tous les points abordés par Agrippa.

Ainsi, l'examen des sources du *QNS* nous conduit à souligner la manière dont Sánchez instrumentalise le scepticisme, ou plutôt le renouvelle en l'appliquant avec une clairvoyance méthodologique extrême. A la manière d'un Pico qui proposait lui aussi un «*examen*», Sánchez ne propose pas un traité d'inscience. La dimension didactique de cet ouvrage est remarquable en ce qu'elle évite de tomber dans le piège du recours aux autorités de cette tradition sceptique et qu'elle se refuse à exposer des arguments pour les exposer. Il s'agit d'une réelle *contemplatio rerum*, d'une *expérimentation* du réel dont l'issue n'est pas assurée par avance mais doit être conquise par un lecteur que l'on aura associé au mouvement contradictoire, notamment par la promesse énigmatique d'un «*examen rerum*» à venir. Sánchez ne diffuse donc pas une doctrine sceptique mais une expérimentation du scepticisme. Renseigné très précisément sur cette philosophie car disposant des textes pyrrhoniens majeurs de l'antiquité comme de sa propre époque, il en fait un usage extrêmement discret, effaçant les points de doctrine inessentiels et ne conservant que les arguments ou les informations nécessaires à l'exercice de l'*examen rerum*. Le *QNS* est composé à l'aide du scepticisme, il dépend d'une *poétique* pyrrhonienne – et il est en cela pleinement sceptique, «examinateur»; mais un véritable effort pour estomper tout recours à un système – qui n'existe d'ailleurs pas – s'y ressent: l'important est d'arriver à l'inscience par des moyens naturels et courants, en se fondant sur l'expérience et la raison.

Emmanuel NAYA
Université Lumière Lyon 2 (GRAC - U.M.R. 5037)

GLI INGANNI DELL'IGNORANZA:
IL *CANDELAIO*
TRA REALTÀ E APPARENZA[*]

Bruno inaugura a Parigi la stagione in volgare con una commedia. Vuole dare un primo assaggio della sua filosofia in una chiave esplicitamente comica. Una vera e propria *ouverture* capace di anticipare alcuni temi forti del suo pensiero e, nello stesso tempo, in grado di tracciare per grandi linee i principi generali di una poetica. L'ermeneutica del Sileno, che caratterizzerà l'intera produzione dialogica, trova già nel *Candelaio* la sua prima formulazione. Bisogna prendere le mosse dal comico per cogliere i meccanismi che regolano la funzione del modello.

Innanzitutto, occorre affrontare l'enigmatica struttura tripartita della commedia. Perché intrecciare tre storie all'interno di un'unica *pièce*? Si tratta di una scelta casuale o di un disegno ben meditato? Senza tirare in ballo ipotesi numerologiche o esoterismi trinitari, si potrebbe supporre che Bruno abbia voluto semplicemente mettere in scena tre personaggi-tipo del teatro cinquecentesco: l'innamorato, l'alchimista e il pedante. Ma perché proprio questi tre, tra i tanti personaggi-tipo di cui si sarebbe potuto servire? E poi, ritornando al quesito di partenza, perché tre e non quattro o cinque o due?

Probabilmente, una risposta potrebbe venire da un'analisi delle teorie del comico. Rileggere la trattatistica sui meccanismi che suscitano il riso non significa limitarsi alle poche righe dedicate alla commedia nella *Poetica* di Aristotele. A fianco alla tesi dominante dello Stagirita, su cui ci soffermeremo più avanti,

---

[*] Anticipo qui, per gentile concessione dell'Utet, il terzo paragrafo della mia Introduzione a Giordano Bruno, *Opere italiane*, edizione critica a cura di Giovanni Aquilecchia, introduzione filologica di Giovanni Aquilecchia, note di Giovanni Aquilecchia, di Nicola Badaloni, di Giorgio Barberi Squarotti, , di Maria Pia Ellero, di Miguel Angel Granada, di Jean Seidengart, Torino, Utet, 2 voll. (in corso di pubblicazione). Questa edizione riproduce i testi e le note dell'edizione bilingue (testo critico e traduzione francese) Giordano Bruno, *Œuvres complètes*, éd. crit. par Giovanni Aquilecchia, Paris, Les Belles Lettres, voll. I-VII, 1993-1999 (pubblicata con il patrocinio dell'Istituto Italiano per gli Studi Filosofici e del Centro Internazionale di Studi Bruniani). Naturalmente, nell'impossibilità di rinviare alle pagine dell'edizione Utet, tutte le citazioni delle opere italiane di Bruno si riferiranno ai sette volumi dell'edizione critica Les Belles Lettres. Una versione arricchita di questo capitolo e dell'intera introduzione utetiana apparirà in N. Ordine, *La soglia dell'ombra. Letteratura, filosofia e pittura in Giordano Bruno*, prefazione di Pierre Hadot, Venezia, Marsilio (trad. française *Le seuil de l'ombre*, Paris, Les Belles Lettres). [Arcavacata, febbraio 2002].

nel dibattito cinquecentesco bisogna anche registare la diffusa presenza, implicita o esplicita, del *Filebo* di Platone, già pubblicato in latino nel 1484 da Marsilio Ficino[1]. Nella *Lezione sopra il comporre delle novelle* (1574), per esempio, Francesco Bonciani, pur avvalendosi della precettistica aristotelica, ricorre al dialogo platonico per offrire uno schema dei meccanismi che provocano il riso[2]. La stessa scelta avevano compiuto, in maniera più o meno sfumata, il Maggi, il Trissino e il Castelvetro nei loro commenti alla *Poetica*[3].

IL FILEBO *DI PLATONE* E LA «*NON CONOSCENZA DI SÉ*»

Le pagine del *Filebo* sul comico presentano, infatti, una serie di riflessioni caratterizzate dall'intreccio tra filosofia e letteratura. Socrate, nel corso del dialogo, analizza il concetto di «bene», ridiscutendo le definizioni correnti di piacere, di gioia, di godimento. E per fornire un esempio della compresenza di piacere e di dolore nell'anima si sofferma sulla natura degli spettacoli teatrali («E la disposizione della nostra anima nelle commedie, tu sai che in questi casi c'è una mescolanza di dolore e di piacere»[4]). Proprio l'interesse per la commistione di affezioni opposte – come il riso e il pianto, per esempio, possano combinarsi «nell'intera tragedia e commedia della vita»[5] –, spinge Platone a esaminare i meccanismi che scatenano il ridicolo. Si tratta di una breve ed intensa digressione (47d-50e), in cui viene formulata per la prima volta una spiegazione che mette in gioco contemporaneamente la vittima, l'autore e lo spettatore[6].

---

[1]   Sulla traduzione del *Filebo* realizzata da Ficino rinviamo alla dettagliata analisi di E. Berti, *Osservazioni filologiche alla versione del* Filebo *di Marsilio Ficino*, in *Il* Filebo *di Platone e la sua fortuna*, Atti del convegno di Napoli 4-6 novembre 1993, a cura di P. Cosenza, Napoli, M. D'Auria Editore, 1996, p. 93-167.

[2]   F. Bonciani, *Lezione sopra il comporre delle novelle*, in Nuccio Ordine, *Teoria della novella e teoria del riso nel Cinquecento*, Napoli, Liguori, 1996, p. 121-24. Sull'aristotelismo di Bonciani cf. *Trattati di poetica e di retorica del Cinquecento*, a cura di B. Weinberg, Bari, Laterza, 1972, t. III, p. 493-94.

[3]   Sulla presenza del *Filebo* nei commenti cinquecenteschi alla *Poetica* di Aristotele cf. N. Ordine, *Teoria della novella e teoria del riso nel Cinquecento*, p. 76-82.

[4]   Platone, *Filebo*, in *Dialoghi filosofici*, a cura di G. Cambiano, Torino, Utet, 1981, t. II, (48a), p. 541.

[5]   *Ibid.*, (50b), p. 544.

[6]   Per un'analisi di questi passaggi del *Filebo* si vedano almeno: M. Mader, *Das Problem des Lachens und der Komödie bei Platon*, Stuttgart, W. Kohlhammer, 1977, p. 13-28; S. Cerasuolo, *La teoria del comico nel «Filebo» di Platone*, Napoli, Turris Eburnea, 1980; G. Ferroni, *Frammenti di un discorso sul comico*, in *Aa.vv.*, *Ambiguità del comico*, Palermo, Sellerio, 1983, p. 19-23; N. Ordine, *Teoria della novella e teoria del riso nel Cinquecento*, p. 3-7; A. G. Wersinger, *Comment dire l'envie jalouse?*, in *La fêlure du plaisir. Etudes sur le* Philèbe *de Platon*, commentaires sous la dir. de M. Dixsaut, Paris, Vrin, 1999, vol. 1, p. 319-28.

Socrate, per persuadere il suo interlocutore, fissa in una celebre immagine la causa del ridicolo: per capire bene cosa accade, sulla scena teatrale e sulla scena della vita, bisogna pensare la «situazione contraria a quella indicata dall'iscrizione di Delfi»[7]. In effetti, l'elemento che scatena il riso viene provocato dalla «non conoscenza di sé», da un vizio dell'anima che genera false opinioni sul proprio valore. Una sorta di pericolosa ignoranza che si esplica in tre ambiti ben precisi:

  a) la prima riguarda la ricchezza, i beni di fortuna: crediamo di essere ricchi più di quanto in realtà non siamo («In primo luogo per quanto riguarda le ricchezze, credendosi più ricco di quanto comporti la sua sostanza»[8]);

  b) la seconda si basa sulle qualità del corpo: crediamo di essere belli o forti più di quanto in realtà non siamo («Ma più numerosi sono quelli che si credono più grandi e più belli e superiori in ogni qualità corporea rispetto a quello che sono veramente»[9]);

  c) la terza investe le qualità dell'anima: crediamo di essere virtuosi più di quanto in realtà non siamo («Ma di gran lunga più numerosi, credo, sono quelli che si sbagliano a proposito del terzo aspetto, quello delle proprietà dell'anima, credendosi migliori per virtù, senza esserlo»[10]).

Il ridicolo, secondo l'interpretazione proposta da Socrate, nasce dallo scarto che si crea tra ciò che noi crediamo di essere e ciò che in effetti siamo. Chi provoca il riso, insomma, ostenta una presunzione di superiorità che viene smentita dall'evidenza dei fatti, dalla realtà oggettiva che si presenta sulla scena. Millantare ricchezze, qualità fisiche o virtù genera naturalmente il riso. Ma la tripartizione, nel modello socratico, si riduce ad un'unica radice: la non conoscenza di sé, l'ostentazione di una supposta sapienza che finisce per rovesciarsi in una misera ignoranza.

Il discorso di Socrate naturalmente coinvolge altre importanti questioni (i rapporti di forza che si creano tra vittima e pubblico o la funzione determinante dell'«invidia» nel provocare la commistione di piacere e di dolore in chi assiste alla scena comica) che non è possibile affrontare in questa sede. Resta per noi importante, invece, il modello interpretativo dei meccanismi che scatenano il riso.

---

[7]   *Ibid.*, (48c-d), p. 542.

[8]   *Ibid.*, (48e), p. 542.

[9]   *Ibid.*

[10] *Ibid.*

LA STRUTTURA TRIPARTITA
DELLA COMMEDIA

Ad un'analisi approfondita del *Candelaio*, infatti, i tre protagonisti potrebbero esemplificare perfettamente lo schema disegnato nel *Filebo*:

    a) Bartolomeo si inganna intorno alle ricchezze, ai beni materiali: crede di essere potenzialmente ricco perché, dopo tanto penare, si illude di aver ottenuto la formula che gli consentirà di fabbricare l'oro; invece, agli occhi degli spettatori e dei personaggi che lo hanno derubato, finirà per mostrare la sua reale povertà a causa delle somme di danaro investite nella vana alchimia[11];

    b) Bonifacio si inganna intorno ai beni del corpo: non solo ritiene di poter possedere la signora Vittoria per le sue doti fisiche («Or che dumque sarà di Bonifacio che, come non si trovassero uomini al mondo, pensa d'essere amato per gli belli occhi suoi?»[12]), ma non si rende conto, come gli suggerisce Gioan Bernardo, di esser «candelaio» e non «orefice»[13];

    c) Mamfurio si inganna intorno ai beni dell'anima: crede di essere un virtuoso pedagogo, mentre si rivela uno sterile pedante[14].

---

[11] Ecco come la moglie descrive Bartolomeo, ormai sicuro di poter rivestire d'oro le travi della sua casa: «Le sue gemme e pietre preciose son gli carboni, gli angeli son le bozzole che sono attaccate in ordinanza ne' fornelli con que' nasi di vetro da cqua; e da llà tanti lambicchi di ferro, e de più grandi e de più piccoli e di mezzani. E che salta, e che balla, e che canta quel sciagurato che mi fa sovvenire dell'asino. Poco fa, per veder che cosa facess'egli, ho posto l'occhio ad una rima de la porta, e l'ho veduto assiso sopra la sedia a modo di catedrante, con una gamba distesa da cqua et un'altra distesa da llà, guardando gli travi della intempiatura della camera; a' quali, dopo aver cennato tre volte co la testa, disse: 'Voi, voi impiastrarò di stelle fatte di oro massiccio'» (*Candelaio*, p. 109).

[12] *Ibid.*, p. 219. Sarà Bonifacio stesso a ricordare a Marta che gli attempati hanno bisogno di giovinette: «In conclusione madonna cara: a gatto vecchio sorece tenerello» (*Ibid.*, p. 245). In un passaggio dei *Furori*, inoltre, Bruno fa riferimento al vecchio che si innamora, alludendo a uno dei *topoi* teatrali più diffusi: «Ma il spasso e riso è di quelli alli quali nella matura etade l'amor mette l'alfabeto in mano» (p. 87).

[13] «Da candelaio volete doventar orefice»: *Candelaio*, p. 89. In maniera più esplicita, l'allusione all'omosessualità di Bonificio emerge anche dalla conversazione tra madonna Angela Spigna e Carubina: «A costei venne madonna Carubina e disse: «Madre mia, voglion darmi marito: me si presenta Bonifacio Trucco, il quale ha di che e di modo»; rispose la vecchia: «Prendilo»; «Sì, ma è troppo attempato», disse Carubina; respose la vechia: «Figlia, non lo prendere»; [...] «Sono informata» disse Carubina, «ch'have un levrier di buona razza»; «Prendilo», rispose la vecchia madonn'Angela; «Ma ehimè» disse, «ho udito dir ch'è candelaio»; «Non lo prendere», rispose» (*Ibid.*, p. 407). Questo esilarante passaggio ricorda molto da vicino i ragionamenti *pro* e *contra* il matrimonio messi in scena nel *Marescalco* dell'Aretino (Pietro Aretino, *Teatro*, a cura di Giorgio Petrocchi, Milano, Mondadori, 1971, p. 15-18 e p. 82-83), che probabilmente ispirarono anche il famosissimo dialogo tra Panurge e Pantagruel sull'opportunità di prender moglie (Rabelais, *Le Tiers Livre*, [ch. IX], p. 601-05; trad. it., t. I, p. 346-48). I tre testi sono messi a confronto da Marcel Tetel, *Rabelais et l'Italie*, Firenze, Olschki, 1969, p. 32-59.

[14] Ecco come viene descritto Mamfurio nel *Proprologo*: «Vedrete ancor la prosopopeia e maestà

Nell' «Argumento et ordine della comedia» è detto chiaramente che le «tre materie principali» sono «intessute insieme» e che i tre personaggi sono diversi solo per la «cognizion distinta de suggetti» e per «raggion dell'ordine et evidenza dell'artificiosa testura»:

> son tre materie principali intessute insieme ne la presente comedia: l'amor di Bonifacio, l'alchimia di Bartolomeo e la pedantaria di Mamfurio. Però per la cognizion distinta de suggetti, raggion dell'ordine et evidenza dell'artificiosa testura, rapportiamo prima da per lui l'insipido amante, secondo il sordido avaro, terzo il goffo pedante: de quali l'insipido non è senza goffaria e sordidezza; il sordido è parimente insipido e goffo; et il goffo non è men sordido et insipido che goffo[15].

Qui Bruno non ammette equivoci: l'attribuzione a Bonifacio, a Bartolomeo e a Mamfurio delle stesse qualità negative riconduce all'unità la tripartizione iniziale. L'«insipido amante», il «sordido avaro» e il «goffo pedante», infatti, sembrano essere il risultato di un solo atteggiamento in grado di generare tutti gli altri. Anche in questo caso il tratto che accomuna i tre personaggi è proprio la non conoscenza di sé. Il ridicolo viene causato da una presunzione di sapienza, dallo scarto evidente che si crea sulla scena tra ciò che il personaggio crede di essere e quello che effettivamente è. Lo schema tripartito potrebbe allora tradurre in maniera simbolica uno dei nuclei vitali del pensiero bruniano: la dialettica realtà-apparenza.

Il *Candelaio* si presenta, insomma, come messa in scena dell'ignoranza, come esemplificazione degli errori e delle follie che scaturiscono da un sapere apparente, come rappresentazione di una serie di vani esercizi pseudo-cognitivi:

> Eccovi avanti gli occhii: ociosi principii, debili orditure, vani pensieri, frivole speranze, scoppiamenti di petto, scooverture di corde, falsi presuppositi, alienazion di mente, poetici furori, offuscamento di sensi, turbazion di fantasia, smarito peregrinaggio d'intelletto; fede sfrenate, cure insensate, studi incerti, somenze intempestive, e gloriosi frutti di pazzia. [...] Vedrete ancor in

---

[15] d'un omo masculini generis. Un che vi porta certi suavioli da far sdegnar un stomaco di porco o di gallina: un instaurator di quel lazio antiquo, un emulator demostenico; un che ti suscita Tullio dal più profondo e tenebroso centro; concinitor di gesti de gli eroi. Eccovi presente un'acutezza da far lacrimar gli occhi, gricciar i capelli, stuppefar i denti; petar, rizzar, tussir e starnutare. [...] Voi vedrete un di questi che mastica dottrina, olface opinioni, sputa sentenze, minge autoritadi, eructa arcani, exudachiari e lunatici inchiostri, semina ambrosia e nectar di giudicii, da farne la credenza a Ganimede e poi un brindes al fulgorante Giove. Vedrete un pubercola sinonimico, epitetico, appositorio, suppositorio: bidello di Minerva, amostante di Pallade, tromba di Mercurio, patriarca di Muse, e dolfino del regno apollinesco (poco mancò ch'io non dicesse «polledresco»)» (*Candelaio*, p. 49-51). In questo passaggio si trovano anticipati una serie di *topoi* che Bruno riprenderà in altri passaggi antipedanteschi nei dialoghi italiani.

[15] *Candelaio*, p. 17.

confuso tratti di marioli, statagemme di barri, imprese di furfanti; oltre, dolci
disgusti, piaceri amari, determinazion folle, fede fallite, zoppe speranze, e
caritadi scarse; giudicii grandi e gravi in fatti altrui, poco sentimento ne'
propri; femine virile, effeminati maschii; «tante voci di testa e non di petto»:
«chi più di tutti crede più s'inganna»; «e di scudi l'amor universale». Quindi
procedeno febbre quartane, cancheri spirituali, pensieri manco di peso, scioc-
chezze traboccanti, intoppi baccellieri, granchiate maestre, e sdrucciolate da
fiaccars'il collo; oltre, il voler che spinge, il saper ch'appressa, il far che
frutta; «e diligenza madre de gli effetti». In conclusione vedrete in tutto non
esser cosa di sicuro: ma assai di negocio, difetto a bastanza, poco di bello, e
nulla di buono[16].

Attraverso questo scarto tra ciò che crediamo di essere e ciò che in effetti
siamo, tra ciò che sembra e ciò che è, la commedia ci mostra come le apparenze
(«chi più di tutti crede più s'inganna») possano ingannarci su diversi piani.
Ricostruire la fitta rete di illusioni tessuta nella commedia significa individuare
alcuni nuclei centrali del pensiero filosofico di Bruno.

LE APPARENZE INGANNANO
SUL PIANO DELLA POETICA

Aristotele nella *Poetica* sancisce una separazione netta tra tragedia e
commedia, non solo sul piano dell'imitazione ma anche su quello dello stile: la
prima deve mettere in scena con un linguaggio aulico personaggi e azioni nobili,
mentre la seconda deve avvalersi di personaggi vili che agiscono e parlano in
sintonia con l'ambiente sociale di cui sono espressione[17]. La distinzione, nella
trattatistica cinquecentesca, viene tradotta in una serie di formule prescrittive
che hanno contribuito ancor più a marcare la distanza tra i due generi.

Il *Candelaio*, ma lo stesso discorso vale anche per i dialoghi successivi, si
fonda proprio sulla commistione di tragedia e commedia, di riso e pianto. Al di
là del motto che campeggia sul frontespizio («In tristitia hilaris, in hilaritate
tristis»), sono molteplici le allusioni all'impossibilità di separare due opposti
che interagiscono continuamente nella *pièce*. Se le riflessioni di Scaramurè
mostrano come uno stesso evento possa essere per alcuni tragedia e per altri
commedia («La vostra commedia è bella: ma in fatti di costoro, è una troppo
fastidiosa tragedia»[18]), il racconto di Marca della *bagarre* scatenatasi nell'osteria

---

[16]   *Ibid.*, p. 43-53.

[17]   «Ed è per tale diversità che la tragedia differisce dalla commedia: questa si propone di raffi-
      gurare uomini peggiori di come esistono realmente, e la tragedia invece superiori»: Aristotele,
      Dell'arte poetica, a cura di C. Gallavotti, Milano, Mondadori, 1978 3a, (48a-15), p. 7.

[18]   *Candelaio*, p. 335.

del Cerriglio rivela l'enorme difficoltà a tracciare nette distinzioni tra i contrari sulla scena del teatro del mondo:

> Concorsero molti: de quali, altri pigliandosi spasso altri attristandosi, altri piangendo altri ridendo, questi consigliando quelli sperando, altri facendo un viso altri un altro, altri questo linguaggio et altri quello, era veder insieme comedia e tragedia, e chi sonava a gloria e chi a mortoro. Di sorte che, chi volesse vedere come sta fatto il mondo, derebbe desiderar d'esservi stato presente[19].

LE APPARENZE INGANNANO
SUL PIANO DEI CONTENUTI

Come il riso non può essere separato dal pianto e la commedia dalla tragedia, alla stessa maniera il comico non può essere separato dal serio. Dietro l'involucro ridicolo del *Candelaio*, Bruno ci presenta i semi di una nuova filosofia. La poetica del Sileno, insomma, trova già nella struttura della *pièce* la sua concreta anticipazione. Qui il comico non è solo *divertissement*, è soprattutto uno strumento di conoscenza, un meccanismo al servizio di una *Weltanschauung*. Una delle sue più importanti funzioni si evince anche dal ruolo di Momo, il dio-buffone che attraverso il suo feroce sarcasmo provoca il riso fustigando gli dei. Sul «censore dell'opre di Giove» si sofferma Ascanio, in una intensa conversazione con Gioan Bernardo, per sottoilineare che «sono per tutti necessarii questi che parlan liberamente»: il loro compito, infatti, è proprio quello di far sì che principi e giudici «s'accorgano de gli errori che fanno, e non conoscono mercé di poltroni e vilissimi adulatori» e che sentendosi sotto osservazione «temino di far una cosa più ch'un'altra»[20].

La «riabilitazione» di Momo, in effetti, dimostra che, in determinati contesti, alcuni vizi possono essere considerati virtù e alcune virtù vizi. La dote del dio del biasimo di «parlar liberamente» (e, talvolta, a sproposito come accade nello *Spaccio*) non è in contrasto con il ruolo di teorico della dissimulazione, assegnatogli da Leon Battista Alberti nelle celebri pagine del *Momus*[21].

---

[19] *Ibid.*, p. 187-189. Anche nei *Furori*, Bruno descrive con sottile ironia il suo essere sballottato tra la tragedia e la commedia: «Oltre perché traendolo da un canto la tragica Melpomene con più materia che vena, e la comica Talia con più vena che materia da l'altro, accadeva che l'una suffurandolo a l'altra, lui rimanesse in mezzo più tosto neutrale e sfacendato, che communemente negocioso» (p. 63). Del resto, anche Platone, pur nutrendo molta diffidenza per la commedia, nel *Simposio* è costretto ad ammettere che «è proprio dello stesso uomo saper comporre commedia e tragedia e chi è per tecnica poeta tragico è <anche> poeta comico» (Platone, *Simposio*, in *Dialoghi filosofici*, 223d, p. 149).

[20] *Candelaio*, p. 373.

[21] Per un rapporto tra le pagine bruniane e il *Momus* di Alberti si vedano: E. Garin, *Interpreta-*

Non c'è da stupirsi. Per Bruno, anche la dissimulazione non ha sempre e solo una funzione negativa. Su questo tema, ancora una volta, il *Candelaio* sembra anticipare alcune riflessioni dello *Spaccio*. Nel dialogo londinese la pratica positiva del dissimulare è posta in relazione alla verità: se normalmente la «Dissimulazione» viene «stimata indegna del cielo», talvolta di essa «soglion servirsi anco gli dèi» quando «per fuggir invidia, biasmo e oltraggio, con gli vestimenti di costei la Prudenza suole occultar la Veritade»[22]. Anche Scaramurè, in un esilarante passaggio della commedia, le assegna una funzione positiva nell'ambito della giustizia[23], per evitare pericolose vendette e inutili spargimenti di sangue:

> Quanto alle parte onorate, la giustizia verrebbe a farli grandissimo torto et ingiuria; per che non contrapesa il castigo che si dà a colui che pianta le corna, et il vituperio che viene a fare ad un personaggio, facendo la sua vergogna publica e notoria a gli occhi di tutto il mondo: sì che è maggior l'offesa che patisce da la giustizia, che del delinquente; e ben che nientemanco il mondo tutto lo sapesse, tutta via sempre le corna con l'atto de la giustizia dovengono più sollenne e gloriose. Ogn'uomo dumque capace di giudicio considera che questo dissimular che fa la giustizia, impedisce molti inconvenienti: per che un cornuto e svergognato coperto (se pur un tale può esser ditto cornuto o svergognato, di cui l'esistimazione non è corrotta), per téma di non essere discoperto, o per minor cura ch'abbia di quelle corna che nisciun le vede (le quali in fatto son nulla), si astiene di far quella vendetta: la quale sarrebbe ubligato secondo il mondo di fare, quando il caso a molti è manifesto[24].

---

zioni del Rinascimento, in *Medioevo e Rinascimento*, Roma-Bari, Laterza, 1990, p. 85-95; *Id.*, *Rinascite e rivoluzioni. Movimenti culturali dal XIV al XVIII secolo*, Roma-Bari, Laterza, 1976, p. 140-41; A. Begliomini, «Note sull'opera dell'Alberti: il *Momus* e il *De re aedificatoria*», in *Rinascimento*, 12, 1972, p. 267 e p. 273; S. Simoncini, *«L'avventura di Momo nel Rinascimento. Il nume della critica tra Leon Battista Alberti e Giordano Bruno»*, in *Rinascimento*, 38, 1998, p. 431-54; N. Ordine, *Introduction* à Giordano Bruno, *Expulsion de la bête triomphante. Œuvres complètes V*, texte ét. par G. Aquilecchia, notes de M. Pia Ellero, trad. de Jean Balsamo, Paris, Les Belles Lettres, 1999, p. CLXXXVII-CLXXXVIII.

[22] *Spaccio*, p. 297. Bruno cita, a questo proposito, l'esordio dell'*Orlando furioso* (IV, 1) in cui l'Ariosto discute gli «evidenti benefici» prodotti dalla simulazione. Sulla nozione di dissimulazione in Bruno cf. Rosario Villari, *Elogio della dissimulazione. La lotta politica nel Seicento*, Roma-Bari, Laterza, 1987, p. 36-38 (si veda da ultimo anche il saggio di J.-P. Cavaillé, «Théorie et pratique de la dissimulation dans le *Spaccio de la bestia trionfante*», in *Mondes, formes et société selon Giordano Bruno*, Acte du Colloque International Giordano Bruno, Paris 23-25 mars 2000, in corso di stampa). Per un'analisi della teoria della dissimulazione in Accetto cf. S. S. Nigro, «Usi della pazienza», in Torquato Accetto, *Della dissimulazione onesta*, Torino, Einaudi, 1997, p. XI-XXX.

[23] Al tema della giustizia (per il *Candelaio* cf. *infra*, nota 38) Bruno dedicherà pagine importantissime nell'ampia architettura dello *Spaccio*. Il termine «giustizia» ricorre 19 volte nel *Candelaio* e ben 69 volte nello *Spaccio*, mentre nelle altre opere italiane viene utilizzato solo 3 volte nella *Cena*, 1 volta nel *De la causa*, 3 volte nella *Cabala* e 6 volte nei *Furori*.

[24] *Candelaio*, p. 361. Il tema della corna sarà ripreso, da un altro punto di vista, in un passaggio dello *Spaccio* p. 441-43).

Occultare le corna, stendere su di esse un velo, significa neutralizzare parzialmente una pratica diffusa che potrebbe provocare tragiche lacerazioni nel tessuto sociale. Il giudice che rende giustizia al coniuge tradito con una esemplare sentenza finisce per umiliarlo ancora di più, perché nell'accertare la verità e nel fugare ogni dubbio trasforma un disonore celato in un disonore universalmente manifesto. Bruno piega il *topos* delle corna, tanto caro a Rabelais[25], a rappresentare in maniera concreta la relatività dei punti di vista, perché nessuna cosa in sé può essere giudicata in assoluto come fonte del male o del bene, di vizi o di virtù[26]. Del resto, come abbiamo già visto nel paragrafo precedente, la stessa maschera comica del Sileno ha una funzione dissimulatrice, ponendosi come scudo protettivo per tener lontana la moltitudine degli ignoranti.

Sul tema dell'onore[27] si era soffermato, qualche scena prima, il pittore Gioan Bernardo, *deus ex machina* del *Candelaio*. Per far cedere Carubina, timorosa di compromettere la sua dignità morale, non esita a tessere un elogio dell'apparenza:

> Vita della mia vita, credo ben che sappiate che cosa è onore, e che cosa anco sii disonore. Onore non è altro che una stima, una riputazione: però sta semper intatto l'onore, quando la stima e riputazione persevera la medesma. Onore è la buona opinione che altri abbiano di noi: mentre persevera questa, persevera l'onore. E non è quel che noi siamo e quel [che] noi facciamo, che ne rendi onorati o disonorati, ma sì ben quel che altri stimano e pensano di noi[28].

---

[25] Sullo stretto legame tra matrimonio e corna si intrattiene il medico Rondibilis in Rabelais, *Tiers Livre* (ch. 32 e 33), p. 749-59 (trad. it., p. 427-32). Delle corna discutono anche A. F. Doni, G. B. Modio, P. Nelli, A. F. Grazzini, T. Garzoni: su questi testi, soprattutto per i rinvii bibliografici, si veda M. C. Figorilli, *L'elogio paradossale nel Cinquecento. Indagine su testi volgari in prosa*, Tesi di dottorato, Università della Calabria, 2001. Per un'analisi del *topos* cf. anche: P. Dandrey, *L'éloge paradoxal de Gorgias à Molière*, Paris, PUF, 1997, p. 110-13 e p. 252-69; L. Bolzoni, «Il mondo utopico e il mondo dei cornuti. Plagio e paradosso nelle traduzioni di Gabriel Chappuys», in *I Tatti Studies*, 8 (1999), p. 171-96. A queste pagine bruniane probabilmente si ispirò Pirandello nel *Berretto a sonagli* (cf. N. Borsellino, «Giordano Bruno eroico e comico», in *L'illuminista*, 1, 2000, p. 101; ma di Borsellino si veda anche il saggio sul *Candelaio*: id., *Necrologio della pazzia*, in *Rozzi e intronati. Esperienze e forme di teatro dal Decameron al Candelaio*, Roma, Bulzoni, 1976, p. 201-09).

[26] «Perché nulla è absolutamente, ma certo rispetto, malo» (*Spaccio*, p. 449). Anche Speroni insiste sul fatto che ogni cosa, oltre al male, può anche contenere il bene: «Ma non è cosa qua giuso né così rea che qualche bene non abbia in sé» (Sperone Speroni, *Opere*, introduzione di M. Pozzi, Manziana, Vecchiarelli, 1989, t. V, p. 432; rist. anast. dell'ed. Venezia, Domenico Occhi, 1749).

[27] Nello riforma dello *Spaccio* l'Onore occupa un posto importantissimo. Bruno lo considera in opposizione alle tesi sostenute dall'Ozio, dai riformati e dai sostenitori dell'età dell'oro, riprendendo temi discussi da Machiavelli e da alcuni membri dell'Accademia di Enrico III.

[28] *Candelaio*, p. 321-23.

L'ironia sulla preminenza dell'apparire sull'essere, benché strumentalmente al servizio di una strategia argomentativa finalizzata alla conquista della moglie di Bonifacio[29], vuole mettere l'accento su una delle cause che hanno provocato l'imbarbarimento della società. In contrasto con tutta la manualistica cortigiana sul comportamento[30], Bruno vuole mettere in risalto i limiti di una realtà dove non conta più «ciò che noi siamo e quel [che] noi facciamo» veramente, ma ciò che gli «altri stimano e pensano di noi», l'immagine esteriore che noi stessi riusciamo ad imporre.

Gioan Bernardo parla con cognizione di causa. Anche lui, nonostante il ruolo di portavoce dell'autore, si è lasciato imprigionare, sebbene per un momento, nella rete delle false opinioni. Ingannato dalle apparenze, ha erroneamente scaricato sulla «fortuna traditora» tutte le responsabilità degli «errori che accadeno»:

> Voi la intendete bene. Tutti gli errori che accadeno, son per questa fortuna traditora: quella ch'ha dato tanto bene al tuo padrone Malefacio, e me l'ha tolto. Questa fa onorato chi non merita, dà buon campo a chi nol semina, buon orto a chi nol pianta, molti scudi a chi non le sa spendere, molti figli a chi non può allevarli, buon appetito a chi non ha che mangiare, biscotti a chi non ha denti. Ma che dico io? deve esser iscusata la poverina per che è cieca, e cercando per donar gli beni ch'have intra le mani, camina a tastoni; e per il più s'abbatte a sciocchi, insensati e furfanti: de quali il mondo tutto è pieno. Gran caso è quando tocca di persone degne che son poche; più grande si tocca una de più degne che son più poche; grandissimo et estra ogni ordinario, tanto ch'abbi tastato, quanto ch'abbia a tastare un de dignissimi che son pochissimi. Dumque si non è colpa sua, è colpa de chi l'ha fatta[31].

Ma di fronte alle obiezioni di Ascanio («Vogliono i dèi, che la sollecitudine discaccie la mala ventura e faccia acquistar le cose desiderate»), il pittore riconosce immediatamente, a partire dalla sua esperienza («questo che dici è vero, et al presente l'ho io sperimentato»), che il possesso di Carubina, nonostante gli sia stato «negato dalla fortuna», si è rivelato possibile grazie al suo ingegno, alla sua capacità di cogliere al volo l'occasione («il giudicio mi ha mostrata l'occa-

---

[29] «Con questo, (XI scena) Carubina rimane nelle griffe di Gioan Bernardo, il quale (come è costume di que' che ardentemente amano) con tutte sottigliezze d'epicuraica filosofia (Amor fiacca il timor d'omini e numi) cerca di troncare il legame del scrupolo che Carubina, insolita a mangiar più d'una minestra, avesse possuto avere: della quale è pur da pensare che desiderasse più d'esser vinta, che di vincere; però gli piacque di andar a disputar in luoco più remoto» (*Candelaio*, p. 25-27).

[30] Su questo tema cf. N. Ordine, «Grandi modelli, rovesciamento dei codici, precettistica del quotidiano», in *Manuale di letteratura italiana. Storia per Generi e Problemi*, p. 505-22 (cf. anche *Id.*, «*Le Sei giornate*: struttura del dialogo e parodia della trattatistica sul comportamento», in *Pietro Aretino nel cinquecentenario della nascita*, p. 673-716).

[31] *Candelaio*, p. 375.

sione; la diligenza me l'ha fatta apprendere pe' capelli; e la perseveranza rite-nirla»)[32]. L'uomo non può restare inerme e inoperoso aspettando che i propri desideri siano soddisfatti dall'alto, perché a «chi vuole, non è cosa che sii difi-cile»[33]. Senza la sollecitudine, senza un intenso lavoro è impensabile «acquistar le cose desiderate».

Non è difficile in queste pagine ritrovare alcuni temi che Bruno svilupperà nello *Spaccio* con la stupenda orazione della Fortuna, manifesto teorico dell'o-perosità e della sollecitudine. Si tratta di questioni vitali che anche nel *Candelaio* emergono, in diversi contesti, a più riprese. Basti pensare alla favola dell'asino e del leone, raccontata da Sanguino. Ancora una situazione oscena, una storia licenziosa che suscita il riso. Ma la prontezza dell'asino svela la capacità di saper cogliere immediatamente l'occasione. Il patto sancito tra i due animali invoca la reciproca lealtà: nell'attraversare un fiume, a turno, l'uno trasporterà l'altro. Il leone nel primo passaggio, per paura di cadere in acqua, «sempre più e più gli piantava l'unghie ne la pelle di sorte che a quel povero animale gli penetrorno in sin all'ossa»[34]. Otto giorni dopo però, spettò all'asino accomodarsi sulla groppa del compagno:

> Il quale essendogli sopra, per non cascar ne l'acqua, co i denti afferrò la cervice del leone: e ciò non bastando per tenerlo su, gli cacciò il suo stru-mento (o come vogliam dire, il tu-m'intendi), per parlar onestamente, al vacuo sotto la coda, dove manca la pelle: di maniera ch'il leone sentì maggior angoscia che sentir possa donna che sia nelle pene del parto, gridando «Olà, olà, oi, oi, oi, oimè! olà traditore!». A cui rispose l'asino in volto severo e grave tuono: «Pazienza, fratel mio: vedi ch'io non ho altr'unghia che questa d'attaccarmi». E cossì fu necessario ch'il leone suffrisse et indurasse sin che fusse passato il fiume. A proposito, «Omnio rero vecissitudo este»: e nisciuno è tanto grosso asino, che qualche volta venendogli a proposito, non si serva de l'occasione[35].

Servirsi dell'occasione significa aguzzare l'ingegno, ma anche essere attivo, approfittare del tempo, ripudiare l'ozio e convivere con la sollecitudine. Vittoria, nel tracciare un bilancio della sua vita, riconosce che chi «tempo

---

[32] *Ibid.*, p. 377.

[33] *Ibid.*, p. 383.

[34] *Ibid.*, p. 141.

[35] *Ibid.*, p. 141-143. Qui il tema dell'asino è utilizzato in una chiave positiva, come simbolo dell'ingegno e del saper cogliere l'occasione. Ma, in un altro contesto del *Candelaio*, Bruno fa riferimento all'asino per deridere la religione cristiana ormai ridotta a pura superstizione: «Io ti dico in nome de la benedetta coda de l'asino ch'adorano a Castello i Genoesi: fà presto, tristo e mal volentieri» (p. 57). Il concetto di «santa asinità», in un'accezione anticristiana, sarà ampiamente sviluppato nello *Spaccio* e nella *Cabala*. Sulla connotazione positiva e nega-tiva del simbolo dell'asino nella filosofia di Bruno cf. N. Ordine, *La cabala dell'asino. Asinità e conoscenza in Giordano Bruno* (trad. franç.: *Le mystère de l'âne*. Paris, Belles-Lettres, 1993).

aspetta, tempo perde», nel senso che se «io aspetto il tempo, il tempo non aspet-
terà me»[36]. Per sopravvivere bisogna che «ci serviamo di fatti altrui, mentre par
che quelli abbian bisogno di noi», occorre prendere «la caccia mentre ti siegue,
e non aspettar che ella ti fugga», perché altro «n'abbiamo l'inverno che quel che
raccolsemo l'estate»[37]. La sfilza di proverbi richiama alla mente la vitalità dei
personaggi minori della commedia, svela la loro capacità di approfittare di ogni
situazione per piegare gli eventi a proprio vantaggio. Dietro lo sfondo di una
Napoli popolare, Bruno mostra come l'operosità, indipendentemente dai suoi
obiettivi, produca dei frutti. L'iperattivismo, la grinta e l'esuberanza dei
marioli, per esempio, irrorano di vita la commedia e, nello stesso tempo, si
pongono come bastioni su cui si infrange l'ignoranza dei tre protagonisti[38].

Bonifacio, Bartolomeo e Mamfurio vivono nella loro immobilità, nella loro
presunzione di sapienza. Rappresentano l'esercizio dell'errore in tre ambiti
distinti, in tre domini che racchiudono l'intero universo della conoscenza. La
loro ignoranza, infatti, investe tutti gli aspetti della vita umana: quello sociale,
quello fisico e quello spirituale. Bruno ricorderà, sempre nello *Spaccio*, la tripartizione dei beni in un contesto diametralmente opposto a quello del *Candelaio*:

> Ove il feroce PERSEO mostra il gorgonio trofeo, monta la Fatica, Sollecitu-
> dine, Studio, Fervore, Vigilanza, Negocio, Esercizio, Occupazione, con gli
> sproni del Zelo e del Timore. Ha Perseo gli talari de l'util Pensiero, e
> Dispreggio del ben popolare, con gli ministri Perseveranza, Ingegno, Indu-
> stria, Arte, Inquisizione e Diligenza; e per figli conosce l'Invenzione et
> Acquisizione, de quali ciascuno ha tre vasi pieni di Bene di fortuna, di Ben di
> corpo, di Bene d'animo[39].

---

[36]   *Candelaio*, p. 137.

[37]   *Ibid.*, p. 137-139. Vittoria insisterà ancora sull'occasione in un altro monologo: «Si se farà
troppo tardi non si potrà far nulla per questa volta: e non so si se potrà di bel nuovo offrirsi
tale occasione, come si presenta questa sera, di far che questa pecoraccia raccoglia i frutti degni
del suo amore» (*Ibid.*, p. 217).

[38]   A più riprese Sanguino, capo dei malviventi, ricorda che la «giustizia non mancarrà» (*Candelaio*, p. 315) e che gli «errori bisogni che si castighino» (*Ibid.*, p. 353). Le punizioni inflitte ai
tre protagonisti rivelano che nella dialettica realtà / apparenza messa in scena nel *Candelaio* la
giustizia si afferma anche attraverso la collaborazione dei malfattori in un disegno naturale in
cui spesso «errori e delitti han molte volte porgiuta occasione a grandissime regole di giustizia
e di bontade» (*Cena*, p. 23). Rispetto ai «crimini» dei marioli, i «delitti» commessi da Bonifacio, Bartolomeo e Mamfurio – al di là della loro apparente innocuità – sono da considerarsi
molto più pericolosi per la vita sociale e intellettuale. Sul tema della giustizia ha recentemente
insistito L. Ronconi nella sua splendida messa in scena del *Candelaio*: cf. *Conversazione con
Luca Ronconi* a cura di C. Longhi in *Candelaio* di Giordano Bruno. Regia di Luca Ronconi,
Milano, Piccolo Teatro di Milano, novembre 2001, p. 17-27.

[39]   *Spaccio*, p. 37. Bruno sarà ancora più esplicito in un altro passaggio in cui l'Acquisizione non
deve essere frutto di un *donum*, ma una ricompensa per i propri meriti: «Sieguati l'Acquisizione con le munizioni sue, che son Bene del corpo, Bene del animo, e (se vuoi) Bene de la

Qui i tre «Beni» rappresentano valori speculari a quelli messi in scena nella commedia: se nel dialogo londinese i «vasi», piazzati sotto l'influenza dell'eroico Perseo, incarnano in positivo tutte le conquiste dell'Invenzione e dell'Acquisizione, nella *pièce* invece rispecchiano in negativo le amare vicende dei tre personaggi, caratterizzate proprio dalla sterilità e dalla perdita, dall'inseguimento illusorio, nel caso di Bonifacio e di Bartolomeo, della falsa magia[40] e della falsa alchimia[41].

IL TEATRO DEL MONDO

La dialettica realtà-apparenza investe anche i rapporti tra vita e arte, tra verità e finzione. La scena del *Candelaio*, come più volte abbiamo visto, si presenta soprattutto come scena del mondo. Già Socrate nel *Filebo* aveva ricordato certe analogie tra le rappresentazioni drammatiche e ciò che accade «nell'intera tragedia e commedia della vita».[42] Bruno conosce la letteratura sul teatro del mondo. Lui stesso, nei *Furori*, ricorre all'espressione («Che tragicomedia? che atto, dico, degno più di compassione e riso può esserne ripresentato in questo teatro del mondo, in questa scena delle nostre conscienze»[43]) per ridi-

---

[40] fortuna; e di questi voglio che più sieno amati da te quei che tu medesima hai acquistati, che altri che ricevi da altrui» (*Ibid.*, p. 307-309).

[40] Così Bonifacio viene persuaso da Scaramuré a ottenere Vittoria per mezzo di pratiche magiche: «Basta, basta: cqui non bisogna altro; voglio effettuare il tuo negocio con magia naturale, lasciando a maggior opportunità le superstizioni d'arte più profonda» (*Candelaio*, p. 93). Nella derisione delle pratiche magiche – oltre a una ricca tradizione nella commedia cinquecentesca (cf. M. Plaisance, «Dal *Candelaio* di Giordano Bruno a *Lo Astrologo* di Giovan Battista Della Porta», in *Teatri barocchi. Tragedie, commedie, pastorali nella drammaturgia europea fra '500 e '600*, Roma, Bulzoni, 2000, p. 263-276) – è anche importante l'invettiva di Leonardo intitolata «Contro il negromante e l'alchimista» (L. da Vinci, *Scritti letterari*, a cura di A. Marinoni, nuova ed. accresciuta con i manoscritti di Madrid, Milano, Rizzoli, 1991, p. 161-168; su questo aspetto cf. D. Stimilli, «Caricatura e carattere. Una lettura del *Candelaio*», in *Carte italiane*, 12, 1991-1992, p. 5). Sulla vera «magia», in quanto conoscenza della natura, Bruno ritornerà nello *Spaccio*.

[41] Gioan Bernardo smaschera con ironia i piani truffaldini di Cencio: «Queste diavolo de raggioni no mi toccano punto l'intellecto. Io vorrei veder l'oro fatto e voi meglior vestito che non andiate: penso ben che si tu sapessi far oro non venderesti la ricetta da far oro, ma con essa lo faresti; e mentre fai oro per un altro per fargli vedere la esperienza, lo faresti per te a fin di non aver bisogno di vendere il secreto» (*Candelaio*, p. 99).

[42] Cf. *supra* nota 5. Platone utilizza la metafora del mondo come teatro anche nelle *Leggi* (VII, 817b).

[43] *Furori*, p. 5. Non bisogna dimenticare che questo tema segnerà la straordinaria esperienza teatrale di Shakespeare: sul Globe Theatre è scolpito il motto *Totus mundus agit histrionem*, mentre nella commedia *Come vi piace* Jacques ricorderà agli spettatori che «All the world's a stage, / And all the men and women merely players» [«Il mondo è tutto/un palcoscenico, e uomini e donne, tutti, sono attori»] (William Shakespeare, *Teatro completo*, a cura di G. Melchiori, trad. di A. Calenda e A. Nediani, Milano, Mondadori, 1982, vol. II, [II, vii], p. 520-521).

colizzare le ossessioni amorose dei petrarchisti. Ma il *topos* assume probabilmente un significato più circoscritto rispetto alla sua naturale caratterizzazione polisemica[44].

Nel *Candelaio* il rapporto vita-commedia non sembra tanto esemplificare la *vanitas* della nostra esistenza, il valore transitorio della vita umana, l'attaccamento eccessivo agli aspetti materiali e fragili della nostra quotidianità. Dalla tensione tra questi due piani, invece, scaturisce con maggiore forza la scissione tra realtà ed apparenza che dalla scena teatrale si trasferisce sulla scena del mondo. In effetti, gli smarrimenti, le pazzie, gli errori non riguardano solo gli attori in teatro ma soprattutto gli uomini sul palcoscenico della vita. La posizione di Bruno è molto lontana da quella espressa da Epitteto. In un celebre passaggio del suo *Encheiridion*, infatti, lo stoico greco utilizza l'immagine del teatro del mondo in una chiave fortemente deterministica: gli uomini, proprio come gli attori, sono costretti a recitare una parte ben precisa, imposta dall'autore («questo è il tuo compito, recitare bene il ruolo che ti è stato assegnato; sceglierlo invece spetta a un altro»[45]). L'umanità, insomma, come giocattolo

---

[44]   Sul *topos* del teatro del mondo si vedano: E. R. Curtius, «Metafore teatrali», in *Letteratura europea e Medio Evo latino*, a cura di R. Antonelli, Firenze, La Nuova Italia, 1992, p. 158-164; A. Vilanova, «El tema del gran teatro del mundo», in *Boletin de la Real Academia de Buenas Letras de Barcelona*, 23, 1950) p. 153-58; J. Jacquot, «Le Théatre du Monde de Shakespeare à Calderon», in *Revue de littérature comparée*, 1957, p. 341-372; M. Costanzo, *Il «Gran Theatro del Mondo»*, Milano, Scheiviller, 1964; L. G. Christian, *Theatrum mundi. The History of an Idea*, New York-Londres, Garland Pub, 1987; Germana Ernst, «Esistenza umana e commedia universale», in *Religione, ragione e natura. Ricerche su Tommaso Campanella e il tardo Rinascimento*, Milano, Franco Angeli, 1991, p. 146-157.

[45]   Epitteto, *Manuale*, introd., trad. e note di M. Menghi, Milano, Rizzoli, 1996, p. 49. Su questo passaggio si veda il commento di Simplicio, *Commentaire sur le Manuel d'Epictète. Chapitre I à XXIX*, texte établi et traduit par I. Hadot, Paris, Les Belles Lettres, 2001, t. I, p. 122-123. Per Plotino, invece, l'attore, pur dovendo recitare una parte già assegnata, è comunque responsabile dell'esecuzione buona o cattiva del suo ruolo: «Ora nei drammi umani l'autore assegna le parole, mentre gli attori, ciascuno individualmente, sono per sé e da sé responsabili della buona o della cattiva interpretazione. Oltre alle espressioni dell'autore vi è infatti qualcosa che è compito loro. Ma in quella creazione poetica vera – che gli uomini di natura poetica sanno in parte imitare – è l'anima a recitare, e quel che recita lo prende dall'autore. E come qui gli attori non ricevono a caso le maschere, i costumi, le vesti tinte di zafferano e gli stracci, così anche l'anima non riceve a caso le sorti: anch'esse sono conformi al principio razionale; ed armonizzando a sé queste cose, pure lei diviene consona, e coordina se stessa al dramma e alla ragione universale. [...] Ma per gli attori del dramma universale vi è un vantaggio, perché recitano in uno spazio maggiore di quello delimitato da una scena, perché l'autore li ha resi padroni di tutto, e perché vi è maggiore possibilità di andare in luoghi di ogni genere, riscuotendo così onori e disonori, giacché i luoghi stessi contribuiscono all'acquisto degli onori e dei disonori» (Plotino, *Enneadi*, a cura di M. Casaglia, C. Guidelli, A. Linguitti, F. Moriani, prefazione di F. Adorno, Torino, Utet, 1997, vol. I, [III, 2, 17], p. 395-396). Plotino, in effetti, considera «giocattolo» solo la sfera «umbratile» dell'uomo, la sua dimensione inferiore: «Alle uccisioni, alle morti di ogni genere, alle prese e ai saccheggi di città dobbiamo assistere come se avvenissero sui palcoscenici dei teatri: sono tutti cambi di scena e di costume, finti

nelle mani della fortuna, o, secondo l'interpretazione di Lutero, come una sorta di «giuoco di Dio», di un Dio che fa della storia profana stessa un evento teatrale[46].

Il *Candelaio* e lo *Spaccio* testimoniano l'esatto contrario. Il destino degli uomini non è nelle mani di un regista esterno che dall'alto determina tutti gli eventi. Né gli dei, né la fortuna posseggono tale potere. Lo ha sperimentato sulla sua pelle Gioan Bernardo, lo testimonierà due anni dopo la Fortuna in persona, nella riforma celeste architettata da Giove. Bruno libera il *topos* dalle ambiguità, lo ripulisce da ogni disegno predestinativo. Sfrutta abilmente il tema della «maschera», così come emerge in un passaggio delle *Lettere morali a Lucilio*, per esemplificare l'idea dell'inganno, dell'illusione. Seneca, infatti, ci esorta a diffidare delle immagini esterne: gli uomini ricchi e potenti sono felici quanto possono esserlo gli attori che recitano il ruolo di un re a teatro. Finito lo spettacolo, dismessi gli abiti regali, tolti i coturni ognuno ritorna ad essere quello che veramente è nella vita di tutti i giorni[47]:

> *Hoc laboramus errore, sic nobis inponitur quod neminem aestimamus eo quod est, sed adicimus illi et ea quibus adornatus est. Atqui cum voles veram hominis aestimationem inire et scire qualis sit, nudum inspice; ponat patrimonium, ponat honores et alia fortunae mendacia, corpus ipsum exuat: animum intuere, qualis quantusque sit, alieno an suo magnus*[48].

---

pianti e finti lamenti. Perché anche qui, nei singoli eventi della vita, non è l'anima interiore, bensì quella esteriore, ombra dell'uomo, a gemere e a disperarsi, e a fare ogni cosa su un palcoscenico che è la terra intera, dove gli uomini hanno allestito ovunque le loro scene. Così agisce infatti un uomo che sa vivere soltanto per le cose inferiori ed esteriori, e che ignora che anche tra le lacrime sta solo giocando, persino quando piange lacrime vere. Perché solo alla parte nobile e seria dell'uomo è concesso impegnarsi con serietà in azioni serie, mentre tutto il resto per lui è gioco» (*Ibid.*, III, 2, 15, p. 391-392). Il *topos* dell'uomo nelle vesti di attore appare anche nella riflessione conclusiva dei *Ricordi*: Marco Aurelio, *Ricordi*, introduzione di M. Pohlenz, trad. di E. Turolla, schemi analitici e commento di M. Zanatta, Milano, Rizzoli, 1997, p. 479.

[46] Per l'interpretazione cristiana in generale e luterana cf. E. R. Curtius, *Metafore teatrali*, in *Letteratura europea e Medio Evo latino*, p. 160.

[47] «*Nemo ex istis quos purpuratos vides felix est, non magis quam ex illis quibus sceptrum et chlamydem in scaena fabulae adsignant: cum praesente populo lati incesserunt et coturnati, simul exierunt, excalceantur et ad staturam suam redeunt. Nemo istorum quos divitiae honoresque in altiore fastigio ponunt magnus est*» («Nessuno di questi uomini che vedi con vesti di porpora è felice, non più di quanto tu possa stimare felice uno di quelli a cui i loro ruoli di attori tragici assegnano scettro e clamide sulla scena: prima incedono davanti al pubblico con tronfio sussiego e rialzati sui coturni, poi, non appena sono usciti dal palcoscenico, si tolgono i calzari e tornano alla loro statura. Nessuno di costoro che la ricchezza e le cariche onorifiche pongono su una vetta più alta è un uomo grande»: Seneca, *Lettere morali a Lucilio*, (76), a cura di F. Solinas, prefazione di C. Carena, Milano, Mondadori, 1995, vol. I, p. 454-455).

[48] «Questo è l'errore di cui soffriamo, un'illusione che si impone alla nostra mente perché non valutiamo nessun uomo per quello che è, ma gli aggiungiamo i paludamenti di cui è

Bisogna svestire i commedianti e guardarli «nudi» per evitare gli inganni. Le «maschere», soprattutto nel vorticoso gioco proposto da Erasmo nell'*Elogio della follia*[49], testimoniano lo scarto tra l'*intus* e l'*extra*. Anche il *Candelaio* non sfugge a questa ambiguità: esteriormente, è vero, si presenta in maschera; ma nello stesso tempo, come testimonia il sonetto proemiale, si offre sotto forma di un «libro» destinato a circolare «nudo» («oimè ch'i' men vo nudo com'un Bia»), pronto a correre il rischio di «monstrar scuopert'alla signora mia / il zero e mench'ia com'il padre Adamo»[50]. Bruno si batte contro la «censura»[51]. E sa che mostrare le «oscenità» del corpo e smascherare (mettere a nudo) l'ignoranza dei tre personaggi-simbolo significa svelare lo scarto tra sapienza vera e falsa sapienza, tra realtà e illusione: tutto ciò nella profonda consapevolezza di esporsi a feroci reazioni, a immediate ritorsioni («da le valli / veggio montar gran furia di cavalli»[52]).

Ma il tema del *theatrum mundi* ci permette anche di reperire un possibile legame con il *milieu* francese. Alla corte di Caterina de' Medici, durante le feste organizzate dalla Regina a Fontainebleau nel 1564 per pacificare le opposte fazioni di cattolici e ugonotti[53], spetta a Michel de Castelnau – futuro ambasciatore a Londra – recitare alcuni versi di Ronsard sul rapporto vita-commedia:

> La bonté regne au Ciel, la vertu, la justice:
> En terre on ne voit rien que fraude, que malice:
> Et bref tout ce monde est un publique marché,
> L'un y vend, l'un desrobe, et l'autre achete et change,
> Un mesme fait produit le blasme et la louange,
> Et ce qui est vertu, semble à l'autre peché[54].

---

ornato. Perciò, quando vorrai procedere alla stima autentica di un uomo e sapere qual è la sua natura, osservalo nudo: deponga il suo patrimonio, deponga le cariche onorifiche e gli altri mendaci orpelli della Fortuna, si spogli persino del corpo. Considera attentamente la sua personalità, quale e quanta consistenza abbia, se sia grande per virtù sua o altrui» (*Ibid.*).

49   Per un'analisi del concetto di «teatro del mondo» in Erasmo e in Bruno cf. G. Ferroni, «Frammenti di un discorso sul comico», in Aa.vv., *Ambiguità del comico*, cit., p. 45.

50   *Candelaio*, p. 6.

51   «Qua Giordano parla per volgare, nomina liberamente, dona il proprio nome a chi la natura dona il proprio essere; non dice vergognoso quel che fa degno la natura; non cuopre quel ch'ella mostra aperto; chiama il pane, pane; il vino, vino; il capo, capo; il piede, piede; et altre parti, di proprio nome; dice il mangiare, mangiare; il dormire, dormire; il bere, bere: e cossì gli altri atti naturali significa con proprio titolo» (*Spaccio*, p. 11).

52   *Candelaio*, p. 7.

53   Sulla funzione politica delle feste si veda R. Strong, «Magnificenza 'politique'», in *Arte e potere. Le feste del Rinascimento 1450-1650*, Milano, Il Saggiatore, 1987 [1984], p. 165-204 (sulle feste di Fontainebleau in particolare cf. le p. 169-174).

54   Ronsard, *Pour la fin d'une Comedie*, in *Œuvres complètes*, éd. établie, présentée et annotée par J. Céard, D. Ménager, M. Simonin, Paris, Gallimard, 1994, t. II, p. 844. Ronsard insiste su questo tema anche nel *Discours à Odet de Colligny, cardinal de Chatillon* (1560, *Ibid.*, t. II,

Vedremo più avanti, a proposito della religione e della sua funzione etico-civile, in che maniera si ritrovino nello *Spaccio* possibili echi di Ronsard e di Castelnau. Resta evidente, in questi versi, la preoccupazione per la natura illu-soria del teatro del mondo: errori di prospettiva e falsi valori minacciano la nostra esistenza, creando pericolosi scambi tra vizi e virtù, realtà ed apparenza.

In sostanza, l'intera trama del *Candelaio* è costruita, come in un gioco di specchi, sulla moltiplicazione degli inganni che si svolgono sulla scena. Se Scara-murè[55] e Mamfurio[56] alludono al disorientamento dei personaggi che in alcuni momenti sembrano recitare in una commedia, il valzer dei travestimenti raggiunge livelli di allucinazione nei repentini scambi tra Carubina e Vittoria (rappresentate dalla stessa attrice)[57] o nell'incontro tra Gioan Bernardo e il suo sosia (ovvero Bonifacio mascherato da Gioan Bernardo):

> GIOAN BERNARDO. O là messer-de-la-negra-barba, dimmi chi di noi dui è io: io o tu? Non rispondi?
> BONIFACIO. Voi sète voi, et io sono io.
> GIOAN BERNARDO. Come «io sono io»? Non hai tu, ladro, rubbata la mia persona, e sotto questo abito et apparenzia vai commettendo di ribalderie? [...][58].

In effetti, il pittore G. B., non solo dissimula la sua conoscenza degli eventi con frasi ironiche («O io sono io, o costui è io»[59]), ma contribuisce con alcuni suoi atteggiamenti a rendere ancora più paradossali gli ambigui rapporti tra vita e teatro, soprattutto quando di nascosto, nell' «ombra», spia gli eventi che scor-rono sulla scena: proprio lui, *deus ex machina*, talvolta sembra estraniarsi dalla commedia e osservare dall'esterno la realizzazione dei suoi piani. Effetti di

---

v. 1-8, p. 836). La circostanza è ricordata anche da Castelnau: «Et, après la comedie, qui fut admirée d'un chacun, je fus choisi pour reciter en la grande salle, devant le Roy, le fruit qui se peut tirer des tragedies, esquelles sont representées les actions des empereurs, rois, princes, bergers et toutes sortes de gens qui vivent en la terre, le theatre commun du monde, où les hommes sont les acteurs, et la fortune est bien souvent maistresse de la scene et de la vie; car tel represente aujourd'huy le personnage d'un gran prince, demain joue celuy d'un bouffon, aussi bien sur le gran theatre que sur le petit» (Michel de Castelnau, *Mémoires*, in *Collection complète des Mémoires relatifs à l'histoire de France*, réunis par M. Petitot, Paris, Librairie Foucault, 1823, t. XXXIII, p. 323-324).

[55] «GIOAN BERNARDO. [...] son mascherati di barba anch'essi? SCARAMURE. Tutti: che in vero questa mi par una commedia» (*Candelaio*, p. 385).

[56] «MAMFURIO. [...] Oh, veggio di molti spectatori la corona. ASCANIO. Non vi par esser entro una comedia? MAMFURIO. *Ita sane*. ASCANIO. Non credete d'esser in scena? MAMFURIO. *Omni procul dubio*» (*Candelaio*, p. 417).

[57] Nell'ultimo atto, l'attrice che rappresenta Carubina e Vittoria («Quella bagassa che è ordinata per rapresentar Vittoria e Carubina, have non so che mal di madre», p. 37) mentre veste i panni di Carubina si maschera da Vittoria (p. 267).

[58] *Candelaio*, p. 307.

[59] *Ibid.*.

teatro nel teatro, insomma[60]. Il pubblico nella sala (o il lettore nel silenzio del suo studio) percepisce se stesso attraverso l'occhio di chi assiste allo spettacolo dall'interno della *pièce*. Dentro e fuori, nello stesso tempo. Seduto in poltrona, ma anche apparentemente coinvolto negli avvenimenti che si producono sul palcoscenico. Finzione e realtà si intrecciano, si sovrappongono, si confondono.

L'UNO E IL MOLTEPLICE

Seguire le vicende dei tre personaggi significa ripercorrere su vari livelli le diverse forme della dialettica realtà-apparenza. Gli inganni investono la concezione della poetica e del comico, della commedia e della vita. Ma soprattutto la loro potenza si esplica sul piano della conoscenza, sulla capacità di orientarsi nella fitta rete di illusioni e di travestimenti che domina il multiforme universo in cui siamo immersi. Non solo la scena del *Candelaio* è caratterizzata dalla vicissitudine delle cose e dall'energia vitale di personaggi in grado di annientare tutto ciò che è immobile ed unidimensionale. Anche il *theatrum mundi* è governato dalle stesse regole, dal continuo flusso degli opposti, dal tempo che «tutto toglie e tutto dà»:

> Ricordatevi, signora, di quel che credo che non bisogna insegnarvi: – Il tempo tutto toglie e tutto dà; ogni cosa si muta, nulla s'annihila; è un solo che non può mutarsi, un solo è eterno, e può perseverare eternamente uno, simile e medesmo. – Con questa filosofia l'animo mi s'aggrandisse, e me si magnifica l'intelletto. Però qualumque sii il punto di questa sera ch'aspetto, si la mutazione è vera, io che son ne la notte, aspetto il giorno, e quei che son nel giorno, aspettano la notte. Tutto quel ch'è, o è cqua o llà, o vicino o lungi, o adesso o poi, o presto o tardi[61].

Ogni cosa si trasforma, si muta. Dinnanzi ai nostri occhi ciò che esiste sembra perdersi definitivamente, una volta per tutte. In effetti, non è così. Qua si annulla una forma, si dissolve uno specifico individuo. Ma nello stesso tempo là nasce un'altra forma, un nuovo essere si apre alla vita. Gli aggregati si disgregano e gli elementi indistruttibili vagano da un composto all'altro, senza fermarsi mai, senza conoscere l'immobilità e il riposo. Fluire delle forme, da una parte. Permanere dell'identità degli indivisibili, dall'altra. Ancora un tema capitale, abbozzato in questa splendida *ouverture* teatrale, che troverà ulteriori sviluppi nei movimenti successivi dei dialoghi italiani.

---

[60] Sui meccanismi illusori del teatro nel teatro cf. G. Forestier, *Le théâtre dans le théâtre sur la scène française du XVIIe siècle*, Genève, Droz, 1996.

[61] *Candelaio*, p. 15.

Di questo scarto tra ciò che appare e ciò che è, il *Candelaio* è viva testimonianza. Allo spettatore-lettore è richiesto uno sforzo di sintesi, uno scatto di intelligenza che gli permetta di ridurre l'apparente molteplicità delle vicende dei tre personaggi a un comune denominatore, a un «punto di unione»[62]. Dietro le tre storie, insomma, bisogna cogliere un'unica causa: l'ignoranza, la non conoscenza di sé. Effetti differenti, è vero. Atteggiamenti che si esplicano in ambiti e in modi diversi, certo. Ma la radice da cui germinano è soltanto una: la presunzione di sapienza.

Solo su queste basi è possibile capire il vano movimento circolare di Bonifacio, Bartolomeo e Mamfurio. Il loro avvolgersi su se stessi, il loro apparente avanzare, il loro muoversi senza frutto sulla scena di una commedia che si presenta pluricentrica. Bruno moltiplica i luoghi, i tempi, le azioni. Sembra annunciare gli smarrimenti e i turbamenti provocati da un «cosmo» infinito, da una scena acentrica, da una *pièce* senza un punto fisso, senza un unico filo da seguire: «A me è stato commesso il prologo; e vi giuro ch'è tanto intricato et indiavolato, che son quattro giorni che vi ho sudato sopra e dì e notte: che non bastan tutti trombetti e tamburini delle Muse puttane d'Elicona a ficcarmen'una pagliusca dentro la memoria»[63]. Decentramenti disorientanti per un pubblico abituato alle rigide regole, letterarie e cosmologiche, dell'aristotelismo cinquecentesco: alla funzione centripeta di una forza normalizzatrice si sostituisce una funzione centrifuga di una forza destabilizzatrice. Ma, come abbiamo visto, la questione dell'unità nel *Candelaio* si pone su piani diversi, che ormai non hanno più nulla a che fare con una concezione «tolemaica» dell'universo, della lingua, della poetica.

Bisogna cambiare prospettiva. Nella commedia è continuo l'invito a «vedere»[64]. L'intero proprologo si regge su questo verbo che, in poche paginette, ricorre per ben quattordici volte come *incipit* di lunghi cataloghi caratterizzati dall'*enumeratio*. Per «vedere», però, non servono solo gli occhi. Si «vede» anche, o soprattutto, con gli occhi della mente. La «luce» del *Candelaio*, oltre a illuminare le vicende che fluiscono sulla scena, promette di «chiarir alquanto certe *Ombre dell'idee*». Proprio in quello stesso anno, nel 1582, Bruno pubblica a Parigi il *De umbris idearum* e il *Cantus circaeus*. Due testi di mnemo-

---

[62]   «Però se fisica, matematica e moralmente si considera: vedesi che non ha trovato poco quel filosofo che è dovenuto alla raggione della coincidenza de contrarii; e non è imbecille prattico quel mago che la sa cercare dove ella consiste» (*Spaccio*, p. 59). Ma nel *De la causa* Bruno ricorda anche che in «conclusione chi vuol saper massimi secreti di natura, riguardi e contemple circa gli minimi e massimi de gli contrarii et opposti. Profonda magia è saper trar il contrario, dopo aver trovato il punto de l'unione» (p. 315).

[63]   *Candelaio*, p. 37.

[64]   C. De Bellis, «Giordano Bruno: la parola e il vedere nei prologhi del *Candelaio*», in *FM, Annali dell'Istituto di Filologia Moderna dell'Università di Roma*, 1-2 (1980), p. 43-109.

tecnica, dove su piani diversi e con linguaggi differenti il Nolano propone un itinerario «visivo». Pure qui, conoscere significa «vedere». Se nel *De umbris* si vede attraverso le immagini che si combinano nel giro delle cinque ruote[65], nel *Cantus* si vede nella scarto tra forme esteriori e sostanza interiore, tra *extra* ed *intus*[66]. In entrambi i casi si tratta di unificare ciò che è differente, cercando di distinguere dietro la molteplicità delle apparenze la vera essenza delle cose[67].

In fondo, il fluire dei travestimenti e delle illusioni che caratterizza il *Candelaio* si traduce in maniera diversa nella dialettica luce-ombra messa in scena nel *De umbris*: totalmente immersi in una conoscenza umbratile è difficile distinguere con chiarezza la realtà dall'inganno. La stessa cosa, come abbiamo già visto, può essere benefica per alcuni e malefica per altri. Il sole, per esempio, può «illuminare» e può rendere completamente ciechi. E l'identico discorso vale anche per l'ombra: all'interno di un medesimo orizzonte – caratterizzato dal bene e dal male, dal vero e dal falso – avremo l'ombra oscura della morte e l'ombra che prepara lo sguardo alla luce[68].

---

[65]   Sulla mnemotecnica bruniana e sulla nozione di «ombra» si vedano gli eccellenti lavori di R. Sturlese: *Introduzione* a Giordano Bruno, *De umbris idearum*, a cura di R. Sturlese, p. IX-LXXVII; «Per un'interpretazione del *De umbris idearum* di Giordano Bruno», in *Annali della Scuola Normale Superiore di Pisa*, Classe di Lettere e Filosofia, XXII, 1992, p. 943-968. Cf. anche M. Ciliberto, *Giordano Bruno*, Roma-Bari, Laterza, 1996, p. 22-46. Sulle arti della memoria restano ancora un solido punto di riferimento il volume della Yates (*L'arte della memoria*) e quello di P. Rossi (*Clavis universalis. Arti della memoria e logica combinatoria da Lullo a Leibniz*, Bologna, il Mulino, 1983). Importante il recente saggio di N. Badaloni, «Il *De umbris idearum* come discorso sul metodo», in *Paradigmi*, XVIII, 2000, p. 161-195. Ai rapporti specifici tra parola e immagine ha dedicato un prezioso contributo L. Bolzoni, *La stanza della memoria. Modelli letterari e iconografici nell'età della stampa*, Torino, Einaudi, 1995.

[66]   Alcuni possibili intrecci tra *Candelaio* e *Cantus*, alla luce del rapporto apparenza/realtà, sono discussi da M. Ciliberto, *Giordano Bruno*, p. 38-46.

[67]   È interessante notare che, anche se da una prospettiva del tutto diversa, alcune pagine iniziali del *Filebo* di Platone siano proprio dedicate al tema del rapporto tra unità e molteplicità: *Filebo*, (14-15), p. 491-493.

[68]   «*Consequenter te non praetereat quod cum umbra habeat quid de luce, et quid de tenebris, duplici aliquem accidit esse sub umbra: umbra videlicet tenebrarum et – ut aiunt – «mortis», quod est cum potentiae superiores emarcescunt, et ociantur, aut subserviunt inferioribus, quatenus animus circa vitam tantum corporalem versatur, atque sensum; et umbra lucis, quod est cum potentiae inferiores superi[i]oribus adspirantibus in aeterna eminentioraque obiecta subiiciuntur, ut accidit in caelis versanti qui spiritu irritamenta carnis inculcat. Illud est umbra incumbere in tenebras, hoc est umbram incumbere in lucem./In orizonte quidem lucis et tenebrarum nil aliud intelligere possumus quam umbram. Haec in orizonte boni et mali, veri et falsi. Hic est ipsum quod potest bonificari, et maleficari, falsari, et veritate formari; quodque istorsum tendens sub istius, illorsum vero sub umbra esse dicitur*» [«Di conseguenza non dovrà sfuggirti ciò: poiché l'ombra ha qualcosa della luce e qualcosa della tenebra, capita che qualcuno sia sotto due specie di ombra: cioè l'ombra delle tenebre e (come dicono) della morte; questo è quando le potenze superiori avvizziscono ed oziano, oppure si fanno serve delle inferiori, allorché l'animo si manifesta soltanto attorno alla vita corporea, e al senso; oppure l'ombra della luce: che è quando le

GIOAN BERNARDO,
TRA PITTURA E FILOSOFIA

Come orientarsi, allora, nel labirinto degli inganni? Nel *Candelaio* una risposta potrebbe venire da un pittore, le cui iniziali (G. B.) non lasciano dubbi sulla sua identità. Spetta a lui, infatti, tessere la «tela» della commedia («Io mi accorgo che voi siete troppo scaltrito, che avete saputo tessere tutta questa tela»[69]) per poi raccogliere i frutti del suo lavoro e della sua intelligenza. Del resto, la *pièce* stessa si presenta come una «tela» («questa è una specie di tela, ch'ha l'ordimento e tessitura insieme; chi la può capir, la capisca; chi la vuol intendere, l'intenda»[70]), giocando evidentemente sulla polisemia della parola: allusione al *textum*, naturalmente; allusione alla trama, all'ordito di una storia; allusione alla tela del ragno, all'inganno, alla trappola; allusione ai telari, scenari teatrali dipinti su tela. Ma anche allusione all'attività del pittore, al suo dipingere tele. Attività che simbolicamente avvicina ancora di più Gioan Bernardo a Giordano Bruno. Il primo ordisce la trama dall'interno della commedia, il secondo tesse il *textum* dall'esterno. Entrambi, però, praticano la «pittura»: Gioan Bernardo la esercita esplicitamente nel *Candelaio*, mentre Giordano Bruno stesso a più riprese rivendicherà il suo ruolo di «filosofo-pittore». In un passaggio dell'*Explicatio triginta sigillorum* la corrispondenza delle funzioni finisce anche per inglobare la poesia[71].

Filosofo e pittore, dunque, ma anche poeta. Da questa poliedrica identità, come vedremo più avanti in un paragrafo interamente dedicato all'argomento, non si può prescindere per capire la genesi delle opere italiane. In fondo, filosofia, poesia e pittura si esprimono per immagini. E solo attraverso le «immagini» si dice l'indicibile, si vede l'invisibile. Immersa nel fluire delle ombre, la conoscenza umana difficilmente potrebbe avvalersi di altro. Bruno «dipinge» nel *Candelaio*, ma anche le altre opere londinesi sembrano concretizzarsi nel

---

potenze inferiori si assoggettano alle superiori le quali a loro volta aspirano a mete eterne e più eccellenti, così come capita a chi dimora nei cieli, il quale con lo spirito soffoca le sollecitazioni della carne. Quella è l'ombra che si protende verso la tenebra, questa è l'ombra che si protende verso la luce. Nell'orizzonte della luce e della tenebra, nient'altro possiamo infatti intendere se non l'ombra. Questa è nell'orizzonte del bene e del male, del vero e del falso. Qui si trova quel che può essere reso buono e cattivo, falsificato e conformato alla verità: esso, se tende da questa parte viene detto essere sotto l'ombra di questo, se tende dall'altra invece sotto l'ombra di quello»]; (Giordano Bruno, *De umbris idearum*, a cura di R. Sturlese, p. 28; trad. it.: Giordano Bruno, *Le ombre delle idee. Il canto di Circe. Il sigillo dei sigilli*, introduzione di M. Ciliberto, trad. e note di N. Tirinnanzi, Milano, Rizzoli, 1997, p. 61-62).

[69] *Candelaio*, p. 319. Ma Gioan Bernardo è anche colui che si burla di tutti: «CENCIO. Oh, voi sempre burlate. GIOAN BERNARDO. Sì sì, burlo» (*ibid.*, p. 103).

[70] *Ibid.*, p.41.

[71] Su questo brano si vedano i capitoli dedicati al tema della pittura nei *La Soglia dell'Ombra*.

segno di una «filosofia-poesia-pittura»[72]. Non a caso la *Cena* viene presentata come un particolare tipo di «ritratto»:

> Se nel ritrare vi par che i colori non rispondano perfettamente al vivo, e gli delineamenti non vi parranno al tutto proprii, sappiate ch'il difetto è provenuto da questo, che il pittore non ha possuto essaminar il ritratto con que' spacii e distanze, che soglion prendere i maestri de l'arte: perché oltre che la tavola o il campo era troppo vicino al volto e gli occhi, non si possea retirar un minimo passo a dietro o discostar da l'uno e l'altro canto, senza timor di far quel salto, che feo il figlio del famoso defensor di Troia. Pur tal qual'è, prendete questo ritratto ove son que' doi, que' cento, que' mille, que' tutti; atteso che non vi si manda per informarvi di quel che sapete, né per gionger acqua al rapido fiume del vostro giudizio et ingegno: ma perché so che secondo l'ordinario, benché conosciamo le cose più perfettamente al vivo, non sogliamo però dispreggiar il ritratto e la rapresentazion di quelle[73].

Frammentarietà della riproduzione, imprecisione dei colori, inesattezza dei «delineamenti»: la filosofia-pittura del Nolano sembra essere coerente con i principi di fondo su cui ci siamo soffermati all'inizio. Non bisogna dimenticare che, sul piano letterario, questi «ritratti» esprimono la precarietà e la provvisorietà del dialogo. All'autore-pittore non è dato ricostruire la realtà nella sua interezza. Se nello *Spaccio* si dichiara apertamente l'impossibilità di andare al di là di «certi occolti e confusi delineamenti ed ombre, come gli pittori»[74], nella *Cabala* si rivendica il valore conoscitivo del dettaglio:

> E se questa raggione non vi sodisfa, dovete considerar oltre che questa operetta contiene una descrizzione, una pittura; e che ne gli ritratti suol bastar il più de le volte d'aver rappresentata la testa sola senza il resto. Lascio che tal volta si mostra eccellente artificio in far una sola mano, un piede, una gamba, un occhio, una svèlta orecchia, un mezo volto che si spicca da dietro un arbore, o dal cantoncello d'una fenestra, o sta come sculpito al ventre

---

[72] Per un'analisi specifica dei rapporti tra filosofia e pittura in Bruno, rinvio ai capitoli 7 (*Dal Candelaio ai* Furori: *il pittore, il filosofo e l'ombra*) e 8 (*Filosofia, pittura e poesia: questioni di poetica*), in *La Soglia dell'Ombra*.

[73] *Cena*, p. 23. Ma di pittura si parla anche in un altro passo della *Cena*: «Et in ciò fa giusto com'un pittore; al qual non basta far il semplice ritratto de l'istoria: ma anco, per empir il quadro, e conformarsi con l'arte a la natura, vi depinge de le pietre, di monti, de gli arbori, di fonti, di fiumi, di colline; e vi fa veder qua un regio palaggio, ivi una selva, là un straccio di cielo, in quel canto un mezo sol che nasce, e da passo in passo un ucello, un porco, un cervio, un asino, un cavallo: mentre basta di questo far veder una testa, di quello un corno, de l'altro un quarto di dietro, di costui l'orecchie, di colui l'intiera descrizzione; questo con un gesto et una mina, che non tiene quello e quell'altro: di sorte che con maggior satisfazzione di chi remira e giudica, viene ad istoriar (come dicono) la figura» (p. 13).

[74] *Spaccio*, p. 14.

[75] *Cabala*, p. 17.

d'una tazza, la qual abbia per base un piè d'oca, o d'aquila, o di qualch'altro animale: non però si danna, né però si spreggia, ma più viene accettata et approvata la manifattura[75].

Giordano Bruno, insomma, non è un pittore qualsiasi. Così come non lo è Gioan Bernardo. Entrambi praticano un'«arte» speciale, frequentano un genere che esprime in maniera ben precisa l'orizzonte dei loro molteplici interessi. G. B., nella commedia, sa distinguere la realtà dalla finzione. Di fronte alle pretese di Bonifacio («ma per vita vostra fatemi bello»), il pittore non esita a differenziare i due piani del «ritrarre»: «Non comandate tanto, si volete esser servito: si desiderate che io vi faccia bello, è una; si volete ch'io vi ritragga è un'altra»[76]. Ma questo non significa che un'immagine, anche se vera, sia sempre uguale a se stessa nello scorrere del tempo:

> GIOAN BERNARDO. Voi dite di gran cose: è possibile che quello che hai fatto oggi abbi possuto far ieri o altro giorno, o voi o altro che sii? o che per tutto tempo di vostra vita possiate fare quel che una volta è fatto? Cossì quel che facesti ieri non lo farai mai più; et io mai feci quel ritratto ch'ho fatto oggi, né manco è possibile ch'io possa farlo più: questo sì, che potrò farne un altro[77].

Permanenza nella mutazione, mutazione nella permanenza. Non si tratta di giochi di parole, ma di semi della filosofia nolana. Nessuna cosa è sempre uguale a stessa, ma tutte le cose sono fatte di indivisibili uguali. Apparentemente, oggi non sono diverso da ieri. Apparentemente, l'aggregato atomico muore. Non è facile, in entrambi casi, «vedere» la forma che si trasforma e l'immortalità degli elementi ultimi. Gioan Bernardo lancia un messaggio. Ci dice con chiarezza che la sua «arte è di depengere, e donar a gli occhii de mundani la imagine di nostro Signore, di nostra Madonna, e d'altri santi di paradiso»[78]. In altre parole: G. B. cerca di mostrare «agli occhii de mundani» ciò che non si vede, ciò che la realtà materiale non permette di cogliere.

Alla stessa maniera, sin dalle pagine della commedia, la funzione simbolica del Bruno-pittore è proprio quella di mettere sotto occhi degli uomini, attraverso l'uso delle immagini, ciò che si nasconde dietro le apparenze, per offrire con il suo *Candelaio* uno spiraglio di luce in un universo fatto di ombre e di inganni, di illusioni e di finzioni, di mutazioni e di vicissitudini[79].

Nuccio ORDINE
Università della Calabria

---

[76] *Candelaio*, p. 87-89.

[77] *Ibid.*, p. 87.

[78] *Ibid.*, p. 399.

[79] Lo stesso titolo della commedia potrebbe alludere alla luce come fonte necessaria per la proiezione delle ombre.

PIERRE DE L'ESTOILE ET MONTAIGNE, OU LA «LECTURE EN MIETTES»

La place prise par Montaigne dans le *Journal* de L'Estoile conduit à aborder la question de la réception de l'essayiste, domaine vaste s'il en est, mais qu'il faut circonscrire dans les limites d'une pratique littéraire spécifique à la Renaissance : l'écriture du moi, activée par le désir impérieux de «se dire»[1] que manifestent alors les écrivains de l'époque. Dans le cas de nos deux auteurs, les différences d'ordre formel, l'essai d'un côté, le diaire de l'autre, ne parasitent jamais d'une manière irréversible un cheminement parallèle, lorsqu'il s'agit de traquer la vérité sur soi et le monde. Ainsi l'usage que L'Estoile fait des *Essais* de Montaigne, à proprement parler une «lecture en miettes», selon une formule de J. Céard, entendue simultanément comme «consentement à la fragmentation et [...] mouvement de convergence»[2], permet d'éclairer cette problématique commune aux deux virtuoses de l'égographie renaissante.

A vrai dire, cette question d'influence a été signalée, pour être aussitôt enterrée, par P. Villey en une sentence assassine[3], qui appelle de nos jours un sérieux réexamen, comme l'ont montré des travaux pionniers récents[4]. Là où le savant éditeur des *Essais*[5] n'a d'yeux que pour son auteur fétiche et où pèse sur L'Estoile un verdict sans appel, nous nous proposons de revenir sur la réception montaignienne pour y dévider la trame intertextuelle mise en litige et d'en examiner le protocole citationnel pour déterminer les enjeux philosophiques et esthétiques que génère l'appropriation du texte montaignien par son épigone.

Pour commencer, il n'est pas inutile de rappeler que dans l'état actuel de nos connaissances, il n'existe pas de preuves tangibles qui établissent que Montaigne

---

[1]   N. Kuperty-Tsur, *Se dire à la Renaissance. Les Mémoires au XVIe siècle*, Paris, Vrin, 1997.

[2]   En conclusion aux Actes du Colloque *Montaigne et la Grèce*, (Calamata et Messène, 1988), dir. K. Christodoulou, Paris, Aux Amateurs de Livres, 1990, p. 249-250.

[3]   «Le Journal [...] fut-il jamais compilation plus indigeste et plus impersonnelle [...], cet illisible amas de notes», *Montaigne devant la postérité*, Paris, 1935, p. 177. Dès 1923, G. Lanson affirmait déjà que ce texte «si curieux, n'a point de valeur littéraire», *Histoire illustrée de la littérature française*, t. I, p. 228, n. 1.

[4]   I. J. Winter, *Montaigne's self-portrait and its influence in France, 1580-1630*, French Forum, Publishers Lexington, Kentucky, 1976; et O. Millet, *La première réception des Essais de Montaigne, 1580-1640*, Paris, Champion, 1995.

[5]   Ed. Villey-Saulnier, Paris, PUF, 1978, 2 t.

et L'Estoile se soient un jour rencontrés : la publication des *Essais* en juin 1588 chez Abel L'Angelier, contemporaine du bref emprisonnement de leur auteur à la Bastille, au plus fort de l'insurrection ligueuse en juillet 1588 (L'Estoile sera victime du même fanatisme peu de temps après), ne pouvait constituer un moment opportun à des échanges intellectuels suivis. Et l'on ne sait pratiquement rien du rôle d'intermédiaires qu'aurait pu jouer le réseau des amis «politiques» communs aux deux hommes. Force est donc de s'en tenir à d'autres critères, notamment celui, essentiel, du partage d'une activité littéraire, faite initialement à l'insu l'un de l'autre, et que la mention de Montaigne par L'Estoile, en 1606 seulement (Montaigne est alors mort depuis quatorze ans), allait brusquement mettre en relief dans des passages qui ne seront publiés que des siècles plus tard[6]. C'est dans cette expérimentation identique de l'«écriture du quotidien»[7] que nos deux juristes de formation et d'office donnent les meilleures occasions de remonter à l'origine de leur engouement de (s')écrire. Comme l'on sait, L'Estoile, qui tiendra registre de sa vie jusqu'à sa mort en octobre 1611, avait écrit son *Journal* au quotidien depuis 1574, parallèlement à la rédaction d'un *Livre de raison*, moins connu, autrefois commencé par son père Louis[8]. Et l'on n'ignore pas non plus que Montaigne procéda d'une façon analogue, en nourrissant bien avant les *Essais* le souci de rédiger des *Ephémérides*[9]. Il tenait par ailleurs, comme son imitateur parisien, dans la plus haute estime les papiers personnels de son père, riches, nous confie-t-il, de notes des séjours italiens, «où il avoit eu fort longue part aux guerres delà les monts, desquelles il nous a laissé, de sa main, un papier journal suyvant poinct par poinct ce qui s'y passa, et pour le publiq et pour son privé»[10]. Il y eut ensuite le fameux *Journal de Voyage en Italie*[11]... Le souci de soi et du monde thématisent donc chez nos deux chroniqueurs un égal rapport à l'homme, aiguisent l'acuité d'un regard identique, curieux et jamais lassé de fixer et de «mettre en rôle» le moi et les événements de leur époque. Il y aurait bien des observations à faire

---

[6]   Outre l'édition G. Brunet et *alii* (Paris, 1875-1896, 12 vol., que Villey a lue ?), nous utilisons aussi celle d'A. Martin (Gallimard, t. II et III, 1948-1960). Signalons que chacune de ces éditions ne reproduit pas le même nombre de citations montaigniennes !

[7]   M. E. Blanchard, «Fin de Siècle : Writing the Daily at the End of the Renaissance», *Humanism in Crisis. The Decline of the French Renaissance*, éd. Ph. Desan, The University of Michigan Press, 1991, p. 231-240.

[8]   Ce recueil autographe, intitulé «Papier de feu Lois Delestoille mon Pere, continué par moi Pierre Deslestoille son fils, fait et achevé ce XVᵉ Decembre jour de vendredi 1595» (BNF, Ms Nouv. Acq. Franç., 12871) a été publié par P. Lauer dans le *Bull. Soc. Hist. de Paris*, 1942-1943, p. 33-47.

[9]   Voir Ch. Beaulieux, «Chronologie du Livre de raison et des autres œuvres manuscrites de Montaigne», *Bulletin de la Société des Bibliophiles de Guyenne*, 1951.

[10] *Essais*, II, 2, 344.

[11] Ed. F. Rigolot, Paris, PUF, 1992.

sur les sujets communs traités par le couple de diaristes[12]; mais le plus important ici est de constater que dans leur projet respectif, «l'écriture du jour» ne perd jamais de vue la passion de la vie théorétique, gorgée de contemplations et de réflexions qu'unit un élan spirituel commun pour explorer le spectacle du monde, on aimerait dire sa théâtralité toute baroque, pour d'y déceler le *comment* et le *pourquoi* de ses rouages et y conformer leur propre manière d'être[13]. On voit donc que dans le dessein de se dire, il existe chez les deux auteurs des pratiques et des modèles antérieurs, des sortes d'essais d'avant les «essais», qui, réappropriés par chacun et génériquement retravaillés, engendrent des formes nouvelles de l'expression du moi, où les projets éthique et esthétique valident une manière d'être au monde.

Afin de déterminer «la modalité de fonctionnement du modèle» Montaigne[14], commençons par l'étude du protocole citationnel au sein du *Journal*, c'est-à-dire les onze occurrences, par lesquelles l'ancien Grand audiencier à la Chancellerie de Paris s'approprient explicitement entre 1606 et 1610 les *Essais* à partir de l'édition de Marie de Gournay, parue une dizaine d'années auparavant à Paris[15].

Le tableau suivant présente succinctement les citations des *Essais* figurant dans le *Journal* de L'Estoile, avec dans l'ordre la mention de la date du *Journal* et de son édition de référence; suivie de l'argument de la citation et du fragment qui l'accueille (avec les références aux *Essais*):

> [1] Dimanche, 2 juillet 1606 (éd. Martin, II, 193): la définition et l'utilité de tenir un *Journal* (I, 34 (= 35), 223-224)[16]. Cet emprunt se trouve en tête de la section du *Journal* qui va du dimanche 2 juillet 1606 au 25 février 1609.

---

[12] Un exemple, parmi d'autres, concernant leur curiosité commune pour un homme sans bras, signalée par J. Céard, *La nature et les prodiges*, Genève, Droz, 1977, p. 389.

[13] J. Starobinski, *Montaigne en mouvement*, Paris, Gallimard, 1982, p. 27 sq.

[14] N. Kuperty-Tsur, *op. cit.*, p. 31-32.

[15] Villey a montré que c'était l'édition de référence de L'Estoile, qui reproduit jusqu'aux erreurs de pagination du texte, ainsi que la numérotation initiale des chapitres (voir les citations [1] et [8], où I, 14 devient I, 40), *op. cit.*, p. 117; et R. Sayce, «L'édition des *Essais* de Montaigne de 1595», *BHR*, 36, 1974, 119 sq. Cette éd. vient d'être publiée sous la dir. de J. Céard, Le Livre de Poche, 2001.

[16] *Journal* (éd. Martin), II, 193, où L'Estoile commet une erreur sur le numéro du chapitre (le 35 et non le 34), «D'un defaut de nos polices», *Essais*, I, 223-4: «En la police oeconomique mon pere avoit cet ordre, que je sçay loüer, mais nullement ensuivre. C'est qu'outre le registre des negoces du mesnage [...], il ordonnoit à celuy de ses gens qui lui servoit à escrire, un papier journal à inserer toutes les survenances de quelque remarque, et jour par jour, les memoires de l'histoire de sa maison, tres-plaisante à veoir quand le temps commence à en effacer la souvenance [...] Usage ancien, que je trouve bon à refraichir, chacun en sa chacuniere. Et me trouve un sot d'y avoir failly».

[2] Mai 1608, sans indication de jour (éd. Martin, II, 339): sur le pucelage (III, 5, 861: «Sur des vers de Virgile»).

[3] Février 1609, sans indication de jour (éd. Brunet, IX, 223): l'homme de bien et l'examen de conscience (III,9, 990: «De la vanité»).

[4] Février 1609, sans indication de jour (éd. Brunet, IX, 224): l'inanité et l'urgence paradoxale qu'il y a à tenir un *Journal* (II, 20, 674: «Nous ne goustons rien de pur»).

[5] Vendredi, 31 juillet 1609 (éd. Martin, II, 487-488): l'ostentation des hommes (III, 12, 1037: «De la phisionomie»).

[6] Décembre 1609, sans indication de jour (éd. Martin, II,570): le rapport des hommes à l'argent (I,14, 63-64).

[7] Juillet 1610, sans indication de jour (éd. Brunet, X, 257): les offices, l'ambition et l'argent (I, 39, 237: «De la solitude»).

[8] Dimanche, 18 juillet 1610 (éd. Martin, III, 149): dévotion et ostentation (I, 29 (= 30), 197: «De la moderation»).

[9] Mercredi, 28 juillet 1610 (éd. Martin, III, 159): prophétie et divination (II, 17, 634: «De la praesumption»).

[10] Jeudi, 12 septembre 1610 (éd. Martin, III, 184): l'attitude face à la mort (I, 19, 80: «Qu'il ne faut juger de nostre heur, qu'apres la mort»).

[11] Jeudi, 12 septembre 1610 (éd. Martin, III, 186): l'autoportrait («Au Lecteur»).

Ces emprunts textuels établis, examinons à présent quelques questions soulevées par ce jeu citationnel, en particulier le moment où Montaigne entre dans le *Journal* de son émule, la modalisation spécifique de ses emprunts, ainsi que la thématique sélectionnée dans le corpus des *Essais*.

Une question de date tout d'abord, relative à la première mention des *Essais* située tardivement en juillet 1606 (le diariste n'a plus que cinq années à vivre). C'est que cette époque correspond chez L'Estoile à une phase particulière dans l'évolution de sa propre écriture du quotidien, ce moment précis où le *Journal* acquiert une orientation beaucoup plus personnelle, que la lecture de plus en plus soutenue de Montaigne encourage et précise dans ses finalités intimes. Certes, il ne faudrait pas conclure abusivement que L'Estoile n'a jamais lu les *Essais* avant cette date décisive pour sa propre création – le silence n'est pas ici aveu d'incurie. L'accent mis progressivement sur l'évocation du moi au cours de l'enregistrement quasi rituel de l'actualité quotidienne modifie les priorités du diariste parisien, au point que ce changement d'accent, du général vers le particulier et du public vers le for intérieur, déplace progressivement l'équilibre traditionnel des séquences narratives des années antérieures. Cette prise de conscience, sans doute liée à la vente de sa charge dès 1601 – Montaigne ne fit pas autrement en son temps – rend le moi plus disponible à l'écoute de ses voix, amplifiées entre les murs de sa «tour d'ivoire», conquise de haute lutte sur une actualité morne et les déchirements familiaux sur lesquels le *Livre de raison* jette une lumière cruelle. L'Estoile partage désormais avec son modèle disparu l'«arriere boutique toute nostre, toute franche, en laquelle nous establissons nostre vraye liberté et principale retraicte et solitude»[17], moments propices à l'introspection, où la conversation avec soi, parfois très mélancolique aussi, prend le pas sur les bruits du monde, jamais tout à fait reniés pour autant et où L'Estoile «se sent devenir écrivain» (n'en déplaise à P. Villey)[18]. Le temps de l'*otium studiosum*, favorable comme jamais à la création et parfaitement résumé par la devise autographe en tête d'un de ses manuscrits, *Mihi non aliis. In otio negotium*[19], correspond de fait à la mise au net du *Registre-Journal du Règne de Henri III* (1574-1589) et amorce en même temps une requalification de l'œuvre. Avec Montaigne à ses côtés, «que j'aime et ai ordinairement à la main» [8], L'Estoile est lui aussi, enfin, devenu la matière de son livre.

Cette appropriation montaignienne par L'Estoile constitue vers 1606 un geste quasi exceptionnel dans l'histoire de la réception de l'essayiste, accusé alors de narcissisme indécent[20] et subissant les jugements sévères qui s'accumulent sur son horizon d'attente pour avoir trop parlé de soi[21]. Mais si la revendication de la franchise caractérise désormais la confession de L'Estoile, son art de l'autoportrait ne manque pas de poser la question du rythme de la lecture des *Essais* et la fréquence avec laquelle le cadet «déplume»[22] son aîné. Il est vrai que le diariste recourt assez peu, mais périodiquement, à son *vade mecum*, avec une fréquence accrue au fil des ans: une fois en juillet 1606, une fois en mai 1608, quatre fois en 1609 et cinq fois en 1610 (pour les seuls mois de juillet à septembre). La périodicité des citations, quantitativement peu importante (2,7 emprunts par an, en moyenne théorique), gagne en qualité, lorsqu'il s'agit d'autoriser et d'illustrer une anecdote. L'exemple [8] est tout à fait significatif de ce retour périodique aux *Essais*, quasi ritualisé entre le temps de la lecture (le matin) et celui de la copie (l'après-midi, de préférence dominicale). Ce tête-à-tête, qui est aussi une fête de l'esprit que semble traduire le diariste copiant et

---

[17] *Essais*, I, 39, 241, «De la solitude».

[18] M. MacGowan, «'La conversation avec ma vie': la voix de L'Estoile dans les *Registres-Journaux*», *Travaux de Littérature offerts en hommage à N. Hepp*, L'Adirel, vol. III, 1990, p. 255. De son côté, C. Lauvergnat-Gagnière a fort bien noté qu'à partir de 1606 intervenait un changement dans l'«univers intellectuel» et le choix des lectures du chroniqueur, «Livres et lectures d'un mémorialiste: P. de L'Estoile», *De L'Estoile à Saint-Simon, recherche sur la culture des mémorialistes au temps des trois premiers rois Bourbons*, éd. M. Bertaud, Paris, Klincksieck, 1993, p. 26-27.

[19] BNF, Ms. fr. 10 303.

[20] O. Millet, *op. cit.*

[21] Voir H. Friedrich, *Montaigne*, Paris, Gallimard, 1968, p. 237-238; et *Montaigne et Henri IV*, textes réunis par C.-G. Dubois, J&D. Editions, 1996.

[22] *Essais*, II, 10, «Des livres».

collant ses citations, se manifeste encore (déjà) dans le texte [1] que l'on présente généralement à tort comme la préface du *Journal*[23]. Collé en pleine page du recueil manuscrit et non à son début, il atteste que L'Estoile n'a pas eu une attitude passive de lecteur, mais une volonté affichée d'insérer Montaigne à un endroit privilégié de son registre-journal, de la même manière concertée, dont il a procédé au collage de ses innombrables pasquils et «ramas» dans le reste de l'œuvre. Dans tous les cas, L'Estoile ne cache pas les aspects les plus ordinaires de la modalisation intertextuelle et nous donne à savourer le plaisir que lui procurent ses dimanches des *Essais*.

Pour ce qui concerne maintenant la thématique qui nourrit l'écriture de L'Estoile dans les citations que nous avons relevées, les enseignements sont également d'un poids non négligeable. Que ce soit celui qui concerne le choix des chapitres privilégiés, l'ordre et la forme de la modalisation de l'emprunt, ou leur thématique spécifique, tout mériterait une étude très attentive. Retenons pour l'essentiel qu'en dehors des considérations métadiscursives des citations [1] et [4] – nous y reviendrons, la matière des *Essais* qui interpelle L'Estoile concerne chronologiquement le pucelage, l'homme de bien, l'ostentation (à deux reprises), l'argent, l'avarice et l'ambition, la divination, la mort et la peinture du moi. Tous ces thèmes, qui touchent de très près l'homme dans son vécu, ses valeurs, sa réprobation du «monde à l'envers», le souci de l'être et le rejet d'un paraître que d'Aubigné dénoncera bientôt dans le *Faeneste*, bref, tout ce qui divertit du moi pour égarer l'individu dans le labyrinthe des illusions, tout cet argumentaire montaignien autorise le discours du bourgeois de Paris, le valide et le légitime, au point que dans ce dialogue muet L'Estoile semble avoir les mots de Montaigne à la bouche pour se dire[24].

L'art de la citation de Montaigne, si bien analysée par les montaignistes, permet aussi d'observer la méthode de travail de L'Estoile, dont on sait par ailleurs qu'elle se caractérise par la recherche systématique du trait pittoresque, le souci de l'exactitude historique, ainsi que l'habitude d'«exprimer ses propres impressions en recourant aux paroles d'autrui, lorsqu'elles s'y trouvaient confirmées, au moment de mettre son *Journal* au net»[25]. Dans la plupart des cas, les emprunts relèvent de la transcription littérale, même si celle-ci s'articule par inversion ou dispersion des fragments cités, comme dans les citations [1], [5] et [7]. La plupart du temps le diariste réduplique son auteur, en conservant tout particulièrement les formules concrètes et pittoresques (sur les «ballons» [5], la

---

[23]   Voir *l'incipit* originel du *Registre-Journal du Règne de Henri III*, éd. M. Lazard et G. Schrenck, Genève, Droz, t. I, p. 53, comparé à l'éd. de L. R. Lefèvre, Paris, Gallimard, 1943, p. 31.

[24]   I. J. Winter, *op. cit.*, p. 80.

[25]   Voir R. Trinquet, «La méthode de travail de Pierre de L'Estoile», *BHR*, 17, 1955, p. 286-291; et P. Smith, «Réalisme et pittoresque dans le *Journal* de Pierre de L'Estoile», *ibid.*, 29, 1967, p. 153-156.

«siccité de dévotion» [6], la «danse» et la «conscience» [7], «le fond du pot» [10]), voire même réemploie les mêmes citations (ex. [4] et [11]). S'il semble aussi que le prélèvement textuel se repartisse d'une manière aléatoire, à «sauts et à gambades», et s'il apparaît qu'au début L'Estoile utilise davantage le Livre III des *Essais* (4 fois), avant de puiser dans le premier (5 fois), aucun chapitre de l'œuvre n'est sollicité plus d'une fois, à l'exception de III,9 (2 fois)[26]. La dernière mention du *Journal* renvoie singulièrement par un effet de cyclicité à l'avis initial des *Essais* «Au lecteur». Il reste que sur l'ensemble des occurrences, la citation entre en parfaite harmonie avec le thème développé par L'Estoile et remplit de ce fait une fonction à la fois de justification et d'explication. Cette fidélité au modèle ne prive cependant pas L'Estoile de sa liberté de manœuvre, puisqu'il n'hésite pas à entrer en dissidence, quand il le faut (cit. [6]), en préservant une liberté d'allure, celle des abeilles butinant, passant d'une feuille à l'autre avec grâce et légèreté, à la manière même de Montaigne vaquant à ses auteurs préférés en les feuilletant plus qu'en ne les lisant[27].

Le compagnonnage relativement tardif de L'Estoile et de Montaigne, si important dans la quête intellectuelle et morale du moi, met enfin à jour une autre singularité du parlementaire parisien, sa conception même du *Journal*, ou pour reprendre le titre d'un ouvrage trop peu cité, ce que l'on pourrait appeler le «parler d'écrire» dans l'œuvre du diariste[28]. Toute une poétique du journal se met ainsi en place grâce à la fréquentation assidue des *Essais*, consignée en date du 2 juillet 1606 (cit.[1]) et qui assimile sans équivoque le Journal à l'Essai, comme pratique équivalente d'investigation du moi. Ecoutons une dernière fois L'Estoile parlant de ses:

> registres (que j'apelle le magazin de mes curiosités), on m'y verra (comme dit le sieur de Montagne en ses *Essais*, parlant de soi) tout nu et tel que je suis[29], mon naturel au jour le jour, mon âme libre et toute mienne, accoutumée à se conduire à sa mode, non toutefois méchante ni maligne, mais trop portée à une vaine curiosité et liberté (dont je suis marri) [...] Et tout ce à quoi je m'efforce aujourd'huy [...] c'est de rendre approuvée devant Dieu [...] la conversation de ma vie (obscure et cachée), sans grandement me soucier du jugement des hommes de ce monde, qui ne jugent que par l'apparence. Car, aussi, qui n'est homme de bien que par la montre ne vaut guère, et en suis logé là avec le seigneur de Montagne, mon *vade mecum*, que [...] il n'est chose pour quoi je veuille ronger mes ongles, et que je veuille acheter au prix du tour-

---

[26] Voir l'analyse particulière des additions finales des Essais faite par D. Frame, *Montaigne. Une vie, une œuvre. 1533-1592*, Paris, Champion, 1994 (pour la tr. fr.), p. 311-323.

[27] Voir la position de Montaigne envers la citation, *Essais*, I, 26, 152, et II, 17, 635.

[28] G. Bollème, *Parler d'écrire*, Paris, Seuil, 1993.

[29] Expression reprise plus loin dans le *Journal*, mais sans référence à Montaigne: «Je m'y peins tout entier et tout nu, non tant pour moi que pour ceux qui viennent après moi, qui ont, possible, à me perdre bientôt», (éd. Martin, III, 186).

ment de l'esprit et de la contrainte. Je prens pour ma devise le dire de l'apôtre Saint Paul : *Gloria nostra, testimonium conscientiæ nostræ*[30].

Ce passage, issu d'un enchaînement fondu de citations de Montaigne, tant il est constitué de mots provenant des divers endroits des *Essais* et qui montrent que L'Estoile en avait assimilé la substance[31], arbore la conscience sûre avec laquelle l'auteur, sous le coup encore de sa récente et neuve liberté de se dire, éprouve la griserie verbale, comme un qui viendrait de perdre ses chaînes et s'ébroue enfin à l'air libre. L'écriture du quotidien (l'*Altagsgeschichte*) a beau passer pour vaine et futile, ne constituer qu'un pis aller dans l'occupation ludique du temps – un réel passe-temps, elle demeure conjointement et consubstantiellement attachée à la vie au sein de laquelle, comme chez Montaigne, elle (a)ménage un espace de salut et une plage de répit où l'individu réunit sa vie dans l'authenticité de son questionnement. Bien avant les philosophes de la modernité et leur tentative pathétique de réoccuper le lieu où l'être était à demeure, le Journal comme l'Essai assument le risque jamais renié de jouir pleinement de soi et finalement de se « ravoir » lucidement dans les dédales de l'humaine condition[32].

A ceci près encore et pour en revenir à la formule initiale de J. Céard, que « la lecture en miettes » de L'Estoile, faite de conformité et de distance par rapport à l'original, génère finalement une sorte de vertige. Notamment dans l'exemple [11], quand il est question de la mention de Paul, *II Corinthiens*, I, 12, que Montaigne cite dans le chapitre « De la gloire » (II, 16, 623) et dont L'Estoile fait sa devise. S'agit-il, en l'occurrence, d'une rencontre purement fortuite sur un même texte du *Nouveau Testament*, ou L'Estoile a-t-il fait sien le verset *en lisant et en écrivant* Montaigne ? Il est difficile de démêler l'écheveau de cette citation de la citation, tout comme il est délicat de dissocier les « miettes » recueillies dans la préface des *Essais*. Il demeure qu'à travers cette adéquation parfaite du regard paulinien, fréquent chez l'Estoile, plus insolite chez Montaigne, on atteint l'indécidable de l'emprunt, qui, comme le sel dans l'eau, rend problématique le relais culturel, mais signe la parfaite convergence intellectuelle entre les deux hommes. C'est dans l'intertextualité du modèle dilué à l'extrême, mais combien

---

[30] *Journal* (Martin), II, 193-194.

[31] Tout ce passage est emprunté au lexique même des Essais, dont on restituera le détail grâce à la *Concordance des* Essais de Leake et à l'édition électronique des *Œuvres complètes de Montaigne*, Champion, 1996.

[32] Voir en particulier G. Defaux, « Rhétorique et représentation dans les *Essais* : de la peinture de l'autre à la peinture du moi », *Rhétorique de Montaigne*, actes réunis par F. Lestringant, Paris, Champion, 1985, p. 21-48 ; *id.*, « La problématique du sujet chez Montaigne », Actes du Colloque Montaigne de Toronto (1992), actes réunis par E. Kushner, Paris, Champion, 1995 ; et M. B. Mac Kinley, *Les terrains vagues des Essais : itinéraires et intertextes*, Paris, Champion, 1996.

vivant, que L'Estoile a véritablement intégré Montaigne dans la propre substance de son texte, dans lequel les *Essais* ne cessent de se fondre et de vibrer...

Et de fait, la fréquentation des *Essais* invite L'Estoile à entrer dans la danse de l'esprit, autrefois ouverte par Montaigne citant et commentant lui aussi les Anciens, tant qu'il y aura de l'encre et du papier au monde. En ce sens et sans le savoir, L'Estoile incarne le « lecteur ami » tant souhaité par son devancier essayiste, ce lecteur idéal appelé de ses vœux depuis la place laissée définitivement vacante par la mort de La Boétie et appelé à entrer dans le dialogue entrouvert autrefois. L'Estoile a répondu sur le tard à cette attente pour y couler ses propres « fantaisies et rêveries » et sa « rapsodie » des jours « pour y [...] joindre ses exemples »[33]. En « diligent lecteur » et en « ami », le chroniqueur parisien, si décrié par P. Villey, a relevé le pari essentiel et d'autant mieux que Montaigne lui en offrait et le modèle et la justification dans la toujours quotidienne et pourtant fabuleuse tâche de lire et d'écrire en « miettes ».

Gilbert SCHRENCK
Université Marc Bloch-Strasbourg II

---

[33] *Essais*, I, 21, 105.

QUELQUES LIVRES A L'INDEX
CHERS A GIORDANO BRUNO

SES ŒUVRES SECRÈTES DE MAGIE
ET UN OUVRAGE QUI N'EXISTE PAS
(THESES DE MAGIA)

Il est bien connu que Giordano Bruno avait lu Marsile Ficin avant la fameuse dispute d'Oxford de 1583, et qu'il s'en était nourri à plusieurs occasions pour traiter différents problèmes: il se servit bien sûr aussi de la problématique magico-naturelle du *De amore* et du *De vita*. Du reste, il ne fut ni le premier ni le dernier à le faire. C'est dès ses débuts, dans le *Spaccio*, que Giordano Bruno fait l'éloge de la magie (*O. C.*, V / 2, 421, 429, 454). Il se moque de la « philosophie occulte » dans le *Candelaio*:

> Si dice che l'arte magica è di tanta importanza che contra natura fa ritornare gli fiumi a dietro, fissar il mare, muggire i monti, intonar l'abisso, proibir il sole, despiccar la luna, sveller le stelle, toglier il giorno e far fermar la notte: però l'Accademico di nulla accademia in quell'odioso titolo e poema smarrito, disse: *«Don'a' rapidi fiumi in su ritorno»*...[1]

Dans *Sigillus sigillorum* (*O. L.*, II / 2, 176-177, 197), il mentionne les cabalistes et dans *De la causa, principio et uno* (*O. C.*, III, 135) il parle de la philosophie de la vie sous-jacente aux pratiques des nécromanciens. Si dès son premier séjour à Paris, Bruno parle d'art de la mémoire et d'art lullien, thèmes dont il fera son gagne-pain et qu'il reprendra par la suite (encore à Wittenberg, Helmstedt, Francfort et, hélas!, Venise); en Angleterre, il recourt à la problématique « hermétique » de Ficin et de Jean Pic.

Reste indiscutable le fait que, comme auteur, Bruno est célèbre pour le *Spaccio*, les *Eroici furori*, la *Cena delle ceneri*, le *De la causa*, ou encore pour ses poèmes latins, mais jamais pour ses *Opere magiche*, c'est-à-dire *De magia mathematica*, *De magia naturali*, *Theses de magia*, *De principiis rerum, elementis et causis*, *De vinculis in genere*[2]. Elles sont considérées par leurs récents éditeurs

---

[1]   G. Bruno, *Candelaio*, I, 2, dans *Œuvres Complètes*, II, Paris, Belles Lettres, 1993, p. 59 [dorénavant *O. C.*, suivi des numéros des volumes et des pages; de même *O.L.* pour *Opera latine conscripta*, éd. F. Tocco *et al.*, Florence, 1891].

[2]   G. Bruno, *Opere magiche*, ed. M. Ciliberto (dir.), a cura di S. Bassi, E. Scapparone, N. Tirinnanzi, Milano, Adelphi, 2000, p. CLXII-1594 (cf. en particulier p. XII-XIII) [dorénavant

comme des brouillons personnels à usage didactique (mais pour quel type d'école ou de groupe?). Elles mériteraient par contre d'être étudiées comme documents historiques.

Il me paraît tout à fait clair que Bruno ne destinait pas ces textes à la publication, mais plutôt à une circulation clandestine, voire initiatique. Ils sont chronologiquement proches, homogènes, avec de fréquents renvois internes; entre autres, le *De magia naturali* renvoie aux *Theses de magia*, et vice versa: on verra que ces autoréférences montrent qu'il s'agit en fait de sections d'une même œuvre.

Très tôt, peut-être encore dominicain, Bruno avait lu un traité encyclopédique sur la magie, le *De occulta philosophia*, par Cornelius Agrippa (ainsi que son *De vanitate*); il se servait déjà en 1585 de cet ouvrage, dans sa *Cabala del cavallo pegaseo*. Il lut à Paris quelques textes dérivés de Paracelse, auteur qu'il approfondit probablement dans les années suivantes, lorsqu'il put fréquenter un théoricien et praticien de la magie en chair et en os: John Dee, qu'il avait rencontré en Angleterre dans l'entourage du comte palatin Laski, et qu'il a selon toute vraisemblance revu, dans un milieu semblable, dans la Bohème de l'empereur Rodolphe II. Quant à Trithemius, avec sa magie cérémonielle, Bruno semble ne l'avoir découvert que pendant son séjour en Europe centrale, de l'été de 1586 à l'été de 1591, lorsque, du moins à partir de l'époque de ses séjours à Wittenberg et à Helmstedt, Bruno réunit ou initia un petit groupe de disciples qu'il allait retrouver l'année suivante en Italie (Besler, Acidalius, Fogarcz et autres)[3].

Il nous faut faire une remarque préliminaire: il était difficile pour chacun, et pas seulement pour Bruno, de lire ces théoriciens de la magie, car ils étaient presque tous condamnés. Seul Ficin avait été suffisamment habile et, à la différence de Jean Pic, il était parvenu à risquer la censure dans son *De vita*, mais à lui échapper grâce à une postface fort astucieuse. Au XVIe siècle, Ficin était apprécié des hommes de lettres dans les Académies, et il avait réussi à s'imposer

---

O. M., suivi des numéros des pages]. De tous ces chercheurs, aucun n'a travaillé sur les manuscrits pour tenter une nouvelle transcription du texte, qui reproduit, dans les parties que j'ai collationnées, toutes les lacunes (*O. M.*, 348, xvii, r.7; 346, xxxi, r.9; etc.) et même les coquilles de l'édition Tocco. L'apparat des variantes est identique à 95% au moins. Pour donner quelques exemples, on trouve à la p. 352, xviii, r.5, comme dans l'édition Tocco, un étrange verbe latin: *appellunt*. Ne faut-il pas corriger en *appetibunt*, d'autant plus que la traduction propose «ricerchino» («qu'ils recherchent») qui ne correspond pas au latin *appellere*, à traduire «pousser»? Mais dans cette édition de luxe on ne trouve ni l'intention ni le souhait d'innover par rapport au modèle, même pas dans le cas de cet hapax.

3   Ces personnages ont été mentionnés par E. Canone à diverses reprises, et récemment dans *Giordano Bruno 1548-1600*, Mostra alla biblioteca Casanatense di Roma, Florence, Olschki, 2000, p. 170, 176-177, manifestation promue et présentée par Ciliberto; ce dernier semble cependant ignorer les données publiées ici, et notamment la circulation manuscrite de la *Steganographia* de Trithemius, qui n'avait pas été publiée avant 1606 et qui fut condamnée, avec 24 autres livres pernicieux, par un décret du maître du Saint Palais, le 7 sept. 1609.

auprès de nombreux professeurs aristotéliciens désormais obligés, depuis l'époque de Nifo et Pomponazzi, à tenir compte de ses écrits et des textes platoniciens, néoplatoniciens et hermétiques qu'il avait traduits.

Agrippa, par contre, figurait depuis le départ dans la première classe de l'Index, parce qu'on y avait transcrit les condamnations que lui avaient infligées de son vivant les théologiens de Cologne et de Paris, tout de suite après la publication des deux textes de lui que nous avons cités. Et pourtant, l'*Opera omnia* d'Agrippa circulait largement: l'édition datée de Lyon *apud Beringos*, mais en réalité imprimée clandestinement à Bâle et augmentée de différents textes magiques d'autres auteurs, avait été réimprimée à plusieurs reprises à partir de 1580; on a même fait des copies manuscrites de ces deux gros volumes.

On ne peut pas exclure que Bruno ait lu le *De occulta philosophia* à Naples déjà, où ce texte était connu des sorciers et des hommes de lettres (mais rare: ce qui avait permis à Della Porta de faire sa compilation). La clarté et l'élégance avec lesquelles Agrippa avait organisé et exposé la matière de toute la magie naturelle, mathématique et cérémonielle, avaient fait de cet ouvrage une lecture obligatoire. Dès le tout début du texte, Agrippa distinguait la magie «blanche» et pure des Anciens, depuis Hermès Trismégiste et Zoroastre, et la magie «noire» et damnée des nécromanciens médiévaux. Cette distinction de principe, que Johannes Reuchlin avait énoncée avant lui, aurait dû mettre Agrippa à l'abri des censeurs; mais ce ne fut pas le cas, car elle était en contradiction avec le contenu du texte, surtout dans le troisième livre. Cette distinction était démentie explicitement par les déclarations méthodologiques d'un échange épistolaire avec Johannes Trithemius, où cet érudit – abbé bénédictin, ami du cabaliste Reuchlin, lequel était le visiteur et disciple idéal de Ficin et de Jean Pic – avait invité Agrippa à ne pas se satisfaire de la magie naturelle des deux Florentins. Imprimées dans les pages préliminaires du *De occulta philosophia*, leurs lettres étaient certes fort touffues, farcies de tours ampoulés, mais un lecteur attentif devait y déceler les allusions à la magie cérémonielle et à celui (le philosophe Charles de Bovelles) qui précisément dans ces mêmes années, avec beaucoup de retard, dénonçait la *Steganographia*, une des premières œuvres de Trithemius, accusé par ses bénédictins d'y avoir divulgué sa magie contre nature: l'œuvre, inachevée et manuscrite, fut ensuite mise à l'Index dès qu'elle fut imprimée, posthume, en 1606: et c'est sans aucun doute le plus cabalistique et le plus cérémoniel de tous ses écrits. L'abbé avait en effet publié sur la magie quelques autres opuscules rapidement oubliés, comme l'avaient été pendant quelques décennies les textes en langue vulgaire de Paracelse, qui a bénéficié d'un grand intérêt et de traductions latines précisément à l'époque de Bruno. Privé de sa grande abbaye, Trithemius avait frayé divers chemins et, exilé, il s'était rendu auprès de Joachim, électeur de Brandebourg, pour qui il avait écrit des recettes nécromantiques de sexologie; il avait même pu rencontrer l'empereur Maximilien en écrivant pour lui. Mais il n'avait pas repris la *Steganographia*, que l'on ne pouvait lire, à la fin du XVIe siècle, que dans quelques rares manuscrits, qui n'était connue que de quelques-uns, et qui faisait peur à tout le monde – spécialement à Bovelles, qui écrivait:

> j'ai eu le livre entre les mains l'espace de deux heures, et je l'ai jeté incontinement à cause de tant de conjurations barbares et noms inaccoutumés des esprits.

Bruno, par contre, ne s'en était pas débarrassé comme il avait jeté dans les latrines les livres d'Erasme, condamnés eux aussi, lorsqu'il avait quitté le couvent de Naples: il semble qu'il n'ait pas eu alors la *Steganographia* à sa disposition. Dans *De la causa* encore, il emprunte à Agrippa des textes qui sont en réalité des compilations de Trithemius: s'il avait déjà lu la *Steganographia,* il aurait sans doute complété ces citations.

Quand il put la lire il s'appropria des idées et des pratiques magiques de ce texte et d'autres œuvres de Trithemius dans son *De magia cabalistica.* C'est même le nom de Trithemius, un auteur qui avait cette expérience de magie noire, et précisément son titre, qu'il recommandait avec effronterie aux fins de l'évocation démoniaque:

> quod arduum dicimus esse est nominum advocandorum noticiam habere, pro diversis negotiis atque diversis effectibus diversorum; quae quidem nomina multae industria viro et in hac arte felicissimo Trithemio Abati fuere revelata et nos redegimus in hoc compendium ea quae in sua «Steganographia» dispersa proposuit ille. (*O. M.,* 12)

Cette seule déclaration, bien au-delà des limites qu'exigeait la prudence nécessaire en pleine contre-Réforme, suffirait à révéler et à démontrer le caractère clandestin, voire initiatique, des «œuvres magiques» de Bruno.

Giordano Bruno avait un faible pour les livres interdits. Pour ne rappeler brièvement qu'un autre exemple, il faut souligner que ses lectures sur l'art «combinatoire» (non seulement Raymond Lulle, mais aussi l'*Explanatio compendiosaque applicatio artis* de Bernardo Lavinheta et les *Commentaria* d'Agrippa) étaient frappées par l'Index. Malgré les accusations de l'inquisiteur Nicholas Eymerich, au XIVe siècle, Lulle n'était pourtant pas un magicien, pas plus que son *Tractatus novus de astronomia* n'avait montré d'intérêt pour les pratiques occultes. Revenons donc à la magie proprement dite. «S'il y a eu excès dans l'historiographie de notre siècle, cela a été de présenter toute la production finale de Bruno sous le signe de la magie» (*O. M.,* XII-XIII): remettant ainsi les choses en place, monsieur le professeur Ciliberto a présenté son ambitieux projet des *Opere magiche* du Nolain.

Si dans l'édition Tocco les hasards de la tradition manuscrite (dans ce cas très pauvre) avaient porté à considérer ces deux sections comme des œuvres distinctes, l'édition commentée du nouveau millénaire aurait dû observer que ces renvois internes sont inexplicables et absurdes si l'on ne reconnaît pas que les *Theses* renvoient aux «*articuli*» (*O. M.*, 401) du *De magia naturali*[4] (vu son contenu, le titre *De magia* donné par Tocco à ce texte me semble préférable). Pour cette raison, il est inopportun de traduire *Theses de magia* par *Articoli sulla magia*; d'autant plus qu'il y a d'autres «*Articuli*» dans les titres d'autres œuvres de Bruno (*Centum et viginti articuli de natura et mundo adversus peripateticos*, 1586; *Acrotismus et rationes articulorum physicorum adversus peripateticos*, 1588; *Articuli centum et sexaginta adversus huius tempestatis mathematicos et philosophos*, 1588) et justement dans une autre section de cette même œuvre. Le titre choisi dans la traduction Adelphi ne rend pas compte du genre littéraire scolastique des «theses» à disputer, un usage que Marin Sanudo signalait souvent dans ses *Diari* et Bruno Nardi appelait «la joute dialectique des 'conclusiones'».

Le fait que deux manuscrits seulement existent, l'un écrit par Besler sous la dictée de l'auteur, l'autre copié par le même copiste, confirme la circulation très réservée, voire initiatique de ces écrits. Bruno les avait dictés à ce secrétaire et élève, pour ainsi dire son alter ego, à Helmstedt, du 19 novembre 1589 au début de l'été 1590. D'après une hypothèse émise par Aquilecchia – qui fait de lui, bien plus que de Giovanni Mocenigo, l'homme du destin tragique de Bruno –, le Nolain l'avait suivi à l'Université de Padoue. Pour Aquilecchia, le retour de Bruno en pays d'Inquisition était dû à l'espoir de pouvoir solliciter une chaire à Padoue, ou même à Rome. Une telle ingénuité suscite l'étonnement, mais elle n'est pas sans précédent: d'autres, comme Tiberio Russiliano, Paracelse même et Campanella, ne furent pas moins imprudents. A Padoue, Besler était devenu

---

[4]   Les éditeurs n'arrivent pas à s'expliquer (et ne cherchent du reste pas à le faire) les renvois que les *Theses* n° XVIII, XXII, XXIII, XXVII, XXVIII, XXIX, XXXII, XXXIII, XXXIV, XXXV, XXXVI, XXXVII, XLI, XLII, XLVIII, XLIX, LIII font... à elles-mêmes. Parmi les nombreux exemples des «thèses» et réponses: *XXII. Ratio quia magnes secundum genus attrahit, est consensus quidam formalis et effluxus quidam partium materialis, qui est ab omnibus corporibus ad omnia. Ratio huius consistit in exemplis quae sunt in articulo XXII°* (p. 354-356); ou encore: *XXXV. Numerus unius vocis alterius vocis numerum subprimit, confundit vel etiam tollit. Per ea quae in XXXV° articulo* (p. 368). Il est de toute évidence impossible de comprendre le sens de ces renvois succincts sans remonter aux p. 260, 264-265, où le *De magia naturali* propose différents «*articuli*» qui sont repris et discutés dans les *Theses* avec lesquelles l'œuvre en réalité s'achève: le manuscrit d'Erlangen donne en marge la numération de ces «*articuli*», mais les éditeurs du nouveau millénaire ne l'ont pas remarqué. On se demanderait si ce manuscrit a été véritablement examiné avec l'attention requise pour une édition («critique» ou non) ou si l'édition Adelphi est basée sur une copie au scanner de l'édition du XIXe siècle. Ces difficultés à cerner le rapport entre les deux textes sur la base de leur «movimento variantistico» *[sic!]* sont confirmées par une des éditrices, S. Bassi, «Struttura e diacronia nelle 'Opere magiche' di G. Bruno», *Rinascimento*, II S., XL, 2000 [mais achevé d'imprimer en sept. 2001], p. 3-17 (cf. *O. M.*, 401), où elle répète que «le *Theses* sono una riscrittura del *De magia naturali*».

procureur de la nation germanique et avait réuni pour Bruno un auditoire privé d'étudiants allemands; j'ajouterais, comme hypothèse de recherche: n'étaient-ce pas des initiés? On sait qu'à Padoue, Besler a fait pour son maître la copie du *De sigillis Hermetis, Ptolomaei et aliorum*.

La tendance hermétique était toutefois déjà présente chez Bruno en 1583, dans les *Eroici furori* et dans la *Cena delle ceneri*: cette caractéristique – devenue du reste banale chez les philosophes, les artistes et les hommes de lettres à la fin du XVIe siècle – n'est pas la seule qui mérite d'être relevée dans les textes magiques des années 1589-1590. Il y en a une autre, et j'espère parvenir à en donner une idée en quelques mots.

Pour le texte du *De magia mathematica*, qui n'était pas complet dans l'édition Tocco, les sources citées par Bruno sont ici réintégrées et publiées intégralement; or, cette fois encore, elles ne sont pas transcrites du manuscrit, mais d'après les éditions récentes des auteurs cités. Si l'édition Tocco (*O. L.*, VIII, 492; cf. Bruno même *ibid.* 506) fournissait elle aussi des «collations» avec ces mêmes sources (Albert le Grand, Ficin, Jean Pic, Trithemius et Agrippa), elle admettait cependant que cette méthode pouvait susciter quelques réserves: vu que Bruno «ne reproduit pas à la lettre et extrait seulement ce que lui semble d'une importance fondamentale», les éditeurs du XIXe siècle avaient choisi de négliger chez Bruno «les considérations plus ou moins amples qui se trouvent dans les sources, et on en extrait uniquement les noms, les qualités et les attributions des esprits». Cette prédilection pour les passages plus *practici* n'est pas sans importance: Frances Yates avait déjà remarqué que, dans ce texte, «les passages d'Agrippa et de Trithemius que Besler avait copiés pour Bruno étaient ceux dont il avait besoin pour ses évocations», ce qui n'est pas peu dire. Les critères appliqués en 1891 par Tocco, Vitelli et associés révélaient le peu d'intérêt réservé à cette compilation sur la magie, thème peu apprécié des points de vue rationaliste, néo-kantien ou positiviste; mais tout en admettant bien sûr la nécessité d'une vérification là où il existe aujourd'hui des éditions critiques, ces critères ont été maintenus sans hésitation. Ils sont pourtant des plus discutables pour un auteur comme Bruno, et *a fortiori* dans le cas de ces textes pour lesquels il pouvait disposer, à Helmstedt, d'un secrétaire à qui dicter ce qui l'intéressait: il y a la possibilité qu'aient été résumées ou supprimées dans la compilation les parties qui pouvaient lui sembler négligeables. Ce que reconnaissent involontairement les éditeurs du nouveau millénaire, sans toutefois modifier leurs critères.

On aurait préféré que M. Ciliberto cherche à comprendre pourquoi ces manuscrits étaient si explosifs, dans quelle mesure ils pourraient avoir contribué au final tragique de Campo de' Fiori. Le lecteur s'attend à lire ne fût-ce qu'une tentative de situer ce groupe de textes bruniens dans leur contexte historique. Or, on lit (*O. M.*, 290) que la très célèbre *Hexenbulle* de 1486 (et non de 1484, comme on le lit dans *O. M.*, 20), à savoir la bulle *Summis desiderantibus affectibus* émanée par le pape Innocent VIII contre les sorcières à l'instigation des dominicains Jakob Sprenger et Heinrich Krämer (Institoris), aurait été par eux simplement «commentée», alors qu'ils signeront ensemble le *Malleus male-ficarum* dont la bulle deviendra la préface: ce qui veut dire que Ciliberto et ses collaborateurs traduisent mal quelque étude en anglais (ne réalisant pas que deux moines ne pouvaient pas se permettre de commenter un souverain pontife), mais surtout qu'ils ne se sont pas fait une idée sur la manière dont la persécution des sorcières fut relancée et radicalisée à la Renaissance.

M. Ciliberto explique les motifs pour lesquels Bruno, immédiatement après son enseignement à Helmstedt, fit un long séjour à Francfort pour faire imprimer d'autres textes chez Wechel, mais laissa inédites les «œuvres magiques», notamment le *De magia mathematica*. Il y a une autre explication, plus simple: même pour un esprit hardi comme Giordano Bruno, respecter le secret initiatique et ne pas faire imprimer ce genre de textes était bien la moindre des précautions nécessaires.

Sur la base de telles éditions, mais sans tenir compte des recherches histo-riques sur la magie à la Renaissance, qui désormais abondent, l'une ou l'autre des trois éditrices fournit, à la fin de chaque texte, un commentaire suivi, mais cependant non complet par rapport au texte de Bruno, dont beaucoup de passages méritant explication restent découverts. On y trouve, çà et là, quelques erreurs: par exemple, il est fait allusion plus d'une fois (*O. M.*, CXXXI, 120: ce n'est donc pas une coquille) au pseudo-albertien *De vegetalibus*, qui est en réalité, parmi les études de sciences naturelles du maître dominicain, l'œuvre authentique la plus appréciée par les historiens. Cette confusion est-elle due au fait que Bruno recourt à d'autres textes véritablement pseudo-albertiens, le *De mirabilibus mundi* et le *Liber secretorum*? Ou bien au fait que le texte commenté par Albert le Grand, le *De vegetalibus*, est un texte attribué vraiment à tort à Aristote? Mais si un commentateur traite un texte pseudo-épigraphe, cela ne veut pas dire que son commentaire doive l'être aussi: et dans ce cas, il ne l'est certes pas. On peut en dire autant – à l'inverse – pour une autre des rares sources magiques de Bruno qui aient été recensées chez Adelphi: les *Elementa* de Pietro d'Abano n'ont pas été écrits par lui (*O. M.*, CXL et *passim*), mais sont un texte pseudo-épigraphe imprimé à Paris par J. Dupuys en 1567 (dans ce recueil de textes de magie, notamment cérémonielle, qui ira constituer l'*appendix* du premier volume des *Opera omnia* d'Agrippa), et écrit, selon toute vraisem-blance, peu auparavant. Il aurait été préférable, dans une publication aussi prétentieuse, d'éviter des confusions de ce genre.

Au cours de la polémique dans la presse (cf. www.giordanobruno.it), le professeur Ciliberto avait parlé de ses *Dialoghi filosofici italiani* (Mondadori-Meridiani, Milano 2000) comme d'une «édition grand public», et avait invité les nombreux critiques à attendre ce qu'il allait faire avec son «édition acadé-mique» des *Opere magiche*. C'est ce que nous vérifions en effet...

Passons donc à quelques notes plus proprement historiques. M. Ciliberto sait-il que quelques années avant la rédaction des textes bruniens de Helmstedt et leur diffusion auprès d'initiés comme Besler et Mocenigo, une bulle du pape Clément VIII s'était prononcée contre les astrologues et les magiciens? En reprenant de Tocco la source Trithemius telle qu'elle y était indiquée, Ciliberto s'est-il rendu compte que ces textes étaient pour Bruno des inédits sévèrement interdits, et sait-il ce que cela signifiait que d'y recourir? Ici, toujours en puisant dans Tocco, on cite la *Steganographia* de Trithemius dans son *editio princeps* de 1606, postérieure au bûcher de Bruno, parce que lorsqu'il était vivant cette œuvre était inédite et rare, même sous forme manuscrite. Mais c'était – et c'est encore aujourd'hui – le cas pour d'autres textes encore plus marqués par la nécromancie de ce magicien «cérémoniel». Même sans avoir fait des recherches sur les manuscrits magiques de Trithemius ni sur les épîtres qu'il a fait imprimer au sujet de la méthode des deux magies, Frances Yates se montrait consciente de la tradition nécromantique, de l'art notoire et de la cabale pratique: «par l'intermédiaire de Reuchlin, la magie cabalistique de Jean Pic est directement liée à la magie angélique de Trithemius et de Cornelius Agrippa, quoique ces magiciens aient agi dans un but plus strictement pratique que ne l'a fait le pieux et contemplatif Pic de la Mirandole»[5].

Sur Trithemius, moins étudié que d'autres «magiciens» parce qu'en grande partie inédit, nous avons désormais à notre disposition les bonnes études de Klaus Arnold (tant son excellente monographie que sa première édition du *De daemonibus* de Trithemius), de Noël L. Brann (surtout son livre sur la théologie magique et sur la controverse qu'elle a suscitée), la monographie de Thomas Ernst sur les inédits magiques; et les intéressants articles de Jean Dupèbe et de N.H. Clulee[6]. Le

---

[5]   F.A. Yates, *Giordano Bruno and the Hermetic Tradition*, London, Routledge and Keagan Paul, 1964.

[6]   K. Arnold, *Johannes Trithemius*, Würzburg, Schöningh, 1971; nouv. éd. augmentée dans la liste des ms. et dans la bibliographie, *ibid.*, 1991. Cette étude a suscité une «Trithemius Renaissance» observée par N. Staubach, «Auf der Suche nach verlorenen Zeit: Die historiographischen Fiktionen des Trithemius im Lichte seines wissenschaftlichen Selbstverständnisses», *Fälschungen im Mittelalter. Internationaler Kongress der MGH*, I, Hannover, Hahn, 1988, p. 264. Arnold a publié plusieurs contributions sur Trithemius, notamment dans les actes du congrès *Johannes Trithemius: Humanismus und Magie in vorreformatorische Deutschland*, éd. F. Baron et R. Auernheimer, München-Wien, Profil, 1991, p. 1-16; «Additamenta trithemiana. Nachträge zur Leben und Werk des J. Trithemius, inbesondere zur Schrift *De daemonibus*», *Würzbüger Diözesan-Geschichtsblätter*, XXXVII-XXXVIII, 1975, p. 256-267. Cf. aussi W. Shumaker, *Renaissance Curiosa*, New York, Binghamton, 1982, qui consacre une section entière à la *Steganographia* mentionnée en sous-titre; et une récente biographie, de vulgarisation mais pénétrante, de M. Kuper, *Johannes Trithemius, der schwarze Abt*, Berlin, Zerling, 1998 (le seul de tous ces ouvrages à être disponible à l'INSR); N. L. Brann, *The Abbot Trithemius (1462-1516). The Renaissance of Monastic Humanism*, Leiden, Brill, 1981, et *Trithemius and Magical Theology. A Chapter in the Controversy over Occult Studies in Early Modern Europe*, Albany, N. Y., SUNY Press, 1999, qui consacre une section ample et intéressante à la contro-

directeur d'un grand institut de recherche aurait dû être informé de tels travaux et de ces projets, d'autant plus qu'ils concernent d'aussi près sa propre – soi-disant – recherche.

A la fin du XVIe siècle, Jean Trithemius était connu, cité et condamné par quelque démonologue mieux informé, qui s'était jadis nourri (comme Sixte de Sienne) de ces idées hérétiques ; mais en général, c'était un auteur oublié. Au siècle suivant encore, lorsque Busaeus publiera quelques-uns de ses inédits, il en censurera certains passages sous prétexte de décence, mais c'était en réalité pour ne pas révéler que cet abbé très cultivé, grand collectionneur de manuscrits, fondateur de la bibliographie et de l'histoire littéraire comme sciences, conjurait les mauvais démons et soutenait que la magie ne pouvait pas « se fonder sur un seul principe », autrement dit qu'elle ne pouvait pas se définir en termes purement naturels, comme Ficin, Jean Pic, Lefèvre d'Etaples l'avaient soutenu ; mais que pour obtenir ses prodiges, elle devait recourir à des démons astraux, voire à des diables.

Pourquoi donc ne pas se demander si, lorsqu'il était en Europe centrale et qu'il a pu lire des inédits de Jean Trithemius sur la nécromancie, Bruno n'a pas pu se faire une idée plus complète de ce qu'avait été la magie à la charnière entre XVe et XVIe siècles ? Découvrant les inédits trithémiens, le Nolain a pu s'enthousiasmer et se mettre à exposer à ses élèves (et à ses initiés ?) ces principes et ces rites qui partout, sous obédience catholique, luthérienne, anglicane ou calviniste, auraient été inconfessables, et que l'Eglise de Rome venait de condamner.

Peut-être s'est-il enthousiasmé pour les grands pouvoirs que Trithemius d'abord, Agrippa et Paracelse ensuite, voient dans la magie spirituelle ou démoniaque. La culture philosophique et la rigueur dans l'argumentation étaient certes bien plus développées chez Bruno que chez Paracelse, mais sous certains aspects ces deux auteurs se ressemblaient, bien plus que Bruno ne s'inscrivait dans la lignée de ce prudent et raffiné helléniste qu'était Ficin. Je crois que l'on peut imaginer qu'à Helmstedt ont eu lieu des épisodes comme ceux dont le *famulus*, Joannes Oporinus, cité par Pagel dans son *Paracelse* de 1956, nous dit avoir été témoin à Bâle :

---

verse sur les œuvres magiques de Trithemius ; T. Ernst, « Schwarzweisse Magie. Der Schlüssel zum dritten Buch der *Steganographia* des Trithemius », *Daphnis. Zeitschrift für Mittlere Deutsche Literatur*, XXV, 1996, p. 1-203, publié aussi en opuscule indépendant ; J. Dupèbe, « Curiosité et magie chez J. Trithemius », *La Curiosité à la Renaissance*, éd. J. Céard, Paris, SEDES, 1986, p. 71-97 ; *id.*, « L'*ars notoria* et la polémique sur la divination et la magie », *Cahiers V.-L. Saulnier*, 4, p. 123-134 ; N. H. Clulee, «*Astronomia inferior*: legacies of J. Trithemius and J. Dee », *Secrets of Nature*, éd. W. R. Newman et A. Grafton, Cambridge (Mass.), MIT, 2001, p. 173-234 ; *War Dr. Faust in Kreuznach? Realität in Faust-Bild des Abtes Trithemius*, éd. F. Baron et R. Auernheimer, Alzey, RDW, 2003. Je me permets de renvoyer aussi le lecteur à mes travaux : « Dal Cusano al Bovelles ? Nota sulle idee e le fonti di J. Trithemius », *Archiwum Historii Filozofii* (Festschrift Szczucki), XLVII, 2002, p. 199-211, et « Pseudepigrafia e magia secondo l'abate Tritemio », *Ratio et superstitio. Etudes en l'honneur de G. Vescovini*, Turnhout, Brepols, 2003.

> Ce que [Paracelse] dictait au petit matin, après une nuit d'orgie et en état d'ébriété selon toute apparence, était parfaitement raisonnable : une personne sobre n'aurait pu mieux faire. Au lieu de se déshabiller, Paracelse avait accoutumé de se jeter sur son lit, ceint de la longue épée qu'il tenait d'un bourreau ; brusquement, il bondissait sur ses pieds, tirait la lame hors du fourreau et s'amusait à gesticuler comme un fou au grand effroi de son *famulus*.

M. Ciliberto nous expose les raisons pour lesquelles, selon lui, Bruno, immédiatement après sa période d'enseignement à Helmstedt, fit un long séjour à Francfort pour faire imprimer des textes chez Wechel, mais ne voulut pas publier les «œuvres magiques», notamment le *De magia mathematica* : «Certes, il est singulier qu'il n'ait pas publié ces textes, préférant les garder pour lui... il s'agit en effet de travaux inachevés, encore en cours d'élaboration. Dans d'autres cas, ce sont des textes nés comme matériel pour des leçons, ou pour des discussions publiques, non pas pour être imprimés, pas immédiatement du moins. Il est donc assez probable que Bruno ait eu l'intention de revenir sur ces études, de les approfondir, de les perfectionner avant de les confier à l'impression. Quoique assez claires et nettes dans leur orientation de base, les œuvres magiques se présentent comme un matériel magmatique, non encore fixé ni parachevé» (*O. M.*, xlii).

Il aurait suffi de se remémorer les vieilles règles de la méthode historique – que M. Ciliberto devrait avoir apprises d'un de ses professeurs, Delio Cantimori, auquel il a même consacré une monographie – pour poser correctement un problème évident : quelle est la signification du fait que parmi les sources de ces textes de Bruno, toutes déjà identifiées et recensées par l'édition Tocco-Vitelli, nous trouvions Trithemius, qui était à l'époque inédit et difficile à trouver ? Sa *Steganographia* et ses grimoires inédits étaient hautement interdits, donc il était prudent de ne pas en laisser entrevoir la connaissance et l'utilisation...Tout ceci saute aux yeux de qui possède les plus élémentaires notions d'heuristique historique et l'attitude qui en découle pour s'orienter dans la recherche (s'il s'agit de recherche...).

Paola ZAMBELLI
Università degli Studi di Firenze

SCIENCES

MÉDECINE ET PHILOSOPHIE
DANS L'ŒUVRE DE
NICOLAS ABRAHAM DE LA FRAMBOISIÈRE

> «The nature of [the presence of Ramism] in the pre-
> Cartesian French tradition .... [has] still to be more care-
> fully studied»[1].

Dans ce volume de mélanges réunis à l'honneur de Jean Céard, mon choix
de sujet, du moins je l'espère, fera plaisir à son dédicataire. Car c'est Jean Céard
qui, parmi les premiers, a attiré l'attention des chercheurs sur l'importance de
Nicholas Abraham, sieur de la Framboisière (1560-1636), médecin et conseiller
du roi, dont la carrière s'étend sur une bonne quarantaine d'années sous Henri
IV et puis sous la régence et Louis XIII, et dont la personnalité et les idées
restent aujourd'hui encore fort méconnues[2]. Et pourtant c'est un personnage
dont la réputation à son époque était d'envergure, et dont les œuvres ont connu
cinq éditions successives entre 1613 et 1669, ainsi qu'une édition latine en 1629[3].
Ses œuvres constituent une véritable somme des connaissances médicales de son
époque, et témoignent entre autres de la lutte qui opposait au tournant des
seizième et dix-septième siècles les tenants de la nouvelle médecine paracelsiste
et les défenseurs de la médecine orthodoxe[4]. Qui plus est, nous retrouvons chez

---

[1] W. Ong, *Ramus: Method, and the Decay of Dialogue*, Cambridge (Mass.), Harvard Univ. Press,
1958, p. 301.

[2] J. Céard, «La diététique dans la médecine de la Renaissance», dans J.-C. Margolin et R. Sauzet
(éd.), *Pratiques et discours alimentaires de la Renaissance: actes du colloque de Tours de mars 1979*,
Paris, Maisonneuve et Larose, 1982, p. 21-36. Qu'il me soit permis de glisser également un
mot de remerciement à mon ami et collègue J. Dupèbe, qui m'a le premier signalé l'intérêt
potentiel de La Framboisière.

[3] Ces éditions ont paru en 1613, 1624 et 1631 à Paris, et en 1644 et 1669 à Lyon. L'édition latine
de ses œuvres a été publiée à Francfort en 1629. Pour les détails bibliographiques de chacune
de ces éditions, voir notre art. cité n. 5, *infra*.

[4] Voir notre article «Paracelsisme et médecine chimique à la cour de Louis XIII», dans
H. Schott et I. Zinguer (éd.), *Paracelsus und seine Internationale Rezeption in der Frühen
Neuzeit*, Leiden, Brill, 1998, p. 233-237.

La Framboisière un personnage qui menait la triple carrière de médecin auprès du roi et des grands, médecin en chef des armées, et professeur et doyen de la Faculté de médecine de l'université de Reims. Nous avons parlé ailleurs de la vie et de la carrière de La Framboisière[5]. Je propose ici, par contre, de discuter d'un aspect en particulier de l'œuvre de La Framboisière, à savoir la manière dont son concept du travail du médecin fait partie de préoccupations philosophiques plus vastes.

Il est évident dès le départ que La Framboisière situe l'œuvre du médecin dans un contexte beaucoup plus large. Lorsqu'en 1613 il fait publier pour la première fois l'édition complète de ses œuvres, c'est déjà de façon systématique qu'il en agence les différentes parties. Ainsi une première partie s'intitule «La Principauté de l'Homme, sur toutes les creatures du monde»[6]; La Framboisière tient à souligner la primauté de l'homme sur toutes les autres espèces, sujet donc digne de l'art du médecin. Suivent des tomes dédiés à la thérapeutique et la diététique («Le Gouvernement necessaire à chacun, pour vivre longuement en santé»), à la pratique de la médecine («Les loix de medecine, pour proceder methodiquement à la guarison des malades»), sur la préparation des médicaments («Ordonnances sur la préparation des medicamens, tant simples que composez») et sur la formation et l'intronisation du médecin lui-même («La Couronne doctorale, avec les Graces, desquelles doit estre doué le medecin pour y parvenir, clairement exprimees en l'insitution des Ars Liberaux...»). Un sixième et dernier tome consiste en une table détaillée et systématique de tout le contenu de l'ouvrage («Estat des matieres plus remarquables contenues et traictees és œuvres de La Framboisière...»).

Ces six tomes (Principautez – Gouvernement – Loix – Ordonnances – Couronne – Estat) dessinent la structure des œuvres de La Framboisière. Une deuxième édition publiée en 1624 ajoute un septième tome en appendice, les *Scholæ medicæ* de l'auteur, qui avaient d'abord paru en édition séparée en 1622, destinées à l'usage de l'étudiant en médecine[7]. D'autres éditions suivront en 1631, 1644 et 1669, les deux dernières après la mort de l'auteur; celle de 1644 ajoutera un huitième et dernier tome, l'*Advis utile et nécessaire pour la conservation de santé, contre les injures du temps...*, texte qui lui-même avait été publié à

---

5   Voir notre art. «La carrière de Nicolas Abraham de la Framboisière, conseiller et médecin du
     roi (1560-1636)», à paraître dans P. Demouy, *Dix siècles d'enseignement supérieur à Reims*,
     Presses de l'Université de Reims. Cet art. est suivi d'une bibliographie des œuvres de La Fram-
     boisière.

6   Note sur la transcription des citations; nous distinguons «a» et «à», «i» et «j», «u» et «v».
     Nous régularisons l'«é» en position finale, ainsi que l'emploi de l'apostrophe. Autrement
     nous laissons les textes de La Framboisière tels quels.

7   *Scholæ medicæ... ad candidatorum examen pro laurea impetranda subeundem*, Paris, 1622
     [Bibliothèque Mazarine 29195 pièce].

titre posthume en 1637, l'année qui a suivi celle de la mort de l'auteur[8]. Les *Œuvres* de La Framboisière sont donc comme un édifice auquel deux étages supplémentaires sont ajoutées par la suite, mais il faut d'abord comprendre comment l'édifice lui-même a été composé. Avant 1613 les différents écrits de La Framboisière avaient paru en partie en latin, et en partie en français; jusqu'en 1600, La Framboisière, comme c'était coutume pour les médecins de l'époque, avait écrit exclusivement en latin. Entre 1600, date de la publication de son *Gouvernement necessaire a chacun pour vivre longuement en santé*, et 1613, date de la sortie de la première édition de ses *Œuvres*, c'est le contraire qui est le cas. Tout est en français.[9] Selon La Framboisière, l'origine de ce changement soudain aurait été une commande directe d'Henri IV[10]. En somme, les *Œuvres*

---

8   Pour la bibliographie de ces éditions, voir «La carrière de Nicolas Abraham de la Framboisière...», sous presse.

9   Ces œuvres sont, dans l'ordre, *Le gouvernement necessaire a chacun pour vivre longuement en santé* (1600; deuxième et troisième éditions en 1603 et 1608), *Ordonnances sur la composition des medicamens, que les apothicaires doivent dispenser en leurs boutiques, reformees et illustrees...* (1603), *Description de la Fontaine minerale depuis peu descouverte au terroir de Reims en Champagne...* (1606), *Les Loix de Médecine, pour procéder méthodiquement à la guarison des maladies: pratiquées sur toutes sortes de malades es consultations faites avec les plus celebres médecins de ce temps* (1608), *La principauté de l'homme, où la Grammaire, la logique et la physique sont méthodiquement descriptes en françois, pour apprendre aisément et en peu de temps les langues principales, l'usage de raison et l'histoire du monde...* (1608), *L'estat des parties du corps humain, methodiquement dressé en faveur des estudians en médecine et chirurgie et de tous ceux qui se plaisent en la contemplation du chef d'œuvre de Dieu...* (1609). Pour les détails bibliographiques de chacune de ces éditions, voir la bibliographie de l'art. cité plus haut, note 5.

10   Voir la «Response de l'autheur, aux Censeurs de ses Œuvres» (f. u 1r° dans l'éd. de 1613, f. ō 1r° dans celle de 1624); «Pour laisser à la posterité un fidel tesmoignage du desir extreme que j'ay tousjours eu de profiter au public, apres avoir employé le printemps de mon aage à l'estude des bonnes lettres, je me suis mis à escrire premierement en Latin, tant sur la Medecine de laquelle je fais profession, que sur les Arts Liberaux qui servent à l'intelligence de ses preceptes. Puis par le commandement du Roy defunct, j'ay tourné mes Oeuvres Latines en François, afin qu'elles puissent servir en France à toutes sortes de personnes...». En tête de des *Canons de Medecine* il donne un récit plus circonstancié; «Quand je luy presentay mes Canons & Consultations de Medecine en Latin, il les receut de bon œil, disant qu'il voyoit volontiers les beaux esprits de son Royaume s'employer à esclaircir les Arts utiles à la Republique. Mais il me demanda pourquoy je n'avois pas escrit en François. Je fis response que ces miennes œuvres estoient destinees pour l'usage des Medecins qui parlent coustumierement Latin entr'eux. Aussi-tost sa Majesté repartit que tous ses sujects qui parloient Latin, entendoient bien le François: mais que tous ceux qui parloient bien François, n'entendoient pas le Latin: & me commanda à l'heure de les traduire en François. Voila (amy Lecteur) ce qui m'a induit à descouvrir aux François les thresors de Medecine Grecs, Latins & Arabes, que tu trouveras en ce Volume» (p. 213 dans l'édition de 1624, p. 320 dans celle de 1613). Notons qu'après 1613 La Framboisière reprendra le latin pour un certain nombre de ses publications, à savoir celles qui ont un but pédagogique. Tel est le cas, par exemple, pour l'*Ideæ Frambesarianæ Academiæ* et les *Scholæ medicæ* de l'auteur, publiées en 1619 et 1622 respectivement. Mais les *Œuvres* de La Framboisière continueront de paraître en français. L'édition latine des *Œuvres* qui paraîtra en 1629 est publiée à Francfort, et donc indépendamment de l'auteur.

de 1613 visent d'offrir au public, pour la première fois, tous les textes de l'auteur rédigés en français[11].

Une volonté d'écrire en français, et de parler au plus grand nombre, marque donc les *Œuvres* de La Framboisière. Mais il est impossible de ne pas remarquer en même temps, comme nous l'avons dit, à quel point La Framboisière prend peine de donner un sens d'architecture à l'ensemble. Ce choix de présentation semble bien conscient. Avant 1613 tout est paru en publication séparée; après cette date, bien que nouveaux ouvrages et nouvelles éditions paraîtront d'abord en isolé, tout ou presque tout finira par s'absorber dans la série des éditions complètes[12], chaque texte prenant sa place dans un ensemble architectural.

Pour des raisons de commodité, l'édition de 1613 étant au moment où nous rédigeons ces lignes difficile d'accès pour nous, nous prendrons l'exemple de l'édition de 1624[13]. Ce choix, pourtant, possède sa propre justification, puisqu'il s'agit de la première édition in-folio des œuvres de La Framboisière, et d'une édition qui est conçue visiblement pour faire de l'effet. Elle comprend un très beau portrait gravé du médecin à l'âge de 63 ans [voir planche I], et sa page de titre est grandiloquente, ne laissant planer aucun doute sur le statut de l'auteur et les ambitions de son texte: LES // ŒUVRES // DE N. ABRAHAM, // S^R DE LA FRAMBOISIERE, // Conseiller, & Medecin ordinaire du Roy. // Divisees en VII. Tomes. // OU SONT METHODIQUEMENT DESCRITES // l'Histoire du Monde, la Medecine, la Chirurgie & la Pharmacie, // pour la conservation de la Santé, & la guerison des // Maladies internes & externes. // *Avec les Ars Liberaux, par le moyen desquels on acquiert les Graces // d'entendre, de bien dire, & d'heureusement vivre.*

Un très beau frontispice gravé de Gaultier, qui dépeint saint Pierre en majesté, entouré des trois vertus théologales et des quatre vertus morales et intellectuelles, attire l'attention sur le caractère orthodoxe de l'ouvrage, attribut qui est renforcé par la légende «*Omnia in gloriam dei facite. Col.3*»[14] [voir

---

[11] Ce qui veut dire, pour l'essentiel, que La Framboisière y traduit en français pour la première fois ses deux premières grandes œuvres médicales, les *Canonum medicinalium libri tres* et les *Consultationum medicinalium libri tres*, dont la publication (en latin) date de 1595.

[12] La seule exception y est les deux textes à caractère politique, à savoir le *Panegyric du monarque des François: et de la monarchie françoise* (Paris, chez A. T., 1619 – BNF Lb36-1314), et l'*Humble supplication au Roy et à Messeigneurs de son Conseil d'Estat* (Paris, C. Hulpeau, 1627 – BNF 8o-Ln27. –11025). Toutefois le poème «Panegyric du Monarque des François, à la France» qui figure en tête du premier de ces deux ouvrages reparaît, sous un titre légèrement différent («Panegyric au Roy, pour la conservation de la France»), dans les *Œuvres* (éd. de 1624, f. ã 6r°).

[13] British Library 774 n.1; l'éd. est imprimée par les soins de Regnauld Chaudiere, Jean Petit-Pas, Jean Fouet, Martin Durand, Adrian Taupinart et Pierre Billaine, tous de la rue Saint-Jacques à Paris.

[14] Cf. St Paul, *Epître aux Colossiens*, 3, 17, «*Omne, quodcumque facitis in verbo aut in opere, omnia in nomine Domini Jesu Christi...*»

planche II]. Cette mise en page, si d'un côté elle subordonne l'œuvre du physicien au besoin de servir Dieu, en même temps lui confère une mission quasi sacerdotale. La préface générale du volume, qui se trouve à la page suivante, ne fait qu'appuyer ce thème, puisqu'elle prend la forme d'un ex-voto à Dieu (*Summo Domino Dominorum, Regique Regum Deo Opt. Max. Nicolaus Abrahamus Frambesarius Suas in Medendi arte excolenda lucubrationes iamdiu votas nunc tandem consecrat*) dans lequel La Framboisière loue, respectivement, l'œuvre de Dieu dans la création, les merveilles de l'homme que Dieu a créé à sa propre image, et l'invention de la médecine qui permet que l'homme reçoive des soins. Dès le départ, donc, la médecine prend sa place dans une structure qui tient à la fois du spirituel et du corporel, et c'est ainsi que La Framboisière concevra le rôle du physicien lui-même. Autrement dit, la distinction entre le prêtre qui s'occupe de l'âme et le médecin qui s'occupe du corps s'estompe devant une vision universelle de la médecine, dans laquelle toutes les activités de l'esprit et du corps seront comprises.

A la suite nous lisons l'épître de dédicace de l'édition au roi Louis XIII, dans laquelle La Framboisière présente ses œuvres sous la guise d'une république, « une REPUBLIQUE, où il ne s'agit point des affaires de vostre Royaume, mais bien de ce qui concerne la conservation & le restablissement de la santé de tous vos subjects »[15]. Nous y reconnaissons les titres des sept tomes qui vont suivre ; d'abord une « Principauté » « où paroissent les singularitez du Monde », ensuite un « Gouvernement », « non d'une ville, ny d'une Province, ains de la vie Humaine », ensuite des lois « salutaires à tout le genre Humain », et des ordonnances « non seulement Politiques, ains Militaires », qui prendront cependant non « les armes de Mars, mais d'Apollon : Elles n'ostent point la vie, mais rembarrent la mort ». Enfin, et nous citons toujours, « vostre Majesté admirera une COURONNE, non Imperiale, ny Royale, ny Ducale, ains Doctorale, où sont naïfvement dépeintes les Graces d'Apollon, avec les Ars Liberaux qui donnent lustre à l'entendement, comme les brillans au corps » et, pour finir, un « ESTAT general de tout ce qui est contenu dedans, dressé selon l'ordre de l'Alphabet, pour entendre incontinent la decision de chaque subject qui se rencontre ».

Autrement dit, et c'est afin de le faire clairement comprendre que je reprends ici ces détails, l'agencement des différentes parties de ses *Œuvres* semble pour La Framboisière presque aussi important que leur contenu, et cette impression est renforcée par ce qui suit. Deux thèmes surtout sont mis en valeur. D'abord, celui de la « représentation ». La Framboisière y insiste dès le faux-titre du volume ; « LES ŒUVRES // DE // LA FRAMBOISIERE // OU // SONT NAIFVEMENT REPRESENTEZ // LE TEMPLE, LA POLICE, L'UNI-

---

15   *Loc. cit.*, f. ã 5r°.

VERSITE de Medecine»[16]. Cette notion de «représentation», qui fait penser à première vue à un tableau ou à une image plutôt qu'à un texte écrit, se traduit au verso de la même feuille par une formule qui transforme nos six tomes en clés de voute d'une vision utopique:

> LE TEMPLE est basty à l'honneur de Dieu, & orné de Chappelles dediees aux Roys, Roynes & enfans de France.
> LA POLICE paroist en la Principauté, au Gouvernement, aux Loix, aux Ordonnances, à la Couronne, & dans l'Estat.
> L'UNIVERSITE se remarque à la structure des Colleges, des Escholes & des Classes, pour l'instruction des Estudians.

L'utopie, à l'évidence, sera caractérisée par l'ordre qui y règne. Si nous reprenons le texte de la dédicace de l'ouvrage au roi, nous trouverons que c'est la notion de l'ordre, précisément, qui est mise en valeur par La Framboisière; «Et pour monstrer qu'il n'y a ny desordre, ny confusion en ceste REPUBLIQUE, vostre Majesté y trouvera dés le commencement la POLICE curieusement gardee, en l'ordre des matieres traictees les unes apres les autres, chacune au ressort de sa jurisdiction naturelle». L'on se rappellera que les différentes parties de l'ouvrage, selon la page de titre principale, seront «*méthodiquement* descrites» (nous ajoutons nous-même les italiques, puisque le concept en est un sur lequel nous allons revenir).

Le sens de l'ordre comme disposition dans le temps et dans l'espace est bien présent dans la dédicace à la reine Anne d'Autriche du «Temple de Medecine», évoquée dans le faux-titre du volume que nous venons de citer; La Framboisière nous y invite dans une série de chapelles, chaque chapelle étant consacrée à un membre différent de la famille royale:

> [...] je vay dans la premiere Chappelle rendre la foy & l'hommage que je dois au Roy, mon souverain Seigneur; Sorty de là j'entre en la seconde, pour honorer l'heureuse memoire du Grand Henry, son tres-valeureux Pere: De là je passe en la troisiesme, pour accomplir mes vœux à la Royne, sa tresvertueuse Mere: Je tourne apres à l'autre costé, visitant la quatriesme Chappelle, pour rendre tesmoignage du respect que je porte à la grandeur de Monseigneur son Frere, & de Mesdames ses Sœurs: puis advançant en haut vers le chœur, je vien en la mieux paree de toutes, vous presenter MADAME, ce que j'ay jugé plus seant à vostre Majesté, pour gage tres-certain de ma treshumble obeyssance[17].

L'habileté du courtisan est évidente, mais ce que nous voudrions souligner, encore une fois, est le sens architectural de l'ensemble; le texte devient espace,

---

[16]   F. ā 1r° (la page de titre se situant f. ā 2r°).
[17]   *Loc. cit.*, f. ē 1r°.

et le lecteur se promène dans un décor qui est manipulé par l'auteur. En un mot, la représentation du texte prend le pas sur le texte lui-même ; peu importe qu'il s'agisse en fait, de manière tout à fait banale, de l'ordre dans lequel se présentent les dédicaces qui préfacent chacun des cinq tomes qui suivent (le sixième, rappelons-le, n'étant que la table de tout ce qui a précédé[18]).

C'est dans cette toute première partie de son ouvrage que La Framboisière révèle le plan de tout ce qui suit. «Les tableaux du temple de medecine, ou l'ordre des œuvres de La Framboisière est clairement representé» consistent en une série de vingt-neuf tables synoptiques, s'étendant sur dix-sept pages, à travers lesquelles La Framboisière dévoile tout le contenu de son œuvre. Il serait trop fastidieux de dénombrer ici toutes les rubriques concernées, que nous donnons en note[19]. Il est à remarquer, cependant, que dans chaque cas, la présentation de l'image est la même ; la matière en question est progressivement analysée par un système de divisions et de sous-divisions, chaque groupe de termes étant identifié par un crochet. Nous illustrons, à titre d'exemple, le tableau qui représente les lois de médecine selon La Framboisière [voir planche III].

On verra bien l'importance d'un tel procédé. Dans l'exemple que nous illustrons – et rappelons qu'il y en a vingt-huit autres – chaque division des lois de médecine est exposée systématiquement, chaque organe et chaque maladie y est nommé dans une relation nécessaire avec son voisin, et en un mot tout l'apparat

---

[18]   Avec néanmoins sa propre dédicace (f. FFff 2v°) à Pierre Jeannin, ministre des finances sous Henri IV et ensuite sous la régence.

[19]   A la suite d'une première figure qui représente les grandes divisions de l'ouvrage, ces rubriques sont, respectivement, la principauté de l'homme, l'histoire de la nature universelle, l'histoire des cieux, l'histoire des éléments, l'histoire des météores, l'histoire des minéraux, l'histoire des plantes, l'histoire des animaux, l'histoire anatomique, le gouvernement conservatif, préservatif, et curatif ; «comment il se faut gouverner au maniement des armes de Nature, au manger, au boire, au dormir, & veiller, au mouvement, & repos, en l'evacuation des superfluitez du corps, aux passions de l'âme» ; «le gouvernement diversifié, pour la diversité des complexions, des Sanguins, des Cholerics, des Melancholics, des Phlegmatics» ; «comment se doivent gouverner les Dames, en leur embellissement, en leur grossesse, en leur couche, en la nourriture de leurs enfans» ; «le gouvernement diversifié, selon la variété des aages, des enfans, des adolescens, des jeunes gens, des gens de moyen aage, des vieilles gens» ; «comment on se doit gouverner diversement en son vivre, selon la diversité des pays, és regions temperees, és regions Orientales, és regions Occidentales, és pays Meridionaux, és pays Septentrionaux, en France, en Italie, Espagne, Angleterre, Allemagne, & autres nations de l'Europe, en Asie, l'Afrique, & l'Amerique» ; «comment il faut gouverner diversement en son vivre, selon la diversité des saisons, au Printemps, en Esté, en Automne, en Hyver» ; «comment il se faut gouverner en temps de peste, pour s'en preserver» ; «comment se doivent gouverner ceux qui sont subjects à la migraine, au mal caduc, aux catarrhes, au mal des yeux, à la colique, à la gravelle, aux gouttes» ; «comment il se faut gouverner en l'usage des eaux acides, des bains chauds» ; «les loix de medecine» ; «ordonnances sur la preparation des Medicamens» ; «la Couronne Doctorale» ; «l'Ordre de la Dialectique» ; «l'Ordre de la Rethorique» ; «l'Ordre de la Grammaire Latine» ; «l'Ordre de la Grammaire Grecque» ; «l'Ordre de la Grammaire Françoise» ; «l'Ordre de la Morale».

des connaissances médicales se résume à travers une disposition dans l'espace. Grâce à cette suite de tableaux le lecteur peut se promener des yeux à travers l'ensemble de l'œuvre tout comme La Framboisière s'était promené à travers son «Temple de Medecine» dans la dédicace précédente. Le tout dépend d'un concept de l'ordre, et c'est d'un texte sur «L'Excellence de l'Ordre» que La Framboisière fait suivre ses tableaux:

> Comme il n'y a rien au Monde plus des-aggreable, ny plus pernicieux que la confusion; ains n'y a-il rien plus delectable, ny plus utile que l'Ordre. Il n'y a rien plus admirable en l'Univers que l'ordre que Dieu a gardé en la creation des choses naturelles: rien plus necessaire en la Republique que l'ordre estably par le Magistrat parmy les Citoyens, appellé Police: rien plus magnifique en l'Architecture, que l'ordre des ouvrages industrieusement elaborees: rien plus plaisant és parterres, que l'ordre des compartimens: Bref rien ne paroist beau à nos yeux, s'il n'est rangé par ordre[20].

Notons au passage que la notion d'«ordre» telle qu'elle est représentée ici s'estompe et se confond avec un deuxième concept, celui de «méthode». Le mot ne s'entend pas dans tout à fait dans le même sens que nous lui accordons aujourd'hui. Il est beaucoup moins question de ce que nous appellerions «efficacité» que de l'idée d'un ordre intellectuel, de la manière dont nous discutons des choses. Le texte de La Framboisière lui-même en apporte la confirmation:

> Et tout ainsi que les Hommes excellent les bestes par la raison, de mesme les uns excellent-ils les autres par ordre du discours, nommé des Logiciens, méthode. Car la méthode est un organe donné du Ciel, pour esclarcir les Ars Liberaux, où reluit manifestement la Divinité de l'entendement Humain. Aussi est-ce le genie, qui fait vivre les livres. C'est pourquoy il m'a semblé à propos de representer au naïf la methode que j'ay tenu en la description du Temple de Medecine, dans ces tableaux racourcis[21].

«Méthode», donc, pour reprendre la phrase même de La Framboisière, équivaut à «ordre du discours», et correspond à une façon d'écrire et de penser[22]. Si nous prenons au pied de la lettre ce qu'il nous dit ici, en optant de nous figurer

---

[20] *Loc. cit.*, f. ī 4r°. Notons, d'ailleurs, que le mot «ordre» distingue chacune des divisions du tome cinq des *Œuvres* de La Framboisière (voir la note précédente). La Framboisière présentera d'ailleurs une autre défense du concept de l'ordre ailleurs dans ses œuvres; voir *infra*, p. 194.

[21] *Ibid.*

[22] Cf. W. Ong, *op. cit.*, p. 225; «*Sixteenth-century man, of course, did not deny that what we today call method existed in human activity. But in the university and intellectual milieu especially, theorizing about orderly procedure tended to focus on orderly procedure within the mind, or, more significantly, on orderly procedure in discourse...*». Le texte de La Framboisière vient à l'appui de cette interprétation des habitudes intellectuelles de l'époque. Le parallèle avec Ramus en particulier forme le sujet des pages qui suivent.

dans une série de tableaux le contenu de son livre, La Framboisière fait beaucoup plus que de réduire son œuvre à une simple série de schémas; il présente au contraire aux yeux de son lecteur «le génie qui [la] fait vivre». Bref, les «tableaux» de La Framboisière vont au-delà d'une fonction organisatrice, pour devenir la représentation de l'acte même d'écrire, et ils correspondent en somme à une conception de la nature même de la connaissance. Nous découvrons ainsi tout le sens du mot «méthodiquement» dans le titre des *Œuvres* comme nous en avons parlé plus haut. Il est à noter, d'ailleurs, que c'est à l'exemple des logiciens que La Framboisière fait appel. C'est ici que nous commençons à pleinement comprendre l'importance et la nature de la continuité de l'union de la philosophie et de la médecine dans son œuvre.

Le premier indice nous est fourni par le texte même des *Œuvres*. Nous y découvrons un poème latin de Jean-Edouard du Monin, qui fait valoir le médecin comme le disciple de Pierre Ramus; selon le titre de ce poème, La Framboisière n'est autre que «le fruit doré» du célèbre philosophe[23]. Dans un premier temps, on pourrait se demander quels ont pu être les liens rejoignant les deux hommes. Né en 1515, et mort assassiné à la Saint-Barthélémy en 1572, Ramus appartient à une autre génération que celle de La Framboisière, qui, né en 1560, au moment de la mort de Ramus n'avait que douze ans. Il est question tout d'abord d'un patriotisme local. Tous les deux sont picards, Ramus étant né dans un petit village de la région[24], et La Framboisière à Guise. Plus significatif encore est le fait qu'une même origine géographique se traduit par un parallélisme pour ce qui est des études. Nous savons que La Framboisière a suivi des cours de médecine à Paris, où il était déjà installé à partir de 1579, qu'il se rattachait au collège de Laon et qu'au tout début il avait trouvé un mécène dans l'évêque de cette ville[25]. Le collège de Laon fut le collège frère du collège de Presles, puisque au départ les deux ne faisaient qu'un[26]. Si La Framboisière a

---

[23] *Œuvres,* éd. cit., p. 749: «De N. Ab. Frambesario vere aureo P. Rami fructu».

[24] Cf. Bayle, *Dictionnaire historique et critique,* Rotterdam, 1702, art. Ramus: «Il étoit né dans un village du païs de Vermandois en Picardie l'an 1515». Le village est Cuts (Oise). Ong nous dit que dans ses premiers ouvrages Ramus se désigne «*Veromanduus*», et suggère que le philosophe se crée ainsi un lien avec l'antiquité, le nom rappelant les *Veromandui* de César ou de Pline (W. Ong, *op. cit.,* p. 18). Le «pays de Vermandois», cependant, est un terme qu'on rencontre assez souvent dans les documents de l'époque.

[25] Cf. notre art. sous presse, «La carrière de Nicolas Abraham de La Framboisière...».

[26] Cf. A. Matton, «Notice historique sur le Collège de Laon fondé à l'université de Paris», 16 p. (extrait du *Bulletin de la Société académique de Laon,* 1853, [BNF, R. 43374]). Le collège de Laon fut fondé conjointement en 1313 par Raoul de Presles et Gui chanoine de Laon et de Saint-Quentin, mais cette collectivité ne dura que dix ans. En 1323 les Soissonais et les Laonnais se divisèrent, les uns pour fonder le collège de Presles, les autres pour rester au collège de Laon. Un lien formel continua cependant à exister entre les deux fondations, puisque les Soissonais ont dû payer un loyer de 80 livres par an au collège de Laon.

bénéficié du mécénat de l'évêque de Laon, qui à l'époque s'appelait Valentin Duglas ou Douglas[27], c'est que selon les statuts du collège seize boursiers, qui devaient être originaires du diocèse de Laon, pouvaient y être nommés par leur évêque[28]. Il nous semble hautement probable que c'est de ce système que La Framboisière a bénéficié. Quant à Ramus, c'est au collège de Presles qu'il a fait cours à partir de 1545, et bientôt après il en est devenu président ; c'est dans son bureau au collège qu'en 1572 il sera tué[29]. Lors de l'arrivée de La Framboisière à Paris, la mémoire de son martyre était encore récente. Il est possible même qu'un autre facteur soit entré en jeu, puisque le nom de famille du jeune étudiant, qui n'était pas encore devenu La Framboisière, est Abraham. Peut-on en déduire que dans sa jeunesse Nicholas n'appartenait pas à la foi catholique ? Quoi qu'il en soit, il existe une indication que La Framboisière, dont la carrière, comme la page de titre de ses *Oeuvres* le confirme, s'associe si étroitement aux valeurs chrétiennes et catholiques, a choisi tout au début de cette carrière de changer de religion[30].

Cette indication, jointe à d'autres renseignements tout aussi précieux, est contenue dans un ouvrage dont l'importance pour nos connaissances de La Framboisière n'a pas été suffisamment remarquée. Le même texte, d'ailleurs, éclaire la nature des liens entre la philosophie médicale de La Framboisière et les œuvres de Pierre Ramus. Il s'agit d'un in-quarto de 122 folios, et, dans l'exemplaire de la British Library, enrichi de trois tables hors texte dont nous parlerons par la suite, dont le titre est

NICOLAI // ABRAHAMI // GUISIANI METHODI- // CÆ INSTITU-
TIONES // PHILOSOPHIÆ // RATIONALIS, // NATURALIS, //
MORALIS. // *EIUSDEM ABRAHAMI DE ARTIUM* // INSTITUEN-
DARUM METHODO // DIALOGUS, // Ad Academiam Parisiensem.

L'ouvrage sort des presses de Gulielmus Linocerius, et la page de titre porte le millésime de 1587. Le privilège est daté le 3 septembre 1586, et la préface de l'auteur finit avec la mention «*Parisiis è Collegio Laudunensi, XV. Cal. Novemb.* 1586», c'est à dire de Paris, au collège de Laon, le 17 novembre 1586. Au verso de cette préface (fol. † 3v°) nous trouvons le portrait gravé du jeune Nicolas

---

[27]   Sur ce personnage voir «La carrière de Nicolas Abraham de la Framboisière...».

[28]   A. Matton, art. cit., p. 5 (statuts du 11 mai 1327 ; avec la mort de Gui de Laon l'année suivante, une bourse supplémentaire fut créée, elle aussi «à la collation de l'évêque de Laon»).

[29]   Cf. Ong, *op. cit.*, p. 25-29.

[30]   Voir *infra*. Nous venons de découvrir, tout à fait par hasard, qu'il existe à la BNF un ouvrage dont le sujet est la conversion d'un sieur de la Framboisière – mais il semble bien que ce n'est pas le nôtre (*La Table sacrée, ou causes de la conversion de Sulpice Gossard, sieur de la Framboisière*, s.l.n.d., in-8, 32 f., incomplet des 5 premiers f. [BNF D-3674]). Nous avouons ne rien connaître de ce personnage.

Abraham à l'âge de 26 ans, portant le bonnet de docteur [planche IV]. En fait, le volume renferme quatre traités, chacun avec page de titre, préface et foliation distincte. Nous avons pu repérer cinq exemplaires de l'ouvrage : le premier de la British Library (qui est celui que nous utilisons dans cet article), un deuxième à la Bibliothèque municipale de Bordeaux, un troisième, avec deux autres exemplaires incomplets, à la Bibliothèque Carnegie de Reims, et deux autres, finalement, à Wadham College, Oxford, et à Emmanuel College, Cambridge[31]. L'ordre des traités dans chaque exemplaire n'est pas forcément le même, et dans l'exemplaire de la Bibliothèque de Bordeaux, par exemple, nous trouvons que les traités se présentent dans un ordre différent de celui que nous allons décrire ici. Le commentaire qui suit s'applique à l'exemplaire de la British Library. Le premier texte, donc, s'intitule

> NICOLAI // ABRAHAMI // GUISIANI DE ARTIUM // INSTITUEN-DARUM METHODO // Dialogus. // *AD CELEBERRIMAM ET ILLUS-TRISSIMAM // LUTETIÆ PARISIORUM ACADEMIAM.* //

le deuxième

> PHYSIOSSYNOPSIS // PRÆCLARA METHODO // DESCRIPTA, EX ARISTOTELIS // DOGMATE. // [....] // Accessit eiusdem ABRAHAMI tabula, in qua eximiè sua // Physiossynopsis depicta, oculis spectanda proponitur.

le troisième

> ISAGOGETHICA // AD RATIONIS NOR- // MAM DELINEATA. // [....] // Eadem ABRAHAMI Isagogethica in // Tabulam redacta.

et, à la fin du volume,

> NICOLAI // ABRAHAMI // GUISIANI LOGICA // INSTITUTIO, IN QUA RA- // TIO RECTE QUICQUID PROPO- // nitur cognoscendi, & do- // cendi methodo per- // facili explicatur. // *ADIECTA EST EIUSDEM // LOGICAE INSTITUTIONIS //* ΑΙΤΙΟΛΟΓΙΑ.

Chacune de ces pages de titre séparées porte la date de 1586, et les dates de chaque dédicace s'échelonnent entre le 1ᵉʳ novembre 1583 (pour *le De artium instituendarum methodo dialogus*) et le 1ᵉʳ septembre 1586 (pour l'*Isagogethica*). Chaque dédicace, d'ailleurs, est signée du collège de Laon, et c'est grâce à ce

---

[31]   Cote de l'exemplaire de la British Library : 8466 cc. 9 ; celle de la Bibliothèque municipale de Bordeaux, S. 1011 ; de la Bibliothèque de Reims, Guelliot M. 591 (CR II P. 14 – IVᵉ partie seulement ; CR II P.15 – Iᵉʳᵉ et IIᵉᵐᵉ parties seulement) ; d'Emmanuel College, Cambridge, 334. 2. 44 ; et de la Bodleian Library, Oxford, AA 119(2). Dans cette partie de notre art. nous recoupons certains aspects de notre art. précédent ; que le lecteur veuille nous en excuser, puisque démontrer l'influence du ramisme sur le jeune Nicolas Abraham était indispensable à notre argument ici.

détail que nous pouvons affirmer que c'est dans ce collège que le jeune Nicolas Abraham a fait ses études[32]. La même source nous apprend que c'est grâce à l'appui des Guises que la carrière du jeune apprenti-médecin[33] s'est mise à prospérer[34], et que, comme nous le laissions entendre plus haut, il a peut-être embrassé la religion catholique afin de poursuivre les mêmes intérêts[35].

Mais c'est pour ce qui est des liens entre médecine et philosophie chez La Framboisière, et de l'influence sur lui de la philosophie de Ramus en particulier, que ce texte s'avère être de la plus haute importance. Publié en 1587, et donc pendant la période que Nicolas Abraham faisait toujours ses études, le recueil démontre que c'est par l'étude de la philosophie que le jeune docteur a commencé. La chose en soi n'a rien pour surprendre, mais plus frappant est le point auquel Abraham tient à souligner les rapports entre philosophie et médecine; «*nemo futurus sit unquam præstans Medicus, qui prius non fuerit in Philosophia satis superque versatus*», écrit-il[36]. Personne ne saurait devenir médecin, donc, qui n'aurait en premier lieu étudié la philosophie; et La Framboisière prend sur lui dans le même texte de répondre d'avance à ses détracteurs. Il soupçonne, dit-il, que certains diront à l'avenir qu'il aurait mieux fait d'expédier ses études médicales plutôt que d'entreprendre l'étude d'un sujet aussi compliqué que celui de la philosophie, et qui ne pourrait guère, d'ailleurs, rapporter de l'argent. La Framboisière, en revanche, piqué par de telles accusations, ne tient que d'autant plus à publier ses œuvres philosophiques[37]. Il est donc clair que pour La

[32] Une deuxième confirmation en est apportée par les cahiers manuscrits de La Framboisière qui sont conservés à la Bibliothèque municipale de Reims (ms. 1015-1017), dans lesquels il a recopié les notes qu'il a recueillies de ses maîtres. Grâce à ces manuscrits il est possible de reconstituer au moins en partie les cours de médecine qu'il a suivis à Paris; ainsi nous savons qu'en 1582 il a assisté aux cours de Martin Akakia au collège de Tréguier, et en 1584 aux cours de chirurgie d'Etienne Gourmelen. Du mois de janvier 1584 au 21 janvier 1585 il a suivi les cours de Jean Riolan à la Faculté de médecine, et après cette date et le 6 avril 1585 il suit les cours du même maître au collège de Laon (voir «La carrière de Nicolas Abraham de la Framboisière...»).

[33] La Framboisière ne deviendra docteur qu'en 1587, et à Reims; il y est reçu «au grand ordinaire» le 3 juin 1588 (Bibliothèque de Reims, ms. 1085).

[34] Cf. «La carrière de Nicolas Abraham de la Framboisière...».

[35] Nous lisons, à la fin de la dédicace de la *Physsiosynopsis*, f. A 3r°, «*Quemadmodum enim subditi sub principum suorum clypeis tecti exterorum injurias nequaquam metuunt, sic neque Guisianus in Guisianae principis fidem receptus zoilorum obtrectationes flocci quidem facio*» (nous soulignons). Voir toujours notre art. «La carrière de Nicolas Abraham de la Framboisière...».

[36] *Methodicae institutiones...*, f. † 3r° («*Nicolai Abrahami in philosophicas institutiones Præfatio*»).

[37] *Ibid.*, f. † 2v°; «[...] *Postremo aliquos futuros suspicor, qui dicant maluisse, me ad Medicæ professionis praxin festinasse, quàm in Philosophiæ studio tam multam insumpsisse operam: genus hoc scribendi et si gloriosum sit, quæstuosum tamen esse negent. Sed ego flagranti benè de Repub. literaria merendi desiderio ductus, multorumque sæveriore ac æquiore judicio præditorum virorum provocatus, ob has quidem criminationes, mearum lucubrationum emissionem supprimere nec potui, nec debui...*»

Framboisière la philosophie fait partie intégrante de la formation du médecin – dans la préface de ses *Institutiones*, il insiste que rien ne le détournera de sa persuasion[38]. Le même argument revient dans le quatrain qui s'attache au portrait que nous reproduisons dans notre planche IV :

> *Sic rationem, naturam, mores Abrahamus*
> *Hic pictus, methodum pinxit ad eximiam,*
> *Ut doceat nunc quam Sophus at post quam Medicus sit,*
> *Scriptis & factis arguet ipse suis.*

L'alliance de la philosophie et de la médecine est donc le thème de l'œuvre qui suit. Il est tout aussi manifeste que l'exemple de Ramus lui a servi de point de départ pour ses propres réflexions philosophiques, surtout pour ce qui est de la logique. La dédicace à Louis de Lorraine, cardinal de Guise, de la *Logica institutio* du jeune bachelier en médecine se remplit de louanges pour la *Dialectique* de Ramus, texte, il le dit ouvertement, qui pour lui fut d'une importance décisive :

> [...] *Multum autem temporis & operæ ad libros de Dialectica arte à clarissimis Dialectis scriptos summa cum diligentia pervolvendos, maximeque ad P. Rami Dialecticam meditandam, & cum cæteris Dialecticis comparandam, & in authoribus intelligendis & resolvendis exercendam adhibui. Etenim nullam Dialecticam rationi humanæ magis consentaneam, nullam ad intelligendas & retexendas disputationes omnes magis accommodatam, nullamque ita compendiosam & perpolitam inveni*[39].

Il explique que c'est son amour de l'art de la dialectique, et les heures qu'il y a consacrées, qui l'a poussé à former ce jugement, et à placer ainsi Ramus devant tous les autres[40]. Ces réflexions, cependant, sont marquées par un esprit d'indépendance. La lecture de Ramus le laisse, il l'avoue, insatisfait. Non seulement il trouve des choses à critiquer, mais il trouve par endroits que Ramus s'est trop

---

[38] *Ibid.*, f. † 3r°; «[...] *Quamobrem eiusmodi omnes improbandorum hominum improbationes, nec olim me à Philosophiæ studiis, nec iam à nostrarum institutionum editione revocarunt.*»

[39] *Ibid.*, f. A 3r°.

[40] *Ibid.*, «[...] *Ego vero (Princeps illustrissime) hos Logicæ mirificos effectus percepi, cum ad eius studium toto animo diu multumque incubuissem. Nam ab ineunte adolescentia ad Dialecticam simulatque [sic] me contulissem, ita meum ad sui amorem rapuit animum, ut magis magisque in dies ardentiori eius cognoscendæ veritatis desiderio tenerem, quoque clarior ex hac meditatione intelligentia mihi affulgeret, eo vehementius ad sui contemplationem impelleret. Sicque amœnissima voluptate animum captum irrettivit, ut ab ea expedire se non posset. Tandemque ubi omnibus rebus posthabitis totum me in vero Logicæ usu exquirendo collocassem, deprehendi illius vim esse tantam, ut ad artes resque omnes investigandas & disponendas, inventasque & constitutas intelligendas & explicandas, referatur. multoque tum impensius tanta utilitate perspecta excitatus, à divinæ illius artis studio vix abstrahi aut avocari possem...*»

éloigné d'Aristote – sa propre logique, donc, qu'il a mis cinq ans à perfectionner, scellera une réconciliation entre les deux[41]. N'empêche que La Framboisière ne voit dans son entreprise la continuation de celle de Ramus, et en faisant le cardinal de Guise le protecteur de son traité, il évoque volontiers le parallèle de Ramus qui, une trentaine d'années auparavant, avait dédié sa *Dialectique* au cardinal de Lorraine, oncle de ce dernier[42]. D'ailleurs, c'est toujours dans la même volonté de récupérer la mémoire de son compatriote, et de le mettre en harmonie avec ceux que pendant sa vie ce dernier avait combattus, qu'il rédige son *De artium instituendarum methodo dialogus*. Symbole de cette volonté de réconciliation, l'ouvrage est dédié à l'Université de Paris, et prend la forme d'un dialogue imaginaire entre trois personnages, Philalethes, Ramus et Jacques Charpentier[43]. Les mots de Ramus et de Charpentier sont empruntés à leurs propres ouvrages; le rôle de Philalethes, qui est inventé par La Framboisière, consiste à réconcilier leur différend. La Framboisière prend soin, d'ailleurs, à indiquer la nature de ses sources; dans le cas de Ramus, il s'agit du deuxième livre des *Institutions dialectiques* et le neuvième livre des *Aristotelicae animadversiones*; quant à Charpentier, il a pillé le *Platonis cum Aristotele in universa philosophia comparatio* et le *Admonitio ad Thessalum, academiae Parisiensis methodicum*[44]. Il a utilisé également le traité d'Arnauld d'Ossat concernant les critiques de Charpentier,

---

[41]   *Ibid.*, f. A 3v° – A 4r°: «*Licet autem utcumque fuerit P. Ramus in Dialectica describenda cum summa laude versatus: tamen nescio quomodo non illa mihi satisfecit. Multa enim in ea diligenter perpendenda animadverti ad naturalis rationis usum utilissima, esse pretermissa, multa studio fortassis omnia novandi immutata, quae non viderentur esse immutanda, multaque ab Aristotelica & scholastica ab Aristotelica & scholastica doctrina nimium remota. Itaque ut ex meis studiis logicis fructus aliquis in communem usum afferretur, omnes ætatis industriæque meæ nervos contendi ad Dialecticam P. Rami ab omnibus doctis alioqui probatam, clariorem, facilitate accuratiorem, scholisque accommodatiorem efficiendam, nonnullis ex Aristotele & Aristoteleis & ex meo sensu, quæ ad rationis usum apta, necessariaque viderentur additis: nonnullis quæ mihi aut quia obscura, aut à communi consuetudine aliena, aut alia de causa minus probarentur reiectis, vel modo & ratione evidentiore traditis, omnibusque ad cognoscendi & docendi usum (ad quem totam Logicam quam institui illustrandam refero) magis aptatis. Causas autem cur aut P. Rami vestigiis institerim, aut à Ramo ad Peripateticos recesserim, in αιτολογία explicavi.*» Plus loin, f. A 4r° – «*Nostrum [...] logicum opus ante annos quinque à me elaboratum.*»

[42]   *Ibid.*, f. A 4r°: «*...id tibi (Cardinalis amplissime) tanquam Deo tutelari dedicandum esse duxi, quod quemadmodum illustrissimus Cardinalis Lotharingus avunculus tuus, Dialecticae P. Rami patrocinium liberaliter olim suscepit, illamque ab innumeris malevolorum contumeliis vindicavit, & adversus sycophantarum calumnias defensurum esse sperarem.*»

[43]   Ces personnages, tout comme la tendance générale de l'œuvre, sont présentés dès le titre de l'ouvrage: «[...] *Personæ huius Dialogi sunt tres, Ramus & Carpentarius qui vehementer inter se de artium instituendarum methodo, an unica sit necne decertant, & Philalethes qui illorum controversiam omnem verborum non rerum esse, argumentis & exemplis demonstrat*».

[44]   *De Artium instituendarum methodo dialogus*, f. A 1v°, «*N. Abrahamus lectori benevolo S.*»; La Framboisière s'adresse ouvertement à son lecteur: «*Si cupis, candide lector, ipsos de artium instituendarum methodo videre dissertationis fontes [...]*».

l'*Expositio... in disputationem Iacobi Carpentarii de methodo*, ouvrage qui venait d'être publié[45]. Le jeune Nicolas Abraham invite donc son lecteur à comparer diligemment ces textes, et à constater pour lui-même la nature des emprunts que lui, Abraham, y a faits; il verra sans peine que tous ces textes différents sont remis en accord par les paroles de Philalethes[46]. Tout comme il l'avait déjà annoncé dans son titre, l'auteur conclut en disant que la querelle entre Ramus et Charpentier se réduit à une question de mots[47].

Le jeune docteur en médecine Nicolas Abraham, en publiant ce premier ouvrage qui n'est pas du tout une œuvre médicale, tient donc à maintenir ses distances de ceux qui l'ont le plus influencé, et faire valoir ainsi son indépendance. Une preuve plutôt évidente de cette volonté de la part de l'auteur est le fait que si deux des quatre traités contenus dans le volume doivent beaucoup sinon le tout à Ramus, un troisième, la *Physiossynopsis*, ou tableau de nature, dérive comme l'annonce son titre de l'enseignement d'Aristote[48]. De même dans un petit texte adressé au lecteur au début de la deuxième partie de la *Logica Institutio*, il prend soin d'indiquer que parfois il suit Ramus, et parfois Aristote ou les aristotéliciens[49].

Cela n'empêche pas que c'est en philosophe, et sous le signe de Ramus, que débute celui qui sous Henri IV deviendra médecin en chef des armées, et dont quelques-uns des plus grands exploits seront sur le champ de bataille[50]. Le président du collège de Laon en 1586, Jean Triquenæus, encourage le jeune docteur en médecine à publier son livre; «n'hésite plus», dit son maître, «Ramus lui-même, qui réside maintenant dans les cieux, te donne autant d'encouragement que tu veux»[51]. De même c'est dans les pages de la *Logica Institutio* que nous

---

[45]   Francfort, 1583.

[46]   *De methodo ... dialogus, loc. cit.*; «*invenies me omnino suis argumentis, suis exemplis, suis verbis illos revera sub Philalethis persona conciliasse.*»

[47]   Cette conclusion est celle de Philalethes: «*Quanquam ego non dubito quin id mihi semper pernegaturi sitis, ne si concesseritis, obiiciat vobis quispiam, cur studiosos in contrarias sententias distrahatis, ac omnium mentes & animos, universamque Academiam vestra hac contentione de methodo perturbetis, cum verbis tantum, non rebus dissideatis*» (*loc. cit.*, f. I 3v°).

[48]   La Framboisière offre à sa dédicataire Renée de Lorraine ce qu'il appelle ses *Physicæ flores*, «*[...] a me ante annos quinque in amplo Aristotelis campo Physico collectos, atque in ordinem perspicuum digestos, amoenissimum fructum literarum studiosis (multorum quibus lucubrationes nostras examinandas tradidi, eruditorum virorum iudicio) allaturos*» (*Physiossynopsis*, f. A 2r°).

[49]   *Logica institutio*, f. I 3v°; «*Quoniam nudè & simpliciter artis Logicæ præcepta descripta sunt (amice Lector) nunc causam cur singula ita sint à me instituta, ut veritas eorum demonstretur, afferam, reddamque rationem quamobrem P. Ramum potissimum sequutus sim, quædam tamen documenta adiecerim quæ ille omisit, alia omiserim quæ adiecit, alia aliter descripserim quam descripsit, omninoque à Ramo nonnunquam ad Aristotelem vel Aristoteleos descriverim...*»

[50]   Cf. «La carrière de Nicolas Abraham de la Framboisière».

[51]   *Logica Institutio*, f. B 1v°, *De Præclara Nicolai Abrahami Doctoris Medici Logica*; «*... Frange moras, stimulos tibi, quanvis lumine cassus // Admovet, ætherei Ramus ab arce poli [...]*».

lisons pour la première fois le poème de du Monin qui célèbre en La Framboisière le disciple de Ramus[52]; d'ailleurs, dans le cinquième tome de ses *Œuvres* La
Framboisière reprendra mot pour mot la dédicace de sa *Logica institutio* de
vingt-cinq années auparavant, avec ses louanges de la logique comme discipline,
et sa déclaration d'admiration pour la *Dialectique* de Ramus[53].

L'union entre philosophie et médecine, et l'influence de Ramus en particulier,
marque donc une permanence dans l'œuvre de La Framboisière[54]. Comme on
pourrait s'y attendre, c'est surtout dans les domaines de la rhétorique et de la
dialectique que l'influence de Ramus se laisse le plus ouvertement déclarer. La
cinquième et dernière partie des *Œuvres*, la «Couronne doctorale», dont l'importance à l'ensemble est clairement signalée dans la page de titre principale, y
est consacrée. On y remarque que ce sont les définitions ramistes qui sont respec-
tées; ainsi la dialectique devient «La Grace d'Entendre», et consiste en deux
parties seulement, l'invention et la disposition. De même on apprend que la
rhétorique («La Grace de Bien Dire») «a deux parties, elocution & pronuncia-
tion»[55]. Tout comme Ramus, d'ailleurs, La Framboisière parsème son texte
d'illustrations des poètes, soit des extraits des anciens, tels que Virgile ou Horace,
traduits en français, soit ses contemporains, les poètes de la Pléiade et Du Bartas.
L'exemple, on le sait, lui avait été donné par la *Dialectique* de Ramus. La Framboisière fait suivre ces parties d'une discussion de la grammaire et de la syntaxe
des langues grecques et latines; tout est conçu, comme La Framboisière le dit au
début de la «Couronne», pour rendre le médecin «agreable à chacun»[56].

Il n'est donc pas surprenant que «l'Ordre de la Dialectique» tel qu'il est
représenté de manière diagrammatique par La Framboisière[57] rappelle de si près

---

[52] *Ibid.*, f. A 4v°.

[53] Aux p. 745-747 dans l'éd. de 1624. En reproduisant son texte, qui est imprimé maintenant en
      français, La Framboisière ajoute l'explication suivante; «*Hoc autem opus à me ante annos
      viginti quinque Latinè conscriptum, bisque abhinc excussum, nunc demum est Gallicè redditum,
      ad rationis usum præstantibus Galliæ ingeniis aperiendum.*» Puisque les *Œuvres* de La Fram-
      boisière ont paru pour la première fois en 1613, et que les *Methodicae institutiones* datent de
      1587, les dates ne cadrent pas exactement; il faut sans doute y voir une indication du décalage
      entre la rédaction et la mise sous presse du texte en question. Nous avouons ne pas avoir pu
      jusqu'à maintenant identifier les deux impressions qui ont paru entre-temps, et auxquelles La
      Framboisière se réfère ici.

[54] C'est de la même manière que dans son premier livre il envisage l'utilité de la philosophie
      dans le contexte de la médecine; cf. la *Physiossynopsis*, f. A 3r°-v°: «[...] *Ad sanitatem vero
      corporibus sanis conservandam, aegris restituendam, ita Medicis cognitu necessaria est Physica, vt
      sine hac Medicinam ritè neque intelligere neque facere possint. Remedia enim quibus Medici sani-
      tatem tuentur, morbosque propulsant, ab elementis, à metallis, & lapidibus, à plantis & animalibus
      petuntur, quorum ominium naturas & proprietates Physica vna explicat, vt qui Physicam ignoret,
      remediorum etiam vires ignorare necesse sit.*»

[55] *Œuvres*, éd. de 1624, p. 777. Cf. W. Ong, *op. cit.*, p. 270.

[56] *Ibid.*, p. 754.

[57] *Loc. cit.*, f. ī 1 v°.

le schéma de la dialectique tel qu'il est reproduit par Ramus; La Framboisière se contente de changer quelques termes seulement [voir planches V et VI]. Il y a d'autres perspectives à l'œuvre de La Framboisière, cependant, qu'on pourrait rattacher à l'influence des idées ramistes. Par exemple, et même s'il est vrai qu'un mot d'Henri IV est ce qui a poussé La Framboisière à agir, on ne peut guère mettre en doute le lien entre le ramisme et l'emploi du vernaculaire dans des textes scientifiques[58]. Il faut aussi se souvenir que tout comme une bonne partie de l'impulsion de Ramus est de nature pédagogique, La Framboisière lui aussi est professeur, et il est évident qu'une exposition claire et succincte des connaissances médicales et autres ne pouvait faire autre qu'aider à l'étudiant[59]. Mais il importe en même temps de faire valoir le sens le plus large dans lequel les *Œuvres* de La Framboisière révèlent un disciple de Pierre Ramus.

Comme l'a fait remarquer naguère Walter Ong, le système ramiste permet à ses adhérents de se dispenser du besoin de rechercher des «premières causes» dans le sens aristotélien, puisque la représentation «méthodique» de n'importe lequel domaine de la connaissance le réduit déjà au principe de l'ordre, et le rend – en apparence, du moins – et «transparent» et «scientifique»[60]. Inspirés par de telles considérations, d'autres contemporains s'adonneront de la même manière à la représentation spatiale de différentes parties de la connaissance; on ira jusqu'à offrir une image de la peste faite sur le principe dichotomique[61] [voir planche VII]. L'entreprise de La Framboisière ira encore plus loin, puisque dans l'édition de ses *Œuvres* il cherchera à réduire à l'ordre, voire à la schématisation, toute l'encyclie des connaissances nécessaires au médecin. Ce faisant, comme

---

[58]   W. Ong, *op. cit.*, p. 14.

[59]   Chez La Framboisière on constate l'existence et du practicien et du théoricien dans le domaine de la pédagogie: pour le premier, voir un ouvrage tel que ses *Scholæ medicæ...ad candidatorum examen pro laurea impetranda sub eundem...*, Paris, 1622; pour le deuxième, son *Idæa Frambesarianæ academiæ, in qua celebrentur, Scholæ Artium ad Humanitatem excolendam pertinentium, Dialecticæ, Rethoricæ, Grammaticæ. Scholæ Philosophicæ cum Ethicæ, ad alogon Hominis appetitum rationis imperio subiiciendum, tum Physicæ, ad Principatum Hominis in omnes mundi creaturas demonstrandum. Scholæ Medicæ, ad Candidatorum examen pro laurea impetranda subeundum*, Paris, M. Sonnius, 1619. (Bien qu'annoncées dans le titre, les *Scholae medicæ* ne figurent pas dans les exemplaires de l'ouvrage que nous avons pu consulter; d'ailleurs la préface des *Scholæ medicæ* à Jean Héroard est datée le 1er mars 1622). Pour la question des rapports entre Ramus et la pédagogie, cf. W. Ong, *op. cit.*, p. 149 sq.

[60]   Cf. W. Ong, *op. cit.*, p. 300; *«A convincing 'methodical' framework was at hand which made first principles in the strict Aristotelian sense superfluous. Insofar as it can be defined, divided, and at least in the visual imagination spitted on a set of dichotomies, any 'matter' at all can be given a 'scientific' treatment by having its terms 'clearly' (that is, diagrammatically) related to one another».*

[61]   Johann Thomas Freigius, *Pædagogus hoc est libellus ostendens qua ratione prima artium initia pueris quam facillime tradi possint*, Bâle, per Sebastianum Henricpetri, 1582, p. 365 (figure reproduite par W. Ong, *op. cit.*, p. 301).

nous l'avons vu, il met en valeur surtout l'importance de l'ordre, pour lequel d'ailleurs il retrouve une justification esthétique:

> J'en prevoy d'autres , qui de prime face, sans avoir recogneu mon dessein, diront, qu'ayant desja faict plusieurs fois imprimer mes Livres, chacun à part, je ne les devois pas reduire tous en un, d'autant que c'est une confusion de mesler tant de matieres differentes ensemble. Mais je m'asseure quand ils auront diligemment considéré l'ordre que j'ay gardé en la reduction de toutes mes Oeuvres en un volume, qu'ils changeront aussi tost d'advis, & en feront un autre jugement. N'entendez-vous pas en la Musique de quatre tons differens retentir une douce harmonie? Ne jugez-vous pas la beauté d'une maison, à la multitude des pavillons industrieusement bastis avec dimension, & la diversité de la structure des salles, chambres, cabinets, cheminees, galleries, escaliers, portes & fenestres? Ne trouvez-vous pas plus agreable un Parc, où avec le bois, il y a un parterre, un vergier, un pré, des vignes, des fontaines, & diversité d'allées & de pallissades? Ne prenez-vous pas plaisir à voir en un tableau des villes, des chasteaux, des maisons, des jardins, des prairies, des rivieres, des forests, des montaignes, des collines, des vallons, & des champs naïfvement representez par le peintre? Voila ce qui m'a induit à rediger par methode toutes mes Oeuvres en un corps, pour gratifier aux François qui naturellement se plaisent en la variété [...][62]

Plus important sans doute est le principe ramiste que tout art est ni plus ni moins qu'un tableau de la réalité[63]. Comme nous l'avons noté, La Framboisière souligne dès le début que dans son livre «Le Temple, la Police et l'Université de Medecine» seront «naïfvement representez». En réalisant cet objectif, La Framboisière refait le parcours de Ramus, chez qui on peut observer, à comparer les premières éditions de ses œuvres aux dernières, une recherche tout à fait consciente d'une mise en page plus aérée et surtout plus claire[64]. Dans un mot, le livre devient la représentation même de la connaissance[65]. Enfin, les struc-

---

[62] *Œuvres*, éd. de 1624, f. ō 1v°.

[63] *Artes....rerum tanquam tabulæ* (*Aristotelis animadversiones*, 1543, f. 4 – texte cité par W. Ong, *op. cit.*, p. 350).

[64] Voir le commentaire de W. Ong, *op. cit.*, p. 311; «*it is evident how [Ramus] thinks of method as governing book make-up [....] Within [his printed grammars], and within Ramus' books in general, there is a regular progression from early editions (wherein the text is a mass of typographical proto-plasm, without running heads, without division into chapters or even into books, with little para-graphing, and almost no sense of spatial display) through later editions (where centered headings, running heads, and the other techniques of typographical display become more and more evident), to the ne plus ultra in commitment to space found in the editions by Freige and others*». On pour-rait dire la même chose des éditions successives des œuvres de La Framboisière.

[65] Cf. W. Ong, *loc. cit.*: «*Ramus' notion of method is not only a product of the humanism which sponsors both printing and the topical logics, but also is thought of (by Ramus) as an arrangement of material* in a book» (c'est l'auteur qui souligne). Ici encore l'observation s'applique tout aussi bien à La Framboisière.

tures et les tableaux des *Œuvres* de La Framboisière correspondent à une écriture, car l'auteur écrit surtout pour se faire comprendre du plus grand nombre – rappelons que quasiment la première phrase desdites *Œuvres* est une référence au «desir extreme que j'ay tousjours eu de profiter au public»[66]. Le français utilisé par l'auteur se caractérise en fait par ses phrases courtes, et la manière très systématique dont se formule la proposition – une équivalente verbale, très souvent, des tableaux à divisions qui préfacent le texte[67]. Analyser le style de La Framboisière, cependant, fournirait la matière à un deuxième article, et nous ne prendrons pas ce chemin ici.

Disons au lieu de ceci, et pour terminer, que dans son article publié en 1982 Jean Céard a donc été un pionnier en jetant de la lumière sur ce personnage et cette œuvre dont je suis loin d'avoir épuisé toute la richesse ici. Ce n'est qu'un seul article sur le très grand nombre qu'il a publiés, et dont tous ont rendu des services énormes aux seiziémistes. Je suis très sensible à l'honneur de pouvoir lui en rendre hommage dans ces pages.

Stephen BAMFORTH
University of Nottingham

---

[66] *Œuvres*, éd. de 1624, f. ō 1r°.

[67] Peu importe, d'ailleurs, si on remarque (surtout dans les «Loix de Medecine») que La Framboisière veut neutraliser le problème médical par la nature compréhensive de la discussion qu'il y accorde – l'art du médecin de l'époque est un art linguistique, et La Framboisière, tout chirurgien qu'il est, n'y fait pas exception (cf. W. Ong, *op. cit.*, p. 226).

PLANCHE I – Portrait de La Framboisière à l'âge de 63 ans (*Œuvres*, 1624, f. ō 2 v°),
cliché Bibliothèque municipale de Reims

LES

ŒVVRES

DE N ABRAHAM

Sʀ DE LA FRAMBOISIERE,

Conseiller, & Medecin ordinaire du Roy.

Diuisees en VII. Tomes.

OV SONT METHODIQVEMENT DESCRITES
l'Histoire du Monde, la Medecine, la Chirurgie & la Pharmacie,
pour la conseruation de la Santé , & la guerison des
Maladies internes & externes.

*Auec les Ars Liberaux, par le moyen desquels on acquiert les Graces
d'entendre, de bien dire, & d'heureusement viure.*

Derniere Edition reueuë, corrigee, & augmentee par l'Autheur,

A PARIS,

M. DC. XXIIII.

AVEC PRIVILEGE DV ROY.

PLANCHE II – *Les Œuvres de N. Abraham Sʳ de La Framboisière*, Paris, 1624
page de titre, British Library 774 n. 1, *cliché British Library*

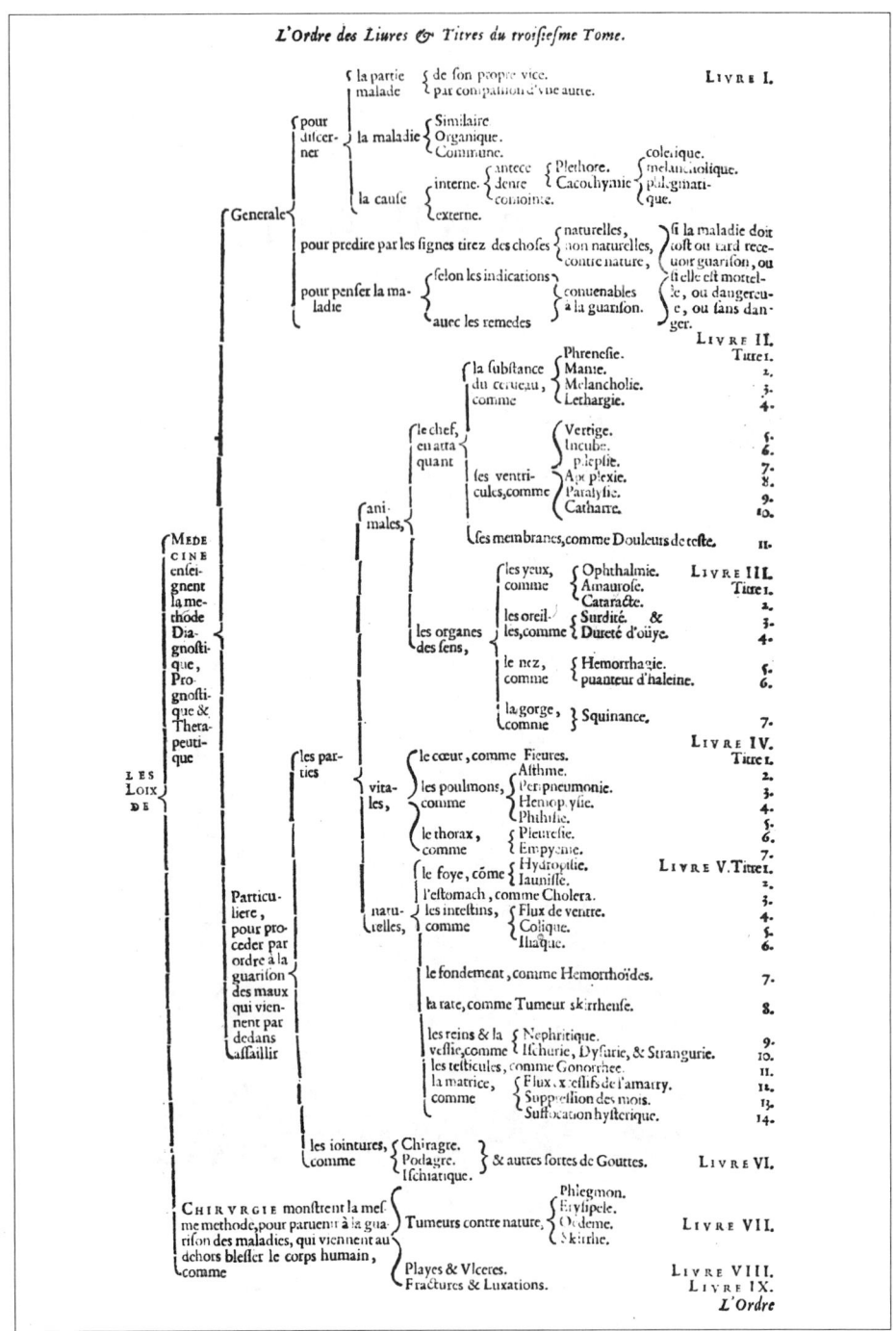

PLANCHE III – La Framboisière, Œuvres, 1624, f. ē 6 v°
« L'Ordre des Livres & Titres du troisiesme Tome », *cliché British Library*

PLANCHE IV – *Nicolai Abrahami methodicae institutiones philosophiae rationalis, naturalis, moralis. Eiusdem Abrahami de artium instituendarum methodo dialogus,* Paris, apud Gulielmum Linocerium, 1587, f. † 3 v° – portrait de l'auteur *cliché British Library*

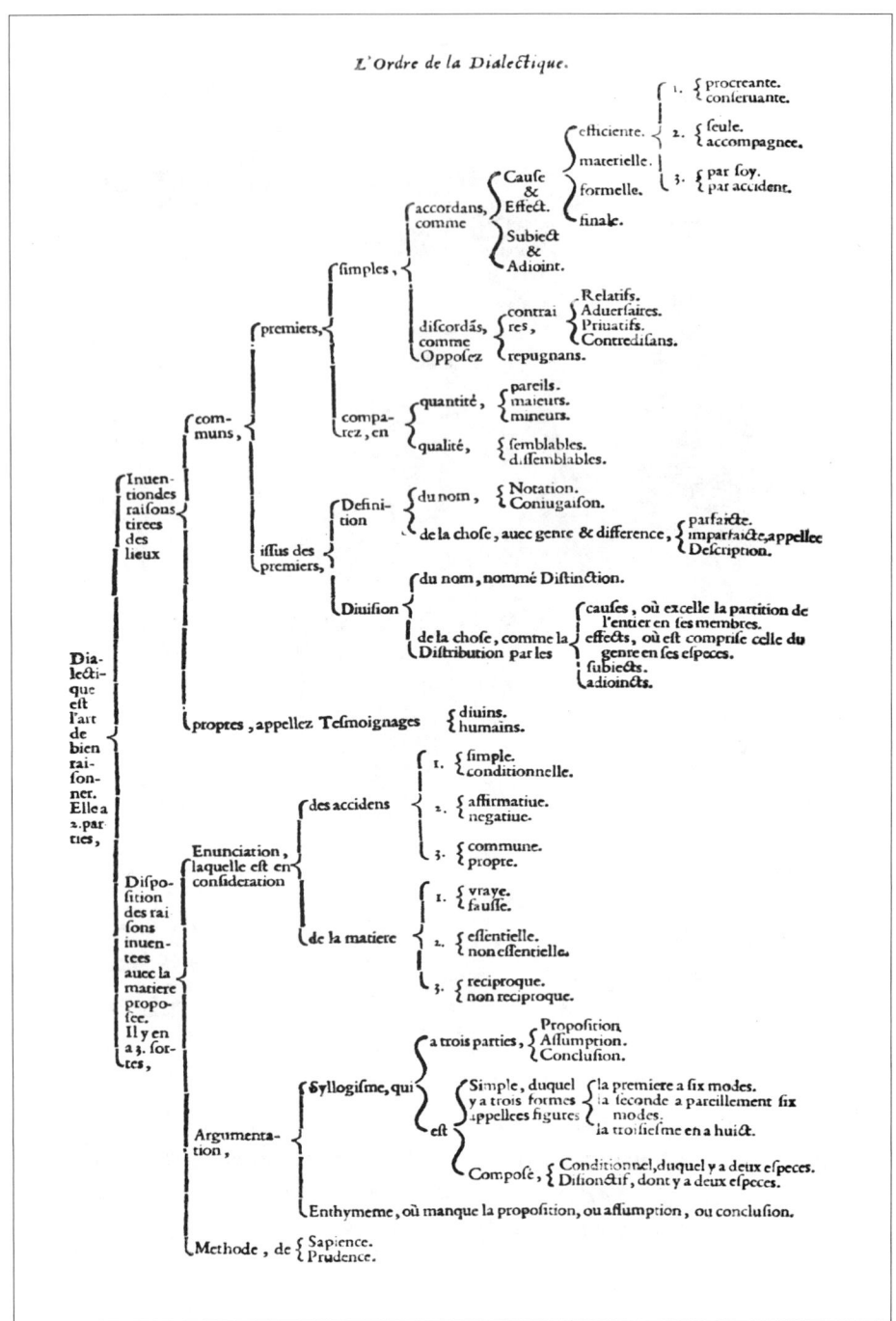

PLANCHE V – La Framboisière, Œuvres, 1624, f. ĩ 1 v°
« L'Ordre de la Dialectique », *cliché British Library*

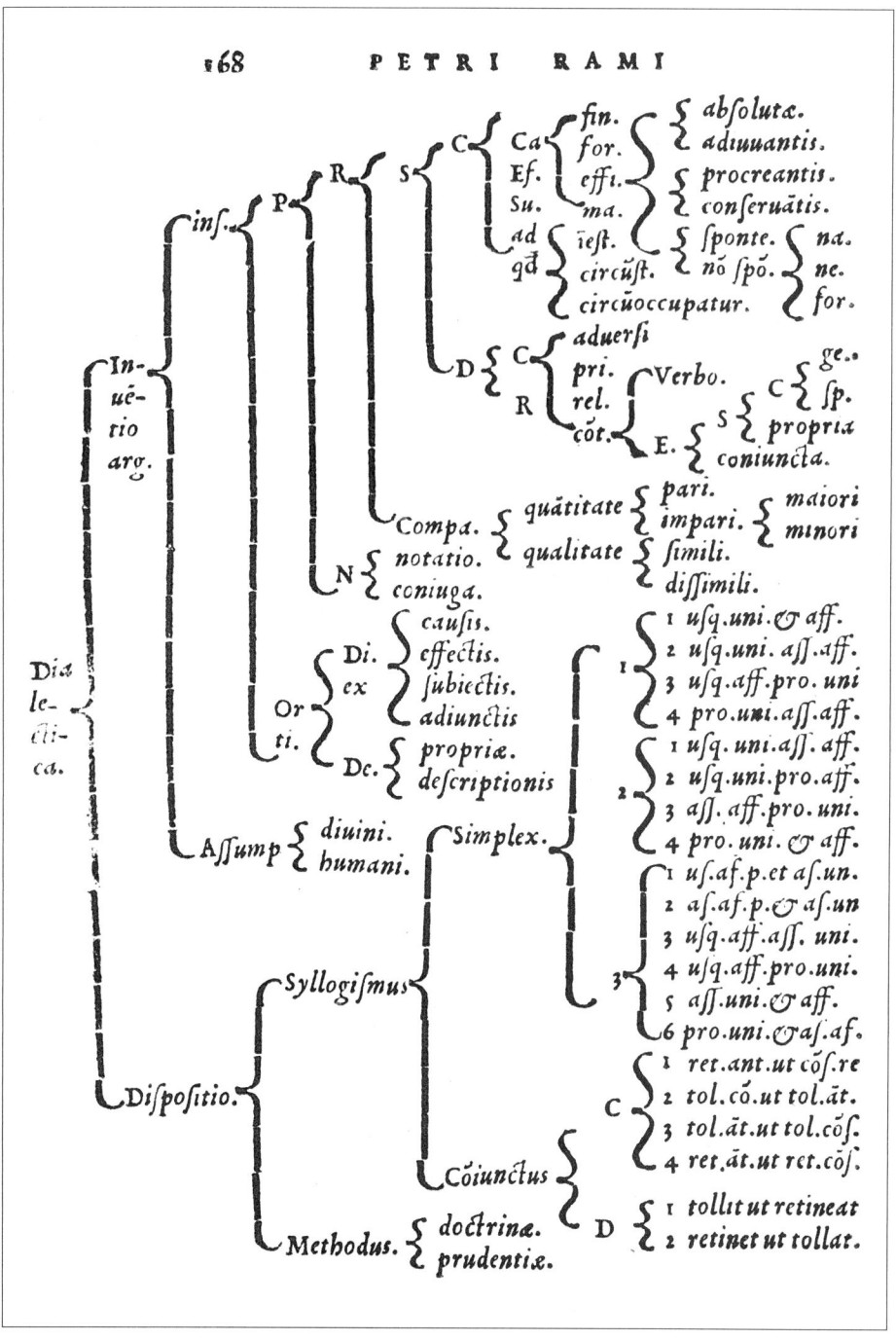

PLANCHE VI – Pierre Ramus, *Institutionum dialecticarum libri III*, Paris, 1547,
p.168 [British Library C.106 b.3], *cliché British Library*

364   DE MEDICINA.

Quinam sunt pulueres?

Sunt compositiones in puluere retenta uel ad electua-
riorum solidorum seu tabellarum confectionem, uel ad sy-
ruporum aromatizatione, uel ad epithemata. Fiunt ex gem-
mis, margaritis, ambra, moscho, auro.

Quid sunt trochisci?

Sunt rotula seu pastilli ex pulueribus instituti ad eorum
conseruationem, ut diarhodon, diamargariton. Atque hæc
de assumendis.

Quænam sunt foris admo-
uenda?

Duplicia: Simplicissima, ut olea: uel Composita: eáq́;
uel minus, ut unguenta & cerata: uel maximè & durissima,
ut emplastra.

Quottuplex est oleorum confectio?

Triplex: Fit enim uel Expressione uel Impressione, uel
Resolutione.

Quid est Impressio?

Est infusio uel decoctio cùm materia, in oleo communi macerata uel incocta, qualitates & uires in ipso relin-
quuntur.

Quid est Resolutio?

Est Chymiæ propria.

Quid sunt unguenta?

Sunt medicamenta ex oleo, cera & speciebus certis, tu-
moribus præter naturam & ulceribus potissimùm destina-
ta: quorum alia humores sistunt: alia dolorem sedant: alia
ulcera detergent.

Quid

DE MEDICINA.   **365**

Quid est ceratum?

Est medicamentum ex oleis, cera aut resina & speciebus certis, unguento crassius & solidius.

Quid est emplastrum?

Est medicamentum ab unguento differens crassitie spe-
cierum ingredientium. Conficitur autem ex herbis, floribus, radicibus crassioribus: quæ omnia tenuissima debent
esse in unguentis.

Quottuplicia sunt emplastra?

Triplicia: Astringentia, Suppurantia, Abstergentia, quæ
& sarcotica.

PESTILENTIÆ ANALYSIS

Medica ex Auberto.

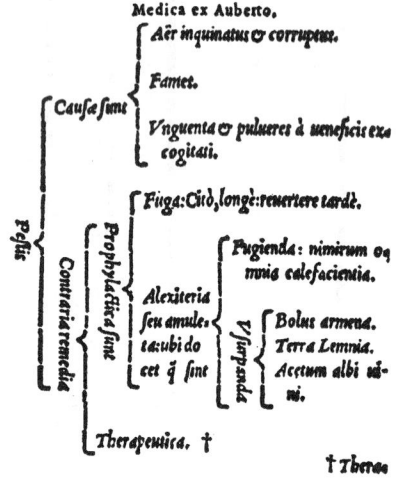

PLANCHE VII – Johann Thomas Freigius, *Pædagogus hoc est libellus ostendens qua ratione prima artium initia pueris quam facillime tradi possint*, Bâle, per Sebastianum Henricpetri, 1582, p. 365 (d'après W. Ong, *op. cit.*, p. 301)

LE TRAITEMENT DES SOURCES
DANS LA *CRONIQUE DE*
PIERRE BELON DU MANS, MÉDECIN
(1562-1565)

En rédigeant sa *Cronique*[1], Pierre Belon, le plus célèbre ornithologue et ichtyologiste de son époque[2], renonce à sa vocation profonde pour s'adonner à la rédaction d'un ouvrage polémique dans le but de défendre la thèse du parti catholique contre la cause réformée. Loin d'être publié, ce texte virulent s'avéra, après l'édit d'Amboise (19 mars 1563), extrêmement dangereux au regard même du projet de pacification renouvelé par la reine qui, en mars 1564, entreprend le voyage prévu depuis janvier 1562 dans l'espoir de renforcer les sentiments philo-monarchiques de son peuple. Il est donc évident qu'à cette époque – et surtout en 1565 lorsque Belon est assassiné – le contenu de l'ouvrage ne devait rencontrer la faveur manifeste ni du roi ni d'aucun de ses sujets. La mort de l'auteur n'est que la preuve ultime de la portée idéologique d'un livre qui ne contient pas seulement la chronique de cette période.

La reconstitution de l'ordre originel[3] du manuscrit révèle les contours d'une œuvre complexe et inachevée, comprenant une longue préface où l'illustre

---

[1] *La Cronique de Pierre Belon, du Mans, médecin*, f. 91r° § 9; la numérotation du paragraphe renvoie à mon édition dans M. Barsi, *L'énigme de la chronique de Pierre Belon. Avec éd. critique du ms. Arsenal 4651*, Milan, Led, 2001 («Il Filarete», 204). L'ouvrage est conservé à la Bibliothèque de l'Arsenal de Paris, ms. 4651, f. 88r°-182v°. Il s'agit d'une copie du manuscrit original exécutée par François Duchesne (1616-1693) – ou par un copiste à ses ordres, qui aurait recopié le texte autographe en vue de la rédaction d'un ouvrage général sur l'histoire nationale, comme on peut le supposer si l'on se réfère à l'«Advertissement» d'André du Chesne dans sa *Bibliotheque des autheurs, qui ont escrit l'histoire et topographie de la France* (Paris, S. Cramoisy, 1627).

[2] Voir à ce propos: P. Delaunay, *L'aventureuse existence de Pierre Belon du Mans*, «Revue du Seizième Siècle» (1922: t. IX, p. 251-268; 1923: t. X, p. 1-34, 125-147; 1924: t. XI, p. 30-48, 222-232; 1925: t. XII, pp. 78-97, 256-268, 269-282); Paris, Champion, 1926.

[3] La numérotation des feuillets de la *Cronique* est postérieure à la transcription de François Duchesne et ne correspond pas à l'ordre originel du manuscrit de Belon, qu'on peut reconstituer de la façon suivante: f. 88r°-115r°: «Au roy Charles neufviesme de ce nom», f. 183r°-250r°, f. 115v°-140r°: «Au roy», f. 143r°-161r°: «Le siege des Huguenots devant la ville de Molins», f. 161r°-182v°: «Le siege du roy devant la ville de Bourges», f. 140v°-141r°: ici le texte s'interrompt brusquement en rapportant les événements du 13 septembre 1562.

Manceau s'engage, au prix de sa vie, dans la cause du parti catholique. Selon la disposition externe des parties, le texte de la *Cronique de Pierre Belon du Mans, medecin* comprend une introduction intitulée: «Au roy Charles neufviesme de ce nom», dont une section est consacrée à la harangue «Au roy», et deux chroniques qui rapportent deux événements de l'année 1562: l'occupation par les huguenots de la ville de Moulins au mois de juillet et le siège de Bourges par l'armée royale à la fin du mois d'août – la ville avait été occupée le 27 mai par les réformés de Montgomery. D'autre part, les indications temporelles attestent que l'œuvre était encore en élaboration et que le naturaliste, de 1562 jusqu'à sa mort, n'a pas arrêté d'écrire et de réécrire son histoire en la complétant par de nombreux supports bibliographiques en vue de la rédaction finale. La transcription par François Duchesne reproduirait donc un texte «brut» qui devait encore être mis au net, mais qui de ce fait même nous donne un exemple d'écriture non altérée par la normalisation et le «bon usage».

Même si l'intérêt philologique n'est pas le moindre, d'autres considérations s'imposent sur la place occupée par l'ouvrage de Belon à l'intérieur d'une production d'écrits militants qui atteste que dès 1562 la réaction catholique échafaude un système de défense contre la propagande réformée. Il s'agit non seulement d'une manifestation religieuse mais surtout d'une réaction intellectuelle et identitaire qui met en jeu, face à la menace de la désagrégation, des instances individuelles et collectives profondes. La *Cronique* de Belon est à ce propos un exemple surprenant pour les stratégies argumentatives mises en œuvre par l'auteur[4]. Pour soutenir sa thèse, le naturaliste s'appuie sur une ample documentation: «le livre en grossiroit de moitié [...] si les autheurs estoient nommés qui ont servy au narré de cette histoire»[5]. *Exempla*, analogies, comparaisons, *realia* sont empruntés à plusieurs auteurs anciens et modernes pour illustrer et renforcer le discours. Il est ici question de reconstruire ce réseau de références.

L'INTERTEXTE: LES *OBSERVATIONS*

Les *Observations de plusieurs singularitez et choses memorables, trouvées en Grèce, Asie, Judée, Egypte, Arabie et autres pays estranges*[6] de Pierre Belon occu-

---

[4]   J'ai approfondi cet aspect dans M. Barsi, «Strategie retoriche nella *Cronique* di Pierre Belon du Mans (1517-1565)», *Rendiconti dell'Istituto Lombardo*, vol. 131 – Fasc. 2, 1997, p. 423-439.

[5]   *Cronique*, f. 209r° § 197.

[6]   Paris, G. Corrozet, 1553, in-4° (déd. au cardinal de Tournon); Paris, 1554, chez G. Cavellat (d'autres ex. chez Corrozet); Paris, 1555, G. Corrozet; Paris, H. de Marnet et Vve Cavellat, 1588; Anvers, 1555, in-8°, chez J. Steelsius (d'autres ex. à la marque de Plantin); trad. latine par Clusius, Anvers, Plantin, 1579, in-8°, et Raphelengius, 1605, etc. Tous les renvois se réfè-

pent une place importante dans le vaste *corpus* d'ouvrages consacrés à l'Orient. Malgré le succès immédiat et la fortune éditoriale de l'ouvrage, les rapports d'intertextualité entre la relation de voyage au Levant et la *Cronique* ont été jusqu'à maintenant négligés.

Dans plusieurs passages, le récit de l'historien, qui fait appel à l'exemple oriental, récupère en creux le discours du voyageur. Les informations – de première main – consignées dans les *Observations* s'enrichissent alors de nouvelles données que le chroniqueur ajoute afin de renforcer sa thèse sur l'existence d'une Eglise universelle en dehors de laquelle ne sont tolérés que les musulmans et les juifs[7]. C'est ainsi que la vision turcophobe héritée du passé se relativise au profit d'une nouvelle forme de connaissance, et que l'Orient devient l'objet d'une réflexion féconde grâce à ce reflet d'identité qu'il renvoie au monde occidental.

Dans les *Observations*, les nombreuses remarques sur les divers groupes ethniques et religieux – Chrétiens, Juifs, Turcs et Arabes – donnent un aperçu inédit des territoires du Grand Turc. De plus, les annotations sur l'organisation administrative ottomane, et notamment sur la liberté religieuse de chaque sujet à l'intérieur de sa propre communauté[8], restituent l'une des plus riches et des plus fidèles images de la vie quotidienne menée dans l'Empire.

La démarche n'est pas la même dans la *Cronique* en raison du caractère polémique de cet ouvrage. Dans la relation de voyage, le fil conducteur du récit est l'itinéraire même du voyageur, qui se déplace dans le territoire ottoman en notant au fur et à mesure ce qu'il voit – le cahier des notes fut ensuite remanié et corrigé en vue de la publication, mais le livre conserve sa disposition originelle. Dans la *Cronique*, l'auteur n'aborde pas le thème oriental suivant un ordre préétabli, mais il insère dans son récit quelques épisodes de son séjour, choisissant les arguments les plus efficaces pour la démonstration de sa thèse. Il

---

rent ici à l'exemplaire de l'édition de 1555 chez Corrozet, conservé à la Biblioteca Braidense de Milan [QQ. 4. 18].

[7]   Les prémisses que Belon insère dans le IIIe livre des Observations pour aborder le récit de son séjour auprès de la population musulmane de la Paphlagonie sont à ce propos significatives. Dans les dix premiers chapitres, il adresse à Mahomet toutes les accusations traditionnelles puisées dans le «répertoire» occidental des invectives. L'argument étant largement débattu, il déclare avec une fermeté suspecte qu'«icy finirons des risées de Mahomet et prendrons à parler des Turcs» (f. 179r°). En réalité, il ne s'agit que d'un subterfuge rhétorique, qui permet à l'auteur de parler librement de la civilisation turque laissant de côté toute confrontation possible entre la foi chrétienne et l'Islam, assimilé à une faute presque inconsciente.

[8]   Belon explique toutefois que chacun a la possibilité de se convertir à l'Islam, afin de jouir des privilèges accordés aux musulmans dans tout l'Empire (voir les Observations, f. 192v°). Ce fait est une preuve ultérieure de l'existence de la double institution, civile et religieuse, souvent ignorée des Européens. En ce qui concerne les juifs, Belon partage l'attitude anti-judaïque de ses contemporains; dans la Cronique (f. 128r° § 388) il précise qu'un juif doit d'abord se convertir au christianisme, s'il souhaite embrasser la foi d'Allah.

met ainsi l'accent sur l'universalité de la foi chrétienne observée dans les monastères orientaux et en Terre sainte. Le Mont Athos, dont on a une ample description dans le premier livre des *Observations*[9], se transforme dans la *Cronique* en
un haut lieu de la chrétienté. A ce propos, la richesse des observations sur la vie
des religieux, des «caloieres», et sur ce qui concerne les habitudes alimentaires
des moines est remarquable. D'autre part, l'indication des nombreux monastères, qui tout en étant sous la domination turque répondent en matière religieuse à leurs patriarches[10], les remarques sur la liturgie grecque[11], sur la
communauté arménienne[12], sur les lieux de pèlerinage et en particulier sur les
douze ambassadeurs chrétiens présents au Saint-Sépulcre[13], complètent les notes
de voyage publiées précédemment.

Avec un décalage chronologique d'une quinzaine d'années, le chroniqueur se
réapproprie un savoir qui à l'époque n'avait pas été conceptualisé. Au début de
la lutte armée entre catholiques et huguenots, la mémoire restitue nombre de
détails que l'esprit curieux du voyageur avait recensés sans que l'occasion
donnât lieu à une interprétation significative. C'est ce deuxième degré d'acquisition et de compréhension du monde – pour ainsi dire «méditerranéen» –
qu'on retrouve dans la *Cronique*, témoignage ultérieur de rapports de plus en
plus stricts entre Orient et Occident

SOURCES THÉOLOGIQUES

Il est certain que Gabriel Du Préau exerçait son influence sur le courant
extrémiste du parti catholique et sur la pensée du naturaliste qui connaissait
sûrement l'un des ouvrages polémiques les plus virulents du théologien, le *Des
faux prophetes seducteurs et hypocrites, qui viennent à nous en habit de brebis: mais
au dedans sont loups ravissans* (Paris, J. Macé, 1563). Certaines images de la
Cronique pourraient même être des emprunts à ce texte[14]. D'autre part, il ne fait

---

[9]   Voir *Cronique*, f. 216r°-216v° § 228 et *Observations*, l. I, f. 33v°-37v°.

[10]   Voir *Cronique*, f. 183v°-184v° § 99-104, 198r° § 157, 205r°-205v° § 178-180, 214v°-216r § 220,
      221, 224, 226, 228, 220r°-220v° § 245, 139r° § 433.

[11]   Voir *ibid.*, f. 193r° § 140, 211v° § 209.

[12]   Voir *ibid.*, f. 205v° § 182.

[13]   Voir *ibid.*, f. 100r°-101r° § 37-38, 213r°-213v° § 215-217, 116r°-117r° § 352-355.

[14]   Voir ibid., f. 240v° § 318 et sur le thème de la sépulture: f. 234v° § 296 et f. 132v° § 408. Voir
      aussi un autre passage de la *Cronique* (f. 218v°/par.238) concernant Hus que l'on peut rappro-
      cher de *la Narratio Historica Conciliorum omnium ecclesiae christianae Gabrielis Prateoli, cui
      addidit castigationes suas et alia nonnulla Johannes Lydius M.F., Francofortensis minister Verbi
      Dei Veteraquini*, Leyde, Ex Typographio Henrici ab Haestens, 1610, p. 159-160.

nul doute que le chroniqueur s'est servi des notices de l'ouvrage de Du Préau, le *De Vitis, sectis, et dogmatibus omnium haereticorum, qui ab orbe condito, ad nostra usque tempora, & veterum & recentium authorum monimentis prodidi sunt, elenchus alphabeticus* [...] (apud Gervinum Calenium & haeredes Joannis Quentel, 1569) – dont j'ai abrégé le titre en «*Elenchus*». Cette somme se trouvait sans aucun doute sur le bureau de Belon, même si la date de publication est tardive par rapport à la rédaction de la *Cronique*. Il se peut que ce répertoire ait circulé sous forme de manuscrit: cette hypothèse se fonde sur les nombreux emprunts qui reproduisent non seulement le contenu mais aussi la disposition des «articles» conçus par le théologien. La coïncidence des données rapportées sur certains arguments ne peut pas être fortuite; à titre d'exemple, il suffira de comparer l'allusion à la poésie d'Homère écrite sur les boyaux d'un dragon et à sa destruction au cours de l'incendie de Constantinople sous le règne de Zénon en 458, qu'Evagrios aussi relate dans la continuation de *l'Histoire ecclésiastique* omettant toutefois le détail sur le parchemin fabuleux. Belon a tiré l'anecdote de *l'Elenchus*, de la notice consacrée à l'empereur Zénon où l'auteur indique sa source à propos des livres qui brûlèrent à Constantinople, c'est-à-dire l'humaniste italien Giambattista Cipelli, dit Egnatio[15].

L'œuvre du théologien fournit au polémiste des arguments solides pour construire un système d'analogies lui permettent d'assimiler les réformés aux sectes anciennes[16] et aux grands hérétiques, tels les ariens, les turlupins, les pastoureaux, les cathaphryges ou les anabaptistes[17]. L'accent est mis sur les désordres causés par les mouvements hétérodoxes qui, par ailleurs, comme le prouve l'histoire ecclésiastique, ne sont pas de longue durée. Afin de nier toute origine historique – donc un quelconque fondement de vérité – qui puisse justifier l'existence des communautés réformées, l'auteur revient plusieurs fois sur

---

[15]   Voir *Cronique*, f. 211r° § 207, voir aussi les autres passages que Belon emprunte directement à l'Elenchus: f. 93v° § 16, 94v° § 19, 101v° § 41, 108v° § 69, 185r° § 106, 187v° § 116, 209v° § 199, 220r° § 243, 132r° § 405-406.

[16]   Voir *Cronique*, f. 187v° § 115.

[17]   Voir *ibid.*, f. 93v° § 16, 94v° § 19-20, 97v° § 30 et *passim*. Voir à titre d'exemple, dans les *Discours des misères de ce temps* (éd. M. Smith, Genève, Droz, 1979), la Continuation v. 61-64: «Voulés vous ressembler à [...] ces Ariens qui par leur frenesie / Firent perdre les villes de l'Asie» et la *Cronique*, 93v°/16. Les mouvements des hérétiques du passé, auxquels peuvent être comparés les réformés, sont évoqués par les polémistes catholiques. A ce propos, on pourra se référer aux commentaires de Belleforest en marge à sa traduction de *L'histoire des persecutions faites en Afrique par les arriens sur les catholiques, du temps de Genserich et Hunnerich, mise en François*, Paris, 1563. Sur Belleforest polémiste, voir B. L. O. Richter, «Belleforest: un des pamphlétaires fulminants du XVIᵉ siècle», *CAIEF*, XXXVI, mai 1984, p. 94-110 et M. Simonin, *Vivre de sa plume au XVIᵉ siècle ou la carrière de François de Belleforest*, Genève, Droz, 1992, p. 69-70.

le caractère éphémère des sectes religieuses : « l'Eglise hurbeticque est si nouvelle que encor vivent les Hurbecs[18] qui luy ont donné commencement »[19].

Dans la *Cronique* il est plusieurs fois question du Concile de Nicée[20] que Belon mentionne afin de réduire la controverse théologique entre les catholiques et les huguenots aux canons de l'orthodoxie établie par les conciles œcuméniques de Nicée : le premier (325) condamna l'arianisme et formula le Credo ou Symbole de Nicée ; le deuxième (787) se réunit pour condamner l'iconoclastie. Belon aurait pu d'ailleurs se souvenir de la clause de l'Edit de janvier qui interdisait aux ministres de prêcher des doctrines contraires au Symbole de Nicée. L'importance de cette prescription, qui était probablement l'œuvre de Théodore de Bèze, avait été relevée par le nonce du pape, Prospero Santa Croce ; ce dernier s'était aperçu du subterfuge au moyen duquel les calvinistes étaient implicitement approuvés au préjudice des autres hétérodoxes et en particulier des anabaptistes[21]. Néanmoins, le chroniqueur insiste sur la difformité de l'Eglise réformée en expliquant au pied de la lettre les prescriptions du célèbre concile[22].

En ce qui concerne les Ecritures, le chroniqueur s'en sert rarement. Il évoque toutefois l'image de Jean Baptiste pour représenter les réformés, qui imitent à l'envers l'exemple du précurseur dans le désert : la présomption, l'arrogance, la luxure et l'avidité auraient remplacé la pratique de la mortification[23]. Il insiste également sur le tribut dû à César, c'est-à-dire le roi de France, et il accuse donc les réformés de contester le pouvoir légitime - alors que pendant la première guerre les Guise étaient au centre des invectives huguenotes[24].

---

[18] Pseudonyme que Belon attribue aux pasteurs calvinistes, le hurbec étant le ver de la vigne.

[19] *Cronique*, f. 186v° § 112.

[20] Voir f. 94 § 19, 210r° § 204, 212r° § 212, 220r° § 243 et *passim*.

[21] Voir L. Romier, *Catholiques et Huguenots à la cour de Charles IX. Les etats généraux d'Orléans. Le colloque de Poissy. Le « concordat » avec les protestants. Le massacre de Vassy (1560-1562)*, Paris, Perrin, 1924, p. 294. Les protestants, d'autre part, accusaient les catholiques de ne pas respecter le Symbole de Nicée, voir par exemple les allusions contenues dans la *Remonstrance à la Roine mere du Roy sur le discours de Pierre de Ronsard des miseres de ce temps*, v. 1182-1184 (t. I, p. 159), la Réplique de Lescaldin v. 523 (t. II, p. 253) et *La Defence aux injures* v. 847-860 (t. II, p. 443) in J. Pineaux, *La Polémique protestante contre Ronsard*, édition des textes avec introduction et notes, Paris, Didier, 1973, 2t.

[22] Voir *Cronique*, f. 212v° § 213 et f. 94v° § 19.

[23] Voir *ibid.*, f. 113r° § 86-87 et *passim*.

[24] Voir *ibid.*, f. 89v° § 5.

AUTEURS DU XVe ET XVIe SIÈCLES

Belon mentionne plusieurs fois Jean Sleidan[25]. Il donne aussi de précieux renseignements sur les éditions qu'il connaissait. Dans deux passages, il semble se référer au *Sommaire de l'Histoire de Jean Sleidan disposé par tables. En tel ordre et facilité que le lecteur pourra aisément et sans travail comprendre par iceluy tout le long narré de la dite histoire* (1558)[26]. Belon se sert de cet ouvrage en le comparant au *De statu religionis et reipublicae Carolo V Caesare imperatore commentariorum libri XXVI* (1555), traduit en français par Robert Le Prévôt – c'est-à-dire l'*Histoire de l'estat de la religion et republique sous l'Empereur Charles V par Jean Sleidan*[27], mais rien ne prouve que le chroniqueur ait eu sous les yeux la traduction et non pas la version en latin.

Dans la *Cronique*, il est deux fois question d'un ouvrage de Théodore de Bèze – le *Recueil en sommaire des signes sacrés*[28] – bien que l'allusion au grand réformateur français ne soit pas explicite, en raison peut-être de l'anonymat sous lequel avait été publié le livre. A propos de l'ouvrage de Bèze et de sa diffusion, on peut constater que du côté catholique la réaction fut immédiate comme l'atteste la réplique de Gentian Hervet dans sa *Confutation d'un livre pestilent et plein d'erreurs, nomme par son auteur: les Signes sacrez, & c. En laquelle sont clairement monstrées les impietez et execrables blasphemes, absurditez et mensonges des Calvinistes et Sacramentaires: Aussi amplement y est traité du sacrifice de la S. Messe* (Rheims, Jean de Foigny, 1565).

A plusieurs reprises, Belon se réfère à Goudimel, le musicien des *Psaumes*, et aux notes entonnées par les réformés et il cite expressément les vers de Marot[29].

L'analogie entre les sectes anciennes et la nouvelle confession de ses compatriotes est l'une des stratégies les plus utilisées par le chroniqueur, qui se réfère entre autres à un livre de Ficin[30].

---

[25]   Voir *ibid.*, f. 191r° § 129, 207v° § 191, 222v° § 154, 223r° § 256-257, 223v° § 258, 226v°/271, 227r° § 273, 235v° § 302.

[26]   Voir *ibid.*, f. 208r° §. 193 et f. 222v°-223r° § 254, 256.

[27]   J. Crespin et Nicolas Barbier, [Genève], 1557 [Paris: BNF 8° M 12604].

[28]   Belon l'indique ainsi, mais il s'agit du Sommaire recueil des signes sacrez, sacrifices, et sacremens instituez de Dieu depuis la creation du monde. Et de la vraye origine du sacrifice de la Messe, (s.l., 1561) de Th. de Bèze. Cf. *Cronique*, f. 188r° § 117 et le Sommaire cit., p. 53-55.

[29]   Voir à titre d'exemple: *Cronique*, f. 104r° § 89-90 et C. Marot, *Cinquante pseaumes de David mis en françoys selon la vérité hébraïque*, éd. G. Défaux, Paris, Champion, 1995, p. 93.

[30]   Voir *Cronique*, f. 187v° § 115 et la traduction par Ficin de Psellus, *De Daemonibus, in Iamblichus de Mysteriis Aegyptorum, Chaldaeorum, Assyriorum. Proclus, Porphirius, Psellus, Mercurii*, Lyon, Apud Joan. Tornaesium, Typog. Regium, 1552, p. 356. Il est à noter que le naturaliste n'était pas le seul à se servir de ce stratagème rhétorique; on pourrait citer en guise d'exemple la *Consolation des catholiques, molestez par sectaires & schismatiques* de F. Gabriel Dupuyherbault, Paris, Jehan de Roigny, 1560, f. 31r°-v°.

Sans dévoiler sa source, Belon utilise le *Livre de l'Echelle* de Mahomet, qu'il connaît depuis longtemps, puisqu'il s'en était servi dans les *Observations* (L. III)[31]. Toujours dans le cadre oriental, on peut situer *L'Histoire merveilleuse, plaisante et recreative du grand Empereur de Tartarie seigneur des Tartres nommé le grand Kan* de Hétoum ou Haycon et en particulier l'édition de 1529, qui contient un épisode significatif rapporté par Belon : la légende sur les persécutions des Géorgiens dans la province de Hanissem[32].

Parmi les auteurs contemporains, il faut citer Bonaventure Des Périers que le chroniqueur utilise pour ridiculiser Calvin en identifiant ce dernier à un varlet qui devait être bien connu à l'époque, puisqu'il ressemble de près au «barbier des estuves» de la nouvelle XXX des *Nouvelles Récréations et joyeux devis*[33]. Afin de guérir la folie des Huguenots, le naturaliste-médecin suggère plusieurs remèdes se souvenant aussi de la méthode de Poggio Bracciolini[34]. Dans le sillage de Lemaire de Belges, Belon se sert de l'exemple de Dion Chrysostome qui avait donné un récit mensonger de la guerre de Troie[35]; la comparaison entre ce dernier et les historiens réformés met en évidence l'inanité de leurs actions[36].

---

[31] Voir *Cronique*, f. 232r° § 288.

[32] Voir *ibid.*, f. 205v° § 181. Hétoum (ou Haython) l'Arménien consigne dans son livre cet épisode : *L'Histoire merveilleuse, plaisante et recreative du grand Empereur de Tartarie seigneur des Tartres nommé le grand Kan*, On le vend à Paris en la rue neufve Notre Dame à l'enseigne S. Nicolas et au pallays, en la galerie comme on va à la chancellerie, pour Jehan S. Denys, Paris, 1529, f. 4v°. Cette légende est également rapportée dans le *Novus Orbis regionum ac insularum veteribus incognitarum una cum tabula cosmographica, & aliquot alijs consimilis argumenti libellis*, Basilae, apud Io. Hervagium, 1555, p. 406; dans ce dernier ouvrage la région dont il est question est nommée «Hamsem».

[33] On peut comparer, dans l'éd. de K. Kasprzyk (Paris, Champion, 1980), le passage à la p. 141 et celui de la *Cronique*, f. 99r° § 34.

[34] Voir *Cronique*, f. 243r° § 323 et la deuxième facétie: *«De medico qui dementis et insanos curabat»*. Les *Facéties* étaient disponibles en français dans des nombreuses traductions, voir à ce propos L. Sozzi, «Les facéties du Pogge et leur influence en France», *Facéties et littérature facétieuse à l'époque de la Renaissance*, Actes du Coll. Goutelas, 29 sept.-1 oct. 1977, *RHR*, 4ᵉ année, n° 7- mai 1978, p. 31-35.

[35] De cette œuvre de Dion Chrysostome, il existe plusieurs traductions, parmi lesquelles une édition de Francesco Filelfo qui porte le titre indiqué par Belon : *Dion de Troja non capta* – A la fin: *Dion Chrisostomus, prusensis philosophus, de Troja non capta*, magistro Anthonio Denidel Parisius impressus pro Roberto Gourmon. Finit feliciter, Paris (s.d.), in-8° [Paris, BN: Rés. X.1028]. Jean Lemaire distingue la «verité historiale» suivie par Dictys de Crète et réfute la thèse du *De Troia non capta* de Dion de Pruse «non mie quant à son parler, qui est tout pur oratoire, mais quant à ce qu'il impugne la verité historiale»; sa «narration» n'est en fait «nullement corroborée par acteurs suffisans» (*Illustrations de Gaule et Singularitez de Troye*, dans *Oeuvres*, éd. J. Stecher, Louvain, J. Lefever, 1882-1891; Genève, Slatkine Reprints, 1969, t. II, p. 244).

[36] Voir *Cronique*, f. 139v°-140r° § 437.

Plusieurs autres auteurs sont enfin mentionnés, tels que Froissart[37], d'Auton[38], Sabellico[39], Münster[40] et Postel[41].

SOURCES ANCIENNES

Parmi les classiques, Valère Maxime est l'auteur le plus exploité[42]. Belon puise de nombreux passages dans le premier livre de l'ouvrage, consacré à la religion, et dans le deuxième qui traite du droit coutumier et législatif. Il semble que ces deux premiers livres aient été l'objet d'une lecture attentive de la part du polémiste, tandis que les autres ont été consultés en vue de retrouver des exemples précis. Le chroniqueur exploite surtout les faits où Valère Maxime

---

[37] Au sujet de Léon III, roi d'Arménie, arrière petit-fils de Hugues III de Lusignan, qui demanda secours à Charles VI contre les Turcs: voir *Cronique*, f. 196r° § 150 et Froissart, *Histoire et chronique memorable*, Paris, Jehan Ruelle, 1574, l. IV, ch. 56, p. 168.

[38] Il s'agit d'un épisode concernant Louis XII («onzieme» dans le manuscrit); voir *Cronique*, f. 96r-v° § 25 et J. D'Auton, *Chroniques de Louis XII*, édition publiée pour la société de l'histoire de France par R. De Maulde La Clavière, Paris, Librairie Renouard,1889, t. II, p. 222-227.

[39] Il s'agit d'une allusion à la révolte des Crétois éclatée le 9 août 1363 à la suite des mesures fiscales imposées par Venise. Les chefs de l'insurrection étaient des membres des familles Venier et Gradenigo, à leurs côtés se rangèrent les Kalergis, une des plus anciennes familles de l'aristocratie byzantine, à laquelle se réfère Belon. Le 4 juin 1364, après plusieurs manœuvres diplomatiques et militaires, les Vénitiens ramenèrent l'île sous leur domination. Sabellico donne une description détaillée des épisodes (*voir M. Antonii Sabellici Historiae Rerum Venetarum ab urbe condita libri XXXIII*, l. IV, dans l'éd. consultée: *Degl'istorici delle cose veneziane i quali hanno scritto per Pubblico Decreto*, Venise, Appresso il Lovisa, 1718, t. I, p. 331-339). Belon aurait pu lire le récit de ces événements ou – plus probablement – l'entendre chez les descendants des Kalergis. Il mentionne la famille byzantine dont il rencontre des membres à Crète dans les Observations, l. II, ch. XVI, f. 17r°-v°.

[40] Belon rappelle l'histoire de Bajazet et Tamburlan; cet épisode se trouve dans plusieurs historiens, mais la description qu'en donne Belon renvoie à S. Munsterus, *Cosmographia*, Bâle, apud Henr. Petri, 1554, l. IV, p. 959.

[41] Voir *Cronique*, f. 161r° § 513 et G. Postel, *De Universitate liber, in quo atronomiae doctrineve coelestis Compendium* [...], Ex typographia Ioannis Gueullartij, ad Phoenicem, ex regione collegio Remensis, 1552, f. 42v°.

[42] Voir dans la *Cronique* les exempla suivants: Callisthène (f. 89r° § 4; Val. Max., 7.2. étr.11), Numance (f. 101v° § 40; Val. Max., 7.6. étr.2), femme grecque qui se donne la mort (f. 101v° § 43; Val. Max., 2.1. étr.8), Marseillais (f. 102r°-102v° § 44; Val. Max., 2.1. étr.10), Cimbres et Celtibères (f. 102v° § 44; Val. Max., 2.1. étr.11), Aglaus (f. 114v° § 93; Val. Max., 7.1.2), Pompée et César (f. 195v°-196r° § 149; Val. Max., 4.5.5), Lucius Petillius (f. 203r° § 172; Val. Max., 1.1.12), Brennus (f. 206v°-207r° § 187; Val. Max., 1.2.3), Quintus Fulvius Flaccus (f. 216v° § 230; Val. Max., 1.2.5), Pleminius (f. 216v° § 231; Val. Max., 1.2.6), Phyrrus (f. 216v° § 232; Val. Max., 1.2.6), Alvanius (f. 221v°-222r° § 251; Val. Max., 1.1.10), Diagore, Socrate et Phidias (f. 225v° § 268; Val. Max., 1.1.16), Porsenne (f. 233v° § 292; Val. Max., 3.2.1, 3.2.2 et 3.3.1), Anaxarcus (f. 246r° § 333; Val. Max., 3,3, étr.4).

illustre l'esprit de justice des Anciens et en particulier des Romains, chez qui le
souci de respecter les prescriptions religieuses et législatives était exemplaire, la
négligence étant d'ailleurs néfaste. Dans sa *Cronique*, Belon défend le même
principe: l'insistance sur le concept de droit religieux et coutumier est une
manière de reprocher aux réformés la volonté d'introduire dans la nation des
habitudes étrangères n'ayant aucun fondement. Plusieurs passages de la
Cronique renvoient à Pline[43] que le naturaliste devait connaître fort bien; il est
toutefois surprenant que Belon se serve de la *Naturalis Historia* et du *De Bello
Gallico* de César[44] pour comparer les ministres de Genève aux druides[45].
Diodore de Sicile est l'un des auteurs anciens les plus utilisés par Belon, qui
consultait vraisemblablement l'édition latine d'Amyot[46]. La guerre sacrée de
Grèce racontée par l'illustre historien lui sert d'exemple pour expliquer les
malheurs de la France, ravagée par les troubles religieux. Les *exempla* tirés de
Cicéron renforcent tour à tour l'argument traité par le chroniqueur[47]; Strabon
lui sert pour représenter les réformés comme les protagonistes d'un monde à
l'envers, puisqu'ils sacrifient leur vie en commettant des sacrilèges[48]. L'exemple
de Néron, dont la source originelle est Suétone est extrêmement intéressant,
puisque Belon aurait pu s'inspirer ou se faire l'écho de l'éloge de Cardan, qui
avait réhabilité la figure de l'empereur[49]:

> Comparons le meffait de Neron, qui feist brusler Romme, et le meffait des
> Huguenots, qui ont fait brusler les fauxbourgs des villes de France, et voions
> qui a esté le plus cruel et tirant. Mais < ... > prendre la cause de tous deux et
> cxcusons les Huguenots, disants que Neron feist brusler Romme pour

---

[43] Voir *Cronique*, f. 245v° § 331 où il est cité explicitement et les autres emprunts aux f. 183r°
§ 97, 201r° § 166, 205v° § 181, 219r° § 240, 246r° § 332, 121r°-v° § 366, 138r° § 429.

[44] Voir *ibid.*, f. 185r° § 106, 192v° § 137, 248r° § 341.

[45] Voir *ibid.*, f. 201r°-v° § 167 et f. 189v°-190r° § 122-123. Il est intéressant de constater que cette
comparaison a été retenue par l'un des plus importants pamphlétaires catholiques de
l'époque, Gabriel Saconay, dans sa *Genealogie et la fin des huguenaux, & descouverte du Calvinisme*, Lyon, B. Rigaud, 1572, f. 37v°-39r°.

[46] *Sept livres de Diodore Sicilien nouvellement traduyts de grec en françoys*, Paris, Michel de
Vascosan, 1554. Belon mentionne explicitement Diodore au f. 188v° § 118. Voir aussi:
f. 101v° § 40 (Sept livres..., ch. XVII); f. 207v° § 190 (Sept livres..., ch. 3, p. 6-7); f. 246r° § 333
(*Sept livres...*, ch. 2, p. 179); f. 157r° § 501 (*Sept livres...*, ch. 1, p. 2-3).

[47] Voir *Cronique*, f. 235r° § 299 et Cicéron, *De Natura Deorum*, III, 37. Diagore de Mélos (Vᵉ s.
av. J.-C.) était souvent cité comme un exemple d'athéisme, voir par exemple la *Remonstrance*
à Pierre de Ronsard v. 266, in *J. Pineaux, La Polémique protestante*, t. I, p. 201. Voir aussi les
autres références à Cicéron: f. 134v° § 296 (Tusculanes, 1.43) et 126v° § 383 (Tusculanes,
3.28.69).

[48] Voir: *Cronique*, f. 101r°-v° § 40 et *Strabonis illustrissimi scriptoris Geographia decem et septem
libros continens et greco in latinum a Gregorio Typhernale et Guarino Veronense conversa*, Paris,
venundatur ab E. Le Fevre, 1512, l. XIV, f. 119r°, col. b.

[49] *Cronique*, f. 187r° § 113.

deffaire les petites maisons pour en refaire de plus grandes, et pour oster les rues tortues et estroittes pour en refaire de plus larges et droittes[50]: avoit il donc tort?

La référence à Macrobe n'est pas directe. Afin de prouver l'inanité des raisons qui sous-tendent certains préceptes calvinistes comme l'interdiction de la danse, le chroniqueur s'appuie sur un fait de la nature, le mouvement «dansant» de la noix qui tombe de l'arbre:

> La noix a esté nommée l'arbre de Jupiter d'aultant que son fruit se prend à danser en tombant[51], et le mariage, qui est solemnel unne fois en la vie de l'homme, sera-t-il clandestin pour ce que les Hurbecs de Geneve l'ont resvé?[52]

Pour renforcer et «certifier» certaines idées, d'autres auteurs anciens sont cités: Juvénal auquel Belon renvoie implicitement en disant que les «Druydes ne laissoient pas à faire plaidoier par devant les juges, car l'on trouve que dès le temps de la grandeur romaine ils nommoient les François pour bons legistes et bien parlants: *Caussidicos Gallos*»[53]; Flavius Josèphe[54], Orose[55], l'*Histoire*

---

[50]   Voir Suétone, Néron, 38. Belon se réfère peut-être à l'éloge de Cardan sur Néron, notamment en ce qui concerne le souci d'hygiène et de sécurité lors de la reconstruction de Rome après l'incendie: J. Cardan, *Neronis encomium, dans Somniorum synesiorum, omnis generis insomnia explicantes, libri IIII*, Bâle, Per Henricum Petri, 1562, p. 163-164; voir à ce propos A.C. Fiorato, «L'Eloge de Néron' par Jérôme Cardan, ou la justification du pouvoir absolu», *Le pouvoir monarchique et ses supports idéologiques aux XIV*ᵉ*-XVII*ᵉ *siècles*, Etudes réunies par J. Dufournet, A. Fiorato et A. Redondo, Publications de la Sorbonne Nouvelle, 1990, p. 127-144. Belon attribue à Suétone *l'exemplum in contrarium* des Cantabres, tiré vraisemblablement de Boème (*Mores, leges, et ritus omnium gentium per Ioannem Boemum Aubanum, Teutonicum, ex multis clarissimis rerum scriptoribus collecti*, Lyon, Apud Seb. Gryphium, 1541, l. III, ch. 24, p. 295) qui l'a peut-être relevée de Strabon (*Strabonis illustrissimi scriptoris Geographia.*, l. III, f. 34v°, col. b).

[51]   Cf. Macrobe: *Et Servius: Nux ista juglans secundum nonnullorum opinionem a iuvando, & a glande dicta existimatur. Caius Bassus vero in libro de significatione verborum hoc refert: Iuglans arbor dicta inde est perinde ac Iovis glans. Nam id arboris genus nuces habet, quae sunt suaviore sapore quam glans est. Hunc fructum antiqui illi qui egregium glandique similem ipsamque arborem deo dignam extimabant, Jovis glandem appellaverunt: quae nunc literis interlisis iuglans nominatur* (*Macrobii Aurelii Theodosii Viri Consularis In Somnium Scipionis M. Tulli Ciceronis libri duo, Et Saturnaliorum lib. VII*. Cum scholiis et indicibus Ascensianis Vaenundantur in Ædibus eiusdem Iadoci Badii Ascensii, 1524, Sat. l. III, ch. 18: «*De nucum generibus*», f. LXXI). Sur l'interdiction de la danse, voir aussi *Cronique*, f. 238v° § 313.

[52]   *Cronique*, f. 240v°-241r° § 319.

[53]   *Ibid.*, f. 246r° § 333; réminiscence d'un vers de Juvénal: *Gallia caussidicos docuit facunda Britannos* (*Iuvenalis Satyrae XVI*, Paris, Ex officina Rob. Stephani, 1544, XV, [v. 111], p. 123). Bodin se réfère au même vers dans *Les six livres de la Republique*, Jacques Du Puis, Paris, 1583, t. V p. 686-687; Scientia Verlag Aalen, 1977.

[54]   Voir *Cronique*, f. 250r° § 349 et Flavius Joseph, Antiquités Judaïques, l. XI, ch. 8 (p. 316 dans

Auguste[56], les *Disticha Catonis*[57], Horace[58], Plutarque[59], ses maîtres anciens, Théophraste, Hippocrate et Aristote[60], et erronément Vitruve[61].

Ce répertoire bibliographique mis au point pour la rédaction de la chronique des sièges de Bourges et de Moulins témoigne de l'engagement de l'auteur, qui se charge de donner un récit appuyé sur des citations et des références dignes de foi. Si elles sont fautives, on peut aisément supposer qu'une main plus compétente aurait apporté les corrections nécessaires en vue de la publication de ce texte dont nous ne possédons qu'une version primordiale. Or l'intérêt de cette œuvre inachevée de l'année 1562 réside non seulement dans les faits rapportés, mais aussi dans sa nature d'avant-texte, qui, en ce qui concerne le traitement des sources, nous révèle l'«encyclopédie» de l'auteur. En dehors de ses domaines de spécialité, Pierre Belon n'a pas cultivé la connaissance des classiques. Bien que le témoignage de Denys Lambin soit malveillant[62], il est néanmoins évident que le célèbre naturaliste lisait le latin et ne savait pas le grec. Sa *Cronique*, qui n'est aucunement l'œuvre d'un érudit, est un «reportage» sur l'actualité où les références aux contemporains sont beaucoup plus significatives que les autres autorités citées. L'allusion aux écrits qui marquèrent le débat

---

la traduction de Jean Le Frère de Laval: *L'Histoire de Flave Josephe: latin François, chascune version correspondante l'une à l'autre, verset à verset, escrite premierement par l'autheur en langue Greque: et nouvellement reveue et corrigee sur l'exemplaire grec par M. Jean Le Frere de Laval*, Paris, C. Fremy, 1569).

[55]   Voir *Cronique*, f. 201r° § 166 et *Pauli Orosii viri sane eruditi Historiarum liber, et tenebrarum faucibus in lucem aeditus, unacum indicibus tersissimis huic volumini, haud infrugaliter*, adiectis, Paris, In taberna libraria Ioannis Parvi, 1524, l. VI, f. 84v°, ch. 17: «*De Antonio victo et morto*».

[56]   Notamment à Gordien II (192-238) – voir Cronique, f. 195r° § 145 – et au passage de l'*Histoire Auguste*: Verum audias velim, miser est imperator, apud quem vera reticentur (éd. publiée par A. Manuce, Venise, 1519, f. 166v°.) Rabelais mentionne aussi le jeune empereur dans le *Tiers Livre* (*Oeuvres Complètes*, éd. M. Huchon, Paris, Gallimard, Pléiade, 1994, p. 382).

[57]   Il s'agit d'un dicton «Maiori cede», voir *Cronique*, f. 195v° § 149 *et Disticha de moribus, nomine Catonis inscripta, cum Latina & Gallica interpretatione [Maturini Corderii]*, Paris, Ex officina Roberti Stephani, 1532, p. 8.

[58]   Voir *Cronique*, f. 166v° § 529 et Horace, *Epistolæ*, 16.52-53.

[59]   Belon se réfère à ce Curius dont parle Plutarque dans la vie de Caton le Censeur, voir *Cronique*, f. 240v° § 318 et *Plutarchi Chaeronei Historici ac Philosophi gravissimi, Graecorum, Romanorumque illustrium Vitae*, Paris, Ex officina typographica Michaelis Vascosani, 1558, ch. 20, f. 155v°-156r°.

[60]   Voir *Cronique*, f.: 126v° § 383 et 208v° § 194, 124r° § 373, 208v° § 194.

[61]   Voir *ibid.*, f. 192r° § 136.

[62]   Voir la lettre adressée par Lambin à Alexis Gaudin en 1553 (cit. dans H. Potez, «Deux années de la Renaissance (1552-1554), d'après une correspondance inédite [de Denys Lambin]», *RHLF*, 13, 1906, p. 688-689.

entre les deux factions est l'arme rhétorique dont Belon se sert pour attaquer la thèse de l'adversaire. Le décryptage de ce discours polémique nous permet de comprendre quelles étaient la nature et l'importance du différend. Mais à l'époque des événements relatés, le message du chroniqueur devait être manifeste, et nous avançons l'hypothèse que l'assassinat de l'auteur n'est pas sans trouver une explication dans une volonté de censure de son ouvrage qui, en 1565, aurait pu troubler l'équilibre rétabli. Le fidèle serviteur de la cause catholique était conscient du danger qui le menaçait, comme il l'affirme lui-même: «si aurois je douleur, s'ils ne me donnoient loisir de parachever ma Chronique»[63]. L'énigme subsistera tant que d'autres éléments n'éclairciront pas le mystère de cette œuvre de Pierre Belon, l'un des rares et précieux «brouillons» du XVIᵉ siècle qui ait été conservé.

Monica BARSI
Università degli Studi di Milano

---

[63] *Cronique*, f. 121v° § 366.

PUDEUR ET THÉRAPEUTIQUE
AUX XVIᵉ ET XVIIᵉ SIÈCLES :
LE PROBLÈME DU LAVEMENT
DE SOI-MÊME

Au cours d'une conversation avec le professeur Jean Céard, il fut question des inventions revendiquées du chirurgien[1]: en particulier, Ambroise Paré avait-il pu être l'inventeur de l'instrument « par lequel les femmes se peuvent bailler elles mesmes un clistere »[2]. Ce problème de technologie débouchait sur celui de la pudeur médicale. Il s'agit donc de rouvrir ce chapitre de proctologie historique, dans la perspective de l'histoire des textes et des mentalités.

Textes et figures (1564-1579)

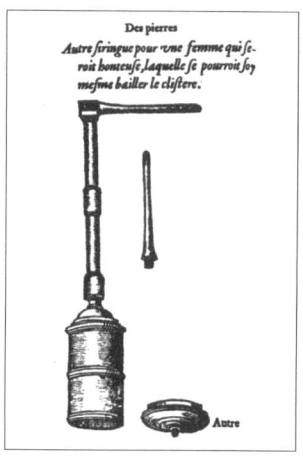

Des pierres

Autre siringue pour vne femme qui se roit honteuse, laquelle se pourroit soy mesme bailler le clistere.

La seringue à lavement spécialisée fait son apparition dans les *Dix livres de la chirurgie* de 1564[3] dans une planche hors texte avec cette légende: « Autre siringue pour se donner clistere[4] soy mesmes ». La page précédente présente une seringue à lavement traditionnelle à canule droite. Les deux figures s'insèrent dans une série de planches reproduisant les instruments pour opérer la pierre[5]. Aucun passage du texte ne fait référence à cette figure, pas même le chapitre 18 du même livre, *De la maniere de tirer les pierres aux femmes.*

---

[1] Entre autres, l'obturateur (cf. *Œuvres complètes*, éd. Malgaigne, Genève, Slatkine Reprints, t. II, p. 607 ; voir la mise au point dans notre « Ambroise Paré au Portugal », *Ambroise Paré (1501-1590). Pratique et Ecriture de la science à la Renaissance. Actes du colloque de Pau (6-7 mai 1999)*, éd. E. Berriot-Salvadore et P. Mironneau, Paris, Champion, 2003, p. 357-358.

[2] T. II, 760.

[3] Paris, Jean Le Royer, in-8°, p. 160v°. Malgaigne ne la reproduit pas ; cependant, t. II, p. 469, n. 1, il mentionne sa présence et poursuit : « Ces deux figures ont été retranchées de cet endroit dès 1575, et reportées au chapitre 22 du livre *des Medicamens* », affirmation que rectifie la suite de ce travail ; voir *infra*, n. 7.

[4] Index: *Autre Syringue pour se donner clistere soy mesmes.*

[5] Livre 9, ch. 5.

Puis dans le *Traicté de la peste* (Paris, André Wechel, 1568), Paré fait allusion au problème qui avait dû l'amener à inventer la seringue:

> Si le Chirurgien estoit en quelque lieu où il ne peust trouver un Apothicaire, ny syringue, ny chausse à clystere, ou que le malade ne peust ou ne voulust prendre clystere (comme aucuns font)[6].

En revanche, le traité ne comporte aucune figure. C'est dans les *Deux livres de chirurgie* que figure et texte sont enfin associés[7] (en italiques dans l'original):

> Ɛnard.an iß, fiat clist. mais d'autant qu'il y a certaines femmes qui pour nulle chose voudroient prendre un clistere de la main d'un homme, pour une vergongne qu'elles ont de ce [*sic*] montrer: à ceste cause j'ay fait portraire cet instrument, duquel elles se pourront aider à recevoir ledict clistere, mettant pardevant (aiant les fesses esleves [*sic*]) la canule dans le siege, puis versera la liqueur dedans. Davantage on leur pourra appliquer ceste emplastre sur le ventre [...] en lieu et en place de la compagnee [*sic*] de son mari.
> Instrument par lequel les femmes se peuvent bailler elles mesmes un clistere. /251/ [même figure que 1564] La sage femme [...]»

A présent, la question du lavement de soi-même, traitée dans le livre 1, *De la generation de l'homme*, concerne une des maladies de l'accouchement, la suffocation de la matrice.

En 1575, Paré publie la première édition des œuvres complètes. Le passage se retrouve au chapitre 56 du livre 18 *de la generation* sur la *cure de la suffocation de la matrice*[8]. Même texte, même disposition, avec deux légères variantes graphiques (*cannule, clystere*). Même figure, désormais à l'horizontale, la canule vers le haut.

La seconde édition des *Œuvres* présente plusieurs modifications: texte et figure sont reportés au livre *Des Medicamens*[9]:

> Or il se trouve certaines femmes qui pour nulles choses ne voudroient prendre un clystere de la main d'un homme, pour une vergongne et honte qu'elles ont de se monstrer: à ceste cause i'ay fait portraire cest instrument, duquel elles se pourront aider à recevoir un clystere, le mettant par devant (ayant un peu les fesses levées) la cannule dans le siege marquée B. puis versera la liqueur dedans la boëte marquée A. Le couvercle marqué D.

---

[6]   T. III, 450.

[7]   Paris, André Wechel, 1573, in-8°, p. 249-50. Dans Malgaigne, t. II, 760, contrairement à ce que dit la note, ni texte ni figure n'ont été retranchés.

[8]   *Œuvres*, Paris, Gabriel Buon, 1575, in-fol., p. 787.

[9]   *Œuvres*, Paris, Gabriel Buon, 1579, p. 928.

A la figure[10] ont été ajoutées les lettres; la seringue droite vient après et porte la légende: «Autre syringue pour bailler clystere aux hommes»[11].

L'histoire de ce texte suscite plusieurs remarques. De 1564 à 1579, la description de cette seringue subit divers remaniements: le clystère étant avec la purgation et la saignée un pilier de la chirurgie, il n'est pas absurde que l'instrument soit décrit dans le cadre de pathologies différentes, la lithotomie[12] en 1564 et, *via* l'allusion de 1568, la suffocation de la matrice dès 1573, avant de trouver une place définitive dans le traité général de la thérapeutique, suivant la tradition galénique. Jamais A. Paré ne revendique l'invention de cette seringue. Il dit l'avoir «fait portraire». Malgaigne reconnaît qu'il «est le premier qui ait parlé de cette seringue perfectionnée»[13]; mais il précise qu' «il ne semble pas donner l'instrument comme de lui». Oubliant cette réticence, les historiens suivent Wickersheimer qui attribue l'invention de l'instrument à notre auteur[14], affirmation qui reste à démontrer.

Deux points sont à noter au préalable. La planche de la seringue présente deux anomalies: le canon, la «boîte» dans laquelle est versé le remède, apparaît dès l'origine de dimension très réduite, la moitié de celle qui est destinée, en 1579, aux hommes; de plus, elle ne comporte pas de piston, seulement un couvercle. Les autres figures font apparaître le pomeau du piston[15]. Comment, en l'absence de système de pression, celle-ci peut-elle fonctionner? Paré dit s'être borné à faire dessiner l'instrument. Alors faut-il considérer que la figure

---

[10] «Trois cents [*sic*] quarante troisiesme».

[11] Des figures de seringues se retrouvent çà et là dans les œuvres de Paré. Le principe est toujours le même, la taille et la fonction variant selon les opérations (cf. t. II, 63, 101, 263, 473, 491; le modèle le plus proche de la seringue pour hommes, ou seringue classique, est reproduite p. 101, prévue pour «jetter en grande quantité».

[12] Les malades atteints de calculs prennent fréquemment des clystères. Voir l'anecdote des clystères placebos racontée par un «domestique apothicaire» à Montaigne (*Essais*, éd. Villey-Saulnier, Paris, PUF, 1965, I, 21, 103).

[13] T. III, 558.

[14] E. Wickersheimer, *La médecine et les médecins en France à l'époque de la Renaissance* (1905), Slatkine Reprints, 1970, p. 424: le lavement «exigeait généralement le concours de l'apothicaire; pourtant A. Paré inventa une seringue spéciale qui permettait aux femmes de se donner elles-mêmes un lavement, sauvegardant ainsi la pudeur féminine». B. Rossignol, *Médecine et médicaments au XVIe siècle à Lyon*, Presses Universitaires de Lyon, 1990, p. 76 (qui n'ajoute rien); quant à l'*Histoire anecdotique des instruments médicaux* d'I. Lévy, Paris, Josette Lyon, 1995, p. 27-29, c'est le type d'ouvrage qui traite le sujet sur un ton léger. Ainsi C. de Saint-Hieble [P. Mac Orlan?], *L'instrument des apothicaires. Le clystère dans l'humour et la littérature*, Paris, J. Fort, 1920; C. Bonnet, *Au royaume des clystères. Médecins en bonnet pointu*, Paris, La Palatine, 1965.

[15] T. II, 101, t. III, 558.

de cette seringue tronquée est avant tout destinée à mettre en vedette la canule à angle droit, la pièce qui en fait la véritable nouveauté? Ce choix tendrait à le désigner comme son inventeur. Mais ce point, qui à la rigueur justifierait le raccourcissement du canon, n'explique pas la présence du couvercle et l'absence de piston. D'où l'hypothèse: puisque cet instrument est à usage solitaire, le préparateur remet la seringue déjà emplie du remède, le couvercle protégeant le contenu (chaud ou froid) pendant le transport. Le piston est installé ensuite.

D'autre part, le texte de Paré diverge de la légende de la figure. Quoique celle-ci explique que la femme se donne elle-même le lavement, un opérateur n'est pas forcément exclu: on lit que les femmes «se pourront aider à recevoir le clystère» en l'introduisant «par devant». Même en présence d'un opérateur, la pudeur resterait sauve. Mais quel est le sujet de la phrase «puis *versera* la liqueur»? Faut-il lire «verseront»? L'homme dont la main effectue l'intervention? La question initiale subsiste: quelle est la part d'invention du chirurgien dans cet instrument dont nul musée, à notre connaissance, ne possède d'exemplaire.

En l'absence de sources connues, nous devons supposer qu'elle date des années où Paré pratique, à l'Hôtel-Dieu comme parmi la noblesse[16]. Il est significatif que l'instrument nouveau apparaisse dans un traité de chirurgie civile et, qui plus est, au sujet des maladies des femmes. Paré a largement puisé dans le *Traité des hernies* de Pierre Franco[17]. En ce qui concerne les clystères, ce dernier ignore le problème de la «honte» féminine[18]. En revanche, le témoignage de Jacques Dalechamps, mérite d'être versé au dossier[19]: il reprend la figure de Paré dans le chapitre sur la lithotimie. Or, plus loin, il renvoie son lecteur aux «naifs pourtraicts en la chirurgie de M. Ambroise Paré[20]» quant aux instruments utilisés pour l'opération. Quoiqu'elle ne vise pas directement la seringue, cette expression est à rapprocher du passage de Paré de 1573. Ce point prouve combien Dalechamps est sensible au caractère novateur du traité de Paré, faisant de lui l'inventeur de cet instrument[21]. Par ailleurs, Dalechamps ne fait

---

[16]   L'année de la publication des *Deux livres de la chirurgie*, A. Paré est nommé premier chirurgien du roi.

[17]   Lyon, Thibauld Payan, 1561; p. 112, il décrit des seringues avec canons «tant pour les hommes que pour les femmes» pour l'incision de la pierre. Rien non plus dans la *Practica* de J. de Vigo, ch. 18, *De clysteribus, suppositoriis, et pessariis* (consulté dans l'édition de Lyon, Ap. hæredes Jacobi Juntæ, 1561; exemplaire de la BNF qui a appartenu à «Jean du Villard Barbier, 1572», note ms *in fine*).

[18]   Voir en particulier p. 169-70, dans l'opération de la pierre chez les femmes (et p. 383, 385).

[19]   *Chirurgie françoise*, Lyon, Guillaume Rouille, 1570, in-8°, p. 324, *Siringue à femme pour se bailler elle mesme le clystere*; la figure, verticale, mais tournée vers la gauche, doit être la copie par un graveur de la figure de 1564.

[20]   *Ibid.*, p. 374.

[21]   Il resterait à interroger le milieu des chirurgiens obstétriciens des années 1560-1570, Laurent

que reproduire la figure de l'instrument. Il faut considérer le traité de 1564, et sa reprise par Dalechamps en 1570, comme la phase initiale de cette histoire. La remarque de 1568, jointe à la planche, aboutira ainsi au texte plus explicite de 1573, comme si notre chirurgien avait été confronté à une situation courante.

En conclusion, nous nous en tiendrons à ceci: A. Paré, chirurgien des grands et des humbles, a sans doute cherché avec d'autres une solution au problème de la pudeur. La trouvaille de 1564 résulterait d'une élaboration commune. Cette sollicitude envers les scrupules des patients ne pouvait qu'accroître son prestige, à l'heure où la faveur royale couronne trois décennies d'activité.

APRÈS AMBROISE PARÉ

Un autre modèle de seringue à auto-lavement, dite de soi-même[22], a existé. La canule est faite d'une pièce unique, longue et recourbée[23]. Il date très probablement du XVIIe s. A supposer qu'à l'époque de Paré on ait pu utiliser la canule à angle droit dessinée par le chirurgien, la canule recourbée représentait un progrès puisque sa structure d'un seul tenant ne posait aucun problème d'emboutissement ou de vissage. Quoi qu'il en soit, la traduction latine des œuvres en 1582 n'a pu demeurer sans influence. Jacques Guillemeau modifie sur un point le texte original: la pudeur « quelque peu campagnarde » (*subrusticus*), partant mal placée[24], de nombreux patients n'est plus, comme chez Paré, l'apanage des femmes[25].

Collot, Jean Girault, etc. Nous n'avons pu consulter Nicolas de La Roche, *De morbis mulierum curandis*, Paris, 1542, Simon de Vallambert, *De la maniere de nourrir les enfants*, Poitiers, 1565, ni localiser Nicolle du Hault Pas, *De la formation des enfants*.

[22] J.-P. Bénézet, *Pharmacie et médicament en Méditerranée occidentale (XIIIe-XVIe s.)*, Paris, H. Champion, 1999, p. 245.

[23] Les exemplaires existent, par exemple dans l'apothicairerie du château de Heidelberg (Palatinat). Voir à la page suivante, le texte de Graaf. On trouve chez P. Franco, *op. cit.*, p. 112, une seringue à canon courbe pour la matrice et la verge des petits enfants. Les sondes courbes sont fréquentes pour les incisions.

[24] Le médecin portugais Antonio Luiz, dans son *Liber de Pudore* (dans les *De occultis proprietatibus, Libri quinque*, Olyssipone, Lodovicus Roduricus, 1540, in-fol., p. 61v°, explique: *ita comparatum natura esse, ut pudore afficimur magis erga parentes, et nobiliores viros, quam erga eos qui nobis sunt inferiores.* A quoi il faut ajouter: « Se montrer devant un inférieur, ou même, satisfaire devant lui une fonction naturelle, reste, au XVIe et au XVIIe s., un signe de confiance, une marque d'affection, de proximité. » (J.-J. Courtine, G. Vigarello, « La physionomie de l'homme impudique », *Parure, pudeur, étiquette. Communications*, n° 46, 1987, p. 81). C'est donc déroger que d'éprouver de la pudeur devant une personne de rang inférieur. D'où le jugement de Guillemeau, qui ne semble pas éprouver la même sollicitude que Paré. Toutefois, Guillemeau traduit pour un public érudit et masculin.

[25] *Opera omnia*, Paris, Ap. Jacobum Du-Puys, 1582, in-f°, p. 820: *Cæterum* qui multos videre est, quos [nous soulignons] *nulla ratione adducere queas, ut podicem ad excipiendum clysterem*

Quel a pu être le succès de la seringue soi-même? Qui ne connaît celui de la seringue classique? La présence d'un opérateur impose une relation que n'ont pas manqué d'exploiter les auteurs comiques. En revanche, le lavement[26] solitaire, qui ne passe pas la rampe, demeura cantonné à l'usage médical. Un traité médical de 1668 en prouve la banalisation. Cette année-là, un médecin hollandais, Régnier de Graaf, publie à Leyde un *De Clysteribus*[27]. Ce texte marque une étape décisive dans la technologie du lavement rectal. En effet, pour remédier aux difficultés que présentait l'utilisation d'un instrument à canule solide, l'anatomiste a introduit un tuyau flexible entre le récipient et la canule. L'idée de ce perfectionnement a pu lui être inspirée par son expérience de la transfusion.

> Nous avons donc recherché avec soin s'il n'existait pas un instrument au moyen duquel chacun pût se donner à lui-même un clystère sans danger et sans que la pudeur eût à en souffrir.
>
> Nos recherches ont été inutiles, et aucun des systèmes déjà pratiqués et qui sont venus à notre connaissance ne nous a paru exempt de difficultés et d'inconvénients. Ce reproche peut surtout s'adresser à la seringue aujourd'hui généralement employée, et à laquelle se fixe une canule recourbée en ivoire, en bois ou en étain, destinée à être introduite dans l'intestin. Le clystère, en effet, ne peut être poussé hors de la seringue que celle-ci ne soit en même temps mise en mouvement. Ce déplacement se transmet à la canule introduite dans l'intestin, et il en résulte que le rectum est exposé à des lésions, ou bien que le clystère s'échappe et coule le long de la canule. Ces accident se produisent surtout très-facilement lorsque le malade ne peut employer les deux mains pour pousser le clystère hors de l'instrument[28].

---

coram ministro renudent, ita ipsos deterret pudor quidam subrusticus, ideo depingendum hic id instrumenti et fistulæ genus putavi, quo ipsi sibi clysteres exhibere poterunt, immirso antrorsum in anum, sublatis paulum natibus, eius orificio. Même figure que dans les *Œuvres.*

[26] Rappelons que ce mot, au sens d'injection rectale, tendit à remplacer dans la langue vulgaire celui de clystère à partir de la seconde moitié du XVIIe s. D'abord d'emploi religieux, il pouvait être appliqué en médecine aux parties nobles du corps, en particulier la bouche, au XVIe s.; à la fin du XVIIe, les deux sens coexistent (voir le *Dictionnaire de l'Académie*, 1694, art. Lavement).

[27] R. de Graaf, *De virorum organis generationi inservientibus, de Clysteribus et de usu Siphonis in anatomia*, Leyde et Roterdam, ex officina Hackiana, 1668; trad. par N.P.D.M., *Histoire anatomique des parties genitales de l'homme et de la femme qui servent a la generation: avec un traité du suc pancreatique, des clisteres et de l'usage du syphon*, Bâle, Chez Emanuel George König, 1679. Nous citons d'après l'édition suivante: *L'instrument de Molière. Traduction du traité De Clysteribus de Regnier de Graaf (1668)*, Paris, Damascène Morgand et Charles Fatout, 1878; exemplaire offert par mon très regretté maître M. Simonin lors de sa deuxième tournée de conférences au Portugal, en 1998. Compte tenu de la différence entre la seringue classique et la seringue soi-même, le titre sous lequel a été publiée cette traduction reflète le malentendu médecine-littérature.

[28] Ch. 1 et 2, p. 52-54.

Il ressort très clairement de ces lignes que la pratique du lavement soi-même était devenue courante, sans distinction de sexe, et que l'instrument de Paré avait dû être rapidement remplacé par la canule recourbée.

> Nous avons réussi à combiner un instrument, grâce auquel les substances liquides peuvent être injectées non-seulement dans l'intestin, mais encore [...] dans l'utérus et les autres parties du corps, avec la plus grande commodité, sans douleur et sans danger. [...][29]

La longueur et la flexibilité du tuyau permettent soit que le patient s'injecte à lui-même le remède, soit que, dissimulé « sous ses couvertures », il fasse signe à l'opérateur d'agir.

> L'opération se fait avec tant de commodité, qu'il n'est plus aucun de nos malades qui redoute le clystère. Bien plus, ceux qui, auparavant, ne voulaient en prendre à aucun prix, sont les premiers à nous demander de leur prescrire ce remède aux lieu et place d'une purgation[30].

C'est au XIXe s. que se produira le dernier changement, lorsqu'on passera du système du piston, nécessitant une poussée manuelle, à celui de la pression, par l'élévation d'un bock, pour ne pas parler des sophistications du type siège de Brambilla ou irrigateur Eguisier[31]. Au total, le problème que Paré tente de résoudre dans les années 1560 était appelé à connaître une fortune que la tradition comique reléguerait au second plan en s'emparant, plus que d'aucune autre opération chirurgicale, du clystère à deux, suivant la figure classique apothicaire/patient.

QUELQUES ASPECTS HISTORIQUES DU PROBLÈME

Ce travail questionne la pudeur médicale liée à la « méthode intestinale »[32]. Nous sommes ainsi amenés à préciser divers aspects de l'histoire du lavement

---

[29] Ch. 31, p. 107.

[30] Ch. 33, p. 111; cf. J. Duchesne, *Pharmacie des Dogmatiques*, Paris, 1629: «Si quelque Medecineau fort timide et peu expert n'approuve l'usage de ces remedes dont il n'a aucune cognoissance si on les prend par la bouche, je ne croy pas toutesfois qu'il ait un esprit si stupide qu'il ose les mespriser estans admis és clysteres».

[31] Sur cette histoire, voir W. Brockbank, *Ancient Therapeutic Arts*, W. Heinemann Medical Books, London, 1954; R. Herrlinger, *History of Medical Illustration fron Antiquity to AD 1600*, London, Pitman Medical, 1970; C. Dutouquet, *Contribution à l'étude des origines de la seringue ou petite histoire illustrée du clystère-lavement*, Thèse de la Faculté de Médecine de Paris, Paris-Sud, 1977; L. Dixon, «Some Penetrating Insights: The Imagery of Enemas in Art», *Art Journal*, 53, Fall, 1993, p. 28-35.

[32] E. Colson, *De la méthode intestinale*, Thèse de la Faculté de Médecine de Paris, 1867.

que l'*Histoire de la pudeur* de Jean-Claude Bologne aborde volontiers de manière anecdotique[33]. Nous divergeons de Roger-Henri Guerrand lorsqu'il affirme, dans *Les lieux. Histoire des commodités*, que «le mot de pudeur n'a guère de signification au XVIIe s.[34]» ou encore que «le dévoilement public des organes génitaux ne pose aucune question à l'âge d'or de la clystéromanie[35]». La question existe bel et bien. Mais elle ne porte pas sur le dévoilement de ces organes durant un âge qu'il faut étendre du XVIe au XVIIIe s et que d'aucuns se sont plu à qualifier d'âge de l'étain. Certes, de nombreux témoignages anciens donnent raison aux historiens contemporains. Mais c'est par omission, puisque la plupart des médecins ne partagent pas les préoccupations de Paré. Ainsi, comme tant d'autres, trois ouvrages à succès du XVIIe s. ne soufflent mot de la pudeur. Abraham de La Framboisière se contente de préconiser «de forts clystères» dans la cure de la suffocation de la matrice[36]. On aurait pu s'attendre à plus d'attention de la part de ce zélé lecteur, voire pilleur, de Paré. Certes seule l'édition de 1575 reproduit la nouvelle seringue. Rien non plus dans le *Thresor des remedes secrets pour les maladies des femmes* de Jean Liébault[37], les *Œuvres de chirurgie* de Jacques Guillemeau[38], ou encore dans le chapitre *De clysteribus* d'un traité de Guillaume Rondelet[39]. La littérature médico-chirurgicale se tait en général sur ce problème. En revanche, il est un témoignage décisif, fourni par la célèbre sage-femme Louise Bourgeois. Dans ses *Observations*, elle en vient au danger des purges après l'accouchement et rappelle que seuls les clystères sont indiqués pour les accouchées:

> Il ne se faut donc adresser qu'à l'intestin, le déchargeant par clystères, n'entrant que dans la basse-cour, trouvant par cet endroit les portes du donjon fermées, lesquelles sont ouvertes quinze jours ou trois semaines après [...]. Il ne faut donc s'accommoder à l'humeur de celles qui haïssent les clystères, que de leur faire mal, et puis après en être fort blâmées, le tout retombe sur celle qui le donne[40].

Professionnalisme de la sage-femme qui force les scrupules, ingratitude de sa patiente, tel est le tableau le plus réaliste qu'on puisse lire sur la relation

---

[33]   Paris, Hachette, 1997, ch. 3 *Pudeurs médicales* et ch. 6 *Conversations de chaise percée.*

[34]   Paris, La Découverte/Poche, 1997, p. 31.

[35]   *Ibid.*, p. 29.

[36]   A. de La Framboisière, Paris, sl, 1613, p. 668.

[37]   Paris, Michel Sonnius, 1617. La formule *fiat clyster* clôt toute ordonnance de ce type.

[38]   Rouen, Jean Viret, 1649, in-fol, *passim.*

[39]   *De compositione medicamentorum tam internorum, quam externorum libri duo*, slnd, in-8°, p. 5v°-18v°; et p. 132r°.

[40]   *Observations diverses sur la stérilité, perte de fruits, fécondité, accouchements et maladies des femmes et enfants nouveau-nés* (1609; livre 1, ch. 24), Paris, Côté-femmes Editions, 1992, p. 94-95.

patiente/opératrice. Ce témoignage, entre ceux de Paré et de Graaf, prouve que le problème se posait, et n'était ni universel ni comique. En effet, la subjectivité menace dès qu'on aborde ce sujet. Ainsi la description suivante qui figure dans un travail sans reproche:

> L'apothicaire se rendant au chevet d'un malade, accompagné de son aide, portait ses clystères avec soin et sérieux, presque à l'image du prêtre qu'il croisait apportant le viatique[41].

Le clystère (injection rectale) n'était pas l'extrême-onction. Quant à posséder plusieurs seringues (sens dans l'extrait), cela n'était guère nécessaire: deux au plus suffisaient, selon la quantité à injecter, à un adulte ou à un enfant; seules les canules différaient de forme ou de matière. La religiosité dont cet auteur se plaît à revêtir cet acte thérapeutique banal est antonymique du comique tel qu'il est exploité dans la célèbre scène de la course des matassins de *Monsieur de Pourceaugnac* (1669).

Dans le domaine de la littérature spécialisée, la pudeur féminine semble bien constituer un thème particulier, abordé par certains chirurgiens, hormis Louise Bourgeois. Rappelons le panneau en bois du XVᵉ s., intitulé *Femme dans l'embarras* (musée de Bruges). Une femme à l'intérieur d'une pièce, robe retroussée, reçoit un clystère d'un praticien qui se trouve dans la rue avec, derrière lui, trois personnes qui regardent. De quel «embarras» s'agit-il? Sans doute du simple embarras de ventre. Toujours est-il qu'en cette œuvre convergent les éléments qui rendent la question si complexe: méthode thérapeutique, regard de l'autre (intervenant, public), mixité ou non-mixité de la relation thérapeutique. Sur ce dernier point, rappelons que l'innovation de Paré en 1564, destinée à «une femme qui seroit honteuse», fait suite à une seringue à canule droite sans titre, c'est-à-dire le modèle courant, non spécifique du genre. La reproduisant à la même place, Dalechamps, en 1570, ne précise pas non plus le genre de l'usager. C'est à partir de 1579 que les figures sont distribuées selon le sexe[42]. Or, comme nous l'avons vu, l'édition latine fait fi de cette opposition. Indifférenciation qui se retrouvera chez Régnier de Graaf. Est-ce à dire que la pudeur féminine a précédé la pudeur masculine? Nous ne le croyons pas.

En matière de thérapeutique, les médecins de l'Antiquité ne connaissent pas l'αἰδώς. Chez Galien, par exemple, rien de tel que les problèmes auxquels a été confrontée Louise Bourgeois. En revanche, on redoutait les ulcères dans le vagin

---

[41] J.-P. Bénézet, *op. cit.*, p. 243.
[42] Reproduites in Malgaigne, III, 557-8. Répartition nette: seringue masculine / seringue féminine.

ou l'utérus, consécutifs à l'introduction d'instruments. Bien que jamais
mentionné à propos du lavement, ce facteur pourrait être à l'origine de certaines
craintes. L'un des tout premiers témoignages d'une répugnance de caractère
moral à l'égard du clystère se trouve dans *La vie de Plotin* de Porphyre:

> Il souffrait souvent d'un flux de ventre; mais il ne voulait jamais prendre de
> lavements [κλυστῆρος], parce que, disait-il, pareil remède n'était pas conve-
> nable pour un homme âgé.

Véridique ou non, cette pudeur basée sur la dignité de l'ancien, doit être
rapproché de la première remarque de Porphyre sur le philosophe platonicien:

> Plotin, le philosophe, qui a vécu de nos jours, semblait avoir honte d'être
> dans un corps[43].

La part de l'idéalisme anti-corporel chez lui ne saurait être sous-estimée pour
la compréhension de sa pudeur. Peut-on parler de platonisme médical dès les
premiers siècles de la médecine byzantine? Chez Alexandre de Tralles (VIᵉ s.),
on lit au livre 8 *Des médicaments qui se donnent par la bouche contre les douleurs
causées par l'humeur froide et phlegmatique*:

> Comme beaucoup de gens ne supportent pas d'être traités par la voie intesti-
> nale, les uns par crainte, les autres parfois aussi parce qu'ils sont très gênés et
> honteux, il est nécessaire de leur donner en boisson tout ce qu'on croit d'un
> bon effet contre les coliques[44].

Quand cet auteur invoque une crainte, il doit s'agir de blessures. Le danger
dont parlera Graaf en 1668 se trouve ici confirmé et le système qu'il invente
assure, grâce à sa mobilité, un maniement moins risqué. Précisons aussi que le
risque de perforation des tissus existait à l'occasion d'autres clystères, au sens
premier, c'est-à-dire de toute injection de remède liquide dans un orifice artificiel ou naturel du corps (anus, mais aussi verge, utérus, oreilles, nez). Quant à
la gêne de ces Grecs du VIᵉ s., elle est certainement très proche de celle des
contemporains de Paré. Elle ne constitue toutefois pas un obstacle pris en
compte dans la description thérapeutique. Peut-être faut-il voir dans le développement de ce thème à la Renaissance l'un des aspects du subjectivisme
moderne, favorisé par l'influence du platonisme[45]. R.-H. Guerrand a parlé du

---

[43]   *Ennéades*, Paris, Belles Lettres, 1924, t. 1, p. 1.

[44]   *Œuvres médicales*, trad. Brunet, Paris, Paul Geuthner, 1937, t. IV, p. 63. Cf. le traité de J. A.
       Helvétius, *Méthode pour guerir toutes sortes de fièvres sans rien prendre par la bouche*, Paris, 1694,
       in-12° (sur les clystères de quinquina contre la fièvre; ouvrage très suggestif en matière de
       posologie pédiatrique).

[45]   Médecin, auteur de textes ficiniens, Symphorien Champier a écrit un court traité de 7
       chapitres sur les clystères (que Rabelais introduit dans la «librairie Saint-Victor» en 1542):

« grand resserrement anal » au tournant des XVIᵉ-XVIIᵉ s. : en voici en tout cas un lointain prodrome.

LA MÉDECINE DES FEMMES

Que la seringue de 1564, reprise telle quelle par Dalechamps, soit d'abord indiquée pour les femmes exclusivement pose le problème de la médecine des femmes et en particulier des relations mixtes dans la thérapeutique. Comme nous l'avons vu plus haut, A. Paré écrit en 1573 que certaines femmes « pour nulle chose voudroient prendre un clistere de la main d'un homme »[46].

On a parlé de système parallèle à propos des maladies féminines[47], de l'apparition d'une médecine féminine au Moyen Age et à la Renaissance[48], bref d'une spécialisation dans les pratiques médicales en même temps que d'un rapprochement de la littérature des « secrets » et « trésors » de remèdes féminins avec la littérature médicale proprement dite. En chirurgie, nombre d'instruments font l'objet d'une distinction suivant l'âge (enfants/adultes[49]) ou le sexe, ainsi que

---

Campi Clysteriorum in *Claudii Galeni Pergameni Historiales Campi [...] Clysteriorum camporum secundum Galeni mentem libellus utilis et necessarius. Eiusdem de phlebotomia libri duo*, Basileæ, 1532 (1ᵉʳᵉ éd. Lyon, 1528). Il s'agit autant d'une diatribe évangélico-cicéronienne contre la médecine arabe que d'un opuscule de thérapeutique qui ignore la question de la pudeur. Ainsi, p. 61vᵒ, on lit : *O tempora, ô mores, dicentes nobile medicamentum, quod per turpissima ac foetidissima loca suas operationes exercet ac perficit [...]. O sermo improprius, sermo barbarus, clystere nobile instrumentum, nobile a fecibus, nobile a ventositatibus putridisque humoribus.* La question n'est pas de condamner une méthode mais quelles valeurs (en fonction des représentations du corps mais aussi de l'acte subi) lui attribuer dans le discours médical : le clystère agit par le bas (*membra inferna, ægritudines inferioræ*), il relève, étymologiquement, de l'ignoble. Que la méthode soit en elle-même dévaluée ne l'empêche pas d'être nécessaire. P. 63vᵒ-64rᵒ : *Clystere est medicamen securum, non tamen nobile. [...] Igitur evacuans a talibus membris et lacunis, non potest nec debet dici medicamen nobile, sed potius securum aut efficax, faciens in suis operationibus securitatem. [...] Non materiæ, cum foeda sit, ac horribilis odoratur: Non loci, cum intestina sint loca utilia et corporis cloaca sive latrina.* Nous ne saurions laisser passer ce « *horribilis odoratur* » sans rappeler la plaisanterie rabelaisienne au sujet des médecins de Montpellier qui « sentaient les clystères comme vieux diables » (*Pantagruel*, V) : Rabelais n'invente pas l'impression, mais la charge d'une note malfaisante.

[46] La médecine juive, exercée par des hommes ou des femmes, fait intervenir exclusivement une femme lorsqu'il y a contact physique, palpation, pour la saignée, la fumigation, « etc. » (Ron Barkaï, *Les infortunes de Dinah: le livre de la génération. La gynécologie juive au Moyen Age*, Paris, Cerf, 1991, p. 86-7); p. 189, un clystère, comptant à notre avis parmi ces autres opérations, était donné avant l'acouchement.

[47] J.-P. Bénezet, *op. cit.*, p. 241.

[48] Voir E. Berriot-Salvadore, *Un corps, un destin. La femme dans la médecine de la Renaissance*, Paris, Champion, 1993.

[49] La main est, par définition, le premier instrument du chirurgien. Elle est donc soumise à des soins particuliers. Avertissement d'Albucasis, repris par les chirurgiens ultérieurs: pour

tant de figures le montrent dans l'œuvre de Paré, en particulier. Or, le problème de la pudeur et de sa sauvegarde conduit à demander qui écrit et qui pratique. Les textes allégués ici, sauf celui de Louise Bourgeois, sont écrits au masculin. Que des femmes, sages-femmes, matrones ou autres, aient opéré, en particulier des accouchements, on le sait[50]. Mais à l'inverse des hommes pouvaient intervenir sur le corps de la femme. Paré a pratiqué l'obstétrique[51]. Ses écrits témoignent de son expérience. En outre, deux témoignages prouvent que les choses, sujettes aux circonstances, ne peuvent être rigoureusement tranchées. Jacques Du Bois, dit Sylvius, dans son *Livre de la nature et utilité des moys des femmes*[52] s'en prend à ces femmes à qui il

> sembleroit avoir engagé leur honneur, ou offensé leur pudicité si elles descouvroient leurs griefves passions aux medecins doctes et bien experimentez, qui ne peuvent tousjours deviner sans prealable declaration, ne congnoistre leur secrete maladie [...]. C'est le tort qu'aujourd'huy se font les femmes trop timides, qui plus tost ont recours aux autres femmes imprudentes, qu'aux sçavants et experts medecins, qui sans fraude les peuvent secourir.

La peur de l'aveu livrait donc des patientes entre les mains des non-spécialistes. Ici se dessine une nette séparation d'ordre professionnel, doublée d'une opposition de genre, de même que l'on peut relativiser l'idée qu'il y a système parallèle entre les médecines des hommes et des femmes. Il y a plutôt une mauvaise pudeur féminine, celle qui soustrait certaines femmes au corps médical capable d'intervenir sans danger.

Un autre aspect de la question s'appréhende chez Jean Liébault. Dans son *Thresor des remedes secrets*, il écrit en tant que médecin, c'est-à-dire en «savant et

---

extraire les calculs (la «pierre») «graissez-vous avec de l'huile le doigt indicateur de la main gauche, si le sujet est un enfant, et le médius s'il s'agit d'un adulte; s'il s'agit d'un adulte; introduisez-le dans le rectum et mettez-vous à la recherche du calcul» (*Chirurgie*, l. II, ch. 60, trad. L. Leclerc, Paris, J.-B. Baillière, 1861, p. 151). F. Rousset, *Traitté nouveau de l'Hysterotomotokie*, Paris, Denis du Val, 1581, p. 73 sq., trouve «non sans danger» l'introduction de deux doigts dans le rectum des enfants. Autre exemple: le chirurgien doit se ronger les ongles avant un accouchement; pour l'opération de la fistule anale, cf. J. Guillemeau, *op. cit.*, p. 707: le malade «estant ainsi situé droict, à nostre jour, nous fourrons le doigt *Medius* de la main gauche dans le fondement, estant premierement oinct de quelque medicament doux, beurre ou huile, ayant rongné nostre ongle, s'il est grand [...]» Naturellement, la pudeur n'apparaît jamais comme un obstacle à ces interventions lourdes, par opposition au lavement.

50   D'où un partage des savoirs: «Contrairement à une idée fort répandue, les hommes de l'art médical ne cherchèrent nullement à garder leur savoir scientifique pour eux. Ils firent au contraire ce qu'ils pouvaient pour le faire partager aux sages-femmes» (E. Shorter, *Le corps des femmes*, Paris, Seuil, 1984, p. 52).

51   Y. Knibiehler, C. Fouquet, *La femme et les médecins*, Paris, Hachette, 1983, p. 65.

52   *Livre de la nature et utilité des moys des femmes, et de la curation des maladies qui en surviennent*, Paris, Guillaume Morel, 1559 (épître à Diane de Poitiers, 15 septembre 1558).

expert». Il écrit ce traité pour les sages-femmes. Ainsi à propos d'une opération de l'inflammation de la matrice : «Si quelque sage femme met le doigt dedans le lieu, elle y sentira une ardeur [...]»[53] Les opérations préconisées demeurent de petite chirurgie ; il donne des recettes de remèdes «dont tu te serviras avant que avoir recours à la Chirurgie»[54]. C'est que tout est affaire de degré de complexité dans l'intervention. Ainsi avait-il averti dans la préface au lecteur que son ouvrage était «profitable non seulement aux femmes, mais à toutes personnes de bon et sain jugement»[55]. Or le clystère est une opération double : remède de pharmacie le plus souvent, mais d'exécution courante.

Formulons quelques hypothèses sur la pudeur, féminine ou non, à l'égard de cette thérapeutique dans les années 1560. D'abord peut-on parler d'une masculinisation de la médecine des femmes ? Y. Knibiehler et C. Fouquet font remarquer que, dans le cas de l'obstétrique, où les hommes et le clergé interviennent de plus en plus souvent, les instruments apparaissent comme «les symboles d'un nouveau pouvoir masculin»[56]. La masculinisation (ou machisme médical) des technologies chirurgicales (affirmées à travers la surabondante iconographie des œuvres de Paré), pourrait avoir renforcé un sentiment de dépendance, voire d'empiétement sur un terrain traditionnellement féminin, ou favorisé une volonté d'indépendance.

Un second aspect fait apparaître le lavement intestinal comme une pratique thérapeutique et d'hygiène. Le XVIIᵉ s. serait le «siècle d'or de la clystéromanie» (R.-H. Guerrand). Or, il faut supposer une forte expansion de cette thérapeutique dès le XVIᵉ s. La seringue droite à piston, décrite pour la première fois par Marco Gatinaria au XVᵉ s., fait vite l'objet d'une publicité littéraire, chez Rabelais par exemple, mais aussi dans les œuvres, en prose comme en vers, de L'Arétin, qui en exploite la portée érotique[57]. C'est la rançon d'une pratique médicale qui met en cause des refoulements dont nous avons pu surprendre les premiers signes dans l'histoire de la médecine byzantine. Ajoutons, sur ce plan, que ce qu'on lit comme satire de la médecine joue d'abord une fonction cathartique[58]. Le clystère est, peut-on dire, passé dans les mœurs. Son usage ne se cantonne pas à des ordonnances médicales, comme pour la saignée ou la purgation. Objet d'un apprentissage plus poussé, la phlébotomie obligeait

---

[53] *Op. cit.*, p. 257.

[54] *Ibid.*, p. 887.

[55] *Ibid.*, fol. iiivº

[56] *Op. cit.*, p. 178.

[57] Voir *Sonnets luxurieux*, III, VII ; *Ragionamenti*, 1ᵉʳᵉ journée (Genève, Famot, 1977, t. 1, p. 63).

[58] Voir notre «Molière et la médecine : entre l'agonie et l'euphorie», *Littérature et médecine*, éd. M. Miguet-Ollagnier et Ph. Baron, *Annales littéraires de l'Université de Franche-Comté*, 685, Besançon, P. U. F.-C., 2000, p. 27-46.

à de multiples précautions, de graves complications pouvant toujours survenir (hémorragie mal contrôlée, nerf sectionné, etc.). D'usage banal, et non exclusivement thérapeutique, le clystère est prescrit pour les traitements lourds ou bénins; son rôle évacuateur en fait un auxiliaire des fonctions naturelles[59]. Or, cette opération, relevant de l'hygiène quotidienne, ne pouvait-elle pas, à cause de la nécessité d'un opérateur, barbier ou apothicaire, finir par incommoder? La pudeur féminine à ce sujet fournirait un indicateur sinon d'un certain type d'émancipation du moins du rapprochement des techniques d'hygiène et des pratiques de cosmétique. Il n'est pas sans intérêt de noter qu'une gravure ayant eu du succès représente un apothicaire galant à l'époque des précieuses[60].

On a compris à quel point pouvaient se mêler, dans cette histoire, fantasmes et besoins. La médecine n'est pas neutre, et, comme celui de Lucinde dans l'*Amour médecin*, le corps des patients n'est pas de marbre. Il reste que limiter la pudeur aux femmes risquerait de faire oublier d'autres questions. Comme le texte de Paré en 1568 le laissait entendre, la traduction latine de 1582 prouve que tous, femmes et hommes, pouvaient se sentir concernés. Or, avec la seringue soi-même, on assiste précisément à une individualisation de l'opération, processus impensable avec la saignée. Curieusement, cette évolution correspond aussi à un retour au mythe: d'après Plutarque, c'est l'ibis d'Egypte qui, en purgeant ses propres entrailles à l'aide de son bec, a enseigné ce remède aux hommes.[61] Or ce récit se double ici d'un rejet de l'autre, aboutit à un autisme thérapeutique. Ce souci de l'individualisme est précisément rendu possible par l'innovation technologique. Et en définitive, le mythe paraît en mesure de donner un coup de main au progrès: aspect bien connu de l'histoire des sciences.

Hervé BAUDRY
Université de Coimbra, Portugal

---

[59] Ainsi de la métaphore de l'égout chez Champier: hygiène publique et hygiène privée se mêlent (voir *supra*, n. 45).

[60] A Paris, chez Melchior Tournier et Abraham Bosse en l'isle du Pallais, sd. Extrait des quatrains (4) en légende: «J'ay la seringue en main, hastez-vous donc Madame [...] / Tout beau, Monsieur, tout beau, Madame est trop modeste, / Pour souffrir vostre abord [...] Donnez-moy la siringue, et je feray le reste, / Car c'est un instrument dont je m'ayde au besoin».

[61] *Isis et Osiris*, 381 D; cf. aussi Pline l'Ancien, *Histoire naturelle*, 8, 97. «L'usage desdits clysteres a esté inventé des cicoignes, lesquelles de leur propre mouvement naturel jettent de l'eau de la mer (qui pour sa salsitude a vertu d'irriter et evacuer) en leur siege pour s'asseller, ainsi que recite Galien en son *Introductoire de Medecine*» (Paré, III, 557).

SEX CHANGES
IN THE RENAISSANCE:
A BRIEF
MEDICO-LITERARY ENQUIRY

Concerning gender confusion during the Renaissance, there were two paradigmatic classical anecdotes that received considerable literary and philosophical examination. The first and better known of these is Plato's account of the
androgyne in the *Symposium* for all that it could be made to suggest about the
male-female equipoise characteristic of an archetypal, presexualized human
state that retained its validity under certain circumstances in the post-sexualized
state. Galen interpreted such cases in terms of the mixture of seed, the characteristics of one failing to dominate the other. A second and less known anecdote
is the story of Caenis as recounted by Ovid in the *Metamorphoses*, a story
obliquely related to androgyny insofar as it recounts a sex change from female
to male. For Ovid it is a myth of transformation made possible only through
the intervention of a god, but later observers concentrated on the relationship
between the two sexes as though a scientific explanation might be found to
account for very real conversion from one sex to another. Rendering the story
at lower mimetic levels entailed speculations on the power of the imagination,
and on the anatomical parallels between male and female that might allow for
such transformations. Modern readers have returned to the story as an illustration of the orienting powers of the endocrine system, and as a cite for the
discussion of relative genderality.

Most modern observers would agree, I think, that gender confusion as it is
depicted in works featuring cross-dressing, disguises, and male-female imper-
sonations in the theater and putative sex changes made possible by the inversion of female anatomy into male or by the enlargement of the clitoris are two
entirely separate areas of inquiry, that they have little to do with each other, the
former a set of literary devices based on disguise conventions with possible soci-
ological overtones, the latter arising from commentaries on Aristotle and
Hippocrates concerning gender differences and medical case studies of irregu-
larities tantamount to biological sex changes. Pardoxically, those who criticized
the practice of placing males in female roles in the theaters nevertheless did so
because they genuinely feared sexual *contaminatio* and genderal disorientation,
even while the medical philosophers, for the most part, maintained a rather

academic distance from purported biological changes, allowing them to be anatomical accidents at the most, or cases of self abuse. Thus their discourses overlapped, and even more so as the physicians read writers such as Ovid and Ausonius in clinical ways, much as writers read the scientific lore on sex changes as suitable for narrative exploitation.

Ambroise Paré is the perfect case in point who, in chapter VII of his *Des monstres et prodiges*, introduces briefly the whole matter of sex changes from women to men, the same matter treated more clinically by later medical writers, here as a manifestation of prodigious aberrancies of nature having at least potential associations with occult and demonic causes, without a word of the potential mendacities of unreliable witnesses: Marie Pacheco from the account by Amatus Lusitanus; Jeanne of the city of Rheims who at 14 become Jean through the sudden production of a male member while squatting at play, from the works of Loqueneux; Marie-Germain who experienced the transformation at the age of 15 in leaping a ditch in the fields; and Pliny's account of the girl turned boy who was banished as a monstrosity to a desert island by the soothsayers. Paré offers Galenic ideas about heat driving out the members. But who were these metamorphosed beings? Were they boys, their members unrevealed because held by ligaments? Were they women anatomically inverted? Were they monstrosities or case studies? And in the case of Marie-Germain, was he merely the product of his own imagination, as Montaigne suggested, a girl willing herself from imperfection to perfection in becoming a boy at age 22 (Paré, éd. Céard, 29-30; Montaigne, I, 93-94)? Folklore, imagination, sex changes, genderal orientation, and monstrosity herein make for curious company. Are these cases of essential genderal alteration, of latent development, or of occult powers at work?

Add to these stories that of Caenis, who was one of the loveliest girls in Thessaly. She may have been more than a bit vain about her looks, not unlike Phoebe in Lodge's *Rosalynde* who, for resisting an honest proposal, is made to suffer the humiliation of falling in love with a girl disguised as a boy, and then to be publically confronted with her error. But Phoebe, though thereby tricked into marriage, was not raped. Caenis was, and by no less a lecher than Neptune, while she was walking along the shore, as if vain beauty could expect no less. The only advantage in being raped by a god is that the god in remorse may have something interesting to offer by way of compensation. Neptune offered her any wish, and Caenis, in order to make certain that such a thing could never again happen to her, chose to become not only a man, but one invincible in battle. She got her wish, or nearly, in killing six of the centaurs in their famous battle with the Lapiths. The men-horses finally withstood his hubris by inhuming him under several tons of Thessalian countryside. There Caenis died of suffocation, and there the gods reconverted him to a girl, for when the corpse was dug up they discovered Caenis in her original female form. Here was a tale of double hubris met by a double transformation, as magically true and as significant as any myth could be (Ovid, 242).

Whether in myth, case study, or novella, later observers recognized in Caenis the exemplification of a paradigmatic sex change. Ferrand in his *Treatise on Lovesickness* groups her with several others he studies from the point of view of altered sexuality. Underlying the story are questions concerning the relationship of the male to the female, whether they are but gradations of each other, or ontologically essential and uncontaminatable entities. Within the myth itself there is a transformation that represents one or all of the following: an aberrancy in nature, a parody of the male, a perfection of the female in the male, the recovery of true gender, or a human monstrosity, a violation of the laws of nature, subsumed within the acts of the gods.

What Paré collected were biological abnormalities in light of what his understanding of the laws of nature taught him to expect. Had he lived in the twentieth century, he would have been a student of genetic mutation. By implication there were moral overtones to his work; the very use of words such as «marvel» and «monster» suggests deviant forms, objects of wonder and objects of degeneration, even though, in his *cabinet de curiosités*, he attempts to maintain a certain rigor concerning causation and pathology, as well as an open-minded interest in the rich variety of the world as he found it. He reasons that only transformations from female to male are possible, and for two reasons, namely that the persons in question were always boys suffering from a retardation of their sexual development, or that they were girls whose sexual organs were driven out of the body by excessive heat and, in effect, become male organs. In the case of arrested development, the moment of truth usually follows violent physical exercise whereby the ligaments are torn that hold the male organs in place inside the body. At the same time, Paré was a good Aristotelian in subscribing to the notion that body heat was the determining factor in the differentiation of the sexes. But these explanations imply completely opposite solutions to questions concerning the essentialist *vs* the imaginatively malleable nature of gender and sexuality: Montaigne against the Galenists.

Aristotle had reasoned that female regenerative organs were inside in order to keep the seed warm, whereas the male organs were external in order to distance the seed from the deleterious effect of the greater heat of the male body (Aristotle, 103). Quite literally Aristotle was right, but through imprecisions in anatomical understanding, the notion emerged that the male anatomy was the female anatomy driven forth from the body by excessive heat. Hence, a condition tantamount to the perfection of the male could be produced in the female by an excess of heat. This matter haunted Renaissance thought; but they could not make up their minds. Paré vacillates, as did Jacques Ferrand after him; their conclusions were not the same.

Ferrand, when he came to the topic in his *Treatise on Lovesickness*, published in 1623, claims that women are more victimized than men by their erotic passions because of the proximity of the uterus to the imaginative faculties, whereas in men, the regenerative organs have been pushed «a fair distance outside the abdomen, for fear that the principal faculties of the soul, the imagination, the memory, and the judgment, would be too inconvenienced by the sympathy and proximity of these genital parts» (312). Now it is the genitals, wherever they are located, that have the properties of corrupting the soul. Gender orientation for him had to do with the imagination as it relates to the passions and their influence upon bodily heat; systems were linking up. Just how absurd a situation the Galenic Aristotelians had gotten themselves into was never confronted directly in these early treatises, for if desire incites the imagination, the imagination the passions, and the passions lead to the combustion of the humours, then all women who fall in love would be in danger of becoming, quite literally, the same sex as the men they desired. Ferrand avoided these matters by remaining anatomical and empirical in his observations, and entirely eclectic, for he gives equal status to stories of changes to secondary sex characteristics, broken ligaments, procidence of the matrix, and abuse of the clitoris. He was plagued by the diversity of «classical» accounts by dint of his encyclopedic curiosity.

Hippocrates gave out as a key case study the transformation of Phætusa, who during the long absence of her husband, whom she dearly loved, became a man, with body hair and a masculine voice to match. Had Hippocrates lived in the twentieth century he would have become a student of endocrinology. Even though Ferrand wanted to believe that all the sex changes reported were of behavior and complexion only and not of sex, the authority of Hippocrates necessitated that he also accept as literal and true the stories of Iphis, (about whom later), Caenis (whose story has been told), Cossitus, Cassinus, and many another young girl who turned masculine at puberty as reported by Fulgosius, Amatus Lusitanus, Paré, Pineus, and Schenck (Ferrand, 230). Under debate here is the fundamental doctrine of heat, the arrangement of the genital organs, the efficiency of nature in so arranging the parts for the preservation of the species, and the natural inferiority of women as imperfect males, because of the putative deficiency of heat, but even more the binary between anatomy and genderal essence. Ferrand, on the basis of recent anatomical studies, bravely denied the whole Aristotelian theory, yet he must explain to satisfaction the reported transformations. The appearance of male-like members he attributed either to the structural protrusion or descent of the matrix, or to the enlargement of the clitoris, principally as the result of manipulation as in the case of the women called *fricatrices*.

Paradoxically, though both Paré and Ferrand retreat from the theory of the imagination advanced by Hippocrates (and Montaigne), and of bodily heat advanced by Aristotle, Paré concludes that women who became men generally speaking, were men in latent development, whereas Ferrand concludes that they were and remained women. At the same time, Ferrand could not distance himself entirely from the relativity of gender orientation based on the variable roles of body heat, the passions, and the imagination, upon which his entire theory of erotic melancholy is based, even though he wanted to believe on anatomical and temperamental grounds in the more essentialist and absolute distinctions between male and female. The relativity caused by the Galenic symmetry between male and female sexual anatomies allowing for anomalies tantamount to sex change was challenged by the anatomists following Gabriele Fallopius whose version of male-female symmetry concentrated on the clitoris (which he named) as a version of the male yard. His *Observationes Anatomicae* appeared in 1561 and much of it was later incorporated into the *Anatomica* of André Dulaurens. Hence a second set of conditions relating to sexual essentialism emerged. The clitoris was not only recognized as a male member equivalent in the female, but as an organ subject to abuse that led to the masculinization of the female. Abnormal size was both a matter of anatomy and of perversion, and the orientation change was both physical and psychological. The literary foundation for such case studies originated in theories concerning Sappho.

Not surprisingly, this led to a renewed interest in surgical excisions (mutilations) originally described and practiced by the ancient Egyptians, and by the Arabic physicians such as Moschus and Avicenna. Mercuriale, Realdo Colombo, Paré amd others in the sixteenth century took up the question of surgery, with appropriate precautions (Berriot-Salvadore, 223). The medical philosophers could make little of the Hippocratic case of Phætusa because the changes were clearly endocrinal in nature, about which they knew nothing, while the procidence of the matrix under examination became less and less plausible. The school of Sappho and the fricatrices was a last resort, resembling more and more an inversion of the theories of anti-histrions who thought that playing at girls could turn male actors into females. This same question came under examination in Renaissance art. The underlying issue is the degree to which gender is constructed, the degree to which the power of the imagination determines that orientation, and the degree to which the human soul can volitionally reprogram its own gender orientation. This becomes one of the strangest manifestations of the nature vs nurture controversy, whether these opposing forces in the generation of personhood and personality did not also extend into the area of fundamental sexual orientation. To what extent is sexuality a contingent and fashionable element of the self?

Coming back to the story of the rape of Caenis, we are reminded that the girl who sought a sex change did so to rid herself of the vulnerable female in order to become an invulnerable, hence inviolable, male. This is feminism with a twist, for Caenis in her world is not unlike the real Mary Frith of seventeenth-century England who, as the sword-wielding, slops-wearing, tobacco-smoking roaring girl, dominated the London underworld. Caenis, as a testosterone driven warrior, in the same way dominated the battle with the centaurs – those homo-equine mutations of nature – the same Caenis whose phallocentrism had induced him to place his spear upright in a public place as an object of worship upon pain of death. Carl Sagan and Anne Druyon come back to her story, now knowing what we do about hormones, as a scientific allegory, for whatever it was that Neptune had given to Caenis to bring about this metamorphosis was not only effective, but could be taken in excess. They evoke the many laboratory experiments on male mice, sparrows, quails, and fiddler crabs whereby these randy and predatory creatures could be reduced to submissive and listless louts unsought by their females when their testosterone production was obstructed, and whereby, through its restoration, they once again became aggressive, strutting, cocky and alluring (221-22). The story of Caenis is about rape, retribution, male hubris, counter-retribution and remetamorphosis. But it is also a story of the imagination, genderal metamorphosis, conditional behavior, and learned behavior, and the contingent self. Who is Caenis? The debate takes in the struggle to perfection, monstrosity, morality, anatomical possibilities, behavioral norms, the power of the imagination, social androgyny, gender confusion, cross-dressing, and homoerotism. Where indeed should we begin?

Received ideas concerning sexuality in the Renaissance were in a state of scientific disarray. The focal «sites» were case studies, classical accounts, and imaginative narratives concerning all manor of gender image manipulation against a background of perceived moral and natural norms and laws. Renaissance England's anti-theatre polemicists from Gosson in 1579 to Stubbes in his *Anatomy of Abuses* to Prynne's *Histriomastix* of 1633 discuss the unnaturalness of dressing boys as girls. Such cross-dressing was doubly dangerous, for it taught the boys by custom to assume female natures, and it effeminized the imaginations of those in the audience. A separate issue was the disgust at seeing male actors making love to their catamites disguised as girls, on the assumption that the suspension of disbelief was never complete. These Puritan-minded critics were literalists, their arguments based on the vulnerability of gender itself, unless social forces and conformity constrain humans to remain what God had destined them to be. Little did they realize that they were subscribing to the same contingency of gender that some modern observers claim was the fully subversive intention of the playwrights who dwell upon sexual ambiguity in their works. They were unable to see that comedies of metamorphosis, of cross-dressing, and of disguise functioned only where the persons behind the masks, the trickster protagonists, were fixed in their underlying identities and agents in the teleological order of marriage comedy that emerges out of the temporary disorder they perpetrate upon their worlds. Gosson in the *The Schoole of Abuse* (10) took up the notion of monsters by arguing that theatre made men into beasts, and that play acting of any sort was unnatural. Prynne took matters further in arguing that the young learn by imitation, and that the aping of female speech, manners, and attitudes on the part of young boys must turn them literally into girls. It is again a question of the forces of the imagination upon genderal orientation, just as it is the imagination that allows audiences to believe that boys really are Rosalind, Cleopatra, Beatrice, Juliet, Goneril, and Lady Macbeth. For Prynne, cross-dressing was androgynous, and could induce regression into females. The issue again is the controlling of the fashionable self, which Puritans see as the result of repression, whereas the playwrights understood that such confirmation of the self comes through experience, some of it tendered through dramatic narrative.

In the recent criticism valorizing such plays as sites for the expression of homoeroticism, mediated through cross dressing and other forms of genderal ambiguity, these critics confuse the issues even more by using the same arguments as the Puritans who wanted to see the theaters closed. They study micro passages to the exclusion of the macro orders of the plays. Lost sight of is that Rosalind is the pastoral trickster she is because of the security of her feminine identity. Ganymede is not the name of the essence to which she returns at the end of the play as Queen of the May, recovered daughter, and beloved wife, but of an interim androgynous disguise assumed in order to fool others. If Rosalind loses track of her own gender orientation in the process of the narrative, then Prynne is right, we are psychological jelly, and the play makes a complete travesty of marriage, the viewers are confused, and the theatres should be closed.

My favorite literary anecdote in the matter of sex changes appears in Riche's story of «Phylotus and Emelia» the last in his *Farewell to Military Profession*. The plot is too complex to outline. In the section that is of concern here, a young man named Phylerno finds himself disguised as his sister in order to take her place in an unwanted marriage to an old man. In this disguise he is placed in company with Brisilla, the old man's daughter by a former marriage. He falls in love with her, yet he doesn't want to reveal the origins of his disguise. There are better ways of getting back to his true male self where Brisilla is concerned. He points out to her, on strong classical authority, that where love is strong, Venus will sometimes perform the transformations necessary to make it all possible. The girl is incredulous, but Phylerno tells the story of Iphis, a girl who was raised by her mother as a boy to keep her disappointed father from killing her. Years later, when a wife is chosen for Iphis, however, the outing of the truth seems inevitable. The mother, in a state of despair, goes in supplication to the alter of Isis, who at last takes pity on the girl and changes her into a real male. Once again, myth becomes case study, and once again an essential self is made contingent in order to be exchanged for its opposite through faith and magic.

She was no boy thought to be a girl until puberty, but a girl who is miraculously transformed – although Ferrand, unwilling to accept such a construction, treats her case as an example of the procidence of the matrix (a woman deformed and resembling a male) or an enlargement of the clitoris (a woman using her anatomy to perform as a male). Without rejecting the story, he can imagine no other explanations. Upon the authority of this story Phylerno prepares Brisilla to believe that the prayers he then recites and the trance he falls into are efficient means to his sex change (the power of the imagination through the intervention of the gods). And indeed, when Brisilla afterwards perceived that he was perfectly metamorphosed she considered «herself a thrice happy woman to light of such a bedfellow» (Riche, 305). But as all readers appreciate, no change has taken place: Phylerno merely reproduces his essential self through a double disguise, just as Rosalind does in convincing Rosader to court her as though she were Rosalind, despite her disguise as Ganymede. Surely so much play is designed to show us that these literary «sites» are far too plastic to be read as serious studies in homoerotism at the same time.

Such examples abound in the literature of the period. These are narrative allusions, disguise plots, tricks – there are no real sex changes, even though characters in the works are made to confront them as though they were real. At the same time, the scientists of the age were skeptical; they were inclining toward natural explanations of mere abnormalities, even though established and received ideas concerning actual sex changes persisted, and without doubt encouraged the exploitation of those ideas as narrative devices made possible through trickery. The element of play, fictive conventions, mythological magic awkwardly coincide with the scientific, both realms contaminated in their ways by ancient views. The crux for the physicians was the way in which such case studies deemed true destabilized essentialist views of gender orientation. One could call the exceptions monstrosities or accidents, or deny them altogether by providing alternate explanations. The artists were, for the most part I would argue, interested in stabilizing both the social and biological aspects of gender orientation in the interests of romance comedy and mercantile class attitudes toward the necessity of happy, stable marriages in society by producing such ends artistically through the anticipatory turmoil of opposites: hence the roaring girls, the androgynous creatures, and the illusions of gender anxiety. But in the end, the roaring girl is no prostitute, and beneath all those very real trappings whereby Moll managed to survive in a tough male underworld, there was the essential self with a tender heart. The issue of gender fashioning vs essential gender orientation in Renaissance thought and literature is a mental tease, because they were curious, but had no final answers. The physicians tended toward essentialism, but were plagued by authoritative case studies of contingency and literal metamorphosis. The dramatists were essentialists who, for the sake of comic inversions, indulged their fantasies in sex change lore brought to the stage in the form of disguises.

So many variations from the credulous to the skeptical reflect a particular moment in the history of ideas. The determining of sexual orientations had come to a crux around 1600 because of the plethora of theories relating to anatomy, the force of the humors, the nature of seed, and the emerging theories on embryology which converged in those years, all of which might be referred back to the authority of the ancients, to clinical anecdotes, to theories on monsters and aberrancies, and to the most fanciful of myths and tales taken for case studies. On the one hand was Galen who proposed the symmetry between the male and female anatomies, thereby allowing for inversion – the female vagina a potential penis, but held within the body through a deficiency of heat for the functional purposes of procreation. On the other hand, the anatomists of the mid-sixteenth century proposed a challenge in the form of a new symmetry in which the clitoris became the counterpart of the penis. Hermaphoditism was a third option going back to Pliny's *Natural History*, Book VII, and to Galenic theories about the perfect blending of male and female seed at crucial temperatures. But this phenomenon bears only an oblique relationship to changes of sex in women through a post-puberty production of a male member, whether as a procidence of the matrix or as a swelling of the clitoris, not to mention the development of secondary characteristics such as body hair and a bass voice. There were authoritative accounts of each manifestation, and debates concerning the putative or real nature of these changes were an inevitable phenomenon of that intellectual age.

Towards 1600, however, with the diminution of belief in the anatomical symmetry and hence exchangeability of male and female parts, the sex change controversy lent itself more readily to folkloric interpretation, in much the same way that Jonson could poke fun at alchemy in *The Alchemist* (1610), even though alchemical ideas were still under serious investigation. Evelyne Berriot-Salvadore confirms that at this historical moment women were less and less considered «l'envers imparfait du mâle» and rather «un être humain à part entière» (50). Treatises began to appear in greater numbers in those years arguing on behalf of the equality of women, at least in anatomical terms (MacLean, 43-45). The work of Marie de Gournay is a case in point.

Such intellectual publicizing of the matter, in treatises that were increasingly made available in the vernacular, rendered the question of sex changes itself virtually a public issue subject to exemplification in literature. The phenomonon parallels literary representations of eroto-melancholy or mania in the seventeenth century, which, despite their bases in scientific probability and clinical possibility, were increasingly represented as forms of disguise or trickery in order to dupe the gullible into sexual favors. Many such examples are to be found in Jacobean and Caroline theater in a mannerist sequence from threshold representationalism to pure artifice and fancy. Such skepticism among the artists anticipated the skepticism of certain of the medical philosophers by several decades.

Donald BEECHER
Carleton University, Ottawa

BIBLIOGRAPHY
OF WORKS CONSULTED

Amatus Lusitanus (Joâo Rodriguez Amato), *Curationum medicinalium centuriae duae*, Paris, Apud Sebastianum Nivellium, 1554. (Cent. II, curatio 39; p. 78r°-79r°).

Aristotle, Generation of Animals, tr. A.L. Peck, Boston, Mass., Harvard U. P., 1963. (Bk. I, sec. 20; p. 103).

Beecher, Donald, «Discovering Stratonice: A Medico-literary Motif in the Theatre of the English Renaissance», *The Seventeenth Century*, V, No. 2 (Autumn, 1990), p. 113-32.

Berriot-Salvadore, Evelyne, *Un corps, un destin: La femme dans la médecine de la Renaissance*, Paris, Champion, 1993.

Castro, Rodrigo de, *De universa mulierum medicina*, Hambourg, In Officina Frobeniano, 1603.

Céard, Jean, *La nature et les prodiges: l'insolite au XVIe siècle, en France*, Genève, Droz, 1977.

Darmon, Pierre, *Le mythe de la procréation à l'âge baroque*, Paris, Editions du Seuil, 1981.

Dulaurens, André, *Controverses anatomiques*, in *Toutes les Œuvres*, tr. Theophile Gelée, Paris, Chez P. Mettayer, 1613.

– *Historia anatomica humani corporis*, Paris, M. Orry, 1600.

Ferrand, Jacques, *A Treatise on Lovesickness*, tr. D.A. Beecher and Massimo Ciavolella, Syracuse, Syracuse U. P., 1990.

Foes, Anuce, *Aphorisms*, in *Magni Hippocratis opera omnia quae extant*, Francfort, Apud Andreae Wechli haeredes, 1595.

Galen, *De usu partium*, in *Opera quae extant*, éd. C.G. Kuhn, Vols. 1-20, Medicorum Graecorum. Leipzig, Teubner, 1821-23.

Gosson, Stephen, *The School of Abuse*, Londres (1579), 1587.

Gourney, Marie de, *Egalité des hommes et des femmes*, 1622, éd. Mario Schiff, Paris, 1910.

Hippocrates, *Epidemics, Aphorisms*, in *Œuvres complètes*, éd. E. Littré, Amsterdam, Adolf Hakkert, 1978.

Jordan, Constance, *Renaissance Feminism: Literary Texts and Political Models*, Ithaca, Cornell U. P., 1990.

Lemnius, L., *Occulta naturae miracula ac varia rerum documenta*, Anvers, Apud Guilielmum Simonem, 1561.

Liébault, J., *Des maladies des femmes*, Lyon, par Jean Veyrat, 1598. (Bk. III, ch. 12; pp. 632-33).

Lodge, T., *Rosalinde*, éd. D.A. Beecher, Ottawa, Dovehouse Editions, 1997.

MacLean, I., *The Renaissance Notion of Women*, Cambridge, Cambridge U. P., 1980.

Maffei de Volterra, Cardinal R., *Commentariorum urbanorum...octo et triginta libri*, Venundantur Parrhasius in via Jacobea ab Joanne Parvo et Jodoco Badio Ascensio, 1511. (Sect. «Philologia», Bk. 23, p. 259v°-60v°; Bk. 4, ch. 13).

Marcus, L., «Shakespeare's Comic Heroines, Elizabeth I, and the Political Uses of Androgyny», *Women in the Middle Ages and the Renaissance*, éd. M. B. Rose, Syracuse, Syracuse U. P., 1986.

Mercuriale, G., *De morbis muliebribus libri IV*, in *Gynaeciorum*, éd. Israel Spacchius, Bâle, apud Conradum Waldkirch, 1596 (Bk. 4, ch. 13; Vol. II, p. 159).

Montaigne, M. de, *The Essayes*, tr. John Florio, éd. D. MacCarthy, 3 vols, London, J.M. Dent, 1928.

Ovid, *The Metamorphoses*, éd. W.H.D. Rouse. Carbondale, Ill., Southern Illinois U. P., 1961.

Paré, A., *Des monstres et des prodiges*, éd. J. Céard, Genève, Droz, 1971.

– *On Monsters and Marvels*, tr. J.L. Pallister, Chicago, U. of Chicago P., 1982.

Plato, *Le banquet*, *Phèdre*, tr. E. Chambry, Paris, Flammarion, 1964.

Pliny, *Natural History*, tr. T.E. Page et al. Cambridge, Mass., Harvard U. P., 1961 (Bk. VII, ch. 4, p. 36-37).

Rackin, P., «Historical Difference/Sexual Difference», *Privileging Gender in Early Modern England*, éd. J.R. Brink, *Sixteenth Century Essays & Studies*, XXIII, Kirksville, Missouri, Sixteenth Century Journal Publishers, 1993, p. 37-64.

Riche, B., *A Farewell to Military Profession*, éd. D.A. Beecher, Ottawa, Dovehouse Editions, 1992.

Sagan, C. and A. Druyan, *Shadows of Forgotten Ancestors*, New York, Random House, 1992.

Schenck, J., *Observationum medicarum rararum, novarum, admirabilium et monstrosarum*, Fribourg-en-Brisgau, ex calcographia Martini Beckleri, 1599 (*Obser.* V).

Wier, J., *Cinq livres de l'imposture et tromperie des diables*, trad. J. Grévin, Paris, 1567 (Vol. I, Bk. 4, ch. 24; p. 598-604).

Young, D., *Origins of the Sacred: The Ecstasies of Love and War*, London, Little Brown & Co, 1992.

LES ŒUVRES FRANÇAISES
D'ANDRÉ DULAURENS

André Dulaurens, disparu à 50 ans, épuisé par ses fonctions de premier médecin de Henri IV, selon le témoignage de Pierre de L'Estoile[1], a laissé cependant une œuvre latine volumineuse[2], qui connut plusieurs traductions et de nombreuses éditions jusqu'en 1741. Malgré ce succès certain, les historiens de la médecine, aux XVIIIᵉ et XIXᵉ siècles, ont porté un jugement sévère sur l'auteur accusé d'être un compilateur dépourvu d'esprit critique et un aveugle restaurateur du galénisme. Au-delà des «erreurs grossières» dénoncées par le *Dictionnaire* de Dezeimeris ou par celui de Panckoucke, ce qui a provoqué l'incompréhension est l'esprit même de la démarche de Dulaurens, démarche commune, pourtant, à bien de ses contemporains : le chapitre premier de l'*Historia anatomica*, sur «La dignité de l'homme», qui oriente et explique toute la connaissance anatomique, est appréhendé comme une divagation ridicule; les controverses, qui exposent au lecteur les différentes opinions des anciens et des modernes, ne sont plus qu'un amas complaisant d'hypothèses surannées; les commentaires philosophiques, les injonctions moralisantes paraissent des

---

[1] Août 1609 – «Le dimanche 16ᵉ de ce mois, mourust, en sa maison, à Paris, M. du Laurens, premier médecin du Roy, aagé (ainsi qu'on disoit) de quarante-huict à cinquante ans...»; septembre 1609 – «Petit, premier médecin du Roy, ne pouvant accomoder sa vie ni ses mœurs à celles de la cour [...] obtinst, en ce temps, congé de sa Majesté [...] il eust esté estimé plus sot qu'autrement d'espouser ceste subjection, qui lui eust avancé ses jours, comme on tient qu'elle a fait à ceux de M. Du Laurens, par les veilles qu'il lui faloit souffrir près le Roy, lequel, quand il ne pouvoit reposer, envoioit quérir ledit Du Laurens pour lui venir lire, et le faisoit souvent relever en plain minuict...» (*Mémoires-journaux de Pierre de L'Estoile*, éd. Brunet-Champollion, Paris, 1881, t. IX, p. 334-335; t. X, p. 33).

[2] *Historia anatomica humani corporis et singularum ejus partium multis controversiis et observationibus novis illustrata*, Francfort, 1595 (dix autres éditions jusqu'en 1627, et encore trois éditions au XVIIIᵉ siècle); trad. fr. de François Sizé, publiée à Lyon, chez S. Rigaud, en 1621; les œuvres complètes, traduites en français par Théophile Gelée, sont publiées à Paris, en 1613, et connaissent 5 éditions jusqu'en 1661; en 1627, Guy Patin procure une édition latine des *Opera omnia*, Francfort, 1627 et Paris, 1628. Pour une bibliographie complète, voir E. Turner, «Bibliographie d'André Du Laurens, premier médecin du roi Henri IV», *Gazette hebdomadaire de médecine et de chirurgie*, Paris, G. Masson, Deuxième série, t. XVII, 1880, p. 329, 381, 413; et L. Dulieu, «Le chancelier André Dulaurens», *Monpeliensis Hippocrates*, Printemps 1971, n° 51.

discussions oiseuses[3]... Incontestablement, André Dulaurens n'est ni Jean
Fernel ni Ambroise Paré – qui rencontra d'ailleurs des critiques semblables
pour certains de ses livres[4] – mais s'il n'a pas marqué d'une trace significative les
progrès des connaissances médicales ou chirurgicales, il n'en mérite pas moins
un intérêt sur lequel la notice du *Dictionnaire* de N.J.F. Eloy, malgré ses
réserves, attire déjà l'attention:

> Les ouvrages anatomiques de Du Laurens sont plus remarquables par la
> beauté du style que par l'exactitude des choses[5].

Les œuvres complètes d'André Dulaurens, qui de manière très apparente se
veulent le reflet de la dignité de l'homme et une apologie contre les épicuriens
ou athées, sont nourries de son goût pour la philosophie et les belles lettres: si
le premier livre «auquel sont expliquées la dignité de l'homme, l'excellence,
utilité et necessité de l'Anatomie», présente un exposé de tous les auteurs qui
depuis les anciens grecs se sont intéressés à cette science, c'est pour mieux
définir son objet mais c'est également, comme Dulaurens le précise dans son
«explication des controverses», pour offrir au public «tout ce [qu'il a] succé des
heureuses mamelles des Autheurs Grecs et Arabes». Parce que ce public auquel
il s'adresse ne se limite pas aux spécialistes de l'art, le texte exploite toutes les
ressources de la rhétorique pour expliquer les questions ambigües qui se rencontrent en une science difficile. Le style «grave» n'est pas alors toujours recherché,
mais parfois ce style léger qui doit plaire aux «moins savants» et qui «égaye»
Dulaurens lui-même, avouant volontiers ce plaisir que lui procure l'écriture[6].
Cette caractéristique de son style est particulièrement sensible dans les
œuvres qu'il a composées directement en langue française pour la duchesse
d'Uzès[7], les *Discours de la conservation de la veue: des maladies melancholiques,*

---

[3] C. L. F. Panckoucke, *Dictionnaire des sciences médicales*, Paris, 1821, t. III, p. 542-543;
     J.-E. Dezeimeris, *Dictionnaire de la médecine ancienne et moderne*, Paris, Bechet jeune, 1834,
     t. II, p. 150.

[4] Voir *Des monstres et prodiges*, édition critique et commentée par J. Céard, Genève, Droz,
     1971, p. IX-XI.

[5] N. F. J. Eloy, *Dictionnaire historique de la médecine ancienne et moderne*, Mons, 1778, t. II,
     p. 106-108.

[6] *Les œuvres de Me André Du Laurens*, traduite de latin en françois par Me Theophile Gelée,
     Paris, P. Mettayer, 1613; nous citons d'après l'édition de Paris, Mathieu Guillemot, 1646, l. I,
     «Explication des controverses», p. 29. Cette édition comprend *Les œuvres anatomiques*
     (597 p. + table); *La seconde partie des œuvres divisée en quatre discours, Des crises* (p. 1-91), *Des*
     escroüelles (p. 92-260), *De la conservation de la veuë, des maladies Melancholiques, des Catarrhes*
     et de la Vieillesse (p. 261-346), *De la goutte, de la lepre et de la Verole* (p. 347-391).

[7] Il s'agit, selon toute vraisemblance de la deuxième duchesse d'Uzès, Françoise de Clermont-
     Tallard qui épousa, en 1568, le deuxième duc d'Uzès, Jacques II de Crussol, frère d'Antoine.
     Ce ne peut être, en effet, Louise de Clermont – la tante et la belle-sœur de Françoise – qui dans

des catarrhes, et de la vieillesse. Cette œuvre, publiée pour la première fois en 1594[8] et présentée comme une commande, est en quelque sorte une dette de reconnaissance du médecin à l'égard de celle qui l'a introduit à la cour. Pour retracer les débuts de sa carrière, longtemps mal connus et brouillés par des assertions contradictoires, on dispose pourtant d'un précieux témoignage, celui de Jeanne Dulaurens, sa sœur, qui laissa une *Généalogie de Messieurs du Laurens*, manuscrit de la Bibliothèque d'Aix, publié au XIXᵉ siècle par Charles de Ribbe[9]. André qui prend ses grades de docteur en médecine à la faculté d'Avignon, en 1580, y exerce trois ans avant de se présenter à Montpellier sur une chaire laissée vacante par le décès de Laurent Joubert. Reçu à ce concours, malgré son appartenance à la religion protestante, il est ensuite traduit devant le Parlement de Toulouse à la suite d'une plainte déposée par un de ses concurrents, Jean Blézin. C'est durant ce procès, auquel assistent beaucoup de «personnes de qualité», que Madame de Crussol, duchesse d'Uzès, admire l'aisance d'André Dulaurens qui plaide lui-même sa cause avec succès. Peu de temps après, alors qu'il est installé à Montpellier, elle le choisit comme médecin. Ses cures sont si heureuses que la duchesse lui propose, fin 1591 ou début 1592, d'abandonner sa chaire pour l'accompagner à la cour. La présentation au roi, relatée par Jeanne, insiste d'une part sur le rôle de la duchesse dans l'ascension sociale du médecin provençal, et d'autre part révèle les qualités les plus à même de séduire la cour:

> Elle [la duchesse] alloit souvent visiter le roy Henry IV, et menoit tous-jours mon frère avec elle. Un jour le roy dit à Mme d'Uzès: «Qui est ce jeune homme?». Elle lui respondit: «C'est un médecin, nepveu de M. de Castellan qui avoit esté premier médecin du feu roy Charles IX, et professeur à Montpellier où il exerce la mesme charge. C'est un bel esprit, je lui vis faire à Thou-

---

8 les années 1590 est retirée de la cour. D'autre part, en 1594, Louise, première duchesse d'Uzès, a 90 ans et non un peu plus de 50, l'âge de la dédicataire des *Discours*, ainsi que le précise Dulaurens dans sa préface.

8 Cette édition signalée par le catalogue des Sciences médicales de la Bibliothèque Nationale est perdue mais son existence est prouvée par le titre de l'édition de 1597: *Discours... composez par M. André Du Laurens médecin ordinaire du roy et professeur de sa majesté en l'université de Montpellier, revus et augmentés de plusieurs chapitres*, Paris, Jamet et Mettayer, in-12°, 274 f. (voir E. Turner, *op.cit.*, p. 336-337). Les *Discours* ont été intégrés dans les *Œuvres* de 1613, si bien que certains bibliographes ont pensé qu'ils étaient aussi traduits du latin par Théophile Gelée. Les *Discours* connurent un grand nombre d'éditions (9 en éditions séparées, de 1597 à 1630, plus des traductions en latin, en italien et en anglais). Parmi les œuvres composées en français par Dulaurens, on trouve aussi *Les opuscules recueillis des leçons de M. André du Laurens lorsqu'il lisait publiquement aux chirurgiens de Montpellier ès années 1587 et 1588* (Bibliothèque Nationale, Ms. fonds fr. 2062), comprenant les *Annotations sur le traité des apostèmes de Guydon*; *Le traicté des playes*; les *Annotations sur le traicté de la verolle*; le *Traicté de la peste*; les *Explications sur le chapitre de phlebotomye de Guidon*; le *Traicté des ulcères*.

9 *Une famille au XVIᵉ siècle*, Paris, Joseph Albanel, 1867.

louze une action qui me ravit d'admiration.» Et elle conta tout par le menu, au grand estonnement du Roy, puis ajouta: «J'estois malade il n'y a pas long-temps, le manday quérir; il vint, sans luy j'estois morte, il m'a guérie brave-ment.» Le Roy, ayant entendu tout ce discours, le regarda de bon œil et du depuis le vit tous-jours de bon œil, outre qu'il estoit bel homme et fort agréable[10].

Dans l'argumentation de la duchesse, les compétences professionnelles d'André sont affirmées par un récit tirant sa force de l'effet de racourci, mais après seulement la présentation de ses origines sociales et l'évocation d'une action – oratoire – qui met en valeur la séduction de son esprit. André Dulau-rens qui, nous le savons par Pierre de L'Estoile, était appelé par Henri IV lorsque celui-ci voulait occuper ses nuits d'insomnie avec le plaisir de la lecture, devait aussi son titre de médecin favori de la duchesse à la richesse d'une conver-sation répondant à l'intérêt des grandes dames de l'aristocratie pour la philoso-phie naturelle. Aussi après ses premières publications latines — l'*Apologia pro Galeno*, l'*Admonitio ad Simonem Petraeum* et les *De crisibus libri tres* de 1593 — choisit-il de publier, bien qu'il ne fasse pas «profession d'escrire en françois», des *Discours* présentés comme le fruit de ses relations privilégiées avec la duchesse. Les trois premiers *Discours, de la conservation de la veue, des maladies melancholiques* et *des catarrhes* concernent les trois maladies qui ont violemment affecté sa patiente et pour lesquelles Dulaurens a été sollicité en tant que théra-peute mais aussi en tant que «philosophe» dans des entretiens qui touchaient aux causes et à l'origine de tous ces incidents. La dernière partie des *Discours*, un *petit traicté de la vieillesse*, pourrait sembler une addition malheureuse s'il n'était présenté comme une réflexion utile seulement pour l'avenir de sa dédicataire[11] et pour la satisfaction d'un esprit «qui est capable de tout ce qui est de plus rare au monde». La publication de ces *Discours* «en propos vulgaires et en termes expres de la medecine» répond aux vœux de la duchesse qui ainsi cautionne l'ouvrage et justifie son style et son genre particuliers:

> Enfin mes discours vous ont esté si agréables, que estant retirée à l'Abaye de Marmoustier pour jouyr avec la beauté du lieu de la bonté de l'air, vous m'avez commandé de les mettre par escrit, et de leur faire voir le jour sous

---

[10]   J. Dulaurens, *Généalogie, op.cit.*, p. 89-90.

[11]   «J'y ay adjousté sur la fin un petit traicté de la vieillesse, qui vous pourra servir à l'advenir, car de vous appeler à present vieille, il n'y a point d'apparence veu que vous ne ressentez encores aucune incommodité de la vieillesse [...] Je croy, Madame, qu'on ne vous peut appeler vieille sinon pour ce que vous avez passé cinquante ans» (A Madame la Duchesse d'Uzès). Nous citons d'après les *Discours*, Rouen, Claude le Villain, 1615, car cette préface est absente de l'édition des *Œuvres*, Paris, Mathieu Guillemot, 1646, à laquelle renverront ensuite toutes nos références.

vostre authorité : je n'ay peu honnestement vous le refuser, encores qu'un si grave sujet meritast d'estre enrichi d'une infinité de belles authoritez, que ma memoire ne pouvoit fournir pour estre despourvu de livres.

LES DESTINATAIRES DES *DISCOURS*

On peut cependant s'interroger, au-delà de cette dédicace qui affirme et rend publique la position déjà enviable de ce médecin alors âgé de 36 ans, sur les destinataires des *Discours*, faisant, dès 1613, partie intégrante des œuvres savantes traduites par Théophile Gelée. En effet, dans le corps même du texte, la présence de la duchesse est discrète : à la fin du premier discours sur « l'excellence de la vue et du moyen de la conserver », celle « à qui ce discours est particulierement dedié » sert à recommander un onguent qui a fait ses preuves dans la maladie de l'œil qui l'affecte[12]; à la fin du second discours « des maladies melancholiques », son nom sert de transition commode pour annoncer le discours suivant sur le catarrhe, la troisième maladie dont elle souffre. S'ils ont été composés à la demande expresse de la duchesse d'Uzès, les quatre discours, écrits en langue vulgaire, s'adressent aussi tout spécialement aux jeunes médecins et chirurgiens indoctes, qui doivent y trouver à la fois un exposé scientifique clair et des conseils pratiques ; l'architecture du discours sur la vue, alternant les chapitres philosophiques et les chapitres méthodiques, est significative de la volonté didactique de Dulaurens :

> Je ne veux pas m'amuser icy à faire une description exacte de toutes les maladies de l'œil, l'entreprise seroit trop grande, il me faudroit pour le moins cent chapitres, car il y a bien autant de maladies particulières de l'œil ; je me contenteray de tracer une methode pour les plus nouveaux Medecins et Chirurgiens, ausquels je dedie ce chapitre[13].

C'est pourquoi aussi, il renvoie, dans un texte qui est dépourvu de références précises aux autorités[14], au traité de Guillemeau où l'on trouve les plus excellents remèdes des anciens et modernes, et qui est écrit en langue vulgaire[15].

De fait, l'ambition de Dulaurens est double ; il veut à la fois convaincre et séduire : convaincre les médecins de l'utilité de son ouvrage, séduire les esprits curieux qui trouveront, dans ses discours, une science débarrassée d'une austé-

---

[12]   *Les Œuvres, op. cit.*, p. 279.

[13]   *Ibid.*, p. 279.

[14]   Contrairement aux *Œuvres anatomiques* qui fournissent, dans les *marginalia* les références des lieux allégués.

[15]   *Ibid.*, p. 289. Il s'agit de Jacques Guillemeau, *Traité des maladies de l'œil*, Paris, 1585.

rité rebutante[16]. Le texte mêle alors sans cesse «l'utile avec le delectable»[17], un délectable qui est pour Dulaurens fleurs cueillies dans le jardin des anciens Grecs mais aussi plaisir de s'égayer dans une conversation spirituelle. Médecin à la cour, il connaît l'intérêt des grands pour ces disputes philosophiques qui animèrent les académies des Valois et qui animent encore les salons princiers et aristocratiques: la duchesse d'Uzès n'est pas exceptionnelle dans sa curiosité pour la médecine et la philosophie naturelle; l'attestent les nombreux ouvrages scientifiques dédiés à des princesses et grandes dames, dans la deuxième moitié du siècle. Lorsque Dulaurens, dans le Discours «sur l'excellence de la veuë», développe longuement les diverses théories philosophiques, exposant et expliquant, notamment, les opinions opposées de Platon et d'Aristote sur la réception de la vision, il se plaît à signaler les motivations de cet *excursus*:

> J'ay esté contrainct d'adjouster cette dispute en ce petit traité de l'œil, en ayant esté fort sollicité et en ayant receu un commandement exprez[18].

UNE «VULGARISATION»
DE LA MÉDECINE

Les *Discours*, dans leur ensemble, embrassent alors les principes d'une «vulgarisation» qui sont, chez Dulaurens, à la fois une rhétorique et une éthique, particulièrement manifestes peut-être dans le premier *Discours* qui aborde un sujet – la vue – déjà traité dans les *Œuvres anatomiques*. Le *Discours* duplique en effet, dans sa structure générale, la première partie du livre XI «Des organes des sens»: présentation des sens externes, démonstration de l'excellence de la vue, composition de l'œil et description de toutes ses parties. S'ajoutent ensuite des chapitres, qui n'avaient pas leur place dans un traité d'anatomie: ceux consacrés à la thérapeutique. Bien que certains chapitres apparaissent comme de simples reprises du livre XI, les intentions du *Discours* et sa mise en forme en font une œuvre autre. A l'exposé systématique et méthodique de la matière médicale s'est substituée une «belle démonstration» de ce qui doit être retenu comme la «vérité». Dans le chapitre premier, «Que le cerveau est le vray siege de l'ame et pour cette occasion tous les organes des sens sont logez à l'entour de luy», construit selon les règles du discours oratoire – exorde, proposi-

---

[16] Voir ch. 11 «En combien de façon la veuë peut estre offensée», p. 278: «Tout ce discours que je viens de faire de l'excellence de la veuë, de l'artifice de l'œil, et de toutes ses parties, outre le plaisir qu'il apportera aux plus curieux, ne sera (à mon advis) inutile à ceux qui auront envie de cognoistre les maladies de l'œil, et qui voudront entreprendre de les guarir.»

[17] p. 283.

[18] Ch. 10 «Comme la veuë se fait; si c'est par émission ou reception», p. 278.

tion, preuve, péroraison, Dulaurens marque d'emblée ce qui différencie son traité des «controverses anatomiques»:

> Voilà comme ces philosophes ont parlé du siege de l'ame. Je ne veux point employer le temps à examiner particulièrement toutes ces opinions, mon intention n'est pas de disputer icy, je me contenteray de dire simplement la verité. Car je m'asseure qu'elle sera assez forte pour renverser tous ces faux fondements[19].

De la même manière, le chapitre 10, «Comme la veuë se fait; si c'est par émission ou reception», qui reprend une question abordée dans les «Controverses anatomiques» du Livre XI, développe beaucoup plus amplement l'exposé des raisons et les *exempla* parce que Dulaurens peut s'autoriser, ici sans justification, d'un discours «qui appartient plus à la philosophie qu'à la médecine»[20]. S'adressant à un public composite, fait d'esprits curieux et de praticiens de l'art, il se doit de plaire aux premiers par une oraison enrichie des fleurs de la philosophie et d'instruire les premiers et les seconds par un exposé simplifié de ce qui touche expressément à la médecine. Il s'en explique dans le chapitre 5, où après toutes ses considérations sur la noblesse du sens de la vue, il aborde enfin «la composition de l'œil»:

> Il est temps de découvrir l'artifice de ces astres jumeaux, je m'en vais le d'écrire si exactement, que les plus curieux, et ceux qui ne sont nez que pour reprendre, peut-estre s'en contenteront, laissant en arriere une infinité de belles disputes, qui se peuvent émouvoir sur les parties de l'œil, lesquelles j'ay amplement traictées en l'onziéme livre de mes œuvres anatomiques. Or tout ainsi que les cosmographes, ou ceux qui par curiosité voyagent, s'enquierent premierement du nom des provinces, remarquent avant d'entrer dans les villes, l'assiette, la forme, la grandeur, les defenses, les advenuës, et tout ce qu'on peut voir par dehors: Ainsi veux-je d'écrire la forme, l'assiette, les defenses, la grandeur, l'usage, le nombre des yeux...

La comparaison ici est plus qu'un ornement du style, puisque le comparant assimile la démonstration anatomique à un voyage, voyage de la connaissance qui invite à une réflexion sur le but et l'itinéraire du périple. La méthode d'approche, définie ici, correspond à l'enseignement analytique que Dulaurens recommande à l'anatomiste dans le livre I des *Œuvres* – «l'anatomiste doit

---

19 Ch. 1, p. 262. *Cf.* l. X, ch. 9 «De l'excellence [...] et usage du cerveau» et «controverses anatomiques».

20 Question première: «Sçavoir si la veuë se fait par emission ou reception: où la nature de la veuë est exactement expliquée», p. 564: «Il y a une belle dispute touchant la nature et le moyen que se fait la veuë, qui appartient plus à la Philosophie qu'à la Medecine. Neantmoins puis que Galien l'agite fort elegamment en ses livres de l'usage des parties et des decrets d'Hippocrate et de Platon, nous ne nous esloignerons pas beaucoup de nostre dessein, si en passant nous en mettons au jour quelques points puisez des mysteres plus secrets de la Philosophie».

premierement rechercher la composition, en apres l'action et finalement l'usage »[21] – mais dans un ordre qui se trouve inversé, puisque la description anatomique proprement dite ne vient qu'après de longues considérations sur l'usage de la partie.

Se trouve ainsi mis en exergue ce qui est, pour Dulaurens, l'essentiel de ce voyage de découverte : comprendre sa finalité. Le *Discours de l'excellence de la veuë*, s'il répond au vœu de la duchesse d'Uzès, offre aussi au lecteur une sorte d'abrégé de la philosophie de Dulaurens. Débarrassé des contraintes que lui imposait un traité méthodique de la connaissance du corps humain, il peut ici illustrer l'ordre de « dignité » vers lequel sans doute va sa préférence et qui suppose que l'on commence par le cerveau, la partie la plus noble de tout le corps. L'ensemble des quatre *Discours* trouve son unité dans une admiration déclarée pour ce corps, image du créateur, mais que l'homme met sans cesse en péril par ses passions et par son ignorance. Le second *Discours* « auquel est traicté des maladies melancholiques » qui s'ouvre par une louange de l'homme, « animal divin et politique », reprenant le chapitre premier des *Œuvres*, « De l'excellence de l'homme », marque ainsi le contraste entre la nature humaine et la condition humaine, lorsque la créature divine se déprave par une infinité de maladies. L'anatomie et la physiologie, comprises comme une philosophie naturelle, sont alors les moyens donnés à l'homme pour se rendre maître et médecin de lui même – comme l'explique le *Discours* « De la vieillesse » – et pour apprendre à se reconnaître, sans déchoir, comme reflet de la création. La démonstration peut alors se transformer en apologie, lorsque Dulaurens interpelle directement « l'athée » qui pense l'âme mortelle[22]. L'intention didactique s'exprime aussi volontiers dans des commentaires moralisants qui visent le public aristocatique auquel il s'adresse : il n'ignore pas, par exemple, le goût des grands pour l'alchimie qu'il condamne comme particulièrement nuisible à la vue[23]. La qualification des sens externes abandonne les termes propres de la médecine pour une digression, multipliant les ornements oratoires, afin d'attirer l'attention sur les dangers des vices :

> Quoy que ce soit, il n'y a que cinq sens exterieurs qui sont tous logez au dehors du cerveau. Ce sont les vrays courriers et messagers de l'ame, se sont les fenestres par où nous la voyons tout à clair : ce sont les gardes ou portiers qui nous font entrer en son plus secret cabinet : s'ils sont fidelles à la raison, ils luy representent un million de beaux objets, sur lesquels elle fait des

---

[21] *Œuvres anatomiques*, l. I, ch. 9 « Quelle methode il faut tenir pour enseigner l'anatomie ». En réalité, les *Œuvres* optent pour une exposition à la fois résolutive – divisant tout le corps en ses parties – et compositive – commençant par les parties similaires, composant les dissimilaires, composant le tout.

[22] *Second discours des maladies melancholiques*, ch. 2, p. 294.

[23] *Premier discours*, ch. 13, p. 284.

discours merveilleux : Mais helas ! combien de fois la trahissent-ils ? Ô comme ils sont dangereux et sujets à corruption ! [...] Hé ! combien d'ames ont perdu leur liberté par la veuë ! Ne dit-on pas que ce petit folastre, cet aveugle archer entre dans nos cœurs par cette porte [...] ? Le sage Ulysse n'estouppa-il-pas les aureilles de ses compagons, craignant qu'ils ne fussent ensorcellez et endormis du chant harmonieux des Sirenes ! La friandise du goust, la gourmandise, l'yvrongnerie, n'ont-ils pas perdu de grand personnages ? Et ce sens de l'attouchement, que Nature a donné aux animaux pour la conservation de leur espece, le plus grossier, le plus terrestre de tous, et par consequent le plus delicieux, ne nous fait-il pas souvent devenir bestes ?[24]

UNE RHÉTORIQUE DE L'ENSEIGNEMENT ET DE LA SÉDUCTION

Ce « bel esprit » de Dulaurens, admiré par la duchesse d'Uzès et par le roi, se manifeste dans l'exposé théorique, qui refuse l'obscurité des mots et du sens, comme dans les commentaires philosophiques ou moraux qui cherchent leur efficacité démonstrative dans la séduction de l'écriture, dans ces « fleurs philosophiques et poétiques » avouées et offertes comme telles[25]. Le texte dépourvu de ces « belles authoritez » que l'auteur ne peut fournir faute de livres, ainsi qu'il le prétend dans la préface, s'enrichit d'un bouquet de références philosophiques et littéraires, qui ne vise pas toujours, en effet, à autoriser le discours mais à marquer parfois une connivence avec un lecteur dont il partage la culture. Si le régime général de la conservation de la vue, cite, comme on peut s'y attendre, Hippocrate, Avicenne, Rhazis, Arnauld de Villeneuve, il puise aussi chez les historiens grecs pour montrer l'influence de l'intensité de la lumière, ou, fait plus surprenant, chez Plaute, pour dire l'importance de l'alimentation : « J'ay autresfois leu un plaisant trait dans Plaute d'un valet, qui n'osant appeler son compagnon aveugle, luy reprochoit qu'il avoit mangé de l'Yvraye »...[26]. L'anecdote ou le récit, qu'ils soient empruntés à des sources livresques ou tirés de sa propre expérience, permettent à Dulaurens d'exemplifier les définitions des maladies, leurs différences et leurs signes, selon la bonne méthode que rappelait Ambroise Paré dans la préface de ses *Œuvres*[27]. Ainsi Homère ou Sénèque, sont des trésors où se trouvent des personnages exemplaires de la manie ou furie,

---

[24] *Ibid.*, ch. 2, p. 265.

[25] *Iibd.*, ch. 3, p. 268 : « Que si parmy ces fleurs philosophiques et poëtiques il m'est permis d'entremesler quelque traict de Medecine, je diray qu'aux yeux nous y voyons l'estat entier de la santé du corps ».

[26] *Ibid.*, ch. 13, p. 284.

[27] A. Paré, *Œuvres complètes*, éd. J.-F. Malgaigne, Slatkine reprints, Genève, 1970, t. I, « Au Lecteur », p. 14-15.

qu'il convient de distinguer de la mélancolie[28]; la propre pratique de Dulaurens, à Montpellier ou à Tours, fournit de même des «cas» pour exposer les signes de la maladie hypocondriaque[29] .Mais la narration se présente aussi comme une «recreation» pour le lecteur qui a donné son attention à un exposé théorique plus ardu :

> J'ay assez amplement descrit tous les accidens qui accompagnent les vrais melancholiques, et ay recherché les causes de toutes ces varietez : il faut maintenant qu'en ce chapitre, pour donner du plaisir au lecteur, je propose, quelques exemples de ceux qui ont eu des plus bizarres et foles imaginations : j'en emprunteray des Grecs, des Arabes, des Latins, et en adjousteray de celles que j'ay veu.[30]

Dulaurens rassemble alors quinze histoires, qu'il sait mettre en valeur avec les procédés d'écriture du conte; par exemple, dans cette «plaisante resverie» du gentilhomme siennois «resolu de ne pisser point», de crainte d'inonder la ville :

> Enfin [les medecins] voyans son opiniastreté et le danger de sa vie trouvent une plaisante invention. Ils font mettre le feu à la plus proche maison, font sonner toutes les cloches de la ville, attirent plusieurs valets qui crient au feu, et envoyent les plus apparens de la ville qui demandent secours, et remonstrent au gentil-homme qu'il n'y a qu'un moyen de sauver sa ville, qu'il faut que promptement il pisse pour eteindre le feu. Lors ce pauvre melancholique qui se retenoit de pisser, de peur de perdre la ville, la croyant en peril pissa et vuida tout ce qu'il avoit dans la vessie, et fut par ce moyen sauvé.

Ce plaisir de l'écriture, qui se manifeste dans les narrations et dans les descriptions, apparaît aussi dans ce qui est un élément essentiel à la fois de la démonstration et de l'ornement oratoire : la métaphore. Toute la description du cerveau est ainsi comprise grâce à la métaphore de la cité et de la monarchie. L'édifice de l'âme est un «palais royal» ou une «citadelle», abritant une Princesse qui commande aux régions basses, toujours prêtes à la sédition. Toutes les parties du corps sont faites pour le cerveau et lui rendent «tribut» comme à un roi : les sens sont ses espions ou messagers, les muscles de bons sujets qui lui obéissent fidèlement...[31] L'architecture militaire est l'image choisie pour définir la place des yeux dans la face et démontrer le soin que Nature a eu de conserver ce noble organe : elle les a logés dans un «vallon», a bâti alentour quatre «beaux boulevards», aussi durs que pierre; et comme le devant de la place était découvert, de crainte que le prince qui y commande soit offensé, elle a fait comme un

---

28 *Des maladies melancholiques*, ch. 5, p. 298.

29 *Ibid.* ch. 14, p. 314.

30 *Ibid.*, ch. 7, p. 301.

31 *Premier discours*, ch. 1, p. 262-263.

pont levis qui sont les paupières[32]. L'ordre politique, l'ordre militaire caractérisent la fabrique du corps, également l'ordre juridique permet d'appréhender la
situation et le rôle des trois puissances qui ont leur «siege» dans le cerveau,
l'imagination, le raison et la mémoire[33]. Ces comparaisons, qui sont au reste
communes à bien des traités d'anatomie, correspondent à la parabole des philosophes; elles permettent de dévoiler la réalité, elles aident à lire le «livre de
Dieu», selon l'expression même de Dulaurens. Ici, se trouve aussi démontré ce
qui était affirmé dans les *Œuvres anatomiques*: l'anatomie est utile à la philosophie morale parce qu'on y apprend l'office mutuel des parties et ainsi le moyen
d'attremper les mœurs, de régir une République ou de gouverner une maison
pariculière[34]. Mais, chez Dulaurens l'image n'a pas seulement une visée philosophique et didactique, elle est, ainsi que chez les poètes, moyen de plaire. Ce
qui pouvait être alors comparaison explicative dans le traité d'anatomie devient
métaphore poétique dans le *Discours*:

> Livre XI, ch. 7 des *Œuvres anatomiques*
> «Les tuniques ou tayes estant levées, les parties les plus nobles de l'œil vien-
> nent incontinent à se manifester, c'est à sçavoir les humeurs aqueuses, crys-
> talline et vitrée: mais le principal honneur est deu à la crystalline, car elle est
> plus riche qu'aucun diamant, et plus reluisante qu'aucune pierre precieuse.»
> *De l'excellence de la veuë*, ch. 8
> «Voila toutes les enveloppes ostées, il est temps de découvrir le plus precieux
> thresor de l'œil, le riche diamant, le beau crystallin, qui est de plus grand prix
> que toutes les perles d'Orient.»

Au reste Dulaurens connaît et maîtrise «cette langue à part» qu'est la poésie
et peut même s'amuser à la parodier dans un portrait comique du «mélancho-
lique amoureux», qui est toujours occupé à décrire la perfection de son «idole»:
encore que l'objet de son amour soit laid, ne voit-il pas des cheveux «longs et
dorez, mignonnement frisez, entortillez en mille crespillons», un front «blanc
et poly comme albastre», des sourcils «d'hebene», «la bouche de corail», les
joues «comme lis pourprez de roses»[35]...? Au morceau de bravoure destiné à un
lecteur complice – «tu le verras pleurant, sanglotant et souspirant coup sur
coup...» – s'ajoute un arrière plan familier à tous ceux que passionne le débat sur
la nature d'Amour et qui connaissent donc ce que Platon, Plotin, Ficin, Pic de
la Mirandole, Mario Equicola et Léon l'Hébreu en ont écrit. Le même jeu littéraire se lit dans l'étude de toutes les parties de l'œil où après une description des
muscles qui fait état des connaissances anatomiques les plus précises et les plus

---

[32] *Ibid.* ch. 4, p. 268-269.
[33] *Des maladies melancholiques*, ch. 1, p. 292-293.
[34] L. I, ch. 7, p. 11.
[35] *Des maladies melancholiques*, ch. 10, p. 309.

récentes, apportées par Fallope, Dulaurens offre au lecteur une reformulation divertissante :

> Nous donnerons pour plaisir à chasque muscle son nom : celuy qui hausse l'œil et l'esleve, s'appellera orgueilleux ou superbe : l'autre qui l'abbaisse, humble : celuy qui l'ameine vers le nez, liseur ou beuveur, pource qu'en beuvant ou lisant, nous tournons l'œil vers le nez : l'autre qui le retire, dédaigneux ou courroucé, parce qu'il nous fait regarder de travers. Les deux obliques ou circulaires seront nommez rouans et amoureux, pour ce qu'ils font mouvoir l'œil à la desrobée, et jetter les œillades[36].

Dulaurens, privé de livres lorsqu'il compose les *Discours*, peut cueillir dans sa mémoire les «fleurs poétiques» qui doivent les rendre aussi agréables que les conversations qui séduisaient la duchesse d'Uzès; il veut enfin manifester tout autant ses compétences scientifiques que l'aisance de son style qui a retenu des poètes le plaisir des mots et des images. Si le médecin, comme il le dit à propos *Des crises*, est «ministre» de la Nature, il en est aussi le «spectateur» admiratif, un spectateur, qui à l'égal du poète, re-présente le livre de la création pour en dévoiler le sens.

Evelyne BERRIOT-SALVADORE
Université de Montpellier III

---

[36] *De l'excellence de la veuë*, ch. 6, p. 271.

LA LUNE,
ENTRE THÉSAURUS POÉTIQUE
ET ENCYCLOPÉDIE PRATIQUE

«Phoebé mère des mois, Phoebus père des ans»: le vers de Du Bartas (*La Sepmaine*, IV, 280) dit éloquemment la place reconnue à l'astre des nuits dans le cours de la vie humaine, à côté de celle, plus éclatante, qui revient au soleil. Régissant à la fois le jour et l'année, ce dernier paraît ne devoir quitter la pensée scientifique (géocentrisme ou héliocentrisme, il importe assez peu ici) que pour nourrir le discours poétique ou la célébration encomiastique. Il n'en va pas de même de la lune, beaucoup plus proche de la perception humaine, et dont le XVIe siècle n'est pas le seul à reconnaître qu'elle régit tout ce bas monde[1]. Familière mais inquiétante, elle est Cynthie au ciel, Diane dans les bois, Hécate l'infernale et V.-L. Saulnier pouvait, à propos du dizain de la *Délie* qui célèbre la triple divinité (XXII), estimer que «les différents noms de la Lune, c'est matière d'abécédaire pour un humaniste»[2]. Elle habite les imaginations, suscitant créations langagières, mythes, légendes et tout un corpus de croyances, à la fois tenaces et flottantes, qui commandent aux gestes du quotidien. Nous voudrions ici montrer à travers quelques textes de la Renaissance française comment sa fécondité poétique se maintient alors que se trouve contesté son empire sur les activités laborieuses d'une société demeurée pour l'essentiel rurale.

LUNE CORNUE,
LUNE CORNUCOPIQUE

Les dons redoutables de la « fatidique marraine » que célébrera Baudelaire[3] ne sont pas dispensés au hasard. Les lunatiques, comme il se doit, se trouvent les

---

[1] Pour une plus large exposition du symbolisme lunaire, on consultera l'article «Lune» du *Dictionnaire des symboles* de J. Chevalier et A. Gheerbrant, Paris, Robert Laffont, 1982; pour la permanence de la lune dans le folklore français, voir P. Sébillot, *Le ciel, la nuit et les esprits de l'air,* Paris, Imago, 1991, p. 61-67.

[2] *Le Prince de la Renaissance lyonnaise, initiateur de la Pléiade. Maurice Scève, italianisant, humaniste et poète (ca. 1500-1560)*, Paris, Klincksieck, 1948, p. 262.

[3] *Spleen de Paris*, XXXVII, «Les bienfaits de la lune».

premiers servis, et le *Dictionnaire* de Richelet confirme et précise cette dotation
durable:

> *Lunatique*: (...) Qui tient de la Lune, fou, insensé, fantasque, extravagant (...)
> La nature a maltraitté A., elle lui a donné dans son air et dans sa Physionomie
> quelque chose de *Lunatique*: les apparences ne sont pas trompeuses en lui, car
> sa conduite est au moins aussi étrange que sa mise.

Sans doute Richelet ne veut-il être ici que le greffier de l'usage; il a soin de
préciser que si l'on «attribue ce tempérament à la Lune (...), il n'y a pas d'apparence qu'elle soit la cause des fantaisies et des extravagances des lunatiques». Il
ne lui en faut pas moins ajouter aussitôt que le style «simple» (comique,
burlesque, satirique) postule une corrélation entre la lune et la folie: «les
Femmes ont des lunes dans la tête» et «tenir de la lune», c'est «être un peu fou,
un peu folle, avoir de la légereté»[4]. Voici les femmes compromises dans le
discours sur la lune, et le propos n'est pas neuf pour autant, puisque, si l'on en
croit Cyrano de Bergerac, c'est l'imprudence d'une fille de Noé (ignorée de la
Bible, d'ailleurs) qui fut «cause qu'un jour on reprocherait à toutes les femmes
d'avoir dans la tête un quartier de lune»[5]. On se rappelle, bien sûr, que, dans le
dernier chapitre du *Pantagruel*, Alcofribas avait d'avance surenchéri, en annonçant qu'il conterait comment le héros «visita les regions de la lune, pour sçavoir
si à la vérité la Lune n'étoist entiere: mais que les femmes en avoient troys quartiers en la teste»[6].

La «légereté», proche de la «folie», que Richelet illustre aux dépens du sexe
féminin, se trouve ici rapportée, non à une disposition psychique, mais à une
influence astrologique déterminante quant à la physiologie féminine, ainsi que
l'explique plus équitablement le médecin Laurent Joubert, dans une section
«Explication des phrases et mots vulgaires» de ses *Erreurs populaires*:

> Lunatic, et tenir de la Lune.
> Les Grecs nomment Seleniaques (c'est de mot à mot, Lunatics) ceux qui au
> defaut de la Lune sont esgarez de leur sens. Et mesme tous maulx qui suyvent
> fort evidemment le cours et les faces de la Lune, sont dits, Seleniaques.
> Comme le mal caduc, dit en grec Epilepsie, et quelque espece de folie, dicte
> Melancholie. Ainsi dict-on communement, que les femmes tiennent de la
> Lune, d'autant que la Lune deffinit les mois: et les femmes se purgent tous les
> mois. Dont leur purgation est dite Mou, et Menstrue. Puis donc qu'elles sont
> regies et conduites de la Lune, on dit qu'elles en tiennent, suppleez (afin de

---

[4]   Ici, H. Estienne perçoit une nuance d'intensité: celui «qui tient de la lune n'est-il pas cousin
     germain d'un Lunatique? Celuy qu'on appelle lunatique passe bien plus avant que l'autre»
     (*Dialogues du nouveau langage françois italianizé*, I, 287).

[5]   *Les Etats et empires de la lune*, éd. H. Weber, Paris, Editions sociales, p. 60-61.

[6]   Ch. XXXIV, éd. M. Huchon, Pléiade, Paris, Gallimard, 1994, p. 336.

sauver leur honneur) le principal point de la santé, et de leur fecondité. Autrement on dit: Tenir de la Lune, pour dire estre inconstant et variable, comme la Lune, qui change tous les jours de face. Ce qu'on attribue volontiers au sexe feminin[7].

Loin de faire sienne cette «opinion vulgaire», Joubert la transforme en «reproche d'honneur»: c'est «une grande pureté et simplicité de matiere, qui rend les femmes legieres et muables, comme le ciel»[8]. Il expose ici fort clairement l'explication médicale qui institue cette forte liaison entre la lune et le sexe féminin, dans l'ordre de la physiologie comme dans celui du langage: Marot appelle «Luna» la femme inconstante dont la dénonciation l'a conduit dans «l'enfer» du Châtelet,[9] ce qui ne le garantira pas d'être mis lui-même au nombre des «lunatiques» par Sagon[10]. Mais cette corrélation entre la folie et la lune ne cantonne pas nécessairement le discours dans l'ornière de la polémique misogyne et, par exemple, Erasme peut opposer à l'inconstance des lunatiques la sérénité des sages qui, eux, tiendraient plutôt du soleil: *stultus mutatur ut Luna, sapiens permanet ut Sol*[11]. De la sorte se trouve esquissée une homologie qui, dûment complétée, tisserait d'étroites corrélations terme à terme entre le microcosme humain et le «grand monde»: martiens, vénériens, mercuriens, joviaux et saturniens s'y emploieront[12]. Le discours sur la lune s'engage ainsi sur

---

7   *Erreurs populaires*, Bordeaux, 1578, cité in éd. Lyon, P. Rigaud, 1602, l. IV, ch. 8, p. 380.

8   L. Joubert renvoie à ce propos à son «chap. 6, part. 2ᵉ» (éd. cit., notamment p. 76-78).

9   «Je fus par l'instinct de Luna / Mené au lieu plus mal sentant, que soulphre» (*L'Enfer*, v. 22-23). E. Dolet glose (éd. 1542): «Il prend Luna pour une femme inconstante, et pleine de malice, qui fut cause de son emprisonnement».

10 *Rabais du caquet de Fripelippes et de Marot.*

11 G. Defaux relève cette opposition dans son édition du *Pantagruel* (Livre de Poche classique, p. 420, n. 22). L'auteur de l'*Eloge de la Folie* (XLIII) suit ici l'*Ecclésiastique*, XXVII, 12 (*Homo sanctus in sapientia manet sicut sol: nam stultus sicut luna mutatur*). Erasme consacre également un de ses *Adages* (77) à ceux qui sont «nés dans la quatrième lune», donc sous un mauvais signe (*Œuvres choisies*, éd. J. Chomarat, Paris, Livre de poche classique, 1991, p. 336). C'est encore ce verset de l'*Ecclésiastique* que mentionne l'*Iconologie* de Cesare Ripa quand elle représente l'Inconstance «ayant en une main une Lune» (I, lxxx, éd. 1643, p. 91 et 93).

12 Un *Livre de Chascun*, peut-être composé par Jean Daniel, publié à Lyon vers 1540 (BNF, fonds Rothschild 570, f. 12-14) réunit, sous les signes des planètes, des «estats» et des tempéraments: les Saturniens sont mélancoliques, tanneurs de cuir et «composeurs d'emprunts», la lune abrite les «pauvres lunaticques» bâtisseurs de «chasteaux en Espagne», etc. Mais parmi les «mercuriaux» et gens de rhetoricque, point de marchands. Suivent – sans référence à des signes astraux – des pronostics sur les gens d'Eglise, sur «noblesse» et sur «labeur». J. Batany, qui cite cet ouvrage, commente justement: «décidément, les 'trois ordres' n'ont jamais réussi à s'intégrer dans 'les sphères célestes'» («Des monarques lunaires aux pauvres saturniens: quelques parallèles socio-astrologiques», *Le Soleil, la lune et les étoiles au Moyen Age*, Aix-en Provence, CUERMA, 1983, p. 22).

une voie productrice de brillantes correspondances; il y gagnera en densité métaphorique, au prix, toutefois, de sa cohérence.

Erasme, il est vrai, ne faisait que rappeler l'existence des deux «luminaires» aussi indispensables au fonctionnement du cosmos que la présence des sages et de ceux qui ne le sont pas à la bonne marche de l'humanité. Le texte biblique expose leur création, au premier chapitre de la *Genèse* (1, 16):

> Dieu dit: «Qu'il y ait des luminaires au firmament du ciel pour séparer le jour et la nuit: qu'ils servent de signes, tant pour les fêtes que pour les jours et les années; qu'ils soient des luminaires au firmament du ciel pour éclairer la terre» et il en fut ainsi. Dieu fit les deux luminaires majeurs, le grand luminaire comme puissance du jour et le petit luminaire comme puissance de la nuit, et les étoiles (1, 14-17)[13].

Parce que l'ancienne astronomie opposait aux étoiles fixes les planètes, astres errants, parce que la mobilité de la lune était manifestée aux hommes dans ses apparences aussi bien que dans ses effets, il était tout naturel que celle-ci prévalût sur sa dignité et son éclat de «luminaire». Ajoutons qu'il existe, ainsi que Jean Rousset l'a souligné dans son *Anthologie de la poésie baroque*, une inconstance «blanche» et une inconstance «noire»: double polarité ouvrant sur un potentiel métaphorique autrement riche que celui de la seule célébration.

C'est à cette même mobilité – mais régulière, cette fois – que la lune doit d'exposer au regard humain une singularité morphologique elle aussi promise à un beau succès poétique: deux des quatre phases du cycle lunaire lui montrent en effet un astre cornu bien propre à fertiliser les imaginations. Cependant que les poètes célèbrent ainsi l'«estoille cornue» (Du Bartas, *Sepmaine*, IV, v. 436), l'imaginaire et le langage associent les cornes au cocuage[14], ce qui met par conta-

---

[13]   Au siècle suivant, Carlos Garcia usera de la métaphore des deux luminaires pour célébrer la réconciliation franco-espagnole à l'occasion des mariages de 1613-1614. Mais cette concorde laissera entière la question de savoir lequel des deux royaumes sera le «grand luminaire»... Le texte paraît en castillan et en français *(L'opposition et conjonction des deux grands luminaires de la Terre. Œuvre curieuse et agreable, en laquelle il est traicté de l'heureuse Alliance de France et d'Espagne et de l'antipathie des François et des Espagnols)* dans le même volume, publié à Paris en 1617 par François Huby. Edition moderne par M. Bareau, Edmonton, Alta Press, 1979.

[14]   L'association est acquise depuis le *Roman de la Rose* au moins: Jean de Meung estime – c'est Raison qui parle – que «S'est plus cornarz qu'uns cers ramez / Riches ons qui cuide estre amez» (éd. Langlois, S.A.T.F, 1920, t. II, v. 4809-4810). L'imagerie diabolique a contribué à faire des cornes un instrument de dérision, qui s'applique par excellence aux maris trompés: le gentilhomme de la troisième nouvelle de l'*Heptaméron* sait que son infortune est publique, car «plusieurs mauvais garsons luy faisoient les cornes par derriere, en signe de mocquerie». Mais l'antiquité classique préfère voir dans la corne un principe de puissance et ne célèbre guère le lien entre les cornes et l'infortune conjugale, même si Artémidore, dans sa *Clef des songes*, fait de la corne une image de malheur (éd. J. Festugière, Paris, 1975, p. 51). Sur cette question, voir F. Berriot, «A propos des chapitres XIII et XIV du *Tiers Livre*: notes sur quelques manuscrits d'interprétation des songes à la veille de la Renaissance», *RHR*, 23, 1986, p. 7-14.

gion métonymique les maris trompés au rang de «confrères de la lune», sans que pour autant la part de cette dernière dans l'infortune conjugale soit définitivement établie: Jean Céard a montré[15] comment, dans un épisode bien connu du *Tiers Livre* (ch. 14: «Le songe de Panurge et l'interpretation d'icelluy»), le héros s'appuie sur l'opinion de Vivès pour déclarer que la Lune, Bacchus et Jupiter Hammon peuvent être cornus sans pour autant être cocus, et que son entourage lui semble «evidentement errer, interpretant cornes pour cocuage».

Les divergences qui s'expriment à ce propos révèlent une modification de la relation entre la planète et les significations qui lui sont rattachées. Voir en la face changeante de la lune une image de l'inconstance (donc, par extension, de l'infidélité), c'est user d'une métaphore qui s'appuie sur la perception sensible immédiate; faire des maris trompés les «confrères de la lune», c'est accoler à une autre apparence tout aussi naturelle – la double corne visible dans les premier et dernier quartiers – un attribut d'essence culturelle (les cornes signifient le cocuage) et passer ainsi de l'ordre du symbole à l'arbitraire du signe. Le terme «lune» peut dès lors entrer dans une combinatoire linguistique aux ressources à peu près infinies et son potentiel métaphorique et ludique s'en accroît d'autant.

On le voit bien quand Cholières consacre aux «lunatiques» le neuvième et dernier chapitre de ses *Apres-disnées* [16], après avoir disserté dans le précédent «des prognostics et predictions astrologiques»[17]. Autant l'espace consacré alors à la lune avait été chichement mesuré, autant l'auteur peut maintenant s'égayer dans le champ facétieux, ajoutant ses propres verves à un discours traditionnel déjà abondant. Le seigneur Theophanes, qui tient ici le dé, entreprend, après avoir rappelé que la lune régit tout ce bas univers, de prouver au Seigneur Bertachin, vieillard amoureux, sa «preeminence lunatisée alencontre des lunatiques». Il le fera au moyen de six articles. «L'humeur amoureux» se satisfaisant de préférence la nuit, l'amoureux est d'autant plus «sous-vassal de la lune» qu'il est soumis à des femmes par essence lunatiques («Plutarque vous l'apprendroit»). Devenu «laboureur de la lune», il lui faut tenir compte d'une physiologie féminine obéissant elle-même au cycle lunaire; que sa femme se fasse «limer sa serrure par un autre lunatique», et le voilà «confrère de la lune»: c'est pourquoi les mariés portent «bragardement les cornes en guise de bouquet», à l'image des «gros bouchons de bouquets» portés par «ces garsons de village allans à la feste de leur parroisse». Une «prééminence» qui ne saurait surprendre, «attendu que le Belier est mis premier entre les douze signes du Zodiaque, parce que de sa

---

[15] *La nature et les prodiges. L'insolite en France, au XVIᵉ siècle.* Genève, Droz, 1977, p. 139.

[16] Paris, Jean Richer, 1587. Ed. moderne Tricotel-Jouaust, Paris, Librairie des Bibliophiles, 1879, p. 367-384.

[17] Deux pages relatives aux présages météorologiques (p. 319-320), sur les quatre-vingts (p. 287-366) que compte le chapitre. Relevons cette discrétion.

corne il heurte et choque la borne de l'an nouveau »[18]. Homme et mortel, son interlocuteur est, comme la lune, sujet au changement[19]. De plus, «sujet à la gonhorrée », il lui faut chaque mois «payer le tribut à la lune ». Enfin, «vieillard, et par consequent grison, pituiteux, crache-en-ruelle », il ne peut «voir que par lunettes »: le voilà à jamais «patronné aux humeurs lunatiques de la lune ». C'est que la lune, humide et froide, ne peut être que « morfondante »: dans le discours des «humeurs », sa féminité est ainsi confirmée. Même, ajoute le disert Theophanes,

> il y a eu un dieu nommé Lune, adoré et respecté par les anciens de telle façon, qu'Ælian Spartian tesmoigne qu'à Carres il y avoit un temple qui luy estoit dedié et consacré, où les masles luy faisoient leurs petites superstitions devotieuses en habit feminin, et les femmes en habit viril.

Aux yeux du topiqueur, cette considération a valeur décisive pour «garentir du titre de lunatique ». Ce qui peut-être, ne va pas de soi; mais il n'importe, car il a précédemment, rappelant que «Vergile nous apprend que la lune est muette », oublié de confronter cette autorité à celle de son cher Plutarque sur le babil féminin. C'est dire que le discours facétieux sur la lune est tout à la fois inépuisable et contradictoire et que le traitement d'une ressource aussi éminemment cornucopique ne saurait engager sérieusement un locuteur qui tire parti de ce bric-à-brac pour produire des prouesses d'artificier du langage.

Il n'en va pas de même lorsqu'un auteur entend discourir gravement de l'intervention de la lune sur le cours des actions humaines, dans l'ordre délibératif ou judiciaire, autrement redoutable. Jean Céard a consacré au sujet de la divination deux chapitres essentiels de son étude sur *La Nature et les prodiges*, qui nous dispensent d'y revenir[20]. On observera seulement que la lune n'y tient pas une

---

[18]   Cholières se souvient ici de Du Bartas (« C'est toy, Nephelien, qui choques de ta corne/ Faite à replis d'airain, de l'an nouveau la borne », *Sepmaine*, IV, v. 208) et du commentaire de Simon Goulart: «Le Soleil venant à recouvrer sa force et desployer vivement ses rayons au milieu de Mars, à bon droit l'on a appellé ceste entree le Belier, à quoy le Poëte fait allusion, disant qu'il heurte de ses cornes la borne de l'an nouveau ». Y. Bellenger observe que le poète et son commentateur ont oublié que, depuis 1564, l'année commence le 1er janvier (éd. *Sepmaine*, STFM, 1981, p. 159, n. 208).

[19]   Ici, Cholières cite expressément Du Bartas (*Sepmaine*, IV, v. 683-686):

> «Ainsi tu te refais, puis tu te renouvelles,
> Aimant tousjours le change, et les choses mortelles,
> Comme vivans sous toy, sentent pareillement
> L'insensible vertu d'un secret changement.»

[20]   «Séductions et périls de la divination au temps de Rabelais» et «*Le Tiers Livre* de Rabelais et les problèmes de la divination», respectivement ch. 5, p. 106-131 et 6, p. 132-p. 158, Droz, Genève, 1977.

place considérable et n'est guère mentionnée – outre l'objection citée de Panurge – qu'à propos de la *Pantagrueline Prognostication*, qui énumère ses suppôts (éd. M. Huchon, p. 930) et évoque le calcul de ses «quadratz» (p. 924), et pour les prédictions strictement météorologiques des *Pronostications* de 1541 et de 1544[21].

Si la lune se voit prudemment écartée des curiosités indiscrètes relatives au champ de la divinité, elle n'en continue pas moins d'exercer son action sur les activités terriennes, notamment dans le monde rural, que les progrès de la science et, plus spécifiquement des techniques agricoles[22], soustraient lentement à sa juridiction. A partir du XVIe siècle s'élabore, en effet, un discours dans lequel le progrès scientifique et l'évolution du savoir agronomique tentent de circonscrire l'intervention de la lune, rejetant les préjugés communs, retenant ce qui paraît relever d'observations incontestables.

SÉLÉNÉ
ET LES TRAVAUX DES CHAMPS

Inlassablement réédité jusqu'en 1705, le *Grand Calendrier et compost des Bergers*, qui paraît en 1491, est le livre-souche de tous les *Almanach* et *Messager boiteux* où la littérature «populaire» dépose, au fil des siècles, les préceptes d'un art de vivre (et de mourir), d'un régime de santé, d'une pratique de l'agriculture, dont les travaux de Geneviève Bollème[23] ont montré l'influence durable et profonde au sein de la France d'Ancien Régime, notamment dans les milieux ruraux[24]. Aux acquis toujours révisables du mouvement scientifique, ce corpus oppose les recommandations d'un savoir immuable, dans lequel la lune occupe une place de choix: c'est ainsi que le *Messager boîteux* de 1758 contient un «Reglement qui enseigne auquel Jour de la Lune il fait bon ou mauvais saigner, sans avoir égard aux bons ou mauvais signes», un «Avertissement général, sur

---

[21] Cette discrétion se trouve confirmée par l'examen de l'*Advertissement sur les jugemens d'astrologie* de Mellin de Saint-Gelais (*Œuvres complètes*, éd. P. Blanchemain, Paris, P. Daffis, 1873, t. III, p. 245-277) et par le chapitre VIII des *Apres-disnées* de Cholières (voir ci-dessus, n. 23).

[22] Ils ne sont pas, au XVIe siècle, considérables: voir J. Boulaine, *Histoire de l'Agronomie en France*, Paris, Technique et Documentation-Lavoisier, 1992.

[23] Voir, entre autres, *Les Almanachs populaires aux XVIIe et XVIIIe siècles*, Paris, Mouton, 1969; *La Bibliothèque bleue. La littérature populaire en France du XVIe au XIXe siècle*, Paris, Julliard, coll. Archives, 1971; *La Bible bleue. Anthologie d'une littérature populaire*, Paris, Flammarion, 1975.

[24] Depuis 1491 (Paris, Marchant), quarante éditions du *Grand calendrier et compost des Bergers*, qui procèderait lui-même d'un traité de Jean de Brie, *Le Bon Bergier* (1379: voir G. Bollème, *Bible bleue*, p. 41-42; publié à Paris en 1514, *Le Bon Bergier* a été réédité par P. Lacroix, Paris, 1879.

ce qu'on doit faire, lorsque la Lune se rencontre en chaque Signe du Zodiaque»,
une liste des «Effets de la Lune pour ceux qui aiment l'agriculture», un «Avis
salutaire et charitable à toute sorte de personne touchant l'usage de Medecine»
(pratiques le plus souvent réglées sur le cours de la lune) ou encore des «Règles
générales pour connoitre le tems à venir» où l'on peut lire notamment ce
proverbe:

> La lune pâle fait la pluye et la tourmente.
> L'argentine tems clair, et la rougeastre vente,

qui n'est que l'adaptation versifiée d'un précepte d'Ennius[25].

C'est face à ce savoir que, par exemple, Laurent Joubert entreprend de se
déterminer lorsque, examinant «s'il est vray que la femme accouchant en pleine
Lune fera depuis un fils, et si en nouvelle, une fille», il répond en ses *Erreurs
populaires* (p. 380):

> Aucuns tiennent ceste opinion (...). Ils disent l'avoir observé, et qu'il n'y a
> point de faute. A quoy je ne contredis pas, ains accorde volontiers qu'ils
> n'ont jamais veu autrement avenir, y ayans prins garde en plusieurs femmes,
> jusques à mille, si vous voulez. Mais je dis que cela ne rencontre pas à toutes,
> non pas mesme à une de celles que j'ay peu observer, ayans fait plusieurs
> enfans, car je ne m'arreste pas à deux, ou à trois enfans. Et pour n'estre
> prolixe à proposer divers exemples que j'ay en main, je seray content de citer
> les enfans que Dieu a donnez à feu mon pere, le chevalier Joubert, et à ma
> mere, Catherine de Genas, encore vivante, jusques au nombre de vingt, tout
> d'un mariage.

Le médecin montpelliérain examine les vingt cas, avant de conclure qu'il
«n'y a aucune asseurance en telle proposition»; pour son propre mariage avec
Louyse Guichard, sur quatre enfants, «ce dire a rencontré en Marie et Cyprian,
et a failli en Susanne et Anne»[26].

C'est un semblable souci de n'avancer que des propositions «assurées» qui
amène Ch. Estienne et J. Liébault, les auteurs de la *Maison rustique*[27] à ne pas se
contenter d'observations éparses sur l'influence de la lune et à consacrer un
chapitre entier au sujet (ch. 9). L'ouvrage, en dépit de ses «inepties», trop aisées
à relever, mérite mieux que la condamnation sommaire de l'abbé Grégoire, qui

---

[25] *Pallida luna pluit, rubicunda flat, alba serenat*. On peut le lire dans les *Proverbes en rimes, ou
     Rimes en Proverbes*, de Leduc (Paris, 1664, 2 vol.).

[26] 1579, l. IV, ch. 8, cité in éd. P. Rigaud, Lyon, 1602, p. 380.

[27] Divers traités de Charles Estienne réunis en 1554 sous le titre de *Praedium rusticum* sont
     traduits en 1564 (*L'Agriculture et maison rustique*, Paris, J. du Puis); augmenté en 1570 par son
     gendre, Jean Liébault (Huzard - éd. O. de Serres, 1804: voir note suivante-lui impute toutes
     les additions superstitieuses relatives aux vertus des plantes), l'ouvrage connaîtra un durable
     succès. Nos citations dans l'édition de Lyon, 1689.

n'y voit «guère qu'un extrait des Anciens, copié sans discernement, ainsi que l'avait fait Vincent de Beauvais»[28]. Après avoir rappelé, selon la Genèse, la création des deux «luminaires», Estienne-Liébault soulignent l'action ces deux grands gouverneurs dans «la plûpart des matieres rustiques». Il choisit de «parler en premier lieu de la Lune, laquelle pour être la plus proche de nous entre toutes les planettes et corps celestes, fait aussi sur nous ses effets ce ce qui est du corps, et sur les choses terrestres». Nos auteurs n'ignorent pas que la lune est un astre dépendant, dont la luminosité croît lorsqu'elle s'éloigne du soleil:

> Et cette splendeur selon qu'elle s'épand ou defaut, elle a aussi et plus et moins de force de mouvoir l'humeur des choses naturelles à executer leurs effets. Car de tant plus cette lumiere va s'augmentant, aussi l'humeur d'icelle abonde et s'épand par les parties exterieures, comme au contraire, tant plus elle manque et diminue, l'humeur naturelle aussi se retire et restraint ès parties intérieures[29].

On ne tuera donc pas les animaux de boucherie «au decroît de la lune» car ils sont alors plus maigres et leur chair plus resserrée, donc plus longue à cuire. C'est au contraire la lune montante que le fermier avisé choisira pour faire «couver les œufs de ses poules», comme pour effectuer ses plantations, cependant qu'au «decroit de la lune», il moissonnera, vendangera, cueillera ses fruits «et rapportera en maison tout ce qu'il voudra être de durée»: il coupera de même (et de préférence le soir) le bois de construction, «étant asseuré que toute matiere (...) ayant été coupée quand la lune decroît soutient longue durée». On voit ainsi l'activité du fermier s'organiser selon deux grands paradigmes, tous deux essentiels à sa subsistance: la fécondité de la nature et la conservation de ses produits. Acceptable pour le bois d'œuvre, le critère de la durée paraît moins pertinent pour recommander de tailler et couper à la lune montante «le bois pour se chauffer». S'il convient de ne pas abattre le bétail «au defaut de la Lune», en raison de sa faiblesse, est-il opportun de châtrer alors «verrats, jeunes beliers, ou bouvelets, et chevreaux»? Et s'il est préférable de ne pas acheter «les bêtes chevalines et autres» nées «sur le decroissement et vieillesse de la Lune», comment expliquer que «le Cheval et autre bête sujette à la maladie des yeux, se porte mieux au defaut de la Lune» qu'au «croissant ou pleine Lune»? D'autre

---

[28] *Essai historique sur l'état de l'agriculture en Europe au XVIe siècle* (traité de 1802, publié dans la réédition du *Théâtre d'agriculture et mesnage des champs* d'Olivier de Serres (t. I, 1804).

[29] C'était déjà, au milieu du XIIIe siècle, l'opinion de Bartélemi l'Anglais (*De proprietatibus rerum*, traduit pour Charles V par Jean Corbechon en 1372, *Le Livre de la proprieté des choses*), au chapitre 19 («qui parle de la lune et de ses proprietez»): «la lune donne croissance à toutes humeurs, si comme il appert des oz qui ont plus de mouelle en plaine lune que quand elle est petite, et ainsi en est il des autres humeurs du corps» (cité in M. Salvat, «Barthelémi l'Anglais, *Traités du soleil et de la lune*, traduits par Jean Corbechon (1372)», Colloque CUERMA (voir *supra*, n. 12), p. 350.

part, les herbes (à l'inverse des fruits) seront cueillies «quand la Lune croît en lumiere» et si «les légumes deracinez au croissant, sont de plus facile cuisson», c'est qu'ils ne se comportent pas comme la viande de boucherie. L'empirisme semble ici prévaloir sur l'explication rationnelle, d'autant plus qu'Estienne-Liébault accueillent des exceptions: les oignons, par exemple, sont beaucoup plus forts, acres et «mordans» si on les «seme ou transplante (....) au decours de la Lune».

On pourrait, il est vrai, porter au crédit de l'expérience ces accrocs à l'esprit de système, d'autant plus que nos auteurs entreprennent ensuite de présenter un «Fermier et Gouverneur de la Maison champêtre»

> soigneux d'observer quelles puissances ont chacun jour de la Lune, non seulement sur les bêtes et plantes, mais aussi sur la disposition et gouvernement de l'homme, pour s'en servir en cas de necessité, en tems et lieu, suivant l'observation asseurée et continuée de long tems que nos peres en ont eu, qui est telle.

Mais il nous faut déchanter, car ils font défiler impitoyablement les trente jours (*sic*) du mois lunaire pour nous dire ce qu'il advient en chacun d'eux. Il nous suffira du premier pour mieux comprendre la sévérité de l'abbé Grégoire:

> Au premier jour de la Lune Adam fut créé; si à ce jour quelcun tombe malade, la maladie sera longue, toutefois le malade guerira: les songes que la personne fera la nuit se trouveront en joye, l'enfant qui naîtra ce même jour sera de longue vie.

Tout aussi riches de tels pronostics, les jours suivants datent les événements de l'Ancien Testament (des naissances le plus souvent) avec une précision que l'on chercherait en vain dans le texte biblique, font verser le livre dans la pire littérature d'almanach, fondant ainsi, indirectement, l'ouvrage à venir d'Olivier de Serres (1600) comme le premier véritable traité d'agriculture composé en notre langue.

Son *Théâtre d'agriculture*[30] ne nie pas totalement l'action de la lune dans ce domaine; mais il la subordonne à d'autres facteurs et s'efforce, le plus souvent, de la soumettre au tribunal de la raison critique et de l'expérience, ainsi qu'il l'expose dans un développement «touchant l'observation de la lune»:

> Puis que les astres par leurs influences gouvernent toutes choses humaines, et que les effects de la lune pour sa proximité, nous sont plus notoires que d'aucune autre planète, tascherons à nous instruire de ses vertus particulières,

---

[30] *Le Théâtre d'agriculture et mesnage des champs, dans lequel est représenté tout ce qui est requis et nécessaire pour bien dresser, gouverner, enrichir et embellir la Maison rustique*, Paris, Jamet Mettayer, 1600. On lira dans *RHR*, 50, juin 2000, les actes d'une journée d'études consacrée à cet ouvrage. Nos citations du *Théâtre* dans l'édition procurée par Actes Sud, 1996.

> pour les approprier aux ouvrages de nostre jardinement, auxquels se mani-
> festent plus apparemment, qu'en autres de l'agriculture, pour le grand
> nombre de racines, d'herbes, de fruicts de diverses espèces et naturels, dont ils
> sont composés. Mais d'autant que l'ignorance des hommes est très grande,
> ignoramment aussi plusieurs employent les termes de la lune, comme a esté
> dict. Et cela mesme faict, qu'au contraire, plusieurs la rejettent en jardinant
> sans nullement y regarder. (VI, 3, p. 744).

Le nombre des premiers l'emporte sans doute en 1600 ; mais la crainte d'être
taxé de superstition conduira bientôt, en un âge plus rationaliste, au rejet radical
de l'influence de la lune : tel est le cas, dès 1690, du « jardinier royal », La Quintinie[31], avant que Vilmorin, commentant avec quelque scepticisme ce texte de
Serres, ne prenne sa prudence pour une concession à l'obscurantisme[32]. Mais
pour l'heure, l'auteur du *Théâtre* privilégie d'autres explications reposant sur
« la coustume des lieux » :

> Qu'est-il besoin vouloir entreprendre en la lune nouvelle, ce dont heureuse-
> ment de tout temps, l'on est venu à bout en la vieille, et au contraire ? Et qui
> sait si l'assiette des lieux, la vertu du soleil intervenant, cause ici jardiner,
> tailler la vigne, ensemencer les terres, et faire tous autres ouvrages des champs
> en la montée de la lune, et ailleurs en sa descente ?

Aussi, pour ne point « se morfondre sur cest article », O. de Serres s'en
tiendra à une pratique qui lui paraît réussir « ès quartiers méridionaux », recom-
mandée « sous toutesfois les protestations sus-dictes » : à la lune « plaine ou en
decours », le travail de tout ce « dont le principal consiste en la racine »... ou dont
le feuillage « se resserre en pomme, chous-cabus et laictues, ensemble melons,
concombres, courges », et le reste (« dont le feuillage et l'herbage ») en la
« montée » de la lune. Faute de mieux, donc, une partition empirique sans
prétention théorique, bien loin des ambitieux critères d'Estienne-Liébault.
C'est encore cette modestie qui le conduit à rapporter aux « merveilles du Créateur » un « secret digne d'admiration pour faire fructifier un arbre » : l'élaguer
sévèrement (« universellement tondu en toutes ses branches ») le « dernier jour
de la lune finissant en janvier, que seul convient employer en ceste action, sans
s'y dispenser » (VI, 27, p. 1030)[33].

---

[31] Son *Instruction pour les jardins fruitiers (..) et potagers (...)* nie en bloc l'influence de la lune sur
le temps des semis (éd. 1700, t. II, p. 564-566).

[32] « Ce passage d'Olivier de Serres, touchant l'observation de la lune, donne assez la mesure du
degré de foi qu'il accordait à cette croyance vulgaire de son siècle, pour qu'il ne soit pas nécessaire d'entrer à ce sujet dans d'autres explications » (éd. *Théâtre*, 1804, t. II, VI, 3, n. 8, p. 1440).

[33] Son lecteur de 1804 (ici, Bosc) sera sans complaisance : « Olivier de Serres qui, dans tout ce
Lieu, éloigne l'idée de l'influence de la lune sur les opérations de la culture des arbres, retombe
ici dans le ridicule du préjugé dominant ».

Ainsi, O. de Serres ne rejette pas tout l'acquis traditionnel des pratiques agricoles: comme à Estienne-Liébault, le «décours de la lune» lui paraît requis pour «chastrer les aigneaux» (VI, 13, 476) ou les «couchons» (VI, 15, 492); il confirme implicitement[34] l'exception culturale qu'ils revendiquaient en faveur des oignons (VI, 4, p. 746). Mais la tradition doit toujours se soumettre à l'expérience incontestable: «Sur la plaineur de la lune est le poinct de mettre ces aulx en la terre, si l'expérience ne fait croire la lune nouvelle estre bonne en ce mesnage» (VI, 4, p. 752). Pour faire couvrir les truies (IV, 15, p. 492) ou tuer les pourceaux (VIII, 1, p. 1182), elle enseigne que le cours de la lune est indifférent; pour planter la «bastardière» – pépinière réservée aux arbres greffés, «n'est nécessaire en ceste œuvre l'observation de la lune» (VI, 18, p. 906); de même pour cueillir des greffes (VI, 22, p. 938) ou «enter en escusson» (VI, 23, p. 948).

Les commentateurs de l'édition de 1804-1805 n'ont donc que partiellement raison lorsqu'ils estiment (note de Cels, I, 7, p. 74) que Serres a reconnu l'influence de la lune «moins par conviction que pour se conformer à l'usage de son siècle»; mais ils lui reconnaissent à bon droit une volonté bien affirmée de lutter contre les préjugés communs lorsque dans son chapitre «Des Saisons de l'Année, et termes de la Lune, pour les affaires du Mesnage», il écrit:

> En ce poinct, presque tous les hommes se sont trompés, donnant confusément, tout, à la vertu du soleil, de la lune, des autres planètes et estoilles, y ayant indifféremment assujetti tous ouvrages humains, la plus-part sans apparence de raison: est besoin monstrer jusques où il se doit estendre en telles matieres, et de mesme manifester l'abus qui là dessus se commet, pour icelui retrenché, venir au légitime usage des temps. (I, 7, p. 80)

C'est en pratiquant ces «retranchements» clairvoyants qu'Olivier de Serres applique à son sujet les principes d'un rationalisme critique, non dogmatique, qui font de son livre le premier traité d'agriculture français digne de ce nom. Si la reconnaissance de son mérite a été tardive en son pays, on le doit largement à l'appartenance de son auteur à la religion réformée, ainsi que l'a bien vu François de Neufchâteau, promoteur et maître d'œuvre de la réédition de 1804-1805. Sans être pour autant devenu (comme le souhaitait Huzard, l'un de ses collaborateurs), «le plus solide ornement de la bibliothèque peu nombreuse de l'habitant de la campagne», son livre a contribué à verser au savoir agricole ce qu'il avait retiré à l'influence de la lune.

La lune s'est trouvée ainsi au XVIe siècle (comme en d'autres époques) tout à la fois bénéficiaire et victime d'une surabondance de significations qui ne s'ar-

---

[34]   Mais par une raison: ils sont d'abord «racines». En compensation, une exception fondée sur la seule expérience est accordée aux «pourreaux» qui, «bien que le plus de leur viande consiste en racine», seront semés «la lune estant nouvelle» (voir également VI, 4, p. 747).

ticulaient entre elles qu'au prix d'emboîtements sémiotiques hétérogènes. Les grands de ce monde, les clercs rompus aux artifices du langage métaphorique et, bientôt, d'habiles pourvoyeurs de littérature « populaire » les ploient à leur convenance. Les plus humbles, chichement dotés en compétences symboliques, subissent ses interventions les plus manifestes dans le cours du monde (la lune rousse et les gelées) et lui prêtent plus qu'elle ne peut : pouvoirs maléfiques sur les travaux des champs, la santé, les destinées humaines. Le petit luminaire se trouve ainsi investi de pouvoirs qui lui seront peu à peu retirés par une meilleure connaissance du grand. Réceptacle de maléfices, point de fixation de nos ignorances et de nos paniques, la planète la plus familière, celles que tutoieront avec désinvolture Musset ou Laforgue, sera aussi la première à se voir dépossédée par l'accroissement de notre savoir sur l'univers.

Michel Bideaux
Université Paul-Valéry, Montpellier

CORRECTIONS MANUSCRITES
ET LISTES D'*ERRATA*
A LA RENAISSANCE*

Ce fut un grand privilège pour moi de travailler sur les annotations manuscrites de l'exemplaire de *l'Universæ naturæ theatrum* (1597) de Jean Bodin que possède Jean Céard. J'ai pu y observer les habitudes de lecture de cet annotateur anonyme d'époque, mais aussi celles de Jean Céard, qui enseigne par l'exemple une attention précise au détail et à la nuance, un emploi systématique d'éditions anciennes plutôt que modernes et une grande ouverture d'esprit à tout ce que l'on peut y trouver. Ainsi la transcription des annotations de cet exemplaire que nous avons faite ensemble comporte de nombreuses annotations de nature apparemment banale, dont j'aimerais essayer de tirer parti ici. Au fil du texte (de 633 pages) cet annotateur diligent a corrigé la ponctuation (25 fois, surtout des virgules ajoutées), l'orthographe (90 erreurs), les citations (20), dont plusieurs termes en grec ou en hébreu (10) et la numérotation (5); il propose aussi plusieurs substitutions de mots entiers, plus ou moins bien fondées[1]. Les erreurs ainsi mises en lumière sont sans doute d'origine diverse – erreurs typographiques et erreurs d'auteur, et comprennent aussi des cas de surcorrection. Dans le contexte plus large des pratiques d'annotation à la Renaissance, ce lecteur ne paraît exceptionnel que par la diligence avec laquelle il a poursuivi sa lecture jusqu'au bout du texte. La correction est effectivement une forme d'annotation très répandue à la Renaissance, mais c'est aussi une des moins étudiées, d'une part parce que les corrections sont parfois difficiles à repérer sur la page imprimée, et d'autre part parce qu'elles semblent souvent d'un faible intérêt.

On pourrait se servir des corrections manuscrites pour dresser un inventaire des erreurs les plus fréquentes dans les pratiques typographiques de l'époque. Sans doute un tel inventaire serait-il différent de celui que l'on pourrait dresser

---

*   Je tiens à remercier A. Charon, A. Grafton, P. Sænger et M. Winship de leurs suggestions utiles.

[1]   Jean Bodin, *Universæ naturæ theatrum*, Francfort, Wechel, 1597. Une analyse de ces annotations se trouve dans mon livre, *The Theater of Nature: Jean Bodin and Renaissance Science*, Princeton: Princeton U. P., 1997, p. 195-201. Pour la transcription il faut se référer à ma thèse, *Restaging Jean Bodin: the* Universæ naturæ theatrum *(1596) in its Cultural Context*, Ph.D. dissertation, Princeton University, 1990, p. 554-609. Pour les substitutions de mots, voir n. 3 ci-dessous.

des erreurs les plus répandues aujourd'hui. Mais on y retrouverait aussi plusieurs points communs, comme dans cette liste des catégories d'erreurs que fournit un imprimeur italien en 1532 pour encourager ses lecteurs à corriger eux-mêmes ces erreurs: la confusion de lettres similaires, une consonne double pour une simple et vice versa, erreurs de ponctuation ou de division de mots, des lettres superflues ou qui manquent[2]. Mais les lecteurs érudits du XVIe siècle proposent aussi des corrections plus radicales, dont il faudrait étudier la valeur dans chaque cas: ce sont parfois d'excellentes lectures d'un texte corrompu par une composition fautive (due à la hâte ou à un manuscrit difficile à lire, par exemple), mais ce peuvent être aussi des émendations excessivement spéculatives[3]. Toutes les questions que l'on peut poser au sujet des pratiques humanistes de l'édition des textes anciens refont surface en étudiant les textes modernes que les humanistes ont eux-mêmes rédigés, puis lus et corrigés.

Je propose plutôt de mettre ce type d'annotations au profit d'une étude des pratiques de lecture. Les corrections manuscrites indiquent au minimum qu'un passage a été lu de près, même s'il n'a pas fait l'object d'annotations plus substantielles, et que cette lecture s'est faite la plume à la main. On peut proposer plusieurs explications pour cette habitude de corriger un texte en le lisant. Les lecteurs érudits, baignés dans la culture humaniste, liaient réputation et honneur à l'exactitude philologique fondée sur la *castigatio*. Ils ont probablement corrigé les erreurs au fil de leur lecture d'une part par habitude (acquise soit au cours de leurs études, soit comme enseignants à leur tour) et d'autre part par amour-propre, afin que personne n'ait l'occasion de prétendre qu'ils n'avaient pas su reconnaître et corriger telle erreur. Mais leurs corrections avaient aussi pour but de perfectionner le texte, non seulement en vue d'une relecture ultérieure, par eux-mêmes ou par d'autres, mais sans doute aussi comme un but louable en lui-même. En effet ce rôle du lecteur comme correcteur était attendu par les imprimeurs qui ont souvent enjoint leurs lecteurs à porter dans le texte les corrections nécessaires, soit à partir d'une liste imprimée d'*errata*, soit de leur propre cru. Ainsi le lecteur érudit était supposé compléter

---

[2] B. Richardson, *Print culture in Renaissance Italy: the editor and the vernacular text (1470-1600)*, Cambridge and New York, Cambridge U. P., 1994, p. 25-6, citant une édition de Pétrarque de 1532 par Sebastiano Fausto.

[3] Dans le cas du *Theatrum* de la bibliothèque de J. Céard, on trouve ces substitutions de mots, presque toutes fort utiles: p. 289 («*gallice*» pour «*vulgo*»), 389 («*Austris*» pour «*Aquilonibus*» et vice versa), 420 («*dictos*» pour «*digitos*» – le passage reste obscur néanmoins), 453 («*radiorum*» pour «*oculorum*»), 466 («*inanis*» pour «*maius*»), 473 («*Cusanus*» pour «*Crescentius*») et 509 («*pedes*» pour «*manus*»). Pour une collection de corrections souvent remarquablement radicales proposées par des lecteurs de Shakespeare, voir [J. O. Halliwell-Phillips], *A Dictionary of misprints, found in printed books of the 16th and 17th centuries. Compiled for the use of verbal critics and especially for those who are engaged in editing the works of Shakespeare and our other early dramatists*, Brighton, for private circulation only, 1887.

la production du texte en étant le dernier à le corriger; mais cette étape échappait bien sûr au contrôle de l'auteur ou de l'imprimeur qui tâchaient néanmoins de le diriger.

Deux types de guides à la correction existaient à l'époque moderne: les listes de passages à corriger dressées dans les index de livres prohibés et les listes d'*errata* fournies par les imprimeurs. Il est bien connu que la censure après la publication a été très peu efficace: maints exemplaires d'ouvrages prohibés «*donec corrigantur*» en pays catholique comportent au plus une annotation en page de garde des passages à corriger, alors que les passages eux-mêmes sont laissés intacts, ou restent facilement lisibles sous de faibles biffures. Parfois cependant, on trouve ces passages noircis complètement ou leurs pages arrachées[4]. L'Eglise comptait néanmoins sur chaque possesseur de ces ouvrages pour mener à bien la correction du texte, mais on peut imaginer que ceux qui avaient déjà acheté des ouvrages suspects aient été moins enclins que d'autres à suivre cette injonction.

Par contre, les *errata* des imprimeurs ont probablement suscité moins de résistance. Ces listes de corrections se trouvaient dans le même volume (au moins dans la plupart des cas[5]) et surtout, elles promettaient de perfectionner le texte selon la volonté de l'auteur, non d'un censeur. On trouve effectivement divers exemples de lecteurs qui ont reporté dans le texte les *errata* indiqués dans une liste imprimée, de Conrad Gesner à un souscripteur anonyme à l'*Encyclopédie* de Diderot[6]. Au milieu du XVIIe siècle, Samuel Hartlib, érudit d'origine prusse installé en Angleterre, est fier de noter une «nouvelle invention»: que «les *errata* des livres imprimés soient insérés dans l'ordre alphabétique dans les index, [pour que] de cette façon on les trouve facilement»[7]. Hartlib espérait sauver ainsi les *errata* du risque d'être oubliés. Ces quelques exemples suggèrent

---

[4] Pour une étude récente des pratiques de censure, voir *Church, Censorship and Culture in Early Modern Italy*, éd. G. Fragnito, Cambridge, Cambridge U. P., 2001. Paul Sænger montre aussi le rôle qu'ont joué les listes de passages à corriger dans le développement de critères de référence précis et efficaces; voir son «Benito Arias Montano and the evolving notion of locus in sixteenth-century printed books», *Word and Image*, 17, 2001, p. 119-37.

[5] Ce n'est que dans des ouvrages parus au cours de plusieurs années que l'on trouve, comme dans l'*Encyclopédie* de Diderot, des listes d'*errata* portant sur des volumes antérieurs; voir notamment le vol. 7 de l'éd. de 1751.

[6] Voir les annotations de Conrad Gesner, dans Remberg Dodœns, *Histoire des plantes*, Anvers, 1557, par exemple, p. 202; exemplaire à la Zentralbibliothek Zurich. Voir aussi le cas décrit dans F. Jouffroy-Gauja et J. Hæchler, «Une lecture de l'Encyclopédie: trente-cinq ans d'annotations par un souscripteur anonyme», *Revue Française d'Histoire du Livre*, 96-7, 1997, p. 329-76, p. 348.

[7] «Erratas of printed Book's are Alphabetically to bee inserted into Indices by which meanes they will bee readily found out. This is a new contrivance». Samuel Hartlib, *Ephemerides*, 1656, part 2, f. 29/5/75A, d'après la version électronique *The Hartlib Papers*, éd. Hartlib Papers Project, J. Crawford et al., A. Arbor, MI, UMI, 1995.

que la correction manuscrite peut être mieux comprise si on la met en rapport avec les corrections imprimées présentées dans les listes d'*errata*.

LES LISTES D'*ERRATA*

Les origines des listes d'*errata* dans les livres imprimés n'ont pas encore été bien étudiées. Les manuscrits médiévaux contenaient bien sûr des erreurs dues à leur production, mais en général les erreurs commises et les corrections qu'elles appelaient étaient uniques à chaque exemplaire. L'imprimerie a non seulement introduit de nouveaux intermédiaires et de sources d'erreur entre le manuscrit de l'auteur et le livre imprimé (le compositeur et le correcteur, entre autres), mais elle multiplie aussi chaque erreur par le nombre d'exemplaires imprimés, appelant ainsi tout autant de corrections[8]. Avant 1500 plusieurs expédients avaient été employés, notamment pour rajouter une ligne ou un passage omis par erreur: feuille volante insérée ou collée au lieu voulu, ligne imprimée à la main dans la marge[9], ou corrections manuscrites introduites déjà chez l'imprimeur[10]. On trouve aussi des listes d'*errata* dressées à Venise et à Florence dès le début des années 1480[11]. La liste d'*errata* imprimée en début ou en fin de volume s'établit rapidement au XVIe siècle comme le remède de choix.

Il n'existe pas non plus, à ma connaissance, de méthode rapide pour répertorier les *errata* dans les éditions anciennes. Les catalogues de bibliothèque ne

---

[8] Voir E. Eisenstein, *The Printing Press as an Agent of Change*, Cambridge, Cambridge U. P., 1979, p. 80-81.

[9] Exemples rapportés par L. E. Osborne, *Notes on errata from books in the Chapin Library*, Londres, The Bibliographical Society, 1932, p. 259-71, p. 259-60 (tiré-à-part dans la Schlesinger Library, Cambridge MA). Comme exemples de lignes ajoutées dans les marges elle cite: Marchesinus, *Mammotrectus super Bibliam*, Venise, Jenson, 1479, Valturius, *Dell'arte militare*, Verone, Boninus, 1483, et le psautier grec imprimé par Alde en 1498; comme exemple d'une feuille d'*errata* insérée elle cite Albertus Magnus, *De officio missæ*, Ulm, Zainer, 1473. Sur les pratiques de correction d'épreuves, voir P. Simpson, *Proof-reading in the sixteenth, seventeenth and eighteenth centuries*, London, Oxford U. P., 1935, et A. Grafton, «Les correcteurs d'imprimerie et la publication des textes classiques», *Des Alexandries I. Du livre au texte*, éd. Luce Giard et Christian Jacob, BNF, 2001, p. 425 sq. Voir également Paolo Trovato, *Con ogni diligenza corretto: la stampa e le revisioni editoriali dei testi letterari italiani (1470-1570)*, Bologna, Il Mulino, 1991, et *L'ordine dei tipografi: lettori, stampatori, correttori tra Quattro e Cinquecento*, Rome, Bulzoni, 1998.

[10] Voir C. Bühler, «Stop-Press and Manuscript Corrections in the Aldine Edition of Benedetti's Diaria de Bello Carolino», *Early Books and Manuscripts: Forty Years of Research*, New York, The Grolier Club and the Pierpont Morgan Library, 1973, p. 138-44.

[11] P. Sænger, «The Impact of the Early Printed Book on the History of Reading», *Bulletin du Bibliophile*, 1996, p. 237-300, p. 240, n. 3. Il cite comme exemples Urbano Valeriani, *Institutiones græcæ grammaticæ*, Venise, Alde, 1498 et l'édition d'Horace par Antonio di Bartolomeo da Miscomini, Florence, 1482.

notent pas systématiquement leur présence ou leur absence. Mon propos repose donc non sur une étude systématique, qui serait d'un grand intérêt, mais sur les aléas de mes propres lectures, centrées sur les ouvrages de référence du XVIe siècle. Parmi ceux-ci les listes d'*errata* et les références au texte qu'elles exigent ont pris plusieurs formes. Dans un exemple précoce de précision, la *Polyanthea* (1503) de Mirabelli clôt sur deux pages de «*Castigata*» disposés sur deux colonnes, contenant des références très complètes: numéros de folio, de colonne (4 colonnes par folio, 2 au recto, 2 au verso) et de ligne, puis le mot à remplacer aussi bien que le terme correct à substituer. D'autres listes restent assez vagues, faisant référence à la signature, dans l'absence de pagination ou de foliation, ou mentionnant seulement le chapitre dans lequel une correction doit être apportée, en spécifiant tout au plus lorsque le mot à corriger se trouve vers la fin du chapitre («*in fine*»)[12]. On peut identifier de plus deux modèles dans le traitement des erreurs: la liste exhaustive ou l'apologie globale, accompagnée ou non d'une brève liste d'erreurs.

Erasme a joué un rôle important dans l'établissement du modèle de la liste d'*errata* exhaustive, car avec son imprimeur Froben il y consacre une grande attention. L'édition des *Adages* de Froben, 1517 mentionne à la fin de l'index deux *addenda*, dont un supplément de commentaire, et un paragraphe entier avec adage et commentaire. Mais l'édition des *Adages* de Froben, 1523 est la première (à ma connaissance) à contenir une liste d'*errata*. Erasme y déploie une méthode de citation précise, par numéro de page et numéro de ligne (compté depuis le haut ou le bas de la page, selon ce qui est plus rapide, les numéros de ligne n'étant pas indiqués dans le texte[13]), où le lecteur est appelé à remplacer un mot incorrect (non fourni) par le mot correct signalé. A raison de 95 lignes denses sur une page et demie, contenant 3 ou 4 *errata* par ligne, cette liste comprend environ 350 *errata* pour 800 pages imprimées. La plupart des erreurs sont d'un type mineur, facile à reconnaître. Erasme a de toute évidence essayé de dresser une liste exhaustive d'*errata*. On retrouve ce type de liste d'*errata* dense et visant l'exhaustivité dans d'autres livres érudits, même s'il a rarement été exécuté avec autant de soin que chez Erasme[14].

---

[12] Pour le cas de références à la signature, voir P. Sænger, *loc. cit*, p. 267. Pour les *errata* signalés par livre et chapitre, voir Cælius Rhodiginus, *Antiquarum lectionum libri XXX*, Venise, Aldus, 1516, p. 863-865.

[13] Saenger appelle moderne cette méthode de compter les lignes; voir Saenger, *loc. cit*, p. 277.

[14] Voir, par exemple, les listes plus brèves mais du même type dans Cælius Rhodiginus, *op. cit.*, Bâle, Froben, 1542, *errata* positionnés à la fin des index et avant le début du texte, sig. [pi 4], Josias Simler, *Bibliotheca instituta et collecta primum a Conrado Gesnero*, Zurich, Chr. Froschover, 1574 ou Girolamo Cardano, *De Subtilitate*, Bâle, Ludovicus Lucius, 1554. En 1529, Erasme consacre une liste de 26 pages aux «*errata et addenda*» dans ses ouvrages imprimés jusqu'alors, selon S. H. Steinberg, *Five Hundred Years of Printing*, éd. revue par J. Trevitt, London, the British Library and Oak Knoll Press, 1996, p. 59. Je cherche toujours le volume dans lequel ce trouve cette liste d'*errata*.

Une autre solution au problème, plus rapide, était de sommer le lecteur (comme le faisait l'imprimeur italien mentionné ci-dessus) à corriger les erreurs qu'il trouverait. Quelquefois on trouve cette recommandation accompagnée d'une liste brève d'erreurs majeures que le lecteur aurait difficulté à corriger lui-même. Ainsi dans les *Commentaria linguæ latinæ* (1536) d'Etienne Dolet le premier volume de quelque 850 pages conclut avec une liste de seulement sept erreurs, avec ce paragraphe d'explication :

> Nous ne pouvions entièrement éviter les erreurs et défauts dans un ouvrage aussi varié et épais que celui-ci, bien que nous y ayons consacré autant de diligence et de soin que possible. Je présente ici les erreurs plus graves que j'ai trouvées en parcourant l'ouvrage, mais je te demande, lecteur doux et bienveillant, si tu en trouves d'autres, de les corriger doucement et avec bienveillance, au nom des lettres, comme sied à un homme de lettres et à un ami de l'érudition[15].

Dolet s'en remet donc à l'indulgence du lecteur en distinguant les petites erreurs des quelques erreurs plus graves dont il signale la correction à apporter. Celles-ci comptent effectivement des corrections difficiles à trouver, comme une proposition entière à ajouter et des substitutions de mots (« Germanorum » pour « Gallorum » ou « Varrones » pour « Barones »).

Plusieurs autres gros volumes emploient cette distinction pour réduire ou éliminer le besoin de signaler les *errata*. Ainsi dans la première édition de la *Polyanthea* (1503) de Domenico Nani Mirabelli on lit :

> Certaines erreurs ont été causées par l'inattention des imprimeurs [incuria impressorum]: j'ai corrigées celles qui étaient graves; et j'ai laissé à la prudence du lecteur de corriger d'autres erreurs, de peu de conséquence, comme « æthicorum » pour « ethicorum » ou qui demandent la transposition ou l'inversion de lettres[16].

Suivent alors, sur deux pages, les « castigata » jugés graves, dont un pourcentage élevé de termes grecs et de substitutions d'un terme pour un autre. Dans la première édition du *Theatrum humanæ vitæ* (1565) de Theodor Zwinger, le

---

[15] *Erratis, et mendis in opere tam vario, tamque spisso carere omnino non potuimus, tametsi omni diligentia, et cura, quanta maxima potuit, adhibita. Quare quæ graviora passim legendo occurrerunt, tibi hic solum subijcio a teque impetratum etiam, atque etiam volo, vel te potius literarum nomine rogo, ut, si qua forte reperias a nobis parum animadversa, tu ipse placate, et benevole, ut virum literatum et literatis amicum in primis decet, placate, inquam et benevole castiges: neque te in gratuito labore supra modum asperum aut ridicule morosum præbeas* (Etienne Dolet, *Commentariorum linguæ latinæ tomus primus*, Lyon, Gryphius, 1536, vol. 1, cols. 1707-1708).

[16] *Postremo quædam errata impressorum incuria: quæ alicuius momenti visa sunt castigavi: Alia levia: qualia sunt Rhœtor pro Rhet. Æthicorum pro Ethicorum: cum aliquibus forsan litteris inversis: aut transpositis: lectoris prudentiæ corrigenda reliqui* (Domenico Nani Mirabelli, *Polyanthea opus suavissimis floribus exornatum*, Savona, Francisco de Silva, 1503, f. cccxxxix).

«typographus» (Oporinus et les frères Froben) s'adressant au lecteur utilise cette distinction entre erreurs graves et moins graves pour tâcher d'excuser l'absence complète d'une liste d'*errata*.

> Cependant il aurait fallu noter ici, selon la coutume reçue, les *errata* qui sont survenus contre notre gré dans un ouvrage si long: si cet espoir ne nous consolait, que les erreurs ne sont pas si graves qu'elles ne pourraient être corrigées et émendées par toute personne ayant quelque doctrine[17].

Mais comme dans l'apologie préfatoire du volume où le *«typographus»* s'excuse de l'absence de l'index promis dans la page de titre, cette apologie invoque aussi la calamité de la peste pour susciter l'indulgence du lecteur envers des défauts dont l'imprimeur est bien conscient[18].

Les listes d'*errata* pouvaient aussi être utilisées pour mobiliser les lecteurs alertes à finir une tâche que l'auteur ne voulait pas accomplir lui-même. Ainsi dans les *-ana* attribués à Gilles Ménage on trouve décrits deux exemples d'un emploi subversif des listes d'*errata*, qui profitent du fait que ce sont des outils puissants mais que la plupart des lecteurs négligent.

> Outre les fautes ordinaires qui échapent dans l'impression, il y en a aussi d'autres qu'on laisse passer exprès, afin d'avoir occasion de mettre dans l'*Errata* ce qu'on n'auroit pas permis dans le corps de l'ouvrage. Dans les payis, par exemple, où il y a Inquisition, à Rome sur tout, il est défendu d'emploier le mot *fatum* ou *fata* dans les Livres. Un Auteur voulant se servir de ce dernier, s'avisa de cette adresse. Il fit imprimer dans son livre *facta*, et dans l'*errata* il fit mettre, *Facta*, lisez *Fata*. M. Scarron fit à peu près la même chose. Il avoit composé quelques vers, à la tête desquels il mit une Dédicace avec ces mots: *A Guillemette, chienne de ma sœur*. Quelque tems après s'étant brouillé avec sa sœur, dans le tems qu'il faisoit réimprimer ses Poësies en recueil, il fit mettre mailicieusement dans l'*Errata* de son Livre: au lieu de *Chienne de ma sœur*, lisez *ma chienne de sœur*[19].

De même Brian Richardson rapporte la stratégie d'un éditeur italien qui essaya d'introduire de nouvelles orthographies toscanes en les indiquant dans les *errata*[20].

---

[17] *Errata interim, quæ in tam operoso Opere invitis etiam contigerunt, pro recepto more hic annotare decuisset: nisi ea nos spes solaretur, quod tanta non sint, quin a quovis non indocto corrigi et emendari queant* (Theodor Zwinger, *Theatrum vitæ humanæ*, Bâle, Ioan. Oporinum, Ambrosium et Aurelium Frobenios fratres, 1565, au recto du colophon).

[18] *Illud interim vere et ingenue testari possumus, non tam de lucro nos (quod iniquus aliquis calumniari posset) quam de Reipub. literariæ commodis sollicitos, Opus tam difficile, tempore omnium calamitosissimo, feriantibus cæteris et de morte potius quam de salute Reipub. cogitantibus, suscepisse: atque illud Dei opt. max. benignitate, ad optatum finem perduxisse* (Ibid.).

[19] *Menagiana ou les bons mots et remarques critiques, historiques, morales et d'érudition de Monsieur Menage*, 4 vols, Paris, Veuve Delaulne, 1729, III, p. 65-66.

[20] Richardson, p. 166, citant l'édition par Borghini de l'*Istoria delle cose avenute in Toscana dall'anno 1300 al 1348*, Giunta, 1578.

Dans ces cas un auteur ou un éditeur lancent discrètement des remplacements systématiques ou ponctuels dans un texte imprimé dans l'espoir que certains lecteurs (mais pas tous!) suivraient leurs intentions. L'activité du lecteur servirait donc à produire la version idéale du texte, que l'auteur ou l'éditeur n'ose pas présenter directement, mais qu'il essaie de contrôler par les instructions laissées dans les *errata*.

Les listes d'*errata* et les explications qui les accompagnent servent aussi à placer ou à déplacer la responsabilité pour les erreurs, diversement sur l'auteur, sur l'imprimeur ou, dans un jeu de responsabilités à l'intérieur de la maison d'édition, sur différentes personnes précises. Par exemple, on trouve blâmée plus d'une fois l'inattention des «*impressores*», comme pour assigner la faute aux hommes qui manient les presses[21]. De façon plus convaincante, John Florio, le traducteur de Montaigne, regrette l'absence d'un «correcteur diligent» chez son imprimeur[22]. Brian Richardson rapporte plusieurs cas de conflit entre auteurs et imprimeurs, comme celui des imprimeurs Giovanni Battista et Melchior Sessa qui cherchaient à prévenir les critiques de l'auteur qu'ils publiaient, réputé pour sa mauvaise langue. Ainsi ils publièrent une longue liste d'erreurs même évidentes, afin de ne pas donner à Ruscelli l'occasion de faire «une de ses attaques habituelles à la fin de ses livres contre nous pauvres imprimeurs»[23]. Ces imprimeurs se défendaient ainsi de l'accusation d'avoir laissé des erreurs par ignorance. A l'inverse on trouve des cas où les erreurs d'une impression hâtive et fautive sont mises au compte de l'auteur[24]. Mais, témoins d'une collaboration plus harmonieuse, on trouve aussi des exemples d'auteurs qui s'excusent d'avoir manqué à leur devoir de correction et qui absolvent les imprimeurs de la responsabilité pour les erreurs du texte[25].

Dans la plupart des cas nous ne savons pas exactement qui a rédigé une liste d'*errata* donnée; outre l'auteur et l'imprimeur, ce pouvait être une tierce

---

[21]   Outre la citation de Mirabelli ci-dessus (n. 14), voir Rhodiginus, *op. cit.*, 1516, p. [863]: *Index eorum quæ per incuriam sunt insigniter ab impressoribus admissa, peccatum et in alijs, opinior, sed ita, ut operam sibi vel mediocriter possit eruditus in eo præstare.* Par contraste on trouve aussi des formulations plus neutres, comme celle-ci: *Errata inter excudendum operarum incuria commissa, sic emendabis.* Cardano, *op. cit.* (1554).

[22]   John Florio, *The Essayes ... of Michæll de Montaigne*, Londres, Val. Sims for Edward Blount, 1603, cité par Osborne, p. 268.

[23]   Richardson, p. 12, citant Ruscelli, *Del modo di comporre in versi*, 1559.

[24]   Voir par exemple A. Johns, *The Nature of the Book: Print and Knowledge in the Making*, Chicago, Chicago U. P., 1998, p. 181.

[25]   Voir les cas anglais cités par Osborne, notamment p. 269: dont John Salkeld, *Treatise of angels*, 1613 et William Chillingworth, *Religion of Protestants*, 1638. Pour d'autres cas anglais, dont un imprimeur qui refuse de signaler ses erreurs, préférant les laisser «pendre au cou de l'auteur», voir S. B. Dobranski, *Milton, Authorship and the Book Trade*, Cambridge, Cambridge U. P., 1999, notamment p. 22, puis p. 49, 158-65 concernant le rôle de Milton dans la correction de ses textes.

personne chargée par l'un ou par l'autre de cette tâche. Ainsi nous savons qu'Isaac Newton a dressé la liste d'*errata* pour les éditions d'Euclide et d'Archimède produites par Isaac Barrow, son maître, qui lui a probablement demandé ce service[26]. La page d'*errata* pour l'édition d'Archimède de Barrow, divisée en trois sections selon le type d'erreur – erreurs dans les équations, les citations, et les diagrammes – témoigne de la difficulté particulière que présente la correction d'un ouvrage mathématique (Figure 1)[27]. Dans le cas du *De Revolutionibus* de Copernic l'auteur des *errata* reste inconnu bien que le cas soit particulièrement intéressant : la liste imprimée s'arrête au f. 146 ; elle contient d'ailleurs deux hiatus et est absente du plus grand nombre des exemplaires conservés, mais une liste d'*errata* pour le reste du texte a probablement circulé en manuscrit[28].

Il faudrait aussi, et idéalement d'abord, mieux comprendre quels livres comportent des listes d'*errata* et pourquoi. Mon impression est qu'on en trouve seulement dans un petit pourcentage de livres imprimés au XVIe siècle. On peut supposer que les listes d'*errata* sont plus fréquentes dans certains genres que dans d'autres, mais leur présence n'a pas nécessairement de rapport évident avec l'importance de l'état du texte. Ainsi maintes éditions humanistes, fondées en principe sur la recherche du texte correct, ne présentent pas d'*errata*, alors que l'on en trouve, par exemple, dans une série de dialogues italiens sur les tremblements de terre parus après le tremblement de Ferrare de 1570[29]. Sans doute la présence des listes d'*errata* dépend avant tout des imprimeurs et des auteurs impliqués et de la nature de leurs rapports – l'antagonisme a motivé la liste de Battista et Sessa, alors que Froben et Erasme ont travaillé ensemble de façon exceptionnellement étroite pour surveiller la qualité de l'impression et des listes d'*errata*. Qu'elles soient de forme exhaustive ou sélective, les listes d'*errata*

---

[26] R. Westfall, *Never At Rest : A Biography of Isaac Newton*, Cambridge, Cambridge U. P., 1980, p. 258.

[27] Isaac Barrow, *Archimedis opera*, Londres, Guil. Godbid, 1675, p. 286. Dans une de ses éditions d'Euclide les *errata* indiqués ne sont pas aussi nombreux ni aussi précis ; notamment une erreur est signalée dont on a oublié l'emplacement exact : *est et in octavo libro : pro, sed locum non memini*. Isaac Barrow, *Euclidis elementorum libri xv breve demonstrati*, Cambridge, ex Academii typographeo, impensis G. Nealand, 1655. Les remarques de Westfall ne permettent pas de préciser pour laquelle des nombreuses éditions d'Euclide par Barrow Newton a dressé les *errata*.

[28] Sur la feuille d'*errata* imprimée, voir N. Swerdlow, « On establishing the text of *De revolutionibus* », *Journal for the History of Astronomy*, 12, 1981, p. 35-46 ; cette feuille est reproduite p. 41. Sur les *errata* du reste du texte, voir O. Gingerich, « An early tradition of an extended errata list for Copernicus' *De revolutionibus* », *Journal for the History of Astronomy*, 12, 1981, p. 47-52.

[29] Notamment Lucio Maggio, *Del Terremoto*, Bologna : Alessandro Benacci, 1571 ; Iacomo Antonio Buoni, *Del terremoto dialogo*, Modena, Paolo Gabaldini e fratelli, [1571] ; Gregorio Zuccolo, *Del terremoto Trattato*, Bologna, Alessandro Benacci, 1571.

constituent des exhortations au lecteur à corriger le texte et à achever ainsi de le perfectionner. Par ces instructions de lecture les auteurs et/ou les imprimeurs tâchaient de contrôler la réception du livre, tout en reconnaissant que cette dernière étape de la production du texte restait dans les mains (et les plumes) du lecteur.

UN CAS DE CORRECTION D'INDEX

Les corrections de lecteurs érudits à la Renaissance ne portent pas toujours sur les textes, pour lesquels on trouve parfois des listes d'*errata*, mais peuvent aussi porter sur les paratextes, pour lesquels je n'ai encore jamais trouvé d'*errata* indiqués. Ainsi le cas d'un exemplaire annoté des *Adages* de 1508 (édition aldine, exemplaire à la Houghton Library) montre comment un lecteur (anonyme) a porté son attention surtout sur la correction des index de cette édition, en particulier en améliorant par ses annotations le système de renvois de l'index par lieux communs. C'est ce même système de renvois que l'imprimeur suivant, Froben, tâchait d'améliorer, dès 1515, d'une façon d'ailleurs moins élégante que ce lecteur[30]. Le travail investi par le lecteur de l'exemplaire de 1508 dans la correction des index atteste tout d'abord l'importance considérable qu'il attachait à ce mode d'accès au texte d'Erasme, sciemment construit dans le désordre. Dans le premier index que fournit Erasme, les adages sont rangés par ordre alphabétique du premier terme[31]. Dans cet exemplaire annoté on y trouve des corrections d'un type assez fréquent dans les index : correction de numéros de page, insertion d'adages oubliés (notamment *«annulum arctum ne gestato»*, voir fig. 2), et d'adages présents ailleurs dans la liste, alphabétisés selon la première lettre de l'adage mais que l'annotateur préfère classer sous un mot-clé (*«nihil cum amaricino»*, ajouté sous *«amaricino»* alors qu'il figure déjà sous *«nil»*, voir fig. 2). Ce lecteur compte aussi les adages dans l'index, par millier.

Le second index imprimé dans l'édition de 1508 est un index par lieux communs, groupant sous 256 rubriques (de «richesses» et «pauvreté» à «l'at-

---

[30] Je n'ai pas pu consulter l'édition de Froben, 1513, qui contient peut-être déjà cet «index de l'index».

[31] Il existe un exemplaire des *Adages* (éd. de 1526) où les index sont corrigés de la main d'Erasme et de son secrétaire du moment, Nicolas Cannius en vue de l'édition de 1528; voir L. Michelini Tocci, *In officina Erasmi: l'apparato autografo di Erasmo per l'edizione 1528 degli Adagia e un nuovo manoscritto del Compendium vitæ*, Rome, edizione di storia e lettereatura, 1989, p. 39-49 et fig. 6-7. Ces annotations donnent raison de croire qu'Erasme a été dès le début personnellement engagé dans la création des index aux *Adages*, qui paraissent dès la première édition de la version longue des *Adages*, en 1508.

trait du mal» et «contagion des mœurs») les adages qui leur correspondent. Le problème est que cette liste des rubriques de lieux communs ne suit aucun ordre apparent. Pour pallier à ce problème cet index commence par une liste simple des rubriques seules, que l'on peut parcourir rapidement pour localiser la rubrique que l'on cherche et ensuite se reporter à la deuxième liste (rangée dans le même désordre) qui fournit les références aux adages correspondant à chaque rubrique (fig. 3). De toute évidence ce lecteur était impatienté par les aléas de ce type de consultation par une liste désordonnée des rubriques de lieux communs. Ainsi cet exemplaire comporte sur deux pages un index manuscrit qui ordonne les rubriques de lieux communs selon l'alphabet, leur assignant à chacun un numéro selon l'ordre de leur parution dans les listes désordonnées (cf. fig. 4). Cet index supplémentaire représente un travail minutieux, puisqu'il a fallu alphabétiser la liste avant de la recopier au net[32]. On peut conclure que ce lecteur comptait consulter le volume par l'index des lieux communs et voulait faciliter et rendre plus systématique cette forme d'accès au texte.

L'imprimeur suivant des *Adages*, Froben, a perçu le même besoin et remédié au problème du désordre des rubriques à sa propre façon: en numérotant les colonnes où paraissent les différentes rubriques dans la liste simple et en dressant un index alphabétique au second index par lieux communs qui indique pour chaque rubrique le numéro de la colonne dans laquelle il figure dans la liste désordonnée (cf. fig. 5). Cette solution ne provient pas de notre annotateur, puisqu'elle est plus lourde, mais elle montre le souci qu'avaient les imprimeurs de subvenir aux besoins de consultation de leurs lecteurs. Les *Adages* furent dotés par la suite de deux autres index après la mort d'Erasme. En 1550 la page de titre vante la présence d'un troisième index, alphabétique, «des choses dignes de mérite qui ne sont pas présentes dans le premier index»; en 1551, un quatrième index alphabétique, d'un type assez rare, indique quels auteurs sont cités et à quelle page du volume. Mais il existe toujours des lecteurs qui ne trouvent pas ce qu'ils cherchent dans les outils de lecture imprimés. Ainsi dans un autre exemplaire à la Houghton library (édition de Froben, 1515), on trouve en fin de volume, sur la page de garde, un autre index manuscrit, des adages pris des textes d'Homère – un type d'index qui n'a jamais eu d'équivalent imprimé. Ainsi, même si les imprimeurs ont souvent cherché à répondre aux besoins des lecteurs, le lecteur a toujours le dernier mot dans le perfectionnement de son exemplaire pour son propre usage.

Les imprimeurs diligents de la Renaissance ont souvent essayé d'anticiper les critiques de leurs lecteurs, d'où la présence de listes d'*errata* et/ou de paragraphes apologétiques reconnaissant la présence d'erreurs et priant le lecteur

---

[32]   On peut remarquer quelques inexactitudes néanmoins, surtout sous «I» (*ingrata ob vetustatem, implicatus, indecora, inanis opera...*).

bienveillant et instruit de bien vouloir les corriger de lui-même. Les lecteurs ont effectivement laissé bon nombre de corrections manuscrites dans leurs exemplaires. Celles-ci constituent d'abord un indice précieux des passages du texte ou du paratexte qui ont attiré l'attention d'un lecteur. De plus, la pratique de la correction manuscrite à la Renaissance et les efforts des auteurs et imprimeurs pour diriger cette pratique témoignent de l'importance attachée au rôle du lecteur qui constitue la dernière étape dans la production d'un texte et l'agent de son perfectionnement[33].

Ann BLAIR
Harvard University

---

[33] Voir aussi un livre paru depuis la mise en page de cet article: Klara Vanek, *Ars corrigendi in der frühen Neuzeit, Studien zur Geschichte der Textkritik*, Berlin et New York, Walter de Gruyter, 2007.

ERRATA *sic corrigantur :*

In Argumento.

Pag	Lin	
2	8	A *pro* B.
2	13	X *pro* H & G.
3	2	Z *vel* Y *pro* X.
8	pe.	C F H *pro* F G M.
9	19	B M *pro* D M.
10	34	F N O L *pro* P X O L.
11	3	A G *pro* H G.
16	10	F E ⌐ D E *pro* G F ⌐ D E.
16	17	DEq . EB x BA : : Tq . Mq *pro* DEq . EB x AE : : Mq . Tq.
19	11	C F *pro* C E.
20	ul.	C D *pro* F B.
21	4	Q.AE—EB *pro* Q.EB—AE.
22	28	B A *pro* D A.
23	4,5 6,7	A G *pro* A E.
30	1	L X *pro* L K.
31	1	*In margine,* D E *pro* D C.
31	14	$\dfrac{4\,D E\,q}{B X}$ *pro* $\dfrac{4\,F E\,q}{B X}$
31	26	B H *pro* E H.
35	5	F G *pro* O G.
35	6	F H *pro* O H.
37	11	C B *pro* A B.
37	pe.	Y Z *pro* V Z.
38		Fig. 49. *pro* 94.
41	13	B H *pro* B E.
43	pe.	B A C *pro* B A D.
45	25	X V *pro* X Y.
52	22	A, B *pro* A, E.

Pag	Lin	
54	13	A E *pro* B E.
58	25	M C *pro* Z C.
59	ul.	majus *pro* minus.
62	16	G I *pro* C I.
64	22	L E *pro* L I.
64	26	O *pro* I.
64	29	D C *pro* G D.
66	6	B X K *pro* B X R, & B F *pro* BE.
66	16	A F *pro* A G.
68	17	D B q *pro* D K q.
68	33	H F x F E *pro* H F x F D.
68	34	
69	22	G I *pro* G L.
69	28	T O *pro* I O.
70	4	sectionum *pro* contingentium.
70	8	A E *pro* A F.
72	10	LSH *pro* LSE, & ALN *pro* ALM.
74	22	*Deest* + *inter* AEq & CX x XA.
75	pe.	*Deest* + *inter* EXq & CExED.
77	18	E C *pro* F C.
78	21	*Citatur* 4 & 22.6 *pro* 19.5.
79	10	A B *pro* A D.
79	26	K O B *pro* K O P.
86	5	F A *pro* D F.
91	ul.	O P *pro* O D.
96	pe.	F G *pro* F M.
99		*Ult. duæ lineæ ita corrigantur,* FN.FL::NK.KL. & (ob sect. AMD) NK.KL :: NM . ML quar FN.FL::NM.ML *Q.e.a.*
102	8	A D, B G *pro* A C, B C.

In Citationibus.

*Prop.*9. *nota* f, *pro* 17.6 *lege* 16.6. *pr.*16.*n.*a,13 hujus *l.*12 hujus. *pr.*20.*n.*c,3.6 Libri I. *l.*1.6.*pr.*33.*n.*c,4.*l.*4.2. *pr.*38.*n.*c,21 hujus *l.*37 hujus. *pr.* 44. *n.* a, 31 hujus *l.*37 hujus. *pr.*45.*n.*f, 7.1 *l.*7.5. *pr.*45.*n.* g, 4.1 *l.*4.6. *pr.* 51. *n.*b, 7.1 *l.*7.5.

Prop. 2. *nota* g, *pro* 6.5 & 3 ax. 1 *lege* 6 & 5.2. *pr.* 4. *n.* g, 53. hujus *l.*53.1 Libri II. hujus. *pr.*48. *n.* g, *deest hæc citatio* (17 ax. 1.)

Prop. 4. *nota* a, *pro cor.* 44 hujus *lege cor.* 15.2 hujus. *pr.*8. *n.* k, 8.1 *l.*4.3 Libri III. hujus. *pr.* 16.*n.*d, & *pr.* 16,17,18,19. *n.* b, *in singulis pro* 16.5 *l.* 4.6. *pr.*20. *n.* c, 16.3 *l.*4.6. *pr.*21. *n.* b, 46.5 *l.* 4.6. *pr.* 22. *n.* k, 2.6 *l.*6.2. *pr.* 23. *n.*b, 16.5 *l.*4.6. *pr.* 23.*n.*d, *l.* facilè deducitur ex 15.3 hujus. *pr.*33.*n.*d, 2.6 *l.*6.2. *pr.*34.*n.*c, 15.6 *l.* 16.6. *pr* 37.*n.*b, 49 & 51. hujus *l.* 2 & 11.3 hujus. *pr.*44.*n.*b, & *pr.*45.*n.*c, *pro* 15.6 *l.*16.6. *pr.*56.*n.*p, ex 2 vel 4.8 *l.* 2 vel 4.3.

*Prop.*14 *nota* a, *pro cor.*14 hujus *lege pr.*15.*n.*b,36.1 hujus *l.*39.3 hujus. Libri IV. *pr.* 21. *n.*a, 6 hujus *l.*8 hujus. *pr.* 21. *n.*b, 15 hujus *l.* 17 hujus.

In Schematis.

*Fig.*14.*deest linea* F G. fig.30.*deest* D *ubi* EH *occurrit sectioni.* fig.136. *pro* H *lege* B. fig.148.*deest* D *ubi lineam* AC *bisecat* KB. fig.176.*deest* E. fig. 194. *deest ubi* Y *ubi* LX *diametro occurrit.* fig.276.*deest* E *ubi* DK *sectioni occurrit.*

Figure 1:   Isaac Barrow, *Archimedis opera*, Londres, Guil. Godbid, 1675, p. 286: page d'*errata* tripartite, attribuée à Isaac Newton. Reproduction par la Houghton Lib., Harvard Univ.

PER ORDINEM ALPHABETI.

Charontis habere. 191.
Ale luporum catulos. 123.
Alabanda fortunatissima. 124.
Alia lacon,alia asinus portat. 92
Alpha penulatorum. 144.
Aliorum medicus,ipse hulce
ribus scates. 152.
Alia uoce psittacus,alia co-
turnix loquitur. 154.
Alcedonia sunt apud foge. 161.
Aliud genus remi. 165.
Alia Meneclis,alia porcellus
loquitur. 191.
Alienu arare fundum. 193.
Aliis lingua,aliis dentes. 201.
Aliud noctua sonat,aliud cor
nix. 201.
Album pane pinso tibi. 201.
A lupi uenatu. 202.
Aliud stans,aliud sedens. 204.
Altera nauigatio 210.
Albo rete aliena captat boa. 221.
Alieno ferox psidio. 226.
Alieno auxilio potentes. 226.
Aliter cum aliis agendum. 227.
Aliis prospiciens,non sibi. 228.
Alia dantur,alia negant. 229.
Alius aliis in rebus pstatior. 229.
Aliam aetatem,alia decet. 230.
Aliud cura. 233.
Alia committenda ,alia ce
landa. 234.
Alybantii hospitis munera. 249
λλιτήριος. 242.
Alter Ianus. 247.

A M
Nihil cum Amaricino iul. 47.
Amicorum communia o-
mnia. 5.
Amicitia aequalitas. Amicus
alter ipse. 5.
Amico amicus. 34.
Amussis alba. 61.
A mortuo tributu exigere. 94.
Ambabus manibus haurire. 95.
Amazonum cantilena. 118.
Ama tanq osurus, oderis
tanq amaturus. 121.
Amicus magis necessarius , q
ignis & aqua. 130.
Amyris insanit. 135.
Amicitia stabilium, felici-
tas temperantium. 141.
Αμουσοι. 158.

Amea azesiam reperit. 169.
Ameles angulus. 174.
Amantium irae. 196.
Amens longus. 209.
Amphictyonum consessus. 213.
Amicorum est admonere
mutuum. 227.
Αμφιβολης ερως. 244.
Amphidromiam agis. 245.

A N
Annulus acetum...
Annus producit,no ager. 14.
Anagyrim comoues. 16.
Ancora domus. 37.
Ansam quaerere,& cosimi
les metaphorae. 43.
Annosa arbore trasplatare. 49.
Anthericum metere. 52.
Antiqora diphthera loqtris. 53.
Anser inter olores. 77.
Annulus aureus in naribus. 77.
Ante uictoriam. 80.
Animal in pedes decidit. 91.
Anus bacchatur. 93.
Anus hircissans. 93.
Annosa uulpes haud capi
tur laqueis. 102.
Αιντπλαφγαν. 102.
Animam debet. 103.
Anus clibanum. 108.
Ante mysteria discedere. 118.
Anteq incipias consulto. 140.+
Anima & uita. 141.
Andabatae. 145.
Annus est. 51.
Antronius asinus. 154.
Anus eriphus. 171.
Anus saltat. 171.
Anus subsultans multum
excitat pulueris. 271.
Antiquior,q chaos & Sa
turnia tempora. 173.
Ante tubam trepidas. 174
Animo aegrotati medicus
est oratio. 196.
Ακρίνασος ε. 201.
Ante barba doces senes. 209
Antehac putabam te habe-
re cornua. 203.
Anthiopae luctus. 209.
Anus cothonissat. 209.
αυπ-θειν κατα βαλλε. 211.
Anguillam captare. 220.
Aniculatum deliramenta. 221.

Ante pedes. 221.
Animus est in coriis. 222.
Anno senior fio. 223.
Ancipitis consilii. 227.
Ancipitis animi. 228.
Anceps euentus rei. 230.
Animus praesens. 233.
Antiquis debet ueneratio. 234.
Annas clibanum. 237.
Animus heptaboeus. 239.
A nanaeo. 241.
Antiquior codro. 247.
Anus simia,sero quide. 246.

A P
Apage hospitem in tepe
state. 159.
Aperte simpliciterq loqui. 232.
Apio mollior,aut mitior. 78.
Aperitae musae ianuae. 167.
Aphiarum honos. 172.
Apio opus est. 186.
Apud simu odorum uapo
re spargis. 51.
A puro pura defluit aqua. 202.
Apto pectore. 213.
Apta prouincia. 229.
Apros immitere fontibus. 244.
Απ' ακροφυσιων. 244.
Aptis tibiis. 62.

A Q
Aquam e pumice postulas. 52.
Aquila uolare doces. 54.
Aquilam testudo uincit. 81.
Aquilam noctuae coparas. 95.
Aquilam in nubibus. 95.
Aquilae senecta. 98.
Aquilae senecta,Corydi iu
uenta. 98.
Aquila thripas aspicies. 99.
Aquam in mortario tuder e. 120.
Aquam bibens nihil boni
patias. 157.
A quinq scopulis desilire in
fluctus. 201.
Aqua praeterfluit. 201.
Aquila non captat muscas. 201.
Aquila cornix prouocat. 203.

A R
Aranearum telas texere. 50.
Arare litus. 50.
Argentangina patitur. 76.
A 2

Figure 2:   Erasme, *Adagiorum chiliades tres*, Venise, Aldus, 1508, exemplaire annoté à la Houghton Lib., Cambridge MA, USA, cote *fNC5.Er153A2.1508 : l'index alphabétique des adages avec quelques corrections. Reproduction par la Houghton Lib., Harvard Univ.

LOCORVM

Tempeſtiua.	Malus uicinus.	Alieno periculo.	Diſcordia.
Seruire tempori.	Aperte & craſſe.	Experiétie, piclitationis	Fuerunt non funt.
Deprecãtis abominãtis.	Raritas.	Secũdæ experientiæ.	Exilium.
Execrandi.	Riſus.	Imperitia.	Aceſſio inepta.
Ominandi.	Deriſio.	Conatus.	Vſura.
Beneficiũ corruptum.	Impoſtura.	Pertinacia.	Probri gloria.
Stupidi.	Fortunata ſtultitia.	Incertus euentus.	Munus boni cõſultorũ.
Prælongi.	Citra laborem.	Ex euentu iudicium.	Mira noua.
Improbi.	Incitare.	Multi.	Illecebra mali.
Ingenii malum.	Diſcriminis.	Concordia.	Contagio morum.

INDEX PROVERBIORVM SECVNDVM MATERIAS.

DIVITIAE.

Cræſo ditior.	72.
Midæ diuitiæ.	·65
lyſiſtrati diuitias hēs	209
Pactoli opes.	72.
Ciniræ opes.	195.
pelopis talenta.	65.
ad ambas uſœ aures.	135.
ne decimam quidé.	146.
ultta res Callicratis.	175
zopyri talenta.	185.
diues aut iniquus.	97·
ſatietas ferocitatem	
patit ·	223.
octopedes.	96.
quãtũ nõ milu⁹ober.	216
tantali talenta.	65.
dextro Hercule.	17.
prædiues.	228.
pecuniæ uir.	172.
unde excoquat ſeuũ	236
adminicula uitæ·	235.
diuitiæ nõ ſemper	
optimis.	233.
ueſtis uirum facit·	194.
Lyſicrates alter.	209.
magnum os amni·	109.
nullius idigés deus·	180.
quid op⁹ſapragoræ.	245

Z. PAVPERTAS·

Nec obolum habet·	38.
nudior leberide.	11.
iro, codro pauperior.	72
nudior paxillo.	180.
Telenice paupior·	248.
nudus tanquam ex	
matre.	173.
ne in pelle quidem.	181.

pedem ubi ponat·	48.
cinclus·	131.
piſtillo nudior. ·	248.
paupertas ſapiétiam·	50.
paup ſed igenioſus.	235.
multa docet fames.	245.
zonam perdidit.	49.
animam debet.	103
ſaguntina fames.	99.
fames Melia.	99.
fames campus.	99.
limodorienſes.	223.
Aquam bibens.	157.
non eſt dithyrãbus.	249
quærédæ facult.	178.
pauſone médicior.	249
q eget i turba uerſeſ.	235
mendico ne paré-	
tes quidem·	245.
omnem facultaté.	206·
Theogenis pecũiæ.	176.
Cleomenes ſupe-	
rat cubile.	248.

3. MVNERVM
corruptela.

Argentãginã patiſ.	76.
bos in lingua·	76.
bouem in faucibus	
portat.	133.
lupi illum priores	
uiderunt.	83.
malis ferire.	148.
munerib⁹ uel dii cap.	34
uirtuté & ſapiétiã ui-	
cunt teſtudines.	149.
Dorica muſa.	153.
pecuniæ obediũt oîa.	42
nihil eſſent alia,	
fine auro.	181.

munerũ corruptela.	232.
muneribus res agit.	226.
argenteis haſtis.	167.
qui multa rapuerit.	130.
uulpes haud cor-	
rumpitur.	102.
corrupta iudicia.	229.

FORMA DEFOR
mitas.

Ominabiſ aliquis.	246.
a furiis oriundus.	244.
leporem non edit.	115.
Myconius caluus.	114.
piſtillo caluior.	248.
multã ſyluã geſtas.	219.
pronomi barba.	244.
nauiges Troezené.	142·
perdicis crura.	126.
ex ouo prodiit.	249.
pulchrorum etiam	
autũnus.	40.
ſimia eſt ſimia·	75.
ſimiarũ pulcherrima·	54

STAEDIVM EX
iteratione·

Iterum atœ iterum.	184.
iterum trãquilitaté·	125.
Iouis Corinthus.	119.
crambe bis mors.	56.
eandé tũdere icudé.	101.
cantilenam eandem	155.
eadem per eadem·	62.
Hyperi uertigo.	171.
date mihi peluim·	194.
parni ſcaphula.	151.
ſardi uenales.	63.
callicyriis plures.	199.
nõ miſſura cuté niſi.	149

linum lino nectis.	90.
Ad reſtim funiculũ.	212
Rhodiœ oraculũ.	160.

ITERATIO CI
tra tædium.

Bis terœ qð pulchrũ.	26.

MOLESTI
intolerabiles·

Onus nauis.	203.
quos non tolleré.	214.
qui conturbat oîa.	233.
anno ſenior.	223.
uti fici oculis.	174
ἄγουσι φέρουσι.	222.
athos cælat latera.	202.
maniuoro uinculo.	183.

INGRATA
ob uetuſtaté.

Piſcis nequam.	242.
piſcis repoſitus.	31.
ex eo prope tantũ.	239.
antiquiora Diphtera.	53.
a Nannaco.	241.
res cannacæ.	171.
antiquiora q̃ chaos.	173.
pellenæa tunica.	203.

NVPERA·

Heri & nudi⁹ terti⁹.	153.

ITERATVS

Eadem oberrare	
chorda.	49.
iterum ad eundem·	48.
nũ licet bis in bello.	192
uulpes nõ iteœ capiſ.	151
cauendum ab eo.	227.

2

Figure 3: *Idem*: l'index des adages par lieux communs, sans ordre évident, – la liste simple suivie de la liste fournie des références aux adages. Le lecteur a numéroté chaque rubrique. Reproduction par la Houghton Lib., Harvard Univ.

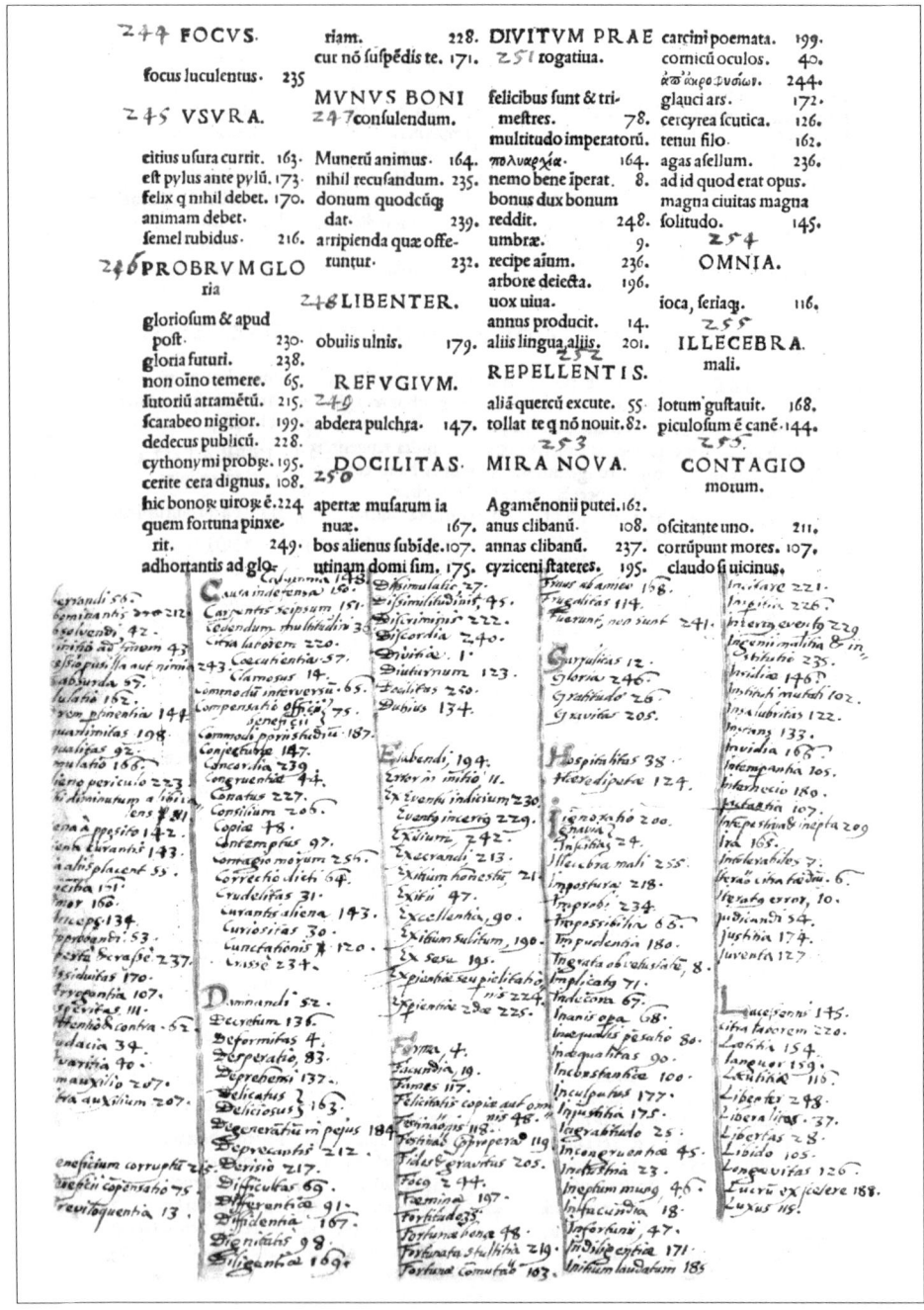

Figure 4: *Idem*: l'index manuscrit des rubriques, par ordre alphabétique, qui renvoie aux numéros rajoutés. Par exemple, sous «C» on trouve «contagio morum», numéro 256 – soit la dernière rubrique de la liste imprimée. Reproduction par la Houghton Lib., Harvard Univ.

Figure 5A : Erasme, *Adagia*, Bâle, Froben, 1515 : la solution de Froben qui numérote les colonnes de la liste désordonnée des rubriques, puis s'y réfère dans une liste alphabétisée des rubriques. Reproduction par la Houghton Lib., Harvard Univ.

Festinationis	41	Tristicia, læticia	50	Internicio	58	Imperitia	64

Festinationis 41
Festinatio præpro. 42
Tarditas & cotatio 42
Salubritas 43
Insalubritas 43
Diuturnum 43
Hæredipetæ 43
Senium præmatu- rum, aut mors 43
Longæuitas 43
Iuuenta 44
Vita hois & misera 44
Prudentia 44
Prudentia senilis 44
Alijs sapere 45
Prudetia coiucta ui. 45
Instans 45
Anceps & dubius 45
Perplexus 45
Decretum 46
Indeprehensos 46
Metus ex coscietia 46
Vinculu insolubile 46
Vltio malefact. 46
Metus pœnæ 47
Aliena a re 47
Aliena curantis 48
Ad rem ptinentia 48
Lacessentis 48
Insidiæ 48
Coniecturæ 48
Calumnia 49
Obtrectatio & ma. 49
Causa indefensa 50
Carpentis seipsum 50
Necessitas 50

Tristicia, læticia 50
Sollicitudo 51
Nuncius lætus 51
Minantis 51
Vehemetia laguor 51
Amor 51
Amicicia 52
Adulatio 52
In delitijs 53
Odium 53
Ira 53
Inuidia, æmulatio 53
Diffidentia 53
Fraus ab amico 54
Diligentiæ 54
Assiduitas 54
Indulgentiæ 55
Somnolentia 55
Occupatio, ocium 55
Iusticia 55
Iniusticia 55
Rigor 56
Vis iniusta 56
Inculpatus 56
Temeritas 56
Pudor 56
Impudentia 56
Pudicitia 56
Impudicitia 56
Originis 57
Nobilitas, obscuri. 57
Degeneratiu in pei° 57
Initiu laudatu 57
Proficietiu in meli° 57
Proprij comodi stu. 58
Lucru ex scelere 58

Internicio 58
Subitu exitiu 58
Totu ut nihil reliq. 58
Obliuio 58
Memoria 59
Elabendi 59
Ex sese 59
Domi 59
Fœminæ 59
Aequanimitas 59
Solitudo 59
Ignoratio 59
Nouitas 59
Notus 59
Occulta 60
Vices officij 60
Fides & grauitas 60
Perfidia 60
Consilium 60
Cu auxilio Citra au. 60
Intepestiua inepta 61
Tempestiua 61
Seruire tempori 62
Depcatis, abomina. 62
Execrandi 62
Ominandi 62
Beneficiu corruptu 62
Derisio 62
Imposturæ 62
Fortunata stulticia 63
Citra laborem 63
Incitare 63
Discriminis 63
Alieno periculo 64
Expientiæ seu picli. 64
Secudæ expientiæ 64

Imperitia 64
Conatus 64
Pertinacia 65
Incertus euentus 65
Ex euentu iudiciu 65
Multi 65
In stupidos 65
Prælongi 66
Improbi 67
Ingenij malicia & in stitutio 67
Malus uicinus 67
Aperte & crasse 67
Raritas 68
Concordia 68
Discordia 68
Fuerunt, no sunt 68
Exilium 68
Accessio pusilla, aut Focus 68
Vsura 68
Probrum gloria 68
Munus boni cosu. 69
Libenter 69
Refugium 69
Docilitas 69
Diuitu prærogati. 70
Repellentis 71
Mira noua 71
Omnia 72
Illecebra mali 72
Contagio morum 72
Commodo magno emptum 72
Tumultus 72
Potentes 72

INDEX LOCORVM SECVNDVM SERIEM LITERARVM, QVO FACILIVS LECTOR ID QVOD QVAERIT, INVENIAT.

A

ABerrandi 20
A initio ad finem 13
Absurda in decora præpost. 22
Accessio pusilla aut 68
Ad re ptinentia 48
Adulatio 52
Aequanimitas 59
Aequalitas 31
Alia alijs placent 20
Alibi diminutu, ali. 28
Aliena a re 47
Aliena curantis 48
Alijs sapere 45
Alieno periculo 64

Amicitia 52
Amor 51
Anceps & dubius 45
Aperte & crasse 67
Approbandi 19
Arrogatia, iactatia 38
Aspitas, morositas 40
Assiduitas 54
Attetio & cotra. 21
Audacia 10

B

Beneficium 62
Beneficiu corruptu 62
Bonæ fortunæ, Copiæ felicitatis 16
Breuiloquetia 4

C

Cæcutientia 20
Calumnia 49
Carpetis seipsum 50
Causa indefensa 50
Cededu multitudi. 10
Citra auxiliu
Citra laborem 63
Clamosus 5
Comodum magno emptum 72
Comodu interuer. 21
Conatus 64
Concordia 68
Coniecturæ 48
Consilium 60
Coteptus & utilitas 32
Contagio moru 72

Contra 26
Cotrariu philautiæ 40
Correctio dicti 21
Crudelitas 9
Cum auxilio 60
Curiositas 8

D

Damnandi 19
Decretum 46
Degeneratiu in pei° 57
Depcatis, abomina. 62
Deprehensio 46
Derisio 62
Desperatio 28
Difficultatis 25
Diffidentia 53
Differentiæ 31

Figure 5B.

DE L'INDEX AU LEXIQUE :
RECHERCHES SUR QUELQUES MANUSCRITS
DE LA BIBLIOTHÈQUE VATICANE
(VAT. LAT. 4040 A 4062)

La bibliothèque vaticane conserve dans le fonds latin ancien une série d'index de la Renaissance tout à fait remarquable. A ma connaissance, ces index n'ont pas particulièrement attiré l'attention des chercheurs, à quelques exceptions près[1], et l'on n'a pas peut-être pas suffisamment signalé qu'il s'agissait d'une série continue. C'est leur sens et leurs particularités que je voudrais mettre ici en lumière.

Les index manuscrits constituent donc un groupe, coté de Vat. lat. 4040 à Vat. lat. 4062, et, ce que l'on sait de la constitution de cette partie du fonds latin, invite à penser que, compte tenu des inventaires anciens, ces manuscrits sont rentrés dans la collection pontificale dès le XVIe siècle, et même, au plus tard, en 1558. Sur le terrain codicologique, ils sont de formats variés et les recueils, le plus souvent factices, qui les constituent rassemblent des cahiers de dimensions variables. Je dois ajouter aussi que nombre d'entre eux, au format in-folio, présentent une trace nette de pliure centrale, dans le sens de la hauteur, comme si les feuillets avaient autrefois appartenu à de gros carnets. La pliure n'est pas suffisamment marquée pour que le carnet d'origine soit reconstituable : elle est cependant visible. Il s'agit donc de vingt-deux volumes d'index ; les plus volumineux de ces index se poursuivent sur plusieurs volumes ; les plus courts, au contraire, sont rassemblés au sein d'un seul volume. Au-delà de ces caractéristiques codicologiques, ils présentent cependant deux points communs : leur façon d'indexer les textes d'une part, la récurrence d'un petit nombre de mains de l'autre[2].

Si certains de ces manuscrits sont restés dans l'ombre, quelques uns d'entre eux ont cependant été correctement identifiés comme provenant de la biblio-

---

[1] Ils ont été vus par P. de Nolhac, S. Lattès, M. Tocci, V. Fanelli et S. Deswartes. Ils ont également fait l'objet d'une description dans plusieurs études publiées par P. Petitmengin et J. Fohlen. Je remercie tout particulièrement cette dernière pour l'aide qu'elle m'a apportée pour cette étude.

[2] La description complète de cette série de manuscrits figure dans l'annexe de cet article.

thèque d'Angelo Colocci[3], soit directement, après la mort de Colocci en 1549, soit par l'intermédiaire bien connu de la bibliothèque de Fulvio Orsini et c'est donc en résumant les travaux menés, de Pierre de Nolhac et Samy Lattès à Vittorio Fanelli, par les meilleurs spécialistes de l'humanisme romain que l'on peut établir les faits suivants.

La bibliothèque d'Angelo Colocci était réputée comme l'une des plus riches et aussi des plus libéralement ouvertes de Rome. Dans sa villa, au pied du Pincio, le futur évêque de Nocera avait accumulé les manuscrits précieux, les éditions imprimées et les travaux récents sur des ouvrages anciens. En 1527, comme beaucoup d'autres, la bibliothèque d'Angelo Colocci fut dispersée lors du sac de Rome et les lettres de Londres, éditées par Vittorio Fanelli, font état des efforts consentis par Colocci pour reconstituer sa collection; il semble qu'il y soit parvenu, au moins partiellement[4]. Les lettres manuscrites de Colocci, aujourd'hui conservées à Rome et publiées par Vittorio Fanelli montrent qu'il devait rester suffisamment de livres dans la bibliothèque de Colocci pour nourrir largement les remarques philologiques échangées avec Piero Vettori[5].

L'une des premières études menées sur la bibliothèque de Colocci se trouve dans la *Bibliothèque de Fulvio Orsini*, publiée par Pierre de Nolhac[6]. L'auteur y met en évidence les rapports étroits entre Orsini et l'évêque de Nocera, en insistant sur l'influence de Colocci dans la formation du goût d'Orsini pour les médailles et les monnaies. Au-delà du rôle fondateur de leur possesseur, les livres de Colocci, manuscrits et imprimés, ont aussi constitué l'un des fonds les plus importants de la collection d'Orsini. Dans son étude, Pierre de Nolhac identifie un certain nombre de manuscrits passés par les deux bibliothèques anciennes et aujourd'hui conservés dans le fonds de la bibliothèque vaticane et

---

[3]   Sur Angelo Colocci, on se reportera aux ouvrages suivants: *Atti del Convegno di studi su Angelo Colocci*, Jesi, 13-14 settembre 1969, 1972; G. Cantalamessa Carboni, *Intorno a M. Angelo Colocci: lettera storica*, Macerata, Cortesi, 1836. F. Ubaldini, *Vita di M. Angelo Colocci*, ed. del testo originale italiano, a cura di V. Fanelli, Roma, 1969; V. Fanelli, *Ricerche su Angelo Colocci e sulla Roma cinquecentesca*, Roma, Città del Vaticano, 1979; N. Cannata Salamone, «Per l'edizione del Tibaldeo latino: il progetto Bembo-Colocci», *Estratto da Studi e problemi di critica testuale*, vol. 47, oct. 1993; Biblioteca e archivio storico comunale (Jesi), *Archivio Colocci Vespucci: inventario*, a cura di E. Conversazioni, Jesi, 2000.

[4]   L'attention portée par Angelo Colocci à sa bibliothèque romaine a été mise en évidence par une courte étude de S. Debenedetti, «Le Ansie d'un bibliofilo durante il sacco di Roma», *Mélanges Picot*, t. I , p 511-514.

[5]   V. Fanelli, «Le lettere di Mons. Angelo Colocci nel museo britannico di Londra», *Rinascimento*, 2ª s., 1959, t. VI, p. 107-135. L'article est republié dans V. Fanelli, *Ricerche su Angelo Colocci e sulla Roma cinquecentesca*, coll. Studi e testi, n°283, Rome, 1979, p. 45-90.

[6]   P. de Nolhac, *La Bibliothèque de Fulvio Orsini*, Paris, F. Vieweg, 1887. Reprint Genève, Slatkine, 1976.

il note, tout particulièrement une première série d'index qui concerne Caton, Palladius, Aulu-Gelle, Macrobe, Pline et Ovide. Ils portent aujourd'hui les cotes Vat. lat. 3445 à 3448[7]. Dans la série qui m'intéresse plus directement ici, Pierre de Nolhac retient le Vat. lat. 4048, qui contient un index de Cicéron et portait dans la bibliothèque de Fulvio Orsini la cote 252. Ce manuscrit est d'autant plus facilement identifiable comme provenant de la bibliothèque d'Orsini qu'il porte explicitement sa signature. Je dois immédiatement ajouter qu'il porte aussi, juste au-dessus de la signature d'Orsini, quelques lignes dont l'écriture prouve assez qu'elles ont été rédigées par Angelo Colocci. Ces lignes associent l'index contenu dans ce manuscrit à une édition parisienne des œuvres de Cicéron.

Un autre inventaire, dressé par Samy Lattès dans un article datant de 1931, permet de mieux cerner ce qu'était la place des index dans la bibliothèque de Colocci cette fois[8]. Cette étude fait état de manuscrits en rapprochant les actuelles cotes du fonds latin de la bibliothèque vaticane des indications données dans une liste des livres de Colocci dressée plusieurs années après sa mort. Les indications données par l'inventaire ancien mentionnent un certain nombre d'index, que Samy Lattès n'a pas cherché à identifier dans le cours de son article. Seule, la récapitulation restitue à la bibliothèque de l'évêque de Nocera les cotes de l'ensemble dont il est ici question. L'un des plus importants manuscrits du fonds Colocci est le Vat. lat. 3958 qui contient un inventaire de ses biens et parmi ceux-ci un inventaire de la bibliothèque. On sait que cet inventaire de livres est posthume, et qu'il ne correspond que partiellement à la réalité de la bibliothèque de Colocci, avant son décès. Mais même en tenant compte de la complexité de la collection de livres de Colocci, on commence à en voir les caractéristiques. Colocci possédait des manuscrits et des imprimés, avec cependant une proportion beaucoup plus grande d'imprimés et il faut rendre justice à cette appréciation de la bibliothèque publiée dans les *Mélanges de l'Ecole Française de Rome*: «Ce qui frappe dans cette collection, c'est l'abondance des ouvrages techniques et la présence de plusieurs volumes de tables et d'index; ce sont là des livres qui peuvent être utilisés même par une personne n'ayant de la langue grecque qu'une connaissance superficielle, et c'était semble-t-il le cas de Colocci»[9]. Toutefois, si cette conclusion rend sa cohérence au fonds des livres grecs, elle n'explique pas pour quelle raison, Angelo Colocci, qui savait parfaitement le latin, gardait dans sa bibliothèque au moins autant d'index portant sur des textes latins.

---

[7] *Ibid.*, p. 258-259. Ces index alphabétiques de mots latins sont de la main de Basilio Zanchi.

[8] S. Lattès, «Recherches sur la bibliothèque d'Angelo Colocci», *Mélanges d'archéologie et d'histoire*, 1931, p. 308-344.

[9] S. Lattès, *art. cit.*, p. 323. L'auteur explique que Colocci avait appris le grec auprès de Carteromacos et de Varino Favorino, son prédécesseur à l'évêché de Nocera.

Si l'on récapitule les informations provenant des trois études portant sur la bibliothèque d'Angelo Colocci, directement ou indirectement, on obtient donc une liste minimale d'index provenant de façon certaine de la collection de l'évêque de Nocera :

- *Lucretio in Tavole*: manuscrit signalé par Pierre de Nolhac[10].
- *Voci di Lucretio di mano di Basilio Zanco, coperto di cartone, et altre cose. Epigrammi di don Basilio, et alia:* manuscrit signalé par Pierre de Nolhac[11]. L'auteur montre que ce manuscrit de la bibliothèque de Fulvio Orsini, autographe de Basilio Zanchi[12], n'est pas le seul recueil de vocabulaires latins. Outre l'index de Lucrèce, la bibliothèque vaticane conserve aussi des manuscrits donnant des textes poétiques originaux de Basilio Zanchi et ce qui semble un commentaire de poètes latins[13]. Connu dans la bibliothèque de Fulvio Orsini sous le titre *ex Catullo, lusibus in Priapum, etc. Gratio et Ovidio de piscibus, Germanico Cesare, Columella de cultu hortorum,* le manuscrit est aujourd'hui à la bibliothèque vaticane.
- *Index in Gellium di mano di Carteromaco,* Ce manuscrit porte le numéro 240 dans l'inventaire de Pierre de Nolhac.
- *Doi indici di voci di Plinio:* n° 241 de l'inventaire de Pierre de Nolhac[14] qui rattache cet index et quelques autres à la collection de Scipione Forteguerri Carteromaco, érudit helléniste proche d'Alde Manuce dans l'imprimerie duquel il exerçait les fonctions de correcteur pour les impressions grecques. Pierre de Nolhac indique qu'il n'a pas cherché à retrouver l'ensemble des index de mots latins et de mots grecs provenant de la bibliothèque de Carteromaco, mais il signale que l'index d'Aulu-Gelle, ainsi que d'autres concernant Ovide ou d'autres auteurs latins figuraient aussi dans la bibliothèque de Carteromaco. De fait les numéros 245 à 262 sont exclusivement des lexiques provenant successivement du dépouillement de Valère-Maxime, des *Tristes* d'Ovide, de Calpurnius et Nemesianus, des lettres de Cicéron, du *De re rustica* de Varron, du *de Officiis* de Cicéron, des lettres de Pline le jeune, de Quintilien, Tacite, Apulée, ou Suétone. Bien qu'ils ne soient pas tous repérés, il semble qu'une partie au moins de ces index soit aujourd'hui

---

[10]   P. de Nolhac, *op. cit.*, n° 124, p. 368.

[11]   *Ibid.*, n° 142, p. 370 et 258-259.

[12]   Basilio Zanchi (1501-1558), chanoine du Latran est connu pour des recueils d'épithètes et son travail dans la mouvance du thesaurus de Mario Nizolio. On sait aussi que, bien qu'il fût entré en religion en 1524, il préférait vivre à l'extérieur de son couvent ; c'est donc en prison qu'il finit ses jours.

[13]   « Ex Catullo, lusibus in Priapum, etc. Gratio et Ovidio de piscibus, Germanico Cesare, Columella de cultu hortorum » ; cf. P. de Nolhac, *op.cit.*, p . 259, note 1.

[14]   *Ibid.*, p. 377 et 245.

conservée dans la série des Vat.lat. 3440, en particulier dans le Vat. lat. 3445 et le Vat. lat. 3448[15].

A ces manuscrits, témoignant directement de l'activité lexicographique menée par Scipione Forteguerri ou par Basilio Zanchi, il faut encore ajouter un autre : il s'agit du manuscrit latin 290 de l'inventaire de Pierre de Nolhac, contenant des relevés lexicographiques provenant de Zanchi, mais par un double intermédiaire particulièrement intéressant. Le manuscrit est ainsi répertorié dans l'inventaire de la bibliothèque de Fulvio Orsini : «*Varii quinterni in foglio longo, scritti di mano di Basilio Zancho, che contengono li suoi epitheti e voci latine, lasciato dal Nizzolio*»[16]. Dans l'inventaire de Fulvio Orsini, ce manuscrit est immédiatement à proximité d'autres livres provenant explicitement de la bibliothèque d'Angelo Colocci. Les deux manuscrits suivants contiennent respectivement les *Facetie* et des notes diverses. Le numéro 293 qui contient un cahier de notes sur les monnaies antiques provient de la bibliothèque de Pomponio Leto pour laquelle Colocci constitue un intermédiaire naturel. Sans entrer davantage dans les détails, il faut donc admettre que la plus grande partie des index manuscrits attestant du dépouillement des auteurs latins et grecs figurant dans la collection de Fulvio Orsini, provenaient pour l'essentiel de la bibliothèque d'Angelo Colocci, seul en rapport avec Pomponio Leto, Giovanni Pontano, Scipione Forteguerri et Basilio Zanchi. En outre, l'intermédiaire de Nizolius associe directement la présence de ces index à la publication des grands dictionnaires et autres outils lexicographiques de cette époque. C'est là un point sur lequel il faudra revenir.

Le second inventaire de manuscrits, dressé par Samy Lattès, permet de compléter encore ce tableau général : il repose sur l'utilisation critique d'un inventaire, aujourd'hui conservé dans le manuscrit Vat. lat. 3958 qui donne un état de la bibliothèque d'Angelo Colocci, neuf ans après sa mort[17]. Evoquant les ouvrages techniques, Samy Lattès mentionne également un gros dictionnaire rédigé par Angelo Colocci, aujourd'hui connu sous la cote Vat. lat. 4024, 4025 et 4026. Il en profite pour préciser qu'une indication manuscrite autographe signale que l'évêque de Nocera possédait également les éditions aldines de Catulle, Tibulle, Properce et Columelle. Cette abondance d'éditions aldines peut être comprise comme la trace des relations avec Carteromaco.

---

[15] La dispersion des cotes des manuscrits ayant appartenu à Angelo Colocci s'explique, d'après Samy Lattès, par les circonstances mêmes d'entrée des textes dans le fonds de la bibliothèque pontificale. Certains des manuscrits ont pu se trouver là dès la mort de Colocci, d'autres sont passés par la collection de Fulvio Orsini avant d'entrer dans le fonds du Vatican.

[16] P. de Nolhac, *op.cit.*, p. 380 et 258-259.

[17] S. Lattès, «Recherches sur la bibliothèque d'Angelo Colocci», *Mélanges d'archéologie et d'histoire*, n°48, 1931, p. 308-344. L'auteur montre les raisons pour lesquelles il faut utiliser prudemment ce document p. 317-318.

La reconstitution de la bibliothèque de Colocci mise en œuvre dans ce très important article permet de préciser encore la part des index dans cet ensemble. Pour la série qui m'importe, l'auteur relève les manuscrits Vat. lat. 4042 à 4044, et le Vat. lat. 4048. Seul le dernier est aussi passé par la bibliothèque de Fulvio Orsini. Mais on remarquera aussi, dans cet inventaire complémentaire, la mention de lexiques italiens et provençaux (Vat. lat. 4878) qui rappellent, s'il en était besoin, que l'intérêt d'Angelo Colocci pour la littérature latine n'excluait en rien une vraie passion pour les littératures en langue vernaculaire; et c'est bien l'une des raisons pour lesquelles l'histoire littéraire a paradoxalement conservé son nom: Angelo Colocci, qui n'a presque rien publié, a été l'un des plus importants transmetteurs des textes latins et un promoteur essentiel des littératures vernaculaires. En outre, l'étude de Samy Lattès et celle donnée par Pierre de Nolhac, restituent à côté des index latins, une série d'index grecs qui attestent, semble-t-il, du fait que l'intérêt d'Angelo Colocci pour les questions linguistiques incluait également la langue d'Homère, dont nous pensons qu'il la maîtrisait suffisamment pour comprendre et apprécier le travail de Carteromaco à Venise et mettre en œuvre pour Homère ou Sophocle les mêmes travaux de dépouillement lexical, que pour pour Cicéron ou Ovide[18].

La dernière étude portant sur les fonds manuscrits de la bibliothèque d'Angelo Colocci confirme les études antérieures. Vittorio Fanelli, au fil de la langue série d'études qu'il a pu consacrer à la vie et la carrière de l'évêque de Nocera cite au fil du texte les manuscrits qu'il rattache directement à la Bibliothèque de Colocci[19]. Pour la série des index, il retient les Vat. lat. 4042, 4043, 4044, 4048, 4049, 4057, 4058, avec des arguments qui reprennent et complètent les résultats des études antérieures.

Pour la série qui m'intéresse ici, presque tous les manuscrits sont donc reconnus pour provenir des ateliers linguistiques de Colocci: les Vat. lat. 4042, 4043, 4044, 4048, 4049, 4057 et 4058 sont donc repérés. Il me reste à montrer que les autres manuscrits de la même série continue proviennent bien de la même origine. Plusieurs arguments méritent ici d'être avancés. Pour les deux premiers volumes de la série, la situation est assez simple: la main de Colocci apparaît de façon certaine dans le Vat. lat. 4041, à côté d'autres mains encore

---

[18] S. Lattès mentionne plusieurs tables par exemple pour l'œuvre d'Aristote, Plutarque, Aristophane, Lucien, Démosthène, Euripide ou Nicandre (*op.cit.*, p. 321-322). P. de Nolhac signale plusieurs manuscrits contenant des lexiques gréco-latins, ainsi qu'un index d'Euripide, d'Apollonius de Rhodes ou de Nicandre, donnés dans l'inventaire comme étant de la main de Carteromaco (P. de Nolhac, *op.cit.*, p. 343). Un autre lexique gréco-latin semble de la main de Pedro Chacon (*op.cit.*, p. 349, n° 155).

[19] En particulier dans la note 168 de l'édition de la *Vita di Mons. Angelo Colocci* écrite par F. Ubaldini, Rome, Biblioteca apostolica vaticana, coll. Studi e Testi, 256, 1969, p. 94.

aujourd'hui non identifiées. Le volume vient donc de façon certaine de sa bibliothèque. Pour la Vat. lat. 4040, la présence de la main de Colocci me semble probable, mais non certaine. En revanche, la main qui établit des index apparaît dans d'autres recueils, en particulier dans le Vat. lat. 4057, lequel vient quant à lui de façon certaine de la bibliothèque de Colocci. Des remarques analogues valent pour le Vat. lat. 4045: la main de Colocci est visible sur le deuxième feuillet de garde. L'évêque de Nocera renvoie alors à trois éditions imprimées: les œuvres de César, publiées à Florence en 1520, et deux aldines, l'une de Salluste (1521) et l'autre de Licinius (1518). Les deux manuscrits Vat. lat. 4046 et 4047 sont la suite du Vat. lat. 4045. Ces trois volumes donnent un index compilé des historiens latins et portent le titre générique de *Indicis historici prima pars [secunda, tertia] ab A usque ad E inclusiue, in quo conduntur Livius Caesar et Salustius*. Jeannine Fohlen et Pierre Petitmengin considèrent également qu'ils proviennent de la bibliothèque de Colocci, de même d'ailleurs que toute la série entre Vat. lat. 4050 et 4062, avec un point d'interrogation pour le Vat. lat. 4059 et Vat. lat. 4060. Il s'agit donc bien d'une série homogène, constituée de manuscrits ayant une provenance commune. Sans même compter d'autres séries d'index qui pourraient être dispersées dans les fonds de la bibliothèque vaticane, le groupe qui m'intéresse est donc constitué de vingt-deux volumes d'index ou de dictionnaires, et l'on conviendra sans doute aisément que cette abondance d'outils techniques invite l'historien à s'interroger sur les intentions qui pouvaient être à l'origine d'une telle entreprise systématique.

Les index de la série 4040 à 4062 sont loin de constituer un ensemble strictement homogène sur le plan de la méthode adoptée pour lemmatiser les textes. Un examen soigneux de cet ensemble permet de mettre en évidence deux groupes assez nettement différenciés. Au premier appartiennent les index à proprement parler: ils procèdent directement du dépouillement des textes, se fondent sur un seul auteur et se présentent selon une double progression qui suit l'ordre alphabétique, puis l'ordre d'apparition dans le texte ancien ou moderne considéré[20]. L'ordre alphabétique n'est donc exact qu'au niveau de la première lettre, il est ensuite relayé par un ordre qui suit la pagination ou la foliotation. Que ces index s'appuient le plus souvent sur des éditions non foliotées et a fortiori non paginées ne change rien à l'affaire: les exemplaires que nous avons pu retrouver prouvent à l'évidence que si l'édition ne l'était pas, l'exemplaire de travail l'avait été par son propriétaire[21]. Au reste, les essais

---

[20] Cf. *planches*

[21] On dispose pour l'étude des livres imprimés qui figuraient dans la collection Colocci d'une seule étude précise, publiée par M. Tocci dans les Actes du colloque consacré à l'évêque de Nocera.

menés sur l'édition de Stace ou sur celle d'Oppien (en latin) montrent clairement qu'il suffit de refolioter mentalement l'exemplaire qui ne l'est pas, pour
vérifier le caractère exact du dépouillement qui a été fait. Cette première série
d'index pose des problèmes multiples, dont le premier est, à coup sûr le repérage de ses sources.

Il existe assez peu d'indications permettant l'identification des sources dans
cette série d'index. Elles ne sont toutefois pas complètement absentes. Quand
elles existent, elles renvoient toujours à une édition imprimée et très fréquemment à une édition aldine[22]. Il convient donc ici de récapituler les indications
mentionnées dans les manuscrits. Le Vat. lat. 4053, qui présente un index de
l'Iliade précise dans une note placée en tête de volume, que le dépouillement
renvoie à l'édition vénitienne de 1502; plus bas, s'agissant cette fois de l'index
d'Appien, c'est l'édition vénitienne de 1477 qui est visée. L'index de Censorinus
repose sur l'édition milanaise de 1497. L'index *in Scipionem* du Vat. Lat. 4058
renvoie à une édition aldine de 1501. Eva Castro Caridad et Pilar Lorenzo
Gradín ont montré, de leur côté, qu'il fallait chercher une édition parisienne à
l'origine de l'index de Cicéron contenu dans le Vat. Lat. 4048[23]. Si peu
nombreuses qu'elles soient, ces indications permettent cependant de tirer déjà
quelques conclusions.

La première concerne le choix des sources imprimées. Le travail effectué
dans l'entourage d'Angelo Colocci, en choisissant de se construire sur le
dépouillement lexicographique de sources imprimées, s'inscrit dans une perspective linguistique plutôt que philologique. Le but n'est jamais de repérer des
variantes textuelles mais, plus simplement, de repérer des occurrences d'emploi des mots, et sans doute d'asseoir ainsi un usage latin. Il est facile, pour
mettre en évidence la spécificité de cette lecture d'opposer au dépouillement
des index, les notes marginales figurant dans l'exemplaire de l'*Histoire Naturelle* de Pline qui appartint à Agosto Valdo et passa probablement par la bibliothèque d'Angelo Colocci. Les dépouillements figurant dans les marges sont
cette fois clairement de l'ordre de la variante textuelle, et visent un meilleur
établissement de texte[24].

---

[22]   L'importance des éditions aldines dans la collection de Colocci a été soulignée par L. Miche-
       lini Tocci dans un article consacré aux livres imprimés de la bibliothèque d'Angelo Colocci.
       Cf. «Dei libri a stampa appartenuti al Colocci», Atti del convegno su Angelo Colocci, Jesi,
       1972.

[23]   E. Castro Caridad et P. Lorenzo Gradín, «El index ciceroniano de Angelo Colocci (ms. Vat.
       lat. 4048)», *Homenaxe ó profesor Camilo Flores*, Santiago de Compostela, 1999, t. II, p. 195-208.

[24]   Léon Dorez, «L'exemplaire de Pline l'Ancien d'Agosto Valdo de Padoue et le cardinal
       Marcello Cervini», *Revue des bibliothèques*, 1895.

La seconde catégorie d'index n'est plus fondée sur le dépouillement d'un auteur mais sur le regroupement de plusieurs auteurs dans un ensemble fondé sur le champ littéraire auquel les auteurs rassemblés se rattachent également. Ce sont, en particulier les index de poètes (Catulle, Tibulle, Properce et Stace), d'historiens (Tite Live, César, Salluste). Sur ce terrain, Cicéron et Pline semblent constituer des corpus en eux-mêmes, le premier par l'abondance des textes et l'importance de l'auteur dans le domaine de la rhétorique, le second, peut-on supposer, parce que l'*histoire naturelle* est en elle-même et de la volonté même de Pline une sorte de résumé du monde. On doit aussi ajouter que Pline rencontre peu de concurrence dans le domaine de l'encyclopédie antique et que les index ne semblent pas s'intéresser aux encyclopédies médiévales.

Dans ce second cas, l'aménagement du texte va un peu plus loin. La disposition est alors toujours identique : l'organisation repose sur une succession de lemmes, donnés au nominatif singulier ou l'infinitif lorsqu'il s'agit de verbes. Les citations se succèdent ensuite, dans l'ordre de leur apparition dans le texte dépouillé, et en faisant se succéder un auteur à l'autre. Il s'agit donc d'un regroupement d'index, d'une sorte de fusion des entrées d'index rencontrées qui conservent cependant explicitement la juxtaposition des occurrences sans aller jusqu'à la fusion des citations dans l'explicitation de la distribution sémantique. Le résultat obtenu est alors un dictionnaire permettant de retrouver les formes dans un contexte donné. L'entrée *conspicere*, dans le dictionnaire des poètes latins[25], donne successivement une série de citations : les deux premières viennent de Catulle «*hunc cupido conspexit lumine uigo*» et «*conspexit lintea veli*»; viennent ensuite quatre occurrences prises dans l'œuvre de Tibulle : «*celeri conspiciendus equo*», «*donis conspicienda meis*», «*conspicuenda puella*», «*conspicuusque domo*»; la dernière citation vient d'Horace : «*homo alius conspicitur in agmine*». L'ensemble, on l'a bien compris, constitue une sorte de somme des emplois poétiques de *conspicere*, pris chez les meilleurs auteurs. Comme l'indique le catalogue, et comme le révèle le plus superficiel des examens, il faut ajouter au trio Catulle, Tibulle, Horace, l'intégralité de l'œuvre de Virgile pour saisir la totalité des bons poètes latins rassemblés dans ce dictionnaire. Pourtant si le regroupement des sens est incontestablement l'objectif des indexateurs, ceux-ci ne visent cependant nullement l'exhaustivité : la même opération menée à l'aide d'un concordancier automatique sur le corpus des trois poètes Catulle, Tibulle, Horace et Virgile fait apparaître plus de six cents occurrences. C'est donc la diversité des sens et des emplois qui intéresse le lexicographe.

La fabrication de ce lexique poétique souffre un certain nombre d'imperfections qui en disent long sur la méthode de travail. Dans la même section, l'entrée *considere* fait l'objet de trois traitements successifs; la première occurrence

---

[25]   Vat. lat. 4041, f. 46.

mentionne, isolément, une citation de Catulle : «*consedit istis puella*»; la seconde, isolée elle-aussi, retient un emploi chez Tibulle : «*considam victus ad aras*»; la troisième retrouve onze occurrences dans l'œuvre de Virgile. Une hypothèse, qui demanderait à être systématiquement contrôlée, pourrait expliquer ces étranges incohérences et la juxtaposition dans un même dictionnaire de paragraphes synthétiques rassemblant les emplois d'un mot chez plusieurs poètes et la dispersion aléatoire d'autres entrées séparant les sources. Si les dictionnaires sont obtenus par la collation des index d'auteurs dont j'ai précisé qu'ils ne sont pas strictement alphabétiques, on comprend que leur fusion puisse entraîner une relative dispersion.

On trouvera une bonne description du fonctionnement lemmatique de l'index dans l'article récent d' Eva Castro Caridad et Pilar Lorenzo Gradín relatif non au dictionnaire des poètes mais au glossaire concernant les œuvres de Cicéron. Les auteurs s'y livrent à une description précise de la disposition des entrées et parviennent, après avoir fait un relevé soigneux des filigranes du manuscrit à dater le manuscrit d'après 1534[26]. Cette date est particulièrement intéressante. Elle signifie si l'on ajoute les apports de Carteromaco, mort en 1515 aux index produits après 1534 que, depuis le temps où Colocci fréquentait l'académie de Pomponio Leto jusqu'aux dernières années de sa vie, il n'a cessé de lire et d'indexer les textes classiques et médiévaux avec un souci lexicographique constant. Comme pour les autres index de la série, les auteurs remarquent que la disposition des différents cahiers plaide pour un travail partagé et que la main d'Angelo Colocci y figure : non seulement l'évêque de Nocera n'a pas craint de revoir les listes de mots pour installer ici une marque de révision et là une réclame de liaison des cahiers, mais il est également responsable, selon les auteurs, d'une partie des entrées de la lettre « O ».

La pensée linguistique qui sous-tend cette entreprise de lexicographie est à ce point présente qu'elle permet l'apparition dans le corps du dépouillement d'indications reposant sur des discriminations proprement grammaticales. J'en trouve un exemple particulièrement clair dans le Vat. lat. 4046, tome dans lequel la « vedette » nomen est l'occasion d'une classification grammaticale qui n'offre plus qu'un rapport indirect avec le corpus des historiens latins au centre du dépouillement[27]. Elle devient en revanche le lieu de l'explicitation de la grammaire latine par la classification d'occurrences significatives. Parallèlement, mais quelques pages plus loin, les occurrences de *nomen*, au sens du nom font l'objet d'une autre catégorisation qui relève alors proprement de la lexicographie[28].

---

[26]   E. Castro Caridad et P. Lorenzo Gradín, *art.cit.*, p. 197-198.

[27]   Vat. lat. 4046, fol. 343v°-373v°.

[28]   Par exemple, aux fol. 408v°-409 : *nomen hoc obtinuit ille* (174); *Nomen meum restituite mihi* (150); *Nomine illius peccabant familiares* (209); *Nomen caesaris minuit ad aciem exercitus illorum* (221); *Nomina ultro dabant iuniores* (42); *nunc quoque nomen tenet* (14).

Aussi est-ce à juste titre qu'Eva Castro Caridad et Pilar Lorenzo Gradín remarquent que la mise en place de l'index de Cicéron s'écarte des traditions médiévales de l'index et du glossaire. Elles en veulent pour preuve le traitement des mots dérivés dans la disposition des lemmes. Ils sont assez systématiquement séparés dans les index de Colocci et beaucoup plus fréquemment inclus dans le lemme principal dans les index médiévaux. Cette disposition leur semble donc – à bon droit – plus proche de la conception d'un Lorenzo Valla dont Colocci connaissait inévitablement les travaux.

Qui sont donc les auteurs de ces index et quels rapports entretiennent-ils avec ce qu'il faut considérer comme une entreprise presque semi-industrielle du lexique littéraire ? A défaut d'apporter des réponses définitives à ces questions, on peut au moins préciser les données générales.

Il faut commencer par Angelo Colocci lui-même. Sa main figure incontestablement dans les manuscrits dont il est ici question, mais il intervient peu dans les index eux-mêmes. On la trouve cependant dans le Vat. lat. 4041 dont les mains changent avec chaque lettre de l'alphabet. Colocci fabrique les sections correspondant aux lettres S et T ; il intervient peut-être pour les lettres U/V à partir du f. 374. En tout état de cause, ce dictionnaire est donc une entreprise à plusieurs mains et prouve à l'évidence qu'il y a bien chez Angelo Colocci un vaste projet de lexicographie latine. Les autres mains sont beaucoup plus difficiles à identifier, et, en réalité, on ne peut mener l'étude que par un système de comparaisons avec les mains d'humanistes qui sont par ailleurs connus pour avoir été des participants au cercle d'érudition romain. On peut aussi utiliser les deux recueils épistolaires qui constituent la correspondance passive d'Angelo Colocci, avec toutefois toute la prudence qu'impose ce genre de source[29]. Les limites de cette étude imposaient seulement que fussent réalisés de rapides sondages. Je me bornerai donc à quelques observations que suggère l'ouvrage fondamental de Pierre de Nolhac et l'existence d'une correspondance passive de Colocci en étudiant successivement la part probable de Scipione Forteguerri Carteromaco, celle possible de Basilio Zanchi, celles que suggèrent le rassemblement des observations et des planches publiées dans les actes du colloque de Jesi et, pour terminer, celles que dicte la simple visualisation des lettres des manuscrits Vat. lat 4104 et 4105.

Les rapports entre Colocci et Carteromaco sont bien connus et la façon dont une partie de la bibliothèque de Carteromaco est entrée dans la collection de

---

[29]   On ne peut évidemment pas écarter l'hypothèse de la copie par un secrétaire. En outre, si les rédacteurs de ces index sont des familiers romains, on a relativement peu de chances de les trouver dans la correspondance passive de Colocci pour cette double raison qu'il étaient sur place et que leur qualité de secrétaire ne poussait pas forcément Colocci à conserver leurs lettres.

Colocci a été exposée dans le livre de Pierre de Nolhac[30]. Dans le fonds provenant de l'helléniste de Pistoia, Pierre de Nolhac signale d'autres index, grecs ceux-là, attribuables à Carteromaco: il s'agit des textes suivants: ms. Vat. grec. 1331. Les index portent sur Aristophane, Lucien, Démosthène[31], 1402: Thucydide; 1389: Euripide, Apollonius de Rhodes, Nicandre[32]. En outre, toujours d'après l'étude de Pierre de Nolhac, figurait aussi dans la bibliothèque de Carteromaco, un exemplaire imprimé de la Souda (Milan, 1499). Les activités lexicographiques de Scipione Forteguerri Carteromaco sont bien connues et il suffit de rappeler deux témoignages de sa carrière d'humaniste pour les mettre en évidence. Le premier vient d'une lettre que Carteromaco envoya à Alde Manuce, lettre publiée par Pierre de Nolhac et souvent citée. Le point central de ce document est une phrase dans laquelle il précise qu'il passe son temps à mettre les textes en tables[33]. Deux études complémentaires, l'une de Luigi Michelini Tocci et l'autre de Carlo Vecce[34] rappellent opportunément les méthodes de travail et le but visé par cette lemmatisation systématique des textes latins. Dans l'article qu'il consacre aux livres imprimés d'Angelo Colocci, Luigi Michelini Tocci précise que c'est auprès de Carteromaco que Colocci a appris l'art de la constitution des index; Carteromaco, rappelle le commentateur avait élevé à la hauteur d'une «authentique et constante méthode de travail» une «habitude commune parmi les humanistes»[35]. Le lien entre les deux humanistes et les intérêts propres de Colocci expliquent en effet que la mise en tables ait pu devenir une pratique habituelle pour l'évêque de Nocera. Carlo Vecce, dans une étude plus récente rappelle très opportunément le but de la constitution des tables: Scipione Forteguerri Carteromaco, non content d'être l'ami et le correspondant d'Alde Manuce, était aussi son employé et il était chargé, au sein de l'imprimerie aldine, de la constitution des index des éditions imprimées. A ces deux arguments, on peut en ajouter un troisième, qui ne vaudrait rien s'il était seul, mais qui renforce la théorie de la participation de Carteromaco pour peu qu'on l'ajoute aux autres: on n'a pas mentionné jusqu'ici, me semble-t-il, beaucoup d'imprimés anciens que l'on pût rapprocher des entreprises lexicales de Colocci et qui fussent publiés après 1515, c'est-à-dire, après la mort de l'helléniste de Pistoia. La fréquence des éditions aldines concernées doit s'expliquer assez simplement par le fait que Scipione Forteguerri a légué sa bibliothèque à Colocci, dont il pouvait être par ailleurs un pourvoyeur d'éditions imprimées aldines assez

---

[30]   P. de Nolhac, *La bibliothèque de Fulvio Orsini*, Genève, Slatkine reprints, 1976, p. 79-85.

[31]   *Ibid.*, p. 180.

[32]   Pour ce dernier texte, P. de Nolhac montre qu'il est également passé par la bibliothèque de Colocci.

[33]   «*Io non intendo ad altro che a intavulare*».

[34]   Carlo Vecce, «Aldo e l'invenzione dell'indice» dans *Aldus Manutius and Renaissance Culture*, Florence, Olscki, 1998, p. 109-141.

[35]   L. Michelini Tocci, art. cit., p. 92.

naturel. Dans cette hypothèse, il faudrait relier l'ensemble des index ainsi réalisés aux projets d'indexation des éditions anciennes que signale Carlo Vecce.

Comme on le voit, ces divers éléments invitent à chercher dans les manuscrits d'Angelo Colocci la main de Carteromaco. Indépendamment des manuscrits qui pourraient figurer aujourd'hui dans les collections vaticanes, la main de Carteromaco a été identifiée par Lino Sighinolfi dans divers manuscrits appartenant au fonds des livres du juriste de Bologne, Lodovico Bolognini[36]. Cette étude présente l'intérêt d'identifier à la fois la main grecque et la main latine du correcteur d'Alde l'Ancien et de démontrer que la main qui ajoute les citations grecques et celle qui les commente en latin appartiennent non à Politien, mais bien plutôt à Carteromaco dont la présence à Bologne est bien connue[37]. On peut tomber d'accord avec l'auteur pour considérer que la main grecque publiée dans la planche I est bien identique à celle publiée dans les planches suivantes. Pour la main latine, il n'est pas très difficile de distinguer la main de Bolognini, beaucoup plus ronde de celle qui commente et annote dans d'autres parties du manuscrit et que l'auteur désigne comme la main de Carteromaco. Si tel est le cas, on disposerait donc de la main latine, en complément des index grecs, repérés par Pierre de Nolhac dans la bibliothèque de Fulvio Orsini.

Il est un second lexicographe que l'on peut à bon droit rapprocher de Colocci, parce qu'il était en rapports épistolaires avec lui et que sa production imprimée invite à l'examen de ses méthodes: Basilio Zanchi. Sur la biographie de ce chanoine du Latran, l'essentiel a été dit. Entré en religion en 1524 chez les hierosolymites, il semble avoir montré une certaine réticence devant les contraintes de la vie conventuelle. Ses relations amicales avec Colocci sont parfaitement établies, et Pierre de Nolhac a montré depuis longtemps que la main de Zanchi se trouve de façon irréfutable dans les manuscrits de Colocci, et tout spécialement, dans ceux qui contiennent des index. Si l'on en croit les dictionnaires biographiques, son intérêt pour les études sur la langue latine remonterait à sa jeunesse[38]. Il en résulta, cela est bien connu, un certain nombre de publications imprimées trop peu étudiées: c'est sur l'une d'entre elles que je voudrais m'arrêter un moment pour en montrer la parenté avec les manuscrits de la collection Colocci.

---

[36] L. Sighinolfi, «Il Poliziano e il Carteromaco dai manoscritti di Lodovico Bolognini nella biblioteca comunale dell'Archininnasio», *La Bibliofilia*, vol. 24, 1922.

[37] Tout récemment, la notice du *DBI* relative à cet humaniste met en évidence les voyages incessants de ce correcteur d'Alde. L'article du *DBI* et l'étude de Lino Sighinolfi rappellent opportunément qu'Erasme louait abondamment les qualités philologiques de Carteromaco autant que son caractère agréable et modeste.

[38] Cf. *Enciclopedia italiana*, vol.35. L'auteur de la notice précise que c'est vers l'âge de 17 ans que Basilio Zanchi commença ses dépouillements lexicaux. Cette indication vient de la préface des *Epithetorum commentarii* de 1542.

Les *Epithetorum commentarii* ou *Index eorum quae in hisce commentariis extra literarum ordinem continentur* ont été publiés à Rome en 1542. Dans la préface, l'auteur explique ainsi sa méthode de travail et les fins qu'il s'était assignées :

> *Vixdum annos septem et decem nati commentarios conficere ingressi sumus, in quos ex optimis quibusque poetis quantam potuimus epithetorum copiam congessimus, rati eam nobis fore commodissimam suppelectilem, siquando carmen scribere contigisset.*

Plus loin, à la fin de la préface, Zanchi revient sur l'idée centrale chez lui, semble-t-il, du rassemblement de la matière lexicale, ordonnée et commentée au sens où la prise en compte des mots dans une optique linguistique induit une nécessaire distance entre le lecteur et l'œuvre, distance indispensable pour mieux s'approprier la pensée et le style que le texte transmet. L'objectif est alors de restituer la richesse de tous les champs lexicaux du latin, les mots des dieux et des hommes, des sources et des rivières, des montagnes et des îles. Son lexique est alors précédé d'une table des sources littéraires, où les œuvres apparaissent comme alphabétiquement codées. Ainsi, Vitruve a été exploré dans une édition in-8° de Florence, le Salluste provenait de l'imprimerie aldine, de même que Catulle et Horace ; le Quintilien de chez Gryphe. Dans la disposition comme dans l'esprit, le travail imprimé de Zanchi rappelle de fort près celui qui se faisait dans l'entourage de Colocci ; Il ressort de ces dépouillements systématiques des sources littéraires des notices de dictionnaires qui trouvent leur équilibre entre occurrences des emplois et exploration des objets.

Il se trouve un exemplaire des *Epitheta* de Zanchi à la bibliothèque vaticane, qui porte une dédicace manuscrite, adressée à Angelo Colocci[39]. Je ne sais pas si la main qui dédicace est celle de Zanchi lui-même, mais je ne le crois pas. En revanche, la main qui écrit sur la page de titre *Reverendissimo et doctissimo Angelo Colotio*, est incontestablement l'une de celles qui copie ou établit un index dans la série des manuscrits du fonds latin originaire de la bibliothèque de l'évêque de Nocera.

Bien qu'ils restent majoritairement anonymes, les index d'Angelo Colocci doivent donc à coup sûr être interprétés comme un témoignage de plus du travail systématique d'exploration de la langue et des textes qui aboutit à la publication des recueils d'épithètes ou des dictionnaires, mais il s'agit d'une étape antérieure à la parution des imprimés. Dans la diversité des mains et des textes, ils offrent un point de vue rare et privilégié sur l'atelier, le travail en cours d'élaboration et finalement les dessous secrets de la cuisine des textes.

Marie-Elisabeth BOUTROUE
Institut de recherche et d'hisoire des textes - Paris

---

[39] *Basilii Zanchi bergomatis epithetorum commentarii. Index eorum quae in hisce commentariis extra literarum ordinem continentur.* Cote [R. I. IV 885].

ANNEXE:
LISTE DES MANUSCRITS

Vat. Lat. 4040

Papier, XVIe siècle, 240×350mm, Reliure parchemin sur cartonnage. Deux mains au moins. Certaines des réclames pourraient être de la main de Colocci.

Une seule main qui apparaît dans d'autres index, particulièrement le 4057 ou le 4062.

Index in Virgilii nomina

La référence au texte est donnée sous la forme d'un nom suivi d'une lettre. L'ordre alphabétique est ici beaucoup plus rigoureux. Changement de feuillet au passage de lettre.

Vat. Lat. 4041

Papier, XVIe siècle, 240×350mm, [1] 463f. [1] Reliure parchemin sur cartonnage.

Plusieurs mains, dont celle de Colocci.

Index in Virgilii Tibulli Catulli et Horatii uerba cum uersu suo per extensum: f. 1-463.

Vat. Lat. 4042

Papier, XVIe siècle, 255×360mm, [2] 324f. [1]. Reliure de parchemin sur cartonnage. Une seule main dans le texte. Main de Colocci sur la page de garde.

Indicis poetici prima pars ab A usque ad D inclusive videlicet in hos in Catullum, Tibullum, Propertium, Ovidii Metamorphoseos, Fastos, Elegias, Martialem, Senecae Tragedias et Lucanum: f. 1-324.

La main ressemble à celle de Carteromaco.

Vat. Lat. 4043

Papier, XVIe siècle, 255×360mm, [1] 350f. [1], plusieurs mains qui se succèdent sans solution de continuité dans le texte. Reliure de parchemin sur cartonnage. Suite du précédent index, de E à N(nauta)

Progression alphabétique de l'index. L'index fait apparaître une vedette lemmatique. Le lemme se poursuit sur plusieurs pages, mais la succession des renvois ne procède pas dans l'ordre alphabétique des lemmes, mais dans la succession juxtaposée des sources. Ces sources ne sont que très rarement identifiées.

Vat. Lat. 4044

Papier, XVIe siècle, 245×350mm, [1] 294 [3], sans doute deux mains.

Fin de l'index des poètes. La dernière citation est *Taurus non habet comitem.*

Indicis poetici pars tertia a residuo dictionis H usque ad T inclusiue: f. 1-294.

Vat. Lat. 4045

Papier, XVIe siècle, 255×360mm, [2] 360f. [1], une seule main dans le texte, celle de Colocci sur le deuxième feuillet de garde.

Indicis Historici prima pars ab A usque ad E inclusiue, in quo conduntur Livius, Caesar et Salustius: f. 1-360.

Main de Colocci sur le deuxième feuillet de garde qui renvoie à trois éditions imprimées: César: Florence, 1520; Salluste: Alde, 1521; Licinius: Alde, 1518. Comme pour les poètes, l'index procède dans l'ordre de la succession des sources. Copie d'une seule main, la disposition de la succession des sources à l'intérieur d'un lemme implique que l'on soit confronté à une copie à partir d'index séparés antérieurs.

Vat. Lat. 4046

Papier, XVIe siècle, 250×365mm, [1] 491f [2], reliure parchemin sur carton-nage. Une seule main.

Indicis pars secunda ab F usque ad O: f. 1-491.

Vat. Lat. 4047

Papier, 240×350mm, [1] 529f. [1] Reliure de parchemin sur cartonnage.

Indicis pars tertia ab P usque ad finem. Une seule main très probablement qui donne comme dans les deux volumes précédents une organisation qui procède par succession de lemmes.

Vat. Lat. 4048

Papier, XVIe siècle, 240×350mm,

Volume 1: [2] 291 [1]; volume 2: 280f. [1]. Pagination continue entre les deux volumes. Reliure de parchemin sur cartonnage. Plusieurs mains.

La deuxième garde du volume 1 porte deux notes: l'une, autographe, d'An-gelo Colocci, et l'autre, autographe également, de Fulvio Orsini. La remarque de Colocci permet de renvoyer à une édition de Cicéron contenant ce que l'évêque de Nocera appelle les *oratoria*, les *retorica, forensi utrum dantur a Iodoco Badio et Io. Parvo.*

Index in Ciceronem, in duo volumina distributus.

Vat. Lat. 4049

Papier, XVIe siècle, 230×335mm, 244f. [1], Reliure restaurée de parchemin sur cartonnage. Plusieurs mains. Foliotation ancienne.

Index in M. Catonem de re rustica: f. 1-33.

Mention '*obscura*': f. 33v°.

Deficiunt f. 34-40.

M. Varronis index: f. 41-95v°.

f. 96 blanc.
Index in Columellam: f. 97-221v°.·
Palladii index: f. 222-244v°.·

Vat. Lat. 4050

Papier, XVIe siècle
Index in Donatum
Index in Lucanum
Index in Statium et Calderinum
Index in Statium Aldi
Index in Martialem Aldi.

Vat. Lat. 4051

Papier, XVIe siècle
Index in Propertium incipit a littera L.

Vat. Lat. 4052

Papier, XVIe siècle, 200×280mm, [1] 252f. [1]. Reliure restaurée de parchemin sur cartonnage.
Index de Ptolémée: f. 1-252. La main est peut-être celle de Carteromaco. Pas de titre exprimé. Le fonctionnement de l'index suit la logique suivante: progression alphabétique au niveau de la première lettre, puis progression par lieu.

Vat. Lat. 4053

Papier, XVIe siècle, 205×287mm, [1] 150 [1], plusieurs mains.
Index de l'*Iliade:* f. 1-80v°.· Une note précise f. 1: *Impressum Venetiis* 1502. L'index procède procède selon un ordre triple: alphabétique au niveau de l'initiale, progressif dans l'ordre des livres, progressif dans l'ordre de la pagination.
Index de l'*Odyssée:* f. 81-93. Une note, de la même main qu'au f. 1 précise que l'index repose sur l'édition vénitienne de 1516.
f. 94 blanc.
Index d'Appien: f. 95-150. La note précise *impressum Venetiis* 1477. La main est la même que celle qui compile l'index de L'Iliade.

Vat. Lat 4054

Papier, XVIe siècle, 240×345mm, [1] 106 [1], Reliure restaurée de parchemin sur cartonnage.
Index epitaphiorum Antiquorum: f. 1-106. Aucune indication de provenance et pas de titre précisé sur le premier feuillet. Notes complémentaires d'une autre main ou de la même main beaucoup moins soignée au verso du f. 106.

Vat. Lat. 4055

Papier, XVIe siècle, 220×330mm, [3] 129 [2], Reliure restaurée de parchemin sur cartonnage.

Index de Servius. *Ex Seruii Mauri commentariis in Virgilium annotationum tabula*: f. 1-129. Progression alphabétique au niveau de la première lettre, numérique dans l'ordre des pages.

Vat. Lat. 4056:

Papier, XVIe siècle. 240×350mm, [3] 226f. [3]. Reliure restaurée de parchemin. Plat supérieur vert. Armes pontificales. Pas de page de titre. Le premier index porte seulement la marque *philost. Sophist.* Foliotation ancienne. Les f. 5-11 sont d'un format beaucoup plus petit (220x292mm). Ils constituent un cahier mutilé rajouté dans l'index. Ecriture beaucoup moins soignée.

Polybius: f. 14-25v°.

f. 26-27: blancs.

In Topicis Boetii: f. 28-41v°. Fonctionnement alphabétique au niveau de la première lettre et progressif dans l'ordre de la foliotation ou de la pagination. Les items renvoyant à plusieurs occurrences ne sont pas répétés. Par exemple *Differentia* (f. 35): f. 18, et f. 35, et f. 46 et f. 56. Ecriture très soignée. Une deuxième main ajoute des entrées manquantes dans la deuxième colonne laissée vide par la première main.

f. 42: blanc

f. 43v° blanc, sauf une marque au verso indiquant *Boetii finis*.

Hérodote: f. 44-110. Une erreur dans l'ordre des f. 109-110, numérotés dans l'ordre. Mais le f. 110 doit être placé avant le f. 109 dans l'ordre alphabétique. Progression de l'index, alphabétique au niveau de la première lettre puis dans l'ordre des livres puis dans celui de la foliotation.

Platon: f. 110- 131 Copie sur plusieurs colonnes (entre 2 et 5); tous les items ne présentent pas de renvoi de pagination. L'ordre est alphabétique au niveau de la première lettre, dans l'ordre de la pagination/foliotation ensuite. Utilisation d'une nouvelle page à chaque changement de lettre.

f. 132-156: blanc. *Philosophia bro. Cazalis in alius textus eiusdem impressionis*. Mais il s'agit d'une main différente de l'index précédent. Disposition: une colonne par page. Ordre alphabétique au niveau de la première lettre; ordre de la foliotation ensuite.

Tusc.

f. 195-226v°. *Orationes Ciceronis*. Ecriture sur une seule colonne. Disposition alphabétique au niveau de la première main; dans l'ordre de la pagination/foliotation ensuite.

Une main ancienne ajoute en tête de cet index: *Vide cui respondeat*.

Vat Lat 4057.

Papier, XVIe siècle, 210×290mm en moyenne. L'un des cahiers d'un format très différent et d'ailleurs folioté de façon indépendante. Reliure XVIIIe siècle. La foliotation n'est qu'en partie cohérente.[2]

Index in Plinium: f. 1-60

L'index est rangé par lettre initiale puis par livre de l'*Histoire Naturelle*. L'écriture est toujours celle de la main la plus régulière et la plus fréquente de la série d'index. La progression se fait au fil du texte.

Ex vita Pythagorae: f. 61-83 : index de Jamblique.

Le fonctionnement est toujours double en procédant à la fois alphabétiquement et progressivement dans la pagination.

In Dionysium Alicarnasseum: f. 86-114.

Les indications numériques sont données partie en chiffres romains et partie en chiffres arabes. Une autre main précise sur le feuillet blanc qui précède cet index et en haut de l'index lui-même *stampa vechia*. La progression suit le double principe de l'initiale alphabétique et de la progression dans la pagination. Le numéro de folio ou de page le plus grand est 225.

F. 116-120 blancs.

In Persii comentaria: f.121-133.

Aucun indice relatif à l'édition utilisée. Progression de l'index selon la double méthode de l'initiale d'un côté de la progression de la pagination de l'autre.

In Festum: f. 135-161.

Fonctionnement double par progression dans la pagination et par initiale alphabétique.

f. 162-169 blancs.

In Festum : Deuxième index écrit sur 5 colonnes, sans indication de renvoi de page à quelques exceptions près. L'index se présente donc plutôt comme une liste de mots, dont l'ordre alphabétique est approximatif.

In Nonium : Pas d'indication de provenance. Les indications de renvoi numérique prennent en compte plusieurs mots.

In Pontanum, de sermone f. 303-346.

L'index se présente en deux temps. Une première page porte en capitales une série de noms le plus souvent de *recentiores*, puis commence l'index à proprement parler.

Index in Censorinum, une note marginale précise d'après l'édition de Milan 1497. Vittorio Fanelli a bien montré que cette référence, toute fausse qu'elle est, reste pourtant porteuse d'indications[40]. Dans les récents, apparaissent les noms

---

40 V. Fanelli, *Ricerche su Angelo Colocci e sulla Roma Cinquecentesca*, coll. Studi e Testi 283, Vaticano, Città del Vaticano, 1979, p. 66 sq : «*Veramente l'edizione del 1497 è di Bologna, e non di*

de Sébastien Brant, Merula, Mancinelli, Britannico, pour le commentaire sur Juvénal pour les deux derniers. Les renvois sont donnés sous la forme c (*carta*) et un nombre donné généralement en chiffres arabes. Ecriture à pleine page. Double progression dans l'ordre alphabétique et dans celui de la pagination.

In Lucretium: f. 350-434.

Tabula in Strabonem per singulas litteras deducta ab opere incoata a Mancinello.

Il s'agit de la table d'un format beaucoup plus petit que les autres index. Cet index se signale également par un ordre alphabétique strict souligné par la classification A *ante* I; A *ante* M etc. Ecriture régulière sur deux colonnes: le dépouillement a été fait selon une tout autre logique.

Merula in Iuuenalem: f. 2-28. Ce cahier comme le précédent a été ajouté dans un ensemble qui était déjà folioté.

Cet index fonctionne selon la double logique alphabétique et chronologique.

Vat. Lat. 4058

Papier, XVIe siècle, 210×290mm en moyenne. Main du XVIe siècle, la même que celle qui figure dans plusieurs autres index, [1] 411f. [1]. Les derniers feuillets qui devaient rester en blanc ont été découpés au couteau. Foliotation ancienne. Reliure parchemin souple moderne. Deux mains. Main de Colocci dans les premiers feuillets.

Index in Anonymum ignoratur auctor, sunt autem XII libri et agitur ut plurimum de stellis ac signis coelestibus.

Index in alium anonymum: f. 1-37.

In Plinium: f. 39-116v°.

Un autre index de Pline: f. 117-138.

Nomenclatura in Plinium: f. 139-158; ne porte apparemment que sur le livre II.

Toujours le même double fonctionnement alphabétique et progressif dans lequel il faut voir une spécificité de ce corpus.

f. 159-174 blancs.

renvoi à Tacite: f. 174v°.

In Scipionem: f. 175-184.

Une note marginale précise qu'il s'agit de l'édition aldine de 1501. Aucune édition ni de Macrobe ni de Cicéron chez Alde en 1501.

In librum XXXVII Plinii: fol.185-226.

Milano (Hain *4847) *ma l'errore si spiega facilmente con il fatto che il Censorino era rilegato con un Sidonio Apollinare pubblicato a Milano nel 1498* (Hain *1487) *ed il Colocci ha attribuito al primo volume il colophon del secondo».*

Cet index tiré du livre XXXVII de l'*Histoire Naturelle* fonctionne sur le même modèle que l'index portant sur le livre III. Il est d'ailleurs de la même main.

Nomenclatura in Laertium: 227-287.

In librum Tertium Plinii: 288-312.

Bibliotheca medicea: 313-327.

Progression à la fois alphabétique et dans l'ordre de la pagination, moins strictement que dans d'autres index cependant. Index manifestement incomplet.

Fragmentum Anonymum puis *Index in Laertium imperfectus deficit in principio*: f. 328-380.

In Appianum, f. 381-411.: *Impressus Venetiis per Bernardum Pictorem* 1477. La progression de l'index n'est pas proprement alphabétique; elle cumule une progression alphabétique limitée à la première lettre et une progression dans l'ordre de la pagination ou de la foliotation. En outre, cet index semble noter de préférence les noms propres.

Vat. Lat. 4059

Papier, XVIe siècle, 243×350mm, [1]51 [1], foliotation ancienne. Note sur la dernière garde: «*Diversi fragmenti raccolti del 6° arario di poco momento*». Une seule main. Reliure parchemin souple avec des lacets, neuve ou restaurée. Le copiste pourrait être le même que celui du Vat. lat. 4060.

Index in quoddam Hieronymi Vidae opus: f. 1-11.

f. 12 blanc.

In Vitruvium: f. 13-35v°.·

Les entrées d'index semblent tenir compte de la spécificité technique des textes considérés. Cela donne une table qui tend vers l'index analytique plutôt que vers la concordance. L'exhaustivité ne semble pas une exigence du rédacteur de ces index.

f. 36: blanc.

f. 37: un complément d'index.

Cet index distingue souvent les formes diverses des mots et propose des entrées différentes selon que le mot apparaît plutôt sous une forme infinitive, ou plutôt sous une forme conjuguée quand il s'agit d'un verbe. Ainsi *abijcere* et *abjici* apparaissent séparément.

In Macrobium: fol. 38-50.

Vat. Lat. 4060

Papier, XVIe siècle, [1] 140 [1]; f. 133-140 blancs. Foliotation ancienne; reliure moderne parchemin. 100x290 mm. Une seule main d'une grande régularité. Pas d'indication de provenance sur le manuscrit. Titre au f. 1: *tabula annotationum in Martialem*.

Tabula annotationum in Martialem: f. 1-63v°.
Ex Statio: f. 63v°-122.
Ex Lucano: f. 122v°.

Vat. Lat. 4061
Papier, XVIe siècle, [1]295 [2].
Tabula annotationum in Ciceronem.

Vat. Lat. 4062
Papier, XVIe siècle, reliure moderne restaurée parchemin sur cartonnage. [3]
82 [35], 130x208mm.
Ad Atticum et alios in margine uolumen incipit II: f. 2-24:
Cicéron, *Epistulae ad familiares* f. 24-82.

Vatican latin 4040, f. 106r°. © Vatican, Biblioteca apostolica.

COLLABOR . erumpo·

Ibiqʒ dato signo collaberentur ad diripien̄
dam Vrbem por . 217·

Collapsa pars mæniū erat li. T. 48·

Collapsa quædam circa portā   li. C.
108·

Collapsū eodem añ̄o forum, seu motu terræ
se qua alia ni speciū nasto ni mensū alti
tudinem li. 236·

COLLACRIMO . lachrimo· illachrimo·

Collacrimant sum, et priæ occasu li. T. 184

COLLATVS· Comparatio· collatio· 103

In collatu pari erant conditione Hir. 251·

Collatione reliquarū legio octaua nō dū ca
perat opinionem uetustatis· 103·

Collationem speciosam faciūt illi· li. 166·

Collatio ea alienauit animos plebis a Ca
millo· 182·

Collatio fit Tributo· 212·

Collatione magna frumenti oppressi sūt
illi· li. Ter. 97·

Collatio uoluntaria excitet animos 201·

COLLAVDATIO . laudatio·

Collaudatione eius Tribuni impedire conātur
liu· 80·

COLLAVDO· laudo· effero· extollo·

Collaudat pro eius merito et   legio
nē Cæsar· 60·

Collaudat milites in conspectu oppidanorū
Cæsar Hir· 238·

Collaudati a senatu Tribuni li· 207·

Collaudati Conss· in senatu, et apud
populū 240·

COLLEGA.

Collega resistit Sall· 83·

Collega concedente fasces habuit
Brutus li· 43·

. . . . illi creauit . ualerius Brutus· 49

. . . . B . . h ualerius 96·

Vatican latin 4043, f. 194. © Vatican, Biblioteca apostolica.

Concretos sanguine crines 71 1

CONCREDERE v

Concredere illis muros 178.24

CONCURRERE v.

Concurrere pralia uentoru 22.24
Concurrere inter se acies 25.15.181 24
Concurretur 45 13
Concurrunt agmina uiribus æquis 181 15 180.9
Concurrit orbis Asiç et Europç 138 6
Concurrunt Aeneas et Turnus clypeis 216 1
Concurrit eo cætera legio 204 7
Concurrunt gentes motu 213 8

CONCUTERE C

Concussit micantia sydera mundus 27 28

H

Atlantius finis concutitur 40.12

CONCUMBERE T

Puero concumbere furtim. 53 1
Arguar tecum ante ipsas cocubuisse plagas 73.30.

CONCUPISCERE H

Si quid tale unus concupiens 145.15

CONDUCERE T

Conductis telis 51 13

CONCURRERE v.

Concurrunt undiq ad uocem. 143.2
Concurrere in arcem ardent animi 72 9
Concurrit Jtalia bello tenetis 174 16
Concurrere ferro 186 2
Concurrit uirgo uiris 62 24
Concurrunt montes montibus 159.8.194.15.
Concurrere imparibus fatis 207 13
Concurrere mecum telis 192 19
Concurrunt comites 202 17

CONCUTERE v

Concussus æther mugitibus 37 25
Concutere quercum 19.15 77 23
Concutit Iuppiter dextra ægida 153.30

Vatican latin 4045, f. II. © Vatican, Biblioteca apostolica.

Respondera Caesar ī pmptā filixoanim 1520
mense dcembri

proposita salbugt. alibi 1521 nihil Jamoni

... hunnis ībidi 1515 no. dcembri

LA CIGOGNE, L'HIPPOPOTAME
ET LA HUPPE :
VARIATIONS HIÉROGLYPHIQUES

Une figure fort étrange illustre le chapitre 2 du livre XVII des *Hierogly-phiques* de Giovanni «Pierio» Valeriano Bolzani (1ère éd. 1556)[1]. Sur une longue patte grêle terminée par un sabot fourchu se trouve juchée la tête ébouriffée d'un oiseau à long bec.

Valeriano, *Hieroglyphiques*, XVII, 2, p. 270.

A première vue, on ne sait trop s'il s'agit de quelque monstre ou d'une fantaisie du dessinateur. Le texte qui accompagne l'image présente cette bizarre silhouette comme l'un de ces *sceptres royaux décorés à leur extrémité supérieure de têtes de cigogne*[2] qui signifiaient que la Piété filiale était en tout point préférable à l'Impiété et la reconnaissance à l'ingratitude. Valeriano dans ce chapitre n'en dit guère davantage et se contente de renvoyer le lecteur curieux aux hiérogly-phiques de l'Hippopotame dans le livre consacré... aux poissons! Et de fait, dans le livre XXIX, au chapitre 16, entre le Crocodile, le Phoque, la Murène et l'An-guille[3], à propos du Cheval de fleuve (*Equus fluviatilis*), autrement dit l'Hippo-potame, voici de nouveau la même image. Valeriano cette fois indique la prove-

---

[1] Nous avons consulté l'éd. de 1610, parue à Lyon chez Paul Frellon : *Hieroglyphica seu de sacris Aegyptiorum aliarumque gentium literis commentarii*. Cf. la thèse de Stéphane Rolet : les *Hieroglyphica* de Pierio Valeriano (Tours, 2000).

[2] *Sceptra regia in summa parte Ciconiæ capitibus insignata.*

[3] On voit que pour Valeriano, le mot «Poisson» renvoie à tous les êtres aquatiques.

nance et l'usage de l'objet qu'elle représente: un sceptre confectionné par les prêtres de l'Egypte, réunissant une tête de cigogne qui signifie la Piété filiale et un pied d'hippopotame, *avec les ongles tournés vers le bas* pour signifier l'Impiété, en raison des grands défauts de ce dernier animal *impie, ingrat, injuste*. Ainsi, selon Valeriano, les prêtres égyptiens pensaient-ils engager à la vertu ceux qui contemplaient ce symbole, lequel ornait, dit-il

> les sceptres des princes et force enseignes de même nature, ainsi qu'ornements, médaillons et nombre d'armes dont l'usage était quotidien[4].

Malgré ces «précisions», le lecteur moderne reste sur sa faim. Il s'étonnera certainement de trouver l'hippopotame rangé parmi les poissons[5]; il s'interrogera aussi sur le rapport qui peut unir un pachyderme et un échassier; il se demandera enfin quel lien symbolique peut bien exister entre ces deux animaux et des notions aussi abstraites que la Piété et l'Impiété filiales. Une lecture superficielle risque alors de faire naître chez ce lecteur au mieux une curiosité amusée devant ces assemblages hétéroclites, au pire quelque condescendant mépris pour des rapprochements en apparence absurdes. Les *Hiéroglyphiques* de Valeriano méritent pourtant une lecture plus approfondie, voire plus sympathique. Par l'étude de leurs sources, de l'ordre qui les régit, de l'agencement de leurs ensembles, on s'aperçoit en effet que le recueil obéit à un souci d'organisation certain, en même temps qu'à une cohérence symbolique qui, bien qu'elle repose sur un savoir qui n'est plus le nôtre et qu'elle soit par ailleurs dépourvue des références historiques dont nous disposons, n'en est pas moins fort sensible.

Si l'on étudie en effet une à une les composantes de l'objet symbolique décrit par Valeriano, on trouve à sa partie supérieure la tête d'un oiseau que le texte identifie comme une cigogne. Evidemment, Valeriano n'a pas inventé cette figure. L'étrange combinaison d'un hippopotame et d'une cigogne est déjà mentionnée chez Plutarque, qui précise que la cigogne doit occuper la position dominante car

> les cigognes pourvoient aux besoins de leurs pères, alors que les hippopotames les mettent à mort afin de pouvoir couvrir leur mère[6]

La *Souda* décrit des sceptres où

> ils placent en haut une cigogne et en bas un hippopotame pour signifier que la justice l'emporte sur la violence[7].

---

[4]   *Principum sceptra et hujusmodi pleraque insignia, atque gestamina et monumenta, armaque aliquot quorum quotidianus esset usus.*

[5]   Il est vrai que cet animal étant amphibie, il était permis de consommer sa viande en Carême...

[6]   Plutarque, *De soll. an.* 4, 962 e.

[7]   Cité par F. Sbordone dans son édition commentée des *Hieroglyphica* d'Horapollon, Naples, Luigi Loffredo, 1940, p. 115, à laquelle nous empruntons la plupart de nos références.

La Cigogne trouve donc tout naturellement sa place dans le livre XVII des *Hiéroglyphiques*, tout entier consacré aux échassiers. *Illa ciconia tua pietacultrix*, comme l'écrit Valeriano dans sa dédicace au cardinal Gilles de Viterbe, est selon lui douée de précieuses vertus: piété filiale (ch. 1 et 2), reconnaissance (ch. 5), vigilance (ch. 9), discipline (ch. 10), sans compter l'aptitude à déjouer les embûches (ch. 7), à pratiquer une médecine par les plantes (ch. 8) et à exterminer les serpents (ch. 16)! En détaillant ses deux premières qualités, Valeriano ne fait que reprendre une tradition bien ancrée dans l'Antiquité gréco-latine, qui voit dans la Cigogne le modèle de l'enfant dévoué à ses parents car elle passait pour leur rendre dans leur vieillesse les soins dont ils avaient entouré son enfance. Avec Plutarque, Aristote (*Histoire des animaux*, XXIII, 615 b), Pline (*Histoire Naturelle*, X, 63), Elien (*De la nature des animaux*, III, 23), pour ne citer que les *naturalistes* les plus connus, ont développé à l'envi ce lieu commun, répandu au point d'engendrer le verbe *antipelargein*: «se comporter comme la cigogne en rendant service pour service» et d'être traité par allusion comme une vérité admise de tous dans les dernières lignes de l'*Alcibiade* (135 e) de Platon. Plus largement encore, la tradition hébraïque fait de la Cigogne (*hasidah*) l'exemple même de la notion de *hesed*: «grâce, bienfait reçu et rendu», qui suggère la nécessaire circulation du bon vouloir et des services non seulement entre les créatures mais aussi entre l'homme et Dieu.

Valeriano attribue une origine égyptienne au *topos*. Il ne pouvait qu'être conforté dans cette opinion par le hiéroglyphique II 58 des *Hieroglyphica* d'Horapollon. La Cigogne y est présentée comme le hiéroglyphe de l'amour filial:

> *Celui qui aime son père.*
> Quand ils [les Egyptiens] veulent signifier *celui qui aime son père*, ils dessinent une cigogne. Car, une fois élevée par ceux qui l'ont mise au monde, elle ne se sépare pas de ses propres parents mais reste auprès d'eux jusqu'à leur extrême vieillesse en prenant soin d'eux[8].

On sait en effet l'importance de la source égyptienne pour l'auteur italien qui a conçu ses *Hiéroglyphiques ex sacris Ægyptorum literis* en imitation d'Horapollon et du traité qui nous est parvenu sous ce nom et sous le titre d'*Hieroglyphica*. Dans ce recueil consacré à l'écriture hiéroglyphique, dont la majeure partie a été composée en vieux-copte par Horapollon l'Egyptien ou Niliaque, un lettré issu d'une lignée d'intellectuels de Haute-Egypte qui enseigna à Alexandrie à la fin du Ve s. ap. J.C.[9], on trouve à la fois des souvenirs précis de

---

[8]   Tous les hiéroglyphiques d'Horapollon que nous citons sont traduits d'après le texte grec établi par F. Sbordone.

[9]   Sur Horapollon, cf. *Lexicon der Ägyptologie*, Harrassowitz, Wiesbaden, 1977, p. 1275, J. Maspero, «Horapollon et la fin du paganisme égyptien», *Bulletin de l'Institut français*

l'écriture égyptienne (surtout de l'écriture ptolémaïque)[10] et force emprunts à la science gréco-romaine. Copié par les Byzantins, redécouvert à la Renaissance, le traité suscita à cette époque un intérêt dont témoignent les nombreuses copies manuscrites, éditions et traductions[11]. Valeriano en reprend de larges passages et s'en inspire à la fois dans la forme et dans l'esprit, en imposant toutefois de nouvelles catégories à la mode de son temps et en ajoutant ses propres interprétations, plus force références issues des auteurs grecs et latins tout autant que de la Bible et des Pères de l'Eglise. Ainsi naquit un genre éphémère, les Hiéroglyphiques, dont les ouvrages de Pierre L'Anglois, de Dinet, de Caussin[12] peuvent donner des exemples : manières d'encyclopédies symboliques dont les Iconologies prirent bientôt la relève... En fait, la filiation, pour évidente qu'elle paraisse à première vue, ne va pas sans détour. Les *Hieroglyphica* d'Horapollon sont une œuvre composite. Le traducteur grec Philippe y prit sans doute une large part. Or, le hiéroglyphique II 58 appartient précisément à une série de pseudo-hiéroglyphes du second livre qui viennent tout droit, non de la tradition égyptienne, mais des naturalistes gréco-latins. On y verra donc plutôt l'influence de la science grecque que celle des scribes égyptiens.

Mais dans le premier livre des *Hieroglyphica* d'Horapollon, qui est sans conteste la partie la plus authentique du traité, Valeriano avait pu lire un autre hiéroglyphique qui développe la même idée, et qui se trouve fondé à la fois linguistiquement et graphiquement sur la tradition égyptienne. Il s'agit du hiéroglyphe I 55 :

> *Gratitude.*
>
> Et quand ils écrivent *gratitude*, ils dessinent une *coucoupha*, par le fait que celle-ci est la seule de tous les animaux qui après avoir été nourrie par ses parents leur rend le même service quand ils sont devenus vieux : dans le lieu même où ils l'ont élevée, après leur avoir fait un nid, elle leur arrache les plumes et pourvoit à leur nourriture, jusqu'à ce que les parents dont les

---

d'archéologie orientale, t. XI, Le Caire, 1914, p. 164-195 et R. Rémondon, « L'Egypte et la suprême résistance au christianisme », *ibid.*, t. LI, 1952, p. 64. L'art. de Roeder dans la *Real Encyclopädie*, VIII 2, p. 2313-2314, doit être revu et complété en fonction de ces recherches.

[10] Sur 189 hiéroglyphiques, 98 renvoient bien à des hiéroglyphes authentiques issus des graphies du moyen égyptien ou de l'écriture ptolémaïque, ou encore à des détails de l'iconographie ou de la mythologie égyptiennes. Les autres relèvent de la science gréco-romaine.

[11] Sur la transmission des *Hieroglyphica* à la Renaissance, cf. R. Aulotte, « D'Egypte en France par l'Italie », *Mélanges Franco Simone*, Genève, Droz, 1980, p. 555-572 ; D. Drysdall, « The hieroglyphs at Bologna », *Emblematica*, 1987, 2, 2, p. 225-247 ; et notre étude « Signe, figure, langage : les *Hieroglyphica* d'Horapollon... », *l'Emblème à la Renaissance*, Paris, SEDES, 1982, p. 29-48, qui doit être corrigée et complétée à la lumière de recherches plus récentes.

[12] P. Langlois de Belestat, *Discours des hieroglyphes ægyptiens, Emblesmes, Devises et armoiries*, Paris, 1583 ; P. Dinet, *Cinq livres des Hiéroglyphiques*, Paris, 1614 ; N. Caussin, *Symbolica Ægyptiorum sapientia*, Paris, apud S. Piget, 1647. Cf. M. Fumaroli, « Hiéroglyphes et Lettres : la 'sagesse mystérieuse des anciens' au XVIIᵉ siècle », *XVIIᵉ siècle*, n° 158, p. 7-20.

plumes ont repoussé se trouvent en mesure de subvenir à leurs besoins. D'où la préférence donnée à la *coucoupha* pour figurer sur les sceptres des dieux.

Valeriano reprend presque textuellement les premières phrases de ce texte dans le chapitre 5 du livre XVII, sous le titre *Gratus animus*, avec toutefois un changement particulièrement important : à la *coucoupha* il substitue la Cigogne. Non sans hésitation probable ni sans justification préalable : dans le chapitre 4, intitulé *De cucupha*, il avait avoué son ignorance devant ce terme lu chez Horapollon, («un nom, je l'avouerai ingénument, qui m'est à ce jour inconnu à cause de la nouveauté du vocable»[13]), ajoutant qu'il espérait bien recevoir quelque lumière de mieux renseigné que lui. Mais dans le doute, devant un terme obscur et un texte par ailleurs incertain (les manuscrits en proposent plusieurs versions), il a préféré la sécurité de la puissante tradition gréco-latine, si bien fondée sur d'illustres et si nombreux exemples. Et la Cigogne a remplacé chez lui cette *coucoupha* qu'il ne savait identifier, y compris sur le sceptre que nous avons montré ci-dessus.

Valeriano ne connaissait pas le copte et encore moins (et pour cause) les graphies de l'égyptien ptolémaïque. Aussi ne peut-on lui tenir rigueur de cette infidélité au texte horapollinien et à la vérité archéologique. En fait, dans cette *coucoupha* il faut bien reconnaître en effet le mot *koukoupet* ou *koukouphat*, nom copte d'un autre oiseau : la Huppe. Celle-ci était appelée *kioukiouped* en égyptien démotique. Car c'était la Huppe, et non la Cigogne, qui passait en Egypte pour un modèle d'amour filial, témoin ce passage d'Elien :

> ces mêmes Egyptiens honorent également les oies d'Egypte[14] et les huppes (*epopas*), car les unes sont dévouées à leurs enfants, et les autres sont pleines de sollicitude envers ceux qui leur ont donné le jour[15].

Dans le *Physiologus grec*[16], les soins que consacre la *coucoupha* à l'entretien de ses vieux parents sont décrits presque dans les mêmes termes que dans le hiéroglyphique I 55 d'Horapollon. Or précisément dans l'écriture ptolémaïque, le hiéroglyphe de la Huppe note le son *djeb*[17]. Par équivalence phonétique, il renvoie au verbe *djeba*: «réparer»[18] mais aussi «restaurer» et au substantif

---

[13] *Nomen mihi, ut ingenue fatear, nondum cognitum vocabuli novitate.*

[14] Cet oiseau, le chenalopex, est le sujet de l'hiéroglyphique I 53 d'Horapollon, qui raconte comment il défend sa nichée en détournant sur lui les chasseurs.

[15] *De nat. an.*, X, 16

[16] *Physiologus*, éd. F. Sbordone, Hildesheim-New York, Olms, 1976, 8, p. 28-30.

[17] F. Daumas, *Valeurs phonétiques des signes hiéroglyphiques d'époque gréco-romaine*, Unité associée au C.N.R.S. 1068, Université de Montpellier, Publications de la Recherche, 1988, t. II, 843, 847, p. 335.

[18] A. Erman-H.Grapow, *Wörterbuch des ägyptischen Sprache*, Akademie-Verlag, 1926-1953, t. V, p. 555.

djebaou: «récompense». La Huppe sert donc bien à noter en égyptien, à l'époque d'Horapollon, le concept de reconnaissance en général, avec toutes les applications et les connotations positives qu'il peut avoir[19]. Sur le sceptre en question, il faut imaginer comme il le dit une Huppe ou une tête de Huppe.

Et l'hippopotame? Il fait justement l'objet du hiéroglyphique suivant d'Horapollon (I 56):

> *Injuste et ingrat.*
>
> *Injuste et ingrat*: ils dessinent deux ongles d'hippopotame tournés vers le bas. Celui-ci en effet, quand il grandit en âge, se mesure avec son père pour évaluer sa force en se battant avec lui, et dans le cas où son père cède la place, prenant pour lui-même son territoire, il en vient à épouser sa propre mère et le laisse vivre. Mais si celui-ci ne lui a pas permis de s'unir en mariage avec sa mère, il le met à mort, étant plus viril et plus fort.
>
> Et à l'extrémité inférieure [du sceptre] il y a deux ongles d'hippopotame, afin qu'en les voyant et en apprenant la raison de leur présence les hommes soient plus enclins à bien agir.

Là encore, une correspondance hiéroglyphique vient légitimer l'équivalence. En écriture ptolémaïque, l'hippopotame sert à noter le mot *nech* « mettre

à l'écart, expulser »[20]. Cette équivalence se trouve confortée par les interprétations mythiques de l'animal qui, encore abondant à l'époque historique dans le Nil, inspirait la crainte du fait de sa quasi-invulnérabilité, de sa force physique et des dégâts qu'il causait aux cultures. Animal des marais, il était considéré comme l'incarnation de la violence sauvage inspirée par Seth, l'ennemi d'Osiris. Sur les cippes d'époque tardive, on le représente terrassé par Horus[21]. Il sert ici de pendant antithétique à la Huppe, qui représente les vertus familiales: prati-

---

[19] Une localité proche de Paris porte le nom de Saint-Cucufa, prétexte à plaisanteries douteuses. En fait, Saint Cucupha était un saint homme, martyrisé en 303, dont les reliques étaient révérées à Saint-Denis. Son nom indiquait-il une piété profonde, ou simplement une origine égyptienne?

[20] P. Wilson, «A Ptolemaic Lexicon», *OLA*, Louvain, 1997, 3, p. 549.

[21] Cf. *Egyptes, L'Egyptien et le copte*, Catalogue de l'exposition, éd. préparée par Nathalie Bosson et Sydney H. Aufrère, Lattes, Musée archéologique Henri-Prades, 1999.

quant à la fois l'inceste et le meurtre du père, il transgresse les tabous les plus respectés. Et, intervenant après la Huppe, il se trouve bien en situation d'infériorité dans la hiérarchie de l'ouvrage.

Cette interprétation égyptienne de l'hippopotame se retrouve chez Plutarque comme nous l'avons vu. Dans son commentaire de l'obélisque de Saïs[22], il interprète encore l'hippopotame comme une figure de l'Impudence en réitérant contre lui la double accusation de parricide et d'inceste. Damascius[23] n'est pas plus indulgent :

> l'hippopotame ne respecte pas la justice et c'est pourquoi, dans les hiéroglyphes il représente l'Injustice ; en effet, après avoir tué son père il fait violence à sa mère.

Valeriano reprend ces affirmations lorsqu'il traite de cet animal. Il reproduit presque textuellement (livre XXIX, ch. 15) les termes du hiéroglyphique I 56 d'Horapollon. Mais il y ajoute une description de l'animal empruntée à Pline (*Hist. nat.*, VIII, 25), description qui, en l'absence de toute image fidèle du modèle vivant, peut aisément évoquer un monstre quasi surréaliste. L'hippopotame, qu'il appelle comme Pline *Equus fluviatilis*, conformément à l'étymologie grecque, a des sabots fendus

> semblables à ceux des bœufs, bien que son dos, sa crinière et son hennissement soient ceux du cheval, d'où son nom. Il a de plus le pied fendu, des dents proéminentes comme celles des sangliers, à peine cependant ; un groin retroussé, une queue de sanglier, la taille et les parties internes de l'âne ; l'épaisseur de son dos [est] telle qu'elle repousse les épieux et qu'elle peut équiper des boucliers et des casques qui sont impénétrables à moins qu'ils ne soient amollis par l'humidité[24].

Les références dont dispose le lecteur moderne lui permettent, là encore, de vérifier le bien-fondé de cette description. Mais sans document iconique authentique, toutes les dérives imaginaires étaient possibles, témoin celles qui transformèrent au Moyen Age le rhinocéros en licorne... D'où l'étrange image que nous montrions plus haut, qui « illustre » la description et où l'on reconnaîtra le sabot fourchu de bovidé que Valeriano attribue au pachyderme[25].

---

[22]   *Isis et Osiris*, 32.

[23]   Damascius, « Vie d'Isidore », Photius, *Bibliotheca*, éd. R. Henry, Paris, Belles Lettres, 1991, t. VI, p. 28.

[24]   *Species vero ungularum iis est quales Bubus, licet dorsum, juba et hinnitus Equi sit, unde illi nomen. Inest præterea talus bisulcorum modo, dentes ut aprorum exerti, leviter tamen ; rostrum resimum, apri cauda etiam, magnitudo et interiora Asini, tergoris crassitudo tanta ut ex eo venabula fiant [?], et scuta galeæque impenetrabiles, nisi humore madeant, munire possit.*

[25]   L'hippopotame possède en fait des ongles un peu semblables à ceux de l'éléphant.

L'illustrateur des *Hieroglyphica* d'Horapollon s'était trouvé confronté à la même ignorance en 1543. Devant représenter un hippopotame, il avait pris le parti de représenter un cheval marin (II 20) :

Horapollon, *Hieroglyphica*, II, 20, illustration de l'éd. de 1543.

et, pour le hiéroglyphique I 56, deux sabots de cheval dotés d'une sorte de rostre qui sont censés montrer selon le traducteur *deux ungles d'hippopotame c'est à dire cheval de riviere tel qu'ilz sont au Nil* :

Horapollon, *Hieroglyphica*, I 56, illustration de l'éd. de 1543.

Ces sabots nous ramènent au sceptre de Valeriano. Chez Horapollon, la description de cet objet se trouvait scindée en deux et distribuée entre les deux hiéroglyphiques I 55 et I 56. On doit donc la reconstituer ainsi :

> [On choisit] de préférence la *coucoupha* pour figurer sur les sceptres des dieux
> mais à l'extrémité inférieure [de ceux-ci], il y a deux ongles d'hippopotame,
> afin qu'en les voyant et en apprenant la raison de leur présence les hommes
> soient plus enclins à bien agir.

Un tel sceptre a-t-il existé? Valeriano lui-même fournit une précieuse indication en rapportant qu'on peut en voir un exemple sur la table de bronze de Bembo[26]. Il s'agit évidemment de la Table Isiaque[27], récemment découverte elle aussi à cette époque. Celle-ci présente en effet plusieurs images divines (Amon, Ptah) tenant en main un long sceptre terminé à sa partie supérieure par une tête d'animal stylisée et en forme de fourche à sa partie inférieure.

C'est le sceptre *ouas*[28], sceptre divin comme le dit Horapollon (il n'était qu'exceptionnellement royal, contrairement aux affirmations de Valeriano), que l'on peut voir sur les reliefs ou les fresques égyptiennes entre les mains de Rê, de Ptah ou d'autres dieux et déesses.

---

[26] XVII, ch. 2.

[27] La Table Isiaque est un plaque de bronze incrustée d'argent représentant autour d'Isis plusieurs dieux et déesses égyptiens, avec des hiéroglyphes non déchiffrables. Il s'agit d'une œuvre tardive de facture romaine. Découverte à la Renaissance, elle fit partie des collections du cardinal Bembo; elle se trouve présentement au Museo Egizio de Turin. Cf. E. Iversen, *The Myth of Egypt and its hieroglyphs in european tradition*, Copenhague, Gad, 1961, p. 55-56.

[28] Le hiéroglyphe de ce sceptre est répertorié sous le n° S 40 (A. Gardiner, *Egyptian Grammar*, Oxford, Clarendon Press, 1927-69 et P. Grandet-B. Mathieu, *Cours d'égyptien hiéroglyphique*, Paris, Khéops, 1997).

Rê-Horakhty avec le sceptre *ouas*, dessin d'E. Chassinat.

L'extrémité supérieure peut en effet passer pour la tête d'un oiseau huppé et l'extrémité fourchue peut rappeler, à la rigueur, deux ongles ou deux griffes. Mais cette interprétation d'Horapollon est rien moins que certaine et l'on en discute encore: la tête d'animal ne pourrait-elle pas être celle d'un canidé, ou celle de l'animal mythique de Seth, doué d'un long bec et de deux oreilles dressées? La base fourchue ne rappelle-t-elle pas celle du signe qui représente sans

doute l'étai brisé du ciel? ou encore l'extrémité de la queue du monstre séthien? Faute de compétence, nous ne prendrons pas position dans cette délicate discussion. Et si, après tout, Horapollon avait raison?

Autre question: pourquoi l'illustrateur des *Hiéroglyphiques* de Valeriano n'a-t-il pas suivi la suggestion de ce dernier et cherché sur la Table Isiaque le modèle qui lui aurait permis de retrouver cette silhouette authentique? Ne nous hâtons pas de le taxer d'ignorance ou de cécité mentale: notre conception de la vérité scientifique n'est pas la sienne et il nous est bien facile, alors que la recherche sur la civilisation égyptienne s'enrichit sans cesse de nouvelles découvertes, d'identifier telle pièce du puzzle en la mettant à sa place. Encore ne sommes-nous pas à l'abri de semblables méprises dont les futurs chercheurs sauront s'esbaudir...

En écartant la huppe égyptienne au profit de la cigogne hébraïco-hellénique et en refusant une identification qui lui semblait obscure, Valeriano a cru faire œuvre scientifique et il l'a faite selon les connaissances dont il disposait. La substitution était déjà consacrée avant lui: dans l'édition des *Graveures sacrées* d'Horapollon (1543), première traduction en français des *Hieroglyphica*, le traducteur avait bien transcrit le mot *coucoupha* en *cucuphe*, mais le graveur avait illustré le hiéroglyphique I 55 d'oiseaux très semblables à des cigognes.

Horapollon, *Hieroglyphica*, I 55, illustration de l'éd. de 1543.

En 1553, dans une nouvelle traduction, la substitution était consommée et *coucoupha* traduit par *cigogne*. Valeriano a pu être influencé par cette version en accord avec la tradition classique. Il n'accepta d'ailleurs jamais aveuglément le texte d'Horapollon qui lui paraissait souvent douteux[29] et il l'a discuté plus d'une fois avec une remarquable clairvoyance. Dans ces réticences, il est loin d'être le seul. Ce texte issu d'une civilisation étrangère à l'Antiquité classique et chrétienne, fondé sur une langue non indo-européenne, traitant d'une écriture singulière où fonctionnent à la fois des icônes, des idéogrammes et des équivalences phonétiques du genre rébus a fasciné les érudits et les lecteurs de la Renaissance. Mais ce n'était pas sans éveiller quelque méfiance par l'apparente étrangeté des symboles qu'il propose, surtout en ce qui concerne les plus authentiques d'entre eux. Pour les décrypter, comme nous l'avons vu pour la *coucoupha*, il faut faire appel à des connaissances qui ne se découvrent que progressivement aux égyptologues modernes. A notre époque, les *Hieroglyphica* d'Horapollon sont loin d'être tout à fait lavés de cette méfiance injustifiée.

Quoi qu'il en soit, le sceptre ainsi décrit par Valeriano devait avoir dans la suite un bel avenir. Nous ne prétendons pas dresser ici un catalogue de ses occurrences. G. de Tervarent en cite quelques-unes, ainsi qu'Henkel et Schoene[30]. Nous nous contenterons de donner ici deux exemples qui nous ont

---

[29] Cf. dédicace du livre XXXIII à Fra Urbano Bolzani.

[30] Art. Cigogne in G. de Tervarent, *Attributs et Symboles dans l'art profane*, Genève, Droz, 1958; A. Henkel-A. Schoene, *Emblemata*, Stuttgart, J. B. Metzlersche, 1967.

semblé particulièrement séduisants ou significatifs. Selon Cesare Ripa[31], l'hippopotame devrait se retrouver dans les bras de l'*Impietà*, ce qui serait à coup sûr bien encombrant... On ne sait d'ailleurs comment on aurait pu représenter exactement ce curieux spectacle, cette édition étant dépourvue de toute illustration. Quand Jacques de Bie entreprend de dessiner l'Impiété pour l'*Iconologie* de J. Baudoin (1644), il n'a pas, heureusement, à résoudre le problème : l'hippopotame a été remplacé par un *Cochon* que l'Impiété tient sous le bras en tentant de bouter le feu à la Piété symbolisée ici par un malheureux pélican[32]. G. C. Capaccio avait bien vu la difficulté matérielle d'intégrer à une image celle de l'*intiero Hippopotamo*. Il se gausse en effet d'un hiéroglyphique composé par un de ses contemporains, qui prétendait, pour suggérer la victoire de la Justice sur l'Injustice, jucher une cigogne sur le dos du pachyderme : on aurait bien du mal, remarque-t-il, à tenir un sceptre ainsi construit ![33] Cette remarque prouve deux choses : que Capaccio ne manquait pas d'humour et que le symbole était assez connu à cette époque pour être décrypté par les lettrés et les beaux esprits du temps.

Mettre une cigogne sur un hippopotame... le défi semble relevé, ou à peu près, dans le bel emblème dessiné par Crispin de Passe pour Gabriel Rollenhagen, dans le second livre de son *Nucleus Emblematum*[34] :

On y retrouve la Cigogne, le Sceptre et l'Hippopotame, non sans changements et ajouts. L'« hippopotame » est un cheval marin comme sur l'illustration

G.Rollenhagen, *Nucleus Emblematum*, II, p.21.

---

[31]   Cesare Ripa, *Iconologia*, éd. de Padoue, 1624, P. P. Tozzi, p. 311.

[32]   J. Baudoin, *Iconologie*, Paris, 1644 ; réed. Paris, Aux amateurs de livres, 1989, p. 160-161.

[33]   J. C. Capaccio, *Delle Imprese*, Naples, G. G. Carlino e A. Pace, 1592, p. 6.

[34]   G. Rollenhagen, *Nucleus Emblematum*, Cologne, apud J. Jansonium, 1611 ; réed. In *Les recueils d'emblèmes et les traités de physiognomonie de la Bibliothèque interuniversitaire de Lille*, Paris-Lille, Aux amateurs de livres, 1989, II, p. 21.

du hiéroglyphique II 20 d'Horapollon, dans le goût de ceux qui accompagnent les Galatées et autres Amphitrites dans les tableaux du temps. Le sceptre porte couronne. La Cigogne dépèce avidement un serpent lui aussi couronné. La devise précise: *Discite Justitiam*, avec ce commentaire que nous traduisons:

> Apprenez la justice quand on vous en instruit et ne méprisez pas le Roi
> Dont la main étend loin son pouvoir en tout lieu

complété dans l'édition française par le quatrain

> Peuple qui soubs un Roy vivez en paix tranquille,
> Apprenez bien a vivre selon justice, et droict;
> Car pour les malfaicteurs le Roy en tout endroit
> A le bras estendu tant aux champs qu'en la ville.

En arrière-plan, dans un paysage à la fois marin et urbain, une potence et une roue ont valeur de discrète menace. On voit que le symbole subit encore un nouveau glissement: le couple antithétique Piété-Impiété ou Justice-Injustice, fondé pour les Egyptiens comme pour les Hébreux et sans doute pour les Grecs sur un *muthos* sous-jacent mettant en cause le monde divin comme le monde humain, se trouve ici ramené à un précepte politique de portée immédiate mais limitée. D'ailleurs, l'un de ses éléments majeurs, l'hippopotame, n'est plus compris. Il ne fait plus partie du sceptre; loin d'être terrassé par lui, il semble au contraire l'étayer[35]. Il ne peut donc représenter l'injustice, qui se trouve ici symbolisée par un autre animal, le serpent: autre *topos* combien fécond, qui nous renvoie encore à Horapollon dans les hiéroglyphiques II 59 et II 60, mais aussi à d'innombrables références parmi lesquelles on trouverait, pêle-mêle, le serpent Apophis, Hérodote, Epiphane, Galien, Etienne de Byzance, Pline, Maurice Scève, etc. etc., sans compter la Genèse et l'Apocalypse!

Comme on le sait, la chasse aux symboles ressemble à un écheveau de laine où quelque chaton aurait joué: on ne saurait en tirer un brin sans entraîner le tout. Aussi n'irons-nous pas plus avant sur ce sujet et laisserons-nous à d'autres le soin de le démêler. Nous avons essayé de retracer ici les origines et quelques avatars d'une figure symbolique parmi tant d'autres. Quiproquos et équivoques ne manquent pas. L'image brouille parfois le sens, loin de le servir. Les Egyptiens appelaient les hiéroglyphes *medou-netjer*: «paroles du dieu». Or les hommes ne savent pas toujours (toujours pas?) déchiffrer l'écriture divine...

Claude-Françoise BRUNON
Université Paul-Valéry, Montpellier III

---

[35] Le même dispositif, avec la même devise, se retrouve dans la marque du libraire Andreas Wechel (L. Volkmann, *Bildenschriften der Renaissance*, Leipzig, 1923; réimp. Nieuwkoop, B. de Graaf, 1962, p. 121).

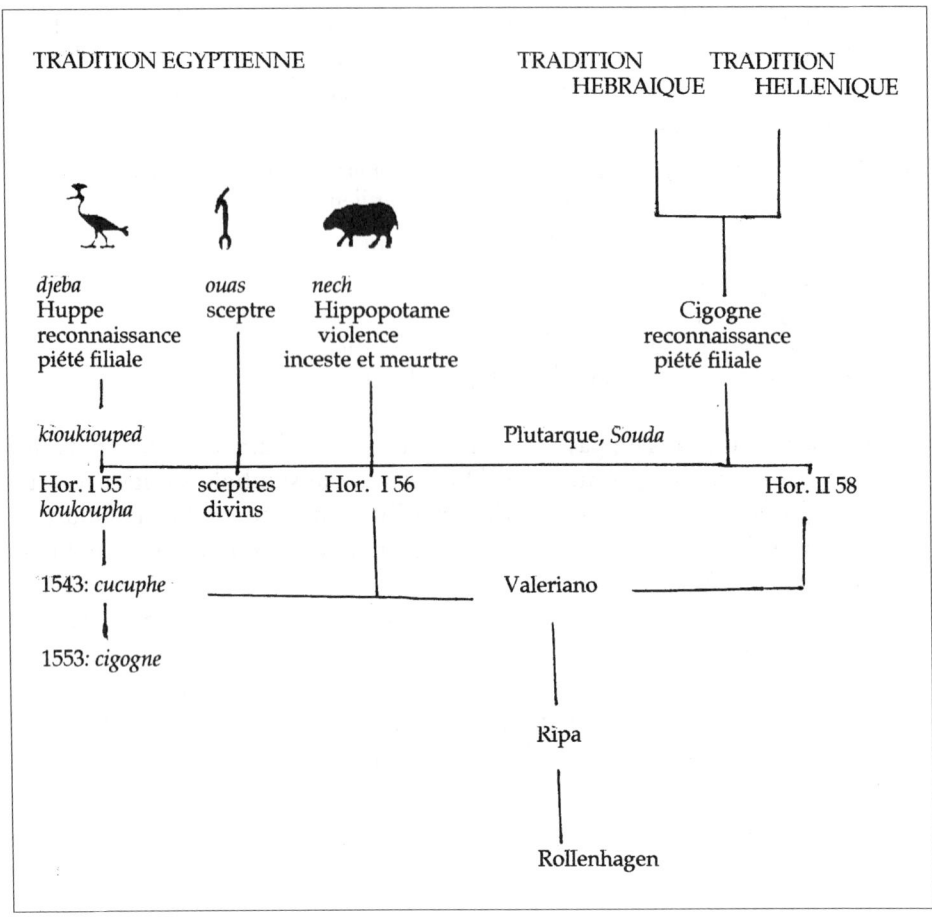

TRADITION EGYPTIENNE

TRADITION   TRADITION
HEBRAIQUE   HELLENIQUE

djeba   *ouas*   *nech*
Huppe   sceptre   Hippopotame   Cigogne
reconnaissance   violence   reconnaissance
piété filiale   inceste et meurtre   piété filiale

kioukiouped   Plutarque, *Souda*

Hor. I 55   sceptres   Hor. I 56   Hor. II 58
koukoupha   divins

1543: *cucuphe*   Valeriano

1553: *cigogne*

Ripa

Rollenhagen

LE *COGITO* DE L'ANATOMISTE :
LA DISSECTION
DES PARTIES DU CORPS HUMAIN
PAR CHARLES ESTIENNE

En 1545 et 1546, Charles Estienne publia, chez son beau-père Simon de Colines, d'abord en latin puis en français, *La Dissection des parties du corps humain*[1] ; relégué dans les tiroirs des « pré-vésaliens » par les historiens positivistes, ce traité d'anatomie dut de revenir dans l'histoire de la médecine aux historiens de l'art et aux historiens des idées. Comme si la fidélité avouée à Galien, après la parution en 1543 du *De Fabrica Corporis Humani* de Vésale, invalidait tout discours : comme si le recours à la tradition ne saurait plus être, dès après que fut née une science dite moderne, que régression et incompréhension.

ANATOMIE D'UNE POÉTIQUE :
LE FIL DU RASOIR,
ENTRE HISTOIRE ET PORTRAIT

Or, le texte de *La Dissection* mérite mieux que la condescendance *a posteriori* que lui attribuèrent certains historiens. Y compris dans ses déclarations de respect envers le Prince des médecins : Galien. Selon la préface française de 1546, Charles Estienne « entreprend la description des parties du corps humain », et s'engage à tenir l'équilibre entre la brièveté, « croyans la briefveté estre premiere et principale louange de toute description », et la diligence, que nous appellerions exhaustivité, « a ce que rien ne soit veu manquer de ce qui sembleroit a ce faict estre necessaire et utile ». Sobriété revendiquée du style, « sans aornement de belles et sententieuses paroles » qui ne servent le propos, et recours aux autorités anciennes et modernes sont les voies, contradictoires en apparence seulement, d'une écriture humaniste de la science : le projet de Charles Estienne, présenté au seuil du livre et réexposé maintes fois au cours de l'ouvrage, est de composer une œuvre de « vérité », d'où, au nom de l'objective précision d'une

---

[1] *La Dissection des parties du corps humain divisee en trois livres, faictz par Charles Estienne docteur en Medecine : avec les figures et declarations des incisions, composees par Estienne de la Riviere Chirurgien*, Paris, Simon de Colines, 1546.

pure reproduction, seraient bannis les artifices et inventions de l'art tandis que, justement, tous ces artifices seraient mis au service de l'élaboration d'un livre en lieu et place d'une réelle dissection. Il construit une poétique en l'équilibre, toujours définie dans le doublet, figure stylistique privilégiée et emblématique de *La Dissection*.

Ainsi, l'anatomiste se donne dans les deux phrases d'entrée en matière, deux modèles: l'historien, qui évoque par l'écriture les hommes disparus, les faits passés, en un mot, l'absence, et le peintre, voire le sculpteur, qui proposeraient une copie conforme de leur sujet dans le portrait; l'homme de livres et l'homme d'objets, l'auteur et l'artiste évoquent dans leur complémentarité, l'idéale ambition du traité qui s'ouvre, celle d'un livre dont la lecture soit expérience:

> Charles Estienne / docteur en medecine / a ses estudians en anatomie S.
> L'estat de celuy qui entreprend la description des parties du corps humain ne me semble en riens different de l'office d'ung historien auquel incombe produire et monstrer par escript / la memoire des gestes et affaires publiques. [...] Dont non sans tresgrande raison avons accoustumé de beaucoup plus priser l'ouvraige d'un bon peinctre ou tailleur / d'aultant qu'il approche la nayve figure des choses par luy representées / et si exactement proposées a la veue des spectateurs / que les images peinctes ou eslevées / remonstrent lesdictes choses presque vifves et naturelles. [...] En ce principalement avons mis ordre touchant ce qu'aurions quelquesfois apperceu a l'œil / de vous le proposer le plus briefvement et succinctement que faire nous a esté possible: croyans la briefveté estre premiere et principale louange de toute description. [...] Pour laquelle touteffois confermer et asseurer davantage / a ce que rien ne soit veu manquer de ce qui sembleroit a ce faict estre necessaire et utile / nous sommes employez renforcer nostre dire avec les authoritez et sentences de ceulx qui par cy devant ont amplement et avec grand jugement traictee ceste mesme matiere.

L'omniprésence des textes de Galien relève de cette écriture sur le fil du rasoir: la réminiscence, voire la récitation de chapitres, n'y relèvent pas de la connotation déférente, ni de la citation ornementale mais introduisent dans le texte de *La Dissection* la dimension de l'histoire, intègrent l'investigation expérimentale ponctuelle dans la suite idéalement continue de la science.

Charles Estienne a pour ambition de «faire une anatomie» dans le livre, de faire du livre, en soi, une expérience. Au risque de dénier toute valeur au livre... Dès la page 2, dans le premier chapitre du premier livre consacré à l'argument de l'œuvre, il dénonce l'inutilité, voire la vanité, de la rédaction de traités anatomiques, laquelle déclaration, en tête d'un *in folio* de 405 pages écrites en italique serré, intrigue à tout le moins:

> Mais quiconques se veult monstrer diligent contemplateur des œuvres de nature (dit Galien) ne lui fault adjuster de tout foy aux livres anatomiques mais bien plus a ses propres yeulx.

La Dissection serait donc un livre auquel «adjouter foy», à défaut… Seulement, la «Défense et Illustration du livre d'anatomie» exige, bien entendu, le recours à des procédés stylistiques et poétiques: ces artifices de l'interprète ne serviraient guère s'ils ne se comprenaient dans une conception, plus philosophique, du livre: malgré le grand format du volume, malgré l'index joint à l'édition française, malgré le nombre et le soin des gravures, *La Dissection* ne doit pas être lue comme somme, définitive et figée. Réponse tout autant qu'hommage à Galien, le traité humaniste attend réponse de ses lecteurs, pairs de l'auteur, et entre dans l'universelle «Conférence des Anatomistes».

DÉFENSE
ET ILLUSTRATION DU LIVRE
D'ANATOMIE

Si la rédaction de l'expérience transforme inéluctablement le donné, le livre idéal traitant de l'anatomie devrait être composé selon le principe du dépouillement: pour ne point s'écarter du modèle que constitue le réel, il s'interdirait tout usage de procédés littéraires et tendrait ainsi vers l'absolue transparence à son objet.

Le livre, «ombre» de l'expérience

La mise en garde inaugurale dénonçant l'inutilité des traités, est sans cesse reprise en des invitations engageant le lecteur à assister à une dissection plutôt qu'à lire… Curieuse forme de séduction du lecteur que l'exhortation continuelle à l'arrêt de la lecture! De fait, à y mieux écouter, la dépréciation du savoir livresque se poursuit en un éloge du livre: l'illustration tient lieu de corps, le texte tient lieu de commentaire. Et le grand livre devient théâtre où regarder, tandis que le lecteur devient l'un des spectateurs de ces séances publiques de dissection, en vogue à Paris dès les années 1530. *La Dissection* est l'«ombre» rêvée de l'expérience.

> Mais vouldrions lesdictes exercitations anatomicques estre faictes sur les corps d'hommes ou femmes / par justice ou aultrement estainctz et suffoquez: en evitant touteffoys les dangers des maladies. Et ou l'occasion desdictz corps si tost ne s'offreroit / en ce cas / doibt le medecin ou chirurgien avoir son recours aux escriptz de ceulx qu'il jugera avoir bien et duement traicte ceste matiere: en attendant la commodite d'ung corps laquelle par quelque occasion souvent peult echeoir. [...] Parquoy pour plus commodement satisfaire a l'œil et a la memoire / avons conjoint l'anatomie paincte a la description des parties du corps humain: affin que quand n'aurez le corps en main / pour vous contenter de quelque doubte / puissiez avoir recours a ceste umbre: attendant (comme dict a este) l'opportunite et meilleure occasion.

Pourquoy plus commodement mectre a execution / avons delibere d'en-
suyvre l'ordre de nature / comme si nous avions a composer un corps[2].

L'expérience, en effet, fournit l'occasion de la vérification et, par là-même,
confère sa valeur à la description de Charles Estienne. Lorsqu'il invite son
lecteur à regarder le corps réel, étendu sur la table de dissection, il l'invite dans
le même temps à mesurer l'exactitude et la fidélité de sa description. Ainsi, lors
de la «Description generale des nerfz exterieurs du corps humain»[3], il sollicite
l'épreuve de la mise en regard, au sens propre, du traité et de l'examen *de uisu*.
Mise en amont et en aval du traité, la dissection expérimentale semble seule
importer, tandis que, du livre, il n'est point fait mention autrement que pour
vanter sa discrétion.

Pour tenir lieu de dissection expérimentale, le livre doit «produire»,
«démonstrer», «faire voir», «mettre sous les yeux», toutes exigences qui postulent l'absence d'élaboration rhétorique. Le traité, livre sans littérarité, constituerait le double du corps, étendu et ouvert sur la table d'investigation. Et, tout
comme le corps est comparé traditionnellement à un «bastiment», le livre se
construit; tout comme l'anatomiste observe l'objet d'étude, le lecteur dissèque
l'ouvrage des yeux...

> [...] Se doibt entendre que ladicte description est bastie et construicte comme
> si lesdictes parties estoyent encor de present exposées devant vos yeulx. Et ne
> fault penser que de ce en ayons seulement parlé par ouy dire, ou que riens
> vous soit proferé en cest endroict, qui ne nous ait esté premierement congneu
> par la veue des moindres et plus petites choses qui soyent au corps: Car en ce
> bien entendons que gist le fruict de vostre utilité et proffit[4].

Blason de l'œil

D'entrée de propos, la justification de l'anatomie, empruntée aux présocratiques, est finaliste: il s'agit de donner à la contemplation des yeux et de l'entendement le spectacle de la forme de l'homme. Et, redoublement de dignité,
puisque c'est la science qui confère sa gloire à l'humanité, l'anatomie est à la fois

---

[2]   *La Dissection...*, p. 6.
[3]   *La Dissection...*, p. 62: «[...] Quoy faisans te voulons advertyr de n'adjouter si grand foy et
       authorité a ceste nostre description / que ne te mectes en peine quelqueffoys d'examiner dili-
       gemment la verité de noz escriptz / par vrayes et nayfves dissections de corps qui te pourront
       venir en main. Car par ce moyen esperons en debvoir proceder toute meilleure intelligence /
       qui te pourra dresser a plus seure et certaine congnoissance de nostre dire. Lequel affin que
       plus facilement et exactement te proposions et mectons devant les yeulx: commencerons
       (ainsy qu'avons deja entame) par les productions et dispersions des nerfz de la face [...]».
[4]   *La Dissection...*, préface.

par son objet et sa méthode l'illustration de la grandeur de l'homme au sein du monde créé. Alors, la vue est le sens par excellence, le plus noble[5].

Présenté dans *La Dissection* comme l'organe le plus excellent et le modèle de la perfection du corps humain, l'œil fournit l'exemple d'une parfaite unité organique, tout en étant le moyen de la connaissance. La finalité de l'agencement des parties du corps, tout comme chez Galien, n'est autre que la protection de ce précieux organe; à défaut de citer les chapitres consacrés à la tête et le visage, j'en voudrai pour preuve... l'absence de barbe sur le front.

> Aussy n'a este le front de l'homme garny de poil / tant pour ce que les cheveulx de la teste le peuvent facilement couvrir et garnyr au vouloir de la personne: comme aussy pour ce que si en cest endroit y eust quelque poil / il eust peu facilement nuyre et empescher a l'action des yeulx: quand souvent il les fauldroit tondre a cause de l'eminence du front[6].

Enfin, Charles Estienne consacre une grande partie du tiers livre[7], à l'œil dont la dissection constitue le sommet de l'art anatomique, réservé à peu de spectateurs, accessible à peu d'anatomistes.

> Car tout ainsy que nous voyons ceste partie estre bien fort petite et touteffoys composee et tissue de grand artifice et industrie: aussy fault il de bien petitz instrumens pour la dissequer / et bien grande industrie et facilite de main pour en venir a chef et honneur. Ne fault aussy grant multitude de spectateurs / principalement ignorans en ceste dissection / car chascun ne pourroit veoir a son ayse pour l'exiguite des parties[8].

Dans ce troisième livre, probablement rédigé en 1545, Charles Estienne oublie les promesses préfacielles de discrétion pour se livrer à un blason de l'œil, emblème de l'alliance entre le monde et l'homme, moyen de la connaissance, modèle de la minutie et de l'ingéniosité du corps, ornement du visage. Jamais, y compris dans les chapitres traitant de la gestation et de ses merveilles, l'anatomiste ne puisa si libéralement dans les adjectifs, voire les diminutifs... Car ici,

---

5   Le proesme du premier livre s'ouvre sur la définition de l'homme par Anaxagore: «Anaxagoras / interrogé pour quelle cause principalement il pensoit les hommes avoir esté formés: adonc levant les yeulx en hault et monstrant le ciel au doigt / pour cela (dit il) je croy les hommes estre nez en ce monde. [...] Par ce dire nous estimoit avoir esté esveillez de la terre / haultz et droictz eslevez / a ce que regardans et contemplans ceste si excellente couverture / puissions avoir congnoissance de nostre Dieu: de qui tenons origine / lequel comme souverain prince de ce monde tient la hault son siege: a la contemplation duquel ont esté faictz les hommes: non point comme habitans ou heritiers de la terre: mais comme spectateurs des choses superieures et celestes».

6   *La Dissection...*, p. 158.

7   *La Dissection...*, p. 316-333.

8   *La Dissection...*, p. 320.

l'objet du discours scientifique engage le sujet, confère sa valeur épistémologique à l'ensemble de l'ouvrage et garantit la capacité de connaissance de l'auteur comme de ses lecteurs. Le chapitre VIII du dernier livre, «De la dissection particuliere des yeulx du corps humain»[9] conjugue ainsi les déclarations philosophiques et la précise nomination des parties: chaque description, inscrite sous les auspices de l'éloge des yeux, «lesquelz a bon droict, tant pour ceste noble composition, comme aussy a cause de l'usage susdict, pouvons affermer estre les plus excellentes parties de tout le corps», sonne comme la célébration de la création divine. Dans cet esprit, comparaisons, adjectifs, adverbes, diminutifs abondent: «l'esprit humain voyt et discerne comme au travers de quelques fenestraiges fermez et bouchez d'ung beau verre cler et net ou (pour plus vray dire) d'un crystal», la «rondeur» est «formée en facon de belles pierres precieuses», «l'endroict par lequel il estoit mestier de regarder, a esté mignonnement vestu et envelopé de propres tayettes [...] a fin de recevpoir les images ou representations des choses proposées a l'œil / resplendissantes dens les humeurs comme dens ung beau miroer», les paupières «ont esté faictes delicates et mollettes».

Arrêt lyrique de l'écriture sobre et diligente, toujours pressée d'en venir au chapitre suivant comme si la décomposition menaçait le corps du livre, le blason de l'œil est une profession de principe sur la rédaction du traité d'anatomie, lequel n'est concevable que par l'observation du corps et la reproduction de ce spectacle pour le lecteur. Car, «de cedict lieu, par les mesmes conduictz sort le iugement des choses veues et apperceues exterieurement, lesquelles pouvons puis apres exprimer de bouche, ou manuellement escripre».

LES ARTIFICES DE L'INTERPRÈTE

La perfection de la vue rend seule possible le rêve laconique et mimétique d'un livre-corps, ouvert et découvert par le lecteur à l'analogie d'un cadavre dépouillé de ses voiles charnels: l'anatomiste voit le spectacle fidèle de la réalité et le redit tout aussi fidèlement... Idéalement, il serait l'œil du lecteur.

Or la représentation de l'homme, en qui est reconnu le modèle de perfection, ne saurait être une reproduction du spectacle de l'expérience: elle est, nécessairement, une œuvre. Car, tout d'abord, la vérité, unique objet du discours introductif de *La Dissection*, n'est pas pour Charles Estienne, dans les chairs étalées sur sa table, mais dans la perception de l'ordre divin présidant à leur agencement. La véracité passe alors par une construction artistique, tout comme le cadavre dépecé était l'instrument destiné par nature à la production et à la contemplation des œuvres d'art.

---

[9]   *La Dissection...*, p. 316.

Ensuite, parce que la copie du spectacle offert aux yeux est proprement impossible : Charles Estienne nous promet ainsi une figure des ligaments, et qui se fie à ses déclarations en sera quitte pour de faux espoirs. En effet, après deux annonces sans équivoque, il propose une figure des os, laquelle sert d'ailleurs également à démontrer l'emplacement des muscles[10]... Pareille déception attend celui qui croira aux leurres des appels de légende et indexations : ils sont inutiles et muets[11]... Cet inachèvement, excusé rapidement sur le motif de la « briefveté » et qualifié de « petite diligence » laisse le soin de poursuivre au... lecteur[12].

La Conférence des anatomistes

De fait, tout au long du livre, Charles Estienne ne cesse d'inciter son lecteur à la dissection et à la parole : au-delà de l'artifice rhétorique de l'anticipation de l'objection, le procédé instaure une discussion, que met en scène le dernier chapitre avec la conclusion du traité par son recommencement.

D'emblée, le discours du livre est adressé, non à des étudiants muets et pétris de révérence dans l'admiration du maître, mais à des « amys », lesquels reviennent pour presser l'auteur d'ajouter un chapitre sur les phlébotomies, pour poser les bonnes questions, citer Galien etc... et ces « songneux contemplateurs » sont à maintes reprises pressés de pratiquer eux-mêmes les dissections pour former leur opinion. Voire, ces pairs lecteurs en fin du premier livre sont implicitement traités en pairs auteurs par la formule « amateurs et fauteurs de bonnes lettres et sciences ».

Dès le premier chapitre, les voici convoqués, assemblée bienveillante et critique, dont les encouragements soutiennent et motivent l'écriture ; leur seule évocation tient d'ailleurs lieu de justification de l'argument...

---

[10] *La Dissection...*, p. 36 : « Fault a present monstrer les figures desdicts ligamentz, puis venir a la narration particuliere d'iceux ». Puis, p. 37 : « Combien que les descriptions pussent assez satisfaire a la vraye congnoissance des ligamentz, apres les avoir veus sur les corps, touteffoys pour ceulx qui requierent toutes choses leur estre monstrées a l'œil, en avons en ces figures descripts les plus apparents ». Or, la figure proposée, les deux fois, est celle des os. Laquelle sera par ailleurs reprise pour montrer les muscles et servir de rappel, quelque peu négligent, au tiers livre ; ainsi les p. 96 et 336 reproduisent, à la légende près, la figure de la p. 37 ; les p. 113 et 352, celle de la p. 38.

[11] *La Dissection...*, p. 36 : « Les nombres que voyez n'appartiennent pas aux ligamentz mais a l'origine des muscles : dont traicterons cy apres ». Et, p. 38 : « Les ligamenz de l'espine, a peine se pourroient monstrer en peinture, pour la grande diversité quilz ont. Parquoy ne fault en cest endroit requerir ceste demonstration. Au reste les nombres (comme avons dit a la precedente figure) appartiennent aux origines des muscles ».

[12] Pour une étude plus approfondie de l'inachèvement des traités de Charles Estienne, on se reportera à A. Carlino et H. Cazes (Institut d'Histoire de la Médecine, Genève), « Plaisir de l'anatomie, plaisir du livre : *La Dissection des parties du corps humain* par Charles Estienne (Paris, 1546) », *CAIEF*, 55, mai 2003, p. 251-274.

> Et s'il nous demande la cause qui nous auroit meuz a ceste description: trop facile nous est la descouvrir et expedier. Car comme il soit ainsy (suyvant les propos susdicts) que premierement soyons nez a la consyderation des divins ouvraiges / et davantaige a l'utilite de noz amys: chose ne nous a semble entre beaucoup d'aultres estre plus digne de contemplation / ou par laquelle peussions plus gratifier a noz amys que ceste description du corps humain [...]. Ce que combien pourra proffiter et estre utile aux amys et a ceulx qui vacquent a la medecine / facilement verront ceulx qui mectent peine a entendre ce que cy apres par nous se deduyra.

L'amitié maintes fois nommée n'arrête en rien la critique, ni la répudiation polie de ces critiques. Au nom de la brièveté, il n'est pas rare que Charles Estienne se débarrasse de ses amis devenus objecteurs fictifs, tantôt en les renvoyant à la dissection, tantôt en les adressant à d'autres auteurs:

> [...] Voyla ce qui se peult dire touchant ladicte coeffe / suyvant l'opinion et sentence de Galien. Si tu en veulx davantage / tu te pourras adresser aux aultres autheurs anatomiques. Car il nous fault briefvement despescher les intestins[13].

Le livre d'anatomie n'est pas tant une somme qu'une incitation.

L'invitation au doute

Ainsi, à la mise en garde première touchant aux livres d'anatomie, qui n'apprennent rien que la dissection ne montre mieux, répond l'invitation au doute du premier chapitre:

> Ne vouldrions touteffoys nostre opinion touchant les affaires anatomicques estre du lecteur prinse comme de quelque Pythagoras / ad de ce que ayant apprins quelque cas de nous / ne reponde: Il l'ha dit. Car nous desyrons l'opinion d'ung chascun estre libere en ceste matiere et le jugement des lecteurs n'estre aulcunement lie ou contrainct: si que franchement chascun puisse prononcer ce que bon luy semblera[14].

Et la fidélité à Galien est une voie du doute. Ce n'est pas le seul effet d'une prudence timide qui pousse Charles Estienne à clamer sa déférence envers le maître avant de le contredire: c'est le maître lui-même qui apprend et encourage la contradiction, qui recommande la dissection par dessus la lecture de ses ouvrages et provoque la continuation de son œuvre. Position que reprend à son compte l'élève passé docteur... Aussi, la comparaison du dernier venu, Charles

---

13 *La Dissection...*, p. 180. Egalement, p. 195: «De la vessie du fiel. [...] Car touchant au ventricule, qui en vouldra scavoir davantage, le cerche des aultres autheurs...».

14 *La Dissection...*, p. 3.

Estienne, avec le modèle n'est pas un choix exclusif de l'un ou de l'autre mais la reconnaissance d'une filiation :

> Ce que pour plus facilement mettre en execution / en satisfaisant du tout au vouloir et affection des studieux anatomistes / et a ce que par cy apres ne nous puisse estre mis sus que veuillions riens diminuer ou oster de l'autorité des bons et anciens medecins : avons deliberé a chascune de nos descriptions mettre et inserer l'autorité de Galien touchant la production desdicts nerfz prinse de divers lieux de ses ecripts et labeurs pour par icelles donner a entendre au diligent lecteur et investigateur des matieres anatomiques combien grand a esté le labeur dudict Galien a nous enseigner et decrire l'incredible edifice de ce grand ouvrier. Et de quoy luy peut estre utile et servir nostre peine touchant les dissections et demonstrations tant particulieres qu'universelles des parties de ce corps[15].

Le discours anatomique s'organise alors comme dialogue avec Galien, cité avant d'être complété : ainsi, dans les chapitres consacrés aux nerfs[16], Charles Estienne élabore une construction répétitive où alternent le chapitre de Galien et ses propres ajouts, compilation où les guillemets maintiennent distinctes les voix de la polyphonie.

Dès lors, les dissensions d'avec Galien, le plus souvent, sont réduites à des divergences superficielles ou insolubles, qu'expliquent tantôt les manières d'inciser et compter, tantôt l'interdiction de pratiquer la dissection sur des corps humains dans l'Empire romain ; l'excuse est mise à contribution pour la description (discordante) du *sternum*[17] et lors du difficile passage sur les muscles[18] où le malheureux anatomiste se désole de ne pas tomber sur le même compte que son maître mais ne peut se résoudre à changer son observation. De fait, la liberté accordée par le modèle est si grande qu'elle comprend jusqu'à la révision… Ce paradoxe explique la constante juxtaposition d'observations contredisant les textes galéniques et de professions de fidélité au maître.

La République des anatomistes

La conférence des anatomistes, premier pas vers la vérité des faits lorsque l'observation ne satisfait pas, met Charles Estienne en compagnie de Galien et comprend dans l'assemblée les lecteurs et contradicteurs de *La Dissection*. Le dernier chapitre du premier livre, plus nettement encore, constitue cette République des anatomistes, où la dissension, suivant toujours l'enseignement de Galien, est plus un malentendu qu'un désaccord :

---

[15] *La Dissection…*, p. 51.

[16] *La Dissection…*, p. 63 sq. et 74 sq.

[17] *La Dissection…*, p. 22 sq.

[18] *La Dissection…*, p. 100, 104, 110 sq.

Et ce peu suffise quant a la petite diligence qu'avons peu prendre touchant la description des parties exterieures de ce corps: au prouffit et utilite de ceulx qui se monstrent studieux des choses anatomiques. En quoy faisans avons travaille a ne rien taire ou obmettre quant a ce qui se pourroit produire ou amener de l'opinion des bons autheurs touchant ceste matiere. En laquelle description et demonstration si d'avanture se trouvoit quelque cas moins diligemment interprete ou decouppe que l'on vouldroit ou pourroit bien faire: si aussy se rencontroit quelques propos que l'on peult plus aornement et mignonnement coucher par escript: Vous prions tres affectueusement en excuser les faultes: et prendre ce qui pourra prouffiter laissant le reste soubz la discretion de meilleurs jugements: qui est et doibt estre le naturel de tous bons espritz et amateurs ou fauteurs de bonnes lettres et sciences[19].

La dispute entre anatomistes est en effet la manifestation du lien au modèle. Significativement, elle est évoquée et définie par Galien lui-même dans le *De Anatomicis Administrationibus*:

Comme l'on ne manquera pas de penser que je contredis en de nombreux endroits de grands anatomistes, je crois sage de m'expliquer brièvement par avance sur ce point. Les controverses entre médecins n'ont pas commencé avec moi ni ne datent d'hier. A cela, deux raisons: d'abord, certains se sont trompés, mais aussi, ils utilisent des expressions différentes. Ainsi, parfois, certains s'accordent sur les faits observés mais donnent l'impression d'un désaccord aux lecteurs qui n'ont jamais pratiqué l'anatomie. J'ai parlé plus longuement de ces sujet dans mon ouvrage *De Dissentione anatomica.*[20]

La justification par le livre: un « Cogito quia legi »

Loin d'être le point faible du traité prévésalien de Charles Estienne, le souci de la tradition le sauve en dernière instance, lorsque, certainement lors de la seconde et dernière rédaction, l'anatomiste remet en cause les fondements de son observation sans espoir de résolution. En effet, après les éloges répétés de la vue, de l'observation, du témoignage de l'expérience, Charles Estienne pose la fatale question des sceptiques: qu'en est-il de la validité du témoignage des sens? En un chapitre de récapitulation analytique, il fait suivre le constat d'achèvement du projet par l'expression sans appel du doute, lequel tient autant à l'imperfection de l'investigation visuelle qu'à la nécessité d'un discours conceptuel unificateur et éclairant.

Atant avons acheve la description des parties tant exterieures comme interieures du corps / selon ce qui a peu nous apparoir par l'opinion et aduys des bons autheurs qui nous ont semblé doctement et scavamment descript en

---

[19]   *La Dissection...*, p. 162.
[20]   I, 4, p. 235-236.

ceste matiere: en ensuyvant aussy ce que nous en a peu apparoir le plus diligemment qu'il nous a esté possible: car il n'est rien plus certain es choses qui
gisent en description / que la fidelite de l'œil: et moins contente l'esprit (dit
quelqu'ung) ce qu'entre par l'oreille que ce qui est representé aux yeulx
fideles. Ne vouldrions nyer touteffois que l'œil lequel en plusieurs cas est
estime juge tres seur et certain / ne peust estre deceu ou abuse quelqueffois /
mesmement en choses qui sont trop petites a veoir / ou bien en celles qui a
cause de leur exterieure facon et composition requierent grand jugement /
telles que l'on pourroit dire estre chascune des parties du corps. L'investigation desquelles ne gist ou consiste tant seulement a proferer ou affermer telle
ou telle partie estre posee ou conjoincte a ung aultre: ou l'une venir et
dependre de l'autre. Mais bien plustost a monstrer et enseigner avec toute
diligence la raison et maniere comment ce peult estre faict / dont pour tout
certain depend le jugement que l'on prend de l'utilite des parties. Pour lequel
exprimer et produire / avons de tout nostre pouvoir travaillé en cest œuvre /
ne nous confians du tout en nos yeulx: ains pour plus grande facilite et
commendation de l'affaire colligeant et proposans l'authorité des plus
anciens qui ont auparavant escript et traicte ceste matiere[21].

L'autorité invoquée ici est bien moins celle de Galien que celle du livre en
général, d'où l'on peut colliger, proposer, discuter, nommer... Une fois le doute
venu, rien ne saurait le lever mais le livre du maître permet, à défaut d'une
connaissance certaine, à tout le moins l'écriture du corps. Faite de mots, de
lettres, de métaphores usées, de discussions sur les termes, de reconstitutions
étymologiques, la description anatomique est ainsi, à la page des derniers bilans,
une poétique de la finalité parfaite, de la complétude du sens et de la contemplation de cet accomplissement par la nomination.

Hélène CAZES
Université du Québec à Montréal / Université de Victoria

BIBLIOGRAPHIE

Cazes, Hélène, « Charles Estienne » in *Centuriæ Latinæ II, Cent une figures humanistes de
la Renaissance aux Lumières, A la mémoire de Marie-Madeleine de la Garanderie*,
études réunies et éditées par C. Nativel, Genève, Droz, 2006, p. 313-318.
Cazes, Hélène, « Le De Dissectione partium corporis humani (1545) et son double français: Charles Estienne traducteur de lui-même », in *Tous vos gens a latin, Le latin,
langue savante, langue mondaine (XIVᵉ-XVIIᵉ siècles)*, études réunies et éditées par
E. Bury, Genève, Droz, 2005, p. 365-377.

---

[21]   *La Dissection...*, p. 371: «L'administration et dissection de chascune partie du corps humain,
        proposée en la facon et maniere qu'avons observée et tenue plusieurs fois en faisant inciser».

Galien, *On Fallacies*, trad. angl. *De Captionibus*, with introduction, text and commentary by R. B. Edlow, Leiden, E. J. Brill, 1977.

Galien, *On Anatomical Procedures*, translation of the surviving books with introduction and notes by Ch. Singer, London-New York-Toronto, Oxford U. P., 1956.

Galien, *Opera Omnia*, ed. par K.G. Kühn. F.W. Assmann, Franz Wilhelm *aliique*, Hildesheim, G. Olm, 1964 [1821].

Herrlinger, Robert, *History of Medical Illustration from Antiquity to AD 1600*, Nijkerk, Pitman Medical et scientific Publishing Co, 1970.

Huard, Pierre, et Grmek, M. D., *Charles Estienne et l'école de dissection de Paris*, Paris, Cercle du Livre Précieux, 1965.

Kellet, C. E., «Perino del Vaga et les illustrations pour l'anatomie d'Estienne», *Aesculape*, 37, 1955, p. 74-89.

Kellet, C. E., «A note on Rosso and the illustrations to Charles Estienne's *De Dissectione*», *Journal Hist. Med.*, 12, 1957, p. 325-336.

Kellet, C. E., *Two Anatomies, An occasional lecture on the De dissectione of Charles Estienne*, Newcastle, 1958.

Sawday, J., *The Body emblazoned, Dissection and the human body in Renaissance culture*, Londres et New York, Routledge, 1995, p. 116-117.

PREMIER LIVRE.   37

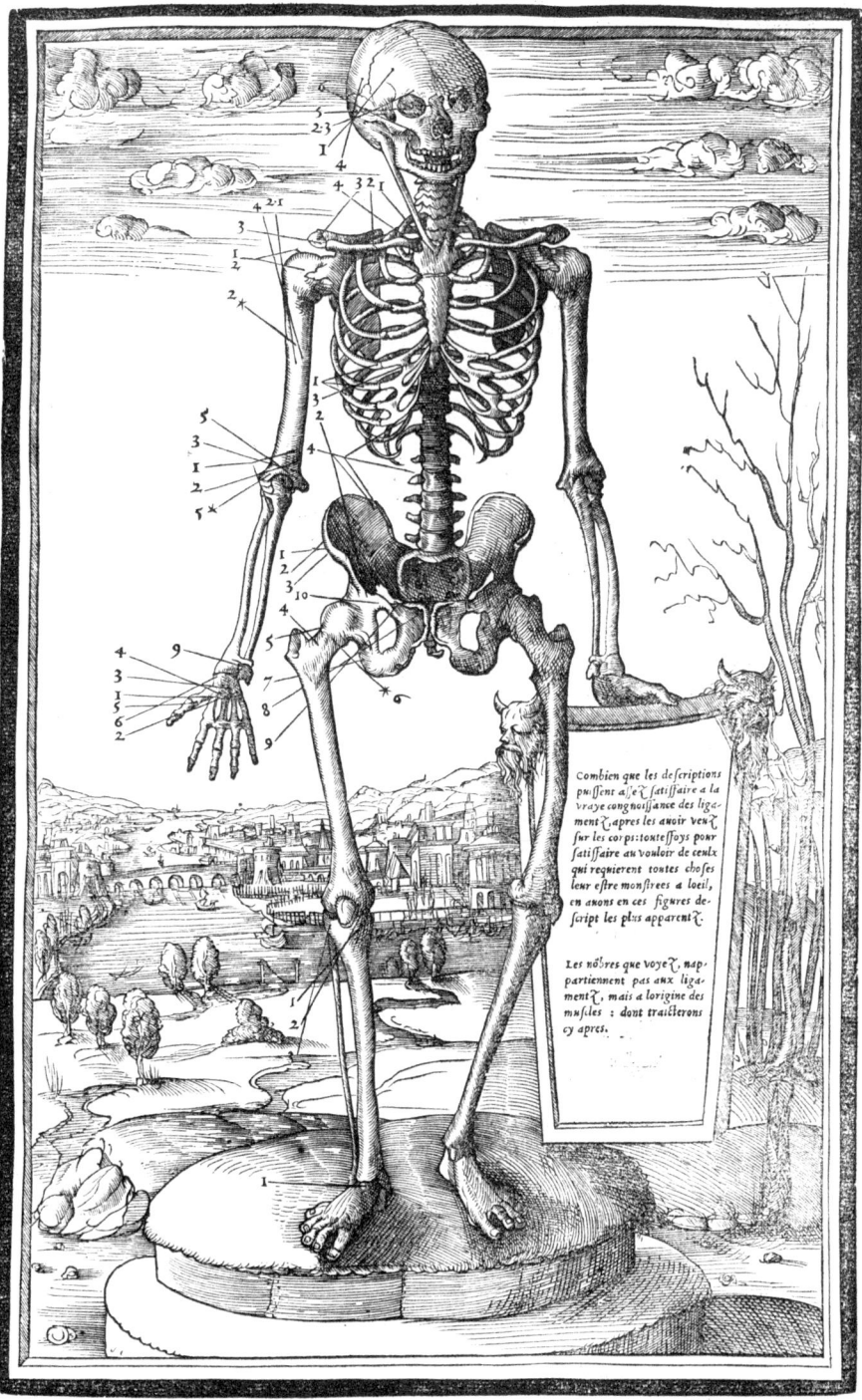

Combien que les defcriptions
puſſent aſſeʒ ſatiſſaire a la
vraye congnoiſſance des liga-
mentʒ, apres les auoir veuʒ
ſur les corps: touteſſoys pour
ſatiſſaire au vouloir de ceulx
qui requierent toutes choſes
leur eſtre monſtrees a l'oeil,
en auons en ces figures de-
ſcript les plus apparentʒ.

Les noſtres que voyeʒ, nap-
partiennent pas aux liga-
mentʒ, mais a l'origine des
muſcles : dont traiſterons
cy apres.

262 DE LANATOMIE,ET DISSEC.DES PARTIES

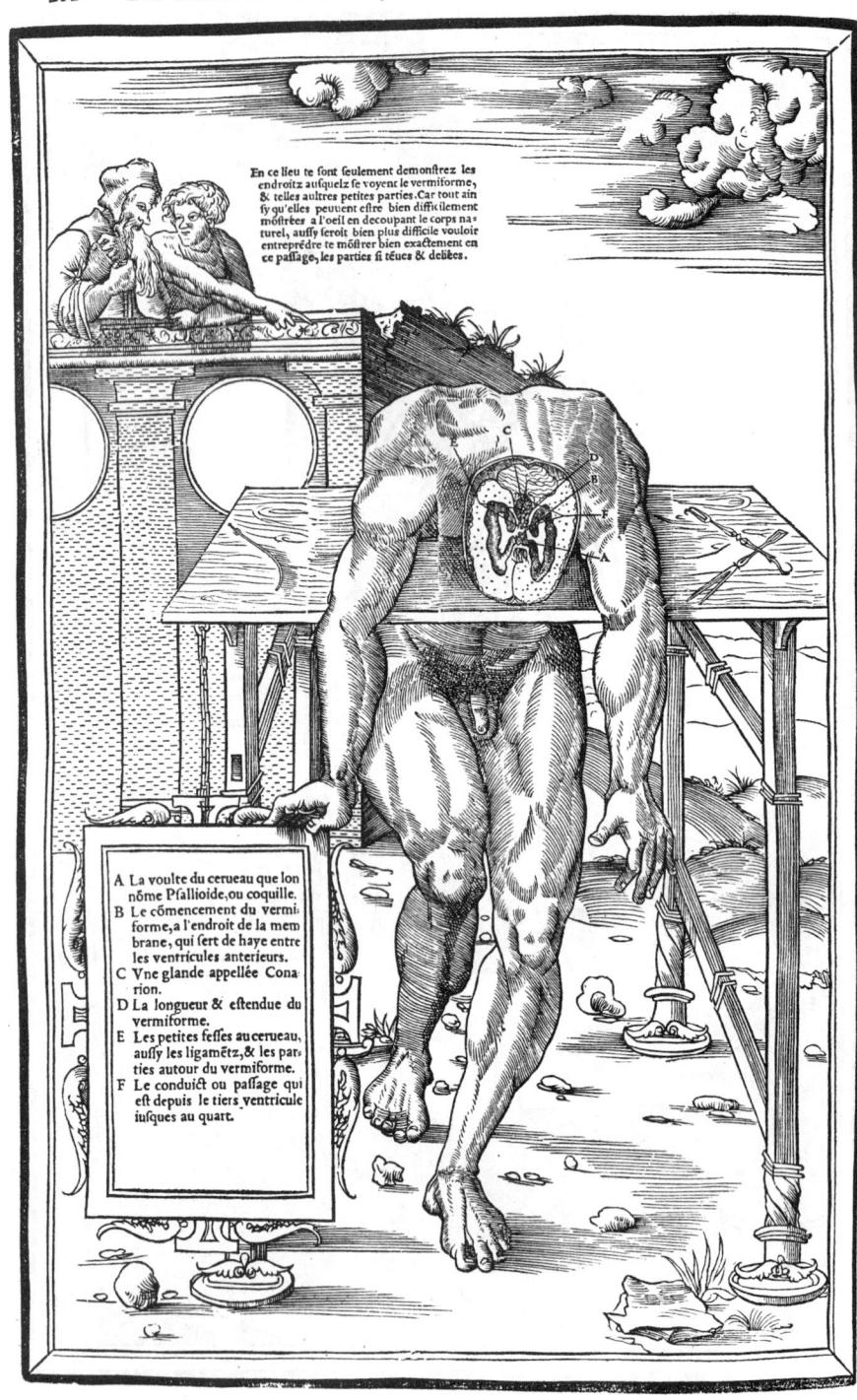

En ce lieu te sont seulement demonstrez les endroitz ausquelz se voyent le vermiforme, & telles aultres petites parties.Car tout ainsy qu'elles peuuent estre bien difficilement mostrées a l'oeil en decoupant le corps naturel, aussy seroit bien plus difficile vouloir entreprēdre te mostrer bien exactement en ce passage, les parties si têues & delikes.

A La voulte du cerueau que lon nōme Psallioide,ou coquille.
B Le cōmencement du vermiforme,a l'endroit de la membrane, qui sert de haye entre les ventricules anterieurs.
C Vne glande appellée Conarion.
D La longueur & estendue du vermiforme.
E Les petites fesses au cerueau, aussy les ligamētz,& les parties autour du vermiforme.
F Le conduict ou passage qui est depuis le tiers ventricule iusques au quart.

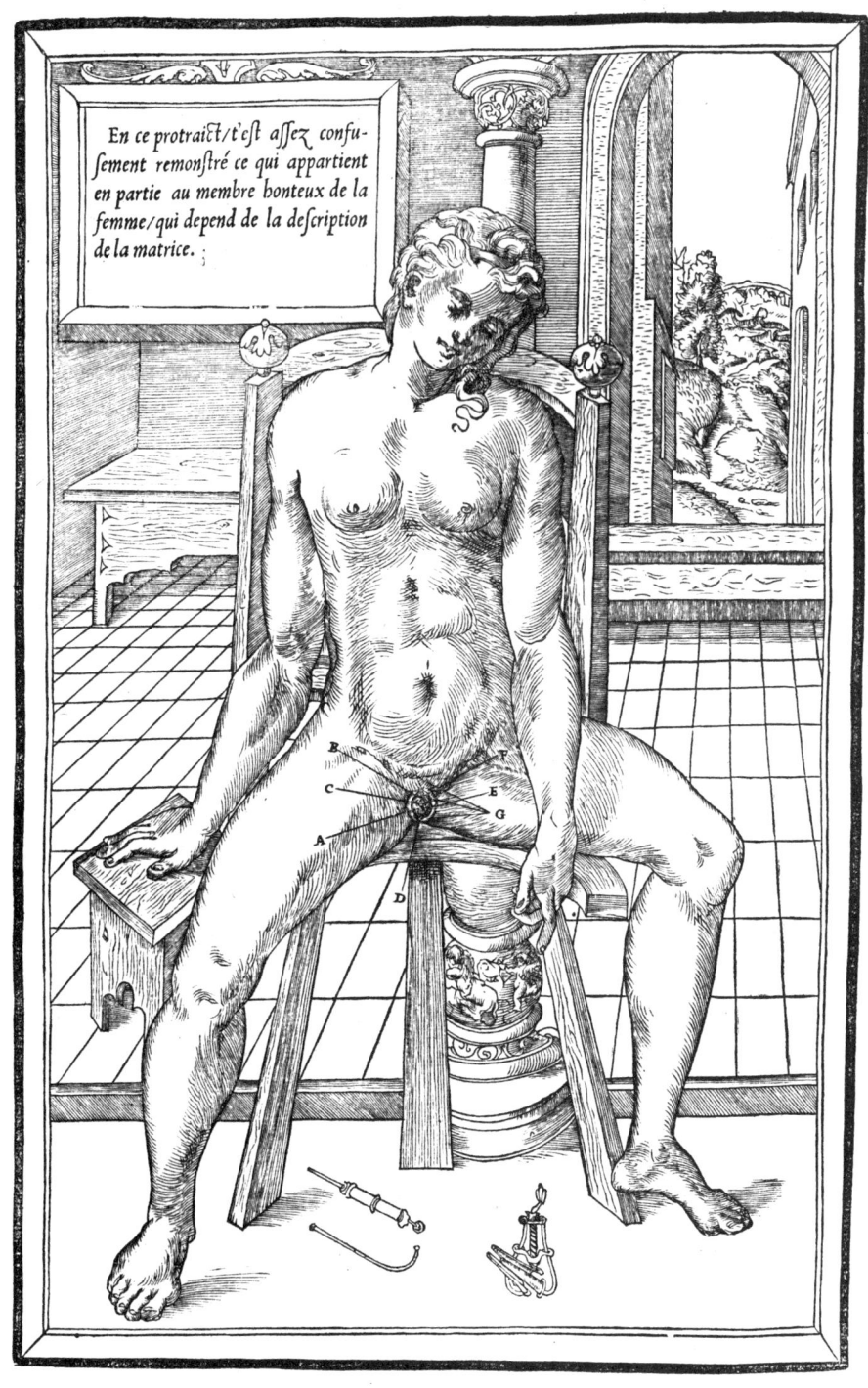

En ce protraict/t'est assez confu-
sement remonstré ce qui appartient
en partie au membre honteux de la
femme/qui depend de la description
de la matrice.

IMAGINAIRE DU MONDE SOUTERRAIN ET SCIENCES EXPÉRIMENTÉES

Du monde de l'Empyrée, on ne sait rien, mais tant de rêves d'envol le parcourent... Du monde de dessous terre on ne sait pas grand chose, peu de traces le structurent, dans une curiosité plus restreinte et une sorte de clivage où l'expérience n'est intégrée qu'avec réticence.

Du monde souterrain, on connaît le trajet littéraire : l'*Enéide* et les Catabases qui l'imitent ne laissent pas de vous faire parcourir une géographie, voire ce qu'on pourrait appeler une sociologie, à faute d'avoir un mot pour désigner un monde réparti en régions morales, où l'on accède par des portes, où l'on voyage sur des fleuves, où un calendrier latent des descentes, escapades et réincarnations double les vies de dessus terre. La terre, matière réelle, se voit seulement lorsqu'on en décrit les confins : entrées de grottes, forêts et antres, eau sombre du lac Némi. Virgile n'est pas seul à alimenter ce voyage des passants *obscuri sola sub nocte*. L'Eglise a produit ses enfers, Dante et la peinture se chargent de représenter des royaumes infernaux : recoins où l'on mijote, replis et creux où l'on meurt sans mourir. De quoi sont faits les murs ? Leur évocation ne repose sur aucune réflexion proprement matérielle ni susceptible de l'être. Cependant la peur fait son œuvre par l'image, et toutes les conceptions aériennes du voyage de l'âme, tous les nuages et les douceurs du giron divin où reposent les âmes bienheureuses ne changeront pas l'appréhension du monde abominable de dessous terre. Même en admettant qu'on ne croie guère à la matérialité des marmites et des fosses à serpents, ce qui devrait rendre illusoire la réflexion sur un espace concret interne à la terre, le vieux réflexe joue. Ne descendons pas trop profond dans l'abîme. La *terra incognita*, c'est d'abord celle qui est sous nos pieds.

Le renouvellement des sciences naturelles, la nécessité de la quête de métaux précieux, les observations des topographes et voyageurs, ne s'appuient que sur des observations de superficie, qui, dans un mélange d'informations, inventent une cosmologie, et bientôt une nouvelle sociologie souterraine. Il se heurte à une difficulté majeure, l'invisibilité effective des phénomènes, qu'on ne reconstitue qu'à la lueur de rares flambeaux, ou par la logique inductive. Voir dans le noir, voir très profond, représenter la profondeur du noir, sans l'indispensable source de lumière, là où le meilleur œil ne peut rien, là où l'humanité n'est jamais allée : impossible, sauf à en revenir aux salvatrices lueurs de marmites et aux littératures spécialisées.

D'abord cette terre où l'on ne pénètre que par des creux, est-elle creuse ou pleine? Là où la physique des éléments dit dense, l'imaginaire répond creuse, poreuse, comme une éponge où l'on circule. Dans une conception maximalement imaginaire, tout milite pour le creux, voire même pour le réversible, révélant des mondes imbriqués.

Mélange de savoirs philosophiques, l'imaginaire de la caverne platonicienne se laisse réinterpréter. Platon imagine des humains enfermés dans un creux d'où ils n'ont que lumière indirecte, nous, sous terre, inclus dans une fosse, exclus d'un monde libre et solaire. De cette comparaison purement symbolique qui définit la captivité de notre âme en corps ténébreux, découlent des inversions concernant notre corps. Nous sommes au soleil, à un soleil, il suffit de le voir. Qui est donc captif dans le creux de notre monde? Il faudra bien, un jour rabelaiso-julevernien, y aller voir. On renonce mal à cette spatialisation, inattendue comme improbable, des mondes imbriqués. Le centre de notre terre est un creux, au centre de laquelle, sous la mince pellicule qui enveloppe son ciel, vit un autre monde sphérique. Rêve de la descente dans la bouche de Gargantua, ni plus ni moins, et propice à montrer tout à la fois que la moitié du monde ne sait pas comment l'autre vit, et que tout est pareil en d'autres mondes, à quelques inversions près. S'il y a monde, il y a hommes. Ceux du gosier de Gargantua ont belles et bonnes villes, et cultivent leurs choux. Leur existence toutefois n'appelle pas la croyance, mais l'adhésion à l'*ethos* de l'énonciateur voyageur, comme dans tout bon voyage aux pays lointains. Ils valent comme miroirs critiques, c'est pourquoi on renonce mal à l'utilisation de ce scénario, même de façon tardive. Le *Voyage de Nicolas Klimius dans le monde souterrain, contenant une nouvelle théorie de la terre et l'histoire d'une cinquieme monarchie inconnue jusqu'à present, ouvrage tiré de la bibliothèque de M. B. Abelin, et traduit du latin par M. de Mauvillon*[1] n'est pas très scientifique, ne cherche pas l'ombre d'une vraisemblance, et ne se cache pas d'être fait pour une satire. La préface le présente comme une allégorie ingénieuse pour faire la censure des peuples qui se croient civilisés. C'est donc un récit de voyage particulier, le narrateur raconte sa plongée dans une caverne de Norvège qui laisse échapper des petits bruits de vents qui font comme des sanglots. Curieux, il descend, la corde casse, et il tombe, tombe, en volant, jusqu'à voir une petite clarté floue, puis aperçoit un nouveau soleil qui l'illumine, et découvre que ce monde est concave et recèle un monde plus petit. D'abord satellisé, il traverse des astres et «atterrit» si l'on peut dire, comme une mouche au plafond. Un dessin nous montre le voyage et le schéma. Dans ce monde inverse, on expédie les prisonniers «sous-ciel», liés à des oiseaux: mais les conflits et ridicules prolifèrent d'une façon identique à notre monde, à l'inversion spatiale près. Une pareille utilisation des mondes

---

[1]   Edition seconde augmentée, Copenhague et Lipsic chez Frid. Chretien Pelt, 1753. Disponible sur Gallica. Nouvelle traduction chez J. Corti, 2001.

emboîtés a vidé le centre de la terre de ses Enfers: elle laïcise, moralise, et en somme affadit, une fois passé le premier vertige de la chute et de l'illumination.

    C'est donc aux scientifiques d'hériter à la fois de la peur, de la fascination et de l'invention d'un vide inconnu et inconnaissable. La science, qui milite elle aussi pour le creux, hésite sur son ampleur. Nul monde intérieur organisé, nulle homogénéité, nulle sécurité, nulle durée. Il fallait du temps et de la stabilité pour les mondes infernaux; le monde scientifiquement appréhendé, lui, est celui du mouvement, de l'inquiétant, un damné n'y rôtirait pas de façon continue. Alors que tout définit l'élément terre comme lourd et stable, la Terre semble provisoire, poreuse, pleine de vides que des éléments allogènes remplissent et subvertissent: creux de feu des volcans, creux d'eaux des réservoirs de fleuves, creux d'air des poches internes des tremblements de terre. Parce qu'elles sont ainsi sur du vide, les formes lourdes sont fragiles comme les autres, la surface à l'apparence si compacte peut sans cesse tomber dans un engloutissement qui s'apparente à la dévoration. Les (petites) grottes connues à la surface doivent faire inférer la présence d'immenses cavernes centrales[2]. La science retrouve le mythe et la métaphore dans ce qui est à la fois un constat expérimental (tremblements de terres et volcans) et un raisonnement nécessaire pour expliquer les phénomènes de surface. On n'a ni vu ni expérimenté cet intérieur: il est une logique, postulée à partir du visible / sensible, comme les écliptiques solaires doivent répondre au trajet visible du soleil. Porté par une chimie et une mécanique plus que par une mathématique, le monde souterrain des minéralogistes comme Agricola[3] ou Palissy[4] accepte une vision cohérente, externe et interne, de la vie souterraine, construction constante et dangereuse, structurante de tous nos constats[5], dynamique de combat, qui lance, hors de la portée

---

[2]   Athanasius Kircher, *Mundus subterraneus*, Amsterdam, J. Jansson, 1665, p. 120: *Si itaque tanta sit antrorum in Terreni globi superficie multitudo et varietas, quantum in internis Terrae visceribus eorum multitudinem futuram credemus?*

[3]   Georgius Agricola, *De ortu et causis subterraneorum lib. V; De natura eorum quae effluunt e terra lib. IV; De natura fossilium lib. X; Bermannus, sive de re metallica dialogus; Interpretatio germanica vocum rei metallicae*, Bâle, Froben, 1546, in-f°.

[4]   Bernard Palissy, *Recepte Véritable*, La Rochelle, Berton, 1563, et *Discours admirables*, Paris, Martin Le Jeune, 1580; on pourra les consulter dans l'édition critique faite par K. Cameron, J. Céard, M.-D. Legrand, F. Lestringant, G. Schrenck et M.-M. Fragonard, Mont-de-Marsan, Editions InterUniversitaires, 1996, 2 vol.

[5]   G. Agricola, *De ortu et causis..., op. cit.*, f. 12-13: *Ipsae [aquae] autem ea, quae sunt intus in terra, excavant, non secus ac quae foris sunt, adeo ut non modo canales, sed etiam ingentes cavernas efficiant, quod nemini mirum debet videri cum geographie nobis narrent non solum de fontibus, sed de maximis etiam quibusdam / fluminibus, quae penetrant sub terras, et in earum ingrediuntur specus, atque in iis conduntur: sicque inclusa atque abdita longe sane locorum intervallo quasi latent in occulto, rursusque repente prosiliunt, et ex tenebris in lucem redeunt – verbi causa: Nilus in Aethiopis, et in Mesopotamia Tigris: ut non dicam de reconditis murmurantis aquae, quae sub terra labitur, fremitibus, qui in nonnullis locis audiuntur: ut in Suedorum montanis, quae Schula*

de nos yeux, les éléments les uns contre les autres. L'eau, le vent, le feu, à l'intérieur de la terre, y reconstituent non le chaos primitif mais une guerre gérée dans une stabilité extérieure apparente et lourde de bouleversements imprévisibles. Les macro-représentations parlent toutes de violence.

La science des minéraux inversement relève d'une conception globale théorique et de l'observation minuscule. Appuyée sur une collecte, la spéculation sur l'histoire des minéraux depuis la première Genèse oblige à un imaginaire présupposé, puisqu'elle est inobservable, sinon sur des fragments qu'on replace dans une succession : la naissance du métal ou du minéral dans l'eau, le ruissellement, la stagnation, la concrétion, qu'on reconstitue par logique obligent à croire à ce qu'on ne peut surprendre, dans un temps non humain[6], dans l'absence de lumière, compacité à peine trouée de ruissellements. La matière n'est plus inerte, son immobilité nécessite toutes sortes de trafics et de « travaux » dans l'intérieur de la terre qui est lentement agité. L'observation des fossiles[7] suppose une observation du temps immense (avant il y avait une mer...) qui nous dépasse, autrement que le temps divin, autrement que le temps de l'histoire. Il est le seul qui réussisse à illustrer la vie dans la mort : la coquille qui témoigne du vivant disparu, qui minéralise, qui pétrifie, donne les plus lointains souvenirs. On n'arrête pas d'essayer de retrouver des géants antédiluviens ; la coquille, plus modeste, n'a pas le prestige de nos ancêtres, mais elle est plus lointaine, et l'on y reconnaît des espèces disparues. Les espèces, stables dans leur définition, ne sont pas stables dans leur existence. Version économique (prédation excessive) ou mystère du déluge, les choses les plus immobiles ont mouvement et vie là où elles nous échappent, avant, dessous, ailleurs. Le spécialiste de minéralogie, Agricola, ou Cardan[8], ou Gesner[9], ou Palissy, a pourtant un problème. Pour décrire la gestation interne et la mutation lente, il ne travaille que sur du fragmentaire, l'échantillon minéralogique. La collection, avatar de plénitude mise à mal et appréhendée par le petit bout de caillou, n'a pas les moyens de transmettre ni même de réorganiser en expérimentation, ou en dessin, ce qui est une transformation occulte (alors qu'on met très bien en dessins l'*Enéide* et l'Enfer, et à la rigueur la cosmologie selon Kircher).

---

vocant. Quin etiam ingentes, quod ex re ipsa intelligimus, fuerunt cavernae, in quas agros, urbes, montes descendisse scriptum est. Nec vero parvae capiunt tantum ventum quantus saxa grandi pondere in aerem extrudere et ejicere possint, atque egerere tumulos, colles, montes: omninoque tam magnos et horribiles efficere terraemotus, ut oppida corruunt [...] Sed intestinum terrae incendium aquis similiter ejusmodi cavernarum altitudines efficere potest, ut postea dicam.

6   Elle oblige même à réfléchir sur le rôle divin et sa place dans le monde actuel comme providence constamment active dans la transformation des choses : Palissy, *Recepte Véritable*, éd. cit., p. 91.

7   Question posée par Cardan et Palissy surtout.

8   Jérôme Cardan, *De la subtilité*, trad. Richard Le Noir, Paris, Leblanc, 1556.

9   Conrad Gesner, *De omni rerum fossilium genere*, Zurich, C. Gesner, 1565.

C'est par la minéralogie que le dessous-terre commence à prendre un effet de profondeur : elle donne accès au monde de la mine, seule expérience qui dépasse la rencontre fortuite. Kuthna Hora et les mines du Potosi, toutes deux si souvent représentées comme l'entrée d'un monde souterrain qui cette fois se construit, et s'empile, et se peuple, donnent les quelques éclairs de vrai abîme, dans la peur et dans la merveille. Fugitivement, quelques passages suggèrent un monde admirable, peu de stalactites ou stalagmites décrites, mais des lueurs de richesse encore autres que l'or et l'argent, comme s'il y avait (outre l'effet de la lanterne des mineurs) une autre qualité de lumière, de couleurs, de formes spécifiques au dessous-terre. Sous Hildesheim, se conserve un mystère de blocs qui modifient leur aspect : *In modum vero patinae excavati sunt, et aurea armatura rutilant : quare et reddunt imaginem, et ob solis radios obversi aridam materiam accendunt.* La grotte prend des aspects du beau, du lumineux, du trésor caché qui rutile aux yeux du découvreur (qui n'est pas son propriétaire). Mais l'entrée des mines est nettement artificielle, les mineurs escaladent des empilements de petites échelles, comme des anges noirs d'un paradis inverse et technicien. Il est encore un peu tôt pour que le fantasme de la seconde ville enterrée sous la première ou sous l'espace naturel soit vraiment concevable : Pompéi n'est pas ressurgie, et les villes souterraines catacombales ou troglodytes le sont bien peu encore[10]. Cependant comment représenter ce dessous-terre ?

Les livres de sciences s'ornent de dessins pour certains géographiquement reconstitués, pour d'autres expérimentalement plausibles. Coupes terrestres, anatomies des montagnes, on raisonne sur ce qu'on ne voit pas, comme les anatomistes qui ont découpé le corps humain en lamelles et fibres invisibles à l'œil ordinaire, pour constituer une anatomie de la terre[11] qui, une fois dessinée en schémas, rassure sur la structure sans rassurer sur ses effets : le dessin d'éruption volcanique coexiste avec de pacifiques représentations des canaux aquatiques souterrains. Le plus visionnaire et le plus précis, le *Mundus subterraneus* du Père Kircher[12], offre l'image gravée d'un monde éponge, plein de fosses

---

[10] L'extraordinaire relevé d'Antonius Bosius, *Roma Sotteranea nella quale si tratta de sacri cimeterii di Roma*, éd. cons. Rome, 1650, in-4, qui totalise les découvertes effectuées depuis 1580, est si assuré qu'il s'agit de cimetières qu'il ne s'attarde pas sur l'aspect de ville souterraine, ni sur les creusements et cheminements, sinon en quelques phrases de la présentation initiale : p. 1, « Li cimeterii dunque sono caverne, e antri, e spelunche sotterane, cavate nel tufo, o nelle vene di arena, e puzzolana, con infinite strade, vicoli e rigini similia a laberinti oscurissimi. Nelle paretti, a lati di esse strade, sono per tutto scavate sepulture d'ambidue le parti, una sopra l'altra a proportione di corpi, che vi si sepelliano. E non solo sono spatiosi, e ampli in modo, che ciascuno rassembra una gran Citta ; ma duplicati ancore, e triplicati un sotto l'altro. »

[11] Tout encourage la métaphore, Kircher, *Mundus subterraneus*, p. 100.

[12] Athanasius Kircher, *Mundus subterraneus*, comporte d'abondantes illustrations reproduites dans J. Godwin, *Athanasius Kircher, Un homme de la Renaissance à la Quête du savoir perdu*, Paris, Pauvert, 1980, p. 84-93.

souterraines qui recueillent l'eau, le vent, le feu, suivant le point de vue du graveur qui montre l'invisible en décapitant les montagnes, et simulant une vue en coupe, effaçant l'épaisseur comme le couvercle d'une boîte pour en montrer l'intérieur, le nommer, voire graphiquement l'étiqueter : « grand réservoir des eaux sous les monts de la Lune » donnant le bassin du Nil, « grand réservoir en Amérique du sud » sous les Andes, *Hydrophylax inter viscera montis*. Le répertoire *De geocosmi seu terreni Mundi hydrophylaciis*, qui concerne l'eau, se complète des réservoirs du feu interne, et des canaux de circulation des vents. Le dessin s'ouvre aux catastrophes et aux merveilles inconnues de l'extrême profondeur, en particulier pour les réservoirs du feu, très proches de l'iconographie de la Genèse selon Robert Fludd[13]. Notre monde supérieur vit sur un système de circulation qui s'apparente à l'illusion, et qui, comme le théâtre à machines ou les fontaines de Versailles, vit de tuyauteries et de machines dissimulées, des forces qui agitent des masses. Et comme nul n'y a jamais pénétré, il peut être représentable, dirait-on, étant tout arbitraire et soumis au seul témoignage du raisonnement.

Si l'on en vient à l'expérience, seule la relative surface peut être racontée... Là où Agricola connaissait les minières, *fodinae et fossae*, les grottes et gouffres, *antra, cavernae, speluncae, cryptae*, beaucoup plus proches de nous, qui entament à peine le creux de surface, sont répertoriées dans les chorographies et cartes réelles des régions. Ces formes restreintes non iconographiables seraient soumises aux conditions du dessin « réaliste » : et rien n'est plus désespérant à dessiner que l'intérieur d'une grotte réelle, où Dieu n'a pas prévu les fenêtres et soupiraux propres à l'éclairage. Les gravures de grottes naturelles sont donc spécialisées dans les entrées de grottes, en vue inversée : là où le dessinateur, depuis le cadre noir de l'antre, voit le jour. Gravures préromantiques et goût des gouffres à échos sonores, apprivoisent et stéréotypent dès Kircher et dès les villas romaines une peur qui se dote déjà de son pittoresque superficiel. Si la grotte est artificielle, l'intérieur est conçu pour l'éclairage et ses effets indirects[14]. La grotte se dit dès lors qu'elle est architecturée : nymphée, hypogée, crypte. Réel et artificiel ont des interférences, mais par leurs aspects les plus décoratifs et minéralogiques, dans l'art du fragment incrusté plus que dans l'ob-

---

[13]   Iconographie in J. Godwin, *Robert Fludd, Philosophe hermétique et arpenteur des deux mondes*, Paris, Pauvert, 1980, p. 24-29.

[14]   Cf. les descriptions des grottes artificielles de Palissy, ou les grottes des jardins italiens, ou dans Kircher les grottes, nymphées et temples souterrains des villas romaines, en particulier dans *Latium, id est nova et parallela Latii tum vetus tum novi descriptio*, Amsterdam, J. Jansson, 1671, in-f°, la *Crypta ferrata* de la villa de Cicéron (f. 57), la villa d'Hadrien à Tibur (f. 145), le Temple de la Sibylle (f. 194 et 233). La constitution des grottes artificielles et leur rapport avec le progrès minéralogique tout autant qu'avec les vicissitudes du plaisir visuel et intellectuel sont analysés dans Ph. Morel, *Les grottes maniéristes en Italie au XVIᵉ siècle : théâtre et alchimie de la nature*, Paris, Macula, 1998.

servation réelle des phénomènes. L'approche des bâtisseurs est consciente des transferts du plaisir : la reconstitution d'une grotte aux formes affreuses est un élément décoratif, il n'est qu'un creux de surface, élément d'une surprise dans une errance de jardin ; revers d'une colline, le creux artificiel a sur l'autre l'avantage d'être intégré à un discours global architecturé et intelligible, où l'on peut « voir dessous » sans éventrer fictivement les collines. La réversibilité ici est l'instrument d'une mise en scène de la connaissance, une éducation, par le petit, au grand système de la science. C'est aussi l'apprivoisement de la peur : dans le martelé, l'obscur, le mouvant sur le stable, le vrai monde des grottes distille à petite dose le frisson des mystères de la violence terrestre, à l'usage des jardins paisibles. Rien ne vient évoquer les reflets des fonds de mines, ou les grands brasiers infernaux. On miniaturise un petit monde en jardin, pour établir le grand jardin de Dieu et des nymphes, sur l'instable déséquilibre de la gestation des choses.

Un lieu n'est jamais vide de créatures. Qu'y a-t-il dans la terre, à part les végétaux qui croissent sur sa peau ? Question rhétorique, éventuelle question démonologique.

Paracelse est le seul à oser un raisonnement suivi, incluant des créatures spécifiques de la terre. Son *Liber de nymphis, sylphis, pygmaeis et salamandris et de caeteris spiritus*[15] en fait un principe absolu : chaque être a son lieu, seul l'homme en a plusieurs. Les nymphes ont l'eau, les salamandres le feu, les *Bergleute* (*Pygmaei et Gnomi*) le dessous terre. Ces créatures ont un air, qui n'est pas le nôtre, une puissance optique qui n'est pas la nôtre et leur permet de voir dans les pierres : « Die Sonn ihn durch die Erden scheint, wie uns durch Lufft », la terre est leur élément originel, ce que Paracelse désigne sous le terme de Chaos : « Also ests mit den Gnomis in den Bergen : die Erden ist ihr Lufft, und ist ihr Chaos : dann im Chaos lebt ein jeglich Ding, das ist ein jeglich Ding wohnet im Chaos, geht und steht darinn. Nun ist die Erden nit mehr als allein Chaos den Bergmannlein : dann si gehn durch gans Maueren, durch Felsen, durch Stein wie ein. »[16] Ils travaillent la mine et stockent de l'or. A la frontière de l'utopie scientifique et des traditions folkloriques, Paracelse installe, à côté des démons des zones plus profondes, la possibilité d'une spécificité de vie. Tous les autres s'en tiennent ou à des êtres de surface, ou aux démons diables.

---

[15] Voir dans Paracelse, *Opera, Bücher und Schrifften*, Strasbourg, Lazare Zerner, 1603, in-f°, t. II, p. 182-195.

[16] « Le soleil brille pour eux à travers les terres, comme pour nous à travers l'air » ; « voilà ce qui se passe pour les gnomes dans les montagnes : la terre est leur air, et leur milieu naturel, car dans un milieu naturel vit une chose particulière, et chaque chose vit dans son milieu propre, y bouge, y reste. La terre n'est rien d'autre que le seul milieu propre des Petits hommes de la montagne : car ils traversent les murs, les rochers, les pierres comme un esprit. »

Par un autre raisonnement, on trouve des habitants de toute sorte en s'attachant à la fonction explicite des grottes. Kircher mêle ces classifications qui font le bonheur du *kitsch*, mais révèlent qu'on sépare difficilement les catégories apparemment classées[17]: le concret expérimental et le textuel purement fictif; le troglodytisme réel et les logements infernaux des mythes (des croyances variées), le pratique et le sacré de divers degrés (là où les dieux viennent, là où les églises font le culte, là où les fidèles se rassemblent, là où les ermites s'exilent), le terrifiant et le plaisant, ce qui constitue un classement assez ahurissant et une population finalement serrée. Ce qui vient d'ailleurs et d'autres dimensions de la vie, Dieu, anges ou démons, côtoie les fidèles et les ours. La grotte est lieu de rencontre, «interface» des règnes; l'*abyssus*, le vrai monde profond, n'est guère appréhendable que par la foi. Toute la connaissance pratique n'a pas évacué vers le symbole la grande peur du dessous-terre, dont le peuplement demeure insolite, initiatique au mieux, et destructeur au pire[18]. Il faut bien que le diable y soit, puisque même Agricola, qui n'en fait pas son thème le plus suivi[19], atteste que le *Bergmanlein* (*daemon metallicus*) des montagnes du

---

[17] Kircher, *Mundus Subterraneus*, ch. 20, p. 118: on observe les grottes variées: «*1 – Divinae cryptae: Angelicae cryptae, seu Antra sunt, in quibus Angelorum apparitio contingit [ex: le Mont Gargan]; Ecclesiasticae, seu templa intra rupes incisa [Mont Pagode]; catacumbae, seu coemeteria, quae in agro Romano hinc inde summa celebritate visitantur; de quibus Roma Subterranea uberrime agit; diabolicae seu Infernales, in intimis terrae penetralibus; Purgative sive Purgatorium, Limbes et similia, quae fides tenentur. Ad has revocantur Cryptae Magorum, in quibus innumeris superstitionibus magicas operationes peragebant, ubique locorum passim obviae. Item Cryptae heroum, Idolatrarum, Sortilegorum et in quibus Oracula dabantur, cuiusmodi Delphicum et Ammonium Antrum erant. Ad has revocantur fabulosa Poetarum antra faunorum, Dryadum, Nympharum, Tritonum, Sirenum, aliorumque Deorum Dearumque. 2 – Humanae cryptae: ad quas revocantur primo Cryptae Gigantum cuiusmodi in Palestina, Sicilia, aliisque locis ostenduntur, Musarum sibyllarumque Antra pluribus in locis adhuc spectantur, uti Neapoli in Cumano Agro quem in sequentibus describemus. Ad has commode revocari queunt Antra sanctorum Eremicolarum, uti in Aegypto et Thebaide innumera antra spectantur, S. Antonii, Pauli, Hilarionis, etc; Melitae crypta S. Pauli Apostoli; in Sicilia S. Rosaliae in Monte Peregrino; Sublaei S. Benedicti. In Francia B. Mariae Magdelenae, vulgo la Sainte Baume, juxta Arelatum S. Aegidii; et sic de ceteris. Ad has revocari possunt civitates subterraneae, aliaque de quibus in sequentibus. 3 – Brutales [animaux divers, nous passons]. 4 – Cryptae sunt Naturales, quarum innumerae sunt species, juxta vires naturales iis inditas. Sunt metallicis vaporibus, exhalationibus, aquis scatent. Sunt et glaciales, plenae nivibus et crystallo, uti in Monte Sorano me vidisse memini. Sunt et Eoliae, quae continuo Ventorum flatus emittunt. Non desunt virtute resolutiva, restrictiva congelativa praeditae. 5 – Artificiales cryptae sunt, quae in humanos usus sive delicias parantur [...]. Item saxofodinae caeterorumque Mineralium.*»

[18] La mystique des grottes est l'objet d'innombrables ouvrages depuis l'Antiquité, p. ex. *L'antre des nymphes* de Porphyre suivi d'un essai sur les grottes dans les cultes magico-religieux et dans la symbolique primitive de P. Saintyves (1918), postface de Cl. Gaignebet, Arma artis, 1981. Depuis la grotte hellénique et hellénistique des initiations, et des cheminements souterrains de l'âme emmenée par Hermès, jusqu'aux grottes chrétiennes des pèlerinages, toute religion trouve son obscurité sacrée.

[19] Agricola, *Bermannus, op. cit.*, p. 432, 477, 478.

Sneeberg ou du Anneberg, et les démons des fosses d'argent, auxiliaires de l'invention des veines les plus riches, sont aussi des tueurs potentiels. Ces diables nous viennent du Moyen Age et des pays nordiques[20], et leur nature n'est pas bien établie. *A fortiori*, qui n'est jamais descendu dans les mines ne peut que recopier ces autorités de type différent que sont Agricola et les démonologues[21]. Kircher sacrifie abondamment aux deux genres. Mais il a le mérite de se soucier avec plus de suivi des conditions réelles d'habitation sous terre, en termes humains ou animaux non fantastiques : il y faut de l'air, de la nourriture minimale, de la lumière peut-être. Les creux de la terre servent alors d'arguments latents à des discussions plus rationnelles sur un habitat souterrain, voire une humanité souterraine. Voici poindre à nouveau une sociologie du dessous-terre, dans la coexistence des zones qui appartiennent à Dieux et diables, des zones liturgiques, des zones animales (dragons compris), et des peuples terriens dont Kircher tient à spécifier l'humanité.

La zoologie sépare les êtres qui hibernent – et ne sont pas complètement cavernicoles – des êtres de l'obscurité totale comme les taupes. Si l'existence des dragons est controversée, « prouvée » par la petite chimère d'Aldrovandi[22], et relancée par des « apparitions » en Suisse jusqu'en 1619, Kircher n'en est pas un adepte convaincu. Les menues bêtes, chauves-souris, hirondelles troglodytes, vers et grenouilles semblent moins problématiques. L'essentiel est pour lui qu'il puisse y avoir une vie dans et hors des cavernes : on bascule donc d'une réflexion sur les animaux adaptés à chaque élément vers une réflexion sur les conditions limites d'une transformation d'existence. L'homme ne naît pas de la terre[23] comme certaines bestioles obscures. L'homme peut vivre sous terre : il y produit des effets, et le milieu produit sur lui des adaptations possibles, qui rendent peut-être compte de certaines anomalies.

Puisque les historiens sont là pour attester que les peuples sont parfois obligés de rester longtemps abrités dans des cavernes, et que les géographes sont là pour attester des cités troglodytes, alors il faut croire à des rencontres humaines pour résoudre certaines histoires étranges. Kircher est conscient des effets de surprise et d'erreur qui guettent les scientifiques les plus alertés. Il a vu

---

[20]   Lien évident entre diableries et forges, comme le montre Cl. Lecouteux, *Nains et elfes au Moyen Age*, Paris, Imago, 1998. Sur les populations souterraines et leur diversité maléfique, on ne dédaignera pas *La Grande encyclopédie des lutins, secrets révélés par Pierre Dubois,* Paris, Hoëbeke, 1992, quitte à trier deci-delà les légendes d'origine et de date diverses, les références vraies et imaginaires.

[21]   Kircher, *Mundus subterraneus*, l. VII de *Animalibus subterraneis*, ch. 4 : *de Daemonibus*, qui renvoie à Del Rio, sauf à reprocher à Del Rio de confondre les nains et les Pygmées, et au témoignage des mineurs hongrois et d'Agricola.

[22]   Kircher, *Mundus subterraneus*, p. 86.

[23]   Seul Mythra, né d'une pierre, encore enfoncé jusqu'à l'aine dans un rocher (en gros il s'en élève), crée l'exception, et le culte dans les grottes sacrées se relie à cette naissance divine.

lui-même en Etrurie de la fumée sortir de la terre : il n'a pas crié à l'Enfer comme un obscurantiste, mais aux fumerolles de soufre, comme un bon vulcanologue, et on lui révèle qu'il passe au-dessus d'une grande caverne, et que ce sont là fumées de cuisines[24]. Ni le fantastique, ni la Nature, ne suffisent à écarter les explications humaines qui ont droit d'existence malgré ou grâce à leur prosaïsme. Aussi Kircher se livre-t-il à la discussion serrée d'une histoire rapportée par Guillaume de Neuburg[25]. En 1140, deux petits êtres verts sortent des cavernes, aveugles et faibles. Ils acceptent de se nourrir de fèves, restent, deviennent un peu moins verts, apprennent l'anglais, sont baptisés ; le mâle meurt, mais la femelle se marie. Ils ont raconté qu'ils venaient de près de Saint-Martin et se sont perdus en suivant un bruit de cloche, qu'ils sont chrétiens, que leur monde est sans soleil ni crépuscule. Guillaume de Neuburg et Athanasius Kircher sont assez d'accord pour juger l'histoire suspecte. Mais l'investigation théorique demeure. Kircher rassemble les cas de peuples qui ont été si isolés, si perdus, qu'on ne les découvre que tardivement, les preuves de longs séjours dans les montagnes lors des guerres. Ces deux êtres ont pu se déplacer dans les labyrinthes des cavernes, grâce aux failles. Ils sont devenus verts à cause de l'humidité et de leur régime végétarien. Chrétiens, parce qu'ils l'étaient avant de s'aventurer sous terre. Et sans doute pas venus des antipodes, ni issus d'une race de nains. Les découvertes de nains vus devant des cavernes de montagne doivent s'expliquer par des enfants perdus, pris pour des « démuncules ». Certes, Kircher finira bien par parler des démons, mais le plus tard possible dans la narration de ces vies enfouies. A côté d'une sociologie des créatures disparates qui s'agitent sous nos pieds, il y aurait donc une anthropologie possible, où les cavernes tiendraient le rôle des « hydophylaces » et des canaux qui permettent aux peuples, comme aux eaux, à l'air ou aux vents, de suivre un chemin invisible et de faire résurgence. Ayant répudié l'imaginaire d'une terre creuse comme une boule creuse, des mondes emboîtés, des surfaces réversibles, la science ne renonce pas à l'espoir de retrouver au centre ce qui l'intéresse le plus : l'homme adaptable et vivant – et pas seulement sous l'espèce d'un Minotaure refoulé.

Les enquêtes entre rationalisme et démonologie, dans les mines bien réelles, font surgir en priorité la peur, les légendes sur les démons qui égarent, étouffent. Le sursaut rationaliste consiste à remarquer qu'on ne les voit jamais, mais que faire contre la convergence des légendes du Tyrol, de la Hongrie, de la Suisse ? Cependant on peut rencontrer dans les gravures un dragon, et diverses bestioles, mais aucun des habitants mystérieux, diables, gnomes, ou humains. Aussi les éléments d'une étude sur le troglodytisme reposent-ils sur l'histoire des antres et nymphées (usage sacré), les habitats exotiques (témoignages de

---

[24]   Kircher, *Mundus subterraneus*, p. 98.
[25]   Kircher, *Mundus subterraneus*, p. 99-101. Cf. Guillaume de Newburg, *De rebus anglicis sui temporis*, éd. J. Picard, Paris, C. Sevestre, 1610, l. I, ch. 27, *De viribus pueris*, p. 92-94.

voyageurs) et les grands malheurs qui obligent à la mutation : rien que d'anthropologiquement attesté, et dont ne sont iconographiés que les aspects architecturaux, le plus souvent artificiels. La Nature et les prodiges, tout à la fois, échappent.

Descendre et plonger sous terre est une semi-expérience irritante : plus expérimentable que le vol, certes, grâce aux grottes, aux cryptes, aux mines. Mais au fur et à mesure de sa réalisation, l'expérience renvoie l'homme à la limite de ses sens inhibés par l'obscurité, à l'impossibilité de reproduire et de transmettre les formes entrevues : la constitution d'une science expérimentable ne travaille que sur des fragments arrachés. Pourtant la science et la rationalité postulent un savoir du dessous terre, vérifiable par ses effets dessus terre, invérifiable par l'expérience : le livre obstinément pense une totalité. L'imaginaire, tant bien que mal, colmate, projette, et ramène non moins obstinément son univers mythique, si bien constitué, si satisfaisant, si autonome. Restent donc les demi-vérités quotidiennes de la presque surface. Dans la noirceur de la mystique, dans la semi-obscurité des grottes artificielles, au bout de la volée des marches qui descendent aux nymphées, ou aussi loin qu'éclaire une torche à l'entrée des gouffres, une négociation entre le possible et l'impossible, le scientifique et le surnaturel, l'imaginé et le répertorié, le subi et le construit, tente d'apprivoiser l'inquiétant et d'humaniser le diabolique.

Marie-Madeleine FRAGONARD
Université de Paris III-Sorbonne Nouvelle

LE VOYAGEUR,
LE MÉDECIN ET LA MOMIE

Qui tetigerit cadaver hominis [...]
propter hoc septem diebus fuerit immundus...
Nb XVIII, 11

S'il est un objet qui a fait rêver l'Occident en mal d'exotisme depuis le XIXe siècle, il s'agit sans doute de la momie égyptienne. Véritable héroïne du *Roman* (1858) de Théophile Gautier[1], elle investit aujourd'hui en force l'univers de la bande dessinée, objet de collection chez les passionnés du *Mystère de la grande pyramide* ou locataire insolite imaginée par Tardi dans un Paris assiégé par les démons de l'occultisme[2]. Les jeux morbides de l'amour et de la mort, les sentiers de l'aventure menant aux territoires de l'interdit passent par la mise en scène de ces corps encombrants qu'il faut bien ranger, dans la littérature et ses avatars, au nombre des « cadavres exquis ».

Lorsque quelques siècles auparavant, s'élargissaient les horizons du monde renaissant, les voyageurs ont plus d'une fois consigné dans leurs récits une ou deux anecdotes prenant pour sujet cette curiosité que constituaient à leurs yeux les cadavres « confits » des anciens Egyptiens, évoqués sur fond de culture classique. La présence de la momie sur le théâtre du voyage est d'autant moins étonnante qu'elle prend place au rang des pharmacopées exotiques dont on sait le crédit à pareille époque[3]. Il n'est que de rappeler l'allusion de Pierre Belon du Mans à « nostre Mumie », « en si grand usage en France, que le Roy François restaurateur des lettres, n'alloit nulle part, que ses sommeliers n'en apportassent tousjours quant et luy en la ferriere ensemble avec la Reubarbe »[4]. D'ailleurs,

---

1   Théophile Gautier avait déjà donné dans cette veine avec *Le Pied de momie* (1840).

2   Parmi autres titres, E. P. Jacobs, *Le Mystère de la grande pyramide*, Bruxelles, 1987 ; Tardi, *Momies en folie*, Castermann, 1978 ; Wininger, *La Pyramide oubliée*, Paris, Glénat, 1980, sans oublier le classique d'Hergé, *Les Cigares du pharaon*, Casterman, 1955, qui joue lui aussi sur cet imaginaire.

3   On se souvient de la remarque consignée dans le récit de voyage de Jacques Cartier qui considère les bienfaits de l'*annedda*, c'est-à-dire l'épinette blanche contre le scorbut : « lequel a faict telle operation que si tous les medecins de Louvain et Montpellier y eussent esté avecq toutes les droggues d'Alexandrie ils n'en eussent pas tant faict en ung an que ledict arbre en a faict en six jours » (*Relations*, éd. M. Bideaux, Montréal, PUM, 1986, p. 174).

4   Pierre Belon, *Observations de plusieurs singularitez et choses memorables, trouvées en Grece, Asie, Judée, Egypte, Arabie, et autres pays estranges*, Paris, Gilles Corrozet, 1555 [1553], f. 117r°.

dans le *De admirabili operum antiquorum et rerum suspiciendarum præstantia*, traité publié la même année que les *Observations*, Pierre Belon revient longuement, et avec un œil critique, sur l'engouement dont la momie fait l'objet auprès de ses contemporains[5] – et dont Montaigne se fait lui aussi le témoin[6]. Dans ses *Commentaires de Dioscoride*, Pierre Matthiole énumère ses vertus. Le médecin lui accordait le pouvoir de soigner des maux aussi divers que la migraine, la dysenterie et les morsures de serpent[7]. Aussi ne s'étonne-t-on pas de voir plusieurs traités de médecine faire une place à cette pharmacopée, soit pour en vanter les qualités thérapeutiques, soit pour se scandaliser de l'usage de ces *funera medicata*[8]. C'est le cas d'Ambroise Paré: il leur consacre un traité publié en 1582[9], qui figurera au XIIe livre de ses *Œuvres* dès l'édition de 1585[10]. Sans entrer ici plus avant dans une controverse médicale dont on mesure la virulence à la lecture des pages rédigées par le chirurgien du roi, nous voudrions éclairer, à la lumière de deux discours, celui du voyageur, celui du médecin, la puissance de cet objet sur l'imaginaire de la Renaissance.

Même si les grands classiques du Moyen Age comme Jean de Mandeville en faisaient l'économie alors qu'ils s'attardaient sur d'autres « merveilles » de l'Egypte, l'évocation de la momie constitue un lieu obligé des récits des pérégrinations orientales à la Renaissance. Après les *Observations de plusieurs singularitez* (1553) de Pierre Belon et la *Cosmographie de Levant* d'André Thevet (1556), ouvrage dont on sait la prétention totalisante, peu de voyageurs oublieront de mentionner les coutumes funéraires des anciens Egyptiens, et, partant, l'étrange momie. Cependant, plus que sa présence, sa place et sa fonction retiennent l'attention. Après 1550 en effet, les chapitres consacrés à la momie sacri-

---

[5]   Pierre Belon, *De admirabili operum...*, Paris, G. Cavellat, 1553: *Paucis autem ab hinc annis hoc medicamentum ad nos adferri cœpit. Neque ullae merces externae, quanvis insignes, a negotiatoribus in præsentia tam diligenti cura ad nos adferuntur, quam istud conditum Ægyptiorum et Judæorum cadaver* (f. 34r°).

[6]   *Essais*, I, 30, éd. D. Bjaï, B. Boudou, J. Céard et I. Pantin, Paris, Pochothèque, 2001, p. 326.

[7]   Pierre-André Matthiole commence ainsi sa liste: *Mumia enim (ut Arabes tradunt) quam plurimis pollet facultatibus: siquidem secundo ordine tum siccat, tum excalfacit: capitis dolores, frigitate obortos absque humorum præsentia mulcet. Medetur hemicraneæ, paralysi, oris distractionibus, comitiliabus, vertiginosisque si ex amaræi aqua naribus immitatur* (*Commentari in libros sex pedacii Dioscorides*, Venise, V. Valgrisi, 1554, I, 85, p. 79). Sur les querelles autour de la momie, on lira la synthèse très vivante de P. Delaunay, *L'Aventureuse existence de Pierre Belon du Mans*, Paris, Champion, 1926, p. 100-104.

[8]   P. Delaunay, *op. cit.*, p. 102, rappelle que l'expression est celle qu'utilise Pomponius Mela et que reprend Pierre Belon, *op. cit.*, f. 117r°. Le savant voyageur donne aussi la dénomination, beaucoup plus neutre, utilisée par Pline, de *servata corpora*.

[9]   *Discours... de la mumie, des venins, de la licorne et de la peste*, Paris, G. Buon, 1582, in-4°.

[10]   Ambroise Paré, *Œuvres*, Paris, G. Buon, 1585 (4e éd.), p. 467-476, l. XII, ch. 7-16. Nos références renvoient à cette édition.

fient, à des degrés divers, au récit d'aventure. L'ambition documentaire des rédacteurs ne s'exerce pas sans le recours à la mise en scène d'un voyageur reconverti en intrépide explorateur de sépulcres, voire en chasseur de cadavres. Il ne suffit pas ici d'invoquer le recours classique à «l'autopsie», ni sa fonction d'authentification du discours extraordinaire: le voyageur cherche bien plutôt à faire surgir l'aventure dans le calme monotone de la promenade cosmographique. Ainsi, la «mumie» stimulerait d'abord les fonctions narratives de la relation de voyage.

L'expédition aux cimetières des Egyptiens joue de fait sur les ressorts du péril et de l'aventure. Aux sépulcres de Saqqarah, rapporte le chevalier de Villamont,

> il n'entre aucune lumiere [...] sauf celle qu'on y porte aux flambeaux, et se doit on donner de garde que le feu ne tombe sur ces corps qui sont ainsi enveloppez de linges secs, et de la poix, de peur que le feu ne consommast les vivans avec les morts[11].

Même remarque chez François de Pavie qui ajoute encore:

> Je suis entré en plusieurs de ces voutes où sont ensevelis ces corps appelez en nostre Europe Mumies, non sans grande difficulté et danger, car il faut aller a quatre pieds, tout nud pour n'estre empesché des habits à l'estressiseure d'un trou qui va en devalant, et lequel peu à peu se bouche, à cause du menu sablon qui gresle tousjours du haut, et retourne d'où l'on l'a tire pour faire la fosse[12].

Si la mention du péril qui guette le voyageur d'une saison en Orient est partie prenante du récit d'aventure et s'il convient de ne pas éliminer cette composante du genre, il reste à souligner la dimension largement symbolique conférée à l'événement. Le passage au séjour des trépassés constitue une expérience anticipée de la mort, une catabase qui pourrait bien être sans retour: brûler *avec* les momies ou périr enseveli avant l'heure, c'est bien descendre au tombeau, sombrer dans une disparition intégrale, imaginer son propre corps tombant en cendres avec celui des morts.

Il y a donc, dans cet épisode de la visite aux tombeaux des Egyptiens, place pour un motif du récit d'aventure qui aime à suggérer le passage toujours possible de la frontière entre le monde des vivants et le monde des morts. En conséquence, il n'est pas étonnant que chez Pierre Belon, l'évocation de la coutume égyptienne de l'embaumement coure de loin en loin sur plusieurs chapitres[13] et alterne avec le récit de la visite des tombeaux vides, la difficile ascension de la grande pyramide, la description des «Souris chauves», des

---

[11] Chevalier de Villamont, *Voyages*, Paris, Claude de Monstr'œil et Jean Richer, 1595, f. 270v°.

[12] François de Pavie, *Relation d'un sien voyage fait l'an 1585*, ms. BNF NAF 6277, p. 126-127 (voir le mémoire de maîtrise d'I. Joppin, Paris X-Nanterre, 1997, qui en a établi l'édition).

[13] L. II, ch. 42-47.

mouches et des «stellions»[14], dont les excréments servent à fabriquer des fards et qui pullulent autour des pyramides. En ces lieux de mort, une vie animale proliférante détourne l'intérêt du naturaliste qui ne s'attarde pas à décrire trois cadavres «qu'on avoit nagueres trouvez es susdicts sepulchres»[15]. Aux limites du répugnant et de l'ordure, le sombre décor de l'aventureux parcours parmi les cimetières des anciens Egyptiens suffit à faire naître l'impression d'un passage en terre interdite.

A l'inverse, André Thevet qui consacre le 42e chapitre de sa *Cosmographie de Levant* aux «sepultures des Egyptiens, Momies et Baume», s'intéresse avant tout au prodige de la conservation du cadavre. Après avoir détaillé la technique de momification en suivant globalement Hérodote dans la traduction de Pierre Saliat[16], il rapporte comment, en sa présence,

> fut trouvée une femme en son entier, ayant les ongles grands à merveilles, et les cheveux jusqu'à demi jambe, en sorte qu'on eust dit qu'il n'y avoit pas deus ans, qu'elle estoit morte. Semblablement fut trouvé un homme de grand' corporence, et surpassant de beaucoup la grandeur accoutumee des humeins, ayant grand' barbe, dedans lequel estoit un petit Idole.[17]

Hypertrophie du cadavre ou hyperbole du discours? Le motif du gigantesque s'allie ici logiquement avec le caractère prodigieux, au sens propre du terme, d'un cadavre que la vie ne semble pas avoir quitté tout à fait. A l'évocation du corps conservé, s'est substituée celle d'un processus vital obstiné. Dépeinte en ces termes, la momie devient un corps inquiétant, échappant aux lois de la mort et de la vie[18]. Telle est bien l'impression que laissent au hollandais Jan Sommer «deux corps humains [...] qui avaient reposé [près des pyramides] bien des siècles, mais qui étaient si bien conservés qu'on aurait pu croire qu'ils

[14] Sorte de petits lézards.

[15] Pierre Belon, *op. cit.*, f. 117b.

[16] Voir l'édition que F. Lestringant a donnée de la *Cosmographie de Levant*, Genève, Droz, 1985, et en particulier les notes de la p. 311 sur ces emprunts. Nous citons le texte d'après cette édition.

[17] André Thevet, *op. cit.*, p. 157-158.

[18] Dans le chapitre consacré à la momie, *Œuvres complètes*, l. XII, ch. 7, Ambroise Paré signale cette particularité, mais en montrant le «miracle de nature». Sur le corps momifié qu'il possède, il a vu pousser «semblablement le poil de la barbe, et d'autres parties, voire les ongles, lesquels j'ay apperceu evidemment recroistre, apres les avoir par diverses fois coupez» (p. 470). En revanche, le récit de Ch. Fürer von Haimendorf, *Itinerarium Ægypti, Arabiæ, Palaestinæ, Syriæ, aliarumque regionum orientalium*, Nuremberg, off. A. Wagenmann, 1620, p. 25-26, rend compte d'une visite dans les tombeaux des Egyptiens à vingt milles d'Alexandrie d'une tout autre manière; il insiste sur l'impression d'ordre (*caverna cadaveribus plena, quae tamen omnia eleganti ordine disposita sunt*) et sur le raffinement d'une technique qui prévient les effets de la putréfaction.

vivaient encore»[19]. L'arrêt du processus de la putréfaction a beau trouver sa cause dans un traitement éprouvé du cadavre, la momie s'impose comme un objet défiant les lois naturelles.

D'ailleurs, dans la partie que les récits de voyage consacrent à l'Egypte, la description des momies pharaoniques précède parfois l'évocation de la colline des «morts-debout», située à quelques milles de Guizeh où, rapporte Jean Palerne, se produit

> une chose tres-admirable, et espouvantable, à ce que ceux du pays nous assurerent : c'est que le Jeudy, ou Vendredy Sainct, on voit sortir et paroistre hors de terre une infinité de mains, bras et jambes, et non en autre temps. Ce que tous indiferemment, tant Chrestiens que Mahometistes vont tous les ans veoir comme une chose merveilleuse : mais pour le mieux assurer, je le voudrois avoir vu[20].

L'apparition de ces «ressuscités» à l'heure de la célébration liturgique de la Passion n'est pas sans rappeler le prodige consigné par saint Matthieu dans son Evangile (27, 51b-53). Mais on l'aura remarqué, au lieu de tirer une quelconque conclusion de cette manifestation de vie anarchique et incompréhensible, Jean Palerne multiplie les marques de distanciation. A l'inverse, près d'un siècle plus tôt, le dominicain Félix Fabri donnait du phénomène une version légèrement différente et, en s'appuyant sur l'autorité de saint Augustin, tâchait de justifier théologiquement le phénomène :

> Certis diebus anni conveniente populo ad locum mortuorum illorum corpora in sepulchris eriguntur, sine alicujus hominis adjutorio, et erecta stant per totum diem, et finito festo decidunt sine visibilia agente in loculos suos[21].

En sollicitant les paragraphes de *La Cité de Dieu* (XX, 19, 4) consacrés aux pouvoirs conférés à l'Antéchrist, Félix Fabri peut reconnaître la marque d'une *ars diabolica*, d'une *operatio satanica*[22] qui séduit les musulmans en vue de les laisser persévérer dans leur erreur pour le jour du Jugement dernier. Quoi qu'il en soit de cette vision liée à une perspective eschatologique très développée à la fin du XVe siècle, le prodige peut être lu comme le signe assuré du caractère

---

[19] Jan Sommer, in *Voyages en Egypte des années 1589, 1590 et 1591*, éd. C. Burri, N. et S. Sauneron et P. Bleser, Le Caire, IFAO, 1971, p. 294.

[20] Jean Palerne, *Peregrinations*, Lyon, Jean Pillehotte, 1606, p. 157. Le voyageur articule précisément la description des momies et l'évocation de la «colline des ressuscités». Sur ce lieu étrange qui étonna les voyageurs, cf. S. Sauneron, «La colline des ressuscités», *Villes et légendes d'Egypte*, BIFAO, t. LXIX, 1970, p. 43-51.

[21] *Evagatorium in Terræ sanctæ, Arabiæ et Ægypti peregrinationum*, éd. C. Hassler, Stuttgart, 1849, vol. III, p. 47.

[22] Félix Fabri, *op. cit.*, p. 459.

maléfique de ces corps, instruments voués au service de Satan. Qu'il ne s'agisse pas de la « momie » à proprement parler ne change rien à l'affaire. Sur le « mort-debout » comme sur le cadavre en parfait état de conservation plane un doute identique : celui d'une vie singeant la vie, d'une illusion qui pourrait bien avoir pour auteur *le père du mensonge*.

L'on comprend dès lors le sens d'un épisode souvent consigné dans les récits de traversée, au retour du voyage en Orient. Survient une tempête, et l'on ne manque pas de découvrir, dans les malles des voyageurs embarqués à Alexandrie, des momies, entières ou en morceaux, que l'on accuse d'avoir déchaîné les vents et les vagues. Mais le véritable responsable de la «fortune de mer», c'est l'imprudent voyageur – le plus souvent le rédacteur du récit – qui a chargé la nef des ces objets funestes, sans d'ailleurs signaler l'utilité de cette étrange cargaison. Une fois le voyage achevé, servira-t-elle de drogue universelle ? Entrera-t-elle dans le cabinet de curiosités d'un grand personnage ? Les récits ne livrent aucune précision à ce sujet. En revanche, la fonction textuelle de la momie semble bien précise : avant de s'imposer comme un objet prodigieux capable de soigner ou d'étonner, elle contribue à faire du voyageur qui résiste à sa réputation maléfique un héros parvenu à une maîtrise de peurs irrationnelles, qui le range à l'écart du « populaire ». Tel est le sens de l'acte de transgression qui consiste à transporter avec soi un de ces corps arrachés au sépulcre. De fait, le plus souvent, les voyageurs stigmatisent la superstition des marins[23] effrayés par la présence des momies sur le bateau. Le franciscain Henry Castela relève avec un soupçon d'ironie qu'il eut beau se défaire de l'encombrant cadavre, «pour cela la tempeste ne cessoit ains fut la furie de la mer si grande, et le *[sic]* vents si contraires, que nous fumes jettez avec violence dans l'Archipelago.»[24] François de Pavie développe la même distance critique : un «superstitieux grec» alléguant «que ceste irreverance portée aux morts, les privant de sepulture, esmouvoit la mer, et causoit souvent les tempestes», le force à jeter à l'eau la tête de momie qu'il avait dans ses coffres. Mais remarque le voyageur désabusé, «sans que pour cella le temps amendat, continuant de pis en pis jusqu'à la nuit»[25]. Pour autant, il n'est pas sûr que cette affirmation mette en relief une transgression à caractère qualifiant. Certes, le voyageur dépouille la momie de tout pouvoir maléfique,

---

[23]   Il faut mettre à part le cas rapporté par le prince Radziwill, protestant converti de fraîche date qui fait de sa relation de pèlerinage un acte d'amende honorable. Le regret de la faute confine chez lui au scrupule et il s'enquiert auprès des théologiens de Crète où il fait escale de la gravité de son acte. Mais on l'assure que *ejus importationem christianis non vetari* (N.-C. Radziwill, *Hierosolymitana peregrinatio*, Brunsberg, G. Schönfels, 1601, p. 135). Sur la question de la superstition et de ses relations complexes avec la piété des marins, cf. M. Mollat, *La Vie quotidienne des gens de mer en Atlantique, IXᵉ-XVIᵉ siècle*, Paris, Hachette, 1983, p. 232-233.

[24]   Henry Castela, *Le Sainct voyage de Hierusalem et Mont Sinay*, Bordeaux, Du Brel, 1603, p. 480.

[25]   François de Pavie, *op. cit.*, p. 151-152.

mais se livre-t-il vraiment à une désacralisation quand il nie que le transport du cadavre en morceaux constitue une «irreverance»? Le problème paraît se poser en d'autres termes. Ingrédient savoureux du récit d'aventure, argument susceptible de réactiver la légende de la superstition des marins, la momie est avant tout un motif dont s'empare la narration quand elle sollicite l'imaginaire. Mais comment définir cet objet en quelque sorte insaisissable? Les «corps confits» des anciens Egyptiens ne sont pas tout à fait des *cadavres*: d'ailleurs, on en use comme s'ils n'en étaient pas, mais simultanément, on leur attribue des pouvoirs supérieurs aux cadavres ordinaires. Dans cet écart entre réalité concrète de l'objet et puissance de suggestion se révèle le statut paradoxal de la «Mumie».

Il n'est pas étonnant que la pensée médicale se place sur un tout autre terrain. Dans son *Discours de la Mumie, des Venins, de la Licorne, de la Peste*, publié en 1582, Ambroise Paré s'engouffre dans la voie ouverte par Pierre Belon avec plus de prudence quelques décennies auparavant, et vilipende les prétendues vertus que Pierre Matthiole avait généreusement attribuées à la momie[26] en se faisant le porte-parole d'idées largement répandues. D'une façon intéressante, le traité de 75 feuillets est repris avec quelques aménagements[27] dans l'édition des *Œuvres complètes* de 1585, en appendice au livre XII «traitant des contusions, combustions et gangrenes». L'intention est clairement explicitée:

> Il ne se faut donner merveille, si en ce traicté des Contusions je n'ay faict aucune mention de la Mumie, pour en donner à boire ou à manger, comme font la pluspart des Medecins et Chirurgiens, parce qu'elle ne vault rien, ce que je prouveray par ce present discours[28].

Le traité de 1582 est alors repris presque intégralement. Ainsi, au lieu de disparaître en 1585 de l'édition des *Œuvres*, la momie y occupe une place non négligeable; elle revêt même une importance qu'il faudrait bien juger démesurée s'il ne s'agissait pour l'auteur que de chercher à disqualifier un remède sans efficacité. L'organisation générale du traité donne déjà une idée de l'objectif poursuivi par le chirurgien royal. Une longue section est consacrée à la tradition de l'embaumement dans les civilisations anciennes et jusqu'à aujourd'hui car «de ceste mesme curiosité, nos François, esmeus et incitez font la plus

[26] P. Delaunay, *op. cit.*, p. 104, signale que Jean de Renou dans ses *Œuvres pharmaceutiques*, Lyon, 1626 et N. Leméry, dans son *Dictionnaire des drogues simples*, Paris, Vve Houry, 1733, sont toujours convaincus des qualités thérapeutiques de la momie.

[27] On consultera sur cette question l'édition des *Œuvres complètes* donnée par J.-F. Malgaigne, Paris-Londres, J.-B. Baillière / H. Baillière, 1840-41, 3 vol., qui précise les variantes du texte. *Le Discours de la Mumie* y figure au t. III, p. 468-490.

[28] Ambroise Paré, *Œuvres complètes*, f. 467r°-v°.

grand' part embaumer les corps des rois et grands Seigneurs »[29]. Dans un second temps, Ambroise Paré énumère les raisons qui disqualifient la momie comme pharmacopée: d'une part, signale-t-il, la substance même pose problème. Qu'appelle-t-on momie au juste? demande Paré en reprenant un débat déjà argumenté avant lui. La «chair confite et embaumée» des Egyptiens? La chair de cadavres desséchés par l'air du désert? Ou encore le pisasphalte reconnu par les anciens médecins Sérapion et Avicenne? Comme l'indique Pierre Belon du Mans dans les *Observations*: «Nous prenons lesdits corps conficts les nommants Mumie: et toutesfois les auteurs Arabes descrivants la Mumie, entendoyent de celle drogue nommée en Grec Pissasphalton, dont avons desja parlé au premier livre»[30]. Dernière suggestion émise par Ambroise Paré – effroyable, celle-ci:

> Autres tiennent que la Mumie se fait et façonne en nostre France et que l'on desrobe de nuict les corps aux gibets, puis on les cure ostant le cerveau et les entrailles, et les fait on seicher au four, puis on les trempe en poix noire: apres on les vend pour vraye et bonne Mumye et dict on les avoir achetez des marchands Portugais, et avoir esté apportez d'Egypte[31].

Cette incertitude sur la substance qui sert de remède contre les contusions en tout genre a pour premier effet de disqualifier la momie tout juste bonne à être renvoyée en Egypte, selon la formule qui clôt le traité d'Ambroise Paré[32]. Le temps est venu de proposer un remède d'une efficacité plus grande, dans les cas de chutes et de grave traumatisme[33].

Pourtant, la défense de ces médications nouvelles, appuyées par l'expérience, est secondaire dans le *Discours*, qui met en évidence deux éléments essentiels: d'une part, l'ingestion de la momie constitue un acte de nécrophagie; d'autre part, l'usage moderne de la momie n'est pas conforme à son utilisation antique.

> Les anciens estoyent fort curieux d'embaumer leurs corps, mais non pas à l'intention qu'ils servissent à manger et à boire aux vivants, comme on les a

---

[29] Ambroise Paré, *Œuvres complètes*, f. 479.

[30] Pierre Belon, *Observations*, f. 117r°.

[31] Ambroise Paré, *Œuvres complètes*, f. 471.

[32] Ambroise Paré, *Œuvres complètes*, f. 476.

[33] *Ibid*. Le 7 juin 1582, Ambroise Paré soigne un enfant de vingt-six mois passé sous un coche en l'enveloppant dans une peau de mouton fraîchement tué, après avoir oint le patient d'huile rosat et de myrtille. Il administre de l'oxycrat à la place de la momie habituellement préconisée et obtient une complète guérison. Dans l'épître dédicatoire à messire Christophle des Ursins, placée au seuil du *Discours de la Mumie* en 1582 et qui disparaît de l'édition des *Œuvres complètes* de 1585, Paré avait déjà soulevé la question. Le sieur des Ursins, soigné par Paré, se remit d'une grave chute de cheval survenue le 31 août 1580, sans «boire de Mumie», ce qui l'étonna fort. Séduit par les explications du chirurgien, il l'aurait convaincu de les «mettre par escrit, à fin d'envoyer ces abus à vau l'eau, et que le monde n'en fust plus trompé» (éd. J.-F. Malgaigne, vol. III, p. 472).

fait servir jusques à present. Car jamais ne penserent à telle vanité et abomi-
nation, mais bien, ou pour l'opinion qu'ils avoient de la resurrection universelle, ou pour une memoire de leurs parens et amis decedez[34].

Tel est bien le double sens qu'il faut assigner aux «cadavres confits» des
Egyptiens: celui de témoins d'une antique croyance en la vie éternelle, celui
d'objets de mémoire. Le combat contre la momie utilisée à des fins thérapeutiques n'est pas seulement d'ordre scientifique; il ressortit à une conception
particulière de l'homme et de la civilisation. Dès lors, on comprend pourquoi
Ambroise Paré dresse un catalogue de tous les peuples qui ont observé la tradition de l'embaumement, au-delà des frontières de l'Egypte. Il sollicite les références bibliques, rappelle le témoignage des Evangiles sur l'ensevelissement du
Christ et allègue l'exemple du patriarche Joseph, qui fit embaumer son père[35].
Plus étonnant: empruntant à Hérodote[36], le chirurgien convoque l'usage du
plus cruel d'entre les peuples: «Or bien à peine s'est-il trouvé nation, tant
barbare fust elle, qu'ils n'ayent embaumé les corps morts, non pas mesme les
Scythes, qui semblent en barbarie avoir surpassé le reste des hommes.»[37] L'usage
thérapeutique de la momie, qui implique le dépeçage et la dispersion du cadavre,
s'impose dès lors comme le témoignage de la pire inhumanité. De ce scandale,
les Egyptiens se font les interprètes: «Les gens du pays ne veulent souffrir qu'on
transporte aucun de ces corps, disant que les Chrestiens sont indignes de manger
leurs corps morts». Même le négociant juif, cynique fabricant de momies, «s'es-
merveilloit grandement comme les Chrestiens estoient friands de manger le
corps des morts»[38]. La pratique nécrophage apparaît ici en pleine lumière. Le
motif de la gourmandise, finement étudié par Frank Lestringant dans un autre
contexte[39], contribue à condamner d'une manière définitive la prétendue nécessité thérapeutique de la momie: elle est le signe de la transgression d'une règle
fondamentale. Comment une telle pratique ne susciterait-elle pas le plus grand
dégoût?

Il est bien clair qu'on a largement dépassé désormais la question de l'efficacité de la momie et du combat contre les préjugés. Il s'agit de restituer à la

---

[34] Ambroise Paré, *Œuvres complètes*, f. 471.

[35] Cf. Jn XIX, 39-40 et Gn L, 26.

[36] *L'Enquête*, IV, 71, éd. D. Roussel, Paris, Gallimard, «Bibliothèque de la Pléiade», 1964, p. 310-311.

[37] Ambroise Paré, *Œuvres complètes*, f. 468.

[38] *Ibid.*, f. 469 et 471.

[39] Voir en particulier *Le Cannibale. Grandeur et décadence*, Paris, Perrin, «Histoire et décadence», 1994, p. 127-128 où il est question de la gourmandise des vieilles femmes tupinambas.
B. Bucher, *La Sauvage aux seins pendants*, Paris, Hermann, 1977, avait souligné la relation
entre les représentations de la sorcière et celles de la vieille cannibale.

momie sa véritable fonction, en respectant son intégrité. Le *Discours* de Paré s'ouvrait sur le respect des Anciens pour le corps des trépassés; il se referme sur cette momie rendue à son repos sans autre éloge funèbre.

L'histoire n'est pas finie: à considérer l'architecture générale du monument des *Œuvres* de Paré, l'on comprend mieux la fonction assignée au corps embaumé des anciens Egyptiens. Dès l'édition de 1579, le chirurgien achevait son œuvre par un livre sur la médecine légale où il traitait de la conservation des cadavres.

> Ayant fini mon œuvre, j'ay eu aussi esgard à l'ordre tenu en la poursuite d'iceluy. Car aiant declaré ce qui estoit necessaire pour la conservation de ce corps estant en vie, et pour le remettre en vigueur, y ayant quelque alteration: c'estoit bien raison aussi que la fin de ce Discours fust du corps mort, et des moyens de le conserver en son entier sans pourriture[40].

Dans la dernière édition publiée de son vivant, celle de 1585, le *Discours de la Mumie* pourrait faire concurrence au petit traité de médecine légale. D'un texte à l'autre en effet, réapparaissent des paragraphes qui sont autant de redites. Ainsi du passage évoquant l'idée que la pratique de l'embaumement est un indice de civilisation; il rappelle encore ses malheureuses expériences en la matière et les déboires qu'il eut avec le corps de plusieurs rois de France. Enfin, il évoque une nouvelle fois le corps d'un condamné momifié par ses soins et conservé chez lui pour lui servir d'aide-mémoire lorsqu'il devait «faire quelque incision à quelque malade». Sur la peinture de cet «écorché» momifié s'achève d'ailleurs le grand volume du savoir sur le corps humain. Il y a ici plus qu'un hasard: il suffit pour s'en convaincre de comparer la finale des *Œuvres* dans l'édition de 1579 et dans celle de 1585. L'édition de 79 s'achevait sur un panégyrique de la mémoire et de la nécessaire transmission du savoir. J'ai écrit, déclarait Paré,

> à fin que la connoissance des choses que Dieu m'a donnée ne demourast ensevelie, et que ce thresor peust profiter et à ceux qui ores vivent et à la posterité: croyant que si j'eusse teu et supprimé cecy, mon nom eust merité plus de blasme que de los, puisque j'eusse envié le salut à nos neveux, et denié aux survivans ce de quoi l'experience m'a fait largesse. D'autant que nous ne sommes nés pour nous seuls, ains pour profiter aux autres, et que la raison veut qu'on connoisse à l'avenir que nous avons esté quelquesfois, en laissant à la postérité une vive memoire de nostre estre et de nostre diligence[41].

Ces lignes disparaîtront de l'édition de 1585. L'œuvre s'achève alors sur l'évocation des momies de l'antique Egypte, introduite par le développement sur le corps du condamné, muet assistant en l'art de chirurgie, et conservé

---

[40] Ambroise Paré, *Œuvres complètes*, p. 1206.
[41] Ambroise Paré, *Œuvres complètes*, éd. J.-F. Malgaigne, vol. III, p. 674.

en son entier sans pourriture, et sans y employer des frais si exorbitans que faisoyent jadis les Rois (par trop) scrupuleux d'Egypte, qui employoient toutes les drogues aromatiques que l'Orient produit, pour embaumer leurs corps: et dressoyent des bastimens admirables pour leur servir de sepulture[42].

Ainsi se referme pour toujours, en 1585, le monument des *Œuvres*. Mais il est bien clair cependant que le cadavre desséché du criminel arraché à la corruption grâce à l'art du praticien ne supplante pas la momie antique: il lui rend seulement la place qui est la sienne et qu'elle n'aurait jamais dû quitter. Avec ce corps «confit», installé dans sa maison sise non loin du pont Saint-Michel, Ambroise Paré porte le dernier coup aux légendes attachées aux momies de l'Egypte, à leur puissance sur l'imaginaire, bien plus sûrement que lorsqu'il rédigeait de violentes diatribes contre l'obscurantisme des partisans de cette repoussante pharmacopée. Ainsi instrumentalisé et réduit à une fonction didactique, ce corps a perdu toute puissance irrationnelle[43].

La remarque sur les dépenses somptuaires des funérailles dans l'Egypte des pharaons pourrait bien signer le triomphe d'une perspective technicienne et pragmatique. Il semble plutôt qu'il faille lire ici un indice de séparation entre deux discours bien distincts, même s'ils ne sont pas indissociables, dans la pensée de Paré. La momie des Egyptiens, enfermée dans son sépulcre magnifique, restera un objet de mémoire privilégié, témoin de la grandeur des civilisations anciennes; la momie exposée au cabinet du chirurgien dispensera silencieusement ses leçons d'anatomie. Non point concurrentiels, mais complémentaires, ces deux objets, pour ainsi dire inaltérables, sont l'emblème de la lutte contre l'oubli – comme le livre des *Œuvres*, qui conserve le savoir acquis et permet sa transmission, tout en éternisant la mémoire de son auteur. Le dernier mot, celui de «sepulture», scelle le livre sans aucun mystère, comme gage de pérennité et de mémoire. Dès lors, n'importe si la figure de l'auteur et l'éloge de son travail d'écriture se trouvent chassés hors de l'horizon du texte: ont-ils encore besoin de justification?

Des pyramides de l'Egypte au cabinet du chirurgien, la momie aura donc ainsi littéralement changé de fonction: fréquent motif du récit d'aventure, à un moment où la relation de voyage apprend à jouer des ressorts du romanesque et s'éloigne de la première tâche qu'elle s'assignait à la Renaissance – celle de décrire le monde – la momie s'installe en territoire viatique pour y commencer

---

[42] Ambroise Paré, *Œuvres complètes*, p. 1206. Juste avant la mention «fin des *Œuvres*».

[43] Néanmoins, Paré note «ces miracles en la nature» que constituent la croissance du poil et des ongles en ces corps sans vie «privez de leur ame et substance qui est le sang» (Ambroise Paré, *Œuvres complètes*, p. 1206). Si le phénomène reste inexplicable et digne d'intérêt, il n'est pas pour autant susceptible de dégénérer en rêverie sur le mort-vivant.

une trouble carrière de mort-vivant dont le récit fantastique fera plus tard ses délices. Aux antipodes de la littérature, le discours médical qui n'attend plus d'elle aucun secours thérapeutique, la renvoie symboliquement aux déserts de l'Egypte, et peut-être du même coup, aux régions du rêve et de la fiction, dont les possibilités sont sans nombre. Il ne restera, à Paris, et comme point d'orgue aux *Œuvres* d'Ambroise Paré, que le corps momifié du condamné, dépouillé de toute connotation de noblesse, d'antiquité ou d'exotisme, simple outil au service de la technique chirurgicale. Le lieu clos du cabinet d'anatomie figure le savoir sur le corps et le rêve du savant: embrasser la totalité de cet «aultre monde qui est l'homme». Entre l'infini des déserts et la maison du chirurgien commence à se creuser un abîme: celui qui délimite et séparera, peu à peu, les lettres et les sciences. Les voyages de la momie d'Egypte, alors que le jour se lève sur les Temps Modernes, en sont peut-être l'emblème inattendu.

Marie-Christine GOMEZ-GÉRAUD
Université de Picardie - Jules Verne

PAUL DE MIDDELBOURG,
ASTROLOGUE ET ASTRONOME

Un humaniste, au moins, natif des Pays-Bas a été en contact direct avec Copernic. Il s'agit de Paul de Middelbourg (1445-1533), très peu étudié, malgré son importance à l'époque[1]. Né en Zélande, il reçut sa première éducation à Bruges, puis étudia la médecine, les mathématiques et l'astronomie à Louvain, où il eut probablement pour maître Jean de Vésale (Johannes de Wesalia), bisaïeul d'André Vésale, qui enseignait la médecine et pratiquait l'astrologie. Après un retour à sa ville natale, où il enseigna la théologie et la dialectique et devint prêtre, il fut invité par la République de Venise à enseigner l'astronomie à l'Université de Padoue, centre prestigieux où Peurbach et Regiomontanus l'avaient précédé et où Toscanelli et le Cusain avaient étudié. Etant entré en contact avec le duc Frédéric de Montefeltre, il devint, en 1481, médecin et astrologue du duc à Urbino, en remplacement de Jacob von Speyer, correspondant de Regiomontanus. Après la mort de Frédéric, il revient aux Pays-Bas, où il séjourne notamment à Louvain et à Middelbourg. S'attaquant au problème du calendrier, et surtout à la question de la date de Pâques – peut-être dans la filière de Regiomontanus[2] –, il eut des démêlés avec des théologiens de son ancienne université. La querelle reprit lors d'un nouveau séjour en 1488 et dura jusqu'en 1494, année durant laquelle, grâce à l'appui du fils de Frédéric de Montefeltre, Guidobaldo, il devint le supérieur de l'abbaye de Castel Durante. En 1494, il fut nommé évêque de Fossombrone, près d'Urbino. A partir de ce moment, la réforme du calendrier devint sa préoccupation principale. Il travailla vingt ans à un gros ouvrage dans lequel tous les éléments de la problématique étaient réunis: *Paulina de recte paschae celebratione*, publié à Fossombrone en 1513. Suite à cette somme, il fut chargé de diriger la commission s'occupant de la question du calendrier lors du Concile de Latran. Après que le concile prit fin en 1517, sans qu'une décision soit prise sur le calendrier, il continua d'étudier la question dans un traité inachevé *de aequatione dierum*. Il mourut en 1533 à Rome, où le pape Paul III l'avait appelé et où il fut enterré.

---

[1] Pour les sources de la biographie de Paul de Middelbourg et la bibliographie de ses ouvrages, cf. D. J. Struik, «Paulus van Middelburg (1445-1533)», *Mededelingen van het Nederlandsch Historisch Instituut te Rome*, 5, 's Gravenhage, 1925, p. 79-118.

[2] Cf. E. Zinner, *Entstehung und Ausbreitung der Coppernicanischen Lehre*, Erlangen, Mencke, 1943, p. 125.

Bien qu'aucune trace n'en subsiste parmi les restes de sa bibliothèque, Copernic a probablement eu connaissance de certains ouvrages de Paul de Middelbourg[3]. En tout cas, celui-ci passait pour un des meilleurs mathématiciens de son temps[4]. Très peu étudiée aujourd'hui, son œuvre constitue peut-être un des principaux chaînons reliant les initiateurs de la Renaissance en astronomie, Peurbach et Regiomontanus, à la génération de Copernic. Il est donc utile de mettre en évidence au moins quelques indications quant à son contenu et son orientation. Je n'aborderai guère ici *Paulina*, son grand ouvrage sur la réforme du calendrier, mais tenterai de dégager quelques points intéressants de ses écrits moins connus.

En cette période, les frontières entre astronomie et astrologie sont souvent imprécises et fluctuantes. Regiomontanus prépara des *Tabulae directionis*, qui devaient servir en premier lieu à calculer les maisons astrologiques. De Domenico Maria Novara, que Copernic a connu à Bologne, un *Pronosticon anni 1489* est conservé. Copernic lui-même a annoté la *Tétrabible* de Ptolémée et possédait d'autres ouvrages astrologiques[5], tandis que Rheticus a inséré dans sa *Narratio prima* un chapitre sur le changement des empires qui accompagne le mouvement du centre de l'excentrique du Soleil[6]. Il n'est donc pas étonnant que Paul de Middelbourg se soit également occupé d'astrologie. En 1484, il prédit, en fonction de la conjonction de Saturne et de Jupiter, l'apparition d'une terrible maladie, que l'on identifia après coup avec la syphilis ; on lui attribua également la prédiction de la venue d'un faux prophète en la personne de Savonarola[7]. Retenons aussi le *Prognosticum consolatorium* de 1523, où il s'oppose à la prédiction de Johannes Stoeffler (*Almanach novum plurimis annis venturis*, 1499), selon qui un nouveau Déluge allait détruire toute l'Europe en février 1524 sous l'effet d'une conjonction de toutes les planètes dans le signe des Poissons. A travers un raisonnement serré, basé à la fois sur des données historiques (l'absence de catastrophes sous des conjonctions précédentes) et astronomiques (l'arbitraire de la division du Zodiaque en douze signes), Paul de Middelbourg démontre l'inanité de cette prédiction, qui suscitait à l'époque les plus vives alarmes. Cette position critique ne signifie toutefois pas un refus total de l'as-

---

[3]   E. Zinner (*op. cit.*, p. 156) juge probable que Copernic ait possédé des œuvres de l'évêque de Fossombrone.

[4]   Pour J.-C. Scaliger, Paul de Middelbourg est « de loin le principal de tous les mathématiciens de son temps » (*omnium sui temporis mathematicorum facile princeps*, *Exotericae exercitationes*, Francfort, 1582, p. 807). Cf. également, *infra*, les opinions d'Erasme et de Copernic, ainsi que l'éloge d'Amico cité à la n. 15.

[5]   Cf. L. Prowe, *Nicolaus Coppernicus*, Berlin, Weidmann, 1883-84, t. I-2, p. 414, et L. Thorndike, *A History of Magic and Experimental Science*, New York, Columbia U. P., 1941, t. V, p. 419.

[6]   Cf. la *Narratio prima*, ch. 5.

[7]   L. Thorndike, *op. cit.*, t. V, p. 207, et t. IV, p. 561.

trologie; au contraire, c'est à l'intérieur même de la discipline qu'il s'en prend à ce qu'il juge en être une pratique erronée. Cela n'empêche pas, d'autre part, que dans un autre ouvrage, sur lequel je reviendrai plus longuement plus loin, il distingue nettement l'astronomie mathématique de l'astrologie: alors que la première propose des démonstrations certaines (*habet demonstrationes certissimas*), la seconde est enveloppée dans des significations obscures (*multis labyrinthis ambagibus et anfractibus... involuta et intricata*) et beaucoup plus incertaine (*non habet demonstrationes, sed opiniones dumtaxat*); pour tout dire, la prédiction astrologique est toujours fragile, car elle exige une compétence qui dépasse, en fait, l'intelligence humaine (*potius divina quam humana dici debet*)[8].

Les premières publications conservées de Paul de Middelbourg sont précisément de type astrologique. Le *Prognosticum* pour l'année 1480[9] offre un intérêt particulier, parce que l'opuscule témoigne aussi de la connaissance intime qu'avait son auteur de l'état des mathématiques et de l'astronomie de son temps. En effet, les prévisions proprement dites sont suivies d'une série de cent questions proposées à tous les savants et dont l'auteur fournit lui-même la solution l'année suivante, n'ayant reçu aucune réponse[10]. Les trois premières questions contiennent des critiques de Giovanni Bianchini, un des principaux mathématiciens du XVe siècle. Parmi les autres, certaines portent sur le mouvement des planètes, les éclipses, l'usage d'instruments tels que le turquet ou différents types d'astrolabes, la géométrie des surfaces courbes, les miroirs «archimédiens», la détermination de la longitude et de la latitude géographiques, etc. En ce qui concerne les planètes, plusieurs questions portent sur Mercure, la planète qui posait le plus de problèmes aux astronomes. Certaines visent à mettre en relief les erreurs des tables: ainsi, la réponse à la question 23 fait apparaître une erreur de 1°30' dans la latitude de Mercure au 1er janvier 1478. Paul se livre aussi à la critique de différents systèmes, faisant remarquer, par exemple, que, contrairement à ce qu'affirme al-Bitruji (Alpetragius), il ne faut pas moins de 13 cercles pour sauver les mouvements apparents de Mercure si l'on adopte un système homocentrique (question 6). L'ensemble de ces exercices invite donc à une réflexion critique sur l'état de l'astronomie.

La publication de *Paulina de recte paschae celebratione...* (Fossombrone, 1513) fut suivi par la désignation de Paul de Middelbourg comme président de la commission pour la réforme du calendrier au Concile de Latran (1514). Si ce concile ne procéda pas à une réforme du calendrier, ses activités eurent du

---

8   *De Numero atomorum totius universi contra usurarios*, Rome, 1518, f. Eiiv°-Eiiir°. Le passage contient aussi une allusion aux prédictions mentionnées pour 1524.

9   *Inclitum prognosticum pro anno Christi 1480...*, Venise, 1479.

10   Ce jeu de questions et de réponses avait des précédents, notamment dans une correspondance entre Regiomontanus et Bianchini (cf. A. Gerl, *Trigonometrisch-astronomisches Rechnen kurz vor Copernicus. Der Briefwechsel Regiomontanus-Bianchini*, Stuttgart, Steiner, 1989).

moins pour conséquence de mettre Paul de Middelbourg en contact avec Copernic. En effet, la commission spéciale accepta 14 propositions de l'évêque de Fossombrone; on les retrouve dans le *Compendium correctionis calendarii pro recta pasche celebratione* (1515). Dans un *Secundum compendium*, Paul de Middelbourg déclare avoir demandé leur avis sur ces propositions aux principaux astronomes de son temps, et parmi eux il nomme «Nicolas Copernic de Warmie»[11]. Dans la lettre-préface du *De Revolutionibus*, adressée au pape Paul III, Copernic revient sur cette invitation en utilisant des termes qui laissent transparaître de la sympathie pour Paul de Middelbourg et même de la gratitude pour ses encouragements[12]: «... il n'y a pas longtemps, sous Léon X, lorsqu'au Concile de Latran fut débattue la question de la réforme du calendrier ecclésiastique, elle resta sans solution uniquement parce que les grandeurs de l'année et des mois et les mouvements du soleil et de la lune furent estimés insuffisamment bien mesurés. Et, certes, dès ce temps, j'ai eu à cœur d'étudier ces choses d'une façon plus exacte, encouragé par le très célèbre Paul, évêque de Fossombrone, qui avait alors présidé à ces délibérations.»

Deux points méritent d'être soulignés à propos de cet épisode.

D'abord, pourquoi la circulaire, adressée aux principales autorités astronomiques européennes de l'époque, a-t-elle été envoyée à Copernic, qui n'avait encore rien publié dans le domaine? Est-il vrai, comme l'écrit Rheticus, que Copernic s'était acquis une certaine notoriété dès son premier séjour en Italie, de 1496 à 1501?[13] On peut croire à de l'exagération de la part de Rheticus sur ce point[14]. Ou bien, comme le prétend Bernardino Baldi dans sa biographie manuscrite de Paul, l'évêque et Copernic étaient-ils devenus des amis personnels lors du premier ou du second (1503-1506) séjour italien de ce dernier?[15]

---

[11] Selon Gassendi (*Nicolai Copernici... vita*, dans *Tychonis Brahei... vita*, Paris, 1654, p. 23-24), à l'invitation officielle, signée par le pape Léon X, s'ajoutait une incitation personnelle de Bernard Sculteti, un ami de Copernic. Il n'est guère probable que Copernic se soit rendu au concile, comme Galilée le prétend à deux reprises (cf. E. Rosen, «Galileo's Misstatements About Copernicus», *Isis*, XLIX, 1958, p. 319-330; repris dans *Copernicus and his Successors*, Londres-Rio Grande, Hambledon Press, 1995).

[12] Copernic, *Des Révolutions des orbes célestes*, éd.-trad. A. Koyré, Paris, Alcan, 1934, p. 48-49.

[13] Selon la *Narratio prima* de Rheticus, après ses études à Bologne, où «il fut moins le disciple que l'assistant et le témoin des observations du très savant Dominicus Maria [Novara]», Copernic serait devenu vers 1500, à Rome, «professeur de mathématiques devant une large audience d'étudiants et un cercle d'hommes éminents et de spécialistes dans cette branche de la science» (trad. H. Hugonnard-Roche et J.-P. Verdet, avec la collab. de M.-P. Lerner et A. Segonds, Wrocław, Académie polonaise des sciences, 1982, p. 93).

[14] Sur la part probable d'hyperbole dans les lignes de Rheticus, cf. B. Bilinski, *Tradizioni dell'astronomia polacca a Roma...*, Varsovie, Académie polonaise des sciences, 1976.

[15] Ce manuscrit de Baldi (1553-1617) a été publié par D. Marzi, *La questione della riforma del calendario nel quinto concilio lateranense*, Florence, Pubbl. del R. Istituto di Studi Superiori Pratici e di Perfezionamento, 1896, p. 233-250.

Mais les biographies de Baldi sont loin d'être toujours fiables[16]. La meilleure explication est encore que les quelques pages manuscrites du *Commentariolus*, rédigées vers 1513, étaient déjà suffisamment connues et appréciées des astronomes de l'époque.

Ensuite, le fait même d'attirer l'attention de Copernic sur les problèmes du calendrier ne pouvait que renforcer celui-ci dans sa conviction concernant la nécessité d'une réforme de l'astronomie. Paul de Middelbourg lui-même déclarait que l'on ne pouvait guère baser la réforme du calendrier sur les mouvements *réels* du soleil et de la lune, qui, dans toutes les théories existantes, présentaient trop d'irrégularités : «... comme les mouvements réels des luminaires sont variés et irréguliers, un cycle lunaire constitué à partir des mouvements réels sera nécessairement non uniforme et irrégulier...», écrit-il dans le *Secundum compendium*. Aussi se résigne-t-il à s'en tenir aux mouvements *moyens* des deux luminaires. Le manque d'uniformité des mouvements attribués aux planètes dans le système géocentrique, voire leur «monstruosité», est précisément la raison principale qui, selon la préface du *De Revolutionibus*, a décidé Copernic à chercher une autre représentation du monde. La méditation des textes de Paul de Middelbourg, qui était sceptique quant à la possibilité de découvrir une solution satisfaisante dans le cadre du géocentrisme, a pu le confirmer dans la conviction de la nécessité de rechercher des solutions radicalement nouvelles, la question du calendrier n'engageant par ailleurs pas que les mouvements de la lune et du soleil, mais aussi d'autres anomalies, touchant notamment la précession des équinoxes, le tout pouvant donner lieu à une révision globale du système du monde.

Selon la *Narratio prima* de Rheticus, la solution du décalage entre l'année julienne et l'année tropique, qui est à la base du problème calendaire, figurait parmi les principaux achèvements de Copernic, qui exprime la même opinion au début du premier livre du *De Revolutionibus*. D'autre part, lorsque la réforme du calendrier sera effectivement réalisée, elle sera basée sur les *Tables pruténiques* d'Erasme Reinhold, les premières à être établies à partir du *De Revolutionibus*[17].

Que les écrits calendaires de Paul de Middelbourg constituaient une incitation à la réforme de l'astronomie, d'autres témoignages le confirment. Erasme compare ainsi, en 1515, ses propres recherches philologiques pour la restitution des textes authentiques de Jérôme au travail accompli par Paul dans *Paulina* : «Qu'est-il arrivé, ces jours derniers, à l'Eglise ? Le monde chrétien est-il donc tombé en ruines, parce que Paul de Middelbourg, évêque de Fossombrone, a,

---

[16]   Cf. mon art., «Trois notes sur Gemma Frisius», *Scientiarum Historia*, XXII-1, 1996, p. 3-13.
[17]   Cf. D. J. K. O'Connell, «Copernicus and Calendar Reform», *Colloquia copernicana III.*, Wroclaw, Académie polonaise des sciences, 1975, p. 189-202.

dans des publications, fourni la preuve d'une erreur manifeste dans le calcul de
la fête de Pâques? Si, à la suite de la modernisation de choses aussi importantes,
l'autorité ecclésiastique non seulement n'est pas ruinée, mais encore qu'elle en
est devenue plus stable, pourquoi ont-ils peur que le ciel ne croule, lorsque je
m'applique à enlever de grossières sottises aux livres très érudits de Jérôme?»[18]
D'autre part, dans le domaine spécifique de l'astronomie, un autre réformateur,
G. B. Amico, qui tenta dans les années 1530 de réintroduire le système des
sphères homocentriques d'Eudoxe et d'Aristote, cite, à l'appui de la nécessité
d'une réforme, les remarques de Paul de Middelbourg sur le désaccord entre les
tables et ses observations de la Lune, de Vénus et de Mars[19].

En 1518 Paul de Middelbourg publie un ouvrage intitulé *De Numero
atomorum totius universi contra usurarios*. Reprenant le thème de l'*Arénaire*
d'Archimède, il veut y prouver que le nombre total d'atomes[20] que le monde
peut contenir est plus petit que les intérêts que rapporte un seul ducat prêté à
30% après 600 ans. Le livre se veut en premier lieu un plaidoyer pour la création
de monts de piété, mais la comparaison avec le nombre d'atomes oblige l'auteur
à calculer les dimensions du monde. Il annonce d'ailleurs un ouvrage spécifiquement consacré à cette question, mais qui ne verra pas le jour. Son monde
étant géocentrique, Paul détermine successivement les distances de la Lune, du
Soleil, de Saturne et des étoiles fixes, par rapport au centre qu'est la Terre. Sa
familiarité avec l'astronomie de son temps ressort des références à Ptolémée, al-
Farghani, al-Battani, Campanus de Novare, Bianchini, Peurbach.

Dans le cas de la Lune et du Soleil, il décrit longuement la méthode utilisée,
qui correspond à celle de Ptolémée (*Almageste*, V, 13 et 14). Il prétend cependant
se référer à des observations personnelles: pour la Lune, il s'agit de sa position
au moment même où il écrit, dans le cas du Soleil, de deux éclipses lunaires
observées les années précédentes. Pour Saturne et les fixes, les nombres allégués
sont repris à une source non précisée. Les valeurs correspondent à celles de
Ptolémée pour la Lune: la distance minimale est de 33,5 rayons terrestres, et la
distance maximale, de 64,1 de ces rayons[21]. Dans tous les autres cas, les valeurs

---

[18] Erasme, *Correspondance*, t. II, trad. fr., Bruxelles, U. P., p. 75 (= Allen 326). Il s'agit d'un
      extrait d'un projet de lettre au lecteur destiné au deuxième volume des œuvres de Jérôme, daté
      de mars 1515 à Bâle. Sur la relation profonde entre philologie et astronomie copernicienne,
      cf. mon ouvrage *La Structure poétique du monde*, Paris, Seuil, 1987, p. 70-74.

[19] Cf. le texte du *De Motibus corporum coelestium...* dans M. di Bono, *Le Sfere omocentriche di
      Giovan Battista Amico nell'astronomia del Cinquecento*, Gênes, Centro di Studio sulla Storia
      della Tecnica, 1990, p. 189, 191. Amico appelle Paul de Middelbourg *tempestate nostra
      omnium mathematicorum doctissimus*.

[20] Paul précise qu'il n'utilise pas «atome» au sens de «corps indivisible», mais, par référence à
      Archimède, pour désigner «la dix-millième partie d'un grain de sable» (*De Numero...*,
      f. Ciir°).

[21] Au passage, Paul critique longuement al-Battani pour avoir diminué la distance maximale. No-

sont supérieures à celles de Ptolémée et probablement empruntées à Campanus de Novare[22]. Comme c'est généralement le cas, Paul admet qu'il n'y a pas de vides entre les orbes. Les étoiles fixes sont situées à une distance de 22.613 rayons terrestres et Paul met en valeur l'immensité du monde en calculant combien de temps on mettrait à en parcourir l'espace à des vitesses différentes[23]...

Il se livre ensuite à un calcul de la distance qui sépare la Terre des limites du cosmos. Il met en garde contre une multiplication inutile du nombre de sphères au-delà des fixes et juge qu'on peut se passer d'une neuvième et d'une dixième. Sans préjuger du nombre de sphères, mais en admettant que la Création est régie par une règle de proportionalité, il conjecture que la sphère de la Terre se rapporte à celle qui englobe toutes les planètes, comme celle-ci se rapporte à l'univers. Or, puisque la sphère des fixes commence à une distance de 22.613 rayons terrestres, elle s'étend jusqu'à une distance de 511.347.769 de ces rayons[24]. Le traitement de cette question des limites du cosmos, au-delà des étoiles fixes visibles, est exceptionnel. Il conduit, on le voit, à des spéculations sur un monde immensément étendu. On sait que Copernic sera obligé d'étendre lui aussi la dimension du monde, mais il s'agira chez lui d'accroître la distance entre Saturne et les fixes, alors que Paul invite à penser une profondeur invisible du monde, au-delà des fixes, un thème qui ne sera développé qu'à la suite de l'observation des étoiles nouvelles de 1572 et 1604.

Notons encore que le *De Numero atomorum* contient un éloge vibrant de l'astronomie, qui n'est pas sans préfigurer les convictions de Copernic. Si un courant important de la Renaissance demeure sceptique quant aux possibilités de l'astronomie, Paul prend position contre lui en citant directement sa source augustinienne et en lui opposant Pythagore[25]. Pour l'évêque de Fossombrone,

---

tons aussi qu'il passe sous silence le fait, pourtant déjà mentionné par Regiomontanus, que ces distances, si elles étaient vraies, impliqueraient des variations que l'on n'aperçoit pas dans la grandeur apparente du disque lunaire.

[22] Ainsi, Campanus donne 22.612 rayons pour la distance maximale de Saturne, que Paul établit à 22.613 rayons. Pour Campanus de Novare, cf. *Campanus of Novara and Medieval Planetary Theory*, éd. F. S. Benjamin Jr. et G. J. Toomer, Madison, Wisconsin U. P., 1971, p. 343, 363. Les valeurs de Ptolémée, al-Farghani et al-Battani sont nettement inférieures: cf. A. Van Helden, *Measuring the Universe*, Chicago-Londres, Chicago U. P., 1985, p. 27, 30, 32.

[23] De tels calculs constituent un thème répandu depuis Roger Bacon (cf. A. Van Helden, *op. cit.*, p. 36-38). Le *Paulina* et le *Secundum Compendium* montrent que Paul avait lu Bacon.

[24] Il est curieux de relever un raisonnement tout à fait similaire chez Kepler, lorsqu'il suppose que la distance de la Terre à Saturne est la moyenne proportionnelle entre les distances Terre-Soleil et Terre-Etoiles (*De Stella nova*, ch. 16, dans *Gesammelte Werke*, t. I, p. 235).

[25] *Licet gravis quidam philosophus opinatus fuerit non esse contemplanda coelestia, quia dicere solebat: quod supra nos est nihil ad nos pertinere. Longe aliter Pythagoras senserat...* (*De Numero...*, f. Eiir°). Sur l'importance, à la Renaissance, de la formule d'Augustin concernant la vaine curiosité des astronomes (*Quae supra nos, nihil ad nos*), cf. H. Oberman, «Reforma-

la science du ciel est la première en dignité des sciences, après la théologie. D'une part, elle a pour cible les objets les plus admirables et les plus nobles (*mirabilioris et nobilioris... subiecti*), dont la connaissance est ce qu'il y a de plus beau et de plus délectable (*quid enim pulchrius, quid delectabilius esse potest...*), d'autant plus que le ciel est un dieu visible (*dei visibiles sunt sol, luna et astra...*). Et d'autre part, ses démonstrations, fondées sur les mathématiques, sont les plus certaines de toutes (*in primo gradu certitudinis...*), du moins d'un point de vue purement «théorique et spéculatif», car les dissensions portent uniquement sur l'expérience et l'observation (*vel experimento vel ex observatione aliqua*), jamais sur les démonstrations en elles-mêmes.

Les éléments de cet éloge se retrouvent chez Copernic. La célébration du ciel en tant qu'objet le plus élevé de la science annonce l'ouverture du premier livre du *De Revolutionibus*, où le ciel est également qualifié de «dieu visible»[26]: «Parmi les nombreuses et variées études des lettres et des arts par lesquelles est nourri l'esprit humain, j'estime qu'il faut surtout embrasser et poursuivre avec la plus grande ardeur celles qui portent sur les choses les plus belles et les plus dignes du savoir. Lesquelles sont celles qui traitent des révolutions du monde divin et du cours des astres, des dimensions, distances, lever et coucher et des causes des autres phénomènes et qui, enfin, en expliquent la forme entière. Qu'y a-t-il en effet de plus que le ciel qui contient assurément tout ce qui est beau? C'est ce que proclament les noms mêmes *caelum* et *mundus*, celui-ci indiquant la pureté et l'ornement, celui-là la perfection de la forme? C'est par suite de sa splendeur si haute que la plupart des philosophes l'ont appelé: Dieu visible.» Mais il n'y a pas que cette thématique anagogique, au demeurant fort répandue. Car, s'il tient évidemment compte des observations et s'il en fait lui-même, Copernic lui aussi, en proposant son système qui va à l'encontre des données immédiates des sens, accorde la priorité à la cohérence mathématique que Paul appelle «théorique et spéculative» et à laquelle le *De Revolutionibus* n'attribue pas simplement la valeur d'une utilité instrumentale, mais bien plus celle d'une vérité fondée sur des démonstrations certaines (il demande aux mathématiciens d'étudier *quae ad harum rerum demonstrationem a me in hoc opere adferentur...*, ROC: 46)[27]. S'il n'y pas influence de Paul sur Copernic, il y a au moins immersion dans un même climat, regard porté sur un même horizon d'attente.

Fernand HALLYN
Université de Gand

---

tion and Revolution», *The Nature of Scientific Discovery*, éd. O. Gingerich, Washington, Smithsonian Institution Press, 1975, p. 134-169.

[26]	Copernic, *Des Révolutions*, trad. cit., p. 50-51.

[27]	Sur les deux thèmes de l'anagogie et de la certitude chez Copernic, cf. mon ouvrage *La Structure poétique...*, *op. cit.*, p. 61-66.

AUTOPSIE ET RÉALITÉS SONORES AU XVIᵉ SIÈCLE : CONTRIBUTION A UNE HISTOIRE DE L'EXPÉRIENCE AUDITIVE

Avoir vu et dire ce qu'on a vu : si ce principe d'*autopsie* (*autos-opsis*, la vue par ses propres yeux), établi pour la première fois par les historiens grecs du Vᵉ siècle avant J.-C.[1], semble n'avoir jamais été véritablement oublié dans l'historiographie européenne[2], c'est bien à une redécouverte qu'eurent le sentiment de se livrer les historiens des XVᵉ et XVIᵉ siècles, à la fois par la relecture passionnée des historiens anciens et par l'élaboration d'une réflexion méthodologique sur l'écriture de l'histoire[3]. Dans cette réflexion, ils retrouvaient en particulier la dimension polémique de ce principe d'autopsie : se contenter de dire ce qu'on a vu, c'est faire le choix du témoignage direct contre celui de la seconde main ; c'est non seulement préférer la vue directe à l'ouï-dire, mais préférer de manière générale les choses vues aux choses entendues, parce que les secondes sont impossibles à conserver et à garantir. C'est chez Polybe que les historiens pouvaient lire la formulation la plus nette de cette opposition, lorsque celui-ci reproche à son confrère Timée d'avoir été « totalement estrange du tesmoignage de l'œil » et de lui avoir préféré « l'oreille », parce que cela coûte moins de peine, surtout « si on est en quelque cité abondante en multitude de Commentaires, ou qu'on puisse se retirer à quelque librairie là procheine »[4]. Les discours sur l'histoire reconduisent fréquemment, au XVIᵉ siècle, cette revendi-

---

[1] Cf. G. Schepens, *L'«Autopsie» dans la méthode des historiens grecs du Vᵉ siècle avant J.-C.*, Brussel, Kroninklijke Academie, 1980 ; F. Hartog, *Le Miroir d'Hérodote. Essai sur la représentation de l'autre*, nouv. éd., Paris, Gallimard, 1991, p. 271-316 ; *L'Histoire d'Homère à Augustin. Préfaces des historiens et textes sur l'histoire*, éd. F. Hartog et M. Casevitz, Paris, Seuil, 1999.

[2] Cf. B. Guénée, *Histoire et culture historique dans l'Occident médiéval*, Paris, Aubier, 1980, p. 77-85.

[3] Cf. en particulier, dans l'abondante bibliographie sur l'histoire à la Renaissance : G. Huppert, *L'Idée de l'histoire parfaite* (1970), Paris, Flammarion, 1973 ; R. Landfester, *Historia magistra vitae. Untersuchungen zur humanistischen Geschichtstheorie des 14. bis 16. Jahrhunderts*, Genève, Droz, 1972 ; Cl.-G. Dubois, *La Conception de l'histoire en France au XVIᵉ siècle (1560-1610)*, Paris, Nizet, 1977.

[4] *Les Cinq premiers livres des histoires de Polybe Megalopolitein*, trad. Louis Meigret, Lyon, Jean de Tournes, 1558, p. 291-292 (dans les éd. modernes : XII, 27-28).

cation méthodologique[5], même lorsqu'ils savent se montrer sensibles aux problèmes qu'elle pose à l'historien des temps anciens. La Popelinière, par exemple, déclare refuser que l'histoire ne soit que «d'une chose veuë à l'œil, touchee ou cognue par les sens charnels»[6], mais sa définition de l'histoire reprend la hiérarchie traditionnelle[7].

Cette passion des choses vues se révèle, au XVIe siècle, aussi bien dans le prestige du *commentaire* tel que l'a pratiqué César ou que veut le pratiquer encore Blaise de Monluc[8], que dans les *histoires* qui sont consacrées à des récits de voyages et de découvertes: précision de la description et abondance de l'illustration viennent alors confirmer la fiabilité de ce que Montaigne appelle le «veritable tesmoignage»[9] du topographe. Cette valorisation générale du témoignage finit d'ailleurs par toucher l'information livresque elle-même: on peut considérer que la critique humaniste des sources finit par se conformer au principe d'autopsie, par exemple lorsque Politien prend soin, pour commenter un texte ancien, de dire dans quel manuscrit particulier il a eu l'occasion de le lire, quel fut le cadre concret de l'expérience – visuelle – qu'il a faite de ce texte[10].

On aura reconnu, dans ces déclarations de principe ou d'intention, une nette hiérarchisation des expériences sensibles, qui ressortit au privilège ancien accordé à la vue sur l'ouïe. La question que je veux poser ici ne porte pas sur l'histoire de ce privilège, ni sur ses limites ou ses inversions théoriques, souvent étudiées[11]: elle porte sur le statut même, au XVIe siècle, de l'audition comme expérience. Si l'histoire de l'expérience auditive a moins retenu l'attention des historiens que celle de l'expérience visuelle, elle a surtout souffert de cadrages

---

[5] Cf. p. ex., dans le recueil réuni par Jean Wolf autour du *Methodus* de Jean Bodin (*Artis historicae penus*, Bâle, 1579): p. 413 (Francesco Patrizzi da Cherso), 634 (François Baudouin), 842 (Giovanni Viperano).

[6] La Popelinière, *L'Histoire accomplie*, Paris, Marc Orry, 1599, p. 27.

[7] *Ibid.*, p. 40: «la vraye Histoire se dresse des choses veues, ou qu'on a peu lire, voir et entendre. C'est à dire, des accidens survenus au temps de celuy qui les descrit. Car comme l'Histoire ne sçauroit estre trop asseuree: et que les yeux et les mains asseurent plus de ce qu'ils ont veu et manié, que les aureilles et l'entendement, de ce qu'ils ont ouy et cognu: Au semblable, celuy qui descrit les affaires de son temps, en parle avec plus d'asseurance.»

[8] Cf. J. Céard, «Les transformations du genre du commentaire», *L'Automne de la Renaissance, 1580-1630*, Paris, Vrin, 1981, p. 101-115; «Les formes du commentaire», *Précis de littérature française du XVIe siècle*, Paris, PUF, 1991, p. 177-192.

[9] Montaigne, *Essais*, I, 31, éd. P. Villey - V.-L. Saulnier, Paris, PUF, 1988, p. 205.

[10] Cf. A. Grafton, *Defenders of the text. The traditions of scholarship in an age of science, 1450-1800*, Cambridge-London, Harvard U. P., 1991, p. 47-75.

[11] Cf. en particulier *The Second Sense. Studies in hearing and musical judgement from Antiquity to the seventeenth century*, éd. Ch. Burnett, M. Fend et P. Gouk, London, Warburg Inst., 1991. En ce qui concerne les enjeux littéraires de ces hiérarchisations, cf. *Par la vue et par l'ouïe. Littérature du Moyen Age et de la Renaissance*, éd. M. Gally et M. Jourde, Fontenay-aux-Roses, ENS Editions, 1999.

trop vastes, dus au souci de déterminer si l'homme de telle époque était plutôt visuel ou plutôt auditif[12], de repérer dans l'histoire des moments de basculement, ou de confirmer des présupposés philosophiques[13]. L'audition, à gagner ainsi trop vite le statut d'une vérité profonde (vérité d'une époque ou de l'homme lui-même), finit par perdre tout contenu d'expérience, d'autant plus qu'elle se dérobe, par nature, à la reconstitution : l'historien de l'auditeur[14] ne possède aucun document sonore équivalant aux documents visuels sur lesquels ont pu travailler Ernst H. Gombrich[15] ou Michael Baxandall[16] lorsqu'ils ont entrepris l'étude du spectateur dans l'histoire. Demeurent cependant, dans les textes, de multiples traces de cette expérience. En en rapprochant ici quelques-unes, empruntées à trois domaines distincts de l'histoire des savoirs (zoologie, anthropologie et philologie), c'est la valeur de l'expérience auditive comme témoignage que je cherche à interroger. Quelle relation l'expérience auditive a-elle entretenu, au XVIᵉ siècle, avec la connaissance du monde et avec la vérité? Autrement dit : a-t-il existé un équivalent auditif du principe d'autopsie?

ZOOLOGIE

L'histoire des sciences de la nature au XVIᵉ siècle ne serait évidemment pas la même sans le recours des savants et de leurs éditeurs à l'illustration. Proposant une vue synthétique des diverses «fonctions de l'image» dans ce contexte, Laurent Pinon[17] cite une préface du botaniste Fuchs en 1542 :

> Qui en son honnête âme condamnerait des images qui communiquent des informations bien plus clairement que les mots, même du plus éloquent des hommes?

---

[12] Sur le projet, conçu par L. Febvre et repris par R. Mandrou, d'une telle histoire de la sensorialité, cf. A. Corbin, «Histoire et anthropologie sensorielle», *Anthropologie et sociétés*, XIV-2, 1990, p. 13-24.

[13] P. ex., lorsque P. Valesio (*Ascoltare il silenzio. La retorica coma teoria*, Bologne, Il Mulino, 1986) a cherché à décrire la tradition rhétorique comme une pensée de l'écoute, conformément à l'analyse heideggérienne du *logos* (cf. M. Heidegger, «Logos», *Essais et conférences* (1954), Paris, Gallimard, 1958, p. 249-278).

[14] Cf. p. ex. la tentative d'A. Corbin : *Les Cloches de la terre. Paysage sonore et culture sensible dans les campagnes au XIXᵉ siècle*, Paris, A. Michel, 1994. Cf. également les essais plus généraux de M. Schafer, *Le Paysage sonore*, Paris, Lattès, 1979; et de J.-P. Guitton, *Bruits et sons dans notre histoire*, Paris, PUF, 2000.

[15] *L'Art et l'illusion. Psychologie de la représentation picturale* (1960), Paris, Gallimard, 1987.

[16] *L'Œil du Quattrocento. L'Usage de la peinture dans l'Italie de la Renaissance* (1972), Paris, Gallimard, 1985; *Ombres et lumières* (1995), Paris, Gallimard, 1999.

[17] *Livres de zoologie de la Renaissance. Une anthologie (1450-1700)*, Paris, Klincksieck, 1995, p. 23-30.

La zoologie, cependant, pose des questions que ne pose pas la botanique, dans la mesure où les animaux sont des êtres souvent sonores, tantôt bruyants, tantôt mélodieux. L'illustration n'est alors d'aucun secours pour celui qui veut communiquer des informations précises quant à ces aspects de la réalité animale. Or, une des caractéristiques de la zoologie du XVIe siècle tient à la part réservée par les auteurs aux phénomènes sonores. A partir du milieu du XVIIe siècle, lorsque la zoologie cherchera à fonder la description des espèces exclusivement sur les critères les plus sûrs, en opposant fonctions et ornements, ces réalités sonores n'apparaîtront plus que dans les marges du projet scientifique, par exemple à travers la lutte de Buffon contre toute mathématisation des sciences de la nature, ou à travers les descriptions auditives d'un naturaliste promeneur comme Henry David Thoreau. Ce seront ensuite les acquis de l'éthologie moderne qui montreront aux zoologues du XXe siècle la nécessité de prendre en compte, jusque dans la définition des espèces, tel ou tel élément de l'«univers sonore» des animaux[18].

Dans les livres d'animaux du XVIe siècle, dans un contexte où l'opposition entre le fonctionnel et l'ornemental n'est encore guère opérante, on peut envisager la place occupée par les phénomènes sonores selon trois perspectives. La première concerne la présence, qui serait inconcevable à partir du XVIIe siècle, des phénomènes sonores dans les critères de classement des espèces animales. C'est bien sûr à propos des oiseaux[19] que cette prise en compte offre le plus d'attraits: on voit ainsi, au cours du XVIe siècle, les listes d'oiseaux chanteurs, traditionnelles depuis Pline[20] ou Elien[21], accéder, chez Jean Bodin[22] ou Ulisse Aldrovandi[23], au statut d'une classe d'oiseaux, au même titre que celle des oiseaux «à pieds plats» ou qui «vivent de rapines». Par ailleurs, même chez les auteurs qui n'utilisent pas la production sonore comme critère de classement, cette production sonore occupe une place importante: dans l'*Historia animalium* de Conrad Gesner, par exemple, la description d'un animal ne serait pas complète sans que sa voix soit nommée, décrite, parfois interprétée, dans une des rubriques de chaque chapitre. La voix fait encore partie de ce qu'est la vérité d'un animal.

---

[18] Cf. Y. Leroy, *L'Univers sonore animal. Rôles et évolution de la communication acoustique*, Paris, Gauthier-Villars, 1979.

[19] Ces questions sont traitées plus en détail dans notre ouvrage à paraître (Genève, Droz): *La Voix des oiseaux et l'éloquence des hommes (XVIe-XVIIe siècles)*.

[20] Pline l'Ancien, *Histoire naturelle*, X, 80-87, sur les oiseaux chanteurs, qui «changent presque entièrement de couleur et de voix à une certaine époque de l'année». Pline s'inspire ici d'Aristote, *Histoire des animaux*, IX, 49B.

[21] Elien, *Histoire des animaux*, VI, 19, sur les oiseaux qui chantent et imitent.

[22] *Universae naturae theatrum*, Lyon, J. Roussin, 1596, p. 373 sq. (III, 11); *Le Theatre de la nature universelle*, trad. François de Fougerolles, Lyon, J. Pillehotte, 1597, p. 520 sq.

[23] *Ornithologiae tomus alter*, Bologne, J.-B. Bellagamba, 1600, p. 767-862 (l. XVIII, *Qui est de auibus canoris*).

Enfin, la troisième perspective selon laquelle on doit envisager cette prise en compte des productions sonores du monde animal tient à la relation qu'elle instaure entre le monde observé et l'observateur. C'est chez le naturaliste et voyageur Pierre Belon que cette relation semble le mieux décrite et analysée. Dans son *Histoire de la nature des oyseaux* (1555)[24], descriptions visuelles et descriptions auditives ne bénéficient pas des mêmes appuis: les premières, présentes dans chaque chapitre, trouvent d'abord le leur dans l'illustration correspondante, qui est censée unifier ou transcender toutes circonstances particulières dans lesquelles l'oiseau a pu être observé; les secondes, qui n'interviennent que pour certains oiseaux, répartis tout au long de l'ouvrage, ne connaissent rien de comparable, et c'est sans doute pourquoi elles tendent à s'appuyer sur le récit d'une expérience. La présence de l'auditeur se manifeste d'abord dans la comparaison permanente des cris et des chants[25]: mais la voix n'est encore, dans ce cas, qu'un des éléments réunis par le naturaliste pour différencier et rapprocher les espèces, au même titre que les dimensions, les couleurs ou les comportements. En revanche, l'expérience auditive occupe deux fonctions plus spécifiques. D'une part, elle permet de situer l'oiseau dans son espace naturel: le texte de Belon est d'une précision constante pour dire d'où la voix a été entendue. Une opposition se dessine ainsi entre les oiseaux qu'on entend «de loin» (la huppe, le pic de muraille, le bouvreuil pivoine, l'hirondelle[26]) et ceux qui chantent même lorsque les hommes s'approchent d'eux, comme le cochevis[27] ou les «Bergerettes, et Lavandieres»[28]. Ces mentions, dans leur précision, visent à décrire une émission sonore en en mesurant la puissance. Elles permettent aussi au naturaliste de se mettre en scène en tant que sujet d'une

---

[24] Pierre Belon du Mans, *L'Histoire de la nature des oyseaux*, fac-similé de l'édition de 1555, intro. et notes par Ph. Glardon, Genève, Droz, 1997.

[25] La voix de la cane de mer est «plus obscure» que celle de l'oie (p. 167), celle de la tadorne «moult semblable à celle d'un Canard» (p. 173), celle des «pales poches» (la spatule blanche) «moult differente aux Herons et Galerans» (p. 195); le cri des «Poulles de la Guinee» (la pintade) est «dissemblable à celuy des Poulles communes: car elles crient aigrement en voix haultaine, quasi comme les petits Poussins nouvellement esclos» (p. 248); la «Perdris de Grece» (perdrix bartavelle) se distingue de la «Perdris franche» (perdrix rouge) «car elle fait moult grand bruit en criant» (p. 255); l'alouette calandre est une sorte de «grande Alouëtte», «car tout ce qu'elle chante est comme de l'Alouëtte, sinon qu'elle crie encor plus haut» (p. 270); les «Rossignols de muraille» (rouge-queue noir) ont la «voix differente» des «Rossignols des bois» (p. 347), comme le «Moineau à la Soulcie» est «different en cry» du «Moineau de ville» (p. 362); quant au «Picaveret» et à la linotte, ils «chantent de mesme maniëre: car ils sont de la mesme espece» (p. 358).

[26] *Ibid.*, p. 294, 303, 358, 377.

[27] *Ibid.*, p. 268.

[28] *Ibid.*, p. 351. A propos de la mésange à longue queue, Belon note une opposition saisonnière entre une voix «haultaine» et une «petite voix claire» (p. 368).

expérience, en particulier dans le cas d'oiseaux inconnus en France et dont Belon seul peut offrir une description exacte grâce à ses voyages.

D'autre part, la description sonore a ceci de propre qu'elle engage immédiatement le naturaliste dans une évaluation affective. En l'absence d'illustrations sonores permettant d'objectiver l'expérience de l'écoute et d'outils linguistiques aptes à structurer une description aussi neutre que pour les éléments visibles (dimensions, couleurs, mouvements), le texte de Belon s'ouvre alors au souvenir des effets produits par la voix des oiseaux, séparant ainsi les voix « criardes » ou « effrayantes » et les voix « plaisantes » ou « melodieuses ». Le plus souvent, ces jugements sont présentés comme collectifs ou universels. Parfois, cependant, Belon prend soin de s'en démarquer. Il peut s'agir alors de mettre à distance un jugement que Belon trouve critiquable : le chant du pinson, pourtant si admiré, est dit « si puissant, qu'il en est fascheux »[29] ; quant à la chouette effraie, si sa voix « fai[t] peur », c'est, semble-t-il, seulement « aux hommes timides »[30]. Il peut aussi s'agir d'affirmer un goût particulier. C'est à propos de « la Rousserole, ou Halcyon vocal », que Belon développe le plus longuement ce goût :

> Qui voudra avoir plaisir indicible, alle l'esté s'assoir sur la rive de quelque douve, ou il y ait des rouzeaux, il oyrra une melodieuse harmonië des chants d'infinis petits Halcyons vocals, que nommons en Françoys Rousseroles. Il n'est homme, s'il n'est du tout lourdaut, qui infailliblement, s'il y prend bien garde, n'en soit rendu triste ou joyeux. [...] Il n'est homme si diligent observateur des voix, qui le [ce chant] puisse bonnement contrefaire en chantant[31].

L'éloge du chant de la rousserole prend visiblement pour modèle l'éloge traditionnel, depuis Pline[32], du chant du rossignol : le déplacement d'une espèce à l'autre vise à mettre en scène une capacité de choisir son chant préféré dans le concert des oiseaux, l'expérience singulière d'un « diligent observateur des voix ».

Ce que la description auditive introduit ainsi dans le texte naturaliste, pour le dire d'un mot, c'est le vivant. Belon se montre d'ailleurs tout à fait conscient d'une opposition, à cet égard, entre visuel et auditif, lorsqu'il laisse entendre que les illustrations ont été faites à partir d'oiseaux morts, tandis que ses descriptions prenaient pour objet, chaque fois que cela était possible, l'animal vivant : et c'est ce dont vient témoigner le fait de joindre à la description physique le récit d'une expérience auditive. A l'occasion, par exemple, Belon se réjouit de prendre en défaut Aristote lui-même :

---

[29] *Ibid.*, p. 371.

[30] *Ibid.*, p. 140.

[31] *Ibid.*, p. 221.

[32] Pline l'Ancien, *Histoire naturelle*, X, 29 (81-83). Le passage est d'ailleurs imité par Belon lui-même (*ibid.*, p. 336-337).

> C'est bien à s'esmerveiller qu'Aristote, qui a escrit l'histoire des animaux soigneusement, a laissé ce que dirons du Butor, c'est que quand il se trouve à la rive de quelque estang ou marais, mettant son bec en l'eau, il fait un si gros son, qu'il n'y a bœuf qui peust crier si haut[33].

Sans doute Aristote n'avait-il vu qu'un butor mort, tout comme le peintre de Belon n'a pu le montrer que « se tenant coy », lorsqu'il « retire sa teste pres de ses espaules, et cache son col dedens ses plumes »[34]. Belon se présente ainsi comme seul témoin possible de ces petites scènes sonores, qui montrent les pinsons criant « à haulte voix » à l'approche des éperviers[35], ou la différence vocale entre deux espèces de « Torchepot » (sittelle)[36], ou « le chant en deux sortes » du « Montain »[37].

Un des chapitres du premier livre de l'*Histoire de la nature des oyseaux* est consacré à « la difference des voix des oiseaux ». Belon s'y explique longuement, quant à la place qu'il accorde à l'audition dans la connaissance des oiseaux :

> [...] l'observation que chacun peut faire sur la voix des oyseaux, donne enseignement de ceux qui vivent en chaque province. [...] Seulement voulons entendre qu'on puisse cognoistre l'espece, c'est à dire, quel oiseau c'est, par sa voix, comme nous est quelquefois advenu d'avoir recognu les oiseaux vivre en des païs, esquels ne les eussions cerchez. Car cheminans tout exprès par maintes forests, telles fois entre les arbres de perpetuëlle verdure, et autres diversitez d'arbres sauvages, tant de plaines, que des montaignes, les oyseaux se sont maintesfois declarez à nous par leurs voix, en les oyant chanter.[38]

L'image la plus pittoresque de cette nature qui « se déclare » au naturaliste est celle des oiseaux qui semblent crier leur nom au passage des hommes, comme le « Crex » :

> Lors que nous passions sur le Nil pour aller au Caire, estants arrestez derriere une haye, voyons un oyseau d'assez pres, lequel pensasmes estre celuy qu'Aristote a nommé *Crex*. Ce qui l'a fait cognoistre le mieux, est que l'ayants ouy crier disant *Crex*, *Crex*, le descrivismes sur le lieu[39].

Mais, plus généralement, ce que perçoit l'auditeur, c'est la nature vivante, dans ses différences, ses surprises, et dans les émotions qu'elle suscite. L'auditeur, plus que le spectateur, est celui qui s'ouvre ainsi au vivant, par un mode d'attention

---

[33] Pierre Belon, *op. cit.*, p. 193.

[34] *Ibid.*

[35] *Ibid.*, p. 121.

[36] *Ibid.*, p. 305.

[37] *Ibid.*, p. 372.

[38] *Ibid.*, p. 49.

[39] *Ibid.*, p. 207. Cf. également p. 227 (le « Velia », aperçu grâce à son chant) ou p. 358 (la surprise d'avoir « ouy chanter » un bouvreuil pivoine dans les forêts d'Auvergne).

spécifique, toujours déambulatoire, parfois un peu sauvage, comme lorsque Belon parle de ceux qui ont «expressement dormy entre les arbrisseaux fueilluz, pour observer [...] la plaisante voix armoniëuse» du rossignol[40]. Si Belon, toujours un peu méfiant à l'égard des vertus de l'illustration, ne tarit pas d'éloges quant à cette attention «expresse» de l'oreille, c'est qu'elle permet d'envisager une description de la nature qui, tout en visant une mise en ordre, voire un classement, demeure à l'affût du plus divers et de ses plaisirs. Celui qui écoute la nature pour la connaître sait qu'il n'en sera jamais le maître, puisqu'il est celui qui la traverse et la vit.

ANTHROPOLOGIE[41]

Il est inutile d'insister sur l'importance, dans les récits de voyages et de «premières rencontres», de la chose vue, montrée, décrite. Le principe d'autopsie y joue le rôle d'une limitation du dire, d'une garantie dont se dote un discours que l'éloignement de la chose décrite rend invérifiable. Cette limitation volontaire distingue, par exemple, parmi les ouvrages français consacrés au Brésil, l'entreprise de Jean de Léry, qui déclare ne vouloir parler que «de veuë et d'expérience»[42], de celle d'André Thevet, chez lequel le principe d'autopsie, hautement revendiqué, ne va jamais jusqu'à se priver d'une information supplémentaire: c'est d'ailleurs cette absence de limitation qui a pu permettre à Thevet de réunir une documentation mythologique d'une richesse incomparable. Léry, de son côté, s'inscrit pleinement dans la définition hégélienne de «l'histoire originale»[43]. En revanche, on est frappé par le fait que l'auto-limitation léryenne laisse la place à d'abondantes notations auditives.

Dans une étude demeurée célèbre, Michel de Certeau a décrit la coexistence de ces deux formes de témoignages chez Léry comme une tension entre «l'opération observatrice et scripturaire», qui vise à circonscrire et à maîtriser le monde indien, et l'acceptation d'un «ravissement», l'«acquiescement à *la voix de l'autre*»[44].

---

[40]   *Ibid.*, p. 337.

[41]   Sans reprendre le dossier complexe d'une éventuelle naissance de l'anthropologie au XVIᵉ siècle, je désignerai ici, sous ce terme, la «mise en perspective de sa propre culture» (Cl. Lévi-Strauss) grâce à la description d'une autre culture.

[42]   Jean de Léry, *Histoire d'un voyage faict en la terre du Bresil* (1578), éd. F. Lestringant, Paris, Livre de Poche, 1994, «Preface», p. 98.

[43]   Hegel, *Types d'historiographie* (1822), dans *La Raison dans l'histoire. Introduction à la philosophie de l'histoire*, Paris, UGE, 10-18, 1979, p. 24-25: «De cette histoire originale j'exclus les mythes, les traditions, les chants populaires et les poèmes en général, car ce sont des modes confus de commémoration, propres aux peuples dont la conscience demeure confuse.»

[44]   Cf. M. de Certeau, *L'Ecriture de l'histoire*, Paris, Gallimard, 1975, ch. 5: «Ethno-graphie. L'oralité, ou l'espace de l'autre: Léry», en particulier p. 241-248.

L'exemple de Pierre Belon nous a cependant montré que l'expérience auditive n'était pas à l'expérience visuelle ce que l'inconscient est à la conscience : l'écoute léryenne présente aussi les traits d'un choix de méthode, tout à fait conscient et déterminé. La preuve en est la distinction permanente entre deux régimes de l'audition : l'un qui unit effectivement les voix en « une voix », qui semble ressuscitée par le souvenir ému à l'instant de l'écriture ; l'autre qui distingue ces voix brésiliennes, celle des oiseaux, celle des chanteurs et des musiciens, ou celle de l'interlocuteur du « colloque [...] en langage sauvage et François » inséré à la fin de l'ouvrage. Le passage de l'un à l'autre permet l'invention d'un nouveau mode de connaissance, plus ouvert à la diversité du monde, et dans lequel le savoir serait autre chose que le dépassement ou le déni d'une expérience affective.

Dans ce cadre, les réalités sonores servent d'abord à souligner les limites du témoignage, à creuser la distance entre l'expérience vécue et l'*Histoire* qui peut en être faite. Insister sur le plaisir pris à écouter le monde indien, c'est confirmer ce que Léry ne cesse de dire : « je regrette souvent que je ne suis parmi les sauvages »[45]. De la même manière que les illustrations sont toujours un peu défectueuses, ou insuffisantes, que les objets rapportés du Brésil ont tous été perdus, la force accordée à l'expérience auditive ressortit à cette présence désormais interdite, enfouie dans la mémoire et l'émotion de celui qui écrit. L'emblème de cet enfouissement, c'est le précieux perroquet, « aussi gros qu'une oye, proférant franchement comme un homme, et de plumage excellent », que Léry raconte avoir longtemps protégé lors du voyage du retour et de ses famines, avant de le manger lui-même, perdant à jamais les voix que le perroquet aurait été capable de reproduire en France, mais les faisant siennes à sa manière[46]. Dans un tel cadre, sur un tel fond de présence perdue, les efforts fournis par Léry pour décrire tout de même l'univers sonore américain revêtent une importance particulière. Ces descriptions sont le lieu d'élaboration d'un mode spécifique de connaissance, adapté à cet objet nouveau et lointain. Cet objet est un monde habité par des hommes et ces hommes y sont à la fois sonores et auditeurs. Lorsque Léry se représente en auditeur du monde américain, il devient en effet un auditeur parmi d'autres. La découverte n'est pas mince : non seulement les Indiens sont des hommes, mais ils sont des hommes attentifs à leur monde, ses auditeurs et ses interprètes. Au moins trois des épisodes les plus singuliers de l'*Histoire d'un voyage* portent sur ce partage de l'écoute : le chant d'un oiseau nocturne ; la harangue des vieillards lors du départ pour la guerre ; la traversée d'une forêt remplie « d'une infinité d'oyseaux rossignolans », lesquels incitent

---

[45] Jean de Léry, *op. cit.*, ch. XXI, p. 508. Ailleurs, Léry avoue qu'il n'a pas fait attention à tel ou tel aspect d'un animal (X, p. 266), ou qu'il n'a pas pu tout voir (p. 273).

[46] *Ibid.*, ch. XXII, p. 536-537.

Léry à entonner un psaume devant les Indiens[47]. La conclusion de ces trois récits est la même : Léry insiste à chaque fois sur l'« écoute attentive » des sauvages[48]. Si les Américains sont de « pauvres aveugles »[49], puisqu'ils ne connaissent pas Dieu, ils ne sont donc pas sourds. Cette écoute indienne peut certes les desservir, puisqu'elle les met à la merci des faux prophètes et des erreurs en tout genre. Mais elle sert aussi à Léry de modèle pour sa propre écoute, celle qui lui permet, dans son *Histoire*, de rapporter les discours, de décrire la voix des oiseaux ou de donner une transcription notée de cinq chansons indiennes. Le psaume 104, inspiré à Léry par le chant des oiseaux, se présente alors comme un écho chrétien, donc amplifié, unifié, vérifié, de ces fragments de chansons indiennes, témoignages épars d'un enthousiasme devant les merveilles de la nature.

Lors de la grande scène de cérémonie religieuse, Léry justifie dans ces termes l'intérêt qu'il porte à la musique indienne :

> [...] il y eut une telle melodie qu'attendu qu'ils ne sçavent que c'est de musique, ceux qui ne les ont ouys ne croiroyent jamais qu'ils s'accordassent si bien. Et de faict, au lieu que du commencement de ce sabbat (estant comme j'ay dict en la maison des femmes), j'avois eu quelque crainte, j'eu lors en recompense une telle joye, que non seulement oyant les accords si bien mesurez d'une telle multitude, et sur tout pour la cadence et le refrein de la balade, à chacun couplet tous en traisnans leurs voix, disans : *Heu, heuaüre, heüra, heüraüre, heüra, heüra, oueh*, j'en demeuray tout ravi : mais aussi toutes les fois qu'il m'en ressouvient, le cœur m'en tressaillant, il me semble que je les aye encor aux oreilles[50].

Au moment même où le savoir musical européen se renouvelle en cherchant à se fonder sur ce que les théoriciens nomment « expérience sensible de l'audition » afin d'établir les lois, moins contraignantes qu'auparavant, d'une « seconde pratique »[51], le voyageur-ethnologue est lui aussi un homme de pratique : il témoigne de ce qu'il a entendu. Pour une part, cela revient à dire un

---

[47] *Ibid.*, ch. XI, p. 287-288 ; ch. XIV, p. 337-338 ; ch. XVI, p. 417-418.

[48] Les trois formulations sont très proches : « voyant ces pauvres sauvages si attentifs à les escouter » (p. 287), « chacun des auditeurs, qui en escoutant attentivement n'en aura pas perdu un mot » (p. 338), « ils sont merveilleusement attentifs à ce que l'on leur dit » (p. 418).

[49] *Ibid*, ch. XI, p. 288 : « nos pauvres aveugles Ameriquains ».

[50] *Ibid.*, ch. XVI, p. 403.

[51] La place manque ici pour développer ce point : le rôle du *sensus auditus* dans le renouvellement de la théorie musicale au XVIe siècle, chez des auteurs comme Girolamo Mei, Giovanni Battista Benedetti ou Vincenzo Galilei. Voir les travaux de C. V. Palisca (depuis « Scientific empiricism in musical thought », *Seventeenth century science and the arts*, éd. H. H. Rhys, Princeton U. P., 1961, p. 91-137) et la mise au point de Ph. Vendrix (*La Musique à la Renaissance*, Paris, PUF, 1999, p. 45-58). J'emprunte le terme de *seconda prattica* à Monteverdi, dans la préface du *Cinquième livre de madrigaux à cinq voix* (1605), défendant « cet autre point de vue justifié par la satisfaction qu'il procure au sens de l'ouïe comme à la raison ».

ravissement qui, justement, ne peut se dire. Mais, pour une autre part, qui n'est pas la moindre, cela revient à jeter les bases d'une science nouvelle, qui accorderait un statut aux inventions musicales des hommes les plus divers. Les historiens de l'ethnomusicologie ne sont guère remontés au-delà du XVIIIᵉ siècle pour découvrir les prémisses de leur science, qu'ils font naître en 1884 avec les travaux d'Alexander John Ellis, établissant que « l'échelle musicale n'est pas unique, et qu'elle n'est pas naturelle »[52], et qui bénéficiera, dès les années 1880, des nouveaux « procédés d'enregistrement et de reproduction des phénomènes perçus par l'ouïe »[53]. Il y eut pourtant, chez des voyageurs du XVIᵉ siècle, l'expression d'un désir d'entendre, de connaître, voire d'enregistrer des musiques et des voix inconnues[54]. C'était avant que l'on nomme « musique indienne » la musique européenne vaguement adaptée que les missionnaires enseigneront aux jeunes Indiens et que ces derniers sauront si bien – à quel prix? – interpréter[55].

Des enjeux similaires seraient sans doute repérables à l'intérieur d'une même société. Il est tentant d'établir un parallèle entre ce qui vient d'être décrit et l'attitude du XVIᵉ siècle vis-à-vis des jargons: on les enregistre, on les insère à l'occasion dans le discours, mais on ne les constitue pas encore, comme ce sera le cas au siècle suivant, en une langue propre, dite « argotique », susceptible d'être mise en dictionnaire, afin que soit bornée par le déchiffrement l'inquiétude qu'elle suscite[56]. L'œuvre d'un Noël Du Fail mériterait, de ce point de vue auditif, une étude entière. Le geste initial des *Propos rustiques* (1547) est le suivant: alors que l'urbain Du Fail se promène dans un village, il observe des vieillards réunis sur une place.

> Quoy voyant, je m'approchay pour avec les autres estre plus attentif à leurs propos, qui me sembloient de grand grace [...][57].

---

[52]   Cf. Ch. Boilès et J.-J. Nattiez, « Petite histoire critique de l'ethnomusicologie », *Musique en jeu*, 28, 1977, p. 26-53.

[53]   C'est le titre même de la lettre adressée par Charles Cros à l'Académie des Sciences, le 16 avril 1877.

[54]   A ma connaissance, il n'existe aucune synthèse sur les données musicales réunies par les voyageurs du XVIᵉ siècle. Léry n'est cependant pas un cas unique. Cf. p. ex. Pierre Belon, *Observations de plusieurs singularitez et choses memorables*, Paris, 1553, I, 35, f. 187: sur la « confuse harmonie » des cris des femmes éthiopiennes. On trouve à ce sujet des analyses importantes dans la dernière partie (« Paroles de Turc ») de l'ouvrage de F. Tinguely, *L'Ecriture du Levant à la Renaissance. Enquête sur les voyageurs français dans l'Empire de Soliman le Magnifique*, Genève, Droz, p. 225-260.

[55]   Cf. p. ex. Ludovico Antonio Muratori, *Relation des missions du Paraguay* (1768), ch. 9, « De la musique des Indiens », dans L. Mizón, *L'Indien. Témoignages d'une fascination*, Paris, La Différence, 1992, p. 243.

[56]   Cf. Cl. Nédélec, *Les Enfants de la Truche. La vie et le langage des argotiers. Quatre textes argotiques (1596-1630)*, Toulouse, Société de Littératures Classiques, 1998, p. XXV-XXVI.

[57]   Noël Du Fail, *Propos rustiques de Maistre Leon Ladulfi Champenois* (1547), éd. G.-A. Pérouse et R. Dubuis, Genève, Droz, 1994, p. 48.

Ce sont ces « propos », recueillis lors de « deux ou trois festes subsecutives », qui constituent la matière de l'ouvrage. Cette mise en scène est ici beaucoup plus qu'une convention pour réunir quelques récits brefs en un récit-cadre : elle place en effet en son centre une attention auditive déterminée par la différence culturelle entre le narrateur principal et ceux qui vont devenir des narrateurs secondaires. Cette différence est au cœur de toute la production narrative de Du Fail, par le thème majeur de « la diversité des temps » (des vieillards parlent des temps anciens, d'ailleurs comparés à un « nouveau monde »[58]) et par une structure dialogique systématisée, qui exploite au fil des trois livres toutes les formes de conflit, querelles villageoises, vif dialogue aux répliques non assignées, ou débat philosophique et moral entre Eutrapel, Polygame et Lupolde, « les trois travaillans en diverses pratiques, et façons de vivre »[59], selon les derniers mots des *Contes et discours d'Eutrapel* (1585). Les dernières pages de ce dernier ouvrage confirment la nature auditive de cette exploration de la diversité. Du Fail y signe rétrospectivement les *Propos rustiques*, qui avaient paru sous le pseudonyme anagrammatique de Léon Ladulfi : Eutrapel déclare vouloir se retirer à sa « maison aux champs », où il pourra entendre

> outre cent musiques d'oiseaux, une batelée de contes rustiques par mes ouvriers : desquels sans faire semblant de rien, j'ay autrefois extrait et recueilli en mes tablettes le sujet et grace, et communiqué leurs propos, et mes balivernes au peuple, prenant l'Imprimeur, et renversant mon nom de Leon Ladulfi[60].

Si l'on joint à cela le fait que nombre de ces « propos » ont été consacrés aux diverses pratiques musicales – fête villageoise[61], mélancolie du luthiste[62], souvenir de « nostre Mabile de Rennes (mais la verole et le vin l'emporterent) [qui] chantoit un lay de Tristan de Leonnois sur sa viole, ou une Ode de ce grand Poëte Ronsard »[63] –, on comprend les enjeux de cette écriture qui se présente comme fondée sur l'écoute : la reconnaissance auditive des différences fonde la possibilité du débat moral et d'une critique des choses présentes. Ecrire l'expérience auditive permet, selon la belle formule élaborée par Jean de Léry à l'occasion d'une ultime réédition de son ouvrage, près de soixante ans après que

---

58   *Ibid.*, p. 53.

59   Noël Du Fail, *Les Contes et discours d'Eutrapel par le feu seigneur de la Herissaye gentilhomme breton* (1585), éd. J. Assézat, Paris, Daffis, 1884, t. II, p. 367.

60   *Ibid.*, p. 352.

61   Noël Du Fail, *Propos rustiques, op. cit.*, p. 58.

62   Noël Du Fail, *Les Baliverneries ou Contes nouveaux d'Eutrapel autrement dit Leon Ladulfi* (1548), éd. P. Jourda, *Conteurs français du XVIᵉ siècle*, Paris, Gallimard, « Bibliothèque de la Pléiade », 1956, p. 669-670.

63   Noël Du Fail, *Les Contes et discours d'Eutrapel, op. cit.*, p. 117.

le voyage se fut déroulé, de « representer, et reconsilier » les voix « esparses » d'une même humanité[64].

PHILOLOGIE

L'histoire de la *philologia*, de la connaissance des lettres, repose évidemment sur une dépréciation, parfois même une véritable haine de la transmission orale, qui est une source d'erreur dans la diffusion des textes et qui peut entraîner la disparition définitive des vérités dont ces textes ont été un jour porteurs. Cependant, l'activité philologique par excellence, l'édition de textes et leur commentaire, ne demeure pas étrangère au témoignage de l'oreille. Cela se justifie facilement lorsque l'auteur du texte qu'on commente est vivant. Dans sa préface au commentaire des *Amours* de Ronsard (1553), Marc-Antoine Muret explique que sa connaissance des lettres latines, et même grecques, n'aurait pu suffire :

> il i avoit quelques Sonets dans ce livre qui d'homme n'eussent jamais esté bien entendus, si l'auteur ne les eut, ou à moi, ou à quelque autre familierement declairés[65].

La conversation seule peut donner accès à la part secrète de l'histoire du poème. L'entreprise du commentateur se trouve alors légitimée par l'intimité de la relation avec le poète : elle aide ainsi, à l'heure d'une conquête du public français, à mettre en scène l'existence d'un groupe, uni par son savoir et sa « familiarité ». Mais la mise en avant du témoignage oral constitue aussi une défense de l'esthétique de ces sonnets, dont le caractère savant et allusif a choqué lors de leur publication, l'année précédente : le commentaire va certes dévoiler ce savoir et déplier les allusions, mais, en situant le foyer de ce savoir dans la personne intime du poète, et non dans une pure compilation de sources diverses, il va préserver la force d'invention du poète.

Le témoignage oral peut aussi donner accès à une autre histoire que celle de la naissance des poèmes. Lorsque Clément Marot publie *Les Œuvres de Françoys Villon, reveues et remises en leur entier* (1533), il dit avoir travaillé « partie avecques les vieulx imprimez, partie avecques l'ayde des bons vieillardz qui en sçavent par cœur, et partie par deviner avecques jugement naturel »[66]. Le recours à l'enquête orale ne saurait être compris ici comme l'aveu d'un défaut de scien-

---

[64] Jean de Léry, *op. cit.*, « Advertissement de l'Autheur » (1611), p. 599-600 : « je me suis estudié de representer, et reconsilier en quelque sorte les peuples qui couvrent maintenant toute la face de la terre, quoiqu'espars et esloignez en divers lieux ».

[65] Ronsard et Muret, *Les Amours, leurs Commentaires* (1553), éd. C. de Buzon et P. Martin, Paris, Didier, 1999, p. 9-10.

[66] Clément Marot, *Œuvres complètes*, éd. G. Defaux, Paris, Garnier, t. II, 1993, p. 777.

tificité au cœur d'une entreprise savante. Au contraire, c'est la rencontre des trois méthodes qui définit la forme singulière que prend cette entreprise savante, forme adaptée au projet de Marot: insérer Villon dans une histoire de la poésie française, c'est-à-dire le rendre à sa vérité, en débarrassant son texte des scories introduites par les mauvais copistes et les mauvais imprimeurs, et le rendre disponible pour les poètes à venir. La parole des «bons vieillardz», trace vivante de l'état linguistique et poétique de la France d'il y a soixante ans, est dépositaire de cette histoire, de cette possibilité de transmission.

L'échange oral peut cependant prendre part à l'entreprise philologique alors même que les objets dont elle s'occupe sont si anciens que nul «bon vieillard» survivant ne saurait en être témoin. Gilbert Gadoffre a ainsi pu opposer, parmi les grands hellénistes français du XVIe siècle, Guillaume Budé, «qui a consacré sa vie à la communication écrite, [...] étranger lui-même, ou hostile, à la communication orale», et Pierre Danès, chez qui «le goût de la communication orale est aussi évident qu'exclusif»[67]. Ce qui frappa, en effet, les contemporains de Danès, ce fut, chez celui qui fut le premier professeur de grec du Collège royal, son refus de publier. Ils comprirent ce refus comme un refus de la gloire, mêlé à une prudence horacienne[68]. Son édition de Pline l'Ancien ou sa traduction de Plutarque parurent ainsi sous le nom de deux de ses élèves, ses scholies sur Aristote ou Tertullien demeurèrent inédites, comme son traité sur les rites de l'Eglise. Ces refus ont pour contrepartie évidente l'immense prestige que Danès s'était acquis comme professeur, d'abord dans sa chaire du Collège royal, puis en tant que précepteur de quelques élèves choisis. Dans ses *Vies des hommes illustres*, André Thevet en appelle ainsi au témoignage de «ceux qui ont eu le bonheur de l'ouïr philosopher en sa chaire Royale»[69]. Lors de sa mort, en 1577, une épitaphe parlera de sa «grave eloquence, / Qu'ont admiré mille et mille auditeurs, / L'oyant donner des plus doctes auteurs, / Grecs et Latins la claire intelligence»[70]. L'oraison funèbre de Danès, prononcée à Saint-Germain-des-Prés le 27 avril 1577 par l'hébraïsant Gilbert Genebrard, développe ainsi le parallèle entre Budé et Danès:

> Budée étoit excellent en la Théorique; en la traditive ou pratique il n'y entendoit pas beaucoup; d'où est advenu qu'il n'a fait aucuns disciples, où celui-ci [Danès] en a rempli toute l'Europe Latine. [...] Budée pour la plûpart Antiquaire, ou comme parloient les Anciens, *Nominal*, adonné aux mots et vocables, en faisant de nouveaux et remettant ou resuscitant de vieux,

---

[67]   G. Gadoffre, *La Révolution culturelle dans la France des humanistes*, Genève, Droz, 1997, p. 156.

[68]   Cf. *Abregé de la vie du celebre Pierre Danes*, dans *Vie, eloges, opuscules, de Pierre Danes, Evesque de Lavaur*, Paris, Quillan, 1731, p. 8-9.

[69]   *Ibid.*, p. 62.

[70]   *Ibid.*, p. 99.

lesquels quelquefois demeureroient aussi bien ensevelis, qu'en lumiere [...].
Danes tout au contraire étoit *Real*, comme les mêmes Anciens parloient, et
s'adonnoit aux choses serieuses et connaissance d'icelles, voulant sçavoir les
langues non pour les vocables, mais pour la substance et énergie du sens[71].

En lisant les quelques textes laissés par Danès, on comprend que cette orientation « pratique », « reale », n'est pas seulement l'effet d'une bonne nature (voix,
prestance...): il en va d'une conception de la parole et de son rôle dans la vie des
hommes. Pour Danès, à l'évidence, établir le sens d'un texte n'a de valeur que si
ce sens est transmis, répercuté par une autre voix; et la connaissance ou le
maniement des mots n'ont de valeur que s'ils permettent un accès aux choses.
Cet homme si éloquent se méfie donc d'abord d'une éloquence qui ne vaudrait
que pour elle-même. Dans une épître adressée, dans sa jeunesse, à un auteur
d'élégies latines, il se félicite déjà que, « par delà une élégance poétique observée
avec le plus grand soin et cette facilité claire et fluide [...], par delà le très important bagage de figures et d'expressions », le poète ait su ne pas délaisser « l'office
du bon poète », qui consiste à « ne jamais s'éloigner de la vérité de l'histoire »[72].
Dans une *Instruction* adressée aux ambassadeurs français au Concile de Trente,
il recommande de

> representer les choses, ainsi qu'il a été dit, simplement et sans aucun artifice,
> afin que cela vienne à la connoissance du Conseil de son Roy, et exprimer le
> plus vivement qu'il se pourra, les actions et mouvements du corps, la muta-
> tion de la voix haute et basse; s'il [le prince étranger] s'explique avec vehe-
> mence, ou autrement; si le parler est obscur ou ambigu; la froideur, la brie-
> veté des paroles, les répétitions d'icelles, la bonne ou mauvaise disposition de
> son esprit sur les affaires dont il s'agira, et tout ce qui se peut remontrer pour
> sçavoir prendre quelque fondement sur la verité ou dissimulation des inten-
> tions de ce Prince[73].

Le bon ambassadeur est d'abord un bon auditeur, celui qui sait par son
éloquence transmettre le moindre détail de ce qu'il a perçu en écoutant: si lui-
même ne perçoit pas l'importance de ces détails, son prince saura bien les interpréter. La « substance et énergie du sens », selon l'expression de Genebrard, c'est
ce qui rend le sens transmissible, donc profitable. L'attention portée à la part
que les corps vivants, parlants et écoutants, prennent au travail philologique
témoigne sans doute d'une inquiétude quant aux aléas de cette transmissibilité.
Mais, pour ses contemporains, le grand nombre d'hellénistes formés par Danès
suffisait à prouver que le travail était accompli. En choisissant de transmettre

---

[71]　*Ibid.*, p. 81-82.

[72]　*Ioannis Fosserii Elegiae de redemptione humana*, Paris, J. Petit, s.d. [1517?], f. e.ij. et v°.

[73]　*Instruction de Pierre Danes Evêque de Lavaur, pour Messieurs de Lansac et de l'Isle, Ambassadeurs à Rome, et au Concile, années 1561, 1562, ibid.*, p. 181-182.

son savoir de bouche à oreille, en n'étant signataire que de sa propre présence auprès des autres, Danès, selon Genebrard, est parvenu à la plus éclatante des victoires, puisque les savants «sont sortis de son officine en si grand nombre que les Grecs du cheval Troyen»[74]. Cette victoire, c'est l'entrée du savoir dans l'histoire: l'avenir s'est formé à l'audition d'un savoir vivant.

Le *vivant*, la *pratique*, l'*histoire*: c'est vers ces termes que m'a conduit l'investigation dans ces trois domaines où l'expérience auditive se présentait comme l'instrument d'une connaissance. Elle rend le naturaliste sensible à la diversité du vivant; elle ouvre le discours anthropologique aux «diverses pratiques» qui font l'humanité; elle inscrit le savoir littéraire dans le temps vécu de l'histoire. Le sujet de l'expérience auditive est un sujet qui n'arrête pas le temps, mais qui accepte d'être pris dans le mouvement de l'histoire. Il ne se représente pas lui-même comme installé au centre du monde, au foyer d'une perspective, mais comme l'agent d'une pratique, comme un praticien du monde et de sa diversité. Les auteurs que nous avons cités ne sont pas les survivants de quelque âge de l'oralité ou de la vocalité: ils font au contraire de l'attention auditive une voie possible pour des connaissances nouvelles. Dans cette voie, la connaissance peut sembler mal garantie. Si le principe d'autopsie – *j'ai vu moi-même* – place une expérience singulière au cœur du processus de connaissance, il doit permettre un dépassement de cette singularité. Son versant auditif – *j'ai entendu moi-même* – semble au contraire pousser cette singularité jusqu'au relativisme.

> [...] si plusieurs mesmement d'une compagnie cheminent ensemble par quelque pays estrange, à grand' peine en trouvera lon deux qui s'adonnent à observer une mesme chose[75].

Commentant cette phrase de Pierre Belon, Jean Céard notait qu'au XVIᵉ siècle, «l'*autopsie*, chère aux historiens anciens, change de sens: elle n'est plus seulement gage de vérité, mais aussi le sentiment du caractère toujours singulier de l'expérience»[76]. Les expériences auditives de Belon, voyageur et ornithologue, n'ont sans doute pas été pour rien dans la compréhension qu'il eut de cette singularisation.

Si la «démusicalisation du monde», à laquelle on associe parfois la Renaissance[77], a rendu possible une science acoustique, elle a aussi permis la découverte, par avance, des limites de la mathématisation du monde. Les réalités

---

[74]   *Oraison funebre de Pierre Danes*, dans *Vie, eloges, opuscules, op. cit.*, p. 81.

[75]   Pierre Belon, *Observations de plusieurs singularitez, op. cit.*, I, 1, f. 1v°-2.

[76]   J. Céard, «Voyages et voyageurs à la Renaissance», *Voyager à la Renaissance*, éd. J. Céard et J.-Cl. Margolin, Paris, Maisonneuve et Larose, 1987, p. 599.

[77]   Cf. L. Spitzer, *Classical and christian ideas of world harmony. Prolegomena to an interpretation of the word «Stimmung»*, Baltimore, Johns Hopkins Press, 1963.

sonores, quittant les cieux pour venir nourrir l'expérience des hommes, sont d'abord un témoignage de la diversité. A l'opposé de la dénonciation platonicienne de ceux qui «tendent l'oreille comme s'ils pourchassaient un son dans le voisinage [et] font passer l'oreille avant l'esprit»[78], les «aureilles ouvertes»[79] de la Renaissance se mettent précisément à l'écoute du voisin, de la dissonance qui fait quand même de la musique, de la voix animale qui procure quand même du plaisir, de la langue étrangère qui est quand même du langage, de l'interlocuteur qui permet de parler soi-même. L'oreille crée des liens qui paraissaient impensables. Les «fidélités de l'oreille»[80] sont choisies librement.

C'est Plutarque[81] qui a le mieux décrit cet art de l'écoute, exclusivement destiné aux hommes libres, à ceux qui n'ont plus, comme les enfants, de maître attitré, mais qui doivent faire usage de leurs oreilles pour choisir leur maître et tirer de lui le meilleur profit. Savoir écouter, c'est savoir se taire et c'est apprendre à juger. Ce que Plutarque nomme «l'office d'un bon auditeur» dessine un mode singulier de participation au sens: cette participation est physique («un œil fiché sur celuy qui parle, un geste d'homme qui escoute attentivement») et morale (un auditeur trouve toujours «de quoy louer», sans excès, celui qu'il écoute). Elle est active:

> [l'auditeur] est à moitié de la parole avec celuy qui dit, et luy doit ayder, non pas examiner rigoureusement les faultes du disant, et peser en severe balance chascun de ses mots, et chascun de ses propos [...]. Mais tout ainsi comme en jouant à la paulme, il fault que celuy qui reçoit la balle se remue dextrement, au pris qu'il voit remuer celuy qui luy renvoye: aussi au parler y a il quelque convenance de mouvement entre l'escoutant et le disant, si l'un et l'autre veult observer ce qu'il doit[82].

Celui qui sait écouter a appris «à inventer de soymesme, aussi bien comme à comprendre ce qu'il entend des autres»: c'est là «le commencement de bien vivre»[83]. Puisque le monde est vivant, il est fait pour être écouté par des hommes en mouvement.

Michel JOURDE
ENS des Lettres et Sciences Humaines, Lyon

---

[78] Platon, *La République*, VII, 531a5-b1.

[79] François Rabelais, *Le Tiers Livre*, ch. 16: «Nature me semble non sans cause nous avoir formé aureilles ouvertes, n'y appousant porte ne clousture aulcune [...].»

[80] M.-M. Fontaine, «Les fidélités de l'oreille. Ronsard, Marot et Rabelais», *Les Fruits de la saison, Mélanges André Gendre*, Genève, Droz, 2000, p. 137-151. Sous cette belle formule, l'auteur étudie un objet absolument neuf: les liens sonores qui ont uni des poètes du XVIᵉ siècle, indépendamment des affiliations et des déclarations d'intention.

[81] Plutarque, «Comment il fault ouir», *Les Œuvres morales et meslees*, trad. J. Amyot, Paris, M. de Vascosan, 1572, f. 24v°-31.

[82] *Ibid.*, f. 29.

[83] *Ibid.*, f. 31.

TYARD
ET LA VÉRITÉ SCIENTIFIQUE

Au sein de l'œuvre de Pontus de Tyard le *Discours du tems, de l'an et de ses parties* (1556) a inauguré le cycle des discours qui aspirent à la scientificité non seulement par leurs contenus orientés vers la connaissance du monde matériel, mais également par leur structure et leur argumentation. Dépassant le mode généralement normatif des *Solitaire*, les discours suivants s'apparentent au modèle cicéronien qui permet d'*in utramque partem disserere*, sans nécessairement imposer une conclusion préconçue. Interviennent trois personnages, que nous pouvons, dans le cas des *Curieux*, caractériser provisoirement et brièvement en disant que le «je» narrateur orchestre leur discussion et propose parfois des compromis; qu'Hieromnime se situe dans la tradition chrétienne d'une manière généralement conservatrice, et que le Curieux explore des solutions ou alternatives nouvelles. L'intérêt de ce modèle consiste non seulement dans le fait qu'il montre en Tyard un esprit avisé, largement informé et capable d'organiser et de dominer le débat; mais dans l'exemplarité de ces textes dans le contexte de la révolution scientifique. En effet, on décèle tant dans les *Curieux* que dans *Mantice* une constante métadiscursive à travers laquelle les devisants réfléchissent à leur propre démarche dans la recherche de la vérité. C'est dire que l'on peut lire les *Curieux* et *Mantice* non comme des compilations statiques des discours hérités d'autrui, qu'ils fussent classiques ou contemporains, mais comme des incarnations vivantes du processus épistémologique en voie de se développer.

Les *Premier Curieux* et le *Second Curieux* apparurent d'abord en 1557 sous le titre collectif de *L'Univers*, à la suite du voyage que Tyard fit à Dieppe et de sa rencontre avec Offusius. C'est en 1578 qu'ils furent publiés sous leurs titres respectifs, avant d'être intégrés, avec de nombreuses additions, sous ces mêmes titres dans l'édition collective des *Discours philosophiques* parue chez l'Angelier en 1587. De toute évidence, les *Curieux* sont le fruit de la vie studieuse que Tyard menait à Bissy. A la manière de nombreux autres dialogues philosophiques de l'époque, ils reflètent des conversations savantes entre amis qui se déroulaient réellement. Faut-il aller jusqu'à parler d'une académie de Bissy? A titre métaphorique seulement, et sans oublier que le savoir inscrit dans les discours de Bissy alimentera les leçons plus officiellement académiques de la période parisienne.

Comme le *Discours du tems*, le *Premier Curieux* comporte une introduction au dialogue proprement dit. Le narrateur y expose sa pensée personnelle avant qu'il ne soit fait mention de la visite que rendirent à Tyard Hieromnime et le Curieux, et qui sera l'occasion du discours en forme de dialogue. Affirmant l'importance de la poursuite du vrai, l'*incipit* déclare heureux celui qui peut s'y consacrer entièrement: «Pource qu'il me semble, l'homme ne pouvoit souhaiter, ny recevoir plus grand bien, que la vraye cognoissance des choses, je juge heureuse & desirable la condition de celuy qui coule sa vie avec les sciences, comme en l'exercice pour lequel l'homme est bien expressément nay, & duquel sur tous les animaux il est uniquement doué.»[1] L'introduction présente ensuite, d'une manière aussi brève que saisissante, la situation de l'être humain vis-à-vis du «theatre mondain [...] courbe pour s'offrir plus commodément à nostre veue»[2]. Ainsi est annoncée non seulement la situation dominante de l'homme dans l'univers mais l'importance nouvellement reconnue de la rondeur de la Terre, et par là l'intention à la fois globalisante et scientifique de l'ouvrage. L'introduction laisse prévoir aussi bien la série des réflexions métadiscursives (en faisant état de la difficulté d'être original en matière de philosophie – Cicéron n'est-il pas obligé de traiter souvent de sujets déjà abordés par Platon?) que la série descriptive de l'univers. Mais celle-ci fait d'emblée l'objet d'une réflexion métadiscursive destinée à orienter l'ensemble: de même que la nourriture matérielle sustente le corps, de même la connaissance désintéressée «des causes et puissances» nourrit l'esprit. Plutôt donc que de séparer entièrement le sujet des *Curieux* de ses préoccupations passées, Tyard le rattache à celles-ci en faisant appel au rôle spirituel de la connaissance.

L'arrivée du Curieux et d'Hieromnime met fin à la réflexion solitaire du narrateur. Brièvement décrits, les détails matériels de la rencontre n'en sont pas moins déterminants, car ils sont (comme dans de nombreux autres dialogues philosophiques de la Renaissance) structurellement liés au thème de la discussion, au statut social et aux occupations des personnages, et même au message confié à ceux-ci par l'auteur[3]. Ici, le lieu de la rencontre nous offre de précieuses indications sur les habitudes de travail de notre auteur: il y a à Bissy une «chambre» où il a coutume de passer «les heures moins perdues» de la journée; c'est dire que, comme Montaigne, il cherche à s'isoler afin de pouvoir se consacrer à ses études. Il lui arrive de partager son refuge avec ceux qui partagent aussi ses préoccupations scientifiques. Celles-ci sont parfois expérimentales. Hieromnime et le Curieux le trouvèrent, dit-il, «r'assemblant un metheoroscope [...]

---

[1]   *The Universe of Pontus de Tyard*, éd. J. C. Lapp, Cornell U. P., 1950, p. 1.

[2]   *Ibid.*

[3]   Cf. E. Kushner, «Le rôle du *locus amoenus* dans les dialogues de la Renaissance», *CAIEF*, 34, 1982, p. 39-57.

Cependant que je tentois si l'artisant avoit exactement observé la mesure que je luy avois prescrite»[4]. S'engage entre Hieromnime et le Curieux un débat sur le statut des mathématiques, débat qui mène directement à la problématique centrale de *L'Univers*. Les mathématiques jouaient déjà un rôle significatif lors des discours précédents: dans les *Solitaire* elles sont présentes sous la forme des «nombres» qui lient en une même harmonie la «musique mondaine» et la «musique humaine»; dans le *Discours du tems* un renversement s'est produit, car il n'y est plus question de proportions idéales vers quoi tendent les phénomènes terrestres, mais d'un univers physique mathématisable en tant qu'univers physique. Telle est du moins la vision qu'en a le personnage de Maurice Scève. Ce qui va être abordé dans le *Premier Curieux*, c'est la question – à laquelle même Descartes va se heurter – de savoir si l'on peut concilier l'autonomie logiquement nécessaire à ce système avec la notion théologique d'un Dieu tout-puissant.

Or, pour Tyard, comme pour Montaigne, Pascal et Descartes, cette problématique est inséparable de celle de la validité de la connaissance; d'où l'importance, dans le *Premier Curieux*, du réseau métadiscursif. L'édifice encyclopédique (ou, comme l'ont décrit plusieurs historiens, la compilation) que Tyard va construire, malgré tout le prestige de ses composantes tant antiques que modernes, va être passé au crible d'un questionnement épistémologique sans précédent. C'est, à notre avis, ce questionnement, et non pas le tableau encyclopédique, qui constitue l'apport le plus novateur du *Premier Curieux*. La structure du discours est donc double: d'une part, se développe entre les trois devisants une description sommaire du monde physique dans tous ses aspects; et d'autre part les devisants s'interrogent, chacun pour soi et mutuellement, sur la manière d'atteindre au vrai, c'est-à-dire de s'assurer de la validité de ce qui est accepté pour vrai. Le Curieux commence par affirmer la compatibilité de l'astronomie et de la théologie. Et c'est précisément ici que commence à se manifester l'apport particulier du genre dialogique: le Curieux n'est pas le porte-parole de l'auteur. Par ailleurs, ni Hieromnime, ni même le narrateur n'assument intégralement cette fonction. Si l'auteur a une volonté, elle consiste précisément à démontrer la difficulté de parvenir à des réponses univoques. Le dialogue sera donc une recherche en commun de l'élusive vérité. (Le lecteur moderne comprend toutefois qu'il s'agit de l'*imitatio* d'une telle recherche, c'est-à-dire de ce qui n'est après tout qu'une démonstration rhétorique dont l'auteur garde le contrôle. Le degré de liberté dans le choix d'une réponse finale reste limité par ce contrôle; ce qui est nouvellement acquis, c'est l'admission, à titre hypothétique du moins, d'une vérité plurielle. Reste à savoir ce qu'il va advenir de cette pluralité.)

L'hypothèse du Curieux, qui sera le fil conducteur du débat – et qui mène tout droit au cartésianisme constituant Dieu comme garant ultime d'un univers

---

[4]   Pontus de Tyard, éd. cit., p. 3.

normalement régi par ses propres lois – c'est que «l'astronomie et ses servantes» préparent la voie à la théologie. Mais il faut bien comprendre en quoi consiste cette préparation : le rapport de subordination des sciences exactes à la théologie est pour le Curieux, non pas le but même de tout l'exercice, mais un corollaire, apte à rassurer les esprits pieux sur la légitimité de l'activité scientifique. A ses yeux, la théologie a besoin d'être corroborée par des preuves irréfutables : «Car [...] les mathemates sont le vray moyen, s'il s'en peut trouver un, pour former quelque certitude aux speculations theologiennes, & naturelles, incertaines pour la continuelle mutation, & veritable inconstance des matieres de cestes & pour la difficulté, voire incomprehensibilité des autres.»[5] Les mathématiques, parce qu'elles se fondent sur des principes rationnels et abstraits, sont à même d'exprimer aussi bien les réalités du domaine sensible que l'intelligibilité du grand Tout, et par là même de mettre en relations mutuelles ces différents niveaux de l'être. Telle est l'harmonie fondamentale que l'homme est appelé à contempler ; c'est là la destination de son âme. Les principes mathématiques «nous eslevent au plus haut degré de perspicacité, enamourant nos âmes de la divine beauté.»[6] En fin de compte, le Curieux ne profère aucun dogme, puisque les mathématiques elles-mêmes expriment le fonctionnement des choses plutôt que leur causalité. Il est lui-même à la recherche de la «condition de l'action» responsable de tout mouvement, du plus fugace au plus durable.

La réponse d'Hieromnime confirme cet esprit de recherche et contribue à justifier notre lecture du *Premier Curieux* dans le sens de la prédominance du débat épistémologique. Ce qui frappe, en effet, c'est la complémentarité qu'admet Hieromnime entre deux modèles d'explication (le vocable «simulacre» correspondant assez bien à ce que les sciences humaines d'aujourd'hui nomment modèle) : «Il est vray que deux simulacres ont esté proposez aux humains pour les eslever & acheminer à l'invisible & intellectuel. L'un est simulacre de nature, qui est le monde, la naturelle espece duquel monstre la grande excellence de l'ouvrier...»[7] A vrai dire, il n'y a rien là que de traditionnel, puisque Hieromnime ne fait que reformuler la preuve cosmologique de l'existence de Dieu. Toutefois, il fournit pour l'étude de la nature une justification supplémentaire : l'homme ne sait pas reconnaître clairement dans la nature la main de Dieu, car la nature ne se laisse pas lire facilement. Les sciences naturelles constituent donc un complément nécessaire à la théologie... Pirouette intellectuelle significative, montrant que des esprits religieux paraissaient prêts à s'ouvrir à la révolution scientifique, fût-ce de cette manière indirecte. Pour eux, les sciences peuvent donc servir de voie d'accès à la vérité ; elle ne recèlent

---

[5]   *Ibid.*

[6]   Tyard, *The Universe*, p. 4.

[7]   *Ibid.*

pas indépendamment la vérité, et par elles-mêmes elles ne suffisent pas à la faire communiquer car «... nature, de soy trop debile, ne suffiroit pour nous faire cognoistre le surnaturel sans le second simulacre, qui est la grace en l'humanité de la parole divine. De ce simulacre second la vraye, bonne & unique clarté procedante de la vraye, bonne et unique source de lumiere, a ouvert les yeux humains, & par la vive persuasion de sa doctrine a donné aux voyans cognoissance de la vérité.»[8] Visiblement, les deux «simulacres» sont fortement hiérarchisés en faveur de l'approche religieuse, qui en fin de compte englobe l'approche scientifique. Il reste que celle-ci a désormais, aux yeux d'Hieromnime et à plus forte raison du narrateur (et donc également du Tyard historique) pleinement droit de cité dans la recherche du savoir.

La structure du discours philosophique que nous examinons répond à cette situation: d'une part, les devisants débattent de leurs mobiles intellectuels respectifs dans l'édification du savoir; d'autre part, ils nous exposent ce savoir. Une différence fondamentale s'instaure à cet égard entre les deux *Curieux*. Dans le *Premier Curieux*, en effet, grâce à la justification préalable de la recherche spécifiquement scientifique dont nous venons de parler, Tyard, au travers des échanges de vues entre ses trois personnages, se sent autorisé à avancer fort loin dans la description de l'univers physique, fût-ce au risque de contredire des présuppositions théologiques traditionnelles. Car (toujours en raison de la justification préalable) ces contradictions pourraient n'être qu'apparentes. Et le savant n'est-il pas, de toute manière, protégé par les limitations épistémologiques d'avance imposées à sa recherche?

Dans le *Second Curieux*, en revanche, les lignes de démarcation entre le sujet qui orchestre le débat et l'objet du débat sont beaucoup moins claires, car il s'agit de l'homme. En particulier, les convictions personnelles de Tyard en ce qui concerne l'ultime source divine de l'harmonie qu'il perçoit entre microcosme et macrocosme interviennent ici d'une manière décisive. Cette empreinte apparaît fréquemment à propos de correspondances entre notions philosophiques d'origines fort diverses lorsque Pontus, suivant sa pente cratylique, parvient (ou croit parvenir) à leur attribuer une commune origine verbale. Même le Curieux admet[9] que le nom de Dieu est tétragramme dans les langues anciennes et modernes les plus diverses... Il est vrai qu'il opte immédiatement pour la diversité des notions sous-jacentes à cette uniformité de surface. Mais Hieromnime se hâte de lui opposer une nouvelle source d'unité parmi les religions: la configuration ternaire.

D'une manière générale, il y a entente entre les trois devisants concernant la difficulté de parvenir à des conclusions philosophiques certaines; tel est en

---

[8] *Ibid.*
[9] *Ibid.*, p. 147.

particulier l'aboutissement du second discours, en raison de l'incapacité de l'esprit humain à connaître rigoureusement tout ce qui le touche de près. C'est même là ce qui manifeste la nécessité du dialogue philosophique : nul esprit individuel n'a accès par le seul raisonnement à la vérité tout entière. On ne peut que tenter ensemble, et toujours dans la divergence, de s'approcher de la vérité. Rétrospectivement, cette conclusion justifie la structure du *Second curieux*, beaucoup plus simple que celle du *Premier*; elle relève en effet de la spéculation alternée.

Tentons donc de reconstituer, tout au long du *Premier Curieux*, la question-cadre de la nature et du statut de la connaissance. Ici, Tyard se réfère beaucoup moins qu'il ne l'avait fait dans les *Solitaire* à des autorités établies telles que Platon, Ficin, Léon l'Hébreu, Giorgio. Dans les *Solitaire*, les très substantiels passages s'appuyant sur ces auteurs témoignent à coup sûr du statut que Tyard accorde à ceux-ci dans l'édification du savoir. Ce n'est pas seulement le ton qui est didactique; il l'est parce que le discours lui-même est d'ordre didactique, du fait surtout de la transmission d'un savoir dont la véracité est d'avance garantie. A cet égard, on pourrait aller jusqu'à voir dans le *Solitaire Premier* un magnifique exemple de tout ce qu'affirme Michel Foucault dans *Les mots et les choses* sur l'univers de la ressemblance où vivent encore les esprits de la Renaissance. Le texte du *Solitaire Premier* transmet, en effet, un savoir qui renvoie à un réseau de signes – mythologiques en l'occurrence – référant eux-mêmes à une vision théologique fixe et connue d'avance. En comparaison, ce que l'on constate dans les *Curieux*, c'est une fragmentation du texte correspondant à une fragmentation du principe d'autorité ainsi qu'à une multiplication des sources consultées. «In his survey 'des parties, et de la nature du monde', [Tyard] follows the Chain of being, descending through the spheres and the elements to the earth, reascending through plants, animals and man to God. Into the appropriate places in this framework he inserts any relevant and interesting information that he may obtain from any source.»[10]

Le mode de consultation des sources a donc évolué : Tyard les compare entre elles et traite ses emprunts de plus en plus librement. C'est ainsi qu'il développe à sa manière à lui, plutôt que de le citer simplement, le passage de Giorgio sur l'importance du nombre ternaire; ou qu'il abrège et réorganise les propos de Contarini sur les éléments de la nature[11]. De toute évidence, il y a là beaucoup plus qu'un élargissement de la culture de notre auteur. Lors du *Discours du tems, de l'an et de ses parties* (1556) un tournant est survenu dans la pensée de Tyard par quoi son attention a été infléchie vers le fonctionnement du monde concret et sa conception du savoir humain a été modifiée.

---

[10]   K. Hall, *Pontus de Tyard and his «Discours philosophiques»*, p. 89.

[11]   Voir sur ce point K. Hall, *op. cit.*, p. 96.

Le principe fondamental sur lequel s'accordent tous les devisants du *Premier Curieux*, c'est que la «vraye cognoissance des choses»[12] est la plus haute vocation humaine. Avec Aristote, Tyard pense que l'homme le plus fortuné est «celuy qui coule sa vie avec les sciences, comme en l'exercice pour lequel l'homme est bien expressément nay»[13]. Cette contemplation du monde n'a pas pour unique raison d'être la poursuite du savoir pour lui-même: c'est la connaissance de la source suprême du monde qui constitue sa finalité. Ces deux principes indiscutables sont énoncés dans le prologue par le narrateur, et ils ne seront pas remis en question. Troisième principe auquel, selon le narrateur, adhèrent tous les grands philosophes et théologiens, c'est celui de la centralité de l'homme dans l'univers: «[...] tout ce qui est au monde [...] est fait à l'usage et service de l'homme»[14]. Les trois principes ont partie liée: les meilleurs esprits se sont toujours consacrés à la recherche des «substances et causes mondaines» de cet univers dont il est entendu que l'homme est le centre. C'est là le point de départ implicite de la discussion.

Au début du dialogue apparaît la promesse d'un échange d'idées réel, car en offrant, à Hieromnime et à ceux qui pensent comme lui, les mathématiques comme support intellectuel à la théologie, le Curieux accepte un compromis; ou du moins, il accepte de mettre à l'épreuve une perspective qui n'est pas la sienne. En entendant Hieromnime subordonner «le simulacre de nature, qui est le monde»[15] au simulacre de «la grace en l'humanité de la parole divine»[16] il commence à présenter la poursuite de la connaissance scientifique comme un complément indispensable à la contemplation du monde au sens religieux, ce qui légitime la connaissance scientifique tout en rassurant Hieromnime quant à la conformité théologique de celle-ci. En outre, le Curieux accorde à Hieromnime la supériorité de l'homme sur les animaux (bien que chacun d'eux ait des raisons différentes d'y tenir: Hieromnime parce que l'homme est créé à l'image de Dieu, et le Curieux parce que comprendre le monde c'est, implicitement du moins, le dominer).

Un aspect important, mais également implicite, des prises de position initiales, c'est le fait que ces énoncés abstraits et rassurants concernant les rapports du modèle théologique et du modèle scientifique ne signifient en rien qu'un esprit scientifique ne puisse poursuivre seul sa recherche, sans en référer constamment aux principes théologiques. Autrement dit, l'harmonie virtuelle des deux modèles est potentiellement libératrice pour l'esprit scientifique. Il est

---

[12] Tyard, éd. cit., p. 1.

[13] *Ibid.*

[14] *Ibid.*, p. 1-2.

[15] *Ibid.*, p. 4.

[16] *Ibid.*

évident que le narrateur, bien qu'il se présente ici comme adonné à une recherche expérimentale, ne perd jamais de vue la vision religieuse de la vérité. Le Curieux, lui, a pour fonction d'explorer, avec toutes les connotations dont résonne son nom[17], le réel dans sa multiplicité et sa diversité. Si tant est que l'on doit lire les *Discours philosophiques*, et en particulier le *Premier Curieux*, «comme l'expression d'une réflexion ordonnée sur le fondement, la valeur et le contenu de la connaissance, comme la recherche progressive d'une méthode»[18], le Curieux est spécifiquement chargé d'explorer tous les aspects du monde sensible, d'étendre les limites du savoir dans le sens de la découverte concrète des phénomènes naturels aussi bien que dans celui de la lecture des auteurs anciens et modernes pertinents à cette enquête. Le Solitaire, et à plus forte raison Hieromnime, ont à cœur l'harmonisation des connaissances; le Curieux, l'extension de celles-ci.

Dans le *Solitaire Premier*, la curiosité avait paru par trop associée au domaine du sensible, du particulier, et par là, dans le contexte de ce dialogue, épistémo-logiquement dévalorisée. Certes, le savoir acquis à ce niveau n'était en rien superflu; il consistait à «interroger et respondre, comme l'un et l'autre est bien duisant aux personnes curieuses, qui par disputation sçavent cribler les opinions, et par les raisons en eslire la vérité»[19].

Dans le *Solitaire Premier*, fureur et curiosité représentaient «les deux démarches inversées (et cependant complémentaires) par lesquelles l'homme peut tenter d'accéder à la connaissance de la vérité: la Fureur est le retour de l'âme en sa première unité; la Curiosité est le discours du Savoir sur le monde»[20]. Dans tous les discours suivants, y compris le *Premier curieux*, cette dernière fonction est partagée entre deux personnages: d'un côté le Curieux (sauf dans le *Discours du tems* où elle appartient à Maurice Scève) et de l'autre le Solitaire lui-même.

Dans le *Premier Curieux*, toutefois, le partage ne va pas sans une complexité reflétant précisément la situation épistémologique de son temps. Ainsi, chez le Curieux lui-même, l'exploration avide, illimitée du monde physique n'est qu'un des aspects de sa fonction. Il en est un autre qui, faisant équilibre à cette tendance, va dans le sens d'une sagesse harmonieuse et harmonisante: «Bien que la doctrine de la religion, suivit le Curieux, soit suffisante pour donner conten-tement à l'esprit orné de piété, si ne puis-je confesser que les sciences honneste, & liberales disciplines ne soient [...] necessaires à l'utilité, & tranquillité des

---

[17]   Cf. S. Bokdam, «La figure du Curieux dans les *Discours philosophiques* de Pontus de Tyard», *La Curiosité à la Renaissance*, éd. J. Céard, Paris, SEDES, 1986.

[18]   S. Bokdam, art. cit., p. 100.

[19]   Cité par S. Bokdam, art. cit., p. 101.

[20]   *Ibid.*, p. 102.

hommes, & que d'elles ne despendent les gouvernements de toutes respubliques bien constituées.»[21] La connaissance scientifique enrichit et conforte la vie de la cité ; au-delà de cette fonction instrumentale, elle établit l'homme dans son rôle dominateur sur le monde.

Il est clair que le Curieux nous place ici devant une contradiction par rapport aux *Solitaire*. Dans le *Solitaire Premier* l'essentiel se passe au niveau spirituel qui attire vers soi l'encyclopédie du savoir. Les Muses, qui figurent la diversité des disciplines du savoir – d'où la discussion sur leur nombre – sont «indigatrices», ce qui veut dire qu'elles cherchent dans le monde sensible les «causes naturelles des choses». Dans le *Solitaire Second*, le Curieux est déjà présent face au personnage du Solitaire, qui tente de freiner les analogies établies par le Curieux entre *musica humana* et *musica mundana*, analogies qui peuvent contribuer à fonder un savoir spécifiquement et indépendamment humain, sur la base même du principe d'analogie. Ainsi que le fait remarquer Sylviane Bokdam, c'est le Curieux qui dans le *Premier Curieux* devient le personnage désireux de rassembler tout le savoir et qui, contrairement à ce que l'on pourrait attendre de lui, s'en tient à la géocentricité alors que c'est le Solitaire qui va faire état de l'hypothèse copernicienne. Renversement partiel, donc, des attitudes auxquelles on s'attend de la part des deux devisants, dans la mesure où c'est le Curieux qui conserve le souci de l'unité de l'encyclopédie du savoir (mais en admettant comme fondement la probabilité de l'opinion individuelle et dispersée) ; tandis que le Solitaire opte pour la certitude, serait-ce, au besoin, celle que confère l'exercice du doute méthodique[22], toujours parce que l'esprit humain n'est après tout qu'humain, et qu'il a besoin d'être éclairé d'en haut.

En même temps qu'un processus de différenciation, il se produit donc dans la pensée de Tyard, à ce stade, un processus de conciliation des deux attitudes extrêmes. Le dialogue exige que chaque devisant aille jusqu'au bout de la position qu'il a annoncée ; mais il commence à exiger également une véritable prise en compte de la position de l'autre pour arriver, s'il y a lieu, à une position nouvelle et essentiellement différente. Cette possibilité présuppose une certaine ouverture du discours. Mais elle présuppose bien autre chose encore, qui a trait à la relation entre le discours et cet univers qu'il tente de décrire : la possibilité même du nouveau, qui engage un processus mental prêt à accueillir ce nouveau comme vrai. Au bout du compte, la révolution scientifique aura, avant tout peut-être, servi à préparer les esprits à l'accueil de faits et hypothèses, phénomènes et lois dont la légitimité ne provient que des méthodes rationnelles par lesquels ils sont parvenus à notre connaissance ; autrement dit, à disjoindre cette légitimité du besoin de recourir à l'analogie, sachant que le vrai peut surprendre.

---

[21] Tyard, éd. cit., p. 4.
[22] Cf. S. Bokdam, art. cit., p. 101.

Avec Tyard, nous sommes au stade d'une évolution progressive vers cette rupture entre vérités. Dans *Mantice* elle se révélera d'une manière beaucoup plus précise. En effet, l'attitude traditionnelle se ralliant à l'astrologie judiciaire s'y identifie à la défense de la croyance comme telle, fondée sur un immense et statique système de correspondances entre ce qui a été vrai et ce qui le sera. L'attitude nouvelle qui s'y fait jour prend le risque d'accueillir des vérités fragmentaires, fussent-elles provisoirement contradictoires, et dont la certitude n'est due qu'à la rigoureuse méthode de leur acquisition. Si, auparavant, comme nous le savons par les travaux de Jean Céard et de Frank Lestringant, le nouveau fait figure d'exception, de merveille, de prodige chaque fois unique, Tyard contribue à inaugurer une ère où les découvertes nouvelles deviennent vérités si elles répondent aux critères de validation les admettant dans un vaste système qui n'est autre que la science moderne.

Considérons dans le texte du *Premier Curieux* quelques exemples des attitudes respectives des personnages envers l'édification du savoir. L'univers est-il infini? Le Curieux examine volontiers à titre d'hypothèses, et par souci de tout inclure, différentes doctrines antiques traitant de cette question; et les formes et sens que cet infini, d'origine aristotélicienne, peut emprunter et les réduit graduellement, aidé en cela par Hieromnime, à la finitude. L'infini peut être simplement l'impression que des nombres immenses font sur nos esprits; c'est pourquoi Archimède a voulu dénombrer les grains de sable. De son côté, Hieromnime se hâte de montrer que l'infini a un sens temporel, et qui n'appartient qu'à Dieu; ce qu'appuie le Curieux en citant l'*Hymne de l'Eternité* de Ronsard, puis en convoquant les Stoïques qui croient en un seul monde fini dans un vide infini, à l'encontre de philosophes tels qu'Epicure et Démocrite qui appliquent la notion d'infini au nombre des mondes et aux formes de ceux-ci.

Par l'entremise du Curieux, Tyard utilise toutes les ressources de la rhétorique la plus insistante pour souligner l'hypothèse en voie d'être exposée: «Icy, il faut tenir pour chose très certaine que l'unité est première que la pluralité, & le simple premier que le composé.»[23] Philosophiquement, en effet, la thèse de l'unité corrobore celle de la finitude du monde; mais le Curieux juge qu'aucune insistance n'est de trop pour les faire triompher ensemble. Seule, la figure ronde, tracée par une seule ligne, a la vertu de simplicité. Du coup, le Curieux s'attribue l'avantage du sens commun pour soutenir cet ensemble d'arguments, en y ajoutant encore l'argument-massue de la perfection: «Mais c'est peu, de dire que la figure ronde est première, si on ne luy donne le nom de perfection.»[24] Bien entendu, la notion de rondeur mène à celle de l'univers toujours encore sphérique. Sur le plan rhétorique, toutefois, retenons une de ces formules agres-

---

[23] Tyard, éd. cit., p. 8.

[24] *Ibid.*

sives du Curieux qui découragent d'avance toute contestation: «Aucuns ont pensé la terre se mouvoir, & non le ciel; les autres, la terre et le ciel se mouvoir ensemble. Mais l'opinion la plus favorisée, & d'authorité & de raison, est que le ciel se meut, & la terre demeure ferme et immuable.»[25] Serait-ce que l'insistance la plus lourde signale la position la plus vulnérable, celle qui précisément va être mise en question?

Au cours de la discussion du nombre des sphères célestes concentriques, Hieromnime intervient par une remarque attribuant un rôle précurseur aux mathématiques qui, tout en n'étant qu'elles-mêmes, ont contribué à la découverte du mystérieux empyrée, où le terrestre rejoint le divin: «Ce n'est chose estrange», dit Hieromnime, «si les mathematiciens, coustumiers de n'atteindre plus haut qu'à ce que les aesles de leurs demonstrations les peuvent elever, se sont esblouis à la clairté trop resplendissante pour l'humaine raison.»[26] Ce sont les théologiens qui, selon Hieromnime, ont complété la découverte. (Mais remarquons que c'est justement Hieromnime, l'homme du discours sacré, qui parle, vite secouru par le Curieux citant des astronomes pour prouver, au moins, l'existence d'une neuvième sphère.)

Après une longue conversation sur la neuvième et sur la huitième sphère et sur leurs révolutions respectives advient un nouveau moment de réflexion concernant la connaissance elle-même. Le Solitaire déclare en effet que les opinions au sujet des mouvements de la huitième sphère sont trop diverses pour que l'on puisse leur prêter foi: «Car telle fois les moins authorisez ont plus de raison, & d'autre part ceux qui sont honorez de plus approuvée authorité, s'esgarent incorrigiblement en leurs discours. Ainsi, qui suivra l'opinion mieux fondée de raison, que de nom authorizé, sera dit paradoxiste & presomptueux, osant s'opposer à l'authorité de longtemps advouée.»[27] Peut-on douter de ce que c'est la position de Tyard que représente ici le Solitaire, sa *persona* accoutumée? C'est en tout cas ce que souligne l'intervention du Curieux; il comprend que le Solitaire exige de «l'authorité», en matière de «choses naturelles», qu'elle s'appuie – si tant est qu'il doit lui faire confiance – sur des preuves rationnelles. Mais comment peut-il éviter de s'appuyer sur Ptolémée? Le Solitaire ne répond ni affirmativement ni négativement; il cherchera avant tout à nuancer les positions de Ptolémée lui-même, au lieu de les accepter comme un tout monolithique. Ptolémée peut avoir erré en fondant ses observations sur celles de prédécesseurs qu'il confesse douteuses; ou bien en ne tenant pas compte soit de l'inexactitude de certains instruments, soit de la lenteur de certains mouvements astraux. En faisant état des ces sources d'incertitude, le Solitaire sape, bien évidemment, l'édifice ptolémaïque.

---

[25] *Ibid.*, p. 9.

[26] *Ibid.*, p. 10.

[27] *Ibid.*, p. 16.

Ces exemples nous montrent comment, dans *L'Univers*, le processus de mise en question de la connaissance va de pair avec la mise en question de connaissances spécifiques, y compris celles qui sont impliquées dans le lent progrès de l'hypothèse héliocentrique. C'est que, chez Tyard lui-même, ces deux problématiques avancent aussi concurremment. En ce qui concerne sa position épistémologique, sans aller avec Busson jusqu'à peindre un Tyard « rationaliste », nous apercevons clairement le tournant vers une pensée peu orthodoxe. Tyard n'est pas seul dans cette situation, qui s'inscrit dans un véritable « dialogue des dialogues » sur la validité de la connaissance humaine[28]. Il est évident qu'autour de 1556 le scepticisme gagne du terrain et que le dialogue philosophique met la discussion en scène d'une manière vivante (et sans doute politiquement sécurisante, puisque les auteurs peuvent en appeler à la multiplicité des personnages pour prouver leur propre orthodoxie).

Kathleen Hall rapporte[29] qu'autour de 1556 le scepticisme gagne du terrain dans les milieux philosophiques. Il est vrai que Le Caron, dans son *Ronsard* – un des *Dialogues* de 1556 – met en question certaines idées néo-platoniciennes; et que Guy de Bruès dans ses *Dialogues* (1557) dramatise l'affrontement entre « académiciens » sceptiques et philosophes traditionnels. Les *Dialogues* irrespectueux de Tahureau furent également écrits au milieu des années 50. En ce qui concerne Tyard, le moins que l'on puisse dire, c'est qu'il s'interroge profondément alors sur les fondements du savoir.

Eva KUSHNER
University of Toronto

---

[28] Cf. E. Kushner, « Le dialogue en France de 1550 à 1560 », *Le dialogue à la Renaissance*, éd. M.-T. Jones-Davies, Paris, J. Touzot, 1984.

[29] K. Hall, *op. cit.*, p. 139-140.

ENTRE THÉOLOGIE ET SCIENCE :
LA *CHRONOLOGIA*
DE JOANNES TEMPORARIUS

Evoquons pour commencer ce qui pourrait passer à première vue pour un menu fait de philologie humaniste. Il s'agit en l'occurrence d'une page de titre, celle de l'importante édition donnée par Henri Estienne en 1566 des poètes grecs écrivant en hexamètres, *Poetae Graeci Principes heroici carminis*. Or la page de titre de cette édition dresse la liste des poètes que contient le volume, dans l'ordre chronologique de leur apparition; et en troisième position, après Homère et Hésiode, nous découvrons un nom insigne : Orphée. Ce fait a de quoi surprendre, sinon dérouter, le lecteur attentif : Orphée, père de la théologie allégorique, n'occupe plus la première place chronologiquement parlant dans cette édition majeure qu'Estienne donne aux érudits de son temps. Au contraire, Orphée est replacé parmi les poètes alexandrins, juste avant Callimaque sur la page de titre, c'est-à-dire non plus au huitième ou neuvième siècle avant J.-C., mais au troisième siècle[1]. Orphée ne serait donc plus à l'origine de rien, il est le produit de l'imitation tardive pratiquée sur une antiquité lointaine et révolue. Soulignons ce que cette démarche faite par Estienne a de révolutionnaire : en 1566, nous sommes à peine dix ans après la superbe affirmation de Ronsard dans ses *Hymnes* de 1555-56 :

> Remply d'un feu divin, qui m'a l'ame eschaufée,
> Je veux mieux que jamais, suivant les pas d'Orphée,
> Descouvrir les secrets de nature et des Cieux[2].

Même observation pour Musée, dont Estienne affirme que les poèmes attribués à cet auteur ne pouvaient pas venir du soi-disant disciple d'Orphée[3].

---

[1] Henri Estienne, *Poetae Graeci Principes heroici carminis, & alii nonnulli*, Genève, Henri Estienne, 1566, p. 487: *Huic (sc. Orpheo) autem quanuis post Hesiodum locum dederim, longè tamen falletur qui veterem illum ex quo fragmenta addidimus, existimabit: imò verò ne eiusdem quidem vtrunque esse opus credibile est.*

[2] Pierre de Ronsard, *Oeuvres complètes*, éd. P. Laumonier, I. Silver et R. Lebègue, Paris, Hachette, Droz, Didier, 1914-75, t. VIII, p. 246.

[3] Estienne, *Op. cit.*, p. 487, citant un témoignage de Michel Sophianus qui avait affirmé l'existence à Gênes d'un manuscrit de Musée qui précisait que l'auteur du « Héros et Léandre » était

Rien ne garantit évidemment que la démarche d'Estienne ait été comprise et respectée par tous. Cependant il y a tout lieu de croire que cette démarche s'inscrivait, même lointainement, dans un programme mené par les humanistes les plus notables de la Renaissance finissante, programme de démystification des fictions qui encombraient alors la chronologie, et notamment le calendrier, la mensuration du temps et partant les notions de l'époque (*epocha*), de la période (*canon*) et du siècle (*saeculum*). C'est-à-dire qu'il était impossible de mesurer le temps, ni d'établir la chronologie avec la précaution nécessaire, tant qu'il y avaient des mythes qui occupaient sans cause apparente des pans entiers de l'histoire humaine. Toute une compagnie d'humanistes, et pas seulement des humanistes, procède, en ce XVIe siècle finissant, au déblayage de ce champ mythique où se situait la chronologie.

Comme exemple majeur de ce mouvement, passons d'Estienne à son gendre, Casaubon. Le rôle de ce dernier dans la démolition d'Hermès Trismégiste a été étudié de près par Anthony Grafton, qui relève lors de sa démonstration bien des points intéressants pour notre propos[4]. L'analyse de Casaubon repose sur un travail de philologue et d'humaniste. Il établit en effet plusieurs catégories d'anomalies repérées au cours d'une lecture approfondie des textes hermétiques :

(i)   des anomalies factuelles. Le *Corpus Hermeticum* évoque des personnages ayant vécu longtemps après l'époque présumée d'Hermès Trismégiste. Plus gravement encore, Hermès Trismégiste est plus connaisseur en matière de théologie chrétienne que la plupart des auteurs anciens, y compris beaucoup qui vivaient après la naissance du Christ.

(ii) des anomalies linguistiques. Casaubon remarquait chez Hermès bon nombre de substantifs abstraits ou composés qui n'avaient rien à voir avec la langue d'Homère ou d'Hésiode (époque présumée d'Hermès), mais qui étaient régulièrement employés par de sources tardives, c'est-à-dire des écrivains théologiques tels que Denys l'Aréopagite, Origène, Jean Damascène. Le style du *Corpus Hermeticum* est à peine plus ancien que l'ère du Christ.

(iii) des anomalies en matière de sources littéraires. Au lieu de présager la naissance et la mort du Christ, le *Corpus Hermeticum* emprunte massivement au Nouveau Testament, surtout au livre de la Révélation, auquel il ajoute une philosophie tirée de Platon : mélange donc, rassurant pour

---

Musée le grammarien (donc pas plus ancien que le Ve siècle). Ce témoignage, poursuit Estienne, avait confirmé ses doutes quant à l'authenticité de l'attribution traditionnelle.

4   A. Grafton, «Protestant versus Prophet: Isaac Casaubon on Hermes Trismegistus», et «The Strange Death of Hermes and the Sibyls», *Defenders of the Text: The Traditions of Scholarship in an Age of Science, 1400-1800*, Harvard, Harvard U. P., 1991, p. 145-161 et 162-177 respectivement.

les premiers lecteurs renaissants, de philosophie platonicienne et de théologie biblique. Autrement dit, et comme le démontrait Casaubon, du pur plagiat. Le *Corpus Hermeticum* est un faux.

Pourtant, Casaubon ne prolongeait pas ses savantes études pour en examiner les rebondissements dans le domaine de la chronologie. Dans ce domaine, c'est bien sûr le jeune Scaliger qui effectuait les recherches les plus importantes, et notamment par la publication de son ouvrage majeur, *De emendatione temporum*, paru pour la première fois en 1583, et dans une importante édition pirate à Frankfort en 1593. Chez Scaliger, les sources fausses qui pervertissaient l'étude du calendrier et la computation du temps ne résistent pas à la férocité de ses assauts ni à la clarté de ses perceptions[5]. Or, en 1596, trois ans après l'édition pirate de Scaliger, les mêmes éditeurs, les Wechel, publient à Frankfort un nouvel ouvrage chronologique, fruit du débat que Scaliger avait mis en marche. Il s'agit de la *Chronologica* de l'avocat français blésien, Joannes Temporarius[6]. Une seconde édition, posthume, sera publiée à La Rochelle en 1600 grâce aux soins des deux fils de l'auteur, Jean et Adam. L'ouvrage originel est composé plus tôt que sa date de publication ; la préface de la première édition est datée de 1585, à Blois, où Temporarius était robin, et l'auteur affirme avoir poursuivi son travail jusqu'en 1580[7]. La chronologie de Temporarius donne un excellent aperçu de la vision du monde d'un savant de la dernière Renaissance. Comme Grafton nous l'explique, Temporarius contribue au dialogue ou plutôt au débat suscité par Scaliger, qu'il cite allusivement[8]. Même avant la publication de son livre, Temporarius s'était signalé par une computation du calendrier faite à la commande du roi Henri III mais dénoncée par « la bête romaine »[9].

Cet indice est d'importance : comme Scaliger, Temporarius est un protestant. Sa foi est manifeste d'après la préface de la première édition, dédiée à l'église chrétienne, et dans laquelle il déclare avoir choisi deux principes pour le guider dans sa tâche, au sein des disputes et des controverses qui pèsent sur l'étude de la chronologie : ces deux principes sont la parole de Dieu et le Ciel (*CD* (1596), sig. (:) 2ᵛ) ; la seule autorité que Temporarius accepte, c'est l'Ecriture

---

[5]   Pour le contexte, voir Grafton, « Scaliger's Chronology », *Defenders of the Text*, p. 104-144, et *Joseph Scaliger. A Study in the History of Classical Scholarship, II : Historical Chronology*, Oxford, Clarendon, 1993, *passim*.

[6]   Sur Temporarius, voir Grafton, *Joseph Scaliger II*, p. 426, n. 101.

[7]   Cf. Grafton, *ibid.*, p. 426, qui constate que Temporarius avait observé les équinoxes dès 1577.

[8]   Grafton, *ibid.*, p. 426, citation de *Scaligeriana II,* où Scaliger traite Temporarius de « grand broüillon », et p. 427-433 sur les corrections apportées par Temporarius aux idées de Scaliger.

[9]   Grafton, *ibid.*, p. 426-427.

Sainte, et la vision christocentrique de l'histoire qu'elle favorise[10]. Il s'agit donc
pour lui de réconcilier la chronologie et la théologie ; comme l'affirment ses fils
dans la préface de la seconde édition, dédiée à Claude de la Trémoïlle, duc de
Thouars, *temporum notationes cum Sacris & coeli voluminibus contulit, & in
vnum volumen congessit*[11], le volume en question étant bien entendu la *Chronologia*. La seconde édition va même plus loin dans ce sens, affirmant que la suite
des années est soigneusement enregistrée dans l'Ecriture Sainte qui s'intéresse à
la science des astres, et notamment, depuis le début de la Genèse, aux mouvements du soleil et de la lune (*CD*, 1600, p. 12). Pour terminer sa préface à la
première édition de la *Chronologia*, Temporarius s'adresse directement à l'église
du Christ, laquelle il remercie de son éducation et de sa formation[12]. Il ajoute
même qu'en dehors de l'église, il serait impossible de comprendre le temps[13],
affirmation qui reflète le parti pris protestant par opposition à la chronologie
catholique et qui a ses parallèles dans d'autres chronologies protestantes. Chez
Clément Schubert, par exemple, c'est la même affirmation que seule l'Eglise du
Christ détient la vérité en matière de chronologie[14]; idée reprise par David
Chrytaeus dans le même livre lors de sa préface au lecteur : *Singulari autem
consilio & immensa bonitate DEVS, anni curriculum ordinauit, & temporum,
dierum, mensium & annorum discrimina constituit, & continuam annorum
mundi seriem in Ecclesia conservauit*[15]. Temporarius participe ainsi à un débat
intellectuel qui se double d'une lutte religieuse.

En même temps, le livre de Temporarius se veut innovateur quant à la
remise en cause d'opinions communément admises, qui constituaient autant de
« points chauds » dans le domaine de la chronologie. D'abord, les géants, figures
de la mythologie populaire, mais aussi d'une certaine théologie catholique
depuis le Moyen Age, par exemple chez Nicolas de Lyre[16]. Temporarius se situe

---

[10] Cf. *Chronologicarum Demonstrationum* (1596), sig. (:) 2v° : *Sic nos hoc vnum concedi nobis desi-
deramus, vt sacrae Scripturae summa fides & autoritas omnino tribuatur.*

[11] *Chronologicarum Demonstrationum libri tres*, La Rochelle, Jérôme Haultin, 1600, sig. ã ijr°;
désormais *CD* (1600).

[12] *... in gremio tuo Dei Opt.Max. beneficio natum me, & in sinu tuo fatum, educasti* (*CD*, 1596, sig.
(:) 3r°).

[13] *CD* (1596), sig. (:) 3r° : *Nam qui extra Dei Ecclesiam temporis ortus & exitus perscrutari conati
sunt, illi semper haeserunt in scopulis.*

[14] Clément Schubert, *Libri quatuor de Scrupulis Chronologicorum*, Strasbourg, Bernhardt Jobin,
1575, sig.)(r°.

[15] Chytraeus, in *De Scrupulis Chronologicorum*, sig. Av°.

[16] Voir W. Stephens, *Giants in Those Days: Folklore, Ancient History and Nationalism*, Lincoln,
University of Nebraska Press, 1989, p. 89-90, 129-130 et 246-248 (critiques de Lyre par Anne
de Viterbe).

par rapport à un débat qui opposait déjà Becanus à Scaliger[17]. Il admet, avec la Bible et la plupart de ses contemporains, que les géants avaient existé avant le Déluge, mais, prétend-il, ils n'étaient pas aussi nombreux qu'on le croit. D'autre part — et c'est ici l'essentiel des réflexions proposées par Temporarius — le mot «géant» a été jusqu'ici mal compris. «Géant» ne renvoie pas à la taille; étymologiquement, précise Temporarius à la suite de Becanus, le terme vient d'un mot scythe, «gehant», passé en français par le biais de l'allemand et qui désigne celui qui a des mains promptes et violentes; ce sont les Grecs qui auraient emprunté ce terme à Orphée, la langue thracienne étant proche de l'allemand (*CD*, 1596, p. 10)[18]. Les géants sont donc la race de ceux qui ont levé des mains violentes contre le ciel, en défiant Dieu, la justice et la raison. Autrement dit, et comme notre auteur l'explique plus tard, les géants auraient désigné des tyrans et non pas des êtres de taille immense (*CD*, 1596, p. 11). Temporarius prend donc ici la relève des traditions populaire et ecclésiale, en essayant de ne pas désavouer les données bibliques, mais de les raccorder à une rationalisation basée sur une étymologie pour le moins douteuse.

C'est là une démarche bien caractéristique de notre auteur. En effet, l'étymologie joue, dans les premières sections de la *Chronologia*, un rôle de tout premier ordre. Le but de ces sections est non seulement de rallier les traditions biblique et antique, mais de subordonner la seconde à la première. La séquence la plus importante et la plus longue porte sur Noé qui est chez Temporarius la source de toute une série d'étymologies. *Noa multa & varia nomina apud Graecos & Latinos sortitus est, vnde non pauci errores in historiam manarunt,* affirme Temporarius (*CD*, 1596, p. 23), en prétextant, par exemple, qu'Hercule se compose de «Her», *public,* et «cul», *testicule,* ce qui donne la conclusion suivante: *iam de solius ipsius [sc. Herculis] semine tota generis humani communitas pendebat* (*CD*, 1596, p. 24-25). Ou encore, quelques pages plus loin, *Omnia vero baccanalia, eorum ritus & ceremoniae, a Noae ebrietate originem sumserunt. Dictus est Liber a Ianigenis, id est populos in lucem producens. [...]. Liber est populorum procreator* (*CD*, 1596, p. 42).

Nous savons depuis Grafton la valeur des observations que Temporarius passe sur la date de la mort de Romule, problème par lequel Temporarius rétorque aux spéculations de Scaliger[19]. Mais Temporarius n'est pas moins

---

[17] Voir Grafton, *Joseph Scaliger II,* p. 427.

[18] La seconde édition souligne par ailleurs le caractère fictif de la théologie orphique: *Theologiam fabulosam ab Orpheo Thrace mutuati sunt* (*CD*, 1600, p. 10; nous soulignons l'adjectif, ajouté après 1596).

[19] Grafton, *Joseph Scaliger II,* p. 429-30.

ironique sur son existence présumée. Pour notre chronologue, le fondateur n'a jamais existé; Temporarius supprime l'histoire de Romule et de son frère, de même que la légende de la louve qui les aurait allaités. Il raisonne ainsi. Beaucoup d'événements réputés historiques ont en réalité été inventés par conjecture, après coup, pour pouvoir fournir une origine à la mensuration du temps (*CD*, 1596, p. 178). Les légendes qui se racontent à propos de Romule sont, au dire de Temporarius, autant de fictions (*figmenta*), de mensonges (*mendacia*), de fables inventées par de vains prêtres pour cacher leur ignorance quant à la origine véritable de Rome (*CD*, 1596, p. 178-79). Preuve importante: la fondation de Rome par Romule est absente de sources les plus anciennes et elle est démentie scientifiquement.

Même démystification pour pseudo-Bérose. Se plaçant dans la lignée des érudits qui démolissaient les prétentions de Anne de Viterbe (Nanni)[20], Temporarius s'empresse d'exposer le faux, en insistant sur quatre principes. En premier lieu, selon Temporarius, Nanni compose son Bérose de fragments pris çà et là dans la littérature antique; son œuvre n'est qu'un méli-mélo de sources diverses facilement repérables par l'érudit averti. En deuxième lieu, le Bérose de Nanni contredit les fragments du Bérose authentique, conservé dans les *Antiquités juives* de Josèphe; ce qui est non moins important pour Temporarius, il contredit également l'Ecriture Sainte, par exemple le livre de Daniel. En dernier lieu, Temporarius insiste sur le fait que le livre de Nanni est truffé de contradictions, d'épisodes qui ne s'harmonisent pas entre eux, et que l'auteur ne maîtrise même pas l'histoire qu'il prétend mener à bien. Somme toute faite, Temporarius cherche à mettre son lecteur en garde contre ce «prestidigitateur» qui charme son public et sait endormir leur esprit critique (*CD*, 1596, p. 192-93). Là encore, démolition des fabrications, des fictions, qui obscurcissent les vraies autorités, seules sérieuses et fiables en matière d'érudition et de chronologie. Conformément à son modèle biblique, l'érudit se donne pour mission le dévoilement de la vérité.

Dernier cas: les Sibylles. Si Orphée et Hermès Trismégiste sont remarquables par leur absence dans la *Chronologia*, les Sibylles, en revanche, continuent à en peupler les pages; leur présence ne sera pas moins importante dans la seconde édition. En effet, les oracles sibyllins n'avaient rien perdu de leur popularité, même s'ils attiraient un intérêt savant qui hésitait sur la valeur de ces poèmes. En effet, en 1599 – l'année qui précédait la publication de la nouvelle édition de Temporarius – Joannnes Obsopoeus ne devait-il pas faire paraître à

---

[20]   Cf. Grafton, «Traditions of Invention and Inventions of Tradition in Renaissance Italy: Annius of Viterbo», in *Defenders of the Text*, p. 76-103.

Paris une importante édition des *Sibyllina Oracula* où figurent, tour à tour, les réserves d'Obsopoeus et, en tout premier lieu, les écrits plus enthousiastes de Panvinio *De Sibyllinis et carminibus Sibyllinis*[21]? Les Sibylles constituent effectivement l'exemple le plus difficile pour notre auteur, qui y consacre un très long développement (*CD*, 1596, p. 13-19; *CD*, 1600, p. 14-20). La gêne de Temporarius est évidente à chaque page. Il reconnaît tout de suite que les oracles sibyllins sont si manifestes, si clairs à propos du Christ, de la Vierge Marie et de la Trinité qu'on les prendrait pour l'œuvre d'un Chrétien connaisseur en poésie qui aurait composé les oracles après les événements auxquels ils font référence[22]. Comment se ferait-il autrement que les Sibylles connaissaient beaucoup plus que les prophètes d'Israël au sujet du jugement dernier et du salut? Les païens sont-ils plus chers à Dieu que son peuple choisi? Alors que son argument assume une perplexité théologique, l'auteur se débarasse du dilemme en penchant pour les arguments favorables à l'authenticité des Sibylles. Son raisonnement à cet égard tourne autour de l'acrostiche, c'est-à-dire le poème attribué aux Sibylles où la première lettre de chaque vers compose en grec les mots *IESVS CHRISTVS DEI FILIVS SERVATOR CRVCS* (*CD*, 1596, p. 17-19). Connu à Cicéron (*De divinatione* 2.54.110-12), donc en existence avant l'avènement du Messie, évoqué également et reconnu par les Pères de l'Eglise, notamment Augustin, ce poème a donc pour Temporarius toutes les chances d'être authentique. Dieu avait parlé non seulement par ses élus, mais aussi par les païens, y compris les Sibylles; ces dernières n'énonçaient de toutes façons rien qui fût contraire à la foi. En dernière analyse, estime Temporarius, il n'y a aucune raison pour rejeter les Sibylles, et ailleurs il les cite sans embarras[23]. Et pour terminer, ayant donné le poème acrostiche en grec et en traduction latine, Temporarius prononce son avis définitif: les poésies sibyllines auraient été composées par un homme pieux qui aurait ajouté à ses propres compositions ce qu'il y avait d'authentiquement sibyllin chez les auteurs anciens (*CD*, 1596, p. 19). A l'opposé, le poème acrostiche, lui, serait authentiquement chrétien

---

[21] Joannes Opsopoeus, *Sibyllina Oracula*, Paris, sans éditeur, 1599, p. 1-55 pour Panvinio.

[22] Contrairement, voir Castellion, *Sibyllinorum Oraculorum Libri VIII*, Bâle, Johann Oporin, [1555], p. 10-11: *Sed sunt nonnulli, quibus haec opuscula nimis aperta uideantur: ideoque ficta putent ab aliquo Christiano, ad pelliciendos gentiles ad Christum, & ad Christianis gratificandum. [...] Contra quos mihi dicendum existimo*; et Panvinio, *De Sibyllis*, p. 30-31: *Multi vero fuerant qui quamquam omnia de Sibylla Erythraea tradita vera esse credant, hos tamen versus propter rei clarissimum argumentum confictos esses suspicati sunt ab aliquo religionis Christianae viro, poeticesque non ignaro. Quod nulla ratione fieri potuisse, vel ex hoc maxime liquet, quod diu ante Christi natalem edita fuisse comperiuntur. Constat enim M. Tullium versus hos legisse, commentariisque suis inseruisse. Quos Eusebius Caesariensis se vidisse profitetur.*

[23] *CD* (1596), p. 48: *facinora Sibyllinis carminibus decantata.*

dans sa totalité car les écrivains anciens n'avaient jamais hésité à le reconnaître comme tel[24].

On pourrait taxer Temporarius de mauvaise foi dans ce qu'il dit à propos des Sibylles. Et il est vrai que les réflexions de notre chronologue à ce sujet mettent en relief les risques qu'encourt le programme de démystification qu'il mène, en même temps que la fondation idéologique sur laquelle repose ce programme. Car la matrice qui organise le projet de Temporarius est fournie par l'Eglise, comme l'affirme sa préface; Temporarius ne conteste pas les prescriptions de l'Eglise quant à l'âge du monde ou quant à sa fondation, le monde ayant été créé en l'an 4020 avant J.-C., d'après notre auteur comme d'après la théologie ecclésiale traditionnelle. De même la vision de l'histoire: si la première page du premier livre de la *Chronologia* commence par la création du monde, la dernière page du dernier livre annonce tout naturellement la Parousie du Seigneur. Entre création et parousie se déroulent le temps humain et son histoire. Quel que soit le remaniement pratiqué quant à la conception de l'époque ou ses composantes, le temps avance inexorablement vers sa fin, la fin des temps où Temporarius, solidaire de la vision protestante d'un D'Aubigné, n'évoque plus, pour l'aider dans sa tâche, les autorités antiques, mais plutôt les évangélistes et les prophètes bibliques.

C'est également ce qui amène Temporarius à valoriser les données repérables dans les patriarches, transmitteurs de la doctrine divine et dont la longévité aurait tenu au rôle qu'ils jouaient dans la propagation de cette doctrine comme dans la formation de l'Eglise (*CD*, 1600, p. 12)[25]. Mais il y a plus important encore. Pour enregistrer la succession des patriarches, les écrits saints témoignent d'un vif intérêt porté à la «scientia motus astrorum» et à la computation de l'année par le soleil et la lune (*CD*, 1600, p. 12). Car autrement, affirme notre auteur conformément à la tradition protestante, ni l'ampleur de l'année ni les différences entre les mois n'auraient pu être établies avec certitude (*ibid.*). Et Temporarius n'en reste pas là; il se fonde sur l'Ecriture une fois de plus pour combattre les idées philosophiques dérivées des Grecs selon qui l'univers est composé de quatre éléments. Prenant comme cible particulière la notion d'*hylé*, il déclare:

---

[24]   *Autorem porro Christianum fuisse multa arguunt*, CD (1596), p. 19. La seconde édition modifie à peine cette conclusion: *nonnulla a Christiano quopiam intermixta videri*, CD (1600), p. 16-17.

[25]   Le terme utilisé est *Patres*, par lequel il faut comprendre les patriarches du Vieux Testament plutôt que les Pères de l'Eglise, comme le contexte l'indique: *Doctrina de Deo propugnata est à Patribus: Ideóque longissimae vitae spatia multis concessa fuerunt, vt essent testes de continuis patefactionbus Dei: de forma, collectione, & defensione Ecclesiae, & totius doctrinae illustrators.*

> *Philosophorum filijs Mosem opponimus, non solùm in omni scientia Aegyptiorum, hoc est in omni Philosophiae cognitione, quam Greci Philosophi ab Aegyptijs mutuati sunt, instructissimum, sed à diuina mente etiam edoctum. Ille hominem non ex hyle aut 4. elementis, sed ex puluere terrae formatum esse docet...* (*CD*, 1600, p. 189)

D'où sa conclusion, répétée à plusieurs reprises sous diverses formes:

> *nec vllum aliud rerum creatarum elementum fuisse, quàm verbum Dei, intrepidè profitemur.* (*CD*, 1600, p. 191)

Cette vision essentiellement théologique du calendrier, du temps et de son passage recouvre facilement des idéologies plus particulières. Car le protestantisme de Temporarius est tout aussi évident, pour qui sait lire, non seulement dans l'éloge qu'il fait de l'église de Dieu dans la préface de la première édition du livre, mais encore dans des détails peut-être plus discrets: le fait par exemple que Temporarius fasse très peu de cas des papes; évoqués exclusivement dans les tables qu'il dresse, et presque sans autre commentaire, ils ne se voient jamais accorder le titre de «saint». Saint Pierre, par exemple, ne reçoit jamais ce titre; en plus, il n'est même pas désigné comme pape. Temporarius dit tout simplement que, selon la tradition, Pierre est venu enseigner à Rome[26]; même observation pour St Paul, accordé en fait plus d'honneur que St Pierre[27]. La seconde édition de la *Chronologia* ira beaucoup plus loin dans la dépréciation des papes, car elle y omet toute référence, la colonne destinée à porter leurs noms dans la première édition étant désormais supprimée.

C'est là un problème familier à d'autres chronologies, protestantes ou non. Car le statut de St Pierre dans l'église primitive, et la succession depuis Pierre, étaient l'objet des partis pris les plus vifs dans les chronologies. L'exemple avait été donné par Platina, qui n'évoque le débat que pour reconnaître à St Pierre le titre de premier pape et pour conserver l'ordre traditionnel de la succession (Pierre, Lin, Clet, Clément)[28]; Panvinio, dans son *Chronicon Ecclesiasticum*, reprend la question, mais c'est son *De primatu Petri* qui l'approfondit avec plus de sources et plus de nuance, en optant finalement pour l'ordre conservé par St Damase[29]. Ces deux écrivains deviennent très vite les points de repère dans ce

---

[26] *Petrum hoc anno Romam intrasse ferunt, & docuisse annos 25*, CD (1596), p. 83.

[27] *Sed & hoc vere constat, Paulum Romae sedisse, & Romanos docuisse*, CD (1596), p. 83.

[28] Platina, *Les Vies, faictz et gestes des sainctz Peres, Papes, Empereurs et Roys de France*, Paris, Oudin Petit, 1551, f. xiir°-v°.

[29] Onuphrio Panvinio, *Chronicon Ecclesiasticum*, Cologne, Maternus Cholinus, 1568, p. 8, 10, 12-14; *id.*, *De Primatu Petri et apostolicae sedis potestate*, Vérone, Hieronymo Discipulo, 1589, p. 212-217, 221-224.

débat[30]. Leurs conclusions, louées par les Catholiques, sont pourtant aussitôt remises en question dans le camp protestant. Aussi l'importante *Chronologia* de Johann Funck, parue en 1554, s'attaque-t-elle vigoureusement aux revendications papales, en niant que Pierre ait pu être le fondateur de l'Eglise romaine et en contestant la succession de Pierre à Lin[31]. La visée de ces attaques est claire : les *Vies des Papes* de Platina et consorts, désignées exprès par Funck[32]. Dans cette optique, Temporarius ne fait qu'évoquer, une fois de plus, une controverse aussi sectaire qu'intellectuelle. Il conteste par ailleurs la computation de l'année à partir de la naissance du Christ préconisée et adoptée par l'Eglise catholique, mais, au terme d'un long débat sur la bonne date à retenir, il revient à l'idée qu'il vaudrait mieux s'en tenir à la date traditionnelle, sans chercher à bouleverser une chronologie, même douteuse, déjà établie depuis longtemps[33].

Mais, abstraction faite des partis pris confessionnels, un problème autrement inquiétant se profile derrière le projet de Temporarius : il s'agit du statut du faux dans un ouvrage qui se veut scientifique. Comme Estienne pour Orphée et Musée, ou Casaubon pour Hermès, Temporarius n'éprouve aucune difficulté quand il est question de tourner en ridicule le pseudo-Bérose et le travail de Nanni, ou de contester l'existence de Romule. Le cas des Sibylles est plus difficile : à l'évidence, Temporarius veut y croire, en dépit de la gravité des arguments contraires. Si les Sibylles sont un faux, comment expliquer le fait que le poème acrostiche semble présager l'avènement du Christ avec clarté et précision, surtout que ce poème était connu *avant* la venue du Sauveur ? Inversément, si les Sibylles sont authentiques, comment expliquer le fait que Dieu leur aurait confié des vérités, des révélations, qu'il avait refusées aux prophètes d'Israël ? On le voit, Temporarius est pris dans la contradiction ; l'autorité et la valeur de ce document sont profondément compromis, et Temporarius aurait dû renoncer à son utilisation. S'il ne le fait pas, c'est qu'il continue à croire à la vérité du document critique, ou réputé tel, sauf dans le cas où ce document est en lui-même contradictoire ou chaotique. En dépit de la mission qu'il se donne, l'objectif de la démystification historique n'est pas tout-à-fait réalisé : le fictif continue à faire partie intégrante du travail « scientifique » que Temporarius

---

[30] Cf. par exemple, Gérard Mercator, *Chronologia*, Cologne, Arnold Birkmann, 1569, p. 148, 151, 153 ; Gerolamo Bardi, *Chronologia Universalis*, Venise, Giunti, 1581, f. 13A, 18D.

[31] Johann Funck, *Chronologia*, Bâle, [Oporin], 1554, t. II (*Commentaria*), p. 76-77, 80.

[32] *Platina et alij Pontificij adulatores*, *Chronologia*, p. 280, à l'an 80. Pour une réponse, voir Henrich Samerius, S. J., *Sacra Chronologia*, Anvers, Jerom Verdussen, 1608, p. 61-63, sur les *novatores* qui ont lancé le défi à la chronologie catholique ; parmi les noms critiqués : Funck et Schubert. Temporarius n'y figure pas.

[33] *Veruntamen Epochen Christi Romanam, ne quid turbetur in annorum Christi serie tot iam seculis comprobata*, CD (1596), p. 83.

exécute. Car finalement, jusqu'où peut-on pousser la déconstruction des mythes? Si Romule n'a jamais existé, si Orphée et Hermès Trismégiste sont à écarter comme autant de fictions, peut-on dire la même chose pour Noé, Moïse ou Abraham? Temporarius ne se pose même pas la question: garantis par des sources divines, par l'Ecriture Sainte, ces êtres venus d'époques tout aussi reculées que celle d'Hermès Trismégiste continuent à servir de cautions surnaturelles aux hypothèses avancées par Temporarius. Ne critiquons pas notre auteur trop facilement de naïveté. Pour lui, l'enquête scientifique n'aboutit pas à l'annulation de toute autorité; au contraire, aux erreurs profanes Temporarius oppose la lumière de l'Ecriture; aux déviations catholiques il préfère la parole divine. C'est ainsi qu'il s'évertue à réconcilier théologie et science en même temps qu'il prend parti dans un débat devenu sectaire.

C'est précisément là que l'œuvre de Temporarius semble bien typique de son époque. La *Chronologia* est prête à révoquer en doute certains aspects de la culture humaniste à laquelle elle reste néanmoins fidèle sur bon nombre de points importants. Si elle se montre finalement très peu innovatrice sur le plan historique qui se confond avec une vision ecclésiastique et christocentrique, la *Chronologia* témoigne tout de même d'une évolution survenue dans la composition des preuves historiques et de leur évaluation. Cette évolution n'aurait pas été possible sans l'apport primordial de Scaliger; en ce sens, Temporarius ajoute et corrige beaucoup plus qu'il n'innove; et tout le problème, pour lui, est de savoir réconcilier l'évolution historique avec les visées théologiques qui lui sont chères, fondamentales. Dans un débat vif et souvent amer qui allait sévir à travers l'Europe bien avant dans le XVIIᵉ siècle, notre chronologue représente au demeurant une voix plutôt modérée. C'est là, sans doute, son mérite, et sa chance.

John O'BRIEN
Royal Holloway, Université de Londres

GEROLAMO CARDANO:
IL PENSIERO MEDICO
E IL PENSIERO RIFORMATO

Anche Gerolamo Cardano entra a fare parte di quel folto gruppo di intellettuali del Rinascimento per i quali la conoscenza dell'«arte»[1] di «saper passare da un genere all'altro per riconoscere dagli estremi i generi medi» costituisce un compito non trascurabile. Lo afferma Cardano[2] in uno dei capitoli iniziali dei *Synesiorum somniorum omnis generis insomnia explicantes libri...*, pubblicati nel 1562, quindi ricomparsi in una nuova edizione a Basilea nel 1585, ed in seguito ricomposti nell'*Opera omnia* pubblicata nel 1662 a *Lugduni*, a Lione la città dalle ricche biblioteche di medicina ed astrologia nella quale dopo il 1619 si diffondono volumi dedicati alla rappresentazione del corpo umano, questo microcosmo che occorre scomporre nei suoi elementi e rappresentarlo con i versi della Bibbia, l'*Esodo*, l'*Ecclesiaste* oppure San Paolo. Uno dei testi che pongono in grado di comprendere l'atmosfera intellettuale nella quale l'*Opera omnia* di Cardano si diffonde è costituito dalle incisioni con commento biblico di *Johannis Remmelini Svevo ulmensis, philosophiae et medicinae doctoris, Catoptrum microcosmicum suis aere incisis visionibus splendens cum historia, et Pinace, de novo prodit, Augusta Vindeliarum typis Davidis Francki anno 1619.* Il volume di Johann Remmelin si arricchisce con un passo dell'*Esodo* (XX, 16) che invita alla verità nello studio dei fenomeni umani e naturali: *Non loqueris falsum testimonium contra proximum tuum.* Nel commento che accompagna le immagini di uomini scomposti negli elementi fondamentali del corpo simile al metodo di Cardano di scomporre come in una anatomia ideale il corpo dei sogni il sapiente è contrapposto a colui che crea illusioni o fantasmi. Il richiamo ai *Proverbi* (IX, 12) di nuovo compie la sua apparizione. Se si osservano le immagini umane che si intravedono di lato ai segmenti corporei disegnati si notano figure di cavalieri ed uomini d'arme con le bandiere e le armature mentre una figura femminile si erge nelle sembianze di una dea antica, colei che produce dal suo seno e dai suoi fianchi eroi mentre il tema della grazia e della fede fortifica i cavalieri segnalando una sensibilità ugonotta. All'interno di questa società che immagina uomini dominati dalla *sapientia* divina si diffondono i libri da Cardano dedicati

---

[1] La ricerca di una *medietas* unisce Cardano all'Erasmo dell'*Elogio della follia*.

[2] G. Cardano, *Sul sogno e sul sognare*, a cura di M. Mancia e A Grieco, Venezia, 1989, p. 27, 75.

ai *Synesiorum somniorum omnis generis*. Fra Lione e Basilea, fra Padova e la Spagna di Cervantes si collocano i lettori di Cardano, delle sue indagini sui sogni: Cardano nelle vesti di un intellettuale dai saperi universali, «mago» ed astrologo, «negromante» ed «eresiarca»[3] per l'inquisitore, come avviene la sera del 6 ottobre 1570 quando viene sottoposto ad una indagine religiosa della vita: in una sera mentre i sogni arrestano il loro proliferare ed in un tempo breve si trasformano in biografia intellettuale.

Il linguaggio dell'inquisitore non manca nella storia dei processi inquisitoriali di acquisire nozioni utili per ricostruire un pensiero oppure una sensibilità: «negromante» ed «eresiarca» costituiscono due momenti, o due aspetti, della figura di Cardano. Il «negromante» che non solo stende l'oroscopo di Gesù Cristo bensì discute sulla immortalità e su *phantàsia*, quel singolare potere di organizzare le immagini dei sogni e di alternarsi con la ragione che attraversa la storia della cultura di Padova del primo '500 ed i movimenti *ereticali* di Vicenza (1545-1548) e di Venezia e coinvolgono figure come il Colombina, oppure Vincenzo Cartari: anche per Cardano può essere ripreso *illud Horatii*[4]: *Omne tulit punctum qui miscuit utile dulci* come afferma John-Adam Kästner «bibliopola» nella prefazione del 6 aprile 1668 indirizzata ad Enrico I «Juniori Reussen» nel curare l'edizione dell'opera di Cardano dedicata alla prudenza civile dal titolo *Hieronymi Cardani mediolanensis Arcana politica sive de Prudentia civili liber singularis, Editio altera, priore correctior*. E' utile osservare come il complesso dell'opera *Synesiorum somniorum...* del 1562 non si allontani dai dibattiti su *phantàsia* ed immortalità dell'anima e sull'insistere sulla figura di Dio[5] di fronte ad un mondo ove «pigmei» e giganti entrano a fare parte della vita cosmica e naturale.

L'erudizione aiuta a porre in evidenza i problemi, ad individuare gli itinerari culturali e religiosi di un intellettuale. Ad una attenta lettura degli *Acta graduum academicorum*[6] del 1526 è possibile rintracciare alcune linee di sviluppo della sua biografia intellettuale. Occorre rintracciare tutti gli elementi della sequenza cronologica del 1526. Già nel *doctoratus* in *artis et medicinae* del 10 febbraio 1526 del vicentino Vincenzo Catena era comparso un piccolo gruppo di intellettuali che accompagnano Cardano chiamato *artistarum et medicorum rector et astante ac pronuntiante* per l'intero 1526. Questo gruppo comprende: Marco Antonio de Ianua, Francesco Frizimelega, Sperone Speroni. Fra i *testes*: Ales-

---

3   G. Gliozzi, «Cardano Gerolamo», *Dizionario biografico degli italiani*, XIX, Roma, 1976, p. 758-763.

4   H. Cardani *mediolanensis Arcana politica sive de Prudentia civili liber singularis, editio altera, priore correctior*, Helmstadt, 1668, c.s.n.

5   Cardano, *Sul sonno*, p. 47.

6   *Acta graduum academicorum ab anno 1526 ad annum 1537*, a cura di E. Martellozzo Forin, Padova, 1970, p. 14-15, 21-23, 32-34.

sandro Capra, *legum scholarum* e Hieronimus de Merzariis *legum scholarum* di Vicenza. Altrettanto avviene durante il dottorato del *Padue cives* Bartolomeo Petronio del 19 aprile 1526: Gerolamo Cardano compare *in assistentia* mentre Marco Antonio de Ianua *dedit insignia* e Sperone Speroni è presente accanto all'*eques* Girolamo Zacco, cittadino di Padova. Il 2 maggio 1526 *in aula episcopali hora XVIII* viene dichiarato dottore Pietro de Noale *post habitam dignam et consumatissimam orationem* e si ritrova Gerolamo Cardano insieme a Marco Antonio de Ianua e Francesco Frizimelega. La stessa sequenza di presenze avviene il 15 maggio 1526 con Sperone Speroni, Gerolamo Cardano e Marco de Ianua; il 29 maggio 1526 quando Bernardino Sperone è a fianco di Marco Antonio de Ianua; il 19 giugno 1526 durante il dottorato di un *cyrogicus* quando compaiono Marco Antonio de Ianua e Oddo degli Oddi, quindi nel luglio 1526 (6 luglio, 10 luglio) con la variante di Paolo *de Careriis*. Tuttavia già il 29 dicembre 1525[7] durante il dottorato di Giovanni Pietro *de Grassis* di Colonia Gerolamo Cardano era presente insieme a Marco Antonio *de Ianua* oltre a Bernardino Sperone. I dottorati non mancano, se si analizza il percorso suggerito, di porre in evidenza delle complicità culturali che segnano il destino della cultura e dei suoi sviluppi: Cardano, abile *assistens* dei testi di dottorato, si ritrova unito al gruppo degli Speroni, degli Oddi, dei Carriero, di quel Marco Antonio de Ianua che si dedicherà allo studio della filosofia dell'anima e di Averroè. E' la stessa *Koinè* che nel Cinquecento padovano ed europeo discute alcuni problemi fondamentali: il ruolo della *imaginatione* e di *phantàsia*, le dimensioni e la struttura dei sogni (Carriero), l'insegnamento della storia, e quella ricerca sul *De humana perfectione* che coinvolge Oddo Oddi ed il gruppo di anatomisti che si congiungono con Fabrizio d'Acquapendente sul finire del Cinquecento e gli inizi del Seicento, e per il quale[8] *anthropos mihi est, experimentum fides* come nel *Medicina practica* (1634) si esprimeva l'Acquapendente mentre nella *Praefatio* scriveva Pietro *Bourdelatius*[9]: *Sic Elissa peritura cum toto Occeano a secessu Neapolitano divideretur, fontis Averni simulatos latices exhibuit.* Una serie di immagini che sarebbe piaciuta a Cardano quando discute sui sogni: anche gli unguenti e le pozioni dell'Averno possono simulare una guarigione sicura. Lo stesso riferimento a Socrate può rinviare all'Acquapendente[10]. *Imaginatione*, ed *experimentum*, ragione e sogno, *medicina practica* e pozioni guaritrici attorniano il giovane Cardano nel piccolo *antro* dell'Università di Padova già nel 1526. Se si guarda più in profondità la figura di Marco Antonio Genua è

---

[7] *Ibid.*, p. 3. *Acta graduum academicorum ab anno 1501-1550*, a cura di E. Martellozzo Forin, Padova, 1969, p. 446.

[8] *Tractatus anatomicus triplex... viri Domini Hieronimi Fabricy*, Padova, 1613, p. 1.

[9] *D. Hieronimi Fabricii ab Aquapendente... medicina practica*, Padova, 1613, c.s.n.

[10] *Ibid.*, p. 57-58, Cardano compare nel *Tractatus anatomicus triplex* (p. 28).

possibile rintracciare alcune tendenze intellettuali di Cardano, alcune fonti dell'autore non solo del variare dei sogni, bensì del *De malo*, del *De consolatione*, e del *De sapientia* (1543, 1544), temi discussi contemporaneamente nel *milieu* di Sperone Speroni e di Pietro Bembo: è la *koinè* del 1526 che ispira il Cardano o meglio la *koinè* degli anni 1524-'26. E' utile soffermarsi sulla *Disputatio de intellectus humani immortalitate*[11] pubblicata nel 1565: contiene la ripresa delle lezioni tenute a Padova negli anni '40 del Cinquecento. Il tema proposto: l'immortalità dell'anima. Marco Antonio riprende Averroè: *duas habeat operationes, alteram cum phantasia alteram sine phantasia. Phantàsia*[12] diviene in questo «ragionamento» uno strumento di ricerca sull'*opus* dell'anima e sulle sue funzioni. L'anima rinvia a *phantàsia* strumento di investigazione per la costruzione di saperi nuovi. Nella *Disputatio* questi temi vengono ripetuti, insistiti: *ita ut intellectus* – scrive Marco Antonio Genua – *sit forma assistens, quae tantum copuletur nobis per phantasmata*. L'anima in questa prospettiva diviene uno spazio ove tutto si costruisce ed elabora: tutto ciò che entra a fare parte dell'umana capacità di invenzione. I due termini che si rincorrono nel testo, *phantàsia* e *phantasmata*, ricoprono un ruolo significativo nella ricerca di Gerolamo Cardano: pongono in grado di meglio comprendere le sue pagine dedicate ai sogni ed ai demoni. Il tema dell'immortalità dell'anima che preoccupa l'inquisitore nel 1570 si costruisce negli anni indicati: fra il 1524 ed il 1540. Ed anche la sua fama di «negromante» ed «eresiarca» percorre i medesimi anni: i *Synesiorum somniorum omnis generis insomnia explicantes* dipendono da questo ambito di studi. L'*eresia* imprime una svolta nella biografia di Cardano in particolare dopo il 1526: l'*eresia* intesa non solo nel quadro del sapere religioso quanto negli strumenti usati per approfondire i caratteri dell'anima in generale, nelle immagini che forma e nelle prospettive che apre al linguaggio, allo studio delle malattie, in altri termini alla scoperta di un'altra dimensione del corpo umano: il profondo in apparenza insondabile della psiche.

Cardano dedica[13] nei *Synesiorum somniorum* due paragrafi dedicati rispettivamente a *Gli dei* ed a *I santi*. La loro trattazione collegata al sogno risente non solo della tradizione di Artemidoro, di quel *Libro dei sogni* che attorno al 1530 si diffonde nella cultura veneziana e padovana. Il breve paragrafo dedicato agli *dei* in realtà incarna una ulteriore tradizione intellettuale: la tradizione di Leon Battista Alberti, il suo elenco di *proverbi* e di massime; la più famosa ripresa da Erasmo nel 1499 riguarda i voti che gli uomini rivolgono ai santi ed alle divinità: sono i voti vuote conchiglie ripiene di desideri e sogni umani. Cardano riprende questo tema e lo sviluppa tenendo presenti le discussioni su Dio e i

---

[11]   *Ex disertationibus*, in *Monte Regali excudebat Leonardus Torrentinus*.

[12]   M. A. Genua, *Disputatio de intellectus humani immortalitate*, p. 3, 19-20.

[13]   Cardano, *Sul sonno*, p. 77-81.

santi che dopo il 1517, dopo Martin Lutero, si sviluppano. Cardano tenta di definire gli *dei* collocandoli su di un piano superiore ai santi. Il carattere subalterno dei santi viene da Cardano ribadito in maniera ripetitiva: nei sogni paventa per questo di essere «torturato». In realtà i quattro libri che compongono i *Synesiorum somniorum* sono contemporaneamente un libro autobiografico e per questo si possono avvicinare al *De propria vita liber*. Cardano sviluppa la sua argomentazione sotto forma di interrogativi e secondo una linea che non manca di novità: se gli antichi veneravano degli *antenati* tanto più è opportuno venerare uomini distintisi per il loro eroismo. Scrive Cardano: «In primo luogo noi onoriamo un Santo, ma non un Dio particolare: Dio infatti è comune a tutti». Cardano nell'elencare i santi indica le qualità *virtuose* che questi possiedono simili a pietre miracolose o talismani guaritori: non solo liberano dalle malattie del corpo ma pure dalle malattie dell'animo, e fra queste l'infelicità. Per Cardano i santi additano alcune fra le virtù che rendono l'uomo del tutto trasfigurato: la felicità, la sapienza, la pace, mentre fra gli intellettuali segnala i medici, gli eruditi, i filosofi, gli oratori. L'ambiguità del santo che si colloca fra l'eroismo e il talismano religioso costituisce uno dei temi che Cardano inserisce fra le pagine dedicate ai sogni. E fra i filosofi dell'antichità che meritano venerazione compare Averroè il filosofo venerato dallo stesso Marco Antonio Genua: le figure di intellettuali privilegiati nella biografia di Cardano si incontrano con la tradizione dei *magistri* nell'Università di Padova. Cardano sottolinea perseguendo il problema della venerazione: «Infatti, se i Romani ritenevano lodevole venerare i loro antenati, che pur non sono sacri, perché non saranno degni di venerazione i Santi, che portano il segno dell'amore divino ben oltre l'umana virtù? Per poi completare l'argomentazione con una invocazione: pregai Maria di non essere torturato». Eppure i santi possono, come re e guerrieri umani, entrare in lotta fra loro, possiedono i sentimenti umani dell'ira e della gioia, e rendono all'uomo la sua dignità liberandola da catene, esilio e servitù. Sulla scia di Artemidoro Cardano scrive: «I Santi ornati e lieti ti danno ciò che desideri». Nell'umanizzazione dei santi si avverte un aspetto del pensiero medico e religioso di Cardano: attraverso il santo ora eroe ora talismano il corpo riacquista la forza e la sua libertà. Torture e servitù vengono sconfitte e la «tristezza» abbandona la vita dell'uomo. Cardano già nei lavori degli anni che vanno dal 1540 al 1543 è invaso dalla paura delle torture, dell'esilio, del divenire da uomo libero servo: l'inquisizione è alla ricerca dei fondamenti della sua ortodossia. La grande immagine, il paradosso che poteva tormentare il lettore a lui contemporaneo è questa estrema immagine di un talismano, il santo, guaritore dei mali che inficiano il corpo e la società. L'idea di una medicina che guarisce il corpo e la psiche dagli stessi mali della Chiesa e delle sue istituzioni inquisitoriali non manca di apparire un elemento non condiviso eppure umano del pensiero religioso di Cardano. Due diverse immagini di un uomo si profilano al lettore: l'antico *dio* o antenato che guida l'uomo viene sostituito dal santo o *dio* protettore della felicità individuale e della felicità sociale. Spetta al santo ricomporre un universo umano frantumato e schiacciato da un potere iniquo: la Chiesa che inquisisce. Questa, la Chiesa, non compare ancora con la veste inquisitoriale in quanto Cardano è troppo preso dal linguaggio di Artemidoro e dalle sue classificazioni dei sogni, oltre che da un enigmatico linguaggio mitologico. Tuttavia questo potere che invade la vita degli intellettuali si ritrova in Cardano nell'immagine ricorrente del corpo torturato e annientato, nella servitù morale ed intellettuale che ogni forma di tirannia politica e religiosa crea.

Cardano ritorna a discutere sulle *statue* degli dei e dei santi. La sua analisi, o meglio, le sue metamorfosi culturali si completano nel prosieguo dell'esposizione. Distingue due modi di considerare le *statue*: per il pubblico «ignorante» possiedono lo stesso significato degli dei e dei santi, mentre possiedono un valore minore.

L'*eresia* di Cardano perfeziona i suoi principi. Le statue possono essere colpite per vendicarsi, o distrutte. Anche se è il sogno a proporre queste immagini, il pensiero che adombra è inequivocabile: la vendetta contro le statue si trasforma nella vendetta contro i sacerdoti che rappresentano. Perché sono i sacerdoti dei diversi culti ad esservi rappresentati. La religione cristiana è una religione eminentemente di statue e di dipinti, perché il grande Padre, Dio, è avvolto nell'oscurità che gli uomini non possono svelare. Statue che rimangono salde, statue che si frantumano per vendetta, statue che si muovono a simboleggiare le religioni che mutano. Dai luoghi di culto o di esposizione ove sono collocate, le statue creano un emisfero di immagini ove la storia, e le guerre religiose dell'umanità si sono per Cardano depositate. Come in un teatro della memoria di Giulio Camillo immaginario, le statue di Cardano simboleggiano i tre momenti della storia degli uomini fusi fra di loro: il mondo dei Giganti, degli antichi e dei tiranni moderni e fra questi ultimi il *Pontefice romano*. Ed è altrettanto affascinante osservare il meccanismo del sogno punto di incontro di materiale e di immaginazione come aveva osservato Marco Antonio Genua.

Cardano ritorna sovente a discutere sui tiranni e sui principi: la ripresa del tema suscita il ricordo dell'insistenza di Erasmo sugli stessi concetti sviluppati negli *Adagia*. Tuttavia è importante osservare il modello di analisi che Cardano sviluppa attraverso la *congettura* mitologica, perché il termine congettura costituisce un altro momento o concetto in grado di enucleare il suo metodo. «Tiranno» diviene l'emblema dell'uomo che vive molteplici forme di «affezioni veementi dell'animo»[14] che secondo questa successione riassume: «amore, timore, grande speranza, il crollo di una situazione», oppure contrasti violenti. Cardano è affascinato dalle contrapposizioni delle età. Se il principe Cardano

---

[14]   *Ibid.*, p. 138-141 e 212.

ama rappresentarlo nelle sembianze di un «giovane», il «tiranno» non appartiene a questo gruppo di uomini potenti. Il tiranno rappresenta la natura violenta dell'animo umano attraversato da forti contrapposizioni: Falaride quando compare in sogno. Nella cerchia del potere terreno accanto all'imperatore, al re o al principe compare il Pontefice. Cardano pur ritrovando nella cerchia del potere forme di «servitù» e «prigionia» tenta una acuta diversificazione dei poteri che queste figure esprimono. Coloro che partecipano alla vita delle corti, i cortigiani e gli adulatori, vivono all'interno di un «carcere»: la «servitù» ancora una volta costituisce il grande «limite», la creatura più terrificante di questa società governata da poteri che incutono timore. Di fronte a questi si erge il Pontefice, creatura solo in apparenza diversa: «rispetto e timore» costituiscono due virtù che si addicono al sentimento di pietà che deve rappresentare per quanti lo seguono accanto ad una vita di pie occupazioni. Il Sommo Pontefice è la fonte della fortuna per i suoi sacerdoti: questa fortuna potrà apparire come scolpita sui loro volti. Il sacerdote diviene il volto/statua del suo Pontefice, lo specchio di una *pietas* sacerdotale. L'immagine di Cardano è ricca di enigmi, di congetture: l'enigma accompagna ogni sua ricerca dai sogni alla prudenza civile. Da un lato addita un ideale, la *pietas* sacerdotale: dall'altro esprime un sentimento di «timore» che annulla la libertà del pensiero religioso. Esiste nelle sue pagine un sottile fluttuare di moduli della memoria: ora il tiranno adombra la sua presenza nell'argomentare politico e religioso, ora la *pia* considerazione sugli uomini manifesta il suo volto suadente e al tempo stesso quasi ironico. D'altra parte come può la *pietas* albergare in uomini, i pontefici ed i sacerdoti, che cavalcano accanto ad imperatori e re e guerrieri e tiranni, distribuiscono benefici, ed infiammano gli uomini contro la diversità del culto e della tradizione religiosa. Solo Dio si erge al di sopra della storia, impenetrabile presenza, mistero che non si svela. L'*eresia* di Cardano poteva manifestare uno dei suoi volti proprio in questo spazio del pensiero religioso che invade l'animo, un'altra figura regale, più potente dei re e dei tiranni, luogo ove le autentiche leggi che governano l'uomo e il suo corpo si elaborano. L'altro grande «signore» dell'uomo, già cantato dall'Alberti e da Leonardo, l'*animo*, viene da Cardano collocato nella sequenza dei significati che esprimono ricerca e libertà nel governare la mente e le *affezioni* che ispira. La sensibilità ereticale intrisa del pensiero di Erasmo, del *Moriae encomium*, e di Lorenzo Valla ha influito in profondità nella ricerca di Cardano e nel suo metodo di analizzare i fenomeni umani: i sogni, le *affezioni*, i pensieri che governano la società e lo Stato, il bisogno umano della libertà. L'*eresia* invece è ricerca, sviluppo dei concetti ritrovati, indelebile desiderio della libertà dalle servitù religiose e morali.

La sensibilità religiosa sviluppata da Cardano si rivela come un incrocio di problemi intellettuali ove la pratica e la cultura medica influiscono. I sogni, la mente, l'animo entrano nelle nuove acquisizioni della ricerca sull'uomo: il sogno e lo studio della mente dopo Cardano si consolidano. Costituisce un compito dello spirito del Rinascimento sospingere l'*eresia* ad influenzare la ricerca medica ed anatomica. Se l'atmosfera dei dibattiti *ereticali* influenza Falloppia ed i suoi studi di anatomia, questa non manca di influire su Cardano e sul metodo del congetturare: le tavole anatomiche di Vesalio, le ricerche sull'uso del cibo e sulla sobrietà costituiscono momenti importanti del dibattito. L'anatomia è utile per indicare le tipologie umane: Cardano ne usa il metodo per elencare le differenze umane del globo classificandole secondo un metodo moderno. Distingue accanto alle razze umane le religioni, le lingue, le regioni nelle quali gli uomini vivono. Gli uomini si distinguono per la *specie* e per le parti che compongono il loro corpo. Regolarità e deformazioni si presentano nella sua pagina in maniera alternata. Classifica i diversi tipi umani: l'obeso, il grasso, l'alto, il bello, il delicato, il robusto. Fra le deformazioni segnala: «lo zoppo, il sordo, il cieco, il deforme». Dalle suddivisioni anatomiche passa alle descrizioni fisiognomiche, ed alle capacità del corpo umano di creare «attività». La testa riemerge con i suoi simboli ed i suoi significati: «la dignità, la potenza e la sapienza». Ed accanto ad essa si colloca l'animo[15]: «tristezza e gioia, felicità e infelicità, melanconia», fra di loro si alternano. Ancora una volta l'intreccio fra mitologia e cultura medica e religiosa evidenzia le sue possibilità interpretative. Cardano non è solo in questa ricerca appassionata sull'uomo, i suoi umori, i suoi sogni, i suoi enigmi. Nella cultura europea di questi anni Jean Bodin aveva sviluppato un sistema storiografico entro il quale la storia dei popoli e delle etnie viene sviluppata nella sua grandezza. Cardano forse in maniera più efficace si sofferma sul problema delle razze, sulla loro formazione e sviluppo. Gli studi di anatomia, oppure sui nervi, sul corpo femminile, sull'orecchio, il colore della pelle, la fisiognomica incrementano questo sviluppo di idee e di congetture all'interno del quale la ricerca medica sulle deformazioni del corpo, e la loro cura, giuoca un ruolo importante. Anche i movimenti ereticali aiutano a ricreare il nuovo modello di cultura che si afferma fra gli intellettuali della Padova rinascimentale ed in Cardano. Il multiforme corpo delle etnie o razze e delle società attraverso queste ricerche entra nelle enciclopedie del sapere del Rinascimento come una conquista insostituibile. Cardano è uno dei grandi classificatori di questo universo umano complesso, articolato, ricco di differenze: il dogma della *singolarità* dell'uomo è stato violato ed infranto. I problemi che Cardano sviluppa nelle pagine dedicate al sognare ritrovano pertanto nell'animo/anima il loro spazio ideale. Come Paracelso, Cardano si sofferma a lungo nella sua opera sulle «affezioni» dell'animo / anima: la medicina scopre sempre più le dimensioni interiori dell'uomo. Accanto alle *reti* formate dai nervi di Vesalio si collocano le *reti* delle

---

[15]   Cardano, *Sul sonno*, il paragrafo sulle *affezioni*.

«affezioni» interne di Cardano. Coerente è lo schema che Cardano propone delle «affezioni» e della loro attività: «pensare, comprendere, ricordarsi, *immaginare*». Un'altra serie di «affezioni» sono definite «cattive» in quanto abbisognano di raggiungere quella *medietas* ideale che le rende utili. A questo quadro si contrappone un'altra serie: comprende l'infelicità, la tristezza, il dolore, interiore, o corporeo, *melencolia*, e l'idea di ciclo mentale e vitale unitamente all'idolo / immagine che riempie i sogni. La concettualizzazione delle «affezioni» compiuta da Cardano è esemplare. Accanto all'introduzione del concetto di ciclo, Cardano pone nuovamente in rilievo il ruolo dell'immaginare: gli anni che si distendono dal 1526 al 1540 sono anni fertili in questa direzione. Sulla base dell'immaginare e del pensare compie una ulteriore divisione: se la memoria ha per oggetto il passato, il pensiero riunisce «il presente, l'immaginazione, il futuro». Ed è più agevole osservare come attorno a queste indagini il corpo in Cardano venga sezionato e lasciato vivere in tutte le sue forme: come un Gargantua di Rabelais che individua tutte le forme del vivere e del sognare: dell'adulto, del giovane, del bambino.

Nella storia del pensiero medico e religioso del Cinquecento il «negromante» Cardano ricrea in maniera esemplare alcune prospettive innovatrici: il corpo dell'uomo si colloca al centro della scena intellettuale con il suo potere infinito di pensare, immaginare, sognare entro lo spazio della *sapienza nuova* che libera dai ciclopi e dagli esili. In altri termini: la libertà felice delle «affezioni» creatrici.

Achille OLIVIERI
Università degli studi di Padova

ENTRE INVISIBLE ET MYSTÈRE :
LES TRAITÉS DE LA PESTE
A LA RENAISSANCE,
DISCOURS D'UNE MALADIE SECRÈTE

Hormis la guerre, il n'est pas de fléau plus évident que la peste à la Renaissance, aucun dont les effets soient plus visibles, de la désolation des familles à la désorganisation des cités et peut-être à la ruine des âmes. Pourtant, il n'en est pas non plus de plus secret. Bien que les médecins soient capables de parler de ses causes, ils le font souvent à la manière dont le père de Tristram Shandy enseigne à disserter de l'ours blanc, c'est-à-dire en faisant tourner, presque à vide, la machine des formules du discours. Ils ont beaucoup à dire sur la corruption de l'air et sur le bouleversement panique qui frappe le corps à l'arrivée du pire ennemi de son principe vital, mais en sachant que ces explications n'atteignent pas le cœur de la cible. Ils doivent reconnaître que la vraie solution est hors de leur portée, cachée dans ces *penetralia* que la nature protège encore de la curiosité humaine, ou dans le mystère des desseins de la Providence.

Malgré tout, ma comparaison shandyenne est injuste ; elle laisse croire, à tort, que l'abondante littérature sur la peste publiée à la Renaissance est vide, répétitive, privée d'un sens original autant que d'efficacité, de sorte qu'elle ne pourrait nous inspirer qu'un seul sentiment : une pitié rétrospective pour des malades privés de soulagement autant que d'espoir, et pour des praticiens confrontés à leur impuissance. Bien sûr, elle n'offre souvent qu'un ressassement des mêmes conseils et des mêmes recettes, comme si les médecins du XVIe siècle, en dépit de leur fierté d'être beaucoup mieux instruits que leurs prédécesseurs, étaient encore réduits à s'inspirer des thérapies de la Peste Noire. Mais elle n'en est pas moins le lieu où s'expriment des interrogations et où s'affirment des positions qui, parfois, dépassent l'horizon de la médecine. Elle reflète aussi des obsessions et des angoisses. Cette richesse tient à la situation particulière de la maladie pestilentielle, à la fois exemplaire, emblématique et indicible ; elle lui échoit comme un sort à l'avance inscrit dans son nom : la maladie spécifique, et relativement moderne, qu'est la peste bubonique[1] a hérité d'un terme plus

---

[1] Voir J.-N. Biraben, *Les Hommes et la peste en France et dans les pays européens et méditerranéens*, 2 vol., Paris, 1975-1976. La peste proprement dite n'a dû toucher aucun pays méditerranéen durant l'Antiquité. Les pestilences bibliques ne présentent jamais les symptômes de la mala-

général, qui pouvait désigner n'importe quelle épidémie foudroyante et portait, dès l'origine, une lourde charge symbolique[2].

Dans cette étude, je me limiterai à quelques textes médicaux, m'intéressant surtout à la façon dont ils abordent la question du secret[3]. Ce secret, ils me semblent le prendre de deux façons différentes qu'on peut distinguer sommairement, au moins pour les besoins de l'analyse.

En un premier sens, le secret est ce qui échappe aux yeux, tout en restant dans l'ordre naturel des choses. Il relève de l'inconnu, sans être pour toujours, ni en droit, hors d'atteinte. Il inviterait même à une patiente observation des effets visibles pour remonter aux causes occultes. Bien que l'explication galénique par la corruption de l'air[4] ne donne pas sur ce point une réponse entièrement claire[5], la peste a été considérée dès le Moyen Age comme une maladie

---

die. La fameuse « peste » d'Athènes (428 av. J.C.) serait plutôt une forme de typhus, la « peste Antonine » décrite par Galien (167-172), une forme de variole. La maladie n'aurait fait son entrée en Europe qu'à la fin de l'Antiquité. Entre 541 (« peste de Justinien », décrite par Grégoire de Tours, IV, 31) et 767, il se produit au moins onze poussées de la maladie qui disparaît ensuite pour revenir au XIVe siècle. La Peste Noire (1347-1352) arrive d'Asie centrale et traverse la plaine de la Volga et la Crimée. Entrée par les ports méditerranéens, elle gagne le Nord jusqu'à la Norvège, tuant près d'un quart des populations. Elle restera dès lors, pour plus de quatre siècles, le fléau majeur en Europe. En France, au XVIe siècle, il n'est guère d'année sans peste. Poitiers perd un tiers de ses habitants en 1512-1513, Angers presque autant en 1583-1584. La fin du siècle est particulièrement éprouvée. Des pointes ont lieu entre 1560 et 1565 (95 villes touchées), entre 1580 et 1590 (140 villes), et entre 1595 et 1600 (80 villes), voir Biraben, *op. cit.*, I, p. 120.

[2] *Pestis* (comme *loimos* en grec et le *pestilentia* de la Vulgate) désigne toutes les épidémies à forte mortalité. Dans le premier chapitre de son traité, Laurent Joubert souligne que le terme est équivoque (*De peste*, Lyon, Jean Frellon, 1567; privilège de décembre 1564, dédicace datée de Montpellier, mai 1566). Voir aussi C. Jones: « Plague and its Metaphors in Early Modern France », *Representations*, 53, 1996, p. 97-127.

[3] Il n'existe pas, pour le XVIe siècle, de recensements comparable à ceux qui concernent le Moyen Age: K. Sudhoff, « Pestschriften auf den ersten 150 Jahren nach der Epidemie des 'Schwartzen Todes', 1348 », *Archiv für Geschichte der Medizin*, 2-17, 1909-1925; D. W. Singer, « Some Plague Tractates (14th-15th Centuries) », *Proceedings of the Royal Society of Medicine*, 9-10, 1916-1917; L. Conrad, « Arabic Plague Chronologies and Treatises: Social and Historical Factors in the Formation of a Literary Genre », *Studia Islamica*, 54, 1981.

[4] Elle est formulée dans la médecine grecque bien avant Galien.

[5] Parce que l'air peut être porteur de corruption (un élément, en soi, reste pur, comme le rappelle encore Joubert, *De peste*, éd. cit., ch. 1, p. 2-3) de deux façons: par un simple déséquilibre qualitatif (excès de chaleur et d'humidité) dont la cause est météorologique (été « pourri »), ou bien parce qu'il transporte des poisons, lesquels, tombés du ciel, se transmettent ensuite de malade en malade. Dans le cas de la peste, c'est la thèse de l'empoisonnement, compatible avec l'idée de contagion, qui est adoptée par les médecins: « ceste pestilencieuse maladie est contagieuse », écrit Jean Jasme en 1376, « car de corps infectz yssent humeurs et desfluent fumees venimeuses corrumpans et causans infections de lair » (cité d'après l'incu-

contagieuse : les consignes invitant à brûler les vêtements des malades et jusqu'à leurs matelas suffisent à le montrer[6]. Or toute la théorie ancienne de la contagion[7] participe de cette première conception du secret, dans la mesure où, surtout quand l'infection se transmet sans contact direct, elle est l'un des exemples de « l'action à distance », problème majeur de la réflexion scientifique. Elle appelle le même genre d'interrogations que l'attraction de l'aimant sur le fer ou l'influence des astres[8]. Et elle oriente l'enquête dans la même direction : la recherche des intermédiaires imperceptibles, aux confins du monde matériel, qui ont opéré la liaison entre l'agent et le récepteur, telles les *species immateriatæ* des scolastiques[9]. Par cette même démarche qui tente de remonter des effets vers leurs causes occultes[10], les médecins ont imaginé des corpuscules nocifs cachés dans l'air, les plis des étoffes, ou bien véhiculés par l'influx céleste.

En un second sens, le secret peut être un mystère pour toujours inaccessible. La peste est fortement associée au sacré, elle est perçue comme un fléau envoyé par un Dieu tout-puissant, sinon tout à fait sans l'aide des processus ordinaires de la nature, au moins hors de portée de la compréhension humaine. Déjà dans la Bible, la maladie, ou ce qui se cache sous son nom, manifeste la force terrible de la justice divine. Si tu n'écoutes pas la voix du Seigneur, dit le Deutéronome (28 : 21) *adjungat Dominus tibi pestilentiam donec consumat te de terra.* L'ancienne relation entre maladie et péché n'est pas oubliée au XVIᵉ siècle[11]; en 1598, Nicolas de Thou, dans son *Brief recueil et explication du divin service*[12], ose

---

6   nable parisien – Bnf Rés. Te 30.13 – repr. en facsimilé dans E. Droz et A.C. Klebs, *Remèdes contre la peste*, Paris, Droz, 1925, p. 34).

6   Des mesures contre la peste sont instituées par les autorités civiles dès le XIVᵉ siècle. Elles comprennent des prescriptions religieuses et des règles de police et d'hygiène qui reposent toutes sur la certitude de la contagion. Cf. A. Carmichael, « Contagion theory an practice in XVth century Milan », *Renaissance Quarterly*, 44, 1991, p. 231 sq.

7   Voir V. Nutton, « Seeds of Disease : An Explanation of Contagion and Infection from the Greeks to the Renaissance », *Medical History*, 27, 1983, p. 1-34.

8   Voir notamment E. Grant, « Medieval and Renaissance scholastic conceptions of the influence of the celestial region on the terrestrial », *Journal of Medieval and Renaissance Studies*, 17, 1987, p. 1-23.

9   Sur cette notion, voir P. Michaud-Quantin, *Etudes sur le vocabulaire philosophique du Moyen Age*, Rome, 1970, p. 113-150.

10   Est-il besoin de le rappeler à qui a lu les travaux de J. Céard ? L'intérêt pour l'occulte, au Moyen Age et à la Renaissance, s'accompagne rarement de ces nuages de mystère et de mystification que nous associons désormais à l'occultisme. Il est lié à la reconnaissance d'une grande part d'inconnu dans la nature, mais aussi au désir de la réduire. Voir notamment J. Céard, *La Nature et les prodiges*, Genève, Droz, 1977, p. 336-364.

11   Pour le Moyen Age, voir notamment J. Agrimi et C. Cristiani, « Malatia, malato, medico nell'ideologia medievale », dans *Storia della sanità in Italia*, Rome, 1978, p. 163-185.

12   Paris, Jamet Mettayer et P. L'Huillier, 1598, p. 94.

établir un lien direct entre la corruption de l'âme et celle du corps, en s'autorisant d'une parole évangélique:

> Non seulement l'infirmité du corps provient des malignes humeurs le remplissans de corruption par mauvaise température, mais de peché qui est pire alteration et beaucoup plus dangereuse et exitiale. Pour ce Jesus-Christ ayant guary les goutteux et paralytique évangelique leur enjoignit expressement de ne plus pécher[13], afin que la cause de leur indisposition cessant l'effet cessait et fussent remis en leur naturelle vigueur.

Or de la maladie, la peste représente le cas extrême, d'autant plus frappant que le désastre est collectif. De mémoire d'homme, on a toujours cherché à la prévenir ou à la chasser par des cérémonies, des offrandes et des dévotions[14]. Ambroise Paré, dans le chapitre qu'il consacre aux »causes divines de la Peste »[15], affirme comme une évidence:

> C'est une chose resolue entre les vrais Chrestiens, ausquelz l'ÉTERNEL a revelé les secretz de sa sapience, que la peste et autres maladies, qui adviennent ordinairement aux hommes, proviennent de la main de Dieu [...][16]

Il invite à méditer cette vérité, soit pour rendre grâce à Dieu de la santé, soit pour arriver à «une droicte intelligence de sa justice sur noz pechez, afin qu'à l'exemple de David nous nous humilions souz sa main puissante»; et il a beau jeu d'accumuler les citations.

> Et partant, pour le dire en un mot, c'est la main de Dieu qui par son juste jugement darde du ciel ceste peste et contagion, pour nous chastier de noz offenses et iniquités, selon la menace qui est contenuë en l'Escriture. Le Seigneur dit ainsi [*Levitique* 26]: Je feray venir sur vous le glaive vindicateur pour la vengeance de mon alliance, et quand vous serés rassemblez en voz villes, je vous envoieray la pestilence au milieu de vous, et serés livrez en la main de l'ennemy. Qu'on lise aussi ce qui est escrit en Habacuc ch. 3. Le Seigneur des armees dit: Voicy, je envoye sur eux l'espee, la famine, et la

---

[13] *Ecce sanus factus es, jam noli peccare ne deterius tibi aliquid contingat* (Jean 5:14). Mais l'interprétation de N. de Thou est démentie par la réponse du Christ aux disciples qui lui demandent, à propos de l'aveugle-né, qui a péché, lui ou ses parents, pour expliquer cette infirmité: *neque hic peccavit neque parentes ejus sed ut manifestetur opera Dei in illo* (Jean 9:1-3).

[14] Grégoire de Tours (*Histoire des francs*, X, 1) rapporte la harangue de Grégoire le Grand aux Romains frappés par la maladie en 590 et la procession qu'il organise. Ronsard, dans l'«Hymne de M. Sainct Roch», décrit une procession dansante et évoque les lampes à huile qui brûlent dans la grotte du saint: si on répand de cette huile «L'air se purge et devient bening et salutaire: / La ville est sans frayeur, le peuple volontaire / S'esgaye par les champs et de la peste franc, / Sautelant par le corps sent rajeunir son sang» (Lm XVIII, p. 281-282, v. 47-50). Sur les dévotions, cérémonies et représentations de mystères voir Biraben I, p. 47 sq., II, p. 63 sq.

[15] Voir aussi Joubert, *De peste* (1567), début du ch. 3.

[16] Paré, *De la peste* (1568), ch. 2, éd. cit. p. 3. Réf. à *Amos*, 3; *Actes*, 17.

peste. Semblablement [*Exode* 9] Dieu commanda à Moyse jetter en l'air certaine poudre en la presence de Pharaon, afin qu'en toute la terre d'Egypte les hommes et autres animaux fussent affligés de peste, apostemes, ulceres, et plusieurs autres maladies [...][17] Or le seul exemple de David nous monstre l'execution de ces menaces terribles, quand Dieu, pour son peché, fit mourir de peste septante mille hommes, ainsi que l'Escriture tesmoigne[18].

Pour rendre plus étroite l'association entre peste et colère divine, les signes avant-coureurs qu'énumèrent les traités, alors même qu'ils restent dans le registre «naturel» de l'explication par la corruption de l'air, ressemblent aussi à ces présages bibliques qui invitent à repentance: comètes, nuées d'insectes, ou mort d'animaux. Jean Jasme, chancelier de l'université de Montpellier de 1364 à 1384, compte par exemple sept «signes prenosticables de pestilence», dont une «abundance de mouches» et l'apparition de météores ignés:

> Le quart signe est quant les estoiles apparoissent au regard humain cheoir et partir de leurs lieux, et ce signe de rechief denote lair estre infet et chargé de moult de vapeurs venimeuses.
> Le quint signe est quant le regard humain juge et luy est advis que les comettes volent [...][19]

Le discours sur la peste, à la Renaissance, fait appel à ces deux conceptions du secret qui voisinent souvent dans les mêmes textes comme si, loin de s'exclure, elles correspondaient simplement à deux niveaux d'appréhension du problème. Il serait naïf de croire que l'engagement des médecins dans un patient effort pour mieux soigner le mal soit incompatible avec une complète soumission à la Providence et la reconnaissance de l'impossibilité de toute connaissance en dehors d'une révélation divine.

> Preghiamo iddio donatore della vita e rivelatore delle medecine vere e salu-tifere, che ci riveli sufficienti rimedii contro alla peste, et conservi a noi el dono suo vitale ad sua laude, et gloria[20].

Cette prière de Marcile Ficin introduit un long traité que son auteur a voulu rempli de connaissances utiles, puisées aux meilleures sources du savoir humain

---

17 Réf. au ps. 78, à *Deutér.* 28:21, *Ezéchiel*, 5.

18 Réf. à 2 *Samuel* 24. Ed. cit., p. 6-7.

19 Ch. 1, facsim. cit., p. 33. Le *De peste* de Raimundus à Vinario (médecin des papes en Avignon qui a connu les pestes de 1350, 1361 et 1382), publié par Jacques Dalechamp en 1553 (Lyon, Guil. Roville), évoque les comètes, les météores ignés, le dépérissement des animaux (éd. cit., p. 12). Paré (ch. 5 et 6) décrit les mêmes signes, jusqu'à l'apparition de «grandes trouppes de petits animaux, comme araignes, chenilles, papillons, cigales [...]» (éd. cit. p. 25). Cf. Joubert, *op. cit.*, ch. 4. Voir aussi Avicenne, *Canon*, l. IV, F. I, Tr. IV, c. 3.

20 *Consilio contra la pestilenza*, Florence, 1481, 2r°.

et prouvées *con molte ragioni, et autorità di tutti i dottori antichi, et moderni, et sperientie di molti, et spetialmente del nostro padre maestro Ficino*[21]. Ambroise Paré conclut le chapitre qu'il a composé pour affirmer l'impuissance totale de l'homme face au fléau par cet encouragement:

> Et outre ce <*la repentance, la prière, la conversion au Christ*>, je conseille au Chirurgien ne vouloir aussi negliger les remedes approuvez par les medecins anciens et modernes: car combien que par la volonté de Dieu telle maladie soit envoyee aux hommes, si est-ce que par sa saincte volonté les moyens et secours nous sont donnez pareillement de luy, pour en user comme d'instruments à sa gloire, cerchant remedes en noz maux, mesmes en ses creatures, ausquelles il a donné certaines proprietés et vertus pour le soulagement des povres malades. Et veut que nous usions des causes secondes et naturelles, comme d'instruments de sa benediction[22].

L'intelligence humaine, confrontée à ses limites, n'est nullement dispensée de travailler, afin de faire fructifier ses talents et selon la vertu de charité[23]. Cependant, l'on peut se demander si cette approche chrétienne n'aboutit pas parfois à concilier deux conceptions bien différentes de la nature. La recherche des causes secrètes, à partir de l'observation des phénomènes et du repérage de leur répétition, ne peut être menée valablement que par l'application d'une méthode, validée par l'existence d'un ordre dont la stabilité permet au moins à l'homme d'«épier» ses principes cachés. En revanche, si un fléau comme la peste sert de preuve à l'idée que les lois de la nature peuvent être modifiées à tout moment par l'intervention de la toute-puissance divine, alors l'enquête, si méritoire et si éclairée soit-elle, ne constituera pas une véritable avancée dans l'inconnu.

Les traités de la peste de la Renaissance font se rencontrer des discours apparemment contrastés. Dans la mesure où l'hygiène, la diététique et les remèdes visant à lutter désespérément contre le chaos humoral provoqué par le fléau constituent l'essentiel de la cure, ils s'inspirent presque toujours en grande partie de la doctrine galénique qui, malgré quelques gauchissements[24], envisage

---

[21] *Ibid.*

[22] Ed. cit., p. 9 (réf. à *Eccles.* 38). Mouvement similaire dans Joubert, *De peste*, ch. 10, éd. cit., p. 57.

[23] «La charità inverso la patria...» sont les premiers mots du *Consiglio* de Ficin. Voir aussi Peletier, *De Peste Compendium*, Bâle, Oporin (1563), p. 20: *Ego vero ut in hac temporis difficultate testatum faciam, me neque publice neque privatim hominibus deesse velle.*

[24] Cela tient à l'apport d'éléments très divers dans le corpus médical de la Renaissance, notamment de par la tradition arabe qui utilise des recettes magiques et accorde à l'astrologie un rôle étendu. Déjà d'ailleurs Galien mentionne la présence de «vertus occultes» dans les remèdes qui agissent *tota substantia*. Voir notamment le *De simplicium medicamentorum facultatibus*

gions sévères, il faut supposer quelque chose de plus : des *semina* vivantes et capables de se reproduire[46]. Comme Lucrèce, qui a dû lui inspirer cette idée, Fracastor s'interroge sur leur origine : la plupart s'engendrent à l'intérieur du corps, de par la putréfaction, mais il existe aussi des *semina* extrinsèques, celles des épidémies pestilentielles, et une origine astrale n'est pas exclue[47]. Cette idée de semences vivantes va progresser dans la seconde moitié du XVIe siècle[48].

Deux ans après le *De contagione* paraît un livre tout aussi singulier mais qui, en dépit de plusieurs rencontres, semble reposer sur des postulats différents. Le *De abditis rerum causis* de Fernel[49] essaie d'intégrer une démarche médicale dans une conception métaphysique qui resserre les liens du secret et du sacré : toute son enquête est placée sous le signe du *quiddam divinum* hippocratique dont il reconnaît le mystère tout en se proposant de l'explorer[50]. En donnant à cet adage la plus grande portée possible, et en en faisant le point de départ, et non le terme, de l'enquête, Fernel dépasse un Ficin ou un Melanchthon qui, soutenant une conception de l'homme (et de l'âme) analogue à la sienne jusqu'à un certain point, continuent à respecter le principe de la séparation disciplinaire : à chacun son métier, le médecin doit s'occuper des corps, c'est-à-dire des humeurs. Sa tentative ne serait comparable qu'à celle d'un Paracelse.

L'objet médical du livre est une nouvelle approche de la maladie à partir d'un postulat traditionnel : le déséquilibre humoral ne suffit pas à expliquer les maladies les plus virulentes, celles qui atteignent la « totale substance », *psora*, phtisie, maladies vénériennes, rage, et surtout peste. Or ces maladies, qui relèvent du *quiddam divinum*, ne marquent pas simplement la limite de la connaissance humaine, elles fournissent aussi la clef de l'ordre du monde. Fernel établit donc la jonction entre les deux types de secret : il affirme la présence de l'inexplicable

---

[46] I, 12 : *quoniam dictum est eam seminariis inesse vim ut sibi simile propagare, et gignere possint, sicuti et spiritus faciunt.* Dans le premier des chapitres consacrés à la peste (II, 3), il est affirmé que seuls ces *seminaria* permettent d'expliquer la virulence de la maladie (41v°-42r°). Fracastor n'est pas totalement isolé, Paracelse, pour qui la vie est un processus germinatif perpétuel, sous le contrôle d'un principe spirituel interne, l'*archæus*, a aussi soutenu l'idée de semences pathologiques dans son *Labyrinthus medicorum errantium* (1ère éd. posthume, 1553).

[47] Ed. cit., 37r°.

[48] Voir C. et D. Singer, art. cit. *supra*.

[49] Paris, Wechel, 1548. Ce texte aurait connu vingt-sept éditions aux XVIe et XVIIe s. (selon C. Sherrington, *The Endeavour of Jean Fernel*, Cambridge, 1946). Sur sa théorie de la maladie, voir L. Deer Richardson, « The Generation of Disease : occult causes and diseases of the total substance », dans P. K. French, I. M. Lonie et A. Wear, *The Medical Renaissance of the XVIth century*, Cambridge, 1985, p. 175-194 ; voir aussi la thèse de J. Dupèbe, à par. aux éditions Droz.

[50] Ed. Wechel, 1548, *Præfatio*, p. 4, voir aussi I, 1, p. 6, II, 10, p. 179 etc.

ici-bas, mais c'est sur elle qu'il fonde l'espoir d'un progrès de la connaissance[51]. Et l'intention de son livre est de «scruter» les causes secrètes à l'œuvre dans l'univers entier[52].

Fernel, qui se réfère constamment à Aristote, refuse en fait une partie essentielle de son projet: la constitution d'une physique autonome qui permette de comprendre la nature sans faire appel à d'autres principes que les siens. Pour lui, la philosophie naturelle ne se réduit pas à l'ordre des éléments et le médecin-philosophe doit aller au-delà de l'évidence des sens, pour atteindre les causes par l'intelligence[53]. C'est pourquoi le livre I inscrit la doctrine médicale dans une cosmologie et une métaphysique. Il s'inspire de la conception stoïcienne et néo-platonicienne de l'âme du monde, évoquant la substance éthérée et vitale diffusée dans tous l'univers[54]; il formule la théorie du *spiritus* d'une façon proche de celle de Ficin[55], et il énonce la thèse de formes substantielles indépendantes des éléments, créées par Dieu par l'intermédiaire des agents célestes et insufflées par lui dans les êtres[56]. Ces formes, différentes de celles d'Aristote

---

[51] Dès la préface, l'éloge fervent des grandes découvertes de la Renaissance s'associe au rappel, tout aussi fervent, de l'immensité inépuisable de l'inconnu: *incomprehensarum rerum immensa est multitudo, et multo major quam quæ possit unquam percipi* (éd. cit., p. 3). La conclusion du livre (II, 19), qui appelle à explorer les arcanes de la nature (voir le texte cité n. 54) y fait écho.

[52] *Itaque quantum divinitatis, id est abditarum causarum, inest tum naturali philosophiæ, tum rei medicæ, hoc unum opusculum scrutabitur et discutiet*, éd. cit., p. 5.

[53] La préface compare à une prison étroite la science des premiers philosophes qui ont limité leur enquête au monde matériel (éd. cit. p. 3); d'autres, ensuite, ont eu des intuitions plus justes, mais l'impiété les a égarés, et seule la Révélation a permis à la recherche de se déployer dans son véritable espace: désormais, on comprend *que multa esse in philosophia extra elementorum ordinem, prorsus abstrusa et naturæ arcanis involuta, quæ neque oculis, neque auribus, neque ullo sensu deprehendi possunt* (éd. cit., p. 4); voir aussi II, 19: *Illa autem purissima simplicissimaque rerum natura nullis sensibus obvia, sola mente comprehenditur. Hanc si oculis et re ipsa cerneremus, continuo in ea quasi in speculo proprietates omnes nobis elucerent. Quanquam autem latent, naturæ arcanis multaque obscuritate involutæ, præ ignavia tamen sinendæ non sunt, sed investigandæ diligentius* [...] (p. 255).

[54] Tout en se référant obstinément à Aristote (qui s'est contenté d'affirmer, en général, que le cycle des générations sublunaires dépend des révolutions célestes) Fernel suit de près le *De sole* et le *De lumine* de Ficin, et leur évocation d'un monde totalement animé par la lumière solaire. Voir notamment I, 8: *Rerum omnium formas primasque substantias de cælo duci, ex Aristotele.*

[55] I, 4, éd. cit., p. 44 sq. Sur cette notion, voir D. P. Walker, *Le Magie spirituelle et angélique de Ficin à Campanella*, trad. Marc Rolland, Paris, 1988 (éd. angl. 1958), notamment p. 24-25.

[56] Voir notamment I, 7-9. En I, 7, Eudoxus, porte-parole de l'auteur, nie que la forme soit transmise avec la semence par le géniteur: elle vient d'en-*haut sublimior et præstantior opifex extrinsecus formam ceu quodam afflatu inspirans* (éd. cit. p. 78), et cela vaut pour tous les êtres naturels. Fernel maintient, contre toute évidence, le caractère aristotélicien de ses «formes», en jouant sur des références sélectives et peu exactes aux traités physiques, au *De anima* et à la *Métaphysique*.

car séparées de la matière, jouent un rôle essentiel dans la conception de l'enquête scientifique puisqu'elles rattachent directement à la métaphysique l'étude de la causalité dans les phénomènes sublunaires.

Le livre II applique cette doctrine à tous les corps naturels qui, bien que faits de matière élémentaire, sont maintenus en vie par leur forme divine – qui est aussi leur âme, ou leur « chaleur innée » – venue de la quintessence céleste. Cette forme est la cause efficiente de toutes les fonctions du corps, conférant aux effets naturels quelque chose de divin qui dépasse l'intelligence humaine[57]. Et la reconnaissance de ces *functiones divinæ* cachées dans les corps naturels et responsables de nombreux effets merveilleux doit être le premier acte de la philosophie, même si leur connaissance est hors de sa portée.

Pour Fernel, les maladies qui lèsent les fonctions vitales lèsent donc aussi la forme[58]. Toutes les fièvres putrides sont dans ce cas, mais parmi elles se dégage le groupe des maladies occultes causées par des poisons spécifiques dans leur effet. Elles se divisent entre les empoisonnements simples (épilepsie, hystérie), les maladies contagieuses gagnées par contact (la rage, la syphilis), et les pestilentielles, venues principalement par l'air[59]. Pour Fernel, la peste est envoyée par Dieu, par la médiation de *semina* empoisonnées venues du ciel par un mélange néfaste d'influx planétaires : il est bien inutile, pour la prévoir, d'observer les désordres météorologiques ou de guetter les troubles dyscrasiques de ses patients[60].

L'analyse de la peste, faîte de la théorie de Fernel, est à la fois ce qui la justifie le mieux et ce qui a peut-être le plus contribué à l'inspirer. Elle a été la partie du livre la plus aisément acceptée par les médecins : ils y étaient préparés par deux siècles de méditation sur les causes secrètes du fléau[61].

---

[57] Voir II, 2 *(Vires eas quas forma profert, uti et ipsam formam plane divinas esse...)* ; II, 7 *(Humani corporis, ut omnium viventium spiritus esse divinos, ingenitumque illis calorem divinum)* ; II, 8 *(Plurimas functiones et opera in nobis, occultis ex causis esse)*. C'est cette attribution de toutes les fonctions vitales à une forme ou un *spiritus* céleste qui fera surtout reculer les successeurs de Fernel : voir L. Deer Richardson, art. cit.

[58] Voir notamment II, 10 *(De morbis totius substantiæ, et quanti ii sint in arte momenti)*.

[59] II, 11 *(Occultorum morborum differentiæ)*.

[60] *Itaque puræ simplicisque pestilentiæ causa est cælestis configuratio vim inferens, quæ neque temporum mutatione, neque ulla manifesta qualitate, sed solo eventu deprehendi potest* II, 12, éd. cit., p. 19.

[61] L'origine surnaturelle de la peste n'a pas été contestée comme celle des autres maladies « occultes » et le facteur astrologique était déjà pris en compte. Jacques Grevin s'inspire de Fernel dans ses *Deux livres des venins* (Anvers, 1568). Jean-Antoine Sarrazin rend hommage au *De abditis rerum causis* dès la dédicace de son *De peste commentarius*, et reprend sa définition des *morbi occulti qui obscure furtimque ipsam facultatum substantiam nativo ac divino calore insitoque spiritu suis veluti numeris constantem primum ac per se invadant et, quod extremum est, lacessant, et adeo ut ipsam etiam atterant et extinguant* (Lyon, Cloquemin, 1572, cap. 2, p. 18-19).

Fernel soutient le caractère « méthodique » de sa démarche[62], et pourtant son livre met si bien l'accent sur l'omniprésence de l'action divine dans la nature, qu'il pourrait faire paraître vains les efforts de la raison. Il fait ainsi surgir une interrogation latente dans la philosophie du temps : par rapport à quelle conception de la puissance divine doit-on poser les bases d'une réflexion scientifique ? L'idée d'une « puissance ordonnée » qui préserve, comme par contrat, les lois instituées dans le monde dès l'origine est la seule, en principe, qui ouvre à la recherche un libre champ. Duns Scot avait déjà affirmé le caractère contingent de cette *potentia ordinata* qui dépend totalement de la *potentia absoluta*[63] selon laquelle Dieu peut intervenir à tous moments dans sa création[64], mais d'autres ambitions se dessinent à la Renaissance, comme d'autres soupçons : l'idée de la *potentia ordinata* n'est-elle pas une simple projection de l'esprit de l'homme abusé par ses limites ? Ne faut-il pas repenser les termes de la « puissance ordonnée » en faisant apparaître à l'horizon la « puissance absolue » ? Tout ceci peut aboutir aux essais de réajustement des coperniciens[65], aux spéculations plus échevelées d'un démonologue comme Bodin[66], voire à la cosmologie d'un Bruno[67].

---

[62] Dans le dernier chapitre (II, 19, *Occultis morbis tacita medicamentorum proprietate succurrendum, non Empiricorum ritu sed arte et methodo*) qui atténue la portée du propos de Galien sur les remèdes étrangers à la méthode (voir *supra* n. 25) : *si via et ratione stabilita confirmataque sunt, constat non sine arte et methodo ad occultarum proprietatum opem concurrendum, sed summam esse artis potestatem eamque ubique primas obtinere* (éd. cit., p. 254).

[63] Sur l'élaboration, à partir du XIIIᵉ siècle, de la distinction entre ces deux puissances, voir notamment W. Courtenay, *Capacity and Volition. A History of the distinction of absolute and ordained power*, Bergame, 1990 ; E. Randi, *Il sovrano e l'orologiaio...*, Florence, 1986 ; O. Boulnois éd., *La puissance et son ombre de Pierre Lombard à Luther*, Paris, Aubier, 1994.

[64] Duns Scot, *Commentaire aux Sentences* (élaboré entre 1301 et 1308), I, dist. 44 (« Dieu peut-il faire les choses autrement qu'il n'a été ordonné par lui qu'elles fussent faites ? », trad. dans Boulnois, *op. cit.*, p. 279-85). Chez Scot, la *potentia ordinata* ne désigne plus la détermination du pouvoir de Dieu par sa sagesse, mais l'institution d'un ordre légal. Or toute loi est révocable. Dieu garde la liberté de choisir, avec pour seule limite le principe de non-contradiction. Cette conception ne fonde d'ailleurs pas un scepticisme, les lois contingentes restant des lois. Voir E. Randi, « *Lex est in potestate agentis*. Nota per una storia dell'idea scotistica di *potentia absoluta* », dans *Sopra la volta del mondo*, Bergame, Lubrina, 1986, p. 129-138.

[65] L'héliocentrisme suppose un monde quasi infini, avec un immense espace inutile entre Saturne et les étoiles fixes (lesquelles auraient une énorme grosseur) ; il amène donc à repenser la façon dont la « symétrie » du cosmos exprime la puissance divine. Dans le dernier tiers du XVIᵉ siècle, cette question est un élément majeur du débat sur les enjeux du copernicianisme. Elle est discutée, notamment, dans la correspondance entre Tycho Brahe et le copernicien Christoph Rothmann. Voir *Tychonis Brahæi opera omnia*, éd. Dreyer, t. VI, p. 149-222 *passim* ; M. A. Granada, *El debate cosmologico en 1588. Bruno, Brahe, Rothmann, Ursus, Röslin*, Naples, Bibliopolis, 1996, p. 74-75.

[66] Sur la mise en question de la puissance ordonnée dans le *Theatrum universæ naturæ* de Bodin, voir I. Pantin, « L'ordre du monde naturel dans le *Colloquium Heptaplomeres* : essai de mise en

Or le fléau de la peste amène à de semblables réflexions. Il incite un simple praticien non seulement à citer la Bible, mais à faire le théologien. Dans son chapitre sur les «causes divines de la peste», Paré donne une amplification frappante au motif de la punition divine déjà développé par Joubert. Ce dernier n'avance qu'avec précaution dans l'analyse des modes d'exécution de la volonté divine:

> Or il semble quelque fois que Dieu l'envoye sur nous par son seul commandement et sans y avoir causes disposees à cela que nous appelons secondes et inferieures [...] Toutesfois il adjouste le plus souvent quelques moyens, desquels il se sert comme d'instrumens, pour corrompre l'air[68].

Paré généralise et, à partir du cas de la peste, atteste que le Créateur exerce sa puissance absolue dans la nature, sans se laisser entraver par l'ordre qu'il y a lui-même institué:

> [...] par la Philosophie divine nous sommes instruitz que Dieu est le principe et cause des causes moyennes, sans laquelle[69] les secondes causes et inférieures ne peuvent produire aucun effect, ains sont conduictes et addressees par la volonté secrette et conseil privé de Dieu, qui s'en sert comme d'instruments, pour accomplir son œuvre selon son decret et ordonnance immuable. Pourtant il ne faut attribuer simplement la cause de la peste aux causes prochaines à l'exemple des Lucianistes, Naturalistes et autres infidèles, mais il nous faut considérer que tout ainsi que Dieu par sa Toute-puissance a créé toutes choses hautes, moyennes, et basses, aussi que par sa sagesse il les conserve, modere, encline ou bon luy semble, *mesmes souvent change le cours naturel d'icelles selon son bon plaisir [...] Car quelque ordre ou disposition que Dieu aye mis en Nature* [...] tant y a qu'il n'est point lié ny subject à creature quelconque, *ains besongne et fait ses œuvres en toute liberté, et n'est aucunement subject de suivre l'ordre qu'il a establi en nature, [...] il change sans difficulté cest ordre quand bon luy semble*, et le fait servir à sa volonté, selon qu'il voit estre bon et juste[70].

---

contexte», *Magie, Religion und Wissenschaften im Colloquium heptaplomeres,* dir. Karl Faltenbacher, Darmstadt, Wissenschaftliche Buchgesellschaft, 2002, p. 163-174.

[67] Bruno juge contradictoire la distinction entre *potentia absoluta* et *ordinata:* c'est la puissance absolue de Dieu qui s'exprime dans un espace homogène et infini, selon le principe de plénitude; et selon le principe de raison suffisante, l'existence d'un seul monde dans cet espace serait incongrue. Voir M. A. Granada, «Il rifiuto della distinzione fra *potentia absoluta* e *potentia ordinata* di Dio e l'affermazione dell' universo infinito in G. Bruno», *Rivista di storia della filosofia,* 1994, p. 495-532.

[68] Ch. 3, trad. cit., p. 14 (dans le passage omis est donné l'exemple de la peste envoyée au peuple de David). Ed. latine (1567), p. 8: *Hanc vero Deus quandoque solo jussu, nullisque ad eam paratis causis, quas inferiores et secundas vocamus, immittere videtur [...] Frequentius tamen quædam media et velut instrumenta ad aërem corrumpendum adhibet.*

[69] Antécédent: «principe et cause», c'est-à-dire «première cause».

[70] Ed. cit., ch. 2, p. 4-5. L'éd. de 1579 insère dans ce passage un avertissement véhément: «Et ne faut que nul soit si hardy et plein de rage, de vouloir attacher Dieu, qui est la souveraine cause

L'attitude de Paré peut sembler plus cohérente que celle de Fernel. D'une maladie envoyée par un Dieu «duquel les thresors de science et sapience sont cachez, et nous les manifestera quand bon luy semblera»[71], il ne va pas scruter les causes et, du même coup, il renonce à la «vraye méthode»: ce n'est pas qu'un travail empirique soit privé d'ordre et de raison, mais le médecin doit abandonner l'espoir d'une remontée vers l'invisible et s'attacher humblement à seconder la nature:

> Or me dira quelqu'un: comment sera-il possible à un Chirurgien pouvoir guarir ceste contagion par vraye methode, attendu que sa cause ne peut estre connuë? A quoy faut répondre, qu'il faut suyvre le mouvement de Nature [*qui cherche à expulser le poison*]... Parquoy le Medecin et Chirurgien, qui sont ministres et coadjuteurs de Nature, n'ont autre chose à faire que poursuivre tels mouvemens: comme en provoquant les sueurs et vomissemens [...][72]

Cette démarche ressemble à celle qu'avait pu proposer un Gentile da Foligno au temps de la Peste Noire, tant il est vrai que pour cette maladie terrible, tous les chemins philosophiques – y compris le modeste refus de la spéculation – menaient à peu près aux mêmes remèdes. Mais pour nous, ces traités, témoins d'un fléau disparu, forment désormais un grand corpus où nous lisons aussi autre chose: la persistance des efforts dépensés par les médecins pour donner sens à leur action auprès des malades, tout en exprimant diversement leur conscience de suivre un chemin familier qui se perd dans l'obscurité.

Isabelle PANTIN
Ecole normale supérieure
Observatoire de Paris (Syrte)

---

de toutes choses, aux causes secondes et inferieures et à ses creatures, *ou à la première disposi-tion que luy-mesme a baillée: et seroit ravir à Dieu ce titre de Tout-puissant, et luy oster la liberté de plus rien changer et disposer autrement qu'il n'a fait du commencement, comme si l'ordre qu'il a establi le tenoit sujet et lié, sans qu'il peust rien innover»*. Nos italiques dans les deux citations.

[71] Ch. 6, éd. cit., p. 26.

[72] Ch. 1, texte de 1585.

LA *NATURALIS HISTORIA*
D'ADAM LONITZER,
UNE ŒUVRE MINEURE?

Plus encore peut-être que les études littéraires, les travaux d'histoire des sciences tendent à valoriser certaines œuvres, mises en avant pour leur caractère innovant ou pour leur intérêt rétrospectif, au regard de modes ou de critères actuels. Ils laissent de côté, ce faisant, une multitude de textes et d'auteurs, dès lors qualifiés de mineurs. Ces derniers, qui échappent largement aux investigations historiques, se voient vite confinés dans un oubli relatif qu'ils ne méritaient pas toujours. Certains ont pourtant le mérite de refléter l'état d'une science «normale», plus représentative de son temps que des travaux pionniers dont beaucoup n'ont été remarqués que bien plus tard. Ces textes mineurs sont parfois étudiés pour reconstituer l'environnement intellectuel de travaux plus marquants. Mais ils peuvent aussi être regardés de plus près, non pas en tant qu'éléments de décors, mais comme œuvres à part entière, ne serait-ce que parce qu'ils restituent mieux que d'autres l'évolution des pratiques savantes et des rapports à la connaissance.

La *Naturalis historia* d'Adam Lonitzer, publiée à Francfort par Christian Egenolff en 1551, appartient à cette catégorie d'ouvrages un peu délaissés[1]. Ignorée par l'ancienne *Histoire de la botanique* de Julius von Sachs, sévèrement jugée par Agnes Arber dans son traité sur les herbiers modernes, elle ne soulève pas l'enthousiame des historiens de la botanique[2]. Quant aux spécialistes des animaux ou des substances minérales, ils ne peuvent que constater l'indigence de la partie qui les concerne, bien restreinte et illustrée de surcroît par ce que

---

[1] Adam Lonitzer, *Naturalis historiae opus novum. In quo tractatur de natura et viribus arborum, fructicum, herbarum, animantiumque terrestrium, volatilium et aquatilium. Item gemmarum, metallorum, succorumque concretorum, ... cum indice quintuplici: Graeco, Latino, Germanico, Gallico, et morborum medicinas continente*, Francfort, Ch. Egenolff, 1551, in-f° [noté plus loin *NH*]. Il y a bien sûr une exception majeure à ce désintérêt, qui est à l'origine de la présente contribution: J. Céard, «Pour une histoire culturelle de la zoologie», colloque *La zoologie aux XVIᵉ et XVIIᵉ siècles*, Paris, Muséum national d'Histoire naturelle, 1996.

[2] J. von Sachs, *History of botany, 1530-1860*, New York, Russel & Russel, 1967 (éd. originale allemande, 1890); A. Arber, *Herbals, their origin and evolution. A chapter in the history of botany, 1470-1670*, third ed., Cambridge University Press, 1990.

Paul Delaunay a qualifié naguère de «méchantes, sommaires et minuscules vignettes»[3].

Un premier examen de l'ouvrage semble conforter ces critiques : on constate rapidement que le texte est pour l'essentiel la compilation d'informations anciennes sur les plantes et les animaux et que les images qui abondent sont presque toutes des copies réduites tirées des remarquables publications botaniques imprimées depuis le début des années 1530. On constate également que ces images figurent déjà dans les nombreux ouvrages similaires publiés depuis des années par Christian Egenolff. Quel est, dès lors, le statut de cette œuvre dont l'auteur pourrait n'avoir tenu qu'un rôle effacé ? A qui doit-on en attribuer la véritable paternité ? Une analyse des conditions de publication de l'ouvrage, par les méthodes de la bibliographie matérielle, permet d'apporter quelques éléments de réponse.

Né à Marbourg en 1528, Adam Lonitzer est le fils de l'humaniste Johann Lonitzer, qui enseigne le grec et l'hébreu dans cette ville depuis 1527, après un doctorat à l'Université de Wittenberg. Adam Lonitzer doit à cette filiation un apprentissage précoce des langues anciennes mais aussi une bonne connaissance des milieux du livre, que son père a fréquentés comme relecteur dans une officine. Lonitzer père a même abordé les textes scientifiques avec une traduction annotée des traités médicaux de Nicandre, en 1531, et des notes sur les nomenclatures de plantes, publiées dans une édition du *De materia medica* en 1543[4].

Reçu maître ès arts dès 17 ans, Adam Lonitzer commence des études de médecine à Francfort qu'il interrompt pour enseigner les lettres, avant de les reprendre à Mayence[5]. Il occupe une chaire de mathématiques à Marbourg en 1553 puis obtient le doctorat de médecine le 7 avril 1554. La même année, il épouse Magdalena, seconde fille de l'imprimeur Christian Egenolff, et obtient, le 4 octobre, la charge de médecin de la ville de Francfort, charge qu'il occupe jusqu'à sa mort en 1586 et à laquelle lui succédera son fils Johann-Adam. Adam Lonitzer remplira chez son beau-père la fonction de correcteur et participera à de nombreuses éditions d'ouvrages de médecine et de sciences naturelles. Mais il faut noter qu'en 1551, lorsque la *Naturalis historia* est publiée, Adam Lonitzer n'est encore qu'un jeune homme prometteur : âgé d'une trentaine d'années, il n'est encore ni médecin, ni gendre d'Egenolff.

---

[3]   P. Delaunay, *La zoologie au XVIe siècle*, Paris, Hermann, 1962 (réimpr. 1997), p. 169.

[4]   Nicandre, *Theriaca et alexipharmaca, cum scholiis*, Cologne, J. Soter, 1531, in-4°; *Scholia nova cum nomenclaturis graecis, latinis, hebraicis et germanicis*, in Dioscoride, *De medicinali materia libri sex*, Francfort, Ch. Egenolff, [1543], in-f°.

[5]   Sur la biographie de Lonitzer, voir F. W. Emil Roth, «Botaniker Eucharius Rösslin, Theodor Dorsten und Adam Lonicer 1526-1586», *Zentralblatt für Bibliothekwesen*, 19 (1902), p. 271-286 et 338-345 et *Dictionary of scientific biography*, dir. par C. C. Gillipsie, New York, Compact Ed., 1973, vol. 8, p. 483-484.

Ce dernier est alors un imprimeur prospère, bien intégré à la bourgeoisie francfortoise. Après des études à Mayence, il a débuté comme journalier à Strasbourg, chez Wolfgang Köpfel, de 1524 à 1528. Christian Egenolff s'est installé dans cette ville où il se spécialise déjà dans les traités techniques, avant son départ pour Francfort, en 1530[6]. A Francfort, une part importante de sa production consiste en traités illustrés de médecine ou d'histoire naturelle. Dès 1531, il publie une adaptation allemande du *Liber aggregationis* du pseudo-Albert le Grand, illustrée de petites gravures que l'on retrouve ensuite, par exemple, dans une adaptation du *Buch der Natur* de Konrad von Megenberg en 1536[7]. Egenolff réunit progressivement une importante série de bois gravés, notamment botaniques, qu'il réutilise systématiquement d'édition en édition. On les retrouve en 1543 et en 1549 dans le *De materia medica*, traduit par Jean Du Ruel, où elles s'accordent plus ou moins heureusement avec le texte de Dioscoride et les commentaires de Walter Hermann Ryff[8]. Egenolff utilise aussi les images d'animaux pour un petit traité d'art vétérinaire maintes fois réédité, dont le format in-quarto et le texte allemand montrent qu'il vise un lectorat moins lettré[9].

Non content de multiplier ainsi les emplois de ses bois, Egenolff amortit encore un peu plus les coûts de gravure par la publication d'albums d'images, avec pour seul texte les noms latins et allemands des espèces représentées. Les premiers, en 1535, 1536 et 1538 ne comportent que des plantes, mais d'autres intègrent des images d'animaux. Ces albums donnent un bon aperçu de l'accroissement du corpus iconographique dont dispose Egenolff. Leur arrangement intérieur montre combien le contexte éditorial l'emporte sur les considé-

---

[6] Sur les débuts strasbourgeois, voir M. Uscher Chrisman, *Bibliography of Strasbourg imprints, 1480-1599*, New Haven, Yale University Press, 1982, notamment p. 181-188, et J. Benzing, «Christian Egenolff zu Strasbourg und seine Drucke (1528 bis 1530)», *Das Antiquariat*, 9, av. 1954, p. 88-92. L'activité à Francfort est présentée par H. Grotefend, *Christian Egenolff der erste ständige Buchdrucker zu Frankfurt a. M. und seine Vorläufer*, Francfort, 1881.

[7] Pseudo-Albert le Grand, *Von wunderbar natürlichen Wirckungen, Eygenschafften und Naturen, Zusampt nutzbarlicher Erkantnus Etzlicher Kreütter, Edelgesteyn, Thier...*, Francfort, Ch. Egenolff, 1531, in-4°; Konrad von Megenberg, *Naturbuch vonn Nutz, Eigenschafft wunderbachwirckung unnd Gebrauch aller Geschöpff, Element unnd Creaturn, dem Menschen zu gut beschaffenn...*, Francfort, Ch. Egenolff, 1536-1540, in-f°.

[8] Dioscoride, *De medicinali materia libri sex, Joanne Ruello, Suessionensi, interprete, singulis cum stirpium, tum animantium historiis, ad naturae aemulationem expressis imaginibus...*, Francfort, Ch. Egenolff, [1543], in-f°; *De medicinali materia libri sex, ... Accesserunt priori editioni, Valerii Cordi annotationes doctissimae, Euricii Cordi judicium de herbis et simplicibus medicinae, Herbarum nomenclaturae autore Conrado Gesnero...*, Francfort, Ch. Egenolff, 1549, in-f°.

[9] Nous avons vu l'édition *Viehartznei. Erziehung, Gebrauch, Lernung, Arznei in züfelligen und naturlichen Kranckheyten aller Zahmen dem Menschen gebrauchlichen und geheymen Thier und Viehs ...*, Francfort, Ch. Egenolff, 1550, in-4°, mais d'autres sont plus anciennes.

rations scientifiques: dans les *Imagines* de 1546, l'ordre des gravures est lié à leur format, pour réduire le nombre de feuilles de papier nécessaires[10]. Dès que leur taille le permet, de petits bois sont ainsi glissés en dessous des images plus grandes. Egenolff apparaît donc comme un homme d'affaires avisé qui utilise habilement le succès commercial des livres illustrés, et imite sans trop de scrupules les représentations botaniques publiées par d'autres. Le vaste ensemble de bois gravés qu'il a constitué s'enrichit par des ajouts marginaux qui en complètent les lacunes les plus criantes. Ces bois sont à l'origine d'une grande série de traités sur les simples, qui précèdent celui de Lonitzer et dont nous voudrions retracer les principales innovations.

Egenolff se lance dans la botanique médicale avec la publication d'un recueil de plantes, le *Kreutterbuch* de 1533[11]. Comme l'indique le titre complet, c'est une réactualisation de l'ancien *Gart der Gesundheit* de Jean de Cuba, imprimé pour la première fois en 1485, dont les gravures gothiques aux traits lourds et anguleux étaient passées de mode et dont les descriptions commençaient à manquer de clarté[12]. La mise à jour du texte est assurée par Eucharius Rösslin le Jeune, médecin de la ville de Francfort et fils de l'auteur du célèbre *Rosengarten*[13]. Pour illustrer le livre, Egenolff fait graver 198 bois, qui lui permettent d'imprimer 239 images, grâce à des redondances[14]. Les images de plantes proviennent pour la plupart des deux tomes déjà parus du remarquable traité d'Otto Brunfels, mais les gravures sont nettement plus petites et inversées latéralement[15]. Pour les plantes figurant dans la troisième partie de l'ouvrage de Brunfels, pas encore publiée, l'éditeur duplique les vieilles gravures du *Gart der*

---

[10] *Herbarum, arborum,... animalium ... quorum in medicinis usus est, simplicium, imagines, ad vivum depictae. Una cum nomenclaturis eorumdem usitatis. Kreutter...*, Francfort, Ch. Egenolff, 1546, in-4°.

[11] *Kreutterbuch von allem Erdtgewächs, anfenglich von Doctor Johan Cuba zusammen bracht, jetz widerum new Corrigirt und auß den bestberümpsten Artzten, auch täglicher erfarnuß gemehrt: mit warer Abconterfeitung aller Kreuter; Destillierbuch Hieronymi Braunschwig von aller Kreuter außgebrennten Wassern hiemit füglich ingeleibt*, Francfort, Ch. Egenolff, 1533, in-f°.

[12] *Gart der Gesundheit. In welchem Garten man findet cccc. und xxxv. Kreuter*, Mayence, P. Schoeffer, 1485, in-f°. Ce livre est adapté en latin et enrichi de parties supplémentaires couvrant l'ensemble du monde naturel, sous le nom d'*Hortus sanitatis*, par l'éditeur de Mayence Jakob Meydenbach.

[13] Eucharius Rösslin l'Ancien (1470-1526), médecin de la ville de Francfort en 1513, a hellénisé son nom en Rhodion. Sur Rösslin le Jeune, voir Johanna Belkin, «Eucharius Rösslin der Jüngeren Lebensgeschichte», *Gutenberg-Jahrbuch* 1978, p. 96-105.

[14] H. Röttinger, *Der Frankfurter Buchholzchnitt, 1530-1550*, Strasbourg, 1933, p. 9. Un petit nombre de ces bois seraient de la main d'Hans Weiditz.

[15] O. Brunfels, *Herbarum vivae eicones*, Strasbourg, J. Schott, 1530-1531, in-f°.

Gesundheit. Le *Kreutterbuch* passe d'autant moins inaperçu que Johann Schott, l'éditeur de Brunfels, intente un procès pour plagiat à Egenolff[16].

Cette péripétie ne change rien aux méthodes d'Egenolff qui continue de plus belle à contrefaire les bois d'autres ouvrages botaniques, à commencer par ceux de Fuchs et de Bock, et à les rentabiliser par de nombreuses rééditions du *Kreutterbuch*, dont le nombre de figures augmente progressivement[17]. En 1540, une adaptation latine, le *Botanicon* de Theodor Dorsten, refond la matière du livre, en utilisant toujours le même ensemble d'images[18]. Comme il l'explique dans la dédicace du livre, ce professeur de médecine à l'Université de Marbourg a été sollicité par Egenolff pour mettre en latin et réactualiser l'herbier de Rösslin[19]. La plus grande notoriété de Dorsten explique sans doute qu'il apparaisse clairement comme auteur, contrairement à Rösslin qui figure simplement dans les éditions du *Kreutterbuch* comme adaptateur scientifique et préfacier du texte de Jean de Cuba.

Lors de sa parution, la *Naturalis historia* d'Adam Lonitzer n'est ainsi qu'un maillon supplémentaire dans une longue chaîne de traités de botanique médicale dont le principal dénominateur commun est l'iconographie. La question du partage des responsabilités entre l'imprimeur-libraire et l'auteur apparaît d'autant plus pertinente. La lettre qui ouvre le livre reste muette sur la genèse de l'œuvre. Cette dédicace à Wilhelm Osterrod, médecin de Mayence dont Lonitzer fut l'élève, fait également office d'avis au lecteur, et commence sans originalité par la justification de la publication. Lonitzer souligne la nécessité pour un médecin de connaître les simples, de la même manière que tout artisan doit connaître ses outils, et explicite ensuite le plan de son livre ainsi que l'organisation des chapitres. Ce n'est pas une entrée en matière originale: on retrouve presque la même dans l'*Hortus sanitatis*, en 1491. Ensuite, Lonitzer en vient aux auteurs sur lesquels il s'appuie. Pour la botanique, ce sont Théophraste, Dioscoride, Galien, Paul d'Egine, Pline, les agronomes latins et, parmi les Modernes,

---

[16] C. Nissen, *Die botanische Buchillustration. Ihre Geschichte und Bibliographie*, Stuttgart, Hiersemann, 1951, t. 1, p. 42 et 49; t. 2, n° 1667 et 1668. Une lettre relative au procès est publiée dans H. Grotefend, *Christian Egenolff, op. cit.*, p. 26.

[17] Le *Kreutterbuch* de Rösslin aurait été réédité en 1535 (250 gravures), 1536, 1542 et en 1546. Mais certaines de ces dates pourraient correspondre à de simples émissions ou résulter de confusions avec les albums d'images.

[18] T. Dorsten, *Botanicon, continens herbarum, aliorumque simplicium, quorum usus in medicinis est, descriptiones, & iconas ad vivum effigiatas; ex praecipuis tam Graecis quam Latinis authoribus jam recens concinnatum. Additis etiam, quae Neotericorum observationes et experientiae vel comprobarunt denuo, vel nuper invenerunt*, Francfort, Ch. Egenolff, 1540, in-f°.

[19] *Superiore anno, clarissime D. Doctor, Christianus Egenolphus typographus Francfordianus precibus a me contendit, ut volumen illud Herbarium, quod in Germanica lingua jam olim stanneis excusum formulis in vulgus emiserat, Latinitate donarem, ac idem ex optimorum medicorum viridariis locupletarem. Ibid.*, f. *2r°.

Euricius Cordus (1484-1535), Jean Du Ruel (1474-1537), Janus Cornarius (*c.* 1500-1588), Leonhart Fuchs (1501-1566) et Hieronymus Bock (1498-1554) qui, explique Lonitzer, ne le cèdent à personne en cette matière. Il mentionne encore Valerius Cordus (fils d'Euricius, 1515-1544) et deux apothicaires qui l'ont aidé pour des identifications. Pour les animaux, Aristote, Théophraste, Pline sont de nouveau mentionnés, aux côtés d'Athénée, Solin, Oppien et Ausonne. Ce sont des références attendues: l'absence des Modernes vient du manque de publications hormis le livre de Michel Herr, qui ne semble pas avoir été très diffusé, et quelques traités sur les poissons dépourvus d'images[20]. En botanique, l'absence de Brunfels surprend, mais il faut savoir que son livre a été plus marquant pour son iconographie que pour les descriptions de plantes qu'il contient. Les tensions avec son imprimeur n'incitent d'ailleurs pas à lui faire de réclame. En revanche, Lonitzer ne mentionne pas ses prédécesseurs « égenolffiens »: Dorsten n'est pas cité, pas plus que Ryff ou Rösslin qui, il est vrai, sont plus des adaptateurs que des auteurs. Le livre tait donc ses sources réelles.

Le reste de la dédicace est un long discours de justification par lequel Lonitzer répond par avance aux critiques que pourra susciter son travail. Il souligne ses efforts pour rassembler en un volume toute la matière disponible et explique en substance qu'il est plus facile de critiquer les œuvres des autres que d'en créer soi-même une nouvelle. Faute d'indications dans les préliminaires, c'est l'organisation générale de l'ouvrage et sa comparaison avec les éditions précédentes qui permettent de reconstituer les rapports entre l'auteur et l'éditeur.

Le plan de la *Naturalis historia* de Lonitzer révèle en effet sa nouveauté par rapport aux traités précédemment publiés par Egenolff. Plusieurs d'entre eux suivaient simplement le modèle du *Gart der Gesundheit* avec un ordre alphabétique des espèces. D'autres, à l'instar du *Buch der Natur* de Konrad von Megenberg, présentent d'abord les plantes, puis les animaux, en plusieurs groupes successifs, et enfin le monde minéral[21]. Lonitzer reprend ce principe, qu'il raffine en introduisant des nouvelles sections et des divisions de la matière botanique. Son ouvrage commence en effet par une courte partie sur les sols, d'après les agronomes latins, qui précède une centaine de pages consacrées aux arbres et

---

[20] M. Herr, *Gründtlicher underricht, warhaffte und eygentliche Beschreibung wunderbarlicher Seltyamer Art, Natur, Krafft und Eygenschafft aller vierfüssigen Thier, ...*, *sampt irer gantz artlicher contrafactur und leblicher abmalung*, Strasbourg, B. Beck, 1546, in-f°. Les principaux traités modernes sur les poissons sont l'*Historia aquatilium* de Nicolaus Marschalk (Rostock, 1524), le commentaire du livre IX de l'*Histoire naturelle* de Pline par Francesco Massari (Bâle, 1537), l'*Ichtyologia* de Karl Figuli (Cologne, 1540) et le *De piscibus marinis* de Paolo Giovio (Rome, 1524), plusieurs fois réédité.

[21] Notons que l'*Hortus sanitatis* propose également ce modèle.

aux fruits, ainsi séparés du reste des plantes. Suit la section principale, sur les herbes, desquelles sont retirées les graminées comestibles qui constituent la dernière partie botanique. Le reste du livre, dont le poids relatif est bien moindre, traite des animaux, divisés classiquement selon le milieu de vie (animaux terrestres, qui volent, qui nagent), suivis des « mixtes parfaits » (substances minérales), des pierres précieuses, des sels et concrétions, et d'une dernière partie, richement illustrée, sur les principes de la distillation. Le livre comporte enfin quelques rapides annexes médicales, dont un inventaire de produits purgatifs et une liste de poids et mesures en usage pour la médecine.

Cette nouvelle organisation du discours confirme la portée médicale vantée par la dédicace du livre, qui est à cet égard plus qu'une simple réclame. La quintuple indexation se prête également à une lecture médicale. Plantes, animaux et minéraux, unis en une même liste, sont indexés successivement selon leurs noms grecs, latins, allemands et français. Après ces listes qui multiplient les possibilités de retrouver une plante décrite, un cinquième index répertorie les maladies soignées[22].

L'architecture générale du livre révèle deux logiques, qui se superposent sans trop se nuire. La première souligne l'utilité pour l'homme du monde naturel, en mettant à part les plantes qui se consomment, en traitant des productions animales utiles (lait, miel, cire, ...) et en valorisant les remèdes. La seconde vise à restituer un ordre naturel du monde à travers la séquence des chapitres. Les plantes d'une même famille botanique se succèdent souvent et les transitions entre ces groupes naturels sont soigneusement réfléchies: on trouve par exemple un ensemble de liliacées à bulbes (narcisse, lis, crocus, ...) auquel succèdent les orchidées avec leurs tubercules souterrains. D'autres regroupements sont écologiques (roseau, massette, linaigrette, potamot, lentille d'eau, prêle et nénuphars) ou morphologiques (lierre, liseron, bryone, houblon, qui sont des lianes). Cette réflexion sur l'ordre des chapitres est une réelle innovation, alors que de grands herbiers comme celui de Fuchs sont encore alphabétiques.

La précédente publication botanico-médicale d'Egenolff, le *Botanicon* de Theodor Dorsten de 1540, montre par contraste les apports de l'édition de Lonitzer. Classés alphabétiquement, les chapitres du livre de Dorsten sont ainsi construits:

- nom latin de la plante faisant office de titre;
- gravure et nomenclatures grecque, latine et allemande, avec synonymies;
- annotations, qui renvoient à différents auteurs;

---

[22] *Index morborum, quorum remedia hoc opere exponuntur* (*NH*, f. γ3r°-γ6v°). Il y a en tout 29 pages d'index, qui occupent l'essentiel des feuillets préliminaires non numérotés.

- description, qui distingue éventuellement plusieurs espèces;
- tempérament (degré de chaleur ou d'humidité) succinctement indiqué;
- une rubrique *vires ac juvamenta* qui donne les principaux remèdes;
- une dernière partie sur les produits de distillation.

Les chapitres sont plus ou moins complets selon les cas. Beaucoup de blancs dans la mise en page révèlent des illustrations manquantes: il n'y a par exemple pas d'image pour l'*hermodactylum* ou pour le lupin. On trouve même cinq blancs d'affilée à la lettre S (*spica celtica, spinachia, squilla, squinantum, staphisagria*). Ces manques traduisent soit l'absence d'identification claire d'une plante ancienne soit, plus prosaïquement, l'absence d'image pouvant convenir dans les stocks d'Egenolff. Les bois gravés sont pourtant utilisés de manière souple comme l'attestent leurs fréquents réemplois: un même bois, représentant un iris, illustre les trois chapitres *acorus, gladiolus* et *lilium*[23]. D'autres images sont délibérément conçues pour un usage non spécifique, comme ces flacons ou ces boîtes d'épices que l'on revoit maintes fois dans l'ouvrage. De même, une vue de racines illustre six chapitres, dont ceux sur la rhubarbe et sur la gentiane. Inversement, les prélèvements dans le large stock d'Egenolff amènent parfois plusieurs images dans un même chapitre. On trouve ainsi deux gravures pour la camomille, sans que des légendes spécifiques permettent de les rattacher à l'une ou l'autre des espèces décrites par le texte.

Les améliorations de Lonitzer ne sont pas minces par rapport à cet ouvrage imprimé un peu plus de dix ans auparavant. L'une des plus importantes vient de la suppression des redoublements de bois, devenus scientifiquement et commercialement inacceptables depuis les récriminations de Fuchs[24]. On voit aussi disparaître du livre de Lonitzer les lacunes iconographiques de celui de Dorsten. Si l'on reprend les exemples précédents, l'*hermodactylum* est reconnu comme nom d'officine de la colchique, le *squinantum* disparaît de l'index, tandis que les autres plantes sont illustrées, parfois sous des noms légèrement différents: *nardus celtica, scilla, staphis agria*. Le nombre de chapitres, enfin, augmente nettement: les deux livres ont des paginations équivalentes, mais celui de Lonitzer décrit un nombre plus élevé de plantes, grâce à sa mise en page plus

---

[23] Le premier nom correspond à l'iris faux-acore qui ressemble à l'acore par la feuille et vit aussi en milieu humide mais est botaniquement plus proche du lis et du glaïeul. Il est possible que la proximité des feuilles ait fait confondre les deux plantes.

[24] S. Kusukawa, «Leonhart Fuchs on the importance of pictures», *Journal of the History of Ideas*, 58, 1997, p. 403-427, p. 406-411 commente ces critiques qui visent Dorsten et Brunfels.

dense. Alors que le livre de Dorsten comportait 320 figures, faites à partir de 284 bois différents, celui de Lonitzer en compte 631. Ce saut quantitatif doit beaucoup aux récentes éditions de Dioscoride dont bon nombre d'images, copiées elles-mêmes sur celles de Fuchs, sont reprises pour le livre de Lonitzer. Des bois anciens sont toujours employés, comme les figures de distillation qui proviennent d'un *Kleyn Distillierbuch* publié par Egenolff vers 1532, ou les vignettes d'animaux, venues du *Liber aggregationis* de 1531[25]. Ces dernières, qui mesurent 25 mm de côté, détonnent avec les gravures plus récentes de plantes, qui sont nettement plus grandes.

Quelques exemples montrent l'ampleur des améliorations de l'édition de Lonitzer en botanique. Le chapitre de Dorsten sur les géraniums s'intitule *herba Roberti* et comporte une gravure représentant cette espèce particulière. Mais les synonymies latines ou allemandes recouvrent d'autres géraniums: là où Dorsten, citant Brunfels, mentionne quatre espèces, Lonitzer en décrit six, associées chacune à un nom allemand et à une description[26]. Là où Dorsten indique simplement la nature froide et humide du rostre (le fruit), Lonitzer, plus précis, signale que les feuilles et les racines de tous ces géraniums, à l'exception du premier, ont des vertus astringentes et desséchantes[27]. Outre celle qui figurait dans l'ouvrage de Dorsten, le chapitre de Lonitzer comporte une autre gravure pour le sixième géranium, *Blutwurtz*, sans nom latin car il ne semble pas connu des Anciens. S'il y a bien là innovation et affinement des connaissances, force est de constater que ces nouveautés se trouvent déjà pour l'essentiel dans les annotations de l'édition de Dioscoride de 1549[28]. Lonitzer n'a fait que réécrire la description des six espèces en s'appuyant sur les identifications de ses prédécesseurs, même s'il ajoute des points de détail dans les notices.

L'influence de l'édition de Dioscoride est nette dans le chapitre sur les choux dont Lonitzer distingue trois sortes, le chou comestible, le chou sylvestre et le chou marin. Le chou comestible est lui-même divisé en quatre formes[29]. Lonitzer ne fait ici que suivre l'auteur grec qui consacre trois chapitres successifs à des « choux », les *brassica sativa*, *brassica sylvestris* et *brassica marina* des éditions latines. La subdivision des choux comestibles se trouve, elle, dans les commentaires modernes. Suivant servilement ses prédécesseurs, Lonitzer est

---

[25] Voir H. Röttinger, *Der Frankfurter Buchholzchnitt*, op. cit., p. 10 pour les vignettes zoologiques et C. Nissen, *Die botanische Buchillustration*, op. cit., II, p. 133 pour les provenances des illustrations.

[26] T. Dorsten, *Botanicon*, f. 147r°-148r° et *NH*, f. 152.

[27] *Folio et radices omnium, dempto primo, cuius dulcis est radix, discutiunt, adstringunt et desiccant.* (*NH*, f. 153r°).

[28] *De medicinali materia*, op. cit., 1549, p. 262-263 (III, 111).

[29] *Brassicae tria genera summaria: sativa, sylvestris, et marina.* Plus loin: *Sativa brassica quatuor habet species. Est enim levis, crispa, et quae proprie crambe dicta, et capitata.* (*NH*, f. 188r°).

ainsi conduit à présenter avec les choux la *brassica marina* de Dioscoride, une soldanelle qui n'a pas sa place parmi les crucifères comestibles. Les efforts de Lonitzer pour réordonner la matière de son livre sont donc freinés par l'influence de ses sources.

Les fougères montrent un autre exemple de fragmentation d'espèce avec le *scolopendrion* de Dorsten, éclaté en trois: *phyllitis* ou *lingua cervina*; *scolopendrion* ou *asplenum*; *splenion* ou *scolopendrium minus*. Deux nouvelles gravures sont ainsi ajoutées, qui proviennent elles aussi des éditions de Dioscoride.

Quelques rares images, malgré tout, sont directement dues à Lonitzer, comme celle de l'asphodèle (*asphodelus*). Signalant son nom erroné en officine (*affodilus*) et sa confusion fréquente avec un lis (*lilium sylvestre*), il en produit une belle image faite grâce à Johannes Nezenus, apothicaire de Francfort qui cultive cette plante dans son jardin. L'image se substitue à une gravure antérieure, qui la montrait sans fleurs, et donc peu reconnaissable[30].

Face à ces innovations botaniques, les autres parties de la *Naturalis Historia* restent assez indigentes. Nettement moins nombreux, leurs chapitres sont de surcroît rarement illustrés. Lonitzer est tributaire des ressources iconographiques de l'éditeur, mais aussi du retard de l'imagerie zoologique par rapport à celle sur les plantes, retard particulièrement criant au début des années 1550, moment où les grands traités illustrés sur les animaux de Pierre Belon, Guillaume Rondelet, Ippolito Salviani ou Conrad Gesner sont sur le point de paraître[31]. Le texte zoologique est tout aussi maigre que les petites vignettes qui l'illustrent parfois. Seul le long chapitre sur le rémora qui clôt la partie zoologique, même s'il reste sans image, semble avoir suscité l'intérêt de Lonitzer. Annonçant qu'il ne peut passer sous silence une telle merveille de la Nature, il cite longuement trente et un vers d'Oppien, en grec puis en latin, sur ce petit poisson capable d'arrêter les navires. Tout cela, conclut Lonitzer, invite à admirer la Création et le mystère de Dieu[32].

Un dernier détail permet de préciser encore le statut du livre: toutes les éditions que nous avons consultées sont coloriées et surtout, elles le sont toutes de la même manière. Les images sont recouvertes d'une aquarelle légère, qui laisse transparaître les traits de la gravure. L'homogénéité de la peinture d'un exemplaire à un autre signifie qu'elle a été intégrée à la fabrication du livre, sous

---

[30]   *NH*, f. 204r°. L'ancienne image figurait dans le chapitre *hastula regia* de Dioscoride (II, 161).

[31]   On trouvera une rapide présentation de ces traités dans L. Pinon, *Livres de zoologie de la Renaissance, une anthologie (1450-1700)*, Paris, Klincksieck, 1995.

[32]   *NH*, f. 309r°: *Cum tanta igitur de Echeneide extent testimonia, visa est mihi digna, quae sua laude non fraudaretur, quae etsi exigua per me illi tribui potest, quantulumcumque tamen illud est, dare ei volui, non meam propriam, sed ab aliis acceptam donans. Colant mirenturque alii pro suo quicquid libitum ipsis fuerit arbitrio, mihi in hoc nostro pisciculo Deum conditorem suspicere, et admirari placet, et in hoc peculiare Dei mysterium contemplari.*

la responsabilité de Lonitzer ou d'Egenolff. Les mises en couleurs sont fréquentes pour des traités botaniques du XVIᵉ siècle : sur cent cinquante exemplaires retrouvés du célèbre livre de Leonhart Fuchs, par exemple, près d'un tiers sont coloriés, mais pas toujours avec les couleurs des aquarelles originales de l'auteur, retrouvées à Vienne : certains ont été peints plus tard[33]. La proportion exceptionnelle d'exemplaires du livre de Lonitzer vendus coloriés traduit donc une exigence éditoriale particulièrement forte. Cette mise en couleurs, qui restitue bien les teintes des fleurs, améliore nettement leur reconnaissance par le lecteur et accroît ainsi la valeur scientifique, ou artistique, de l'ouvrage. En revanche, elle se répercute sur son prix : on ne connaît pas celui de ce livre, mais quelques prix de vente connus pour des ouvrages équivalents indiquent que ceux-ci sont au moins doublés pour des exemplaires coloriés. Avec 744 pages in-folio et plus de 700 gravures peintes, le livre de Lonitzer était un livre cher.

Ce prix élevé a pu contribuer à limiter les ventes. Mais on peut trouver d'autres explications au relatif échec commercial de la publication. A la différence de celui de Rösslin, en effet, le livre de Lonitzer n'est jamais réédité. Quatorze ans plus tard, pourtant, en 1565, les héritiers Egenolff vendent un *Botanicon* d'Adam Lonitzer. Mais loin d'être une réédition de la *Naturalis historia*, il s'agit du même livre dont seule la feuille comportant le titre a été réimprimée, avec une nouvelle date et un titre modifié[34]. L'autre moitié de la feuille refaite correspond au début de l'index latin, recomposé à l'identique (on remarque cependant que le pavé de texte est légèrement décalé par rapport aux pages voisines). Le *Botanicon* est vendu avec une seconde partie plus courte, consacrée aux plantes rares à Francfort et comportant l'*onomasticon* annoncé par la première page de titre. On peut dater cette seconde partie du milieu des années 1550 puisque Lonitzer y est qualifié de médecin de la ville de Francfort, titre obtenu en 1554, et que l'impression est attribuée à Christian Egenolff, mort en 1555. L'expression *omnia de novo recognita* qui figure dans le titre complet du nouveau *Botanicon* n'est donc qu'un leurre. Les héritiers Egenolff,

---

[33] Voir F. G. Meyer, E. E. Trueblood & J. L. Heller, *The great herbal of Leonhart Fuchs*, Stanford, Stanford University Press, 1999, vol. 1.

[34] *Botanicon. Plantarum historiae, cum earundem ad vivum artificiose expressis iconibus, tomi duo, per Adamum Lonicerum, Medicum Physicum Francofortensem. ... Postremo Onomasticon, quo variae plantarum nomenclaturae ex diversis linguis, item voces, quarum frequens in descriptionibus usus est, explicantur. Omnia de novo recognita. Indice adjecto quintuplici*, Francfort, héritiers de Ch. Egenolff, 1565, in-f°. La seconde partie porte une nouvelle page de titre : *Naturalis historiae tomus II. De plantarum earumque potissimum, quae locis nostris rariores sunt, descriptione, natura et viribus. Jam recens summo studio et diligentia congestus*, Francfort, Ch. Egenolff, s. d. L'exemplaire consulté, au Muséum national d'Histoire naturelle, n'est pas colorié pour la première partie.

qui n'hésitent pas à vendre de vieilles pages sous un titre neuf, ont conservé le sens des affaires de leur père. Mais au-delà de ces artifices, ce rhabillage atteste surtout que, quinze ans après l'impression, on possède encore des stocks suffisamment importants de la *Naturalis historia* pour tenter de les écouler sous un autre nom. Il n'est d'ailleurs pas certain que la tentative ait été fructueuse, si l'on se fie à la rareté des exemplaires conservés de nos jours. L'absence du *Botanicon* des grandes bibliothèques allemandes laisse penser qu'il a été surtout vendu à l'étranger, à des acheteurs plus faciles à berner. Quoi qu'il en soit, force est de constater que, dans sa forme latine du moins, l'ouvrage de Lonitzer n'a pas su trouver son public.

Mais la mise est sauvée par la version allemande, dont le titre de *Kreuterbuch* reprend celui de Rösslin, mais qui est une réelle traduction de la *Naturalis historia*[35]. La première édition, en 1557, due aux héritiers d'Egenolff, est suivie de dix autres avant la fin du siècle[36]. Ces rééditions sont régulièrement augmentées puisque le nombre de figures va croissant: resté proche de l'officine des Egenolff, Lonitzer a probablement travaillé à plusieurs d'entre elles. On compte encore dix autres éditions au moins aux XVIIe et XVIIIe siècles, jusqu'en 1783! Si certaines, imprimées à Ulm ou ailleurs, finissent par s'éloigner de l'œuvre originale, dont elles conservent pourtant encore des gravures, l'étonnante vigueur de la tradition éditoriale ouverte par Egenolff prouve qu'elle correspond bien aux attentes d'un lectorat important.

Tout cela suggère que c'est le latin qui a nui aux ventes de la *Naturalis historia*, tout comme il semble avoir été préjudiciable au livre de Dorsten, jamais réédité alors que celui, plus ancien, de Rösslin continuait à l'être. Si le livre de Lonitzer ne se vend pas en latin, qui est pourtant la langue des principaux traités botaniques du XVIe siècle, c'est sans doute parce qu'il n'est pas mis sur le même plan par les acheteurs potentiels. L'extraordinaire succès du livre en allemand, au contraire, laisse penser qu'il a été lu par un public intermédiaire, plus curieux de reconnaître les plantes et d'en tirer profit que de se noyer dans les controverses philologiques sur leurs noms grecs. Outre l'attrait d'un panorama du monde naturel qui a peu d'équivalent au milieu du XVIe siècle, le *Kreuterbuch* de Lonitzer a probablement été souvent utilisé comme recueil pratique de remèdes, pour ne pas recourir à un médecin. La mévente de la *Naturalis historia* semble en revanche sanctionner une tentative éditoriale pour atteindre une autre catégorie de lecteurs, plus érudite, plus aisée, plus lointaine. Plus exigeante aussi, sans doute.

---

[35] Adam Lonitzer, *Kreuterbuch. New zugericht. Von allerhand Baümen,... Mit vilen newen Kreutern und Figuren... Item der fürnembsten Gethier, Vögel und Fische, ... Beschreibung und Nutzung, mit dreien Registern*, Francfort, héritiers de Ch. Egenolff, 1557, in-f°.

[36] Sont attestées les rééditions suivantes: 1560, 1564, 1569, 1573, 1577, 1578, 1582, 1587, 1593 et 1598.

Si on la considère image par image, ou idée par idée, il y a sans doute très peu d'éléments de la *Naturalis historia* d'Adam Lonitzer que l'on ne puisse retrouver dans des publications antérieures d'Egenolff. Cela n'est d'ailleurs pas surprenant de la part d'un auteur jeune et non encore muni du viatique que représente le doctorat de médecine. L'ouvrage reste inféodé à la démarche commerciale d'Egenolff, qui en est vraisemblablement le commanditaire, et le texte de Lonitzer est essentiellement une réécriture des descriptions des auteurs précédents. Il se protège simplement des accusations de plagiat en remaniant leurs phrases, même s'il en garde souvent les mots. Pourtant, le travail de glanage de Lonitzer, sans que l'on sache au demeurant s'il l'a effectué seul ou non, apparaît comme une véritable création auctoriale et se montre scientifiquement fécond. En remaniant des données anciennes, en les réorganisant, il crée du sens de manière souvent pertinente et contribue ainsi à reconstruire le discours sur le monde naturel. Cette dimension de son œuvre, largement ignorée, est au moins aussi importante que les quelques descriptions ou images originales qu'il a pu ajouter par ailleurs.

Hormis le fait qu'il puise l'essentiel de ses informations dans le corpus restreint des publications d'Egenolff, le livre de Lonitzer n'est pas très éloigné dans son principe des compilations de lieux communs comme l'*Universae naturae theatrum* de Jean Bodin[37]. Mais à la différence des cahiers de lieux communs, assemblages de mots ou de citations, Lonitzer, lui, réorganise et recopie des textes et des images imprimés. Ainsi, même si les images d'Egenolff sont un peu frustes par rapport à celles qui ornent certains traités contemporains, même si la parcimonie avec laquelle il en fait graver de nouvelles oblige à des imprécisions, le remarquable stock de gravures dont il dispose permet un véritable travail sur les identifications et les nomenclatures de plantes et d'animaux. L'imprimerie joue ici un rôle décisif : elle permet une formidable accélération de ces recompositions des connaissances, par la diffusion fiable et à grande échelle des états antérieurs du savoir. On ne connaît pas les brouillons d'Adam Lonitzer, mais il est probable qu'ils aient consisté en fragments découpés des livres précédents, lui permettant de manipuler aussi bien des plantes auxquelles il n'avait pas accès que des connaissances à leur propos.

Egenolff ne se distingue pas par le côté novateur de ses publications, et il a sans doute égaré de nombreux lecteurs par des emplois de bois hasardeux ou fallacieux, mais par la masse de ses éditions et par son dynamisme commercial, il contribue à la diffusion des images botaniques à travers l'Europe et à la nécessaire uniformisation des nomenclatures et des représentations savantes.

---

[37] Jean Bodin, *Universae naturae theatrum in quo rerum omnium effectrices causae et fines contemplantur, et continuae series quinque libris discutiuntur*, Lyon, J. Roussin, 1596, in-8°. Nous renvoyons à l'étude magistrale d'A. Blair, *The theater of Nature. Jean Bodin and Renaissance Science*, Princeton, Princeton University Press, 1997.

De telles pratiques éditoriales soulèvent de manière brûlante la question du partage de la paternité auctoriale d'un imprimé entre le rédacteur et l'éditeur. Egenolff participe fortement à la conception des œuvres scientifiques qu'il publie : contrairement à d'autres livres, la *Naturalis historia* est sans doute un projet éditorial avant d'être un projet auctorial. Si Rösslin semble n'être qu'un porteur de plume, Dorsten et Lonitzer parviennent mieux à s'imposer comme auteurs. Mais c'est Egenolff et lui seul qui possède les bois sans lesquels leurs « œuvres » ne sont que virtuelles. Ces auteurs sont donc captifs de leur éditeur, qui peut les remplacer à tout moment.

Les plagiats d'Egenolff mettent aussi en cause la propriété intellectuelle des textes ou des images scientifiques publiés. Lors de son procès avec Johann Schott, Egenolff plaide qu'il reprend un vieux livre de Cuba et que, le romarin étant le romarin, il est normal que ses images faites d'après nature ressemblent à celles de Brunfels. Cela ne manque pas de mauvaise foi dans la mesure où ses gravures reprennent en plus petit des éléments, et souvent la disposition d'ensemble, de celles du livre de Brunfels. Plus tard, Fuchs l'attaque ouvertement dans la préface de son *Historia stirpium* : « Parmi tous les herbiers qui existent aujourd'hui, il n'y en a aucun qui ait plus d'erreurs que ceux que l'imprimeur Egenolff a publié encore et encore. »[38] Egenolff se défend dans un petit libelle imprimé par ses soins. Mais il répond surtout, à sa manière, en dupliquant rapidement les images de Fuchs. En 1544, dans un nouveau pamphlet visant cette fois Walter Ryff, Fuchs note amèrement que plus de 200 des 675 figures de l'édition de Dioscoride publiée par Egenolff en 1543 sont tirées de son livre[39]. La réponse à ces controverses viendra un peu plus tard, lorsque l'usage d'indiquer systématiquement les emprunts iconographiques ou textuels sera mieux établi. Cette procédure courtoise permet le bon fonctionnement des réseaux d'échange savant, mais elle a aussi le mérite scientifique d'indiquer la source des informations et d'éviter ainsi de regrettables dédoublements d'espèces.

Outre la qualité réelle du travail effectué pour ce livre, Lonitzer doit probablement en partie le maintien de son nom sur les pages de titre des rééditions allemandes, et donc sa notoriété posthume, à ses liens privilégiés avec la famille de l'éditeur. Il est intéressant de noter que ce sont ses éditions de semi-vulgarisation longuement réimprimées, et non ses publications médicales plus érudites, qui lui vaudront d'être immortalisé par Linné, lequel donne son nom

---

[38]   Leonhart Fuchs, *De historia stirpium commentarii insignes*, Bâle, M. Isengrin, 1542, f. α5v°. Voir le résumé de la controverse dans *The great herbal, op. cit.*, vol. 1, p. 801-804.

[39]   *Apologia Leonharti Fuchsii qua refellit malitiosas Gualtheri Ryffi veteratoris pessimi reprehensiones, quas ille Dioscoridi nuper ex Egenolphi officina prodeunti attexuit; obiterque quam multas, imo propemodum omnes, herbarum imagines e suis De stirpium historia inscriptis commentariis idem suffuratus sit, ostendit*, Bâle, M. Isengrin, 1544, in-8°. *The great herbal, op. cit.*, vol. 1, p. 136 et 673.

à un joli groupe de plantes, les chèvrefeuilles du genre *Lonicera*. Ainsi, pour mineure qu'elle soit, la *Naturalis historia* n'en illustre pas moins la richesse et la complexité de l'élaboration et de l'édition d'un livre scientifique. Elle oblige également à laisser de côté de côté la notion traditionnelle d'auteur, tant les responsabilités semblent partagées entre Egenolff et Lonitzer. Au-delà des aspects techniques et commerciaux, c'est aussi et surtout la portée scientifique de l'ouvrage qui se joue à travers ces opérations éditoriales.

Laurent PINON
Ecole normale supérieure, Paris, Ulm

EN ATTENDANT DU PINET :
PIERRE DE CHANGY
ET SON *SOMMAIRE DES SINGULARITEZ*
DE PLINE

> Plus le verras, plus le voudras reveoir
> Car c'est ung œuvre, ou gist grand'excellence.
> *Dixain au lecteur.*

Dans son *Précis de littérature française du XVIᵉ siècle*[1], Robert Aulotte, rappelant les progrès de la traduction à la Renaissance, évoquait notamment les « extraits » de Pline traduits par Pierre de Changy en 1542 puis réédités en « 1551 et 1559, trois ans avant la traduction complète d'Antoine du Pinet ». Et d'ajouter ce jugement général sur les traducteurs français autour de 1550 : ils « n'ont guère le sens de la différence des époques et ils modernisent, christianisent volontiers, mais au moins grâce à eux, les Anciens entrent dans le commerce des modernes et l'héritage se trouve en partie sauvegardé, protégé, proposé ».

Cette appréciation bienveillante s'applique-t-elle effectivement à Changy, abréviateur et premier « traducteur » de Pline en français ? Si l'examen détaillé de son *Sommaire des Singularitez de Pline* suggère un jugement moins favorable, ce curieux abrégé mérite néanmoins de retenir l'attention, ne serait-ce que comme un témoignage étonnant sur l'engouement suscité au XVIᵉ siècle par l'*Histoire naturelle* au-delà des milieux humanistes proprement dits. Après avoir précisé autant que faire se peut l'identité de l'auteur et son environnement culturel, puis mis en évidence le succès éditorial du *Sommaire*, on s'interrogera sur la méthode de Pierre de Changy, et sur sa lecture de Pline, telle qu'elle se révèle à travers le traitement infligé au livre VII de l'*Histoire naturelle*.

---

[1]   Paris, PUF, 1991, p. 21. Ce travail prolonge un exposé que m'avait demandé Jean Céard dans le cadre du séminaire sur la fortune de Pline l'Ancien qu'il animait avec Jean-François Maillard à l'IRHT. Que l'un et l'autre soient ici remerciés de leurs précieuses suggestions.

PIERRE DE CHANGY,
ÉCUYER BOURGUIGNON

Nous ne sommes renseignés sur Changy que par les liminaires de ses deux livres et par une brève notice (en partie erronée) de la *Bibliothèque françoise* de Du Verdier[2]. Trop d'inexactitudes ayant circulé à son sujet, on tentera ici, après A. Delboulle, A. Cartier et M. Simonin[3], un nouveau point des connaissances sur l'auteur des *Singularitez*.

Du Verdier le dit originaire du hameau de Changy[4], de la paroisse et marquisat d'Epoisses (baillage de Semur-en-Auxois, en Côte d'Or) et le croit né avant 1483[5]. Il le pense aussi «Avocat au Parlement de Dijon», peut-être par confusion avec son fils Jacques. Au titre de ses livres, Pierre de Changy est seulement réputé écuyer. Il semble en effet avoir été un homme de guerre, si l'on en croit les vers liminaires qui ornent sa traduction du traité de Vivès, *L'Institution de la femme chrestienne*. Un certain Simon Romyglaeus (Romilly), Angevin, y évoque la jeunesse de Changy, qu'il fait parler ainsi:

> *Me miserum (aiebat) qui bella ferocia gessi,*
> *Pro patria, corpus dum juvenile foret;*
> *Qui Plini bis tres in gallica verba libellos,*
> *Mars, verti in castriis, sanguinolente, tuis[6].*

Changy aurait ainsi traduit six livres de Pline entre camps et bivouacs... On se plaît à imaginer un volume de l'*Histoire naturelle* alourdissant le barda du jeune écuyer mais allégeant les douleurs de ses blessures! Ces vers nous renseignent-ils sur la genèse du *Sommaire des Singularitez*? Cartier l'exclut, pensant pour sa part à une version intégrale de six livres de Pline, qui serait restée inédite; Delboulle au contraire considère que Romilly fait bien allusion aux *Singularitez*, et cette interprétation ne peut être complètement écartée, puisque le *Sommaire* se

---

[2]   *Bibliothèques françoises de La Croix du Maine et Du Verdier*, éd. Rigoley de Juvigny, Paris, 1772-73, t. V, p. 257 (cf. aussi La Croix du Maine, t. II, p. 262).

[3]   Cf. P. de Changy, *L'Institution de la femme chrestienne*, éd. A. Delboulle, Le Havre, 1891; l'article méconnu d'A. Cartier: «La première traduction française du *De institutione foeminae christianae* de J.-L. Vivès et son auteur P. d. C.», *Revue des livres anciens*, 1916, p. 195-200; M. Simonin, art. «Changy» du *Dictionnaire des lettres françaises*, Paris, Pochothèque, 2001, p. 249.

[4]   D'après A. Delboulle, «Jean Andréas, écuyer, seigneur de Changy, lequel selon d'Hozier vivait en 1491, fut probablement [...] le père de notre traducteur».

[5]   *Op. cit.*, p. 257: «Changy mourut en 1543, âgé de plus de soixante ans». Mais comme on le verra, cette date de 1543 est erronée. Si Changy a vécu plus de soixante ans, il est né avant 1481.

[6]   Ed. J. Kerver, 1543, f. Aij.

donne bel et bien pour une « traduction de Pline » (dédicace, f. ii v°) : Romilly ne se trompe en définitive que sur le nombre de livre traduits par le jeune écuyer[7].

C'est dans sa vieillesse en revanche que Changy traduit *L'Institution de la femme chrestienne* et *De l'office du mary*, deux ouvrages de Vivès que lui adressent ses fils. On lui connaît en effet plusieurs enfants mentionnés dans les liminaires de ses œuvres : Jacques, docteur en droit, avocat au Parlement de Dijon ; Blaise, curé d'Epoisses, qui, « estudiant à Paris », se chargera de faire éditer les œuvres paternelles[8] ; Marguerite, dédicataire de l'*Institution*. Cette dernière, ou l'une de ses sœurs selon Cartier, épousera M. de Villesablon. Cartier omet enfin sœur Françoise de Changy, religieuse à Saincte-Claire de Bourges, à qui son père dédie une *Breve instruction* sur la vertu d'humilité[9].

Brunet prétend Changy mort en 1553 ; c'est peut-être une coquille pour 1543, date donnée par Du Verdier. D'autres avancent même 1563. Mais aucune de ces dates ne paraît recevable : Changy meurt nécessairement avant le 18 février 1541, date du privilège des *Singularitez*. Leur dédicace « A Monseigneur le Reverendissime Cardinal de Meuldon, evesque d'Orleans, maistre de l'oratoire du roy », signée par Blaise de Changy, présente en effet très clairement cette traduction comme une publication posthume : « c'est un petit labeur de mon pere, qui apres son deces (entre ses autres labeurs) est tombé en mes mains, […] je me suis efforcé l[e] faire divulguer »[10].

LA FORTUNE ÉDITORIALE
DES TRADUCTIONS DE CHANGY

Faute de connaître ses « autres labeurs », l'œuvre de Changy se réduit pour nous essentiellement à ses traductions de Vivès et de Pline, publiées par son fils Blaise. Le répertoire des éditions connues suggère pour ces publications un succès non négligeable.

---

[7] Six, par erreur pour seize, à moins que le reste n'ait été traduit que plus tard (?).

[8] Une brève notice consacrée à Blaise de Changy par R. Barroux dans le *Dictionnaire des lettres françaises, op. cit.*, émet l'hypothèse que ce Blaise pourrait être aussi l'auteur du roman intitulé *Histoire authentique de l'escuyer Gyrard et Damoiselle Alison*, 1515 (cité par G. Lanson, *Manuel bibliographique de la litt. fr.*, n° 2706 sous la forme Chanzy).

[9] Cf. *Livre tres bon, plaisant et salutaire de l'institution de la femme chrestienne... Auquel est adjoustee de nouveau une tresbriefve & fructueuse instruction de la vertu Dhumilite*, Paris, J. Kerver, 1543, f. cxxxvij-cxliv. Ce document nous apprend encore que Changy survécut à la mère de ses enfants (« votre feu mere », f. cxliv v°).

[10] *Sommaire*, f. ii v°-iii. L'édition originale de *L'institution* (1542) comporte par ailleurs un dizain de Pierre Pesselière « à Blaise de Changy, curé d'Espoysse, sur la mort de son père ».

En ce qui concerne les traductions de Vivès, on se bornera ici à répertorier les éditions sans les décrire en détail. Onze d'entre elles ont déjà été signalées par Cartier :

- *Livre de l'Institution de la femme chrestienne, tant en son enfance que mariage et viduité, aussi de l'office du mary, nagueres composez en latin par Jehan Loys Vives et nouvellement traduictz en langue françoyse par Pierre de Changy, escuyer.* Paris, Jacques Kerver, 1542, in-8°. Première édition (réimprimée avec préface et glossaire, par A. Delboulle, Le Havre, Lemale et Cie, 1891, in-8°).
- *Livre très bon, plaisant et salutaire de Linstitution de la femme chrestienne [...]. Auquel est adjoustee de nouveau une tresbriefve & fructueuse instruction de la vertu Dhumilite. Avec une epistre de sainct Bernard touchant le negoce et gouvernement dune maison. Le tout reveu et corrige oultre les precedentes impressions.* Avec privilege. Paris, J. Fezandat pour J. Kerver, 1543, in-8° (BNF Rés. D. 61286).
- *L'Institution de la femme chrestienne,* Lyon, Jean de Tournes, 1543, in-16 (Coll. A. Cartier).
- *Institution [...],* Lyon, Sulpice Sabon pour Antoine Constantin, s. d. [vers 1543], in-8° (BNF, Rés. D 54643).
- Paris, J. Kerver, 1545, in-8° (Brunet, *Supplément,* II, 921).
- Paris, Denis Janot pour Galliot du Pré, 1545, in-16 (British Museum : 08416 de 15).
- Lyon, Jean de Tournes, 1545, in-16 (Cat. Veinant, 1860, n° 126).
- *Ibid.,* 1547, in-16 (Cat. Perreau, 1885, n° 28).
- Paris, 1549, in-8° (signalé sans précision par Brunet, *Manuel,* V, 1334).
- Lyon, Jean de Tournes, 1549, in-16 (Aix-Méjanes).
- Paris, Pierre Cavellat, 1579, in-16 (Brunet, *Manuel,* V, 1334 ; probablement d'après Du Verdier).

A cette liste déjà imposante, il convient d'ajouter encore trois éditions omises par Cartier :

- Paris, Ch. Langelier, 1555 (Chicago, N. Library).
- Paris, s. n. (Wechel ?), s. d. (Wien, O.N.B. : 18. M. 116).
- *L'institution de la femme chrestienne tant en son enfance que mariage et viduité. Avec l'office du mary. Le tout composé en latin par Loys Vivet. Et nouvellement traduict en langue Françoyse par Pierre de Changy, escuyer. Avec une introduction de la vertu d'humilité par ledict de Changy.* A Paris, de l'imprimerie de Leon Cavellat Libraire, 1579, in-16[11].

---

[11] Cette édition récemment redécouverte (P. Veyssière, *Livres anciens,* printemps 1994, n° 227) manque au fascicule Cavellat.

Le *Sommaire* semble avoir connu pour sa part quatre éditions entre 1542 et 1559. La plus courante est l'édition originale :

> *Sommaire des / Singularitez de Pline, extraict des sei- / ze premiers livres de sa naturelle histoi / re, & mis en vulgaire Francoys / par Pierre de Changy, / escuier. / [Marque] / Avec privilege. / * On les vend à Paris en la grand salle du Palais / au premier & deuxiesme pilliers, par Arnoul / & Charles les Angeliers, freres. / M. D. XLII[12].*

Jean de Tournes ayant semble-t-il réimprimé régulièrement l'*Institution* (1543, 1545, 1547, 1549), est-il incité par ce succès à publier aussi le *Sommaire*? Cartier signale une édition chez Jean de Tournes dès 1546. Il en possédait lui-même un exemplaire ayant appartenu à Peiresc, qu'il mentionne dans son article sur Changy (p. 199) et incidemment dans une note de sa *Bibliographie des éditions De Tournes* (t. I, p. 316, n° 203); mais il oublie curieusement de consacrer à cette édition rarissime une notice spécifique dans ladite bibliographie. Il y décrit en revanche (d'après le catalogue Gosford, Paris, Porquet, 1882, n° 86) la seconde édition de Tournes :

> *Sommaire / des Singula- / ritez de / Pline, / * / Extrait des seize premiers livres de / sa Naturelle histoire, & mis en / vulgaire françois par Pierre de / Changy Escuier / A Lyon, / Par Jean de Tournes, / M.D. LI[13].*

La dernière édition française connue est celle de Richard Breton, qui fait curieusement du Bourguignon Changy un Parisien :

> *Sommaire / des singularitez / de Pline / Extraict par P. de / Changy, Parisien / [Marque] / A Paris / De l'imprimerie de Richard Breton, Rue / S. Jacques à l'Escrevisse. / 1559[14].*

L'ouvrage n'est plus réédité en France après la parution de la traduction de Du Pinet (*L'Histoire du Monde*, Lyon, C. Senneton, 1562), mais sa fortune se prolonge par une traduction anglaise anonyme, dont le British Museum conserve plusieurs éditions :

---

[12] In-8°, lxxi f. chiffrés, sign. a-c8; car. romains. Au v° du titre, privilège du 18 fév. 1541. Les f. ii et iii r° contiennent la dédicace de Blaise de Changy à l'évêque d'Orléans. Au f. iii v°, Dixain au lecteur. Le texte prend fin au dern. f. r° avec la devise et la signature de l'auteur: «De bien en mieux. De Changy». Au v°, petite marque. Exemplaires localisés: BNF [S 9650; microfilm 3637(1)]; Mazarine; Bourg; Nîmes; Rouen; Cat. Nourry, 1930, n° 118. Nos références renvoient à cette éd., la seule que nous ayons pu consulter.

[13] In-16 de 154 p.

[14] In-8°, 80 f., conservé à Chantilly (Mus. Condé) et au Brit. Mus. [7002. a. 48 (1).]

- *A Summarie of the Antiquities and wonders of the Worlde, abstracted out of the sixtene first books of [...] Plinie [...] translated out of the French [...] by I. A.*, H. Denham, for T. Hacket, London, [1565-66?]^{15}.
- -- *The Secrets and wonders of the World [...] Abstracted out of that excellent naturall Historiographer Plinie. Translated out of French into English.* Thomas Hacket, London, 1585^{16}.
- *Ibid.*, Printed for T. Hacket, London, 1587^{17}.

Ces éditions et traductions témoignent du succès indéniable du travail de Changy sur plusieurs décennies. Cette fortune ne laisse pas de surprendre lorsqu'on se penche sur le texte lui-même.

L'ORGANISATION
DU *SOMMAIRE DES SINGULARITEZ*

Après la dédicace de Blaise de Changy à l'évêque d'Orléans et le « Dixain au lecteur » martelant le « proffict » qu'on tirera du Sommaire (f. iii v°), l'ouvrage se subdivise en douze parties correspondant approximativement aux livres de l'*Histoire naturelle* abrégés par Changy.

Après quelques lignes sur la vie de Pline, l'essentiel du premier chapitre est ainsi consacré au résumé de sa cosmologie (livre II). Le chapitre suivant (f. viii v°-xii r°) regroupe les livres géographiques de l'*Histoire naturelle* (livres III à VI) en présentant successivement l'Asie, l'Afrique et l'Europe. A partir du livre VII, un chapitre distinct est consacré à chaque livre jusqu'au livre XVI. Si leur ordre est parfaitement respecté, on est toutefois frappé par la disproportion des chapitres : tandis que les livres VII, VIII, X et XI (sur l'homme, les animaux terrestres, les oiseaux et les « petites bêtes ») sont nettement privilégiés (20 à 25 pages pour chacun), les livres de zoologie marine (IX) et de botanique (XII à XVI) sont résumés beaucoup plus rapidement (3 à 8 pages par livre).

Non moins surprenant est le paragraphe final par lequel Changy justifie l'interruption de son travail au milieu du livre XVI :

> Il vous suffira jusques cy, de la moitie dudict livre de Pline : l'autre moitie est tant de l'agriculture & nature des vignes, qui nous sont assez congneues par

---

[15]   In-8° non pag. Brit. Mus. [443. a. 4.

[16]   In-4° non pag. Brit. Mus. [700 4. aa. 4.

[17]   In-4° non pag. Brit. Mus. [7004. a. 36. On complètera cette bibliographie en mentionnant une *Instruction chretienne pour Femmes et Filles, mariées et à marier. De la paix et union qu'elles doivent moyenner & entretenir en mariage*, imprimée à Poitiers, 1545, in-16, et attribuée à Changy par Du Verdier. Signalons enfin une fausse attribution : le catalogue des imprimés de la BNF prête à P. de Changy un *Cantique sur la mort des tyrans composé par le capitaine Changy*, 1564, dont l'auteur en est en réalité Jacques de Fay-Changy, homme de guerre calviniste.

> experience, selon la diverse situation des lieux, que de la proprieté de chacune
> herbe servant a medecine: laquelle je delaisse, pour la prolixité & obscurité
> d'icelle: aussi sert plus à la science des medecins, que à nous. Faisant sur ce
> fin, & louenge à dieu, qui nous ait en sa garde. De bien en mieulx. (f. lxxi)

L'intérêt de cette conclusion est d'abord l'indice qu'elle offre quant au
lecteur visé par Changy: c'est aux vignerons bourguignons qu'il semble
s'adresser. L'exclusion des médecins, à qui manifestement ce *Sommaire* n'est pas
destiné, confirme ce souci de vulgarisation. Le *nous* qui associe Changy à ses
lecteurs «indoctes» révèle enfin la modestie du traducteur: médiocre latiniste, il
reconnaît bien volontiers son embarras face aux «obscurités» de Pline, qui lui
pose effectivement, comme on le verra, des difficultés de compréhension et de
traduction[18]. En somme, Changy n'a rien d'un humaniste ou d'un savant, et ne
cherche en aucune façon à paraître tel. L'étude de sa méthode le confirmera
amplement.

LA MÉTHODE DE CHANGY

Il aurait été intéressant d'identifier l'édition de Pline utilisée par Changy. Il
ne nous en dit rien; et nos recherches en ce sens n'ont pas été couronnées de
succès. Il semble néanmoins que beaucoup d'erreurs commises par le traducteur
doivent lui être imputées: du moins ne trouvent-elles pas leur source dans les
éditions latines qu'il pouvait avoir à sa disposition. Ces erreurs fréquentes sont
l'indice le plus flagrant du caractère improvisé de cet abrégé.

Les conditions plus que précaires dans lesquelles Changy est supposé avoir
œuvré, puis celles dans lesquelles son manuscrit fut mis en lumière, expliquent
sans doute bien des erreurs: Changy, on l'a vu, n'a pu corriger les épreuves de
cette publication posthume. On n'en reste pas moins surpris par l'aspect étonnamment négligent du travail publié par les Angeliers. A vrai dire, il ne s'agit
guère que d'une accumulation de notes de lecture sur l'*Histoire naturelle*. Au fil
d'une lecture à peu près linéaire[19], Changy se borne à relever et à traduire plus

---

[18] Changy ne sera guère plus à l'aise face aux subtilités du latin humaniste de Vivès, il le laisse
entendre en dédiant à son fils *De l'office du mary*: «icelluy m'avez requis estre mis en françois.
J'ay pris le plus commun, empesché de vieillesse et maladie, selon mon petit entendement. Et
à la mienne volunté, que l'auteur si scavant l'eust traduict luy mesmes, car il eust illustré sa
renommee entre gens simples, comme il a faict entre gens clercs & scavans par son singulier
stille.»

[19] Encore cette linéarité souffre-t-elle quelques exceptions: au f. xxvi v°, entre les chiens
sauvages (*H. N.*, VIII, 70) et les loups (VIII, 80) viennent curieusement brouter les élans (VIII,
39). On se demande parfois si des pages manuscrites, des fiches dirions-nous, n'ont pas été
interverties avant l'impression: au livre VIII p. ex., la traduction du ch. XXVIII de Pline,
manquante au f. xxxiii v°, se retrouve un peu plus loin, entre lapins et souris (f. xxxiiii).

ou moins approximativement ce qui l'intéresse (ou peut-être ce qui ne lui pose pas trop de problèmes de traduction?). S'il lui arrive de rendre presque mot à mot une page entière, ailleurs, il omet des chapitres, condense, sélectionne, recompose. La traduction elle-même est tantôt très fidèle, tantôt plus libre, parfois tout à fait fautive, voire incompréhensible.

Le *Sommaire* ne saurait donc être lu comme un résumé de l'*Histoire naturelle*. En juxtaposant sans souci de cohérence de simples notes, en s'abstenant notamment de traduire certaines transitions, Changy renonce à rendre la logique propre au texte de Pline: le *Sommaire* apparaît alors au mieux comme un catalogue de «singularités» désordonnées, au pire, comme un délire zoologique, que sauve alors peut-être son involontaire cocasserie.

Dans le chapitre sur les animaux terrestres intervient ainsi, juste après un développement sur les «Cocodrilles», un passage célèbre sur les clystères que s'administre la «Cigoigne» (l'ibis): justifié dans l'*Histoire naturelle* (VIII, 97) par une transition sur l'ingéniosité des animaux, cet excursus apparaît dans le *Sommaire* tout à fait hors de propos!

Plus étonnant encore, le développement consacré aux ânes sauvages d'Afrique (d'après *H. N.*, VIII,108-109): «Les masles chastient (*sic* pour chastrent) les petis par morsure: ilz couppent les arbres le long des rivieres, comme d'ung cousteau: ilz ont la queue de poisson comme leurres.»[20] On aura compris qu'au détour d'une phrase, Changy laisse les ânes pour en venir aux castors. De la même façon, il applique au «Papegay» le développement de Pline sur la pie (f. xlv; *H. N.*, X, 117-120). A propos de la poule, il rapporte cette anecdote inintelligible:

> Lon recite d'ung coq apres la mort de la Gelline achever de couver, & par ce cesser de chanter. Le geline s'esmerveille au commencement, de voir les petis, par apres songneusement les appelle, & lamente s'elle les voit noyer en l'eau (f. xlvii; *H. N.*, X, 155)

Aura-t-on saisi qu'il s'agissait en réalité de deux anecdotes juxtaposées? Après l'histoire du coq, correctement résumée par Changy, Pline racontait la surprise d'une poule ayant couvé des œufs de cane...

«LE SEPTIEME LIVRE EST DE L'HOMME»

En l'absence d'une poétique cohérente en matière de traduction, on doit toutefois s'interroger sur la démarche anthologique de Changy et sur l'interprétation à donner à certaines modifications infligées au texte. En d'autres

---

[20]   f. xxvi v°-xxvii r°. «Leurre», pour «leutre» du latin *lutra*, la loutre.

termes, les choix de l'abréviateur et les libertés prises avec l'*Histoire naturelle* ne révèlent-ils pas, sinon une pensée directrice, du moins les linéaments d'une « lecture » de Pline?

Le livre VII consacré à l'homme constitue à cet égard un champ d'investigation privilégié. Changy en a retenu principalement les huit premiers chapitres sur la procréation, l'hérédité, la naissance, les chapitres XVI à XXVIII sur les particularités physiques et intellectuelles de l'espèce, l'anecdote célèbre sur la fille nourrice de sa propre mère (XXXVI), l'étude du prix des œuvres d'art (XXXVIII), les chapitres XLVIII à LI sur la longévité, les maladies et la mort. Les enterrements et l'incinération (LIV), la liste des inventeurs (LVI) et notamment l'invention de la clepsydre (LX) ont encore retenu son attention.

Plus révélateur sans doute est l'examen des omissions. L'effacement des transitions renforce comme on l'a dit l'impression de désordre et de discontinuité, sinon d'incohérence, que suggéraient déjà certains passages de Pline. Changy omet nombre d'exemples et d'anecdotes. Il élimine notamment beaucoup de noms propres, à commencer par les sources de l'*Histoire naturelle*. Cet effacement des noms d'auteurs, qui n'épargne guère qu'« Omere » (f. xiiii) et Cicéron, abolit naturellement la distance critique souvent manifestée par Pline[21]. Changy fait aussi disparaître les allusions à des familles romaines oubliées (XII, XIII), et presque tout ce qui a trait à l'histoire politique de Rome (critiques contre César et éloge de Pompée). Changy se montre en effet peu sensible à l'intérêt de Pline pour la connaissance de l'histoire et de la civilisation antiques.

Faut-il attribuer à ce désintérêt l'omission de tout ce qui concerne la divination et l'astrologie (notamment VII, 69), ou y voir plutôt une méfiance religieuse à l'égard du paganisme, en observant par ailleurs à quel point Changy atténue les plaintes répétées de Pline sur l'ingratitude de notre condition? Le souci de ne pas choquer la bienséance peut pour sa part expliquer le pudique effacement du chapitre XV sur la menstruation ou d'une description de cadavres dénudés (VII, 77). Changy n'en reste pas moins curieux de tout ce qui concerne la reproduction et la génétique, tant chez l'homme que chez l'animal. Il y a là bien évidemment un mystère, qu'il sait gré à Pline de tenter de percer.

Notre écuyer, nous l'avons dit, n'a rien d'un humaniste. Sa modestie ne l'empêche pourtant pas de retoucher ici et là l'*Histoire naturelle*, en lui infligeant son *emendatio* toute personnelle. Sans insister sur les coquilles, faux-sens

---

[21] Cf. p. ex. la simplification de VII, 21 au f. xiii v°. Au l. X, Changy note: « Les rattes & souritz sont engendrees à lescher l'une l'autre » (f. lix); Pline précisait: *dicitur* (X, 185). Par compensation, Changy invoque parfois le témoignage ou l'opinion de Pline lui-même: « Et recite Pline avoir veu une fille le soir de ses nopces, naturellement muée en homme » (f. xv). « Pline estime qu'[...] il n'y a telle sagacité en l'homme de quelque estat qu'il soit que de se congnoistre » (f. xxii). On ne sait s'il faut y voir une garantie ou une prise de distance.

ou contresens qui déparent la traduction[22], sans souligner la déformation fréquente des noms propres[23], on observera plutôt la recomposition de certains passages: en inversant une opposition (VII, 4), ou en regroupant autour d'un même sujet quelques fragments initialement dispersés[24], Changy témoigne occasionnellement d'un souci de composition qui atteste une lecture attentive.

Il lui arrive par ailleurs d'enjoliver quelque peu certaines anecdotes: il raconte ainsi l'histoire d'une fille muée en homme «le soir de ses nopces» (f. xv), ce que Pline (VII, 36) ne précisait pas. Un homme retient un char tiré par *trois* chevaux (f. xvii), où Pline n'en voyait qu'un (VII, 82).

Pourtant, cette tendance à exagérer certains chiffres ne saurait occulter le sens de la mesure et du vraisemblable que manifeste généralement Changy. Quand Pline prétend, après Cicéron, qu'on serait parvenu à recopier l'*Iliade* entière dans une noix (*H. N.*, VII, 85), le Bourguignon reste sceptique et minimise même l'exploit: «Cicero recite une bataille inclsue *[sic]* & insculpée en une noix» (f. xviiv°). Dans l'ensemble, Changy montre sinon un esprit rationnel, du moins un certain bon sens qui l'emporte sur le goût du sensationnel: il néglige ainsi les exemples de longévités prodigieuses et s'en tient à la critique qu'en fait Pline: «L'aage des hommes a esté reputé grand par les anciens, qui nomment princes & roys, avoir vescu six cens, huict cens & mil ans, mais c'est par la variete des ans, car aucuns font l'an de l'esté & ung autre de l'hiver, & autres font l'an de trois moys comme les Arcadiens.»[25] Même défiance à l'égard des croyances astrologiques: «ne se faut arrester aux planetes & constellations du ciel, car a une mesme heure, plusieurs naissent serviteurs & maistres, roys et plebeiens, fortunez en diverses sortes»[26].

C'est encore ce réalisme qui poussera Changy, lorsqu'il abordera la zoologie, à s'intéresser davantage aux veaux, vaches, cochons, couvées, qu'aux animaux exotiques dont s'émerveille la curiosité de Pline. S'il traduit presque intégrale-

---

[22] P. ex. à propos des Pygmées: «Ilz font leurs maisons de fanges et de plumes destrempées de glaire (= *putaminibus!*) d'œufs» (f. xiiiiv°; *H. N.*, VII, 26). Pour avoir mal lu *Aes conflare et temperare Aristoteles Lydum Scythen monstrasse* (VII, 197), Changy prête à Aristote lui-même l'invention du travail de l'airain. A Liber Pater (Bacchus) revient l'invention du commerce (f. xxi; *H. N.*, VII, 191), etc.

[23] Cf. p. ex. la liste des inventeurs (f. xxi-xxii; *H. N.*, VII, 191-207): Changy connaît les Assyriens, les Lydiens, les Egyptiens, les Athéniens, les Lacédémoniens, Les Phéniciens, mais traduit *Phriges* par Phriges et *Pœni* par Peni comme des noms de personnes. *Cyclopes* en revanche devient un nom de peuple: «Les Ciclopiens».

[24] Cf. f. xii v°, d'après *H. N.*, VII, 5, 8, 52. A propos des princes, «subjects à fortune et à nature, comme aultres» (f. xv v°; *H. N.*, VII, 44), Changy évoque opportunément le prince romain qui «mourut en se chaussant le matin» (*H. N.*, VII, 181).

[25] f. xix v°, d'après *H. N.*, VII, 155.

[26] f. xix v°, d'après *H. N.*, VII, 165.

ment et avec le plus grand soin les chapitres sur les œufs[27], qui éclairent le spectacle quotidien de sa basse-cour, Changy néglige superbement les pages précédentes où se croisent l'himantopode, l'onocrotale et autres oiseaux fabuleux.
De même, l'essentiel de son abrégé du livre XI (f. li-lv) sera consacré à la description des abeilles et de leur mode de vie. La lecture de Changy est alors celle d'un
homme de la campagne qui se plaît à retrouver chez Pline l'évocation détaillée
de son propre environnement, assortie de précisions chiffrées sur la longévité
ou la fécondité de tel animal domestique, voire d'explications sur la meilleure
méthode de dressage des bœufs (f. xxxi v°). Les lecteurs alléchés par le titre de
Singularitez en seront pour leurs frais!

Au terme de cette analyse, on est en droit de contester qu'un tel ouvrage ait
réellement contribué à la «sauvegarde» ou à la «protection» du patrimoine
antique. Le *Sommaire des singularitez de Pline* n'en reste pas moins un jalon
significatif dans la réception de l'*Histoire naturelle* en France et en Angleterre.
Aussi incomplet et imparfait soit-il, il s'agit bien semble-t-il du premier essai de
traduction de Pline en français[28]. Surtout, c'est un indice indéniable que l'intérêt suscité par l'*Histoire naturelle* s'étend bien au-delà du cercle restreint des
érudits pour toucher un milieu plus large, peu averti scientifiquement, et peu
latiniste, dont fait partie Changy. A cet égard, le fait que le *Sommaire* émane
d'un écuyer (et d'un rural) plutôt que d'un pédagogue citadin, constitue un
signe remarquable de vulgarisation.

Reste à interpréter la publication et la fortune d'un tel ouvrage, malgré les
défauts évidents que nous avons soulignés. Sans doute faut-il y voir le souci de
certains d'élargir encore la vulgarisation amorcée en direction du public non
latiniste[29]. Mais le profit strictement commercial des imprimeurs et des libraires
n'est pas à négliger: le *Sommaire* nous apprend ainsi qu'en 1542, on peut utiliser
le renom de Pline pour attirer le chaland. Il suffit semble-t-il d'exploiter la
curiosité du public pour les prodiges, le sensationnel; car même si Changy ne
recherche pas particulièrement dans l'*Histoire naturelle* l'exotisme et les «singularitez», le titre du moins met en valeur cet aspect.

En définitive, si le travail de l'écuyer bourguignon paraît quelque peu
sommaire, son succès n'a pour autant rien de *singulier* dans la mesure où l'ou-

---

[27] f. xlv v°-xlvi v°, d'après *H. N.*, X, 143-150. Au livre VIII de même, Changy consigne toutes
les anecdotes sur les chiens; les chapitres sur les chevaux, les ânes, les moutons sont les moins
abrégés.

[28] On ne peut en effet considérer comme une traduction la compilation anonyme d'extraits de
Pline, Solin et Gervais publiée au début du XVIe s. sous le titre *C'est le secret de lhystoire naturelle...* Voir J. Céard, *La Nature et les prodiges: L'insolite au XVIe siècle en France,* Genève, Droz,
1977, p. 60-71.

[29] Les recueils d'emblèmes en français, publiés notamment par Jean de Tournes à la même
époque, jouent parfois un rôle comparable: ils empruntent à Pline plus d'un motif.

vrage semble répondre à une attente du public. C'est celle-ci que viendra combler en 1562 la traduction intégrale due à la plume de Du Pinet, avec un succès plus large encore, et assurément plus mérité. Gageons que Changy, s'il l'avait connue[30], y eût vu la confirmation de son optimiste devise: *De bien en mieux.*

Jean VIGNES
Université Paris VII

---

[30]   Du Pinet, pour sa part, ignore, ou affecte d'ignorer, le travail de Changy.

POÉSIE

LA DISPOSITION
DU POÈME ÉPIQUE:
LE CAS RONSARD

«Si l'invention et l'élocution ronsardiennes ont été abondamment et précisément étudiées, notait Jean Céard dans sa contribution au colloque de Neuchâtel, il semble que la disposition, quant à elle, ait moins retenu l'attention de la critique»[1]. Près de quinze ans après ce constat, il n'en va plus tout à fait de même. Dans l'intervalle ont paru nombre d'études importantes, qui ont éclairé la question sous des jours divers[2].

Notre travail portera sur un aspect plus particulier de la *dispositio*, celle requise du poète épique, telle que Ronsard la définit dans ses textes théoriques, puis la met en œuvre dans *La Franciade*. Nous marchons ici sur les traces de Claudine Jomphe, qui a déjà balisé ce domaine d'étude, à la fois dans son article «Comment disposer le long poème?» et dans sa thèse, *Les Théories de la dispositio et le grand œuvre de Ronsard*[3]. La question qui surgit de la confrontation entre la théorie et la pratique peut s'énoncer en termes simples: pourquoi le poète qui se risque à dire ce qu'il faut faire ne fait-il plus ensuite ce qu'il dit?

Nous partirons de l'*Abbregé de l'art poëtique François* offert en 1565 au jeune Alphonse Delbene, futur auteur d'une *Amedéide*. S'inscrivant dans la vieille tripartition rhétorique *inventio-dispositio-elocutio*, Ronsard y souligne l'étroite connexion des deux premières activités, sous une formulation sans doute reprise à Sébillet[4]: «la disposition suit l'invention mere de toutes choses, comme l'ombre faict le corps»[5]. Elles dépendent l'une de l'autre, «s'entretiennent» dit

---

[1] *Ronsard*, Genève, Droz, 1987, p. 179.

[2] Nous en dressions l'inventaire dans un premier état de notre texte, que les contraintes éditoriales nous ont conduit à élaguer.

[3] *BHR*, LX-2, 1998, p. 395-403, et Paris, Champion, 2000.

[4] *Art poétique François*, éd. Gaiffe-Goyet, Paris, STFM, 1988, I, 3, p. 27. Sur la dette du Vendômois envers Sébillet, voir la contribution de M. Huchon à *Aspects de la poétique ronsardienne*, éd. Ph. de Lajarte, Caen, P. U., 1989, p. 113-128.

[5] Ed. Laumonier, Paris, STFM, 1914-1975 [dorénavant Lm.], t. XIV, p. 13 / éd. J. Céard, D. Ménager et M. Simonin, Paris, Gallimard, «Bibliothèque de la Pléiade», 1993-1994 [Pl.], t. II, p. 1178.

de son côté Peletier, suivant qui «même il y a invention à disposer»[6]. Après avoir illustré l'idée par le contre-exemple des *ægri somnia* d'Horace (*Ad Pis.*, 7), Ronsard livre sa propre définition de la disposition: «une elegante et parfaicte collocation & ordre des choses inventées, [qui] ne permet que ce qui appartient à un lieu soit mis en l'autre, mais se gouvernant par artifice, estude & labeur, ajance & ordonne dextrement toutes choses à son poinct» (Lm. XIV, 14 / Pl. II, 1179). L'éditeur moderne renvoie à nouveau à l'*Art poétique* d'Horace, v. 40 sqq., mais Ronsard pourrait se souvenir davantage des traités rhétoriques de l'Antiquité, par exemple du *De oratore*, où Cicéron définissait la disposition comme *ordo conlocatioque rerum ac locorum*[7]. Peletier se référait déjà à la même tradition, aussi bien dans l'*Art poétique*, où il est question d'«ordonnance et agencement des choses inventées»[8], que dans l'*Algèbre* parue l'année précédente («Il n'y a rien en l'oraison qui soit de l'Orateur, si ce n'est ce qu'on appelle la collocation»[9]). La disposition poétique, telle que la définit l'*Abbregé*, est un ordre à la fois nécessaire et «artificieux», fruit du travail, du métier (*dextrement*) et rien de moins que naturel. Cet *ordo artificialis* est plus précisément décrit dans la section suivante, «De la poësie en general»: «les grands poëmes ne se commencent jamais par la premiere occasion du faict, [...] mais les bons ouvriers le commencent par le milieu, & sçavent si bien joindre le commencement au milieu, & le milieu à la fin, que de telles pieces rapportées ilz font un corps entier & parfaict» (Lm. XIV, 16 / Pl. II, 1180). Deux types de disposition sont ainsi envisagées pour le *grand poëme*, c'est-à-dire pour l'épopée: l'ordre linéaire, chronologique, vigoureusement récusé parce qu'indigne du genre, mais qui peut toutefois se rencontrer dans la mesure où, en ce domaine-là non plus, il n'est pas seulement de «bons ouvriers»; et l'ordre artificiel, artistique, qui s'affranchit des lois de la consécution et soumet la matière épique au dessein créateur du poète.

Cette distinction a une longue histoire, que Roland Barthes, dans son célèbre «Aide-mémoire de l'ancienne rhétorique», fait remonter au Moyen Age, quand

---

[6]   *Art poétique*, I, 4, éd. F. Goyet, in *Traités de poétique et de rhétorique de la Renaissance*, Paris, Livre de Poche, 1990, p. 252. Cf. P. de Deimier: «l'invention [...] est incorporée en la disposition, puis qu'il y a tousjours de l'invention à bien disposer les subjects» (*Académie de l'art poétique*, Paris, Jean de Bordeaux, 1610, ch. 9, p. 224).

[7]   *De orat.*, II, 76, 307. Cf. la *Rhétorique à Herennius*, I, 3 (*ordo & distributio rerum, quæ demonstrat quid quibus locis sit collocandum*) et Quintilien, *Instit. orat.*, VII, 1, 1.

[8]   I, 4 (corriger l'éd. Goyet, p. 252). Cette définition sera reprise par Laudun d'Aigaliers (*Art poétique*, I, 3, éd. J.-Ch. Monferran *et al.*, Paris, STFM, 2000, p. 17) et paraphrasée par Deimier (*op. cit.*, p. 222).

[9]   Lyon, Jean de Tournes, 1554, Proême du livre I, f. a8r° (orthographe normalisée). Cf. la lettre à Jean Fernel, à la suite des *In Euclidis elementa geometrica demonstrationum libri VI*, Lyon, J. de Tournes et G. Gazeau, 1557 (*quid est in omni scriptorum genere, quod quisquam sibi vendicare aut proprie suum dicere possit, præter collocationem?*, f. p4v°).

la *narratio*, deuxième partie du discours, est devenue un genre autonome. Il cite un contemporain d'Alcuin: «Tout ordre est, soit naturel, soit artificiel. L'ordre est naturel si l'on raconte les faits dans l'ordre même où ils se sont passés; l'ordre est artificiel si l'on part, non du commencement de ce qui s'est passé, mais du milieu»[10]. Cette terminologie, suivant Lausberg, se rencontre d'abord chez deux rhéteurs tardifs du IVe siècle, Fortunatianus et Sulpitius Victor, les premiers à distinguer entre *ordo naturalis* et *ordo artificialis* (*artificiosus* chez le second)[11]. Mais on est tenté de remonter plus haut, au choix laissé à l'orateur antique entre deux types de plan, *unum ab institutione artis profectum, alterum ad casum temporis adcommodatum [...] cum ipsa res artificiosam dispositionem artificiose commutare cogit*, suivant la *Rhétorique à Herennius*, III, 16-17. Le suprême artifice, c'est de savoir s'affranchir des règles de l'art chaque fois que les circonstances le commandent. La disposition dépend alors, explique Cicéron, «du jugement et de la sagacité [*iudicio et prudentia*] de l'orateur» (*De oratore*, II, LXXVI, 307), ce dont Du Bellay tirera argument, au chapitre I, V de la *Deffence*, pour se cantonner dans les questions relatives à l'invention et à l'élocution. Chaque cause particulière conduit l'orateur soucieux d'efficacité à opérer des choix, sur lesquels s'arrête Quintilien: «savoir quand il faut un exorde, quand il n'en faut pas, [...] quand commencer par les origines, quand commencer, à la façon d'Homère, par le milieu ou par la fin [*ubi ab initio incipiendum, ubi more Homerico a mediis vel ultimis*]» (*Instit. orat.*, VII, X, 11). Par référence à l'*Iliade*, qui ne raconte la guerre de Troie qu'à compter de sa neuvième année? Le rhéteur latin songe sans doute davantage à la structuration de l'*Odyssée*, où nous découvrons Ulysse sur l'île d'Ogygie, auprès de la nymphe Calypso, et n'apprenons que plus tard, à la faveur de l'escale phéacienne, le détail de ses tribulations depuis son départ d'Ilion.

Des traités de rhétorique, la distinction entre les deux *ordines* avait passé dans les arts poétiques. Un célèbre passage de l'*Epître aux Pisons*, v. 146-152, oppose aux épigones d'Homère un devancier mieux inspiré, ayant su ne pas remonter plus haut que nécessaire et dont l'*Iliade* s'ouvre sur la plainte de Chrysès venu redemander sa fille à Agamemnon. Parce que, comme le prétend le pseudo-Plutarque (*Vie d'Homère*, VIII), il ne s'était pas produit grand-chose auparavant? Peletier lui oppose un vigoureux démenti: «le Poète l'a fait tout expressément pour garder la dignité du Poème [...]. Ce qui se peut aisément connaître, par cela qu'il vient après à narrer les choses advenues auparavant: Comme le serment et vœu des Grecs au port d'Aulide, et leur embarquement, et encore les marrissons de Ménélas pour Hélène ravie, et autres faits»[12]. La

---

[10] *Communications*, 32, 1970, p. 216. Le texte allégué et traduit, scholie à l'*Ad Pis.*, 42-45, est tiré d'E. Faral, *Les arts poétiques du XIIe et XIIIe siècle*, Paris, Champion, 1924, p. 56.

[11] *Handbuch der literarischen Rhetorik*, Munich, Max Hueber, 1960, p. 245-247, § 447-452.

[12] *Art poétique*, II, 8, éd. Goyet, p. 306-307.

réfutation du pseudo-Plutarque conduit ainsi Peletier à repérer, dans l'*Iliade*, le même ordre artificiel que dans l'*Odyssée*. Certains commentateurs italiens d'Horace se montraient plus prudents, qui illustraient l'*ordo artificialis* par ce second exemple, mais esquivaient le cas plus épineux de l'*Iliade*. Par exemple Giasone Denores: *in hac re minime quærendum videtur, hunc an illum ordinem Homerus in Iliade adhibuerit: satis est in Odyssæa ab eodem adhibitum [ordinem] artis demonstrare*[13].

On sait quel impact auront au XVIe siècle les préceptes d'Horace, à travers les nombreux commentaires de l'*Epître aux Pisons* (traduite par Peletier en 1541[14]) et dans les arts poétiques eux-mêmes. Deux d'entre eux, composés en latin par des Italiens, eurent un retentissement tout particulier sur notre théorie littéraire: le *De arte poetica* de Vida (que l'espace imparti ne nous permet pas d'examiner) et la *Poetice* de Scaliger, dont Ronsard, on le sait, possédait un exemplaire[15]. Consacrant la fin de son livre III à une ample revue des genres poétiques cultivés par l'Antiquité, depuis l'épopée jusqu'à l'*inscriptio*, Scaliger commence par celui qui sert alors de norme et de référence à tous les autres (alors que les arts poétiques en français procédaient plutôt dans l'ordre inverse, pour culminer avec l'œuvre héroïque). Il énonce deux règles en forme de défense: ne pas remonter jusqu'à l'œuf de Léda, avec renvoi explicite à l'*Epître aux Pisons*; ne pas conduire le récit en suivant le droit chemin, afin de ménager le suspens[16]. Nous retiendrons davantage les exemples proposés: Virgile, Lucain, Salluste et Héliodore. Homère est bien sûr éclipsé par le *divinus Maro*, qui ne commence vraiment son récit qu'après avoir laissé Enée achever le sien (*En.*, III, 715) et qui conclut le catalogue du livre VII par l'apparition de la vierge Camille, reine des Volsques, en réservant à Diane, quatre chants plus loin, de raconter ses enfances. De Lucain, Scaliger s'est demandé, dès le second chapitre de la *Poétique*, s'il était bien poète: contre Quintilien[17] et autres *grammatici*, l'Agenais a fait valoir que Lucain compose en vers et que, comme tout poète

---

[13]   *In epistolam Q. Horatii Flacci de arte poetica*, Venise, 1553, cité par M. T. Herrick, *The Fusion of Horatian and Aristotelian Literary Criticism*, Urbana, Illinois U. P., 1946, p. 18-19, n. 49. Cf. Le Tasse: «Je n'ai pas l'intention d'affirmer péremptoirement que c'est l'ordre artificiel que l'on trouve dans les deux poèmes d'Homère: mais, si dans l'un l'ordre est naturel, dans l'autre il est sans aucun doute artificiel» (*Discours du poème héroïque*, III, trad. F. Graziani, Paris, Aubier, 1997, p. 213).

[14]   Il aurait été précédé, avant 1530, par Barthélemy Aneau, à en croire le *Quintil horacien* (éd. Goyet, p. 188).

[15]   *Ronsard. La trompette et la lyre*, catalogue d'exposition, Paris, BNF, 1985, p. 167, not. 259, et 169.

[16]   Cf. T. Cave, *Pré-histoires. Textes troublés au seuil de la modernité*, Genève, Droz, 1999, ch. 5.

[17]   *Instit. orat.*, X, 1, 90 (les éditions anciennes portent *annumerandus* pour *imitandus*). Cf. Peletier, *Art poétique*, I, 3, éd. Goyet, p. 250.

épique, il traite un sujet historique qu'il rehausse, transfigure, au moyen de l'invention, par exemple la *patriæ imago, quæ sese offerat Cæsari* et l'*excita ab inferis anima*[18], c'est-à-dire le fantôme pathétique de la patrie apparaissant à César sur les bords du Rubicon, au livre I, et le cadavre ramené à la vie par la sorcière Erictho, au chant VI. Il peut fournir à ce titre un modèle de disposition épique. La *Pharsale* s'ouvre en effet sur une *illustris res*, le franchissement du Rubicon, qui précipite Rome dans la guerre civile – même si le texte ne débute pas exactement *in medias res*, mais par un exposé des causes du conflit. Référence plus surprenante : l'historien Salluste, offert en exemple pour avoir organisé *poetarum more* (III, XCVI, 144A') sa *Conjuration de Catilina*. Le fil de la narration y est en effet interrompu, sitôt après le portrait du factieux, par une longue digression explicative (V, 9 à XIII) qui nous fait remonter jusqu'à la fondation de la cité (*ab ipsis ultimis Romæ rudimentis*), les mœurs vertueuses des anciens Romains ayant ensuite dégénéré en corruption. Scaliger pourrait dire de Salluste ce qu'il disait de Tite-Live au début de la *Poétique*, en vue de rapprocher l'historien du poète épique : *equidem Liuium potius pœtæ nomen meruisse, quam Lucanum amisisse censeo* (I, II, 5C'-D'). Enfin le modèle, inattendu dans un chapitre sur l'épopée, est offert par un roman, les *Ethiopiques* d'Héliodore, sur lesquels Scaliger ne tarit pas d'éloges : *Hanc disponendi rationem splendidissimam habes in Æthiopica historia Heliodori. Quem librum Poetæ censeo accuratissime legendum ac quasi pro optimo exemplari sibi proponendum* (III, XCVI, 144C).

Un détour s'impose ici du côté d'Amyot, traducteur de *Théagène et Chariclée* (1547), qui avait placé en tête de sa version un important « Proesme du Translateur ». Le préfacier y soulignait l'originalité et l'efficacité de la structure narrative choisie par Héliodore :

> la disposition en est singuliere : car il commence au mylieu de son histoire, comme font les Poëtes Heroïques. Ce qui cause de prime face un grand esbahissement aux lecteurs, et leur engendre un passionné desir d'entendre le commencement : et toutesfois il les tire si bien par l'ingenieuse liaison de son conte, que l'on n'est point resolu de ce que l'on trouve tout au commencement du premier livre jusques à ce que l'on ayt leu la fin du cinquiesme. Et quand on en est là venu, encore a l'on plus grande envie de voir la fin, que l'on avoit au paravant d'en voir le commencement : De sorte que tousjours l'entendement demeure suspendu, jusques à ce que l'on en vienne à la conclusion, laquelle laisse le lecteur satisfait, de la sorte que le sont ceux, qui à la fin viennent à jouyr d'un bien ardemment desiré et longuement attendu[19].

Les *Ethiopiques* offrent une disposition comparable à celle de l'épopée, une spectaculaire ouverture *in medias res* (sur un rivage jonché de cadavres, après un

---

[18] *Poetices libri VII*, Lyon, Antoine Vincent, 1561, I, 2, 5C'.

[19] Paris, Etienne Groulleau, 1549, f. *4r°-*5r°.

banquet nuptial qui a mal tourné), un suspens maintenu au long des cinq premiers livres, puis relancé jusqu'au dénouement, où Chariclée, sur le point d'être immolée avec Théagène, est miraculeusement reconnue comme la fille du roi d'Ethiopie! On pourrait encore affiner l'analyse narratologique, puisque, avant même l'explication de la scène inaugurale livrée par le prêtre égyptien Calasiris (V, 27-33), il nous est donné d'entendre, dès I, 22, le récit de Chariclée au brigand Thyamis (lui-même fils de Calasiris), dans lequel un peu de vrai se mêle à beaucoup de faux. La comparaison finale d'Amyot, préparée de loin, suggère que la lecture des *Ethiopiques* se déroule, mimétiquement, sur le mode d'une quête amoureuse. Sa préface inaugure la longue fortune du roman grec dans le champ de la théorie épique, d'un roman qui multiplie les références à Homère, sérieuses ou parodiques, pour définir son propre rapport à la poésie héroïque.

Sur cette ample toile de fond se détache mieux, sans doute, l'importance de l'épître «Au lecteur» placée par Ronsard en tête de sa *Franciade*. Signée du poète, elle ne pose pas les mêmes problèmes que la Préface posthume de 1587 à laquelle Binet dit lui-même avoir mis la main. Les deux textes sont aussi de statut différent: l'épître de 1572 vise à présenter au lecteur une œuvre nouvelle et à le bien disposer en sa faveur; le long développement de 1587 «touchant le Poëme Heroïque» s'adresse à un apprenti poète, comme l'était le jeune Delbene, et forme de ce point de vue le prolongement de l'*Abbregé*.

La première préface de *La Franciade* confirme et contredit à la fois les leçons de 1565. Elle s'ouvre sur une définition différentielle, contrastive, de l'épopée par rapport à l'histoire, aussi bien sur le plan de l'invention, par réinterprétation idéologique du vraisemblable aristotélicien, que sur celui de la disposition: «Il faut que l'Historien de poinct en poinct, du commencement jusqu'à la fin, deduise son œuvre, où le Poëte s'achemine vers la fin, & redevidant le fuzeau au rebours de l'Histoire, porté de fureur & d'art [...] & sur tout favorisé d'une prevoyance & naturel jugement, face que la fin de son ouvrage par une bonne liaison se raporte au commencement» (Lm. XVI, 4 / Pl. I, 1182). Quel est l'intérêt de cette nouvelle variation sur *ordo naturalis* et *ordo artificialis*, mise en relief par la disposition en chiasme des termes démarcatifs? Du côté de l'historien, les choses sont claires: *de point en point* annonce «de fil en fil» dans les phrases suivantes, «de fil en esguille, comme on dit en proverbe» dans la Préface posthume (Lm. XVI, 336 / Pl. I, 1165). L'historien rejoint la cohorte des orateurs, à proche distance des prêcheurs huguenots stigmatisés dans la *Responce aux injures*, «qui suivent pas à pas / Leur sermon sceu par cueur» (Lm. XI, 160 / Pl. II, 1063). Le poète, lui, commence au milieu, plus près de la fin que du début, suivant un ordre régi à la fois par la fureur et le labeur, par l'inspiration et le métier. La métaphore *redévider le fuseau*, empruntée à l'art de la fileuse, exprime tout un «imaginaire du discours préfaciel »[20], riche de significations métatextuelles. «J'ay allongé la toile», ajoute bientôt Ronsard (Lm. XVI, 7 / Pl. I, 1184), pour justifier l'incursion de son héros jusqu'en Franconie et en Gaule, bien au-delà de la Pannonie où l'on admettait communément que s'était d'abord fixé l'Hectoride. Mais il suggère en même temps, suivant la belle lecture proposée par Albert Py[21], qu'au tissu épique ourdi par Homère et par Virgile, il a ajouté une maille, en a enrichi la toile, sans solution de continuité entre les Anciens et nous.

Les moyens proprement poétiques d'atteindre ce résultat sont énoncés d'une manière plus explicite, parce que moins métaphorique, dans le passage correspondant de la Préface posthume :

> Au contraire [de l'historien], le Poëte bien advisé, plein de laborieuse industrie, commence son œuvre par le milieu de l'argument, & quelquefois par la fin : puis il deduit, file & poursuit si bien son argument par le particulier accident & evenement de la matiere qu'il s'est proposé d'escrire, tantost par personnages parlans les uns aux autres, tantost par songes, propheties & peintures inserées contre le dos d'une muraille & des harnois, & principalement des boucliers, ou par les dernieres paroles des hommes qui meurent, ou par augures & vol d'oiseaux, & phantastiques visions de Dieux & de demons, ou monstrueux langages des chevaux navrez à mort : tellement que le dernier acte de l'ouvrage se cole, se lie & s'enchesne si bien & si à propos l'un dedans l'autre, que la fin se rapporte dextrement & artificiellement au premier poinct de l'argument. (Lm. XVI, 336-337 / Pl. I, 1165)

De part et d'autre de l'énumération, se répondent deux trinômes synonymiques (*déduit, file et poursuit / se colle, se lie et s'enchaîne*), qui renvoient l'un et l'autre à la figure de l'habile artisan. Dans l'intervalle, sont recensés tous les procédés qui font avancer le récit épique et qui, en perturbant son déroulement linéaire au moyen d'inclusions discursives ou descriptives, y introduisent une véritable parataxe narrative. Le début du chant premier en offre une bonne illustration : sitôt après la proposition-invocation, il revient à Jupiter d'enchaîner trois discours, aux dieux assemblés, à son épouse Junon, à son messager Mercure, respectivement rétrospectif (la prise de Troie), prophétique (le destin promis à Francus), injonctif (les ordres à transmettre à Hélénin et Andromaque) ; puis apparaît l'augure favorable du faucon métamorphosé en aigle, avant que ne se présente à Hélénin l'ombre de son frère Hector. Dans ce livre, comme dans les trois suivants, il manque toutefois les procédés en rapport direct avec la guerre (peut-être tenus en réserve pour les chants à venir) : dernières paroles de mourants ou de chevaux blessés à mort (doués en la circonstance de pouvoirs

---

[20] Expression reprise à F. Rigolot (contribution à *Ronsard et l'imaginaire, Studi di letteratura francese*, XII, 1986, p. 231-248).

[21] *Imitation et Renaissance dans la poésie de Ronsard*, Genève, Droz, 1984, ch. 3.

prophétiques), tableaux peints sur des murailles, des harnois, des boucliers (comme dans la *Harangue de Mgr le duc de Guise*). *La Franciade* y substitue des *ekphraseis* de vêtements (la robe tissée par Andromaque, au chant I) et d'objets précieux (une coupe, une aiguière, un bassin, dans le livre suivant). D'où une disposition complexe, un ordre savamment construit, «lequel de prime face est caché au lecteur s'il n'a l'esprit bien rusé pour comprendre un tel artifice» (Lm. XVI, 337 / Pl. I, 1165) – c'est-à-dire s'il n'est lui-même du métier, à l'instar d'un Peletier révélant, dans son *Art poétique* (I, IV, et II, VIII), les secrets de fabrication de l'*Enéide*.

  «Bref ce livre est un Roman» (Lm. XVI, 5 / Pl. I, 1182). Quelle signification revêt ici le terme? Faut-il l'entendre au sens de *romanzo*, de poème chevaleresque, comme incline à le penser l'annotateur de «La Pléiade»? Une telle interprétation se concilie difficilement avec les lignes précédentes, qui ont appliqué à l'Arioste l'image des *ægri somnia*. L'*Orlando furioso* est un monstre littéraire, pour des raisons, précisément, de *dispositio*. Il renferme certes des épisodes réussis, auxquels *La Franciade* n'a pas manqué d'emprunter (notamment dans le livre II, le tableau de la tempête et le combat contre le géant Phovère), mais la beauté des membres ne saurait occulter la laideur du corps entier, faute de principe organisateur et même de véritable héros, malgré les promesses du titre. Le propos de Ronsard pourrait n'être pas dénué d'arrière-pensées polémiques, en cette année 1572 où l'étoile montante, Desportes, fait paraître dans le recueil Breyer ses *Imitations de l'Arioste*. «Un roman, ajoute-t-il, comme l'Iliade et l'Æneide». Les exemples allégués sont, pour un lecteur moderne, aussi déroutants que la définition générique elle-même. La question a retenu l'attention de Jean Céard[22], qui relève dans l'œuvre poétique du Vendômois deux autres occurrences de *roman*, toujours en rapport avec Homère et dans la seule édition posthume: dans l'ode III, VII, à Denis Lambin, où les «beaux vers» du vieil aède grec sont remplacés par «son Roumant» (Lm. II, 16), et dans une élégie traduite du grec, où «les Muses d'Homere» deviennent en 1578 ses «chansons», puis en 1587 son «Rouman» (Lm. X, 115 / Pl. II, 353). Si le mot ne se retrouve pas, à la même date, dans la préface posthume de *La Franciade* – aurait-il effarouché Binet? –, on en perçoit clairement l'écho dans «ce n'est qu'une fiction de toute l'Iliade» (Lm. XVI, 340 / Pl. I, 1167). Ronsard n'était pourtant pas le premier à le risquer dans un tel contexte. Jodelle lui avait ouvert la voie dans l'avis «Au lecteur» de l'*Histoire Palladienne* (1555), en répétant les arguments de son défunt ami Claude Colet en faveur de ce type de fiction: «c'est à sçavoir [...] l'Iliade d'Homere, l'Æneide de Virgile, le Roland d'Arioste, n'estre autre chose que trois Romants»[23]. Dans l'épître liminaire de 1572, le mot réfère aussi bien à l'invention qu'à la disposition

---

22   «Le roman et le poème héroïque selon Ronsard» (à paraître dans *Littérales*).
23   *Œuvres complètes*, éd. E. Balmas, Paris, Gallimard, 1965-1968, t. I, p. 93.

du long poème: *La Franciade* se distingue d'une histoire de France, non seulement parce qu'elle brode sur les origines troyennes de nos rois, mais encore parce qu'elle relie artificieusement, artistiquement, les fils de l'action.

Comment les principes affichés, enfin, ont-ils été mis en œuvre? Il faut courir ici à la seconde partie de la préface, de ton nettement plus défensif, où Ronsard cherche à désarmer d'avance les critiques auxquelles s'expose son grand œuvre. Celles-ci porteront sur l'invention et davantage encore sur la disposition, singulière dès les séquences d'ouverture. Pose problème la harangue liminaire de Jupiter («je ne devois commencer par là», Lm. XVI, 10 / Pl. I, 1184). L'auteur épique est-il fondé à recourir à un procédé de la tragédie, à mettre en scène un dieu *prologus* pour lancer l'action? Oui, plaide Ronsard, «quand le Poëte ne peut desmesler son dire, & que la chose est douteuse», «pour mieux desnouer la doute» (*ibid.*): seul Jupiter pouvait rendre compte de la survie miraculeuse d'Astyanax. Encore *La Franciade* s'efforce-t-elle de donner à cette protase une couleur épique, en lui offrant le cadre homérique d'un conseil des dieux. L'autre critique à laquelle s'expose l'ouvrage concerne directement l'agencement des faits, l'infraction commise par Ronsard envers «la perfecte reigle de Poësie, ne commenceant [s]on livre par la fin» (p. 11 / p. 1185). Le préfacier fait valoir deux arguments. Tout d'abord, l'embarquement de Francus décrit dans le chant liminaire n'est pas le premier: le fils d'Hector a déjà voyagé et n'est donc pas aussi inexpérimenté qu'il y paraît. Jamyn le redira au début de son Argument (p. 14 / p. 1015), puis Hélénin lui-même dans le corps du poème (I, 713-722 / 493-502). Mais ce voyage ne semble guère avoir eu de retentissement, puisque Francus en est rentré «Depuis un an» (I, 723a / 503a) et qu'il a aussitôt repris son existence indolente auprès d'Andromaque. Lui-même n'en dira mot, quand il fera au Crétois Dicée le récit de sa triste vie (II, 525-569 / 493-537). Le lecteur n'a pas le sentiment que l'ordre du récit se démarque nettement de celui de l'histoire: tout commence avec la descente sur terre de Mercure, venu enjoindre à l'oncle et à la mère de laisser Francus accomplir son destin. Aussi le thème des voyages antérieurs, esquissant un semblant d'ordre artificiel, paraît-il ressortir davantage à la *dispositio* qu'à l'*inventio*. Le second argument s'appuie sur l'autorité des modèles inspirateurs («imitant en cecy plustost Apolloine Rhodien que Virgile», p. 11 / p. 1185). La Préface n'a mentionné jusqu'ici que Homère et Virgile, mais Ronsard praticien de l'épopée emprunte beaucoup aux *Argonautiques*: non seulement l'ordre linéaire et nombre d'éléments stylistiques, mais encore, au dire même de Jamyn, le tableau de l'embarquement et jusqu'à la figure du héros, jeune homme en formation, instruit tour à tour par Hélénin, Dicée et Hyante. *La Franciade* peut se lire comme «une épopée initiatique»[24], où se déploie une révé-

---

[24] Titre du chapitre IV, 3, de D. Ménager, *Ronsard. Le roi, le poète et les hommes*, Genève, Droz, 1979.

lation à la fois historique et métaphysique. Un projet épique singulier appelait une disposition elle-même singulière, «artificielle» par rapport à l'*ordo artificialis* attendu mais devenu presque naturel depuis Virgile. C'était bien la leçon du vieux rhéteur latin: *ipsa res artificiosam dispositionem artificiose commutare cogit.*

A la lumière de la riche tradition oratoire léguée par l'Antiquité, Claudine Jomphe, dans son étude de 1998, concluait à un relatif échec de la théorie poétique française du XVIe siècle. Au terme du parcours, le bilan ne nous apparaît pas aussi décevant. La réflexion menée à la Renaissance a été somme toute, jusque dans ses contradictions, très féconde. La poétique de l'épopée s'est enrichie de la notion de suspens et a intégré la dimension du lecteur[25], en cherchant désormais à agir directement sur lui. Bien sûr, le suspens épique n'est pas le suspens romanesque[26]. Le destin du héros étant scellé d'avance (dans le cas de Francus, par la prédiction initiale de Jupiter), ce suspens porte, non sur le *quoi?*, mais sur le *comment?*, sur l'«à venir» bien davantage que sur le futur[27]. Certaines œuvres hors-norme, venues déranger le bel ordre de la théorie, ont conduit à préciser les critères génériques. C'est notamment le cas de la *Pharsale* et du *Roland furieux* – même si, bien sûr, le débat sur le *romanzo* n'eut pas en France la même ampleur ni la même richesse qu'outre-Monts. Ces deux poèmes représentent peut-être les périls extrêmes dont doit se garder l'épopée: l'ordre linéaire du récit historique et la dispersion en une suite désunie d'épisodes disparates. La question de la *dispositio* est centrale dans la problématique de l'épopée au XVIe siècle: entre unité et diversité, *ordo* et *varietas*, entre fil du récit déroulé sur l'axe syntagmatique et fragments narratifs commutables sur l'axe paradigmatique, fragments qu'on pourrait détacher de l'ensemble et lire pour eux-mêmes, comme ces grandes scènes d'Homère dont Muret délecte ses compagnons de voyage aux «Isles Fortunées» (Lm. V, 188-189 / Pl. II, 783-784). Tension antique entre *epyllion* et épopée, tension moderne entre «Poëme & Poësie» (Lm. XVIII, 283-284 / Pl. II, 849)? C'est précisément un de ses *epyllia*, le «Discours de l'équité des vieux Gaulois», que Ronsard dramatisera de façon éclatante en réordonnant le récit linéaire de Parthénios:

---

[25] C'est même aux yeux de Christoforo Landino, le commentateur d'Horace, la meilleure justification de l'*ordo artificialis*: «*nam ad poëtas legendos & doctiores & ociosiores accedimus, & si quid semel lectum non intelligatur, eundem locum sæpius repetere licet. Quapropter isti artificioso utuntur ordine*» (*Opera Q. Horatii Flacci*, Bâle, H. Petri, 1555, t. II, p. 917).

[26] Question éclairée par G. Giorgi, *Antichità classica e seicento francese*, Roma, Bulzoni, 1987, p. 25-42.

[27] Cf. G. Demerson, «La notion de temps dans la détermination des genres: l'exemple de *La Franciade*», *La notion de genre à la Renaissance*, éd. G. Demerson, Genève, Slatkine, 1984, p. 150-153.

La victime estoit preste, & mise sur l'autel,
Quand ce vaillant Gaulois de renom immortel, [...]
Commande à Glythymie: [...]
Prens le pied de l'aigneau, [...]
Elle pour obeir prend le pied de la beste
Lors en lieu de l'hostie il decolla la teste
De la femme perfide, & le sang qui jaillit,
Tout chaud contre le front de son mary saillit.
(Lm. XVIII., 74-75, v. 1-14 / Pl. II, 29)

Denis Bjaï
Université d'Orléans

UN SONGE D'ÉCLIPSE
DANS *L'ENCYCLIE DES SECRETS*
DE L'ETERNITÉ

Si les éclipses sont des «accidens [...] de trop digne marque pour estre estimez sans quelque signifiance»[1], un songe d'éclipse le sera doublement. Chez Guy Le Fèvre de la Boderie, les songes de signes célestes semblent avoir pour fonction, comme le note J.-F. Maillard, de «solenniser un événement intérieur majeur»[2]. Le songe de *L'Encyclie des Secrets de l'Eternité*[3] se distingue des autres songes bodériens par le cadre fictionnel où il s'inscrit – un dialogue entre le «Secrétaire» et sa Muse, Uranie – et par sa situation au début du huitième et dernier «Cercle» du poème. Alors que le dialogue semble parvenu à son terme, c'est un récit de songe qui le relance et le réoriente, transposition de ce qui fut, dans la genèse de l'œuvre, une pause de plusieurs années entre la rédaction des sept premiers «Cercles» et celle du dernier, où le poète accède à la poésie kabbalistique[4].

L'Encyclie est à la fois une apologie du catholicisme et une première tentative d'élaboration d'une poésie kabbalistique française. Les sept premiers «Cercles» sont consacrés à confirmer la religion chrétienne en multipliant les «médiations

---

[1] Pontus de Tyard, *Le Premier Curieux*, éd. J. C. Lapp, *The Universe of Pontus de Tyard*, Ithaca, Cornell U. P., 1950, p. 43.

[2] J.-F. Maillard, «A l'ombre de Sannazar et de Georges de Venise: textes oubliés de Le Fèvre», *Poésie encyclopédique et kabbale chrétienne. Onze études sur Guy Le Fèvre de La Boderie*, éd. F. Roudaut, Paris, Champion, 1999, p. 240. J.-F. Maillard reproduit dans le même article trois sonnets visionnaires de *De l'enfantement de la Vierge royne des vierges*, 1582, dont un songe de signe céleste, p. 241-242. Voir également dans les *Diverses Meslanges Poetiques*, Paris, R. Le Mangnier, 1578, éd. R. Gorris, Genève, Droz, 1993, les sonnets XCIV-XCV et XCIX-C.

[3] *L'Encyclie des secrets de l'Eternité. A treshault et Tres-Illustre Prince Monseigneur le Duc d'Allençon, frere du Roy tres-chrestien Charles neufième*, Anvers, C. Plantin, [priv. oct. 1570].

[4] «[...] je parvins à la fin du septiéme Cercle de ce present Oeuvre avant que je feusse parvenu au troisiéme septenaire de mon aage. Depuis pour l'estude des langues, j'entremis quelques ans avant de parfaire le Cercle huitiéme.» («Advertissement au Lecteur», p. 4-5, cité par F. Secret, *L'ésotérisme de Guy Le Fèvre de La Boderie*, Genève, Droz, 1969, p. 27). Si l'on en croit Le Fèvre de la Boderie, il avait donc écrit l'essentiel des sept premiers «Cercles» avant vingt-et-un ans (7x3) soit en 1562, probablement vers la date où il rencontra Postel. Aux signes numérologiques de l'élection divine dans la vie de l'auteur correspond donc dans l'œuvre le signe de la vision onirique.

capables de réduire, sinon d'annuler, le fossé qui sépare la nature et la surnature»[5]: sous la conduite d'Uranie, ou Raison illuminée comme hypostase
divine, le Secrétaire parcourt une dialectique qui s'élève de la psychologie aristotélicienne au platonisme contemplatif jusqu'à l'Ame du monde ou *Sophia*
créée, ultime étape au seuil du mystère trinitaire de l'«Un au-delà de l'Etre»[6].
Uranie l'invite alors à se remémorer un songe d'éclipse dont l'interprétation
l'engage dans le «Sacraire du Temple», «secret» d'une kabbale non seulement
chrétienne mais catholique[7].

On ne peut exclure que ce songe s'inspire d'une expérience vécue: les rêves
reflètent les «fantasmes collectifs» des cultures dont ils sont l'émanation[8] et la
médecine hippocratique, relayée par ses commentaires renaissants, traite de
songes astronomiques[9] dont Cardan rapporte de curieux exemples, assez
proches des songes d'astres bodériens: un soleil noir, la chute d'une étoile
filante, une constellation en forme de rose étoilée[10]. Il se peut donc que le songe
de *L'Encyclie* soit la retranscription d'une expérience vécue tout en s'inscrivant
dans une tradition textuelle sur le thème de la syzygie mêlant traditions néopla-

---

[5]   J.-F. Maillard, intro. de son éd. de *L'Elegante Poema e Commento sopra il Poema* de F. Zorzi
      (Georges de Venise), Archè, Milano, 1991, p. XXXI. Le *Poema* de Zorzi, que La Boderie ne
      put sans doute pas connaître, présente de nombreux points communs avec *L'Encyclie*.

[6]   Sur cette formulation de l'Un selon le *Parménide* et ses rapports avec Denys l'Aréopagite et
      l'*En Soph* kabbalistique, cf. E. Wind, *Mystères païens de la Renaissance*, trad. fr., Paris, Galli-
      mard, 1992, p. 68. Sur l'«Un au delà de l'Etre» chez Ficin, cf. P. O. Kristeller, «Il pensiero filo-
      sofico di Marsiglio Ficino», Firenze, Le Lettere, 1988. Pour l'analyse du «Cercle Settieme»,
      cf. J. Miernowski, «La 'rencontre d'allusion' dans le 'Rond plein de Sécrets': théologie néga-
      tive et poétique chez Le Fèvre», *Poésie encyclopédique et Kabbale chrétienne*, op. cit., p. 54-59;
      «La rhétorique de l'ésotérisme chez Guy Le Fèvre de la Boderie», *Signes dissimilaires. La quête
      des noms divins dans la poésie française de la Renaissance*, Genève, Droz, 1997; et M. Cronie,
      «Symbolic imagery in the poetry of a christian kabbalist», *Australian Journal of French
      Studies*, IX, sept-déc. 1972, p. 237-250.

[7]   La question du rapport orthodoxie catholique, kabbale, *prisca theologia* et visée apologétique
      chez Le Fèvre a été longuement abordée par F. Roudaut dans *Le point centrique. Contribution
      à l'étude de Guy Le Fèvre de la Boderie*, Paris, Klincksieck, 1992, notamment ch. «Anima
      mundi».

[8]   Cf. E. R. Dodds, *Les Grecs et l'irrationnel*, trad. fr., Paris, Flammarion, 1977, ch. 4, «Structure
      onirique et structure culturelle».

[9]   Voir sur les songes de signes célestes dans le *Peri Enupnion* pseudo-hippocratique et sur leur
      commentaire par J.-C. Scaliger (*Hippocratis liber De Somniis cum Iulii Cæsaris Scaligerie
      commentariis*, Lyon, S. Gryphe, 1539), l'art. de M.-M. de la Garandrie, «'Vous arrive-t-il
      parfois de rêver des astres?' ou quelques pages curieuses de Jules-César Scaliger», *Le Songe à la
      Renaissance, RHR*, éd. F. Charpentier, Saint-Etienne, P. U., 1990, p. 33-40.

[10] Girolamo Cardano, *Somniorum Synesiorum* [...] *libri IIII*, Bâle, Henricpetri, 1562. Rêves du
      5 mai 1538: l'étoile filante tombant dans la cour; du 8 nov. 1538: rose étoilée et conjonction
      de la lune avec mercure; du 9 fév. 1540: éclipse de soleil. Sur ces rêves, cf. C. G. Jung, *Sur l'in-
      terpétation des rêves*, Paris, A. Michel, 1988, p. 100.

toniciennes, patristiques, alchimiques et kabbalistiques[11]. Mais notre objet ne sera ni de distinguer la part de la biographie ni de réduire le songe de l'*Encyclie* à la mise en œuvre d'emblèmes philosophiques. Le décodage du symbolisme onirique en termes métaphysiques auquel procède le Secrétaire sous la conduite d'Uranie n'épuise pas le sens du songe en tant qu'expérience spirituelle à la fois singulière et exemplaire. A la charnière entre allégorie philosophique et expérience spirituelle, le songe de *L'Encyclie* opère le passage du fonctionnement analogique, «iconique»[12], de l'image, au travail du langage kabbalistique dont il n'est lui-même que l'icône paradoxale. Entre Platon et la Kabbale, la fonction du songe est de dépasser le stade de la représentation pour accéder au «secret» de l'accomplissement proprement prophétique, c'est-à-dire kabbalistique, des figures.

SONGE ET ALLÉGORIE

Après une entrée en songe sur le motif biblique du songe au bord de fleuve[13] et la notation sidérale de l'heure de minuit[14], le songe du huitième «Cercle» de *L'Encyclie* se présente comme la vision de trois signes célestes qui se succèdent dramatiquement. Le rêveur se trouve dans un verger avec le «fidelle berger» de son adolescence; c'est nuit de pleine lune, et il s'apprête à «voler» spirituellement de la lumière lunaire à sa cause véritable, le soleil «opposé» (explication astronomique de la pleine lune par opposition des «luminaires») quand se produit une éclipse lunaire, non moins explicable par interposition de la terre mais décrite comme une mutilation[15]:

---

[11]   Pour une bibliographie de la question, cf. M. Ariani, *Imago fabulosa. Mito e allegoria nei «Dialoghi d'amore» di Leone Ebreo*, Roma, Bulzoni, 1984, p. 235-238. La symbolique alchimique de la syzygie, qui a assimilé directement ou indirectement celle de la patristique et de la kabbale, est étudiée dans C. G. Jung, *Mysterium conjunctionis*, Paris, A. Michel, 1980 (notamment t. I). Sur la lune chez Du Bartas, cf. également J.-Ch. Monferran, «De quelques lunes du XVIᵉ s. L'*Amour des Amours* de Jacques Peletier du Mans, *La Sepmaine* de Du Bartas», *RHLF*, XCV, 1995, p. 675-689.

[12]   Par «icône» nous entendrons au sens platonicien non la simple reproduction de l'apparence mais l'image comme similitude réalisant (sous forme imparfaite) la perfection d'un principe qui fonctionne comme modèle.

[13]   Motif récurrent dans les songes bodériens et qui vient des songes du *Livre de Daniel* et des *Antiquitez de Rome*. Le fleuve de *L'Encyclie* est l'Orne, qui baigne Falaise, ville natale du poète.

[14]   «[...] et le garde de l'Ourse / N'avoit encor parfait la moitié de sa course» (*Encyclie*, p. 125). Cf. cette notation de l'heure de minuit en termes anacréontiques chez Ronsard, *Le Bocage*, «Prosopopée de Louis de Ronsard son pere» (éd. P. Laumonier, VI, p. 41) et l'«Ode ou Songe à François de Revergat» (*ibid.*, p. 122). Ce thème du songe de minuit s'oppose évidemment au *topos* du songe de l'aube, repris par *La Galliade* (Cercle III, v. 1073-1074).

[15]   Sur la description des «passions» lunaires en termes de sacrifice chez les alchimistes grecs (Zosime) cf. C. G. Jung, *op. cit.*, et C. Préaux, *La lune dans la pensée grecque*, Bruxelles, Palais des Académies, 1970, ch. «Eclipses et catastrophes».

> Je contemple la Lune estant droit front à front
> Peu à peu deffaillant, et sembloit que son Rond
> Fust tranché par morceaus de l'ombre qui le cœuvre
> Ainsi qu'on trencheroit un tailloir au maneuvre:
> Or c'este part defaut, puis ceste, et celle ci,
> Puis ceste autre, et en fin le tout est obscurci[16].

Le compagnon du rêveur s'enfuit mais le Secrétaire ne le suit que de trois pas. Il est arrêté par la vision du soleil, désormais à la place même d'où la lune le « regardait » en opposition – variation onirique sur le thème de la syzygie par absorption d'un astre en l'autre et du « minuit » en « midi »:

> Non non ne fuyon plus, demeuron je vous prie.
> L'Eclipse de la Lune à cestuy-là ne nuit
> Qui void le beau Soleil rayonner à my-nuit[17].

Le songe s'interrompt sur ce début d'interprétation dans le rêve, et c'est Uranie qui se charge du rôle de l'onirocrite (conformément au principe néoplatonicien qui distingue les révélations inspirées du devin et le travail rationnel de l'interprète[18]). Sans surprise, l'interprétation d'Uranie reprend le principe oniricritique des similitudes[19] dont elle établit les fondements ontologiques dans la relation analogique entre ordre cosmique et vie de l'âme. Loin d'exploiter comme Du Bartas les potentialités « baroques » de la phénoménologie lunaire, l'interprétation d'Uranie la réduit à un système de relations entre essences, téléologiquement orienté de l'inférieur vers le supérieur. La hiérarchie cosmique *terre / lune / ciel / soleil* devient l'image analogique de la hiérarchie des facultés psychiques selon le ficinisme (*sens / âme / raison / pensée*) et la lune est divisée en deux faces distinctes, l'une visible et terrestre, l'autre invisible et céleste, icônes cosmiques des deux faces de l'âme tournées vers la chair et l'esprit:

> Tout ainsi que la Lune est en soy mi-partie
> D'obscur, et de clarté, comme elle est convertie
> Vers la Terre, ou le Ciel, ainsi est mi-parti
> De ton Ame le Rond, comme il est converti
> Vers la Terre, ou le Ciel [...][20]

---

16 *L'Encyclie*, p. 119.

17 *Ibid.*

18 *Timée*, 72b.

19 Principe de l'onirocritique depuis Artémidore même si l'extension de cette notion de similitude y est extrêmement floue.

20 *L'Encyclie*, p. 126.

Quant aux variations de l'éclairage lunaire, elles viennent du fait que l'astre peut orienter la lumière qu'il tient du Ciel vers sa source ou vers la Terre, comme l'âme, «Nombre [...] soy-mouvant», peut «convertir» vers la chair ou l'esprit la lumière qu'elle tient de la Pensée:

> [...] Et comme l'Ame encor laquelle est un vray Nombre,
> Un Nombre soy-mouvant, se retourne vers l'ombre
> De la chair et du sang, ou bien devers l'Esprit
> Se vient joindre au Soleil d'où sa lumiere ell' prit.

La conversion s'explique par une relation de proximité et d'attraction, et la conjonction, interprétée selon Pline comme une restitution de la lumière à sa source[21], est naturellement prédisposée à symboliser le rapport entre la Connaissance et l'Amour.

Il ne s'agit là toutefois que des bases ontologiques de l'interprétation d'un songe dont l'intelligence[22] requiert la mémoire car le songe de *L'Encyclie* n'est pas un songe cosmique mais un songe personnel[23]. La fonction de l'onirocrite n'est donc pas de décrypter le sens universel du symbole mais de permettre au rêveur d'y lire la préfiguration de sa propre vie, ce qui suppose à la fois que le songe ait été confirmé par la vie passée du Secrétaire et qu'il permette d'en éclairer le sens. La complexité du rapport herméneutique entre le songe et la vie ne permet en effet à la vie du rêveur de révéler le sens du rêve que parce qu'elle y puise le sien[24]. Le songe conduit ainsi Uranie à «revisiter» la vie du secrétaire selon le code astronomique du rêve en une «vision» de caractère mixte, qui tranfère l'«enargeia» onirique et le symbolisme astronomique sur la structure diachronique du récit de vie.

Le Secrétaire passe ainsi, aux yeux d'Uranie, par des degrés qui se confondent avec les «aspects» successifs de la lune, et c'est encore le symbolisme *naturel* de l'astre qui permet de réinterpréter un passé révolu dans le cadre de l'ontologie analysée plus haut. La lune-âme parcourt un trajet dont le point de départ est l'éclipse lunaire en aspect d'«opposition», symbolisant l'obscurcissement de l'âme par les illusions provenant des sens:

---

[21] Pline, *Hist. Nat.*, II, VI. On sait quel usage fait de ce texte la devise au fronton du château d'Anet.

[22] «Dont ores les effects tu commences d'apprendre, / Et s'interpréte bien si tu le peus comprendre», *L'Encyclie, op. cit.*, p. 124. La primauté de l'intelligence sur l'interprétation est un des fondements de l'exégèse scripturaire transposé ici dans le domaine onirocritique: ce n'est pas l'interprétation qui est la condition de l'intelligence mais l'inverse. Cf. H. de Lubac, *Exégèse médiévale. Les quatre sens de l'Ecriture*, Paris, Aubier, 1961, notamment t. II, p. 634 sq.

[23] Distinction classique depuis Artémidore: un songe cosmique dans sa symbolique peut avoir un sens personnel. Scaliger, *op. cit.*, explique que pour Hippocrate rêver d'une occultation de la lumière des astres signifie un danger pour la vie par oppression de la chaleur naturelle.

[24] Cf. M. Zink, *La subjectivité littéraire*, Paris, PUF, 1985, p. 170.

> Bien peu il s'en fallut qu'un ténebreux mensonge
> Plus que Cymmerien qu'on te voulut monstrer,
> Avec le sentiment ne se vint rencontrer
> Droit entre la Pensée, et l'Ame [...][25]

La lune-âme s'arrache à l'obscurité totale parce que «palle defaillant», elle se soustrait rapidement à l'ombre terrestre: en termes astronomiques, elle s'est éclipsée à son apogée[26]. Quant au «Chef du Dragon», désignation du «nœud montant» décrit par la lune au-dessus de l'écliptique[27], il symbolise le règne du «Dragon ancien» sur la part du cosmos en voie d'achèvement, celle «Qui s'estend du Midi jusques en Aquilon»[28]. Le sens du symbole de l'éclipse lunaire est ainsi la menace de l'athéisme, ce qui inscrit la genèse de l'œuvre dans la perspective même de la vie du poète, comprise comme clé de son sens en tant qu'itinéraire personnel mais représentatif d'une génération. L'interprétation du songe renvoie donc à la fois à la préface où l'auteur dit qu'il a échappé au danger d'athéisme dans sa jeunesse:

> [...] il y a plus de quinze ans passez, qu'à mon grand regret j'ay esté fait certain, que sous semblance humaine il se trouvoit de tels monstrueus esprits, qui osoyent pleinement denier et Dieu et sa Providence [...] Et furent bien aucuns d'entre eux [...] si temerairement impudens que de m'en tenir propos,

---

[25] *L'Encyclie*, p. 126. L'origine de cette conception du rôle des fantasmes dans l'erreur est sans doute augustinienne.

[26] Cf. Plutarque, *De facie, op. cit.*, 933 sq. et Pontus de Tyard, *Le Premier Curieux, op. cit.*, p. 40-41: «Car lors qu'estant au plus haut de son epicycle et plus eslongnée de la terre, elle se treuve eclipsée, vous la choisissez teincte d'une couleur comme d'airain, et pource que l'ombre de la terre qui l'enveloppe, eslongnée de son corps, se fait rare et moins espesse. Mais quand l'eclipse se voit, la lune estant au bas de son epicycle et plus pres de la terre, elle demeure toute obscurcie et noire, à cause de l'espesseur de l'ombre terrestre, dedans laquelle elle est logée plus profondement.»

[27] Cf. I. Pantin, thèse de 3ᵉ cycle: «Les *Institutions astronomiques* de Jean Pierre de Mesmes (1557): un traité de la sphere en français», «Index des principaux termes scientifiques», s.v. «Chef du Dragon».

[28] Terme de résonance fortement kabbalistique repris dans le «Tabernacle». Cf. F. Secret, «Aux portes de corne et d'ivoire de la Renaissance. Mythe et songe», *Eranos Jahrbuch*, 1979, 48, p. 267-269: selon le Talmud (relayé par Paulus Ricius), le Septentrion ou «angle d'Aquilon» est la part de firmament inachevée, en attente de celui qui viendra le compléter comme un signe de sa divinité. Par allégorie il symbolise également le côté gauche des numérations séfirotiques (celui de la rigueur par opposition à celui de la miséricorde, de la justice par opposition à la grâce): c'est l'«Angle de la mort» et la partie cosmique où Satan a choisi de siéger. Selon la traduction du *Bahir* par Postel, c'est la porte «qui est ouverte au bien et au mal»: «Comme c'est dans cette partie que siège ce maudit [Satan], toujours en embuscade pour saisir l'occasion de nuire, qui est l'Aquilon ou partie inférieure et féminine, il a été condamné à être lié pour toujours sous le pôle aquilonaire.» (cité par F. Secret, p. 269). Mais la grâce doit y abonder comme le péché.

et me voyant en ma premiere adolescence, me proposaient des doutes touchant la Creation du Monde [...] et autres questions vaines et curieuses[29].

et à l'épître à François d'Alençon, où il présente l'œuvre comme une réponse à la tempête de l'hérésie lancée par «l'Aquilonnaire»[30]. Le symbole de la lumière lunaire sert donc de mise en garde contre le péril qui réside dans la croyance aux sens, l'âme étant d'autant plus tournée vers les images corporelles qu'elle s'est éloignée du principe de toute connaissance.

Car l'analyse du parcours spirituel du Secrétaire montre que l'âme-lune est d'autant plus encline à croire au sens qu'elle le «mire» de plus près: dialectique augustinienne et ficinienne de l'amour et de la connaissance selon laquelle ils s'engendrent réciproquement en une dynamique qui fait du processus d'abstraction *sens / fantaisie / opinion / raison* le mouvement de la lune-âme, qui la détache peu à peu de la vision de ses objets inférieurs. Après avoir échappé à l'éclipse totale, l'âme s'attarde en phase de pleine lune, où elle «vo[it] bien le meilleur, et choisi[t] le pire»[31]. En aspect sextile avec la terre (60°), elle «vêt» la fantaisie mais suit les «rays de la Pensée» «presque de son bon gré». A partir du quadrat (ou demi-lune), l'orientation vers la source divine rend possible une modification de volonté qui s'accentue à mesure que la lune se rapproche du soleil. C'est alors l'Amour qui doit achever le processus commencé par l'illumination: l'âme doit renoncer à l'«amour de soy» pour se joindre «à la vraye et unique Bonté» dans la conjonction, où l'opinion se convertit en Science[32]. L'«Amour saint» accomplit donc la connaissance, illumination procédant d'en haut et non ascension dialectique par la voie des sens.

On reste jusque-là dans le cadre d'un symbolisme de la syzygie de tradition antique, réinterprété selon la théorie des deux faces de l'âme de l'augustinisme avicennisant[33]. Le lien entre l'analogie lune-âme et la doctrine de l'illumination se rencontre chez saint Augustin (*Epître* LV, 7 et sq.), selon qui la lune, symbole de la mutabilité et de la mort, nous a été donnée comme similitude de l'Eglise

---

[29]   *Encyclie*, «Advertissement au Lecteur», p. 4.

[30]   *Encyclie*, p. 10.

[31]   *Encyclie*, p. 127: paradoxe paulinien de la volonté déchue et *Mét.*, VII, 21-22.

[32]   Ce thème du renoncement à la «philautie» ou *amor sui* a été analysé par J.-F. Maillard («A l'ombre de Sannazar», art. cit., p. 238), qui en rappelle l'origine augustinienne et les développements «familistes».

[33]   Cf. E. Gilson, «Sources gréco-arabes de l'augustinisme avicennisant», *Arch. d'hist. doctr. et litt. du M. A.*, IV, 1929, p. 5-149, et dans la même revue, 1927, p. 73-77, J. Rohmer, «Sur la doctrine franciscaine des deux faces de l'âme». Egalement M. Heitzman, «L'agostinismo avicenizzante e il punto di partenza della filosofia di M. Ficino», *Giornale critico della filosofia italiana*, XVI, 1935, p. 295-323. Sur l'influence de ces doctrines sur Ficin, voir mon art., «La théorie ficinienne de la vacance de l'âme dans la *Theologia platonica*: songe, prophétie et liberté», *BHR*, 1995, LVII-3, p. 537-550.

dans sa vocation mystique et eschatologique et comme similitude de l'âme humaine, déchue par le péché originel mais capable de se rapprocher du «soleil de justice», de telle sorte «que sa vie se cache en Dieu avec le Christ»[34]. En tant que similitude de l'Eglise, l'éclipse lunaire symbolise selon le Psaume 4 la mort de la mort, «quand ce qui est mortel vêtira l'immortalité»[35]. Mais par ailleurs, c'est chez Léon l'Hébreu que La Boderie a trouvé l'expression complète d'une théorie de l'illumination d'inspiration avicennienne et averroïste s'exprimant sous l'icône cosmique des phases lunaires[36]. L'influence de Léon l'Hébreu sur *L'Encyclie* (au moment où, s'il faut en croire La Boderie, il n'a pas encore découvert Francesco Zorzi[37]) peut s'expliquer par son caractère de lieu de confluence entre l'aristotélisme de Maïmonide, le judaïsme averroïsant, le néoplatonisme avicennisant et la kabbale. C'est Léon l'Hébreu qui fournit à La Boderie une synthèse mettant en jeu l'âme et le cosmos, l'intellect humain et l'intellect divin, tout en réinterprétant dans une perspective averroïsante la théorie ficinienne de la septième vacation.

La caractéristique de cette interprétation est donc qu'elle trouve dans le cosmos une *icône* naturelle de mystères relevant de la gnoséologie averroïste et de la mystique juive. Comme l'explique Philon à Sophia, l'âme, «inferieure à l'intellect abstraict»[38], n'a de «vue intellectuelle» qu'«éclairee par l'intellect divin», dont le soleil est la représentation, et c'est la conjonction soleil-lune qui représente cosmiquement la «copulation» de l'âme avec l'intellect séparé, ou divin:

> [la conjonction advient] quand l'ame reçoyt la lumiere de l'intellect en la partie superieure d'elle incorporelle, qui est vers cest intellect, s'unissant avec luy, comme fait La lune avec le Soleil en sa conjonction. [....] Il est bien vray

---

[34] *Quanto magis ei [sol justitiæ] appropinquat affectu pietatis, tanto magis exterior homo corrumpitur, sed interior renovatur de die in diem, omnisque lux illa ingenii quæ ad inferiora vergebat, ad superiora convertitur, et a terrenis quodammodo aufertur, ut magis magisque huic seculo moriatur, et vita ejus abscondatur cum Christo in Deo.*

[35] Saint Aug., *op. cit.*, *tunc novissima inimica destruetur mors, et quicquid nobis restitit ex infirmitate carnis unde nobis perfecta pax nondum est, consumetur omnino, cum corruptibile hoc induerit incorruptionem, et mortale hoc induerit immortalitatem.*

[36] Cf. S. Damiens, *Amour et intellect chez Léon l'Hébreu*, Toulouse, E. Privat, 1971, ch. «Léon l'Hébreu et ses prédécesseurs en syncrétisme: Avicenne et Averroès», et sur la comparaison âme-lune p. 151 sq. Sur l'origine plotinienne de la figure, cf. S. Damiens, p. 153, qui cite Plotin, *Ennéades*, V, 6.

[37] D'après la préface de sa traduction du *De harmonia mundi* publiée en 1579. Cf. F. Secret, *L'ésotérisme...*, *op. cit.*, p. 28.

[38] Nous nous référerons à la trad. de D. Sauvage, *Philosophie d'Amour de M. Leon Hebreu*, Lyon, G. Rouillé, 1551, p. 310. La trad. de Tyard, qui traduit systématiquement le terme «intelletto» par «entendement», infléchit dans un sens platonicien la terminologie averroïsante de Léon l'Hébreu. Texte italien: Leone Ebreo, *Dialoghi d'Amore*, éd. S. Caramella, Bari, Laterza, 1929, p. 178.

que cette divine copulation luy fait abandonner les choses corporelles, et le soing d'icelles et qu'elle demeure tenebreuse, comme la Lune en la partie inferieure devers nous[39].

Les opérations de l'âme résultant de sa double polarité sont donc représentées par le cours des phases lunaires, dont les deux éclipses sont les termes extrêmes. L'éclipse lunaire, dans laquelle la terre s'interpose entre les deux astres, symbolise la sensualité qui s'interpose entre l'âme et l'intellect :

> Ce qui advient [l'éclipse] semblablement à l'ame, quand la corporalité et terrestreité s'interpose entre elle et l'intellect : car elle perd alors toute la lumiere qu'elle recevoyt de l'intellect, non seulement en la partie superieure, mais en l'inferieure [...] elle perd, du tout, la Raison, et la lumiere intellectuelle : pource que non seulement elle perd la copulation divine, et la contemplation intellectuelle, ains davantage, sa vie active se fait du tout irraisonnable, et vrayement bestiale[40].

L'autre pôle de cette configuration est l'éclipse solaire, par interposition de la lune entre le soleil et la terre. Seule sa partie supérieure est éclairée : « Tournée vers son principe, elle rentre pour ainsi dire en elle-même »[41], ou plus exactement dans l'intellect, et meurt au monde sensible. C'est cette éclipse qui symbolise la « mort du baiser », soit, en termes averroïsants, la *copulatio* de l'âme et de intellect agent, en termes kabbalistiques la « vision de jour », le face à face réservé à Moïse et aux « autres desquels la Saincte-escripture parle, disant qu'ils moururent jouxte la face de Dieu ». Comme l'explique M. Ariani, la valeur de la métaphore astrale de l'éclipse solaire, comme obscurcissement par interposition dans le face à face avec la source de lumière, réside dans la tension interne qu'elle porte en elle comme symbole de la *coincidentia oppositorum*, de la loi d'inversion apparence / réalité, lumière / ténèbres[42].

Pour en revenir au développement d'Uranie, c'est bien par l'éclipse solaire que se termine son exégèse du cycle des phases de l'âme. Le cycle, qui a commencé par l'éclipse lunaire, doit s'achever sur la conjonction puis sur l'éclipse solaire. C'est précisément à l'approche de cette dernière phase qu'Uranie situe le présent du Secrétaire : son âme approche de la conjonction, où elle abandonnera les souillures du corps[43]. Quant à l'éclipse solaire, Uranie

---

[39]   *Ibid.*, p. 329.

[40]   *Ibid.*, p. 335-336.

[41]   S. Damiens, *op. cit.*, p. 152 sq.

[42]   M. Ariani, *Imago fabulosa, op. cit.*, p. 60.

[43]   Qu'Uranie compare aux menstrues projetées par le « ray visuel » de la femme enceinte, produit aristotélicien de la « matière première » et symbole postellien « de la partie féminine dont Eve avait marqué la déchéance » en tant que « mère des vivants ». Cf. J.-F. Maillard, « A l'ombre de Sannazar », art. cit., p. 233-234.

l'appelle plus qu'elle ne la prédit, dans un mouvement d'assurrection du didas-calique vers le lyrisme[44]. L'illumination solaire sera alors proprement absorbée par le «comble» de l'âme (l'*acies mentis* augustinienne et la *nefesh* de la kabbale)[45]:

> Qu'un jour peussay-je voir le Luminaire moindre
> Au Soleil troisfois grand si proprement se joindre
> Qu'en son comble il receust la lumiere et l'ardeur,
> Si que le Corps restast plein d'ombre et de froideur:
> Afin que l'Ame abstraite, et pleine de merveille
> Au sentiment fangeus peust rendre la pareille,
> Et couvrant la Pensée en centre composé.
> La rendre au Sens Eclipse en diamétre opposé[46].

Mais si elle constitue, dans *L'Encyclie*, le sens ultime de l'interprétation mystique du symbolisme cosmique, ce n'est que par transgression de ce symbolisme naturel qu'elle rejoint la vision onirique: le sens de l'éclipse solaire se révèle dans le songe comme illumination

> Car le ravissement à l'Ame ne peut nuire
> Qui void un plein my-jour en la my-nuit reluire.
> Et alors ton Miroir de par soy non luisant
> Faict semblable à celuy qui le va conduisant:
> Et en vous a seellé la clarté de sa face,
> La Nuit s'egalle au jour, et Nature à la Grace[47].

DE L'ALLÉGORIE A LA KABBALE

Nous nous arrêterons sur cette dernière transformation. Jusqu'ici Uranie, pour «expliquer» le songe, l'a déployé dans une temporalité le rationalisant et le naturalisant. Le terme de la progression de l'âme, selon cette interprétation, était une éclipse solaire destinée paradoxalement à *signifier* l'illumination. Aussi l'interprétation astronomique d'Uranie reste-t-elle en deçà d'une vision onirique offrant un miracle[48], soit que le soleil se soit soudain déplacé de 180 degrés (comme c'était le cas, selon les commentateurs, pour l'éclipse miraculeuse de la passion), soit que la lune soit *devenue* le soleil par sa «passion». En assimilant

---

[44] Cf. I. Pantin, *La Poésie du Ciel en France dans la seconde moitié du seizième siècle*, Genève, Droz, 1995, p. 384-387, «*Movere* et *docere* dans *L'Encyclie*».

[45] Sur cette association, cf. J.-F. Maillard, «A l'ombre de Sannazar», art. cit., p. 239.

[46] *L'Encyclie*, p. 128.

[47] *L'Encyclie*, p. 129.

[48] Sur la distinction miracle-prodige, voir la thèse de J. Céard, *La nature et les prodiges. L'insolite au XVIᵉ siècle en France*, Genève, Droz, 1977, *passim*.

l'éclipse solaire à l'illumination en plein minuit, Uranie abolit donc l'écart entre le signifiant naturel (l'obscurité) et le signifié spirituel (illumination), écart qui fondait la nature tragique du symbolisme cosmique chez Léon Hébreu, et lui substitue une équivalence plus paradoxale encore: l'équivalence nuit-jour symbolisant elle-même l'équivalence nature-grâce. Cette nouvelle interpréta- tion implique un changement dans le statut du songe en tant que figure prophé- tique. Au moment où Uranie l'interprète, une partie de sa signification prophé- tique s'est déjà réalisée sur le mode d'un parcours temporel lisible: le signe onirique est partiellement tourné vers le passé du Secrétaire dans le cadre d'un symbolisme analogique. Mais son accomplissement à venir ne possède aucun *analogon* cosmique. Cette double articulation prophétique n'est pas sans évoquer celle de la *figura* biblique comme préfiguration de deux « avents » entre lesquels se déroule l'histoire de l'Eglise, et ce n'est pas sans raison que La Boderie a repris un symbole de l'âme *et* de l'Eglise, ces entités se symbolisant mutuellement. Dans le cas du songe de *L'Encyclie*, l'articulation des niveaux prophétiques correspond à celle des sens tropologiques et anagogiques, qui se répondent dialectiquement: au sens tropologique la nuit représente l'impiété, au sens anagogique l'illumination. L'exégèse du sens tropologique suppose un savoir astronomique dépassant les données de l'expérience sensible mais le sens anagogique ne se dévoile qu'à la lumière la prophétie biblique que le songe actualise comme vision. Car la seconde partie du songe n'est que l'actualisation visionnaire de deux versets bibliques interprétés prophétiquement par la kabbale mirandulaine et par Postel: *Isaïe* XXX, 26: «*Et erit lux lunæ sicut lux solis*» et *Psaumes*, 138, 12: «*et nox quasi dies lucet*» ou, selon Pic de la Mirandole, «*erit nox sicut dies*». Comme l'a montré F. Secret, le verset ésaïque avait été inter- prété par Postel dans l'*Interprétation du Candélabre de Moyse*, par référence à un commentaire de Menaham de Recanate, dans la perspective millénariste de la restitution de « la coronne du Roy souverain, c'est à sçavoir de Christ [...] à la puissance, laquelle entre les princes d'Occident est la plus semblable à Christ, comme Christ est l'aisné de toute la nature »[49]. Quant au verset des *Psaumes*, il avait été interprété par Pic de la Mirandole dans sa 20ᵉ *Conclusion cabalistique* (*Cum fiet lux speculi non lucentis, sicut speculi lucentis: erit nox sicut dies, ut dicit David*) comme une assimilation du degré inférieur de la prophétie en kabbale, ou « miroir non luisant », au degré supérieur du « miroir luisant », ce qui renvoyait à la 54ᵉ *Conclusion selon l'opinion de l'auteur* assimilant le « miroir

---

[49]   F. Secret, *Guillaume Postel (1510-1581) et son interprétation du candélabre de Moyse*, Nieuw-
      koop, B. de Graaf, 1966, p. 361. Le titre de la trad. du *Zohar* par Postel porte: «Loi de bouche
      ou écrit de la conciliation de la nature et de la grâce restituée en un, qui est appelée du Zohar
      c'est à dire de la plus grande splendeur » (F. Secret, *Les kabbalistes chrétiens de la Renaissance*,
      Paris, Dunod, 1964, p. 179).

luisant» à la béatification des «saints» dans le Fils[50]. La clé du songe réside donc dans les rapports entre kabbale et eschatologie[51], qui posent le problème de l'absorption du millénarisme postellien de la «restitution» dans ce qui se veut, comme l'a montré F. Roudaut, une défense du catholicisme dans sa doctrine de la grâce et de la rédemption[52].

Le sens anagogique du songe doit s'accomplir dans l'extase mystique comme «mort du baiser», thème obsessionnellement présent dans la kabbale chrétienne et que nous avons rencontré chez Léon l'Hébreu. La Boderie en déploie le sens jusqu'à ses ultimes développements comme *deificatio*, tout en lui donnant une signification eschatologique: la «mort du baiser» est à la fois mort extatique et promesse de résurrection. Elle renvoie ainsi au mystère de l'incarnation: la libération du «corps spirituel» de la corruption du corps terrestre ne fait qu'un avec la communion de l'humanité rédimée dans le Christ Amour:

> La Mort vostre ennemye en fin sera destruite:
> Et brief ce feu d'Amour embrasé au milieu:
> D'un Esprit élevé, le transforme en son Dieu [...][53]

Kabbale et eschatologie sont indissociables dans une «christification»-illumination qui doit être précédée par la voie purgative de l'*imitatio Christi*. Mais comme dans les *Conclusions cabalistiques* de Pic, la signification anagogique de cette illumination est plurivalente. S'il «catholicise» Postel, La Boderie «kabbalise» aussi le symbole augustinien de la Lune-Eglise s'évanouissant dans le Christ-Soleil à la résurrection de la chair, en l'appliquant à la transmutation de l'homme en Dieu, qui définit le destin spirituel de l'Homme, orienté vers la résurrection comme déification[54].

Le sens allégorique du songe ne s'est donc déployé en un premier temps que pour se reployer dans le symbole de la «mort du baiser» qui porte en lui les valences de l'*amor extaticus*, de la rédemption comme de l'illuminisme postellien. Aussi le songe débouche-t-il sur la poésie du «Tabernacle» dont l'ordon-

---

[50] Cf. B. Schefer, Jean Pic de la Mirandole, *900 conclusions philosophiques, cabalistiques et théologiques*, Paris, Allia, 1999.

[51] Le principe de ce lien entre mystique et eschatologie est parfaitement traditionnel dans la conception orthodoxe de la signification anagogique de la figure (H. de Lubac, *Les quatre sens*, *op. cit.*, t. II, p. 640 sq.). La question est celle du rapport nature-surnature dans ce double accomplissement mystique et eschatologique de la figure.

[52] F. Roudaut, *Le point centrique*, *op. cit.*, *passim* et notamment la «Conclusion».

[53] *L'Encyclie*, p. 131.

[54] Cf. F. Giacone, «Le catholicisme dans les *Hymnes ecclésiastiques*», *Poésie encyclopédique et kabbale chrétienne*, *op. cit.*, p. 135: «il fallait aussi perpétuer la révélation postellienne et la distiller au cœur de la catholicité pour que la prophétie tant attendue se réalise.» Cf. également J.-F. Maillard, «Postel et ses disciples normands», *Guillaume Postel (1581-1981)*, Actes du colloque d'Avranches, 5-9 sept. 1981, Paris, Trédaniel, 1985.

nance externe (les trois mondes, les dix numérations etc.) ne fait qu'encadrer une symbolique kabbalistique affranchie des similitudes pour « charger » le texte d'associations en spirale[55]. On ne s'étonnera donc pas de retrouver des thèmes du songe que nous avons étudiés dans cette évocation de la table où repose le pain de vie, figure vétéro-testamentaire de la présence eucharistique, de l'avènement intérieur du Christ dans l'âme de chaque fidèle dans l'Eglise[56], de la dispensation eschatologique de la justice divine etc.:

> Pource la Table estoit dedans le pavillon
> Avec ses douze pains du costé d'Aquilon:
> Sacrement tres-certain que par le pain de Vie
> Qui du ciel descendit, cet Ange plein d'envie
> Qui vous donna la mort a perdu l'éguillon,
> Et l'Agneau l'a donté du costé d'Aquilon.
> Et pource d'Aquilon d'une fureur jalouze
> Ce fier dragon poursuit de son vainqueur l'Espouze,
> Celle que le Soleil de ses rays déliez
> Rondement environne, et qui a souz ses piedz
> La face de la Lune, et dont la teste ornée
> Est de douze flambeaus d'estoilles couronnée. [...]
> Cieus rousoyez d'enhaut, et que l'Ether distille
> La Justice icy bas, que la Terre inutile
> Soit maintenant ouverte, et pour fruit de saveur
> Y germe la Justice, et croisse le Sauveur.

On est très proche de Postel selon qui « les auditeurs de Moyse ont constitué toute la perfection et restauration de la generation humaine dedans le pain de la confirmation et sacrement ou morceau, lequel, comme la manne, se doit manger au temps futur et soubs le Messie second »[57]. De même, se chargent d'une résonance plus spécifiquement kabbalistique les symboles de l'Aquilon et la rosée lunaire – symbole vétéro-testamentaire de la résurrection et symbole patristique des effets de la grâce, mais aussi symbole kabbalistique de la dispensation de la *Sophia* et symbole postellien de l'ultime conversion du monde à la

---

[55] Sur cette structure typiquement kabbalistique voir l'analyse de J.-F. Maillard à propos de Vigenère, « Le thème de la lumière chez Blaise de Vigenère (1523-1596) », *Lumière et cosmos: courants occultes de la philosophie de la nature*, Paris, A. Michel, 1981, p. 135: « La représentation, classique, d'une hiérarchie verticale d'émanations qui se dégradent se combine ainsi à celle des vêtements de la divinité qui dessinent autant de cercles emboîtés et disposés « comme une encyclie ou lune spiralle » [*Traité du feu et du sel*, p. 29-30]. A ce niveau, tout élément peut s'intérioriser en se dépouillant de ses cercles sans solution de continuité pour retrouver son origine dont il est le reflet. »

[56] Sur ce thème dans l'exégèse, cf. H. de Lubac, *op. cit.*, II, p. 621 sq.

[57] *Interprétation du Candélabre, op. cit.*, p. 399.

Loy éternelle[58]. Car l'entrée en songe précisait que le rêveur s'était endormi
«l'une des belles nuis / Du printemps rousoyant»[59]. Mais comment comprendre le quatrième pas auquel s'arrête le jeune rêveur? Faut-il y voir le
«quatrième et dernier règne de l'Eglise» selon Postel[60], le «quart temps» de l'esprit, celui de la «révolution» / «conversion»?[61]

Car c'est le cœur seul, siège de la volonté, qui est le lieu de cette métamorphose: c'est là que s'«alembique» le feu de Séraphins qui brûlent, selon la
Hiérarchie céleste de l'Aréopagite, du feu d'un amour supérieur à l'intelligence.
Le songe est introduit par une exhortation au reploiement vers le centre intime
de l'intériorité:

> Maintenant, ô povret, as-tu point de mémoire
> De ce songe, où tu vis la Lune obscure et noire?
> Songe qu'à tout jamais tu dois avoir gravé
> Aus entrailles de l'ame, et dans le cœur cavé[62].

Le récit du songe procède donc d'un recueillement qui est à la fois parachève-
ment et rupture. C'est par là qu'il sert de seuil au terme d'une ascension qui s'arrête au dernier degré de la grande Ame du monde (Sagesse créée comme Voix,
et non comme Verbe[63]). Car c'est donc l'Ame et non l'Entendement qui est ici
l'ultime degré de la remontée. La dialectique néoplatonicienne ne peut
remonter au dessus de la troisième hypostase plotinienne: le «moteur mu» ou
Ame universelle est dernier «Moyenneur» entre le Créateur et une création
gonflée dans l'existence comme une bulle éphémère, entre une pensée créatrice
dont le mystère s'abîme dans celui de l'essence trinitaire et les «mobiles mus»
de la réalité sensible.

---

[58] Sur la «rosée lunaire» dans la tradition patristique et dans l'alchimie, cf. C. G. Jung, *Myste-
      rium conjunctionis, op. cit.* Sur ce symbole chez Postel, cf. F. Secret, «Aux portes de corne et
      d'ivoire», art. cit., qui explique l'interprétation émithologique de Postel en Pus tal / Roris-
      perge, dispensateur de la rosée par référence à Isaïe XXVI, 19 et Deut. XXXIII. Sur la source
      de ce passage de *L'Encyclie* (le cantique du premier dimanche de l'Avent), F. Secret, *L'ésoté-
      risme, op. cit.*, p. 34-35. Pour l'association rosée / illumination amoureuse: *La Galliade*, Cercle
      III, v. 1338.

[59] *L'Encyclie*, p. 125.

[60] F. Roudaut, *Le point centrique, op. cit.*, p. 185.

[61] *Interprétation du candélabre, op. cit.*, p. 361-362. Postel interprète dans le même ouvrage le
      rapport soleil-lune en fonction des quatre temps de l'Eglise: au «tiers temps» de la loi de
      grâce: «fault que le Mediateur commence à retourner à Dieu comme la lune au soleil, depuis
      les deux premiers quartiers aulsquels elle a tousjours fui le soleil» (p. 393).

[62] *L'Encyclie, op. cit.*, p. 124.

[63] Dans *l'Encyclie*, en effet, La Boderie distingue nettement la deuxième personne trinitaire
      (indissociable du mystère de l'«Un au delà de l'Etre») et la première médiation comme *Sophia*
      créée / *Anima mundi* / esprit de l'univers. C'est la trinité qui est le terme de la quête kabba-
      listique.

Or dans les sept premiers «Cercles», c'est la pleine lune qui symbolise l'Ame du monde et sa lumière indirecte *signifie* la lumière divine, elle qui devient dans le songe le symbole de la béance ontologique entre Dieu et le créé. Dans les sept premiers Cercles, la pleine lune symbolise, en termes plotiniens, la procession de l'Unité divine comme «image» ou «songe»; elle est le miroir qui empêche le rayon visuel de se perdre et rend possible la vision indirecte du soleil, lui-même icône platonicienne de l'Evidence de la vérité.

> Au contraire montant par fantosmes et songes
> Viendras à la Clarté qui chasse les mensonges,
> Sans que du plein luisant vivement éclaté
> Ton rayon visuel se perde, dilaté.
> Premier donc tu verras les Ombres éclérées,
> Les semblances apres aus Ondes remirées:
> Et puis le Ciel brillant par les yeux de la nuit,
> Quand de rais empruntés la pleine-Lune luit:
> De là tu parviendras à voir le Soleil méme
> Jusqu'à le contempler en son siége supréme...

La «Lune archétype» est donc la dernière médiatrice en tant que première «Image du Pere»[64]:

> Par ton Œil moyenneur, par la Lune exemplaire
> Qui roule dessous toy, te plaist et te fait plaire
> Chaque Estoille d'Esprit, sur qui par bon égard
> D'idealle clarté elle assied son regard:
> Par cette Lune, di-je, à ta Sfére alliée,
> Et qui n'a tache en soy, ny couleur paliée....[65]

Ce sont les médiations de cet «univers scalaire»[66] qui doivent être abolies en une conversion / inversion de l'Icône qui s'éteint dans l'âme humaine comme première Image-Sophia pour la faire entrer en fusion avec la transcendance dans le foyer d'une intériorité anéantie par l'Amour. Le plus haut degré de l'ascension n'est que le premier moment de la conversion: entre le néoplatonisme des sept premiers «Cercles» (où la pelote textuelle se dévide jusqu'à la première Image) et le «Sacraire du temple» (où elle se replie dans le langage de la kabbale trinitaire), pleine lune, nuit et illumination ne font qu'un *seul* processus spirituel.

Peut-être ces remarques éclaireront-elles le choix de la vision en forme du songe, quoique le songe soit en kabbale le degré inférieur des révélations dont la

---

[64]   Thème orphique qu'on retrouve chez Blaise de Vigenère. Cf. C. G. Jung, *op. cit.*, qui renvoie à Proclus, *Tim.* 41 et 32b, et *infra* n. 82.

[65]   *L'Encyclie*, p. 114.

[66]   Cf. F. Roudaut, *Le point centrique, op. cit.*, p. 175.

« vision de jour » est le degré supérieur. La Boderie ne peut ignorer ni la hiérarchie théologique des visions[67], ni la hiérarchie kabbalistique des degrés de la
prophétie. Selon la kabbale, le songe dépend de Malkout, la *sefira* inférieure qui
transmet aux hiérarchies angéliques les influx supérieurs comme « miroir qui
n'éclaire pas », et la kabbale chrétienne à la Renaissance assimilait Malkout à la
Lune comme dernière sphère céleste en descendant ou première sphère en
remontant[68]. La vision « face à face » ou « vision éveillée » ressortit à la *sefira*
Tiferet, « pierre spéculaire » d'où procèdent les influx prophétiques s'écoulant
vers le bas. *La Galliade* reprendra cette hiérachie des révélations en assimilant
les degrés de la prophétie selon la kabbale aux sept *modi* de la *vacatio animae*
ficinienne[69]. En ce sens, le songe de *L'Encyclie* accomplit le verset davidique dont
Pic de la Mirandole avait donné la signification kabbalistique dans la *Conclusion*
20, et dont Archangelo de Burgonovo allait fournir le commentaire[70] : le sens de
l'union nuit-jour, union du « miroir qui n'éclaire pas » et du « miroir qui
éclaire », n'est autre en kabbale que l'accouplement théogamique des *sefirot*
Malkout et Tiferet, dont le *Bahir* (traduit par Postel[71]) avait fait la clé de sa
mystique de la transformation de la lumière en parole prophétique. Egide de
Viterbe, dans sa *Scechina*, avait interprété l'union théogamique (et son analogie

---

[67] Pour un état de la question, cf. M.-M. Fragonard, « Vos jeunes gens auront des visions et vos
vieillards des songes », *Le songe à la Renaissance, op. cit.*, p. 209-220. Si « vision » et « songe » ne
sont pas toujours clairement distingués dans la Bible, ils le sont dans la kabbale et dans la théologie catholique, où songe et vision peuvent être deux degrés différents ou deux degrés hiérarchisés du degré inférieur de la « vision imaginaire ».

[68] Cf. Vigenère, *Traicté du feu et du sel*, Paris, A. L'Angelier, 1618, reprint Jobert, Paris, 1976,
p. 30 : « les Caballistes particularisent [les numérations] à dix sephirots ou numérations : trois
au monde intelligible, et sept au celeste, qui viennent à se terminer en la lune ou Malchut, la
derniere en descendant ; et la premiere en montant du monde elementaire en hault ; car c'est
un passage d'icy bas au ciel : si que les Pythagoriciens appelloient la lune la terre celeste ; et le
ciel ou astre terrestre ». Ailleurs (*Zohar*) la lune est assimilée au niveau de Gabriel, deuxième
degré des hiérarchies angéliques après le dernier degré des *sefirot* et septième degré sous
Tiferet.

[69] Cf. F. Roudaut, *La Galliade*, Cercle III, notamment 1063 sq. La hiérarchie bodérienne associe
kabbale et ficinisme : le songe est le premier degré de la prophétie, après la pâmoison assimilée
au « baiser de la bouche », que la kabbale chrétienne assimile le plus souvent au septième degré.
La prophétie comme « illuminaison / D'annoncer le futur sans discours de raison » au sixième
degré. Le septième degré est l'« abstraction de toutes la plus ample ». Elle correspond au *modus*
ficinien de la *castitas mentis*, ce qui renvoie à la voie purgative développée dans *L'Encyclie*.
C'est au septième degré que se situent Moïse, Isaïe, Ezechiel, Daniel.

[70] Archangelo de Burgonovo, *Cabalistarum selectiora, obscurioraque dogmata, a Joanne Pico ex
eorum commentationibus pridem excerpta*, in Pistorius, *Artis cabalisticæ... scriptores*, Bâle, S.
Henricpetri, 1587, I, p. 793-794. Voir également, sur l'analogie soleil-lune / Tiferet-Malkout
dans la *Schechina* d'Egide de Viterbe associé au couple Messie-Eglise, *Lumière et cosmos*,
op. cit., art. de G. Javary, « De Malchut à Bina ou de la lumière de la loi à la lumière du Messie
d'après le traité de la *Schechina* du cardinal Egide de Viterbe », p. 113-128.

[71] Cf. F. Roudaut, *La Galliade*, Paris, Klincksieck, 1994, p. 55.

soleil / lune) comme accomplissement du royaume de l'amour «sur la terre comme au ciel» grâce à la médiation christique dans la Trinité. Chez La Boderie, le miroir qui n'éclaire pas *devient* oniriquement le miroir qui rayonne, figure de «restitution» de la nature en Dieu[72].

Accouplement mystérieux, d'autant que la kabbale n'est que la «réception symbolique de la révélation divine»[73]. F. Secret a commenté le passage de *La Galliade* où le poète explique que les prophètes extatiques ont masqué leur «jour clair» sous la claire-voie du songe:

> Mais tous, comme si lors ils eussent sommeillé
> Tous ce qu'ils avoient veu, en esprit esveillé
> Ils le couvroient soudain des ombrages et voiles
> De l'imaginaison, comme sous claire toiles:
> Si que tous les secrets qu'ils avoient penetrez,
> Lorsqu'ils estoient en l'Arche, et au Sacraire entrez,
> Demeuroient tant obscurs, que mesme le Profete,
> Interprete de Dieu, d'un autre homme interprete,
> Se trouve avoir besoin, qui de rayons ailez
> Dissipe les nuaux des mysteres voilez:
> Et lequel sçache oster les ombres et les fueilles
> De qui les pommes d'or sous argentines treilles
> Se couvrent a demy, pour faire percevoir
> A clair jour le jour clair du mystique sçavoir[74].

Comme l'ont montré F. Secret et F. Roudaut, la Boderie développe ici un verset des Proverbes (25, 11)[75] commenté par Reuchlin[76], et dont il fait en conclusion de *L'Encyclie* le symbole de son œuvre: «Ce sont des pommes d'or sous la treille argentée / Que la parole dite en ses cercles entée.» La source en est *le Guide des Egarés* de Maïmonide, qui fait du verset une allégorie du discours «qui a deux faces, c'est-à-dire qui a un extérieur et un intérieur [...] comme il en est de cette pomme d'or qui a été couverte d'un filet d'argent à mailles extrêmement fines»[77].

Chez La Boderie, les cercles / mailles où s'«ente» la Parole sont ceux de l'image kabbalistique et de ses développements poétiques. La convention du

---

[72]   Sur ce thème dans le *Bahir*, cf. *Lumière et cosmos, op. cit.*, N. Sed, «Lumière et prophétie dans la kabbale médiévale», p. 79-110.

[73]   J. Reuchlin, *La Kabbale, op. cit.*, p. 45.

[74]   *La Galliade*, éd. F. Roudaut, p. 403. Cité par F. Secret, «Aux portes de corne et d'ivoire», art. cit., p. 275-276.

[75]   F. Secret, *L'Esotérisme, op. cit.*, p. 151.

[76]   Cf. F. Roudaut, éd. *La Galliade*, éd. cit., qui renvoie au *De arte cabalistica*, I, éd. Pistorius, p. 631.

[77]   *Le Guide des Egarés* (trad. S. Munk, Paris, Franck, 1856), cité par M. Ariani, *Imago fabulosa, op. cit.*, p. 14.

genre du songe s'ente dans une théophanie cherchant à transcender toute iconi-
cité. Le «rond plein de secrets» parvient-t-il à rayonner dans le songe poétique
quelque «noyau d'ineffabilité»? Du moins La Boderie le voulut-il[78].

Sylviane BOKDAM
Université de Créteil-Val de Marne

---

[78] Cf. *Encyclie*, sonnet à Ch. Toutain: «je ne souhaite / qu'on nomme Poêsie un Rond plein de
Secrets».

REGARD SUR DESPORTES

Pour diverses raisons dont l'ignorance est peut-être la principale, Philippe Desportes ne jouit pas de l'estime qu'il mérite[1]. Dès 1936, et après avoir en quelque sorte ressuscité Desportes, Jacques Lavaud le relègue au rang des poètes médiocres même s'il lui concédait quelques accolades. Tout en lui attribuant «quelques-uns des plus beaux vers de la poésie française», il considère que «poète pour gens du monde, Desportes se laissera surtout guider par les goûts et les tendances du public auquel il s'adressait. Point d'innovations, prosodiques ou autres, qui les eussent effarouchés». Et malgré ses élans, «il ne parvient guère à se soutenir sur les cimes du lyrisme et ne s'élève que pour retomber aussitôt.»[2] Il me semble que c'est à tort que nous le sous-estimons. Son influence sur la poésie de Cour a été importante et sa versatilité plus grande que l'on ne croit. Il y a chez lui une finesse et une subtilité qui n'ont généralement pas été appréciées à leur juste mesure. J'ai essayé de démontrer ailleurs que l'on peut détecter chez Desportes les signes avant-coureurs du vocabulaire de la vertu exploité par un Corneille et ses contemporains[3]. A l'occasion de la publication de la *Concordance des Œuvres poétiques de Philippe Desportes*[4], j'ai relevé le défi de la consulter pour voir si cette liste de mots et de collocations pourrait nous aider à mieux comprendre le poète. De prime abord, une concordance peut paraître un ouvrage bien stérile car il ne s'agit que d'énumération de termes ou de vers. Et pourtant, en la consultant attentivement on voit que l'on peut apprendre beaucoup sur le vocabulaire de prédilection du poète, sur la syntaxe et sur les thèmes qui lui tenaient à cœur. Je ne prétends aucunement fournir des arguments qui contrediraient catégoriquement les constatations de Lavaud et autres critiques, mais je voudrais seulement montrer qu'il s'agit d'un poète que l'on a intérêt à

---

[1]   Cf. pourtant les chapitres que G. Mathieu-Castellani lui a consacrés dans *Les Thèmes amoureux dans la poésie française, 1570-1600*, Paris, Klincksieck. 1975, p. 209-311, et l'intro. de J. Balsamo dans *Philippe Desportes (1546-1606). Un poète presque parfait entre Renaissance et Classicisme*, éd. J. Balsamo, Paris, Klincksieck, 2000, p. 7-16.

[2]   J. Lavaud, *Un poète de cour au temps des derniers Valois. Philippe Desportes (1546-1606)*, Paris, Droz, 1936, p. 496-497.

[3]   Cf. K. Cameron, «La lexis de Philippe Desportes», *Philippe Desportes (1546-1606). Un poète presque parfait...*, *op. cit.*, p. 281-292.

[4]   *Concordance des Œuvres poétiques de Philippe Desportes*, préparée par K. Cameron, soutien technique de K. Fenton, Genève, Droz, 2000. La *Concordance* ne comprend pas la traduction des psaumes.

mieux connaître. Si ses poèmes nous renseignent sur le goût de la Cour – «la poésie du Chartrain est le reflet de la Cour et des salons, qui sont ses véritables assises»[5] – ils ont donc, en plus de leur valeur intrinsèque, une portée à la fois culturelle, sociologique et historique. Ils peuvent confirmer ou nous éclairer sur les préoccupations de ses contemporains et sur les thèmes qui leur étaient chers.

Quel que soit l'auteur, il n'est pas étonnant de découvrir que les mots les plus fréquemment employés sont des conjonctions, des prépositions, des pronoms, des articles, etc. Desportes ne fait pas exception; les mots en tête sont: et, de, que, je, la, en, le, l', qui, etc. et les 33 premiers termes rentrent dans cette caté-gorie. Ce n'est qu'en trente-quatrième position que l'on retrouve le premier substantif. Si, arbitrairement, nous établissons une table des vingt premiers substantifs, elle fournit une liste des mots qui constituent des leitmotive chez le poète. Il est nécessaire aussi de tenir compte non seulement de l'ordre de fréquence absolue, lorsque chaque terme est considéré comme entité séparée, mais aussi d'un nouvel ordre obtenu en additionnant toutes les formes du subs-tantif, à savoir les variantes orthographiques et les formes au pluriel ou, le cas échéant, au singulier. En employant un tel procédé nous arrivons à la distribu-tion exposée dans la table 1.

Ces statistiques ne seront que renforcées si nous les comparons à celles d'un autre poète. Il se trouve que la concordance des *Œuvres poétiques* de Joachim Du Bellay[6] est basée sur un corpus semblable à celui des *Œuvres poétiques* de Philippe Desportes.[7] Si nous regardons les colonnes de toutes les formes du substantif, et bien que certains termes paraissent dans les deux listes, nous sommes confrontés à des différences considérables qui indiquent la portée de la production poétique respective. Du Bellay a introduit beaucoup plus de variété dans son œuvre que son cadet et il suffit de citer *Les Regrets*, *Les Antiquités* et *L'Olive* comme exemples de la diversité qu'il a adoptée. Desportes, par contre, a fait preuve de beaucoup moins de variations, se concentrant principalement sur des poèmes d'amour. Ceci dit, il est surprenant de voir chez Du Bellay des termes indicatifs de certains concepts dont l'importance est bien moindre chez Desportes – Roy, honneur, vertu, main, vers, nom, France – et qui soulignent sa préoccupation pour la politique et la société d'une part et pour l'aspect plato-nisant de son œuvre d'autre part. Dans la liste de Desportes, cependant, presque la totalité des termes ressortissent au vocabulaire amoureux avec l'Amour lui-

---

[5]   G. Mathieu-Castellani, *Les Thèmes amoureux dans la poésie française, op. cit.*, p. 220.

[6]   *Concordance des Œuvres poétiques de J. Du Bellay*, préparée par K. Cameron, Genève, Droz, 1988.

[7]   A savoir le nombre de vers – DB = c. 24800; PD = c. 22400 (+ 11%); le nombre de poèmes – DB = 643; PD = 671 (-4%); le nombre total de mots – DB = c. 152840; PD = c. 180800 (-15%).

même en tête. Il est évident qu'une évolution a eu lieu et elle démontre non seulement une différence d'emphase mais aussi un champ poétique plus restreint. Les thèmes d'une poésie néo-pétrarquiste et néo-platonicienne sont esquissés selon l'importance accordée non seulement à l'amour, mais à l'effet des yeux et de la beauté de la bien-aimée, au côté spirituel de l'expérience amoureuse, aux contrastes entre le ciel et la terre, entre le jour et la nuit, aux pleurs et, peut-être plus curieusement, à la douleur du poète.

Ce dernier terme confirme l'observation qu'il « choisit de trouver son plaisir dans la souffrance »[8] mais était-ce parce qu'il était faible ou parce qu'il voulait souligner son stoïcisme?[9] Il est certain que Desportes cherchait à attirer l'attention sur ses douleurs mais, le faisant, ne suivait-il pas tout simplement le thème du martyre amoureux de son illustre prédécesseur?

Table 1: Desportes. Fréquence des vingt premiers substantifs.

Substantif	Fréquence	Toutes les formes du Substantif*	Fréquence
1. Amour	901	1. Amour/s	993
2. Yeux	718	2. Œil/yeux	961
3. Cœur	713	3. Cœur/s	813
4. Ame	500	4. Ciel/cieux	552
5. Ciel	404	5. Ame/s	551
6. Esprit	355	6. Esprit/s	477
7. Jour	312	7. Jour/s	427
8. Mort	296	8. Beauté/s	395
9. Beauté	247	9. Dieu/x	364
10. Vie	240	10. Mort/s	312
11. Œil	230	11. Douleur	300
12. Feu	224	12. Feu/x	298
13. Dieu	210	13. Nuict/s	268
14. Douleur	200	14. Vie/s	243
15. Nuict	197	15. Soleil/s	202
16. Soleil	177	16. Temps	183
17. Foy	172	17. Foy	173
18. Pleurs	165	18. Pleur/s	170
19. Terre	165	19. Terre	165
20. Temps	164		

*Il s'agit des autres formes orthographiques et dans la plupart des cas de la forme au pluriel.

---

[8]   G. Mathieu-Castellani, *Les Thèmes amoureux dans la poésie française, op. cit.*, p. 227.
[9]   Cf. mon art., « La lexis de Philippe Desportes », art. cit., p. 287.

Table 2: Du Bellay. Fréquence des vingt premiers substantifs

Substantif	Fréquence	Toutes les formes du Substantif*	Fréquence
1. Ciel	333	1. Dieu/dieux	505
2. Amour	294	2. Ciel/cieux	468
3. Cœur/cuer	261	3. Roy/Roys	333
4. Honneur	264	4. Œil/yeux	324
5. Dieu	258	5. Amour/amours	312
6. Dieux	247	6. Cœur/cœurs	307
7. Vers	238	7. Honneur/honneurs	294
8. Yeulx/yeux	234	8. Vertu/vertus	267
9. Vertu	223	9. Main/mains	267
10. Roy	216	10. Vers	238
11. Mort	212	11. Esprit/esprits	231
12. Terre	209	12. Mort/morts	221
13. Main	198	13. Terre/terres	214
14. France	176	14. Nom/noms	182
15. Esprit	168	15. France	176
16. Gloire/gloyre	164	16. Jour/jours	171
17. Nom	156	17. Gloire/gloires	165
18. Temps/tems/tens	149	18. Temps	149
19. Jour	140	19. Monde	140
20. Monde	140		

L'espace nous manque pour une étude de grande envergure mais il sera peut-être utile de se pencher sur un terme qui paraît dans la liste de Desportes et non dans celle de Du Bellay, à savoir nuit/nuict/s. Chez Ronsard et autres contemporains la nuit a été associée à l'hallucination et au songe érotique[10]. Gisèle Mathieu-Castellani remarque que parmi les imitateurs de Ronsard «le Songe amoureux, au fur et à mesure qu'il prend de l'importance et gagne en séduction, se vide progressivement de son contenu, de même que la mythologie de la Nuit ronsardienne, habitée par l'angoisse, perd son sens.»[11] Nous retrouvons chez Desportes le thème du songe mais aucun détail explicite n'est ajouté puisqu'il se contente d'évoquer brièvement les plaisirs qu'il apporte. Dans les *Amours de Diane*, par exemple, il consacre plus de vers à la description de sa tristesse qu'à la matière de son «songe heureux et doux»:

> O Dieu! permettez moy que tousjours je sommeille,
> Si je puis recevoir une autre nuict pareille,
> Sans qu'un triste réveil me debande les yeux.
> Le proverbe dit vray: ce qui plus nous contente
> «Est suivy pas à pas d'un regret ennuyeux:
> «Et n'y a chose aucune en ce monde constante.
> (*Amours de Diane* I, XLIV, v. 9-14)

---

[10] Cf. G. Mathieu-Castellani, *Les Thèmes amoureux dans la poésie française, op. cit.*, p. 158-162.
[11] *Ibid.*, p. 162.

De même, dans un autre sonnet de la seconde partie du recueil, il constate que le songe, «ange divin» et «sorcier» de ses tourments, a fait naître en son cœur «mille contentemens» mais se garde de le dévoiler et termine par un souhait des plus banals :

> Helas! Songe amoureux, dure plus longuement,
> Afin que tes faveurs ne soyent pas si petites.
> *(Amours de Diane II,* VII, v. 13-14)

Quant à la nuit, la plupart du temps pour Desportes il s'agit d'un supplice. Ce n'est pas à la mythologie qu'il a recours pour expliquer son angoisse mais à l'aveu d'une véritable peur des souffrances que la nuit apporte. Nonobstant, il y a toujours la comparaison traditionnelle entre sa dame et le soleil car l'absence de la première est semblable à une nuit émotionnelle :

> Tout objet de la Cour m'est une obscure nuict :
> Car je vous reconnois pour Soleil de mon ame.
> *(Amours d'Hippolyte,* XXII, v. 13-14)

> De mesme, ô mon Soleil, quand ta jumelle flame
> Tourne ailleurs ses rayons, vient la nuict de mon ame!
> Mille et mille soucis passent devant mon cœur
> Et fantosmes douteux le transissent de peur :
> Mais au plaisant retour de ta belle lumiere
> Mes yeux recouvreront leur splendeur coustumiere,
> Et toutes ces frayeurs mes esprits martellans,
> Se perdront à l'instant comme songes vollans.
> *(Elégies I,* XV, v. 53-60)

Et quoique la bien-aimée éclaire parfois ses journées :

> Vous estes le soleil qui me donnez le jour
> *(Amours de Diane II,* XV, v. 12)

son absence accentue sa souffrance :

> La nuict ne m'est pas nuict, puis-que je ne repose
> Et que je sens, la nuict, ma douleur s'empirer.
> *(Amours de Diane I,* Plainte II, v. 19-20)

La nuit est un moment où le poète est sujet à toutes sortes de «soucis espineux» *(Elégies I,* III, v. 106); il souffre fréquemment d'insomnies :

> Voila comme ce jour passoit tout lentement,
> Faisant place à la Nuict au noir accoustrement,
> Pleine de visions, ennuyeuse, effroyable,
> Qui trop plus que le jour me rendoit miserable :
> Car mes sens qui n'estoyent autre part divertis,
> Se trouvoyent en ma peine eux mesmes convertis.

> Esperant et douteux je ne sçavoy que faire.
> J'accusoy la longueur de la nuict solitaire,
> Qui contraire à mon bien jamais ne s'avançoit:
> De chardons espineux mon lict se herissoit,
> Qui me poignoyent par tout quand j'y faisoy demeure.
> Je m'en jettoy dehors mille fois en une heure
> Pour regarder le ciel, et si l'aube du jour,
> Courriere du Soleil, avançoit son retour.
> Ô trop cruelle Aurore! ennuieuse, ennemie,
> Que te retient (disoy je) ainsi tard endormie?
> (*Elégies I*, III, v. 63-78)

et lorsqu'il parvient à dormir, son sommeil est très troublé:

> Combien de fois la nuict, en sursaut esveillé
> Ay je arrosé de pleurs mon visage et ma couche
> (*Elégies I*, VIII, v. 64-65)

La nuit est une source de crainte et de frayeur:

> Espouvantable Nuict, qui tes cheveux noircis
> Couvres du voile obscur des tenebres humides
> (*Amours d'Hippolyte*, LXXI, v. 1-2)

Quand il veut illustrer un mauvais souvenir, c'est à l'image de la nuit qu'il se réfère:

> Et tous les jours passez les plus noirs de ma vie,
> Comme oiseaux de la nuict devant moy revoloyent
> (*Elégies II*, V, v. 62-63)

et

> Comme le beau Soleil et sa lumiere claire,
> Comme l'ombre effroyable et la nuict solitaire
> (*Elégies I*, VII, v. 17-18)

Avec force il soutient que la nuit est source d'effroi et d'inquiétude:

> Que la nuict m'importune, et m'est dure et contraire!
> (*Amours d'Hippolyte*, XLVII, v. 9)

Que reproche-t-il à la nuit? Non seulement elle provoque l'éveil de ses soucis mais elle est surtout responsable du sentiment de solitude qu'elle lui cause. Cf.:

> Le brûlé moissonneur du sommeil est touché.
> L'univers se repose, et l'horreur solitaire
> Des travaux journaliers est la treve ordinaire:
> Seul je vis en tourmente au plus calme des nuits,
> Et le sommeil commun reveille mes ennuis.
> (*Elégies I*, XIV, v. 56-60)

C'est, d'ailleurs, cette épithète de solitaire qui revient plusieurs fois pour décrire la nuit ou pour définir l'horreur qui l'accompagne :

> Quel nuage de pleurs, quelle horreur solitaire,
> Quelle ombre et quelle nuict laisses tu sur nos yeux ?
>   (*Epitaphes* «De Diane de Cossé», C, v. 7-8)

et encore :

> Ah ! que je me repens qu'en la nuict solitaire,
> Dans un lieu destourné propre à vostre colere...
>   (*Elégies II*, V, v. 49-50)

On a l'impression qu'en plus de la valeur contrastive de froid / crainte et chaud / amour –

> Amour est une vive ardeur,
> Et la crainte est une froideur
>   (*Amours de Diane II*, Ch. II, v. 28-29)

le poète veut dépeindre tout l'effet traumatique que la nuit lui occasionne en faisant un rapprochement entre la nuit et la crainte ; l'ombre même fomente l'effroi :

> Comme un que le Soleil dans un bois a laissé
> Ne peut plus remarquer l'endroit qu'il a passé :
> Une effroyable horreur couvre l'herbe fleurie,
> Et ce qui luy plaisoit luy donne fascherie.
>   (*Elégies I*, «Discours», v. 139-142)

Est-ce une simple variante du thème des angoisses nocturnes exploité par Ronsard par exemple ? Quant à Du Bellay, il est loin d'avoir accordé autant de place à «nuit/s» dans ses vers, ne l'utilisant que 128 fois contre les 268 chez Desportes qui possédait pourtant un lexique plus étendu de quelque 15%. Hasardons que pour le Chartrain, la nuit avait plus d'importance, soit parce que c'est normalement le moment privilégié pour l'amant comblé et dans son cas c'était plutôt le contraire qui se produisait, soit parce que ses peurs, ses craintes, ses effrois nocturnes étaient un moyen de faire ressortir sa souffrance et son martyre.

En lisant ses vers, on ne tarde pas à penser que Desportes aime le côté noble du sacrifice. C'est bien du poète qu'il s'agit la plupart du temps, ce sont ses réactions, son amour-propre et son humiliation qui sont importants. Il est très souvent question d'une poésie stylisée mais aussi d'une poésie hautement intellectualisée, à laquelle un côté charnel faisait souvent défaut.

Il parle beaucoup de son âme, de son cœur et de son esprit car nous avons l'impression qu'il ne cherche pas tant à vaincre sa dame qu'à montrer sa supériorité en amour. Si l'amour se définit comme la volonté de contrôler l'autre, alors Desportes veut surmonter non seulement sa souffrance mais aussi son amour. Il lui faut souffrir, il lui faut être tourmenté :

> Aussi durant mon mal ce qui plus me travaille
> C'est helas ! que j'ay peur que le tourment me faille :
> Car je gouste en souffrant tant de contentement,
> Que je ne crains rien tant que d'estre sans tourment.
> (*Elégies I*, I, v. 65-68)

Il veut surpasser les autres en souffrance et veut, si l'on ose cette comparaison, être le Christ de la douleur amoureuse :

> C'est que je suis unique au mal que je supporte,
> Et ne sçaurois sentir de plus cruel malheur
> Que si quelque autre amant egalloit ma douleur
> (*Elégies I*, I, v. 78-80)

Il y a chez Desportes les traces d'un néo-stoïcisme, de cette philosophie si importante en période de troubles lorsque le «moi» doit l'emporter sur les vicissitudes de la vie. Et il n'y a aucun doute que le poète est extrêmement subjectif – «j'/je» figurent 4199 fois (1965 fois chez Du Bellay), constituant 2,3% du total, pourcentage très élevé. Il cherche la mise en scène, il veut se donner en spectacle. Il se peut que son traitement de la nuit soit lié au désir qu'il éprouve de s'ériger en amant reflétant les angoisses non seulement de son amour mais aussi de son époque, où la nuit se prêtait à la réflexion sur un avenir peu certain et où le jour, à la Cour, on cherchait à se distraire et où on s'efforçait peut-être comme Ronsard de tomber amoureux «par election» et d'être «de [s]a fortune autheur» (*Sonnets pour Hélène*, I).

Ce ne sont qu'hypothèses et on s'éloigne du but de ce petit périple à travers une concordance qui pourrait nous aider à mieux comprendre un auteur, resté trop longtemps dans l'ombre.

Keith CAMERON
Université d'Exeter

DOLET ET MAROT
JUGÉS PAR DEUX POÈTES CONTEMPORAINS :
JEAN BINET
ET GABRIELE SIMEONI

Un humaniste des années 1530-1560, qui n'a pas encore laissé un souvenir impérissable de son activité, est Jean Binet, juriste originaire de Beauvais[1]. Sa gloire s'est vu éclipser par celle de son neveu Claude, biographe de Ronsard ; la *pietas* de ce neveu dévoué suffit à sauver de l'oubli l'œuvre du cher oncle, qui à ses moments perdus taquina la muse néo-latine, mais qui paraît ne s'être risqué qu'une seule fois à publier le fruit de ses veillées lors du passage en France de l'empereur Charles Quint. Binet faisait alors son droit à l'université d'Orléans, et il saisit l'occasion de l'entrée impériale pour composer des vers[2] et une pièce de circonstance, qui sortit dans un petit livret commémoratif[3]. Mais le jeune poète visait plus haut, et il offrit ses élucubrations à Sébastien Gryphe[4], qui fit la sourde oreille.

Le seul recueil connu des écrits de Jean Binet, copiés et conservés soigneusement par Claude[5], a fait l'objet d'une belle analyse par Jean Dupèbe, qui en a tiré les éléments d'une biographie de l'humaniste beauvaisien. Les pièces du recueil sont classées d'après leur genre : *Carmina* (f. 21-35v°), *Elegiæ* (f. 36-57v°), *Sylvæ* (f. 58-60), *Ægloga* (f. 61), *Epigrammata* (f. 62-109v°), *Poemata* (f. 110-118), suivi d'un choix d'*Epistolæ* (f. 119-132). A en juger par les pièces datables, le recueil couvre les années 1531-1561, c'est-à-dire entre la mort de Louise de Savoie (f. 62r°-v°) et l'avènement de Charles IX (pièce datée de 1561, f. 96), mais

---

[1] Il a été réhabilité par J. Dupèbe, « Un poète néo-latin : Jean Binet de Beauvais », *Mélanges V.-L. Saulnier*, Genève, 1984, p. 613-628.

[2] BNF, *n. a. lat.* 2070, f. 58 : *Sylvæ: De Caroli V Imperatoris adventu in Galliam*, f. 58.

[3] *Gratulatio de adventu Cæsaris in urbem Aurelianensem*, publié dans *La triumphante et excellente entree de l'Empereur faicte en la ville d'Orleans*, Paris, Ch. Langelier, s. d., in-8°, BNF, Rés. Lb[30] 82 ; sur la poésie inspirée par le passage impérial, voir V.-L. Saulnier, « Charles Quint traversant la France : ce qu'en dirent les poètes français », *Les Fêtes de la Renaissance*, éd. J. Jacquot, Paris, 1960, II, p. 207-233.

[4] BNF, *n. a. lat.* 2070, f. 125, lettre de Binet à Gryphius.

[5] BNF, *n. a. lat.* 2070 ; le volume fut acheté en 1913-14, cf. *Bibliothèque de l'Ecole des Chartes*, 76, 1915, 25.

d'autres poèmes remontent peut-être à la période des études de Binet au Collège de Montaigu à partir de 1528[6]. Au fil des pages certains événements d'importance nationale attirent l'attention du lecteur: l'empoisonnement du dauphin en 1536 (f. 108v°), l'entrée de Charles Quint à Orléans (f. 58), la mort de Charles d'Orléans (f. 65), la paix de 1559 (f. 95), la mort de Henri II (f. 103).

A ces exceptions près, Binet s'intéresse assez peu à l'actualité politique[7]: son univers tourne autour de la *sodalitas* des humanistes parisiens, bordelais et orléanais. Nommé professeur au Collège de Guyenne en novembre 1533[8], il y retrouva certains condisciples parisiens, dont Robert Breton[9], Charles de Sainte-Marthe[10], Jean Visagier[11], Gentien Hervet[12], et André Tempête[13]; et il allait y nouer amitié avec le nouveau principal André Gouvéa[14], et avec l'Espagnol Juan Gelida, qui y arriva en 1536[15], et qui paraît avoir été très proche de Binet. Ce séjour bordelais lui plut beaucoup, à en juger par son éloge du Collège de Guyenne, *De nostri seculi disciplinarum corruptela et laude Collegii Aquitanici*[16], et il resta en contact avec ses anciens collègues après son départ pour Paris et Orléans vers 1538-1539[17]. On ne sait s'il eut l'occasion de rencontrer George Buchanan avant de quitter Bordeaux, mais ce dernier lui adressa des vers sur son poème *Vindemia*[18].

Après un court séjour à Paris, où Binet s'attira les bonnes grâces d'Odet, cardinal de Chastillon, et probablement des Du Bellay[19], il s'inscrivit à l'université d'Orléans, où il fut accueilli par le cercle humaniste local[20], et notamment

---

[6]   J. Dupèbe, «Un poète», art. cit., p. 615.

[7]   Il adressa pourtant deux pièces à François Ier, f. 64, et une autre au Cardinal de Chastillon, f. 120.

[8]   R. C. Christie, *Etienne Dolet, the Martyr of the Renaissance*, Niewkoop 1964, p. 482, n. 2; E. Gaullieur, *Histoire du Collège de Guyenne*, Paris, 1874, p. 54, 82, 118, 130.

[9]   BNF, *n. a. lat.* 2070, f. 123v°, 124, 125v°; R. Britannus, *Epistolarum libri duo*, Paris, G. Bossozeli, 1540, f. 16, 28, 37v°, 50 [BNF, Rés. Z. 766; BL, 10905. e. 14].

[10] BNF, *n. a. lat.* 2070, f. 63.

[11] *Ibid.*, 123v°.

[12] *Ibid.*, f. 127, 128, 130.

[13] *Ibid.*, f. 124.

[14] Lettre envoyé de Paris à Gouvéa, *ibid.*, f. 125v°; cf. le poème *Ad Martialem Goveanum*, f. 91.

[15] *Ibid.*, f. 50-52, 59, 93; dans la correspondance de Gelida, *Epistolæ aliquot*, publiée par F. Cerda y Rico, *Clarorum Hispanorum opuscula* (Madrid, 1781), p. 153, nous trouvons une *Exhortatio* à deux jeunes étudiants qui figurent également dans le recueil de Binet, f. 59.

[16] BNF, *n. a. lat.* 2070, f. 55.

[17] J. Dupèbe, «Un poète», art. cit., p. 620-623.

[18] BNF, *n. a. lat.* 2070, f. 114; voir aussi l'étude magistrale de I. D. McFarlane, *Buchanan*, Londres, 1981, p. 80-86.

[19] Cf. deux lettres à Chastillon et à Guillaume du Bellay, BNF, *n. a. lat.* 2070, f. 120r°-v°.

[20] Sur ce cercle, voir J. Dupèbe, «Un poète», art. cit., p. 623-625; les papiers inédits de Pierre

par Jean Dampierre († av. 1548)[21], Jean Truchon (1507-1578)[22], Jacques Viart[23], Pierre Pilault / Pylade[24], et Théodore de Bèze. Lorsque Binet fut jeté aux fers, il adressa à Dampierre une épigramme[25] dans laquelle il se plaignit auprès du gouverneur de l'état déplorable des prisons[26]. Comme Binet, de Bèze composa des vers sur le progrès triomphal de Charles Quint[27]; et de Bèze adressa à Binet une pièce incorporée dans le recueil[28], à laquelle Binet répondit[29]; et Binet lui dédia d'autres poèmes[30], dont des étrennes *Calendæ Januariæ ad Theod. Bezam, Jo. Bugnotium et Franciscum Scorium suos sodales*[31]. Les deux poèmes de Bèze à Binet sont très élogieux, et on se demande pour quel motif de Bèze les supprima dans ses *Juvenilia*[32]: le jeune Binet, fervent admirateur d'Erasme, refusa d'avoir affaire à la Réforme, et l'hostilité de l'épigramme qu'il composa (après son propre retour à Paris) sur le départ de la capitale de Calvin «*hereticus*» explique peut-être la volte-face de Bèze[33].

Daniel à la Bibliothèque de Berne, étudiés par L. Jarry, «Une correspondance littéraire au XVIᵉ siècle», *Mémoires de la Société archéologique et historique de l'Orléanais*, 15, 1876, p. 343-430; et le manuscrit des premiers vers de Théodore de Bèze, *Poemata latina Italorum inedita*, BM Orléans, ms. 1674 (ca. 1544), publié par F. Aubert, J. Boussard et H. Meylan, «Un premier recueil de poésies latines de Théodore de Bèze», *BHR*, 15, 1953, p. 164-191, 257-294; cf. aussi P. F. Geisendorf, *Théodore de Bèze*, Genève, 1949, p. 16-20. Certains membres du groupe étaient déjà en relations avec Visagier, notamment Pylade, Dampierre et Truchon.

[21] BNF, *n. a. lat.* 2070, f. 52; cf. J. Boussard, «Un poète latin, directeur spirituel au XVIᵉ siècle, Jean Dampierre», *Bulletin philologique et historique du Comité des travaux historiques et scientifiques*, 1946-47, p. 33-58; F. Aubert, J. Boussard et H. Meylan, «Un premier recueil», art. cit., p. 171.

[22] BNF, *n. a. lat.* 2070, f. 100, 109; F. Aubert, J. Boussard et H. Meylan, art. cit., p. 170.

[23] BNF, *n. a. lat.* 2070, f. 110, 120v° (Viart sert d'intermédiaire avec Guillaume Du Bellay), 122v°-23, 126v°, 129, 132; F. Aubert, J. Boussard et H. Meylan, art. cit., p. 291.

[24] BNF, *n. a. lat.* 2070, f. 89, 95v°; J. Boussard, «Un poète latin», art. cit., p. 38.

[25] BNF, *n. a. lat.* 2070, f. 65v°.

[26] *Ibid.*, f. 36-40, *Ad præfectum Aureliæ D. Pullæum de carceris Aureliani miseriis.*

[27] Deux épigrammes dans Th. de Bèze, *Poemata varia*, Genève, J. Stoer, 1599, f. 76v°, *Aspiceres nuper, Te veniente.*

[28] BNF, *n. a. lat.* 2070, f. 3, *Si fas Rustica comparare rebus...*; cette pièce figure également dans le manuscrit d'Orléans, cf. F. Aubert, J. Boussard et H. Meylan, «Un premier recueil», art. cit., p. 266-267.

[29] BNF, *n. a. lat.* 2070, f. 98v°; F. Aubert, J. Boussard et H. Meylan ne connaissent pas ce texte, cf. art. cit., p. 266, n. 5.

[30] BNF, *n. a. lat.* 2070, f. 87v°, 97.

[31] *Ibid.*, f. 46v°-48.

[32] L'autre pièce est dans le ms. d'Orléans, cf. F. Aubert, J. Boussard et H. Meylan, art. cit., p. 174.

[33] BNF, *n. a. lat.* 2070, f. 79, *In Joann. Calvini heret. discessum ab urbe.*

Lorsque son cousin François Pajot, futur conseilleur au parlement de Paris[34] et fréquent destinataire de poèmes et de lettres[35], fit un séjour à Toulouse, il transmit à Binet les salutations de ses amis bordelais, dont Visagier, Breton et un certain Pelletarius[36] (est-ce le jeune Jacques Peletier, né en 1517, qui figure sous le nom Peltarius dans les lettres de Gelida?[37]). Binet était également en relations avec d'autres humanistes, dont Budé, à qui il écrivit de Bordeaux, et pour qui il composa une épitaphe en 1540[38]; avec Latomus[39], avec Janus Lascaris[40] et Benedictus Theocrenus[41]; et il prit intérêt aux livres mathématiques de Cuthbert Tunstall[42].

Mais Jean Binet fut avant tout poète, et ce sont ses relations avec d'autres poètes, ou bien ses jugements sur la poésie, qui nous intéressent ici. Son recueil contient des épigrammes adressées à son modèle, Salmon Macrin[43], des pièces ironiques sur Hubert de Suzanne, qui parcourait toute l'Europe à la recherche d'un poste d'enseignant, ou bien qui voulait latiniser davantage son prénom[44]; Binet conserva également parmi ses papiers un échange de vers avec Nicolas Bourbon[45]. Mais il suivait attentivement les publications des poètes plus renommés encore, Marot et Dolet, et ses jugements ne sont pas sans intérêt.

Le recueil manuscrit contient une lettre de Binet à son beau-frère François Pajot:

> *Discessit a nobis Doletus XX Calendas Octobris ita creditoribus suis satisfacere paratus, ut ab eisdem etiam pecuniam pro viatico ne dicam omnino impudenter tacite petierit: hominem nosti totum esse in ære alieno. Negotium tuum æque diligenter curavi ac meum. Nihil tamen extorquere potui, quid enim nudo detrahas? Verbis me, quorum est ditissimus, explevit. Itaque pro rebus verba nobis reddidit. Illud tamen æquiori animo ferre debemus: quod non nobis solum sed aliis etiam multis imposuerit. Videbor tibi fortasse in illum iniquior, qui pro pecunia mihi tibique debita insolentius exæstuem. Aliquid est, mihi crede, quod me magis movet. Id a nobis, Deo auspice, coram aliquando audies[46].*

---

34   J. Dupèbe, «Un poète», art. cit., p. 614-15.

35   BNF, *n. a. lat.* 2070, f. 71v°, 96v°, 123r°-v°, 125v°, 127 (sept. 1537), 131v°.

36   *Ibid.*, f. 123v°.

37   Cerda y Rico, *Opuscula*, p. 125-26; E. Gaullieur, *Histoire, op. cit.*, p. 308, 311.

38   BNF, *n. a. lat.* 2070, f. 121, 74.

39   *Ibid.*, f. 78.

40   *Ibid.*, f. 27v°, 30.

41   *Ibid.*, f. 48v°, 91.

42   *Ibid.*, f. 77v°: peut-être à l'occasion de l'édition publiée par Estienne en 1538?

43   *Ibid.*, f. 63v°, 87.

44   *Ibid.*, f. 69: *Pub. Hub. Sussannæus*; cf. H. Sussannæus, *Ludorum libri*, Paris, S. de Colines, 1538, in-8°, f. 14v°: *De Salmonio Macrino ad Jo. Binettum.*

45   BNF, *n. a. lat.* 2070, f. 94v°.

46   *Ibid.*, f. 131v°.

La date n'est pas bien claire, mais il ressort de cette lettre que Binet et Pajot connaissaient bien Dolet, qu'ils lui avaient prêté de l'argent que ce dernier refusait de leur rendre, préférant les payer en paroles. Nous ignorons la signification du mystérieux *aliquid*, que Binet n'osait pas coucher par écrit. On peut supposer que ce fut par l'intermédiaire de Breton et de Visagier que Binet avait fait la connaissance de Dolet, et que les deux avaient eu l'occasion de se revoir lorsque Dolet passait dans sa ville natale, Orléans, d'où Binet écrivait probablement cette lettre à Pajot. Or, Visagier se brouilla avec Dolet, et se mit à l'attaquer sous le nom de Ledotus dans ses *Inscriptiones* et ses *Hendecasyllabi* publiés en 1538[47]. Binet paraît avoir suivi l'exemple, et il composa des pièces contre Ledotus, personnage identifié par Claude Binet lorsqu'il classait les papiers de son oncle : *Ledotus quem existimo, sillabis mutatis, esse Doletum*[48].

Une première épigramme confirme l'impression dans la lettre à Pajot d'une certaine familiarité avec Dolet, qui avait demandé à Binet de lire ses vers et de signaler d'une croix d'éventuelles imperfections. Ce poème est donc probablement à dater d'avant la parution des *Carmina* en 1538. Binet rechigne à accepter cette tâche, cherche à s'esquiver, mais l'insistance de Dolet le met au pied du mur. Il les juge tous mauvais, *hiulca*, *invenusta* et *inepta*, et finit par mettre une croix au début et une autre à la fin du recueil entier :

> *In Ledotum*[49].
>
> *Ut versus legerem suos rogabat*
> *Olim me Ledotus, frequenter addens,*
> *Ut quos illepidos, malos viderem*
> *(Si tales tamen invenire possem),*
> *Signarem cruce et ungue et asterisco.*
> *Dixi nomine me libenter eius*
> *Facturum omnia: non rogaret illud*
> *Unum; nam mihi critici molestum*
> *Censoris male et audiisse nomen*
> *Semper; consuleret bonos poetas*
> *Qui longe melius poema norant.*
> *Hoc fecisse satis modo putabam:*
> *Ille me magis ac magis premebat,*
> *Instabatque molestius rogator.*
> *Legi carmina, sed mihi nec unum*
> *Ex multis placuit satisque fecit:*

[47] J. Vulteius, *Inscriptionum libri duo*, Paris, S. de Colines, 1538, in-16, f. 29v°; *Hendecasyllaborum libri quatuor*, Paris, S. de Colines, 1538, in-16, f. 81v°, 84, 91v°, 92, 96r°-v°; R. C. Christie, *Dolet, op. cit.*, p. 314-315; M. Smith, « Latin Epigrams on Etienne Dolet », *Renaissance Studies: articles 1966-1994*, éd. R. Calder, Genève, 1999, p. 258-266.

[48] BNF, *n. a. lat.* 2070, f. 105.

[49] *Ibid.*, f. 90.

Nostris auribus usque erant hiulca,
Invenusta adeo ac inepta cuncta.
Sed quid tum facerem? fuit necesse
Invitum licet idque me negantem
De poemate iudicare toto,
Quando iudicium subire vellet.
At ne singula singulis notanda
Essent tum crucibus mihi indiserta
Illa carmina, quid? poema totum
Haud parcens crucibus noto duabus:
Unam principio alteramque fini
Figo, significans placere nullum
Et[?] illud penitus docens legendo
Cerebro cruciatum acerbiorem
Vel quavis cruce tunc meo dedisse.

Dolet soutient sa réputation d'orgueilleux dans une deuxième pièce, écrite
après le scandale du *Erasmianus sive Ciceronianus* paru en 1535[50], où Binet se
range du côté d'Erasme, déjà loué dans un autre poème[51], contre l'Orléanais.
Etudiant en droit lui-même, Binet cite un texte de droit romain pour se moquer
de la bonne opinion qu'aurait Dolet de lui-même: ce dernier ne paraissait pas
avoir appris pendant ses études à Toulouse (1532-1534) que les Romains défendaient à un juge d'entendre une cause qui le concernait personnellement. Rien
d'étonnant donc à ce que Dolet ait prononcé en sa propre faveur contre
Erasme:

Pro Erasmo contra Doletum[52].

Vincit iudicio suo Doletus
Erasmum numero eloquentiaque.
Rem magnam, sibi ni favet φίλαυτος
Iudex inque suo arbiter duello!
Quam profecerit in sacris Tholosæ
Scolis iure Doletus audiendo
Inde perspicue potest patere,
Quod non noverit esse iure cautum
Ne iudex quis et arbiter receptus
Sit in lite sua, sibi favere
Quod nemo nequeat [...][53].
Quid mirum est igitur suo Doletus

---

50   Cf. E. V. Telle, éd. Dolet, *Erasmianus sive Ciceronianus (1535)*, Genève, 1974; R. C. Christie,
     Dolet, op. cit., p. 194-228.

51   BNF, *n. a. lat.* 2070, f. 29v°: *De literis politioribus luci hoc nostro sæculo redditis.*

52   *Ibid.*, f. 67v°.

53   Vers incomplet dans le manuscrit.

Si se iudicio eloquentiorem
Erasmo vocitetque prædicetque?
Vincit iudicio suo Doletus
Erasmum numero eloquentiaque.
Vincit iudicio omnium Doletum
Erasmus numero eloquentiaque.

Mais dans la troisième épigramme le ton est moins ironique et plus ouvertement hostile. Binet s'en prend au caractère personnel de Dolet, qui se voit accusé d'une poignée de vices, dont l'ivrognerie :

De Ledoto.[54]

Quod optat Ledotus tenet, nec ulla
In re fallitur ille opinione.
Vult crudelis et asper is videri:
Is crudelior est truci tyranno.
Nomen egregii bibonis ambit:
Is bibacior est libyssa arena[55].
Optat omnium is esse in ore solus:
Plebs præter Ledotum nihil susurrat.

Cette attaque rejoint celle de la lettre à Pajot, où Binet déplore l'avarice de Dolet.

Binet poursuivit son adversaire jusqu'à la place Maubert. A la fin d'un exemplaire à la Bibliothèque Nationale de France des *Francisci Valesii Gallorum regis fata* de Dolet (1539), Richard Copley Christie avait relevé des vers signés *Binetus* :

Qui modo Francisci descripsit Fata Doletus,
 Non sua prospexit fata futura miser;
Debuit insequier Christum, nec vivere fato
 Atheus, et rapidis inde perire focis[56].

Dans ce quatrain intransigeant Binet joue sur le mot fatidique *fatum*, fait ou destin (évoqué dans l'interrogation par Orry)[57], et il ajoute une ultérieure attaque d'athéisme aux accusations d'orgueil, d'avarice, de cruauté et d'ivrognerie lancées dans les vers précédents.

On peut comparer cette impitoyable épitaphe de Dolet avec d'autres pièces plus compatissantes sur son supplice. Parmi les textes transcrits pour Adrien de Thou dans le manuscrit Dupuy 736, nous trouvons l'épitaphe de François de

---

[54] BNF, *n. a. lat.* 2070, f. 105 ; le poète écrivit d'abord *De Foculo*.

[55] Souvenir parodique de Catulle, VII, 3.

[56] R. C. Christie, *Dolet, op. cit.*, p. 482 ; nous n'avons pu retrouver cet exemplaire.

[57] *Ibid.*, p. 416-419.

Bourbon, comte d'Anghien, attribuée à Dolet[58]: le comte d'Anghien mourut le 25 février 1546[59], six mois avant Dolet lui-même, dont c'est l'une des dernières compositions. Ensuite nous y lisons l'épitaphe suivante[60]:

> *Epitaphe de Estienne Dolet.*
>
> Mort est Dolet, et par feu consommé,
> O quel malheur, o que la perte est grande.
> Mais quoi? en France on ha acoustumé
> Tousjours donner à tel sainct, telle offrande.
> Bref mourir fault, car l'esprit ne demande
> Qu'issir du corps et tost estre delivre,
> Pour en repos ailleurs s'en aller vivre.
> C'est ce qu'il dit sur le point de brusler
> Pendant en hault, tenant ses yeulx en l'air:
> « Va-t-en esprit droict au ciel pur et munde,
> Et toy mon corps, au gré du vent voller,
> Comme mon nom volloit parmy le monde. » [61]

Les abondants papiers de Claude de Bellièvre, recueillis dans les années 1520-1550, renferment plusieurs poèmes latins, français et italiens[62]. Dans son *Varia parvum* Bellièvre transcrivit[63] un témoignage poétique de l'interrogation de Dolet par l'inquisiteur Matthieu Orry, parfois attribué à Marot,[64] qui donne un texte différent de celui conservé dans un exemplaire des *Carmina* conservé à Lyon[65], et de celui des recueils manuscrits BnF, ms. fr. 12795 et Dupuy 736:

> Dolet enquis sur le faict[66] de la foy,
> Dict à Hori[67], qui faisoit ceste enqueste,
> « Ce que tu crois certes point je ne croy,
> Ce que je croy n'entre point en[68] ta teste ».
> Hori pensant l'avoir prins, en feist feste,
> Luy demandant, « Qu'est-ce que tu croys donc? »

---

[58] BNF, Dupuy 736, f. 151v°.

[59] G. et M. du Bellay, *Mémoires*, éd. V.-L. Bourrilly et F. Vindry, Paris, 1908-19, IV, p. 331-332.

[60] BNF, Dupuy 736, f. 222v°.

[61] Voir d'autres copies: à la Bibliothèque de Reims, dans un recueil d'épitaphes formé par P.-N. Pinchart au XVIIIᵉ siècle; BM Reims, ms. 1143, f. 191; et dans J. Le Laboureur, *Additions aux Mémoires de Castelnau*, Paris, 1731, I, 348.

[62] Cf. ses *Souvenirs de voyages en Italie et en Orient*, éd. Ch. Perrat, Genève, 1956.

[63] BNF, ms. fr. 17526, f. 173.

[64] Cl. Marot, *Œuvres poétiques*, éd. G. Defaux, Paris, 1990-93, II, 710, 1299-1301.

[65] Bibliothèque de l'Académie de Lyon; R. C. Christie, *Dolet, op. cit.*, p. 420.

[66] Dupuy 736: poinct.

[67] Dupuy 736: Orrys.

[68] Dupuy 736: oncq ne fut en.

« Je croys, dict-il, que tu es une beste,
Et si scey bien que tu ne le creuz onc. »[69]

Bellièvre ajouta plus tard une note marginale, qui prouve qu'il avait transcrit ce poème pendant le procès de Dolet :

Hic Dolet homme estimé sçavant en lettres humeynes, natifz d'Orleans, habitant de Lion tenant boutique de librayrie, prisonnier à la consergerie de la court de parlement à Paris, fust par lad[icte] court condamné à estre bruslé pour erreur en la foy. Et fust executé en ce moys de [....] en l'an M V^C XLVI.

Pour revenir à Binet, nous constatons que Dolet ne fut pas le seul poète maudit qui attira l'attention de l'humaniste beauvaisien. Dans une pièce adressée à Charles de Sainte-Marthe, son condisciple à Paris et son collègue à Bordeaux, Binet exprime toute son admiration pour Marot, qui se voit comparer à Ovide :

Ad Carolum Sammarthanum. De od. Maroto.[70]

Cum tot, Carole, sæculis poetam
Qualis Naso fuit lepore summo
Summoque ingenio, negasset orbi
Sanctus ille Helicon, licet subinde
Multorum studiis piisque votis
Multum sollicitatus tunc et inde,
Victus denique seculo benignus
Nostro prestitit; at, semel Latinis
Nasonem sat habens suum dedisse,
Nasonem tribuit suum vicissim
Gallis, ingenium Marotianum.

Comme tout le monde, et notamment comme son ami de Bèze[71], Binet prit parti pour Marot dans la querelle avec Sagon[72]. Dans l'épigramme qu'il adressa à ce dernier il se sert de la même épithète qu'avait choisie de Bèze, *maroto-mastix*, pour présenter Sagon comme un chien enragé :

In Saguntum Marotomastigem[73].

Vah qui Clementem inclementi dente fatigas
Et dira laudes improbitate petis

---

[69]   C. Bellièvre, *Varia parvum*, BnF, ms. fr. 17526, f. 250v° ; *Souvenirs*, éd. cit., p. 53-54 ; cf. ms. Dupuy, f. 205v°.

[70]   BNF, *n. a. lat.* 2070, f. 63.

[71]   Cf. son poème *In Marotomastigas*, ca. 1537, publié par F. Aubert, J. Boussard et H. Meylan, art. cit., p. 178.

[72]   Pour une mise au point sur cette querelle, voir les articles de Ph. Desan et de Th. Mantovani dans *La Génération Marot*, éd. G. Defaux, Paris, 1997, p. 348-404.

[73]   BNF, *n. a. lat.* 2070, f. 63.

Di tibi dent furias rabieque agiteris edaci
Atque Saguntina discruciere fame.

Or, Binet ne suivit pas la fortune de Marot jusque dans son dernier exil, mais d'autres poètes lui restèrent fidèles, dont le Florentin exilé, Gabriele Simeoni. Comme on le sait, Marot mourut à Turin en 1544, et fut enseveli dans la cathédrale San Giovanni[74], sans doute sur autorisation du gouverneur de Turin, Martin du Bellay, frère du seigneur de Langey (pour qui Marot avait lui-même composé l'épitaphe)[75] avec l'aval du nouveau lieutenant-général en Piémont, François de Bourbon, à qui Marot avait adressé une épître après la victoire de Cérisoles[76]. Trois ans auparavant, la femme de Langey, Anne de Créqui, avait été ensevelie elle aussi à San Giovanni[77]. Peu après la mort de Marot, son tombeau fut observé en 1548 ou 1549 par Simeoni, qui travaillait à Turin pour le nouveau lieutenant-général, Giovanni Caracciolo, prince de Melfi[78]. Pendant son premier exil en France dans les années 1528-1538[79], Simeoni avait probablement fait la connaissance de Marot, à qui il avait adressé un sonnet inédit, conservé à la Vaticane, pour inviter le poète à choisir des thèmes pastoraux :

De la primavera, a Clement Marot.

Tu del cui nome et l'honorato stile
    Non men Senna et FRANCESCO hoggi rimbomba,
    Ch'il Tebro et Cesar per la chiara tromba
    Di chi cantò del campo et del' ovile,
Hor che con Maggio il dilettoso Aprile
    Gian chiuden dentro a la terrena tomba,
    Lievati meco in guisa di colomba
    Per gir cantando da Syene a Thyle !
Et (me mirando che, di gran Poeta
    (Qual hai tu) senza havere o nome, od arte,
    O premio alcun, pu tal' hor rido e canto)
Ripiglia il plettro homai di nuovo Dameta
    Ché così 'l volgo e 'l duol resta da canto,
    Col furor' empio di Saturno et Marte ![80]

---

[74] Et non dans l'Ospedale San Giovanni comme le prétend Cl. Mayer, *Clément Marot*, Paris, 1972, p. 514.

[75] Marot, éd. cit., II, 393.

[76] *Ibid.*, II, 707-709, 1295-1298.

[77] Cf. notre *Rabelais et l'Italie*, Genève, 1991, p. 177.

[78] Cf. T. Renucci, *Un aventurier des lettres, Gabriel Symeoni Florentin (1509-71)*, Paris, 1943, p. 48-55.

[79] *Ibid.*, p. 7-24.

[80] Biblioteca Apostolica Vaticana, *Fondo Rossiano 33*, f. 7v°.

Maintenant que Marot est mort, Simeoni va méditer sur son tombeau à Turin, et s'identifier, dans un sonnet beaucoup moins optimiste, à ce poète condamné à vivre et mourir en exil comme Virgile, Dante, et Pétrarque, et comme Simeoni lui-même:

Sopra alla sepoltura e l'essiglio di Clemente Marot in Turino.[81]

Spirto gentil, cui la tua Patria ingrata
    Pensando fare assai maggiore offesa,
Resta ella sola in biasmo et vilipesa,
Come fuor di ragion crudele stata.

Teco qua giù cotal fortuna è, nata
    Conto a virtù di furor sempre accesa,
    Tanto all'ingorda, et cieca instabil pesa
    Ch'ella sia più di lei chiara e pregiata.

Di qui fermo giamai stato ne loco
    Virtù non hebbe, anzi travaglio et male,
    Et così morti son Petrarcha et Dante,

Così Vergilio Mantova hebbe poco,
    Così ci è posto per essempio innante,
    Ch'ogni Patria è nemica all' huom che vale[82].

Si notre Florentin s'émeut devant la dernière demeure de Marot, il ne donne aucune description du monument érigé dans la cathédrale[83]. Or, on avait cru jusqu'ici que le premier témoignage oculaire fut celui de Nicolas Audebert, qui visita Turin en octobre 1574[84]. Son récit[85] rend compte du site du tombeau, sous le perron de la porte sud (qui ouvrait alors sur un petit cimetière), et de l'emplacement de la pierre tombale, «en une pierre longuette qui est dans la muraille» sur le mur du bas-côté sud. Audebert affirme également que Marguerite de Savoie avait toujours protégé ce tombeau, mais que, peu après la mort de la duchesse en septembre 1574, l'archevêque de Turin avait fait effacer l'inscription, «par l'advis et requeste de l'Archevesque et maistres de l'inquisition». Le rôle de l'archevêque a de quoi nous surprendre, vu qu'il s'agit du cardinal Girolamo della Rovere, qui avait fait ses études en France, et qui était ami de la

---

[81]   *Le Satire alla Berniesca*, Turin, M. Cravoto, 1549, in-4, f. J.

[82]   Mathieu, XIII, 57.

[83]   Nous avons vainement cherché une mention des funérailles dans les registres de la cathédrale à l'Archivio della Curia à Turin.

[84]   A. Olivero, «Una testimonianza trascurata sulla tomba di Clément Marot a Torino», *Studi Francesi*, 17, 1962, p. 263-265.

[85]   [N. Audebert], *Voyage d'Italie*, BL, ms. Lansdowne 720, f. 37r°-v°.

Pléiade[86]; qu'il suffise de dire que le tombeau et l'inscription n'étaient plus là en octobre 1574 lors du passage d'Audebert.

Or, il existe un témoignage antérieur du tombeau de Marot, conservé dans le journal d'un humaniste allemand qui fit son tour d'Europe dans les années 1545-1555. L'auteur de ces *Imagines sepulcrorum et epitaphiorum inscriptiones antiquæ*[87] ne s'identifie que par les sigles «P. D. G. Rever. Auth. H. O. P.». Dans son journal il transcrivit les inscriptions et les monuments antiques qu'il avait vus pendant son voyage, dont des dessins de ruines à Rome inspirées des gravures de Lafréry; il parcourut non seulement l'Italie mais l'Espagne, l'Allemagne, et deux villes en France, Lyon et Vienne[88]. A la fin de son volume il s'intéressa aux épitaphes modernes, dont il donna celle d'Erasme[89], et non moins de deux en l'honneur de Marot, accompagnées d'un dessin de la pierre tombale à Turin. A la première page[90] [fig. 1] l'auteur présente un tombeau sur lequel repose le gisant d'un Marot barbu, couronné de laurier et accoudé à un monceau de livres; derrière le tombeau on voit deux anges ou victoires, l'un qui représente la Renommée (avec son attribut d'une palme), l'autre qui tient une colombe et qui indique du doigt le ciel[91]. Le tombeau porte comme inscription le célèbre quatrain de Jodelle, dont plusieurs versions circulaient au XVIe siècle[92]:

> QVERCY, LA COVR, LE PIEMONT,
>   L'VNIVERS
> ME FIT ME TINT M'ENTERRA,
>   ME COGNEVT:
> QVERCY MON LOS, LA COVR TOVT
>   MON TEMPS EVT
> PIEMONT MES OS ET L'VNIVERS
>   MES VERS.

Il est possible que cette page constitue un tumulus imaginaire, et que ce quatrain ne fût pas inscrit sur le tombeau turinois, d'autant plus que l'auteur allemand fait accompagner son texte de citations d'Ovide et d'Horace à l'éloge des grands poètes[93]. Reste à savoir comment le touriste prit connaissance de ce texte de

---

[86]   Cf. nos *Litteræ in tempore belli*, Genève, 1997, p. 117-145.

[87]   Harvard, Houghton Library, ms. Typ. 152H.

[88]   *Ibid.*, p. 107-108.

[89]   *Ibid.*, p. 173-178.

[90]   *Ibid.*, f. 179.

[91]   G. de Tervarant, *Attributs et symboles dans l'art profane (1450-1600)*, Genève, 1958, col. 294.

[92]   Marot, éd. cit., II, 400, 1186.

[93]   Ovide, *De arte amandi*, III, 403-04: *Quid petitur sacris, nisi tantum fama, poetis? / Hoc votum nostri summa laboris habet*; Horace, *Carm.*, IV, 8, 28: *Dignum laude virum musa vetat mori*.

Jodelle, qu'il présente d'ailleurs comme s'il s'agissait d'une inscription sur un monument. Mais le verso de cette feuille[94] contient un dessin de l'épitaphe composée pour Marot par Lyon Jamet, et gravée à Turin dans un cadre de pierre surmonté d'une tête ailée [*fig. 2*]:

> ICY DEVANT AV GIRON DE SA MERE
> GIST DES FRANSCOYS LE VIRGILE, ET L'HOMERE
> CY EST COVCHÉ, ET REPOVSE AL'ENVERS
> LE NOMPAREIL DES MIEVS DISANS EN VERS
> CY GIT CELVY QUI PEV DE TERRE COVVRE
> QUI TOVTTE FRANCE ENRICHIT DE SON EVVRE
> CY DORT VNG MORT QUI TOVSIOVRS VIF ^{SERA}
> TANT QUE FRANCE EN FRANSÇOIS PARLERA
> BRIEF GIST REPOVSE ET DORT ENCELIEV ^{CI}
> CLEMENT MAROT DE CAHORS EN QUERCY

Il me paraît probable que l'auteur a copié le texte d'après l'original : il le transcrit en majuscules ; il conserve les V pour U comme dans les inscriptions ; il copie les formes raccourcies (sans -n-) des mots *Franscoys, disans, en, France, son, Tant, France, en, Clement*, utilisées par le graveur piémontais (et qui manquent dans le texte de Jodelle) ; à la fin des vers 7 et 9 il montre comment le graveur, manquant de place, a dû utiliser des lettres plus petites (il n'y en a pas dans le texte de Jodelle, sauf le I dans VNIVERS, qu'il paraît avoir ajouté après coup). L'auteur, peut-être non-francophone, a également commis des erreurs de transcription : le vers 8 est faux car l'auteur – ou le graveur – a sauté le mot *la* ; et au vers 9 *encelievci* ne fait qu'un mot. Sous l'inscription l'auteur dessine une cartouche qui contient les mots suivants :

> OBIT THAVRINI AN. D.
> M. D. XLIIII. D. XII. S.

Cette souscription est partiellement confirmée par le témoignage d'Audebert, qui donne un texte en français, « le 12 septembre 1544 ». Ces deux témoignages établissent la date de la mort de Marot, que Claude Mayer avait mise en doute[95].

Retombons à nos Binet. Nous ignorons la date de la mort du juriste Jean : certains parlent de 1561[96], d'autres de 1573. Le *terminus ad quem* paraît être 1577, date de publication des *Œuvres* de Jean de La Péruse, éditées par Claude Binet, qui y fit figurer, parmi ses propres *Diverses poesies*, une « Deploration des miseres humaines sur la mort de maistre Jean Binet »[97]. Mais ce cher oncle refuse

---

94   Harvard, Houghton Library, ms. Typ. 152H, f. 179v°.

95   Cl. Mayer, *Clément Marot, op. cit.*, p. 514, n. 98.

96   J. Dupèbe, « Un poète », art. cit., p. 627.

97   J. de La Péruse, *Œuvres*, Lyon, B. Rigaud, 1577, f. 157v°-159 ; cf. J. Plattard éd., *La Vie de P. de Ronsard de Cl. Binet (1586)*, Paris, 1910, p. xi.

de s'avouer vaincu par Atropos, à en juger par un volume heroï-comique postérieur, *La Puce de Madame Des-Roches*, recueil de vers occasionnés par une puce
observée sur le sein de Mme des Roches pendant les Grands Jours de Poitiers en
1579 et publiés en 1583[98]. Ce recueil contient non seulement plusieurs contributions de Claude, mais une autre de l'indestructible Jean Binet. Est-ce une voix
d'outre-tombe qui vaticine sur les puces, ou plutôt un membre plus jeune de la
famille Binet? Or, le texte en question est un dialogue, dont l'auteur est clairement l'oncle de Claude: *Io. Bineti Bellovaci I. C. Amatoris et Pulicis Colloquutio.
Cl. Binetus fratris filius restituit*[99]: il faut supposer que Claude Binet avait trouvé
parmi les papiers de Jean un poème qu'il pouvait adapter pour le recueil entomologique.

Après cette résurrection, le spectre de Jean Binet fit une autre apparition.
L'année des Grands Jours de Poitiers nous rencontrons un *Doppelgänger*, qui
persista à exprimer des jugements sur les littéraires, tout comme l'avait fait une
quarantaine d'années auparavant le jeune humaniste de Bordeaux et d'Orléans.
Cette fois ce Jean Binet, qui est chanoine de Meung-sur-Loire près d'Orléans,
rédige en juin 1579 un petit ouvrage d'érudition locale, *Troys dialogues de l'antiquité de Meung sur Loire*[100]. Or, notre auteur s'intéresse aux écrivains de la génération de François Ier: par exemple, l'un des personnages du dialogue, qui s'appelle Xenomanes, barde son discours de bribes de Rabelais, comme «C'est Latin
de Breviaire», ce qui lui vaut une réprimande de la part de son interlocuteur,
Psalter, «Ostez ces mots de Rabelais»[101]. Et ce Binet s'intéresse également à
Erasme (comme l'avait fait son homonyme), au sujet duquel il raconte l'anecdote suivante:

> J'ai oui dire à un homme de bien qui avoit esté domestique d'Erasme (c'est
> Me Philip de la Montaigne, qui a esté principal du College de Tournay à Paris)
> que led[it] Rhenanus alloit avec Erasme à la messe les dimanches en la ville de
> Basle, avant que les Œcolampius eussent achevé de chasser les prebstres,
> comme ausoit dire ce Rhenanus qu'un temps fut qu'il n'y avoit que les
> moines qui sceussent rien, veu que Erasme avoit mis en son livre *De copia
> verborum* ceste maniere de parler *monacho indoctior*. J'ay veu un homme qui
> asseuroit avoir veu porter à Erasme dedans Louvain un scapulaire de reli-
> gieux. On a quelques fois imprimé à Paris des paradoxes françois, me semble
> que c'est chez Charles Estienne, in quibus dicebatur Erasmus cuiusdam
> Batavii cœnobiarchæ filius[102].

---

[98] *La Puce de Madame Des-Roches*, Paris, A. L'Angelier, 1583, in-4; cf. C.-P. Goujet, *Bibliothèque
     françoise*, Paris, 1741-56, XII, 255-256; XIV, 263.

[99] *La Puce*, f. 12r°-v°.

[100] BNF, ms. fr. 5408 (provient de la collection La Mare); voir aussi une copie incomplète (XVIIIe
     siècle), Arsenal, ms. 3942.

[101] BNF, ms. fr. 5408, f. 4v°.

[102] *Ibid.*, f. 16.

Ces dialogues, dignes de l'esprit de Jean Binet *senior*, méritent une étude plus approfondie[103].

Richard COOPER
Brasenose College, Oxford.

---

[103] Voir à la BM d'Orléans, ms. 1502, 1503, deux notes biographiques sur les chanoines Jacques et Jean Binet.

QVERCY, LA COVR, LE PIEMONT, L'VNIVERS
ME FIT ME TINT M'ENTERRA, ME COGNEVT :
QVERCY MON LOS, LA COVR TOVT MON. TEMPS EVT
PIEMONT MES OS ET L'VNIVERS MES VERS.

Quid petitur sacris nisi tantum fama poetis   Ouidius lib.3.
Hoc votum nostri summa Laboris habet   De arte amādj
Dignum laude virum musa vetat mori   Horatius carmi
                                                                                 lib.4 Ode . 8.

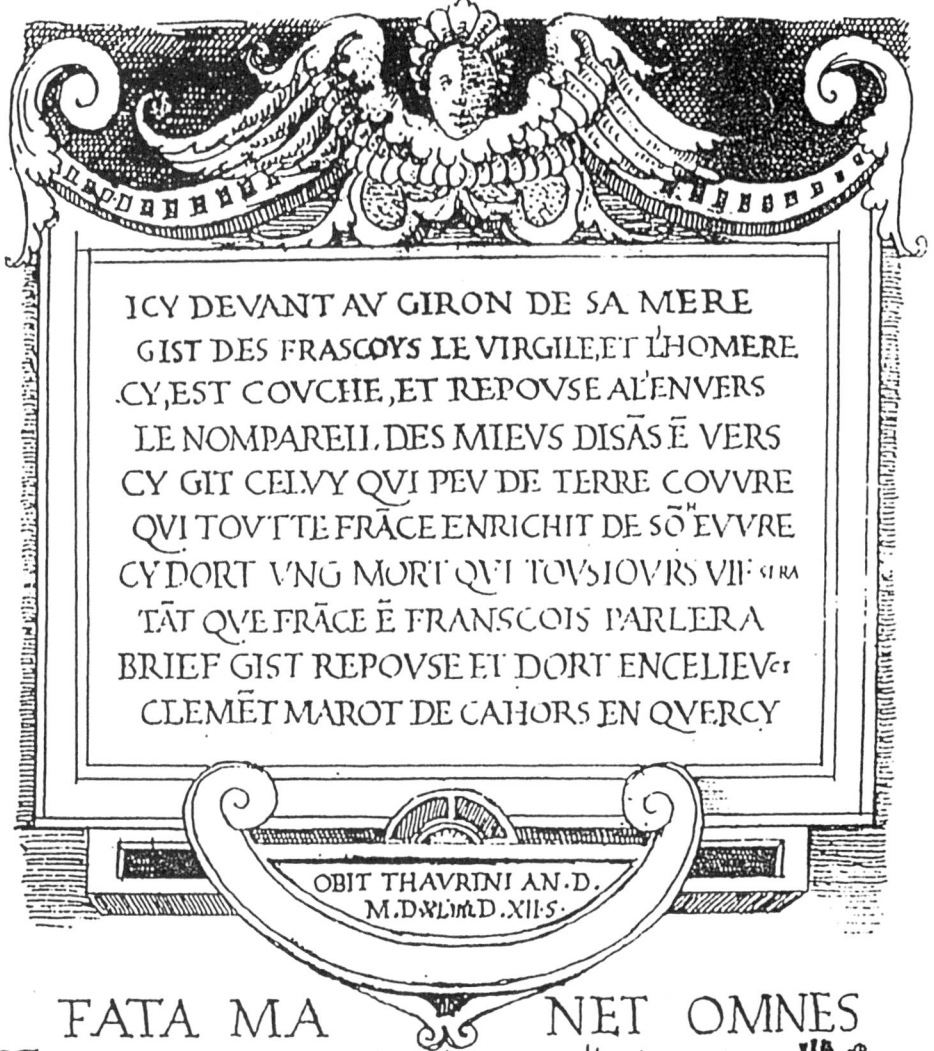

ICY DEVANT AV GIRON DE SA MERE
GIST DES FRASCOYS LE VIRGILE,ET L'HOMERE
.CY,EST COVCHE,ET REPOVSE AL'ENVERS
LE NOMPAREIL DES MIEVS DISÃS Ē VERS
CY GIT CELVY QVI PEV DE TERRE COVVRE
QVI TOVTTE FRÃCE ENRICHIT DE SÕ EVVRE
CY DORT VNG MORT QVI TOVSIOVRS VIF-sıra
TÃT QVE FRÃCE Ē FRANSCOIS PARLERA
BRIEF GIST REPOVSE ET DORT ENCELIEV-cı
CLEMĒT MAROT DE CAHORS EN QVERCY

OBIT THAVRINI AN.D.
M.D.XLIII D.XII.S.

FATA MA   NET OMNES

Tria sunt que in tota rerum varietate excellentissimum
diuina munificentia donum f. philofophia extollunt: nobilis afflu
entia conceptus: futura foelicitatis appetitus: mentis illustratio: quorū
primo nihil honestius ij nihil facilius in nihil ad aborū compendiosam ad-
eptionem efficatius.   Ex lib. Empedoclis .
Igitur praeclara facies: ad hac vis corporis & omnia alia huiusmodi
breui dilabitur: at ingenij egregia facinora: sicut anima immortalia
sunt: postremo corporis dotes: & fortuna bonorum: sicut est initium
sic & finis   SALVSTIVS Lugurtinus .

DE JEAN TAGAUT
ET DE QUELQUES MÈTRES LYRIQUES

Les *Odes à Pasithée* de Jean Tagaut[1] méritent à coup sûr l'intérêt que Franco Giacone leur a porté. Il y a peu, ce savant nous en procurait une excellente édition à laquelle Jean Céard et Jean Dupèbe ont apporté leur contribution. Pour mettre en valeur ce bel instrument, il m'est venu à l'idée de poursuivre les recherches que Franco Giacone a faites sur la métrique du recueil[2]. J'ai laissé délibérément de côté les odes pindariques (I, 10 et II, 3), qui sont inspirées de celles de Ronsard. Il m'a semblé intéressant de mettre en rapport les odes de Jean Tagaut avec les pièces lyriques de quelques poètes français qui leur sont antérieures ou qui en sont contemporaines tout au plus. Rappelons que Franco Giacone situe la rédaction des *Odes à Pasithée*, demeurées manuscrites jusqu'en 1995, entre 1550 (ou un peu avant) et 1553. On trouve ici le détail du corpus envisagé :

- Du Bellay, *Vers lyriques*[3]
- Du Bellay, « Vers lyriques » du *Recueil de Poesie*[4]
- Marot, Les « Chansons » de l'*Adolescence clementine*[5]
- Marot, La « Dixneuviesme Elegie » (qui est strophique) de la *Suite de l'Adolescence clementine*[6]
- Marot, Les « Chants divers » de la *Suite de l'Adolescence clementine*[7]
- Marot, Les *Trente Premiers Psalmes de David*[8] et *Vingt Psalmes... envoyés au Roy*[9]

---

[1] Jean Tagaut, *Odes à Pasithée*, Genève, Droz, 1995. On compte dix-neuf odes, réparties sur deux livres.

[2] *Op. cit.*, p. CXLVI-CLII.

[3] *Œuvres poétiques*, III, *Recueils lyriques*, éd. H. Chamard, Paris, E. Cornély, STFM, 1912, p. 3-54.

[4] Ed. cit., p. 86-149.

[5] *Œuvres poétiques complètes*, t. I, éd. G. Defaux, Paris, Bordas, « Classiques Garnier », 1990, p. 179-200.

[6] Ed. cit., p. 266-268.

[7] Ed. cit., p. 341-369.

[8] Numérotés dans les renvois : 1 / I, 1 / II, etc.

[9] Numérotés dans les renvois : 2 / I, 2 / II, etc. L'ensemble des cinquante Psaumes se trouvent dans : *Œuvres poétiques complètes,* t. II, éd. G. Defaux, Paris, Bordas, « Classiques Garnier », 1993, p. 557-676.

- Peletier du Mans, « Vers lyriques de l'invention de l'auteur » dans les *Œuvres poétiques*[10]
- Ronsard, Les *Quatre Premiers Livres des Odes* dans les *Œuvres complètes*[11]
- Saint-Gelais, « Les Chansons » dans les *Œuvres poétiques françaises*[12]
- Salel, « Deux odes » dans les *Œuvres poétiques complètes*[13] (sans écho chez notre auteur)

Voici maintenant la liste des identités métriques entre les odes de Tagaut et les pièces lyriques des poètes envisagés :

I, 1 139 huitains isométriques d'hexasyllabes ABABCDCD
- Du Bellay, *Vers lyriques*, 7, p. 29-32
- Marot, *Adolescence cl.*, « Chansons », 11, p. 185
- Marot, *Psaumes*, 1 / XXVIII, p. 622-623
- Ronsard, *Odes*, IV, 4, t. II, p. 91-96
- Marot, *Adolescence cl.*, « Chansons », 39 (mais ABBAACAC), p. 198
- Peletier, *Au Seigneur Pierre de Ronsart...* (mais ABABCDDC), p. 96-99
- Ronsard, *Odes*, II, 6 (mais ABABBCBC), t. I, p. 192-196

I, 2 177 sizains hétérométriques (7 3 7 7 3 7) AABCCB
- Du Bellay, *Vers lyriques*, 3, p. 11-15
- Marot, *Psaumes*, 1 / XXI, p. 604-608
- (Hors corpus : Ronsard, « Les Bacchanales[14] »)

I, 3 13 sizains isométriques de pentasyllabes AABCCB
- Du Bellay, *Vers lyriques*, 4, p. 15-21
- Ronsard, *Odes*, II, 2 (les strophes paires), t. I, p. 174-179

---

[10] *Œuvres poétiques de Jacques Peletier du Mans*, publiées d'après l'éd. originale de 1547 par L. Séché, Paris, Revue de la Renaissance, 1904, p. 86-137.

[11] *Œuvres poétiques complètes*, éd. P. Laumonier, Paris, Hachette, STFM, 1914, t. I, p. 41-267, et t. II, p. 1-153. On se reportera aussi à l'indispensable ouvrage de Fr. Rouget, *L'Apothéose d'Orphée*, Genève, Droz, 1994 et à ses précieuses tables. A propos de II, 2 et II, 4, on pourrait ajouter deux odes de Poey du Luc, une chanson de Tyard et un cantique de Denisot.

[12] *Œuvres poétiques françaises*, éd. D. Stone, Jr., Paris, STFM, 1993, t. I, p. 213-255.

[13] *Œuvres poétiques complètes*, éd. H. H. Kalwies, Genève, Droz, 1987, p. 246-251.

[14] *Œuvres poétiques complètes*, éd. P. Laumonier, Paris, Hachette, STFM, 1921, t. III, p. 184-217.

I, 4 54 quintils isométriques de pentasyllabes ABAAB
- Pas de modèle

I, 5 8 douzains hétérométriques (8 4 8 4 8 6 8 6 8 4 8 4) AABBCDCDEEFF
- Pas de modèle strict

I, 6 10 sizains isométriques de pentasyllabes AABCCB
- Voir I, 3

I, 7 25 quatrains isométriques d'heptasyllabes ABAB
- Du Bellay, *Vers lyriques*, 9, du *Rec. Po.*, p. 120-124
- Marot, *Psaumes*, 2 / III, p. 635-638
- Ronsard, *Odes*, II, 19, t. I, p. 229-234
- Ronsard, *Odes*, IV, 2, t. II, p. 87-89
- Ronsard, *Odes*, IV, 15, t. II, p. 129-132
- Ronsard, *Odes*, IV, 17, t. II, p. 148-151
- Saint-Gelais, *Chansons*, 17, p. 246-255
- Marot, *Psaumes*, 2 / XII (mais: AABB), p. 655-658
- Ronsard, *Odes*, I, 19 (mais: ABBA) , t. I, p. 160-162

I, 8 45 quatrains isométriques d'octosyllabes ABAB
- Du Bellay, *Vers lyriques*, 4, du *Rec. Po.*, p. 97-100
- Marot, *Psaumes*, 2 / IV (versets impairs), p. 638-641
- Marot, *Psaumes*, 2 / XVII, p. 669-672
- Ronsard, *Odes*, II, 18, t. I, p. 226-228
- Ronsard, *Odes*, II, 21, t. I, p. 236-238
- Ronsard, *Odes*, III, 6, t. II, p. 14-15
- Saint-Gelais, *Chansons*, 11, p. 231-232

I, 9 10 treizains hétérométriques (10 6 10 6 4 4 4 4 4 4 4 4 10) ABABCC-DEDEFFB
- Pas de modèle strict
Relativement proche:
- Marot, *Adolescence cl.*, «Chansons», 12 (10 10 10 10 10 10 4 4 4 4 4 8), p. 185-186

I, 10 (*Ode pindarique*)

I, 11 127 quatrains isométriques d'heptasyllabes ABAB
- Voir I, 7

I, 12 34 quatrains hétérométriques (6 6 6 4) AABB
- Ronsard, *Odes*, IV, 5, t. II, p. 97-103

I, 13 36 huitains isométriques d'hexasyllabes ABABACAC
- Voir I, 1

I, 14 45 quatrains hétérométriques (6 6 6 4) AABB
- Voir I, 12

II, 1 60 quatrains (le cinquième lacunaire) hétérométriques (8 4 8 4) ABAB
- Pas de modèle

II, 2 12 sizains isométriques d'octosyllabes ABABCC
- Du Bellay, *Vers lyriques*, 7, du *Rec. Po.*, p. 108-114
- Ronsard, *Odes*, II, 8, t. I, p. 200-203
- Saint-Gelais, *Chansons*, 6, p. 224-225

II, 3 (Ode pindarique)

II, 4 9 huitains isométriques d'heptasyllabes ABBACDDC
- Pas de modèle
Très proches:
- Du Bellay, *Vers lyriques*, 11, du *Rec. Po.* (mais: ABABCDCD), p. 128-130
- Marot, *Adolescence cl.*, «Chansons», 30 (mais: ABABCCDD), p. 194
- Ronsard, *Odes*, I, 16 (mais: ABBAACCA), t. I, p. 144-147
- Ronsard, *Odes*, III, 25 (mais: ABABCDCD), t. II, p. 67-79
- Ronsard, *Odes*, IV, 16 (mais: ABABCDCD), t. II, p. 133-147
- Saint-Gelais, *Chansons*, 15 (mais: ABABBCBC), p. 242-243

II, 5 20 quatrains isométriques d'heptasyllabes ABAB
- (Voir I, 7 et I, 11)

Les limites de la présente contribution imposent un choix entre tous les rapprochements auxquels inviterait la liste qui précède. Je présenterai, dans la perspective de leurs modèles, les odes I, 2 et II, 5 ; j'envisagerai aussi les odes I, 4 et I, 9, qui, dans le corpus indiqué, sont dépourvues de modèle métrique identifiable.

Très longue (1060 vers), l'ode I, 2 est construite sur le rythme hétérométrique 7, 3, 7, 7, 3 7. Dans l'abstrait, c'est le rythme lyrique léger par excellence ; il est impair, donc plus dynamique que l'hexasyllabe ou l'octosyllabe ; de plus, l'heptasyllabe y est assoupli par la brièveté du trisyllabe. Du Bellay le met en œuvre pour chanter les louanges d'Amour, dieu charmeur et facile (« Les Louanges d'Amour, au Seigneur René Urvoy »[15]), Ronsard l'emploie pour créer la drôlerie dans ses *Bacchanales*: « Mais moy dont la basse Idée / N'est guindée /... », nous dit le poète. Si l'on envisage des pièces postérieures aux années 1547-1553, d'autres thèmes exploités par Ronsard y requièrent aussi la souplesse de notre mètre, comme l'union délicate du printemps et de l'amour (« Bel aubepin verdissant »[16] et « Quand ce beau Printemps je voy »[17]), comme la jeunesse d'un prince, encore que l'âge tendre du destinataire n'empêche pas les rêves épiques du poète (« A Monsieur d'Orleans »[18]). Marot avait recouru à cette combinaison métrique dans un tout autre esprit pour traduire le Psaume 38 de la Bible (1 / XXI), « propre pour tous pauvres hulcerez ». On ne saurait trouver de légèreté dans cette plainte, l'une des plus graves du recueil. Alors, pourquoi une structure brève ? Au roi malade ne convient pas la longue déploration, le souffle éloquent. La conjugaison des vers impairs met en relief comme une palpitation. Le rythme bref n'assouplit pas l'ensemble de la strophe, comme il est d'habitude appelé à le faire, mais s'apparente plutôt à un dérèglement suscité par l'urgence. Les strophes-versets 8 et 10 le montrent bien :

> Je, qui souloys estre habile,
>> Suis debile,
> Cassé de corps, pieds, & mains :
> Si que de la douleur forte
>> Qu'au cueur porte,
> Je jecte cris inhumains. [...]
>
> Le cueur me bat à oultrance :
>> Ma puissance
> M'a delaissé tout perclus :
> Et de mes yeulx la lumiere
>> Coustumiere,
> Voyre mes yeulx, je n'ay plus[19].

---

[15] P. 11-15.
[16] Ed. cit., t. VII, p. 242-244.
[17] Ed. cit., t. XII, p. 163-170.
[18] Ed. cit., t. VII, p. 55-65.
[19] 1 / XXI, versets 8 et 10, p. 606.

Ayant à soutenir tout au long de cent soixante-dix-sept strophes une requête amoureuse qui est aussi une plainte, Tagaut choisit deux mètres assez brefs, qui lui permettent tour à tour d'être pathétique comme Marot ou délicatement érotique, comme Du Bellay et Ronsard; ceci et cela dans les meilleurs moments, car notre poète n'évite ni les longueurs ni les redites. Son ode résonne comme une déploration non contrôlée où domine l'argumentation par glissements; elle présente pour ainsi dire le kaléidoscope des grands thèmes amoureux de la Pléiade: pureté ou cruauté de la belle, adoration ou récrimination de l'amoureux, tout cela dans la meilleure tradition pétrarquiste. Tagaut recourt souvent à la mythologie, qui lui fournit des listes d'*exempla*, où l'on reconnaît les traces d'une «rare et antique érudition», quelquefois obscure. Comme peintre de la «fille-fleur», il appartient à la Pléiade et nous offre des séquences très suggestives. Si plus de mille vers sur ce sujet lassent le lecteur, le mouvement lyrique de telle suite associative le séduit. L'invention est dans le sautillement d'une strophe à l'autre et dans la subtile variation des motifs. Dans ce domaine, Tagaut révèle une maîtrise de la strophe hétérométrique en 7, 3. L'extrait suivant me permet d'illustrer ces propos.

> Puis aussi cette douleur,
>   Ce malheur,
> Suite de l'amoureuz feu,
> Viennent de cette deësse
>   Vengeresse
> D'un desraisonnable vœu.
>
> Elle punit mon mal faict
>   Et me faict
> Penser à mon temps perdu:
> Et en l'amoureuze lice
>   Ou ce vice
> M'avoyt par terre estendu.
>
> Mais ce tien pudique atrait
>   D'un douz trait
> Ne scay quelle vive ardeur
> Aspre, vive, et douce-amere
>   Or tempere
> Deden ma chaste froydeur.
>
> Pource ma douleur me plaist
>   Et deplaist[:]
> Tout ce qui me rit à l'œuil
> Ore je pleure, et lamente
>   Or' je chante
> Voyre au plus fort de mon dœuil. (v. 79-102)

Dans ces quelques strophes, nous saisissons ce que je viens d'appeler l'argumentation par glissements. L'amoureux se trouve d'abord amené à critiquer sa passion amoureuse. Relevons, sur ce point, une relative nouveauté. Selon le pétrarquisme ambiant, on s'attendrait à un renoncement par dépit ; ou selon le néo-platonisme, à une sublimation de la passion, ce que ne fait pas exactement l'amoureux dans la fin de l'extrait. Bien plutôt, Tagaut est stoïcien et renie un vœu «desraisonnable». Pareille détermination me paraît assez rare au tournant du demi-siècle. Dans un autre registre, la seconde strophe citée unit l'amour courtois (identifié par la métaphore du tournoi) et une allégorie des vices et vertus. Les troisième et quatrième strophes amènent un nouveau glissement, c'est-à-dire comme un retour métamorphosé de l'amour. Pudique, celui-ci devient licite et peut entrer dans la psychomachie, car en installant au cœur de la résistance («chaste froydeur») une «vive ardeur», il permet un tempérament et féconde ces contraires dont l'érotique renaissante est coutumière. Le poète retrouve ainsi un nouveau dynamisme qui lui permettra d'engendrer de nouvelles séquences strophiques. Le mètre impair convient bien à ces mouvements de pensée comme on peut le remarquer en fixant son attention sur les trisyllabes. Ces petits vers rappellent la rime en écho et permettent ainsi de souligner le sens. «Malheur» prolonge «douleur» et s'allie dans le sens négatif à l'autre trisyllabe «Vengeresse». Dans la seconde strophe, l'opprobre du combat est particulièrement mis en relief par les monosyllabes «lice» et «vice». Quant à la troisième strophe, l'agencement des rimes y est indiscutablement efficace : «douz trait» confirme «atrait», puis vient «ardeur», rime embrassante qui fait attendre sa résolution ; «froydeur» est ressenti comme une forte antithèse, d'autant que le mot appartient aux substantifs abstraits et qu'il est dissyllabique comme «ardeur». Quant aux rimes embrassées («douce-amere» et «tempere»), elles assurent une très belle médiation dynamique. Les deux vers brefs de la strophe suivante jouent aussi sur un contraire et confirment la coexistence de la plainte et du chant.

Autre rythme impair, celui de l'heptasyllabe. Inséré dans un quatrain aux rimes alternées, il a un autre *ethos* que le pentasyllabe dans le sizain. Il est soumis au rythme binaire des rimes ABAB, ce qui l'apparente à une marche quand il est répété. En revanche, il gagne horizontalement une richesse de combinaisons rythmiques que le pentasyllabe ne possédait pas. Très fréquent dans notre corpus, il a inspiré Marot une fois[20], Mellin de Saint-Gelais une fois[21], Ronsard quatre fois[22], Du Bellay une fois[23] et Tagaut trois fois[24].

---

[20] Psaume 2 / III. (Pour les références de ce poème et des suivants, cf. *supra*, la liste des modèles sous I, 7.)

[21] *Chansons*, 17.

[22] Odes II, 19, IV, 2, IV, 15 et IV, 17.

[23] «Vers lyriques», 9 du *Recueil de poésie*.

[24] I, 7, I, 11 et II, 5.

Commençons par Ronsard. On s'étonnera peut-être que dans trois des quatre odes relevées, le Vendômois exploite relativement peu les possibilités du rythme qu'il a choisi. Car ce rythme sous-entend une syntaxe en asyndète ou en propositions coordonnées, avec de nombreux verbes. Il est mis en valeur par une strophe où l'action multipliée se développe dynamiquement dans l'impair. Seule l'ode IV, 17 confirme vraiment ce présupposé:

> Ma painture n'est pas mue[25]
> Mais vive, & par l'univers
> Guindée en l'air se remue
> De sus l'engin de mes vers. (v. 5-8) [...]

> La Muse l'enfer defie,
> Seule nous éleve aus cieus
> Seule nous beatifie
> Ennombrés aus rengs des Dieus. (v. 61-64)

Ces strophes correspondent au génie de notre mètre. Deux verbes principaux se trouvent dans les vers 5 et 7. Le premier étant placé simplement, il est remarquable de voir comme le second est dynamiquement introduit. En effet, le vers 6, tout entier dans le rejet et l'enjambement[26], donc forcément instable, forme l'amorce du suivant où «se remue» est dans une position extrême d'autant plus marquée qu'il est précédé par deux inversions (compléments de lieux distincts «par l'univers» et «en l'air» que sépare une apposition antécédente «Guindée»). Dans la seconde strophe citée, trois verbes de propositions en asyndète déterminent le mouvement. C'est ici que la variété des accents offerte par l'heptasyllabe double le dynamisme de l'ensemble; le v. 61 présente une coupe 2-5, les v. 62 et 63, une coupe 1-6, le v. 64 une coupe 3-4.

Usant d'une syntaxe moins heurtée, Du Bellay exploite harmonieusement le dynamisme de notre rythme:

> Il tarde le cours des ondes,
> Il donne oreilles aux boys,
> Et les cavernes profundes
> Fait rechanter soubs sa voix. (v. 37-40)

Les effets sont multiples dans cette strophe admirable où Du Bellay décrit les pouvoirs du poète. Toute caverne de la réalité extérieure est un lieu de résonance. Les cavernes de la fiction ne le sont pas moins, grâce aux deux rimes qui leur appartiennent. «Profundes», composé de deux voyelles graves, amplifie «ondes», grave aussi; quant à «voix», elle unit phonétiquement les «boys» qui ont des oreilles et sémantiquement les cavernes qui «rechantent». Ce n'est pas

---

[25] Muette.

[26] Selon la distinction de J. Mazaleyrat dans: *Eléments de métrique française*, Paris, A. Colin, 1974, p. 119-136, «Mais vive» forme un rejet et la suite du vers un enjambement.

tout. La juxtaposition et la coordination des verbes jouent leur rôle aussi dans la mise en place d'un rythme significatif. «Il tarde» – «Il donne» est dans un rapport: 1 / 1. «Il donne» – «Fait rechanter» dans un rapport 1 / 2, car il faut bien que l'ampleur et la profondeur de la caverne se marquent; elles le font aussi par l'inversion du complément (précisément «cavernes») et la disparition du pronom sujet comme dans la langue du premier seizième siècle. Ajoutons enfin les accents: les deux premiers vers sont coupés 2-5, les deux derniers, en écho, coupés 4-3.

Mellin de Saint-Gelais sait parfaitement exploiter les qualités de notre mètre en le faisant servir au récit de la mort d'Adonis. Bel élan narratif, comme le montrent les premières strophes du poème:

> «Laissez la verde couleur,
> O princesse Cytherée,
> Et de nouvelle douleur
> Vostre beaulté soit parée.
>
> Pleurez le filz de Mirrha
> Et sa dure destinée.
> Vostre œil plus ne le verra,
> Car sa vie est terminée.»
>
> Venus à ceste nouvelle
> Emplit toute la vallée
> D'une complaincte mortelle
> Et droit au lieu est allée
>
> Où le gentil Adonis,
> Estendu sur la rosée,
> Avoit les beaulx yeulx ternis
> Et de sang l'herbe arrosée.
>
> Dessoubz une verde branche,
> Aupres de luy s'est couchée
> Et de sa belle main blanche
> Sa playe luy a touchée. (v. 1-20)

La narration est rythmée par une savante disposition des syntagmes verbaux. On trouve d'abord l'équilibre dans la première strophe qui est césurée et que les verbes encadrent («laissez», «soit parée»). On retrouvera cet équilibre dans la cinquième strophe, césurée elle aussi, avec des verbes en fin de vers auxquels plusieurs inversions ont donné ce caractère conclusif. Entre deux, c'est le vagabondage selon la cadence impaire du vers: trois verbes dans la seconde strophe qui empêchent une césure médiane unique, puis un double décentrement dans les deux strophes suivantes: la première proposition de la troisième strophe s'étend sur trois vers, alors que le quatrième introduit la seconde proposition par un enjambement strophique qui va se résoudre avec assez d'ampleur par un zeugma. Faut-il comprendre: «avait terni ses beaux yeux et arrosé l'herbe de son sang» ou «avait les yeux ternis et avait arrosé...»? Préférons la première possibilité. La narration va donc son train en rebondissant.

Nous changeons d'horizon avec Marot. Le seul des cinquante Psaumes qu'il a traduits ou paraphrasés dans le mètre qui nous occupe est le numéro 3 de sa deuxième série; il correspond au Psaume 25 (*Vulg.* 24) qui est alphabétique; autrement dit vingt-deux locuteurs, qui portent chacun le nom d'une consonne de l'alphabet hébreu, s'adressent à Dieu successivement. Mais Marot ne laisse voir aucun signe de cette organisation et sa paraphrase comprend vingt strophes sans indication. Voilà donc favorisées l'asyndète et la multiplication des verbes. Le mètre heptasyllabique donne aux prières leur caractère pressant; en cette occurrence, l'impair traduit l'inquiétude, voire l'angoisse; il ne permet pas le repos, comme on peut le constater dans trois strophes représentatives:

> Jecte doncq sur moy ta veuë,
> Prens de moy compassion,
> Personne suis despourveuë,
> Seulle, & en affliction.
>
> Jà mon cueur sent empirer,
> Et augmenter ses destresses,
> Las, vueille moy retirer
> De ces miennes grands oppresses.
>
> Tourne à mon tourment ta face,
> Voy ma peine, & mon soucy,
> Et touts mes pechés efface,
> Qui sont cause de cecy. (str. 15-17)

Dans la strophe 15, on passe sans transition de la prière («Jecte», «Prens») à la justification de cette prière. L'unité est là pourtant, qu'assurent les rimes; l'état malheureux de l'orant («despourveuë», «affliction») correspond à la prière qui a pour objet la «veuë» et la «compassion». La strophe 16 inclut le rapport inverse, puisque c'est d'abord l'état qui est donné et que la prière surgit comme une conséquence. La troisième strophe repose sur trois prières pressantes, dont la dernière est en syntaxe coordonnée. C'est dire qu'une pause provisoire s'installe et que le dernier vers résume en termes généraux le malaise qui suscite la requête. Quant aux rimes de cette troisième strophe, elles soulignent et appuient indiscutablement le sens; l'emploi sémantique m'en paraît ici contrasté: l'aigu «cy» souligne l'angoisse et la part du mal, le large et sonore «face» unit en même temps la découverte du Seigneur et son pouvoir rédempteur.

Tagaut aimait le quatrain d'heptasyllabes puisqu'il a rédigé dans ce mètre trois de ses odes: I, 7, I, 11 et II, 5. Les deux odes du premier livre sont amoureuses, alors que celle du second est une prière à Dieu («Vœu à Dieu pour une maladie»). Dans le domaine qui leur est commun, comparons Marot et Tagaut.

Si le premier rythme la prière du Psaume 25 selon la proposition en asyndète, le second met en œuvre des moyens certes plus variés, mais susceptibles aussi de réduire la concentration angoissée. La doxologie initiale de son ode II, 5 est bien construite sur l'asyndète, comme le montrent trois des sept strophes qui la contiennent :

> Plein est le ciel et la terre
> De la grandeur de tes faicts,
> C'est toy qui lasche la guerre,
> C'est toy qui donne la paiz.
>
> C'est toy seul qui au tonnere
> Commandes en l'air bruïr,
> C'est toy qui faicts par grand aire
> Les vents devant toy fuïr.
>
> C'est toy seul qui tout gouvernes,
> Seul immobile et constant,
> Jusqu'au profond des cavernes
> Chascun te va redoutant. (str. 3-5)

Mais l'asyndète se double ici d'une grande série d'anaphores qui transforment la louange en litanie. Si, chez Marot, la construction n'est pas gouvernée par la continuité, si elle jaillit sans ordre, mais dans la ferveur d'une demande spontanée, elle devient, chez Tagaut, l'instrument d'une glorification éloquente, portée dans ses retours prévisibles par le mouvement du vers de sept. La prière proprement dite s'étend sur les strophes 8 à 13 et s'articule selon cinq impératifs adressés à Dieu : «Dresse mes fautes perverses / Lave mes salles forfaicts» (v. 31-32), «Dieu, ne me soys rude juge» (v. 39), «Chasse moy ma maladie» (v. 45), «Esteins cette fiebvre lente» (v. 49). Asyndète il y a bien aussi, mais les termes en sont éloignés l'un de l'autre; ce qui relie ces îlots, c'est une série d'autres anaphores, de nature encomiastique et qui introduisent des subordonnées épithètes : «Toy qui». Tagaut a donc su varier son discours éloquent :

> Toy qui deden' la fournaize
> Seul as peu faire chanter
> Ces troys et dessus la braize
> Sans mal les faire arrester,
>
> Chasse moy ma maladie
> Dehors du creuz de mes os,
> Qui me rend l'ame alourdie,
> Lui rompant tout son repos. (v. 41-48)

Une troisième partie, où le poète commente le sens de sa prière, est aussi construite sur un développement asyndétique, mais avec d'autres éléments de liaison subordonnée : participes et infinitive :

> Si je meurs, soyt à ta gloyre
> Je ne veuil pas mieuz aussi :
> Si je vys, j'auray memoyre
> Que tu as de moy soucy[27].
>
> Me gardant à fin meilleure ;
> Ne voulant trencher encor
> Le fil de ma derniere heure
> Pour acroistre mon thesor,
>
> Pour mieuz acroistre et parfaire
> Ce qu'as en moy animé,
> Me retirant du vulgaire
> De vaine gloyre enflamé. (v. 57-68)

Si l'incommensurable grandeur de Dieu s'impose toujours à l'orant et suscite en lui comme une angoisse, Marot, dans l'ombre du Psalmiste, réduit celle-ci par les vertus du resserrement, Tagaut par l'ample conjuration de l'éloquence.

On ne rendrait pas pleine justice à Jean Tagaut en laissant vierges de commentaires les mètres qu'il semble être le seul à pratiquer. Les odes I, 4, I, 5, I, 9 et II, 4 n'ont pas d'équivalent métrique dans les pièces du corpus rassemblé. Choisissons de porter notre regard sur deux d'entre elles. L'ode I, 9, à la louange de sœur Gabrielle de Villers, représente une tentative originale, mais non complètement maîtrisée. Le schéma métrique de cette ode se révèle des plus intéressants et figure comme un hapax dans notre corpus. Reproduisons la quatrième des dix strophes de cette ode :

> Mais toy, Villers, entre tes sœurs illustre
>   Comme l'or su' l'estain,
> De tes vertus tu epans le beau lustre
>   Comme l'aube au matin
>   Qui se reveille
>   Toute vermeille
>   Semant ses roses
>   Par l'air humide
>   Toutes enclozes
>   D'odeur liquide
>   Du plus douz bome
>   D'ambre et d'amome
> Fraisches, encore lui coulantes du sein. (v. 40-52)

L'armature de ces treize vers est constituée par deux distiques de dix et six syllabes, au début, et par un seul décasyllabe à la fin. L'hétérométrie se révèle à la fois ferme et souple. Dans ce cadre, huit légers tétrasyllabes se donnent libre cours. « Les vers courts, dit Michèle Aquien, sont surtout employés en hétéro-

---

27   « Point », pour la respiration, mais « virgule », pour la syntaxe.

métrie; le retour très rapide de la rime donne beaucoup d'importance aux sonorités.»[28] La remarque se justifie dans des rimes au sémantisme bien choisi. «Resveille-vermeille»: fraîcheur et intensité; «roses-enclozes»: une profondeur traversée par l'éclat sonore de l'eau («humide-liquide»); «bome-amome»: une profondeur confirmée dans l'apaisement. Cette aubade (si l'on ose jouer sur les mots!) serait parfaite n'était le dernier vers. Le sens oblige de marquer une coupe après «Fraisches». Si l'on veut respecter, en contrepartie, la césure après la quatrième syllabe, il faut consentir à deux distorsions: ne pas tenir compte du pluriel de «Fraisches» (qui allongerait le vers d'une syllabe) et accepter une césure lyrique, ce qui paraît impossible après 1550. Tout irait mieux si Tagaut avait écrit: «Fraisches, encor' lui coulantes du sein». Il faut admettre que le dernier vers, inélégant et fautif, gâte la strophe. D'autres maladresses jettent un peu d'ombre sur la belle invention de Tagaut: plusieurs hiatus (v. 16, 78, 79, 86, 92, 95, 96, 108, 121), deux cacophonies (v. 42 et 70), une mauvaise syntaxe des temps (v. 29), des lourdeurs, etc.

L'ode I, 4, qui, elle, est une réussite complète, présente des motifs entendus sous un jour nouveau. Ils s'assimilent à un *carpe florem*, mais introduit d'une manière inattendue. Ce n'est pas l'effet de la beauté ou du plaisir qui est comparé à la fragilité de la rose, mais l'amour. Quant à la réflexion, elle ne débouche pas sur une leçon, mais est constituée par l'analyse que l'amoureux fait de sa passion, et elle se prolonge par une humble requête à Pasithée encore résistante. Voici quatre strophes significatives.

> Voy le temps qui vole
> (Dict en son printemps
> La jeunesse folle),
> Amour qui s'envole
> Convient à noz ans.
>
> Le ciel nous l'envoye:
> Tout a sa saison:
> Voy' la terre en joye
> Quand amour la noyë
> De son douz poyson.
>
> Lors que la nature
> Les buissons revest
> De gaye verdure,
> Qui gueres ne dure,
> Mourant quand ell' naist.
>
> La carriere est vite
> Du temps envieuz

Qui nous precipite,
(Tant elle est subite)
Mourants jeunes-vieux. (v. 46-65)

La matière est portée par des strophes que les métriciens nomment «carrées», parce qu'elles contiennent autant de vers que les vers contiennent de syllabes; cinq en l'occurrence. A un traitement nouveau du *topos* (la jeunesse se réjouit de la fugacité du temps au lieu de la déplorer) correspond un mètre original, à la fois impair et bref; ce qui lui vaut d'être prompt à l'envol. Contribue aussi à cet envol le groupement des rimes: ABAAB. Tout tient dans la fonction dynamique de la rime A, répétée au quatrième vers comme un petit écho qui fait mieux attendre la clôture de la rime B retardée. Et l'on ne pourra pas contester le choix très sûr de Tagaut qui, en faisant rimer en A les mots suivants, procède à un soulignement sémantique: «vole», «folle», «s'envole»; «envoye», «joye», «noyë»; «nature», «verdure», «dure»; «vite», «precipite» et «subite». La légèreté vient aussi de la variété des coupes, tantôt présentes à la troisième syllabe (v. 46, 48, 53, 54, 57, 61) ou à la deuxième syllabe (v. 49, 51, 58, 59, 60, 62, 65), tantôt absentes (v. 47, 50, 52, 55, 56, 63, 64). L'écriture de ces strophes n'est en aucun cas celle d'un épigone.

Il faut conclure, et brièvement. Cette étude a tenté de mettre en lumière la variété du lyrisme métrique chez ceux qui, de 1520 à 1550, perpétuent et renouvellent des rythmes hérités ou en imposent d'autres. Parmi eux, Tagaut cherche sa voie et la trouve souvent, non seulement dans l'imitation, mais aussi dans l'invention. Ronsard n'avait pas tort de le mettre au nombre des concurrents à craindre. Et s'il faut bien reconnaître que le Vendômois s'amusait à feindre un danger, toujours est-il que Tagaut le stimulait:

Bayf, Muret, Maclou, Bouguier, Tagaut,
Razant mes pas, leurs paz levent si hault
Par le sentier qui guide à la Memoyre
Que maugré moy, honteusement boiteux,
Je feray place au tourbillon venteux
Qui tout le monde emplira de leur gloyre.

André GENDRE
Université de Neuchâtel

« LA STELLA DELLE MARAVIGLIE » : UN POÈTE ET UNE ÉTOILE, LA SUPERNOVA DE 1572

> Le ciel orné d'estoilles est comme un livre
> escript pour celluy qui le sçait lire.
> Blaise de Vigenère, *Traicté des cometes*

> *Sidera addere caelo*
> Erasme, *Adage* 3144

« EST-CE UN DEMON,
OU BIEN QUELQUE ANGE BON ? »
(LA BODERIE)

Ange ?[1] étoile ? « clou d'or » ? Dieu lui-même ? L'étoile nouvelle de 1572 a fait couler beaucoup d'encre. Astronomes, astrologues, kabbalistes, professeurs d'hébreu et de mathématiques, bibliothécaires, savants de tout ordre et poètes du ciel ont interprété, chacun à sa manière, ce signe qui venait briser de sereines certitudes[2]. Le ciel n'était pas incorruptible : comment expliquer l'apparition de

---

[1] Le rapprochement des anges et des étoiles est topique dans la kabbale. Cf. F. Georges de Venise, *L'Harmonie du monde*, Paris, J. Macé, 1579, f. 312 : « Anges comme Estoilles au firmament des cieux », et f. 327 ; C. Gemma, *De naturae divinis characterismis ; seu Raris et admirandis spectaculis in Universo*, Anvers, Plantin, 1575, II, 130 [désormais *De naturae*] ; Blaise de Vigenère, *Traicté des Comètes, ou estoilles chevelues, apparoissantes extraordinairement au ciel : avec leurs causes et effects*, Paris, N. Chesneau, 1578, f. 36 et 104-105 : « Neantmoins les estoilles tant errantes que fixes, ne laissent pas outre cela d'avoir esté arrengées au ciel, pour nous declarer quelquefois la volonté et intention de leur createur et du nostre, suivant ce que dient les Mecubales des Hebrieux : *Que les corps celestes sont en lieu de lettres ou caractères dont consiste l'escripture des Anges, laquelle ils nomment Malachim, par où sont escriptes au ciel, et exprimées toutes choses à ceux qui les sçavent lire. Et Orphée en l'Hymne des Astres, leur donne une bien grande authorité quand il les appelle :* Vrais annonciateurs de toutes destinées. »

[2] Sur cette étoile, voir la belle étude de J. Céard, « Postel et l'"étoile nouvelle" de 1572 », *Guillaume Postel, 1581-1981*, Paris, Trédaniel, 1985, p. 349-360 ; id., *La nature et les prodiges. L'insolite au XVIᵉ siècle*, Genève, Droz, 1996 ; I. Pantin, *La poésie du ciel en France dans la seconde moitié du XVIᵉ siècle*, Genève, Droz, 1995, p. 470 sq. et *passim* ; L. Thorndike, *A History of Magic and Experimental Science*, vol. VI, 1941, ch. 32, p. 67-98 ; T. van Nouhuys, *The*

cette «étoile des merveilles»[3], «fenêtre» sur la divinité? Tycho Brahé, Jeronimo Muñoz, Cornelius Gemma, Jean Gosselin de Vire, Guillaume Postel, Guy Le Fèvre de La Boderie, les Italiens Raimondo, Maurolico, Frangipani, Giuntini avec Anglais et Allemands, observèrent, interprétèrent et publièrent leurs spéculations.

Parmi tant d'autres Jean Gosselin publie, l'un des premiers en France, *La Declaration d'un Comete ou estoille prodigieuse*, où il manifeste l'objectivité de qui a passé de longues nuits à mesurer et observer «diligemment» l'étoile nouvelle pour en tracer «le pourtraict» [fig. 1][4]:

> Ce Comete ou Estoille de nouvelle impression a couleur blanche, comme Jupiter, lequel on voit au soir, comme le Comete, mais c'est du costé du mydi. Et le Comete, qui est devers le septentrion, apparoist à ceux qui ont bonne vue, avoir plusieurs raisons ou pointes: dont la plus grande, que l'on peult nommer la queue du Comete, est tousjours tournée et dressée devers l'orient. L'on voit toute la nuict iceluy Comete entre les images de Cepheus et Cassiopea, qui sont representées au ciel par certaines estoilles fixes. Et depuis le quinziesme jour du mois de Novembre dernier, nous avons observé *diligemment* au ciel le lieu dudict Comete, jusques aujourd'huy XVIJ. de Decembre audit an. Et l'avons tousjours trouvé en mesme endroit au firmament ou bien pres: C'est à sçavoir, qu'il est tousjours distant de l'estoille polaire de vingtcinq degrez, et d'une autre estoille de troisiesme magnitude, qui est aux cuisses de Cassiopea, de cinq degrez de grand cercle. Suyvant lesquelles dimensions et observations, les hommes sçavans en la cognoissance des triangles spheriques, peuvent clairement cognoistre et juger, que ledit Comete est à la fin de Pisces du premier mobil, à l'endroit du vingtneufiesme degré d'iceluy, auquel lieu s'est tousjours tenu depuis son commencement jusques aujourd'huy. (f. Aijr°-v°)

    Age of Two-Faced Janus. The Comets of 1577 and 1618 and the Decline of the Aristotelian World View in the Netherlands, Leiden-Boston-Köln, Brill, 1998.

3   La définition est de A. Raimondo, astronome véronais, auteur de nombreux ouvrages scientifiques, souvent en polémique avec ses confrères. Cf. *Dichiarationi... ridutte in forma di risposte contra quelli che hanno scritto che la Stella dalle Maraviglie. 1572. Novembre, e Decembre fusse Cometa, e non Stella Fissa. Indirizzate à gli amici della Verità*, s.l., 1573, in-4°, 12 p., fig. sur bois (BNF, V 7794).

4   Nous avons retrouvé 2 ex. de ce traité: *LA / DECLARATION / D'UN COMETE OU ESTOIL- / LE PRODIGIEUSE LAQUELLE / A COMMENCE A NOUS APPAROISTRE / à Paris, en la partie Septentrionale du / ciel, au mois de novembre der- / nier, en l'an present 1572. / et se monstre encores / aujourd'huy. / AVECQUES UN DISCOURS / des principaux effects des Cometes, tant en Fran- / çois qu'en vers Latins: extraicts des plus no- / tables Autheurs qui en ont escrit. / Par I.G.D.V. / A PARIS, / Chez Pierre L'Huillier rue sainct Jaques, / à l'enseigne de l'Olivier. / 1572. / Avec privilege. //* (BNF, Rés. p 182, et Arsenal, 4° SCA 3356, pièce 5). Sur J. Gosselin, bibliothécaire de Charles IX, Henri III et Henri IV, cf. G. Grente, *Dictionnaire des Lettres Françaises du XVIe siècle*, Paris, Livre de Poche, 2001, s.v.; Masseville, *Histoire de Normandie*, VI; Ph. Renouard, *Imprimeurs et libraires parisiens du XVIe siècle*, Paris, I, 1964, n. 638.

Or, ce traité de Gosselin – qui paraissait introuvable jusqu'à aujourd'hui – était déjà signalé dans *La nouvelle estoille apparue sur tous les climats du monde*, un traité anonyme de 1590 qui essaie de «tirer le sens de la Carte de M. Leonard Thurnessierus, imprimée en Alemagne environ l'an 1574» (f. Aijr°); «la nouvelle et miraculeuse Estoile en laquelle l'Astrologie perd son Latin» (f. Aij) y brille de tout son éclat. L'auteur anonyme qui recueille et résume anecdotes et prophéties n'oublie pas de «refraichir la memoire de gros en gros de ladite Estoile, pour y asseoir meilleur jugement, laissant au plus curieux la liberté de se refueilleter les livres esgarez qui en ont esté escritz tres-doctement». Il dresse donc la liste de ses prédécesseurs:

> *Cornelius Gemma* Medecin de Louvain, *Thaddaeus Hagecius, Paulus Fabricius, Helisaeus Roeslin, Gaspar filius Gasparis Peuceri, Vuolffangus Schuberus, Philippus Appianus, Samuel Siderocrates, Joachimus Hellerus, Cyprianus Leonicius à Leonicia* tous Allemans. *Item Junctinus* Italien, et Hierosme Mugnoz Espagnol. (f. Aijv°)

Du Landgrave de Hesse, qui se livre à de longues observations, au jeune Tycho Brahé qui abandonne ses recherches alchimiques pour écrire son *De nova et nullius aevi memoria prius visa stella* (mai 1573)[5], des astronomes italiens et allemands aux professeurs Muñoz de l'Université de Valence et Gemma de l'Université de Louvain, tous ces savants européens se livrent à de longues veilles pour déceler le secret de cet événement sensationnel. Il fallait avant tout en définir la nature, la position, la parallaxe. Si pour certains il ne s'agit que d'une ancienne étoile, la onzième en Cassiopée, longtemps cachée, qui redouble d'éclat et brille à nouveau dans cette constellation (Frangipani et Raimondo) ou bien d'une comète (Muñoz), d'autres en soulignent la nature miraculeuse, et rapprochent l'astre nouveau de l'étoile de Bethléem (Gemma, Le Fèvre de la Boderie).

Ce qui est certain pour la plupart de ces esprits, c'est que le monde des étoiles fixes, incorruptible et inaltérable d'après les théories aristotéliciennes, se peuple ainsi d'une nouvelle lumière: événement prodigieux qui ébranle même les esprits les plus préparés, comme le professeur de médecine Corneille Gemma

---

[5] *De nova et nullius aevi memoria prius visa stella, iam pridem Anno à nato Christo 1572. mense Novembri primum conspecta, Contemplatio Mathematica...*, Copenhague, L. Benedikt, 1573 (éd. anastatique, BN de Brera, T 69 D 742). Tycho écrira plus tard, en 1598, ses *Astronomiae instauratae Progymnasmata*, recueil des nombreuses études sur l'étoile SN1572 (cf. *Opera*, éd. J. L. E. Dreyer, II, Copenhague, 1915). L'impression des *Progymnasmata* fut commencée à Uraniborg et achevée à Prague en 1602. Sur le rôle de Tycho, cf. I. Pantin, «L'astronomie et les astronomes à la Renaissance: les facteurs d'une mutation», *NRSS*, 20 / 1, 2002, p. 65-78. Sur Tycho, cf. aussi V. E. Thoren, *The Lord of Uraniborg*, Cambridge, 1990, et J. R. Christianson, *On Tycho's Island. Tycho Brahe and his assitants*, Cambridge U. P., 2000.

(Louvain 1535-1578), fils du célèbre Gemma Frisius[6]. Les pressentiments apoca-
lyptiques de Gemma, de Hagecius (qui entre en polémique avec Raimondo)[7], de
Roeslin s'allient aux espoirs de catholiques, protestants, familistes et néo-stoï-
ciens[8] qui, les yeux au ciel, espèrent en une *renovatio mundi* ramenant sur terre
la paix et l'âge d'or. Tycho ne cache pas son trouble : *inexhausta enim est Naturae
abyssus, et mens humana in plurimis, praesertim adeo longe a sensibus externis sepo-
sitis, saepenumero caligat atque titubat*[9].

Or, si l'auteur du traité publié chez Binet en 1590 écrit : « Des François : je
n'en ay vu imprimé qu'un petit, mais judicieux traicté de monsieur Gosselin,
garde de la librairie Royale, qui en peut parler à bon escient, pour les curieuses
et souvent reiterées observations qu'il en a faites » (f. Aijv°), en réalité, un autre
Français avait publié, peu après Gosselin, un traité diffusé avec celui de
Corneille Gemma. S'il n'est pas étonnant que le catholique ligueur, auteur de *La
Nouvelle Estoille*, ne cite pas le nom suspect de Postel ainsi que celui de son
disciple, le traité de Postel, *De nova stella quae iam a XII. Die Novembris Anni
M.D.LXXII. Ad XXVI. Iunij, anni 1573. sine parallaxi ulla in eodem statu, excepta
magnitudine durat, signumque crucis, cum tribus Cassiopeae stellis rhombi instar
exprimit : Gul. Postelli iudicium*, sera bien connu en Europe. Il sera publié avec
celui de Gemma, à Bâle en 1573 (juin ?), sous le titre *De peregrina Stella quae
superiore anno primum apparere coepit*[10]. Or, le traité de Gemma avait déjà paru,
à Louvain, à plusieurs reprises, seul ou avec celui de Leonicius et avait même été

---

[6] Sur C. Gemma, cf. F. van Ortroy, *Bio-bibliographie de Gemma Frisius, fondateur de l'école belge
     de géographie et de son fils Corneille, et de ses neveux*, Bruxelles, Académie Royale de Belgique,
     Classe des lettres et des sciences morales et politiques, Mémoires in-8°, 2ᵉ série, t. XI-2, 1920
     (rééd. Amsterdam, 1964) ; T. van Nouhuys, *op. cit.*, p. 150-154, 161-189 et 169-189 ; J. Céard,
     La nature et les prodiges, op. cit., p. 365-373 ; F. Hallyn, « Un poème sur le système copernicien :
     Corneille Gemma et sa 'cosmocritique' », *Les Cahiers de l'Humanisme*, II, 2001 (nous remer-
     cions vivement F. Hallyn de nous avoir envoyé le ms. de son article avant sa parution).

[7] Cf. *Dialexis de Novae et prius incognitae Stellae inusitatae magnitudinis et splendidissimi luminis
     apparitione, et de eiusdem stellae vero loco constituendo...*, Francfort-sur-le-Main, 1574 (BNF, V
     1237). Dans le ch. 2, f. C3 sq., il dément Frangipani (f. 27 sq.) et Raimondo dont il souligne
     l'ignorance (f. 23). Cf. aussi J. Céard, art. cit., p. 350, n. 9.

[8] Cf. T. van Nouhuys, *op. cit.*, *passim*. Sur le courant néo-stoïcien, cf. *The Cambridge History of
     Renaissance Philosophy*, éd. Ch. B. Schmidt et Q. Skinner, Cambridge U. P., 1988 ; *Le stoïcisme
     aux XVIᵉ et XVIIᵉ siècles*, Cahiers de philosophie politique et juridique, 25, P. U. de Caen, 1994,
     p. 109-130 ; J. Lagrée, *Juste Lipse. La restauration du stoïcisme*, Paris, Vrin, 1994 ; M. Morford,
     Stoics and Neo-Stoics. Rubens and the Circle of Lipsius, Princeton U. P., 1991 ; J. L. Saunders,
     J. Lipsius. The Philosophy of Renaissance Stoicism, New York, 1955.

[9] Tycho Brahé, *Astronomiae instauratae Progymnasmata*, éd. cit., p. 373. Cf. aussi G. Ernst,
     « From the watery Trigon to the fiery Trigon : Celestial Signs, Prophecies and History »,
     « Astrologi hallucinati ». Stars and the End of the World in Luther's Time, éd. P. Zambelli, W. de
     Gruyter, Berlin, New York, 1986, p. 270.

[10] Un ex. est conservé à la BNF : D2-1565. Cf. J. Céard, art. cit., p. 353, n. 31. C. Gilly a établi
     que le *De peregrina Stella* avait paru à Bâle en 1573.

traduit en néerlandais et publié chez l'imprimeur de l'Université Jan Bogaerts, le même qui avait imprimé le traité latin[11].

Mais notre étoile, *sydus novus*, comme la définit Gemma, «premierement veuë en Espagne par des Bergers veillans leur troupeau les premiers que l'on sçache» (1590, f. Aijv°)[12], ne suscita pas seulement l'intérêt des savants. Tous semblent en effet charmés par cette occasion extraordinaire, par cette espèce de papier de tournesol qui permet à des gens d'origine et de culture diverses de révéler leurs craintes, leurs espoirs et leurs attentes les plus secrètes. La Boderie avoue dans un sonnet prophétique de ses *Meslanges*, évoquant les poèmes de son ami Gemma[13], que dans la ville du Compas d'or il avait «prévu» en *Songe ou vision* l'apparition de ce signe céleste :

> Songe ou vision
>
> J'estoy dessus l'Escauld en la ville d'Anvers
> Lors que mon bon Demon, mon vray Devin Morfée
> Qui jamais pour neant n'apparut à *Orfée*
> En songe me feist voir un spectacle divers
> Regardant vers le Ciel, dond est clos l'Univers
> J'y avise une Nef toute d'*or* estoffée
> Dardant des raiz d*or*ez, son enseigne et Trofée
> Estoit la rouge Croix barrée à deux travers.

---

11 *Des wrende sterrens nu eerst hem verthoonende, ende vast ghedueringhens observatie: Waer door die wonderlijcke crachte der woorsichticheyt Gods, ende die Maiesteyt sijnder glorie, den menschen oogne haer calerlyck openbaert.* Sur les différentes parutions du traité de Gemma, cf. T. van Nouhuys, *op. cit.*, p. 151, et F. van Ortroy, *op. cit.*, p. 378-386, n. 194-198. Cf. aussi Hagecius qui le reproduit en 1574, *Dialexis de novae et prius incognitae stellae, op. cit.*, f. 237-244. Hagecius publie des poèmes sur l'étoile nouvelle de Bèze et de Melissus, f. [Q]4v°, cf. F. van Ortroy, *op. cit.*, n. 198, et J. Céard, art. cit., p. 352. Hagecius est l'auteur d'une virulente invective contre A. Raimondi : *Thaddaei Hagecij ab Hayck Aulae Caesarea Medici, Responsio ad virulentum et maledicum Hannibalis Raymundi, Veronae, sub monte Baldo, nati, scriptum: quo iterum confirmar e nititur, Stellam, quae Anno LXXII. et LXXIII. supra sesquimillesimum fulsit, non novam sed veterum fuisse,* Prague, G. Nigrini, 1576 (BNF, V 1237 et ex. numm-62589).

12 Cf. aussi C. Gemma, *De naturae*, II, 113.

13 Sur la poésie de C. Gemma, cf. F. Hallyn, art. cit. ; F. van Ortroy, *op. cit.*, p. 394, n. 202, qui signale un *Hymnus ad S. Christi Crucem*, l'un de ses poèmes les plus connus. Guy traduit des poèmes de Gemma dans son *Hymne de l'Hymenée de l'Amour divin et de Psyché. A la pensée ouvriere des choses de l'univers...*, in *Hymnes Ecclesiastiques. Cantiques spirituelz, et autres Meslanges Poëtiques*, Paris, R. Le Mangnier, 1578, f. 258v°-262v° (cf. aussi la 2ᵉ éd. : *Hymnes Ecclesiastiques, selon le cours de l'année, avec autres Cantiques Spirituelz*, Paris, R. Le Mangnier, 1582). Il s'agit de la traduction du poème-préface *Menti rerum architectrici, divini Amoris et Psyches hymeneum*, in *De Arte Cyclognomica*, Anvers, Plantin, 1569, f. †2r°-†3r° (pour la description bibliographique de cet ouvrage, cf. F. van Ortroy, *op. cit.*, p. 374, n. 192); *Sur la sphere des revolutions de N. Copernic*, in *D. M. P.*, f. 71v°-72v° (cf. notre éd. des *Diverses Meslanges Poetiques*, Genève, Droz, 1993, p. 286-287); et F. Hallyn, art. cit., qui analyse avec finesse le poème que Gemma avait publié dans le *De Arte Cyclognomica, op. cit.*, p. 122-123, et sa traduction.

Les rayons du Soleil n'ont point plus de splendeur
Que ceux qu'elle elançoit en Sferique rondeur
Si que toute la Terre en estoit eclairée:
     Et en la contemplant j'avoye un tel plaisir
     Que mon œil n'auroit pu un autre objet choisir
     Tant me tenoyt ravy la belle Nef dorée[14].

Ce sonnet rayonnant de lumière (le mot *or* signifie en hébreu lumière), évoque, comme le *Cantique sur la Nouvelle Estoille, ou Apparence Lumineuse qui s'est monstrée au Ciel depuis l'onze ou douzieme de novembre 1572, jusques à present 20. de Janvier 1574. lequel Cantique fut lu et presenté à Tres-haut et tres-puissant Prince Monseigneur le Duc d'Allençon Fils et Frere de Roy, au Chasteau du Louvre à Paris*[15], les spéculations de son Maître *esleu* Postel mais aussi d'un autre membre du cercle plantinien que Guy avait rencontré à Anvers et à Louvain: Corneille Gemma[16]. Celui-ci observe, avec les instruments de son père, l'éclat de étoile que même les nuages les plus épais ne peuvent obscurcir (*De naturae*, II, 123). «Plein de gratitude envers Dieu parce que ce phénomène splendide était arrivé sa vie durant», il fait de ses spéculations le point de départ d'un art nouveau

---

[14] Sur ce sonnet, cf. R. Gorris, «L'UN GUIDE ORFEE: temi esoterici e cabbalistici nelle *Diverses Meslanges Poetiques* di Guy Le Fèvre de la Boderie», *Le culture esoteriche nella letteratura francese*, Fasano, Schena, 1988, p. 65-83. Cf. aussi notre éd., p. 340-341.

[15] Guy avait publié ce long poème dans sa traduction du traité de Muñoz: *Traicté du nouveau comete, et du lieu où ils se font, et comme il se verra par les Parallaxes combien ils sont loing de la terre, et du Pronostic d'iceluy. composé premierement en Espagnol, par M. Hieronyme Mugnoz, Professeur ordinaire de la langue Hebraïque et des Mathematiques, en l'université de Valence. Et depuis traduict en françoys par Guy le Fevre de la Boderie. Plus un Cantique sur ladicte Estoille ou Apparence lumineuse,*Paris, Martin Le Jeune, 1574 (BNF, V 47365, Bib. Sainte-Geneviève, V 8° 205 inv. 2409, et Arsenal, 8° S 13688). Le *Cantique* se trouve aux f. Lijr°-Nr°, le poème est suivi de la traduction du *Pseaulme 96. traduit selon l'Hébrieu. et de deux sonnets sur l'Astre nouveau.* Deux autres sonnets sur le même sujet et dédiés *A Monsieur Desprez Cappitaine des Enfans de Paris,* sont publiés, f. Ai*. Le *Cantique* sera republié dans les *Hymnes Ecclesiastiques* de 1578, f. 250v°-258r° avec des variantes importantes (suppression de la str. 8 et ajout de deux strophes après la str. 9 ainsi que de nombreuses variantes orthographiques). La «seconde édition, par le commandement du Roy», publiée en 1582, toujours chez R. Le Mangnier, ne présente pas de variantes. Nous allons bientôt publier l'édition du *Cantique* avec variantes et notes.

[16] Guy fait l'éloge de Gemma dans sa *Galliade,* I, 1859-1860. Sur les rapports entre Guy Le Fèvre et Gemma, cf. F. Secret, «Cornelius Gemma et la prophétie de la 'Sybille tiburtine'», *Revue d'Histoire Ecclésiastique,* 1969, p. 423-431. Sur les milieux anversois fréquentés par Guy, cf. R. Gorris, «*Diverses Meslanges Poetiques* ou la composition des recueils poétiques de Guy Le Fèvre de la Boderie: du Compas d'or à la Vierge au luth», *Actes du Colloque de Valenciennes,* éd. J.-E. Girot, Genève, Droz, 2003, p. 283-309. Sur Louvain au XVIᵉ s., cf. *The Louvain Lectures (Lectiones Lovanienses) of Bellarmine and the Autograph Copy of his 1616 Declaration to Galileo,* éd. U. Baldini et G. V. Coyne, Vatican Obs. Publications, *Studi Galileiani,* I-2, Città del Vaticano, 1984.

qu'il nomme «cosmocritique» et qu'il expose dans son *De naturae*[17]. L'étoile vient selon lui des profondeurs de l'espace et elle va y retourner. Il nie ainsi le principe du mouvement circulaire et agrandit le volume du monde au-delà de la sphère des étoiles fixes visibles. Pour lui, l'étoile est un Ange[18] ou une créature de Dieu, ou Dieu même, enveloppé dans son manteau de lumière, apparaissant pour révéler sa présence aux hommes. Ces théories fascinantes qui témoignent des peurs et des espoirs d'une époque et d'un pays, les Flandres troublées par les guerres et les dissensions religieuses, vont susciter un sentiment d'horreur chez Tycho[19]. Tout comme l'étoile de Bethléem annonçait la naissance du Christ, de même cette étoile annonce, selon Gemma – et Guy reprendra cette idée *via* Postel – la *renovatio temporum* par laquelle le Christ *noctem que hanc obscurissimam luce laetissima commutabit* (II, 133)[20].

Cette *renovatio* n'ira pas toutefois sans crise ni sans que les hommes comprennent que les péchés qu'ils ont commis par orgueil, comme les anges jadis, ont détruit à jamais la perfection première, et créé une sorte de maladie du monde, dont les signes sont ces prodiges (I, 81)[21]. Le crime d'orgueil «angélique» a contaminé les hommes et provoqué la dissolution de l'ordre qui régnait entre Dieu, les anges, les étoiles et l'orbe sublunaire. La «chaîne d'or» qui reliait les différentes parties du macrocosme s'est brisée[22], le désordre et la maladie se sont instaurés dans le monde. Ces théories de Gemma, lecteur de Fracastor, Fernel, Cardan, Lemnius, Pomponazzi, Peucer et des néo-platoniciens (Psellos, Ficin, Charpentier)[23], sont probablement l'écho des débats théologiques de l'Université de Louvain où plotinisme, augustinisme, néo-stoïcisme et plato-

---

[17] Cf. *supra*, n. 1. Cf. sur cet ouvrage F. van Ortroy, *op. cit.*, p. 386 sq., n. 199, T. van Nouhuys, *op. cit.*, p. 163 sq., et F. Hallyn, art. cit.

[18] *De naturae*, II, f. 130.

[19] Sur l'horreur que Tycho éprouve pour les théories de Gemma (*Horresco referens... Impia sunt, ne dicam blasphemam*, *Progymnasmata*, éd. 1610, p. 564), cf. J. Céard, art. cit., p. 257, n. 51; G. Ernst, art. cit., p. 271, n. 23; T. van Nouhuys, *op. cit.*, p 439. Néanmoins Tycho, tout en exprimant un jugement très sévère envers Gemma, annonce lui aussi un grand changement et reprend (*Astronomiae instauratae Progymnasmata, op. cit.*, p. 811) la prophétie de la Sibylle colportée par Gemma, *De naturae*, II, 149 (cf. J. L. E. Dreyer, *Tycho Brahé*, Edimbourg, 1890, p. 62; F. van Ortroy, *op. cit.*, p. 133, et F. Secret, art. cit., p. 428).

[20] Sur les Flandres à cette époque, cf. T. van Nouhuys, *op. cit.*, *passim*, et M. E. H. N. Mout, «Humanists and the Horror of War. Neostoicism and the Revolt of the Netherlands», *España y Holanda. Ponencias de los coloquios Hispano-Holandeses de historiatores 1984-1988*, H. de Schepper et P. J. A. N. Rietbergen éd., Madrid-Nijmegen, 1993, p. 109-118.

[21] Cf. J. Céard, *La nature et les prodiges, op. cit.*, p. 365-373.

[22] *Illa etenim* chuseiè seiras *si per delicta mortalium non ante convulsa tanquam abruptis ansulis disiluisset, suum quaeque servarent convenientem locum in universo, et praeter* atuxiam *omnem, postrema prioribus tam in effectuum, quam causarum genere consentirent*, De naturae, I, 81.

[23] Cf. J. Céard, *La nature et les prodiges, op. cit.*, p. 387, et les nombreuses références dans les œuvres de Gemma.

nisme christianisé s'allient pour souligner que la nature vicieuse et corruptible de l'homme a contaminé la matière du monde et que la société est troublée, comme une nouvelle Babel, par les guerres de religion, les schismes et la naissance de sectes nouvelles[24].

Or, si les vices des hommes ont souillé les astres qui réfléchissent à leur tour cette souillure sur eux et si les prodiges ne sont que les signes d'événements terribles à venir, la *supernova* de 1572 est le signe de la nouvelle venue du Christ, «un insigne prodige de ce temps, qui n'a pas eu son pareil en grandeur et magnificence depuis la naissance du Christ». Signe de la Providence et de la gloire de Dieu, elle brille plus que les autres étoiles fixes[25], elle n'est ni étoile, ni comète (et Gemma ne ménage pas ses attaques contre Muñoz), ni exhalaison, et sa prodigieuse apparition et ses caractéristiques (pas de mouvement, pas de parallaxe, sa position au-delà de la lune) révèlent une radicale transformation morale du monde. Orgueil, avarice, luxure vont disparaître et la paix, la grâce et le pardon vont régner à nouveau sur terre. Gemma investit donc l'étoile d'extraordinaires significations divines.

Sa forme avant tout: elle crée, avec les trois étoiles voisines de Cassiopée, un losange traversé en diagonale par deux lignes formant une croix au sommet de laquelle brille la *supernova*. Il s'agit d'un phénomène exceptionnel par sa rareté, comme le signe qui apparut à Moïse et la croix qui apparut à l'empereur Constantin. Dans son traité de «cosmocritique», *De naturae*, Gemma consacre une partie importante du second tome à l'étoile nouvelle. Le chapitre III (f. 111-156) analyse tous les aspects extraordinaires et la *dignitas* de ce *phosphorus novus* ou *sydus novum*: le temps de sa première apparition, les espoirs qu'il inspire, son lieu, sa position et sa distance par rapport aux étoiles fixes voisines et le dessin qu'il forme avec les autres étoiles de Cassiopée (II, 121)[26]. Après les aspects scientifiques de la *supernova* (*species, latitudo, declinatio, altitudo, parallaxis, augmentum / decrementum, duratio*), le savant médecin et astronome analyse sa *significatio generalis* (II, 135, 137, 139) et sa *significatio particularis* (II, 138). Cette étoile qui *non multum differ[t] [...] ab eo quod apparuit magis* (II, 132, une idée que Guy reprendra dans son *Cantique*) est un signe extraordinaire, le premier après celui qui parut à Bethléem, et toutes ses caractéristiques semblent le démontrer (*locus, diuturnitas, constantia, duratio, species fulgor*, f. 135). Cet *amicissimus* (I, 210) de Mizauld, de Charpentier, de Hage-

---

[24]   Cf. *De naturae*, I, 75. Sur le débat théologique à l'intérieur de la Faculté de Louvain, cf. T. van Nouhuys, *op. cit., passim*; E. van Eijl, «Louvain Faculty of Theology during the 15th and 16th centuries», *Louvain Studies*, Spring, 1975, V, 3, p. 219-233; J. Etienne, *Spiritualisme érasmien et théologiens louvainistes. Un changement de problématique au début du XVIe siècle*, Louvain, 1956.

[25]   T. van Nouhuys, *op. cit.*, p. 152.

[26]   Cf. *De naturae*, Index, s.v. *Syderis novi*.

cius, de Benitus Arias Montano[27], de Plantin et collaborateur, comme Guy, de la Polyglotte, émaille son texte de gravures où les significations mystiques du *sydus novus* sont figurées de façon symbolique et frappante (cf. surtout fig. 2, f. 141) voire «hiéroglyphique» (II, 140). Pour lui le Christ et sa souffrance sur la Croix représentent la souffrance de tous les hommes et l'étoile leur espoir de *renovatio temporum* (II, 140).

Invité par le duc d'Alba[28], à Nimègue, pour expliquer la signification de ce signe, Gemma soutint devant lui que jamais, depuis la naissance du Christ, n'avait paru au ciel un phénomène si extraordinaire[29]. Mais malgré l'enthousiasme prophétique du médecin de Louvain, les attaques contre la cosmocritique de Gemma, souvent mis en cause pour son excès de «crédulité»[30], ne manquèrent pas. Marcello Squarcialupi, Muñoz, Chiaramonti et surtout le célèbre Tycho l'attaquèrent, alors que Hagecius devint le défenseur de ce savant passionné d'astrologie, de prodiges et de botanique.

«EL MISTERIO DE LA ESTRELLA»: MUÑOZ ET LA BODERIE

Jeronimo Muñoz, professeur d'hébreu et de mathématiques, attaqué par Gemma (II, 267-274) qui souligne à plusieurs reprises que la merveilleuse étoile *cometam non esse* (II, 126), avait écrit et publié son *Libro del nuevo cometa* à Valence en 1572-1573[31]. Ce traité, écrit à la demande de Philippe II auquel il est dédié, consacrait la carrière de Muñoz, savant de premier ordre qui enseigna à

---

27 Cf. le poème liminaire de A. Montano in *De naturae*, II, 17: *Ad Cornelium Gemmam, Benedicti Ariae Montani Epigramma.*

28 Cf. la lettre de recommandation du roi d'Espagne au duc: *Copia de carta de su Majesdad al Duque de Alva en recomandacion del Doctor Gemma Frisio. El Rey*, in *De naturae*, II, 17.

29 B. de Zach, *Correspondance astronomique, géographique, hydrographique et statistique*, Gênes, 1818-26, XIII, 233.

30 Cf. F. van Ortroy, *op. cit.*, p. 132-133.

31 *Libro del nuevo Cometa, y del lugar donde se hazen; y como se vera por las Parallaxes quan lexos estan de tierra; y del Prognostico deste*, Valence, off. Pedro de Huete, 1573. Nous remercions O. Abbati de l'Université de Pérouse qui nous a procuré le microfilm de l'exemplaire de cette édition (BN de Lisbonne, S.A. 2903 P). Cf. aussi J. Simon-Diaz, *Bibliografia de la literatura hispanica*, Consejo Superior de Investigations Cientificas, Madrid, 1992, vol. XIV, p. 536, n. 4329, qui signale une édition: *Libro del nuevo Cometa, y del lugar donde se haze y como se vera por los Parallaxes quan lexos estan de la tierra; y del Prognostico deste*, Valence, Pedro de Huete, 1572, 62 p., in-8°, d'après Picatoste, n. 516. Sur J. Muñoz, cf. J. Simon-Diaz, *op. cit.*, p. 536, n. 4329-4334, et surtout A. Cotarelo Valledor, «El misterio de la Estrella. Un español lo esclarece. El valenciano Jeronimo Muñoz y su *Libro del nuevo cometa*», *Boletin de la real Sociedad Geografica*, 1943, p. 12-35. Je remercie mon collègue J. Sepulveda de l'Université de Milan qui m'a gentiment photocopié cet art. à la BN de Madrid.

Ancone, à Valence et à Salamanque. Auteur de plusieurs traités de mathématiques[32], il avait acquis une grande renommée et il gagnait, en tant que «muy senalado e insigne en todas las ciencas», 125 livres (alors qu'un autre professeur de l'Université de Valence, à la même époque, gagnait 25 livres). Or, son traité, probablement *via* Anvers et *via* l'atelier de l'imprimeur de Philippe II, Plantin, arriva jusqu'à Guy Le Fèvre qui le traduisit, assez fidèlement, et le publia en 1574 dans son *Traité du nouveau comete*[33] qui, tout en conservant l'*Epître à Philippe II*, est encadré par deux séries de poèmes liminaires: deux sonnets au familiste Desprez, un *Cantique*, le *Psaume 96. traduit de l'hebreu* et deux sonnets qui, sous le voile poétique topique du grand poète de l'*Encyclie*, explorent les secrets de l'étoile et orientent la lecture mystique, voire familiste, que le disciple de Postel fit «de la nouvelle estoille ou apparence lumineuse».

Tout d'abord la dédicace à Desprez en dit long sur les intentions du poète. Desprez, familiste convaincu et ami fidèle (*H. M.*, f. aijr°) de Guy qui logeait chez lui à Paris, est aussi le dédicataire d'une autre traduction importante de lui, le *De Harmonia Mundi* de Francesco Giorgio Veneto, un ouvrage aux connotations kabbalistes et néoplatoniciennes, et de plusieurs sonnets hermétiques des *Diverses Meslanges Poetiques*[34]. Desprez avait acquis une certaine renommée à l'époque car, lors de l'entrée de Charles IX (1571), la ville «consideré aussi les bonnes et louables meurs, dextérité, vertus et experiences – dudict Desprez, tant en l'art militaire que intelligence ès lettres latine, françoise et espagnolle et italienne» «decide qu'elle fera les frais qui incombent au Capitaine Desprez»[35]. Guy, dès son retour d'Anvers, vit et travaille en étroite relation avec toute une série de personnages, parmi lesquels Pierre Porret («frere» de lait de Plantin), Desprez et le libraire Lucas Breyer, dont les convictions familistes rendent vraisemblable la conversion du poète de l'étoile nouvelle aux idées de la *Haus der Liebe* que ses éditeurs (Plantin, Breyer et l'Angelier) partagent[36]. Ce *Cantique* se

---

[32] Cf. *Institutiones Arithmeticae ad percipiendam Astrologiam et Mathematicas facultates necessariae...*, Valence, J. Mey, 1566, 77 f., in-4°. Un ex. de cette édition est conservé à la BN Braidense de Milan (C.X. 8678/1) et non pas à la Bib. Ambrosiana comme l'affirme J. Simon-Diaz (*op. cit.*, n. 4332, p. 536).

[33] Cf. *supra*, n. 15.

[34] «A Monsieur Des Prez Gentil-homme Parisien, Epistre en forme de Preface sur la version de l'Harmonie du Monde...», *H. M.*, f. aij sq.

[35] Sur le capitaine Desprez, cf. notre éd. des *Diverses Meslanges Poetiques* (cit.), p. 26-27 et 328 sq., et J.-F. Maillard, «Plantin et la Famille de la Charité en France: documents et hypothèses», *Mélanges V.-L. Saulnier*, Genève, Droz, 1984, p. 235-253.

[36] Cf. J.-F. Maillard, art. cit., p 243. Les rapports entre les Breyer (Lucas Ier avait épousé Girarde Roffet, la veuve d'Arnoul L'Angelier) et Plantin sont nombreux. Plantin adresse, dès 1559, à la veuve L'Angelier des colis comprenant des contrefaçons anversoises de livres de propagande religieuse habilement déguisés, comme l'*ABC ou instruction chrétienne* ainsi qu'«un savoureux mélange de *Diurnale romanun*, d'*Amadis de Gaule*, de *Tresor des Amadis*, de livres

nourrit des idées du cercle fermé des adeptes de la Maison de Charité dont la pensée secrète s'était infiltrée à la cour du duc d'Alençon où le poème fut «leu et presenté» le 20 janvier 1574. Le climat politique, après la Saint-Barthélemy et les incessantes violences religieuses, rendent ces milieux propices aux idées familistes et vont susciter «un parti d'opposition à Charles IX et Henri III»[37]. Or, la constellation plantinienne joue un rôle important dans la littérature sur l'astre nouveau: Postel, Gemma, Plantin, La Boderie, Desprez appartiennent tous, à des titres divers, au Compas d'or et les espoirs de *renovatio* que le *sydus novum* exprime pour tous ces adeptes certains ou suspects de la Famille de la Charité deviennent, dans le long poème de Guy, «poésie du ciel» à l'étincelante beauté[38].

Si la mouvance familiste est un fil rouge important qui relie les milieux anversois à la cour du duc d'Alençon, le choix de Desprez en tant que dédicataire du *Traité du Nouveau Comete* témoigne des espoirs communs que l'astre nouveau inspire à Guy et au cercle familiste parisien qui se ramifie, comme «une sorte de franc-maçonnerie avec des ramifications partout»[39], et pousse, comme une fleur dans une serre chaude, à l'ombre de François de Valois. Guy, «greffier de nature» qui avait publié, en 1571, chez Plantin, son *Encyclie des secrets de l'éternité*, est l'un des membres les plus importants de cette cour qui

---

d'Heures et de *Breviarium romanun*», cf. M. Simonin, *Abel L'Angelier et Françoise de Louvain, marchands-libraires et bourgeois de Paris*, intro. manuscrite de l'auteur, p. 13. Cf. sur ces rapports G. Guilleminot, *Fascicule Breyer, Imprimeurs et libraires parisiens du XVIᵉ siècle publiés d'après les manuscrits de Ph. Renouard*, Paris, 1982, p. 22, n. 1; L. Voet, VI; J. Guignard, «A propos des éditions françaises de Plantin», *Gedenkboek der Plantin-Dagen, 1555-1995*, Anvers, 1956, p. 322 et 360-363. Cf. aussi E. Droz, «Le curé Landry et les frères Langelier», *Chemins de l'hérésie*, I, Genève, Droz, 1970, p. 273-394, et «Plantin, imprimeur de Guy de Brès», *Het Boek*, t. XXXVII, 1966, p. 57-62; et J.-F. Maillard, art. cit., *passim*.

[37] J. Boucher, «Autour de François, duc d'Alençon et d'Anjou, un parti d'opposition à Charles IX et Henri III», *Henri III et son temps*, Paris, 1992, p. 121-131. Sur François d'Alençon, cf. M P. Holt, «Patterns of Clientèle and Economic Opportunity at Court during the Wars of religion: The Household of François, Duke of Anjou», *French Historical Studies*, XIII, 1984, p. 305-322.

[38] Sur le cercle plantinien, cf. M. Rooses, *Christophe Plantin imprimeur anversois*, Anvers, 1890, et *Le Musée Plantin-Moretus*, Anvers, 1914; C. Clair, *Christopher Plantin*, Londres, Cassel, 1960; L. Voet, *The Golden Compasses. The history of the House of Plantin-Moretus*, Londres-Amsterdam-New York, Routledge and Kegan, Vangendt-Abner Schram, 1969-72; *1589-1989, Labore et Constantia. A collection of 510 editions issued by C. Plantin from 1555 till The Plantin Press 1589*, Leyden, 1980-81; L. Voet, *The Plantin Press 1555-59. A Bibliography of the Works printed and published by C. Plantin at Antwerpen an Leiden*, Amsterdam, Van Hoeve, 1980; V.-L. Saulnier, «L'humanisme français et Christophe Plantin», *Gedenkboek der Plantin-Dagen*, op. cit., p. 42 sq.; J. Guignard, art. cit., p. 360 sq.; E. Droz, «C. Plantin imprimeur de Guy de Brès», art. cit., p. 64 sq. Sur Guy à Anvers et les poèmes dédiés aux membres du Compas d'or, cf. R. Gorris, «*Diverses Meslanges Poetiques...*», art. cit.

[39] E. Droz, op. cit., p. 360.

réunit alchimistes, simplistes, musiciens et médecins. Poète des «secretes vertus des ouvrages de Dieu» (*Gall.*, III, 146), il explore, dans les cercles I-VIII et par le biais du dialogue entre le Secretaire et sa Muse Uranie, les secrets de la terre et du ciel car la Nature-Esprit réalise l'intelligence créatrice de Dieu[40]. Poète «Enginier»[41] au mysticisme sombre mais rayonnant des couleurs de l'univers et de la lumière divine, il rêve, poète-prophète et herméneute sacré, de mettre le ciel voire l'univers entier en vers. Dans sa vaste tentative de sonder la structure du monde, il n'hésite pas, orientaliste et hébraïsant de premier ordre, à exploiter les «secrets des hebrieux». C'est ainsi que dans le cercle VIII de l'*Encyclie* les noms de Dieu et les secrets divins des *sephirot* sont explorés dans leur dimension cosmique et divine[42].

L'homme dont il tisse l'éloge passionné, sur les traces de Pic dont son frère Nicolas traduira l'*Heptaplus,* non seulement peut enclore en lui-même la rondeur des cieux et la «tente voutée» mais englobe en son âme, étincelle de la lumière divine, le cosmos. L'âme, ce Pavillon ombragé par les dix courtines des *sephirot* dans lequel le lecteur de l'*Encyclie* est introduit avec le curieux Secretaire, est le «Tabernacle de la divine Majesté» (*H. M.*, f. àiiijv°).

> Sonnet. 1.
>
> D'autant que Dieu a mis l'homme en ce temple rond
> Ainsi comme au milieu, à fin qu'il y contemple
> Sa haute Majesté l'ouvriere de ce temple,
> Et les effets divers qui de nouveau s'y font
> Pource devers le Ciel luy a levé le front
> A fin que sur les Cieux il remire l'exemple
> Du monde sur-mondain tres-luysant et tres-ample
> Là sont les vrais Objects, icy les ombres sont.
> Donques rien de nouveau ne vient en evidence
> Qui nouvel argument ne soit de Providence
> Que l'homme spectateur doit notter par grand' cure:
> Par le vouloir de Dieu toute chose se fait,
> Mais c'est aux hommes seuls que s'adresse l'effect
> Et le sage icy bas est Greffier de nature. (f. Aiv°)

---

[40] Cf. notre art., «*L'Encyclie des secrets de l'éternité*: ou les secrets d'Uranie», *Les Secrets: d'un principe philosophique à un genre littéraire,* éd. D. de Courcelles, Paris, Champion, 2005, p. 297-336.

[41] Cf. I. Pantin, «La Boderie et la preuve cosmologique: le poète ingénieur», *La poésie du ciel, op. cit.,* p. 94 sq. et *passim.* Cf. aussi sur Guy Le Fèvre poète de l'*Encyclie,* les belles pages de J. Miernowski, *Signes dissimilaires. La quête des noms divins dans la poésie française de la Renaissance,* Genève, Droz, 1997, p. 185 sq.

[42] Cf. R. Gorris, «*L'Encyclie...*», art. cit.

L'HOMME
A L'ÉCOUTE DU «CIEL ESTELÉ»

Dans les beaux sonnets-dédicaces que Guy offre à Desprez et qui encadrent sa traduction du *Traité du nouveau comete* de Muñoz, il reprend les thèmes *esleus* de son *Encyclie* et il souligne encore une fois le rôle de l'homme, le front levé vers le ciel, et du poète «Greffier de nature», qui explore les secrets de la terre et du ciel pour en «sonder» (thème récurrent) le sens et en prévoir «l'effect» cosmique. Or, ce «merveilleux presage», qui brille dans le ciel de cet hiver étoilé, est le signe de la conversion, de ce «clou flambant de la Tente divine», fragment d'éternité qui a pénétré et allumé le cœur (thème-clé du poème en tant que «principal siege de l'ame»)[43] de ce familiste auquel ses confrères vouent une espèce de culte. Nicolas Le Fèvre de La Boderie, par exemple, offrira à Desprez sa traduction de l'*Heptaple* de Pic de la Mirandole car, écrit-il:

> j'ay pensé que je ne feray chose desaggreable à beaucoup de personnes, si j'en presentoy la traduction à nos François, laquelle en vostre nom pour bonnes raisons j'ay voulu mettre en lumiere, et principalement tant pource qu'estant du tout vostre, rien ne peut sortir de moy qui ne vous appartienne droictement, que pource mesmes qu'à raison de son argument, nous avons jugé que comme bien accordant et harmonieux en soy, il ne se devoit separer de l'*Harmonie du Monde*, œuvre qui de longue main vous a esté par mon Frere voué et consacré en recongnoissance d'une infinité de plaisirs et bienfaicts, que nous avons receu de vous, et lesquels icy je declarerois si vostre modestie me le permettoit, qui aymez et cherissez la vertu pour elle mesme, et desirez plustost d'estre vrayment vertueux, qu'estre veu l'affecter ambitieusement, quoy faisant vous vous rendez beaucoup plus recommandable acquerant quasi malgré vous une eternelle et solide louange. Apres doncques que par plusieurs fois vous aurez esté *ravy et transporté* comme en extase par la doulceur et l'harmonie mondaine, avec laquelle nostre humain organe se doit accorder, il vous plaist de prendre quelquefois plaisir d'escouter les doux et divins accords de nostre unique, royal et immortel Fenix [Pic], duquel la voix divine de si pres luy ressemble qu'aisement on peut juger qu'à la forme de sa chanson les Cantiques et tons de l'Harmonie ont esté faicts et composez. (*H. M.*, f. 828)[44]

---

[43] Sur le thème du cœur-*Leb*, cf. *H. M.*, f. 210c, 214b, 472b, 631b où l'auteur explique «Le Cœur allegorisé selon les lettres escript en Hebrieu» et le texte de Nicolas Le Fèvre, *Le Cœur LEB, ou les 32. sentiers de la Sapience. Discours fort utile pour entendre et exposer les sainctes Escriptures* publié comme préface à l'*H. M.* (f. eijr°-f. ivv°). Cf. aussi J. Miernowski, *op. cit.*, p. 189, n. 10, et M.-M. Fragonard, *«Les trente-deux sentiers de sapience* de Nicolas Le Fèvre de La Boderie: une théorie de l'interprétation polysémique au XVIᵉ siècle», *Mélanges V.-L. Saulnier, op. cit.*, p. 217-224.

[44] «A Monsieur Des Prez, gentil-homme parisien», *H. M.*, f. 827-828. La dédicace est signée «Vostre treshumble et obeissant serviteur» et a été rédigée «A Paris au College de Beauvais ce 21 d'Aoust, 1578». Sur Nicolas Le Fèvre, cf. G. Grente, *op. cit.*, s.v.

Guy écrira pour ce même personnage dans ses *Diverses Meslanges Poetiques* une série de sonnets visionnaires et hermétiques (s. LXXXV-LXXXIX)[45] pour évoquer la mystérieuse conversion (cette «extase» ou «ravissement» dont parle le paratexte de l'*Heptaple*) de cet homme tenu en grande considération par les La Boderie[46]. Dans ces poèmes, le poète du ciel et de la terre tisse un réseau de correspondances entre le Ciel et la Terre, entre le «Ciel estelé» et le corps de l'homme ou «petit Monde», car, ainsi qu'il écrit dans sa monumentale traduction de Francesco Giorgio Veneto:

> chasque Planete est maintenant comparé à quelcun des elemens, et maintenant à quelcun des Anges. Plusieurs telles choses se trouvent comparées avec autres diverses selon le symbole et proprieté, qu'en marque et signifiance diverse les choses ont entre elles. *Car au regard des plus hautes pensées le Ciel estelé est comme le Corps, et au regard des choses inferieures qui sont à produire il rapporte la semblance de l'entendement produisant les Idées.* [...] A nostre propos donques le mouvement de l'Ame et le mouvement du Ciel estelé a la ressemblance du mouvement corporel mais les revolutions des Planetes representent les mouvemens des facultez qui sont entre le corps et l'esprit. Et si nous voulons comparer ces choses avecques les plus basses et supremes, le premier mobil entre les Cieux est le plus chaud de tous, au petit Monde le cœur et la volonté, et en l'Angelique le Scerafin ardent. Derechef la force du feu est emflammée ès Scerafins, ravissante au premier mobil et une vertu embrasée en nostre cœur et volonté. C'est pourquoy icelle habite au cœur le plus chaud de tous les membres, d'une chaleur vrayement naturelle et meilleure: De laquelle l'Escrivain des Pseaumes a dict: Mon cœur dans moy s'est eschauffé. Et derechef: Mon cœur est enflammé. Pareillement la force terrestre ès Cherubins est une tresbelle figure des Idées: au ciel estelé une claire peinture des Astres: et au plus bas element c'est un ornement de diverses herbes et fleurs. (*H. M.*, f. 210)

Le *Cantique sur la Nouvelle Estoille* révèle donc la nature de ce «merveilleux presage» d'une *renovatio* de l'humanité qui va durer, le poète l'espère, à toujours même après la disparition de l'astre nouveau:

> Sonnet. 2.
>
>   A fin, donc mon Desprez, que la posterité
> Et ceux du temps present sachent que de nostre age
> Dieu à fait voir au Ciel ce merveilleux presage,
> Dond n'a veu le pareil toute l'Antiquité.

---

[45] *Diverses Meslanges Poetiques*, éd. cit., p. 328 sq.

[46] Comme le familiste Vaumesnil auquel Guy dédiera son dernier recueil poétique, *De l'enfantement de la Vierge Royne des Vierges. Imité du Latin de Jacques Sannazar...* (Paris, A. l'Angelier, 1582, ex. unique à la BM de Bordeaux, B. 5282 1) où kabbale chrétienne, familisme et christianisme s'allient dans une somptueuse traduction-adaptation du *De Partu virginis* et dans une gerbe de poèmes offerts à Isabelle de Vaumesnil, fille du musicien familiste du duc d'Alençon.

Ce livret et ce chant que ma Muse a dicté
Je t'ay voulu sacrer pour quelque tesmoignage
De mon devoir vers toy, et d'amitié un gage,
Quoy que ton amitié ait bien mieux merité.
        Ainsi un clou flambant de la Tente divine
S'agraphe avec ton *cœur,* comme dans la courtine
Du haut Ciel ce clou d'or a esté attaché.
        Mais je desire plus, que ta Lampe allumée
Si tost que l'Astre neuf ne soit pas rehumée,
Ains éclaire mille ans au Pavillon caché. (f. Aivº)

«LUMIÈRE ARCHE DIVINE»:
SOUS LE SIGNE DE LA MUSE URANIE

Ce *Cantique* naît sous le signe d'Uranie, la «Muse qui es[t] des Cieux l'huitiéme voix» (v. 1) et qui avait accompagné le Secrétaire de l'*Encyclie* dans son
voyage cosmique. Or, si la présence de la Muse «qui tient nom du Ciel, pourtant / Que la sciance elle an manie»[47] est bien justifiée ici, l'Uranie de Le Fèvre
est plus complexe que celles de Pontano ou de Peletier du Mans[48]. Si Guy ne
pousse pas la fiction poétique, comme Peletier, jusqu'à confier à la Muse l'*inventio* du poème[49], le rôle d'Uranie est pour lui aussi, qui participe à l'«accès de
fièvre uranienne»[50] qui contamine la poésie française, fondamental[51]. Si
l'Uranie de Peletier «est la plus dégagée et, de loin, la plus intelligente»[52], celle
de Guy est davantage que la «déesse hiérophante de Peletier et de Baïf»,
travestie en *magister*. Pour lui, d'après la vérité «émithologique» (de *émeth*, la
vérité en hébreu), son nom dérive non pas de *Ouranos* mais de *OR*-lumière et
ARON-Arche[53], et résonne des secrets mystiques des Hébreux qu'il vient de

---

[47]   Peletier du Mans, *L'Amours des Amours*, «Le Parnase», v. 191-192; éd. J.-Ch. Monferran,
      Paris, STFM, 1996, p. 113.

[48]   Sur l'Uranie de Pontano et de Peletier, cf. I. Pantin, *op. cit.*, p. 197 sq.; A.-M. Schmidt, *La
      poésie scientifique, op. cit.*, p. 43 sq.; J.-Ch. Monferran, intro. à L'*Amour des Amours*, éd. cit.,
      p. XXXVII sq. et p. 113, n. 21.

[49]   Cf. I. Pantin, *op. cit.*, p. 201.

[50]   *Ibid.*, p. 13.

[51]   Sur l'absence de préoccupations apologétiques chez Peletier, cf. *ibid.*, p. 223: «Le poète de
      L'*Amour des Amours* est une mécanicien lunatique qui ne se soucie pas de donner, malgré sa
      réelle compétence, une idée rassurante du Grand mécanicien. A cet égard il diffère radicale-
      ment du futur poète de L'*Encyclie.*»

[52]   *Ibid.*

[53]   Cf. *Enc.*, f. 25 et 239. Cf. aussi F. Secret, *L'ésotérisme de Guy Le Fèvre de La Boderie,* Genève,
      Droz, 1969, p. 35-36, et R. Gorris, «*L'Encyclie...*», art. cit.

chanter dans son *Tabernacle,* conclusion de son *Encyclie,* rayonnant de lumière et ombragé par les dix «courtines» des *sephirot*:

> Premier avec dis doigts sur dis cordes tendues
> J'ay fait ouyr dis vois que par dis cieux tendus
> Phebus et les neuf sœurs, nous font estre entendues,
> Et premier tes dix Noms des Anges entendus
> En cercles j'ay chanté, lorsque sont descendues
> Dix courtines sur nous de merveille éperdus,
> Entrés au Pavillon où la saincte Uranie
> LUMIERE ARCHE DIVINE est enclose et unie. (*Enc.*, f. 25)

C'est ainsi qu'il invoque la «Sainte Uranie»:

> Descen mon Uranie, et te monstre en ce lieu
> Uranie vrayement LUMIERE ARCHE de Dieu. (*Enc.*, f. 239)

Uranie lui permet non seulement de «sonder l'Eternité», mais d'explorer les profondeurs spirituelles du réel et de la divinité, de pénétrer dans ce *Tabernacle* de la *divine Majesté* (cf. *Enc.*, VIII, et *Gall.*, III, 1382), lieu de l'inhabitation de Dieu parmi les hommes, lieu de la *Schechinah*, dont l'évocation poétique achève son voyage mystique. Uranie fait partie, en tant qu'étincelle de lumière divine, MERE DE LUMIERE, de cet «Abregé du grand Tout et vrayment petit monde» (*Enc.*, VIII, f. 134), de ce Temple à l'arche ronde qu'il célèbre dans l'hymne final où les dix noms hébraïques de Dieu sont associés aux hiérarchies angéliques, aux sphères célestes et aux divers stades de la création.

Dans le *Cantique*, Guy évoque à nouveau son Uranie en tant que nouvel Orphée, L'UN GUIDE ORFEE, et l'exhorte à inviter par sa voix et sa musique divines bêtes sauvages, torrents et forêts, «démons, hommes et dieux» à «admirer en merveille profonde / L'Astre Nouveau qui redore le Monde» (v. 15). Une merveille dont il *sonde* tous les aspects visibles ainsi que la nature profonde. Dans la première partie de ce *Cantique* de 416 vers (26 strophes de 16 décasyllabes), il insiste, comme son prédécesseur Gosselin dans *La Declaration d'un Comete ou Estoille Prodigieuse,* sur l'importance de l'observation[54]:

> Non ce n'est point un Astre controuvé
> Par art menteur, mais un Astre *prouvé*
> *Par l'œil de tous,* un Astre qui devance
> Et en grandeur et en clarté la danse
> Des feux du Ciel, qui pres le cercle beau
> Du Pole Arctic fait luyre son Flambeau. (v. 17-23)

De même il semble reprendre, pour décrire la position de la *supernova,* la légende de Gosselin qui accompagne la gravure, reprise dans son *Historia*

---

[54]   Cf. J. Gosselin, *La Declaration...,* titre donné *supra,* n. 4 (Ce titre présente des affinités avec celui du *Cantique,* cité *supra,* cf. n. 15), f. Aijr°, cité *supra.*

Imaginum Caelestium [fig. 3][55]: « C'est icy le pourtraict du Comete, qui a commencé à se monstrer en Novembre dernier passé : Et des estoilles fixes et images celestes entre les quelles on le void derriere le *dos* de Cassiopea, remarqué en ceste figure par ces characteres de chiffre, 1572. » lorsqu'il écrit :

> Au siege et *dos* de la Cassiopée :
> Des qu'il est nuit aux raiz de l'œil jettez
> Il va dardant ses rayons argentez,
> Et passe autant les yeux de la nuict brune
> Que le Soleil passe en clartez la Lune. (v. 24-28)

Or, cet astre nouveau se distingue, par son origine divine et lumineuse, des signes sanglants ou annonçant la mort d'un roi ou empereur, et Guy cite le signe annonçant la mort « du premier des Cesars » (Virgile, *Géorg.*, I, 466-468), exemple repris par Vigenère (*Traité des Cometes*, f. 65).

Il reprend, dans sa vaste revue des divers genres de comètes (str. 3), le chapitre VI de Muñoz, *Des genres et formes des Cometes et que ce n'est aucun de ceux qui escript Pline, ny Albumazar*, savante contamination de Pline (*H. N.*, II, 25 qui en cite 11 sortes) et d'Albumazar (9 sortes)[56]. Le lecteur voit passer dans cette exposition du merveilleux imaginaire des étoiles : comètes Pogonies ou « barbues », comètes-« javelot », Xiphée ou « espée, lanse, ou un dard » (v. 33), Dicus ou plat, or et argent, Pitholes ou cuve, Ceratie ou corne retortillée, Hippée ou cheval, « Bouc sautant » ou « Dragon énorme » (v. 40), « chevron ardent », « tour, Nef, Trident » (v. 42), « Bouclier », « feu qui vire ». Si déjà le mathématicien espagnol avait conclu que l'astre nouveau « sans perruque » « semble plutost Estoile que Commette » (f. 18v°), pour Guy aussi l'astre nouveau n'a rien de commun avec ces astres « hydeux » qui prévoient les plus terribles catastrophes (cf. Muñoz, f. 36), il est « plaisant » et « enfant de paix », sérénité, amour et charité (v. 29-38). Et dans une symphonie en *or*-lumière, Guy évoque le pouvoir « serenant » de l'astre nouveau qui

> ... tout *serein* va le Ciel *serenant*
> Et l'*or*nement d'un nouveau siecle *or*nant
> D'un siecle d'*or* qui découvre à la *r*onde
> L'Astre Nouveau qui red*or*e le monde. (v. 45-48)

---

55   Cf. J. Gosselin, *Historia Imaginum Caelestium nostro saeculo accomodata...*, Paris, G. Beys, 1577, f. 12 (BNF, Rés. P V 66). Cet ouvrage reprend la même image du traité de Gosselin de 1572 que nous avons retrouvé, cf. *supra*.

56   Sur ces listes des différentes formes célestes des comètes, cf. Muñoz, *Traité du nouveau comete*, f. 18 ; P. Sordi, *Discorso sopra il comete*, Parme, Vioto, 1578, f. 40-41 (BNF, V 7968) ; Vigenère, *Traicté des comètes*, f. 59, et Postel, *De peregrina stella*, f. A3.

Pour lui comme pour son ami Corneille Gemma (f. 132) et pour Bèze (dans le sonnet qu'il écrivit pour cette étoile)[57], cette lumière semble révéler au siècle de fer le retour de l'étoile de Bethléem annonçant aux trois Princes Valois, Charles, François et Henri, comparés aux trois rois Mages[58], la renaissance du Christ, «signe certain que Jesus-Christ veut naistre / dedans noz cœurs, et comme nostre Chef / Son Tabernacle y planter de rechef» (v. 60-63): thème du retour du Christ *INTRA NOS*, cher à Postel et à Corneille Gemma[59]. Pour Guy, même la position astrologique de l'astre qui «pres du Mouton vis à vis estincelle» (v. 72)[60] démontre «qu'encor l'Agneau de Dieu / Descendre veut de noz cœurs au milieu» (v. 73-74). Toujours à l'écoute de son maître, il insère un thème que Postel développe dans ses *Retractations,* la parabole des dix Vierges[61], et souligne ces chaînes de charité et d'amour par lesquelles l'astre nouveau nous «lie» pour nous mener vers Dieu (v. 75-77), thèmes familistes chers à son dédicataire Desprez (v. 75 sq.).

«ARISTOTE A PERDU SON CREDIT» A LA PREUVE DE L'ŒIL

Dans cet hymne, Guy n'hésite pas, sur les traces de Muñoz, de Gemma (f. A3r°), de Brahé, de Vigenère[62], à mettre en doute l'autorité d'Aristote. Il attaque, comme Muñoz qui avait mis en évidence «la debilité des raisons d'Aristote» (f. 4r°), la théorie de l'immutabilité du ciel. Comment expliquer l'appari-

---

[57]   Sur le poème de Th. de Bèze, cf. P. de L'Estoile, *Mémoires-Journaux*, éd. G. Brunet, A. Champollion *et al.*, Paris, Lemerre, XII, 1896, p. 381-383. Cf. J. Céard, art. cit., p. 352. Le poème est reproduit par T. Brahé, *Astronomiae instauratae Progymnasmata*, éd. 1610, p. 327.

[58]   Cf. Postel, «Qu'il est de nécessité que la dignité et qualité magike des troys roys de la Gaule considérée en sa vraye estime restituée», *Thresor des Propheties*, p. 94. Cf. F. Secret, *op. cit.*, p. 60.

[59]   Postel, *De nova stella,* f. B3 (Postel écrit: «C'est pourquoi je dis afin que personne ne trouve mes paroles ambigues, que la nouvelle estoile marque le second avènement, l'avènement en nous»), et C. Gemma, *De peregrina stella*, f. A3v°. Sur ce thème du retour du *CHRIST, INTRA NOS,* cf. J. Céard, art. cit., p. 355; F. Secret, *op. cit.*, p. 58; Cl.-G. Dubois, *Celtes et Gaulois au XVIᵉ siècle*, Paris, Vrin, 1972, p. 160, n. 60, p. 167 *et passim*, et F. Roudaut, *Le point centrique: Contribution à l'étude de Guy Le Fèvre de La Boderie, 1541-1598*, Paris, Klincksieck, 2000, p. 106-107.

[60]   Sur la position en *Aries*-Bélier, cf. Muñoz, *op. cit.*, f. 10v°; C. Gemma, *De naturae*, I, 124 et II, 113 *in signo Arietis*; T. van Nouhuys, *op. cit.*, p. 127, qui cite Tycho Brahé. Cf. F. Secret, *op. cit.*, p. 59.

[61]   *Ibid.*

[62]   Sur ces attaques contre les théories aristotéliciennes de l'immutabilité des cieux, cf. M. Lerner, *Tre saggi sulla cosmologia alla fine del 500*, Naples, Istituto di Studi Filosofici, 1992, p. 80-87. On retrouve ces attaques chez Muñoz, *op. cit.*, f. 2v°, et Vigenère, *op. cit.*, f. 13-14.

tion de ce «feu prodigieux» si au ciel «rien ny croist, ny change ou diminue» (v. 87)? «Aristote a perdu son credit» (v. 86): les instruments, «la preuve de l'œil», la «loy des diverses Apparences, tout prouve que cet astre «grand et radieux» «est plus haut que la Circonference du Ciel lunaire» (v. 84-85).

Mais d'un autre côté le poète des secrets de l'éternité ne peut contester, comme Tycho le fait, les théories de Gemma et du Pape Angélique. Il reprend, sans aucune critique, les visions de Gemma et de son maître *esleu* qui avaient vu, en ce *sydus novum*, briller «l'image vray de la mystique Croix» (*crucis imaginem*, Gemma, *De naturae*, II, 121, et Postel, f. B). Une image cruciforme que Guy, influencé par les extraordinaires «hiéroglyphes» que son ami Gemma dessinait et publiait chez Plantin (*De naturae*, II, 140), reprendra dans sa série de sonnets visionnaires consacrés à la *supernova* de 1572 et qu'il publiera dans ses *Diverses Meslanges Poetiques* de 1578.

Or, si le poète ne cesse, comme ses modèles Postel, Gemma et Muñoz, de poursuivre le sens métaphysique de l'astre nouveau en recensant toutes les hypothèses qu'il a suscitées (str. 7-8): prodige de nature, «inflammaison», une étoile cachée, une «Estoille nouvelle»... il n'oublie pas non plus les théories chères aux kabbalistes et véhiculées par la traduction du *Zohar* (I, 140b)[63] de Postel (qu'il cite dans son *De Peregrina Stella*). En se souvenant que pour les kabbalistes le ciel est une fenêtre (*Chalon*) à travers laquelle l'homme peut voir les choses divines, le poète, qui vient de se demander si l'Astre «est-ce un Démon ou bien quelque Ange bon / Qui s'est voylé de cest ardent charbon?» (v. 109-110), évoque la fascinante

.... opinion des vieux
Peres Caldez qui racontent qu'aux Cieux
Y a des trous, par où les Anges dardent
Flammes de feu aux yeux qui les regardent? (v. 117-120)

Dans les strophes 9 et 10 le *Cantique* enregistre les espoirs de «résurrection» du poète, ses rêves de paix et de justice. A partir du vers 145 le poème devient une vision de lumière et de joie, le Printemps, saison de la renaissance[64], fait irruption dans le froid janvier parisien de 1574. Ce «Printemps éternel» dont l'astre nouveau marque le retour est symbolisé par la voix de la Tourterelle, symbole de la divinité, de la *Schekinah*, chère aux kabbalistes, qui reprend son chant «au nid des cœurs», dans ce «petit-monde» soit l'âme de l'homme qui «enclot les Cieux, et des Cieux est enclose!» (*Enc.*, V, f. 80)[65]:

---

[63] Ms. Sloane 1410, f. 334v°. Cf. F. Secret, *op. cit.*, p. 60.

[64] Cf. aussi *Enc.*, I, f. 29.

[65] Sur la signification de la Tourterelle, cf. *H. M.*, f. 148a, f. 430c, ch. 16: «Pourquoy il estoit commandé d'offrir un pair de tourterelles ou deux petis de colombes pour la purgation de l'enfantement et de la femme ayant enfanté», et f. 435. Cf. aussi sur ce symbole, cher aux

Je voy, je voy l'hyver comme avallé
Le temps de pluye ores s'en est allé
Il est changé : jà les fleurs apparoissent
Et au terroir du bon plaisir renaissent.
Or il est temps, il est temps d'émonder
Les Saulvageaux que l'on voit abonder,
Et le boys sec et de nature morte
Qui aucun fruict en la vigne n'apporte
En nostre terre on a ouys la voys
Du chaste oyseau hantant desers et bois :
La Tourterelle et simple et solitaire
Au nid des cœurs plus ne se peut taire
Car le Soleil du Monde supernel
Fait ores naistre un Printemps eternel
Au petit-Monde, où éclaire et habonde
L'Astre Nouveau qui redore le Monde. (v. 145-160)

LA NOUVELLE ÉTOILE
OU LE « SIGNE HEUREUX D'UN REGNE
NOUVEAU »

De là le poète élargit sa vision et passe, comme il le fait souvent, du « songe ou vision » subjectif à une dimension prophétique et politique. La force de l'appel adressé aux puissants dans ce chant « leu et presenté » au duc d'Alençon est parfois troublante, comme si à la montée métaphysique du poète qui, « l'œil au firmament, se guinde dans le Vuide : / Outrepasse le Temps, sonde l'Eternité, / Recherche l'Infini sur toute extremité » (*Enc.*, V, 80-82), correspondait une pénétration dans le sens profond de l'histoire, des origines à l'avenir de la monarchie gallique[66]. Si le projet de *restitutio* gallique sera amplement développé dans la *Galliade*, l'astre nouveau est ici le « Signe heureux » « d'un regne nouveau » (v. 161-162), règne du Christ en nous (*INTRA NOS*), mais aussi de l'élection d'un peuple, d'une monarchie et d'une *JESURALEM* nouvelles. Les anges en effet chantent en chœur :

Cherchons ailleurs une Cité bénie
Paris sans pair soit la sainte Cité
Soit son pouvoir tant du Ciel excité
Qu'en tout le Rond la victoire en redonde
Sous l'Astre neuf qui redore le monde. (v. 204-208)

---

kabbalistes, notre éd. des *Diverses Meslanges Poetiques*, p. 168, n. 43, et *Enc.*, f. 259. Cf. aussi J.-F. Maillard, art. cit., p. 240. Cf. *Cantique des Cantiques*, II, 11 sq.

[66] Sur ce projet historique de Le Fèvre, cf. *La Galliade*, éd. F. Roudaut ; J. Miernowski, *op. cit.*, p. 186 ; et Cl.-G. Dubois, *Celtes et Gaulois*, *passim*.

Rêves de Croisade (str. 13-14) et élection de la monarchie gallique (v. 196 et 213) s'allient dans la seconde partie du *Cantique* où la poésie du ciel se transforme en prophétie apocalyptique et en «discours des miseres de nostre temps» pour manifester l'espoir «d'un Ciel nouveau» et «d'une nouvelle Terre» (v. 171; Ap., XXI, 1) sans larme ni mort (v. 189-190). Vision merveilleuse annonçant la destruction du «Dragon écaillé grand roux / ... / Ayant sept Chefs de pechez tres horribles» (v. 241-243; Ap., XII-XIII) par l'Agneau, l'Astre nouveau est le «signal» de la renaissance de l'«Homme nouveau caché» (v. 274)[67]. Guy condense dans les strophes 16 et suivantes, où l'intertexte renvoyant à l'*Apocalypse* devient presque exclusif (v. 214 sq.)[68], les espoirs que lui et ses confrères de la *Domus amoris* placent dans un monde meilleur. Il multiplie ainsi les références aux textes bibliques qui lui sont chers: le *Cantique des Cantiques* (cf. image de la tourterelle, v. 155, et de l'épouse, v. 182), mais surtout l'*Apocalypse*, sans oublier les *Épîtres* de saint Paul (II Cor. I, 17; str. 18, v. 283-286). Si «au temps nouveau il faut nouveau cantique» (v. 268), ce poème marque la naissance d'un homme nouveau et annonce la victoire de l'Agneau (str. 17) qui par sa «Pierre à sept yeux» (Ap., V, 6) et par «sept Flambeaux» (Ap., III, 1 et VIII, 2), symboles de la connaissance que le Christ possède en plénitude, de la totalité et de la fécondité et des sept anges de la face, rétablit la paix et la justice sur terre. Ces vers sont rythmés par le septenaire[69] car «le repos parfaict en parfaicte fecondité est fait au septenaire» (cf. *H. M.*, ch. 17, f. 324) et, écrit le kabbaliste vénitien François Georges de Venise,

> Jesus Christ nostre vray sabbath contenant parfaitement ce septenaire nous fait entrer en l'octave, C'est pourquoy non sans grand mystère S. Jehan élevé en esprit vid les *sept chandeliers d'or*, à sçavoir les sept planetes et toute force septenaire, et au milieu un semblable au fils de l'homme vestu d'un longue robbe qui luy descendoit jusques aux talons, et luy couvroit toutes les parties du corps, par là demonstrant qu'il a couvert tous nos pechez, nostre

---

[67] Plantin va éditer en 1558 la Bible de Barrenfelt: *La Theologie germanique, livret auquel est traité comment il faut depouiller le vieil homme, et vestir le nouveau.* La version latine de Castellion avait paru à Bâle, en 1557, chez Oporin. Cf. J.-F. Maillard, art. cit., p. 238-239.

[68] Cf. v. 171, l'annonce d'un nouveau ciel et d'une terre nouvelle (Ap., XXI, 1); v. 180-183, la descente de la Jérusalem nouvelle (Ap., XXI, 2); v. 241, le dragon (Ap., XII, 3-4); v. 340 sq., le ciel comme un rouleau de parchemin (Ap., VI, 14); le Christ au milieu de sept étoiles (Ap., I, 16); sept astres (Ap., I, 16); sept chandeliers (Ap., I, 12); la pierre à sept yeux (Ap., V, 6); v. 245-246, la queue du dragon faisant tomber le tiers des étoiles sur terre *(*Ap., XII, 4). L'intérêt de la Famille de la Charité pour l'*Apocalypse* est attesté par les *Diverses Meslanges Poetiques* mais aussi par le commentaire écrit par Barrenfelt, utilisé par A. Montano et dont on publiera une trad. fr.: *Declaration de la Revelation de S. Jean deduicte du regard en vision à la vraye essence de Jesus Christ.* (Arsenal, 8° T 8006 2). Cf. J.-F. Maillard, art. cit., p. 240-241.

[69] Sur le septenaire, cf. *H. M.*, f. 68c, 165c, 200d, 317b, 324c, 411d, 324-325, 420de, 537d, 574cd, 63d. Cf. aussi le *Sepher Ietsirah*, p. 53, et la *Declaration de la revelation de S. Jean, op. cit.*, f. 21 et 24.

> vergongne et nudité, et qu'il a parfaict l'ouvrage et l'embrasse jusques à la fin, et estant au milieu donne à tous geniture et fruict tant en la premiere geniture des choses qu'en leur regeneration. C'est pourquoy declarant qu'il l'avoit parfaicte, ayant conduit l'œuvre jusques à la fin il s'ecria: C'est fait, l'ouvrage est consommé. Le septenaire est donc tresfecond aux choses, combien qu'aux nombres il semble sterile et non fecond. [n.m. *Christ*] (*H. M.*, f. 324-325)

Jésus-Christ par son sacrifice (cf. *Enc.*, f. 100 pour l'image du Pélican) fait donc reluire en l'homme «ses pavillons de dix Tentes voutez» (v. 262), image rayonnante du Tabernacle et de ses dix tentes (ou *dix sephiroth*) «en rond espanouyes» (v. 264) que Guy avait développée dans son VIIIe cercle de l'*Encyclie*[70]. Jésus-Christ, montré dans toute sa splendeur et lumière (str. 22), est «celuy» que tous doivent suivre. Il est le seul maître, la vraie sagesse du monde; l'astre nouveau, symbole du Salut ainsi que le démontre la Croix qu'Il trace dans le ciel, est un message de paix, de charité, de justice et de liberté en Christ. L'union au Christ dans la vraie sagesse et dans la vraie connaissance est le message que ce *Cantique* adresse au Prince et aux hommes de ce temps de violence et de sang (v. 371-374).

La voix du poète s'adresse alors (v. 279) aux «Princes, Prélats, Prestres, Peuples et Polices» pour qu'ils deviennent, «ornez tous de nouvelles meurs» (v. 278), les instruments de la justice, de la vérité et de la liberté dans le sens paulinien, chers aux frères de la charité: *Ubi caritas et amor, Deus ibi est*. Le poète reparcourt la hiérarchie sociale (*Enc.*, IV) du degré le plus haut au degré le plus bas et invite «le grand Evesque» et le Roi comparés aux deux grands «luminaires», le Soleil et la Lune, à une sorte d'alliance pour la Paix. La Lune ou *Malcuth*, dont il développe ailleurs les mystères profonds[71], témoigne ici, associée au Roi de France (str. 21), de l'élection de la monarchie gallique et de Paris, Nouvelle Jérusalem qui n'a rien à envier à Rome:

> La Lune alors aura mesme splendeur
> Que la splendeur du Soleil plein d'ardeur,
> Et du Soleil la clarté repliée
> Septante fois sera multipliée. (v. 325-328)

Dans ces vers où Guy ne ménage pas les attaques courageuses aux nobles (v. 378, 383), aux prêtres et aux magistrats, tout ordre et rang est comparé aux divers éléments du Ciel: les princes et pairs aux douze signes du Zodiaque, «ceux qui tiennent le premier rang» aux «flambeaux du ciel», les «Peuples aux astres menus» mais, tous, riches et pauvres, forts et faibles participent à cette *renovatio temporum*.

---

[70] Cf. R. Gorris, «*L'Encyclie...*», art. cit.

[71] Cf. sur la Lune, *H. M.*, f. 105a, 131a, 133a, 149c, 208a, 320a, 323a, 421c, 606b, 702c; *Gall.*, I, 251, 259, 266, p. 179, n. 251; *Enc.*, f. 20 sq., 124, 179, 251 sq., 221 sq. Cf. aussi Préface de la traduction de Cicéron, *De la nature des Dieux*, Paris, A. L'Angelier (Mazarine, 145 89 bis), f. aiij.

Ces vers rayonnant de la lumière «des raiz ardens d'amour et charité» achèvent ce *Cantique* qui allie astronomie, eschatologie, prophétisme et engagement politique. Ils cristallisent les espoirs de Guy, de ses confrères et de la Cour du duc d'Alençon. Des rêves que l'astre nouveau alimente et qu'il reflète comme un miroir dans les cieux de ces jours sombres et froids:

> Qu'en la minuict le plein jour estincelle:
> Que vostre feu luise en l'obscurité
> *Des raiz ardens d'amour et charité*
> Entre-croisez par ensemble de sorte
> Que le plus fort le plus foible supporte,
> Le riche soit liberal et humain
> Au souffreteux qui luy tendra la main:
> Bref que du Ciel la tente parsemée
> De feu drillans soit en tous allumée,
> Et que la nue et le brouillas espais
> Soit dissipé par le Soleil de Paix
> Illuminant de sa perruque blonde
> L'Astre nouveau qui redore le Monde. (v. 404-416)

Cantique de paix, d'amour et de liesse, le *Cantique de la Nouvelle Estoille* voudrait, comme son dédicataire, mener «liesse et joye» (*Pseaulme 96. traduit selon l'Hebreu*), lumière éternelle et musique divine. Guy nouvel Orfée – L'UN GUIDE ORFEE – «voyant l'astre éclos apres son an couru» essaie en vain de «ralumer sa clarté coustumiere» (*Sonnet*) et «de mener cy bas les hommes à la danse». Le Soleil de paix ne pouvait encore luire, c'était encore le temps du «brouillas et de la nue épais».

Rosanna GORRIS CAMOS
Université de Vérone

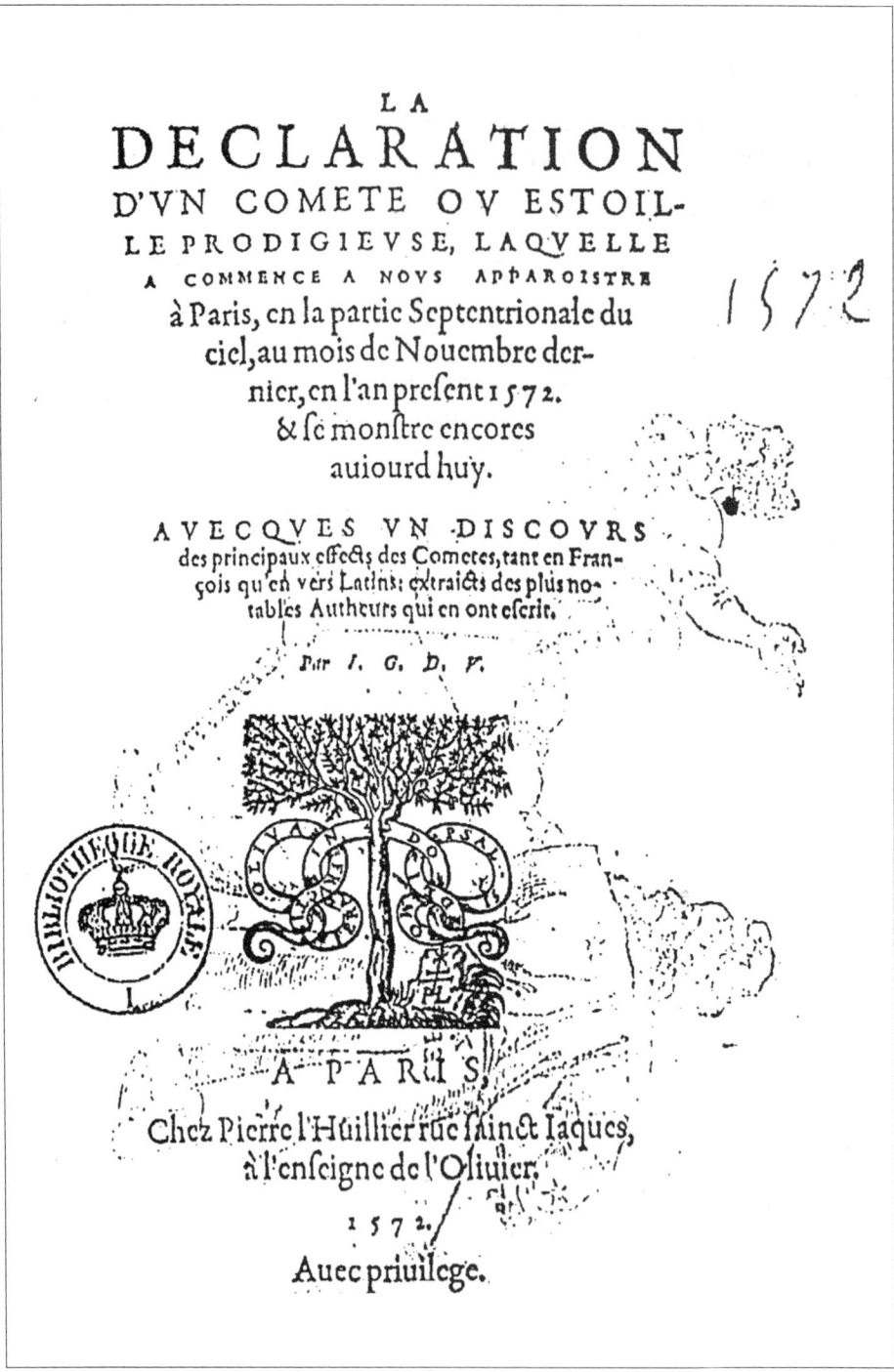

Fig. 1.

Fig. 2.

Fig. 3.

LA POÉTIQUE
DU *PRINTEMPS* D'AGRIPPA D'AUBIGNÉ:
AUX FRONTIÈRES DE L'IMAGINAIRE
ET DE L'HISTOIRE NATURELLE

Ce sujet s'est imposé à moi, tant est vif mon souvenir d'une «leçon» de Jean Céard sur ces «métaphores» que nous croyons telles mais qui sont traces d'un savoir des temps paradoxaux de la Renaissance, qui ouvre notre ère moderne sans ses concepts cartésiens[1]. Cette question relève de l'épistémologie, au cœur de ce que nous appelons la «littérature» et qui, chez Aubigné, est «poésie» non sans quelque méprise. Aujourd'hui par «poésie» on désigne des œuvres de fiction, mais les lecteurs du XVIe siècle cherchaient dans les poèmes savoir et «fantaisie». Si Ronsard classe comme «à part» dans ses *Hymnes* les plus «scientifiques» de ses poèmes, et s'il envisage déjà de distinguer le vraisemblable du vrai, ne confondant pas les images du songe ou de la fiction avec celles du spectacle objectif du monde, on citait de son temps, comme d'égales autorités, poètes, historiens ou «hommes de science»[2]. Or même dans les *Hymnes* de Ronsard, on trouve trace de cette pratique et, encore à la manière de Pline, Palissy allègue sur le même plan d'autorité Pline, Virgile, Vitruve, Rondelet, ou tel témoin oculaire. De la sorte sont au catalogue des choses de la nature, les démons, l'arc-

---

[1] Voir trace de l'intervention de J. Céard dans ma communication «Notes sur le lexique de Bernard Palissy», *Bernard Palissy (1510-1590), l'écrivain, le réformé, le céramiste, Albineana 4,* Niort, 1992, p. 145-153. Cf. aussi à ce sujet G. Bachelard, *La formation de l'esprit scientifique,* Paris, Vrin, 1967, p. 121, et *La poétique de l'espace,* Paris, PUF, 1954, ch. 5, «La coquille». Enfin cf. *La métaphore, approche pluridisciplinaire,* éd. R. Jongen, Bruxelles, P. U. de Saint-Louis, 1980: P. Marchal, «Discours scientifique et déplacement métaphorique», p. 99-139, R. Pirard, «Symbole, symptôme et métaphore. A la recherche d'une articulation», p. 141-184 – la relecture de Bachelard, de son héritage et les leçons de M. Serres ne sont les moindres gains de la consultation de ce volume d'articles.

[2] Cf. Cl.-G. Dubois qui, notamment, renvoie à la préface de *La Franciade,* dans «L'imaginaire et la prospective au XVIe siècle: formalisme scientifique et réalisme imaginaire», *Cahiers de l'imaginaire,* Toulouse, Privat, 1988, p. 37-42; *id., L'Imaginaire de la Renaissance,* Paris, PUF, 1985. Dans les *Hymnes* de Ronsard, voir plus particulièrement «Hymne de Calays et Zethes», «Les Daimons», «Hymne du Ciel» et «Hymne des Estoilles», *Œuvres complètes,* éd. J. Céard, D. Ménager et M. Simonin, Paris, Gallimard, «Bibliothèque de la Pléiade», t. II, 1994. Cf. enfin I. Pantin, *La Poésie du ciel en France dans la seconde moitié du XVIe siècle,* Genève, Droz, 1995.

en-ciel, le lièvre blanc, l'eau pétrifiante, les ours qui engraissent en dormant, ou
bien les huîtres qui bâillent encore au rythme des marées à des kilomètres de la
mer...

Cela posé, le présent propos n'a pas d'autre prétention que de rendre
sensible la puissance *expressive*[3], plus que créatrice d'univers, d'un verbe
poétique nourri *en effet* de «visions», c'est-à-dire de «vues» sur le monde. Le
projet est de cerner l'*effet* des mots de ces *vérités naturelles* sur l'imaginaire des
lecteurs contemporains, plus que de découvrir un *univers imaginaire*[4]. Ces
lecteurs-là entendaient ce qu'ils pouvaient savoir, comme l'auteur lui-même, de
l'ordre et du désordre naturels – à moins qu'il ne le leur révélât...

Il s'agit de mettre au jour la représentation objective de la vérité du monde
qui, sous le fard du lyrisme, impose son existence. Il faut montrer comment des
expressions bien lexicalisées telles que «fondre en larmes» ou des topiques
comme celle du rocher qui s'écoule en ruisseaux[5], correspondent moins à des
métaphores qu'à une vive science des êtres qui se décomposent, des choses de la
nature qui se dissolvent, en des circonstances déréglées, génératrices de déséquilibre.

Après une évocation de l'ensemble du *Printemps*, je suivrai quelques
éléments de la trame de cet univers lexical entre science objective et fiction
lyrique: je souhaite remettre ainsi au jour de «vives» métaphores[6], figures de la

---

[3]   A cet égard il faut prendre au pied de la lettre et dans sa plus grande rigueur le titre de la thèse
      de M.-M. Fragonard: *La pensée religieuse d'Agrippa d'Aubigné et son* expression, Atelier des
      Presses de Lille, Didier Erudition, 1986, 2 vol. (c'est nous qui soulignons).

[4]   Dans *Le Printemps*, cela a été fait, notamment par H. Weber, G. Mathieu-Castellani, J. Sacré.
      Ce fut l'objet de plusieurs de mes articles, comme «Le moment de la métamorphose dans *Le
      Printemps* d'Agrippa d'Aubigné», *Albineana 3*, Niort, 1990, p. 63-77, «A propos du vocabu-
      laire de l'ombre et de la lumière dans *Le Printemps* d'Agrippa d'Aubigné», *Ombres et lumières
      à la Renaissance,* Le Puy-en-Velay, p. 253-263. Par ailleurs, il faudrait nuancer une opposition
      trop radicale entre nature et monde imaginé: on voit bien comment ici «imaginaire» est sensi-
      blement synonyme de «fictif». Je garde pourtant l'expression de J.-P. Richard qui dans son
      parti pris d'une phénoménologie thématique nous situe bien aux «frontières» des catégories
      et nous offre donc la plastique d'une formulation constituée mais ouverte.

[5]   Cf. I. D. Mc Farlane, «Notes sur la poésie des larmes à l'époque baroque», *La littérature de la
      Renaissance*, Paris, 1984, p. 388-403: je me situe autrement que l'auteur de cet article précieux
      pour son relevé thématique; cf. aussi M.-H. Prat, *Les mots du corps, un imaginaire lexical dans
      Les Tragiques d'Agrippa d'Aubigné*, Genève, Droz, 1996, p. 171: je suis plus proche de ces
      analyses-là qui évidemment apportent de solides attestations dans *Les Tragiques*, capables
      d'éclairer la lecture du *Printemps*.

[6]   Je me permets ici d'user de l'expression de P. Ricœur qui, en phénoménologue, étudie inlas-
      sablement à la fois l'immanence et l'au-delà des symboles. Cf. par ailleurs Y. Bonnefoy,
      «Poésie et analogie», *Analogies et connaissance*, séminaires interdisciplinaires du Collège de
      France, Paris, Maloine, 1980, t. I, p. 8-13; M.-M. Fragonard, «De la résurrection des morts, et
      de sa justification rationnelle à la fin du XVIᵉ siècle», *L'Imaginaire du changement en France au
      XVIᵉ siècle*, éd. Cl.-G. Dubois, Bordeaux, P. U., p. 79-100.

pensée et émanations du langage scientifique dans le même temps – simultanément médiation et étoffe de la représentation[7] du monde, chaudron philosophal
ou creuset des pépites fantasmagoriques et rationnelles de la personne vivante,
pensante et souffrante d'un écrivain amant et guerrier, soldat poète prophète[8].

Plus on relit *Le Printemps* d'Aubigné, plus on est frappé par la personnalité
de chacun des trois recueils de l'œuvre: «L'Hécatombe à Diane», les «Stances»
et les «Odes». Les «Odes» constituent une manière de «satyre» au sens le plus
horatien, celui du «mélange»[9] où les amours de jeunesse, par ailleurs rapportées
dans *Sa vie à ses enfants*[10], ne sont qu'un prétexte thématique. Ces odes, sur tous
les tons, traitent de l'amour selon des principes empruntés aux grands modèles
de la Pléiade. Ainsi de l'antérotique en contrepoint de l'érotique, du pétrarquisme ou du platonisme. Songeons à ces vieilles qui ont perdu leurs appas et
qui sont associées à l'ordure des vices dont elles sont les maquerelles: nous en
rencontrons une dans l'ode XXIII qui cultive l'antithèse entre la vieille laide et
la jeune beauté. Aux gracieusetés que l'antérotique, accompagnatrice traditionnelle des poèmes «idéaux» hérités de Platon et Pétrarque[11], emprunte d'abord
aux latins (Horace, Ovide ou Properce), plus tard aux Italiens (Bernin, Bembo),
il faut ajouter un thème plus spirituel, sorte de «vanité» qui inscrit là le défaut
et met en scène l'insecte à qui est délectable toute pourriture. Ainsi de l'ode
XXIX, «Pour une mouche sur le front de Diane». Faire-valoir, agent de perversion ou de décomposition, le noir corset aux élytres noires ou la crasse du corps
usé, fédèrent la laideur et la mouche. Elles sont créatures d'enfer, sibylles
maudites de cet autre monde fatal, antipode et souterrain, contrepoint du

---

[7]   Après F. de Saussure, on répète à bon escient l'indéfectibilité du signe, «entité à deux faces»,
      défini par un signifiant et un signifié aussi liés que les deux faces d'une feuille de papier. Peut-
      être devrait-on seriner plus nettement qu'à cette métaphore heuristique il faut non moins
      indéfectiblement ajouter le constat fondateur que prolifèrent les signifiés pour un même signi-
      fiant dont seule diffère la situation, accidentelle, mais non la substantielle existence. (Evidence
      que j'aurais pu souligner déjà à propos des métaphores vives – cf. n. précédente).

[8]   Personne parfois «riante» aussi: si peu tout de même en ce *Printemps* qui se compose à des
      dates qui indiquent nombre de vers écrits «du temps» des *Tragiques* (cf. introductions des éd.
      cit. n. 9). En outre il se peut que le rire d'A. d'Aubigné ait un comique exempt de gaieté, en
      dépit de quelques pièces «innocentes», légères et volages (cf. *infra*, à propos des «Odes» du
      Printemps).

[9]   Cf. les *Satires* d'Horace: I, 1 (*satura* = plat de fruits et légumes variés, «macédoine»), d'où le
      genre littéraire en un sens premier: *ibid.*, II, 1, 1 sq. Cf. aussi *ibid.*, II, 7 dont Diderot tire l'épi-
      graphe du *Neveu de Rameau*, *Satyre seconde*: *Vertumni, quotquot sunt, natus iniquis?* rude
      «rustrerie» de l'inclassable, du rebelle aux conventions préexistantes, qui ne déplaisaient pas
      à Aubigné: on le rappellera plus loin en songeant à la Préface du *Printemps*.

[10] Cf. avant-propos, intro., bibliographie et notes de G. Schrenck, Genève, Droz, 1986.

[11] Cf. tout simplement le *canzoniere* que constitue l'*Olive* de Du Bellay, assorti, dès 1549, d'une
      Anterotique de la jeune et de la vieille amye, *Œuvres complètes de Joachim Du Bellay*, sous la
      direction d'O. Millet, Paris, Champion, t. II, 2003, et lire la notice p. 316-318.

monde chatoyant des vivants qu'éveille la jeunesse du désir. Les vers conclusifs de cette ode tracent la gravité au cœur du badinage ou de la trivialité, inquiètent la sereine peinture d'une idéale beauté, celle de Diane Salviati. Voilà donc quelles ombres accompagnent les images lumineuses d'un inlassable chant à la manière de Pétrarque dont Ronsard, grand modèle d'Aubigné dans *Le Printemps*, dès *Le Premier Livre des Amours* (1552 et 1553) enchanta le siècle. Ces images dans les «Odes» se rencontrent un peu partout comme dans l'ode II qui cultive le symbolisme lunaire du mythe de Diane chasseresse et taurocynthienne: en même temps que le thème des flèches d'Amour, le tout dans un style où règne l'antonomase, favorable à l'évocation d'un corps au monde en splendeurs égalable.

Cet héliocentrisme érotique qui anime Diane, et son amant, est d'une importance première pour la «logique de l'imaginaire»[12] que nous tentons de saisir en raison *du savoir* qui en permanence la nourrit. On pourrait, dans ce florilège des «Odes», s'arrêter à la petite ode VIII qui cultive un maniérisme remarquable de l'oxymore: «Pour te suyvre obstiné je t'admire à la fuitte... (v. 1) / Je glace ton desdaing du feu de ma poursuyte...» (v. 3). Ou à l'idylle qui cultive le *locus amœnus* dans la même ode: «bessons abrisseaux», «gazouillans ruisseaux», «osillons d'amour espris», «aubepines floris»... et puis «Bras d'yvoire potelez», «ris emperlez», «tiedes souspirs». Or dans les «Odes» d'Aubigné, l'originalité de la variété n'est pas exactement là. Si nous annoncions une esthétique «satyrique» du mélange c'est davantage pour la dissonance, de l'ode XXXII qui dit l'inconstance et qui s'en prévaut... bien que le mot de la fin vienne donner un statut à cette déclaration d'infidélité: le poète soutient «Ce paradoxe pour en rire, / le défen[d] pour [son] plaisir».

De cette hétérogénéité[13], l'éloge de l'amour volage est sans doute l'indice le plus remarquable. Le monument à une unique maîtresse est en revanche solidement architecturé dans «L'Hécatombe à Diane». Le long martyre de l'amant sacrifie sans merci à l'Amour comme peut-être à la Poésie et là, assurément, la pratique du sonnet est en soi une unité de plus.

Quant aux «Stances», elles engagent plus de labilité encore que le projet peu défini des odes – encore que dans la mode d'un temps une aura spirituelle immédiatement les engage et que ces «strophes» plutôt nommées par leur synonyme «stances», droit venu de l'italien, soient comme autant de «stations» d'une longue passion. A l'ouïr du titre, l'élégie est attendue. Or ces poèmes des «Stances» ont, eux, une profonde unité, entre eux-mêmes et lus en rapport avec tout *Le Printemps*, ce que les stances XVII nous invitent à affirmer. Elles nous

---

[12]   Expression, on le sait, de J.-P. Richard (*L'Univers imaginaire de Stéphane Mallarmé*, Paris, Seuil, 1969) et de Cl.-G. Dubois, *op. cit.*

[13]   Cf. J.-R. Fanlo, «'D'une mignarde rage': les styles du *Printemps* d'A. d'Aubigné», *Le Mythe de Diane en France au XVIᵉ siècle*, *Albineana 14*, Paris, Champion, 2002, p. 131-148.

apparaissent en effet comme centre métaphysique et poétique du tout, solennel «secret didactique» de vers autrement bien «profanes». Ces stances XVII en effet content le mythe des Androgynes en référence explicite au *Banquet* de Platon puisque «la pauvre[tte] Penie» est nommée (v. 71 et 137) et que Platon lui-même est cité à la charnière de la narration du mythe (v. 111) et de l'extension du projet platonicien au projet de l'œuvre entière du poète du *Printemps*. La glose que constituent ces vers offre un schéma de lecture de l'amour platonicien dans les trois recueils du *Printemps*, fait que recoupe une dissémination de la référence d'époque au platonisme, absolument enlacé par le pétrarquisme, comme nous l'avons plus haut rappelé. Car cela est bien connu et il n'y a pas grande surprise à voir Aubigné en surenchère sur ce terrain qui fut celui du grand Ronsard, lequel chanta Cassandre Salviati, tante de la Diane dont s'éprend le poète du *Printemps*. Ceci à soi seul donne une assise à l'œuvre sauvée des prétentions juvéniles, des afféteries de l'amour, fût-il furieux et ardent. Non sans l'ambition du poète inspiré, conscient de sa mission auprès des autres hommes, à qui désormais il révélera, par l'histoire de ses amours, la puissance cosmique de l'Amour. Plus que cosmique, «cosmogonique»: créatrice d'univers, génératrice ou génitrice du grand corps naturel du monde. C'est à quoi tient la force objectivement inventive des poèmes du *Printemps*. La métaphysique platonicienne est topique qui motive par le désir d'éternité, au cœur du temps, l'activité amoureuse des âmes pour la Vérité. Topique aussi cette grande nostalgie de l'identité originaire de l'Androgyne. Non seulement topique il y a et qui gouverne la poésie amoureuse comme une seconde nature, mais il règne dans l'histoire de la lecture, comme dans celle de la poésie même, une sorte de topique de la topique, connotative des connotations, qui proprement définit le mythe: une sorte de mol oreiller installe le lecteur amateur de *canzoniere* dans cette permanente réminiscence de la belle représentation toujours donnée de la fuite et de la poursuite amoureuse, sur fond de mort cruelle et de sublime élévation vers l'éternelle union des âmes. Mais dans *Le Printemps* la topique n'est ni un réconfort ni un confort. Dans *Le Printemps* la fable de l'Androgyne est aussi celle de l'ordre ou principe naturel et des désastreuses conséquences de son désordre. Plus fort que le modèle pétrarquisant du néoplatonisme, lui-même puissant, domine, sous la plume autrement futile du poète, le discours de l'alchimie et de la science naturelle. La fable qui se raconte dans les stances XVII n'est pas la plus «classique», elle est la plus «réaliste», la plus grosse d'une représentation «scientifique» d'un univers «su», «vu», et par là comme aperçu en «songe»: la «vision» du poète fait de l'Androgyne le parangon philosophal de la quête amoureuse ou poétique ou encore savante. De la sorte toute la «légéreté» et «erreur» des livres profanes du *Printemps* entre dans le cortège prophétique des *Tragiques* où elles se convertissent: il faut maintenant dire comment toute la «physique» des stances XVII du *Printemps* est absolument révélatrice de la fiction entretenue par Aubigné même, montrer comment au cœur du roman pétrarquisant des « Amours de Diane Salviati » se récite une connaissance du grand corps de la nature, de ses réactions, de son souffle et de son rythme, de ses passions, de ses troubles...

Les stances XVII constituent un centre exceptionnel, non conventionnel quoique traditionnel, de l'œuvre : une sorte de secret et de parangon. Cela est loin d'être une révélation pour qui est spécialiste de l'idée de nature et surtout de la « philosophie naturelle » des derniers alchimistes. Cela en revanche peut être une remise au jour d'un réseau de références de la science la plus moderne d'un temps révolu. Aubigné « croyait » en un certain nombre de principes explicatifs du monde : il les savait être tels. Dans cet horizon il faut retenir l'extrême importance de la deuxième strophe de ces stances XVII :

> Le chef d'œuvre de Dieu est l'homme miserable
> Fait des quatre elemens, un monde composé,
> Du froid comme du sec, humide et embrasé,
> Et ce fut par le divin Dieu mesme semblable,
> Car son ame n'est moins que divine des Cieux,
> Si bien qu'estans unis d'un si beau mariage,
> On a fait pour jaloux les Demons et les Dieux,
> On a forgé de là l'audacieuse guerre
> Des Titans animez et des fils de la terre.

Bien entendu on retient d'abord ce point de vue cosmogonique de la composition du monde. Les quatre éléments étant sans doute plus familiers que la théorie paracelsienne et encore largement alchimique qu'exprime en un chiasme la complémentarité ou l'incompatibilité Sec / Humide et Froid / Chaud, autre évocation des thèmes structurants du mythe de Diane, satellite de l'astre apollinien : Lune astre glacé des pluies, Soleil étoile de feu, sécheresse des dérélictions et des déserts.

Or, un peu plus loin, les stances XVII accomplissent davantage le travail de construction logique d'une vision cosmique des désordres ou des conduites droites des hommes à l'activité mondaine :

> Comme aux troubles confuz d'une guerre civille,
> Un fort qui sera plain de quatre factions,
> Si deux tiers complotans ont mesmes passions
> Ils livrent aisement à l'etranger la ville :
> Ainsi la pierre où moins le feu a de vigueur
> Est plus tard à brusler, et le bois qui recelle
> Plus du simple en son cors plus aisement appelle
> A deceler son feu un autre feu vainqueur,
> Et des quatre elemens la ligue la plus forte
> Aux pareilz conquerans ouvre aisement la porte. (v. 161-170)

La force de la théorie cosmogonique et élémentaire, de façon tout à fait saisissante – et convaincante au plan rationnel objectif – alimente une pensée profonde de la perte d'unité, et de la perversion de celle-ci, comme déséquilibre naturel. Les guerres civiles sont donc la conséquence constatable d'un dérèglement de l'ordre des choses, de sa dénaturation moins «fatale» que «nécessaire». Le pire mal qui s'abat sur la république surgit dès lors non du châtiment descendu du Ciel comme descend des cintres le char de quelque divinité, mais du centre des choses humaines et terrestres: il procède d'une causalité interne et immanente. Comme l'ordre, le désordre a un statut naturel[14]. Par là une fatalité qui relève du tragique, comme la vie est soumise au temps inexorable – au temps qui est en permanence une petite mort ou une mort en progrès, instance maléfique, principe de «dissolution», indéfini et infini principe corrupteur, grand naturel temporisateur de l'Eternité[15].

De nombreux travaux sur le vocabulaire de cette fin de XVIe siècle[16], dans l'œuvre d'A. d'Aubigné ou dans celles des derniers alchimistes et fondateurs de la «philosophie naturelle», ont largement guidé ma promenade dans les recueils du *Printemps*. Pour la mener à son terme, je veux insister sur ce double discours, logique et scientifique, qui en gouverne l'imaginaire et qui ouvre à la rêverie ou à la méditation sur la Vérité – parce qu'il constitue la représentation verbale, celle des «images poétiques», en une vaste mémoire et médiation du savoir.

Si l'on ouvre la «Préface» du *Printemps* on la saisit sous le signe de la métaphore, figure saturante, du moins dans les premières strophes: tout là n'est qu'antonomase et détour, quand bien même dans une convention qui caractérise le discours liminaire. Ainsi du livre qui est l'enfant qui fera revivre le père, et qui, de lui, avant de prendre son autonomie, reçoit quelques conseils, avertissements et ordres de mission. Outre l'*incipit*, on se rappelle la fable contournée qui évoque une œuvre «mal léchée», puisque, selon la science prise à Pline, les oursons ne devaient qu'à la persévérance, ou à la négligence, de la langue de leur mère d'être, ou non, «achevés» après leur naissance[17]. Tout est détour, apologue, allégorique formulation, dans ce seuil de l'œuvre, à l'instar de la première appa-

---

[14] De la sorte les vers qui plus loin envisagent la perte de l'équilibre, faute de présence «essentielle» du masculin, principe du Sec, du Feu , ne doivent pas être lus - au risque d'une parfaite carnavalisation - avec les lunettes de la misogynie primaire, mais bien selon une méfiance à l'égard du principe femelle, celui de l'«humeur» au feu contraire (v. 181 sq.).

[15] A quoi l'on voit de nouveau bien la connivence du *Printemps* avec *Les Tragiques* où le temps, l'histoire universelle, orientée (vectorisée) par une théologie calvinienne, est «péché» – cf. Cl.-G. Dubois, *Les Tragiques (extraits), introduction, présentation, annotations*, Paris, Nizet, 1975, et bien sûr *La conception de l'histoire en France au XVIe siècle*, Paris, Nizet, 1977.

[16] Cf. en général les travaux de J. Céard: cf. P.-J. Trombetta, «Bibliographie palyséenne», *Albineana 4, Cahiers d'Aubigné, op. cit.*, p. 209-238; outre J. Céard il cite bien sûr les travaux de P. Duhem, J.-Cl. Margolin *et al.* dans leurs recherches lexicales menées au CNRS.

[17] En Péloponnèse, à Brauron, un culte hellénistique rendu à Diane lui vouait des ourses dévolues à l'éducation des petites filles.

rition de son héroïne, juste après que sa déesse tutélaire a été par périphrase nommée :

> Une vieille maquerelle
> Me dressa une querelle
> Passant en poste à Châlon,
> Soutenant sa chambriere
> Qui parloit d'une corriere
> Et de *la seur d'Apollon.*
>
> J'enrage que *ma Diane*
> Passe en la bouche prophane
> Du vulgaire sans renom,
> Car je n'escris autre chose
> Et le plus souvent je n'ose
> Par respect nommer son nom. (v. 79-90)

Toutefois, juste après les vers cités, en réaction contre l'obscurité des salmigondis ignares, le poète déclare :

> [...] tu dois plus desirer
> De contenter que desplaire
> Et *vault beaucoup mieux se faire*
> *Bien entendre qu'admirer.* (v. 93-96)

Et d'ajouter de façon tout à fait péremptoire et pour mon présent propos essentielle :

> Ces perifrases obscures
> Sont subjectes aux injures,
> Et on leur peut repliquer
> En les reduisant en cendre :
> « Tu ne veux te faire entendre,
> Je ne veux pas t'expliquer ». (v. 97-102)

Bien entendu ce véritable « art poétique » est partie prenante dans un large débat « réaliste » qui relève d'un courant esthétique général et relève d'une polémique si l'on veut assez galvaudée, simpliste même. Or on comprend bien que le « réalisme » est ici un centre, esthétiquement et *stricto sensu.* Certes, « l'ignorant bravache » qui va « refrisant sa moustache » n'est pas un modèle lorsque Aubigné l'évoque dans sa « Préface » (v. 163 sq.) mais un parangon de la « peste ignorance » (v. 170) en France. Davantage la satire induit en retour une lecture « au pied de la lettre » – ce qui n'exclut pas le champ ouvert au lyrisme, à l'expression pathétique et tragique, à une sorte d'épopée apocalyptique de la passion. Loin de là. Je viens d'attirer à mon tour l'attention sur un univers où « l'héliocentrisme » est beaucoup plus ficinien, néoplatonicien, qu'astronomique donc physique. Après d'autres, j'ai pu il y a quelque temps analyser le mieux possible le statut imaginaire de la métamorphose dans *Le Printemps.* Et ce faisant j'avais été saisie par une implacable logique du régime de cet imaginaire qui se nourrit des contraires et les fait coexister dans un suspens ou «moment de la métamorphose»[18]. Or je reviens sur ces analyses moins pour les corriger que pour les doubler d'un point de vue supplémentaire, celui d'une conception naturelle des choses. Ainsi que la métamorphose soit un malheur, châtiment de la faute ou soutien de la vertu, vient d'Ovide. (L'ordre biblique du Verbe est une permanente instance : laissons-le toutefois en arrière-plan dans ce développement qui a déjà fort à faire avec la tradition d'une lecture profane du *Printemps* – ajoutons juste qu'à la tradition fabuleuse on ne saurait refuser la fertilisation de la foi chrétienne, à la féerie païenne les miracles de Dieu.) Mais que la «métamorphose» soit objectivement naturelle vient de la science que l'on a de la nature, soit par les anciens, soit par les modernes qui les prennent en compte et les poursuivent ou les enrichissent. Bref, exactement dans un même temps de l'énonciation se composent l'énoncé métaphorique de l'élégie et celui du constat des choses telles qu'elles vont.

Quelques exemples suffiront pour montrer l'idée d'un monde atomique, selon un matérialisme principalement emprunté à Démocrite, puis, comme en excroissance de cette conception originaire, ils mettront au jour une expression «paracelsienne» de la nature. A quoi l'on pourra juger que le désordre est la conséquence objective d'un accident et d'un malheur. Par ces lectures de motifs restreints on comprend bien que chez Aubigné, même dans *Le Printemps*, le plus impressionnant et le plus irrémédiable est l'explication naturelle du surnaturel, puisque les quelques exemples qui suivent montrent que l'apparement «magique» est «rationnel», que les coups de théâtre de l'imaginaire sont autant de réactions du grand corps de la nature, que la métaphore est *stricto sensu* un «transport»: non pas figure mais existence, *non pas fiction mais représentation*, non pas fable mais histoire vraie – opération d'un résultat dont la métamorphose est la consigne objective.

Le premier exemple est le nom «bluette», que l'on trouve dans le paradigme du feu ou dans le paradigme de l'eau. Ce n'est pas un mot atypique, mais un mot du vocabulaire saintongeais commun à plusieurs écrivains de la fin du siècle[19]. Il désigne une parcelle d'un tout, une «goutte», une «flammèche», pour m'en tenir aux deux contextes attestés dans *Le Printemps* et apparemment les plus courants : ainsi du sonnet XLVII de «L'Hécatombe à Diane»:

> En fendant l'esthomac de la Saulne argentine
> Des avirons trenchantz, qui par mille morceaux

---

18 *Albineana 3, op. cit.*

19 Cf. Dictionnaire de G. Musset, *Glossaire des patois et des parlers de l'Aunis et de la Saintonge*, P. Rézeau, *Dictionnaire des régionalismes de l'ouest entre Loire et Gironde*, *Atlas linguistique et ethnologique de l'ouest* (ALO), éd. CNRS depuis 1977.

> Faisoyent jaillir en l'air mille *bluettes d'eaux*,
> Je tuoy' dedans l'eau une flamme divine. (v. 1-4)

La rime du vers 2, «morceaux», va bien dans le sens de l'analyse: il y a d'une fraction d'un tout, de l'atome d'une matière. C'est pourquoi complémentairement, et non contradictoirement, nous trouvons dans les Stances II des «bluettes de feu»[20]:

> J'oiray des coups en l'aer, on verra des bluettes
> De feuz que pousseront les Demons inhumains. (v. 175-176)

Il y a donc attestée dans les poèmes l'idée d'un univers atomique dont la substance ou matière est une et multiple à la fois, selon un seul procédé, celui de la composition «en eau», «en feu»... Ce matérialisme va de pair avec l'idée d'une nature qui *a contrario* peut se «décomposer» ou se «dissoudre»: deux mots exactement synonymes et qui par là privilégient l'exemple aquatique, par-delà même l'abus de langage. Ainsi d'une part si la «distillation» est éventuellement la «transmutation»[21], elle désigne aussi le fait de «distiller», c'est-à-dire de couler goutte à goutte ou de couler – rien de bien intéressant en soi mais quelque chose de déterminant dans le contexte des emplois. On voit alors en effet comment l'idée des corps qui se «dissoudent» sous l'effet naturel d'un «choc», d'un «affect», d'un «déséquilibre», d'une perturbation, d'un désordre, d'une *altération*, est absolument majeure et doit se rapporter à l'explication scientifique qui a cours. Traits de matérialisme à la Démocrite, certes, et en cela les poètes de la Pléiade nous offriraient des exemples[22]. Héritage endémique du paracelsisme certainement, soit l'idée d'un cinquième élément qui maintient ou non l'eau solide. Sachant que les yeux sont un cas particulier de solidification, on comprendra que lorsqu'ils fondent ils se dissolvent réellement. Quand fond en larmes l'amant éploré ce n'est pas par métaphore, mais dans une désagrégation irrémédiable du corps dès lors aussi vif que mort[23]. C'est pourquoi j'évoquais plus haut ces rochers qui s'écoulent en ruisseaux ou fontaines: sympathie avec l'amant lui-même en pleine «effusion», anthropomorphisme et fable d'une nature compatissante? Oui, sans doute, dans un vraisemblable auquel participe cependant fondamentalement la science du vrai corps de la nature. J'allègue des vers expressifs du sonnet LXXXII de «L'Hécatombe à Diane»:

---

[20] Cf. aussi attestation ode XVIII, v. 6: «Je fusse en *bluettes de feu*».

[21] Cf. «Distiller» dans *Le Thresor de la langue françoyse*, Nicot, 1616, qui cite Ambroise Paré, et M.-H. Prat, *op. cit.*, ch. 6, «*Humeurs* et humeurs», p. 165-173 (A. Paré, cité p. 165).

[22] Cf. Du Bellay, p. ex. *L'Olive*, XXV, 6, XLIX, 9, et les *Vers lyriques*, I, 12, IX, 12 (cf. ma note sur le «paracelcisme», p. 353 de l'éd. des *Œuvres complètes de Joachim Du Bellay*, éd. cit.), X, 12, attestent «distiller», «humeur» dans *V. L.*, VIII, 11 et *O.*, LVIII, 1...

[23] D'autres explications des larmes sont parallèles: *Olive*, le feu presse l'eau par les yeux; I.D. Mac Farlane, art. cit., et M.-H. Prat, *op. cit.*, évoquent la théorie des larmes comme sang dilué.

> J'arrose bien ainsi et trempe de mes pleurs
> Le sein de ma deesse et ma force affoiblie,
> *Mes yeux fonduz en eau*, ces breches de ma vie,
> M'ont attendry, Madame, et noyé mes ardeurs. (v. 5-8)

ou, dans la même partie du *Printemps*, le sonnet XXVIII qui est fait de vers moins immédiatement saisissants mais qui décomposent l'idéal acquis du modèle pétrarquiste :

> Non, ce ne sont point deux couraus,
> Œillets cramoisis, ny encore
> Une bouche : ce que j'adore
> Merite bien des noms plus hautz.
> C'est Iris, treve de mes maux.
> L'arc que le ciel nous recolore
> Fait la paix, celuy que j'honore
> Fend l'orage de mes travaux.
> Sois propice à mes vœuz : ma veue
> Ne soit de ton arc desporveue,
> Des dieux la messagere et fille
> Par qui le nuage est chassé,
> Quand *l'humeur de mes yeux distille*
> Du ciel de son front courroucé.

Et surtout je reviens aux stances III :

> Les rochers endurcis où jamais n'avoient beu
> Les troupeaux alterez, avortez de mes pennes
> *Sont fonduz en ruisseaux ausi tost qu'ilz m'ont veu.*
> Les plus sterilles mons en ouvert leurs vaines
> *Et ont les durs rochers montré leur sang esmeu.* (v. 41-45)

aux stances XII, qui prennent une force « élémentaire » et cosmique :

> Pleurez, o rochers, mes douleurs
> De vos argentines fonteines
> Pour moy qui souffre plus de peines
> Que je ne puis trouver de pleurs [...] (v. 25-28)

et c'est aux stances XVII que nous sommes ramenés de nouveau, qui, autour de la narration du mythe des Androgynes, combinent amour et élémentaire sympathie du chaud et de l'humide[24], offrent une cosmogonie de la conjonction et de la disjonction, soit de la vie et de la mort :

> Car *la desunion* est la mort de Penie,
> *L'acord* la ressucite et luy donne la vie. (vers conclusifs, 269-270)

---

[24] Un des points thématiques qui ordonnent un rapprochement avec les stances XXI : v. 15, 21 sq.

Enfin, il arrive dans *Le Printemps* que le discours didactique de la connaissance objective de la nature vienne en soutien de la problématique néoplatonicienne et chrétienne de l'apparence. Ainsi de toute la gloire du soleil, seul point véritablement fixe et brillant, car lui ne bouge jamais, mais en revanche on peut et l'offusquer et le masquer:

> Ce n'est la troupe premiere
> Des astres qui la lumiere
> Offusque des survenans,
> Mais bien les vaines rages
> Des inutiles nuages
> Que les vers vont promenans. («Préface», v. 289-294),

dernier exemple qui aura voulu amplifier la péroraison du discours de la science, «co-architecte», avec celui de la «fantasie», de la poésie du *Printemps*, exemple qui conclut programmatiquement sa «Préface»:

> Dont plumes envenimées,
> Nuages pleins de fumées,
> Le vent vous vient emporter:
> C'est grand honneur à mon livre
> Que ceux que l'envie enivre
> Peuvent ses faultes compter. (v. 301-306)

... ainsi de la gloire de l'astre élu pur et immortel, selon une explication bien naturelle.

Il y a donc une logique puissante qui structure cet imaginaire où toute métaphore a un fondement rationnel qui prend racine objective dans le monde, tel que perçu par les sens. Mais il y a beaucoup plus particulier à une époque donnée de l'histoire des idées. Des vers d'Aubigné, s'élève en effet un chant dont le lyrisme participe d'une conception abstraite, d'une théorie de la nature. C'est pourquoi en dernier ressort la vraie découverte de la lecture du *Printemps*[25] est la démonstration que le surnaturel est naturel, est dans «l'ordre des choses», et est fauteur de désordre. Le monde visionnaire de ces poèmes flamboyants est celui de la représentation poétique d'une vision du monde, c'est-à-dire de celle née de la conscience sensible d'un homme, *situé* dans l'histoire des hommes.

Les poèmes du *Printemps* sont «poétiques» puisque créateurs d'univers, comme d'autant de manifestations intellectuelles et lyriques, qui, par nature, relèvent plus de l'ontologie que de la fiction, de la logique ou de la métaphy-

---

[25] Ce que par ailleurs M.-M. Fragonard a montré depuis longtemps pour *Les Tragiques*, cf. art. cit. n. 13.

sique – les métaphores du *Printemps* acquièrent un statut symbolique d'autant plus subversif et capable de susciter l'émotion ou la persuasion (la «conversion») qu'elles ont un statut ontologique[26].

Marie-Dominique LEGRAND
Université de Paris X-Nanterre (IUFM)

---

[26] Cf. de M. Collot un recueil de poèmes, *Chaosmos*, L'extrême contemporain, Belin, 1997, et un essai, *La matière émotion*, Paris, PUF, 1997 : recherche et quête aujourd'hui, poésie et phénoménologie… enquête sur le monde tel qu'envisagé-envisageable en soi, en moi et simultanément hors de moi-même, ici et maintenant.

L'AMOUR ENNEMI:
NOTES SUR L'HISTOIRE
DE LA POÉSIE FRANÇAISE
A LA FIN DU XVIᵉ SIÈCLE

> Soiés aigre à mon bien et doulce à mon malheur...
> Jacques de Constans

Dans une lettre à Salomon Certon, Agrippa d'Aubigné a établi «un rolle des Poëtes de [son] temps, et [son] jugement de leurs merites». Après «la première bande [...] de la fin du Roy François et du regne de Henry second», que Ronsard domine et qui correspond à ce que nous appelons la Pléiade, il distingue deux autres groupes: «[...] la seconde bande [...] a trouvé le chemin battu par les premiers. Je ferai mener la danse par le Cardinal Du Perron suivy par Desportes, Laval, Byard, Billard, Amadis Jamin, Benjamin Jamin son frere, Dubartas, Trelon, Bonnefon, President de Thou, du Brach, Raspin, Bely, Vatel, la Gessee et du Monin. La primaute que je donne au Cardinal du Perron n'est point tant fondee sur l'ordre de ses escrits que sur leur excellence. Desportes escrivit heureusement sur les inventions d'autruy, et la faveur de Henry III passa de la personne aux escrits. [...] Je mets Bertaud à la tete de la bande delicate qui suit, à savoir Malerbe, Desiveteaus, Lynjande, [] Motin, Sponde, le Marquis d'Urfé, Nervèze, Foucheran, Gombault, Expilly, Gamon et la Damoiselle [] qui s'est opposee à la gloire que ce jeune homme vouloit picourer sur le tombeau de Dubartas»[1]. Sous la plume d'un contemporain qui participa au mouvement poétique qu'il décrit, s'esquisse une histoire de la poésie française au tournant des XVIᵉ et XVIIᵉ siècles, dans laquelle s'estompe l'opposition entre le maniérisme, le baroque et le classicisme, qui structure pour nous cette époque, et s'associent des œuvres qui nous paraissent antagonistes: aucun historien d'aujourd'hui ne rangerait dans la même «bande» un Malherbe et un Sponde[2]. Il faut

---

[1] Agrippa d'Aubigné, *Lettres touchant quelques poincts de diverses sciences, Œuvres*, éd. H. Weber, J. Bailbé et M. Soulié, Paris, Gallimard, «Bibliothèque de la Pléiade», 1969, p. 859-863; les trois points entre crochets droits [...] signalent des coupures et les simples crochets droits [] des lacunes du texte.

[2] Les textes, pourtant, ne s'y opposent pas: par la pureté abstraite de la langue, la netteté des images, la régularité de la versification, la rigueur de la construction des strophes, bien des poèmes de Sponde, en particulier les chansons, ont une tonalité malherbienne. Les circons-

porter attention à un tel témoignage, qui donne à entendre que la poésie de cette époque possède une unité plus grande qu'on le pense généralement aujourd'hui[3]. L'étude des images, terrain privilégié naguère des recherches sur le baroque, permet de montrer qu'à l'époque tous les poètes recourent à la même topique héritée de la Pléiade[4]. Je me propose d'étudier ici un réseau d'images répandu dans la poésie amoureuse de la fin du siècle, que l'on peut classer sous la topique de l'Amour ennemi[5]. A la cour de Navarre comme à la cour de France sous Henri III, chez d'Aubigné vers 1570 comme chez Malherbe vers 1610, en dépit de différences qu'il importe de circonscrire[6], une conception de l'amour prévaut, qui diffère sensiblement de celle des poètes de la Pléiade bien qu'elle en procède. La dame n'est plus tant absente, inaccessible, ou indifférente, que dédaigneuse et cruelle, tandis que l'amant, en proie aux pires souffrances morales et physiques, ne trouve aucune consolation parce que l'Amour se plaît à tourmenter les hommes. S'il sent ses yeux «s'éblouir d'un espoir», celui-ci «se perd aussi tost qu'il s'estoit laissé voir»[7]. L'amour se réduit à «l'amoureux tourment»[8], et la cruauté de la dame surpasse tout en férocité:

> Plus dure que les rocs, les costes et la mer,
> Plus altiere que l'aer, que les cieux et les anges,
> Plus cruelle que tout ce que je puis nommer,
> Tigres, ours et lions, serpens, monstres estranges:
> Tu ris en me tuant et je meurs pour aimer[9].

tances de leur redécouverte ont sans doute empêché qu'on en prenne note: A. Boase les a exhumés en cherchant «les poètes français 'métaphysiques'», et il a proposé de voir en Sponde un «Donne français»; cf. Jean de Sponde, *Poésies*, éd. A. Boase et F. Ruchon, Genève, P. Cailler, 1949, p. 87-89.

3   V.-L. Saulnier, toutefois, avait fait observer que «la tendance baroque et la tendance préclassique [...] sont parfois chez les mêmes poètes, suivant le moment, ou bien en des aspects divers de la facture: l'image peut être baroque et le tour du vers 'préclassique'. Elles n'opposent que sommairement deux familles d'esprits.», *La Littérature française de la Renaissance*, Paris, PUF, «Que sais-je?», 7ᵉ éd. revue, 1965, p. 113.

4   D'Aubigné fait observer que «la seconde bande [...] a trouvé le chemin battu par les premiers», *Lettres touchant quelques poincts de diverses sciences*, éd. cit., p. 860.

5   G. Mathieu-Castellani, dans une autre perspective que celle qui est esquissée ici, a étudié cette topique dans *Les Thèmes amoureux dans la poésie française (1570-1600)*, Paris, Klincksieck, 1975, en particulier dans le chapitre consacré aux «thèmes de l'Amour furieux», p. 320-348.

6   Sur Malherbe et sur la portée de sa «réforme», cf. la mise au point nuancée de J. Céard, «La poésie baroque», *Histoire de la littérature française*, éd. J.-Ch. Payen et J. Roger, Paris, A. Colin, 1969, t. I, p. 269-272.

7   E. Droz, *Jacques de Constans, l'ami d'Agrippa d'Aubigné: Contribution à l'étude de la poésie protestante*, Genève, Droz, 1962, p. 73, «Stances», v. 61-62.

8   Philippe Desportes, *Les Amours d'Hippolyte*, éd. V. E. Graham, Genève, Droz, 1960, p. 13, sonnet II, v. 1.

9   Agrippa d'Aubigné, *Le Printemps. Stances et odes*, éd. F. Desonay, Genève, Droz, 1952, p. 15, «Stances» III, v. 96-100.

L'Amour se plaît à tourmenter ceux qui le servent[10]. Malherbe, qui le traite de «publicque ennemy» et de «peste du monde»[11], résume l'essentiel du *topos*, dans le ton de généralité abstraite qui caractérise sa manière :

> Que d'espines, Amour, accompagnent tes Roses! [...]
> Et qu'il est mal-aisé de vivre en ton Empire
> Sans desirer la mort![12]

J'examinerai sommairement ici deux aspects du *topos* de l'Amour ennemi, l'Amour guerrier et l'Amour bourreau, puis je tenterai de dégager de cet examen quelques hypothèses relatives à l'histoire de la poésie française à la fin du XVIe siècle et au début du XVIIe.

L'AMOUR GUERRIER

Le motif de l'Amour guerrier trouve un aliment dans les massacres des Guerres de Religion bien qu'il ne soit pas déterminé par les événements selon une relation simple de cause à effet : la guerre d'amour, lieu commun bien antérieur aux conflits[13], perdurera une fois la paix rétablie. Sa fréquence croît toutefois au cours des guerres, et des allusions aux événements contemporains lui confèrent une vivacité nouvelle :

> Je ne veux plus penser que la fureur de Mars
> Ardamment allumée au milieu de la France,
> Ait pouvoir desormais de me faire nuisance,
> Bien que je m'avanture au plus fort des hazars. [...]
> Les balles que vos yeux ont tiré dans mon ame,
> Ont comblé mon esprit de martyre et de flame :
> Mais vous m'avez blessé par un si doux effort,
> Que, s'ils font de tels coups en l'armée ennemie,
> Huguenots tuez-moy, je vous donne ma vie,
> Je ne sçauroy mourir d'une plus belle mort.[14]

---

[10] Cf. Jean de Lingendes, *Œuvres poétiques,* éd. E. T. W. Griffiths, Paris, STFM, 1916, p. 47-48, v. 553-558 ; et François de Cauvigny, sieur de Colomby, dans *Les Delices de la Poesie françoise ou Dernier Recueil des plus beaux vers de ce temps,* Paris, Toussainct du Bray, (1620) 1621, p. 461, «Chanson», v. 17-19 : «Depuis que l'Amour mon vainqueur / M'a rengé dessous son Empire, / Nul plaisir n'a touché mon cœur...»

[11] François de Malherbe, *Œuvres poétiques,* éd. R. Fromilhague et R. Lebègue, Paris, Belles Lettres, 1968, p. 146, «Balet de Madame, De petites Nymphes qui menent l'Amour prisonnier», v. 5.

[12] *Id.*, p. 126, «Il plaint la captivité de sa Maistresse. Pour Alcandre. *Stances*», v. 1, 5-6.

[13] Cf. Ovide, *Amores,* I, 9 : *Militat omnis amans, et habet sua castra Cupido.*

[14] Philippe Desportes, *Diverses Amours,* éd. V. E. Graham, Genève, Droz, 1963, p. 34, v. 1-4, 9-14.

Ce sonnet a figuré dans toutes les éditions des *Amours de Diane* de 1573 à 1593. A partir de 1594, Desportes l'a relégué dans les *Diverses Amours et autres œuvres meslées*, «le fourre-tout des *Premières Œuvres*», selon V.-E. Graham[15], parce que l'image des tercets devenait hors de propos dès lors que l'ancien chef de «l'armée ennemie» avait été sacré roi de France. L'événement ne fournit parfois qu'un décor: dans les «Stances pour monsieur le Duc d'Anjou, allant assieger la Rochelle, 1572», le *topos* de l'Amour ennemi intervient dans une formulation toute traditionnelle et ornementale, sans que l'allusion aux événements renouvelle son expression[16]. L'œuvre d'Agrippa d'Aubigné, qui fut non seulement un témoin des guerres mais un acteur de premier plan, se réfère aussi aux événements, mais de façon circonstanciée:

> Je vis un jour un soldat terrassé,
> Blessé à mort de la main ennemie,
> Avec le sang, l'ame rouge ravie
> Se debattoit dans le sein transpercé.
>
> De mille mortz ce perissant pressé
> Grinçoit des dentz en l'extreme agonie,
> Nous prioit tous de luy haster la vie:
> Mort et non mort, vif non vif fut laissé.
>
> «Ha, di-je allors, pareille est ma blesseure,
> Ainsi qu'à luy ma mort est toute seure,
> Et la beauté qui me contraint mourir
>
>   Voit bien comment je languy à sa veue,
> Ne voulant pas tuer ceux qu'elle tue,
> Ny par la mort un mourant secourir.»[17]

Chez lui, l'image toujours concrète, précise, frappe l'imagination; le soldat habitué aux coups de mains et aux embuscades, maintes fois blessé, juxtapose des touches rapides, évocatrices: «J'espère et fay chemin d'une folle espérance / [...] Ny les fureurs du feu, ny les fers d'une flesche / Ne m'empescheront pas de voler à la breche»[18]. Un des derniers sonnets de *L'Hécatombe à Diane* associe à la topique de l'Amour ennemi celle du blason[19], puisque les coups que la dame porte à son amant n'atteignent son cœur qu'après avoir percé, au sens littéral, son portrait qu'il porte sur lui et, au sens métaphorique, ce cœur même qu'elle habite. Lieu commun, mais revivifié par l'appel à l'expérience:

> Si vous voyiez mon cœur ainsi que mon visage,
> Vous le verriez sanglant, transpercé mille fois,

---

[15]   *Id.*, intro., p. 8.

[16]   *Id.*, p. 112, v. 13-18.

[17]   Agrippa d'Aubigné, *Le Printemps. L'Hécatombe à Diane*, éd. cit., p. 31, sonnet XIV.

[18]   *Id.*, p. 35, sonnet XVIII, v. 10, 12-13.

[19]   Sur la francisation de cette topique, empruntée au pétrarquisme, par la poésie de la Pléiade, cf. H. Weber, *La Création poétique au XVIᵉ siècle en France*, Paris, Nizet, 1955, p. 262-290.

> Tout bruslé, crevassé, vous seriez sans ma voix
> Forcée à me pleurer, et briser vostre rage.
>   Si ces maux n'appaisoyent encor' vostre courage
> Vous feriez, ma Diane, ainsi comme nos rois,
> Voyant vostre portraict souffrir les mesmes loix
> Que fait vostre subject qui porte vostre image.
>   Vous ne jettez brandon, ne dard, ne coup, ne traict,
> Qui n'ait avant mon cœur percé vostre pourtraict.
> C'est ainsi qu'on a veu en la guerre civile
>   Le prince foudroyant d'un outrageux canon
>   La place qui portoit ses armes et son nom,
> Destruire son honneur pour ruiner sa ville[20].

La même image et un vers presque identique se retrouvent dans une élégie de Desportes, avec la langueur caractéristique du « poète presque parfait »[21]; H. Weber, J. Bailbé et M. Soulié notent qu'il s'agit d'un « thème traditionnel dans la poésie amoureuse » et renvoient à Ovide ainsi qu'à un sonnet de Pamphilo Sasso qui est manifestement la source commune des deux textes français[22]. Mais le fait décisif est la reprise de ce thème particulier dans l'immense répertoire des thèmes traditionnels, avec d'autres qui appartiennent au même registre cruel, ainsi que la coloration nouvelle que lui confère l'allusion aux événements contemporains[23]. De telles allusions ne suscitent pas la création du *topos* de l'Amour guerrier; elles lui infusent une vie nouvelle. Il conserve chez la plupart des poètes ses formes traditionnelles, et la recherche de son renouvellement passe alors par des voies convenues: la surenchère, la complication, la glose ingénieuse, la pointe. Par exemple, s'adressant à un rival plus heureux que lui, Bertaut se console à l'idée que celui-ci sera à son tour dépossédé du bonheur qu'il éprouve, « car la femme est comme une ville »; l'image doit aussitôt être clarifiée par une glose parce que son sens ne s'impose pas: « Quand la prise en est si facile, / Elle est difficile à garder. »[24] Pierre de Brach lui donne un tout autre

---

[20] Agrippa d'Aubigné, *Le Printemps. L'Hécatombe à Diane*, éd. cit., p. 116, sonnet XCIV.

[21] « Si vous voyez mon cœur, ainsi que mon visage, / Meurdry, couvert de sang, percé de toutes parts / Au milieu d'un grand feu qu'alument vos regards / Reconnoissant dessus vostre figure emprainte, / Vous seriez (j'en suis seur) de soupirer contrainte » (Philippe Desportes, *Elégies*, éd. V. E. Graham, Genève, Droz, 1961, p. 92, XI, v. 97-101). Cf. *Philippe Desportes (1546-1606). Un poète presque parfait entre Renaissance et classicisme*, éd. J. Balsamo, Paris, Klincksieck, 2000.

[22] Agrippa d'Aubigné, *Œuvres*, éd. cit., p. 1127.

[23] Un poème de Bertaut permet de le comprendre par contraste (*Recueil de quelques vers amoureux,* éd. L. Terreaux, Paris, STFM, 1970, p. 99, stances XXIII, v. 7-18). Le *topos* y reste le même, à une différence près, qui porte à conséquence; alors que Bertaut reprend l'*exemplum* attendu de Demetrius Poliorcète assiégeant Rhodes, d'Aubigné lui confère la fraîcheur de l'expérience en inscrivant dans son poème la guerre civile qui ravageait alors la France.

[24] *Id.*, p. 144, chanson XXXVII, v. 43-48.

sens, qui appelle également une clarification: premier vainqueur de cette femme-ville, l'amant conservera la gloire de son exploit[25].

Deux formes du *topos* de l'Amour guerrier coexistent. L'amant peut assiéger la dame comme une place forte ou lui-même subir ses assauts. Les deux se rencontrent chez les mêmes poètes: par exemple, dans *L'Hécatombe à Diane*, tantôt l'amant subit la guerre que lui fait la dame (sonnets VIII, XIV, XCIV), tantôt il l'assiège (sonnet XVIII); Pierre de Brach, après s'être décrit en brave qui monte le premier sur la brèche, se compare à Troie assiégée dix années durant par les Grecs[26]. Ces hyperboles qui rapportent la guerre d'amour aux combats exemplaires de l'Antiquité deviennent un des lieux communs de la poésie des dernières années du XVIe siècle, mais on ne le trouve nulle part avec une telle fréquence relative que dans les *Amours* de Jean de Sponde. On lit dans ce mince recueil de vingt-six sonnets des comparaisons de l'amant ou de sa situation avec Alexandre et César (sonnet II), Fabius et Hannibal (XII), l'incendie de Carthage (XV), le siège de Numance (XVI), les guerres civiles romaines (XVII), le combat d'Horace Coclès (XX) ou, comme dans le sonnet XIV, avec l'assaut des navires grecs par Hector au chant XIII de l'*Iliade:*

> Quand le vaillant Hector, le grand rempart de Troye,
> Sortit tout enflammé sur les nefs des Gregeois,
> Et qu'Achille charmoit d'une plaintive voix
> Son oisive douleur, sa vengeance de joye;
> Comme quand le soleil dedans l'onde flamboye,
> L'onde des rais tremblans repousse dans les toits;
> La Grece tout ainsi flottante ceste fois
> Eust peur d'estre à la fin la proye de sa proye.
> Un seul bouclier d'Ajax se trouvant le plus fort
> Soustint ceste fureur et dompta cest effort.
> J'eusse perdu de mesme en ceste horrible absence
> Mon amour assailli d'une armée d'ennuis,
> Dans le travail des jours, dans la langueur des nuicts;
> Si je ne l'eusse armé d'un bouclier de constance[27].

Les dix premiers vers esquissent un récit épique, enrichi d'échos virgiliens; glosé d'une manière inattendue dans les quatre derniers vers, ce récit devient ensuite l'un des pôles d'une image. Le même procédé s'observe dans le sonnet XV: après avoir évoqué les Guerres puniques, la puissance puis la destruction de Carthage, Sponde conclut abruptement que le «feu» qui le «brusle si long-

---

[25] Pierre de Brach, *Les Amours d'Aymée*, éd. J. Dawkins, Genève, Droz, 1971, p. 57, sonnet V, v. 3-8.

[26] *Id.*, p. 70, «Ode», v. 37-44.

[27] Jean de Sponde, *Œuvres littéraires*, éd. cit., p. 62, *Les Amours*, sonnet XIV.

temps sans qu'il se puisse esteindre» rend risibles ces grands événements[28]. Desportes ne propose pas une image moins extravagante lorsqu'il compare la flamme amoureuse qui ravage son cœur à l'incendie de Rome par Néron, mais cette incongruité est un peu atténuée par la composition toute classique du sonnet, dont les quatrains évoquent le crime de Néron, et les tercets la cruauté de la dame[29]. L'emploi répété de comparaisons aussi voyantes annule la surprise à laquelle tient toute leur valeur; la disproportion entre leurs termes ne semble plus qu'outrance dès lors qu'elles deviennent attendues. Aussi disparaissent-elles assez rapidement des recueils, chassées par un goût nouveau[30], qui peut être un goût ancien renouvelé. Dans la *Seconde Partie des Muses Françoises ralliées de diverses parts*, en 1600, Abraham de Vermeil retrouve des images et un phrasé presque ronsardiens:

> L'Amour armé de feux embusché dans ta veuë
> S'eslança sur mon cœur avec tant d'aspretez,
> Qu'un orage est moins prompt en ses legeretez,
> Un torrent moins horrible à sa fiere venuë,
>   Le foudre moins hydeux petillant par la nuë [...]:
>   Dieu! quel aspre guerrier, il tiroit sans cesser;
> Et ne tira jamais sans fierement blesser;
> Et ne blessa mon sein que de mortelles pointes[31].

L'AMOUR BOURREAU

Les poètes de la fin du XVIe siècle semblent éprouver une délectation maso-chiste à énumérer leurs supplices. Ce n'est certes qu'une manière de dire par métaphore des souffrances toutes sentimentales mais tant d'attention portée, non

---

[28] *Id.*, p. 63, sonnet XV, v. 11-14.

[29] Philippe Desportes, *Les Amours d'Hippolyte,* éd. cit., p. 82, sonnet XXXVII.

[30] On en retrouvera encore un exemple dans une ode du jeune Racan: «Mon roy voit ses villes desertes, / Ses plaines d'escadrons couvertes; / La violence a tout permis, / On ne voit que fer et que flâme, / Et s'il n'a point tant d'ennemis / Comme j'en porte dans mon ame.» (*Les Delices de la Poesie Françoise,* éd. cit., p. 386, v. 7-12). Il semble, le fait vaut d'être noté, que de telles images opposent au goût des critiques et des historiens actuels un obstacle insurmon-table, si on s'en remet au témoignage des anthologies: G. Mathieu Castellani (*Anthologie de la poésie amoureuse de l'âge baroque*, Paris, Livre de Poche classique, 1990) bien qu'elle reproduise dix des vingt-six sonnets des *Amours* de Sponde, n'en retient qu'un seul des sept qui dévelop-pent ce *topos*; J. Rousset (*Anthologie de la poésie baroque française*, Paris, A. Colin, 1961), Cl.-G. Dubois (*La Poésie baroque*, Paris, Larousse, 1969), M. Raymond (*La Poésie française et le maniérisme*, Genève, Droz, 1971) et J. Roubaud (*Soleil du soleil. Anthologie du sonnet français de Marot à Malherbe*, Paris, Gallimard, 1999) les ignorent tout à fait. On ne maintient pas sans mal la distinction lansonienne entre le «goût personnel» et le «goût historique».

[31] Abraham de Vermeil, *Poésies,* éd. H. Lafay, Genève, Droz, 1976, p. 41, v. 1-5, 9-11.

sans complaisance, à la torture dans sa réalité physique ne laisse pas de frapper. Il ne va pas de soi que des poésies amoureuses donnent prétexte à l'évocation d'atrocités. Les guerres civiles, par la banalisation relative des massacres, ont sans doute pesé sur les imaginations. Dans la onzième élégie de Desportes, Amour, « embusché » dans les yeux de la dame, tire « cent flesches d'or » dans la « playe nouvelle » du malheureux qui vient de tomber dans ses filets. Rien jusque là qui ne soit banal, connu, attendu. Mais Desportes ajoute, dans un registre plus âpre : « puis il y mit le feu pour plus me tourmenter »[32]. Il ne s'agit pas là d'une occurrence isolée dans l'œuvre du douceâtre auteur des *Amours de Diane* : dans une autre élégie, « l'aspre Jalousie aux regards effroyables » sème « du verre et des cloux » dans les plaies de l'amant[33]. Hyperboles tant qu'on voudra, ces images ont trop de précision matérielle pour ne pas modifier fondamentalement la topique pétrarquiste. La souffrance n'est plus un accident de l'amour mais sa raison d'être. Selon Jacques de Constans, l'Amour n'épargne provisoirement l'amant que pour le « réserver aux cruelz sacrifices »[34]. L'Amour « se veut vanger »[35], mais de quoi ? Il semble que le seul fait d'adorer sans espoir de retour une dame impitoyable devienne un crime imprescriptible. L'introduction de ce nouveau motif bouleverse la topique amoureuse. Dans un sonnet de *L'Hécatombe à Diane*, d'Aubigné emploie une image analogue à celle de Jacques de Constans[36], mais il renchérit puisque l'amant se « voue » lui-même à « la plus rude mort » :

> Mais mourir c'est trop peu, je veux languir tousjours,
> Boire et succer le fiel, rire d'impatience,
> M'endormir sur les pleurs de ta meurtriere absence,
> M'estranger du remede, et fuir mon secours[37].

Son imagination concrète transforme les lieux communs dont elle s'empare, par exemple celui du vol du cœur de l'amant, captif dans le corps de la dame, prétexte à tant de développements gracieux, précieux, voire badins depuis Marot et la Pléiade, qu'il traite comme l'ablation d'un organe :

> Quand du sort inhumain les tenailles flambantes
> Du milieu de mon corps tirent cruellement
> Mon cœur qui bat encor' et pousse obstinément,
> Abandonnant le corps, ses plaintes impuissantes...[38]

---

[32] Philippe Desportes, *Elégies*, éd. cit., p. 91, élégie XI, v. 71-75.

[33] *Id.*, p. 176-177, élégie V, v. 61-68.

[34] E. Droz, *Jacques de Constans, l'ami d'Agrippa d'Aubigné*, éd. cit., p. 84, « Sonnets des morts, des peines, et des larmes », V, v. 9-14.

[35] *Id.*, p. 84, « Sonnets des morts, des peines, et des larmes », V, v. 8.

[36] Agrippa d'Aubigné, *Le Printemps. L'Hécatombe à Diane*, éd. cit., p. 67, sonnet XLVIII, v. 10-14.

[37] *Id.*, p. 67, sonnet XLVIII, v. 5-8.

[38] *Id.*, p. 69, sonnet L, v. 1-4.

Dans sa poésie, la dame n'est pas dédaigneuse ou froide, elle est très précisément sadique :

> Tu me brusle et au four de ma flame meurtriere
> Tu chauffes ta froideur : tes delicates mains
> Atizent mon brasier et tes yeux inhumains
> Pleurent, non de pitié, mais flambantz de cholere.[39]

On sait par *Sa vie à ses enfants* que les poèmes du *Printemps* ont un fondement autobiographique et que la passion que le jeune d'Aubigné a éprouvée pour Diane Salviati a été leur point de départ : « Ayant son peu de biens entre les mains, il devint amoureux de Diane Salviaty, fille aisnee de Talcy. Cet amour luy mit en teste la poësie françoise, et lors il composa ce que nous appelons son *Printems*, où il y a plusieurs choses moins polies, mais quelque fureur qui sera au gré de plusieurs. »[40] La transposition littéraire y joue toutefois un rôle capital, et d'Aubigné ne recourt pas moins aux conventions que les autres poètes de son temps. Il serait aussi vain de chercher à tirer de ses poèmes l'anecdote d'un « roman d'amour » que de conclure que leur vérité trouve son fondement dans celle de la passion qui fut à leur origine ; ces vérités ne sont pas du même ordre. L'œuvre de Pierre de Brach en offre un contre-exemple probant. Il a, lui aussi, composé un recueil de poésies amoureuses pour exprimer la passion qu'il éprouvait pour Anne de Perrot, dont rien ne nous autorise à penser qu'elle fut moins profondément ressentie[41], mais *Les Amours d'Aymée* se réduisent à un défilé de lieux communs. Cependant, quelle que soit la qualité des œuvres, une même topique les parcourt toutes. Le tempérament et le génie de d'Aubigné ne créent pas les motifs de sa poésie. Des thèmes de torture se retrouvent jusque chez le doux Lingendes[42] et le délicat Bertaut[43]. Ce dernier avoue même, non sans ironie peut-être, un certain masochisme :

---

[39] *Id.*, p. 22, stances VI, v. 9-12.

[40] Agrippa d'Aubigné, *Œuvres*, éd. cit., p. 394.

[41] Pierre de Brach, *Les Amours d'Aymée*, éd. cit., p. 92, « Premier livre », sonnet XXXII, v. 9-11 : « Je sçai que dedans moi toi seule a atizé / Un feu qui perennel tient mon cœur embrazé, / Si que pour l'amortir je ne voi nulle attente. »

[42] Jean de Lingendes, *Œuvres poétiques*, éd. cit., Paris, STFM, 1916, p. 50 : « L'Amour veillant aupres de luy, / Pour entretenir son ennuy, / Ceint de mille flèches meurtrieres / Faisoit garde de cet appareil / Pour empescher que le sommeil / Ne se coulast dans ses paupieres. »

[43] Jean Bertaut, *Recueil de quelques vers amoureux*, éd. cit., p. 37, « Complainte sur une absence », v. 9-12 : « Je ne fay que penser à l'heur que j'ay perdu, / Quoy que ce souvenir aigrissant ma complainte / M'esgalle au criminel sur la gesne étendu, / M'estant chaque pensée une mortelle attainte » ; voir aussi p. 179, « Elégie » XLVIII, v. 29-32 : « Las ! on voudroit à tort commander le silence / Aux peines dont mon cœur ressent la violence ; / Puisqu'aux plus criminels sur la gesne estendus / Les lamentables cris ne sont point defendus ». Des vers presque identiques (« ... criminel[s] sur la gesne estendu[s] ») établissent le caractère passe-partout de formules qui peuvent être transportées d'un poème à l'autre.

> Toutes les cruautez des amoureux supplices
> Gesnant ma fermeté, peuvent si peu sur moy ;
> Qu'aymer trop constamment et trop garder ma foy,
> Se peut dire à bon droit estre l'un de mes vices[44].

Ces motifs de l'Amour bourreau disparaîtront assez vite, comme ceux de l'Amour guerrier. Lorsque Malherbe évoquera la mort de l'amant, ce sera avec de tout autres accents que ses prédécesseurs immédiats :

> Si les Tygres les plus sauvages
> En fin apprivoisent leurs rages,
> Flattez par un doux traictement,
> Par la mesme raison pourquoy n'est-il croyable
> Qu'à la fin mes ennuis la rendront pitoyable,
> Pourveu que je la serve à son contentement[45].

L'outrance d'hyperboles indéfiniment reprises avait sans doute engendré la lassitude, et l'on ne pouvait quoi qu'il en soit renouveler en les aggravant les images exaspérées des poèmes de Desportes, d'Aubigné, Constans ou Bertaut. Toutefois, l'apparition dans ces vers de Malherbe du motif nouveau de la persévérance récompensée indique peut-être une transformation fondamentale : plus que l'abandon de formules usées, un changement de mentalité. L'amour qui conduisait aux idées éternelles dans la théologie platonicienne de Marsile Ficin n'ouvre plus d'autre perspective que la satisfaction *hic et nunc* des amants.

Jean Céard a mis en relief l'unité de la poésie religieuse entre 1575 et 1630, malgré le clivage entre la Réforme protestante et la Contre-Réforme catholique, et rapporté ses thèmes à la crise profonde de l'humanisme renaissant dont elle porte la trace :

> Dans un univers où Dieu multipliait les intermédiaires entre lui et sa créature, où toute chose était pour l'homme un signe de Dieu, l'homme pouvait lire dans le monde l'universelle présence du Créateur. Il pouvait, s'engageant librement dans la foi, faisant de sa vie une imitation de Jésus-Christ, s'élever graduellement jusqu'à Dieu. Cette attitude résolument optimiste se trouve, à la fin du siècle, radicalement contestée : le monde de la nature et celui de la grâce deviennent comme extérieurs l'un à l'autre, et l'homme se sent maintenant, pour ainsi dire, écartelé entre la multiplicité des choses et l'unité de Dieu.[46]

---

[44] *Id.*, p. 32, « Stances », V, v. 25-28. On retrouve le même aveu chez d'Aubigné : « [...] la souffrance qui me tuhe [...] ne me desplaist aucunement », *Le Printemps, Stances et odes,* éd. cit., p. 28, « Stances » X, v. 22 et 24.
[45] François de Malherbe, *Œuvres poétiques,* éd. cit., p. 133, « Plainte pour une absence », v. 55-60.
[46] J. Céard, « La poésie baroque », art. cit., p. 275.

En s'inspirant de cette analyse du lyrisme religieux, on pourrait avancer l'hypothèse que la poésie amoureuse manifeste, au cours des mêmes années, une non moins grande unité, en dépit de différences stylistiques qu'on a peut-être trop accentuées lorsqu'on s'efforçait de distinguer maniérisme, baroque et classicisme. L'étude de la topique amoureuse montre que des poètes aussi différents que Desportes et d'Aubigné, Sponde et Bertaut, se réfèrent à un même univers affectif et moral, et qu'une même conception de l'amour s'exprime dans leurs œuvres. Tourmentée, contradictoire, toute en tensions, abandonnée aux excès du sentiment et de l'expression, cette nouvelle vision de l'amour procède elle aussi d'une crise de l'humanisme renaissant, analogue à celle qui bouleverse alors la pensée religieuse et non moins aiguë. A vrai dire, c'est peut-être la même rupture entre la nature et le divin qui se manifeste dans la poésie profane, sur un autre plan et d'une autre manière.

Le néoplatonisme ficinien assignait à l'expérience amoureuse un horizon transcendantal[47], qui s'efface à la fin du siècle en laissant un vide que rien ne vient combler. Chez Scève, Héroët, le Ronsard du *Premier Livre des Amours*, Pontus de Tyard, et tant d'autres jusque vers 1560, la fureur amoureuse apportait un éveil de l'âme et marquait le premier degré d'une ascension, «au plus hault ciel guidée», destinée à son terme, comme l'écrivait Du Bellay, à «recongnoistre l'Idée / De la beauté, qu'en ce monde j'adore»[48]. Cet élan vers la transcendance ouvrait à l'expérience amoureuse des perspectives qui conféraient un sens à l'élan du désir et aux souffrances de l'amant. Dans la poésie de la fin du siècle, la «fureur», qui semble se confondre dès lors avec la «manie» dont Ficin prenait soin de la distinguer[49], ne semble plus désigner que la rage de l'amant aux prises avec une souffrance d'autant plus grande qu'elle naît d'un égarement. La passion amoureuse, enfermée dans le travail vain d'un désir inassouvissable, se dégrade en un jeu cruel. Parallèlement, et sans doute en raison de la même évolution profonde, le pétrarquisme, tel qu'il reparaît dans la préciosité de 1570, se réduit à une collection de lieux communs qui n'offrent plus aux poètes d'autre possibilité que la surenchère. Dans les recueils collectifs qui «rallient» les Muses à partir de la fin des années quatre-vingt-dix, le pétrarquisme, qui avait été un univers moral, intellectuel et affectif complexe, lieu d'une expérience du temps, de soi et de l'autre, se pulvérise en une collection de figures exacerbées.

---

[47] Cf. notamment A.-J. Festugière, *La Philosophie de l'amour de Marsile Ficin et son influence sur la littérature française au XVIᵉ siècle*, Paris, Vrin, 1942; R. Marcel, *Marsile Ficin (1433-1499)*, Paris, Belles Lettres, 1958; F. Joukovsky, *Le Regard intérieur. Thèmes plotiniens chez quelques écrivains de la Renaissance française*, Paris, Nizet, 1982.

[48] Joachim Du Bellay, *L'Olive*, éd. E. Caldarini, Genève, Droz, 1974, p. 162-163, sonnet CXIII, v. 12-14.

[49] Cf. R. Melançon, «La Fureur amoureuse», *Sur des vers de Ronsard*, éd. M. Tetel, Paris, Aux Amateurs de livres, 1990, p. 100-102.

Cette évolution, qui réduit l'univers intellectuel et moral de la poésie renaissante à un jeu stylistique, reste à décrire. Son histoire substituerait à la considération en bloc de trente ou cinquante années de poésie, une périodisation et une description plus élaborées des courants poétiques que celles que permettent les concepts trop larges de maniérisme et de baroque. V.-L. Saulnier avait bien vu que l'histoire de cette période appelle une chronologie fine: «On aperçoit, de Ronsard à Malherbe, toute une succession d'étapes. La diffusion rapide des textes par l'imprimé, devenue habituelle, fait cette succession plus rapide et plus nette qu'aux âges précédents.»[50] Notre conception de l'histoire du demi-siècle poétique qui sépare les *Premières Œuvres* de Desportes des *Delices de la Poesie Françoise* en serait vraisemblablement transformée.

Robert MELANÇON
Université de Montréal

---

[50]   V.-L. Saulnier, *La Littérature française de la Renaissance, op. cit.*, p. 113.

LA SCIENCE
COMME OBJET ESTHÉTIQUE
DANS LA POÉSIE FRANÇAISE
DE LA RENAISSANCE

Dans sa préface à la seconde édition de *La Nature et les prodiges* de 1995, Jean Céard déplore la fragmentation des études renaissantes: l'incompréhension persistante entre les historiens des mentalités et les historiens de la littérature, les uns trop insensibles à la spécificité artistique des textes, les autres trop indifférents aux contextes culturels dans lesquels les œuvres littéraires sont ancrées. Tout aussi regrettable semble la méfiance mutuelle entre les historiens de la philosophie et les historiens des idées, partagés sur l'importance à accorder respectivement aux réalisations originales de la pensée individuelle et aux raz-de-marée intellectuels affectant les masses anonymes. En réaction à un tel morcellement des recherches seiziémistes, Jean Céard place son livre au confluent de ces diverses spécialisations, en proposant l'étude des «représentations mentales» qui rendent pensables les phénomènes aussi divers que la divination, la folie ou la monstruosité.

Malgré sa visée interdisciplinaire, l'histoire culturelle ainsi postulée[1] reste particulièrement attentive aux distinctions déterminant les «schèmes de pensée» qui demeurent son objet. Je voudrais tenter d'emprunter cette approche pour réfléchir sur l'une de ces monstruosités renaissantes qu'est l'accouplement de la poésie avec le savoir scientifique et philosophique. Ce faisant je m'éloignerai de ce qui constitue, me semble-t-il, la tendance la plus partagée, à savoir la recherche des correspondances entre la science et la littérature à l'époque prémoderne. Tout au contraire, au lieu de souligner leur familiarité, j'insisterai sur leur divergence. En effet, il me semble que le mariage de la science et de la poésie est beaucoup moins évident au XVIe siècle qu'on a tendance à le supposer. Plus même: les schèmes de pensée peuvent devenir des objets esthétiques justement parce qu'intégrés au discours poétique, ils sont perçus néanmoins comme lui étant fondamentalement étrangers.

---

[1]   Le terme d'«histoire culturelle» est utilisé par J. Céard dans son article «Les critères de la vérité scientifique chez les naturalistes de la Renaissance», *Vérité poétique et vérité scientifique*, Paris, PUF, 1989, p. 228.

Telle n'est pourtant pas la perspective qui prédomine dans les études de la poésie scientifique. Que ce soit chez Albert-Marie Schmidt qui a véritablement lancé le terme en 1938, où chez Marc Fumaroli qui lui a consacré un important article presque cinquante ans plus tard, la poésie se voit assigner la fonction de synthèse des savoirs épars[2]. En concentrant toutes les disciplines de la connaissance, la poésie ressemble à l'Orphée du *Champfleury* de Geoffroi Tory, trônant au milieu de la lettre «O» qui représente le cercle de l'encyclopédie. Là cependant s'arrête la similarité, car l'Orphée de Schmidt et celui de Fumaroli ont, en fait, peu en commun. Le premier est un héritier de la poésie romantique et de la science positiviste du XIXe siècle. Point donc étonnant que sa synthèse poétique s'opère selon les critères d'erreur et de vérité. Du côté de l'erreur: le «fatras érudit», le didactisme impersonnel, la subordination de la poésie à la démonstration des vérités religieuses et de la science à la morale. A l'opposé, la «soumission aux faits» s'allie au pittoresque des descriptions, la «naïveté d'esprit» s'exprime par le lyrisme du chant.

La synthèse recherchée par Albert-Marie Schmidt entre la poésie et la science demeure donc résolument postromantique: en fin érudit, il exhume des textes voués depuis longtemps à l'oubli pour en extraire, en homme de goût, ce qui peut être accepté par les lecteurs de son époque. Marc Fumaroli adopte une perspective inverse. Il entend descendre vers les temps archaïques de l'«innocence perdue», avant les grands partages opérés par les réformes des églises et les révolutions des sciences. C'est l'époque où le cosmos animé des Grecs se laissait aisément christianiser, où l'on cherchait l'inspiration poétique de même que la connaissance du monde naturel chez Homère, chez Ovide aussi bien que dans la Bible. La poésie était alors, n'en déplaise Albert-Marie Schmidt, joyeusement «impure»: riche d'enseignements divers, à l'instar d'ailleurs de la philosophie naturelle qui demeurait féconde en développements moraux, métaphysiques et théologiques. L'Orphée de Fumaroli redevient donc le chantre mythique des origines. Il traduit les harmonies de la Création en allégories et en métaphores. C'est justement le langage de la fable qui, tout en cachant et en dévoilant la vérité, lui permet de demeurer en même temps l'amoureux fervent et le savant austère.

A ces deux qualités il suffit encore d'ajouter celle du *poeta theologus* et la fable devient un verger sacré pour quiconque veut unir la quête de l'amour poétique, la poursuite du savoir et la recherche de Dieu[3]. La fiction mythologique, en étant la marque essentielle de poéticité au XVIe siècle, semble fournir un moyen

---

[2] A.-M. Schmidt, *La poésie scientifique en France au seizième siècle*, Paris, A. Michel, 1938; M. Fumaroli, «Les poètes 'scientifiques'», *Vérité poétique et vérité scientifique...*, *op. cit.*, p. 123-135.

[3] Cf. J. Dauphiné, «Poésie, connaissance, sacré», numéro spécial de la *NRSS*, 14/1, 1996, consacré à la «Poésie de la connaissance», p. 9-13.

commode et efficace pour transformer la connaissance philosophique et théologique en objet esthétique.

Force est cependant d'observer que les poètes de la Renaissance française traitent la fable moins comme une nature paradisiaque, où le visiteur initié se met à l'écoute des échos primitifs du divin, et plus comme un champ expérimental, où le jardinier expert est capable de cultiver des sens nouveaux à partir des greffes textuelles anciennes. Une telle expérimentation en génétique culturelle suppose de la part de celui qui la pratique une conscience aiguë des limitations du mythe poétique. Elle implique que la fable cesse d'être comprise comme la source archaïque où la poésie et la science retrouvent une commune jouvence. Les expériences des poètes renaissants supposent plutôt que la fable soit conçue comme fiction, un instrument discursif qui opère une sacralisation purement séculière, une célébration toute littéraire beaucoup plus qu'un culte initiatique.

Telle n'est pas seulement la situation des poètes de la fin du siècle, prévenus contre les mensonges grecs par les avertissements des réformateurs protestants et catholiques. Déjà chez Ronsard, accusé pourtant par ses adversaires de complaisance envers les fables du paganisme, la sacralisation mythologique du savoir ne dépasse point en fait les limites d'une stratégie littéraire, ce qui, de toute évidence, place dans un éclairage fortement critique ce savoir lui-même. Malgré tout le «bruit» de la poétique ronsardienne, la fable n'est pas vraiment ce centre lumineux où concourent les rayons épars des divers savoirs pour mieux s'élever vers la transcendance. Elle est plutôt un instrument de discernement: en poétisant la connaissance, elle en trace les limites[4].

Un même esprit critique restreint la fable littéraire et circonscrit les connaissances de l'homme. En 1567, cet autre poète de la Pléiade, Jean-Antoine du Baïf, consacre un long poème aux phénomènes atmosphériques désignés couramment au XVIe siècle sous le nom de «météores». En chantant la voie lactée, il rejette un à un les mythes de ses origines: «Je ne suis aprenti des fables que l'on dit / De ce lait qui jadis là haut se répandit.»[5] Cette fière déclaration ne l'empêche pourtant point de passer en revue les récits mythologiques qui retracent la formation de la voie lactée, avant d'exposer, sur un mode plus scientifique, la théorie aristotélicienne d'une substance qui, accompagnant les étoiles, serait capable de produire un effet de halo, sous certaines conditions d'éclairage[6]. Le refus de la fable mythologique n'est donc en fait qu'une prétérition rhétorique. En rejetant la fable pour la réintroduire aussitôt, Baïf manifeste peut-être le

---

[4] Cf. mon livre, *Les signes dissimilaires. La quête des noms divins dans la poésie française de la Renaissance*, Genève, Droz, 1997, p. 127-179.

[5] Jean-Antoine de Baïf, «Le premier des météores», *Le premier livre des poèmes*, éd. G. Demerson, P. U. de Grenoble, 1975, v. 875-876.

[6] *Meteorologica*, 345a.

mieux combien le rôle du mythe poétique dans l'esthétisation du savoir demeure problématique. Tout se passe comme si le poète se sentait incapable d'y renoncer, en le trouvant en même temps quelque peu embarrassant. Il est certain, en tout cas, que la fable est loin d'être un moyen évident de traduire les harmonies de la nature en celles du chant poétique, un cordon ombilical primitif soudant naturellement le savoir et l'art. Elle devient plutôt une figure de l'*elocutio* censée conférer une couleur «littéraire» à une démonstration par ailleurs «scientifique».

Tel est visiblement le statut de ce «lait» qui évoque métonymiquement la voie lactée dans les vers cités de Baïf. Tel est aussi le rôle assigné à la fiction poétique dans *La Sepmaine* de Du Bartas. Ce poème encyclopédique insère une masse de connaissances de philosophie naturelle dans le cadre du récit hexaméral de la création du monde. Pour poétiser cet abondant savoir Du Bartas recourt à la stylisation épique, visible, par exemple, dans sa description du phénomène d'antipéristase. Celui-ci consiste, en général, en ce qu'une qualité agit violemment sur la qualité contraire, en la renforçant au cours de ce processus. Il est donc important de noter que l'antipéristase est un concept élaboré par la philosophie naturelle et qu'il désigne l'interaction entre deux qualités - essentiellement le chaud et le froid. Remarquons aussi que cette interaction peut être réversible. En météorologie, l'antipéristase survient lorsqu'un courant rapide d'air chaud est vivement expiré sous la pression de l'atmosphère environnante, beaucoup plus tempérée, ou bien lorsque, au contraire, une strate intermédiaire se refroidit brutalement, à la suite du réchauffement des couches supérieures et inférieures de l'air[7]. C'est précisément ce dernier cas qui fait l'objet de la description dans *La Sepmaine*. Plus la température des couches inférieures et supérieures augmente, plus la strate médiane se refroidit. Pour illustrer ce phénomène, Du Bartas développe une longue comparaison homérique qui assimile le mouvement de l'air à la concentration des armées croisées confrontées à la menace montante des Sarrasins. L'antipéristase est donc servie au lecteur avec l'*involucrum* d'un combat épique pour la foi. Cet «emballage» littéraire permet au poète protestant d'éviter la fable païenne, qui sied mal à la célébration de la Création divine.

Ce qui semble cependant particulièrement intéressant est la parenthèse insérée par Du Bartas pour justifier l'emploi du mot «antipéristase» lui-même.

---

[7]   Cf. *Meteorologica*, 342a, *Physica*, 267a. La notion d'antipéristase a été récemment mise à profit par T. Cave, dans ses *Pré-histoires. Textes troublés au seuil de la modernité*, Genève, Droz, 1999. L'antipéristase y est traitée moins comme un concept scientifique que comme une figure rhétorique, voire comme une métaphore critique qui doit illustrer la démarche des premiers sceptiques renaissants. Mon propos, en revanche, est de rendre au savoir mis en œuvre dans la poésie de la Renaissance toute sa spécificité conceptuelle. Je suis convaincu que c'est justement comme un forme fondamentalement «étrangère», «autre», que le savoir devient un objet esthétique dans les textes renaissants.

> Ceste antiperistase (il n'y a point de danger
> De naturalizer quelque mot estranger,
> Et mesme en ces discours, où la Gauloise phrase
> N'en a point de son crû qui soyent de telle emphase)
> Est celle qui nous faict beaucoup plus chaud trouver
> Le tison flamboyant sur le cœur de l'hyver... (II, v. 439-444)

Le poëte a choisi de naturaliser le terme grec pour donner l'emphase nécessaire à sa tournure française. L'emphase est, comme le rappelle Quintilien, la figure du style orné[8]. Du Bartas aurait pu parler du phénomène d'antipéristase sans le nommer pour autant, comme le fait d'ailleurs Baïf dans son propre poème, en suivant fidèlement les *Météorologiques* d'Aristote (v. 425-444). Si l'auteur de *La Sepmaine* choisit d'employer la terminologie scientifique originelle, ce n'est pas pour ses valeurs heuristiques, mais plutôt pour son attrait esthétique, pour l'«emphase» qu'elle apporte à l'éloquence du poème. Ainsi le nom savant de l'antipéristase rejoint la fiction dans son rôle de procédé stylistique. Par là même, le savoir scientifique révèle la valeur esthétique qui lui est propre. Il en est du mot «antipéristase» comme d'une ancienne pince chirurgicale ou d'un antique astrolabe exposés au regard des amateurs. Ils sont appréciés non pas pour leur utilité, mais pour leur qualités ornementales, c'est-à-dire pour leur efficacité en tant qu'instruments d'esthétisation. Le même regard critique que le poète portait sur le mythe antique pour le transformer en fiction, en stratégie de style, une fois tourné vers le savoir scientifique, transforme celui-ci, lui aussi, en agent de la poétisation du texte. Pour rendre un texte scientifique intéressant du point de vue artistique, il n'est plus besoin de parer l'encyclopédie des oripeaux de la fable. La connaissance peut être conçue elle-même comme un objet esthétique et poétiser, de sa propre vertu, le texte dans lequel elle est mobilisée.

Il en est ainsi dans un dizain de *Délie* qui mentionne, bien avant Du Bartas, le phénomène d'antipéristase:

> Celle régit le frain de ma pensée,
> Autour de qui Amour pleut arcz, et traictz,
> Pour des Cieulx estre au meurdre dispensée,
> Par qui a soy elle a tous cœurs attraictz,
> Et tellement de toute aultre distraictz,
> Qu'en elle seule est leur desir plus hault.
>   Et quant a moy, qui sçay, qu'il ne luy chault,
> Si je suis vif, ou mort, ou en estase,
> Il me suffit pour elle en froit, et chault
> Souffrir heureux doulce antiperistase. (dizain CCXCIII)

Bien évidemment, Scève ne décrit pas un phénomène atmosphérique, mais s'efforce plutôt de présenter au lecteur une subtile analyse de sa passion amoureuse.

---

[8]   *Institution oratoire*, VIII, 83-86.

Contrairement à Du Bartas, il ne doit donc point se soucier d'envelopper le savoir des sciences naturelles par l'*involucrum* de la fiction poétique. Un recueil de poèmes d'amour est déjà, d'après les normes esthétiques de la Renaissance, une œuvre par excellence littéraire. L'antipéristase n'est donc pas dans ce dizain de *Délie* un ingrédient de la *ratio* scientifique qu'il importe d'assaisonner de fiction pour l'introduire dans l'*oratio* de la poésie. Elle y est présente uniquement pour des raisons esthétiques. En fournissant au poème une clôture recherchée, l'antipéristase se pose comme l'image métaphorique de l'amour du poète, dont la température émotionnelle est inversement proportionnelle à l'indifférence affichée par sa Dame.

Placée toutefois entre les mains d'un artiste habile, l'ornementation métaphorique est loin d'être une simple surcharge décorative. Plutôt, en mobilisant des connaissances spécifiques de philosophie naturelle, la métaphore de l'antipéristase introduit une dissonance majeure dans la tonalité doloriste du dizain. Ce faisant, elle permet à Scève de prendre ses distances par rapport aux conventions de la poésie amoureuse.

En effet, le poète semble d'emblée paralysé par une sainte terreur face à Délie. Sa dame est érigée en déité cruelle autour de laquelle l'amour fait littéralement pleuvoir arcs et flèches. Malgré ses effets meurtriers, Délie reste parfaitement indifférente au sort de son adorateur qui souffre pour elle «une douce antipéristase». Est-ce à dire que le poète devra brûler éternellement d'amour pour sa bien-aimée?

Comme nous l'avons remarqué, l'antipéristase est un phénomène réversible. Ce terme désigne non seulement l'augmentation, mais aussi la diminution de la température, en opposition aux changements de l'atmosphère ambiante. Scève semble faire clairement allusion à cette réversibilité, en affirmant qu'il va souffrir la «douce antipéristase» aussi bien dans le froid que dans le chaud (v. 9). Autrement dit, lorsque sa dame le rejette par sa froideur, son affection pour elle croît proportionnellement; mais, semble-t-il, lorsqu'elle devient plus chaleureuse, le poète reste plutôt tiède dans ses transports amoureux. De cette manière, grâce à une métaphore tirée des connaissances naturelles, l'adhésion de Scève au dolorisme pétrarquiste gagne une tonalité quelque peu discordante, sinon ironique.

Cet écho résonne rétrospectivement à travers tout le poème. Les arcs et les flèches du second vers sont, bien entendu, les attributs mythologiques du cruel Cupidon et de la fière vierge Diane-Délie. Toutefois, ce sont aussi les noms de certains «météores», c'est-à-dire apparitions lumineuses dans l'atmosphère. La signification météorologique de ces termes est d'ailleurs soulignée par l'usage du verbe «pleuvoir» dans leur contexte immédiat[9].

---

[9] Sur «acontie», autrement dit «flèche», cf. Pontus de Tyard, *Le Premier Curieux*, éd. J. C. Lapp, Ithaca-New York, Cornell U. P., 1950, p. 72, ainsi que *Historia Naturalis*, 2, 22,

Grâce à la métaphore de l'antipéristase, l'arc et les flèches du dizain scévien acquièrent au moins une valeur ambivalente, tout comme demeure équivoque l'attitude du poète soumis à l'antipéristase amoureuse. D'une part, ils restent les attributs conventionnels de la cruauté qui confirment le destin meurtrier de la dame. D'autre part, cependant, en tant que phénomènes atmosphériques, ils libèrent le poète de la convention d'un amour fatalement malheureux. Plus même, ils présagent peut-être pour lui des cieux plus cléments. Telle semble être la fonction de l'«arc», autrement dit de l'arc-en-ciel. Son symbolisme biblique est largement connu. Signe de la paix et de l'alliance, il clôt définitivement les temps du déluge, cette expression du juste courroux divin.

L'antipéristase ne fournit donc pas à Scève uniquement le vernis stylistique d'une terminologie scientifique recherchée, comme c'est le cas dans *La Sepmaine* de Du Bartas. En se posant comme métaphore de la relation passionnelle, elle permet au poète d'introduire une dissonance ludique dans les conventions de la poésie amoureuse. Pour devenir une métaphore il faut cependant que la connaissance scientifique soit perçue comme clairement distincte de la littérature. Ce qui permet ici au savoir de devenir un objet esthétique, ce ne sont donc pas les harmonies secrètes unissant la Création de Dieu et celle du poète, mais plutôt la conscience de la différence fondamentale qui sépare la perception scientifique et la vision artistique du monde. C'est uniquement parce que l'antipéristase n'est pas une notion poétique ou rhétorique, mais un concept tiré des sciences naturelles, que Scève peut l'ériger en métaphore et ainsi ajouter à son dizain une signification quelque peu discordante.

Cette forme d'esthétisation du savoir me semble la plus artistiquement féconde, beaucoup plus intéressante que l'emballage des connaissances par la fable mythologique ou la mise en valeur des attraits stylistiques de la terminologie scientifique. Tout comme la théologie, la philosophie morale ou la politique, la connaissance scientifique fournit à la poésie un point de référence culturelle, lui permettant ainsi de reconsidérer ses propres possibilités et ses limitations. Par son étrangeté, elle dépayse les conventions rhétoriques et poétiques, elle incite le lecteur à rejouer le texte sur un mode différent, parfois à l'encontre des modes de lecture imposés par les codes littéraires explicitement affichés.

Tel est le cas d'une élégie de Clément Marot. De par son appartenance générique, elle s'inscrit dans la rhétorique de la plainte et de la supplique de l'amant malheureux. Nous allons voir comment en jonglant avec des références logiques simples, mais en même temps très concrètes, le poète met en jeu cette convention poétique.

---

89. Pour la signification météorologique de «l'arc», cf. Simon Goulart, *La Sepmaine*, Jacques Chouet, 1581 (la référence à «exhalaisons»).

Le poème prend la forme d'un plaidoyer: le poète s'étonne du refus par
lequel sa dame a accueilli le cadeau qu'il voulait lui offrir. Il présente ses vers
comme un témoignage de son respect et de son affection:

> Brief, mes propos tenuz d'affection
> Seront tesmoingz de mon intention,
> Vous asseurant que l'estime immuable
> Que j'ay de vous, est si grande, et louable,
> Que rien par vous n'y peult estre augmenté,
> En refusant ung offre presenté.
>
> (élégie XXVII, *La Suite de l'Adolescence*, v. 21-26)

Le poète s'efforce d'écarter le reproche jamais explicitement formulé, selon
lequel son geste n'était point désintéressé et qu'il entendait en fait acheter par
son cadeau les faveurs de sa bien-aimée. Malgré le caractère intime de cette
brouille amoureuse, l'argumentation de Marot emprunte rapidement les voies
d'un raisonnement de portée générale:

> Il n'est pas dit (certes) que tous Donneurs
> Voysent cherchant (par tout) les deshonneurs:
> Et n'est pas dit, que les Dames, qui prenent,
> Font toutes mal, et qu'en prenant mesprenent:
> Ce non obstant, prendre n'exaulceray
> En mon escript, et si confesseray,
> Que bien souvent, quand à femme l'on donne,
> Le refuser, est chose honneste, et bonne:
> Mais bien souvent (à vous dire verité)
> Il peult tourner en incivilité. (v. 27-36)

L'affirmation initiale mise en question par le poète est accompagnée par un
marqueur universel (*signum* dans la terminologie de Pierre d'Espagne): «*tous* les
donneurs, dans *tous* les cas, essayent de ternir l'honneur des dames» (v. 27-30:
«tous Donneurs / Voysent cherchant (par tout) les deshonneurs...»). Une fois
niée, cette assertion est systématiquement appliquée aux trois autres sommets
du carré logique traditionnel[10]. Tout d'abord, Marot rejette la proposition
contraire: «*aucune* dame ne fait de mal en acceptant des cadeaux» (v. 31-32:
«prendre n'exaulceray...»). Cette élimination initiale est rendue possible par la
loi des propositions contraires caractérisées par un lien contingent entre le sujet
et le prédicat (les propositions de type: «un homme est blanc»[11]): si l'une
d'entre elles est vraie, la proposition contraire sera fausse, mais non l'inverse,
car toutes les deux peuvent être également fausses: il est erroné d'affirmer que
«tous les hommes sont blancs» de même que de dire qu'«aucun homme n'est

---

[10]   Cf. Petrus Hispanus, *Summulae logicales*, éd. L. M. de Rijk, Assen, Van Gorum, 1972, I, 8.

[11]   Petrus Hispanus, I, 13-14.

blanc »; il faut rejeter la proposition « toutes les dames qui acceptent des cadeaux font mal », de même que la sentence « aucune dame ne fait mal en acceptant des cadeaux ».

Après avoir éliminé la proposition contraire, Marot se tourne vers les deux autres sommets du carré logique en utilisant les lois de l'équipollence. S'il n'est pas vrai que « toutes les dames font mal en acceptant des présents », donc, par l'équipollence des propositions subalternes, seulement « certaines dames errent en acceptant des cadeaux » (v. 33-34 : « bien souvent, quand à femme l'on donne, / Le refuser, est chose honneste, et bonne »). Ou, s'il est erroné de dire que « toutes les dames font mal en acceptant des présents », donc, par l'équipollence des propositions contradictoires « certaines dames ne font point de mal en acceptant des cadeaux » (v. 35-36 : « bien souvent (à vous dire vérité) / Il peult tourner en incivilité »).

Pour une raison facile à comprendre, Marot préfère cette dernière solution : s'il existe des femmes qui ne font rien de répréhensible en acceptant des présents, la dame de son cœur ne devrait certainement pas refuser le don qu'il lui a destiné. Elle devrait renoncer à toute fausse accusation et repousser tout remords inopportun. Une telle conclusion semble résulter de la simple application des lois de l'équipollence des propositions : la négation d'une quelconque assertion est équipollente à la proposition qui lui est contradictoire. Ainsi s'il n'est pas vrai que « tous les hommes courent », donc « certains hommes ne courent pas »[12].

Le problème est, cependant, que les figures érotiques correspondent rarement aux schémas de la spéculation rationnelle. La rhétorique séductive des mots – et celle du silence – se soumet difficilement aux règles élaborées par les savants traités de logique. Marot le comprend parfaitement bien, en mettant en valeur lui-même le moment le plus discutable de son raisonnement, c'est-à-dire la négation qui précède la proposition initiale « toutes les dames font mal en acceptant des présents »[13]. Le problème consiste en ce qu'il ne s'agit pas là d'une négation, mais plutôt de la constatation de l'absence d'un énoncé (« Il n'est pas dit », « Et n'est pas dit »). Une telle formulation ne peut être soumise au critère logique de vérité. Tout au plus, elle exprime une opinion probable, résultant de la persuasion rhétorique et non d'une preuve logique. S'« il n'est pas dit » que toutes les dames errent moralement en acceptant des cadeaux, il s'ensuit que le

---

[12] *Si alicui signo praeponatur negatio, equipollet suo contradictorio. Et ideo equipollent iste: 'non omnis homo currit', 'quidam homo non currit'*, I, 18. Cf. aussi *De interpretatione*, 17a-18a; *Analytica posteriora*, 25a.

[13] Cf. le vers 31 : « Ce non obstant, prendre n'exaulceray... » Au cours du XVIe s. « nonobstant » tend à se fondre en une seule unité lexicale. En maintenant les deux mots séparés, Marot garde à l'esprit le sens étymologique de « obstant » (de *obstare* : poser un obstacle), tout en soulignant la négation.

manque d'une règle de comportement aussi catégorique laisse place à une certaine liberté dans le choix d'une attitude socialement acceptable. Mais, avant tout, cette absence de règle autoritaire constitue dans le colloque sentimental des courtisans un moment de silence. La parole poétique de Marot va essayer de combler ce vide, de le tourner par sa rhétorique séductive à son avantage.

Une telle inflexion des lois de la logique est visible déjà dans les premiers vers de l'élégie, lorsque Marot expose pour la première fois le problème que constitue pour lui le refus de sa dame :

> Quand je vous dy (sans penser mal affaire)
> J'ay, chere Sœur, ung present à vous faire,
> Le prendrez vous? Des que m'eustes ouy,
> Dit ne me fut le contraire d'ouy... (v. 1-4)

Le sophisme sur lequel repose le début du poème consiste en une conjonction fallacieuse de ce qui devrait demeurer distinct[14]. « Dit ne me fut le contraire d'ouy » est clairement la négation de l'énonciation (*de dictio*). Toutefois Marot semble l'oublier, en continuant comme s'il s'agissait de la négation du sens de l'énoncé (*de re*). En d'autres termes, si la dame du poète ne lui a pas dit « le contraire d'ouy », cela ne signifie pourtant pas qu'elle a accepté sa proposition. Elle aurait pu, par exemple, ne rien dire du tout. Ce silence lourd de significations a été interprété par le poète – de toute évidence à tort – comme un consentement.

Sans être le sujet du poème, le savoir demeure donc dans cette élégie, tout comme dans le dizain de Scève, un objet esthétique de plein droit. La connaissance n'est pas un réservoir d'ingrédients qui, enrobés de fiction, alimentent le chant poétique. Elle se pose plutôt comme une présupposition indispensable au fonctionnement artistique du texte. Celui-ci s'accomplit par le subtil jeu de dissonances et d'ironies rendues possibles non par le rapprochement du savoir et de la poésie, mais par leur éloignement réciproque.

En effet, comme nous nous rappelons, avant de se lancer dans son raisonnement Marot proteste de son affectueux respect pour sa dame et pose ses vers comme témoins de ses intentions sincères. L'argumentation logique s'épuise donc rapidement devant l'éclatante innocence du poète : « Quant tout est dit, necte sens ma pensée » (v. 41). Et c'est curieusement à ce moment-là que le poème tourne en un violent réquisitoire mettant en doute l'honnêteté de la dame, et par là même, la franchise des hommages qui lui sont adressés. Si sa bien-aimée n'a pas accepté son cadeau, ce n'est peut-être pas à cause d'un sens de l'honneur effarouché, mais parce que le présent ne lui paraissait pas suffisamment précieux... Marot jure qu'une pensée aussi coupable n'est jamais entrée

---

[14]   Cf. les paragraphes portant sur la *compositio* dans le traité *De fallacis* des *Summulae logicales* de Pierre d'Espagne.

dans son esprit. Pourtant, il n'est pas moins évident que, grâce à une subtile prétérition rhétorique, c'est justement un tel doute qui confère une saveur ironique à ses déclarations de soumission aveugle :

> Et croy de faict, que si ce n'eust esté
> La Foy que j'ay de vostre honnesteté,
> J'eusse pensé proceder mon default
> De n'avoir faict mon present assez hault... (v. 47-50)

La beauté de cette poésie – et peut-être de la poésie renaissante en général – naît justement quelque part dans les interstices méticuleusement cultivés entre les mots et la pensée. Le lecteur est sollicité à les explorer dans une démarche qui suppose moins la persuasion rhétorique qu'un jeu interactif avec le texte. Poser le savoir comme un objet clairement distinct est un excellent moyen de creuser encore plus ces écarts et de favoriser la manipulation ludique qui, à mon sens, est le trait fondamental de l'esthétique renaissante.

Jan MIERNOWSKI
University of Wisconsin, Madison
Université de Varsovie

« FAIRE MES CHAOS, ET PUIS MES MONDES » : LA COSMOGONIE POÉTIQUE DES PREMIÈRES PAGES DE L'*ART POÉTIQUE* DE J. PELETIER DU MANS

« Qui voudra prandr̸ gard̸, Signeur Gaudart, aus desseins e af̸r̸s des homm̸s : il trouv̸ra qu̸ tout ét acompagnè d'un̸ c̸rtein̸ volupte : sans laquel̸, nous s̸rions tous ̸rrans e inc̸rteins an noz deliberacions e antr̸pris̸s. Mém̸s es chos̸s les plus dificil̸s e laborieus̸s : la volupte, ou comm̸ j'è d̸ coutum̸ d̸ parler, l'amour, i ̸t inseparabl̸ »[1]. Les premières lignes de l'*Art poétique* de Jacques Peletier du Mans m'ont étonné, sinon intrigué, moins du fait de leur contenu à prime abord plutôt convenu que de l'exacte pertinence de leur inscription à l'entrée d'un ouvrage de poétique. En commençant celui-ci par ces phrases et quelques autres encore sur le rôle que jouent la volupté et l'amour dans toute action humaine, que cherche à signifier Peletier ? Le plaisir qu'il a pris à composer un art de poésie dont l'arrangement s'avère, il le confesse peu après, difficile et laborieux ? Et, par ricochet, celui que ne manquera pas de prendre son lecteur en parcourant les pages de son manuel ? Sommes-nous seulement en présence d'un de ces discours topiques, *captatio benevolentiæ* qui s'ingénie à rapprocher en un désir commun l'auteur et son lecteur, et à préparer astucieusement le second à la difficulté de l'exercice ? Les formulations tendues et abstraites de Peletier tout comme les ellipses du raisonnement qui animent le premier tiers de l'épître liminaire à Zacharie Gaudart suggèrent que le propos du poéticien manceau ne se laisse pas réduire si aisément. Pourquoi alors ouvrir un art poétique sur une théorie de l'amour ? Et faire suivre celle-ci par un récit autobiographique où Peletier expose la méthode qui régit la conception de ses ouvrages avant de rendre compte (enfin) du présent livre et des conditions qui

---

[1] Jacques Peletier du Mans, *Art poëtiqu̸*, Lyon, Jan d̸ Tourn̸s et Guil. Gazeau, 1555, p. 3 (p. 237). Les références entre parenthèses renvoient aux pages de l'édition de ce texte procurée par F. Goyet, *Traités de poétique et de rhétorique de la Renaissance*, Paris, Livre de Poche, 1990 (orth. mod.). Nous avons choisi de conserver ici l'orthographe adoptée par Peletier : quand ce dernier confesse la mode qu'il a de « d̸ f̸r̸ [s]es Caos, e puis [s]es Mond̸s », ne songe-t-il pas aussi au système orthographique – déroutant mais parfaitement organisé – dont il est le créateur ? Je tiens par ailleurs à remercier I. Pantin et M. Jourde qui ont bien voulu endosser, pour l'occasion, le rôle d'aimables Quintilius.

ont présidé à son élaboration? On voit qu'au-delà de l'entrée en matière elle-même, c'est l'ensemble de l'épître préfacielle qui déroute. Du fait de l'originalité de son propos: à première vue du moins, ce prologue semble loin de rappeler, comme les pièces liminaires de l'*Art poétique* de Sébillet pouvaient tenter de le faire, les buts dévolus à un art de poésie ou bien encore le type de public que celui-ci cherche à circonscrire. Du fait de son unité incertaine et de son caractère apparemment décousu. Enfin, du fait du rapport que cette épître entretient avec la «Conclusion d∉ l'Euvr∉», rapport affiché comme tel puisque c'est le même personnage Z. Gaudart, absent de l'intérieur du livre, qui en est le destinataire, et rapport problématique dans la mesure où cette épître mi-sérieuse, mi-badine est d'une certaine manière aux antipodes de la prose inspirée des dernières pages de l'ouvrage. La disparate, perceptible à l'intérieur de l'épître liminaire comme dans le dialogue qu'entretiennent les premières et les dernières pages de l'œuvre, mérite d'être prise au sérieux pour au moins deux raisons: le soin tout particulier avec lequel J. Peletier, poète-mathématicien, a toujours orchestré l'ordre de ses ouvrages[2] et, par ailleurs, l'excroissance jusqu'alors inconnue des autours de l'art poétique, sortes de préface et de postface pour le moins substantielles qui cherchent à constituer l'art poétique en livre, à organiser un parcours, un récit de formation, celle du poète et du poème. Dès lors, on se demandera quelle fonction assigner à cette déroutante entrée en matière et on cherchera à préciser en quoi ce prologue nous renseigne sur la conception générale de l'ouvrage, sur sa portée et sur son écriture.

---

[2]   Et notamment celui-ci, le poète manceau rappelant encore dans cette épître la volonté qu'il a eu d'organiser une matière parfois rebelle à la classification. Voir en outre les propos du «Proeme du premier livre de l'Algebre», *L'Algèbre*, Lyon, Jean de Tournes, 1554, pages non numérotées: «Car qu'y à il au Mond∉ plus beau qu∉ l'ordr∉? Quel profit s∉ peùt il r∉keulhir d'un∉ confusion? An tous ouvrag∉s, qu'y a il qu∉ l'ouvrier s∉ puiss∉ dúment approprier, si c∉ n'∉t la form∉? Il n'y à rien an l'or∉son qui so∉t d∉ l'Orateur, si c∉ n'∉t c∉ qu'on app∉ll∉ la collocacion. Car les moz, ni mém∉ les santanc∉s, n∉ sont point du sien. Les moz, sont du Peupl∉: Les santanc∉s, sont des concepcions univ∉rs∉ll∉s des Philosoph∉s [...]. An quo∉ gít l∉ jug∉mant, sinon an l'ordonnanc∉? C∉ n'∉t rien qu∉ d'avo∉r les pi∉rr∉s, la chau, e l∉ sabl∉: qui n'à l∉ cho∉s d∉ les m∉ttr∉ an bonn∉ e conv∉nabl∉ assiet∉» et encore ceux de l'*Art poétique*, p. 19 (252). Pour une réflexion sur la disposition comme principe scientifique chez Peletier, voir S. Bamforth, «Peletier du Mans and 'scientific eloquence'», *Renaissance Studies*, vol. 3, n° 2, 1989, p. 208 sq.

LA TEORIQUE E LA PRATTIQUE SONT DEUS SEURS SI GEMELLES[3]

La partie centrale de l'épître à Z. Gaudart retrace l'itinéraire intellectuel de J. Peletier de 1536 (?)[4] à 1555, année où paraît l'*Art poétique*. Dans la revue qu'il dresse alors de ses ouvrages, Peletier ne dit mot de la réforme orthographique qu'il promeut depuis quelques années et applique depuis peu à l'ensemble de ses ouvrages, ni de la traduction de l'*Épître aux Pisons* qu'il a proposée dès 1541. En refusant de faire la moindre allusion à ces travaux dans l'avant-propos, Peletier se coupe d'une argumentation qui lui aurait permis de mettre en valeur la permanence de ses préoccupations. Doit-on imputer ce silence au fait que Peletier privilégie dans son récit ses ouvrages les plus récents, son recueil de poésie, l'*Amour des Amours*, paru au début de l'année 1555, et ses commentaires sur Euclide qui ne sortiront des presses de Jean de Tournes qu'en 1557 mais pour lesquels le libraire lyonnais a obtenu, comme pour l'*Art poétique*, un privilège de six ans daté du 4 mai 1555? Sans doute. L'épître adressée à Z. Gaudart, «Rec␣veur general de Lion», constitue en effet un bilan des premières productions lyonnaises de Peletier. Mais c'est peut-être que Peletier ne cherche pas à tout prix à souligner la continuité de ce qu'il nomme son étude et que l'orientation de son récit de vocation est différente.

En fait, c'est la définition même de la poésie et de son rapport à la science qui intéresse Peletier ici, et ceci peut expliquer également pourquoi il opère au sein de ses œuvres une sélection, mettant en valeur ses productions mathématiques ainsi que l'*Amour des amours*, son recueil de poésie encyclopédique. En effet, si la poésie est d'abord montrée comme un aimable passe-temps, celle-ci se charge

---

[3] «Proeme de Jaques Peletier sus le second livre de son Algebre», *L'Algèbre*, Lyon, Jean de Tournes, 1554, p. 120-121: «La Teorique e la Prattique sont deus seurs si gemelles, e ont une conspiracion si amiable ansamble: que l'absance de cete ci, rand celle la sans profit: e l'absance de celle la, cete ci sans reson. Le Pratticien, avec son usance, bien souvant ne connoét pas l'usage de l'euvre: e si bien il antand que c'ét, si ne sèt il quasi james e n'antand la reson de l'ouvrage. E pour ce, a bon droet ét il reputé ignorant an son Art. Le Teoricien, sachant pourquoe il se fèt, e ne le sachant fere: peùt justemant ètre estimè apprenti an sa Science: E tous deus ne meritet le nom que de démisavant».

[4] En 1536, Peletier abandonne le droit pour accepter une place de régent au collège de Navarre où il enseigne la philosophie. Il est possible que ce soit à cet événement ancien qu'il fasse allusion lorsqu'il écrit: «quand j'è vù ma fortune dedire mes intancions quant aus afers de manimant, l'un des moyens que j'è tousjours estimè qui rande les hommes non seulemant prudans, mes doctes e savans: Je me suis avisè d'impeter mon meilheur tans pour me rétirer sus mes Livres: pour acommoder mon etude à l'utilite des studieus» (p. 4 / p. 238). Il reste que l'expression («afers de manimant») est suffisamment vague et générale pour laisser place à d'autres interprétations. Peletier peut songer ici à un autre tournant capital de son existence, celui de 1547, année au cours de laquelle il renonce à sa charge de principal du collège de Bayeux et, plus généralement, à une carrière qui lui semblait promise de poète à la Cour.

peu à peu d'une profondeur nouvelle, comme en témoigne ce récit de la genèse de l'*Amour des amours*:

> E an cetᶒ alternativᶒ d'etudᶒs, mᶒ suis mis a rᶒvisiter quelquᶒs miens Ecriz, quᶒ jᶒ gardoᶒ d'assez long tans par dᶒvers moᶒ: léquez j'avoᶒ tirèz sus lᶒ Sugȩt tant populerᶒ dᶒ l'Amour. E les rᶒconnoȩssant, mᶒ print prᶒmierᶒmant anviᶒ dᶒ les poursuivrᶒ: si bien, quᶒ jᶒ mᶒ trouvè tout ebahi, quᶒ d'un passᶒtans, e commᶒ d'unᶒ dependancᶒ d'etudᶒ: j'ù dᶒ quoȩ fȩrᶒ un serieus jeu. Car antrant an bᶒsongnᶒ, dᶒ dessein an dessein, mᶒ survint un cȩrtein avis, quᶒ l'Amour etoȩt un Sugȩt plus capablᶒ quᶒ nᶒ l'avoᶒ pourgᶒtè au commancᶒmant. E dᶒ fȩt, suivant cetᶒ concepcion, mᶒ suis avanturè, d'un Amour nu e simplᶒ, an fȩrᶒ un general e univȩrsȩl: telᶒmant quᶒ par ma deduccion jᶒ dᶒmᶒnassᶒ un ebat amoureus, qui comprint an soȩ proufit e importancᶒ: fȩsant mon progȩt d'i pouvoȩr apliquer chosᶒs naturȩlᶒs, Cosmografiᶒ, Astrologiᶒ, e autrᶒs chosᶒs dinᶒs des plus nȩtᶒs e plus gravᶒs oreilhᶒs[5].

Comme l'a bien montré I. Pantin[6], une nouvelle redistribution des valeurs s'opère ici: quittant son statut subalterne de simple «recreacion» et d'exercice frivole, la poésie transcende l'expérience contingente de la passion amoureuse et permet d'accéder aux lois générales qui régissent l'univers. Sous couvert d'un récit anecdotique, Peletier réfléchit à une redéfinition de la poésie qui puisse réconcilier celle-ci avec la philosophie. En présentant, dans le dernier tiers de son épître, la genèse de son ouvrage théorique, Peletier ne lève pas directement le voile sur le lien qui pourrait exister entre cette définition ambitieuse de la poésie et les préceptes qu'il compte livrer à son public. En revanche, il se plaît à signaler les convergences qui existent entre les principes de composition à la source de son recueil poétique et les règles qu'il établit dans son art et, plus encore, à souligner les coïncidences qui existent entre la genèse de l'*Amour des amours* et celle de l'*Art poétique*. A propos du recueil poétique, Peletier rappelle trois données: le fait que l'*Amour des Amours* a été un temps interrompu avant d'être remis sur le métier, le fait qu'un sujet au départ commun a pu donner lieu à un sujet plus «capablᶒ», «general e univȩrsȩl», enfin, le fait que Peletier a pu appliquer à la trame amoureuse «chosᶒs naturȩlᶒs, Cosmografiᶒ, Astrologiᶒ, e autrᶒs chosᶒs dinᶒs des plus nȩtᶒs e plus gravᶒs oreilhᶒs». Or ces remarques constituent comme autant de «precepcions» du théoricien. Ainsi, la nécessité de laisser reposer un ouvrage, souvenir de l'*emendatio* prônée par Horace et Quintilien, est largement exposée dans l'*Art poétique* de Peletier[7]. Par ailleurs,

---

[5]   Peletier, *Art poétique*, p. 4-5 (238 / 239).

[6]   I. Pantin, *La Poésie du Ciel en France dans la seconde moitié du seizième siècle*, Genève, Droz, 1995, p. 172-174.

[7]   Peletier, *Art poétique*, p. 21-22 (254).

l'idée d'une tension qui permette progressivement à l'auteur de hausser et de transformer ainsi son sujet, bien qu'elle ne semble pas trouver son strict pendant dans les «precepcions» édictées à l'intérieur du livre, peut toutefois être rapprochée d'une des lois constitutives du poème héroïque[8]. Enfin, la remarque inaugurale sur l'intérêt d'«epand[rɇ] par tout un Euvrɇ les passagɇs dɇ Filosofiɇ»[9] trouve un écho dans les dernières pages de l'ouvrage, quand Peletier rappelle «qu'a notrɇ Poëtɇ ɇt necesserɇ la connoɇssancɇ d'Astrologiɇ, Cosmografiɇ, Geometriɇ, Phisiquɇ, brief dɇ toutɇ la Filosofiɇ»[10]. L'*Amour des Amours* est donc un bon livre de poésie puisque s'y trouvent appliqués les principes mêmes qui régissent la conception du poème appelé de ses vœux par Peletier. L'avant-propos sert ainsi à légitimer l'entreprise du recueil poétique et à en souligner la qualité. En somme, il vient remédier à un manque: l'*Amour des Amours* n'est précédé d'aucun texte préfaciel, d'aucune épître dédicatoire, d'aucun proème – fait plutôt rare dans l'œuvre de Peletier, et qui peut s'expliquer par la précipitation dont la sortie du recueil semble avoir été l'objet[11]. Sorte de postface à l'œuvre poétique, ce prologue en constitue ainsi habilement la défense mais rappelle, du même coup, le bien-fondé de la démarche du théoricien: Peletier peut arguer du fait que ses préceptes découlent d'une pratique exigeante, que le programme qu'il présente constitue aussi le fruit d'une expérience. La cohésion entre la pratique et la théorique, ces «seurs gemɇllɇs», est si étroite que Peletier finit par présenter la genèse de son œuvre spéculative dans des termes presque rigoureusement identiques à ceux qu'il a employés pour parler de son recueil de poésie:

> Mɇs voɇci qu'an rɇmuant menagɇ, j'è trouvè parmi mes confusions d'Ecriz (sɇlon la modɇ quɇ j'è dɇ fɇrɇ mes Caös, e puis mes Mondɇs) cɇrteins preceptɇs dɇ Poësiɇ, par ci par la, epanduz commɇ les feulhɇs dɇ la Sibilɇ, e mis par piecɇs an pɇtiz coins dɇ papier, commɇ l'imaginacion m'avoɇt aportɇ divɇrs poinz e divɇrsɇs rɇsons, an divɇrs tans e an divɇrs lieus. E les

---

8 *Ibid.*, p. 73-74 (305): «Lɇ commancɇmant doɇt ɇtrɇ modestɇ, apɇrt e antandiblɇ, a l'imitacion dɇ la Naturɇ: laquelɇ donnɇ aus chosɇs qu'elɇ veùt fɇrɇ durablɇs, unɇ originɇ dɇ pɇtitɇ e simplɇ montrɇ: mɇs avɇc preferancɇ dɇ beaute, pour les conduirɇ par accroɇssɇmant a leur pɇrfeccion».

9 *Ibid.*, p. 79 (310).

10 *Ibid.*, p. 89 (320). Peletier développe ici la liste qu'il donnait dans son prologue et explicite ce qu'il entendait par ces «autrɇs chosɇs dinɇs des plus nɇtɇs e plus gravɇs oreilhɇs».

11 Voir mon introduction à l'*Amour des amours*, Paris, STFM, 1996, p. XVI-XVII. Peletier n'at-il pas voulu à tout prix faire paraître l'*Amour des Amours* avant les *Hymnes* de Ronsard afin d'être le premier à introduire une poésie philosophique en français? Cette conjoncture comme les aléas de la publication peuvent sans doute expliquer l'absence de discours préfaciel dans l'*Amour des Amours*. Toutefois, il paraît aussi loisible d'avancer que Peletier a délibérément réuni en un seul et même prologue la présentation de son recueil poétique et de son ouvrage théorique afin de souligner la cohérence de son projet d'ensemble.

efeulh∉tant, e i trouvant beaucoup d∉ bons tr∉z, les uns d∉ mon prog∉t, les autr∉s pris des bons Ecriteurs: m∉ suis t∉nù an l'Amour d∉ mon Franço∉s. E m'à samblè qu∉ j∉ d∉vo∉ f∉r∉ pl∉sir a noz amateurs d∉ Poësi∉, an les leurs communiquant. Somm∉, j∉ m∉ suis mis a les ordonner: qui m'à etè c∉rt∉s un∉ fatigu∉ bien plus grand∉ qu∉ n'uss∉ pansè: vu la grand' m∉lang∉ que j'avo∉ a r'amasser. Or a quelqu∉ pein∉, an suis v∉nù a bout: e l'è mis au n∉t assez songneus∉mant[12].

A l'instar du précédent, ce court récit commence par rappeler le principe d'un travail laissé longtemps de côté avant d'être remis sur l'enclume, et explique comment du chaos initial a pu surgir une forme organisée. A partir d'écrits confus, l'art poétique se constitue progressivement, et au prix d'un labeur important, en un livre où seront visés des principes «généraux et universels». C'est du moins l'objet de la première partie de l'ouvrage, transcendant les poétiques particulières aux nations et consacrée aux «precepcions univ∉rs∉l∉s d∉ la Poësi∉»[13] mais aussi, finalement, l'ambition de l'ensemble du propos[14]. De la même manière qu'il avait réussi à convertir un «Amour nu e simpl∉, an [...] un general e univ∉rs∉l», Peletier avouera-t-il au moment de conclure l'*Art poétique* avoir «adr∉cè» ses lecteurs «d∉ la Poësi∉ vulgu∉r∉ a la vr∉∉ armoni∉ Musical∉»[15]. Les deux récits sont presque interchangeables ainsi que les termes de «poésie» et d'«amour». Quant au projet de Peletier de pouvoir «apliquer chos∉s natur∉l∉s» à la trame de son ouvrage, il est ici mis en œuvre par le truchement d'une métaphore cosmogonique qui rapproche la genèse poétique de la genèse du monde («s∉lon la mod∉ qu∉ j'è d∉ f∉r∉ mes Caos...»). L'*Art poétique* recourra fréquemment à des images puisées dans l'univers des sciences, et Peletier n'hésitera pas à reprendre les propos de Macrobe définissant «la Strof∉ [...] a l'exampl∉ e imitacion du dro∉t tour ou mouv∉mant du Ciel et∉le: e l'Antistrof∉ [...] a l'imitacion du cours retrograd∉ des Plan∉t∉s», à comparer l'œuvre héroïque à «un∉ Mer, einço∉s une form∉ e imag∉ d'Univ∉rs»[16]. Finalement, l'œuvre théorique requiert la même élaboration que celle que suppose le recueil poétique, et ce qui semble suggéré par ce récit parallèle est aussi que l'art poétique est un livre de poésie. Voilà sans doute une des réponses possibles à la question que nous soulevions: la première conséquence sur l'art poétique de la redéfinition de la poésie opérée dans cette épître est de trans-

---

12   Peletier, *Art poétique*, p. 5-6 (239).

13   *Ibid.*, p. 53 (285).

14   «Notr∉ intancion ∉t d∉ former ici un Poët∉ pour tout∉s langu∉s univ∉rs∉l∉mant», *ibid*, p. 34 (266). Voir encore Peletier, *Oratio Pictavii in prælectiones mathematicas*, Poitiers, J. et G. Bouchet, 1579, p. 14: *Edidi [...] de arte Poëtica Libros duos, etiam soluta oratione: quibus non Gallis tantummodo hominibus, sed cunctis prorsus nationibus, Poëseos præcepta dedimus*.

15   *Ibid.*, p. 88 (319).

16   *Ibid.* Voir respectivement p. 66 (298) et p. 73 (305).

former ce dernier en opuscule poétique (et philosophique)[17]. L'art poétique ne peut plus être un modeste manuel destiné aux «apprentifs». Habité par une conception nouvelle de la poésie, l'art poétique de Peletier doit trouver une forme nouvelle susceptible de faire entrer la Muse à l'Ecole. Et si, dans la pratique, la poésie encyclopédique semble permettre de réconcilier poésie et gravité, il reste à créer, pour la théorie, un didactisme poétique, dont nous voudrions préciser maintenant certaines modalités.

MÈMĘS ES CHOSĘS LES PLUS DIFICILĘS E LABORIEUSĘS, [...] L'AMOUR I ĘT INSEPARABLĘ[18]

Si nous percevons mieux désormais les relations étroites qu'entretiennent le deuxième et le troisième mouvement de l'épître à Z. Gaudart, l'évocation du parcours autobiographique et celle de la genèse de l'*Art poétique*, il reste à nous interroger sur la pertinence de l'étonnante entrée en matière et sur la manière dont elle s'articule au reste du propos. Ce qui est patent, c'est que le substantif *amour* et ses dérivés parcourent l'ensemble du prologue[19], de même que le champ sémantique du plaisir ou de la «volupté» («delectacion / delecter, recreacion / recreer, anvię, plęsir»). Sans doute y a-t-il ici une volonté d'instaurer un pacte de lecture, capable de faire pénétrer dans un enthousiasme commun tous les acteurs concernés par le processus poétique: l'amour et la volupté mettent en mouvement le poète (ou le poéticien, peu importe) lequel, tout en en conservant une part pour lui, en insuffle son ouvrage pour des lecteurs déjà happés par ce délire amoureux qui se confond avec le délire poétique: Z. Gaudart et l'ensemble des lecteurs de l'œuvre sont en effet déjà des «amateurs» de poésie. Les différents partenaires qui se trouvent à la source ou à la réception de l'acte poétique sont donc reliés par cette chaîne qui n'est pas sans rappeler celle qu'évoque Platon dans l'*Ion*. Aussi l'art poétique de Peletier sert-il moins à éduquer qu'à communiquer du plaisir, moins à former un poète *stricto sensu*

---

[17] Voir sur ce point les conclusions de mon article, «Le style des arts poétiques en France au XVIᵉ siècle: incursions, réflexions méthodologiques, hypothèses», *NRSS*, 18-1, 2000, p. 75-76.

[18] Peletier, *Art poétique*, p. 3 (237).

[19] Après avoir rappelé «l'amour [qu'il a] tousjours portè au public», Peletier évoque «lę Suget tant populerę dę l'Amour» et comment il a pu convertir «un Amour nu e simplę» en un Amour plus général, comprenant que «l'Amour etoèt un Suget plus capablę» qu'il ne l'avait initialement prévu. En rédigeant l'*Art poétique*, il confesse encore s'être tenu «an l'Amour dę [s]on Françoęs» et avoir voulu «ferę plęsir [aux] amateurs dę Poësię». Enfin, il termine son épître en rappelant l'«amour» que Zacharie Gaudart a toujours porté aux lettres.

qu'à apprendre à ce dernier à «de̸sirer e̸tre̸ pre̸miere̸mant Poëte̸»[20]. Il ne s'adresse qu'au poète bien né, c'est-à dire à celui qui est déjà happé par le désir et assujetti à lui, et l'art poétique a finalement pour seule mission d'entretenir ce désir et le faire fructifier[21]. Dans ce cadre, l'art de poésie charrie moins de la doctrine que de l'émotion ou ne peut, au minimum, transmettre la première sans la seconde[22].

En affirmant ainsi que l'amour, c'est-à-dire le désir de beauté[23], gouverne l'art de la poésie et anime tous ceux qui prennent part à la création poétique, Peletier rappelle à l'orée de son livre une théorie qu'il emprunte dans une large mesure à Marsile Ficin, selon laquelle l'amour est à la fois la source, le moteur et la fin de tout art. Les premières phrases de son prologue ressemblent, à s'y méprendre, à certains passages du *Convivium*[24]. La formulation de ces idées est fréquente chez Peletier, que ce soit dans les proemes de l'*Algèbre* – où la théorie de la connaissance, fondée sur le «curieux désir», s'exprime plutôt dans des termes proches de ceux de Nicolas de Cuse – ou bien encore dans les sonnets,

---

[20] Peletier, *Art poétique*, p. 88 (319): «Voe̸la, Signeur Gaudart, ce̸ que̸ nous avions a dire̸ des anseigne̸mans Poëtique̸s. An quoę nous pretandons avoe̸r fe̸t *ple̸sir* a tous ceus de̸ notre̸ France̸ qui sont de̸ la profession. [...] Aus autre̸s qui n'ont ancore̸s que̸ les ignicule̸s e prome̸sse̸s a la grandeur, j'aure̸ fe̸t singuliere̸ commodite, [...] de̸ leur avoe̸r apris a *de̸sirer* e̸tre̸ pre̸miere̸mant Poëte̸s, e puis Poëte̸s Françoe̸s». C'est nous qui soulignons.

[21] *Ibid.*, p. 52 (283): «Nous n'avons pas antre̸pris au commance̸mant d'instruire̸ le̸ Poëte̸ mal ne: il nous sufira d'avoe̸r mis ici, non la multitude̸ des Vice̸s, qui se̸roe̸t chose̸ trop annuieuse̸: me̸s la notable̸ me̸rque̸ des plus insine̸s: qui devra e̸tre̸ assez a ce̸lui qui aura *anvie̸de̸* connoe̸tre̸ ce̸ qu'il doe̸t fuir ou suivre̸». C'est nous qui soulignons.

[22] Nous partageons entièrement les conclusions de l'article de C. Jomphe, «Lecture, émotion et économie dans l'*Art poétique* de Jacques Peletier du Mans», *NRSS*, 18-1, 2000, p. 95-111.

[23] M. Ficin, *Commentaire sur le Banquet de Platon*, I, IV, éd. R. Marcel, Paris, Belles Lettres, 1978, p. 142: *Cum amorem dicimus, pulchritudinis desiderium intelligite. Hec enim apud omnes philosophos amoris definitio est* («Et quand nous disons Amour, comprenez désir de Beauté. Telle est, en effet, pour tous les philosophes, la définition de l'Amour»).

[24] *Ibid.*, III, III, p. 163: *Restat post hec ut quo pacto magister artium omnium et gubernator sit exponamus. Magistrum quidem artium esse intelligemus si modo considerabimus neminem umquam artem aliquam aut invenire aut discere posse, nisi investigationis oblectatio et inveniendi desiderium incitet, et qui docet, discipulos diligat ac discipuli eam doctrinam avidissime sitiant. Gubernator preterea merito nominatur. Artis enim opera diligenter exequitur atque exacte consumat, quicumque et artificia ipsa et personas quibus illa fiunt, maxime diligit. Accedit ad hec quod artifices in artibus singulis nihil aliud quam amorem inquirunt et curant* («Il nous reste maintenant à exposer comment l'Amour est le maître et le guide de tous les arts. Nous comprendrons qu'il est maître des arts en constatant simplement que jamais personne n'a pu découvrir ou apprendre un art quelconque sans y être poussé par le plaisir de la recherche ou le désir de l'invention. De même il faut que celui qui enseigne aime ses disciples et que ses disciples aient une soif ardente de sa doctrine. En second lieu, c'est fort à propos qu'on le nomme guide, car quiconque aime vraiment les œuvres d'art et les artistes exécute avec soin ces mêmes œuvres et les conduit à leur perfection. Et il faut ajouter que dans tous les arts les artistes ne recherchent et ne cultivent rien d'autre que l'Amour»).

plus nettement inspirés par Ficin, de l'*Amour des amours*[25]. Définie dans l'épître à Z. Gaudart en termes platoniciens (comme l'indique, par exemple, la figure de correction par laquelle Peletier substitue au terme plus équivoque de volupté celui d'amour), la théorie de l'amour, si elle ouvre le prologue, en assure *in fine* la cohésion, puisqu'en évoquant la genèse de ses différentes œuvres, Peletier ne cesse de revenir sur ce « dǿsir insaciablǿ »[26] qui constitue comme la source et la fin de son activité. De fait, si le poète manceau se plaît souvent à rappeler qu'il a abandonné son ouvrage pour le reprendre quelque temps plus tard, c'est moins – comme on pourrait être tenté de le croire – pour le peaufiner à l'instar d'Horace ou de Quintilien qu'afin que puisse renaître le désir de continuer : il s'agit avant toute chose de retrouver cette « ardeur extrodinerǿ » qui habite « ceus qui ont long tans intǝrmis unǿ chosǿ qui leur ǝt dǿ bien exprǝssǿ profession », de retrouver cette « enviǿ de poursuivrǿ »[27]. Aussi, au cours d'un prologue aux allures parfois dilettantes, Peletier réfléchit-il sur les principes qui animent la connaissance et la création, sur le lien intrinsèque qui unit le désir, le plaisir et le labeur, la recréation et la récréation[28]. En ce début de texte, Peletier réfléchit à l'origine de la création et à son mystère et, s'inspirant de la théorie néo-platonicienne de l'amour, c'est tout naturellement qu'il en vient par la suite, mais comme par boutade, à évoquer une méthode sienne qui consiste à « faire ses Chaos et puis ses Mondes ». Peletier renvoie en fait, avec négligence mais dans des termes précis[29], à toute une réflexion chère à Ficin, qui fait justement de l'Amour la puissance créatrice et organisatrice permettant de porter toute créature à l'origine chaotique vers ce qui est forme ou monde. Peletier

---

[25] Voir respectivement le « Proeme de Jacques Peletier sus le premier livre de son Algebre », *L'Algèbre*, Lyon, Jean de Tournes, 1554, non paginé (Lǿ dǿsir dǿ l'hommǿ ǝt autant insaciablǿ, commǿ les chosǿs dǿsirablǿs sont infiniǿs, e la connoǝssancǿ universǝllǿ impossiblǿ. Cetǿ variete d'objez meùt e incitǿ les vǝrtuz dǿ l'amǿ inegalǿmant : laquelǿ dǿ dǿgre an dǿgre sǿ haussǿ jusquǿs a l'ebahissǿmant. Vrey ǝt, quǿ quand les chosǿs sǿ sont lǝssǿs attirer an parfǝttǿ connoǝssancǿ: ǝllǿs font d'unǿ part, cǝsser la mǝrveilhǿ : mǝs ǝllǿs l'augmantǝt dǿ l'autrǿ) et l'*Amour des amours*, XXIX, v. 12-14, éd. cit., p. 48. Sur le caractère fondamental de cette théorie dans la pensée de Peletier, sur ses soubassements philosophiques et ses divers développements dans l'ensemble de l'œuvre de Peletier, voir le beau livre d'H. Staub, *Le Curieux Désir : Scève et Peletier du Mans, poètes de la connaissance*, Genève, Droz, 1967, p. 11-34. Mais le critique n'a pas été sensible au rôle que joue cette théorie dans l'*Art poétique*, cette œuvre étant presque absente du corpus qu'il étudie.

[26] Peletier, *Art poétique*, p. 89 (320).

[27] *Ibid.*, p. 4-5 (238). Sur cette méthode de Peletier, voir encore d'autres exemples recensés dans l'introduction à l'*Amour des amours*, éd. cit., p. XV, n. 65.

[28] Peletier profite de la double signification de recréer, profitant du fait que le XVIᵉ siècle confonde encore sous le même vocable *récréer* et *recréer*.

[29] Voir Ficin, *op. cit.*, p. 139 : *Chaos Platonici informem mundum vocant, mundum vero formatum chaos* (« Les Platoniciens appellent chaos, le monde sans forme, et monde, le chaos formé »).

avait déjà développé cette idée dans l'*Amour des amours*, ce qui lui permettait d'annoncer comment l'amant pouvait passer du désordre amoureux et terrestre à un amour plus général, celui, cosmique, d'Uranie[30]. Dans l'*Art poétique*, l'amour conserve cette force élévatrice et médiatrice, qui fait passer le poète de l'informe de la conception et de l'expression à une forme, celle du poème, mais qui, par delà, permet l'accès de la poésie nue et simple à la Poésie générale et universelle. Porté par un même élan que l'amant, le poéticien verra son enseignement d'une poésie frivole se muer en l'enseignement d'une Idée de la Poésie, laquelle a pour fin ultime la compréhension des lois générales. Si le chant du recueil poétique précisait en quoi l'ouvrage pouvait à bon droit s'appeler l'*Amour des amours*, notre prologue, de manière parallèle, justifie en quoi cet art est en quête de la Poésie de la poésie.

On pourra néanmoins s'étonner de voir un discours si ambitieux sur la poésie et sur l'art poétique emprunter les voix d'un prologue (pour le moins) peu inspiré, parfois franchement négligent, voire humoristique. N'y a-t-il pas en effet du côté de Peletier quelque malice à vouloir accentuer le caractère fortuit de ses retrouvailles avec des bouts de papier épars, à faire ainsi part à son lecteur de ce remue-ménage et à lui confesser que ce qu'il va lire n'est tout bonnement que l'assemblage de quelques fonds de tiroir? En somme, ne risquons-nous pas de vouloir à tout prix restituer une cohérence à une épître qui ne la cherche assurément? Et en tous cas, comment expliquer que ce discours ne délivre qu'en pointillé, à sauts et à gambades, la théorie qu'on croit y lire et qu'il n'use pas davantage d'une rhétorique démonstrative? Peletier préfère adopter un ton «recreatif e serieus tout ansamblɇ»[31] qui maintienne la gaieté et la gravité, le plaisir et la doctrine, et il reste en cela fidèle à son propos et à la définition qu'il donne de l'*Amour des amours* comme d'un «un serieus jeu». En effet, bien qu'il soit le promoteur d'une poésie réconciliée avec la philosophie, Peletier conserve, du fait sans doute de sa formation même, une conscience aiguë de la distinction et de la spécificité des deux domaines: la «littérature» reste du côté du jeu (même s'il est sérieux), exerçant une fonction critique, déstabilisante à l'égard des systèmes de pensée: en s'amusant, dès les premières lignes de l'*Art poétique*, à poser comme synonymes *volupte* et *amour*, Peletier opère une reformulation paraphrastique peu conforme à la tradition néo-platonicienne, et signale d'emblée que son ouvrage, quoique imprégné par la théorie

---

[30] L'*Amour des Amours*, Chant, v. 65-76, éd. cit., p. 17: «Dirè jɇ pas bien sans ɇrreur, / Quɇ par l'amoureusɇ antrɇprisɇ / Dɇ cɇ Caos la vaguɇ horreur / Sa bɇllɇ corporancɇ à prisɇ? / Quand cɇ qui n'etant point, etoɇt / An un desordrɇ si enormɇ, / Ton amitie lui aprɇtoɇt / Si bɇllɇ e si spectablɇ formɇ / O pouvoɇr d'Amour assure, / D'avoɇr sù fɇrɇ un Cors d'unɇ Ombrɇ! / Cet Abimɇ avoɇr mɇsurè / Cɇ Nul avoɇr reduìt an Nombrɇ!»

[31] Formule que Peletier applique à Lucien dans son Apologie à Louis Meigret qui précède le *Dialogue de l'Ortografe e Prononciacion Françoese*, éd. cit., p. 5.

ficinienne, ne cherchera pas à en constituer une version fidèle. D'autre part, il semble que Peletier souhaite ménager au sein même de son écriture une dynamique qui lui permette de hausser progressivement son style et de donner à lire une progression rendant compte de la mutation qu'il est en train d'opérer.

CERTEINS PRECEPTE̸S DE̸ POËSIE̸ EPANDUZ COMME̸ LES FEULHE̸S DE̸ LA SIBILE̸

Nous voudrions préciser certaines conséquences essentielles de cette théorie sur la forme même que revêt l'art poétique et réfléchir à la manière dont Peletier envisage ce que nous avons pu nommer une pédagogie inspirée ou un didactisme poétique. Si le prologue semble en partie muet sur la question de ses modalités, il est pourtant fort utile pour en dégager certains principes.

En refusant durant tout le prologue de s'expliquer sur son titre et même d'employer le terme d'*art*, Peletier cherche à éviter que l'on confonde son ouvrage avec un manuel d'exercice, que l'on l'apparente à une simple *technè*. Sébillet, à qui un problème similaire se posait, avait redéfini à sa guise, au seuil de son ouvrage, l'encombrant substantif («me soit permis de nommer art ce que plus proprement j'appellerai divine inspiration[32]»). Peletier préfère pour le moment esquiver cette difficulté et, pour présenter son opuscule, évoquer des «precepte̸s de̸ Poësie̸, par ci par la, epanduz comme̸ les feulhe̸s de̸ la Sibile̸». Que penser d'une telle comparaison entre les «pe̸tiz coins de̸ papier» épars et confus de Peletier et les fragments inspirés que la sibylle livre au vent sur des feuilles de palmier? Le lecteur hésite à prendre au sérieux cette analogie, d'autant qu'il peut avoir en mémoire le traitement pour le moins burlesque que Rabelais a proposé de la même scène dans le *Tiers Livre*[33]. Est-ce là une sibylle de Panzoust ou la sibylle de Cumes? Récréative et sérieuse tout ensemble, cette image renvoie cependant d'abord à l'univers de l'*Enéide* et au célèbre chant VI où, grâce à l'aide de la devineresse, Enée descend chez les morts, muni du rameau d'or. L'épisode, qui a tant retenu l'attention de Peletier et de ses contemporains, est encore évoqué dans la conclusion de l'*Art poétique*[34]. En se compa-

---

[32] T. Sébillet, *Art poétique français*, éd. cit., p. 52.

[33] Voir les chapitres XVI à XVIII du *Tiers Livre*.

[34] Peletier, *Art poétique*, p. 90 (321). Le chant VI de l'*Enéide* est celui qui a le mieux contribué à assurer à Virgile une réputation de mage ou de théologien. Voir, sur ce point, I. Pantin, «*Spiritus intus alit*: échos du discours d'Anchise dans la poésie française de la Renaissance», *Europe*, 765-766, janv. 1993, p. 118-129. Peletier avait déjà traduit une partie du discours d'Anchise dans *L'Algèbre*, p. 123-124. Voir aussi l'*Art poétique*, p. 79 (310). Dans ses *Euvres poétiques* de 1581 (Paris, R. Coulombel), Peletier proposera encore une traduction de l'épisode du rameau d'or.

rant plaisamment à la sibylle, Peletier s'arroge subrepticement certaines de ses
fonctions ; par le détour de cette image (dont la portée se voit confirmée par la
suite du livre et notamment par sa conclusion), le poéticien devient cet intermédiaire entre la divinité et les hommes, introduisant ces derniers aux secrets
des Dieux et permettant aux initiés bien nés d'accéder au rameau d'or. Sorte de
passeur, il est celui qui révèle la « ré̸ligion des Musé̸s » et fait pénétrer dans leurs
« saints antré̸s »[35]. Mais afin de ne pas faire fuir l'inspiration qui ne se peut avoir
par force et qui est rétive à l'Ecole, il se doit de procéder par le truchement
d'une parole oraculaire semblable à celle de la sibylle. Là est sans doute une des
grandes ambitions, une des grandes nouveautés et une des vraies gageures de
l'*Art poétique* de Peletier : tenir ensemble les impératifs de la Muse et celles de
l'art ou, pour reprendre les mots de Peletier, mettre en ordre les préceptes de la
sibylle. Une des conséquences immédiates de ce programme est bien sûr la
suppression de données par trop techniques, listes de rimes, de vices ou d'ornements qui encombraient les arts de seconde rhétorique. Mais c'est déjà là le
projet, quoique inabouti, de Sébillet tout comme celui, plus net encore, de la
Deffence. L'originalité de l'opuscule de Peletier consiste plutôt dans la manière
qu'a le poéticien manceau de voiler en partie ses préceptes et, par ailleurs, de
ménager une progression, un processus de découverte.

Tel que le conçoit Peletier, l'art poétique est là pour « montrer au do̸e »[36] et
s'arrêter là, sur le bord du seuil ; sa mission consiste juste à susciter le désir du
poète, ou à renouveler ce désir en veillant toujours à ce que celui-ci ne puisse
jamais être assouvi. Au moment où il aborde la question des rapports de la
nature et de l'exercice (I, II), Peletier en vient à réfléchir sur sa propre pratique
de théoricien cherchant à concilier l'inspiration et le travail, et ces réflexions
développent ce qui n'était que suggéré par le prologue :

> Nous avons ici antré̸pris d'anseigner la puissancé̸ dé̸ l'Art : e dé̸ donner
> adrecé̸ au jeuné̸ hommé̸ bien nè, par les precepté̸s qué̸ nous an ecrirons. Non
> pas qu'il soèt an nous dé̸ tout diré̸, ni ancoré̸s expediant : eins an faut lé̸sser
> quelqué̸ partié̸ a la felicite. C'é̸t chosé̸ dé̸ conseilh, qué̸ d'é̸tré̸ brief an
> ses precepcions [...]. Les precepté̸s d'un Art, né̸ sont qué̸ manieré̸s dé̸
> Memoeré̸s, qui eveilhé̸t lé̸ Lecteur pour aler pratiquer parmi lé̸ mondé̸ des
> Auteurs : e ré̸connoé̸tré̸ an l'imagé̸ vif, la sutilite des tré̸z qu'on lui à balhèz
> par avé̸rticé̸mant[37].

Peletier enseigne moins l'art que sa puissance ; il donne adresse, ouvre des
pistes, toujours soucieux de ne pas contraindre celui qu'il compte former. En
somme, son art enseigne moins qu'il n'inspire et ne suggère. Un tel programme

---

[35]   Peletier, *Art poétique*, p. 90 (321).

[36]   *Ibid.*, p. 13 (246).

[37]   *Ibid.*, p. 13 (246). Sur ce texte, voir le commentaire de C. Jomphe, art. cit., p. 97-98.

exige assurément une brièveté, faite de densité à l'instar de la parole formulaire de la sibylle. Cette manière d'envisager un art de poésie ressemble à s'y méprendre à la conception que Peletier expose de la fable[38]. Le poéticien, comme le poète, ne «déclame pas en une école». Il sert d'aiguillon, dévoile mais sans tout découvrir; c'est ainsi qu'à deux reprises dans un chapitre consacré aux néologismes (I, VIII), Peletier suspend son discours, «creignant dɇ trop decouvrir l'Art»[39]. Au demeurant, ce que Peletier admire en Virgile, son «principal guidon», c'est précisément cette manière qu'a l'auteur latin de «dissimuler cɇrteins passagɇs, e dɇ les diferer a un autre tans», d'enfouir ses beautés («Qui chɇrchɇra bien dɇdans Virgilɇ: il i trouvɇra tousjours quelquɇ sɇcrɇt, jɇ dì exprɇssemant couvɇrt dɇ l'auteur»), secrète manière qui garantit à son lecteur un désir toujours renouvelé («Virgilɇ tant plus vous lɇ lisèz e antandèz: plus vous l'admirèz e plus lɇ voulèz rɇlirɇ»)[40].

De l'œuvre héroïque, il conserve aussi cette manière de hausser progressivement son poème, de ménager une tension[41], tenant à l'instar de Virgile son «Lecteur suspans, dɇsireus e hátif»[42]: c'est ainsi qu'en commentant *l'Enéide*, Peletier s'arrête brusquement au cours du premier livre à l'examen du chant IV et diffère la suite jusqu'au huitième chapitre du second livre[43]. A une organisation parfois sciemment dilatoire Peletier adjoint une disposition globalement ascendante: C. Jomphe a montré comment les derniers chapitres de l'*Art poétique* sont animés par une tension nouvelle, et comment l'analyse de l'œuvre héroïque se conclut sur une péroraison copieuse, qui joue des ressorts du

---

[38] «Commɇ sont, antrɇ autrɇs, les Fablɇs: léquelɇs faut seulɇmant *toucher an passant, pour an donner la rɇmambrancɇ au Lecteur: E non pas les decrirɇ tout au long*; [...] Car an racontant unɇ Fablɇ tout antierɇ, c'ɇt commɇ si un Orateur obsɇrvoɇt formɇlɇmant toutɇs les precepcions dɇ Retoriquɇ, e tout par ordrɇ; aussi supɇrsticieusɇmant, *commɇ s'il declamoɇt ancor an unɇ Ecolɇ*», *ibid.*, p. 42 (273). C'est nous qui soulignons. Sur l'art de condenser la fable, on pourra consulter parmi d'autres la «Préface de Marc Antoine de Muret» sur *les Amours* de Ronsard (1553) in Ronsard et Muret, *Les Amours, leurs commentaires*, éd. par C. de Buzon et P. Martin, Paris, Classiques Didier érudition, 1999, p. 7-10. Muret explique qu'il s'est vu souvent obligé de décrire, de développer certaines allusions de Ronsard – ce qui, *de facto*, fait de Ronsard un grand poète...

[39] *Ibid.*, p. 37 (269). Voir encore, p. 38 (270): «E d'autrɇs telɇs composicions artificielɇs, quɇ jɇ n'è bɇsoin dɇ declerer ici dɇ peur dɇ cɇ quɇ j'è dit un peu dɇvant».

[40] *Ibid.*, respectivement, p. 19 (252), 22 (255), 51 (282) et 85 (316).

[41] Voir le jugement de Peletier sur Homère dans ses *Œuvres poétiques*, Paris, Vascosan, Galiot du Pré et Corrozet, 1547, «Au très chrétien Roy», v. 169-173: «Icy voit on la merveilleuse suite / Du grand Homère en très bon ordre instruitte: / Car il premet un modeste proesme / Et par degrez il hausse son poeme».

[42] Peletier, *Art poétique*, p. 78 (310).

[43] Pour un commentaire de ce procédé, voir C. Jomphe, art. cit., p. 102 ainsi que J.-C. Monferran et O. Rosenthal, «le Poème héroïque dans les arts poétiques français de la Renaissance: genre à part entière ou manière d'illustrer la langue», *RHLF*, 2000, 2, p. 209-211.

movere[44]. La conclusion de l'ouvrage apparaît de fait comme la fin ultime de ce mouvement : écrite dans une prose cadencée qu'ignorait assurément le prologue, elle multiplie les effets oratoires, et notamment les figures de nombre. Formant clairement un diptyque avec l'épître liminaire à Z. Gaudart auquel elle est également adressée, cette conclusion en reprend à vrai dire les soubassements théoriques mais dans une prose nouvelle qui n'a plus rien à voir avec celle, récréative, du début, et le lecteur passe ainsi du récit des aléas de la composition des ouvrages de Peletier, récit d'apparence subjective sinon anecdotique, à un discours inspiré et général sur « le Poète ». En consacrant ses premières pages aux principes qui éclairent la création et expliquent la genèse du poème et ses dernières aux conditions dans lesquelles surgit un poète, Peletier reprend la bipartition *ars / artifex* traditionnellement prêtée à l'*Art poétique* d'Horace. Mais si le ton de l'épître liminaire à Z. Gaudart pouvait s'apparenter à la manière horacienne, à son badinage comme à sa bigarrure, il n'en est plus de même pour la « Conclusion de l'œuvre » qui rappelle la célèbre « Conclusion » de la *Deffence* et lui emprunte, au-delà de son titre, son ton véhément, son ardeur et ses listes d'impératifs[45]. Mais là s'arrêtent les similitudes, et la dernière phrase de Peletier signale la divergence des deux projets. Pour clore son ouvrage, Du Bellay faisait surgir l'image d'un Hercule Gaulois et, à travers elle, en appelait au renouveau de l'éloquence (et de la poésie) françaises ; Peletier propose une image plus ambitieuse encore, celle du poète-philosophe, détaché de toute inscription géographique :

> E ici donn*e*rons conge a notr*e* Poët*e*, si premier nous l'av*e*rtiçons, qu'il *e*t sus
> tout*e*s chos*e*s a considerer, quel rol*e* il prand a jouer. C'*e*t, qu'il s*e* presant*e*
> pour la plus spectabl*e* p*e*rsonn*e* du Teatr*e* : e c*e* Teatr*e* *e*t l'Univ*e*rs[46].

---

[44] C. Jomphe, art. cit., p. 102-107.

[45] Les dernières pages de Peletier reprennent aussi plusieurs préceptes généraux évoqués par Du Bellay dans son avant-dernier chapitre (II, XI).

[46] Si la Conclusion de l'*Art poétique* tente de se situer par rapport au dernier chapitre de la *Deffence*, la dernière phrase de Peletier semble aussi et surtout récrire la première phrase de l'opuscule bellayen, adressée au Cardinal Du Bellay, dont elle reprend presque chaque mot, tout en en déplaçant singulièrement la portée (« Veu le personnaige que tu joues au spectacle de toute l'Europe, voyre de tout le monde, en ce grand Theatre romain [...] »). La phrase conclusive de Peletier reste par ailleurs énigmatique : elle cherche à promouvoir la figure d'un poète encyclopédique embrassant l'univers entier en même temps qu'elle semble définir le rôle que le poète doit jouer au sein de la sphère sociale. A ce titre, on pourra comparer cet *explicit* avec un long développement du prologue du *Tiers Livre*, réfléchissant – avec plus de circonspection – sur la place et la légitimité de l'écrivain au sein de la société : « Par doncques n'estre adscript et en ranc mis des nostres en partie offensive, qui me ont estimé trop imbecille et impotent, de l'autre qui est defensive n'estre employé auculnement [...] tout m'estoit indifférent : ay imputé à honte plus que mediocre estre veu spectateur ocieux de tant vaillans, disers et chevalereux personnaiges, qui en veue et spectacle de toute l'Europe jouent ceste insigne fable et tragicque comedie [...] Car peu de gloire me semble accroistre à ceulx qui

Si le poète devient ainsi la personne la plus remarquable de l'univers, c'est parce que, d'une certaine manière, il est le mieux placé pour rendre compte des lois générales qui régissent le cosmos, lui qui a su embrasser par sa seule «cogitacion l'univers̸ structur̸ des chos̸s». La conception du poème, telle que Peletier la définit à l'orée de son œuvre, appelait cette figure de poète encyclopédique que l'*Art poétique* aura par paliers successifs contribué à faire jaillir et qui constitue l'apothéose de son parcours.

C'est dans un même élan que Peletier écrit l'*Amour des amours* et son *Art poétique*, les deux opuscules étant portés par une même conception de la poésie, chacun venant éclairer et justifier l'autre. A l'instar du recueil poétique, écrit «à l'imitation de Platon»[47] mais continuellement tendu entre ce projet et celui d'une appréhension sensible des phénomènes naturels, l'*Art poétique*, bien qu'il soit habité par une idée ficinienne de la poésie, ne constitue pas pour autant une version cohérente de la théorie néo-platonicienne. Peletier hérite sans doute de cette dernière une conception ambitieuse du Parnasse qui modifie profondément sa manière d'envisager, d'écrire et de transmettre un art de poésie. Mais le projet qu'il définit à l'orée de son livre et qu'il précise encore dans ses dernières pages n'est assurément pas tenu de bout en bout, ravalé qu'il est souvent par un regard distancié, sinon critique. C'est aussi que ce projet vient nécessairement se heurter à la question de l'art et de son enseignement. Contrairement à Ronsard qui, par une pirouette initiale, esquive la difficulté propre à l'art poétique de la Pléiade, en rappelant comme pour s'en débarrasser d'entrée et ne plus en tenir compte que «l'art de poësie ne se [peut] par preceptes comprendre ny enseigner, pour estre plus mental que traditif»[48], Peletier a le mérite de placer au cœur même de sa réflexion cette incessante interrogation, dont la réponse est par essence quelque peu déceptive: comment faire pour concilier la Muse et l'Ecole? Comment instituer une école des Muses? L'épître à Z. Gaudart, qui ouvre son livre, ne fait (forcément) que laisser deviner et espérer au lecteur certaines voies d'accès au rameau d'or.

Jean-Charles MONFERRAN
Université Paris IV-Sorbonne

---

seulement y emploictent leurs œilz [...]. Prins ce choys et election, ay pensé ne faire exercice inutile et importun si je remuois mon tonneau Diogenic» (éd. par J. Céard, Paris, Livre de Poche, 1995, p. 21-23).

[47] Peletier, *Oratio Pictavii in prælectiones mathematicas*, éd. cit., p. 13 (*Platonis imitatione*).

[48] Ronsard, *Abrégé de l'Art poétique français*, in Ronsard, *Œuvres complètes*, Paris, Gallimard, 1994, «Bibliothèque de la Pléiade», éd. par J. Céard, D. Ménager et M. Simonin, t. II, p. 1174 (éd. par F. Goyet, p. 467).

UN TEXTE MINEUR
DE JEAN-ANTOINE DE BAÏF ?
DU NOUVEAU SUR *L'EUNUQUE*

A quelques exceptions près[1], la critique a eu tendance à considérer *L'Eunuque* de Jean-Antoine de Baïf comme un texte mineur, comme «une traduction, sans plus», nettement inférieure à son adaptation plautinienne, *Le Brave*[2]. Dans les études sur la comédie française de la Renaissance, *L'Eunuque* est donc le plus souvent ignoré ou relégué au niveau d'une note, condamné soit au silence et à l'oubli, soit à de très brèves références ou à des jugements réductionnistes et défavorables[3]. Certains critiques cherchent même à excuser la pièce de Baïf en la considérant comme une œuvre de collégien ou d'écolier[4].

Relativement négligé par une critique indifférente qui se montrait trop prête à répéter des formules reçues et des idées périmées, *L'Eunuque* a su nous réserver

---

[1] Cf. p. ex. les appréciations d'E. Lintilhac, d'E. Chasles et de Madame Dacier citées par H. Lawton, *Térence en France au XVIe siècle*, Paris, Jouve & Cie, 1926 (Genève, Slatkine Reprints, 1970), p. 525-526.

[2] Cf. M. Augé-Chiquet, *La vie, les idées et l'œuvre de Jean-Antoine de Baïf*, Toulouse, Privat; Paris, Hachette, 1909 (Genève, Slatkine Reprints, 1969), p. 184-186. Dans son étude sur le théâtre comique de Baïf («La comédie française de la Renaissance», *RHLF*, V, 1898, p. 234-237), P. Toldo a tort de conclure que la traduction de *L'Eunuque* est plus libre que celle du *Brave*. Pour une bibliographie récente du théâtre de Baïf, cf. J. Vignes, *Bibliographie des Ecrivains Français: Jean-Antoine de Baïf*, Paris-Roma, Memini, 1999, p. 160-167.

[3] Cf. M. Delcourt, *La tradition des comiques anciens en France avant Molière*, Paris, E. Droz, 1934, p. 15-17 («Il n'est pas nécessaire de s'attarder à étudier l'ennuyeux *Eunuque* de Baïf [...] c'est une traduction qui suit le texte pas à pas», p. 15); B. Terry, *The Life and Works of J.-A. de Baïf*, thèse de doctorat, Univ. of Alabama, 1966, p. 153-162 («Baïf's *Eunuque* [...] is at once too long and too tediously translated to hold the interest of the audience to the very end», p. 153); B. Jeffery, *French Renaissance Comedy: 1552-1630*, Oxford U. P., 1969, p. 9, 70; R. Lebègue, *Le théâtre comique en France de Pathelin à Mélite*, Paris, Hatier, 1972; M. Lazard, *La comédie humaniste au XVIe siècle et ses personnages*, Paris, PUF, 1978, p. 24; S. Maser, «J.-A. de Baïf, Dramaturge», *BHR*, XLVII-3, 1985, p. 555-567 (p. 558-559, 563); «*L'Eunuque, Le Brave, Devis des Dieux*. Introduction», *Théâtre français de la Renaissance. La comédie à l'époque d'Henri II et de Charles IX*, éd. E. Balmas et M. Dassonville, Florence, Olschki; Paris, PUF, vol. 8 (1564-1573), 1996, p. 169-184 («On comprend pourquoi *L'Eunuque* soit passé inaperçu des contemporains de Baïf», p. 174).

[4] Cf. B. Terry, *op. cit.*, p. 153-154 (qui cite l'avis de Ch. Lenient, *La satire en France ou la littérature militante au XVIe siècle*, Paris, Hachette, 1866); S. Maser, «J.-A. de Baïf, Dramaturge», art. cit., p. 559.

des surprises et nous cacher certains secrets. Acceptant les larges connaissances humanistes de Baïf et ses compétences linguistiques en grec et en latin comme points de départ et autant de données, les spécialistes qui ont jusqu'ici analysé les comédies de Baïf sont tous partis de l'idée que sa traduction de l'*Eunuchus* de Térence avait été effectuée directement, et exclusivement, du texte latin sans autre intervention intertextuelle.

Première surprise : ceci n'est pas le cas ! Lors de nos recherches en vue d'une future édition critique de *L'Eunuque*[5], nous avons étudié toutes les traductions françaises antérieures à la version manuscrite de la pièce de Baïf (1565)[6] – à savoir (1) *Therence en francois, prose et rime, avecques le latin*, Paris, Antoine Vérard, 1500-1503[7] ; (2) la version scolaire de l'*Eunuque*, de Joannes Ericius, Lyon, Thibaud Payan, 1552[8] ; (3) traductions de l'*Andrienne*, de l'*Eunuque* et de l'*Heautontimorumenos* dans l'édition dite *Triplex*, Lyon, Bonhomme ou Vincent, 1560[9] ; (4) *Les Sis [sic] Comedies de Terence, Tres-Excellent Poete Comique, mises en Francoys [...]*, Anvers, Jean Waesberghe, 1566[10].

---

5   Nos éditions critiques du *Brave* et de *L'Eunuque* vont paraître dans l'éd. des *Œuvres complètes de Jean-Antoine de Baïf* qui sera publiée par Champion sous la direction de J. Vignes.

6   Un ms. (qui n'est pas autographe) de « L'Eunuque de Terance [sic] par Bayf » se trouve dans la BNF à Paris (Fonds Français, 867). Selon une note au f. 52v° cette copie aurait été « Achevée Lendemain de / Noel devant jour / 1565 ». Une édition de *L'Eunuque*, avec appareil critique réduit au minimum et avec graphie, accentuation et ponctuation modernisées, a été publiée en 1996 par S. Maser : elle reproduit le texte du manuscrit de 1565 avec les quelques variantes de l'édition publiée dans les « Jeux » des *Euvres en rime* de Baïf (Paris, Lucas Breyer, 1573). Pour les détails de cette édition de Maser, cf. *supra*, n. 3.

7   Traductions textuellement reproduites dans *Le grant Therence en francoys, tant en Rime que en Prose*, Paris, Bossozel, Kerver ou Guillaume le Bret, 1539. Pour cette traduction en prose et en rime de 1500-1503, cf. H. Lawton, *op. cit.*, p. 350-367, 368-390, 391-421, 553. Pour les éditions de 1539, cf. p. 422-425.

8   Ed. reproduite à Lyon par Payan en 1553, 1554, 1561. Cf. H. Lawton, *op. cit.*, p. 240-242 (n° 471-474), 450-458, 554. Nous avons pu consulter l'édition de 1554 dans la bibliothèque de l'Université d'Edimbourg [Special Collections, cote W.22.16].

9   Cf. H. Lawton, *op. cit.*, p. 197-200, 500-510, 554. Selon Lawton (p. 500-501), le traducteur est très probablement Petrus Antesignanus (Pierre Davantès), l'éditeur et l'organisateur de l'édition entière. Voir, pourtant, notre note suivante.

10 Trad. de Jean Bourlier, destinataire d'une *Epitaphe* en acrostiche de Baïf publiée dans les *Passe-tems* des *Euvres en rime* de 1573. Pour la traduction de Jean Bourlier (1566, reproduite dans des éd. de 1572 et 1583), cf. H. Lawton, *op. cit.*, p. 527-552, 554. L'« Extrait du Privilege » de cette éd. de 1566 fut donné à Bruxelles « le premier jour de Janvier 1565 ». Il est donc possible que Baïf ait pu la lire avant la préparation de la version manuscrite de 1565, mais, puisque les traductions de l'*Eunuchus* et de l'*Heautontimorumenos* dans l'éd. de 1566 sont textuellement copiées sur l'édition *Triplex* de Lyon (1560), nous nous trouvons dispensés dans la perspective de cette étude actuelle de poursuivre la question suivante : Bourlier a-t-il plagié mot à mot la traduction de Davantès, ou est-il aussi le traducteur de l'édition *Triplex* (attribution signalée dans le *Catalogue général des livres imprimés de la Bibliothèque Nationale*, t. CLXXXIV, Paris, Imprimerie Nationale, 1957, col. 273, n° 260 bis). Pour l'épitaphe de Baïf dédiée à Bourlier,

Une analyse de ces traductions françaises publiées avant 1565 ne laisse pas de doutes quant aux conclusions à tirer concernant la nature de leur influence – soit individuelle, soit collective – sur *L'Eunuque*. Première conclusion : la seule traduction française en vers[11] n'a pas laissé de marques sur la version rimée de Baïf, car les quelques ressemblances textuelles qui existent entre ces deux traductions en vers octosyllabiques sont fortuites et dues certainement au hasard et non à une consultation directe et consciente de la part de Baïf[12]. Notre deuxième conclusion ne permet pas d'équivoque, malgré une descendance et une transmission complexes de ces traductions françaises – complexité qui provient du fait que l'édition *Triplex* de 1560 répète textuellement des éléments de la traduction et du commentaire de l'édition scolaire de Joannes Ericius[13]; édition qui, à son tour, est redevable à la version en prose de 1500-1503 pour maints détails de sa traduction[14]. Comme nous allons le démontrer, il est évident que pour sa traduction de *L'Eunuque* Baïf n'avait sous les yeux ni l'édition scolaire de 1552 ni la version en prose de 1500-1503, mais la troisième partie

---

cf. *Les Euvres en rime de Jan Antoine de Baïf*, éd. Ch. Marty-Laveaux, Paris, Lemerre, 5 vol., 1881-90 (Genève, Slatkine Reprints, 1966), IV, 228. Nous désignerons désormais cette édition par les initiales *ML*.

[11] Celle publiée par Vérard entre 1500-1503 et reproduite dans une édition de 1539, cf. *supra*, n. 7.

[12] Cf. p. ex. :

Baïf, *L'Eunuque*	Traduction rimée de l'édition Vérard (1500-1503)
Quelque part qu'elle puisse aler	[...] en quelque lieu quel soit allee
Qu'el' ne se peut long temps celer.	Elle ne peut estre celee. (f. lxxxxviii,v°)
(*ML*, IV, 30)	
Une si courte ocasion,	Avoir si grant occasion
Qui lors à moy se presentoit,	Tant brefve et tant desiree
Une ocasion qui estoit	Tant doubtee et inesperee. (f. cxiiv°)
De moy aussi peu esperee	
Qu'elle estoit bien fort desiree.	
(*ML*, IV, 69)	

Il faut reconnaître que dans tous les cas les ressemblances sont moins marquées entre le texte de Baïf et la traduction en rime de l'édition de Vérard qu'entre le texte de Baïf et l'«Interpretation de mot à mot du Texte Latin en François» de l'éd. *Triplex* de 1560 (voir pour les citations ci-dessus, l'éd. de 1560, p. 156 : «[...] quelque part qu'elle soit elle ne peut estre longuément tenue secrete [...]»; p. 186 : «Eusse-je perdu & laissé eschaper une occasion qui m'estoit presentée, (estant) si brieve, si desirée, (&) si peu esperée [...]»). Voir un autre exemple *infra*, n. 15.

[13] Lyon, 1552; puis 1553, 1554, 1561.

[14] H. Lawton (*op. cit.*, p. 507) constate en passant qu'il y a des similarités entre la traduction de l'édition scolaire d'Ericius (1552) et celle de l'éd. *Triplex* de 1560, mais les ressemblances entre ces deux versions (aussi bien que celles de la traduction en prose de l'édition de Vérard de 1500-1503) sont beaucoup plus répandues qu'il ne le suggère. Lawton ne fait pas mention de la dette de Baïf envers la traduction et les commentaires de l'éd. *Triplex*.

de l'édition de 1560 qui, outre le texte latin, reproduit au bas de la page deux colonnes, une consacrée à la traduction française du texte (intitulée «Interpretation de mot à mot du Texte Latin en François») et l'autre à des commentaires en français (intitulés «Annotations et plus ample ou diverse interpretation»).

Pour éclairer la nature et l'importance de l'influence exercée sur *L'Eunuque* de Baïf par cette traduction française de 1560, citons comme notre premier exemple, parmi tant d'autres, cet échange entre Parmenon et Fedri dans la première scène de la pièce:

PARMENON	INTERPRETATION DE 1560 (p. 130)
Que nous servira d'y penser?	Maistre ᶜ(touchant à) une chose, laquelle
Monsieur ce qui *en soy n'a* rien	*n'a en soy ne conseil* ne mesure aucune,
Ny de *conseil* ny de moyen,	vous ne la pouvez gouverner *par conseil.*
Par conseil mener ne se doit.	ᵈ*Tous* ces vices sont *en amour*: injures,
En amours tout cecy lon voit,	*souspeçons*, inimitiez, *treves, guerres,* de
Troubles, outrages, défiances,	rechef *paix.* ᵉ*Si* vous demandez faire *par*
Soupçons, rancunes, alliances,	*raison* certaines ces choses, (qui d'elles
Treves, la guerre, & puis *la paix*,	mesmes sont) *incertaines, vous ne ferez non*
Ce sont ses ordinaires fais.	*plus* que si vous mettiez peine qu'*avec*
Et *si ces choses incertenes*	*raison* vous feussiez incensé & furieux. &
Entrepreniés rendre *certenes*	*quant à ce que* maintenant (estant)
Par raison, vous n'y gagneriez	courroucé vous pensez en vous mesmes,
Non plus, mon maistre, que *feriez*	
Si vous aviez intention	
De forcener *avec raison.*	
Quant à cela que de colere	
A par vous menacez de fére,	
(*Moy à elle, qui m'a, qui l'a,*	ᶠ*Moy (à) celle-là!* ᵍ*qui l'(a)!* ʰ*qui m'(a)!* ⁱ*qui*
Qui n'a: je doy la quiter là:	*n'(a)!* laisse-(moy faire) seulement,
J'aimeroy trop *mieux estre mort*	*j'aimerois mieux mourir: elle sentira quel*
Que de passer un si grand tort:	*homme je suis.*
Elle sentira que suis homme.)	(p. 131).
Toutes ces coleres en somme,	Certainement elle *resteindra* & appaisera
Je le scé bien, elle *éteindra*	*(toutes) ces* parolles par une faulse
Si tost qu'elle vous repandra	*larmette*, la quelle *en frottant*
Une *petite larme* feinte	miserablement & outre mesure (ses) *yeux,*
Piteusement des *yeux* épreinte	à *grand* peine, (mesme) par *force* aura elle
A grand force de *les froter*¹⁵:	tirée hors:
Et vous sçaura tant mignoter	ᵃ& vous-vous accuserez de vous-mesme:
Que le tort vous vous *donerez*,	& ᵇluy *donnerez* de vostre propre gré la
Et l'amande luy payerez.	vengeance & punition (de vous mesme).

---

¹⁵ Cf. éd. de Vérard (1500-1503), f. lxxxiiir°: «Mais une larme faulse et fainte / Qui par force sera esprainte».

FEDRI

Quel malencontre ! Et je sçay bien
Que la *méchante* ne vaut rien,
Et *je sen que suis malheureux:*
Je la hay, j'en suis *amoureux.*
De sens froid *à mon éssiant*
Je me pêr *vivant & voyant,*
Ny *je ne sçay que je doy faire.*

O cas vilain & deshonneste ! ᶜor primes *je*
sens & qu'elle est *meschante, & que je*
suis ᵈ*miserable:* & ᵉil m'en fache, &
(nonobstant) je brusle ᶠ*d'amour:* ᵍ& *à mon*
escient, ʰ*sachant,* ⁱ*vivant, & voyant je meurs:*
& *si ne say, que je dois faire.*

PARMENON

Que feriez vous en tel afaire,
Sinon, puis que vous voyez pris,
Vous racheter au moindre pris
Que vous pourrez: Si ne pouvez
A si **petit** *pris* que voulez,
Payez de la rançon autant
Que vous pourrez payer, sans tant
Vous genner[17].

Qu'y voudriez-vous faire, sinon ᵏqu'(estant)
captif *vous vous rachetez au moindre (pris)*
que vous pourrez ! si ne pouvez ˡà bien peu,
au moins (que ce soit) à quelque (*pris*) *que*
vous pourrez: & ne vous tourmentez point.[16]

Cet extrait, où les résonances textuelles sont prises presque exclusivement de l'«Interpretation de mot à mot du Texte Latin en François», s'avère exceptionnel quant aux stratégies employées le plus fréquemment par Baïf dans sa traduction. Sa méthode préférée est de compléter ses emprunts au texte de l'«Interpretation» avec des réminiscences tirées des «Annotations et plus ample ou diverse interpretation» (celles-ci sont signalées dans le texte de l'«Interpretation» par de petites lettres alphabétiques), comme dans ce monologue de Naton (très admiré de Chasles et Lawton)[18] qui ouvre Acte II, scène 2:

NATON

O Bon *dieu* qu'*un homme* devance
Un *autre* homme ! *la diferance*

INTERPRETATION DE 1560 (p. 147)

ᵃ*O DIEU* immortel de combien *un homme*
est plus excellent que l'*autre*! o combien

---

[16] Ed. *Triplex* de 1560, p. 130-31. Pour faciliter le travail du lecteur, nous avons indiqué les ressemblances entre le texte baïfin et l'«Interpretation» de l'éd. de 1560 en italique, et celles entre le texte de Baïf et les «Annotations» en caractères gras. Dans les cas où les similarités textuelles se reproduisent à la fois dans l'«Interpretation» et les «Annotations», nous nous limitons à mettre les ressemblances en italique, les caractères gras étant strictement réservés à désigner les similarités qui sont propres aux «Annotations». Nous ne reproduisons ni le texte latin de l'éd. de 1560, ni les notes marginales et l'analyse des pieds métriques qui l'accompagnent. Nous donnons, par contre, pour le texte latin des références à l'éd. suivante: Térence, t. I, *Andrienne-Eunuque*, éd. J. Marouzeau, Paris, Belles Lettres, 1942 (pour les vers cités *supra*, cf. éd. cit., p. 227).

[17] *Euvres en rime*, Paris, Lucas Breyer, 1573 [désormais *ER*], f. 163vº-164rº; *ML*, IV, 6-7.

[18] Cf. E. Chasles, *La comédie en France au XVIᵉ siècle*, Paris, Didier, 1862, p. 82-84; H. Lawton, *op. cit.*, p. 521-525.

Qu'*il y a* d'un **homme entandu**
A un fat! *Cecy m'est venu*
En l'esprit à propos de luy
Que j'ay rencontré *ce jourduy,*
Qui est de qualité tout une
Comme moy, de mesme fortune
Et pareille *condition:*
Qui aussi la succession,
Que ses parents **luy ont laissee,**
Ainsi que moy a fricassee.
Le voyant **crasseux ord** & *sale*
Maigre hideux chagrin & **pale,**
Chargé de haillons & grand âge.
Que veut dire cet equipage,
(*Luy dy-je*). Pour estre detruit
De mon *bien où suis-je reduit?*
Mes conoissans me deconoissent
Et mes plus grans amis me lessent.
Je le méprise & n'en fay **conte**
Au pris de moy. N'as-tu point
                    honte
(*Luy dy-je*) fayneant *que tu es?*
Est-ce tout cela que tu fais?
As-tu fortune si rebourse
Qu'en toy n'y a nulle ressourse?
As-tu perdu ensemblément
Ton bien & ton entandement?
Me vois-tu bien? Contemple *moy*
Qui suis de mesme lieu que toy.
Quelle care? quel **embompoint?**
Quel teint? Si je suis bien
                    empoint?
J'ay de tout & *si je n'ay rien:*
Sans biens je n'ay faute de bien.
Moy malheureux! ny je ne puis
Servir de plaisant, ny ne suis
Pour *endurer* **d'estre batu.**
Ha pauvre ignorant **cuydes-tu**
Que je ne sçaches d'autres ruses
Ny d'autres moyens? **Tu t'abuses.**
De cette façon que tu dis,
On en souloit user *jadis:*
Mais j'ay une mode *nouvelle*
De piperie, de laquelle
Je me vante d'estre l'auteur
Voyre le *premier* inventeur.
Il est un genre d'hommes fiers

grande *difference y a-il* entre un fol & un
sage! [b]certainement [c]*cecy m'est venu en*
fantasie [d]*de ceste chose: à ce jourdhuy* en
arrivant j'ay parlé avec un certain (personnage, qui estoit) [e]d'icy du lieu d'ont je suis,
& aussi de mon estat & *condition,* (p. 148)
[a]homme non avare ne pincemaille, lequel
avoit [b]pareillement consumé & despendu
en friandises les biens [c]paternelz. *Je le voy*
[d]*hideux,* [e]*sale,* [f]tout malade, [g]semé & couvert
de haillons, & (*chargé*) d'ans, [h]quelle
sorte, *(luy) dy-je,* d'acoustrement est cecy?
Pource que j'ay, miserable (que je suis,)
perdu [i](tout ce) que j'ay eu (de *bien*
paternel). [k]helas *où ay-je esté reduit!* tous
ceux de ma conoissance & *(tous mes) amis*
me delaissent & m'abandonnent. [l]*Je le*
mesprisay-là au pris de moy. Quoy, *(ce) dy-*
je, [m]o personne treslache & trescouarde
(que tu es), t'es-tu tellement acoustré,
qu'il n'y ait plus aucune esperance en toy!

As-tu perdu le conseil *ensemblément avec*
les biens! ne me vois-tu pas (moy qui suis)
issu d'un mesme lieu (que toy)!

[n]*Quelle* (est neantmoins) la couleur, la netteté, la vesture, (&) *quel* est l'estat & la disposition de (tout mon) corps! (p.149). [a]*J'ay*
tout, & *si n'ay rien:* encores que je n'aye
rien, toutesfois rien ne me defaut. Mais *moy*
mal-heureux, (disoit-il,) [b]*je ne puis* estre
exposé à moquerie, *n'endurer* les coups.

[c]Que penses-tu, (dy-je) qu'il soit fait par ces
choses! tu te forvoyes du tout & erres
grandement. Un temps *jadis* au siecle
premier il y avoit (quelque) gaing pour ceste
maniere (de parasites, desquelz tu parles)
[d]ce-cy est une *nouvelle pipée:* j'ay moy le fin
premier trouvé [e]ce moyen cy. Il y a une sorte
& maniere de gens, *qui veulent estre* [f]*les*
premiers en toutes choses: & *si ne le sont*
pas (toutesfoys): [g]je hante & fais la court

Qui veulent estre les premiers
En toute chose, & ne les sont.
Je les suy: avec eux ils m'ont,
Sans qu'ocasion je leur donne
De se **rire** de ma personne,
Mais bien quand ils rient je ry:
Et faisant bien de l'ebaï
Quoy qu'ils facent je les *admire.*
Quelque propos qu'ils puissent dire,
S'ils le maintiennent, *je le louë*:
S'ils le nient, je ne l'avouë:
Je dy non, si non j'ay ouy:
Puis ouy, si lon dit ouy.
Brief sur moy j'ay *gagné* ce point
De trouver tout fait bien apoint.
Cet exercice me sufit
Me donnant merveilleux profit.

souvent à telz: quant à moy [h]je n'appreste
pas à ceux-cy, qu'ilz se moquent de moy:

(p. 150)

mais [a]je leur soubry de moy-mesme, & tout
à coup j'ay en *admiration* & en grande
reputation leur naturel & maniere de faire
qu'ilz ont de nature: [b]*tout ce qu'ilz disent*
je (le) louë: au contraire *s'ilz le nient, je le*
louë aussi pareillement. [c]*Quelcun nie-il*
(quelque cas), je (le) nie: (l')afferme-il, je
(l')afferme (aussi). [d]*Finalement moy-mesme*
je me suis contraint & assubjety à consentir
& accorder tout par flaterie. CE moyen de
gaigner est maintenant bien fort plantureux.

PARMENON

Vray dieu l'abile *homme, qui fait*
D'un fol un insensé parfait.

Vrayement (voila) un personnage bien joly
& de gentil esprit. [e]*Des folz cestuy-cy en fait*
des hommes du tout *insensez.*

NATON

Comme *ces propos* nous tenons
Jusques **au marché** nous venons,
La où deçà delà épars
M'aborderent de toutes parts
Force **routisseurs**, *poissoniers,*
Bouchiers, patissiers, cuisiniers,
Qui tandis **que j'avoy dequoy**
Gagnoyent assez avecque moy,
Et depuis qu'ay perdu mon bien
Ont profité **par mon moyen.**
Lon me convie, *on me saluë,*
On s'ejouïst **de ma venuë.**
Quand ce malheureux affamé
Vit **comme j'estoye estimé,**
Et *l'honeur* que lon me portoit,
Et que ma vie me coustoit
Si peu à gagner, *il me prie*
Tant qu'il peut que ne luy denie
Qu'il apregne de moy à vivre:
Je luy ay commandé me suivre.
Or *comme* des premiers auteurs
Des sectes, tous les sectateurs

Pendant que nous disons *ces propos,* sur ces
entrefaits ainsi que nous arrivons [f]à la
vivanderie, tous les vivandiers courent
ensemble au devant de moy bien joyeux &
gais, (savoir est) *les poissonniers* qui
vendent [g]*des grands poissons de mer, les*
bouchiers, cuisiniers, [h]*patissiers,*
poissonniers, [i]*oiseleurs,* (p. 151) [a]*auxquelz*
& (estant) le bien en son entier, & (estant)
perdu j'avoye proufité, & proufite souvent.
Ilz (me) saluent & font la reverence:
[b](m')*appellent à soupper: declairent se*
resjouyr de (mon) advenement. [c]*Quand ce*
miserable affamé-là me voit estre en si
grand *honneur,* & pourchasser *(ma) vie* si
aisement: (mon) homme commença lors à
me prier à l'honneur de Dieu, qu'il luy fut
loisible *d'apprendre cela de moy.* [d]*Je (luy)*
commanday (m')ensuivre & frequenter.
[e]*Car (il est bien) possible, que comme les*
sectes & diverses doctrines des Philosophes
ont leurs noms d'iceux, pareillement & tout

Des philosophes de jadis,
La *doctrine* & *le nom ont pris*:
Aux miens je veu donner mon nom
Aussi bien comme fit Platon,
Qui nomma les siens Platoniques:
Les miens auront nom *Natoniques*
De Naton. Ma philosophie
Se nomme l'ecorniflerie.

ainsi mesmes les parasites soyent appellez
Gnathoniques.

PARMENON

(p. 152).

Voyez que fait l'oysiveté,
Et le **vivre** non acheté
Qu'il demene **aux despens d'autruy**[19].

[a]*Voyez-vous que fait oisivete* & la viande
d'autruy!

Les emprunts de Baïf aux « Annotations » (marqués en gras à la fois dans l'extrait de Baïf en haut et dans le texte de l'édition de 1560 qui suit) sont nombreux et significatifs :

- « ANNOTATIONS » (p. 147) : [a][...] O qu'il y a à dire d'un fol à **un entendu**: [...].

- « ANNOTATIONS » (p. 148) : [b]Semblablement. **Aussi bien que moy.** **Comme moy.** [c]Que son pere **luy avoit delaissez**. [...] [e]**Ord, crasseux,** plein & chargé de **crasse & d'ordure,** mal net. [f]Tout desfait **& palle,** & à grand peine & difficulté se pouvant trainer. [...] [l]Lors je ne tins **conte** de luy.

- « ANNOTATIONS » (p. 148-49) : [n][...] ne suis-je gras, refait, **en bon point,** [...] tu es si maigre, si deffait, & si mal **en point** [...]. [b]Je ne puis endurer qu'on se moque de moy, ne **d'estre battu** [...]. [c]Que **cuides-tu,** luy dy-je, [...] tu es bien loing de ton conte & **tu t'abuses** bien lourdement. [...] les gens n'estoyent pas si **rusez** qu'aujourdhuy [...] mais **tu t'abuses** totalement de penser [...]. [g]**Je suy** volontiers & coustumierement telles gens. [h]Je ne leur appreste pas à **rire.** [...] Je ne m'appreste point, pour les faire **rire.**

- « ANNOTATIONS » (p. 150) : [c][...] **Si quelcun dit Nenny, & moy aussi je dy Nenny: s'il dit Ouy, & moy Ouy.** [...]. [f]**Au marché** où se vendent toutes sortes de vivres, comme boucherie, **rotisserie,** chaircuicterie, poissonnerie & semblables [...].

- « ANNOTATIONS » (p. 151) : [a]Aux quelz & ce pendant **que j'avoye de quoy** [...] & gaignent encore souvent **par mon moyen** de celles qu'ilz vendent [...]. [b]Ilz m'invitent à souper: ilz me monstrent qu'ilz sont bien aises **de ma venue.** [c]Ce miserable affamé, duquel j'ay cy sus parlé, voyant **qu'on m'estimoit tant, & que je gaignois ma vie tant aisément & avec si peu de peine:** adonq il commença à me prier fort affectueusement. [e][...] Car il se peut

---

19   *ER*, f. 170r°-171v°; *ML*, IV, 23-26. Pour le texte latin, cf. éd. J. Marouzeau, p. 238-240.

bien faire que les parasites [...] **soyent nommez Gnathoniques à cause de mon nom qui est Gnatho**, [...] tout ainsi que les sectes des Philosophes [...] **comme ont esté** Socrates, **Plato**, Aristote, Epicurus, & autres: du nom des quelz leurs sectes ont pris leurs appellations, comme la feste Socratique ou de Socrates, **Platonique ou de Plato**, [...].

- « ANNOTATIONS » (p. 152): ᵃVois-tu que fait l'oisivité & le pain ou franche repue d'autruy! Mais advisez un peu je vous prie en ce galand-cy de combien de maux est cause de **vivre** avec grand chere **au despens d'autruy** sans rien faire [...].

Cette même formule dans la traduction de Baïf – c'est-à-dire sa préférence pour une contamination textuelle de l'« Interpretation » et des « Annotations » – se retrouve à chaque page de *L'Eunuque* avec autant de fidélité, d'insistance et de réussite, que ce soit dans les monologues ou les longs discours (comme nous avons déjà démontré)[20], ou bien dans les dialogues ou dans le va-et-vient des échanges rapides et de la stichomythie. Nous donnons en annexe la scène 5 de l'acte V dans sa totalité, pour illustrer comment le déroulement et le rythme de toute une scène peuvent déployer les mêmes stratégies de traduction.

Un commentaire sur la nature et l'ampleur de l'influence exercée sur Baïf par la traduction française de l'édition *Triplex* de 1560 doit prendre en considération les variantes entre la version manuscrite de *L'Eunuque* (1565) et le texte définitif imprimé dans les *Jeux* des *Euvres en rime* (1573). Bien que, individuellement, les modifications apportées au texte de 1573 ne soient pas nombreuses et ne présentent que de légères différences avec le manuscrit[21], il importe d'étudier ces retouches pour établir si, prises dans l'ensemble, elles indiquent chez Baïf un objectif commun et si elles sont dictées, consciemment ou inconsciemment, par un souci d'éloigner ou de rapprocher son texte par rapport à la traduction française de 1560.

Une telle analyse ne se prête pas à des conclusions simples ou dogmatiques. Il est vrai que certaines variantes de 1573 semblent être motivées par une volonté d'indépendance et d'originalité vis-à-vis de la traduction française de l'édition *Triplex*. En remplaçant, par exemple, un distique du manuscrit de 1565:

---

[20] Cf. p. ex. les mêmes procédés de contamination textuelle dans les monologues de Cremet (*ML*, IV, 58-60; éd. *Triplex* de 1560, p. 177-178), de Fedri (*ML*, IV, 72; éd. *Triplex*, p. 190-191), et de Parmenon (*ML*, IV,114-116; éd. *Triplex*, p. 219-221).

[21] Cf. à ce sujet M. Augé-Chiquet, *op. cit.*, p. 185-186; H. Lawton, *op. cit.*, p. 512-513. B. Terry, *op. cit.*, p. 156-157, a tort de dire que Baïf a sérieusement remanié son texte pour l'édition de 1573 (« A comparison of the manuscript with the published version of Baïf's translation in 1573 shows that at the time of publication, the play had been considerably re-worked »).

FEDRI

Mais *d'y penser* fai ton debvoir
Tandis qu'il est temps d'y pourveoir[22].

par ces quatre vers en 1573 :

FEDRI

Mais donon ordre à nostre fait
Tandis que le temps le permet.
Et faison devoir *d'y penser.*

PARMENON

Que nous servira d'y penser ?[23]

Baïf s'éloigne à la fois du texte térentien[24] et de la traduction de l'«Interpretation» de 1560 («PHAEDRIA : & pourtant toy, *pendant qu'il est temps* & que la
chose est encore en son entier, [b]*pense y* d'avantage & encore d'avantage»: p.130).
Cet effort de distanciation concerne non seulement une amplification textuelle
(le premier et le dernier vers de Baïf n'ont d'équivalent ni dans le modèle latin
ni dans le manuscrit de 1565), mais aussi une légère retouche syntaxique
(«Tandis qu'il est temps» est plus fidèle à la version française de l'«Interpretation» de 1560 que la tournure syntaxique de 1573).

Bien que d'autres vers de la version imprimée de *L'Eunuque* soient légèrement plus éloignés de la traduction de 1560 que leurs équivalents dans le manuscrit de 1565[25], force nous est de constater que la plupart des variantes de nature
lexicale et syntaxique sont peu concluantes et témoignent plutôt en faveur de la
neutralité textuelle. Tel est le cas, par exemple, du discours de Fedri qui ouvre
la pièce de Baïf :

TEXTE DE 1573	TEXTE DE 1565
FEDRI	FEDRI
Quoy donc ? n'iray-je pas **vers elle**	*Quoy donc ? n'irai-je pas* **vers elle**
Maintenant qu'elle me rapelle	*Maintenant mesme* que la belle
Me mandant volonterement?	**M'a mandé voluntairement?**
Ou resoudray-je entierement	Ou resouldrai-je entierement
De **n'endurer** ny les risees	De **n'endurer** plus les rizées
Ny les dedains de ces rusees?	Ny les tours **des putains** ruzées?
Apres m'avoir fermé sa porte	Elle m'aiant fermé sa porte

---

[22]   Manuscrit de 1565, f. 1v°; éd. S. Maser, p. 191.

[23]   *ER*, f. 163v°; *ML*, IV, 6.

[24]   *Proin tu, dum est tempus, etiam atque etiam cogita* (éd. *Triplex* de 1560, p. 130, v. 11; éd.
      J. Marouzeau, p. 226).

El' me mande. Iray-je en la sorte? *Non, quand elle m'en* supliroit[26].

Me rapelle. Iray-je en la sorte? *Non, quand elle m'en* supliroit.[27]

INTERPRETATION DE 1560
(p. 129)

[a]*Que feray-je donc! n'y iray-je pas ne mesme maintenant*, veu que je suis (pareille) *rappellé* de son propre gré, ou me disposeroye-je plus-tost en ceste sorte-cy, de ne souffrir (aucunement) les outrages & vilenie (de ce tas) de paillardes? [b]*Elle (m')a forclos: elle (me rappelle) que j'y retourne? Non (feray) quand* ores par obtestations *elle m'en* prieroit.

ANNOTATIONS DE 1560
(p. 129)

[a] [...] Que feray-je puis aprez! ne doy je pas aller **vers Thais**, ne à ceste heure mesme, qu'elle m'envoye querir **volontairement** & sans que je l'en requiere! ou me doy-je plustost ainsi deliberer & mettre en ma teste, que je **n'endure** aucunement les parolles de despris & injurieuses **des putains**! [b]Une foys elle m'a gardé d'entrer en sa maison: maintenant de rechef **elle me mande** que j'y revienne.

Ici, comme ailleurs dans le texte retouché de Baïf, l'omission du lexème «putains» est sans doute motivée autant (sinon plus!) par le respect des bienséances que par un souci d'indépendance textuelle[28], tandis que les autres variantes – un ajout (v. 2), une suppression (v. 6), une substitution (v. 8) – tirent dans des directions opposées et ont tendance à se neutraliser[29].

---

[25] Comparer p. ex. le vers du manuscrit «Acheté! je suis mort. Le pris?» (ms. de 1565, f. 46v°; éd. S. Maser, p. 264) et la traduction du même vers dans l'éd. de 1573 «C'est fait de moy. Dy moy le pris» (*ER*, f. 202v°; *ML*, IV, 122) avec leur équivalent dans le texte de l'éd. *Triplex* («Interpretation», p. 225): «Il [l']a acheté! certes je suis perdu. Combien [l'a-il acheté]?»

[26] *ER*, f. 163r°; *ML*, IV, 5. Pour le texte latin, cf. éd. J. Marouzeau, p. 226.

[27] Manuscrit de 1565, f. 1r°; éd. S. Maser, p. 190.

[28] Cf. M. Augé-Chiquet, *op. cit.*, p. 185-186; H. Lawton, *op. cit.*, p. 512-513; B. Terry, *op. cit.*, p. 158-159. D'après un poème dédié à Charles IX, Baïf aurait supprimé dans sa traduction de Térence des mots susceptibles d'offenser la pudeur de Catherine de Médicis et la cour:

> Terence auteur Romain, que j'imite aujourd'huy
> Et comme il suit Menandre en ma langue j'ensuy,
> Ce que j'ay fait m'étant commandé de le faire
> A fin de contenter la Royne vostre mere,
> Qui de sur tout m'enjoint fuir lassiveté
> En propos offensant sa chaste magesté. (*ML*, II, 230)

Selon M. Augé-Chiquet ces vers s'appliquent plutôt à la traduction perdue de l'*Heautontimorumenos*, que Du Verdier dit avoir vu en manuscrit, mais «Baïf [...] mit le conseil à profit en préparant l'édition de sa première comédie» (p. 186).

[29] Même neutralité si on compare (1) les vers 21, 48-49, 191-194 de l'édition S. Maser (basée sur le ms. de 1565); (2) les variantes de ces vers dans les *Euvres en rime* de 1573 (*ML*, IV, 6; 13); (3) le texte correspondant de l'«Interpretation» de l'éd. *Triplex* de 1560 (p. 130, 131, 137).

La seule certitude – celle qui importe dans la perspective de notre présente étude – est que l'influence de l'«Interpretation» et des «Annotations» de la traduction française de l'édition *Triplex* reste constante et omniprésente. Qui plus est, dans tous les extraits cités et commentés plus haut, il est intéressant de noter que les emprunts de Baïf dépassent le niveau purement lexical et, ici comme partout dans son texte, influent également sur des procédés formels, y compris la structure des phrases, la grammaire, la syntaxe et les figures de rhétorique.

Certains lecteurs verront sans doute dans la nature et l'importance de ces emprunts de Baïf à la traduction de 1560 une preuve indiscutable du statut mineur de *L'Eunuque* et une justification de plus de l'indifférence, voire de l'hostilité, de sa réception. Cependant notre but n'est pas de renforcer ou de privilégier les jugements défavorables de la critique antérieure: nous préférons tirer d'autres conclusions (plus nuancées?) de notre analyse.

Tout d'abord il nous semble que les silences et les jugements sévères des critiques – le plus souvent liés à la question de la fidélité (certains diraient la littéralité) de la traduction de Baïf[30] – ont tendance à minimiser (sinon à ignorer) l'importance de la traduction comme genre littéraire dans les traités de poétique et de rhétorique au XVIe siècle[31]. Le prestige de la traduction est dû au fait qu'elle était perçue non seulement comme un acte de vulgarisation et d'instruction qui mettait la culture humaniste à la portée d'un public plus large, mais aussi comme un exercice pédagogique et rhétorique, une aide (et non un obstacle) à l'invention créative et à l'expression formelle. En tant que telle, elle avait un rôle à jouer (n'en déplaise à du Bellay!) dans l'illustration et l'enrichissement de la langue française, aussi bien que dans la formation et l'apprentissage d'un poète.

Tout en nous permettant de donner une fourchette de dates (1560-1565) à la genèse de *L'Eunuque* – la traduction de Baïf n'est pas donc un travail de jeunesse ou de collégien, comme certains l'ont supposé, mais une œuvre de maturité,

---

[30]   Cf. M. Delcourt, *op. cit.*, p. 15; S. Maser, éd. de *L'Eunuque*, p. 172.

[31]   Cf. Thomas Sébillet, *Art poétique français,* in *Traités de poétique et de rhétorique de la Renaissance,* éd. F. Goyet, Paris, Livre de Poche classique, 1990, p. 145-147 («[...] la Version ou Traduction est aujourd'hui le Poème plus fréquent et mieux reçu des estimés Poètes et des doctes lecteurs, à cause que chacun d'eux estime grand oeuvre et de grand prix, rendre la pure et argentine invention des Poètes dorée et enrichie de notre langue»: p. 146); et Jacques Peletier, *Art poétique, ibid.,* p. 262-265 («La plus vraie espèce d'Imitation, c'est de traduire: [...] une bonne Traduction vaut trop mieux qu'une mauvaise invention. Davantage, les Traductions quand elles sont bien faites, peuvent beaucoup enrichir une Langue»: p. 262, 263). Cf. aussi à ce sujet, H. Lawton, *op. cit.*, p. 335-349; et les remarques de M. Lazard, *La comédie humaniste...*, *op. cit.*, p. 23; et de S. Maser, «J.-A. de Baïf, Dramaturge», art. cit., p. 558: «Les écrivains, à cette époque ne considéraient pas la traduction comme un genre mineur. Ils pensaient qu'elle laissait assez de liberté pour que le génie de l'artiste puisse s'exprimer.»

peut-être un texte de sa trentaine – notre analyse de l'influence de l'édition *Triplex* sur Baïf a, pour nous, un autre intérêt et nous dit long sur ses stratégies de traducteur et sur sa formation d'auteur comique.

Traduire Térence – et surtout l'*Eunuchus* – pendant les années qui précédaient la composition et la représentation en 1567 de sa comédie *Le Brave*, était sans doute envisagé par Baïf comme un acte d'apprentissage et d'initiation, une sorte de préparation en vue de son adaptation plautinienne où il fait preuve de davantage d'indépendance et d'originalité aussi bien que de véritables qualités de dramaturge comique[32]. Le fait de traduire l'*Eunuchus* parmi les six comédies de Térence est révélateur et favorise la même hypothèse. Bien que la critique ait toujours mis en contraste les procédés comiques et les compétences dramatiques et artistiques de Plaute et de Térence, l'*Eunuchus* fait exception à la règle et se distingue dans le corpus térentien par des qualités le plus souvent associées au théâtre comique de Plaute – qualités qui semblent s'accorder avec les goûts et les préférences de Baïf lui-même – à savoir, une fécondité de ressources dramatiques et comiques, une verve et une vitalité inépuisables, une spontanéité et une facilité naturelles, une prédilection pour un langage pittoresque et réaliste, une fantaisie dans les jeux de mots et de sons. Pour George Duckworth «the *Eunuchus* is Terence's most farcical comedy»[33], et de l'avis de son éditeur le plus récent «Terence's *Eunuchus*, [...] is generally regarded as his most 'Plautine' play»[34]. De même, le choix de pièce plautinienne à adapter a peut-être été motivé par le fait que Baïf trouvait dans le *Miles Gloriosus* quelques-uns des mêmes personnages qui figurent également dans l'*Eunuchus*: le parasite, la courtisane, l'esclave et surtout le soldat fanfaron (création unique dans le théâtre de Térence)[35], car Baïf voyait sans doute en Thraso / Trason la première ébauche de Taillebras dans *Le Brave*.

Travail d'apprentissage dans «la maniere de bien traduire d'une langue en aultre», initiation dans le métier d'auteur comique grâce aux emprunts à une traduction française récemment publiée, préparation en vue d'une future adaptation plautinienne, choix d'un texte térentien qui annonce déjà en quelque sorte *Le Brave* – *L'Eunuque* révèle, outre l'excellence de la traduction et une

---

[32] On ne peut pas exclure la possibilité que Baïf ait travaillé simultanément sur *L'Eunuque* et *Le Brave*, et qu'il les ait conçus comme une espèce de diptyque humaniste: une traduction «simple et très ingénieuse» (selon les termes de Madame Dacier) et une adaptation plus libre des deux maîtres latins du théâtre comique.

[33] G. Duckworth, *The Nature of Roman Comedy. A Study in Popular Entertainment*, Princeton U. P., 1952, p. 110-111.

[34] *Terence: Eunuchus*, éd. J. Barsby, Cambridge U. P., 1999, p. 15. Cf. aussi éd. J. Marouzeau, p. 218.

[35] Cf. P. Terenti Afer, *Eunuchus*, éd. crit. Ph. Fabia, Paris, Colin, 1895, p. 2. Pour les ressemblances entre l'*Eunuchus* et le *Miles Gloriosus*, cf. cette même édition, p. 2, 7, 11, 26 n. 3, 30-33, 35 n. 1, 47 et n. 3.

illustration des stratégies de traducteur de Baïf, des mérites d'une nature poétique et formelle. La version en tant que genre littéraire a le précieux avantage de permettre à Baïf de se concentrer sur l'élaboration des procédés poétiques et stylistiques de son texte. Dispensé en grande partie d'un travail d'invention et de disposition, Baïf peut fixer son attention sur l'*elocutio* dans ses dimensions proprement poétiques (recours à l'image, questions de phonologie, de rythme, de métrique, de rime, de versification, des jeux de mots et de sonorités, des champs sémantiques, parallélismes et groupements lexicaux)[36]. Une analyse détaillée de ce travail de poétisation s'impose, mais elle dépasse les limites de cette étude actuelle: elle sera la matière d'un article déjà en cours, aussi bien que de l'appareil critique (introduction, commentaire et notes) de notre future édition.

Malcolm QUAINTON
Lancaster University

ANNEXE

Acte V, scène 5

PITE	INTERPRETATION DE 1560 (p. 221)
Dieux, la *vilenie* execrable! O *le* **jeune homme miserable!** O *le malheureux* Parmenon, *Qui l'amena* dans la maison!	[a]O foy des *dieux*, le *vilain* acte, *o le malheureux* jouvenceau, *o le* meschant Parmeno, [b]*qui l'a amené* icy.
PARMENON	
Qu'est-ce?	Qu'y a il!
PITE	
J'en ay compassion: *Pour ne voir la punition* *Icy je m'en suis enfuïe.* O **la cruauté** non ouïe,	*J'en ay* pitié & tristesse en mon coeur: & pource pouvrete helas, à fin [c]*de n'en rien veoir, je m'en suis fuye icy* dehors. (p. 222). [a]O quelz exemples (de *punition*)

---

[36] Cf. à ce sujet la remarque de S. Maser, «J.-A. de Baïf, Dramaturge», art. cit., p. 558: «[...] la traduction devait permettre à l'auteur dramatique de se concentrer sur l'"éloquence'. [...] La dramaturgie aux yeux des contemporains était secondaire par rapport à la rhétorique». Je tiens à remercier, premièrement, le British Academy et l'Université de Lancaster de leur aide financière qui m'a permis de mener à bien le programme de recherches pour cet article, et, deuxièmement, mes deux collègues, Elizabeth Vinestock et David Foster, qui ont eu la gentillesse de lire mon texte et d'offrir des conseils fort utiles.

Dont *on dit* qu'on le va *punir*!

indignes (de sa personne & horribles à raconter) *dit-on* qu'il y aura contre luy !

PARMENON

Dieux ! je ne puis me contenir.
Quel esclandre est-il survenu ?
C'est fait de moy: **je suis perdu**.
Je va l'aborder. *Qu'est-ce cy*
Pite? que disois-tu ainsi ?
Qui sera puny & batu ?

[b]O Juppiter quel trouble est celuy-la ! [c]*n'est-ce pas fait de moy!* [d]J'iray vers (elle).
Qu'(est) cecy Pythias? Que dis-tu? [e]Contre qui seront faitz (ces) exemples (*de punition*)?

PITE

Effronté, *le demandes-tu ?*
Tu as perdu & ruiné
Ce jeune homme *qu'as amené*
Pour un Eunuque, ayant envie
De nous faire une piperie.

(Le) demandes-tu tresaudacieux & tresoutrecuidé ! *Tu as perdu* & mis en danger de mort ce jouvenceau *que tu* (nous) *as amené pour un eunuque,* lors que tu t'estudies & taches à nous bailler de bourdes (pour nous tromper).

PARMENON

Pourquoy ? qu'aton fait ? dy-le moy.

Pourquoy ce ? Ou *qu'a-il esté fait? Dy-(le moy).*

PITE

Je te le diray. **Sçais-tu toy**
Que la fille, qu'on a donnee
Aujourduy à Taïs, est nee
De la ville, où elle a *son frere*
Né *noble* de pere & de mere ?

Je (le te) diray: [f]*ceste fille,* qu'a esté *aujourdhuy* baillé en present *à Thaïs, sais-tu* qu'elle est bourgeoise d'icy, & *son frere* de fort *noble* race ?

PARMENON

Je n'en sçay rien.

Je n'en say rien.

PITE

        Si est-ce qu'elle
A etté reconuë pour **telle**:
Mais *ce pauvre* malheureux l'a
Prise par force: & quand cela
A etté resceu de *son frere*
Qui est furieux & colere.

[g]*Si est ce qu'elle a esté* trouvée ainsi: *ce pouvre* miserable-cy l'a depucellée.
Apres que le dit *frere* fort violent & impetueux a esté adverti de ce fait-là.

PARMENON

Qu'a til fait ?

Qu'a-il fait ?

PITE

    Tout premierement
Il l'a lié cruellement.

Il l'a premierement lié & garrotté [h]en piteux & miserable estat.

PARMENON

Ham l'a lié?[a]   *Hen.* (p. 223). *Il (l')a lié!*

PITE

    Voyre, combien   & ce certes jaçoit *que Thais le priast,*
Que Taïs le priast tresbien   qu'il ne le *fit* point.
De n'en rien *faire.*

PARMENON

   Que dis-tu?   *Que dis-tu?*

PITE

Maintenant l'ayant bien batu   Or *maintenant il menasse qu'il (luy fera*
Il le menace de luy fere   [a]*ce) qu'on* a de coustume (de *faire) aux*
Ce que lon fét à l'adultere,   *adulteres.* Laquelle chose *je n'ay jamais*
Ce qu'encor je ne vy jamais   *veuë estre faite, ny (le) voudroye avec.*
Ny ne voudroy voir faire.

PARMENON

        Mais
Comment est-il bien **si hardy**   [b]*De quelle hardiesse* & presomption ose-il
De fere **un fét si** étourdy?   (entreprendre) un si grand forfait!

PITE

L'acte est-il si grand que tu dis?   Pourquoy (l'appelles tu) *si grand!*

PARMENON

N'est-ce pas grand fait entrepris?   [c]*Comment, n'est-il pas* cestuy-cy bien
Qui vit jamais tel fét se fere?   *grand!* Qui (est) *l'homme (qui) jamais*
Qu'homme soit pris en adultere   *aye veu* quelcun estre *surpris pour*
Dans la maison d'une putain?   *adultere en la maison d'une putain!*

PITE

Je ne sçay.   *Je ne say.*

PARMENON

    Sçachez pour certain,   & a fin que vous n'ignoriez point cecy,
Je vous l'anonce & fay conoistre   Pythias, je (vous) dy (&) vous declaire, que
Pour l'un des enfans *de mon*   celuy-la est le filz *de nostre maistre.*
    mestre.

PITE

Ham, *est-ce* luy au moins?   [d]*Comment, (dy moy je te)* prie, *est-ce*
mais *est-ce?*   cestuy-la!

PARMENON

A fin que Taïs ne luy lesse
Fere outrage ny **violance.**
Mais pourquoy 'st-ce que ne m'avance
D'entrer leans moymesme?

ᶜQue Thaïs ne permette point, (si elle est
sage,) qu'aucun effort soit fait encontre luy.
& *mais* voirement, que n'entre-je moy-
mesme dedens!

PITE

Non:
Considere *bien Parmenon*
Que tu feras, qu'en y alant
Tu ne luy sois en rien aidant,
Et que te perdes à credit.
Car tout chacun *croit* (& le dit)
Entierement *tout ce* beau *fét*
Par ta menee s'*estre fét.*

Regarde *bien Parmeno que tu dois faire,*
de peur que tu ne luy proffites de rien, &,
(neantmoins) tu perisses (avec luy) car ilz
pensent & *croyent* cecy, que *tout ce qu'a*
esté fait, est procedé de toy.

PARMENON

Qu'est-ce *donques que je feray?*
Dont est-ce *qu'encommenceray?*
Malheureux! *Voyci* tout a-tams
Le vieillard qui revient des chams.
Le luy diray-je ou non? Je doy
Luy dire, combien que je voy
Que c'est pour moy à la malheure:
Mais si faut-il *qu'il sequeure.*

Que feray-je donc pouvre miserable (que je
suis)! (p. 224). Ou ᵃ*que commenceray-je!*
Mais *voicy* je veoy (nostre) *vieillard qui*
revient des champs. (Le) luy diray-je ou
non? Certes je (le) luy diray combien que
je say bien qu'un grand mal m'est tout prest
& appareillé (de sa part). *Mais* ᵇil est
necessaire (le luy dire), à fin *qu'il secoure* à
cestuy-cy.

PITE

Parmenon *tu es bon & sage:*
Je m'en revas à mon ménage,
Toy raconte luy tout le fét,
Par ordre ainsi *comme il s'est fét.*[37]

ᶜ*Tu es sage.* Je m'en vay ceans dedens:

raconte toy à cestuy-cy *par ordre tout le*
cas *comme (tout) à esté fait.*

Dans cette scène où les emprunts à l'«Interpretation» dominent, des réminiscences textuelles des «Annotations» se font pourtant entendre, et, même si
on se limite à des ressemblances qui ne sont pas reproduites aussi dans l'«Interpretation» (et qui ont donc leur source dans les «Annotations»), celles-ci ne
sont pas négligeables:

- «ANNOTATIONS» (p. 221): [...] ᵇQui nous a amené ceans ce pouvre &
  misserable jeune homme nous donant à entendre qu'il estoit un euneuque.
  ᶜQue je ne visse **la cruaute,** laquelle on veut exercer contre ce pouvre jeune
  adolescent.

---

[37]   *ER*, f. 201rᵒ-202rᵒ; *ML*, IV, 116-120. Pour le texte de Térence, cf. éd. J. Marouzeau, p. 298-300.

- « ANNOTATIONS » (p. 222): [...] ^e**Ne suis-je pas perdu?** [...] ^eQui est celuy **qui sera** ainsi grievement **puni** & en sorte que les autres y prendront exemple. ^f**Sais-tu que cette fille qui a esté à ce jourdhuy donnée à Thaïs,** est citoyenne **de ceste ville** d'Athenes, & que son frere est gentil-homme de noble lieu? ^gToutesfois elle a esté trouvée **telle:** c'est à savoir citoyenne **de ceste ville** & soeur d'un gentil-homme de bien bonne maison.

- « ANNOTATIONS » (p. 223): [...] ^b**Comment est il si hardi** d'oser commettre **un fait si** cruel & si meschant. [...]. ^e[...] **A fin que Thaïs** ne souffre point **qu'on luy face violence** quelconque.

PAPE ET ÉVÊQUES
DANS LES *THÉORÈMES* DE LA CEPPÈDE

La question du gouvernement de l'Eglise est au XVIe siècle une question brûlante. D'un côté Luther, qui refuse l'autorité romaine ; Melanchthon, qui s'oppose à la prétention de l'évêque de Rome à la primauté, en 1537, dans son *Traité sur le pouvoir et la primauté du pape* (traité voté en conclusion des *Articles de Smalkalde*[1]) ; Calvin qui, dans l'*Institution de la religion chrétienne*, multiplie les attaques contre la papauté et dénonce la perversion de l'Eglise romaine. De l'autre, la Compagnie de Jésus, fondée en 1540, qui se met au service du gouvernement pontifical ; le concile de Trente (1545-1563), qui ne contient rien concernant directement la papauté, mais qui est convoqué par le pape, présidé par un légat, dont les décrets ne deviennent officiels qu'après leur approbation et leur promulgation par Pie IV (janvier 1564), et qui traite largement de la formation et des obligations du clergé[2]. Coupure radicale donc avec les protestants qui se réclament du principe du Sacerdoce universel et contestent tant l'affirmation de la succession apostolique que celle de la primauté de Pierre... Au siècle suivant, ce thème de l'autorité dans l'Eglise suscite toujours de fiévreuses querelles.

La Ceppède n'aborde vraiment cette question difficile que dans la *Seconde Partie des Théorèmes*. La partie sur la Passion évoque bien Pierre et les apôtres, premiers «prélats» en quelque sorte et dont Dieu permit la faute, fait observer le poète,

> Pour rendre à l'advenir nostre race plus caute :
> Pour vous monstrer, Prelats, comme il faut compatir.

Il s'appuie sur saint Augustin, qu'il cite dans l'annotation 3 :

> Dieu permit que S. Pierre cheut ainsi, pource qu'il devoit estre Pasteur de l'Eglise ; et qu'il estoit necessaire qu'il apprint en sa propre faute, comme il faloit compatir à l'infirmité des autres...[3]

---

1.   Cf. *Encyclopédie du Protestantisme*, Paris, Cerf, Genève, Labor et fides, 1995, art. «Papauté», p. 1119.
2.   Cf. Encyclopédie *Catholicisme, Hier, Aujourd'hui, Demain,* Paris, t. X, 1985, art. «Pape et Papauté», p. 533.
3.   La Ceppède, *Les Théorèmes sur le sacré Mystère de nostre Rédemption,* éd. Y. Quenot, Paris, Nizet, 1988-89, t. I, l. I, s. XI, p. 89 et annot. 3, p. 90. Mes références à la première partie des *Théorèmes* renvoient à cette édition.

Mais c'est la seule allusion un peu importante au pape et aux prélats relevée dans les *Théorèmes* sur la Passion. Alors que dans la seconde partie de l'œuvre (l. II et IV surtout), quatre affirmations essentielles sont développées: elles concernent la succession apostolique, le primat de Pierre, la nature de l'autorité conférée aux évêques, successeurs des Apôtres, et parallèlement les exigences que comporte leur charge.

LES AFFIRMATIONS DOCTRINALES

Le sonnet LXVI du livre II proclame avec force l'envoi en mission des Apôtres, pourvus de l'autorité du Christ, à partir de l'analyse de la parole évangélique *Sicut misit me Pater et ego mitto vos*[4]. Sur l'Eglise,

> Il leur donne expresse authorité,

est-il écrit au vers 8[5]. Et le sonnet poursuit

> Le Christ fut envoyé pour avec des merveilles
> Confirmer sa doctrine: & par œuvres pareilles
> Ses esleus feront voir qu'ils n'ont point forvoyé.
>   Dieu envoya le Christ: le Christ Dieu les envoye,
> C'ét là leur vray pouvoir. Tout homme se forvoye
> Qui veut faire leur charge, & n'est point envoyé.

Déclaration nette, que les annotations développent aussi fermement:

> *Il leur donne expresse authorité:* C'ét la verité que par céte mission, Jésus-Christ donne à ses Disciples, non seulement la prédication en son Eglise, mais encor la direction & gouvernement d'icelle[6].

D'autres textes néotestamentaires viennent à l'appui de cette affirmation; la fin de cette annotation 4 rappelle que:

> les doctrines des PP. et des Escrivains sont infinies pour céte verité.

La suite confirme l'importance de cette position. Les miracles dont fourmillent les *Actes des Apôtres* et l'autorité que le Christ confère aux siens en son propre nom explicitent totalement, aux yeux des théologiens catholiques suivis

---

[4]   Jean, XX, 21.

[5]   La Ceppède, *Seconde Partie des Théorèmes*, éd. Genève, Droz, 1966, reprod. de l'éd. de Toulouse, 1622, p. 311. Toutes mes références à cette *Seconde Partie* renvoient à cette édition. Je corrige le v. 8 d'après l'appel de l'annotation. Là où le sonnet écrit: *il leur donne ainsy l'authorité*, l'annotation reprend: *il leur donne expresse authorité*, qui, à mon avis, donne la version exacte. Autre discordance au v. 11 où *firent* devient *feront*, plus convaincant également.

[6]   *Ibid.*, annot. 4, p. 312.

par La Ceppède, la nécessité d'être envoyé et donc de se situer dans la succession apostolique pour rester dans la vérité de l'Eglise:

> Ce Sauveur en mille lieux, mesme en Sainct Jean 8. a dit qu'il estoit envoyé par son Pere. Et son Pere a témoigné qu'il l'avoit envoyé, & cét envoyé de mesme suite, et du mesme pouvoir, a envoyé ses Apostres, et authorisé ceux qui seront par eux envoyez, et après eux par leurs successeurs. Hors de laquelle mission toute autre est usurpée et sans pouvoir legitime. [...] Et pour preuve que les Apostres ont communiqué leur mission & puissance receue de leur Maistre, & par ainsi que de main en main par succession cela a esté ainsi continué en l'Eglise, les seuls ministres de laquelle se peuvent dire Prestres envoyez, il faut lire ces paroles de sainct Pol à Tite chapitre 1. verset 5. *Huius rei gratia reliqui te Cretae ut ea quae desunt corrigas, & constituas per ciuitates presbyteros, sicut & ego disposui tibi*[7].

En outre les Apôtres ont reçu des dons particuliers pour authentifier leur mission. Le sonnet LXVIII, s'adressant au Christ, souligne la différence entre l'envoi de l'Esprit, invisible, relaté en Jean XX, 22[8], et l'envoi de l'Esprit le jour de la Pentecôte:

> Il viendra lors visible: & vous, & vostre Pere
> Envoirez sa personne: Elle viendra benir
> Vos Disciples aymez, et riche, les fournir
> Des dons miraculeux que sa puissance opere.
> Neantmoins invisible ores vous le donnez,
> Afin d'authoriser ceux que vous ordonnez
> Pour remettre aux mortels leurs coulpes insolentes.
> Et cét acte, devant que partir, nous fait voir
> Que vous avez acquis (par cent morts violentes)
> A vous, & puis par vous aux hommes, ce pouvoir.[9]

L'annotation 2 précise:

> A ce jourd'huy [...] il donne invisiblement le S. Esprit, pour céte-cy de ses graces, qui est la remission des pechez[10].

Et pourquoi, avant la Pentecôte, Jésus-Christ donne-t-il cette « authorité de remettre les pechez »?

Plusieurs réponses sont rapportées, dont celle-ci, que préfère La Ceppède:

> [...] il a icy donné la Grace, & le pouvoir de remettre les pechez, non au nom de son Pere: mais au sien propre. Pour ce que seul il estoit mort, *ad multorum exhaurienda peccata*, dit sainct Pol aux Hebrieux. 9. verset 28. Et qu'il s'estoit

---

[7] *Ibid.*, p. 314, 315, annot. 8.

[8] *Hoc cum dixisset, insufflavit & dixit eis, Accipite Spiritum Sanctum.*

[9] *Seconde Partie des Théorèmes*, v. 5-14, p. 319.

[10] *Ibid.*, p. 321.

justement acquis au pris de son sang, céte puissance, & l'avoit acquise encor par son merite à son Eglise. Et comme chef d'icelle la pouvoit départir à ses successeurs, & membres de ce corps mystique[11].

Mais non pas à tous les membres de l'Eglise indistinctement. La formulation des vers semble insister implicitement sur la succession apostolique. L'emploi au vers 10 du verbe « ordonner » n'est pas neutre : derrière les Apôtres, ici ordonnés par le Rédempteur, se profilent leurs successeurs dans l'Eglise, c'est-à-dire les évêques et leurs coopérateurs, les prêtres.

Dans ce collège des Apôtres, un chef. L'affirmation du primat de Pierre et de son autorité sur l'Eglise revient à maintes reprises, sans que le poète dissimule les difficultés de la question. Au sonnet LXXXVIII du livre II, il rappelle qu'en Matthieu XVI, 18 et 19, le Christ a promis à Pierre de bâtir sur lui son Eglise :

> Tu devois de Syon estre le fondement.
> Tu l'es. Il te remet l'authorité promise.[12]

Il commente ainsi :

> *Il te remet l'authorité promise.* Jesus-Christ en sainct Matthieu 16. verset 18. & 19. avoit promis à sainct Pierre, que sur céte pierre il bastiroit son Eglise, & qu'il luy donneroit de mesme suitte les clefs du Royaume des Cieux, & le pouvoir de lier & deslier. Ce bon Maistre fidele en sa parole fait maintenant, & luy donne ce qu'il luy avoit promis. Il jette sur sainct Pierre le solide fondement de sa chere Sion [...] & depose entre ses mains la supreme authorité promise sur tout son troupeau, & l'en constitue chef.

Après avoir déclaré son refus des controverses, il poursuit :

> Je scay bien qu'aucuns ont nié ce primat ou preeminance de sainct Pierre. Mais je demeure en l'ancienne croyance de l'Eglise (fondée sur ces paroles toutes expresses) & me tiens à la doctrine que les Peres & DD. antiens ont enseigné à nos ayeulx & laissé par escrit aux nepveux.

Il rappelle que de nombreux textes anciens ont déjà été allégués par Bellarmin et Coster pour justifier cette croyance, puis à son tour il évoque longuement d'autres textes qu'il présente comme encore non relevés, pour conclure ainsi son annotation :

> Voila donc bien assez de témoins que Jesus-Christ donna à sainct Pierre l'authorité promise de premier, de chef, de Coryphée, & de Prince en son Eglise, & d'en tenir le gouvernail[13].

---

[11] *Ibid.*, annot. 3, p. 322.

[12] *Ibid.*, v. 3-4, p. 376.

[13] *Ibid.*, annot. 1, p. 377-380.

La «verité de céte commune croyance»[14] est étayée plus d'une fois par l'Evangile, pense-t-il, et l'exégèse qu'il adopte la démontre amplement. Pierre a été «éleu chef du troupeau»[15], il est «le plus devotieux de Jesus-Christ, & partant son nonce envers ses compaignons»[16], il marche sur les eaux (Jean XXI, 7), «preuve», dit S. Bernard, «de son Pontificat, & preeminance sur les autres Apostres»[17], il est seul nommé par l'Ecriture, lorsqu'il faut tirer à terre le filet miraculeusement rempli

> ... afin de faire une leçon
> De sa preeminance à la race future.[18]

Enfin les papes romains sont bien ses successeurs: leur martyre est éloquent sur ce point[19].

La Ceppède, dans le livre II, a soin de préciser la nature de cette autorité du Pape et de celle des évêques, successeurs des Apôtres. Aux vers 1-4 du sonnet LXVI, il glose le *sicut* de Jean XX, 21:

> Cet, AINSY, dont le Christ uze en céte dépeche,
> N'est que comparaison, non pas equalité,
> Comme Maistre, le Christ ses Apostres dépeche:
> Comme servans ils ont leur pouvoir limité.

Le sonnet LXX précise la comparaison à l'aide d'un exemple parlant:

> Les Roys donnent ainsi leur supreme puissance
> Aux plus hauts Magistrats: les Roys l'ont de naissance
> Les Juges l'ont des Rois, & les vont hommageant.
> Les Apostres ne sont que Ministres capables
> De l'Esprit, dont ce Christ les va tous partageant
> Qui remetra par eux les pechez des coulpables[20].

Le pouvoir ainsi conféré aux Apôtres reste le pouvoir du Christ. C'est lui qui remet les péchés, par le truchement des ministres, déléguant sa propre puissance, laquelle reste sienne; les hommes, ici les Apôtres, peuvent seulement en être participants, mais cette participation fait d'eux des «demy-Dieux», expression très forte du sonnet suivant, que développe l'annotation 3:

---

14 *Ibid.*, p. 378.
15 *Ibid.*, l. II, s. XVI, v. 11, p. 187.
16 *Ibid.*, l. II, s. XXXIV, annot. 3, p. 221.
17 *Ibid.*, l. II, s. LXXXIII, annot. 4, p. 365.
18 *Ibid.*, l. II, s. LXXXIV, v. 13-14, p. 367.
19 *Ibid.*, l. II, s. XCI, annot. 4, p. 390-391.
20 *Ibid.*, p. 326. Rapprocher ce sonnet du s. LXXXI, l. II, de la première partie des *Théorèmes*.

Seront des demy-Dieux. Voire Dieux, par participation. Ainsi a parlé David, ou Dieu par sa bouche au Pseau. 82 vers. 1 [...] Jesus-Christ a authorisé céte façon de parler en sainct Jean 10. verset 34. et 35[21].

La fonction des évêques est donc une charge sacrée[22]. Leur pouvoir leur vient du Christ, dont le pouvoir est celui-là même de Dieu. L'exégèse du verset 18 de Matthieu, ch. XXVIII, *Data est mihi omnis potestas in cœlo, et in terra*, s'exprime dans les vers suivants:

> Et pour ouvertement leur charge authoriser
> De mesme ouvertement ce Maistre s'authorise[23].

Cette certitude d'une délégation, d'une puissance conférée, se manifeste à plusieurs reprises encore, par exemple au livre IV:

> Maintenant cét Esprit sur les unze descend,
> Sous la forme du feu: Symbole bien décent
> Pour marquer le devoir des Ministres du Temple.
> Ils doivent leurs pechez premier cauterizer,
> Puis ceux de leurs brebis: & par leur bon exemple
> Le feu du sainct Amour dans nos cœurs attizer[24].

Les Apôtres et leurs successeurs ne sont pas pourvus sans contrepartie de cette autorité déléguée par Dieu. Le don de l'Esprit qui leur est accordé, particulièrement à la Pentecôte, s'accompagne de devoirs et d'exigences impératives. Le sonnet XI du même livre s'adressait déjà en ce sens aux Apôtres,

> O vous qui de l'Olympe estes les secretaires
> Qui portez sa parole en ce bas univers, [...]
> Sus embesougnez donc vos langues allumées,
> Pour rendre vivement les ames enflammées
> De ce feu, dont le Christ vint la terre allumer.
> De peu nous serviroient vos harangues frequentes,
> Vous auriez pour neant des langues eloquentes,
> Si vous n'aviez ce feu pour nos cœurs enflammer.

Le feu, versé sur les onze, jusqu'alors «langoureux»[25], les rend assurément «puissants & glorieux»[26]; mais il est aussi ce qui unit, répare, relie; et le conseil

---

[21]   *Seconde Partie des Théorèmes*, l. II, s. LXXI, annot. 3, p. 328.

[22]   *Ibid.*, l. II, s. LXXIX, annot. 4, p. 353.

[23]   *Ibid.*, s. XCIX, v. 3-4, p. 414.

[24]   *Ibid.*, l. IV, s. XII, v. 9-14, p. 571-572. Cf. également l. III, s. IV, v. 5-6, p. 433, et l. IV, s. X, v. 9, p. 567: *Les unze sont pasteurs par luy mesme ordonnez.*

[25]   *Ibid.*, l. IV, s. XIII, v. 8, p. 575.

[26]   *Ibid.*, v. 11.

donné aux Apôtres, appelés «Prélats» au sonnet XVIII suivant, est évidemment adressé ici à leurs successeurs:

> Quand la discorde rompt le lien du devoir,
> Unissant les vaisseaux qui l'Eglise redorent,
> Le feu seul le relie. Feu qu'il faut concevoir
> De céte charité que les devots adorent.
> Vous voila de ce feu Prelats favorisez
> Pour reunir vos cœurs lors qu'ils sont divisez:
> En céte union gist vostre bien & vostre aise.[27]

La charité, sans laquelle l'homme n'est rien, et sa fille, l'humilité, «tres-necessaire particulierement aux Prelats»[28], avaient déjà été glorifiées à la fin du livre II, sonnet XC.

> PRELATS sur qui l'Eglise établit son Empire
> Tendez tousjours vos cœurs aux traicts braisillonnans
> De ceste charité,... [...]
> Plus vostre grade est haut, plus rendez vous ployables
> A cét Amour, qui doit égaler sa hauteur.
> Autrement vous serez des monstres effroyables[29].

Verdict sans appel qui s'appuie sur de fortes paroles de saint Bernard, rapportées dans l'annotation 5. Car la vigueur du poète lui vient des autorités magistrales auxquelles il se réfère.

LES AUTORITÉS CONSULTÉES

La Ceppède, en rappelant aux évêques leurs responsabilités, ne présente nullement ses propres opinions, mais bien la doctrine de l'Eglise catholique et la position des théologiens les plus écoutés de son temps. Ses annotations mêlent autorités anciennes et autorités modernes, mais ses guides sont très majoritairement des docteurs contemporains; et, pour ce qui concerne la question du gouvernement de l'Eglise, le plus souvent trois jésuites: Maldonat, Tolet, Barradas. Du premier, il a lu attentivement, dans les *Commentarii in quatuor Evangelistas*, les réflexions sur Matthieu XVI, 18 et 19, auxquelles il renvoie d'ailleurs le lecteur[30] et sur Jean XXI, 15-17; de Tolet, il compulse les *In Sacrosanctum Johannis Evangelium Commentarii*, notamment les commentaires sur les chapitres XX et XXI; de Barradas, les *Commentaria in Concordiam et*

---

[27] *Ibid.*, s. XVIII, v. 5-11, p. 586.

[28] *Ibid.*, l. II, s. XC, annot. 2, p. 388.

[29] *Ibid.*, p. 386-387.

[30] *Ibid.*, l. II, s. XVI, p. 188-189.

Historiam quatuor Euangelistarum, tout spécialement le tome IV. D'autres auteurs sont plus ou moins mis à contribution quand il aborde cette question de l'organisation hiérarchique de l'Eglise: des jésuites, comme Bellarmin, Lorin (Lorini), Cornelius a Lapide; un ancien jésuite, devenu mineur de l'observance, Carthagène; Cornelius Jansenius, l'évêque de Gand, dont il continue à exploiter la Concordance. Enfin il cite largement certains Anciens, auxquels l'ont renvoyé ses autorités modernes, après les avoir regardés de près, très soucieux de ne pas errer: saint Jean Chrysostome, dont il évoque les livres *du Sacerdoce*, citant même des extraits de «la tres belle traduction de M. Joulet»[31]; saint Augustin, dont les annotations des *Théorèmes* développent des passages brièvement rapportés dans ses ouvrages de référence. Saint Grégoire Pape, dont il cite parfois plus largement les homélies sur l'Evangile que ne l'ont fait ses jésuites favoris.

Comme le montre l'ample usage des divers *Commentarii*, c'est principalement l'exégèse qui fonde les affirmations doctrinales. A partir des textes bibliques, surtout empruntés au Nouveau Testament, les théologiens catholiques[32], que suit La Ceppède, s'attachent à confirmer contre les écrits protestants l'organisation du gouvernement de l'Eglise. Ainsi le sonnet LXVI, qui examine la comparaison de l'envoi du Christ par le Père à l'envoi des Apôtres par le Christ, en Jean XX, 21: *Sicut me misit Pater, et ego mitto vos*, révèle dès l'annotation 1 l'influence de Tolet et de Maldonat. Presque toutes les annotations de ce sonnet sont empruntées aux commentaires des deux jésuites[33].

Le sonnet LXVIII complète encore ce développement sur la mission des Apôtres par la mention de la succession apostolique. Pourquoi le Christ a-t-il donné aux onze, avant la Pentecôte, le pouvoir de remettre les péchés? Cette difficulté «est parfaitement bien expliquée par le Père Maldon. sur ledit verset 22 du 20 de S. Jean»[34]. Comme dans les autres annotations, Maldonat est effectivement suivi de près.

Le sonnet LXXXVIII, qui touche la question du primat de Pierre, mérite une investigation soigneuse. La Ceppède commente largement, dans sa première

---

[31] *Ibid.*, cf. l. II, s. L, annot. 1, p. 260, et s. LXXI, annot. 2, p. 328.

[32] Cf. dans *Les jésuites à l'âge baroque, 1540-1640*, sous la direction de L. Giard et L. de Vaucelles, Grenoble, 1996, ch. 5 par F. Laplanche, p. 95, la position de Maldonat: «Le commentaire de l'Ecriture Sainte ne peut plus se contenter d'être une introduction à la méditation personnelle de l'Ecriture. Il faut qu'il exprime nettement ce qu'est la foi catholique. Maldonado s'en explique dans une exégèse minutieuse des paroles de la Cène. Réfuter ici l'hérésie n'est pas sortir de la charge de professeur d'Ecriture Sainte: au contraire, une telle digression appartient de plein droit au commentaire.»

[33] Cf. tout particulièrement l'*Annotatio XVII* de F. Tolet dans *In Sacrosanctum Johannis Evangelium Commentarii*, Lyon, t. II, p. 347-348; et compléter avec J. Maldonat, *Commentarii in quatuor Evangelistas*, Lyon, 1607, p. 1924C.

[34] *Seconde Partie des Théorèmes*, l. II, s. LXVIII, annot. 3, p. 322.

annotation, ses vers 3 et 4, déjà cités[35], sur l'autorité conférée à Pierre, fondement de l'Eglise. Il a lu, du cardinal Bellarmin, le passage du premier tome des Disputes sur les controverses de la foi chrétienne, où l'auteur « raporte vingt-quatre textes d'autant de SS. Pères Grecs & Latins par l'authorité desquels comme des vingt-quatre anciens de l'Apocal, il confirme » la vérité du dépôt par le Christ, entre les mains de Pierre, de « la supreme authorité sur tout son troupeau ». Bellarmin utilise lui-même l'image en effet. De même La Ceppède a consulté Costerus, il l'affirme plusieurs fois. Enfin, à son tour, il a cherché de nouveaux textes vénérables pour étayer cette « verité de la commune croyance » à la prééminence de Pierre. Il dit où il les a trouvés, mais ne dit pas de quelle façon : en fait il a ouvert l'index de la Bibliothèque des Pères, ouvrage qu'il consultait déjà volontiers quand il écrivait la première partie de ses *Théorèmes*[36]. Au mot *Petrus*, il a pu lire, *Primus discipulorum*, qui renvoie à Julianus Pomerius ; *Apostolorum Princeps*, trois fois cité, qui renvoie à Théodore Studites ainsi qu'à Pierre, archevêque d'Alexandrie et à Gaudentius, évêque de Brecia ; *Caput Apostolorum*, qui renvoie à Optat Africain ; *Apostolorum Coriphaeus*, qui renvoie à saint Dorothée, évêque de Tyr ; et encore *Fidei Petra, Ecclesiae doctor, discipulorum primus*, qui renvoie à Hippolyte, évêque et martyr. C'est ainsi qu'il a trouvé ces textes « par nul » encore cotés, et leurs références précises. Parmi ces textes, deux autres qu'il croit également « non cotés » jusqu'à lui, sans s'aviser qu'il mêle ses sources : car il les a relevés dans le tome IV de Barradas (donc déjà cotés), présentés à la suite l'un de l'autre au chapitre 5 du livre IX, intitulé *De Pontificatu Petri*. Il s'agit des textes d'Arnobe et de saint Ambroise[37]. Faut-il voir dans cette erreur un signe de la fatigue qu'il évoque à la fin de son œuvre (« Ma Carine est lassée... »)?

Le contenu des annotations suivantes vient de ses trois auteurs les plus sollicités sur ce thème si controversé. L'annotation 2 reprend les remarques de Tolet et de Maldonat, avec les références dûment indiquées dans les dernières lignes[38]. L'annotation 3 cite expressément Barradas[39] qui fournit aussi les références à Cant. 8 et allègue saint Jean Chrysostome, *lib. 2 de Sacerdotio*; elle emprunte à Tolet la citation, accompagnée de sa référence, de saint Cyrille Alexandrin[40].

---

[35] Cf. *supra*, p. 644.

[36] Cf. *Sacra Bibliotheca Sanctorum Patrum [...] Per Margarinum de la Bigne*, Paris, 1575, *Index authorum Sacrae Bibliothecae...*

[37] Cf. S. Barradas, *Commentariorum in Concordiam & Historiam quatuor Euangelistarum, tomus quartus & ultimus,* Lyon, 1612, p. 448, col. 1E et col. 2A.

[38] Voir, dans éd. cit., Maldonat p. 1957C et 1958A, et Tolet, p. 375-376. Quant au texte d'Arnobe, qui reprend et prolonge la citation de l'annot. 1, p. 378, il est emprunté, on l'a dit, à Barradas (cf. n. *supra*).

[39] Barradas, *op. cit.*, p. 445, col. 2C, et p. 446, col. 2B.

[40] Tolet, *op. cit.*, p. 376, lettre A.

Enfin l'annotation 4, La Ceppède l'indique clairement, emprunte à Barradas[41] tant la citation que la référence à saint Bernard ; et à Maldonat[42] son commentaire.

Ses lectures favorites fournissent donc au poète l'autorité nécessaire pour interpréter les textes ; et lui donnent l'audace dont il fait preuve en s'adressant aux prélats. Le développement cité plus haut[43], sur le danger pour les évêques et les papes, de se muer en « monstres effroyables », est inspiré par un texte de saint Bernard, lui-même rapporté par Barradas[44]. Le même Barradas, le jésuite Lorin, l'ancien jésuite Carthagène, inspirent les sonnets du livre IV, portant sur les vertus requises des dirigeants de l'Eglise : sonnets XI, XII, XVIII notamment. Certes les annotations 3 et 4 du sonnet XI offrent des citations de saint Grégoire. Mais c'est Lorin qui allègue saint Grégoire, saint Jean Chrysostome, Origène, saint Jérôme, saint Ambroise, saint Augustin, en donnant les références présentées dans l'annotation 3 ; et qui renvoie à l'hom. 30 de saint Grégoire, si largement utilisée par le poète dans son annotation 4 (plus largement que par le jésuite[45] qui, lui, ne cite que la dernière phrase de l'extrait rapporté dans les *Théorèmes*). On peut encore rappeler ces phrases de Carthagène dans son hom. 5 :

> *Quomodo enim si concionatores algent, populum accendent? Quomodo si carnem, & sanguinem illorum verba sonant, Dei spiritum auditoribus infundent?*[46]

et de Barradas qui, après avoir cité Deuter. XVI, 21 : *Non plantabis lucum, et omnem arborem iuxta altare Domini...*, écrit

> *Ille lucum, & infructuosarum arborum nemus plantat in templo, qui infructuosis verbis, & sterili quadam eloquentia, hominum aures demulcens, inanem captat gloriam*[47].

Pour le sonnet XII, à l'annotation 3, le même lieu de saint Grégoire est cité par Lorin (moins longuement que par La Ceppède). Et au sonnet XVIII, Carthagène[48] et Barradas[49], auxquels on peut joindre un autre jésuite, Cornelius a Lapide[50], sont les inspirateurs essentiels.

---

[41] Barradas, *op. cit.*, p. 446, col. 2C.

[42] Maldonat, *op. cit.*, p. 1957C.

[43] Cf. *supra*.

[44] Barradas, *op. cit.*, p. 446, col. 1E.

[45] *Ibid.*, p. 87, col. 2C et D.

[46] Cf. Carthagena, *Homiliae Catholicae in uniuersa Christianae religionis arcana*, Paris, 1618, vol. II, l. XVI, hom. 5, p. 1295C-D.

[47] Barradas, *op. cit.*, l. X, ch. 5, p. 488, col. 2D.

[48] Carthagena, *op. cit.*, l. XVI, hom. 4, p. 1287D-E, et hom. 10, p. 1315B-C et E-F, et 1316B-C.

[49] Barradas, *op. cit.*, p. 487, col. 1C-D-E.

[50] Cornelius a Lapide, *Commentaria in Pentateuchum Mosis*, Paris, 1617 ; éd. cons. Anvers, 1671 ; p. 653, col. 2A.

Des théologiens contemporains, essentiellement des jésuites, fidèles soutiens du pape, ont guidé la réflexion de La Ceppède sur le gouvernement de l'Eglise. Les pages qu'il a lues pour assurer sa doctrine à ce sujet sont nombreuses, austères. Pour transmettre aux chrétiens du XVIIe siècle sur cette question si disputée un savoir inébranlable, La Ceppède s'est efforcé de mettre en œuvre une pédagogie bien à lui.

LA PÉDAGOGIE DE LA CEPPÈDE

Le rejet de la polémique la caractérise. La comparaison avec Maldonat, Tolet, Barradas, est sur ce point révélatrice. Les *noui haeretici* sont proprement ignorés par le poète. Comme le recommande saint François de Sales, le poète expose ce qui est à ses yeux la vérité chrétienne, sans plus. Les attaques, les moqueries, les arguties qu'il peut lire au cours de son enquête sont totalement tues. Voilà, pour mieux saisir ses refus, un exemple des phrases qu'il pouvait relever dans les textes de Barradas,

> super hanc petram aedificabo Ecclesiam meam: *soli Petro & successoribus haec dicuntur [...] Qui haec videre nolunt haeretici, quique Petri oues esse recusant, a tartareis lupis miserandum in modum dilaniati pereunt.*[51]

ou de Maldonat :

> *Petrus enim et petra idem sunt. Nam quod Caluinus dicit, non sine causa Euangelistam orationem variasse, cumque dixisset,* Tu es Petrus, *secundo loco non dixisse super Petrum, sed super hanc Petram ut aliam petram, quam Petrum significaret, puerile, & ridiculum est...*[52]

Loin de reprendre ces réfutations, La Ceppède déclare ne pas vouloir s'étendre sur les matières controversées. On s'explique qu'il préfère souvent, aux citations des docteurs contemporains, celles de l'Ecriture et des Pères des premiers siècles, plus susceptibles d'ébranler les réformés et de fournir autant de preuves fondant «l'ancienne croyance de l'Eglise»[53].

La seconde caractéristique de la pédagogie du poète se remarque dans son utilisation conjointe du sonnet et de l'annotation. Il connaît la force persuasive de la poésie, il l'a dit dans son avant-propos des *Théorèmes* sur la Passion, il le redit dans la dédicace au Roi de la *Seconde Partie*. Les souverains doivent chérir «les nourriçons de la Saincte Uranie» (les œuvres poétiques chrétiennes) «qui tout doucement leur font embrasser estroictement la religion». Surtout quand

---

[51] Barradas, *op. cit.*, p. 440, col. 2E.
[52] Maldonat, *op. cit.*, p. 349B.
[53] *Ibid.*, s. LXXXVIII, annot. 1, p. 377.

des annotations détaillées viennent développer des formules en vers vigoureusement martelées et se mettre au service des accents inspirés par la muse. La vérité
de la foi s'insinue au moyen des rythmes et des sonorités, des images et des
périphrases. L'explication détaillée fournie par l'annotation s'envole peut-être
après avoir joué son rôle didactique; mais la formulation poétique demeure
dans la mémoire, prête à servir en cas de besoin, et joue un rôle séducteur appré-
ciable. La périphrase apposée au nom de Pierre, «éleu chef du troupeau»[54]
semble, à première vue, une précision rapide; en fait, elle est non seulement une
pierre d'attente qui annonce les sonnets plus particulièrement consacrés à l'affirmation du primat de l'évêque de Rome, mais aussi le moyen d'une première
déclaration importante: car c'est l'Ange, s'adressant aux saintes femmes, qui
l'utilise, révélant par là même l'«éminence» de l'Apôtre «par dessus ses
compaignons»[55]. De même la comparaison habituelle des grands avec les monts
d'Epire est ici judicieuse, qui appelle les prélats à tendre leurs cœurs «aux traicts
braisillonnans» de la charité[56].

   Habile aussi, la mise en œuvre du procédé bien pédagogique de la répétition.
Répétition d'idées: touchant la question du gouvernement de l'Eglise et de la
primauté de Pierre, les rappels se multiplient dans les livres II et IV de la Seconde
Partie. Répétition de mots, notamment à la rime: on se contentera ici de
renvoyer à l'ouvrage de J. Gœury, L'autopsie et le théorème, qui montre bien que
l'utilisation de «rimes dites faciles» est volontairement recherchée, mise au
service de la contemplation, que le ressassement est voulu, la rumination
imposée par le travail de la matière verbale[57].

   A quoi l'on peut joindre les procédés relevant de la rhétorique: comme la
difficulté faussement soulevée, pour mieux introduire la doctrine exacte. Le
sonnet LXVIII du livre II interroge le Christ sur le don de l'Esprit avant l'Ascension:

> Cet Esprit (disiez vous) ne devoit point venir
> Qu'après vostre départ de ce bas hémisphère.
> Vous le donnez pourtant. Nul ne peut soustenir
> Que vous soyez, mon Prince, à vous mesme contraire[58].

Notons encore l'emploi fréquent de l'apostrophe, à Pierre, aux Apôtres, aux
prélats... Tout le savoir-faire poétique de La Ceppède est mis au service tant de
la méditation que de l'enseignement conforme à l'orthodoxie catholique.

---

[54]   Seconde Partie des Théorèmes, l. II, s. XVI, v. 11.

[55]   Ibid., annot. 2, p. 188.

[56]   Cf. supra, citation et n. 29.

[57]   J. Gœury, L'autopsie et le théorème, Poétique des Théorèmes de Jean de La Ceppède, Paris, Cham-
       pion, 2001, IIIᵉ partie, ch. 3.

[58]   Cf. également Seconde Partie des Théorèmes, l. II, s. LXIX, l. IV, s. XXVII.

Les remarques qui précèdent soulignent la parfaite orthodoxie de La Ceppède. Président de la Cour des Comptes de Provence, très proche du Président du Parlement, Guillaume du Vair[59], il est conscient de ses responsabilités et œuvre sans relâche, professionnellement, littérairement, pour rétablir la paix dans une France longtemps meurtrie par les guerres de religion, apaisée par Henri IV, mais menacée à nouveau par les troubles de la Régence et la jeunesse de Louis XIII. Sa conviction de la nécessité d'une autorité incontestée dans le royaume ne peut que le renforcer dans son adhésion au gouvernement «monarchique» de l'Eglise catholique, c'est-à-dire à la primauté du Pape et à l'importance des évêques.

Ces remarques permettent aussi d'apprécier l'ampleur, limitée néanmoins, de l'influence qu'exercèrent les jésuites sur l'auteur des *Théorèmes*. La présence des ouvrages de la Compagnie, déjà importante dans la première partie des *Théorèmes*[60], se fait encore plus vive dans la *Seconde Partie*. Même si La Ceppède n'évoque jamais, dans son œuvre, la théorie du pouvoir indirect du pape sur un prince, que soutient Bellarmin dans ses *Controverses*[61]; cette théorie, dont on ne sait si le poète l'acceptait ou l'écartait, est totalement ignorée, alors que la *Seconde Partie des Théorèmes* est dédiée au Roi.

La pratique assidue des ouvrages des jésuites n'a pas nui à l'équilibre serein des prises de position de La Ceppède. Sa foi se voulut contagieuse, mais se garda constamment de toute polémique, en particulier sur les sujets les plus conflictuels de l'époque.

Yvette QUENOT
Université de Bourgogne, Dijon

---

[59] Du Vair exerce sa charge à partir de 1599 et quitte la Provence en 1616; et la *Seconde Partie des Théorèmes* est écrite entre 1613 et 1622.

[60] Notamment avec les études de Maldonat et de Suarez.

[61] Cf. *Les jésuites à l'âge baroque, op. cit.*, intro. par L. de Vaucelles, p. 16: «[...] dans ses fameuses *Controverses* Bellarmin élabore sa théorie du pouvoir indirect. Autrement dit, si le Pape n'exerce pas de juridiction plénière immédiate *in temporalibus*, sauf dans ses propres Etats, en revanche il possède, au nom de ses responsabilités religieuses, le pouvoir d'intervenir dans les affaires séculières quand les actes d'un Prince menacent gravement les intérêts spirituels de son peuple et de l'Eglise, par exemple en entraînant ses sujets dans l'hérésie.»

RABELAIS

LE GOSIER BÉANT
DANS LE *GARGANTUA*:
TRAITEMENT COMIQUE
D'UNE ANGOISSE DE DÉVORATION

> Leur propos fut du trou de sainct Patrice,
> De Gilbalthar, et de mille autres trous:
> S'on les pourroit reduire à cicatrice,
> Par tel moien, que plus n'eussent la tous:
> Veu qu'il sembloit impertinent à tous:
> Les veoir ainsi à chascun vent baisler.
> (*Gargantua*, ch. 2; *OC*, p. 12)

Lorsque *Pantagruel* paraît à Lyon, en 1532, il est inspiré par le succès d'un personnage déjà populaire, Gargantua, dont des livrets anonymes, racontaient les aventures. Rabelais reprend ce personnage de géant sympathique mais d'origine nécromancienne et stérile[1], qui émanait d'une littérature étroitement liée au monde festif des foires marchandes et lui confère une nouvelle dimension féconde et dynastique. Le premier roman de Rabelais donne un fils, Pantagruel (nom d'un *petit* génie de la soif), au géant familier.

Or ces personnages risquent de se présenter comme des anthropophages: ils ont des dimensions corporelles énormes et un appétit monstrueux. Dès lors on se tiendra sur une crête de détermination identitaire, on oscillera entre une biographie de monarque civilisé et – ce qui est tout autre chose – celle du géant menaçant d'être rendu à ses antécédents folkloriques et à sa *finalité naturelle nuisible*: n'encourait-on pas le risque de rebasculer dans un théâtre d'ogres effrayants? Les textes qui précédaient ceux de Rabelais s'appelaient *Chroniques*. En se détachant d'elles et en se préparant à imposer la *doxa* nouvelle de leur propre dynastie gigantale et de leurs valeurs éthiques, les romans nouveaux réalisent vis-à-vis des *Chroniques* (dérivé de Chronos), un parricide civilisateur, une sorte de prise de pouvoir jupitérienne. De plus, lorsqu'il racontera sa version des aventures de Gargantua dans son deuxième roman (1534), Rabelais se livrera à l'exercice étonnant de redonner une paternité neuve et corrigée à

---

[1] Il n'avait aucun espoir de descendance, ayant été créé par nécromancie par Merlin, spécimen unique, à la fois stérile et indétrônable.

Pantagruel qui en avait déjà une dans les livrets de colportage[2]! La figure du Chronos grec est associée à la figure du père gigantesque. Dans le premier roman, l'énorme père du folklore n'aurait-il pas pu *dévoré* par inadvertance son fils, si la taille de celui-ci était restée conforme à son homonyme populaire, le petit lutin pantagruel persécuteur des gorges? Et le second roman mieux achevé (la geste du père) n'allait-il pas remplacer et *avaler* le premier texte (la geste de l'enfant), qui ne devait être qu'une esquisse? Il se rejoue pour la création rabelaisienne quelque chose du grand conflit entre le dévoreur primordial et son fils rebelle, Zeus, entre le père cannibale et le bambin en péril, destiné à vaincre dans sa mutinerie[3]. Le *Pantagruel* et le *Gargantua* font tous les deux en leur conclusion une mention discrète à l'île des *Cannibales,* comme si un horizon d'épouvante alternatif pouvait être désigné dans les pages ultimes, qui aurait été jusqu'alors écarté de la scène de la fable par les vertus de l'écriture rabelaisienne: un horizon qui, à l'opposé de l'ancrage régional de l'intrigue dans le Chinonais, déporte l'imaginaire vers l'exotisme des Nouveaux Mondes[4].

Mais y avait-il des traits menaçants chez le gros mangeur des chroniques, qui n'avait rien à voir avec les Caraïbes? Ce géant bienfaisant sert le roi Arthur. Sa force surnaturelle aide le monarque[5]. Le bon Gargantua légendaire offre pourtant des traits de férocité et de voracité remarquables. Tout ce qu'il fait est démesuré et ses exploits sont de véritables massacres. Le protagoniste des *Chroniques* engloutit ainsi quantité d'humains – ce que les géants rabelaisiens ne feront jamais. Mais est-il un véritable cannibale? Non; car il faut distinguer la nature du géant et l'espèce humaine. Gargantua est le produit de Grantgosier et de Galemelle, deux géants formés par magie à partir de déchets hétéroclites, les os d'une baleine, le sang de Lancelot et les rognures d'ongles de la reine Guenièvre. Avec cette origine, le géant «occasionnellement anthropophage» avale des humains comme un loup-garou ou un Cyclope fabuleux. Il n'a surtout aucun *désir* de dévorer de la chair humaine. Lorsque le Gargantua des chroniques avale des humains, c'est toujours par inadvertance. Les victimes avalées

---

[2]   Les deux premiers ouvrages de Rabelais se caractérisent dès leur titre par le soulignement du lien familial, soit de paternité, soit de filiation: en 1532, *Les horribles et épouvantables faits et prouesses du très renommé Pantagruel, roi des Dipsodes, fils du grand géant Gargantua*; en 1534: *La vie très horrifique du grand Gargantua, père de Pantagruel.*

[3]   Cf. l'allusion au Titan Typhée puni par Jupiter et écrasé sous le mont Etna, à la fin de *G* 58 («énigme en prophétie»); *OC*, éd. M. Huchon, Paris, Gallimard, «Bibliothèque de la Pléiade», 1994, p. 152).

[4]   Le néologisme «cannibale» aurait pour origine une altération du mot «cariba» des Petites Antilles (ces Indiens apparaissent dans le journal du Premier Voyage de Colomb). Voir F. Lestringant, «Le nom des 'cannibales', de Colomb à Montaigne», *Bulletin de la Société des Amis de Montaigne*, 6ᵉ série, 17/18, 1984, p. 51-74; «Rage, fureur, folie cannibales: le Scythe et le Brésilien», *La Folie et le Corps*, éd. J. Céard, PENS, 1985, p. 49-80.

[5]   J. Céard, «Rabelais, lecteur et juge des romans de chevalerie», *ER*, XXI, 1988, p. 237-248.

du fait de l'insouciance du héros sont des ennemis (le Sultan et ses Sarrasins); mais le risque concerne aussi des personnages extérieurs à la guerre (le berger confondant Gargantua endormi avec une colline percée d'une caverne). L'*avalage* (qu'il convient de distinguer de la *dévoration*) advient par distraction et pendant le sommeil du géant[6].

1) Alors qu'il dort la bouche ouverte, Gargantua se sent dérangé par des «poux» (deux cents moutons) qu'il écrase. Le berger chute à l'intérieur de la bouche. Il survit grâce à l'abri d'une dent creuse, s'échappe et prononce une prière d'allégresse[7].

2) Le Sultan, ennemi des Français chrétiens, croit trouver une caverne pour abriter ses Sarrasins (Gargantua, endormi la bouche ouverte). Après un répit dans la dent creuse, tous sont avalés lorsque le géant se réveille et absorbe un lac[8].

3) Les soldats du roi d'Irlande et Hollande veulent tuer Gargantua durant son sommeil. Ils croient courir sur une colline (le visage du géant endormi bouche bée). Gargantua, à son réveil, boit, assèche une rivière et avale les soldats sans les remarquer.[9]

4) Gargantua s'oppose seul aux Irlandais et Hollandais, il tue ses ennemis et fait 50 prisonniers (et le roi), qu'il transporte dans sa dent creuse pour les ramener à Arthur[10].

Selon le point de vue des victimes humaines, ces épisodes d'avalages traduisent le *péril* d'absorption, de soustraction au monde des vivants, qu'implique la présence monumentale d'un géant. Lorsqu'il dort, il se confond avec le paysage et seule sa bouche ouverte *est* présente, se révélant lorsqu'on y chute. Cette confusion momentanée du géant et de la topographie est un trait majeur associé à la peur populaire de l'avalage surnaturel. Selon des folkloristes, Gargantua est

---

[6] Cette distinction est très précieuse. Voir R. Antonioli, «Le motif de l'avalage dans les *Chroniques gargantuines*», *Etudes seiziémistes offertes à [...] V.L. Saulnier*, Genève, Droz, 1980, p. 77-85.

[7] *La grande et merveilleuse vie du trespuissant et redoubté roy de Gargantua* (*ca.* 1527-1535), ch. 6, in *Les chroniques gargantuines*, éd. C. Lauvergnat-Gagnière et G. Demerson [*et al.*], Nizet (STFM), 1988, p. 157-158; et *Les chroniques admirables* (*ca.* 1534), ch. 9, éd. citée, p. 185-186.

[8] *La grande et merveilleuse vie...*, ch. 7 bis, éd. citée, p. 161.

[9] *Les grandes et inestimables cronicques du grant et énorme Géant Gargantua* (*ca.* 1532), ch. 18, éd. cit., p. 138 [aussi *OC*, p. 170]; et *Les chroniques admirables*, ch. 29, éd. cit., p. 246.

[10] Cet épisode où Gargantua transporte cinquante prisonniers dans sa dent creuse apparaît dans toutes les versions des chroniques: *Le Vroy Gargantua*, *OC*, p. 200-201; *Les grandes et inestimables cronicques du grant et énorme Géant Gargantua*, ch. 19, éd. cit., p. 139 [aussi *OC*, p. 171]; et *Les chroniques admirables*, ch. 30, éd. cit., p. 251.

d'ailleurs identique au «monte Gargano» des Pouilles[11]. Les Chroniques pouvaient être lues comme expliquant des origines d'anomalies des reliefs. Pour tel épisode où le géant s'est reposé sur le toit d'une église, le récit invite à se rendre sur les lieux pour vérifier l'état de ruine. Si le géant a uriné, on pourra constater soi-même la présence de sources thermales, etc. Par contre l'avalage est une soustraction qui ne produit pas de signe mémoriel[12]. La disparition de créatures en pâture apparaît donc en contrepoint invisible des réalisations créatrices ou destructrices «évidentes» du héros: l'érection de pierres géantes, le percement d'isthmes ou d'autres marquages indélébiles de la topographie après son passage physique.

De quelle façon retrouve-t-on ce trait féroce du géant, l'avalage d'humains, chez Rabelais? L'idéal de nouvelle morale politique, l'appétit de connaissances, l'élargissement des horizons culturels, le franchissement nouveau de tous les cadres étriqués qui avaient réfréné les esprits jusqu'alors, sont si vastes et si généreux qu'il fallait un protagoniste gigantesque pour l'incarner. Mais le géant n'est plus un monstre produit par magie noire. Au contraire il se prévaut désormais d'une longue transmission héréditaire: il émane lui-même d'un haut lignage et est un monarque exemplaire[13]. Chez une telle figure de l'idéal humaniste et évangélique nouveau, subsiste-t-il des traces résiduelles du motif de l'anthropophagie accidentelle? Avec cette question, nous sommes confrontés au thème du *cannibalisme* à proprement parler. Dans une interprétation de l'héritage folklorique des protagonistes de Rabelais, Bakhtine rapproche ceux-ci des géants associés aux rites du Carnaval (dont une étymologie est un congé à la viande, carne vale!) précédant le Carême[14]. De grands mannequins au masque effrayant sont promenés dans les bourgs et dressés sur les places. Saint Pansart, Gros-Ventru, Mange-Viande ou Mardi-Gras, à la gueule énorme, sont des images caricaturales des bouchers (qui ont souvent à charge d'organiser ces processions). En même temps ils rappellent des traits

---

[11] G. von Keyserlingk, *Monte Gargano, Europas ältestes Michaelsheiligtum*, Stuttgart, Urachhaus, 1987.

[12] Le «pique-nique par bâillement» en Beauce est inoffensif: «Tout leur desjeuner feut par baisler. En memoire de quoy encores de present les Gentilz hommes de Beauce desjeunent de baisler» (*G* 16, 47).

[13] Pour situer Rabelais dans une époque de scepticisme croissant à l'égard des géants, voir J. Céard, «La querelle des géants et la jeunesse du monde», *Journal of Medieval and Renaissance Studies*, 8, 1978, p. 37-76; W. Stephens, *Giants in those days*, Lincoln, University of Nebraska Press, 1989; G. Demerson, «Chroniques gargantuines et roman rabelaisien», *Les Chroniques garantuines, op. cit.*, p. 42-61, «Géant de *Chroniques* et géants de *Chronique*. Rabelais entre Jean Bouchet et Erasme», *RHR*, XXXVII, 1993, p. 25-50.

[14] M. Bakhtine, *L'œuvre de François Rabelais et la culture populaire*, Paris, Gallimard, 1970; C. Gaignebet, *A plus hault sens*, Maisonneuve & Larose, 1986.

du Goliath biblique[15] ou de l'Ogre des contes[16]. Le plus important est que ce dévoreur d'enfants (Kindlifresser[17]) a priori effrayant perde en cours de route son pouvoir d'épouvante et, du même coup, devienne risible et sympathique. Alors que tout, dans le géant de Carnaval, annonce des événements effrayants (Je vais te manger!), cet aspect est bientôt désamorcé par le cérémoniel où les mannequins se révèlent n'être que des mâts de cocagne personnifiés: après la menace de dévoration, les géants se laissent ouvrir les entrailles d'où des quantités de victuailles pleuvent sur la foule. Chacun attrape un morceau de saucisse ou de jambon. Ainsi la menace anthropophage s'évanouit, et le bon géant de Carnaval se renverse du côté des valeurs riantes et généreuses de la corne d'abondance. Ce que l'on rejoue lors de la fête, c'est un rite de libération de peur surmontée et de catharsis autour de ce géant ambivalent qui permet de démythifier un effroi. La joie triomphe après l'inversion: ceux qui auraient pu être mangés (s'il s'était agi d'un ogre), qui étaient joyeusement épouvantés à l'idée de servir de pâture deviennent les mangeurs des biens nutritifs prodigués par cette baudruche crevée.

On peut considérer qu'une inversion analogue (entre aspect menaçant et essence bienfaisante), où l'on joue à avoir peur, s'exprime dans la figure du Silène, que le Prologue du *Gargantua* introduit à titre de leçon de lecture: Rabelais invite à affronter son texte de la même façon qu'il faut contempler une statuette hirsute, en ne s'arrêtant pas à l'apparence monstrueuse. En l'ouvrant, on trouve une autre figuration, celle d'un dieu beau, noble, civilisateur et bienfaisant. De même (dans le sens figuré de Platon), une enveloppe corporelle hideuse et effrayante peut dissimuler l'esprit du plus sage (Socrate)[18]. Le processus d'inversion qui a cours avec le géant de carnaval, lors du rite alimentaire, s'apparente donc à ce processus de renversement, d'un dehors repoussant, auquel se substitue un intérieur nourrissant. Dès lors on pourrait considérer que l'anthropophagie virtuelle du protagoniste rabelaisien doit être elle-même

---

[15] *Les géants processionnels en Europe*, éd. J.-P. Ducastelle, Bruxelles, Ministère de la Communauté française de Belgique, 1981; *Géants et dragons. Mythes et traditions*, éd. J.-P. Ducastelle (*et al.*), Casterman, 1996.

[16] S. Thompson, *Motif-Index of Folk-Literature*, Copenhague, Rosenkilde & Bagger, III («Giant», «Ogres», p. 141-158, 274-365); P. Saintyves, *Les Contes de Perrault*, Paris, Robert Laffont, 1987, «De l'ogre et de son discernement de la chair fraîche», p. 254-260.

[17] Statue monumentale de Gieng d'un ogre dévorant des enfants terrifiés (place publique de Berne, 1545).

[18] Aux yeux des disciples de Socrate, eux-mêmes sont comme des enfants effrayés cherchant à se rassurer: «Vous avez l'air de craindre comme des enfants [...]. - Eh bien! dit Cébès, si nous sommes peureux, essaie de nous réconforter. [...] Il y a peut-être au-dedans de nous un enfant qui craint [...]: c'est lui que tu dois essayer de convaincre, pour l'empêcher d'avoir peur de la mort comme d'un mannequin d'ogresse dont se servent les nourrices [*mormolukéion*]» (*Phédon*, 77).

désamorcée en vertu d'un dépassement de l'apparence première de *l'aspect féroce du géant* (qui n'est qu'une illusion), et qui promet de révéler l'intérieur bénéfique d'un «plus haut sens» caché. L'anthropophage offre la figure extrême qui correspondrait à la facette monstrueuse du roman, dans le cas – non souhaitable – où le lecteur ne serait qu'un mauvais chien (le Prologue privilégie la figure du chien qui ronge un os pour extraire la moelle, *G*, p. 6). Or le cannibale, en vertu de l'hésitation étymologique, est à la fois le *cariba* (l'habitant des îles Cannibales) et le monstre mi-homme mi-chien (cynocéphale) dont la méchanceté peut littéralement se lire sur le visage (aspect d'un chien enragé[19]), dont avait parlé Pline et dont s'était souvenu Colomb dans son *Journal* de 1492.

L'étymologie recomposée de *cannibale* qui renvoie au guerrier féroce à la tête de chien se trouve renforcée par la présence anagrammatique remarquable du nom de Caïn. Le crime inaugural de celui-ci hante le mot *cannibale*. Il est rappelé au début du *Pantagruel,* avant que le roman ne se propose de lui remédier en diffusant des valeurs évangéliques et humanistes nouvelles. S'il devait *re*tourner au Cannibale, le géant rabelaisien témoignerait de l'échec de sa mission, qui est d'apporter une rédemption à la faute de Caïn: le *Pantagruel* s'achève sur un message d'espoir et la prophétie d'aller défaire les Cannibales[20]!

> Vous avez ouy un commencement de l'histoire horrificque de mon maistre et seigneur Pantagruel. [...]. Vous aurez la reste de l'histoire à ces foires de Francfort prochainement venantes, et là vous verrez comment [...][il] naviga par la mer Athlantique et *deffit les Caniballes*, et conquesta les isles de Perlas. (*P* 34, 336)

A l'évidence, dans le roman suivant, le géant est un «cannibale» inoffensif:

> Les petitz chiens de son pere mangeoient en son escuelle. *Luy* [Gargantua non distingué des animaux] *de mesmes mangeoit avecques eux*: il leurs mordoit les aureilles. Ilz luy graphinoient le nez. Il leurs souffloit au cul. Ilz luy leschoient les badigoinces. (*G* 11, 34-35)

De la même façon qu'il désamorce le potentiel d'effroi du cannibalisme, Rabelais ne fait part de la menace anthropophage que de manière rassurante et riante[21]. Le traitement moqueur du lieu commun était sensible dès le premier

---

[19] Voir les travaux de F. Lestringant, en particulier *Le Cannibale. Grandeur et décadence*, Perrin, 1994. Rabelais sera assimilé par ses détracteurs à [un chien] bavant de rage, *«rabie lœsus»*.

[20] Le *Gargantua* s'achève sur un détail: les richesses pourvoyant Thélème en ornements somptueux proviennent «des Isles de Perlas et Canibales» (*G* 56, 148).

[21] Panurge fut un mets (lapin rôti) aux yeux de ses geôliers: «Les paillards Turcqs m'avoient mys en broche tout lardé, comme un connil, car j'estois tant eximé que aultrement de ma chair eust esté fort maulvaise viande, et en ce poinct me faisoyent roustir tout vif» (*P* 14; 263-264). Comme l'a montré G. Defaux, le récit de Panurge doit se lire dans la perspective des mensonges d'Ulysse.

roman. Pantagruel laisse accroire à un prisonnier de guerre qu'il a ces mœurs atroces et terrifiantes! Le prisonnier dipsode est terrifié lorsqu'il réalise qu'il se trouve chez des ogres préparant une «rôtisserie de venaison»: «Le pauvre diable n'estoit point asseuré que Pantagruel ne le devorast tout entier, ce qu'il eust faict tant avoit la gorge large, aussi facilement que feriez un grain de dragée» (*P* 25, 304)[22]. Le but est que le captif démoralise son camp en racontant, à son retour, qu'on faillit le rôtir de la même façon que les 659 autres chevaliers... Or le géant se contente d'effrayer le Dipsode en comptant sur la survivance de la peur du «géant mangeur de petits enfants». La torture psychologique est burlesque, fondée sur de telles images irréelles, dans le but de briser le moral du captif: «[Ils] firent roustir leur prisonnier, et [...] [Pantagruel lui] demanda: Mon amy, dys nous icy la verité et ne nous mens en rien, si tu ne veulx estre escorché tout vif: *car c'est moy qui mange les petiz enfans*. Conte nous entierement l'ordre, le nombre et la forteresse de l'armée» (*P* 26, 305-6). Ce sont les seules allusions à Pantagruel envisagé comme ogre anthropophage. Il reste frappant que Rabelais ait tenu, dans *Pantagruel* et dans *Gargantua*, à présenter deux épisodes de «visite à l'intérieur du corps» du héros gigantesque (*P* 32-33, *G* 38)[23]. Chacun de ces épisodes se conclut de manière *non* meurtrière: le corps du géant peut être traversé par des visiteurs volontaires ou involontaires, sans qu'il y ait de victime dévorée. Non seulement le géant amical ne souffre pas de cette expérience d'ingurgitation-dégurgitation, mais encore les visiteurs imprudents ou les spéléologues audacieux s'en tirent sains et saufs.

La distinction entre *avalage* et *dévoration* est décisive. Chez le Gargantua des *Chroniques*, nous perdions de vue ceux qui étaient avalés. En revanche, chez les Pantagruel et Gargantua rabelaisiens, c'en est fini de telles disparitions. Nous disposons de véritables récits de voyage de ceux qui ont pénétré dans le corps et qui en ressortent. Plus encore que le Gargantua des *Chroniques*, le géant rabelaisien n'engloutit, n'engouffre des êtres humains que pour un laps de temps limité, avant de les laisser ressortir inchangés par le même orifice. L'image menaçante de l'Ogre s'éloigne encore plus[24]. De nouveau, parce que le géant ne déchiquette pas ses victimes, un effet remarquable de *dédramatisation* se laisse observer vis-à-vis de la problématique cannibale qui se trouve à la fois rappelée et désamorcée. Pour être un cannibale digne de ce nom, il faut faire fonctionner ses dents (parmi les jeux de Gargantua, l'action de «croquer» est mentionnée à trois reprises: «au croc madame, aux croquinolles, à croqueteste», *G* 22; 60, 62, 63). Dans le cas d'un avalage «édenté», on s'écarte du circuit digestif habituel,

---

[22]   Cf. l'identification de Panurge à un aliment-dragée du terrible Physetère (*QL* 33, 616).

[23]   F. Lestringant, «Dans la bouche des géants (*P* 32; *G* 38)», *Cahiers Textuel 34/44*, 4/5, Paris, 1989, p. 43-52.

[24]   La passivité du géant durant ces expéditions l'apparenter par ailleurs à la baleine peuplée de l'*Histoire véritable* de Lucien.

qui veut qu'un aliment entre par la bouche, qu'il soit transformé (une première fois par les dents et une seconde fois à l'intérieur du ventre) et qu'il ressorte dé-substantialisé par l'anus.

Le mode d'absorption anthropophage est donc à la fois suggéré *et* désamorcé chez Gargantua. De façon comique l'avalage est rattaché aux phénomènes physiologiques de la bouche bée et du bâillement. Si la naissance extraordinaire de Gargantua est rapprochée de celle de «Crocquemousche» (*G* 6, 22), «Happe-mousche» est le nom d'un ancêtre de Pantagruel (*P* 1, 220). Le premier, person-nage de comptines, créature débonnaire qui ne ferait aucun mal à une mouche, est drôle par l'aliment minuscule qu'il consomme par distraction: il bâille et avale des animalicules[25]. L'aliment est analogue à la pâture d'humains avalés à son insu par le géant des Chroniques (il n'y a qu'un changement d'échelle). Sa consommation d'insectes rend Crocquemousche étranger à l'effroi associé à un ogre qu'obséderait la quête active de chair fraîche[26]. On voit à quelle superposi-tion paradoxale d'identités Gargantua est sujet, de fait de son gigantisme. Alors qu'il n'est pas ogre, il témoigne d'une aptitude à l'alimentation involontaire identique à celle de Crocquemousche: lui aussi «bâillera aux mouches»[27]. Or toute l'échelle doit être corrigée en fonction de sa taille. Tout est à disproportion: Gargantua risque d'être un gouffre pour les pèlerins du chap. 38, sans s'en apercevoir, *comme quelqu'un de taille humaine l'aurait fait de moustiques ou de mouches!* L'épisode de l'avalage des pèlerins se trouve en quelque sorte prophé-tisé sur le mode minuscule.

Bien plus tard, alors que Gargantua adolescent est devenu un grand mangeur, son aptitude à bâiller est rappelée, mais l'activité est *neutralisée* par son intran-sitivité – on quitte le registre de l'alimentation au profit des excréments.

---

[25] Cf. la gueule pacifique de Pantagruel (abri protecteur à l'opposé d'une dévoration): «Quand Pantagruel baisloit, les pigeons à pleines volées entroyent dedans sa gorge, pensans que feust un colombier» (*P* 32, 331).

[26] Si de tels «happe-mouches» sont inoffensifs, le souvenir de la référence scripturaire est toute-fois menaçant: «Le pays que nous [éclaireurs mosaïques à Canaan] avons parcouru pour l'ex-plorer, est un pays qui dévore ses habitants [...]. Nous y avons vu ces géants [...]. Nous nous sommes vus à côté d'eux petits comme des sauterelles et c'est bien ainsi qu'eux-mêmes nous regardaient» (*Nombres*, XIII, 32-33).

[27] «Il baisloit souvent au mouches, et couroit voulentiers après les parpaillons [...] Ferroyt les cigalles [...] Congnoissoyt mouches...» (*G* 11, 33-34). Des officiers, après une visite aux chevaux de bois, égaient la compagnie: «ils les firent rire *comme un tas de mouches*». La compa-raison soumet les rieurs à quelque menace, du fait de l'association à *Crocquesmousche* et au fait que le garçonnet bâille aux mouches! Qui ouvre la bouche s'expose à un avalage accidentel ou à subir une intrusion hostile. Lors d'une attaque Pantagruel «par ce qu'ilz dormoyent *la gueulle baye et ouverte*, remplit tout le gouzier [des ennemis de sel]» (*P* 28; 315). Cette étape n'est que le prélude d'un grand massacre. Ce ne sont donc pas seulement Pantagruel ou son père, qui, en dormant la bouche ouverte, deviennent vulnérables à des immisions!

> Puis fiantoit, pissoyt, rendoyt sa gorge[28], rottoit, pettoyt, *baisloyt*, crachoyt, toussoyt, sangloutoyt, esternuoit, et se morvoyt en archidiacre, et desjeunoyt [...]: belles tripes frites, belles charbonnades, beaulx jambons, belles cabirotades et force soupes de prime. (*G* 21, 56)

La virtualité résiduelle de l'activité ogresque, parce qu'elle est verbalement neutralisée grâce au mode involontaire du bâillement, se trouve du même coup définitivement séparée de la pulsion cannibale. Néanmoins, même lorsque le bâillement s'apaise en se rattachant aux modes excrémentiels, son statut exceptionnel subsiste : on risque d'avaler (un objet) en bâillant, si bien que ce verbe, dans *Gargantua*, apparaît rarement sans un complément. De façon complémentaire, Gargantua apprend, en explorateur de gouffres, à apprivoiser lui aussi des sensations qu'il inspire aux autres[29]. Ce grand mangeur de viande descend dans les puits naturels et expérimente le rôle de spéléologue (courageux et indemne), avant d'incarner lui-même un gouffre profond risquant d'engloutir autrui[30], à l'occasion de l'épisode exceptionnel des pèlerins presque avalés avec la salade de laitues (un en-cas végétarien pris avant de souper):

> Gargantua les mist [*i.e.* six pèlerins] avecques ses lectues dedans un plat [...] et, avecques huille, et vinaigre et sel, les mangeoit [...] et avoit jà *engoullé* cinq des pelerins[31], le sixiesme estoit dedans le plat caché soubz une lectue, excepté son bourdon [...] *Je croys que c'est là une corne de limasson*; ne le mangez poinct. Pourquoy ? dist Gargantua. Ilz sont bons tout ce moys. Et tyrant le bourdon ensemble enleva le pelerin et le mangeoit tresbien. [...] Les pelerins ainsi dévorez se tirerent hors les meulles de ses dentz [...] Le torrent du vin presque les emporta au gouffre de son estomach, toutesfoys saultans avec leurs bourdons comme font les micquelotz[32] se mirent en franchise l'orée des dentz. [...] Gargantua [...] feist aporter son cure-dentz, et sortant vers le noyer grollier vous denigea messieurs les pelerins. (*G* 38, 104-105)

---

[28]   Notons qu'il n'y a que 3 occurrences du mot «gorge» dans le *Gargantua*, contre 22 pour le premier roman du petit diablotin de la soif.

[29]   «[Il] creuzoyt les rochiers, plongeoit es abysmes et gouffres» (*G* 23, 68).

[30]   Le bâillement d'Epistémon, lorsqu'il ressuscite, est à cet égard remarquable : l'orateur mime lui-même le péril d'*engouffrement* avant de *raconter ce qu'il a vu aux enfers*: «[il] commença respirer, puis ouvrir les yeulx, puis *baisler*, puis esternuer, puis fist un gros pet de mesnage» (*P* 30, 322). Sur cet épisode voir J. Berchtold, «Le songe d'Epistémon. L'Enfer comique des héros humiliés dans le *Pantagruel*», *'Ist mir getroumet mîn leben?' (Festschrift Geith)*, éd. A. Schnyder, Göppingen, Kümmerle, 1998, p. 191-206.

[31]   Notons qu'*Engolevent* est l'un des noms des ancêtres des géants (*P* 1, 221).

[32]   Cette allusion à une identité de *micquelot* jette un trait d'union entre l'expérience de ces pèlerins et celle de leurs homologues michelins qui ont précisément pour choix de se rendre soit au Mont-St-Michel, *soit au promontoire de Gargano* (traduction en paysage du géant Gargan; cf. n. 11).

L'épreuve est comprise comme une critique des pèlerinages et d'un assujettissement trop strict à la lettre des *Psaumes* en des circonstances incongrues[33]. Les
pèlerins ont cru choir en quelque prison épouvantable, en un lieu de basse-fosse
non identifié, expérience opaque et incompréhensible à laquelle un exégète
propose de donner son plein sens grâce à l'éclairage de l'Ecriture Sainte citée en
latin: Benedictus dominus qui non dedit nos in captionem dentibus eorum (Ps.
124). Une association est suggérée par l'apport des quelques traits imagés
proposés avec les gouffres dentés fameux de l'eschatologie. Le lecteur et les pèlerins le savent: avant cette expérience énigmatique, le séjour analogue de Lazare
dans l'Au-delà fut lui-même relu grâce à l'éclairage des paroles de reconnaissance du Psalmiste. Les pèlerins peuvent croire qu'ils ont en quelque sorte
plongé à l'orée des enfers, qu'ils ont vu quelque ouverture géologique, quelque
Trou-de-saint-Patrick (celui d'Irlande est l'une des entrées répertoriées du
Purgatoire). Gargantua reste coupablement sourd et aveugle dans cet épisode, et
ne collabore en rien à la restitution du bon sens dans l'esprit des pèlerins. Du
fait que son propre point de vue sur l'épisode ne sera jamais *confronté* à celui des
pèlerins (échafaudant seuls leurs comparaisons heuristiques à partir des images
sommaires dont ils disposent), et par son impartialité muette, il s'expose à apparaître semblable aux gueules qui absorbent l'ensemble de la création pécheresse
des géants pantophages de l'iconographie chrétienne (l'ouverture des enfers est
représentée par une gueule gigantesque)[34]. L'épisode burlesque des pèlerins
menacés d'avalage par un corps vif glisse ainsi vers un croisement de représentations qui l'éloignent coupablement de la «réalité»: la descente aux enfers des
âmes pécheresses et celle, de sens opposé, de l'hostie dans l'œsophage, promise
à racheter le cloaque répugnant des viscères.

   Le débat sur la présence réelle dans l'Eucharistie assure au thème du cannibalisme – Lestringant l'a montré – une très grande actualité[35]. Comment le
Christ entend-il sa formule «hoc est corpus meum»? Au Christ réel qui s'offre
à être avalé, les Réformés répondent qu'un signe ne doit pas être confondu avec
la chose, et que le Sauveur ne saurait être confondu avec des substances comes-

---

[33]   Critique des pèlerinages («dorenavant ne soyez faciles à ces otieux et inutilles voyages»; *G* 45,
       123); mais aussi de la recherche mécanique du sens préfiguratif de la Bible, conduisant à des
       applications systématiques de la vérité de la Parole divine pour soi-même et à des détournements outrés vers des événements triviaux; voir M. de Diéguez, «Un aspect de la théologie de
       Rabelais: le ch. 38 du *Gargantua*», *ER*, XXI, 1988, p. 347-353.

[34]   Voir la peur éprouvée par Panurge devant le Physetère («C'est [le] Leviathan [...] Il nous avallera tous [...] En sa grande gueule infernale nous ne luy tiendrons lieu que feroit un grain [...]
       en la gueule d'un asne» (*QL* 33, 616). La «gueule d'enfer» (par laquelle apparaissaient les
       diables sur les tréteaux des Mystères) participera encore au portrait hideux de Grippe-Minaud
       (*CL* 11, 752).

[35]   F. Lestringant, *Une sainte horreur, ou le Voyage en Eucharistie*, Paris, PUF, 1996; P. Camporesi,
       L'enfer et le fantasme de l'hostie, Paris, Hachette, 1989.

tibles. Ces hésitations d'herméneutique scripturaire ne sont pas sans lien avec la hantise de dévoration. Comment, en tirant les conséquences de certaines lectures, la messe n'apparaîtrait-elle pas, aux yeux de certains, comme une cérémonie abominable où les prêtres, en bouchers théophages, donnent à manger le Christ et avalent son sang[36]? L'épisode des pèlerins captifs de la bouche de Gargantua appelle de façon plausible le souvenir de l'Eucharistie (menace de revanche: il est donné à des consommateurs d'hosties de connaître le point de vue du dieu ingurgité). Surtout, l'expérience évoque la bouche d'Enfer ou du Purgatoire. Les chrétiens superstitieux traversent l'épreuve d'une «grande peur»; ils expriment ensuite leur allégresse d'avoir miraculeusement échappé à un monstre infernal.

Ceux qui s'en revenaient d'un pèlerinage à St-Sébastien-près-de-Nantes (*G* 38; 104) s'étaient épargnés un déplacement plus conséquent à la basilique Saint-Sébastien-hors-les-Murs à Rome (qui eût impliqué l'épreuve méritoire du franchissement d'une barrière montagneuse – d'une *rangée de dents*[37]). Voilà donc que le trajet de retour leur impose l'épreuve imprévue d'un *succédané symbolique du franchissement des Alpes*! La confrontation entre le monde hors des dents et le monde dans la bouche, c'est aussi un reflet allégorique des peurs que nourrissent, les uns à propos des autres, les Français et les Italiens (seulement séparés par un relief interposé), hélas favorisés par une méconnaissance réciproque et par des années de guerre récentes. Les pèlerins superstitieux (objet de la critique[38]) ne se sont pas rendus à Rome: ils ont demandé l'intercession de leur saint à une église locale, à une «succursale». De façon analogue, il ne leur sera plus nécessaire de faire un pèlerinage au Puits-de-saint-Patrick pour se prémunir d'un séjour au Purgatoire[39]: ils ont reçu la leçon selon laquelle *il y a aussi des Puits-de-saint-Patrick de rechange*, des succursales aux trous béants répertoriés et consacrés[40].

---

[36] E. Duval, «La messe, la Cène et le voyage sans fin du *Quart Livre*», *ER*, XXI, 1988, p. 131-141.

[37] Un pèlerinage à Rome implique de traverser la chaîne alpine et la barrière dentée. A cet égard, les pèlerins ont fait à Saint-Sébastien-près-de-Nantes un pèlerinage un peu en retrait.

[38] J. Céard a montré comment Rabelais enseigne la méfiance vis-à-vis des légendes de saints, qui, contre la philologie et de l'historiographie critiques, nuisent indirectement à la Vérité sacrée («L'Histoire écoutée aux portes de la légende: Rabelais, les fables de Turpin et les exemples de saint Nicolas», *Etudes offertes à Saulnier, op. cit.*, p. 91-109).

[39] Erasme tournait en dérision la Grotte-de-saint-Patrick dans le colloque *Le pèlerinage*, où Ménédème refusait d'écouter un récit de visite de l'Enfer. Sur la vogue des témoignages de pèlerinages en ce lieu, voir les contributions de P. Uhl et P. de Wilde, *L'imaginaire du souterrain*, éd. A. Gaillard, Paris, L'Harmattan, 1997.

[40] Dans l'expérience des pèlerins, telle église consacrée en France à saint Sébastien participe toujours, par métonymie sacrée, à la basilique romaine de Saint-Sébastien-hors-les-Murs, premier tombeau des reliques. De même, toujours de ce même point de vue subjectif, la gueule ouverte de Gargantua a en quelque *sorte épousé la fonction* (de façon accidentelle) de «succur-

Sur un autre plan interprétatif et dans un autre ordre de références, c'est pendant le règne de François Ier que l'architecture monumentale laïque connaît un essor sans précédent, et tout particulièrement à partir de 1525: le Val de Loire voit sortir de terre des châteaux et des palais à un rythme effréné. Dans le contexte des travaux engagés pour ériger Chambord, il s'agit aussi – grâce au miroir d'un épisode humoristique comportant une dimension d'allégorie politique bientôt prolongée par l'éloge de Thélème[41] – de prévenir François Ier du risque lié à une politique somptuaire excessivement dépensière[42]. Risquer de peu d'être avalé par ce roi, puis d'être sa victime compissée, renvoie à la gueule béante des fondations de Chambord (un *puits abyssal* avant d'être un château), en une décennie troublée où la construction du château et le projet ambitieux de détournement de la Loire risquaient *d'engouffrer* les habitants imposables du royaume de France[43]. La taxation est le représentant par excellence du *mange-peuple* dont parlera bientôt La Boétie dans son *Discours de la servitude volontaire*[44].

L'état gigantal des protagonistes est reflété par le choix de l'écriture d'Alcofribas: un style de profusion et d'enflure (listes interminables, vocabulaire varié et abondant intégrant toutes sortes de langues, dialectes, sociolectes et idiolectes). Dans l'ouvrage de Rabelais, comme au carnaval, le danger suscité par le protagoniste paraît désamorcé, se reconvertissant en une écriture «gigantale» prolixe, généreuse et pacifique: «L'Autheur susdict supplie les Lecteurs benevoles, soy reserver à rire au soixante et dixhuytiesme Livre» (*TL*, 339). Au niveau des représentations, les protagonistes énormes qui dominent l'intrigue, revêtent des signification ambivalentes et réversibles. Sur ce plan, nous avons vu que l'on *aurait pu* basculer du côté terrifiant, mais que le récit confirmait le versant opposé, rassurant, en provoquant le rire bienfaisant. Or une telle duplicité ne se représente-t-elle pas à nouveau, sur ce plan (fondamental) du rire dont le statut n'est pas aussi assuré qu'on le souhaiterait? Ne retrouve-t-on pas, à propos de ce rire, une nouvelle manifestation de l'ambivalence et de la réversibilité insolubles? Pour l'épisode comique des six pèlerins, une clé insinuant le

---

sale mineure» du Puits-de-saint-Patrick (principale bouche du Purgatoire répertoriée, et autre haut lieu de pèlerinage) ayant offert l'occasion de traverser une *épreuve* considérable.

[41] Chambord fera l'objet d'une comparaison (*G* 53, 14). Sur sa présence cryptée dans la description de Thélème, voir I. Cloulas, *Chambord, rêve de rois*, Paris, Nathan, 1989; M. Huchon, «Thélème et l'art sténographique», *ER*, XXXIII, 1998, p. 149-160; *OC*, p. 1159-64.

[42] Cf. «Qui vouldroit emmurailler [Paris], il ne seroit possible, tant les frais et despens seroyent excessifz» (*P* 15; 268).

[43] La seule occurrence d'«engouffrer» est associée à la disparition de patrimoine: «Laisserez vous engouffrer tant d'arpens?» (*G* 2, 13). Gardons à l'esprit que les romans de Rabelais sont des parodies de biographie royale consacrées à une dynastie fictive de monarques gigantesques.

[44] *Œuvres complètes*, vol. 1, W. Blake, 1991, p. 96.

soupçon réside dans la leçon qu'apportait, plus haut dans le texte, l'anecdote de quelqu'un qui *mourut de rire* à la vue d'un âne occupé à *manger un végétal*[45]:

> Ponocrates et Eudemon s'esclafferent de rire tant profondement, que en cuiderent rendre l'ame à dieu, ne plus, ne moins que Crassus, voyant un asne couillart qui mangeoit des chardons: et comme Philemon voyant un asne qui mangeoit les figues qu'on avoit apresté pour le disner, mourut de force de rire. (*G* 20, 53)

Ce signalement du danger inhérent au rire excessif doit-il être perdu de vue lorsque Gargantua est plus loin occupé à son tour à *manger des laitues*... «sautées» de pèlerins à son insu? Si le registre végétarien peut servir d'emblème au climat de pacification générale, la scène seconde d'un spectateur mourant de rire devant un herbivore consommant son chardon vaut à son tour comme emblème du danger qu'un texte puisse faire mourir de rire un lecteur, alors même que prévaut l'effet bénéfique et libérateur. A la lecture d'un tel épisode (comme de tant d'autres), le lecteur va rire, mais n'encourt-il pas un risque?

Pour la compréhension de tel ou tel épisode, il est essentiel de solliciter de telles *accroches*, de peu d'incidence en première apparence, qui éclairent le sens. On constate partout chez Rabelais des sympathies entre l'allusion minuscule et l'épisode gigantesque. Le texte fonctionne comme une chambre de reflets s'éclairant les uns les autres, à condition que soit perçue la minutieuse marqueterie de cette intertextualité interne. On pouvait rire à en mourir face à une ingurgitation végétarienne; or le lecteur lit un épisode (six pèlerins en salade) franchement risible. D'ailleurs le fourrage de «chardons» de l'anecdote est-il vraiment assuré d'être exempt de viande animale[46]? Que seraient les traits d'un «style gigantal» examinant lui-même son potentiel menaçant et sa capacité meurtrière? Le chroniqueur Alcofribas évoque son travail en l'identifiant à une

---

[45] Deux précepteurs de Gargantua sont pris de fou-rire en écoutant un orateur faire usage de latin de cuisine, ce qui appelle le souvenir d'*exempla* où le spectacle d'«un âne mangeur» a provoqué un rire irrésistible. J. Céard l'a bien montré, Rabelais tire leçon des bêtes. Une terrible liste (envers macabre du défilé devant Adam) où se mêlaient les créatures («loups, regnars, cerfz, sangliers, dains, lievres, connilz, belettes, foynes, blereaux, et aultres bestes l'on trouvoit par les champs mortes *la gueule baye*»; *P* 2, 222) nous interroge sur la partition entre criminels et victimes, entre canines et molaires. Ne menaçant plus d'exercer une action criminelle, la *gueule béante* est le signe d'une confusion dans la mort de soif égalisatrice. Noé ne devait-il pas *sauver* les animaux d'une sanction destinée aux *géants*: «Les géants étaient sur la terre... Le Seigneur vit la *méchanceté* de l'homme... Dieu regarda la terre et la vit corrompue, car toute chair avait perverti sa conduite» (*Genèse*, VI, 1-12).

[46] L'autre occurrence de chardon du texte rabelaisien (*De capreolis cum chardoneta comdendis tempore papali ab ecclesia interdicto*, *P* 7, 237) s'associe directement au thème de la dissimulation d'aliments carnés sous des légumes! L'ouvrage de l'abbaye de St-Victor définit des degrés de tromperie lors des jeûnes hypocrites du Quarême: lors du régime végétarien, les «chevreaux aux chardons» étaient l'un des plats favoris du clergé romain contournant (et bafouant) les interdits.

navigation soumise au danger de l'engouffrement, au péril de la disparition à l'intérieur d'abîmes (tels la bouche ouverte de son protagoniste)[47]. Hors de ce danger, est-on assuré de ne pas se rapprocher d'autres gouffres? Ne sommes-nous pas tous soumis à la logique du fou qui, pour boucher un premier trou, s'avise d'en creuser un second (et ainsi de suite)? En calfeutrant la bouche du géant pacifié qui cesse d'avaler qui que ce soit, s'est-on assuré de n'avoir pas ouvert d'autres gouffres? C'est quelles que soient les précautions prises (au niveau de la bonne navigation du discours) que le texte d'Alcofribas reste exposé au parti pris de malveillance d'une *lecture cannibale* qui détecte trop systématiquement la présence du serpent dans un plat de poissons:

> La calumnie de certains *Canibales* [...] avoit tant contre moy esté atroce et desraisonnée, qu'elle avoit vaincu ma patience: et plus n'estois delibéré en escrire un Iota. Car l'une des moindres contumelies dont ilz usoient, estoit, que telz livres tous estoient *farciz* d'heresies diverses. [...] perversement et contre tout usaige de raison et de languaige commun, interpretans ce que [...] ne vouldrois avoir pensé: comme qui pain interpretroit pierre: poisson, serpent: œuf, scorpion. (*QL*, 519)

Le problème des effets produits chez le lecteur se pose même indépendamment d'un tel parti pris de malveillance. Il n'est pas décidé qui (du texte ou du lecteur) trahira un statut «cannibale». Il est répréhensible dans l'intrigue que tel esprit belliqueux se comporte en boucher sanguinaire. De *battre son seigle* en Utopie est en revanche une occupation paisible et bénie. Mais ce qui s'offre à l'évaluation morale (il faut juger les livres selon qu'ils sont de bonne ou mauvaise «farine», *G* 14, 43) est parfois un discours figuré: le narrateur peut parler d'un métayer colérique d'Utopie qui frappe son frère *comme on bat le seigle*[48] ou de Pantagruel exterminant en masse ses ennemis comme un «fauscheur abbat l'herbe d'un pré» (*P* 29, 320). Le propre père de ce «faucheur» n'avait-il pas pacifié son éducation princière en s'initiant aux arts agricoles, apprenant à «boteler du foin, fendre du boys et batre les gerbes» (*G* 34, 71), à considérer «fruictz, racines, fueilles, gommes, semences» (*ibid.*, 72), à danser sur des prés où étaient lus des traités d'horticulture (*ibid.*, 71-72; cités au lieu des traités de chasse attendus)? A propos de tel énoncé suspect d'être «farci» (décapiter ses ennemis *comme* on fauche les herbes d'un pré), il se pose un dilemme interprétatif. Soit on reconnaît que les ornements triviaux et burlesques *confondants* du discours ont pouvoir de réhabiliter (de minimiser?) l'action criminelle à laquelle ils s'appliquent; soit que la contamination induite par la comparaison opère en sens inverse. Pour un auteur de tradition épique, de rompre avec la fatalité de l'*homo homini lupus* est louable. Pour un

---

[47] «Mais plus oultre ne fera voile mon equif *entre ces gouffres* et guez mal plaisans» (*G* 9, 29).

[48] A l'origine des guerres picrocholines, les cueilleurs de noix frappent les fouaciers «comme sus seigle verd» (*G* 25, 74).

protagoniste non sanguinaire, de manger pour une fois des *laitues* (au lieu des viandes habituelles; cf. *G* 21, 56-57 et *G* 23, 66) paraît un choix alimentaire digne de louange[49] (*on paraît progresser en passant de la viande aux légumes*). Mais que dire d'un mangeur qui avale ses laitues accompagnées (à son insu) de viande humaine (on manqua de peu de régresser vers pire que le carnivore, en risquant de dévorer six pèlerins)? Ce questionnement engage certaines remarques sur un plan méta-poétique: de produire un texte qui œuvre contre l'appétit guerrier et contre la déraison meurtrière est une entreprise bienfaisante. Mais comment le juger si, *accidentellement*, il faisait *mourir de rire* son lecteur? Programme-t-on à l'avance l'effet qu'entraînera une récitation (indépendamment des bonnes intentions)? Le péril de la mise à mort du lecteur est attesté par les archives. Rappelée de façon discrète, l'anecdote de «ceux qui moururent à force de rire», dûment répertoriée par les compilateurs (Valère Maxime, Lucien, Ravisius Textor, Erasme), continue à nourrir la réflexion des auteurs qui dissertent dans l'Europe du XVIe siècle sur les bienfaits ou les méfaits du rire. L'enseignement redevable à l'érudition est symptomatique et témoigne de l'universalité de la *démarche associative*.

A son tour l'épisode nouveau de quasi-dévoration des pèlerins en salade revendique un tel statut de «substance anecdotique» invitant le lecteur à réflé-chir sur son propre rire. Le caractère complexe et réversible des conséquences des actions humaines (l'épisode romanesque corroboré par l'érudition) doit-il dès lors conduire à suspendre tout jugement et toute évaluation morale? Ce serait là une grave démission. Il s'agit seulement d'admettre que l'on n'a jamais la maîtrise des effets impondérables de son discours. De même que le géant Gargantua n'avait pas fait exprès d'avaler six pèlerins, risquant d'occasionner *à son insu* un drame, le roman béant dont il est l'éponyme signale par cet aveu biaisé qu'il est désarmé quant aux effets qu'il est susceptible de produire sur l'es-prit rieur du lecteur. En sollicitant un précédent déplorable (le mort de rire à la vue d'un âne végétarien, alors que l'herbivore est aussi innocent de cette consé-quence maligne que de la mort du Christ qu'il transporta pourtant vers Jéru-salem et vers son supplice[50]), Rabelais s'invite lui-même à rester modeste en

---

[49] Dans la Bible, qui mange des légumes refuse avec Daniel la table de Nabuchodonosor (*Daniel*, I, 12). Le terme «legumaiges» est rare chez Rabelais (2 occurrences, contre 29 *fruits* et 47 *viande*!). Cf. la lettre de Medamothi et la polémique sur la nature végétarienne des licornes: «Pasture elles prennent es arbres fruictiers, ou en rattelliers idoines, ou en main, leurs offrant herbes, gerbes, pommes, poires, orge, touzelle: brief toutes especes de fruicts et legumaiges. Je m'esbahis comment nos escrivains antiques les disent tant farouches, féroces et dangereuses» (*QL* 4; 546-547). En accord avec notre interprétation, le mouvement vers plus de pacifisme consiste en cette fable microscopique à démentir après examen personnel (jetant aux orties Ælien et Pline) le dogme infondé de la férocité carnassière.

[50] Cf. la comparaison étonnamment paisible de Panurge s'identifiant déjà à la prochaine pâture du terrible Physetère: «Il nous avallera tous [...] En sa grande gueule infernale nous ne luy tiendrons lieu plus que feroit un grain de dragée musquée en la gueule *d'un asne*» (*QL* 33, 616).

envisageant la mort accidentelle du lecteur rieur. En même temps que le narrateur adresse des mises en garde érudites au lecteur, il lui offre un nouvel épisode révélateur, précisément centré sur un repas de laitues burlesque, transposant l'acceptation du risque sur un registre (la réception du lecteur) où il n'est simplement plus le maître.

Ne serait-ce pas là qu'il se situe, ce péril du «parler ogre» nouveau et du *roman béant*, qui devait en principe ne plus causer aucun dégât, ne plus se manifester que sur le mode pacifique? Ce qui par le passé inspirait une authentique terreur, voudrait désormais faire rire, *quitte à encourir le risque de retrouver par accident son efficacité ogresque originaire* (par l'occasion fatale de mourir de rire). Etre un ogre mangeur de laitues correspond donc, sur un mode dédramatisé, à une certaine façon de discourir et de composer un roman. Si l'écriture rabelaisienne, loin d'aiguillonner la *libido pugnandi* de tel ou tel monarque, milite au contraire en faveur de l'éradication de la pulsion caïnique d'anthropophagie, il demeure cependant possible (il incombe au lecteur d'en mesurer le risque) que des éléments carnés subsistent, de façon clandestine, dans le régime végétarien. Ces deux images solidaires du gouffre béant et de la «*carnis* cachée dans la verdure du jardin» traduisent le danger irréductible de *mourir de rire* qui demeure dissimulé en coulisse du spectacle de l'avalage involontaire. Ni prévisible ni signalé, un tel accident mortel *faufilé au cœur même de la fable inoffensive* offre un reflet emblématique du risque qu'encourt celui qui dévore les chroniques gargantuines ou pantagruéliques rénovées. Donner figure à ce risque nouveau en pleine lucidité pallie en quelque sorte le congé annoncé des thèmes littéraires obsolètes de dévoration prédatrice et d'*ethos* belliqueux – congé que l'on célèbre par ailleurs dans une énorme liesse[51].

Jacques BERCHTOLD
Université de Paris III-Sorbonne Nouvelle

---

[51] F. Lestringant l'a signalé, le mouvement des romans correspond au devoir imposé à Ezéchiel: neutraliser et *fixer les mâchoires dévorantes* de Gog (Gog et Magog, *Ezéchiel*, 38, 4; Magog et Gomer, *Genèse* 10, 2), afin de mettre fin à l'âge de la prédation anthropophage, où le frère tue son frère à la guerre.

RÉBUS DE RABELAIS

Dans *Rébus de la Renaissance* Jean Céard et Jean-Claude Margolin font parler des images muettes et opaques du «long Moyen Age», d'un fond immémorial de cultures populaires et lettrées. Ils montrent comment il surgit en Picardie, à l'aube du XVIᵉ siècle, un nouveau genre d'hiéroglyphe. Le rébus qui porte le nom de la région mélange le grivois et le sublime, un peu comme ce que Victor Hugo, à propos du calembour et de l'antithèse, appelle «la fiente de l'esprit qui vole». Le rébus invente un langage de mots, de lettres, et d'images qui est à la fois sacré et profane. Céard et Margolin décryptent des énigmes tirées de choses quotidiennes et d'objets hétéroclites de la fin du quinzième siècle. Les voix du silence qu'ils «restituent» sont bien plus que de simples jeux de mots ou d'amphibologies bizarres. Ils nous signalent que le rébus est plutôt signe d'un «désir de connaissance» qu'un artefact. Comme l'a indiqué Claude Lévi-Strauss à propos du rapport que tiennent le surréalisme et l'anthropologie au calembour, ils montrent que ces jeux suscitent un désir de connaissance et amorcent une recherche de vérité[1].

Pour Céard et Margolin la lecture du rébus suit deux pistes. En empruntant au lexique du cinéma, nous dirions que l'une, qui transcrit ou enregistre la voix, serait de l'ordre d'une piste-son. L'autre, quasiment autonome vis-à-vis du son des mots, serait une espèce de piste-image enchaînant des figures insolites. Dans chaque rébus se trouverait des lettres, des figures et des bribes de mots doublant le sens d'une chose indiquée par le son des mots qui l'identifie. Des homonymies à l'intérieur d'un adage ou d'un proverbe font voir des signes autres ou multiples. Dans les paragraphes qui suivent, en voulant exprimer à l'égard de Jean Céard un sentiment de reconnaissance et d'admiration – non seulement pour la qualité et l'exemple de ses recherches, mais aussi pour son ethos, ainsi que pour le plaisir de recherche qu'il incarne dans tous ses travaux – je voudrais engager une lecture des pages les plus connues du *Pantagruel*, en l'occurrence le chapitre 32 traitant de l'entrée du chroniqueur Alcofrybas dans la bouche de son prince.

D'emblée l'hypothèse est que les jeux de mots de Rabelais découlent du «système» du genre picard mais, en même temps, en raison de la forme fluide

---

[1] Cf. *Le Regard éloigné*, Paris, Plon, 1984, à propos de l'art surréaliste et *Tristes tropiques*, Paris, Plon, 1955, à propos de son «intelligence néolithique» (p. 55).

du rébus, ils s'ouvrent sur des voies nouvelles et des *terrae incognitae*. Le rébus spatialise le langage: dans les plis de sa forme, en gésine, un espace poétique témoigne d'une nouvelle conscience géographique[2]. Le principe organisateur de cette lecture donc est que le rébus hante la graphie du texte et, en quelque sorte, qu'il constitue un élément qui ressort, en même temps, de l'inconscient qu'il crée. Si, à l'instar de Nicolas Abraham, pour qui le trait qui distingue la littérature de tout autre discours est sa dimension inconsciente, le corollaire est que dans *Pantagruel* le rébus marque un inconscient dans l'aspect même du caractère imprimé[3]. Il suffit de rappeler le rébus picard, «Dieu t'a puni», que décryptent Céard et Margolin[4]. Dans le champ d'un écu un Dieu barbu, assez robuste, porte une toge noire. Il tient un bâton à la main droite et s'apprête à fouetter un petit *y* bâtard, en minuscule, qui traîne une longue queue-paraphe en spirale. Le rébus met en scène une sainte horreur. Un être divin, voire majuscule, châtie une pauvre lettre profane. C'est Dieu qui «tape un y» là où «Dieu t'a pugny». Le temps présent de *l'image* (dans lequel Dieu fouette la lettre) double celui du son qui se rapporte au passé (dans lequel Dieu, pitre, l'aurait châtiée). Le bon Dieu a redressé une lettre et un lecteur méchants. Punition en douce, l'instance de la lettre châtiée se transmue en une scène pédagogique. Dieu enseigne à celui qui apprend son abécédaire ce que c'est que de déchiffrer des lettres. Dieu, c'est le pédagogue qui s'acharne à battre l'écriture, à la fétichiser et, par là, à trahir sa propre hantise et son impuissance lorsqu'il frappe un objet qui le forcène. Dieu tape-t-il un *y* pour la simple raison qu'il croit que la semi-voyelle pourrait être son rival? Dieu punit-il l'écriture pour lui avoir volé sa voix? Le rébus serait donc une petite monstruosité, mais il serait aussi tout ce qui ouvre le langage à de multiples lectures, et qui investit dans la transparence de la parole l'opacité d'*autres* figures qui enjolivent, dévient, et sabotent la grammaire du monde[5].

Ici et ailleurs *Le Rébus de la Renaissance* ouvre de nouvelles perspectives sur le mot d'esprit. Depuis quatre siècles les avatars du rébus picard dans les arts plastiques et littéraires – de Duchamp à Godard – témoignent de la persistance du genre ou de ses modalités créatrices. Céard et Margolin comparent les rébus modernes à un fonds de «repères mentaux» destinés à «tout un public, réel ou

---

[2]   Ainsi P. Zumthor: «L'espace poétique, regard et désir, élan vers un autre révélé par l'opération même du langage, mais irrémédiablement *là-bas*; la poésie, volonté de migration, exil, nomadisme sans fin; le poète, chevalier errant de la forêt sans repères. N'est-ce pas là (sous le couvert de l'anecdote, prétexte au déchaînement verbal) la conception inexprimée qui anime l'art des troubadours et de leurs disciples, dans toutes les régions de l'Occident?», *La Mesure de monde*, Paris, Seuil, 1993, p. 377-378.

[3]   N. Abraham, *L'Ecorce et le noyau*, Paris, Aubier-Flammarion, 1978, p. 18.

[4]   *Rébus de la Renaissance: Des images qui parlent*, 2, Paris, Maisonneuve et Larose, 1986, p. 61 (ill.) et 181 (explication).

[5]   C'est l'hypothèse de M. Foucault à propos des calligrammes dans *Ceci n'est pas une pipe*, Montpellier, Fata Morgana, 1973, p. 17-25.

potentiel, de culture moyenne ou commune», culture de longue durée qui vit
«sous le nom de lieux communs» (1, p. 391-92). Ils insistent sur le fait que le
genre nous situe dans une politique, vivace et salubre, d'une *culture au pluriel*
telle qu'elle avait été définie par Michel de Certeau[6]. Qu'il soit un lieu
commun est une marque de prestige, car le jeu qui pluralise le sens serait à la
portée de tout le monde: il se repère et se transmue dans le travail des pratiques
anonymes et collectives. Tout au long de cet ouvrage les deux auteurs instau-
rent une politique de la langue, moins dans le sens d'une opération qui localise
le rébus ou qui le consigne à l'adolescence des temps modernes, que dans celui
d'une invention qui éclate des sens figés, qui regarde le lieu commun d'un
point de vue créateur.

Là où le *Rébus de la Renaissance* rend étrange ce qu'il y avait de plus familier
dans les pictogrammes, idéogrammes, devises, proverbes, énigmes et devinettes,
l'auteur *de La Nature et les prodiges* remarque combien les humanistes de la
première moitié du XVIe siècle faisaient «l'éloge de la beauté multiple du
monde». Il s'agissait d'un «éloge de la nouveauté inépuisable du monde». La
découverte du nouveau monde en est un signe, et «la connaissances des contrées
lointaines ne fait qu'en multiplier les marques» de la beauté multiple. S'entame
donc l'éloge du déplacement et de la différence. «Grâce aux voyageurs revenus
de leurs voyages parmi la nature et ses merveilles (*miracula*) inouïes, il nous est
donné de connaître 'un nouveau ciel, de nouvelles mers, de nouveaux types
d'hommes et d'êtres vivants, de nouveaux modes de société'»[7]. Dans la littérature géographique l'insolite du rébus et la variété quasi-infinie de sens que
déclenche son usage rejoignent en quelque sorte les lieux communs portant sur
les «descriptions joyeuses de la variété des choses» (p. 274). Au premier tiers du
XVIe siècle il serait tentant (malgré le Rabelais du *Gargantua* qui fustige ces
«homonymies tant ineptes, tant fades, tant rusticques et barbares...») de voir si
le goût du rébus dans la littérature et l'éveil géographique sont synchrones. La
coïncidence indique que des espaces nouveaux seraient nés dans l'éclat des lieux
communs mis en images, mais en des images toujours fléchies par l'écriture; que
l'insolite du monde vu par un Grynaeus (l'auteur que cite Céard ci-dessus)
aurait des reflets dans les usages des cultures populaires.

Or l'espace langagier du rébus devient un espace géographique, lieu de métamorphose et d'expériences du monde. La diversité dans le domaine du rébus
équivaudrait à la même «diversité dont l'espace nous donne le spectacle», et
aussi à «la loi de l'histoire» (p. 276-77). Sous le regard de l'histoire l'aspect du
monde et ses langages se déstabilisent. Les jeux de mots bousculent le sens, et les

---

6   *La Culture au pluriel*, Paris, Gallimard, 1974, éd. revue et augmentée par L. Giard, Paris, Galli-
    mard, 1994.

7   J. Céard, *La Nature et les prodiges: L'insolite au XVIe siècle*, Genève, Droz, 1996 (rééd.), p. 273-
    274.

voyages mettent en question les bornes et limites du monde. S'inaugure ainsi, sous le signe de diversité ou de variété, «la dure loi de l'Histoire» (p. 276-277) qui voudrait légiférer l'insolite. Sans poursuivre davantage les voies multiples et fécondes de *La Nature et les prodiges* sur la naissance synchrone de nouveaux espaces et de méthodes historiographiques destinés à les contrôler, proposons qu'à la croisée du *Rébus* et des premiers chapitres de ce livre se trace un axe de lecture transversale du texte de la Renaissance, et que, chemin faisant, le lieu commun y est à la fois revendiqué et perturbé. Le chapitre 32 du *Pantagruel* en est une preuve. La découverte que fait l'historien Alcofrybas d'un nouveau monde dans la bouche de son maître serait signe d'une nouvelle et infinie variété des choses. C'est un épisode attestant une prise de conscience de l'autre et de l'altérité avant qu'une histoire ou une anthropologie d'un tel concept (ou d'une telle expérience) ne soit nommable. Alcofrybas, narrateur-historien s'aventure dans la bouche de son maître et y croise un planteur de choux. Ce dernier se rend bien compte du fait qu'Alcofrybas vient d'ailleurs, d'un «autre monde». Le planteur ne connaît cet autre espace que par ouï-dire. Rusé et roublard, il indique au narrateur que les habitants d'Aspharage, ville au bout du chemin en bas, sont chrétiens. Rabelais invertit les rôles que les acteurs auraient à jouer : le planteur de choux devient l'européen naïf qui accueille l'étranger de l'autre monde. Alcofribas, c'est le cannibale, tandis que le planteur, c'est le paysan appartenant à la France profonde. La rencontre donne à Rabelais «la possibilité de développer une scène réaliste de la vie quotidienne».[8]

Commentant ce passage, Terence Cave, en la préface à ses *Pré-Histoires*, fait allusion aux indigènes que rencontre Montaigne à Rouen à la fin des «Canni- bales» et au planteur de choux que croise Alcofrybas au même chapitre du *Pantagruel*. Dans les deux instances il y va d'une nouvelle ouverture sur l'autre. Selon Cave c'est aussi un moment de courte durée dans lequel l'altérité est envi- sagée et accueillie avant d'être maîtrisée ou refoulée[9]. Pour une première fois il y a une possibilité de s'enquérir sur l'autre sans l'altérer. Cet «autre» reconnaît et respecte la différence du même, et vice-versa. La fable d'une rencontre anodine devient l'assise d'une écriture de l'histoire à venir. Ce qui découle de la rencontre remonte à deux ouvrages de Lucien de Samosate, *Sur la manière d'écrire l'histoire* et l'*Histoire véritable*[10]. Lorsqu'Alcofrybas aborde le planteur il

---

[8]   E. Auerbach, *Mimesis: The Representation of Reality in Western Literature*, tr. de l'allemand par
         W. R. Trask, Princeton, Princeton U. P., 1953, p. 237.

[9]   T. Cave, *Pré-Histoires: Textes troublés au seuil de la modernité*, Genève, Droz, 1999, p. 19.

[10]   Rabelais, le traducteur en latin d'œuvres grecques de Lucien, va entreprendre de redonner à
         l'*Histoire véritable* sa vraie signification et d'attirer l'attention du lecteur sur les liens qu'elle
         entretient avec le texte théorique *Sur la manière d'écrire l'histoire*, note M. Huchon (Rabelais,
         Œuvres complètes, Paris, Gallimard, «Bibliothèque de la Pléiade», 1994, p. 1214. Toute réfé-
         rence au texte de Rabelais renvoie à cette édition.

s'agit donc d'une croisée de l'historien avec l'insolite, avec ce qui est à inclure dans l'histoire sans que le chroniqueur sache toujours ce qu'il voit. La rencontre indique que l'altérité se trouve dans ce qu'il y a de plus familier dans la vie de tous les jours[11]. D'autres rencontres de ce genre jalonnent le livre. Le lecteur du *Pantagruel* observe qu'«en son jeune eage» (p. 229) le héros se met à étudier et à voyager. Dans ses premiers déplacements il visite des villes et des paysages familiers. Il se rend à Poitiers et «les aultres universitez de France» (p. 230); il va à Montpellier et y trouve de «fort bon vins de Mirevaulx et joyeuse compagnie» (p. 231); il arrive à Avignon où il tombe amoureux des femmes du lieu; il s'en va à «Angiers» (p. 231) et Bourges, etc., suivant l'itinéraire d'un récit qui ressemble à un chapelet de noms de lieux[12]. Le livre se détache du patron des *Cronicqs*. Un récit toponymique s'amorce lorsque Pantagruel, en route «à Paris, là rencontra un escholier tout jolliet» (p. 232), un Limousin qui contrefait le français. C'est lui qui sera la contrepartie d'un *aultre* que croise Pantagruel peu après, et dans un contexte semblable. Deux chapitres plus loin, après avoir visité la librairie Saint-Victor et avoir reçu et lu des lettres exemplaires de son père, «devisant et philosophant avecques ses gens et aulcuns escholiers, rencontra un homme beau de stature et elegant en tous lineamens du corps, mais pitoyablement navré en divers lieux...» (p. 246).

La rencontre du Limousin annonce celle de Panurge. Dans sa disposition textuelle elle constitue un premier volet d'un événement à deux panneaux[13]. Une non-rencontre se transmue en son envers, en un événement qui met en question les mœurs de celui qui serait de l'ordre du même, «identique à soi». La rencontre se transforme en un accueil amical de l'autre et de l'altérité[14]. Les chapitres 6 et 9 encadrent le couple sept et huit. L'ensemble charpente le plan hétérologique de l'œuvre. Ainsi, peu avant la rencontre du planteur de choux – au chapitre 30, dans un épisode annonçant le voyage dans la bouche de Panta-

---

[11] Dans la littérature psychanalytique l'*autre* assume des formes les plus variées. L'autre peut être une tasse de café autant qu'une personne, ou une motte de terre autant qu'un nom du père. Cf. G. Rosolato, *La relation d'inconnu*, Paris, Gallimard, 1978 et les pages de M. de Certeau sur «l'ethno-graphie et l'espace de l'autre», chap. 5 de *L'Ecriture de l'histoire*, Paris, Gallimard, 1980 (rééd.).

[12] F. Lestringant, «Rabelais et le récit toponymique», in *Ecrire le monde à la Renaissance*, Orléans-Caen: Editions Paradigme, 1993, p. 109-127.

[13] Voir F. Wolf, *Dire le monde*, Paris, PUF, 1997. Le discours *«fait* le monde», l'effet de ce fait étant un événement (p. 190-93).

[14] Dans *Essai sur le don*, Marcel Mauss note que les échanges risquent de commencer par le conflit ou par la violence. A la fin de «Leçon d'écriture», célèbre chapitre de *Tristes Tropiques*, théâtralisant les hypothèses de Mauss, Lévi-Strauss note que, lorsque deux groupes de Nambikwara se croisent, «le conflit fait place au marché» (p. 358). La rencontre idéale et la plus amicale serait un échange sans en être un, ou un échange ou rien de ne passe d'une main à l'autre.

gruel, Epistémon, «la coupe testée», se rend aux enfers. «Et asseuroit davant tous que les diables estoyent bons compaignons» (p. 321). Touriste attitré, il voit et visite les damnés ainsi que Pantagruel, en son jeune âge, fréquentait la France[15]. Pour Epistémon il s'agit d'une descente dans un espace profane et clos tandis que pour Alcofrybas, lorsqu'il se trouve dans la bouche de Pantagruel, l'horizon s'ouvre sur un au-delà quasiment infini. Dans cette immensité intime, au terroir du pays, Alcofrybas *trouve* ou «tourne autour» de son paysan: «le premier que y trouvay, ce fut un bon homme qui plantoit des choux» (p. 331).

Les rencontres avec le Limousin et Panurge étaient les deux côtés d'un événement majeur tandis que celle avec le planteur de choux, telle qu'elle se voit dans le texte imprimé, suscité une nouvelle préhension spatiale. Comme l'a remarqué Erich Auerbach, l'altérité y est cernée, elle est familière. Il en résulte une expérience toute neuve du monde qui remonte aux premières rencontres du livre. Il est évident que l'*incipit* du chapitre anticipe sur l'épisode du planteur et que dans et par ses mots se déplient des espaces nouveaux:

> Ainsy que Pantagruel avecques toute sa bande *entrerent es terres* des Dipsodes, *tout le monde* en estoit joyeux, et *incontinent* se rendirent à luy, et de leur franc vouloir luy apporterent les clefz de *toutes les villes* où il alloit, exceptez les Almyrodes qui voulurent tenir contre luy, et feirent response à ses heraulx, qu'ilz ne se renderoyent: sinon à bonnes enseignes[16].

Pantagruel et son armée attendent les «bons signes», tel «la main au pot» ou «le verre au poing», emblèmes ou signes «thaumastiques» d'un accord à sceller entre l'armée et les citoyens. Les pantagruélistes veulent voir de la part de leurs anciens adversaires des sémaphores de paix: bref, des rébus ou des mélanges de langage et de choses qui disent plus sur la paix et la concorde que le discours parlé. Ce qu'ils cherchent se trouve déjà dans l'*incipit* du texte inaugurant l'épisode. Les *bonnes enseignes* se remarquent dans les mots et dans l'espace qui sillonne entre les caractères. La disposition des caractères met en évidence ces mêmes enseignes[17]. Pantagruel et ses fantassins «entrerent es terres des Dipso-

---

[15]   Les rencontres d'Epistémon sont toujours au deuxième degré. Elles sont vues à travers l'intermédiaire d'un cadre interposé entre Epistémon et ce qu'il raconte avoir vu. Il voit une rencontre dans un diorama dans lequel il y a une autre peinture, celle des flammes infernales qu'un personnage tâche d'éteindre un peu comme les chiens, sous l'emprise de Panurge, qui compissaient la belle parisienne sans merci: «Je veiz le franc archier de Baignolet qui estoit inquisiteur des heretiques. *Il rencontra Perseforest pissant contre une muraille en laquelle estoit painct le feu de sainct Antoine.* Il le declaira heretique, et le eust faict brusler tout vif, n'eust esté Morgant qui pour son *proficiat* et aultres menuz droictz luy donna neuf muys de biere» (p. 326, c'est moi qui souligne).

[16]   P. 330, c'est moi qui souligne.

[17]   L'*incipit* du chap. 32 reprend les formules du chapitre 14, qui mettent en scène la narration de Panurage racontant «comment il eschappa de la main des Turcqs»: «Le jugement de Panta-

des»: dans la prédication (au prétérit) d'entrer, dans *entrerent*, il y a déjà le bon signe de la terre où la concorde va prévaloir. Ils «en*trere*nt *es terres*». Dans l'espace du signe, les terres sont annoncées et perçues dans *l'acte d'entrer*, avant qu'elles ne soient nommées. Les pantagruélistes entrent dans ces terres ainsi que le narrateur va bientôt descendre dans la bouche de son maître. Dans l'entre-deux du texte, entre ce qui est énoncé à haute voix et et ce qui est lu en silence, se trouvent deux inflexions simultanées de *terre*. Entendu, le mot est au singulier, et lu et vu, il est au pluriel. Or l'aire de «terre» (sans *s*) connote le monde terrestre et appartient au domaine de la cosmographie, tandis que «terres» (mot accentué davantage par la préposition *es* qui le précède) renvoie à une distinction courante entre cosmographie et topographie.

Le monde en sa totalité est en jeu. Il s'agit d'une totalité ouverte, composite, d'une masse de lopins et de fragments en raison du pluriel qui habite le singulier. La lecture bifide ou double de *terres* est légiférée par la co-présence dans l'incipit de deux autres signes géographiques. D'une part, l'image victorieuse présentée par Pantagruel et son armée aux spectateurs suscite une expression joyeuse de *tout le monde*. Ces autres qui appartiennent à «tout le monde» confirment que le théâtre de guerre est le monde tel qu'il se voit vis-à vis des sphères célestes. La contrepartie de cette vaste perspective serait *toutes les villes*. La première phrase du chapitre semble s'articuler sur l'incipit de la *Geographia* de Ptolémée (et de ses commentaires). «La consumation et fin de la géographie est constituée au regard de toute la rondeur de la terre, à l'exemple de ceulx qui veulent entierement paindre la teste d'une personne avec ses proportions», tandis que la topographie «considere seulement aucuns lieux ou places particulieres en soy-mesmes, sans avoir entre eulx quelque comparaison ou semblance à l'environnement de la terre»[18].

Le texte est loin d'entériner une configuration rassurante de la clôture du microcosme et du macrocosme. Ici le tout est *ouvert* et non clos, et du coup il s'inscrit du doute et une relation d'inconnu[19]. On voit l'effet de cette ouverture

---

gruel feut *incontinent* sceu et entendu de *tout le monde*, et imprimé à force, et redigé es Archives du Palays, en sorte que *le monde* commença à dire», etc. (p. 262, c'est moi qui souligne). Cf. aussi p. 257-59.

[18] Pieter Apian, *Cosmographie*, Paris, Gualtherot, 1554, 4. Cf. La lecture de cette phrase dans L. Nuti, «Le langage de la peinture dans la cartographie topographique», *L'Œil du cartographe et la représentation géographique du Moyen Age à nos jours*, éd. C. Bousquet-Bressolier, Paris, CTHS, 1995, p. 53-70, surtout p. 54-55.

[19] Le concept du *tout* comme totalité ouverte est une pierre angulaire de la philosophie néo-bergsonienne de G. Deleuze. Mettant en question celui du micro/macrocosme, il nous permet de voir comment un pensée idéalisante de l'espace est interrogée par un doute créateur. Voir surtout dans le chapitre consacré aux «trois thèses de Bergson» au début *de L'image-mouvement*, Paris, Minuit, 1983, p. 8-18. E. J. Casey, dans *The Fate of Place: A Philosophical History*, Berkeley U. C. P., 1997, voit dans l'espace renaissant le signe d'une ouverture et d'une multiplication de points de vue (surtout p. 115 et 123).

lorsque le texte invite le lecteur à voir «où» au milieu du «tout». L'idée d'une
«variété infinie» se voit mise en cause; et, en plus, une impulsion qui cherche à
la cadrer ou la contenir au moyen de la présence d'une «loi de l'histoire». La
narration est trouée par une série d'images du monde et de ses parties, l'ensemble se répercutant à la fois dans les mots et dans leur référents. Or ces particules du texte ont l'aspect d'un chapelet de rébus. Tout lecteur serait tenté de
voir dans *incontinent*, qui traduit on ne saurait mieux *l'énargia* érasmienne, un
sens polyvoque. «Tout d'un coup» le monde se rend, sans hésitation, au jeune
prince. Aurait-on tort de voir encore une fois dans «incontinent» une allusion
à la continence princière et aux «continents» du monde, ainsi à la distribution
des masses d'eaux et de terres autour du globe? Le définition scientifique
géographique du substantif ne viendra que plus tard (en 1671), mais dans le jeu
d'espaces qui se défilent dans l'incipit, suivant un ordre ptoléméen – monde,
terre, continent, ville – il est possible d'y voir un mélange de «modération»
politique et d'une «grande étendue de terre limité par un ou plusieurs océans»[20].
L'espace est donc contenu et se veut circonscrit, «modéré», situé dans une zone
tempérée, comme celles qui traversent des mappemondes d'inspiration macro-
bienne (e.g., *In somnium scipionis*), et dans lesquelles les continents flottent sur
une mer océane.

   La mise en scène qui prépare la randonnée d'Alcofrybas sur la langue de
Pantagruel est déjà celle d'une rencontre là où des des mots et des images se
mélangent. On dirait que les «clefz de toutes les villes» offertes à Pantagruel
sont des ouvertures ou des *claveures,* des entrées, des chemins, des passages qui
mènent à d'autres lieux de rencontre et à d'autres événements virtuels. Ainsi les
Pantagruélistes se mettent «on chemin, passant une grande campaigne» (p. 330).
Le narrateur insiste qu'il nous fait «ces tant veritables contes» afin de nous
rappeler que dans le dessein général il s'agit d'une l'écriture de l'histoire[21]. Il y a
un décalage entre ce que rapporte le chroniqueur et le ton de sa parole. Sur un
plan, comme Pantagruel qui «veoit bien au dessus des nuées» (p. 33), lui aussi,
il aurait un point de vue icarien sur le monde. Le texte traduit le dilemme que

---

[20]   Dans *son Dictionarie of the French and English Tongues*, Londres, 1611, R. Cotgrave marque
       contin pour désigner un «*countryman*», ou homme du pays (comme le planteur de choux).
       Continent fait partie du réseau dans lequel se trouve *continence*: «*Continent; sober, moderate;
       abstinent, abstemious, delights-forbearing*». Mais terre continente se voit a partir de 1532; la
       formule fortifie l'hypothèse proposée ci-dessus. Sur la connaissance des masses continentales
       à la Renaissance voir N. Broc, *La Géographie de la Renaissance (1420-1620)*, Paris, Bibliothèque
       nationale, 1980.

[21]   M. Huchon souligne cet élément dans son édition critique: «Insistance sur la véracité, dans la
       lignée de l'*Histoire véritable* de Lucien» (p. 1336). La note entérine ce qu'elle propose dans la
       présentation du chapitre dans «la similitude entre le narrateur de Lucien et celui de Rabelais.
       Chez Lucien, le héros découvre dans la bouche du cétacé un nouveau monde avec des
       montagnes, forêts, un temple, une fontaine, des vignes» (p. 1335).

cerne Jean Céard à propos de la nouvelle diversité de l'expérience du monde aux années 1530-1540 face à «la dure loi de l'Histoire» (p. 276-77). Ce serait analogue au rébus de Picardie dans lequel Dieu, dépeint comme historien et grammairien du monde, tape une lettre contumace. Force est de constater que ce passage marque une confusion dans la mesure où les mots deviennent leur propres référents et créent ainsi une trame spatiale de caractères-figures autonomes. Une géographie à la fois souple, précise et insolite émerge de l'espace ouvert par l'abîme entre le sens des mots et leur forme[22].

En voie de conclusion, afin de mieux cerner la relation que tient l'histoire avec les jeux de mots qui la criblent, et afin de voir comment l'auteur du *Pantagruel* invente des espaces nouveaux, de multiples rencontres avec l'altérité, et de quoi perturber ses «tant veritables contes», il suffit de revenir au début du *Pantagruel*. En 1542, dix ans après la première édition, l'auteur revoit et corrige son texte[23]. Il insiste sur les mêmes thèmes et *topoi*, mais de façon à ce que le nom de leur auteur soit vu dans une sorte de rébus genéalogique. En 1532 l'incipit du premier chapitre se lit ainsi:

> Ce ne sera point chose inutile ne oysifve, veu que sommes de sejour, de vous remembrer la premiere source et origine dont nous est né le bon Pantagruel. Car je voy que tous bons hystoriographes ont traicté leurs Chronicques, non seullement des Grecz, des Arabes et Ethniques mais aussi les auteurs de la saincte escripture comme monseigneur sainct Luc mesmement et sainct Matthieu[24].

Dans l'édition de 1537 Rabelais met à la place de l'allusion à *la saincte escripture* un autre référent.. L'écriture sainte fait place aux *Gregoys* et aux *Gentilz*, «qui furent buveurs eternelz». Et en 1542 il enlève «Ethniques» et met à leur place «Barbares et Latins». Au lieu de nous faire «remembrer» la source et origine du bon Pantagruel, il veut nous les *ramentevoir*. Le texte se lit et se voit enfin ainsi:

> Ce ne sera point chose inutile ne oysifve, veu que sommes de sejour, de vous ramentevoir la premiere source et origine dont nous est né le bon Pantagruel. Car je voy que tous bons hystoriographes ont traicté leurs Chronicques, non seullement les Arabes, Barbares et Latins, mais aussi Gregoys, Gentilz, qui furent buveurs eternelz[25].

---

[22] Dans *L'Invention du quotidien 1: Arts de faire*, éd. L. Giard, Paris, Gallimard, 1990, dans son chapitre sur les «récits d'espace», M. de Certeau propose que l'*espace* est en effet un lieu pratiqué par le discours. La lecture du passage de Rabelais ci-dessus suit de près ce principe.

[23] Voir H.-J. Martin, *La Naissance du livre moderne*, Paris, Ed. du Cercle du Livre, 1999, p. 219-227.

[24] P. 217 et 1239.

[25] P. 217.

Que dire des altérations et des variantes? L'auteur est-il en train de séculariser son texte? De masquer la matière biblique qui est en concurrence avec sa progéniture livresque? Veut-il enlever les «ethniques» et y introduire des peuples qui sont étranges de par leur nom? Dans le contexte du dilemme de l'historien face à une nouvelle *varietas* et un monde dont les bordures s'étirent de plus en plus – étant donnée la polyvocité du texte, ses rébus latents, et ses jeux de mots – on dirait que les *Barbares* et *Latins* offrent un profil historique plus sédimenté que ce que l'on trouve dans la première édition.

Mais il y va aussi de la présence de l'historien qui revient *dans* le texte, le signant et le spatialisant, chemin faisant, dans sa géographie interne: il est licite de voir dans la deuxième phrase le nom de Rabelais sous le manteau des noms étrangers: «Car je voys que tous bons hystoriographes ont traicté leurs chronicques, non seullement les *Arabes*, Bar*bares* et *Latins*», mais aussi Gregoys...». Rabelais, historien très-chrétien et lucianesque, est égallement arabe, barbare, et latin. Il fait partie de deux moments de l'histoire, avant et après la naissance et la mort du Christ. Au fur et à mesure qu'il remonte dans la nuit du passé pour retrouver les origines du géant, elles se trouvent à même dans sa signature, dans l'immédiat du texte imprimé. Signature-rébus, la formule nous «ramentevoie» la forme même de son inscription. L'origine de *Pantagruel* n'est pas au delà des mots, elle se rencontre, ainsi que dans une énigme ou un rébus, dans le jeu du visible et du lisible. Dans cet incipit et d'autres nous assistons à un recommencement du monde. L'origine n'est pas là-bas, au fond du temps, elle s'invente ici, dans la signature que portent en défilé les noms de ces trois peuples étrangers. L'histoire revient au présent, à titre du nom de l'écrivain. Le monde ancien croise celui, *hic et nunc*, du livre imprimé. Cette matérialisation du discours, c'est l'axe du rébus qui va en un sens inverse à celui de l'idéogramme qui serait au fond et à la source de l'histoire. Grâce à Jean Céard il nous est permis de relire autrement ces épisodes les plus familiers du *Pantagruel* et de humer et goûter leur saveur insolite et incontinente.

Tom CONLEY
Department of Romance Languages,
Harvard University

DEUX SUPPLIQUES INÉDITES
DE FRANÇOIS RABELAIS
AU PAPE PAUL III

François Rabelais aurait été enthousiaste d'apprendre que sont conservées dans les caves du Vatican, à côté des bouteilles contenant les meilleurs crus de la planète destinés à la célébration de la communion papale, les suppliques que le clergé du monde entier adresse depuis plusieurs siècles au pape par la voie des Référendaires pontificaux.

Pour la période qui intéresse particulièrement nos recherches de rabelaisien, autrement dit celle du pontificat de Paul III, *alias* Alexandre Farnèse (1534-1549), nous ne possédons pas moins de 525 tomes de suppliques. Chaque tome comprend environ 600 pages, ce qui représente au bas mot 1000 suppliques par tome[1]. La documentation s'élève par conséquent à un peu plus de 500.000 suppliques!

La matière est abondante et la tâche immense, mais à la mesure de la richesse de ce fonds absolument considérable lequel nous semble susceptible d'apporter sur certains aspects de la vie de quelques figures majeures de l'histoire littéraire européenne, et notamment des écrivains du XVIᵉ siècle, des données biographiques importantes dans la mesure même où beaucoup d'auteurs vivaient alors de bénéfices ecclésiastiques dont la validation passait nécessairement par les offices pontificaux. En France, on sait que la documentation en la matière a été souvent dispersée, voire purement et simplement détruite. On mesure alors tout le prix de l'enregistrement de ces demandes adressées au souverain pontife. Cet article vise aussi à mettre en évidence et à rappeler aux seiziémistes l'importance des Archives Vaticanes.

Nous avons, pour notre part, procédé au dépouillement de quelque cinq mille suppliques enregistrées pendant la décennie 1540 à 1550. Notre recherche, digne du plus impénitent des bénédictins, nous a permis de découvrir trois suppliques de Rabelais, jusqu'alors inédites. Avant cette heureuse trouvaille, nous ne disposions que de deux suppliques adressées par Rabelais au pape Paul III, car la *Supplicatio Rabelaesi* ne peut être considérée comme telle. Le style de ce document, de fait, n'est en rien conforme aux usages de ce genre très codifié où les formules conven-

---

[1] Voir F. De Lasala, S. I.-P. Rabikauskas, S.I., *Il Documento Medievale E Moderno-Panorama Storico Della Diplomatica Generale E Pontificia*, Roma, Editrice Pontificia Università Gregoriana, Istituto Portoghese di Sant'Antonio, 2003, p.142.

tionnelles et les mots abrégés abondent. Pour le chanoine Lesellier «ce n'est qu'un canevas de supplique ou mieux un projet de supplique»[2]: et ce dernier trouvait qu'on pouvait la considérer comme «le texte même de Rabelais[3]» Pour F. Moreau «il s'agit davantage d'une hypothèse – fort séduisante – que d'une certitude»[4]. Je tâcherai, pour ma part, de montrer en m'appuyant sur des rapprochements avec l'une des suppliques que j'ai retrouvées, que la *Supplicatio Rabelaesi* a très probablement servi de brouillon pour l'établissement de la supplique de décembre 1544 par le Référendaire pontifical F. de Recaneto.

LE CONTENU DES PREMIÈRES SUPPLIQUES CONNUES

Il importe de revenir rapidement sur le contenu des deux suppliques connues, celle du 10 décembre 1535 et celle du 17 janvier 1536 découvertes par Lesellier. Dans la première[5], François Rabelais fait état de son transfert de l'ordre franciscain à l'ordre bénédictin, sans toutefois en préciser les modalités[6]; d'autre part, il fait mention de son apostasie, et supplie qu'on lui accorde l'absolution; il fait état de l'autorisation qui lui a été donnée de passer dans un autre monastère bénédictin et d'y jouir de tous les droits accordés aux autres moines[7]. Il affirme, en même temps, ne pas vouloir posséder des bénéfices. Cette supplique fut présentée au pape, lors du deuxième séjour de Rabelais à Rome, par le Référendaire pontifical Pierre Lambert et fut approuvée et signée le 10 décembre 1535 par le cardinal de Saint-Eustache, Paolo Cesi, avec la formule *Concessum ut petitur in praesentia domini nostri pape.*

Rabelais a sans doute omis, dans sa supplique, de préciser le mode d'expédition de la réponse officielle. Celle-ci lui est certainement parvenue par l'intermédiare du Référendaire pontifical P. Lambert qui a dû le renseigner sur l'issue, en l'occurrence favorable, de sa démarche. Il avait ainsi obtenu l'absolution de

---

[2]   «L'absolution de Rabelais en cour de Rome. Ses circonstances. Ses résultats», *Humanisme et Renaissance,* t. III, fasc. I-IV, 1936, p. 256.

[3]   *Ibid.*

[4]   Voir M. Huchon, *Rabelais, Œuvres complètes*, édition établie, présentée et annotée avec la collaboration de F. Moreau, «La Pléiade», Paris, Gallimard, 1994, p. 1767.

[5]   Archives Vaticanes, Registre de la Pénitencerie, supplique n° 2105, f. 105 r°-v°.

[6]   Dans la *Supplicatio Rabelaesi* il dira avoir obtenu du pape Clément VII un indult lui permettant de passer de l'ordre des Frères Mineurs à celui de Saint-Benoît dans l'église cathédrale de Maillezais. De cette supplique ou du Bref confirmant cette démarche il n'y a pas de trace.

[7]   Dans la *Supplicatio Rabelaesi* il dira avoir obtenu, probablement lors de son premier voyage en Italie (1534) par Clément VII ou Paul III l'absolution de son apostasie et de son irrégularité et la permission de revenir dans l'ordre susdit de Saint Benoît. Aucune supplique n'a été retrouvée à ce propos.

son apostasie et l'autorisation à changer de monastère dans le cadre de l'ordre bénédictin.

Quelques semaines plus tard, Rabelais, en toute hâte, demande à un nouveau Référendaire pontifical, l'évêque de Césène Christophorus de Spiritibus, d'écrire au pape une autre supplique[8] pour corriger et compléter la première.

Nous partageons pleinement les propos de Lesellier lorsqu'il dit que la première supplique du 10 décembre 1535 «est une des plus mal conçues qu'on puisse voir»[9] du fait que Rabelais avait oublié de demander l'autorisation d'exercer la médecine, ce qui l'exposait à nouveau, à peine absous, aux coups des censures ecclésiastiques, mais il avait aussi oublié de demander à posséder des bénéfices, ajoutant une clause qui lui faisait dire formellement qu'il y renonçait.

La deuxième supplique, du 17 janvier 1536, est appelée communément *Supplicatio pro apostasia*: elle n'est pour François Moreau qu'un «remaniement du texte de la première supplique, dicté par des mobiles qui sont peu clairs»[10].

R. Cooper, quant à lui, avance l'hypothèse que «le remaniement de la première supplique ait été dicté non par l'incompétence de Rabelais, mais par un changement radical de situation: par l'offre inopinée d'un canonicat à Saint-Maur qui venait de se libérer, par exemple, et d'un poste de médecin ordinaire du cardinal»[11].

Cette deuxième supplique fut approuvée et signée par le pape en personne le 17 janvier 1536 avec la formule *Fiat ut petitur* accompagnée de l'initiale de son prénom A, à savoir Alexandre Farnèse. Un *Bref* de Paul III fut émis le même jour, lui confirmant qu'il avait été absous de son apostasie et qu'il pouvait désormais exercer la médecine et entrer en possession de bénéfices.

Le 11 Février 1536, Rabelais est solennellement reçu moine de Saint-Maur-des-Fossés par Jean Du Bellay qui était devenu évêque de Paris et abbé commendataire de ce monastère en 1532. Au mois de juin de cette même année 1536, la bulle de sécularisation de 1532[12] est publiée, et elle devient exécutoire: le monastère de Saint-Maur-des-Fossés est transformé en collégiale et ses moines accèdent au rang de chanoines. Mais la fulmination de cette bulle, avec les bénéfices qui en découlent, ne peut concerner que les moines qui ont déjà fait profession en 1532, ce qui n'était pas le cas de Rabelais, entré au monastère de Saint-Maur en 1536.

Mon hypothèse est qu'il a été mêlé à un imbroglio sans pareil par le cardinal Du Bellay qui savait pertinemment que l'abbaye de Saint-Maur-des-Fossés, dans l'espace de quelques mois, allait devenir une collégiale et que les moines, qui avaient fait profession en 1532, allaient devenir des chanoines, autrement dit des prêtres

---

8   Celle-ci est enregistrée à la Pénitencerie Vaticane portant le n° 2198, f. 184 r°-v°.

9   P. 242, de son article cité *supra*, n. 2.

10   Voir M. Huchon, éd. cit., p. 1767.

11   R. Cooper, *Rabelais et l'Italie*, Genève, Droz, 1991, p. 82.

12   D'après la *Gallia Christiana*, t. VII, «Instrumenta», c. 141-147, la sécularisation de l'abbaye de Saint-Maur-des-Fossés a eu lieu le 13 juin 1533 par Clément VII.

séculiers. Rabelais étant entré à Saint-Maur en 1536 ne pouvait pas jouir de ce changement de statut tout court, par conséquent il allait rester un moine régulier ; la fulmination de la bulle papale de juin 1536 ne pouvait donc en aucun cas le réduire à l'état de prêtre séculier, car, pour ce changement de statut, Rabelais aurait eu besoin de l'accord formel de l'évêque de Maillezais, Geoffroy d'Estissac, et ensuite d'un indult ou d'une dispense papale, l'autorisant à changer de froc, pour passer de moine à chanoine.

La réception par Jean Du Bellay de Rabelais à Saint-Maur, abbaye en voie de sécularisation, représente d'une certaine façon un acte patent d'insubordination vis-à-vis du Vatican. Du Bellay, fin diplomate et grand expert des affaires vaticanes, passe outre et s'octroie le droit de régler *motu proprio* cette affaire non seulement en nommant Rabelais sur-le-champ chanoine mais plus encore en lui accordant l'autorisation d'exercer la médecine.

Et dire que cette affaire aurait pu se résoudre de manière beaucoup plus simple, si Rabelais avait profité des conseils des cardinaux Ghinucci et Simonetta, respectivement auditeur de la Chambre apostolique et auditeur de la Rote[13], lors de la rédaction de la supplique du mois de janvier 1536. Il aurait suffi d'incorporer dans cette supplique demandant son transfert à Saint-Maur, la clause sollicitant du pape en personne tous les droits accordés par la bulle de sécularisation aux moines profès de 1532.

La supplique de 1544 que nous allons présenter est éloquente à cet égard : Rabelais demande au pape avec une grande naïveté quel est son statut actuel, à savoir « si la réduction de sa propre personne [à l'état séculier] est invalide et s'il continue à être soumis à l'état religieux ».

Il nous est bien difficile de reconnaître dans cette question vitale pour Rabelais, le grand expert en droit canonique qui transparaît au détour de plus d'un passage de ses chroniques et celui qui fustige la cour romaine. C'est bien au contraire, et de manière tout à fait singulière, un Rabelais qui se fait tout petit et d'une grande humilité face au pontife de Rome.

Mais il est temps d'aborder nos trois nouvelles suppliques qui constituent la matière même de cet article. A la suite de quelques éléments de commentaire, nous donnerons le texte original latin accompagné d'une traduction française[14] accompagnée de notes.

DESCRIPTION DES NOUVELLES SUPPLIQUES

La première supplique porte la date du mois de novembre 1542 ; la deuxième celle du mois de décembre 1544 et, enfin, la troisième celle du mois de janvier

---

[13] Cf. R. Cooper, *Rabelais et l'Italie, op. cit.* p. 109, n. 11.

[14] Je dois cette traduction à Jean Céard que je remercie très chaleureusement.

1549. Les trois suppliques portent toutes les trois sur une demande de bénéfices avec des nuances qui ne sont pas négligeables. Il est à noter que la deuxième est, dans son ensemble, beaucoup plus complexe que les deux autres et à ce titre contribue à éclairer certains aspects de la vie tortueuse de notre auteur. La première supplique de François Rabelais porte le N° 2471, la deuxième le N° 2547 la troisième le N° 2651. Toutes trois apparaissent dans le Registre de la Pénitencerie, aux Archives Vaticanes.

Ces trois suppliques adressées au Pape Paul III portent, sur la partie gauche de la marge supérieure, outre le sujet de la requête (trois bénéfices pour la première, l'indult pour la deuxième et deux bénéfices pour la troisième), la mention du diocèse auquel appartient le requérant. Il s'agit pour les deux premières suppliques du diocèse de Tours et, pour la troisième, de celui du Mans.

Dans la partie droite, le nom du Référendaire pontifical (pour la première et la troisième supplique P. Lambertus, originaire de Chambéry et évêque de Caserte, pour la deuxième F. Racanaten ou F. de Racaneto).

Fait singulier dans la première et dans la troisième supplique Rabelais s'exprime à la troisième personne : (*le dévoué suppliant*) alors que dans la deuxième supplique il use d'une tournure qui implique la deuxième personne du pluriel (*votre dévoué suppliant*).

Les signataires de la première, de la deuxième et de la troisième supplique sont respectivement l'évêque de Césène, Cristophorus Spiritus ou de Spiritibus (C. Cesenatensis), le pape Alexandre Farnèse et le cardinal Franciscus Sfondratus (Cremonensis). La première et la troisième supplique sont approuvées avec la formule *concessum ut petitur in praesentia Domini nostri / nostre Pape* alors que la deuxième est approuvée avec la formule *Fiat ut petitur* et la lettre initiale A, du prénom du pape (Alexandre Farnèse). Pourquoi la deuxième nécessitait-elle la signature du pape, alors que dans les deux autres la signature d'un évêque ou d'un cardinal, désignés comme référendaires, était suffisante? Le fait est en rapport avec la gravité du sujet à traiter qui impose l'intervention personnelle du pape.

Dans la première supplique, François Rabelais se présente tout simplement comme *prêtre du diocèse de Tours;* dans la deuxième, il y ajoute, en le résumant, son parcours ecclésiastique, enfin dans la troisième et dernière supplique, le titre de prêtre est suivi de celui de *recteur de l'église paroissiale de Saint-Christophe-du-Jambet, au diocèse du Mans.*

On relèvera en outre que sur le plan des titres universitaires, les formulations ne sont pas identiques. Ainsi dans la première supplique, François Rabelais se dit seulement *docteur en médecine,* alors que, dans la deuxième, la formulation est plus développée et il précise qu'il *avait à l'Université de Montpellier étudié la médecine et qu'il avait été promu à tous les grades du doctorat en médecine et qu'ensuite il avait pratiqué cet art de la médecine,* mais dans la troisième, il se contente de mentionner rapidement ces deux titres: *maître ès arts et docteur en médecine.*

Une autre différence, d'importance à nos yeux, distingue la deuxième supplique des deux autres. On y trouve en effet mentionnée une demande *expressis verbis* portant sur le caractère gracieux de l'opération, ce qui sera d'ailleurs accordé, alors que, dans les deux autres, la taxe à payer n'est pas évoquée.

Sachant que sous peine de voir sa requête annulée, le requérant d'un bénéfice devait impérativement indiquer au cours de sa supplique – de préférence au début – s'il était ou non déjà détenteur d'un quelconque bénéfice, nous constatons que dans les trois suppliques le suppliant qu'était alors Rabelais utilise la même formule, *specialibus favoribus et gratiis prosequentes*, ce qui prouve que des bénéfices lui avaient été accordés en 1542.

Pour finir, il importe de souligner que les trois suppliques que nous proposons à l'analyse sont très précisément datées: la premiere porte la date du 20 novembre 1542; la deuxième celle du 15 décembre 1544; la troisième, celle du 5 janvier 1549. Leur datation revêt une grande importance au regard des implications juridiques qui en découlent.

PREMIÈRE SUPPLIQUE

Pour la transcription et les notes de la première supplique, je renvoie à l'article suivant: «Una supplica inedita di François Rabelais al Papa Paolo III», publié dans les *Mélanges offerts à Mario Richter*[15]. J'en rappellerai succinctement la substance.

Dans cette première supplique datée du 20 novembre 1542, François Rabelais demande au Pape de lui accorder trois bénéfices. Dans l'*Absolution des censures*, qui constitue la partie finale et décisionnelle d'une supplique, l'évêque de Césène Christophorus de Spiritibus, délégué du Pape à la signature, délie Rabelais «de tout empêchement relatif aux bénéfices et aux dispenses [...]. Et pour ce qui est des trois cures ou bénéfices séculiers autrement incompatibles entre eux: en titre. Et pour ce qui est de l'un avec ou sans cure, aussi de l'un des ordres susd., ces bénéfices ecclésiastiques étant qualifiés comme dit ci-dessus: en commende à vie, de sorte qu'il lui soit permis de disposer des fruits, etc. Et spécialement des trois églises paroissiales ou de leurs vicariats perpétuels: semblablement à vie, vu le grade du suppliant, avec clause d'échange et de cession de commende, chaque fois que, etc; [...]». La nouvelle réjouissante de ces bénéfices à venir parvient à Rabelais, alors que celui-ci se trouve probablement encore à Turin, auprès de Guillaume Du Bellay, sieur de Langey et gouverneur du Piémont, auprès duquel il exerce les fonctions de médecin personnel. Le fait que son nom soit mentionné

---

[15] *Les pas d'Orphée. Scritti in onore di Mario Richter* a cura di Maria Emanuela Raffi, Padova, Unipress, 2005, p. 43-56.

en 1542 dans le testament du Sieur Langey et que lui soit accordée une rente annuelle de trois cens livres tournois[16], suggère que Rabelais était alors très probablement à court d'argent.

DEUXIÈME SUPPLIQUE

La deuxième supplique fut présentée au pape à *Malliani Portuensis*, une des résidences papales du diocèse de Porto-S. Rufina par le Référendaire pontifical F. de Racaneto et fut approuvée et signée par le pape en personne le 15 décembre 1544 avec la formule *Fiat ut petitur* et l'initiale de son prénom A, à savoir, Alexandre Farnèse.

Dans cette supplique le suppliant F. Rabelais, prêtre du diocèse de Tours, passe en revue de façon rapide les étapes principales de sa vie. Je crois judicieux de comparer les informations que contient cette supplique avec celles qui apparaissent dans la *Supplicatio Rabelaesi*[17]. La transcription de cette dernière apparaîtra en italique.

«[...] François Rabelais prêtre du diocèse de Tours,

François Rabelais, prêtre du diocèse de Tours,

qui avait jadis été transféré de l'ordre des Frères Mineurs à l'ordre de S. Benoît,

pendant sa jeunesse entra en religion dans l'ordre des Frères mineurs, y fit profession et y reçut les ordres mineurs, y compris le presbytérat, et en remplit de nombreuses fois les fonctions. Ensuite, un indult du pape Clément VII, votre prédécesseur immédiat, lui permit de passer dudit ordre des Frères mineurs à celui de Saint Benoît dans l'église cathédrale de Maillezais, et il demeura dans cet ordre pendant plusieurs années. Par la suite, ayant quitté l'habit religieux,

en vertu d'un indult apostolique à lui hautement concédé, et avait été reçu dans l'église de Maillezais dudit ordre de S. Benoît, en vertu d'un indult apostolique a lui hautement concédé, et qui, sur le fait que ce même suppliant, pendant quelques années, sans permission de son supérieur, avait, hors de l'enceinte de lad. eglise,

à l'Université de Montpellier, étudié la médecine et, là, été promu à tous les grades du doctorat en médecine, et qu'ensuite il avait pratiqué cet art de la médecine,

il partit pour Montpellier; il y fit à la faculté de médecine des études et des leçons publiques pendant plusieurs années, il y prit tous ses grades, y compris celui de docteur, dans la susdite faculté de médecine, et il exerça son

---

[16]   Cf. R. Cooper, «Rabelais et l'Eglise», *Rabelais en son demi-millénaire. Actes du Colloque International de Tours (24-29 Septembre 1984)*, éd. J. Céard et J.-Cl. Margolin, Genève, Droz, 1988 p. 116: «[...] Guillaume Du Bellay engagea ses héritiers à doter Rabelais de bénéfices «jusques a trois cens livres tournois par an [...]» et M. Huchon, Rabelais, *Œuvres complètes*, éd. cit., p. LXXV.

[17]   Voir M. Huchon, éd. cit., p. 1031-1033.

art, là et en de nombreux autres endroits, pendant de nombreuses années.

Finalement, touché par le repentir, il vint au tombeau de Saint-Pierre à Rome, et de Votre Sainteté et du défunt pape Clément VII, il obtint l'absolution de son apostasie et de son irrégularité, et la permission de revenir dans l'ordre susdit de Saint-Benoît, où il avait pu trouver des hommes disposés à l'accueillir.

avait été par Votre Sainteté, alors qu'il se trouvait personnellement à la curie romaine, absous et réhabilité, et que la permission de se transporter de lad. église de Maillezais à un autre monastère du même ordre lui avait été, encore par Votre Sainteté, accordée par un indult,

A cette époque, la Curie romaine comptait en son sein monseigneur le révérendissime cardinal Jean Du Bellay, évêque de Paris et abbé du monastère de Saint-Maur-des-Fossés, de l'ordre susdit de Saint-Benoît au diocèse de Paris. Rabelais, qui avait trouvé ce prélat bien disposé à son égard, sollicita d'être reçu par lui dans le monastère susdit de Saint-Maur, ce qui fut fait ;

led. suppliant a été ensuite, par votre dévouée créature, le cardinal Du Bellay, évêque de Paris, abbé commendataire du monastère de Saint-Maur-des-Fossés dud. ordre, au diocèse de Paris, alors présent à lad. curie, reçu en qualité de moine dud. Monastère de Saint-Maur, en vertu de l'indult susd.

Mais, Saint Père, parce qu'au temps où led. suppliant s'est transporté aud. monastère et y est entré, celui-ci a été, par l'autorité apostolique, réduit de la régularité à la sécularité et rattaché à l'église de Paris, sans que, toutefois, cette réduction eût encore été mise à exécution. led. suppliant se demande si la réduction de sa propre personne [à l'état séculier] est invalide et s'il continue à être soumis à l'état religieux :

il arriva ensuite que ledit monastère fut érigé par votre autorité en collégiale, et que les moines de ce monastère furent faits chanoines mais ledit suppliant est tourmenté par un scrupule de conscience, du fait qu'à l'époque où Votre Sainteté donna la bulle d'érection, lui-même n'avait pas encore été reçu comme moine du monastère susdit de Saint-Maur, bien qu'il l'eût été au moment de l'exécution et de la publication de la bulle, et qu'il eût consenti par procuration, tant à ce qui avait été fait au moment de ladite érection, qu'à ce qui devait être fait par la suite, alors qu'il se trouvait à la Curie romaine dans la suite de Monseigneur ledit révérendissime cardinal du Bellay :

Il supplie que l'indult de Votre Sainteté lui permette d'avoir la conscience tranquille, tant au for interne qu'au for contradictoire et à tous les autres au sujet des faits précités, comme s'il avait été reçu sur le champ audit monastère de Saint-Maur, et avant que ne fût obtenue la bulle d'érection du monastère en collégiale, et avec absolution [etc.]

Il supplie aussi qu'aient pour lui validité et force tous les indults qu'il a obtenus aupa-

Led. suppliant supplie humblement Votre Sainteté qui, dans les circonstances susd., a opportunément veillé sur lui et l'a honoré de faveurs et de grâces spéciales, de lui concéder et accorder de pouvoir user des lettres de réduction et de toutes les dispositions en icelles contenues mais encore de daigner par grâce spéciale concéder et permettre aud. suppliant qui, comme il est dit ci-dessus, est docteur en médecine ou physique tant qu'il vivra et aussi souvent qu'il lui plaira, de procurer et fournir à tous les malades qui recourront à lui remèdes et médications, exception faite des cautérisations et incisions, de les soigner et d'accomplir librement et licitement tous les actes qu'accomplissent ordinairement les médecins et physiciens.

Et avec absolution des censures à l'effet de, etc. Et qu'aussi les empêchements relatifs aux bénéfices et aux dispenses, ainsi que les indults et actes de réduction, d'absolution et de réhabilitations susd. soient tenus pour exprimés ou puissent l'être en tout ou partie. [...] Et pour ce qui est de la plus large application possible de la permission, des indults et décrets susd., comme ci-dessus, en faveur du suppliant, en forme gracieuse. Et que, de toutes et chacune des choses susd., des qualités, changements, dénominations et autres choses nécessaires, il puisse être fait une plus exacte spécification par écrit, par un bref de Votre Sainteté ou par un contredit en forme gracieuse. – Qu'il en soit ainsi; A(lexandre).

Donné à Magliana, au diocèse de Porto, le 15 décembre 1544.

ravant du siège apostolique, comme si [etc]. *Et que lui soient validés les grades et le doctorat de médecine, et qu'il ait le pouvoir d'exercer partout la medecine, comme s'il avait pris ces grades avec la permission du siège apostolique.*

Quant aux bénéfices qu'il détient, a détenus, il supplie qu'il soit censé les avoir obtenus et les obtenir, les posséder et les avoir possédés canoniquement et légitimement, comme s'il les avait obtenus avec la permission du siège apostolique

L'examen minutieux de ces deux suppliques fait apparaître quelques différences importantes: la première est effectivement présentée au pape en 1544, alors que la seconde portant le titre de *supplicatio Rabelaesi*, est restée au stade virtuel: elle ne sera jamais soumise à l'approbation papale. Cette dernière a toutefois l'intérêt d'être beaucoup plus circonstanciée que la première. En effet, elle n'est pas soumise aux contraintes formelles et aux rigueurs édictées par les services de la diplomatie vaticane. A ce titre, les précisions de la seconde sont précieuses et surtout il me semble apercevoir sur le fond un accord substantiel entre les deux en dépit de quelques différences sur lesquelles il convient maintenant de s'arrêter quelques instants.

Dans la «seconde supplique» figure le nom du pape, Clément VII, qui aurait accordé l'indult permettant à Rabelais de changer d'ordre en précisant aussi que celui-ci demeurera dans l'ordre bénédictin «pendant plusieurs années». Autre pré-

cision importante, il dit avoir «quitté l'habit religieux», alors que dans la première il ajoute «sans permission de son supérieur». Dans la seconde, il fait un
récit détaillé de sa venue à Rome, en spécifiant aussi le mobile de son voyage:
«touché par le repentir il vint au tombeau de Saint-Pierre à Rome et de votre
Sainteté et du défunt pape Clément VII, il obtint l'absolution de son apostasie
et de son irrégularité». Sur le même point, dans la première, il dit plus simplement «qu'il avait été par votre Sainteté, alors qu'il se trouvait personnellement
à la curie romaine, absous et réhabilité».

La partie centrale des deux suppliques est la plus délicate à interpréter: il s'agit
du récit de la réception de Rabelais à Saint-Maur-des-Fossés.

Dans la «seconde supplique», l'initiative revient à Rabelais qui est tourmenté
dans sa conscience «du fait qu'à l'époque où [sa] Sainteté donna la bulle d'érection, lui-même n'avait pas encore été reçu comme moine du monastère susdit
de Saint-Maur, bien qu'il l'eût été au moment de l'exécution et de la publication
de la bulle, et qu'il eût consenti par procuration, tant à ce qui avait été fait au
moment de ladite érection, qu'à ce qui devait être fait par la suite, alors qu'il se
trouvait à la Curie romaine».

Dans la première supplique, le passage à Saint Maur est lié à la transformation de l'abbaye en collégiale et prend une allure frôlant le tragique. Tout le problème pour Rabelais est de savoir si «cette réduction eût encore été mise à exécution led. suppliant se demande si la réduction de sa propre personne [à l'état
séculier] est invalide et s'il continue à être soumis à l'état religieux»: voilà le drame
auquel est confronté Rabelais.

Dans la «seconde supplique» le remède à l'imbroglio procuré par Jean Du
Bellay est réglé par la demande d'un indult papal qui lui «permette d'avoir la
conscience tranquille, tant au for interne qu'au for contradictoire et à tous les
autres au sujet des faits précités, comme s'il avait été reçu sur le champ audit monastère de Saint-Maur, et avant que ne fût obtenue la bulle d'érection du monastère
en collégiale, et avec absolution», alors que dans la première Rabelais se montre
conscient du pétrin dans lequel il s'est fourré et face auquel il paraît désarmé «Led.
suppliant supplie humblement Votre Sainteté qui, dans les circonstances susd.,
[...] de lui concéder et accorder de pouvoir user des lettres de réduction et de toutes
les dispositions en icelles contenues».

Dans la «seconde supplique» Rabelais demande aussi à ce que soient considérés comme valables «tous les indults qu'il a obtenus auparavant du siège apostolique, comme si [etc.]», alors que dans la première le silence règne souverain
sur ce sujet. Pour ce qui a trait à la validité des titres universitaires, la «seconde
supplique» apporte un plus, à savoir que les grades universitaires avaient été obtenus «comme s'il avait pris ces grades avec la permission du siège apostolique».

Pour ce qui a trait à l'autorisation d'exercer la médecine, la première supplique
est beaucoup plus circonstanciée que la seconde, appliquant presque à la lettre
ce que prévoit le canon à ce propos. Pour ce qui concerne la question bénéfi-

ciale, la première supplique utilise un langage beaucoup plus technique, alors que la « seconde supplique » a une approche de type religieux : « Quant aux bénéfices qu'il détient, a détenus, il supplie qu'il soit censé les avoir obtenus et les obtenir, les posséder et les avoir possédés canoniquement et légitimement, comme s'il les avait obtenus avec la permission du siège apostolique ».

Tout ce qui a trait au choix du mode d'expédition, un Bref de sa Sainteté ou un contredit en forme gracieuse ne peut concerner que la première supplique la « seconde » n'étant qu'une « supplique » virtuelle.

Pour conclure le discours de la comparaison du texte de la supplique de 1544 avec celui de la *Supplicatio Rabelaesi*, il me semble pouvoir dire que celle-ci a bien pu servir de base pour l'établissement de la supplique de 1544.

TROISIÈME SUPPLIQUE

La troisième supplique fut présentée au pape Paul III par le Référendaire pontifical Pierre Lambert lors du dernier voyage à Rome de Rabelais. Elle fut approuvée et signée le 5 janvier 1549 par le cardinal Francesco Sfondrati de Crémone avec la formule *Concessum ut petitur, in praesentia Domimi Nostre pape.*

François Rabelais, familier et ordinaire commensal de Jean Du Bellay, dévouée créature papale, cardinal diacre du titre de Saint-Adrien qu'il reçut en 1548, demande au pape « qu'il lui accorde[r] dispense pour qu'il puisse toute sa vie librement et licitement posséder avec lad. église paroissiale qu'il détient, deux autres cures semblables, lesquelles trois cures sont autrement incompatibles, ou aussi bien deux autres bénéfices simples différents [...] ». L'église paroissiale, dont Rabelais est prêtre et recteur en 1549 et dont il touche le bénéfice correspondant, est celle de Saint-Christophe-du-Jambet, dans le diocèse du Mans, diocèse dont l'évêque n'est autre que le frère du cardinal Jean Du Bellay. Le nom de cette église qui reviendra ensuite avec force apparaît ici pour la première fois. R. Cooper, dans son article « Rabelais et l'Eglise »[18], nous apprend qu'un acte notarié, aujourd'hui disparu, mentionné dans un article écrit par R. Cruchet, « Rabelais à Bordeaux »[19], atteste que le nom de Rabelais, accompagné de la qualité de curé de Saint-Christophe-du-Jambet, figure comme témoin dans le cadre d'un acte de soumission aux usages de l'archevêché de Bordeaux passé le 8 avril 1545 par le nouvel évêque Jean Du Bellay.

Rabelais se dit en outre maître ès arts : il s'agit là de la première et unique occurrence de ce syntagme sous la plume de notre auteur. On regrettera, naturellement, que la formulation ne soit pas plus précise et n'indique pas dans quelle université il avait préparé ce grade : Paris ? Orléans ? Poitiers ?

---

[18] Art. cit., p. 116.
[19] Le titre du livre est : *Rabelais écrivain-médecin*, Paris, 1959, p. 45.

La supplique se clôt par l'*Absolution des censures* qui précise qu'«à l'effet de, etc. même en cas de persévérance d'un régulier dans l'excommunication, avec, autant de besoin, la très large dérogation qui convient. Et qu'aussi les empêchements relatifs aux bénéfices et aux dispenses du suppliant soient tenus pour exprimés ou puissent l'être en tout ou en partie [...] Et quant aux cures ou bénéfices autrement incompatibles entre eux, que le nombre en soit limité à deux et sans bénéfice régulier».

QUELQUES ÉLÉMENTS
POUR CONCLURE

Quelques pistes en guise de conclusion peuvent être formulées: tout d'abord, la découverte de ces trois suppliques est l'occasion de rappeler que les archives, et pas seulement celles du Vatican, constituent des domaines de recherche qui restent encore dans une large mesure à explorer et dont on peut, sans grand risque d'erreur et sans faire preuve d'un optimisme exagéré, présumer qu'elles recèlent encore bon nombre d'informations inédites. Dans le cas de la biographie de Rabelais, les lacunes sont si considérables que toutes les données sont à prendre en compte.

De la vendange de 1544, on conviendra sans peine qu'elle aura été abondante et même exceptionnelle. Nous pouvons considérer le vin de cette année-là comme le meilleur cru sorti du vignoble vatican depuis 1535. La deuxième supplique fait goûter à l'érudit rabelaisien le nectar attendu. Nous y apprenons que jusqu'en 1544, Rabelais est resté moine, tout en croyant avoir changé de statut. Le voilà par conséquent en porte-à-faux à l'égard de l'Eglise de Rome, puisqu'il n'avait pas obtenu la permission ni d'exercer la médecine, ni d'accéder aux bénéfices qui revenaient de droit aux moines de Saint-Maur. En même temps, on notera que Rabelais se montre fin diplomate se gardant bien d'adresser la moindre critique à son protecteur Du Bellay qui était responsable de tous ses déboires.

Ces suppliques suggèrent en outre de la part de celui dont les ouvrages sont sans ménagement à l'égard de Rome, une sorte de docilité et de ménagement à l'égard du pape. Ce contraste, tout à fait inattendu, entre les attaques contre Rome contenues dans les ouvrages déjà publiés ou qu'il préparait et l'image que renvoient ces documents en rapport étroit avec les démarches administratives effectuées par le Chinonais, souligne la complexité particulière des rapports entre l'homme et l'œuvre. Il se pourrait fort bien que ses suppliques aient servi de caution indiscutable et aient même constitué le gage d'une situation irréprochable contre ses plus farouches détracteurs, en France, de plus en plus nombreux.

Franco GIACONE
Università La Sapienza, Roma

Reg. Suppl. 2547. f. 69r

F. de Racaneto

[en marge T.[uronensis diocesis] indult<um>]

Bea<tissi>me p<ate>r, nuper seu al<ia>s postq<uam> deuotus or<ator> v<este>r Franciscus Rabelesus, p<res>b<ite>r Turonen<sis> dioc<esis>, antea de ordine Fr<atru>m minor<um> ad ordine<m> s<an>cti Bene<dic>ti vigore indulti ap<ostoli>ci sibi desuper co<n>cessi translatus et in eccl<es>ia Malleacen<si> dicti ordinis s<an>cti Bene<dic>ti receptus, super eo qu<o>d ip<s>e or<ator> per aliquot annos sine sui superioris licentia ex<tra>septa dicte eccl<es>ie, et in vniue<r>sitate Montispessulan<a> medicine opera<m> dedit, ibiq<ue> ad o<m>nes et<iam> doctoratus eiusd medicine gradus pro-motus fuit, et postmod<um> medicine hu<ius>mo<d>i artem exercuit, a S<anctitate> V<estra> in Ro<mana> cu<ria> tunc p<er>sonal<ite>r exis-tens absolutus et rehabi<lita>tus, sibiq<ue> vt de dicta eccl<es>ia Malleacen<si> ad aliud eiusd ordin<is> mon<aste>rium se transferre valeret, ab ead S<anctitate> V<estra> indultum et co<n>cessum fue-rat, ip<s>e or<ator> postmod<um> p<er> deuota<m> creatura<m> v<est>ram Cardinalem du Belley nu<n>cupatu<m> E<pisco>p<u>m Parisien<sem> abbate<m> seu co<m>men <data>riu<m> mon<aste>rii S<anc>ti Mauri de Fossatis dicti Ordin<is> Parisien<sis> dioc<esis>, tunc et<iam> in dicta curia existen<tem> in monachu<m> dicti mon<aste>rii S<anc>ti Mauri, indulti pred<icti> vigore, receptus ex<is>tit. Veru<m>, P<ate>r S<anc>te, quia tp<or>e quo ip<s>e or<ator> ad dictu<m> mon<aste>riu<m> se transtulit, illudq<ue> adiit mon<aste>riu<m>, ip<su>m de r<egu>la<ri>tate ad se<cu>la<rita>tem auc<torita>te ap<ostoli>ca reductu<m> et eccl<es>ia Parisien<si> v<nit>um erat, nond<um> t<ame>n reductio<n>e hui<usm>o<d>i executioni dema<n>data, dubitet p<ro>pterea id or<ator> reductio<n>e<m> de sui persona facta<m> viribus no<n> subsistere, adhucq<ue> ip<su>m reli-gioni obligatu<m> esse. Sup<pli>cat hu<mi>l<ite>r S<anctitati> V<estre> ip<s>e or<ator> q<ua>t<en>us sibi in p<re>missis opor<tun>e co<n>sulentes, |ip<su>mq<ue> sp<eci>alibus favo<ri>bus et gr<at>iis p<ro>sequen<tes>, sibi ut l<ite>ris reduction<is> hui<usm>o<d>i et in illis co<n>tentis quibuscu<m>q<ue> vti p<oss>it, co<n>cedere et indulgere, necno<n> sibi, qui ut p<re>fertur in medicina doctor ex<ist>it, artem medi-cine hui<usm>o<d>i seu phisices quoad<vixe>rit, et quoti<ens> sibi placuerit, exercere ac quib<us>vis personis infirmis ad eu<m> recurre<n>tibus reme-dia et medicinas, citra t<ame>n adustio<n>em et inscisionem p<re>bere et exhibere cura<m>q<ue> eor<um> assumere, ac quoscu<m>q<ue> actus per medicos seu phisicos exerceri solitos, exercere libere et licite valeat concedere et indulgere dig<nemi>ni de gra<tia> spe<ci>ali. Non obstan<tibus> p<re>missis ac quib<us>vis ap<ostoli>c<is>, necno<n> p<ro>ui<nciali>bus et syno<dali>bus const<itutionibus> et ord<inationi>bus, statut<is> etc. ceterisq<ue> co<n>trariis quibuscu<m>q<ue>, cum c<lausu>lis opo<rtu>nis. Fiat vt petitur. A<lexander>.

Et cu<m> ab<solutio<ne> a ce<nsuris> ad eff<ectu<m>. Et quod obstan<tie> et<iam> bene<ficia>les ac dispen<satiales>, necno<n> indult<i> et reductio<nis> ac absolution<is> et reha<bilitatio>nis pred<icti> tenores h<ab>eantur pro expressis seu in toto vel in p<ar>te exp<ri>mi po<ss>int. Et de co<n>cession<e>, indult<is> ac decretis pred<ictis> lat<issi>me extenden<dis> ut sup<r>a pro d<ic>to or<ator>e in for<m>a gra<tio>sa. Et q<uo>d p<re>missor<um> o<mnium> et singulor<um> et<iam> qualit<atum>, inno<vation>um, co<gnomi>num, alior<um>q>ue> nec<essa>rior<um> verior spe<cificati>o fieri p<ossi>t in l<itte>ris p<er> breve S<anctitati> V<estre> aut co<n>tradic<tu>m in forma gr<ati>osa. Fiat. A<lexander>.

Datum Malliani Portuen<sis> dioc<esis> decimo octauo k<a>l<endas> Ianuar<ii> anno vndecimo.

11e année du pontificat de Paul III[20]. [Magliana[21] le 15 décembre 1544].

F. de Recaneto[22]

Très Bienheureux Père, récemment ou en d'autres temps, après que votre dévoué suppliant F.[rançois] R.[abelais] prêtre du diocèse de Tours, qui avait jadis

---

[20] Elu le 13 octobre 1534 : donc 11e année = 13 octobre 1544-12 octobre 1545.

[21] Voir M. Chiabò, « Diocesi di Porto-S. Rufina », *Le diocesi suburbicarie nelle « Visitae ad limina»* *dell'Archivio Segreto Vaticano*, éd. M. Chiabò, C. Ranieri, L. Roberti, Citta del Vaticano, Archivio Vaticano, 1988, p. 102-103 : « Magliana : molti storici sostengono che in tale località vi fosse la villa della nobile famiglia romana dei Manili, cui apparteneva la vergine martire s. Cecilia. Congetture a parte, è assodato che Magliana finì curiosamente per essere iuspatronato dal monastero di Santa Cecilia in Trastevere. Nei secoli XVI° e XVII° ben cinque pontefici (Innocenzo VIII°, Giulio II°, Leone X°, Pio IV° e Sisto V°) hanno ingrandito ed abbellito il palazzo [résidence papale] e l'oratorio, strutture che poi sono andate decadendo per il trascorrere del tempo e delle incurie ».

[22] Voir B. Katterbach O. F. M., *Referendarii Utriusque Signaturæ A Martino V ad Clementem IX* *et Prelati Signaturæ supplicationum A Martino V ad Leonem XIII, in Bybliotheca Apostolica Vaticana,* MCMXXXI, p. 91 : *Franciscus de Racaneto vel Franciscus Racanaten, Franciscus Alberici, cler. Racanaten, abbr., u. s. ref., corr. Litt. Apost., regens Cancellariam sub Paulo III (vide textum epitaphii apud Ciampini p. XIX), u.i. D., not., fam. Et tef. Noster, corr. Litt. Apost., Cancellariae regens a Iulio III creatus Curiae causarum Cam. Apost. Gen. Aud., 1551, decembre 4 (Reg. Vat. 1722 f. 47), obiit ante 1558, iun.1 (ib. f. 91).*

été transféré de l'ordre des Frères Mineurs[23] à l'ordre de S. Benoît[24], en vertu d'un indult apostolique[25] à lui hautement concédé[26], et avait été reçu dans l'église de Maillezais dudit ordre de S. Benoît, et qui, sur le fait que ce même suppliant, pendant quelques années[27], sans permission de son supérieur[28], avait, hors de l'enceinte de lad. église, à l'Université de Montpellier, étudié la médecine et, là, été promu à tous les grades du doctorat en médecine, et qu'ensuite il avait pratiqué cet art de la médecine, avait été par Votre Sainteté, alors qu'il se trouvait personnellement à la curie romaine[29], absous et réhabilité[30], et que la permission de se transporter de lad. église de Maillezais à un autre monastère du même ordre lui avait été, encore par Votre Sainteté, accordée par un indult[31], led. suppliant a été ensuite, par votre dévouée créature, le cardinal du Bellay[32], évêque de Paris, abbé commendataire[33] du monastère de Saint-Maur-des-Fossés dud.

---

[23] Pour cet ordre connu des Frères Mineurs ou Franciscains je renvoie à l'article du *Dizionario degli Istituti di Perfezione* diretto da Guerrino Pelliccia (1962-1968) e da Giancarlo Rocca (1969-1973) Roma, edizioni Paoline, 1973, vol. IV, col. 464-511.

[24] *Ibid.* pour les Benédictins-*Benedettini*-vol. I, col. 1284-1349.

[25] Voir R. Naz, *Dictionnaire de droit canonique*, Paris-VI, Letouzay et Ané, 1953, t. V, col. 1352: «Ce mot désigne, au sens large toute espèce de grâce du S.-Siège, portant dispense du droit commun sous forme de Bulle et plus souvent de Bref. L'emploi des indults demeure très large dans la pratique de la Curie Romaine [...]».

[26] R. Cooper, dans son article «Rabelais et l'Eglise», art. cit., p. 113, émet l'hypothèse que Rabelais aurait obtenu du Pape Clément VII un indult l'autorisant à quitter le monastère franciscain de Fontenay-le-Comte pour devenir bénédictin, comme son ami Pierre Lamy, dont nous tenons la supplique remontant au 10 mars 1524. Cette hypothèse trouve ici pleine confirmation, comme le fait que Rabelais fut reçu chez les Bénédictins de Maillezais, alors que son ami se rendit chez les Benédictins de Saint-Mesmin.

[27] Si nous en croyons le chanoine Lesellier la fuite de l'abbaye de Maillezais se situerait vers 1527: voir «L'absolution de Rabelais en cour de Rome. Ses circonstances. Ses résultats», art. cit., p. 237.

[28] Il s'agit de l'évêque de Maillezais Geoffroy d'Estissac: voir C. Eubel, *Hierarchia catholica, Medii Aevi [...] volumen tertium. Saeculum XVI Ab Anno 1503 Complectens [...]*, 1910, vol. III, p. 251: «Goffridus de Estissaco, presb. Sarlaten. Protonotaire et magister, cum reserv. Pens. 3000 libr. Turon [...]»

[29] Rabelais a été à Rome en 1534 (février-mars) et en 1535-1536.

[30] Voir le Bref de 1536.

[31] *Ibidem.*

[32] Voir Conrad Eubel, *Hierarchia Catholica*, p. 26: *Joannes de Bellayo (du Bellay), ep. Pariesien. Prius Baionen =; [...] creatus cardinalis: 21/5/1535. [...] 12 Septembre 1549 card. De Bellayo profectus est in Galliam [...]. 16 Febr. 1560 ora 13 _ obiit ex longa aegritudine Joan. Card. De Bellayo, ep. Ostien., decanus s. Collegii, in hortis suis Diocletianis; sepultus sine pompa in eccl. S. Trinitatis. [...].*

[33] *Dizionario degli Istituti di Perfezione*, op. cit., vol. I, col. 6: «L'abate commendatario era il secolare che, grazie al sistema della commenda aveva ricevuto in beneficio una abbazia. Il principale interesse dell'operazione era evidentemente di ordine economico. [...]»: voir R. Cooper, *op. cit.*, p. 83: «Du Bellay devint abbé commandataire de Saint-Maur en 1532, lors de la prise de possession de l'évêché de Paris».

ordre[34], au diocèse de Paris, alors présent à lad. curie, reçu en qualité de moine dud. monastère de Saint-Maur[35], en vertu de l'indult susd. Mais, Saint Père, parce qu'au temps où led. suppliant s'est transporté aud. monastère et y est entré, celui-ci a été, par l'autorité apostolique, réduit de la régularité[36] à la sécularité et rattaché à l'église de Paris sans que, toutefois, cette réduction eût encore été mise à exécution, led. suppliant se demande si la réduction de sa propre personne [à l'état séculier] est invalide et s'il continue à être soumis à l'état religieux. Led. suppliant supplie humblement Votre Sainteté, qui, dans les circonstances susd., a opportunément veillé sur lui et l'a honoré de faveurs et de grâces spéciales[37], de lui concéder et accorder de pouvoir user des lettres de réduction et de toutes les dispositions en icelles contenues, mais encore de daigner par grâce spéciale concéder et permettre aud. suppliant qui, comme il est dit ci-dessus, est docteur en médecine, d'exercer led. art de médecine ou physique[38] tant qu'il vivra et aussi souvent qu'il lui plaira, de procurer et fournir à tous les malades qui recourront à lui remèdes et médications, exception faite des cautérisations et incisions[39], de les soigner, et d'accomplir librement et licitement tous les actes qu'accomplissent ordinairement les médecins et physiciens. Et ce, nonobstant les susd. et toutes constitutions, règlements, statuts, etc., apostoliques aussi bien que pro-

---

[34] Ordre de Saint-Maur dont les chanoines s'appellent Mauristes.

[35] Il s'agit de l'abbaye de Saint-Maur-des-Fossés.

[36] Voir *Gallia Christiana,* «Instrumenta», t. VII, col. 141-147.

[37] Voir R. Naz, *op. cit.,* col. 679: «Les grâces expectatives étaient des faveurs qui donnaient espoir et droit à un clerc de recevoir un bénéfice non ancore vacant, mais qui le deviendrait dans un avenir imprécis. [...] Les grâces expectatives se repartissaient en deux catégories principales: celles que nous dénommerons ordinaires; celles auxquelles aspirant les clercs invoquant, pour toucher le cœur du S.-Père l'absence ou l'insuffisance de moyens de subsistance et dits, pour cette raison, *clerici pauperes*; à leur tour, les expectatives expédiées in *forma pauperum* se subdivisaient en grâces données *in forma communi et in forma speciali*, du moins à partir de la seconde moitié du XIIIe siècle.» Col. 685: «L'obtention d'une expectative *in forma pauperum* mais délivrée *in forma speciali*, requérait l'expédition d'une lettre de grâce, *gratiosa*, scellée sur soie, et d'une exécutoire, *executoria*, scellée sur chanvre. [...] Les frais de la minute des grâces expédiées in *forma speciali* atteignaient 12 gros sous [...]».

[38] *Phisice, phisicus* désignent respectivement la médecine et le médecin.
Voir R. Naz, *op. cit.,* t. III, col. 853-854: Le chapitre XV est intitulé: *Occupations interdites aux clercs, comme étrangères à leur état*: «Le canon 138 §1 pose le principe suivant: Que les clercs évitent les occupations qui, bien que non inconvénantes, sont cependant étrangères (*aliena*) à l'état clérical. Viennent immédiatement les applications dans le §2: Sans un indult du Saint-Siège ils ne peuvent exercer ni la médecine, ni la chirurgie [...] L'interdiction de pratiquer la médecine s'entend d'une pratique constante, habituelle, *ex professo*, surtout si elle s'accompagne de la perception d'honoraires [...] Exercer la chirurgie est particulièrement malséant pour les clercs, tant à cause de sa difficulté, que de son caractère intime et sanglant [...]».

[39] Tâches assumées par un chirurgien.

vinciales[40] et synodales[41], ainsi que toutes autres dispositions contraires, avec clauses convenables. – Qu'il en soit fait comme il est demandé, A(lexandre)[42].

Et avec absolution des censures à l'effet de, etc. Et qu'aussi les empêchements relatifs aux bénéfices et aux dispenses, ainsi que les indults et actes de réduction, d'absolution et de réhabilitation susd. soient tenus pour exprimés ou puissent l'être en tout ou partie. Et pour ce qui est de la plus large application possible de la permission, des indults et décrets susd., comme ci-dessus, en faveur du suppliant, en forme gracieuse. Et que, de toutes et chacune des choses susd., des qualités, changements, dénominations et autres choses nécessaires, il puisse être fait une plus exacte spécification par écrit, par un bref de Votre Sainteté ou par un contredit[43] en forme gracieuse. – Qu'il en soit ainsi. A(lexandre).

Donné à Magliana, au diocèse de Porto[44], le 15 décembre 1544[45].

---

[40] Voir R. Naz, *op. cit.*, t.VII, col. 398: «Le canon 488, 6° prévoit qu'un institut religieux peut être subdivisé en provinces, et il définit la province comme étant le groupement de plusieurs maisons religieuses placées sous l'autorité du même supérieur»

[41] Voir R. Naz, *op. cit.*, t.VII, col. 1134:«le Synode est une assemblée d'évêques [...]».

[42] A: initiale du prénom d'*Alexandre Farnèse*, devenu Paul III.

[43] Le *contradictum* est un acte émis par l'*audientia litterarum contradictarum* (en français, «la cour des contredits»), tribunal de la chancellerie, dont les décisions passent en chose jugée, alors que les Brefs de la Chambre apostolique peuvent être contestés.

[44] Voir *op. cit. supra* n. 2, p. 96-156: «Il territorio di questa diocesi [Porto-S. Rufina] anticamente fu sede di quattro chiese episcopali: Sylva Candida, Loviensi, Caere e Pentapoli, già completamente distrutte nel IX° secolo dalle incursioni dei Saraceni. Pertanto papa Callisto I° nel 1120 unì la sede episcopale di Porto con quella fatiscente di Silva Candida o Rufina.Quella portuense è la seconda delle diocesi suburbicarie, il cui vescovo gode di vari privilegi: vice decano del Sacro Collegio, secondo ad essere invitato a consacrare l'imperatore, assistente perpetuo al trono imperiale, sostituisce il papa in quelle solennità, alle quali il pontefice non poteva presenziare, non solo in San Pietro ma in tutte le chiese comprese nella cinta leonina, nei monasteri di S. Stefano Minore e Maggiore, del SS. Giovanni e Paolo, di S. Martino e di S. Tecla. Inoltre egli aveva giurisdizione nella basilica di San Pietro e quindi poteva tenervi le ordinazioni ed esercitare ogni atto pontificale; aveva infine il privilegio di benedire e consacrare gli altari dei monasteri annessi alla basilica di S. Pietro. A questi diritti si aggiungevano le prerogative di cui godeva il vescovo di Santa Rufina [...] ricordiamo solo che aveva facoltà di celebrare uffici pontificali nel rione di Trastevere, avendo il palazzo episcopale vicino alla chiesa di San Bartolomeo.[...] I Romani chiamarono per antonomasia con il nome di Porto la città che sorse durante l'impero alla foce del Tevere intorno al porto fondato da Claudio e restaurato da Traiano [...] Sotto Costantino la città acquista il titolo di civitas Flavia Constantiniana Portuensis. Tuttavia il nome più comune è quello di Portus Urbis Romae o semplicemente Portus, che prevale nelle fonti cristiane e del tardo impero. Molto numerosa era la comunità cristiana, che diede alla Chiesa martiri venerati tra i quali S. Ippolito che la tradizione dice anche vescovo della città prima del 229. Poco sapendo dell'antica tradizione basti il fatto che al tempo di Costantino la città era certamente sede episcopale».

[45] L'acte est du 15 décembre, donc de 1544.

REG. SUPPL. 2651. f. 172v

P. La<m>b>er>t>u>s

[en marge: C[enomanensis diocesis]; ad duo]

Bea<tissi>me p<ate>r, sup<plic>at hu<mi>li<te>r S<anctitati>
V<estre> deuotus illius or<ator> Franciscus Rabalesus p<res>b<ite>r, rector p<ar>ro<chia>lis ec>clesi>e S<anc>ti C<hristo>fori de Jambeto
Cenoman<ensis> dioc<esis> in artibus et medic<in>e doctor, q<ua>t<en>us
ip<su>m, qui de<vo>te crea<tu>re v<est>re Joan<n>is t<i>t<uli>
S<anc>ti Adriani diaconi Car>dina>lis du Bellay nu<ncupa>ti
fa<m>i<lia>ris c<on<t>inu>us c<omm>en<salis> ex<ist>it, sp<eci>ali-
bus fauorib<us> et gr<at>iis p<ro>sequen<tes>, secu<m>, vt una cum
d<ic>ta ecc<lesi>a p<ar>ro<chia>li qua<m> obtinet duo seu sim<ilia>
illa quecumq<ue> tria c<u>rat<a>, seu al<ia>s inc<om>pa<tibi>lia,
necno<n> duo alia simplicia dissimilia, sub sin<gulis> tribus tectis
quar<um>cumq<ue> cathe<dra>lium et metro<politan>ar<um> seu
colle<gia>tar<um>, aut aliar<um> eccl<esiar>um c<on>sisten<tia>; se
t<ame>n inuice<m> et cum d<ic>tis inco<m>pa<tibili>b<us>
c<om>patien<ti>a s<e>cularia, ac cum vno vel duobus ex eis seu sine illis
vnu<m> cum cura vel sine cura S<anc>ti B<ene>d<ic>ti, S<anc>ti
Aug<usti>ni ac cuiusvis alt<eriu>s et<iam> Clu<niacensis>, Pre<mons-
tratensis>, vel Cister<ciensis> ordinis, in c<omm>en<dam> ad vitam dari
solit<um>, r<egu>laria b<enefici>a ecc<lesiasti>ca, etiamsi alter<um> sub
eod tecto c<on>sist<en>s cum cura aut cano<nica>tus et preben<da>,
et tam illud q<uam> inco<m>p<atib>ilia s<e>cularia, dig<nita>tes etiam
maiores et pri<ncipa>les, p<er>so<na>tus, admi<nistration>es, vel off<ici>a
et<iam> c<u>rat<a> et elect<iva> in cathe<<drali>b<us> etiam
metro<politan>is vel colle<gia>tis ecc<les>iis, vel p<ar>ro<chia>les
ecc<lesi>e seu ear<um> p<er><pe> tue, vic<ari>e; r<egu>lare v<er>o
in c<ommen>dam h<uiusmo>d<i> vt prefe<rtur> dari solit<um>,
c<om>menda illius cessan<te>, b<e>n<efici>a h<uiusmo>d<i>
prio<ra>tus, prepo<situ>ra, prepo<sita>tus, dig<nita>tes, p<er>so<na>tus,
admi<nistrati>ones vel offi<cia> et<iam> c<u>rat<a> et electi<va> seu
talia mixtim si sibi al<ia>s cano<ni>ce c<on>ferantur, vel eligatur,
p<rese>ntet<ur>, vel al<ia>s assumatur ad illa et ins<ti>t<u>at<ur> in
eis, ad<cipe>re et ins<imu>l s<e>cularia et<iam> inco<m>pa<tibi>lia et
sub eod tecto c<on>sisten>tia> v<ideli>c<et> in t<i>t<ulum>;
r<egu>laria v<er>o B<e>n<efici>a h<uiusmo>d<i> in
c<om>me<ndam>, etiam una cum om<ni>b<us> et sing<ulis>
p<re>d<ictis> obten<tis> et obtinend<is> etc. ita q<uo>d liceat sibi de

fruc<tibus> dispon<er>e, alie<nare>, etc. Interdicta, cum cla<usula> per-
mutandi et c<om>men<dam> ceden<di> toti<es> quot<ies>etc. quoad
<vixe>rit retine<re> libere et licite valeat, dispen<sa>re dig<nemi>ni de
gra<tia> sp<e>ciali. Non obsta<ntibus> g<ener>alis c<on>cilii ac quibusvis
ap<osto>lic<is> ac in p<ro>vin<ciali>b<us> et syno<dali>b<us>
c<on>ciliis ed<itis> g<ener>alib<us> vel sp<eci>alibus
c<on>stit<utioni>b<us> et ord<inationi>b<us>, statutis etc. etiam
iuram<men>to etc. roborat<is>, pr<ivileg>iis quoq<ue> indultis ac
l<itter>is ap<ostoli>cis, ecc<les>iis, mon<aster>iis, et ordi<ni>b<us>
p<re>d<ictis> sub quib<us>c<um>q<ue> tenori<bus> etc. etiam in
gen<ere> vel in spe<cie> et al<ia>s quo<modo>li<bet> etiam contra com-
mendas concessis etc. innovat<is>. Quib<us> omnib<us> etiamsi de illis etc.
tenor<es> etc. placeat hac vice lat<issi>me de<roga>re, ceterisq<ue>
c>ontra>riis quibuscu<n>q<ue> cu<m> cl<ausuli>s opp<ortun>is.
Concess<um> ut pet<itur>, in p<rese>ntia D<omini> n<ostre>
p<a>p<e>. F<ranciscus> card<inalis> Sfo<n>dratus.

Et cu<m> ab<solution>e a cen<suris> ad effect<um> etc. et<iam> in
casibus regularis insordescendi cum opp<ortun>a illis q<ua>t<enu>s opus
sit lat<issi>ma derogatione expressa. Et q<uo>d obstan<tie>etiam be<nefi-
ciales> ac dispen<satiales> or<ator>is ha<be>ant<ur> p<ro> exp<re>ssis
seu in toto vel in p<ar>te exprimi po<ss>int. Et de tribus c<u>rat<is> seu
al<ia>s invi<cem> inco<m>p<atibili>b<us> s<e>c<u>la<r>ib<us>, ac
cum vno vel duobus ex eis seu sine illis vno cu<m> cura vel sine cura cuiusvis
e<tiam> pred<icti> or<dinis>, et in c<om>me<ndam> dari solito,
s<e>c<u>lar<ibus> b<e>n<e>fi<ciis ecc<lesiasti>cis vt s<upr>a
quali<ficatis> in c<ommen>dam ad vita<m> vt s<upr>a. Et de
sp<eci>ali<bus> ac duob<us> simplicib<us> dissimilib<us> vt prefe<rtur>
c<on>siste<ntibus>, et c<om>patie<ntibus> be<nefic>iis ecc<lesiasti>cis
simili<ter> ad vitam. etc. cum dero<gation>e p<re>d<icta>, ac
quor<um>c<um>q<ue> alior<um> stat<u>t<orum> etc.
pr<ivilegi>or<um> etc. ap<osto>licorum quo<modo>l<ibe>t c<on>ces-
sorum, for<san> c<on>trarior<um> in litter<is> can<cella>rie expri-
mend<orum>, ad effectuum etc. ita ut in aliquo non ob<stent> et con<trar>ia
que<cum>que tollantur lat<issime> ex<tend>endo. Et quod pre<mis-
sor>um omnium et singulorum et<iam> qualit<atum>, cogno<min>is
nun<cu>pati alior<um>q<ue> in premissis et circa ea nec<essarior<um>
maior et v<er>ior spe<cificati>o fieri po<ssi>t in l<itte>ris etc. Et quoad
c<u>rat<a> seu al<ia>s invice<m> inco<m>p<atibi>lia, ad duo dumtaxat
et citra r<egu>lare b<e>n<efi>c<ium>.

Concess<um>. F. card<inalis> Sfo<n>dratus.

Datum Rome apud S<an>ctum Petrum non<is> Ianuar<ii> anno quintodecimo.

15ᵉ année du pontificat de Paul III[46]. Rome le 5 janvier 1549.

P. Lambertus[47]

Très Bienheureux Père, le dévoué suppliant de V(otre) S(ainteté), François Rabelais, prêtre, recteur de l'église paroissiale de Saint-Christophe-du-Jambet [48], au diocèse du Mans, <maître> ès arts et docteur en médecine, qui, familier et ordinaire commensal de votre dévouée créature, Jean du Bellay[49], cardinal diacre du titre de Saint-Adrien[50], est honoré [51] par vous de faveurs et de grâces spéciales[52], vous supplie humblement de daigner par grâce spéciale lui accorder dispense pour qu'il puisse toute sa vie librement et licitement posséder, avec lad. église parois-

---

[46]   15ᵉ année de Pontificat ayant été élu le 13 octobre 1534.

[47]   Voir J. Lesellier, art. cit., p. 244: «Originaire de la Savoye, Pierre Lambert, successivement notaire de curie, scripteur et abbréviateur des lettres apostoliques, fut nommé référendaire en 1532, puis évêque de Caserte en 1533 et maître des cérémonies en 1538. Il mourut après avoir rempli plusieurs fois les fonctions de recteur de l'église de Saint Louis-des-Français à Rome».

[48]   Pour M. Huchon, *Rabelais, Œuvres complètes, op. cit.*, p. LXXX. «[...] la cure de Saint-Christophe-du-Jambet avait peut-être été concédée à Rabelais dès 1545, si l'on croit un acte, aujourd'hui perdu, que Rabelais aurait signé comme témoin à ce titre».

[49]   Voir *Enciclopedia Cattolica*, Firenze, Sansoni, 1953, vol. II°, col. 1184: «Jean du Bellay (1492-1560) [...] vescovo di Baiona nel 1526 [...], vescovo di Parigi nel 1532, cardinale nel 1535 [...], vescovo di Limoges nel 1541, arcivescovo di Bordeaux nel 1544, vescovo di Le Mans nel 1546, tornò a Roma nel 1548 dove si ritirò definitivamente [...] Alla morte di Marcello II° si parlò di una sua possibile ascesa al pontificato [...]».

[50]   Jean Du Bellay reçut en 1548 le titre de l'ordre de Sant'Adriano lui provenant de l'Eglise Sant'Adriano in Tribus Fosir de Rome: voir M. Armellini, *Le chiese di Roma dal secolo IV° al XIX°*, Roma, 1942, p. 202-203: «La chiesa più importante che di questo celebre martire di Nicomedia esiste tuttora, è quella situata al Foro Romano. Fu detta in Tribus Foris dal luogo dove sorgeva, e fu edificata dal papa Onorio I°, come sappiamo dal libro pontificale. Nei documenti dei secoli di mezzo è appellata ora in Tribus Fosir, ora in Tribus Foris, ovvero anche iuxta asylum, ricordante il famoso asilo romuleo presso il Campidoglio, come nell'epistola X dell'antipapa Anacleto. La chiesa attuale non ci si presenta certamente nella sua forma primitiva nè al suo livello, poichè l'antica era assai più profonda, cioè al piano del Foro Romano. Fu edificata forse sugli avanzi della Curia nell'area del Comizio. Il nome in Tribus Foris lo ebbe certamente dalla reminiscenza dei Fori imperiali, sul cui limite trovasi l'edificio, e quello in tribus fatis dalle statue delle Parche che un dì in quel luogo erano collocate, onde il luogo delle carte topografiche dell'età di mezzo era detto anche Templum fatale. [...][p. 203] Il papa Adriano I° in onore del martire suo omonimo, innalzò a diaconia questa chiesa cui offrî ricchissimi doni, come abbiamo dal libro Pontificale, dotandola di campi, vigne, oliveti, servi, ancelle, peculi e cose mobili, onde dalle rendite si alimentassero i poveri [...]».

[51]   La forme *prosequentes* constitue un pluriel de majesté.

[52]   Allusion aux bénéfices.

siale qu'il détient, deux autres cures semblables, lesquelles trois cures sont autrement incompatibles[53], ou aussi bien deux autres bénéfices simples[54] différents, [ces trois bénéfices étant] sis en trois lieux distincts d'églises cathédrales, métropolitaines ou collégiales, ou d'autres églises; posséder, cependant, des bénéfices séculiers compatibles entre eux et avec les susd. bénéfices incompatibles, et, avec un ou deux de ceux-ci ou sans eux, un bénéfice, avec ou sans cure, de l'ordre de S. Benoît ou de S. Augustin, ou d'un quelconque autre ordre, de Cluny, de Prémontré ou de Cîteaux, habituellement donné en commende à vie, des bénéfices ecclésiastiques réguliers, même si le second est sis en un même lieu avec cure, ou est un canonicat et une prébende, et, tant pour ce bénéfice que pour les bénéfices séculiers incompatibles, aussi les dignités majeures et principales, personnats[55], administrations, ou offices aussi à charge d'âmes ou électifs, aussi dans les églises cathédrales, métropolitaines ou collégiales, ou des églises paroissiales ou leurs vicariats perpétuels; d'autre part, pour ce qui est d'un bénéfice régulier habituellement donné, comme il est dit ci-dessus, en commende, de posséder, lad. commende cessant, priorats (priorages), prépositures [56], prévôtés[57], dignités, personnats, administrations ou offices aussi à charge d'âmes ou électifs, ou autres de telle nature indifféremment, s'ils lui sont conférés canoniquement, ou s'il y est élu, ou s'il y est présenté, ou s'il y est autrement désigné et installé; de recevoir ensemble des bénéfices séculiers, aussi incompatibles, appartenant à un même lieu, c'est-à-dire en titre; de posséder des bénéfices réguliers en commende, aussi avec tous et chacun des bénéfices susd. obtenus ou à obtenir, de sorte qu'il lui soit permis de disposer des fruits, d' aliéner, etc., les interdits, avec clause d'échange et de cession de la commende toutes les fois que etc. Nonobstant les décisions du concile général[58] ou apostoliques ou édictées dans les conciles provinciaux et synodaux,

---

[53] Une cure, parce qu'elle implique charge d'âmes, impose normalement la résidence et est donc incompatible avec un autre bénéfice de même nature.

[54] Charles Du Cange: *Glossarium Ad Scriptores Mediae et Infimae Latinitatis [...] Francofurti ad Moenum: Ex officine Zunneriana apud Johannem Adamum Iunjium 1710, XVI, Dignitates Ecclesiasticae, Monastica officia, munia.* J'utilise l'éd. de Venise, apud Sebastianum Coleti, 1736-1740, 6 vol., t. I, col. 1056: «*Beneficium curatum, Cui annexa est cura animorum.* Gall. Bénéfice à charge d'âmes»; «*Beneficium simplex, Cui non est annexa cura animarum.* Gall. Bénéfice simple».

[55] *Personatus*: personnats, ou dignités (doyen, trésorier, chantre, etc.).

[56] Concile de Trente, session XXI, *De reformatione*, ch. VIII, prévoit que l'ordinaire du lieu visite aussi les «*Abbatiae, prioratus et praepositurae nuncupatae*».

[57] Dans certaines églises collégiales, etc., on appelait prévôt le bénéficier chef du chapitre: voir Littré, *Dictionnaire*, art. «prévôt». Le mot semble ici désigner tous les premiers emplois exercés par les bénéficiers, comme les autres termes utilisés.

[58] Le Concile de Trente, qui, par exemple, dans sa VIIe session (1547), prend un *Decretum de reformatione*, dont le ch. IV stipule: *Plurium beneficiorum retentor contra canones, iis priuatur.*

constitutions, règlements, statuts, etc., généraux ou spéciaux, même fortifiés par serment, etc., ainsi que les privilèges, indults et lettres apostoliques à l'adresse des églises, monastères et ordres susd., quelle qu'en soit la teneur, etc., accordés, etc., et renouvelés contre les commendes généralement, spécialement ou de quelque autre façon que ce soit. Qu'à toutes ces dispositions, il soit décidé cette fois de déroger très largement, et à toutes les autres contraires, quelles qu'elles soient, avec clauses convenables. – Accordé comme demandé, en présence de notre seigneur le pape[59]. Francesco, cardinal Sfondrati [60].

Et avec absolution des censures à l'effet de, etc. même en cas de persévérance d'un régulier dans l'excommunication[61], avec, autant que de besoin, la très large dérogation qui convient. Et qu'aussi les empêchements relatifs aux bénéfices et aux dispenses du suppliant soient tenus pour exprimés ou puissent l'être en tout ou partie. Et, pour les trois cures ou bénéfices séculiers autrement incompatibles entre eux, et, avec un ou deux d'entre eux ou sans eux, un avec ou sans cure, aussi d'un des ordres susd., habituellement donné en commende, des bénéfices ecclésiastiques séculiers, qualifiés comme ci-dessus, en commende à vie, comme ci-dessus. Et, pour les bénéfices spéciaux, les deux bénéfices simples différents, définis comme ci-dessus dit, et les bénéfices ecclésiastiques compatibles, semblablement à vie, etc., avec la dérogation susd., à l'égard de tous les autres statuts, etc., privilèges, etc., apostoliques, accordés de quelque façon que ce soit, des dispositions contraires qui pourraient être formulées dans des lettres de chan-

---

[59] Paul III est mort le 10 novembre 1549. Son successeur Jules III ne sera élu que le 7 février 1550. L'acte, des nones de janvier, ou 5 janvier, est donc encore rédigé sous le règne de Paul III, dont c'est la quinzième année.

[60] Voir *Enciclopedia Cattolica*, *op. cit.*, t. XI, col. 471-472 : « Sfondrati [...] Francesco, nato a Cremona il 26 ottobre 1493, morto ivi il 31 luglio 1550. Si laureò in diritto a Pavia nel 1520 ed insegnò a Padova, Pavia, Bologna, Roma e Torino. Ebbe uffici pubblici in particolare da Carlo V, che lo fece conte della Riviera di Lecco il 23 ottobre 1537. Mortagli la moglie Anna Visconti (20 novembre 1538), entrò nello stato chiericale e da Paolo III fu nominato referendario di Segnatura e poi vescovo di Sarno il 12 ottobre 1543, quindi arcivescovo di Amalfi il 27 ottobre 1544. Intanto nel novembre 1543 veniva inviato nunzio presso Carlo V, a proposito di una guerra con la Francia che apriva la via al Concilio e alla sicurezza dell'Europa. Creato cardinale il 19 dicembre 1544, ritornò in Curia e fu tra gli zelanti fautori della riforma ecclesiastica e membro dell'inquisizione. Inasprite le relazioni fra Paolo III e Carlo V per il trasferimento del Concilio da Trento a Bologna e le vicende belliche in Germania, il cardinale partì da Roma il 22 aprile 1547 come legato all'Imperatore ; e con lui ebbe anche a trattare degli affari inglesi dopo la morte del re Enrico VIII ; delle complicazioni createsi in Lombardia per l'uccisione di Pier Luigi Farnese e riguardo all'Interim di Augusta, che doveva regolare i rapporti con i protestanti in Germania e appariva lesivo dei diritti del Cattolicesimo, mentre non soddisfece a nessuna delle due opposte parti. Il cardinale che aveva tentato di impedirne la pubblicazione fu richiamato il 10 giugno del 1548 e lasciò la Germania. Egli aveva avuto il governo della diocesi di Capaccio il 23 marzo del 1547 e lo tenne fino al 9 novembre 1549, quando ebbe la diocesi di Cremona. Morì il 31 luglio 1550 ».

[61] Selon Charles Du Cange, *op. cit.*, t. III, *col. 1394 : «insordescentes»* les *«excommunicati [...] in excommunicatione perseverantes, qui nullam adhibent diligentiam ad obtinendam absolutionem».*

cellerie, à l'effet de, etc., de sorte que, par une très large extension de la dérogation, ils ne s'y opposent pas en quelque chose et que toute disposition contraire
soit supprimée. Et que, de toutes et chacune des choses susd., aussi des qualités,
surnoms et autres choses nécessaires dans les matières susd. et en rapport avec
elles, il puisse être fait une plus ample et plus exacte spécification dans les lettres,
etc. Et quant aux cures ou bénéfices autrement incompatibles entre eux, que le
nombre en soit limité à deux[62] et sans bénéfice régulier – Accordé, Francesco,
Cardinal Sfondrati.

Donné à Rome, à Saint-Pierre, le 5 janvier 1549.

---

[62]   C'est cette dernière disposition que retient le résumé marginal: «*Ad duo*».

L'IMAGINAIRE
DU VIN CHEZ RABELAIS

ÉTUDE DU PROLOGUE DU *TIERS LIVRE*

L'œuvre tout entière de Rabelais est sémantiquement comme structurellement parcourue par le thème du vin; mais les Prologues, dans la mesure où ils sont l'occasion pour Rabelais de s'adresser à ses lecteurs et de les convier à boire, inscrivent plus nettement l'œuvre dans la tradition littéraire du banquet. Cette tradition littéraire demeure fortement marquée par l'archétype platonicien du *symposion* tel qu'il a été défini dans *Le Banquet*: il est le lieu de la réconciliation et de l'affinité entre l'inspiration dionysiaque et la sagesse philosophique. En effet, selon les principes de la médecine antique, les fonctions organiques et les instances psychologiques agissent les unes sur les autres; dès lors, l'alimentation n'atteint pas seulement le corps, mais intervient aussi sur les opérations de l'esprit: c'est parce qu'ils savent boire que les compagnons de Socrate goûtent le plaisir le plus complet, somme d'excitation sensuelle et de perspicacité. Le néo-platonisme reprend à son compte une telle conception du banquet, et Marsile Ficin dans le *De sufficientia, fine, forma, materia, modo, condimento, authoritate convivii* insiste à son tour sur la synthèse que réalise le banquet: «Seul le repas embrasse toutes les parties de l'homme, car [...] il restaure les membres, il renouvelle les humeurs, il ranime les esprits, il recrée les sens, il soutient et avive la raison»[1]. Le banquet, plus qu'aucune autre activité, rend à l'homme son unité.

Or, selon M. Jeanneret, cet équilibre entre le plaisir et la sagesse se maintient difficilement dans la littérature du banquet à la Renaissance. Dissociés, le vin et le discours philosophique tendent à connaître une relation antagoniste. Deux courants littéraires illustrent cette séparation: un premier courant s'inscrit dans la lignée des *Symposiaka*, œuvre moralisante de Plutarque, et cherche à épurer le banquet de tout dionysisme; le second courant, inspiré, lui, des *Deipnosophistes* d'Athénée, insiste sur les *realia* du banquet, sans essayer d'atteindre un au-delà du vin. Pourtant il nous a semblé que Rabelais retrouvait précisément cet équilibre entre le plaisir physique du vin et la profondeur philosophique à laquelle

---

[1] Marsile Ficin, *De sufficientia* [...], lettre adressée à Bernhardus Bembo de Venise, trad. M. Jeanneret, *Des mets et des mots*, Paris, Corti, 1987, p. 21.

il fait accéder. Dans l'imaginaire rabelaisien en effet, le vin agit sur l'homme à trois niveaux, qui correspondent aux trois parties de l'homme : le corps (en cela qu'il lui procure un plaisir physique), l'âme (le vin est un réconfort moral), l'esprit (le vin est lié à l'inspiration divine). Le Prologue du *Tiers Livre*[2], dans la mesure où il entrecroise les sources (vulgaire, médicale, philosophique, philologique et esthétique) et mêle les trois grands domaines imaginaires du vin, nous a paru particulièrement bien illustrer l'équilibre des postulations contraires du banquet platonicien. Ce texte, dans l'entrelacs qu'il opère, fait ainsi goûter au lecteur-convive le réconfort physique et moral du vin, la sagesse du vin et le génie de l'ivresse dans une même lecture, ou dégustation...

LE VIN COMME SYMBOLE DE FORCE
ET DE VIE

Le vin à la Renaissance joue tout d'abord comme symbole de force et de vie ; il est à la fois source vitale et remède (physique comme moral), dans une culture populaire qui, on le verra, n'est pas dépourvue de fondement médical. Un tel imaginaire du vin se réclame en effet de plusieurs sources, étymologique comme scientifique.

Dans l'imaginaire populaire, le vin est ainsi un principe vital : une étymologie, fausse mais tentante, veut en effet que « vin » dérive de *vis*, compris ici comme puissance vitale. Rabelais lui-même se porte garant d'une telle étymologie, faisant déclarer à Bacbuc au *Cinquième Livre :* « Vos Académiques l'afferment, rendans l'étimologie de vin, lequel ils disent [...] estre comme vis, force, puissance »[3]. Cette étymologie se trouve donc conforter l'opinion vulgaire et répandue dont Joubert donne un aperçu : un paysan qui « a telle affection au vin que sans luy, il ne penserait vivre » rejoint le gentilhomme d'Aubenas :

> [Il] me voulait prouver que luy, ayant grande fièvre et continue, à raison d'une vraye pleurésie, n'en devait abstenir disant que le vin a prins son nom de vie, comme s'il estoit de son essence[4].

On trouve dans le Prologue du *Tiers Livre* un écho de ce mythe du vin-vie. En effet, dans le récit qui nous est fait des préparatifs de guerre lors du siège de Corinthe, le vin figure en bonne place comme aliment basique et nécessaire – il est le seul liquide que les Corinthiens jugent utile de mettre à l'abri : « Les uns

---

[2]   *Le Tiers Livre*, éd. critique de J. Céard, Paris, Livre de Poche, 1995.

[3]   *Le Cinquième Livre*, éd. établie par G. Demerson, Paris, Seuil, 1973, p. 908.

[4]   Laurent Joubert, *La première et la seconde partie des erreurs populaires touchant la medecine et les regimes de santé ...*, Paris, 1587, II, 5.

des champs es forteresses retiroient meubles, bestail, grains, vins, fruictz, victuailles et munitions necessaires »[5].

Outre la caution étymologique, le mythe du vin générateur de forces reçoit l'appui de la doctrine médicale, vulgarisée par les régimes de santé, très en vogue à la Renaissance. Dans une doctrine médicale reposant sur le système des humeurs, le vin et, de manière générale, la nutrition se voient offrir une place de choix dans la santé et la guérison. Selon la complexion du mangeur, on préconisera tel ou tel aliment dont la composition – la *natura* – sera susceptible de maintenir ou de rétablir l'équilibre humoral. Le vin est dès lors utilisé par les médecins comme remède à certains maux physiques. Cette utilisation s'appuie sur une physique du vin. Celui-ci donne à voir le mélange de deux éléments contraires, le feu et l'humidité, qui entretiennent la vie. Selon Hippocrate et Galien, le vin présente de grands avantages : il nourrit et répare les forces, favorise la coction et augmente la chaleur naturelle. C'est pourquoi il est recommandé aux individus de complexion froide, faibles et languissants, et plus particulièrement aux vieillards. On comprend mieux dès lors la remarque de Rabelais, qui, dans ce prologue, fait des vieillards des interlocuteurs et buveurs privilégiés : « Vous item n'estez jeunes. Qui est qualité competente pour en vin, non en vain, ains plus que physicalement philosopher et desormais estre du conseil Bacchicque »[6].

Mais dans la théorie médicale de la Renaissance agir sur le corps c'est aussi, par l'intermédiaire du tempérament, agir sur le mental. C'est pourquoi aux vertus physiques du vin s'ajoutent des vertus de réconfort moral. Présentant une identité de nature avec la bile noire (tous deux sont venteux), le vin peut servir de médication anti-mélancolique. Ainsi, comme le note Galien, le vin « dissipe manifestement toute espèce de chagrin et l'abattement »[7]. Marsile Ficin va dans le même sens, en prônant, dans le *De Vita triplici,* le recours au vin doux contre le mal mélancolique. Comme Galien, il cite alors la parole de Zénon à qui la tradition fait dire : « De même que les lupins amers deviennent doux quand ils sont macérés dans l'eau, de même je me trouve bien disposé sous l'influence du vin »[8]. Le vin (selon certaines conditions sur lesquelles nous reviendrons) purifie les humeurs et dissipe l'humeur mélancolique au sens propre et figuré. Il est un remède de l'âme en cela qu'il redonne goût à la vie et chasse les pensées tristes. Rabelais, médecin, connaît bien ces textes, et adopte cette théorie médicale. Il revendique pour le vin (et par conséquent pour son livre, assimilé à une bouteille de vin) une vertu thérapeutique – divertir son lecteur,

---

[5] *Op. cit.*, p. 15.

[6] *Ibid.*, p. 13.

[7] Galien, *Œuvres choisies, Des Mœurs*..., traduction de Ch. Daremberg, Paris, Baillières, 1856, t. I, p. 56.

[8] M. Ficin, *De Vita triplici*, ch. 10, trad. fr. Y. Hersant dans *Mélancolies*, Paris, Robert Laffont, 2005.

c'est lui rendre la santé. Sur fond de guerre, Rabelais entend dissiper la mélancolie par le réconfort moral qu'apportent vin et littérature. Le vin, dans ce
prologue, engendre la joie de vivre:

> Envers les guerroyans je voys de nouveau percer mon tonneau. Et de la
> traicte [...] leurs tirer du creu de nos passetemps epicenaires un guallant
> tiercin et consecutivement un joyeulx quart de sentences Pantagrueliques.
> Par moi licite vous sera les appeler Diogenicques. Et me auront, puys que
> compagnon ne peuz estre, pour Architriclin loyal, refraischissant à mon petit
> povoir leur retour des alarmes[9].

Le vin engendre également l'espérance: «c'est un vray Cornucopie de joyeu-
seté et raillerie.[...] Bon espoir y gist au fond, comme en la bouteille de
Pandora»[10]. Ainsi le vin, fort de sa vertu thérapeutique (physique comme
mentale), tend à devenir, dans l'imaginaire populaire, un symbole de vie parce
qu'il donne la joie de vivre. Mais le plaisir qu'engendre le vin est, chez Rabelais,
inséparable de la sagesse qu'il réclame. L'adresse superlative aux «Beuveurs
tresillustres» semble impliquer que l'on puisse s'illustrer en buvant. Comment
cela? il semble que boire ne suffise pas, encore faut-il *bien* boire.

LA SAGESSE DU VIN

On aborde dès lors un autre réseau imaginaire, même s'il est inséparable du
premier: celui de la sagesse du vin. Rabelais lui-même nous invite à dépasser le
seul stade du plaisir immédiat que procure le vin, pour atteindre un niveau supérieur. «[...] pour en lopinant opiner des substances couleur, odeur, excellence,
eminence, proprieté, faculté, vertus, effect et dignité du benoist et desiré
piot»[11]: l'évolution du sémantisme traduit le passage progressif d'une physiologie à une philosophie du vin et invite à sa spiritualisation. C'est ici que se joue
la notion d'équilibre qui caractérise le *symposion* platonicien. Pour être pleinement joie de vivre, le vin doit, dans l'usage que l'on en fait, s'accompagner de
sagesse. Alors, et alors seulement, il donne accès à la profondeur philosophique,
dans la mesure où il révèle l'homme à lui-même et lui donne accès à la vérité.

Le dionysisme civilisé des Athéniens, tel qu'il apparaît dans *Les Lois* de
Platon, admet la part de la passion et autorise l'explosion spontanée des appétits, à condition de pouvoir les contenir par la mesure et l'harmonie. C'est parce
qu'il est un objet neutre, un *pharmacon* à la fois poison et remède, que le vin
appelle à de nombreuses et sages précautions. Tout est affaire de règle, de

---

[9]   F. Rabelais, *Tiers Livre*, *op. cit.*, p. 25.
[10]   *Ibid.*, p. 29.
[11]   *Ibid.*, p. 13-14.

mesure et de tempérament. L'action du vin dépend en effet du tempérament du buveur. Ainsi que l'analyse Jackie Pigeaud,

> le vin est un médicament dangereux dans la mesure où il doit être réglé par une stricte posologie et une connaissance des tempéraments. [...]. Le vin procure une détente du raisonnement qui peut aboutir chez les insensés à des fautes nombreuses, et chez les gens sensés à l'euthymie[12].

Le vin est aussi affaire de mesure ; pour l'excès, citons Marsile Ficin :

> Le deuxième monstre apparaît lorsqu'on mange et boit jusqu'à réplétion. Trop abondant, trop chaud ou trop fort, le vin en effet emplit la tête d'humeurs et de fumées fort nocives, sans compter que l'ivresse rend fou[13].

Ainsi le vin, s'il est un médicament, n'est pas sans présenter certains dangers. L'ambiguïté du vin (en soi parfaitement innocent, mais contenant le meilleur et le pire) ne tient pas à lui-même mais à la réaction des naturels : avec lui nous portons la responsabilité de notre guérison, et par là-même révélons, ou non, notre sagesse. Aussi faut-il, pour pallier les dangers du vin, en régler, normer, policer l'usage. C'est parce qu'il est un plaisir normé que le vin est un plaisir sage. Et Rabelais, dans ce prologue, entend bien boire avec sagesse. Il obéit en effet aux préceptes de Ficin, et de Galien avant lui, en offrant un vin à la bonne température, c'est-à-dire frais suivant les tables galéniques : « Il est bon et frais assez, comme vous diriez sus le commencement du second degré »[14]. De même Rabelais règle le repas : il se propose comme « Architriclin loyal »[15], comme ordonnateur d'un banquet dont il trie les convives – uniquement des « Gens de bien »[16]. L'usage du vin et le plaisir qu'il procure sont ainsi soumis à un contrôle, ce qui permet aux buveurs d'accéder à la sagesse.

Savamment et prudemment utilisé, le vin, toujours dans la tradition médico-philosophique, devient en effet un instrument de connaissance et permet tout d'abord de révéler à l'homme sa propre nature. Nous suivons ici l'analyse de Jackie Pigeaud du vin comme instrument de connaissance indirecte[17]. Le problème est d'abord médical et touche à la connaissance de l'invisible. Il arrive parfois qu'une maladie interne soit entièrement dépourvue de symptôme ; il faut alors que le médecin provoque ces signes, fasse en quelque sorte violence à la nature, trouve des contraintes qui, sans lui nuire, fassent que la nature se libère. Il s'agit de la connaissance des natures par la transformation contrôlée de

---

[12] *La maladie de l'âme*, Paris, Belles Lettres, 1981, p. 502.

[13] *De Vita...*, ch. 7, *op. cit.*

[14] *Le Tiers Livre*, éd. cit., p. 23.

[15] *Ibid.*, p. 25.

[16] *Ibid.*, p. 29.

[17] *Op. cit.*, p. 478-484.

ces natures. Le vin, dans la théorie aristotélicienne telle que nous la livre le *Problème XXX*[18] permet d'interroger la nature. Comme la bile noire avec laquelle il présente une identité de nature, le vin produit successivement la plupart des caractères. Le caractère d'un individu se transforme en buvant une certaine quantité de vin: de froid et silencieux l'on devient bavard, moins farouche, entreprenant, violent, fou, pour retomber dans l'hébétude. Cette polymorphie est temporaire chez l'homme ivre, permanente chez le mélancolique. Le XVIᵉ siècle retrouve cette caractéristique du vin; ainsi, Huarte, dans *L'Examen des Esprits*, dit du vin qu'il a l'avantage d'être le seul aliment à provoquer, au fur et à mesure d'une absorption progressive, des états psychologiques successifs, parfaitement repérables et nommés. Il constate que lors des banquets les taciturnes, sous l'effet du vin, s'enhardissent, font des bons mots, pour à la fin pouvoir à peine parler. On trouve le même constat chez Ficin:

> Au plus haut degré de chaleur, la bile noire rend audacieux au plus haut degré, voire féroce; froide à l'extrême, elle rend extrêmement craintif et lâche; aux divers degrés intermédiaires entre le froid et le chaud, elle affecte l'homme diversement, de même que le vin (surtout s'il est fort) affecte diversement ceux qui en boivent jusqu'à l'ivresse, ou sans assez de retenue[19].

Ainsi le vin trouve sa place dans une théorie de la connaissance des individus. Il est un révélateur du naturel pour qui sait l'interroger et le déchiffrer.

Outre la connaissance de la nature humaine, mais s'appuyant sur elle, la tradition nous présente le vin comme le révélateur de la vérité cachée. On retrouve donc ce même mouvement d'extériorisation de l'intérieur, appliqué cette fois-ci à la vérité de toute chose. Bacchus est ainsi traditionnellement le dieu de la révélation de la vérité. De même que le vin naît sous terre, remonte au jour pour ensuite redescendre dans l'obscurité d'une cave, de même la vérité est enfouie, puis révélée, pour parfois nous échapper à nouveau. Horace, pour qui le vin est une médecine de l'âme qui dévoile les pensées intimes du sage, se fait l'écho d'une telle conception de l'ivresse: «*Tu sapientium / curas et arcanum iocoso / consilium retegis Lyaeo*»[20]. Erasme à son tour rencontre cette idée d'un breuvage qui fait jaillir la vérité. Dans le *Convivum religiosum*, Eusebius rappelle «qu'il n'est pas prudent pour les prêtres ou les serviteurs des rois de s'adonner à la boisson, parce que celle-ci fait en général monter aux lèvres ce qui était enfoui

---

[18] Aristote, *Le Problème XXX*, trad. et présentation de J. Pigeaud, *L'homme de génie et la mélancolie*, Paris, Rivages, 1988.

[19] *De Vita...*, ch. 5.

[20] Horace, «Ode à l'amphore», *Odes*, III, 21.

[21] *Convivium religiosum*, éd.-trad. J. Chomarat, J.-C. Margolin et D. Ménager in *Les Colloques ou le monde comme il va*, Paris, Robert Laffont, 1992, p. 243.

dans le cœur »[21]. Pourquoi l'ivresse est-elle reliée à la révélation de la vérité? Ici encore, la source est médicale; à en croire Ficin, le vin rend l'homme plus accessible à la vérité par son impact sur les humeurs:

> Contre ce fléau (la bile noire), rien ne vaut le vin léger, clair doux et bouqueté, particulièrement apte à produire des esprits plus pénétrants que les autres: comme le veulent Platon et Aristote, l'humeur noire s'adoucit, s'amollit et se clarifie sous l'effet d'un tel vin[22].

Parce qu'elle est l'occasion de la découverte de la vérité, l'ivresse réclame une société choisie d'amis, qui eux aussi recherchent la sagesse, selon la tradition du *symposion* antique. Il semble que Rabelais retrouve dans le prologue du *Tiers Livre* cet imaginaire du vin, symbole de la vérité cachée. Dans la plus pure tradition antique, c'est à l'écart et en bonne compagnie qu'il célèbre le culte du vin. De même la recherche, et la présence, du discours philosophique sont attestées par le sémantisme («plus que physicalement philosopher »[23]), ainsi que par la référence à Diogène. La sagesse philosophique du vin est soulignée, à la faveur d'une homophonie, par l'opposition entre l'inutilité et la pertinence du vin: «pour en vin, non en vain, [...] philosopher »[24]. Enfin on peut voir dans la «clarté» du vin le symbole de sa sagesse: «[...] la clarté du (vin et escuz) Soleil »[25] – à travers un lapsus (ressort comique qui trahit l'amour du vin, et erreur mimétique des bafouillements de l'ivresse), mais un lapsus maintenu et signifiant, Rabelais relie fortement la clarté, symbole de connaissance, au vin.

Le prologue renoue donc avec l'archétype platonicien du banquet, dans la mesure où le vin, sagement et pertinemment partagé, est l'occasion et l'accueil du discours philosophique. On note donc la présence, dans le discours symposiaque, d'un code qui réglemente le discours des convives. A la fois allégresse et contrôle, la parole festive joue des deux pôles de la norme et de l'écart. C'est précisément de cet équilibre, de cette oscillation, que jaillit la puissance créatrice du vin.

LE GÉNIE ET LE VIN

Le vin dès lors détermine un dernier ensemble imaginaire: celui qui associe le vin et la création, l'ivresse et le *furor* poétique, jusqu'à l'identification métaphorique de l'œuvre au vin. Là encore, les sources qui appuient une telle conception sont variées, esthétique, médicale et mythologique.

---

[22] *De Vita..., op. cit.*, ch. 10.

[23] *Op. cit.*, p.13.

[24] *Ibid.*

[25] *Ibid.*

La création, dans une pensée antique que retrouve le XVIe siècle, suppose en effet une possession, un hors de soi qui permette de remplir les exigences d'une esthétique de la *mimésis*. Ainsi, le *Problème XXX* nous dit que la capacité à créer relève d'une capacité à être autre, à devenir différent, car ainsi on peut mimer tous les personnages et tous les êtres: le citoyen, le chef, le stratège, etc. *La Poétique* nous présente deux façons de devenir autre – le don naturel (on peut se modeler soi-même) ou la folie: «L'art poétique appartient à l'être bien doué de nature ou au fou, car les premiers se modèlent facilement; les autres sortent d'eux-mêmes»[26]. Dans le *Problème XXX*, l'alternative entre le bien doué et le fou est supprimée: tous deux relèvent d'une même donnée naturelle, la mélancolie, et ne présentent qu'une différence de degré. Or le vin, de par son identité de nature avec la crase atrabilaire, constitue un intermédiaire entre nature et folie, et réalise, artificiellement mais temporairement, cette sortie de soi que requiert la création.

L'altérité contrôlée que provoque le vin influe surtout sur la création poétique, dans la mesure où le vin a un rapport privilégié avec le discours. La mythologie en effet rattache Bacchus à l'inspiration poétique, et le représente en compagnie des Muses. Dans ses *Mythologiae*, Natale Conti propose comme explication le fait que la chaleur naturelle du vin recueille l'esprit, et rend les hommes diserts et bavards. C'est ce que souligne déjà le *Problème XXX*: «Car si [le vin] s'empare des gens qui sont, quand ils s'abstiennent de vin, froids et silencieux, bu en un peu trop grande quantité, il les fait plus bavards.»[27] Le lien est affirmé entre le vin et la parole: le vin é-voque, fait parler, mais ce bavardage, on l'a vu, doit rester contrôlé, soumis à une norme; c'est là l'écart où se déploie la parole poétique dans la pensée esthétique antique et renaissante. C'est pourquoi l'ivresse représente bien souvent le modèle de l'inspiration poétique: elle est une cause de sortie de soi et de prise de parole. Ainsi Platon, dans l'*Ion*, interprète-t-il l'inspiration poétique comme l'effet d'une possession qu'il relie au dionysisme:

> De même les auteurs de chants lyriques n'ont pas leurs esprits quand ils composent ces chants magnifiques; tout au contraire, aussi souvent qu'ils se sont embarqués dans l'harmonie et dans le rythme, alors les saisit le transport bachique, et, possédés, ils ressemblent aux bacchantes qui puisent aux fleuves le miel et le lait quand elles sont en état de possession, mais non pas quand elles ont leurs esprits[28].

Rabelais s'inscrit dans ce mouvement de pensée qui fait de l'ivresse le modèle privilégié du *furor*, et du vin la source d'inspiration par excellence. La bouteille

---

[26]   1455 a 32, trad. par J. Hardy, 3e éd., Paris, Belles Lettres, 1961.

[27]   *Op. cit.*, p. 87.

[28]   534a, trad. L. Robin, *Œuvres Complètes*, Paris, Gallimard, 1950, p. 62.

de vin rejoint dès lors d'autres images topiques de l'inspiration en même temps que le poète se présente comme en proie à «l'enthousiasme», c'est-à-dire au *furor*: «Attendez un peu que je hume quelque traict de ceste bouteille: c'est mon vray et seul Helicon, c'est ma fontaine Caballine, c'est mon unicque enthousiasme»[29]. La topique du vin source d'inspiration permet en outre de déployer métaphoriquement une autre caractéristique de l'inspiration – son caractère inépuisable. Le vin coule à flots comme l'inspiration: «Et paour ne ayez que le vin faille, comme feist es nopces de Cana en Galilée. [...] Ainsi demeurera le tonneau inexpuisible. Il a source vive et vene perpetuelle»[30]. Il est remarquable que le style de Rabelais se fasse parfois mimétique de la prolixité du vin, ou de l'inspiration: il n'énumère pas moins de soixante-quatre verbes pour Diogène, véritable torrent de mots que renforce l'allitération de la désinence de l'imparfait «oit».

De source d'inspiration, le vin tend à devenir métaphoriquement l'œuvre poétique elle-même. On assiste ainsi au glissement d'un imaginaire médical, mythologique et esthétique du vin à une figure de rhétorique: le vin est créateur parce que, du fait de sa chaleur, il fait sortir de soi et rend autre. L'ivresse est poétique parce qu'elle fait parler... De là à faire du vin la métaphore du discours il n'y a qu'un pas, que Rabelais franchit. Dans ce prologue en effet l'isotopie du vin déclenche un vaste ensemble métaphorique qui s'applique au livre, à sa construction comme à sa consommation. On assiste ainsi à une identification progressive de l'œuvre au vin: Rabelais établit un lien très net entre raconter et boire, ce que traduit la finale «Je vous veulx presentement une histoire narrer, pour entrer en vin», puis le parallélisme de construction «pour entrer en vin [...] et propous». La fusion progressive des deux activités que sont raconter et boire est favorisée par la construction absolue du verbe «boire» auquel on peut ainsi attribuer deux objets, l'histoire comme le vin: «Je vous veux presentement une histoire narrer pour entrer en vin (beuvez doncques)»[31]. Puis la métaphore apparaît, pour être filée tout le long du texte: «je voys de nouveau percer mon tonneau»[32]; «De ce poinct expedié, à mon tonneau je retourne. Sus à ce vin, compaings! Enfans, beuvez à pleins guodetz!»[33]. L'invitation à boire devient une invitation à lire. L'écriture enfin est elle-même mimétique de l'ivresse par son abondance, sa fluidité, ses «erreurs» (les lapsus), ses libres enchaînements. Toutefois, il ne faudrait pas voir dans cette luxuriance un désordre du discours: le vin comme métaphore du discours retrouve et respecte l'équilibre

---

[29]   *Le Tiers Livre*, éd. cit., p. 23.

[30]   *Ibid.*, p. 29.

[31]   *Ibid.*, p. 15.

[32]   *Ibid.*, p. 25.

[33]   *Ibid.*, p. 27.

des contraires que prônait la sagesse du vin. L'isotopie du vin donne certes l'image d'une œuvre riche et abondante, mais qui n'en reste pas moins contrôlée, et il faut bien voir alors comment le motif du vin, s'il dit métaphoriquement la générosité de l'œuvre, est en même temps ce qui la structure et l'organise. Ainsi, le motif du vin ouvre le prologue sur une invitation à boire qui est une *captatio benevolentiae*, puis lance une interrogation rhétorique: «veistez-vous oncques Diogènes?» qui, par les trois réponses qu'elle déclenche, conduit finalement à l'anecdote de Diogène tapant son tonneau, pour enfin lancer la comparaison (toujours par le relais du vin, ou, plus précisément, du tonneau) entre Diogène et Rabelais: «Je pareillement»[34]. Le vin est donc ce qui fait structurellement progresser le texte. C'est dans cette tension entre spontanéité et contrôle, que le vin, métaphore de l'œuvre, dit ce qu'est le travail poétique: à la fois une dépossession et une maîtrise de soi.

Il semble donc que l'on puisse voir dans l'image désormais topique de l'œuvre comme bouteille la «mise en rhétorique» d'un imaginaire du vin qui reliait celui-ci à la puissance créatrice.

En tant qu'objet de théories et remarques philosophiques, mythologiques, médicales et esthétiques, le vin à la Renaissance fait bien naître le plaisir, la sagesse et la poésie que lui attribuait l'imaginaire. Il est aussi profondément humain, dans la mesure où (nous avons tenté de le montrer) il réalise l'accomplissement de l'homme, fait d'un corps, d'espérance, de raison et de génie, s'il sait apprécier et respecter la mesure. Aussi doit-on lire, dans cet amour *a priori* farcesque pour le vin, l'humanisme de Rabelais.

Isabelle HERSANT
Université de Paris VIII

---

[34] *Le Tiers Livre*, éd. cit., p. 19.

L'OPPOSITION ET LA PRIVATION
DANS *GARGANTUA*

Depuis une quinzaine d'années la critique rabelaisienne, en l'occurrence Gérard Defaux, reconnaît dans le *Gargantua* une structure de base, celle de «l'opposition des contraires», de «l'antithèse», que ce soit le roi prudent et pacifique opposé à Frère Jean, au moine violent, ou l'éducation scolastique opposée à ce régime cruel qu'est l'éducation «humaniste» de Ponocrates, ou l'Abbaye de Thélème opposée au monastère traditionnel[1]. Defaux comprend cette structure comme essentiellement esthétique et rhétorique, citant Pierre de la Ramée qui, à la suite de la *Rhétorique* d'Aristote, constate que l'opposition a la fonction de faire ressortir la nature de chacun des deux contraires[2]. Si je ne peux que souscrire à cet aperçu fondamental, il importe, cependant, d'abord de bien préciser la nature de l'opposition et ensuite de mesurer sa portée idéologique : nous verrons en effet que toutes les oppositions ne se valent pas, et que la simple antithèse rhétorique ne suffit guère lorsqu'on rend compte de la complexité des rapports oppositionnels. Dans les pages qui suivent j'aimerais me pencher sur un seul type d'opposition, pour relancer la question et l'étude de la composition romanesque rabelaisienne. Ces précisions m'amèneront à revoir une fois de plus cette scolastique si haïe des humanistes mais qui structure encore les recoins de leur imagination...

LA GUERRE PICROCHOLINE :
ORDRE *VS* DÉSORDRE

Passons directement à un épisode-clé du livre, celui qui raconte le début dérisoire de la guerre picrocholine, car ce début définit de la manière la plus distincte l'opposition entre les forces du bon roi humaniste et celles du tyran dévoyé. S'agissant d'une guerre, il y a nécessairement opposition entre amis et ennemis, entre le bien et le mal, mais qu'est-ce qui fait que l'ennemi est ennemi ?

---

[1] Cf. G. Defaux, *Rabelais Agonistes : Du rieur au prophète. Etudes sur Pantagruel, Gargantua, Le Quart Livre*, Genève, Droz, 1997, surtout p. 355-357. Ce chapitre est une refonte de l'introduction à son éd. du *Gargantua*, Paris, Livre de poche, 1994 ; cf. surtout p. 52-56.

[2] *Rabelais Agonistes*, p. 355 ; *Gargantua*, p. 52.

Les fouaciers de Lerné portent leurs fouaces au marché; en traversant le pays de Gargantua en saison de vendange, ils passent devant des bergers qui voudraient leur acheter des fouaces, au prix du marché, car «c'est viande celeste manager à desjeuner des raisins avecq la fouace fraiche»[3]. Les groupes qui s'opposeront ne s'opposent pas «normalement», en deux sens: le fait qu'ils traversent tranquillement le pays de Gargantua pour arriver à la ville souligne leur familiarité (à l'inverse d'une invasion); la complémentarité eucharistique des aliments – c'est «viande celeste» de les manger *ensemble* – ne démontre pas moins que l'opposition future est sans fondement dans la nature positive des choses. Le refus et les insultes des fouaciers sont donc proprement incompréhensibles. Ils n'essayent même pas de motiver leur refus: «A leur requeste ne feurent aulcunement enclinez les fouaiciers, mais (qui pys est) les oultragerent grandement» (p. 161). La réponse étonnée des bergers s'explique par cette rupture absolue de l'ordre positif: «Dea, vous nous en soulliez volentiers bailler, et maintenant y refussez?» (p. 161-62). Notons les termes *vous nous en soulliez volentiers bailler*: l'offre de fouaces était une coutume, une habitude, au sens à la fois juridique (elle connaît une série de précédents conscients, donc constitue l'équivalent d'un droit coutumier) et moral (elle est une habitude prise librement et rationnellement). Le geste des fouaciers détruit ainsi un ordre légal et moral, en plus de rompre cet *ensemble* sacré que sont le pain et le vin. Loi du pays, loi naturelle, et loi divine: toutes se trouvent bouleversées.

Ce trouble de l'ordre positif ne provient pas d'un autre ordre positif, et tout dans le texte le démontre. Le début de la guerre se caractérise par un geste *arbitraire* de négation: l'opposition n'est pas *substantielle*, au sens où elle prendrait sa force et sa justification dans le conflit entre deux séries d'intérêts ou de griefs. L'arbitraire du refus est proprement un manque, un vide: les fouaciers sont privés de quelque chose. D'autre part, paradoxalement, il aurait pu s'agir aussi bien des bergers: puisque le refus des fouaciers ne repose sur aucune raison ou aucun grief, le choix des fouaciers plutôt que des bergers ne semble pas importer. Le vin et le pain ensemble constituent le souvenir du Christ, et l'absence du vin est aussi sérieuse que celle du pain. Les éléments de l'opposition semblent réversibles: les bergers auraient pu manquer à l'ordre normal puisqu'il ne s'agit que de cela[4]. Un manque peut s'installer partout; il ne repose pas sur la présence d'une tradition ou de précédents. Le manque distingue ainsi ce qui est fondamentalement homogène. Le refus de l'échange paraît immotivé *parce que* l'échange est l'état normal; autrement dit, l'opposition n'est positivement qu'une identité antérieure ou plus profonde.

---

[3]   *Gargantua*, éd. par R. Calder, M. A. Screech, Genève, Droz, 1970, p. 160.

[4]   La seule contrainte paraît ici être la référentialité du texte, au sens où parmi les bergers se trouvent des amis de la famille de Rabelais – mais n'auraient-ils pas pu se trouver parmi les fouaciers?

Le roi Picrochole ne réagit guère mieux que ses sujets. Sa colère n'est pas plus motivée que le refus des fouaciers : «Lequel incontinent entra en courroux furieux, et *sans plus oultre se interroguer quoy ne comment*, feist cryer par son pays ban et arriere ban (...)» (p. 165, je souligne). L'armée de Picrochole est «sans ordre et mesure»; les soldats détruisent littéralement tout, sans distinguer le riche et le pauvre, les lieux sacrés et profanes : «C'estoit un desordre incomparable de ce qu'ilz faisoient» (p. 166). De même, au chapitre suivant, Frère Jean s'attaque aux ennemis qui détruisent l'abbaye de Seuilly et «qui, sans ordre, ny enseigne, ny trompette, ny taborin, par my le clous vendangoient, – car les porteguydons et port'enseignes avoient mys leurs guidons et enseignes l'orée des meurs, les tabourineurs avoient defoncez leurs tabourins d'une cousté pour les emplir de raisins, les trompettes estoient chargez de moussines, chascun estoyt desrayé» (p. 172). Chacun était «desrayé,» c'est-à-dire déréglé, en désordre : l'ennemi se caractérise surtout par une *absence* d'ordre.

Cette absence d'ordre chez les gens de Picrochole est soulignée par le contraste avec l'ordre des soldats de Grandgousier. Ceux-ci se regroupent en «bandes» qui sont «tant bien assorties de leurs thresoriers, (...) tant bien instruictz en art militaire, tant bien armez, tant bien recongnoissans et suyvans leurs enseignes, tant soubdains à entendre et obeir à leurs capitaines, tant expediez à courir, tant fors à chocquer, tant prudens à l'adventure, que mieulx ressembloient une harmonie d'orgues et concordante d'orologe qu'une armée ou gensdarmerie» (p. 263-264). Si l'armée de Grandgousier affiche sa discipline c'est que, bien sûr, elle est l'image de sa justification rationnelle : la laborieuse prudence de Grandgousier motive la prise d'armes. Par opposition au refus soudain et incompréhensible des fouaciers, le vieux roi humaniste fait comprendre le recours à la violence à ses ennemis, par un ensemble impressionnant de tentatives de négociation, d'apaisement, et de compensation, avant d'entamer en dernier recours la guerre elle-même. Même si ce besoin d'une justification de la guerre ressort des préoccupations évangélico-humanistes de Rabelais[5], l'opposition dessinée de manière si insistante entre le désordre de l'ennemi et l'ordre substantiel de l'ami me semble aller plus loin. Rabelais définit le rapport entre le bien et le mal comme un rapport de possession et de privation. Grandgousier représente un ordre positif et rationnel, son ennemi est *privé* de mesure, d'ordre, de raison, et de la grâce divine[6]. Les fouaciers sont

---

[5]   L'annotation de M. A. Screech va dans ce sens. Voir, pour une étude détaillée des conceptions humanistes de la guerre (surtout de la critique humaniste de la guerre entre chrétiens), R. P. Adams, *The Better Part of Valor : More, Erasmus, Colet, and Vives, on Humanism, War, and Peace, 1496-1535*, Seattle, U. of Washington P., 1962. La critique érasmienne des justifications de la guerre (en 1515, dans son *Bellum Erasmi*) est résumée aux p. 106-108. La prudence extrême du bon souverain et les tentatives répétées de négociation en sont des reflets.

[6]   Quoique Grandgousier parle de «l'esprit maling» (p. 178) qui a pu déterminer Picrochole à ses outrages, lorsqu'il s'agit d'être précis, dans la lettre à son fils, Grandgousier affirme que

incapables de justifier leur refus de vendre les fouaces ; leur geste est absolument négatif. Le désordre de l'ennemi implique l'ordre de l'ami : la destruction indifférente est complètement parasite par rapport à l'ordre (ce qui est souligné par le pillage indifférent des vignes).

POSSESSION ET PRIVATION

Or, Rabelais organise la partie guerrière de *Gargantua* selon une des quatre oppositions fondamentales d'Aristote (*Catégories* 12a 26-13b 35 ; *Métaphysique* 1019b 15-18) ἕξις et στέρησις possession et privation[7]. L'exemple donné par Aristote est celui de l'opposition entre la vue et la cécité par rapport à l'œil. La définition générale de la privation est la suivante : «Nous disons que tout ce qui est capable de recevoir une possession en est privé lorsqu'elle est entièrement absente de ce qui l'a naturellement, au moment où il lui est naturel de l'avoir» (*Catégories* 12a 28-30). Nous voyons en fait que Rabelais établit soigneusement ce qui est «naturel» (Aristote utilise πέφυκεν, le parfait de φύω «engendrer, produire», ce qui se rattache à φύσις, «l'état naturel, la nature»), c'est-à-dire l'échange normal, accoutumé, de marchandises, la paix entre voisins qui se connaissent de longue date, pour ensuite marquer l'irruption de la guerre comme une privation inexplicable de raison et de bonne volonté.

Il faut souligner tout de suite que l'opposition possession-privation n'est qu'*une* des oppositions fondamentales. Rabelais aurait pu représenter le conflit entre Grandgousier et Picrochole par la relation de *contraires*[8] : le bien,

---

Dieu a privé Picrochole de sa grâce : «Dont j'ay congneu que Dieu eternel l'a laissé au gouvernail de son franc arbitre et propre sens, qui ne peut estre que meschant sy par grace divine n'est continuellement guydé» (p. 181). La distinction est importante. Sur la nature privative du mal chez Rabelais, voir J. C. Nash, «Rabelais's Creations of 'l'esprit maling': Fictional Evil and the Reader's Seduction», dans les actes du *colloque Rabelais et Montaigne*, U. of North Carolina, Chapel Hill, oct. 1995.

[7] Les autres étant les relatifs (par exemple, la connaissance et le connaissable), les contraires (le bien et le mal), l'affirmation et la négation («Socrate est malade» par rapport à «Socrate n'est pas malade»). Sur la privation chez Rabelais, voir l'étude stimulante de T. M. Greene, «The Hair of the Dog That Bit You : Rabelais's Thirst», *The Vulnerable Text : Essays on Renaissance Literature*, New York : Columbia U. P., 1986, p. 79-98. Se référant au *Pantagruel*, Greene affirme que «privation is the semivisible ground against which the narrative is enacted» (p. 85). Pourtant Greene voit la privation en termes néoplatoniciens (Tantale chez Ficin) plutôt que dans le contexte scolastique et aristotélicien, qui me semble plus déterminant et précis.

[8] Il ne faut donc pas se contenter du terme vague d'«opposition» ou d'«antithèse», et confondre, par exemple, la nature de l'opposition entre les bergers et les fouaciers et celle entre le monastère traditionnel et l'abbaye de Thélème : il s'agit dans ce dernier cas d'une relation de contraires, puisque et le monastère et l'abbaye de Thélème représentent des ordres positifs, même si cette dernière se définit par rapport au premier. Voir *infra*.

substance, étant opposé au mal, autre substance. Pourquoi le choix de la privation s'est-il imposé ?

Reprenons le sens de la définition aristotélicienne. Ce sens est filtré par la
tradition des commentaires, et dans le cas de Rabelais, surtout par la tradition
scolastique. Si chez Aristote les relations d'opposition ne constituent pas vraiment une hiérarchie de valeur, ce n'est pas le cas de la scolastique. Celle-ci privilégie en effet la relation de privation, pour des raisons théologiques de première
importance. Car il s'agit d'expliquer l'origine et l'existence du mal. Le mal ne
peut pas être une substance indépendante, vu la toute-puissance et la bonté
suprême de Dieu. Tout mal n'est qu'un manque, une privation de substance.
Cette révision d'Aristote remonte au moins jusqu'à Saint Augustin[9], et sera un
lieu commun dans les commentaires scolastiques sur Aristote, mais aussi dans
l'enseignement théologique. Au deuxième livre des *Sentences*, Pierre Lombard
demande si le mal est dans une bonne chose ou dans une mauvaise chose. Le mal
doit être dans une bonne chose, car il est la corruption ou la privation du bien ;
s'il n'y avait un bien précédent, il ne pourrait y avoir de corruption ou de privation[10]. Chez Saint Thomas d'Aquin, dans son commentaire sur la *Métaphysique*
d'Aristote, la privation est la première relation d'opposition[11], et il reprend la
définition d'Aristote dans ses *Quaestiones disputatae (De malo)*: *hoc privari
dicimus quod natum est habere aliquid et non habet* (qu.1 art. 2 resp.). Saint
Thomas donne une définition lapidaire du mal dans sa *Summa theologica* qui
sera reprise pas ses successeurs: *nihil autem est aliud malum quam privatio
alicuius boni* (IIa qu. 78 art. 1). Ces questions sont reprises au fil des commentaires successifs des *Sentences* et des œuvres d'Aristote[12].

PRIVATIO PRESUPPONIT HABITUM

La bonne guerre humaniste est donc structurée par une opposition toute
scolastique, celle du bien comme substance et du mal comme privation. Si le

---

[9]   Saint Augustin: *Omnia, quae corrumpuntur, privantur bono. Si autem omni bono privabantur,
      omnino non erunt. [...] Ergo si omni privabantur, omnino nulla erunt; ergo quandiu sunt, bona
      sunt. Ergo quaecumque sunt, bona sunt, malumque illud, quod quaerebam unde esset, non est
      substantia, quia, si substantia esset, bonum esset* (Confessions, VII, 12 [18], éd. L. Verheijen,
      Corpus christianorum: Series latina, Vol. 27, Turnholt, Brepols, 1981, p. 104-105).

[10] *Qui recte acuteque sapit, non nisi in bono malum esse intelligit, id est in natura bona. Malum
      enim est corruptio vel privatio boni; ubi autem bonum non est, non potest esse corruptio vel
      privatio boni. Peccatum igitur non potest esse nisi in re bona* (II, dist. 34, cap. 4).

[11] *Prima contrarietas est privatio et habitus* (in Metaphysicorum, X, 6).

[12] Voir, par exemple, le développement sur la privation chez Duns Scot, dans son *In XII libros
      metaphysicorum aristotelis expositio* (V, cap. 11) in *Opera omnia*, Vol. 6, éd. L. Wadding, Paris,
      L. Vivès, 1891, p. 71.

roman d'aventures guerrières que semblent constituer les chapitres 23 à 49 du
Gargantua reflète un conditionnement sémiotique en fait issu d'une culture
scolastique, que peut-on dire du texte moins «romanesque» chez Rabelais?
Reprenons les termes d'Aristote, ἕξις et στέρησις. Leur traduction latine dans
les commentaires médiévaux est *habitus* et *privatio*. Etienne Gilson, dans son
bref commentaire de Rabelais dans *Les Idées et les lettres*, a noté qu'un des propos
des bien ivres, dans l'amplification de l'édition de 1542, *privatio presupponit
habitum* (p. 39 var.), pourrait bien être compris comme une allusion à la scolastique[13]. Comme l'a noté d'autre part M.A. Screech dans son édition du
Gargantua, la phrase serait un simple brocard de droit (p. 40 n.). Elle figure en
fait dans les petits recueils publiés vers 1515 qui s'appellent *Brocardia iuris* ou
Brocartica iuris. Mais il ne s'agit pas simplement d'un épiphénomène sémiotique, car les termes *habitus* et *privatio* ont une application plus vaste. La source
indiquée par les recueils est «*De iureiurando*» («Du serment»), mais on chercherait en vain dans le *Corpus iuris civilis*: ni *privatio* ni *habitus* ne sont employés
dans le droit romain. Par contre, la «privation de l'habit» est une punition
écclasiastique (*privatio ad tempus* (ou *perpetua*) *habitus ecclesiastici*)[14]. La phrase
rappelle en plus les discussions théologiques que j'ai évoquées ci-dessus.

Mais la phrase «*privatio presupponit habitum*» pose un autre problème qui
nous permettra d'aborder la composition proprement idéologique du roman.
La privation suppose la possession, au double sens où la privation ne se conçoit
pas sans la possession, et où la possession précède nécessairement la privation
(ce qui, dans l'échange de propos des bien ivres, est contesté par l'interlocuteur
précédent). La relation est donc en quelque sorte parasitaire; la privation
désigne son opposé de par son existence même. Ou, pour parler comme
Guillaume d'Ockham, *privatio significat illum habitum negative* (*Quodlibet* V
qu. 17). La privation ne peut pas exister sans la possession: *in privatione vero
subiecta quaedam sit natura de qua dicitur privatio*, selon Aristote (*Métaphysique*,
1004a 15)[15]. Par contre, si le mal est défini comme substance indépendante, il

---

[13]   Paris, Vrin, 1932, p. 202. Gilson indique la distinction aristotélicienne, une définition de la
       privation chez Saint Thomas, et la présence de cette phrase dans un ouvrage de Scipion
       Dupleix en 1627.

[14]   Voir R. Naz, *Dictionnaire de droit canonique*, Paris, Letouzey et Ané, 1965, VI, p. 223 (can.
       2298, dans la codification de 1917). Les termes *privatio, privare, habitus* sont employés dans le
       Corpus iuris canonici, aussi bien que la phrase *monachum non facit habitus, sed professio regu-
       laris* (*Decretal. Greg. Lib. III Tit, XXXI Cap. 13*, dans le texte de Clément III [1187-1191], et *Lib.
       III Tit. XXXI Cap. 22*, texte d'Honorius III [1216-1227]). Voir aussi L. Sainéan (*La langue de
       Rabelais*, Vol. 1, Paris, E. de Boccard, 1922, p. 373-374; la référence aux *Decretales* reste impré-
       cise). Les manuels de l'Inquisition utilisent ces termes, par exemple le *Repertorium inquisi-
       torum pravitatis haereticae*, éd. rev. Quintillianus Mandosius, Petrus Vendramenus, Venise,
       Damianus Zenarus, 1588, comme me l'a indiqué J. Tedeschi.

[15]   Phrase extraite du 4ᵉ livre de la *Métaphysique*, dans un des nombreux florilèges aristotéliciens,
       Propositiones ex omnibus Aristotelis libris excerptae, Venise: J. et G. de Gregoriis, 1493, f. 5r°. La

pourrait très bien exister sans le bien. La relation de privation suggère donc un certain monologisme du bien.

Ce qui nous ramène à la guerre picrocholine. Celle-ci se caractérise par un ordre total d'un côté, et par une absence totale d'ordre de l'autre. L'absence d'ordre ne se conçoit que par le rapport à l'ordre, comme le refus des fouaciers ne devient insultant que parce qu'il est clair que ce refus sort de ce qui est « normal » et qu'il ne sera aucunement justifié ni justifiable. Le mal renvoie simplement au bien, il « suppose » le bien. C'est dire que l'ennemi est une image pervertie, négative, déchue, de soi[16].

Mais il s'agit ici avant tout de la fête et non de la guerre. La phrase *privatio presupponit habitum* se réfère à la soif et au boire. Si on a soif, il faut avoir bu avant, pour en avoir le sentiment d'en être privé. Cette noble pensée répond à la question « Qui feut premier, soif ou beuverye ? » (p. 39 var.), et sert d'*aiguillon de vin*, de discours encourageant la convivialité et la consommation. La relation entre l'abondance et la pénurie est une fonction fondamentale du monde rabelaisien ; en ce sens-là privation et possession sont à la base de la dialectique entre les « mythèmes » de la soif et de la faim, d'une part, et l'abondance et la corpulence, de l'autre, dialectique que l'on associe avec la fête du corps et l'esprit de carnaval. En ce sens aussi l'opposition qui caractérise la partie guerrière ou « romanesque » du *Gargantua* n'est guère étrangère au reste du texte, et l'on retrouverait le lien implicite entre le carnaval et le « dialogisme » ou la « polyphonie » du roman, selon Bakhtine et son interprète Kristeva. Mais cette dialectique carnavalesque, dans la perspective aristotélicienne et scolastique, est régie par une loi d'opposition qui fait du boire non pas la

---

même phrase dans Jacob Bouchereau, *Flores illustriores aristotelis...*, Paris : J. de Marnef, 1560, f. 122v°.

16 Ce monologisme du bien, hérité de la tradition aristotélicienne et scolastique, me semble militer contre l'application d'une sémiotique du roman au *Gargantua*. Selon la définition donnée par J. Kristeva (voir « Le texte clos » et « Le mot, le dialogue, et le roman » dans *Semeiotike*, Paris, Seuil, rééd. 1978, coll. « Points »), ce genre moderne se caractérise par la nondisjonction, c'est-à-dire la co-présence d'éléments substantiels apparemment contraires ou en conflit, sans que celui-ci ou celui-là soit privilégié. Ainsi, dans les romans italiens des XV° et XVI° siècles, il arrive que l'on reconnaisse des qualités substantielles au chevalier païen, et d'autre part, que l'on mine les valeurs du chevalier chrétien. Ce qui, selon Kristeva, serait contraire à la chanson de geste, dans laquelle la relation opératoire est celle de la disjonction exclusive ou la non-conjonction. Chrétiens et Sarrasins sont absolument incompatibles et suivent des chemins tracés dès le début, à leurs fin implacablement contraires. Ainsi, les Sarrasins de la *Chanson de Roland* sont condamnés au malheur dans la première laisse de la chanson ; en plus, ils sont opposés d'une manière symétrique aux Chrétiens, au point de constituer des reflets des héros, mais en faux, privés du soutien essentiel du vrai Dieu. La disjonction exclusive serait donc profondément le triomphe du Même. Cela me paraît être exactement le cas de Rabelais. L'opposition entre Chrétiens et Sarrasins est pourtant moins marquée par l'ordre et le désordre que les forces du roi humaniste et celles du tyran.

«subversion» de la soif, mais son identité en faux. Le bas est la privation du
haut, ou le haut la privation du bas, selon l'objet possédé ou manquant[17]. Cette
analyse va dans un sens fondamentalement opposé à celui de l'interprétation
que nous héritons de Bakhtine et Kristeva, selon lesquels le carnavalesque insti-
tuerait non pas une transgression «prévue» par la loi, mais se donnerait «une
loi autre»[18]. Une loi d'identité semble en effet englober la «polyphonie» du
Gargantua, même si cette loi est plus ou moins occultée par l'hostilité humaniste envers les scolastiques.

PRIVATION
ET SYMBOLIQUE DES COULEURS

La privation nous permet aussi de revenir aux chapitres «héraldiques» du
début du livre. Les chapitres 8 et 9 de l'édition *princeps* contiennent une
discussion prolongée de la signification des couleurs blanc et bleu. Rabelais
critique en bon humaniste les héraldistes qui assignent de manière arbitraire,
ou par des calembours, une signification aux couleurs. La solution prônée par
l'auteur est basée sur une suite d'exemples tirés de la Bible et de l'histoire
grecque et romaine. Pourtant le raisonnement procède par contraires et par
analogie, tout comme le recommande Aristote, qui est d'ailleurs cité en autorité. Le fait même que la signification des couleurs a besoin d'une justification
signale, peut être, le chavirement du symbolisé, du fond transcendantal[19].
Lorsque Rabelais donne sa version «humaniste» de la signification de la
couleur blanche, il nous offre une démonstration logique peut-être purement
ludique (et erronée, selon St Thomas d'Aquin et M.A. Screech)[20], en établis-

---

[17]   Voir Greene, p. 84, dont l'analyse va dans le même sens, sans pourtant reconnaître ni le fond
       aristotélicien, ni la différence *logique* par rapport à Bakhtine.

[18]   Kristeva se réfère en outre à *L'œuvre de François Rabelais et la culture populaire au Moyen Age
       et sous la Renaissance* (trad. Paris, Gallimard, 1970). Bakhtine explique l'ambivalence du rire
       carnavalesque: «C'est là une des différences les plus essentielles qui distinguent le rire de la
       fête populaire du rire purement satirique de l'époque moderne. L'auteur satirique qui ne
       connaît que le rire négatif se place à l'extérieur de l'objet de sa raillerie, il s'oppose à celui-ci;
       ce qui a pour effet de détruire l'intégrité de l'aspect comique du monde, alors le risible
       (négatif) devient un phénomène particulier. Tandis que le rire populaire ambivalent exprime
       l'opinion du monde entier en pleine évolution dans lequel est compris le rieur» (p. 20-21).

[19]   Ces chapitres ont suscité des interprétations «épistémologiques» chez bien des modernes:
       voir Michel Beaujour, *Le Jeu de Rabelais*, Paris, L'Herne, 1969, p. 160-67; J. Paris, *Rabelais au
       futur*, Paris, 1970; F. Rigolot, «Cratylisme et Pantagruélisme: Rabelais et le statut du signe»,
       ER, XIII, 1976, p. 115-132, mais surtout p. 118-122; une bonne synthèse critique chez
       G. Demerson, «Rabelais et l'analogie», *ER*, XIV, 1977, p. 23-41, et surtout p. 30.

[20]   Voir *Gargantua*, p. 70 n, et Screech, «Emblems and Colours: The Controversy over Gargan-
       tua's Colours and Devices», *Mélanges d'Histoire du XVIᵉ siècle offerts à Henri Meylan*, Genève,

sant une analogie entre les oppositions blanc/noir et joie/tristesse. Cette analogie est justifiée, selon Rabelais, par le choix quasi universel du noir comme couleur de deuil, et du blanc comme couleur signifiant la joie. Or, le deuil lui-même suppose la privation de la personne jadis vivante ; de même, la nuit « est noyre et obscure par privation » (p. 72)[21]. Lorsqu'il s'agit d'expliquer la signification *naturelle* du blanc, Rabelais profite de l'occasion pour se moquer de la glose juridique médiévale, en associant blanc et lumière, mais il brouille, semble-t-il, son argumentation en citant des cas où l'excès de lumière provoque une cécité temporaire, de même que l'excès de joie peut provoquer la mort (p. 72-77). Il passe ainsi d'une opposition logique de termes exclusifs (*privatio* vs. *habitus*) à la relation éthique des extrêmes (tout excès est à éviter). En outre, Rabelais semble se plaire à un jeu de réversibilité entre les contraires de la joie et du deuil. La joie excessive peut mener à la mort, cause de son contraire, du deuil. Ainsi non seulement *privatio presupponit habitum*, mais *habitus supponit privationem*. Cette réversibilité nous rappelle de nouveau la question facétieuse et indécidable des biens ivres : « Qui feut premier, soif ou beuverye ? » (p. 39 var.). Mais elle est aussi le symptôme de cette pulsion monologique intermittente du texte rabelaisien, code scolastique profond que les variations carnavalesques et humanistes ne parviennent pas à effacer parce qu'elles en sont le plus souvent complices.

Il est clair, par ailleurs, que l'opposition possession-privation ne rend pas compte de toute la matière thématique du livre. En effet, de par sa violence excessive, Frère Jean constitue à lui tout seul un véritable trouble-fête dans l'ordonnance si prudente de la guerre humaniste : mais, contrairement à la relation Picrochole – Grandgousier, l'opposition est surtout de nature éthique, permettant donc le plus ou le moins (Frère Jean est *plus* violent que Grandgousier ou Gargantua). De même, lorsqu'il s'agit de la pédagogie et de l'organisation de l'abbaye, la relation de *contraires* fait mieux comprendre la construction de ces épisodes : même si l'Abbaye de Thélème est conçue comme l'inverse d'un monastère, cette première a un ordre à elle. Elle n'est pas simplement définie par l'absence de la règle de St Benoît : elle n'est pas, pour ainsi dire, du n'importe quoi. Mais là aussi le choix de Rabelais a une portée idéologique, si l'on peut dire, et il reste à en déterminer le sens mais surtout le sens de

---

Droz, 1970, p. 65-80. Les termes blanc et noir ne s'opposent pas de la même manière que joie et tristesse ; ces dernières peuvent subsister ensemble dans un être et ne sont opposées que si leur cause est la même.

21   Rabelais, en opposant les jours de fête aux jours de deuil, ne fait que répéter cette relation fondamentale : « On temps passé, les Thraces et Cretes signoyent les jours bien fortunez et joyeux de pierres blanches, les tristes et defortunez de noires » (p. 72). L'opposition « fortunez » / « *de*fortunez » est celle de la privation.

l'équilibrage des différents types d'opposition qui tous ensemble constituent cette *varietas*[22] qui est peut-être après tout le principe profond de « l'architecture » du *Gargantua*.

Ullrich LANGER
University of Wisconsin, Madison

---

[22]   Ce qui le lie avec l'épopée, selon ses définitions au XVIe siècle, donc aucunement dans le sens que l'entend Kristeva (la primauté absolue du symbolique): voir Peletier Du Mans, *Art poétique*, VIII); sur ce rapprochement voir G. Demerson, « Paradigmes épiques chez Rabelais », *Rabelais en son demi-millénaire*, éd. par J. Céard, J.-C. Margolin, Genève, Droz, 1988, p. 225-236 et surtout p. 235. Je n'ai pas pu tenir compte dans cette étude de l'ouvrage de B. Périgot, *Dialectique et littérature: Les avatars de la dispute entre Moyen Age et Renaissance*, Paris, Champion, 2005, qui donne d'autres éclairages sur le problème de la contradiction chez Rabelais.

RABELAIS, POLYDORE VERGILE
ET « LA FASCINATION
DES COMMENCEMENTS »[1]

DES INVENTEURS[2]

Publié en trois livres en 1499, augmenté de cinq autres livres en 1521, le *De inventoribus* de Polydore Vergile connut une vogue extraordinaire tout au long du XVIe siècle: pas moins de trois traductions en français, par Guillaume Michel en 1521, par un anonyme en 1544 et par François de Belleforest en 1576[3]; dans toute l'Europe plus de cent éditions et une trentaine de traductions en italien, espagnol, anglais, allemand, russe et polonais[4]. De ce succès témoignent les sarcasmes de Sancho Pança dans le *Quichotte* de Cervantès[5], ceux de l'auteur anonyme du *Nouveau Panurge*[6], et un demi-siècle plus tôt une série d'allusions dans l'œuvre de Rabelais.

Comme l'a rappelé Jean Céard, « la méthode de l'auteur consiste, sur chaque 'invention', à réunir les textes anciens, souvent divergents, qui lui assignent une origine, à les confronter et à arrêter un choix quand c'est possible »[7]. De la

---

[1] L'expression est de J. Céard, « Inventions et inventeurs selon Polydore Vergile », *Inventions et découvreurs au temps de la Renaissance*, éd. M. T. Jones-Davies, Paris, Klincksieck, 1994, p. 121.

[2] La présente réflexion a été amorcée ailleurs: F. Lestringant, « Le livre *Des inventeurs* de Polydore Vergile », *Ouvrages miscellanées et théories de la connaissance à la Renaisssance*, éd. D. de Courcelles, Paris, Ecole nationale des Chartes, et Genève, Droz, « Etudes et rencontres de l'Ecole des Chartes », 2003, p. 37-56.

[3] B. P. Copenhaver, « The Historiography of Discovery in the Renaissance: the Sources and Composition of Polydore Vergil's *De inventoribus rerum*, I-III », *The Journal of the Warburg and Courtauld Institutes*, vol. 41, 1978, p. 192-214. Cf. D. Hay, *Polydore Vergil, Renaissance Historian and Man of Letters*, Oxford, The Clarendon Press, 1952, ch. 3: «*De inventoribus rerum*».

[4] R. Ruggeri, *Un amico di Erasmo: Polidoro Virgili*, Urbino, Quattro Venti, 1992, p. 14.

[5] Cervantès, *Don Quichotte*, II, XXII, in *Œuvres romanesques complètes*, éd. J. Canavaggio, C. Allaigre et M. Moner, Paris, Gallimard, 2001, t. I, p. 1064.

[6] *Le Nouveau Panurge. Avec sa navigation en l'Isle Imaginaire; son rajeunissement en icelle; et le voyage que fit son esprit en l'autre monde; pendant le rajeunissement de son corps*, « A La Rochelle, Par Michel Gaillard », vers 1616, ch. V: «[...] De maistre Borondon, qui premier inventa l'art r'ajeunitif », p. 44.

[7] J. Céard, art. cit., p. 113.

sorte, le *De inventoribus* énumère les mythes civilisateurs de l'Europe, en proposant un ou plusieurs héros, demi-dieux ou prophètes, pour chaque invention : la religion, le mariage, les livres, l'art de la mémoire, la guerre, les trêves, le feu, la forge des métaux, l'agriculture, l'architecture, le commerce, etc. Sa fonction de *thesaurus* explique pour une large part le succès du livre[8]. Cette bibliothèque portative, où les poètes côtoyaient les historiens et les pères de l'Eglise, dispensait de la consultation de plus amples ouvrages[9]. D'une grande diversité, les matières n'étaient pas pour autant livrées dans le désordre : on observe par exemple que le Ier livre, dont l'organisation s'inspire d'un opuscule de Zachario Giglio publié en 1496, le *De origine et laudibus artium*, obéit au programme des sept arts libéraux, trivium et quadrivium[10]. Quant aux cinq derniers livres, ajoutés en 1521 et consacrés à la religion chrétienne, ils développent un programme méthodique d'explication généalogique, à partir des ouvrages de Zabarella et Platina[11].

La liste, Jack Goody le rappelait naguère, est une manière de penser[12]. Il est à peine exagéré de dire que le compendium de Polydore Vergile induit une philosophie de l'Histoire. Ce n'est pas donc pas seulement un réservoir de noms et de dates, un magasin d'occurrences, où par exemple le poète Maurice Scève puise les matériaux de son *Microcosme*[13]. La généalogie des inventeurs est une écriture de l'Histoire, au sens où Michel de Certeau définit l'expression. Elle postule une conception immanentiste qui voit l'humanité, livrée à elle-même, conquérir peu à peu l'empire des choses, et construire, d'invention en invention, la cité terrestre. Dans *Microcosme*, au livre second, Adam songe, et se présentent à son imagination, en un long catalogue enthousiaste, les progrès du savoir humain à travers les siècles. Heureuse faute que celle d'Ève, qui a précipité le premier homme et sa postérité dans la voie féconde de la reproduction et

---

[8]   *Ibid.*

[9]   B. P. Copenhaver, art. cit., p. 202.

[10] *Ibid.*, p. 206-207.

[11] Ainsi augmenté, l'ouvrage fut jugé assez dangereux pour être mis à l'Index en 1549 par la Faculté de théologie de Paris. L'éd. de Paris, 1528, chez Robert Estienne, était visée en particulier, «*cum similibus, Basileae, 1540, et ubicumque excusis*». – Voir J. M. De Bujanda, J. K. Farge et F. M. Higman, *Index de l'Université de Paris (1544, 1545, 1547, 1549, 1551, 1556)*, Sherbrooke (Québec) et Genève, Editions de l'U. de Sherbrooke et Droz, 1985, n° 243, p. 249-250. Toutefois les *Index* de Louvain 1546, 1550 et 1558, de Venise 1549, Venise et Milan 1554, ne mentionnent plus Polydore Vergile.

[12] J. Goody, *La Raison graphique. La domestication de la pensée sauvage*, Paris, Editions de Minuit, 1979.

[13] V. L. Saulnier, *Maurice Scève (ca. 1500-1560)*, Paris, Klincksieck, 1948, t. I, p. 498 : «peignant un tableau des progrès de l'homme, le poète avait besoin d'un répertoire des '*inventores rerum*', et celui de Polydore Virgile était comme fait exprès».

de l'invention infinies[14]! Sur cette voie et dans un registre apparemment plaisant, mais en vérité plus énigmatique et plus sombre, s'inscrit la réflexion de Rabelais sur les inventeurs. Rabelais a possédé et annoté un exemplaire du *De inventoribus*, et il y a plusieurs fois fait écho dans son œuvre, du *Pantagruel* au *Quart Livre*[15].

PANTAGRUEL OU LE PRINCIPE GÉNÉALOGIQUE

Le premier chapitre de *Pantagruel*, qui expose la généalogie du héros, dote un certain nombre des ancêtres familiaux d'inventions toutes plus saugrenues les unes que les autres. Ainsi Eryx fut inventeur du jeu des gobelets, Etion eut le premier la vérole «pour n'avoir beu frayz en esté», Gabbara «premier inventa de boire d'autant», Gemmagog «fut inventeur des souliers à poulaine», Morguan «premier de ce monde joua aux dez avecques ses bezicles», Happemousche «premier inventa de fumer les langues de beuf à la cheminée, car au paravant le monde les saloit comme on faict les jambons», Galehault «fut inventeur des flacons»[16]. La topique des inventeurs se combine chez Rabelais à une pensée généalogique de l'histoire héritée de la Bible, mais également présente dans les chroniques nationales et les romans de chevalerie[17]. Dans le *Pantagruel*, toutefois, cette association n'est pas originelle. Elle a été introduite à l'occasion de la réédition augmentée et corrigée de 1533[18]. Rabelais a découvert après coup l'affinité structurelle entre deux listes, qui sont deux pensées du temps fondées sur une linéarité sans césure, la succession ininterrompue des générations fournissant à l'histoire sa colonne vertébrale ou si l'on préfère son tronc ou sa tige. Dès lors il lui était loisible de réunir les deux catalogues, mariant à la succession dynastique l'histoire, évidemment parodique, des progrès de l'ingéniosité humaine.

---

[14] Maurice Scève, *Microcosme*, I, 323-324, éd. E. Giudici, Cassino, Garigliano, et Paris, Vrin, 1976, p. 157: «Diray-je, Eve, que trop tu fus pour toy friande,/ Ou vrayement pour nous heureusement gourmande?»

[15] C. Perrat, «Le Polydore Virgile de Rabelais», *BHR*, t. XI, 1949, p. 167-204.

[16] Rabelais, *Pantagruel*, 1, in *Œuvres complètes*, éd. M. Huchon, Paris, Gallimard, 1994 [en abrégé: *OC*], p. 219-221.

[17] J. Céard, art. cit., p. 120.

[18] M. Huchon, notice sur *Pantagruel*, ch. 1, *OC*, p. 1239-1240.

CÉRÈS,
BACCHUS ET LE PANTAGRUÉLION

A la fin du *Tiers Livre*, l'éloge du Pantagruélion se rattache au genre illustré par Polydore Vergile[19]. On y apprend que l'herbe Pantagruélion est ainsi nommée «car Pantagruel feut d'icelle inventeur». «Je ne diz quant à la plante, précise aussitôt l'auteur, mais quant à un certain usaige, lequel plus est abhorrré et hay des larrons: plus leurs est contraire et ennemy, que ne est la Teigne et Cuscute au Lin, que le Roseau à la Fougère: que le Presle aux Fauscheurs»[20]. Cet usage, qui est de prendre à la gorge, comme la corde de chanvre fait des voleurs et criminels, a entraîné une regrettable confusion entre l'homme et la chose, le nom propre et le nom commun. Certains, au moment de mourir, accusent Pantagruel, et non le Pantagruélion, «faisant office de hart». Or, explique Rabelais, ils parlent «improprement et en Solœcisme. Si non qu'on les excusast par figure Synecdochique, prenens l'invention pour l'inventeur. Comme Cerés pour pain, Bacchus pour vin»[21].

La référence à Cérès et à Bacchus, «inventeurs» du pain et du vin, est précieuse à plus d'un titre. D'abord parce que ce sont là des inventeurs par excellence et qu'ils illustrent à merveille la doctrine évhémériste à l'œuvre dans la pensée des origines des arts et des techniques. Humains divinisés en raison des immenses bienfaits qu'ils ont rendus à leurs semblables, Cérès et Bacchus tiennent une place de choix dans l'éloge des inventeurs. Tout en restreignant leur rôle au monde grec et romain, comme on verra, Polydore Vergile, à la suite de Pline, leur rend hommage dans son opuscule[22]. Le second intérêt de la référence à Cérès et Bacchus est de souligner la portée ironique du propos de Rabelais. L'éloge du Pantagruélion est un éloge paradoxal, qui prend le contre-pied exact de ses modèles, Pline et Polydore Vergile. Ces derniers voyaient dans la fibre textile dont on fait les cordages et les voiles la source d'infinis malheurs pour l'humanité: «O monde temeraire et pervers...», s'écriait Pline dans la préface du livre XIX de l'*Histoire naturelle*, traduisant la méfiance de ses compatriotes latins pour les choses de la mer. Quelle folie est celle de l'homme, qui préfère au blé ou au mil une herbe sans usage alimentaire, mais servant «à engolfer les vents, les orages, et les tourbillons: comme si le flot de l'eau n'estoit assez bastant pour charrier ce superbe animal!»[23] De cette démesure résul-

---

[19]   Rabelais, *Le Tiers Livre*, ch. 49-52, *OC*, p. 500-513. Cf. l'éd. procurée par J. Céard, *Le Tiers Livre*, éd. crit. sur le texte publié en 1552 à Paris par Michel Fezandat, Paris, LGF, «Bibliothèque classique», 1995.

[20]   Rabelais, *TL*, 51, *OC*, p. 505; éd. J. Céard, p. 459.

[21]   *Ibid.*, *OC*, p. 506; éd. J. Céard, p. 461.

[22]   Polydore Vergile, *De inventoribus*, III, 2 et 3.

[23]   Pline l'Ancien, *Histoire naturelle*, trad. Antoine Du Pinet, Lyon, Charles Pesnot, 1581, l. XIX, «Préface», t. II, p. 69.

tent naufrages et pertes humaines, juste récompense d'une avidité sans bornes. A la suite de Pline, Polydore Vergile condamne les «mille sortes et usaiges de lin», chose à ses yeux «digne d'execration», qui fait que «maintz sont periz, plusieurs hommes devorez et ensepulturez au ventre des Balaines, Esturgeons, et autres genres de poissons»[24]. Rien d'étonnant si, d'un autre côté, «l'on en faict les cordes desquelles les maulvais sont pendus et estranglez»[25]. C'est à Polydore Vergile que revient l'idée d'associer, dans la condamnation du lin, les gibets aux voilures et le supplice de la pendaison, l'un des plus usités dans l'Europe moderne, en particulier contre les voleurs, à l'essor de la navigation hauturière. Or loin de reprendre l'anathème à son compte, Rabelais retourne le blâme en célébration. L'hymne à l'ingéniosité des inventeurs, capable de lancer les hommes à travers océans et tempêtes, au péril de leur vie, ou tout simplement de les pendre quand ils ont mal fait, renverse la malédiction initiale.

L'ironie est d'autant plus sensible ici que le mérite principal de Pantagruel inventeur serait d'avoir trouvé un instrument de mort, et non de vie. Alors que Cérès et Bacchus sustentent et rassaient, Pantagruel, démon de la soif et inventeur de la corde à pendu, irrite la gorge jusqu'à ce que mort s'ensuive. Funeste invention que la sienne, et qui n'invite guère à le louer. L'impertinence du rapprochement est corrigée, il est vrai, par le thème bachique qui réunit le petit diable jeteur de sel au dieu de la vigne et du vin. La suite du passage tempère le rôle nocif de Pantagruel, et invite à ne voir qu'une expression figurée dans les maux de gorge qu'il produit:

> Je vous jure icy par les bons motz qui sont dedans ceste bouteille là qui refraichit dedans ce bac, que le noble Pantagruel ne print oncques à la guorge si non ceulx qui sont negligens de obvier à la soif imminente[26].

La soif: c'est ce motif qui paraît unifier l'éloge du Pantagruélion. Récurrent dans l'œuvre de Rabelais, le motif de la soif confond ici corde de chanvre et voiles de lin, douleur de cou et désir d'espace. L'invention dont Pantagruel est le héros éponyme irrite la gorge et la curiosité. Tout ensemble elle titille la glotte des pendus et des ivrognes, et propulse les aventuriers jusqu'aux antipodes. Aux esprits timorés, que l'ouverture d'un monde jusque-là confiné effare, la soif rappelle l'urgence, ou plutôt l'imminence d'un appétit vital, qui pour se satisfaire renverse les barrières et abolit les distances. Tel serait l'esprit

---

[24] Polydore Vergile, *Pollidore Vergile Hystoriographe Nouvellement traduict de Latin en Françoys, declairant les inventeurs des choses qui ont estre*, Paris, Jehan Longis et Vincent Sertenas, 1544, III, 6, f. cviii v°.

[25] *Ibid.*

[26] Rabelais, *TL*, 51, *OC*, p. 506; éd. J. Céard, p. 461.

de la Renaissance, insultant à la prudence des Anciens, se moquant de leur couardise et proclamant sur les éléments dominés une souveraineté sans limite.

A vrai dire, le propos de Rabelais est plus ambigu. Tout en s'amusant à prendre le contrepied de son modèle latin, il l'amplifie plus encore qu'il ne le contredit. Dans la suite de l'éloge, il emprunte à Pline une série d'*adunata* qui sont autant de paradoxes topographiques. Déclamant contre la maudite invention du lin, Pline avait cultivé le procédé, mais à l'échelle du monde romain, plus ou moins restreint à la Méditerranée. Le lin, selon Pline, opérait ce maléfice de brouiller la géographie et d'annuler la carte. Des régions que la Nature avait séparées se rencontraient, au risque de toutes les contagions. Au mépris de l'ordre naturel, les lieux les plus éloignés communiquaient, se touchaient:

> Car y a-il chose plus miraculeuse en cest univers, que d'y pouvoir remarquer une herbe qui face approcher l'Egypte d'Italie? [...] Y a-il donc herbe plus souveraine que celle qui fait voir en sept jours, le destroit de Gilbretar, depuis le havre d'Ostia: le Royaume de Catalongne en quatre, la Provence en trois, et la Barbarie en deux? [...]. Finalement y a il chose plus admirable qu'une si petite graine que le lin, qui rend sa tige si basse et si mince, face en un moment voir tant de monde[27]?

Sur cette donnée paradoxale du raccourcissement des distances par la force du vent et par la résistance que lui apporte une herbe infime, Rabelais brode à plaisir. Dans le *Tiers Livre*, le *mare nostrum* de Pline s'élargit à toute la terre. Les antipodes se rejoignent et se contemplent face à face: «Taprobrana a veu Lappia: Oava a veu les mons Riphées [...]. Boreas a veu le manoir de Auster: Eurus a visité Zephire»[28]. Dès lors, les barrières fixées par les Anciens sont renversées: l'Océan, qui ceinturait la terre habitée, la zone torride, infranchissable jadis, sous laquelle, à présent, «voltent» les humains, les deux tropiques, qui ne sont plus des frontières dangereuses, mais des seuils béants sur la mer libre. La maîtrise globale sur le monde se traduit chez Rabelais, comme plus tard chez le cosmographe André Thevet, par la vision simultanée (impracticable en fait) de «l'un et l'aultre Pole en veue à fleur de leur Orizon»[29]. De cette conquête universelle «les Dieux Olympicques» s'émeuvent à juste titre, et, craignant d'être détrônés, se réunissent en hâte, pour convenir des mesures à prendre.

Cette page de Rabelais, où l'enthousiasme est à la mesure de l'ironie, montre les contradictions à l'œuvre dans la géographie des humanistes. Certes ces

---

[27] Pline, *Histoire Naturelle, op. cit.*, l. XIX, «Preface», t. II, p. 69-70.
[28] Rabelais, *TL*, 51, *OC*, p. 508; éd. J. Céard, p. 467.
[29] F. Lestringant, *L'Atelier du cosmographe ou l'image du monde à la Renaissance*, Paris, Albin Michel, 1991, ch. 1, p. 27-55.

derniers proclament l'ouverture du monde et la conquête de nouveaux horizons. Mais ce chant de liesse à la gloire de l'inventivité humaine s'exprime dans les termes mêmes de la géographie ancienne. Si le monde de Rabelais déborde de toutes parts celui de Pline, il est encore très loin de correspondre à celui qui s'est ouvert à l'Europe depuis le milieu du XVe siècle. Comme si de rien n'était, Taprobane-Ceylan et la Scandinavie définissent les limites d'un œkoumène circonscrit à l'Eurasie augmentée d'une partie de l'Afrique. Nulle trace de l'Amérique ou de l'Extrême-Orient. Dans les *Tiers* et *Quart Livres* encore, l'empreinte des grandes navigations est des plus ténues, et bien furtive la présence de Jacques Cartier ou de Jean-François La Roque de Roberval – «le Robert Valbringue» du *Cinquiesme Livre*[30]. Le seul nom inédit dans toute cette page d'éloge cosmographique n'est pas un emprunt aux découvertes récentes; c'est Thélème, un lieu d'utopie, un non-lieu. Car dans cette géographie héritière des Latins et des Grecs s'est glissé, à la manière d'une anomalie, un objet tout intellectuel, où l'on verra au choix un vide ironique ou l'emblème de la volonté, en grec *thélêma*: «Phebol voyra Theleme: Les Islandoys et Engronelands boyront Euphrates»[31].

Voir le monde ou le boire, c'est tout un. C'est toujours la même soif inextinguible, l'abîme dévorant de la curiosité humaine qui fait craquer les coutures de la terre, laquelle pour quelque temps encore s'attarde dans sa forme ancienne, tout en s'ouvrant sur le rêve.

DU SYNCRÉTISME
À LA CONGLOBATION

De la double référence à Cérès et Bacchus dans l'éloge du Pantagruélion à la fin du *Tiers Livre* on peut tirer une autre leçon: elle met en lumière le caractère composite de la mythologie des inventeurs. Cette mythologie est une mythologie ouverte, à vocation œcuménique, pourrait-on dire. Elle appelle le syncrétisme. Pour Pline l'Ancien, par exemple, le catalogue des inventeurs, au livre VII de l'*Histoire naturelle*, a pour fonction de procéder à une distribution géographique des mérites selon les différents peuples du bassin méditerranéen, qui, tous à quelque titre, peuvent s'honorer d'avoir contribué au bonheur commun. Deux cents inventions sont attribuées à cent quarante-trois inventeurs et se répartissent en dix-sept catégories: écriture, architecture, vêtements, médecine, métallurgie, agriculture, gouvernement, guerre, divination, musique, littérature, jeux, peinture, navigation, sacrifices d'animaux, taille de la barbe et des cheveux, horlogerie. Aux Phéniciens revient l'honneur de la

---

[30]   Rabelais, *CL*, 3, *OC*, p. 734.
[31]   Rabelais, *TL*, 51, *OC*, p. 508; éd. J. Céard, p. 467.

navigation suivant les astres, aux Egyptiens l'invention de l'alphabet et du tissage, aux Phrygiens celle du chariot à quatre roues. Le Crétois Dédale a découvert l'art de «charpenterie», le Phénicien Cadmus le secret de l'extraction et de la fonte de l'or, le Thébain Tirésias la divination d'après le vol et le cri des oiseaux[32].

Mais la pensée juive, relayée ensuite par la tradition chrétienne, a rompu cette entente cordiale entre les peuples. La vérité ultime de la Bible renvoie au néant de la fable les prétentions concurrentes des autres nations. En revendiquant partout l'antériorité, Eupolème, Aristobule et Philon ajoutèrent à la notion grecque d'une origine orientale des inventions l'idée de leur falsification par les Occidentaux[33]. C'est Abraham qui a inventé l'astrologie. Moïse fut le maître d'Orphée. Jacob apporta la religion en Egypte. Le point culminant de cette polémique est atteint dans les ouvrages de Flavius Josèphe, le *Contre Apion Alexandrin* et *Les Antiquités judaïques*, lui-même suivi par Justin Martyr, Clément d'Alexandrie et Eusèbe dans le *Chronicon* et *La Préparation évangélique*. Polydore Vergile se montre tributaire de cette façon de voir, et le *De inventoribus* confirme, de chapitre en chapitre, le privilège des Hébreux sur tous les autres peuples[34]: Caïn invente le labourage bien avant la naissance de Cérès, Noé supplante Bacchus, et Moïse n'attend pas Hercule pour innover dans l'art de la guerre. Au lieu d'effectuer la somme de traditions complémentaires, l'évhémérisme d'après l'Evangile impose la solitude intransigeante d'une Vérité unique.

Il existe pourtant des moyens de conciliation, déjà indiqués par Eusèbe et que Polydore Vergile a su saisir. D'abord parce que toutes les «inventions» humaines ne sont pas dans la Bible. Il suffit de mentionner la boussole, ou encore ces deux inventions récentes que les moralistes se plaisent tout à la fois à rapprocher et à opposer pour leurs effets, la poudre à canon et l'imprimerie. De la même manière, André Thevet fait une petite place dans la mythologie des inventeurs aux Indiens Tupinamba du Brésil, pour rendre compte de la culture de la patate douce et du manioc. Telle est la part qui revient à Maire-Monan, leur héros civilisateur[35]. Déjà chez Eusèbe, si les Hébreux ont une priorité absolue

---

[32]   Tous ces «inventeurs» sont mentionnés par Pline, *Histoire naturelle*, VII, 56.

[33]   B. P. Copenhaver, art. cit., p. 197-198.

[34]   D. Hay, *op. cit.*, ch. 3, p. 58.

[35]   A. Thevet, *Les Singularitez de la France Antarctique*, Paris, les héritiers de M. de La Porte, 1557, ch. 28 et 58, f. 52v° et 113v°; *La Cosmographie universelle*, Paris, P. L'Huillier et G. Chaudière, 1575, t. II, livre XXI, ch. 6, f. 918r° (rééd. S. Lussagnet, *Le Brésil et les Brésiliens par André Thevet*, Paris, PUF, 1953, p. 61-62). Dans la préface à sa trad. des *Singularitez*, l'Anglais T. Hacket souligne la communauté de pensée existant entre Polydore Vergile et Thevet. Voir: *The New found Worlde, or Antarctike*, Londres, Henry Bynneman, for Thomas Hacket, 1568), f. *ij r°.

en matière de morale, de politique et de religion, les peuples barbares, et en particulier les Chaldéens, les Egyptiens et les Phéniciens, se voient reconnaître quantité d'inventions authentiques dans les domaines de la science et de la technologie[36].

Ensuite, parce que même si les vrais inventeurs sont les patriarches de l'Ancien Testament, il peut exister à côté d'eux des inventeurs secondaires, à la compétence plus restreinte, mais dont la légitimité historique n'est pas remise en cause. Pour une même invention, le pain ou le vin par exemple, ces inventeurs secondaires vont donc coexister avec les «premiers» inventeurs, sans conflit ni concurrence. En ce cas, l'invention se découpe par grands secteurs géographiques: si Cérès et Bacchus ont été devancés par Caïn et Noé, leur mérite est du moins d'avoir apporté le blé et le vin aux Latins. Pour ces derniers ce sont bien des inventeurs véritables, et non des imposteurs. La même chose se peut dire d'Osiris et de Triptolème, inventeurs respectifs du labourage «vers les Egyptiens» et en Grèce[37]. En conséquence, la discussion qui s'ouvre dans chaque chapitre ressemble à un marchandage, qui se conclut la plupart du temps par un compromis. Si, selon Lactance, Josèphe et surtout la Bible, les Hébreux furent bien les premiers laboureurs, il reste que les instruments et les techniques aratoires ont pu être augmentés et perfectionnés depuis: «et mesmement», observe le traducteur de 1544, qui a adapté Polydore Vergile aux réalités françaises, «ay veu des charrues en Touraine, qui ne sont pas comme celles d'Auvergne, ou allieurs: ainsi il n'y auroit pas dissonance si l'on regardoit bien par tout». La consonance, tel semble être le maître mot de Polydore Vergile, lequel interroge, dans la suite du même passage:

> Est-il pas bien possible que Ceres feit les instrumens des arateurs d'autre sorte que n'estoient ceulx des Hebrieux? A cause de l'invention nouvelle qu'elle trouva l'on luy attribue l'honneur de ce qu'elle inventoit: et (a parler plus proprement) augmentoit, ou faisoit d'autre façon: toutesfois pour un mesmes faict. Tous cousteaux ne sont pas bons en une mesme gaine: estans forgez en diverses manieres, et si ce sont cousteaulx pour faire semblables operations[38].

Ce mode de pensée syncrétique a été parfaitement perçu par Rabelais: la mythologie du *Pantagruel* coexiste avec celles du passé et les absorbe à son tour. Pantagruel inventeur prend place à côté de Bacchus, de Cérès et de bien d'autres encore. Ce diable de la mythologie celtique tient désormais son rang à côté des héros civilisateurs de la Grèce et de Rome.

---

[36] B. P. Copenhaver, *art. cit.*, p. 199.

[37] Polydore Vergile, *op. cit.* (1544), III, 1, f. cj r°.

[38] *Ibid., ad loc.*

Mais d'un autre côté, on observe chez Rabelais une tendance drastique à la simplification : l'éloge paradoxal est conduit dans le style hyperbolique du bonimenteur qui vante sa marchandise par-dessus toutes les autres. De sorte que l'invention nouvelle tend à balayer les inventions antérieures, ou plutôt à les récapituler. Le Pantagruélion est une plante de synthèse, qui réunit le lin et le chanvre, tels que les avait décrits Pline, deux plantes textiles dont il additionne les propriétés et cumule les avantages. De surcroît cette plante merveilleuse rassemble plusieurs étymologies : alors que les autres plantes sont nommées par antiphrase et contrariété, ou par similitude, ou « par leurs vertus et operations », ou « par les admirables qualitez qu'on a veu en elles », ou par leur forme, ou encore « par Metamorphose d'homes et femmes de nom semblable »[39], le Pantagruélion mérite son nom de tous ces points de vue[40]. Enfin il a toutes les vertus imaginables et réussit à lui seul les plus grands miracles de nature. Cette tendance à la réunion sous un même principe des traits en apparence les plus divers, énumérés les uns à la suite des autres, on l'appellera *conglobation*, du nom que les poéticiens donnent à une figure de style par emphase, qui s'apparente à l'accumulation[41].

GASTER,
L'INVENTEUR TOTAL

L'exploitation du *De inventoribus* se poursuit chez Rabelais dans le *Quart Livre*, avec l'épisode de Messere Gaster, « premier maistre es ars du monde ». Ce groupe de chapitres, qui offre toute une série d'allusions précises au traité *Des inventeurs*[42], peut être lu « comme une méditation sur l'idée d'invention »[43]. On a rapproché Gaster de l'éloge des Dettes par Panurge au début du *Tiers Livre*[44]. Mais le rapprochement avec le Pantagruélion s'impose plus encore. Il s'agit ici et là d'éloges paradoxaux ou plus exactement de « déclamations », au sens de la rhétorique ancienne, une veine féconde restaurée par Thomas More dans *L'Utopie* et par Erasme dans *L'Eloge de la Folie*[45]. L'objet de ces deux déclamations est ambivalent, étant cause d'autant de méfaits que de bienfaits. Cette ambivalence, dans le cas de Gaster, est signifiée d'entrée de jeu par la ditopie

---

[39]   Rabelais, *TL*, 50, *OC*, p. 504 ; éd. J. Céard, p. 455.

[40]   Remarque de J. Céard sur Rabelais, *TL*, 51, p. 460, note 7.

[41]   P. Fontanier, *Les Figures du discours*, Paris, Flammarion, 1977, p. 363-364.

[42]   C. Perrat, art. cit., p. 198-201.

[43]   J. Céard, art. cit., p. 120.

[44]   R. Marichal, « *Quart Livre*, Commentaires. VIII. *Messere Gaster* (ch. LVII-LXII) », *ER*, I, Genève, Droz, 1956, p. 189, n. 3.

[45]   Cf. J. Chomarat, *Grammaire et rhétorique chez Erasme*, Paris, Les Belles Lettres, 1981, t. II, p. 931-1001.

insulaire, une topographie biface, escarpée et rebutante par le dehors, «vray Jardin et Paradis terrestre» par le dedans[46]. Les deux épisodes mettent en œuvre une explication matérialiste de l'Histoire et ramènent les progrès de l'humanité à un enchaînement de causes purement physiques, sans intervention de la Providence. Rien de nouveau ni de révolutionnaire sans doute, puisque la toute-puissance du besoin pour expliquer le développement de la civilisation matérielle remonte au moins au livre V du *De natura rerum* de Lucrèce et à l'épicurisme antique[47], et que ce même type d'explication se retrouve dans le *Contre Celse* d'Origène. Toujours est-il que Rabelais emploie à l'éloge de Gaster un «style haletant, strident»[48], qui confère au traitement du lieu commun un relief particulier. C'est peu dire que le sujet l'a inspiré. Il y déploie une verve, une éloquence et pour tout dire une solennité qui ont impressionné, et souvent dérouté, les commentateurs. Le résultat est la vision, teintée de pessimisme, d'une humanité occupée pour survivre à satisfaire ses appétits primordiaux et repoussant par ses inventions successives les frontières d'un besoin toujours renaissant.

Les procédés rhétoriques employés dans ces deux déclamations sont similaires : la multiplication des formules d'attestation – «Me suffist vous avoir dict verité. Verité vous diray»[49]; «Il est escript. Il est vray. Je l'ay veu»[50] –, le recours à l'hyperbole, l'accumulation ou plutôt la conglobation, qui est, en même temps que le trait stylistique dominant, le principe logique impérieux et totalitaire de la *reductio ad unum*. En outre, le monde de référence est le même ici et là, puissamment régi par l'énergie occulte des sympathies et des antipathies. La construction des deux épisodes reflète cette tension binaire qui préside aux forces contradictoirement en jeu dans l'univers. Gaster, comme le Pantagruélion, joue à merveille des influences alternées de la sympathie, qui lie à distance les êtres et les choses, et de l'antipathie, qui les délie. L'éloge du Pantagruélion commence par souligner l'antipathie qui règne entre cette plante et les larrons, et dévide, à titre de comparaison, le catalogue des antipathies naturelles d'après Pline et ses compilateurs modernes, Erasme, Henri-Corneille Agrippa et Coelius Rhodiginus[51]. Dans un second temps, c'est la sympathie qui triomphe, une sympathie irrésistible qui rapproche les lieux géographiques les plus éloignés et réunit les peuples situés à l'opposite les uns des autres : «Icelle moyennant, sont les nations, que Nature sembloit tenir absconses, impermeables et

---

[46]   Rabelais, *QL*, 57, *OC*, p. 671.

[47]   Lucrèce, *De natura rerum*, V, 925 sq. Commenté par E. Panofsky, *Essais d'iconologie*, Paris, Gallimard, 1967, p. 59.

[48]   R. Marichal, art. cit., p. 189.

[49]   Rabelais, *TL*, 52, *OC*, p. 509; éd. J. Céard, p. 469.

[50]   Rabelais, *QL*, 57, *OC*, p. 672.

[51]   Rabelais, *TL*, 51, *OC*, p. 505-506; éd. J. Céard, p. 459.

incongneues: à nous venues, nous à elles»[52]. Enfin, dans un troisième temps, et c'est le dernier chapitre du *Tiers Livre*, l'antipathie reprend le dessus. Aussi invincible que le mouvement général qui portait les pays et les peuples à la rencontre les uns des autres, une antipathie particulière règne entre le feu et «certaine espece de Pantagruelion», lequel est incombustible[53].

Le même schéma dialectique sous-tend le dernier chapitre de l'épisode de Gaster (*QL*, LXII). Pour combattre les effets dévastateurs de l'artillerie qu'il a lui-même inventée l'instant auparavant, Gaster crée des antidotes où se manifeste l'action contradictoire des sympathies et des antipathies. Du côté des sympathies, pêle-mêle: le brin de chardon retenant tout un troupeau de chèvres en débandade; l'aimant pendu à une potence qui arrête net les projectiles tirés par un canon; l'herbe Æthiopis ouvrant les serrures; le rémora retenant les plus forts navires; une autre herbe extrayant par simple attouchement le coin de fer enfoncé dans du bois. Du côté des antipathies: le taureau apaisé par le figuier sauvage, le rameau de hêtre annihilant la furie des vipères; le sureau croissant plus sonore dans un pays sans coq; le lion «tout estonné, et consterné» par le chant du même coq[54].

Dernier indice qui resserre le parallélisme entre les deux déclamations et les désigne comme telles: la présence furtive, ici et là, de Thélème et des Thélémites. L'efficace souveraine et universelle du Pantagruélion laisse présager, on l'a noté, que «Phebol voyra Theleme». Quant à Gaster l'inventeur, il comprend parmi ses adeptes les Thélémites, qui tirent «passetemps et exercitations honestes» de ses expériences concernant les boulets de canon suspendus en l'air par la force de l'aimant[55].

Le Pantagruélion enrôlait les inventeurs des arts et techniques sous la bannière de la soif et du vent qui altère et soulève, gonfle les voiles et jette l'humanité dans une course incessante à travers le monde. L'éloge de Gaster est placé quant à lui sous le signe de la faim: «Et tout pour la trippe», ce slogan résume la philosophie de l'épisode[56]. La faim est le moteur de l'Histoire, c'est elle qui a poussé d'âge en âge les hommes à développer des trésors d'ingéniosité pour se nourrir en toute saison et triompher d'une nature souvent ingrate et chiche de ses trésors. Le plus frappant dans le rapprochement des deux épisodes, c'est la réduction de l'histoire des inventeurs, et donc de l'histoire humaine tout court, à un principe unique: ici une plante qui assèche la gorge et enferme les quatre vents de la mappemonde; et là l'estomac insatiable qui impose sa loi d'airain aux hommes comme à toutes

---

[52] *Ibid.*, *OC*, p. 508; éd. J. Céard, p. 467.

[53] Rabelais, *TL*, 52, *OC*, p. 509-512; éd. J. Céard, p. 469-477.

[54] Rabelais, *QL*, 62, *OC*, p. 686.

[55] *Ibid.*, *OC*, p. 684.

[56] Rabelais, *QL*, 57, *OC*, p. 673.

créatures. Dans le premier cas, la simplification concerne l'espace; dans le second, le temps et la succession chronologique des âges et des générations.

En cela Gaster est la négation vivante du traité *Des inventeurs*, puisqu'à lui seul il invente tout, ne laissant à personne, ni homme ni bête, la moindre initiative. Ce maître «imperieux, rigoureux, rond, dur, difficile, infectible» est l'inventeur universel qui ne souffre ni débat ni concurrence: «Aussi pour recompense il faict ce bien au monde, qu'il luy invente toutes ars, toutes machines, tous mestiers, tous engins, et subtilitez. Mesme es animans brutaulx il apprent ars desniées de Nature»[57]. Tour à tour il invente la forge des métaux et l'agriculture, «l'art militaire et armes pour Grain defendre», la médecine et l'astrologie avec les mathématiques «pour Grain en saulveté par plusieurs siecles guarder», les moulins à eau, à vent, à bras, les divers moyens de transport par terre et par eau, la maîtrise de la pluie, de la grêle et des vents, les fortifications, la poliorcétique et l'artillerie[58]. De manière admirable, et presque étourdissante, Gaster joue tous les rôles à la fois. Le revirement est particulièrement spectaculaire dans la transition entre les deux derniers chapitres de l'épisode. Gaster vient d'inventer les moyens d'abattre les murailles les plus solides à coups de «Canons, Serpentines, Coulevrines, Bombardes, Basilics, jectans boulletz de fer, de plomb, de bronze», et le voilà qui, sans crier gare, change de camp, se retrouve parmi les assiégés, et invente sur-le-champ «art et moyen de non estre blessé ne touché par coups de Canon»[59].

L'entorse à l'heurématographie ou science des inventeurs est ici patente. Elle est de deux ordres: d'abord Gaster refuse tout partage et exerce depuis les origines un véritable monopole de l'invention; ensuite la faculté d'inventer ne distingue plus l'homme des autres créatures, comme c'était le cas chez Polydore Vergile et déjà chez ses modèles antiques. Le gouverneur Gaster exerce son empire sans distinction sur les créatures raisonnables et les «animans brutaulx». Est aboli du même coup l'un des rares privilèges de l'homme, et avec lui l'un des aspects essentiels du thème de la *dignitas hominis*. Dès lors que l'homme est soumis à la loi commune, qu'est-ce qui le distingue des animaux? La *mètis*, la ruse chère à Ulysse et à Panurge, son moderne émule, n'est pas le propre de l'homme[60], puisqu'on l'observe aussi bien chez les oiseaux, les poissons et les animaux terrestres. Il en va de même du langage, que le ventre affamé accorde libéralement aux créatures dénuées de raison: «Les Corbeaulx, les Gays, les Papeguays, les Estourneaux, il rend poëtes. Les Pies il faict poëtrides: et leur aprent languaige humain proferer, parler, chanter»[61].

---

[57] *Ibid.*, *OC*, p. 673.

[58] Rabelais, *QL*, 61, *OC*, p. 682-683.

[59] Rabelais, *QL*, 62, *OC*, p. 684.

[60] Remarque de M. Huchon, p. 1579, sur Rabelais, *QL*, 61, p. 682, n. 4.

[61] Rabelais, *QL*, 57, *OC*, p. 673.

La vision matérialiste qu'implique l'éloge de Gaster est alors tempérée, au chapitre LVIII, par un double avertissement: la condamnation des Engastrimythes, qui parlent du ventre, et des Gastrolâtres, qui adorent leur ventre comme un dieu, apparaît comme le correctif nécessaire à la thèse du «primitivisme dur». L'éloge de Gaster a pour contrepartie la détestation de ceux qui l'idolâtrent. Gaster lui-même n'est pas dupe du culte intéressé qu'on lui rend et renvoie ses dévots à sa selle percée «veoir, considerer, philosopher, et contempler quelle divinité ilz trouvoient en sa matiere fecale»[62]. La plaisanterie peut être mise en rapport avec la polémique anti-eucharistique, qui prend volontiers ce tour scatologique au XVIᵉ siècle[63]. Mais elle a pour première fonction de rappeler que l'homme n'existe pas seulement quant au monde, mais aussi quant au ciel.

On voit en définitive comment Rabelais adresse une triple critique à la notion d'inventeur. D'abord, au seuil du *Pantagruel*, par le catalogue parodique d'inventions hétéroclites et saugrenues, du jeu des gobelets aux flacons, en passant par la vérole et les souliers à poulaine. Ensuite, dans les derniers chapitres du *Tiers Livre*, par l'éloge paradoxal et le retournement de l'invention bénéfique en invention maléfique. Enfin, par la conglobation: hors du Pantagruélion et hors de Gaster, point d'invention ni d'inventeur! L'éventail bigarré que le *Pantagruel* avait largement ouvert est de la sorte ramené à l'unité, ce qui anéantit le projet même d'une heurématographie, cette recherche d'une «consonance» improbable entre les peuples.

Par le concert qu'il instaurait entre les diverses traditions mythographiques dans son abrégé *Des inventeurs*, Polydore Vergile donnait de la marche du progrès technique une vision profondément humaine et finalement rassurante et consolatrice. Dans ce tableau dense et divers il y avait place pour le troc et la négociation. Chacun y trouvait son compte, sans que la vérité chrétienne en souffrît. Vertigineuse, au contraire, est la conglobation rabelaisienne. Pour compenser ce qui pourrait bien ressembler à une fatalité ou à une malédiction, il faut, enclavée dans la déclamation de Gaster, la mise en garde contre les adorateurs du ventre. De la sorte, la contrainte insupportable de la nécessité est relevée, à l'échelon supérieur, par la promesse évangélique.

Frank LESTRINGANT
Université de Paris IV-Sorbonne

---

[62] Rabelais, *QL*, 60, *OC*, p. 682.
[63] Pour une lecture eucharistique de l'épisode de Gaster, voir E. M. Duval, «La messe, la Cène et le voyage sans fin du *Quart Livre*», *Rabelais en son demi-millénaire. Actes du colloque international de Tours (24-29 septembre 1984)*, éd. J. Céard et J.-C. Margolin, Genève, Droz, 1988, p. 131-141; en particulier p. 132-135. Cf. du même, *The Design of Rabelais's* Quart Livre de Pantagruel, Genève, Droz, 1998, p. 74-78.

THÉOLOGIE

NOTES SUR LE MANUSCRIT
D'*ORAISONS ET MEDITATIONS*
DE MARIE DE BONNET,
DAME DE SÉRIGNAN
(VERS 1601)

Ce curieux et intéressant manuscrit[1], comptant 452 pages (de 90 x 150 mm) de textes et relié velin gaufré époque, est hélas en médiocre état matériel: le velin du dos a été partiellement arraché; un coin du plat supérieur de la reliure est déchiré; trois feuillets manquent (p. 1-2, deux prières en latin; p. 371-372, fin de la *Vie de saincte Marguerite*; p. 452, fin de l'*Exerssice pour la communion espirituelle et sacramentelle*); enfin les marges de nombreuses pages sont écornées et portent des taches et mouillures diverses... Fort heureusement, à ces trois exceptions près, le texte est parfaitement complet et les quatre différentes écritures sont toujours lisibles: le lecteur moderne peut donc découvrir, grâce à ce document inédit, quelques moments de la vie quotidienne et spirituelle d'une dame de la noblesse rurale d'Occitanie, à la charnière du XVIe et du XVIIe siècle, et d'une autre femme membre d'un tiers ordre franciscain, peu avant 1620.

Le recueil d'*Oraisons et meditations* a été, pour l'essentiel (p. 1-372) rédigé et transcrit immédiatement après 1601, dans la région de Montpellier, par Marie de Bonnet de Maureilhan, épouse de Guillaume Lort de Sérignan (un notable du Languedoc, officier, comme tous les hommes de sa famille, dans les armées du roi de France) dont elle a eu sept enfants. L'auteure et propriétaire du manuscrit révèle en effet son identité lorsque, page 313 bis, elle prie en faveur de son mari avant qu'il ne s'absente pour «un long vouiage»:

> Seigneur dieu, defenseur des tiens contre tes adversaires, je te supplie (...) tres humblement de vouloir garder ton serviteur, Mons. de serinhan, mon Mary, a ce qu'il ne soit occis en rencontre de bataille ou par autre accident mortel[2].

---

[1] Le manuscrit de Marie de Bonnet de Maureilhan, dame de Sérignan, a très longtemps été conservé dans les archives de ses descendants; vers 1940, il est entré dans la collection d'un bibliophile de la région de Salon-de-Provence puis a rejoint le fonds constitué, à partir de 1970, par Raymond Berriot à Armendraya de Villefranque, au Pays Basque. Il est actuellement déposé aux Archives départementales de l'Hérault, à Montpellier.

[2] Sur Marie Bonnet de Maureilhan, dame de Sérignan en 1601 et auteure de notre manuscrit,

Marie de Sérignan a rassemblé ici tout d'abord quelque 35 *Oraisons*[3] composées par elle (les corrections de forme et additions ne laissent aucun doute à cet égard), destinées à être prononcées lors de différentes circonstances de la vie quotidienne («Pour le matin; Contre la tribulation; Contre nostre ennemy;

---

voir: Louis de la Roque, *Armorial de la noblesse de Languedoc, généralité de Montpellier,* Montpellier, F. Seguin, 1860, t. I; Série C, *Intendance du Languedoc,* XVIIe-XVIIIe siècle, Archives départementales de l'Hérault; Série 1. E, *Archives de familles,* Archives départementales de l'Hérault. Il existe également des seigneurs de Sérignan dans le Vaucluse, neveux de Diane de Poitiers et membres de la famille de La Marck. En 1601, la baronnie de Sérignan appartient à Charles Robert de La Marck qui a trois épouses successives, Marguerie d'Averton, Antoinette de Turenne et Isabeau de Pluviers; en 1608, la baronnie passe au fils de Charles Robert, Henri, qui épouse Marguerite d'Autun, morte en 1632. Aucune de ces quatre dames, appartenant, par le sang ou le mariage, à la plus haute noblesse, n'aurait nommé son mari «Mons. De Serinhan», titre d'une modeste seigneurie où elles ne sont pratiquement jamais venues; elles ne peuvent donc être auteures de ces *Oraisons et meditations* composées entre 1601 et 1619. (Informations communiquées par Madame M. Théron-Natavel, Conservateur chargé d'études documentaires aux Archives départementales de l'Hérault, et par Madame C. F. Hollard, conservateur aux archives départementales du Vaucluse).

[3] Exemples d'oraisons:

Oraison devant l'examen de consiance

Je tremble et crains mereveilheusement, pere eternel, dieu de misericorde et de toute consolaction, voulant examiner le pois de mes actions, car sy a mon escient je cele quelque chose ou si l'oubliance me faict faillir, vous ne le pouvés ignorer, ains vous est cogneue la condition de ma vie. [...] C'est pourquoy je vous prie humblement que je puisse me subvenir de touts les pechés desquels je me suys vilainement enlaidye [...]. Donc, mon ame, rejette tout ce qui est caché au plus secret cabinet de la pancée, reservé a dieu et a toy; examine ta consiance et cognois que tu es devant la face de celuy qui ne laise rien impuny.

Oraison contre nostre enemy

Seigneur, je renonce [...] au diable et toutes ses impostures [...]. Recevés moy donc, Seigneur, pour vostre servante perpetuelle, et, apres le cours de ceste vie, paiés moy de la mounoye dont vous recompancés ceux qui ont travaillé en vostre heritage.

Oraison avant que commancer aucune œuvre

Seigneur, il m'est impossible, sans que vous me teniés la main, que je ne soys aujourd'huy transpourtée, par quelque impetuosité, a mal penser, dire ou faire a mon prochain [...], tant pour la nature, malice et corruption de ma nature que pour la coutume que j'ay faicte longtemps en ces imperfections. Reffrechissez donc, seigneur, ma concupissance avec l'eau de vostre grace [...]. Imprimés en mon cœur vostre loy et reglés mes esprits entierement.

Oraison pour la femme mariée

Seigneur dieu, sage et debonnaire, qui pourvoyés vos creatures de toutes choses necessaires, qui appareillés la pluie pour la terre, couvrant le ciel de nuées, qui faictes que les montagnes produisent herbe, qui donnés aux animaux pastures et aux poussins de corbeaux qui vous invocquent selon leur voix, je vous prie que, comme aussy vous avés eu grand soing, des le commencement, de nostre imbecillité et foiblesse, ordonnant l'homme pour estre comme chef, conduite et support a la femme, il vous plaise me donner ung desir et une affection de me ranger premierement selon vos saincts commendemens, et puis me conformer du tout a la volanté de celuy auquel vous m'avés unie par le saint lien du mariage, afin que je luy hobeisse

Quant on est en quelque adversité; Pour une femme mariée; Avant que commencer aucune œuvre; Pour demander la vertu de patience; Pour les affligés; Pour quelque long vouiage; Quant on se va coucher»), ou lors de ses exercices spirituels («Devant l'examen de conscience; En la presence du sainct sacrement; Avant et apres la confession et la communion; Pour les dimanches; Pour tous les jours; Pour demander la mort heureuse et bonne; Pour celuy qui va mourir; Pour une femme trepassée; Pour ung parent ou amy defunct; Contre les tentations qui arrivent aux personnes qui se adonnent a l'oraison»). Elle a recueilli aussi, toujours composées par elle, *Cinquante salutations a la vierge Marie pour les misteres du rosaire* où elle loue les multiples vertus de la Vierge dont chacune lui inspire une requête particulière[4]. Puis elle a transcrit,

---

de bon cœur comme vous le commandés, quittant ma propre volanté pour m'accomoder du tout a la sienne. Qu'il vous plaise, mon dieu, que ce que je luy feray de service ne luy soit inutile et sans fruict, mais que ce luy soit occasion de se contanter de moy et vous en remercier, afin que, tous deux, vivans en bonne paix, nous souyons tousjours du nombre des vostres, nous communiquant de plus en plus vos graces et vos benedictions, nous remettant aussy toutes nos fautes et offances, par l'amour de vostre fils, nostre seigneur Jesuschrist, Amen.

Priere pour ung parant ou amy defunct
Sauveur de monde [...], prestés l'oreille a l'humble supplication que je vous fay pour l'ame de mon pere, de ma mere, lesquels sont morts en la foy de vostre eglise en la quelle ils avoient vescu.

Je sçay, seigneur, et recognoy pour luy qu'ayant peché il n'a si bien suivy les sentiers de vos commandemens qu'il ne s'en soit desvoyé par trop souvent; je sçay que tous les jours de sa vie il vous a offancé et a commis plusieurs fautes par lesquelles il peut estre maintenant justement detenu es paines du purgatoire [...].

Vous m'avés commandé, seigneur, de l'aymer comme moy mesme, vous voullés que nous prions les uns pour le autres: escoutés ma priere. Pardonnés a vostre paouvre serviteur.

[4] Exemples de *Salutations a la vierge Marie pour les misteres du rosaires*:
«Je vous salue, Marie, choisie et eslevée pour la mere de dieu devant touts les siecles et de la quelle le roy du ciel et de la terre, pour racheter l'humain lignage, a voulu naistre [...]. Impetrés pour la remission de mes pechés afin que plus sincerement je vous serve avecques vostre cher fils».

Je vous salue, vierge Marie, attendue des peres avecques tant de veus et de souspirs [...], promise par tant d'oracles [...]. Faites moy la grace de jamais ne m'emanciper du service que je vous doy [...]. Favorisés ceux qui s'adressent a vous en toutes leurs necessités.

«Marie, conceue au ventre de vostre mere avec toutes les perfections et les graces [...], ne me rejetés des rets de vostre beauté; que le soleil de vostre intercession me conduise par les tenebres de ce monde [...].»

«Mere de dieu qui enceinte montates la Montagnie pour visiter vostre cousine elisabeth [...], prenés la peine de visiter mon ame desireuse de monter la montagnie sur laquelle on vous voit reluire sur tous les ordres des anges.»

«Mere de dieu qui, pour obeir a l'edict de l'empereur, delogeates hors de votre paternelle demeure de nazareth pour vous returner en la saincte cité paier le tribut comme les autres [...], donnés moy la grace que, durant la peregrination de ma vie, mon ame satisface et paie la cense par ses bonnes œuvres a vostre fils, souverain empereur du monde [...].» →

p. 121-234, un ensemble de XLV *Meditations pour le matin et le soir de chaque jour de la semaine*, exercices qu'elle semble bien avoir rédigés elle-même (si l'on en juge par les surcharges et ajouts de sa main), peut-être pour ses filles ou pour d'autres «personnes devotes», membres, comme elle, de tiers ordres féminins d'obédience franciscaine[5]. Enfin elle a recopié (p. 329-370) une *Vie de saincte*

«Noble et illustre palais du fils de dieu [...], rayonnante comme l'aurore, belle comme la lune, terrible aux demons comme une armée bien ordonnée, souyés moy tousjours ma defence [...] contre tous les ennemis qui m'espient.»

«Estoile de la mer qui guidés nostre fregate [...], faites moy sourtir des escueils en ceste mer [...], sans estre engouffré aux abysmes du peché [...], que je parvienne au rivage de mon salut.»

«Perle precieuse, singuliere marguerite, vaisseau d'election [...], vous avés surmonté la foi des patriarches, la sagesse des prophetes [...], ne me rejettés, bien que je sois embroullée et soullée de tant de vices [...].»

«Reine mere de dieu, mille fois heureuse, mille fois fortunée, tous les malins esprits fremissent quand on vous reclame, parce que vous avés froissé la teste du vieux serpent qui tous les jours me guette, m'environne comme un lion rugissant pour me devorer [...]; gardés moy qu'il ne me blesse, qu'il ne me surprenne [...].»

«Je vous salue, mere de grace, mere de misericorde, esperance des souffreteux, je viens a vous, je cours a vous pour vous prier d'obtenir grace pour moy, maintenant et a l'heure de la mort. Amen.»

5 Exemples de *Meditations pour le matin et le soir de chaque jour de la semaine*:

Le samedy au matin, Meditation XI.

Icy l'ame s'emploiera en la meditation de ce qui se passa despuis que N. S. feut mort et ce que N. dame endura.

Combien que la tristesse et les douleurs de ceste sacrée vierge fussent si grandes qu'il n'y a personne creé qui le puisse expliquer ny mesme comprendre, si est ce que, appuyé sur l'ayde du ciel et faveur d'icelle vierge, je diray ce que je sçauray et que le bon dieu m'inspirera, et, laissant a part toutes autres considerations, je diray seulement ce que ceste S. dame sentit lors que joseph d'arimathie et nycodeme vindrent [...]. Les ayant ouis, elle fut contante.

[Après la descente de la croix...]

N. dame le vouloit avoir sur son giron. Pense, mon ame, cé que la vierge soufferit le contemplant [...], vouyant les playes qu'on tient estre 666 [...]. Helas, disoit elle, mon cher fils, le miroir des anges, qui vous a veu et vous voit asture! Vous estes le plus beau qui se puisse imaginer [...]. Une chose me console, c'est que vostre volanté a esté telle. Et ce qui me fache, c'est ce qui vous fache a vous, qui est que vous avés tant pati pour les hommes, de quoy ils vous sont fort ingrats [...].

Apres avoir ensevely ce St. corps, je vous laisse a penser quelle fut la douleur de la vierge [...]. Elle s'enferma dans une chambre toute seule a six heures du soir et y demura jusques a trois heures du matin, le tout avec une haute contemplation. Elle ne laissa ung seul passage de la passion qu'elle ne considera avec une grande attention [...].

Imagine toy, mon ame, combien de foys elle baisa les sainctes reliques et puis comme elle plura sur tant de tourmans de son fils et sur les pechés des hommes qui en estoient la cause [...].

C'est aussi ou tu dois tendre, mon ame, c'est a dire plure tes pechés et celuy de ton prochain, et faire ton proffict de la mort de ton sauveur auquel soit gloire aux siecles des siecles. Ainsi soit il.»   →

Marguerite en vers français, datant du XIVᵉ siècle et inspirée par la *Légende dorée*: sa transcription n'est évidemment pas parfaite (il lui arrive de dérimer certains passages et de commettre quelques erreurs dans la transcription du vocabulaire du Moyen Age tardif, mais, pour l'essentiel, la *Vie* est fort correctement reproduite). Ce choix hagiographique n'est pas dû au hasard sous la plume d'une femme qui a connu de multiples grossesses: on sait en effet qu'au Moyen Age et à la Renaissance, Marguerite vierge et martyre – dont la réalité historique a

---

Le dimanche matin, Meditation XIII.

Aujourd'huy, l'ame s'emploiera a la Meditation de la resurrection de Jesus christ, et comme il apparut aux Maries, a ses disciples et en particulier a sa glorieuse Mere. Et d'autant qu'il y a force misteres a considerer, nous n'en prendrons qu'un qui est le principal et le plus recreatif, c'est que lorsque N. S. fut recucité, il s'apparut premier a sa Ste mere, et quoy que les [ev]ange-listes n'en facent poient mention, si est ce neantmoings qu'on le doibt ainsi croire [...].

L'ame pourra considerer ce que Jesus christ fict avec sa Mere, apres sa resurrection, les propros qu'il luy tint. Que les personnes les plus devotes se l'invoquent, car, sans doute, il la salua d'un visage jovieux et amoureux, et consentit volontiers qu'elle l'embrassat et luy baissat les pieds et les mains, et luy donnoit mille saluts. – Vous vouyés, luy disoit il, ma douce mere, que tant de peines et de tourmans que j'ay enduré et que vous avés ressenty au dedans de vostre ame sont cessés, et cependant j'ay satisfait a la volanté de mon pere qui vouloit que je souffrisse pour les hommes. Mais il ne faut plus patir, je suis ressuscité pour ne mourir jamais, bien que, s'il estoit besoing, je mourrois encore une fois, mais mille s'il estoit besoing pour le genre humain, tant je l'ayme. Toutesfois, ma passion est de tel merite que, bien que les hommes commettent d'enormes offances, si en demandent pardon, mon pere les pardonnera, a cause de ma passion.

Tels et semblables discours tenoit N. S. a sa mere, considerant que, quarante jours (apres) il monteroit au ciel et que, pendant ces quarante jours, il la visiteroit souvant: – Mon tres cher fils, respondit ceste tres Ste vierge, je suis tres aise que vous souyés ainsi vainqueur de la mort, ce que j'ay tousjours aussy creu par la grace de vostre S. esprit que vous seriés, et vous rends grace de tout mon cœur de ceste heureuse visitte qu'il vous a pleu me faire et des consolations qu'il vous a pleu me donner. J'accepte aussi l'offre qu'il vous plait me faire de me visiter davantage, recognoissant que c'est le plus grand bien qui me scauroit arriver, et le plus grand et le plus souverain mal estre privé de divinité, vision et presance, ce qui m'arrivera trop souvant pendant que je serai enveloppé du drapeau de ce corps, ce qui me faict vous supplier tres affectionnement, si toutesfois tele est vostre saincte volanté a la quelle je me regle, ne me laisser guieres longtemps en cest vallée de misere, ains me conduire au ciel pour vous y servir avec tous vos esleus.

– Non, ma mere, replique le sauveur. Il est besoing que vous demuriés encor en ce monde pour la consolation de mes disciples et de mon eglise; je scay bien que vous patirés vouyant les pechés estre continués nonobstant ma passion, toutesfois, puisque nous les toulerrons, prenés patience, car ainsi vous meriterés beaucoup.

Et ainsi il print congé de ceste saincte dame.

Tout cecy considerera l'ame avec attention, s'esforcant, pour aller voir Jesuschrist au ciel, de l'obeir et de se douloir de ceux qui ne l'obeissent. Dieu luy en fera la grace par les prieres et intercessions de la tousjours bien heureuse vierge. Ainsi soit il.»

d'ailleurs été très tôt mise en doute par les historiens de l'Eglise – est révérée comme protectrice des femmes en couches[6].

A travers les textes dus à la plume de Marie de Bonnet, dame de Sérignan, apparaissent, bien évidemment, les principales préoccupations d'une femme de la noblesse à l'extrême fin du XVIe et au début du XVIIe siècle: la famille (époux, enfants, parents), les problèmes de santé, les incertitudes de l'existence d'une part, et d'autre part le dialogue de l'âme avec Dieu et les exigences du salut individuel. Mais le lecteur moderne mesure aussi, grâce à ce singulier manuscrit, ce que pouvaient être les lectures et les sources de réflexions d'une femme d'alors moyennement «cultivée»: l'Ancien et parfois le Nouveau Testament (*Psaumes, Cantique des cantiques, Job...*), les prières traditionnelles de l'Eglise catholique (*Litanies de la Vierge*), les vies des saints, l'héritage franciscain... Marie de Sérignan ne manque certes pas d'éloquence (elle fait même fréquemment appel à la progression binaire ou ternaire), pourtant, à l'évidence, elle ne possède nullement la science d'un clerc. Elle comprend le latin de la liturgie, cependant elle l'écrit à sa façon («*Filii tuy christy*») et elle commet de fréquentes erreurs dans la transcription des noms bibliques («Abram»). Sa graphie est toujours sommaire: abréviations traditionnelles; pas de points en fin de phrases, d'élisions ou d'apostrophes; pas de majuscules en tête de phrases ni aux noms propres (sinon le «M» présent dans son prénom!), pas d'accents aigus même à la fin des mots (mais l'accent grave sur le «à» préposition et une sorte d'accent circonflexe sur le «ô» d'invocation). Elle utilise rarement des formes étymologiques, préférant une transcription parfois phonétique («cercher, sans sese, mereveilheusement, deors, hobeir, houblier»). Les occitanismes sont

---

[6]   Sainte Marguerite protectrice des femmes en couches: *Vie de saincte Marguerite*, p. 365-366 de notre manuscrit:

> «Et apres te prie et requiers
> Que tu ne veullies pas houblier
> Les femmes quand elles me requerront
> Et en peine d'enfant seront,
> Quand feront ma passion lire
> Mon grief tourment et mon martire,
> Que leur fasse tost finer
> Et leur fruit baptesme gaigner.
> Quand la pucelle bien heurée
> Si eut son oraison finée,
> Une voix du ciel descendit
> Qui luy a respondeu et dict:
> – Dieu a ouy ton oraison,
> Si fera ta petition
> Et plus encor t'a octroyé
> Que tu ne luy as demandé,
> Car qui de cœur t'appelera
> De ses pechés pardon aura.»

fréquents le son «o» tonique est prononcé «ou» («sourtir, louger, pourter, estouner, outer, prouduire, nouter, netouyer, mounoie, vouiage»), et la présence du yod est notée par le «h» («orgulheus, travailher, failhe, Serinhan»). Le vocabulaire est bien celui de la fin du XVIᵉ siècle («orde, conniver, ramentevoir, touloir, vitupere, rondelle (bouclier), ains, es, asteure». La syntaxe, elle aussi, appartient à la langue de la Renaissance finissante : «Fais, tu aussy ; Laisse te les laver», «Si» avec valeur de conjonction de coordination... Au fil des pages, on distingue assez facilement les parties rédigées directement (calligraphie parfois nerveuse, orthographe fantaisiste, fréquentes corrections), des citations recopiées (calligraphie beaucoup plus régulière et orthographe normalisée), mais il est clair que l'auteure a l'habitude de manier elle-même la plume.

Après ses propres œuvres et la *Vie de saincte Marguerite*, Marie de Sérignan a jugé préférable de faire transcrire, p. 372-392, par une main plus experte (celle d'un secrétaire ou celle de son chapelain?), différentes pièces qu'elle n'a vraisemblablement pas rédigées elle-même et qui offrent un canevas d'oraisons, méditations et exercices spirituels à des dames d'un tiers ordre franciscain. La graphie est incontestablement plus savante : calligraphie ronde, fine, ferme ; abréviations par suspension ; majuscules au début des phrases ; ponctuation marquée par des points ; élisions avec apostrophes ; graphies étymologiques («Recepvoir, estomach, poictrine, autheur, nasquit») ; transcription parfaite des prières latines ; orthographe grammaticale très régulière bien qu'on puisse relever l'occitanisme du «o» sous accent noté «ou». L'auteur a une bonne pratique de la rhétorique et ne craint pas de faire appel à un vocabulaire théologique assez précis. L'*Oraison pour le matin* ainsi que le *Devot exercice pour se preparer a la saincte communion* fixent un cadre pour des activités spirituelles de femmes dévotes demeurées dans le monde et qui prient principalement la Vierge Marie et saint François d'Assise.

Aux écrits de Marie de Sérignan et de son chapelain, succèdent, p. 393-423, sept très curieuses pièces composées, peu avant 1620 (p. 408, la date «1619» est précisée), par une dame appartenant elle aussi à un tiers ordre franciscain et s'adressant à ses consœurs. A l'évidence, l'auteure anonyme de ces *Oraisons, Meditation sur le chapelet, Esercice pour la confession, Exercice pour ouir la ste messe*, et *Meditation de l'amour de dieu en vos aflicions*, n'a rien d'une intellectuelle : l'écriture est haute, très irrégulière et maladroite ; la transcription des prières latines est souvent fautive ; il n'y a aucun signe de ponctuation ou d'élision («man confesser»), pas de majuscules ni d'accents, et évidemment pas de graphies étymologiques. Les occitanismes sont fréquents avec la présence du «ou» («le liberatur, demurer, consoumation, sourtir») et la notation du yod par un «h» («travalhier»). L'orthographe est parfois phonétique et sans aucune logique («vostre cher sacree, la crois, aumonter, de grase, nostre damme, mon amme, glolieus, sete grandeur»...) ; la syntaxe est archaïsante et même incorrecte dès que la proposition n'est plus élémentaire... Il est clair que le texte a été rédigé directement par l'auteure anonyme : les répétitions fréquentes, les corrections, quelques additions l'indiquent avec certitude.

Les *Oraisons*, elles, relèvent de la piété populaire, primesautière et directe, par exemple la première qui offre comme un écho des patenôtres «farcies» du Moyen Age tardif, ou cette apostrophe qui entend opposer les nourritures terrestres à l'Eucharistie par référence aux Hébreux fuyant les mets païens d'Egypte et recevant la manne céleste : «Fy, fy, mon ame, des poureaux de egite, au pris de ceste mane quy a en soy toute douceur»!

Toutefois, la Meditation de l'amour de dieu rappelle les élans de la mystique espagnole ou l'esprit salésien :

> Considerés ce dous et amoureus jesus [...]. Il vous dit : Sy vous saviez, o ame ma bien aymée, vous disposer a resevoir ces dousseurs que je vous veu donner, j'ouvrirois tout presentement ma poitrine et les tirerois de mon cœur pour en remplir votre amme.

C'est bien ici l'affectivité qui s'exprime, dans un dialogue très naïf et spontané entre une femme «marrie» de son indignité, et Jésus, «espous» et rédempteur.

Le recueil de Marie de Sérignan, poursuivi par l'anonyme de 1619, s'achève – p. 425-452 – sur un ensemble de pièces spirituelles conçues et transcrites par un – ou une? – lettré vraisemblablement, et destinées à une «ame religieuse», une laïque, elle aussi membre d'un tiers ordre féminin se réclamant à la fois de saint François d'Assise et de sainte Claire. L'écriture ronde, fine, très élégante, date bien du premier quart du XVIIe siècle; la ponctuation est absente, marquée seulement par des alinéas que soulignent les majuscules. La transcription des citations latines est parfaite. L'orthographe, très régulière, présente toujours des occitanismes («oubligation, voullonté, demure») et surtout des graphies volontiers étymologiques («auser»), voire l'addition de lettres parasites («hœuvres, inthimes»). De rares corrections indiquent que le copiste est bien l'auteur même des textes, un intellectuel, à n'en pas douter, qui pratique le latin, s'exprime avec logique et élégance, dispose d'une réelle culture théologique, et s'inspire peut-être de Louis de Grenade. L'anonyme, en effet, fait appel tantôt à l'argumentation discursive, tantôt aux élans de la mystique, pour diriger, dans ses exercices spirituels, une «ame dévote» qui se dépeint elle-même comme «une miserable et ingrate pecheresse, aveuglée de ne vouloir recevoir le fidele amant qui la cherit uniquement [et] l'a choisie pour epouse». Sous la plume de l'auteur, la rencontre de la théologie rationnelle et de la sensibilité baroque engendre quelques moments bien étonnants, par exemple cet *Exercise pour la ste communion* :

> Bon dieu, jeusques ou est parvenu vostre amour? Jeusques ou est aboutie vostre dilection? Quel amant a jamais trouvé une invantion si playne d'amour pour acquerir la chose aymée que cele que vous avés invantée pour

me joindre et unir a vous? [...] O amour, que n'as tu pas fait de mon dieu puisque tu as faict tout ce qui s'en peult faire! C'est donc l'amour qui vous a tellement brulé qu'il vous a reduit en la cendre de nostre mortalité! La sajette d'amour vous a sy fort blessé que vous estes mort an croix...

Hélas, l'ultime page du manuscrit a été arrachée, et ce dernier texte, non daté et non signé, s'interrompt sur une belle vision, digne de l'esthétique baroque:

> Jettés vous a ses pieds ou ceste ste penitente Magdaleyne a trouvé grace et indulgence, et, sans dire mot, d'un œil pitoiable et d'un cœur plein de confiance, descouvrés luy toutes les playes...

On le voit: ce singulier manuscrit, rédigé presque totalement par deux femmes, entre 1601 et 1620, et conçu pour d'autres laïques membres de tiers ordres féminins, est d'un intérêt incontestable par ce qu'il nous dit de la vie quotidienne ou spirituelle et de l'imaginaire des femmes durant les toute premières années du XVIIᵉ siècle. Sans nul doute, il mérite une édition.

François BERRIOT
Université Paul-Valéry, Montpellier III

ABRAHAM ET LE DIABLE
DANS LA « TRAGÉDIE »
DE THÉODORE DE BÈZE

A la fin de sa vie, Bèze prétendit avoir écrit son *Abraham sacrifiant* «légère-ment» et vraiment sans application:

> *nulla sane cura, sed leviter, ut ludicrum quiddam perscriptum quod ab illius gymnasii juvenibus de more spectandum repraesentaretur*[1].

C'était rappeler les circonstances de la composition, de la représentation à Lausanne et faire de ce «divertissement» comme un accident dans la vie et la carrière de celui qui, dès 1550, se vouait à la défense de la Réforme et réservait ses dons de poète à la traduction des Psaumes[2].

Mais, sur le moment, il eut soin de publier aussitôt ce texte de circonstance en y joignant un avis aux lecteurs où il donnait toute sa portée au choix du sujet et disait pourquoi il voulait désormais «escrire en vers tels argumens». L'aveu, dans sa complexité, avait de quoi retenir l'attention des biographes qui l'ont scruté et commenté. Quant au texte même, il devait sans doute aux circons-tances sa brièveté et un style sans savante recherche[3], mais il avait aussi, à sa date, sur un sujet qui n'avait rien de neuf, une singularité qui le mettait à part dans le théâtre du temps.

Au sous-titre de la première édition on lisait «Tragédie Françoise». Le sujet pourtant ne convenait pas à la définition de la tragédie telle qu'elle s'imposait à travers Euripide et Sénèque et qui exigeait un dénouement funeste. En 1572, Jean de La Taille n'hésite pas à prendre l'épisode du «sacrifice d'Abraham» comme exemple de sujets «froids et indignes du nom de tragédie» précisément parce que cette épreuve voulue par Dieu «n'apporte rien de malheur à la fin»[4].

---

[1] Lettre-préface, datée de Genève, à la traduction latine de la pièce, *Pœmata varia*, s.l., 1597, p. 286.

[2] Cf. son épître «aux lecteurs», publiée en tête de la pièce en 1550, *Abraham sacrifiant*, éd. K. Cameron, K. M. Hall, F. Higman, Genève, Droz, Paris, Minard, 1967, p. 46. Toutes les références renvoient à cette édition.

[3] Bèze insiste sur ce point et sur sa volonté de ne pas chercher à imiter le style des tragiques grecs et latins tout en précisant qu'il connaît leur manière. *Ibid.*, p. 49.

[4] Epître à la duchesse de Nevers, «De l'art de la tragédie», «ouverture» à *Saül le furieux*, *La Tragédie à l'époque d'Henri II et de Charles IX*, 1ʳᵉ série, vol. IV, Florence, Olschki, Paris, PUF,

Bèze lui-même admet que son «argument» tient «de la Tragédie et de la Comédie», mais conclut que le nom de «tragédie» lui convient mieux. Reste qu'il ne s'est pas soucié de composer une tragédie à l'antique en raccourci, avec cinq actes symétriques que sépareraient des chœurs savamment composés: ses «pauses», comme ses «cantiques», sont librement disposés, et son ambition n'est pas celle d'un docte humaniste qui s'appliquerait à révéler à un public attentif un théâtre renouvelé de l'antique[5].

Sa «tragédie» n'est pas davantage tournée vers le passé, vers les mystères qu'il pouvait connaître ou même avoir vu jouer à Paris[6]. Il n'est pas le premier à mettre sur le théâtre l'épreuve d'Abraham: Raymond Lebègue en 1929 ou Béatrice Perregaux en 1995 ont pu multiplier comparaisons et parallèles[7], et il est certain que Bèze répète à sa manière les effets pathétiques de la tradition médiévale: il donne, lui aussi, un rôle à Sarah, son Isaac reste un enfant innocent tandis que, pour Luther ou Calvin, il est déjà près de se marier, et «de moyen âge»[8]. Enfin, si l'obéissance de son Abraham s'enracine dans la douleur, le personnage des mystères disait de même ses angoisses et ses hésitations devant l'ordre de sacrifier ce fils[9], gage, selon la promesse divine, d'une innombrable postérité. Mais ce qui oppose la petite tragédie aux mystères n'est pas moins

---

1992, p. 207. L'ambiguïté du sujet est précisément éclairée par J. R. Elliot Jr., «The sacrifice of Isaac as Comedy and Tragedy», *Studies in Philology*, 66, 1969.

[5] Même si l'humanisme de Bèze peut s'entrevoir en filigrane, dans quelques réminiscences de *L'Iphigénie à Aulis* d'Euripide, il paraît difficile d'y voir la première pièce française «néo-classique» comme le veut J.-S. Street (*French sacred drama from Beze to Corneille*, Cambridge U. P., 1983) ou même de croire à une forte influence de la tragédie antique (cf. l'introduction de l'édition de référence p. 22 qui s'appuie sur le jugement de M. Richter).

[6] Le *Mistere du Vieil Testament* (XVe s.) avait été imprimé plusieurs fois depuis 1500, de même que l'épisode, qui en avait été détaché, du *Sacrifice d'Isaac*, amplifié et remanié. Bèze n'était pas à Paris lors de la représentation du *Sacrifice* en 1539 devant le roi, mais il y était en 1542 quand fut joué l'ensemble du *Mistere*; cf. R. Lebègue, *La Tragédie religieuse en France (1516-1573)*, Paris, Champion, 1929, p. 31, 50, 305 (n. 2). Sur les représentations de 1542, cf. *Le Mistere du Vieil Testament*, éd. J. de Rothschild, Paris, Didot, 1878, t. I, intro. p. XIV-XV.

[7] R. Lebègue, *op. cit.*, ch. 17; B. Perregaux, «*Abraham sacrifiant* (1550). Rupture et innovation», *Sondierungen zum Theater. Enquêtes sur le théâtre*, éd. A. Kotte, *Theatrum Helveticum*, I, Bâle, 1995, p. 14-49. Cf. aussi P. Keegstra, «*Abraham sacrifiant*» *de Théodore de Bèze et le Théâtre calviniste de 1550 à 1566*, La Haye, Van Haeringen, 1928.

[8] Luther, *In primum librum Mose Enarrationes*, (t. II paru en 1550), *Werke*, Weimar, 1912, t. XLIII, p. 205; Calvin, *Commentaire... sur le premier livre de Moyse*, Genève, J. Gérard, 1554, p. 263. Calvin insiste sur la force d'Isaac, «plus robuste que son pere ou pour le moins il avoit bien pareille force pour lui résister». L'âge d'Isaac prêtait à débat. Dans ses annotations à la Bible, Munster rapporte l'opinion d'un rabbin qui lui donne treize ans (*Hebraïca Biblia...*, t. I, Bâle, 1534, f. 19v°). L'iconographie en fait souvent un enfant.

[9] *Mistere du Vieil Testament*, t. II, p. 29, v. 9882-9887: «Doy-je mon enfant mettre à mort? / Ouy. Non fais. Si fais. Pour quoy? / Hellas! nature me remort. / Si le feray-je, droit ou tort. / Faire? Que di-je? Non feray. / Sire Dieu, donne moy confort...»

évident. Nulle complaisance pour les gestes familiers d'Abraham que la Genèse elle-même montrait «embastant» son âne et coupant du bois; plus de bergers jouant sur l'herbe ou chantant les charmes de la vie rustique[10]: leurs «cantiques» célèbrent le pouvoir de Dieu et méditent sur le sort d'Abraham. Surtout, le sens du sacrifice est perçu autrement. Plus trace de la lecture allégorique, essentielle à l'épisode, où Abraham figurait Dieu sacrifiant son fils et Isaac le Christ, victime volontaire et sans tache. Dans le *Mistere du Vieil Testament*, Dieu lui-même le disait à Justice:

> Ung pere de ses propres mains
> Pour me obeir sera d'acort
> Livrer son propre filz a mort,
> Le pere me figurera
> Qui son filz de gré offrira
> A mourir[11].

Bèze, lui, s'interdit de chercher dans l'Ancien Testament, au delà de la vérité historique, des «ombres» où se lirait par avance l'histoire du Christ et c'était là, Olivier Millet l'a montré, la position de Calvin[12]. Abraham mis à l'épreuve doit seulement rester, selon la lecture tropologique traditionnelle, le modèle, l'exemple de l'obéissance inspirée par la foi, cette «vertu d'obédience» louée en conclusion par le *Mistere* (v. 10598). Mais cette leçon, Bèze la renouvelle en la liant explicitement à l'expérience que vivent les réformés en un temps où il voit Dieu déjà «persecuté» dans le royaume de France[13] et où il faut pour résister «aux tourmens et morts» (v. 996) la «vive foi» (v. 1014) qui a soutenu Abraham et qu'il prie Dieu d'accorder à ses spectateurs et lecteurs. La lecture tropologique, désormais collective autant qu'individuelle, prend pour ainsi dire la place refusée à la lecture typologique et, en alliant le passé de l'histoire au présent immédiatement vécu, elle devient presque, à son tour, figure.

Et le diable? Que vient-il faire aux côtés d'Abraham? Je n'oublie ni mon titre, ni mon propos, mais si j'ai voulu d'abord donner à la pièce de Bèze son

---

[10] *Ibid.*, p. 9-10, et remaniement de 1539 cité en note p. 10-11 et p. 30-34.

[11] *Ibid.*, scène du «Procès de Paradis», p. 5, v. 9167-9172; scène reprise p. 13-18, notamment v. 9665-9677, avec insistance sur le rôle d'Isaac: «Je figureray par exprès / De Jhesus Crist l'obedience / Sus Ysaac plain d'innocence...» Cette lecture avait pour garants divers Pères de l'Eglise. Cf. p. ex. saint Augustin: *Isaaci historia et vera est et figurativa* (P. L., Augustin, t. V, *Sermones ad populum* II, 6, ch. 7, col. 31) et son commentaire sur l'obéissance d'Abraham dans *De civitate Dei*, XVI, 32.

[12] O. Millet, «Exégèse évangélique et culture littéraire humaniste: entre Luther et Bèze, L'*Abraham sacrifiant* selon Calvin», *Etudes théologiques et religieuses*, LXIX-3, 1994, p. 369-370. Cf. aussi les remarques de M. Soulié dans son introduction à l'édition qu'elle a donnée (Mugron, J. Feijóo, 1990, p. XXV-XXVI).

[13] *Abraham sacrifiant*, p. 45: c'est la première phrase de l'avis aux lecteurs.

arrière-plan, c'est que rien, dans cet arrière-plan, n'appelait le rôle qu'il a donné à Satan. Le Diable n'avait pas sa place dans «l'argument» qu'il trouvait dans la Genèse et tous les personnages qui entourent Abraham et Isaac – Sarah, l'Ange, les serviteurs – tous avaient été mis sur le théâtre, tous, sauf lui. On ne saurait réduire sa présence à l'une de ces «petites circonstances» (p. 49) que Bèze avoue avoir changées: c'est bien une double innovation, à la fois spectaculaire et théologique.

On a prétendu pourtant qu'il y avait là une survivance médiévale et il est vrai que les mystères mettaient volontiers en scène Satan: il assiste ainsi à la mort de Judas, même si, jusqu'au dernier moment, il fait parler à sa place Désespérance[14]; mais ce Satan, si prompt à se mêler aux hommes, est un envoyé de Lucifer qui règne aux enfers et il vient sur terre pour jouer deux rôles, mêlés ou distincts, c'est selon: tentateur habile à dialoguer et aussi témoin de ce qui se passe, attentif à suivre le Christ à la trace; ce sont les «diableries nécessaires» dont Dominique Gangler-Mundwiller a montré la fonction et la cohérence dans les *Passions* du XVe siècle[15]. Bèze, qui le fait surgir aux côtés d'Abraham, transforme aussi, d'emblée, son rôle: son Satan n'est chargé d'aucune mission, il est devenu autonome, étant à soi seul l'esprit du mal, et il ne dialogue avec personne.

Son rôle parlé, dans sa forme même, est surprenant. Certes, la scène est vide quand il arrive pour monologuer en se présentant. Mais il le fait en «habit de moine» et commence par un long discours polémique qui reste, en apparence, étranger à l'action et où il vante le pouvoir néfaste, encore à venir, de l'habit qu'il porte. Le procédé peut paraître mal choisi pour vitupérer, comme les réformés se plaisaient à le faire, contre l'existence des moines et les abus des dignitaires ecclésiastiques: on a pu dénoncer l'anachronisme et la maladresse. A tout prendre, c'est plutôt un moyen pour Satan de se donner un empire hors du temps, acquis «depuis l'homme premier» (v. 229) et fait pour durer jusqu'au temps des spectateurs. Loin d'être, comme on l'a prétendu, «grotesque»[16], il sait marquer sa place face à Dieu et le dernier tiers de son monologue annonce, comme on pouvait s'y attendre, son action contre Abraham.

Bien plus surprenant encore dans sa subtilité est son rôle après cette première apparition. Il y annonce des «assauts» et des «tours» multiples qui vont rompre «l'asseurance» d'Abraham (v. 261-262), mais de ces «assauts», de ces «tours», nous ne saurons rien, sauf à en reconnaître l'effet dans les inquiétudes de Sarah et les hésitations d'Abraham. Nulle part il ne parlera en tenta-

---

[14]   Jean Michel, *Le Mystère de la passion*, éd. O. Jodogne, Gembloux, J. Duculot, 1959, Quarte Journee, p. 342-346.

[15]   «Les diableries nécessaires», *Mélanges Jeanne Lods*, Paris, ENSJF, 1978, p. 249-268. Marguerite de Navarre, dans sa *Comédie de la Nativité*, a gardé à Satan son double rôle traditionnel.

[16]   Cf. l'introduction de P. de Capitani, éd. cit. note 4, *La Tragédie....*, vol. I, 1986, p. 11.

teur. Un bref monologue, avant la première «pause», presque au milieu de la pièce, implique qu'il est resté en scène, visible seulement pour les spectateurs. Il y avoue une première défaite puisque Abraham vient de partir avec Isaac:

> Quelque assault qu'on lui ait donné
> Le voilà party de ce lieu
> Et tout prest d'obéir à Dieu. (v. 504-506)

Et il annonce qu'il va «combattre de plus près» pour rendre Abraham «désobéissant». Après quoi, toujours présent, tout ce qu'il dit sera dit en aparté, et la convention sera redoublée puisque rien n'indique qu'il soit caché pour épier et commenter ce qu'il entend. Ces apartés le montrent témoin, spectateur des hésitations d'Abraham entre doute, révolte et obéissance, attentif à gloser chacun de ses revirements. Mais en même temps, ils signifient que c'est lui qui inspire les paroles où Abraham dit son angoisse devant l'épreuve (v. 732-735):

> Dieu ne veut point d'offrande si cruelle
> Maudit-il pas Caïn n'ayant occis
> Qu'Abel son frère? et j'occiray mon filz!

Et Satan, en écho:

> Jamais, Jamais.

Dans ces moments où la foi se trouble, le Satan de Bèze vient figurer les racines intérieures du mal. Il est, selon la formule d'Olivier Millet, la «projection» au dehors des doutes, du tourment d'Abraham[17]. Puis, quand le père et le fils dialoguent, il n'est plus qu'un spectateur, sensible au pathétique (v. 841), émerveillé par la soumission de l'enfant-victime (v. 878) et vaincu enfin par cette soumission (v. 907). Les derniers apartés se font alors extérieurs au drame pour marquer que Satan, désormais, ne peut plus y être acteur.

Ainsi, à bien lire, cette présence et cette voix diaboliques aux côtés d'Abraham et d'Isaac, théâtralement incongrues, n'en ont pas moins leur fonction: en contrepoint de ce que font et disent les personnages humains, elles orientent l'intelligence de l'épisode et lui donnent visiblement sa dimension surnaturelle.

L'invention du rôle s'accordait bien à la méditation sur l'épisode biblique telle que Luther en 1550 ou Calvin en 1554 l'ont développée dans leurs commentaires sur la Genèse. Celui de Luther a paru la même année que la tragédie de Bèze, et il n'est pas impossible que Bèze l'ait connu ou qu'il ait discuté de son projet et de son «argument» biblique avec Calvin lors de son passage à Genève à la fin de 1548 – Olivier Millet a insisté sur la parenté entre ces trois lectures de l'épisode où les «ruses de Satan» tourmentent Abraham, et

---

[17]   O. Millet, art. cit., p. 371.

où l'épreuve tient d'abord à ce que Dieu semble se contredire, devenir inconstant, menteur à sa promesse. Bèze n'en a pas moins sa place à part. Calvin insiste sur la certitude d'Abraham: appelé par son nom, n'hésitant pas sur «l'auteur de ce mandement», il est «certainement persuadé que c'estoit la voix de Dieu»: impossible de rejeter l'ordre «comme une fallace de Satan». Quand Satan est évoqué auprès d'Abraham dans la nuit qui précède le départ, Calvin en reste à une vision pour ainsi dire abstraite:

> Et n'y a nulle doute que Satan ès tenebres de la nuict, ne luy ait assemblé un grant amas de sollicitudes[18].

Quelles furent ces «sollicitudes», il n'en dit rien. Luther, lui, avant d'analyser la tentation suprême, celle du désespoir, s'interrogeait un moment sur les doutes d'Abraham:

> *Hic igitur an non murmuraret contra Deum et cogitaret: non hoc Dei mandatum sed Sathanae dolus est?*[19]

L'Abraham de Bèze doute pareillement. Mais pour Luther comme pour Calvin, ce Satan qui trouble Abraham reste quasi métaphorique ou du moins invisible à l'œil, parlant, comme il fait toujours, dans notre cœur: *reclamat in corde tuo*, c'est le mot de Luther[20]. Bèze, pour sa part, n'hésite pas à donner corps à Satan et peut-être était-ce pour lui nécessité dès lors qu'il décrivait, d'expérience, le pouvoir du mal – peut-être, car la préface à sa *Confession de foi chrétienne* où il analyse les «perturbations de l'âme» qui ont longtemps fait obstacle à son départ de Paris et à l'aveu de sa radicale conversion ne fut publiée qu'en 1560. Impossible de savoir s'il ne s'y souvient pas du Satan déjà mis en scène dans son *Abraham*. Reste que Satan est là, face à lui, en action, alléguant, pour le retenir, amis, loisir, argent, et encore, en un triple piège, les plaisirs, la réputation, l'espoir des honneurs. Enfin, avant le récit de sa providentielle maladie, Bèze se montre hésitant entre la voix de sa conscience et «Satan masqué qui le flatte

---

[18]   Calvin, *Commentaire*, éd. cit., p. 259 et 262 (texte latin: *Nec dubium est quin Satan inter noctis tenebras ingentem curarum acervum illi congesserit*, *Opera omnia*, vol. XXIII, Brunswick, 1882, col. 315).

[19]   Luther, éd. cit., p. 202. En 1554, Wolfang Musculus amplifiera, semble-t-il, la formule de Luther et l'argumentation qui la suivait en prêtant à Abraham un étonnant monologue intérieur (*quare sic poterat cogitare Abraham*), si proche au demeurant du texte de Bèze que l'on serait presque tenté d'imaginer que ce luthérien hébraïsant, professeur de théologie à Berne depuis avril 1549, a pu se souvenir aussi de la tragédie: *In Genesim Mosis commentarii plenissimi*, 1re éd., Bâle, 1554; références à l'édition de 1600, Bâle. Observation III sur les degrés de la tentation, p. 511. Cf. dans l'*Abraham* de Bèze les v. 713-717, 743-747. 297 et 727-734.

[20]   Luther, *ibid.*, p. 202: *Nos saepe tentamur cogitationibus desperationis [...]. Quid, si Deus non vellet, te salvari? Docemur autem [...] appraehendendam promissionem in baptismo factam [...] sed [...] non statim cessat Sathan, sed reclamat in corde tuo te non esse dignum ista promissione.*

avec des airs charmants» – *Satanas personatus*[21]. *Personatus*: le mot oppose évidemment le rôle séduisant joué par le diable à son intention séductrice qui veut détourner du bien sa victime. Mais le mot appartient au vocabulaire du théâtre. *Persona*, on le sait, c'est à la fois le masque et le personnage qui le porte, et ce Satan de théâtre, obstiné à tenter, à séduire le jeune Bèze ressemble – par avance ou comme un double – à celui qui occupe la scène auprès d'Abraham pour incarner, sous les yeux des spectateurs, la présence du mal.

La Bible pourtant n'est pas si étrangère qu'il semble à cette présence diabolique dans l'épreuve d'Abraham – et pas seulement parce qu'il a paru possible de proposer une analogie entre le rôle que Bèze a donné à Satan et celui qu'il joue dans le livre de Job quand Dieu, à sa demande, éprouve la foi de Job en l'accablant de tous les maux avant de le rétablir dans sa prospérité et son intégrité[22]. Ce Satan, qui paraît surgi à la fois d'une méditation sur l'épreuve d'Abraham et d'une trouvaille théâtrale soutenue par un ingénieux artifice rhétorique, avait été, depuis des siècles, lié à l'épisode du sacrifice d'Isaac par la tradition juive.

Dans le *Livre des Jubilés*, dit aussi *Petite Genèse*, c'est le Diable – le Prince Mastéma – qui demande à Dieu d'éprouver encore une fois la fidélité et la constance d'Abraham:

> Abraham aime Isaac son fils et le chérit plus que tout. Dis-lui qu'il te l'offre en holocauste... Tu verras s'il exécute cet ordre et Tu verras s'il est fidèle[23].

De même, dans le traité talmudique du *Sanhedrin*, les références à l'épisode font de Satan, indirectement, l'instigateur de l'épreuve[24]. Bèze n'est pas allé jusque là. Sa fidélité au texte de la Genèse – «Dieu tenta Abraham» – et toute la tradition chrétienne le lui interdisaient, d'autant qu'il ne pouvait ignorer la distinction essentielle entre tentation divine et tentation satanique: l'une est «paternelle», comme dit Luther, et vise à éprouver, à exercer la foi du fidèle, l'autre à faire tomber l'homme dans le péché, à le séparer de Dieu[25]. Mais on a

---

[21] Bèze, *Correspondance*, Genève, t. II, Bèze à Melchior Wolmar, Lettre-préface à la *Confessio christianae fidei* (Genève, J. Bonnefoy, 1560), p. 46-47.

[22] Introductions de l'édition de référence (p. 26) et de celle de M. Soulié. Notons que l'épreuve de Job diffère, dans son essence, de celle d'Abraham qui se noue sur la contradiction entre la promesse passée et l'ordre présent de Dieu.

[23] *Ecrits intertestamentaires*, Paris, Gallimard, «Bibliothèque de la Pléiade», 1987, II, *Jubilés*, XVII, p. 708.

[24] Le *Talmud de Babylone*, Paris, Cerf, 1974, *Sanhedrin*, X, 89b, p. 437.

[25] Luther, éd. cit., p. 230: *Dei tentatio paterna est [...], Satan tentat ad malum ut abstrahat a Deo.* La distinction est souvent rappelée pour gloser le verset *tentavit Deus Abraham.* Ainsi dans le *De Abraham* d'Ambroise; *Aliter Deus tentat, aliter diabolus. Diabolus tentat ut subruat, Deus tentat ut coronet* (P. L., t. XLIV, *De Abraham* I, ch. 8, col. 467).

fait subtilement remarquer que le Prologue se borne à promettre aux spectateurs qu'ils vont voir Abraham «tenté» (v. 31) sans préciser par qui[26]. Après quoi – et c'est peut-être plus significatif – l'entrée en scène de Satan et le monologue où il assume son rôle de tentateur sont placés, non sans quelque ambiguïté, avant l'apparition de l'Ange porteur de l'ordre divin et juste après le cantique où Abraham, avec Sarah, rendait grâce à Dieu de sa protection et de ses promesses: il n'est pas absolument interdit de supposer que Satan est pour quelque chose dans cette ultime épreuve imposée à la «persévérance» d'Abraham.

Il y a mieux encore pour lier le Satan de Bèze à ces traditions juives. Dans les *Jubilés*, le Diable qui a provoqué l'épreuve est présent au moment du sacrifice. Le messager de Dieu qui vient l'interrompre en se dressant devant Abraham se dresse aussi devant «le prince Mastéma» et quand Dieu a dit à Abraham:

> Je sais que tu crains le Seigneur. Tu ne m'as pas refusé ton fils

le texte ajoute:

> Et le prince Mastéma fut confondu.[27]

Selon le *Sanhedrin*, c'est pendant qu'il chemine vers le lieu du sacrifice qu'Abraham rencontre Satan, un Satan qui n'est pas muet, mais parle pour l'arrêter. Le moderne traducteur voit dans ses arguments la traduction du combat intérieur d'Abraham et le bref dialogue[28] n'est pas sans ressembler aux monologues où l'Abraham de Bèze, que Satan épie, hésite avant de se soumettre. Le Satan du *Sanhedrin* s'en prend d'abord à l'injustice de Dieu pour celui qui méritait récompense:

> Devait-on te soumettre à une telle épreuve qui sera pour toi ta perte et la fin de ta famille?

Dans la tragédie, c'est Abraham lui-même qui s'interroge:

> Ay-je passé parmy tant de dangers,
> Tant traversé de païs estrangers,
> Souffert la faim, la soif, le chault, le froid
> Et devant toy tousjours cheminé droict,
> Ay-je vescu, vescu si longuement,
> Pour me mourir si malheureusement? (v. 787-792)

---

[26] Cf. B. Perregaux, art. cit., p. 26. Mais son analyse du discours de l'Ange, où elle ignore les premières personnes qui renvoient nécessairement à Dieu (v. 287 et 289) et suppose que ce discours «ne se donne pour la citation de personne», me paraît excessive.

[27] *Jubilés*, XVIII, p. 709.

[28] *Sanhedrin*, éd. cit., p. 437-438 et n. 102. Dans l'exégèse juive, Satan est acteur dans l'épisode sous diverses formes et par divers moyens. Cf. L. Ginzberg, *The Legends of the Jews*, 1909; trad. fr. G. Sed-Rajna, Paris, Cerf, t. II, 1998, p. 71-72, et multiples références dans la n. 234, p. 213.

Dans le *Sanhedrin*, il répond à la question de Satan:

> Je marche dans mon intégrité

et dans la tragédie, il se ressaisit pour répondre à ses propres questions:

> Que dy-je? Où suis-je? ô Dieu mon createur,
> Ne suis-je pas ton loyal serviteur? (v. 797-798)

Dans le *Sanhedrin* sa «confiance» étonne Satan quand il lui répond:

> Y a-t-il jamais eu un innocent qui ait péri?

Elle n'est pas moindre quand Bèze le montre résolu à sacrifier son fils et disant à Dieu:

> Ressusciter plutôt tu le feras
> Que ne m'advint ce que promis tu m'as... (v. 809-810)

Enfin, selon l'exégèse traditionnelle juive, l'épreuve d'Abraham tenait à la nécessité de démêler sans cesse le vrai de l'illusion, et d'abord dans l'ordre de sacrifier Isaac qui pouvait lui paraître un piège du diable, pour le rendre haïssable au regard de Dieu. L'Abraham de Bèze doute pareillement:

> Mais il peult estre aussi que j'imagine
> Ce qui n'est point: car tant plus j'examine
> Ce cas icy, plus je le trouve estrange.
> C'est quelque songe, ou bien quelque faulx ange
> Qui m'a planté ceci en la cervelle:
> Dieu ne veult point d'offrande si cruelle. (v. 727-731)

Tant d'analogies suffisent bien pour faire du Satan de Bèze le frère du Satan hébraïque qu'Abraham rencontre sur sa route ou dont il croit reconnaître la présence sous le masque de l'Ange. Rien n'est certain pour autant, ni simple, en l'occurrence.

Les éditeurs d'*Abraham sacrifiant* ont résumé le rôle de Satan dans la *Petite Genèse* et se sont risqués à suggérer que Bèze a pu s'en souvenir pour créer son personnage (p. 28, note 29). Mais cette *Petite Genèse*, transmise seulement par une version éthiopienne et par une traduction latine tronquée, ne fut pas éditée avant le XIXe siècle[29] et, au XVIe, on la tenait, semble-t-il, pour perdue – avec d'autres commentaires «de même farine», dit Xylander en 1566 dans une note à son édition des *Annales* de Georgius Cedrenus[30]. Quant au *Talmud de Baby-*

---

[29] Sur les éditions, cf. l'intro. à la traduction, éd. cit., p. 629-630. L'édition de R. H. Charles, *The ethiopic version of the Hebrew Book of Jubilees*, Oxford, 1895, donne en regard le texte éthiopien et les fragments latins conservés (inexistants pour l'épisode depuis l'ordre divin jusqu'au moment où Dieu intervient pour sauver Isaac: cf. p. 62-63).

[30] Georgius Cedrenus, *Annales sive historiae ab exordio mundi... compendium*, Bâle, J. Oporin, 1566 (date de la préface de Xylander), note de Xylander p. 664: *Parva Genesis: [...] Est autem*

lone où figure, dans le traité du *Sanhedrin*, le dialogue que j'ai cité, il n'en existait que des éditions en hébreu, la première à Venise en 1520. Certes, l'intérêt
des réformés pour la Bible hébraïque et les commentaires rabbiniques ne fait
aucun doute et Bèze n'ignorait pas l'hébreu[31]: pouvait-il pour autant lire l'hébreu des rabbins, et pourquoi se serait-il plongé dans le *Sanhedrin*, qui n'a pas
pour objet de gloser tel ou tel livre de l'Ancien Testament[32] et où rien ne met en
évidence, au milieu de multiples références bibliques, la brève scène entre
Abraham et Satan? Il est plus plausible qu'il les ait trouvés face à face dans
quelque commentaire d'un hébraïsant chrétien, au hasard d'une lecture ou
d'une conversation, quand il projetait sa tragédie.

On voudrait ne pas en rester à de si vagues hypothèses. Mais où chercher?[33]
Gilbert Dahan m'a signalé que les sources latines médiévales les plus
accueillantes aux traditions juives et bien connues des humanistes ne donnaient
aucun rôle à Satan dans l'épisode du sacrifice d'Isaac[34]. Au XVIᵉ siècle, Munster
n'en dit rien dans ses annotations à la Bible hébraïque, pas plus que que Paulus
Fagius dans son *Thargum*. Rien non plus dans les *Commentaires* de Conrad
Pellikan ou de Martin Borrhaus[35].

Et pourtant ce Satan juif qui se dressait auprès d'Abraham n'était pas tout à
fait ignoré. Les *Annales* de Georgius Cedrenus, éditées dès 1566, allèguent
souvent la *Petite Genèse* et le texte se fait l'écho de la réplique où Mastéma,
«prince des démons», demande à Dieu d'éprouver Abraham en exigeant le

---

    apocryphus: quem non magno religione et literarum detrimento prorsus interisse, una cum Enochi
    Apocalypsi aliisque ejusdem farinae commentis arbitror.

[31] Cf. A. Ganoczy, *La Bibliothèque de l'Académie de Calvin*, Genève, Droz, 1969, intro. p. 36 et
    inventaire des livres présents en 1572. Dès 1539, Bèze, alors à Paris, disait donner parfois
    «quelques heures» à l'étude de l'hébreu (*Correspondance*, t. I, Genève, Droz, 1960, p. 35).

[32] Rappelons que les onze chapitres portent sur les lois qui règlent la création et le fonctionne-
    ment des tribunaux selon la loi orale et qu'ils rassemblent les débats sur les diverses questions.
    L'index global du *Talmud de Babylone* (trad. angl.) ne renvoie à aucune autre glose de cet
    épisode.

[33] Je tiens à remercier G. Dahan, A. Dufour et B. Roussel. Leurs multiples suggestions m'ont
    permis quelques recherches dans un domaine qui m'était (c'est une litote) peu familier.

[34] En 1994-1995, G. Dahan a consacré ses conférences à l'EPHE à l'exégèse du ch. 22 de la
    Genèse (*Annuaire EPHE section sciences religieuses*, t. CIII, p. 353-356). Rien, selon lui, dans
    l'*Historia scholastica* de Pierre Le Mangeur, dans la *Glossa ordinaria* ni chez Nicolas de Lyre.
    Rien non plus, je l'ai vérifié, chez Origène (*Homélie* VIII sur la Genèse), Jérôme (*Hebraïces*
    quaestiones in Genesim), Ambroise (*De Abraham*) ni Augustin (cf. n. 11) ou Guibert de
    Nogent (*Moralia in Genesim*).

[35] Munster, *Biblia Hebraïca*, Bâle, 1534, t. I; Paulus Fagius, *Thargum in quinque libros Mosis, hoc*
    est paraphrasis Onkeli Chaldaïca, t. I, Strasbourg, 1546; Conrad Pellikan, *Commentaria*
    Bibliorum, t. I, Zurich, Christophe Froshover, 1538; Martin Borrhaus, *In Mosem... Commen-*
    tarii, Bâle, J. Oporin, 1555: tous titres cités dans l'inventaire d'A. Ganoczy (*op. cit.*). Rien non
    plus dans les brefs *Talmudica... Commentariola* de Paulus Ricius, Augsbourg, 1519.

sacrifice de son fils Isaac[36]. Au début du XVIIe siècle, le jésuite Cornelius a Lapide – Cornelis Van den Steen – évoque le démon au moment même de l'épreuve en se référant explicitement, mais sans préciser sa source, aux « hébreux »:

> *Abraham maximas circa fidem habuit tentationes eo quod viderentur promissa Dei sibi facta morte Isaac penitus aboleri; quin et Hebraei tradunt tunc ei apparuisse daemonem specie angelica eumque gravissimis verbis deterruisse ab immolando, tanquam a re impia et crudelissima ac Dei voluntati contraria...*[37]

Discours illusoire où ce faux ange venu des «hébreux» parle comme l'Abraham de Bèze se parle à lui-même, quand Satan l'inspire et l'écoute, hésitant à reconnaître la volonté divine dans un ordre si cruel, et, malgré l'écart des dates, c'est peut-être encore une invitation à deviner, à l'arrière-plan de la tragédie, les traditions juives.

Enfin, et cette fois avant que Bèze ait écrit son *Abraham*, un livre imprimé dès 1518 et plusieurs fois réédité évoquait l'épisode en rappelant explicitement une tradition rabbinique. Dans son *De arcanis catholicae veritatis*, Pietro Columna, dit Galatinus, consacrait tout un chapitre au rôle néfaste du diable dans plusieurs récits de l'Ancien Testament et, à propos de l'épreuve d'Abraham, il rapportait, en citant un rabbin, une version de la scène où Satan rejoint Abraham et Isaac sur leur chemin et tente d'arrêter, en l'occurrence, non pas Abraham, mais Isaac:

> *Dixit R. Johanan cum ipsi pariter ambularent venit Satan stetitque ad dexteram Ishac et aït ei [...]: senex iste insaniat et idcirco vadit ad immolandum vel dilaniandum te...*

Isaac se tourne vers son père et Abraham, ici, reconnaissant aussitôt la voix et le rôle du diable, dit à son fils:

> *Ne respicias in eum: non enim venit nisi ad subvertendum [...] nos. Hujusmodi enim est opus ejus a seculo, id est a mundi initio*[38].

Ce texte-là du moins, Bèze a pu le lire, mais il n'en avait pas besoin, à vrai dire, pour définir et dénoncer l'action et le pouvoir de Satan.

On aurait aimé proposer des parallèles plus convaincants, mieux accordés à la chronologie. Reste que le Satan de Bèze, présent avant et pendant le sacrifice,

---

[36] *Op. cit.*, p. 24: *Scriptum est in parva Genesi. Mastiphaten daemonium principem ad Deum accessisse ac dixisse – Si te diligit Abrahamus, immolet tibi filium suum Isaacum.*

[37] Cornelis Van den Steen (Cornelius a Lapide), *Commentaria in Pentateuchum Mosis*, Anvers, 1630, t. I, p. 107, dans l'analyse de la « vertu » d'Abraham.

[38] Galatinus (Pietro Columna), *De arcanis catholicae veritatis... contra obstinatam Judaeorum perfidiam absolutissimus commentarius*, Ortona, 1518, l. XI, ch. 13, f. 302. A partir de 1550, plusieurs éditions à Bâle.

a ses garants dans ces vieilles traditions hébraïques qui se laissent entrevoir dans de savants ouvrages et dont on pourrait sans doute trouver d'autres traces, plus manifestes encore peut-être.

Que Bèze ait eu en tête quelque référence à l'exégèse rabbinique ou qu'il ait conçu par lui-même son personnage diabolique, il s'est trouvé en accord avec ces traditions. Il y avait là un moyen de servir à la fois la tension tragique et la clarté du message: son Satan est un adversaire promis à la défaite, mais bien présent et les bénédictions divines récompenseront la foi et l'obéissance d'Abraham «maugré Satan et toute son envie» (v. 958). Dans le cadre d'une représentation de collège, refusant le pittoresque des mystères comme la rhéto-rique des humanistes, Bèze a écrit une tragédie rigoureusement religieuse, non seulement par son «argument» et son protagoniste, mais aussi par la présence de ce Satan indissolublement lié aux angoisses d'Abraham. Entre psychologie et théologie, les doutes du père des croyants, visiblement inspirés par l'esprit du mal, lui sont à la fois intérieurs et étrangers, suscités au dedans et commandés du dehors: rien ne pouvait mieux figurer l'épreuve par où doivent passer ceux que Dieu appelle au total renoncement. Ce n'est pas par hasard, je crois, que Bèze n'a pas pris pour titre, comme on avait fait avant lui, en français ou en latin, «le sacrifice d'Isaac», mais bien *Abraham sacrifiant*. L'essentiel devait se chercher dans le geste, dans le consentement que le diable et ses ruses son finalement impuissants à empêcher.

Nicole CAZAURAN
Université Paris IV-Sorbonne

1526 – LA BIBLE A LYON:
NOTES SUR JEAN DE VAUZELLES
TRADUCTEUR
DE L'*HISTOIRE ÉVANGÉLIQUE*
D'AMMONIUS

Omnia quae a te veniunt et Germania mihi maxime placent.
Lefèvre d'Etaples à Farel, à Bâle. De Paris, 20 avril 1524

C'est au cours d'une recherche sur la réception française des *Tre libri della Humanità di Christo* de Pierre Arétin que nous avons pour la première fois croisé l'*Hystoire evangelique*[1]: son traducteur, le Lyonnais Jean de Vauzelles, fut en effet aussi le premier à traduire l'ouvrage de l'auteur italien[2]. Une remarque de Will Grayburn Moore dans son étude sur *La réforme allemande et la littérature française* avait éveillé notre curiosité. Elle concernait le séjour à Strasbourg, en 1526, de Jacques Lefèvre d'Etaples et Gérard Roussel:

> ils ont pu faire la connaissance entre autres de l'érudit Othmar Nachtigall, dit Luscinius [...]. Sa traduction latine d'Ammonius attirait l'attention des réfugiés et en 1526 il a paru à Lyon chez Gilbert de Villiers une compilation sous le titre suivant: *Histoire évangélique des quatre évangélistes en ung fidèlement abrégée* [...]. C'est une traduction de la traduction de Luscinius, faite par Jean de Vauzelles[3].

En réalité, puisque l'original grec n'a jamais été retrouvé, des doutes subsistent encore aujourd'hui à propos de la nature du travail du Strasbourgeois

---

[1] ❡Hyſtoire euangeli- || que des quatre euãgeliſtes en ung / fide- || lemẽt abregee / recitãt par ordre ſans ob- || mettre ny adiouſter Les notables faictz || de nr̃eſeigneur ieſuchriſt /ͺ ᵉ touſiours al- || legant les lieux ou plus ample narration || eſt côtenue /ͺ ᵉ en ces petitz dixneuf chapi- || tres redigee au ſoulaigemẽt de la memoi || re de tous chreſtiens. || [5 vignettes sur bois, 21 × 18 mm, représentant les évangélistes et l'adoration des mages] || ℭ Le vendent a Lyon en rue mercyere a || lenſeigne ſainct Iehan baptiſte. || Auec priuilege. – [A la fin:] ℭ Imprime a lyon par Gilbert de || villiers. Lan mil cinq cens. xxvi. Dorénavant, en note, *Hystoire evange-lique.*

[2] Il s'agit des *Trois Livres de l'Humanité de Jesuchrist: divinement descripte, et au vif representée par Pierre Aretin Italien, Nouvellement traduictz en François*, Lyon, Trechsel, 1539.

[3] Strasbourg, Publ. de la Faculté des Lettres, 1930, p. 155.

Othmar Nachtgall, que Du Verdier cite dans sa *Prosopographie* parmi les doctes
personnages de son temps[4]: sa narration de l'histoire évangélique[5] parue en
novembre 1523 à Augsbourg chez Simprecht Ruff, éditeur «au service» de la
Réforme[6], est-elle une traduction ou plutôt une adaptation d'Ammonius?[7]
D'ailleurs, l'attribution même du texte traduit par Nachtgall est loin d'être
certaine: sur la voie d'Eusèbe et de saint Jérôme, on l'attribua d'abord à Ammonius-Saccas[8]; dans plus d'une des *Historiae Patrum* à l'intérieur desquelles il fut

---

4   Lyon, Gryphe, 1573, p. 489. Nachtgall – «homme entre les modernes de non vulgaire erudi-
     tion», comme Vauzelles le définit dans l'épître à Marguerite de Navarre qui précède l'*Hystoire
     evangelique* (*A tresillustre et puissante princesse et dame, ma dame Marguerite de France duchesse
     d'Alencon et de Berry, comtesse D'Armignac avec humble reverence prompte et fidelle servit[u]de
     par ung chevalier de vray zelle presentée*, f. a2r°, dorénavant, en note, *A Marguerite*) – ne semble
     pas jouir de la même fortune au siècle suivant: «ce Traducteur est trop enflé dans son stile, et
     trop étendu dans sa phrase, au jugement de Monsieur Huet [*De interpretatione libri duo*, Paris,
     Cramoisy, 1661, p. 169], qui ajoute qu'il n'observe pas même les ponctuations et les distinc-
     tions de ses Auteurs, ce qui met beaucoup de confusion dans le sens». [A. Baillet], *Jugemens
     des Sçavans*, t. III, Paris, Dezallier, 1685, IV, p. 369-370.

5   *Evangelicae Historiae ex quatuor evangelistis perpetuo tenore continuata narratio, ex Ammonij
     Alexandrini fragmentis quibusdam, e Graeco per Ottomarum Luscinium versa, qua et tedio sacre
     lectionis studiosorum succurrit, et ordine pulcherrimo mire iuvant memoria*. Dorénavant, en
     note, *Evangelicae Historiae narratio*. La page de titre renvoie aussi à quelques compositions de
     Saint Grégoire de Naziance contenues – tant dans la version grecque que dans la traduction
     latine de Nachtgall – à l'intérieur du même volume (f. G3v°-I4r°). Elles ne seront pas
     traduites par Vauzelles, qui ne rapporte pas non plus la *Tabella evangeliorum quibus utimur in
     sacro, Sub quo numero quodvis comprehendatur* (f. G2r°-v°).

6   En premier lieu pour des raisons économiques: cf. H.-J. Künast, «*Getruckt zu Augspurg*».
     Buchdruck und Buchhandel in Augsburg zwischen 1468 und 1555, Tübingen, Niemeyer, 1997,
     p. 67, et H. Gier-J. Janota, *Augsburger Buchdruck und Verlagswesen*, Wiesbaden, Harrassowitz,
     1997, p. 1218. Le nom de Nachtgall figure dans la liste des correcteurs de cette maison d'édi-
     tion: J. Benzing, *Die Buchdrucker des 16. und 17. Jahrhunderts im deutschen Sprachgebiet*, Wies-
     baden, Harrassowitz, 1982, p. 16.

7   La plupart des répertoires parlent de traduction ou de version latine, ainsi que Niceron
     (*Memoires*, Paris, Briasson, 1735, XXXII, p. 295) et Picot (*Les Français italianisants au seizième
     siècle*, Paris, Champion, 1906, p. 119). D'après la *Bibliographie* de Cioranescu, au contraire,
     l'*Histoire évangélique* a été résumée par Nachtgall et traduite par Vauzelles (Genève, Slatkine
     Reprints, 1975, p. 680); de même, dans le chapitre de la *Bibliographie des livres imprimés à Lyon
     au seizième siècle* consacré à l'éditeur de l'*Hystoire evangelique*, Gilbert de Villiers, on affirme
     qu'il s'agit d'une «version abrégée de l'Ammonius, traduite en français par Jean de Vauzelles»
     (Baden-Baden et Bouxwiller, Körner, 1995, III, p. 19). Le sujet a été largement développé par
     T. Zahn (*Forschungen zur Geschichte des neutestamentlichen Kanons und der altkirchlichen Lite-
     ratur. I. Theil: Tatian's Diatessaron*, Erlangen, Deichert, 1881, p. 313-317); la question reste
     pourtant ouverte. Les doutes concernant l'original grec avaient d'ailleurs déjà circulé parmi
     les compilateurs de «bibliothèques» ecclésiastiques: cf. l'entrée *Ammonius* de la *Nouvelle
     Bibliotheque des auteurs ecclésiastiques* de Louis Ellies Du Pin (Paris, Pralard, 1693, I, p. 120).

8   Cf. Eusèbe, *Histoire ecclésiastique*, VI, XIX; saint Jérôme, *Les hommes illustres*, ch. 55. C'est le
     passage auquel fait référence Vauzelles dans son épître à Marguerite, où il ne semble mettre
     nullement en doute l'attribution de saint Jérôme: «Ottomarus Luscinius [...] habondamment

inséré au cours du XVIe et du XVIIe siècle[9], à Tatien, apologiste du IIe siècle, rédacteur d'une synopse dont le texte de Nachtgall constituerait une version abrégée[10]. Dès le XIXe siècle, les érudits ont plutôt tendance à l'attribuer à un ecclésiastique homonyme du IIIe siècle[11].

Or, c'est probablement même à cause de tous ces mystères qui entourent encore la version grecque et latine de *l'Histoire évangélique* qu'on a très peu étudié la traduction de Vauzelles, en plus désormais très rare, vu qu'on connaît un seul exemplaire conservé à la British Library[12]. Le peu de spécialistes qui, en

---

beneficie des tresors de Amonius alexandrin homme par le tesmoignaige de sainct Hierosme tenu en son temps grant et catholique philozophe» (f. a2r°-v°). Pourtant, Nachtgall même s'était montré prudent dans l'épître dédicatoire à l'évêque d'Augsbourg Christophe de Stadion : *nec minorem Ammonius alexandrinus, in cuius fragmenta iampride incidimus, modo fallax non sit titulus* (*Reverendissimo in Christo patri et domino. D. Cristofero*, in *Evangelicae Historiae narratio*, f. A2v°).

9 Cf. T. Zahn, *op. cit.*, p. 314.

10 L'attribution à Tatien est aussi présente dans quelques répertoires : Cf. C. G. Jöcher, *Allgemeines Gelehrtenlexicon*, Hildesheim, Olms, 1961, IV, p. 183, et *Nouvelle Biographie générale* (dir. M. le Dr Hoefer), Paris, Firmin Didot, 1863, XXXVII, col. 109. Mais Zahn semble exclure cette hypothèse (*op. cit.*, p. 328). Elle avait d'autre part été mise en doute dès la parution de ces *Historiae Patrum* (L.E. Du Pin, *op. cit.*, I, p. 120).

11 Cf. L.-J. Dehaut, *Essai historique sur la vie et la doctrine d'Ammonius-Saccas, chef d'une des plus célèbres écoles philosophiques d'Alexandrie*, Bruxelles, Hayez, 1836, p. 84. L'attribution à un auteur anonyme avait elle aussi été déjà avancée au cours du XVII[e] s. ; on la retrouve p. ex. chez le P. Oudin, dont le témoignage sera repris à l'entrée *Ammonius-Saccas* (note G) du *Dictionnaire* de Bayle : *Supplementum de scriptoribus vel scriptis ecclesi[as]ticis a Bellarmino omissis*, Paris, Dezallier, 1686, p. 15. Les doutes concernant l'attribution de la version grecque circuleront aussi parmi les non-spécialistes grâce à l'entrée du *Manuel du libraire* de Brunet (Paris, Didot, 1862, III, col. 203). Comme si la confusion n'était pas suffisante, celui-ci reprend en effet le témoignage de Du Verdier (*Bibliotheque*, Lyon, Honorat, 1585, p. 935) concernant l'existence d'une seconde traduction. D'après Brunet deux versions latines différentes seraient à l'origine des deux textes français : la traduction de Nachtgall et une *Quatuor evangeliorum consonantia ab Ammonio Alexandrino congesta et a Victore capuano episcopo translata*, Mayence, off. J. Schoeffer, fév. 1524, in-8°.

12 British Library C. 111. aa. 11. Un volume in-8° de 89x129 mm, de 44 feuillets, imprimé en caractères gothiques sans pagination ni réclame ; signatures a⁸-e⁸ ; f⁴. Deux gardes (dont l'une marbrée sur le *recto*) accompagnent la reliure en maroquain olive, avec encadrement de filets et fleurons d'angle dorés sur les plats, datant selon Philippa Marks, conservateur de la British Library que nous tenons ici à remercier, de la fin du XIXe ou du XXe siècle. Au dos, également encadré de filets dorés : HISTOIRE EVANGELIQUE. LYON. DE VILLIERS. 152 (dernier chiffre manquant pour reliure abîmée). Tranches dorées. Au feuillet f4v° une estampille de couleur rouge – indiquant donc que le livre a été acheté et non pas légué à la bibliothèque – enregistre sa date d'entrée : «British Museum 7 Ju [18]71». Un exemplaire de l'*Hystoire evangelique* figurait dans le catalogue de vente après décès d'un célèbre bibliophile lyonnais du XIXe siècle : «pet. in-8, goth. mar. ol. compart. tr. dor. (Koehler)». *Catalogue des livres rares et précieux de la bibliothèque de feu M. J. L. A. Coste [...] Dont la vente aura lieu le lundi 17 avril 1854*, Paris-Lyon, Potier-Jannet-Brun, 1854, p. 4, n. 25.

passant, y ont fait référence, ne semblent certes pas du reste lui attribuer beaucoup d'importance. D'après Natalie Zemon Davis par exemple, il s'agit d'un
ouvrage qui ne contient rien de dangereux du point de vue idéologique, même
pas à l'intérieur de la préface ajoutée *ex-novo* par le traducteur français et dédiée
à un personnage engagé comme Marguerite de Navarre[13]. Pour Alison Saunders, l'*Hystoire evangelique* «is also [comme les traductions d'Arétin] a translation of a similarly devotional work, but this time a second-hand one»[14]. Et les
jugements ne changent nullement si l'on interroge les érudits qui se sont consacrés à l'étude du texte latin: si Theodor Zahn définit son contenu inoffensif[15],
selon Charles Schmidt «dans la dédicace [...] rien ne se rapporte aux controverses religieuses du temps»[16]. Pourquoi donc ce texte aurait-il dû attirer,
comme Moore l'affirme, l'attention des réfugiés?

Certes, après 1525, toute publication permettant de contourner l'édit qui
interdit en France d'imprimer ou de vendre le Nouveau Testament en langue
vulgaire – qu'il s'agisse d'un extrait ou d'un développement peu importe – ne
peut être que bien accueillie[17]. En outre on assiste en général à partir des années
1520-1523 à une progression d'intérêt pour la production des humanistes allemands de la part des éditeurs français; et, si les relations d'imprimerie que Strasbourg a établies avec la France datent déjà de plusieurs décennies, Lyon, qui
craint moins que Paris la censure de la Faculté de Théologie, joue un rôle privilégié dans tous les échanges libraires avec l'Allemagne[18]. Sans même avoir
recours à l'hypothèse de Moore, selon qui Vauzelles aurait fait partie avec
Lefèvre et Roussel du groupe des réfugiés strasbourgeois[19], on pourrait donc
supposer, avec Natalie Zemon Davis, que le futur traducteur ait acheté à la foire
de Lyon le texte de Nachtgall[20].

Tout cela bien considéré, sa décision de traduire l'*Evangelicae Historiae
narratio* reste assez curieuse. Surtout si l'on tient compte de la personnalité
plutôt complexe de l'auteur allemand. «Increasingly alienated from the Stras-

---

[13] «Holbein's *Pictures of Death* and the Reformation at Lyons», *Studies in the Renaissance*, III,
1956, p. 113.

[14] «Jean de Vauzelles – Moralist and Blasonneur», *Studi Francesi*, 71, mai-août 1980, p. 281.

[15] *Op. cit.*, p. 314.

[16] *Histoire littéraire de l'Alsace à la fin du XVe et au commencement du XVIe siècle*, Paris, Sandoz
et Fischbacher, 1879, II, p. 195.

[17] W.G. Moore, *op. cit.*, p. 156.

[18] P. Aquilon, «La réception de l'humanisme allemand à Paris à travers la production imprimée:
1480-1540», *L'humanisme allemand (1480-1540)*, München-Paris, Fink-Vrin, 1979, p. 45-80.
W.G. Moore, *op. cit.*, p. 90 et 154; R. Peter, «La réception de Luther en France au XVIe
siècle», *Revue d'histoire et de philosophie religieuses*, janv.-juin 1983, p. 75.

[19] *Op. cit.*, p. 155.

[20] *Art. cit.*, p. 113.

bourg intellectuals for religious reasons»[21], Nachtgall a en réalité déjà quitté Strasbourg à l'époque de Lefèvre et de Roussel, et encore à cause d'un prêche contre Luther et les anabaptistes semble-t-il, il devra quitter Augsbourg pour Fribourg en 1528[22]. Même si la plupart des critiques n'ont pas manqué de souligner sa fidélité au parti catholique[23], ou du moins sa volonté de rester en dehors de la mêlée[24], cet ami-ennemi d'Erasme, fut, comme Saulnier l'a remarqué, un «polémiste à la dent dure»[25]. En feuilletant ses nombreux ouvrages, des questions brûlantes viennent en effet facilement à la surface: ainsi, dans plus d'un écrit défend-il le recours à la tradition païenne que ses maîtres avaient abandonnée au nom de la seule tradition chrétienne[26]; mais de façon aussi constante on retrouve à l'intérieur de ses livres l'expression de son mépris pour les études théologiques telles qu'elles sont pratiquées dans la plupart des écoles et l'invitation à la lecture directe de la Bible[27]. La question reste donc ouverte: qu'est-ce qui a attiré l'attention des réfugiés à l'intérieur de cette histoire évangélique?

---

[21] M. U. Chrisman, «Ottmar Nachtgall», *Contemporaries of Erasmus,* éd. P. G. Bietenholz-T. B. Deutscher, Toronto-Buffalo-London, Toronto U. P., 1987, III, p. 3. Ses problèmes avaient d'ailleurs commencé depuis quelques années: cf. M. Albus-C. Schwingenstein, «Luscinius», *Neue Deutsche Biographie*, Berlin, Duncker & Humblot, 1987, XV, p. 532.

[22] *Nouvelle Biographie générale, op. cit.*, col. 109.

[23] J. Gass, «Otmar Luscinius, l'humaniste alsacien», *Revue catholique d'Alsace*, janv.-fév. 1936, p. 8; M. Albus-C. Schwingenstein, *op. cit.*, p. 532; M.U. Chrisman, *op. cit.*, p. 3; J.-F. Maillard-J. Kecskeméti-M. Portalier, *L'Europe des humanistes (XIVᵉ-XVIIᵉ siècles)*, [Turnhout], Brepols, 1995, p. 317.

[24] Ch. Schmidt, *op. cit.*, II, p. 193; P. Bolchert, «Othmar Nachtgall (Luscinius). Ein elsässischer Humanist», *Neue Erwinia*, 1913-1914, 5. Heft, p. 255.

[25] «Lucinius», *Dictionnaire des Lettres Françaises. Le seizième siècle*, Paris, Fayard, 2001, p. 759. Sur les rapports souvent tendus entre Nachtgall et Erasme, tels qu'en témoigne la correspondance de ce dernier, cf. Ch. Schmidt, *op. cit.*, II, p. 202-205, et M.U. Chrisman, *op. cit.*, p. 3-4.

[26] P. ex. dans la préface à sa traduction latine des *Dialogues des dieux* de Lucien, lorsqu'il s'agit de justifier le choix d'éditer un auteur païen: *at dicent: quae dementia, Lucianum christiano adhibere legendum: in quo nil praet Iovis stupra, raptus, adulteria, παιδεραστίαν, et alia id genus fide carentia cognoscere liceat? Respondeo: Quisquis is est, qui fabulosa atque sceleribus scatentia legere dedignant: caveat quaeso, ne hebraeorum archana legendo penetret, Othomarus Nachtgall Argentinus, Ioanni Schotto municipi suo S.,* in *Luciani Samosatensis Deorum Dialogi numero. 70.*, Strasbourg, Schott, 1515, f. a2r°. Cf. Ch. Schmidt, *op. cit.*, II, p. 179-180, 183, et A. Schröder, «Beiträge zum Lebensbilde Dʳ Otmar Nachtgalls», *Historisches Jahrbuch*, 1983, p. 96.

[27] Et non seulement à l'intérieur d'ouvrages de caractère théologique, comme les *Allegoriae Psalmorum Davidis*, mais aussi dans une collection d'anecdotes, ses *Joci ac sales,* où il est question de *Theologos Sophisticos, in perpetuis concertationibus dialecticis occupatos* (n. VIII) ou des scolastiques parisiens (n. LXXXIII). *Ioci ac sales mire festivi, ab Ottomaro Luscinio Argentino partim selecti*, Augsbourg, Ruff, 1524, f. B1r° et f. F4r°-F5r°. Cf. Ch. Schmidt, *op. cit.*, II, p. 195-197, et A. Schröder, art. cit., p. 98. Sur la génération des maîtres, leur «réprobation des poètes profanes» et leur «respect profond pour 'la subtile dialectique et pour la théologie disputative qui procède par questions'», cf., outre Ch. Schmidt (I, p. XXIV-XXV), F. Rapp, «Le livre: Wimpheling et ses amis», *Réformes et Réformation à Strasbourg. Eglise et société dans le diocèse de Strasbourg (1450-1525)*, Paris, Ophrys, 1974, p. 160-169.

Pour mieux comprendre les raisons de l'intérêt suscité par le texte de Nacht-gall, il sera tout d'abord utile de chercher à situer plus précisément dans le temps l'opération de Vauzelles. L'épître à Marguerite qui précède *l'Hystoire evangelique* (f. a2r°-a7v°) peut se révéler, même de ce point de vue, très significative. Le traducteur français, en comparant la sœur du roi à deux célèbres figures de médiatrices de l'histoire juive et romaine – Abigaïl, femme de Nabal et future femme de David, et Veturia, mère de Coriolan[28] – fait en effet référence à son voyage en Espagne pour négocier la libération de François Ier, prisonnier après la défaite de Pavie. A l'époque de sa rédaction, Marguerite a déjà quitté Lyon et «ouzé entreprendre [...] d'aller en si loingtain et estrange pays»[29], mais elle n'est pas encore rentrée de sa mission puisque les négociations sont encore ouvertes[30]: c'est donc entre le 16 août 1525, date du départ de Lyon, et le 27 novembre de la même année, date du départ de Madrid, qu'il faut situer la composition de cette préface, sinon la mise au point de l'ouvrage tout entier[31]. Il s'agit d'un moment d'extrême faiblesse du mouvement évangélique, qui a perdu le soutien de Marguerite à cause de son absence: le 28 août le Parlement condamne la traduction du Nouveau Testament de Lefèvre; au début d'octobre commence son exil à Strasbourg, d'où il ne reviendra qu'en avril 1526, un mois après le retour de François Ier[32].

Voilà donc que la nécessité incontournable de transmettre la doctrine, exprimée dès les premières lignes de cette préface et illustrée à travers le recours à la parabole des talents (Mt XXV, 14-30)[33], acquiert dans de telles circonstances

---

[28] «Et vous y estez pourtée en sorte, [...] qu'en vous l'on a peu voyr resuscitée Veturia celle noble romaine si aux Espaignes se peult trover ung raisonnable Coriolam. Car si Abigayl, la prudence de la quelle representez eust ceste grace envers David de sauver son tant mauvais mary: bien seront cruelz ceulx ausquelz ne persuaderes la delivrance du tel et si noble prince». *A Marguerite*, f. a5r°-v°. Cf. Plutarque, *Vies*, t. III, *Périclès-Fabius Maximus – Alcibiade-Coriolan*, Paris, Belles Lettres, 1964, p. 210-216; I Samuel XXV, 14-38.

[29] *A Marguerite*, f. a5v°.

[30] «Dieu vous vueille conceder treshaulte et puissante princesse l'heureux retour»; «bien seront cruelz ceulx ausquelz ne pesuaderes la delivrance du tel et si noble prince». *Ibid.*, f. a7v° et a5v°.

[31] Cf. P. Jourda, *Marguerite d'Angoulême. Duchesse d'Alençon, Reine de Navarre (1492-1549). Etude biographique et littéraire*, Paris, Champion, 1930, I, p. 112 et 130. R. Peter anticipe de quelques jours le départ de Lyon («Strasbourg et la Réforme française vers 1525», *Strasbourg au cœur religieux du XVIe siècle*, Strasbourg, Istra, 1977, p. 272).

[32] Cf. M. Veissière, *L'évêque Guillaume Briçonnet (1470-1534). Contribution à la connaissance de la Réforme catholique à la veille du Concile de Trente*, Provins, Société d'histoire et d'archéologie, 1986, p. 369-370; R. Peter, «Strasbourg et la Réforme», art. cit., p. 269-283 (notamment les p. 272 et 275) et D. Crouzet, «Une année de mutation dans le rapport de forces: 1525», *La genèse de la Réforme française 1520-1560*, Paris, SEDES, 1996, p. 170-195.

[33] «L'Office principal des humains [...] me semble estre tel. Que tout ainsi qu'ilz ont estés enrichis en doctrine du labeur des antiques studieux, semblablement se doyvent ilz esvertuez d'eslargir des mesmes richesses à leurs successeurs. Affin que la somme d'argent à eulx prestée, ne

une signification bien précise et riche d'implications. Il s'agit, il est vrai, du vieux *topos* d'exorde illustré par Curtius[34], mais qui est ici savamment enrichi d'un trait bien contemporain faisant écho aux soucis exprimés par le guide du mouvement évangélique dans l'*Epistre exhortatoire*, datée de Meaux 8 juin 1523, précédant la première partie de sa traduction française de l'Evangile[35]: «Ottomarus pour en thesauriser à nostre posterité a traduict de grec en latin ce livre [...]. Et laquelle richesse ne m'a semblé estre souffisamment despartie si semblablement les ignorans du latin n'estoient faitz participans de ce que dieu a commandé estre presché à toute creature»[36].

Le fait d'augmenter de façon si importante, à travers la traduction en langue vulgaire, l'étendue des bénéficiaires directs du texte sacré – seul instrument de salut[37] – requiert évidemment de la part de Vauzelles de nouvelles garanties par rapport à son prédécesseur. Ainsi reprend-il de la préface de l'auteur allemand le renvoi à deux garants de choix, Augustin et Juvencus, pour les insérer dans l'épître *Aux lecteurs* (f. f3r°-v°)[38]; et dans l'épître à Marguerite, il se préoccupe de souligner les limites de son intervention: il a simplement «par ordre recité à une

---

[footnote sans numéro] soit en terre (comme l'evangelique doctrine le deffend) inutillement mussée». *A Marguerite*, f. a2r°.

[34] *La littérature européenne et le Moyen Age latin*, Paris, PUF, 1956, I, p. 160-161.

[35] «Que ung chascun qui a congnoissance de la langue gallicane et non point du latin soit plus disposé à recevoir ceste presente grace». E. Rice Jr., *The Prefatory Epistles of Jacques Lefèvre d'Etaples and Related Texts*, New York-London, Columbia U. P., 1972, p. 450.

[36] *A Marguerite*, f. a2v°.

[37] Cf. la préface de Lefèvre d'Etaples aux *Commentarii initiatorii in quatuor evangelia* (1522), in G. Bedouelle, *Lefèvre d'Etaples et l'Intelligence des Ecritures*, Genève, Droz, 1976, p. 159.

[38] Nachtgall et Vauzelles éprouvent le même souci de garantir leur travail à travers des modèles prestigieux; pareil est leur choix; les accusations éventuelles qui semblent les préoccuper ne coïncident pourtant pas: *O he tu qui manus admoliris rei sacre, atque invertis omnia, Num tuam malis quam Evangelistarum legi editionem? Primum respondeo non meum hoc esse exemplum, Iuvencus heroicis versibus iamdudum cecinit alijs verbis Evangelium, [...] Et docet sacer Augustinus qua ratione una narratio omnium quatuor complecti possit dicta* (*Reverendissimo in Christo patri et domino. D. Cristofero*, in *Evangelicae Historiae narratio*, f. A2v°). «Cy finist prudens (lecteurs l'hystoire) [...] evangelique par sainct Augustin jadis ainsi des quatres en ung desirée, [...] dira paraventure quelcun, tu nous as changé icy les parolles ausquelles estoit une secrete vertu, [...] auroyt aussi grandement failly [...] Juvencus, qui mist en vers latins les evangelistes» (*Aux lecteurs*, in *Hystoire evangelique*, f. f3r°-v°). La question assez délicate touchant l'origine du caractère sacré de l'Ecriture (cf. F. Giacone, «Bonaventure Des Périers et la Bible d'Olivétan», *Studi di storia della civiltà letteraria francese. Mélanges Sozzi*, Paris, Champion, 1996, p. 199) ne constituera évidemment plus un problème au moment de traduire le remaniement d'Arétin: un seul garant sera alors suffisant à «autoriser» une justification qui a bien plus le goût d'un banal *topos* de modestie (cf. E. R. Curtius, *op. cit.*, p. 154-158): «je m'excuseray de la hardiesse que m'en a donné sainct Paul, qui se resjouyt de tous ceulx, qui en toutes manieres, soit par occasion, ou par verité, qui toutesfoys annuncent CHRIST, comme a faict mon vray zele plus selon devotion, que selon la science à ce requise». *A la Royne de Navarre*, in *Trois Livres, op. cit.*, f. *6r°.

foys ce que par les quatre estoit sans ordre plusieurs foys redit»[39], n'ayant eu pour but que le «soulaigement de [l]a memoyre»[40]. Mais encore plus que son prédécesseur ne l'avait cru, il se fait un devoir de préciser que dans ce texte il «n'est contenu que ce qu'ilz ont escript [...] allegant tousjours ce que l'ung et l'autre a dit et en quel chappitre [...] sans riens y preposterer ny adjouster»[41]. Comme Nachtgall, Vauzelles est en somme très conscient du danger que court ce «temerayre qui ose mettre la main à chose si sainctemant et par le sainct esperit recitée»[42]; en plus, la nouvelle conjoncture porte le chevalier de l'Eglise de Saint Jean à concevoir son opération comme un véritable combat[43]: c'est la lutte pour la parole de Dieu que le tout nouvel Isaac doit entreprendre avec les modernes Philistins, essayant à plusieurs reprises, après l'avoir chassé de ses terres, de combler les puits d'eau saillante qu'il vient de découvrir (Gn XXVI, 14-15 et 18)[44]. Ainsi que face à ce déluge universel qu'a été pour la France la défaite de Pavie, l'invitation du traducteur français est alors à réagir; et dans une bataille comme dans l'autre, c'est en Marguerite, «recours des chetifz» et des «persecutés», qu'est naturellement placé tout espoir[45]. Dans cette épître, Vauzelles semble donc non seulement précéder ses contemporains dans la mise au point d'un portrait de Marguerite centré avant toute chose sur l'engagement spirituel d'une noble femme qui se distingue, au delà de ses nombreuses vertus, par «chrestienne devotion»[46], et qui privilégie la fréquentation des textes sacrés

---

[39]   *A Marguerite*, f. a2v°.

[40]   *Ibid.*, f. a3r°.

[41]   *Ibid.*, f. a3r°-v°.

[42]   *Ibid.*, f. a3r°.

[43]   «Affin que je entre les chrestiens ne pourtasse le nom de chevallier en vain, et que entre tant de fideles combatans comme fuitifz des coups ne fusse reputé lasche et cohard me suis aventuré (puis qu'aultre chose ne povoys) à servir en ceste spirituelle bataille de l'office d'ung truchemant». *Ibid.*, f. a2v°.

[44]   «Par lequel [livre de l'*Hystoire evangelique*] sans extravaguer à moins poures estre guidés à la fontaine de l'eau salliante en la vie eternelle, [...] ouverte par ung mansuete Isaac maulgré les philistins, taschans la combler par leur sablonneuse et terrienne doctrine». *Aux lecteurs*, in *Hystoire evangelique*, f. f3v°. Le même *exemplum* avait été employé par Erasme dans la *Lettre à Paul Voltz* qui précède la plus célèbre parmi les exploitations modernes de la métaphore militaire, familière depuis saint Paul (Ep VI, 10-17): *Enchiridion militis christiani*, intro. et trad. A. J. Festugière, Paris, Vrin, 1971, p. 75.

[45]   «Dieu vous vueille conceder treshaulte et puissante princesse l'heureux retour de la colombe par Noel envoyée apres l'innundation universelle. Et aporter la branche d'olive à la reste de la noblesse de France saulvée d'ung si grant deluge que celluy de Pavie et laquelle soygneuse-ment vous attent en l'arche de bonne esperance fabriquée par vostre prudente consolation et esperit celeste». *A Marguerite*, f. a4r° et a7v°. Gn 8, 10-11 et 6, 14-16. Il s'agit d'un sentiment répandu parmi ses contemporains: cf. G. Crouzet, *op. cit.*, p. 170.

[46]   *A Marguerite*, f. a4v°. Dans un article consacré à «Marguerite de Navarre et ses poètes italiens», R. Cooper observe à propos d'une ébauche circulant dès la fin des années 1520 de ce

sur toute lecture profane[47]; Marguerite résume en elle, et dépasse même, la force et le courage – «l'audace vertueuse», la «non ja femenine mais plus que virille magnanimité» – des grandes femmes et des grands hommes du passé[48]. Marguerite (ré)agit. Et il n'est pas seulement ici question de stratégie politique; une telle affirmation ne peut pas être exempte d'une interprétation religieuse, si l'on vient de déclarer comme Vauzelles: «vous y estez pourtée en sorte, non seulement par bonnes admonitions et devotes prieres par lesquelles à l'exemple de Moyse tous chrestiens doyvent principallement batailler. Mais aussi de faict»[49].

Une hypothèse de lecture que l'image du puits d'eau saillante, mentionnée plus haut, semblerait confirmer. Telle image en effet, qui clôt l'épître *Aux lecteurs* postposée à la traduction française du texte d'Ammonius et sur laquelle s'achève donc toute l'opération de Vauzelles, ne symbolise pas seulement l'Evangile. Certes, c'est bien là l'interprétation la plus évidente: c'est celle que donne Lefèvre en commentant la promesse faite par Jésus à la Samaritaine (Jn IV, 1-30) – «ceste eaue est l'esperit et l'intelligence par foy du nouveau testament»[50] –; c'est aussi celle que, dès sa première publication de caractère théologique – une édition des Commentaires sur les épîtres de saint Paul attribuée à Haymon de Halberstadt (1519) – Nachtgall même avait avancée en invitant ses contemporains à quitter, face aux questions stériles, les eaux troubles pour revenir à des sources plus pures[51]. Mais déjà dans la préface à sa traduction latine

---

[47] qui allait devenir le portrait type de la princesse: «Alamanni ne fait ici qu'une allusion en passant à la piété de la reine, et ne dit rien de ses écrits, aspects qui seront développés à une date ultérieure». Et à propos d'un poème du même auteur datant de 1530: «voici pour la première fois chez les panégyristes de Marguerite la notion d'un être éthéré qui ne songe qu'aux choses de l'esprit et qu'au bien de l'église». *Litterae in tempore belli. Etudes sur les relations littéraires italo-françaises pendant les guerres d'Italie*, Genève, Droz, 1997, p. 175.

[47] «Je mentiroys si des vostre jeunesse ne vous estes tellement en yceulx delectée et occupée que maintenant avec eulx avez telle habitude, que soit en chambre, en sale, en chariotz, ou leitiere, comme l'ethiopien de la royne Candaces vostre principal solaige s'adonne à lire ou mediter aux divins escriptz, en sorte que aux pris d'iceulx, cortisannes confabulations vous faschent, curieux honneurs vous ennuyent et toutes aultres hystoires, tant singulieres soient elles ne vous semblent que vanité». *A Marguerite*, f. a3v°-a4r°. Le parallèle avec le personnage biblique (Ac VIII, 27-28) donne encore plus d'autorité à une image de Marguerite qui va vite s'imposer. Cf. *Œuvres françoises de Bonaventure Des Periers*, éd. L. Lacour, Paris, Jannet, 1856, I, p. XX. Naturellement, même dans l'épître *A la Royne de Navarre* qui précède sa traduction des *Tre libri* d'Arétin, Vauzelles ne manquera pas de faire allusion à la passion qu'elle éprouve dès sa jeunesse pour la lecture des textes sacrés: «tousjours avez es sainctz escriptz pris voz peculieres delectations» (f. *5v°).

[48] *A Marguerite*, f. a6r°.

[49] *Ibid.*, f. a5r°-v°.

[50] Le passage est tiré de l'*Epistre exhortatoire*, datée de Meaux, 6 nov. 1523, qui précède sa traduction de la seconde partie de l'Evangile. Nous citons encore d'après le recueil de E. Rice, *op. cit.*, p. 458.

[51] Cf. Ch. Schmidt, *op. cit.*, II, p. 185.

d'Ammonius, l'auteur allemand avait doublé la métaphore de l'eau de nouvelles références bibliques et donc de nouvelles significations : sans oublier les ruisseaux longtemps infectés par les doctrines humaines – *per tot saecula deducti rivuli non sint aliqua ex parte* – le renvoi est aux psaumes : *id quod in primo psalmo coelestis ille spiritus pollicetur, beatum praedicans qui in dominica lege die ac nocte meditetur, atque in ea omnem voluntatem constituat. Fore enim ut ceu arbor fluentis irrigua, ad bonam frugem perveniat, folijs virentibus perpetuo vestiatur, et omnia quaecunque foecerit, feliciter cedant*[52]. Déjà chez le prédécesseur de Vauzelles, le thème de la corruption du texte sacré « par les traditions humaines »[53] s'enchaîne donc étroitement à une autre question d'une actualité brûlante, celle du rapport entre la foi et les œuvres. L'idée avait été d'ailleurs encore plus clairement développée par Nachtgall à l'entrée *Aqua* de ses *Allegoriae Psalmorum*, parues à Augsbourg, chez Simprecht Ruff, en 1524 :

> *aqua in scripturis bifariam accipitur, aut enim de fontana et pura fit sermo, quae videlicet nihil terrenarum sordium habet admixtum, tum recte doctorem illum, coelestem spiritum accipimus [...]. Proinde fontium ea vis est, ut non sinant arbores arescere, sed perpetuo irrigant, erumpentibus undique scaturiginibus, adeo ut non videatur possibile sterilem invenire arborem, cuius radices solo fontibus irriguo inhaeserint*[54].

« Un arbre se connaît à ses fruits »[55]. S'il y a la foi, il y a les œuvres. Ce qui nous permet de mieux interpréter l'attaque même de la préface à l'*Evangelicae Historiae narratio*, opposant la sagesse divine – *casta [...], deinde pacifica, modesta, tractabilis, plena misericordia, et fructibus bonis, absque diiudicatione, ac sine simulatione* – à la sagesse humaine, qui porte à *insolentius intumescere*, mais surtout qui *vitam nullius reddit meliorem*[56]. Nachtgall cite ici explicitement un passage de l'*Epître de Jacques* (III, 13-18). Or, le choix de cette source, d'un livre que Luther avait jugé apocryphe et non apostolique, ne peut pas être fortuit. La thèse de Schmidt, selon laquelle aucune allusion aux querelles religieuses du temps ne serait présente dans la préface à l'*Evangelicae Historiae narratio* semble ainsi

---

[52] *Reverendissimo in Christo patri et domino. D. Cristofero*, in *Evangelicae Historiae narratio*, *op. cit.*, f. A1v°.

[53] L'idée est naturellement présente même chez Lefèvre, notamment dans l'*Epistre exhortatoire* qui précède sa traduction française de la première partie de l'Evangile : cf. E. Rice, *op. cit.*, p. 450.

[54] *Allegoriae Psalmorum Davidis prophetae, secundum literarum ordinem ab Ottomaro Luscinio, Argentino summa scripturarum fide tractatae*, Augsbourg, 1524, f. a6r°-v°. Cf., à propos de ce texte, G. Bedouelle, *Le Quincuplex Psalterium de Lefèvre d'Etaples. Un guide de lecture*, Genève, Droz, 1979, p. 240.

[55] Erasme, *op. cit.*, p. 155.

[56] *Reverendissimo in Christo patri et domino. D. Cristofero*, in *Evangelicae Historiae narratio*, *op. cit.*, f. A1v°.

vaciller. Surtout quand on arrive à préciser, comme le critique le fait quelques pages plus loin en parlant de l'aversion de Nachtgall pour les disputes bruyantes : « la question de la foi et des œuvres, qui formait l'objet fondamental de la lutte, ne lui semblait être qu'un de ces problèmes si souvent et si vainement examinés par les scolastiques »[57].

Mais s'il vaut mieux ne pas se hâter de conclure sur la présence d'un potentiel idéologique plus ou moins important à l'intérieur de ce texte, il serait également faux de ramener son auteur à un parti ou à un autre avec autant de précipitation : le refus des disputes théologiques qui conduisent inévitablement à la violence, et l'apologie d'une sagesse porteuse de paix et de bonnes œuvres, ne suffisent pas, comme d'autres critiques le voudraient, à faire de Nachtgall un catholique orthodoxe[58]. Et encore moins à trancher sur la position de son traducteur. La question mérite d'être approfondie. Comme l'établissement de nouveaux rapprochements entre les déclarations d'intention exprimées par le traducteur français et le guide du mouvement évangélique – admirateurs présumés de l'œuvre de Nachtgall – ainsi que la production contemporaine de l'auteur allemand viennent de le montrer. Comme l'analyse du texte latin et de sa version française, après celles des préfaces, vont le révéler. Puisque, au-delà des garanties de transparence et d'adhésion au texte de l'Evangile, ce « résumé » et cette traduction, ainsi que tout résumé ou toute traduction établissant une hiérarchie de ce qui peut être dit, sont, loin de la neutralité, une opération idéologique[59].

---

[57] *Op. cit.*, II, p. 195 et 200.

[58] A. Schröder, art. cit., p. 89 et 94. La thèse de Schröder a été réfutée par F. Roth, *Augsburgs Reformationsgeschichte 1517-1530*, München, Ackermann, 1901, p. 147.

[59] Nous avons séparément pris en examen, au cours de notre étude, les écarts entre le texte latin et français que nous avons estimés utiles à l'illustration des différentes étapes de notre démonstration. Pour mieux évaluer leur portée, il reste toutefois nécessaire, avant de passer à l'analyse du texte, d'ouvrir une parenthèse touchant l'orientation d'ensemble qui a guidé l'opération du traducteur français. Vauzelles montre en général un certain esprit d'indépendance par rapport au texte latin : contrairement à ce qu'il fera au moment de traduire le remaniement évangélique de l'Arétin, il n'adhère pas toujours parfaitement au texte, sa traduction est loin d'être littérale. On dirait que la tendance générale est à la réduction. Le même besoin de mettre un certain ordre, en simplifiant, qui a guidé ses changements concernant la composition typographique – une séparation plus nette des chapitres, p. ex., simplement signalée dans le texte latin par une manchette et un alinéa – est probablement à l'origine de la coupure de ces précisions, de ces détails jugés superflus : la suppression de noms propres de lieu – *venit in oras Dalmanutha* (f. C2r°) / « s'en vint jusques oultre la mer » (f. c3r°) – ou de personne – *Epulone* (f. D1v°) / « le riche » (f. c8r°) – ainsi que des indications de nature qualitative – *Herodes interim tetrarcha* (f. B4v°) / « Herodes » (f. b8v°) – ou quantitative – *decem argenteos* (f. E3v°) / « pour argent » (f. e1v°). Si l'orientation est à couper court – *salutem eo die huic domui contigisse ait Jesus* (f. D3r°) / « Jesus bailla sa benediction » (f. d3r°) – , les restrictions peuvent quelquefois effacer des scènes entières : *de filio prodigo, cui parens obviam vadens, in illius cupiderit amplexus. Stola ad haec priori simul cum anulo et crepidis afferri iussis, opiparum*

Michel Veissière remarquait à propos des *Epistres et Evangiles pour les 52 dimanches*, œuvre collective du groupe de Meaux et contemporaine à la publication de Vauzelles, œuvre condamnée par le Parlement avec le Nouveau Testament en français peu après sa parution, en août 1525: «les textes d'Ecriture proposés n'ont pas été choisis par Lefèvre et ses amis. Il s'agit de l'usage liturgique officiel depuis des siècles [...]. Si les Bibliens de Meaux sont des novateurs, ce n'est donc pas par un choix de textes à leur convenance, mais par leur proclamation en langue vulgaire, accompagnée d'explications»[60]. Il en est au fond de même pour l'*Histoire évangélique*: tout en admettant son adhésion, en règle générale, au texte de l'Evangile quant au choix et à la succession des événements racontés, c'est plutôt la présence quelquefois indiscrète du narrateur, outre le choix de la langue vernaculaire, qui fait de cette traduction une opération à risque.

Ce narrateur qui parle quelquefois à la première personne[61], ou qui, plus souvent, préoccupé de créer un sentiment de solidarité avec le lecteur, a recours au «nous»[62], ce narrateur n'est pas seulement poussé à intervenir et juger par le souci de montrer sa fiabilité[63], de bien organiser le discours[64], ou de souligner le

---

mox apparando convivium (f. C3r°) / «du filz prodigue, auquel le pere acourant fit grant chiere» (f. c4v°). Au risque de mettre en danger la compréhension même du texte: *venit deinde Capernaum, ubi tributum solvit, Petro ad mare piscatum misso, fore enim ait ut staterem id est quatuor trachmas in ore piscis quem primum prehendisset, inveniret* (f. C3r°) / «vint puis delà en Capharnaum, où il poya le tribut de la tasse d'argent, que Pierre avoit heue par le poisson pris au commandement de Jesus» (f. c4r°). Une orientation d'ensemble qui nous pousse donc d'un côté à présumer, pour la version française, un public qui a une plus grande familiarité avec l'histoire évangélique et, plus en général, un différent horizon d'attente; qui nous autorise de l'autre, lors de l'analyse du texte, à attribuer une portée encore majeure à tout choix d'adjonction ou d'amplification.

60   *Op. cit.*, p. 310.

61   P. ex. au f. b3r°– «que diray je plus» – ou au f. d2v° – «je ne sçay quel regne».

62   P. ex. au f. b5r° – «mais luy aymoit mieulx estre considéré ce que mieulx faisoit pour nous» – mais encore aux f. c3v°, c4v°, c7v°, d1v°, d8v°.

63   «Jesus s'en alla en Bethanie là où come il est vraysemblable demoura tout le jour ensuyvant» (f. e1v°). *Consentaneum* (naturel, logique, conforme à raison) est le mot utilisé dans la version latine: *caeterum profecto post hunc sermonem in Bethaniam domino, ubi consentaneum est illum sequentem egisse diem* (f. E3v°). Vauzelles, quant à lui, reviendra à la notion de vraisemblable à l'occasion de la traduction du remaniement de l'Arétin, où il opposera ce texte aux fables de la tradition païenne: «que maintes choses y sont plus contemplatives, et vraysemblables, que extraictes de la verité Evangelique [...], auquel se pourront non seulement delecter les spirituelz, mais aussi les mondains trop myeulx, qu'en un tas de reveurs livres, esquelz est à desirer plus de modestie, et verisimilitude Chrestienne». *A la Royne de Navarre*, in *Trois Livres, op. cit.*, f. *6r°.

64   Son commentaire et son évaluation de la narration biblique peuvent alors servir à mieux agencer deux moments, deux épisodes distincts, en soulignant le rapport qui les lie – «et à ce fort fut congrue la parabolle des deux filz» (d5v°) – ou à mieux éclairer en explicitant une déduction logique. «Après quoi, les disciples s'en retournèrent chez eux. Marie était restée

caractère exceptionnel de son héros[65], comme n'importe quel narrateur, comme n'importe quel texte. Et certes, ce n'est pas toujours seulement pour aider la mémoire de son lecteur, qu'à l'intérieur de la même scène il garde un tout petit détail et il supprime un discours entier[66]. Il peut même arriver que par manque de clarté, il puisse facilement être à l'origine de malentendus de la part du lecteur, ou même que son histoire ne semble pas parfaitement coïncider avec celle de l'Evangile[67]. Mais ce ne sont pas ces interventions qui doivent en premier lieu attirer notre attention, pas plus que ces écarts de détail[68], ces petites erreurs – un sourd-muet qui devient un sourd et un muet par exemple[69] – ou ces faux renvois «bibliographiques» au chapitre correspondant de l'Evangile – des renvois que Vauzelles avait pourtant indiqués dans sa préface comme une

---

dehors, près du tombeau, et elle pleurait» (Jn XX, 10-11) devient p. ex.: «la douleur de la Magdalene la fit ung peu retarder au pres du monument apres ce que les disciples furent partis, laquelle retardation fut cause qu'elle premierement vit nostre seigneur» (f. f1r°).

[65] P. ex. à l'occasion de la résurrection de la fille de Jaïre: «ce que facillement il obtint» (f. b5v°).

[66] C'est ce qui arrive au moment de raconter l'apparition de Jésus au bord du lac de Tibériade: le narrateur, suivant Jean XXI, 6 à la lettre, ne manque pas de spécifier de quel côté de la barque on demande aux disciples de jeter les filets – «il commanda que l'on jettast les filetz en la dextre partie» (f. f2r°) – mais tout de suite après il résume en une seule phrase les quelques versets qui séparent ce passage de la fin du chapitre: «là où en di[n]ant avec eulx apres l'amour troys foys confessée bailla à paistre ses aigneaux à Pierre adjoustant soubz non intelligibles parolles, quelle fin il souffriroit à cause de son nom» (*ibid.*).

[67] P. ex. à l'occasion du couronnement d'épines: «lors pour mitiguer leur malice, Pilate commanda Jesus estre despoullé, foueté, couronné d'espines, et avoir mis en sa main ung roseau, estoit salué des bourreaux par derision, roy des juifz» (f. e6r°). On finit donc par attribuer ici à Pilate la responsabilité d'actions que les soldats accomplissent en réalité, dans le texte biblique, de leur propre initiative: «quant à Jésus, après l'avoir fait flageller, il le livra pour qu'il soit crucifié. Alors les soldats du gouverneur, emmenant Jésus dans le prétoire, rassemblèrent autour de lui toute la cohorte. Ils le dévêtirent et lui mirent un manteau écarlate; avec les épines, ils tressèrent une couronne qu'ils lui mirent sur la tête, ainsi qu'un roseau dans la main droite; s'agenouillant devant lui, ils se moquèrent de lui en disant: 'Salut, roi des Juifs!' Ils crachèrent sur lui, et, prenant le roseau, ils le frappaient à la tête. Après s'être moqués de lui, ils lui enlevèrent le manteau et lui remirent ses vêtements. Puis ils l'emmenèrent pour le crucifier» (Mt XXVII, 26-31). De même chez Marc XV, 15-20 et Jean XIX, 1-3.

[68] L'indication de repères temporels ou historiques absents des évangiles: «les Roys [...] le treiziesme jour venant en Hierusalem et guidés par une nouvelle estoille precharent le roy des juifz estre né [...]. Et ce juste Symeon, Anne aussi fille de Phanuel: inspirée de l'esperit prophetique cogneurent Jesuchrist offert au temple apres quarante jours» (f. a8v°); «il demoura par l'espace de sept ans en Egypte (f. b1r°); «Jesus cependant quasi estoit en l'eage de trente ans quant en laissant Galilée alla au fleuve Jourdain» (f. b1v°); «approchant ung peu plus près de la cité lamenta l'infortune de toutes la plus miserable qu'elle devoyt recepvoyr des princes Romains, Tytus et Vespasian» (f. d3v°-d4r°).

[69] «[Il] restitua l'office de parler et oyr au sourd et au muet, lesquelz [...] cryoient cecy...» (f. c2v°). La guérison du sourd-muet est racontée par Marc, VII, 31-37.

garantie de fidélité au texte sacré[70]. Ce qui doit nous intéresser, ce sont plutôt les interventions autour d'un même thème, des interventions qui semblent répondre à un plan systématique et cohérent: s'il est vrai en effet que le narrateur de l'*Histoire évangélique* tend en général à devenir plus explicite chaque fois que l'argument lui tient à cœur, cela ne rend pas moins évident le fait qu'il tient sûrement à certains sujets plus qu'à d'autres.

Il en est par exemple ainsi de la dichotomie arrogance / humilité: le commentaire du narrateur peut servir à mieux expliquer ce qui était sous-entendu – c'est le cas de la réprimande prononcée par Jésus aux apôtres, trop orgueilleux d'avoir soumis les démons[71] – ou à accentuer une interprétation déjà présente *in nuce* – pensons à la scène du lavement des pieds[72] –: dans les deux cas, en simplifiant la complexité du texte, la synthèse opérée réduit tout le discours à l'opposition primaire de deux éléments, qui sont ainsi bien plus en vue. C'est ce qui arrive aussi à l'intérieur de la parabole du Pharisien et du Publicain, mettant en lumière l'erreur de celui qui attribue à soi-même ce qui ne doit être rendu qu'à Dieu: «en apres en preschant au peuple commença à damner l'orgueil des pharisiens par laquelle il[s] cuydoyent par leurs b[i]ensfaictz estre plus gens de bien que tous les aultres, servoyt à ce propos la parabolle du pharisien vantant ses bonnes œuvres et du publiquain qui au contraire sans de ce se vanter attribuoyt tout à la bonté divine»[73]. Dans ce passage, la réduction aux deux termes essentiels a en plus le mérite de bien mettre en évidence un rapport qui avait pu être à peine ébauché, et de façon implicite, à l'intérieur des préfaces

---

[70] Cf. n. 41. Il s'agit d'imprécisions qui étaient déjà présentes dans le texte latin et sur lesquelles le traducteur français se garde d'intervenir: Mt XIV au lieu de XXIV (f. d8r°) p. ex., ou bien Mc XVI au lieu de XV (f. e8r°). Mais on a à faire aussi à de nombreuses nouvelles erreurs: Mt IX au lieu de XI (f. b6v°), Mc VII au lieu de VI (f. b8v°), Mc XVIII au lieu de VIII (f. c3v°), Mt VII au lieu de XVII (f. c4r°), Jn XII au lieu de II (f. d4r°), Mt XXI au lieu de XXII (f. d6v°), Jn VIII au lieu de VII (f. d7r°), Mc XV au lieu de XVI (f. f2v°). Troisième possibilité, mais rarissime: la leçon latine et la leçon française, différentes, sont toutes les deux erronées: c'est le cas du renvoi à l'épisode des apôtres qui refusent d'ajouter foi au dire des femmes, raconté par Luc, XXIV, 9-11: chez Nachtgall le renvoi est à Mt XXIV (f. F4v°); chez Vauzelles à Mc XXIV (f. f1r°).

[71] «Mais les disciples par ce tombés en arrogance furent par la parolle de dieu revocquez à modestie quant il leur dit avoir veu Sathan come fouldre descendant du ciel. Luce X» (f. b6v°). «Les soixante-douze disciples revinrent dans la joie, disant: 'Seigneur, même les démons nous sont soumis en ton nom.' Jésus leur dit: 'Je voyais Satan tomber du ciel comme l'éclair. Voici, je vous ai donné le pouvoir de *fouler aux pieds* serpents et scorpions, et toute la puissance de l'ennemi, et rien ne pourra vous nuire. Pourtant ne vous réjouissez pas de ce que les esprits vous sont soumis, mais réjouissez-vous de ce que vos noms sont inscrits dans les cieux'» (Lc X, 17-20).

[72] «Il lava les piedz aux disciples, par si grant exemple les invitans à humilité et modestie de cueur» (f. e1v°). Cf. Jn XIII, 1-20.

[73] *Hystoire evangelique*, f. d4v°.

de Nachtgall et de Vauzelles: le rapport liant l'opposition arrogance / humilité à l'opposition foi / œuvres. Déjà dans ces préfaces en effet – on l'a vu plus haut – à travers le recours à l'image de l'eau saillante, l'apologie de la modestie intellectuelle avait procédé de pair avec l'apologie des bonnes œuvres. Un lien qui est d'ailleurs prouvé par la présence, certainement non casuelle, du renvoi à la parabole du Pharisien à l'entrée *Aqua* des commentaires sur les psaumes de Nachtgall, à laquelle nous avons déjà fait référence: *et videbis tantundem esse, iactare opera (ut faciebat pharisaeus ille Evangelicus) quae habebat sine fide, et (qui mos est nostrorum temporum) sine operibus de sola fide gloriari*[74].

La mise en évidence des éléments-clés à travers la contraction du texte n'est d'ailleurs pas la seule stratégie utilisée lorsque ces thèmes sont en jeu. Il peut même arriver que le nombre des éléments reste invariable et qu'on arrive à souligner sa propre thèse par le seul renversement de l'énonciation: «tout ce que vous demanderez dans la prière avec foi, vous le recevrez» (Mt XXI, 22), devient alors par exemple: «disant les prieres qui sont sans foy estre de petite efficace»[75]. Le plus souvent, c'est à une technique d'expansion que le narrateur a toutefois recours, ce qui est digne d'être remarqué à l'intérieur d'un texte qui ne veut être qu'un «indice ou table»[76]:

> succeda tantost le convive de Levy, auquel Jesus receu avec les publicans, est des pharisiens reprins, mais luy soy tesmoignant estre medecin demonstra que les malades avoient principallement mestier de son ayde, et que la misericorde de laquelle il secouroit aux indigens estoit beaucoup meilleur que le sacrifice. Ausurplus les sectateurs de Jehan imputerent à vice aux disciples de Jesus pource que selon la coustume des pharisiens ilz ne se maceroient par jeunes, et ilz ouyent estre chose inique de veoir plourer les enfans present l'espoux, ou que la nouvelle institution de vivre fust confondue par la vieille permission, comme bien sembleroit indiscret celluy qui au vieil vestement vouldroit couldre une piece de drap neuf, ou qui vouldroit remplir les vesseaulx vieulx des vins nouveaulx. Mathei. IX. Mar. II. Luc. V[77].

Ici le narrateur amplifie d'abord la portée d'une affirmation attribuée au Christ, affirmation qui n'était entre autres présente que dans un des trois évangiles auxquels il renvoie le lecteur: «c'est la miséricorde que je veux, non le sacrifice» (Mt IX, 13), devient: Jésus témoigna «que la misericorde de laquelle il secouroit aux indigens estoit beaucoup meilleur que le sacrifice». Mais ce n'est pas tout; non seulement il ne renonce guère à l'effet d'accumulation produit par les trois métaphores employées dans l'Evangile pour illustrer le rôle joué par les prescriptions de la Loi ancienne après la venue du Christ, mais il les interprète en

---

[74] *Allegoriae Psalmorum Davidis, op. cit.*, f. a7r°.

[75] *Hystoire evangelique*, f. d5v°.

[76] *A Marguerite*, f. a3r°.

[77] *Hystoire evangelique*, f. b4r°-v°.

plus, en enrichissant ainsi le texte évangélique d'un quatrième élément: «ou que la nouvelle institution de vivre fust confondue par la vieille permission».

Encore deux longs passages au moins seront enfin consacrés, au cours de la narration, au même thème; deux passages qui, comme les deux précédents, ressemblent plutôt à une paraphrase qu'à un résumé du texte évangélique:

en apres quand il fut appellé au disner du pharisée qui fut fort scandalisé de veoir assoyr sans soy laver les mains, il appella fouz ceulx qui trop curieusement observoient les traditions des anciens, obmettant ce pendant les commandemens de dieu et charité. Lu. XI. Ceulx là decimoyent la menthe, la Rue, et chascune herbe. Et estoi[en]t aussi oultre raison soliciteux de nestoier les vaiseaulx en quoy l'on mangeoit et trop affectionés à avoir les premiers lieux en la synagogue hypocrite[s] en habitz exterieur[s] semblans aux sepulchres blanchis par dehors. Et finablement impiteux des vielles gens debilitez. La nourriture desquelz estoit soustraicte par la faulce doctrine donc ilz abusoient les enfans soubz l'ombre des oblations, parce furent ceulx aveugles appellez de Christ et la plante que le pere celeste n'aprove, mais la fera tost finer. Et droictement touche telz la Prophetie d'Esaye laquelle dit ce peuple me honnore des levres, mais leur cueur est loing de moy, sans cause pour certain ilz me honnorent en enseignant les doctrines et commandemens des mortelz. Monstra aussi l'homme ne povoyr estre contaminé des choses qui entrent par la bouche, mais bien plus par adultere, par fornication, par homicide, par larrecin, par avarice, par tromperie, par faulceté, par impudicitie, par detraction, par orgueil, et par folie. Lesquelles choses toutes estant au cueur secrettement engendrées sortent dehors à nostre grant confusion. Et pour purger ces impuritez la vertu d'aumosne y est fort duysante. Mat. XV. Mar. VII. Luc. XI.

Puis advisant le peuple l'enseignoit devoyr recepvoir patiemment la saine doctrine que dieu bailla à Moyse, quant elle leur seroyt proposée par les scribes et pharisiens seans en la chaire de Moyse, mais qu'ilz n'ensuyvissent leur mauvaise facon de faire, car il[s] chargent (dit il) d'ung gros poix les simples gens et ne le vouldroyent mouvoyr avec le doy, ilz font tout par ostentation, ilz sont ambitieux des lieux plus honorables desirans estre saluez, maistre des honneurs combien qu'il n'y a que dieu qui soit maistre et pere, soy retournant en apres vers les pharisiens les maudisoyt en ceste sorte. Maulditz soyes vous (dit il) pharisiens scribes et hypocrites qui clouez le royaulme des cieulx aux aultres au quel n'entrerez jamais, vous devorez les maisons des vefves, vous pries longuemant, vous allez vagans par mer et par terre pour atyrer les simples à voz superstitions. Maulditz soyes vous conducteurs des aveugles qui estes filz de murtriers, et parce aussi seres vous homicides des apostres comme voz peres qui ont tué les prophetes, je vous advise que ung jour vous voyres en gloire moy qui vous suis tant desplaisant. Mat. XXIII. Mar. XII. Luc. XI[78].

---

[78]   *Ibid.*, f. c1v°-c2r° et d7v°-d8r°.

Le message est presque identique, et deux sources sur quatre (Lc XI, mais aussi Mt XXIII, auquel il n'y a aucun renvoi explicite) sont communes aux deux passages : on s'attendrait à une exclusion des répétitions, on a à faire par contre à une expansion par dédoublement. Pourquoi donc tant de place?

La question était en effet délicate. Elle le devient encore plus dès que d'un côté les polémistes de la Réforme établissent l'équation entre les œuvres de la Loi et les cérémonies du culte catholique, et que de l'autre, Luther en particulier, creuse définitivement le fossé entre Jacques et Paul, entre une justification fondée sur les œuvres et une justification fondée sur la foi. Or, si nous interprétons le choix de Nachtgall de fonder son texte préfaciel sur l'épître de Jacques, uniquement comme une prise de position contre Luther, le compte n'y est pourtant pas. Certes, sur la voie de Jacques, le premier traducteur de l'*Histoire évangélique* juge que la foi sans les œuvres «est chose morte»; mais l'opposition fondamentale, qui sera systématiquement soulignée à l'intérieur du texte, n'est pas – on l'a vu – celle entre la foi et les œuvres, également indispensables au salut, mais celle entre les œuvres de charité et les œuvres de la Loi. La tentative qui émerge, à la lumière d'une analyse moins superficielle, est donc plutôt celle de concilier la position des deux apôtres. C'est la position qui prévaut aujourd'hui parmi les exégètes, pour qui le contraste entre Jacques et Paul ne serait dû qu'au fait qu'ils désignent, par le même mot grec *erga* (œuvres, actions), deux choses différentes[79]. La même qu'on retrouve chez un intellectuel que nous avons déjà croisé plus d'une fois sur le chemin de nos deux traducteurs. Dans un article sur «Lefèvre d'Etaples et Luther» publié au début des années 80, Guy Bedouelle remarquait que s'il y avait eu un point de rencontre et donc un parallèle possible entre les deux novateurs, il fallait le situer entre 1524 et 1527, au moment où le guide évangélique se consacre aux Commentaires *in epistolas catholicas*, parus en juillet ou août 1527 à Bâle, mais dont la préface, et donc peut-être la composition, datent de Noël 1524, à Meaux. «Lefèvre – écrit Bedouelle – utilise des formules que Luther n'aurait pas reniées et en même temps il renonce visiblement à opposer la foi et les œuvres». «L'important est de retenir, par rapport à la vision d'un Luther, que la foi et les œuvres ne sont pas présentées en tension ni même à comprendre en une succession, ce que Lefèvre n'exclut pas, mais en coopération»[80]. C'est donc cette attitude conciliatrice, ainsi que la solution envisagée pour un des conflits qui allaient bientôt déchirer l'unité de l'univers chrétien, qui aurait pu attirer l'attention des réfugiés strasbourgeois et pousser surtout Vauzelles à traduire l'*Histoire évangélique*. Celle-ci toutefois ne se limite pas à substituer les termes de l'opposition

---

[79]   Cf. P. H. Davies, «Giacomo e Paolo», *Dizionario di Paolo e delle sue lettere*, Cinisello Balsamo, San Paolo, 1999, p. 757 et 760.

[80]   «Lefèvre d'Etaples et Luther. Une recherche de frontières. 1517-1527», *Revue d'histoire et de philosophie religieuse*, 12, 1983, p. 30 et 28.

œuvres / foi en montrant que la véritable dichotomie est entre les bonnes
œuvres et les œuvres de la Loi; le texte de Nachtgall propose aussi une nouvelle
hiérarchie qui donne à la question de la charité la priorité absolue. On perçoit
cela tout au long du texte, même si parfois ce «déséquilibre» devient encore plus
évident:

> allant droit en Hierusalem arriva en Hierico, et en cheminant avoir appellé le
> naim Zachée affin qu'il le receut en son hostel, or avoit il acoustumé de
> rendre le quadruple pour les choses par luy mal acquises et desquelles il
> donnoit aussi la moytié aux povres, parquoy à icelluy enflammé de l'amour
> divine Jesus bailla sa benediction et l'appella vray filz d'Abraham, puis
> qu'ainsi par ces bienffaictz il le representoit[81].

La référence ici à la taille de Zachée – un détail qui a certes le but de rappeler au
lecteur la scène du petit homme monté sur un sycomore pour mieux apercevoir
l'entrée de Jésus dans la ville – rend encore plus éclatant le manque d'un
élément bien plus significatif: c'est à un chef des publicains que le fils de Dieu
demande à être reçu. En reprenant l'épisode que Luc seulement avait retenu,
reproposant la situation du convive de Lévy – «voyant cela, tous murmuraient;
ils disaient: 'C'est chez un pécheur qu'il est allé loger'» (XIX, 7) –, le narrateur
de l'*Histoire évangélique* limite, de fait, la portée révolutionnaire du geste de
Jésus pour mettre au premier plan l'importance des faits accomplis par Zachée.
Une opération que le traducteur français accentue autant que possible: alors que
chez Nachtgall, fidèle à la narration de l'Evangile, Zachée change de vie après la
rencontre avec le Christ[82], dans le texte de Vauzelles, bien plus ambigu, le publicain semble avoir depuis toujours partagé ses biens avec les pauvres; la venue du
Christ n'est que la juste reconnaissance d'une existence vécue sous le signe de la
charité.

D'autres publications du traducteur français sembleraient d'ailleurs
confirmer cette hypothèse. La preuve la plus évidente est représentée par la
Police subsidiaire, parue à Lyon et à Toulouse au cours de 1531[83]. La thèse de ce
«sermon», qui témoigne du rôle fondamental joué par Vauzelles dans la création de l'«Aumône générale» de sa ville[84], se fonde justement sur l'opposition

---

[81]   *Hystoire evangelique*, f. d3r°.

[82]   *Evangelicae Historiae narratio*, f. D3r°-v°.

[83]   *Police subsidiaire à celle quasi infinie multitude des pouvres survenus à Lyon l'an Mil cinq cens
       trente ung. Avec les graces que les pouvres en rendent tant à messieurs de l'eglise que aux notables
       de la ville. Le tout fort exemplaire pour toutes aultres citez*, Lyon, Nourry, [1531]. La devise de
       Vauzelles, «D'ung vray zelle», sera présente dès l'édition de Toulouse. Cf. E. Picot, *op. cit.*,
       p. 120-122 et N. Zemon Davis, «Assistance, humanisme et hérésie: le cas de Lyon», *Les cultures
       du peuple. Rituels, savoirs et résistances au 16ᵉ siècle*, Paris, Aubier Montaigne, 1979, p. 40-112.

[84]   Cf. encore «Assistance, humanisme et hérésie», art. cit., notamment p. 53-55. Selon l'histo-
       rienne américaine l'engagement de Vauzelles continuera même à l'époque de la publication

entre la «misericorde» et le «sacrifice» – «car charité est certes à dieu trop plus aggreable que jusnes, oraisons, abstinence, austerité de vie ou aultre bien quelconque si Esaye n'a menty qui en preferant l'aulmosne à toutes ces choses n'estime non plus que sainct Paul aucune vertu sans charité, aussi mieulx de dieu aymée que tous sacrifices»[85] – ainsi que sur la condamnation de ces riches «hypocrites en habitz exterieurs» qui, observant «les traditions des anciens» tout en omettant «les commandemens de dieu et de charité», croient orgueilleusement s'assurer ainsi le royaume des Cieux: «arguoit sainct Paul les Corinthiens disans que ce n'estoit manger la saincte Cene quand sans distribuer leurs biens aux pouvres, l'ung y mouroit de fain et l'aultre y estoit enyvré: Taxant par cela l'intemperance de plusieurs qui voyant les famelicques devant leurs yeulx, eulx enyvrez de leurs voluptez cuydent par leur seule hypocrisie meriter les cieulx»[86].

La *Police subsidiaire* est une œuvre postérieure, certes, à l'*Hystoire evangelique*; elle est toutefois l'expression d'un mouvement dont les premières manifestations remontent à la décennie précédente. Un mouvement qui est contemporain tant à l'exil strasbourgeois des guides du mouvement évangélique, et donc à la traduction de Vauzelles, qu'à l'opération de Nachtgall: la publication du *De subventione pauperum* de Vivès, le fruit le plus célèbre des discussions sur la réforme de la bienfaisance, a lieu à Bruges en mars 1526 et sa rédaction entre mai 1525 et janvier 1526[87], mais déjà deux années plus tôt Erasme témoigne de l'intérêt suscité par ce sujet parmi les intellectuels[88]; en 1523, lors de la parution de l'*Evangelicae Historiae narratio*, Nachtgall venait de quitter tumultueusement Strasbourg, dont la réforme de l'assistance publique, appliquée dès 1522, devait tant enthousiasmer les visiteurs étrangers[89], mais c'est pour s'installer à Augsbourg, où les Fugger, ses futurs protecteurs, viennent d'achever la création d'une «cité sociale», la «Fuggerei», pour accueillir les habitants nécessiteux de

d'ouvrages de nature plus littéraire (p. 64-65). C'est au cours des années qui suivent immédiatement que parurent en effet chez le même éditeur les *Sept Pseaumes de la Penitence de David par Pierre Aretin* (1540) et *Le Genese de M. Pierre Aretin* (1542).

[85] *Police subsidiaire*, *op. cit.*, f. B3v°. Comme N. Zemon Davis l'a souligné, ces thèmes avaient déjà été largement développés par Erasme dans son *Enchiridion militis christiani*. Cf. notamment le 5ᵉ Canon, éd. cit., p. 142-164.

[86] *Police subsidiaire*, *op. cit.*, f. C1r°.

[87] Le texte eut bientôt droit à des éditions françaises: il parut à Paris, chez Simon de Colines, en 1530 et en 1532, et à Lyon chez les frères Trechsel – éditeurs de Vauzelles aussi – en 1532. Pour la datation du texte de Vivès nous renvoyons à l'introduction de R. A. Casanova: *De l'Assistance aux Pauvres*, Bruxelles, Valero, 1943, p. 38-41.

[88] M. Bataillon, «J. L. Vivès réformateur de la bienfaisance», *BHR*, XIV, 1952, p. 141.

[89] *Ibid.*, p. 144. Et entre autres les guides du mouvement évangélique français: cf. A. Clerval, «Strasbourg et la Réforme française. Octobre 1525 - décembre 1526», *Revue d'Histoire de l'Eglise de France*, 1921, p. 144-145.

la ville[90]. Une certaine vision de la foi, mais aussi de la pratique de la foi, semble donc être, tout compte fait, à l'origine du choix des deux traducteurs, ainsi que de la curiosité que montrent, au dire de Moore, Lefèvre et Roussel. Une pratique de la foi qui n'a rien d'hérétique, qui n'est pas typiquement réformée[91]. Les critiques ont bien raison de défendre l'orthodoxie des deux traducteurs: Nachtgall, comme Vauzelles d'ailleurs, ne sortira jamais de la communauté catholique. Le tableau est exact; il a pourtant l'air d'avoir été tracé, comme remarque Marcel Bataillon à propos du texte de Vivès, selon la perspective des siècles à venir: «le lecteur moderne trouve ses pages inoffensives et peut s'étonner qu'elles aient senti le fagot»[92]. La *Police subsidiaire* contient – il est vrai – une attaque explicite contre Luther[93]; comme Natalie Zemon Davis l'a montré, cela n'empêcha pourtant pas Nicolas Morin, docteur en théologie et inquisiteur, d'écrire contre elle et son auteur un volume de 160 pages en latin, qui sera l'objet d'éloge de la part du célèbre Noël Beda[94]. Le même sort avait d'autre part été réservé à Vivès[95]. Le tableau dressé par les critiques est probablement exact; il n'est pourtant pas du tout sûr, il est même très improbable, que la majorité des contemporains de Nachtgall et de Vauzelles, comme de Vivès ou de Lefèvre, aient partagé ce point de vue. Les docteurs de la Sorbonne en effet jugent d'«impies hérétiques, de Vaudois, de Wycliffiens ou de Luthériens» non seulement les magistrats cherchant à s'approprier des revenus ecclésiastiques pour financer la bienfaisance publique[96]; plus généralement, il est notoire que, «par la Sorbonne comme par l'opinion publique, qui ne s'embarrassent pas trop de nuances, les 'Bibliens' de Meaux autour des années 1522-1524 sont considérés comme 'luteriens'»[97].

---

[90] Cf. M. Tietz-Strödel, *Die Fuggerei in Augsburg. Studien zur Entwicklung des sozialen Stiftungsbaus im 15. und 16. Jahrhundert*, Tübingen, Mohr (Paul Siebeck), 1982.

[91] N. Zemon Davis, «Assistance, humanisme et hérésie», art. cit., p. 59-60.

[92] M. Bataillon, art. cit., p. 143.

[93] «Mais, las, las, trop d'ung pire foet a il [Dieu] de nouveau fustigué par ce Leuther, ce demeurant de Chrestiens, car par icelluy avec discordans cordons nouez et renouez en la Germanie ne les met hors de son Esglise seullement mais y renverse Tables, Aultelz, ceremonies, et images de si estrange impetuosité que cest horreur: pas ne diray à le veoyr mais à l'ouyr» (f. C4v°).

[94] *Tractatus Catholice eruditionis ad testimonium et legem recurrens, confutansque libellum perniciosum velamine elemosine pauperibus Lugduni impense propalatum, Editione exaratus Fratis Nicolai Morini Blesensis Ordinis fratrum predicatorum doctoris Theologi ac heretice pravitatis inquisitoris*, Lyon, Boulle, 1532. Il s'agit de 80 feuillets numérotés seulement au *recto*. Cf. N. Zemon Davis, «Assistance, humanisme et hérésie», art. cit., p. 40-41, 76-77.

[95] Cf. N. Zemon Davis, «Assistance, humanisme et hérésie», art. cit., p. 41 et M. Bataillon, art. cit., p. 143.

[96] N. Zemon Davis, «Assistance, humanisme et hérésie», art. cit., p. 40.

[97] G. Bedouelle, «Lefèvre d'Etaples et Luther», art. cit., p. 22. La rupture définitive de l'univers chrétien en deux blocs opposés ne portera qu'à un raidissement des positions dans les généra-

Comment imaginer, pour conclure, que les déclarations présentes dès la préface de l'*Hystoire evangelique*, si proches de la pensée de Lefèvre, aient pu passer inaperçues et que toute l'opération de Vauzelles, envisagée, n'oublions pas, comme un combat, ait été entendue comme neutre? Rien n'est plus classique – il est vrai – dans la littérature ascétique, «que cette comparaison de la vie du chrétien avec un service militaire pour le Christ ou avec un combat»[98]. Mais les motivations de l'engagement de Vauzelles – le refus de toute prudence dans l'attente de temps plus propices à la parole de Dieu – portent elles aussi les traces d'une question brûlante, si la thèse d'Albano Biondi, qui anticipe d'au moins une quinzaine d'années la théorisation du nicodémisme par rapport à Carlo Ginzburg, est exacte[99]. Or, la question de la diffusion d'une doctrine et d'une pratique nicodémite, même si limitée à la seule analyse de la position de Vauzelles, est certes trop délicate pour le peu d'espace qu'il nous reste, et elle mérite bien un approfondissement qui tienne compte de toute la production du traducteur lyonnais. Cette constatation ne représente pour l'instant que la nième preuve de la densité idéologique d'un texte, dont le potentiel a été, à notre avis, sous-évalué par la critique. Ce n'était d'ailleurs pas la volonté de trancher sur la position religieuse des deux traducteurs de l'*Histoire évangélique* qui a engendré notre *excursus*, mais plutôt la curiosité de comprendre comment un certain milieu et une certaine génération ont pu et voulu la lire.

Bruna CONCONI
Université de Bologne

---

tions suivantes: l'itinéraire spirituel des 'Bibliens' résultera désormais complètement incompréhensible tant du côté catholique que du côté protestant, comme T. Wanegffelen l'a montré dans «Lefèvre nicodémite? Qu'est-ce que le nicodémisme?», *Jacques Lefèvre d'Etaples (1450-1536)*, Paris, Champion, 1995, p. 155-180.

[98] A. J. Festugière, *op.cit.*, p. 37.

[99] «La giustificazione della simulazione nel Cinquecento», *Eresia e Riforma nell'Italia del Cinquecento*, I, Firenze-Chicago, Sansoni-The Newberry Library, 1974, p. 9-10.

NUMA
ET LA NYMPHE ÉGÉRIE:
L'APPROCHE DÉMONOLOGIQUE
DE LA RELIGION ROMAINE
CHEZ BLAISE DE VIGENÈRE

Les commentaires dont Blaise de Vigenère accompagne sa traduction de la première décade de Tite-Live, en 1583, abordent tous les aspects de la civilisation romaine qui se rapportent à la vie civile: histoire, institutions, vie économique, monuments, religion... Ils sont le complément de ceux qu'il a consacrés quelques années auparavant à la *Guerre des Gaules* de César, et qui traitaient de la vie militaire. On sait que l'érudit traducteur est aussi un commentateur prolixe, qui ne recule pas devant la digression, chaque fois qu'il estime nécessaire de donner des compléments d'informations sur une question ou de remonter à la source d'un problème. Or venant à examiner le passage célèbre du livre I de Tite-Live consacré aux entretiens nocturnes du roi Numa Pompilius et de la nymphe Égérie, Vigenère se lance dans un exposé de démonologie dont la fonction est double. Il s'agit d'expliquer le passage, que Vigenère lit à travers l'interprétation de saint Augustin (Numa aurait en fait pratiqué la divination par hydromancie); il s'agit aussi de s'interroger de manière plus générale sur la nature des démons, mais aussi de ces êtres insolites que sont les monstres ou même les êtres humains pourvus de capacités inhabituelles.

Rappelons d'abord les données du texte livien. Numa Pompilius, le successeur de Romulus, souhaitant doter Rome d'institutions religieuses viables, faisait croire au peuple romain que ses réformes lui étaient dictées par la nymphe Égérie lors d'entrevues nocturnes aux environs de Rome, près d'une source. Pour Tite-Live, ce stratagème est une tromperie pure et simple destinée à impressionner un peuple fruste et crédule (simulat *sibi cum dea Egeria congressus nocturnos esse*). Que Numa ait inventé la fiction de ces entretiens, Vigenère ne semble pas en douter. Il rappelle alors deux interprétations chrétiennes de ce passage: celle de Lactance (Numa se retirait dans la solitude pour mettre au point ses rites; il a inventé la fiction de la nymphe Égérie pour impressionner ses sujets et conforter son autorité) et celle d'Augustin (Numa communiquait avec les démons par hydromancie). L'interprétation de Lactance semble oubliée sitôt que mentionnée. En revanche, celle d'Augustin, qui semble beaucoup plus intéresser Vigenère, lui fournit l'occasion d'une réflexion générale sur les démons, et de là, sur les créatures insolites.

Avant d'aller plus loin, il est nécessaire de décrire plus en détail ce passage complexe et touffu du commentaire de Vigenère, assez méconnu au demeurant[1]. Vigenère cherche d'abord à localiser l'endroit où Numa prétendait converser avec la nymphe Egérie. Dans la région de Rome, deux lieux peuvent y correspondre: la forêt d'Aricie, où se trouve une fontaine, ou encore le lac d'Albane, deux endroits consacrés au culte de Diane, à laquelle semble liée Egérie. Puis Vigenère rapporte des «merveilles» qu'il a observées, vers 1550, sur ce lac: un plongeur flamand s'immerge régulièrement, pendant plusieurs heures, pour recueillir au fond du lac des vestiges antiques. Il s'interroge alors, sans se prononcer, sur les exploits surhumains du plongeur: prodige ou stratagème caché? Revenant au propos principal, Vigenère reprend l'interprétation augustinienne des supercheries de Numa. Ses traditions religieuses lui auraient donc été inspirées par les démons. Or les démons aquatiques prennent souvent forme féminine[2]. Egérie ne serait donc rien d'autre qu'un démon aquatique.

Pour étayer cette thèse, Vigenère se lance alors dans un exposé de démonologie inspiré d'Apulée, d'Augustin et du pseudo-Psellos, et de toute une tradition religieuse et philosophique platonicienne, aux enchevêtrements parfois difficiles à débrouiller. Vigenère déclare reprendre les thèses des «platoniciens» et renvoie en manchette à des auteurs aussi divers qu'Hésiode, Plutarque, Platon et Apulée. Il définit d'abord la nature des démons, établit la distinction entre ceux-ci et les êtres humains, distingue enfin quatre variétés d'une «espèce de créatures à forme humaine» en fonction de l'élément qu'elles habitent (pygmées, nymphes, faunes, vulcains), distinctes des démons, intermédiaires entre ceux-ci et les êtres humains.

Ensuite, évoquant brusquement un témoignage personnel, Vigenère rapporte le cas d'un «triton» capturé, dit-il, en 1581 par des marins au large de Terre-Neuve, dont il a pu voir la main envoyée à Ambroise Paré. Il qualifie ce triton de «monstre». Sans cacher sa perplexité sur ce cas, il le rapproche d'autres prodiges qu'il connaît de source directe ou indirecte: Colas, l'homme-poisson, plongeur sicilien vivant plus dans l'eau que sur terre, l'homme-cerf de Sardaigne, l'homme sauvage de Picardie.

Comme il est fréquent chez Vigenère, on a du mal à discerner de prime abord l'unité du propos. Ici cependant, ce développement tout en lignes brisées présente un ensemble de prodiges liés au monde aquatique. Unité néanmoins fragile, car

---

[1]   Vigenère, *Les décades qui se trouvent de Tite-Live*, Paris, 1583, col. 1309-1319.

[2]   Sur ce point Vigenère suit le traité *Des démons* du ps.-Psellos, dans la version qu'en avait diffusée Ficin. Ronsard, dans son hymne *Les Daimons*, emprunte beaucoup au traité édité et traduit par Ficin. Sur le caractère apocryphe du traité attribué à Psellos, cf. P. Gautier, «Le *De daemonibus* du pseudo-Psellos», *Revue des Etudes byzantines*, 38, 1980, p. 105-194.

les cas évoqués par Vigenère appartiennent à des registres très différents. Le plongeur flamand accomplit une prouesse physique qui relève de la « merveille » :

> L'an 1550 étant à Rome, je fus plusieurs fois à Albane et à ce lac pour voir les *merveilles*[3] qui s'en racontaient, et mêmement d'un Flamand habitué là il y avait plus de dix ans ; lequel tous les jours ouvrables s'allait plonger au fond du lac, où il demeurait à charpentailler quelquefois plus de trois grosses heures, sans revenir dessus l'eau pour reprendre haleine... chose trop *merveilleuse*, voire comme incroyable[4].

A cet exemple et sur le même registre « merveilleux » il faut joindre Colas le plongeur sicilien[5] et, dans une certaine mesure, les hommes sauvages dont il est question à la fin du texte. La nymphe Egérie appartient, quant à elle, au monde des démons :

> St Augustin au 7 de la *Cité de Dieu*, chapitre dernier, interprète toute cette alliance et communication de Numa avec la nymphe Egérie, à une hydromantie, c'est à dire divination par l'eau, prenant la nymphe pour de l'eau, comme il y a quelque affinité ; en laquelle par ses charmes et sortilèges il vit à l'œil tout plein de choses et en fut d'abondant instruit par les *démons*... Ainsi toutes les traditions de Numa procédèrent de la magie et de la contractation qu'il avait avec les *démons*[6].

Quant à l'« homme marin » de Terre-Neuve que Vigenère désigne comme un triton[7], il est rangé sans hésitation dans la catégorie des monstres :

> *Monstre* certes le peut-on bien appeler, parce que *quae raro contingunt pro monstris habenda sunt*[8].

Le plongeur flamand, la nymphe Egérie, le triton, Colas de Sicile ont toutefois en commun un rapport à l'eau qui n'est pas celui qu'entretient ordinaire-

---

[3] Nous soulignons.

[4] *Les décades...*, col. 1312.

[5] *Les décades...*, col. 1319 : « Car il me ressouvient d'un excellent plongeur de Sicile appelé communément le poisson Colas, qui faisait plus sa résidence dans la mer que non pas sur la terre ». Rappelons toutefois que ce mythe de l'homme-poisson est associé au rêve de conquête des eaux par l'espèce humaine. On le retrouve jusque dans *Vingt mille lieues sous les mers* (IIe partie, ch. 6), formulé de manière étrangement similaire : du plongeur Nicolas, du cap Matapan, surnommé le Pesce, le capitaine Nemo dit que « l'eau est son élément, et il y vit plus que sur terre ».

[6] *Les décades...*, col. 1312-1313.

[7] Sur les tritons chez Vigenère, cf. *Images ou tableaux de platte-peinture*, I, 25 (*Les Andriens*) et II, 12 (*Glaucos le Pontique*). La croyance en l'existence des tritons est assez fréquente, admise en tous cas par Cardan, qui le considère (*De subtilitate*) comme « le plus admirable des monstres de mer » (cf. J. Céard, *La nature et les prodiges*, Genève, Droz, 1977, rééd. 1996, p. 240).

[8] *Les décades...*, col. 1320.

ment l'espèce humaine. Par conséquent, se pose la question de leur propre
nature. Appartiennent-ils à la nature humaine, s'en distinguent-ils, et à quels
points de vue? La réflexion sur les démons, qui à la fois participent de l'humanité et s'en éloignent, est englobée dans une interrogation plus générale sur les
limites de la nature humaine.

«Et certes, il y a beaucoup d'entre deux et entre moyens dans la nature, non
seulement dans le même genre, mais aussi dans la même espèce»[9]. Cette
formule, qui vient clore le développement, ne doit pas s'interpréter comme un
aveu d'impuissance du jugement. Si les cas extraordinaires posent la question de
l'unité du genre humain, il ne la compromettent pas pour autant[10]. Mais ils
confrontent l'homme à ses limites. Limites du possible et de l'impossible dans
le cas des nageurs, dont l'appartenance à l'humanité n'est pas remise en cause.
Limites entre l'homme et l'animal dans le cas du triton, qui, lui, est exclu de
l'humanité, parce que la raison lui fait défaut. Si par sa morphologie, il s'apparente à l'homme, cette absence d'«âme raisonnable» le rejette définitivement du
côté de l'animalité. Vigenère est très clair sur ce point: les tritons sont

> Animaux, dis-je, comme étant je ne sais quoi de mêlé entre l'homme et le
> poisson, sans aucune âme raisonnable[11].

Le cas des démons est beaucoup plus complexe. Eux non plus n'appartiennent pas à l'humanité. Mais leur nature est intermédiaire entre l'humaine et la
divine. Reprenant la définition des démons donnée par Apulée dans le *De deo
Socratis*, Vigenère leur attribue, en commun avec les hommes, leur qualité
d'êtres animés, raisonnables et sujets aux passions. En revanche, ils sont immor-
tels et ont un corps subtil, «moins épais que les nuées»[12]. L'analyse se complique
ici par l'insertion, entre les hommes et les démons eux-mêmes, d'une catégorie
supplémentaire de créatures «qui ne descendent pas du premier homme, ains
ont leur création à part»[13] et qui «constituent comme une moyenne nature
entre les hommes et les démons d'un côté, et de l'autre entre la créature raisonnable et la bête brute»[14]. De cette catégorie relèvent les nymphes, les pygmées,
les faunes et les vulcains. Cette nouvelle classe d'êtres ne correspond pas aux
typologies du pseudo-Psellos ou d'Apulée. Apulée, il est vrai, admettait que
chacun des quatre éléments avait ses démons propres et particuliers. Mais ici ces

---

[9]   *Les décades...*, col. 1319.

[10] Sur ce problème et son examen par saint Augustin, cf. J. Céard, *op. cit.*

[11] *Les décades...*, col. 1319.

[12] Cette démonologie est aussi celle de Ronsard, qui nourrit son hymne des *Daimons* des mêmes
      sources: ps.-Psellos, Apulée, Cardan...

[13] *Les décades...*, col. 1314.

[14] *Les décades...*, col. 1315.

êtres représentent un échelon supplémentaire dans les degrés de la création. Eux-mêmes se répartissent en deux sous-ensembles. Certains par leur «subtilité d'entendement», leur «agile et prompte célérité» prennent place entre les hommes et les démons; mais d'autres, plus lourdement corporels, dépourvus de raison, s'apparentent aux animaux ou aux monstres tels que le triton.

Le trait le plus important de cette typologie est qu'elle fait apparaître une chaîne continue des êtres. La création n'est pas clivée, mais constituée d'une succession d'étages sans solution de continuité où chaque espèce se définit par l'association de qualités de l'étage supérieur et de l'étage inférieur. Les espèces se situent dans une chaîne qui, sans effacer les caractères spécifiques de chacune, ménage des correspondances entre un étage et celui qui le précède ou qui le suit. De tels schémas de pensée se retrouvent dans la démonologie ou la tératologie de la Renaissance. Sur un plan quelque peu différent, le *De subtilitate* de Cardan, comme l'a rappelé Jean Céard[15], est construit sur l'idée d'une correspondance généralisée, par exemple, entre animaux terrestres et animaux marins: le triton serait dans le monde marin le correspondant de l'homme dans le monde terrestre. Le monde serait alors tout entier un ensemble d'images reflétées, où les choses, loin d'être enfermées et isolées, seraient reliées par une continuité essentielle. Le monstre, d'un tel point de vue, loin d'introduire un désordre dans l'harmonie universelle, serait la marque de cette liaison harmonieuse des différentes parties de la nature. Chez Vigenère on retrouve cette vision d'un univers de correspondances, mais sur un autre plan. L'univers est étagé sur trois niveaux: l'archétype, le céleste, l'élémentaire. Toute créature possède, dans chacun de ces niveaux, un correspondant dans l'ordre supérieur ou inférieur. Le monde est un chiffre où toutes choses signifient, prennent dans leur sphère une valeur de hiéroglyphe pour figurer une autre chose d'un étage inférieur. L'exposé le plus complet d'une telle lecture du monde se trouve dans le *Traité des chiffres*[16], de peu postérieur à la traduction de Tite-Live. Il est fortement orienté par la connaissance de la kabbale chrétienne, que Vigenère a apprise auprès des frères La Boderie et de Genebrard. La kabbale est certes absente du commentaire à Tite-Live. Mais chez Vigenère, elle vient conforter des intuitions profondes, des orientations fondamentales de sa pensée déjà présentes dans ses textes[17].

---

[15] Cf. l'édition par J. Céard du traité d'Ambroise Paré *Des monstres et prodiges*, Genève, Droz, 1980.

[16] *Traicté des chiffres ou secrettes manières d'escrire*, Paris, 1585.

[17] La pensée de Vigenère se rapproche sur ce point de celle de Bodin, qui pose en termes similaires la question de l'harmonie du monde: «on voit que ce grand Dieu de nature a lié toutes choses par moyens, qui s'accordent aux extrémités, et compose l'harmonie du monde intelligible, céleste et élémentaire par moyens et liaisons indissolubles. Et tout ainsi que l'harmonie périrait, si les voix contraires n'étaient liées par voix moyennes: ainsi en est-il du monde et de ses parties» (*De la démonomanie des sorciers*, 1580, Ire partie, ch. 2, f. 8r°).

Dans cet univers fait de concaténations successives, il y a donc beaucoup
d'«entre-deux et entre-moyens», à l'intérieur du même genre (les êtres animés)
et à l'intérieur d'une même espèce (l'homme). La place des démons, des
monstres comme le triton et même des créatures intermédiaires de forme
humaine se comprend donc très aisément. Dans la chaîne des êtres animés, il y
aurait donc d'abord les démons, similaires à Dieu (archétype ou premier principe de tous les êtres) par leur immortalité, aux hommes par l'animation, la
sensation et la rationalité; leur condition propre est «d'avoir un corps beaucoup
moins épais que les nuées, ains plus subtil beaucoup, sans aucune terrestre solidité»[18]. En second lieu viennent celles des créatures intermédiaires qui «constituent comme une moyenne nature entre les hommes et les démons»[19]. Elles
s'apparentent aux démons par certains traits, en particulier «leur très agile et
prompte célérité, [...] leur facile disparaissance de notre vue et de nos sens quand
bon leur semble, [...] la subtilité aussi de leur entendement»[20] et aux hommes en
tant qu'elles sont «de forme humaine», mais «n'ayant pas leur corps composé
d'une terrestréité si grossière, ains d'une plus subtile substance [...] et néanmoins ce n'est pas un corps fantastique, imaginaire ni accidentel comme celui
du démon, ains réalement subsistant»[21]. En troisième lieu vient donc l'homme.
De l'autre côté de la chaîne qui va cette fois de l'homme à l'animal on trouvera
donc de nouveau les créatures intermédiaires, celles du moins qui «consistent
du corps seulement et des esprits vitaux, sans aucune âme raisonnable»[22], les
monstres enfin, tels que le triton, et les animaux eux-mêmes. Comme on le voit,
chaque espèce se définit par l'association de qualités des espèces supérieures et
inférieures.

Mais justement, où sont les entre-deux dans une même espèce? C'est ici que
les «merveilles» dont Vigenère est le témoin ou le rapporteur prennent leur
place. Les excellents plongeurs dont il parle (le Flamand du lac d'Albane, Colas
le Sicilien) sont en quelque manière, par leurs aptitudes exceptionnelles, l'image
dans l'espèce humaine des créatures intermédiaires supérieures, voire des
démons. Ils permettent aussi d'entrevoir la chaîne des êtres qui unit le monde
terrestre au monde aquatique: des aptitudes propres aux animaux marins
peuvent se retrouver chez l'homme, et inversement. Par leur maîtrise quasi
surhumaine de l'élément liquide, ils disposent d'une aisance, d'une fluidité qui
les rapproche des êtres supérieurs sans pour autant compromettre leur appartenance à l'espèce humaine. Ils sont l'image, en nous, des qualités dont jouissent

---

[18]   *Les décades...*, col. 1313.
[19]   *Les décades...*, col. 1315.
[20]   *Les décades...*, col. 1315.
[21]   *Les décades...*, col. 1315.
[22]   *Les décades...*, col. 1315.

ces êtres et qui nous sont la plupart du temps inaccessibles. En revanche l'homme-cerf de Sardaigne et l'homme sauvage de Picardie, deux autres «merveilles» évoquées par Vigenère, tout en restant humains, sont en nous l'image des monstres ou des animaux. Eux aussi restent humains: leur étrange comportement s'explique par une «humeur mélancolique»: «un certain jeune homme de l'île de Sardaigne traversé de quelque humeur mélancolique férine s'en alla és profondes forêts de cette île vivant là avec les bêtes sauvages.»[23] Mais tout en eux évoque la pesanteur et la lourdeur animales, le retour à la matérialité: marche à quatre pattes, régime exclusivement herbivore, absence de langage[24]. A l'intérieur de l'espèce humaine se trouvent donc tous les degrés, de l'excellent au sauvage[25]. Cette diversité n'est que le signe de la diversité plus large entre les êtres animés.

A partir de là se pose la question de la communication entre les différents niveaux de la création. Elle est possible, parce que la création est, nous l'avons vu, liée, et non cloisonnée. Elle est attestée par l'exemple de Numa, qui a communiqué avec les démons. Cette communication prend deux formes. Dans le cas de Numa, il s'agit de solliciter les démons, par certaines techniques, pour obtenir d'eux des connaissances, des informations, des révélations. En consultant les démons, Numa veut apprendre à connaître et honorer ses dieux en s'adressant à ceux qui sont plus proches que lui de la nature divine. Il s'agit bien sûr de divination. D'autre part, il arrive que nous soient spontanément envoyés des signes: «toutes ces sortes de créatures se manifestent peu souvent, et jamais sans quelque présage de grande importance, ainsi comme par quelque miracle et prodige fort extraordinaire»[26]. S'agissant du triton et des monstres en général, Vigenère confirme d'ailleurs qu'ils «n'apparaissent pas volontiers sans quelque grande signifiance»[27]. Sur les prodiges, Vigenère ne se risque pas cependant à proposer d'interprétations. S'il rapporte l'épisode du triton, il reste muet sur

---

[23] *Les décades...*, col. 1319.

[24] *Ibid.* «Se traînant à quatre pieds et paissant l'herbe, il fut pris en une chasse royale parmi une grosse harde de cerfs et de biches par le Roi de Sardaigne environ l'an de salut 1169. Mais il ne fut onques possible de tirer une seule parole de lui; ni de lui faire goûter pain, vin, ni autre mangeaille que de l'herbe crue.»

[25] La distinction entre l'un et l'autre est d'ailleurs incertaine. Vigenère n'établit explicitement aucune différence de plan entre le plongeur sicilien plus habitué à l'eau qu'à la terre et les hommes sauvages. Tous deux ont pour point commun la distance qu'ils prennent par rapport aux conditions de vie ordinaires des hommes. Mais après tout Vigenère ne valorise pas spécialement le plongeur sicilien. Cette ambivalence des «merveilles» humaines se retrouve dans celle des créatures intermédiaires de forme humaine, la distinction entre celles qui se rapprochent des démons et celles qui se rapprochent des bêtes brutes n'étant pas nette dans le texte de Vigenère.

[26] *Les décades...*, col. 1317.

[27] *Les décades...*, col. 1319.

son éventuelle signification. C'est d'ailleurs une attitude constante chez lui devant les prodiges. Dans le *Traité des comètes ou étoiles chevelues* publié quelques années auparavant, tout en admettant que les comètes fussent effectivement des signes, il mettait en garde ses lecteurs contre la vaine curiosité des interprètes, affirmait avec force son refus de l'astrologie judiciaire et rappelait l'incertitude du jugement humain dans ce domaine[28].

En revanche, la divination pose, à travers l'exemple de Numa, la redoutable question de l'intervention des démons dans l'histoire des hommes. Toutes les traditions religieuses romaines, poursuit Vigenère, ces « idolâtres superstitions », ont donc été dictées par les démons, instituées par Numa qui n'osa pas « les mécontenter contre lui »[29], puis consacrées par la force de la coutume. La divination n'aboutit en fait qu'à placer l'homme sous la sujétion des démons, le paradoxe étant que de cette sujétion provient la civilisation la plus brillante et la plus puissante de tous les temps. La fascination qu'exerce Rome sur Vigenère et l'intérêt qu'il porte à la religion romaine ne font aucun doute. Vigenère est remarquablement bien informé sur les augures et les techniques divinatoires romaines, comme sur la religion romaine en général.

Or la figure de Numa, dans le commentaire de Vigenère, est elle aussi très ambivalente. Qu'il soit ici considéré comme un magicien aux étranges pratiques divinatoires, familier des démons et instaurateur d'un culte idolâtre n'empêche pas Vigenère de le tenir, à un autre moment de son commentaire, pour un modèle de bon souverain. C'est à Numa que revient le mérite d'avoir transformé les troupes belliqueuses de Romulus en un peuple pacifique et pieux :

> Numa donc fut du tout pacifique [...]. Car il ramodera l'insolence et férocité de ce nouveau peuple, qui ne respirait rien fors le sang humain, et orna la ville d'équité, justice, bonnes mœurs et religion[30].

« Bonnes mœurs et religion » ou « idolâtres superstitions » ? La contradiction n'est qu'apparente. D'abord, tempère Vigenère, les rites instaurés par Numa n'étaient « guère dissemblables de celles du peuple hébraïque, et des rois chrétiens qui ont droit de sacre et d'onction »[31]. Ces rapprochements sont prudemment limités au « regard des choses externes », mais rigoureusement conduits. A

---

[28]   Le *Traité des comètes et étoiles chevelues* est publié en 1578. Il range les comètes au rang des « monstres, prodiges et ostentes », monstres célestes, comme il existe des monstres terrestres. Posant en principe que « l'homme n'est pas fait pour s'amuser après des vaines et inutiles curiosités de deviner [...] mais pour se connaître soi-même », Vigenère considère les comètes comme des « signes très-épouvantables », mais incertains. « Il n'est pas à croire que cela se produise en vain », ajoute-t-il, tout en déniant à l'homme la capacité à interpréter les signes. Cette attitude, proche de celle de Rabelais, est fréquemment adoptée à la Renaissance.

[29]   *Les décades...*, col. 1319.

[30]   *Les décades...*, col. 1059.

[31]   *Les décades...*, col. 1059.

propos des foyers privés et publics consacrés aux Lares, Pénates et autres divi-
nités domestiques, Vigenère veut retrouver dans la civilisation chrétienne le
même double aspect, privé et public, du culte, «ce qui se pourrait rapporter aux
chapelles qui sont és bonnes maisons, aux paroisses et à l'Eglise cathédrale de
l'évêché»[32]. Le même genre de parallèle se poursuit un peu plus loin dans l'organisation des dignités sacerdotales. Enfin, Numa, pour sa sagesse et sa piété,
pour l'exemplarité de ses mœurs et la justice dont il a fait preuve tout au long de
son règne, fait figure d'«ombre je ne sais quelle és gentils de celui qui devait
venir»[33].

Numa l'adorateur des démons comme figure du sauveur, le paradoxe a
encore de quoi surprendre. Mais ces deux aspects de la personnalité de Numa, le
magicien et le roi pieux, ne sont pas antagonistes. C'est *à travers* cet assujettissement aux démons que Numa a mené son peuple sur la voie de la piété. On
voit mieux ici pourquoi l'interprétation augustinienne (Numa le magicien)
présente plus d'intérêt, dans l'optique de Vigenère, que celle de Lactance (Numa
l'imposteur). Cette dernière brouillerait la personnalité du successeur de
Romulus, l'image d'un imposteur cadrerait mal avec celle d'un roi pacifique,
juste et dévot. En revanche, faire de Numa un magicien, c'est reconnaître qu'il
a cherché une communication avec le divin, dans la mesure de ses moyens.
Comme tous les «gentils», il ne pouvait connaître le vrai Dieu. Cet esprit religieux a donc eu recours aux formes de sacré dont il pouvait disposer, eu égard à
sa condition[34]. Il a eu la révélation de ce qu'il lui était donné de connaître. Pour
le reste, sa piété naturelle lui a inspiré des institutions religieuses si justes qu'on
pourrait les comparer, dit Vigenère, à celles du christianisme. Eveillant son
peuple à la piété, Numa a en fait été un prophète qui s'ignore, un messager
inconscient de la portée de son message; sans le savoir, il a été l'ombre, le
précurseur de quelqu'un qui ne viendra que bien longtemps après lui. Il a donc
donné au peuple romain des signes au sens confus, que lui-même ne comprenait
pas bien, mais que l'histoire ultérieure a éclairés.

Les parallèles entre institutions religieuses romaines et chrétiennes, cette
présentation de Numa comme ombre du sauveur, n'ont donc certainement pas
pour but d'atténuer ce que pourrait avoir d'inquiétante l'image de magicien

---

[32] *Les décades...*, col. 1061.

[33] *Les décades...*, col. 1057-1058.

[34] Ici encore, comparer avec Bodin (*De la démonomanie*, Ire partie, ch. 3, f. 22r°): «Nous dirons
donc que les Platoniques et autres païens, qui par une simplicité de conscience, et par ignorance adoraient et priaient Jupiter, Saturnus, Mars, Apollon, Diane, Venus, Mercure et autres
demi-dieux, vivant saintement, priant et jeûnant, et faisant tous actes de justice, de charité et
de piété, ont bien été idolâtres, mais non pas sorciers, ni ceux qui sont en pareille erreur,
encore qu'ils s'efforçassent de savoir les choses futures par moyens diaboliques, attendu qu'ils
pensaient faire chose agréable à Dieu.»

démoniaque léguée par saint Augustin. Tout cela s'inscrit au contraire dans le droit fil de la croyance en une *prisca theologia* des Anciens. On sait que pour résoudre la contradiction en apparence insurmontable entre la grandeur de la pensée et de la civilisation antiques et leur cécité spirituelle, l'Humanisme chrétien, s'appuyant largement sur la tradition hermétique redécouverte par Ficin, avait imaginé que les païens, sans avoir accès à la Révélation chrétienne, en avaient néanmoins reçu une connaissance imparfaite, voilée. C'est en cela que les traditions de Numa ne peuvent être entièrement condamnées. C'est là que nous retrouvons notre thème initial, dont notre réflexion a semblé un moment s'écarter. Ni vraies, ni aberrantes, les traditions instituées par Numa sont elles-mêmes à l'image des démons qui les ont inspirées, des «entre-deux et entre-moyens». L'intime liaison des faits de nature peut se retrouver sur le plan des croyances et des faits religieux: entre la divinité, l'homme et la monstruosité, il y a beaucoup d'intermédiaires. Même chose entre la religion et l'idolâtrie.

La nature exacte des démons et des signes qu'ils ont adressés à Numa reste en effet problématique, aux yeux de Vigenère comme du point de vue de toute la démonologie de la Renaissance en général. La nature des démons est ambivalente, humaine par certains aspects, divine par d'autres, mais leur qualité l'est aussi. Il y a de bons et de mauvais démons[35]. De même que les démons sont divins en partie seulement, ils peuvent donc donner à Numa une connaissance partielle de la divinité. L'ambivalence de leur nature se répercute dans l'ambivalence de leur message, qui ne laisse entrevoir la divinité qu'à travers l'écran de l'idolâtrie. Ici, lorsque l'étude de la religion romaine croise la démonologie, Vigenère se retrouve confronté à la question des limites et des rapports entre paganisme et christianisme. Or le modèle d'une création fondée sur les principes d'étagement (hiérarchie des différentes créatures) et de correspondances (chaque étage associe des éléments de l'étage supérieur et inférieur) peut servir à penser la diversité des religions. Numa est l'«ombre» du sauveur, ses rites partagent avec ceux du christianisme quelques traits superficiels, comme dans l'ordre de la création les démons partageaient certains traits avec la divinité. Sans tomber dans le syncrétisme ou le relativisme, elle crée aussi une chaîne. Sans s'abolir, les critères du vrai et du faux deviennent plus complexes.

Cet exposé de démonologie dans un ouvrage historique sur Rome doit donc se comprendre non comme une simple digression, mais comme une pause. Une pause qui permet de mieux saisir les analogies entre la nature et l'histoire, toutes deux parsemées de signes obscurs. Le détour par la démonologie met en évidence la continuité des phénomènes naturels. Cette notion de continuité est en retour réinvestie dans la réflexion historique, au moment où se pose à Vigenère la question essentielle de l'interprétation de la religion romaine.

---

[35] Le ps.-Psellos, Ronsard (*Les Daimons*, v. 205-230), Bodin (*De la démonomanie*, Ire partie, ch. 3) font la distinction entre bons et mauvais démons.

Dans la mesure où l'épisode de Numa et de la nymphe Egérie est fondateur (Numa fonde les traditions religieuses romaines comme Romulus avait fondé la Ville), il revêt un enjeu capital: il engage toute l'interprétation de la civilisation romaine et son insertion dans une vision providentialiste de l'histoire. Le culte instauré par Numa est démoniaque, sans aucun doute. Mais les démons sont à moitié divins. Aux yeux de Vigenère, la divination de Numa n'est pas une supercherie; au contraire, il s'agit, tout imparfaite qu'elle soit, d'une connaissance de la divinité, appelée à retrouver sa vraie destination au fil des siècles. Déjà les rapprochements tentés par Vigenère entre rites païens et chrétiens le suggéraient. D'autres passages le confirment clairement. Lorsqu'il aborde, dans un développement consacré aux augures, les rituels d'exécration adressés aux terribles «Dires», il remarque que Cicéron, qui a vécu peu de temps avant l'ère chrétienne, ne prend plus guère au sérieux ces rituels: le traité *De divinatione* semble les considérer comme de «vaines et frivoles superstitions»[36]. Pour Vigenère, la raison en est dans le perfectionnement de la conscience religieuse des païens, «comme si déjà ces abus et ténèbres démoniques commençassent à quitter la place, et s'évanouir à la venue de la vraie lumière, qui fut bien tôt après le temps dudit Cicéron»[37]. Le culte «démonique» contiendrait donc en lui-même le principe de sa propre dissolution et permettrait donc à la «vraie lumière» d'être perçue par des consciences prêtes à la recevoir. On voit quelle place occupe la dimension de l'histoire dans une telle approche des faits religieux. Le peuple romain a cheminé peu à peu de l'obscurité à la lumière, a accédé à une conscience de plus en plus claire de son propre rapport au monde et au divin. Le christianisme serait donc arrivé au moment où il pouvait être le mieux reçu. Les traditions de Numa lançaient donc un processus historique complexe[38]. En un sens, l'œuvre de Numa prépare la conversion future du peuple romain au christianisme. Ce n'est pas le christianisme qui a ébranlé chez Cicéron ou chez Varron, à qui Vigenère prête les mêmes sentiments, la croyance aux démons. Mais leur paganisme n'est plus celui des origines. Depuis Numa, la connaissance de la divinité a en quelque façon progressé.

A lire Vigenère, on peut d'ailleurs douter qu'il existe des formes absolument pures de traditions religieuses. Numa aurait été un disciple de Pythagore, mais, dit-il, ce dernier aurait connu la kabbale des Hébreux[39]. Dans le christianisme

---

[36] *Les décades...*, col. 898.

[37] *Les décades...*, col. 899.

[38] Déjà le passage de Romulus à Numa représentait une évolution décisive dans la civilisation romaine: celui de la sauvagerie guerrière à la piété pacifique. Evolution que dans sa démarche volontiers comparatiste Vigenère compare à celle que subit le peuple hébreu de David à Salomon: il loue Numa, «ce prince, que quelques-uns accompagnent à Salomon, et son prédécesseur à David: l'un adonné au fait bellique, l'autre dévot et pacifique» (col. 1056).

[39] *Les décades...*, col. 895.

même, continue Vigenère, subsistent des traces de rites païens: il rapporte un rituel d'anathème, usant de «malédictions par tolérance même de l'Eglise», auquel il a assisté «étant encore jeune garçon [...] en l'évêché de Clermont»[40]. «Mais cela a été depuis aboli, comme impie et abominable, et du tout indigne du christianisme.»[41] La vérité peut donc s'entrevoir dans les ténèbres, inversement les ténèbres de l'erreur peuvent entacher la lumière de la vérité...

Au centre de cette approche des faits naturels et religieux, il faut placer la notion d'image. Le terme revient souvent dans l'extrait consacré aux démons. Dans la nature, en effet, les espèces sont chacune l'image d'autres espèces dans un ordre différent. C'est très exactement le rapport que Vigenère établit entre Dieu, les hommes et les créatures intermédiaires: «ils sont je ne sais quelle image de l'homme, ainsi que l'homme l'est de Dieu»[42]. Dans l'histoire des religions (qu'on nous pardonne ce terme quelque peu anachronique), Numa est l'«ombre» du rédempteur, selon le même jeu de correspondances. A propos de Numa, Vigenère a bien conscience d'étudier une figure complexe et obscure. La distance chronologique ne permet guère de certitudes à son sujet. Ainsi Vigenère fait-il de Numa un disciple de Pythagore, comme on l'a vu, avant d'invoquer, références à l'appui, les arguments qui rendent cela impossible[43]. En fait Vigenère s'aperçoit des contradictions entre les différents auteurs et conclut prudemment qu'«il y a de grandes variétés et incertitudes en cet endroit»[44]. L'absence de toute réserve lorsqu'il lui attribue des pratiques d'hydromancie n'en est que plus remarquable. Elle est cautionnée, il est vrai, par l'autorité de saint Augustin. Mais, on l'a compris, elle permet de conserver au personnage de Numa sa stature d'homme pieux, de sage païen. Inspirés des démons, les Romains ont pu avoir quelque connaissance de la divinité, une sorte d'entre-deux entre la révélation de la vérité et les ténèbres absolues.

La réflexion sur les démons et les merveilles de la nature sert ici de paradigme à celle sur le rôle historique de Numa Pompilius. Elle souligne le refus, dans la pensée de Vigenère, d'un univers clivé, aussi bien dans la nature que dans la vie humaine. Il existe une échelle des êtres où chacun est l'image d'un autre, comme il existe des correspondances et des similitudes entre les différentes croyances. Tout se passe en somme comme si les différents peuples accomplissaient à leur insu des destinées historiques convergentes. Le travail de l'historien serait donc alors de débrouiller, derrière la masse confuse des faits, ces correspondances, de retrouver derrière l'apparente diversité des phénomènes la profonde unité du

---

[40] *Les décades...*, col. 898.

[41] *Ibid.*

[42] *Les décades...*, col. 1315.

[43] *Les décades...*, col. 1053. Raisons chronologiques en particulier, trouvées chez Pline et Denys d'Halicarnasse.

[44] *Les décades...*, col. 1052.

réel, derrière la cacophonie *l'harmonie du monde*. La convergence entre les faits de nature et les processus anthropologiques à l'œuvre dans l'histoire humaine est d'ailleurs une preuve supplémentaire de l'harmonie du cosmos, de l'homme et de l'univers. Disciple modéré de Postel, lecteur de Georges de Venise, d'Hermès Trismégiste, kabbaliste chrétien, lecteur de saint Augustin dont il partage la conception providentialiste et eschatologique de l'histoire, Vigenère n'a de cesse, dans son œuvre d'historien, de trouver les clés qui livrent, plus que l'inventaire du monde, son déchiffrement.

Richard CRESCENZO
Université de Bourgogne, Dijon

UNE FIGURE
DE LA CONTRE-RÉFORME,
L'HUMANISTE
GIOVANNI FERRERO

Parmi les Italiens qui « passèrent les monts »[1] au XVIᵉ siècle pour aller étudier et enseigner à Paris, le Piémontais, naturalisé Français, Giovanni Ferrero[2] (*Johannes Ferrerius*, Jehan [de] Ferreriis, Jehan Ferrier) tient un rang très honorable. Aussi a-t-il depuis longtemps attiré l'attention des historiens ; récemment encore de solides études, bien documentées, apportent d'importantes précisions sur sa vie et ses idées[3]. Nous proposons ici d'autres documents, notamment deux testaments[4], qui ajoutent quelques touches au portrait intellectuel et spirituel du personnage. Partisan, dans sa jeunesse, des idées réformistes, ce pédagogue travaille d'abord à un renouveau culturel et religieux tout en restant fidèle à l'Eglise : comme ses maîtres Lefèvre ou Erasme, il veut unir la culture antique à la piété, l'humanisme au catholicisme. C'est dans un monastère écossais que ce simple clerc[5] réalise, pendant quelques années, cet idéal chrétien. Puis, alarmé des progrès du protestantisme et des désordres politiques qu'il

---

[1]   Voir, outre E. Picot, *Les Italiens en France au XVIᵉ siècle* [Bordeaux, 1918], repr. Vecchiarelli, Roma, 1995, J. Balsamo (éd.), *Passer les monts. Français en Italie - l'Italie en France (1494-1525)*, Paris-Firenze, 1998 ; voir aussi *La circulation des hommes et des œuvres entre la France et l'Italie à l'époque de la Renaissance*, Paris, Université de la Sorbonne Nouvelle, 1993.

[2]   Ou « Ferreri » : telle est la transcription italienne du latin *Ferrerius*, non « Ferrerio », comme me l'assure F. Giacone, professeur à la Sapienza, malgré le *Dizionario Biografico degli Italiani* [DBI], Roma, 1996, 46, 813a. Le personnage est absent de Picot, *op. cit.*

[3]   Voir les travaux de J. Durkan, « The beginnings of humanism in Scotland », *The Innes Review*, 4, 1953, p. 14-24 ; « Giovanni Ferrerio, Gesner and French affairs », *BHR*, 42, 1980, p. 349-360 ; « Giovanni Ferrerio, humanist : his influence in sixteenth-century Scotland », *Religion and Humanism. Studies in Church History*, vol. 17, p. 181-194, Oxford, 1981. Voir aussi H. Busson, *Le rationalisme dans la littérature française de la Renaissance (1533-1601)*, nouvelle éd., Paris, Vrin, 1971, p. 140-142 (la partie biographique, p. 140, est sans valeur) ; L. Thorndike, *A History of Magic and Experimental Science*, Columbia University Press, 1941, V, p. 293-296 ; F. Secret, « Notes sur Guillaume Postel. XXIII. Postel et Giovanni Ferrerio », *BHR*, 23, 1961, p. 127-128 ; *DBI*, 46, 813a-815a.

[4]   Voir App. III, 1 (1570), 2 (1575).

[5]   Il n'est ni prêtre ni moine, comme le prouvent les documents d'archives : la mise au point est faite par J. Durkan, art. cit. (1981), p. 181.

provoque en Ecosse, il rentre définitivement à Paris vers la fin du règne de François Ier et se range dans le camp des ennemis de «l'hérésie» en favorisant les
forces de répression. Nous nous attacherons à la première période de son existence pour comprendre pourquoi cet esprit libéral devient l'un des zélateurs de
la Contre-Réforme à l'université de Paris.

Sur sa famille, la date de sa naissance, ses premières études, nous sommes
réduits à ses confidences[6]. Il est né dans la petite ville du Piémont Riva, près de
Chieri, le jour de la fête de l'Annonciation (25 mars) de l'année 1508 ou plutôt
1502[7]: en 1537, il choisit le premier millésime, puis, en 1544, il le corrige[8], sans
doute après être allé s'informer sur place[9].

Il descend, à l'en croire, d'une ancienne famille patricienne de Chieri[10],
honorablement connue dans toute la Lombardie. Il nomme son père, Martino
Ferrero, et sa mère, Caterina Finelli; puis il remonte jusqu'à son trisaïeul[11].
Mais, alors qu'il mentionne avec fierté la fonction, les titres ou les vertus de ses
ancêtres paternels, il reste étrangement silencieux sur la profession de son père.
Celui-ci aurait-il exercé, pour la honte de notre humaniste, un métier sans
noblesse, comme celui de marchand? On lit dans son testament de 1570 que
l'un de ses neveux Martin Ferrier, fils de son frère Mathieu, vit à Paris «avec ung
marchant drappier chaussetier»[12], autrement dit le jeune homme est sans doute
en apprentissage; s'il avait été étudiant, l'oncle n'aurait pas manqué de préciser
son état. On note en outre qu'un Bastien Ferrier, marchand originaire de Chieri

---

[6] Voir le ms latin, sans nul doute autographe, de la bibliothèque Vaticane, Ottob. 2598, sur
l'histoire des abbés de Kinloss, histoire que Ferrero commence en 1537 et continue en 1544,
f. 2r°: *Historia seu Sylua potius Abbatum Cisterciensis familiæ Monasterii à Kynlos in Scotia...*; J.
Durkan, art. cit. (1981), p. 181, signale un autre ms autographe conservé à la National Library
of Scotland Advocates MS 35. 5. 5B. Les confidences commencent f. 46r°; voir App. I, 1. On
doit noter en quels termes Ferrero, en bon humaniste chrétien, justifie son autobiographie.

[7] Voir App. I, 1. Cf. J. Durkan, art. cit., p. 181: le ms que suit J. Durkan ne porte apparemment
pas ces corrections. Voir aussi F. Secret, art. cit., p. 127-8, qui cite la copie, parfois très infidèle,
de E. Martène et U. Durand, *Veterum Scriptorum et Monumentorum historicorum Amplisima
Collectio*, VI, Paris, 1729, *Historia Monasterii a Kenlos ordinis Cisterciensis in Scotia*, col. 326.

[8] La mention «1502» a été ajoutée au-dessus de l'année «1508» qui a été barrée. Cette correction est de la même encre que les additions de 1544. Mais voir ce qu'il déclare aux inquisiteurs
portugais à Paris le 2 avril 1551, *O processo na Inquisição de Mestre João da Costa*, publicado por
Mário Brandão, vol. I, Coimbra, 1944, p. 201: *Ioannes ferarius artium magister natus annos 4
Quatuor annos* (!): si le texte est bien établi, peut-être faut-il deviner dans ce latin fautif l'âge
de «44 ans». Dans ce cas, Ferrero serait né en 1508.

[9] Lors de son séjour dans le Piémont en 1537-1538; voir *infra*.

[10] Sur cette ville voir L. Allegra, *La città verticale. Usurai, mercanti & tessitori nella Chieri del
Cinquecento*, Milano, 1987.

[11] Voir App. I, 1. Cf. F. Secret, art. cit., p. 127.

[12] Voir App. III, 1, § 7.

et demeurant à Paris, reçoit en 1536 des lettres de naturalité[13]. En tout cas, Giovanni Ferrero est resté toute sa vie infatué de sa naissance : dans ses deux testaments, à propos de son convoi funèbre, il parle avec emphase des « armoiries de la maison du Ferrier dont il est yssu »[14].

Cette « maison » est-elle apparentée, comme on le répète, à celle des Ferrero de Biella, *gens* fameuse, féconde en évêques, cardinaux et nonces apostoliques ? Le scepticisme s'impose. Du reste, notre Ferrero ne se vante pas de cette parenté. Dans le seul document qui touche à la question, l'épître dédicatoire de ses *Academica*, à la fin du texte, après les éloges qu'il prodigue à ses illustres homonymes et, en particulier, à son patron, Filiberto (vers 1500-1549), évêque d'Ivrée et nonce en France, il se contente de signaler qu'il a fréquenté, autrefois, à l'université de Turin, Pier Francesco (1513-1566), le frère cadet du prélat[15]. C'est le seul lien dont il puisse se flatter, lien très ténu. Il est clair que ses flagorneries trahissent la distance qui sépare les deux familles.

Il commence ses études à Chieri et les poursuit à l'université de Turin, où il s'initie à la culture humaniste ; il en sort peut-être maître ès arts, vers 1524-1525, c'est-à-dire à l'âge de vingt-trois ans environ[16]. Si l'on suit sa chronologie, il part ensuite pour Paris en 1525. Plusieurs documents nous prouvent, en tout cas, sa présence à l'université de 1526 à 1529[17]. Il nous dit lui-même qu'il étudie au collège de Lisieux pendant près de trois ans sous l'étudiant en théologie Jean Morand[18]. Précision importante, nous allons le voir. C'est sans doute sous la

---

[13] *Catalogue des Actes de François Ier*, VI, p. 426, n° 21105. Voir aussi L. Allegra, *op. cit.*, p. 39-40, 84, 211, 214, les Ferrero marchands.

[14] App. III, 1-2, § 4.

[15] *Academica de Animorum immortalitate* [...], Paris, Vascosan, 1539, f. 5v° : [...] *frater tuus germanus Petrus Franciscus, natu minor, cum quo Taurini olim in scholis vixi*. Voir C. Tenivelli, *Biografia piemontese. Decada seconda*, Torino, 1785, p. 110 sq. ; P. Hamon, *La France de la Renaissance*, Paris, 2001, p. 816-817 ; sur le nonce Filiberto Ferrero, voir J. Lestocquoy, *Correspondance des nonces en France. Carpi-Ferrerio, 1535-1540*, Rome-Paris, 1961, p. XXXVII-XXXIX ; *DBI*, 47, 8a-9a : il est nonce ordinaire en France de juin 1537 à mai 1538, légat *a latere* de juillet 1538 à avril 1540, puis vice-légat d'Avignon jusqu'au 10 novembre 1541 ; créé cardinal le 8 avril 1549, il meurt le 17 août de la même année.

[16] Voir App. I, 1. Sur ses trois régents de Turin, Giorgio Carraria, Giovanni Balciano et Domenico della Bella di Maccagno, voir J. Durkan, art. cit. (1981), p. 181-2.

[17] Il sollicite, lors de l'assemblée générale de l'université (20 avril 1526) « la lettre de son grade », autrement dit une attestation de son temps d'études à Turin : Archives de l'Université de Paris, registre 16, f. 33r ; f. 66r° (assemblée du 21 février 1527 n. st.). Il s'inscrit à la Faculté des arts à partir d'octobre 1527 : BN ms lat 9952, f. 25r° (b) : *Joannes Ferrerius dioc. taurinensis*. Tout étudiant étranger ou provincial doit, en principe, repasser ses examens à Paris : deux ans d'étude ne valent qu'un an dans la capitale.

[18] Il nous apprend donc que Morand enseigna au collège de Jean de Tartas : App. I, 1 ; il précise dans la marge que ce dernier devint docteur en théologie en 1529. En fait c'est en 1530 que Morand fut licencié et docteur en théologie : J. K. Farge, *Biographical Register of Paris Doctors of Theology (1500-1536)*, Toronto, n° 354, p. 337-9 ; *id., Orthodoxy and Reform in Early Refor-*

direction de ce régent qu'il est promu à la maîtrise vers 1528[19]. Il nomme un autre maître, l'Italien Francesco Zampini, qui régente aussi à Lisieux[20]. Un document de 1529 nous apprend, en effet, que ce dernier a élu domicile dans ce collège, ce qui nous invite à supposer qu'il y habite déjà depuis quelques années et qu'il y donne des cours[21].

Précisons à ce sujet que le collège des Lombards, séjour naturel pour ces Italiens, leur est alors interdit. Le principal, Cipriano Relia[22], arguant de la pauvreté de son institution, ne veut pas de boursiers. Brandissant l'acte de fondation, Zampini, suivi par Ferrero et d'autres étudiants ou maîtres d'outre-monts, multiplie les procédures devant les juridictions ecclésiastiques et civiles[23]. Les deux parties s'affrontent avec des succès divers de 1526 à 1529. La suite des événements nous échappe, ainsi que le sort de Relia. Mais cet épisode nous montre que ce collège italien vivotait. Il réussira pourtant, quelques années plus tard, à se réformer et même à s'illustrer en accueillant notamment Michel Servet, le poète Hubert de Suzanne, les lecteurs royaux Agathias Guida-cerius et Guillaume Postel, les premiers jésuites ainsi que Ferrero lui-même. Ce dernier parvient cependant en 1529 à mettre un pied au collège de Cambrai où il assure la fonction de portier, qui donnait droit à une bourse[24].

Pendant son séjour au collège de Lisieux, qui devient alors, grâce à son principal Jean de Tartas, un foyer de modernisme, il milite, à l'exemple de Morand, dans le camp des novateurs. En 1527, enhardi par l'indulgence dont fait preuve le roi à son retour de captivité (1526), il souhaite « la disparition de la perni-cieuse barbarie » et « la renaissance des bonnes lettres »[25]. Dans le conflit qui

---

mation France, Leiden, E. J. Brill, 1985, p. 199-200; voir aussi notre article « Un document sur les persécutions de l'hiver 1533-1534 à Paris », *BHR*, 48, 1986, p. 414, et J. Durkan, art. cit. (1981), p. 182.

[19]   Ms. Vat Ottob. lat. 2598, f. 43v°: ...[*M. Robertus Reid*] *sub initium anni 1528 urbem* [= *Romam*] *relinquit* [...]. *Tunc temporis nos exacto pene triennio Parisiis, magisterium (quem dicunt) liberalium artium nacti eramus.*

[20]   Dans l'épître dédicatoire (18 juillet 1527) du *Phædo vel de animi immortalitate Platonis philo-sophorum dei* [...], Prégent Calvarin, Paris, 1536, Ferrero écrit: [...] *Franciscus Zampinus, præceptor noster eruditissimus*; ce Zampini est originaire de Fano (Appendice, I, 2, C: AN M 147, n° 5 et 6).

[21]   Voir App., II, 2, C: AN M 147, n° 6 et 8.

[22]   Il fait alors des cours publics sur Pline; il est aussi, avec Paul Emile, un familier de la famille De Varade; voir App. II. Il est inconnu de Picot, *op. cit.*

[23]   Voir App. II.

[24]   Voir AN H3 2796 (1), compte de Jean Coquere dit Baron, prêtre du diocèse d'Autun, bache-lier en décret (1529-1530): *Solui magistro Johanni Ferrier olim janitori dicti collegii* [...] *27 l. III s. t.*

[25]   *Phædo vel de animi immortalitate Platonis philosophorum dei, op. cit.*: [...] *quo tandem perniciosa Barbaries delitescat, & bonæ literæ renascantur.*

oppose, depuis quelques années, la Faculté de théologie, puis l'université à Erasme, il se range publiquement aux côtés de ce dernier[26]. En réalité, dans cette affaire, les «bonnes lettres» n'étaient nullement en cause: elles avaient acquis droit de cité dans la plupart des collèges depuis la fin du siècle précédent. Ce que refusaient les conservateurs ou les modérés, c'étaient les nombreuses réformes prônées par les novateurs, partisans d'Erasme ou de Melanchthon, dans le système pédagogique de la Faculté des arts; ils craignaient aussi, non sans raison, les conséquences de ce réformisme sur la doctrine religieuse.

L'autre maître de Ferrero, Zampini, est un disciple de Ficin: par une édition peu coûteuse du *Phédon* et du *Timée*, dans la traduction de l'helléniste florentin, il veut divulguer un savoir inconnu à Paris, les «divins mystères de Platon et les sanctuaires secrets des vertus», afin d'inciter les étudiants à devenir autant platoniciens que péripatéticiens[27]. Il s'efforce ainsi d'ébranler l'hégémonie du Philosophe, qui domine toujours les programmes. Mais les «barbares» résistent et les deux dialogues platoniciens ne paraîtront qu'en 1536.

Lassé sans doute de la ténacité des conservateurs[28], de l'affaire des Lombards et du nouvel accès de rigueur contre les «luthériens»[29], Ferrero décide de quitter Paris, peut-être en 1528, comme il le suggère[30], ou en 1529, comme semblent l'attester certains documents. Grâce à ses relations avec un chanoine augustin écossais épris de réforme, Robert Richardson, hôte de l'abbaye de Saint-Victor, il se lie avec un autre Ecossais, Robert Reid, abbé désigné de l'abbaye cistercienne de Kinloss[31]. Ce dernier le convainc de l'accompagner dans son pays.

---

[26] Voir J. K. Farge, *Orthodoxy*, p. 186-196: le 23 juin 1528, l'université appuie, à la majorité des voix, la censure que demande le syndic de la Faculté de théologie, Noël Béda, contre la lecture des *Colloquia* dans les collèges.

[27] *Timæus vel de natura diuina Platonis, Marsilio Ficino interprete per Franciscum Zampinum recognita*, Paris, Prégent Calvarin, 1537, ép. dédicatoire à Francesco Merulla: *Incognita autem ante hos annos Platonis diuina misteria, & secreta virtutum penetralia fuere: a nobis igitur erit agendum, ut in futurum non minus Platonici quam peripatetici velint esse.* (2 août 1527). Cf. J. Durkan, art. cit. (1981), p. 182.

[28] Voir ce que Ferrero écrit dix ans plus tard, avec quelque exagération, sur l'atmosphère étouffante de l'université: *Auditum visu præstare*, Vascosan, Paris, 1539, ép. dédicatoire à Robert Reid, f. A IIr°: *Ante pauculos annos, cum omnia ignoratione oppressa tenerentur, vix licuisset vel latum unguem (quod dicunt) non dico a Catholicis, sed ne ab Ethnicis pedem authoribus discedere.*

[29] Voir J. K. Farge, *Orthodoxy*, p. 186-200.

[30] Ferrero mélange sans doute ancien et nouveau style. Ms. cit., f. 40v°: [...] *M. Robertum Reid nunc Mecœnatem meum* (en rouge dans la marge: *ab anno 1528 ad annum 1539 & amplius si faueant superi*; f. 43v°: Robert Reid, son futur patron, part pour Rome en 1527, peu après le sac de la ville, afin d'obtenir les diplomes du monastère de Kinloss; il revient à Paris au début de 1528; Ferrero, après trois ans d'études, vient d'obtenir cette année-là sa maîtrise ès arts; c'est alors qu'il se joignit à la suite de Robert Reid: *addidi me M. Roberti Reid comitatui*; f. 47r°: App. I, 1.

[31] Voir ms. cit., f. 44r°: [...] *conciliatore uidelicet uiro Scoto Domino Roberto Richardino, qui Exegesim in Diui Augustini regulam conscripsit.* Voir *Exegesis in Canonem diui Augustini recens*

Les raisons de ce voyage sont surtout spirituelles. Ferrero recherche, loin de l'université, une tranquillité studieuse au sein d'une petite communauté docte et pieuse dans laquelle il puisse enseigner et travailler en parfait accord avec une Eglise selon son cœur[32]. Tel est, pour certains humanistes, le collège idéal, qui tient plus du couvent réformé que de l'école traditionnelle[33]. Les motifs du Piémontais sont aussi plus précis: sans doute est-il curieux, comme il le dit, de visiter un pays étranger[34], mais, en pédagogue érasmien, il désire plus profondément travailler, avec l'abbé Reid, esprit éclairé et libéral, à l'épanouissement d'un humanisme monastique ouvert aux lettres profanes[35]; bien plus: les *studia humanitatis* sont destinés à favoriser la réforme du monastère.

En 1537 il expose à l'abbé sa philosophie de l'éducation[36]. Elle peut se résumer en une proposition: de tous les piliers de la cité (prince, magistrats, prêtres, religieux) les professeurs sont les plus importants. Il leur incombe en effet de tourner la jeunesse vers la vertu en unissant la formation intellectuelle à l'éducation morale[37].

> Tâche vraiment pieuse et sainte, pourvu qu'on l'exécute comme il se doit. C'est, pour ainsi dire, de ces pépinières que sortent les Empereurs, les Rois, les princes et les gardiens des Etats; c'est d'elles que sortent les pontifes, les prêtres et les troupes de moines. Et, pour me résumer, le salut de l'Etat dépend entièrement d'une bonne formation de la jeunesse[38].

Si ce travail indispensable est négligé, la société est menacée des pires fléaux.

ædita per Fratrem Robertum Richardinum celebris Ecclesiæ Cambuskenalis Canonicum, Paris, C. Wechel, 1530 (sans doute 1531 n. st.: achevé d'imprimer *Anno MDXXX mense Ianuario*): dédié à son abbé Alexander Myln. Voir J. Durkan, art. cit. (1981), p. 182. Notre Piémontais dut connaître, dans l'affaire des Lombards, l'abbé de Saint-Victor, Jean Bordier, l'un des deux protecteurs du collège. Cette abbaye de chanoines réguliers, loin d'être ce lieu d'obscurantisme caricaturé par Rabelais (*Pantagruel*, VII) fut réformée en 1513-1515; mais, comme Erasme, Rabelais n'éprouve qu'antipathie pour ces maisons réformées: J. M. Le Gall, *Les moines au temps des réformes. France (1480-1560)*, Paris, Champ Vallon, 2001, p. 41, 170-171.

[32]   Voir sa lettre à Robert Reid, BN ms Moreau 847, n° 9, f. 50r°-v° (Paris, 9 mars 1549): [...] *ego spretis et abdicatis omnibus fortunæ commodis, illic tanquam in solitudine ac eremo optaui olim uiuere et mori, tranquilleque in litteris sanctis apud uos consenescere, id non contigit quia aliter deo visum est*. Voir J. Durkan, art. cit. (1980), p. 359.

[33]   Voir J. M. Le Gall, *op. cit.*, p. 173, 189-190.

[34]   Vat ms Ottob. 2598, f. 44r°: *Atque oblata conditione, cum esset in animo hominum mores cognoscere...*

[35]   Voir J. M. Le Gall, *op. cit.*, p. 210-215; voir aussi le réformisme de l'abbé bénédictin Trithemius qui bannit les lettres profanes au profit de Pères: Noel L. Brann, *The Abbot Trithemius (1463-1516). The Renaissance of Monastic Humanism*, Leiden, 1981.

[36]   Ms. cit., f. 3r° sq.: épître dédicatoire de l'*Historia seu Sylua potius Abbatum Cisterciensis familiæ Monasterii à Kynlos*. Elle est datée du 1er avril 1537: App. I, 2.

[37]   Ferrero insiste sur la finalité morale de l'enseignement: *ibid.*, f. 3v°-4r° (App. I, 2).

[38]   *Ibid.*, f. 4r°: App. I, 2.

Ces nobles convictions sont celles de tous les humanistes, notamment d'Erasme, qui inspire plus que personne la pensée de Ferrero. Cette influence est évidente dans le programme des études. Tout en conservant le cadre traditionnel du *trivium* et du *quadrivium*[39], notre pédagogue brouille les frontières entre les disciplines, dont il modifie du même coup l'esprit et la substance. Si la grammaire reste la base de l'instruction[40], le professeur, loin de se borner à l'apprentissage des règles, formera les meilleurs élèves aux rudiments de la rhétorique en leur faisant lire sans tarder les Anciens, en particulier les poètes[41], «chez qui se trouve caché tout ce qui relève d'un savoir vrai et juste»; il devra seulement écarter les écrivains trop libres. L'explication de ces textes doit donc recourir sans cesse à l'allégorie pour être édifiante[42].

La voie est dès lors ouverte à la rhétorique, puis à «la vraie dialectique», enfin à «l'ensemble de la philosophie», c'est-à-dire à tous les arts du *quadrivium*, auxquels s'ajoutent la métaphysique et la morale[43]. Avec la philosophie nous atteignons le plus haut degré de la science et de la vertu: «seule, en effet, elle recèle les formules les plus profondes sur la morale et le bonheur.»[44] Notons d'abord l'expression «la vraie dialectique», sans doute la logique d'Aristote, non de ses commentateurs médiévaux[45], mais aussi la nouvelle dialectique qui s'allie à la rhétorique, selon les préceptes cicéroniens de Valla, d'Agricola et de Sturm, bientôt de Ramus et de Talon.

Observons ensuite la place éminente que Ferrero accorde à la philosophie. Encore une fois nous songeons à Erasme[46], mais la suite du passage nous invite plutôt à nous tourner vers Jacques Sadolet. C'est en effet la doctrine toute cicéronienne du prélat italien qui se reconnaît dans la définition et l'éloge enthousiaste de la philosophie, protrectrice des princes et des peuples, fondatrice de la cité, source des lois, amie de la paix, de l'honnêteté, de la culture et de la religion

---

[39] Cf. Erasme, *De ratione studii*, éd. par J. C. Margolin, *Opera omnia*, I, 2, Amsterdam, 1971, p. 113: *Principio duplex omnino videtur cognitio rerum ac verborum. Verborum prior, rerum potior.* On sait que Rabelais garde ce cadre dans la fameuse lettre de Gargantua à son fils Pantagruel (*Pantagruel*, VIII).

[40] Cf. *ibid.*, p. 114-115: *Primum igitur locum grammatica sibi vindicat...*

[41] Voir ms cit f. 4r°-v° (App. I, 2); sur l'importance des poètes, voir E. Garin, *L'éducation de l'homme moderne. La pédagogie de la Renaissance (1400-1600)*, trad. fr., Paris, 1968, p. 89-91.

[42] Voir dans Erasme, *De ratione*, p. 139, les conseils sur l'explication (*prælectio*) de la seconde églogue de Virgile.

[43] *Ibid.*, f. 5v°-6r° (App. I, 2): sur la philosophie morale, qu'on peut apprendre en lisant les poètes, les orateurs et surtout les historiens.

[44] *Ibid.* (App. I, 2).

[45] Cf. Erasme, *De ratione*, p. 118: [...] *si quis dialecticen addendam statuet, non admodum refragabor, modo ab Aristotele eam discat, non ab isto loquacissimo sophistarum genere.*

[46] Cf. son *De pueris statim et liberaliter instituendis*, éd. J. C. Margolin, *Opera omnia*, I, 2, Amsterdam, 1971, p. 39-40, l'éloge de la raison et de la philosophie, supérieures à l'expérience,

elle-même, qu'elle favorise et ennoblit: «Bref, tout ce qui est humain et divin, conclut Ferrero, est maintenu le plus facilement du monde grâce aux soutiens de cette très sainte mère Philosophie; sans elle, tout est condamné à disparaître.»[47] La raison est donc le fondement de l'Etat et de l'Eglise. Il paraît difficile de concilier cette thèse avec la *philosophia Christi* d'Erasme: Cicéron semble avoir supplanté saint Paul.

Tel est le programme d'études que Ferrero met en œuvre à Kinloss pendant cinq ans, de 1531-1532 à 1537[48]. Selon toute apparence, il se contente d'introduire au monastère le modernisme érasmien ou, si l'on préfère, le réformisme catholique qu'il a connu au collège de Lisieux. Il nous en donne une idée précise dans la longue liste qu'il a soigneusement dressée de ses cours, des textes au programme et de ses divers travaux[49]. Retenons les auteurs à la mode: Georges de Trébizonde, Rudolphus Agricola, Agostino Dati, Lefèvre, Erasme, Melanchthon. Les classiques sont représentés surtout par Aristote[50] et Cicéron[51].

Autre signe de modernisme, ce simple maître ès arts, qui n'est même pas prêtre, se voit aussi confier des cours de théologie[52]: il commente une lettre de saint Jérôme[53], le premier psaume[54] et le quatrième livre des *Sentences* de Pierre

---

[47] *Ibid.*, f. 5r°: App. I, 2. Cf. Sadolet, *De liberis recte instituendis*, Lyon, S. Gryphius, 1533, p. 111 sq., et surtout, à la fin, p. 148: *Qui uero in philosophia perpetuum uitæ suæ domicilium constituerint, eo Dei potius similes, quam ex communi hominum more ac natura iuducandos esse.* Mêmes idées dans son *De laudibus philosophiæ* (éd. utilisée: Venise, 1539), livre II, f. 63r° sq.

[48] J. Durkan, art. cit. (1981), p. 183. A son arrivée en Ecosse, il se rend d'abord à Edinburgh, à la cour de Jacques V où, pendant trois ans environ, il perd son temps; avec le congé de l'abbé, il se rend enfin à Kinloss; voir ms. cit., f. 47r°: App. I, 1. Il répète plus loin (f. 47v°): *toto hoc quinquennio.* C'est donc en avril 1537 la cinquième année qu'il se trouve à Kinloss.

[49] *Ibid.*, f. 47r°, par exemple, un traité d'arithmétique: *Praxim Arithmetices, quam nostro Marte scripsimus.*

[50] *L'Ethique à Nicomaque* trad. par Argyropoulos, *Le Politique* et *l'Economique*, trad. par Leonardo Bruni.

[51] *De officiis, De amicitia, De senectute, Paradoxa, Somnium Scipionis.*

[52] La Faculté de théologie et l'université de Paris sont hostiles à cette forme d'*empiétement*: voir J. K. Farge, *Le parti conservateur*, p. 41-42.

[53] Ms cit, f. 47v°; voir saint Jérôme, *Lettres*, III, Paris, 1953, n° 53, p. 8-45. Ce cours figure à la première place dans la liste qui suit; il le fait à la demande du prédécesseur de Reid, Thomas Crystall: *Enarrauimus D. Hieronymi ad Paulinum epistolam, cuius initium est: frater Ambrosius etc. Idque fecimus imperante domino Thoma Crystallo abbate & administratore à Kynlos.* Sur l'abbé Crystall voir, outre le *Dictionary of National Biography*, les indications biographiques de Ferrero, ms. cit., f. 40r° sq., et le mémoire, *ibid.*, f. 60r°-86v°, *Gestorum & totius uitæ R. d. Thomæ Crystalli Abbatis Cisterciensis familiæ Monasterii à Kynlos compendium, nuper Jo. Ferrerio Pedemontano authore conscriptum. In regno Scotorum. Apud Kynlos prid. Cal. Janu. 1535* (à l'encre rouge dans la marge, f. 60r°: «*Strena frustrata &c.*»): il comptait la lui offrir en étrenne le 1er janvier 1536; la mort de l'abbé a déçu cet espoir.

[54] Sans doute d'après l'*Enarratio in primum psalmum* d'Erasme (1511), réédité à Bâle par Froben en 1525: *Opera omnia*, V, 1, Amsterdam-New York-Oxford, North-Holland Publishing Company, 1985, p. 23, 33 sq.

Lombard[55]; la doctrine de saint Paul est abordée dans l'épopée religieuse du poète néo-latin Pierre Rosset[56]. Nous devinons sans peine que la rhétorique et la philologie se mêlaient librement à la science sacrée. Dans les cours privés qu'il donne à quelques moines il élargit son programme : il explique notamment les *Bucoliques* de Virgile, les second et sixième chants de *L'Enéide*, *L'Andrienne* de Térence, le cinquième livre de *L'Institution oratoire* de Quintilien[57]. Il initie enfin un seul disciple, sans doute le plus doué, aux arcanes mystiques de Denys l'Aréopagite[58].

Dans ses travaux personnels achevés en 1537[59], nous trouvons, outre les titres de ses cours sur les disciplines du *trivium* et du *quadrivium,* quelques études philosophiques qui seront bientôt publiées à Paris et qui formeront l'essentiel de son œuvre ; nous relevons aussi des recherches en matière de géographie[60], un traité de spiritualité « sur les devoirs de la vie chrétienne »[61], des discours encomiastiques sur les saints[62], une biographie de l'ancien abbé de Kinloss, Thomas Crystall, un recueil d'observations et de documents destinés à une histoire de l'abbaye[63], un catalogue sélectif de la bibliothèque instituée naguère par Robert Reid[64] et qui annonce les recherches bibliographiques de Ferrero[65]. Le poète et l'écrivain apparaissent aussi dans des écrits que nous n'avons plus, un volume d'*Epigrammes* et huit livres de *Lettres familières*. Parmi les brouillons et les projets[66], qui s'écartent du programme des arts libéraux, quelques titres indiquent le développement des cours privés, par exemple sur la philosophie platonicienne, contre la thèse aristotélicienne de l'éternité du

---

[55] *Ibid.,* f. 48r°.

[56] *Ibid.,* f. 48r° (erreur sur le prénom) : *Paulum Rosseti, hoc est, de Laboribus Beatissimi Pauli libros sex heroico conceptos carmine.* Josse Bade a donné deux éditions du *Paulus* en 1522 et en 1527 : Ph. Renouard, *Bibliographie des impressions et des œuvres de Josse Badius Ascensius,* Paris, 1908, III, p. 219-220.

[57] *Ibid.,* f. 48r°-v° : *Enarrata per nos in cubiculo nostro aliquot monachis priuatè.*

[58] *Ibid.,* f. 48v° : il commente aussi devant lui le quatrième livre des *Sentences.*

[59] *Ibid.,* f. 49r° : *Lucubratiunculæ & commentarii nostro marte æditi in Kynlos.*

[60] *Ibid.,* f. 48v° : *Chorographiæ Taurinorum*; f. 49v° : *Totius orbis quadruplicem figurationem lib. 4. Descriptionem terræ repromissionis lib. 1.*

[61] *Ibid.,* f. 49r° : *De officiis Vitæ Christianæ.* C'est sans doute le ms de Milan, Bibl. Ambrosiana P 243 Sup. (3), adressé de Paris en 1540 au cardinal Farnese : J. Durkan, art. cit. (1981), p. 190.

[62] *Ibid.,* f. 49v° : *Orationum encomiasticarum de Sanctis lib. 1.*

[63] *Ibid.,* f. 49r° : *Vitæ Senioris abbatis in Kynlos, hoc est, domini Thomæ Crystall lib. 1. Syluæ seu obseruationum pro contexenda historia à Kynlos. 1 lib.*

[64] *Ibid.,* f. 49v° : *Bibliothecæ selectorum librorum, quam Robertus Reid abbas à Kynlos nuper instituit lib. 1.*

[65] Voir F. Secret, art. cit., p. 127-128.

[66] *Ibid.,* f. 49v° : *Inchoata, nondum absoluta.*

monde[67], sur la morale chrétienne[68], sur la vie et la doctrine de saint Paul[69], sur l'interprétation des Ecritures[70], contre les jugements astrologiques[71]; enfin il prépare un livre de proverbes à la manière d'Erasme[72]. Dans cette curiosité encyclopédique, une absence nous surprend, celle du grec: lacune importante, qui tempère le modernisme du pédagogue.

Puis, en 1537, il quitte l'Ecosse. Après un courte visite sur sa terre natale du Piémont, il s'installe à Paris[73]. Il y découvre avec enthousiasme une nouvelle liberté culturelle, un printemps de l'esprit[74] dont il profite pour publier ses traités philosophiques. Pourtant, quatre ans plus tard, vers 1541, à la prière de Robert Reid[75], il repart pour Kinloss. Ce séjour, qui sera le dernier, est infortuné. La mort de Jacques V (14 décembre 1542) plonge l'Ecosse dans de graves troubles religieux et politiques. Découragé, Ferrero abandonne au bout de trois ans la formation des cinq moines que Reid lui a confiés et il se résout en 1544 à quitter le pays dès que possible. Il arrive à Paris vers la fin de 1545 ou au début de 1546[76]. Il trouve sans tarder une place honorable à l'université: de 1547 jusqu'en 1554 au moins, il est l'un des trois proviseurs du collège des Lombards[77], tandis qu'il

---

[67]   Ibid.: *Idæarum Platonicarum* [...] *De mundi æternitate aduersum Aristotelem lib. 2.*

[68]   Ibid.: *Felicitatis Arist. & Paradoxorum ad ueram Christi felicitatem lib. 9.* [...] *Periclitationes humanæ uitæ inter uirtutes & uitia lib. 2.*

[69]   Ibid., f. 49v°-50r°: *Peregrinationes D. Pauli ex Actis Apostolorum pictura* [...] *Commentariorum in Paulum Rosseti lib. 6.* Voir *supra.*

[70]   Ibid.: *Triplicis in primum Psalmum enarrationis* [...] *De recta sacrarum literarum interpretatione lib. 1.*

[71]   Ibid., f. 50r°: *Apologiam aduersus futilia Astrologorum iudicia.* Ce projet doit sans doute compléter le traité sur la comète de 1531.

[72]   Ibid., f. 49v°: *Prouerbiorum Centuriarum lib. 1.* Peut-être faut-il lire *Centuriæ.* Le livre ne sera édité qu'en 1579, mais allégé de quarante proverbes: *Adagiorum Des. Erasmi Roterodami Chiliades* [...], Nicolas Chesneau, Paris, 1579, col. 1361-2: *Ioannis Ferrerii Pedemontani LX prouerbiorum collectanea, per Ioannem Gillotum Camp. explicata.* Jean Gillot écrit: *Cum nouam Adagiorum Centuriam, quam statim post Erasmum Do. Io. Ferrerius Pedemontanus* [...] *collegit* [...] *inter alia eiusdem scripta reperissem...*

[73]   Au moment où il rédige son histoire de Kinloss, durant la première moitié de 1537, il songe à partir pour l'Italie: Vat ms Ottob. 2598, f. 47r°; dans son *Io. Francisci Pici Mirandulæ Domini De Animæ immortalitate,* il écrit à Reid: *Ubi ex Italia rediissem in Gallias;* plus loin, à propos de ce traité, il ajoute *quod mecum attuli ex Insubria* (Cf. F. Secret, art. cit., p. 128); il déclare aussi que son second séjour à Paris a duré quatre ans (ms cit., f. 55r°); il repart pour l'Ecosse à Pâques 1540 (f. 52v°).

[74]   Voir l'épître dédicatoire de l'*Auditum visu præstare, op. cit.,* f. A Iir° sq., L. Thorndike, *op. cit.,* V, p. 295-296, et J. Durkan (1981), p. 186-187.

[75]   Il a été nommé récemment évêque des Orcades; il accueille Ferrero avec de grands égards: voir ms cit., f. 52v°.

[76]   Il obtient un sauf-conduit en juillet 1545: J. Durkan (1981), p. 190.

[77]   Il est «proviseur pour la nation de Lombardie»: AN MC XXXIII 32, f. 449r° (7-2-1547), 32bis, f. 229r° (19-9-1547), 33, f. 269r° (3-10-1548): actes cités dans E. Coyecque, *Recueil des*

réside et donne des cours privés au collège de Cambrai de 1549 environ jusqu'à sa mort en 1578[78].

Il apparaît désormais, à l'université de Paris, comme une figure de la Contre-Réforme[79]. Tout en continuant ses travaux d'humaniste[80] et de pédagogue, il s'engage en faveur de l'orthodoxie[81]; il approuve hautement la politique de rigueur contre les protestants ou les supects[82]. Lors du colloque de Poissy, il admire l'éloquence et la saine doctrine du cardinal de Lorraine; il déteste Théodore de Bèze et tous les «sectaires»[83]. Il devient, en outre, une sorte d'agent du catholicisme écossais, avec lequel il gardera, jusqu'à la fin de sa vie, des liens étroits, comme le prouvent ses lettres et ses testaments[84]. Ces documents nous montrent aussi ses relations avec des membres éminents de la hiérarchie française et italienne, ainsi que sa sympathie à l'égard de la Compagnie de Jésus[85]. Bref, à la concorde civile et religieuse il préfère l'unité de l'Eglise telle que la définit alors le Concile de Trente.

Au terme de cette étude, nous pouvons esquisser le portrait spirituel de Ferrero. C'est à Kinloss qu'il mûrit une piété éloquente et savante[86] tout en fixant sa pensée et sa foi[87]. Il est, comme les meilleurs esprits de son temps, un

---

actes notariés..., II, Paris, Imprimerie Nationale, 1909; voir aussi J. Durkan (1981), p. 190. Il est toujours proviseur en 1554: MC XLIX 52, f. 688r° (9 nov.).

[78]   Mais, d'après AN H3 2796 (2), il n'y est reçu comme «hôte» qu'en 1557; il n'y exerce pas la fonction de «régent». Il y meurt le 23 août 1578 (App. III-IV).

[79]   Voir J. Durkan (1980), p. 354 sq.

[80]   Voir sa correspondance avec Conrad Gesner, J. Durkan (1980) d'après BNF ms Moreau 847, f. 50r°-v°.

[81]   Il coopère notamment avec les inquisiteurs, de 1549 à 1551, contre son ancien condisciple à Paris, George Buchanan: J. Durkan (1981), p. 182, 191; I. D. McFarlane, *Buchanan*, Londres, Duckworth, 1981, p. 26, 142.

[82]   Il approuve la rigueur de Henri II contre les magistrats suspects, notamment Anne du Bourg, après la mercuriale du 10 juin 1559; voir sa lettre du 28 août 1559 (BNF ms Moreau 847, f. 55r°); même éloge de la rigueur le 21 décembre 1559, *ibid.*, f. 55v°.

[83]   BNF ms Moreau 847, ep. 21 (20 sept. 1561), f. 56v°, sur la doctrine catholique de l'eucharistie: [...] *sed disertissime omnium Cardinalis à Lotharingia*; voir aussi *ibid.*, ep. 23, f. 57v; J. Durkan (1980), p. 358-9.

[84]   Voir notamment ses relations avec James Beaton et Ninian Winzet. Il rencontre à Paris en mai 1548 Pietro Lippomano, évêque de Vérone et légat du pape en Ecosse: BNF ms Moreau 847, f. 47r°.

[85]   Il est en relations avec Pierre de Gondi, évêque de Langres, puis de Paris (1569); voir aussi (BN ms Moreau 847, f. 47r°), ses relations avec le cardinal Marcello Cervini, futur Marcel II, et Pietro Lippomano, évêque de Vérone et légat du pape en Ecosse (mai 1548); voir enfin (App. III, 1, § 12) son legs au collège de Clermont à Paris.

[86]   Cf. E. Garin, *op. cit.*, p. 179.

[87]   Voir H. Busson, *op. cit.*, p. 140-142; J. Durkan (1981), p. 187-190.

disciple de Cicéron[88]; il cultive aussi, contre les épicuriens et les athées, la pieuse philosophie de Platon et de l'école platonicienne, ancienne et moderne, ainsi que la *prisca theologia* d'Hermès[89]; il lit les Pères et le Pseudo-Denys. Mais son vrai maître est le Christ des Evangiles et des Epîtres de Paul[90]. A cette esquisse, qui ne le singularise guère, il faut ajouter un trait plus personnel: son goût de l'austérité et du retirement[91]. Un homme incarne, à ses yeux, son idéal catholique de culture, de réforme et de résistance: c'est le cardinal Marcello Cervini, l'éphémère pape Marcel II[92], dont il déplore la mort inopinée[93]. Ces convictions politiques et religieuses, il les partage avec d'autres humanistes, parmi lesquels nous retiendrons Gentian Hervet, qui devint à Rome un familier de Cervini[94], Joachim du Bellay[95] et le médecin Antoine Mizauld, autre accointance de Ferrero[96]. Mais, de tous ses amis parisiens, le plus intéressant est le docte et pieux marchand libraire, imprimeur du roi, Frédéric Morel[97]: c'est dans son cercle que nous pouvons rencontrer les intellectuels les plus proches du Piémontais.

Jean DUPÈBE
Université Paris X-Nanterre

---

[88] Mais il n'est pas un cicéronien sectaire: son latin est loin d'être toujours cicéronien; cf. *contra* J. Durkan (1981), p. 187.

[89] Voir ses *Academica*, Paris, Vascosan, 1539, f. 28v°.

[90] Voir sa prière au Christ, roi des rois, dans ses *Academica*, f. 33v°: *Veni ergo, pientissime Iesu, Rex Regum...*; dans Vat ms Ottob. 2598, f. 55v, il écrit en 1544: *Ego uero nullius professionis sum, prætarquam Christi.*

[91] Voir n. 32.

[92] Sur l'humaniste voir Pio Paschini, *Cinquecento Romano e Riforma cattolica*, Roma, 1958, p. 185-217: «Un cardinale editore: Marcello Cervini».

[93] Ms Moreau, f. 53r°, lettre à Robert Reid (2 mai 1555): Ferrero annonce la mort de Jules III (23 mars) ainsi que l'élection de Marcel II (10 avril) et sa mort (1er avril).

[94] Hervet (1499-1584) appartient d'abord à la *famiglia* du cardinal Reginald Pole, dont il a été le précepteur; il travaille ensuite pour Cervini dont il devient le familier et le «traducteur officiel»: voir P. Paschini, *op. cit.*, p. 203-210.

[95] Voir *Les Regrets*, sonnet CIX, sur le pape Marcel II; comme Ferrero, Du Bellay déplore l'assassinat du président Antoine Minard tué d'un coup de pistolet le 12 décembre 1559 (*Œuvres poétiques*, VIII, Paris 1985, p. 52-55); cf. Ferrero, ms Moreau, f. 56r° (26 janvier 1560); J. Durkan (1980), p. 353-354.

[96] Il est lui aussi lié au président Minard: voir *In violentam et atrocem cædem Antoni Minardi Præsidis inculpatissimi nænia*, Frédéric Morel, 1559. Il est appelé au chevet de Ferrero en 1575: App. III, 2, 8A.

[97] Ferrero est le parrain de son fils, Frédéric: App. III, 1, § 10.

APPENDICES

I. VAT. MS OTTOB. LAT. 2598

1. Fol. 46r° sq.:

Jo. Ferrerius Pedemontanus. Nunc de nobis paucula dicamus, quemadmodum recepimus nos paulo ante facturos apud gentem ignotam, exemplo Hieronymi & aliorum illustrium scriptorum, qui suas etiam uitas literis consignarunt, non ad ostentationem, sed ut in cognitione historiæ posteritati consulerent. Ita Æneam fecisse legimus, apud Vergilium, cum de se in hunc modum loquitur: Sum pius Æneas, uictos qui ex hoste penates / Classe ueho mecum [Cf. *Æn.*, I, 378-9: au lieu de *uictos* on lit aujourd'hui *raptos*]. *Itaque, si quis forte requirat patriam nostram, uelim intelligat esse Italiam, ex Augusti Cæsaris descriptione: qui usque ad Alpium radices Italiam designarunt. Sin Italiæ partem cupiat agnoscere quispiam, sciat esse Insubriam, quæ & Gallia comata olim dicta est. Ac in Insubria, eam partem tenemus, quam hodie Pedemontanam regionem dicunt. Oppidum autem est in Pedemontio, quod suo nomine Cherium uocant, amplissimum & hominum frequentia, & ædificiorum structura, & diuitiarum copia: undè maiores nostri originem traxere. Proxime ad oppidum Cherii secundo lapide est aliud oppidum minus, quod suo nomine Rippa propè Cherium uocitatur: in quo lucem æthereum primum nascentes uidimus, sub annum domini [1508] 1502 calculo Romano, in festo Dominicæ Annunciationis. Parentes habuimus ex uetere & nominata satis familia per uniuersam Insubriam non contemnendos. In primis, Martinum ferrerium patrem, & Catherinam finellam matrem. Auus meus ex patre fuit Guilielmus ferrerius, uir consularis & probus, qui annos 103. uixit. Proauus meus ex patre fuit Martinus, aui Gulielmi pater, in re militari strenuus dux, & Connestablus (quem uocant) egregius. Abauus autem meus ex patre fuit Thomas ferrerius, Martini proaui pater, juris utriusque doctor, & uir consularis. Sed hæc in præentia de genere nostro satis. Primam illam meam pueritiam exegi Rippæ, deinde Cherium à patre missus, primum litterarum cultum coepi. Illinc transmissus Taurinum militaui sub studiorum humaniorum professoribus M. Georgio Carraria, Joanne Bremio, & Dominico Machaneo, uiris in re literaria minime contemnendis. Anno autem domini 1525 hoc est nostræ ætatis anno [19: barré] 23 ueni Parisios primum, ubi pene triennium totum exegi sub M. Joanne Morando, nunc [souligné en rouge et la date 1529 est écrite en rouge dans la marge] doctore Theologo in collegio Lexouiensi, sub Jo. Tartasio primario. Atque tunc oblata mihi occasione uidendæ Scotiæ, cum M. Roberto Reid, nunc abbate à Kynlos, sub annum 1528 in Britanniam transmissi. Et cum eo in Aula Scotiæ tres annos fere uixi. Sed quum uiderem sic meorum fieri studiorum iacturam, petii uel ut mihi potestatem in Kynlos degendi faceret, uel abeundi potius. Ille cum nolet me missum facere, non grauate permisit ut in Kynlos uitam transigerem. Itaque toto hoc quinquennio, uel in instituendis monachis, uel in studio meo priuato, uel in commentariis aliquot nouis ædendis, fui. Nunc autem, hoc anno 1537 quo hæc scribo, Italiam identidem (si nihil impediat) cogito...*

2. Fol. 3v°:

[...] *Secundum Reges sunt magistratus ciuitatumque præfecti, per quos benè habent singula Reipublicæ membra, undè totum corpus coalescit.*

Ac ne irriti sint conatus cum magistratuum, tum Principum quibus vulgaria crassaque mundi tractantur negocia: accedunt Episcoporum cum uniuerso Clero atque Monachatu sanctiora gubernacula, quæ dei opt. max. aduersum nos furorem compescant, ut in pace benè beatéque degamus...

Post hos (ut enim omittam cellularias atque mechanicas artes, in multos usus necessarias) subsequuntur bonarum literarum professores, quibus incumbit iuuentutem ad meliorem frugem conuertere. « Pium sanè sanctumque negocium, si tamen ritè obeatur. Ex his veluti seminariis, prodeunt Imperatores, Reges, & Principes, et Rerumpublicarum custodes. Ex his Pontifices, sacerdotes, monachorumque examina. Ac ut paucis multa complectar: uniuersa Reipublicæ salus à recta iuuentutis institutione propendet. Quam si minus benè curauerimus [...], experiemur tamen nostræ negligentiæ incommoditates plurimas. Et quos in Reipublicæ salutem per oscitantiam educabamus, iam in faces publicaque incendia nulla arte restinguenda excitari nostro & omnium malo conspiciemus.

Curent igitur qui literas docent, simul & mores bonos instillare in pectuscula teneræ iuuentutis omnium capacis. Reuellat si quæ sunt mala grauiora primum, ne uirtus recenter sata, inutilibus suffocetur herbis, nec possit adolescere. In rudimentis Grammatices tradendis, sint aliquanto curiosiores: ut bonæ spei iuuenes intelligant quæ sint propria, quæ tropis & schematibus redimita sint, aut huiusmodi. Deinceps citato satis passu, ad ueterum scriptorum lectionem, suos auditores traducant, ut quos imbiberunt grammaticorum canones, iugi uariaque lectione ritè comprobare ualeant. A poetarum studiis non abducant iuuentutem præceptores, in quibus reconditum est, quicquid ad ueram iustamque eruditionem spectat. Si qui uidebuntur lasciui magis quam ut illi conueniant ætati, submoueantur prudenter [...]

Pateat hinc aditus ad Rhetoricen, hoc est, ad benè ornatéque dicendi peritiam: sic enim facilius ad ueram Dialecticen uniuersamque philosophiam, gradum faciet iuuentus optima. In qua sola benè beatéque uiuendi formulæ omnes latent penitissimæ. Siquidem Philosophia & Principum & plebeiorum tutela longe optima perhibetur. Hæc sola palantes primum homines in unum corpus compegit, leges posuit ad Reipublicæ gubernacula, quibus uirtuti præmia sceleribusque supplicia decernimus. Pacem tuetur philosophia, artes statuit ac religionem auctiorem ornatioremque reddit. Per eam reflorescunt in uniuersum liberalia studia, morum fatiscit correptela, seruntur uirtutes: denique humana diuinaque omnia huius sanctissimæ parentis Philosophiæ adminiculis facillimè retinentur, alias in nihilum abitura.

II. NOTE SUR LE COLLÈGE
DES LOMBARDS

1. Sur la fondation de ce collège voir Michel Félibien, *Histoire de la ville de Paris,* Paris, 1725, III, 427a, *vidimus* de l'acte de fondation de «la maison des pauvres écoliers italiens, autrement dit des Lombards», *Domus pauperum scolarium Italorum de charitate Beatæ Mariæ* (25 février 1334 n. st.). Elle est située rue des Carmes, près de l'église Saint-Hilaire (E. Coyecque, *Recueil d'Actes notariés,* II, Paris, Imprimerie Nationale, 1923, n° 5081, «[...] au Mont Saint Hilaire»; n° 5002: «[...] sur la rue des Carmes, autrement dit au Mont Saint Hillaire, devant le collège des Lombards»; n° 6355: «[...] rue des Carmes au Mont Saint Hilaire»). Elle est destinée à onze boursiers italiens. Trois proviseurs sont chargés de l'administration des biens, de la direction des études et de la discipline. Pour régler les différends, sont désignés deux *protecteurs* ou *défenseurs perpétuels*: l'abbé de l'abbaye de Saint-Victor-lez-Paris et le chancelier de Notre-Dame (430b). Voir aussi Jacques de Breul, *Le Théâtre des Antiquités de Paris*, Paris, 1639, II, p. 517-8; abbé Lebeuf, *Histoire de la ville et de tout le diocèse de Paris*, éd. Hippolyte Cocheris, Paris, A. Durand, 1864, II, p. 38 (Notons que Cocheris situe le collège au n° 23 de l'actuelle rue des Carmes); Lynn Thorndike, *University Records and Life in the Middle Ages*, New York, 1944, p. 441 n. 26 (critique erronée de l'adresse «au Mont Saint Hilaire») et la carte à la fin de l'ouvrage, n° 54: «rue des Carmes»; Jean-Pierre Babelon, *Paris au XVIᵉ siècle*, Paris, Hachette, 1986, p. 521 (il place le collège au n° 17).

2. Sur le différend qui éclate entre le principal, Cipriano Relia, d'un côté, et Francesco Zampini et quelques étudiants, de l'autre, les sources sont AN J 736, n° 20-27 (microfilm parfois peu lisible) et AN M 147, n° 3-13.

Les arguments des deux parties sont exposés dans les «Avertissements», J 736 n° 26 (Relia) et n° 27 (Zampini et consorts), en date du 13 juillet 1529. Nous en donnons un bref résumé:

A. Principaux arguments de Cipriano Relia, défendeur:

a) *Il est depuis quinze ou seize dûment pourvu de la «maistrise et principaulté» du collège des Lombards; mais il a dû soutenir tant de procès pour la garder qu'il a fait de gros frais et dépenses.*

b) *Quand il est devenu principal il a trouvé* «led. college des Lombars en toute desolation et ruyne tellement qu'il n'y avoit poinct deux chambres habitables sans dangier de ruyne et n'y avoit aud. college aucunes rentes ou revenu fors de vingt livres par an seullement». *C'est pourquoi il a dû faire de nombreuses réparations et constructions pour onze mille livres ou environ, «que* estoit toute sa substance et tout ce qu'il avoit jamais sceu gaigner et espargner, tant dela que deca les montz, tout le temps de son aige qui est de cinquante cinq ans et plus».

c) *Pour avoir quelques revenus, une fois les travaux terminés, il a pris en pension* «des jeunes enffans des bonnes maisons de ceste ville de Paris, retournans des universitez d'Orleans, Poictiers et autres, qu'ilz se veullent habiter et commencer a lire d'Institutes, de droict canon ou autre chose, et luy mesmes commance et continue a lyre de cosmographie et Pline, *naturalis historia*, qu'il a leu publice aud. college ou y avoit grand enfluence d'escolliers & auditeurs»[98].

d) *Depuis deux ans il est persécuté par les demandeurs, qui* «sont avolez et incongneuz, *non clerici, nullius certis [sortis?] aut proffessionis, non capaces officiorum, ut sunt fratres mendicantes, gens de divers estatz, habitz & condicions, excommunicati, quod impromptu visitatur,* mal vivans & mal renommez». *Ils soutiennent que ce collège fut fondé pour des étudiants originaires de la Lombardie et d'autres régions de l'Italie et que, pour cette raison, ils ont droit à des* «chambres, loges, pension et bourses». *Or, il ne peut recevoir de boursiers, d'abord parce que le collège n'a d'autre revenu que vingt livres par an, ensuite parce que les chambres neuves, qu'il a fait construire à ses frais, sont occupées par ses pensionnaires et que les* «petitz ouvrouers sur rue qu'il a fait bastir soubz lesd. chambres» *sont louées à des artisans, ce qui constitue tout le revenu du collège.*

e) *Néanmoins, il consent à laisser aux demandeurs la place de principal à condition qu'ils lui remboursent les sommes qu'il a dépensées pour le collège, c'est-à-dire environ onze mille livres. Après avoir d'abord accepté, ils ont abandonné l'offre.*

f) *Ils ont pourtant tenté un coup de force: ils se sont* «efforces entrer & loger aud. college et eulx dire boursiers». *Il a donc été obligé de porter plainte devant le bailli de Paris* «en cas de saisine et de nouvelleté». *Il a* «obtenu sentence de recreance a son proufflit».

g) *Voyant que leur action n'aboutissait pas, les demandeurs ont tenté une autre manœuvre en obtenant des lettres royaux* «adressantes au premier de messieurs les conseillers» *du Parlement, mais sans parler du procès pendant devant le*

---

[98] Voir l'épître dédicatoire de Michel de Vascosan à Jacques de Varade, conseiller au Parlement dans son édition de Tite-Live et de divers historiens latins, *T. Livii Patavini historiæ Romanæ principis Decades tres cum dimidia, seu libri XXXV, ex XIIII Decadibus relicti [...]*, Michel de Vascosan, Paris, 1552 (Bibliothèque de la Sorbonne, Rés. LL h 15 f.): Cipriano Relia était, avec Paolo Emilio de Vérone, un familier du père de Jacques de Varade. Relia composa un commentaire de Pline, qu'il laissa à sa mort au frère de Jacques, le médecin, Jérôme de Varade. Référence et texte dans C. du Bus, *op. cit.*, I, p. 43-44, 114-116; II, p. 204.

bailli de Paris. Ils veulent obtenir par ce moyen l'acte de fondation et la nomination de boursiers. Mais «lesd. lettres sont abreptices, subreptices, incivilles». *Le demandeur prouve longuement son accusation.*

B. Principaux arguments de Francesco Zampini, Marc Descallat [Scarlatti], Dominique Borde, Jean-Baptiste de Violle, Barthélemy Gigally, frère Jully de Moutil, Jacques Guynety & Coulumbane Le Roy, demandeurs:

a) *Ils demandent que soit respectée l'intention des fondateurs du collège,* «qui est fondé *pro alimonia pauperum scolarium ytalie* & en signe de ce, a esté *a principio fundationis, collegium beate Marie de charitate».* Il a donc été toujours destiné aux étudiants pauvres originaires d'Italie.*

b) *Ils rappellent les principales dispositions de l'acte de fondation:* «par lad. fondacion y doibt avoir unze boursiers ayans leur habitacion & demeure dedens led. college & pour chacun d'iceulx la somme de quatorze ducatz par an pour leurs alimens & entretenemens». *Il doit y avoir aussi trois* «proviseurs, administrateurs & dispensateurs es biens dud. college & faire vivre les boursiers *in disciplina scolastica.»* Mais, si les revenus du collège diminuent, à la place des trois proviseurs,* «il y en aura ung qui sera appellé maistre & principal dud. college, a la charge toutesfois des entretenemens de la fondacion dud. college».

c) *Ce maître est* «tenu loger & habitationem prestare a unze escolliers nationis ytalice [...] & tenu bailler a chacun d'eulx la somme de quatorze ducatz [...] *secundum tenorem dicte fundacionis».* Or, le principal garde pour lui tout le revenu du collège,* «neque solum denegauit aux demandeurs qui sont escoliers Lombars & *ytalliens victum & alimoniam, sed etiam habitacionem & mansionem* dedens led. college.» *Qui pis est,* «au lieu d'appliquer les maisons dud. college, qui sont grandes, a y mectre des escolliers & boursiers *juxta tenorem fundacionis*, il les a baillees a louage a gens mecaniques & autres dont il a gros revenu par chacun an».

d) *Contre tous ces abus les demandeurs se sont adressés au chancelier de Notre-Dame et à l'abbé de Saint-Victor, protecteurs du collège,* «mais le defendeur qui ne veult entendre a la raison a exquis plusieurs subterfuges & delays nec erubuit dire que led. college, ensemble tout le revenu & emollument d'icelluy, luy devroient demourer entierement».

e) *Mais ils ne veulent pas chasser le principal de sa charge, mais pour que ce dernier respecte la justice, ils ont finalement eu recours au roi* «qui est le pere conservateur de lad. université de Paris et des membres d'icelle». *Ils ont donc obtenu* «lettres patentes adressans au premier de messeigneurs les presidens des enquestes ou conseillers de lad. court.» *Longue justification de cette action.*

C. Quelques pièces de la procédure :

a) 30 octobre 1526 (AN M 147 n° 3): Visite du chancelier de Notre-Dame, protecteur du collège, en l'absence de l'autre protecteur, l'abbé de Saint-Victor, sur la plainte de Francesco Zampini et d'autres étudiants italiens contre le principal Cipriano Relia. Le principal prétend qu'il a tout dépensé dans les réparations du collège. Le chancelier lui demande de lui apporter les titres de la fondation.

> *Anno domini millesimo quingentesimo vicesimo sexto, die tricesima et penultima mensis octobris, in mei Gabrielis Hubert, clerici curiarum conseruationis privilegiorum apostolicorum universitatis et episcopalis parisiensis notarii jurati et scribe venerabilis fratris domini cancellarii insignis ecclesie presentia, coram eodem domino Cancellario protectore collegii Longobardorum parisius fundati, in absentia venerabilis in Christo patris domini abbatis monasterii sancti Victoris prope et extra muros parisienses, ipso domino Cancellario existente in eodem collegio in camera primarii dicti collegii, gratia ipsum visitandi, qua die comparuerunt discreti et religiosus viri magistri franciscus Zampinus, franciscus Philipputius et frater Eliseus Magautius nationis Italie. Qui quidem Zampinus eidem domino Cancellario exposuit sibi presentasse quandam supplicationem seu requestam, nomine ipsorum factam, contra magistrum Cyprianum de Relya, primarium dicti collegii, super qua supplicabat et supplicuit per ipsum dominum Cancellarium ius sibi fieri. Quo per prefatum dominum audito et visa per dictum de Relya huiusmodi supplicatione seu requesta, dixit et declarauit quod diebus elapsis omnem suam substantiam et pecunias suas exposuit pro reparatione dicti collegii, quod quidem nulli sunt redditus in dicto collegio. Super quibus altercatis memoratus dominus Cancellarius ordinauit quod dictus de Relya deponeret penes eum titulos fundacionis dicti collegii et, hiis visis, ordinabit prout iuris erit et rationis. Acta fuerunt et in dicto collegio cum predictis anno et die quibus supra. G. Hubert.*

b) Sans date, AN M 147 n° 3A: Gabriel Hubert se rend à plusieurs reprises au collège des Lombards pour demander au principal les titres de la fondacion réclamés par le chancelier. Le principal répond d'abord qu'il parlera au chancelier en personne. Hubert revient deux fois de suite, mais le principal est absent.

c) 22 décembre 1526, AN M 147 n° 4: En présence de Gabriel Hubert, notaire épiscopal et scribe du chancelier de Notre-Dame, devant l'abbé de Saint-Victor et ledit chancelier de Notre-Dame, comparurent, d'un côté, maîtrez Franciscus Zampinus, Franciscus Philipputius et frère Eliseus Magautius, de l'autre, le principal, maître Cyprianus de Relya. Zampinus, au nom de ses collègues, rappelle aux protecteurs la supplique qu'il leur a présentée contre le principal pour que justice leur fût rendue. Le principal répète *«suas expo-*

suisse pecunias pro reparatione collegii, quod quidem collegium nullos habet redditus nisi de corpore collegii». Toutefois il consent à montrer aux protecteurs les revenus du collège, ainsi que les comptes. Les deux protecteurs décident que les comptes seront présentés à François de Médulla, conseiller au Parlement de Paris[99], qu'ils chargent de régler le différend et de leur rendre compte ensuite de son avis.

d) 9 avril 1527 (n. st.), AN J 736, n° 20 (pièce quasiment illisible): pardevant Jehan de la Barre bailli de Paris et conservateur des privilèges de l'université, comparurent d'un côté Cipriano Relia, d'aultre «Francois Zampinus, frere Elizee [Majautius] et Jehan Ferriere deffendeurs». (Selon le résumé qui précède les pièces, «sentence provisoire par défaut qui maintient le priniipal du colege des Lombards en possesion des biens et revenus dud. Colege pendant la duree de la contestation subsistante entre lui et ses adversaires.)

e) 19 juillet 1527, AN J 736 n° 21 (souvent peu lisible): Devant Jean de la Barre comparurent Sébastien Jullian procureur de Cipriano Relia demandeur «en cas de saisine et de nouvelleté», et Jehan Boutin, «procureur de maistres Francoys Zimpinus, frere Elizee de Maieutis (!) et Jehan Feriere, deffendeurs». (Il est enjoint aux parties d'écrire et de faire enquêtes respectives).

f) 14 avril 1529, AN J 736 n° 23: demande d'assignation du principal devant le Parlement pour qu'il apporte l'acte de fondation du collège à propos du nombre des boursiers, des bourses et du logement.

g) *23 juin 1529, AN M 147 n° 5*: «Nicole Sanguin conseiller du Roy nostre Sire en sa court de Parlement et commissaire de par led. seigneur en ceste partie, au premier huissier de lad. court ou aultre sergent royal sur ce requis salut. Veu par nous les lettres royaulx attachees a ces presentes a nous addressans, obtenues, impetrees & a nous presentees de la partie de Maistres Francoys Zampin de fano, Marc Scarlatti & autres escolliers italliens demourans et residens a l'université de Paris, par lesquelles nous est mandé congnoistre de l'enterinement d'autres lettres royaulx aussi par eulx obtenues dud. seigneur attachees a cesd. presentes, ou lieu de Me Gabriel de Florence aussy conseiller en lad. court, nous vous mandons & commectons» pour que, à la requête des écoliers ou de leur procuruer, Cypryan de Relia, leur partie adverse, soit ajourné à comparaître par devant nous à la cour du Parlement pour procéder à l'entérinement des lettres royaux.

---

[99] Originaire du royaume de Naples, il est d'abord conseiller et sénateur au sénat de Milan; il reçoit des lettres de naturalité en juin 1522 (BN, ms fr 4834, p. 1009); il est ensuite conseiller au Parlement de Dijon, puis de Paris; c'est à lui que Zampini et Ferrero dédient l'édition du *Phédon* et du *Timée*. Voir J. Durkan, art. cit. (1981), p. 182.

h) 6 juillet 1529, AN M 147 n° 11: Défaut donné par Nicole Sanguin, conseiller au Parlement et commissaire en cette partie « A Mes Francois Zampin, Marc Descallac, Dominique Borde, Jehan Baptiste de Volle, Barthelemy Gigaty, frere Juilly de Moutil de l'ordre de Serve, Jacques Guynety et Coulombanne le Roy, tous natifs du pays d'Italie, escolliers estudians et residens en ceste ville de Paris...».

i) 2 septembre 1529, AN M 147 n° 6 et 8: Par devant Nicola Sanguin comparurent Ciprien de Relia, principal, « demandeur et requerant l'enterinement d'une requeste par luy ce jourd'huy verballement faicte pardevant nous tendant affin d'avoir delay de produire par Me Guy de Burbon son procureur », et « Francoys Zampin de Fano, Marc Scarlat de Florence et consorts », défendeurs, réprésentés par leur procureur Nicole Lefèvre (...) « lesd. Zampin & consorts ont esleu leur domicile au college de Lizieulx et led. de Relia au college des Lombars en ceste université de Paris...».

j) 24 septembre 1529, AN M 147 n° 12: «Jour est assigné aduy en huict jours a Me Sebastien Julien, procureur de Me Cyprien Relia, principal du college des Lombars, contre Me Jehan Boutin, procureur de Mes Francois Zampin et Jehan Feriere a reporter l'enqueste comme devant selon l'appointement precedent...»

k) 5 octobre 1529, AN M 147 n° 13: même teneur que l'acte précédent contre Jean Boutin «procureur de Franciscus Zampin et Jehan Ferriere ».

III. TESTAMENTS[100]

1. Archives Nationales (CARAN), Minutier Central des Notaires, LXXIII 38, mardi 24 octobre 1570, au collège de Cambrai (Philippe Lamyral).

Jhesus Maria

[1] Fut present noble personne maistre Jehan Ferrier piedmontois natif du diocese de l'archevesché de Thurin, estudiant[101] en l'université de ceste ville de Paris, naturalisé par le Roy par lettres pattentes donnees au Plessis lez Tours au

---

[100] Nous avons ajouté des majuscules, quelques signes de ponctuation, et numéroté les paragraphes. Nous avons aussi indiqué en notes les variantes (entre guillemets) du testament de 1575, à l'exception des variantes orthographiques.

[101] C'est-à-dire *studens*: ce verbe, dans le jargon universitaire, s'appliquait au maître comme à l'étudiant; voir Ch. Thurot, *De l'organisation de l'enseignement dans l'université de Paris au moyen-âge*, Paris-Besançon, Dezobry, E. Magdeleine et Cie, 1850, p. 33: «Le professeur *étudiait*.» On voit que Ferrero n'est pas proprement *régent*.

moys de septembre mil V^c soixante neuf, signees Charles & sur le reply par le Roy, Brullart, et scellees sur double queue du grand scel[102] de cire vert sur laz de soye rouge & vert, veriffiees en la chambre des comptes le tiers jour de mars dernier passé[103], lad. veriffication escripte sur le reply d'icelles signee Delbene, dont est aparu[104] aux notaires[105] soubz signez, demourant au college de Cambray dit des troys evesques en ladite université[106], gisant au lict malade en l'une des chambres dudict college, toutesfois sain de pensee, memoire & entendement, comme il disoit & aussi comme il est deuement aparu ausd. notaires par ses parolles & maintien, lequel considerant en luy saigement qu'il n'est riens en ce monde plus certain que la mort ne moins certain que l'heure[107] d'icelle, ne voullant decedder de ce monde mortel intestat[108], mais desirant de tout son cœur, pendant qu'il plaist a dieu le createur luy donner sens, discretion, entendement, et que raison gouverne sa pensee, ordonner & disposer par maniere testamentaire au salut de son ame d'aucuns[109] biens temporelz que Dieu luy a donnez & prestez en ce mortel monde. Pour ces causes & consideracions & autres bonnes, justes & raisonnables a ce le mouvans, comme il disoit[110], de son bon gré, bonne volunté, propre mouvement, sans aucune induction ou contraincte, feist, disposa & ordonna[111] son testament & ordonnance de derniere volunté ou[112] nom du pere, du fils & du benoist sainct esperit en la forme & maniere qui s'ensuyt.

[2] Premierement, comme vray catholicque, recommande[113] son ame a dieu le createur, saulveur & redempteur Jhesuschrist, a la glorieuse & tressacree Vierge Marye, a tous les anges, archanges, sainctz & sainctes de la court celeste de paradis, leur[114] suppliant qu'ilz soient mediateurs & prient dieu pour luy

---

[102] On lit plutôt «seel», avec un «c» ouvert comme «e».

[103] 1575: «l'an mil cinq cens soixante & dix». Je n'ai pas retrouvé le document.

[104] «deuement apparu».

[105] «ausd. notaires».

[106] Rue Saint-Jean-de-Latran, non loin de la Commanderie; en 1557, Ferrero acquitte «le droit de sa reception dans la salle de la communaulte dud. college»; il paye aussi le loyer pour une chambre «ayant veue sur le jardin» (AN H^3 2796[2], comptes de 1557-1558, 1558-1559, 1559-1560); il n'est pas mentionné avant 1557.

[107] «le jour & heure d'icelle».

[108] «ne voulant, quant il plaira a dieu l'appeller, deceder intestat».

[109] «ses».

[110] «il a dit».

[111] «et par ces presentes faict, dispose & ordonne».

[112] «au».

[113] «a recommandé & recommande».

[114] «les».

maintenant & lors que son ame partira de son corps, a ce qu'il luy plaise la[115] recepvoir en son Royaulme de paradis.

[3] Item veult & ordonne son corps este inhumé & enterré en l'eglise Sainct Estienne du Mont, sa paroisse, suyvant la bonne coustume de toute l'eglise universelle catholicque & Romaine, ou autre lieu que bon semblera plus expediant aux executeurs de son present testament, avec l'admonition & discretion[116] de monsieur le Reverendissime evesque de Paris[117] et monsieur l'archevesque de Glasco[118], ambassadeur de la Royne d'Escosse vers la magesté[119] du Roy.

[4] Item veult avoir a son convoy douze torches & quatre cierges[120] ou seront les armoiries de la maison du Ferrier dont il est yssu, lesquelles sont ung leon[121] bleu rempant en champ blanc avec troys lettres J / F / P/ et ung *dictum* autour / *Cum dignitate ocium*[122]/, et de faire[123] ledict convoy moderement comme apar-

---

[115] « le ».

[116] « l'advys & discretion ».

[117] Pierre de Gondi (1532-1616), fils du banquier florentin établi à Lyon, puis à Paris, Antonio Gondi, et de Marie-Catherine de Pierrevive ; d'abord évêque et duc de Langres, pair de France, il fut nommé en 1569 à l'évêché de Paris. Ferrero lui dédie en 1568 *L'Histoire ecclésiastique nommée Tripartite*, traduite par Loys Cyaneus et publiée par Gilles Gourbin, et en 1567-68 l'édition commentée des *Conciones* extraites des *Annales* de Tacite : Vat. ms Reg. 906, f. 1r°-75r° ; l'autre dédicataire est son autre protecteur, l'ancien évêque d'Orléans, Jean de Morvillier (1506-1577), membre du Conseil du roi ; voir J. Durkan (1980), p. 356. Notons que Ferrero veut imiter dans son édition celle de Joachim Périon, éditeur et commentateur des *Conciones* de Tite-Live (f. 2v°).

[118] « Glasgo » : Jacques de Betoun (James Beaton ou Bethun, v. 1517-1603), neveu du cardinal David Beaton ; il fut le dernier archevêque de Glasgow, consacré à Rome en 1552 ; après la victoire du protestantisme, il se réfugia à Paris avec les titres et les fonctions que nous lisons ci-dessus. Il meurt le 25 avril 1603 au collège Saint-Jean-de-Latran et c'est dans la chapelle de ce collège qu'il fut enterré ; voir le *Dictionary of National Biography*, IV, London, 1885 ; W. J. Anderson, « On the Early Career of James Beaton II, Archbishop of Glasgow », *The Innes Review*, 16, 1965, p. 221-224 ; l'oraison funèbre fut prononcée par le docteur en théologie Pierre Victor Cayet (Cayer) dans la chapelle de la Commanderie Saint-Jean-de-Latran le 30 avril 1603 [Je remercie B. Cottret de m'avoir donné cette référence]. Voir la minute de son testament AN MC XVIII 135, f. 529v°-530v° (23 avril 1603) et du codicille, f. 531r°-v° (24 avril 1603), et son inventaire après décès, XVIII 211 (2-5 mai 1603), avec l'essentiel de sa bibliothèque ; voir aussi le contrat avec deux sculpteurs pour son tombeau dans la chapelle : AN, MC XVII 135, f. 722r° sq (4 juin 1603). En 1558, Pierre Boaistuau lui dédie son *Théâtre du Monde* (éd. M. Simonin, Droz, 1981).

[119] « maieste ».

[120] « de tel poix que verront lesd. executeurs ».

[121] « lion ».

[122] « *otium* ».

[123] « et faire ».

tient a ung vieil & pauvre escollier[124], et comme lesd. executeurs avec l'advis desd. sieurs Reverendz aduiseront & verront bon estre a faire[125].

[5] Item veult & ordonne ses debtes qui apperront estre loyaument deues estre payees par lesd. executeurs de sond. present testament[126].

[6] Item a declaré qu'il n'a aucun or ny argent et que se peu de bien qu'il a se consiste en livres & autre[s] meubles & ustencilles.

[7][127] Item a led. testateur donné & legué, donne et legue a Martin Ferrier son nepveu, filz de son frere Mathieu Ferrier, led. Martin demourant de present en ceste ville de Paris avec ung marchant drappier chaussetier, la somme de cent livres tournois pour une fois seullement, laquelle somme il veult & ordonne estre baillee & distribuee a sond. nepveu par lesd. executeurs a quatre payemens selon qu'ilz verront et congoistront estre besoing & necessaire affin de prier dieu pour luy.

[8] Item a icelluy testateur donné & legué a monsieur Gromelan son medecin huict escuz soleil, a monsieur Pietre deux et a monsieur Grandis[128] quatre pour les rescompenser de leurs visitacions.

[9] Item donne & legue a Suzanne Julian sa fillolle, fille de Guillaume Julian[129], la somme de vingt cinq livres tournois pour une foys affin de prier dieu pour luy.

[10] Item a Federic Morel son fillol, filz de Federic Morel[130], pareille somme de vingt cinq livres tournois pour une fois affin de prier dieu pour luy.

[11] Item veult & ordonne que Barbe [*blanc*] sa chambriere et garde soit entierement payee de ses gaiges de la presente annee comme n'ayant riens receu

---

124 Voir n. 4. Mais on ne peut ignorer l'accent d'humilité.

125 «[...] Reverendissimes verront estre bon de faire».

126 «Et principallement les parties dues a son appoticaire».

127 Cette clause disparaît du testament de 1575.

128 Etienne Gourmelen, du diocèse de Quimper, est docteur régent à la Faculté en 1561; Simon Piètre, du diocèse de Meaux, est docteur régent en 1550, mdécin du roi Henri III. Benoît Grandis, du diocèse de Laon, se voit d'abord (1551) refuser le baccalauréat pour insuffisance dans les matières autres que l'anatomie et la science des simples; il est sermonné, puis il est reçu bachelier en 1552 (*Com. Fac. Méd.*, p. 490b, 491a); il devient médecin de Henri d'Angoulême (MC XXXIII 185, f. 325v°-324r°, 9/10/1572) et du roi Henri III; il est condamné par la Faculté (4/11/1581) comme «*vetus Empiricus*», pratiquant illégalement la médecine (*Com. Fac. Med.*, Bibl. Fac. Méd., ms 8, 168r); c'est en fait un chimiste ou un médecin «spagyrique».

129 Libraire-imprimeur, demeurant rue Saint-Jean-de-Latran; il loue dès 1551-2 un ouvroir au collège de Cambrai (AN H³ 2796 [2]).

130 Voir J. Dumoulin, *Vie et œuvres de Fédéric Morel imprimeur à Paris depuis 1557 juqu'en 1583*, Paris, impr. de J. Dumoulin, 1901; né en 1523, il se marie vers 1550 avec la fille de Michel de Vascosan, Jeanne; son fils aîné Fédéric naît en 1558. il épousera Isabelle Duchesne, fille du lecteur royal Légier Duchesne, ami de son père; il deviendra lecteur et interprète du roi.

sur icelle, et s'il se trouvoit qu'elle eust aucune chose receu sur lad. annee, il le donne a lad. Barbe. Et oultre ce, luy a donné & legué, donne & legue la somme de trente six livres tournois pour une fois pour la rescompenser des bons traictemens qu'elle luy a faictz & faict journellement, aussi affin de prier dieu pour luy. Et daventage, veult & ordonne que lesd. executeurs payent pour elle & l'acquitent de quelques drogues qu'elle a prinses en la maison de l'appothicaire dud. testateur et aussi qu'ilz payent & contentent Mᵉ Robert, barbier, de ce qu'elle luy peult debvoir pour l'avoir pensée en sa maladye.

[12]¹³¹ Item donne et legue au college des Jesuistes de ceste ville de Paris¹³² la somme de vingt cinq livres tournois pour une fois, a la charge de dire & celebrer a l'intention dud. testateur en leur chappelle dud. college une haulte messe de Requien le plus tost que faire se pourra apres son deces.

[13] Item donne aux principal, procureur & boursiers dud. college de Cambray deux escutz d'or soleil a la charge de dire, chanter & celebrer en leur chappelle dud. college a son intention une haulte messe de Requiem le plus tost que faire se pourra apres son deces.

[14] Item donne & legue a Mᵉ Jacques de Horic¹³³ presbtre demourant aud. college la somme de douze livres tournois pour une fois, laquelle somme led. testateur veult et ordonne estre baillee aud. de Horic apres le deces dud. testateur en livres ou autre meuble a la discretion d'icelluy de Horic jusques a la concurence d'icelle somme.

[15] Item au regard du reste & surplus de tous & chacuns ses biens meubles tant livres, debtes, creances que autres meubles generalement quelzconques, apres sondit present testament acomply¹³⁴, il a donné & legué, donne et legue led. reste & surplus d'iceulx biens aux executeurs de sond. present testament cy apres nommez, et ce pour aucunes bonnes justes causes & consideracions a ce le mouvant, comme il a dit et aussi que ainsi l'a voullu & ordonné. Duquel reste & surplus d'iceulx biens apres sond. present testament acomply, il veult & ordonne que lesd. executeurs d'icelluy sond. present testament se saisissent et que de faict ilz en demeurent saisiz comme a eulx apartenans sans qu'ilz en soient tenuz demander aucune delivrance¹³⁵ a quelques personnes que ce soient.

[16]¹³⁶ Item a led. testateur declairé qu'il debvera au jour de Noel prochainement venant une annee de loyer a cause des chambres & lieux qu'il tient dud. college.

---

¹³¹ = § 15 (1575).

¹³² Le collège de Clermont, rue Saint-Jacques. On note «Jesuistes», forme courante dans les documents.

¹³³ Ecrit au-dessus de «doric», barré.

¹³⁴ «accomplir».

¹³⁵ «ou en rendre compte».

¹³⁶ Les §16-25 disparaissent en 1575.

[17] Item a aussi declairé que ung nomme Ninianus Winzet[137] a de luy une ceddulle condicionnee par laquelle & pour les causes y contenues led. Ferrier promect payer audict Ninianus la somme de cinquante livres tournois ou cas qu'il advint que frere Jehan Wuder[138] deceddast avant que d'avoir receu lad. somme, laquelle somme neantmoins led. testateur entend estre plustost payee aud. Wuder que aud. Ninianus, faisant lequel payement, fauldra retirer lad. ceddulle.

[18] Item a led. testateur declairé que, long temps a, il a en sa garde, de seigneurs, gentilzhommes & escolliers cy apres nommez, les meubles qui ensuyvent:

[19] Assavoir dud. S^r archevesque de Glasco troys bahutz fermans a clef, au plus grand desquelz sont, comme il a dit, quelques vaisseaulx sacrez de son eglise dud. Glasco, et les deux autres plains de tiltres, evidences & chartres dudict archevesque de Glasco.

[20] Item une mallette de cuyr fermant a clef appartenant au seigneur de Bruzol, Brethon gros[139], dedans laquelle il a dit estre quelques de ses robbes tant fourrees de martres que simples, avec certains sacs & tiltres apartenans aud. Sr de Bruzol.

[21] Item pareillement a declairé qu'il a en sa garde, environ six ans a, d'un gentilhomme qui est maryé au Marquizat de Montferrat, nommé le seigneur Francisco Jonnino[140], une malle fermee a clef, laquelle clef est demouree par devers led. gentilhomme, et pense led. testateur que dedans lad. malle soit ung plaidoyé d'un proces que led. Jonnino auroit en Anjou pendant en la court de Parlement de ceste ville de Paris, comme led. gentilhomme luy declara a son partement, et une autre malle de drap jaulne dedans laquelle peuvent estre quelques hardres a luy apartenans, et aussi a declairé avoir en sa possession une seringue avec son estuy aud. Sr Jonino apartenant, a laquelle seringue pend une missive que led. testateur a dit estre escripte dud. Jonino, par laquelle il deffend aud. testateur de ne rendre a personnes quelzconques lesd. besongnes a luy apartenans, sauf que a luy ou a autre personne envoyé de par luy avec semblables lettres escriptes & signees de sa main, et une ligne escripte en parchemyn divisee en deux affin que la moictyé qu'il a pardevers luy coresponde[141] a l'autre moictyé estant pardevers led. Ferrier testateur.

---

[137] Sur Ninian Winzet (1518-1592), prêtre écossais et polémiste catholique voir le *DNB*; il est à Paris de 1565 à 1570.

[138] Je n'ai pu identifier ce personnage, présenté plus loin (§ 19) comme un dominicain et appelé «Wuter».

[139] Je n'ai pu identifier ce personnage.

[140] Je n'ai pu identifier ce personnage.

[141] «co» a été ajouté devant «responde».

[22] Item une mallette couverte de cuyr noir fermant a deux cadenatz, qu'il a dit apartenir a Mc Jacques Tourneton escossoy[142]s, lequel Tourneton a les clefz d'icelle mallette.

[25] Item ung grand bahu fermant a clef & cadenatz, apartenant a frere Jehan Wuter de l'ordre de St Dominicque, demourant de present a Boulongne la grace[143], dedens lequel bahu led. testateur a dit avoir plusieurs livres et duquel bahu led. testateur a dit avoir la clef.

[26] Et pour l'execution de sond. present testament a esleu & nommé ses feaulx & bien aymez[144] Mes Francoys Chauvelin, advocat en la court de Parlement[145], et Jehan Gillot, presbtre natif du diocese de Troyes[146], demourant aud. college de Cambray, ausquelz & chacun d'eulx seul & pour le tout led. testateur a donné & donne plain pouvoir & puissance de executer et acomplir sond. present testament de poinct en poinct selon sa forme & teneur, es mains desquelz & de chacun d'eulx il s'est dessaisy[147] de tous & chacunz sesd. biens, voullant qu'ilz & chacun d'eulx en soient & demeurent saisiz jusques a plain et entier acomplissement dud. present testament, et que du reste & surplus ilz en soient aussi & demeurent saisiz comme a eulx apartenans au moyen dud. don & legtz par luy a eulx faict d'iceulx par sond. present testament. En revoquant & adnullant par luy tous autres testamens & codicilles qu'il pourroit avoir par cydevant faictz & passez, mesmes ung autre testament par luy faict & passé pardevant Denetz & Lecamus[148] notaires oud. Chastellet le mardi dixseptiesme jour du present moys d'octobre, voullant et expressement accordant sond. present[149] testament valloir & sortir son plain et entier effect, force et vertu de poinct en poinct & d'article en article comme estant son vray testament & ordonnance de derniere volunté. Submettant l'audition & reddition d'icelluy soubz le scel de la prevosté de ceste ville de Paris. Ce fut fait et passé aud. college

---

[142] Je n'ai pu identifier ce personnage; « Tourneton » cache sans doute un « Thornton ».

[143] Voir § 17.

[144] « amez ».

[145] Il appartient à une famille riche en avocats; son frère Toussaint est aussi avocat. François habite rue Saint-Victor, dans la paroisse Saint-Etienne-du-Mont; il esst au service, avec son frère, de James Beaton (voir le testament de ce dernier).

[146] Ce disciple et ami de Ferrero est une figure importante e la Contre-Réforme; après avoir enseigné la grammaire à Troyes, il se rend à Paris où il édite quelques Pères et certains auteurs ecclésiastiques; on ne sait quand il devient prêtre ni quand il devient l'hôte du collège de Cambray où il demeure jusqu'en 1575; l'année suivante il est procureur et receveur du collège Saint-Bernard dit des Bernardins (MC XI 49, 3/07/1576): c'est à cette date qu'il devient moine cistercien; voir l'acte suivant.

[147] « desmys & dessaisy ».

[148] Les minutes de Guillaume Denetz ne sont pas conservées, non plus que celles de Lecamus pour l'année 1570 (MC, étude CXII).

[149] « cestuy sond. testament ».

de Cambray l'an mil cinq cens soixante & dix le mardi vingt quatrieme jour d'octobre.

Joannes Ferrerius Pedemontanus[150]
P. Lamyral J. Cruce

2. Archives Nationales (CARAN), Minutier Central des Notaires, LXXIII 81, f. 367r°-369v°, jeudi 11 août 1575, au collège de Cambrai.

Jesus Maria

[1] Par devant Marin Duboys et Jacques Chappelain notaires du Roy nostre sire de par luy ordonnez & establiz en son Chastelet de Paris soubz signez, fut present Noble personne Maistre Jehan Ferrier piedmontoys [...][151]

[5A] Item declaire debvoir a maistre Jehan Gillot, presbtre demourant aud. college, la somme de quatorze escuz soleil / 368v°/ et a Guillaume Henrisson escossoys[152] la somme de six escuz soleil, laquelle somme il veult estre payée.

[6A] Item declaire led. testateur qu'il n'a autre argent ou monnoye que vingt escuz soleil, trente livres en Karolus, ung escu de Jacques premier & ung demy escu de Robertus Brussius, Roys d'Escosse.

[7] Item declaire que la bonne dame Boc demourante a Paris Rue du Foing luy doibt cinq escuz soleil, lesquelz il luy donne & laisse et ne veult luy estre demandez.

[8A] Item led. testateur a donné & legué a Monsieur Gourmelan, son medecin, douze escuz soleil, a Maistre Henry Blacqueuault, son ancien escollier, aussi medecin[153], dix escuz soleil et a Monsieur Mizault medecin[154] pareille somme de dix escuz soleil, non tant pour entier payement & contentement que pour souvenance des peines qu'ilz ont prinses envers luy durant sa maladye par frequentes et assidues visitacions.

---

[150] Signature autographe.

[151] Mêmes clauses (1-5) que dans le testament de 1570.

[152] Je n'ai pu identifier ce personnage.

[153] «Blacquevault»: sur Henry Blackwood (Blacuod) voir le *DNB*: apparenté à Robert Reid, cet Ecossais suit d'abord les cours privés de Ferrero, comme nous l'apprenons ici, puis il s'inscrit à la Faculté de médecine; bachelier en 1566, il est licencié en 1569 et docteur régent en 1570 (*Com. Fac. Med*, B. Fac. Méd. ms, 7, f. 196v, 210r°). Il devient le médecin personnel de James Beaton. Dan l'oraion funèbre du prélat, le théologien Cayet célèbre la maison des «Blaqueuaux». Henry meurt en 1614; il est le frère du juriste et publiciste catholique, qui s'établit à Poitiers, Adam Blackwood.

[154] Médecin astrologue (vers 1512-1578).

[9] Item donne & legue a Federic Morel son fillol, filz de Federic Morel, la somme de trente livres tournois pour une foys afin de prier dieu pour luy[155].

[10] Item donne & legue a Suzanne Julian, fille de Guillaume Julian, sa fillole, pareille somme de trente livres tournois pour une foys aussi afin de prier dieu pour luy[156].

[11] Item a Pierre le crocheteur, qui couche et veille en la chambre dud. testateur la somme de six livres tournois pour une foys.

[12] Item a maistre Jacques de Horic presbtre demourant aud. college la somme de douze livres tournoys pour une foys.

[13] Item a Perrette sa lavandiere, fille de Barbe, sa servante, la somme de dix livres tournois pour une foys.

[14][157] Item aussi donne & legue a lad. Barbe, sa servante, le lict ou elle couche ordinairement, ensemble la couche, ciel & custodes avec la casta-longne[158] verde[159] et un ung gros coffre de boys qui est en la chambre derriere, troys paires de draps dont elle se sert en sond. lict, / 368v° / une des grandes nappes dont led. testateur se sert, deux douzaines de serviettes, l'une neufve & l'autre a demy usée, deux petitz chandelliers, deux petitz chaudrons, deux escuelles a oreilles & quatre creuses, ung pot a l'eaue d'estain marqué J. F., une salliere, ung pot d'estain tenant pinte, ung de troys demy septiers, ung de chop-pine & ung demy septier, une demye douzaine d'assiettes. Et s'il advient que led. testateur decedde ayant du vin en perse, veult & ordonne qu'il soyt baillé & delivré a lad. Barbe, quant elle sera hors de la chambre dud. testateur, par chacun jour, une pinte de vin, tant que celluy qui apartient a icelluy testateur durera. Plus luy donne une petitte chaise, deux escabelles et la petitte escabelle avec la longue scelle a luy apartenans. Et oultre ce que dessus, donne & laisse a lad. Barbe pour les bons services & traictemens qu'elle luy a faictz & faict jour & nuict en sa maladye la somme de trente six livres tournois, moyennant aussi qu'elle ne demandera aucune chose pour ses sallaires & services.

[15][160] Item donne & legue au college des Jesuistes...

[16] Item donne & legue aux principal, procureur et boursiers dud. college de Cambray la somme de soixante livres tournois pour une foys payer, qu'il veult & ordonne luy estre baillez & delivrez par lesd. executeurs le plustost que faire se pourra pour employer en cent solz tournoys de rente, a la charge que

---

155 Cf. § 10 du testament de 1570.

156 Cf. § 9 du testament de 1570.

157 Cf. § 11 du testament de 1570.

158 « sorte d'étoffe de laine » (Huguet, s. v. « catelonne »).

159 Le « d » a été ajouté sur le « t ».

160 Même clause que dans le testament de 1570.

lesd. du college et leurs successeurs seront tenuz a tousiours, perpetuellement dire en la chappelle dud. college, a tel jour que led. testateur deceddera ou autre jour plus commode, vigilles & une haulte messe de requien a l'intention d'icelluy testateur, et pour ce faire, fournyr de toutes choses necessaires et qu'ilz souffriront mectre /369r/ en lad. chappelle au lieu le plus commode une pierre ou sera engravé lad. fondacion pour memoire perpetuel d'icelle[161].

[17] Item a declairé avoir en garde dud. S[r] archevesque de Glasgo deux bahutz fermans a clef, au plus grand desquelz sont, comme il a dict, quelques vesseaulx & aornemens sacrez de son eglise dud. Glasgo, et en l'autre les tiltres, evidences & chartres dud. archevesché de Glasgo, lesquelz deux bahutz il veult incontinant estre renduz aud. sieur archevesque.

[18] Item declaire avoir en son estude des ephemerides qu'il veult estre rendues au sire Sebastian Nivelle ou a Michel Sonius[162].

[19][163] Item quant au reste & surplus de tous & chacuns ses biens meubles...

[20][164] Et pour l'execution et accomplissement de sond. present testament [...] Ce fut faict & passé l'an mil cinq cens soixante & quinze le jeudi vnzeiesme jour d'aoust.

M. DUBOIS - J. CHAPPELAIN.

IV. EXÉCUTION DU TESTAMENT : FONDATION D'UN OBIT

AN (CARAN), MC, LXXIII 84, f. 634r°-v° (31 décembre 1578)

Pardevant Marin Duboys et Jacques Chappelain, notaires du Roy nostre sire ou Chastelet de Paris, furent presens venerables personnes Mes Jehan Basot, docteur regent en la faculté de theologie en l'université de Paris, M[e] & principal, André Robelin, chappelain & procureur, Jacques Jacob, Estienne Lhuillier, Claude Jarsens, Pierre Billetout, Philbert Oudin et Jehan du Fresne, boursiers, tous du college des troys evesques dict de Cambray fondé en l'université de Paris, faisans et representans tout le nombre des principal, chappelain, procu-

---

[161] Voir l'acte suivant.

[162] Deux marchands libraires appartenant au parti catholique. Les «éphémérides» servaient sans nul doute aux calculs astrologiques.

[163] Même clause que dans le testament de 1570, § 15.

[164] Même clause que dans le testament de 1570, § 26. Le testateur annulle et révoque, outre le testament du 17 oct. 1570 (Denetz-Lecamus) «ung autre faict & passé pardevant Cruce et Ladmiral aussi notaires aud. Chastelet le mardi vingt quatriesme jour dud. mys d'octobre oud. an...».

reur & boursiers dud. college de Cambray, lesquelz pour & au nom d'icelluy confesserent & confessent avoyr eu & receu de Noble homme maistre Francoys Chauvelin, advocat en la court de Parlement, et de Me Jehan Gillot, procureur & bedeau des bernardins, comme executeurs du testament de feu noble homme maistre Jehan Ferrier dict Ferrerius piedmontoys, en son vivant demourant audict college, la somme de vingt escuz d'or soleil revenans a soixante livres tournoys, pour employer a l'achapt de cent solz tournoys de rente annuelle pour fondacion d'un anniversaire, c'est assavoir vigilles a neuf lecons des trespassez & une haulte messe de requien pour l'ame dud. deffunct & de ses parens & amys deceddez, lesquelles vigilles & messe seront dictes & chantées posement & distinctement par les dessusdictz tous les ans a tousiours le vingttroisiesme aoust, vigille de la feste sainct Barthellemy, si faire se peult, qui est le jour du trespas dud. deffunct[165], ou le jour de devant, s'il y a empeschement du dimanche en lad. vigille, et pour ce lesdictz cent solz tournoys leur seront distribuez aud. jour par chacun an comme il s'ensuyt: c'est asscavoir, aud. principal dud. college, pour son assistance & direction, seize sols tournoys, au chappelain & procureur, qui officiera & dira la messe et aussi fera lad. distribucion, seize solz tournoys, a chacun des six boursiers, pour leur assistance a dire lesd. vigilles & messe, huict solz tournoys, et vingt solz tournoys, qui demeureront aud. college tant pour le luminaire que pour les aornemens, comme aussi y demeureront les distribucions, quant aucun ou aucuns des [assistans: *barré*] dessusdictz seront absens ou qu'ilz n'assisteront ausd. vigilles & messe. A commencer led. obiit ou anniversaire a lad. vigille St Barthellemy prochainement venant, auquel jour toutesfoys tous les dessusdictz ausdictes conditions n'auront / 634v° / que demye distribucion pour ceste foys seullement, et si ont permis & permectent lesd. du college ausd. executeurs de mectre & attacher en lad. chappelle une pierre en laquelle, pour perpetuelle memoire, sera escript le sommaire de la fondacion, et sans que la distribucion cy dessus puisse cy apres nuyre ne prejudicyer aud. college pour les autres obiitz cy devant fondez en icelluy college. De laquelle somme de vingt escuz soleil presentement baillée & delivrée par led. Gillot oud. nom ausd. du college en la presence des notaires soubzsignéz esd. especes, iceulx du college se sont tenuz pour contens, quictez, et tout a l'instant est comparu pardevant lesd. notaires honorable homme Guillaume Julian, marchant libraire juré en l'université de Paris, qui a receu desd. du college lad. somme de vingt escuz d'or soleil montans a soixante livres tournoys pour cent solz tournoys de rente, qu'il a ce jourdhuy constituez aud. college, comme il appert par le contract sur ce passé presentement pardevant lesd. notaires soubz-

---

[165] Dans les comptes du collège, AN H^3 2796 [3], (série interrompue de 1561 à 1584), le décès est daté du jour de la Saint-Barthélemy, sans doute d'après l'épitaphe; à partir de 1607, Ferrero est dit «anglois» ou «escossoys».

signés[166], et ou cas que lad. rente de cent solz tournois seroyt racheptée par led. Julian ou ses herityers ou autres quelzconques, lesd. du college seront tenuz & promectent remployer les denyers qui en proviendront en autre pareille rente aussi tost que led. rachapt aura esté faict, sans que, a faulte de quelques jours que lad. rente ne courroyt, soyt faict aucun retranchement ou diminucion de lad. presente fondacion & distribucion cy dessus. Car ainsi &c. promectant &c., obligeant &c., remectant &c. Faict et passé l'an mil V^c soixante dixhuict, le mercredy trente ungiesme & dernier jour de decembre.

M. Duboys - J. Chappelain

---

166 C'est l'acte suivant, f. 634v°-635v°.

JARDINIERS PROTESTANTS
EN FRANCE AU XVIᵉ SIÈCLE

En ses métamorphoses, l'essor du jardin français de la Renaissance apparaît comme une intégration de la culture antique et du renouveau italien, avant que n'émergent, dans la théorie et dans la réalité, des spécificités françaises. De 1563 à 1580, l'âge de la traduction et de l'imitation fait place à l'invention : avec Bernard Palissy naissent le traité du jardin d'agrément en même temps qu'une agriculture rationnelle fondée sur l'observation. Olivier de Serres en retiendra les leçons[1]. Tandis qu'à Saint-Germain triomphe l'esprit italien avec les terrasses descendant vers la Seine et les jeux d'eau, la marque française, qui s'est cherchée dans l'horizontalité, l'étendue croissante et le dessin des parterres, se lit aussi dans l'organisation axiale de l'espace[2]. L'histoire des jardins s'attache à repérer les variations de la théorie agricole et le renouveau esthétique, tous deux profondément révélateurs de la renaissance d'un art comme de la philosophie qui les inspire. En ce sens, que de nombreux réformés[3] aient joué un rôle éminent dans la théorie du jardin paraît digne d'attention.

A l'origine de ces pages, un constat doublé d'une interrogation : le jardin a attiré les réformés dans des proportions que le hasard seul ne saurait expliquer. Théoriciens, architectes et jardiniers huguenots invitent à rechercher de quelle pensée le jardin ou l'intérêt pour l'agriculture ont pu être les médiateurs[4], à quelles aspirations particulières ils ont pu répondre[5].

---

[1]   En 1563 paraît à La Rochelle, chez B. Berton, la *Recepte veritable* composée de trois traités sur le fumier et les arbres, sur l'évolution géologique et sur le jardin d'agrément. Les *Discours admirables, de la nature des eaux et fontaines*, Paris, M. Le Jeune, 1580, poursuivent la réflexion scientifique sur la marne. *Œuvres complètes de Bernard Palissy*, éd. M.-M. Fragonard (dir.), K. Cameron, J. Céard, M.-D. Legrand, F. Lestringant et G. Schrenck, Mont-de-Marsan, Editions InterUniversitaires, 1996.

[2]   Dès 1568, à Verneuil et, en 1573, à Charleval.

[3]   On utilisera « réformé » au sens le plus large.

[4]   J'ai soulevé la question dans *Le Jardin dans la littérature française*, thèse de doctorat dirigée par J. Céard et soutenue à Nanterre en nov. 1997, éditée sous le titre *Le Jardin et la nature. Ordre et variété dans la littérature de la Renaissance*, Genève, Droz, 2002. M. Baridon la pose aussi et en montre l'importance pour les pays d'Europe du Nord : *Les Jardins. Paysagistes, jardiniers et poètes*, Paris, R. Laffont, « Bouquins », 1998, p. 610-613.

[5]   Que soient remerciés tous ceux qui m'ont prodigué leur aide précieuse : J. Céard, M. Engammare, F. Giacone, D. Ménager et J. Miernowski.

UN CONSTAT

Le nombre de réformés qui, de près ou de loin, ont contribué à l'émergence du nouveau jardin étonne, comme la concordance historique entre les publications de textes relatifs aux jardins et les événements liés aux guerres[6]. D'abord les architectes: Jacques Androuet du Cerceau publie le *Premier Livre d'architecture* en 1559, le *Second Livre d'architecture* en 1561 et *Les plus Excellents Bastiments de France* en 1579[7]. Les plans aussi figurent en bonne part dans le *Premier Tome de l'architecture* de Philibert de l'Orme en 1567[8]. Succédant à Philibert de l'Orme, architecte d'Anet, Etienne du Pérac y exerce ses talents avant de poursuivre les travaux de Saint-Germain-en-Laye en compagnie de Claude Mollet, le créateur des parterres de broderies[9]. Salomon de Brosse[10], l'architecte, et Jacques Boyceau de la Baraudière[11], le jardinier, se mettent au service de Marie de Médicis pour le jardin du Luxembourg[12].

Du côté des jardiniers, les noms de Bernard Palissy et d'Olivier de Serres ont évincé les autres, à commencer par celui des Mollet. Claude Mollet, dont Olivier de Serres loue la beauté des parterres dans *Le Theatre d'agriculture*, renouvelle les parures du sol. Aux figures géométriques, la dynastie des Mollet ajoute les broderies aux souples motifs végétaux et floraux[13]. Autre famille, celle de Salomon de Caus, le plus connu. Il a exporté ses talents d'ingénieur et de jardinier en Angleterre, puis à Heidelberg pour les jardins représentés dans l'*Hortus palatinus* en 1620[14]. Les rochers ruisselants, couverts de plantes inspi-

---

[6] Cette remarque est empruntée à M. Baridon, *op. cit.*, p. 610.

[7] J. Androuet du Cerceau, *Les plus Excellents bastiments de France*, Paris, A. Lévy, 1568-79; Paris, L'Aventurine, 1988.

[8] Ph. De l'Orme, *Premier Tome de l'architecture*, Paris, F. Morel, 1567; *Traités d'architecture*, éd. J.-M. Pérouse de Montclos, Paris, L. Laget, 1988.

[9] Etienne du Pérac devient architecte du roi en 1595.

[10] Il est le petit fils de Jacques Ier Androuet du Cerceau.

[11] J. Boyceau de la Baraudière, *Traité du jardinage selon les raisons de la nature et de l'art*, Paris, M. Vanlochom, 1638. Il réaménage les Tuileries et dessine les jardins de Versailles sous Louis XIII.

[12] Sur ce jardin et sur ses concepteurs, cf. L.-A. Hustin, «La création du jardin du Luxembourg par Marie de Médicis», *Archives de l'Art Français*, VIII, 1916, p. 86-109.

[13] Claude Mollet est publié par son fils André, *Le Theatre des plans et jardinages*, Paris, Ch. de Sercy, 1652. *Le Theatre d'agriculture* d'Olivier de Serres reproduit certains de ces parterres au l. VI, éd. J.-P. Capitani (dir.), Arles, Actes Sud, 1996. Claude Mollet est le fils de Jacques, qui aux côtés de Philibert de l'Orme, dessine les parterres d'Anet.

[14] S. de Caus, *Hortus palatinus*, Francfort, Th. de Bry, 1620; Paris, édition du Moniteur, 1981; et *La Raison des forces mouvantes*, Francfort, Th. de Bry, 1615; Paris, Ch. Sevestre, 1624. Ce second ouvrage a le mérite de présenter des fontaines et des nymphées qu'animent des automates conjointement à des planches techniques sur les mécanismes et sur l'énergie producteurs du mouvement.

rent nombre de ses fontaines et de ses grottes artificielles. Reste Jacques Boyceau, représentatif, comme le précédent, de l'époque baroque, mais tourné vers une nouvelle aventure du jardin.

Plus que par leur nombre, ces jardiniers comptent par le renouveau qui les impose dans tous les domaines. La *Recepte veritable* de Palissy ne devance-t-elle pas, en langue française, *L'Agriculture et maison rustique*, écrite d'abord en latin, puis traduite et revue par son auteur, Charles Estienne, et par son gendre Jean Liebault[15]? A l'exception du livre novateur de Pierre Belon en français, mais qui n'est en rien un traité, *Les Remonstrances sur le default de labour*[16], daté de 1558, on ne connaît jusque là que les traductions, les rééditions des Anciens et que quelques textes récents en latin[17]. «Plus que les autres sciences de la Nature, les sciences de la terre portent, au XVIe siècle, le poids des attitudes intellectuelles ou psychologiques héritées du passé [...]»[18]. Si Palissy se distingue c'est que, scandalisé par des pratiques contraires au bon sens, il promeut une agriculture nouvelle plus soucieuse d'observation que de tradition. Faute d'une expérience éclairée par la raison, les précieux «sels» des fumiers se gaspillent, les arbres sont martyrisés par des tailles aberrantes[19], les sols privés d'un meilleur rendement[20]. Le regard, les présupposés, la visée, le ton, l'implication du sujet dans son discours, tout a changé, jusqu'au contenu et à la forme du traité[21]. Appliqué à toutes les rubriques codifiées de ce type d'ouvrages, l'héritage de Palissy se

---

[15] Ch. Estienne, *L'Agriculture et maison rustique* (1545 en latin), puis, avec Liébault, Paris, J. Dupuys, 1564. Il semble admis que Charles Estienne reste à l'écart de la réforme, au rebours d'une partie de sa famille. Cf. E. Armstrong, «Les rapports d'Henri Estienne avec les membres de sa famille restés ou redevenus catholiques», *Henri Estienne, Cahiers V.-L. Saulnier*, 5, 1988, p. 43-53.

[16] P. Belon du Mans, *Les Remonstrances sur le default du labour et culture des plantes, et de la coignoissance d'icelles, contenant la maniere d'affranchir et approvoiser les arbres sauvages*, Paris, G. Corrozet, 1558.

[17] Ils se divisent en deux groupes: (1) louanges de l'agriculture, p. ex. *De laudibus provinciae*, trad. fr. *La Nouvelle Agriculture, ou instruction générale pour enter toutes sortes d'arbres fruitiers, avec usage et propriété d'iceux*, par F. de Claret, archidiacre de l'église d'Arles, Tournon, R. Reignaud, 1616; (2) ouvrages sur des questions spécifiques écrits notamment par Charles Estienne, Pierre Belon ou Antoine Mizauld.

[18] P. Vaissière, «Gentilhommes campagnards», *Bourgeois et gentilshommes: la réussite sociale en France au XVIIe siècle* (1977), trad. P. Braudel et A. Bonnet, Paris, Flammarion, 1983.

[19] B. Palissy, *Recepte veritable*, op. cit., Ire partie.

[20] B. Palissy, *Discours remarquables*, op. cit.

[21] Il suffit de comparer *L'Agriculture et maison rustique* à la *Recepte*, qui ne traite que de deux questions agricoles, l'amendement et la taille, avant la description technique d'un jardin d'agrément. Le livre d'Estienne reste conforme au traité antique dans ses rubriques et dans son contenu. La préface, selon la manière antique, fait l'éloge de l'agriculture, s'indigne devant l'état de négligence dont souffre la terre. Ensuite, le discours normatif passe en revue les pratiques. Palissy, dès les pièces liminaires, rompt avec ces traditions. Cf. le chapitre consacré aux préfaces dans *Le Jardin et la nature*, op. cit.

prolonge dans « la science » d'Olivier de Serres[22]. En 1600, dans *Le Theatre d'agri-culture*, les savoirs antiques sont confrontés aux pratiques locales, elles-mêmes corroborées par l'« expérience » et par la « raison »[23]. Disparaissent de la théorie agricole compilation et superstition. Avant de revenir sur l'innovation agricole, il faut dire combien, en 1563, la *Recepte veritable* révolutionne le traité d'agri-culture par la place accordée au jardin pour l'œil, à la délectation visuelle. Quand les traités réservaient aux descriptions des jardins de plaisir la place médiocre qui revient à l'ornementation parmi les autres jardins d'utilité[24], il est surprenant que la théorie de l'agrément paraisse sous la plume du huguenot Palissy. Afin d'apprécier la rupture, rappelons que la théorie ancienne fait défaut en la matière[25], qu'elle ait disparu, qu'elle ait été étouffée par la condam-nation du luxe[26] ou qu'elle se borne à peu dans les traités d'architecture antiques. Conforme à l'esprit du moment, l'intérêt des réformés pour la terre, pour la grandeur de l'activité utile et honnête n'est pas étonnante. Mais, en apparence, rien ne justifie le culte de l'ornementation et des artifices jardiniers en vue du seul plaisir, que Palissy, du Cerceau, de l'Orme, les Mollet, de Caus, et Boyceau de la Baraudière s'emploient à théoriser.

S'il est faux de vouloir opposer les jardiniers réformés aux catholiques, les points communs ne mettront que mieux en valeur les divergences. Toutes les préfaces des traductions et des traités en français s'accordent sur la noblesse d'une tâche conforme à l'injonction divine de la Genèse[27]. Une même louange apparie les préfaces aux traductions de traités comme celles de Claude Cottereau[28] et de François de Belleforest[29], les dictionnaires de notions de Pierre Messie[30] ou de Pierre de la Primaudaye[31] et les écrits des ministres, Calvin[32] ou Viret[33]. Pour

---

[22] Fidèle à la tradition par sa composition, ce traité d'agriculture est révolutionnaire dans son esprit.

[23] Termes employés dans la préface du *Theatre d'agriculture.*

[24] Parmi les quatre jardins proches de la maison, le bouquetier retient moins l'attention des agronomes que le verger, le potager et que le jardin d'herbes médicinales.

[25] P. Grimal, *Les Jardins romains. Essai sur le naturalisme romain* (1944); 3e éd., Paris, Fayard, 1984.

[26] Par Virgile et par Horace notamment.

[27] P. ex. chez Cottereau, traducteur de Columelle, chez Palissy, Etienne et Liebault, Belleforest, Serres...

[28] Columelle, *Les Douze Livres d'agriculture*, trad. Cottereau, Paris, J. Kerver, 1552.

[29] A. Gallo, *Secrets de la vraye agriculture*, trad. F. de Belleforest, Paris, N. Chesneau, 1571.

[30] P. Messie, *Les Diverses Leçons...*, trad. Cl. Gruget, Rouen ou Paris, J. Roger, (erreur de date dans le Catalogue Général Imprimé: 1526 alors que l'original en espagnol date de 1548).

[31] P. de la Primaudaye, *Académie françoyse*, Paris, G. Chaudière, 1581.

[32] J. Calvin, *Institution de la religion chrestienne*, II, 9, § 13; *Sermon sur la Genèse*, ch. 1-20, éd. M. Engammare, *Supplemata Calviniana* XI / 1-2, Neukirchen, Neukirchener Verlag, 2000, p. 204.

[33] P. Viret, *Instrucyion chrestienne en la doctrine de la loy et de l'Evangile*, Genève, J. Rivery, 1564.

tous les agronomes, le profit et le plaisir honnêtes assurent au travail une grandeur que n'entache pas même la souillure du châtiment[34]. Voilà l'humanité
louée pour l'entretien et pour la fructification de la terre, selon la prescription
de Dieu, afin que soit bannie de l'Eden l'oisiveté mère des vices[35]. Voilà, par
l'agriculture, l'homme conquérant de la Renaissance rappelé à plus de modestie,
à plus de vertu, convié à une autre rénovation intérieure. La préface des traités,
quelle que soit la confession dont se réclame son auteur, fait aussi de l'agriculture l'intermédiaire éloquent de la théologie naturelle, dès lors que le nouvel
Adam, redevenu jardinier, verra partout répandue la beauté et partout prodi-
guée l'utilité providentielle des plantes. Aussi le traducteur de Columelle peut-
il écrire que l'agriculture «est divine et de Dieu»[36].

COMMENT
EXPLIQUER L'INTÉRÊT DES RÉFORMÉS
POUR LA NATURE?

L'ordre divin de cultiver le jardin ne saurait à lui seul justifier l'engouement
des réformés pour la terre et pour la théorisation des cultures tant utilitaires
qu'ornementales. Pas plus que la postulation pour la bonté antique qui hante les
préfaces, pas plus que le néo-stoïcisme abreuvé au modèle de Caton l'Ancien
cité par Cicéron dans *De la Vieillesse*[37]. On peut s'étonner aussi que la glorification de la nature, dans l'application des agronomes à en connaître plus intime-
ment les secrets et des jardiniers à en imiter les splendeurs, s'accorde mal avec
une certaine méfiance des réformés à l'égard de la nature. Les traités de jardinage seraient alors l'observatoire d'une autre attitude, d'une théologie naturelle
un peu dissidente, toutefois non marginale, qui légitimerait cet attrait particulier des réformés envers une nature à cultiver, à ordonner où à imiter.

Pour ces réformés, la parole de Dieu, clairement lisible dans les Ecritures,
l'est aussi partout dans la nature. Or Calvin, en ses *Commentaires sur le Nouveau
Testament*, émet une réserve quant aux limites humaines:

---

[34]   Agostino Gallo écrit dans le prologue traduit par Belleforest: «Ainsi combien que justement
       il meritast d'en etre chassé, si est-ce que par la grace, et misericorde divine, l'agriculture luy
       resta pour passetemps.»

[35]   La veine rustique, qui s'illustre surtout dans le dernier quart du siècle, met elle aussi l'accent
       sur la réformation intérieure accomplie par l'agriculture.

[36]   Columelle, *Les Douze Livres d'agriculture*, éd. cit.

[37]   Outre les modèles des grands hommes et des plus humbles grandis par la sagesse agricole, les
       préfaces, en référence à Cicéron et à Caton l'Ancien, rappellent que celui qui abdique sa
       volonté dans le jardinage, afin de se plier aux lois universelles, atteint le souverain bien.

[...] parce que sa majesté reluit en toutes ses œuvres et créatures, les hommes devraient le connaître par là [...].[38]

Bien que la preuve par les merveilles passe souvent derrière les livres saints et derrière l'intuition du cœur, pour Palissy, la nature a sa part dans l'adhésion de la créature. Elle est ce temple de Dieu paré de toutes les beautés naturelles dont le Psaume CIV l'invite à contempler l'infinie diversité[39]. Seul marqué par la Providence et par la Grâce, le lieu naturel pour ce huguenot, et le jardin pour le jardinier, comme le paysage naturel, se substitue à l'église. Le monde créé, que la bonté de Dieu a rendu à sa perfection, ne porte plus les traces de la faute[40]. Offerts à l'homme dès le sixième jour de la Création pour qu'il en admire les beautés, les entretienne et célèbre la divinité, le jardin géométrique et le paysage sauvage construisent la seule géographie sacrée. Là, nulle idole qui pervertisse la relation à l'Esprit. Au contraire, de ses réalisations les plus spectaculaires aux plus «débiles», le monde créé sert d'échelle, ne parle que le divin, n'appelle qu'à la gratitude et qu'à l'élévation[41].

L'exacerbation de la théologie naturelle se situe au fondement du jardinage pour Palissy. A l'inverse, *Le Theatre d'agriculture* d'Olivier de Serres laisse penser que l'expérience, l'amélioration des pratiques qui découlent de l'observation assidue, la connaissance de plus en plus profonde de la complexité conduisent au constat que la providence s'inscrit dans «l'ordre qu'elle a establi en nature»[42]. Quelles que soient ses voies, la nature met la divinité sous les yeux du jardinier, le force à sortir de l'indifférence ou de l'habitude[43]. La «science» agricole nous fait littéralement «toucher à la main»[44] la présence divine lorsqu'elle découvre que les spécificités des plantes relèvent des «raisons» de Dieu. Par sa diversité, son invention illimitée, son intention providentielle à l'égard de toute la Création, la nature impose à ce point le Créateur que l'émerveillement du jardinier se mue en tribunal des ingrats.

---

[38] J. Calvin, *Commentaires sur le Nouveau Testament*, t. IV, *Epître aux Romains*, Genève, Labor et Fides, 1960, p. 38.

[39] B. Palissy, *Recepte*, éd. cit, p. 59 et 128.

[40] J. Calvin, *Institution de la religion chrestienne, op. cit.*, I, 5. Pour Palissy il ne fait pas de doute que la beauté et la perfection de la nature rayonnent sans ombre.

[41] *Ibid.*, p. 163 sq.; «leur debile nature», p. 164. On trouve chez Zwingli une réflexion sur les images à rapprocher de celle de Palissy, car les motifs de fleurs et de fruits, à condition qu'ils ne soient pas pris pour Dieu, ne sont pas interdits: *Les Cahiers du renouveau*, IX, U. Zwingli, *Breve Institution chretienne* (1523), «Des images», Genève, Labor et fides, 1953, p. 39-40.

[42] O. de Serres, *Le Theatre d'agriculture*, Lieu premier, ch. 6, éd. cit., p. 54.

[43] Le regard des jardiniers est bien aux antipodes de celui que saint Augustin fustige. Insensibilisés par l'habitude, les yeux ne s'éblouissent que de ce qui tranche sur l'ordinaire: *Cité de Dieu*, XXI, 4. J. Céard étudie la nécessité, pour Augustin, de réveiller cette aptitude endormie: *La Nature et les prodiges*, Genève, Droz, 1977, rééd. 1996, p. 21-23.

[44] O. de Serres, *Le Theatre d'agriculture*, Préface, éd. cit., p. 17.

Point de salut pour ceux que n'auraient pas émus les desseins du Tout-Puissant, point de place non plus au grand jardin du monde[45]. En revanche, lorsque le jardinage a opéré la Révélation, l'émerveillement décuple les effets de la théologie naturelle par un regard actif.

La curiosité se transforme alors en observation et l'analyse en science. Elles entraînent Palissy et Serres vers une nouvelle communion. Au fondement de la théologie naturelle, la variété n'est plus seulement perçue comme la complexité inouïe, mais plutôt comme l'enchaînement de lois qu'il convient de mettre au jour. Il ne faudrait pas se méprendre sur cette science agronomique nouvelle qui, loin de s'écarter de Dieu, se soumet à lui en pleine connaissance. Partout, écrit Palissy, «tu trouveras une industrie telle, qu'elle te donnera occasion de rabaisser ta gloire»[46]. Dès lors l'argument de la beauté et de la complexité se trouve largement enrichi par l'argument rationnel de la finalité différente de chaque chose, plante ou animal créé, de chaque usage qui justifie la diversité aux yeux de l'observateur. Chaque spécificité dans l'apparence d'un animal conditionne un type de survie, chaque nuance dans la gamme illimitée de la variété botanique implique un mode de culture, des vertus et des usages différents. Il en va ainsi de toute la nature, y compris du sol, du sous-sol et des saisons, si bien que l'agriculture scientifique devient la lecture juste, quoique partielle – les jardiniers en ont conscience –, d'un système d'interactions et de liaisons à l'infini. Par conséquent, le regard du jardinier n'est plus contemplation oisive. Au contraire, il pousse l'homme à accomplir sa destination première de jardinier appelé à jouir de la Création, à la protéger, à la transformer. Parce que tout est conçu pour une fin, que la coquille hérissée de l'oursin le protège, que les vrilles des pois aident à leur croissance, l'homme doit aussi comprendre la particularité propre qui lui a été attribuée, dans la mesure où lui aussi a été conçu avec la plus grande «industrie»[47]. Aussi est-il fondé à découvrir les finalités de tout ce qui vit, croît sur la terre, afin de ne rien blesser par un geste non adéquat. Pourtant, outre les dons individuels de chacun, le talent du jardinage est-il échu à tous? Palissy semble bien distinguer entre le devoir de jardinage commandé à tous, mal rempli par la plupart, et l'aptitude personnelle dont il doit faire profiter ses lecteurs qui auront à leur tour pour tâche d'éclairer les paysans illettrés. Il insiste bien sur l'évidence: il n'a rien appris, tout est donné, pour preuve, sa

---

[45] B. Palissy, *Recepte*: le thème du devoir de gratitude court tout au long du traité, depuis les pages au duc de Montmorency, éd. cit., p. 50. Pierre Viret revient fréquemment sur l'ignorance de ceux qui restent aveugles aux spectacles des merveilles (*Instrucyion chrestienne*, *op. cit.*). Jean de Léry déplore aussi cette inaptitude des Indiens: *Histoire d'un voyage en terre de Brésil*, 1578, fin du ch. 13, éd. F. Lestringant, Paris, Livre de Poche, 1994, p. 334-335. Devant l'autre diversité du jardin divin qu'offre le Nouveau Monde, il se rappelle aussi le Psaume CIV.

[46] B. Palissy, *Recepte*, «De la ville de forteresse», éd. cit., p. 214.

[47] *Ibid.*, p. 212-213, notamment.

connaissance parfaitement intuitive de l'art militaire[48]. En somme, le spectacle de la nature rend perceptibles tous les enjeux en présence, qu'il s'agisse d'identifier, pour autant qu'on le puisse, les intentions providentielles présidant à la diversité naturelle ou, par effet de miroir, les potentialités et particularités distribuées à chacun par la même bonté généreuse. De là à lire dans la théologie naturelle, non plus de manière allégorique mais littérale, le devoir de cultiver la variété terrestre de la façon la plus précautionneuse possible pour mener à leur épanouissement les dons de Dieu, il n'y a qu'un pas.

Il reste une autre raison à l'attrait de la nature pour certains réformés: la supériorité de l'agriculture, *topos* qui mêle au souvenir de Cicéron celui de la *Genèse*[49]. Si les jardiniers catholiques[50] ou réformés s'emploient à ériger l'agriculture au premier rang des arts, pour Cicéron[51] comme pour les chrétiens[52], elle est chronologiquement et qualitativement première. De leur côté les réformés insistent, plus encore que sur la vertu, sur une activité conforme au «vrai ordre de nature»[53]. Quand, pour Palissy et pour Serres, jardiner c'est obéir à l'ordre divin, c'est, bien au-delà, avoir «les œuvres de [ses] mains en telle reverence, comme le Prophete nous enseigne en ce Pseaume»[54], que la culture, les soins aux plantes et à la terre valent pour une glorification continuelle. Les deux auteurs se justifient aussi par une investigation des «secrets»[55] de la nature qui recherche la coïncidence, «la correspondance» la plus parfaite de l'art et de l'action avec l'ordre invisible[56]. Dans cet esprit, les intentions qui président à l'agriculture et au jardinage ornemental n'entendent pas affirmer la supériorité de l'art humain. Sur ce point encore, réformés et catholiques s'accordent à donner la prééminence à l'art des jardins, plus proche de la nature que les autres. A la Renaissance, louer la noblesse et la sainteté de l'agriculture revient à la placer au-dessus des autres arts de *mimesis*, fussent-ils aussi nobles que l'architecture, la sculpture et que la peinture. L'art du jardin n'encourt pas l'incom-

---

[48] *Ibid.*, «A Monseigneur le mareschal de Montmorancy», p. 46.

[49] Cicéron, *Traité des devoirs*, I, 151: *nihil est agricultura melius, nihil uberius, nihil dulcius, nihil homine libero dignius.*

[50] Cf. les préfaces de Cottereau pour sa traduction des *Douze Livres d'agriculture* de Columelle, éd. cit., celles d'A. Gallo et de F. de Belleforest: A. Gallo, *Secrets de la vraye agriculture*, trad. F. de Belleforest, éd. cit.

[51] Cicéron, *De la Nature des dieux*, II, 39.

[52] Outre la référence à la Genèse, cf. Ecclésiaste, VII, 15.

[53] J. Calvin, *Commentaires... sur l'Ancien Testament*, commentaires de *Genèse*, IV, 1-2, éd. H. Malet, P. Marcel, M. Reveillaud, Aix-en-Provence, Kerygma, Fontenay-sous-Bois, Farel, 1978: l'activité d'Abel et de Caïn était «fort propre et convenante au vrai ordre de nature». Cf. aussi l'*Insitution de la religion chrétienne*, II, ch. 11, § 13.

[54] Palissy, *Recepte*, éd. cit., p. 59.

[55] *Ibid.*, «A ma tres-chere et honorée dame Madame la Roine mere», p. 47.

[56] Olivier de Serres, *Le Theatre d'agriculture*, Lieu premier, ch. 4, éd. cit., p. 39.

plétude des autres, comme la peinture, selon Palissy, qui eût été impuissante à reproduire la beauté de la Création[57]. Toutefois, par-delà les points de convergence avec les jardiniers catholiques, on est amené à constater toutes les nuances particulières prêtées par les réformés à cet art naturel. Compte tenu de cette position, et malgré leur méfiance à l'égard des images religieuses, ils ne rejettent pas les arts de manière systématique. Il semble qu'un art plus proche du matériau naturel ait profondément séduit. Cet art auquel Dieu a commandé de s'adonner, apte aussi à transformer la nature par le dessin des parterres ou à la décupler par le meilleur rendement, impose sa supériorité dans le sens où il travaille sur la nature même et prolonge le divin. Dès lors l'artifice reste à l'artiste, l'art au Créateur[58].

« EN LANGAGE RUSTIQUE ET MAL POLI »[59] OU L'ESTHÉTIQUE NATURELLE

Le jardin de profit et d'agrément reflète les révolutions philosophiques et spirituelles du XVIᵉ siècle. Tout y est signe : quand la structure géométrique et mathématique, de plus en plus travaillée pour accueillir les effets de la perspective dans les jardins italiens et français, veut rendre l'univers intelligible, quand, ensuite, le naturalisme mêlé d'artifice des grottes et des nymphées représente le mouvement des eaux, le monde souterrain des concrétions et s'intéresse moins à l'espace qu'à la diversité et au mouvement, que veulent signifier les jardiniers réformés ? Avec eux la beauté de la nature, que le jardin imite en son langage, exalte une autre splendeur et fait davantage rayonner les merveilles naturelles.

Peut-on avancer que l'art des jardins dévoilerait une théologie naturelle réformée ? Oui, à condition de rappeler que, sur la question, deux positions opposées partageaient également catholiques et réformés. Quand le catholique Raymond Sebond voit dans la beauté du créé la possibilité d'atteindre Dieu, d'autres catholiques disent l'inaptitude humaine à cette connaissance[60]. L'héritage de saint Augustin, selon qui la dénaturation du péché a rendu l'homme impuissant à rien saisir sinon des traces du divin[61], divise, de la même façon, les réformés.

---

[57] Palissy, *Recepte*, éd. cit., p. 59.

[58] P. Viret, *Instrucyion chrestienne*, « Le neuvieme dialogue qui est des creatures terrestres » : les œuvres de l'homme ont pour but de servir « la gloire de Dieu », *op. cit.*, p. 175.

[59] B. Palissy, *Recepte*, éd. cit., p. 54.

[60] J. Miernowski indique les attitudes divergentes de part et d'autre : *Dialectique et connaissance dans La Sepmaine de Du Bartas. « Discours sur discours infiniment divers »*, Genève, Droz, 1992, p. 272 sq.

[61] Saint Augustin, *Cité de Dieu*, XXI, 4 ; XXII, 19 et 30.

Pour Calvin, fervent laudateur des merveilles divines, tandis que la Création non souillée resplendit dans sa perfection[62], l'homme reste aveugle, d'où la nécessité impérieuse que la Parole écrite serve de relais éclairée par la grâce[63]. Même lecture de la théologie naturelle dans *La Sepmaine* : l'esprit humain ne peut s'élever des merveilles naturelles à la transcendance que guidé par l'Esprit[64].

En revanche, pour Pierre Viret, ce pasteur de Genève, « la paternité et puissance et volonté de Dieu » en ses œuvres qui « sont images d'iceluy » se manifestent avec éclat[65]. La diversité, la complexité de la nature, le rayonnement et les effets du soleil, tout signale Dieu[66]. Il suffit de vouloir regarder. Pour Palissy et pour Serres, le spectacle de la beauté naturelle entraîne ces mêmes effets immédiats, quoique le premier, selon la narration qu'il en fait, s'y montre sensible après avoir écouté le Psaume CIV, par hasard, circonstance où se décèle une élection. Ailleurs, il suggère que l'observateur attentif du monde naturel ne peut pas être indifférent[67]. Si, pour les deux auteurs, mais aussi pour les jardiniers du camp adverse, on constate une égale louange du Créateur, les réformés vont prêter à la religion naturelle des prolongements et des applications différents. Mais seuls Palissy et Serres éclairent leur intérêt pour le jardin par ce regard explicite sur l'ordre naturel. Quant aux autres jardiniers, Salomon de Caus, Claude Mollet et Jacques Boyceau de La Baraudière, ils inaugurent un genre nouveau de traités où les préfaces ont quasiment perdu tout contenu éthique et philosophique, ce qui ne veut pas dire que leur vision du jardin en soit privée.

Par-dessus tout, la théologie naturelle entraîne Palissy et Serres vers le désir d'adhérer au « naturel »[68], manifestation ici-bas de la volonté divine, de sa bonté et de son sens esthétique que l'observation de toutes les composantes doit rendre perceptible. Sur ce point les deux théoriciens divergent des jardiniers

---

[62] J. Calvin, *Commentaires sur le Nouveau Testament*, t. IV, *Epître aux Romains*, verset 20, Genève, Labor et fides, 1960, p. 38 ; *Institution de la religion chrétienne*, I, 5.

[63] *Id.*, *Commentaires sur le Nouveau Testament*, t. IV, *Epître aux Romains*, verset 20, éd. cit., p. 38 : « Tenons donc cette distinction, que la demonstration de Dieu, par laquelle il déclare sa gloire en ses créatures, est assez évidente quant à la lumière qu'il y a en elle, mais quant à notre aveuglement, qu'elle n'est pas suffisante. » Calvin s'accorde toutefois à écrire que les sciences naturelles, comme l'astrologie et la médecine, ouvrent les yeux sur le sens des merveilles : *Institution de la religion chrétienne*, Préface, éd. J. Pannier, Paris, Belles Lettres, 1961, p. 53.

[64] G. de Saluste du Bartas, *La Sepmaine*, éd. Y. Bellenger, Paris, STFM, 1993. La question est étudiée par J. Miernowski, *op. cit*, p. 277 sq.

[65] P. Viret, *Instrucyion chrestienne*, « Le sixieme dialogue qui est de la Creation du monde », éd. cit., p. 85.

[66] *Ibid.*, p. 96.

[67] B. Palissy, *Recepte*, éd. cit., p. 215 : « Qui sera l'homme si ingrat, qui ignorera le Souverain Architecte en contemplant les choses susdites ? »

[68] *Ibid.*, p. 82.

catholiques. La notion de «naturel» apparaît sous la plume de Palissy, puis Olivier de Serres en fait le fondement de sa science[69]. Le jardinage se définit comme l'art naturel qui défigure le moins le projet divin pour en autoriser la meilleure connaissance, de telle sorte que ces jardiniers ne pensent le jardin d'agrément ou d'utilité qu'au travers d'une visée religieuse.

Dans le domaine de l'agriculture, l'observation détrône la tradition et le respect du naturel dicte des soins très différenciés. L'observation et l'expérience corroborent l'intuition, aident à améliorer les techniques, à percer quelques «secrets de nature et de l'agriculture»[70]. Selon Palissy, elles entraînent la convenance en matière agricole, opposée à l'ignorance qui contrevient à l'ordonnancement divin. Celui-ci nécessite l'appropriation du geste à son objet, par exemple la meilleure utilisation des fumiers et des sols, afin d'approcher au plus près l'usage providentiellement déterminé. C'est exactement ce en quoi consiste «la philosophie naturelle»[71] ou le bon usage des «secrets de nature».

Pour ses techniques de culture, Olivier de Serres oriente plus encore la recherche du naturel vers la quête de la propriété cachée[72]. Il généralise ce que Columelle, reprenant Tremelius Scrofa, écrit sur la relativité des cultures en fonction des climats et des terroirs[73]. Les particularismes climatiques et géologiques conjugués à ceux de la plante imposent la critique et l'étude comparée des modes de culture. Désormais, la théorie accorde une large part à la relativité des usages en fonction des climats[74]. Le naturel se définit comme la somme visible des traits distinctifs et des subtiles différences. A travers son analyse de la variété végétale, le jardinier poursuit les «raisons» cachées[75] pour déterminer la culture accordée à chaque nuance végétale et animale. Tel est le sens de cette agriculture rationnelle attachée à mesurer son rôle par rapport à l'ordre de la nature[76],

---

[69] O. de Serres, *Le Theatre d'agriculture*, éd. cit., *passim*.

[70] B. Palissy, *Recepte*, «A Monseigneur le mareschal de Montmorancy», éd. cit., p. 44.

[71] *Ibid.*, «Au lecteur, salut», p. 52. Une note intéressante de K. Cameron, éd. de la *Recepte*, opère le rapprochement avec la définition donnée par Pierre Viret dans *La Philosophie papale, faite par manière de devis, et par dialogues*, Genève, J. Gérard, 1552, p. 7. La philosophie naturelle est la «science des choses naturelles», «Mais il y a grande différence entre la physique Papiste, et celle des Philosophes naturelz. Car les Philosophes naturelz font servir les bonnes creatures de Dieu, aux usages pour lesquelz elles ont esté creé[e]s, et selon la nature et propriété qu'elles ont reçu de Dieu. Mais les Philosophes papistes s'en servent comme magiciens et sorciers [...].»

[72] O. de Serres, *Le Theatre d'agriculture*, éd. cit., *passim*.

[73] Columelle, *Les Douze Livres d'agriculture*, I, 1, 6.

[74] Sur tous ces points, cf. D. Duport, «La science d'Olivier de Serres et la connaissance du 'naturel'», *Olivier de Serres*, éd. M. Bideaux, *RHR*, juin 2000.

[75] Dans *Le Theatre d'agriculture*, Olivier de Serres conjoint les trois termes, «science», «experience» et «raison». «Raison» concerne autant le jugement humain, correctement employé, que l'application de nos facultés à discerner les raisons de Dieu.

[76] *Ibid.*, notamment, Second lieu, ch. 2, éd. cit., p. 143.

éprise de justesse, soucieuse de la convenance en vue d'une plus grande efficacité. Le meilleur rendement et le profit, sur lesquels l'agronome insiste tant,
s'entendent comme l'exaltation des potentialités laissées à notre disposition. De
ce fait l'agriculture s'entend comme une volonté de découvrir l'inscription de la
téléologie dans la nature et comme une recherche des causes et des lois.

Dans le jardin ornemental, la soumission aux leçons du naturel conduit
Palissy à reproduire l'invention de la nature en sa variété comme à se laisser
guider par elle. Si ses grottes, ses cabinets de verdure et ses rochers répondent au
goût de l'époque, plus qu'à l'esthétique antique et nouvelle, Palissy rattache le
choix du terrain accidenté et des grottes ruisselantes à la diversité géographique
et zoologique du créé. C'est pourquoi, imitateur, à l'en croire, non de ses prédécesseurs mais de l'esthétique naturelle, il ne fait pas le même usage des constructions de jardin[77]. De cet art subtil de la nuance, voici un aperçu[78]: le projet de
jardin de la *Recepte* comprend quatre grottes extérieurement travaillées comme
un rocher couvert de végétation et de «pisseures» d'eau, intérieurement comme
une grotte émaillée avec en son centre un rocher. Dans les quatre cabinets de
verdure, se dresse aussi un rocher dans un bassin. Sans recourir aux motifs
mythologiques habituels, le jardin de Palissy et son descriptif élaborent les
variations de la rhétorique rustique. Sans renier l'architecture, mais préférant
les modèles originels de cet art, comme les arbres et les voûtes creusées par la
nature, Palissy décrit huit constructions dont l'ordre de présentation détermine
le programme d'un retour vers la nature[79], «car les œuvres du Souverain et
premier edificateur, doivent estre en plus grand honneur que non pas celles des
edificateurs humains»[80]. Parmi les réalisations sublimes de la variété, les talents
du potier céramiste le guident vers des effets de matière et de couleurs: émaux
imitant les veines, les taches et les moucheures des pierres[81], surface des parois
selon les paradigmes du lisse et du bosselé, rochers ornés d'animaux en terre
cuite, de pierres rares et de coraux. L'art des jardins se contenterait-il donc de
multiplier les miracles visuels de la Création? Pas exactement. L'écart avec le

---

[77] *Ibid.*, p. 127: «[...] tous les huits cabinets seront diversement estoffez, et de telle invention,
     qu'on n'en a encore jamais veu, ni ouy parler. Voila pourquoy, je veux eriger mon jardin sur
     le Pseaume cent quatre, là où le Prophete descrit les œuvres excellentes, et merveilleuses de
     Dieu, et en les contemplant, il s'humilie devant luy [...].»

[78] Pour une étude plus détaillée voir le chapitre consacré à B. Palissy dans *Le Jardin et la nature*,
     op. cit.

[79] Dans les premiers, la paroi avec sièges, niches, colonnes ou statues se métamorphose peu à peu
     en surface ouvragée par la nature: «[...] ledit cabinet sera tortu, bossu, ayant plusieurs bosses
     et concavitez biaises, ne tenant aucune apparence ni forme d'art d'insculpture, ni labeur de
     main d'homme [...]», éd. cit., p. 134. Dans les seconds, l'abri étant végétal, c'est la fontaine
     centrale qui déploie une gamme de rochers naturels.

[80] *Ibid.*, p. 139.

[81] *Ibid.*, p. 133-134.

modèle naît de la surcharge maniériste, quand, à force de naturel, la copie excède l'original[82], que l'artifice reparaît dans l'excès de *mimesis*. Cette contradiction posée, Palissy se doit de dissimuler l'artifice afin que le résultat approche l'art rustique divin[83]. La manière complexe de tailler les ormes des cabinets de verdure, comme les surcharges du naturel dans les grottes, démontre que l'intervention humaine est contrainte d'aller dans les traces du divin, de présenter avec plus d'ostentation, d'«exhiber» «les talents» qui prédestinent cet homme à connaître les «secrets de nature»[84]. C'est dans son esprit ce qui différencie Palissy de tout un courant architectural et naturaliste, influencé par le style rustique de Vitruve et de Serlio, héritier de Sannazar et de la ferveur pour le naturel, certes ambigu, de l'*Arcadie*. Les entrées royales, parmi leurs spectacles architecturaux, présentent des rochers sauvages en forme d'arc, couverts de mousses et d'herbes folles, et des arcs de triomphe aux bossages rustiques[85]. Malgré la revendication du naturel, l'architectural l'emporte dans la plupart de ces exemples. En somme, le naturel de Palissy généralise dans le jardin géométrique ces inclusions de paysages plus naturels que sont les grottes et les nymphées pour leur restituer une forme et une ornementation sauvages et pour imposer l'artifice de la nature[86].

La contribution des réformés à l'art des jardins peut, d'un point de vue technique et scientifique, se définir comme un progrès lié à l'abandon de l'autorité antique au profit du modèle naturel et de l'expérience. Ces recherches horticoles s'inscrivent dans l'observation nouvelle de la diversité et de ses lois commune aux catholiques et aux réformés, de Vinci à Dürer. Les techniques agronomiques et ornementales, imitatrices de l'art naturel, se fondent sur cet impératif premier. Elles prennent appui sur la double caractéristique de l'art divin : le jardinage d'utilité tente de comprendre la complexité où notre intelligence peut mettre au jour quelques lois naturelles, tandis que le jardinage d'agrément imite l'esthétique naturelle que l'Artiste suprême offre à nos sens. Selon Calvin, Dieu «atteste sa puissance admirable»[87] et se rend visible, à la fois par la

---

[82]   P. ex., le rocher du premier cabinet vert outrepasse la nature par la multiplication des petits animaux qui le recouvrent. Même remarque pour le choix des minéraux rares dont il recouvre les autres rochers. Palissy insiste sur l'étrangeté artificielle de son dernier rocher : éd. cit., p. 146.

[83]   La comparaison avec les descriptions d'Alberti, de Vasari ou avec les réalisations de Boboli nous assure que les sophistications de Palissy sont bien d'une autre nature.

[84]   *Ibid.*, «A Monseigneur le mareschal de Montmorancy», p. 44.

[85]   Entrées de 1549 et de 1572 à Paris, de 1550 à Rouen.

[86]   S. de Caus, *Hortus palatinus* et *La Raison des forces mouvantes, op. cit.* Avant 1620, sans négliger le dessin varié des parterres, Salomon de Caus, lui aussi, exploite de façons très diverses le paradigme naturel du roc sauvage.

[87]   Calvin, *Institution chrétienne*, I, 5, 2.

beauté de la nature et par «les secrets de nature qui requièrent une étude spéciale»[88].

Si l'on ne peut pas vraiment distinguer dans le domaine de la peinture un art réformé ni des sujets propres[89], il est possible de le faire pour les jardins. L'observation rigoureuse du visible y poursuit les marques d'une rhétorique naturelle et théologique. Ce regard obéit à une herméneutique du sens et à une éthique religieuse. Mus par la quête de l'inouï[90], les jardiniers érigent un art et une technique sacrés, parce que la nature est sacrée et que, en la transformant, l'homme accomplit sa mission créatrice qui exalte la richesse et la beauté de l'invisible.

Danièle Duport
Université de Caen

---

[88] *Ibid.*

[89] P. ex., chez Dürer, Cranach, Grünevald, Altdorfer, Rembrandt.

[90] B. Palissy, *Recepte*, éd. cit., p. 128: «[...] et de telle invention, qu'on n'en a encore jamais veü, ni ouy parler.»

LA BIBLE
DE JÉRÔME BOLSEC

UN TÉMOIN
DE L'ÉMERGENCE DE LA CHRONOLOGIE
HISTORIQUE MODERNE

L'opprobre pèse sur Jérôme Bolsec. Il y a des raisons à cela, semble-t-il, puisque l'un des premiers controversistes de Calvin à Genève, ce qui lui valut d'être banni en 1551, écrivit sur le tard (1577), pour se venger, une vie de Calvin. La légende noire du Réformateur en fit son beurre, rance néanmoins entre les doigts des Galiffe, père et fils, ou de Stefan Zweig[1].

En octobre 1551 en effet, Bolsec avait inauguré la liste des opposants d'obédience réformée à Calvin sur la question de la double prédestination éternelle de Dieu. Dans la première version de sa « Vie de Calvin », Bèze évoque le personnage « soudain devenu de theologien medecin », qui a droit à toute sa vindicte pour avoir commencé « en pleine congregation[2] de reprendre la doctrine de la providence et predestination eternelle, comme si nous faisions Dieu autheur de

---

[1] *Histoire de la vie, mœurs, actes, doctrine, constance et mort de Jean Calvin, jadis ministre de Geneve*, recueilly par M. Hierosme Hermes Bolsec, docteur medecin à Lyon [première édition en 1577], in *Histoire des vies, meurs, actes, doctrine et mort des principaux heretiques de nostre temps, à sçavoir Martin Luther, Jean Calvin et Theodore de Beze...*, s.l., s.d., «jouxte la copie imprimée à Douay par Jean Bogard, 1616 », f. 29v°-124v°. C'est dans cet écrit (f. 40r°) que Bolsec fit de Calvin un sodomite ayant reçu sur l'épaule, à Noyon, la marque d'infamie à la fleur de lys, ce qui aurait constitué la raison principale de la remise de ses deux bénéfices ecclésiastiques en 1534! Henri Bordier a le premier dévoilé les flétrissures des historiens modernes Jacques-Augustin Galiffe et son fils Jean-Barthélemy-Gaïfre Galiffe (cf. *L'Ecole historique de Jérôme Bolsec. Pour servir de supplément à l'article «Bolsec» de la France protestante, Genève, Charles Schuchardt, 1880*). Stefan Zweig n'a fait que propager la calomnie au XXe siècle dans son *Conscience contre violence. Castellion contre Calvin*, traduction d'Alzir Hella, Paris, 1946 (Calvin est décrit comme un abominable tyran).

[2] Il s'agissait de discussions de l'Ecriture, le vendredi, entre les pasteurs et les laïcs genevois, à la manière de la *Prophezei* zurichoise. Un pasteur commençait par expliquer un passage de l'Ecriture, avant d'engager un dialogue avec l'auditoire. Cf., entre autres, Jean Calvin, *Deux congrégations et exposition du catéchisme*, première réimpression de l'édition de 1563 avec une introduction par Rodolphe Peter, Paris, 1964.

peché et coulpable de la condamnation des meschans»[3]. Le conflit est connu et les actes du procès ont été édités[4].

Lors du procès qui suivit l'esclandre du 16 octobre 1551, Bolsec reprocha aux pasteurs genevois et à Calvin en particulier d'avoir corrompu le texte biblique. En effet, Proverbes 16, 4 aurait été rendu par «l'iniquité», au lieu de «l'inique», et Romains 9, 17 aurait été amplifié de l'adverbe «eternellement»[5]. L'on sait aujourd'hui que la critique de Bolsec était juste, mais ne s'appliquait pas à la Bible, mais aux citations de l'Ecriture dans l'*Institution de la Religion chrestienne* publiée à Genève[6]. On peut d'ailleurs se demander si dans les actes du procès les paroles de

---

[3]   Théodore de Bèze, «Vie de Calvin», 1ᵉ rédaction, in *Calvini opera* 21, col. 23; seconde rédaction, *ibid.*, col. 72-75, ici col. 72s.

[4]   Cf. P. C. Holtrop, *The Bolsec Controversy on Predestination from 1551 to 1555. The Statements of Jerome Bolsec, and the Responses of John Calvin, Theodore Beza, and Other Reformed Theologians*, Lewiston, Queenston et Lampeter, 1993. Les actes du procès de 1551 ont été publiés dans les *Registres de la Compagnie des Pasteurs de Genève au temps de Calvin*, t. I, 1546-1553, éd. Jean-François Bergier THR 55/1), Genève, 1964, p. 80-118 (avec les lettres échangées avec les Eglises voisines, relatives à l'affaire Bolsec, p. 119-130). Cf. encore H. Bordier, *L'Ecole historique de Jérôme Bolsec..., op. cit.* [note 1]; et H. Vuilleumier, *Histoire de l'Eglise réformée sous le régime bernois*, t. I, L'âge de la Réforme, Lausanne, 1927, p. 646-648. Bèze dresse un portrait lapidaire et implacable de Bolsec, sans citer son nom, dans sa *Response aux cinq premieres et principales demandes de F. Jean Hay, moine jesuite, aux ministres escossois*, Jean Le Preux, [Genève], 1586, p. 55s.

[5]   «... maistre Hierosme Bolsec... recommença à mettre en avant ses faulses propositions de l'election et reprobation, nyant qu'elles fussent *ab eterno*, et disant avec grandes protestations et exhortations qu'on ne devoit recognoistre autre election ou reprobation que celle qui se voit en croyant ou ne croyant point. Et que ceux qui mettent une voulonté eternelle en Dieu par laquelle il ait ordonné les uns à vie et les autres à mort en font un tyran, voire un idole... Davantage qu'on avoit depravé plusieurs passages de l'Escriture pour soustenir ceste faulse et perverse doctrine et mesmes aux translations françoises, alleguant le 16 des Proverbes, où il est dict que Dieu a tout faict pour sa gloire, voire le meschant au jour de sa perdition, disant que l'on avoit mis au lieu de 'meschant' 'l'iniquité', et qu'on se donnast bien garde de telle translation. Aussi qu'on avoit depravé et corrompu le passage de sainct Paul aux Romains [Romains 9, 17] où il est parlé de Pharao, que Dieu l'a suscité pour monstrer en luy sa vertu, disant qu'on avoit adjousté 'eternellement'». Cf. *Registres de la Compagnie des Pasteurs..., op. cit.* [note 4], p. 80sq; cf. également Holtrop, *op. cit.* [note 4]: sur l'erreur de Pr 16, 4, p. 417; sur celle de Rm 9, 17, p. 414, 417, 492 (et note 24, p. 516), mais la source (*IRC*) n'est pas identifiée.

[6]   Cf. Jean Calvin, *Institution de la religion chrestienne* [1541], texte établi et présenté par J. Pannier, 4 tomes, Paris, 1936-1939, t. III, 1938, p. 77: «Dieu a créé toutes choses de soy mesme, voire l'iniquité au jour de sa perdition». Cf. encore Jean Calvin, *De aeterna Dei praedestinatione – De la prédestination éternelle*, éd. Wilhelm H. Neuser, texte français établi par Olivier Fatio (*Ioannis Calvini opera omnia denuo recognita*, series III, Scripta ecclesiastica, vol. 1), Genève, 1998, W. Neuser abordant cette querelle, p. IX-XIII. En avril 1555 à Berne, Antoine Zébédée et Jean Lange reprochèrent la même erreur à Calvin («inique» à la place d'«iniquité» en Pr 16), cf. J.-F. Gilmont et R. Peter, *Bibliotheca Calviniana. Les œuvres de Jean Calvin publiées au XVIᵉ siècle. I. Ecrits théologiques, littéraires et juridiques, 3 vol., 1532-1554, 1555-1564, 1565-1600* (THR 255, 281, 339), Genève, 1991, 1994 et 2000, vol. 2, p. 1114s; vol. 3, p. 630. Il s'agit bien d'une coquille puisque le texte latin de 1539 donnait

Bolsec ont été convenablement rapportées, car Bolsec ne confondait pas l'Ecriture et l'*Institution*. Le conflit avec Calvin et les pasteurs genevois au sujet de la double prédestination de Dieu – un accent de la dogmatique de Calvin très controversé –, met toutefois en évidence la rigueur philologique de Bolsec à la lecture du texte biblique et du *magnum opus* de Calvin, ce qui retient l'attention.

Une pièce importante peut aujourd'hui être jointe au dossier de l'intérêt biblique de Jérôme Bolsec. Il s'agit de son exemplaire personnel de la Bible, abondamment annoté, que j'ai eu le bonheur de découvrir récemment[7], découverte que je suis heureux de rendre publique en honorant Jean Céard.

«*H Bolseci THE. ME. & amicorum*», tel est l'*ex libris* qui griffe la page de titre de la *Vulgata aeditio veteris ac novi testamenti... Authore Isidoro Clario Brixiano, monacho Casinate*[8] (cf. **illustration 1**). C'est donc la première édition de la Bible d'Isidoro da Chiari, ayant paru à Venise en 1542, chez Peter Schoeffer de Mayence, que possédait Hieronymus Bolsecus, Jérôme Bolsec en français[9]. Deux autres inscriptions appartenant à la main de Bolsec ajoutent «S.R.C.»[10] et une formule tout autant socratique qu'érasmienne: *De cosmopolita unde, aut quis ne quærito sed quæ*[11].

Il s'agit d'un volume in-folio, avec une reliure en veau brun du XVIIᵉ siècle. Le relieur a massicoté la fin des lignes de l'annotation marginale de Bolsec, alors que l'abondante annotation intérieure est prise dans l'actuelle reliure. Cela

---

    Deum omnia propter semetipsum condidisse, impium quoque ad diem malum (*Institutio christianæ religionis*, Strasbourg, Wendelin Rihel, 1539, p. 252).

[7]   Genève, collection privée; maintenant Bibliothèque de Genève, X5946 Rés.

[8]   Le reste du titre précise: [...] *quorum alterum ad Hebraicam, alterum ad Græcam veritatem emendatum est diligentissime, ut nova æditio non facile desyderetur, et vetus tamen hic agnoscatur; adjectis ex eruditis scriptoribus scholiis, ita ubi opus est, locupletibus, ut pro commentariis sint; multis certe locorum millibus præsertim difficilioribus, lucem afferunt* (abrégé ci-après *Vulgata aeditio*).

[9]   Les abréviations «THE. ME.» pourraient signifier «theologi medicique», puisque elles ne peuvent correspondre à son origine, Bolsec étant né à Paris. Cette interprétation, faisant droit à l'orgueil du personnage, correspondrait alors au surnom d'Hermès qu'il se donna dans son *Histoire de la vie, mœurs... de Jean Calvin...* «recueilly par M. Hierosme Hermes Bolsec».

[10] Faudrait-il résoudre l'abréviation en *«Societas reformatorum carmelitarum»*, avant que ces carmes réformés soient surnommés *«discalceati»*, Bolsec ayant été carme avant 1545?

[11] On pourrait traduire cette devise ainsi: «Au sujet du cosmopolite, ne cherche pas qui il est, mais regarde ses actions». Bolsec, balloté de lieu en lieu, *«mundi civis»*, ainsi que se qualifiait Erasme lui-même (cf. *Opus epistolarum...*, éd. Allen, n° 1314, de sept. 1522, à U. Zwingli, t. V, Oxford, 1924, p. 129), défendait ainsi une identité toute pragmatique. *«Cosmopolita»* est un néologisme de la Renaissance, mais «Κοσμοπολίτης» est attesté dans l'Antiquité tardive, ainsi chez Diogène Laerce, *Vitæ philosophorum* VI, 63 («Vie de Diogène»). On se souvient également du propos de Socrate rapporté par Cicéron: *Socrates quidem cum rogaretur cujatem se esse diceret, «mundanum» inquit* (*Tusculanes*, l. V, (xxxvii) 108). On pense aussi à la *Republique des Turcs* de Guillaume Postel *cosmopolite* (1560), etc.

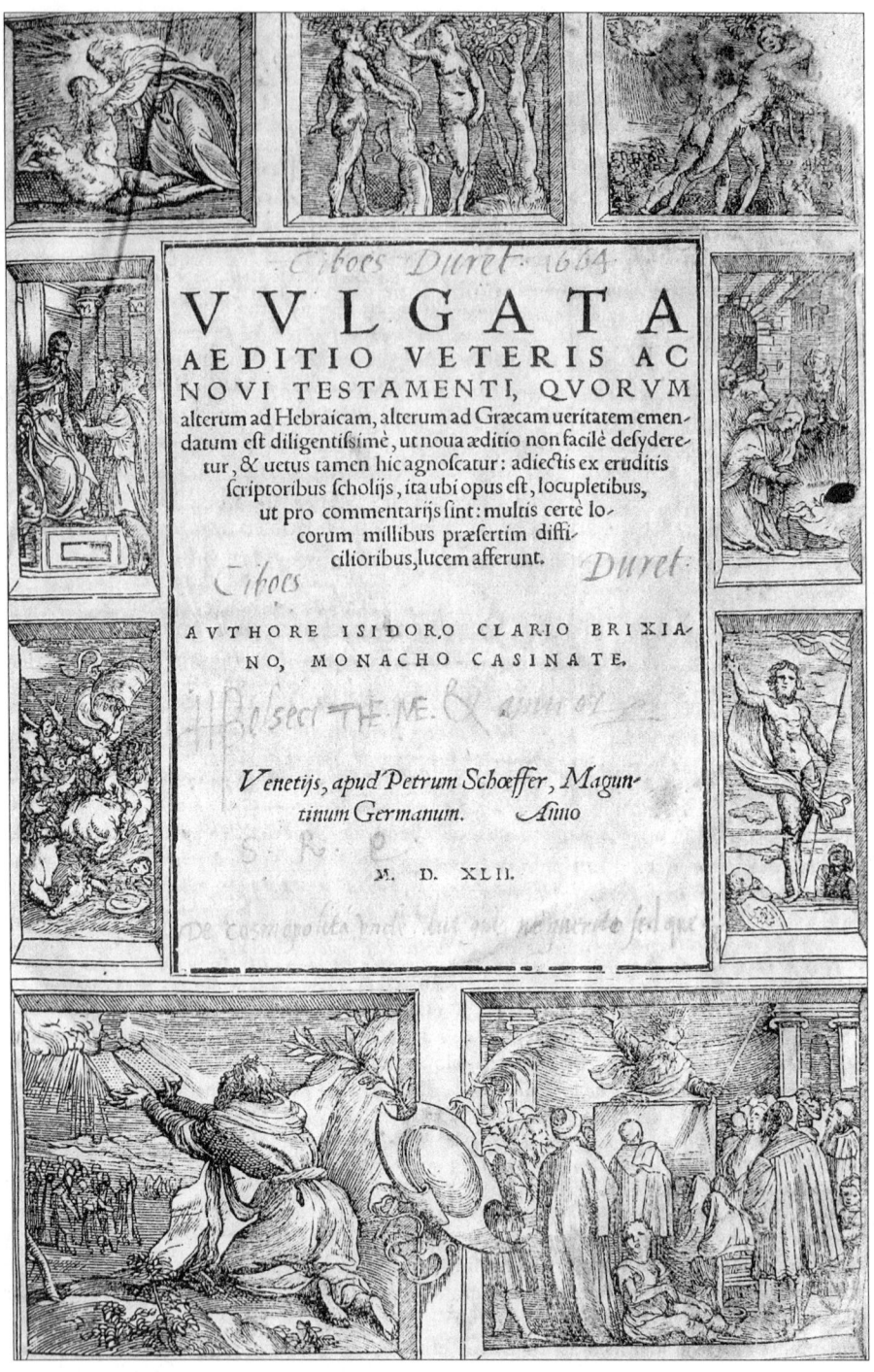

Illustration 1: Page de titre.

indique que Bolsec a annoté un exemplaire non relié ou relié dans un velin très souple et très ouvert.

Un second ex-libris, respectueux du premier propriétaire, puisque ne biffant pas son nom, ce qui n'est pas la norme, ex-libris répété deux fois, marque du haut en bas la page de titre, «Ciboes Duret», la première occurrence étant suivi du millésime 1664. Le prénom Ciboes ou Siboes est rare, mais attesté. D'une écriture distincte de celle de Bolsec[12], Duret a également annoté son exemplaire en ajoutant de brefs sommaires à tous les chapitres de la Bible, le premier chapitre de chaque livre étant presque toujours précédé de *capituli summarium*. Deux autres mains, moins prolixes et ultérieures sont identifiables dans les marges intérieures du volume. Avant d'ouvrir cette bible plus avant et de découvrir les annotations que Bolsec a abandonnées dans les marges, il faut nous demander ce que pouvait signifier au XVIe siècle l'achat de la Bible d'Isidoro da Chiari.

LA BIBLE
D'ISIDORO DA CHIARI

C'est en 1542 que le bénédictin modéré Isidoro da Chiari, futur évêque de Foligno (en 1547) et père conciliaire à Trente, fait paraître la première édition de sa bible avec des scholies[13]. Pour annoter la Bible, Chiari s'est inspiré massivement de la première édition de la *Biblia hebraica* de Sebastian Münster (1534-1535)[14], ce qui vaudra d'ailleurs à son édition de 1542 d'être mise à l'index espagnol et romain[15]. Le texte biblique, en revanche, correspond à la «translation

---

[12] Un «r» caractéristique est identique dans *l'ex-libris* de Duret et dans les annotations tardives.

[13] Cf. Marianus Armellinus, *Bibliotheca benedictina Casinensis sive scriptorum Casinensis congregationis*, vol. 2, Assise, 1732, p. 49-58, et du même, *Catalogi tres episcoporum reformatorum et virorum sanctitate illustrium e congregatione casinensi*, Assise, 1733, p. 32-34; F. Lauchert, *Die italienischen literarischen Gegner Luthers* (Erläuterungen und Ergänzungen zu Janssens Geschichte des deutschen Volkes 8), Freiburg im Breisgau, 1912, p. 443-451; A. Morisi Guerra, «Di alcune edizioni veneziane della Bibbia nella prima meta del cinquecento», *Clio*, 1985, p. 55-76, ici p. 65-70. B. Collett, *Italian Benedictine Scholars and The Reformation. The Congregation of Santa Giustina of Padua*, Oxford, 1985, p. 88-92, 143-151 et 194–199; G. Hobbs, 'Is Abbot Isidore also among the Prophets?': Protestant influences upon the Annotated Bible of Isidore Clarius», in *Renaissance and Reformation / Renaissance et Réforme* XVII, 1993, p. 53-71. Cf. également notre «*Qu'il me baise des baisiers de sa bouche». Le Cantique des cantiques à la Renaissance*. Etude et bibliographie (THR 277), Genève, 1993, p. 151, 155 sq., 209 sq., 235-238, et *passim*.

[14] Publié à Bâle, en deux volumes, par Heinrich Bebel, aux dépens de Michael Isengrin et de Heinrich Petri.

[15] Cf. *Index de l'inquisition espagnole 1551, 1554, 1559*, par J. M. De Bujanda avec l'assistance de R. Davignon et E. Stanek (Index des livres interdits 5), Sherbrooke et Genève, 1984, n° 57, p. 301 (index de 1554), et n° 34, p. 319 (index de 1559); *Index de Rome 1557, 1559, 1564. Les*

latine commune», le *textus receptus* attribué à Jérôme, non à la traduction
nouvelle de Münster. Le travail de révision sur les textes originaux, annoncé sur
la page de titre, a eu lieu, mais n'a pas été rigoureux[16]. Dans ses notes, Chiari cite
bien les rabbins, mais j'ai montré, au sujet du Cantique des cantiques, que son
hébreu était très rudimentaire et de seconde main: il lui arrivait même de
mélanger des mots hébreux à la graphie voisine[17]. Son savoir juif ne se fondait
que sur la seule bible hébraïque de Münster.

En se procurant la première édition de la Bible d'Isidoro da Chiari, Bolsec
achetait donc une bible d'aspect humaniste, mais dans laquelle le travail philologique restait superficiel. Si l'on peut dater l'époque de la lecture minutieuse de
Bolsec des années 1570 (cf. *infra*), il est cependant impossible de savoir si le
contradicteur possédait déjà cette bible au moment de son conflit avec Calvin
en 1551.

L'EXEMPLAIRE
DE JÉRÔME BOLSEC

Une première recherche tourne court. Aucune mention dans les marges de
Proverbes 16 ou de Romains 9 ne vient rappeler le conflit genevois. Cette
absence est toutefois compréhensible, les marges de son exemplaire de la Bible
ne sont pas le lieu idéal que Bolsec adopte pour régler des comptes théologiques
et se venger d'un bannissement, même considéré comme injuste. Ce qui occupe
Bolsec, c'est le dénombrement des années depuis la création du monde, chronologie qui intéressait bon nombre de théologiens du dernier tiers du
XVIe siècle[18]. Sa première annotation comptabilise:

---

premiers index romains et l'index du Concile de Trente, par J. M. De Bujanda avec l'assistance de
R. Davignon et E. Stanek (Index des livres interdits 8), Sherbrooke et Genève, 1990, n° 0122
(index de 1559), p. 323s. La Bibliotheca apostolica du Vatican possède un très intéressant
exemplaire censuré de la Bible d'Isidoro da Chiari, exemplaire que j'ai consulté en 1992. Je
remercie C. Pauselli Gajano qui m'avait naguère transmis cette information.

[16] En Genèse 3, 15, Chiari a corrigé «*ipsa*» en «*ipsum*»: *ipsum [semen illius] conteret caput tuum* et
a annoté: *Ipsum semen mulieris Christus Deus contrivit caput serpentis, hoc est regnum peccati...*
(p. 3 et note 'f' p. 4). La lecture mariale de ce verset, se fondant sur la leçon erronée «*ipsa*», est
abandonnée par Chiari. En de nombreux autres endroits, la correction de la traduction
communément admise n'a pas lieu.

[17] « *Qu'il me baise des baisiers...*», *op. cit.* [note 13], p. 155 sq. (avec la confusion entre *dôd* et *ruq*),
209 sq. et 237 sq. (avec la confusion entre *rakkâh* et *rîk*).

[18] Cf. A. Grafton, *Joseph Scaliger. A Study in the History of Classical Scholarship*, I. Textual Criticism and Exegesis, Oxford, 1983; mais surtout II. Historical Chronology, Oxford, 1993;
A. Coron: «'J'ai changé le temps...': Joseph Scaliger au travail», *Revue de la Bibliothèque nationale de France*, 4, «La Chronologie ou la volonté de prendre date», 2000, p. 16-19 (à propos de
l'exemplaire de travail du *De emendatione temporum* de 1583, abondamment annoté par
Scaliger en vue de la seconde édition de 1598).

> *Mundi anno 1. Adam creatus vixit .930. annos usque ad .56. annum Lamechi patris Nohæ. Cum [Seth]*[19] *.800. annos. Cum nepote Enos .695. Cum Cainam .605. Cum Malalehel .535. Cum Ia[red 470] Cum Enoch 308. Cum Mathusalem .243. Cum Lamech .56. Obiit anno .126. ante natum N[ohæ]. Diluvium 726. Euseb.[ius] in prolog.[o] sui Chronici ideo non primus sed unus dies nominatus est. Hic quidem seculi primus dies non autem omnium dierum primus. Et hæc numeratio non solum ante hominum genus sed etiam ante ipsa lumina atque stellas esse cognoscitur. Nos igitur tempora conscribimus non quæ sunt sæculi mundi neque luminum aut syderum neque fructuum aut lignorum aut piscium sed hominum generationes unus primus fuit. Adam factus die sexto*[20].

En fait Bolsec n'a fait que reprendre les données de Genèse 5, en donnant le nombre d'années que vécut Adam avec ses différents descendants. Néanmoins ce calcul ne lui est pas personnel, puisqu'il se borne à recopier les informations données par David Chytræus dans sa *Chronologia*[21]. En outre, comme il l'annonçait, il cite bien le prologue du *Chronicon* d'Eusèbe, se limitant à inverser l'ordre de certaines propositions (jusqu'à *cognoscitur*), sa dernière phrase résumant tout un passage[22]. Bolsec, à la suite d'Eusèbe, considère que le jour de la création de la lumière n'est pas le premier de tous les jours, mais le premier du monde, sous-entendant que Dieu préexistait à la création du monde.

Dans les marges de la Genèse, Bolsec enregistre donc des âges et des durées (âge du monde ou âge de personnages au début de nombreux chapitres[23]), s'aidant pour ce faire d'Eusèbe, mais se référant également à des travaux contemporains :

> *A creatione mundi sine ab Adam usque ad diluvium quibus temporibus nulla gentilis Græca aut Barbara historia legitur. Secundum Euseb.[ium] # juven(i)es annos $\overline{II}$ CCXLII. Secundum Chytræum, Peuce[um] et Genebrardum .1656. # et*

---

19 Une réparation ancienne a consolidé la marge extérieure du feuillet 'a' en y collant une bande de papier épais. On ne peut donc lire ou deviner la fin des lignes qu'en transparence.

20 *Vulgata æditio*, p. 1.

21 La première édition de la *Chronologia historiæ Herodoti et Thucydidis recognita et additis Ecclesiæ Christi ac imperii Romani rebus præcipuis, ab initio mundi usque ad nostram ætatem contexta*, parut à Rostock, chez Jacob Transylvanus, en 1569. Ce texte complète la *Chronologia* parue la première fois en 1562. La version augmentée fut un véritable succès de librairie avec des rééditions en 1570, 1573, 1578, 1579, 1585, etc. Je cite la *Chronologia historiæ Herodoti et Thucydidis, cui adjecta est series temporum mundi a prima conditione usque ad hunc annum*, Helmstedt, Jacok Lucius, 1585, ici p. 121.

22 Cf. *Eusebii Pamphili Cæsariensis viri sanctissimi, ita multivaria rerum et divinarum et humanarum cognitione clarissimi opera...*, Bâle, Henri Petri, 2 vol., 1548-1549, t. II, 1549, f. 4r°.

23 Un exemple dans l'Exode, ainsi au début du chapitre 17 (p. 55)*: Anno mundi .2453. m[ense...], die .15.* Au début du chapitre 24 (p. 61)*: Anno mundi .2453. mense .4. Moses tertio in montem Sinai ascendi[t] .40. continuos dies abest. Interim Israelitæ aurei vituli idolatriam...* Même intérêt au début du chapitre 3 des Juges (p. 177): *Mundi anno .2511. ...*; etc.

Hebræorum numerum. Hoc diluvium Deucalionis Thessaliæ regis diluvium, de quo Ovid.[us] præcessit annis 780[24].

De la création du monde ou d'Adam jusqu'au Déluge, Eusèbe compte en effet 2242 ans, précisant que de nombreux Hébreux indiquent cependant 1656 ans[25]. Bolsec fait preuve ici d'un esprit œcuménique avant la lettre, plutôt d'un esprit scientifique négligeant les appartenances confessionnelles, puisque il mentionne les luthériens allemands David Chytræus (1530-1600), le «dernier Père de l'Eglise luthérienne», qu'il copie régulièrement sans identifier sa source, et Kaspar Peucer[26] (1525-1605), le gendre de Mélanchthon, ainsi que le très catholique Gilbert Génébrard (1537-1597), dont la *Chronographia in duos libros distincta* avait paru en 1570[27]. A l'instar de Chytræus, ces théologiens intéressés par la chronologie biblique avaient en effet donné 1656 ans[28], chiffre le plus courant que portaient, par exemple, les bibles genevoises contemporaines[29]. La date de parution de ces différents ouvrages de chronologie biblique indiquerait d'ailleurs que Bolsec commençât à annoter systématiquement sa bible au début des années 1570, vingt après ses démélés avec Calvin à Genève.

En outre, Bolsec ajoute une référence à Ovide qui, dans les *Métamorphoses*, évoque un déluge originel qui submerge tout[30]. Survivants, Deucalion et Pyrrha,

---

[24]   *Vulgata æditio*, p. 6, dans la marge de Genèse 7.

[25]   Cf. *Eusebii... opera...*, tomus secundus, 1549, f. [5]v°. Ayant oublié cette mention en rédigeant sa note, Bolsec l'intercale précédée d'un signe diacritique semblable au dièse, mais la place maladroitement en relation avec le nombre 2242, non avec 1656.

[26]   Le texte de référence est la *Tertia pars chronici Carionis... exposita et aucta*, Wittenberg, Peter Seitz, 1562. Ce texte connut également un succès commercial avec des rééditions en 1563, 1565, 1566, 1569, 1570, 1572, etc. J'ai consulté le *Chronicon Carionis expositum et auctum multis et veteribus et recentibus historiis... a Philippo Melanthone et Caspare Peucero*, Lyon, Pierre de Saint-André, 1576.

[27]   Le titre exact est *Chronographia in duos libros distincta, prior est de rebus veteris populi, auctore Gilb. Genebrardo theologo Parisiensi; posterior recentes historias praesertimque ecclesiasticas complectitur, authore Ar. Pontaco Burdegalensi.* Louvain, John Fowler (Joannes Foulerus Anglus), in-12°. Génébrard n'était l'auteur que du premier livre de cette *Chronographia* (f. 3r°-60v°), le second ayant été rédigé par Arnauld de Pontac. Une réédition parut deux ans plus tard chez le même éditeur, également in-12°, mais il s'agit bien d'une recomposition complète.

[28]   Cf. David Chytræus, *Chronologia...*, *op. cit.* [note 21], p. 122; Gilbert Génébrard, *Chronographia...*, *op. cit.* [note 27], f. 6v°; *Chronicon Carionis expositum et auctum...*, *op. cit.* [n. 26], p. 19.

[29]   «L'on compte depuis Adam jusques au Deluge 1656 ans, Gen. 5 et 6», première phrase de la «Description des années depuis la creation du monde jusques à l'an présent 1566», in *La Bible, qui est toute la Saincte Escriture*, Genève, François Perrin pour Antoine Vincent, 1567 (cf. B. Thomas Chambers, *Bibliography of French Bibles, Fifteenth- and Sixteenth-Century French-Language Editions of the Scriptures* (THR 192), Genève, 1983, n° 382), f. sans signature entre les f. *iiii v° et 1r°.

[30]   Livre I, vers 348-415, en part. 381-413.

jetèrent des cailloux derrière leur dos, pierres qui devinrent des femmes et des hommes nouveaux. La fable est connue, mais sa dimension historique acceptée dans la marge d'une bible semble déplacée. Ce serait pourtant oublier l'existence historique avérée de Deucalion chez les commentateurs d'Ovide, d'Eusèbe de Césarée à Raffaele Regio (Regius)[31]. La Renaissance la divulgait et Chytræus la mentionnait, tout en la corrigeant[32]. Là encore Bolsec ne fait que copier sommairement le théologien luthérien. Au contraire de ces «chronologistes», Calvin, dans un sermon sur Genèse 9 de 1560, associait cette fable à un artifice de Satan:

> Et de fait le diable a bien seu user de cest artifice pour convertir ceste histoire comme en risée, quand il a introduit les poetes paiens[33], qui ont dit qu'apres le deluge celuy qui estoit demouré n'avoit sinon jecté des pierres derriere son dos, et qu'autant de pierres qu'il jectoit, il y avoit autant d'hommes. Voilà quelle a esté la fin de Sathan, c'est à savoir, non seulement d'obscurcir la verité de ce qui nous est icy enseigné, mais aussi convertir le tout en fable et en moquerie[34].

Davantage théologien qu'historien, Calvin négligeait la source ovidienne, ou plutôt il la méjugeait définitivement, puisque inspirée par le diable.

Dans la logique de ces premières annotations chronologiques, il n'est pas étonnant que la mention marginale relative à Genèse 8 détaille les mois et les jours passés dans l'arche (p. 7). Dans les pages suivantes, Bolsec continue d'annoter la date de naissance, les années de vie et l'âge auquel les patriarches moururent, Eusèbe et Chytræus restant les auteurs sollicités. Il en est de même pour les deux premiers chapitres de l'Exode[35], où Flavius Josèphe est également

---

[31] Cf. A. Moss, *Ovid in Renaissance France. A Survey of the Latin editions of Ovid and Commentaries Printed in France before 1600* (Warburg Institute Surveys VIII), Londres, 1982, n. 49, p. 84, et p. 46 (Sprengius identifiait Deucalion à Noé; le récit d'Ovide étant pour lui une version imparfaite du récit du Déluge). Cf. encore Clément Marot, Barthélemy Aneau, *Les Trois premiers livres de la* Métamorphose d'Ovide, éd. critique publiée par J.-C. Moisan, avec la collaboration de M.-C. Malenfant, Paris, 1997, en part. p. 59-61.

[32] *Diluvium sub Deucalione rege, Thessaliam obrupit: Id Ovid. in suo Chronico, confundit cum Diluvio Nohæ, quod 780. annis antecessit. Nec ullius fere vetustioris historiæ memoria apud Græcos extat* (cf. David Chytræus, *op. cit.* [n. 21], p. 129).

[33] En plus d'Ovide (cf. note 31), on peut encore citer les poètes Pindare, *Olympiques* 9, 43 sq., et Virgile, *Géorgiques* I, 61 sq., mais également Platon, *Timée* 22a-b (rapide allusion). Dans son premier dialogue des *Metamorphoses chrestiennes*, Viret cite évidemment Ovide. En dialoguant, Hierome et Tobit imaginent qu'Ovide s'est inspiré de la Bible (cf. Pierre Viret, *Metamorphose chrestienne, faite par dialogues*, Genève, Jacques Bres, 1561, p. 24).

[34] Cf. 45e sermon sur la Genèse du 11 janvier 1560, *Sermons de Jean Calvin sur la Genèse, chapitres 1 à 20,4*, édition critique par M. Engammare (Supplementa Calviniana XI/1 et XI/2), Neukirchen, 2000, vol. 1, p. 497.

[35] Mention d'Eusèbe et de Chytræus dans la marge face à Exode 1 (p. 42); *idem* pour Exode 2 (p. 43); etc.

convoqué. Quand, plus loin, Hérodote est allégué, la source est à nouveau Chytræus[36]. Hérodote revient régulièrement, toujours connu par la *Chronologia* du théologien luthérien, ce qui nous permet de restituer sans trop de difficultés ce que le relieur a malencontreusement massicoté! A l'instar de Chytræus, Bolsec ancre l'histoire sacrée dans l'histoire profane des Egyptiens, des Grecs et des Romains[37], mais là où le luthérien distinguait graphiquement les deux sources – par une impression en colonnes –, Bolsec les mêle sans hiérarchie bien établie. Thucydide, Flavius Josèphe, Jérôme viennent parfois compléter une information absente chez Hérodote ou Eusèbe de Césarée, la Bible servant alors de source historique de valeur égale pour aider à dater tel ou tel événement.

Les notes marginales se font plus rares dans le Lévitique et les Nombres, mais des dates sont égrenées et Hérodote reste un guide sûr[38]. Les marges du Deutéronome restent blanches[39], à l'exception de la mort de Moïse, soigneusement annotée à l'aide d'Eusèbe de Césarée (p. 157). La raréfaction se confirme avec Josué, deux annotations seulement, au début du chapitre 1 (p. 157) et à la fin du chapitre 14 (à propos de Caleb, âgé de quatre-vingt-cinq ans; p. 167). Le livre des Juges est davantage annoté, mais les marges de Ruth restent vierges, cette irrégularité se poursuivant tout au long de l'Ancien Testament. En 2 Samuel 8, les victoires de David sur ses voisins incitent Bolsec à compléter les maigres notes géographiques de Chiari, en s'intéressant à la Syrie (v. 5s), Aram (v. 6) et l'Assyrie, Ptolémée et Strabon lui permettant de les localiser (p. 229). La demi-page blanche entre les livres de 2 Rois et 1 Chroniques (**illustration 2**; p. 288) est utilisée par le glossateur pour donner des indications historiques sur Nabuchodonosor et les Assyriens, Cyrus et les Perses, Hérodote et la Bible (Jérémie, Daniel, Esdras, 2 Chroniques) étant sollicités. Seul le début des livres bibliques suivant reçoit encore une annotation marginale d'après les mêmes sources historiques: Esdras, Néhémie, Esther, Job. Les Psaumes et les livres sapientiaux, bien peu historiques, ne sont surchargés d'aucune note de Bolsec; plus étonnamment, il en va de même pour Esaïe. Il faut attendre le prophète Jérémie (p. 217 de la deuxième pagination) pour découvrir une nouvelle

---

[36]   Face à Exode 12 (p. 50*): [Hoc tem]pore Cecrops primus [apud] Athenientes regnat. [cuius] mentio fit Herodot.* [lib. 8] pag. .247. Cécrops, premier roi d'Attique et fondateur mythique d'Athènes, est cité exactement dans ces termes par Chytræus, *op. cit.* [note 21], p. 129.

[37]   Un exemple au début d'Exode 25 (p. 62): *Ægyptus Beli filius ejecto Danao fratre cuius Herod.* lib. 2. pag. 62. *mentionem facit* (reprise de Chytræus, *op. cit.* [note 21], p. 130). Le chapitre 3 des Juges (p. 177): *... Et circa hoc tempus quoque sive annum .2600. Europa Phœnicum regis filia [in] Cretam abducta est. Herod. pag.1. Et ab hac orbis tertiam partem [terræ] nomen accepisse scribit. lib.4. pag.123* (Chytræus, *op. cit.*, p. 132).

[38]   Face à Lévitique 9 (p. 83).

Illustration 2: p. 288-289, fin de 2 Rois et début de I Chroniques.

remarque du médecin bibliste. Les marges des Lamentations et d'Ezéchiel, en revanche, restent vierges. L'initiale de Daniel n'est pas annotée, mais le début du chapitre 9, «In anno primo Darii filii Assueri de semine Medorum» reçoit une information tirée de la *Chronographia* de Génébrard :

> [Ho]c cap. Babylonicæ captivitatis septuagesimus et postremus annus describitur. Et ab hoc anno usque ad Christi [pa]ssionem intercedunt .483. anni, ut Genebradus[40].

Le début de Jonas (p. 384) est le dernier texte prophétique à être annoté[41]. C'est en fait les deux livres des Maccabées qui recueillent les deux plus longues annotations (p. 417-421 ; et 447s). Fondée sur Eusèbe, et citant Flavius Josèphe, la première note décrit l'hégémonie grecque sur la Syrie d'Alexandre le Grand, Antigone, Seleucos Ier, etc., avant de détailler le règne des Antiochus (**illustration 3**; p. 418-419 de la deuxième pagination). Bolsec, en fait, résume les deux livres des Maccabées, accordant un crédit historique au second livre que des hommes comme Bèze lui refusait[42]. Ce crédit confirme le fait que Bolsec annote sa bible dans les années 1570, alors qu'il est revenu dans le giron catholique romain, après le synode national réformé d'Orléans de 1562[43].

La dernière note touchant le deuxième livre des Maccabées se continue en première note sur le Nouveau Testament (p. 1-5 de la troisième pagination). La *Chronologia* de Chytræus est toujours ouverte à côté de la Bible, puisque Bolsec annonce la naissance de Jésus avec les mots du chronologiste luthérien : *Mund. an. .3962. Dei opt. max. filius Dominus noster Jesus Christ[us] ex virgine Maria*

---

[39]   A l'exception, déjà mentionnée, des annotations postérieures de Ciboes Duret.

[40]   P. 350 de la deuxième pagination; *op. cit.* [note 27], f. 25v° : *A 70. illo captivitatis anno ad Christum hebdomadas 69., id est anni 483.* Le début du chapitre 11 reçoit, quant à lui, une note fondée sur Hérodote (p. 356).

[41]   Au sujet de Ninive identifiée à Nisibus à l'aide de Strabon (abrégé 'S' surmonté de deux points) et l'association de cette prophétie avec les prophéties d'Esaïe (chapitres 10 et 36) *100. an. post Jonam.*

[42]   Cf. Théodore de Bèze, *Response aux cinq premieres et principales demandes de F. Jean Hay...*, *op. cit.* [note 4], p. 92-97 : «Quant au second, comment pourront s'excuser les effrontées faussetez des deux premiers chapitres?... Qui doutera donc que l'autheur de ce second livre ne soit un tres-impudent menteur, rapportant ces histoires aux derniers temps de Demetrius, frere d'Epiphanes, assavoir à l'an des Grecs 169? Et qui plus est, introduisant Judas escrivant aux Juifs d'Egypte et les advertissant de la purification du temple l'an 188, c'est à dire 36 ans apres sa mort et 40 ans apres le Temple purifié? Davantage, qui pourroit porter ceste impudence de quelque rabbin ignorant ou autre profane?... ce livre est une rappetassoire tresmal bastie... ce livre est plein de tels miracles fabuleux...»

[43]   Cf. art. «Bolsec» dans E. et E. Haag, *La France protestante*, 2ᵉ éd. sous la direction de M. H. Bordier, t. II, Paris, 1879, col. 750-754.

Illustration 3: p. 418-419, début du premier livre des Maccabées.

Abrahæ et Davidis semine natus est[44]. Cette première longue note à l'entame du Nouveau Testament résume le ministère de Jésus, précisant qu'il célébra trois Pâques[45]. A la suite de ce compendium en rien original, Bolsec rappelle, à l'aide de Théophylacte et de Jérôme, le débat ancien sur l'origine des textes grecs du Nouveau Testament, en particulier de l'Evangile de Matthieu écrit en «idiome hébraïque», puis:

> *Quod evangelium ex hebraica in græcam linguam a Joan[ne] Apostolo et Evangelista translatum esse, ex nonnullorum opinione Theoph[ilactus] asseverat, licet de h[oc] Hiero[nymus] dubitat*[46].

On pourrait penser que l'intérêt chronologique de Bolsec est passé au second rang, mais il revient évidemment en force à l'initiale de l'Evangile de Matthieu, après une brève remarque signalant que Flavius Josèphe mentionne Jésus au livre 18, chapitre 9, des *Antiquités juives*. Bolsec relève en effet les différentes dates auxquelles on a fixé la naissance du Christ:

> *Anno ab orbe cond[ito] .3960. vel .3970. vel .5199. vel .5501. Christus nascitur.*
> *Nato Christo se Dominum vocari Augustus prohibuit. Oros[us], lib[er] 6, c. 22*[47].

Sans reprendre exactement la date communément répandue donnée au feuillet précédent (3962), sans davantage engager de polémique ni donner son opinion, Bolsec énumère quatre dates différentes de l'année de l'incarnation[48]. Il ajoute une cinquième indication en rapportant la naissance de Jésus au règne d'Auguste, citant Orose et son abrégé de l'histoire universelle intitulé *Historiæ adversus paganos*; l'historien chrétien n'avait évidemment pas discuté des dates

---

[44] *Vulgata æditio*, 3ᵉ pagination, p. [1]; David Chytræus, *op. cit.* [note 21], p. 234.

[45] *Ibid.*, p. [2].

[46] *Ibid.*, p. 3.

[47] *Ibid.*

[48] Pour Joseph Juste Scaliger, le millésime de la naissance du Christ, exprimé selon le calendrier julien, est l'an 4713, 3949 années bibliques après la Création. Cf. A. Grafton, «Joseph Scaliger and Historical Chronology: the Rise and Fall of a Discipline», in *History and Theory* 14, 1975, p. 156-185, ici p. 162 sq. et 184 sq. (avec les arguments arithmétiques de Scaliger); cf. encore du même, *Joseph Scaliger. A Study in the History of Classical Scholarship*. II. Historical Chronology, Oxford, 1993, Part 2, «Emendatio Temporum», p. 262-281, en part. p. 277 sq.; et F. Laplanche, *L'Ecriture, le sacré et l'histoire. Erudits et politiques protestants devant la Bible en France au XVIIᵉ siècle* (Etudes de l'Institut de recherches des relations intellectuelles entre les pays de l'Europe occidentale au XVIIᵉ siècle, Nimègue, 12), Amsterdam et Maarssen, 1986, p. 94-96 (au sujet de J. J. Scaliger), puis p. 286 sq. (au sujet de Cappel).

[49] La référence de Bolsec à l'Histoire d'Orose est juste: *... Domini appellationem ut homo declinavit* (cf. *Patrologia Latina* 31, col. 1058). Orose donne comme date de l'Incarnation l'année 752 après la fondation de Rome (*ibid.*).

probables de l'Incarnation[49]. En énumérant cinq datations différentes, Bolsec enregistre bien le problème chronologique biblique, mais ne le résout pas.

Plus bas dans la marge, comme dans les pages suivantes, les indications chronologiques se succèdent, Bolsec restant fidèle à Jérôme et Théophylacte pour dater la rédaction des quatre évangiles:

> *Omnium primus Matthæus evangelium hebraico idio[mate] ad eos qui ut habet [...] Hieronymus et Theo.[phylactos] ex hebræis credide[runt], post Chri[sti] ascensum anno octa[vo] conscripsit. Quod Joannes, ut fermit, ex ea lingua in Græcam interp[reta] est. At Marcus post assumpti Christi decem annos ex Petri ore doctus scripsit. Lucas autem post quind[ecim] annos a Paulo edoctus. Joannes vero horum trium Evangelistarum superstes cum ipsi superiora tria evangelia allata essent, post triginta duos annos, veritatis ampliorem gratiam sortitus, quæ ab aliis p[ræ]termissa erant, et succinctius dixerant, fusius in suo evangelio tradidit. Et quoniam hic quod Dei v[erbum] quod ante sæcula extiterit divine prodidit. Theologi nomen adeptus est[50].*

Evoquant, en face de Matthieu 2, le massacre des saints Innocents, ce sont Flavius Josèphe et Macrobe qui sont mentionnés[51], puis Eusèbe pour le temps de la Passion[52]. Les trois évangiles suivants sont moins annotés, quoique l'édit de César Auguste mentionné en Luc II, 1, reçoive une note historique copieuse alléguant Tertullien, Chytræus, Eusèbe et Flavius Josèphe[53]. La fin de l'évangile de Luc énumère les différentes apparitions de Jésus, ajoutant que le martyre d'Etienne eut lieu un an après l'Ascension, pendant la dix-huitième année du règne de Tibère – Eusèbe et Jérôme servant là encore d'autorités (p. 69). La note à la fin de l'évangile johannique date la conversion de Paul, «Anno Christi 36, Tib. 21», puis, à l'aide de Flavius Josèphe et d'Eusèbe, Bolsec donne quelques éléments d'histoire romaine courant jusqu'à l'annonce de l'Evangile à Chypre en 41 par Paul et Barnabas (Actes XIII; p. 92).

Le glossateur utilise tout l'espace laissé par l'imprimeur de sa bible: un feuillet blanc (p. 121sq.) précède la page de titre des épîtres pauliniennes et catholiques, dont le verso offre une composition aérée (p. 123sq.). Ces quatre pages sont couvertes d'une longue note récapitulant la vie de Paul, puis le premier siècle de l'Eglise. La chronologie est déployée selon un triple mode: selon l'ère chrétienne, la conversion de Paul et le règne des empereurs romains (**illustration 4**). Les autres livres du Nouveau Testament reçoivent de manière très sporadique quelques nouvelles notes historiques, en particulier le début de

---

[50] *Vulgata æditio*, 3e pagination, p. 3.

[51] *Innocentum hac occisione Joseph. Antiq. Jud. lib. 17* [Bolsec avait d'abord écrit 18, a biffé ce chiffre et a corrigé au-dessus], *c. 3, et Macrob. Satur. lib. 1, c. 4...* (*ibid.*, p. 4).

[52] *Ibid.*, p. 27.

[53] *Ibid.*, p. 46.

Illustration 4: Page de titre des Epîtres pauliniennes et catholiques.

l'Epître aux Hébreux, puis l'Apocalypse. Bolsec ajoute toutefois une dernière annotation très développée dans les marges et les pages aérées relatives aux errata, scholies manquantes et coquilles, qui précèdent les index (p. 232-236), offrant un véritable compendium de l'histoire de l'Eglise du IIe au IVe siècle.

Le texte biblique, néanmoins, est rarement souligné et les scholies d'Isidoro da Chiari sont ignorées. Seule intéresse Bolsec la chronologie biblique, Eusèbe ou Chytræus, en priorité, offrant leur autorité à telle ou telle date. Dans les marges, aucun intérêt philologique immédiat ne transparaît, aucune correction du texte biblique, aucune discussion de l'annotation d'Isidoro da Chiari, inspirée de celle de Münster, ne pointe. On a le sentiment que n'importe quelle version biblique eût pu accueillir les notes de Bolsec.

Une seule annotation infirme l'impression du désintérêt, celle qui accompagne une scholie d'Isodoro da Chiari à la fin du premier chapitre du second livre de Samuel (p. 223). Le bibliste italien a annoté la célèbre complainte de David à la mort de son ami Jonathan : *mirabilis est mihi tui amor, super amorem mulierum*. La scholie «g» précise en 1542 : *SUPER amorem mulierum. Quæ arctius diligere consueverunt*. Bolsec renchérit sur cette scholie misogyne condamnant le désir féminin «plus vicieux», car l'amour entre hommes poursuit une fin convenable : *Parciorin nobis est nec tam furiosa libido. Legitimum finem flamma virilis habet*.

CONCLUSION

Anthony Grafton nous l'a appris, le *De emendatione temporum* de Joseph Juste Scaliger, publié en 1583, marque un changement radical dans les études chronologiques[54]. Dix ans auparavant, et Bolsec vient d'illustrer le constat, la chronologie n'est pas encore une discipline indépendante, elle ne sert qu'à la lecture de la Bible, et même à une lecture littérale de la Bible, mais elle est en train de s'affirmer. On pourrait dire que la chronologie biblique relève alors de l'établissement du texte et cherche à uniformiser des informations contradictoires, telles celles relatives à la durée comprise entre l'Exode et la construction du Temple de Salomon[55]. Bolsec enregistre les dates et les durées, mais de manière compilatoire non critique, consultant et recopiant des passages d'écrits chronologiques d'Eusèbe, Chytræus, voire de Génébrard[56] ; cela lui permet de

---

[54] Cf. son «Joseph Scaliger and historical chronology...», *art. cit.* [note 48], en part. p. 157-170 ; ou son *Joseph Scaliger... II. Historical Chronology* [note 18], en part. 343-357.

[55] 480 ou 580 ans (selon 1 Rois 6 ou Actes 13, 20). Cf. à ce sujet F. Laplanche, *L'Ecriture, le sacré et l'histoire, op. cit.*, [note 48], p. 285.

[56] Remarquons que les travaux de Chytræus et de Camerarius, ainsi que le premier traité de Génébrard ne sont pas abordés dans le maître-livre d'A. Grafton.

mieux dater les événements bibliques et d'étayer sa chronologie du monde. Que les marges des livres historiques, même deutérocanoniques comme les livres des Maccabées, soient les plus annotées n'a pas été pour nous surprendre. Toutefois, Bolsec ne dépasse jamais ses sources, comme nous l'avons vu dans le simple enregistrement des différentes dates possibles de l'Incarnation.

Bolsec est ainsi un bon témoin de l'intérêt envahissant de ses contemporains pour la chronologie, en lisant les travaux les plus récents. Contrairement à un Béroalde qui ne fonde sa chronologie que sur la Bible, avec les erreurs que l'on connaît[57], Bolsec s'appuie sur des auteurs qui n'ont pas négligé l'édition des sources antiques. La valeur des sources païennes, Hérodote ou Thucydide, n'est d'ailleurs pas mise en question, et en ce sens, mais en ce sens seulement, Bolsec annonce un « chronologiste » plus rigoureux comme Scaliger.

On assiste au XVIe siècle à la mise sur un même plan historique des sources sacrées et profanes : les informations glanées dans les unes ou les autres reçoivent même valeur. Au siècle suivant, les livres bibliques considérés comme les plus anciens – tels le Pentateuque ou les quatre livres des Rois – et comme des documents historiques fidèles et fiables seront critiqués avant d'être purement et simplement écartés, David comme Moïse conservant peu de crédibilité historique. Chez Bolsec ou Castellion cependant, comme chez Chytræus ou Génébrard, les deux sources historiques biblique et antique coexistent. Nous avons ainsi découvert un Jérôme Bolsec soucieux d'ancrer les données scripturaires dans les chroniques profanes de l'Antiquité, cherchant à mêler systématiquement le temps du monde de Dieu et le temps du monde païen. Cette importance accordée à l'histoire profane, si elle est marquée dans les années 1570, n'est peut-être pas tout à fait étrangère à son opposition à Calvin au sujet de la double prédestination en 1551.

Max ENGAMMARE
FNRS suisse - Librairie Droz, Genève

---

[57] Cf. Matthieu Béroalde, *Chronicon, scripturæ sacræ authoritate constitutum*, Genève, 1575, et les analyses de Grafton, in « Joseph Scaliger and historical chronology... », *art. cit.* [note 48], ici p. 167 sq. ; et *Joseph Scaliger... II. Historical Chronology* [note 18], p. 268 sq., 308-311 et 343 sq.

BERNANOS ET LUTHER

Même si Bernanos garde contre la Renaissance les préjugés de la contre-Réforme, il mérite de figurer dans cet ouvrage consacré au XVIᵉ siècle car il a aimé Luther, s'est passionné pour son destin au moins après 1932. Certes dans *La Grande Peur des bien-pensants*, il incriminait « l'aride, l'inhumaine philosophie luthérienne »[1]. En 1932 encore, en pleine polémique avec Maurras, Luther semble pour lui un parangon des « exécutions verbales »[2]. Mais il manifeste à l'égard du réformateur à partir de son roman *Journal d'un curé de campagne*, écrit à Majorque en 1935 et publié en 1936, une véritable sympathie qui se confirme entre 1938 et 1941 et se concrétise dans un essai, demeuré inachevé, et publié de manière posthume par Albert Béguin[3]. D'où vient cette modification?

Le grand succès en 1926, de son premier roman, *Sous le Soleil de Satan*, a consacré Bernanos comme un écrivain chrétien. Héritier du catholicisme social et légitimiste[4], adhérent de la première Action française[5] sans qu'on puisse

---

[1]   *La Grande Peur des bien-pensants, [G.P.]*, Grasset, 1931. *Essais et Ecrits de combat*, I, Paris, Gallimard, « Bibliothèque de la Pléiade », 1971, p. 133.

[2]   G. Bernanos, « De Luther à Gribouille », *Le Figaro*, 1932, in *Essais et Ecrits de combat*, I, p. 1295. A propos de Maurras: « Nul, pas même Luther, n'aura été plus prodigue d'exécutions verbales ».

[3]   « *Frère Martin* », *Esprit*, Octobre 1951. A. Béguin date l'essai de 1943. Nous proposons une autre datation, voir *infra*. Nous nous référons au manuscrit BNF Cahier CXLVIII et à l'édition établie par Y. Bridel [M.L.] *Essais et écrits de combat*, II, Paris, Gallimard, « Bibliothèque de la Pléiade », 1995.

[4]   Sur le catholicisme social, voir R. Aubert, M. D. Vinoves, L. J. Roger, *La nouvelle Histoire de l'Eglise*, Paris, Seuil, 1975, t. V. *L'Eglise dans le monde moderne*, p. 156-157: « Ce n'est pas dans les milieux les plus ouverts à la démocratie politique (...) qu'on rencontre les catholiques sociaux de la fin du pontificat de Pie IX et du début de celui de Léon XIII, mais au contraire parmi les adversaires les plus délibérés du libéralisme qui font à première vue figure de 'réactionnaires'. [...] Beaucoup de ces adeptes du catholicisme social proviennent de l'aristocratie terrienne ». Même si son père était artisan, Bernanos s'inscrit dans cette mouvance.

[5]   Cf. la biographie de J.-L. Bernanos, fils de l'écrivain, *Bernanos à la merci des passants*, Paris, Plon, 1986, p178-254. Cf. aussi J. Bothorel, *Bernanos le mal-pensant*, Paris, Grasset, 1998. Sur la première *Action française*, voir E. Weber, *L'Action française*, trad. de l'anglais par M. Chrestien, Paris, Fayard, 1985 (« La ligue: discours, doctrines », p. 206). On peut aussi se référer à l'ouvrage, plus rapide mais plus précis sur Bernanos, de P. Sérant, *Les Dissidents de l'Action française*, Paris, Copernic, 1978, p. 113.

jamais le considérer comme un traditionaliste, il s'inscrit dans un courant pour lequel la Renaissance et l'humanisme incarnent des valeurs étrangères à la pure tradition française tandis que la grande époque de l'Histoire de l'Eglise est le Moyen Age, celle de l'efflorescence de la chrétienté[6]. Bernanos assimile la Renaissance à la «simonie» et aux abus commis alors par les ecclésiastiques; il voit en elle un courant rationaliste peu compatible avec la foi chrétienne. Il y joint souvent une condamnation des humanistes au nom d'un certain nationalisme, les accusant d'avoir sacrifié la culture médiévale et chrétienne aux idées antiques importées. Il les traite de «maniaques sans race et sans patrie». Dans *Les Grands Cimetières sous la lune*, Il prend le fouet de la satire pour dénoncer[7] les princes de l'Eglise d'alors et stigmatise ailleurs[8] Machiavel et le machiavélisme. Dans *Nous autres Français* (1939), Il dénonce «les singes de la Renaissance et parmi eux, le plus singe des singes, le prêtre humaniste, ou plutôt l'humaniste prêtre, tout grouillant de vers latins comme un cadavre d'asticots, la marionnette qui préfère Ovide à son bréviaire»[9]. Il oppose l'art «des cathédrales» à celui de cette époque baroque et maniérée, visible dans des églises «bibelots (...) suant tristement sous leurs dorures, l'avarice et l'ennui»[10]. En somme, le XVIe siècle incarne, à ses yeux, la trahison de la patrie pour l'Etat, de la foi pour la loi, de l'identité française forgée par la chrétienté .

Or dans *Journal d'un curé de campagne*[11], on trouve un développement plus nourri sur cette période de l'Histoire de l'Eglise, présentée comme désastreuse,

---

[6]   Sur sa vision du Moyen Age, cf. mon art. «Bernanos et le Moyen Age», in *Plaist vos oïr bone cançon vallant? Mélanges de Langue et de Littérature Médiévales offerts à François Suard*, textes réunis par D. Boutet, M.-M. Castellani, F. Ferrand et Aimé Petit, Lille, Presses Universitaires du Septentrion, 1999, p. 329-341.

[7]   «Vraiment, ça ne retient pas votre attention, cette bacchanale de la Renaissance, les ruffians bariolés, princes, ministres, astrologues, cardinaux, peintres et poètes tous rongés par le mal napolitain, menant leur ronde infernale avec des hennissements autour de la tombe du pauvre des pauvres, découvreur d'Amériques invisibles, mourant au seuil de ces jardins enchantés» (*Les Grands Cimetières sous la lune* [G.C.], in *Ecrits de combat*, I, p. 505.

[8]   *Lettre aux Anglais* [L.A], 1941, in *Ecrits de combat*, II, p. 505.

[9]   *Nous autres Français* [N.A.], 1939, in *Ecrits de combat*, I, p. 702.

[10] *Les Enfants humiliés* [E.A.], 1940, in *Ecrits de combat*, I, p. 812: «L'Etat s'est substitué à la patrie comme l'administration cléricale se serait substituée depuis longtemps (...) à la moribonde chrétienté et les courtiers de ce troc, les légistes crasseux de la Renaissance, barbouillés de grec et de latin, ont mené l'opération avec toute la clairvoyance de la haine car ils haïssaient l'ancienne France, ils dédaignaient son idiome, ils méprisaient ses mœurs, ses arts, sa foi».

[11] *Journal d'un curé de campagne* [J.C.], Paris, Plon, 1936 in *Œuvres romanesques*, Paris, Gallimard, «Bibliothèque de la Pléiade», 1961, p. 1054. Mais le roman a été commencé vraisemblablement dès déc. 1934 (Lettre à Robert Vallery-Radot, Noël 1934: «j'ai commencé un nouveau roman. Cette fois j'ai choisi un sujet à ma façon et je tâcherai d'écrire un beau livre à la cadence de trois ou quatre pages par jour.» Il précise le [10] janv. 1935 qu'il a déjà écrit les

ainsi que d'importantes références à Luther. Le jeune curé raconte qu'il a assisté à une conférence sur «La Réforme» d'après l'ouvrage d'un certain «abbé Thomas»[12] et il conclut: «Vraiment, l'état de l'Eglise au XVIe siècle fait frémir». Cette allusion ne semble pas pouvoir être datée d'avant janvier 1935. En effet Bernanos, à partir de cette année-là, se réfère exceptionnellement à Calvin[13] mais souvent à Luther. Il évoque le destin du grand réformateur avec une bienveillance surprenante si l'on songe à l'image qui en est alors donnée dans les milieux catholiques. L'ouvrage de J. Maritain *Trois Réformateurs*[14] ne ménage pas l'hérésiarque, accusé d'avoir engendré le démon de l' individualisme et l'avènement d'un Moi envahissant, «l'une des plaies de l'Occident moderne»[15]. Bernanos a été en relation constante avec Maritain pour la publication de *Sous le Soleil de Satan* et a lu son livre sans doute dès sa parution car il reprend dès 1927 dans l'une de ses lettres[16] la phrase du père Clérissac, qui y est citée. Dans l'essai sur Luther[17], il s'y réfère explicitement en commentant les portraits de Luther qui y figurent. Le moins qu'on puisse dire, c'est qu'il n'épouse pas le point de vue de Maritain. Celui-ci écrivait: «Luther cède aux puissances de l'instinct, il subit la loi de la chair»[18]. Et Bernanos de rétorquer sans préciser à qui il s'oppose:

> chacun sait que les ecclésiastiques ne se font pas faute d'associer étroitement, du moins chez leurs adversaires, les erreurs de la vie publique et les fautes de la vie privée, au point de laisser croire aux dévots, par exemple, que Luther n'a bouleversé l'Europe que pour épouser Catherine de Bore, en un temps de moeurs si faciles que la présence d'une concubine au presbytère paraissait aussi naturelle que celle du sacristain[19].

---

cinquante premières pages(date suggéré par l'éditeur car Bernanos ne datait ses lettres que du jour de la semaine ou de la fête liturgique).

[12] La référence est bien entendu fictive mais le sommaire qui en est donné – «*La Réforme, ses origines, ses causes*» – fait songer à l'ouvrage de P. Imbart de la Tour, *Les Origines de la Réforme. L'Eglise catholique. La Crise et la Renaissance*, Paris Hachette, 1909-1914. Une partie de l'étude est consacrée aux «désordres des bénéfices» avec un chapitre sur Luther (33-50).

[13] Deux occurrences seulement dans la période concernée par cet art.: en 1932, dans l'art. cit. n. 2., «De Luther à Gribouille» et dans *G.C.*, p. 509.

[14] J. Maritain, *Trois Réformateurs: Luther, Descartes, Rousseau*, Fribourg, Paris, Plon, 1925.

[15] Cf. *op. cit.*, p. 446. «La Réforme a débridé le moi humain dans l'ordre spirituel et religieux [...] comme la Renaissance a débridé le moi humain dans l'ordre des activités naturelles et sensibles».

[16] Lettre à Henri Massis «début janvier 1927» (*Cor.* I, Plon 1970). Il est vrai que dans une autre lettre, il dit la tenir de l'abbé Sudre, I, p. 298. Il est alors en rapports constants mais difficiles avec J. Maritain qui lui réclamait des corrections d'ordre théologique dans son roman *Sous le Soleil de Satan*. Une rupture est survenue entre eux en novembre1928. Plus tard, Bernanos se réconciliera avec lui mais on peut penser que les divergences théologiques subsistent.

[17] [Martin Luther], *Ecrits de combat*, II, Gallimard, Pléiade, 1995, p. 912.

[18] J. Maritain, *op. cit.*, p. 443.

[19] *Les Enfants humiliés*, in *Ecrits de combat*, I, *op. cit.*, p. 891.

Aurait-il donc lu ou connu indirectement l'ouvrage du père dominicain Denifle[20] traduit en français depuis 1911? Mais dans ce livre déjà ancien, l'analyse du «cas» Luther est sévère. Compte tenu de la sympathie que Bernanos manifeste à l'égard du réformateur allemand, on peut penser qu'il a été influencé par une autre étude plus récente. Celle du père Grisar[21] vient d'être traduite par l'abbé Mazoyer - en 1931 - et, sans contester les analyses du père Denifle auxquelles elle se réfère, elle résonne un peu différemment. Tout en restant critique, le père Grisar essaie de comprendre de l'intérieur la logique de Luther et c'est ce que fera Bernanos toutes les fois qu'il évoque la destinée de celui-ci. En outre un assez grand nombre d'extraits de la correspondance de Luther que Bernanos dit avoir lue, au moins en partie, y sont cités. Comme ce dernier n'évoque précisément Luther qu'à partir de 1932[22], j'incline à penser qu'il a puisé là sa réflexion. Pour expliquer l'introduction récurrente entre 1934 et 1940 du nom de Luther dans son œuvre[23], il faut supposer un événement nouveau, probablement une lecture saisissante qui l'interpelle à la fois sur le plan historique et théologique.

Sa polémique avec l'Action française en 1932 et 1933 a ravivé en lui le souvenir des années 1926-27 où il a vu autour de lui des catholiques d'Action française excommuniés, atterrés d'être menacés de mourir sans sacrements. Lui-même a écrit alors *Jeanne Relapse et sainte* (1929) où il s'en prend avec véhémence à l'église hiérarchique tout en exaltant le courage authentique de Jeanne contre les puissances de l'Etat et de l'Eglise. Il a ensuite combattu contre Maurras qui, selon lui, trahit le Christ et abuse ses partisans. Cela ne peut-il lui inspirer l'idée d'un certain destin commun avec celui de Luther? Bernanos se sent plus proche de Luther en 1937 lorsqu'il se sent obligé de prendre parti dans la guerre civile dont il est témoin à Palma de Majorque. Cela n'explique pas le vif intérêt pour Luther qui naît en lui en 1934-35 au moment où il commence *Journal d'un curé de campagne,* où nous croyons discerner les traces d'une lecture plus théologique de Luther.

Il n'est évidemment pas question de faire de ce roman un texte luthérien mais de montrer que Luther est à l'horizon de Bernanos lorsque celui-ci constitue ses personnages et imagine son récit, faux journal intime du jeune curé d'un village du Nord de la France - Ambricourt. Le héros-narrateur confie ses déboires dans l'administration de sa paroisse très déchristianisée; il

---

[20]   Henri Denifle (O.P.), *Luther et le Luthéranisme*, trad. de l'allemand par J. Paquier, Paris, Librairie Picard, 1912.

[21]   Hartmann Grisar, S. J., *Martin Luther. Sa vie. Son œuvre*, trad. de l'allemand par l'abbé Ph. Mazoyer, Paris, Lethielleux libraire-éditeur, 1931.

[22]   Cf. «De Luther à Gribouille», art. cit.: il comporte une brève allusion à Calvin, ce qui est exceptionnel. En ce qui concerne Luther, il dit très peu. On reste dans un contexte de pure polémique.

se heurte tour à tour au patron de l'estaminet et au comte, à un médecin agnostique et révolté, à la comtesse murée dans sa douleur depuis vingt ans et à sa fille non moins révoltée. Le curé de Torcy qui est son aîné lui prodigue ses conseils spirituels. Finalement le jeune prêtre, atteint d'un cancer, va mourir – par hasard? – chez l'un de ses condisciples défroqués, non sans lui confier avant de mourir: «tout est grâce». Du combat de Luther, Bernanos ne retient ici que ce qui concerne la richesse et la puissance de l'Eglise et bien sûr, les abus de la Renaissance. Il semble se référer implicitement au texte de Luther: *A la noblesse chrétienne de la Nation Allemande* dont il a pu trouver quelques citations dans l'ouvrage du père Grisar. Le curé de Torcy, l'un des personnages les plus flattés du roman et même de toute l'oeuvre de fiction, se flatte de se prénommer Martin «comme Luther», précise-t-il, et déclare qu'il prie pour lui chaque jour[24]. Ce même personnage revendique un robuste tempérament qui se manifeste dans sa manière de croire et dans la révolte de sa jeunesse. Ne peut-on penser qu'il a été partiellement conçu à la ressemblance de Luther lorsqu'il dit de lui-même:

> Nous autres, mon petit, nous sommes de Flandres, un pays de gros mangeurs, – et riches... Faut pas trop nous demander de belles paroles qui chavirent les dames pieuses, mais nous en alignons tout de même pas mal, des mystiques, mon garçon! Et pas des mystiques poitrinaires, non. La vie ne nous fait pas peur: un gros sang bien rouge, bien épais, qui bat à nos tempes même quand on est plein de genièvre à ras bord ou que la colère nous monte au nez, une colère flamande, de quoi étendre raide un bœuf [...]. (*J. C.*, p. 404).

Certes tout est transposé du monde allemand dans Les Flandres. Mais tel était le tempérament de Luther dont on connaît les robustes propos de table: il a prôné, à la suite de l'Ecclésiaste, un sain usage des joies licites de ce monde[25] et une vie chrétienne qui ne s'abîme pas dans la tristesse. Le curé de Torcy a été, comme Luther, en révolte contre la hiérarchie de l'Eglise lorsqu'il était au séminaire et avoue avoir été «tenté de se supprimer» (p. 1043), comme ce dernier qui est, à ses yeux, comme à ceux de Bernanos, l'homme de la révolte légitime contre l'injustice. Il n'est pas interdit de penser que Bernanos se peint indirectement lui-même lorsqu'il dicte à son personnage ces propos:

> Tiens, à ce moment-là, j'ai compris Luther. Il avait du tempérament, lui aussi. Et dans sa fosse à moines d'Erfurt, sûrement que la faim et la soif de la justice

---

[23] Il est frappant de constater que les occurrences se raréfient dans *Lettre aux Anglais* en 1941

[24] Comme Bernanos a dit le faire en 1935 à sa jeune amie Christiane Manificat, alors qu'il était à Palma.

[25] Martin Luther, *De la première bonne œuvre*, in *Œuvres*, Paris, Gallimard, «Bibliothèque de la Pléiade», 1999, p. 859: «C'est ainsi que l'Ecclésiaste enseigne: va, mange et bois avec joie, sachant que Dieu prend plaisir à tes œuvres [...]. Jouis de la vie avec la femme que tu aimes pendant les jours de ces temps précieux qui te sont accordés».

le dévoraient. Mais le bon Dieu n'aime pas qu'on touche à sa justice, sa colère est un peu trop forte pour nous, pauvres diables. Elle nous saôule, elle nous rend pire que des brutes. Alors, après avoir fait trembler les cardinaux, ce vieux Luther a fini par porter son foin à la mangeoire des princes allemands, une jolie bande... Regarde le portrait qu'on a fait de lui sur son lit de mort. Personne ne reconnaîtrait l'ancien moine dans ce bonhomme ventru avec une grosse lippe. Même juste en principe, sa colère l'avait empoisonné petit à petit : elle était tournée en mauvaise graisse, voilà tout.» (p. 1076).

A travers cette interprétation presque psychanalytique de la vie et de la physionomie de Luther, Bernanos exprime sa compassion spirituelle plus qu'une condamnation. Le curé de Torcy, lorsqu'il évoque l'Eglise institutionnelle répond aux critiques de Luther tout en intégrant son idée selon laquelle le christianisme apporte la joie[26]. A l'égard des moines, il montre le même scepticisme, la même lucidité mais il oppose à l'indignation de Luther une espèce de tranquille réalisme (p. 1043). Dans son humour sur les vêtements des cardinaux, du pape et des curés, on peut entendre en sourdine, un écho plus enjoué des critiques de Luther (p. 1041). Ailleurs celui-ci compare l'union mystique, réalisée par la foi entre l'âme et la Parole à celle du fer avec le feu qui donne au fer sa couleur[27]. Or le curé de Torcy affirme : «La vérité, elle délivre d'abord, elle console après. D'ailleurs on n'a pas le droit d'appeler ça une consolation. Pourquoi pas des condoléances ? La parole de Dieu ! c'est un fer rouge.» (p. 1071). Jacques Maritain prétendait que Luther «avait cherché dans la vie spirituelle des consolations sensibles»[28]. Bernanos lui réplique à sa manière. Le curé de Torcy s'en prend, comme Luther, à la solidarité de l'Eglise institutionnelle avec les riches (p. 1023). Puis il précise son choix en matière de doctrine sociale de l'Eglise :

> Tel que tu me vois, m'a-t-il dit, j'aimerais leur prêcher l'insurrection, aux pauvres, [...] Nous autres, Flamands, nous avons la révolte dans le sang. Rappelle-toi l'histoire ! Les nobles et les riches ne nous ont jamais fait peur. Grâce au ciel, je puis te l'avouer maintenant, tout puissant que je sois, un fort homme, le bon Dieu n'a jamais permis que je fusse beaucoup tenté dans ma chair. Mais l'injustice et le malheur, tiens, ça m'allume le sang. (p. 1075).

---

[26] L'Eglise a les nerfs solides, le péché ne lui fait pas peur. elle le regarde en face, tranquillement, et même, à l'exemple de Notre-Seigneur, elle le prend à son compte, elle l'assume. [...] Tiens, je vais te définir un peuple chrétien par son contraire. Le contraire d'un peuple chrétien, c'est un peuple triste, un peuple de vieux» (*J. C.*, p. 1076). Le portrait auquel fait allusion le curé de Torcy apparaît dans la première édition de l'ouvrage de Maritain. Sur la joie que le christianisme apporte, voici ce qu'écrit Luther : «Voilà comment de la foi jaillissent l'amour et le désir joyeux de Dieu, et de l'amour une vie libre, spontanée, joyeuse, heureuse de servir gratuitement le prochain», *De la liberté du chrétien*, in *op. cit.*, p. 859.

[27] Luther, *op. cit.*, *Cours sur l'épître aux Romains*, 29.

[28] J. Maritain, *op. cit.*, p. 446.

A travers les sages paroles qu'il prête à ce personnage, Bernanos exprime sans doute sa propre expérience et sa propre conviction reformulée dans *Les Grands Cimetières*[29]:

> Tu ne sais pas ce que c'est que l'injustice, tu le sauras (...) Surtout ne va pas croire que tu la feras reculer en la fixant dans les yeux, comme un dompteur! Tu n'échapperais pas à sa fascination, à son vertige. Ne la regarde que juste ce qu'il faut, et ne la regarde jamais sans prier. (p. 1077).

Plus loin le même héros médite sur une phrase du Christ: «Il y aura toujours des pauvres parmi vous, ce n'est pas une parole de démagogue, tu penses! Mais c'est la Parole, et nous l'avons reçue. Tant pis pour les riches qui feignent de croire qu'elle justifie leur égoïsme» (p. 1078). Or ce texte précède les propos du très conservateur doyen de Blangermont qui légitime le réalisme de l'Eglise et sa solidarité de fait avec la bourgeoisie en invoquant les nécessités de la vie pour conclure: «Dieu nous préserve des réformateurs». Ce qui suscite la protestation du curé d'Ambricourt: «Il faut vivre, c'est affreux [...] vous ne trouvez pas?» (p. 1088). N'est-ce pas une manière de se placer du côté des réformateurs? Le lien avec Luther pour être implicite, n'en est pas moins clair. Et le héros du texte se sent du parti du réformateur révolté. De plus, Bernanos paraît y dépasser ce plan moral et social et dialoguer avec Luther dans un ordre plus spécifiquement théologique.

Cela se traduit dans la manière très luthérienne dont les prêtres du roman évoquent la «Parole» pour désigner l'Ecriture, comme on vient de le voir, ainsi que dans le grand nombre de références à l'apôtre Paul que le curé de Torcy ne manque pas de citer librement pour ironiser sur le mariage et le voeu de chasteté: «Qu'est-ce qu'une épouse, mon garçon, une vraie femme, telle qu'un homme peut souhaiter d'en trouver une s'il est assez bête pour ne pas suivre le conseil de saint Paul» (p. 1037). On croit reconnaître là un écho du *Sermon sur l'état conjugal*[30] de Luther. Ailleurs le curé d'Ambricourt réfléchit sur la luxure un peu comme Luther s'arrête sur le sixième commandement:

> Après tout, que sait-on de la folie? Que sait-on de la luxure? Que sait-on de leurs rapports secrets? La luxure est une plaie mystérieuse au flanc de l'espèce. Que dire, à son flanc! A la source même de la vie. (*J. C.*, p. 1126)

Il fait de la pureté «une des conditions mystérieuses mais évidentes – l'expérience l'atteste – de cette connaissance surnaturelle de soi-même, de soi-même en Dieu, qui s'appelle la foi. «On est très près ici du cours de Luther sur l'épître aux Romains dans lequel celui-ci fait de la relation entre l'esprit et la chair quelque chose de comparable à une «blessure»:

---

[29] Cf *infra*, n. 38.

[30] Luther, *Sermon sur l'état conjugal*, in *op. cit.*, p. 236.

> Bien que la blessure ait quelque chose qui lui est propre, et la chair aussi, toutefois, comme blessure et chair ne font qu'un et qu'il ne s'agit pas d'autre chose que la chair blessée ou affaiblie, on attribue à la chair ce qui est le propre de la blessure.»[31]

Certes la pensée de Bernanos a déplacé la question de la «chair» selon saint Paul à la «luxure» mais la métaphore sur laquelle se fonde la pensée est la même. Or le père Grisar cite une lettre de Luther dans laquelle celui-ci écrit: «Je souffre des ardeurs de ma chair indomptée»[32]. Dans la manière absolue d'exprimer le rapport entre l'être et la grâce, et d'affirmer que l'homme est réduit à néant sans elle, on croit déchiffrer encore des traces de la lecture de Luther. Ainsi le curé d'Ambricourt, au bord du désespoir, écrit: «Enfin, Dieu s'était retiré de moi, de cela du moins, je suis sûr. Dès lors, je n'étais plus rien, [...] (*J. C.*, p.1140). Plus loin, le jeune prêtre en arrive à formuler l'idée qui rejoint bien la vision de Luther suivant laquelle l'homme sans Dieu n'est que péché et concupiscence, par essence, avant toute existence:

> C'est qu'aucun raisonnement au monde ne saurait provoquer la véritable tristesse – celle de l'âme – ou la vaincre, lorsqu'elle est entrée en nous, Dieu sait par quelle brèche de l'être... Que dire? Elle n'est pas entrée, elle était en nous. Je crois de plus en plus que ce que nous appelons tristesse, angoisse, désespoir, comme pour nous persuader qu'il s'agit de certains mouvements de l'âme, est cette âme même, que depuis la chute, la condition de l'homme est telle qu'il ne saurait rien percevoir en lui et hors de lui que sous la forme de l'angoisse. (*Ibid.*, p. 1183).

Or Luther écrit, dans une lettre citée elle aussi par le père Grisar: «La tristesse est innée en nous»[33]. Ailleurs le curé d'Ambricourt s'élève contre ceux qui méconnaissent la force et la vérité de la prière, en des termes qui ne sont pas sans rappeler çà ou là ceux de Luther (*J. C.*, p. 1121). Enfin le récit met en scène tout un dialogue sur la liberté qui semble là encore s'articuler sur les problèmes théologiques soulevés par Luther auxquels Bernanos répond indirectement. La fiction lui permet d'élaborer sa propre vision. A l'interpellation brutale du docteur Laville qui est athée – «Vous vous croyez libre, vous?» –, le curé d'Ambricourt répond: «J'ignore quelle est ma part de liberté, grande ou petite. Je crois seulement que Dieu m'en a laissé ce qu'il faut pour que je la remette un jour entre ses mains» (*ibid.*, p. 1236). Certes Bernanos règle ici son compte à la vision déterministe de la modernité mais il précise également sa pensée théologique que l'on peut confronter à celle de Luther. Celui-ci écrit dans la *Controverse tenue à Heidelberg*: «Le libre arbitre n'est plus, après la chute, qu'un simple

---

[31] *Cours sur l'Epitre aux Romains*, Esprit et chair, in *op. cit.*, p. 60.
[32] H. Grisar, *op. cit.*, p. 129.
[33] *Ibid.*, lettre de 1528, p. 24.

nom, et, en tant qu'il fait ce qui est en lui-même, il pêche mortellement.[34]» Et Luther de commenter : «Le premier point est évident, car le libre arbitre est captif et serf du péché; non qu'il ne soit rien, mais il n'est pas libre, sinon pour le mal». Dans l'essai *De La Liberté du chrétien* dont Bernanos paraît avoir eu connaissance au moins à travers des citations, voici ce qu'ajoute Luther :

> Il est évident qu'aucune chose extérieure, de quelque nom qu'on la nomme, ne peut le [l'homme intérieur] rendre libre et juste, car sa justice et sa liberté, comme, inversement, sa méchanceté et sa sujétion, ne sont pas des réalités corporelles et extérieures. [...] L'âme n'a, au ciel ni sur la terre, rien d'autre en quoi elle puisse vivre, et être juste, libre et chrétienne, si ce n'est le saint Evangile, la Parole de Dieu prêchée au sujet du Christ»[35].

Or de quelle Parole s'agit-il? Luther le précise plus loin, faisant allusion aux passages de l'Evangile auxquels se référait justement le curé de Torcy dans ses petits sermons à l'usage de son jeune confrère :

> Il te fait dire par sa Parole vivante et consolante : Remets-toi à lui avec une foi robuste et fais lui hardiment confiance [...] tu seras droit, véridique, apaisé, juste; tous les commandements seront accomplis, tu seras libre à l'égard de toutes choses[36].

Ce dialogue théologique par personnages interposés s'accompagne d'emprunts plus ou moins nets à la vie de Luther telle qu'elle apparaît dans l'ouvrage du père Grisar. Ainsi Luther raconte avoir été dérangé la nuit par d'étranges bruits, rationnellement inexplicables, qu'il ne pouvait attribuer qu'au diable. Or le curé d'Ambricourt fait état de la même chose mais Bernanos utilise le fantastique sans désigner une intervention diabolique; il laisse le lecteur s'interroger en ménageant des hypothèses rationnelles plausibles, le vent ou le vin (*J. C.*, p. 1105). On peut enfin se demander si le recours au prêtre défroqué, l'abbé Dufréty, pour donner l'absolution, de manière licite dans l'ordre théologique n'est pas le fruit d'une méditation sur les thèses de Luther qui fait de chaque baptisé le détenteur d'un «sacerdoce royal»? L'ancien prêtre, en rupture avec son sacerdoce, écrit en effet au curé de Torcy pour se justifier d'avoir accédé à la requête de son ancien condisciple au séminaire, *in articulo mortis* :

---

[34] Luther, *Controverse tenue à Heidelberg*, in *op. cit.*, p. 176.

[35] *De la liberté du chrétien*, in *op. cit.*, p. 842.

[36] *Ibid.* Le curé de Torcy citait tout comme ici Luther le passage de l'Evangile de Jean : «alors ils l'entendront; la parole, non pas celle qu'ils ont refusée, qui disait tranquillement : 'Je suis la voie, la vérité, la Vie' mais celle qui monte de l'abîme : 'Je suis la porte à jamais close, la route sans issue, le mensonge et la perdition'». Le terme de «perdition» figure aussi dans le même passage de Luther mais il est d'abord emprunté à une phrase du prophète Osée et non à l'Apocalypse.

Puis il a paru retrouver ses forces, et d'une voix presque inintelligible m'a prié de l'absoudre. Son visage était plus calme, il a même souri. Bien qu'une juste appréciation des choses me fît obligation de ne pas me rendre à son désir avec trop de hâte, l'humanité ni l'amitié ne m'eussent permis un refus. J'ajoute que je crois m'être acquitté de ce devoir dans un sentiment propre à vous donner toute sécurité. (*J. C.*, p. 1259)

La conception du sacrement n'est pas formaliste et prend essentiellement en compte l'intention droite de celui qui le donne.

Dans la suite de son oeuvre, Bernanos ne retient presque plus que la dérive du réformateur à partir du moment où il s'est séparé de l'Eglise. Sans doute est-ce le fruit d'une méditation sur son propre rapport à l'Eglise hiérarchique dont il fut tourmenté, on l'a vu, dès la condamnation de l'Action française en 1926 mais infiniment davantage lorsque dans *Les Grands cimetières*, il est conduit à prendre à partie les évêques espagnols et bientôt le Pape. Beaucoup de catholiques notoires (tels Daniel Rops et Pierre-Henri Simon[37]) lui reprochent alors la violence avec laquelle il interpelle la hiérarchie ecclésiale. Bernanos se défend avec des termes (concubines, simonie) qui suggèrent qu'il pense à Luther sans le nommer. Il compare à plusieurs reprises[38] les destins, à ses yeux, quelque peu jumeaux de Luther et Lamennais qui tous deux s'en sont légitiment pris aux injustices de l'Eglise institutionnelle mais ont eu le tort de se séparer d'elle. Son essai sur Luther développe surtout cette idée et celle d'une communion mystérieuse qui lie le chrétien à l'Eglise et lui fait devoir d'accepter au nom de la rédemption la souffrance d'être incompris ou même condamné. Il prône la soumission mais au passage il défend les droits et les devoirs de la conscience et ceux de n'importe quel baptisé qui peut et doit, autant qu'un prêtre, dire ce qu'elle lui dicte au nom de l'Evangile.

Ce beau titre – *Frère Martin* – n'est pas dû à la plume de Bernanos, qui nomme ainsi Luther dans son essai mais semble n'avoir prévu comme titre que: *Luther*. L'essai, laissé en suspens, est ainsi présenté sur le cahier manuscrit autographe[39]. Dom Gordan[40] a précisé «l'été austral» 1942 ou 1943 et Petro

---

[37] Lettre de Bernanos à *Temps présent*, [juil.] 1939, dans laquelle il se justifie de ses attaques contre les prélats: «Tous les prêtres de Majorque auraient vécu dans le concubinat ou se seraient enrichis dans la simonie que je n'en aurais rien écrit, mais s'ils avaient approuvé le concubinat ou la simonie comme je les ai entendus approuver les assassinats, j'aurais assurément parlé comme j'ai fait.» (*Cor.*, Plon, 1970, t. II, p. 259).

[38] *Les Grands Cimetières*, p. 406 et 426: «On n'a pas raison de l'injustice, on ne lui fait pas plier les reins. Tous ceux qui ont essayé sont tombés dans une injustice plus grande ou sont morts désespérés: Luther et Lamennais sont morts. Proudhon est mort. L'agonie de Drumont, plus résignée, n'a peut-être pas été moins amère.»

[39] Cf. Y. Bridel, Notice de L'essai sur Luther, *Ecrits de Combat*, II, p. 170-173.

[40] Dom Gordan, *Bulletin de la Société des amis de G. Bernanos*, 6 Juin 1951. L'expression «grand essai me semble signifier: «important» car le premier manuscrit comme le second ne compor-

Copiz[41] s'est appuyé sur les citations empruntées à l'office de la messe de la conversion de saint Paul (25 janvier) pour en fixer l'écriture en janvier au moment de la fête liturgique. Si pour le jour et le mois, la démonstration peut être retenue, nous croyons devoir proposer pour la conception et la première rédaction une date antérieure. Cela ressort du déchiffrage du brouillon manifestement contemporain d'un premier jet de *Nous autres Français*. En effet le cahier CXLVIII du fonds Bernanos de la B.N.F.[42] comporte sur la couverture l'indication *Luther*, probablement de la main de Bernanos (on reconnaît sa graphie). A l'évidence, c'est un état du texte très antérieur à la fin de la rédaction. Celle-ci, on le sait, date de mai 1939. Dans ce cahier, maints passages de *Nous autres Français*[43] n'obéissent pas encore à l'ordre retenu en définitive par Bernanos. J'en conclus qu'il écrit plutôt ce cahier fin 1938, peu après son arrivée au Brésil, peut-être justement en janvier 39. Or le Cahier CXLIX qui suit et contient le brouillon du texte sur Luther est la réplique matérielle de ce cahier-là: «*Caderno de exercisios*». L'un est rose, l'autre est bleu mais l'un et l'autre comportent un motif de zodiaque bleu. La couverture comporte la même indication de la même main: *Luther* (Brouillon). Ce texte est très difficilement déchiffrable; comme d'habitude, les abréviations y abondent et la graphie très fine est peu lisible. Pour la seule et unique fois, Bernanos se livre à des corrections au crayon. Serait-ce au moment du déménagement de Vassouras à Pirapora en Juin 1939? Cela ne me paraît pas exclu. Le déchiffrage de ces corrections sur la page de gauche et en sens inverse du reste du cahier suggère que Bernanos est revenu sur son texte, essentiellement pour des ajouts. Le premier jet est en substance extrêmement proche de ce qui était écrit dans *Les Grands Cimetières*. Bernanos semble donc s'être attelé à cet essai sur Luther dès son arrivée au Brésil, en même temps qu'il écrit *Nous autres Français*. Pris par d'autres tâches, il recopie plus tard, mais à mon sens en 1940, au moment où il écrit lui-même à un correspondant qu'il travaille plus facilement. Après Novembre 1941, en effet, il ne se réfère presque plus à Luther et toujours de manière presque figée (une seule occurrence dans *La liberté pour quoi faire?*). Dans *Nous autres Français*, en revanche, il mentionne plusieurs fois Luther ou la Réforme et de

---

tent qu'une dixaine de pages, ce qui implique déjà une assez longue lecture orale! Notons que le père Gordan ne précise rien sur la date exacte de l'essai que Bernanos a pu commencer longtemps auparavant.

[41] Pietro Copiz, PH.D. *Dissertation, Romance languages and french Literature*.

[42] Cahier 36.

[43] Rappelons que *Nous autres Français* est commencé en sept. 1938 et publié en déc. 1939. L'examen du cahier de travail montre qu'il s'agit d'un cahier très éloigné du texte définitif. Non seulement l'ordre des idées n'est pas le même mais de nombreux développements n'y figurent pas encore.

nouveau au début de la *Lettre aux Anglais*[44]. Dans les premières lignes de la mise au net, il confie que son désir d'écrire cet essai a été remis de mois en mois. Or ce début est un ajout postérieur à ceux faits au crayon. Je proposerai donc plusieurs dates: fin1938 pour le premier brouillon. Des ajouts au crayon dès 1939, mais plus tard dans l'année. Bernanos aurait recopié son manuscrit, plutôt au début 40 car dans une lettre de 1939, il revient sur sa position pendant la guerre d'Espagne, rappelant qu'il n'est ni moraliste, ni théologien, ni philosophe mais revendique une voix de «simple paroissien et en appelle au «Saint-Esprit» contre lequel, dit-il «il n'y a pas, il n'y aura jamais dans l'Eglise une voix assez puissante pour proclamer publiquement que la fin justifie les moyens»[45]. De tels propos peuvent laisser à penser que Bernanos se sent encore dans la position de Luther, moins le refus de la soumission. Le [20 Janvier] 1940, précisément, il écrit à Amoroso Lima[46] qu'il se sent plus que jamais chez lui dans l'Eglise, «dans l'obéissance et la discipline», mais que cela ne le rend que plus à l'aise pour dénoncer ce qui dans son fonctionnement obéit trop à des considérations politiques ou intéressées, comme la récente élection de Pie XII. Il aurait à mon sens recopié la mise au net demeurée inachevée en 1940. Il écrit en effet à madame Manificat le 15 mai 1940: «Entre moi et vous, aucune autre communication possible que le livre que j'écris». L'éditrice de la correspondance suggère qu'il parle de «*La Vie de Jésus*», mais cela paraît peu probable puisqu'il dit lui-même entreprendre celle-ci en Décembre 1940. J'incline donc à penser qu'il s'agit de la mise au net de Luther car il précise qu'il écrit aisément alors. Dans une autre lettre à Amoroso Lima[47], Bernanos revient sur les droits imprescriptibles de la conscience dont selon lui, les catholiques usent trop peu, ce qui

---

[44] *Nous autres français*, p. 705, et *Lettre aux Anglais*, p. 24, 49: «Il [le peuple] a usé l'hérésie de Luther». «Au temps où l'Italie simonique, toute pourrie sous ses ors et ses brocards, faisait dans la ville sainte un commerce de voleurs, une citerne de luxure, vous avez renié l'Eglise au lieu de la sauver. Vous avez mis votre main dans la main du premier Hitler». C'est ainsi que Bernanos se met à nommer Luther à la suite de Léon Daudet qui nomme l'Hitlérisme «la nouvelle Réforme». Mais tel nom apposé à Luther laisse à penser qu'en 1941, Bernanos n'écrit plus son essai qui résonne autrement à l'égard du réformateur.On retrouve des allusions à la Réforme p. 177 (allusion à la simonie) et p. 188: «J'affirme qu'une période de l'histoire de l'Eglise est révolue, celle qui commence à la réforme de Luther». Le passage constitue un bilan et un développement sur cette mésaventure de l'Eglise qui s'est traduite par une rupture avec la Science et la Liberté. C'est la première fois que Bernanos va aussi loin dans l'interprétation du drame de l'Eglise à la Renaissance.

[45] Lettre à *Temps présent*, [juillet] 1939, *Cor.*, t. II, 1970, p. 257.

[46] Lettre à Amoroso Lima, [20] janv. 1940, *Cor.*, t. II, p. 290-291.

[47] «Les catholiques ont perdu peu à peu l'usage de leur conscience, ou ils n'usent d'elle que pour résoudre timidement et presque toujours dans le sens de leur intérêt, de petits problèmes de conduite intime. La liberté que l'Eglise nous laisse est un bien positif, un droit positif que nous avons le devoir d'utiliser pour sa gloire, au lieu de l'enfouir comme le talent de l'Evangile» (*Cor.*, t. II, p. 290).

semble encore un souvenir de Luther. Aurait-il poursuivi la mise au net en 1941? Il est vrai qu'à cette date, il fait allusion à «l'hérésie» dans une lettre à Jorge de Lima et déplore à nouveau la «dévastation des consciences»[48]. La date de janvier 1941 semble l'ultime date possible. Quoi qu'il en soit, il est sûr que Bernanos a conçu ce texte bien avant la copie qu'il a laissée inachevée et qu'il s'est interrompu, pris à mon sens par les événements de la guerre, par l'écriture de la *Lettre aux Anglais* et des premiers articles repris dans *Chemin de la Croix des âmes*.

Le premier brouillon de cet essai sur Luther ne commence pas par le paragraphe qui figure en tête de l'édition Béguin mais par une vaste comparaison entre la vie humaine et la mer. On y relève les mots de «récifs», de «plage», de «routes» sous «l'averse et la tempête». Aucun de ces mots n'apparaît dans la mise au net. Mais ce début paraît sortir tout droit une lettre de Luther à Melanchthon citée par le père Grisar. Luther écrit en effet: «Les vagues de la tempête du désespoir et de l'abandon de Dieu se déchaînaient en moi et j'avais presque entièrement perdu le Christ»[49]. On reconnaît bien sûr l'aveu du curé d'Ambricourt lui-même (*J.C.*, p. 1140). Dans une autre lettre[50], Luther écrivait: «Je me laisse conduire par Dieu lui-même où que les mers et les flots poussent la barque». Une allusion à la vie du soldat intervient dans le premier brouillon sans référence à l'Histoire présente, qui s'introduit dans la mise au net puisque Bernanos raille au passage «les correspondants de guerre américains qui [...] empruntent aux manuels élémentaires de névropathie une ahurissante psychologie du combattant.» Par-delà cette parenthèse, inévitablement postérieure au début de la guerre, on rencontre un vaste développement sur la médiocrité des chrétiens dans lequel Bernanos rejoint les réflexions du curé de Torcy à propos du docteur Delbende qui vomissait riches et médiocres, alors que Dieu l'attendait peut-être auprès d'eux. C'est la thématique du *Journal d'un curé de campagne* et des *Grands Cimetières*. Ce développement ne disparaît pas de la mise au net mais il est abrégé et intervient plus tard dans le texte. Dans l'ensemble, le texte de la mise au net est plus long (28 f. manuscrits) au lieu de 13 f. dans le premier brouillon dont le texte ne reparaît qu'à la page 18 de la mise au net. Les 15 premiers feuillets ont donc été presque intégralement ajoutés, plus rarement réécrits. Sans pouvoir tout examiner dans l'espace de cet article, on relève que la comparaison entre le chrétien et le soldat a été modifiée dans sa forme et sa signification. Le feuillet 4 du premier brouillon précisait: «l'obéissance du Christ n'est pas celle du soldat». Or dans la mise au net, il ne s'agit plus

---

[48] Lettre à Amoroso Lima, [20] jan. 1941, *Cor.*, t. II, p. 375.

[49] Grisar, *op. cit.*, p. 228.

[50] *Ibid.*, p. 318.

d'opposer simplement l'obéissance du soldat et celle du chrétien mais de s'attarder sur le rapport du soldat au risque et à la peur de la mort, qui constitue une digression mais introduit dans le texte la situation d'écriture et l'actualité de la guerre[51] (ce qui confirme l'hypothèse suivant laquelle l'essai sur Luther a été commencé avant celle-ci, en 1938): Bernanos conclut le paragraphe sur l'idée que le soldat est seulement «soucieux de ne pas écoper de quatre jours». Cela lui fournit sa transition avec son propre état de pensée: «Je n'ai pas peur d'écoper de quatre jours mais c'est vrai, qu'en commençant ce livre, j'ai presque oublié ce qui me préoccupait l'autre jour, j'ai honte de penser maintenant beaucoup moins à ce que je vais écrire qu'à la manière dont je vais l'écrire». Il revient donc au premier paragraphe ajouté qui introduit la mise au net de l'essai et constitue une forte mise au point sur le rapport entre le désir et l'oeuvre:

> Il y a bien des mois que je désire écrire ces pages, mais depuis bien plus de
> mois encore, depuis bien des années, je n'écris jamais ce que je suis le plus
> impatient d'écrire, [...]. Lorsque le moment de me mettre au travail est venu,
> le temps du désir est passé, l'amour est mort – en apparence, du moins – car
> il me semble parfois qu'il s'est seulement retiré au plus profond de mon être,
> au dernier recès de la consience. Je n'aime plus mon livre quand je commence
> à l'écrire, mais je le veux d'une volonté invincible, [...] d'une volonté
> tragique, d'une volonté nue, réduire à l'essentiel, ainsi qu'un paysage dévoré
> par le soleil. Oui, lorsque je commence d'écrire un livre, il y a longtemps que
> j'en suis détaché, mais je l'écris précisément pour retrouver coûte que coûte
> la source perdue, le mouvement de l'âme dont il est né[52].

N'y a-t-il que quelques mois entre ce premier cahier et cette mise au net? Cela pourrait expliquer en tout cas que Bernanos paraisse mal se relire[53] et recompose au moins en ce qui concerne le début. Il peut y avoir presque une année, peut-être davantage. Cette introduction est un ajout *in extremis* et donne en effet le ton de la mise au net. On y retrouve les grandes idées sur Luther, jeté dans le désespoir non pas d'abord par la simonie de l'Eglise, les scandales de la vie des moines de la Renaissance ni même du pape, mais par haine de la médiocrité[54].

---

51 «Dans l'heure qui précède son premier engagement, un jeune soldat désireux de bien faire s'inquiète de beaucoup de choses qu'il oublie instantanément dès qu'il a franchi le parapet (Il pense à tout autre chose qu'à ce qu'il pensait cinq minutes plus tôt), et le dernier souci qui l'occupe est bien celui de prendre une attitude devant la mort». [*Luther*], *op. cit.*, p. 909.

52 Luther, *op. cit.*, p. 909.

53 C'était fréquent de son propre aveu selon le témoignage de son amie Christiane Manificat.

54 Il affirme dans le premier brouillon: «Il a voulu lui-même (combattre?) toute la médiocrité de l'Eglise». Et il écrivait (f. 4): «La nostalgie du bien (Mots non déchiffrés)» tel est le principe du désespoir, de ce désespoir seul capable de...». On retrouve dans la mise au net ce développement sur le désespoir qui a éclos dans le cœur de Luther et l'a jeté dans les errements que l'on sait. Le passage sur la médiocrité semble avoir été plus long ainsi que l'insistance sur «le moment décisif» qui fait basculer une vie. Le premier brouillon (f. 5) recèle déjà la mise en scène de la voix divine.

Dans la mise au net, Dieu s'adresse à Luther dans les mêmes termes avec douceur et l'invite à la soumission en prenant l'exemple de Saül, devenu l'apôtre Paul qui s'est laissé soumettre, lui, si ardent contre les chrétiens. Les deux « réformateurs » sont mis en parallèle pour la première fois, et Paul donné en exemple. Toute la démonstration de l'essai s'arc-boute sur l'idée qu'on ne peut réformer l'Eglise que par des moyens mystiques, par la prière et l'acceptation de la souffrance comme l'a su faire à sa façon François d'Assise, sous peine de sombrer dans des errements pires que ceux que l'on dénonçait. Bernanos soutenait la même idée en s'appuyant sur les mêmes exemples dans *Les Grands Cimetières*[55]. Il y revient en faisant l'éloge de la soumission, de la prière, invitant à pénétrer dans le mystère de l'Eglise en acceptant de souffrir par elle. La métaphore qui décrit la médiocrité (« toute la médiocrité s'est mise à fermenter du même coup, à bouillir et à siffler comme le vin nouveau dans la cuve ») apparaît aussi dans *Monsieur Ouine*[56], ce qui là encore tend à situer l'écriture de l'essai sur Luther entre 1938 et 1940. La mise au net recherche une plus grande rigueur théologique. A plusieurs reprises Bernanos susbstitue le terme de « conscience » à celui d'« âme », ce qui le rapproche de Luther (« ce qui révolte ton âme (biffé) ta conscience »). Il parle plus loin des « consciences à l'encan » et une main (de Bernanos?) a biffé « conscience » pour substituer le terme d'âme. Sur le manuscrit, sans biffure on trouve : « le protestantisme apparaît comme une religion de désespoir, la prédestination luthérienne un compromis avec le désespoir » (f. 10). Or l'édition de la Pléiade, qui reproduit l'édition originale, écrit : « A ce point de vue le protestantisme m'apparaît comme un compromis avec le désespoir » (p. 912). Curieusement le « m » d'une autre encre a été rajouté en surcharge sur le manuscrit, d'une main qui ne semble pas celle de Bernanos. La suppression va dans le sens d'une atténuation que rien dans la mise au net n'autorise[57]. En somme, la mise au net

---

[55] Dans *Les Grands Cimetières*, comme dans ce brouillon, il se référait à François d'Assise qu'il opposait à Lamennais et Luther. Cela confirme la date de 1938 du brouillon, juste après l'écriture de l'essai.

[56] Dans *Monsieur Ouine* en Espagne achevé et publié au Brésil en 1940 mais poursuivi en Espagne et à mon sens aussi au début de son séjour au Brésil, comme le suggère le déchiffrement des brouillons, on trouve ceci : « Encore est-il des bourbiers tranquilles et comme en sommeil. La vase de celui-ci paraît diablement active, au contraire depuis quelque temps. On croit l'entendre bouillir et siffler [...]. Nous connaîtrons un jour les lois encore mystérieuses qui règlent, accélèrent ou ralentissent ces sortes de fermentation. » (Gallimard, Pléiade, 1961, p. 1465).

[57] Serait-elle de la main de Béguin qu'une telle affirmation pouvait gêner car il était lui-même venu du protestantisme au catholicisme? Pour avoir trouvé des corrections de cette main et de cette nature dans le manuscrit de *Dialogues des Carmélites*, je serais portée à le croire. Certaines de ces corrections répondent à une volonté d'atténuation. Un certain nombre de [m'] ou de [mes] ont été rajoutés (avec une encre différente) comme pour souligner la dimension subjective, et modeste du propos : – «(m')apparaissent» au lieu de «apparaissent». D'autres corrections édulcorent la véhémence du propos : « je me méfie de cette (biffé) et en

de l'essai fait apparaître un engagement plus personnel et subjectif de l'écrivain Bernanos dans sa méditation sur Luther, une recherche stylistique soigneuse et une plus grande rigueur.

En conclusion, Bernanos n'a sans doute lu les textes de Luther que dans des extraits cités dans d'autres ouvrages, probablement celui du père Grisar. Il a été ébranlé par la vie et les textes de Luther qui rencontraient ses propres intuitions spirituelles. N'a-t-il pas senti que le moine Luther était en fait plus proche du Moyen Age que des humanistes? Dès lors cette figure le hante et l'accompagne surtout entre 1935 et 1940. Il a vu dans la destinée de ce moine «indomptable» une espèce de tentation qui le guettait lui-même. Dieu avait selon lui promis l'hérésiarque à un destin de grand réformateur comme Paul. Mais la révolte et le désespoir l'auraient conduit à trahir ce dessein divin. Cette méditation a permis à Bernanos de préciser ses propres vues théologiques sur la liberté du chrétien, sur son rapport à la grâce, dans une perspective augustinienne: l'être humain est tout entier désir de Dieu, mais un désir hypothéqué à la source même de la vie par la concupiscence. Toutefois il réaffirme avec toute la tradition catholique la marge de liberté de l'être pêcheur, tout en faisant à la grâce la plus large part possible. Sa lecture de Luther l'a sans doute confirmé dans l'idée que le laïc chrétien a une place fondamentale dans l'Eglise en vertu même de son baptême. Il a rencontré Luther à un moment crucial de sa vie, où il s'est engagé fortement dans l'Histoire de l'Eglise, où il a dû s'opposer à la hiérarchie ecclésiastique, non sans éprouver le sentiment d'un risque pour sa propre destinée surnaturelle. A la faveur de cette rencontre, il élabore une conception mystique du rapport à l'Eglise dont la hiérarchie peut et doit, au besoin, être critiquée au nom des droits imprescriptibles de la conscience de n'importe quel baptisé, éclairée par l'Ecriture et la tradition. C'est là un legs luthérien mais en même temps, il se réclame d'une vision de l'Eglise comme corps mystique régi par la communion des saints et la réversibilité des mérites: accepter de souffrir par l'Eglise elle-même est de nature à améliorer la fidélité de celle-ci à l'Ecriture et l'Alliance. Après 1940, Bernanos est repris plus que jamais par son engagement dans l'Histoire et même l'actualité. Mais sa méditation sur Luther, condensée

---

surcharge: «mon» indignation de (cette) biffé, surcharge: «ma révolte». Au feuillet 15, à la place de «rouvrir les sources sacrées», Bernanos semble avoir écrit: «nourrir les sources sacrées» Ainsi au feuillet 13, «L'Eglise» est remplacé par «ce grand corps», pour mettre l'accent sur le corps mystique. Dans cette même page il ajoute: «lorsque je parle du mystère de l'Eglise, je veux dire». L'introduction du terme de mystère révèle la volonté de Bernanos de souligner la dimension mystique de sa position. Tout à la fin de l'essai, il sustitue le terme plus biblique d'«idolâtres», (et non d'«idolatrie», terme qui figure de manière fautive dans l'éd. originale) à celui d'«infidèles», et remplace «chrétiens» par «juifs baptisés» qui est plus rigoureux.

dans l'essai sans se confondre avec lui, constitue une étape décisive dans l'élaboration de sa propre «vision du monde». Même si ce court essai dont la datation probable semble 1938-1939 et celle de la mise au net, 1939-1940, 1941 au plus tard, demeure hélas! inachevé, il cristallise toute sa réflexion théologique entre 1934 et 1940.

Monique GOSSELIN-NOAT
Université de Paris-X-Nanterre

DRAGONNADES TEXTUELLES :
LA REPRISE DE LA *LETTRE A PORTUS* (1572) DE PIERRE CHARPENTIER DANS LES *ENTRETIENS TOUCHANT L'ENTREPRISE DU PRINCE D'ORANGE* (1689) DE DOM DENIS DE SAINTE-MARTHE

UN PERSONNAGE ET SON ÉCRIT

Pierre Charpentier. Le nom a fait frémir plus d'un réformé au XVIe siècle. En proclamant que la Saint-Barthélemy fut la répression justifiée des séditieux de la «Cause», ce jurisconsulte a suscité le désarroi de ses «coreligionnaires» protestants. Pour leur part, les réformés ont accablé Charpentier de toutes les injures: apologiste d'un massacre, traître, espion, arriviste assoiffé de lucre, professeur désinvolte aux mœurs lâches... Or Charpentier laisse perplexes ses employeurs catholiques, tantôt devant sa réticence d'abjurer, tantôt devant sa propension à trahir «les siens»[1]. Malgré le mépris qu'inspire Charpentier, le camp catholique lui sait gré de la rédaction de la *Lettre de Pierre Carpentier Jurisconsulte, addressee à François Portus Candiot, par laquelle il monstre que les persecutions des Eglises de France sont advenues, non par la faute de ceux qui faisoient profession de la Religion, mais de ceux qui nourissoyent les factions & conspirations, qu'on appelle la CAUSE*[2]. Peut-être soldée sur la caisse royale, cette épître

---

[1] A son retour à Paris après le massacre, Charpentier est récompensé par un poste d'avocat au Grand Conseil. Charles, duc de Lorraine, l'appelle à Pont-à-Mousson où le jurisconsulte poursuit sa carrière. Charpentier n'abjure officiellement qu'en 1604, probablement pour faciliter sa promotion au rang de doyen à l'Ecole de droit. Cf. Haag et Bordier, *La France Protestante*, 2e éd., Paris, Fischbacher, 1884, t. IV, *ad loc*. A l'aide des archives bisontines et bâloises, Viénot a identifié les employeurs de Charpentier, dont Champagney, frère du Cardinal de Granvelle et homme de confiance de l'Espagne à Besançon, ville libre sous la suzeraineté espagnole. Charpentier se lie avec son cousin Bellesaigues et un certain Antoine Prost pour renseigner Mandelot (gouverneur de Lyon) et Pomponne de Bellièvre. Cf. J. Viénot, *Un Apologiste de la Saint-Barthélemy: Pierre Charpentier*, Paris, Fischbacher, 1902. Le dossier historique de Viénot est intéressant, mais son texte engagé est à manier avec prudence.

[2] S.l., 1572. Le texte français connaît une réédition dans le t. I des *Mémoires de Charles IX* de Simon Goulart, accompagnée de la réponse de François Portus et l'extrait d'une lettre de François Baudouin. La lettre se diffuse en même temps que sa version latine: *Epistola ad*

connaît secrètement une diffusion diplomatique. Elle est expédiée aux quatre coins de l'Europe : en Suisse, en Allemagne, en Pologne et en Angleterre[3]. Grâce à sa prétendue appartenance au parti protestant, Charpentier passe pour un témoin fiable de la sédition qui se tramait à Paris. De Thou le traite de misérable, d'exécrable et de fine mouche[4]. Un personnage peu recommandable, selon tous les témoignages contemporains.

Mais cela n'empêche pas pour autant que le jurisconsulte ait dessiné, à notre sens, les grandes lignes d'un parti protestant « politique » ou « royaliste ». L'idée résiste aux accusations d'espionnage et de mensonge. Les allégations de Charpentier, comme celles des autres apologistes royaux[5], ont influé sur les réponses

---

F. Portum Cretensem qua docetur persecutiones ecclesiarum Galliae, non culpa religiosorum, sed factiosorum accidisse, s.l., 1572. Rééd. en 1574.

[3] La lettre elle-même précise ses destinataires suisses et allemands. On peut imaginer une diffusion suisse par Bellièvre. Goulart prétend qu'on diffuse le libelle en Allemagne (*Mémoires de Charles IX*, Meidelbourg, 1576-1577, vol. I, f. 449 et 473). La diffusion en Angleterre est attestée par le post-scriptum d'une dépêche diplomatique de Charles IX à l'ambassadeur La Mothe Fénelon, datée du 3 déc. 1572 : « Je vous envoye une douzaine de livres d'une epistre faicte par Carpentier, que je désire qui soit secretement publiée et faicte courir de main en main, sans que l'on saiche que cella vienne de vous ny de moy, mais que l'on dye et croye qu'elle a esté imprimee en Allemaigne. Je vous y en envoyerai d'ici à quelque temps, qui seront en françois, dont il faudra faiès de mesme », *Correspondance diplomatique de Bertrand de Salignac de La Mothe Fénelon*, éd. Teulet, vol. VII, *ad loc*. Citée dans *La France protestante* (notice sur Charpentier) et R. M. Kingdon, *Myths about St. Bartholomew's Day Massacres 1572-1576*, Cambridge, Harvard U. P., 1988, p. 113. D. Crouzet ajoute une pièce au dossier lorsqu'il signale la réception de la *Lettre à Portus* par Monluc en Pologne : *La nuit de la Saint-Barthélemy, un rêve perdu de la Renaissance*, Fayard, 1994, p. 143, 375 et 469-471. Cf. aussi H. Fazy, *La Saint-Barthélemy et Genève*, Genève, A. Alavoine, 1879 ; J.-L. Bourgeon, *Charles IX et la Saint-Barthélemy*, Genève, Droz, 1995 ; et N. M. Sutherland, *The Massacre of St. Bartholomew and the European Conflict, 1559-1572*, Londres, Macmillan, 1973.

[4] « Pour s'accommoder à la fortune, et par un effet de son humeur, qui lui faisoit défendre le parti où son interet l'obligeoit d'entrer, il [Charpentier] commença à se dechaîner non pas contre les auteurs du massacre, ni contre l'horrible boucherie qu'ils avoient faite, mais contre ce qu'il appelloit la cause [...]. Dans les commencemens, Charpentier se contentoit de parler ainsi en particulier dans les conversations qu'il avoit avec Bellievre, mais comme on vit en suitte qu'il disoit les mesmes choses en public, on jugea qu'il étoit fort propre pour le dessein qu'avoient le Roi et la Royne de justifier le massacre le mieux qu'ils pourroient. Il se chargea volontiers de cette commission, et apres avoir reçu une somme d'argent qu'on lui donna, et de grandes promesses... promesses qu'on lui tint en suitte religieusement quelque indigne qu'il en fut, il partit de Paris avec Bellievere qu'il laissa en Suisse et se retira à Strasbourg... afin qu'il pût plus facilement répandre de là dans l'Allemagne les bruits qu'il vouloit semer », *Histoire universelle*, La Haye, H. Scheurleer, t. IV (1570-73), l. LIII, p. 642-643.

[5] Parmi toutes les apologies royales, l'argumentation de la *Lettre à Portus* se rapproche le plus de Monluc (*Vera et brevis descriptio tumultus...*, Cracovie, 1573, et *Oratio nomine chr. Galliarum regis... apud... nobiles... Regni Poloniae*, Cracovie, 1573 en particulier) et de Pibrac (*Ornatissimi cujusdam viri de Rebus Gallicis ad Stanislaum Elvidium epistola*, Paris, Morel, 1573).

huguenotes au lendemain du massacre – réponses restées plus célèbres que cette lettre quasi oubliée qui a mis le feu aux poudres. Si l'on met entre parenthèses le but bassement calomniateur du libelle, on constate qu'une pensée cohérente anime l'écrit: l'idée plausible qu'il existe des protestants pacifiques et royalistes fait la force de la *Lettre à Portus*. Mettant le souverain au-dessus des intérêts religieux, Charpentier s'érige en maître à penser imaginaire d'un parti dissident inexistant au sein de la Réforme. Ce parti, qui cloisonnerait la politique et la religion, ne connaît pas de vrais adhérents après la politisation de la Réforme par ses adhérents princiers, bien que Charpentier nomme d'éventuels sympathisants (Ramus, Du Rosier, Capel, de l'Epine...).

Exagérant la discorde pour donner du poids à ses prétentions[6], le jurisconsulte sait mettre le doigt sur le maillon faible du parti dont il a assidûment fréquenté les milieux. Charpentier, qui a occupé un poste de professeur en droit à Genève (1566-1570) et qui, à Paris, a plaidé avec le malheureux Cavagnes la cause des réformés[7] (1571-1572), lance ses accusations aux plus hauts échelons du mouvement protestant. Les déboires provoqués par sa mauvaise conduite à Genève ont pu rendre rancunier ce professeur destitué de sa charge[8] et le pousser à la rédaction. En effet, selon toute probabilité, le jurisconsulte commence à vitupérer la politique réformée avant le 24 août. Le pamphlétaire n'a guère le temps de rédiger son tract entre la nuit du massacre (auquel il échappe à l'aide du futur ambassadeur aux Ligues Pomponne de Bellièvre) et son arrivée à Strasbourg[9]. L'amertume de Charpentier éclate avec le massacre[10].

---

[6] Pour ne citer qu'un exemple, le désaccord provoqué au synode de Nîmes (mai 1572) par les opinions de Ramus, de Morély et d'autres encore fournit l'occasion de ranger feu Ramus parmi les ennemis de la « Cause ». Cf. J. Aymon, *Tous les synodes nationaux des Eglises réformées de France*, La Haye, Ch. Delo, 1710, 2 vol., en particulier les art. III et IV des matières particulières, où l'examen des ouvrages est remis à Capel, p. 122-123. Libre de déformer les opinions d'un défunt, le polémiste use d'un exemple empoisonné. Car Ramus ne peut être que péniblement revendiqué par les huguenots. Selon les réformés, le logicien connaît une fin de « martyr légitime » à la Saint-Barthélemy, mais son refus de la discipline genevoise sur les églises françaises importe, et son statut au Palatinat, dont on recherchait l'appui au lendemain du massacre, pose problème. Du Rosier, quant à lui, montre aussi une sympathie pour le mouvement congrégationaliste, abjure après la Saint-Barthélemy et tente de convertir les captifs royaux Navarre et Condé. Le personnage gênait autant que Ramus... Cf. T. Wanegffelen, *Ni Rome, ni Genève. Des fidèles entre deux chaires en France au XVIe siècle*, Paris, Champion, 1997, et R. M. Kingdon, « Genève et les réformés français: le cas d'Hugues Sureau, dit Du Rosier », *Bulletin de la Société de l'histoire du protestantisme français*, XII, 1961, p. 77-87.

[7] En 1571, Coligny envoie Cavagnes, Briquemault, Téligny et Beauvais-la-Nocle à Paris pour exprimer les griefs protestants après le massacre de Rouen.

[8] Dès 1567, Charpentier est admonesté pour sa présence irrégulière. En 1569, sa servante se plaint des propos licencieux que le professeur en droit lui aurait tenus dans la nuit. Cf. *Registres de la Compagnie de Pasteurs de Genève*, éd. O. Fatio et O. Labarthe, Genève, Droz, 1969, t. III, 1565-1574, p. 16, 24-25 et 101-102.

[9] Charpentier date sa lettre du 15 sept. 1572.

[10] Le jurisconsulte récapitule ses idées en déc. 1574, dans son *Advertissement sainct et chrestien*

Les calomnies de la *Lettre à Portus* sont multiples. La religion réformée, dit-elle, s'est avilie en trempant dans la politique séditieuse. Ingrats envers un souverain pacifique dont la patience a atteint ses limites, les vrais tyrans sont les réprimés du 24 août. Or si des innocents sont morts à la Saint-Barthélemy, la faute en revient aux chefs de la «Cause» (notamment Coligny mais surtout Bèze). Car intimidés, impuissants et exploités, les fidèles dociles souffrent inutilement le châtiment destiné aux factieux. En somme, les jaloux du pouvoir parasitent la religion et l'éloignent du pacifisme des premiers chrétiens. Les huguenots sont devenus, comme les juifs chez saint Augustin, les rebelles séditieux qui entraînent la punition des honnêtes chrétiens. Remontant à la prise d'armes de Condé (1562), Charpentier blâme – spécieusement, car trop tard – le soulèvement du magistrat. Il prêche la fidélité soumise. Comble d'audace, il soutient que feu le prince de Condé (†1569 à Jarnac), s'il vivait encore, regretterait amèrement sa décision. Or la «Cause» dénature les Français si bien qu'ils sont méconnaissables. Le souverain chagriné est présenté comme un anti-tyran qui chérit la paix.

Nul hasard si le pouvoir royal est ravi par les allégations de cette lettre. Si ce n'est pas ici le lieu de présenter toute l'étendue de ses arguments, on voit que Charpentier anticipe les justifications de la résistance légitime: il renie l'opposition aux «mauvais conseillers», appelle sédition toute prise d'armes et coupe

---

touchant le port des armes, Paris, Nivelle, 1575. Cette reprise rappelle à Henri III un service rendu, au moment même où celui-ci quittait la couronne polonaise. En revanche, nous voyons mal pourquoi, son argent gagné et sa réputation faite, Charpentier étale ses citations néo-testamentaires si ce n'est pour afficher son pacifisme loyaliste face à la nouvelle vague (plus belliqueuse et plus vétéro-testamentaire) de polémique huguenote. Encore une fois, Charpentier a su faire couler beaucoup d'encre. Pierre Fabre (Lambert Daneau?) lui répond avec sa *Response au cruel et pernicieux conseil de Pierre Charpentier... Traitte duquel on peut apprendre en quel cas il est permis a l'homme chrestien de porter les armes*, Neustadt, 1575. Fabre, comme Bèze, esquive le Nouveau Testament et lance des accusations de marcionisme. Il s'adresse à la fois à Charpentier et à Terride (dédicataire de l'*Advertissement... touchant le port des armes* de Charpentier). Le texte de l'*Advertissement...* de Charpentier sera repris au temps de la Ligue par Claude de Morenne, curé de Saint Médéric (Merri) à Paris, dans son *Recueil tres-utile des escrits de divers autheurs de nostre temps, par lequels il est monstré... que le subject ne doit s'armer contre son Roy...*, Paris, Jamet Mettayer et P. L'Huillier, 1594 (reprise de son propre *Discours par lequel il est monstré qu'il n'est loisible au subject de medire de son Roy, et encore moins d'attenter à sa personne*, s.l., 1593). L'ensemble se trouve abrégé dans Simon Goulart, *Mémoires de la Ligue*, s.l. [Genève], 1599, t. VI, f. C1r° sq. Goulart doit expliquer son usage des arguments pacifiques de Charpentier, car il a vitupéré celui-ci dans ses *Mémoires de Charles IX*: «Pierre Charpentier ayant par quelques annees feint d'estre de la religion reformee, et fait publique profession du droit civil à Geneve, où il servoit à quelques grands ennemis de ceste ville-là... et se trouvant en France du temps des massacres l'an 1572 fut envoyé pour espion en Alemagne, où il escrivit certain libelle fameux [...]. Pour le comble de ses iniquitez il print le parti de la ligue [...]. De ses escrits on tire ès discours precedens dequoi faire le proces à la felonnie de lui et de ses semblables.», *Mémoires de la Ligue, op. cit.*, vol. VI, f. D4r°.

court à toute accusation de tyrannie contre Charles IX. A un moment précoce, Charpentier et ses adversaires comprennent que la prise de responsabilité royale rend impossible une révolte où la légitimité du roi reste à l'abri. Donc, pour peu sympathique qu'il soit, Charpentier dispose d'arguments convaincants qui ont contribué au ralliement des têtes pensantes de la Réforme d'alors.

DES ÉCHOS

Les protestants prennent les allégations de Charpentier très au sérieux. Sous la direction de Bèze, on se mobilise pour la riposte. La tâche de préparer une réponse incombe à son destinataire, professeur de grec à Genève[11] : François Portus attaque l'honneur personnel de Charpentier dans une réfutation exhaustive[12]. Il s'agit de discréditer le personnage à l'aide des accusations de mauvaises mœurs et des aveux d'espionnage soldé qu'on arrache à son complice Antoine Prost[13]. Toutefois, des traces d'un raisonnement politique brisent la monotonie calomniatrice. Portus soutient les démarches de l'héroïque Condé, avance des idées sur les pouvoirs du Magistrat et réhabilite Bèze et Coligny. Robert Kingdon souligne à juste titre que la *Response de François Portus* et le *Droit des Magistrats* sont issus du même contexte de publication[14]. On sent l'influence de Bèze derrière un écrit qui veut passer pour un simple règlement de comptes entre deux érudits. Devenues monnaie courante, les objections de Charpentier sont réfutées à titre historique, apologétique et politique[15]. Dans tous les cas, un contractualisme s'élabore selon les principes de l'Humanisme et de la Réforme,

---

[11]   Cette réponse sera la seule autorisée par l'autorité genevoise. Cf. *Registres du Conseil*, Archives d'Etat de la ville de Genève, au 5 mars 1573. Dans une lettre à Bèze, Bullinger exprime la nécessité pressante de répondre (*Correspondance de Théodore de Bèze*, rec. H. Aubert et éd. A. Dufour et B. Nicollier, vol. XIV, Genève, Droz, 1990, lettre n° 963, p. 1-2). Bèze confirme que Portus répondra (lettre n° 967, *ibid.*, p. 14), et Bullinger accuse la réception de la lettre de Portus (lettre n° 983, *ibid.*, p. 87). L'écrit de Portus est aussi envoyé en Pologne (lettre n° 985, *ibid.*, p. 95 et n. 5).

[12]   *Ad Petri Carpentarii Causidici virulentam epistolam responsio*, s.l., 1573. *La Response de François Portus Candiot...*, s.l., 1574.

[13]   Soupçonné d'être le collaborateur de Charpentier, ce Bisontin a été arrêté en nov. 1572. Il avait des documents compromettants sur lui, notamment une lettre du duc de Guise et le chiffre de Charpentier. H. Fazy, *op. cit.*, p. 51 et *passim*, signale l'importance de cette affaire pour la ville citadelle, mais ne disposait pas du dossier criminel, conservé dans les *Zeitungen* (1570-79) de la Staatsarchiv de Bâle. Viénot publie une partie de ce dossier retrouvé, *op. cit.*, p. 28.

[14]   Cf. Théodore de Bèze, *Du droit des magistrats*, éd. R.M. Kingdon, Genève, Droz, 1988, p. xxi-xxiii.

[15]   Nous pensons aux travaux de Hotman (*Franco-gallia* et *Vita Coligni*), de Bèze (*De jure magistratuum*) et de «Junius Brutus» (*Vindiciae contra tyrannos*).

et l'ensemble de lois est soumis aux méthodes exégétiques: la nation se transforme en «texte», lisible tels les écrits classiques et bibliques. Le projet repose
sur un retour *ad fontes* aux lois fondamentales et sur la capacité de «faire de l'histoire». Cependant la pratique de confectionner l'histoire au gré des événements
amène l'incessant révisionnisme du XVIIᵉ siècle. Ces interprétations juridiques
deviennent compromettantes dans un contexte absolutiste. Pire encore, les
polémistes catholiques du XVIIᵉ siècle voient les tâtonnements idéologiques du
XVIᵉ siècle comme les vicissitudes de l'erreur. Au Grand Siècle, l'histoire n'est
plus l'humble accessoire de la polémique religieuse, elle est le terrain du combat.

On n'a donc pas complètement oublié Charpentier au siècle suivant. Le
jésuite Silvestro Pietra Santa, mieux connu pour ses travaux sur l'héraldique,
entre dans la polémique. Il fait un bref rappel des dénonciations du jurisconsulte
dans ses *Notae in epistolam Petri Molinaei ad Balzacum* (1634)[16]. Afin de
dénoncer la sédition huguenote, Pietra Santa néglige les abus de la Ligue, mais
André Rivet est là pour les lui rappeler dans son *Jesuita vapulans*[17]. Rivet n'invente rien: il reprend les accusations de Portus pour défendre son beau-frère
Pierre Du Moulin. Il tente à son tour de défendre Calvin et Bèze et rappelle la
mauvaise réputation de l'espion Charpentier. Lorsqu'il est question des allégations de Charpentier, le discours des monarchomaques n'est jamais loin.
Contraint de tenir compte de la pensée absolutiste de Barclay[18] et de Grotius[19],
Rivet rédige une défense qui passe tant bien que mal dans un pays où le pouvoir
royal n'a pas oublié le siège de La Rochelle et observe avec étonnement la
première phase de la révolution anglaise contre Charles Iᵉʳ. A en croire la réaction protestante, la lettre de Charpentier sait encore piquer. Mais avec l'évolution de la propagande, le camp catholique apprend à en faire un bien meilleur
usage...

UNE NOUVELLE VIE

Merveilleuse fortune: les imputations de la *Lettre à Portus* resurgissent dans
la polémique anti-protestante à l'époque de la révocation de l'Edit de Nantes.
Ce sera dom Denis de Sainte-Marthe (1650-1725) qui dépoussiérera l'écrit de

---

[16] Silvestro Pietra Santa, ... *Notae in epistolam Petri Molinaei ad Balzacum, cum responsione ad
haereses, errores et calumnias ejus, ac vindicia urbis Romae et Pontificis romani*, Anvers, atelier
Plantin, B. Moret, 1634, p. 101-102.

[17] André Rivet, *Jesuita Vapulans, seu Castigatio notarum Silvestri Petrasantae, Romani Loyalae
sectarii, in Epistolam Petri Molinaei ad Balzacum in qua Romae et Romano Pontifici objecta
vindicantur...*, Leyde, atelier F. Heger, 1635, p. 271 et 274-275.

[18] *De regno et regali potestate adversus Buchananum, Brutum, Boucherium et reliquos monarcho-
machos*, Paris, Chaudière, 1600.

[19] *De Jure belli ac pacis*, Paris, 1625.

Charpentier et lui donnera une nouvelle vie polémique. Illustre inconnu d'une célèbre famille[20], ce bénédictin mauriste croit avoir trouvé la preuve définitive du caractère séditieux des réformés dans la *Lettre à Portus*. Il la cite dès 1688 dans sa *Reponse aux plaintes des protestants*[21]. Pour composer son ouvrage contre le pasteur Claude[22], Sainte-Marthe s'évertue dans les archives à déterrer les sources des protestants de toute confession. Dans cette documentation éclatée, Sainte-Marthe trouve des contradictions inhérentes à un protestantisme qu'il veut monolithique, ainsi qu'un esprit rebelle qui force la main de tout monarque. Fruit de ce dépouillement acharné, la *Lettre à Portus* impressionne tout particulièrement, car Sainte-Marthe la reproduit dans ses *Entretiens touchant l'entreprise du prince d'Orange* (1689). Document vedette, la lettre anime la discussion entre un catholique et un protestant, interlocuteurs qui entrecoupent le texte de leurs observations.

Sainte-Marthe polémique alors avec le célèbre pasteur du Refuge Pierre Jurieu (1637-1713). Sous forme de conversation mondaine sur l'histoire du protestantisme et sur l'actualité politique, les *Entretiens* se chargent de réfuter l'*Accomplissement des prophéties* (1686). Rappelons que Jurieu, par la lecture de l'*Apocalypse*, s'efforce d'établir que le règne de l'Antéchrist est celui du papisme. La chute de cet empire est confirmée par les marques d'anti-christianisme qu'il comporte, à savoir l'idolâtrie, l'orgueil et la tyrannie, la corruption des mœurs

---

[20] Cf. Paul de Longuemare, *Une famille d'auteurs aux XVIᵉ, XVIIᵉ, et XVIIIᵉ siècles: les Sainte-Marthe*, Paris, 1902 (Genève, Slatkine, 1970), p. 215-232. Dom Denis de Sainte-Marthe enseigne aux monastères de Saint-Rémi (Reims), de Saint-Germain-des-Prés et de Saint-Denis. La famille du bénédictin est proche des Montfaucon. Cf. H. Leroy, o.s.b., «Bernard de Montfaucon et les affaires religieuses: les *Vindiciae*, la procure générale, la défense de dom de Sainte-Marthe» *Dom Bernard de Montfaucon: Actes du Colloque de Carcassonne, Octobre 1996*, s.l.n.d., Editions de Fontenelle et CDDP de l'Aude, vol. II, p. 23-89. Les ouvrages de R.-P. Tassin (*Histoire littéraire de la Congrégation de Saint-Maur*, Bruxelles, 1770), de E. Martène (*Histoire de la Congrégation de Saint-Maur*, éd. G. Charvin, Ligugé, Paris, 1928-54), d'Y. Chaussy (*Les Bénédictins de St-Maur*, Paris, 1989-91, 2 vol.) et de B. Barret-Kriegel (*Les Académies de l'histoire*, Paris, PUF, 1988) aident à situer le personnage dans son milieu clos et érudit. Sainte-Marthe a vaqué à des postes de prieur et de bibliothécaire avant d'accéder à un poste de Supérieur général en fin de carrière (1720-25). Les sympathies jansénistes de Sainte-Marthe, montrées par sa prise de position pour l'édition mauriste de saint Augustin ainsi que par son refus de l'*Unigenitus*, remontent probablement à la période de rédaction des *Entretiens*. Or dom Denis de Sainte-Marthe semble partager les sentiments de Claude de Sainte-Marthe, confesseur de Port Royal (co-auteur avec Arnauld et Nicole de l'*Apologie pour les religieuses de Port Royal*, s.l., 1665) et de Abel-Louis de Sainte-Marthe, Supérieur général (1672-96) de l'Oratoire. C'est à Abel-Louis que Denis reprend la continuation de la *Gallia christiana*.

[21] Dom Denis de Sainte-Marthe, *Réponse aux plaintes des protestants touchant la prétendue persécution de France...*, Paris, A. Seneuse, 1688, p. 28-29.

[22] J. Claude, *Les Plaintes des protestans cruellement opprimez dans le royaume de France*, Cologne, P. Marteau, 1686.

et la division de l'empire romain en dix parties[23]. Les dragonnades et l'édit de Fontainebleau marquent le commencement de la fin : cette persécution est la dernière avant la « vendange ». Le protestantisme, en train de sombrer, se réveillera pour se rétablir en France sur les décombres du catholicisme. Avec les événements de la Glorieuse Révolution en Angleterre (1689), la pensée millénariste de Jurieu gagne un certain crédit en dépit du fait que l'auteur de l'*Accomplissement des prophéties* ne fait aucune mention du royaume britannique. Le hasard veut que la « révolution » – où le prince réformé hollandais Guillaume d'Orange et son épouse Marie prennent la couronne anglaise au monarque catholique Jacques II – tombe au moment précis des prédictions de Jurieu sur le triomphe de la Réforme en France. Les curieux s'arracheront les exemplaires de ce merveilleux *Accomplissement des prophéties*.

Sainte-Marthe a ce traité dangereux en horreur. Il craint que l'actualité politique n'encourage l'exercice du protestantisme et n'ébranle la foi des nouveaux catholiques[24]. Pour combattre les chimères de Jurieu, il doit prouver qu'au contraire, l'entreprise du Prince d'Orange est un « puissant motif d'abandonner leur Communion, bien loin que de s'y attacher plus fortement »[25].

Le protestant Démophile engage le premier entretien lorsqu'il vient au cabinet de son ami Théotime pour proclamer la réalisation des prophéties. Bon catholique, Théotime regrette les développements anglais et signale qu'ils inspirent à Louis XIV la méfiance de ses sujets protestants. Il s'explique en disant que l'entreprise du Prince d'Orange contre son beau-père, souverain légitime, porte les marques indélébiles d'anti-christianisme que Jurieu a reprochées aux catholiques. Or, avec tous les réformés d'Europe qui courent à l'aide du Prince d'Orange, voici l'« Internationale protestante » à l'œuvre. Si le Prince d'Orange arrive à s'emparer du pouvoir, la persécution des catholiques ne tardera pas, comme c'est le cas dans tous les pays protestants. S'ensuivent les premières comparaisons entre l'actualité politique et l'histoire réformée : selon Théotime, la participation de Luther à la Ligue de Smalkalde et les machinations de Calvin

---

[23]   Jurieu se situe dans le courant idéologique du *Traité de l'Eglise*, Londres, P. Vautrollier, 1578, et la *Vérité de l'Eglise Chrestienne*, [Genève], J. Stoer, 1590 (1re éd. 1581) de Philippe Du Plessis Mornay. Cf. R. Voeltzel, *La Vraie et fausse église selon les théologiens protestants français du XVIIe*, Paris, PUF, 1956, p. 36-38. Sur la pensée millénariste de Jurieu, cf. la préface de J. Delumeau à son édition de l'*Accomplissement des prophéties*, Paris, Imprimerie nationale, 1994. Cf. aussi E. Labrousse, « Note sur Pierre Jurieu », *Revue d'histoire et de philosophie religieuse*, 1978, p. 277-296, et R. Howells, *Pierre Jurieu : Antinomian Radical*, Durham, Durham Modern Language Series, 1983, ch. 3 et 4.

[24]   « Ces discours qui se sement secrétement en France, et qu'on ne craint pas de répandre publiquement par tout ailleurs, donnent aux Prétendus Réformez plus d'éloignement pour leur conversion, qu'ils n'en avoient auparavant, et même ébranlent plusieurs des nouveaux Convertis », *Entretiens, op. cit.*, f. A9v°.

[25]   *Ibid.*, f. A10r°.

et de Bèze lors de la conjuration d'Amboise sont à rapprocher de l'initiative orangiste. En rejetant la théorie d'anti-christianisme pour déterminer la vraie et la fausse Eglise, Théotime dispense l'Eglise catholique de respecter ce principe. En revanche, il soutient que l'Eglise réformée ne résiste pas à son application. Le deuxième entretien développe ces deux idées. Premièrement, le protestantisme est une secte cruelle, car il tyrannise les Etats et persécute les catholiques. Deuxièmement, tout pays qui abrite des protestants court le risque d'une insurrection, car les réformés sont plus fidèles à leurs coreligionnaires étrangers qu'à leur souverain. Destinées à combattre les factieux desseins républicains, les dragonnades étaient des mesures préventives pour empêcher les protestants de créer de nouveaux troubles. Cet «Etat dans l'Etat», avec ses synodes et ses assemblées politiques, est intolérable. Le roi peut légitimement réprimer la sédition civile même si celle-ci se cache derrière le prétexte de la liberté de conscience. Charles IX agissait selon ce principe lors de la Saint-Barthélemy, comme nous l'indique Pierre Charpentier dans sa lettre. Théotime et Démophile essaient de venir à bout de la vieille question des vrais instigateurs des guerres civiles au XVIe siècle. Au cours des troisième et quatrième entretiens, ils lisent la lettre de Charpentier à tour de rôle. Ils s'arrêtent pour débattre : malgré les objections de Démophile, le libertinage de Bèze et les complots de Coligny sont «découverts». Jurieu, fils spirituel de Bèze, encourage le Prince d'Orange comme le pasteur genevois a encouragé Coligny. Vers la fin du quatrième entretien, Démophile est si accablé par les horreurs de la Réforme et par les portraits terrifiants de ses chefs, qu'il renie Jurieu comme menteur, Bèze comme agitateur et Coligny comme conspirateur... Le cinquième entretien voit Théotime accueillir Démophile, nouveau catholique, avec enthousiasme et embrassades. Démophile décrit les insultes qu'il a dû essuyer lors de son abjuration mais explique qu'ayant présenté les arguments de Charpentier, ses anciens coreligionnaires sont restés interdits. Ensemble ils passent en revue toutes les sectes du protestantisme et constatent que, puisque les réformés prennent toujours les armes les premiers, la menace n'est pas entièrement éteinte.

LES MILLE CHARMES
DE LA *LETTRE A PORTUS* EN 1689

La *Lettre à Portus* se révèle être un précieux secours pour la thèse de Sainte-Marthe. Les qualités de ce libelle justifient sa reprise : le dialogue s'amorce selon les propos de Charpentier autant que par les contre-attaques portées à l'*Accomplissement des prophéties*. Les recoupements thématiques entre ces ouvrages déterminent les sujets retenus : la sédition, la persécution et les mœurs. Il faut toutefois établir une distinction pour bien saisir les enjeux de ce «recyclage» de la propagande. D'un côté, on peut ranger les arguments attrayants de la *Lettre à*

Portus, de l'autre, les extrapolations qu'elle permet. Nous distinguons donc les éléments internes à la *Lettre à Portus* de ceux qui lui restent externes, c'est-à-dire, les éléments propres à l'épître et les déformations polémiques. Les trois sujets intertextuels demandant un va-et-vient entre la *Lettre à Portus* et les broderies des *Entretiens*, nous considérerons, en premier lieu, comment ces textes entrent en conversation. En deuxième lieu, abstraction faite du contenu, nous analyserons les techniques pour monter en épingle le document de base. Pour ce faire, nous sonderons une stratégie de conversion – assez curieuse d'ailleurs – qui fait jouer le document récupéré contre les valeurs sociales du XVIIe siècle, qui use de l'anachronisme pour choquer la conscience.

Réécrire les guerres de Religion : l'histoire d'une sédition

Affirmons tout d'abord une évidence : le mérite de Charpentier est d'avoir anticipé l'interprétation catholique des guerres de Religion au siècle de Sainte-Marthe. La logique interne de la *Lettre à Portus* offre, sans ambages, plusieurs conclusions sur le mouvement protestant au XVIe siècle. Nous les avons vues. Mais l'histoire, telle qu'on la pratique dans les cercles catholiques à partir des années 1660, va plus loin pour en faire des préceptes sur la nature même du protestantisme[26]. Rien d'étonnant si quelques-uns des propos des *Entretiens* ont un air familier : Sainte-Marthe adapte les idées de Maimbourg à son dialogue vulgarisateur. Dans son *Histoire du calvinisme* (1682), l'ex-jésuite Maimbourg accuse les huguenots de trois fautes qui justifient la suppression du culte : le calvinisme, depuis son avènement, a donné naissance à mainte guerre ; le calvinisme est une secte persécutrice ; le calvinisme cherche à renverser les Etats[27]. Cependant les *Entretiens* ne sont pas l'*Histoire du calvinisme* : s'ils en récupèrent les idées maîtresses, c'est pour jauger leur application concrète dans un contexte politico-social.

Sainte-Marthe le sait aussi bien que Maimbourg, le genre de condamnation souhaité ne résulte pas des disputes de doctrine. Il faut une arme adaptée. Cette

---

[26] Cf. A. Rébelliau, *Bossuet, historien du protestantisme*, Paris, Hachette, 1891, ch. 1. B. Barret-Kriegel fait l'exposé du rapport entre les hommes d'église « historiens » et le pouvoir monarchique dans les t. II (*La défaite de l'érudition*) et III (*Les Académies de l'histoire*) de ses *Historiens de la monarchie*, Paris, PUF, 1988.

[27] «[...] Cette Hérésie [de Luther] en a produit une autre encore plus pernicieuse, qui [...] a fait beaucoup plus de desordre et causé plus de maux en France que celle de Luther, toute furieuse qu'elle a esté dans son progrès, n'en fit jamais en Allemagne. Tout ce que la rebellion, la perfidie, l'avarice, l'ambition, l'impiété, la cruauté, le desespoir, et toutes les autres passions les plus tumultueuses et les plus farouches ont inspiré de fureur et de rage aux plus scelerats des siécles passez, le Calvinisme, dont je parle, l'a renouvellé de la mémoire de nos Ayeux et de nos Peres en ce Royaume, pour s'y établir par le fer et par le feu, s'il eust pû, sur les ruines de la Religion et de l'Etat», *Histoire du calvinisme*, Paris, Sébastien Mabre-Cramoisy, 1582, p. 1-2.

alternative polémique « donne à voir », accumulant les atrocités commises. Les polémistes se rabattent donc sur l'histoire – une histoire narrative ingénieusement agencée pour sauter de trouble en trouble. L'intérêt de cette approche est de s'occuper des « vrais effets » du calvinisme et de s'éloigner des discussions stériles du dogme[28]. Ces chicanes-là ne sont plus de saison. Par conséquent, les thèses reflètent la raison d'Etat d'un souverain jaloux. De toute façon, les catholiques, en pleine contre-réforme, ne comprennent plus la séparation des Eglises françaises. Ils se demandent pourquoi les protestants ne reviennent pas... sans que les différences doctrinales suffisent comme explication. Penché sur l'histoire, le polémiste catholique esquive la question épineuse de la liberté de conscience. Il tait le nom du pape afin de se conformer à la politique de Louis XIV qui tient le Saint-Siège à l'écart de son « grand dessein », mais aussi pour ménager la sensibilité protestante[29]. Dans les *Entretiens*, il est question de l'histoire : aucun point de doctrine ne vient troubler la discussion politique, aucune notion de liberté de conscience n'interrompt la considération des gestes des hommes.

En effet, dès la première accalmie de la querelle janséniste – marquée de façon définitive par les contributions anti-protestantes d'Arnauld et de Nicole[30] – les catholiques affichent l'unité nouvellement retrouvée. Au catalogage du trouble huguenot, ils opposent l'exposition d'une tradition catholique lisse et soutenue. Les nouvelles recrues « convainquent de schisme » les trouble-fête huguenots qui incarnent le noyau de résistance à la parfaite union du royaume de Louis Dieudonné. Cela dit, faut-il croire Jurieu lorsqu'il dit que Bossuet, dans son *Histoire des variations*[31], « s'est rejeté à corps perdu dans l'histoire » parce qu'il se sentait gêné par la théologie[32]? Nous pensons, avec Rébelliau, que

---

[28]   Comme l'a souligné M. Yardeni dans « L'apologétique protestante des années 1683-1685 », *De la mort de Colbert à la révocation de l'Edit de Nantes: un monde nouveau?*, éd. L. Godard de Donville, 1984, p. 219-220.

[29]   Dans les *Entretiens*, il est question des accusations de tyrannie papale, mais on aborde le sujet du souverain pontife par le biais historique. Sur les relations diplomatiques entre Louis XIV et le Saint-Siège, cf. J.-R. Armogathe, *Croire en liberté: l'Eglise catholique et la révocation de l'Edit de Nantes*, Paris, ŒIL / Histoire, 1985, p. 63 et 136-137.

[30]   Même les questions doctrinales sont appréhendées dans cette perspective historique, à l'exemple de la *Perpétuité de la Foi de l'Eglise catholique touchant l'Eucharistie*, Paris, C. Savreux, 1664. Nicole continue l'exposition des erreurs du calvinisme entamée avec Arnauld en 1664 dans *Les préjugés légitimes contre les Calvinistes*, Paris, 1671. Cf. J. Orcibal, *Louis XIV et les protestants*, Paris, Vrin, 1951, p. 33-39. Entre Jurieu (*Le vray systeme de l'Eglise*, Dordrecht, 1686) et Nicole (*Traité de l'unité de l'Eglise ou Réfutation du nouveau systeme de Monsieur Jurieu*, Paris, 1687), le débat tourne autour des notions de l'unité, de l'intégrité et de la cohérence de la confession religieuse. Cf. R. Voeltzel, *op. cit.*, p. 36 et *passim*.

[31]   Paris, 1688, 2 vol.

[32]   Pierre Jurieu, *Lettres pastorales*, éd. R. Howells, Hildesheim, G. Olms, 1988, lettre du 15 déc. 1688, p. 62. Cité par A. Rébelliau, *op. cit.*, p. 157.

l'*Exposition de la doctrine de l'Eglise catholique*[33] montre tout le contraire et que l'évêque de Meaux reconnaît l'utilité de l'approche historique tout en sachant faire de la théologie et de l'histoire simultanément. Homme d'idées, Bossuet perfectionne la polémique qui, pour détruire le protestantisme, se contente de l'usage des documents des réformés, obligeant les protestants qui désirent riposter à une sorte de cannibalisme intellectuel. Sainte-Marthe se situe dans ce courant, à une différence près: si Bossuet est pudique dans la divulgation de ses sources[34], le bénédictin exhibe les siennes avec fierté, voire avec agressivité. Fidèle aux méthodes érudites d'un mauriste plus habitué à éditer les Pères[35], Sainte-Marthe cite abondamment ses mémoires et étale ses preuves dans sa *Reponse aux plaintes*. Cependant Sainte-Marthe semble apprendre une astuce à la lecture de l'*Histoire des variations*: le pouvoir de l'inédit[36]. L'auteur des *Entretiens* y prend goût et son ouvrage vibre du plaisir de «chercher la petite bête», de trouver le document depuis longtemps caché.

Ainsi en est-il de la *Lettre à Portus*. D'un secours ingénieux, l'écrit ébruite les affaires secrètes du mouvement protestant par une «confession». Censément faits à contre-cœur, les aveux de Charpentier participent à l'histoire qui dénonce en divulguant. Nous choisissons, à dessein, un passage où Charpentier se limite à de brèves allusions dont Sainte-Marthe tire ensuite bon parti. Charpentier présente Bèze, qui fête la désolation de la France dans quelque taverne[37], avant de faire son portrait:

> Lors qu'il oyoit dire que nous menions paisible vie, et qu'au ciel de France il n'apparoissoit aucunes nues de seditions ny tumultes, il en estoit fort marry. Et incontinent afin d'exciter tumultes, et remettre sus l'autel de Discorde, il

---

[33] *Exposition de la doctrine de l'Eglise catholique sur les matières de controverse*, Paris, 1671.

[34] «Chez Bossuet, malgré le souci d'exactitude [...], l'historien garde toujours une certaine coquetterie artistique, qui l'empêche de faire confidence au lecteur de la besogne préalable d'assemblage et de construction à laquelle il a dû se livrer. Il voile ses échafaudages et n'étale pas ses matériaux.», A. Rébelliau, *op. cit.*, p. 162.

[35] Il faut signaler que la participation d'un mauriste dans la polémique anti-protestante a de quoi surprendre. Si les luttes ouvertes entre catholiques ne leur sont pas étrangères (comme la querelle Mabillon-Rancé), les grands bénédictins (Mabillon, Montfaucon) demeurent plus en retrait quant à la question protestante: chez eux, tout est dans les gloses. A vrai dire, avec leurs éditions érudites et leurs éclaircissements de doctrine, les mauristes sont des pourvoyeurs de munitions pour la polémique. Plus tard, le tollé soulevé par leur édition de saint Augustin montrera dans quelle mesure ces éditions froissent les sensibilités politiques. Sainte-Marthe se pique de la polémique: il prendra si vigoureusement parti pour son ami Mabillon contre Rancé qu'il sera déposé de sa charge de prieur à Saint-Julien (Tours) et rappelé à Saint-Germain-des-Prés.

[36] Cf. A. Rébelliau, *op. cit.*, p. 183-189. Bossuet use de son réseau d'amis pour se documenter.

[37] «Et cependant sans se mettre en danger, loin de terre, il [Bèze] regarde Neptune faisant rage, prenant son plaisir au milieu des banquets et tavernes, tandis que nous pleurons et sommes en exil pour sa meschanceté», *Entretiens*, *op. cit.*, p. 273-274 (texte de Charpentier).

envoyoit icy au secours des nouveaux supposts et ministres de sa fureur et audace. Mais quand il oit dire qu'il y avoit quelque meurtre fait en France, qu'il y avoit sedition ou batterie, telles nouvelles luy tomboyent dans la poitrine plus douces que miel... car c'est chose qui lui est donnee de nature, qu'il repaist fort volontiers ses yeux de sang humain, comme un autre Alpius. Tellement que quand il oit dire que les François se battent et s'entretuent en bestes brutes, telle nouvelle le resjouyt, le doux Pasteur et Evesque qu'il est[38].

La nature du chef genevois et le goût de la violence sont indissociables. La morale païenne se confond avec la passion grisante de la sédition ; les ministres, comme autant de tentacules du monstre, viennent terroriser la France. Selon notre auteur, c'est la Réforme qui dénature les Français jusqu'à la monstruosité morale[39]. Quelle serait la marque distinctive de cette difformité ? La fureur. Incompréhensible, la rage qui dévore le réformateur donne des pouvoirs occultes : Bèze passe pour une sibylle[40]. Sur ce, Théotime signale la ressemblance entre le pasteur genevois et Jurieu : « Quels Prophetes que Beze et Jurieu [...] Il me semble voir [en Bèze] le portrait de M. Jurieu, qui s'est tant remué auprés des Princes Protestants, qu'enfin il a lié une grosse guerre de Religion »[41]. Le rapprochement suggère une parenté entre les deux pasteurs, mais aussi entre leurs ouailles. Il n'y a aucun mystère : le complot donne le coup de pouce qui accomplit les prophéties.

Sur la pente glissante de cette logique, les mœurs barbares sont confondues avec la sédition. Cette perversion morale appartient à la Réforme, dans la mesure où celle-ci symbolise la révolte. Or l'insurrection continuelle se détériore en tyrannie, manifestation sociale d'un trouble lié au corps perverti que seule la violence persécutrice peut assouvir[42]. D'ailleurs la tyrannie est une nature dépravée reconnaissable à ses mœurs barbares... Nous retournons vite à la case départ. Dans le cercle vicieux de ce raisonnement, on s'obstine à

---

[38]   *Ibid.*, p. 276-277 (texte de Charpentier).

[39]   La Réforme, selon Charpentier, supplante la fidélité au roi : « Donc voyant une si grande mutation et si éloignée des cours et des mœurs de François, je me suis douté que les Sacrificateurs de cette mal-heureuse *Cause*, ne reçevoient personne en leur rôle, que premier ils ne luy eussent arraché le cœur, dans lequel chacun François a la fleur de Lys et l'amitié de son Roy vivement enracinée », *ibid.*, p. 260-261.

[40]   Les réformés ne veulent que la destruction de la maison royale qui leur a été prédite par Bèze : « Voilà le principal but de la Cause [...]. Ils s'en promettent bonne issue par l'authorité de leur abominable Prophete, la voix duquel est à ces gens aveuglez comme un oracle, et les escrits, comme les livres de la Sibylle », *ibid.*, p. 266-267.

[41]   *Ibid.*, p. 268 et 270.

[42]   La violence des guerres de Religion (cf. la lecture qu'en fait D. Crouzet, *Les Guerriers de Dieu : la violence au temps des troubles de religion*, Seyssel, Champ Vallon, 1990, 2 vol.) est rétrospectivement jugée selon les critères absolutistes. Donc, ce royalisme inconditionnel, qui se trouve déjà en germe chez Charpentier, est exploité pour mieux « lire » la violence des guerres civiles comme un barbarisme étranger à la « civilisation » du XVIIe s.

employer «mauvaises mœurs», «sédition» et «persécution» comme synonymes. Cela permet à Sainte-Marthe de s'inspirer du portrait de Bèze pour
entamer le sujet de Vassy sans que cela semble mal à propos. Théotime dit:

> Je suis bien aise de vous faire observer que tout ce que dit icy Charpentier est
> conforme à l'Histoire des Troubles[43]. Il est constant que Beze ne laissoit
> jamais echapper la moindre occasion de renouveller la guerre, qu'il ne fist
> courir aux armes ceux de son party, témoin ce qui arriva après l'affaire de
> Vassy. Beze vint en faire de grandes plaintes, comme si cette action, qui
> n'avoit point été préméditée, et dont toute la faute devoit être rejettée sur
> l'insolence de Prétendus Réformez, eût été une infraction évidente de la paix
> du côté des Catholiques. Il ne se contenta pas de répondre fierement au Roy
> de Navarre[44]: Que si l'Eglise étoit une enclume, elle avoit usé bien des
> marteaux. Mais croyant qu'on ne luy avoit pas donné satisfaction à la Cour,
> quoyque le Duc de Guise se fût justifié du massacre dont on vouloit le rendre
> responsable, il se tourna vers ceux de son party, et les engagea à se faire raison
> des armes. C'étoit chose si publique et si connuë, même dans les lieux les plus
> éloignez, que Beze étoit l'Auteur des guerres sanglantes qui désoloient la
> France qu'André Dudith Hongrois, luy en écrivit en 1570. L'extrait de cette
> lettre est dans la Réponse aux plaintes des Protestants...[45]

Entre le portrait de Bèze de la *Lettre à Portus* et celui des *Entretiens*, nous notons
un glissement qui transforme la peinture de la dépravation en responsabilité
concrète de sédition. Dans un deuxième mouvement, Sainte-Marthe juxtapose
l'insolence de la R. P. R. et celle de Bèze devant Antoine de Navarre et la cour,
réunissant le chef et le corps protestant dans une même volonté. Nous avons vu
les mauvaises mœurs de Bèze qui fréquente volontiers la taverne. Maintenant
nous voyons son effronterie. Le troisième et dernier mouvement renverse les
rôles de persécuté / persécuteur avec la métaphore de l'enclume qui semble
donner des coups plus qu'elle n'en reçoit. Mœurs, sédition et persécution sont
liées par une équation tripartite.

En outre, nous remarquons que la logique de ce passage est typique des
Entretiens: l'auteur approuve tout d'abord le discours de Charpentier, détruit

---

[43] Par ce titre, Sainte-Marthe désigne l'*Histoire universelle* de Thou. Le passage se trouve dans
l'*Histoire universelle*, *op. cit.*, t. III (1560-67), l. XXIX, p. 132-133. De Thou reprend le célèbre
passage de l'*Histoire ecclésiastique* de Théodore de Bèze, Anvers, J. Rémy, 1580, t. II, p. 3.

[44] L'insistance sur l'impertinence de Bèze est à noter. Plus loin, Charpentier dira: «ils entre-
prindrent de faire tuer en trahison par leurs meurtriers les deux personnes les plus proches du
Roy, l'une en ligne directe, l'autre en ligne collatérale», *Entretiens*, *op. cit.*, p. 328-329. Théotime en tirera la conclusion que les réformés ne respectent même pas leurs propres chefs:
«n'est-il pas vray que le Roy de Navarre devoit sauter comme les autres Princes, après qu'on
seroit servi pour détruire la Monarchie?», *ibid.*, p. 333.

[45] *Ibid.*, p. 278-279. Sainte-Marthe nous renvoie à son propre ouvrage contre Jean Claude.

ensuite un mythe communément admis[46] et cite enfin un document tiers qui fait foi. Dans ce cas précis, il s'agit d'inculper les «instigateurs» des guerres civiles. Mais ce geste se renouvelle pour chaque «sédition»: la conjuration d'Amboise, le soulèvement de Condé et les complots de Coligny contre le duc de Guise et Charles IX ont aussi droit à un développement[47]. Selon le syllogisme qui fait de Jurieu un héritier de Bèze, on conclut à la cohérence entre ces princes et leur homologue du XVIIe siècle: le prince d'Orange continue la politique de ses prédécesseurs[48].

Mais est-ce qu'une réponse à l'*Accomplissement des prophéties* demande tant d'insistance sur le caractère séditieux de la Réforme? On a constaté que la *Lettre à Portus* reparaît lorsqu'il est question de résister au monarque. Même si l'*Accomplissement des prophéties* prédit le renversement divin de l'Etat français, l'ouvrage ne renferme pas les idées politiques d'insurrection qu'entend combattre Sainte-Marthe. Pourtant les sujets de persécution et de résistance légitime sont bel et bien à l'ordre du jour: Jurieu fait scandale avec ses *Lettres pastorales*[49]. Destinées à justifier la révolution anglaise, les *Lettres pastorales* d'avril à mai 1689 marquent un durcissement dans la pensée de Jurieu sur la résistance[50]. Le pasteur du Refuge semble encourager la révolte «à l'anglaise» en France, ou au moins tenir une politique contradictoire qui change selon le côté de la Manche. Les raisons de la comparaison avec Bèze se précisent: Jurieu paraît renouveler le

---

[46] Ces mythes sont pour beaucoup dans la formation de l'identité huguenote au XVIIe s. E. Labrousse («Mythes huguenots au XVIIe siècle», *Conscience et conviction: Etudes sur le XVIIe siècle*, Oxford, Voltaire Foundation, 1996, p. 71-80) a souligné trois éléments de ce «passé mythique»: l'identification des réformés à ceux d'antan, la fierté loyaliste (d'avoir été les premiers champions des Bourbons) et le sentiment d'élection. Sainte-Marthe tente de démolir surtout les deux premiers.

[47] *Entretiens, op. cit.*, p. 318-323, 349-357 et 457-469. Quant à la Saint-Barthélemy, nous dirions que seuls les hardis reviennent dessus. Les penseurs soucieux de cohérence n'aborderont pas le sujet du 24 août. Bossuet, dans son *Histoire des variations*, se limite aux années 1560 et n'ose pas aborder les tumultes de la décennie suivante. En général, les polémistes semblent préférer – de loin – la conjuration d'Amboise où la question de sédition a été tranchée de façon juridique. Pour un aperçu de la consternation que provoque le souvenir du massacre au XVIIe s., cf. Ph. Joutard, J. Estèbe, E. Labrousse et J. Lecuir, *La Saint-Barthélemy, ou les résonances d'un massacre*, Neuchâtel, Delachaux et Niestlé, 1976, p. 72-96.

[48] «Il a fallu faire voir que ce Prince et ses alliez [...] n'ont agi en cette occasion que *par les principes de leur Religion*, qui enseigne à persécuter et détruire toutes les autres, qui autorise les révoltes et qui ne s'est établie particulierement en France que par la violence et par tous les plus grands crimes d'Etat», *Entretiens, op. cit.*, f. A8r°. C'est nous qui soulignons.

[49] *Lettres pastorales...*, éd. cit.

[50] Sainte-Marthe considère le revirement de Jurieu comme le comble de l'hypocrisie: «Je sçay que M. Jurieu voudroit bien retracter tout ce qu'il a dit contre la persécution, presentement qu'il voit les Protestans sur le pied de persecuteurs. C'est ce qu'il fait assez connoître par je ne sçay quelle lettre Pastorale qu'il a fait courir. Mais il n'est plus temps, et ce qu'il a dit demeurera toûjours, pour nous fournir des armes contre luy», *Entretiens, op. cit.*, f. E1v°.

contractualisme de Junius Brutus[51], dont les *Vindiciae contra tyrannos* étaient
volontiers attribuées au réformateur genevois. Dans un contexte absolutiste, la
bienséance oblige qu'on taise l'inspiration des théories sur la résistance. Par
conséquent, le pasteur se rabat sur la pensée de Grotius qu'il prend comme le
garant de l'absolutisme monarchique. Même avant Jurieu, des lettres pastorales
soutenaient un contractualisme de droit naturel que le pasteur a «réactivé»[52].
Les réformés français voudraient voir dans l'Edit de Nantes une loi fondamentale, un «contrat» que le roi aurait rompu le premier, libérant le parti huguenot
de ses obligations envers un tyran d'exercice[53].

En ce sens, les *Entretiens* sont aussi une réponse aux *Lettres pastorales*. La
Lettre à Portus, par ce moyen un peu contourné, rejoint sa raison d'être du XVIe
siècle. Modèle précieux, sa logique permet de retourner la question de la
tyrannie: le factieux est le vrai tyran persécuteur et le roi, un anti-tyran persécuté. La formule se décline selon le cas pour aborder la troisième accusation
contre le protestantisme, la cruauté et la persécution. Tout d'abord, Sainte-
Marthe l'emploie pour rejeter les Edits de pacification comme des mesures arrachées à un souverain dépossédé de sa libre volonté. Démophile affirme que
Charles IX agissait avec tous ses droits. Pour lui répondre, Théotime reformule
les justifications de la Révocation sans toutefois nommer l'Edit:

> Démophile: Cecy est contre vous, Theotime, et montre que les Edits qu'ont
> été faits en nôtre faveur, ne nous ont été accordez qu'avec conoissance de
> cause, et fort volontairement de la part de nos Rois.
> Théotime: Vous ajoûtez beaucoup aux paroles de Charpentier. Il paroît bien
> par ses paroles, que les Edits n'ont été donnez sans que le Roy en ait eu
> connoissance, ni même sans qu'il ait jugé à propos de les accorder, dans l'état
> où les affaires étoient réduites. Mais cela ne prouve pas que vos peres ne les
> ayent pas extorquez [...] les crimes d'Etat que vous avez ensuite commis en si
> grand nombre... auroient bien merité qu'on les revoquât...[54]

---

[51] Face aux attributions fantaisistes, Pierre Bayle tente de tirer la situation au clair dans sa
«Dissertation concernant le livre d'Estienne Junius Brutus», *Dictionnaire historique et
critique...*, 2e éd., Rotterdam, Reinier Leers, 1702, t. III (N-Z), 3087-3096. Les *Vindiciae* ont
connu une réédition anglaise à Londres en 1689, au moment de la Glorieuse Révolution.

[52] Cf. E. Labrousse, «Les premières *Lettres pastorales*», *La Révocation de l'Edit de Nantes: le
protestantisme français en 1685*, éd. R. Zuber et L. Theis, Paris, SHPF, 1986, p. 233.

[53] Pour une analyse de la politique des huguenots avant la Révocation, cf. E. Labrousse, «La
doctrine politique des huguenots: 1630-1685», *Conscience et conviction...*, op. cit., p. 81-88. Pour
cette nouvelle période de mise en question de l'absolutisme, cf. *id.*, «Les idées politiques du
Refuge: Bayle et Jurieu», *ibid.*, p. 159-191. Pour une analyse du débat sur les droits du magistrat
sur la conscience, cf. M. Turchetti, «La liberté de conscience et l'autorité du magistrat au lendemain de la Révocation», *La liberté de conscience (XVIe-XVIIIe siècles)*, éd. H. R. Guggisberg,
F. Lestringant et J.-Cl. Margolin, Genève, Droz, 1991, p. 289-372. Cf. aussi G. H. Dodge, *The
Political Theory of the Huguenots of the Dispersion*, New York, Columbia U. P., 1947.

[54] *Entretiens*, op. cit., p. 224-225.

C'est Théotime qui ajoute beaucoup aux paroles de Charpentier : le raisonnement est celui de la réunion de Fontainebleau. Un arrêt provisoire sans engagement libre ne saurait être accueilli parmi les lois fondamentales du royaume. En
commettant des « crimes d'Etat », les protestants prennent la responsabilité de
rompre le contrat. L'obstination huguenote a « extorqué » ces Edits[55] à un souverain aux abois.

Ensuite, on fait valoir la seconde partie de la formule. Dans la *Lettre à Portus*,
on représente le roi Charles non seulement comme un roi harcelé, mais comme
un anti-tyran. L'insubordination calviniste a changé la nature paisible du roi[56] ;
il ne faut pas penser la Saint-Barthélemy comme le signe de mœurs perverties
mais comme la réaction inévitable contre la sédition incessante. C'est retourner
les arguments de légitime défense contre la persécution des apologistes protestants du Grand Siècle[57] et les mettre au service de la couronne. Parmi tous les
rapprochements entre les deux époques, Sainte-Marthe laisse implicite la
comparaison des règnes de Charles IX et de Louis XIV. Cependant les contemporains dont il s'inspire sont plus téméraires. Pour sa part, Varillas oppose la
désolation de la France des Valois au rétablissement orchestré par Louis XIV. Il
observe que « l'on ne sçauroit assez loüer la profonde Sagesse de votre Majesté,
ni comprendre l'étenduë de son bonheur, que par opposition au malheur de
Charles »[58]. Le Roi Soleil arrache le royaume aux ténèbres ; en lui, l'hérésie
connaît enfin un adversaire redoutable. Maimbourg impute l'échec de l'extir-
pation de l'hérésie à la politique de Charles IX qui vacille entre « le trop de
douceur et le trop de rigueur »[59]. En ce qui concerne les protestants, dit-il, Louis
le Grand sait comment s'y prendre. Les raisons de ces auteurs sont perceptibles
chez Sainte-Marthe : Louis Dieudonné n'est ni tyran, ni tyrannisé. Oui, la
couronne remploie les arguments du siècle précédent. Mais si les protestants
se ressemblent à travers les âges, il n'en est pas de même pour les souverains.

---

[55]   Coligny, p. ex., peut réviser l'édit de Janvier grâce à son influence démesurée : « Cependant
       tant de crimes dont les Réformez étoient coupables, et qui les rendoient dignes des plus
       severes châtimens, furent tout le merite qui leur fit obtenir le premier Edit. Ils en furent aussi
       redevables aux *cabales*, que l'Amiral avoit faites dans les Etats. Comme cet Edit avoit été
       obtenu subrepticement par ses intrigues, il employa les mêmes moyens pour l'amplifier... »,
       Entretiens, op. cit., p. 467-468.

[56]   « Mais comment accorder ce qu'il dit du roy Charles IX avec ce que les Historiens en rappor-
       tent ? Il me semble qu'on peut dire que ce Prince étoit d'un naturel assez doux, mais que la
       conduite des Calvinistes le changea. Ils luy donnoient tous les jours des occasions d'entrer en
       colere contr'eux, ils méprisoient ses Ordonnances, ils se soûlevoient contre luy dès la
       moindre occasion. Voilà ce qui le rendit de mauvaise humeur, et le poussa quelquefois à des
       emportemens un peu violens », *Entretiens, op. cit.*, p. 197-198.

[57]   Pour une analyse des apologistes protestants, cf. M. Yardeni, « L'apologétique protestante... »,
       art. cit., p. 215-228.

[58]   *Histoire de Charles IX*, Cologne, P. Marteau, 1586, p. 4.

[59]   *Histoire du Calvinisme, op. cit.*, p. 495 et *passim*.

Louis XIV n'use pas de la magnanimité mal placée comme le roi valois. Il revendique, pour la couronne, les droits qui se sont effrités sous ses prédécesseurs.

C'est une chose de montrer que les protestants tyrannisent l'Etat avec des exemples d'enclumes et d'Edits. C'en est une autre de montrer que le calvinisme persécute activement les catholiques. Pour ce faire, Sainte-Marthe prend les persécutions des catholiques languedociens et dauphinois à témoin. Lorsque Charpentier remarque que Bèze «commande qu'on coupe les parties honteuses aux moines et prestres, il dit qu'il en veut emplir un puy», Théotime enchaîne avec sa version de la Michelade à Nîmes[60]. Une fois le sujet entamé, Théotime a carte blanche pour y revenir. Il trouve dans la correspondance de Calvin la preuve que des atrocités ont été exécutées sous les yeux approbateurs du réformateur[61]. Cette partie des *Entretiens* est la moins ingénieuse. A quelques exceptions près, elle reprend les rengaines de la polémique. En revanche, la conversation réussit à donner un certain élan aux documents des *Entretiens*, puisqu'elle laisse de la place pour les vives réactions à ces trouvailles.

Assurément, c'est cette souplesse du dialogue qui permet d'ajuster la stratégie de présentation des documents. En outre, l'emploi du genre s'avère indispensable pour enchâsser le document historique dans un cadre moderne: Démophile vit cette mise en abyme comme la dissonance temporelle qui ébranle ses convictions.

Conversion et conversation

Cette histoire qui revisite les documents du protestantisme est un travail de reconnaissance et de rupture. L'historien catholique reconstitue une identité, un miroir social: «Ne reconnoissez-vous pas, Démophile, vos Réformez de nos jours dans ce portrait des premiers?»[62] Cette image reflétée n'est pas censée plaire, mais relève des méthodes de correction préconisées par les moralistes: une image défavorable inspire répugnance et amendement. La peinture des mœurs est appréhendée dans ce sens par les *Entretiens*. Le portrait, de Bèze ou de Jurieu par exemple, rappelle les hypocrisies secrètes d'un Onuphre ou la sédition d'un Tartuffe qui persécute toute une famille[63]. Pour déstabiliser

---

[60] «Sur cela souvenez-vous, Démophile, d'un de vos braves nommé de la Rouvraye, qui s'étoit fait un baudrier des parties secretes des Ecclesiastiques. Souvenez-vous aussi des cruauttez du Baron des Adrets...?», *Entretiens, op. cit.*, p. 281 et 322-325. Sur le souvenir marquant de la Michelade chez les catholiques, cf. J. Garrisson, *Les Protestants du Midi*, Toulouse, Privat, 1980, p. 164-167.

[61] *Entretiens, op. cit.*, p. 324-325. Sainte-Marthe remonte dans le temps, car Calvin est déjà mort lors de la Michelade.

[62] *Ibid.*, p. 261. Cf. aussi L. Norman, *The Public Mirror: Molière and the Social Commerce of Depiction*, Chicago U.P., 1999.

[63] Pour ne pas parler du dénouement *Deus ex machina* où le Roi remet à l'endroit un ménage bouleversé...

Démophile, il faut lui montrer comment il est « perçu ». Dès lors, cette histoire tente d'inspirer une rupture. Curieusement, l'idéal serait que le protestant rejette cette représentation erronée. Démophile doit « tourner le dos » à son passé et couper les liens avec ce qui est, avant tout, une affiliation sociale. Et cela en raison d'une mutation dans les valeurs qui a rendu cette ressemblance caduque. Le mouvement initial de cette « con-version » pousse le protestant du XVIIᵉ siècle à constater le peu qui l'unit à ses aïeux protestants[64]. Celui-ci serait plus proche de son contemporain catholique. L'application des normes partagées par Démophile et Théotime à la lecture d'une époque qui leur est étrangère fait valoir ce décalage. Par conséquent, la conversion qu'on pratique ici ne demande pas de « se tourner vers »[65] quelque chose mais plutôt de « se tourner contre ». Une fois dénuée de son objet, l'allégeance confessionnelle se rattache par défaut et, suivant la raison, choisit une nouvelle adhésion. Le troisième terme, le catholicisme, est introduit pour suppléer à une confession dont on a montré l'insuffisance au préalable.

Sainte-Marthe, pas plus que ses contemporains, ne fait de l'histoire pour le bon plaisir de s'assurer de ses propres raisons. L'espoir lié au bon fonctionnement de cette histoire est grand : elle doit convertir. C'est ainsi qu'il faut comprendre la lettre de la duchesse d'York publiée en appendice de l'*Histoire du Calvinisme* de Maimbourg. Parmi les raisons de sa conversion à la religion catholique, la princesse cite la lecture d'une histoire pro-anglicane « pas mesme capable de satisfaire un esprit mediocre »[66]. Dans les *Entretiens*, Sainte-Marthe espère reproduire ce trouble par la mise en œuvre des principes historiques de Maimbourg et de Bossuet. En tant que document historique, la *Lettre à Portus* est la cheville ouvrière de cette conversion, car elle déclenche le choc qui détache la conscience de sa croyance. La juxtaposition des deux textes fait s'entrechoquer deux époques et cherche avant tout à susciter la répugnance. Prenons cet échange entre Théotime et Démophile qui réagissent au portrait de Bèze :

---

[64]   Cf. E.-G. Léonard, « Le protestantisme français au XVIIᵉ siècle », *Revue historique*, oct.-déc. 1948, p. 166-173.

[65]   Nous tenons compte de la mise au point lexicale de P. Dumonceaux, « Conversion, convertir, étude comparative d'après les lexicographes du XVIIᵉ siècle », *La conversion au XVIᵉ siècle*, Actes du XIIᵉ colloque de Marseille (CMR, janv. 1982), 1983, p. 7-15. Pour l'importance croissante de la logique comme instrument de cette conversion, cf. J.-R. Armogathe, « De l'art de penser comme art de persuader », *ibid*, p. 29-41.

[66]   « Je n'avois pas néanmoins le moindre doute que la créance de l'Eglise Anglicane ne fust la veritable, et je n'ay jamais eû aucun scrupule ni aucun trouble de conscience sur ce sujet, jusqu'au mois de Novembre dernier que je commençay à lire l'Histoire de la Réformation de l'Eglise Anglicane, composée par le Docteur Heylings [...] dont la lecture [...] n'estoit pas mesme capable de satisfaire un esprit mediocre, ni de le persuader que nous eussions eû le moindre fondement [...] de changer la face ancienne de l'Eglise, et de renoncer à la Religion Catholique », *Histoire du Calvinisme, op. cit.*, p. 507-508.

Démophile: Ce que vous lisez là me fait frémir. Au nom de Dieu, mon cher Théotime, ne montrez cette lettre à personne. Car je ne vois rien de plus propre à nous rendre odieux, et pour faire conclure qu'on a bien du sujet de nous traiter en France comme on a fait. Pour moy me voilà converti là-dessus, et je ne me plaindray jamais quelques duretez qu'on me face souffir. Je vous avoüe même que je me sens fort ébranlé dans ma Religion et que tant de mauvaises marques que vous m'y faites apercevoir, m'en donnent de l'éloignement. Peut-être n'est-ce qu'une tentation, c'est ce que j'examineray à loisir. Théotime: S'il ne faut pour vous déterminer à rentrer dans la bonne voye, que vous faire voir quelque chose de plus horrible encore dans vôtre party, nous n'avons qu'à continuer la lecture de la lettre de Charpentier. Au reste, Démophile, permettez-moy de ne pas déférer à la priere que vous me faites de supprimer cette piece. L'effet qu'elle a produite en vous m'oblige au contraire à la publier. N'ay-je pas interêt comme François, de faire cesser tant de plaintes séditieuses des Prétendus Réformez, contre la conduite de nôtre auguste Monarque?[67]

On peut se demander d'où la *Lettre à Portus* tient un tel pouvoir. Pourquoi donc est-ce le document historique qui opère la conversion? Sans prétendre apporter une réponse, rappelons que le système de croyances commence le lent processus de laïcisation et, avec lui, les allégeances. Préoccupé par les « plaintes séditieuses des Prétendus Réformez », Théotime travaille moins pour Dieu que pour Louis XIV: il désigne le protestantisme par son appellation politique (R. P. R.) et fait valoir son devoir de Français. Les critères de l'anti-christianisme appartiennent à l'ordre social: les mœurs, la sédition et la persécution se pensent en tant que qualités de « vôtre party ». Les marques de l'Antéchrist sont l'affaire de ce monde. Par conséquent, le catalyseur de cette conversion n'a pas besoin d'un caractère religieux pour fonctionner au sein du système. Les questions de doctrine demeurent entre parenthèses; le rattachement au catholicisme est le prédicat raisonnable d'un jugement social porté sur les événements historiques. Aucune concession n'est faite pour cette époque lointaine: les protestants sont des rustres irrévérencieux, comme Luther et Carlstadt qui tentent de régler les différends doctrinaux autour d'une pinte[68]. Or le « devoir de révolte » et le contractualisme sont complètement étrangers à Démophile. Protestant fictif calqué sur le modèle du huguenot de la première moitié du XVIIe siècle, Démophile est le sujet d'un roi absolu et membre d'une communauté qui s'est déjà dépolitisée avec la défection des grands princes[69]. L'anachronisme inspire la répugnance: on juge selon la dimension sociale de l'identité religieuse.

---

[67] *Entretiens, op. cit.*, p. 257-258.

[68] *Ibid.*, p. 276. Pour l'analyse de cet exemple dans l'*Histoire des variations* de Bossuet, cf. A. Rébelliau, *op. cit.*, p. 221.

[69] Cf. A. Jouanna, *Le Devoir de révolte: la noblesse française et la gestation de l'Etat moderne*, Paris, Fayard, 1989.

Les modalités de cette conversion sont donc sociales, inséparables du dialogue où elles se déploient[70]. Au cours de l'échange, on sonde les présupposés de Démophile afin de lui dire ce qu'il «ne faut pas croire». Dans ce sens, la conversation fonctionne comme un «anti-catéchisme» qui désabuse plus qu'il n'affirme. Démophile ne renie pas sa foi protestante, mais les hommes; il proclame moins la foi catholique que sa loyauté à Louis le Grand. Comme on l'a vu, le premier à tomber de haut est Bèze. Epouvanté par le véritable portrait du réformateur, Démophile frémit et ressent les premiers troubles de sa conscience : «je me sens fort ébranlé dans ma Religion», dit-il. Or le sentiment d'«éloignement» qu'éprouve ce personnage résulte de la révulsion face à un monstre. La fureur, marque déterminante de cette monstruosité, pousse Démophile à douter de Jurieu : «Je suis tellement étourdi par ce que je lis, et cela me jette dans une si grande consternation, qu'il m'est impossible de vous répondre sur ce que vous dites du pauvre M. Jurieu [...]. Je commence à me défier de son trop grand feu»[71]. Décidément, Jurieu n'est pas l'honnête homme qui ne se pique de rien; le «pauvre M. Jurieu» dans la bouche de Démophile, comme «le pauvre homme» dans celle d'Orgon, trahit les vestiges d'un profond attachement. Excédé, Démophile jure sa fidélité au Roi comme si, dans son étourdissement, c'était la seule chose de certaine : «En tout cas, je vous promets que quand je demeurois autant attaché à ma Religion que je l'aye jamais été, je prendrois le party de la fidélité et de la soumission envers mon Prince, à l'exemple de Charpentier»[72]. Désormais Démophile adopte une attitude de renoncement[73]. Le siège de La Rochelle[74] et les fourberies de Coligny[75] consomment le discrédit des «chefs de la Cause» et laissent Démophile désorienté. La Réforme s'est dépeuplée d'honnêtes hommes. Devant les dernières preuves, il ne reste que le silence hébété de Démophile, qui comprend que la fidélité au souverain et sa confession sont incompatibles.

Chaque moment de cette fausse *disputatio* opère une nouvelle démythification à l'aide des éléments accablants de la *Lettre à Portus*. Le dialogue marque les étapes de l'étonnement croissant qui détourne Démophile de son allégeance

---

[70] Les noms donnés aux interlocuteurs sont significatifs dans la mesure où Démophile montrera combien il «aime le peuple» par sa conversion; Théotime mérite son nom et l'«appréciation de Dieu» pour son travail de convertisseur.

[71] *Entretiens, op. cit.*, p. 272-273.

[72] *Ibid.*, p. 273.

[73] «Vous direz présentement de luy [Jurieu] ce qu'il vous plaira, mon cher Théotime. Autrefois j'aurois pris feu pour luy; vous m'avez tout changé à son égard, et Charpentier m'a fait perdre l'estime que j'avois pour Beze», *ibid.*, p. 300.

[74] *Ibid.*, p. 355-358.

[75] *Ibid.*, p. 315 sq. Les détails sur Coligny sont tirés de [Gatien de Sandras de Courtilz], *Vie de Coligny*, Cologne, P. Marteau, 1686.

sociale. Si ce protestant demande qu'on «ne montre cette lettre à personne», c'est par souci pour sa réputation. La peur de sembler «odieux» le pousse à se faire violence au nom de la bienséance. L'histoire, telle que la pratique Sainte-Marthe, est une puissante pression sociale. Théotime négocie le contrat: «Tenez-moi parole, Démophile: vous m'avez promis de quitter vôtre societé dès que je vous aurois fait voir en elle toutes les marques d'Anti-christianisme»[76]. Démophile se laisse gouverner par sa raison plutôt que par une affinité désuète, il quitte sa «société» pour celle de son Roi, plus harmonieuse, plus délicate et plus séante. Lors de son abjuration publique, il s'arme des arguments de Charpentier, «bouclier de la foi» historique qui protège le nouveau catholique contre les insultes de ses anciens coreligionnaires.

CHASSER CHARPENTIER

Occupé à riposter aux attaques venues de part et d'autre, Jurieu réfute les *Entretiens* dans sa *Religion des Jésuites* (1691)[77]. Pour ce faire, il cite un passage de l'*Histoire universelle* de Thou où le «faux» protestant est accusé de mauvaises mœurs et d'espionnage. Mais cette réponse en est-elle vraiment une? Bien sûr, le reproche du mensonge a du poids, même si les idées «politiques» ou «royalistes» de Charpentier ne connaissent pas de réfutation directe. Sainte-Marthe, visiblement embarrassé de son omission mais tout aussi tenace, tente de se justifier dans la *Suite des Entretiens*[78]. Jurieu ne met pas le pied dans la chausse-trape. Il ne revivra pas les guerres de Religion avec Sainte-Marthe. Or ce seront les *Soupirs de la France esclave* qui diffusent la pensée de résistance légitime du pasteur. Il semble que, pour Jurieu, il suffise de démasquer Charpentier et de le chasser de la confession protestante[79].

---

[76] *Entretiens, op. cit.*, p. 412-413.

[77] *La Religion des Jésuites, ou reflexions sur les inscriptions du Père Menestrier, et sur les ecrits du Pére le Tellier pour les nouveaux Chrétiens de la Chine et des Indes, contre la dix-neufvieme Observation de l'Esprit de Mr. Arnaud...* 2ᵉ *éd. revuë, corrigée et augmentée*, La Haye, A. Troyel, 1691, p. 142-151.

[78] Une plaquette rarissime, dont un exemplaire est conservé à la Bibliothèque Mazarine, sous le titre de *Suite des Entretiens touchant l'entreprise du Prince d'Orange sur la Grande Bretagne*, Tours, Ph. Masson, 1691.

[79] Le personnage de Charpentier importune les historiographes et pasteurs du XIXᵉ s. S'étonnant du fait que Charpentier passe toujours pour un des leurs, ils se chargent de le déshériter de l'histoire protestante. On lui fait un procès (bien) posthume. Charpentier a droit à une notice incendiaire dans la *France Protestante* de Haag et Bordier. Même en l'absence du dossier criminel du co-conspirateur Prost, H. Fazy lui accorde une importance considérable (*op. cit.*). Le pasteur J. Viénot lui consacre un discours de rentrée et va jusqu'à rendre Charpentier responsable d'une hausse dramatique du nombre de martyrs franc-comtois dans les années de son activité!

UNE HISTORIOGRAPHIE AGRESSIVE

Le «grand dessein» royal met la pression sur les protestants français de trois façons différentes, dont deux pratiques et une théorique. En premier lieu, la caisse des conversions[80] vise à enlever un inconvénient concret à la conversion. Son existence tient compte des pressions sociales. En deuxième lieu, les dragonnades sont une force coercitive qui concentre la répression sur l'individu séditieux. A l'époque de la Révocation, aucun parti noble n'existe pour cautionner les églises. La menace, désormais dispersée en mille maisons, se particularise en mille consciences. En dernier lieu, la polémique seconde les efforts pratiques dans la mesure où elle les explique et les justifie. En elle convergent les tensions sociales, politiques et historiques. Sainte-Marthe les met en scène dans une fiction ; le chassé-croisé entre la *Lettre à Portus* et les *Entretiens* marque les étapes de cette reprise qui est moins une mise en abîme qu'une incursion textuelle. La *Lettre à Portus* devient un abécédaire historique qui renferme les éléments pour choquer la conscience par le biais de la bienséance. Lorsque Théotime demande à Démophile de lire à haute voix les dénonciations de Charpentier, il l'oblige à réitérer la «confession-aveu». Si l'historiographie polémique s'inscrit dans le «grand dessein» du Roi Soleil, c'est aussi pour agir. Ingénieusement, elle mimera les mesures militaires qui lui sont contemporaines. Les *Entretiens* reproduisent, sur le plan textuel, les gestes de coercition : en venant habiter un texte protestant, ils le transforment en arme de choix pour une dragonnade textuelle.

Amy C. GRAVES
State University of New York at Buffalo

---

[80] Parmi d'autres mesures, plus répressives, qui visent à étouffer le parti réformé en l'excluant.

DES RABBINS ET DES FEMMES

ENJEUX CULTURELS
D'UNE ARGUMENTATION PARITAIRE ET BOUFFONNE
DANS UNE LETTRE FAMILIÈRE
D'ETIENNE PASQUIER

En parallèle à l'apprentissage de l'hébreu par les érudits, certains textes littéraires français de la Renaissance manifestent dans leurs allusions à la culture juive et à l'hébreu un rapport assez différent de l'agressivité médiévale chrétienne traditionnelle. La relation au judaïsme voire à l'hébreu s'inscrit dans l'horizon culturel de la Renaissance, qu'il s'agisse des nombreuses occurrences de l'hébreu chez Rabelais ou d'une allusion fantaisiste à un pseudo-Talmud dans une lettre de Pasquier. L'analyse de deux exemples, certes, ponctuels semble indiquer la possibilité d'un rapport chrétien plus souriant à l'égard des sources juives.

A l'époque où les textes auxquels on se réfère sont écrits, la présence des Juifs en France est sporadique sinon rare mais l'étude de l'hébreu jouit d'un regain d'intérêt, les humanistes espérant y trouver des solutions aux questions d'édition rigoureuse des textes sacrés. Dans cette optique, certains, à l'instar de l'humaniste Jean Reuchlin, tentent même de protéger le patrimoine juif :

> En 1509, sur l'avis des théologiens de Cologne, Mayence et Erfurt, l'Empereur Maximilien ordonne la confiscation et la destruction de tous les livres juifs. Or parmi les experts appelés en consultation, figure Reuchlin, hébraïsant et humaniste réputé, qui osa soutenir que les Juifs avaient le droit de conserver leurs livres, et que la Bible hébraïque, le Talmud, le Zohar pouvaient aider à comprendre les mystères du christianisme[1].

Dans le contexte littéraire, le recours bouffon aux sources juives ou à l'hébreu est peut-être à lire comme l'indice d'un changement d'attitude plus général observé chez certains humanistes : ils ne manifestent plus l'agressivité des théologiens du Moyen Age considérant le judaïsme comme une menace mais utilisent les sources juives comme un réservoir d'exemples inoffensifs et peut être même exotiques, à l'image de la mythologie gréco-latine.

---

[1] A. Viala, « La genèse des formes épistolaires en français et leurs sources latines et européennes, essai de chronologie distinctive (XVIe et XVIIe siècles) », *Revue de littérature comparée*, 218, 1981, p. 178.

LE DIALOGUE EN HÉBREU
CHEZ RABELAIS

Rabelais est à ma connaissance le seul auteur à transcrire en lettres latines une phrase hébraïque composée d'éléments pour l'essentiel empruntés à des formules consacrées de la liturgie juive. Ce court passage célébrant la rencontre de Pantagruel et de Panurge[2] a été étudié, en particulier par des chercheurs américains[3], je souhaiterais ici revenir sur sa structure significative. Les formules consacrées encadrent, en effet, une phrase grammaticalement correcte et originale en ce qu'elle ne risque pas de figurer dans les sources sacrées : *bimhera ten li kikar lehem* (Donne-moi rapidement une miche de pain). *Bimhera* (rapidement) est traditionnellement associé au souhait de la reconstruction du troisième Temple de Jérusalem (*yibane bimhera be yamenou* – il sera rapidement reconstruit de nos jours) ou encore à la venue du Messie. Associé à une miche de pain, cet adverbe de manière se trouve singulièrement désacralisé, évoquant le contexte liturgique, il sert cependant à inscrire, en les soulignant de manière comique, les besoins impétueux du corps à nourrir. L'hébreu, tout comme le latin et le français, n'est pas exempt d'un traitement bouffon et s'inscrit également dans l'esthétique grotesque, typique du texte rabelaisien comme l'a montré Mikhaïl Bakhtine.

L'hébreu est logé à la même enseigne que le grec et le latin que Rabelais ne se prive pas de mettre en scène sur le mode ludique. L'interprétation de Katia Campbell pose que Rabelais, «hébraïsant néophyte, encore hésitant sur la phonétique, mais capable de faire des recherches dans le labyrinthe de la Bible écrite en hébreu», se serait trompé lors de la lecture en hébreu de la formule liturgique «Celui-là prête au Seigneur qui a pitié du pauvre», emprunt au livre des Proverbes, XIX, 17, *Foeneratur Domino qui miseretur pauperis* (en hébreu : *Adonaï, hachonen dal*), transcrivant *ral* au lieu de *dal* (pauvre), à cause de la grande ressemblance typographique entre le *reich* (r) et le *daleth* (d). Mais si l'on maintient le mot *ral* tel que Rabelais l'a transcrit et étant donné que *ra'al* signifie en hébreu «poison», la transcription débouche alors sur un sens comique, fidèle à l'esprit de Rabelais qui tire souvent un profit ludique des subversions, voire des écorchements qu'il fait subir aux mots. Pourquoi l'hébreu échapperait-il à la règle gouvernant la production du comique dans l'œuvre rabelaisienne ?

---

[2]   François Rabelais, *Pantagruel*, éd. G. Demerson, Paris, Seuil, 1974, § 9, p. 254.

[3]   K. Campbell, «Note sur l'hébreu de Rabelais : la rencontre avec Panurge (*Pantagruel* § 9)», *Etudes rabelaisiennes*, XXV, 1991, p. 7-26, et «Du vrai et du faux hébreu chez François Rabelais», *L'hébreu au temps de la Renaissance*, éd. I. Zinguer, Leiden-New York-Köln, Brill, 1992 ; D. Morris, «The place of Jewish law and tradition in the world of François Rabelais», *Etudes rabelaisiennes*, XVII, 1983, p. 75-88 ; M. Bastiaensen, «L'hébreu chez Rabelais», *Revue Belge de philologie et d'histoire*, Bruxelles, 1968, XLVI-2, p. 725-748.

THÉLÈME:
LE SENS HÉBRAÏQUE

Le nom de Thélème est ordinairement explicité comme dérivant du grec *thélémê*[4], volonté, et dictant l'anti-règle de Thélème «Fais ce que voudras». Or, il se trouve que Thélème possède également un sens en hébreu sans qu'il soit nécessaire de procéder à une dérivation quelconque, le mot tel quel, Thélème («télèm») désigne le sillon que trace la charrue dans la terre, idéalement droit et régulier. Par extension, *telem* possède également des significations métaphoriques, telles que dans l'expression hébraïque *lalechet batelem* qui signifie: marcher dans le droit chemin, mais aussi emboîter le pas à la tradition, marcher dans le sillon établi par les générations précédentes en se conformant à un tracé, à un projet tout en restant dans les limites du cadre et en acceptant de reprendre à son compte l'héritage antique et de le perpétuer.

Telem joue en hébreu sur les deux registres, réel et figuré, fréquemment exploités par Rabelais qui tire de leur juxtaposition comique une nouvelle distribution des sens, voire une nouvelle image du monde. Au sens figuratif, Thélème est le sillon et au sens métaphorique, elle possède toutes les vertus du creuset d'où sortira une nouvelle génération d'hommes et de femmes formés dans un même esprit et destinés à fonder eux-mêmes une nouvelle humanité puisque Thélème n'est pas une fin en soi mais bien un lieu de formation, d'apprentissage, au sortir duquel on se marie.

La notion d'éducation qui est un des principes fondateurs de la vie à Thélème pourrait également se préciser via l'hébreu. Désignant les habitants de Thélème, le mot «Thélémites» évoque par sa consonance les *talmidim*, c'est-à-dire les élèves ou mieux les disciples. La culture juive qui accorde une extrême importance à l'érudition religieuse attribue au mot *talmid* une valeur honorifique, c'est un titre[5]. Habiter Thélème implique une aptitude à l'apprentissage qui fait de chaque Thélémite, un *talmid*, le disciple d'un certain mode de vie, valorisé et érigé en philosophie. Sans s'opposer au «connais-toi toi-même» grec, les sens hébraïques de Thélème (*tèlèm*) et de Thélémites (*talmidim*) renforcent le sens général de l'utopie rabelaisienne en conjuguant notamment les notions de tradition et d'études. On ne s'étonnera pas que la dérision soit absente ici du traitement de l'hébreu, comme elle l'est de façon générale du passage de Thélème ou de la harangue d'Ulrich Gallet, le grotesque semble se tarir devant l'expression des idéaux humanistes.

---

[4]   Pour l'étymologie grecque, cf. la n. 9 du § 52 de *Gargantua*, p. 137 dans l'éd. de M. Huchon, Paris, Gallimard, 1994.

[5]   Article *talmid* in *Nouveau Dictionnaire complet hébreu-français*, A. El-Mallet.

LA LETTRE III,
LIVRE XVIII DES *LETTRES FAMILIÈRES*
D'ETIENNE PASQUIER

De nombreuses références à Rabelais émaillent l'œuvre d'Etienne Pasquier. La lettre dans laquelle il évoque deux contes pseudo-talmudiques se clôture précisément par un emprunt à l'image des silènes qui semble droit sortie du *Gargantua*. Mais au-delà des emprunts ponctuels à Rabelais, ou structurels, à l'*Heptaméron* de Marguerite de Navarre, la façon dont cette lettre met en scène les sources juives témoigne d'une attitude semblable des deux auteurs à leur égard et remarquable pour leur absence d'agressivité.

La lettre en question est adressée par Pasquier à un collègue, monsieur de Beaurin, conseiller et maître à la Chambre des comptes et sera publiée, en 1586, dans le recueil de ses *Lettres familières*. Elle rapporte la discussion entre un homme et une femme s'affrontant par récits (pseudo)-talmudiques interposés. Chacun cherche à asseoir l'autorité de son argument, visant à établir l'excellence de son sexe en puisant dans des histoires tirées du Talmud pour l'un, ou recueillies de la bouche d'un rabbin pour l'autre.

Le caractère ludique de la référence au Talmud se manifeste rapidement par le fait que des dieux, comme dans la mythologie païenne, sont à l'œuvre et se substituent dans le récit édénique au Dieu de la Bible. Bien que parmi toutes les formes hébraïques du nom divin, l'une des plus communément employées soit précisément une forme plurielle (*Elohim*), le principe monothéiste à la base du judaïsme ne saurait être remis en question, même par le Talmud! A l'instar de la mythologie, le Talmud est exploité comme un réservoir d'histoires, d'images et de personnages. Pasquier n'entretient aucune illusion sur le statut fictif de son texte qu'il désigne explicitement comme une fable. Il appelle son destinataire à l'indulgence en justifiant la bouffonnerie du « commencement et du milieu de « sa » lettre par sa teneur de « philosophie et contemplation générale de la vanité de ce monde. Il advient ordinairement que sous lescorce d'une fable, nous descouvrons la verité. »[6]

Passé ces avertissements, Pasquier nous met directement en présence d'une compagnie de devisants à la manière de l'*Heptaméron*. Les personnages sont tous « gentils-hommes et damoiselles » qui débattent « sur les singularitez tant du corps que de l'esprit, qui se trouvent ordinairement aux dames » lesquels permettent aux hommes leur apprentissage « comme leur servants de première leçon pour se façonner ». L'enjeu des histoires racontées s'ancre dans la tradition courtoise où la relation entre les sexes est conçue comme une éducation passant par l'analyse des sentiments, pour en acquérir la maîtrise et au travers du *canso*,

---

[6] E. Pasquier, *Lettres familières*, l. III, lettre XVIII, p. 259.

parvenir à leur sublimation[7]. L'expression «se façonner» retient également l'attention comme indiquant la valeur pédagogique du récit.

Outre des buts identiques et un public similaire, la lettre emprunte également aux nouvelles de l'*Heptaméron* leur structure. En arrière-fond des deux genres se joue le jeu du conte, encadré, mais aussi prolongé, par la libre conversation qui permet de rebondir sur les arguments les plus saillants. La lettre démarre *in medias res* au moment du débat et sur l'intervention d'un jeune homme, lancée sur le mode ludique et d'emblée signalé par l'esprit de contradiction qui anime son propos. Bien que troublant le consensus établi par la société mixte des devisants autour de l'excellence de la femme, il permet néanmoins de relancer un débat qui menaçait de se clôturer faute de dissensions. La teneur des propos du jeune homme, en brisant l'accord, suscite l'appréhension du groupe mais les paroles, doublées de sourires, indiquent aussitôt que tout se joue sur le mode de la plaisanterie et du divertissement. Le sourire du jeune homme vise à atténuer la charge de son argument, il déclare sans détour: «vous appellez singularitez aux dames ce que je nomme singeries.» Ses propos, bien sûr, suscitent une vive réaction, les participants craignent qu'il s'agisse là «d'une nouvelle heresie qu'il vouloit semer au desadvantage des femmes»[8]. La thématique de l'éternelle querelle des sexes est posée, certes, mais au sein d'un public qui refuse de se livrer à cette guerre, la considérant comme dépassée, l'excellence des femmes n'étant plus à prouver. Avant même de procéder au récit, ce curieux stratagème narratif consiste à signaler que le débat qui devrait suivre sur ce thème, est forclos. C'est donc un autre motif que ces deux histoires viennent illustrer, comme l'annonçait Pasquier dans le récit-cadre introduisant la lettre.

Le jeune homme après avoir capté, certes, l'attention, mais certainement pas la bienveillance de son auditoire par ses déclarations à contre-courant, commence sa démonstration en alléguant pour preuve de ce qu'il avance une lecture faite dans le Talmud[9]. L'expression d'ailleurs est ambiguë: «j'ay leu dedans un vieil thalmudiste» mais on comprend qu'il s'agit d'une lecture faite dans l'ouvrage d'un vieux talmudiste. Inutile de chercher des traces de ce récit prétendument talmudique, en revanche on peut s'interroger sur la signification du traitement bouffon de cette source. Il donne lieu au récit édifiant d'un commentaire destiné à rendre compte de la création de l'homme, le récit pseudo-talmudique s'insère pour ainsi dire entre les lignes de la Genèse, pour y apporter des précisions savoureuses:

---

[7] *Histoire de la vie privée*, II, *De l'Europe féodale à la Renaissance*, éd. Ph. Ariès et G. Duby, Paris, 1999, p. 301-305.

[8] Lettre III, p. 260.

[9] Le Talmud représente la rédaction pendant l'exil à Babylone de la Loi orale donnée d'après la tradition juive, par Dieu, au mont Sinaï, en même temps que la Loi écrite et conservée de génération en génération.

> les dieux voulants bastir l'homme, prindrent une grosse masse de terre ;
> laquelle ils pestrirent longuement avec je ne says quoy de celeste [...] et d'au-
> tant qu'il se trouvoit rester beaucoup de matieres, voulurent mettre ce
> surplus dans la même fonte, mais n'estant de si riche estoffe que la premiere,
> ils en tirerent la femme, de beaucoup plus bas et foible alloy que l'homme[10].

Ainsi s'établit une hiérarchie avec en tête l'homme, puis, après lui, le reste des
créatures dans un ordre déterminé par la qualité de la matière dans laquelle elles
ont été pétries, sachant que la matière se dégrade et s'appauvrit au fur et à
mesure de l'ouvrage. Née de l'excédent consacré au façonnage de l'homme,
étant en quelque sorte un « reste » de l'homme, la femme n'est pas « de si riche
estoffe que la premiere », elle est associée à la dénaturation et à la pauvreté.
Ajout important au texte biblique, voire retournement puisque si, comme son
nom l'indique en hébreu, Adam est issu de la terre (*adama*), Eve l'est d'une de
ses côtes, matière plus noble, peut-être ? Le processus de création se poursuit,
dicté par le savoureux principe, dans ce contexte sacré, d'économie ménagère
(« pour ne rien perdre ») :

> il restoit encore quelque peu d'escume de la femme, dont les dieux pour ne
> rien perdre firent de petits avortons de nature, qui furent appelés pygmées ou
> nains, et des singes, leurs demi- freres...[11]

Dans cette logique, les restes des restes sont encore de moindre valeur (« petits
avortons de nature ») mais trouvent néanmoins leur place dans l'échelle de la
création : « comme l'homme est mitoyen entre les dieux et la femme, aussi
semble la femme l'estre entre l'homme et les pygmées et singes... » Pour vaincre
le statisme inhérent à toute hiérarchie, on ne peut que la retourner, ce sont bien
entendu les femmes qui en prennent l'initiative, mues par leur désir de séduction ; les femmes voyant que les singes sont plaisants et se sachant elles-mêmes
destinées à plaire à l'homme, les prennent comme modèles, elles « synthétisent »
(« alambiquerent ») telles des alchimistes l'essence des singes :

> Sur cela, les femmes voyants que de leur escume avoit esté procree le singe,
> animal assez plaisant, et cognoissant qu'elles estoient nees pour complaire à
> l'homme, s'estudierent de là en avant de proceder de bien en mieux, et par un
> artifice nouveau alambiquerent la quint'essence des singes, que nous appelle-
> ront singeries, qui leur sont si familieres que quand repasserez sur toutes les
> singularitez de corps et d'esprit qu'estimez resider en elles, vous n'y trou-
> verez autres choses que singeries ; voire lors mesme qu'elles se disposent à
> mieux faire[12].

---

[10]   Pasquier, lettre, p. 260.

[11]   *Ibid.*

[12]   *Ibid.*, p. 261.

Le comique vient de la redistribution bouffonne des éléments du récit biblique et s'affirme par un propos de type explicatif, recourant à une prétendue logique de la cause et de l'effet. Cette réécriture burlesque du processus de la création la réduit à des principes d'économie ménagère et culinaire, louables dans ces domaines mais insolites ailleurs, et surtout dégradant : la création sacrée devient une sacrée cuisine.

La hiérarchie dictée par l'appauvrissement croissant de la matière conduisant des hommes aux femmes puis aux pygmées et enfin aux singes est perturbée de façon inattendue par le lien qui rapproche les femmes des singes : les singes sont plaisants, la femme veut plaire donc, pose le jeune homme sans sourciller, elle imitera le singe. La clôture de l'argumentation du jeune homme, inattendue, force le rire par son caractère bouffon. « A ceste parolle se ferma le gentil-homme, d'une grace si agreable qu'au lieu de nous courroucer, chacun commença de rire. »

Une des devisantes, ne voulant pas en rester là – on le comprend –, entame le deuxième acte de ce divertissement. Habilement, elle prétend apporter de l'eau au moulin talmudique, mais si elle semble abonder dans son sens, elle ne le rejoint sur ce terrain que pour mieux le combattre, usant d'armes similaires, c'est-à-dire d'arguments émanant de la même source. La joute rhétorique s'engage et en habile rhétoricienne, elle se garde bien de contredire le gentilhomme d'autant plus qu'il vient d'emporter l'adhésion du public. Conquis, les devisants rient, non pas pour la teneur de l'argument mais pour la mise en scène de sa rhétorique qui, si elle transgresse le *politically correct* de ce cercle, respecte néanmoins les règles du genre du « devis » en distrayant son audience.

> Mais une sage damoiselle ne voulut demeurer en si beau chemin sans luy rendre son change : « vous dytes vray, mon gentilhomme (dit-elle), aussi en avois-je autant ouy dire à ceux qui n'y entendent non plus que vous. »[13]

L'accord tactique est aussitôt dénoncé par deux arguments virulents, d'abord celui de la banalité, le propos n'est pas nouveau, deuxièmement il procède d'une ignorance marquée ici avec un certain mépris (« à ceux qui n'y entendent non plus que vous »). Au Talmud, s'ajoute ou s'oppose le récit rabbinique : « Mais accordez-moy le passage de vostre Thalmudiste avec celuy d'un autre Rabbi, translaté en vieux françois, qui est tombé entre mes mains. »[14]

A l'instar de la Genèse, réécrite sur le mode burlesque, la suite du récit relate le comportement de l'homme dans le jardin d'Eden planté d'arbres aux fruits bien singuliers car les arbres de ce nouvel Eden produisent des fruits mais aussi des sciences et des animaux. Mais c'est l'homme et non pas la femme qui goûte du fruit de l'arbre de la science pour égaler les dieux. A côté de cet arbre pousse

---

[13] *Ibid.*

[14] *Ibid.*, p. 261.

l'arbre aux singes, «fruict si agreable à l'homme que l'arbre en estoit du tout despouillé de tout le fruict, ne restant plus dessus les branches que la queue, qui est la cause que vous voyez encore aujourd'hui les singes estre demeurez sans queue.» L'enjeu du récit de la femme est de représenter le châtiment que se sera attiré l'homme par son orgueil:

> Si s'adviserent tous les dieux, par un chapitre general tenu dedans leur conclave, en vengeance de l'orgueil de l'homme de le confiner un longtemps sur cest arbre, et l'enter dessus la queue des singes. De maniere qu'estant comme un tantale vis à vis du fruict de science, il n'y pouvoit neantmoins attaindre que de la portee de son œil, et depuis les dieux, pour ne discontinuer leur vengeance, voulurent tout à fait bannir l'homme de ce beau jardin, et d'une suite cueillirent tous les autres animaux de chaque arbre pour les releguer avec luy[15].

Avec brio, l'intervenante redistribue à son tour et à sa façon les rôles attribués à chacun des sexes dans la Genèse, la volonté de désobéir et de s'accaparer les fruits défendus de l'arbre de la science est imputée à l'homme. Dans cette parodie du récit biblique, contée par une femme, l'homme est pécheur et son sexe sera assimilé à une queue de singe qui l'éloignera du savoir et le condamnera à le contempler sans jamais le consommer. On peut lire ce récit comme une réactivation du mythe de Tantale, exprimant la conscience humaine de l'étendue du savoir et en même temps celle de ses limites frustrantes qui interdisent à jamais son entière maîtrise.

Cette image de l'homme, enté sur l'arbre des singes par la queue que ceux-ci y ont abandonnée, représente une revanche bien féminine qui prononce à la fois l'animalisation dégradante et l'aliénation de l'homme. Il est attaché à l'arbre des singes, mitoyen de celui de la connaissance et condamné à la contempler éternellement et à éprouver en permanence sa frustrante condition. L'enseignement de cet épisode est donné par le rabbin. Déléguée à un tiers et qui plus est homme docte, l'autorité et l'objectivité de la morale est ainsi habilement établie:

> L'homme ayant esté enté sur l'arbre des singes, en a tousjours retenu la nature, non pas quant à l'escorce, car tousjours luy est demeuree sa premiere face et superficie, ains au dedans de l'esprit: toutes ses actions n'estans que pures singeries. [...] En tous leurs deportements, les hommes ne sont-ils pas de vrais singes les uns des autres?[16]

En clôture, la devisante assène le coup final d'une argumentation destinée à démonter mot à mot celle de son interlocuteur: elle reconnaît les singeries

---

[15]   *Ibid.*, p. 262.
[16]   *Ibid.*

auxquelles se livrent les femmes mais les assimile à des comportements superficiels qui, pour achever de disculper les femmes, leur sont dictés par l'homme «qui par leur puissance ont empieté une tyrannie sur nous». Les critiques prononcées par l'homme à l'encontre des femmes se retournent contre lui. La faiblesse de la femme n'est donc pas innée, due à la pauvreté de sa matière, comme dans le premier conte, mais acquise par la faute du mauvais exemple donné par les hommes. La femme ne s'en tient pas là et elle poursuit de façon à ce que la culpabilité des femmes pâlisse en regard de celle des hommes, érigée en hérésie, dernier argument :

> mais les singeries depeintes par ce vieux rabby naissent malheureusement aux ames des hommes pour desplaire à ce grand Dieu, auquel ils doivent consacrer toutes leurs pensées, si par leur nature corrompue ils n'en estoient destournez[17].

Tout comme dans l'*Heptaméron*, Pasquier narrateur utilise le récit cadre pour ajouter une conclusion moralisante, s'appuyant sur la sagesse universelle qu'incarnent les trois figures de Salomon, Héraclite et Démocrite. « A tant la demoiselle ; maintenant je veux estre de la partie et vous dire que je trouve trois personnages avoir esté les plus grands philosophes du monde ». Le débat se recentre alors sur la notion de vanité, équivalent sérieux des singeries du débat bouffon. L'argumentation philosophique qui soutient que la vanité, maladie inhérente à l'homme, n'est guérissable qu'à condition d'en prendre conscience, se double d'une dimension socio-politique dès que la vanité est associée au sentiment de richesse. Pasquier développe l'opposition entre richesse matérielle et sentiment de bonheur, qu'il considère comme la vraie richesse, ce qui lui permet de dire des nobles : «ils ne sont si grands ni si riches que moy, pour n'estre pas si contents.»[18] Puis assimilant le corps à un microcosme et à une république, il y définit la liberté et l'autonomie inaliénables du sujet :

> Chacun de nous est le roy de la republique que Dieu luy a baillee en garde. En ma petite république, au lieu de chevaux, j'ay mes pieds pour me porter ; au lieu de valets, j'ay mes mains...[19]

Les principes d'une philosophie bourgeoise de l'existence, en ce qu'elle s'oppose à celle de la noblesse, célèbrent la capacité de l'homme à s'assumer, à suffire à ses besoins et valorisent la sobriété récompensée par une santé solide que ne minent pas les «superfluitez»: «je suis roi en mon peu, pour scavoir commander à mes passions, et eux esclaves en leur trop, pour n'avoir autre commandement que sur leurs valets.»[20]

---

[17] *Ibid.*, p. 263.

[18] *Ibid.*, p. 264.

[19] *Ibid.*, p. 265.

[20] *Ibid.*, p. 266.

La plus grande des sagesses qu'il définit comme sa propre royauté, c'est le *Nosce te ipsum* qui nous ramène, via Thélème, à une nouvelle façon de penser l'individu : «c'est la royauté que je publie, et non celle des grands princes, lesquels pour se mescognoistre et mettre en usage le *Trop* au desadvantage de leurs pauvres subjets, perdent quelquefois et eux et leurs Estats tout ensemble.»[21]

En clôture, Pasquier attribue à cette lettre les vertus des silènes, contenant en dépit des grotesques les remèdes aux maladies de l'esprit :

> Vous recevrez de moy ceste lettre comme les drogues que vous voyez estre encloses aux boutiques des apothicaires dedans des vases, qui par le dehors représentent des cerfs-volants et autres bestes fantasques; ainsi vous ay-je voulu, sur le commencement de ma lettre, servir de je ne scay quelles grotesques, pour vous faire present après des remedes et preservatifs necessaires aux maladies de nos esprits...[22]

surprenant pastiche du prologue du *Gargantua* :

> Silenes estoient jadis petites boites telles que nous voyons de present es bouticques des apothicaires pincte au dessus de figures joyeuses et frivoles, comme des Harpies, Satyres, oysons brisez, lievres cornuz, canes bastées, boucqs volans, cerfz limonniers, et aultres telles pinctures contrefaictes à plaisir pour exciter le monde à rire. Quel fut Silene maistre du bon Bacchus : mais au-dedans l'on reservoit les fines drogues...[23]

Bien qu'adressée à un destinataire privé, M. de Beaurins, ici valorisé comme interlocuteur sage, et écrite sur le mode de la communication familière, cette lettre par son caractère de leçon vise un public plus large. Les récits mis en scène dans la lettre ne sont pas gratuits, ils participent d'une argumentation. Cette volonté argumentative signale bien les traits distinctifs du genre épistolaire tel que Pasquier le conçoit : «Sa rhétorique sous ses dehors vise d'abord à convaincre, à 'prouver'[24]. Cette lettre n'a rien d'une lettre privée, elle ne dit rien de l'identité du destinataire et la relation qui lie les deux hommes semble celle d'une amitié intellectuelle qui explique l'envoi d'un beau texte, d'une leçon appelant peut-être à un échange ou faisant écho à un dialogue. Selon la typologie établie par Geneviève Haroche-Bouzinac[25], cette lettre engage à une lecture de nature méditative ou «moraliste» et c'est bien à cette portée de leçon philosophique qu'elle doit sa publication dans le recueil.

Témoignage sur l'individu qui écrit, témoignage sur le groupe auquel il appartient, cette lettre dont ce n'est pas le sujet donne cependant, à son insu,

---

[21]   *Ibid.*, p. 267.

[22]   *Ibid.*

[23]   *Gargantua*, éd. cit., «Prologue de l'auteur».

[24]   A. Viala, art. cit., p. 172.

[25]   G. Haroche-Bouzinac, *L'épistolaire*, Paris, Hachette, 1995.

une représentation indirecte du rapport d'un milieu chrétien ouvert et éduqué aux sources juives. Tout en reconnaissant le statut de fables qu'il leur attribue, Pasquier représente une société de gentils devisants prêts à les considérer et à s'en servir comme arguments dans un débat. Arguments bouffons dont personne n'est dupe, indice de ce que la culture juive est exploitée, à l'instar de la mythologie gréco-latine, comme un réservoir d'histoires, d'images et de récits, coupés de leur significations fondamentales de mythes explicatifs et organisateurs du monde et de l'univers.

Le traitement de l'hébreu dans un contexte comique au même titre que les autres langues parlées par Panurge ou encore les références bouffonnes à une prétendue culture juive dans une lettre familière de Pasquier représentent l'indice significatif d'une dédramatisation du rapport des Chrétiens au judaïsme, peut-être due au fait qu'après des siècles de persécutions, les Juifs et le judaïsme ne sont plus perçus comme une menace pour les catholiques, la religion réformée aurait-elle pris leur relève? Traitées sur le mode de la dérision, les allusions au judaïsme, ou encore à l'hébreu, sont toutefois exemptes de la violence traditionnellement en vigueur dans la littérature médiévale et encore d'actualité notamment chez les théologiens comme Luther et Calvin. L'inscription de ces sources, même dans un contexte comique, semble annonciatrice d'une attitude plus objective à l'égard du judaïsme. En 1586, date de publication de ces lettres, la classe de Pasquier aurait-elle tiré les leçons de l'intransigeance religieuse? Ce texte peut-il être lu comme l'indice d'une attitude momentanément plus pacifique?

Relevant les occurrences du juif et de ses corrélats (judaïsme, Talmud, rabbins) dans les dictionnaires du Moyen Age à nos jours, G.-E. Sarfati enregistre avec précision ces micro-variations de la *doxa* dans les définitions qu'elle reformule de façon significative pour chaque époque. Rappelant que les dictionnaires du XVI⁰ siècle sont des sommes, dictionnaires d'attestations de l'usage, G.-E. Sarfati indique que E. Huguet

> emprunte ses exemples aux meilleurs auteurs: il puise dans Marot, Marguerite de Navarre, Agrippa d'Aubigné, du Bellay, Ronsard et Régnier. A travers ces auteurs la déjà pluriséculaire image du Juif s'accentue. Les Juifs demeurent objet de dérision, voués à la violence quand ils ne sont pas, dans le meilleur des cas, constitués en faire-valoir de la loi dominante[26].

Mais en dépit d'un discours dominant visant à disqualifier et à neutraliser le judaïsme, il constate aussi le caractère relativement objectif des définitions du Talmud données dans les premiers dictionnaires français du XVII⁰ siècle et en

---

[26]   G.-E. Sarfati, *Discours ordinaires et identités juives, la représentation des Juifs et du judaïsme dans les dictionnaires et les encyclopédies du Moyen Age au XX⁰ siècle*, Paris, Berg International, 1999, p. 34.

particulier par Richelet[27]. Publié en 1680, ce dictionnaire est cependant susceptible d'enregistrer les changements déjà perceptibles chez les humanistes libéraux tels Pasquier qui dans ses *Ecrits politiques* par exemple dénonce les raisons
de l'incitation à la violence contre les Juifs :

> les Prince Romains dressoyent factieusement leurs pensees, telles, que nous
> veismes quelquefois contre les Juifs quand ils residoyent en la France ; et que
> pour en tirer deniers, nos Roys laschoyent la bride au peuple à l'encontre
> d'eux[28].

S'il évoque le cas des Juifs qui continuent de vivre avec les Chrétiens bien
qu'exerçant une religion « qui est neantmoins une religion toute contrevenante
à la nostre », c'est surtout pour justifier qu'on reconnaisse aux Protestants la
liberté de culte.

A quoi imputer l'exploitation des sources juives dans un contexte comique ?
Faut-il la mettre au compte du discrédit dans lequel tombe la glose abusive des
textes saints avec les progrès successifs de l'humanisme et de la Réforme ? Serait-
elle significative d'une reconnaissance de la culture juive comme culture des
origines, ou bien cette source des sources serait pour sa valeur d'autorité sans
appel, précisément l'objet d'un rapport licencieux ? Difficile de trancher mais à
partir des textes cités, on perçoit une double attitude, d'une part ils prennent
acte de l'existence du patrimoine culturel juif ainsi que des contenus talmu-
diques tout en marquant une distance exprimée par la dérision. Il ne s'agit plus
du combat idéologique, ni de la violence qui l'accompagnait au Moyen Age, et
ce, pour des raisons historiques bien connues. Neutralisés par l'expulsion d'Espagne en 1492 et menant des existences pour la plupart précaires en Europe, les
Juifs et le judaïsme ne devaient plus représenter une menace pour le christianisme, d'où cette attitude gentiment dérisoire.

En succédant à la violence, la dérision, étape supplémentaire dans les
rapports judéo-chrétiens, témoigne implicitement de l'attitude d'une société
bien ancrée dans sa vérité religieuse d'où elle peut évoquer sans crainte l'ancien
ennemi, qui, désarmé par des siècles de combat et de persécutions, ne prête plus
qu'à rire.

Nadine KUPERTY-TSUR
Université de Tel-Aviv

NOTES BIBLIOGRAPHIQUES

Art de la lettre, art de la conversation à l'époque classique en France, éd. B. Bray et Ch. Stro-
setzki, Paris, Klincksieck, 1995.

---

[27] *Ibid.*, p. 61-62.

[28] Etienne Pasquier, *Ecrits politiques*, *Exhortation aux princes et seigneurs*, éd. D. Thickett,
Genève, Droz, 1966, p. 69.

Marc Fumaroli, «Genèse de l'épistalographie classique: rhétorique humaniste de la lettre de Pétrarque à Juste Lipse», *RHLF*, 78, 1978, p. 886-905.

La lettre à la croisée de l'individuel et du social, éd. M. Bossis, Paris, éd. Kimé, 1994.

Georges-Elia Sarfati, *Discours ordinaires et identités juives, la représentation des Juifs et du judaïsme dans les dictionnaires et les encyclopédies du Moyen Age au XXe siècle*, Paris, Berg International, 1999.

Alain Viala, «La genèse des formes épistolaires en français et leurs sources latines et européennes, essai de chronologie distinctive (XVIe et XVIIe siècles)», *Revue de littérature comparée*, 218, 1981, p. 168-183.

LE *TRAITTÉ DE LA VOCATION*
DE PIERRE DE LA PLACE

On connaît encore mal la personnalité et l'œuvre de Pierre de La Place, président de la cour des Aides du Parlement de Paris[1], auteur de plusieurs ouvrages qui intéressent l'histoire de son époque (ses *Commentaires*[2] ont été justement appréciés de tous) et d'ouvrages de philosophie morale injustement oubliés. Il laisse à sa mort, en 1572[3], un *Traité de l'excellence de l'homme chrestien*, qui sera édité en 1575[4], parfois cité, mais il avait publié bien avant, en 1561[5], un *Traitté de la vocation et maniere de vivre à laquelle chacun est appelé*, qui a retenu notre attention. Il le mérite pour deux raisons au moins. La première est d'ordre biographique. La Place l'écrivit en effet juste après sa conversion au protestantisme, qui, selon ses biographes, intervient au début du règne de Charles IX. Ils nous apprennent aussi qu'il s'était depuis longtemps converti en son cœur: «Exerçant laquelle charge, Dieu l'appella à sa cognoissance environ l'an 1554 par une façon fort estrange»[6]. La deuxième raison appartient à l'histoire des idées morales et de la philosophie. C'est en effet La Place qui, le premier et dans un texte écrit en français, emploie d'une manière systématique le mot «vocation» pour désigner tous les états de la vie: non seulement celui des religieux, mais celui des magistrats, des marchands, des soldats, des domes-

---

[1] Les biographes ne se sont pas précipités. Un certain Christian Bartholmiers a écrit un «Discours sur la vie et le caractère du président Pierre de La Place» (*BSHPF*, 1853, n° 1, p. 511-521) qui est d'une affligeante banalité. Ce qu'il sait ou croit savoir vient de la *Briefve description de la vie et mort de l'aucteur*, qui figure à la suite du *Traicté de l'excellence de l'homme chrestien*, dans la première édition (1575). O. Millet a résumé d'une façon très claire nos connaissances sur l'auteur dans l'appendice IV de sa thèse: *Calvin et la dynamique de la parole. Etude de rhétorique réformée*, Paris, Champion, 1992, p. 893-899.

[2] *Commentaires de l'estat de la religion et republique soubs les rois Henry et François seconds et Charles neufviesme [...]*, s. l. 1565; rééd. l'année suivante sous le titre *Histoire de nostre temps*; voir H. Hauser, *Les Sources de l'histoire de France*, XVIᵉ siècle, t. III, n° 1471, p. 65.

[3] Pierre de La Place fut massacré à la Saint-Barthélemy, comme le relate son premier biographe.

[4] S.l., BNF R 21017

[5] La première édition, avec une dédicace à Charles IX, paraît chez Féderic Morel (BNF R 6050). L'œuvre est rééditée en 1578 par R. Le Mangnier (BNF R 18550). La disposition des chapitres connaît des modifications importantes, le fond reste inchangé.

[6] *Briefve description* (qui devient, plus loin, *Brief Recueil des principaux poincts de la vie de Messire Pierre de La Place*).

tiques. Tout, dans sa pensée fortement protestante, est vocation. On ne pouvait négliger plus longtemps cette petite révolution dans la façon de percevoir l'excellence de la vie civile.

En fait, comme on le verra, cette idée de vocation permet à l'auteur de réfléchir autrement sur le mal dont tout le monde se plaint, en prose ou en vers: l'instabilité des individus, mécontents de leur sort. S'il existe des vocations, de toute sorte, il n'y a pas lieu, d'autre part, de surestimer la vocation proprement religieuse. Enfin, La Place se montre assez sévère au sujet de la manière trop subjective dont les individus décident de leur vocation. L'originalité de sa pensée se trouve dans la façon, théologique et philosophique, dont il réfléchit sur l'équilibre de la société et sur sa destinée transcendante. Parfois polémique dans sa première publication, il parviendra à une sorte de sérénité, dont sa dernière œuvre, le *Traitté de l'excellence de l'homme chrestien*, sera l'expression. Mais dès 1561, il est en possession d'une pensée vigoureuse qui mérite l'attention.

Tout commence par une question de vocabulaire, et par la substitution du mot «vocation» au mot «vacation»: une lettre est changée et tout est différent. Ecoutons Pierre de la Place: «le Mot de *vocation*, tiré du latin, signifie ce à quoy lon est appellé: bien toutefois d'autre energie que le mot vacation, françois et vulgaire, signifiant la maniere de vivre à laquelle chacun vaque» (3v°)[7]. La Place s'embrouille un peu dans les étymologies. On pourrait en effet lui faire remarquer que le mot «vacation» vient lui aussi du latin. Peu importe. L'essentiel est bien dans la différence sémantique. Il ne sera plus question des états contingents de la vie tels qu'ils ont été énumérés par la poésie morale du Moyen Age, et tels qu'ils sont repris par celle de la Renaissance[8]. Il sera question de l'«expres vouloir et ordonnance de Dieu conforme à l'estat et condition de vie en laquelle nous sommes, comme à icelle par luy appellez» (3v°). Conscient sans doute de la nouveauté de son point de vue, La Place martèle sa définition tout au long de son traité. Il y revient et l'enrichit encore dans sa conclusion: «La vocation de l'homme est une certaine maniere de vivre, distincte et differente en plusieurs sortes, selon la necessité de l'imbecilité et indigence de l'homme, procedant de la divine providence, et non de l'evenement de fortune, pour servir de mutuel secours et aide reciproque de l'un à l'autre, à laquelle chacun doit estre deuement appellé, et constamment s'y maintenir, à la conservation de l'ordre, police, gouvernement, et union de la vie et société humaine» (83v°). Laissons pour l'instant de côté les enrichissements pour ne retenir que l'essentiel: l'idée d'un ordre providentiel, c'est-à-dire voulu par Dieu, et qui embrasse la totalité

---

[7]   Toutes nos références sont empruntées à la première édition du *Traitté de la vocation*.

[8]   Voir D. Ménager, «L'ordre social et les états», *Ronsard en son IVᵉ Centenaire*, Genève, Droz, 1989, p. 211-220.

de la société, si bien qu'il existe partout des vocations. La Place marque fortement la nouveauté de cette perspective par rapport à la pensée des Anciens. Ils ont eu le tort de parler de *fortuna* et de *sors,* alors que tout vient de Dieu. Ce mot nouveau de « vocation » mérite de devenir « vulgaire, empreint au cœur et en la bouche de chacun ».

Mot nouveau ? Sans doute, mais qui rôdait depuis quelque temps dans la tête des humanistes chrétiens, plus ou moins proches de la Réforme. Nous n'en voulons pour preuve qu'une précieuse variante de Rabelais. Dans le *Gargantua,* l'épisode des pèlerins se termine par la petite homélie que le roi leur adresse. D'une édition à l'autre, rien ne change, sauf un mot, qui apparaît dans celle de 1542 : « Allez vous en pauvres gens au nom de Dieu le createur, lequel vous soit en guide perpetuelle. Et dorenavant ne soyez faciles à ces otieux et inutiles voyages. Entretenez voz familles, travaillez chascun en sa *vocation,* instruez voz enfans, et vivez comme vous enseigne le bon Apostre saint Paoul »[9]. *Vocation* et non plus *vacation.* Un mot nouveau pour une idée nouvelle, dont l'origine est évidente : Calvin et son *Institution chrestienne,* dans la traduction de 1541. Le dernier chapitre de ce livre[10] est construit sur l'idée des deux vocations de l'homme. La première concerne l'amour de Dieu, auquel chaque chrétien est appelé. La seconde varie selon les individus, et l'état qui est le leur. En ce second sens, il y a vocation pour tous, mais diversité dans la manière dont elle s'exprime. « Il suffit que nous congnoissions la vocation de Dieu nous estre comme un principe et fondement de nous bien gouverner en toutes choses ; et que celuy qui ne se dirigera à icelle, jamais ne tiendra le droict chemin pour deuèment s'acquitter de son office »[11]. Le mot de « vocation » scande l'ultime chapitre de la première *Institution chrestienne.* Il est même le dernier mot du chapitre et de tout l'ouvrage. Il est donc probable que Rabelais l'a repéré, ce qui nous conduit aussi à dire qu'il a fréquenté très vite la pensée de Calvin[12].

Il n'est pas le seul à avoir été frappé par ce chapitre : ce fut aussi le cas de La Place. O. Millet nous a rappelé[13] naguère dans quelles conditions il a rencontré

---

[9]   *Gargantua,* éd. M. Huchon (texte de 1542), Paris, Gallimard, « La Pléiade », 1994, p. 123.

[10]   Chapitre 17. Il a pour titre « De la vie chrestienne ». Nous le citerons dans l'édition Pannier, Paris, Les Belles Lettres, 1939.

[11]   Calvin, *Institution chrétienne,* éd. cit., p. 295.

[12]   Dans la note de son édition qui commente la variante que nous avons citée, M. Huchon opère un rapprochement intéressant avec un passage du traité de Calvin : *Contre les libertins,* où l'on trouve la phrase suivante : « Saint Paul nous admoneste que chacun demeure en sa vocation où il est appelé. Or le mot de vocation signifie toute maniere de vivre ou estat estably de Dieu et fondé en sa parolle ». Ce traité étant de 1545, il ne peut être à l'origine de la variante. On remarque par ailleurs dans *l'Epître à Sadolet* (1540) plusieurs emplois du mot « vocation » mais presque tous au sens de « vocation religieuse » : voir l'éd. O. Millet, *Œuvres choisies,* Gallimard, Folio, 1995.

[13]   *Calvin et la dynamique de la parole. Etude de rhétorique réformée,* Paris, Champion, 1992, appendice IV.

Calvin, et la forte impression produite sur lui par le chapitre 17 de l'*Institutio*, qui a peut-être déjà fait l'objet d'éditions séparées. Il le traduit donc en 1540-1541[14] et la pensée du maître l'accompagne toute sa vie. En 1561, ayant fait ouvertement profession de protestantisme, il développe et amplifie sa pensée dans ce *Traitté de la vocation*. Les deux idées majeures de Calvin se retrouvent ici. La vocation appelée « contemplative » est le fait de tous les chrétiens, appelés à la connaissance et à l'amour du Seigneur. Mais ce sont les vocations particulières qui retiennent surout l'attention du disciple de Calvin, qui n'est pas un théologien. Elles sont aussi nombreuses qu'il existe d'états dans la société, et l'on sait que si le nombre des ordres est limité à trois ou quatre, celui des « états du monde » est pratiquement infini[15]. Soucieux d'endiguer leur déferlement, La Place énumère quelques grandes catégories : la « vocation économique » (6r°), la « vocation publique » (9r°), la « vocation de justice » (13r°) et la « vocation militaire » (15r°). La « vocation ecclésiastique » n'a droit à aucun honneur particulier, elle est l'une des espèces de la « vocation publique », mais elle retiendra plus loin l'attention de l'auteur quand il s'interrogera sur les signes de la vocation. La Place se refuse par ailleurs à établir des hiérarchies car toutes les vocations sont nécessaires en raison de la « liaison et conjonction universelle de tous » (18r°). Idée humaniste, idée paulinienne : La Place a lu et relu la première *Epître* de saint Paul aux Corinthiens[16]. Une belle et grande philosophie de la vie active découle de tout cela. Personne n'est inutile et ceux qui se trouvent confinés dans des emplois infimes doivent combattre le sentiment de découragement qu'ils éprouvent quelquefois : « qu'un chacun cognoisse qu'il n'y a celuy qui soit sans vocation, et qui ne soit appellé à quelqu'une ; puis qu'il n'y a vocation en laquelle n'y ait assez de matiere pour honnestement s'occuper et employer à l'exercice de vertu » (28r°). De ce sentiment d'inutilité pourrait naître « un grand nonchaloir et desplaisir de chacun en sa maniere de vivre » (28r°) préjudiciable au salut et à l'équilibre de la société humaine. Tout cela, c'est encore du Calvin[17], dont le meilleur relais, en 1542, est peut-être Rabelais qui demande lui aussi, par la voix de son géant, que chacun soit fidèle à sa vocation.

Dans le dernier chapitre de *l'Institution chrétienne*, Calvin dénonçait l'instabilité de l'homme : « Nous avons aussi à observer diligemment que Dieu

---

[14]   Cette trad., qui n'a jamais été rééditée, se trouve dans un ms de la Bibliothèque municipale de Poitiers (n° 351). O. Millet l'étudie dans un chapitre de sa thèse et la compare avec la propre traduction de Calvin.

[15]   On peut en avoir une idée avec le *Catalogus gloriæ mundi* de Barthélémy de Chasseneux (Lyon, G. Regnault, 1546) et ses immenses dénombrements.

[16]   12, 12-31.

[17]   « Il n'y aura œuvre si vile ne sordide, laquelle ne reluyse devant Dieu et ne soit fort precieux, moyennant qu'en icelle nous servions à nostre vocation » (*Institution chrétienne* de 1541, éd. cit., t. IV, p. 296).

commande à un chacun de nous de garder sa vocation en toutes les actions de la vie. Car il congnoist combien l'entendement de l'homme brusle d'inquiétude, de quelle légèreté il est porté çà et là; et de quelle ambition et cupidité il est sollicité à embrasser plusieurs choses diverses tout ensemble. Pourtant, de peur que nous ne troublissions toutes choses par nostre folie et témérité, distinguant les estatz et manieres de vivre, il a ordonné à un chascun ce qu'il auroit à faire»[18]. Vingt ans plus tard, La Place reprend et développe cette mise en garde. Il regrette lui aussi la propension de l'homme à «se desplaire de sa propre condition». Nous sommes, dit-il encore, «haletans tousjours apres ce qui est hors de nous» (63v°). Dans cette insatisfaction permanente, dans le désordre et la confusion qu'elle engendre, comment ne pas voir des signes du péché?

Les doléances de l'auteur semblent se perdre dans un discours si ancien qu'il est difficile de lui fixer une origine. Et ce ne sont pas les citations de l'*Ecclésiaste* qui démentiront cette impression[19]. Pourtant, La Place fait aussi appel à la sagesse humaniste et cite volontiers Horace[20]. En cela déjà, il se distingue de Calvin[21]. Son discours paraîtra plus «actuel» si l'on remarque, d'autre part, que cette inconstance de l'homme était devenue une véritable obsession des écrivains dans les années 1550-1560. Elle est l'un des signes de la vanité, peut-être même le plus important:

> D'où vient cela (mon Prelat) que les hommes
> De leur nature aiment le changement?[22]

La question de Ronsard, qui parcourt les *Odes* et les *Hymnes*[23], était déjà celle de l'*Ecclésiaste*. Mais on ne trouve pas la réponse si l'on s'obstine à juger l'homme selon le modèle de la nature. Car l'instabilité qu'on lui reproche exprime le fait qu'il est un être de désir, ce que le néoplatonisme, en revanche, est en mesure de

---

[18] *Ibid.*, p. 295.

[19] On voit «toutes les creatures garder leur ordre, et se contenir en leurs limites de nature et a ce qui leur est ordonné de Dieu: mais l'homme seul, au contraire, toujours estre inconstant, et regardant ailleurs, non content de la condition de vie en laquelle il est estably» (62v°). A vrai dire, il ne s'agit pas ici d'une citation de l'*Ecclesiaste*, même si l'on en retrouve le ton. C'est d'ailleurs aussi celui de l'oracle de Delphes, tel que Montaigne le résume à la fin du chapitre «De la Vanité» (*Essais*, III, 9).

[20] Notamment l'Epître I, 7 qui contient l'histoire de Volteus Menas, auquel on avait donné une petite fortune. Il n'eut de cesse de revenir à sa condition de crieur public.

[21] L'un des images utilisées par Calvin est celle du poste de garde (en grec: *phroura*): Dieu nous a placés à un poste que nous ne devons pas abandonner (*Institution chrétienne*, éd. cit., IV, p. 285). Cette image, qui sert aussi à condamner le suicide, possède une longue histoire. Les humanistes chrétiens l'utilisent fréquemment, mais, avant Calvin, il ne semble pas qu'elle serve à condamner l'inconstance «professionnelle» de l'homme.

[22] Ronsard, «Ode à Charles de Pisseleu», Lm, II, p. 1.

[23] Voir en particulier l'«Hymne de la Mort», v. 229-236, Lm, t. VIII, p. 173-174.

comprendre. Si l'on méconnaît la force du désir, l'individu n'est plus qu'un être de vanité, une vanité coupable et que flattent de mauvais maîtres. Pour La Place, ils se trouvent parmi les philosophes antiques, ce que Calvin ne disait pas. En faisant l'éloge de l'ambition, et de la grandeur d'âme, ils ont encouragé l'homme à dépasser l'état où il se trouve (64r° sq.) Il y a là, sans doute, une allusion à la philosophie morale d'Aristote[24]. La Place dénonce au passage Homère (ou ses commentateurs) qui aurait fait l'éloge de la querelle entre Ulysse et Achille[25], et l'univers moral de l'épopée. Il va plus loin encore: ce sont certains philosophes de la nature qui sont coupables lorsqu'ils «tiennent que qui osteroit du monde le discord et la noise, le cours des corps célestes s'arresteroit, disans que c'est la cause qui maintient toute l'harmonie de ce monde» (66v°)[26]. L'éloge de la vocation apparaît alors comme inséparable de la stabilité du monde, mis en danger par l'ambition et son cortège de vices. Mais si la nature elle-même perd sa stabilité, où trouvera-t-on des modèles? Pour La Place il y en a deux, qu'il associe, Socrate et Jésus (72v° sq.), association à laquelle l'humanisme nous a habitués, mais que notre auteur renouvelle. Le philosophe d'Athènes devient le chantre de la fidélité à la vocation: soit! Mais c'est aussi, d'une manière surprenante, ce que nous enseigne la vie de Jésus: «Il se contint si estroitement dans les bornes et limites de sa vocation qu'il refusa d'exercer office de judicature» (73r°). On aurait peut-être embarrassé La Place en lui demandant ce qu'était, au juste, la vocation de Jésus. A ses yeux, sans doute, Jésus annonce le royaume de Dieu, il se tient à cette mission sans vouloir juger les hommes. Mais ce double appel à Socrate et à Jésus montre le désarroi d'un auteur qui cherche les références les plus sûres pour endiguer cette «volubilité» de l'homme. L'*Ecclésiaste* ne rend plus les services que l'on attendait de lui, car sa philosophie, un peu courte, renvoie l'homme à l'ordre de la nature[27]. Et la philosophie antique montre, de

---

[24]   Bien entendu, Aristote ne fait pas l'éloge de l'instabilité, mais ce qu'il écrit, par exemple, de la magnanimité (*Ethique à Nicomaque*, 1123a34-1125a35) peut encourager les grandes entreprises et la recherche de l'honneur.

[25]   L'allusion de La Place (66v°) est difficile à préciser. S'agirait-il d'un lapsus, et l'auteur pensait-il à la querelle entre Achille et Agamemnon? De toute manière, Homère lui-même ne fait pas l'éloge de la rivalité. La Place a peut-être trouvé cette idée dans un commentaire.

[26]   On reconnaît là une idée souvent prêtée à Héraclite, mais c'est par Aristote que La Place la connaissait. On lit en effet dans *l'Ethique à Nicomaque*: «Héraclite prétend que 'le rebelle, l'opposé est seul utile', que 'la plus belle harmonie ne sort que des contrastes et des différences', et que 'tout l'univers est né de la discorde'» (VIII, 2, 1155b4, Le Livre de Poche, 1992, trad. Barthélemy Saint-Hilaire, p. 319). Voir aussi *Les Ecoles présocratiques*, éd. J.-P. Dumont, Paris, Gallimard, Folio, 1991, p. 67 et la note qui estime ce passge interpolé. Il semble bien qu'une fois de plus, ce soit Aristote (bien entendu mal compris) qui soit visé par La Place

[27]   La Place a trouvé dans l'*Ecclésiaste* la maxime suivante: «L'homme delaissant le lieu qu'il doit tenir, faict ne plus ne moins que l'oiseau qui abandonne son nid» (72v°). Il a eu plus de chances que nous! Il y a en revanche, dans les *Proverbes* (27, 8), une comparaison entre

son côté, que celle-ci n'est pas du tout synonyme de calme et de constance. Son équilibre, précaire, tient peut-être à l'équilibre des forces. Voilà dans quel contexte se situe cette philosophie de la vocation. Elle est inséparable des aspirations de l'individu et de sa volonté d'affirmation. Le remède le plus sûr que La Place ait trouvé, c'est de marteler l'idée que tout homme a une vocation. Ce mot, nouveau dans ce sens, vaut à lui seul tout un discours.

Reste l'épineuse question du choix d'un état. On ne peut parler, en toute rigueur, du choix d'une vocation puisque le mot contient l'idée d'appel. La logique voudrait que l'on fasse ce à quoi l'on est appelé. Mais les choses ne sont pas aussi simples et La Place se demande quels sont les signes authentiques d'une vocation. C'est la pointe de son traité, ce qui lui inspire les réflexions les plus originales.

Il y a, explique-t-il, deux voies pour entrer en vocation: «l'une interieure et occulte et l'autre exterieure et apparente» (30r°). On commencera par la deuxième. N'oublions pas, en effet, que ce traité est adressé à Charles IX, juste après son accession au trône. L'appel, c'est d'abord celui qui vient du roi dans l'exercice naturel de ses fonctions: il choisit les hommes compétents pour les différentes charges qu'il a à pourvoir. Tâche très difficile, car il lui faut «bien discerner et elire le naturel et suffisance propre d'un chacun» (41v°). Si La Place ne disait rien d'autre, il ne ferait que répéter ce qu'écrivent, à longueur de pages, les auteurs d'*Institutions du Prince*. On s'en convaincra en remarquant que Ronsard, au même moment, fait allusion aux choix du Prince dans son «Institution pour l'adolescence de Charles IX»[28]: bien connaître ses sujets, c'est savoir aussi à quelle place il convient de les mettre. Ce thème parcourt les *Discours des Miseres de ce temps*, avec son corollaire: la condamnation de la vente des offices. La Place se distingue pourtant de ses contemporains en enlevant au roi le privilège de bien connaître ses sujets. On faisait grand cas, à son époque, de la physiognomonie[29] dont on attendait monts et merveilles: elle permettrait de connaître, grâce aux traits du visage, ce qu'étaient réellement les candidats aux charges. Il n'en est pas question dans le *Traitté de la vocation*. Le roi n'est, pour son auteur, que le dernier maillon d'une procédure de choix où interviennent, à défaut du peuple, de sages conseillers. L'idéal serait que le peuple fasse connaître ses désirs, que les assemblées votent et que le roi décide[30]. Ce qui nous ramène aux trois

---

l'homme qui erre loin de son pays et l'oiseau qui erre loin de son nid. Dans les deux cas, il s'agit d'instabilité et de l'oubli du lieu naturel (si tant est que celui-ci existe).

[28] *Œuvres complètes*, éd. Laumonier, v. 124-127, Paris, STFM, t. XI (1946), p. 10.

[29] Voir encore Ronsard, *op. cit.*, v. 39-40, t. XI, p. 5. Sur ce thème, voir aussi D. Ménager, *Ronsard. Le roi, le poète et les hommes*, Genève, Droz, 1979, p. 149.

[30] Voir le développement, au reste peu clair, des f. 35 sq.

types de gouvernement chers à Aristote, et qui se trouveraient plus ou moins combinés dans la monarchie française. N'attendons pas de La Place des réflexions de type constitutionnaliste. Le domaine où il excelle, c'est celui de la philosophie morale. Et ce qui l'obsède, c'est l'idée que le roi puisse faire de mauvais choix. Un roi bien informé appellera ceux qui le méritent aux différentes charges du royaume. Voilà pour la vocation «exterieure et apparente».

Et voici pour la vocation «interieure et occulte». Tout l'intérêt de la réflexion de l'auteur tient à la manière dont il essaie de combiner deux idées. Il ne faut pas, d'une part, s'«ingerer de soymesme» (46r°). L'appel est préférable à la démarche de candidature. Sage conseil, et qui peut éviter de cuisantes déconvenues. Mais l'individu peut estimer que le prince, ne sachant rien de lui, le laissera dans l'ombre où il se trouve. La Place répond en citant la Bible et l'histoire antique. «Dieu regarde en bas jusques aux choses plus basses, n'estant lieu tant caché et peu cogneu, auquel il ne le [l'homme] treuve, et duquel il ne le tire lors que son bon plaisir sera se servir de luy» (47r°). Il a su voir Moïse derrière ses brebis[31], et la vocation des prophètes révèle d'une manière éclatante cette clairvoyance de Dieu. Par un petit coup de pouce conceptuel, La Place essaie de montrer qu'il en va de même pour les républiques et les rois: Rome a su trouver Cincinnatus derrière sa charrue. Conscient de la fragilité de son parallèle entre Dieu et les princes, La Place ajoute cependant qu'on ne peut condamner tout à fait «l'honneste pourchas d'un office» (47v°). Briguer une place n'est pas forcément un signe d'ambition, à condition d'être bien préparé aux tâches qui nous attendent. La philosophie antique, exilée pour un temps, fait retour dans le texte.

Elle explique aussi l'importance, dans ce traité, des réflexions sur l'«inclination», «est grandement considerable au fait de la vocation d'un chacun» (30v°), et c'est ce qui rend si difficile le choix d'un état, comme l'affirme par ailleurs Cicéron[32]: «La délibération et le choix de la manière de vivre à un chacun, est l'une des plus difficiles choses en ceste vie» (30v°). On est donc ramené à l'idée que chacun se fait de ses dons et de ses aptitudes. Subjectivité? Sans doute pas, car La Place croit que la conscience renseigne clairement l'individu sur ce qu'il est et sur ce qu'il peut faire. Le recours à la conscience permet d'échapper aux puissances trompeuses et d'accéder à une certaine forme de connaissance de soi. On peut reconnaître ici l'influence de la philosophie antique. On peut tout aussi bien rappeler l'enseignement calvinien sur la conscience. Pour l'auteur de l'*Institution*, la conscience est le «for intérieur *coram Deo*», le lieu de l'exercice du «jugement humain et spirituel»[33].

---

[31] *Exode*, 3, 1 et suiv.

[32] *De officiis*, I, 32, 117.

[33] O. Millet, «Le thème de la conscience libre chez Calvin», *La Liberté de conscience (XVIᵉ-XVIIᵉ siècles)*, Genève, Droz, 1991, p. 26. Voir Erasme, l'adage 42, *Invita Minerva* (LB, II,

L'«examen de conscience», entendu dans ce sens, doit donc précéder le choix personnel d'un état dans la vie.

La Place est aussi un humaniste, et, comme tous les humanistes, il pense que l'un des plus grands malheurs qui puissent arriver à l'individu, c'est de faire quelque chose à contre-cœur : *invita Minerva* (31r°). Autrement dit, il faut faire en sorte que l'individu soit adapté au métier qu'il exerce. Vaste programme ! Mais que la question soit posée en ces termes montre bien que La Place n'ignore pas l'air du temps. Cette question sera, un peu plus tard, celle de Huarte, qui la réglera d'une manière bien différente. Au lieu de faire confiance à la lumière de la conscience, il imaginera une méthode autoritaire pour que chacun soit adapté à ce qu'il veut entreprendre : «A fin que nul ne faille à choisir [la chose] qui luy est la plus propre et meilleure, on devroit commettre et deputer hommes sages et sçavans, pour decouvrir en l'age tendre l'esprit de chaque enfant et le faire estudier *par force*, la science qui luy est convenable, sans que luy mesme en fasse election»[34] Très éloigné de la philosophie de l'auteur espagnol, La Place est en revanche très proche de la pensée d'Erasme[35]. Souhaiter que l'individu trouve du plaisir dans l'accomplissement quotidien d'une tâche, quelle qu'elle soit, ce n'est pas cultiver à l'excès l'individualisme. C'est guérir l'un des maux dont souffre la société, celui que dénonce ce traité : l'instabilité, le désir vague d'un état meilleur, et toutes sortes de chimères dangereuses.

On connaît la thèse de Max Weber sur la notion de *Beruf* chez Luther. Dans des pages célèbres de *L'Ethique protestante et l'esprit du capitalisme*[36], le grand sociologue allemand estimait, sans doute à juste titre, que ce terme, qui signifie : tâche de l'existence, travail défini, n'a pas d'équivalent dans les pays de culture catholique, «alors qu'il en existe un chez tous les peuples où le protestantisme est prépondérant»[37]. Pour Max Weber, «il semble avoir été employé pour la première fois, avec le sens qu'il a de nos jours, dans la traduction de Luther au livre de Jésus ben Sira, l'*Ecclésiastique* XI, 20-21»[38]. C'est un «produit de la

---

col. 44A). Sa signification est clairement donnée : *Latinis illud est celebratissimum, Invita Minerva, pro eo quod est refragante ingenio, repugnante natura, non favento coelo* (*ibid.*). Parmi les références données par Erasme, figure le passage de Cicéron indiqué *supra*, n. 32.

[34] J. Huarte, *Anacrise ou parfait jugement et examen des Esprits propres et nays aux sciences*, tr. G. Chappuys, Lyon, F. Didier, 1580, Epître dédicatoire à Philippe II.

[35] Elle guide un grand nombre de ses réflexions de pédagogue.

[36] Trad. fr., Paris, Plon, 1964, p. 81-104.

[37] *Op. cit.*, p. 81-82.

[38] *Ibid.*, p. 85. Une note de plus de cinq pages (!) précise les problèmes de traduction posés par le mot hébreu équivalent. On se demande bien pourquoi l'une des traductions modernes les plus utilisées (la TOB : traduction œcuménique de la Bible) traduit ainsi ce verset : «Tiens-toi

Réforme ». En effet, « estimer que le devoir s'accomplit dans les affaires temporelles, qu'il constitue l'activité morale la plus haute que l'homme puisse s'assigner ici-bas, -voilà sans conteste le fait absolument nouveau. Inéluctablement,
l'activité quotidienne revêtait ainsi une signification religieuse, d'où ce sens [de
vocation] que prend la notion de *Beruf* »[39]. Cette idée, proprement luthérienne
au départ, est reprise ensuite par les calvinistes, comme on a pu le voir avec le
texte de *l'Institution chrétienne*. On se doute bien que cette thèse, vieille de cent
ans[40], a été l'objet de nombreuses critiques. Pour l'essentiel, nous la croyons
juste. Ce qui prouve par ailleurs la nouveauté protestante, est le fait que le mot
vocation, dans le sens où il l'entend, reste d'un emploi rare, en France, au
seizième siècle. Bien entendu, les catholiques l'ignorent[41]. Pour Montaigne, il
n'existe que des *vacations* et c'est déjà beaucoup quand elles ne sont pas
« farcesques »[42]. Quelques sondages dans des textes protestants montrent que le
mot, avec son sens nouveau, a du mal à s'imposer.

Mais ce serait simplifier la pensée de La Place que de la ramener au seul
protestantisme. A bien des égards, elle est tributaire de l'humanisme. Il se soucie
des « inclinations » de l'individu, c'est-à-dire, de son bonheur. Digne héritier de
Cicéron et d'Erasme, il estime qu'il n'y a rien de pire qu'une erreur dans le
choix du genre de vie. Elle peut être responsable du malheur de toute une existence. Peu dogmatique, sa pensée essaie donc de concilier l'attachement à la
pensée de Calvin et le souci de l'individu. C'est ce qui fait son prix.

Daniel MÉNAGER
Université Paris X-Nanterre

à ton alliance et consacre-toi à elle, vieillis à ton ouvrage ». Chouraqui est évidemment beaucoup plus fidèle au sens du texte lorsqu'il traduit: « Tiens-toi à ta besogne, médite-la, vieilllis
à ton ouvrage » (Desclée de Brouwer, 1986, p. 1759).

[39] *L'Ethique protestante et l'esprit du capitalisme*, éd. cit., p. 90.

[40] La première édition de ce texte (*Die protestantische Ethik und der Geist des Kapitalismus*) parut
en 1904-1905 dans *Archiv für Sozialwissenschaft und Sozialpolitik*, t. I et II. On trouve une mise
au point au sujet des thèses de M. Weber dans J. Delumeau, *Naissance et affirmation de la
Réforme*, PUF, « Nouvelle Clio », 1873, p. 301-306.

[41] Un des meilleurs exemples de cette ignorance ou de ce refus se trouve dans un passage du *Bref
Discours de l'excellence et dignité de l'homme*, de Pierre Boaistuau. On lit en effet, vers la fin du
texte, le passage suivant: « S'il (= l'homme) a tant de miseres que nous avons racontées, elles
luy ont esté adjoinctes depuis qu'il se mescogneut, et qu'il eust sorti de l'obeissance et vacation à laquelle il estoit appelé » (éd. M. Simonin, Genève, Droz, 1982, p. 81). On attendait
« vocation » (notamment à cause du verbe employé), on trouve « vacation ». Remarquons
cepndant que Boaistuau se corrige et qu'il emploie « vocation » dans l'édition de 1566 (voir
l'apparat critique, p. 81): preuve que le mot « vocation » se répand lentement à l'extérieur
même de la sphère du protestantisme.

[42] *Essais*, III, 10, éd. Villey-Saulnier, Paris, PUF, 1965, p. 1011. Remarquons, au sujet du lexique
de Montaigne, l'étrange choix de la *Concordance* de Leake, qui ne retient pas le mot « vaca-

tion» et renvoie au mot «vocation» comme si les deux termes avaient le même sens. On ne trouve que deux emplois du mot «vocation» dans les *Essais*. Le premier se trouve dans le chap. 17 du livre I où il est question de la «vocation juridique» (p. 72); le second, plus intéressant, est une critique de ceux qui «tiroient d'escrire et leurs titres et leur vocation» et que l'on voyait «desadvoüer leur personnage et affecter l'ignorance de qualité si vulgaire» (I, 40, p. 250): autrement dit, les écrivains honteux.

PIERRE NEVELET

(1554 - *ca*. 1610)

Depuis la fin du XVe siècle, à la noblesse presque totalement absente s'est substituée, dans la ville de Troyes, une bourgeoisie de robe qui comprend un peu plus d'une centaine de membres. Ce sont divers officiers dont le plus puissant est le lieutenant général au bailliage[1]. Les cours princières (celles des Luxembourg par exemple) ont été remplacées par de petits cénacles qui se tiennent souvent autour d'un chanoine aisé et cultivé (c'est le cas de Louis Budé, mort en 1517). Quelques familles développent ainsi au plus haut point une culture humaniste. On songe bien évidemment à la famille des Pithou: le père et les quatre frères. En 1596, à l'âge de 53 ans, l'avocat François Pithou (celui-là même dont la généreuse sollicitude permettra, par l'entremise du neveu, Pierre III Pithou, de doter et d'agrandir le Collège de Troyes à partir de 1621) quitte Paris pour Troyes et tient une sorte de salon dont les activités ont lieu à l'écart de la politique municipale et des institutions. Pierre Nevelet s'y rend souvent. C'est ce représentant d'une élite provinciale que je voudrais présenter ici, après quelques autres dont les travaux ont été largement précurseurs[2].

Vincent Nevelet, le grand père de Pierre, est déclaré, par un acte daté du 13 août 1534, marchand et bourgeois de Troyes[3]. Son fils, Jean Nevelet[4], épouse le

---

[1] Cette charge est occupée par Jean Angenoust de 1595 à 1612, puis par Pierre IV Lenoble (qui a fait ses études à Bâle) de 1612 à 1639.

[2] En particulier les études de R. Zuber, dont on trouvera de fréquentes mentions dans les pages qui suivent. Cet article entend être une partie d'un développement plus ample qui constituera un livre sur les écrivains champenois de la Renaissance. Lors d'un colloque rémois déjà bien ancien, J. Céard m'encouragea à effectuer un tel travail, dans la lignée de celui de Cl. Longeon sur *Les écrivains foréziens du XVIe siècle* (Saint-Etienne, Centre d'Etudes Foréziennes, 1970).

[3] Archives départementales de l'Aube, série E, 922: une feuille de notes généalogiques diverses où l'on apprend que le 30 janv. 1584 Pierre Nevelet est lui aussi qualifié de bourgeois de Troyes.

[4] Il est seigneur de Dosches et de Villerie comme il apparaît à la lecture du passage suivant: «Aveu et dénombrement par Jean Nevelet, seigneur de Dosches, rendu à Monseigneur de Nevers, pour la terre et seigneurie de Villerie relevant d'Isles» (année 1558; Archives départementales de l'Aube, série E, 205, f. 152r°).

13 février 1551 Jeanne[5] Pithou, sœur du juriste François Pithou[6]. Ils ont douze enfants[7] dont l'aîné, Pierre, qui naît le 1er mai 1554 à Troyes.

Quelques mois après le massacre de Vassy, alors que la régente ne peut plus jouer le rôle d'arbitre qu'elle s'est efforcée de tenir les années précédentes, les combats de la première Guerre de Religion se multiplient en quelques semaines. C'est donc dans un contexte d'accroissement très rapide des violences que Jean s'enfuit, à l'automne de 1562, en compagnie d'une trentaine de familles amies et parentes, originaires de Châlons-sur-Marne, de Troyes et de Vitry-le-François; elles sollicitent «du magistrat de Strasbourg la permission de demeurer dans cette ville jusqu'au Carnaval de l'année suivante»[8]. Ces familles sont acceptées le 12 septembre 1562 et viennent grossir la communauté française au milieu d'une ville allemande qui, pourtant, depuis le départ, en 1583, de Jean Sturm de la direction du Gymnase[9], se méfie des réfugiés dans lesquels elle voit des ferments de trouble. Ces Français profitent de l'espoir que met en leur arrivée le pasteur Guillaume Houbraque (ami du pasteur châlonnais Pierre Fournelet

---

5   Ou Bonaventure. Jeanne est le nom que l'on trouve dans les Archives départementales de l'Aube, série E, 205, f. 152r°, dans le manuscrit 2895 (BM de Troyes) et dans le Cabinet d'Hozier 254, 6739, f. 4r°; cf. aussi *infra*, n. 7.

6   Sur Pierre et François Pithou, cf. E. Picot, *Les Français italianisants*, Paris, Champion, 1906-07, t. II, p. 281-297. Les actes du colloque tenu à Troyes du 13 au 15 avril 1998 sur *Les Pithou, les Lettres et la paix du royaume* sont publiés par M.-M. Fragonard et P. Leroy, Paris, Champion, 2003.

7   D'après le Cabinet d'Hozier, vol. 254, 6739, f. 4r°; Ch. L. B. Recordon, *Le Protestantisme en Champagne, ou Récits extraits d'un manuscrit de N. Pithou, seigneur de Champgobert, concernant l'histoire de la fondation et du développement de l'Eglise Réformée de Troyes de 1539 à 1595*, Paris, Librairie française et étrangère, 1863, p. 152; publication par P. E. Leroy sous le titre suivant: Nicolas Pithou, *Chronique de Troyes. 1524-1594*, P. U. de Reims, 1998, 2 vol. Voici quels sont les enfants indiqués: Jeannette mariée successivement à Piget, De La Porte et Du Buisson; Bonaventure, née en 1556, qui épouse Bertière; Marie, née en 1557, morte à Montbéliard le 22 juillet 1586; Elisabeth, née en 1558, morte à Bâle le 7 mars 1589 (vieux style); Elie, né en 1560 et mort jeune; Judith, née en 1561, épouse Regnault; Anthoine, né en décembre 1562 à Montbéliard, mort à dix mois; Estienne né en 1563, mort jeune; Marie Madeleine, née en 1565, épouse Barthélemy de Martins, seigneur de Montbéliard; Suzanne, née en février 1589 morte à trois mois à Montbéliard; Jean; Perrette qui aurait épousé Nicolas de Vassan. On trouve aussi indiqués (DB 488, f. 1, généalogie XVIIIe d'Hozier, f. 16r°) trois autres enfants: Jeannette, Bonaventure et Isabelle.

8   R. Zuber, «Strasbourg, refuge des Champenois», *Strasbourg au cœur religieux du XVIe siècle*, Strasbourg, Librairie Istra, 1977, p. 309. Comme le dit P. Mesnard, «sur le plan culturel, la ville libre de Strasbourg se sent en sympathie avec les aspirations des Suisses et des cercles libéraux de l'Allemagne du Sud. Elle se sent également attirée par la France, avec laquelle elle entretient un grand courant d'échanges intellectuels et commerciaux» («La *pietas litterata* de Jean Sturm et le développement à Strasbourg d'une pédagogie œcuménique (1538-1581)», *Bulletin de la Société de l'Histoire du Protestantisme français*, CXI, 1965, p. 282). On sait comment Sturm, qui souligne l'importance de la méthode, considère que l'humanisme doit puiser sa conception de la sagesse dans l'Ecriture et celle de l'éloquence chez Cicéron.

9   Il mourra en 1589.

qui les a conduits) pour maintenir l'Eglise française que, cependant, le successeur de Sturm, le luthérien Marbach, fera fermer quelques mois plus tard, le 19 août 1563[10]. Cet accueil généreux peut s'expliquer également par le rang de plusieurs réfugiés: outre les pauvres en faveur desquels des collectes sont effectuées[11], il y a des marchands et des officiers qui possèdent une certaine domesticité[12].

Jean Nevelet n'attend pas la fin de l'autorisation (24 avril 1563) pour rejoindre Montbéliard dans le courant du mois de décembre[13]. Il meurt sans doute le 4 novembre 1578[14], et la garde des enfants se trouve confiée à leur mère seule[15].

En 1573, Pierre est écolier à l'université de Valence où il suit les cours de droit de Cujas qui, comme on le sait, compta au nombre de ses élèves, entre les années 1567 et 1575[16], Etienne Pasquier, Joseph Scaliger, Jacques-Auguste de Thou et les frères Pithou[17]: ceux-là même que Nevelet fréquentera bientôt. Son ami Denis Le Bey (ou Le Bé, 1551-1607) termine alors ses études et s'installe en 1574 comme avocat à Paris[18]. Nevelet le rejoint au Parlement de la capitale en

---

[10] Cf. A. Erichson, *L'Eglise française de Strasbourg au XVIᵉ siècle d'après des documents inédits*, Strasbourg, Librairie C.F. Schmidt, 1886, p. 39. Et p. 41, il cite, après l'avoir traduite, une lettre de Calvin à Bullinger datée du 12 sept. 1563 (*Œuvres*, XX, p. 151): «L'intolérance de Marbach l'a donc emporté, en sorte que les portes du temple ont été fermées aux Français. C'est ainsi que la petite Eglise, après une existence florissante de 25 années, est tombée sous l'attaque impétueuse de cette bête fauve». A. Erichson (p. 37) parle de 14 réfugiés venus de Troyes et de 19 de Châlons-sur-Marne (accompagnés de leur pasteur Pierre Fournelet).

[11] A. Erichson, *op. cit.* n. 10, p. 42.

[12] R. Zuber, art. cit. n. 8, p. 309.

[13] R. Zuber, «Les Champenois réfugiés à Strasbourg et l'Eglise réformée de Châlons. Echanges intellectuels et vie religieuse (1560-1590)», *Mémoires de la Société d'Agriculture, Commerce, Sciences et Arts du Département de la Marne*, t. LXXIX, 1964, p. 39, qui se fonde sur le Cabinet d'Hozier 254, dr 6739, f. 4r°.

[14] Archives départementales de l'Aube, E, 205, f. 152 r°: «damoiselle Jeanne Pithou, veuve de M. Jean Nevelet seigneur de Dosches et de Villery». On trouve le même renseignement dans les f. 153v° et 154r°, pour l'année 1582.

[15] On lit en effet dans les Archives départementales de l'Aube (E, 922, feuillet comprenant des notes généalogiques diverses): «Jeanne Pithou ayant la garde noble de Pierre Nevelet son fils du 15 novembre 1578. Signé Le Boucherat».

[16] Il y eut une interruption due à la troisième et à la quatrième guerre de religion.

[17] Quelques années plus tard ce sont les Pithou, François, Antoine, Louis et Pierre qui partiront pour Bâle où ils arriveront en 1568-69. François abjure à son retour en 78 et fonde le collège de Troyes; Pierre, élève de Cujas, est un des auteurs de la *Satyre ménippée*.

[18] Denis Le Bey, à partir de 1576, défend les politiques (il est protégé par Pithou et par Cujas), en s'opposant aux Ligueurs. De 1582 à 1586 il est réfugié à Montbéliard puis à Bâle à partir de 1586; sans doute en 1592, il est nommé président de la cour de Metz grâce à Duplessis-Mornay. Chassé de 1603 au début de 1607, il y meurt le 17 sept. 1607. Cf. G. Zeller, *La Réunion de Metz à la France (1552-1648)*, Paris, 1926, t. II, p. 168-173.

tant qu'avocat également. Appelé «noble homme»[19], il épouse à Vitry-le-François, le 30 janvier 1584, Jeanne Guillemin[20], fille de Jacques, seigneur de La Folie[21] et du Tronchet, et de Françoise de Perinet. Il aura d'elle dix enfants[22].

Sur ordre du roi en date du 8 août 1583, les Grands Jours, cette délégation ambulante extraordinaire du Parlement, se tiennent à Troyes, du mercredi 7 septembre au samedi 17 décembre. Ce tribunal, destiné à sévir contre les désordres du temps, est dirigé par Prevost de Morsan, second président au Parlement de Paris et ami de Pasquier; on trouve, parmi les avocats, Loisel et Pasquier tandis que Jean de Faye, seigneur d'Espeisses, y fait fonction de procureur général[23].

Les séances ont lieu au palais des comtes de Champagne. Mais c'est dans la bibliothèque de Pierre Pithou, ami de Pasquier[24], que se réunissent librement ces juristes. Il est probable que Nevelet assiste à ces réunions, lui qui donne (avec Nicolas Vignier, Amadis Jamyn, Denis Le Bey, etc.) un poème dans le recueil suscité par le portrait que fit de Pasquier (alors âgé de 54 ans) un peintre flamand[25], en octobre 1583.

---

[19] Archives départementales de l'Aube, E, 922 (notes généalogiques diverses). Et Pasquier lui donne le titre d'avocat en tête de sa lettre (cf. *infra* n. 27).

[20] Archives départementales de l'Aube, série E, 922. Ch. L. B. Recordon (*op. cit.* n. 7, p. XIV) considère que Pierre Nevelet épouse Marie de Vassan.

[21] Pierre Nevelet hérite de ce titre qu'il possède le 29 sept. 1598.

[22] Isaac Nicolas, né le 2 nov. 1590, est présenté au baptême, le 15 nov., par Nicolas Harlay de Saucy, Nicolas Pithou de Champgobert son grand-oncle et Jeanne Pithou, sa grand-mère; pour E. et E. Haag (*La France protestante*, Paris, 1846-1859, t. VIII, p. 16), par Martin Pithou, sieur de Champgobert, et Bonaventure Pithou, dame de Dosches, sa grand-mère; Louis, né à Bâle le 23 mars 1592 v.s., et baptisé le 26, Philippe, né également à Bâle le 23 août 1593 et présenté au baptême par Du Fresne-Canaye, Perrette Pithou, veuve du sieur de Vassan, et Bonaventure Nevelet, sa grand-mère; Jean-Jacques né à Vitry-le-François le 29 sept. 1595; Pierre né le 10 oct. 1596 (mort à la fin de sa première année); Marie née le 7 nov. 1597; David né le 8 mars 1599 (mort en bas âge); Jeanne née le 14 mars 1600; Marguerite et Judith, des jumelles nées le 21 fév. 1602, la première mourant en avril 1646, la seconde deux mois après sa naissance: Cabinet d'Hozier 254, d[r] 6739, f. 4. Pour les autres descendants, cf. E. et E. Haag, t. IV, p. 504. Le 7 sept. 1632, Isaac Nevelet (qui se fait appeler «de Nevelet») signe un contrat d'échange de la terre de Villery et de moitié de celle d'Aubeterre au profit de Gabriel des Réaulx: cf. Archives départementales de l'Aube, série E, 204, f. 48v°; cf. aussi 205, f. 152v°, qui précise qu'en 1634 Isaac Nevelet demeure à Vitry-le-François.

[23] Cf. Th. Boutiot, «Recherches sur les Grands Jours de Troyes», *Mémoires de la Société Académique de l'Aube*, t. XVI, 1851-52, p. 29-41.

[24] Les liens de Pithou avec Pasquier se remarquent dans les lettres de ce dernier: VI, 7 et 8; VIII, 1; XIII, 7; XV, 3. La précision sur le lieu de rencontre (la bibliothèque) est donnée par Th. Boutiot (art. cit. n. 23, p. 37 n.) qui la tient de Pierre Jean Grosley, *Vie de Pierre Pithou; avec quelques mémoires sur son Père et ses Frères*, Paris, Guillaume Cavellier, 1756.

[25] Cf. H. Stein, «La main d'Etienne Pasquier et le peintre Jean de Hoey», *Bulletin de la Société de l'histoire de l'art français*, Paris, Champion, 1913, p. 11-20. Voici la liste de ceux qui partici-

Le peintre avait représenté Pasquier sans main; ce dernier fit aussitôt une épigramme pour accompagner le tableau exposé dans la boutique:

> *Nulla hic Paschasio manus est, lex Cincia quippe*
> *Caussidicos nullas sanxit habere manus.*

A ces vers répondent bien vite d'autres: l'émulation est si grande, dit la préface «Au lecteur», «qu'il semble qu'en la ville de Troye se soit retrouvé le Cheval Troyen, non pour produire des capitaines à sa désolation et ruine, mais plusieurs braves Poetes à son exaltation et honneur, lesquels il semble qu'Apollon qui favorisa toujours le parti troyen, eust couvé jusques à huy, pour les esclorre à poinct nommé». Le groupe qui donna naissance au recueil *La Main* est à peu près le même que celui qui avait participé à *La Puce*.

Ainsi, dès 1584, Nevelet est introduit dans le milieu des parlementaires[26] et dans l'amitié des plus grands d'entre eux. Témoin le sonnet d'Etienne Pasquier publié dans *La Main* où celui-ci, s'adressant à Nevelet, célèbre la nouvelle race qui fait revivre à Troyes l'esprit de Troie. Nevelet rivalise d'habileté en reprenant dans sa réponse (col. 1023-1024) le premier vers et les éléments principaux du poème de Pasquier. Aux parallèles dans la répétition de *Hinc* s'ajoute une *copia* plus grande: le poème est passé de dix distiques à vingt-cinq. Les compétences (qui se veulent égales) en mythologie imposent que le poème se termine sur un éloge: si Troyes retrouve la grandeur de l'antique Troie, c'est grâce à l'arrivée de nombreux poètes, dont Pasquier. C'est à ce dernier que Nevelet adresse une lettre demandant des corrections à des vers latins qu'il vient d'écrire. Pasquier s'exécute bien volontiers et joint une courte lettre à cet envoi[27].

---

pent à ce recueil: Adrien Turnèbe, Jérôme Séguier, Nicolas Vignier, Jacques de Pincé, Jean de Faye d'Espeisses, Pierre Nevelet, Amadis Jamyn, Denis Le Bé, Nicolas Valla, le médecin Claude Rebours, Nicolas Rapin, Pierre Lescot, René Pasquier, Jérôme Chandon, Nicolas Audebert, Claude Favereau, Henri Estienne, et Etienne Pasquier lui-même. Jean de Hoey (1545-1615), petit-fils de Lucas de Leyde, s'établit à Troyes (il s'y marie), avant de gagner Fontainebleau où il travaille à partir de 1594.

26   Les parlementaires (Servin, Potier de Blancmesnil, Hotman de Villiers) sont souvent les destinataires des poètes protestants que sont Le Bey, A. Caillet, S. Certon: cf. Eugénie Droz, «Salomon Certon et ses amis», *Humanisme et Renaissance*, VI, 1939, p. 179, et «Salomon Certon et ses amis. Sa correspondance», *BHR*, IX, 1942, p. 187: lettre à Jean Hotman (son contemporain exact) datée de mai 1614; et «Etudiants français de Bâle», *BHR*, XXV, 1958, p. 108-110, 141-142.

27   *Lettres*, VIII, 6, col. 201 (éd. de 1723), «Lettre de M. Nevelet, seigneur d'Osche, à Monsieur Pasquier»: «J'ay transcrit les Phaleüces [vers hendécasyllabes de cinq pieds] que je vous monstray hier [à Troyes sans doute]; c'est un mien enfant, que je vous envoye, plus pour satisfaire à vostre volonté, qu'à la mienne: s'il offence vostre veüe, prenez-vous en à vous seul: Je n'oserois vous prier de l'agencer plus proprement; et au lieu de sa lourdise, luy apprendre son entregent, craignant que cela fust toucher à l'impossible: toutesfois s'il vous plaist jetter seulement l'œil sur luy, j'espere qu'ayant honte de ses imperfections, il apprendra une contenance

Pierre Nevelet est élevé dans la foi protestante. Neveu et filleul de Pierre Pithou (1539-1596) qui s'est converti au catholicisme au lendemain de la Saint-Barthélemy, sa culture est celle de son oncle, un gallican militant.

Cependant, bien qu'il soit un protestant modéré et plein d'irénisme, il doit fuir les persécutions et quitter Vitry-le-François[28]. Ce n'est qu'après l'afflux d'émigrés (dont la Ligue est en très grande partie responsable) des années 1578-1581 qu'il part pour Montbéliard (cette principauté appartenait au duc de Wurtemberg) et y passe dix-huit mois à partir de 1592, si l'on se fie à l'élégie qu'il adresse quelques années plus tard, en 1602, à Charles Charlemagne[29]. Il se

---

plus modeste, et plus asseuree; mais si vous y mettez tant soit peu la main, je suis seur que revenant vers moy, je le mescognoistray: tout tel qu'il est, je le vous presente [col. 202] ne me souciant pas beaucoup du traitement qu'il pourra avoir de vous; car je sçay qu'il sera trop hautement recompensé de s'estre offert à vous, si vous daignez seulement le recevoir. L'espreuve que ferez de luy, si tant est qu'en preniez la peine, se trouvera plus certaine, que celle que les habitans, au long du Rhin, faisoient de leurs enfans, si tost qu'ils estoient venus au monde. Je ne m'ose promettre que cestuy soit pour endurer la froideur de l'eau, et remonter au dessus s'il n'est plongé dans la vostre, c'est à dire de celle qu'avez puisé dans la fontaine des Muses. A Dieu »; 7 « A Monsieur Nevelet, seigneur d'Osche, Advocat en la cour de Parlement de Paris »: « Puisque m'avez permis de ce faire, je vous renvoye vos Phaleüces, aucunement accoustrez de ma livrée. La pauvreté est fort supportable quand elle ne procede que d'une trop grande abondance; aussi disent les Medecins que la maladie est beaucoup plus aisée à guerir, qui procède de nostre trop grande repletion, qu'exinanition et vuidange: toutesfois voyez si le defaut que j'y ai trouvé, ne procede plustost de moy, que de vous, et qu'ayant l'estomac trop faible pour les digerer tout en coup, j'en aye voulu faire trois plats: quant au premier, j'y ay adjousté quelques traits, qui passeront derechef par vos-[col. 202]tre lime: pour le regard du second, je n'y ai rien du tout changé: mais quant au tiers, je pense avoir faict, non seulement, acte d'un bon Poëte, ains d'un bon Advocat, d'avoir non seulement empesché le procez qui s'alloit commencer entre l'un des chefs de nostre ordre, et vous; mais de vous avoir faict rencontrer, et si ainsi voulez que je le die, faict toucher à la main, l'un de l'autre; je vous prie me pardonner ce que j'en ay faict, et le rejetter sur vous; car je ne prens pas grand plaisir d'estre ingenieux sur les œuvres d'autruy. Et ne l'eusse entrepris, si ne m'eussiez semonds de ce faire. A Dieu » (cité par D. Thickett dans son éd. des *Lettres familières* de Pasquier, Genève, Droz, 1974, p. 140-142). Cf. aussi la lettre suivante, n° 7.

[28]   Cf. G. Hérelle, *La Réforme et la Ligue en Champagne*, Paris, t. I (*Lettres*): 1888, t. II (*Pièces diverses*): 1893, t. III (*Documents inédits sur le protestantisme à Vitry-le-François*): 1906. Cf. aussi le livre d'E. Jacquier, *Le Collège de Vitry-le-François, les études, les maîtres, les élèves*, Vitry-le-François, 1897; A. Prévost, *Les Luttes religieuses en Champagne au XVIe siècle. La Ligue*, Troyes, Gustave Frémont, Reims, L. Michaud, 1911; R. Zuber, « Les Champenois réfugiés à Strasbourg et l'Eglise réformée de Châlons. Echanges intellectuels et vie religieuse (1560-1590) », *Mémoires de la Société d'agriculture, commerce, science et arts du département de la Marne*, t. LXXIX, 1964, p. 31-53; et, du même, « Humanistes parisiens en Champagne (1560-1610). Les origines familiales de Perrot d'Ablancourt », *Mémoires de la Société d'agriculture, commerce, sciences et arts du département de la Marne*, t. LXXXIX, 1974, p. 125-148.

[29]   Elégie intitulée *Exsilium Christianum* (*Sacrorum liber singularis*, p. 33-36): cf. *infra* n. 59. Charlemagne est le fils de Nicolas Charlemagne (échevin à Troyes en 1552) et de Louise Nevelet, et l'époux de Marguerite Le Bey, veuve du médecin Claude Le Tartier (cf. F. Roudaut, « Note sur Adrien Le Tartier, médecin champenois », *Travaux de Littérature*, t. IV,

fixe ensuite à Bâle où il poursuit une vie intellectuelle particulièrement riche. C'est sans doute vers cette époque qu'il faut dater sa connaissance de l'œuvre de François Hotman[30] qui avait enseigné à Valence de 1564 à 1566 avant de partir pour Bâle en 1578. Nevelet réédite l'*Antitribonian* d'Hotman dont il deviendra le biographe en publiant un *Elogium Hotomanni*[31] en 1595, sous la forme d'une lettre adressée, dans un latin particulièrement élégant, à Jacques Bongars[32] et datée du 15 septembre 1592. Il a dû assister aux cérémonies funéraires pour l'enterrement d'Hotman qui meurt le 12 février 1590 à Bâle.

On sait que l'*Antitribonien* part d'une analyse du droit romain, corrompu au cours des siècles, pour proposer un projet de réforme des études juridiques. Le nouveau Tribonien, capable de tout réunifier, est Michel de L'Hospital. L'idéal qu'il représente peut s'énoncer ainsi : face à Cujas qui tend à remplacer les discussions juridiques par des discussions philosophiques, il faut choisir une voie moyenne, celle de la culture classique. Une telle pensée qui marque le constant souci de concilier les différentes cultures et, partant, les différentes croyances, marque profondément Nevelet et le fortifie dans la voie de l'irénisme qu'il s'efforce de suivre malgré les violences du temps.

Il aidera le fils aîné de François, son ami Jean Hotman (avec lequel il entretient une correspondance[33]), à classer les papiers de son père. Jean Hotman, déjà

1991, p. 69-90); lieutenant-général au bailliage d'Isles et Chaource en 1598, il est l'auteur de trois pièces latines dans le recueil *La Main*.

[30] Sur ce juriste mort en 1592, cf. P. Mesnard, *L'Essor de la philosophie politique au XVIᵉ siècle*, Paris, Vrin, 1969. Cf. R. Dareste, « F. Hotman, sa vie et sa correspondance », *Revue Historique*, t. II, 1876, p. 1-59 et 367-435; D. R. Kelley, *François Hotman. A Revolutionary's Ordeal*, Princeton UP, 1973.

[31] Cette vie (dont s'inspirera Bayle pour l'article de son *Dictionnaire*) sera reprise en tête de l'édition des œuvres complètes du jurisconsulte parues à Genève en 1599, par les soins de Jacques Lectius. Elle a été « réimprimée en 1700 à Amsterdam, revue et augmentée de notes par Frideric-Jacques Leikers [Lectius] docteur en droit. Elle est au-devant des lettres latines de François et de Jean Hotman, père et fils, qui furent imprimées in-4°, la même année 1700, et qui n'ont cependant été publiées qu'en 1730, à La Haye, avec quelques lettres de plusieurs autres savants » (Moreri, *Le Grand Dictionnaire historique*, Paris, Les Libraires Associés, 1759, s. v. « Hotman »).

[32] Sur Bongars, cf. L. Anquez, *Henri IV et l'Allemagne, d'après les mémoires et la correspondance de Jacques Bongars*, Paris, Hachette, 1887. Elève de Cujas en 1576, Bongars (1554-1612) fut, en Allemagne, un agent du roi de Navarre (et d'Henri IV) pendant plus de trente ans. Il fut aussi un réformé opposé aux luttes religieuses, dont la réponse à « un écrit dans lequel on imputoit aux Français qui accompagnoient les Allemands le mauvais succès de l'expédition de l'an 1587, a été louée par M. de Thou » dit Bayle dans son *Dictionnaire*, s. v. « Bongars ». Ami de Casaubon, Bongars fut enfin un érudit, auteur d'un recueil d'inscriptions de Transylvanie et de Valachie et d'une édition de Justin particulièrement admirée. Gruter composa des vers sur son portrait. Nevelet correspond également avec Matthias Bernegger (1582-1640), un strasbourgeois auteur, entre autres, de notes sur Suétone et sur Tacite.

[33] Une partie de cette correspondance est conservée par la Société de l'Histoire du Protestantisme français, ms. 10² (7 tomes, surtout 2 et 3). Comme le dit R. Zuber (« Strasbourg, refuge

maître des requêtes du roi de Navarre, est immatriculé à Bâle à la fin du mois de novembre 1592[34]. Né en 1552 à Lausanne et mort en 1636, il a séjourné en Angleterre (1581-1585) puis aux Pays-Bas (1585-1588), ce qui peut expliquer son désir non pas de ramener les protestants dans le giron de l'Eglise mais de faire sans cesse remarquer (en particulier dans son *Mémoire touchant la Messe*, 1602) que les formes seules de la pratique religieuse diffèrent d'une confession à l'autre. Jean Hotman fonde son irénisme sur «la recherche du plus petit commun dénominateur doctrinal»[35] et il n'hésitera pas à adresser, le 12 août 1611, une lettre aux bourgeois d'Aix-la-Chapelle pour s'élever contre la violence faite aux Jésuites dans cette ville[36]. Cette orientation paraît être celle de Nevelet qui développe lui aussi, avec les autres émigrés que sont Odoard Bizet (contrôleur des guerres à Troyes), Denis Le Bey ou Louis-François Le Duchat, cet esprit de conciliation dont Bâle est presque l'incarnation puisque différentes confessions s'y côtoient à cette époque.

Nevelet rentre en France après l'avènement d'Henri IV, en 1594, si l'on en croit ce qu'il dit dans cette lettre adressée à Jean Hotman le 3 septembre 1598 (alors donc que ce dernier avait quitté cette ville à la fin de l'année 1593, après y être arrivé en 1578):

> Où trouveray-je desormais à qui me plaindre de mes ennuis cuisans? Aux discours et aux consolations de qui chercheray-je allegement? O Basle, Basle! Et vous dites que je n'ay eu raison de lui offrir ces vers que me dites avoir veu, aïant en son sejour tiré plus de contentement et plus appris en vostre douce et docte compagnie, que je n'ay faict depuis les quatre ans de mon retour. Je diroie volontiers ce qu'un bon vieillard dict en Tacite: *redde mihi exsilium meum*[37].

Et un peu plus loin, il cite saint Bernard:

---

champenois», *Strasbourg au cœur religieux du XVIᵉ siècle*, Strasbourg, Librairie Istra, 1977, p. 318, n. 30), cette correspondance a été étudiée par F. de Schickler (*Bulletin de la Société de l'His-toire du Protestantisme français*, t. XVII, 1868), par C. Vivanti (*Lotta politica e pace religiosa in Francia fra Cinque e Seicento*, Turin, Einaudi, 1963, p. 189-245: «La formazione intellettuale di Jean Hotman de Villiers, il dibattito sul concilio gallicano e la conversione di Enrico IV»), par P. G. Bietenholz (*Basle and France in the sixteenth Century. I. The Basle Humanists and Prin-ters in their contacts with Francophone culture*, Genève, Droz, 1971).

[34]   E. Droz, «Etudiants français de Bâle», *BHR*, 1958, p. 128.

[35]   Th. Wanegffelen, *Ni Rome ni Genève. Des fidèles entre deux chaires en France au XVIᵉ siècle*, Paris, Champion, 1997, p. 457.

[36]   Bibliothèque de l'Institut, manuscrit de la collection Godefroy, 15, f. 126r°.

[37]   Bibliothèque de la Société de l'Histoire du Protestantisme français, ms. 10, t. II, f. 210, citée par C. Vivanti (*Lotta politica e pace religiosa in Francia fra Cinque e Seicento*, Torino, Einaudi, 1963; Reprints Einaudi, 1974, p. 289-290), puis par P. Bietenholz (*op. cit.* n. 33, t. I, p. 212, n. 47) et par R. Zuber, *Les «Belles Infidèles» et la formation du goût classique*, Paris, A. Colin, 1968, p. 200, n. 7; cf. aussi p. 220.

ne pouvant me promettre si heureuse fin de noz furies, je tourne mon âme aux vœux et crie avec le bon sainct Bernard: *Quis mihi det antequam moriar videre Ecclesiam Dei sicut in diebus antiquis?*[38]

En 1589, il avait reçu, conjointement avec Jean, frère jumeau de l'auteur, de son oncle Nicolas Pithou (1524-1598) la dédicace d'un recueil des plus beaux passages de saint Bernard[39]. On sait que Calvin, après Luther, admirait la faconde et le sens des images de ce théologien qui souligne la gratuité du don de Dieu (sans lequel la justice, qui produit les bonnes œuvres, ne saurait être) adressé au chrétien toujours en état de pénitence et prêt à se soumettre à la volonté divine. Le poème liminaire de Nevelet[40], écrit en distiques élégiaques, célèbre la force de Pithou capable de – littéralement – convertir les ennemis afin qu'ils se retournent contre leurs anciens amis. On pourrait voir dans ce poème aux résonances guerrières comme l'expression d'un constat: les tentatives iréniques ont échoué. Hotman le regrette[41], et Nevelet plus encore puisqu'il doit affronter la situation en France où il est rentré avant l'édit de Nantes. Il souligne cependant son irénisme (partagé par d'autres réformés) en écrivant dans cette même lettre:

> La paix principalement serait nécessaire au faict de la religion. A laquelle ceus qui travaillent [...] sont, quoique j'en oye dire au contraire, vrais enfans de paix et vrais disciples du grand et seul Maistre.

---

[38] Cité par C. Vivanti, *op. cit.* n. 37, p. 290.

[39] *Thesaurus e monimentis D. Bernardi Clarevallensis Abbatis primi, non perfunctorie, sed summa cura, diligentia et fide erutus per Nicolaum Pithoeum D. Campigoberti Tricassinum*, Lyon, F. Le Preux, 1589, in-8°. L'épître liminaire est adressée à *Joanni Pithoeo fratri gemino amantissimo, et Petro Neveleto Doschio sororis dulcissimae filio carissimo*. Les *Flores* de saint Bernard sont un véritable petit cours de théologie scolastique orientée vers le cœur. L'imprimeur Guillaume Rouille avait fait paraître à Lyon en 1564 des *Flores Operum D. Bernardi [...]*. P. J. Grosley (*Vie de Pierre Pithou; avec quelques mémoires sur son Père et ses Frères*, Paris, G. Cavellier, 1756, t. I, p. 69) note à propos de l'épître liminaire du *Thesaurus*: «Le ton de sagesse et de modéra-[p. 70]tion qui règne dans toute cette Epître, me fait présumer que Nicole Pithou avait destiné son Recueil à l'usage des gens de l'une et de l'autre Religion[m] [m: C'estoit aussi l'idée de Nevelet son neveu qui, dans une pièce de vers assez bien tournée qui suit l'Epître Dédicatoire, compare son oncle à un Général dont la gloire suprême est de défaire ses ennemis avec leurs propres armes. Il veut dire sans doute que N. Pithou combatoit les désordres de Catholiques avec les armes des Catholiques.] Au moins n'avoit-il pas épousé tous les préjugés de la nouvelle. Il est aisé de s'en convaincre par la vivacité des reproches que, dans l'Epître que je viens d'analyser, il fait à ceux qui affectoient un mépris dédaigneux pour les Ouvrages des Saints Pères; c'est-à-dire, à la plupart des gens de son parti.»

[40] *Magna ducis laus est, magna si ducit in hostem / Arte suos, domito et victor ab hoste redit. / Laus ducis est major, quando ipsos hostibus hostes / Arte aliqua ereptos in sua castra trahit. / Hoc praestas: et quas monitis veracibus hostes / Objiciunt, ipsis Gorgonas ecce rapis: / Inque hostem hostiles ducis, Pithoee, catervas: / Victricem hinc laurum, et praemia certa refers. / P. N. D.*

[41] C. Vivanti, *op. cit.* n. 37, p. 289.

Il reprend bientôt sa place de fonctionnaire royal à Vitry-le-François où le milieu protestant est particulièrement bien implanté: la Ligue ayant eu une grande importance, le pouvoir royal favorise les protestants qui réorganisent une ville assez petite pour rendre leur présence plus marquée et sans doute plus efficace[42]. Nevelet devient secrétaire du roi, trésorier de France et général des Finances en Champagne. Il semble faire partie de ces hommes religieux qui voient dans l'édit de Nantes le premier pas vers une réunion du christianisme, une pacification définitive de la chrétienté[43]. Il fait en effet preuve de tolérance, comme la grande majorité de ses co-religionnaires de Champagne: les exils à Metz, «ouverte à mille courants divers»[44], les rendront moins influencés par le rigorisme des Eglises de Genève et de Sedan. Et Roger Zuber de conclure: «La Champagne protestante du XVIIe siècle sera l'une des régions les moins conformistes du calvinisme français. Ce qui ne veut pas dire l'une des moins religieuses»[45].

Ancien de l'Eglise de Vitry, il est, en 1601, délégué de la région Ile-de-France-Champagne au XVIe synode national[46]; l'autre seul député laïc (il sera «député général» jusqu'en 1605) est Josias Mercier (ca. 1560-1626), futur beau-père de Saumaise. Au début de l'année 1601, Jean Hotman informe Nevelet de l'intention de Gillot de publier les «memoires envoïez à Trente en 1561» et, dit C. Vivanti, «del proprio desiderio di raccogliere alcuni scritti di autorevoli personagi a favore di un'azione riformatrice promossa dal re»; la réponse de Nevelet, en date du 21 février 1601 reste dubitative[47].

Nevelet adresse des *Lacrimae* en l'honneur de Pierre Pithou (qui a abjuré et qui est mort le 1er novembre 1596), écrites de sa main à De Thou (ms. Dupuy 838) avant de les faire paraître en 1603, puis en 1609 dans les *Delitiae C Poetarum Gallorum* de Gruter. De Vitry, il dédie, le 4 août 1604, son édition de l'*Antitribonian* d'Hotman à Thumery de Boissize «Conseiller du Roy en ses Conseils d'Estat et Privé».

---

[42]   Sur les Réformés à Vitry, cf. G. Hérelle, *La Réforme et la Ligue en Champagne*, Paris, 1892; et du même, *Documents inédits sur le protestantisme à Vitry-le-François, Epense, Heiltz-le-Maurupt, Nettancourt et Vassy depuis la fin des Guerres de Religion jusqu'à la Révolution française*, Paris, A. Picard, 1903-1908, 3 vol.

[43]   Cf. C. Vivanti, *op. cit.* n. 37.

[44]   R. Zuber, «Les Champenois réfugiés à Strasbourg et l'Eglise réformée de Châlons. [...]», art. cit. n. 13, p. 46.

[45]   R. Zuber, *ibid.*

[46]   E. et E. Haag, *La France protestante*, Paris, 1846-1859, t. VIII, p. 16.

[47]   C. Vivanti, *op. cit.* n. 37, p. 331-332.

Pierre Nevelet meurt peu après la dédicace que son fils[48], Isaac Nicolas, lui adresse en tête de sa compilation ésopique[49] parue en 1610 à Heidelberg où il avait fait ses études. Dans l'université de cette ville (qui attirait, plus que Bâle, les réformés de l'Est de la France), la philosophie ramiste (et Pierre Nevelet n'a pas repris à Ramus le titre de son poème *Basilea* sans arrière-pensée) rencontre celle de Melanchton[50]. Il explique dans sa préface que Gruter, professeur à Heidelberg et qui fit des efforts pour diffuser par ses *Delitiae* des vers néo-latins[51], l'a poussé, malgré son jeune âge, à entreprendre une pareille étude (qui semble avoir été particulièrement utilisée par La Fontaine). Isaac mentionne son admiration pour Casaubon et pour les notes philologiques de Gruter. Ce travail doit être replacé dans le cadre des diverses publications des protestants,

---

[48] E. et E. Haag, *La France protestante*, Paris, 1846-1859, t. VIII, p. 16: «La date précise de sa mort est inconnue, mais on croit qu'il ne vécut pas beaucoup au-delà de 1610». Voici la dédicace: *Amplissimo viro Petro Neveleto Doschio Parenti. S.D. Isaacius Nicolaus filius. VIII. Id. Mart. Anno M.DC.X.*

[49] *Mythologia Aesopica, in qua Aesopi Fabulae Graecolatinae CCXCVII. Quarum CXXXVI. primum prodeunt. Accedunt Babriae Fabulae etiam auctiores. Anonymi veteris Fabulae, latino carmine redditae LX. ex exsoletis editionibus et codice Ms. luci redditae. Haec omnia ex Bibliotheca Palatina. Adjiciuntur insuper Phaedri, Avieni, Abstemii Fabulae. Opera et studio Isaaci Nicolai Neveleti, cum notis ejusdem in eadem*, Francfort, atelier N. Hoffmann, J. Rosa, 1610, in-8°, fig. gravée sur bois. Ce travail sera édité plusieurs fois dans les années suivantes. Ce travail vient après les grandes éditions publiées à Bâle (Froben) et à Anvers (Plantin), et après les traductions latines de Robert Estienne (1529) et de Camerarius (Nuremberg, 1546; Lyon, 1571), pour n'en citer que quelques-unes. L'exemplaire de la Bibliothèque de Troyes (catalogue Belles Lettres n° 5130; cote Y. 13. 2289) porte, sans date, une dédicace autographe en latin à son oncle François Pithou. En voici le texte, placé sur le verso de la page de garde, en regard de la page de titre, chacun des éléments étant centré: *Amplissimo viro / Francisco Pithoeo .IC. / avunculo observandissimo / hasce / tenueis tenuis ingenii primitias / post praematuram parentis suavissimi / mortem (cui hae / primum dicatae fuerant) / tanquam secundo parenti carissimo, / in observantiae maximae / pignus exiguum / Dat Dicat Consecrat / Isaacus Nicolaus Neveletus, verbi / illius memor / facit parentes bonitas, non necessitas* («Au très illustre homme de loi François Pithou, son oncle très respecté, voici les modestes prémices d'un modeste talent que, après la mort trop tôt venue d'un père si bon (à qui ils avaient d'abord été dédiés), comme à un second père très cher, pour modique gage d'un très grand respect, offre, dédie, consacre Isaac Nicolas Nevelet, qui se souvient de ce mot: c'est le cœur qui fait les parents, non la consanguinité»).

[50] Sur ce sujet, cf. R. Zuber, «Echanges avec l'Est d'humanistes champenois: contribution à l'histoire du ramisme», *Provinces et Régions*, PU de Reims, 1970, t. II, p. 143-148.

[51] Gruter, dans une lettre à G. M. Lingelsheim datée de 1625 regrette de ne plus entendre parler d'Isaac Nevelet: *Miror hac occasione non exercere se Isaacum Doschium Neveletum, satis gnarum linguae Germanicae. Plures anni sunt, quod de eo nihil inaudierim. Habebat prae manibus epicaedia in obitum Bongarsii p. m., nec non emendationem Curtii ac Iustini, satis accuratam. Multa bona ingenia pereunt quasi in herba, quod non foveantur* (A. Reifferscheid, *Quellen zur Geschichte des geistigen Lebens in Deutschland während des Siebzehn Jahrhunderts, nach Handschriften. I. Briefe G. M. Lingelsheims, M. Berneggers und ihrer Freunde*, Heilbronn, Henninger, 1889, p. 238).

dont les recueils d'emblèmes (ceux de Le Bey[52] par exemple) qui participent d'un mouvement de diffusion d'une pensée morale de manière pédagogique. Ainsi, le travail d'Isaac (sa connaissance de l'allemand lui permet de sortir d'un certain ghetto) aide la cause en diffusant la philosophie des fables de Phèdre : elle apparaît en effet, pour Pierre Pithou par exemple, comme la philosophie des réformés.

Isaac mourut conseiller au Parlement, en 1680, à Troyes ; il est enterré dans l'église Saint-Nizier[53].

Fortement influencé par le poème *Basilea* publié par Ramus quelques années auparavant, en 1571, Nevelet fait paraître à Francfort, chez Wechel, en 1597 un long poème, daté des ides d'août 1587, *Basileae Helvetiorum Εκφρασις*. Cet ouvrage comprend deux textes : le premier, qui lui donne son titre, occupe les pages 5 à 19 ; le second (p. 20 à 23) est dédié à Denis Le Bey *fratri amantissimo*. Cette épître, datée des calendes de novembre 1586, sera reprise dans les *Emblemata* de Le Bey (p. 90 à 92), tout comme l'autre poème (p. 130 à 144). On fera d'emblée deux remarques : Nevelet ne se presse pas de publier des textes qui, circonstanciels, sont de ce fait proches de la littérature épistolaire ; il cultive particulièrement, jusque dans la pratique éditoriale, la *sodalitas* humaniste. En l'occurrence, son ouvrage, placé sous l'invocation de Ramus, se perd dans l'œuvre de Le Bey, elle-même composite, surtout dans sa seconde partie. Le choix du latin est de ce point de vue significatif. Langue d'écriture presque unique pour Nevelet (il écrira un très petit nombre de sonnets en français), le latin est un véhicule qui mène moins à l'immortalité qu'à l'unité, au salut collectif de l'humanité ou, à tout le moins, à celui du monde chrétien. Et il faut vivre une vie d'errance (commune aux autres poètes néo-latins) pour comprendre ce choix d'un exilé qui se compte parmi ceux qui fuient leur patrie (*patria profugi* dit le poème adressé à Le Bey, p. 21), à l'instar d'Enée (*fato profugus*: I, 2) qui trouva refuge à Rome. Nevelet fait de Bâle la nouvelle Rome, la vraie Rome qui, contrairement à celle de la papauté, a conservé les valeurs fondamentales de la république romaine : *Concordia, Libertas, Fides*.

Cependant, Nevelet rêve de retour : *reditum pacemque precamur* dit-il plus loin ; et le poème s'éloigne de l'*Enéide* pour retrouver l'atmosphère des *Buco-*

---

[52] *Dionysii Lebei-Batillii Regii Mediomatricum Praesidis Emblemata. Emblemata a Jano Jac. Boissardo Vesuntino delineata sunt. Et a Theodoro de Bry sculpta, et nunc recens in lucem edita*, Francfort-sur-le-Main, 1596.

[53] Pierre Nevelet avait un cousin, Louis, fils de Vincent Nevelet et d'Edmée Angenoust, mort le 29 août 1637 et dont les verrières de Saint-Martin-ès-Vignes et Saint-Pantaléon rappellent le nom. Archidiacre et chanoine de Troyes, il est l'auteur d'une déploration de la mort d'Henri IV : *La France en dueil après la mort de Henry le Grand*, par L. Nevelet, Bachelier en Théologie, et Chanoine de Troyes, Paris, en la boutique de Nivelle, chez Sebastien Cramoisy, 1610, pet. in-8°, 50 p. B. M. Troyes : Cab. loc. 1116 ; BNF : Lb35 1169.

liques qu'évoque également Le Bey s'adressant à Nevelet : *Tum forte ille Deus nobis haec otia fecit* (*Poematia*, p. 99). On ne peut que songer au célèbre vers de la première églogue où Virgile loue Auguste de la paix retrouvée : *O Meliboee, deus nobis haec otia fecit* (v. 6). C'est enfin inscrire l'échange de ces poèmes dans le souvenir de ceux des néo-latins, en particulier de Battista Spagnolo (1448-1516), auteur en 1498 de *Bucoliques* qui connurent de nombreuses rééditions, et de Girolamo Vida qui écrivit lui aussi des églogues sacrées réunies sous ce même titre, chacune prenant pour thème un épisode de l'Evangile.

A Bâle, une ville dont la beauté tient en partie à son site et à la présence du Rhin (p. 6), c'est l'âge d'or retrouvé, l'innocence opposée à la corruption du monde contemporain. Et pour exprimer le thème principal de la sixième *Bucolique*, Nevelet se souvient des soupirs des *Géorgiques* :

> *O nimium felix istis, Basilea, colonis :*
> *O vos felices Basileae sede coloni !* (p. 17)

Les citoyens (sous l'égide de ces hommes supérieurs qui sont autant d'hommes illustres : Amerbach, Grynaeus), unis pour la célébrer (*Et patriae laus est totum diffusa per orbem*, p. 12), possèdent l'amour des arts (*Virgo placet Pallas illis*, p. 8) et font de leur ville tout à la fois une nouvelle Rome et une nouvelle Athènes, l'alliance des vertus civiques et des qualités intellectuelles et artistiques. Nevelet met en scène une société calquée sur le modèle de la Rome républicaine : le sénat de Bâle est avisé, les richesses réparties justement. Les hommes, courageux, s'entraînent non loin de la ville dans un champ d'exercice qui rappelle bien évidemment le Champ de Mars (p. 12). Cette société évoque aussi celle des patriarches de la Bible : en particulier par la mention de la sagesse de l'économie domaniale qui fait songer par bien des aspects au *Théâtre d'agriculture ou mesnage des champs* (ouvrage dont le succès ne cessa de 1600, date de sa première édition, jusqu'à la fin du XVIIᵉ siècle) dont l'auteur, Olivier de Serres, demandera à Nevelet quelques vers.

Les immigrés français forment une petite société (composée en particulier de Bizet, Du Drac, Le Bey, Bazin (p. 16) et Bertin (p. 17), arrivé à Bâle en 1587) qui s'efforce de faire imprimer quelques textes. Ainsi, en 1594 chez C. Waldkirch, les *Praelectiones in tit. D[igestorum] De diversis regulis juris antiqui* de Cujas, mort en 1590 ; et chez Osten, en 1591, une paraphrase en latin et en vers français d'Isaïe (*Iehovae opt. Max. oraculum [...] ex Isaiae cap. I*) par Louis-François Le Duchat (qui publiera des odes à Troyes en 1596[54]), où se trouve exprimée l'opinion des politiques relativement au meurtre d'Henri III.

---

[54] *Sacrorum heroum atque heroidum odae a Francisco Ducatio latinae factae*, Troyes, 1596, 66 p.

Les *Poematia* réunis par Le Bey à la suite de ses *Emblemata* (1594) traitent davantage du domaine privé, joies et peines liées à la famille, dans la veine de Pontano et de Tito Vespasiano Strozzi.

Denis Le Bey était arrivé à Metz en 1587, sur ordre d'Henri IV, comme président de la cour de justice; il s'efforçait, à ce poste, de mettre en place des éléments de concorde entre catholiques et protestants. Les emblèmes 24 à 28 sont autant d'éloges de la pacification effectuée par Henri IV. Le Bey adresse à Nevelet en 1596 le deuxième de ses *Emblemata* (1596) et, dans l'édition de 1599, l'emblème XCIV[55].

Dans les *Poematia*, un long poème en hexamètres dactyliques de Nevelet (p. 90-98: repris de *Basileae Εκφρασις*, p. 20-23), daté des calendes de novembre 1586, commence par l'exposé de l'emploi du temps de l'exilé: le lever n'est pas trop matinal, le repas point frugal, les heures libéralement données aux amis; les nouvelles reçues de France provoquent des gémissements ou des actions de grâce. Lorsqu'il fait mauvais, Nevelet s'occupe de comprendre les phénomènes astronomiques. Sont alors développés, en un peu plus d'une vingtaine de vers, les sujets habituels de la poésie encyclopédique, voire de la «poésie du ciel» (pour reprendre l'expression d'Isabelle Pantin[56]) dont on sait combien elle est importante dans les trois dernières décennies du siècle. Et deux vers de ce poème trouvent leur écho dans deux vers de Le Bey écrits en janvier de l'année suivante[57]. Un peu plus loin dans le même poème, quelques vers de Le Bey reprennent des vers «copieux» de Nevelet[58]. Il s'agit moins d'échos que de jeux de réponses (le

---

[55] *Emblemata*, Francfort, 1596, emblème II *Eunt anni more fluentis aquae*. Ces emblèmes, qui illustrent principalement le thème de la fragilité de la vie, connaissent un très grand succès: plusieurs sont repris par Jan Gruter (1560-1627) dans les *Florilegii magni seu Polyantheae novissimarum novissimae*, Venise, 1625. Le premier est dédié à Duplessis-Mornay. Sur Le Bey, agent du pouvoir royal à Metz (G. Zeller, *op. cit.* n. 18, t. II, p. 168 sq.), cf. E. et E. Haag, *op. cit.* n. 22, t. VIII, p. 16. Sur le climat intellectuel de Bâle, cf. E. Droz, «Etudiants français de Bâle», *BHR*, 1958, p. 108-142.

[56] *La Poésie du ciel en France dans la seconde moitié du seizième siècle*, Genève, Droz, 1995.

[57] *Poematia*, p. 92: *Sic Solis Lebeae vias, Lunaeque labores / Discimus, et quis sit signorum certior ordo*; Le Bey, p. 98: *Discere seu Solisque vias Lunaeque labores, / Seu quae signiferi sit positura, juvet.*

[58] *Poematia, Petro Neveleto Doschio, fratri carissimo* de Le Bey, p. 94: *Zvinguerus primus, primus Amerbachius: / Hic ubi pulsa suo, insedere errantia caelo / Atque suas miscent sidera clara faces, / Bertinus, Drakius, Gualtherius [sic], atque Coetus, / Natalisque decus deliciumque soli / Bizetus, quo non Phoebo dilectior alter, / Non alter Phoebi flagrat amore magis.* Repris de *Basileae Ἔκφρασις*, p. 16: *Hoc Drakius Martis cultor, cultorque Minervae. / Hoc charus Phaebo, Suadaeque, Dicaeque Lebaeus. / Hoc nostri Bazinus amans, prudensque, piusque. / Hoc judex sincerus, amansque Bretagnius aequi. / Doctrina hoc clarus, vitae et probitate Chazerus, / Insequitur cujus felix vestigia proles. / Contius hoc Mathesin callens, arteisque forenseis. / [p. 17] Fossius hoc, qui nos monitis ad sydera ducit. / Hoc par Hippocrati Bertinus, parque Galeno. / Filius hoc, sequitur pede qui properante parentem. / Hippocratem hoc spirans Aragusius atque Platonem. / Hoc medica clarus, felixque Alibozius arte. / Hoc amor et Musarum, et linguae Betus Etruscae, / Hoc Lyrici interpres felix Gualtherus Horati.*

terme est donné en grec: ἀπόκρισις, p. 99 des *Poematia*) dans le style des chants amoebées de Virgile, jeu où il faut démontrer ses compétences. Ainsi, dans les *Poematia*, les deux premiers vers d'un poème de Le Bey *Quae nostra illa animo censes deducta sereno / Provenisse mihi carmina, missa tibi* (p. 98) sont repris ainsi par Nevelet: *Immo haec ipsa animo dicam deducta sereno / Provenisse tibi carmina, missa mihi* (p. 99). La rapidité du jeu compte: le poème de Le Bey est daté du 9 mars (*7. Eid. Mar. 1587*), celui de Nevelet d'une semaine plus tard, le 15 mars (*Eid. Mart. MDLXXXVII*). Le souvenir des *Bucoliques* apparaît dans les oppositions de personnes. A *tibi* (v. 2) répond *nos* répété (v. 7 et 8): Le Bey endosse la personne de Tityre (la reprise du sixième vers de la première *Bucolique* le souligne assez) tandis que Nevelet est Mélibée, le chevrier contraint de s'exiler. A Mélibée qui s'exclamait *undique totis / usque adeo turbatur agris!* (v. 11-12) et, comme en écho, reprenait les plaintes *in fine En quo discordia / produxit miseros!* (v. 71-72), Nevelet répond à la fin de son poème: *nos tamen ista juvant / Carmina quae nostrum testantur fronte dolorem / Rugosa, et nimis heu triste supercilium / Immitis saecli, fatis properantibus urnam; / O saeclum infelix!*

Ce jeu d'écho se retrouve lorsque Le Bey écrit un poème de dix-neuf distiques élégiaques (p. 110) sur la naissance de sa fille (*Basiliae Mariae Lebeae, filiolae, natalium .XVI. Octob. 1587*) qui d'une certaine manière efface la mort d'un fils. Nevelet lui répond (p. 112) par dix distiques suivis de sa devise (*Nulla solo spes sola polo*) et datés de la même année. Au Léthé fait écho l'Orcus, la joie (*gaudia*) est présente dans l'un et l'autre poème, le thème de la vie triomphant de la mort occupe plusieurs vers; mais tandis que Le Bey s'en tient à ces éléments pour développer son propos, Nevelet consacre les quatre derniers distiques à peindre l'enfant d'abord au sein puis, bientôt, mère à son tour. Quelques années plus tard, en 1591, aux calendes de janvier comme le précise la date indiquée à la fin du poème, Le Bey compose huit distiques élégiaques (p. 117-118) sur la naissance d'Isaac, le fils de Pierre Nevelet. C'est un écho, ici aussi, à la réponse de Nevelet puisque Le Bey imagine les enfants dont Isaac sera, à son tour, le père.

Un peu plus loin, aux dix-sept vers du poème de Nevelet intitulé *Lacrumae* et adressé à Le Bey au sujet de la mort de Pierre Pithou (p. 119-120) succèdent immédiatement (toujours marqués par le terme ἀπόκρισις) les dix distiques élégiaques de Le Bey sur le même thème. *Vulnere* répétait deux fois, en fin de vers, Nevelet: c'est sur l'expression *eodem vulnere* que Le Bey ouvre son poème et aux questions sur la compassion qui lui étaient posées, il répond point par point. Cette attention portée aux relations entretenues entre ces deux textes n'a pas été maintenue lors de l'impression de la plaquette qui a pour titre *Lacrumae in funere V. Cl. Petri Pithoei avunculi* où les deux poèmes sont distants de plusieurs pages (p. 23 et p. 38).

Si l'inscription du discours s'effectue dans le cadre d'une pratique poétique, si cet entrelacs de texte et leur mise en concurrence permet leur légitimation réciproque, elle n'oublie pas d'être efficace dans le cadre d'une pratique politique : se trouve en effet en jeu la détermination des valeurs pour la constitution d'une « société protestante ». De ce point de vue, le recueil *Sacrorum liber singularis*[59] développe une lyrique religieuse qui célèbre le retour de la paix sous le règne d'Henri IV : la transposition de passages des prophètes en vers latins marque nettement l'inscription du politique. L'importance de l'oraison dominicale et du symbole des apôtres est soulignée parce que ces deux éléments ont été acceptés par les catholiques et par les protestants. Il s'agit, là encore, de marquer l'effort de concorde.

A la mort de Nicolas Pithou est publié un *Monumentum Nicolai Pithoei Champigoberti à moerentibus amicis extructum* (Basileae, in officina Conradi Waldkirchii, 1590). Il est curieux de constater que tous, sauf deux Allemands, sont des Genevois[60]. Aucun humaniste français ne participe à ce Tombeau. Nevelet lui-même, pourtant si proche du défunt, est absent. Il faut attendre 1603, soit sept ans après la mort de Pierre Pithou (1596), pour que le groupe, d'une certaine manière, se reforme et manifeste sa cohésion par la publication de vingt-cinq poèmes écrits par Nevelet et adressés à différents individus[61],

---

[59] P. 1-2 : adresse à Henri IV ; p. 2 : sur Henri IV, à Bongars ; p. 3 : *Jeremiae Prophetae Threni. Caput I* (versets 1 à 32). Verset 1 : *Qui fit ut urbs jaceat sola et deserta, colonis / Innumeris florens quondam, quae gentibus olim / Admiranda, et quae vicinis regibus olim / Jura dabat, claro tanquam viduata marito, / Amisso imperio nunc vectigalia pendat?* ; p. 7 : *Caput II* (versets 1 à 22) ; p. 10 : *Caput III* (versets 1 à 64) ; p. 14 : *Caput IV* (versets 1 à 22) ; p. 17 : *Caput V* (versets 1 à 22) ; p. 18 : *Ezechiae regis oratio* (*Esaiae cap. 37. Vers. 16*) ; p. 19-21 : *Oratio Prophetae Danielis cap. 9. Vers. 4 à 19* ; p. 22-24 : *Ad Deum in gravi morbo* ; p. 24 : *Item in morbo* ; p. 25 : *Christo Dei filio* ; p. 25 : *Spiritui Sancto* ; p. 26 : *Item in morbo* ; p. 27 : *Amor divinus. Praescriptum libello, cui titulus Meditationes fidei* ; p. 28-29 : *Animae missionem petenti* ; p. 29 : *Animae in exitu luctanti* ; p. 30 : *Votum pro itu et reditu : Ergo per piceas, nullo ductore, tenebras / Ibimus, hostes inter gladiosque dolosque?* ; p. 31 : *Ergo mei sine Sole dies? [...]* ; p. 32 : *Seculi vitaeque Taedium : O mors lenta nimis, nimis ô mors lenta, dolorem / Meta, dehiscenti statio secura carinae, / Quo fugis? aut qua te inveniam regione latentem?* ; p. 33-36 : *Exsilium Christianum* ; p. 36 : *Supplicatio ad Deum pro Galliae Pace* ; p. 41 : *De Henrico IV. Regno 1590* ; p. 42 : *Laocoon. Ad Ampliss. Vir. Nicolaum Brulartum Sillerium* ; p. 43-44 : *Infantium Tumulus*. Après l'explicit, devise : *Soli Deo gloria in aeternum*.

[60] Quatre pasteurs (Perrot, Jacquemot, La Faye, Goulart), un conseiller d'état (Jacques Lect), deux notables (Paul Estienne et Jean Augier) et deux écoliers (Jean et Nicolas de Vassan), comme l'indique R. Zuber, « Tombeaux pour des Pithou : frontières confessionnelles et unité religieuse (1590-1600) », *Mélanges sur la littérature de la Renaissance à la mémoire de V.-L. Saulnier*, Genève, Droz, 1984, p. 337.

[61] P. 2 : au marquis de Pisani [Jean de Vivonne, seigneur de Saint Gouard, marquis de Pisani (1530-1599) : G. de Bremond d'Ars, *Le Père de Madame de Rambouillet, Jean de Vivonne*, Paris, Plon, Nourrit et Cie, 1884] ; p. 3 : à Achille de Harlay ; p. 4 : à Nicolas Brulart de Sillery ; p. 5 : à Jacques-Auguste de Thou ; p. 6 : à Jean Thumery de Boissise ; p. 7 : à Edouard Molé ; p. 8 : à Guillaume du Vair ; p. 10 : à Guillaume de Rebours ; p. 11 : à Louis Servin ; p. 12 : à Jacques de La Guesle ; p. 13 : à Etienne Pasquier ; p. 14 : à Jean et Nicolas Pithou ; p. 15 : à François Pithou ; p. 16 : à Pierre de Vassan ; p. 17 : à Antoine Loisel ; p. 18 : à Nicolas Fabri ; p. 19 : à

suivis de quelques réponses[62] où l'on retrouve à peu près le milieu des poètes champenois et celui des parlementaires: une grande partie donc de ceux qui ont participé au recueil *La Main.* Le titre (*Lacrumae in funere V. Cl. Petri Pithoei avunculi*) inscrit l'œuvre dans le genre de la poésie de déploration dont les titres contiennent souvent le mot «larmes»[63]. Il s'agit bien, en effet, de variations sur le thème de la plainte et sur celui des larmes. Nul développement qui suive le plan général d'une oraison: décès, récit de la vie, description des funérailles, exposé des qualités du défunt. Si les qualités remarquables (comme l'indiquent les comparaisons avec tel ou tel héros mythique) de Pithou sont décrites, c'est pour mieux faire ressortir le progrès des hommes par le biais de l'un d'entre eux, plus grand dans son domaine que tous ceux qui l'ont précédé. Le défunt possède des qualités à un degré absolu (p. 14: *Unanimum fratrem, quo nec melior fuit alter*), lui que caractérisent *Summus amor Patriae, et regni reverentia legum* (p. 13). La vérité des jugements prononcés est assurée par la familiarité de Nevelet avec son maître: *Nam fuit ille mihi frater, pater, atque patronus* (p. 18). Il se présente comme le témoin, le véritable évangéliste d'un sage moderne contemporain. Dans ce cas, la diversité des destinataires (qui a pour fonction, dans ce type d'ouvrage, de prouver la grandeur du défunt) n'est pas un prétexte pour exposer leur condition. Seule compte la mise en ordre du témoignage. Epars, ces poèmes (*carmina*) sont désormais *in unum coacta*, comme le dit l'adresse liminaire de Nevelet au catholique Jacques-Auguste de Thou (1553-1617) dont le gallicanisme s'assortit d'une volonté de conciliation qui le fait appartenir au courant de pensée de ceux que l'on nomme les politiques. La volonté de conciliation de Nevelet apparaît nettement à la lecture du recueil des *Lacrumae*: on y trouve en effet des pièces de catholiques (Juste Lipse et l'avocat général Louis Servin, ennemi des Jésuites) et de protestants plus ou moins irénistes (Le Bey, Scaliger et Casaubon).

Dans un quatrain liminaire repris de la seconde partie (*Poematia*) de ses *Emblemata* (p. 119), l'ancien ami Le Bey donne l'orientation générale, bien commune aux recueils de tombeaux poétiques:

> *Si quidquam prosunt lacrumae, si fata moveri,*
> *Si lacrumis redimi mors aliena potest:*

Jacques Bongars; p. 20: à Josias Mercier; p. 21: à Jean Hotman; p. 22: à Pierre Nevelet; p. 23: à Denis Le Bey de Batilly; p. 24: à Charles Charlemagne; p. 25: à Joseph Scaliger; p. 26: à Isaac Casaubon; p. 27: à Juste Lipse.

[62] Réponses de Louis Servin (p. 29-37); de Denis Le Bey (p. 38); de Paul Melissus (p. 39-40); de Nicolas Rapin (p. 41); de Jean Passerat (p. 41-42); de François Juret (p. 42-43); de Nicolas Rigault (p. 43). La titulature de chacun d'entre eux est mentionnée, ce qui permet de préciser la date de composition de chacun des poèmes.

[63] P. ex., à Rouen, en 1610: *Les Larmes et Lamentations de la France, sur le trespas de Henri IIII, Roy de France et de Navarre.*

> *Pithoeum hiis posset revocare a morte, superstes*
> *Nomine inextincto ni foret ipse sibi.*

On retrouve en effet ici présentée «l'économie politique de la mort»[64]: celle-ci peut être rachetée par les larmes, c'est-à-dire par les textes qui s'efforceront de les exprimer. Ce sera le moyen de rendre vie au mort, de le rendre présent, en faisant des larmes la promesse d'une immortalité, et de la mort un passage vers la lumière. D'une certaine manière se trouve effacée la réalité de la mort de Pithou: dans l'au-delà il continue de vivre par ses livres, et les rites accomplis conjurent la menace du mécontentement du mort. Le premier poème est adressé à Pierre Pithou lui-même. Certes, plus exactement à ses Mânes, comme l'indiquent les deux lettres «D. M.» placées au dessus du nom, dans la même position que les diverses abréviations honorifiques («V. Inl.», «A. V.», «C. V.») destinées aux autres personnages auxquels s'adresse Nevelet. *Diis Manibus*, c'est l'évocation de l'âme du mort, mais c'est aussi l'affirmation de la fonction même de la représentation. Ainsi, ce qui importe est moins l'éloge des qualités du défunt que l'exposé des différents sentiments dont les vivants sont la proie. D'où l'expression d'une sorte de lyrisme intime que vient souligner la variété des formes. Car il s'agit, dans ce recueil également, d'une véritable compétition de compétences dans le cadre d'un réseau limité de thèmes où règne toujours la *doxa*: proverbes, vérités générales qui se substituent aux différentes affections, lieux communs, *topoi*: l'utilisation des thèmes est la preuve d'un exercice, mais surtout la marque de la légitimité d'un discours qui se veut d'autorité. Il faut rivaliser avec d'autres textes, la grandeur de Pithou le rendant digne des grands vers de Pasquier (p. 13). Cette compétition peut prendre la forme d'un jeu grave de don et de contre-don: Pithou a aidé Josias Mercier (p. 20) à mieux connaître les lettres antiques; célébrer désormais le défunt grâce à la culture (réflexion philosophique et arsenal rhétorique) reçue est donc simplement juste.

Toutes ces publications, et plus précisément celles de Nevelet, expriment certes des jeux littéraires et chantent avant tout les pouvoirs de la poésie. Jean Jehasse a souligné le badinage auquel se livrent les érudits qui rivalisent d'habileté en célébrant la «Puce» de Madame des Roches, la «Main» de Pasquier, le «Rien et le Tout» de Passerat[65]. Il y a cependant autre chose dans tous ces poèmes. Et d'abord la volonté de restauration d'une langue commune, le latin, rappel d'une patrie commune, la *latinitas*, qui prend ici la figure de Bâle, où

---

[64]   A. Fleges, «'Je ravie le mort': Tombeaux littéraires en France à la Renaissance», *Le Tombeau poétique en France*. Textes réunis et présentés par D. Moncond'huy, *La Licorne*, 29, 1994, p. 121.

[65]   J. Jehasse, *La Renaissance de la critique. L'essor de l'Humanisme érudit de 1560 à 1614*, P. U. de Saint-Etienne, 1976, p. 188.

toutes les communautés religieuses pourraient vivre ensemble. Cet humanisme érudit est intégré à la vie présente; il n'entend pas être seulement le souvenir d'une Arcadie.

La poésie est indissociable d'une *pietas*: loyauté, sincérité sont des éléments de la culture du poète qu'il ne doit pas oublier, mais au contraire sans cesse souligner. On retrouve là un trait de la pensée de Juste Lipse, un des contemporains auxquels Nevelet adresse un poème des *Lacrumae* (p. 27). S'il l'appelle, au début et à la fin de son poème, *pater elegantiarum*, c'est pour mieux rappeler que la poésie a pour fonction de mettre en œuvre les vertus morales qu'il se plaît à reconnaître à Pithou. Elle se fonde sur la célébration de la morale, elle est cette morale même. Voilà sans doute un message que Nevelet, avec quelques autres, a tenté tout au long de sa vie de transmettre afin de réduire l'écart entre la poésie et l'existence, afin de faire reculer la violence constitutive de la vie lorsque la poésie ne vient pas l'apaiser.

François ROUDAUT
Université Paul-Valéry (Montpellier III)

ANNEXE 1

Œuvres

– une pièce liminaire dans: *Thesaurus e monimentis D. Bernardi Clarevallensis Abbatis primi, non perfunctorie, sed summa cura, diligentia et fide erutus per Nicolaum Pithoeum D. Campigoberti Tricassinum*, Lyon, F. Le Preux, 1589, in-8°.

– une pièce (signée «P. N. D.»: *Petrus Neveletius Doschius*) à la suite de courts poèmes (entre 12 et 24 v.) en latin sur des sujets tels que *Mentis recessus, Christi sanguis, Inhumatio interior*: *Meditationes peculiares, sive fidei labores*, s.l., 1593; le nom de l'auteur, Nicolas Pithou, n'apparaît qu'au verso de la page de titre. P. 31:

> *Amor divinus, et hujus poëmatis usus.*
>
> *Amare quisquis nos vetat, mori jubet.*
> *Amemus ergo. Non tamen caecus furor*
> *Urat medullas: qualis aut olim fuit*
> *Didonis: aud quo saucium pectus gerit*
> *Amare mundi sola qui scit frivola:*
> *Carpamur igne. Sed Dei quem spiritus*
> *Accendit, idem quem fovet, regit, beat:*
> *Ametur ille qui Parentis est amor:*

> *Amore cujus ipse nos amans Parens,*
> *terraeque donat et poli nobis bona :*
> *Amore cujus liber a mortis jugo*
> *Homo beatus nec mori deinceps potest.*
> *Amoris hujus ecce regulas tibi :*
> *Ardoris hujus ecce vividum tibi*
> *Exemplar, ô tu cujus in praecordiis*
> *Amor profanus aestuat : tuque ô pias*
> *Cujus profanus occulit flammas cinis.*
> *Audite Vatis mellei, gravis, pii,*
> *Uterque voces melleas, graves, pias.*
> *Amare quisque nos jubet, vivos cupit.*

– *Elogium Franc. Hotomanni jurisconsulti, summa viri illius seculorum memoria dignissimi vitae capita continens, a Pe. Nev, Dosc. J.C., conscriptum [Epicedium, Jacobo Lectio autore. Epitaphium, Th. de Beza autore],* Francfort, hér. d'A. Wechel, Cl. Marni et J. Aubry, 1595, in-4°, 19 p. portrait gravé sur cuivre.
BNF : 4° Ln27 9881 (1) ; Rés. p. X. 193 [relié aux armes de Colbert]. BM Troyes : V. 8. 750.
A la suite d'un quatrain de Joseph du Chesne, vers signés « P. N. D. » :

> *Ocellus, iste Galliae fuit suae :*
> *Ocellus, iste Juris & Dices fuit :*
> *Ocellus, iste clusus est simul, Dice*
> *Vagatur orba lumine, orba Gallia.*

Puis un poème de Jacques de Lect et de Théodore de Bèze, que suit un poème de Nevelet, *Memoriae aeternae Fr. Hotomani J. C. Sacrum* :

> *Externa ad Rheni ripam tumulatur arena,*
> *Tam procul à patria, patriae qui lumen et ingens*
> *Splendor erat. Meruit patria hanc ingrata repulsam,*
> *Quae decus ipsa suum patriis consistere terris*
> *Non tulit. Ô facinus ! Nam quis te doctior unquam,*
> *Quis potior pietate unquam, patriaeque, bonisque,*
> *Aeterno vovit victuras tempore chartas !*
> *Sed te posteritas, te nostri, Hotmanne, nepotes*
> *Ereptum, veris lacrumis, veroque sequentur*
> *Mox gemitu, postquam (frustra heu ! fortasse) requiret*
> *Teque tuique similes tua Gallia : postquam*
> *Orbatam tali sese doctore queretur*
> *Barbaricos inter scopulos male tuta juventus.*
> *Nos has interea violas, hos spargere flores*
> *Et juvat, et justum est : tumuloque inscribere versus,*
> *Incomtos certe, sed nostri pignus amoris,*
> *Officiique : ut ne me ingratum fama loquatur.*

Et ensuite un poème en caractères romains :

> *Hunc Pietas tumulum, tumulum hunc Astraea tuentur :*
> *Astraea cultorem suum,*
> *Cultoremque suum Pietas, post fata tuentur,*
> *Adversa fata huic seculo.*
> *Et se desertas gemebunda voce queruntur,*
> *Cultore privatas suo :*
> *Quin reditum ad superos infesta voce minantur,*
> *Ni talis exemplum viri,*
> *Hujus tu inspector tumuli, pietate sequaris,*
> *Ni nos sequamur posteri.*
> *Hoc ipse e tumulo clamat post fata superstes,*
> *Hoc ipse mandat postumis.*

L'éloge de F. Hotman (daté p. 19 de *Kalend. Septemb. 1592*) et dédié à Jacques Bongars (*Elogium Francisci Hotomani J. C. Ad Jacobum Bongarsium Bodrianum*) court de la page 1 à la page 19.

P. 12 à propos de Jean Hotman : *Liberos testamento inter eos scripto, ex aequis portionibus heredes esse voluit : Villeriano tamen praedio et bibliotheca Joanni natu maximo praelegatis. Joannem hunc pater praecipuo semper amore complexus est, ingenio ejus et moribus delectatus, absentem certe in morbo saepe inclamabat ; [...].*

- *Elogium.* Voir *Hotman Consolatio, Index Caesarum, Elogium [a Petro Neveleto], Epitaphia, Libri quos scripsit [In lucem edidit J. Hotmannus Villerius]*, Hanau, hér. de G. Antoine, 1613, in-12, XVI-304 p.
  BNF : D2 4143 ; D2 8399

- *Basileae Helvetiorum* Ἔκφρασις *Petro Neveleto Doschio autore*, Francfort, hér. d'A. Wechel, Cl. Marni et J. Aubry, 1597, in-4°, p.
  BNF : M. 5900 ; Rés. m. Yc. 942 (2)

- *Petri Neveleti Doschii Sacrorum liber singularis*, Sedan, J. Salesse, 1602, in-8°, 45 p.
  BNF : Yc. 8415 et Fb 19 176

- *Petri Neveleti Dochii Lacrumae in funere v. cl. Petri Pithoei avunculi, cum aliorum carminibus*, Paris, J. Périer, 1603, in-4°, 43 p.
  BNF : Yc. 1597 ; Rés. p. X. 198 ; Rés. m. Yc. 948 (6) ; Rés. m. Yc. 967 (3) ; Rés. m. Yc. 974 (28)
  Le ms. se trouve dans le fonds Dupuy 838, f. 175-184, comme l'indique R. Zuber, « Tombeau pour des Pithou : frontières confessionnelles et unité religieuse (1590-1600) », *Mélanges sur la littérature de la Renaissance à la mémoire de Verdun-Louis Saulnier*, Genève, Droz, 1984, p. 340.

– Ed. F. Hotman: *Antitribonian ou discours d'un grand et renommé jurisconsulte de nostre temps. Sur l'estude des loix, fait par l'advis de feu Monsieur de l'Hospital Chancelier de France en l'an 1567. Et imprimé nouvellement*, Paris, Jérémie Périer, 1603, in-8°, p.
BNF: *E. 2338 (2°; F. 24805; F. 25358; F. 40462. BM Troyes: Cab. loc. 1279

Plusieurs poèmes réunis (repris des publications précédentes) dans:

Gruter (Jan), *Delitiae C poetarum Gallorum hujus superiorisque aevi illustrium*, Francfort, J. Fischer, 1614, IIᵉ partie, p. 814-836.

Voici la liste de ses poèmes: un quatrain déplorant la mort de Hotman; une dédicace en prose à Jean-Antoine de Thou; un poème sur la mort de Pierre Pithou; une demande de secours (23 v.) au marquis de Pisani; au président Achille de Harlay de Beaumont; à Nicolas Brulart de Sillery, souvenir d'une rencontre en Suisse; au président de Thou, appel pour pleurer Pierre Pithou; à Jean Thumery de Boissise, même appel; à Ed. Molé, premier président, à propos de l'ancienne amitié de juriste que celui-ci avait avec Pierre Pithou, demande de protection pour sa femme et ses enfants; à Guillaume du Vair, premier président au Parlement d'Aix, l'âme divinisée de Pierre Pithou entonne un hymne patriotique et appelle Du Vair à se souvenir de la philosophie du Portique; à Guillaume de Rebours, président à la Cour de Comptes, louanges de sa muse et de sa race; à Louis Servin, avocat général au Parlement de Paris, deux consolations sur la mort de Pierre Pithou; à Isaac de La Guesle, *Qui literatae Galliae fuit decus*; à Etienne Pasquier, avocat du roi à la Cour des Comptes, appel pour pleurer Pierre Pithou; à Jean et Nicolas Pithou, ses oncles, larmes versées sur ce frère *unanimum* qui suivait l'exemple des habitants du ciel; à François Pithou, son oncle, sur le fait de ne pas se laisser aller à une trop forte douleur; à Pierre de Vassan, jurisconsulte, appel à conserver la santé; à Antoine Loisel, jurisconsulte, plaintes; à Nicolas Le Fèvre, précepteur du Prince de Condé, sur le droit de pleurer la mort de Pierre Pithou; à Jacques Bongars, ambassadeur du roi en Allemagne, sur la mort du phénix de ce siècle; à Josias Mercier, exhortation à écrire la vie de Pierre Pithou[66]; à Jean Hotman, fils de François, sur la tristesse de la mort de Pierre Pithou; à son cousin germain Pierre Nevelet, exhortation à chanter cette mort en latin ou en italien; à Denis Le Bey, sur le besoin d'être consolé (donné *infra*); à Charles Charlemagne, jurisconsulte, invective aux Muses; à Joseph-Juste Scaliger, sur l'obligation de pleurer Pierre Pithou; à Isaac Casaubon, exhortation à pleurer Pierre Pithou en grec, latin ou syriaque; à Juste Lipse, le père des élégances latines;

---

[66] Ce que Mercier fera; sa *Vita* se trouve en tête de toutes les éditions de Pierre Pithou, comme celle de Nevelet précède toutes celles de François Hotman.

trois poèmes adressés aux mânes de Pierre Pithou; trois poèmes adressés à Etienne Pasquier.

P. 829: poème adressé à Denys Le Bey et repris dans les *Emblemata* de Le Bey (p. 119) et dans les *Lacrumae* de Nevelet (p. 23):

> *Dionisio Lebeo Batillio, Mediomat. Praesidi.*
>
> *Animae, Lebee, pars meae, pars pectoris,*
> *Animaeque frater, vulnus an vides meum,*
> *Et ociosus ultimum spectas nefas*
> *Parcae furentis in meum caput? vides*
> *Saevo Pithoeum concidisse vulnere,*
> *Et nos eodem concidisse vulnere:*
> *Vides, tacesque? num te non movet meus*
> *Dolor? quid ergo pertinax heu! tamdiu*
> *Siles, nec a te tamdiu solatium?*
> *Credo quod isto vulneratus funere,*
> *Dolore victus ipse, nec pati potes*
> *Nec ferre amico funeris solatium.*
> *Atqui decebat anxium quamvis, pio*
> *Solvisse juxta carmine, et maneis viri*
> *Placasse versu: nec tacere Numinis*
> *Iram, bonorum namque mortibus, Deus*
> *Fecunda culpae secula*[67] *haec ulciscitur.*

– Lettres à J. Hotman de Villiers de 1598 à 1607 dans la Bibliothèque de la Société de l'Histoire du Protestantisme Français, cote ms. 10, t. II et III.

Devise: *Nulla solo, spes sola polo.*

---

[67] Horace, *Odes*, III, 6, 17.

Tableau généalogique de la famille Nevelet[68]

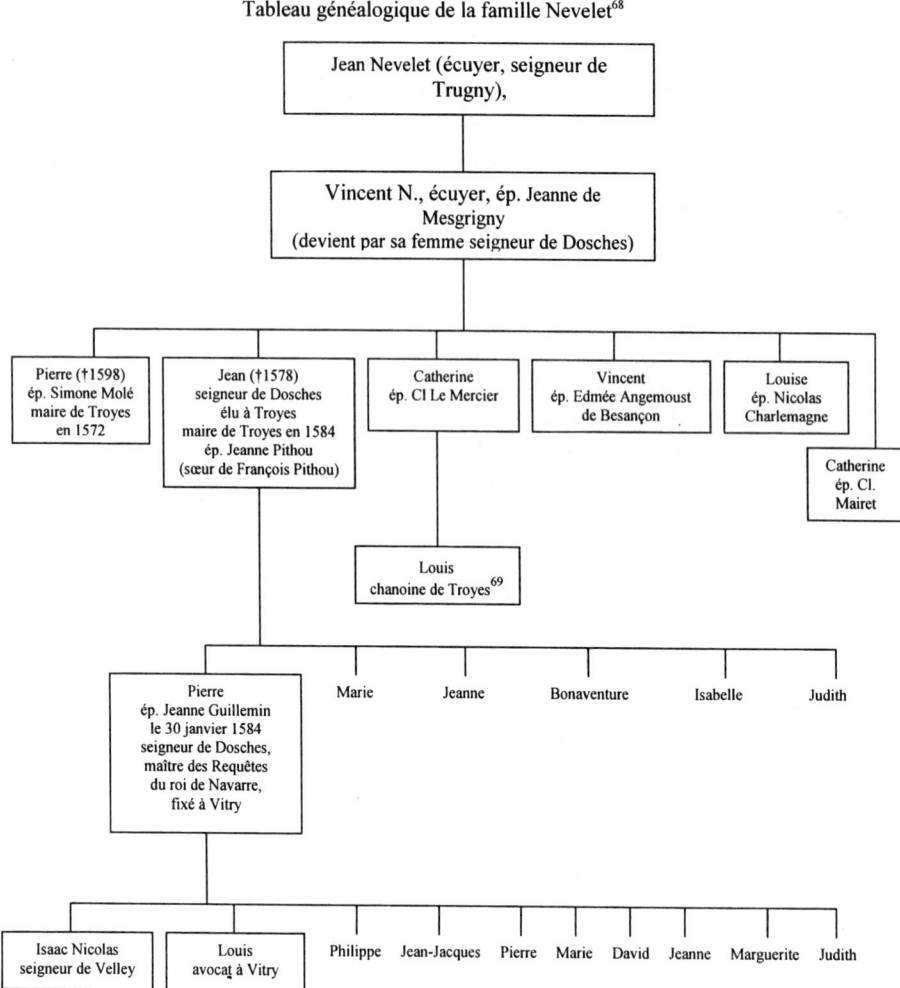

---

68   A partir des fiches Chandon déposées à la BM de Troyes et du ms. 2895 de cette même biblio-
     thèque, ainsi que des Dossiers bleus 488 (BNF, ms.). Pour la suite de la généalogie, voir, aux
     Archives Départementales de l'Aube, le fichier Louis Le Clert, s.v. «Nevelet».

69   Il est l'auteur de *La France en dueil apres la mort de Henry le Grand*, par Louis Nevelet, Bache-
     lier en Théologie et chanoine de Troyes. Paris, en la boutique de Nivelle, chez Sébastien
     Cramoisy, 1610, petit in-8°. BM de Troyes: Cab. loc. 1116.

ANNEXE 2

1) Poèmes de Nevelet publiés dans *La Main*[70]:

Col. 1016 (Imitation d'une épigramme latine précédente écrite par Achille de Harlay):

> *At te ne Paschasium tua tabella*
> *Pictum dixeris, ô inepte pictor.*
> *Ecquis Caussidicum manu carentem, et*
> *Lingua, Caussidicum putarit esse?*

Puis, après les quatre vers de réponse de Harlay et une élégie d'Amadis Jamyn, col. 1016:

> *Cum jam Paschasio manus ademptas*
> *Tot manus celebraverint bonorum*
> *Vatum, gloria, quos manet perennis,*
> *Nec jam sit manibus meis relictum*
> *Quod super manibus novum referri*
> *Paschasi queat, ô manus iniquas*
> *Tot vatum, immerito mihi manus quae,*
> *Dum praecurritis, abstulistis ambas:*
> *[col. 1017] Per vos Paschasius manus recepit,*
> *Per vos sentio mi manus abesse.*
> *Petrus Nvelletus Doschius.*

Puis, à la suite:

> *O felix quater et quater tabella!*
> *Quam tibi invideo tabella bella,*
> *Haec tot carmina delicata, blanda,*
> *Docta, suavia, culta, mollicella,*
> *Blanda, quae cupiat Catullus ipse*
> *A se condita tam favente Phoebo*
> *Quam sunt a variis favente Phoebo*
> *Lusa vatibus: ô canenda seclis*
> *Venturis nimium, ô tabella foelix,*
> *Tot vatum memorabilis propago.*
>   *Idem Nevelletus.*

---

[70] *La Main ou œuvres poétiques faits sur la Main de Estienne Pasquier Advocat au Parlement de Paris*, Paris, Michel Gadouleau, 1583; ici éd. de 1584, f. 20v°. L'ensemble est repris dans *La Jeunesse d'Estienne Pasquier et sa suite* (Paris, 1610) et dans le vol. II de l'éd. des *Œuvres* (Amsterdam, 1723; Genève, Slatkine reprints, 1971), col. 1001-1048 (c'est à cette édition que renvoient les références). Plusieurs poètes troyens participent à ce jeu dont Alexandre Pougeoise, Amadis Jamyn et Charles Charlemagne.

Cum plagii damnata manus mihi clepserit olim
Nostra quod in libris scripserat ante manus,
Et nostros pictor vellet modo fingere vultus,
An bene nos nullas finxit habere manus?
                          Idem Nevel.

Te manibus sine qui pinxit, nae pictor ineptus
Debuerat nullas ipse habuisse manus.
                          Idem Nevel.

Cum patris ante oculos crudelis staret ad aras
Victima barbaricis Iphigeneia sacris,
Optaretque sibi constantem dextra Timantis
Pingere, quam cuncti suspicerent, tabulam,
Hincque superstitio retineret vana parentis,
Inde autem pietas eliceret lacrymas,
Atreidae caput obscuro velavit amictu,
Salvus honos tabulae posset ut esse suae.
Sic tua divinos ausa est effingere vultus
Paschasii, pictor, cum tremebunda manus,
Paschasiique sacram nullo corrumpier auro,
Divina et scires scribere scripta manum,
Quam manus est à te Stephani subducta tabellae
Sollerter, tua quam est ingeniosa manus?
                          Idem Nevel.

Cur lingua manibusque caret, cui lingua manusque
Immortale olim constituere decus?
Cum linguae manuumque haut posset pictor honorem
Exprimere, obmissa est lingua manusque homini.
                          Idem Nevel.

Ne populo mancam, Pictor, propone tabellam,
Ecce tot armatas in tua damna manus.
Isto sed tamen est foelix errore tabella,
Erroris pretium quae male picta refert.
                          Idem Nevel.

Nev. Dis-moy, peintre gentil, pourquoy la pourtraiture
        De mon sçavant Pasquier as tu tiré sans mains,
        Veu que ses mains luy ont par ses escrits divins
        Tracé contre les ans une victoire seure?
Peint. Mon art n'ayant oncq' peu imiter la nature,
        J'ay caché mon defaut: car aussi mes desseins
        Eussent esté autant ridicules que vains,
        De penser faire voir ses mains en ma peinture.
Nev. Si ne peux tu nier que ne luy faces tort
        Pour n'y avoir au moins mis sa langue, dont sort
        Maint docte et beau discours, mainte belle harangue.

Peint. Va, pauvre sot, tu prens à rebours mon tableau,
Ne cognoissant, lourdault, que d'un mesme pinceau,
Tout ainsi que la main, je luy cache la langue[71].
Pierre Nevelet Seign. Dosch.

Puis col. 1020 :

Fallunt nos oculi, aut imago nostri
Haec est Paschasii, en benignus iste est
Vultus Paschasii, en benigni ocelli.
Salve ô delitiae meae, meum mel,
Salve ô militiae decus togatae:
Amplexu fruar ô, tuaeque figam
Et dextrae ascula, pectorique: sed cur,
Cur dextram fidei fidele pignus,
Amico tua surpuit fideli,
Pictor dextera? cur tenelli Amoris
Quae dudum explicuit dolosque et arteis,
Hanc celat populo manum tabella?
Cur quae Francica jura, Originesque
Ornavit patrias, negat tabella?
Sed nos forsitan hoc docebit ipse,
Totum, Paschasius, videtur ipse
Velle Paschasius loqui. Sed heus tu!
Linguam non video: at Proterve dic cur
Et linguam abstuleris viro innocenti,
Quae quondam dominae in sinum ferebat
Molli, blanditias meras, susurro,
Spargebatque suis jocos falesque?
Qua rursus medio foro Patronus
Tanquam Gallicus Hercules tonabat.
In jus te rapio, sceleste Pictor,
Qua culpam potes expiare poena?
Nos ut judiciis regat Senatus,
Et Tricassibus ut Dice sacretur,
Suos deservit lareis, sedetque
Nostris in laribus, sed iste
Frustra erit labor, aut severus à te
Poenas expetet impotentis aussi,
Qui manum Historico, manum Poëtae,
Qui linguam simul optimo Patrono,
Quin lucem patriae rapis perennem.
Petrus Nevelletus.

A la suite :

---

[71]   Tous les poèmes en français sont imprimés en italique dans le recueil.

Quid collo trahis, impotens doloris,
Obtorto immeritum, minaxque vultu?
Et me Paschasius probatque, amatque,
Ipse et Paschasium coloque, amoque.
Sed si Paschasii manum, tabella,
Et linguam occuluit, memento nostrae,
Hoc artis vitium esse, nec diserti,
Aut linguam, aut animum viri, manumve,
Ullo penitus exprimi, vel aere, aut
Cera, aut marmore, posse penicillo.
Nam quod ars potuit, tibi tabella,
Oris, et decus, et decus genarum,
Blanda lumina, corporisque quicquid
Humanum est nitido colore monstrat;
Mortalis manus est mihi, nec ullam
Mortalem nisi concipit figuram.
                              Idem Nevelletus.

Puis col. 1021 :

Quant tout ravy je pense à ceste vive source
    D'éloquence, de loix, de tout autre sçavoir,
    Qui par dessus les grands, grand te font apparoir,
    Je dresse brusquement vers toy, Pasquier, ma course.
Mais aussi tost craintif mon chemin je rebourse,
    Que je viens à juger privé de tout espoir,
    Mon defaut naturel, et crains de ne pouvoir
    Trouver en mes desseins, ny effect, ny ressource.
Toutesfois de tes yeux l'agréable douceur,
    Tes propos pleins de miel me font reprendre cœur,
    Et ta franche amitié r'entrer en espérance.
Asseure-moy, Pasquier, permets qu'en tes ruisseaux
    J'estanche de ma soif l'ardeur, et qu'en leurs eaux,
    De mon jeune printems je noye l'ignorance.
                              P. Nevelet

Col. 1023 :

Ad Petrum Neveletum Tricassinum,
doctissimi Petri Pithei sororis filium.

Mulciber in Trojam, pro Troja stabat Apollo:
    Scilicet hoc verum fama probavit anus.
Delius inde animos populorum fascinat, ortum,
    A Teucro ut repetat quaelibet ora suum.
Sic pius Aeneas Romanae conditor urbis,
    Sic Venetae Antenor creditur esse parens,
Sic et Priamidem Francum dare nomina Francis,

Sic quoque et a Brutio nomen habere Brito,
   Sic Turcum, Turcus, Teucrum sibi vendicat olim,
   Vendicat et Paridem gens Parisina suum.
Ut quamvis Danai Teucros vicisse putentur,
   Quilibet a victis schema genusque petat.
Nimirum hoc falso Phoebus reparavit honore,
   Quicquid in Hectoreos sparserat ira Deum.
Pabula vana licet sint, sint et hae Apollinis artes,
   Ast ego crediderim, nec mihi vana fides,
Crediderim Phoebum post diruta moenia Trojae,
   Hic vere Trojam constituisse novam.
Hinc Tricassinis Pitheorum nobile stemma,
   Hincque tuis, Pythii nomen et omen inest.
                Steph. Paschasius.

En voici la réponse, col. 1023 :

Ad Steph. Paschasium, Superioris Epigrammatis imitatio.
          ELEGIA.
Mulciber in Trojam, pro Troja stabat Apollo,
   Nasonis si non est male certa fides.
Certe Trojanis intonsus semper Apollo,
   Favit et in Danaos tela parata tulit.
Luctatusque diu fatis vincentibus, ante
   Adflixit dira, castra inimica, lue.
Et postquam in cineres inimicos Troja resedit,
   Nobile dat profugis civibus exsulium;
Nam dum in Trojanos Divorum ulciscitur iras,
   Scriptorum occulta fascinat arte manus.
Certatim ut repetant ortus primordia, clarae
   A Teucris, gentes, exsulibusque Phrygum.
Hinc Venetos fama est Antenoris esse nepotes,
   Hinc Latio Aeneadas jura dedisse solo,
Hinc à Trojanis sumpsisse exordia Francos,
   Nomine et hinc Paridis Parisios celebres,
Fortibus hinc Brutium tribuisse insigne Britannis
   Nomen, et Hectorei sanguinis esse viros.
Denique nulla opibus vel bello est nota virisque,
   Gens, quae Trojanos non referat proavos.
Nempe novem Musas semper Trojanus Apollo
   Praecones Troum laudibus esse jubet.
Utque nova, veteris tandem repararet honore,
   Urbe urbis, Trojae nec decus occideret,
Aemula Trojanis haec moenia Apollo superba
[col. 1024]   *Ipse sua fertur constituisse manu,*
   Et tutelares Trojanis arcibus olim,
   Huic redivivae urbi restituisse Deos.

Palladiumque urbi, intemeratae et Palladis artes,
  Quin et Apollineos intulit inde modos.
Transtulit huc tripodas, sanctique oracula juris,
  Transtulit huc Laurum, transtulit et citharam.
[manque un vers]
  Quae tenero vates plurimus ore canit.
Nempe Palatinus dici gaudebat Apollo,
  Quum leges orbi Roma superba dabat.
Sed modo Tricassas cum demigraverit ipse,
  Se Tricassino nomine jactat ovans.
Praesentem sensere Deum, tot nomina, vates,
  Nobilia, hinc tota cantus in urbe sonat.
Ecce Caballino quam Sequana fonte tumescat,
  Misceat utque suas alter et alter aquas.
Respice ad haec etiam sacri donaria templi,
  Plurima quae versu picta tabella notat.
Non Trojam qui coepit equus, tot gessit in alvo
  Ductores, vates quod modo Troja dedit.
Tot jam Troja novos nova vates imputat, at quos,
  Ipse suas artes Delius edocuit,
Qui modo cum claros cuperet generare Poëtas,
  Paschasii vultus induit atque habitum.
                              Petrus Nevelletus Doschius.

Et à la suite:

Quam male te manibus mancum facit ista tabella,
  Castalidum plena qui metis arva manu:
Tam male te manibus mancum facit ista tabella,
  Qui plena impertis dona, manu, Aonidum.
                              P. Nevelletus.

Et col. 1030:

Stephano Paschasio, Tricassib.
Lutetiam revertenti.

Cur caligine, cur malis tenebris
Coelum Juppiter inficit diemque?
Hujus Paschasius recedit urbis
Lux, Sol, Phosphorus, illius recessu
Pristinae remeant malae tenebrae.
                              Petrus Neveletus.

Tu praesens mihi qui manus dedisti,
Absens eripies mihi manus: sed
Cur linguam eripias? Nec ille linguam
Pictor eripuit tibi, manum qui

Audax eripuit. Manus valete,
Soli Paschasio manus dicatae.
Valete ô: mihi lingua dum supersit
Quae desiderium tui, meosque
Exprimat querulo sono labores.
                    Idem Nevelletus.

Puis:

Mon Pasquier laisse les grands jours,
Ainçois les grands jours il me laisse,
Grands en regrets, grands en détresse,
Que sa presence rendoit courts.
                    Pierre Nevelet.

2) Fin de l'*Antitribonien* (p. 111-112), cité par Pierre Mesnard, «François Hotman (1524-1590) et le complexe de Tribonien», *Bulletin de la Société de l'Histoire du Protestantisme Français*, CI, 1955, p. 133:

Or ces deux ou trois volumes ainsi dressés, faudrait que la jeunesse ayant passé en l'exercice des bonnes lettres et sciences humaines, et surtout en la philosophie morale jusques à l'âge de 20 ou 22 ans, fût envoyée pour un an ou deux en quelque école et université, en laquelle aucuns notables jurisconsultes disputassent et discourussent sur l'équité des loix; et puis peu après s'adonnât à la pratique et exercice afin d'être par ce moyen et institution guidée, conduite et adressée, ainsi que ci-dessus nous avons dit avoir été l'ancienne coutume des Romains.

Par ce moyen les jeunes hommes auraient loisir de vaquer par intervalles à quelque autre étude, comme en l'Ecriture Sainte, en la Philosophie, et aux histoires; et rapporter toujours l'issue et la fin de son exercice, non pas (comme la plupart des praticiens) à provigner et multiplier les procès, mais à la paix, concorde et tranquillité de leurs citoyens, et à l'honneur et gloire de Dieu, lequel je supplie adresser tellement la jeunesse de notre France que nous ayons matière en louer et bénir son saint Nom.

LO SCISMA E L'ERESIA
NEL *DE CARDINALATU*
DI PAOLO CORTESI

Paolo Cortesi[1] morì a Sangimignano, prima del 15 novembre 1510. Era così giunto al termine di una vita e attività di umanista e di curiale abbastanza breve (almeno secondo la nostra misura), alla quale era mancata quella conclusione finale ormai attesa: l'ascesa al *senatus* della Chiesa, così trasformato in auliche vesti romane dalla sua eloquenza ciceroniana. Era questo, del resto, lo scopo finale che ogni dotto uomo di curia, dotato di particolari capacità intellettuali, elevata cultura letteraria e storica e prudente misura nel muoversi tra i delicatissimi meccanismi dell'alta società ecclesiastica, era indotto naturalmente a porsi. Perchè ormai da più di mezzo secolo, accanto ai figli o nipoti di papi e di sovrani, ad alti prelati stranieri depositari dei voleri dei propri principi, a sagaci diplomatici pontifici, a potenti rappresentanti dei maggiori Ordini religiosi ed ai discendenti delle grandi famiglie romane, sedevano in concistoro cardinali giunti a quel «fastigio» grazie al loro prestigio intellettuale non disgiunto da una notevole abilità nel procacciarsi protettori e favori. E si sa che, proprio nel corso del Cinquecento, l'attrazione degli intellettuali per la «carriera» e l'ascesa alle più alte dignità della Chiesa si sarebbe sempre più accresciuta, via via che si esaurivano le possibilità di svolgere un'adeguata funzione politica o diplomatica nelle corti dei Principi o negli uffici delle Repubbliche sopravvissute e la Chiesa romana sembrava restare l'ultimo centro di potere autonomo ancora esistente in Italia. Non occorrerà che ricordi un celebre saggio di Carlo Dionisotti[2] che, da par suo e ricordando, appunto, spesso il Cortesi, tracciò un'acuta analisi del processo di «clericalizzazione» dei rappresentanti più tipici dell'«intelligenza»

---

[1] Per la biografia e la bibliografia del Cortesi, rinvio all'ottima voce di G. Fragnito, «Cortesi (Cortesius, De Cortesiis), Paolo», *Dizionario biografico degli Italiani*, 29, Roma, 1983, p. 766-770. Tra gli scritti apparsi poi è da vedere: J. D'Amico, *«Contra divinationem*. Paolo Cortesi's Attack on Astrology», *Renaissance Studies in Honor of Craig Hugh Smyth*, I, *History Literature Music*, Firenze, 1985, p. 281-291; F. Bausi, «Documenti sui Cortesi raccolti a S. Gimignano da Angelo Maria Bandini nel 1760», *Archivio Storico Italiano*, 152, 1994, p. 787-819. E preannunziata la prossima pubblicazione di tre volumi su *Paolo Cortesi e la cultura del suo tempo*, a cura di R. Cardini e M. Regoliosi.

[2] Cf. D. Cantimori, «Chierici e laici», *Geografia e storia della letteratura italiana*, Torino, 1967, p. 47-73 e, in particolare i riferimenti al Cortesi, a p. 66-68, 70, 71.

umanistica. Ma, anche senza risalire ed un precedente così illustre, non è difficile i ndividuare, proprio tra la fine del Quattrocento e gli inizi del Cinquecento, l'inizio di un rinnovato interesse dei *litterati* per gli uffici curiali e l'esercizio di delicati uffici amministrativi o di governo al servizio della Chiesa che si
potevano concludere con la porpora cardinalizia. Poi il lungo e drammatico
decorso della lunga crisi italiana avrebbe contribuito a rafforzare questa
tendenza, come mostreranno i casi del Bembo e del Bibbiena e – sia pure con
esiti diversi – anche quelli del Castiglione e del Della Casa. Si può quindi ben
comprendere perchè il Cortese, nato, del resto, in una famiglia di curiali, si
proponesse – per usare il linguaggio del suo tempo – una simile «esaltazione»
alla quale doveva ritenersi ben preparato dai suoi più che vent'anni di lavoro
negli *officia* romani.

É vero che l'umanista, l'8 luglio del 1503, poche settimane prima dell'oscura
fine del pontificato di Alessandro VI, aveva rassegnato, per ragioni mai suffi-
cientemente chiarite, le sue dimissioni da segretario apostolico e si era ritirato
nel «Castel Cortesiano», per dedicarsi alle sue cure di erudito e di noto uomo di
lettere. Ma è sintomatico che, dopo essersi proposto di scrivere, tra l'altro, un
trattato sull'educazione del principe, si dedicasse invece a stendere le *In quatuor
libros Sententiarum disputationes*[3], dedicate a Giulio II, un lavoro che mirava a
conciliare la sua eleganza di scrittore ciceroniano con la trattazione di temi squisitamente teologici. E che, infine, invece di provvedere a erudire il futuro «principe»[4], impiegasse i suoi ultimi anni a tracciare l'immagine del perfetto cardinale[5], minuziosamente ammaestrato ad affrontare tutti i comportamenti, le
necessità, i problemi piccoli o grandi e l'ardua gestione ecclesiastica e politica
del suo ufficio.

É stato supposto che a questo mutamento degli interessi del Cortese non
fosse estranea la definitica caduta di Cesare Borgia che aveva eliminato dalla

---

[3] Pauli Cortesii *In quattuor libros Sententiarum*, Romae, Silber, 1504; e, a proposito di questo
     libro, rinvio a G. C. Garfagnini, «Paolo Cortesi e i *Libri IV sententiarum*: una rilettura umani-
     stica di un classico medievale», *Medioevo e Rinascimento*, 8, 1997, p. 97-123.

[4] Cf. G. Fragnito, *op. cit.*, p. 769.

[5] Pauli Cortesii *De cardinalatu*; inc.: *Pauli Cortesii Protonotarii Apostolici ad Julium Secundum
     Pont. Max.*; expl.: *Symeon Nicolai Nardi Senensis alias Rufus imprimebat in Castro Cortesio, Die
     decimaquinta Novembris M.CCCCCX S. D. N. Papae Julii anno octavo*. Uso la copia: BNF,
     Rinasc. C 413d; esemplare con cc. non numerate e legato con segnature erronee. Sulle circo-
     stanze della stampa, cf. ancora G. Fragnito, *op. cit.*, p. 769. Ma v. anche: *ead.*, «La trattatistica
     cinque e seicentesca sulla corte cardinalizia. Il vero ritratto d'una bellissima e ben governata
     corte», *Annali dell'Istituto storico italo-germanico*, 17, 1991, p. 135-185; G. Ferraù, «Politica e
     cardinalato in un'età di transizione», *Roma capitale (1447-1527)*, ed. S. Gensini, Pisa-San
     Miniato, 1994, p. 519-540; F. Bausi, «La dedicatoria a Leone X del *De cardinalatu* di Paolo
     Cortesi», *BHR*, 58, 1996, p. 643-650; L. Avellini, «Per un supplemento d'indagine sulla prima
     stampa del *De cardinalatu*», *Schede umanistiche*, 2, 1998, p. 37-56.

scena politica italiana il «principe nuovo» per eccellenza, e come tale ben rico-
nosciuto anche dal Machiavelli. Ma questo è forse un modo deformante di
leggere il *De cardinalatu* con le lenti, non so quanto adatte, fornite dall'«ottica»
de *Il Principe*. Ed è probabilmente meno fuorviante ritenere che, nel descrivere
con tanta paziente cura il modo di vivere, di operare e di pensare del «principe»
o «senatore» ecclesiastico, il Cortese guardasse piuttosto a se stesso, in attesa di
poter realizzare il proprio modello in quell'«Areopago» della Chiesa, sede di un
duplice potere spirituale e politico, di un'autorità capace, in certa misura, di
condizionare anche le stesse decisioni papali e di compiere scelte che avevano
ancora un loro peso anche nelle vicende politiche europee.

Non si dimentichi, del resto, che il *De cardinalatu* fu scritto proprio sotto il
pontificato di Giulio II, papa politico e guerriero quant'altri mai, che sembrava
aver restituito alla Sede romana un'inattesa capacità di condizionare il gioco
delle alleanze o, almeno, delle «egemonie» regionali, così esaltata dai tanti
laudatores che fecero di lui un nuovo Cesare, un nuovo Augusto, se non addirittura un nuovo Giove terreno. In una tale situazione il Cortese poteva avere
certo buone ragioni per credere che il suo libro, così ricco di riferimenti specifici a eventi remoti o vicini della storia ecclesiale, così ben fornito di *exempla* e
così ampiamente ragionato nelle sue massime di sapienza e prudenza politica, e
davvero non privo di cultura teologica, potesse designarlo tra i *senatores* di una
Respublica ancora più vitale di quelle che erano così facilmente crollate sotto i
colpi dei grandi sovrani europei.

In ogni caso, il *De cardinalatu* fu – come ben vide Delio Cantimori[6], lettore
acuto di quest'opera – il tentativo non solo di delineare un modello di *dignitas*
e *majestas* classica e curiale, affidato alla sua facondia, quanto piuttosto di espri-
mere la mentalità e la cultura dei ceti che dirigevano le istituzioni ecclesiali e ne
esprimevano la continuità al livello della loro gestione amministrativa e politica
(naturalmente, nel senso più vasto che oggi attribuiamo a queste parole). É ben
significativo che, in questo inizio di secolo, e a differenza di quanto farà poi otto
anni dopo Gasparo Contarini[7], il Cortesi non abbia lasciato affatto il ritratto del
perfetto pastore d'anime e dell'ottimo vescovo tornato alla cura del suo gregge,

---

[6]   Cf. D. Cantimori, «Questioncelle sulle opere progettate da Paolo Cortesi», *Studi di biblio-
      grafia e storia in onore di Tammaro de Marinis*, I, Verona, 1963, p. 273-280. Ma il Cantimori
      tenne sul Cortesi un seminario assai interessante nella Facoltà di Lettere e Filosofia dell'
      Università di Firenze.

[7]   Per le edizioni ed i manoscritti del *De officio boni et probi episcopi* di Gasparo Contarini, cf.
      G. Fragnito, *Gasparo Contarini. Un magistrato veneziano al servizio della Cristianità*, Firenze,
      1988, p. 82-83. E v. anche: H. Jedin, *Il tipo ideale di vescovo secondo la Riforma cattolica*,
      Brescia, 1950, p. 32-37; G. Fragnito, «Il *De officio viri boni ac probi episcopi* di Gasparo Conta-
      rini», *Studi veneziani*, XI, 1969, p. 75-189; D. Cantimori, *Umanesimo e religione nel Rinasci-
      mento*, Torino, 1975, p. 75-189; O. Logan, «The ideal of the bishop and the Venetian Patri-
      ciate, 1430 ca.-1630 ca», *Journal of Ecclesiastic History*, XXIX, 1978, p. 413-450.

bensì quello di un uomo di potere, ben consapevole delle sue prerogative ed opere mondane, della sua così eminente collocazione nel mondo di chi decide le sorte di tutti gli altri, e delle norme di abilità, prudenza e difficile equilibrio richieste dalla singolare condizione del detentore di un'autorità che aveva ed ha fondamenti molto diversi da quelle delle altre «potenze» e deve, quindi, usare strumenti e metodi necessariamente differenti.

Si tratta, insomma, di un libro che, nell' intenzione del suo autore, avrebbe dovuto costituire il «manuale» quotidiano, l'«oracolo di prudenza» del «principe ecclesiastico», in tempi già assai torbidi, tra insidie di ogni genere e scelte rese ancora più difficili non solo da una situazione di guerra quasi permenente, ma dall' evidente manifestarsi di un profondo turbamento delle coscienze di cui il Cortese registra alcune delle espressioni più sintomatiche. Proprio per questo, può essere particolarmente interessante esaminare quali avrebbero dovuti essere, secondo un uomo assai pratico degli usi e della mentalità della curia e della corte romana, i modi e le vie da tenere per fronteggiare le più gravi crisi emergenti della società ecclesiale che molti segni facevano considerare imminenti.

Naturalmente, nel breve spazio a mia disposizione, dovrò concentrare questa analisi su alcuni temi particolari. E mi limiterò, dunque, a trattare soltanto due argomenti che, nel *De cardinalatu*, sono svolti con una certa ampiezza e che mi sembrano assai rivelatori delle intenzioni del Cortese: lo «scisma» e l'«eresia»[8]. La scelta – è chiaro – non è casuale, ma, anzi, è dettata proprio dalla stretta vicinanza cronologica tra il compimento del *De cardinalatu* ed eventi ai quali il Cortese non poté assistere, ma che il cardinale «ideale» per il quale era stato scritto avrebbe dovuto certamente affrontare. Si pensi: quando muore l'umanista, sono già evidenti e preoccupanti i primi sintomi di quella frattura dei supremi vertici della gerarchia ecclesiastica, sollecitata dall' intervento dei grandi monarchi che, tra il 1511 e il '12, porterà al rinnovato tentativo scismatico del cosidetto *conciliabulum pisanum*[9]. L'eccezionale tenacia e durezza del vecchio papa avrà la meglio nei confronti dei «cardinali pisani» che, alla fine, saranno abbandonati dai loro protettori ed ispiratori. Eppure questa aperta ribellione, a più di sessant'anni di distanza dalla fine del «piccolo scisma», non è cosa di poco conto, bensì il segnale d'allarme di una crisi assai più profonda che sta crescendo e che non si esaurisce davvero nelle manovre personali, nelle ambizioni e neppure nell'ispirazione riformatrice di un ristretto gruppo di *sena-*

---

[8]   *De cardinalatu*, ed. cit., l. III, cap. 13-14, c. (214)r - (221)r.

[9]   A proposito del tentativo del Concilio pisano cf. N. H. Minnich, *The Fifth Lateran Council (1512-17). Studies on its Membership, Diplomacy and Proposals for Reform*, Aldershot, 1993, cap. 2; A. Landi, *Concilio e papato nel Rinascimento (1449-1516). Un problema irrisolto*, Torino, 1997, p. 205 sg.

tores secessionisti. Poi, a meno di sette anni dalla scomparsa del Cortese, lo stesso cardinale avrebbe ricevuto le prime notizie di una sollevazione religiosa ormai esplosa in Germania, ispirata da uno sconosciuto frate agostiniano, ma presto dilagata tra borghesi e popolani, intellettuali e uomini di Chiesa, teologi e piccoli nobili in cerca di nuove fortune, prima di raggiungere il miserabile mondo contadino. Si tratterà, questa volta, di un evento che nessun abile gioco politico o sottile compromesso diplomatico e neppure la sincera ricerca di un accordo tra le due parti riuscirà a fronteggiare, perchè sarà il punto critico di rottura di un ordine religioso ormai compromesso, quando tutte le ragioni di dissenso, conflitto e dissoluzione del corpo ecclesiale e della sua gerarchia troveranno il loro incontro nella dottrina della *justificatio sola fide* ed il rifiuto di ogni intermediario tra Dio e la coscienza umana sovvertirà per sempre, in una vasta parte dell'Europa, il sistema di potere che da Roma s'irradiava in tutte le terre dell'Occidente cristiano ed a troncare il suo stretto intreccio con interessi mondani di ogni genere.

Orbene: seguendo gli insegnamenti del Cortese, come avrebbe dovuto contenersi di fronte a questi eventi così sconvolgenti il principe della Chiesa chiamato a giudicare ed a fornire il suo «senno» di altissimo consigliere della politica papale? E quali suggerimenti, propositi e indicazioni di scelta avrebbe potuto trovare nel *De cardinalatu* un ambizioso e intelligente prelato come Alessandro Farnese che vi è così spesso mentovato? La risposta è, appunto, conservata nei due capitoli già indicati; ed è – credo – una risposta assai interessante, perchè mostra che se il Cortese non ignorava affatto le più vistose manifestazioni dell'inquietudine religiosa del suo tempo, considerava lo «scisma» e l'«eresia» come due fenomeni da affrontare con i normali strumenti del diritto canonico e della repressione disciplinare e giudiziaria, in un giusto equilibrio tra prudenza e durezza. Problemi, insomma, che dovevano essere risolti ai sommi vertici della Chiesa, secondo principi dottrinali ormai ben collaudati e metodi d'intervento del tutto tradizionali. Mentre egli si dimostrava molto preoccupato della pericolosissima «eresia» averroistica dilagante negli *Studia* e tra i dotti, prendeva atto delle idee più eversive già allora circolanti e condannava la pessima pretesa dei *litterati* di intervenire in delicate quistioni teologiche, non prevedeva affatto la dimensione e la forza che avrebbe assunto la rivolta religiosa tedesca e la suggestione di un appello ad una *reformatio* radicale che avrebbe contestato l'intero assetto istituzionale della società ecclesiale.

Chi legge queste pagine del *De cardinalatu* s'imbatte in un'ordinata e ben argomentata analisi della natura giuridica dello «scisma» e dell'«eresia» ed in una casistica ben meditata e fondata sulle caratteristiche dottrinali delle eresie più celebri del passato, insieme all'elenco dei più recenti atteggiamenti di dissenso di cui s'invoca la pronta eliminazione. Il Cortesi rivela così perfettamente la mentalità dominante nei più alti uffici curiali ed ai vertici della Chiesa romana, ormai avvezzi a trattare simili «materie» come quistioni da risolvere con un adeguato impegno diplomatico, con il ricorso a misure d'emergenza spesso concordate con i poteri politici e, infine, con una procedura giudiziaria che, nei casi più gravi, come quelli di Boemia, poteva alternarsi alla ricerca di temporanei compromessi, utili anche per sollecitare ed accrescere le inevitabili fratture interne dei movimenti eterodossi. Ma la sua trattazione è anche lo specchio di una *élite* dominante che, nonostante l'evidenza di alcuni sintomi già ormai evidenti, non afferra la gravità di una crisi in sostanza ormai in atto e di cui non comprenderà neppure, con sufficiente misura, le prime sconvolgenti manifestazioni. Davvero, riflettendo su questi capitoli, viene da pensare agli amari giudizi di Machiavelli su quei principi d'Italia che avevano creduto di poter far fronte alle invasioni ed alle egemonie straniere con le vecchie astuzie e i metodi già sperimentati nelle piccole contese italiane[10].

Non a caso, il Cortesi inizia il suo insegnamento, proponendo una definizione dello «scisma» correttamente fondata sui canoni e argomentata con precisione giuridica. Si tratta – scrive – di una «secessione» per cui i *Senatores a Pontefice maximo repugnando desciscunt*. É, dunque, un atto di e strema gravità, sommamente lesivo dell'unità e del potere della Chiesa. E, tuttavia, il cardinale saggio e prudente, anche se si troverà in questi pericolosi frangenti, dovrà esser soprattutto capace di ben distinguere[11]. Se il papa ha imposto degli ordini che minaccino la salvezza delle anime, siano rovinosi per la religione e pericolosi per lo stesso ordine pacifico della Cristianità, non avrà alcun dubbio sulla legittimità di una ribellione che appare del tutto giustificata dal supremo principio della *salus Ecclesiae*. Potrà però più frequentemente trovarsi a giudicare su un caso assai più difficile e controverso, quello di uno o più cardinali che si pongono in aperto dissenso con il papa e mantengono pertinacemente questo atteggiamento. Il Cortesi – che cita come esempio il comportamento di Ascanio Sforza nei confronti di Alessandro VI – riconosce che un tale dissenso, di cui non ignora la frequente causa meramente politica, non implica spesso un totale rifiuto di ubbidienza al sovrano della Chiesa. E ciò rende necessario accertare, caso per caso, se si tratti soltanto di una «secessione», o, piuttosto, di una vera e propria *perduellio*, ossia di alto tradimento e lesa maestà. Certo. non è sempre facile operare una simile distinzione; e, comunque, anche la «secessione» è un «male impudente», perchè, minacciando l'unità della *respublica* ecclesiastica e la concordia del suo «senato» può, alla fine, trasformarsi in *perduellio*. Tuttavia, la trattazione del Cortesi lascia subito aperta la via ad una considerazione «politica» dello scisma e, soprattutto, di quei conflitti di natura squisitamente

---

10 Cf. Niccolò Machiavelli, *L'arte della guerra*, l. VIII, in *Tutte le opere*, a cura di M. Martelli, Firenze, 1971, p. 388.

11 *De cardinalatu*, ed. cit., c. (214)r.

personale che erano stati così clamorosi durante il pontificato borgiano e nei quali egli stesso si era trovato coinvolto, durante i cinque anni del suo segretariato[12].

Quanto alle misure da prendere per reprimere lo scisma e colpirne i responsabili, l'umanista le enuncia in ordine di gravità: prima la scomunica dei cardinali ribelli, poi la loro privazione del cardinalato che è una sorte di «privazione della luce» e di «morte», infine l'intervento del braccio secolare, con le sue pene materiali. Questa graduazione è necessaria, perchè il Sacro Collegio deve comportarsi come il bravo medico che dapprima usa i farmaci più blandi, per passare dopo ai più drastici, capaci di eliminare una simile «peste». E, naturalmente, le pene più gravi dovranno essere comminate a quei ribelli che mirano ad una vera e propria «guerra civile» ed all' eversione dell'*imperium* ecclesiastico. Ma pochè è tipico dei «sediziosi» usare tutti i mezzi, le vie e gli strumenti per tener viva la separazione ed il conflitto, i sagaci *senatores* della Chiesa romana dovranno provvedere all'incolumità della loro *respublica* ed impedirne l'eversione, operando – si direbbe – da veri «Quiriti» ciceroniani[13].

É, però, ancora possibile una situazione ben più difficile, alla quale il Cortesi è indotto a pensare non solo dalla memoria ancora non lontana dei due «scismi d'Occidente», ma anche dai tentativi di elezione di un altro papa, più volte divisati durante il pontificato borgiano. Come dovrà comportarsi il cardinale, nel caso di una duplice elezione papale? E quale dovrà essere il suo giudizio nei confronti di coloro che seguono un papa non legittimo, ma con la convinzione che esso sia stato eletto nel modo rituale e senza alcuna illegittimità?

L'atteggiamento consigliato è, in sostanza, l'esercizio di una giusta prudenza. Si dovrà, in primo luogo, far massimo conto della buonafede dei singoli, ma anche del loro proposito d'indagare sino in fondo sull'effettiva validità dei diritti dei due contendenti, senza servirsi di una pretesa ignoranza per giustificare la propria scelta. Lo stesso atteggiamento sarà assunto anche nei confronti di coloro che si mantengono neutrali e che dovrebbero però sforzarsi in ogni modo di uscire dalla loro incertezza e di scegliere la parte del pontefice «più legittimo». Ma non basta. Il Cortesi invita i cardinali a diffidare di chi eccede in sottigliezze e «sofismi», per crearsi, per così dire, una propria fittizia e volontaria ignoranza e cadere nell'estrema capziosità che permette di scambiare il falso con il vero. Cita, perciò, come esempi di coloro che, a causa della propria acutezza, sono caduti nei più gravi errori, il Wicleff e Girolamo da Praga, entrambi convinti – scrive – di poter provare come vero tutto quanto *mente et cogitatione depiscissent*. Né v'è dubbio che le sue parole esprimano anche il comune fastidio degli umanisti per le tecniche disputatorie e le raffinatezze logiche del sapere giuridico e teologico scolastico, considerate fonti di

---

[12] *Ibid.*

[13] *Ibid.*, c. (214)v.

contrastati teorici e di errori dottrinali particolarmente rovinosi per la società ecclesiale[14].

Il Cortesi ritiene però che simili accuse non possano essere rivolte a coloro che, quando è ancora incerto l'esito del conflitto, pur seguento la parte dell'antipapa, abbiano compiuto un serio sforzo per appurare la validità dei diritti sostenuti dai due avversari. Vi sono, infatti, casi di elezioni papali contestate per i quali è assai difficile stabilire quale dei due pontefici sia maggiormente legittimo. Ma è sintomatico che il Cortesi citi come esempio proprio la contesa tra Bartolomeo da Prignano e Roberto di Ginevra che era stata all'origine della prima grande crisi istituzionale della Chiesa tardomedievale[15]. In tali situazioni è, dunque, del tutto lecito che i cardinali ed i prelati dubitino sul loro dovere di ubbidire piuttosto ad uno che all'altro contendente. Ed a più forte ragione, dovrà essere scusato il *vulgus* della Chiesa, ossia i semplici fedeli che, ignari di ogni dottrina canonistica, sono costretti a rimettersi al giudizio spesso incerto dei loro pastori e degli «esperti»[16].

Come si vede, le conclusioni del Cortesi suggeriscono al cardinale di contenersi sempre con prudenza e cautela in tutte le situazioni non chiare, il cui esito sia perciò estremamente incerto. Tuttavia la constatazione più interessante è il trasparente proposito dell' umanista d'indicare nello scisma e nei provvedimenti da assumere per «spegnerne le fiamme» un'ottima occasione per rivendicare il potere e l'altissima autorità normativa del Sacro Collegio. Nel caso di una contesa tra due pontefici che si trascini a lungo e minacci di sommergere la *respublica* ecclesiastica, i cardinali hanno il pieno diritto di riunirsi collegialmente per procedere all'elezione di un nuovo papa. Sarà, anzi, loro compito la convocazione di un concilio, nel quale si discuta sulla deposizione dei contendenti e si proclami il papa eletto con i voti del conclave. L'esempio del concilio pisano del 1409 che si concluse con la deposizione di Gregorio XII e di Benedetto XIII e l'elezione di Alessandro V è citato dal Cortesi per confermare la legittimità dell'intervento decisivo dei cardinali, custodi supremi dell'ordine, del diritto e della disciplina e unità ecclesiale. Né è tutto. Perchè, in ogni caso dubbio, spetta soltanto al collegio cardinalizio stabilire se l'elezione papale sia stata legittima, oppure dovuta a corruzione e simonia. Soprattutto, quel collegio ha il diritto di stabilire un «arbitro» della contesa, ricorrendo ad una persona di fama, immune da ogni sospetto e la cui proibità e dottrina siano u niversalmente riconosciute. Poi, dopo aver risolta questa difficile «causa», saranno leciti tutti i mezzi adatti a ristabilire l'ordine, comprese le armi, da

---

[14] *Ibid.*, c. (214)v-(215)r.

[15] *Ibid.*, c. (215)r-v.

[16] *Ibid.*, c. (215)v.

usare però soltanto quando siano riusciti vani tutti gli altri tentativi di giungere alla pacificazione[17].

In questo caso, i cardinali dovranno essere degli abili politici; in particolare, eviteranno di fidarsi delle promesse di condottieri e di principi, sempre pronti a mutare partito, secondo le loro particolari convenienze, e che, in realtà, avversano la crescente autorità e il potere del Senato della Chiesa, il cui *imperium* non è amato dai signori «mondani»[18]. Il Cortesi li ammonisce alla massima prudenza e previdenza, perchè non debbano poi pentirsi di decisioni precipitose e nocive[19]. Certo, non è sempre facile impadronirsi subito dell'antipapa e spegnere rapidamente lo scisma; ma, proprio per questo, i *senatores* potranno usare legittimamente anche un «giusto inganno», come distogliere da lui i suoi alleati ed ospiti, fingere una fittizia riconciliazione, indurre al tradimento le persone che gli sono più vicine o, addirittura, attirarlo in un insidioso colloquio. Il principio della salvezza della *respublica* cristiana deve, in ogni caso, prevalere; giacchè si tratta di por fine a un *rerum eventus saevus* e di eliminare una *pestis nascitura mundo*. Sebbene sia meglio procedere per la via della persuasione e dell'ammonizione, e con tutti gli espedienti suggeriti da una saggia e prudente benignità, non si potrà mai escludere il ricorso finale e simili provvedimenti imposti da un dovere assoluto[20].

Il ragionamento del Cortesi, così abilmente calibrato tra argomentazioni giuridiche e calcoli di opportunità politica, si conclude, insomma, con l'implicita accettazione di quei principi di «ragion di Chiesa» che, nel corso del secolo, avrebbero assunto gli stessi caratteri, mezzi e strumenti ed anche la suprema validità della «ragion di Stato». Invero, se si riflette sulle vicine vicende del *conciliabulum* e sull'atteggiamento assunto da vari cardinali ed uomini di Chiesa, si potrebbe concludere che l'umanista aveva ben previsto il carattere del tutto politico delle scelte dei *senatores*, ben decisi a far valere, in termini di potere o di vantaggi economici, tutto il peso della loro autorità.

Lo scisma è, comunque, una crisi del vertice delle istituzioni ecclesiastiche che può ancora essere affrontato con le comuni regole della prudenza e dell'abilità politica. Ben diverso è, invece, il problema posto dall'«eresia» che esige rapide pronunzie dottrinali e, soprattutto, procedimenti drastici e radicali. Proprio per questo, il Cortesi procede subito da giurista, a fornirne una definizione chiara e precisa: l'«eresia» – scrive – è una «presunzione» (*opinatio*) pertinace ed una dottrina avversa ai principi della fede ad ai *decreta* approvati dal

---

[17] *Ibid.*, c. (215) v-(216)r.

[18] *Ibid.*, c. (216)v.

[19] *Ibid.*

[20] *Ibid.*, c. (217)r.

concilio e dal concistoro, la cui autorità non è, per lui, inferiore a quella conciliare[21]. Naturalmente non gli sfugge la diversità tra i vari generi di «eresia», da
quelli che negano *in radice* ogni verità cristiana alle opinioni di chi, pur ricono-
scendo la divinità del Cristo, non attribuisce alcun valore alle decisioni conci-
liari e segue, invece, le proprie personali concezioni. Ma, in ogni caso, ritiene
che si tratti sempre di una *perduellio*, ossia di un reato di lesa maestà inteso a
rovesciare gli stessi fondamenti sui quali riposa la *lux fidei*. Il cardinale deve,
dunque, possedere tutti gli strumenti dell'erudizione ed i criteri dottrinali e
giuridici che gli permettano non solo di appurare e distinguere i diversi caratteri
delle varie eresie, ma di esser capace di confutarle, si tratti di combattere la
perversa sottigliezza di Ario o l'«impudente mendacio» dei Manichei. Origene,
il Crisostomo e il Nazianzeno, Agostino e Metodio sono così indicati come gli
autori ai quali è necessario ricorrere per far fronte a questo difficile compito.
Ma, oltre a costoro, il Cortesi non manca d'indicare il *De divina dimanatione* di
Girolamo Donato che considera un ottimo modello di confutazione degli
eretici e delle loro tortuose dottrine, combattute con l'umanistica unione dell'e-
loquenza con l'erudizione[22].

Per quanto concerne i principi di verità da considerare come il giusto
«metro» per giudicare gli errori, il *De cardinalatu* è altrettanto chiaro ed esplicito. Si tratta, infatti: I) delle verità contenute nell'Antico e nel Nuovo Testamento; II) di quelle affermate dagli Apostoli; III) delle decisioni assunte ritual-
mente dai *concilia* ecumenici; IV) dei decreti emanati dal Concistoro; V) delle
opinioni espresse dai più dotti e santi teologi che non si fossero mai allontanati
dalla vera fede; VI) delle disposizioni emanate da papi legittimi che abbiano
valore universale e siano state assunte secondo il rito legittimo[23].

Fin qui la trattazione del Cortesi è, più o meno, del tutto tradizionale. Ma a
queste considerazioni legalistiche ne aggiunge altre che dimostrano come l'umanista guardi soprattutto a idee ed opinioni che si stanno già largamente diffon-
dendosi, perchè sono espressione di una profonda inquietudine spirituale, e
delle quali comprende l'effettiva pericolosità per le istituzioni ed i poteri uffi-
ciali della Chiesa. Ritiene, infatti, opinione falsa e pericolosa pensare che si
debbano esecrare coloro, che per timore dell'interdetto papale, abbiano allon-
tanato un predicatore[24]; e mi pare probabile, in questa occasione, l'allusione ad
un fatto così clamoroso ed ancora recente, come il caso del Savonarola.
Contesta pure la pretesa di affermare che un papa *qui in summa sit vendendi
libertate* non abbia alcun diritto di regnare: una possibile allusione alle accuse

---

[21]   *Ibid.*, c. (217)v.

[22]   *Ibid.*

[23]   *Ibid.*, c. (218)r.

[24]   *Ibid.*

rivolte ad Alessandro VI ed ai tentativi di deporlo. Considera ancora più pericoloso dichiarare che il pontefice non sia il vero «capo» del genere umano e che i *suffragia* dei cardinali siano *cacodemonis inventa*. Simili opinioni, attribuite agli «eretici boemi», non sono, però, più gravi di quelle propalate da chi pone in dubbio – si noti – il valore delle indulgenze e, in particolare, di quelle già concesse da Giulio II a favore della *fabrica* di San Pietro, tempio massimo della Cristianità, per il quale è più che giusto richiedere il denaro dei fedeli. Ma è cosa ancora peggiore ritenere che il papa sia eretico perchè riscuote dei tributi e delle decime, o che non siano veri cardinali coloro che vivono con eccessiva «licenza»[25].

Il Cortesi si spinge ancora oltre nel delineare il catalogo delle «eresie» più correnti al suo tempo. Coinvolge, infatti, nella medesima «stoltezza» coloro che considerano un sacrilegio pagare le preghiere dei sacerdoti o ritengono che i santi Francesco e Domenico possano essere giustamente rimproverati per avere istituito un nuovo genere di «mendicanti scalzi» (*anipodetores*) e di predicatori. Non basta: precorrendo una decisione che sarà assunta solennemente, a distanza di pochi anni, dal V concilio lateranense, ritiene sospetto pure chi osi affermare che i predicatori sono liberi di svolgere la loro missione anche contro il divieto papale o delle autorità ecclesiastiche, purchè siano certi di proporre insegnamenti massimamente giovevoli per le anime degli ascoltatori. Il riferimento all'eccezionale fortuna e prestigio dei molti predicatori «itineranti» che, ormai da tempo e proprio in quegli anni, diffondevano nelle piazze di molte città italiane l'annunzio dell'approssimarsi di un tempo di sventure e di penitenza, presto seguita dalla *renovatio* cristiana[26], mi pare evidente. Così com'è esplicita la condanna del Cortesi per qualsiasi atto ritenuto lesivo dell'ordine e dalla gerarchia ecclesiastica. Ma l'umanista curiale vuole ancora segnalare altre opinioni correnti che ritiene intrinsecamente ereticali, come affermare che il Sacro Collegio abbia perduto la giusta norma del suo comportamento e sia scaduto di autorità, perchè ha cessato di vivere nella temperanza cristiana, oppure affermare che il papa debba essere privo di ogni arma mondana e non possa, pertanto, combattere contro i «profani», anche quando si trovi costretto

---

[25] *Ibid.*, c (218)r-v.

[26] Per la decisione del V Lateranense che, il 19 dicembre del 1515, stabilì la proibizione di predicare per qualsiasi prete secolare o «regolare», anche appartenenete agli Ordini mendicanti, prima che la sua «scienza» e «pietà» fossero accuratamente vagliate dai «superiori», minacciando la scomunica a chiunque osasse annunziare calamità future, oppure l'avvento dell'Anticristo o l'imminenza del giudizio universale, cf I. D. Mansi, *Sacrorum Conciliorum nova et amplissima collectio*, XXXII, Paris-Leipzig, 1901, col. 944-947. Per la notevole diffusione della predicazione profetica e apocalittica, cf. C. Vasoli, *Studi sulla cultura del Rinascimento*, Manduria, 1968, p. 180-240; O. Niccoli, *Profeti e popolo nell'Italia del Rinascimento*, Roma-Bari, 1987, part., p. 15 sg.; R. Rusconi, *Profezia e profeti alla fine del Medioevo*, Roma, 1999; ma v. anche: *Il profetismo gioachimita tra Quattrocento e Cinquecento*, ed. G. L. Potestà, Genova, Marietti, 1991.

a difendersi dalle offese, o rivendicare beni che gli spettino di diritto. Soprattutto sono poi, errori gravissimi sostenere che abbia lo stesso valore pregare Dio anche fuori dei luoghi sacri, giacchè il mondo è un «tempio di Dio»; negare l'esistenza del fuoco purificatore del Purgatorio; respingere il culto mariano; e, infine, considerare indegno l'uso d'incensare il crocifisso e gli altari o di appendere immagini votive[27].

Sull'«attualità» di simili eresie che confermano la diffusione di dissenso e di ribellione religiosa già assai radicali, a pochi anni di distanza dalla massima crisi, è persino inutile insistere. Né occorrerà soffermarsi sulla dura condanna formulata dal Cortesi nei confronti di ogni «eresia» trinitaria antica o più recente, o della ripresa della predicazione apocalittica che annunziava l'imminenza della fine del mondo e dell'ultimo giudizio[28]. Importa più osservare come l'unico rimedio suggerito per far fronte a simili sintomi così inquietanti e drammatici consista nell'invocare una repressione rapida e decisa che impedisca la diffusione di quelle opinioni ormai «impudentemente» propalate nelle città cristiane.

Il Cortesi, del resto, sa bene che i principali diffusori di tali «falsità» sono proprio gli uomini di cultura, quei *litterati*, privi di prudenza e di dottrina, che «osano», addirittura, trattare dei più diversi argomenti teologici, invadendo il dominio assolutamente riservato al «magistero» ecclesiale. Costoro, ignari delle sottili distinzioni e dottrine teologiche, credono che la lettura di qualche pagina di Cicerone li autorizzi a spargere opinioni maligne e velenose; e si gloriano di simili assurdità, quasi che sia una grande dimostrazione d'ingegno propalare delle falsità invece di perseguire una verità incorrotta[29]. Ed è davvero rivelatrice di una mentalità predominante non solo tra i *magistri*, bensì pure tra chi si sentiva partecipe della cultura «clericale» e del suo carisma l'insistenza dell'antico segretario nel denunciare la profonda ignoranza e insipienza dei *litterati* che non sarebbero mai capaci d'intendere qualcosa del magistrale commento albertino alla *Physica*, non riuscirebbero ad orientarsi nelle «sottilissime» dottrine scotiste e non saprebbero mai comprendere la concezione tomista dell'*usia* divina.

Si tratta di atteggiamenti e argomenti polemici che troveranno più tardi la loro più tipica espressione nel corso della lunga battaglia contro Erasmo e gli erasmiani. Comunque, il Cortesi chiede senz'altro che s'impedisca di nuocere a questi *insipientes* che, con le loro conoscenze letterarie e filologiche, pretenderebbero di «usurpare» il magistero dei teologi e d'impugnare le loro dottrine.

---

[27]   *De cardinalatu*, ed. cit., c. (218)v.

[28]   *Ibid.*, c. (218)v-(219)v.

[29]   *Ibid.*, c. (219)r.

Non meraviglia che si appelli ai cardinali affinchè vietino, soprattutto a Roma, di «allevare» simili «mostri», capaci addirittura di offuscare la «luce della fede» e liberino così il «microcosmo» della Cristianità da una «genìa», anzi da una «feccia» altrettanto temibile quanto distruttiva[30].

É chiaro che il Cortesi, dal suo punto di vista di deciso difensore dell'ordine ecclesiatico «costituito», valuta, con grande lucidità, il pericolo costituito dall'esegesi critica e filologica umanistica e dall'intervento delle *litterae* nelle controversie teologiche, secondo l'esempio del Valla, rinnovato, già in quegli anni, dalla pugnace critica erasmiana[31]. Ma non nutre minori riserve anche nei confronti del costume «disputatorio» ormai invalso nelle Scuole e di quei maestri *recentiores* che, con la loro abilità dialettica, riescono a porre tutto in discussione, con il rischio – particolarmente temuto dall'umanista curiale – d'infirmare la solidità di qualsiasi *auctoritas*[32]. Anche in questo caso, spetterà ai cardinali di distinguere tra le «materie» che non hanno alcuna attinenza con la fede, come le quistioni di logica e di geometria, e quelle che sono invece da mantenere sotto il severo e geloso controllo dei poteri e delle autorità ecclesiastiche. É vero che, per le cose che hanno scarsa o minore attinenza con la fede, sarà lecito assentire alle più diverse opinioni ed anche a quelle meno «provate». Non dovrà però mai essere permesso di accogliere quelle dottrine di Giovanni di Jandun e di Marsilio da Padova che il Cortesi considera estremamente lesive della *potestas* papale e del suo «primato»[33]. Sicchè occorrerà indagare a fondo la posizione personale di coloro che propongono dottrine «nuove» e «dissimili» da quelle ben fondate su *auctoritates* più che sicure, per indagare se anche in loro non vi sia un qualche «sospetto di colpa». Si dovrà, quindi, esaminare il loro passato ed il loro modo di vivere, la loro particolare formazione dottrinale, la fama ed i *rumores* che li accompagnano, l'eventuale abitudine ad argomentare «con leggerezza», l'eccessiva ingegnosità ed incostanza, il loro grado di affidamento e di credibilità. Una siffatta *inquisitio* servirà a far luce sui loro propositi e, pertanto, a stabilire se sia lecito prestar fede a questi «novatori», o sia, invece, meglio attenersi – come suggerisce il Cortesi – alle opinioni di quei «santi» maestri che non si sono mai allontanati dalla verità[34].

Tra tutte le false opinioni diffuse nella cultura filosofica del tempo, la più pericolosa, temibile e da combattere con tutti i mezzi è, però – a suo giudizio –

---

[30]   *Ibid.*, c. (219)r-v.

[31]   Non si dimentichi che, proprio nel 1509, aveva avuto luogo il soggiorno romano di Erasmo, accolto con evidente favore da cardinali di notevole peso anche politico, come Raffaello Riario, Giovanni de' Medici (il futuro Leone X) e Domenico Grimani. E cf. A. Renaudet, *Erasme et l'Italie*, Genève, Droz, 1954, p. 90 sg.

[32]   *De cardinalatu*, ed. cit., c. (219)v.

[33]   *Ibid.*

[34]   *Ibid.*, c. (219)v-(220)r

l'infame dottrina del «cane» Averroè e di tutti coloro che, come lui, negano, in sostanza, l'immortalità dell'anima individuale[35]. Il Cortesi sembra non ignorare, oltre alle ormai antiche condanne parigine, la clamorosa iniziativa del vescovo di Padova Pietro Barozzi che aveva preannunziato la scomunica per quei professori che, fuori dell'università, professavano la tesi dell'unicità dell'anima intelligibile, senza esporre le ragioni di fede per cui doveva essere respinta; e forse conosce il trattato polemico, *de plurificatione animae* del professore patavino *in via Scoti*, il francescano Antonio Trombetta, pubblicato a Venezia nel 1498[36]. Perciò – anticipando, anche in questo caso un altro celebre decreto del V Lateranense[37], nel quale ebbe un sua parte il Trombetta, ma dal quale dissentì il generale dei Domenicani, Tommaso da Vio – chiede al Sacro Collegio di provvedere nei confronti di una simile «peste» eversiva della fede, perchè distrugge ogni speranza di una vita futura, nega ogni possibilità di pena o di premio ultraterreni e lascia così a tutti la piena libertà di peccare. Si meraviglia che i cardinali abbiano così a lungo tollerato l'insegnamento anche pubblico di una dottrina tanto perniciosa, ma che può essere facilmente confutata, anche provando il suo profondo contrasto con la vera opinione di Aristotele. Ne invoca l'immediata messa al bando, con l'assoluto divieto di leggere nelle Scuole quei passi di Averroè dove è affermata l'unicità dell'intelletto della specie umana. Purtroppo, questa «falsità» è ormai diffusa ovunque, perchè soddisfa il desiderio umano di poter impunemente peccare, senza nutrire alcun timore per la vita ed i mali dell'oltretomba. E si richiama alla sua personale esperienza che gli ha mostrato quanto siano numerosi i filosofi e gli uomini di lettere pronti ad accettare le tesi avverroistiche. Decisa e radicale dovrà essere, dunque, l'azione dei cardinali per eliminare, una volta per tutte un male che il Cortesi – come già il Petrarca ed il Ficino – ritiene addirittura esiziale[38].

Il Cortesi teme però pure le lunghe e faziose dispute teologiche che sono sempre fonte d'incertezze e di dubbi e rendono assai difficile la scelta tra due dottrine. Senza dubbio, il cardinale potrebbe attenersi all'opinione della maggioranza dei teologi e considerare l'adesione dei «più» come un valido criterio di maggiore certezza. É però assai più opportuno procedere con molta

---

[35]   *Ibid.*, c. (220)r-v.

[36]   Cf., a questo proposito, B. Nardi, *Saggi sull' aristotelismo padovano da secolo XIV al XVI*, Firenze, 1958, *ad ind.*; A. Poppi, «Lo scotista padovano Antonio Trombetta (1436-1517)», *Il Santo*, II, 1992, p. 349-367; *id.*, «L'antiaverroismo nella scolastica padovana del secolo XVI», *Studia patavina*, XIII, 1964, p. 102-124; *id.*, *Causalità e infinità nella scuola padovana dal 1480 al 1513*, Padova, 1966, *ad ind.*; *Storia e cultura al Santo di Padova fra il XIII e il XV secolo*, Vicenza, 1976, *ad ind.*; A. Poppi, *Teologia nell'università e nelle scuole* in *Storia della cultura veneta*, III, *Dal primo Quattrocento al Concilio di Trento*, Vicenza, 1981, p. 1-33.

[37]   Cf. I. D. Mansi, *op. cit.*, XXXII, col. 842-843.

[38]   *De cardinalatu*, ed. cit., c. (220)v.

cautela, valutando con estrema attenzione le opinioni in contrasto, prima di accettare quella che appare maggiormente vera. Il caso della disputa intorno all'«immacolata concezione» di Maria che ha opposto, ancora di recente, tra di loro cardinali di grande autorità, come Marco Vigerio Della Rovere e Bernardino Carvajal, e le opinioni di Domenico Grimani sulla necessità dell'incanazione, anche se Adamo non avesse peccato, sono citati come esempi di dibattiti teologici che impongono la massima capacità di discernimento[39]. Soprattutto, l'umanista vuol mettere in guardia dalla tendenza, dominante tra i *rudiores*, ad accettare sempre come assolutamente vera l'opinione di chi considerano loro proprio maestro. Può così accadere che l'ammirazione per un acuto ed abilissimo logico, estremamente ingegnoso nel «giudicare», ma sospetto nelle sue opinioni, come Guglielmo d'Ockham, induca a seguirlo anche in quelle sue conclusioni che colpiscono la suprema autorità papale, a favore del potere del concilio[40].

Nella conclusione di questo capitolo, il Cortesi propone inoltre due criteri generali per distinguere i diversi tipi di «lesa religione». I fautori dell'eresia possono essere, infatti, riconosciuti e ben individuati o per la loro tendenza ad aggiungere alla fede qualcosa che le è del tutto avverso, oppure per la loro abitudine di suscitare continui dubbi, porre in discussione i più saldi principi e, addirittura, considerare falsi ed erronei i decreti del Sacro Collegio. Questi eretici sono particolarmente esecrabili per la loro grave stoltezza; ma non sono meno pericolosi coloro che, come il Wicleff e lo Hus, hanno posto il loro ingegno al servizio di dottrine del tutto estranee e contrarie alla disciplina cattolica[41].

Tali erano, dunque, le riflessioni che un buon conoscitore della curia romana affidava al suo libro come ammaestramento e monito per il *Senatus* della Chiesa romana. Ma chi legge oggi il *De cardinalatu* non può certo esimersi da un giudizio conclusivo sui limiti culturali e storici di un atteggiamento mentale che considerava ogni manifestazione di dissenso ecclesiale, soprattutto e prima di tutto, come un quistione di «lesa maestà» o di «leso ordine», senza però davvero prevedere quali avrebbero potuto essere le coseguenze radicali ed irreversibili di una ribellione religiosa che trovasse alimento in molte ragioni politiche e sociali di «rivolta», intese, in primo luogo, proprio a dissolvere la struttura «gerarchica» costitutiva della Chiesa romana. In questo senso, il libro del Cortesi aiuta a comprendere perchè le più alte autorità ecclesiastiche si mostrassero così spesso incerte e divise sul modo di reagire alle notizie, sempre più drammatiche, che venivano della Germania e, in sostanza, cercassero di reagire,

---

[39] *Ibid.*, c. (220)v-(221)r.

[40] *Ibid*, c. (221)r.

[41] *Ibid.*

nei modi sopra descritti, ad un evento della storia religiosa di cui non compresero a lungo la potente forza eversiva, così come non valutarono adeguatamente il ruolo che la Riforma avrebbe svolto nei grandi conflitti egemonici del tempo, e la parte così importante e talvolta decisiva che gli intellettuali avrebbero sostenuto nella diffusione ed anche nel successo popolare delle «nuove dottrine». Sicchè non stupisce che, alla fine, l'ultima opzione dovesse essere – per citare una celebre espressione di Nietzsche[42] – quella di un «cristianesimo di stato d'assedio», la cui gestione non poteva essere affidata che agli strumenti della repressione e, insieme, a un metodo sistematico di controllo assoluto delle coscienze. Dietro l'ideale di maestosa dignità, di equilibrio e di ordinata potenza proposto dall'umanista con la sua immagine di un'*auctoritas* razionalmente prudente e sapiente, doveva così emergere la durezza intransigente di una lotta senza quartiere, la cui conseguenze, nonostante tutto, non sono state davvero mai superate.

Cesare VASOLI
Università degli studi di Firenze

---

[42]   Cf. F. Nietzsche, *Menschilches, Allzumenschliches*, I, 237, in *Werke*, ed. K. Schlechta, I, München, 1954, p. 592-593.

TRADUCTION
ET HISTOIRE LITTÉRAIRE

L'*AMAS D'EPITHETES*
DE DU BARTAS

En 1596, paraissait à Genève chez les «heritiers d'Eustache Vignon», sans nom d'auteur, un *Dictionnaire des rimes françoises* complété de deux traités annoncés dans le titre[1], *L'un, Des conjugaisons françoises, L'autre, De l'orthographe françoise*. Ce fort volume de 424 pages, plus une table, était augmenté d'un recueil d'épithètes de cinquante-deux pages ainsi annoncé : *Plus un Amas d'Epithetes recueilli des œuvres de Guillaume de Salluste Seigneur Du Bartas*, dont la pagination repartait à un. L'ensemble fut réédité en 1623, toujours à Genève, chez Matthieu Berjon. Pour la partie consacrée aux épithètes, la réédition n'apportait aucune modification[2].

Le *Dictionnaire des rimes*[3] a été attribué à Odet de la Noue, mais cette attribution ne renseigne guère sur l'auteur des épithètes. On lit en effet, à la suite de la préface de l'auteur anonyme du *Dictionnaire*, un avis de l'imprimeur qui dissocie nettement les *Epithetes* des ouvrages précédents :

L'imprimeur aux Lecteurs

L'Amas d'Epithetes adjoustés à la fin de ce Dictionnaire et des deux Traitez le suyvans, nous ayant esté communiqué par un de nos amis, bien affectionné à la poësie Françoise : nous n'avons fait difficulté de le joindre au reste, quoy que de diverse main. S'il n'est jugé necessaire ou de grand usage, nous esperons qu'il ne nuira point, et desirons qu'il ne vous soit desagreable.

Nouvelle annonce, après les tables qui suivent le *Dictionnaire des rimes* et les deux traités, en bonne page constituant la page 1 des *Epithetes* :

---

[1] *Le Dictionnaire des rimes françoises, selon l'ordre des lettres de l'Alphabeth. Auquel Deux Traitez sont adjoustez...* Je cite ce volume d'après l'exemplaire de la Bibliothèque de la Sorbonne [Rra 1207, in-12].

[2] J'avais consulté il y a une vingtaine d'années, à la même Bibliothèque de la Sorbonne, la réédition de 1623, qui n'apportait aucune variante aux *Epithetes*. Ce volume [LPf. 35, in-12] est aujourd'hui porté manquant.

[3] Dont l'auteur, dans sa préface, dit s'être inspiré du dictionnaire des rimes publié par le «seigneur des Accordz», c'est-à-dire par Estienne Tabourot, seigneur des Accords, dont l'oncle Jean Le Fèvre avait laissé en mourant un manuscrit «que Tabourot remaniera pour en faire les *Rymes* de 1572, qui est le premier dictionnaire de rimes de la langue française», écrit F. Goyet dans l'introduction de son édition des *Bigarrures* de Tabourot, Genève, Droz, 1986, t. I, p. XXV.

EPITHETES,

recueillis des Deux Sepmaines, et autres Œuvres Poëtiques de G. De Saluste,
Seigneur Du Bartas: et mis en ordre, pour le contentement et soulagement de
ceux qui aiment la poësie Françoise.

Il semble donc qu'il y ait d'un côté La Noue, auteur du *Dictionnaire des rimes
françoises* de 1596[4], et de l'autre l'admirateur de Du Bartas, auteur de l'*Amas des
Epithetes*. En effet, on ne voit pas pourquoi celui qui n'a pas signé les *Rimes*
aurait pris la précaution de se défendre d'avoir fait les *Epithetes* s'il les avait
composées.

Ce recueil d'*Epithetes* n'était pas le premier. Vingt-cinq ans plus tôt, en 1571,
avaient paru chez Gabriel Buon, à Paris, les *Epithetes françoises* de Maurice de La
Porte[5]. Dans l'un des rares articles inspirés par le travail de La Porte, Carol
Clark note, de façon un peu rapide, que « le *Répertoire des ouvrages pédagogiques
du XVIe siècle* qui forme le fascicule 3 des *Mémoires et documents scolaires publiés
par le Musée pédagogique* mentionne trois recueils d'épithètes latines, le *Specimen
epithetorum* de 1518, l'*Epitheta ou epithetorum opus* (9 éditions entre 1518 et
1605) et l'*Epithetorum epitome* de Ravisius Textor, auteur de l'*Officina*: il paraît
au contraire que l'ouvrage de La Porte soit le seul recueil d'épithètes françaises
du seizième siècle »[6]. En fait, si ce *Répertoire*[7] mentionne bien les *Epitheta* de
Ravisius Textor et le livre de La Porte[8], la conclusion qu'en tire notre collègue
anglaise résulte de ce seul recensement, à tort puisque celui-ci ignore le très
discret *Amas d'Epithètes de Du Bartas*, bien caché, il est vrai, derrière le *Diction-*

---

4   Cf. Haag, *La France protestante*, Paris, Cherbulliez, t. VI, 1856, p. 303, col. b: «Anonyme,
     attribué à La Noue par les auteurs de la Méthode latine de Port-Royal».

5   La Porte, *Epithetes*, éd. de 1571, Genève, Slatkine Reprints, 1973. Les *Epithetes* connurent au
     moins quatre rééditions: en 1580 et 1581 chez G. Buon, en 1602 et en 1612 à Lyon chez
     P. Rigaud.

6   C. E. Clark, «Un dictionnaire des idées reçues du seizième siècle: les *Epithètes* de Maurice de
     La Porte», *RSH*, XXXV-138, 1970, p. 187-195.

7   *Répertoire des ouvrages pédagogiques du XVIe siècle*, Paris, Hachette et Delagrave, 1885. Je n'ai
     pas trouvé dans cet ouvrage exactement ce qu'annonce C. E. Clark. On y lit que Ravisius
     Textor a publié chez H. Estienne, à Paris, en 1518, ses *Epitheta* (rééd. en 1524, 1558, 1565,
     1580, 1587), qu'en 1541 a paru à Lyon chez S. Gryphe son *Epithetorum epitome,* qui fut
     rééditée à Genève (avec un complément dû à Adrianus Junius) chez A. et S. de Tournes en
     1664 (*sic*: pour 1564 sans doute) et en 1574, qu'en 1606 parurent encore les *Epitheta* associés à
     d'autres ouvrages, que cette publication fut rééditée en 1607 et 1608 (*op. cit.*, p. 555 et 556).
     Tout cela ne fait d'ailleurs pas le compte, puisque j'ai eu entre les mains à la Bibliothèque de
     l'Arsenal, à Paris, un exemplaire des *Epitheta* de 1624, et qu'il y en a assurément eu encore
     bien d'autres.

8   *Op. cit.*, p. 524.

naire de Rimes et à peine mentionné en dernières lignes sur la page de titre du volume qui le contient[9].

Pourquoi un recueil d'*Epithetes*? Sur ses intentions, La Porte précisait que son «livre [était] fait principalement pour l'intelligence des poètes»[10] après avoir indiqué dès la page de titre qu'il s'agissait d'un «Livre non seulement utile à ceux qui font profession de la Poësie, mais fort propre aussi pour illustrer toute autre composition Françoise». Souci d'élucidation et d'instruction, donc. Le très bref avertissement qui précède l'*Amas d'Epithètes* est plus laconique et le lecteur doit se satisfaire des mots «contentement» et «soulagement»[11], dont on peut supposer qu'ils évoquent une préoccupation analogue à celle de La Porte.

Ce n'est pas la seule différence entre les deux recueils. Il y a d'abord leur taille: le livre de La Porte est beaucoup plus important, 285 folios[12], soit 570 pages, contre 52 à Du Bartas, onze fois moins. Cela provient évidemment du moins grand nombre de mots retenus, mais aussi du moindre développement accordé à beaucoup d'entre eux. J'en prendrai pour exemple la lettre A. La Porte aligne, sauf erreur, 306 mots commençant par cette lettre, avec des entrées de tailles fort variables qui vont d'une ligne: «*Avette*. Blonde. CHERCHE ABEILLE»[13], à plus d'une page, pour le mot *Amour* par exemple[14]. Pour la même lettre A, le recensement chez Du Bartas n'énumère que 124 mots, caractérisés beaucoup plus brièvement dans nombre de cas que chez La Porte. J'essaierai d'en donner une idée en citant les trois premières entrées de Du Bartas, *Abeille*, *Abondance*, *Abraham*, et en les comparant à leur traitement par La Porte[15].

---

9   La page de titre complète donne: *Le / Dictionnaire / des rimes françoises, / selon l'ordre des let- / tres De l'Alphabeth. / Auquel Deux Traitez sont ajoustez. / L'un, / Des conjugaisons fran- / çoises / L'autre, / De l'orthographe françoise. / Plus / Un Amas d'Epithetes recueilli des œuvres de Guillaume, / de Salluste Seigneur Du Bartas. /* Marque de l'imprimeur / *Par les heritiers d'Eustache Vignon, / M. D. XCVI.*

10 Dans l'Avertissement au Lecteur, f. ãiijr°.

11 En page 1 de l'*Amas d'Epithetes*; cité *supra*.

12 Le dernier folio est numéroté par erreur 284, comme l'avant-dernier.

13 f. 27r°.

14 *Amour* (f. 14r°-v°) occupe toute une page et empiète sur le verso, suivi de trois lignes consacrées au mot *Amourettes* (= les amours), de deux pour un autre *Amourettes* («Nom de fleur qui est vulgaire»), d'*Amoureus* pourvu d'une liste abondante d'adjectifs, et enfin – surtout – d'*Amoureuse ou Amante* dont les épithètes couvrent quatre lignes de bas de page, toute la page suivante (f. 15r°) et encore deux lignes au verso. Il est vrai que dans la poésie de la Pléiade où La Porte va principalement puiser ses exemples, le thème est copieux.

15 Chez La Porte, par surcroît, le mot *Abeille* est précédé de *Age, Aaron, Abondant, Abbai ou Abboi, Abbaïe, Abbé* et *Abbesse*, et séparé d'*Abondance* (le suivant chez Du Bartas) par *Abel* et *Able ou Ablette.*

Du Bartas

Abeille.
essaim donne-miel.
peuple amasse-miel.
peuple succe-fleurs.

La Porte

Abeille. *Industrieuse, mesnagere, utile, importune, laborieuse, mielliere, hyble-anne, desrobbe fleur, mignarde, appuloise, blonde, legere, simple, hymettienne, gresle, petite, bourdonnante, soigneuse, pillarde, ingenieuse, doree, ouvriere, piquante, vagabonde, suçotante, gentile, mouchetee, reluisante, nette, miracle de nature, proffi-table, fille du ciel, aguillonnante, politique, admirable, commune, enruchee.*
Abeilles, Aveilles ou Avettes, sont mouches à miel, lesquelles on appelle filles du Ciel, parce que la plus douce partie de leur miel coule du Ciel. Voi Pline livre xj. depuis le V. chap. jusques au xxj

Abondance.
Riche.

Abondance. *Copieuse, fertile, joïeuse, grande, riche, fluctueuse, ample, superflue, plantureuse, affluente, plaine, foisonneuse, excessive, feconde, large.*

Abraham.
fameux.
fidele.
Pere fidele des fideles humains.
Sainct.
ce grand Berger qui suit le tout puissant en pays estranger.
qui donnant plus de foy à la Saincte parole de Dieu qu'à la raison son fils unique immole.

Abraham *ou* Abram. *Patriarche, obeïs-sant, bon pere, chaldean, vieil, prudent, fidele, prophete, beni ou beneist.*
Abraham fils de Thare nasquit en Chaldee, et fut homme expert en toutes choses divines et humaines, plus que nul autre. Premier il osa maintenir Dieu estre createur de l'univers contre l'opi-nion des Chaldeans, ce qui le contraignit avec le commandement de Dieu qu'il receut de sortir de son païs, pour aller en Chananee. Davantage sa grande obeïs-sance fut connue, quand pour complaire à nostre Seigneur, il ne fit difficulté de lui vouloir sacrifier son fils Isaac.

Toutefois, malgré le développement inégal des deux recueils, il n'est pas rare que des mots inconnus chez La Porte figurent chez Du Bartas. Pour la lettre A, en voici la liste:

Achab[16]. ROY. retire-nerf. liard. sardonien.
Agriculture. saincte.

---

[16] Dans l'*Amas d'Epithetes*, celles-ci sont disposées en colonnes. Par commodité, je les inscris à la suite les unes des autres, chacune d'elles restant séparée de la suivante par un point, comme dans l'original, malgré la minuscule qui suit (dans la plupart des cas).

Aguets. trompeurs.

Ahod. manchot Hebrieu.

Alarbe. cruel.

Alexis connene [*sic*]. EMPEREUR. Prince Byzantin, qui croyoit, desvoyé, une quatriesme essence en l'essence divine.

Alge. HERBE. aime-rocher.

Amande. dure[17].

Amethiste. pourpré.

Amphitheatres. beaux.

Anabaptistes. fols.

Anastase. Empereur. Grec fouldroyé.

Animaux. bande sauvage. camp brutal. ce qui hante, mortel, la terre richement belle. farouches. felons. fiers. hostes des bois. hostes des forests. hostes de la terre. indomptez. peuples du sec element.

Apostume. enflammée.

Arioste. coulant. divers. pathetique.

Arithmétique. qui tousjours remue et sa langue et ses doigts. qui leve, couche, assemble ses gets en cent façons. L'art industrieux, qui peut hardi conter les medailles des cieux, les glaçons de l'hiver, et les fleurs diaprées, dont l'odoreux printemps enghirlande les prées.

Arius. heretique. prestre Alexandrin. qui jetta ses entrailles dans la selle secrette. cil dont l'erreur pervers, ensorcellant jadis presque tout l'univers, causa tant de debats, de schismes, de batailles.

Arsenic. oste-vie.

Arteres. mouvans. venteux.

Asa. ROY. brise-idole.

Astronomes. Ames doctement belles. Atlas non fabuleux. colonnes eternelles du palais du Seigneur. vrais endymions.

Astronomie[18]. la doctrine des cieux.

Atheisme. germe donne-mort. profane.

Atheiste ou Athée. blasphemateur. chien. despouille-autels. profane.

Aveneron[19]. vuide.

Avertin. MALADIE. morne[20].

---

[17] La Porte ne considère l'*Amende ou Amande* que pécuniaire, judiciaire, etc. Aucun rapport avec le fruit. Chez Du Bartas, l'épithète est sans doute laconique mais dans le contexte général elle semble plutôt se rapporter à un végétal qu'à une pénalité (?). Il faudrait vérifier dans le texte, mais je n'ai pas réussi à retrouver la citation.

[18] La Porte ne retient que le mot *Astrologue*. Il n'est pas certain qu'il y ait une différence considérable entre l'*Astrologue* de l'un et les *Astronomes* ou l'*Astronomie* de l'autre.

[19] L'*Aveneron* est la folle avoine. A ce propos, Huguet cite La Porte, avec la référence f. 39v°. Je n'ai rien trouvé qui corresponde dans l'éd. de 1571 des *Epithetes*, ni à cette page ni à la place où devrait se trouver le mot. Huguet cite en outre Du Bartas dans *Les Furies* (v. 140) pour l'expression «vuide aveneron», qui apparaît dans une liste de mauvaises herbes, donc stériles.

[20] Sur l'*avertin*, maladie qui figure au vaste catalogue proposé par *Les Furies*, on peut se demander si l'auteur des *Epithetes* ne s'est pas un peu embrouillé dans ses notes. Dans le texte de Du Bartas, l'adjectif *morne* ne caractérise qu'indirectement l'*avertin*: «Ainsi que l'Avertin,

Autan. ardant. bruyant. colere.
Autans. empestrez. forcenez. roides.

La plupart de ces mots correspondent à un vocabulaire caractéristique de la poésie de Du Bartas : celui des maladies (*Apostume, Arteres, Asthme, Avertin*), l'onomastique biblique (*Achab, Ahod, Asa*), le vocabulaire de l'histoire naturelle dans ses différents aspects (*Agriculture, Alge, Amande, Amethistes, Animaux, Arsenic, Aveneron, Autan*), le vocabulaire scientifique (*Arithmétique, Astronomie*[21]), celui qui se rapporte à l'histoire du monde (*Alarbe, Alexis Comnène, Anastase*), à la grandeur de l'homme et de ses productions (*Amphitheatres, Arioste*), à la religion, à son histoire, à ses fidèles, à ses adversaires (*Anabaptistes, Arius, Atheisme, Atheiste ou Athée*). Tout cela reflète l'encyclopédisme du poète. Il y a quatre-vingts ans, le grand critique que fut Marcel Raymond écrivait : « Les deux *Semaines* contiennent la matière d'une encyclopédie véritable [...]. Du Bartas a l'ambition de décrire toutes les choses du monde, l'homme, son âme, et son corps, les animaux, les minéraux, la terre et la mer, les cieux et l'atmosphère, la course des étoiles, toutes les forces et les lois naturelles. Pour magnifier la Création divine, il importe justement de ne rien omettre d'une si prodigieuse nomenclature. »[22]

Ces traits particuliers, et ces différences avec l'« épithétaire »[23] de La Porte, se confirment dans la suite du volume. Pour les sciences, par exemple, on aura, outre *arithmetique,* les mots *geometrie* et *quadrangle* (inconnus de La Porte), et les chiffres dans l'ordre alphabétique, soit *cinq, huit, neuf, quatre, six* et *trois*[24]. D'autre part, les noms de personnages bibliques abondent. Certes, si La Porte en cite moins, c'est que les poètes qu'il lit en citent eux-mêmes moins que Du Bartas, dont l'*Amas d'Epithetes* mentionne *Balaam, Belsasar, Elizée, Ezechias, Gedeon, Henoc, Jacob, Jahel, Jean-Baptiste, Jephté, Jeroboam, Job, Jonas, Joseph,*

---

qui se va transformant / En Haut-mal, la fureur en Letharge dormant, / La mauvaise habitude en froide hydropisie, / Et la morne stupeur se fait Paralysie », *Furies,* v. 535-538. Parler de *morne avertin* est donc confondre le début et la fin de la maladie puisque l'avertin, c'est la *fureur,* qui se transforme ensuite *en Letharge dormant.* C'est donc une forme de folie furieuse. (Et c'est aussi, soit dit en passant, l'ancien nom de la tremblante du mouton – ce que nous appelons depuis quelques années la maladie de la vache folle ; voir la définition du *TLF*).

[21] Notons en passant que le nom de Copernic n'est pas retenu dans les *Epithetes,* et l'on sait que Du Bartas n'était pas de ses disciples. Le savant polonais n'est nommé dans les *Semaines* que par périphrase, comme « ce docte Germain » ou l'un de « ces forgeurs de fables » (*Sepmaine*, IV, 156 et 89).

[22] M. Raymond, *L'Influence de Ronsard,* 1927, rééd. Genève, Droz, 1965, 2 vol. en un, II, p. 281. Sainte-Beuve voyait les choses autrement : « Au XVIe siècle comme au XVIIIe, l'Encyclopédie était la marotte », *Tableau de la poésie française...,* Paris, Lemerre, 1876, t. II, p. 227.

[23] Le mot est une création de La Porte, qui désigne ainsi son livre dans son « Advertissement au Lecteur » (3e page non numérotée).

[24] Mais, curieusement, ni *deux* ni *sept.*

Josias, Isaac, Isaïe, Lazare, Mardochée, Ninive, Nemrod, Pilate, Sedecias, Senne-cherib, Seth, Simeon, Simon, Zacharie, tous absents des *Epithetes* de La Porte. En revanche, pas trace de *Bersabée,* pas trace de *Dalila.* Exclusion des grandes péche-resses? Quoi qu'il en soit, il est évident que l'épithétaire de Du Bartas, par contraste avec celui de La Porte, est tout imprégné de la Bible. Or c'est cette présence de l'Ancien Testament qui contribue à faire de la poésie de l'auteur des *Semaines* une poésie en accord avec son temps. Dans leurs *Métamorphoses spiri-tuelles,* Terence Cave et Michel Jeanneret ont souligné le rôle de la Bible dans le goût pour la description qui marque toute cette poésie religieuse de la fin du siècle: «Cette invasion du concret, ce parti pris de réalisme bouleversent les conventions littéraires reçues alors; c'est l'apport de la tradition biblique, qui va renouveler les pouvoirs expressifs de la poésie française»[25], écrivent-ils. La constatation en avait déjà été faite, depuis longtemps, à propos de Du Bartas, pour l'en blâmer ou pour l'applaudir[26]. Il est piquant de voir qu'elle se confirme à la simple lecture de ces *Epithetes,* établies par on ne sait qui.

Mais les différences entre les deux recueils d'*Epithetes* de La Porte et de Du Bartas ne se limitent pas à un choix de mots ou à des registres d'intérêts diffé-rents. Il arrive souvent, par exemple, qu'on y trouve les mêmes mots, mais traités de façon bien contrastée. Ainsi pour les termes *Eglise, Envie, Estoille, Feu, Homere, Homme, Juif, Lune, Soleil,* l'ampleur du développement n'est pas constamment du côté de La Porte; de plus, on note les commentaires qui, avec une certaine fréquence chez La Porte, suivent les épithètes et qu'on ne trouve jamais chez Du Bartas. Cependant, il convient de nuancer cette remarque par une autre constatation, qui est que les épithètes de Du Bartas sont souvent plus fleuries, composées de phrases plus amples, et qu'à bien y regarder, elles intè-grent en somme les commentaires dans la mesure où elles se composent de cita-tions du poète, parfois longues d'un ou plusieurs vers. Un exemple, à propos du nom *Homere:*

> *Homere.*
> chantre Mæonide.
> Poëte aux doux vers, dont l'escole a produit des regimens divers de philo-
> sophes vieux.
> qui fait par tout le monde, comme un grand Ocean ruisseler sa faconde.

Cette dernière épithète («Poëte aux doux vers...») est la reproduction, dissociée, des vers 569-572 de *Babilone* dans *La Seconde Semaine*:

---

[25] T. Cave et M. Jeanneret, *Métamorphoses spirituelles,* Paris, Corti, 1972, introduction, p. 25.

[26] On se rappelle à ce sujet l'accès de mauvaise humeur qui s'emparait de Sainte-Beuve à la lecture du vers «Et bref, l'oreille, l'œil, le nez du Tout-Puissant...» (*Sepmaine,* VII, 91): «*L'oreille, le nez du Tout-Puissant* n'ont paru bons en aucun temps, qu'on le sache bien», protestait-il, *op. cit.,* p. 215 (souligné dans le texte).

> La Grecque[27] a pour appuy un Homere aux doux vers,
> Dont l'escole a produit les regimens divers
> Des Philosophes vieux, et fait par tout le Monde
> Comme un grand Ocean ruisseler sa faconde.

Pour terminer, je voudrais m'attacher à un mot d'importance capitale, *Dieu*, pour comparer l'*Amas d'Epithetes* non seulement au recueil de La Porte, mais à un autre épithétaire fameux au XVIe siècle, celui de Ravisius Textor.

Les *Epitheta* de Ravisius Textor, que j'ai consultés dans une édition tardive de 1624[28], sont disposés autrement que les *Epithetes* de La Porte ou de Du Bartas. Sous le mot *Deus*, se trouve énumérée en colonne une suite d'épithètes, «*infinibilis, inspector pectorum, salutifer, dulcis, immortalis, benevolens*, etc.», chacune illustrée d'une citation d'anciens ou, plus souvent, de modernes, tels que Martianus Capella, Sidoine Apollinaire, Pontano, Marulle, Lactance, T. Strozzi, etc.[29] Les épithètes associées à *Deus* chez Ravisius Textor se rapportent toutes à l'essence divine, ou pour le moins à des vertus essentielles[30].

La Porte, lui, propose une longue énumération d'épithètes que ne suit aucun commentaire, comme une litanie de ce qu'on pourrait appeler les «vertus» du Très-Haut, toutes tirées assurément des œuvres de la Pléiade et des «plus fameus poëtes François»[31], mais de telle manière que l'origine en est indiscernable et la liste infinie, comme le souligne le «etc.» final:

> Dieu. *Tout-puissant, æternel, increé, souverain, pere, seigneur, veritable, benin, juste, misericors ou misericordieus, jalous, bon, pitoiable, rigoureus, immortel, vangeur, premier, dernier, admirable, treshaut, sainct, alme, doux, immuable, seul, incomprehensible, clement, infini, droicturier, adorable, invisible, altitonant, parfait, invincible, fort, tout mouvant, propice, terrible, debonnaire, liberal, amiable, impassible, architecte du monde, grand, dominateur des cieux, prevoiant, ineffable, createur, tout-voiant, justicier, uniforme, reclamé, donneur, sublime,*

---

27 Il s'agit de la langue grecque.

28 *Epitheta Joannis Ravisii Textoris Nivernensis...*, Yverdon (Suisse), Société Caldorienne, 1624 [Ars. 8° BL 916].

29 La disposition, de mot en mot, est la suivante:

Infinibilis	Infinibilis partis profundite coërcitum.	*Capell.*
Inspec. pec.	Qui devotione placatus inspector pectorum Deus.	*Sidon.*
Salutifer	Atque salutiferum dicis adeste Deum.	*Pont.* etc.

30 Ravisius Textor énumère trente-six épithètes sous le mot *Deus*. Voici celles que je n'ai pas citées: *æternus, fabricator mundi, inexcogitabilis, impassibilis, clemens, incorporalis, vindex, omnipotens, sempiternus, immaterialis, providus, omniregens, cœlipotens, empyreus, astripotens, omnisator, locuples, triformis, immotus, panomphæus, simplex in essentia, munificus, inspectabilis, inaccessus, incorruptibilis, exorabilis, opifer, bonus, illaptus, magnus.*

31 Cf. *infra*, appel de la n. 47.

unique, bien-vueillant, incomparable, omnipotent, invoqué, Roi des Rois, monarque divin, infaillible, merveilleux, pere du ciel, sanctificateur, tres-puissant, perdurable, Roi supernel, immense cœleste, permanent, supreme, pere des dieux, consolateur, vivifiant, trois fois Dieu, triple en unité, guer-rier, donneur des victoires, facile, ploiable, prince de paix, moteur du ciel, pacifique, autheur de l'univers, guerdonneur, fidele espous, plasmateur, sempiternel, celui qui est indicible, excellent, illuminateur, perpetuel, fabricateur du monde, incorruptible, retributeur, vrai protecteur d'inno-cence, sacré, foudroiant, soleil du monde. Etc.

On retrouve dans les *Epithètes* de Du Bartas une grande partie de ces traits. Mais ce qui frappe, par contraste avec Ravisius Textor aussi bien qu'avec La Porte, c'est leur caractère imagé et presque – si l'on ose dire – anecdotique, parce que beaucoup de ces épithètes sont des citations précises correspondant à un contexte narratif et descriptif[32]. Elles sont rangées par ordre alphabétique[33], encore que cet ordre soit parfois un peu inattendu au regard de nos habitudes modernes[34]. Y figurent comme il se doit les épithètes essentielles: «*tout-esprit*», «*trois-fois eternel*», «*principe, fin, milieu de tout*», et parmi elles une suite de mots préfixés négativement: «*immortel, immuable, impassible, incompris, infini, invi-sible*»[35]. Quant aux épithètes-citations, plusieurs se présentent comme des commentaires des vertus de la divinité, tout en jouant, comme toujours chez Du Bartas, sur les résonances entre les mots, sur les chiasmes, les redondances, les antithèses, les images frappantes que l'auteur des *Semaines* aime à formuler: «*acte simple agissant es debiles puissances*»[36] , «*qui de rien forma tout: qui de tout fera rien*»[37], etc. Un nombre important de ces épithètes-citations reprend des développements assez longs pour apparaître comme de brèves narrations, au point d'offrir un caractère ornemental. L'image de Dieu ainsi figurée n'est pas loin de l'hypotypose. Ainsi de l'«*Atlas fort, dont l'imployable eschine soustient la*

---

[32] Je n'ai pas réussi à toutes les repérer. On ne dispose d'une concordance (partielle) que pour la *Sepmaine* (M.-L. Demonet et G. Proust, *Index de «La Sepmaine» de Du Bartas*, à la suite de J. Dauphiné, *La Bibliothèque de Du Bartas*, Paris, Champion, 1994), mais il n'y a rien de semblable pour *La Seconde Semaine, Les Suittes* ou *Judit*.

[33] Cela se vérifie en général chez Du Bartas, et seulement chez lui. Ni Ravisius Textor ni La Porte ne «rangent» leurs épithètes, sinon dans un ordre qui m'échappe.

[34] L'association d'idées y joue à plein par endroits. Telle est par exemple la suite de C à E: «*crea-teur*», «*createur des substances*», «*cil qui de rien fit tout*», «*qui de rien forma tout: qui de tout fera rien*», «*croule-univers*», «*darde-tonnerre*», «*celuy qui darde l'orage sur le dos des rocs audacieux*», «*donte-mer*», «*Dieu grand des batailles*», «*grand Dieu des dieux*», «*esprit anime-tout*», etc.

[35] Au milieu desquels se glisse un «*ingenieux divin*» d'une nature et d'une facture un peu diffé-rentes.

[36] *Loy*, 233.

[37] *Loy*, 256.

pesenteur de l'astrée machine»[38], du *«cercle parfait, dont le centre est par tout, et sur tout son rond trait»*[39] – image que Du Bartas n'invente certes pas –, de celui *«qui est en toutes pars par presence et puissance: mais seulement au ciel par sa magnificence»*[40]. Certaines épithètes vont jusqu'à frôler le portrait pittoresque[41], comme ces désignations mythologiques christianisées: *«Neptune vray»*[42], *«Promethée vray»*[43], ou cette image du *«Roy des champs flottans»*, du *«Roy des champs herbeux»*[44]. Dieu est *«l'ame, le nerf, la vie, l'efficace, qui anime, qui meut, qui soustient ceste masse»*[45] ou *«cil dont la dextre robuste balance l'univers»*[46]. Etc.

Le recueil d'*Epithetes* de Du Bartas présente assurément un caractère paradoxal. Son existence témoigne du succès énorme du poète à la fin du XVIe siècle. Par contraste, on note que La Porte voue son épithétaire, dans sa lettre de dédicace, à «monsieur de Ronsard», à «noz meilleurs autheurs françois», voire, dans son avertissement, aux «plus fameus poëtes François» et aux «meilleurs autheurs traduits en nostre vulgaire»: cela fait beaucoup de monde[47], et revient aussi à dire que même Ronsard n'a pas eu de livre d'épithètes qui lui soit entièrement consacré: seul, Du Bartas... Mais le paradoxe tient à ce que l'*Amas d'Epithetes*, témoignage de renommée, est probablement passé à peu près inaperçu, caché derrière le *Dictionnaire des rimes* dont il ne formait qu'un appendice. Certes, il y a eu une réédition du volume, et généralement une réédition signale un succès, mais il y a de fortes chances pour que ce succès ait été celui du *Dictionnaire des rimes* et des deux traités qui le suivaient plus que des *Epithetes*[48].

L'intérêt de leurs 52 pages est de proposer un découpage des poèmes de Du Bartas qui constitue, autant et plus qu'une liste d'épithètes, une suite de citations. Toutefois, ces citations sont données sans référence, si bien que l'admirateur de Du Bartas qui souhaite se reporter aux textes doit avoir une bonne mémoire ou s'armer de patience pour retrouver le passage qui l'intéresse. Il

---

[38] *Sepm.*, VII, 147.

[39] *Arche*, 139-140.

[40] *Loy*, 229-230.

[41] Je ne reviens pas sur les organes sensoriels de Dieu qui chagrinaient tellement Sainte-Beuve...

[42] *Sepm.*, I, 2.

[43] *Sepm.*, VI, 707.

[44] *Sepm.*, III, 11.

[45] *Sepm.*, VII, 143-144.

[46] *Judit*, II, 134-135.

[47] f. ãijr° et v°; ãiijr°.

[48] Il est piquant de lire, sous la plume de l'auteur du *Dictionnaire des rimes* qui héberge les *Epithetes*, que «s'il [l'*Amas d'Epithetes*] n'est jugé necessaire ou de grand usage, nous esperons qu'il ne nuira point, et desirons qu'il ne vous soit desagreable» (*Dictionnaire des rimes*, f. ijv°). Autrement dit, si cela ne fait pas de bien, cela ne peut faire de mal! Aimable scepticisme.

n'est pourtant pas impossible, malgré cette incommodité[49], que les *Epithetes* aient été conçues – et, qui sait?, reçues – comme une sorte de manuel, dans une intention analogue à ce que Marcel Raymond décrit à propos du livre de La Porte, qu'il associe au *Parnasse des Poetes françois* de Gilles Corrozet. La Porte offre des noms classés alphabétiquement et suivis de leurs épithètes. Corrozet aligne des citations elles aussi classées alphabétiquement. «On voit à quel point, écrit Marcel Raymond, ces deux recueils semblent combler les vœux des plagiaires en leur apportant de beaux exemples à imiter»[50]. On peut considérer que l'*Amas d'Epithetes* relève de ces deux modèles et qu'il est vraisemblable que les imitateurs du poète aient pu puiser dans ce thesaurus. Du moins, tel pouvait être l'espoir de son compilateur. Le recueil a été publié pour la première fois en 1596. Les «plagiaires» avaient encore de beaux jours devant eux. Notre regrettée collègue Klàra Csürös, dans son livre récemment paru sur le poème héroïque, citait Raymond Toinet qui, dans sa bibliographie raisonnée[51], «inventorie cinq poèmes qui portent le titre de *La Semaine* que Du Bartas a inauguré, y ajoutant encore quatre autres qui, intitulés diversement, sont d'une inspiration semblable», et elle jugeait ce catalogue «bien modeste par rapport à celui de Guillaume Colletet qui, dans son *Art poétique* de 1658, consacre sept pages à la seule énumération des œuvres relevant de la 'poésie naturelle'...»[52]. Ce n'est que par un examen attentif de ces œuvres par rapport à l'*Amas d'Epithetes* qu'on pourrait apprécier quelle en a été, peut-être, l'influence.

Une dernière remarque. Cette cinquantaine de pages se veulent non seulement un hommage au poète, mais une facilité pour l'aborder. On se rappelle que dans la note qui précède immédiatement les *Epithetes*, l'auteur dit les avoir «recueillis» et «mis en ordre, pour le contentement et soulagement des lecteurs». Je me demande si l'on ne pourrait pas voir dans ces énumérations de citations une des transformations du genre du commentaire, dont a si bien parlé Jean Céard dans un article resté fameux[53]. Ici, ce serait un commentaire réduit à

---

[49] Qui est peut-être anachronique: il n'est pas sûr qu'au XVIe siècle on ait toujours et systématiquement voulu vérifier, comme aujourd'hui.

[50] *Op. cit.,* II, p. 313. Et non seulement des plagiaires: cf. J. Céard rappelant comment Ronsard mettait ses lectures en fiches, «'par lieux communs', selon l'expression consacrée», «L'invention du texte ronsardien: l'apport des commentaires», *Les Voies de l'invention aux XVIe et XVIIe siècles, Paragraphes,* 9, éd. B. Beugnot et R. Melançon, Montréal, 1993, p. 67.

[51] R. Toinet, *Quelques recherches autour des poèmes héroïques-épiques français du XVIIe siècle,* 2 vol., Tulle, 1899-1907; Genève, Slatkine Reprints, 1971, II, p. 96 sq.

[52] K. Csürös, *Variétés et vicissitudes du genre épique de Ronsard à Voltaire,* Paris, Champion, 1999, p. 135. Dans la bibliographie de Du Bartas que J.-Cl. Ternaux et moi avons publiée en 1998, et qui est certainement incomplète, nous avons relevé une dizaine de titres dus à des imitateurs de Du Bartas postérieurs à la date de 1596, Y. Bellenger et J.-Cl. Ternaux, *Du Bartas,* in *Bibliographies des Ecrivains français,* CNRS-Memini, 1998, p. 133-134.

[53] J. Céard, «Les transformations du genre du commentaire», *L'Automne de la Renaissance (1580-1630),* éd. J. Lafond et A. Stegmann, Paris, Vrin, 1981, p. 101-115.

l'os – le degré zéro du commentaire? –, signalant simplement les points forts du poète. Ne pourrait-on interpréter cette présentation sèche des beautés d'une œuvre comme une réaction contre l'abondance excessive de nombreux commentateurs, en particulier Simon Goulart, l'annotateur des *Semaines*? L'*Amas d'Epithetes* viendrait alors, d'une certaine manière, confirmer et illustrer, à sa modeste place, ce que Jean Céard indiquait, dans son article, sur la sobriété des commentaires au XVIIe siècle[54]. Dans cette mesure, quoique resté sans beaucoup d'émules, le confectionneur de l'épithétaire de Du Bartas aurait montré qu'il savait humer l'air du temps.

Yvonne BELLENGER
Université de Reims

ANNEXE 1

EGLISE

La Porte. – Eglise. *Saincte, catholique, fidele, apostolique, mere des chrestiens, infaillible, ancienne, evangelique, veritable, divine, universelle, l'arche de Christ, romaine, immortelle, devote, salutaire, chrestienne.*

Du Bartas. – *Eglise.* cité saincte. fidele. parc des saincts. peuple sacre-sainct. race bienheureuse. race saincte. saincte race d'Adam. semence saincte. troupe sacrée. troupe saincte.

ENVIE

La Porte. – Envie. *Palle, mordante, bourrelle, maigre, despite, sale, jalouse, ancienne, maudite, brulante, cruelle, detestable, meschante, furieuse, miserable, chetive, triste, secrette, menaçante, mastine, haineuse, aveugle, calomnieuse, mesdisante, compagne de vertu, malheureuse, dommageable, superbe, inhumaine, inique, odieuse, babillarde, outrageuse.*

Du Bartas. – *Envie.* bigles yeux. qui se baigne en ses malheurs. blafarde. curieus. damnable. fleau des courtisans. geine des Rois. grasse de la maigreur de ses grands amis. maligne. mastine. monstre blece-honneur. qui ne paist son ire que de pleurs. qui pleure voyant rire. qui rit voyant pleurer. roine des cœurs mortels. qui se ronge sans cesse, comme un poulpe affamé. source des soins cuisans. qui talonne tousjours l'honneur et la richesse. vigilante.

---

[54] *Ibid.*, p. 109.

ESTOIL(L)E(S)

La Porte. – Estoille. *Luisante, radieuse, flambante, nuitale, drillant, belle, resp[l]endissante, claire,* brunette, *estincellante, celeste, ardente, vagabonde, glissante, vive, roüante, mariniere, lumineuse, fixe, blanche, caligineuse, doree, chevelue, sereine, cometteuse, insigne, nocturne, errante, perruquee, innombrable, presagieuse, blonde, palle.*

Du Bartas. – *Estoiles.* archers à millions portans l'escu doré. astres clairs, flamboyans, tournoians[55]. brandons flamboiyans. clairs brandons du ciel. clairs brandons du pole. brandons qui la nuict dorent le front celeste. chandelles du ciel, celestes, du doré firmament[56]. cloux qui brillent dans les cieux. cloux d'or du viste firmament. corps spheriques. courriers dorez. flambeaux dorez qui brillent dans les cieux. flambeaux par le ciel respandus. flammes celestes. flammes tousjours vives. feux du pole. lampes de la nuict. medailles brillantes du ciel. medailles des cieux. medailles d'or. merveilles brillantes du ciel. ost brillonnant du ciel. ost estoileux. peuple brillant. platines brillantes. platines dorées. torches brillantes qui decorent le front du viste firmament. torches celestes. torches semées au ciel. touffes grandes de feu.

FEU(X)

La Porte. – Feu. *Rouge, devorant, aspre, violent, avare, necessaire, ardent, clair, vif, rougissant, avide, subtil, radieus, petillant, sec, flambant ou flamboiant, avivé, chaud, ou chaleureus, estincelant, noir, prompt, dommageable, engloutisseur, brulant, subit, cuisant, affineur, errant, penetratif, luisant, joieus, eschaufant, fumeus, consommant, embrasé, ravissant, attise, leger, esprouvant, agile, volant, terrible, merveilleus, inextinguible, esclairant, allumé, craquetant.*

Du Bartas. – *Feu elementaire.* chasse-ordure. donne-ame. donne-clairté. element plus chaud. element viste. faisant-tout. jette-flamme. lambris ardant. porte-chaud. pouvant tout. source de mouvement.
Feu terrestre. alchimiste. bucher flamboyant. canonnier. chirurgien. courroux des buches allumees. cuisinier. devorant. flamme rouge. fondeur. forgeron. goulu. mangeant-tout. orfevre. petillant. soldat. rougeastre. Vulcan au rouge teint.
Feux. craquettans. tourbillonnans.

---

[55]   En fait, la disposition de ces trois épithètes du mot *astres* dans l'original, en colonne, est la suivante :

astres $\begin{cases} \text{clairs} \\ \text{flamboyans} \\ \text{tournoians.} \end{cases}$

[56]   Même remarque pour le mot *chandelles.*

HOMÈRE

La Porte. – Homere. *Dieu de poesie, smyrnean, trompette d'Achille, divin, fameus, poete grec, ivrongne, aveugle, fabuleus, salaminien, docte, grave, immortel, colophonien, prince des poetes, autheur de l'Iliade, haut-bruiant, inimitable, grand.*
Homere premierement appelle Melesigene a esté le plus excellent de tous les poetes grecs, et a eu ce nom, pource qu'il estoit aveugle. On parle diversement du lieu de sa naissance, et n'i en a rien de certain par escrit. – Mais quant à son sepulchre, Pline dit qu'il est en l'Isle d'Ios, laquelle pour ce seul respect est grandement celebree.

Du Bartas. – *Homere.* chantre Mæonide. Poëte aux doux vers, dont l'escole a produit des regimens divers de philosophes vieux. qui fait par tout le monde, comme un grand Ocean ruisseler sa faconde.

HOMME(S)

La Porte. – Homme. *Mortel, caduque, fragile, girouette inconstante, songe, fumee, terrestre, fueille des bois, miserable, risible, menteur, docile, jong d'estang, belliqueus, membru, robuste, jouet de la bize, terrien, passible, vain, petit monde, gracieus, liberal, imparfait, raisonnable, journalier, pecheur, image de Dieu, communicable, vil, charnu, laborieus, fautier, noble, creature sociable, gentil, mondain, accostable, viril, charnel, ouvrage limonneus, viateur, subtil, muable, sensible, fils d'Adam, regeneré, maladif, ingenieus, corruptible, nud, officieus, contemptible, jouet de fortune, honnorable, civil, ambitieus, opiniastre, chiche, leger, instable, ouvrier, fils du temps, doux, terre animee, immunde, bouteille d'eau, fuiard, esvanouissant, ombre vivante, industrieus, sujet de douleur, impuissant, proie du temps. Le dim. Hommelet.*

Du Bartas. – *Homme.* abregé du monde. animal divin. animal fait maistre de la terre. animal parfait. chef unique de tout ce qui respire. grand vicaire de Dieu. honneur de la terre. Microcosme. petit monde. petit univers. Roy des animaux. tableau raccourci du monde. tributaire de Dieu.
Hommes. animaux marche-droit. bourgeois de ce bas element. fils de la poussiere. foibles humains. fragiles humains. race limonneuse. semence humaine.

JUIF(S)

La Porte. – Juif. *Devotieus, marqués, ou remerqués, opinisatre, circoncis, traffiqueurs, babyloniens, pensifs, usuriers, ceremonieus, infideles, palles, cauteleus, tributaires, espars, retaillés, superstitieus, mal-colorés, scrupuleus, riches, obstinés, malitieus, errans, pecunieus, orengés.*
Les Juifs autrement apellés Hebreus, sont aujourd'hui comme vagabonds par le monde, n'aians aucune certaine habitation, et vivent, tributaires aux

Princes et Seigneurs, qui leur permettent servilement demourer en leur païs pour traffiquer.

Du Bartas. – *Juifs.* Abrahamide lignée. Abrahamide race. bien aimez de Dieu. enfans d'Abraham. fils d'Abraham. fils de Jacob. Hebrieux. Jacob. Isaac. Isacide lignée. Israël. peuple Hebrieu. race saincte.

LUNE

La Porte. – Lune. *Cornue, palle, argentee, vagabonde, latonnienne, mere des mois, croissante ou descroissante, belle, plaine, inconstante, claire, disciple du soleil, argentine, resplendissante, brunette, deesse aux noirs chevaus, volage, rosineuse ou rosoiante, nuittale, bicornue, errante, variable, sœur de Phebus, ornement de la nuit, froide, blanche, pure, double, corne, venteuse, dame des tenebres, secrette, radieuse, l'honneur du silence.*
La Lune est ainsi dite pour la clarté qu'elle seule donne la nuit. – Sur toutes planettes elle est la derniere, et la plus familiere à la terre. – Elle est fort admirable en son cours, et celui qui premier remerqua la diversité de ses mouvemens fut Endymion, lequel aussi on feint avoir esté ravi de son amour.

Du Bartas. – *Lune.* aime-paix. astre argenté. astre au front argenté. astre cornu. astre qui plus s'approche des mortels. borne-mois. calendrier asseuré des fastes eternelles. condui-somme. Diane au front d'argent. estoile argentine, qui desbonde et resserre à son gré la marine. estoile cornue. flambeau guide-passant. flambeau latonien. honneur second des celestes chandelles. humide. l'autre lampe du monde. mere des mois. Phœbé. Princesse de la mer. Roine du ciel, qui a son lit entouré d'un million d'archers portans l'escu doré. roine de la nuict. sœur du roy des flambeaux. verse-froid. verse-humeur.

SOLEIL

La Porte. – Soleil. *Radieus, clair-voiant, pur, maistre des astres, enflammé, lumineus, poignant, estival, pere de tout, net, luisant, alme, vigoureus, clair, ardent, chaud ou chaleureus, donne-vie, rond, œil du monde, perruqué, brulant haut, raionneus, seigneur des estoiles, aspre, pere du jour, vagabond, blaffard, couchant, pourpré, vermeil, fils aisné de Nature, doré, palle, tout-voiant, autheur des siecles, vif, rousoiant, souverain, grand flambeau, penetratif, rouge ou rougissant, vieil pastoureau champestre, ignee, flambant ou flamboiant, ætheré, cornu, titanien, blanc, alteré, grand œil de Dieu, terne, ravissant, source de feu, mondain, deseichant, espars, debile, chevelu, puissant, rosin, tiede, primtanier.*
Le Soleil est appelle par les poëtes l'ame, l'esprit, l'œil, la beauté, la vie et force du monde.

Du Bartas. – *Soleil*. alme. ean. astre du jour. astre enfante-jours. blond. blond Phœbus. blond Titan. brandon doré. brandon le plus luisant qui luise sur les cieux. brandon porte-jour. char flamboyant de la clarté. char donne jour. charrette flambante du ciel. chevelu d'or. clair. clair flambeau. clair œil du monde. clairté qui dore l'univers. coche de la lumiere. courrier aislé, qui fait chasque jour une ronde. courrier flamboyant dont la perruque blonde. redore chasque jour, or' l'un, or' l'autre monde. courrier porte-jour. Estoille au crin doré. fils tire-traits de la belle Latone. flambeau clair de ce Tout. flambeau Delien. flambeau journalier. flambeau Latonien. flammeux. fontaine de chaleur. frere de la Lune. honneur clair des celestes flambeaux. honneur des astres. lampe du jour. medecin. œil du monde. œil du jour. ornement des planetes. riche ornement du ciel. pere des ans. pere du jour. pere du temps ailé. perruqué. Phœbus, c. *porte-vie*. Phœbus aux cheveux d'or. poete. porte-jour. postillon qui jamais ne void fin à sa course. qui d'un flamboyant tour tout ce grand univers postillonne en un jour. prince des flambeaux. prince des lumieres. roy des flambeaux. roy du ciel. roy des estoilles. source vive de clairté. soustien des grands seigneurs. Titan. Titan chaleureux. torche Delphique. torche journaliere. torche porte-jour. tout-voyant. vie de l'univers.

ANNEXE 2

DIEU
acte simple agissant es debiles puissances.
ame du monde.
ame de l'univers.
admiral grand.
archer du tonnerre.
archetype unique.
architecte sans pair et sans maistre.
architecte du monde.
artisan des formes.
artisan des langues.
Atlas fort, dont l'imployable eschine
    soustient la pesenteur de l'astrée
    machine.
auteur des jours, des mois, des saisons et
    des ans.
auteur de tout bien.
base de l'univers.
beau, tout-beau.
bien-triplement-un.
bon.
tout-bon.
brodeur immortel.

bruslant de courrux.
cercle parfait, dont le centre est par tout,
    et sur tout son rond trait.
chancelier juste, qui grave jour et nuit ses
    grands et petits seaux dans la matiere
    du monde.
colomne eternelle de foy, de verité.
createur.
createur des substances.
cil qui de rien fit tout.
qui de rien forma tout : qui de tout fera
    rien.
croule-univers.
darde tonnerre.
celuy qui darde l'orage sur le dos des rois
    audacieux.
donte-mer.
Dieu grand des Batailles.
grand Dieu des dieux.
esprit anime-tout.
esprit dont tout esprit prend vie et
    mouvement.
tout-esprit.

duquel l'esprit vivant espars par tout ce
    Tout, va ce Tout avivant.
essence unique, qui donne essence à tout.
ETERNEL.
trois-fois eternel.
cil qui seul est, seul fut, et seul sera.
l'ame, le nerf, la vie, l'efficace, qui anime,
    qui meut, qui soustient ceste masse.
principe, fin, milieu de tout.
sans commencement, sans entredeux,
    sans bout.
tout en soy compris.
en qui toutes choses sont et seront ainsi
    qu'en leur matiere encloses.
flambeau tousjours luisant.
fontaine de tous biens.
le fort des forts.
cil qui, fort, reduira s'il veut le tout en
    rien.
foudroyeur, grand, juste.
grand.
trois-fois grand.
haut-tonnant.
heureux parfaitement.
honneur du ciel.
jaloux.
imager docte.
immortel.
immuable.
impassible.
incompris.
infini.
ingenieux divin.
invisible.
juge souverain.
juge, enquesteur, tesmoin.
juste.
le trois-fois juste.
la reigle d'equité.
desteste-vice.
l'ame vive des loix.
qui fait tout par mesure, et par nombre,
    et par poids.
celuy qui n'a peur qu'on reforme ses
    arrests souverains: qui n'est sujet à
    forme ou stile de palais: qui, Sage, n'a
    besoin d'examiner au long, partie ni
    tesmoins; et qui pour soustenir la

balance inegale ne craint point la
    rigueur d'une mercuriale.
Jupiter non feint.
lance-foudre.
lance-tonnerre.
liaison puissante des corps plus ennemis.
tout lumiere.
maistre ingenieux.
maistre Souverain.
monarque du ciel.
monarque du monde.
moteur grand des mouvemens celestes.
Neptune vray.

Ouvrier —
- de ce Tout.
- admirable.
- plus qu'admirable.
- inimitable.
- de la terre et des cieux.
- de l'image vantée c. *de l'homme.*
- des levres.
- immortel.
- parfait.
- sage.
- trois-fois Sainct.
- tout-puissant.
- tout-sage.
- tressage.

parfait.
patron, grand, S.
pere.

pere de —
- ce Tout
- l'Eglise
- lumiere.
- nature.
- sagesse.
- l'univers.

des humains.

pere —
- doux.
- du ciel.
- equitable.
- eternel.
- immortel.
- porte-trident.
- roule-ciel.
- Sainct.
- tonnant.
- tout-puissant.

pilote Sainct.

pitoyable.
pontife grand.
present en tous lieux.
qui est en toutes pars par presence et
    puissance: mais seulement au ciel en
    sa magnificence.
president, qui par tout a justice.
prince du monde.
prince souverain.
prince souverain de ce tout.
Promethee vray.
pur.
raison souveraine.
repentant.
Roy.

grand Roy ⎯⎧ du ciel
            ⎨ des climas ondoyans.
            ⎩ de la mer.

le Roy ⎯⎧ de ce Tout.
        ⎪ de la machine ronde.
        ⎪ de l'univers.
        ⎪ du ciel.
        ⎪ des champs flottans.
        ⎪ des champs herbeux.
        ⎪ des vents.
        ⎨ invisible.
        ⎪ seul qui darde le
        ⎪ tonnerre.
        ⎪ souverain.
        ⎪ qui souverain juge les
        ⎪ plus grands roys.
        ⎪ trois-fois grand
        ⎩ de la voute estoilée.

sage.
qui d'un frein juste le cours reiglé du ciel.
le grand ressort qui fait de ce grand corps
    jouët *[sic]* diversement les petits
    ressorts.
sainct.
trois-fois sainct.
sans pair.
qui ne void rien que soy semblable à soy.
soleil eternel.
source de doctrine.
soustien non mourant des fideles.
souverain.
trois-fois souverain.
surjon cler de doctrine.
tardif à courroux.
tout-jour grand.
tout-parfait.
tout-puissant.
trois-fois tout puissant.
celuy qui tient le frein des cieux: qui fait
    trembler les monts: qui fait l'Erebe
    craindre.
cil dont la dextre robuste balance l'uni-
    vers.
tousjours semblable à soy mesme.
tousjours un.
triple-un.
vainqueur des invaincus.
vivant.
voyant tout.
L'UN.

BARTHÉLEMY ANEAU
ET LA *JURISPRUDENTIA*

Comme le sait Jean Céard – et nous connaissons sa générosité –, la période de la Renaissance exige bien des attentions précises et des recherches avant de livrer quelques éléments généraux assez sûrs pour regrouper de façon à peu près convaincante une masse d'études particulières, soit que nous choisissions de prendre la masse de la récolte sans rien trier au van tant que le vent lui-même du hasard ou de la providence n'a pas fait son devoir, soit que nous décidions au contraire, à la manière de Montaigne, de «prendre notre argument sur une mouche» et de faire briller dans un rayon de soleil cette mouche irisée de Lucien suivie de toute la colonie affairée de «son microcosme de mouches» et des hommes qui leur ressemblent. Encore est-ce, dans ce cas, l'éclat d'une culture qui, ayant tout reconnu, sait encore reconnaître la surprise. Mais combien de fois la tâche se montre plutôt longue et ingrate! La figure morale de Barthélemy Aneau, modeste, bizarre par ses retenues autant que par ses inventions provocantes, est ainsi de celles que l'on cerne avec plus de difficultés que les figures voyantes des grands écrivains et poètes de ce temps-là. Elle raconte pourtant, elle aussi, cette Renaissance qui nous fuit.

Ce n'est pas son aspect le plus brillant, mais c'est assurément l'un de ses plus solides fondements que révèle la *Juris Prudentia, A primo et divino sui ortu, ad nobilem Biturigum academiam deducta* qu'Aneau termine et imprime lui-même en 1554: son goût pour le droit, sa réflexion sur l'origine divine du droit, sur les mythes et l'histoire qui fondent la jurisprudence humaine dans la lignée des *Lois* de Platon, et plus encore du *De legibus* stoïcien de Cicéron et de sa *République*, enfin sa volonté d'illustrer sa ville natale, Bourges, qui était alors le siège de la plus illustre Université de droit française, ou du moins qui prétendait à l'être[1].

---

[1]   Barthélemy Aneau, *Jurisprudentia, A primo et divino sui ortu, ad nobilem Biturigum academiam deducta*, Lyon, Marque du Sagittaire, 1554. Rappelons que c'est apparemment la seule entreprise d'imprimeur tentée par B. Aneau, et qu'il la fait très vraisemblablement dans le cadre de la Compagnie des Libraires (cf. notre art. des *Mélanges Saulnier*, 1984, p. 552, n. 9, et notre éd. d'*Alector*, Bbg. n° 39, p. 903-908). Pour ce texte et pour l'ensemble des recherches sur la biographie et les ouvrages de Barthélemy Aneau, nous renvoyons aux articles de J. L. Gerig cités dans notre éd. du roman de B. Aneau, *Alector, ou le Coq, Histoire fabuleuse*, Genève, Droz, 1996, 2 vol.; à notre art. «*Alector*, de Barthélemy Aneau, ou les aventures du roman après Rabelais», *Mélanges sur la littérature de la Renaissance, à la mémoire de V.-L. Saulnier*, Genève, Droz, 1984, p. 547-566; à l'introduction, aux annexes et à la bio-bibliographie

Projeté avec sincérité de l'évocation des Sages cosmopolites inspirés – les *Sapientes peregrini* qui traversèrent le monde antique derrière Pythagore pour le civiliser – à l'éloge des plus récents professeurs, Aneau ne s'intéresse pas au droit lui-même, ni aux «causes» réelles qui fournissaient l'occasion de mettre en valeur des applications subtiles des lois et de faire évoluer la jurisprudence, mais à toute cette pensée qui tient à réunir profondément les origines mythiques aux pratiques contemporaines auxquelles elle redonne toute leur dignité; je l'ai appelée Ancienne jurisprudence parce qu'elle a appartenu à la pensée de l'Ancienne théologie et, quoiqu'elle ne soit pas encore reconnue dans l'histoire du droit, elle fut bien représentée en France par de véritables juristes aux horizons très divers, comme Aymar du Rivail ou Etienne Forcadel[2]. On peut se demander de façon annexe, à propos de cet ouvrage de 1554, pourquoi Aneau s'est tourné vers le droit et quelle y était sa compétence, pour constater une fois de plus qu'un savoir assez mince n'a pas nui au programme ambitieux de l'Ancienne jurisprudence, qui avait besoin de ces connaissances sans vraiment dépendre d'elles. Il pensait assurer par cet ouvrage à la fois ce courant de pensée et sa situation personnelle.

S'il ne réussit pas à obtenir une pension de la cour ou de quelque grand, à devenir précepteur d'un fils de bonne maison, à se faire recruter par quelque municipalité soucieuse de munir un collège de régents sur le modèle parisien, ou à obtenir quelque bénéfice ecclésiastique en acceptant la tonsure, on voit mal comment l'humaniste sorti de la faculté des arts peut survivre sinon en se tournant, conformément à l'ancien cadre universitaire toujours pesant, vers la médecine ou vers le droit, enrichissant par contrecoup ces disciplines vénérables de tout l'apport de son savoir nouveau. Il est bien peu d'auteurs de la Renaissance qui n'aient été contraints à ces choix. Aneau a eu cette chance, qui s'obtient à la fois par la réputation qu'on se fait à Paris et par celle qu'on se gagne dans les compétitions internes entre futurs régents, avec l'appui des amis de la ville d'origine, d'être célèbre dans cet entourage humaniste parisien dès la fin des années 1530 au point d'être choisi par les consuls lyonnais en 1538 comme régent pour leur récent collège de la Trinité, et d'y devenir presque aussitôt principal, sans que nous connaissions autrement que par ouï-dire les travaux

---

de notre édition d'*Alector* citée *supra*; et à notre dernière mise au point sur cet auteur, annexe de «La contribution de Barthélemy Aneau à l''Illustration' de la langue française», *Lyon et l'illustration de la langue française à la Renaissance*, éd. G. Defaux, Lyon, ENS Editions, 2003, p. 481-504 (496-502). Nous avons par ailleurs déjà publié des extraits de la *Jurisprudentia* dans *Alector*, annexe iv, p. 844-847 (éloges de Jacques de Cambray, et de François et Claude de L'Aubespine), et dans «Le concert des voix et des instruments chez Jodelle, Aneau et quelques autres», *Le concert des voix et des instruments à la Renaissance*, éd. J.-M. Vaccaro, Editions du CNRS, 1995, p. 463-481 (description des orgues de la cathédrale Saint-Etienne de Bourges, p. 479-481).

[2] Cf. *Alector*, intro., p. xxvi-xl. Je ne peux développer ici ces remarques.

qu'il avait effectués auparavant. De cette bonne réputation se font largement écho les nombreux amis et collègues des années 1538-1540, tous plus ou moins réputés[3]. Je voudrais seulement préciser que c'est encore à ces dates, et non en 1533 comme Nicéron l'avait soutenu à tort, qu'un témoignage de Hubert de Suzanne doit être ajouté à cette longue liste des éloges du régent de la Trinité, témoignage abusivement utilisé par ailleurs pour créer la légende de la rencontre de Rabelais et de Barthélemy Aneau[4].

Mais quand, au cours des années 1549-1552, Aneau a cumulé des soucis, pour la plupart créés précisément par ses activités incessantes, il a dû revenir aux choix simples de son temps. A ces dates en effet, Aneau est tout à la fois impliqué plus ou moins directement dans l'affaire Arnoullet, dans les débats provoqués par le *Pasquil antiparadoxe* de 1549 et le *Quintil Horatian* de 1550[5], par le procès intenté par sa femme pour récupérer sa dot, enfin par les affaires du parlement de Chambéry dont font état les derniers vers de la *Jurisprudentia*[6]. S'éloigner à Bourges où le rappelaient ses origines et ses anciennes protections était normal. Mais compter y reprendre des études de droit qu'il avait en fait initiées auprès de

---

3   Echos très abondamment relevés par J. L. Gerig, auxquels nous avons ajouté l'éloge de Vivès dans ses *Exercices de la langue latine*.

4   L'erreur de datation de Nicéron (vol. 38, p. 365-377) avait déjà été relevée par Ph. Renouard, «Hubertus Sussanaeus, Hubert de Suzanne», *Revue des livres anciens*, II, 1914, p. 146-158. Il faut de surcroît mettre fin à la légendaire rencontre de Rabelais, Macrin, Suzanne et Aneau en 1533, mais la démonstration est trop gourmande en pages pour que nous la développions ici.

5   Voir à leur sujet *Alector*, Bbg. n° 51 et 34.

6   *Jurisprudentia*, p. 58-59. Voir à ce sujet *Mélanges Saulnier* 1984, p. 552 et *Alector* Bbg. n° 38, p. 901-902. Nous ne pouvons malheureusement pas publier ici ces fragments de la *Jurisprudentia* que nous comptions éclairer davantage. Pour l'énorme procès Tabouet, voir encore l'abbé Philippe-Louis Joly, *Bibliothèque des auteurs de Bourgogne*, Dijon, P. Marteret, 1742, t. II, s. v. *Julien Tabouet*, p. 738 sq.; et *Alector*, Bbg § xiv, «Nicolas Edoard». Pour Buttet, cf. F. Mugnier, *Marc-Claude de Buttet, poète savoisien*, Paris 1896, Slatkine Reprints, 1971, ch. iii, p. 92-132. Préface d'Aneau et poème liminaire, p. 129-132; postface latine à Philippe de Montholon, p. 100-101. Il y a cependant quelques divergences entre la transcription de Mugnier faite d'après l'exemplaire de Grenoble, et l'exemplaire de l'Arsenal que nous avons consulté (4° J 2809, exemplaire complet), surtout pour le poème latin adressé à Monthelon (Mugnier, p. 100-101): il faudrait rétablir les majuscules, tous les *-ae-*, transcrits à tort *-oe-*, etc.; rétablir surtout le dernier vers *Sic tuus ex animo tibi ne* Anulus *excidat unquam* (et non *exidat*) et le vers contenant le titre grec donné à Monthelon *Consiliarus*, εἰς τῶν ἄνδρων δώδεκαε [sic] πρώτων, c'est-à-dire «le Conseiller Monthelon, premier des douze Premiers magistrats» (et non εἰς τῶν ἄνδρων δώδεκαε σώτων, que Mugnier a évidemment du mal à comprendre). Lorsqu'Aneau écrit ces derniers vers, il précise: «J'ai écrit ces vers comme en me jouant, pendant mes loisirs d'hiver [i. e. l'hiver 1552-53], pendant que Charles Quint, empereur d'Autriche, lance en vain ses foudres contre Metz, bornes auxquelles il s'est arrêté, sans aller 'plus oultre'», se jouant comme dans l'*Imagination poétique* (1552, p. 155-156) des devise et emblème de Charles Quint en y ajoutant un jeu sur *Metas*, qui rappelle à la fois la reprise de Metz par Henri II le 25 mai 1552, et le mot latin désignant les «bornes». Il précise en marge: *Caroli V. Imp. regressus ab obsidione Metarum*.

Pierre L'Estoile à Orléans[7] l'était tout autant, comme il le confie à Dalechamps; car, à partir du moment où les ateliers d'imprimeurs lyonnais et le collège de la Trinité ne lui paraissaient plus assez sûrs ou attrayants, il ne lui restait plus guère qu'à chercher une amélioration de sa condition par le droit ou la médecine; or cette dernière lui a toujours été étrangère, malgré les efforts fournis pour le *Pasquil antiparadoxe*. De ces difficultés est née la *Jurisprudentia* de 1554 qui ne se proposait pas de lui préparer une carrière juridique, mais de lui trouver de nouvelles activités et de nouveaux protecteurs, de le rendre plus apte également à toute une série de tâches que réclamaient de lui les consuls lyonnais et la compagnie des libraires de cette ville, et pour lesquelles une connaissance minimale du droit était nécessaire, surtout s'il devait l'interpréter en se référant à l'Antiquité à la manière des humanistes. Aneau avait déjà été requis pour des éditions d'ouvrages juridiques avant son départ pour Bourges[8]. A son retour, il interviendra encore davantage comme conseiller ou intermédiaire[9], jusqu'à préparer lui-même l'édition des *Ordonnances et Privilèges des Foires* de 1560.

Il vaut donc la peine d'évaluer par le biais du catalogue de juristes mis en place par la *Jurisprudentia* les connaissances qu'il avait pu acquérir à Bourges auprès de Duaren et de Doneau pendant l'hiver 1552-1553, d'autant que ce savoir relatif en matière de littérature juridique prétend recouvrir l'histoire du droit tout entière, sans ce mépris pour l'Ecole de Bologne, dite des Glossateurs, que l'on a cru reconnaître chez les humanistes[10]; de fait, Aneau reproduit presque mot pour mot le résumé d'histoire du droit donné en 1539 par Jacques Speigel[11], lui-même reproduit par Johann Oldendorp en 1549 chez Roville.

---

[7] Nous ne pouvons démontrer davantage ici l'intérêt du passage de la *Jurisprudentia* (p. 31) qui le prouve et que nous avons commencé à aborder dans notre art. «La contribution de B. Aneau...» cité n. 1 (p. 497).

[8] Il a déjà, avant de partir à Bourges entre le 25 sept. et le 9 nov. 1552, contribué à l'édition du malheureux *Stile et réglement* (*Alector*, Bbg. n° 38) et du traité de F. Hotman sur l'*Usure* (*Alector*, Bbg. n° 24).

[9] Dès son retour il participe aux éditions d'Uzilis et de Concenatius (Bbg. n° 18 et 19), de *La lettre du roi* (Bbg. n° 37) et assure entièrement la publication des *Ordonnances et Privilèges des Foires* de 1560 (Bbg. n° 47). Il est consulté pour la publication d'un ouvrage juridique (un édit de Henri II commenté par Mellier, *Alector* p. 915 et Bbg. n° 52).

[10] Cf. M. Reulos, *Comment transcrire et interpréter les références juridiques (droit romain, dorit canonique et droit coutumier) dans les ouvrages du XVIe siècle*, Genève, Droz, 1985, p. 11 et 35-39 (sur la rareté de leur citation au XVIe s.: p. 36). On trouve à la fin de cet ouvrage une liste très utile des juristes cités au XVIe s., qui nous permet de constater la modestie d'Aneau, qui est loin de citer autant d'auteurs que Rabelais, par exemple.

[11] *Lexicon Juris civilis*, Strasbourg, J. Schott, 1539. En 1549, chez G. Roville, dans l'édition contrôlée par Oldendorp, on retrouve sensiblement les mêmes textes, auxquels s'ajoutent des opuscules de Mélanchthon et de Gregorius Holoander concernant l'histoire du droit. Oldendorp est un vulgarisateur prolixe et très publié (au moins six éditions lyonnaises entre 1543 et 1566, notamment chez Gryphe).

C'étaient apparemment des manuels fort en usage auprès des étudiants en droit, du moins à Bourges. A ces sources scolaires, il joint une évidente connaissance du travail de Politien sur les *Pandectes*, dont il avait retrouvé à Pise le plus ancien manuscrit. Avec sa clarté habituelle, Aneau distingue les plus anciens juristes de la glose (*Antiquissimi expositores*) de leurs successeurs les plus éminents, les Bartolistes (*succedentes maxime insignes*), avant de faire l'éloge des juristes récents ou encore vivants, pour terminer sur les professeurs de droit de l'Université de Bourges.

Dans les vers consacrés aux plus anciens juristes de l'Ecole des glossateurs, il choisit d'abord *Vurnherius*, reproduisant Spiegel[12], mais en en faisant une mauvaise lecture car il dissocie à tort *Wernherus* de *Irnerius*, nom adopté par Accurse pour Wernherus, selon Spiegel, que répète Johann Oldendorp : *Vuernherus, quem Irnerium vocant*[13]. D'après les historiens du droit actuels, Irnerius fut l'initiateur de l'Ecole des glossateurs qui commentent le *Digeste* pendant tout le Moyen Age ; il fut immédiatement suivi de Martinus, Hugo, Rogerius et Bulgarus. Oldendorp parle également de Irnerius, Azo, Hugolinus, Martinus, Placentinus, Joannes, Ulderichus et Accurse, l'auteur de la Grande glose[14]. Aneau énumère bien en effet les plus connus d'entre eux : *Bulgarus, Hirnerius, Pyleus, Hugolinus* et *Azo*, souvent cités et imprimés à la Renaissance[15].

Les «successeurs les plus remarquables» désignent les plus célèbres juristes médiévaux, qui ont enseigné à Bologne depuis la fin du XIIe siècle : *Placentinus Accursius [sic]* pour *Placentinus, Accursius*[16], puisque ce sont deux juristes différents, puis les deux grands juristes du XIVe siècle, Bartole et Balde. On sait bien que Baldo de Ubaldis et Bartolo de Sassoferato sont les références constantes de tous les juristes de la Renaissance, et comment Rabelais ou Du Fail s'en amusent[17]. Bartole est encore imprimé à Lyon en 1544, et son ouvrage *Du gouvernement de la Tyrannie* reste très souvent utilisé.

---

[12] *Jurisprudentia*, p. 29, citant le *Lexicon Juris civilis*, éd. cit., f. Bb I v°.

[13] Selon ces sources, Wernher serait le premier juriste italien qui intervient sous Lothaire II et la reine Mathilde pour restaurer le droit romain «enfoui dans la poussière des bibliothèques» après le désastre des invasions des Goths et Wisigoths.

[14] *Lexicon* de Spiegel, éd. 1549, col. 104.

[15] Les commentaires de Bulgarus sur les *Pandectes* sont encore édités en 1567 à Paris. Irnerius, juriste italien, est, par confusion d'Aneau, le même personnage que Vurnherius cité plus haut ; il aurait donc dû figurer chronologiquement avant Bulgarus. Les *Quaestiones Aureae* de Pillius de Modène sont encore éditées à Rome en 1560. Pillius fut le maître d'Azon, cité ensuite. Ugolino Pisani, de Parme, dit encore Hugo Pisanus, est généralement cité sous le nom de Huguccio. Azo, ou Azon, est un célèbre juriste bolonais du XIIe s., encore édité par Pardoux du Prat, ami d'Aneau, qui publie à Lyon la *Summa Azonis*, gloses d'Azon sur les *Pandectes* et le *Code*.

[16] Accurse, ou Accorso, d'origine florentine, enseigne à Bologne (fin XIIe-début XIIIe s.), de même que Baldo de Ubaldis, de Pérouse (XIVe s.).

[17] Du Fail, *Contes d'Eutrapel*, éd. 1874, I, p. 263.

Aneau rassemble ensuite les juristes contemporains[18] et sa sélection est aussi instructive par ceux qu'elle exclut que par ceux qu'elle choisit. Elle commence avec l'éloge d'*Angelus Politianus*[19], par lequel il introduit tout son survol de l'histoire du droit médiéval jusqu'à l'époque contemporaine, comme il avait utilisé ses réflexions historiques sur le *Digeste* dans le tableau de l'histoire du droit ancien et des lois romaines[20]. Cet éloge de Politien prend des proportions inhabituelles si l'on considère le traitement accordé aux autres commentateurs; Aneau déplore la mort trop précoce de ce savant « angélique, qui a regagné les sphères des Anges ». C'est à lui qu'il attribue tout l'essor humaniste du renouvellement dans l'étude des *Pandectes*, négligeant de faire la moindre allusion au travail postérieur de Budé[21]. Déterminante pour sa lecture des *Pandectes*, l'influence de Politien et de ses *Miscellanea*[22] comme de sa *Lamia*[23] marque encore profondément *Alector*. Politien introduit Aneau à une conception plus philologique et humaniste que proprement juridique – tout à fait conforme à l'infléchissement des études du droit ancien dans le milieu des régents de collège, et propice à une réflexion sur le droit plus qu'à une pratique.

Viennent alors les noms de juristes – ou plus souvent d'humanistes simplement préoccupés de droit, comme lui – qui ne font que confirmer le développement bien connu de l'histoire du droit à la Renaissance, à côté du strict office des « jurisconsultes », l'adaptation et application pratique de la législation à des causes particulières par les modifications ou précisions apportées aux lois en vigueur. Cette priorité de la réflexion historique fait aux yeux d'Aneau comme de ses contemporains le plus grand mérite d'Alciat.

---

[18] *Jurisprudentia*, p. 29.

[19] *Jurisprudentia*, p. 26.

[20] *Jurisprudentia*, p. 15, puis 17-25. A mettre en parallèle avec, dans le *Pandectarum seu digestorum juris civilis Tomus primus*, Paris, F. Regnault, 1559, le *proemium* de Politien adressé à J. Modestus de Prato, et ses annotations des trois premiers *tituli* du livre I du *Digeste*: *De Justitia et jure* (f. ivv°-viv°), *De origine juris* (f. viv°-ixv°), *De legibus & senatusconsultibus* (f. ixv°-xiiv°), tous trois utilisés par Aneau, qui ne semble pas être allé beaucoup plus loin pour la *Jurisprudentia*. Mais Aneau a-t-il vraiment pu connaître dès 1554 la première édition de cette préface à Modestus, parue chez L. Torelli à Florence en 1553? L'édition relativement tardive (1559) des commentaires de Politien ajoute dans les marges des références aux annotations de Budé, qui permettent aisément de contrôler que Budé (*Pandectes*, 1546, p. 164) n'a pas été repris ici par Aneau.

[21] Sur cette mise à l'écart de Budé au profit du seul Politien, voir *Alector*, p. xxxv, n. 52.

[22] Outre les références aux *Miscellanea* de Politien déjà signalées dans *Alector* pour le « phylire » et pour l'allusion à la dixième vague ou « flot à flot dixiesme » (*Alector*, 74v°; notes p. 654-655; *Miscellanea*, ch. lxxxvi, p. 298), c'est vraisemblablement encore des *Miscellanea* que vient le nom de l'hippopotame Durat (cf. « La contribution de B. Aneau... », art. cit., p. 501-502).

[23] *Lamia* est cité dans la marge de la *Juris prudentia*, avec le *De specu* de Jamblique, p. 12. La réflexion que mène Politien sur les relations entre la philosophie et le conte sont à la base d'*Alector* (*Alector*, p. lvii) ainsi que sa conception du *fabulari, sed ex re* d'Horace (*Alector*, p. xix).

La *Jurisprudentia* choisit les personnages suivants: Giasone del Maino («Jaso»), qui enseigne à l'université de Pavie, où il se heurte à plusieurs reprises (en 1489 et 1505) à son ancien élève Filippo Decio, cité aussitôt après; Aneau doit connaître Maino et Decio par Aymar du Rivail, qui les avait eus pour maîtres à Pavie[24]. Le célèbre juriste et pédagogue humaniste Christoph Hegendorff[25] (*Hengendorphinus*) est aussi une indication importante; on connaît ses attaches luthériennes et son goût pour Cicéron. Jacob Spiegel (*Spiegellius, autor vocum exponendarum quae in libris Juris habentur*), de Sélestat, compilateur des juristes de son temps, dont les divers opuscules sont plusieurs fois édités, a, comme on l'a déjà dit, été le plus exploité par Aneau. Peu repéré par la critique moderne, il était alors célèbre pour le *Lexicon Juris civilis* (auquel fait ici allusion Aneau), gros dictionnaire du vocabulaire du droit, mais aussi de la rhétorique. Vulgarisateur selon les principes de son temps, Spiegel présente notamment l'historique d'Ange Politien utilisé par Aneau, et l'éloge du droit extrait de Lorenzo Valla (*Elegantiae*, préface du l. III). Ses ouvrages sont d'ordre pédagogique. L'édition de ses textes qui paraît en 1539[26] groupe précisément de petites œuvres de Ch. Hegendorff, de Claude Chansonnette, et des scholies sur les *Lois des XII Tables*, tirées de Zasius, Budé, Du Rivail, Vivés et Oldendorp. Cette édition, que possédait aussi Robert Estienne (exemplaire BNF), semble avoir été la source la plus fructueuse pour Aneau, quoiqu'il ait une connaissance directe du commentaire de Politien sur le *Digeste*.

D'autres juristes apparaissent dans cette liste, et Aneau semble promouvoir toute une série d'éditions lyonnaises: Ulrich Zasius, juriste humaniste prolixe, a eu de nombreuses éditions lyonnaises, notamment ses œuvres complètes chez Gryphe en 1550-1551, publiées par Joachim Mynsingerus; Zasius est en 1528 en contestation sur des points de droit avec Pierre L'Estoile (Stella), cité plus loin.

---

[24] A. Du Rivail, *Historia Juris*, ch. X. Sur Filippo Decio et ses relations avec Maino, voir l'importante rubrique qui lui est consacrée dans le *Dizionario Biografico degli Italiani*. La référence à Filippo Decio (Milan 1454-1536) est très intéressante, car c'est l'un des juristes italiens les plus notables de la période des guerres d'Italie, où il s'est trouvé ballotté entre la politique et le droit, se mettant notamment au service du pape, de Venise, de la France, etc.. Il a enseigné à plusieurs reprises à Pavie, à Padoue, à Pise; à partir de 1512, il travaille pour le consulat lyonnais et arrive en France pour enseigner à l'université de Valence en 1513, mais dès 1515, François Ier le réclame pour l'université de Pavie et des responsabilités à Milan; il préfère Pise de 1516 à 1529. Decio a eu plusieurs occasions d'être en relation avec Du Rivail, à l'université de Pavie et à Valence. Avec qui a-t-il été en relation à Lyon? Parmi les nombreuses éditions de ses ouvrages, on peut noter l'édition posthume de son commentaire au *De regulis juris* du *Digeste* qui paraît en 1562 à Lyon avec des annotations de Cuchalon et de Charles Dumoulin.

[25] *Sic*, pour *Hegendorphinus* (Leipzig 1500-Lunébourg 1540). Ses éditions françaises sont abondantes (éd. parisienne de Robert Estienne en 1535; lyonnaise en 1566, etc.); il publie des ouvrages de droit en 1529 à Cologne et 1540 à Bâle.

[26] Cf. note 11.

Wiwle (*Viglius*: Suichemus, ou Zuichemus ab Ayta, ou Van Aytta), un juriste flamand réputé, est aussi souvent édité, notamment à Lyon en 1534.

Quant à Aymar Du Rivail, « gloire des Allobroges », comme le dit Aneau, il l'est en effet doublement : comme notable de la ville de Grenoble, et pour ses ouvrages de droit publiés et ses *De Allobrogibus libri novem* restés manuscrits jusqu'à l'édition d'A. de Terrebasse en 1845, mais connus de ses contemporains. Cette référence d'Aneau semble confirmer qu'il est déjà mort en 1552[27]. Juriste éminent, il a suivi en 1512 à Pavie les cours de Maino et Decio cités plus haut. Du Rivail a publié dès 1515 son *Historia juris civilis et Pontificii*, constamment rééditée[28]. A Grenoble il est l'un des plus notables personnages que fréquente Hubert de Suzanne dans les années 1530 lorsque celui-ci s'y arrête lors de l'une de ses multiples pérégrinations, s'y marie inopinément et y enseigne[29]. Ne serait-ce que par l'intermédiaire de Suzanne, qu'il fréquente dans les années 1537-1538 après le séjour de Suzanne à Grenoble, Aneau a nécessairement une bonne connaissance de Du Rivail, et assurément de son *De Allobrogibus*, qui m'a semblé utilisé dans *Alector*[30]. C'est un ouvrage géographique et historique à la gloire des *Allobroges*, appellation qui couvre Dauphiné et Savoie, depuis la vallée d'Aoste et les Alpes de Provence jusqu'à Genève ; il semble même qu'Aneau joue, dans sa défense contre Buttet, de l'ambiguïté géographique du terme *Allobroges*, qui permet de confondre la juridiction du Parlement de Grenoble et celle du tout récent Parlement de Chambéry. Le livre I de Du Rivail décrit le Dauphiné et la Savoie, précédant dans l'éloge de cette dernière région Buttet et Peletier du Mans ; les livres III à IX en font l'histoire, le livre IX étant plus spécialement consacré à la période des guerres d'Italie. Mais le deuxième livre développe longuement les origines mythiques, en reprenant les références « scythiques » et « gauloises » qui seront l'une des sources majeures

---

[27]   Aymar du Rivail (St-Marcellin près Vaison ca. 1490-après 1548), après ses études à Romans, entre en Italie avec l'armée française sous Louis XII (1509), puis François Ier (1515). Conseiller du roi au Parlement de Grenoble en 1521, c'est un personnage important, qui obtient encore de Henri II en 1548 une mission au sujet du marquisat de Saluces en compagnie de Laurent Rabot, membre également d'une grande famille grenobloise dont les attaches lyonnaises sont bien connues.

[28]   P. ex. à Lyon, avant le départ d'Aneau pour Bourges : *Civilis historiae Juris, sive in XII Tabularum Leges commentariorum libri quinque*, J. de Tournes, 1551.

[29]   H. Sussannæus, *Quantitates Alexandri Galli, vulgo de Villa dei, correctione adhibita ab Huberto Sussannæo locupletatae...*, Paris, Simon de Colines, 1542 (ex. BNF, Yc 4602), Dédicace à Jean Morin, principal du collège de Navarre à Paris, auquel il affirme que tous les notables de Grenoble font l'éloge de Jean Morin, f. 3r° : *De animo tuo erga se et suos mihi quotidie narrabant curiae sumus Praeses Belleurius* [le président du parlement de Dauphiné, Bellièvre], *Aymarus Rivalius Consiliarius regius, et Henric. Marellus, idem Consiliator regius, et Gotofredus Chaponaïus rationum publicarum Praeses, et Se. Acquinus fani D. Mariae canonicus, et Guigo. Pilla genere ac nobilitate suae civitatis facile primus : ut multos alios taceam.*

[30]   *Alector*, p. 326 et *passim*.

d'*Alector*: évidemment Annius de Viterbe et ses faux Xénophon, Manethon et Bérose, mais aussi Hérodote, Strabon, César, Ovide, Flavius Josèphe, Diodore, Trogue Justin, Gaguin, Flavio Biondo, Sabellico, Nicole Gilles, etc., et même Jean Bouchet. Un juriste de plus, un parlementaire – et non des moindres –, préoccupé de mythes fondateurs gaulois: beaucoup de raisons pour qu'il figure ici de façon élogieuse.

Le Lorrain Claude Chansonnette (*Catiuncula Lotharingus*), dont les œuvres sont souvent éditées, notamment le *De ratione Studii Legalis* dans le recueil de Spiegel déjà cité[31], clôt cette liste. En somme, une liste curieuse, puisqu'il y manque aussi bien Ulpian ou Gratian pour la période médiévale, que, chose beaucoup plus notable, Budé pour la période contemporaine. La sélection, malgré ses évidentes imperfections, ne semble pourtant pas due au hasard, mais nous confirme la cohérence de l'auteur dans ses choix humanistes, pédagogiques, voire religieux et politiques. Elle montre une connaissance de la situation italienne et allemande récente, ce qui n'étonne guère entre Bourges et Lyon, et qui est ici supérieure au savoir historique proprement dit de la *Jurisprudentia*, nécessairement dépendant des bons ouvrages de vulgarisation. On peut penser que de tels choix indiquent aussi les orientations de l'enseignement de Duaren et de Baudoin à cette date, puisque la *Jurisprudentia* est écrite sur leur ordre, et pendant qu'Aneau suit leurs cours.

Viennent alors les éloges des professeurs de droit de Bourges[32], à commencer par Alciat et ses successeurs immédiats. Andrea Alciat est pour Aneau le juriste *Polyhistor* par excellence, venu en France «comme Hannibal traversant les Alpes» (conquête inversée!). A Bourges du 19 avril 1529 à 1533, «il a fait venir le droit du monde entier, et ses auditeurs sont suspendus à ses lèvres». Aneau précise encore son salaire (*octingenti aurei*): ces huit cents écus furent célèbres; Aneau n'ajoute pas que c'est faute de les avoir perçus intégralement qu'Alciat a quitté Bourges. Il cite encore rapidement le Portugais Salvador de Ferrandina dont la mort en 1529 avait été l'occasion de faire venir Alciat, et Pierre L'Estoile d'Orléans (Petrus Stella), déjà mort en 1552, et dont Aneau a suivi les cours à Orléans. Ansouin, Loriol, Stratius et Baron assurent la continuité avant 1552[33].

Mais la lettre adressée par Aneau à Dalechamps le 12 février 1553 nous informe que l'un des buts de la *Jurisprudentia* était de satisfaire les professeurs présents à Bourges en 1552-1553 et de les défendre contre les juristes de Valence:

---

[31] Autres œuvres de Chansonnette à Bâle chez Isengrin en 1543; à Lyon chez Gryphe en 1534-35, etc.; une lettre de lui à Alciat est publiée à Orléans en 1561. C'est l'un des juristes les plus éminents de cette période, mais Aneau ne semble pas l'avoir lu davantage.

[32] *Jurisprudentia*, p. 30-33.

[33] *Ansovinus, Laureolus, Stratius* et *Baro*: Ansouin, d'origine italienne, Pierre Loriol, de Franche-Comté et Eguinaire Baron, de Léon de Bretagne, qui arrive avec la troupe de ses élèves; il est mort en 1550.

si le deuxième projet ne fut pas – jusqu'à preuve du contraire – exécuté (Aneau était-il échaudé par les polémiques auxquelles il a été contraint, ou bien est-ce la *Jurisprudentia* même qui constitue cette réponse aux juristes de Valence?), les éloges qu'il écrit de ces Messieurs ne sont pas modérés; ils semblent pourtant avoir été totalement sincères: la lettre à Dalechamps du 30 novembre 1552 loue également avec enthousiasme le savoir et les mœurs de Duaren, Baudouin et Doneau.

François Duaren (*Duarenus*)[34] porte le titre de Premier Professeur de droit quand Marguerite de France et Michel de l'Hospital le font revenir à Bourges en 1550 à la mort de Baron. Aneau semble lui avoir été particulièrement lié, et quand Duaren publie à Lyon en 1556, son édition s'orne d'un portrait gravé par Woeiriot, qui était alors sous l'influence d'Aneau[35]. François Baudoin, le «second» de Duaren selon Aneau[36], est également l'un des plus grands juristes du moment. En unissant Duaren et Baudouin dans l'éloge, Aneau ne semble pas connaître – ou tenir compte – des conflits qui opposent les deux hommes dès 1552, et qui vont obliger Baudouin à quitter Bourges en 1555. Hugues Doneau (*H. Donellus Cabilonensis*)[37] est avec les deux précédents l'un des grands noms du droit français. Suivent Nicolas Bouguier (*N. Bugerius*), de Bourges, sans doute un élève de Duaren; Lévescat, un autre élève de Duaren (*Evescatius* ou *Episcopus*) et Jean Rabbi (*Rabus*), qui mérite le surnom d'Hebraeus, le Juif.

A la fin de la *Jurisprudentia*, et sans doute en complément du premier état du texte, Aneau a grandi les quatre premiers de ces professeurs de Bourges en leur dédiant de nouveaux poèmes, selon la hiérarchie universitaire qu'il venait de reproduire dans le texte. Duaren a ainsi droit à deux poèmes, grec et latin, pour lui redire qu'il est (en grec) dans la lignée des Brachmanes, tel un nouvel Apollon, Hermès, Hercule gaulois, Harmonie – beaucoup de *H...* – et (en latin) Minerve, Mnémosyne et Mercure réunis – beaucoup de *M....*–. L'éloge de Baudouin, déjà réduit à un poème, fait cependant alterner réguliè-

---

[34]   Duaren, ou Douaren, ou Le Douaren (Saint-Brieux ca. 1519-Bourges 1559). Sur l'ensemble des professeurs de Bourges, voir surtout Louis Raynal, *L'enseignement du droit dans l'ancienne université de Bourges*, Bourges, 1829, et *Histoire du Berry*, Bourges, 1844-47, t. III, p. 404-413; D.R. Kelley, *François Hotman*, Princeton, 1973, portant essentiellement sur le développement du luthéranisme et du calvinisme à Bourges; R. Pillorget, «L'Université de Bourges au XVIe siècle», *Ethnopsychologie*, 2-3, 1977, p. 117-133. Raynal traduit la p. 41 de la *Jurisprudentia*, précieuse pour sa description des étudiants de l'Université (*Histoire du Berry*, III, p. 404-405).

[35]   Signe de reconnaissance, apparemment. Cf. *Alector*, p. 900.

[36]   *Baldus*, pour *Balduinus*: Aneau a en effet raccourci son nom pour des raisons métriques: comme il l'explique, *Balduinus* ne peut entrer dans un «vers héroïque» (p. 32, *Heroicum versum non intrat*), mais l'intéressé n'a pas dû être mécontent de devenir un nouveau Balde... Sur Baudoin (Arras 1530-90), voir G. Cotroneo, *I trattatisci dell'«ars historica»*, Turin, 1971, p. 343-383; et l'art. de D.R. Kelley dans *Journal of History of Ideas*, XXV, 1964, p. 35-57.

[37]   Châlons 1527-Altorf 1591.

rement le grec et le latin. Quant à Doneau et Bouguier, il faut qu'ils se contentent du latin.

Pour embellir cette *Jurisprudentia*, Aneau a encore voulu parsemer de grec le latin, depuis des mots isolés jusqu'à des poèmes entiers, avec une intention manifeste d'honorer son texte et ses destinataires, mais avec plus de bonne volonté que de grandes compétences[38]. Comme le prouvent les citations grecques du *Digeste*, c'était une pratique courante des juristes, mais elle s'est considérablement développée chez eux à la Renaissance et on l'observe constamment dans l'entourage des amis juristes d'Aneau. Ce ne fut pas sans difficultés pour lui[39]: ainsi, entre autres, cette adaptation versifiée d'une citation grecque que le *Digeste* attribue à Martianus, qui citait lui-même une définition de la loi selon Démosthène – «loi, don des dieux et découverte des hommes sages et vénérables» reprend Aneau:

'Ὡς γὰρ ἐφὴ Δημοστένικω Μαρτᾶνος ὁρισμῷ
'Εστὶ Νόμος δῶρον γὲ θεῶν εὕριμα [εὕρημα] σεβάστων
"Ανθρῶπον φρονίμων, πείθεσθ' ὧ δόγμα προσήκει[40].

Les vers d'Aneau sont extrêmement proches, mais contiennent des erreurs, notamment sur la graphie de Démosthène et le nom de Martianus[41]; il maintient parfois la graphie du *êta* en *iota*, du *thêta* en *tau*. Il ne semble pas tenir compte non plus du fait que Budé a identifié la citation de Démosthène dans le *Contre Aristogiton*[42].

On sait l'importance qu'Aneau a accordée à la présentation matérielle de cet unique exemplaire de son travail d'imprimeur-libraire; il suffit de rappeler la

---

38 P. 5 (les noms de Dieu, y compris Alla[h] – 'Αλλά en caractères grecs!), 7 (2 v.), 8 (2 et 1 v.), 15 (3 v. adaptés du *Digeste* et dus à Politien), 16 (2 v.), 21, 22 (3 v.), 27 (1 v.), 30 (1 v. pour Alciat), 32 (1 v. pour Duaren), 35 (3 v. pour fêter Michel de L'Hospital comme un Zeus Xenios et dire qu'il est le plus grand), 40 (2 v. sur les bienfaits de la médecine et 4 sur l'Hermès tricéphale, le Collège des trois langues, et le mythe d'Argus qui n'est pas paresseux, jeu de mots sur ἀργος-ἀεργός), 44 (1 v. pour Bochetel pour dire que c'est le plus grand homme – πρῶτος ἀνήρ – de la populeuse cité de Bourges...), 45, 46 (un proverbe pour donner l'accès à l'Université, et 6 vers décrivant la statue de la Justice, citation grecque de Chrysippe qu'a traduite Aulu Gelle; cf. *Alector*, p. 777-778), 49, 51, 58, puis 60 (les 12 v. offerts à Duaren), 62 (les 9 v. alternant pour Baudouin avec du latin), 66. Aneau y montre plus de bonne volonté que de compétence et de variété.

39 On sait que, peu sûr de son accentuation grecque, et de son grec en général, Aneau avait demandé à Dalechamps de corriger ses épreuves de la *Jurisprudentia* (lettre reproduite dans *Alector*, p. 827-829).

40 *Jurisprudentia*, p. 15; *Digeste*, éd. 1559 citée, f. ixv°, l. I, *tit. III. De legibus et senatusconsult.*, comme Aneau l'indique correctement dans la marge (mais il indique le *l. ii*).

41 D'autant plus intéressante pour ce nom, qu'il posait des problèmes aux humanistes et que Politien l'identifiait comme un *Maetanus*.

42 Budé, Annotations aux *Pandectes*, éd. 1546, p. 164; remarque signalée dans l'édition de Politien de 1559. Pour les difficultés rencontrées dans ces vers grecs, il est difficile de savoir à qui les attribuer: outre que le grec d'Aneau ne nous semble pas très habile, sa correspondance avec Dalechamps en 1552 montrait déjà qu'il comptait sur son ami, pendant son absence de

qualité des caractères italiques et grecs, et l'importance des bois qu'il avait fait exécuter expressément par Woeiriot, comme il semble[43], pour s'attirer la faveur, non seulement des hauts personnages berrichons (les frères de L'Aubespine, Jacques de Cambrai, Guillaume Bochetel, Jacques Thiboust), mais plus encore de Marguerite de France, duchesse de Berry et protectrice de l'Université, ou de Michel de L'Hospital, alors puissant chancelier de Marguerite. Nous ne pouvons malheureusement pas aborder ici le très intéressant cumul des remplois de gravures d'Ovide ou des *Emblèmes* d'Alciat, avec leurs variantes amusantes, leurs nouvelles interprétations et adaptations aux personnages auxquels les gravures sont maintenant destinées, ni toute la signification de l'image qui est en jeu dans ce comportement bien typique d'Aneau et de son temps.

Apparemment, l'entreprise avait réussi à plaire à ses destinataires, car il ne semble pas que Ronsard ait ignoré en 1555 le mythe de la Justice qui avait été adressé à sa protectrice Marguerite de France, à laquelle Aneau avait sans doute offert l'exemplaire sur vélin conservé par la Bibliothèque nationale de France. D'autres personnages puissants, originaires du Berry, ont également assuré la célébrité de l'ouvrage, puisque Jacques Thiboust, auxquels sont dédiés quelques vers très flatteurs, a pu commander un tirage spécial de la *Jurisprudentia* qu'il dédie à Jean de Baugy, chanoine de la sainte Chapelle de Saint-Etienne de Bourges, qui était, d'ailleurs, décrite avec précision dans le texte[44]. Il semble aussi que cet ouvrage assura à son auteur la position meilleure qu'il avait recherchée à son retour sur les bords du Rhône, pour quelques brèves années du moins, tant l'homme a mal trouvé sa place dans ce monde agité. L'ouvrage restera en tout cas encore bien connu au XVIIe siècle pour tout ce qui le rattachait à Bourges, qu'il y a décrit avec goût. Mais on ne saurait dire si l'Ancienne jurisprudence qui en était la finalité a pu être appréciée aussi longtemps qu'on a lu le latin, et il reste si peu d'exemplaires de cette *Jurisprudentia*!

Marie Madeleine FONTAINE
Université de Lille III

Lyon, pour surveiller le choix des caractères grecs par l'imprimeur et corriger l'accentuation. On ne sait donc qui est responsable de ces défauts, d'autant que l'ouvrage paraît alors qu'Aneau est revenu à Lyon. La liste d'*errata* finale est en tout cas trop restreinte. L'élève de Melchior Wolmar n'est jamais devenu un helléniste hors pair.

[43] Cf. *Alector*, Bbg. n° 39, p. 903-908 pour cette attribution et une première analyse de l'ensemble des figures, très clairement commentées par le texte.

[44] Sur cet exemplaire, voir S. Charton-Le Clech, *Chancellerie et culture au XVIe siècle (les notaires et secrétaires du roi de 1515 à 1547)*, Toulouse, Université Le Mirail, 1993, p. 293. Ce témoignage permet de supposer que la *Jurisprudentia* avait pu, de façon plus générale, être publiée grâce à son aide. Jacques de Cambrai, les L'Aubespine, Guillaume Bochetel, tous loués par Aneau, ont dû pareillement l'aider.

POUR UNE HISTOIRE DU GENRE
DE LA NOUVELLE

LA VIE ET ACTES TRIUMPHANS
DE CATHERINE DES BAS SOUHAIZ
ET *LA NOUVELLE D'UN REVEREND PERE EN DIEU*
DE JEAN DE LUXEMBOURG (1546)

En 1546, paraissent, sous deux pseudonymes différents, deux ouvrages que la critique considère sortis de la même plume[1] et qui se présentent soit dans le corps du texte, soit en titre comme des nouvelles. L'un raconte la vie d'une courtisane, *La Vie et actes triumphans d'une tresillustre et renommée damoiselle nommée Catharine des bas souhaiz, femme d'un riche Conseiller au Parlement de Bordeaulx*, le narrateur disant réserver le «dechiffrement» de la vie de la sœur de l'héroïne pour la «sequente Nouvelle». L'autre parle des amours d'un prélat, avec pour titre *La Nouvelle d'un reverend pere en Dieu, et bon Prelat de nostre mere saincte Eglise, demorant en Avignon, et le moyen, comme il ressuscita de mort, à vie. Avec le deschiffrement de ses tendres amourettes.* La première nouvelle est prétendue *Faicte et composée par noble et scientifique personne missire Jean de la Roche baron de Florigny* et la seconde *Faicte et composée par notable et scientifique personne, maistre Colin Royer Bachelier formé in utroque. Et Medecin fameux, passé Docteur à Montpellier, practiquant maintenant à la bonne Cité de Bordeaulx.* Dans les deux cas, la page de titre précise «A Troyes, en l'imprimerie de maistre Nicole Paris» et chacun des colophons mentionne que l'ouvrage est «Imprimé à Troyes, par maistre Nicole Paris, maistre es arts et Imprimeur à present de hault et puissant Seigneur, missire Jean de Luxembourg. L'an de grace mil cinq cents, quarante six. Graces à l'immortel»[2].

---

[1] Les deux ouvrages sont pour La Monnoye, note sur la notice Jean de la Roche dans *Les bibliotheques françoises de La Croix du Maine et de Du Verdier*, Paris, 1772, p. 583, de même style et de même auteur. Les citations données dans cet article attestent suffisamment une identité de rédaction pour qu'il ne soit pas utile de s'attarder sur ce problème.

[2] Il existe de *La Vie et actes triumphans* une autre édition du XVIᵉ s., s.d., avec la mention «Imprimé sur la copie de maistre Nicole Paris, Imprimeur à Troyes». Les deux nouvelles ont été réimprimées au XIXᵉ s. (Paris, Jules Gay, 1862). Dans les deux cas il s'agit, comme l'indique l'éditeur, d'une «réimpression textuelle et collationnée sur l'exemplaire unique de l'édition originale (1546)».

La publication indépendante de ces deux nouvelles, assez amples (respectivement 40 et 22 feuillets [petits in-4°]), se signale à l'attention, d'autant que la première d'entre elles offre un long développement théorique sur la narration avec allusion à la nouvelle traduction du *Decameron* par Antoine le Maçon, parue l'année précédente, et appelée à remplacer la traduction du *Decameron* mise sur le marché par Antoine Verard en 1485. Celle-ci, dont on connaît de 1485 à 1541 neuf éditions publiées sans modifications significatives[3], se donnait comme traduite par Laurent de Premierfait, offrant à la fin la mention « Cy fine le livre de cameron, aultrement surnomme le prince galiot, qui contient cent nouvelles raconter en dix jours par sept femmes et troys jouvenceaulx, lequel livre ja pieca compila et escript jehan boccace de certald de latin qui depuis nagueres a este translaté en françoys par maistre laurens de premierfait, imprimé pour Anthoine Verad »; les éditions de 1537 et 1541 offrent pour titre *Le Cameron / Autrement dit / les Cent nouvelles: Composees en langue latine par Jehan Bocace; et mises en francoys par Laurens de premier faict,* mauvaise lecture manifeste du « livre de cameron ». Or cette version n'a absolument aucun rapport avec la traduction manuscrite que Premierfait a réalisée de 1411 à 1414[4] et qui, si elle est malhabile pour avoir été faite sur une version latine commandée au cordelier Antoine d'Arezzo, n'en est pas moins fidèle à son modèle[5]. La version imprimée est une réécriture totale du *Decameron*, violemment fustigée par l'imprimeur de la traduction de Le Maçon, Roffet[6]. Il faut dire qu'il s'agit d'un Boccace moralisé, avec des coupes qui éliminent la plupart des descriptions raffinées de la *cornice*, avec la réécriture totale des pièces poétiques de fin de journée, un Boccace travesti[7]. C'est donc dans ce contexte de restitu-

---

[3] L. Sozzi, « Boccaccio in Francia nel Cinquecento », *Il Boccaccio nella cultura francese,* Florence, Olschki, 1971, p. 275, n° 178.

[4] Version conservée dans 15 manuscrits, cf. C. Bozzolo, *Manuscrits des traductions françaises d'œuvres de Boccace,* Padoue, Antenore, 1973, et éditée par G. di Stefano, *Decameron, traduction (1411-1414) de Laurent de Premierfait,* CERES, Montréal, 1998.

[5] Cf. J. Crouzet et H. Hauvette, « Les plus anciennes traductions françaises de Boccace », *Bulletin italien,* 1908, p. 285-311, pour qui, p. 286, Laurent de Premierfait témoigne d'une « conscience et d'un souci de l'exactitude extrêmement louables »; H. Hauvette, *De Laurentio de Primofato,* Paris, Hachette, 1903.

[6] « Si ne devez ignorer que le present Decameron (c'est à dire (afin que les dames et le commun peuple l'entendent) Les dix journées de Bocace) à esté pieça traduit par quelques uns, qui eussent mieulx faict de cacher leur ignorance, ou sacrilege et impiete par eulx commiz, en dechirant et mettant en pieces et par lopins la dignité de ce beau livre, que d'entreprendre chose, autant mal seante à eulx comme desplaisante à tous ceulx qui y vouldront lire, en conferant ceste traduction à la leur, quoy faisant, je me persuade et asseure, que chascun de vous y trouvera telle difference, come d'ung fin or à XXIIII karatz, à une cendrée d'argent, qui ne tient que huit ou neuf deniers: ou bien (ainsi que l'on dit communement) autant à dire, que d'ung clair voyant à ung borgne: ou d'ung borgne à un aveugle. »

[7] Cf. M. Huchon, « *Cameron* et *Decameron:* de l'influence de Boccace travesti à la française », *Boccacio e le letterature romanze tra Medievo e Rinascimento,* Florence, Alinea, 2006, p. 57-82.

tion de Boccace que s'inscrit la publication de ces deux nouvelles, en un temps antérieur à la période de faveur du genre. En effet, à cette époque, ni le *Grand parangon des Nouvelles nouvelles* de Nicolas de Troyes, ni les *Nouvelles recreations et joyeux devis* de Bonaventure des Périers, ni l'*Heptaméron*, ni les *Comptes du monde aventureux* ne sont publiés; il s'agit aussi d'une période peu productive en nouvelles en Italie[8] et les seuls recueils italiens bien divulgués sont ceux de Masuccio, *Il Novellino* (en 1476, sans histoire cadre, mais avec parfois l'annonce de la nouvelle suivante et la présence d'une morale) et de Sabadino degli Arienti, le *Porretane* (en 1483, avec un groupe de personnes qui racontent des histoires et des propos des auditeurs en fin de nouvelle).

Outre les particularités de la réédition de l'une d'entre elles à la fin du XVIe siècle, en relation avec une *folastrie* de Ronsard, et le problème posé par l'identité de leur auteur, selon toutes probabilités Jean de Luxembourg lui-même, ces deux nouvelles se signalent donc par l'intérêt qu'elles offrent pour l'histoire du genre. Elles pourraient bien être tout aussi exemplaires de la nouvelle, que l'est des proses françaises, au milieu du XVIe siècle, la version de *L'Institution du prince* de Budé, donnée par le même Jean de Luxembourg.

Le premier de ces textes, par l'intermédiaire d'une nouvelle édition, va entrer dans le domaine des livres justiciables de l'enfer des bibliothèques et être lié à la publication d'une *folastrie* de Ronsard. En effet, en 1599, il reparaît sous le titre de *La courtisane bordeloise. Ou la vie, mœurs, et déportemens de Damoiselle Catherine des bas Souhaits native de la ville de Bordeaux, est fidelement descripte*[9], accompagné de la troisième *Folastrie* de P. de Ronsard (parue en 1553 dans le *Livret de Folastries* et reprise seulement dans l'édition parisienne de *La Continuation des Amours* de 1557). Cette pièce, alors circonstanciée, avec le titre de *Folastrie de P. de Ronsard, A Catin des bas Souhaits*, est présentée dans l'avis au lecteur[10] comme une «gaye description» ajoutée à la nouvelle comme «estant de

---

[8] Cf. la notice d'A. Motte Gillet dans *Conteurs italiens de la Renaissance*, Paris, Gallimard, 1993, p. 1569: «Vers 1540, lorsque Grazzini commence à travailler à ce qui deviendra *Les Soupers*, l'Italie est à la fin d'une période peu fertile en nouvelles: Molza, Da Porto et Machiavel en avaient bien écrit, mais il s'agissait de nouvelles isolées ou peu nombreuses. Le seul véritable recueil du début du siècle, ce sont les *Conversations* de Firenzuola: mais, si elles circulaient manuscrites dès 1525, elles ne furent publiées qu'en 1548.» Les recueils se multiplieront ensuite: en 1550, les *Diporti* de Parabosco, le premier livre des *Piacevoli Notti* de Straparola; en 1553 le second, en 1554 les trois premiers livres des *Novelle* de Bandello, tout comme la publication de nouvelles dans des volumes de textes variés (Ortensio Lando, *Varii componimenti*, 1552, et Anton Francesco Doni, *I Mondi*, 1553) (notice de M.-F. Piéjus, *ibid.*, p. 1687). Sur les lectures possibles à cette époque d'un écrivain de nouvelles comme Marguerite de Navarre, cf. N. Cazauran, *L'Heptaméron de Marguerite de Navarre*, Paris, SEDES, 1976, p. 31-36.

[9] Paris, A. du Breuil, 1599.

[10] «L'autheur au lecteur, Salut. Amy lecteur, je te prie de m'excuser si ce livret ne t'est si agreable que je l'eusse bien desiré, n'ayant presque pas eu le loisir de le mettre au net par l'importunité

la partie». La même pièce de Ronsard avec son nouveau titre se retrouvera dans l'édition de 1601 de l'Aretin, *Les amours feinctes et dissimulees de Laïs et Lamia, recitées par elles mesmes. Mises en forme de Dialogue par P. Aretin Où sont descouvertes les tromperies, dont usent les Courtisanes de ce temps à l'endroict de leurs amis. Traduiste de l'Italien en François, et augmentees de la vieille Courtisane de J. du Bellay.* Les modifications apportées dans *La courtisane bordeloise* à la première version de la nouvelle (importantes, telle la transformation du mari conseiller au parlement de Bordeaux en médecin) montrent le désir exclusif de récréer, comme l'attestent aussi l'avis au lecteur, ainsi que la suppression de la morale finale et des critiques religieuses.

Pas plus que dans la première édition de cette nouvelle, il n'est fait mention de l'auteur véritable de l'ouvrage. Jean de la Roche[11] et Colin Royer, en page de titre, sont des pseudonymes désignant un même personnage. Or deux notes manuscrites du XVIIe siècle dans l'exemplaire de la BNF de la *Nouvelle d'un reverend* attribuent cet ouvrage à Jean de Luxembourg, abbé de Saint-Maur et abbé d'Ivry, puis évêque de Pamiers, attribution récusée par J.-Ch. Brunet qui propose le nom de Viret, en se fondant à tort sur une identification de la marque d'imprimeur avec celle de Jean Girard de Genève. De fait, l'imprimeur Nicole Paris est bien de Troyes[12]; présenté en 1546 dans les deux nouvelles comme l'imprimeur de Jean de Luxembourg, il a par ailleurs «imprimé à L'Arrivour, Abbaye dudict seigneur»[13], en 1547, l'ouvrage de Budé, revu et amplifié par Jean de Luxembourg, *De L'institution du prince de Budé... reveu, enrichy d'Arguments, divisé par Chapitres, et augmenté de Scholies et annotations, Par hault et puissant Seigneur, Missire Jean de Luxembourg, abbé d'Ivry.* Il s'agit d'une des trois éditions parues cette même année de ce texte inédit, qui avait été rédigé et offert en manuscrit à François Ier vers 1519. Cette édition et l'édition adaptée par Richard Le Blanc, imprimée par le libraire Foucher et dotée également d'un

---

que journellement m'en faisoient mes amis tant pour le desir qu'ils avoient de voir reverdir ceste piece que pour se recreer l'esprit en la conference des mœurs et gaillars deportemens de nostre belle Catin ou Catherine des bas souhaits avec celles de ce temps, et pour te monstrer que son subject vaut bien le parler. Feu M. de Ronsard prince des poëtes François en a faicte une gaye description en sa troisieme Folastrie addressee a Janot Parisien laquelle je t'ay mise en la fin de ceste histoire, comme estant de la partie, te priant de rechef (amy lecteur) d'avoir ce brouillard pour aggreable attendant que je te parfournisse le reste qui sera dans peu de jours, comme je l'ay promis au Libraire qui a imprimé la presente, si je cognoy que cest eschantillon te soit tant soit peu aggreable.»

[11]   On relèvera que, dans le *Grand parangon*, la XVIIIe nouvelle (empruntée au *Violier des histoires romaines*, LXX) et la XXVIIIe nouvelle (correspondant à la nouvelle IV des *Cent nouvelles nouvelles*) sont attribuées à un Jean de La Roche.

[12]   Il a imprimé à Troyes en 1542 les *Satires* de Perse, en 1543 le *Voyage de l'homme riche* d'Habert, en 1544 le *Second enfer* d'Etienne Dolet.

[13]   Abbaye de l'ordre de Cîteaux située près de Troyes.

privilège accordé à Nicole Paris (pourvues, toutes deux, de mises en chapitre propres à ces éditeurs) correspondent à un des derniers états de ce texte, qui, tout d'abord livre d'apophtegmes, était devenu un véritable manifeste pour la création du collège royal[14] et offrait une célébration de plus en plus appuyée de l'Eloquence.

De Jean de Luxembourg, on connaît par ailleurs[15] de 1545 l'*Oraison et remonstrance de haulte et puissante Dame Marie de Cleves, Seur de treshault et puissant Seigneur, le Duc de Juilliers, de Cleves et de Gueldres, Faicte au Roy d'Angleterre et à son Conseil*, défense de la quatrième femme de Henri VIII, et, restés manuscrits, une traduction du Phédon, une traduction des Verrines et un opuscule en vers, *Le triomphe et les gestes de Mgr Anne de Montmorency*. La comparaison de certaines caractéristiques des deux nouvelles avec le reste de la production de Jean de Luxembourg ne laisse guère de doute sur leur auteur.

Ces deux nouvelles se caractérisent par l'importance accordée à l'éloquence :

---

[14] Le texte de cet ouvrage en français est connu par divers manuscrits et par trois éditions parues en 1547. Un premier état est représenté par le manuscrit de l'Arsenal 5103. Un second par l'édition intitulée, *Tesmoignage de temps, ou Enseignemens et enhortemens pour l'institution d'un prince*, parue à Lyon chez G. Gazeau, et qui porte au colophon la date de 1544, mais en page de titre la date de 1547. En ce qui concerne le troisième état, pour l'édition intitulée *Le livre de l'institution du prince*, parue à Paris, chez Jean Foucher, Richard le Blanc dit avoir travaillé sur un manuscrit médiocre à l'orthographe très défectueuse et avoir ajouté des têtes de chapitre et des annotations en marge et, pour l'édition intitulée *De l'Institution du Prince*, Jean de Luxembourg déclare l'avoir enrichie d'arguments et augmentée de scholies et d'annotations. Pour L. Delaruelle, *Etudes sur l'humanisme français. Guillaume Budé, les origines, les débuts, les idées maîtresses*, Paris, Champion, 1907, seul le manuscrit de l'Arsenal (version courte de cet ouvrage) fournirait un texte qui correspondrait à l'original de Budé, les additions ultérieures n'ayant aucune autorité. Opinion reprise par Cl. Bontems qui édite ce manuscrit, in *Le prince dans la France des XVIe et XVIIe siècles*, Paris, 1965, p. 79-139. G. Gueudet, «Guillaume Budé, parrain d'"encyclopédie', ou le vrai texte de l'*Institution du prince*», *Le génie de la forme, Mélanges Jean Mourot*, Nancy, 1982, p. 87-96, a inventorié 9 manuscrits et distingué une version courte et une version longue qu'il réhabilite, tout en précisant que l'édition lyonnaise (Gazeau) et un manuscrit (considérés ici comme second état) pourraient représenter des copies d'un texte composite provenant de modifications portées dans les marges d'un exemplaire de la première édition. Chaque état se caractérise par des additions par rapport au précédent. Les affinités des éditions du troisième état avec le texte du *De philologia* (1532) prouvent que Budé est bien l'auteur des modifications du texte qui attestent un approfondissement de la pensée et une prise en compte de l'actualité (cf. M. Huchon, «Rabelais, les universités et la mobilité : les phantasmes du *Pantagruel* à des fins de propagande», *Les échanges entre les universités européennes à la Renaissance*, Genève, Droz, 2003, p. 143-158). M.-M de La Garanderie, «Guillaume Budé, prosateur français. A propos de l'*Institution du Prince*», *Proses et prosateurs de la Renaissance*, Paris, SEDES, 1988, p. 39-47, tient aussi pour l'authenticité de ces additions et a émis l'hypothèse que le premier état «n'est sans doute pas destiné à la seule lecture personnelle. Il propose une suite de morceaux qui pouvaient particulièrement bien convenir à la lecture à la table du roi», ce qui expliquerait qu'il n'ait pas été imprimé. Budé aurait été tenté ensuite de l'augmenter.

[15] Cf. L. Delaruelle, *op. cit.*, p. 244, n. 1.

la belle harengue... laquelle, certes, n'eut la gravité de celle de Nestor, ny la doulceur et eloquence de celle de Ulisses, ny les poix ou les nombres de celles de Cyron le Centaure Precepteur d'Achilles. (*Vie*, f. f1r°)

Par ce que c'estoit un Aristote, à parler du vin de Languedoc: un Platon, à deviser de celluy de Beaulne: un Demostene, à deschiffrer celuy de Gascoigne: un Cicero à exalter celluy d'Arbois: et en toutes aultres belles sortes de confitures et appetis du palais, comme jambons, langues de beuf salees, et aultres esguillons à vins, il estoit aussy eloquent, bien instruit, et disert, comme les plus renommés Orateurs et Philosophes estoient perfaictz en leurs sciences. Car il scavoit declairer si proprement, et en si beaulx termes les gousts, les forces, les temps et saisons des boëttes de touts les vins. (*Nouvelle*, f. b3v°)

Or c'est l'un des aspects du texte de Budé, *L'Institution du prince*, auquel a été particulièrement sensible Jean de Luxembourg[16]. Ainsi présente-t-il le chapitre XXII, offrant par rapport à l'édition de Richard Le Blanc[17], une qualification du nombre oratoire[18]:

L'Autheur declare fort amplement quel est et doibt estre l'enrichissement de l'oraison par le moyen de Rhetoricque, et de l'observation des nombres, *qui*

---

[16]   Cf. les titres de chapitres, comme celui du ch. 13: «L'Autheur reduict en memoire les excellents et eloquens Orateurs du temps passé, en exaltant fort la vertu et grande energie qu'ilz avoient en leurs oraisons et prononciations. Et desire pareillement, que la France florisse en grand nombre de telles perles de gens» (p. 57); ou celui du chapitre XXV: «L'Autheur traicte combien est grande la force et vertu de l'Eloquence et du parler de l'Homme par vive voix bien et deuement exprimée. Et conferme son dire par l'exemple de la harengue que feit Thermistocles au Roy de Perse.» (p. 99).

[17]   «En ce chapitre amplement est déclarée l'ornature et richesse d'oraison par les figures de rhetorique et observation des nombres. Et le tout procede des deux langues principales, Grecque premiere, et la Latine: desquelles plusieurs abusent soubz tiltre de maistrise.» (f. 67v°).

[18]   Le développement sur le nombre est particulier au troisième état de *l'Institution*. Ainsi peut-on lire dans l'édition donnée par Richard Le Blanc (les caractères gras signalent les additions par rapport au second état): «**Mais singulierement ces choses sont entendues es deux langues renommées, dont j'ay parle,** ce que ne se peut pleinement, deuement et entierement faire sans faculté de *parler* simplement et par oraison pure, et naifve, *ou* quand la matiere, l'auditoire, le temps, et lieu le requierent, par figures et eloqutions tropiques *et* sentencieuses, revestues et *enrichies* de joyaux, et ornemens d'eloquence, **et remontées de nombres rythmiques, sur piedz metriques d'oraison composée par concinnité de rhetorique, et assemblées par membres, et clausules resonnantes, et au propos consonantes**» (f. 67v°). Et dans celle de Jean de Luxembourg: «**Mais fault entendre que toutes ces choses se font singulierement en ces deux langues fort renommées, desquelles j'ay cy devant parlé:** ce qu'il ne se peult pleinement, deuëment et entierement faire sans faculté de pourparler simplement, et par oraison pure et naïfve: or quand la matiere, l'audience, le temps et le lieu le requierent par figures et eloquutions tropicques et sententieuses, revestues et enrichies des *beaultés, richesses* et aornements d'Eloquence. **Et** *rehaulssés* **des nombres de Rhetoricque, gardant les mesures de l'oraison, avec les membres et clausules resonantes et consonantes au propos qu'on veult deduire.**» (p. 89).

sont les nerfs et toute l'energie d'icelle. Et monstre evidemment le tout dependre et proceder des deux Langues premieres et principales, qui sont la Grecque et Latine. (p. 89)

L'oraison de... Marie de Cleves met aussi en avant l'éloquence :

Je dresseray maintenant ma harangue. (f. f4v°)

Ce dernier texte fournit, tout comme les nouvelles, des références aux fables mythologiques[19] :

Protheus ce dieu antique, qui avoit la puissance (comme disent les fables) de soy transformer en toutes formes. (f. e1v°)

L'emploi qui est fait de l'image de l'hydre :

Certes ma douleur est un animal de plusieurs testes, et de beaucoup plus que n'estoit l'Hydre, de quoy parlent les fables. Car si j'en oste l'une, il en revient plusieurs aultres, plus griefves, que celle que j'avoye ostée. (f. g1v°)

l'allusion à l'impossibilité de nombrer :

Attendu qu'en vous il y a tant de perfections, qui si je les pouvois nombrer, je cuideroye sçavoir tout le bien et toute la vertu qui est en ce monde. (f. f1v°)

se retrouvent dans un passage très caractéristique d'une des deux nouvelles, ce qui ne laisse aucun doute sur l'identité de leur auteur :

Maintenant je vous laisse à penser, quelle legende eut à compter la bonne Damoiselle de ses faicts, desquelz il seroit faict un grand volume plus plaisant à lire que les fables d'Esopet. Car, certes, c'estoit plus que une hydre, que de ses pechés. Et quand on pensoit estre venu à l'entiere declaration, et avoir profondé jusques aux fonds, et cherché la racine de l'un d'iceulx : il en renaissoit non pas sept, mais mille, ou douze cents beaucoup plus grands, ou pareilz aux precedents, et plus incurables que n'estoit celluy dont elle pensoit s'estre bien purgée. De sorte que, pour faire une entiere confession à ma bonne Damoiselle, il eust fallu de nouveau revivre autant d'ans, comme elle avoit vescu, pour racompter et reciter par le menu, ce qu'elle avoit faict. Car ayant commencé monsieur le Cordelier de bien grand matin, il s'y trouva encore bien empesché juques à vespres, et un peu plus tard. Et n'eust esté, que le bon sainct pere abbregea le compte, et que l'on preind souvent Paris, pour Corbeil : et milions de miliers, pour un leger compte de cent : et que l'on ne s'amusast aux branches, mais on se teint à l'estoc : en laissant icelles, pour servir aux fagoteux, Vous luy eussiés trouvé (et sans aulcun doublte) au dernier jour du Jugement, quand ceste belle machine sera desfaicte et ce

---

[19] Cf., à ce propos, une addition dans l'*Institution* par rapport au texte de Le Blanc et qui pourrait bien être imputable à Jean de Luxembourg : «la voye des Sophistes, **qui est pleine et remplie de mille erreurs et labyrintes plus malaysés à passer, que celluy de Dedalus, ou estoit enclos le Centaure.**» (p. 91).

> Monde reduict à la volunté de celluy, qui l'a faict: tant prenoit monsieur
> nostre Maistre de plaisir, à ouyr les belles narrations qu'on luy faisoit, qui
> estoient aussy plaisantes et aux aureilles aussy satisfaisantes, que celles de
> Bocace: Lesquelles ravissent les hommes à eulx, tant sont en leur langaige
> bien escriptes: et au nostre, bien traduictes. (*Vie*, f. h1r°)

Jean de Luxembourg est bien l'auteur de ce long développement de la *Vie* qui
peut se lire comme un véritable texte théorique sur l'écriture de la nouvelle:
plaisir des narrations évoquées avec des références aux fables d'Esope et à la
nouvelle traduction du *Decameron*, impossibilité de rendre la succession des
faits sans abréger et nécessité de s'en tenir à l'essentiel. Tout au long des deux
nouvelles, les termes techniques abondent: *compte, compter, racompter, reciter
par le menu, traiter, deduire, descripre. Deschiffrement*, plusieurs fois utilisé et
attesté pour la première fois dans ces textes de Jean de Luxembourg[20], est remarquable, signifiant aussi bien exposition, peinture, que dévoilement. Jean de
Luxembourg s'est donc interrogé sur l'écriture de la nouvelle[21].

Les deux nouvelles sont dotées en final d'une morale et d'une exhortation:

> Le Dieu d'Amours, et sa tres chere mere Venus, par leur incroyable puis-
> sance, veuillent donner à touts les Cocuz du Royaulme de France, et de l'uni-
> versel Monde (en prenant ce, qu'esclaircit le Soleil depuis le pole Arcticque
> jusques à l'Entarticque) une telle adventure, qui est recitée en ceste histoire,
> quand ilz seront si abusés et deceuz en leurs opinions, que d'adjouster foy à
> leurs femmes, qui congnoistront estre meschantes et malheureuses: et à l'hy-
> pocrisie des maulvais Religieux, lesquelz, par leurs feinctes parolles, et soubz
> couleur de leurs dissimulations, veulent quelques foys usurper injustement et
> à faulx tiltre, le nom de saincte Religion. Et en lieu de satisfaire à l'acquit du
> debvoir et semer la pure doctrine: ilz convertissent leur estude à plusieurs
> offences et à faire divorces en beaucoup de bons mariaiges. Ne voulant
> concleure, sinon qu'il fault fuyr le mal, et la honte du Monde, et suyvre
> l'honneur de DIEU, et conserver la reputation de son nom, et l'estime de sa
> famille. (*Vie*, f. k3v°)

> Mais à la parfin, le bon Protonotaire qui luy avoit donné si à propos la
> trousse, ne voulut permettre que le Monde qui oyroit parler de ce fait,
> tumbast en tel abus, que d'adjouster longuement foy à ses inutiles parolles.
> Et declairant à un chascun l'histoire, comme vous l'ay recitée, et ayant
> paour que le peuple imbecile et ignorant ne veind en opinion et suspition

---

[20] Le *TLF* ne fournit que la date de 1553, «F. DE BOYVIN, baron de Villars, *Mémoires*, IV ds GDF, Compl».

[21] Le souci de taire les noms des protagonistes apparaît comme un gage de l'authenticité des faits rapportés. Pour la *Nouvelle*: «Et pour ce que je veulx celer les noms des personnes: il me sera permis de representer le mieux que je pourroy, les tailles et façons des corps, les conditions et les meurs des esprits de ces deux Amans.» (f. a3r°).

> d'idolatrie (d'autant que monsieur l'Evesque se vouloit faire canonizer de son vivant) il feist congnoistre, que sans ayde ny special privilege de DIEU, Monsieur s'estoit ressucité de son long endormissement. Et que ceste recepte se prenoit chez les Apoticaires. De laquelle il estoit aysé d'user envers ceulx, qui pensent estre possible de contreindre les voluntés de l'esperit et de l'ame : et soy faire aimer, n'estant en rien aimables : et qui pour telles foles opinions, adjoustent si legerement foy aux parolles de ceulx qui a bon droict leur sont ennemis.
>
> Qu'autant en puisse-il advenir à touts Messieurs les Prelats, qui abusent de la vacation, à laquelle ilz sont appelés, et qui ne sçavent bien choisir les amis, ausquelz ilz se fient. Dont la touche, de laquelle il les faut esprover, est plus malaysée à trouver qu'on y pense. (*Nouvelle*, f. f1r°)

La conduite de la narration est, pour l'histoire du genre, d'un grand intérêt. Les deux textes se présentent en plusieurs moments. La *Vie* est ainsi constituée : la jeunesse dissolue de l'héroïne qui occupe le quart de l'ouvrage, son amour ruineux pour un jeune homme, présenté comme « ung de ses derniers faicts », particulièrement exemplaire puisqu'il « coronna son œuvre » :

> Mais pour vous racompter un de ses derniers faicts, sans plus m'arrester à vouloir nombrer les arenes de la Mer : je vous en reciteray un, qui coronna son œuvre, et ainsy mist la derniere main du maistre. Parquoy vous devez entendre que, sur le retour de la fleur de sa jeunesse, et au plus meur et saige aage de nostre honneste femme, qui est le vray temps et saison, en laquelle telles bonnes commeres se doibvent retirer sur leurs pertes, et là ou ilz en ont moins d'envie : elle deveint amoureuse d'un beau jeune Gentilhomme. (*Vie*, f. c2r°)

Suivent la découverte de l'adultère par son mari qui veut la tuer et la réconciliation entre les deux époux par un cordelier qui se fait payer en nature. Mais, l'argument placé en tête du texte ne fournit que la partie finale de l'histoire :

> La bonne damoiselle, Catharine des bas souhaiz femme d'un riche Conseiller au Parlement de Bordeaulx, fut surprinse par son mary, usant fort privement d'un sien particulier amy : dont il la voulut cruellement tuer, pensant faire sacrifice bien aggreable à Dieu de user d'une telle vengeance. Mais à la parfin, lentiere reconciliation fut faicte par les subtiles remonstrances dun fameux Cordelier, que on estimoit homme de bonne vie, et grand observateur de la saincteté de lordre de sainct Francois : lequel pour son salaire et juste recompense de son labeur, essaya au mieulx quil peut, d'entendre de quel goust estoit le doulx fruict des delices de la bonne Damoiselle. Et se feit scavant en la science des desirez plaisirs, dont elle faisoit part à ses aimes serviteurs.

Dans la *Nouvelle d'un reverend pere en dieu*, la tripartition de l'histoire est soulignée avec une valorisation du « dernier faict » qui « mist le coronnement à leur ouvraige » :

Parquoy, en passant, je deschiffreray (sans beaucoup m'arrester en ceste presente histoire) trois points principalement. Au premier, je traicteray la joyeuse et triumphante vie, qu'a demenée ceste discrete et venerable vefve avec son feu mary. Lequel ne debvoit rien, ny estoit en aulcune chose moindre en toutes sortes de folies, de raiges et de manies, à monsieur le Prelat. En second lieu, je deduiray le mieux que je pourray, les extresmes richesses des laydures de ses doulces et precieuses amourettes. Puis apres, je descripray les similitudes de leur ressemblance, et la conference de leurs louables conditions avec leur dernier faict, qui mist le coronnement à leur ouvraige. (f. a3v°)

L'argument placé en tête, tout comme celui de la *Vie*, n'attire l'attention que sur le dernier fait :

Ce bon Prelat transporté des foles passions d'Amour, et de Jalousie, se retira de la ville d'Avignon, en son Evesché, pensant trouver quelque remede contre ces deux Tyrans : desquelz il estoit fort persequuté, et asprement detenu. Mais au lieu de satisfaire à son intention, il feit quelques estranges demonstrations de sa trop legere creance. Dont puis après, voulant injustement usurper le nom de Saincteté : au lieu d'estre canonizé, il fut mis pour jamais au grand Calendier des folz, et en lieu de rapporter nouvelles de son ressuscitement : deveint commune risée, et fable pour tout le Monde. (f. a1v°)

La mise en évidence des articulations du texte, la présence d'une morale différent des particularités du texte du *Decameron* dans la version Le Maçon. En effet, dans cette édition, il n'y a généralement que deux seuls paragraphes par nouvelle : la présentation, puis la narration de la nouvelle et aucune moralité. Or, la lecture des nouvelles se trouve fragmentée dans les premières traductions françaises du *Decameron*. La tripartition des nouvelles est une des spécificités de la traduction de Laurent de Premierfait. Cette traduction offre en effet des éléments répétitifs qui, ajoutés par le traducteur, soulignent la structure du texte : argument, transition avec la nouvelle précédente, puis narration de la nouvelle[22]. Dans les éditions du *Cameron*, d'un point de vue formel, la présentation des nouvelles se caractérise, comme chez Laurent de Premierfait, par une tripartition, bien mise en valeur par des artifices typographiques. Après le début de chaque nouvelle pris en charge par le narrateur de la nouvelle, une lettrine marque le début du récit particularisé dans les éditions de 1485 et 1503 pour un grand nombre de nouvelles par l'indication *la forme de la nouvelle*. Enfin, après une autre lettrine, est donnée la moralité que le traducteur a tirée du texte de

---

[22] « Cy apres s'ensuit la somme de la .XXVIIJ^e. nouvelle, racomptée par Laurete, sur la tierce journée, dont Neyfile est royne. / Cy apres s'ensuit la continuation de la .XXVIJ^e. nouvelle a la XXVIIJ^e. nouvelle, comptée par Laurete, sur la tierce journée, dont Neyfile est royne. / Cy apres s'ensuit au long le compte de .XXVIIJ^e. nouvelle, comptee par Laurete, l'une des sept dames racompteresses, sur la tierce journée, dont Neyfile est royne.»

Boccace et qu'il introduit généralement par la mention *En ceste nouvelle est monstré comme*. C'est la forme adoptée dans son projet initial par Marguerite de Navarre. En effet, le fonds le plus ancien de l'*Heptaméron*[23], celui qui correspond aux 10 premières nouvelles du manuscrit fr 1513 (qui en compte 28), se caractérise par l'absence de dialogue des devisants; mais par la mention des termes d'*argument* et de *conclusion* et par la présence d'un blanc qui distingue le corps de la nouvelle de l'argument. Marguerite de Navarre semble avoir tout d'abord emprunté au *Cameron* sa tripartition, et sa conception de la nouvelle moralisée, mais non pas sa morale, confrontant la version du *Cameron* dont elle imite la forme, au texte original du *Decameron* qu'elle a invité Le Maçon à traduire; la conclusion du premier état de l'*Heptaméron* deviendra ensuite dialogue argumentatif des devisants à l'issue de la narration de chaque nouvelle[24].

Les nouvelles de Jean de Luxembourg ont pour particularité d'offrir des arguments assez généraux, qui ne permettent pas de reconstituer les péripéties de l'action. Le résumé que l'on peut faire de la *Nouvelle d'un reverend pere en dieu* est à cet égard significatif, comme il l'est aussi de l'importance accordée à la satire religieuse[25] et à l'opposition entre clergé et peuple. Un évêque, avare, corrupteur, amateur de vins, et qui ne cesse, sous l'emprise d'une jalousie maladive, de tourmenter sa maîtresse, une femme laide, veuve d'un mari qui la battait, demande conseil à un protonotaire (à qui il avait promis, sans y donner suite, un bénéfice) pour s'attacher sa maîtresse. Celui-ci fournit un «breuvaige amatoire» à partager par les deux protagonistes qui sont alors plongés dans une léthargie qui simule la mort. Leurs valets, le lendemain, les dérobent et les religieux du chapitre (qui refusent l'autopsie), pour se venger de l'évêque et des

---

[23] M.-P. Hazera-Rihaoui, *Une version des nouvelles de Marguerite de Navarre*, thèse dactylographiée, Univ. Lyon II, 1979.

[24] Cf. M. Huchon, «Définition et description: le projet de l'*Heptaméron* entre le *Caméron* et le *Décaméron*», *Les visages et les voix de Marguerite de Navarre*, éd. M. Tetel, Paris, Klincksieck, 1995, p. 51-65.

[25] La critique religieuse est aussi bien représentée dans les détails: ainsi dans la *Vie*: «messieurs de saincte Eglise (lesquelz il faut nommer les premiers, à cause de la dignité de leur office) et qu'elle n'eut espargné ny messieurs les Reverendissimes Cardinaux, saincts Evesques et Prelats, benoicts Abbez, bons Prieurs, gras Chanoines, et pauvres Prothonotaires du sainct siege Apostolic» (f. h1v°); «Dist plusieurs paroles de cafard selon le mode des fratres» (f. k1v°); «sainct beau pere (j'entends ceinct d'une corde mais non pas de la vraye saincteté et immaculée religion)»; dans l'édition de 1599, on ne parle plus que de «messieurs les gens d'es- glise», les proies de la courtisane n'étant plus détaillées: le second exemple cité est ainsi trans- formé: «Dit plusieurs paroles, selon la mode de ceux qui se meslent de confesser» (p. 5) et le dernier jeu de mots n'est pas conservé. Dans la *Nouvelle d'un reverend pere en dieu*, il est fait allusion à la prédestination: «Et estoit des sa naissance vouée, predestinée et dediée (s'il y a quelque predestination en ce Monde) à ne bouger jamais des mains des folz lunaticques, et escervelées personnes.» (*Nouvelle*, f. a4r°).

procès qu'il leur avait intentés, décident de les faire porter ensemble à la cathédrale en grande pompe, le visage découvert et habillés *in pontificalibus*, au grand scandale du peuple:

> Mais quand le commun peuple, qui est fort aysé à mutiner, et à prendre pour scandale ce, qu'il luy plaist, veid ceste femme au costé de l'Evesque ainsy portée, pour avec luy estre ensepvelie: il fist soubdain une si grande et si estrange sedition, qu'il fut tresdifficile d'y pouvoir donner ordre convenable. (f. d4v°)

Le peuple demande que les corps, indignes d'une sainte sépulture, soient brûlés ou jetés à la voirie.

> Et voulant les uns rompre les portes du chœur, pour exequuter leur opinion, furent retenuz et empeschés par les Chanoines et domestiques Serviteurs de l'Evesque qui fut cause que plusieurs coururent soubdainement, pour avoir les armes fortes, pour forcer ceulx, qui vouldroient contredire à leur volunté. Dont les uns allerent querir renfort de compaignie et mutiner toute la ville jusques aux femmes et enfans: Et les autres apportairent grande quantité de fagotz et de busches, desquelz en peu de temps l'on feist une Piramide, et monceau de bois suffisant pour consommer cent corps. (f. e1r°)

Le clergé s'oppose à ce dessein:

> Mais veoyant le Clergé la grand'honte et scandale qu'ilz recepveroient de telle entreprise, et cognoissans aussy la faulte qu'ilz avoient faicte, d'avoir ainsi ordonné, pour leur particuliere vengeance, que ceste femme seroit portee en sepulture, avec leur Evesque. Et d'advantaige, creignant, que une pareille fortune ne leur adveint, pour estre ordinaires et publicques adulteres, et couchant tous les jours avec les femmes des Citoyens de la ville: l'un entrepreind de persuader le peuple par la remonstrance, qui s'ensuyt. (f. e1v°)

Sont mis en valeur, dans cette remonstrance, les trois péchés auxquels s'exposerait alors le peuple: être excommunié pour avoir violé l'Eglise, faire office de juge pour ce qui ne dépend pas de la juridiction, être cruel en privant les corps de sépulture. Le peuple est invité à laisser se terminer les obsèques, ce à quoi il consent. A l'heure des vigiles, le réveil de l'évêque et de sa maîtresse, qui croient rêver devant le spectacle de leurs funérailles («Jesus, jesus, qu'est-ce cy? Veult-on abuser tousjours de la saincte authorité de DIEU et soy mocquer des Ministres de Jesus Christ»), provoque l'effroi des assistants qui crient au miracle ou à l'heure du jugement dernier. L'évêque décide de faire croire à sa résurrection «pour prescher penitence à touts ceulx de ce Monde, et leur remonstrer leurs enormes faultes, et obstinations en leurs grandes erreurs, et manifeste abus, par lesquelz ilz pensent decebvoir l'infinie misericorde et patience de JESUCHRIST» (f. e4v°) et il serait arrivé à abuser le peuple crédule «de ceste fable si subtilement controuvée», si le protonotaire n'avait fini par dévoiler la vérité.

L'opposition entre les divers états sociaux est remarquable. L'actualité politique est aussi l'occasion de remarques circonstanciées, ainsi dans la *Vie*:

> Si toutes les femmes de Paris eussent faict comme moy (encores qu'elles soient bien loing d'icy), elles n'eussent esté contreinctes de s'en fuir de leur cité ny de contribuer à la fortifier, ny à faire des fossés et rempars: d'autant qu'en faisant une sacrée legion d'amans comme celle des Grecs, et une armée de tels hommes pareilz au mien, l'on fust allé trouver en Espaigne l'Empereur et le veincre dedans ses païs, sans attendre sa venue en noz terres. (*Vie*, f. g2r°)

Les mises en tableau et les indications picturales sont remarquables, qu'il s'agisse du géant et de sa pygmée:

> qui eust consyderé ces deux personnes, et combien elles estoyent differentes de taille et proportion: vous eussiez dict l'un estre le grand Centimanus, dont parlent si souvent les Poëtes en leurs fables: ou le Poliphemus de Virgile, et ceste fillette aupres de luy la plus petite Pigmée ou Nainne, qu'on eust sceu regarder. (*Vie*, f. b1r°)

d'Adam et d'Eve chassés du paradis terrestre:

> Et eussiés jugé (à veoir ainsy ces deux pauvres personnes troublées s'enfuir et eviter la colere du bon Conseiller) que c'estoit quelque similitude que peindent les peinctres de la figure d'Adam et Eve, qui sortoient de Paradis terrestre. Et que le mary qui estoit derriere, estoit l'ange avec le glaifve flamboyant, qui les chassoit devant luy. (*Vie*, f. e4v°)

ou du portrait parallèle du Révérend et de sa dame, longuement développé:

> Et vous peulx bien asseurer que c'estoit une piece de chair si mal ordonnée, si mal bastie et proportionnée en tout son sujet, si desdaignée et fuye de tous ceulx qui ne veulent avoir horreur à mal employer leur veuë: que celluy qui ne sceut oncq l'art de peinture, ny garder les lineatures, umbres et proportions necessaires pour pourtraire, ny les traicts qu'il fault observer en un visaige, en eust sceu faire avec le baston d'une torche, et contre une paroid, la forme d'une plus belle, et trop plus amiable qu'elle n'estoit. (*Nouvelle*, f. a4v°)

A côté de références picturales, l'auteur présente des références littéraires. Il n'hésite pas à citer Pétrarque, la *Célestine*, mais surtout il se pique d'antiquité. Il y a des références à Pline, Homère, Esope, Virgile, Horace, Platon, et aussi à Cléopâtre, César, Marc Antoine. Mais l'attention est surtout attirée par la part importante accordée à la mythologie. Sont cités Vénus, Cupidon, les Géants, Jupiter, Briareus, l'Androgyne, les Satyres, Diane, Minos, Rhadamante, Tantale, Bacchus et Cerès.

L'auteur, certes, prend ses distances avec la fable:

Car il croioit, pour avoir quelque congnoissance de ses imperfections et de son insuffisance, que son doulx Elephant luy debvoit estre desrobé par quelque Jupiter, qui feroit une transformation et metamorphose ou de Cygne, ou de Taureau, ou de pluye d'or pour le surprendre. De laquele s'il m'eust demandé conseil, pour sçavoir mon jugement et entendre quelle forme il eust voulu prendre pour enchanter ceste Mignarde: Je croy, que ledict Jupiter n'en eust sceu prendre (si nous nous voulons mocquer des fables) aulcune plus louable ny plus certaine, que de quelque puant, ord, et salle sanglier ruté, et hors de saison, à qui l'hyver eust osté les sés et l'eust rendu tout plumé et hydeux à regarder. (*Nouvelle*, f. b4v°)

Mais il se complaît aux évocations mythologiques, même si pointe l'ironie dans le traitement qui en est fait:

touts ceux qui la veoioyent, encores qu'ilz ne fussent proveuz de trop bon jugement, et non accoustumé à juger telz secrets, pouvoient assurer, que la bonne dame estoit attaincte, la ou il la falloit frapper: et que Cupido ne desdaignoit abaisser si bas sa deité, que de tirer de ses meilleures sayettes aux pauvres Pigmées: et que pour faire un miracle plus excellent et digne de luy ou faire paroistre ses œuvres admirables, il rendoit les nainnes amoureuses de l'un des filz de la Terre, dont cestuy cy estoit nagueres revenu de l'ancien combat que feisrent jadis les Geans avec Jupiter, quand ilz misrent tant de montaignes sur montaignes pour atteindre jusques au ciel. (*Vie*, f. b1v°)

Ils commencerent touts deux à croire qu'ilz resveoient et que Morpheüs les avoit mis en son grand Royaulme, pour leur faire congnoistre si leurs pensements sortiroient par les trois portes, desquelles parle Homere, que passent les songes. (*Nouvelle*, f. e3v°)

Le souci de variété est aussi remarquable. Dans la *Vie*, le vocabulaire amoureux utilise la métaphore traditionnelle de la flamme, du combat («capitaines», «soudars d'Amour», «combattants», «courans en lice», «compediteurs», «martial combat»); des métaphores triviales («voltiger par dessus les quatre bastons d'un lit», «appointement de fesses»; «goûter du vin de cette piece que tant de gens avoient percée»). Les synonymes sont multiples: «delices», «voluptés», «plaisirs», «cupidités», «fureurs», «amoureux passetemps», «adultere», «luxure», «concubinaire». La désignation de l'amoureux est particulièrement diversifiée: «poursuivant», «aimant», «prétendant», «coustillier», «transi amoureux», «muguet», «gorgias», «beau pigné», «tendre amoureux», «petit serviteur et courtier d'amourettes». Il y a une variété de termes utilisés pour la désignation de l'héroïne: «nostre Catherine», «ma damoiselle», «la bonne damoiselle» et, alors même qu'elle en est arrivée, selon le narrateur, à son hiver, on parle de «nostre bonne pucelle», de «jeune tendron», de «la gentille fillette», de «la pauvrette». Dans la *Nouvelle*, l'héroïne est désignée sous les termes suivants: «la petite mignarde et folastre», «notre bonne damoiselle», «ceste bonne pucelle», et l'on y parle des «transis amans».

Jean de Luxembourg, qui se pique d'éloquence, qui émaille son style d'allusions à la fable et à la mythologie, qui pratique la variation et l'amplification, a tenté une réflexion sur l'écriture de la nouvelle, mais il semble avoir été moins heureux dans la création que dans l'adaptation. En effet, alors que ses nouvelles sont tombées dans l'oubli, c'est dans la version qu'il a publiée de *L'Institution du prince* qu'a été loué Guillaume Budé au milieu du XVIᵉ siècle comme maître de la prose française: ainsi Du Bellay qui, dans sa *Deffence*, le cite comme modèle avec Rabelais et Lazare de Baïf[26] et ainsi Des Autels qui, dans la *Replique aux furieuses defenses de Louis Meigret* de 1550, reconnaît qu'il y a peu de proses françaises de notre invention à l'exception de Budé et d'ouvrages de théologie[27]. Le Budé de l'*Institution* se caractérise par l'asianisme de son écriture, marquée par la pratique ficinienne[28] d'un «ornement de la prose par des modes et rythmes poétiques»[29], «idéal de style inspiré, dans le sens de Boccace et du néo-platonisme, à partir des techniques d'amplification flamboyantes»[30]. C'est cette prose figurée et nombreuse de Budé (marque de la prose platonicienne pour Cicéron[31]) que célèbrent les éditeurs de *L'Institution*, les platoniciens Richard Le Blanc (auteur par ailleurs de la traduction de l'*Ion*, 1546) et Jean de Luxembourg (aussi traducteur du *Phédon*). Jean de Luxembourg a essayé d'acclimater cette éloquence au genre de la nouvelle, la nouvelle étant aussi pour lui un «deschiffrement», une délectation, mais ayant également une portée sociale et religieuse. Ses deux nouvelles, qui s'inspirent du modèle de la biographie, comme

---

[26] Joachim du Bellay, *La Deffence, et illustration de la Langue Francoyse*, Paris, A. L'Angelier, 1549: «Toutesfoys je te veux bien avertir, que tous les scavans hommes de France n'ont point meprisé leur vulgaire. Celuy, qui fait renaitre Aristophane, et faint si bien le Nez de Lucian, en porte bon temoignage. A ma volunté, que beaucoup en divers Genres d'ecrire volussent faire le semblable... Je ne craindray point d'aleguer encores pour tous les autres ces deux Lumieres Françoyses, Guillaume Budé et Lazare de Bayf. Dont le premier a ecrit non moins amplement que doctement l'Institution du Prince, Oeuvre certes assez recommandé par le seul Nom de l'Ouvrier.» (II, 12).

[27] Guillaume des Autels, *Replique aux furieuses defenses de Louis Meigret*, 1550, p. 73: «Je ne parleray point des proses Françoises, pource que nous en avons bien peu de nostre invention, après l'institution de Budé et quelques œuvres de theologie».

[28] J. C. Mühlethaler et F. Cornilliat, «L'inspiration entre fureur et art», *Poétiques de la Renaissance*, éd. P. Galand-Hallyn et F. Hallyn (dir.), Genève, Droz, 2001, p. 122.

[29] Cf. la lettre de Marsile Ficin au rhéteur Bartholomaeus «sur l'ornement de la prose par des modes et rythmes poétiques» (*Epistulae*, l. II, Bâle, p. 723), trad. J. Lecointe, «Naissance d'une prose inspirée: 'prose poétique' et néo-platonisme au XVIᵉ siècle en France», *BHR*, LI, 1989, p. 55.

[30] J. Lecointe, *L'idéal et la différence*, Genève, Droz, 1993, p. 435.

[31] Cicéron, *L'orateur*, Paris, Belles Lettres, 1964, p. 24. Pour Le Caron, *Claire ou de la prudence de droit*, au lecteur: «Les dialogues de Platon sont enrichis de figures poétiques, les dispositions des mots si gracieusement ordonnées que les oreilles sont merveilleusement de leurs douceurs remplies.»

le souligne bien l'un des titres, et se veulent l'illustration du fait exemplaire, offrent pour le genre de la nouvelle une démarche intéressante. Jean de Luxembourg conserve la structure morcelée avec moralité du Boccace du *Cameron*, même s'il célèbre le nouveau *Decameron*, son projet semblant bien se situer comme celui de Marguerite de Navarre entre *Cameron* et *Decameron*. Dans sa complexité, la nouvelle selon Jean de Luxembourg est proche des préceptes du premier essai de rhétorique du roman en français[32]. Alors que triompheront ensuite les recueils de nouvelles, il semble avoir tenté en 1546 un genre hybride que l'on pourrait appeler la nouvelle romancée.

Mireille HUCHON
Université de Paris IV-Sorbonne

---

[32] Cf. le premier essai de rhétorique du roman que Gohory en 1571 donne en tête de sa traduction du l. XIII de l'*Amadis* espagnol, art du roman où il inscrit le genre dans le style moyen, ce style fleuri *(floridus)* dont parle Quintilien (XII, 10, 58), qui a pour rôle de plaire, que Sperone Speroni célèbre en 1542 comme celui de la délectation *(Les Dialogues*, trad. Gruget, 1551, f. 189r°): «Je feray donques fin à ce discours par une demonstration de l'art Rethoricale qui consiste en la composition ou construction des Rommans, non croyable qu'à ceux qui en contemplent de pres toute l'architecture. Lesquels cognoissent certainement que la delectation y estant pour fin proposée au Rommanceur, selon les institutions oratoires de Ciceron, le style aussi y est Floride, net et coulant: quant au sujet, que l'ordre des temps y est observé, la description des lieux, les conseils des entreprises y vont devant, puis le fait, les evenemens apres, Qu'il ne traitte pas seulement les actes, mais les modes et manieres d'icelles, des evenemens il assine les causes, ou de cas fortuit ou de pourvoyance, ou de temerité, Et quant aux gestes des hommes, il touche de ceux qui excellent en los et renom la vie et les complexions, Or pour rendre le Rommanceur sa narration plus plaisante il met en avant choses nouvelles ou non jamais ouyes ne veuës, il la rend plus agreable par admirations, attentes, issues inopinées, passions entremeslées, devis des personnes, douleurs, coleres, craintes, joyes, desirs evidens. Quant à la disposition, il monte aucunesfois des petites choses aux grandes, autresfois il descend des grandes aux petites, autrefois il les mesle les unes parmy les autres, et les simples avec les composées, les obscures avec les claires, les tristes avec les gayes, les incroyables parmy les vraysemblables: qui n'est pas besongne de legere industrie.» (*Le Trezieme livre d'Amadis*, Paris, L. Brayer, 1571, épître à C. de Clermont).

UNE AUTOBIOGRAPHIE ORIGINALE DE 1590 :
LES *ANNALES NOSTRORUM LABORUM*
DE GUY COQUILLE
(1523-1603)

Les écrivains de la Renaissance publiés de leur vivant ne se seraient pas racontés à leurs lecteurs, du moins jamais sans une certaine mauvaise conscience et donc certaines précautions d'énonciation, jamais sans se dissimuler ou se masquer un peu[1]. Mais Montaigne ? Mais Pasquier, celui-là même qui avait eu l'insolence de lancer au seuil de ses *Lettres* de 1586 : « Quel besoin est-il que le peuple entende mes affaires privées ? Affaires dy-je le plus du temps sans discours, et ausquelles je n'auray voulu que folastrer et donner carrière à ma plume avec mes compagnons et amis. Car d'esventer celles qui importent à ma famille ; tout ainsi que ce ne seroit chose asseurée, aussi sembleroit-il que ce fust un jeu d'enfant[2] » ? Plus étonnant et connu des seuls juristes ou érudits régionaux parce qu'il ne s'agit pas d'un auteur entré en littérature, Guy Coquille[3]. A sa

---

[1] Voir les mises au point en ce qui concerne les mémorialistes et leurs publics de G. Schrenck, « Aspects de l'écriture autobiographique au XVIe siècle », *Nouvelle Revue de la Renaissance*, 3, 1985, p. 33-51, et préface à *Agrippa d'Aubigné, Sa vie à ses enfants*, Paris, 1986 ; et de N. Kuperty-Tsur, *Se dire à la Renaissance. Les Mémoires au XVIe siècle*, Paris, 1997, et « Le moi, sujet de l'histoire », *Nouvelle Revue de la Renaissance*, 19-1, 2001, p. 63-81. Voir aussi M.-M. Fragonard, « Comment intéresser le lecteur à la vie d'un auteur 'ordinaire' ? », *L'auteur et son public au temps de la Renaissance*, Paris, 1998, p. 101-120.

[2] Paris, A. L'Angelier, 1586, f. 1v°.

[3] Sur la vie et l'œuvre de Coquille, voir G. Joly, en tête des *Coustumes du pays et duché de Niver-nois* citées à la n. suivante ; de Thou, *Histoire [...]*, Londres, 1734, t. XIV, 1603, p. 196-197, et A. Teissier, *Eloges*, Utrecht, F. Halma, 1696, II, p. 346-350 ; BNF ms. Dupuy 348 (microfilm R 43088), *Vie de Coquille* en latin de 1626 (par Langerac ?), découverte par M. Magnien ; Cl. Joly, *Divers Opuscules de Loisel*, Paris, Vve Guillemot et J. Guignard, 1652, p. 617-620 et 649 et *Preface* des *Oeuvres* de 1665 où figure aussi en tête du t. I dans la *Généalogie* une *Chronologie* mêlant 1re et 3e personnes ; Niceron, *Memoires*, XXXV, p. 8-23 ; N. Duclos, *Annuaire du dépt. de la Nièvre pour 1847*, Nevers, 1846, IIe partie, « Littérature nivernaise. Poètes latinistes. G. C. », p. 1-59 ; A. Dupin, *Notice sur la vie et les ouvrages de G. Coquille*, in *La coutume de Nivernais*, Paris, Plon, 1864 ; J. de Maumigny, *Etude sur G. C., publiciste et jurisconsulte*, Paris, 1910 (réimpr., Genève, 1971) ; P. Destray, « Notes inédites sur G. Coquille », *Bull. Soc. nivernaise*, 1924-25, p. 69-91 ; W. F. Church, *Constitutional Thought in Sixteenth-Century France*, Cambridge, Harvard U.P., 1941, p. 272-302 ; P. Volut, *Decize en Loire assise (1515-1789)*, Decize, chez l'auteur, 1992 ; H. Richard, « Pensée politique et droit dans l'œuvre

disparition en 1603, le procureur général du Nivernais n'a rien publié d'une
œuvre juridique que ses confrères apprécieront longtemps une fois que des amis
et connaisseurs l'auront éditée avec soin et vénération[4]. En revanche, le «subject
naturel» des ducs de Nevers[5], l'échevin et député chéri de ses compatriotes[6], a,
en dépit de sa pudeur, de sa modestie et d'une volonté entêtée d'obscurité[7],
confié aux presses locales de Pierre Roussin[8] deux recueils de vers latins, en 1590

de G. Coquille», *Pensée politique et droit, Actes du XIIe colloque de Strasbourg*, P. U. d'Aix-
Marseille, 1998, p. 327-342; G. Thuillier, *G. C. et les auteurs nivernais*, Nevers, BM, 2003, et J.-
P. Arabeyre et G. Néraud, «Un commentaire inédit...», in *Mémoires de la scté pour l'histoire du
droit et des institutions des anciens pays bourguignons*, t. LIX, 2002, p. 15-100.

4   D'abord G. Joly, puis A. Loisel et Cl. Joly: *Les Coustumes du pays et duché de Nivernois*, Paris,
A. L'Angelier, 1605 et 1610; P., de Cay, 1625 et G. Loyson, 1634-35; *Institution au droit des
François*, Paris, A. L'Angelier, 1607 et 1612; P., Toussaint Quinet, 1630; *Questions et réponses
sur les coustumes de France*, Paris, Ve A. L'Angelier, 1611 et 1616; C. Cramoisy 1622 et P.
David, 1634; *Histoire du pays et duché de Nivernois*, Paris, Ve A. L'Angelier, 1612, et «A Paris,
En la boutique de l'Angelier, chez Claude Cramoisy», 1622; *Conference des coustumes de
France*, Paris, Cardin Besongne, 1642; *Les Œuvres*, Paris, A. de Cay et H. Le Gras, 1646;
*Dialogue sur les causes des miseres de la France, Memoires pour la Reformation de l'Etat ecclésias-
tique* et *Traité des Libertez de L'Eglise de France* in *Œuvres postumes, excellens et curieux de M.
Guy Coquille sieur de Romenay*, Paris, Ve J. Guillemot et M. Bobin, 1650; enfin rééd. de l'en-
semble sous le titre *Les Œuvres de maistre G. Coquille*, Paris, L. Billaine, J. Guignard père et
fils, Ch. de Sercy, G. de Luyne, 1665, t. I: la *Preface ou discours sur la vie et les œuvres de [...]
Coquille* est de Cl. Joly d'après F. Girerd, *Notice hist. sur Decize*, Nevers, 1842, p. 45; t. II on
retrouve la dédicace et la vie écrite par son père G. Joly pour les *Coustumes* de 1605; rééd.
Bordeaux, Labottière, 1703; sans compter une *Genealogie de la maison des Coquilles faicte par
Guy Coquille, Escuyer seigneur de Romenay*, s.l., n. n., n. d.: cf. *infra*, n. 14.

5   Ainsi se qualifie-t-il dans l'épître dédicatoire de l'*Histoire du Nivernois* (Paris, L'Angelier,
1612, f. eiv°); cf. aussi: «Le 14 May 1562. je partis de Nevers pour aller à Cleves en Allemagne, par mandement de Monseigneur François II Duc de Nivernois pour traitter d'aucunes
affaires de la Maison de Nevers avec Monseigneur Guillaume Duc de Cleves. En Septembre
1568. je fus eslu eschevin de Nevers et ay exercé cette charge deux ans durant, les guerres
civiles estant au fort. Le 29. May 1571. Monseigneur me donna de son propre mouvement
l'Estat de son Procureur general en Nivernois et Donziois» (*Chronologie*, in *Œuvres* de 1665).
«Honor[é] et cherch[é] des clients, ains aim[é] de tout le peuple et cher[i] des grands, et
mesmement du Prince du Païs», selon Guillaume Joly (*Coustumes*, 1605).

6   Aux Etats généraux d'Orléans puis de Blois en 1560, 1576 et 1588.

7   Célébrées par tous ses biographes, à commencer par de Thou et par G. Joly selon qui «son
attrempance et modestie estoit plus admirable que tout autre chose [... Il] laiss[a] une si fleu-
rissante odeur de sa candeur, preud'hommie, sincerité, verité, liberté, magnanimité, providence, sagesse et religion en tous ses deportemens»; puis par Cl. Joly: «de la simple qualité de
Procureur fiscal du Duché de Nivernois [il] merita d'estre appellé par le Roy Henry le Grand
dans son conseil. Mais [...] sa modestie, son âge et l'amour de sa patrie et de ses livres l'em-
pescherent alors d'accepter cet honneur» (*Œuvres* de 1665, II, f. *iiiv° et iiiiv°; I, f. *iir°).

8   La *Bibliotheca bibliographica aureliana* (XXIX, Baden-Baden, 1969, p. 84, n° 1, 3 et 7) donne
Pierre Roussin pour l'un des deux libraires de Nevers pour la période, en exercice de 1590 à
1612. De Lyon, il serait venu s'établir à l'invitation de Louis de Gonzague, vers 1588 (cf.
P. Bégat, *Notice sur l'imprimerie à Nevers*, Nevers, 1864). Les *Poemata* sont sa première impres-

et 1592. Mieux encore, alors que le second rassemble des traductions des Psaumes[9] et témoigne surtout de sa ferveur religieuse croissante, le premier, véritable *farrago* intitulée *Poemata*[10], contient outre quelques psaumes versifiés, des épigrammes politiques, une traduction du livre IX de l'*Odyssée* et – il ne s'agit pas d'un pastiche de l'*Enéide* – les *Annales nostrorum laborum*[11].

Quinze pages pour les quatre cent seize hexamètres dactyliques composés en deux temps et présentés en deux parties séparées par un blanc. La première consigne le *curriculum vitæ* de novembre 1523 au 31 août 1572, période du mariage de la fille aînée, Odette, de l'entrée dans la période avunculaire de l'existence, d'un nouvel établissement[12] et de vacances à Issoudun, *vacuus tum a rebus agendis / Ypsilodunensi peregrinus in urbe*; la seconde part de la Saint-Barthélemy pour s'achever à Nevers les 26, 27, 28 et 29 juillet 1590, trois mois avant la publication chez Pierre Roussin. Poème latin donc, rédigé d'un bout à l'autre à la première personne, rythmé par le calendrier qui déroule sa chronologie tantôt accélérée, tantôt ralentie, tantôt seulement millésimée, tantôt préci-

---

sion conservée. Sa marque (Sylvestre 772), un homme grimpant à un arbre pour atteindre une branche, apparaît en 1592 sur la page de titre des Psaumes de David de Coquille. Des quinze livres de sa production et de la rareté des exemplaires conservés jusqu'en 1600, on infère une activité réduite. Il imprime Coquille deux, voire trois fois (1590, 1592 et 1593), une *Seconde semaine* de Du Bartas commentée par Claude Duret (1591), des édits royaux (1593-1594-1595), un bréviaire (1600) et des productions très locales de notables nivernais: l'évêque de Nevers Arnaud Sorbin, Antoine Du Fouilloux et Jean Pidoux sur la vertu et usage des fontaines de Pougues (1595 et 1598), un alchimiste de l'entourage du duc, Gaston de Doux dit de Claves (1592). La *BBA* ne connaît que l'exemplaire BN RésacYc. 8187, d'ailleurs mal collationné, car s'il affiche 182 p., c'est en sautant de la p. 70 à la p. 91: le livre compte en fait 162 p. L'exemplaire Rés. pYc 1042 (maroquin rouge XIXe s. insérant une lettre de Dupin; annoté ms. par Dupin d'après une «édition plus récente qui avait appartenu à la famille de Coquille» [1593?] où il avait trouvé des dates et des noms) est inconnu à la *BBA*; mais il s'agit d'un lapsus manifeste de même que, plus suprenants, les exemplaires conservés à la BM de Nevers que nous a signalés Jean-François Lefebure des fonds patrimoniaux (cf. *infra*, n. 21).

9   *Psalmi Davidis Centum Quinquaginta paraphrastice translati in versus heroïcos*, Nevers, P. Roussin, 1592 (*BBA* n° 3).

10   Vingt-sept Psaumes (p. 1-47: datés de la jeunesse 6 avril 1546 (Ps. 3), d'oct. 74 (Ps. 14), ou presque tous de sept. à déc. 1584, et du 10 oct. 1590 pour le Ps. 9, ce qui donne un *terminus a quo* pour l'impression), des paraphrases de l'Ecriture, un pater, une prière à saint Martin (p. 47-63), le livre IX de *L'Odyssée* en vers héroïques latins, de Pougues en juillet 1588 *dum cogito quorumdam cyclopicas actiones* (p. 64-109) et les *Annales nostrorum laborum* (p. 110-125) et pour finir des *Epigrammata* sur des sujets divers classés chronologiquement: famille, amis, événements locaux, maladies (p. 125-181).

11   Enée à Vénus, *Enéide*, I, 373.

12   Voir p. 117: *Hoc anno ex arctis, ædes migramus in amplas* et «Le 11. Mars 1570 je acheptay de Jean de Lucernay sieur de la Jarrie la maison de la Forest pour seize cens livres, et y allay demeurer apres y avoir basty et accommodé, le dix-sept Octobre 1572» (*Chronologie*, in *Œuvres*, 1665).

sant le mois et le quantième. Juriste et homme d'écriture, Coquille affectionnait en français aussi les mémoires, généalogies et éphémérides. Ses éditeurs de 1665 inséreront ainsi en ouverture du premier tome des *Œuvres* une planche généalogique incluant une *Chronologie* de sa main arrêtée à juillet 1577 et mêlant troisième et première personnes. Ils signaleront, au *Catalogue* des œuvres en tête du premier tome, des journaux alors non imprimés et aujourd'hui perdus[13] et on conserve une *Genealogie de la maison des Coquilles* imprimée sans lieu ni date «faicte[14] par Guy Coquille, Escuyer, Seigneur de Romenay».

Mais les *Annales* sont en latin. Que signifiait ce choix, d'autant qu'il écartait les héritiers naturels de Coquille? Trois de ses enfants en effet vécurent jusqu'à l'âge adulte, trois filles, dont une seule lui survécut, et même gendres et petits-fils ne lui sembleront pas en 1602, au moment où il rédigera son testament, des légataires convenables pour sa bibliothèque:

> Quant à mes livres, j'avois quelquefois projeté de les donner tous à mon fils Pommereuil et à mon fils Etienne Decolons, chacun par soi. Mais depuis, j'ai pensé que la multitude de mes livres n'est propre ni à l'un ni à l'autre, et même audit Etienne Decolons, pour ce que la diversité le pourrait détourner d'une bonne étude fixe et arrêtée; j'ai avisé de marquer sur l'inventaire de mes livres ceux que je veux appartenir audit Pommereuil et ceux que je veux appartenir à Mᵉ Etienne. Je veux et ordonne que les autres soient vendus[15].

La pièce *Ad lectorem*, en fait apostrophe au *lector candide, quisquis futurus es* des *Poemata*, affiche déjà en 1590 une double absence: ni connivence intellectuelle avec ses gendres à qui ne sont adressées que des pièces de félicitation à l'occasion de la naissance de ses petits-enfants, ni dédicataire idéal parmi les relations. Coquille préfère alors utiliser l'entremise de l'imprimerie pour rencontrer le lecteur complice et latiniste. Car le latin était pour lui la langue universelle des sentiments[16]. Quand il jetait sur le papier ses rancœurs ou ses tristesses, il troussait des *epigrammata*: «J'ay décrit par le menu tout ce qui y a esté fait que j'ai pû

---

[13] Parmi la dizaine d'ouvrages intitulés *mémoires* ou *journal*, p. ex. un *Petit journal des Estats d'Orleans de l'année 1560, Quelques autres petits memoires touchans lesdits Estats d'Orleans*, et un *Petit journal des Estats de Blois de 1588*.

[14] Commencée plutôt, puisque y figurent les générations suivantes. Il s'agit sans doute, à partir des papiers de famille, d'une publication remaniée suscitée par l'enquête de Ch. d'Hozier.

[15] Testament revu les 28, 29 mai, 6 juin et 15, 16 et 18 déc. 1602, publié par Girerd, *op. cit.*, p. 105 sq., et repris par de Maumigny, *op. cit.*, p. 232-233; «mon fils Pommereuil» est Robert, l'époux de Guyonne, le gendre préféré et qui fit appel à Joly pour l'édition des ms. de son beau-père; Etienne Decolons est le fils d'Odette qui hérita de Romenay.

[16] G. Joly, à l'unisson, oppose les ouvrages de droit rédigés en français «pour ce qu'ils sont pour les François, afin que toute espèce de praticiens y puissent puiser, que l'Ecclesiastic et le Noble y trouvent aussi de quoy se resoudre en beaucoup de difficultez et passer serieusement le temps» et les «autres subjets qui concernent toutes les nations, [qu'il a] traictez en langage commun et romain [en latin]» (*Coustumes* citées, 1605, f. eiir°).

connoistre, et ailleurs j'ay fait mes plaintes en Vers Latins de ce que j'ay veu qui ne me plaisoit pas.»[17] Langage de la sincérité[18], du retour à l'enfance, les *Poemata* sont, de l'aveu de leur auteur qui rejoint ici son collègue Pasquier[19], une *res adeo tenuis*, des *ineptiæ* par la magie desquelles un vieillard retrouve ses errements de collégien:

> J'avais déjà un certain âge quand un jour une colique néphrétique m'empêchant d'exercer ma profession, je redevins, dejà vieillard, enfant: je revins comme d'exil aux études qu'enfant j'avais embrassées et composai de la poésie à quoi mes dons m'avaient naturellement incliné dans l'enfance[20].

Ainsi advienne que pourra, fin 1590 Coquille confiait aux presses à peine installées à Nevers de Pierre Roussin ses *Poemata* et parmi eux ses *Annales nostrorum laborum*. Les quatre exemplaires conservés de cette édition et les quatre de la seconde émission remaniée ne sont guère parlants[21]. On aimerait

---

[17] A propos des Etats de Blois où il séjourna «quatre mois entiers, depuis le huictiesme Novembre 1576. jusqu'au huictiesme Mars 1577» (*Œuvres*, Paris, 1665, t. I, *Ordonnances du Roy Henri Troisiesme*, f. aiv°).

[18] Son éditeur de 1665 le note: «Je remarque aussi dans ses Poesies avec quelle naïveté il y parle de luy-même et de sa famille dans les deux poëmes où il descrit sa vie jusqu'à l'an 1590. J'y observe la juste indignation qu'il avoit conceue, et qu'il exprime dans le second poëme de sa vie et ailleurs contre les fourbes et les supercheries qui se firent aux Estats de Blois de l'an 1577. J'y considere l'aversion qu'il avoit aux voleries publiques, et le jugement solide qu'il y fait quand il establit cette regle, sur laquelle les Chambres de justice peuvent fonder fort raisonnablement leurs jugemens, c'est à sçavoir que les richesses soudaines et extraordinaires de ceux qui ont manié les deniers publics, sont des preuves suffisantes pour les convaincre de peculat, par ces vers qu'il n'est pas mauvais d'inserer en ce lieu, comme un texte qui n'est pas d'un simple Poëte, mais d'un grand jurisconsulte, qui peut servir d'authorité [...]. Or quand je voy toutes ces choses dans les poësies de Monsieur de Romenay, j'y voy autant de marques d'une ame tout-à-fait bien née, et qui ne pouvoit souffrir l'injustice ni la corruption» (*Œuvres*, 1665, t. I, f. eiir°).

[19] Qui avouait que parler de ses affaires de famille était un jeu d'enfant (cf. *supra*, le texte à l'appel de n. 2), expliquait à Pierre Pithou se sentir encore jeune («Je dirois volontiers l'être encor', mais ma barbe m'en dementirait») et s'être remis à la poésie latine par émulation avec son pupille Charles de Marillac (*Lettres*, VIII, 1, à Pierre Pithou): sur le statut délicat de la poésie latine dans le milieu parlementaire à la fin du XVIe s., voir «E. P. correcteur de ses *Epigrammata*», *Mélanges Ch. Martineau*, Nice, 2001.

[20] *Lectori salutem* in *Psalmi*, 1592, f. Aiir°: *Cum me jam provecta ætate calculi morbus a negotiis publicis abduxisset, cœpi senex iterum puer esse: et ad ea studia quasi postliminio reverti quæ puer ætate amplexus fueram, et poësim meditari, ad quam me puerum facilitas ingenii sua sponte mouerat*. Il ajoute que jeune homme il a été détourné de l'activité poétique par des *negotia domestica publicis inuoluta*.

[21] 1590 (avec erreur de pagination le v° de la p. 70 est la p. 91): BnF Résac Yc 8187 et Rés. p Yc 1042; British Library 11405; BM Nevers Ancien R 8-2. Remaniement de 1593: nouvelle page de titre, pas d'avis au lecteur, suppression des Psaumes publiés à part en 1592 et recomposition d'un premier cahier (1-8) qui permet de passer à la traduction d'Homère p. 65 du premier tirage, avec la pagination fautive de la première édition (p. 65-70 / 91-181: Arsenal 8 BL 5530; Mazarine 21379; BM Nevers Morlon NM 60; BM Besançon 223994.

connaître le tirage, savoir combien de *lectores candidos quiqui futuri sunt* escomptait rencontrer le procureur-poète, s'ils achetèrent le livre ou se le virent offrir. Et si Coquille distribua lui-même son œuvre[22], en conserva-t-il dans sa bibliothèque comme semble le suggérer l'exemplaire offert par un de ses petits-fils à un mystérieux L. M., exemplaire acquis ensuite par Falconet[23]? Le préfacier des *Œuvres* de 1665, sans doute Claude Joly[24], en note en tout cas, bien avant Nicéron, la grande rareté, et dit ses projets avortés d'édition:

> Il n'est point besoin de parler icy davantage de ses Poësies, puis qu'il les a fait imprimer luy même de son vivant, ainsi que j'ay déjà rapporté. Or comme elles sont devenües rares, j'avois deliberé de les mettre dans cette Edition: mais les Libraires ayans desiré d'en accelerer l'exposition et la vente, je m'en suis d'autant plus volontiers dispensé, que comme il y a quantité d'ouvrages importans et utiles dans ce Recueil, j'ay pensé que le Lecteur s'y appliquera plus volontiers qu'à des vers. Ainsi je me suis contenté d'en extraire ou d'indiquer dans ce discours, comme j'ay fait cy-devant, ce que j'y ay trouvé de plus considerable[25].

Pour sa *Preface ou discours sur la vie et les œuvres de Maistre Guy Coquille*, Joly s'était donc appuyé sur les *Annales nostrorum laborum*. Le mot *Annales* en indique bien le contenu. Sorte de livre de raison, d'éphémérides latinisées, ils parcourent le siècle depuis 1523 où l'enfant paraît[26] à juillet 1590 où l'homme de soixante-six ans se remet une fois encore entre les mains de Dieu. Redevenu écolier, notre poète amateur a ressorti ses notes de cours et jubile à varier l'ex-

---

[22] Hypothèse suggérée d'une part par l'anonyme du ms. Dupuy 348: *Dauidicos hymnos [...] atque aliquot epigrammata edi passus est: quorum quædam exemplaria Niuernis sibi edi ipse curauit et amicis obtulit*; d'autre part par Cl. Joly: «N'ayant de son son vivant mis en lumiere que deux petits volumes de Poësies qu'il fit imprimer à Nevers, seulement pour ses amis» (*Liste des avocats de l'année 1599*, in *Divers Opuscules de Loisel*, cités *supra*, p. 618). Pourtant l'adresse des deux avis à un lecteur anonyme, la solennité du second, véritable profession de foi, permettent de douter que Coquille n'ait pas espéré une diffusion plus large. Les *Poemata* ont plus à voir avec les *Epigrammata* de Pasquier sortis en 1582, et déjà réédités en 1585, qu'avec ceux de Loisel ou avec le tombeau de Claude Dupuy distribués aux seuls amis (cf. M. Simonin, «Poétiques des éditions 'à l'essai' au XVIᵉ siècle», *L'encre et la lumière*, Genève, Droz, 2004, p. 727-745).

[23] BNF Résac Yc 8187 en parchemin d'époque; *ex dono* à L. M. avril 1648, de «D. Pomereul», petit-fils de l'auteur par sa fille Guyonne; sur la dernière page de garde des notes en forme de table sur quelques événements des *Annales* de la même plume; passé dans la Bibliothèque de Falconet. Remarquons que la traduction des Psaumes aujourd'hui à la BnF est elle aussi un don du petit-fils Pommereuil.

[24] Cf. *supra*, n. 4.

[25] *Œuvres*, 1665, f. oiirº.

[26] *Ignea lux Phœbi ter quinos rexerat orbes / Seclorum, et quinti jam tertius annus abibat / Lustri: vix cæpto nox seruitura nouembri / Ambibat terras*, ce qui donne 3x5 = 15 siècles, et la troisième année du cinquième lustre = 23, soit 1523! (p. 110, les indications de pages sans réf. renvoient désormais aux *Poemata*).

pression des millésimes, des mois; il jongle avec les signes zodiacaux et les chiffres, oblige son lecteur à additionner, multiplier[27]. Quant au titre malicieusement emprunté à l'*Enéide*[28], qu'on n'y voie pas un écho des malheurs d'Enée, des calamités s'abattant sur Abélard, voire de tel poème de Grégoire de Nazianze[29]. Si Decize a été pillée et brûlée, Coquille n'a connu ni exil, ni persécutions, ni disgrâce, ni états d'âme, juste une vie d'homme de son époque, orphelin de sa mère en son enfance avant de l'être de sa puînée et de petits-enfants chéris, trois fois veuf, trois fois revenu de maladies gravissimes, une vie traversée de massacres, de pestes, de famines, de pressions fiscales, plus souvent misères d'autrui que les siennes. Et s'il use deux fois de *labor*, c'est, semble-t-il avec une certaine ironie, uniquement pour désigner le travail accablant, journel et diurne, fourni et récompensé autour de sa vingtième année à Paris[30].

Coquille note les événements familiaux et personnels avant tout. Il se félicite de sa naissance – un 11 novembre, qu'il place sous le signe de la nativité –, de l'excellence de ses parents, de sa légitimité, d'une grossesse de neuf mois: *Cum me Conchylio mater Borgoina patri / Edidit, exacto confestim mense noveno / Post*

---

[27] Quelques exemples de ces conventions sentant bien fort l'huile de la lampe, qui sont la passion de notre latiniste. Le départ pour le collège de Navarre en nov. 1531: *cum tauro pene relicto / Ad fratres Helenæ Phœbus properantior, axem / Urgeret*, p. 110; le départ pour Orléans en sept. 1548: *Phœba quater duodentum lampas obibat / Currentis secli septembrem*, p. 112; la naissance du premier petit-fils, Guy Decolons, le 9 oct. 1573: *Terteno Octobrem lustrabat lumine Phœbus / Tertiaque et decima a nascentis origine lunæ / Luxerat: in lucem cum primus prodiit infans / Ex utero natæ: cui sacri ad vota lauacri / Impositum est nostro numen de nomine Guido*, p. 118; 1572: *Idem annus qui post ter sæcula quinque peracta / Vicenæ et quartæ implebat trieteridis orbem*, ce qui donne 3x5 siècles + (20 + 4)x 3 ans = 1572, p. 117; et le mariage d'Anne Coquille avec Michel Gascoing le 19 avril 1575: *Cum sibi succedens, terquintum jussit adesse / Secli hujus lustrum* (3x5x5 = 75) *nitidi lux aurea Solis, / Bis septena dies aderat Maii ante calendas, /Anna Michaëli nupsit mea nata marito*. Niceron note cette pratique de Coquille «qu'il seroit à souhaiter que tous les Poetes eussent observée; c'est qu'à la fin des principales pièces il a eu soin de marquer l'année et même souvent le jour, qu'il les a faites» (XXXV, p. 16).

[28] Enée déclare à Vénus qu'il n'a pas reconnue, qu'il lui faudrait plus d'une journée pour conter ses malheurs année par année (*annalis nostrorum [...] laborum*) et leur origine (I, 372-374).

[29] Θρῆνος τῶν αὐτοῦ μόγων, traduit en *Lamentatio suorum laborum*.

[30] *His me operis juuenem noctuque diuque gravatum*, p. 112; *atque aliena negotia curans / Et mea sollicitus, tandem tantoque labori / Optatum finem imposui*, p. 115. Une anagramme offerte à l'ami Jacques Bolacre, lieutenant général du Nivernais (*Poemata*, p. 159), indique sans doute mieux comment entendre ces *labores*. Antithèse de *quies*, ils mettent à l'épreuve la vigueur physique et spirituelle. Disons donc qu'ils sont travaux, peines et inquiétudes. Coquille emploie le mot *damna*, p. 112, à l'occasion de la perte de son patrimoine (*nostræ damna juuentæ*), et p. 115, de la disparition de sa belle-mère, cf. *infra*, n. 34; il se qualifie de *miser* orphelin à trois ans, p. 110; de même sa situation financière (*miseram faciem*) provoque la commisération de son oncle, *miseratus*; plus loin les paysans affamés, Nevers pestiférée reçoivent le même qualificatif que les Coquille laissés *miseros* à la mort du petit Guy. Mais les *Annales* ne cherchent pas le pathétique: ils consignent.

hymenæa sacra. Pourtant le malheur est déjà là qui frappe, sa ville natale, Decize, pillée et incendiée en mai 1525 par une bande de trois mille mercenaires italiens[31], et sa mère, décédée l'année suivante. Le petit Guy commence son rudiment à cinq ans[32]. Il a huit ans quand un remariage le dote d'une belle-mère, véritable seconde mère durant toute sa vie à ses dires[33]. Quelques mois plus tard, le 5 mai 1532, il part pour le collège de Navarre[34]. Six ans de classes de grammaire, avec lectures de Térence, Virgile, Cicéron *sophus ter maximus [...] orator summus*, et Horace qui *grauem facili sermone ad amicos / Insinuat sophiam*. Guy a fini ses études avant ses quinze ans et traîne son désœuvrement, comme Montaigne une dizaine d'années plus tard, dans quelques cours: *Liber, Parisiis desedi auditor ineptus / [...] telluris inutile pondus*. Le voici enfin – trente lunes ont passé! – rentré au bercail. Une bonne étoile veille sur lui. Un mécène dont il tait l'identité[35], cordial et bienveillant, l'emmène à Venise et à Padoue pour dix-huit mois (mars 1541-août 1543), le défraie de tout et le prie seulement d'étudier le droit romain[36].

Guy va sur ses vingt ans quand à la fin de l'été il franchit à pied les Alpes de retour: vingt-trois jours et quelques frissons[37] par le Trentin et les Grisons. Il parvient à Lyon, puis chez lui où il trouve trouble et ruine. A nouveau, le voilà sauvé. Son oncle maternel Guillaume Bourgoing[38], conseiller au Parlement de

---

31 Commandés, mais le poème n'en dit rien, par Arrhigho Bel Giojoso, ils étaient expédiés de Lyon en Picardie pour résister à une éventuelle invasion des luthériens.

32 « A mesme jour [11 nov.] 1528. fut envoyé au monastère des Religieuses de Nostre-Dame de Nevers pour apprendre sa creance et à lire » (*Chronologie*, in *Œuvres*, 1665).

33 « Ledit Guillaume Coquille épousa en secondes nopces Damoiselle Odette Le Lièvre, fille de Me Jean Le Lièvre Advocat general au Parlement de Paris, et de Damoiselle Anne Framberge: d'eux ne sont yssus aucuns enfants », *Genealogie*, s.l.n.d., p. 3. Guy Coquille n'est pas consolé de sa disparition en 1590: *Ecce gravi morbo afflictata noverca / Deserit hunc lucem. Sed non ego desero luctum / Nunc etiam: quoties, mihi quæ solatia mœsto / Præbebat: quæ cura mei, quæ cura meorum / Illi esset, quantum comis prudensque recordor: / Non lugenda quidem est meliori sorte beata / Sed mea damna fleo*, p. 115.

34 Une tante, Charlotte Coquille, lui fait donation de 2000 livres (P. Volut, *op. cit.*, p. 26).

35 Aux dires de G. Joly, c'était un Berrichon, le seigneur de Neuvy-le-Barrois (*Coustusmes*, 1605), sans doute le père de Bertrand Melet de Fayolles, compagnon d'A. d'Aubigné, cf. G. Schrenck, *Sa vie à ses enfants*, éd. cit., p. 48, n. 2.

36 A Padoue, il suivit les cours de Mariano Socini junior, d'après G. Joly et de Thou.

37 Dus moins au relief (*præruptos montes Rhetum*) qu'à l'insécurité (*Insubri[a], quod erat belli tum plena tumultu*), p. 111.

38 Au témoignage de l'*Histoire du Nivernois*, les Bourgoing faisaient à l'époque et au siècle suivant figure d'une famille considérable: *Guy Coquille parent de messieurs les Bourgoing* indique l'index qui renvoie au rôle de Guillaume, et à Noël, son grand-oncle et parrain, président des comptes de Marie d'Albret. Selon G. Joly, ce fut pour débrouiller les affaires de famille et reconquérir ses droits sur son patrimoine aliénés lors de son départ pour l'Italie, que Coquille décida d'embrasser la carrière juridique; il fut un an clerc chez un procureur et trois ans chez son oncle (*Œuvres*, 1665, II, f. *iiiir°)

Paris, l'appelle auprès de lui. Il sera son clerc. Le jeune homme tombe grave-ment malade, et ne peut reprendre l'apprentissage juridique que l'année suivante : son oncle le fait solliciteur, puis son secrétaire personnel. Il amasse un pécule, rétablit les affaires de famille[39] et rejoint Orléans pour faire enfin son droit canon et civil à la française (septembre 1548-août 1550). Il repasse par Paris où il est auditeur de justice puis rentre chez lui, à Decize. Son père vient de mourir, lui va avoir trente ans : il choisit de vivre en sa province qu'il ne quittera plus qu'envoyé en mission par les ducs de Nevers ou député par ses conci-toyens. Il se marie, avec une nièce de sa chère belle-mère : *Anna data est uxor, neptis de fratre nouercæ*. Les pages du livre de raison tournent vite. Leur naît, seize mois après leur mariage, le 5 mai 1555, Odette : *Hæc sexto decimo post connubialia sacra / Mense mihi Odetam peperit, cum quintus adesset / Undecimi Maius lustri*. La suit Anne dont la naissance provoque la mort de sa mère, « mort prématurée et trop envieuse du bonheur »[40]. Coquille se remarie parce que, explique-t-il, il a trente-cinq ans, et rencontre en Claude Du Coing, veuve de son cousin Louis Coquille, l'identité des âges, des situations et la reconnais-sance : *Claudia ducta mihi est grati uxor conscia amoris / Orba viro ac ætate pari*. Neuf mois plus tard, Coquille aime ce genre de précision, leur naissent des jumeaux, garçon et fille, fauchés au berceau[41]. Sept ans après, *materni clausula ventris*, ils auront une petite dernière. L'affection, la préférence osera-t-on dire, pour cette Guyonne, lisible dans le testament de 1602, apparaît dans les *Annales* dès l'indication de sa naissance en 1565. Ce sont, après les circonvolutions calen-daires ordinaires[42], l'indication d'un accouchement sinon difficile, du moins douloureux (*Enixa est uxor natam*) et le prénom paternel féminisé[43]. Les parents ont quarante-deux ans : *Bis ter septenos ætas jam nostra nouembres / Egerat*[44].

Un dimanche de juillet 1573, la maladie terrasse Claude du Coing : « Alors qu'au plus fort de la chaleur de midi mon épouse prévenante se mêlait à la foule languissante pour distribuer à manger, elle attrapa une maladie aiguë qui l'em-porta en sept jours. C'était le 12 juillet. Heureuse entre les âmes qu'il faut

---

[39] *Nec vanus labor ille fuit [...]. Non aliter læsis me rebus posse mederi*, p. 112. Cf. « Es années 1550. 1551. 1552. suivit derechef le fait du Palais et obtint deux decrets desdits heritages criez, l'un de Mars 1551., l'autre de Decembre 1553. » (*Chronologie*, in *Œuvres*, 1665).

[40] *Mors, heu, præpropera et lætis nimis inuida rebus / Sustulit uxorem : decima ante puerpera luce / Ediderat natam, quam matris nomine dixi / Annam*, p. 113 (juillet 1556).

[41] Mariage le 20 oct. 1557, naissance de Guillaume et Marguerite le 26 juillet suivant, p. 113-114.

[42] P. 114, deux hexamètres pour indiquer déc. 1565.

[43] De même plus loin, à l'évocation de la naissance du premier enfant de Guyonne, il s'attendrit sur la perfection arithmétique de la grossesse (3x3 mois) et de l'allaitement (deux fois plus) : *Primo partu est enixa puellam / Nostra Guiona, auiæ de nomine dicta paternæ. / Hæc Gabriela fuit : mater gestauerat aluo / Terno ter mense, et duplicato tempore mamma / Nutriit*, p. 123.

[44] P. 114.

compter heureuses, celle pour qui la séparation d'avec le corps a une si sainte cause, libérée des malheurs à venir dont l'amas grandissant nous a accablés »[45]. Coquille pourtant se remarie encore. Il avoue avoir ressenti au retour de Blois en mars 1577 un profond dégoût devant son lit vide et la nécessité d'une compagne. Il la choisit payse, veuve sans enfants d'un noble homme prénommé de surcroît Guy[46]. Sa fille Anne, toujours valétudinaire, rend l'âme en mettant au monde Madeleine[47]. Quant à sa troisième épouse, sa *chara thori consors* il y insiste décidément, elle s'éteint en septembre 1584 d'une crise cardiaque. Au portrait qu'il brosse d'elle lorsqu'il l'interpelle, Florence De Vaux aura surpassé Claude du Coing en charité :

> O âme heureuse et vouée aux cieux. Car secourant les pauvres, consolant les malades, conseillant les affligés et fréquentant le temple de Dieu, tu t'es préparé sous ton enveloppe charnelle un chemin ferme et sûr pour monter habiter au plus haut des cieux. Et nous cependant ici-bas nous prions selon le rite saint pour que, s'il te reste quelque faute dont tu ne sois pas pleinement purifiée, Dieu veuille t'en accorder un pardon facile. Ta mort est plutôt un sommeil.[48]

Cependant les petits-enfants paraissent : parmi eux, les *Annales* retiennent Etienne et Noël cinquième et septième fils d'Odette, Guy, le premier-né de Guyonne, et Gabrielle, sa fille aînée, puis le dixième fils d'Odette et, pour la onzième naissance en 1590, une fille enfin, une autre Gabrielle[49].

Ils disparaissent aussi, après avoir charmé parents et grands-parents. Ainsi du petit Guy Decolons[50], fils d'Odette. Charmeur et spirituel, ce disparu de sept ans eût pu être la consolation, le bâton de vieillesse de son grand-père qui l'interpelle à deux reprises :

---

45 *Claudia sed conjux medii fervore diei, / Dum sese turbis languentibus obuia miscet, / Distribuitque cibos, morbum contractum acutum, / Cui septena dies finem et finem attulit æuo: / Hæc est quintiles Idus quæ quarta præiuit [...]*, p. 117.

46 *Otia lecti / Pertæsus, sociam adiunxi: Florentia conjux / Dicta fuit, sine prole, et me quinto minor anno [...]*, p. 119 ; cf. « Le premier Juillet 1577. je espousay à Bourbon Florence de Vaux veufve de feu Maistre Guy Prevost Grenetier de Bourbon-Lancey sieur du Praireau » (*Chronologie*, in *Œuvres*, 1665).

47 « Le lundy 18 avril 1575 espousés en l'Eglise Saint Martin de Nevers Michel Gascoing et Anne Coquille ma fille, Dieu les bénisse, leur contrat receu par Mitier et Henry Notaires le 29 Aoust 1574. D'eux est issuë Magdeleine Gascoing née le 14. Mars 1578 » (*Chronologie*, in *Œuvres*, 1665).

48 P. 122.

49 Respectivement p. 120, 123, 124 et 125 : *mea nata Odeta, jacere / Undecimo cœpit partu, primam puellam / Enixa est: Gabriela fuit de nomine dicta.*

50 « Le 9. Octobre 1573 jour Saint Denis nasquit Guy Decolons fils desdits Maistre Jean Decolons et Odette Coquille, ses Parrains Maistre Jacques Bolacre Lieutenant general de Nivernois et moy Guy Coquille: sa Marraine Dame Jeanne Decolons veufve de feu Maistre Estienne Moquot » (*Chronologie*, in *Œuvres*, 1665).

Le destin a montré à la terre notre petit garçon, si grand, aimable, beau, pétillant d'intelligence. Sa septième année a marqué la fin de sa vie. Que ma vieillesse chenue me serait aujourd'hui fortunée, si avec l'adolescence je voyais, mon Guy chéri, chaque jour grandir ton esprit et ton corps, comme je vieillirais plus doucement ! [...] Suit une année plus triste pour moi. Le jour du vingt-deux septembre arracha Guy à la lumière et nous apporta des torrents de larmes. Ici, ô mon cher Guy, mon petit-fils, voici pour nous une nouvelle raison de pleurer outre l'originelle, car on ne peut que se lamenter à l'évocation des espoirs que la nature avait mis en toi. Mais tu es heureux et la terre nous retient malheureux[51].

On sent quelque révolte, mais la foi en l'au-delà l'estompe vite. Ses morts attendent Coquille, et malheureux sont les vivants.

Car pour lui qui note avoir aussi connu la maladie[52], le malheur existe. Il frappe les autres : sa patrie, Decize, les paysans du Nivernais et le peuple de France. Decize saccagée *flammis ferroque* en mai 1525, au trois-quarts détruite par un incendie accidentel en septembre 1559 et qu'il quitte alors sous la pression des amis[53] pour Nevers, patrie de son trisaïeul et où l'accueillent ses nouveaux concitoyens et une foule de clients. Alors que ses propres affaires prospèrent, il garde intacte, et dans sa pratique[54] et dans son écriture, la compassion pour les indigents. Il évoque la paysannerie affamée fuyant, fantômes décharnés, ses terres stériles à l'été 1573 et secourue par des habitants de Nevers, libéraux et héroïques sans distinction d'âge ni de sexe[55]; deux ans de peste, durant lesquels il reste à son poste, avant de se décider en 1584 sous la pression du danger à se retirer à Druy Parigny, ce qui en marque miraculeusement la

---

[51]   *Monstrarunt terris hunc tantum fata puellum / Comem, formosum, nec acumine mentis egentem [...] Hæc mea declinans sensim fit tardior ætas*, p. 118 ; *Sequitur mihi tristior annus [...] Fœlix tu certe es, miseros nos detinet orbis*, p. 120. Cf. Claude du Coing *ab ærumnis jam libera facta futuris*, p. 117. On sent la lecture de *L'Ecclésiaste*.

[52]   A trois reprises : à 21 ans, en 1543-44, il doit abandonner Paris et Guillaume Bourgoing ; à 42 ans, en 1566, une maladie soudaine l'empêche de partir en mission pour le duc de Clèves, p. 114 ; enfin à 63 ans, l'âge climatérique par excellence, la maladie le frappe encore puis le quitte le laissant à jamais moins vaillant p. 123. Mais c'est ailleurs qu'il disserte sur l'année climatérique, voir *infra*, n. 74.

[53]   Le 1er sept. 1559.

[54]   Les *Annales* célèbrent la charité de Claude du Coing et de Florence de Vaux et celle des Nivernais, car Coquille ne dit rien de la sienne. Ses biographes en revanche encensent sa générosité envers les pauvres et son entourage : décimation de ses honoraires, prise en charge de pupilles, établissement et dotation de jeunes gens, libéralité à l'égard de ses filles et de ses petits-enfants ; bref, à les lire, il fut une sorte de saint laïc, néanmoins gestionnaire passable de ses biens.

[55]   *Agricolas miseros frugum spe lusit inani / [...] Ex agris turba undique rustica in urbem / Confugiens ægras nimio langore trahebant / Vix animas : potius laruæ quam carnea membra / Esse videbantur*, p. 117.

fin[56]. Quant aux malheurs de la France, ils l'accablent, le rendent prolixe. Si la Saint-Barthélemy a épargné Nevers tenue par les ducs avec fermeté et clémence[57], Coquille a vu ailleurs, ou su, l'horreur de meurtres atroces commandés par des mobiles inavouables, la contagion du massacre, les hommes devenus nourriture des poissons[58]. Il dénonce surtout la violence (*ira, furor, fervor, vis*), le désordre (*tumultus, seditio, terror*) d'où qu'ils viennent. Ligue parisienne[59], pression fiscale exorbitante et incurable[60], régicide abominable, tout dans cette France ingérable, où les Etats ne servent à rien, concourt à l'anarchie :

> Voici avec le début de l'année que partout la sédition, partout la fureur tourmentent le peuple. Et la maladie violente saisit la France scindée en partis contraires. D'un côté le roi allie ses armes au roi de Navarre, de l'autre les frères des assassinés se renforcent de troupes solides. Et tandis que le roi assiège la cité de Paris, on envoie un moine le transpercer. Ce meurtre indicible eut lieu le 1er août sans que la nouveauté ne calmât l'ardeur de la fureur.[61]

Mais point dans les *Annales* de critique de l'immobilisme de la politique, d'invective contre des adversaires, de réprobation à l'égard d'un corps social, agents du fisc exceptés, ni de suggestion d'un ordre meilleur : tous sujets traités par des épigrammes des *Poemata*[62]. Non pas que Coquille, qui développe avec

---

[56] *At tribus his annis miseram grassata per urbem / Innumeros pestis ciues prostrauit ubique: / Cumque mihi hæreret tum publica cura, duobus / Hic annis constans permansi: Tertius at me / Cum percussa esset uicinia tota, fugauit*, p. 122.

[57] *Sed sola fere urbs Niuernica, clemens, / Abstinuit misera et crudeli cæde suorum: / Nec fauor hæreticis hoc præstitit: hæresis ipsa / Res odiosa odio semper fuit. Attamen apta / Mansuetudo, piique ducis prudentia, mentes / Sanauit mundamque a labe hanc reddidit urbem*, p. 116.

[58] *Ecce sub hoc tempus subito erumpente tumultu / Vulgus in arma ruit præceps, pietatis / Pretextens zelum: et nullo discrimine, nulla / Ætatis sexusue habita ratione trucidat, / Quos uel tantillum de religione nouella / Suspitio urgebat, uel lingua inimica furenti / Monstrabat populo, Mactata cadauera passim, / sanguinis et tabi fluitantibus undique riuis / Reste trahebantur, fierent ut piscibus esca. / Parisiis fuit hæc agitata tragœdia primum. / Præcipuas furor est grassatus deinde per urbes / Francorum*, p. 116.

[59] *Haud deferbuit ira / Quæ tandem erumpens animis, sese ipsa lacessens, / Patrauit uarios tragico feruore tumultus / Vicenus quater ecce subit, quartus bis annus / Mensis Maius erat: Parisinam maximus urbem / Inuasit terror, uicos et compita passim / Armati ciues complent et ui geritur res*, p. 123.

[60] *Sed dum causa mali non quæritur abscindenda, / Confectum nihil est [...] / Quisque suas uacui tandem discessimus ædes*, p. 124.

[61] *Dum subit ecce anni sese renouantis origo / Undique seditio; populum furor undique uexat [...] / Accidit Augusti hæc cædes infanda calendis. / Nec furor exardens iste nouitate quieuit*, p. 124.

[62] Voir *supra*, n. 18, et dans les *Pœmata* p. ex. *De conuentu totius Franciæ Blesis, 1576*: chaque ordre est arrosé ou saupoudré de cadeaux en la personne de ses députés si bien qu'aucun d'eux ne fait rien pour la cause du peuple, p. 143; *Ad legatos prouinciarum in eodem conuentu, ibid.*; *Querimonia* p. 146-149, signée *cum spe et pecunia uacui a rege dimissi essemus. Blesis mense Martio 1577*, et *Contra fiscales fures*, p. 151-152.

l'intérêt d'un amateur de chronologie la réforme grégorienne[63] et en notable l'arrivée à Nevers en 1578 d'un évêque d'exception, Arnaud Sorbin[64], pratique soudain l'irénisme. Dans les événements qui font la trame de ses travaux et de ses jours, il voit d'abord la maladie et la fureur partout, la responsabilité de tous, la sienne comprise, entendons l'incapacité d'agir contre laquelle il a protesté à Blois :

> Nous siégeâmes quatre mois, tenus par le souci d'améliorer les difficultés du peuple. Mais tandis que l'aveugle désir de prendre tenait les agents du fisc et qu'on entérinait l'usage comme un droit légitime, on se joua de nous et n'offrit que des mots au pauvre peuple : non seulement le poids des impôts ne fut pas allégé, mais sous un prétexte spécieux et sous ombre de loi, on inventa mille façons de l'alourdir. Il ne resta au peuple languissant qu'à se répandre en tristes gémissements et soupirs[65].

Il n'accuse donc personne en particulier, pas davantage son père, exécrable gestionnaire du patrimoine, que les partisans ou que son roi Henri III. Ce n'était pas le lieu. Il qualifie son père d'*æquus*, gaze l'assassinat des Guise en *patrata cæde duorum* et parle un peu plus bas des frères des meurtris, *cæsorum fratres*[66].

Et lorsque la modération se double de modestie, l'écriture elliptique laisse à peine apercevoir l'avocat à succès célébré par ses biographes : « à Nevers tous me furent favorables [...]. Ma porte s'ouvrit à une nombreuse clientèle, et gloire et revenus augmentèrent » ; ou le serviteur exemplaire de ses ducs : « Le duc Louis, alors que je n'y songeais pas, me gratifia de la charge de notre cité, appelée par nos anciens procureur du fisc. » A peine aussi entrevoit-on le député à Orléans puis Blois et l'échevin plébiscités par ses concitoyens : « à l'unanimité toute la province me choisit pour son représentant [...] le tiers Etat m'envoie député à Blois [...] Le conseil de Nevers d'une seule voix m'élit échevin parmi quatre candidats. »[67] Il en va de même pour quelques autres petits plaisirs de l'existence, à peine notés, telle la maison de campagne de Beaudéduit par exemple[68].

En revanche, Coquille ne mesure pas la part de la Providence. Partout présente dans sa vie, elle guide, ponctue, éclaire l'itinéraire, explique le salut

---

[63] Vingt-sept hexamètres p. 120-121. Coquille expose encore la réforme grégorienne en français dans l'*Histoire de Nivernois* (Paris, 1612, p. 259-263).

[64] Coquille lui consacre une dizaine de vers : *Similem cui Gallia nullum / Nunc habet, eloquii tanta est facundia, torrens / Copia dicendi, facilis promptusque loquelæ / Ordo [...] / Summus ut orator, sic sacro in dogmate fidus / interpres, morumque bonus formator ad unguem*, p. 119-120.

[65] *Quattuor hinc menses desidimus : anxia dum nos / Cura tenet, populi læsis succurrere rebus [...] languida donec / Nil præter gemitum et tristi suspiria corde / Fundere plebs valuit*, p. 119.

[66] P. 110 et 124 : cette « consommation du meurtre des deux » est partiellement reprise à Tacite.

[67] P. 114 et 118.

[68] *Fundum cui prædia late / Accedunt, bis quingentis solaribus emi / Nummis, cui dederat pulcra oblectatio nomen*, p. 122, voir aussi *supra*, n. 12.

inattendu et rassure devant la mort des innocents. Dieu l'a sauvé jeune homme des dangers au retour d'Italie (*Sic ductore deo, Lugduni ad mœnia sospes / Adveni*), et vieillard de la peste : *Ad nostras saluus sospesque revertor / Aedes : sic ductante Deo*[69]. Il a épargné à Nevers les feux et le sang des guerres de religion : *Hoc tot bellum flagrauit tempore, et hostis / Ferroque et flamma vicinas terruit urbes : / Sed nos summa Dei bonitas seruauit ab illo.* Il manifeste cependant sa colère après les Etats de Blois : *Deus ast exarsit in iram / Atque id bisseno tandem patefecit in anno*[70]. Coquille consigne les prières qu'il Lui adresse. En 1571, il appelle sur le couple que viennent de former Odette et Jean Decolons la prospérité et la fécondité, savourant d'avance le plaisir d'être grand-père : *Quæso Deum ut multa et fœlicis prole parentes / Existant : nec avi mihi gratia grata negetur.* Mais il se plie à la volonté divine lorsque est repris le petit Guy : *Sed tua sit, mea non, Deus ô bone, facta voluntas*[71]. Et le revoici plein d'espoir à la naissance du septième fils d'Odette, Noël Decolons, le 25 décembre 1582 :

> C'est un jour faste pour celui qui naît le même jour que Jésus notre sauveur. Voilà pourquoi Noël a été baptisé de ce nom votif. Que Dieu, mon fils, te conserve sain et sauf de corps et d'esprit, qu'il t'accorde de vivre de longs jours afin de porter consolation à tes père et mère, et à ton grand-père pour le peu qui lui reste à vivre[72].

Ainsi Coquille ne saurait conclure ses *Annales*, après un point d'interrogation à propos de la conjoncture politique et militaire à l'été 1590[73], que sur deux certitudes renforcées par la brutalité de l'asyndète, l'omnipotence de Dieu et son âge, bientôt soixante-sept ans : *Judex Deus, et grauis ultor. / Septimus hic æui est et sexagesimus annus.* On l'aura compris, il y a du sept là-dedans et donc peut-être quelque chose de climatérique[74]...

---

[69] P. 111 et 122.

[70] P. 115 et 119.

[71] P. 115 et 118.

[72] P. 121.

[73] Bien incertaine. Le nouveau roi après quelques succès assiège sa capitale : *Magnam post cædem hostemque fugatum / Victor ouans, captis circunque urbibus, arcta / Obsidione premit Parisinam feruidus urbem. / Obsidio hæc etiam nunc dum mea penna fluentes / Ex mente hos versus, describere sedula curat, / Continuata manet,* p. 125.

[74] Voir *supra,* n. 50 et le texte. Louis de Gonzague «ce bon, vertueux et sage Prince deceda à Nesle en Picardie le vingt-troisieme Octobre 1595, à onze heures de nuict estant âgé de cinquante six ans et trente-cinq jours [...]. Le cinquante-sixieme an d'âge est climacterique et judiciaire, mesme aux tres-grands personnages [César, Scipion, Pompée meurent à l'âge où abdique Charles-Quint] [...]. Les anciens observateurs de la nature humaine ont estimé que le septiesme an d'âge est judiciaire pour apporter notables mutations, soit par maladie au corps, ou pour les affaires du monde. Cinquante-six, c'est huict fois sept : l'an climacterique que l'on estime le plus dangereux est le soixante-troisiesme qui est de neuf fois sept, et est composé de trois fois vingt-un et vingt-un composé de trois fois sept. Et moy Guy Coquille autheur de ce

Etrange texte que ces *Annales*[75], directs dans leur latin presque prosaïque[76] sans autres fioritures que celles du calendrier et, *ad locum*, le lexique de la commisération pour les défunts, les meurtris, les opprimés, mais en fin de compte si intimes. Car de leur valeur exemplaire l'auteur n'argue point ici comme il le fait pour l'histoire de la maison de Nevers:

> Il est bien à propos que les successeurs prennnent plaisir à se ramentevoir et avoir memoire des actes vertueux de leurs predecesseurs, tant pour servir d'exemple à eux, et pour les semondre à bien ou mieux faire: comme ainsi pour le contentement à chacun en son esprit, quand il se sent estre procréé de bonne race: car il est certain qu'ès lignées les esprits et mouvemens genereux et heroïques se continüent par la benediction que nostre Seigneur Dieu impartit à ceux qui l'aiment et le craignent [...]. Aussi c'est occasion de resjouyssance à toute personne de bon cœur, quand il se sent estre nay en une maison qui a long-temps duré [...]. Il est malaisé de dire maisons qui ayent tousjours duré en prosperité, car ce n'est pas une marque bien asseurée de la bien-vueillance de Dieu quand on ne reçoit point d'afflictions[77].

Non, il égrène les événements marquant sa vie au fil des ans, se raconte du coup un peu, mais sans s'offrir ni en modèle ni en victime. Et qu'on ne prétexte pas non plus de la supposée destination amicale des *Annales*, pour en gommer l'impudeur ou du moins l'espèce d'obscénité. Coquille, analyste de sa propre conscience, a confessé, d'emblée et par deux fois, succomber, en recourant aux presses, au péché d'amour-propre: «Si mon livre te déplaît, souviens-toi que l'humaine condition a doté chacun de nous d'un amour-propre aveugle [...]. Si quelqu'un trouve dans notre ouvrage quelque chose de déplacé ou d'insuffisamment travaillé, qu'il considère que je suis homme et sujet à la philautie.»[78]

Livre en toutes les septiesmes années de mon âge, ay enduré mutations notables en la santé de mon corps et en mes affaires, et jusques au septenaire onziesme qui a esté le soixante-dix-septiesme an de mon âge: Au reste sera comme il plaira à Dieu» (*Histoire du Nivernois*, Paris, 1612, p. 335-336); cf. Montaigne, *Essais*, III, 2, 805B: «Comme dict le peuple».

[75] Le dictionnaire de Calepin rappelle s.v. que les *Annales singulorum annorum gesta breuissime notant* et qu'on n'y trouve ni *contiones*, ni *consilia*, contrairement à l'histoire.

[76] Cl. Joly notait que Coquille «avoit la langue Latine fort à commandement, et qu'encore que sa poësie ne soit pas du plus haut stile, il n'y a pourtant rien de bas ni de rempant, étant au contraire évident qu'il y avoit beaucoup de pente et d'inclination naturelle» (*Œuvres*, 1665, f. eiv°). Et s'il emprunte son lexique chronologique à Manilius, Virgile et Servius, Ovide, au pseudo-Tibulle, à Silius Italicus, Hyginus et Germanicus, nous n'avons pas repéré d'emprunt étendu – expression ou passage – à tel ou tel auteur, à l'exception du titre.

[77] *Histoire de Nivernois*, éd. cit., f. aiir°-iir°. Remarquons que Coquille, par ailleurs généalogiste, a évité dans ses *Annales* de vanter «la tige noble et de notable antiquité», selon G. Joly, de sa famille: hors sujet, humilité?

[78] *Si [hic liber] displicuerit, fac memineris humanæ conditionis quæ cuique nostrum cæcum amorem sui ingenuit [...] Si quid ineptum vel minus politum in hoc opere quisquam animaduerterit, existimet me hominem esse et a philautia non alienum, Ad lectorem*, respectivement *Poemata*, f. Aiv° et *Psalmi*, f. Aiiir°.

Livre de raison exposé au public, ni justification, ni revendication, ni lamentation, les *Annales laborum nostrorum* sont bien ce *liber vitæ* qu'aux fresques des églises médiévales «les ressuscités portent pendu à leur cou comme une pièce d'identité ou comme une balance des comptes à présenter aux portes de l'éternité»[79]:

> De toutes lesquelles compositions on peut dire qu'elles étoient comme les derniers chants de ce Cygne saintement animé, par lesquels il s'annonçoit la mort à luy-mesme, et autant d'enthousiasmes divins par lesquels il preparoit son ame à chanter éternellement les louanges de Dieu dans le Ciel[80].

Catherine MAGNIEN-SIMONIN
Université Bordeaux III-Michel de Montaigne

---

[79] Ph. Ariès, *Essais sur l'histoire de la mort en Occident*, Paris, 1975, p. 39-40.

[80] Cl. Joly, *Preface* in *Œuvres*, 1665, f. eiiir°, à propos des derniers poèmes chrétiens de Coquille aujourd'hui perdus.

ROBERT CONSTANTIN (*ca.* 1530-1605) ÉDITEUR DE JULES-CÉSAR SCALIGER

Lorsque, voilà plus de vingt-cinq ans, j'eus achevé mon premier article, consacré aux déboires éditoriaux de Scaliger, Jean Céard eut la grande gentillesse de le relire, de me suggérer de judicieuses corrections, et de le proposer à Alain Dufour pour publication dans la *BHR*. Quel plus grand plaisir offrir à un jeune chercheur? De cette satisfaction qu'il m'a alors procurée, je souhaiterais aujourd'hui le remercier, en revenant sur le dossier qui avait retenu son attention.

Dans le gros massif de la correspondance inédite de Jacques Daléchamps dont l'importance avait pourtant déjà été soulignée par Charles B. Schmitt[1], des lettres de Robert Constantin, sur lesquelles Jean Dupèbe a depuis attiré mon attention, m'avaient en effet échappé; or elles viennent confirmer et préciser le rôle actif et déterminant pris par Constantin dans la survie d'une importante partie du corpus scaligérien[2].

Après avoir, en partie grâce aux informations nouvelles livrées par ces 29 lettres, balisé le parcours de ce *minor* sur lequel les sources biographiques actuelles se révèlent trop peu sûres[3], nous essayerons de mieux définir son rôle

---

[1] «The Correspondance of Jacques Daléchamps (1513-1588)», *Viator*, t. VIII, 1977, p. 399-434. Merci également à J. Dupèbe pour avoir attiré mon attention sur cet art. capital. Après une dizaine de pages où il montrait l'extraordinaire mine que constitue pour l'histoire de l'humanisme le ms. BNF. Lat. 13063, contenant 396 lettres inédites, C. B. Schmitt en proposait un inventaire classé par correspondants (cf. p. 415-417 la liste des 29 lettres, en grande partie autographes, que lui a adressées Constantin et de la minute d'une des lettres que lui a envoyées Daléchamps).

[2] Voir *BHR.*, t. XLIV, 2, 1982, p. 325-326.

[3] Sur Constantin, on trouvera des indications biogr., le plus souvent fort erronées car trop tributaires de l'indigente notice que lui a consacrée J. de Cahaignes (*Elogiorum ciuium Cadomensium centuria prima*, Caen, J. Le Bas, 1609, n° XIII, p. 19-20), chez de Thou-Teissier (*Les Eloges des hommes scavans tirez de l'Histoire de M. de Thou avec des additions...*, Utrecht, F. Halma, 1696, t. II, p. 373-5), Huet (*Les origines de la ville de Caen*, 2ᵉ éd., Rouen, Mauny, 1706, p. 351-354), Nicéron (*Memoires...*, Paris, Briasson, t. XXVII, 1734, p. 245-250), Haag-Bordier (*La France protestante*, 2ᵉ éd., Paris, 1884, col. 605-609), M. Nicolas (*Histoire de l'ancienne Académie protestante de Montauban (1598-1659)*, Montauban, 1885 [Genève, Slatkine, 1971], p. 269-275), J. Roger (*Les médecins normands du XIIᵉ au XIXᵉ s.*, t. II, Paris, Steinheil,

dans la publication posthume des manuscrits de Scaliger. On pourra distinguer deux moments fort tranchés puisque à une première période de collaboration étroite avec les fils de l'humaniste disparu succédera une phase de tension avec le puîné Joseph-Juste Scaliger.

Robert Constantin est né vers 1530 dans une famille de marchands aisés de la bonne ville de Caen. Certains, dont de Thou, puis Huet, ont prétendu qu'il était mort à 103 ans en 1605 ; mais comme Joseph Scaliger, né en 1540, qui l'a un temps côtoyé et le connaissait fort bien, affirme qu'il était de dix ans son aîné[4], il faut bien le faire naître vers 1530[5]. A en croire l'épître dédicatoire latine de son grand dictionnaire[6], notre helléniste s'est tout d'abord formé dans sa ville

---

1899, p. 42-3), M. Prevost (*DBF*, t. IX, 1961, col. 517-8), ou C. B. Schmitt (in Cranz-Kristeller (éd.), *Catalogus translationum & commentariorum*, vol. II, Washington, 1971, p. 272). Il faut encore signaler une notice ms. anonyme, archivée par Pierre Dupuy entre 1606 et 1628 (ms. BNF. Dupuy 348, f. 219r°-v°) ; jusqu'à présent inconnue, elle semble assez fiable, puisqu'elle livre sur Constantin toute une série de détails précis et avérés (comme le nom de son épouse montalbanaise et de leur fille aînée, ou la date exacte de sa mort), mais elle est seule à livrer un certain nombre d'informations difficiles à recouper (comme un premier mariage à Paris, ou le fait que Constantin y aurait été médecin de Catherine de Médicis).

[4] « R. Constantin qui a fait un lexicon n'a pas dix ans plus que moy ; c'est un grand fou. » (*Scaligerana*, Cologne, Scagen, 1667, p. 55). J. Scaliger semble bien battre ici en brèche une légende que Constantin faisait alors courir sur son grand âge : le 6 mai 1605, on le voit ainsi signer l'*Album amicorum* de Nicolas van Sorgen de cette façon : [...] *anno D. 1605 : nostræ vero ætatis centesimo, ut numerant* περίεργοι, *tum amici, tum inuidi.* (mention autographe transcrite in *BSHPF*, t. XII,1-3, janv.-mars 1863, p. 19). Signalons néanmoins que la notice biographique obtenue par P. Dupuy, dont nous avons souligné la solidité à la note précédente, affirme : « ... et derechef s'en retourna a Montauban, et fut professeur de la langue greque le reste de ses iours. Il estoit bien versé es langues Hebraique, Greque, Latine, Italienne, Espagnolle, et a la cognoissance des simples & medecine, homme de petite taille, bien dispos, sobre, accoustumé de fere gueurier dans son cabinet dès son lever, avec une espee a deux mains qu'il manyoit dextrement n'ayant iamais porté lunettes quoy qu'il estudiast continuellement ; nul ne l'a iamais veu malade sinon d'une pleuresie, dont il mourust dans trois iours. Il nen fust pas si tost attainct, qu'il dict que son heure daller a dieu estoit venue. Tous ses propos estoint prieres a dieu, exortations, & consolations a ses parans & amys, quy le visitoyt [*sic*]. Il rendit paysiblement sans aulcun trouble ny apprehension de la mort ni vaciller de memoire et propos l'ame a dieu au cent et troisieme an de son aage, le vingt septieme decembre mil six cent cinq apres sestre faict aporter son miroir dans lequel ayant veu sa langue, il bailla la clef de son cabinet a sa fille Constante luy disant ne pleure poinct ie suis mort adieu et a l'instant rendit lesprit ».

[5] Outre le fait que s'il était bien mort à 103 ans, il aurait eu ses trois enfants à plus de 70 ans, il faut noter le ton toujours très déférent avec lequel Constantin s'adresse à Daléchamps dans les 29 lettres conservées du ms. BNF. lat. 13063 ; qu'il s'agisse de conjectures pour l'établissement de textes ou d'identification de plantes et d'animaux, on y sent un cadet, se déclarant à tout coup moins expérimenté et moins assuré, car moins savant, que son respectable correspondant. Or Daléchamps était né en 1513 (cf. les solides notices de C.B. Schmitt in *Dic. of Scientific Biography*, New-York, vol. III, 1970, p. 533-534 & in *C.T.C.*, *op. cit.*, vol. II, 1971, p. 257-258).

[6] *Lexicon siue Dictionarium Græcolatinum G. Budæi, I. Tusani & R. Constantini...*, Genève, J. Crespin, juin 1562, t. I, f. β iijr°.

natale, où il aurait étudié les Belles Lettres sous la férule de Charles Clutin, grand doyen de Bayeux, auquel il rendra d'ailleurs hommage dans son premier ouvrage publié, le *Nomenclator*[7]. Après ces débuts, si on l'en croit toujours, Constantin suit les enseignements de l'Université de sa ville natale (arts et médecine[8]). C'est là qu'il se lie avec le médecin et botaniste Jacques Daléchamps, futur éditeur de Pline l'Ancien et futur traducteur de Galien et d'Athénée.

Une lettre à ce dernier, ignorée des biographes de Constantin, nous apprend d'ailleurs qu'après ces années d'apprentissage, il a été deux années durant précepteur dans la famille Montausier [9]. Autre fait non établi jusqu'à présent, la lecture du *Nomenclator* prouve de manière incontestable qu'avant sa publication Constantin a fait un séjour sans doute prolongé en Angleterre : cet ouvrage prouve son intérêt, affiché dès la page de titre[10], pour les productions et les collections anglaises ; la notice qu'il y consacre à Raymond Lulle évoque un séjour à Londres[11] ; et le dédicataire, un certain *Gulielmus Burnellus* que nous n'avons pas identifié, nous semble sans doute être un sujet britannique, un

---

[7] *Demosthenis opera omnia impressa sunt, cum Commentariis Græcis. Quæ Hieronymus Vuolfius vertit Latine, vertit & elegantissime homo in vtriusque orationis facultate experientissimus Carolus Clutinus Parisiensis quodam Mecœnas meus & in Græcis præceptor. Sed eius mors intempestiua, & præoptera operis editionem retardauit quo tamen diu remp. literariam carere non patietur eius sororis filius Egidius Frenellius nobilis adolescens & optimus...* (Nomenclator insignium scriptorum, quorum libri extant vel manuscripti, vel impressi : ex Bibliothecis Galliæ, & Angliæ..., Paris, A. Wechel, 1555, p. 65-6).

[8] Contrairement à ce qu'on lit partout, il ne semble pas en effet avoir obtenu son doctorat en médecine en 1564 (cf. *infra*, n. 32), mais bien plus tôt : le privilège personnel qu'il obtient en avril 1561 lui donne le titre de médecin (cf. n. 52).

[9] On trouve une allusion à ce préceptorat dans une lettre où Constantin prie Daléchamps de demander à «Christofle Dusio, marchand Piedmontois demeurant au bout du pont, ou est Monsieur de Montasie a present, tant l'aisne que le ieune : s'ils sont a la court ou non : et de leur estat. Lun estoit escuier ches le roy Henry, et laultre enfant dhonneur. Ils ont passe par lion, me cherchant lors qu'estois absent. Iai este leur gouuerneur deux ans et ay cesse de leur escripre durant ce temps embrouille» (BNF. Lat. 13063, f. 280r° : lettre à Daléchamps reçue par ce dernier le 7 mars 1561).

[10] Cf. *supra*, fin de la n. 7 ; au bout de la section consacrée aux œuvres médicales, Constantin donne des *Additamenta in Medicinam* (p. 164-5) constitués de 17 ms. grecs inconnus de Gesner, liste qu'il conclut par cette précision : *Hæc omnia Græce comperi in Bibliothecis Galliæ & Angliæ.* Or un seul des 17 mss. est signalé comme alors conservé à Fontainebleau, on peut donc penser que la majorité d'entre eux est alors détenue par des Anglais. On pourrait même parler au sujet de Constantin d'anglophilie, voire d'anglomanie, lorsqu'on le voit par exemple ajouter une vieille édition parisienne (1517) du *de Gestis Britannorum* de Geoffroy de Monmouth non signalée par Gesner (*op. cit.*, p. 36) ou qu'on lit telle entrée où il écorche le travail historiographique de Guillaume Paradin dans son *Anglicæ Descriptionis compendium* de 1545 : *Guilielmus Paradinus nostræ memoriæ historiam, etiam de antiquo statu Burgundiæ. Et de Britannis aliquid non satis candide & ἀνιστορικῶς.* (*ibid.*, p. 37).

[11] *Raymundus Lullius scripsit de secretis naturæ, siue quinta essentia. Hunc ego inquirendo comperio, apud Anglos re quidem vera præstitisse, quod suis libris pollicetur : & in arce Londini, iussu regis probatissimum aurum confecisse, mihique genus numi ostensum est, quod adhuc appe-*

William Burnell plutôt qu'un Guillaume Burnel[12]. En outre, dans une lettre d'avril 1561, Constantin évoquera des plantes des marais qu'il a vues à «Auxford»[13].

A l'automne 1555, après cette période anglaise, Constantin fait donc imprimer à Paris par André Wechel son premier ouvrage, le *Nomenclator*. Il s'agit de la première bibliographie jamais éditée sur le sol français[14]; elle résume en fait et redistribue de manière thématique, sous des vedettes désignées comme *loci communes*, l'énorme *Bibliotheca universalis* publiée dix ans plus tôt à Zurich par C. Gesner. Ce manuel d'études gréco-latines prétendument adressé aux étudiants, a plutôt pour ambition de recommander Constantin comme helléniste, puisque les rares ajouts faits au travail de recension de Gesner consistent non pas à indiquer les publications réalisées depuis 1545 dans les études grecques et latines, mais à signaler près de 320 manuscrits grecs alors détenus à Fontainebleau: on voit mal le profit que les jeunes étudiants salués dans sa postface auraient pu tirer de pareilles informations.

Durant cette même année 1555, ou bien avant son départ pour l'Angleterre, Constantin a dû séjourner quelque temps dans la capitale, un temps au moins suffisant pour avoir accès aux inventaires de la bibliothèque royale, et pour se faire ouvrir certaines bibliothèques particulières: il mentionne ainsi à deux reprises des manuscrits possédés par Denis Corron[15], le prédécesseur de Dorat dans la chaire de grec au Collège royal[16]. A une date qu'il est délicat de préciser,

---

lant nobile Raymundi, auri videlicet puri, & obrizi, summæque indicaturæ (*Nomenclator, op. cit.*, p. 167).

12   Dans l'épilogue du *Nomenclator* on lit en effet ceci: *Hæc sunt (Burnelle Generosissime) quæ Blomphili tui, aut potius nostri impulsu, pro tempore tuus Constantinus exasciabat, & rudius deformabat: necesse enim hoc loco habeo, illos omni ætate, atque hominum memoria celebres pictores imitari, qui pendenti titulo opera sua inscribebant...* (*op. cit.*, p. 189). Or l'*English Biographical Dictionary* nous révèle la présence à Cambridge dans les années 1540-1550 d'un certain Miles Blomefield (1525-1574), originaire du Suffolk, amateur d'alchimie et de cabale..., ce qui est manifestement le cas de Constantin, comme l'ont déjà souligné L. Thorndike (V, 289, 318, 409 & 548; VI, 454) ou F. Secret (*Les kabbalistes chrétiens de la Renaissance*, Milan, Arché, 1985, p. 307).

13   «... ie vous envoie une plante de marais laquelle iay souuent veue en Auxford en Angleterre, et me vouloient faire accroire les medecins que ce fust une espece d'Aconit» (BNF. Lat. 13063, f. 269r°: lettre à Daléchamps du 25 avril 1561).

14   A. Serrai a naturellement consacré à cet ouvrage quelques pages de sa monumentale *Storia della bibliografia II. Le Enciclopedie rinascimentali*, Rome, Bulzoni, 1991, p. 423-7.

15   *Calcondrylli [sic] Historiam Græcam de rebus Turcarum, Parisiis vidimus apud Dionysium Coroneum Lectorem Regium, quam latine transferebat* (*op. cit.*, p. 34-5). *Constantino Cæsari inscribuntur Geoponica, siue lib. 20 de re rustica, quos vertit Cornarius: sunt & alii 10. quos vertit Ruellius: habet hos Græce & Lat. Dionysius Coroneus Parisiis Regius Lector* (*ibid.*, p. 180).

16   Du moins aux dires de Ronsard («Epistre ... au cardinal de Lorraine» (1556), v. 255-264, éd. Laumonier, t. VIII, p. 338 et n. *ad loc.*), puisque selon d'autres sources Dorat aurait pris la place de Strazel.

mais qui doit se situer à la fin de cette année 1555, voire un peu plus tôt[17], Constantin gagne le Sud-Ouest; il se fixe pour deux ans environ (1555-1557?) à Agen, auprès de Jules-César Scaliger, à qui le lie bientôt une relation très forte; si étroite que les propres fils de Scaliger, Sylve et Joseph-Juste, le considèreront ensuite comme un frère d'alliance et le désigneront comme tel à des tiers dans leur correspondance[18]. Durant ce séjour agenais Constantin doit avoir inspiré une solide confiance à Scaliger puisque ce dernier désespérant, comme il le confie dans sa dernière lettre à Jean de Maumont, de voir publier sa *Poétique* à Paris, lui en enverra le manuscrit un mois avant que de mourir[19].

Dans le courant de 1557[20], Constantin a en effet rejoint son vieil ami Daléchamps à Lyon, où le travail ne manque pas chez les imprimeurs. En témoi-

---

[17] Le grand nombre de coquilles présent dans le *Nomenclator* invite en effet à penser que Constantin n'a pas pu en corriger les épreuves, et qu'il avait sans doute déjà quitté Paris au moment de l'impression. Le privilège porte la date du 13 sept. 1555; précisons qu'il s'agit du privilège collectif de six ans que l'on retrouvera à l'identique (le titre de l'ouvrage excepté, naturellement, mais avec la même date du 13 sept.) dans l'éd. or. de la *Dialectique* de Ramus, les *Arithmeticæ libri tres* (1555) du même Ramus ou encore dans ses *Prælectiones* des *Géorgiques* (1556) ou le *Gnomon* de René Guillon (1556), et même en 1557 encore dans la seconde éd. de la rhétorique de Fouquelin. On ne peut donc rien en conclure quant à la date précise de publication du volume; tout ce qu'on peut déduire de cet extrait de privilège, c'est que le *Nomenclator* est paru entre la mi-septembre et la fin déc. 1555 (puisque c'est le millésime qui figure sur la page de titre).

[18] Voir par ex. la lettre de Sylve Scaliger à C. Gesner: *Etsi tibi noti non eramus propter nominis nostri nouitatem atque obscuritatem, ausus sum tamen, & Roberto Constantino fratri meo de tua humanitate multa & magnifice prædicanti fidem habere, & tibi simul ineptis scriptis nostris obstrepere*» (Agen, 28 déc. [1560], in *Epistolarum medicinalium C. Gesneri ... libri III*, Zurich, Froschauer, 1577, f. 132r°); ou celle de Joseph Scaliger à Daléchamps: «Monsieur mon frere m'a escrit dernierement comment Monsieur Constantin, nostre commun frere et bon ami, estant venu d'Italie, s'estoit retiré à nos quartiers de Gascogne...» (Valence, 7 sept. 1571, transcrite par Bernays, *J. J. Scaliger*, Berlin, Hertz, 1855, p. 308).

[19] *Theophrastus tamen totus absolutus est cum Commentariis. verum quid tum postea? cum mea opera præsentis nequeant, necesse est ignibus abituri emendatum iri. Idem fiet de historiis animalium, deque cæteris omnibus monumentis, quæ capsas non admodum pusillas complent: tametsi poeticæ institutiones meæ an euaserint tam acerbam fortunam, an peiorem subierint, nescio. Scito enim haud ita diu multum esse, cum illos libros dedi Lugdunum perferendos Roberto Constantino, cuius integritas & fides nisi æquarent ingentem eruditionem, hoc interveniente casu, quid hariolandum mihi fuerit, nesciam. Eos tamen tuæ fidei commendo tanquam posthumos. Cætera Deus viderit. Vale. XXIII. Septembris* [1558]. *Manu Iosephi* (ep. 77 in J.-C. Scaliger, *Epistolæ & orationes*, Leyde, Raphelengien, 1600, p. 249).

[20] Selon un acte passé devant notaire à Genève en 1562, édité par E. Droz (*Les chemins de l'hérésie*, Genève, Slatkine, 1971, t. II, p. 367-8), Constantin a durant cette année 1557 baillé «en garde a honorable sire Guillaume Rouillé, marchant de Lion, la somme de deux cens escutz soleil». Constantin n'entretient pas que des relations d'affaires avec l'imprimeur; à la fin de chacune des lettres qu'il adresse depuis Genève à Daléchamps, il le prie de saluer Rouillé, «[s]on compere».

gnent les deux ouvrages auxquels il collabore alors: des notes sur Dioscoride[21]
et une édition d'Ausone[22], établie d'après le fameux manuscrit bien plus
complet des œuvres du poète bordelais qui venait d'être découvert au monastère de l'Ile-Barbe. Il participe aussi chez Robert Granjon à une édition de
l'*Alexandréide* de Gautier de Châtillon (XIIe s.), une des premières impressions
en caractères de civilité, dont il loue dans les liminaires la nouveauté, l'élégance
et l'utilité pédagogique[23].

En novembre 1558[24], Constantin quitte Lyon pour Genève, et passe au
service des presses de Jean Crespin. Ce dernier nous paraît en effet être le
commanditaire[25] de ce gros travail de remaniement du dictionnaire grec de Budé
et Thouzat qui aboutira en juin 1562 au *Lexicon*, énorme in folio de plus de 2000

---

[21]   *In Dioscoridis Anazarbei de medica materia libros quinque; Amati Lusitani doctoris Medici ac
       Philosophi celeberrimi enarrationes eruditissimæ. Accesserunt huic operi præter correctiones
       lemmatum etiam adnotationes R. Constantini necnon simplicium picturæ ex L. Fuchso*, Lyon,
       Rouillé, 1558, in-8° (Baudrier, IX, 248; ouvrage imprimé par la Veuve Arnouillet et partagé
       entre Rouillé et M. Bonhomme). Pour une évaluation du travail de commentateur de
       Constantin, souvent fort critique à l'égard de son prédécesseur, voir la notice de J. Riddle,
       Catalogus translationum & commentariorum, éd. Cranz-Kristeller, vol. IV, Washington, 1980,
       «Dioscorides», p. 103-4).

[22]   *D. Magni Ausonii Burdigalensis poëtæ Augustorum Praceptoris, virique consularis Opera, tertia
       fere partis complemento auctiora...*, Lyon, J. de Tournes, 1558, in-8°, 290 p. D'après Cartier (II,
       p. 457), une note ms. de la main de Joseph Scaliger placée au regard de l'épître lim. de l'ex.
       conservé à Zurich indique: «*Constantini est epistola, qui omnia corrumpit*»; il ajoute plus loin:
       parum versatus est in lectione veterum codicum. Les liminaires de cette éd. comportent en effet
       16 vers latins et six vers grecs de Constantin à la gloire d'Ausone, on y trouve *in fine* un index
       de dix pages (f. t2 v°- t[7]r°), peut-être également constitué par lui.

[23]   *Philippi Galtheri poëtæ Alexandreidos libri decem, nunc primum in Gallia Gallicisque characte-
       ribus editi*, Lyon, R. Granjon, 1558, in-4 de 84 ff. Voir Baudrier II, 60, ou Carter et Vervliet,
       Civility Types, Oxford U. P., 1966, p. 10 & n°6 (p. 91). Constantin donne une épigramme
       latine et une épître liminaire en latin; on ne voit pas ce qui a autorisé M. Audin et M. Sabbe
       (*Les caractères de civilité de R. Granjon*, Lyon, 1921, p. 5-6), à la suite de J. W. Enschédé, à faire
       du signataire de ces liminaires un fils du libraire Antoine Constantin (sur ce dernier, cf.
       Baudrier, II, 29-37). Plutôt que d'imaginer pareille parentèle à un lyonnais, il paraît plus
       simple, d'autant que sa présence et son activité sont pour lors attestées à Lyon, de voir encore
       ici la main de notre humaniste.

[24]   Cette date se déduit de deux lettres adressées depuis Genève à Daléchamps et reçues par lui les
       6 & 9 déc. 1558 (BNF. lat. 13063, f. 290 & 296). Constantin y décrit son installation et édicte
       les règles de leurs futurs échanges épistolaires (liberté du ton, usage du «language naturel
       simple, ou meslé, comme la liberté de nostre primaulté le portera»). Selon plusieurs sources,
       dont Serrai (IV, p. 163-4, n. 179), Constantin aurait été à Genève le professeur de grec de
       Thomas Bodley, futur collectionneur du fonds qui porte son nom à Oxford; un fait infirmé
       par I. Philip, *The Bodleian Library*, Oxford, Clarendon, 1983, p. 3.

[25]   L'atteste l'accord que Constantin signe avec Crespin le 10 avril 1559 pour l'achat au prix
       coûtant de 400 exemplaires de son futur *Lexicon* (cf. J.-Fr. Gilmont, *Bibliogr. des éd. de
       J. Crespin*, Verviers, 1981, t. I, p. 151; cf. aussi *id., J. Crespin*, Genève, Droz, 1981, p. 94 et 99).

pages, le plus gros ouvrage jamais réalisé dans cet atelier[26]. La correspondance de Constantin avec Daléchamps, bien conservée pour les années 1559-1562, nous le montre très occupé à ces travaux lexicographiques, dont il s'acquitte non sans peine et impatience[27]. Mais le début de son séjour genevois a été occupé par la préparation des copies de deux œuvres de Scaliger : la seconde édition remaniée de son commentaire sur le *de Insomniis* d'Hippocrate, naguère suggérée à Scaliger par Jean de Maumont, et la volumineuse *Poétique* dont il établit les index. L'édition des commentaires scaligériens sur les six livres des *Causes des plantes* de Théophraste, nouveau chantier éditorial de conséquence – qu'il conduit parallèlement à une édition assortie d'une traduction latine des œuvres de Théophraste, qu'il entendait d'ailleurs élaborer à Lyon et co-éditer avec Daléchamps, mais dont on ne sait si elle a, même en partie, été mise au net[28] – connaîtra encore sa réalisation chez Crespin, mais en 1566 seulement.

En effet, après la sortie du *Lexicon*, achevé d'imprimer le 20 juin 1562, Constantin s'installe à Bâle le 17 ou 18 octobre de la même année[29]; il y séjourne un an environ, puis via Zurich où il revoit Gesner, avec qui il entretient depuis plusieurs années des échanges très amicaux autour de questions de botanique et de zoologie[30], il regagne la France début juillet 1563[31]; c'est qu'après avoir

---

[26] Gilmont n° 62/4, cf. titre *supra*, n. 6.

[27] En dépit du désir de Crespin, il refusera ainsi *in fine* d'assortir le *Lexicon* de tables et d'index, absence que l'imprimeur tiendra à relever dans sa préface (*Lexicon*, éd. citée, f. β 5 r°; cf. aussi *infra*, n. 59), tout comme il reprochera à Constantin de n'avoir trouvé un mode d'organisation clair de ses notices que dans le second tome : *utinam in priore similiter Constantini iam præstitisset industria*. Tout cela montre un lexicographe fatigué, refusant de revenir sur la tâche déjà accomplie, et pressé d'en finir.

[28] Tout ce qui subsiste de ce travail sont les notes sur les quatre premiers livres de l'*Histoire des plantes* publiées en 1584 (cf. *infra*, n. 70); mais il est probable que la trad. latine intégrale de Théophraste aujourd'hui conservée à la BNF. (lat. 11857; sur ce ms., cf. l'art de C.B. Schmitt, *Gesnerus*, t. 26, p. 36-53) sous le nom de Daléchamps, porte la marque de cette collaboration, que Constantin ne cesse d'appeler de ses vœux entre 1559 & 1562; dans la préface de son éd. du *de Re medica* de Celse (Lyon, Rouillé, 1566, f. *[7]v°), il dira le rôle déterminant qu'a aussi eu dans cette longue entreprise Leonardo Botalli : *eo* [= Botalli] *factum est, ut opera Theophrasti a nobis decennio recognita atque emaculata, eadem de Græco in Latinum conversa limare occœperim ac nonnihil perpolire*. Le projet devait être assez avancé, puisque Gesner fait allusion à des planches gravées que Constantin aurait commandées : *D. Constantinum lubentissime vidi. Audio formas pro Theophrasto eius sculpi apud vos a sculptore Tigurino, nomine Vuyssebachio...* (Gesner à J. Bauhin, Zurich, le 19 juil. 1563, à la suite de Bauhin, *de Plantis à divis sanctisue nomen habentibus...*, Bâle, C. Waldkirch, 1591, p. 119).

[29] Cette date nous est donnée par une des lettres de Gesner à J. Bauhin, envoyée de Bâle le 20 oct. 1562 et éditée *ibid.*, p. 116 : *... D. Robertus Constantinus (qui ante triduum huc venit, cum Dalechampii picturis & libris hic commoraturus) ...* Une lettre de Gesner à Gasser signale encore sa présence à Bâle le 17 mars 1563 (cf. Gesner, *Epistolarum medicinalium ...*, éd. cit., f. 24r°).

[30] Le lat. 13063 de la BNF nous le montre servant souvent d'intermédiaire dans l'acheminement des lettres, des plantes et des insectes qu'échangent Gesner et Daléchamps entre Zurich et

préparé son retour par la longue lettre préface de son dictionnaire dédié à Daléchamps mais surtout aux autorités académiques de Caen, il entend retrouver sa
ville natale. Là, au Collège des Arts, il occupe la chaire de professeur de grec ;
une tradition tenace, qui remonte au moins à Huet et à ses *Origines de la ville de
Caen*, veut qu'il ait alors obtenu le grade de docteur en médecine. Mais c'est
bien en tant que médecin qu'il avait approché et séduit Scaliger à Agen huit ans
plus tôt, et un acte passé devant notaire à Genève le 6 mars 1562[32], le présentait
déjà comme « docteur en medecine ».

Humaniste de choc, partisan des nouveaux enseignements, il ne fait point
non plus mystère de ses convictions religieuses. Ainsi le 15 octobre 1564, il est
le premier à apposer sa signature au bas de deux lettres envoyées à Genève par
dix membres du consistoire réformé de la ville en vue de rappeler à Calvin sa
promesse d'envoyer à Caen le fameux professeur d'hébreu Antoine Le Chevallier[33]. Un certain manque de prudence dans le choix de ses cours – il a pris l'initiative de commenter les épîtres de saint Paul[34] –, plus sûrement des démêlés
avec ses collègues[35], conduisent Constantin à quitter sa ville natale dans les mois
qui suivent[36]. Dès 1566 en effet, on le voit, pourvu du titre de médecin de la
reine de Navarre[37], publier à Lyon le *de Re medica* de Celse, avec l'aide de son

---

Lyon : l'un comme l'autre l'invite souvent à examiner le contenu des paquets ou des boites
avant de les transmettre.

[31] *His diebus Rob. Constantinus, incomparabilis doctrinæ vir, medicus & philosophus, mei causa
Basilea huc venit, bidui aut amplius iactura, à nobis rectà Lugdunum. Is ait in Gallia subinde
meliora sperari* (Lettre de Gesner à J. Cullmann du 25 juin 1563, *Epistolarum medicinalium ...
libri III*, éd. cit., f. 45r°).

[32] Voir l'acte transcrit par E. Droz, *op. cit.*, p. 367.

[33] Documents conservés à la BPU. de Genève, transcrits dans le *BSHPF*, t. XVIII, 1, 15 janv.
1869, p. 7-8. Cf. à ce sujet H. Prentout, « Genève et Caen (1563-1564)... », *Revue de la Renaissance*, t. IV, juin-sept. 1903, p. 229-243.

[34] Voir le procès-verbal adressé par les professeurs de la Faculté de théologie au lieutenant du
bailli de Caen, transcrit par Ch. de Bourgueville, *Les Recherches et antiquitez de la province de
Neustrie...* [Caen, J. Le Fèvre, 1588], Caen, 1833, p. 363.

[35] « Le Matrologe de la Faculté de médecine [f. 88] nous le montre aux prises avec les professeurs
de cette faculté » (H. Prentout, « L'Université de Caen et les registres des pasteurs de 1560 à
1568 », *BSHPF*, t. LIV, 5, sept.-oct. 1905, p. 439-440).

[36] Et non au moment de la promulgation de l'Edit de Saint-Maur (sept. 1568) qui, défendant
« tout exercice d'autre religion que la catholique & romaine », aurait exclu les réformés de
l'Université de Caen, comme le pensait H. Prentout (« L'université de Caen à la fin du XVIe s.
La Contre-réforme catholique et les réformes parlementaires », *Mémoires de l'Académie nationale des sciences, arts et belles-lettres de Caen*, 1907, p. 7-8).

[37] Tel est le titre que lui donne l'extrait du privilège (accordé pour 9 ans à G. Rouillé et daté de
Moulins, le 26 fév. 1566) imprimé au v° de la page de titre de : *Aurelii Cor. Celsi de re medica
libri octo. Q. Sereni medicinale poëma. Rhemnii Poëma de pond. & mensuris. Cum Adnotationibus & Correctionibus R. Constantini*, Lyon, G. Rouillé, 1566, in-8°, 8 f.-499 p.-8 f. [Baudrier
IX, 304].

complice Daléchamps[38], et lancer fin août depuis les presses crespiniennes une nouvelle salve de publications scaligériennes, un inédit, les *Commentarii & animadversiones in sex libros Plantarum Theophrasti* et la seconde édition du commentaire sur le *de Plantis* du Ps.-Aristote.

L'année suivante, il est installé à Beaumont de Lomagne[39]. Mais chassé par la recrudescence des troubles, il ne tarde guère à gagner l'Italie : à la Noël 1567, il salue ainsi Daléchamps depuis Venise, véritable « paradis terrestre » pour un érudit de sa trempe[40]. Cette dernière lettre, une autre rédigée par Joseph Scaliger[41] viennent contredire une légende accréditée depuis Cahaignes, et partout reprise, selon laquelle Constantin aurait alors trouvé refuge en Allemagne. A moins qu'il n'ait fait une incursion en territoire allemand entre 1568 et 1570, il semble bien, même si les documents manquent pour la période, séjourner pour lors en Italie.

En 1571 il rentre en France pour s'installer définitivement dans le Sud-Ouest ; à partir de cette date, les archives permettent de situer notre humaniste avec plus de sûreté. Il se fixe tout d'abord à Montauban : le 21 mai 1571, il est « nommé regent pour lire publiquement [les lettres grecques] dans les ecoles de cette ville en qualité de regent principal »[42] ; il s'y marie à Peyronne Imbert le 21 octobre 1572, et y acquiert plusieurs terres[43]. Puis, une fois que les troubles auront provoqué la fermeture des écoles publiques montalbanaises, il gagne un autre haut lieu du protestantisme : la cité béarnaise d'Orthez où il dirige le collège et enseigne le grec jusque vers 1578. On le retrouve de nouveau à

---

[38] *Præter hæc, amicorum consilio atque opera usus sum, imprimis vigilis et laboribus clarissimi medicinæ lectoris Iacobi Dalechampii, viri summi iudicii, & in omni bonarum artium genere perpoliti...* (*ibid.*, f. *4v°). Il avoue avoir aussi usé des lumières de son ami pour l'établissement du texte de Serenus : *Constantinus in hac quoque recognitione, libenter confitetur, se I. Dalechampii Medici insigniter eruditi opera atque labore non mediocriter adiutum esse* (*ibid.*, p. 448).

[39] D'après le texte d'une donation faite « pour memoire et reconnaissance » à G. Rouillé et à Jean de Luxembourg par Constantin, « prêt à quitter sa maison en raison des troubles » (A.D. du Rhône, BP 3660 & 3E 546, f. 236v°), découverte et signalée par M.-M. Fontaine (B. Aneau, *Alector*, Genève, Droz, 1996, t. II, app. I, 3, p. 829, n. 11).

[40] « Monsieur et entier amy ie soubhaiterois que fussies ainsi en paix, bon repos et à vostre aise a Lion, que ie suis a present Dieu mercy a Venize. Il me semble estre passe en un paradis terrestre. Dieu m'ha adressé [...] avec le seigneur Crassus le premier orateur de Venize homme fort docte, qui dresse une somptueuse biblioteque, en laquelle sont desia force bons exemplaires grecs et Latins escripts a la main. Ien suis usufructuaire. Ie ne perdray le temps... » (BNF. Lat 13063, f. 286r°).

[41] Texte cité *supra*, n. 18.

[42] Conduite signalée dans le fonds Satur (Bibl. de la Soc. d'Hist. du Protestantisme, ms. 194/2, f. 50r°) ; cf. aussi Devals aîné, « Les écoles publiques de Montauban du Xᵉ au XVIᵉ s. », *Bull. archéologique ... de la Soc. archéol. du Tarn-et-Garonne*, t. III, n°4-6, avril-juin 1873, p. 110 et 119.

[43] Cf. M. Nicolas, *op. cit.*, p. 270-1.

Montauban (1580-81), puis de 1581 à 1588 à Castres, où il exerce les mêmes fonctions; il revient enfin à Montauban. Là, il marie ses filles Constante et Jeanne (en juin 1593 & avril 1597) à des marchands du cru[44], et prend à partir de 1598 une part active dans la fondation de l'Académie protestante où il enseigne le grec et la philosophie. Il mourra principal des écoles de la ville, dans une solide aisance[45], le 27 décembre 1605[46].

Disons, pour clore ce parcours d'une vie, qu'un érudit qui a su gagner l'estime et l'admiration de J.-C. Scaliger puis de C. Gesner mériterait sans doute de ne pas être aussi négligé qu'il l'est aujourd'hui en raison des médisances du fils de ce premier.

Ces éclaircissements biographiques vont nous permettre de mieux saisir le rôle de Constantin comme exécuteur des dernières volontés de Scaliger. Car à l'en croire, ce n'est pas à la diffusion de la seule *Poétique*[47] que l'humaniste d'Agen lui aurait demandé de veiller: en mourant Scaliger semble lui avoir confié toute une série de ses œuvres encore sur le métier ou achevées, mais qui n'avaient pas trouvé d'imprimeur. Pour preuve, sa lettre à Crespin, placée au devant de l'édition de la *Poétique*:

> *Iam enim plenus annis, velutque instantis mortis præscius diffidebat ætati. Nec vero sapientem senem sua fefellit diuinatio. Nam non multo post, sed circiter mensem unum, aut summum, alterum, quum illi vita suppeditasset, felix mors ipsum adhuc omnibus sensibus integrum, tunc & studentem & scribentem excepit. Is antea quam diem suum obiret, fideicommisso, atque etiam testamento cæteros libros tanquam liberos meæ tutelæ reliquerat: imo vero mihi in adoptionem*

---

[44] Autre témoin de son intégration au sein de la bourgeoisie locale: en 1596, il ne donnera pas moins de quatre pièces liminaires pour saluer la publication d'un juriste de ses amis: *Guilhelmi Cornelii iuriscons. Epistolaris...*, Montauban, [D. Haultin], 1596, p. 7, 8, 12 & 14.

[45] Comme le souligne M. Nicolas, «Les registres des baptêmes, mariages et décès des protestants de Montauban. IIIᵉ série», *BSHPF*, t. XXIII,12, 15 déc. 1874, p. 559) en s'appuyant sur son testament (du 25 déc. 1605; protocole d'Elie Gineste, notaire royal, 1605, f. 528-531). Il est à noter que Constantin légua sa bibliothèque à l'Académie de Montauban, y compris «la troisième rédaction de son lexicon grec tout augmenté»; Haag signale un Pline annoté ayant appartenu à Lamoignon, mais la seule épave que nous ayons pu localiser est le second tome des *Opera omnia* de Lucien en grec (Bâle, Isengrin, 1545, in-8°) conservé par la BnF. (Rés. p. Z 1575[2]): il porte une large signature autographe sur la page de titre et contient plusieurs centaines de manchettes de sa main, en grec, latin et français.

[46] Outre les registres de décès conservés à Montauban (cf. *BSHPF*, t. XXIII,12, 15 déc. 1874, p. 559), l'atteste une mention portée par Jean Tenans, professeur d'hébreu de l'Académie de Montauban, sur le dernier feuillet de garde de son Nouveau Testament bilingue (H. Estienne, 1565, in-8°) aujourd'hui détenu par la Société d'Hist. de Protestantisme (cote: Rés. 27452): *D. Robertus Constantinus professor linguæ Græcæ in Academia Montalbanensis obiit anno Domini 1605. vicesima septima decembris paulo post tertiam horam pomeridianam.*

[47] Voir *supra*, n. 19.

emancipaverat, si modo publicis tabulis hæc adoptio testata & consignata rema-
neret[48].

« Un, ou au plus deux, mois avant sa mort »: les dates concordent avec la chronologie établie d'après la lettre à Maumont de septembre 1558 citée plus haut;
mais, fait troublant, dans son ultime testament, en date du 15 octobre 1558
Scaliger le père lègue toute sa bibliothèque et ses papiers à son aîné, Sylve[49].
Dans cet acte, pas une clause, pas un mot ne concerne Constantin. Des lettres
postérieures de Sylve et de Joseph Scaliger viennent cependant prouver la
confiance que l'aîné et le puîné des Scaliger plaçaient en ce frère d'alliance[50]; et
surtout ses échanges avec Daléchamps expliquent pourquoi Constantin se
trouve trois ans après sa mort détenir une grande partie des inédits de Scaliger
le père. Fin novembre 1559[51], installé depuis un an à Genève, il évoque ainsi
pour Daléchamps ses travaux en cours :

> Au reste mon [œu]pure avance fort. Ie faicts imprimer aussi la poetica de
> Scaliger duquel vous envoye ce commencement / Le fils ma mande derniere-
> ment que pour ce Noel il m'envœra les aultres œupures principalement sur
> touts le Theophraste que vous communiqueray. (BNF. lat.13063, f. 281r°)

C'est donc Sylve, l'héritier des papiers paternels, qui les a remis progressivement entre les mains de son frère d'alliance. Or l'extrait du privilège personnel
accordé à Constantin le 13 avril 1561, extrait publié dans son *Lexicon*, puis dans
les éditions des œuvres de Scaliger qu'il donne en 1566 toujours chez Crespin,
montre que cette détention par Constantin des œuvres de Scaliger le père revêtait un caractère quasi officiel[52].

---

48 «*R. Constantinus medicus, J. Crispino typographo*», *I. C. Scaligeri viri clarissimi Poetices libri
    septem*, Genève, J. Crespin [Gilmont n°61/8; ou Lyon, Antoine Vincent], 1561, f. a ii r°.

49 «Item, touchant à ma lyvrarye et à mes livres, je les laisse à mon héritier Cilvius, lequel les
    despartira selon sa prodomie à ses frères». (texte transcrit par A. Magen, «Documents sur J.
    C. Scaliger et sa famille», *Recueils des Travaux de la Société d'Agriculture, Sciences et Arts
    d'Agen*, 2e série, t. III, 1873, p. 202-211).

50 Voir encore le coup de chapeau que Constantin adresse aux perfections de Sylve Scaliger dans
    son Avis au lecteur placé en tête de l'index de la *Poétique* (f. I. r°, éd. 1561).

51 Au v° de cette lettre non datée, Daléchamps a inscrit le jour où il l'a reçue: «Monsr.
    Constantin receue le .2. decembr. 1559. respondu le .4.»

52 «La teneur du Privilege du Roy. — Charles, par la grace de Dieu roy de France, au Prevost de
    Paris, Senechal de Lyon, & à tous nos autres Iusticiers, ou à leurs Lieutenants, S. L'humble
    supplication de M. Robert Constantin medecin auons receuë, contenant qu'il a composé,
    redigé & mis par escrit certains commentaires & corrections sur plusieurs liures, lesquels il
    feroit volontier imprimer & mettre en lumiere: C'est assavoir vn liure intitulé *Commentarii
    Iulii Cæsaris Scaligeri: & animadversiones in libros Theophrasti de historia plantarum: & De
    Causis conuersos e Græco & illustratos figuris & correctionibus per Rob. Constantinum.* vn autre
    aussi intitulé, *Iulij Cæsaris Scaligeri commentarii in libros Aristotelis de historia Animalium,
    cum figuris*: vn autre intitulé *Iulii Cæsaris Poetices libri 7* ¶*Commentarius in Hippocrat. de*

De manière fort curieuse, et à mes yeux exceptionnelle, cette rare faveur – accordée à un Dolet ou à un Ronsard – que Constantin a obtenue grâce à des appuis à la cour[53], indice probable d'une publication à compte d'auteur, mêle les œuvres du père et du fils d'alliance. Mais notons que nous avons là un excellent instantané des curiosités et des travaux de Constantin au printemps 1561 : la médecine, l'histoire naturelle et la lexicographie, comme indissolublement mêlées ; par ses travaux, Constantin se place alors résolument le sillage du grand humaniste d'Agen, dont il entend faire entendre la voix à travers l'Europe entière. Or sa correspondance nous permet d'établir la chronologie de la fabrication de la *Poétique* avec précision. La précédente citation le montre, Constantin a envoyé les premiers placards à son complice dans les derniers jours de novembre 1559 ; et le 16 juillet 1560 il annonce tout content à son ami lyonnais :

> Monsieur et tres parfaict amy, ie vous envoye ung exemplaire du Poetica de Scaliger acheve d'imprimer ce matin. Il y a avec douze pourtraicts de plantes que iay descouuertes aulx montaignes de par deca. Elles sont pourtraictes au naturel par les plus excellens paintres de ce pais. il y a selon lordre [suit la liste...] en haste ce XVI° iuillet. (BNF. lat.13063 f. 293r°)

Le millésime de cet envoi est donné par le destinataire lui-même, qui indique soigneusement sur les lettres qu'il reçoit la date de leur réception ; au verso de celle-ci Daléchamps a inscrit : « receue le 20 juillet 1560 ». La *Poétique* semble

---

Insomniis: ¶ *Nobilium exercitationum tomi*, vn autre intitulé *Roberti Constantini THESAVRVS rerum & verborum utriusque linguæ per locos communes*: Et encores autres liures dudit Robert Constantin intitulez, l'un *DICTIONARIVM Græcum duobus tomis*: l'autre *Supplementum utriusque linguæ atque elegantiæ*: un, *de Antiquitatibus Græcorum & Latinorum libri III*: Et le dernier *Aphorismi Hippocratis versibus Græcis & Latinis*. Mais d'autant qu'apres que la dite impression seroit faite & paracheuée sous sa peine, trauail & correction, en beaux & bons caracteres par tels libraires & imprimeurs qu'il pourra choisir, autres libraires ou imprimeurs se vousissent efforcer de imprimer ou faire imprimer lesdicts liures & œuures de dessusdicts, ou aucun d'iceux, en priuant ledict exposant de son labeur, frais mises & despenses qui luy conuient faire, & que cy apres pourroit soustenir & supporter pour la perfection de ladite impression [...]. Pource [...] par ces presentes permis & ottroyé, permettons & ottroyons qu'il puisse & luy soit loisible faire imprimer par tel libraires & imprimeurs qu'il aduisera & verra bon estre, lesdits Commentaires, liures & œuvres susdicts : Et ce iusqu'au temps & terme de dix ans prochains, ensuyuans & consecutifs : à commencer du iour & date qu'ilz seront acheuez d'imprimer [...] Donné à Fontaine-bleau, le xiii. iour d'Auril, l'an de grace, M. D. LXI. apres Pasques. Par le Roy : M. Martin Fumée, Maistre des requestes ordinaire de l'hostel present. Signé, De l'Aubespine ». (*Lexicon*, éd. cit., f. [FFFf 6]v°).

53   Grâce à Jacques de Luxembourg (futur dédicataire du *Lexicon* & du Théophraste de 1566), ainsi que nous l'apprend une lettre à Daléchamps : « Monsieur le Conte de Launoy nous ha impetre privilege pour notre Theophraste, et pour tous mes libures et de mes amis. Si tost que i'auray acheue le Lexicon, sil plaist à Dieu, serons ensemble ; prepares sil uous plaist pour notre dict Theophraste lornement quil merite... » (BNF Lat. 13063, f. 284r°, du 10 mai [1561]).

donc achevée à la mi-juillet 1560[54]. Mais tous les ouvrages connus (on peut en localiser plus d'une cinquantaine) ont été vendus sous le millésime de 1561. Comment comprendre que Crespin ait pu ainsi rater les ventes des foires de septembre 1560?

En fait, Constantin n'a pas tout à fait achevé son travail. Si la *Poétique* est bien imprimée, les liminaires et surtout l'index, qui ne peut se faire que sur placards ou sur épreuves, ne sont pas encore composés; en outre en mars 1561 n'est pas encore établie, encore moins imprimée, la copie du commentaire d'Hippocrate, complément[55] apparemment suggéré par Daléchamps:

> Je suis le plus ioieulx du monde du tesmoignage que rendent les gents les plus doctes D'allemaigne de feu Monsr Scaliger: ie vous enuoirai le double copié par Monsr Gesnerus[56]. Ie mets grandiss. paine de m'acquitter de mon debuoir enuers lui: comme verres ses [*sic*] iours par le commentaire de Insomniis Hippocr. que ie vous envoirai aussi avec le reste de la Poetica. Jescripts audit Sr Scaliger et lui adresse mes lettres par Thoulouze, sil vous plaist lui escripre un mot, le lieres avec le dict pacquet que le Seigr Rouille fera bien tenir. [...] Si tost que iaurai acheue lœuure commence auquel lon besongne continuellement auec laide de Dieu et la votre, ie commencerai le Theophraste et vous remercie humblement de l'offre et present que i'acceptes [*sic*] tresvolontiers et sans lequel lardeur que m'haves faict enflamber a lesprit samortiroit. Car si iamais cest œuure recoit quelque lustre il nen sera tenu qu'a vous touchant ma part, qui mesmes ne me feusse soucie des commentaires du Scaliger si neusse veu la deuotion qu'haves envers si bon autheur. (BNF. lat.13063 f. 280r°; reçue le 7 mars 1561).

Jean-François Gilmont a depuis longtemps relevé dans sa bibliographie crispinienne les signatures aberrantes des six feuillets liminaires de l'édition originale des *Poetices libri VII*[57]; les lettres de Constantin montrent que le volume a de fait été réalisé en deux campagnes, séparées de quelques mois. Car au printemps 1561 pour achever le premier volume des *Opera* de Scaliger, comme le dit Constantin, «lon besongne» encore «continuellement» dans l'atelier de

---

[54] Date corroborée par le bandeau initial de la page 1, qui comme l'a déjà remarqué J.-F. Gilmont (*Bibliogr.*, *op. cit.*, t. I, p. 144), porte dans un cartouche la date de 1560.

[55] *I. C. Scaligeri viri clarissimi in librum de insomniis Hippocratis commentarius, auctus nunc & recognitus*, s.l.n.d. [Genève, J. Crespin; Gilmont n°61/7], in-f°, 42 p. sur deux col. La page de titre, qui a toutes les apparences d'un faux-titre montre bien que cette «unité bibliographique indépendante» (J.-F. Gilmont, *Bibliogr.*, *op. cit.*, I, p. 143) était conçue pour être diffusée et reliée avec la *Poétique*, comme le prouve la quasi totalité des exemplaires conservés.

[56] Il s'agit d'un éloge de Jakob Scheck, que Gesner a transcrit pour l'aîné des Scaliger, comme nous l'apprend sa lettre à Sylve Scaliger (datée de 1561, sans mois ni jour, in *Epistolæ medicinales*, éd. citée, f. 133r°), et que ce dernier a sans doute transmis à Constantin.

[57] «L'impression des premières pages a donné lieu à des modifications dont le mécanisme m'échappe» (*Bibliogr.*, *op. cit.*, t. I, p. 144).

Crespin; et bientôt, dans une lettre non datée, mais que par recoupement avec d'autres, on peut placer en mai ou au début de juin 1561[58], on lit:

> Cher seigneur et ami i'envoerai par le premier votre pacquet a Monsr Gesnerus et m'haves faict faueur et plus grand plaisir de me donner conge de voir le contenu, en quoi ie nai failli. ie vous envoie le reste du Scaliger tant pour vous que pour le seigneur Rouille mon compere, il vous plaira luy bailler me recommandant à sa bonne grace. Il ia aussi un exemplaire entier que ie vous donne aussi pour qui il vous plaira. ie vous en envoerai tant quil vous plaira, *modo ne tam exigue atque exiliter amicitiam nostram reuoces ad calculos.* (BNF. lat.13063 f. 293r°)

Autre source de retard dans la mise en vente de la *Poétique*: cette impression résulte d'une édition partagée entre la Suisse et la France, entre Crespin imprimeur à Genève, et Antoine Vincent libraire à Lyon. Les exemplaires genevois ne contiennent ni extrait ni même mention au titre ou au colophon d'aucun privilège, pas même du privilège général obtenu par Constantin en avril 1561, ce qui semble indiquer que «le reste de la Poetica», pour reprendre ses termes, a été totalement achevé avant la mi-avril 1561; en revanche, les exemplaires lyonnais portent au verso de la page de titre, à la place du long Avis au lecteur de Crespin, un extrait du privilège de quatre ans obtenu le 6 septembre 1560 par A. Vincent pour la seule *Poétique*. Pourquoi alors avoir attendu si longtemps pour achever un ouvrage dont l'essentiel était en feuilles depuis l'été précédent?

Il faut assurément, on l'a dit, imprimer le complément, la seconde édition du commentaire sur le *de Insomniis*. Mais il s'agit d'un texte qui couvre 42 pages *in folio* sur deux colonnes, onze feuilles à composer et à tirer en somme, ce qui représente moins de quinze jours de travail sur une presse. Même si J.-Fr. Gilmont a établi qu'il ne goûtait guère ce genre de travail[59], il n'a pas fallu plus de six mois à Constantin pour réaliser un index, aussi minutieux soit-il; on peut donc penser que Crespin avait lui aussi tenté d'obtenir un privilège, dont les troubles politiques auront empêché l'obtention. La publication des inédits de

---

[58] Dans la suite de cette lettre, il est en effet longuement question des problèmes de santé de H. Estienne, atteint de fièvre quarte et qui va être contraint de quitter Genève pour aller «aux champs». Or une autre lettre, où Constantin remercie Daléchamps de lui avoir procuré l'éd. Lambin d'Horace, datée, elle, du 21 juin [1561], annonce: «Ne vous attendes de long temps encore du Sext. le sire Henri Estienne malade dune fiebure quarte a quite toult pour changer d'air, et ne doibt retourner de deux à trois mois». (BNF. Lat. 13063, f. 292r°).

[59] De façon assez surprenante pour un ouvrage ordonné selon l'ordre alphabétique, Crespin réclamera un index pour le *Lexicon*, chose à quoi se refusera Constantin, prenant pour prétexte l'enchérissement du volume: cf. J.-F. Gilmont, *Bibliogr.*, *op. cit.*, t. I, p. 150-1; il est vrai qu'à en croire ce dernier, «le souci du manuel va de pair chez Crespin avec un net désintérêt pour l'érudition. [...] Par contre, l'établissement de bonnes tables alphabétiques ou autres le préoccupait davantage. Sans doute la pratique en était-elle courante au XVIe s., mais Crespin y attacha une attention spéciale» (*J. Crespin*, *op. cit.*, p. 209).

Scaliger est en effet une entreprise de longue haleine, une grosse affaire, que Crespin aura eu à cœur de protéger, d'autant qu'en cette occasion – rompant là d'ailleurs avec une politique éditoriale de dix années qui avait privilégié les petits formats et les livres peu onéreux[60] – il a décidé, fort de l'investissement consenti par Constantin, de ne plus lésiner sur la dépense[61], d'oublier les octavos peu commodes et d'un mauvais rapport qualité-prix[62] pour fonder une collection scaligérienne en grand format de présentation uniforme très soignée[63]. Il paraît certain que la constitution d'index détaillés et précis fait partie du programme de cette série de prestige; et raisonnable de penser que Constantin a alors travaillé à leur établissement.

Le retard de cinq années avec lequel paraît le commentaire sur les *Causes des plantes de Théophraste*[64] a déjà été relevé plus haut. Comme en 1561, Constantin assortit la publication de cet inédit de la réédition d'un texte scaligérien déjà imprimé, le commentaire sur le *de Plantis* du Ps.-Aristote[65], publié par Vascosan en 1556. En effet, même si l'ensemble de cette première édition n'a pas été totalement débité[66], le privilège accordé pour dix ans à Vascosan vient d'échoir, et

---

[60] Comme l'a fort bien souligné J.-F. Gilmont, *ibid.*, p. 208-211.

[61] Comme le dit Crespin dans son Avis au lecteur au v° de la p. de t. de la *Poétique*: *Mihi vero, cum eius qui hosce libros commisit gratia et authoritate effectum esset, ut nihil tale suspicandum, nedum metuendum sit, eam ob rem securiore animo, nullaque impensæ habita ratione, in hoc totus incubui ut tuis studiis inseruirem, amicique docti et boni viri satisfacerem voluntati. Itaque omnia artis subsidia aduocaui, ut diligentia, atque operis elegantia, cum ea quæ fuit Authoris librique præcipua, contenderem.* [...]

[62] [...] *emptori fucum faciens mercis suæ vilitate: tametsi in eo maximo sit caritas: cum mala merx carius constet et væneat, vel si detur vilissime (ibid.).*

[63] *Voluminis autem forma commodior & aptior quam hæc est, nullo certe quidem poterat excogitari. Nam & eadem opera, alia multa certe quidem restant eiusdem authoris monumenta Deo fauente edi poterunt, typisque iisdem, similisque chartæ magnitudine: ut pro animi arbitratu, simul compigi possint aliqua minore sumptu, & una manu facilius euolui atque tractari. Ea vero sunt præter Poetices libros, & commentarium in Hippocratis de Insomniis, Animaduersiones in libros Theophrasti De historia plantarum cum R. Constantini versione, adnotationibus atque figuris: iusti Commentarii philosophici in libros de Causis, de Græco etiam conuersos ab eodem Constantino, atque illustratos similiter. Nobilium exercitationum tomi: Commentarii in Historiam Animalium Aristotelis, atque alia non pauca quæ tempore. Vale lector candide... (ibid.).*

[64] *I. C. Scaligeri Viri Clariss. Commentarii, et Animaduersiones, in Sex Libros De Causis Plantarum Theophrasti...,* Anchora I. Crispini, M. D. LXVI, in-f° [Gilmont n° 66/9, t. I, p. 187-8: éd. partagée non plus avec A. Vincent, mais avec G. Rouillé, le «compère» lyonnais de Constantin], in-f° à 2 col., 4 ff. (préface) - 396 p. - 14 ff. d'index; achevé d'imprimer le 29 août 1566, il est mis en vente à Francfort dès les foires de sept. A noter, au v° de la p. de titre, une dédicace en majuscules latines de Sylve Scaliger au protecteur de Constantin, J. de Luxembourg, comte de Launoy: à cette date, Constantin agit encore en accord avec les héritiers Scaliger.

[65] *I. C. Scaligeri viri clarissimi in libros de Plantis Aristoteli inscriptos, commentarii...,* Genève, J. Crespin, 1566, in-f°, 144 p. [Gilmont n°66/8].

[66] On rencontre en effet des exemplaires rafraîchis des deux seuls premiers ff. [a-a2] vendus par R. Fouet à la fin du siècle: *I. C. S. in libros duos qui inscribuntur de Plantis, Aristotele autore,*

les deux textes, presque toujours reliés ensemble, forment un diptyque fort cohérent, exaltant les talents de botaniste de Scaliger, qui comme Gesner, Daléchamps ou Constantin, s'était constitué un important herbier.

Or la grande édition de prestige de l'ensemble du corpus scaligérien s'interrompt avec ces deux volumes. En dépit des assurances de Crespin au lecteur, Constantin ne donnera jamais les *Nobiles exercitationes* ou la traduction de l'*Histoire des animaux* promises en 1561. Le fait s'explique sans doute par le départ pour l'Italie de Constantin, qui ne publie plus rien avant 1573[67]. Mais on peut sans doute découvrir des raisons moins avouables à ce manquement: Constantin a communiqué vers 1560 les papiers de Scaliger à Daléchamps, qui semble se les être appropriés sans autre forme de procès, comme l'indique la lettre qu'il lui adresse depuis Castres le 26 avril 1582. Après un long silence qu'il explique par les troubles civils, Constantin y reprend contact avec son ancien complice. Il précise que la guerre n'a jamais pu l'arracher *a complexu Musarum quietarum*, et poursuit:

> Ie croy que vous aues leu les .2. Poëmes de mons[r] Scaliger: au commencement du libure Joseph Scaliger personnage tresdocte, et ancien amy, s'est aduancé descrire en un catalogue des libures composes par feu son pere, ce beau elogium de moy: *Reliquit commentaria in libros theophrasti de Historia Plantarum, quos Robertus Constantinus suppressos retinet*[68]: Ie vous prie donc par nostre amytie et singulliere fidelite, me vouloir ayder a descharger de tel crime, pour ne dire calumnie: et menuoier les libures que vous laissé[69] affin de luy rendre entre mains si nestoit quil vous pleust les faire imprimer. Cela

---

libri duo, Paris, R. Fouet, 1597 [Arsenal 4° Sc. A 1536]. On trouve d'autres invendus de l'atelier Vascosan-Morel ainsi débités au même moment: M. Simonin signalait (*BHR*, LII, 3, p. 616) la trad. des *Concions* de Tite-Live par J. de Amelin (Vascosan, 1561) portant l'adresse de Fouet et la date de 1596; P. Bérès a naguère mis en vente (*Des Valois à Henri IV*, 1994, n. 187) un ex. des *Œuures poetiques* des frères La Taille (Morel, 1573) présentant une page de titre au nom de Fouet, datée elle encore de 1596.

[67] C'est alors qu'il confie au gendre de J. Crespin un nouveau travail lexicographique: *Supplementum linguæ latinæ, seu Dictionarium abstrusorum vocabulorum à Rob. Constantino collectum. Opus Latinæ linguæ studiosis apprime utile, recens & nunquam antea excussum*, Genève, E. Vignon, 1573, in 4° (éd. partagée, comme les publications scaligériennes de 1566, avec G. Rouillé). Le Cabinet des mss. de la BNF possède un exemplaire (lat. 14098) interfolié et entièrement annoté (d'une main qui ne me semble pas celle de Constantin) en vue d'une réédition.

[68] «*Operum I. C. Scaligeri Index*» en tête des *I. C. Scaligeri viri clarissimi Poemata in duas partes diuisa...*, s.l. [Genève, Stoer], 1574, f. *3r°.

[69] Le post-scriptum d'une lettre reçue par Daléchamps le 7 mars 1561 confirme ce prêt («Iai entendu que Monsieur Le baillif [...] est decede: ie vouldrois bien quil fust faux: si ainsi est c'est dommage. pour le moins ie soubhaictes [*sic*] que son libure de Animalibus soit à vostre commandement pour orner histor. Aristot. par les comment. du Scaliger et les richesses de vous et vos amis»; BNF lat. 13063, f. 280r°), tout comme l'aveu de Daléchamps en 1584 (cf. *infra*, n. 79).

mobligera de plus en plus pour vous reuerer et seruir toute ma vye. (BNF. lat. 13063, f. 289r°)

Et de fait Joseph Scaliger, dont la stature et le prestige intellectuels n'ont cessé de croître en ces années au sein de la République des Lettres, poursuit depuis près de deux lustres son ancien frère d'alliance de sa hargne, voire de sa haine[70]; c'est qu'avec l'aide de son aîné, il tente depuis 1571 au moins, mais en vain, de récupérer les inédits paternels auprès d'un Daléchamps peu enclin à restituer ces trésors d'érudition:

> Monsieur mon frere m'a escrit dernierement comment Monsieur Constantin, nostre commun frere et bon ami, estant venu d'Italie, s'estoit retiré à nos quartiers de Gascogne, et qu'il luy a donné à entendre comment il vous avoit laissé les annotations de feu mon pere Iul. Scaliger in Theophr. Ledict mien frere m'a expressement enioint de les retirer de vous, à cause que nous avons d'autres choses in Theophr. du dict feu mon pere, lesquelles nous voulons ioindre avec les dictes annotations. Vous ne faudrez doncque, s'il vous plaist, le[s] livre[r] à cet homme doct. M. Paulus Chibbius, present porteur, d'autant que ie suis sollicité de les rendre à mon frère, qui à present transcrit les commentaires de nostre pere in Aristotel. περὶ ζώων ἱστορ.[71] et d'autres choses in Theophr. lesquelles il veut mettre avec celles que vous avez [...] Ie vous supplie derechef les livrer au present porteur Monsieur Chibbius...[72]

Douze ans plus tard, le manuscrit n'est toujours pas revenu entre les mains des fils Scaliger; mais apparemment Daléchamps s'est engagé à se charger lui-même de la publication, puisqu'en janvier 1583 Joseph pousse le médecin lyonnais à s'adresser aux presses des Giunta[73] et qu'en août 1584[74], il se plaindra de

---

[70] Pour quelques aperçus de son opinion sur Constantin, cf. *supra*, n. 4 & 22; ou encore ce jugement sur l'éd. de Dioscoride de 1558, dans une lettre adressée le 3 déc. 1574 à Fr. de Vertunien: *Nam tam veræ sunt quam verum est, quod ipse deprehendit, Robertum Constantinum asinum esse in bonis auctoribus tractandis.* [...] *Hoc dico quia* [...] *homo ineptissimus ex Plinianis male intellectis bonam sententiam se eruere posse sperauit. & quod Plinio ne in somniis quidem in mentem venit, tanquam Plinianam mercem nobis venditare conatur* (*I. Scaligeri Epistolæ omnes...*, Francfort, Aubry & Schleich, 1628, *ep.* I, 17, p. 95).

[71] Ce travail de correction débouchera 13 ans plus tard sur l'éd. du seul livre X, apocryphe: *Aristotelis Liber qui decimus Historiarum inscribitur, nunc primus latitinus* [sic] *factus a I. C. S. ...*, Lyon, A. de Harsy, 1584, in-8°, 120 p. (Baudrier VI, 382). Mais Sylve a bien établi l'ensemble de l'énorme ms. paternel qui ne sera publié par Maussac qu'en 1619: cf. K. Jensen, « The ms-Tradition of J. C. Scaliger's *Historia de animalibus*», *Acta Scaligerana*, Agen, 1986, p. 257-283.

[72] Joseph Scaliger à Daléchamps (Valence, 7 sept. 1571), lettre ms. conservée à Leyde, transcrite par Bernays, *J. J. Scaliger*, Berlin, Hertz, 1855, p. 308.

[73] « Ie vous supplie bien fort de solliciter le Iunti d'imprimer les annotations sur Theophraste: il est temps messuy que ce pauvre livre voie la lumiere» (Joseph Scaliger à Daléchamps, de Grenoble, le 23 janv. 1583, *ibid.*, p. 311).

[74] *Cf. ibid.*, p. 309. Lettre à Daléchamps sans date, mais rédigée au moment où, *via* M. Patisson,

ne point avoir «encore veu le Theophraste de [s]on pere»: à la fin d'octobre 1584 il accuse enfin réception des six exemplaires que lui a fait tenir Daléchamps jusqu'en Poitou[75]. Visiblement, les inédits de Scaliger le Père intéressent alors puisqu'on voit même Henri Estienne, sur le point de donner un Aristote bilingue, solliciter Joseph pour qu'il lui permette d'imprimer la traduction paternelle de l'*Histoire des animaux*[76]. Si cela peut expliquer la fébrilité de ce dernier, on comprend moins pourquoi son ire se concentre sur Constantin, et ne porte pas sur le principal coupable, Daléchamps, avec qui il échangera lettres, éditions et manuscrits jusqu'en 1587, et dont il déplorera la mort[77]. On le comprend d'autant moins que les *«In eosdem libros viri maxima præditi annotationes»* imprimées à la suite des remarques de Scaliger sur Théophraste doivent être attribuées à Constantin[78]; ce qui semble indiquer que l'établissement du texte de cette édition est la dernière manifestation de sa piété humaniste, et non, comme l'invite à la croire la préface anonyme, l'indice d'un remords – bien tardif – de Daléchamps[79].

Joseph envoie à Daléchamps un manuscrit de Sénèque: nous sommes fin août 1584 comme l'atteste une autre lettre à Daléchamps d'oct. 1584: cf. *ibid.* p. 312.

[75] «J'ay receu six exemplaires des annotations in Theophrastum: ie vous en remercie fort» (*ibid.*, p. 312); il s'agit des *I. C. Scaligeri Animadversiones in Historias Theophrasti*, Lyon, J. Giunta, 1584, in-8°, 424 p. (Baudrier VI, 382; imprimé à Genève par Stoer selon Chaix, Dufour, Moeckli, p. 109; achevé d'imprimer du 18 mai 1584). Daléchamps ne montre guère d'empressement à l'égard de Joseph: à titre de comparaison, il a dès juin envoyé un ex. à J. Chifflet qui en accuse réception à Besançon le 8 juil. 1584 (BNF. lat. 13063, f. 496r°).

[76] Cf. lettre de H. Estienne à Joseph Scaliger (Paris, 28 juil. 1584) in *Epistres françoises des personnages illustres & docte à Monsr. Ioseph Iuste de la Scala*, Harderwyck, Vve Henry, 1624, ep. III, 38, p. 411.

[77] Dans une lettre à Cl. Dupuy du 28 juin 1588: «Monsieur Dalechamps est mort, qui est dommage, encores qu'il eust septante un an» (J. Scaliger, *Lettres françaises inédites*, éd. Tamizey de Larroque, Agen, 1879, p. 262).

[78] Cf. *I. C. Scaligeri Animadversiones*, éd. cit., p. 345-424. Contrairement aux affirmations de Vossius, qui les attribuait à Daléchamps, ces annotations qui font de fréquents renvois à son *Lexicon* de 1562 et à son *Supplementum* de 1573, doivent être restituées à Constantin: cf. la page de titre de la grande éd. in-f°. de 1644 (Amsterdam, H. Laurentius) et la note de La Monnoye in *Menagiana*, Paris, Delaulne, 1715, t. III, p. 105.

[79] *Inter eius* [= Scaliger le Père] *opera fuit et istud, quod ab amico* [= Constantin] *nactus, Iosepho Scaligero eius filio, Lugduni cum esset, tanquam hæreditatis paternæ quandam portiunculam, reddere volui, et ut acciperet, haberet, auferret, institi. At candidissimus ille* [...] *ut excudendum id curarem, magnopere contendit et rogauit: quod feci libens...* («*Benigno lectori*», in *I. C. Scaligeri Animadversiones* éd. citée, f. [A6]v°). On voit ici comment, pour ne pas indisposer Joseph Scaliger, Daléchamps se montre discret sur l'origine des annotations de Scaliger (et sur la provenance de celles qui complètent l'ouvrage: *adnotationes dilengitissimæ et exactissimæ viri cuiusdam*), et comme il se donne le beau rôle en prétendant avoir voulu restituer à qui de droit un *thesaurum* qu'il retenait depuis près de 25 ans...

Les nouveaux documents présentés ici montrent donc que les infortunes éditoriales de Scaliger ne s'interrompent pas avec son décès comme j'avais pu un peu vite le laisser entendre. La relative indolence de son aîné et la mésentente entre son ayant droit intellectuel et ses ayants droit naturels sont encore venues freiner la diffusion d'une œuvre profuse et difficile, à une heure où l'érudition semble beaucoup moins mobiliser les imprimeurs[80]. C'est assurément à ces tensions que l'on doit la perte d'un certain nombre d'œuvres dont Ph.-J. de Maussac, le troisième grand éditeur de Scaliger après R. Constantin et son fils Joseph, retrouvera les épaves autour de 1615 sans parvenir toutefois à les sauver[81].

Michel MAGNIEN
Université de Paris III-Sorbonne Nouvelle

---

[80] Cf. l'amertume de Gesner qui se plaint du fait que Froschauer n'imprime plus d'ouvrages médicaux, «*maius enim lucrum ex theologicis capit, quorum subinde aliquid Latine aut Germanice cudit*». (*Epistolæ medicinales...*, éd. cit., f. 139v°).

[81] Sur le rôle de cet érudit gallican dans la survie des papiers scaligériens, cf. notre éd. des *Orationes* de Scaliger, Genève, Droz, 1999, p. 85-88.

GRANDEUR ET DÉCADENCE
D'UN TOUT PETIT GENRE :
LES ÉPITHÉTAIRES
DE LA RENAISSANCE

Ante quem quis fieri posse credidisset argumentum scribendi adagia in speciem
humile minutumque eousque accrescere atque exornari?
Et tamen...[1]

Belle comme un rêve de pierre, l'œuvre majeure nous apparaît souvent, aussi informés que nous soyons de son contexte et de son histoire, comme un bloc de littérature arraché à l'oubli, d'autant plus isolable qu'elle est pour nous plus ancienne. Il est précieux, cela étant, de retrouver parfois les traces d'un réseau de lectures annexes où le poème s'est un jour inséré. Les commentaires de la Renaissance dont Jean Céard a révélé l'intérêt en en faisant une méthode d'investigation[2] entourent le texte de cette façon tenace et persistante qui l'a fait renaître chez ses imitateurs et, souvent à notre insu, perdurer jusqu'à nous. Il appartient à Jean Céard d'avoir laissé voir dans cette présence de tout petits *minores* non pas tant une source d'information ponctuelle qu'une promesse de poésie pour leurs lecteurs – féconde précisément par l'évidence qu'elle revêtait alors.

Absurde et obsolète, le dictionnaire d'épithètes, genre jadis florissant et désormais presque oublié[3], a eu un jour cette évidence. Sans insister davantage

---

[1] «Avant lui [Erasme], qui eût cru qu'il pût se faire que l'écriture des adages, sujet humble et mineur en apparence, se développât et s'illustrât à ce point? Et pourtant...», ép. dédicatoire de Jacques Tixier de Ravisi, frère de Jean (Joannes Ravisius Textor) et éditeur de ses *Epitheta...*, Paris, R. Chaudière, 1524.

[2] «Les transformations du genre du commentaire», *L'Automne de la Renaissance*, éd. J. Lafond et A. Stegmann, Paris, Vrin, 1981, p. 101-115; «Les mots et les choses: le commentaire à la Renaissance», *L'Europe de la Renaissance. Cultures et civilisations, Mélanges M.-T. Jones-Davies*, Paris, Touzot, 1988, p. 25-36; «Muret, commentateur des *Amours* de Ronsard», *Sur des vers de Ronsard (1585-1985)*, éd. M. Tetel, Paris, Aux Amateurs de Livres, 1990, p. 37-50; «Mythologiques: Ronsard, Tzetzès et Ovide», *Poétique et Narration, Mélanges Guy Demerson*, Paris, Champion, 1993, p. 201-214; «L'invention du texte ronsardien: l'apport des commentaires», *Les Voies de l'invention aux XVIᵉ et XVIIᵉ siècles. Etudes génétiques, Paragraphes*, IX, éd. B. Beugnot et R. Melançon, Montréal, Dép. d'Etudes Françaises, 1993, p. 55-67.

[3] Nous reprenons le terme d'«épithétaire» à M. de La Porte (*Les Epithetes...*, Paris, G. Buon,

sur les arrière-plans de cette vogue liée à la contribution de l'épithète à certains tropes[4], nous aimerions enquêter ici sur les modifications de perspective intervenues en son sein, du XVIe au XVIIe siècle. En nous attachant successivement aux visées de ces recueils, au statut qu'ils prêtent à l'épithète et aux attentes qu'ils prétendent satisfaire, nous voudrions montrer que l'inexorable étiolement de ce genre est étroitement dépendant des stratégies d'énonciation dans lesquelles il s'est développé.

Ouvrage utile aux Poëtes, aux Orateurs, aux jeunes gens qui entrent dans la carrière des Sciences, et à tous ceux qui veulent écrire correctement, tant en Vers qu'en Prose: non moins long et circonstancié que ses homologues antérieurs, le sous-titre du R. P. Daire[5], au XVIIIe siècle, frappe autant par son ambition publicitaire que par la lucidité toute pédagogique qui finit par résonner dans ses derniers éclats. Universellement consensuel, il atteste en tout cas qu'il est malaisé de classer les épithétaires selon leur vocation. Multiples sont les lignes de partage qui s'enchevêtrent dans le foisonnement du genre.

Utile, l'épithétaire prétend toujours l'être, comme celui de La Porte, *utile à ceux qui font profession de la Poësie, mais fort propre aussi pour illustrer toute autre composition Françoise*[6], ou, en latin, un luxe de *farragines* ou de *delectus* recueillis *in gratiam poëseos studiosorum*[7], dont les auteurs répètent à l'envi le *topos* de l'*utile dulci* en articulant tant bien que mal l'utilité de leur labeur ingrat au plaisir communicatif qu'ils y ont pris[8]. Encore faut-il saisir à qui cette utilité

1571; Genève, Slatkine Reprints, 1973, avertissement au lecteur), à la suite de P. Hummel, *L'Epithète pindarique. Etude historique et philologique*, Bern, P. Lang, 1999, p. 81 sq. Le catalogue de la BNF ne signale que deux épithétaires au XXe s.: E. D. Bar, *Dictionnaire des épithètes et qualificatifs*, Paris, Garnier, 1930, et G.-Ch. et M. Lecomte, *Dictionnaire des épithètes françaises et des attributs: à l'usage de tous ceux qui écrivent et qui aiment les mots*, Paris, 1999 – exception faite de l'ouvrage de J.-M. Braillon, *Dictionnaire des Injures, Insultes, Jurons, Moqueries et Epithètes aux pays picards (Picardie, Flandre, Artois, Hainaut)*, Elmè, Université Picarde Libre de Thiérache, 1996, qui relève d'une tout autre perspective.

4   Cf. nos art., «Petite poésie portative: les exercices de style des *Epithetes* de La Porte», *BHR*, LXV, 2003, p. 51-67, et «Les dictionnaires d'épithètes, laboratoires de l'*aptum*», *Culture: Collections, Compilations*, éd. M.-T. Jones-Davies, Paris, Champion, 2005, p. 143-160.

5   R. P. Daire, *Les Epithetes Françoises, rangées sous leurs substantifs...*, Lyon, P. Bruyset Ponthus, 1759.

6   *Op. cit.*

7   Cf. Jean Tixier, *Epitheta, studiosis omnibus poeticæ artis maxime utilia...*, *op. cit.*; l'*Epithetorum Farrago* ajoutée au *Sententiarum Volumen* d'E. Bellengard, *in gratiam poëseos studiosorum collecta...*, Lyon, off. J. de Tournes, 1587; M. S. Figulus, *Epithetorum Oratoriorum Farrago...; opus tum Scholiis; tum Academiis utilissimum atque necessarium*, Francfort, J. Spiess, 1588; N. Le Roux, *delectus Epithetorum Latinæ Poeseos. Opus... ad commodiorem studiosæ juventutis usum, elucubratum*, Paris, S. Cramoisy, 1631; C. Chaulmer (attr.), *Magnus Apparatus Poeticus... ad usum studiosæ juventutis*, Paris, J. Henault, 1666.

8   Seul le R. P. Daire a le mérite de la sincérité: «Une entreprise semblable est aussi ennuyeuse qu'ingrate; mais on doit sacrifier tout à l'utilité publique.» (*op. cit.*, préface, p. XIV).

profite. On peut ainsi distinguer, comme le fait P. Hummel[9], les « répertoires » destinés aux rimeurs, les « dictionnaires de thème » à vocation scolaire, et les « lexiques » d'usage moins immédiat ; ou encore, les dictionnaires bilingues qui présentent un intérêt philologique ou pédagogique, les manuels de versification latine et les recueils en français qui ne sauraient s'adresser aux écoliers. Flagrantes au XVIIe siècle – les ouvrages scolaires dominent alors un marché massivement investi par des jésuites soucieux de la *studiosa juventus*[10] et des *juniores ad poesim aspirantes*, là où Textor songeait aux *bene musis aspirantes*[11] – ces différences sont moins tranchées au XVIe siècle, où même les ouvrages les plus ouvertement pédagogiques revendiquent une éducation générale du style[12].

Le corpus considéré est par ailleurs variable. Certains épithétaires s'appuient sur un large corpus ; d'autres élisent un seul auteur, qu'il s'agisse d'un modèle consacré comme Homère, Virgile ou Cicéron, ou d'un contemporain érigé en parangon poétique : La Porte commence à recenser les épithètes de Ronsard, « prince de tous les poëtes François », comme Dinner ou Schröter celles d'Homère ou de Virgile, *poetarum principes*[13]. Mais ici encore, il faut nuancer. Des choix voisins qui procèdent d'une quête de l'*ubertas* chez La Porte ou Dinner relèvent d'une logique très sélective chez Schröter :

> Car voyant les écoliers se laisser aller à lire des auteurs variés sans nul jugement ni discernement, en négligeant Virgile, j'ai entrepris ce travail dans le but surtout qu'une fois chassée et jetée hors des mains des étudiants une multitude variée et infinie d'auteurs, je les convie et les hausse à la lecture de Virgile et de ses semblables. [...] En effet tous ne se sont pas exprimés à toutes les époques d'une seule et même manière, mais des changements variés ont affecté la pureté de la langue latine et la façon d'écrire.[14]

---

9   P. Hummel, « Actualité et utilité des lexiques d'épithètes du XVIe siècle : l'*Epithetorum Graecorum Farrago* de Konrad Dinner (1589) », *NRSS*, 12, 1994, p. 127-130.

10 Cf. les titres de N. Le Roux et C. Chaulmer cités *supra*. Les préfaces *studiosæ juventuti* sont nombreuses.

11 Jacques Tixier, *loc. cit.* ; *Novum Epithetorum Opus, junioribus ad poesim aspirantibus non mediocriter utile...*, Rouen, R. L'Allemant, 1655. Au tout début du XVIe s., G. de Fontenay destinait son *Synonymorum... Liber... cum epithetis... et grammaticalibus regulis...* (Paris, J. de Gourmont, ca. 1511) *tum juvenibus tum artis et poetice et oratorie degustatoribus.*

12 Cf. M. S. Figulus, *op. cit., in usum eorum, qui stylum suum ad exempla antiquissimorum et politissimorum Oratorum dirigere cupiunt...*, dédicace ; L. Schröter (*Opus epithetorum, phrasium et synonymorum... in quo non tantum ea, quæ ad scribendum Carmen necessaria sunt,... explicantur...*, Zerbst, off. B. Faber, 1593, ép. dédicatoire) reprend le *topos* aristotélicien (*Poétique*, 4, 1448b 4-24) qui veut que tout homme ait dès le berceau une faculté d'imitation intrinsèque.

13 M. de La Porte, *op. cit.*, ép. dédicatoire ; K. Dinner, *Epithetorum Graecorum Farrago locupletissima...*, Francfort, hér. d'A. Wechel, 1589, ép. dédicatoire (*Homerum ceu principem, imo deum et regem poetarum*) ; L. Schröter, *Opus epithetorum, phrasium et synonymorum, ex Virgilio poetarum principe collectorum...*, *op. cit.* La Porte et Dinner ont étendu leur corpus à partir d'un auteur privilégié.

14 L. Schröter, *op. cit.*, ép. dédicatoire : *nam cum viderem, scholasticos ad variorum autorum*

L'idée de variété, si féconde en d'autres contextes et pour d'autres esprits, est pour notre pédagogue très péjorative: «Que ce qui n'est pas d'eux, ils n'aient même pas le désir d'en user.»[15] Ainsi la *Farrago* de Dinner est *locupletissima*, et l'*Opus* de Schröter *probatissimum*[16]. Les lignes de force qui apparaissent ici recoupent les précédentes, car Dinner a travaillé d'abord pour lui-même, et Schröter pour un public scolaire[17]. Demandons-en confirmation aux textes liminaires, intarissables sur l'aventure intellectuelle par laquelle on devient auteur d'un épithétaire.

C'est une réflexion sur le langage qui aurait conduit Textor à composer ses *Epitheta*. Dinner et La Porte reprennent quant à eux le *topos* d'une initiative privée qu'un personnage d'autorité les aurait encouragés à étendre:

> Et cet échantillon de mon effort attentif, comme j'avais pris sur moi de le montrer à mon professeur et maître Hartung, comme le font les disciples, ce vieillard à la science la plus polie en tout genre d'élégance loua si bien mon projet qu'il m'exhorta gravement à me risquer à en faire autant sur les autres poètes jugés meilleurs: parce que, jugeait-il, la chose pouvait contribuer à valoir à mon application quelque louange [...], et à la république des lettres quelque utilité[18].

Un tel épithétaire évoque le recueil de lieux communs et son idéal de *copia*: Textor aurait pris Erasme pour modèle, d'autres souhaitaient avoir sous la main

---

lectionem sine ullo judicio et delectu sese demittere, neglecto Virgilio, in hunc maxime finem laborem hunc suscepi, ut explosa ejectaque e manibus studiosorum varia et infinita autorum multitudine, ad Virgilii ejusque similium lectionem invitarem et accenderem. [...] Non enim omnibus temporibus omnes uno eodemque modo locuti sunt, sed varie mutata est linguæ Latinæ puritas atque scribendi ratio.

15   *Ibid.*: *ut quæ [locutiones et verba] horum non sint, ne quidem uti cupiant.*

16   K. Dinner, *op. cit.*; L. Schröter, cf. le titre de M. S. Figulus, *Farrago... ex optimis et probatissimis linguæ latinæ auctoribus... collecta, op. cit.*

17   L. Schröter, *op. cit.*, ép. dédicatoire: *Hæc imitatio recte proponiur primæ ætati discentium puerorum.*

18   K. Dinner, *op. cit.*, ép. dédicatoire, f. 2v°: *Quod ego diligentis conatus mei specimen cum præceptori et magistro meo Hartungo discipulus coram exhibuissem, ita senex ille, omni elegantis doctrinæ genere politissimus, institutum meum laudavit, ut ad idem in ceteris melioris notæ Græcis poetis periclitandum graviter me adhortaretur: quod id ad aliquam industriæ meæ [...] laudem, et reipubl. literariæ utilitatem pertinere judicaret.* Cf. aussi M. de La Porte, *op. cit.*, ép. dédicatoire, et, au XVIIe s., N. Le Roux (*op. cit.*, préface, f. iiiiv°) qui aurait été «contraint par les prières importunes de ses amis à extraire [ses épithètes] de leur crasse et à les porter à la lumière pour le plus grand bien et le plus grand profit (disaient-ils) de la jeunesse studieuse» (*importunis amicorum meorum precibus coactus sum, illa ex sordibus eruere, et in lucem proferre maximo studiosæ juventutis (ut aiebant illi) bono et commodo*). Sur ce *topos*, cf. P. Galand-Hallyn et F. Hallyn, «'Recueillir des brouillars': éthique de la silve et poétique du manuscrit trouvé», *Le poète et son œuvre: de la composition à la publication*, éd. J.-E. Girot, Genève, Droz, 2004, p. 9-35.

(*in promptu*) les épithètes dont ils pourraient un jour avoir besoin[19]. Mais au fil du temps, les épithétaires en viennent à incarner un souci pédagogique. Leurs auteurs craignent moins la disette qu'une *copia* mal disciplinée et devenue suspecte[20]. Avec eux s'impose l'idée que l'on ne s'enfonce pas sans guide ni méthode dans la forêt du langage[21] – celle-là même dans laquelle s'engageait jadis, le cœur battant, plutôt l'auteur que le lecteur d'épithétaire[22], sûr d'y rencontrer l'aventure, voire la Muse en personne, elle qui est agreste ou sylvestre à ses heures[23]. Mais dès lors que les chemins sont frayés et la matière (*silva*) toute prête, que la Muse n'a plus qu'à déloger, la part laissée au plaisir et au caprice se restreint. Et si l'épithétaire se veut toujours ostensiblement utile, il l'est selon des modalités de plus en plus simplifiées.

Ce que ces ouvrages nous disent de leurs destinataires, de leurs corpus et de leurs auteurs suggère donc une évolution des épithétaires dans un sens presque exclusivement pédagogique: non que cette dimension soit absente de ceux du XVIe siècle, mais au sens où l'orientation de ces derniers, de large et d'indistincte, de complexe et de polyvalente, et donc de littéraire qu'elle était alors, tend à se préciser, à se restreindre, et à s'exclure du champ ambitieux de la litté-

---

19 B. Zanchi, *Epithetorum Commentarii...*, Rome, off. A Blado, 1542, préface: «pensant que cette [abondance] serait pour nous un bagage des plus appropriés s'il nous arrivait un jour d'écrire un poème» (*rati eam [copiam] nobis fore commodissimam supellectilem, siquando carmen scribere contigisset*). K. Dinner, *op. cit.*, préface, f. 2v°.

20 Une éd. allemande tardive du *Gradus ad Parnassum Graecus* de J. Brasse (par C. F. G. Siedhof, Göttingen, Dietrich, 1839) prend ainsi la *copia* au sens péjoratif (préface, p. VII-VIII): «Si grande est l'abondance de choses [...] très diverses par laquelle, au train où nous allons, les esprits des enfants et des jeunes gens sont, dans les écoles, épuisés et accablés plutôt que nourris...» (*In tanta [...] maxime diversarum rerum copia, qua, ut nunc sunt tempora, puerorum et adolescentium ingenia in scholis fatigantur et opprimuntur potius quam aluntur...*).

21 Cf. F. Friedemann, *Gradus ad Parnassum latinum...*, Leipzig, Hahn, 1842, préface, p. VIII: «Pour ceux-là [les petits enfants] ont été écrits des livres de ce genre qui contiennent toutes les aides dont ils ont besoin [...]; mais à ceux-ci [les plus avancés] il faut ouvrir comme des sortes de forêts de matériaux poétiques où ils trouvent toutes prêtes des choses qu'ils puissent [...] tourner à leur propre usage.» (*Illis [puerulis] scripti sunt ejusmodi libri, qui, quibus opus est adjumentis, in se habent [...]; his [provectioribus] aperiendae sunt quasi quaedam sylvae rerum poeticarum, in quibus parata inveniant, quae [...] in usus suos convertant*). La forêt ou matière (*silva*) est ici, selon le *topos*, un lieu de ressources exploitables et ce matériau lui-même. Sur la sylve des matériaux, cf. Quintilien, *Institution Oratoire*, V, 10, § 20-21, et, pour le terme *aperire* suggérant métaphoriquement un développement lexical, *ibid.*, VIII, 3, § 68-69.

22 Cf. K. Dinner, *op. cit.*, ép. dédicatoire: «Comme donc je m'avançais à travers les autres poètes grecs [...] par une lecture d'une tenace ardeur, il se fit qu'ayant rassemblé un immense matériau [*forêt / matière*] d'épithètes, lorsqu'il s'agit de l'ordonner et [...] de le grossir d'autres poètes de cette langue qui ne m'étaient connus que de nom, je fus entravé par des changements qui survinrent en même temps dans le lieu et dans l'objet de mes études.» (*Ergo cum per ceteros Græcos poetas [...] pertinaci studio et lectione grassarer, factum est ut ingenti sylva Epithetorum congesta, in ea disponenda, et [...] ex aliis ejus linguæ Poetis, de nomine solum mihi notis, cumulanda, locorum pariter et studiorum commutationes impedimentum attulerint*).

rature au XVIIe siècle, où s'impose la perspective d'un progrès contrôlé. Le titre du *Gradus ad Parnassum* est là pour en témoigner.

Toutefois, un tel recueil est-il encore un épithétaire? La question est d'importance, car l'évolution du genre reflète celle du statut accordé à l'épithète en littérature. Or ici encore, la diversité règne. Il existe des épithétaires à part entière: certains s'ouvrent sur une définition de cet apport poétique éminent[24]. Mais d'autres ne constituent plus qu'un complément, et non l'élément central ou unique du dictionnaire: ainsi le *Gradus ad Parnassum* est un répertoire de synonymes, d'épithètes, d'antonymes, de rimes et de sentences – *opus* non plus *locupletissimum*, mais *absolutissimum*[25]. Entre ces deux extrêmes, se déploie une variété de statuts intermédiaires, de loin les plus complexes et les plus intéressants.

Ainsi, quelle différence entre l'*Amas d'epithetes recueilli des œuvres de [...] Du Bartas* publié en annexe d'un *Dictionnaire des rimes francoises*, et l'*Epithetorum Farrago* ajoutée à la réédition du dictionnaire de sentences de Bellengard[26]! Ou encore entre l'*Index* de Lange édité avec les œuvres de Martial, et l'*Epithetorum Virgilianorum Appendix* jointe à une édition de Virgile[27]! La différence de langue ou le statut des auteurs-sources ne sont pas seuls en cause. Car c'est par l'ajout d'une telle annexe que le *Sententiarum Volumen* peut rester *absolutissimum*: l'épithétaire ne fait qu'apporter un «plus» à une précédente édition. En revanche, la modestie affichée du petit *Amas d'epithetes* est douteuse, puisqu'il pose Du Bartas en modèle poétique. Quant aux deux autres index, le premier

23   Cf. B. Zanchi, *op. cit.*, préface: «En effet cette épithète n'a pas été attribuée sans cause aux Muses, pour signifier une matière littéraire rustique et pastorale.» (*Id enim Epithetum non sine causa Musis adjectum est, ut rusticam, pastoralemque scriptionis materiam significaret*).

24   Cf. B. Zanchi, K. Dinner ou le R. P. Daire, *op. cit.*, et au XIXe s. J.-B. Levée, *Dictionnaire des épithètes françaises... précédé d'un traité sur l'emploi des épithètes*, Paris, L'Huilier, 1817.

25   Cf. C. Chaulmer, *Magnus Apparatus Poeticus: seu Epithetorum, synonymorum et phrasium poeticarum opus absolutissimum...*, *op. cit.*; L. Le Brun, *Novus Apparatus poeticus: Synonymorum, Epithetorum et Phrasium, seu Elegantiarum Poëticarum Thesaurum...*, Paris, S. Benard, 1667. Le *Gradus ad Parnassum* ou la *Regia Parnassi* ont des titres analogues. Sur les ambitions et l'organisation de ce genre d'ouvrages, cf. N. Celeyrette-Pietri, *De rimes et d'analogies. Les Dictionnaires des poètes*, Lille, P. U., 1985, p. 69 sq., à propos du *Gradus français*. Au milieu du XVIe s., l'*opus* de Textor se veut *absolutissimum* (Bâle, N. Brylinger, 1558), mais reste encore un simple épithétaire.

26   E. Bellengard, *Sententiarum Volumen absolutissimum... cui ad calcem addita est epithetorum farrago, a Joanne Castelio... collecta...*, *op. cit.*; *Le Dictionnaire des rimes francoises...* (attribué à O. de La Noue), Genève, hér. d'E. Vignon, 1596.

27   *M. Valerii Martialis Epigrammatum libri XIV... Cum Indice omnium verborum Iosephi Langii... et aliis indicibus locupletissimis in singulos Commentarios*, Paris, B. Macé, 1600-1601 (l'*Index* a d'abord été édité indépendamment en 1595); *P. Virgilii Maronis Poemata... quibus ad calcem addita est Epithetorum Virgilianorum Appendix*, Francfort, C. Egenolff, 1610.

envisage l'*elocutio* de Martial comme globalement imitable, et le second traduit la prise de conscience d'un intérêt spécifique des *épithètes* virgiliennes – à l'instar des épithètes homériques[28].

Deux stratégies éditoriales s'entrecroisent donc : tantôt un épithétaire tente de se promouvoir en s'augmentant d'un traité, tantôt un répertoire prend acte de la vogue des épithétaires, mais sans pour autant reconnaître l'intérêt poétique des épithètes, et même en contribuant plutôt à l'annuler. Le fait que l'on se mette à rééditer les *Epiheta* de Textor avec un traité de prosodie[29] atteste ainsi l'effacement des frontières entre l'épithétaire et de véritables traités que leurs auteurs, séduits par la stratégie inverse, inaugurent par des considérations sur l'épithète[30]. Et un épithétaire cicéronien qui, au XVIᵉ siècle, célébrait une éloquence capable de parer la philosophie la plus mûre, sert d'annexe à un *Dictionarium Puerorum* au XVIIᵉ siècle[31]. Egalement intermédiaires sur ce parcours de l'épithétaire au traité ou au manuel, les *Synonymes et Epithetes Françoises* de Montméran se réfèrent aux *Epithetes* de La Porte[32], mais préfigurent les *apparatus* et *gradus* à venir.

L'épithète perd ainsi de sa spécificité, et ce, paradoxalement, en raison d'une spécification plus précise qui, l'enfermant dans une fonction grammaticale, lui dénie sa fonction rhétorique. L'énumération dans les titres de diverses ressources langagières à ses côtés en témoigne : seule, elle ne suffit plus. Au XVIᵉ siècle, en revanche, il est légitime de ne s'attacher qu'à elle, et Textor imite à juste titre, par ses *Epitheta*, la quête érasmienne de la *copia* à l'œuvre dans les *Adages* :

---

[28] Cf. K. Dinner, *op. cit.* ; N. Prou des Carneaux, *Homeri epitheta omnia...*, Lyon, T. Soubron, 1594 ; W. Seber, *Argus homericus, sive Index vocabulorum in omnia Homeri poemata, cum... catalogo item græco-latino vocabulorum, quibus apud Homerum, et ex eo in indice adjecta sunt epitheta...*, Amsterdam, J. Jansson, 1649.

[29] *Epithetorum opus absolutissimum... Accesserunt de Carminibus ad veterum imitationem artificiose componendis præcepta... collecta a Georgio Sabino*, Paris, M. Sonnius, 1580 ; *Epitheta... quibus accesserunt De Prosodia libri IIII..., quos Epithetorum præposuimus operi. Item de Carminibus ad veterum imitationem artificiose componendis præcepta...*, Lyon, P. Rigaud, 1605 ; nombreuses rééd. Dinner est lui aussi réédité avec l'*Epitome de Poesi seu prosodia Græcorum* d'E. Sidelmann, Lyon, A. de Harsy, 1607, et en 1614.

[30] Cf. J. Volland, *De re poetica Græcorum, sive Epithetorum lib. I. Phraseôn Poeticarum lib. I. Descriptionum variarum et elegantiarum poëticarum lib. I. Elegantiarum secundum tria causarum genera distributarum lib. I. Libri quatuor...*, Leipzig, 1582. Comparer avec Ph. Labbe, *Linguæ græcæ prosodia, dialecti, epitheta, cum Thesauro prosodico græco-latino...*, Paris, S. Mabre-Cramoisy, 1671.

[31] O. Toscanella, *Ciceronia Epitheta Antitheta, et Adjuncta...*, Cologne, M. Cholin, 1563, ép. dédicatoire (*Sallustio Piccolominæo præstantissimo Philosopho : et Clarissimo Oratori excellentissimi Ducis Florentiæ*) ; nombreuses rééd. dans le *Dictionariolum latino-græco-gallicum* dès 1577, puis dans le *Dictionarium Puerorum...* attribué par erreur au jésuite H. Tursellini sur la page de titre, Lyon, P. Rigaud, 1608.

[32] A. de Montméran, *Synonymes et Epithetes Françoises...*, Paris, J. Le Bouc, 1645, préface.

Les adages plaisent par leur façon de rendre généralement la force naturelle de la chose, par des termes non pas naturels mais qui opèrent un déplacement, comme si l'on effectuait un rapprochement avec une autre chose. En revanche, les épithètes, si elles sont convenablement choisies, ornent et éclairent si bien le discours que la force et l'énergie profondes et subtiles de la chose même se découvrent aux yeux[33].

Si l'adage a les vertus de la métaphore, le pouvoir d'«illustrer» (*exornare et ad intelligentiam facere*) revient à l'épithète: son *évidence* révélatrice évoque le passage de la puissance (*vis*) à l'acte (*energia*) et relève d'une logique non de similitude (*collatio*) mais de déploiement (*apertio*) ontologique[34]. C'est à ce titre rhétorique que l'épithète est comparable à une figure comme l'adage[35], et souvent elle se confond avec la périphrase[36]. Nuñez est représentatif, presque malgré lui, de la difficulté que ses semblables éprouvent à s'en tenir – le voudraient-ils – à une définition grammaticale:

> Mais pour cet ouvrage je n'ai pas embrassé tout ce qu'Aristote, au troisième livre de sa *Rhétorique* [III, 2, § 14, 1405b, et III, 6, § 3, 1407b], a voulu désigner du nom d'«épithètes», comme les périphrases [...], mais seulement celles dont les anciens grammairiens ont voulu [...] qu'on les appelle de ce nom certain et propre. Cependant j'ai mis là un certain nombre de périphrases et pour ainsi dire de descriptions [...][37].

Mais progressivement la distinction se fait, comme l'atteste l'apparition des «périphrases» dans le titre de la *Regia Parnassi*[38]; leur présence, qui n'est sans

---

[33]　Jacques Tixier, *loc. cit.*: *Adagia gratiam conciliant, quæ plærunque genuinam rei vim, non genuinis sed translatitiis* [sic] *vocibus, quasi rei alterius collatione adhibita excribant. Epitheta autem si commode asciscantur, ita orationem exornant et ad intelligentiam faciunt, ut rei ipsius vim atque energiam intimam eruditamque aperiant oculis.* Sur les notions d'*évidence* et d'*enargeia* et leurs rapports avec l'*energeia*, cf. P. Galand-Hallyn, *Les Yeux de l'Eloquence. Poétiques humanistes de l'*évidence, Orléans, Paradigme, 1995, p. 99-184.

[34]　Cf. aussi B. Zanchi, *op. cit.*, préface; M. de La Porte, *op. cit.*, ép. dédicatoire («outre la grace, force, et vertu qu'ils donnent à sa poësie [de Ronsard], ils servent grandement à l'explication d'icelle»); P. J. Nuñez, *Apposita M. T. Ciceronis...*, Valence, Vᵛᵉ J. Mey, 1556, ép. dédicatoire: *nobilior laudabilior, et ad orationem illustrandam aptior.*

[35]　Cf. Quintilien, *Institution Oratoire*, V, 11, 37 et 41; Erasme, *Adagiorum collectanea*, Paris, 1500, ép. dédicatoire à Lord Mountjoy (*Correspondance d'Erasme*, éd. M. Delcourt, Paris, Gallimard, 1967, t. I, p. 264 sq.).

[36]　Cf. P. Hummel, *op. cit.*, p. 81 sq., et notre art., «Les dictionnaires d'épithètes, laboratoires de l'*aptum*», art. cit.

[37]　P. J. Nuñez, *op. cit.*, ép. dédicatoire: *neque vero hoc opere ea omnia complexus sum, quæ Aristoteles tertio oratorio nomine* tôn epithetôn *notari voluit, ut* periphraseis *[...], sed ea tantum, quæ veteres Grammatici [...] hoc nomine certo ac proprio appellari voluerunt. Quanquam posui aliquot* periphraseis, *ac quasi descriptiones [...].*

[38]　*Regia Parnassi, seu Palatium Musarum, in quo Synonyma, Epitheta, Periphrases, et Phrases Poëticæ, ... Historiæ, Explicationes, et Fabulæ... continentur...*, *op. cit.* Cf. aussi le *Lexicon Latinum maxime pœticum* de J. H. Tiemeroth, *continens præter voces Latinas et Græcas*

doute pas nouvelle, ne peut plus demeurer implicite – et ce bien que la préface peine à les différencier :

> Je vous avertiray seulement, qu'outre les *Synonymes*, les *Epithetes* et les *Phrases*, vous y trouverez les *Periphrases;* c'est-à-dire des expressions en plusieurs mots, qui peuvent servir de Synonymes et d'Epithetes.

Autant dire que cette distinction n'apporte rien ! Et pourtant elle s'impose, dût-elle ne pas dépasser le seuil de l'ouvrage, dont le contenu doit à la fois être défini – et par là même neutralisé – et pouvoir servir – mais tous azimuts. Il en allait autrement lorsque Textor, La Porte ou l'auteur anonyme de l'*Amas d'epithetes* recensaient des périphrases, des synonymes et des noms propres : pour eux l'épithète, contribuant aux tropes, englobait virtuellement toutes ces catégories de mots. La *Regia Parnassi*, elle, adopte un point de vue grammatical. Mais à quoi bon composer des épithétaires si l'épithète n'est plus qu'un fait de langue parmi d'autres? Au XVIIIᵉ siècle, le R. P. Daire semble ainsi douter de son ouvrage : il ne prétend qu'à compléter les répertoires existants et rappelle longuement la tradition rhétorique qui est sa raison d'être, si bien coupée de ses racines que notre auteur – l'un des derniers de son espèce – a sur son livre cette parole confondante : «celui-ci a le mérite de la nouveauté»[39]! C'est donc d'un même élan que le volume des dictionnaires contenant explicitement des épithètes s'accroît et que le champ d'application de l'épithète se restreint, que la définition de l'épithète se précise et que l'épithétaire s'efface, pour ainsi dire, par absorption.

Cette évolution correspond à de nouvelles attentes. En effet chaque auteur qui tâche à se situer dans cette tradition récente multiplie les critiques à l'égard de ses devanciers[40] et, haussant en apparence le niveau des exigences posées, contribue à les reformuler. L'avertissement au lecteur du *Magnus Apparatus*

---

plurimas, epitheta, synonyma, periphrases, phrases, sententias, proverbia selectissima et res memorabiles..., Francfort et Leipzig, 1707.

[39] *Op. cit.*, préface. Pour expliquer comment l'adjectif devient épithète, le R. P. Daire souligne son rôle dans l'avènement d'un trope : «Quand le simple adjectif ajouté à un nom commun ou appellatif le fait devenir nom propre, alors cet adjectif est une *épithete*. *Ville* est un nom commun, qu'on y joigne le mot *grande*, dès-lors on entend *Paris*.» (p. V). De la perception rhétorique première de l'épithète à ce besoin de revenir d'une définition grammaticale à une orientation rhétorique, la perspective s'est inversée.

[40] Cf. A. de Montméran sur La Porte, *op. cit.*, préface, et, en latin, les sous-titres du *Magnus Apparatus Poeticus* de C. Chaulmer (*op. cit.*), *opus... nec-non pro Dictionario Poetico, Thesauro, Smetio, et aliis ejusmodi Libris futurum...;* du *Gradus ad Parnassum* ou *Novus Synonymorum, Epithetorum et Phrasium poeticarum Thesaurus... ex quo Ravisii Textoris, aliorumque Librorum Poëticorum subsidio destitutus faciliorem carminis pangendi industriam acquiret...*, qu'accompagne le *Supplementum Smetii, vocabula complectens et alia quæ in hoc opere desiderantur...* (Bamberg, J. A. Cholin, 1677); ou de la *Regia Parnassi* (*op. cit.*), *ex Officina Textoris, Delectu Epithetorum, Scala Parnassi, Arte Poëtica, Thesauro Poëtico, et Elegantis Poëticis...*

Poeticus, exemplaire à cet égard, est révélateur de ce qu'au milieu du XVIIe siècle on pouvait reprocher aux tentatives antérieures:

> Les livres que nous avons nous-même longtemps fréquentés, [...] nous constatons qu'ils sont bien maigres et mutilés en plusieurs lieux et en plusieurs choses. Certes le *Parnasse* abonde partout en fleurs de rhétorique, et en fleurs très agréables; mais il est par ailleurs inculte et désert. Les *Elégances* ne font qu'éclairer les vocables évidents, mais négligent la plupart de ceux qui relèvent d'une science plus cachée, et très souvent ne s'occupent pas du tout des lexèmes. Textor omet la plupart des épithètes les mieux appropriées à la chose, ainsi que le reste des ornements poétiques. Smetius marque seulement les quantités des syllabes, que souvent il indique dans des vers complètement informes. L'*Art Poétique*, ou du moins son auteur, semble avoir voulu vendre un livre bourré de listes de mots éculées pour beaucoup, reprises à satiété pour les autres, lesquelles sont souvent barbares et inusitées. Les *Trésors* tout comme les *Opulences* indiquent uniquement des mots usés et évidents partout, mais en oublient encore plus. Enfin l'*Apparatus* de Serra, comme d'autres, s'attache aux noms et surtout aux noms propres, mais se tait complètement sur les verbes, si bien qu'on ne peut y voir que le remplaçant du *Dictionnaire Poétique* lui-même, aucun compte n'ayant été tenu ou presque des synonymes dans cet ouvrage[41].

La critique tient en peu de mots: omissions, volontaires ou involontaires, et absence de sélection, ces deux défauts pouvant être concomitants. Les lacunes de ces livres à la fois maigres (*jejuni*) et manchots (*manci*) sont elles-mêmes de deux sortes. Reprocher des oublis à Textor, ou à un *Trésor*, revient à les attaquer sur leur propre terrain – celui de l'*ubertas*, contraire de la *jejunitas* – du moins en apparence. Mais la plupart des manques incriminés (*tantum*, *dumtaxat*, *solummodo*) portent atteinte au principe d'une exhaustivité qui est désormais exigible: Textor aurait eu le tort de privilégier les épithètes au détriment du reste – mais n'était-ce pas là l'intérêt de son recueil? –, d'autres de ne s'attacher qu'à une catégorie de mots. Enfin les ouvrages coupables de recenser des mots inutilisables n'apparaissent pas moins mutilés. On voit par là que l'exhaustivité

---

41   C. Chaulmer, *op. cit.*, avertissement au lecteur: *Quos trivimus nos-ipsi manibus libros, [...] jejunos scilicet et mancos pluribus in locis et rebus animadvertimus. Parnassus quidem abundat floribus ubicumque, amœnissimisque illis; sed incultus est alibi et desertus. Elegantiæ obvia tantum vocabula illustrant, negligunt reconditioris doctrinæ pleraque, et sæpius verba nihil curant. Textor Epitheta pleraque ad rem accommodatissima prætermittit, et reliqua poëseos ornamenta. Smetius notat duntaxat quantitates vocum, quas sæpe versibus inconditissimis indicat. Ars Poëtica, vel certe ejus Author pluribus obsoletis, aliis repetitis ad satietatem nomenclaturis ac iis sæpe barbaris et inusitatis chartam refercire ac vendere voluisse videtur. Thesauri sicut et Flavissæ trita solummodo ac passim abvia indicant, longe plura omittunt. Apparatus tandem Serræ ac alii, nomina et maxime propria persequitur, de verbis omnino tacet; ita ut pro Dictionario ipso Poëtico tantum haberi debeat, nulla aut certe minima in Opere isto habita ratione Synonymorum.*

n'est pas la *copia*, et que même ces deux principes sont incompatibles. Ainsi le *Magnus Apparatus Poeticus* se veut à la fois *absolutissimus* et *selectissimus*, car l'efficacité qu'il vise est orientée, qu'il s'agisse de «former les mœurs» ou d'y «puiser du plaisir»[42]: par-delà la reprise du *topos* de l'*utile dulci*, la notion d'utilité a changé de sens.

L'organisation des épithétaires le confirme. Celle des premiers est minimale: une entrée, une liste d'épithètes – parfois classées par ordre alphabétique ou regroupées suivant les répétitions qui les structurent dans le texte-source, comme dans l'*Amas d'epithetes*, mais le plus souvent en désordre – et un commentaire[43]. Mais par la suite, le classement se doit d'être *commodissimum*[44]: Montméran tient à préciser dans son titre qu'il a suivi *l'ordre de l'Alphabet*, d'autres vantent leur classement «par ordre de quantité»[45], utile à l'apprentissage de la versification latine. Plus tard, au XVIIIᵉ siècle, le *Lexicon Latinum maxime poeticum* comporte plusieurs livres traitant de la quantité des syllabes[46], et au XIXᵉ siècle, un opuscule consacré aux *Epithètes latines, classées par ordre de quantité*[47], s'organise selon une série de subdivisions régies par les lois de la versification.

Le rapport posé entre le substantif et son épithète, un rapport sollicitant l'exercice des qualités de convenance ou d'*aptum*, évolue plus encore. Les premiers épithétaires semblent avoir pour principe de donner les épithètes recensées sans exception ou presque, quitte à en justifier incidemment la présence dans le commentaire: en la matière, le précédent est un acquis, et l'*aptum* se découvre rétrospectivement. Il n'en va plus de même lorsque le lexique disponible est d'emblée restreint aux auteurs ayant eu le style le plus propre[48] ni lorsque le recueil, caressant la chimère de l'exhaustivité, exclut

---

[42] *Ibid.*: [...] *quas tibi selectissimas, ac vel moribus informandis, aut hauriendæ delectationi appositissimas dedimus.* Cf. aussi F. Serra, *Synonymorum, Epithetorum et Phrasium... Apparatus selectissimus...*, Vienne et Nüremberg, M. Endter, 1701.

[43] Au XVIᵉ s., cela rapproche l'épithétaire du genre du commentaire: cf. P. J. Nuñez, *op. cit.*, *His acceperunt additiones quædam et explicationes Latinæ dictionum Græcarum*; L. Schröter, *Opus... in quo... loca obscuriora ita explicantur, ut commentarii vice legentibus esse possint, op. cit.*; B. Zanchi, *Epithetorum Commentarii..., op. cit.*

[44] Cf. l'*Epithetorum Farrago* (*op. cit.*), *in ordinem commodissimum digesta*; N. Le Roux, *op. cit.*, *opus... ad commodiorem studiosæ juventutis usum, elucubratum.*

[45] Cf. l'*Epithetorum Farrago* (*op. cit.*), *cuique classi ostensa sua quantitate*; *Novum epithetorum opus* (*op. cit.*), *cum apposita singulis syllabis quantitate...*; *Regia Parnassi* (*op. cit.*), *cum apposita syllabarum omnium quantitate...*

[46] J. H. Tiemeroth, *op. cit.*, *I. Quantitatem vocabulorum accuratissimis notis expressam, et versibus potissimum Hexametris summo studio conquisitis, comprobatam. II. Artificium singulare, quo monstratur, quomodo Syllabarum autoritate cognoscendarum Quantitates feliciter imprimi memoriæ possint...*

[47] Paris, Delalain, 1831.

[48] Cf. L. Schröter, *op. cit.*, ép. dédicatoire: *qui propriissime locuti sunt.*

d'avance les trouvailles qu'il ne saurait prévoir. Reprocher à Textor d'avoir «oublié la plupart des épithètes les plus appropriées à la chose», comme le fait le *Magnus Apparatus Poeticus*[49], c'est lui prêter des intentions qu'il n'avait pas, c'est supposer qu'un dictionnaire peut et doit mailler le réel jusqu'à le recouvrir tout entier.

De plus en plus, les épithétaires présentent donc non des épithètes rassemblées sous le nom qu'elles qualifient, mais des substantifs «avec leurs épithètes»: «des épithètes adjointes à leurs substantifs et, inversement, des substantifs conjoints à leurs épithètes»[50]; des épithètes rangées sous des rubriques (*in diversas classes*) correspondant aux diverses acceptions d'un même substantif, comme la foudre, l'amour, l'ire et la flamme de la déesse Vesta pour le feu[51]; des substantifs flanqués de «tous les Synonymes [...] qui ont une mesme et semblable signification» et de «toutes les Epithetes qui conviennent»[52]; des épithètes «rangées sous leurs substantifs» et «dans leurs classes»[53]. Dès lors, le substantif imposant sa loi à l'épithète, l'épithétaire devient un dictionnaire. Le projet de Le Roux en témoigne:

> Que par la lecture de tous les meilleurs poètes, je me compose un matériel (*Apparatus*) d'épithètes, je trempe mon doigt dans ces fontaines mêmes, je recherche leur usage et leur propriété et que tout cela je le ramène en un seul corps (*corpus*), pour les avoir sous la main chaque fois qu'il faudrait y recourir[54].

D'après ces images, qui font écho à d'autres, employées plus haut à propos des fontaines ouvertes par Scaliger (*fontes aliquos aperit*) et des épithètes rassemblées par Textor comme en un seul faisceau (*in unum quasi fascem*) et non en un seul corps ou *corpus*, le *Delectus* ainsi conçu forme un vrai système... d'autant plus complexe que son public est plus simple:

> Mais que dire de Jean Tixier? lui qui, parce qu'il a recueilli un amas d'épithètes pêle-mêle et sans opérer le moindre choix comme en un unique fais-

---

[49] Cf. *supra*.

[50] J. Lange, *op. cit.*, préface de l'*Index*: *Nam et Epitheta suis adjuncta substantivis, et vice versa, substantiva cum suis conjuncta Epithetis planissime invenies.*

[51] N. Le Roux, *op. cit.*, préface: *nam cum ignis de fulmine, amore, ira, et pro flamma Deæ Vestæ usurpetur, in diversas classes ita disponendus erat, ut liqueret quid uni, quid alteri significato proprium esset.*

[52] A. de Montméran, *op. cit.*, préface.

[53] R. P. Daire, *op. cit.*, titre et préface, p. VII.

[54] *Op. cit.*, préface, f. iiiiv°: *ut ex optimorum quorumque Poetarum lectione, Epithetorum mihi quemdam Apparatum conscriberem, in ipsos fontes digitum intenderem, usum, proprietatemque eorum investigarem, eaque omnia in unum corpus conferrem, ut ad manum essent quoties iis utendum foret.*

ceau, de peu d'utilité pour les novices, s'est apporté à lui-même beaucoup de travail et d'ennui[55].

Là réside en effet le paradoxe: définis par des exigences inaccessibles, ces ouvrages n'en apparaissent que plus cruellement inadaptés à un utilisateur à qui ils demandent, parallèlement, à la fois trop et pas assez. Le Roux, qui espère faciliter par ses sous-rubriques l'accès au mot «feu», n'en saurait épuiser le sens: on aurait beau jeu de lui reprocher des oublis. Montméran, qui prétend rassembler «trois fois plus d'Epithetes» que La Porte en un livre «beaucoup plus petit»[56] ne tient évidemment pas ses promesses. Quant au R. P. Daire, soucieux d'exhaustivité fonctionnelle au point d'indiquer une fois pour toutes par ordre alphabétique, dans sa préface, tous les adjectifs qui conviennent «à presque tous les substantifs de la Langue»[57], il ne peut qu'énumérer des mots fades. Dès lors, à quoi bon? Le R. P. Daire est le premier à énoncer que la trop grande facilité d'un recueil censé fournir l'épithète «qui dans le besoin se refuserait [...] à l'imagination» lui interdit, précisément, de parler à l'imagination:

> Mais d'un côté plus nos Poëtes trouveront de facilité, plus ils seront obligés d'être de grands poëtes. (p. X)

Encore eût-il fallu leur en laisser une chance.

De son côté, l'utilisateur d'épithétaire semble en effet devenu un maladroit à qui l'on ne se fie plus. Et pour cause, puisqu'en s'adressant à un public scolaire par les tâtonnements duquel il justifie son ouvrage, l'auteur d'épithétaire exclut du même coup le poète de son horizon. Le mode d'emploi de l'*aptum* peut ainsi être expliqué dans une préface du XVIIe siècle avec une minutie désarmante:

> Que cependant les jeunes espoirs talentueux se souviennent qu'il faut user de ces épithètes avec prudence et discernement: qu'ils n'aillent pas dire féroce et barbare celui dont ils auront voulu célébrer la mansuétude; ni que, ayant décrit la mer agitée de bourrasques enragées, ils ne la fassent paisible et calme par mégarde; ni que, le soldat qu'ils auront présenté comme avili, songeant une fois son bouclier rejeté à assurer son propre salut par la fuite et à demi-mort de peur, ils ne le représentent (parce qu'ils seront tombés sur ces épithètes) comme belliqueux et impavide; ni qu'ils ne disent courageux celui qui aura été magnanime; barbare, le cruel; doux, le bon; et qu'ils gardent à l'esprit cette exigence de discernement dans toutes les épithètes[58].

---

55   *Ibid.*, préface, f. iiiir°: *Quid vero de Ioanne Textore dicam? qui quia farraginem Epithetorum promiscue, et sine ullo delectu in unum quasi fascem collegit, Tyronibus utilitatis parum, sibi laboris plurimum atque fastidii attulit.*

56   *Op. cit.*, préface.

57   *Op. cit.*, préface, p. XI-XIII.

58   *Novum epithetorum opus, op. cit.*, préface *Studiosæ juventuti: Meminerint tamen eximiæ spei adolescentes prudenter et adhibito delectu his esse utendum epithetis: ne fortassis eum ferocem*

Des premiers exemples aux derniers se discerne, certes, un progrès conforme aux visées de ce livre ; mais voici l'épithétaire ravalé au rang de support pédagogique.

Ce que l'on attend de la convenance change ainsi. Car une fois oubliée la contribution de l'épithète aux tropes, l'*aptum* n'est plus qu'une adhésion à ce qui existe déjà : modèle de beau langage chez Schröter, convenance morale chez Montméran, convenance encore moindre dans le *Novum epithetorum opus* où il s'agit de découvrir les rudiments de l'*aptum*, non de l'expérimenter ou d'en approfondir la richesse. Au XIXe siècle, la préface des *Epithètes latines, classées par ordre de quantité*, l'avoue en ne demandant pas davantage :

> Ce petit recueil [...] offre à l'élève la nomenclature complète de chaque série d'épithètes ; et, en le mettant à même de choisir, une fois la quantité donnée, le sens le plus convenable à la circonstance, il exerce son jugement et son imagination : or c'est là, si je ne me trompe, le but de la versification latine, qui doit initier l'esprit doucement et sans effort, à l'art de l'invention et de la composition.

Il serait en effet contradictoire de demander l'impossible à celui que l'on reconnaît si peu avancé. Dès lors donc que les épithétaires exigent à la fois de leurs utilisateurs qu'ils se laissent totalement guider par des méthodes coercitives et qu'ils aient le goût, le bon sens, l'à-propos des lecteurs qui, « juges nés dans ces circonstances »[59], ont peu de chances de recourir à eux, ils renoncent à assumer ce qui les faisait jadis apparaître comme utiles et plaisants aux uns et aux autres.

Au terme de ce parcours, il faut bien reconnaître que, comme on l'avait pressenti d'emblée, l'épithétaire ne sert à rien. Et pourtant ce n'est pas là ce qui a provoqué sa disparition ; car au XVIe siècle, période où ce genre prit une ampleur inattendue, c'était en quelque sorte déjà le cas ! Plus déterminante apparaît en revanche la réorientation que nous venons d'esquisser, de la *farrago* au *delectus*, à l'*apparatus* ou à l'*opus*, de l'épithétaire au dictionnaire, des promesses éblouissantes de la *copia* aux ambitions à la fois démesurées et précautionneuses d'un *gradus* savamment dosé. Il importe de se demander à propos de ces recueils, non pas tant quelle finalité ils visent, que s'ils en ont vraiment une, non pas tant comment ils définissent l'épithète, que s'ils envisagent seulement de circonscrire celle-ci, non pas tant quelle est leur méthode, que s'ils se font forts

---

> dicant et barbarum, cujus voluerint mansuetudinem celebrare: ne cum mare rabidis actum procellis descripserint, placidum atque compositum per imprudentiam faciant: ne [quem] militem profligatum abjecto clypeo fuga saluti suæ consulentem et pavore semianimem proposuerint, hunc (quoniam in ea inciderunt epitheta) pugnacem et impavidum repræsentent: fortem dicant, qui fuerit magnanimus: barbarum, qui crudelis: mitem, qui mansuetus: et hunc in omnibus epithetis delectum observare recordentur.

59   Ces termes se trouvent chez le R. P. Daire, *op. cit.*, préface, p. VI-VII.

d'en avoir une. A cet égard, le trait dominant du dictionnaire d'épithètes de la Renaissance est sans doute son indétermination. Il faut y voir, plutôt qu'un manque ou qu'un refus, la seule attitude concevable à l'époque envers un langage d'abord aimé pour lui-même, source de joies personnelles et de découvertes fécondes, riche en suggestions que le simple fait de récolter et de répartir les mots, en les laissant jouer entre eux, ne peut que stimuler. Au XVIIᵉ siècle, s'affirment une finalité immédiate, une définition rigoureuse, une méthode orientée ; mais au XVIᵉ siècle, la liste de ressources lexicales proposées se révèle, de par ses imperfections mêmes, accueillante à quelque public que ce soit : elle est ouverte plutôt que dirigée, attentive au langage plutôt que pointilleuse, stimulante plutôt que coercitive et, capable de parler vraiment au débutant pataud comme au poète averti de ses séductions, elle fait confiance aux mots, à leur inépuisable force de jaillissement, mais aussi à son lecteur et à elle-même. Plus que d'une visée, d'une définition ou d'une méthode, c'est en somme d'une attitude qu'il s'est agi dans l'évolution si prévisible d'un genre plus étonnant par sa grandeur que par sa décadence.

Anne-Pascale POUEY-MOUNOU
Université de Picardie - Jules Verne

UN SIÈCLE DE *MINORES* ?

A voir ce que la mémoire collective en retient finalement, le XVIᵉ siècle littéraire en France n'est-il pas, à tout prendre, un siècle de *minores* ? Certes, Montaigne, Rabelais, Ronsard et Du Bellay sont des gloires nationales. Ajoutons-y encore Marot et d'Aubigné, sans doute. Mais c'est bien tout : c'est là en somme tout ce à quoi se limitent les connaissances de nos contemporains sur la littérature du XVIᵉ siècle. Et celui qui s'y consacre éprouve parfois le sentiment mélancolique d'un immense naufrage collectif. Il plonge au fond de l'eau pour arracher au fleuve de l'oubli du moins un vase ou un bijou qui puisse donner quelque idée des trésors engloutis. Mais ses trouvailles n'intéressent plus guère. Le public voit en lui un érudit, ce qui dans la langue d'aujourd'hui est un hommage très équivoque : c'est l'image prestigieuse mais dérisoire d'un obstiné travaillant sur des textes obscurs, insignifiants, et pour tout dire inutiles.

Certes, ils sont nombreux les *minores* sur lesquels travaillent ces érudits. Mais aujourd'hui, Baïf même, Belleau, Jodelle, ou Pontus de Tyard, membres de la prestigieuse Pléiade, Louise Labé, «la Belle Cordière», honneur de son sexe en cette Renaissance, Amyot à qui Montaigne accorde «la palme» sur tous les écrivains français, ne sont plus guère que des auteurs de second, voire de troisième rayon : pour autant, s'agit-il là de *minores* ? Au regard de ce qu'ils furent autrefois, ce serait sans doute faire injure à leur mémoire. Et cependant, les siècles ont recouvert leur renommée d'une épaisse couche de cendre et de poussière. Ils ne sont pas mineurs, ils le sont devenus. Mais le peu de gloire auquel ils puissent prétendre aujourd'hui ne préjuge pas de la qualité de leur œuvre. L'auteur mineur n'est pas nécessairement l'auteur médiocre : c'est plutôt celui que la dialectique plus ou moins aléatoire du temps qui passe finit par occulter, à tort ou à raison. Dès lors, face au préjugé naïvement essentialiste, qui voudrait que les auteurs mineurs le soient intrinsèquement, il convient d'élaborer une hypothèse constructiviste, afin de mettre en évidence les mécanismes historiques et littéraires qui ont transformé ces grands auteurs du XVIᵉ siècle en mineurs. C'est donc le processus de «minoration», si l'on peut dire, qui est l'objet de la présente étude[1].

---

[1] Sur cette problématique des *minores*, cf. également E. Henriot, *Livres du second rayon, irréguliers et libertins*, Paris, Le Livre, 1926, et *Littératures classiques*, 31, notamment les articles d'A. Viala, de J.-M. Goulemot et de P. Jourde. Dans la présentation de ce dernier ouvrage, Ph. Hourcade s'interroge avec justesse sur la notion même de *minores*, et dégage quelques-

Il est frappant de constater combien le XVIe siècle a été globalement minoré, c'est-à-dire pensé comme mineur: sans importance, mais aussi bien, trop jeune, non abouti et ne disposant pas encore de la pleine jouissance de ses moyens effectifs. Ce jugement d'ensemble s'est propagé à travers les générations, rejaillissant nécessairement sur les écrivains particuliers. D'un siècle non encore mûr ne pouvaient naître évidemment que des auteurs mineurs. «Ainsi, comme l'explique Claude Faisant, par delà les causes particulières qui peuvent expliquer la fortune individuelle des poètes, il apparaît que les vicissitudes de leurs destinées respectives dépendent moins, au fond, de la nature ou de la valeur propre de leur œuvre que de la représentation globale qu'une époque se fait de son histoire littéraire.»[2] Dès lors, bien souvent, de façon inconsciente et tout aussi paradoxale, c'est moins à partir de ses œuvres que fut jugé ce siècle, qu'à partir de leur siècle que furent jugées ces œuvres. Ce phénomène explique le discrédit général où, à l'âge classique, sombrèrent ensemble les auteurs de la Renaissance, ce que les nombreuses études ponctuelles ont confirmé. Mais au-delà de ces précieuses et nécessaires enquêtes locales sur la réception de tel ou tel auteur en particulier, c'est la dimension collective du problème qui doit être soulignée: mis à part de brillantes et rares exceptions, à l'instar de Montaigne, et Marot dans une moindre mesure, c'est tout le XVIe siècle qui vit bientôt son statut minoré.

L'histoire littéraire donne à penser que le déclin de la renommée de la Renaissance serait lié à l'essor de la gloire des classiques. Tout se serait passé en somme autour de Malherbe, de ses disciples et de ses successeurs, dont le discours aurait pour longtemps ravalé, et donc minoré l'image du XVIe siècle et des auteurs qui le constituèrent, au profit du «Grand Siècle», l'âge classique, le siècle de Louis XIV. Quoique cette théorie soit juste en un sens, elle n'éclaire pas suffisamment la réalité de ces faits, essor et déclin, qui proviennent tous deux d'une seule et même source à chercher au cœur de la pensée et des discours du XVIe siècle. En effet, il faut se demander si l'humanisme n'est pas en bonne partie responsable du processus de minoration qu'a subi le XVIe siècle. Les causes de ce déclin et, corrélativement, l'essor de la gloire des classiques ne sont peut-être pas à chercher en dehors de la Renaissance elle-même.

---

unes des raisons qui peuvent expliquer le statut de mineur d'une œuvre donnée: «je me bornerai à énumérer pour mémoire les préjugés et les critères inculqués par la hiérarchie institutionnelle des genres et des styles, par les canons de la morale et du (bon) goût, l'inégalité des sexes, en général au désavantage du deuxième, les situations géographique, sociale, linguistique et politique d'infériorité ou d'oppression, la précarité ou l'indigence des conditions matérielles de production et de diffusion du texte écrit.» Evidemment, ces divers paramètres ont pu jouer isolément dans le processus de minoration de tel ou tel auteur du XVIe s., mais ce qui est remarquable, en l'occurrence, c'est que le XVIe s., qui avait globalement minoré l'héritage médiéval, fut à son tour globalement minoré.

[2]   Cl. Faisant, *Mort et résurrection de la Pléiade*, Paris, Champion, 1998, p. 27.

En général, les époques diverses ont le bon sens et la mauvaise foi de construire les canons littéraires en fonction de leurs propres réussites. Etant riche en philosophes, le siècle des Lumières a fait l'éloge de la philosophie, supposée reine de l'esprit, au-delà même des sciences et des arts, accompagnant l'humanité vers son ultime perfection. Riche de poètes, le XIXᵉ siècle a fait l'éloge de la poésie, seule et immédiate médiation pour conduire les hommes vers Dieu, vers le monde et vers le pur langage. Face aux canons hérités et aux chefs d'œuvre antérieurs, chacune de ces époques a tenté du moins de construire des critères nouveaux permettant de définir l'excellence en général, pour mieux justifier son excellence en particulier. Et de vrai, chacune de ces périodes est la meilleure, si on la juge selon les critères élaborés par elle-même. C'est d'ailleurs le principe de l'admiration historique auquel nous invitait Renan. Le mieux pour apprécier les œuvres d'une époque, c'est d'adopter son propre regard et ses propres critères pour les comprendre et les juger.

Or, seul entre tous, le XVIᵉ siècle s'est obstiné à promouvoir des axiologies esthétiques pour lui-même disqualifiantes. En restaurant des critères allogènes hérités de l'Antiquité, le XVIᵉ siècle français s'est enfermé dans l'hétéronomie qui le condamnait à se juger, et à se faire juger, à travers des yeux étrangers, et qui plus est défunts. Ce n'est pas l'imitation des Anciens qui fut fatale, c'est le souci d'évaluation à l'aune des Anciens. Inévitablement, les critères qui faisaient d'Homère et Virgile les poètes majeurs par excellence risquaient fort de faire apparaître leurs émules et autres épigones comme des auteurs mineurs par nécessité, et l'épopée qui, pour les hommes de ce siècle, constitue le sommet de la hiérarchie littéraire est précisément le domaine où ils ont le mieux échoué – spectaculairement et collectivement. Ce n'est pas un hasard.

LES ŒUVRES MINEURES
DU «GRAND GENRE»

En 1555, Peletier du Mans déclare sans ambages: «L'œuvre héroïque est celui qui donne le prix et le vrai titre de poète. Et si est de tel conte et de tel honneur: qu'une langue n'est pour passer en célébrité vers les Siècles: sinon qu'elle ait traité le Sujet Héroïque». Et il conclut son chapitre sur l'épopée en écrivant: «Soit donc Virgile patron et exemple au Poète futur: conférable avec Homère»[3], car, de fait, à cette date, la France n'a toujours pas produit d'œuvre majeure dans le domaine, et n'en produira guère. Le seul exemple toujours cité est l'échec remarquable de Ronsard avec sa *Franciade* inachevée. N'arrivant pas à mener à bien son projet, il se résigne à publier en 1572 les quatre premiers

---

[3] *Art poétique*, ch. 8, in *Traités de poétique et de rhétorique de la Renaissance*, éd. F. Goyet, Paris, Livre de Poche, 1990, p. 305.

livres de *La Franciade*, qui s'arrêtera là. Bien qu'il ne soit mort que treize ans plus tard, Ronsard n'a jamais poursuivi ni achevé son œuvre.

Du Bellay, lui aussi, dans son *Hymne chrestien*, laissait espérer une vaste *Israéliade*, courant de la Genèse jusqu'à la mort d'Achab, en passant par Moïse et Salomon, mais en définitive, dans ce genre prestigieux, il n'a laissé que ce modeste fragment que constitue la *Monomachie de David et Goliath*. L'on pourrait encore ressusciter *Le Roi triomphant* d'Alexandre de Pontamairy et la *Galliade* de Guy le Fèvre de La Boderie. Mais il faut l'avouer : la moisson est bien maigre. Certaines œuvres, il est vrai, à l'instar des *Tragiques* ou de *La Sepmaine*, sont animées d'un souffle épique incontestable ; ce ne sont pas pour autant d'authentiques épopées, et la *Judith* de Du Bartas ne connut jamais aucun succès.

Au total, le bilan est étrange et décevant. Face à l'épopée, les auteurs et commentateurs de la Renaissance développent un discours d'admiration hyperbolique teinté d'adoration mystique, le mot n'est pas trop fort. Ronsard lui-même, évoquant Homère et Virgile, écrit :

> J'ay suyvi leur patron : à genous *Franciade*
> Adore l'*Æneide*, adore l'*Iliade*[4].

La formule a de quoi surprendre. La ferveur anaphorique du verbe employé, « adore », donne vraiment le sentiment d'un culte étrange, d'une litanie nouvelle scandée sur des autels imprévus. Cette adoration mystique, qui plus est, n'est pas sans résonance alchimiste : c'est le « grand œuvre » dont parle Sébillet, et comme le notent curieusement Jean-Charles Monferran et Olivia Rosenthal, mais à juste titre, pour les hommes de ce temps, « tout se passe comme s'il n'avait pas la même nature que les autres : il y a d'un côté le poème héroïque et de l'autre toutes les formes inventoriées de la poésie »[5]. Or cette primauté ontologique du grand œuvre a exercé sur tout le siècle un ascendant proprement totémique. L'épopée suscite une sorte de peur sacrée, et ceux qui d'aventure s'y essaient, le plus souvent, y renoncent finalement, comme Ronsard, Du Bellay, Jean Godard, par exemple[6]. Ayant fétichisé l'objet, les auteurs et commentateurs du XVIe siècle français ont développé une forme de complexe d'infériorité assez frappante. On est parfois tenté de dire : bien qu'elle ait placé l'épopée au sommet de la hiérarchie des genres, la Renaissance a peu ou mal imité les Anciens sur ce terrain. Mais ce « bien que » est un « parce que ». La Renaissance, en l'occurrence, a donné aux Anciens les moyens d'exercer sur elle-même une tyrannie castratrice en matière d'épopée.

---

4   *Préface sur la Franciade touchant le poëme héroïque*, in Ronsard, *Œuvres complètes*, éd. J. Céard, D. Ménager et M. Simonin, Paris, Gallimard, « Bibliothèque de la Pléiade », t. I, 1995, p. 1178.

5   « Le Poème héroïque dans les arts poétiques français de la Renaissance : genre à part entière ou manière d'illustrer la langue ? », *RHLF*, 2, mars-avr. 2000, p. 201.

6   Cf. J. Céard, « L'Epopée en France au XVIe siècle », *Congrès international de l'Association Guillaume Budé*, Paris, Belles Lettres, 1980.

Il faudrait donc rouvrir le dossier un peu trop vite fermé depuis le mot fameux de Malézieu : « les Français n'ont pas la tête épique ». A la question : « pourquoi la France n'a-t-elle produit que des œuvres mineures ou avortées dans le genre de l'épopée ? », cette formule fréquemment invoquée apporte une réponse par trop rapide, naïve et essentialiste. D'ailleurs, même si la chanson de geste n'est pas à proprement parler une épopée, il semble difficile d'alléguer que les poètes français du Moyen Age n'avaient pas « la tête épique ». Jusqu'à la fin de cette époque, les poètes français eurent certes la tête épique ; les œuvres nombreuses peuvent en témoigner. Mais à partir du XVIe siècle, la référence aux Anciens, obsédante et quasi traumatisante, a pour longtemps tari la source de la création épique. L'humanisme s'est trouvé prisonnier d'une double contrainte : il a fait d'Homère et de Virgile des modèles à imiter absolument, tout en les déclarant absolument inimitables.

A GENRES MINEURS, ŒUVRES MAJEURES...

Or, à bien y regarder, tout ce par quoi la Renaissance se recommande auprès des siècles qui suivirent, et en tout cas auprès du nôtre, fut produit dans les genres bas et mineurs. Que sont, par exemple, les *Essais* de Montaigne sinon une farcissure informe, un bavardage domestique, un commentaire sans couture, un coq-à-l'âne d'un style nouveau ? Ce que les lecteurs ont reconnu comme le chef-d'œuvre de cette génération n'en est pas moins écrit dans un genre bas, métis et pour tout dire sans genre. Pareillement, la geste pantagruélique s'inscrit dans un genre bas et mineur : c'est une chronique populaire qui évolue entre la parodie romanesque et la satire littéraire. Et ce genre bas, pour ne pas dire bâtard, de l'aveu général, du moins au XXe siècle, a produit un fameux chef-d'œuvre. Même dans le cas de Ronsard, la gloire du poète tient aujourd'hui aux poèmes amoureux qui, y compris dans le cas des *Amours* de 1552, d'un point de vue générique, ne sont que chansons et poèmes mineurs. Les œuvres majeures de genre élevé sont à chercher parmi les *Odes*, les *Discours* éventuellement, les *Hymnes* surtout, et bien sûr, le fragment d'épopée qu'est *La Franciade* - toutes œuvres que notre siècle ne lit plus guère[7]. Tout se passe comme si l'absence de

---

[7] Et même, en poussant l'analyse, on pourrait dire peut-être que ce siècle-ci, à l'intérieur des recueils et des genres divers pratiqués par Ronsard, a préféré les odes horatiennes et anacréontiques aux odes pindariques, les *Amours* de Marie et d'Hélène aux *Amours* de Cassandre. Et l'on pourrait invoquer encore Marot, mieux goûté pour ses chansons, épîtres et épigrammes que pour ses psaumes, Maurice Scève qu'on lit davantage pour *Délie* que pour le *Microcosme*, Marguerite de Navarre, qu'on évoque plus souvent pour son *Heptaméron* que pour l'*Oraison* ou le *Miroir*.

codification rigoureuse pour ces genres que les arts poétiques et les discours symboliques ne prennent guère en compte, faute de modèle antique à proposer, avait dégagé une fenêtre permettant aux auteurs d'innover et de créer plus librement et, sans doute, plus heureusement. C'est donc bien dans les genres supposés mineurs que furent composées les œuvres réputées majeures.

La chose, cependant, n'allait pas de soi. Selon la nouvelle axiologie humaniste, les poètes qui choisissaient des genres mineurs, et qui plus est de style bas, se trouvaient par là même déclassés. Certains théoriciens, pourtant, tentèrent de prendre leur défense. Bartolommeo Fonzio, par exemple, dans son *De poetico*, tout en reconnaissant la suprématie du poème héroïque, réclamait pour le poète le droit de choisir les genres mineurs : *ab heroico poemate referens pedem ad minora se conferat*. Pareillement, dans ses *Carmina*, Jean Salmon Macrin, pour se justifier d'écrire ces petits poèmes, affirmait qu'il est digne de louange celui qui, malgré ses hautes ambitions, fut contraint de s'en tenir aux genres mineurs (*Stare vel in minimis*)[8]. Evidemment, cette excuse est particulièrement fréquente chez les néo-latins, dont l'horizon littéraire est sursaturé par la référence aux Anciens et aux *majores*, mais elle se retrouve également chez les auteurs écrivant en langue vernaculaire. La contrainte symbolique et la logique de concurrence que l'humanisme faisait peser sur les écrivains nouveaux rendaient plus difficile que jamais le positionnement des auteurs qui ne s'orientaient pas vers les genres majeurs : de plus en plus, ils étaient perçus, et se percevaient eux-mêmes comme des mineurs. Mais la ruse dialectique de l'histoire a voulu que, parmi les productions de la littérature renaissante, l'on distinguât finalement comme majeures des œuvres produites dans des genres mineurs. Les *nugae* ont fait fortune.

UN SIÈCLE MINEUR ?

Je voudrais donc, par le biais de cette réflexion, proposer une piste nouvelle pour expliquer l'infortune de la tradition épique en France. Si la France, en l'occurrence, n'a produit que des œuvres mineures, parfois inachevées, et pour le coup souvent médiocres, ce n'est pas parce que, de manière intrinsèque et constitutive, Du Bellay, Ronsard, Du Bartas, d'Aubigné, et tous les autres, seraient des poètes mineurs ou des poètes n'ayant pas «la tête épique», qu'avaient leurs devanciers au demeurant. C'est la construction de l'identité littéraire au siècle de la Renaissance qui, en accordant une suprématie castratrice aux Anciens dans le domaine épique, a compromis durablement les chances de réussite en la matière. Se jugeant à l'aune des Anciens, les Modernes se sont voués à l'échec par une servile, médiocre et impérieuse imitation, avant de renoncer tout à fait à l'épopée, non sans mélancolie.

---

[8]   Jean Salmon Macrin, *Carmina*, Paris, 1530, II, 6.

Or, comme le disent encore Jean-Charles Monferran et Olivia Rosenthal à propos des arts poétiques, «valorisé en tant que point d'aboutissement et fin de toute tentative poétique, le poème héroïque y est aussi ce à quoi le poète n'a pas encore ou ne pourra jamais accéder». Le fait est que la Renaissance, pleine d'espoir quant à ses propres capacités épiques, a très vite déchanté, et senti qu'elle n'arriverait jamais à la hauteur des Anciens, pour des raisons inconscientes qu'elle ne pouvait évidemment pas verbaliser. La fonction totémique que jouèrent Homère et Virgile enferma les auteurs dans une conduite d'échec à répétition dont ils ne pouvaient rendre compte, mais qui les angoissa et les affligea puisque à leurs yeux, comme le rappelait Peletier du Mans, seul le poème héroïque permet à une langue de passer à la postérité. Dès lors, pour atténuer cette blessure narcissique, ils accréditèrent d'eux-mêmes l'idée selon laquelle ils étaient un peu jeunes, et c'est pourquoi cette minorité en termes d'âge ne leur permettait pas encore d'accéder à la pleine et entière maîtrise poétique.

Mais cette croyance en une minorité de la Renaissance était un lieu commun à double sens, et à double tranchant. Les siècles suivants, pour se valoriser au détriment de la Renaissance, surent infléchir l'idée de mineur, et au sème dominant de «jeunesse» surent adjoindre de plus en plus le sème «infériorité». La Renaissance devint un siècle mineur, non pas comme un enfant prometteur dont on attendrait les prochaines et brillantes réussites, mais bien plutôt comme un parent pauvre, un peu rustre et grossier, qu'on invite à regret et qu'on relègue aux écuries. Cette évolution est très nette tout au long du XVIIe, et se confirme encore au XVIIIe siècle. Voltaire, comme le note en effet V.-L. Saulnier, «ne peut voir dans l'admiration qu'on porte à un Rabelais ou à un Amyot rien de plus que l'indulgence méritée par les enfants quand ils disent par hasard quelque chose de bon. Si donc les 'philosophes' ont fixé magistralement l'idée que la Renaissance est une ouverture, c'est, au vrai, dans le sens restrictif qu'ils l'entendaient, et pour n'y montrer que le balbutiement de la raison [...]. Les philosophes aidaient sans doute à poser la Renaissance comme une révolution dans l'histoire du monde: mais ne voyant en elle qu'une préface à leur propre siècle.»[9]

Au début du XIXe siècle, la situation est encore identique, et sans doute même pire, car la Renaissance subit le double mépris croisé des Classiques et des Romantiques. Comme l'explique Claude Faisant dans son ouvrage, *Mort et résurrection de la Pléiade*, «la rareté même des allusions à notre littérature du XVIe siècle témoigne d'une indifférence générale. En fait, l'image de la Renaissance se fond, aux yeux des Romantiques, dans la notion globale de classicisme, tout comme aux yeux des Classiques, elle se fond et se perd dans celle de gothique»[10]. Et il fallut tout le talent de Sainte-Beuve, en 1828, et tout le mouvement en profondeur que décrit Claude Faisant dans ce livre, pour que la Renaissance soit enfin réhabilitée.

---

[9] W. K. Ferguson, *La Renaissance dans la pensée historique*, Paris, Payot, 1950, préface.
[10] *Op. cit.*, p. 279.

Au XXe siècle, elle suscita même de vastes réflexions dans le domaine littéraire (Mikhaïl Bakhtine), historique (Fernand Braudel, Lucien Febvre) ou philosophique (Michel Foucault). Enfin, même les supposés *minores* de ce siècle jadis mineur accédèrent eux aussi à la reconnaissance, grâce à des travaux universitaires menés sur de vastes domaines: les Grands Rhétoriqueurs (Paul Zumthor), les poètes baroques (Jean Rousset, Gisèle Mathieu-Castellani), les orateurs français (Marc Fumaroli), l'histoire des sciences (Jean Céard). Toutes ces remarquables contributions firent ainsi du XVIe siècle un siècle majeur dans l'espace de la culture savante.

En revanche, dans la culture mondaine, scolaire et populaire, il est à craindre que la Renaissance ne soit en net recul depuis quelques années. L'effacement progressif de la littérature dans le discours social et l'effritement de l'histoire littéraire dans les programmes scolaires touchent plus que tous autres le XVIe siècle. Dans les classes de lycée, «sauf Montaigne qui représente toute la Renaissance, la littérature avant 1660 a disparu», note Antoine Compagnon[11]. Si l'on consulte les statistiques officielles, parmi les douze auteurs le plus souvent présentés à l'oral du baccalauréat, on chercherait en vain un nom d'écrivain du XVIe siècle. Mais ces auteurs, paraît-il, sont trop difficiles pour les élèves de lycée. Soit. Il reste à espérer qu'ils demeurent accessibles aux étudiants du supérieur. Or, n'ayant pas étudié ces époques lointaines au lycée, les étudiants de lettres font tout pour les éviter par le jeu des options à l'université, et le moment venu, sont moins de 10% à choisir en maîtrise une œuvre antérieure à 1800. Du coup, à l'écrit de l'agrégation, on évite de donner en composition un sujet portant sur cette période. En quarante ans de concours, de 1960 à 2000, l'auteur du XVIe siècle n'est «tombé» que trois fois!

Assiste-t-on désormais à une liquidation de l'héritage humaniste? Autrefois considéré comme un siècle mineur, le XVIe siècle fut sauvé «par le haut», c'est-à-dire par l'histoire littéraire et par l'érudition. Mais ce sont aujourd'hui deux valeurs en crise, si ce n'est en déclin, moins capables qu'hier d'assurer à la Renaissance la reconnaissance symbolique à laquelle elle pouvait jusqu'alors prétendre. Pour éviter qu'elle ne redevienne tout entière siècle mineur, il faudrait peut-être tenter de sauver aussi la Renaissance «par le bas». Sans rien sacrifier aux nécessaires et précieuses recherches savantes, il faudrait sans doute accorder plus d'importance à la médiation culturelle et à la vulgarisation hors des circuits traditionnels de diffusion du savoir, dans les expositions, à la télévision, dans les livres pour les enfants, sur internet, etc. Dès lors, la Renaissance pourrait rester, ou redevenir, un siècle majeur dans la culture des hommes et des femmes du XXIe siècle.

Peut-être...

Louis-Georges TIN
Université d'Orléans

---

[11]   «Après la littérature», *Le Débat*, 110, mai-août 2000.

JEAN MARTIN,
TRADUCTEUR DU *ROLAND FURIEUX*?[1]

La première traduction intégrale en prose française de l'*Orlando furioso* de l'Arioste fut publiée en 1544 à Lyon par Jean Thellusson[2]. Voici sa page de titre:

D'AMOVR | FVREVR. |
ROLAND | Furieux. | COMPOSE' PREMIEREMENT | en ryme Thuscane par messire Loys Ario | ste, noble Ferraroys, & maintenant tra- | duict en prose Françoyse: partie suyuant | la phrase de l'Autheur, partie aussi le stile | de ceste nostre langue. |
AV LECTEVR | *Si d'Amadis la tresplaisante histoire* | *Vers les Francoys à eu nouuellement* | *Tant de faueur, de credit, & de gloire* | *Parce qu'elle est traduicte doctement.* | *Le Furieux, qui dit si proprement* | *D'Armes, d'Amours, & de ses paßions* | *Surpassera, en ce totallement* | *Auilissant toutes traductions.* |
A LYON, | Chez SVLPICE SABON, Pour | Iehan Thellusson. | 1544. | Auec | Priuilege pour | six ans.

Ce titre pose d'emblée deux questions: d'abord, il ne donne aucune indication sur l'identité du traducteur; ensuite, les principes qui ont guidé la traduction restent problématiques. Ici, ce qui attire notre attention est moins le choix de la prose pour rendre l'octave hendécasyllabique de l'italien que cette formule énigmatique: «en partie suyuant la phrase de l'Autheur, partie aussi le stile de ceste nostre langue». Pour suggérer quelques éléments de réponse à la question de la paternité et à celle du style de la version française, nous examinerons le cas d'un traducteur à qui certains attribuent cette dernière depuis plus de deux siècles et demi: Jean Martin[3]. Faute de preuve externe, nous nous proposons de comparer ses procédés de traducteur à ceux de l'anonyme de 1544.

---

[1] Je tiens à remercier Mme M. Huchon, Mlle N. Helweg, MM. J. Balsamo, A. Coulombel, S. Capello, J. Dupèbe, F. Labrasca, C. Louveau et J. Vignes pour leur relecture attentive.

[2] In-f°, 6 f. non ch. et 244 f. ch. Le privilège accordé à Jean Thellusson est daté du 8 mars 1543 (a. s. = 1544 n. s.). H. Baudrier, *Bibliographie lyonnaise* (Lyon, 1895-1921), Paris, 1964, t. I, p. 422-423, et t. IV, p. 314; R. Mortimer, *Harvard College Library Department of Printing and Graphic Arts. Catalogue of Books and Manuscripts*, I, *French 16th Century Books*, Cambridge (Mass.), 1964, n° 36. L'exemplaire consulté: BNF Rés. Yd-41 (microfilm M-6964).

[3] Un siècle après P. Marcel (*Jean Martin*, Paris, 1927; 1re éd., 1898), M.-M. Fontaine a rappelé l'importance du traducteur: «Jean Martin, traducteur», *Prose et prosateurs de la Renaissance*, Paris, SEDES, 1988, p. 109-122; le colloque qu'elle a organisé en 1998: *Jean Martin: Un traducteur au temps de François Ier et de Henri II*, Paris, *Cahiers V.-L. Saulnier*, 16, 1999 [désormais:

Dans son épître dédicatoire à Hippolyte II d'Este, l'humaniste lyonnais Jean Des Gouttes[4] présente le traducteur comme une personne de sa connaissance qu'il a poussée à entreprendre cette rude tâche[5]. En dépit de cette allégation, certains bibliographes contemporains virent en lui l'auteur du travail. Plusieurs divergences dans leurs témoignages laissent subsister quelque ambiguïté. Le bibliographe lyonnais Antoine Du Verdier est cependant catégorique en parlant de la traduction du *Roland furieux* uniquement dans sa notice sur Jean Des Gouttes:

> IEAN DES GOVTTES a traduit en prose Françoise, Roland Furieux, escrit premierement en Tuscan par Chants & Stanzes. Auteur Loys Arioste gentilhomme Ferrarois. [imp. à Lyon f° par Iean Thelusson 1543. & Sulpice Sabon, & despuis à Paris 8°. par Claude Gautier & encore à Lyon 8°. par Barthelemy Honorat 1582[6].

Quant à son homologue parisien La Croix Du Maine, il mentionne comme traducteur de l'Arioste au moins trois noms: Jean Des Gouttes, Jean Martin[7] et Jacques Vincent[8]. Ses indications vagues et confuses rendent difficile l'attribu-

---

Jean Martin]. Cf. aussi T. Uetani, *Etude prosopographique sur Jean Martin: Un traducteur de la première Renaissance française*, Tours, CESR-Univ. François Rabelais, 2001.

[4]   Sur le personnage de Jean Des Gouttes, cf. la notice de M. Jacquet dans le *Dictionnaire de biographie française*, t. X, Paris, Letouzey et Ané, 1965, col. 1361; P.-F. Geisendorf, *Histoire d'une famille du refuge français: Les Des Gouttes de Saint-Symphorien-le-Châtel en Lyonnais*, Genève, [1943], p. 53-56; R. Cooper, «Le roman à Lyon sous François Ier: Symphorien Champier et Jean Des Gouttes», *Il romanzo nella Francia del Rinascimento: dall'eredità medievale all'Astrea*, Fasano, Schena, 1996, p. 109-127; S. Cappello, «Proiezioni di Diana nella narrativa francese della prima metà del Cinquecento», *«La cruelle douceur d'Artémis»: Il mito di Artemide-Diana nelle lettere francese* (13-16 juin, 2001), actes à paraître, Milan, Cisalpino, 2002. Né en 1509 à Saint-Symphorien-le-Châtel et mort en 1563 à Lyon, Jean Des Gouttes exerçait les fonctions de receveur des dîmes à l'église de Lyon.

[5]   *Roland furieux*, éd. cit., 1544, f. *2.

[6]   Antoine Du Verdier, *La Bibliotheque d'Antoine Du Verdier, Seigneur de Vauprivas*, Lyon, B. Honorat, 1585, p. 709. Cf. aussi les notices sur Jean Martin (*ibid.*, p. 719-720) et Jacques Vincent (*ibid.*, p. 627-628). Nous ne tenons pas compte des mentions sur les traductions partielles, cf. A. Cioranescu, *Bibliographie* (1959), Genève, Slatkine Reprints, 1975, t. I, p. 99-103, et t. II, p. 226-234; J. Vignes, «Traductions et imitations françaises de l'*Orlando Furioso* (1544-1580): Etude comparative», *L'Arioste et le Tasse en France au XVIe siècle*, Paris, *Cahiers V.-L. Saulnier*, 20, p. 77-80.

[7]   François Gruget, sieur de La Croix Du Maine, *Premier volume de la Bibliotheque du sieur de La Croix Du Maine*, Paris, A. L'Angelier, 1584, p. 231 et p. 242.

[8]   *Ibid.*, p. 197; cf. A. Du Verdier, *Bibliothèque françoise*, éd. Rigoley de Juvigny, Paris, 1772, t. IV, p. 315-316. Sur Jacques Vincent, originaire de Crest-Arnould en Dauphiné, l'aumônier de Jean de Bourbon et mort avant ou pendant 1554, cf. J. Brun-Durand, *Dictionnaire biographique de la Drôme*, Grenoble, 1900-1901, *ad loc.*; G. Reynier, *Le Roman sentimental avant l'Astrée* (1908), Paris, A. Colin, 1971, p. 92-98. Sur la cession de ses privilèges à des libraires parisien et lyonnais, cf. A. Charon-Parent, *Les Métiers du livre à Paris au XVIe siècle (1535-1560)*, Genève, Droz, Paris, Minard et Champion, 1974, p. 112 et n. 1.

tion de l'œuvre. C'est pourtant sur la foi de l'une de ces notices qu'au XVIIIᵉ siècle, Jean-Pierre Nicéron attribue à Jean Martin le *Roland furieux* de 1544⁹ :

> [...] *Du Verdier, & la Croix du Maine* donnent cette traduction à Jean des Goutes apparemment parce qu'il y a à la tête une Epître Dédicatoire de sa façon à *Hippolyte d'Este*, [...] mais s'ils l'avoient lûe, ils y auroient appris que c'étoit seulement à sa sollicitation & à ses prieres qu'elle avoit été faite, & qu'il n'en étoit que l'Editeur. Si l'on s'arrête au témoignnage de *la Croix du Maine*, qui assure que *Martin* a traduit d'Italien en François le *Roland furieux*, & que cette traduction a été imprimée, il faudra dire que celle-ci est de sa façon, puisqu'il n'en a point paru d'autre de son temps¹⁰.

Jean Des Gouttes qui ne signe pas la traduction et parle dans sa dédicace du traducteur comme d'une tierce personne : il n'est donc pas le traducteur. Pour Nicéron, c'est Jean Martin.

A peine trois ans après la publication du tome XXIX des *Mémoires* de Nicéron, l'un de ses collaborateurs, Claude-Pierre Goujet¹¹, tire une conclusion tout à fait différente :

> Je ne connois point de plus ancienne traduction de ce poëme, que celle qui parut à Lyon en 1543. in folio. Elle est en prose, & on la donne à Jean des Gouttes, que la Croix du Maine dit Lyonnois, parce qu'il demeuroit à Lyon, mais que Nicolas Bourbon l'ancien fait Bourbonnois. Je ne sçai cependant si ce Traducteur a voulu qu'on lui fît honneur de ce travail. La maniere dont il s'exprime dans son Epître à Hippolyte d'Est [...] fait entendre qu'il n'étoit que le promoteur & non l'Auteur de cette traduction. [...]¹². Tout ce discours, il le rapporte comme le précis d'une conversation qu'il auroit euë avec le Traducteur, & nulle part il ne fait entendre qu'il est lui-même ce Traducteur. Cependant la Croix du Maine & du Verdier lui attribuent cet ouvrage, & ils pouvoient en être bien informés. D'ailleurs Jean de Nostre-Dame, ou Nostradamus qui est mort en 1575. dit clairement dans son *Proësme* ou sa préface des vies des Poëtes Provençaux, page VIII. que des Gouttes a traduit l'Arioste. [...] Mais sur la foi de nos deux Bibliothécaires, la Croix du Maine & du Verdier, & sur celle de Nostradamus, laissons cette traduction à Jean des Gouttes : nous ne lui ferons pas un grand présent. Son style, non-seulement

---

⁹ La traduction du *Roland furieux* n'est mentionnée, ni par Denis Sauvage, qui a dressé une liste des travaux de Martin dans la préface de l'*Architecture* de Leon Battista Alberti publiée après la mort du traducteur (Paris, Kerver, 1553, f. ãijrº), ni par Guillaume Colletet (*Vie de Jean Martin*, éd. T. Uetani, dans *Jean Martin*, 1999, p. 257-266).

¹⁰ Jean-Pierre Nicéron, *Mémoires pour servir à l'histoire des hommes illustres dans la république des lettres*, t. XLII, Paris, Briasson, 1741 (Genève, Slatkine Reprints, 1971, vol. VI), p. 333-334.

¹¹ Cf. l'éloge de Jean-Pierre Nicéron rédigé par l'abbé Goujet après la mort de l'auteur dans un numéro posthume de ses *Mémoires*, t. XXIX, 1739, p. 379-396.

¹² Il cite ici la préface de Jean Des Gouttes ; cf. *infra* nos citations.

suranné, mais devenu pour nous presque barbare, ne peut lui mériter aucun lecteur[13].

L'abbé écrit, sans aucun doute, ces lignes en pensant à l'hypothèse de Nicéron[14]. Tout en prononçant une conclusion prudente, il montre une meilleure connaissance à la fois du livre, *Roland furieux*, et du personnage de Jean Des Gouttes. Au lieu de se fier uniquement à La Croix Du Maine[15], il cite deux autres lyonnais contemporains: Jean de Nostredame[16] et Antoine Du Verdier. Cet avis ne sera pas écouté avec l'attention qu'il méritait[17].

Presque deux siècles plus tard, Alexandre Cioranesco reprend la question dans son étude monumentale sur la réception de l'Arioste en France[18]. Mais, après avoir écarté, d'après Nicéron, l'hypothèse de Jean Des Gouttes et réexaminé celles de plusieurs autres – Jean Martin, Jacques Vincent[19] et Guillaume Landré –, il les rejette toutes et abandonne le dossier sans en tirer aucune conclusion définitive[20]. L'identité du traducteur anonyme, à qui il reconnaît d'ailleurs peu de mérite, ne le préoccupera pas davantage. Mais, à qui se donne la peine de restituer la vie et l'œuvre d'un de ces traducteurs une tâche supplémentaire s'impose: celle de déterminer l'auteur d'une traduction aussi importante qu'influente. Or, Jean Martin, un de ces traducteurs supposés, a fait

---

[13] Claude-Pierre Goujet, *Bibliotheque françoise ou Histoire de la littérature françoise*, t. VII, Paris, P.-J. Mariette et H.-L. Guerin, 1744 (Genève, Slatkine Reprints, 1966), p. 345-347.

[14] Dans son éloge cité de Nicéron, l'abbé Goujet évoque ses corrections à des notices de Nicéron, que ce dernier acceptait volontiers de son vivant (*Mémoires*, t. XXIX, 1739, p. 387-388).

[15] Sur la méthode de travail de l'abbé Goujet, cf. F. Berriot, «Notes manuscrites sur l'exemplaire de la *Bibliothèque* de la Croix du Maine ayant appartenu à Claude-Pierre Goujet», *RHR*, 3, 1990, p. 37-49.

[16] *Les vies des plus celebres et anciens poetes provensaux*, Lyon, B. Bouquet pour A. Marsile, 1575 (éd. J. Anglade, Paris, Champion, 1913, p. 7): «Jean des Gouttes, traducteur de l'Arioste».

[17] Plusieurs bibliographes attribuent curieusement à l'abbé Goujet une conclusion tout à fait contraire à la sienne (J. G. T. Graesse, *Trésor de livres rares et précieux ou Nouveau dictionnaire bibliographique*, Dresde, R. Kuntze, 1859-69, t. I, p. 201; G. Agnelli et G. Ravegnani, *Annali delle edizioni ariostee*, Bologna, Zanichelli, 1933, t. II, p. 278).

[18] A. Cioranescu, *op. cit.*, 1939, t. I, p. 76-88.

[19] Cf. M. Spaziani, «Traduzioni e riduzioni francesi dell'*Orlando Innamorato*», *Rivista di letterature moderne*, XVIII, V, 4, 1954, p. 281-299. Contrairement au critique italien qui rejette la paternité de Vincent pour le *Roland furieux*, J. Balsamo est favorable à cette attribution (*Les rencontres des Muses. Italianisme et anti-italianisme dans les Lettres françaises de la fin du XVIe siècle*, Paris, Champion, 1992, p. 108, 156 et 292, n. 80).

[20] E. Balmas renonce lui aussi à déterminer le traducteur. («Note sulla fortuna dell'Ariosto in Francia nel Cinquecento», *Le prime traduzioni dell'Ariosto*, Padova, Antenore, 1977, p. 3-32; repris dans *Saggi e studi sul Rinascimento francese*, Padova, Liviana, 1982, p. 75-103, surtout p. 85-86 et n. 23).

récemment l'objet de plusieurs études ; ce qui nous permet aujourd'hui de mieux réexaminer le problème.

En ouvrant de nouveau ce dossier, auquel quelques éléments ont été ajoutés ces dernières années[21], nous ne prétendons pas trancher la question, ni juger la qualité littéraire du travail[22] mais nous voudrions donner quelques points de repère pour une meilleure appréciation du problème. Cette étude s'attache d'abord à comparer les traits linguistiques du traducteur du *Roland furieux* et de ceux de Jean Martin tels qu'on les observe dans les œuvres attribuées de façon certaine à celui-ci, plus particulièrement l'*Arcadie* de Sannazar publiée en 1544. Cela nous conduira à confirmer différentes conceptions d'abord de la grammaire, du style de la langue vulgaire, puis du rôle de l'humaniste exprimées dans leurs paratextes respectifs.

Dans l'épître dédicatoire du *Roland furieux*, Jean Des Gouttes explique avec insistance l'attitude du traducteur. Après avoir justifié le choix du traducteur pour la prose, il défend celui de la traduction mot à mot :

> Bien est il vray que ledict Translateur, oultre la commune estimation de ceulx, qui sans faire difference de traduction a paraphrase, ne de paraphrase a glose, dient que tout fidele interprete ne rendra mot pour mot, à suyui cest

---

21 Tout en gardant une certaine réserve, M.-M. Fontaine et R. Gorris invitent à revaloriser la qualité de cette traduction et à y voir la main de J. Martin, « au moins dans le dernier contrôle » (*Jean Martin, op. cit.*, p. 232 ; cf. art. cit., 1988, p. 119-120, n. 3 ; R. Gorris, art. cit., p. 63-64, 65, 79 et 82). M. Huchon suggère la possibilité de voir dans un passage de l'épître dédicatoire de Jean Des Gouttes un jeu de mots sur le nom de Denis Sauvage (« Jean Martin expositeur : à partir des marginales du *Peregrin* de Caviceo », *Jean Martin, op. cit.*, p. 135-136 et n. 3). J.-Cl. Arnould étudie la préface de Jean Des Gouttes (« Jean Martin dans ses préfaces : un traducteur à la Renaissance », *Traduction et adaptation en France à la fin du Moyen Age et à la Renaissance*, Paris, Champion, 1997, p. 335-344), M. A. Lorgnet analyse la langue du *Roland furieux* français, en acceptant sans examen préalable l'attribution à Jean Martin (*Ian Martin translateur d'emprise : Réflexions sur les constructeurs de textes à la Renaissance*, Bologne, Editrice Clueb, 1994 ; « Quelques traits communs aux traductions attribuées à Jean Martin », *Jean Martin, op. cit.*, p. 198, 200 (n. 12) et 209). Quant à nous, nous avons signalé l'insuffisance de l'autorité de La Croix Du Maine (« Eléments biographiques sur Jean Martin », *ibid.*, p. 31).

22 Les jugements des critiques ont été tous aussi sévères les uns que les autres : si François de Rosset parle de l'« ordure » (*Le Divin Arioste ou Roland le furieux. Traduict nouvellement en françois par F. de Rosset...*, Paris, R. Fouët, 1615, f. õ1v°), E. Balmas qualifie la traduction de « catastrophe ». Ce n'est que depuis P. Marcel, puis M.-M. Fontaine et avec le regain de l'intérêt pour Jean Martin, que les appréciations critiques sont plus modérées (cf. n. précédente). Il faudrait tout de même remarquer que quelques-unes des erreurs relevées par Rosset sont le résultat de révisions ultérieures (p. ex., à propos du chant XXXIII, 47, v. 2-4 / Lyon, 1544, f. 172r°). Quant à nous, nous reconnaissons notre dette envers ce traducteur, et ses successeurs, pour la compréhension aussi bien du texte de l'Arioste que de la langue du XVIᵉ s., sans pour autant que notre jugement à leur égard soit aveugle.

aultre Virgile presque tout de mot a mot : tant s'en fault il qu'il ayt obmis vn
seul traict de sa nayfue candeur[23].

Ici, Jean Des Gouttes essaie d'inscrire le choix de la traduction littérale dans un
projet général qui prétend élever la langue française à la dignité de la langue
italienne tout en enrichissant la première de la « copieuse phrase Thuscane ».
Mais il prévoit la critique de ceux qui « dient que tout fidele interprete ne *rendra
mot pour mot* » : réplique contre la « tierce reigle » d'Etienne Dolet : « il ne se fault
pas asseruir iusques à la, que l[']on *rende mot pour mot* »[24]. Or, on retrouve chez
Jean Martin le même refus de la traduction littérale, comme l'on peut le lire
dans l'avertissement au lecteur de sa traduction de Vitruve parue en 1547 :

> [...] moy donc qui par une bonne affection de profiter a la chose publique de
> ce Royaume, & non pour uaine gloire, me suis efforcé de le mettre en Fran-
> coys n[']ay uoulu suyure sa facon de parler [l'obscurité de Vitruve], ains faict
> tout mon possible d'euiter ses tenebres, sachant qu'il uauldroit mieulx ne
> point escrire que s'y amuser, & n'estre entendu. Cela (sans point de doubte)
> m'a contrainct a ParaPhraser aucunesfois le texte, par plus longue deduction
> de parolles, dont aussi ie uous ueuil bien aduiser, afin si quelqu'un desiroit
> conferer le Francoys au Latin, qu[']il me treuue auoir exposé les sentences, &
> non suyuie sa diction de mot a mot.[25]

Ici, on constate que Martin exige d'abord la clarté[26] : pour rendre le texte
compréhensible aux lecteurs, il n'hésite pas à « ParaPhraser ». Sa démarche s'oppose totalement à celle qui est exposée dans l'épître dédicace de Jean Des
Gouttes[27].

Le texte français du *Roland furieux* confirme les principes formulés par son
préfacier : la traduction est généralement littérale et suit le plus souvent de très
près l'original italien ; on y remarque quelques suppressions, mais très peu

---

[23]   « A REVERENDISSIME SEIGNEVR MONSEIGNEVR Hippolyte de Este, [...], Iehan des
         Gouttes salut & felicité », *Roland furieux*, Lyon, 1544, f. *2.

[24]   Sur cette attitude de Jean Des Gouttes, qui s'oppose à la « tierece reigle » pronée par E. Dolet
         (*La Maniere de bien traduire d'une langue en aultre*, Lyon, Dolet, 1540), cf. J. Vignes, art. cit.
         Toutes les mises en italiques des citations dans la présente étude seront désormais de notre fait.

[25]   *Architecture ou Art de bien bastir, de Marc Vitruve Pollion Autheur romain antique : mis de latin
         en francoys par Ian Martin...*, Paris, J. Gazeau [pour la Vᵛᵉ et hér. de J. Barbé], 1547 [désormais :
         Architecture, 1547], f. [A ij]v°.

[26]   Martin partage ce souci de la clarté, qu'il hérite de la rhétorique classique, avec un de ses
         proches, Jacques Peletier du Mans (cf. *L'Art poétique*, I, 9, éd. A. Boulanger, Paris, 1930,
         p. 126 ; éd. F. Goyet, Paris, 1990, p. 272).

[27]   Cf. G. P. Norton, *The Ideology and Language of Translation in Renaissance and their Humanist
         antecedents*, Genève, Droz, 1984, p. 94-96 ; sur cet ouvrage, voir le compte-rendu de
         M. Magnien, *RHLF*, 86, 1986, p. 900-902.

d'ajouts[28], relativement peu de redoublements synonymiques[29]. Regardons par exemple le début du chant III :

CHI MI DA = | *ra la uoce, e le parole*	QVi me donra[30] la voix, & les parolles
CONVE = | *nienti a si nobil sug* = | *getto?*	conuenantes a si noble subiect? Qui a mes
Chi l'ale al uerso prestera, che uole	vers prestera les aesles, affin qu'ilz volent
Tanto, ch'arriui al'alto mio concetto? [...].	tellement, qu'ilz puissent paruenir a mon
(III, 1, 1-4; éd. cit., f. 11v°)	concept? (f. 9r°)

---

[28] Outre l'ajout de conjonctions ou d'adverbes dans l'enchaînement entre deux octaves, comme le signale Des Gouttes dans l'épître dédicatoire (f. *2v° : « Et n'y à adiousté seulement que quelque particularité de vocables pour lyer les coupletz ou huictains : qui par licence poëtique aulcunesfoys desioingnent ou reiterent vne mesme sentence »), on remarque quelques formules d'interventions du narrateur calquées sur d'autres passages de l'original : p. ex. «(dy ie)» (*Orlando furioso*, XIX, 4 / *Roland furieux*, Lyon, 1544, f. 91r° ; XXII, 1 / f. 107v°). Cf. aussi XX, 2 / f. 96v°) ; XXII, 15 / f. 108v°, etc. Dans la présente étude, tout en donnant pour la commodité de consultation la référence de l'édition moderne (éd. L. Caretti, Turin, Einaudi, 1966 et 1992), nous citons en principe le texte d'après la première édition préparée par Ludovico Dolce : ORLANDO FVRIOSO | DI M. LVDOVICO ARIOSTO | *nouißima-mente alla sua integrita ridot* = | *to & ornato di uarie figure* : | CON ALCVNE STANZE DEL S. | *Aluigi Gonzaga in lode del medesimo.* | AGGIVNTO VI PER CIASCVN | *Canto alcune allegorie & nel fine* | una breve esposizione | ET TAVOLA DI TUTTO | *quello, che nell'opera si contiene* [...], Venise, Gabrieli Gioli[to] Di Ferrarii, 1543 [BNF, Rés. Yd. 642]. Sur l'utilisation de cette édition vénitienne par le traducteur français, cf. S. Cappello, «Letteratura narra-tiva e censura nel Cinquecento francese», *La Censura libraria nell'Europa del secolo XVI*, éd. U. Rozzo, Udine, Forum, 1997, p. 85, n. 54 ; R. Gorris, art. cit., 1999, p. 66-71.

[29] P. ex. : *fiero* (I, 25, 8) / fier & furieux (f. 2r°) ; *sterpo* (I, 34, 7) / racine, ou tronc d'arbre (f. 2v°) ; *stanza* (I, 37, 6) / espace, & siege (f. 3r°) ; *gagliarda* (I, 70, 1) / gaillarde, vaillante (f. 4v°) ; *erta* (II, 39, 6) / hault & droict (f. 7v°) ; *in fretta* (II, 52, 2) / soubdain, & a grand' haste (f. 8r°) ; *corcate* (X, 37, 1) / couchées, & estandues (f. 40r°) ; *cura* (XX, 2, 2) / estude, & soucy (f. 96v°), etc. Sur le redoublement synonymique, cf. R. Sturel, *Jacques Amyot, traducteur des* Vies paral-lèles *de Plutarque*, Paris, Champion, 1908, p. 235-247 ; A. Lorian, *Tendances stylistiques dans la prose narrative française au XVIᵉ siècle*, Paris, Klincksieck, 1973, p. 65-92 ; P. M. Smith, «Le redoublement de termes et les emprunts linguistiques dans la traduction en France au XVIᵉ siècle : Henri Estienne et François de Belleforest», *Revue de linguistique romane*, 47, 1983, p. 37-58 ; Cl. Buridant, «Les paramètres de la traduction chez Blaise de Vigenère», *Blaise de Vigenère, poète et mythographe au temps de Henri III*, Paris, *Cahiers V.-L. Saulnier*, 11, 1994, p. 52-61.

[30] Sur la forme *donr-* pour l'indicatif futur du verbe «donner», cf. F. Brunot, *Histoire de la langue française des origines à nos jours*, t. II, Paris, A. Colin, 1967, p. 363 ; G. Gougenheim, *Gram-maire de la langue française du seizième siècle*, Paris, Picard, 1984, p. 114. Dans le *Roland furieux* de 1544, on trouve concurremment les deux formes *donr-* (f. 9r°, 53v°, 232v°, etc.) et *donner-* (f. 10v°, 11r°, 11v° (3 fois), 14v°, 36r°, 38v°, 39v°, 97v°, etc.). Quant à Jean Martin, il utilise uniquement la forme *donner-* au moins dans ses traduction de l'*Arcadie* et de l'*Architecture* de Vitruve.

La structure de ce passage[31] est relativement simple; même avec une syntaxe directement empruntée à l'original, la traduction est compréhensible et correcte[32].

Il arrive aussi à Martin de traduire littéralement: lorsque le texte italien de Sannazar lui paraît adaptable selon son idée du français, il rend l'original presque mot à mot. Mais, même dans ces passages, son attitude reste souple: en respectant toujours son idée de l'usage français, il recrée un rythme qui, inspiré de la phrase italienne, constituera la prosodie de sa prose française[33].

Or, dans le *Roland furieux*, la traduction trop littérale entraîne l'utilisation quelquefois abusive de termes italiens. Lorsque différentes possibilités se présentent, le traducteur anonyme choisit souvent le mot directement apparenté à l'original. Ainsi le mot *innamorato* est traduit par «enamouré»[34] et non par «amoureux»[35], qui correspond à l'italien *amoroso*[36]. C'est précisément ce procédé que critique sévèrement Cioranesco, reprochant au traducteur de «suivre la lettre [du texte] sans en avoir compris la signification»[37]. Mais la confrontation de la traduction avec l'original nous oblige à nuancer cette accusation péremptoire. En effet, si dans le *Roland furieux*, nombre de termes sont directement calqués sur l'italien et francisés, ces mêmes mots de l'original sont

---

[31] En citant cette octave dans ses *Recherches*, E. Pasquier (*Les Recherches de la France*, VII, 8, Paris, Champion, 1996, p. 1435) démontre des exploitations par Du Bellay et Ronsard de vers de l'Arioste.

[32] Nous signalons au passage que le premier vers de cette octave est une citation d'un vers de Boiardo et qu'il ne sera pas traduit de la même manière par Jacques Vincent dans sa traduction de Boiardo: *Le Premier livre de Roland l'Amoureux, mis en italien, par le seigneur Mathieu-Marie Bayard...: et traduit en François, par Maistre Iaques Vincent...*, Paris, V. Gaultherot, 1549 [BNF, Yd. 6; microfilm m-16918], f. CXXIIv°: «QVi sera celuy qui me donra la voix, parole, & la hardiesse, de pouuoir prononcer chose si magnanime?» Cf. *Orlando innamorato*, I, 27, 1, 1-2: «Chi mi darà la voce e le parole, / E un proferir magnanimo e profondo?»

[33] P. ex. les débuts du prologue (f. 3r°), des troisième et cinquième proses (f. 14r°; f. 26r°). Cf. C. Vecce, «L'*Arcadie* de Sannazar, selon Jean Martin», *Jean Martin*, 1999, p. 163-164.

[34] *Orlando furioso*, I, 5, 1 / *Roland furieux*, 1544, f. 1r°; I, 42, 7 / f. 3r°; V, 29, 3 / f. 18r°, etc. Dans l'épître dédicatoire, Jean Des Gouttes parle du *Roland enamouré* de Boiardo, alors que le privilège mentionne le *Roland amoureux*. Le titre de la traduction par Jacques Vincent, quant à lui, est le *Roland l'Amoureux*. Encore faut-il remarquer que la forme «enamouré» est depuis longtemps connue dans l'ancien français (Henri Estienne, *Précellence*, p. 268-270; cf. L. Clément, *Henri Estienne et son œuvre française* (1898), Genève, Slatkine Reprints, 1967, p. 327-328) et que le traducteur n'adopte pas la forme «inamouré» comme Philausone des *Deux dialogues du nouveau langage françois italianizé* (éd. P. Ristelhuber, Paris, 1885, t. I, p. 51 et n. 6; F. Brunot, *op. cit.*, t. II, p. 208).

[35] Dans *l'Arcadie*, Martin traduit différents mots italiens, *inamorato*, *amoroso* ou *amante* par «amoureux» (Prosa III, 10 / f. 15r°; Egloga III, v. 73 / f. 20r°; Prosa IV, 3 / f. 20v°; Prosa V, 1 / f. 26r°, etc.).

[36] *Orlando furioso*, I, 12, 8 / *Roland furieux*, 1544, f. 1v°; I, 54, 1 / 3v°; I, 78, 4 / f. 5r°, etc.

[37] A. Cioranescu, *op. cit.*, 1939, p. 90-91.

traduits ailleurs par un mot français plus courant : ce qui prouve que le traducteur comprenait plus qu'on ne le suppose le texte italien et que ces formes directement apparentées ont été probablement introduites à dessein. Par exemple, le mot *protervo*, critiqué par Cioranesco, est effectivement traduit par «proterve» dans le livre I, mais il est traduit aussi par un mot plus courant «maling» dans un autre passage. Voici quelques exemples de termes utilisés par l'Arioste et qui sont rendus tantôt par une francisation directe, tantôt avec des termes proprement français[38] :

accarezzare[39]	/ accaresser	: V, 51, 6 / f. 19r°; IX, 85, 7 / f. 37v°
	/ caresser	: XX, 15, 6 / f. 97r°
acuto	/ acut	: VIII, 29, 4 / f. 30r°
	/ aigu	: VI, 78, 8 / f. 24v°
addolorato	/ adoulouré[40]	: VIII, 78, 8 / f. 32v°
	/ doulent[41]	: II, 35, 8 / f. 7r°; XII, 6, 4 / f. 49r°
adornare (v.)	/ adorner	: II, 34, 2 / f. 7r°; III, 15, 8 / f. 10r°
	/ orner	: I, 72, 6 / f. 4v°; VI, 69, 3 / f. 24r°
	/ parer	: VII, 22, 7 / f. 26r°
	cf. / orner	: *Arcadie*, trad. Martin, Paris, 1544, f. 18r°
	cf. / décorer	: *Arcadie*, trad. Martin, Paris, 1544, f. 30r°
adorno (adj.)	/ en ordre[42]	: VIII, 4, 6 / f. 29r°
	/ plaisant	: I, 35, 3 / f. 2v°
	cf. / delicieux	: *Arcadia*, Prologo, 1 / *Arcadie*, f. 3r°
concento	/ concent	: I, 35, 7 / f. 2v°
	/ accordz	: VII, 19, 4 / f. 26r°
copia	/ copie[43]	: I, 44, 2 / f. 3r°; V, 67, 4 / f. 19v°
	/ grand multitude	: I, 9, 3 / f. 1v°
	/ bonne prouision	: IX, 13, 2 / f. 34r°

---

[38] Sont présentés dans cette table : le mot italien utilisé par l'Arioste / traductions : leurs références respectives. Nous ajoutons quelques pratiques de Martin sur certains mots tels que *adorno* ou *soggiungere*.

[39] Sur le préfixe *a-*, cf. T. E. Hope, *Lexical Borrowing in the Romance Languages: A Critical Study of Italianisms in French and Gallicisms in Italian from 1100 to 1900*, Oxford, Blackwell, 1971, p. 597-598.

[40] Cf. F. Brunot, *op. cit.*, t. II, p. 209.

[41] L'adjectif «doulent» (ou «dolent») traduit le plus souvent l'italien *dolente*: IX, 44, 1 / f. 35v°, etc.

[42] On voit bien ici le souci presque exclusif du traducteur de reproduire la sonorité de l'original.

[43] Le mot est utilisé surtout dans une expression «fare (si larga) copia di se», qui signifie «se donner, s'abandonner à quelqu'un dans le sens charnel» (*Grande Dizionario della lingua italiana*, t. III, 1964, p. 747c) que le traducteur du *Roland furieux* rend par «faire (si grand) copie de soi». Cf. Claude de Taillemont, *Conte de l'infante Geniéure*, dans *La Tricarite*, Lyon, J. Temporal, 1556 (repr. à la suite de l'éd. coordonnée par G.-A. Pérouse, Genève, Droz, 1989), p. 137. La même expression qu'on trouve chez Boccace, source de l'Arioste, est différemment traduite par Le Maçon (*Decameron*, VI, 7, 15; trad. Le Maçon, Paris, Roffet, 1545, f. 149v°).

protervo	/ proterue	: I, 51, 8 / f. 3v°
	/ maling	: XVI, 3, 3 / f. 69v°
	cf. / chiche	: *Arcadia*, Egloga II, 104 / *Arcadie*, f. 12v°
suggiunger	/ subioindre	: V, 40, 1 / f. 18v°
	/ respondre	: V, 42, 2 / f. 18v°; XXIII, 35, 7 / f. 114v°
	cf. / subioindre[44]	: *Arcadia*, Prosa X, 39 / *Arcadie*, f. 72v°
	cf. / asseurer	: *Arcadia*, Prosa IX, 18 / *Arcadie*, f. 59r°
volta	/ volte	: X, 48, 2 / f. 41r°
	/ fois	: I, 16, 7 / f.; II, 22, v. / f. 6v°; II, 31, 8 / f. 7r°
volta	/ volte	: II, 29, 2 / f. 6v°
	/ tourner	: III, 22, 8 / f. 10r°

L'emploi des mots italiens francisés n'est donc pas nécessairement dû à la méconnaissance du traducteur. Alors, pourquoi le traducteur voulait-il adopter une forme inhabituelle, lorsqu'il existe un mot français? Pourquoi traduit-il un même mot de diverses manières? A cet égard, on peut penser que même le genre de certains substantifs est influencé par celui de son équivalent italien. Le cas du mot «sable»[45] est éclairant: dans le *Roland furieux*, ce mot est toujours féminin comme l'italien *sabbia*[46], alors que Martin l'emploie exclusivement au masculin[47].

Cette fidélité formelle est aussi perceptible dans le traitement de certaines locutions adverbiales, surtout dans les formes redoublées comme *pian(o) piano*. Ce genre d'expression, très fréquent dans l'*Orlando furioso*, est presque systématiquement reproduit dans la traduction de 1544[48]. Le cas d'*allora allora* est sans doute un des plus fréquents[49]: ainsi dans cette description de la beauté d'Olympie:

---

[44] Quant à Martin, s'il lui arrive de traduire *soggiungere* par un autre mot («asseurer»), il emploie aussi ce verbe «subioindre», non seulement pour traduire *soggiungere*, mais aussi dans un passage où l'original utilise un autre verbe (cf. *Gli Asolani*, I, 8 / *Les Azolains*, f. 13v°).

[45] Cf. Huguet, t. VI, p. 659; Godefroy note ce mot comme masculin mais anciennement au féminin (t. X, p. 604b); cf. aussi *Trésor de la langue française*, t. XIV, 1990, p. 1379.

[46] *Roland furieux*, Lyon, 1544, f. 2r°, 12v°, 26r°, 32r°, 40r°, 81v° etc.; IX, 16, 3 (*arena*) / f. 34r°, etc.

[47] Quant à Jacques Vincent, il l'utilise dans son *Roland l'Amoureux* aux deux genres: masculin pour l'*arena*: f. Vv°, f. Xr° et v°...; féminin, en traduisant *sabbione*: f. Vv°; ou *arena*: XIr°.

[48] P. ex.: *a terra a terra* (VIII, 61, 1) / a terre a terre (f. 32r°); *a chiocca a chiocca* (X, 33, 8) / flocz a flocz (f. 40r°); *et altri et altri* (XIV, 16, 7) / & aultres, & aultres (f. 58v°), etc. Rappelons ici que Pietro Bembo recommande ces expressions répétitives dans ses *Prose della volgar lingua* (III, 78, dans M. Pozzi, *Trattatisti del Cinquecent* (1978), Milan et Naples, R. Ricciardi, 1996, t. I, p. 282-284).

[49] V, 40, 8 / f. 18v°; V, 52, 2 / f. 19r°; V, 90, 7 / f. 20v°, etc.; cf. Ch. Marty-Lavaux, *op. cit.*, t. II, p. 344.

Le poppe ritondette parean latte,
Che fuor de i giunchi alhora alhora *tolli.*
(XI, 68, 3-4; éd. cit., f. 52v°)

Les tetins rondeletz sembloient laict, que *a*
l'heure a l'heure on oste des ionchées.
(f. 47v°)

Mais dans un autre passage, la même locution est traduite à l'aide d'une para-phrase parfaitement conforme au sens de l'expression:

Ma perche Carlo il manda a l'hora
a l'hora;
Ne pur lo lascia un giorno far dimora.
(II, 26, 7-8; éd. cit., f. 9r°)

mais pource que Charles l'y enuoye *tout soub-dain, & sus l'heure* sans qu'il le laisse seiourner
vn iour.
(f. 6v°)

Cet exemple prouve que le traducteur comprend très bien le texte et que la traduction par « a l'heure a l'heure » apparaît comme un choix délibéré. Remarquons d'ailleurs que les poètes de la Pléiade en font autant[50]. Lorsqu'en 1553, dans ses commentaires aux *Amours*, Muret qualifie la même expression utilisée par Ronsard de « locution italienne », il approuve ainsi le choix stylistique du poète[51], qui, cependant, corrigera le passage en 1576[52].

Le même souci stylistique peut s'observer aussi chez Martin, qui transcrit parfois une expression italienne[53], mais, il lui arrive aussi de réaliser le même effet avec d'autres mots que ceux de l'original[54], voire d'abandonner cette figure rythmique pour privilégier d'autres aspects du texte qui l'intéressent davantage, comme dans la troisième églogue de l'*Arcadie*:

Tien piu alto il uiaggio
Accio che tua sorella
Piu che l'usato dorma:

Monte plus hault *d'un degré:*
Ta seur t'en scaura bon gré,
Car elle prendra repoz
Plus grand, & plus a propoz.

Et poi per la sua orma
Sene uegna pian pian *ciascuna stella.*
Che se ben ti ramenti
Guardasti i bianchi armenti.
(Egloga III, v. 20-26; éd. cit., f. 14r°)

Et faiz que suyuent ses pas
Les estoilles *par compas:*
Car aussi bien que nous sommes,
Bergier fuz entre les hommes.
(f. 18v°-19r°)

---

50 Cf. les ex. cités par Huguet (*op. cit.*, t. IV, p. 479b-480a), qui sont tous postérieurs à la traduc-tion du *Roland furieux*: Magny, Des Masures, R. Garnier ou Cl. Gauchet.

51 Sonnet 59, v. 7. Ronsard et Muret, *Les Amours, leurs Commentaires (1553)*, éd. C. de Buzon et P. Martin, Paris, Didier, 1999, p. 92. Sur l'attitude du commentateur devant le choix stylis-tique de l'auteur, cf. J. Céard, « Muret, commentateur des *Amours* de Ronsard », *Sur des vers de Ronsard, 1585-1985*, éd. M. Tetel, Paris, Aux Amateurs de livres, 1990, p. 37-50; repris dans cette édition, p. 359-379.

52 L. Terreaux, *Ronsard correcteur de ses œuvres: les variantes des* Odes *et des deux premiers livres des* Amours, Genève, Droz, 1968, p. 316-317 et 372.

53 P. ex. *di pena in pena* (*Gli Asolani*, I, 32, 3) / De peyne en peyne (*Les Azolains*, Paris, 1545, f. 45r°).

54 P. ex. *Arcadia*, Egloga XI, 106-108; éd. cit., f. 73r° / *L'Arcadie*, Paris, 1544, f. 93r°.

Ici, le mouvement du Soleil et celui de la Lune sont décrits d'une manière croisée dans l'original. Martin les représente en les mesurant de façon géométrique: le Soleil monte «d'un degré» et les étoiles suivent les mouvement de la lune «par compas»; l'expression correspond vaguement à *pian piano*[55] de l'original. Une pareille interprétation du traducteur peut paraître contestable, mais au moins les dispositifs ainsi mis en place mettent en lumière la cohérence de sa démarche. Il cherche avant tout une représentation rationnelle du phénomène[56]: la vision du poète est remplacée ici par celle d'un traducteur qui observe le mouvement céleste des astres avec un regard de mathématicien, compas et astrolabe à la main[57]. Par rapport à l'attitude rationnelle de Martin, la démarche du traducteur du *Roland furieux* paraît lourdement littéraliste et superficielle. Il tente de «représenter» plus d'une fois[58] l'expression *piano piano* par un «plan plan» qui peut surprendre les lecteurs modernes:

Il falso Amante; [...]   Le faulx Amant [...], comme il la sentit dormir,
[...] come dormir lei sente;   *plan plan* sort du lict.
Pian piano *esce del letto.*   (*Roland furieux*, Lyon, 1544, f. 39r°-v°)
(*Orlando furioso*, X, 19, 1-5;

Ces deux exemples mettent en évidence la divergence entre les deux ouvrages.

La recherche excessive de la littéralité conduit parfois à faire de graves entorses à la «grammaire» française. Le *Roland furieux* en comporte plusieurs traces significatives notamment dans l'emploi des démonstratifs, des conjonctions et de certains adverbes.

Pour rendre différents démonstratifs[59], le traducteur de l'Arioste semble vouloir trouver l'équivalent le plus exact entre les démonstratifs italiens et fran-

---

[55] Martin traduit la même expression dans d'autres passages par «tout doulcement» (*Arcadia*, Prosa III, 16 / *Arcadie*, 1544, f. 15v°) ou par «peu à peu» (*Arcadia*, Prosa V, 16 / *Arcadie*, 1544, f. 28r°).

[56] Cf. *Les Azolains* de Bembo, f. 33r°. Quelques années plus tard, Martin décrit lui-même ses recherches lexicologiques dans les termes suivants: «ie me soye faict la uoye par le moyen de la raison, ioincte a l'usage du compas, & practique de pourtraicture» (*Architecture*, 1547, f. Aiiv°).

[57] Il nous convient ici de rappeler l'éloge de Ronsard: «Par toy revient l'usage / Des outils et compas, / Que mesme le vieil âge / Des Romains ne sceut pas.» (*Le premier livre des Odes*, «A Jean Martin», v. 55-58, *Œuvres complètes*, éd. J. Céard, D. Ménager et M. Simonin, t. I, Paris, «Bibliothèque de la Pléiade», 1993, p. 664; éd. P. Laumonier, 4e tirage, Paris, STFM, 1973, t. I, p. 134).

[58] V, 48, 5 / f. 18v°; X, 19, 3 / f. 39r° (l'exemple suivant). Inutile de remarquer que le mot italien *piano* signifie à la fois «doucement» et «le plan ou le niveau». Remy Belleau emploie l'expression «pian pian» (*La Reconnue*, éd. J. Braybrook, Genève, Droz, p. 73); cf. Ch. Marty-Laveaux, *op. cit.*, t. I, p. 205.

[59] Le système des démonstratifs a subi une importante évolution tout au long de la période du moyen français (du XIIᵉ au XVIIᵉ s.); cf. Ch. Marchello-Nizia, *Histoire de la langue française*

çais, cela malgré la différence dans leurs usages respectifs. En effet, une correspondance entre deux systèmes y est globalement observée : « celluy » et *quello* ou *colui* ; « celle » et *quella* ou *colei* ; « cestuy » et *costui* ou *quest* ; « ceste » et *questa*. Cette correspondance quelque peu forcée entraîne parfois des constructions inhabituelles même pour le français de l'époque qui était pourtant plus malléable qu'aujourd'hui. Les démonstratifs « celui / celle », qui sont normalement accompagnés d'un déterminatif ou de propositions relatives, sont quelquefois employés seuls ou comme adjectifs. Par exemple, dans le *Roland furieux*, « celluy » est souvent utilisé sans déterminatif aussi bien comme sujet d'une proposition que comme complément :

Quel *se gli appressa, e forte lo percuote.*   *Celluy* s'approche, & tresfort le bat. (f. 29r°)
(VIII, 8, 1 ; éd. cit., f. 33v°)

A la différence du traducteur de l'Arioste, Martin se montre plus soucieux de l'usage français : il utilise comme adjectif exclusivement la forme préfixée « iceluy » (et « icelle »), le pronom « celuy » est presque toujours suivi d'une proposition relative ou d'un déterminatif, même si ces derniers se trouvent souvent séparés du pronom. La valeur distributive des démonstratifs, clairement indiquée en italien par l'opposition de *quest- / quel-*, est très souvent transposée dans le *Roland furieux* par les deux formes « cel-» / « cest-», comme dans l'exemple suivant :

E come quei, *che non sapean se l'una*   Et comme *ceulx*, qui ne sçavoient, quelle voye
O l'altra uia facesse la donzella [...]   tenoit la Pucelle [...] se mirent a l'arbitre de
Si messero ad arbitrio di Fortuna   Fortune, Regnault a *ceste*, & le Sarrasin a *celle*.
Rinaldo a questa, *il Saracino a* quella.   (f. 2r°)
(I, 23, 1-2 et 5-6 ; éd. cit., f. 4r°)

Quant à Martin, il laisse apparaître dans plusieurs passages son embarras devant ce dispositif de distribution qui n'était pas encore stable en français : ou il supprime purement l'opposition, ou il la remplace par une autre manière comme « l'un..., l'autre »[60]. Mais l'exemple suivant témoigne de ses recherches, qui esquissent déjà le système moderne d'opposition avec les suffixes *-ci / -là* :

[...] i fiumi, che tante fiate uditi hai   Toutesfois ce pendant il me plaist que tu
nominare, uoglio che hora uedi   uoyes de quelles sources partent les
da che principio nascano. Quello   fleuues dont tu as tant de fois ouy parler.
che corre si lontano di qui è il freddo   *Cestuy la* qui court si loing d'icy, est le
Tanai: quell'altro *è il gran Danubio:*   froid Tanais. *Cest autre* le grand Danube.

---

aux *XIV*e et *XV*e *siècles*, Paris, Bordas, 1979, p. 119-135 ; M. Huchon, *op. cit.*, 1998, p. 102-104. La synthèse la plus récente des différentes hypothèses se trouve dans Ch. Marchello-Nizia, *L'Evolution du français : ordre des mots, démonstratifs, accent toniques*, Paris, A. Colin, 1995, p. 115-181.

60   P. ex. Sannazaro, *Arcadia*, Prosa IV, 4 / *Arcadie*, 1544, f. 21r°.

questo *è il famoso Meandro:*   *Cestuy cy* Meander le fameux : & *cestuy*
questo altro *è il uecchio Peneo.*   *la* Peneus l'antique. (f. 97v°)
(Prosa XII, 22; éd. cit., f. 76v°-77r°)

Ces différents emplois des démonstratifs montrent un des points de divergence entre deux ouvrages publiés en 1544 : le *Roland furieux* et l'*Arcadie*.

Le littéralisme du traducteur du *Roland furieux* se manifeste dans le cas de la conjonction italienne *prima che*. Jean Martin la traduit presque toujours par « auant que », rendue souvent dans le *Roland furieux* par l'expression « premier que »[61] :

Pur uo tanto cercar prima, ch'*io mora;*   Neantmoins ie chercheray tant *premier que* ie
Anzi prima, che'*l crin piu mi*   meure, mais bien *premier que* mes cheueulx se
s'imbianchi :   blanchissent plus, que possible ie diray vn iour
Che forse diro un di, che per me anchora   que encor il y en à quelqu'vne pour moy, qui
Alcuna sia, che di sua fe non manchi.   sa foy ne me faulsera[62]. (f. 97v°)
(XXVII, 124, 1-4; éd. cit., f. 151r°)

Les synonymes français, « avant que » ou « devant que », sont aussi utilisés. Mais il semble pourtant que le traducteur emploie plus volontiers la forme « premier que », qui atteste « une pression probable de la langue-source »[63], alors que Jean Martin ne l'utilise que très rarement[64]. L'exemple suivant montre une pratique encore plus curieuse : la locution *prima che*, employée deux fois dans une même octave de l'Arioste, est traduite d'abord par « premier que », puis par « devant que » :

---

[61]   Cf. aussi I, 20, 4 / f. 2r°; I, 64, 7 / f. 4r°; II, 69, 3 / f. 8v°; III, 23, 4 / f. 10r°, etc.

[62]   *Roland furieux*, Lyon, 1544, f. 144r°.

[63]   L'expression est de M. Colombo-Timelli, « La première édition bilingue de l'*Histoire d'Aurelio et d'Isabel* (G. Corrozet, Paris, 1546) – ou : Quelques problèmes de traduction d'italien en français au XVIe siècle », *Traduction et adaptation en France à la fin du Moyen Age et à la Renaissance*, éd. Ch. Brucker, Paris, Champion, 1997, p. 305, n. 6.

[64]   Voici les nombres d'occurrences des trois locutions dans chacune des trois traductions:

	Roland furieux (Lyon, 1544)*	J. Martin, *Arcadia* (Paris, 1544)**	J. Martin, *L'Architecture* de Vitruve (Paris, 1547)***
premier que	35	1	(1)
avant que	15	16	20
devant que	15	1	0

*   Recensement fait sur la totalité des dix premiers chants et plusieurs extraits du reste du texte.

**   Le nombre d'occurrences dans la totalité de la traduction, l'épître dédicatoire et les « Expositions » de l'*Arcadie*.

*** Recensé avec les logiciels proposés par T. R. Wooldridge : http://www.chass.utoronto.ca./ ~ wulfric/vitruve.

E sempre prima, che *dannar la gente,*
Vederla in faccia, e udir la ragion ch'usa.
Differir'ancho, e giorni, e mesi, et anni
Prima, che *giudicar ne gli altrui danni.*
(XVIII, 2 ; éd. cit., f. 87v°)

Et tousiours *premier que* condamner, veoir les gens en face, & ouyr leur raison : voyre differer plusieurs iours, moys, & ans, *deuant que* iuger au dommaige d'aultruy.
(f. 144r°)

Pour formuler une hypothèse sur la raison de cette curieuse pratique, nous examinerons d'autres cas similaires.

Le mot italien *intanto* est un adverbe fréquemment utilisé dans l'*Orlando furioso*. Cette expression temporelle de la simultanéité était relativement claire pour les lecteurs contemporains, comme on peut le lire dans les *Prose* de Pietro Bembo[65]. Le traducteur du *Roland furieux* semble le comprendre correctement, puisqu'il lui arrive de le traduire par « sus ce »[66] ou par « cependant »[67]. Mais le plus souvent il le transpose par « entant »[68], mot dont nous ne connaissons pour lors aucune occurrence dans d'autres textes de l'époque[69]. La signification de cet adverbe « entant » semble pourtant claire. Ce néologisme attire notre attention d'autant plus que le mot italien *intanto* est par ailleurs rendu ici de plusieurs manières différentes. En effet, dans le chant VIII, où l'Arioste l'utilise deux fois à cinq lignes d'intervalle, la traduction présente plusieurs solutions différentes :

Ma ecco intanto *uscire una tempesta,*
Che struggea i fiori, et abbattea le piante:
Non se ne suol ueder simile a questa;
Quando giostra Aquilone, Austro,
                                e Leuante.
Parea che per trouar qualche coperto
Andasse errando in uan per un deserto.
In tanto *l'infelice (e non sa come)*

Mais voicy *entant* sortir vne tempeste, qui destruisoit les fleurs, & abbatoit les plantes, & n'à lon accoustumé d'en veoir semblable a ceste cy, quand Aquilon, Auster, & le Leuant ioustent ensemble. Il luy sembloit, que pour trouuer quelque couuert il s'en alloit errant en vain par vn grand desert. *Sus ce* le melheureux perdit sa Dame par l'air obscur, & ne scait

---

[65] P. Bembo, *Prose*, III, 65, dans M. Pozzi, *op. cit.*, t. I, 1996, p. 265-266.

[66] *Orlando furioso*, III, 8, 5 / *Roland furieux*, f. 9v° ; VIII, 82, 1 / f. 33r° ; XXII, 71, 1 / f. 111r°, etc.

[67] *Orlando furioso*, III, 4, 1 / *Roland furieux*, f. 9v° ; V, 70, 1 / f. 19v° ; VIII, 12, 1 / f. 29v°, etc.

[68] *Orlando furioso*, I, 76, 5 / *Roland furieux*, Lyon, 1544, f. 5r° ; VI, 68, 3 / f. 24r°, etc.

[69] Dans la locution concessive « en tant que », les deux mots sont souvent imprimés liés comme un seul mot « entant que » (*Arcadie*, éd. cit., f. 34r° ; *Les Azolains*, éd. cit., f. 28v°, etc.). Mais, même liés ensemble, ils n'en forment pas pour autant un adverbe autonome comme dans le *Roland furieux*. Peut-être pourrait-on rapprocher « entant » avec l'adverbe « entandis » (pendant ce temps) ; cf. F. Godefroy, *Dictionnaire de l'ancienne langue française et de tous ses dialectes du IXe au XVe siècle* (1891-1902), Genève, Slatkine Reprints, 1982, t. III, p. 250a ; E. Huguet, *op. cit.*, t. III, p. 485a, 486a, et t. VII, p. 178b-179a ; Ch. Marchello-Nizia, *op. cit.*, 1979, p. 230 ; G. Gougenheim, *op. cit.*, 1984, p. 198-201. Encore faut-il remarquer que la forme du mot « entant » pouvait se confondre avec l'adverbe d'antériorité « entan » ou « antan » ; cf. Ch. Marty-Laveau, *op. cit.*, t. I, p. 267. Henri Estienne consacre par ailleurs un passage intéressant à la déformation des expressions temporelles empruntées au latin (*Hypomneses*, 1582, p. 101-102 ; trad. J. Chomarat, Paris, Champion, 1999, p. 362).

Perde la donna sua per l'aer fosco:
Onde di qua e di la del suo bel nome
Fa risonare ogni campagna e bosco.
E mentre *dice indarno: [...].*
(VIII, 81, 3-82, 5; éd. cit., f. 37v°)

comment. Dont deçà, & delà il faict de son
beau nom resonner tout boys, & toute cam
paigne. Et *cependant* qu'il dit en vain [...].
(f. 33r°)

Ici, l'adverbe *intanto* est traduit d'abord par «entant», puis par «sus ce». De
plus, encore quelques lignes plus loin, la conjonction *mentre* est rendu par
«cependant que». Comme dans l'exemple précédent de *prima che*, le mot
intanto est successivement transposé presque phonétiquement dans un néologisme, puis traduit par une expression proprement française. Le traducteur
mélange-t-il à dessein deux types de style? Un nouvel exemple d'une pratique
similaire confirme cette hypothèse.

Dans le *Roland furieux*, l'adverbe *forse* est le plus souvent traduit par un
même mot: «possible»[70]. Attesté chez bien des auteurs contemporains, l'usage
de ce mot dans le sens de «peut-être» n'a rien d'exceptionnel à l'époque[71]. Mais
la régularité avec laquelle le mot *forse* est rendu ici par «possible» doit éveiller
l'attention[72]: le traducteur n'hésite pas à utiliser dans une même octave deux fois
le mot «possible» chaque fois avec une fonction et un sens différents comme
dans l'exemple suivant:

Forse era uer, ma non pero credibile
A chi del senso suo fosse signore;
Ma parue facilmente à lui possibile,
Ch'era perduto in uia piu graue errore.
(I, 56, 1-4; éd. cit., f. 6r°)

Il estoit *possible* vray: mais non pourtant
croyable a qui est maistre de son sens. Mais a
luy qui estoit en voye [f. 4r°] perdu, plus
grand erreur luy eust facilement semblé *possible.* (f. 3v°-4r°)

Ici, le traducteur du *Roland furieux* trahit une habitude tout à fait différente de
celle de Martin qui, lorsqu'il traduit littéralement *forse* de l'original italien, ne le
rend jamais par «possible»[73] mais utilise plutôt «peult estre»[74], «parauanture»[75]
ou «de fortune»[76]. Ces dernières expressions sont aussi utilisées dans le *Roland
furieux*, mais les rares passages où *forse* est traduit par ces tournures françaises

---

[70]   Cf. *Orlando furioso*, I, 16, 1 / *Roland furieux*, Lyon, 1544, f. 1v°; I, 28, 4 / f. 2v°; I, 54, 4 /
       f. 3v°, etc.

[71]   Un siècle plus tard, Vaugelas critiquera cet usage dans ses *Remarques* (éd. cit., p. 149).

[72]   Il est très rare que *forse* soit traduit par un autre mot que «possible»: «peult estre» (VI, 53, /
       f. 23v°; VI, 67, 7 / f. 24r°; IX, 42, 8 / f. 35v°...) ou «par adventure» (VI, 59, / f. 23v°...).

[73]   Le mot «possible» est utilisé 12 fois dans l'*Arcadie*, au moins 18 fois dans les *Azolains* et 49
       fois dans l'*Architecture* de Vitruve, mais jamais dans le sens de «peut-être».

[74]   *Arcadia*, Egloga II, v. 54 / *Arcadie*, Paris, 1544, f. 11r°; Prosa IV, 26 / f. 23v°; Prosa V, 16 /
       f. 28r°, etc.

[75]   *Arcadia*, Prologo, 2 / *Arcadie*, Paris, 1544, f. 3r°; Prosa V, 26 / f. 29v°; Prosa VII, 3 et 13 /
       f. 39r°, etc.

[76]   Prosa III, 34 / f. 18r°; A la Sampogna, 17 / f. 114r°.

nous placent une fois encore devant un curieux mélange de deux traductions différentes du même mot répété[77] :

Che forse, *come è differente il uiso,*	car *possible* comme est different le visaige, sont
E differente anchor l'ingegno, e l'arte.	encores differentz l'engin, & l'art. Parquoy tu
Tu saprai forse *riparare al danno;*	scauras, *peult estre,* remedier au dommaige, ce
Quel, che saputo mill'altri non hanno.	que mille aultres n'ont sceu faire. (f. 23v°)
(VI, 53, 5-8 ; éd. cit., f. 27r°)	

Bien que le mot « possible » ne soit pas directement calqué sur l'italien *forse*, il résonne de manière plus italienne que son synonyme « peut-être ». Après avoir étudié deux autres cas similaires, il est difficile de ne pas y voir une intention précise du traducteur d'utiliser à la fois deux types d'idiome pour traduire un même mot. Or, la formule énigmatique du titre du livre n'annonce-t-elle pas cette volonté de mélange ?

> ROLAND Furieux. [...] traduict en prose Françoyse : partie suyuant la phrase de l'Autheur, partie aussi le stile de ceste nostre langue.

La juxtaposition des deux types de style dans une « traduction » y est clairement affichée. Par ailleurs, Jean Des Gouttes n'a pas hésité à prétendre dans son épître dédicatoire que la traduction littérale de l'ouvrage a respecté les traits de la langue de l'original italien pour ne pas omettre « un seul traict de [la] nayfue candeur » de « cest autre Virgile [l'Arioste] », si bien

> que sans s'apperceuoir de la ryme en lisant, le Thuscan ne pourra ignorer nostre langue, comme le lecteur Francoys pourra aussi enrichir (ou il est indigent) son parler de ceste copieuse phrase Thuscane.

Le traducteur a donc utilisé délibérément un certain nombre de locutions italiennes, sous prétexte d'en enrichir la langue française. C'est enfin le sens de l'objectif déclaré dans la même épître-dédicace :

> s'il en vouloit non moins venir a son honneur, & aultant proprement refigurer la proprieté des beaulx traictz du langaige Italicque, que le Poete mesme a eu de felicité a bien exprimer toute affectueuse intention[78].

Bien que leur forme soit toujours francisée, certaines expressions italiennes de l'Arioste sont partiellement reproduites ; les autres sont traduites dans des locutions « proprement » françaises. Ces deux types de style sont parfois utilisés exprès pour que les deux idiomes se juxtaposent dans une même traduction à travers le recours à une même expression dans les deux langues. Ce procédé, qu'on qualifierait d'expérimental, n'a peut-être pas surpris outre mesure les lecteurs lettrés du milieu du XVIe siècle, à une époque où se multipliaient des

---

[77] Cf. aussi VI, 59, 5-8 ; éd. cit., f. 27v° / f. 23v°-24r°.

[78] *Roland furieux*, Lyon, 1544, f. *2r°.

tentatives de polyglossie ou de langage macaronique[79]. Nous pouvons rappeler aussi que de nombreuses éditions bilingues étaient destinées à l'apprentissage de langues étrangères[80]. Mais cette attitude est difficilement conciliable avec celle de Jean Martin, qui définit clairement sa démarche dans son avertissement au lecteur des *Azolains*:

> & i'espere qu'il trouuera que ie n'ay laißé aucune partie de l'intention dudict seigneur Bembo, mais que suyuant la proprieté de nostre commun parler, i'ay fidelement representé son dire.[81]

Il affirme qu'il s'est efforcé de «représenter» non pas les traits du langage de l'auteur, mais «l'intention» de ce dernier et cela toujours en suivant «la proprieté de nostre commun parler». On peut à cet égard rappeler ce qu'il dit de la première version de la traduction de l'*Hypnerotomachi Poliphili* qu'il avait alors à réviser:

> [...] me trouuant pour l'heure vn petit de loysir, commenceay [...] a changer non seulement quelques orthographes qui ne nous sont plus vsitees, mais d'auantage à transposer *quelques motz qui retenoient encores de la fraze Italienne, tant corrompue* [...].[82]

Cette remarque – Martin situe la scène au printemps 1544, juste après la publication de l'*Arcadie*[83] – semble s'appliquer aussi à la langue du premier *Roland furieux* français. Ainsi, nos deux traducteurs revendiquent et mettent en pratique deux stratégies opposées.

Cioranesco a réfuté l'attribution de la première traduction française du *Roland furieux* à Jean Martin, pour deux raisons: ce titre est absent dans les éloges adressés au traducteur par les poètes de la Pléiade, qui exprimaient cepen-

---

[79]   Sur le problème de la polyglossie, cf. M.-L. Demonet, *Les Voix du signe: Nature et origine du langage à la Renaissance (1480-1580)*, Paris, Champion, 1992, ch. 5, p. 153-187.

[80]   M. Simonin, «Des livres pour l'Europe? Réflexions sur quelques ouvrages polyglottes (XVIe siècle-début XVIIe siècle)», *La Conscience européenne au XVe et au XVIe siècle*, Paris, PENSJF, 1982, p. 384-394; M. Colombo-Timelli, «Dictionnaires pour voyageurs, dictionnaires pour marchands ou la polyglossie au quotidien aux XVIe et XVIIe siècles», *Linguisticae Investigationes*, XVI-2, 1992, p. 395-420; T. Cave, *Pré-histoires II: Langues étrangères et troubles économiques au XVIe siècle*, Genève, Droz, 2001, Ire partie: «Polyglottes».

[81]   «Le traducteur aux lecteurs», dans *Les Azolains*, f. 155r°.

[82]   Jean Martin, «Aux Lecteurs», *Hypnerotomachie, ov Discours du songe de Poliphile*, Paris, L. Cyaneus pour J. Kerver, 1546, f. ã* iijr°-v°.

[83]   Dans sa dédicace datée du 15 avr. 1544, Jean Martin dit que la traduction n'était pas encore tout à fait prête, lorsque le cardinal de Lenoncourt lui commanda qu'il «luy feisse [la] ueoir» au début de l'hiver 1543-1544 (*L'Arcadie*, éd. cit., f. Aijr°). Par ailleurs, sa présence à Paris au mois de sept. 1543 est attestée par deux actes notariés (J. Dupèbe et T. Uetani, «Documents sur Jean Martin et sa famille», *Jean Martin*, 1999, p. 248-250).

dant leur enthousiasme à l'égard de l'Arioste ; Martin refuse la recherche de la renommée, alors que le traducteur du *Roland furieux* préfère, d'après Jean Des Gouttes, «reseruer a sa louange ce peu de felicité de nature qu'il a en soy». Il conclut alors que le traducteur de l'Arioste «ne faisait pas le métier de traducteur»[84]. On peut ne pas partager sa conclusion, mais ses arguments n'en sont pas moins justes ; il nous convient cependant de les compléter.

Chez Martin, le refus de la gloire est de règle : il le déclare clairement dans un dizain qu'il ajoute à la dernière page de son *Arcadie* :

> Ce n'est espoir de grand loz acquerir,
> Qui m'a induict ce labeur entreprendre [...][85].

En outre, tandis que, selon Jean Des Gouttes, le traducteur du *Roland furieux* cherchait l'originalité, Jean Martin affirme que

> ie ne puis rien de moy mesme, ayant tousiours necessite d'un Apollo qui m'incite & conduyse [...][86].

Certes, la modestie passe pour un lieu commun de l'exorde, mais cette déclaration n'en sonne pas moins comme la profession de foi d'un traducteur de métier : il doit s'effacer derrière l'œuvre qu'il traduit.

Ces différentes prises de conscience entraînent des divergences dans la façon d'envisager le destinataire et dans le choix du style qui réponde à l'attente de ce dernier. Dans l'épître dédicatoire, Jean Des Gouttes réitère des excuses pour la traduction littérale qui utilise des termes et des expressions empruntés à la «copieuse phrase Thuscane» :

> Or quoy que ce soit, ledict Translateur n'à voulu faire ceste iniure aux propres matieres d'abuser de leurs propres termes, non plus que le Poëte mesmes ne les en à voulu desnuer. Au moyen de quoy si quelcun moins expert les trouue durs, il le prie auant que d'en iuger, qu'il regarde que telz propos & telz termes sont, qui agencent la legiereté de la prolation, & neantmoins estant couchez par escript diminuent la grauité de l'escripture : & au rebours tel propos, & tel vocable donne authorité a la plume & a l'encre, qui auilit la langue, & ne treuue lieu a etre recité [...][87].

En justifiant la «dureté» de la sonorité des néologismes par une opposition entre l'écrit et l'oral[88], Jean Des Gouttes essaie d'écarter les objections des lecteurs «moins experts». Aussi dit-il publier cette traduction pour «satisfaire

---

[84]　A. Cioranescu, *op. cit.*, t. I, p. 81.

[85]　*L'Arcadie*, 1544, f. 133v° ; P. Marcel, *op. cit.*, p. 127 ; A. Cioranescu, *op. cit.*, t. I, p. 81.

[86]　L'épître dédicatoire dans *Les Azolains*, 1545, f. 2v°.

[87]　*Roland furieux*, Lyon, 1544, f. *2v°.

[88]　Cf. J. Balsamo, *op. cit.*, 1992, p. 108-110.

plus promptement a l'affection de maintz gros personnaiges mes amys»[89]. Le premier *Roland furieux* français est donc destiné aux personnages importants et experts en langue italienne. Or, Martin destine ses traductions à «plusieurs gentilzhommes & dames vivans noblement en leurs mesnages aux champz & autres *de moindre qualité*» pour l'*Arcadie*, ou bien aux «ouuriers» pour les traités d'architecture ou encore aux dames pour la *Theologie naturele*. Son public n'est pas constitué de personnes doctes capables de lire le latin ou l'italien. Cette idée, qui s'inscrit dans un vaste mouvement culturel et politique en faveur de la langue vernaculaire[90], est éloquemment exposée à la fin du glossaire qu'il ajoute à sa traduction de Vitruve:

> [...] de ma part ie m'y employeray de sorte que chacun s'en deura contenter, par especial les ouuriers & autres gens qui n'entendent la langue Latine: Car ie preten trauailler pour ceulx la, & non pour les hommes doctes qui n'ont besoing qu'on leur esclarcisse les choses, ains les peuuent si bon leur semble, manifestement exposer a autruy, ou faire d'autres inuentions assez profitables a nous & a la posterité si tant est qu'ilz ne se vueillent monstrer chiches des dons de grace par eulx liberalement receuz, tant de Dieu que de la Nature[91].

Une telle déclaration montre bien que ce choix de Martin n'est pas seulement dicté par une théorie pragmatique de la traduction; il est inspiré par son sens de responsabilité et sa conception pieuse et rationnelle du «don» de langage.

Au terme de notre enquête, il est permis de conclure raisonnablement que la première traduction française de l'*Orlando furioso* publiée à Lyon en 1544 n'est pas de Jean Martin. Qui est alors le traducteur du *Roland furieux*? Rappelons ici la notice sur Jean Des Gouttes de Du Verdier et laissons pour lors, sur la foi de ce biographe lyonnais et sur celle de l'abbé Goujet, cette traduction à son préfacier. En attendant des preuves définitives, nous pouvons remarquer une curieuse circonstance: Jean Des Gouttes publie en 1544 un roman, l'*Histoire de Philandre*[92]. Or dans l'épître dédicatoire du *Roland furieux*, il fait une allusion au souhait du traducteur de publier son propre écrit[93]. Ne s'agit-il pas là de ce roman publié la même année? Par ailleurs, Jean Thellusson, qui n'est connu que

---

[89]   *Roland furieux*, Lyon, 1544, f. *2r°.

[90]   Cf. H. Baron, *The Crisis of the Eearly Italian Renaissance: Civic Humanism and Republican Liberty in an Age of Classicism and Tyranny*, Princeton U. P., 1955, t. I, p. 302-312.

[91]   J. Martin, «Declaration des noms propres...», dans Vitruve, 1547, f. Dijv°.

[92]   *Le Premier livre de la belle et plaisante histoire de Philandre, surnommé le Gentilhomme, Prince de Marseille: Et de Passerose, fille du Roy de Naples*, Lyon, J. de Tournes, 1544. Ce roman a été récemment étudié par R. Cooper (art. cit., p. 117-126) et par S. Cappello, communication citée.

[93]   *Roland furieux*, Lyon, 1544, f. *2r°. Pour une meilleure appréciation de cette hypothèse, il faudrait comparer de près la langue de ce roman avec celle du *Roland furieux*.

par un seul titre publié[94], est un des membres de la famille de Des Gouttes[95]. On sait aussi que Jean Des Gouttes passa une période difficile durant les années 1544-1545 à suite de la mort de plusieurs des siens dont son père. Cela nous pousse à supposer que Thellusson a financé la publication du *Roland furieux* traduit personnellement[96] par Jean Des Gouttes, pour aider celui-ci à obtenir un bénéfice ecclésiastique en le dédiant à Hippolyte II d'Este. Cependant, la tentative ne semble pas avoir eu d'effet[97].

Quant à la traduction, elle a exercé une influence considérable, compte tenu du nombre de rééditions et les poètes de la Pléiade continueront les recherches stylistiques examinées plus haut. Le réexamen du double énigme d'attribution et de modalité de la traduction nous a permis d'entrevoir, par une analyse microscopique des pratiques des deux traducteurs, l'opposition qui existait alors, et qui existe toujours, entre les deux principes de traduction, mot à mot et paraphrase, en faisant apparaître ainsi une éternelle tension du langage entre Babel et la Pentecôte[98].

Toshinori UETANI
Centre d'études supérieures de la Renaissance,
Université François Rabelais, Tours

---

[94] H. Baudrier, *op. cit.*, t. I, p. 422-423. Sur la famille Thellusson (ou Thélusson), originaire de Saint-Symporien comme les Des Gouttes, cf. Haag, *France protestante*, t. IX, p. 363b-365a.

[95] P.-F. Geisendorf, *op. cit.*, p. 49-50 ; R. Cooper, art. cit., 1996, p. 118.

[96] La régularité de la traduction de certains termes (*forse* / « possible » ou *intanto* / « entant », etc.) nous invite à penser que la traduction a été faite par une même personne ou sous un consigne stricte de la méthode de travail.

[97] Cf. R. Cooper, art. cit., 1996, p. 124.

[98] Cf. J. Céard, « De Babel à la Pentecôte : la transformation du mythe de la confusion des langues au XVIᵉ siècle », *BHR*, XLII, 1980, p. 577-594.

TRADUIRE POUR ÉCLAIRCIR :
MAROT, ANEAU
ET QUELQUES COLLOQUES
D'ERASME

Soyez (ô Latins) a Erasme tenuz,
Qui vous a tout traduyt et esclercy[1].
Clément Marot

Selon l'hypothèse couramment admise, Barthélemy Aneau aurait traduit à l'intention de ses élèves le colloque d'Erasme intitulé *Uxor μεμψίγαμος*, paru chez Longis et Certenas à Paris en 1541[2]. Si son théâtre, imprimé chez Sébastien Gryphe à Lyon entre 1539 et 1542, relève effectivement d'une pratique pédagogique[3], rien dans le paratexte du colloque – dédicace à Guillaume de Martheray

---

[1] Ces deux vers qui ont inspiré notre propre titre sont extraits du second poème rédigé par Clément Marot pour la traduction qu'a donnée Antoine Macault des *Apophthegmata* d'Erasme : *Les Apophtegmes, c'est a dire promptz, subtilz et sententieulx ditz de plusieurs Roys : chefz darmées : philosophes et autres grans personnaiges tant grecz que latins. Translatez du latin en françois, par lesleu Macault, notaire, secretaire et vallet de chambre du Roy*, Paris, 1543 (BNZ 17697).

[2] Nous utilisons l'éd. suivante : *Comedie ou dialogue matrimonial, exemplaire de paix en mariage, extrait du deuis d'Erasme, translaté de Latin en Francoys : duquel est le tiltre, Uxor μεμψίγαμος, c'est à dire : La femme mary plaignant*, Paris, Jehan Longis et Vincent Certenas, 1541 (BNF Rés. YF-4354).

[3] Cf. B. Biot, *Barthélemy Aneau, régent de la Renaissance lyonnaise*, Paris, Champion, 1996, p. 11. Selon L. Zilli, *La comédie à l'époque d'Henri II et de Charles IX*, Première série, vol. 6 (1541-1554), Florence, Olschki / Paris, PUF, 1994, ce serait «dans le but de vivifier l'enseignement et de récompenser les disciples plus actifs qu'il [Aneau] introduisit, dès 1539, l'habitude de faire jouer des pièces à la fin de l'année scolaire» (p. 184). Ce que confirmerait la rédaction du *Chant natal* (1539) et d'une courte pièce satirique intitulée *Lyon marchant. Satire française sur la comparaison de Paris, Rohan, Lyon, Orléans* (1541). L. Zilli range le colloque dans le théâtre scolaire. La taille du texte choisi par Aneau ne manque pourtant pas d'étonner dans la mesure où celui-ci est bien plus long que ces deux pièces. Il n'est pas sûr que le terme «comedie» implique nécessairement un théâtre joué. Aneau a pu être sensible à l'atmosphère du colloque. J. L. Gerig envisage les parents des élèves comme le lectorat auquel est destiné le *Dialogue matrimonial*, cette thèse nous semble mieux venue. Cf. «Barthélemy Aneau : A study in Humanism», *The Romanic Review*, I, Columbia U. P., 1910, p. 405. Aneau commence ainsi sa *Permonition au Lecteur* : «Il est à entendre, que ce Dialogue est faict à la doctrine tant des hommes, que des femmes joinstz par le sacrement de mariage.»

ou préface – ne va dans ce sens. L'édition ne comporte pas de signature d'auteur, sinon le pseudonyme *Anulus*. A l'intérieur d'autres pièces d'Aneau[4], le procédé est fréquent, il peut être étonnant dans le cas d'un colloque érasmien sans autre visée que pédagogique. Pourquoi donc ce masque? Pourquoi aussi publier à Paris, quand Lyon semble mieux s'y prêter?

Sans s'attarder sur ces mystères, l'élargissement de notre corpus à quelques traductions de Clément Marot peut enrichir d'une perspective nouvelle le fait qu'Aneau ait choisi ce colloque d'Erasme. En effet, la publication des *Trois premiers livres de la Métamorphose* d'Ovide (Lyon, 1556) est une preuve de leur amitié[5] autant que de l'influence du premier sur le second. Avant sa mort, Marot en a traduit les deux premiers livres; Aneau y adjoint le troisième. En plus de sa partie, celui-ci s'est chargé d'une double tâche: corriger, selon ses critères, la contribution marotique et exposer longuement sa poétique de la traduction dans la préface.

Marot a lui-même traduit trois colloques: *Abbatis et Eruditae* (*Colloque de l'Abbé et de la Femme sçavante*); *Virgo μισόγαμος* (*Colloque de la Vierge méprisant mariage*); et *Virgo poenitens* (*La Vierge repentie*)[6]. Ses contributions datent selon toute vraisemblance de l'année 1536 que l'on a voulu considérer comme hautement symbolique: elle est aussi celle de la mort d'Erasme. Sans doute faut-il prendre d'infinies précautions avant de rapprocher ces textes de la traduction publiée par Aneau. Cinq années séparent les deux entreprises. Le travail de Marot n'ayant jamais été imprimé de son vivant[7], rien ne prouve qu'Aneau en

---

4   Cf. B. Biot, *op. cit.*, p. 102, n. 3, et surtout l'éd. critique d'*Alector ou le coq* de B. Aneau par M.-M. Fontaine, t. II, Genève, Droz, 1996, dont la bio-bibliographie recense les nombreux textes signés *Anulus*: n° 11, 13, 15, 18, 20, etc.

5   Aneau est assez élogieux sur le «bon & naif Poëte Royal Clement Marot» ou l'«homme candide, gracieux, & ne portant mal estre admonnesté, tant tel l'ay je cogneu».

6   Pour la démonstration et l'histoire de ces textes, cf. l'éd. critique des *Œuvres complètes de Clément Marot* par C. A. Mayer, VI, *Les traductions*, Genève, Slatkine, 1980, intro., p. 41-43, et la présentation de chaque colloque, p. 596, 267 ou 298. Les deux premiers sont clairement attribués à Marot par leur titre: «Colloque d'Erasme traduict de Latin en François par Clement Marot Intitulé *Abbatis et Eruditae*» (p. 247) et «Colloque d'Erasme, traduigt de Latin en François par Clement Marot Intitulé *Virgo μισόγαμος*» (p. 267). Cf. aussi Clément Marot, *Œuvres poétiques*, t. II, éd. G. Defaux, Paris, Bordas, 1993, p. 517-556 pour les textes et p. 1198-1201 pour l'annotation. Depuis, ces traductions ont fait l'objet d'études minutieuses. Cf. M.-M. de La Garanderie, «Marot Traducteur d'Erasme», *Acta Conventus Neo-Latini Bononiensis*, éd. R. J. Schoeck, New York, Binghamton, 1985, p. 247-257; J. Céard, «Marot, traducteur d'Erasme», *Clément Marot, «Prince des poëtes françois» 1496-1996*, Actes du colloque international de Cahors en Quercy (21-25 mai 1996), éd. G. Defaux et M. Simonin, Paris, Champion, 1997, p. 107-120.

7   Pour les hypothèses concernant l'exil de Marot et la période d'élaboration de ces textes, cf. C. A. Mayer, *op. cit.*, p. 43. M.-M. de La Garanderie, art. cit., p. 249, songe plutôt à la décennie 1520. G. Defaux, *op. cit.*, p. 1198, n'exclut pas de situer la composition entre début 1537 et le départ pour Genève en 1542, ce qui pourrait conférer la prééminence éditoriale à Aneau.

ait connu l'existence. Il est néanmoins frappant qu'à l'exception de Louis de Berquin, traducteur français du colloque *Inquisitio de Fide* dès 1524, ils soient les seuls à s'être attelés à une telle tâche. Qui plus est, à la fin de la décennie 1530, les deux personnages se connaissent bien, comme l'atteste la présence de l'inter-texte marotique dans le *Chant natal* d'Aneau[8]. Pourquoi Marot n'aurait-il pas influencé, sur le mode de l'incitation au moins, l'entreprise de son ami?

Rappelons encore que ces colloques sont liés par leurs thématiques: le mariage, le célibat ou les vœux monastiques. Erasme lui-même, dans *De utilitate colloquiorum*[9], n'a pas manqué d'en exhausser la portée morale et religieuse. *Virgo μισόγαμος* et *Virgo poenitens* forment un diptyque dans lequel le prota-goniste féminin, Catherine, débat avec Clement des raisons qui l'incitent à s'en-fermer dans un couvent malgré le désaccord de ses parents. Conçu autour du même duo d'interlocuteurs, le second colloque établit une progression temporelle: la jeune fille a fui pour rejoindre le giron familial. Marot s'est montré particulièrement attentif à la complémentarité de ces deux textes, déjà soulignée par Erasme avec l'expression *in proximo colloquio* (p. 745) et le maintien des prénoms. Il a pris la liberté d'adjoindre deux répliques au début de *Virgo poeni-tens*, la plus significative exprimant la préoccupation qu'inspire à Clement le sort de son amie:

> Clement
> Catherine, à ce que j'entends,
> N'a pas esté nonnain long temps;
> Je m'en vois frapper à sa porte
> Pour savoir comme tout se porte.
> Hola, hau!
> Catherine
> Entrez! (v.1-5, p. 298)

Abbatis et eruditae a été publié un peu plus tardivement mais comporte une condamnation tout aussi virulente des mœurs religieuses. Quant au colloque choisi par Aneau, il se rattache au corpus par ses interlocutrices et par une repré-

---

J. Céard, art. cit., p. 109-110, reprend les éléments du dossier et conserve la date de 1536 au moins pour *Virgo μισόγαμος* et *Virgo poenitens*.

[8]   Cf. J. L. Gerig, art. cit., p. 195-201. La conclusion du critique, à partir de l'analyse méthodique des différents Noëls, est ainsi formulée: «It is obvious that, in his first work, Aneau is greatly indebted to his master, Clément Marot, for the form of his poems, as well as the inspiration. No more than Marot is he capable of a work *de haute envergure*. He has the same conversa-tional style, and, as we shall see, excels in the *pièce de circonstance*.»

[9]   Cf. *Opera omnia*, éd. cit., p. 745-746; E. V. Telle, *Erasme de Rotterdam et le septième sacrement, Etudes d'évangélisme matrimonial au XVIe siècle et contribution à la biographie intellectuelle d'Erasme*, Genève, Droz, 1954, p. 300; D. Erasme, *Colloques*, vol. I, trad. et présentation d'E. Wolff, Paris, Imprimerie Nationale, 1992, p. 17.

sentation du mariage qui, en cas de réussite, peut être opposé à la vie trop rigoureuse des monastères.

En ce qui concerne les enjeux de la traduction, Aneau revendique d'emblée
sa préférence pour la traduction littérale: «En translatant, mot pour mot
rendre, Horace / N'oblige point ne le deffend aussi / Qui le peut faire: en a il
moins de grace? / Si c'est mal faict, mal tourné suys ainsi» (*Dedication du petit
œuvre à Monsieur Maistre Guillaume du Martheray*, Aii). Son texte comporte
toutefois des ajouts allant jusqu'à occuper l'espace d'un vers. Ces modifications
pourraient relever d'exigences métriques. Il reste que les études consacrées aux
traductions des colloques d'Erasme dans d'autres pays prouvent que ce genre
d'exercice est rarement neutre et désintéressé[10]. La permanence du procédé
invite donc à examiner l'enrichissement obtenu dans la version française[11], en
tant qu'indice d'une réflexion sur le message érasmien. Loin d'être une liberté
prise avec le sens, le procédé s'impose comme marque d'une fidélité à l'égard de
cet engagement que vante Erasme à propos de ses colloques. Il confère aux
protagonistes – c'est très net dans le travail de Marot – une dimension plus
personnelle faisant écho au naturel caractéristique des colloques eux-mêmes[12].

La traduction de Marot vise à installer un entretien vraisemblable entre les
deux interlocuteurs. L'accent est subtilement mis sur la valeur dialogique des
échanges grâce à des syntagmes servant à approfondir les composantes de l'interlocution[13].

Dans *Abbatis et eruditæ*, des tendances se laissent facilement discerner, qui
nourrissent une caractérisation accrue des rôles en présence. Au début du
colloque par exemple, l'abbé fait preuve de sévérité, il prétend s'arroger l'auto-

---

[10] On peut se reporter à M. Bataillon, *Erasme et l'Espagne*, Genève, Droz, 1991, et à son analyse
      minutieuse des ajouts introduits dans le volume de *Colloquios familiares* publié par Viruès en
      1529, p. 319-335. Cf. aussi F. Géal, «Enjeux idéologiques de la traduction au XVIᵉ siècle:
      l'exemple d'une des premières versions en castillan des *Colloques* d'Erasme», *Traduire et
      adapter à la Renaissance*, éd. D. de Courcelles, Paris, 1998 (*Etudes et rencontres de l'Ecole des
      Chartes*, 2), p. 35-59. L'étude montre comment, pour des domaines précis (religion, pouvoir,
      sexualité), le texte a été altéré au niveau de l'emploi des modes verbaux. Par exemple, une
      tournure conditionnelle a pu être remplacée par l'adverbe «no» beaucoup plus explicite, plus
      affirmatif. Le sens devient alors différent (cf. p. 46-47).

[11] Au cours de notre travail, nous allons toujours parler des ajouts et non des suppressions. Pour
      celles-ci, très rares, cf. J. Céard, art. cit., p.116-117. Nous ne revenons pas sur le problème des
      éditions utilisées par Marot car nous ne sommes pas en mesure d'apporter des éclairages
      nouveaux. Sur cette question épineuse, cf. J. Céard, art. cit., p. 110-113.

[12] Nous ne reviendrons pas sur les modifications de lieux (Temper dans *Abbatis et eruditae*) ou
      de personnages (les noms des femmes allemandes ont été transposés au profit de Marguerite
      de Navarre et des filles de Soubize dans le même colloque). Cf. M.-M. de La Garanderie, art.
      cit., p. 251-252; J. Céard, art. cit., p. 114.

[13] Pour d'autres exemples, cf. M.-M. de La Garanderie, art. cit., p. 254.

rité d'un directeur de conscience et s'attacher l'obéissance d'Ysabeau. Après intervention de Marot, la traduction de *Male connectis sapere et suaviter vivere, non est muliebre sapere, heroinarum est suaviter vivere* (p. 403) se voit introduite par le vers «Or, escoutons, ne vous desplaise» (p. 249). L'abbé prétend ainsi rabaisser la revendication précédemment énoncée par son interlocutrice: *An solis heroinis licet sapere ac suaviter vivere?* La jeune femme, elle, ne cesse de s'en prendre à la pauvreté intellectuelle vantée par son interlocuteur. Quand ce dernier affirme sa préférence pour le soin de ses animaux domestiques plutôt que pour l'étude, elle n'hésite pas à recourir à l'insulte: *Jam illud mihi dicito, si quis Jupiter hanc potestatem tibi daret, ut posses et monachos tuos et teipsum vertere in quodcunque animal velles, an illos in porcos verteres, teipsum in equum* (p. 405). L'abbé manifeste alors très vivement sa désapprobation en rappelant que la limite de la bienséance a été dépassée, d'où l'exclamation librement insérée par Marot: «Quelz motz nouveaux!» (v. 134, p. 255). Les tensions ont donc été exacerbées par le traducteur, la saynète paraît plus dramatique.

Dans le discours de l'abbé encore, certains vers laissent transparaître des intentions peu honnêtes, qui prennent le relais des sautes d'humeur. Aussi une réponse plutôt allusive dans le texte latin «*ANTRONIUS. E rebus extrariis*» (p. 404) est-elle amplifiée par l'emploi d'un lexique des sens explicitant la sensualité sous-jacente:

> L'abbé
> Il ne vient fors
> *De ce que je sens & saveure,*
> *Ou que je voy* (v. 46-50, p. 251)[14]

En excluant de s'en tenir à l'expression de départ, en indiquant les intentions du locuteur à travers une parole aussi limpide, Marot s'offre les moyens d'une attaque dont le caractère incisif ne se justifie pas seulement par des contraintes métriques. Quelques vers plus loin, il est difficile de lire la prière, encore une fois absente du texte latin: «Par mon ame, sauve la vostre» – sans supposer de l'ironie ajoutée par le traducteur à la réplique entière: «Je ne sçay quell' doctrine ilz ont; / Mais je hay les moines qui sont / Repliquans & vouldroye n'avoir / Moine qui eust plus de sçavoir / Que j'en ay» (v. 107-110, p. 253-254)[15]. Il s'agit de consolider la condamnation de l'impiété, complémentaire de l'ignorance, et inversement.

Quelques formules de renforcement, venant clore des répliques de l'abbé, dévoilent son désir d'atteindre la fermeté inébranlable de son auditrice. Dans le même temps, le traducteur joue du décalage entre sincérité apparente et sincé-

---

[14]   Tous les passages soulignés le sont de notre fait et correspondent aux ajouts du traducteur.

[15]   Cf. *ANTRONIUS. Quid illi doceant, nescio. Sed tamen non amo monachum responsatorem, neque velim quenquam meorum plus sapere, quam ego sapiam* (p. 404).

rité réelle. C'est net dans la phrase *Ego non viderem* (p. 404) que Marot termine par une locution de véracité: «Quant à moy, je n'y en voy pas, / Sans mentir» (v. 84-85, p. 252). Laisse-t-elle entendre que sur d'autres sujets l'abbé n'a pas été toujours aussi franc? Ce protagoniste peut aussi tenter d'amoindrir la valeur d'une adversaire capable de tenir les rênes du débat. A propos de l'utilité d'apprendre une langue étrangère, la réponse de l'abbé *Ut loquatur cum his qui sciunt Gallice* (*ibid.*) devient «Et que sçay-je, moy, à fin qu'elle / Parle aux François, ou leur responde; / Di-je pas bien?» (v. 218-220, p. 260). La manifestation de docilité est évidemment sarcastique.

Nombre de répliques de la jeune femme se singularisent aussi par leur mordant[16]. Des vers entiers ont été introduits par Marot dans le but de réduire l'interlocuteur à une cible facile, d'où les formules directes et polémiques. «Et venez ça, povre esblouy, / Doy-je dire aveugle» (v. 34-35, p. 250) a été ajouté à la traduction de l'interrogative: *Qui potest autem suaviter vivere, qui non vivat bene?* (p. 404). Dans un autre cas, *vir egregie* (p. 406) a été remplacé par «grosse teste» (v. 271): l'effet est plus corrosif. Par ailleurs, la répétition du tour «quoy, nostre maistre» (v. 117, p. 254 ou v. 291, p. 263) met l'accent sur les tentatives d'Ysabeau cherchant à combattre l'emprise «spirituelle» souhaitée par le religieux. Dans un tel contexte ludico-satirique, il paraît difficile de ne pas remarquer alors la paronomase élaborée autour du «bast» du bœuf. Ainsi, l'impératif «croyez» mis à part, les deux premiers vers de la réplique d'Ysabeau sont pure création de Marot, le latin macaronique servant à associer l'abbé et la bête de somme: «Croyez, domine Abbaté, / Qu'au beuf sied mieux d'estre basté / Qu'à un asne de porter mitre» (v. 299-301, p. 263-264). Ce qui rend à l'apostrophe sa pleine fonction phatique.

L'attaque peut se focaliser davantage sur les propos tenus par l'interlocuteur, les ajouts servant à exacerber la nature éristique du dialogue. Si Ysabeau avait été cantonnée dans le rôle de l'élève, elle aurait paru plus fragile. Marot lui a encore imparti quelques remarques sans équivalent latin, visant à diminuer la stature énonciative à laquelle prétend indûment l'abbé: «Il fault que l'assault je vous livre / Dictes moy» (v. 30-31, p. 250); «Je vous asseure / Que ne vous estes destourbé» (v. 50-51, p. 251) ou «Ne respondez point pour neant» (v. 176, p. 258). De fait, ce sont ses prétentions à savoir débattre qui deviennent des cibles de choix.

La traduction d'*Abbatis et eruditae* paraît s'enrichir d'une note plus personnelle dans les derniers vers. La dernière longue prise de parole d'Ysabeau résonne par deux fois de remarques graves: font-elles écho à la situation tourmentée de Marot à ce moment-là?[17] Son discours s'ouvre sur une question de

---

[16] Pour des analyses complémentaires, cf. M.-M. de La Garanderie, art. cit., p. 252.

[17] Nous partons du principe que les traductions ont été rédigées pendant l'exil de Marot. Notre analyse diffère donc de celle de M.-M. de La Garanderie pour ce passage. Cf. art. cit., p. 255.

reprise qui restitue à chacun la vraie responsabilité de son comportement, en excluant de s'en remettre à Dieu par faiblesse :

> L'abbé
> Dieu nous gard de pertes si grosses,
> Toutesfois.
> Ysabeau
> *Que dieu vous en garde ?*
> C'est à vous à y prendre garde ; (v. 344-346, p. 266)[18]

Puis le discours s'achève sur l'image du théâtre du monde et du personnage joué par tous : *Videtis jam inverti mundi scenam. Aut deponenda est persona, aut agendae sunt suae cuique partes* (p. 407). Or, Marot use de cette métaphore comme d'un prétexte pour rappeler la brutalité de toute vie réelle : « Vous voyez quel est le danger, / La force du monde changer ; / Son personage quitter fault / Au beau milieu de l'eschaufault, / Ou que de faict ou de parolle, / Chascun sçache jouer son rolle ; / *Le temps vient, l'affaire est pressé* » (v. 351-357, p. 266). Marot reste fidèle au message érasmien, à cette mise en garde contre le caractère aléatoire de toute existence, mais le dernier vers, entièrement rédigé de la main du traducteur, retentit d'un accent bien plus fort : comme une marque de confidence ?

Le diptyque composé de *Virgo μισόγαμος* et de *Virgo poenitens* repose sur un dialogue plus pacifique entre Clement et Catherine. Dans le premier colloque, l'objectif du jeune homme est de détourner son interlocutrice de vouloir entrer à tout prix au couvent. Chez lui, la fermeté s'accompagne de bienveillance ; chez elle, l'obstination ne l'empêche pas d'offrir une écoute attentive. Les ajouts marotiques servent alors à préciser le mode illocutoire de la parole. Ils sont assez variés et peuvent tantôt renforcer le tour ferme du discours : « Songez y bien » (v. 389, p. 287) –, tantôt souligner la conviction intime : « Sans mentir, je sçay » (v. 124, p. 275), « Certes, on dict, & je le croy » (v. 474, p. 290) –, parfois la raillerie gentille : « C'est vous mesmes qui estes fin » (v. 66, p. 272), « Et venez ça, commere » (v. 494, p. 291) ; ou le vif intérêt pris au discours de l'allocutaire : « Vous me comptez, *quand j'y prends garde* » (v. 572, p. 293). Enfin, il faut signaler, à part, des adresses respectueuses à l'égard de Dieu : « Il vient de Dieu, qui le donna, / *Et en loue sa bonté haulte* » (v. 94-95, p. 274), « *Mais dieu vous a faict ceste grace* / D'estre issue de bons parens » (v. 104-105, p. 274). De toute évidence, le principe d'approfondir les rapports entre les interlocuteurs a été essentiel aux yeux de Marot.

Mais, dans un dialogue où, contrairement à la trame d'*Abbatis et eruditae*, l'intervention du protagoniste masculin s'explique par une sollicitude amicale, de quelle manière le poète a-t-il inséré cette touche qui lui restitue sa pleine fonc-

---

18 Cf. : *ANTRONIUS. Ista Deus avertat. / MAGDALIA. Immo vestrum erit hoc avertere* (p. 407).

tion de porte-parole? La critique des moines par Erasme est célèbre pour sa fermeté et son traducteur ne s'est pas fait faute de l'entretenir grâce à des termes habilement choisis. Aussi le texte comporte-t-il en quelques endroits une virulence plus forte que dans les discours d'origine.

Les motifs de la saleté et de la concupiscence sont l'objet d'une forte insistance dans les commentaires de Clement[19]. Marot s'est arrangé pour l'évoquer par trois fois, alors qu'Erasme s'est «contenté» d'aborder la réalité discutable de leur chasteté. *Imo, ut ego arbitror, aliquanto tutius quam apud illos crassos, semper cibo distentos monachos. Nec enim castrati sunt, ne tu sis insciens* (p. 292) devient: «Dictes vous? mais le plus souvent / Plus a seurté qu'en un couvent / Parmy ces diables de porceaux / De moines, remplis de morceaux. / Il fault que tant de moy tenez / Qu'ilz ne sont chatrez ne sanez, / Et, tous nuds, resemblent *[sic!]* un homme» (v. 233-239, p. 281). La traduction de *crassus* par le syntagme «diable de porceaux» introduit un décalage de référent, une connotation religieuse étant associée à un simple évaluatif. Dans la charge suivante lancée par Clement contre les moines du couvent de Temper, le qualificatif *stupidus* attribué à Jodocus (p. 293) devient source d'un second vers: «Et frere Gervais est si veau, / *De contenance si badine*» (v. 270-271, p. 282). Erasme n'aurait sans doute pas renié ce portrait plus disqualifiant. Alors que l'adjectif latin fait porter toute l'attention sur la bêtise du moine, le texte français lie celle-ci à la concupiscence. Sans forcément appartenir au registre sexuel, d'autres précisions insistent sur des traits caricaturaux tels que la malhonnêteté: «Quelque bien qu'on vous donne & baille, / C'est au prouffit *de la canaille*» (v. 442, p. 289)[20] – ou sa rustrerie: «Il vous fault servir plusieurs maistres, / *«Souvent grosses bestes champestres*, / Bien souvent trop long temps tenuz, / Aucunesfois nouveaux venuz» (v. 487-490, p. 290)[21]. La traduction d'*incertis* par le vers 489 confirme l'ensemble de notre analyse, c'est l'idée de solitude mal assumée qui se dessine derrière la représentation de l'univers carcéral. Marot, d'ailleurs, ravive cet arrière-plan à un autre moment de son texte:

> Peult estre que toutes les choses
> *Entre les murailles encloses,*
> Et lesquelles voz yeux y veirent,
> Ne vous riront comme elles feirent. (v. 331-334, p. 284-285)[22]

Le couvent n'est pas uniquement une prison déjà existante et connue de tous, il est aussi ce lieu dans lequel Ysabeau prétend naïvement se réfugier.

---

[19]   Cf. aussi M.-M. de La Garanderie, art. cit., p. 253.

[20]   Cf.: *quicquid obvenerit tibi, illis accrescet* (p. 295).

[21]   Cf.: *quod et pluribus dominis tibi serviendum sit et incertis ac subinde novis* (p. 295).

[22]   Cf.: *fortassis non perinde nitebunt omnia, ut tibi quondam nitere videbantur* (p. 293). La prison est absente du texte érasmien mais la portée voulue par Marot n'est pas sans rappeler la critique bien connue de frère Jean dans le ch. LII de *Gargantua*.

Virgo pœnitens est un colloque plus court, il ne comporte pas autant de modifications significatives. Les quelques vers précédemment signalés comme cheville avec *Virgo μισόγαμος* restent les plus intéressants. Il est toutefois possible de retrouver par endroits, dans la bouche de Clement, quelques indices d'indignation et de critique qui ne figuraient pas dans le texte latin. Appliqué au prieur, le terme *aves* dans *Quas aves hic video?* (p. 298) donne lieu à l'image suivante: «Quel oiseau de mauvais presaige / Voy je là, qui jaze en crieur / De vieulx drappeaulx?» (v. 18-20, p. 299). De même, l'emploi de l'hyperbole permet d'amplifier une simple effronterie *o improbitatem stolidorum* (p. 299) en comportement profondément impie: «Est-il antichrist / Plus malin que ces badins-là?» (v. 58-59, p. 301).

Dans l'ensemble, Marot s'est attaché à intensifier la virulence satirique des colloques et à mettre ses pas dans les critiques exprimées par Erasme. Aneau a-t-il adopté une démarche identique dans ses intentions? Est-il possible d'établir des recoupements? Il va apparaître que celui-ci n'a pas pris le même soin à développer les composantes de l'interlocution. Est-ce dû à l'atmosphère même du colloque, à cette entraide qui lie les deux femmes et au caractère didactique de leurs discours? Dans *Uxor μεμψίγαμος*, il n'est pas question de religieux, mais le message moral d'Erasme a été plus que préservé. Aneau a mis sa plume de traducteur au service de préceptes relatifs cette fois-ci à la paix dans le mariage.

　　A la différence de Marot, il n'a pas cru nécessaire de multiplier les marques d'affectivité ou les termes d'adresse. Quelques apostrophes reflètent un peu de variété, sans qu'il faille y consacrer trop d'attention. *[M]ea Xanthippe* (p. 302 ou 303) est traduit par «ma Xanthippe m'amie» (v. 85) ou par «ma Xantippe treschère» (v. 109). Un ajout peut aussi exprimer ponctuellement une relation plus intime. Dans l'exemple qui va suivre, les syntagmes permettent de créer un décalage ludique entre la gravité de la première locutrice et l'ironie de la seconde. Au cœur de la réplique de Xanthippe, une parenthèse interrogative sert à signifier indirectement au mari indigne la persistance de la menace: «Ouy il cessa, & fut sage, *entens tu?* / Car aultrement il eust esté battu» (v. 112-113, Aiiii)[23]. Dans la réponse d'Eulalie, la création d'une équivoque autour du terme *princesse* s'accompagne d'une note ironique: «Mais toutefois, tu n'as jamais prins cesse / De rioter, comme sur luy *princesse*» (v. 114-115, *ibid.*)[24]. Les occurrences sont tout de même rares. *Recte mones* (p. 304) est amplifié de la sorte: «Tu dis tresbien, & *me plaist de t'oyr*» (v. 171, Aiiii). Quand Eulalie énumère ses

---

[23]　Cf.: *Desiit, et sapuit, alioqui vapulasset* (p. 303).

[24]　La traduction est malaisée et donne lieu à une construction bien moins élégante, voire de moindre efficacité, que la phrase latine: *Sed tu non desisti rixari cum illo* (p. 303).

tentatives d'apaisement domestique, leur inutilité est d'emblée signalée par l'affirmation de découragement: «Il n'y a guere affaire» (v. 166, *ibid.*)[25].

La traduction devient vraiment intéressante avec le contenu moral des
répliques. La matière érasmienne a été augmentée par endroits avec l'intention
de souligner le caractère fondamental de l'obéissance due par la femme à son
mari. Les ajouts valorisent donc les femmes aimant comme il faut, conformément à des vertus rigoureusement déterminées. Dans cette réplique d'Eulalie,
l'idéal de la femme droite, illustrée par le personnage de Sarah, est élaboré à
partir d'un accroissement des caractérisants, tandis que dans le texte latin, *uxores*
figure en emploi absolu:

> Ouy mais Sainct Paul enseigne, que les femmes
> *Aymantz honneur, leur bon bruit, & leur fame*
> Doibvent à l'homme (ayant plus d'apparence)
> Subjectes estre en toute reverence.
> Sainct Pierre aussi (qui ses escriptz scaura)
> Propose à nous l'exemple de Sara,
> Qui Abraham son mary, *par honneur*
> *Et reverence* appelloit son seigneur. (v. 89-96, *ibid.*)[26]

Dans le même ordre d'idées, le propos peut porter sur le caractère revêche de
la femme, il est en fait indispensable que celle-ci se comporte avec subtilité. On
relève, toujours dans la bouche d'Eulalie: «Pas peu ne gist, es femmes de former
/ Bien leurs mariz. *Mais est du tout en elles, / Quelz il leur soyent, traictables ou
rebelles*» (v. 152-154, *id.*). La moitié de la réplique a été ajoutée par Aneau: *Non
minimum momenti est in vxoribus quales sunt mariti* (p. 303). La simple volonté
se transforme ici en zèle: «Facile. / Il est assez, si tu y veulx *mettre art, / Et diligence. Et si n'est pas trop tard*» (v. 200-202, B) pour *Facillimum erit, si velis, nec
adhuc serum est* (p. 304).

L'homme à son tour doit préserver sa propre renommée grâce à la patience:

> Xanthippe.
> Bien malheureuse est la condition:
> De toute femme, & la subjection,
> Si aux mariz yvres & courroucez,
> Accomplissans ce que leur plaist asses,
> *Sans les oser aulcunement hayr*
> Fault tant servir, & tant leur obeir.

---

25 Il s'agit de la réplique latine qui débute ainsi: *Primum in cura rerum domesticarum, quae pecu-
liaris est provincia matronarum, advigilabam* (p. 305).

26 Cf.: *Aut Paulus docet uxores oportere subditas esse viris cum omni reverentia. Et Petrus nobis
exemplum proponit Sarae, quae maritum suum Abraham dominum appellabat* (p. 302-303).

Eulalie.
Tu dis cela comme si c'estoit vice,
Et ne fust pas un mutuel service,
Ilz sont contrainctz (*s'ilz sont saiges, & meurs*)
Souffrir aussi mainte chose en noz meurs.» (v. 286-290, Biii)[27]

Il est évident que l'acceptation de l'autre ne va pas sans l'idée d'une récompense pour soi. Aneau insiste sur cet aspect de la représentation maritale, qu'on retrouve encore dans ce propos d'Eulalie: «Aulcunesfois par petite preface, / Coustume j'ay, que requeste luy face: / Ne prendra à mal, si je tresfolle femme, / Luy remonstrois, ce que faict à sa fame, / A son honneur, à sa santé garder, / *Et, qu'il y vueille un peu mieulx regarder*» (v. 312-317, Biiii)[28].

L'importance de ces ajouts est confirmée par ceux qui figurent dans la narration des *exempla*: ils vont dans le même sens. Ainsi, en annonçant l'anecdote de la «femme sauvage», Eulalie loue le caractère de l'épouse-héroïne, alors qu'Erasme n'en fait nullement mention. On peut comparer: «Je te diray (s'il ne t'est par trop grief) / Encore un mot d'un mary, (& bien brief,) / *Par la bonté de sa femme incité*, / A vivre mieulx, voire en ceste cité.» (v. 482-485, *id.*) – avec: *Jam si molestum non est, referam tibi quiddam, quod nuper accidit in hac ipsa civitate* (p. 307). Le message qu'est chargée de transmettre la narratrice fait ressortir le rôle déterminant joué par la patience et la générosité de l'épouse.

L'éloge du bien-fondé de la discrétion féminine se retrouve dans l'anecdote du voisin violent (v. 586-606). Il est intéressant de constater que les deux ajouts concernent, pour l'un, le comportement de l'épouse battue, qui épargne à son mari les récriminations et les querelles logiquement attendues contre sa violence: «En celluy lieu apres petite pause / Son mary vint, ne scay pour quelque cause: / La, rencontra sa femme qui ploroit, / *Et apart elle en son cueur doulouroit*» (v. 592-595, Ciii)[29] – et, pour l'autre, la critique complémentaire de ceux qui ne savent pas préserver leur couple de l'indiscrétion et du jugement d'autrui: «Pourquoy? (dict elle) Et n'est il pas meilleur / De plorer cy mon mal, & ma douleur, / Que de cryer en la rue, & la voye. / Comme aultres font? affin que lon les voie» (v. 598-601, *ibid.*)[30].

Enfin, lorsqu'il est question des sorts de Circé, et notamment de son pouvoir de transformer les hommes, la question adressée par Eulalie à Xanthippe sur

---

[27] Cf.: *Xanthippe. Infelix vero uxorum conditio, si iratis, ebriis, et quicquid libet patrantibus maritis, tantum obsequentur. / Eulalia. Quasi vero hoc non sit mutuum obsequium. Coguntur et illi multa ferre in moribus nostris* (p. 305).

[28] Cf.: *Nonnunquam praefatione ab illo stipulari soleo, ne mihi succenseret, si quid stulta mulier admonerem, quod ad illius honorem aut valetudinem aut salutem facere videretur* (p. 305-306).

[29] Cf.: *Aliquanto post per occasionem eodem ingressus est maritus. Reperitu xorem flentem* (p. 309).

[30] Cf.: *Quid, inquit, an non hoc satius, ut hic deplorem malum meum, quam si in via vociferer, quemadmodum solent aliae mulieres?* (p. 309).

l'usage qu'elle en ferait si ce cadeau lui était offert, s'enrichit d'un nouveau syntagme qui met en avant la bienveillance féminine : «Or sus vien ca. Si par sorts (ainsi comme / Faisoit Circé) *sans reproche & opprobre* : / Tu le pouvois d'yvroigne faire sobre [...] / Ne le ferois tu pas?» (v. 694-699, Ciiii)[31]. Preuve encore que le sujet de la patience est important : dans la réplique suivante d'Eulalie, un doublet définit le comportement que la femme doit savoir s'imposer : «Dieu t'a voulu tous ces arts octroyer, / Si seulement tu les veulx employer, / Vueilles ou non, *par rigoureux maintien / Ou par doulceur*, il convient qu'il soit tien» (v. 701-704, *ibid.*)[32]. La réitération des mêmes principes, nourrie et justifiée par la matière du colloque, participe donc bien du projet d'édification annoncé dans la *Permonition au lecteur*.

Au terme de l'analyse textuelle, et sans prétendre avoir examiné l'intégralité des enjeux de ces traductions, il semble acquis qu'une approche méthodique des ajouts conduit à déceler une exploitation orientée de la matière érasmienne. Dans le contexte de répression et d'interdiction, au moins partielle, qui entoure la publication des *Colloques*, une telle lecture s'en trouve d'autant mieux justifiée. A travers le principe d'«éclaircissement», nous supposons que le traducteur s'est s'accordé la liberté d'insérer quelques interprétations finement dispersées selon les passages. Aneau revendique le «mot à mot» mais la comparaison entre ses affirmations et le résultat de ses travaux prouve qu'il s'octroie une relative liberté. G.P. Norton[33] a fort bien montré qu'il est soumis à un impératif de «literalist challenge» particulièrement contraignant : parvenir à restituer la densité de la langue latine tout en maîtrisant l'amplitude verbale du français. Mais s'il lui a fallu composer avec ses propres principes, si la fréquence encore réduite des ajouts pourrait s'expliquer par des scrupules que Marot n'a déjà plus, nous croyons aussi que le texte a été augmenté dans des passages stratégiques, ce que confirme la concordance thématique à laquelle aboutit notre relevé. En fait, l'évolution d'Aneau jusqu'aux principes explicités dans la *Préparation de voie à la lecture et intelligence de Poëtes fabuleux* laisse déjà apparaître combien à ses yeux, la traduction doit servir à «étoffer» les intentions de l'auteur choisi. C'est l'influence de Marot qu'il faudrait pouvoir mesurer.

D'un autre côté, il reste fort possible que l'ouvrage publié par Aneau ait été destiné à un public d'élèves, d'où l'emploi du terme «comedie» dans le titre,

---

[31] Cf. : *Age, quid si Circes artibus posses ex temulento reddere sobrium, ex prodigo frugalem, ex cessatore diligentem, nonne faceres?* (p. 310).

[32] Cf. : *Atqvi istas artes habes in te, si modo velis adhibere. Tuus, velis nolis, sit oportet. Quo meliorem eum reddideris, hoc magis consulveris tibi* (p. 310). La référence à Dieu relève de la seule liberté prise par Aneau avec le texte.

[33] G. P. Norton, *The ideology and language of translation in Renaissance France and their humanist antecedents*, Genève, Droz, 1984, p. 117.

comme marque du lien avec le théâtre et les jeux pédagogiques. Mais le contenu des ajouts laisse davantage imaginer un public d'adultes, plus réceptif aux implications et aux éclaircissements du message érasmien. En ce sens, le choix d'un éditeur parisien[34] plutôt que lyonnais correspondrait à la volonté d'obtenir une diffusion accrue. Par rapport à la question du mariage précisément, nous avons envie d'y voir une contribution engagée, à la manière des textes de Rabelais ou de Vivès[35], plutôt qu'un divertissement utile pour écoliers.

Véronique ZAERCHER-KECK
Nancy

---

[34]   La place occupée par Marot dans les catalogues de Longis et Sertenas à la fin de la décennie 1530 pourrait être une piste intéressante. Cf. M. Simonin, «De Marot à Ronsard: *Les traductions de Latin en François* (1550-1554)», *Clément Marot, «Prince des poëtes françois» 1496-1996*, *op. cit.*, p. 761.

[35]   Aneau et Vivès se sont rencontrés avant la parution du *Dialogue matrimonial*. Cf. la suggestion de M.-M. Fontaine, *op. cit.*, p. CVII de son introduction: «On peut déduire de la dédicace d'*Alector* des séjours à Bourges et à Paris entre 1532 et 1537. Nous avons en 1983 émis l'hypothèse (que nous maintenons) qu'Aneau avait pu enseigner dans un collège parisien avant 1537-1538, en raison de la présence d'un Anneus soucieux des jeux de ses élèves parisiens dans l'*Excercitatio linguae latinae* (1539) de Vivès».

«SAUVAGES
ET MAHOMÉTANS»

Le bon sauvage est essentiellement une créature des songes que la découverte de l'Amérique a provoqués en Europe; cet événement a presque immédiatement donné lieu à des comparaisons avec d'autres terres imaginées, et d'autres temps rêvés – Paradis Terrestre, Age d'Or. C'est à l'époque des Lumières, comme on sait, que le bon sauvage a connu ses plus grands triomphes, et que son portrait a été définitivement dessiné. Négatif d'une image que l'Europe se faisait d'elle-même, il devient la figure abstraite d'une altérité presque absolue, qui s'offre comme un remords ou comme une nostalgie, mais aussi, parfois, comme une vision d'un futur à construire. Son origine américaine n'empêche pas qu'il ait été susceptible à divers moments de revêtir d'autres oripeaux. Parmi ses apparitions dans la culture occidentale, une des plus fantomatiques est celle de l'admirable sauvage natif de l'Afrique, et plus particulièrement de l'Afrique du Nord. En fait, dès l'origine de cette figure, apparaissent dans certaines images de l'Africain des éléments importants de cette construction. L'Africain, dans l'histoire du bon sauvage, vivra jusqu'à l'Age des Lumières, une existence allusive, restreinte et toujours précaire, mais récurrente. Essayer de retrouver sa trace au XVIᵉ siècle conduit à envisager un réseau intertextuel, où les œuvres se répondent et se modifient de loin en loin. Son centre est la *Descrittione dell'Africa* de Jean Léon l'Africain, la *Description de l'Afrique*[1], dont l'influence sur la vision européenne de l'Afrique jusqu'au XIXᵉ siècle, si elle n'est pas toujours en accord avec les intentions du texte d'origine, est immense et multiforme.

Jean de Léry, décrivant dans le chapitre 21 de son *Histoire d'un Voyage en Terre du Brésil* le moment où il a quitté l'Amérique après un séjour d'une année, écrit une des phrases les plus étonnantes et les plus fameuses de son œuvre:

---

[1] Ce texte a été publié pour la première fois en italien dans le premier volume des *Navigazione e Viaggi* réunis par Gian Battista Ramusio (1550). Nous le citerons dans l'éd. suivante: *De l'Afrique, contenant la Description de ce Pays par Léon l'Africain, et la Navigation des anciens Capitaines portugais aux Indes orientales et occidentales*, Paris, «imprimé aux frais du gouvernement, 1830. Cette éd. reprend la trad. fr. par Jean Temporal d'une partie du premier volume du recueil de Ramusio (publiée pour la première fois en 1556, sous le titre *Historiale Description de l'Afrique*) en en modernisant l'orthographe.

> [...] j'aye toujours aimé et aime encores ma patrie : neantmoins voyant non
> seulement le peu, et presques point du tout de fidelité qui y reste, mais, qui
> pis est, les desloyautez dont on y use les uns envers les autres, [...] je regrette
> souvent que je ne soys parmy les sauvages, ausquels (ainsi que j'ay amplement
> monstré en ceste histoire) j'ay cogneu plus de rondeur qu'en plusieurs de par-
> deça, lesquels à leur condamnation, portent titre de Chrestiens[2].

Le sentiment qu'il exprime, sa nostalgie des nations sauvages et lointaines, associée à une répulsion à l'égard des barbaries et des fautes de l'Europe, a peut-être
exercé autant d'influence sur la vision des peuples dits primitifs que la qualité
des renseignements et l'intelligence des observations qu'offre son livre. Dans
d'autres passages, Léry ne se prive pas de faire à maintes reprises « l'éloge du
sauvage, de celui qui n'est en aucune manière le bon sauvage, et qui n'est encore
que le libre, que le noble sauvage »[3], et d'admirer la paix et la concorde qu'il fait
régner dans sa société.

L'auteur de l'*Histoire d'un Voyage* a constamment retravaillé ce texte, le
menant de « l'autopsie », où il témoigne de ce qu'il a vu, à la « conférence »[4], où
il insère les observations d'autres voyageurs, les coutumes et particularités
d'autres pays. Dès 1585, il utilise Lopez de Gomara et Benzoni, qui décrivent le
Nouveau Monde ; dans l'édition de 1599, s'ajoutent Thomas Hariot et la
Virginie, Jacques Le Moyne de Morgue et la Floride, Jean Léon l'Africain et
l'Afrique[5]. Il présente ainsi ce dernier écrivain dans « l'Advertissement de l'Autheur » :

> J'ai, pour le contentement des lecteurs, en plusieurs endroits de ceste
> quatrieme et derniere [édition] monstré la conformité des Ameriquains, avec
> les Afriquains, selon que je l'ai recueilli de l'histoire d'Afrique de Jean Leon,
> qui a aussi remarqué sur les lieux et les coustumes et façons de faire des habi-
> tans de ce païs-là : tellement que les matieres que je traite [...], on ne trouvera
> plus si estrange ce que j'en ai escrit, que plusieurs ont fait par ci-devant.
> D'avantage les exemples [...] mesmes de ce qui se fait et voit en Europe, esclar-
> cissans encores mieux ce qui sembloit estre incroyable[6].

Cette expansion du texte, à l'aide de l'œuvre de Léon l'Africain et d'autres, a en
partie pour but affiché de réduire au silence les critiques qui refusaient de croire
aux descriptions du Brésil offertes par Léry. Au moment où ce dernier prépare
la quatrième édition de l'*Histoire d'un Voyage*, l'œuvre de Léon s'est déjà

---

[2]   Nous citons l'éd. de F. Lestringant, Paris, Le Livre de Poche, 1994, p. 508.

[3]   F. Lestringant, *Jean de Léry ou l'Invention du Sauvage*, Paris, Champion, 1999, p. 85-86.

[4]   Voir à ce sujet F. Lestringant, *Le Huguenot et le Sauvage*, Paris, Aux Amateurs de Livres, 1990,
      p. 93-104.

[5]   L'éd. de 1611 s'augmentera d'autres références encore, Francisco Alvares et Luigi de
      Varthema.

[6]   *Histoire d'un Voyage*, p. 596.

imposée dans la géographie de la Renaissance comme un texte de grande importance, très largement repris et imité, devenu le socle sur lequel on construit le
savoir européen sur l'Afrique au nord de l'Equateur, et débordant même les
limites du genre cosmographique. Il continuera longtemps de tenir une place
prééminente dans la géographie européenne de l'Afrique. Un auteur de la
stature de Jean Léon l'Africain réunit les critères de crédibilité utiles pour un
voyageur qui souhaite asseoir sa réputation et convaincre les sceptiques.

On peut certes de prime abord s'étonner de la présence de la *Description de
l'Afrique* dans le texte de Jean de Léry. Contrairement à Thomas Hariot et à
Jacques Le Moyne de Morgue, Léon ne décrit pas une de ces terres nouvellement découvertes, et l'objet de son travail, s'il est entouré dans la culture européenne d'un mystère durable, fait tout de même partie du Vieux Monde. Pourtant, les références à la *Description de l'Afrique* sont nombreuses. Une bonne
partie d'entre elles répond au souci exprimé dans la préface de souligner la véracité de la description du Brésil par la comparaison avec des cas empruntés à
d'autres textes, et situés dans d'autres pays. Ces exemples confirmatifs évoquent
différents aspects de la description. Ils concernent parfois les animaux: tortues
de mer, qui, sans être «exorbitamment grandes et monstrueuses», sont néanmoins d'une taille imposante, comme la tortue terrestre dont parle Léon au
livre IX de la *Description de l'Afrique*[7]; crapauds non venimeux[8]; guenons qui
portent leurs petits sur les épaules[9]. Certains comparent des plantes: figues[10];
bananier[11]. Il peut s'agir de coutumes ou techniques locales: massifs bijoux des
femmes[12]; imposition des noms[13]; fileuses expertes[14]; brasiers placés sous les
châlits[15]; refus de trafiquer de ces «diablotins d'*Ouetacas*»[16]; l'extrême rapidité

---

[7]   *Ibid.*, ch. 3, p. 135. L'anecdote de la tortue se trouve au tome second, p. 300-301. Léon lui-
       même signale qu'il a lu cette anecdote dans al-Bikri («Bichri»), *Livre des Routes et Royaumes*
       (IXᵉ siècle). Sur la fortune de cette anecdote dans la littérature de la Renaissance, voir
       F. Lestringant, *André Thevet, Cosmographe des derniers Valois*, Genève, Droz, 1991, p. 313-314.

[8]   *Histoire d'un Voyage*, ch. 10, p. 267; la note cite le passage de l'*Historiale Description de
       l'Afrique* repris par Léry, dans la première éd. fr. de 1556.

[9]   *Ibid.*, ch. 10, p. 272; voir note pour citation.

[10]   *Ibid.*, ch. 13, p. 320; voir note.

[11]   *Ibid.*, ch. 13, p. 321-322; voir note.

[12]   *Ibid.*, ch. 8, p. 229. La référence se trouve au l. II, chapitre «Des montagnes contenues en la
       région d'Héa, et des habitants d'icelle»; voir *De L'Afrique*, t. I, p. 146.

[13]   *Ibid.*, ch. 17, p. 432; la citation renvoie à la description de Borno, royaume du Pays des Noirs;
       cf. note.

[14]   *Ibid.*, ch. 18, p. 445; la citation reprend un passage de la description de Tunis; voir note.

[15]   *Ibid.*, ch. 18, p. 457; la citation reprend un passage de la description du royaume de Zegzeg,
       au Pays des Noirs; cf. note.

[16]   *Ibid.*, ch. 5, p. 153. La référence se trouve au Livre V, chapitre «Auraz» (l'Aurès): «Nul ne
       sauroit pratiquer avec les habitants, ni avoir leur connoissance, parce qu'ils ne veulent pas que

des mêmes Waitaka[17]. Il y a enfin un cas de croyance superstitieuse, parlant des femmes de Constantine qui prennent des tortues pour des démons[18]. Sur la question plus grave de la religion, Léry, malgré des réserves, considère que les Brésiliens sont athées; en 1599, il les rapproche des peuples dont parle Léon, qui «ne sont Mahometans, Juifs, Chrestiens, ny d'aucune secte»[19]. Le pessimisme foncier de Léry en ce qui concerne les possibilités de rédemption des peuples sauvages trouve ici son expression, et le texte de Léon appuie cette vue.

Ainsi, la majorité des citations répondent au souci exprimé par Jean de Léry dans la préface: prodiges naturels et coutumes étranges se corroborent d'un continent à l'autre, et perdent de leur bizarrerie. L'anthropologie s'esquisse dans la «conférence» cosmographique. Cependant, en dehors du Nouveau Monde, Léry n'inscrit vraiment que l'Afrique. Il contribue ainsi à l'associer, non seulement dans sa description, mais aussi dans la construction de la figure du sauvage, par le simple fait que l'Afrique apparaît de manière importante dans l'édition de 1599, et par l'affirmation dans son avertissement qu'il existe une «conformité» entre les Américains et les Africains – même si un bon nombre d'exemples ne se réfèrent pas aux habitants.

L'usage de l'œuvre de Léon va peut-être plus loin. C'est d'abord avec elle que Jean de Léry inclut l'Afrique dans son œuvre (dans l'édition suivante, il utilisera d'autres historiens de l'Afrique figurant dans la traduction par Jean Temporal du recueil de Ramusio, Alvares et Varthema). D'autre part, dans la préface, Jean de Léry mentionne le seul nom de Léon, se contentant d'allusions à Hariot et Le Moyne, et accordant au géographe de l'Afrique un privilège qui est sans doute dû à la réputation qu'il s'est acquise. Il indique aussi que Léry va faire appel à un auteur, au sens plein du terme, et non pas seulement à une source de renseignements géographiques. Et en effet, certains exemples s'éloignent du modèle annoncé dans l'avertissement, ou le dépassent. Aux chapitres 21 et 22,

---

leurs pays soient connus, pour doute du roi de Thunes et des Arabes leurs ennemis», *De l'Afrique*, t. II, p. 81.

[17] *Histoire d'un Voyage*, p. 155. La référence se trouve au livre premier, ch. «De Mahchil, peuple, les habitations, et nombre d'icelui»: «Ruche», peuple nomade du désert, «sont pauvres, parce qu'ils ont petit domaine; mais cela n'empêche en rien qu'ils ne soient fort vaillants et hardis, combattant à pied, tellement qu'ils réputent à grand blâme et déshonneur, qu'un homme à pied se daigne bouger pour deux étant à cheval. Et n'y a celui, tant soit-il lâche et mauvais chemineur, qui ne suive bien de près quel cheval que ce soit, combien qu'il fut question de faire un long voyage», *De l'Afrique*, t. I, p. 41.

[18] *Ibid.*, ch. 16, p. 409-410; voir note pour la référence.

[19] *Ibid.*, ch. 16, p. 379; le texte renvoie aux l. I et VII; pour la référence à la description du royaume de Borno dans le l. VII de la *Description de l'Afrique*, consacré aux Pays des Noirs, voir la note; au livre premier, Léon évoque les pasteurs des montagnes et des déserts d'Afrique du Nord: «La plus grande partie de ceux-ci n'est ni mahométane, ni de la secte judaïque, encore moins de la religion chrétienne; mais sans foi, sans religion et sans aucune ombre d'icelle ...» (*De l'Afrique*, t. I, p. 109).

Léry décrit le terrible voyage de retour marqué par tempêtes et famines. Parmi les ajouts de 1599, il compare ces rigueurs aux souffrances et aux dangers de la traversée du Sahara, tels que les évoque Léon dans le livre premier de la *Description de l'Afrique*[20], et illustre son propos par l'histoire d'un marchand qui paya 10 000 ducats une tasse d'eau, seulement pour mourir[21]. Il ne s'agit pas ici de confirmer un prodige, mais de mentionner une expression saisissante de la situation de l'extrême dénuement où s'est trouvé Jean de Léry pendant son voyage de retour.

Dans l'*Histoire d'un Voyage*, un autre exemple emprunté à Léon est bien confirmatif; cependant, il ne concerne pas un élément du pays visité, mais un des visiteurs européens,

> Jean de Meun, d'Harfleur: lequel, bien qu'il ne sceut ny A ny B, avoit neantmoins, par la longue experience avec ses cartes, Astrolabe, et Baston de Jacob, si bien profité en l'art de navigation, qu'à tout coup, et nommément durant la tormente, il faisoit taire un sçavant personnage (que je ne nommeray point), lequel cependant estant en notre navire, en temps calme triomphoit d'enseigner la Theorique. Non pas toutesfois que pour cela je condamne, ou vueille en façon que ce soit, blasmer es sciences qui s'acquierent et apprennent és escoles, et par l'estude des livres: rien moins, tant s'en faut que ce soit mon intention: mais bien requerroy-je, que, sans s'arrester à l'opinion de qui que ce fust, on ne m'alleguast jamais raison contre l'experience d'une chose[22].

Dans ce passage, aussitôt après l'allusion malveillante à André Thevet, s'insère en 1599 une référence, inspirée de Léon, à des paysans arabes illettrés qui connaissent les mouvements des astres et peuvent en parler savamment[23]. Voilà qui rappelle la manière dont Montaigne, dans l'Essai «Des Cannibales», souligne son plaisir que son informateur soit «simple et grossier», semblant percevoir déjà dans son discours naïf «l'ombre de la nature»[24].

Parlant des danses parmi les Tupinamba, Jean de Léry note «qu'en toutes les danses de nos sauvages, soit qu'ils se suyvent l'un l'autre, soit, comme je diray, parlant de leur religion, qu'ils soyent disposez en rond, que les femmes ny les filles, n'estant jamais meslées parmi les hommes, si elles veulent danser, cela se

---

[20] *Id.*, p. 533; voir note pour la référence.

[21] Cette anecdote est également citée par Jean Bodin dans le *Discours sur le Rehaussement et Diminution tant d'Or que d'Argent* (publié en appendice au vol. VI des *Six Livres de la République*, Paris, Fayard, 1986, p. 450).

[22] *Histoire d'un Voyage*, p. 141-142.

[23] Voir *De l'Afrique*, tome premier, l. I, ch. «Mutations de l'air, naturelles en Afrique, et de la diversité qui provient d'icelles»: «Il se trouve encore des paysans arabes et autres, lesquels (sans avoir jamais feuilleté ni manié livre aucun pour apprendre les lettres) parlent assez suffisamment de l'astrologie, amenant raisons de leur dire bien vives et apparentes», p. 92.

[24] L'expression est de J. Céard, *La Nature et les Prodiges. L'Insolite au XVIᵉ siècle en France*, Genève, Droz, 1976, p. 302.

fera à part elles», et, dans l'édition de 1599, il ajoute: «comme Jean Leon dit aussi, qu'au Royaume de Fez en Afrique les femmes dansent separées des hommes: tellement que c'est grande honte aux Chrestiens que pour le moins ils n'ayent autant de modestie en cest endroit que les Sauvages et Mahometans en ont»[25]. Léry n'ajoute pas seulement l'exemple confirmatif qu'il a trouvé dans la *Description de l'Afrique*, mais une comparaison avec les mœurs des Chrétiens et une leçon morale à l'usage de ses compatriotes. Ici, «Sauvages et Mahométans» s'associent pour faire honte aux Chrétiens de leurs mœurs relâchées.

C'est une variation sur le thème si fréquent à la Renaissance du renversement de perspective qui permet de fustiger les vices des Chrétiens. L'usage de l'exemple venu d'Afrique du Nord, souvent par l'œuvre de Jean Léon l'Africain, se retrouve ainsi chez Matteo Bandello[26] et François de Belleforest[27]. Ce dernier en particulier, annonçant Montaigne, s'efforce d'ôter au mot «barbare» sa signification péjorative. Son jeu a du reste plus de résonance, s'agissant de la région que l'on appelait Barbarie. L'usage dans ce contexte d'un cas nord-africain n'est donc pas une originalité de Léry. Intéressante en revanche est l'association entre les Mahométans et les Sauvages qui, «conduits par leur naturel», font «honte à ceux qui ont les loix divines et humaines»[28]. Malgré le caractère conventionnel du thème, dans l'ensemble des comparaisons avec l'Afrique, qui toutes tendent à donner à ce continent une place certes secondaire dans la figure du sauvage, ce passage revêt une signification majeure, réussissant presque à lui accorder explicitement ce statut.

Avant Léry, d'autres auteurs étaient allés plus loin dans cette direction. On sait comment Montaigne a, en particulier dans «Des Cannibales», donné aux thèmes issus des voyageurs au Brésil armature conceptuelle et profondeur philosophique, tout en respectant «de manière déconcertante les lois du genre cosmographique»[29]. Dans un autre essai, il établit d'une manière qui n'est certes pas manifeste, et qu'il a lui-même trouvée dans un autre texte, l'association entre l'Amérique et l'Afrique dans la constitution de la figure du bon sauvage. «De l'Expérience»[30], dernier des *Essais*, est un texte très complexe, dans lequel se trouvent alliés bon nombre de thèmes parmi les plus importants de l'œuvre

---

[25] *Histoire d'un Voyage*, p. 253.

[26] Ses *Novelle* (1554), comprennent deux histoires situées en Afrique du Nord, et empruntées à la *Description de l'Afrique*.

[27] Ses *Histoires Tragiques* (1560-1580), partiellement traduites de Bandello, contiennent six histoires barbaresques; trois d'entre elles s'inspirent beaucoup de Léon (dont les deux que Bandello a trouvées dans la *Description de l'Afrique*).

[28] *Id.*, ch. 18, p. 439.

[29] F. Lestringant, *Le Huguenot et le Sauvage*, Paris, 1990, p. 143.

[30] *Essais*, III, 13, Paris, Classiques Garnier, 1958.

de Montaigne. Commençant par une mise en question du pouvoir de la raison comme de l'expérience de mener à la connaissance, il y reprend une réflexion sur les notions de différence et de ressemblance qu'il avait amorcée auparavant, et qui maintenant «s'approfondit remarquablement»[31]. Le texte développe et analyse longuement l'exemple de la justice, de son fonctionnement et de ses procédures d'interprétation, sur laquelle les *Essais* se penchent souvent[32].

Il analyse ici un des défauts majeurs de l'institution judiciaire. La multiplicité infinie des cas particuliers auxquels doivent s'appliquer les lois générales conduit à accroître le nombre des lois; celles-ci ne peuvent pourtant jamais rencontrer la variété des situations auxquels elles doivent s'appliquer. De plus, elles tendent à brider les juges plutôt qu'à les aider à accomplir leur tâche. En effet, multiplier les lois, non seulement accroît les occasions d'interprétations différentes, mais aussi présente l'inconvénient majeur de rendre les procédures de la justice à la fois complexes et rigides. Par une faiblesse inhérente, l'esprit tend à une diversification infinie sans autre objectif que son propre déploiement; ce mouvement sans repos crée paradoxalement des «lois fixes et immobiles», en contradiction avec la «perpétuelle mutation»[33] des actions humaines. Voilà qui est dangereux, parce que la loi produit des institutions et des techniques que l'on doit respecter. Plus loin, Montaigne donne l'exemple frappant d'un crime pour lequel des innocents sont condamnés, et que d'autres prisonniers reconnaissent avoir commis, à la veille de l'exécution. Il n'est pourtant pas question d'effacer simplement l'erreur, et de libérer les innocents. L'institution judiciaire ne prend pas en compte seulement la justice, elle doit veiller à sa propre vitalité, et à respecter ses propres arrêts, tout injustes qu'ils puissent être. Elle doit admettre qu'elle ne peut rien décider sans créer un précédent qui ne pourra plus être ignoré: «On considère la nouvelleté de l'exemple, et sa consequence pour accrocher les jugements; que la condamnation est juridiquement passée, les juges privez de repentance. En somme, ces pauvres diables sont consacrez aux formules de la justice»[34]. Approfondissant sa réflexion, Montaigne arrive à remettre radicalement en cause la valeur du droit, qui ne se fonde pas sur la justice et qui n'est rien d'autre qu'une coutume glorifiée: «Il n'y a remede»[35].

Malgré ce pessimisme fondamental, il y a un moment dans l'essai où Montaigne semble envisager la possibilité d'un tel remède. Si le passage apparaît presque comme une tangente par rapport à l'argumentation du texte, mettre en

---

[31] J. Céard, *op. cit.*, p. 405.

[32] Cf. à ce sujet A. Tournon, *Montaigne, La Glose et l'Essai*, P. U. de Lyon, 1983.

[33] *Essais*, p. 313.

[34] *Essais*, p. 319.

[35] *Ibid.*

question la validité de la raison le mène, comme ailleurs dans les *Essais* postérieurs à sa crise sceptique, à examiner avec sympathie certaines coutumes de
peuples étrangers: «Si nous ne pouvons savoir quel est le 'vray estre' des choses,
peut-être est-il possible d'en quêter les traces par le monde»[36]. Lorsqu'il déplore
la prolifération des lois, et de leurs spécialistes, il donne surtout l'exemple de la
France, qui a «plus de loix que tout le reste du monde ensemble»[37], et où la
multiplication des «formules de la justice» lui fait y préférer l'anarchie. Bien
mieux vaudraient des lois «plus rares, plus simples et generales»[38].

> Nature les donne tousjours plus heureuses que celles que nous nous donnons.
> Tesmoing la peinture de l'aage doré des poëtes, et l'estat où nous voyons
> vivre les nations qui n'en ont point d'autres. En voylà qui, pour tous juges,
> employent en leurs causes le premier passant qui voyage le long de leurs
> montaignes. Et ces autres eslisent le jour du marché quelqu'un d'entre eux,
> qui sur le champ decide tous leurs procès. Quel danger y auroit-il que les plus
> sages vuidassent ainsi les nostres, selon les occurrences et à l'œil, sans obliga-
> tion d'exemple et de consequences? A chaque pied son soulier. Le Roy Ferdi-
> nand, envoyant des colonies aux Indes, prouveust sagement qu'on n'y mena
> aucuns escholiers de la jurisprudence, de crainte que les procez ne peuplassent
> en ce nouveau monde, comme estant science, de sa nature, generatrice d'al-
> tercation et de division; jugeant, avec Platon, que c'est une mauvaise provi-
> sion de pays que jurisconsultes et medecins[39].

La structure de ce passage est extrêmement révélatrice. Evoquant l'Age d'Or
mythique aussi bien que les nations réelles qui n'ont d'autres lois que celles de
la nature, Montaigne renvoie manifestement à l'Essai «Des Cannibales». Mais
les deux exemples suivants, non attribués, ne viennent pas de ce texte. Ils sont
issus de l'œuvre de Jean Léon l'Africain. Ils sont cependant très loin de se
conformer au sens du texte d'origine. Le premier exemple se fonde sur des anecdotes où Léon relate ses expériences de juge improvisé dans des localités
d'Afrique du Nord.

L'image qu'il présente de cette activité est bien loin d'être toujours agréable
et satisfaisante. Certes, dans le livre IV, il évoque un séjour heureux et profitable
dans la ville de Medva, au royaume de Telensin[40]:

---

[36]   J. Céard, *op. cit.*, p. 392.

[37]   *Essais*, p. 313.

[38]   *Ibid.*

[39]   *Ibid.*, p. 313-314.

[40]   C'est la forme surprenante du nom de la ville de Tlemcen que portent toutes les éditions du
       texte de Léon, depuis Ramusio et ses traducteurs, jusqu'à A. Epaulard, qui assure avoir
       comparé le texte italien avec le seul manuscrit connu du texte de Léon, identifié en 1931 par
       A. Codazzi, avant d'établir sa nouvelle tr. fr. (Paris, Maisonneuve, 1956). En réalité, le manus-
       crit (Biblioteca Nazionale, Rome, fonds Victor-Emmanuel, n° 923) contient les formes
       «*Tilimsan*» et «*Tilimsin*», plus conformes à la prononciation arabe. L'édition d'Epaulard, très

Passant par-dedans, je fus reçu avec autant grand honneur et caresses du peuple comme si j'en eusse été seigneur, parce qu'entre tous les habitants il ne s'en sauroit trouver un qui ait tant peu soit-il connoissance; de sorte que si quelqu'étranger, qui soit quelque peu de savoir, s'adresse là, ils l'honorent grandement, et le retiennent quasi par force, l'employant à la décision de leurs causes, se conseillant à lui, et prenant son avis en tous leurs différends. J'y séjournai par l'espace de deux mois, pendant lesquels je reçus d'eux plus de deux cents ducats, tant en deniers comme en habillements; tellement qu'alléché par ce gain, je me delibérois quasi d'y faire demeurance, n'eût été que le devoir de mon office me fit rejeter cette soudaine délibération[41].

Cette bonne expérience contraste avec celle que Léon a vécue dans la montagne de «Semede», dans le royaume de Maroc (Marrakech):

Les habitants sont fort rustiques, pauvres et mécaniques, sans avoir entre eux aucun qui puisse décider leurs controverses, sinon que parfois ils retiennent quelque étranger passant, qui leur semble être personne suffisante et entendue [...] [Je] me trouvai environné de plus de soixante personnes, qui vont commencer à me faire un grand discours et long procès, non autrement que si j'eusse été leur juge ordinaire, et expréssement député pour décider leurs débats[42].

Les montagnards n'hésitèrent pas à enlever son cheval à Léon, qui se trouva ainsi contraint de passer huit jours à résoudre leurs litiges. Il raconte plaisamment sa dernière nuit à Semede, que, plein d'espoir, il passa à calculer la quantité d'or qu'il recevrait pour sa peine. Il fut bien déçu lorsque, le lendemain, il se vit offrir noix, oignons, voire un bouc, par les montagnards reconnaissants. Laissant ces présents rustiques à son hôte, il quitta le lieu, plein d'amertume à l'idée d'avoir travaillé sans salaire pour «cette canaille»[43].

La situation menace d'être encore plus désagréable au deuxième livre, chapitre «Ileusugaghen»:

Je fus une fois en cette cité avec le prince schérif de la région d'Héa, lequel y vint pour pacifier le peuple; et ne vous saurois exprimer combien de noises, discords, querelles, meurtres, brigandages et voleries forge cette canaille. Or, ne se trouvant auprès du prince aucun juge ni docteur, me pria très instam-

---

précieuse pour la masse de renseignements historiques contenus dans ses notes, est beaucoup moins fiable en ce qui concerne le texte, qui ne corrige qu'une faible partie des interventions de Ramusio, et ajoute bon nombre d'erreurs malencontreuses.

[41] *De l'Afrique*, t. I, p. 627.

[42] *Id.*, p. 193-194.

[43] Voir *Id.* p. 195-197. Comme souvent, la traduction de Jean Temporal accentue la couleur et la saveur des descriptions et récits de Léon: «le plus noble d'entre eux m'offrit un bouc bien mignonnement et avec une grâce et façon de faire qui me sentoit tout plein sa cour» (196).

ment que je voulusse prendre la peine de les accorder et terminer leurs diffé-rends[44].

La tentative de régler une dispute à propos de terres qui avait suscité une vendetta familiale et provoqué de multiples homicides, est loin de s'avérer concluante. Les adversaires, présentant leur cause, sont sur le point de s'engager dans une «fort âpre et dangereuse mêlée, voire jusqu'à s'entrebattre»[45], et le chérif[46], craignant une trahison, décide de lever le camp.

Les trois passages où Léon parle de ses expériences de juge improvisé contre-disent l'interprétation qu'offre Montaigne de leur sens. D'une part, ces pages de la *Description de l'Afrique* sont ôtées du contexte qui leur donne signification. Comme on l'a vu, dans chacun de ces passages, ce n'est pas de manière générale que Léon évoque la coutume de retenir un voyageur qui puisse rendre la justice : ces anecdotes sont toutes trois autobiographiques, et doivent être comprises dans le cadre des très nombreuses mentions de cet ordre qui figurent dans la *Description de l'Afrique*[47]. Un bon nombre d'entre elles ont pour une part l'ob-jectif de convaincre le lecteur du savoir de l'auteur. Et en effet, le droit musulman, qui s'est constitué à partir du Coran et la Tradition du Prophète, qui s'est développé en plusieurs écoles[48], qui a suscité des masses de commentaires dont Montaigne aurait sans doute déploré l'abondance, qui était enseigné dans les grands centres urbains, comme Fez, Tlemcen, Tunis, exigeait des études poussées ; ailleurs, Léon ne manque pas de le signaler et ces anecdotes ont préci-sément pour but de mettre l'accent sur ses compétences. Corollairement, ces anecdotes affirment l'existence d'un clivage entre les villes où est appliquée la loi musulmane et les campagnes reculées où règne ce que l'auteur décrit comme l'anarchie et la barbarie, et qui souvent n'est que la coutume berbère. Le person-nage du juge Léon a en partie pour rôle de réduire cette distance, et même le fait qu'il ne se prive pas de considérer avec sévérité ses administrés est en accord avec cette image : «La science de la *chari'a* (*fiqh*) [...] est aussi une science compo-site de droit et de moralité dont les représentants (*fuqahâ'*, sing. *faqih*) agissent en dépositaires de la conscience islamique»[49]. La figure de l'auteur dans le texte, qui, lors de ses voyages, loge presque toujours dans la maison de l'imam ou du juge local, qui prend soin de noter les lieux où se trouvent des personnes qui ont étudié la loi islamique dans les cités, qui se charge même de rendre des sentences

---

[44]   *Id.*, p. 131-132.

[45]   *Id.*, p. 135.

[46]   Le Saadien Ahmad al-A'raj, futur roi du Maroc, que Léon accompagnait dans ce voyage.

[47]   Elles sont plus nombreuses encore dans le manuscrit que dans aucune des éditions existantes.

[48]   Sur cette évolution, voir par exemple N. J. Coulson, *Histoire du Droit islamique*, Paris, PUF, 1995.

[49]   *Id.*, p. 82.

en accord avec cette loi, a pour fonction en partie de dramatiser l'opposition et de figurer la lente extension de la loi religieuse[50]. Ces montagnes et ces villages qui n'abritent pas de juriste mais qui s'efforcent de compenser cette absence en retenant les savants étrangers de passage, sont des postes-frontières de ce travail.

L'exemple suivant doit être compris dans le même cadre; dans le livre II de la *Description de l'Afrique*, parlant de la région de «Guzzula», Léon porte, comme souvent quand il parle des régions éloignées des villes, un jugement sévère sur les habitants et leurs us et coutumes:

> Les habitants n'ont point de seigneur, mais se gouvernent d'eux-mêmes; si que le plus souvent, ils sont en dissension et guerres, dont les trêves (si aucunes en y a) ne durent pas plus haut de trois jours en la semaine, cependant peuvent trafiquer les uns avec les autres [...] Et fut auteur de ces trêves (du temps que je traversois ce pays-là) un bon ermite, qui est entre eux réputé et estimé saint [...] et le trouvai tout pur, innocent et rempli de charité [...] et font une foire en ce pays-là qui dure par l'espace de trois mois [...] Et le jour venu que la foir se doit ouvrir, ils font trêve entre eux, élisant pour chacune partie un capitaine, auquel ils donnent cent hommes de pied pour garde et sûreté d'icelle, et vont ces gardes tournoyant, punissant les malfaiteurs et délinquants avec une telle peine, qu'elle peut égaler la grandeur de leurs démérites. [...] Toutefois les peuples de Guzzula sont gens de lourd entendement, mais admirables à maintenir en paix le peuple, et garder qu'il n'y ait sédition en la foire ...[51]

L'institution d'une police pour maintenir l'ordre pendant la foire que visitaient, dit Léon, des marchands de régions éloignées et même des pays sub-sahariens, sera interprétée par Montaigne comme un refus de s'encombrer d'un appareil judiciaire complexe et d'une législation peut-être vouée à une prolifération déplorable.

Ces exemples viennent indubitablement en dernière analyse de la *Description de l'Afrique*. Le nom de Jean Léon l'Africain n'est pas cité, et nulle part ailleurs dans les *Essais*. Ceux-ci semblent ne se référer à la *Description de l'Afrique* que dans un autre passage[52]. Pour les exemples judiciaires cités plus

---

[50] J'ai étudié les fonctions du personnage de Léon dans la *Description de l'Afrique* dans «Il Compositore ou l'autobiographie éclatée de Jean Léon l'Africain», *Le Voyage des Théories*, Casablanca, Le Fennec, 2000.

[51] *De l'Afrique*, t. I, p. 204-206.

[52] P. Villey (*Les Sources et l'Evolution des* Essais *de Montaigne*, tome premier, Paris, Hachette, 1933, p. 176) mentionne un seul autre cas où Montaigne semble citer Léon, toujours dans le l. III des *Essais*: «Il y a des nations qui se couvrent en mangeant» (5, «Sur des Vers de Virgile», p. 103). Cf. *De l'Afrique*, à propos des habitants de la «Libye» (Sahara): «Les gentilshommes du pays portent en tête (comme j'ai déjà dit) un linge noir, avec partie duquel ils se couvrent le visage, cachant toutes les parties d'icelui, hormis les yeux, et vont ainsi accoutrés journellement. Par quoi leur venant envie de manger, toutes les fois qu'ils portent le morceau en la bouche, ils la découvrent, puis soudainement la retournent couvrir; alléguant, pour leur

haut, Montaigne les a certainement empruntés avec leur contexte au premier livre des *Sérées* de Guillaume Bouchet, publié en 1584. Ce passage même est instructif pour notre propos:

> Nous trouvons aussi, que Ferdinand Roy d'Espagne, envoyant Pedrarias gouverneur és isles Occidentales, nouvellement descouvertes, luy defendit de mener ni Iurisconsule, ni Advocat, à fin de ne porter la semence de procés, où il n'y en avoit point: la Iurisprudence estant science de sa nature, generatrice d'altercation & division: jugeant avec Platon, que c'est une mauvaise provision de païs, que Iurisconsultes & Medecins. Car on dit qu'en ce monde nouveau, où ils vivent sans lettres, Magistrats, ne loy, qu'ils vivent plus legitimement & droictement que nous. Encores en tout l'Orient y a si peu de procés, qu'en la province de Guzala la populace cree seulement aux jours de foire, un Iusticier, pour asseurer le cours de la traffique: & aux lisieres du Royaume de Fez, les habitans de la montagne Magnan arrestent les passans pour recevoir Iustice d'eux. Que s'ils n'en trouvent, ils eliront un Magistrat, lequel ira de village en village, iugeant & terminant les procés & querelles. Ce venerable Magistrat s'assied au beau milieu de la place, sur un billot de bois, son bissac sur l'espaule, & son baston entre ses jambes, & là tout enveloppé de plaintes de diverses façons, oit le demandeur, & celuy qui est le premier arrivé, luy fait affermer sa demande estre veritable, & au defendeur sa defense, comme il se practique auioud'huy en la Iuridiction des Marchands. Et apres avoir ouy quelques voisins, il donne sa sentence sur le champ. Pour recompense de quoy & espices, il a des oignons, ou des chastaignes, ou quelque autre fruict du païs[53].

Pierre Villey, qui signale le rapprochement[54], affirme que l'association entre les exemples vient de Bouchet. En fait, Bouchet lui-même utilise un autre auteur fréquemment mentionné dans les *Sérées*, Jean Bodin pour le noyau du passage; pour les citations de Léon l'Africain, même si pour compléter son texte, il s'est également référé de manière certaine à la *Description de l'Afrique*[55]. Comme Bodin, Bouchet situe un des exemples dans la montagne de «Magnan», introu-

---

raison, touchant cette étrange nouveauté, que tout ainsi que c'est grande vitupère à l'homme de jeter la viande hors du corps, le semblable est de la mettre dedans à la vue d'un chacun» (tome premier, p. 52).

[53] Paris, Lemerre, 1873, p. 149-150 [Genève, Slatkine Reprints, 1969]. Guillaume Bouchet cite Léon l'Africain dans quelques autres passages. Il se réfère souvent aussi à Montaigne, qu'il appelle le «sieur de La Montagne».

[54] *Les Sources et l'Evolution des Essais de Montaigne*, t. I, p. 91-92.

[55] Cf. *Les Six Livres de la Republique*: «Et qui plus est, où il n'y a forme aucune de souveraineté, ni de Republique, le peuple est contraint de faire un Magistrat, ou capitaine pour commander et faire justice: comme en Afrique au païs de Guzula, où il n'y a ni Roy, ni forme quelconque de Republique, le peuple aux jours de foire eslit un capitaone pour faire justice, et asseurer le cours de la traffique: et aux fontieres du royaume de Fez les habitans de la montagne de Magnan, qui n'ont point aussi de forme de Republique, arrestent les passans par force, pour recevoir d'eux justice» (l. VI, ch. 4, p. 161).

vable dans la *Description de l'Afrique*. C'est probablement encore au même auteur que Bouchet a emprunté l'idée de rapprocher ces usages de ceux qui ont cours en Amérique

> Et tout ainsi que le fondement peut estre sans forme de maison, aussi la famile peut estre sans cité, ni Republique, et le chef de famille peut user du droit de souveraineté sur les siens, sans rien tenir apres Dieu que de l'espee : comme il y en a plusieurs és frontières du Royaume de Fez, et de Maroc, et aux Indes Occidentales[56].

Dans la *République* en revanche, on ne trouve pas la notion primitiviste que la condition des nations sans magistrats est enviable, ni de réminiscence du mythe d'un Age d'Or. Cela est bien un ajout de Bouchet ; ce dernier cependant, en accord avec le caractère plaisant des *Sérées*, ne cherche pas à approfondir la comparaison, et se contente d'esquisser une analyse des exemples ; il s'intéresse bien plus à la personne du juge errant, au tableau pittoresque qu'il présente et même aux produits agricoles qui constituent son paiement.

Rien de comique dans la réécriture de Montaigne, qui, médiatisée par l'œuvre de Bouchet, ne retient du texte de Léon que des faits auxquels est conférée une signification radicalement différente. Pour lui, l'étranger de passage n'est pas le porteur d'une loi cruellement absente dans le lieu où il s'arrête. S'opposant à la complexité inextricable des lois françaises, il devient la figure d'une sagesse que l'inscription dans le passage après le renvoi implicite aux Cannibales invite à considérer comme l'expression de la nature. Le juge dans ce passage des *Essais* est une figure vide, accidentelle (le premier venu peut remplir son office, à en croire Montaigne), et abstraite. Il est dépouillé de son savoir comme des sentiments qui peuvent l'animer ; aucune mention n'est faite du paiement qu'il exige. Il devient une pure fonction de la liberté des habitants par rapport aux lourdeurs de la loi.

L'image du juge-voyageur est intéressante en ce qu'elle donne au droit ce dont Montaigne déplore l'absence : le mouvement. La loi, représentée par la figure du voyageur promu au rang de juge, existe seulement quand on en a besoin et s'absente lorsqu'elle est de trop. Libéré des pesanteurs de l'institution judiciaire, ne connaissant ni «exemple» ni «conséquence», ne se préoccupant pas de déterminer si le cas qu'il considère dans l'instant s'est déjà présenté, ou si le précédent qu'il crée va brider ses successeurs, le juge peut prendre une décision sans souci ni du passé ni de l'avenir. La loi utopique libère en effet surtout de la dimension temporelle. Ainsi peut s'opérer l'amalgame avec l'exemple suivant, qui est très différent dans le texte d'origine. Là encore, Bouchet et Montaigne à sa suite, ignorent le contexte sur lequel s'inscrit cette coutume, et les guerres presque constantes qui opposent les factions en temps ordinaire

---

[56] *Id.*, l. I, ch. 6, p. 111.

(aussi bien que la justice brutale autant qu'expéditive dispensée par le capitaine et ses gardes pendant la foire). Ici, la libération par rapport à l'institution judiciaire se manifeste dans le fait que la loi ne s'applique que dans un cadre temporel très restreint (le «jour du marché», dit Montaigne, et le juge décide «sur le champ»); ainsi, rien ne se bâtit sur ces décisions. Que l'un ne soit juge que par hasard et que l'autre soit élu n'est pas une différence fondamentale. Même la sagesse suprême de celui qui pourrait, imagine Montaigne, décider des procès en France est du même ordre: les trois notions (hasard, élection, sagesse) sont toutes déterminée par l'absence des institutions honnies. En ce sens, elles se rapprochent de la «rhétorique de la négativité» qui sous-tend les descriptions primitivistes des nations sauvages[57].

Ainsi, Bouchet et Montaigne, reprenant Léon l'Africain, tendent à assimiler Africains, et en particulier certains natifs de l'Afrique du Nord, avec les nations sauvages; comme elles, ils sont susceptibles d'être plus proches de la nature, loin des maladies de la civilisation.

Dans l'histoire de la figure du bon sauvage, la présence de l'Afrique, par association avec les nations d'Amérique qui vivent selon la nature, est réelle dès le XVIe siècle. A l'évidence, elle n'est ni éminente, ni toujours manifeste (Montaigne ne mentionne même pas le lieu où se situent ses exemples d'une justice supérieure à celle qui se pratique en France). Le bon sauvage africain vivra toujours d'une existence marginale et précaire, et sa carrière restera incertaine. A l'évidence, de puissantes raisons politiques et militaires œuvraient contre son développement. Théâtre de conflits ouverts ou larvés entre les Etats barbaresques et les puissances européennes, entre l'Empire espagnol et l'Empire turc, l'Afrique du Nord va trop souvent être un objet de haine et de mépris pour devenir le lieu d'une nostalgie des origines. En particulier, les problèmes de la course vont peser lourdement sur sa représentation en Europe. Les puissances corsaires de la Barbarie, malgré la place marginale qu'elle occupent dans leurs sociétés[58], vont avoir un impact considérable sur cette dernière. Une grande part des textes publiés sur la région sont liés à cette question épineuse. Récits de captifs et de rédempteurs dominent la littérature du XVIIe siècle sur l'Afrique du Nord, nourrissant l'hostilité contre les puissances barbaresques. La littérature des rédempteurs en particulier a pour objectif d'émouvoir les lecteurs par la description souvent haute en couleurs des souffrances subies par les captifs chrétiens de la Barbarie, et de leur donner le désir de contribuer financièrement à l'entreprise de leur rachat. Certains auteurs du XVIIIe siècle leur reprocheront leurs «pieux mensonges» qui ont imprimé une marque durable

---

[57]   Voir à ce sujet C. Marauby, *Utopie et Primitivisme, Essai sur l'Imaginaire anthropologique à l'Age classique*, Paris, Seuil, 1990.

[58]   Cf. J. Monlaü, *Les Etats barbaresques*, Paris, PUF, 1964.

sur l'image de l'Afrique, et s'efforceront d'offrir des descriptions plus exactes du pays, allant jusqu'à en présenter parfois une image idéale. Ces tentatives de donner vie à ce qui s'esquisse dans les œuvres de Léry et Montaigne, et de faire de l'Afrique du Nord une des terres de naissance du bon sauvage, ne se développeront jamais pleinement, et laisseront l'image de cette région flotter dans un espace incertain entre la barbarie et la civilisation[59].

Par la suite, la vision de l'Afrique du Nord devient de plus en plus défavorable à mesure des progrès de l'entreprise coloniale. Si bon sauvage africain il n'y aura pas, une conception exotique et esthétique de l'Afrique du Nord va se déployer et devenir un important trait secondaire de son image en Europe, illustrée principalement par deux références : les *Mille et Une Nuits*, dont le succès a été énorme dès leur traduction en français par Antoine Galland au début du XVIIIe siècle, et grâce auquel le monde musulman apparaît «comme le lieu d'une civilisation exotique et pittoresque, vivant dans une atmosphère fabuleuse»[60]; les patriarches de la Bible, que certains verront revivre surtout parmi les Bédouins frugaux. Lorsqu'il s'agit de présenter l'Afrique du Nord d'une manière positive ou du moins attrayante, ces images sont récurrentes sous la plume des écrivains, des artistes, des voyageurs depuis le XVIIIe siècle jusqu'au XXe siècle, de Louis Chénier[61] à Eugène Fromentin[62], de Jan Potocki[63] à Pierre Loti[64]. L'Afrique du Nord devient le lieu d'un exotisme historique, loin de la construction philosophique d'une nature exemplaire et toujours vivante sous d'autres cieux.

Oumelbanine ZHIRI
University of California, San Diego

---

[59] Cf. A. Thomson, *Barbary and Enlightenment*, Leyde, Brill, 1987.

[60] M. Rodinson, *La Fascination de l'Islam*, Paris, François Maspéro, 1982, p. 67.

[61] *Recherches historiques sur les Maures et Histoire de l'Empire de Maroc*, Paris, 1787.

[62] *Un Eté dans le Sahara*, Paris, 1857.

[63] *Voyage dans l'Empire du Maroc*, Varsovie, 1792.

[64] *Au Maroc*, Paris, 1890.

INDEX
(nominum, locorum)

INDEX NOMINUM

Abraham, 415, 734, 753-764, 782, 985-986, 997, 1120
Acciaiuoli, Donato, 72-73
Accolti, Benedetto, 79
Accurse, François, 1005
Achard, Guy, 49-50
Acidalius (Havekenthal), Valens, 166
Actéon, 66
Adam, 12n, 146, 264, 669n, 728, 837, 853-854, 912, 979, 994, 996, 1025
Adams, Robert P., 719n
Adonis, 537
Adrien Ier, pape, 702n
Aglaophème, 81-82
Agricola, Georg, 345-346, 348, 350-351
Agricola, Rodolphe, 807-808
Agrippa, 127-128
Agrippa von Nettesheim, Heinrich Cornelius, 92, 121, 123n, 127-129, 166-168, 170, 172-173, 737
Aguerre, Claude, XIIn, XXXV
Akakia, Martin, 188n
Alamanni, Luigi, 773
Albe, duc d', 551
Al-Battani, 372-373
Alberici de Recanate (Recaneto), Francesco, 684, 696
Albert de Saxe, 43n
Albert le Grand, 27, 170-171, 272n, 445
Alberti, Leon Battista, 79, 137-138, 420, 423, 845n, 1091n
Al-Bikri, 1127
Al-Bitruji (Alpetragius), 369
Albucasis, 227n
Albumazar, 559
Albus, Mechthild, 769
Alciat (Alciati), Andrea, 1006, 1009, 1011-1012
Alcinoüs, 73n, 78n
Aldrovandi, Ulisse, XIV, XXXV, 351, 378

Alexandre V, pape, 972
Alexandre VI, pape, 966, 970, 975
Alexandre de Tralles, 226
Alexandre le Grand, 8n, 56-57, 588, 858
Al-Farghani, 372-373
Allen, Helen Mary, 102n, 372n, 849n
Almain, Jacques, 37, 39n, 43-44
Altdorfer, Albrecht, 846n
Altenstaig, Johannes, 41
Alvares, Francisco, 113, 1126, 1128
Ambroise (St), 649-650
Ambroise le Camaldule, voir Traversari
Amelin, Jean de, 1060
Amico, Giovanni Battista, 368n, 372
Ammonius, 765-766, 773-774
Ammonius-Saccas, 766-767
Amon, 321
Amyot, Jacques, 51n, 212, 391n, 477-478, 1081, 1087, 1095n
André (St), 103
Androuet du Cerceau, Jacques, 834
Aneau, Barthélemy, 476n, 855n, 1001-1012, 1053n, 1111-1114, 1119-1123
Angenoust, Edmée, 944n
Angenoust, Jean, 933n
Angot, Christine, 26n
Annius de Viterbe, 1009
Anquez, Léonce, 939n
Antonioli, Roland, 659n
Apian, Pieter, 679n
Apollonios de Rhodes, 74, 292n, 298
Appien, 294, 303
Apulée, 73-74, 100, 290, 788, 790
Aquien, Michèle, 540-541
Aquilecchia, Giovanni, 59n, 131n, 138n, 169
Aquilon, Pierre, 768n
Archangelo de Burgonovo, 500n
Archimède, 277, 281, 369, 372
Arcimboldo, Giuseppe, XXXVIII

Aretino, Pietro, 60, 62, 134n, 140n, 229, 765, 768, 771n, 773n, 775-776
Arezzo, Antoine d', 1014
Argyropoulos, Jean, 68, 72, 84, 808n
Ariani, Marco, 487, 493, 501
Arienti, Giovanni Sabadino degli, 1015
Ariew, Roger, 46
Ariosto, Lodovico, 138n, 480, 987-988, 1089-1093, 1096-1097, 1100-1103, 1105, 1107
Aristobule, 734
Aristophane, 292n, 298, 1027n
Aristote, XVn, XXVII, 13, 30n, 39n, 43n, 45n, 50n, 52-53, 65, 68, 71-73, 82n, 92n, 97n, 114-115, 120-121, 126, 128, 131-132, 136, 171, 187, 190-191, 194n, 214, 231, 233-235, 240, 248, 292n, 315, 372, 378n, 380-381, 388, 399, 438, 448, 468n, 560-561, 599, 631, 712-713, 717, 720-724, 807-808, 810n, 926, 928, 978, 1018, 1055n, 1059-1062, 1072
Aristote (pseudo-), 435n, 1053, 1059
Armstrong, Elizabeth, 835n
Arnauld de Villeneuve, 251
Arnobe, 649
Arnold, Klaus, 172
Arnould, Jean-Claude, 1093
Arnoullet, Balthazar, 1003
Arnoullet, la Veuve, 1050
Artémidore, 258n, 488-489
Arthur, 658-659
Athénée, 448, 707, 1047
Aubert, Roger, 865n
Aubigné, Théodore Agrippa d', XXn, XXVII-XXVIII, XXX-XXXII, 160, 412, 569-581, 583-584, 586-587, 590-593, 917, 1029n, 1036n, 1081, 1086, 1154
Audebert, Nicolas, 521-523, 937n
Auerbach, Erich, 676n, 678
Auernheimer, Richard, 172-173
Augier, Jean, 948n
Auguste, 860, 945
Augustin (St), XIIn, XXXI, 8-9, 11-13, 78, 92n, 97, 359, 373n, 375n, 411, 491, 641, 648, 650, 703, 721, 755n, 762n, 771, 787-790, 796, 798-799, 805n, 838n, 841, 886, 889n, 894n
Aulotte, Robert, XIVn, XXn, XXX, XXXII, 316n, 459
Aulu-Gelle, 3n, 13n, 289-290

Ausone, 232, 448, 1050
Auton, Jean d', 211
Avellini, Luisa, 966n
Averroès, 82n, 419-421, 492n, 978
Avicenne, 235, 251, 362, 431n, 434, 492n
Azon (Azo), 1005n

Bacchus, XXn, XXXV, 259, 468n, 712, 714, 730-731, 733-735, 916, 1025
Backus, Irena, 16n
Bacon, Roger, 373n, 436n
Baïf, Jean-Antoine de, 557, 597-599, 623-640, 1081
Baïf, Lazare de, 1027
Baillet, Adrien, 766n
Bakhtine, Mikhaïl, 660, 723-724, 908, 1088
Balciano (Bremio), Giovanni, 803n, 813
Balde (Baldo de' Ubaldis), 1005, 1010n
Baldi, Bernardino, 370-371
Balmas, Enea, 480n, 623n, 1092-1093
Balsamo, Jean, 138n, 503n, 587n, 801n, 1089n, 1092n, 1107n
Bamforth, Stephen, XIV, 608n
Bandello, Matteo, 1015n
Bandini, Angelo Maria, 965n
Barbaro, Ermolao, XVIIIn, XXXV, 91n
Baridon, Michel, 833-834
Baril, Denis, XXXIV
Barkaï, Ron, 227n
Baron, Eguinaire, 1009-1010
Baron, Frank, 172-173
Baron, Hans, 1108n
Baron, Philippe, 229n
Barradas, Sébastien, 647, 649-651
Barrenfelt, 563n
Barrow, Isaac, 277, 281
Barthélémy l'Anglais, 263
Barthes, Roland, 474
Bartole (Bartolo de Sassoferato), 1005
Basot, Jehan, 829
Bassi, Simonetta, 165n, 169n
Bassols, Jean de, 41
Bataille, Georges, 26
Bataillon, Marcel, 783-784, 1114n
Battista, Giovanni, 276-277
Baudelaire, Charles, 255
Baudoin, François, 1009-1010
Baudoin, Jean, 324
Baudrier, Henri, 1050n, 1052n, 1061-1062, 1089n, 1109n

Bauhin, Jean, 1051n
Bausi, Francesco, 965-966
Bavent, Madeleine, 20, 22-23
Baxandall, Michael, 377
Bayle, Pierre, 111, 185n, 767n, 898n, 939n
Bazin, 945
Beaton, James (Betoun, Jacques de), 811n, 822n, 826-827
Beaujour, Michel, 724n
Beaulieux, Charles, 156n
Béda, Noël, 784
Bedouelle, Guy, 771n, 774n, 781, 784n
Béguin, Albert, 865, 877, 879
Bellarmin, Robert, 644, 648-649, 653n
Belleau, Rémy, 1081, 1100
Belleforest, François de, 207n, 727, 836-837, 840n, 1095n, 1130
Bellengard, Etienne, 1066n, 1070
Bellenger, Yvonne, 260n, 842n, 993n
Bellièvre, Claude de, 518-519
Belon du Mans, Pierre, XIVn, XXVII, 203-215, 355-358, 361-362, 379-383, 385n, 390, 452, 835
Bély, Jean, 583
Bembo, Pietro, 321, 420, 571, 966, 1098n, 1100n, 1103, 1106
Benci, Thomas, 78n, 83
Benoît XIII, pape, 972
Benzing, Josef, 445n, 766n
Benzoni, Girolamo, 1126
Berchtold, Jacques, 665n
Bergamo, Mino, 20n
Berjon, Matthieu, 983
Bernanos, Georges, 865-880
Bernanos, Jean-Loup, 865n
Bernard (St), 645, 647, 650, 940-941
Bernard de Chartres, XXIIn
Bernegger, Matthias, 939n, 943n
Berni, Francesco, 60
Béroalde, Matthieu Brouart, dit, 864
Bérose (et pseudo-), 410, 414
Berriot, François, 258n, 1092n
Berriot-Salvadore, Evelyne, XIVn, XXXVI, 217n, 227n, 235, 239-240
Bertaut, Jean, 583, 587, 591-593
Bertin, 945
Bérulle, Pierre de (Léon d'Alexis), 17-19
Besler, Hieronymus, 166, 169-170, 172
Bessarion, Jean, 71-73, 75, 82, 84-85
Betis, roi, 56
Beugnot, Bernard, 993n, 1065n

Bèze, Théodore de, 208-209, 513, 519, 547n, 560, 753-764, 811, 847-848, 858, 886-888, 891, 894-897, 900-901, 903, 952
Bianchini, Giovanni, 369, 372
Bibbiena, Bernardo Dovizi da, 966
Bietenholz, Peter G., 769n, 940n
Billard, Claude, 583
Binet, Claude, 478, 480, 523-524, 546
Binet, Jean, 511-517, 519-520, 523-525
Biondi, Albano, 785
Bizet, Odoard, 940, 945-946
Bjaï, Denis, XVIIn, XXXV, 356n
Blackwood (Blaqueuault), Henry, 827n
Blackwood, Adam, 827n
Blanchard, Marc Eli, 156n
Blézin, Jean, 245
Blomefield, Miles, 1048n
Boaistuau, Pierre, XIV, 822n, 930n
Boase, Alan M., 584n
Boccace, Giovanni, 1014-1015, 1023, 1027-1028, 1097n
Bochetel, Guillaume, 1011-1012
Bock, Hieronymus, 447-448
Bodin, Jean, XVn, XXVII, 213n, 269, 376n, 378, 424, 440, 455, 791n, 795-796, 1129n, 1136
Bodley, Thomas, 1050n
Bogaerts, Jan, 547
Boiardo, Matteo Maria, 1096n
Boissise, Jean Thumery de, 942, 948n, 954
Bokdam, Sylviane, XXIn, XXXVI, 400-401
Bolchert, Paul, 769n
Bollème, Geneviève, 161n, 261
Bologne, Jean-Claude, 224
Bolognini, Lodovico, 299
Bolsec, Jérôme, 847-864
Bonaccorsi, Piero, 77
Bonaventure (St), 32n, 39-40
Bonciani, Francesco, 132
Bonet, Nicolas, 30n, 42
Bongars, Jacques, 939, 943n, 948-949, 953-954
Bonhomme, Mathieu (Macé), 624
Bonnefons, Jean, 583
Bonnefoy, Yves, 570n
Bony, Jacques, XXIn, XXXVII
Bordier, Henri, 847-848, 858n, 883n, 904n, 1045n
Bordier, Jean, 806n

Borgia, Cesare, 966
Bosio, Antonio, 347n
Botalli, Leonardo, 1051n
Bothorel, Jean, 865n
Boucher, Jacqueline, 553n
Bouchereau, Jacob, 723n
Bouchet, Guillaume, 1136-1138
Bouchet, Jean, 660n, 1009
Boudou, Bénédicte, XVIIn, XXXV, 356n
Bouguier, Nicolas, 1010-1011
Boulæse, Jean, 16
Boulaine, Jean, 261n
Boulnois, Olivier, 46, 440n
Bourbon, François de, comte d'Enghien,
   517-518, 520
Bourbon, Nicolas, 514, 1091
Bourdelatius, Pietro, 419
Bourgeois, Louise, 224-225, 228
Bourgoing, Guillaume, 1036, 1039n
Bourgueville, Charles de, 1052n
Bourneville, Désiré Magloire (Dr), 20n
Bousquet-Bressolier, Catherine, 679n
Boutiot, Théophile, 936n
Bovelles, Charles de, XIIn, XXVIII, 95n,
   104n, 167-168, 173n
Boyceau de La Baraudière, Jacques, 834-
   836, 842
Brach, Pierre de, 583, 587-588, 591
Brady, Ignatius, 41n
Brahé, Tycho, 544-546, 549n, 560
Brann, Noël L., 172, 806n
Brant, Sébastien, 306
Brémond d'Ars, Guy de, 948n
Brémond, Henri, 19n, 24n
Breton, Richard, 463
Breton, Robert, 512, 514-515
Breyer, Lucas, 480, 552-553, 624n, 627n
Bricot, Thomas, 39n, 44n
Bridoye, XIX, XXXIV
Britannico, Giovanni, 306
Broadie, Alexander, 42-44
Brosse, Salomon de, 834
Brossier, Marthe, 17, 25
Bruès, Guy de, 121, 404
Brulart de Sillery, Nicolas, 948n, 954
Brulefer (Etienne Pillet), 37, 39n, 40-41
Brunelleschi, Filippo, 77
Brunet, Jacques-Charles, 767n, 1016
Bruni, Leonardo, 72, 74, 808n
Bruno, Giordano, XXn, XXXVI, 59-66,
   131-153, 165-174, 440-441

Brunot, Ferdinand, 1095-1097
Buchanan, George, 512, 811n, 888n
Bucher, Bernadette, 363n
Budé, Guillaume, 27, 85n, 388, 514, 1006-
   1007, 1009, 1011, 1015-1018, 1027,
   1046n, 1050, 1084n
Bullinger, Heinrich, 887n, 935n
Buon, Gabriel, 218n, 356n, 984, 1065n
Burnellus, Gulielmus, 1047
Busæus, Johannes, 173
Bussi, Giovanni Andrea, 73
Buttet, Marc-Claude de, 1003n, 1008
Buzon, Christine de, XIXn, XXXI
Byard (François du Parc, baron des
   Biards), 583

Cadmus, 734
Cænis, 231-232, 234-236
Cahaignes, Jacques de, 1045n, 1053
Caillet, A., 937n
Caïn, 12n, 662, 734-735, 757, 840n
Cajétan, Tommaso de Vio, dit, 39n, 978
Callimaque, 405
Callimaque Experiens, Philippe, 74
Calliste Ier (St), pape, 699n
Calmet, Augustin (dom), XXXVIII
Calpurnius, 290
Calvin, Jean, 3, 8-13, 19n, 35, 45, 210, 513,
   641, 754-755, 757-758, 762, 836-838,
   840n, 842, 845, 847-849, 852, 854-855,
   864, 867-868, 888, 890, 900, 917, 921,
   923-926, 928n, 930, 935n, 941, 1052
Cambrai, Jacques de, 1012
Camerarius, Joachim, 863n, 943n
Cameron, Keith, 345n, 503-504, 753n,
   833n, 843n
Campanella, Tommaso, 83n, 144n, 169,
   438n
Camporesi, Piero, 666n
Canone, Eugenio, 166n
Canter, Willem, 85n
Cantimori, Delio, 174, 965n, 967
Capaccio, Giulio Cesare, 324
Capistrano, Jean de, 37
Capitani, Jean-Pierre, 834n
Cappello, Sergio, 1090n, 1095n, 1108n
Capra, Alessandro, 419
Capreola, Jean, 39n
Caracciolo, Giovanni, 520

Cardan, Jérôme, XIIn, XXVIII, 90, 92, 212-213, 273n, 276n, 346, 417-425, 486, 549, 789-791
Cardini, Roberto, 965n
Carile, Paolo, XXXVII
Carraria, Giorgio, 803n, 813
Carriero (de Careriis), Giovanni Pietro, 419
Carriero (de Careriis), Paolo, 419
Cartari, Vincenzo, 418
Carteromaco, Scipione Forteguerri, dit, 290-292, 296-299, 301, 303
Carthagena, Juan de, 648, 650
Cartier, Alfred, 460-463, 1050n
Cartier, Jacques, 355n, 733
Carvajal, Bernardino, 979
Casanova, Ricardo Aznar, 783n
Casaubon, Isaac, 406-407, 414, 939n, 943, 949, 954
Casey, Edward J., 679n
Cassianus Bassus, Johannes Alexander Kohlburger, dit, 1048n
Castela, Henry, 360
Castellion, Sébastien, 11n, 411n, 563n, 847n, 864
Castelnau, Michel de, 146-147
Castelvetro, Giacomo, 132
Castiglione, Baldassare, 966
Castro, Jacques de, 111, 113-115
Castro Caridad, Eva, 294, 296-297
Catena, Vincenzo, 418
Catherine de Médicis, 633n, 1046n
Caton, 214, 289, 302, 837
Catulle, 290-291, 295-296, 300-301, 517n
Caus, Salomon de, 834, 836, 842, 845n
Caussin, Nicolas, 316
Cave, Terence, 476n, 598n, 676, 989, 1106n
Cayet (Cayer), Pierre Victor, 116, 121, 822n, 827n
Céard, Jean, IX-XXV, XXVII-XXXVIII, 3n, 16n, 35n, 44n, 46, 49, 88n, 90n, 92n, 97n, 107n, 146n, 155, 157n, 162, 173n, 177, 195, 217, 232, 240-241, 244n, 259-260, 269-270, 345n, 356n, 376n, 390, 400n, 402, 429n, 443n, 459n, 469n, 473, 480, 494n, 529, 543n, 546-547, 549n, 560n, 569, 575n, 584n, 592, 595, 621n, 658n, 660n, 667n, 669n, 673-675, 681-682, 686n, 689n, 708n, 726-727, 729-733, 736-738, 740n,

789-791, 833n, 838n, 849, 933n, 993-994, 1001, 1045, 1065, 1084n, 1088, 1099-1100, 1109n, 1112-1114, 1129n, 1131-1132
Cedrenus, Georges, 761-762
Celaya, Juan de, 42
Celeyrette-Pietri, Nicole, 1070n
Celse, médecin, 1051-1052
Celse, philosophe, 737
Celtis, Conrad, 80n
Censorinus, 294
Cérès, 730-731, 733-735
Certeau, Michel de, 15, 19-20, 22n, 382, 675, 677n, 681n, 728
Certon, Salomon, 583, 937n
Cervantes, Miguel de, 418
Cervini, Marcello, futur Marcel II, voir ce nom
César, Jules, 91, 185n, 208, 211-212, 293, 295, 302, 376, 467, 477, 520, 559, 588, 787, 987, 1009, 1025, 1042n
Cesi, Paolo, 684
Chalcondyle, Nicolas, 1048n
Champier, Symphorien, 226n, 230n
Chandon, Jérôme, 937n
Changy, Pierre de, 459-470
Chansonnette, Claude, 1007, 1009
Charcot, Jean Martin, XIIn, XXXIII
Chariander, Georgius, 85n
Charlemagne, Charles, 938, 949n, 954, 957n
Charlemagne, Nicolas, 938n
Charles Ier, roi d'Angleterre, 888
Charles V, roi de France, 263n
Charles VI, roi de France, 211n
Charles IX, 203-204, 208n, 245, 485n, 511, 544n, 552-553, 560, 623n, 633n, 753n, 883-884, 886-887, 891, 897-899, 921, 927, 1055n, 1111n
Charles Quint, empereur, 209, 511-513, 1003n, 1042n
Charles d'Orléans, 512
Charon-Parent, Annie, 1090n
Charpentier, Jacques, 190-191, 549-550
Charpentier, Pierre, 883-905
Chasseneux, Barthélémy de, 924n
Chateaubriand, François René de, XXIn, XXVIII
Chatelain, Jean-Marc, 50n
Chaulmer, Charles, 1066-1067, 1070n, 1073-1074

Chauvelin, François, 826, 830
Chauvelin, Toussaint, 826n
Chavigny, Jean-Aimé de, XVIn, XXVIII
Chénier, Louis, 1139
Chiaramonti, Scipione, 551
Chiari, Isidoro da, 849, 851-852, 863
Chibbius, Paulus, 1061
Chifflet, J., 1062n
Cholières, Nicolas de, 259-261
Chomarat, Jacques, 14n, 257n, 712n, 736n, 1103n
Chrisman, Miriam U., 445, 769n
Christin, Anne-Marie, XXX
Christodoulou, Kyria, 155n
Chronos, 657-658
Chrysippe, 3-4, 11-12, 1011n
Chytræus, David, 408, 853-856, 858, 860-861, 863-864
Cicéron, 6, 8n, 10n, 13n, 49-54, 58, 118-119, 121, 212-213, 289-290, 292, 294-297, 302, 304, 306, 308, 348n, 394, 411, 467-468, 474-475, 564n, 797, 808, 812, 837, 840, 849n, 928-930, 934n, 976, 1001, 1007, 1018, 1027-1028, 1036, 1067, 1071-1072
Ciliberto, Michele, 150-151, 165-166, 168, 170-172, 174
Cioranescu, Alexandre, 766n, 1090n, 1092, 1096-1097, 1106-1107
Cisneros, Francisco Jiménez de, cardinal, 31, 37
Clair, Colin, 553n
Clark, Carol E., 984
Clavasio, Angelo Carletti de, 36n
Clément III, pape, 722n
Clément VII, pape, 684-685, 689-692, 697n
Clément VIII, pape, 172
Clément IX, pape, 696n
Clément d'Alexandrie, 734
Clément, Louis, 1096n
Clermont-Tallard, Françoise de, duchesse d'Uzès, 244n
Clermont-Tallard, Louise de, 244n
Clerval, A., 783n
Closson, Marianne, XXXVIII
Cloulas, Ivan, 668n
Clulee, Nicholas H., 172-173
Clutin, Charles, 1047
Codazzi, Angela, 1132n
Colet, Claude, 480, 719n

Colette (Ste), 33n, 46n
Colimant, Jean, 36
Colines, Simon de, 28n, 327, 514-515, 783n, 1008n
Colletet, Guillaume, 993, 1091n
Collin de Plancy, Jacques-Auguste-Simon, XIIn, XXXIV
Collot, Michel, 581
Colocci, Angelo, 288-302, 305-306
Colomb, Christophe, 658n, 662
Colombina (Il), Gasparo, 418
Colombo-Timelli, Maria, 1102n, 1106n
Colomby, François de Cauvigny, sieur de, 585n
Columelle, 290-291, 303, 836-837, 840n, 843
Columna, Pietro, dit Galatinus, 763
Concenatius, Jacobus, 1004n
Constans, Jacques de, 583-584, 590, 592
Constantin Ier, 93, 550
Constantin V, dit Copronyme ou Caballinos, 94, 108
Constantin VII, dit Porphyrogénète, 1048n
Constantin, Antoine, 462, 1050n
Constantin, Constante et Jeanne, 1054
Constantin, Robert, 1045-1063
Contarini, Gasparo, 398, 967
Conti, Natale, 714
Cooper, Richard, 685-686, 689n, 693, 697n, 772n, 1090n, 1108-1109
Copenhaver, Brian P., 83n, 727-728, 734-735
Copernic, Nicolas, 277, 367-371, 373-374, 547n, 988n
Copiz, Pietro, 875
Coquille, Guy, 1029-1044
Cordus, Euricius, 448
Cornarius, Janus, 448, 1048n
Corneille, Pierre, 503, 754n
Cornelius a Lapide, voir Van den Steen
Coron (ou Coronée), Denis, 1048n
Coronel, Antonio, 42
Corrozet, Gilles, 204-205, 355n, 619n, 835n, 993, 1102n
Cortesi, Paolo, 965-980
Cosme de Médicis, 67-84
Coster (Costerus), François de, 649
Cotarelo Valledor, Armando, 551n
Cotgrave, Randle, 680n
Coton, Pierre, R. P., 19

Cottereau, Claude, 836, 840n
Coulson, Noël J., 1134n
Courcelles, Dominique de, XIIn, XXXVII, 554n, 727n, 1114n
Coyne, George V., 548n
Cranach, Lucas, 846n
Cranston, David, 44n
Crassus, 669
Crassus, seigneur vénitien, 1053n
Crespin, Jean, 209n, 1046n, 1050-1051, 1053-1055, 1057-1060
Crouzet, Denis, 770n, 884n, 895n
Cruchet, R., 693
Crussol, Antoine et Jacques II de, 244n
Crystall, Thomas, 808-809
Csürös, Klàra, 993
Cuba, Jean de, 446-447, 456
Cujas, Jacques, 935, 939, 945
Cullmann, J., 1052n
Curtius, Ernst Robert, 144-145, 771
Cyaneus, Loys, 28n, 822n, 1106n
Cyrano de Bergerac, Savinien de, 256
Cyrille d'Alexandrie (St), 649
Cyrus, 6n, 856

D'Amico, John F., 965
Dagen, Jean, XVIIIn, XXXV
Dahan, Gilbert, 762
Daire, Louis-François, R. P., 1066, 1070n, 1073, 1076-1078
Dalechamps, Jacques, 220-221, 225, 227, 431-432, 435, 1004, 1009-1011, 1051n, 1053n, 1062n
Damascius, 319
Damiens, Suzanne, 492-493
Dampierre, Jean, 513
Daniel, 11n, 101n, 410, 487n, 500n, 671n, 856, 858, 948n
Daniel, Jean, 257n
Dante Alighieri, 59, 77, 343, 521
Dareste, Rodolphe, 939n
Dassonville, Michel, XIXn, XXXI, 623n
Dati, Agostino, 808
Dauphiné, James, 596n, 991n
David, 209n, 430-431, 441n, 495, 529, 646, 769-770, 774n, 779n, 783n, 797n, 856, 860, 863-864, 1031n, 1084
Davies, P. H., 781n
Davis, Natalie Zemon, 768, 782-784
De Bujanda, Jésus Martinez, 728n, 851-852

De Graaf, Régnier, 221-222, 225-226
De Schepper, Hugo, 549n
De Wilde, Peter M. G., 667n
Decio, Filippo, 1007-1008
Decolons, Étienne, 1032, 1035n, 1038, 1042
Dédale, 734
Dee, John, 166, 173n
Defaux, Gérard, 162n, 257n, 387n, 518-519, 529n, 662n, 717, 1002n, 1112n
Dehaut, Louis-Joseph, 767n
Deimier, Pierre de, 474n
Del Maino, Giasone (Jaso, ou Maino), 1007-1008
Del Rio, Martin, 351n
Delaunay, Paul, 203n, 356n, 361n, 444
Delbene, Alphonse, 473, 478
Delboulle, Antoine, 460, 462
Deleuze, Gilles, 679n
Della Bella di Maccagno, Domenico, 803n
Della Casa, Giovanni, 966
Della Porta, Giovan Battista, 92, 143n, 167
Della Rovere, Girolamo, 521
Della Rovere, Marco Vigerio, 979
Delminio, Giulio Camillo, dit, 422
Delumeau, Jean, XVn, XXXI, 890n, 930n
Demerson, Guy, XXn, XXXIII, 482n, 597n, 659-660, 708n, 724n, 726n, 908n, 1065n
Démocrite, 65, 402, 577-578, 915
Demonet, Marie-Luce, XIXn, XXXVIII, 114n, 991n, 1106n
Démosthène, 292n, 298, 1011
Demouy, Patrick, 178n
Denifle, Henri, le P., 868
Denores, Giasone, 476
Denys l'Aréopagite (pseudo-), 406, 486n, 809, 812
Denyse (Nicolas de Nysse), 44
Des Autels, Guillaume, 1027
Des Esseintes, XXIn, XXVIII
Des Gouttes, Jean, 384-390, 399, 401-403
Des Masures, Louis, 1099
Des Orveaux (Dorbellius), Nicolas, 30-31, 34n, 39-40
Des Périers, Bonaventure, 210, 771n, 773n, 1015n
Desan, Philippe, XXXII, 156n, 519n

Descartes, René, 30, 46n, 66n, 112, 116, 395, 867n

Desportes, Philippe, 480, 503-510, 583-587, 589-590, 592-594

Desprez, Jean, 548n, 552-553, 555-556, 560

Deswartes, Sylvie, 287n

Deutscher, Thomas B., 769n

Dezeimeris, Jean-Eugène, 243-244

Diane, 66, 255, 476, 572, 574-576, 600, 788, 795n, 997, 1025

Diane de Poitiers, 228n, 744n

Diderot, Denis, 271, 571n

Diéguez, Manuel de, 666n

Dinet, Pierre, 316

Dinner, Konrad, 1067-1071

Diodore de Sicile, 212

Diogène le Cynique, 713, 715-716, 849n

Diogène Laërce, 3n, 118-119, 849n

Dion Chrysostome, 210

Dionisotti, Carlo, 965

Dioscoride, 356, 444-445, 447, 451-452, 456, 1050, 1061n

Dodds, Eric Robertson, 486n

Dodge, Guy Howard, 898n

Dolce, Lodovico, 60, 1095n

Dole, Pierre de, 33n

Dolet, Etienne, 257n, 274, 511-512, 514-519, 1016n, 1056, 1094

Dolz, Juan, 42

Donat (Donatus Ælius) dit, 64, 303

Donato, Bernardino, 85n

Donato, Girolamo, 974

Doneau, Hugues, 1004, 1010-1011

Donne, John, 584n

Dorat, Jean, 1048

Dorbellius, voir Des Orveaux, Nicolas

Dorez, Léon, 294n

Dorothée (St, évêque de Tyr), 649

Dorsten, Theodor, 444n, 447-452, 454, 456

Douglas, Valentin, 186

Droz, Eugénie, 429n, 553n, 584n, 590n, 937n, 940n, 946n, 1049n, 1052n

Du Bartas, Guillaume de Saluste, XXIn, XXXIII, XXXVI, 192, 255, 258, 260n, 487-488, 583, 598-601, 841-842, 983-998, 1031n, 1070, 1084, 1086

Du Bellay, Guillaume, 512-513, 518n, 688-689

Du Bellay, Jean, 620n, 685-686, 690, 692-694, 697, 700, 702

Du Bellay, Joachim, 475, 504, 506, 509-510, 512, 529-536, 571n, 578n, 593, 620, 634, 812, 917, 1016, 1027, 1081, 1084, 1086, 1096n

Du Bellay, Martin, 518n, 520

Du Bourg, Anne, 811n

Du Buisson, 934n

Du Cange, Charles, 101n, 104n, 703-704

Du Drac, 945

Du Fail, Noël, 385-386, 1005

Du Fresne-Canaye, 936n

Du Monin, Jean-Edouard, 45n, 185, 192, 583

Du Moulin, Pierre, 888

Du Pérac, Etienne, 834

Du Perron, Jacques Davy, 583

Du Pin, Louis Ellies, 766-767

Du Pinet, Antoine, 459, 463, 470, 730n

Du Prat, Pardoux, 1005n

Du Préau, Gabriel, 206-207

Du Rivail, Aymar, 1002, 1007-1008

Du Rosier, voir Sureau, Hugues

Du Ruel, Jean, 448

Du Vair, Guillaume, 653, 948n, 954

Du Verdier, Antoine, 460-462, 464n, 633n, 766-767, 1013n, 1090-1092, 1108

Duaren (ou Le Douaren), François, 1004, 1009-1011

Dubois, Claude-Gilbert, 159n, 375n, 560n, 562n, 569-570, 572n, 575n, 589n

Dubois, Jacques, dit Sylvius, 7, 228

Ducastelle, Jean-Pierre, 661n

Duchamp, Marcel, 674

Duchesne, Joseph, 223n

Duchesne, Léger (Ligier), 823n

Dufour, Alain, 762n, 887n, 1045, 1062n

Duhem, Pierre, 575n

Dulaurens, André, 235, 240, 243-254

Dulaurens, Jeanne, 245-246

Dulieu, Louis, 243n

Dumonceaux, Pierre, 901n

Duns Scot, Jean, 27-30, 39n, 43-44, 46n, 440, 721n

Dupèbe, Jean, 172-173, 177n, 437n, 511-512, 514n, 523n, 529, 1045, 1089n, 1106n

Duplessis-Mornay, XVn, XVIIIn, XXVIII, XXXV, 890n, 935n, 946n

Duport, Danièle, 843n

Dupuy, Claude, 517, 1034n, 1062n
Dupuy, Pierre, 1046n
Durand-Bogaert, Fabienne, XVIn, XXIX
Dürer, Albrecht, 29n, 845-846
Duret, Ciboes, 851, 858n
Dusio, Cristoforo, 1047n
Duval, Edwin M., 667n, 740n

Ecclésiaste (l'), XVIIIn, XXVII, 840n, 869, 925-926, 1039n
Edouard d'Alençon, le P., 39, 41n
Egenolff, Christian, 443-451, 453-457, 1070
Egérie, 787-789, 797
Egide (Egidio) de Viterbe, 500
Elien, 315, 317, 378, 671n
Eloy, Nicolas François Joseph, 244
Enée de Gaza, 81
Enésidème, 118-119, 126
Engammare, Max, XVIn, 836n, 855n
Enzinas, Fernando de, 42
Epaminondas, 51-55
Epaulard, Alexis, 1132n
Epictète, 3n, 6-7, 9n, 144
Equicola, Mario, 253
Erasme, Desiderius, XVIn, XVIIIn, XXIn, XXXI, XXXIV, XXXVII, 14n, 29, 35-36, 102n, 112n, 115, 146, 168, 257-258, 273, 277-279, 282, 285, 299n, 368n, 371-372, 417n, 420, 422-423, 513, 516-517, 522, 524, 543, 660, 667, 671, 712, 719n, 727n, 736-737, 769, 772n, 774n, 783, 801, 805-808, 810, 849n, 928-930, 976-977, 1065n, 1068, 1072n, 1111-1123
Erichson, Alfred, 935n
Ernst, Germana, 144n, 546n, 549n
Ernst, Thomas, 172-173
Esope, 1019-1020, 1025
Este, Hippolyte II d', 1090-1091, 1094n, 1109
Estienne, Charles, 262-266, 327-338, 524, 835
Estienne, Henri I, 984n
Estienne, Henri II, XVII, XXXVI, 3-14, 35-36, 114-115, 117, 119-120, 256n, 405-406, 414, 835n, 937n, 1054n, 1058n, 1062, 1095-1096, 1103n
Estienne, Paul, 948n
Estienne, Robert, 51n, 213-214, 514n, 728n, 943n, 1007

Estissac, Geoffroy d', 686, 697n
Etienne d'Arras, 36
Etienne de Byzance, 325
Etienne, Jacques, 550n
Eugène IV, pape, 70
Eupolème, 734
Euripide, 292n, 298, 753-754
Eusèbe de Césarée, 411n, 712, 734, 766, 853-856, 858, 861, 863
Eve, 12n, 493n, 729n, 912, 1025
Expilly, Claude d', 583
Eymerich, Nicholas, 168
Ezéchiel, 97, 431n, 672n, 858

Fabre, Pierre, 886n
Fabri, Félix, 359
Fabri, Nicolas, 948n
Fabri, Pierre, 50
Fabricius, Paulus, 545
Fabrizi d'Acquapendente, Girolamo, 419
Faisant, Claude, 1082, 1087
Fallope, Gabriele, 235, 254
Fanelli, Vittorio, 287-288, 292, 305
Fanlo, Jean-Raymond, 572n
Fantis, Antonio de, 27n, 31, 40
Farel, Guillaume, 765
Farge, James K., 32n, 36, 728n, 803n, 805n, 808n
Farnese, Alexandre, voir Paul III
Farnese, Pier Luigi, 704n
Faucherand, voir Montgaillard
Faust (D'), 173n
Favereau, Claude, 937n
Favereau, Robert, 32n, 35n
Favorino, Varino, 289n
Faye d'Espeisses, Jean de, 936-937
Fazy, Henri, 884n, 887n, 904n
Febvre, Lucien, 377n, 1088
Ferguson, Wallace K., 1087
Fernel, Jean, XV, XXXV, XXXVII, 92, 244, 433n, 437-440, 442, 474n, 549
Ferrand, Jacques, 233-235, 238, 240
Ferrandina, Salvador de, 1009n
Ferraù, Giacomo, 966n
Ferrero (Ferrerio, Ferrerius, de Ferreriis, Ferrier), famille, 802-803, 813, 823
Ferrero (Ferrerio), Giovanni, 801-831
Ferrero de Biella, Filiberto et Pier Francesco, 803
Ferry, Jeanne, 20-21, 23, 25

Festugière, André-Jean, 258n, 593n, 772n, 785n
Ficin, Marsile, 67-85, 92, 132, 165-167, 170, 173, 209, 253, 398, 431-435, 437-438, 486, 491n, 549, 592-593, 614-615, 707, 709, 711-713, 720n, 788n, 796, 805, 978, 1027n
Figulus, Sebastianus, 1066-1068
Finé, Oronce, 41
Finelli, Caterina, 802, 813
Finiguerra, Maso, 77
Flavius Josèphe, 213, 734, 855-856, 858, 860-861, 1009
Fleges, Amaury, 950n
Florio, John, 241, 276
Fludd, Robert, 348
Fogarcz, Michel, 166
Fohlen, Jeannine, 287n, 293
Folengo, Teofilo, 60
Fontaine, Marie Madeleine, XIVn, XXXII, 391n, 1053n, 1089n, 1093n, 1112n, 1123n
Fontanier, Pierre, 736n
Fontenay, Guy de, 1067n
Fonzio, Bartolommeo, 1086
Forcadel, Etienne, 1002
Forcellini, Egidio,101
Forteguerri, Scipione, voir Carteromaco
Fortunatianus, Consultus, 475
Foucault, Michel, 25, 398, 674n, 1088
Fouet, Robert, 1059-1060
Fouquelin, Antoine, 1049n
Fouquet, Catherine, 228-229
Fournelet, Pierre, 934-935
Fracastoro, Girolamo, 435-437, 549
Fragnito, Gigliola, 271n, 965-967
Fragonard, Marie-Madeleine, XIIIn, XXXIV, 345n, 500n, 555n, 570n, 580n, 833n, 934n, 1029n
Frame, Donald, 161n
Franco, Niccolò, 60
Franco, Pierre, 220-221
Franco, Veronica, 62
François Ier, 34, 355, 512n, 520, 524, 583, 668, 770, 803n, 1008n, 1016, 1089-1090
François d'Alençon, 491, 553, 556n, 560, 562, 565
François d'Assise (St), 173, 749-750, 879, 975
François de Paule (St), 38n
François de Pavie, 357, 360

François de Sales (St), 651
Frangipani, Claudio Cornelio, 544-546
Freigius, Johann Thomas, 193n, 202
Frenel, Gilles, 1047n
Frère Jean (des Entommeures), 38, 45, 717, 719, 725, 1118
Friedrich, Hugo, 159n
Frith, Mary, 236
Frizimelega, Francesco, 418-419
Froben, Johannes, 240, 273, 275, 277-279, 285, 345n, 808n, 943n
Froissart, Jean, 211
Fromentin, Eugène, 1139
Froschauer, Christoph, 273n, 1049n, 1063n
Fuchs, Leonhart, 377, 447-451, 453, 456, 1050n
Fugger, famille, 783-784
Fumaroli, Marc, 316n, 596, 919, 1088
Fumée, Martin, 1056n
Fürer von Haimendorf, Christoph, 358n

Gadoffre, Gilbert, XIn, XVIn, XVIIIn, XXVII, XXXI, XXXIV-XXXV, 388
Gaignebet, Claude, 350n, 660n
Gaillard, Aurélia, 667n
Galand-Hallyn, Perrine, 1027n, 1072n
Galatino, voir Columna, Pietro
Galien, 118, 225, 230n, 249n, 325, 327-329, 331, 333-338, 428n, 432-433, 436n, 440n, 447, 709, 711, 1047
Galiffe, Jacques-Augustin, 847
Galiffe, Jean-Barthélemy-Gaïfre, 847
Galilée (Galileo Galilei), 370n, 548n
Galilei, Vincenzo, 384n
Galland, Antoine, 1139
Gallo, Agostino, 836-837, 840n
Gamon, Christophe de, 583
Ganay, Germain de, 95n
Gangler-Mundwiller, Dominique, 756
Garcia, Carlos, 258n
Garfagnini, Gian Carlo, 69n, 966n
Gargantua, 43, 344, 425, 657-659, 662-667, 669, 671, 675, 717-718, 720, 722, 725, 807n, 909n
Garnier, Robert, 1099n
Garrisson, Jim, 900n
Gass, J., 769n
Gassendi, Pierre, 370n
Gasser, Andreas, 1051n
Gauchet, Claude, 1099n

Gaudart, Zacharie, 607-609, 613-615, 620-621

Gaudence (St), évêque de Brescia, 649

Gaudon, Jean, XIIn, XXXIV

Gaufridy, Louis, 18

Gautier de Châtillon, 1050

Gautier, Théophile, 355

Geisendorf, Paul-Frédéric, 513n, 1090n, 1109n

Gelée, Théophile, 240, 243-245, 247

Gelida, Juan, 512, 514

Gémiste, Georges, voir Pléthon

Gemma, Cornelius, 107, 543-551, 553, 560-561

Gemma Frisius, Régnier, 371n, 546

Génébrard, Gilbert, 854, 858, 863-864

Gennade, Georges (Scholarius), 69, 73

Gensini, Sergio, 966n

Gentile da Foligno, 433-434, 442

Genua, Marco Antonio, voir Passeri

Geonget, Stéphan, XIXn, XXXVIII

Georges de Bruxelles, 44n

Georges de Trébizonde, 73-75, 808

Georges de Venise, François (Zorzi), 398, 485-486, 492, 543n, 552, 556, 563, 799

Gervais de Tilbury, 469n

Gesner, Conrad, 271, 273n, 346, 378, 445n, 452, 801n, 811n, 1047-1049, 1051-1052, 1054, 1057-1058, 1060, 1063n

Ghinucci, Girolamo, cardinal, 686

Giacone, Franco, XVIII-XIX, XXIII, XXV, XXXV-XXXVI, 496n, 529, 771n, 801n, 833n

Giard, Luce, 272n, 648n, 675n, 681n

Gier, Helmut, 766n

Giglio, Zachario, 728

Gilles de Viterbe, 315

Gillot, Jacques, 942

Gillot, Jean, 810n, 826-827, 830

Gilly, Carlos, 69n, 546n

Gilmont, Jean-François, 848n, 1050-1051, 1055n, 1057-1059

Gilson, Etienne, 29-30, 491n, 722

Gineste, Elie, 1054n

Ginzburg, Carlo, 785

Giolito de Ferrari, Gabriele, 1095n

Giorgi, Giorgetto, 482n

Giunta, famille, 275n, 414n, 435n, 1061-1062

Giuntini, Francesco, 544

Gliozzi, Giuliano, 418n

Godard, Jean-Luc, 674

Godefroy, Frédéric, 1098n, 1103n

Gœury, Julien, 652

Gog, 672n

Gohory, Jacques, 1028n

Goliath, 661, 1084

Gombauld, Jean Ogier de, 583

Gombrich, Ernst H., 377

Gomer, 672n

Gondi, Pierre de, 811n, 822n

Gonzague, Louis de, duc de Nevers, 1030n, 1042n

Goody, Jack, 728

Gordan, Paulus (dom), 874-875

Gorris, Guillaume de, 31

Gorris, Rosanna, XVIIIn, XXXVI-XXXVII, 485n, 548n, 553-554, 557n, 564n, 1093n, 1095n

Gossard, Sulpice, 186n

Gosselin de Vire, Jean, 544-546, 558-559

Gosson, Stephen, 236-237, 240

Goudimel, Claude, 209

Gougenheim, Georges, 1095n, 1103n

Goujet, Claude-Pierre, 524n, 1091-1092, 1108

Goulart, Simon, 260n, 601n, 883-884, 886n, 948n, 994

Goulemot, Jean-Marie, 1081n

Gourmelen, Etienne, 188n, 823n

Gourmont, Rémy de, XXIn, XXV, XXXIV

Gournay, Marie Le Jars de, 157, 239

Gouvéa, André, 512

Goyet, Francis, 473-476, 607n, 621n, 634n, 983n, 1083n, 1094n

Gozzoli, Benozzo di Lese, dit, 77

Grafton, Anthony, 173n, 269n, 272n, 376n, 406-407, 409-410, 852n, 860n, 863-864

Graham, Victor E., 584-587

Grandier, Urbain, 18

Grandis, Benoît, 823

Granjon, Robert, 1050

Grassis, Giovanni Pietro de, 419

Greene, Thomas M., 720n, 724n

Grégoire Ier le Grand (St), pape, 430n, 648, 650

Grégoire XII, pape, 972

Grégoire de Naziance (St), 766n, 974, 1035

Grégoire de Tours (St), 428n, 430n
Grégoire, Henri, abbé, 262-264
Grévin, Jacques, 241, 439n
Grieco, Agnese, 417n
Grimal, Pierre, 836n
Grimani, Domenico, 977n, 979
Grisar, Hartmann, s. j., 868-869, 872-873, 877, 880
Grize, Jean-Baptiste, 54n
Grosley, Pierre Jean, 936n, 941n
Grotius, Hugo de Groot, dit, 888, 898
Grünevald, Matthias, 846n
Gruter, Jan, 939n, 942-943, 946n, 954
Gryner (Grynaeus), Johann Jakob, 945
Gryner (Grynaeus), Simon, 675
Gryphe, Sébastien, 300, 486n, 511, 766n, 984n, 1004n, 1007, 1009n, 1111
Guerrand, Roger-Henri, 224, 226, 229
Guidacerius, Agathias, 804
Guignard, Jacques, 553n
Guillaume de Neuburg, 352
Guillaume d'Orange, 889-891, 897, 904n
Guillemeau, Jacques, 221, 224, 228n, 247
Guillemin, Jacques, 936
Guillemin, Jeanne, 936
Guillon, René, 34
Guise, Charles de, cardinal de Lorraine, 115, 189-190, 811, 883n, 1048n
Guise, Henri duc de, 887n, 896-897, 1041
Guy de Briançon, 34n
Guy de Laon, 185-186

Haag, Emile et Eugène, 858n, 883n, 904n, 936n, 942-943, 946n, 984n, 1045n, 1054n, 1109n
Hacket, Thomas, 464, 734n
Hájek (Hagecius), Tadeas, 545-547, 551
Hallyn, Fernand, 546-547, 549n, 1027n, 1068n
Hariot, Thomas, 1126-1128
Harlay de Saucy, Nicolas, 936n
Harlay, Achille, 948n, 954, 957
Haroche-Bouzinac, Geneviève, 916
Hartlib, Samuel, 271
Hay, Denys, 727n, 734n
Haycon, voir Hétoum
Haymon de Halberstadt, 773
Hegendorff, Christoph, 1007
Heinekamp, Albert, XXIX
Heitzman, Marian, 491n
Héliodore, 476-477

Helvétius, Jean-Adrien, 226n
Henri II, 113, 512, 623n, 753n, 811n, 1004n, 1008n, 1089n, 1111n
Henri III, 60, 139n, 159-160, 407, 544n, 553, 584, 823n, 886n, 945, 1033n, 1041, 1095n
Henri IV, 60, 159n, 177, 179, 183n, 191, 193, 243, 246, 544n, 584, 654, 704n, 885n, 939n, 940, 944, 948-949, 1040,1060n
Henri VIII, roi d'Angleterre, 1017
Henri Ier, dit le Ruthène, 418
Henri d'Angoulême, 117
Henriot, Emile, 1081n
Héraclite, 27, 65, 119, 915, 926n
Herben (Herbenus), Matthæus, 96n
Hercule, 409, 620, 734, 959, 1010
Hérelle, Georges, 938n, 942n
Hermès Trismégiste, 67-71, 73n, 76-85, 167, 170, 406, 410, 414-415, 799, 812, 1010-1011
Héroard, Jean, 193n
Hérodien, XVIIn, XXXV
Hérodote, 3-6, 10-11, 13, 35-36, 304, 325, 358, 363, 375n, 856, 858n, 864, 1009
Héroët, Antoine, 593
Hersant, Yves, XVIn, XXIX, 59n, 709n
Hervet, Gentian, 115, 119, 209, 512, 812
Hésiode, 74, 405-406, 788
Hétoum (Haycon), 210
Higman, Francis M., 728n, 753n
Hippocrate (et pseudo-), 214, 231, 234, 240, 243n, 249n, 251, 433, 486n, 489n, 709, 946n, 1051, 1055-1057, 1059n
Hippolyte (St, évêque et martyr), 649
Hoefer, Ferdinand, 767n
Hoey, Jean de, 936-937
Holkott, Robert, 43
Holt, Mack P., 553n
Holtrop, Philip C., 848
Holtz, Grégoire, XXXVIII
Homère, 207, 251, 279, 292, 375n, 405-406, 475-476, 478-482, 596, 619n, 926, 989-990, 996, 1025-1026, 1033n, 1067, 1071n, 1083-1085, 1087
Honnefelder, Ludger, 30n
Hope, Thomas E., 1097n
Horace, 192, 214, 272n, 295, 300-301, 418, 474, 476, 482n, 522, 571, 610, 615, 620, 712, 836n, 925, 946n, 955n, 1006n, 1025, 1036, 1058n, 1114

Horapollon l'Egyptien, 314-325
Horatius Coclès, 588
Horus, 318
Hotman, François, 887n, 939, 942, 952-954, 963, 1004n, 1010n
Hotman, Jean, 937n, 939-942, 949n, 953-955
Houbraque, Guillaume, 934
Houdard, Sophie, XIIIn, XXXVII, 20n
Hourcade, Philippe, 1081n
Howells, Robin J., 890n, 893n
Huarte, Jean, 712, 929
Huber, Raphael M., 31n
Huchon, Mireille, 27n, 38n, 214n, 256n, 261, 473n, 658n, 668n, 676n, 680n, 684-685, 689n, 702n, 729n, 739n, 909n, 923n, 1014n, 1017n, 1023n, 1089n, 1093n, 1101n
Huet, Pierre-Daniel, 766n, 1045-1046, 1052
Hugo, Victor, 673
Hugues, Barnabas, 40n
Huguet, Edmond, 828n, 917, 987n, 1098-1099, 1103n
Humier, François, R. P., 23
Hummel, Pascale, 1066-1067, 1072n
Hus, Jean, 206n, 979
Hustin, Louis-Arthur, 834n
Huysmans, XXI, XXV, XXVIII-XXIX

Ianua, Marco Antonio de, voir Passeri
Ignace de Loyola (Iñigo), 39
Imbart de la Tour, Pierre, 867n
Imbert, Peyronne, 1053
Innocent VIII, pape (Giovanni Battista Cybo), 171
Institoris, Heinrich Krämer, dit, 171
Iphis, 234, 237
Irnerius (ou Werneherus), 1005
Isaïe, 116, 495, 498n, 500n, 856, 858n, 945, 989
Ishigami-Iagolnitzer, Michiko, 29n, 112n, 122
Isis, 230n, 237, 319n, 321n

Jacob, 734, 988, 997
Jacquemot, Jean, 948n
Jacques (St), évangéliste, 774, 781
Jacques II, roi d'Angleterre, 890
Jacques V (James V), 808n, 810

Jacques-Chaquin (Jacques-Lefèvre), Nicole, XIIIn, XVIIn, XXXVI, 16n
Jacquier, Edme, 938n
Jamblique, 80n, 83-84, 305, 1006n
Jamet, Lyon, 523
Jamyn, Amadis, 481, 583, 936-937, 957
Jamyn, Benjamin, 583
Janota, Johannes, 766n
Jansenius, Cornelius, évêque de Gand, 648
Jasme, Jean, 428n, 431, 434-435
Javary, Geneviève, 500n
Jean (St), évangéliste, 97, 430n, 563n, 642-643, 645-648, 777n
Jean Chrysostome (St), 648-650, 974
Jean VIII Paléologue, 71
Jeanne des Anges, Sœur, 15, 18, 20
Jeanneret, Michel, 707, 989
Jeannin, Pierre, 183n
Jehasse, Jean, 3n, 950
Jérôme (St), 371-372, 650, 762n, 766, 808, 813, 852, 856, 860-861
Jérôme de Prague, 971
Jessenius, Johannes, 85n
Jésus-Christ, 13, 17-18, 28n, 42, 93, 95, 103, 109, 180n, 363, 406, 408, 411, 414, 418, 430, 432, 492, 495-497, 510, 517, 547n, 549-551, 560, 562-564, 592, 642-646, 648-649, 652, 666-667, 671, 682, 718, 745n, 747-748, 750, 755-756, 765, 771n, 773, 775-782, 785, 812, 818, 821, 827, 852-853, 858, 860-861, 868, 871, 873, 877, 926, 929, 948n, 951, 974, 994, 1024, 1042
Joachim von Brandeburg, prince électeur, 167
Jöcher, Christian Gottlieb, 767n
Jodelle, Etienne, 480, 522-523, 1002n, 1081
Joly, Claude, 1029-1030, 1034, 1036n, 1043-1044
Joly, Guillaume, 1029-1030, 1032n, 1036n, 1043n
Jomphe, Claudine, 473, 482, 614n, 618-620
Jones-Davies, Marie-Thérèse, 404n, 727n, 1065-1066
Jongen, René-Marie, 569n
Jonson, Benjamin, 239

Joubert, Laurent, XVIn, XXIX, 245, 256-
    257, 262, 428n, 430-432, 434-435, 441,
    708
Joulet de Châtillon, François, 648
Jourda, Pierre, 386n, 770n
Jourde, Michel, 376n, 607n
Jourde, Pierre, 1081n
Jousseaume, Guillaume, 34
Jules II, pape, 696n, 966-967, 975
Jules III, pape, 704n, 812n
Julian, Guillaume, 828, 830-831
Julian, Suzanne, 823, 828
Julien l'Apostat, 93
Julien Pomère, 649
Jung, Carl Gustav, 486-487, 498-499
Junius, Adrianus, 984n
Junti, voir Giunta
Jupiter (dieu), 97, 213, 259, 479, 481-482,
    658, 795n, 999, 1011n, 1025-1026, 1115
Juret, François, 949
Jurieu, Pierre, 889-891, 893, 895, 897-898,
    900, 903-904
Justin (martyr), 734
Justin, abréviateur de Trogue Pompée,
    939n, 1009
Juvénal, 213, 306
Juvencus, 771

Kästner, John Adam, 418
Kecskeméti, Judit, 769n
Kelley, Donald R., 939n, 1010n
Kepler, Johannes, 373n
Kerver, Jacques, 460-462, 624n, 836n,
    1091n, 1106n
Keyserlingk, G. von, 660n
Kingdon, Robert M., 884-885, 887
Kircher, Athanase, 87-109, 345-348, 350-
    352
Klossowski, Balthazar, 26, 66n
Knibiehler, Yvonne, 228-229
Konrad von Megenberg, 445
Kotler, Eliane, XIXn, XXXIV
Krailsheimer, Alban John, 29, 32-34, 39-
    40
Krämer, Heinrich, voir Institoris
Kristeva, Julia, 723-724, 726n
Künast, Hans-Jörg, 766n
Kuper, Michael, 172n
Kuperty-Tsur, Nadine, 155n, 157n, 1029n

L'Angelier, Abel, 156, 393, 500n, 524n,
    552-553, 556n, 564n, 1027n, 1029-
    1030, 1090n

L'Angelier, Arnould et Charles, 462-463,
    465, 511n, 522n
L'Arétin, voir Aretino, Pietro
L'Arioste, voir Ariosto, Lodovico
L'Aubespine, Claude et François de,
    1002n, 1012
L'Epine, de, 885
L'Estoile, Louis de, 156
L'Estoile, Pierre de, 17, 155-163, 243, 246,
    560n
L'Estoile (Stella), Pierre, 1004, 1007, 1009
L'Hospital, Michel de, 939, 954, 1010-
    1012
L'Orme, Philibert de, 834, 836
La Bigne, Margarin de, 649n
La Boderie, Guy Le Fèvre de, XXI,
    XXXVI, 485-486, 492, 495-496, 498n,
    500-502, 543-565, 791, 1084
La Boderie, Nicolas Le Fèvre de, 555, 791
La Boétie, Etienne de, 163, 668
La Ceppède, Jean de, 641-653
La Croix Du Maine (François Grudé),
    460n, 1090-1093
La Faye, 948n
La Framboisière, Nicolas-Abraham de,
    XIVn, XXIn, XXXVI, 177-202, 224
La Garanderie, Marie-Madeleine de, 337,
    486n, 1017n, 1112n, 1114n, 1116n,
    1118n
La Gessée, Jean de, 583
La Guesle, Jacques de, 948n, 954
La Monnoye, Bernard de, 1013n, 1062n
La Mothe-Fénelon, Bertrand de, 884n
La Noue, Odet de, 983-984, 1070n
La Péruse, Jean de, 523
La Place, Pierre de, 921-931
La Porte, Maurice de, 734n, 984-997,
    1065-1068, 1071-1073, 1077
La Primaudaye, Pierre de, 836
La Quintinie, Jean de, 265
La Ramée, Pierre de (Ramus), 177n, 184-
    186, 188-194, 201, 717, 807, 885, 943-
    944, 1049
La Roche, Jean de, 1013, 1016
La Roche, Nicolas de, 221n
La Taille, Jacques de, 1060n
La Taille, Jean de, 753, 1060n
La Varende, Gabriel de, 95n
Labande, Edmond René, 38n
Labbe, Philippe, 1071n
Labé, Louise, 1081

Labrousse, Ernest, 890n, 897-898
Lacour, Louis, 773n
Lactance, 78, 735, 787, 795, 990
Laffitte, Jean-Paul, XVIIIn, XXXIII
Lafond, Jean, XIIIn, XXX, 16n, 993n, 1065n
Laforgue, Jules, 267
Lagrée, Jacqueline, 546n
Lambert, Pierre, 684, 687, 693, 702
Lambin, Denis, 214, 480, 1058n
Lamennais, Félicité de, 874, 879n
Lamoignon, 1054n
Lampride (Lampridius, Ælius), 100n
Lamy, Pierre, 32, 34-35, 37, 697n
Lancelot, 658
Landi, Antonio, 968n
Landino, Christoforo, 76, 79, 84, 482
Landré, Guillaume, 1092
Lange, Jean, 848n
Lange, Joseph, 1070, 1076n
Langlois de Belestat, Pierre, 316
Lanson, Gustave, 155n, 461n, 589n
Laplanche, François, 648n, 860n, 863n
Lascaris, Janus, 514
Laski, Olbracht, 166
Latomus, Barthélémy, 514
Lattès, Samy, 287-289, 291-292
Laudun d'Aigaliers, Pierre de, 474n
Lauer, P., 156n
Laurent de Médicis, dit le Magnifique, 68, 78-79, 83-84
Lausberg, Heinrich, 475
Lauvergnat-Gagnière, Christiane, 159n, 659n
Laval, Pierre de, 583
Lavaud, Jacques, 503
Lavinheta, Bernardo, 168
Lax, Gaspar, 42
Lazare (St), 666, 989
Le Bey (ou Le Bé), Denis, 935-937, 940, 944-947, 949, 954-955
Le Bey, Marguerite, 938n
Le Blanc, Richard, 1016-1019, 1027
Le Brun, Jacques, 19, 22n
Le Brun, Laurent, 1070n
Le Caron, Loÿs, 404, 1027n
Le Chevallier, Antoine, 1052
Le Duchat, Louis-François, 940, 945
Le Fèvre, Jean, 983n
Le Maçon, Antoine, 1014, 1022-1023, 1097n

Le Mangnier, Robert, 485n, 547-548, 921n
Le Moyne de Morgues, Jacques, 1126-1128
Le Prévôt, Robert, 209
Le Roux, Nicolas, 1066-1068, 1075-1077
Le Tartier, Claude, 938n
Le Tasse, voir Tasso, Torquato
Lebègue, Raymond, 405n, 585n, 623n, 754
Lebret ou Lebreton, Mathurin, 40
Lecointe, Jean, 29-30, 1027n
Lect, Jacques, 939n, 948n, 952
Leduc, Philippe, 262n
Lefèvre d'Etaples, Jacques, 173, 765, 768-771, 773-774, 776, 781, 784-785, 801, 808
Legrand, Marie-Dominique, 345n, 833n
Leikers, Frideric-Jacques, 939n
Lemaistre, Martin, 43-44
Lemnius, Levinus, 240, 549
Léon X, pape (Jean de Médicis), 370, 696n, 966n, 977n
Léon XIII, pape, 865n, 696n
Léon de Marsico (Leo Ostiensis, Leo Marsicanus), 94
Léon l'Africain, Jean, 1125-1130, 1132-1138
Léon l'Hébreu, 253, 398, 487n, 492, 495-496
Léonard, Emile-Guillaume, 901n
Léonard de Pistoïe, 69-70
Leonicius, Cyprianus, 545-546
Léopold Guillaume, archiduc d'Autriche, 88
Lequin, Yves, XVn, XXXI
Lerner, Michel-Pierre, 370n, 560n
Leroy, H., 889n
Leroy, Pierre-Eugène, 934n
Leroy, Yveline, 378n
Léry, Jean de, 382-387, 839n, 1125-1130, 1139
Lescot, Pierre, 937
Lesellier, Jean, 684-685, 697n, 702n
Lestringant, Frank, 162n, 345n, 358n, 363, 382n, 402, 658, 662-663, 666, 672n, 677n, 727n, 732n, 833n, 839n, 898n, 1126-1127, 1130n
Leto, Pomponio, 73, 291, 296
Lévescat (Episcopus), 1010
Lévi-Strauss, Claude, 382n, 673, 677n
Libera, Alain de, 46

Lichetti, Francesco, 40
Licinius, 293, 302
Liébault, Jean, 224, 228, 240, 262-266, 835-836
Lima, Amoroso, 876-877
Lima, Jorge Hugo Pires de, 877
Lingelsheim, Georg Michael, 943n
Lingendes, Jean de, 583, 585n, 591
Lippomano, Pietro, 811n
Lipse, Juste, 546n, 919, 949, 951, 954
Liutprand de Crémone, 95n
Logan, Oliver, 967n
Loisel, Antoine, 936, 948n, 954, 1029-1030, 1034n
Lombard, Pierre, 27-28, 38, 40n, 440n, 721, 808-809
Longeon, Claude, 41n, 933n
Longuemare, Paul de, 889n
Lonitzer, Adam, 443-457
Lonitzer, Johann, 444
López de Gómara, Francisco, 1126
Lorenzo Gradín, Pilar, 294, 296-297
Lorian, Alexandre, 1095n
Lorin (Lorini), Jean de, 648, 650
Lorraine, famille, voir Guise
Loti, Pierre, 1139
Louis XIII, 177, 181, 653, 834n
Louis XIV, 890, 893, 899-900, 902-903, 905, 1082
Louis, René, XVIIn, XXVII
Louise de Savoie, 511
Lubac, Henri de, 22n, 489n, 496-497
Luc (St), évangéliste, 61, 681, 778-780, 782, 861
Lucain, 301, 303, 306, 308, 476-477
Lucien de Samosate, 292n, 298, 441, 616n, 663n, 671, 676, 680n, 682, 769n, 1001, 1027n, 1054n
Lucrèce (auteur latin), 74n, 80, 290, 436-437, 737
Lucrèce (femme), 7, 9-10
Luiz, Antonio, 221n
Lulle, Raymond, 150n, 165, 168, 1047
Luscinius, voir Nachtgall, Othmar
Luther, Martin, 32, 145, 421, 440n, 546n, 641, 754-755, 757-759, 768-769, 774, 781, 784, 847n, 851n, 865-881, 890, 892n, 902, 917, 929, 941
Luxembourg, Jacques de, comte de Launoy, 1056n, 1059n
Luxembourg, Jean de, chanoine, 1053n

Luxembourg, Jean de, 1013-1028
Lycosthènes, Conrad, 90, 107

Mabillon, Jean, 894n
Macault, Antoine, 1111n
Machiavel, Nicolas, XVII, XXXV, 60, 139n, 866, 967, 970, 1015n
Macrin, Jean Salmon, 514, 1003n, 1086
Macrobe, 81, 213, 289, 306-307, 612, 680, 861
Magnien, Michel, 1029n, 1094n
Magny, Olivier de, 1099n
Magog, 672n
Mahomet, 107, 205n, 210, 1128, 1130
Maillard, Jean-François, 85n, 459n, 485-486, 491n, 493-494, 496-497, 552-553, 562-563, 769n
Maillard, Olivier, 34, 36n, 39
Maimbourg, Louis, 892, 899, 901
Maïmonide, 492, 501
Mair (Major), John, 31, 39n, 42-44
Maire-Monan, 734
Maldonat, Jean, 647-651, 653n
Malézieu, Nicolas de, 1085
Malgaigne, Joseph-François, 217-219, 225n, 251n, 361-362, 364n
Malherbe, François de, 583-585, 589n, 592, 594, 1082
Maliverne, Nicolas, 40n
Mamoris, Pierre, 35n
Mancia, Mauro, 417n
Mancinelli, Antonio, 306
Mandelot, François de, 883n
Mandeville, Jean de, 356
Mandrou, Robert, 17-18, 377n
Manethon, 1009
Manificat, Christiane, 869n, 876, 878n
Mansi, Gian Domenico, 975n, 978n
Manuce, Alde, 71n, 214n, 272n, 282n, 290, 298-299, 302-303, 306
Marauby, C., 1138n
Marbach, Jean, 935
Marc (St), évangéliste, 777n, 861
Marcel II, pape (Marcello Cervini), 294n, 702n, 811-812
Marcel, Pierre, 1089n, 1093n, 1107n
Marchello-Nizia, Christiane, 1100-1101, 1103n
Marchesini, Giovanni, 30, 272n
Margolin, Jean-Claude, XIV, XVI-XVII, XXI, XXX, XXXII-XXXIII, XXXVIII,

29, 177n, 390n, 575n, 673-676, 689n, 712n, 726n, 740n, 807n, 898n

Marguerite de France, sœur de Henri II, 1010, 1012, 1052

Marguerite de Navarre, XVIII, XXXIII, 41, 756n, 766n, 768n, 770-773, 776n, 779n, 910, 917, 1015n, 1023, 1028, 1085n, 1114n

Marguerite de Savoie, 521

Marie d'Albret, 1036

Marie de Médicis, 834

Marichal, Robert, 736-737

Maritain, Jacques, 867, 870

Marot, Clément, X, XXI, XXXIV, 209, 257, 387-388, 391n, 511, 514, 518-523, 529-535, 538-540, 589-590, 601-604, 855n, 917n, 1081-1082, 1085, 1111-1119, 1122-1123

Martelli, Mario, 970n

Martellozzo Forin, Elda, 418n

Martène, Edmond, 802n, 889n

Martial, 301, 303, 307-308, 1070-1071

Martin, Isabelle, XVn, XXXVII

Martin, Henri-Jean, 681n

Martin, Jean, 1089-1109

Marty-Laveaux, Charles, 625n, 1098n, 1100n, 1103n

Marulle, Michel, 990

Masuccio de Salerne, 1015

Massis, Henri, 867n

Mathieu-Castellani, Gisèle, 3n, 503-506, 570n, 584n, 589n, 1088

Matthieu (St), évangéliste, 70, 359, 521, 644, 646-647, 681, 860-861

Matthiole, Pierre-André, 356, 361

Matton, Auguste, 185-186

Maumont, Jean de, 1049, 1051, 1055

Maurolico, Francesco, 544

Maurras, Charles, 865, 868

Mauss, Marcel, 677n

Maussac, Philippe-Jacques de, 1061n, 1063

Mauvillon, Jakob von, 344

Maximilien Ier, empereur, 95, 167, 907

Mayronnes, François de, 30, 42

Mazaleyrat, Jean, 536

Mazzolini, Silvestro da Priero, 39n

Mc Farlane, Ian D., 512n, 570n, 578n, 811n

Mc Gowan, Margaret M., 159n

Mc Kinley, Mary B., 162n

Médicis, famille, voir Catherine, Cosme, Pie IV, Léon X, Marie

Médulla, François de, 819

Meier-Oeser, Stephen, 42n

Meissier, prédicateur, 39

Melanchthon, Philippe, 11, 437, 641, 805, 808, 854, 877, 943, 1004n

Melançon, Robert, 593n, 993n, 1065n

Melissus de Samos, 81

Melissus, Paul, 547n, 949n

Mellier, Guillaume, 1004n

Ménage, Gilles, 275

Ménager, Daniel, X, XX-XXI, XXXVI, 146n, 473n, 481n, 569n, 621n, 712n, 833n, 922n, 927n, 1084n, 1100n

Menot, Michel, 34, 36n, 39

Mercier, Josias, 942, 949-950, 954

Merlin, 657n

Merula, Giorgio, 306

Merula, Paulus, XVn, XXXVII

Merzariis, Hieronimus de, 419

Mesmes, Jean-Pierre de, 490n

Mesnard, Pierre, 934n, 939n, 963

Messie, Pierre, 836

Méthode, 974

Meyer, Michel, 58

Meylan, Henri, 35n, 513n, 519n, 724n

Michaelis, Sébastien, 18-19

Michel, Guillaume, 727

Michelet, Jules, 16, 18n

Michelini Tocci, Luigi, 278n, 287, 293-294, 298

Middelbourg, Paul de, 367-374

Miernowski, Jan, 486n, 554-555, 562n, 833n, 841-842

Millet, Catherine, 26n

Millet, Olivier, 155n, 159n, 571n, 755, 757, 921n, 923-924, 928n

Minard, Antoine, 812n

Minnich, Nelson H., 968n

Mizauld, Antoine, 550, 812, 827, 835n

Mocenigo, Giovanni 169, 172

Moïse, 77, 85, 121n, 413, 415, 493, 500n, 550, 734, 754n, 762n, 853n, 856, 864, 928, 1084

Molé, Edouard, 948n, 954

Molière, Jean-Baptiste Poquelin, dit, 102n, 139n, 222n, 229n, 623n, 900n

Mollat du Jourdin, Michel, 360n

Mollet, Claude et André, 834, 836, 842

Monferran, Jean-Charles, 474n, 487n, 557n, 619n, 1084, 1087
Monlaü, Jean, 1138n
Monluc, Blaise de, 376, 884n
Monmouth, Geoffroy de, 1047n
Montaigne, Michel de, XI, XIII, XV, XVII-XIX, XXVII, XXXI-XXXIII, XXXV-XXXVII, 20n, 44n, 49-58, 92n, 112n, 114n, 119n, 155-163, 219n, 232-234, 241, 276, 356, 376, 394-395, 658n, 676, 720n, 925n, 930, 1001, 1029, 1036, 1043n, 1081-1082, 1085, 1088, 1129-1132, 1134-1139
Montaigne, Philippe de la, 524
Montefeltre, Frédéric de, 367
Montefeltre, Guidobaldo de, 367
Montesano, Maria, 35n
Montfaucon, Bernard de, 889n, 894n
Montgaillard, Pierre Faucherand de, 583
Montméran, Antoine de, 1071, 1073n, 1075-1078
Montmorency, François, maréchal de, 839-840, 843n, 845n
Montmorency, Anne de, 1017
Moore, Will Grayburn, 765, 768, 784
Moorman, John, 32n, 37n, 40, 46n
Morand, Jean, 803-804, 813
More, Thomas, XVIn, XXXIV, 719n, 736
Moreau, François, 684-685
Morel, Fédéric I, 812, 823, 828, 921n, 1060n
Morel, Fédéric II, 823, 828
Morély, Jean, 885n
Morenne, Claude de, 886n
Morford, Mark P. O., 546n
Morin, Jean, 1008n
Morin, Nicolas, 784
Morsan, Prévost de, 936
Mortimer, Ruth, 1089n
Motin, Pierre, 583
Mouchel, Christian, 27n, 33-34, 39n, 42n
Mout, Nicolette (M. E. H. N.), 549n
Muñoz, Jeronimo, 544-545, 548, 550-551, 555, 559-561
Münster, Sebastian, 211, 754n, 762, 851-852, 863
Muret, Marc-Antoine, XIX, XXXI, 387, 482, 542, 619, 1065, 1099
Musculus, Wolfgang, 758n

Musset, Alfred de, 267
Musset, Georges, 577n
Myln, Alexander, 806n

Nabuchodonosor, 671n, 856
Nachtgall, Othmar, 765-775, 778-779, 781-784
Nani Mirabelli, Domenico, 273-274, 276n
Nardi, Bruno, 169, 978n
Nash, Jerry C., 720n
Navarre, voir Antoine, Henri et Marguerite
Naya, Emmanuel, XVIIIn, XXXVII, 15n
Nemesianus, 290
Nervèze, Antoine de, 583
Neufchâteau, François de, 266
Nevelet, famille, 933-963
Nevelet, Pierre, 933-963
Newman, William B., 173n
Newton, Isaac, 277, 281
Nezenus, Johannes, 452
Nicandre, 292n, 298, 444
Niccoli, Ottavia, 975n
Niccoli, Sandra, 68n
Nicéron, Jean-Pierre, 766n, 1003, 1029n, 1034-1035, 1045n, 1091-1092
Nickel, Goswinus, 88n
Nicolas, Michel, 1045n, 1053-1054
Nicolas (St), XXVIII, 667n
Nicolas de Cuse (Cues, Cusa), 33n, 65n, 73, 173n, 367, 614
Nicolas de Nysse, voir Denyse
Nicolas de Troyes, 1015
Nicole, Pierre, 889n, 893
Nicot, Jean, 578n
Nietzsche, Friedrich, 59, 66, 980
Nifo, Agostino, 167
Nivelle, Sébastien, 829, 945n, 956n
Nizzoli, Mario, 290-291
Noale, Pietro de, 419
Noé, 256, 409, 415, 669n, 734-735, 855
Nolhac, Pierre de, 287-292, 297-299
Norman, Larry F., 900n
Norton, Glyn P., 1094n, 1122
Nostredame, Jean de, 1091-1092
Nouhuys, Tabitta van, 543n, 546-547, 549-550, 560n
Novara, Domenico Maria, 368, 370n
Numa Pompilius, 787-799
Nuñez, Pedro Juan, 1072, 1075n

Obry, Nicole, 16, 25
Ockham, Guillaume d', 27, 29n, 39, 43, 722, 979
Occo, Adolf, 85n
Oddo degli Oddi, 419
Œcolampade, Johannes Hausschein, dit 524
Oldendorp, Johann, 1004-1005, 1007
Olivi (Pierre Jean de Olieu), 41
Ong, Walter, 177n, 184-186, 192-195, 202
Oporin, Johannes, 173, 275, 411n, 414n, 432n, 563n, 761-762
Oppien, 294, 448, 452
Opsopoeus, Johannes, 85n, 410-411
Optat Africain, 649
Orcibal, Jean, 893n
Ordine, Nuccio, XXn, XXXVI, 131-133, 138n, 140-141
Origène, 406, 650, 737, 762n, 974
Orose, 213, 860
Orphée, 81-82, 405, 409-410, 414-415, 530n, 543n, 547, 558, 565, 596, 688n, 734
Orry, Matthieu, 517-518
Orsini, Fulvio, 288-292, 298-299, 302
Osiris, 230n, 318-319, 735
Ossat, Arnauld d', 190
Ostanès, 77n
Osterrod, Wilhelm, 447
Otton le Grand, 94-95
Oudin, le P., 767n
Ovide, XX, XXXIII, 104, 231-233, 241, 289-290, 292, 301, 519, 522, 571, 577, 585n, 587, 596, 854-855, 866, 1009, 1012, 1043n, 1065n, 1112

Pacheco, Marie, 232
Pacioli, Luca, 40n
Pajot, François, 514-515, 517
Palæmon, Quintus Remmius Fannius, 1052n
Palencia, Alfonso de, 72n
Palerne, Jean, 359
Palissy, Bernard, XIII, XXX-XXXII, XXXIV, 345-346, 348n, 569, 833-836, 838-846
Palladius, 289, 303
Palmieri, Matteo, 77
Panckoucke, Charles-Louis-Fleury, 243-244
Panétius, 3n, 13n
Pannonius, Janus, voir Vitéz le Jeune
Panofsky, Erwin, 737n

Pantagruel, 36n, 38, 134n, 227n, 256-257, 657-658, 662-665, 670, 673-674, 676-682, 717n, 720n, 729-731, 735, 740, 806-807, 908, 1017n
Pantin, Isabelle, XVII-XVIII, XXXV, 356n, 435-436, 440n, 490n, 494n, 543n, 545n, 554n, 557n, 569n, 607n, 610, 617n, 946
Panurge, 28, 30, 34-36, 38n, 45-46, 134n, 259, 261, 662-663, 666n, 671n, 677-678, 727, 736, 739, 906, 917
Panvinio, Onuphrio, 411, 413
Paracelse, Theophrastus Bombastus von Hohenheim, 92, 166-167, 169, 173-174, 177, 349, 424, 437, 574, 577-578
Paradin, Guillaume, 1047n
Paré, Ambroise, XII-XIV, XXIII, XXVII, XXXII-XXXIII, XXXVI, 90, 107n, 217-221, 223-230, 232-235, 241, 244, 251, 356, 358n, 361-366, 430-434, 441-442, 577n, 788, 791n
Paris, Gratien de (le P.), 41
Paris, Jean, 724n
Paris, Nicole, 1013, 1016-1017
Parthénios de Nicée, 482
Pasquier, Etienne, 907-918, 935-938n, 948n, 950, 954-955, 957-958, 960, 963, 1029, 1033-1034, 1096
Pasquier, René, 937n
Pasquin (Pasquino), 35n
Passe, Crispijn de, 324
Passerat, Jean, 949-950
Passeri de Ianua, Marcantonio, 418-422
Patin, Guy, 243
Patisson, Mamert, 1061n
Patrizi, Francesco, 85n, 376n
Paul (St), 84, 162, 180n, 350n, 413, 417, 563, 643, 699, 771-773, 781, 783, 808-810, 812, 848n, 861, 871-872, 875, 879-880, 923-924, 1052, 1120
Paul II, pape, 73
Paul III, pape (Alexandre Farnese), 367, 370, 683-705, 809n, 969n
Paul d'Egine, 447
Paul de Venise, 68n
Paul-Emile de Vérone, 98, 110, 804n
Peirce, Charles S., 30
Peletier du Mans, Jacques, 432-433, 435n, 474-476, 480, 487, 514, 530, 557, 607-621, 634n, 726n, 1008, 1083, 1087, 1094n

Pellikan, Konrad, 35n, 762
Périgot, Béatrice, 726n
Perinet, Françoise de, 936
Pérouse, Gabriel-André, 385n, 1097n
Perrat, Charles, 729n, 736n
Perregaux, Béatrice, 754n, 760n
Perrot, Anne de, 591
Perrot d'Ablancourt, Nicolas, 938n
Peter, Rodolphe, 768n, 770n, 847-848
Petitmengin, Pierre, 287n, 293
Pétrarque, François, 66n, 270n, 521, 571-572
Petronio, Bartolomeo, 419
Peucer, Kaspar, 545, 549, 854
Peurbach, Georg, 367-368, 372
Phaétuse, 234-235
Philémon, 669
Philippe II, 551-552, 929n
Philippe, traducteur grec, 316
Philon d'Alexandrie, 734
Pibrac, Guy Du Faur de, 884n
Pic de La Mirandole, Jean, 70, 165-167, 170, 172-173, 253, 495-496, 500, 554-555
Pic de La Mirandole, Jean-François, 118, 121, 123-125, 128-129, 810n
Picard, Jean (John Gray ?), 31
Picot, Emile, 288n, 766n, 782n, 801n, 804n, 934n
Picrochole, 719-720, 725
Pie IV, pape (Jean Ange de Médicis), 641, 696n
Pie IX, pape, 865n
Pie XII, pape, 876
Piéraut-Le Bonniec, Gilberte, 54n
Pierleoni, Pietro, antipape Anaclet II, 702n
Pierozzi, Antonio, 74
Pierre (St), 180, 413-414, 641-642, 644-645, 648-649, 652, 776-777, 1120
Pierre d'Alexandrie, archevêque, 649
Pierre d'Espagne, 602, 604n
Pierre Diacre, 94n
Pietra Santa, Silvestro, 888
Piètre, Simon, 823n
Pietro d'Abano (pseudo-), 171
Pigeaud, Jackie, 711-712
Pilaut (Pylade), Pierre, 513
Pincé, Jacques de, 937n
Pindare, 855n
Pinelli, Giovanni Battista, 92

Pirard, Régnier, 569n
Pithou, famille, 933-954
Pithou, Pierre, 934-936, 938, 941-942, 944, 947-951, 954-955, 1033n
Plantin, Christophe, 204n, 485n, 543n, 547n, 551-553, 561, 563n, 888n, 943n
Platina (Il), Battista, Bartolomeo Sacchi, dit, 74, 413-414, 728
Platon, XVn, XXVII, 65, 68-84, 132-133, 136n, 143n, 150n, 190, 248-249, 253, 304, 315, 344, 391n, 394, 398, 406, 487, 571, 573, 613-615, 621, 630-631, 661, 710, 713-714, 788, 795n, 804-805, 810n, 812, 855n, 946n, 1001, 1018, 1025, 1027n, 1132, 1136
Plaute, 251, 635
Pléiade, la, 192, 255n, 522, 534, 571, 578, 583-584, 586n, 590, 597, 621, 985n, 990, 1081-1082, 1087, 1099, 1106, 1109
Pléthon, Georges Gémiste, dit, 67-85
Pline l'Ancien, XIV, 90-91, 101n, 121n, 185n, 212, 229n, 289-290, 294-295, 306, 315, 319, 325, 356n, 378, 380, 388, 447-448, 459-461, 463-469, 489, 559, 569, 575, 662, 670n, 730-734, 736-737, 798n, 804n, 816, 986, 996, 1025, 1047, 1054n, 1061n
Pline le Jeune, 290
Plotin, 68-69, 80, 82-84n, 144n, 226, 253, 492n, 498-499, 549, 593n
Plutarque, 3, 5n, 7-8, 10-13, 50-51, 55, 118-119, 214, 230, 259-260, 292n, 314-315, 319, 388, 391, 490n, 707, 770n, 788, 1095n ; (pseudo-), 475-476
Pole, Reginald, 812n
Politien (Poliziano), Ange, 299, 376, 1005-1007, 1011n
Polybe, 304, 375
Polyphème, 1025
Pompée, 211, 467, 1042n
Pomponazzi, Pietro, XVIn, XXVIII, 167, 549
Pomponius Mela, 356n
Pontamairy, Alexandre de, 1084
Pontano, Giovanni, 291, 305, 557, 946, 990
Poppi, Antonino, 978n
Porphyre, 44, 83, 209n, 226, 350n
Porret, Pierre, 552
Portalier, Monique, 769n
Portus, François, 883-905

Posidonius, 6, 13n
Postel, Guillaume, XVIIn, XXn, XXIX-XXX, 16, 18, 211, 485n, 490n, 495-498, 500, 543-544, 546, 548-549, 552-553, 559-561, 799, 801n, 804, 849n
Potestà, Gian Luca, 975n
Potier de Blancmesnil, 937n
Potocki, Jan, 1139
Pouey-Mounou, Anne-Pascale, XVII-XVIII, XXXVI-XXXVII, 15n
Poutrin, Isabelle, 19
Pozzi, Mario, 139n, 1098n, 1103n
Prat, Marie-Hélène, 570n, 578n
Préaud, Maxime, XIIIn, XXXVII, 16
Préaux, Claire, 487n
Premierfait, Laurent de, 1014, 1022
Prenninger, Martin (Uranius), 74, 80
Presles, Raoul de, 185n
Prévost, Arthur-Emile, 938n
Prignano, Bartolomeo da, voir Urbain VI
Proclus, 73-74, 81-84, 209n, 499n
Properce, 291, 295, 301, 303, 571
Prost, Antoine, 883n, 887, 904n
Prou des Carneaux, Nicolas, 1071n
Proudhon, Pierre Joseph, 874n
Proust, Gilles, 991n
Prynne, William, 236-237
Psellos (pseudo-), 81n, 209n, 549, 788, 790, 796n
Ptah, 321
Ptolémée, Claude, 170, 303, 316-318, 368, 372-373, 403, 679-680, 856
Py, Albert, 479
Pylade, voir Pilaut
Pyrrha, 854
Pyrrhon (philosophe), 3-4, 111-114, 117-120, 122-123, 128-129
Pythagore, 27, 78n, 80-81, 305, 334, 373, 500n, 797, 798, 1002

Quint, David, 57-58
Quintilien, 290, 300, 474-476, 599, 607n, 610, 615, 809, 1028n, 1069n, 1072n

Rabbi, Jean (Rabus), 1010
Rabelais, François, X-XIII, XIX, XXIn, XXV, XXVIII-XXX, XXXIII-XXXIV, XXXVII-XXXVIII, 27-43, 45-47, 134n, 139, 214n, 226-227, 229, 260n, 391n, 425, 520n, 524, 617, 657-740, 794n, 806-807, 907-910, 923-924, 1001n, 1003-1005, 1017n, 1027, 1081, 1087, 1123
Racan, Honorat de Bueil, seigneur de, 589n
Racine, Jean, 50-51
Radziwill, Nicolas-Christophe, 360n
Raimondo, Annibale, 544-547
Raimundus a Vinario, 431n, 435n
Ramus, voir La Ramée, Pierre de
Ramusio, Gian Battista, 1125n, 1128, 1132-1133
Rancé, Armand-Jean de, 894n
Randi, Eugenio, 30n, 440n
Ranfaing, Elisabeth de, 19n
Rapin, Nicolas, 937n, 949n, 583
Rapp, Francis, 769n
Raymond, Marcel, 589n, 988, 993
Rê, 321-322
Rébelliau, Alfred, 892-894, 902n
Rebours, Claude, 937n
Rebours, Guillaume de, 948n, 954
Recanate, Francesco de, voir Alberici
Recanate, Menahem de, 495
Recordon, Charles L. B., 934n, 936n
Regio, Raffaele (Regius), 855
Regiomontanus, 367-369, 373n
Regoliosi, Mariangela, 965n
Reid, Robert, 804-806, 808-810, 812-813, 827n
Reinhold, Erasme, 371
Relia, Cipriano, 804, 815-816, 818-820
Rembrandt, Harmenszoon van Rijn, 846n
Remmelin, Johannes, 417
Renan, Ernest, XXI, XXVII, 1083
Renaudet, Augustin, 29, 31, 34-35, 43-44, 977n
Reuchlin, Jean, 167, 172, 501, 905
Réveillaud, Michel, 840n
Reynier, Gustave, 1090n
Rézeau, Pierre, 577n
Rhazis, 251
Rhemnius, voir Palæmon
Rhenanus, Beatus, 524
Rheticus, Georg Joachim, 368, 370-371
Rhodiginus (Lodovico Ricchieri, dit Ludovicus Cœlius), 273n, 276n, 737
Rhosos, Jean, 84n
Riario, Raffaello, 977n
Ribbe, Charles de, 245
Riccioli, Giovanni Battista, 98n

Rice Jr, Eugene, 771n, 773-774
Richard, H., 1029n
Richard, Jean-Pierre, 570-571
Richardson, Brian, 270n, 275-276
Richardson, L. Deer, 437n, 439n
Richardson, Robert (Richardinus, Robertus), 805-806
Riche, Barnabé, 237-238, 241
Richelet, Pierre, 256, 918
Ricius, Paulus, 490n, 762
Rietbergen, Peter J. A. N., 549n
Rigaud, Pierre, 257n, 261n, 984n, 1071n
Rigault, Nicolas, 949n
Rigolot, François, 156n, 479n, 724n
Rijk, Lambertus Marie de, 602n
Rinuccini, Alamanno, 72
Riolan, Jean, 188n
Ripa, Cesare, 257n, 324
Rivet, André, 888
Robert de Genève, antipape Clément VII, 972
Roberval, Jean-François de La Roque de, 733
Rodinson, Maxime, 1139n
Rodrigues de Castelo Branco, João (Amatus Lusitanus), 232, 234, 240, 344
Röslin, Helisæus, 545-546
Roest, Bert, 32-33, 37n, 40
Roffet, famille, 552n, 1014, 1097n
Rohmer, Jean, 491n
Rollenhagen, Gabriel, 324
Romier, Louis, 208n
Romilly, Simon (Romyglaeus), 460-461
Romulus, 409-410, 414-415, 787, 794-795, 797
Rondelet, Guillaume, 224, 452, 569
Ronsard, Pierre de, XI, XIII, XIX-XXI, XXIV, XXVIII-XXXIII, XXXV-XXXVI, XXXVIII, 146-147, 208n, 212n, 386-387, 391n, 402, 404-405, 430n, 473-483, 487n, 506, 509-511, 523n, 529-536, 542, 569, 572-573, 583, 589, 593-594, 597, 611n, 619n, 621, 788n, 790n, 796n, 917, 922n, 925, 927, 988n, 992-993, 1012, 1015-1016, 1048n, 1056, 1065n, 1067, 1072n, 1081, 1083-1086, 1096n, 1099-1100, 1123n
Rooses, Max, 553n
Rops, Daniel, 874
Rosalinde, 237-238, 240
Rosenthal, Olivia, 619, 1084, 1087

Rosolato, Guy, 677n
Rosset, François de, 1093n
Rosset, Pierre, 809-810
Rossi, Paolo, 150n
Rossi, Roberto de', 72
Rossi, Giovanni Battista Jacopo de', dit Il Rosso, 338
Rossignol, Brigitte, 219n
Rösslin, Eucharius, 444n, 446-448, 453-454, 456
Roth, Friedrich, 775n
Roth, F. Wilhelm Emil, 444n
Rothmann, Christoph, 440n
Roudaut, François, 485-486, 496, 498-501, 560n, 562n, 938n
Rouillé (Roville), Guillaume, 220n, 431n, 492n, 941n, 1004, 1049-1053, 1057-1060
Roussel, Bernard, 762n
Roussel, Gérard, 765, 768-769, 784
Rousset, François, 228n
Rousset, Jean, 258, 589n, 1088
Roussin, Pierre, 1030-1031, 1033
Royer, Colin, 1013, 1016
Ruelle, Jean, 211n
Ruff, Simprecht, 766, 769n, 774
Ruggeri, Romano, 727n
Rusconi, Roberto, 975n
Russiliano Sesto Calabrese, Tiberio, 169
Ryff, Walter Hermann, 445-448, 456

Sabellico, Marco Antonio Coccio, 211, 1009
Sabin, Georges, 1071n
Sabon, Sulpice, 462, 1090
Sachs, Julius von, 443
Sacré, James, 570n
Sade, Donatien de, 26
Sadolet, Jacques, 807-808, 923n
Sagan, Carl, 236, 241
Sagon, François de, 257, 519-520
Sainéan, Lazare, 722n
Sainte-Beuve, Charles-Augustin, XXI, XXXVII, 988-989, 992n, 1087
Sainte-Marthe, famille, 889n
Sainte-Marthe, Charles de, 512, 519
Sainte-Marthe, Jacques de, 85n
Sainte-Marthe, Denis de, 883-905
Saint-Gelais, Mellin de, 261, 530-532, 535, 537
Saintyves, Pierre, 350n, 661n

Salel, Hugues, 530
Saliat, Pierre, 358
Sallmann, Jean-Michel, 62n
Salluste, 293, 295, 300, 302, 476-477
Salomon, 797n, 863, 915, 1084
Salvat, Michel, 263n
Salviani, Ippolito, 452
Salviati, Cassandre, 573
Salviati, Diane, 571-578, 586-588, 590-591
Sánchez, Francisco, 111-129
Sannazaro, Jacopo, 485n, 491n, 493n, 556n, 845, 1093, 1096, 1101n
Sanudo, Marin, 169
Sarfati, George-Elia, 917, 919
Sarrazin, Jean-Antoine, 439n
Sasso, Pamphilo, 587
Satan, 12, 16-18, 21-22, 360, 490n, 756-764, 778n, 855, 865, 867
Saulnier, Verdun-Louis, XVIn, XXIn, XXIII, XXV, XXIX, XXXI, XXXVI, 49n, 155n, 219n, 255, 376n, 511n, 552-553, 555n, 584n, 594, 659n, 667n, 728n, 769, 930n, 948n, 953, 1001n, 1003n, 1087
Saumaise, Claude, 942
Saunders, Alison, 768
Saunders, J. L., 546n
Sauvage, Denis, 492n, 1091n, 1093n
Sauzet, Robert, 177n
Savonarole, Jérôme, 368, 974
Sayce, Richard Anthony, 157n
Scaliger, Joseph-Juste, 407, 409, 415, 852n, 860n, 863-864, 935, 949, 954, 1046, 1049-1050, 1053, 1055, 1059-1063
Scaliger, Jules-César, 368n, 476-477, 486n, 489n, 1045-1046, 1049, 1051-1052, 1054-1063, 1076
Scaliger, Sylve-César, 1049n, 1055, 1057, 1059n, 1061
Scapparone, Elisabetta, 165n
Scève, Maurice, XX, XXX, 255n, 325, 395, 400, 593, 599-601, 604, 615n, 728-729, 1085n
Scheck, Jacob, 1057n
Schenck, Johann, 234, 241
Schefer, Bertrand, 496n
Schepens, Guido, 375n
Schickler, Fernand de, 940n
Schmidt, Albert-Marie, 557n, 596
Schmidt, Charles, 768-769, 773-774

Schmitt, Charles B., 546n, 1045-1046, 1051n
Schmutz, Jacob, 30-31, 46
Schoeffer, Peter, 446n, 849
Schott, Gaspar, 87-88
Schott, Heinz, 177n
Schott, Johann, 446-447, 456, 769n, 1004n
Schrenck, Gilbert, 160n, 345n, 571n, 833n, 1029n, 1036n
Schröder, A., 769n, 775n
Schröter, Leonhart, 1067-1068, 1075n, 1078
Schwingenstein, Christoph, 769n
Scoppa, Luigi Giovanni, 61
Screech, Michael A., 39n, 46, 718-719, 722, 724
Scrofa, Tremelius, 843
Sculteti, Bernard, 370n
Seber, Wolfgang, 1071n
Sébillet, Thomas, 473, 608, 617-618, 634n, 1084
Sebond, Raymond, XVIII, XXXIII, XXXV, 112n, 119n, 126, 841
Secret, François, 485n, 490n, 492n, 495, 498n, 501, 548-549, 557n, 560-561, 801-802, 809-810, 1048n
Séd, Nicolas-Jean, 501n
Séguier, Jérôme, 937n
Sénèque, 3-11, 14, 50n, 145, 251, 301, 753, 1062n
Sérant, Paul, 865n
Sérapion, Johannes, 362
Serenus Sammonicus, Quintus, 101n, 1052-1053
Serlio, Sebastiano, 845
Serra, Francesco, 1074-1075
Serrai, Alfredo, 1048n, 1050n
Serres, Michel, 569n
Serres, Olivier de, 262-266, 833-834, 836, 838-840, 842-843, 945
Servet, Michel, 102n, 804
Servin, Louis, 937n, 948-949, 954
Servius, 213n, 304, 1043n
Sessa, Melchior, 276-277
Seth (égyptien), 318, 322
Seth (biblique), 853, 989
Sextus Empiricus, 3-4, 6, 13, 114-115, 117-125, 127-128, 1058n
Sfondrati, Francesco, 687, 693, 701, 704-705
Sforza, 970

Sgouropoulos, Demetrios, 71n
Shorter, Edward, 228n
Sidelmann, Erasmus, 1071n
Sidoine Apollinaire, 990
Sighinolfi, Lino, 299
Silius Italicus, XXn, XXXII, 1043n
Simeoni, Gabriele, 520-521
Simler, Josias, 273n
Simon, Pierre-Henri, 874
Simón-Díaz, José, 551-552
Simoncini, Stefano, 138n
Simonetta, cardinal, 686
Simonin, Michel, XX, XXIV, 3n, 146n,
    207n, 222n, 460, 473n, 553n, 569n,
    621n, 822n, 930n, 1034n, 1060n,
    1084n, 1100n
Simplicius, 144n
Simpson, Percy, 272n
Sirect, Antoine, 27n, 40
Sixte V, pape (Felice Peretti), 696n
Sixte de Sienne, 173
Sizé, François, 243n
Skinner, Quentin, 546n
Sleidan, Jean, 35, 209
Smeets, Uriël, 31n
Smetius, 1073-1074
Smith, Malcolm, 207n, 515n
Smith, P. M., 160n, 1095n
Smyth, Craig Hugh, 965n
Socini junior, Mariano, 1036n
Socrate, 58, 73n, 114n, 132-133, 143, 211n,
    419, 631, 661, 707, 720n, 790, 849, 926
Solano, Sergio Sarmento, 61
Solin, 448, 469n
Sommer, Jan, 358-359
Sommervogel, Carlos, 87n, 89n
Sompano, Antonio, 61
Sonnius, Michel, 193n, 224n, 829, 1071n
Sophocle, 292
Sorbin, Arnaud, 1031n, 1041
Sordi, Pietro, 559n
Sorgen, Nicolas van, 1046n
Soto, Domingo de, 42
Soulié, Marguerite, 583n, 587, 755n, 759n
Spagnolo, Battista, 945
Spaziani, M., 1092n
Speroni, Bernardino, 419
Speroni, Sperone, 139n, 418-420, 1028n
Speusippe, 78n
Speyer, Jacob von, 360
Spiegel, Jakob, 1004-1005, 1007, 1009

Spina, Bartolomeo de, 39n
Spiritibus, Christophorus de, 685, 687-
    688
Spitzer, Léo, 390n
Sponde, Jean de, XX-XXI, XXX, XXXV,
    583-584, 588-589, 593
Sprenger, Jakob, 171
Squarcialupi, Marcello, 551
Stace, 294-295, 303
Stadion, Christophe de, 767n
Stampa, Gaspara, 62
Starobinski, Jean, 157
Staub, Hans, 615n
Staubach, Nikolaus, 172n
Stegmann, André, 16n, 993n, 1065n
Stein, Henri, 936n
Steinberg, Sigfrid Henry, 273n
Stella, Pierre, voir L'Estoile
Stephens, Walter, 408n, 660n
Stoeffler, Johannes, 368
Strabon, 212-213, 306, 856, 858n, 1009
Straparola, Gianfrancesco, 1015n
Stratonice, 240
Stratius, 1009n
Strazel, Jean, 1048n
Strong, R., 146n
Strozzi, Tito Vespasiano, 946, 990
Struik, Dirk Jan, 367n
Sturel, René, 1095n
Sturm, Jean, 809, 934-935
Suárez, Francisco, 30, 653n
Sudhoff, Karl, 428n
Sudre, abbé, 867n
Suétone, 212-213, 290, 939n
Sulpitius Victor, 475
Surdus, Jean, 41
Sureau, Hugues (Du Rosier), 885
Surin, Jean-Joseph, R. P., 15, 20, 26n
Sutherland, Nicola Mary, 884n
Suzanne (Susanneus, Sussaneau), Hubert
    de, 514, 804, 1003, 1008
Sylla, 55
Sylvius, voir Dubois, Jacques

Tabouet, Julien, 1003n
Tabourot, Etienne, seigneur des Accords,
    938n
Tacite, 290, 306, 822n, 939-940, 1041n
Tagaut, Jean, 529-542
Taillemont, Claude de, 1097n
Taillepied, Noël, 44-45

Talon, Omer, 807
Tartaret, Pierre, 30, 32n, 37, 39-40, 43
Tartas, Jean de, 803-804, 813
Tassin, René-Prosper, 889n
Tasso, Torquato, dit Le Tasse, 476n, 1090n
Tatien, 766-767
Téligny, 885n
Tempête, André, 512
Temporal, Jean, 1097n, 1125n, 1128, 1133n
Temporarius, Joannes, 405-415
Tenans, Jean, 1054n
Térence, 623-624, 627n, 633n, 635, 639n, 809, 1036
Ternaux, Jean-Claude, 993n
Terreaux, Louis, 587n, 1099n
Terride, 886n
Tertullien, 388, 861
Textor, Ravisius, voir Tixier de Ravisi
Thellusson, Jean, 1089, 1108-1109
Theocrenus, Benedetto Tagliacarne, dit Benedictus, 514
Théodore Stoudite, 649
Théodose, 108
Théophraste, 114, 214, 447-448, 1050-1051, 1053, 1055-1057, 1059, 1061-1062
Théophylacte, 860-861
Thérèse d'Avila, 19
Thevet, André, 356, 358, 382, 388, 732, 734, 1127n, 1129
Thiboust, Jacques, 1012
Thickett, Dorothy, 918n, 938n
Thomas d'Aquin (St), 27, 74, 83n, 721-722, 724
Thomas d'Erfurt, 31n
Thomas l'Anglais, 39n
Thomasset, Claude, XIVn, XXXVII
Thompson, Stith, 661n
Thomson, Ann, 1139n
Thomson, Douglas, 111
Thoreau, Henry David, 378
Thoren, Victor E., 545n
Thorndike, Lynn, 368n, 435n, 543n, 801n, 810n, 815, 1048n
Thou, Jacques-Auguste de, 583, 884, 896n, 904, 935, 939n, 942, 948-949, 954, 1029-1030, 1036n, 1045-1046
Thou, Nicolas de, 429-430
Thouzat, Jacques, 1046n, 1050

Thucydide, 4, 298, 436, 853n, 856, 864
Thuillier, Guy, 1030n
Thurnessierus, Léonard, 545
Thurot, Charles, 820n
Tibère, 861
Tibulle (et pseudo-), 291, 295-296, 301, 1043n
Tiemeroth, Johann Heinrich, 1072n, 1075n
Tietz-Stroedel, Marion, 784n
Tin, Louis-Georges, XXI, XXXVII
Tiraqueau, André, XIXn, XXXVIII
Tirésias, 734
Tirinnanzi, Nicoletta, 151n, 165n
Tite (apôtre), 643
Tite-Live, 295, 477, 787-788, 791, 816n, 822n, 1060n
Titelmans, François, 44
Tixier de Ravisi, Jacques, 1065-1067, 1072n
Tixier de Ravisi, Jean (Ravisius Textor), 671, 984, 990-991, 1065n, 1067-1068, 1070-1071, 1073-1074, 1076-1077
Tocco, Felice, 66n, 165-166, 168-170, 172, 174
Toinet, Raymond, 993
Tolet, François, 647-649, 651
Tory, Geoffroi, 596
Toscanella, Orazio, 1071n
Toscanelli, Paolo dal Pozzo, 72, 367
Tournes, A. et S. de, 984n
Tournes, Jean de, 375n, 462-463, 469n, 474n, 608-609, 615n, 1008n, 1050n, 1066n, 1108n
Tournon, André, 56, 1131n
Toussain, voir Thouzat
Toussain, Jacques, 854n
Toussaint, Stéphane, 77n
Toutain, Charles, 502n
Trajan, 699n
Traversari, Ambrogio, le Camaldule, 72
Trechsel, Melchior et Gaspar, 765n, 783n
Trellon, Claude de, 583
Tribonien, 939, 963
Trinquet, Roger, 160n
Triptolème, 735
Triquenæus, Jean, 191
Trissino, Giangiorgio, 132
Trithème, Jean, 94-96, 166-168, 170, 172-174, 806n
Trombetta, Antonio, 39n, 978

Trombetta, Pierre-Jean, 575n
Trovato, Paolo, 272n
Truchon, Jean, 513
Tunstall, Cuthbert, 514
Turchetti, Mario, 898n
Turnèbe, Adrien, 937n
Turner, Edouard, 243n, 245n
Tyard, Pontus de, XVII, XXIn, XXXVI, XXXVIII, 45, 393-404, 485n, 490n, 492n, 530n, 593, 600n, 1081

Ubaldini, Federico, 288n, 292n
Uhl, Patrice, 667n
Ulderichus, 1005
Ulpien, 1009
Ulysse, 251, 475, 662n, 739, 926, 1018
Uranie (muse), 485-489, 493-495, 554, 557-558, 616, 651
Uranius, voir Prenninger
Urbain VI, pape (Bartolomeo da Prignano), 972
Urfé, Honoré d', 583
Uzilis (ou Usillet), Antonius, 1004n

Valdo, Agosto, 294
Valère Maxime, 211, 290, 671
Valeriani, Urbano, 272n
Valeriano, Giovanni Pierio Bolzani, 313-317, 319-323
Valla, Lorenzo, 297, 423, 807, 977, 1007
Valla, Nicolas, 937n
Vallambert, Simon de, 221n
Vallery-Radot, Robert, 866n
Vallis, Guillaume de, 41n
Valois, dynastie, 248, 503n, 517, 560, 899, 1060n, 1127n
Valturio, Roberto, 272n
Van Aytta, Viglius (Wiwle, Viglius, ou Suichemus ou Zuichemus ab Ayta), 1008
Van den Steen, Cornelis (Cornelius a Lapide), 648, 650, 763
Van Eijl, Edmond J. M., 550n
Van Ortroy, Fernand G., 546-547, 549n, 551n
Varade, Jacques et Jérôme de, 804n, 816n
Varillas, Antoine, 899
Varron, 290, 302, 797
Varthema, Lodovico de, 1126n, 1128
Vasari, Giorgio, 845n
Vascosan, Jeanne de, 823n

Vascosan, Michel de, 212n, 214n, 391n, 619n, 803n, 805n, 812n, 816n, 823n, 1059-1060
Vasoli, Cesare, 80n, 975n
Vassan, famille de, 934n, 936n, 948n, 954
Vatel, Jean, 583
Vaucelles, Louis de, 648n, 653n
Vaumesnil, Isabelle de, 556n
Vaurillon, Guillaume de, 31, 34, 39n, 41-42
Vauzelles, Jean de, 765-785
Vecce, Carlo, 298-299, 1096n
Veissière, Michel, 770n, 776
Vendrix, Philippe, 384n
Vénus (déesse), 237, 537, 795n, 1020, 1025, 1031n, 1035n
Verard, Antoine, 1014
Verciani, Laura, 15n, 20n
Vergile, Polydore, XVIn, XXXIII, 727-740
Vermeil, Abraham de, 589
Verrier, Thomas, 41
Vertunien, François de, 1061n
Vésale, Jean de (Wesalia, Johannes de), 327, 367, 424
Vescovini, Graziella, 173n
Vettori, Pietro, 288
Viala, Alain, 907n, 916n, 919, 1081n
Viart, Jacques, 513
Vida, Marco Girolamo, 307, 476, 945
Vidal, Daniel, 24n
Viénot, Jean, 833n, 887n, 904n
Vigenère, Blaise de, 497n, 499-500, 543, 559-560, 787-799, 1095n
Vignes, Jean, 623-624, 1089-1090, 1094n
Vignier, Nicolas, 936-937
Vignon, Eustache, 983, 985n, 1060n, 1070n
Vigo, Giovanni de, 220n
Villamont, chevalier de, 357
Villari, Rosario, 138n
Villey, Pierre, 49n, 155-157, 159, 163, 219n, 376n, 930n, 1135-1136
Villiers, Gilbert de, 765-766
Villon, François, 387-388
Vincent, Antoine, 477n, 624, 854n, 1055n, 1058-1059
Vincent, Jacques, 1090, 1092, 1096n, 1098n
Vincent de Beauvais, 263
Vinci, Leonardo da, 143n, 845

Vio, Tommaso de, dit Il Gaetano, Cajetano, voir Cajétan
Viret, Pierre, 836, 839n, 841-843, 855n, 1016
Virgile, XIIn, XXVIII, 81, 158, 192, 260, 295-296, 301, 304, 343, 346, 476, 479-482, 521, 559, 569, 617, 619, 807n, 809, 813, 836n, 855n, 944-945, 947, 1025, 1031, 1035-1036, 1043n, 1067-1068, 1070, 1083-1085, 1087, 1094, 1105, 1135n
Virieux-Reymond, Antoinette, 4n, 6n
Visagier, Jean, 512-515
Vitelli, Girolamo 170, 174
Vitéz le Jeune, Janos, dit Janus Pannonius, 79-80, 82
Vitruve, 214, 300, 307, 569, 845, 1094-1095, 1102n, 1104n, 1108
Vivanti, Corrado, 940-942
Vivès, Juan Luis, 112, 114, 126, 259, 460-462, 465n, 719n, 783-784, 1003n, 1007, 1123
Vivonne, Jean de, marquis de Pisani, 948n
Voeltzel, René-Frédéric, 890n, 893n
Voet, Leon, 553n
Volland, Jacob, 1071n
Voltaire, François Marie Arouet, dit, 993n, 1087
Vossius, Gérard Jean, 1062n

Wadding, Luke, 31n, 33n, 42, 45, 721n
Walker, Daniel P., 16n, 83-84, 438n
Wanegffelen, Thierry, 785n, 885n, 940n
Weber, Eugène, 865n
Weber, Henri, 256n, 570n, 583n, 586-587
Weber, Max, 929-930
Wechel, famille, 269n, 407, 437n, 462, 944, 952-953, 1067n
Wechel, André, 218, 325n, 1047-1048
Wechel, Christian, 806n
Wechel, Johannes, 171, 174
Wickersheimer, Ernest, 219
Wyclif, John, 971, 979
Wier, Jean, 20n, 35-36, 241
Wimpheling, Jakob, 96n, 769n
Wilson, P., 318n
Wind, Edgar, 486
Winter, Ian J., 155n, 160n
Winzet, Ninian, 811n, 825

Wiwle, voir Van Aytta, Viglius
Woeiriot de Bouzey, Pierre, 1010, 1012
Wolf, Francis, 677n
Wolf, Jean, 376n
Wolf, Jérôme, 85n
Wolmar, Melchior, 759n, 1012n
Woodhouse, Christopher M., 72n, 75-76, 85n
Wooldridge, Terence R., 1102n
Wuder (Wuter), Jehan, 825-826

Xénocrate, 68, 78n
Xenomanes, 524
Xénophon, 1009
Xylander, Guillaume, 761n

Yardeni, Myriam, 893n, 899n
Yates, Frances A., 150, 170, 172

Zabarella, Jacopo, 728
Zacco, Girolamo, 419
Zach, Franz Xaver von, 551n
Zachée, 782
Zahn, Theodor, 766-768
Zampini, Francesco, 804-805, 815, 817-820
Zanchi, Basilio, 289-291, 297, 299-300, 1069-1070, 1072n, 1075n
Zanta, Léontine, 8n, 11n
Zasius, Johann Ulrich, 1007
Zébédée, Antoine, 848n
Zeller, Gaston, 935n, 946n
Zeus, voir Jupiter
Zinguer, Ilana, XVn, XXXVII, 177n, 908n
Zink, Michel, 489n
Zinner, Ernst, 367-368
Zoroastre, 67, 69, 73, 77-85, 167
Zorzi, Francesco Giorgio Veneto, voir Georges de Venise
Zuber, Roger, 898n, 933-935, 938-940, 942-943, 948n, 953
Zuccolo, Gregorio, 277n
Zumthor, Paul, 674n, 1088
Zupi (Zupus), Gianbattista, 89, 98, 100-101
Zweig, Stefan, 847
Zwinger, Theodor, 274-275
Zwingli, Ulrich, 838n, 849n

INDEX LOCORUM

Allemagne, 95, 104, 108n, 183n, 768, 884, 892n, 934n, 939n, 954

Amboise, conjuration et édit, 203, 891, 897

Blois, Etats généraux de, 1030n, 1032-1033, 1038, 1041-1042

Antioche, 93

Byzance, 107

Catanzaro, 89
Cicviv, 90
Clèves, 1030n
Collège de Cambrai (des Trois Evêques), 804, 811, 820, 823n, 827
Collège de Clermont, 105, 118, 811n, 824n
Collège de Guyenne, 113, 119, 512
Collège de Montaigu, 43, 512
Collège de Navarre, 609n, 1008n, 1035-1036
Collège de Saint-Bernard (des Bernardins), 826n
Collège des Lombards (des Italiens), 804-806, 810, 815-816, 818-819
Collège Romain, 88
Constantinople, 108, 207

Decize, 1029-1030, 1035-1037, 1039
Dosches, 227n, 229-230

Espagne, 19n, 33, 42, 94, 111, 113, 183n, 257-258, 412, 418, 522, 545, 547-548, 551-552, 559, 727, 750, 770, 836n, 851, 874, 876, 879n, 883n, 918, 929, 1028n, 1046n, 1114n, 1136, 1138

Hirsgau, 94

Indes, 90, 904n, 1125n, 1132, 1137
Italie, 29n, 33, 35n, 37, 60, 65, 71, 89n, 156, 166, 316n, 348n, 370, 377n, 518n, 521-522, 684n, 732, 801n, 810n, 816-818, 820, 876n, 977n, 1007-1008, 1015, 1036n, 1049n, 1053, 1060-1061

Jérusalem, 93, 95n, 563-564, 908

Juben, 90

Kinloss, abbaye de, 802n, 805, 808-811

La Rochelle, 333, 407, 586, 833n, 888, 903
Laon, 16-17, 185-188, 191, 823n
Lecce, 100
Liège, 96
Lille, 95
Lisieux, collège de, 803-804, 808
Lyon, 31, 35n, 42-43, 167, 177n, 219-220, 243n, 255n, 257n, 262n, 313n, 417-418, 462-463, 518, 522, 609, 624, 657, 765-768, 770, 782-783, 785, 822n, 847n, 883n, 941n, 951, 984n, 1002, 1004-1005, 1007-1010, 1012n, 1017n, 1030n, 1036, 1049-1052, 1055-1056, 1058-1059, 1061, 1089-1092, 1108, 1111-1112, 1123

Milvius, Pont, 93
Mont des Oliviers, 93
Mont-Saint-Michel, 665n
Montbéliard, 934-935, 938

Naples, 61-62, 87, 89, 92, 96, 98, 100-101, 105, 107, 167-168, 819n, 1108n
Nevers, 33n, 1029-1031, 1033-1043
Nole, 101
Notre-Dame de Paris, 815, 817-818
Nouvelle-Espagne, 90

Octaviano, 100
Orléans, 33n, 35-37, 40, 208n, 461, 463-464, 511-513, 515-516, 519, 524, 693, 816, 822n, 858, 1004, 1009, 1030n, 1032n, 1035n, 1037, 1041, 1111n

Padoue, 169-170, 294n, 367, 424, 704n, 978, 1007n, 1036
Paris, 17, 22-23, 30-32, 34, 36-37, 40-43, 59, 85n, 94, 96, 156-158, 160-161, 163, 165-167, 171, 177n, 180n, 185-186, 188n, 190, 210n, 230n, 243n, 258n, 261n, 289, 294, 318n, 329, 355, 366, 393, 411, 429n, 435, 461, 463, 512-514, 519, 524, 544n, 548, 552-554, 561-562, 564,

624n, 668n, 677-678, 685, 690, 693, 695, 697-698, 728n, 730n, 754, 758, 762n, 765, 768-769, 783n, 801-805, 807n, 809-813, 815-820, 822-827, 829-830, 845n, 849n, 854n, 883-886, 921, 933, 935-936, 938, 944n, 954, 956-957, 961, 984, 1002, 1005n, 1007-1008, 1015-1017, 1019, 1025, 1030n, 1035, 1106n, 1111-1112, 1123
Poissy, colloque de, 208n, 811

Quivira, 90

Reims, 44n, 178-179, 187-188, 518n, 889n
Rome, XVn, XXVII, 19n, 27-28, 34, 39-40, 72-73, 87, 90-91, 98, 107, 113, 169, 173, 212-213, 275, 288-289, 300, 305n, 347n, 350n, 367, 370n, 389n, 410, 413, 467, 477, 522, 564, 589, 641, 652, 667, 684, 686, 690, 692-694, 697n, 699n, 702, 704-705, 735, 787-789, 794, 796, 804-805, 812, 822, 851n, 853n, 860n, 885n, 888n, 928, 940n, 944-945, 960, 962, 966n, 969, 977, 1005n

Saint-Barthélemy, massacre de la, 185, 553, 830n, 883-886, 891, 897n, 899, 921n, 938, 1031, 1040
Saint-Jean-de Jérusalem (ou de Rhodes), 95n
Saint-Sébastien, 667
Saint-Sépulcre, 206
Saint-Servator de Liège, 96n
Saint-Victor, abbaye de, 805-806, 815, 817-818
Saint-Victor, bibliothèque fictive, 30, 35-36, 39, 41, 226n, 677
Sainte-Marie-en-Parisis, 94
Smalkade, Ligue de, 641, 890
Soleure, 107
Somma, 100

Spanheim, 95-96
Strasbourg, 445, 765, 768-770, 783, 884-885, 934-935, 938-940, 942n
Suisse, 107, 351-352, 884, 934n, 954, 1058

Thélème, abbaye fictive, 662n, 668, 717, 720n, 725, 733, 738, 909, 916
Tibur, 348n
Toulouse, 5, 31, 34n, 113, 245-246, 514, 516, 642n, 782n, 1057
Tours, 32-34, 38n, 40, 43, 252, 687, 689, 696, 820, 894n
Trente, concile de, 389, 641, 703-704, 770n, 811, 851-852, 942, 978n
Troie, 152, 210, 390, 475, 479, 588, 937, 960-962
Trou-de-Saint-Patrick, 657, 666-668
Troyes, 826, 933-938, 940, 943-945, 960-962, 1013, 1016
Turin, 820

Urbin, 367
Utrecht, 96

Valence, 545, 548n, 551-552, 935, 939, 1007n, 1009-1010, 1049n, 1061n
Vassy, massacre de, 208n, 896, 934, 942n
Venise, XVIIn, XXX, 31, 42, 85n, 165, 211n, 272, 292, 303, 307, 367, 418, 436, 703n, 707n, 728n, 762, 808n, 849, 960-961, 967n, 978, 1007n, 1036, 1053
Versailles, 348, 834n
Vésuve, 87, 98, 100, 108-109
Villerie (ou Villery), 933n, 935-936
Virginie, 1126
Vitry-le-François, 934, 936, 938, 942

Wittenberg, 85n, 165-166, 444

Zurich, 1048-1051

TABLE DES MATIÈRES

Tabula gratulatoria   VII

Préface   IX

Pour un portrait de Jean Céard   XXIII

Bibliographie   XXVII

PHILOSOPHIE

Bénédicte Boudou
Henri Estienne et le stoïcisme dans l'*Apologie pour Hérodote*   3

Marianne Closson
Une forme inattendue de l'« expérience » aux XVIe et XVIIe siècles :
la possession démoniaque   15

Marie-Luce Demonet
Les philosophes obscurs : traits et ombres scotistes à l'époque
de Rabelais   27

Francis Goyet
La première phrase des *Essais*   49

Bertrand Levergeois
Le théâtre d'ombres de Giordano Bruno   59

Jean-François Maillard
Réflexions sur une légende : Pléthon, Cosme de Médicis
et l'hermétisme ficinien   67

Jean-Claude Margolin
Histoire, nature, prodiges et religion chez Athanase Kircher, d'après
la *Diatribè de prodigiosis crucibus* (Rome, 1661)   87

Emmanuel Naya
Francisco Sánchez : le médecin et le scepticisme expérimental   111

Nuccio Ordine
Gli inganni dell'ignoranza : il *Candelaio* tra realtà e apparenza   131

Gilbert Schrenck
Pierre de l'Estoile et Montaigne, ou la «lecture en miettes»   155

Paola Zambelli
Quelques livres à l'Index chers à Giordano Bruno, ses œuvres secrètes
de magie et un ouvrage qui n'existe pas (*Theses de Magia*)   165

SCIENCES

Stephen Bamforth
Médecine et philosophie dans l'œuvre de
Nicolas Abraham de la Framboisière   177

Monica Barsi
Le traitement des sources dans la *Cronique de Pierre Belon du Mans,
medecin* (1562-1565)   203

Hervé Baudry
Pudeur et thérapeutique aux XVIᵉ et XVIIᵉ siècles:
le problème du lavement de soi-même   217

Donald Beecher
Sex changes in the Renaissance: a brief medico-literary enquiry   231

Evelyne Berriot-Salvadore
Les œuvres françaises d'André Dulaurens   243

Michel Bideaux
La lune, entre thésaurus poétique et encyclopédie pratique   255

Ann Blair
Corrections manuscrites et listes d'*errata* à la Renaissance   269

Marie-Elisabeth Boutroue
De l'index au lexique: recherches sur quelques manuscrits
de la bibliothèque Vaticane (Vat. Lat. 4040 à 4062)   287

Claude-Françoise Brunon
La Cigogne, l'Hippopotame et la Huppe: variations hiéroglyphiques . .   313

Hélène Cazes
Le *Cogito* de l'anatomiste: *La Dissection des parties du corps humain*
par Charles Estienne   327

Marie-Madeleine Fragonard
Imaginaire du monde souterrain et sciences expérimentées   343

Marie-Christine Gomez-Géraud
Le voyageur, le médecin et la momie 355

Fernand Hallyn
Paul de Middelbourg, astrologue et astronome 367

Michel Jourde
Autopsie et réalités sonores au XVIe siècle :
contribution à une histoire de l'expérience auditive 375

Eva Kushner
Tyard et la vérité scientifique 393

John O'Brien
Entre théologie et science : la *Chronologia* de Joannes Temporarius 405

Achille Olivieri
Gerolamo Cardano : il pensiero medico e il pensiero riformato 417

Isabelle Pantin
Entre invisible et mystère : les traités de la peste à la Renaissance,
discours d'une maladie secrète 427

Laurent Pinon
La *Naturalis historia* d'Adam Lonitzer, une œuvre mineure ? 443

Jean Vignes
En attendant Du Pinet : Pierre de Changy et son
Sommaire des Singularitez de Pline 459

POÉSIE

Denis Bjaï
La disposition du poème épique : le cas Ronsard 473

Sylviane Bokdam
Un songe d'éclipse dans *L'Encyclie des Secrets de l'Eternité* 485

Keith Cameron
Regard sur Desportes 503

Richard Cooper
Dolet et Marot jugés par deux poètes contemporains : Jean Binet
et Gabriele Simeoni 511

André Gendre
De Jean Tagaut et de quelques mètres lyriques 529

Rosanna Gorris Camos
«La stella delle maraviglie»: un poète et une étoile,
la supernova de 1572 543

Marie-Dominique Legrand
La poétique du *Printemps* d'Agrippa d'Aubigné: aux frontières
de l'imaginaire et de l'histoire naturelle 569

Robert Melançon
L'Amour ennemi: notes sur l'histoire de la poésie française à la fin
du XVIᵉ siècle 583

Jan Miernowski
La science comme objet esthétique dans la poésie française
de la Renaissance 595

Jean-Charles Monferran
«Faire mes Chaos, et puis mes Mondes»: la cosmogonie poétique
des premières pages de l'*Art poétique* de J. Peletier du Mans 607

Malcolm Quainton
Un texte mineur de Jean-Antoine de Baïf? Du nouveau sur *L'Eunuque* . . 623

Yvette Quenot
Pape et évêques dans les *Théorèmes* de La Ceppède 641

RABELAIS

Jacques Berchtold
Le gosier béant dans le *Gargantua*: traitement comique
d'une angoisse de dévoration 657

Tom Conley
Rébus de Rabelais 673

Franco Giacone
Deux suppliques inédites de François Rabelais au pape Paul III 683

Isabelle Hersant
L'imaginaire du vin chez Rabelais. Etude du prologue du *Tiers Livre* . . . 707

Ullrich Langer
L'opposition et la privation dans *Gargantua* 717

Frank Lestringant
Rabelais, Polydore Vergile et «la fascination des commencements» 727

THÉOLOGIE

François Berriot
Notes sur le manuscrit d'*Oraisons et meditations* de Marie de Bonnet
dame de Sérignan (vers 1601)   743

Nicole Cazauran
Abraham et le Diable dans la «tragédie» de Théodore de Bèze   753

Bruna Conconi
1526 – La Bible à Lyon: notes sur Jean de Vauzelles traducteur
de l'*Histoire évangélique* d'Ammonius   765

Richard Crescenzo
Numa et la nymphe Egérie: l'approche démonologique de la religion
romaine chez Blaise de Vigenère   787

Jean Dupèbe
Une figure de la Contre-Réforme, l'humaniste Giovanni Ferrero   801

Danièle Duport
Jardiniers protestants en France au XVIᵉ siècle   833

Max Engammare
La Bible de Jérôme Bolsec. Un témoin de l'émergence de la chronologie
historique moderne   847

Monique Gosselin-Noat
Bernanos et Luther   865

Amy C. Graves
Dragonnades textuelles: la reprise de la *Lettre à Portus* (1572)
de Pierre Charpentier dans les *Entretiens touchant l'entreprise du prince
d'Orange* (1689) de dom Denis de Sainte-Marthe   883

Nadine Kuperty-Tsur
Des rabbins et des femmes: enjeux culturels d'une argumentation
paritaire et bouffonne dans une lettre familière d'Etienne Pasquier   907

Daniel Ménager
Le *Traitté de la vocation* de Pierre de la Place   921

François Roudaut
Pierre Nevelet (1554-*ca*. 1610)   933

Cesare Vasoli
Lo scisma e l'eresia nel *De Cardinalatu* di Paolo Cortesi   965

TRADUCTION
ET HISTOIRE LITTÉRAIRE

Yvonne Bellenger
L'*Amas d'Epithetes* de Du Bartas   983

Marie Madeleine Fontaine
Barthélemy Aneau et la *Jurisprudentia* 1001

Mireille Huchon
Pour une histoire du genre de la nouvelle: *La Vie et actes triumphans*
de Catherine des bas souhaiz et *La nouvelle d'un reverend pere*
en Dieu de Jean de Luxembourg (1546) 1013

Catherine Magnien-Simonin
Une autobiographie originale de 1590: les *Annales nostrorum laborum*
de Guy Coquille (1523-1603) 1029

Michel Magnien
Robert Constantin (*ca.* 1530-1605), éditeur de Jules-César Scaliger 1045

Anne-Pascale Pouey-Mounou
Grandeur et décadence d'un tout petit genre: les épithétaires
de la Renaissance 1065

Louis-Georges Tin
Un siècle de *minores*? 1081

Toshinori Uetani
Jean Martin, traducteur du *Roland Furieux*? 1089

Véronique Zaercher-Keck
Traduire pour éclaircir: Marot, Aneau et quelques colloques d'Erasme . . 1111

Oumelbanine Zhiri
«Sauvages et mahométans» 1125

Index 1141

Table des matières 1171

Mise en pages:
Atelier PAO-Prépresse Perrin
CH-2014 Bôle

Impression:
Imprimerie Corlet
F-14110 Condé-sur-Noireau

Mars 2008